복 있는 사람

오직 하나님 말씀에 사로잡혀 밤낮 성경말씀 곱씹는 그대!
에덴에 다시 심긴 나무, 달마다 신선한 과실 맺고 잎사귀 하나 지는 일 없이, 늘 꽃 만발한 나무라네.(시편 1:2-3, 메시지)

나는 저자에게 직접 『메시지』의 저술 동기를 물은 적이 있습니다. 유진은 순전히 '목회적 동기'였다고 대답했습니다. 교인들이 성경 읽기를 너무 어려워하고, 말은 안 하지만 성경 읽기의 당위성을 알면서도 그렇게 못하고 있는 죄책감에서 교인들을 해방시키고 즐겁게 성경을 읽을 수 있도록 도울 길은 없을까를 고민했다고 합니다. 그 결과가 이 책 『메시지』입니다. 나는 지난 수년 동안 영어 성경을 이 『메시지』로 읽어 왔습니다. 얼마나 쉽고 흥미까지 있는지요! 그러면서도 이 책은 성경 원문의 표현을 벗어나지 않는 학문적 엄밀성까지 지키고 있습니다. 나는 성경에 흥미를 느끼며 성경을 독파할 다시없는 우리 시대의 대안으로, 단연 유진 피터슨의 『메시지』를 추천하고 싶습니다.

이동원 목사 지구촌교회

성경은 자구(字句)를 따져 가며 세심히 읽어야 하는 진리의 말씀입니다. 그뿐만 아니라, 성경은 하나님께서 우리를 인격적 존재로 대하시며 건네시는 생생한 일상의 말씀이기도 합니다. 그 살아 있는 말씀으로 하나님의 마음을 느끼며 신앙의 내용도 바로 이해하게 될 때, 우리는 더욱 성숙한 믿음으로 나아가게 될 것입니다. 그 길로 나아가는 데 이 책 『메시지』는 크나큰 유익을 줄 것이라 기대합니다.

박영선 목사 남포교회

유진 피터슨의 『메시지』 완간을 우리 모두가 오랫동안 기다려 왔습니다. 그의 탁월한 글솜씨와 함께 현대적 감각의 생생한 언어로 성경을 흥미롭게 풀어 우리 곁에 다가온 『메시지』는 성도들의 영적 삶에 큰 변화를 가져올 기회가 되리라 확신합니다. 어렵게 여기던 성경과의 거리감을 없애고 친밀하게 다가갈 수 있게 함으로 그야말로 '열린 성경'이 되어 더 많은 독자들을 만날 수 있게 되었습니다. 말씀이 거침없이 읽힐 때 어떤 일이 일어날지 참으로 기대와 함께 흥분이 됩니다.

이규현 목사 수영로교회

문자로 기록된 성경은 하나님의 말씀이다. 거기에는 하나님의 깊은 뜻이 담겨 있다. 성경에 담겨 있는 깊은 뜻은 어느 시대 어떤 번역자에 의해서도 완전하게 드러낼 수 없다. 시대의 상황에서 최선을 다한 번역일 뿐이다. 유진 피터슨의 『메시지』는 우리 시대에 살고 있는 사람들에게 하나님의 깊은 뜻을 가장 적절하게 잘 드러낸 최선의 번역이라는 찬사를 아끼지 않는다. 이름 그대로 독자들에게 살아 있는 메시지로 들려질 수 있는 번역이다. 어느 때보다 하나님의 말씀에 목말라하는 이때에, 이 『메시지』가 많은 독자들에게 영의 양식이 될 줄 확신하는 바이다.

임영수 목사 모새골 공동체

저는 『메시지』의 출판을 정말 오랫동안 기다려 왔습니다. 1996년도 안식년에 저는 리젠트 칼리지에 머물면서 저자도 만나고 그의 저서들도 접하게 되었습니다. 그때 『메시지』를 소개받고 읽으며 얼마나 좋아했는지 모릅니다. 그리고 그때부터 저는 한국어판의 간행을 기다려 왔습니다. 벌써 15년이나 되었네요. 이 책의 출간을 진심으로 기뻐하며 추천합니다. 여러분 모두 성경처럼 옆에 두고 읽어 보십시오. 은혜가 되고 영감이 떠오를 것입니다.

정주채 목사 향상교회

성에 낀 창가, 흐린 불빛 아래 앉아 시린 손을 호호 불며 시를 쓰던 지바고를 생각한다. 그리고 말씀의 지층을 탐사하면서, 곱씹은 말씀 한 자 한 자를 명징한 언어로 옮기느라 골똘했을 한 사람을 생각한다. 『메시지』의 행간에는 각고의 세월 동안 그가 흘렸을 눈물과 탄식, 기쁨과 감동이 배어 있다. 그 행간까지도 읽으려 한 번역자들과 편집자들의 노고도 눈물겹다. 아브라함 요수아 헤셸은 현대인을 가리켜 '메시지를 잃어버린 메신저'라 했다. 그런 현대인들에게 이 한 권의 책은 우리가 잃어버린 혹은 잊고 있는 본래적 삶을 되찾도록 도와줄 것이다. 성경의 세계와 깊이 만날 수 있는 또 하나의 창을 얻은 기분이다.

김기석 목사 청파교회

우리 교회는 성경을 읽을 때 두 가지 번역본을 사용하려고 합니다. 하나는 개역개정 성경이고, 하나는 『메시지』라는 의역 성경입니다. 특히, 『메시지』란 성경을 적극적으로 활용해 주시기를 바랍니다. 이미 성경을 여러 번 읽으셨던 분들은 새로운 번역본으로 읽으면서 성경의 새로운 의미를 깨달을 수 있을 것입니다. 그리고 처음 성경을 읽는 분들은 현대어로 번역된 이 성경을 통해 성경의 의미를 쉽게 파악할 수 있을 것입니다. 말씀을 통해 우리의 심령에 주실 하나님의 은혜의 단비를 사모합니다.

정현구 목사 서울영동교회

저는 『메시지』 성경을 읽으면서, 성경 읽기를 무척이나 어려워하는 우리 성도들이 떠올랐습니다. 묵상은커녕 성경을 하루 한 장 읽기에도 바쁜 오늘날, 『메시지』는 한국교회에 참 귀한 선물입니다. 저는 성도를 말씀으로 깨워 각자의 삶 속에서 예수님 닮은 모습으로 서도록 도와주는 일이 목회자의 본질적인 사명이라 확신하며 사역해 왔습니다. 그러한 목회자의 마음이 담긴 『메시지』는, 어렵게만 느껴지던 성경을 우리 일상의 언어로 풀어 주어 성도 스스로 삶 속에서 말씀으로 하나님과 관계 맺도록 도와줍니다. 진정한 그리스도인의 영성은 구체적이고 실천적인 '일상의 영성', '삶의 영성'입니다. 『메시지』를 통해 한국교회의 성도들이 말씀의 깊은 세계로 뛰어들어 그 말씀대로 살기 위해 씨름하는, 주님의 참된 제자로 세워지기를 소망합니다.

이찬수 목사 분당우리교회

유진 피터슨의 『메시지』는 묵상 성경이다. 유진 피터슨은 문학적 상상력과 신학적 치밀성이 통합된 아주 놀라운 성경 해석가요 설교자다. 그의 풍요로운 문학적 상상력이 신학적 경직을 훌쩍 건너뛰어, 그의 모든 글들을 풍요롭고 자유롭고 아름답게 해준다. 딱딱한 성경의 이야기(narrative)를 흥미롭고 풍요로운 시적 언어로 다시 풀어내어 신선한 통찰력이 넘치는 새로운 이야기로 전하는 '스토리텔링 바이블'이 바로 『메시지』이다.

이문식 목사 광교산울교회

『메시지』는 변함없는 진리의 말씀을, 지금 이 시대의 평범하고 일상적인 단어들에 담아 생동감 있게 전해 줍니다. 성경의 원문에 충실한 바른 번역이 살아 있는 언어로 더욱 빛을 발하는 『메시지』는, 성경을 처음 읽는 사람이든 오랫동안 상고해 온 사람이든, 누구에게나 깊이 파고드는 생명력 있는 진리의 귀한 통로가 될 것입니다. 이 시대의 젊은이와 미래를 이끌어 갈 다음 세대에게 생명을 살리는 도구로 크게 쓰일 것입니다.

오정현 목사 사랑의교회

성경은 하나님에 대하여 어디서도 얻을 수 없는 살아 있는 정보를 가득 담고 있는 세상에서 가장 소중한 책이지만, 성경 원어가 모국어가 아닌 모든 사람에게 늘 쉽지 않은 책이기도 하다. 유진 피터슨은 문화와 시간의 벽을 뛰어넘어 그 소중한 의미를 밝혀 주는 번역과 의역 작업을 통해 우리를 성경 말씀에 더 가까이 나아가게 만든다. 한국인에 의한 한국판 『메시지』가 나올 때까지, 이 책은 우리 모두에게 축복의 보고가 될 것이다.

김형국 목사 나들목교회

나는 『메시지』 출간으로, 한반도에 사는 남과 북의 사람들이 성경이 읽고 이해할 수 있는 책이라는 것을 알게 되리라고 확신한다. 유진 피터슨은 보통 사람들의 일상 언어로 성경을 번역했지만 학문적인 엄밀성도 갖춰, 젊은 사람이나 나이 든 사람, 성경을 공부해 온 사람이나 성경을 한 번도 읽은 적 없는 사람 모두에게, 하나님의 말씀이 "살아 있는" 말씀이 되게 했다. 하나님께서 『메시지』를 사용하셔서, 이 땅 한반도가 그분의 살아 있는 말씀으로 가득 채워지기를 기도한다.

오대원 예수전도단 설립자

포스트모던 시대에 교회가 유념해야 하는 사실은 매체가 메시지가 된다는 점입니다. 교회가 간직해 온 가장 소중하고 핵심적인 매체는 하나님의 말씀인 성경인데, 그간 다양한 번역이 나오기는 했지만 아직도 개역이나 개역개정에 대해 많은 사람들이 어렵다는 반응을 보이고 있습니다. 이처럼 한국교회의 매체는 여전히 어렵고 접근하기 불편한 것이 사실입니다. 성경이라는 매체가 '교회는 어려운 곳'이라는 메시지를 전한다면 안타까운 일입니다. 유진 피터슨의 『메시지』는 이미 영어권에서는 폭발적인 반응을 일으킨 바 있습니다. 이 『메시지』가 우리나라의 독자들에게도 전해지게 되어 기쁘게 생각합니다. 바라기는 『메시지』가 우리와 함께하시는 임마누엘의 하나님을 대면하는 새로운 매체가 되어, 교회의 문호가 모든 사람에게 활짝 열려 있다는 메시지도 함께 전달되기를 기대합니다.

김중안 전 한국기독학생회 IVF 대표

"말씀이 육신이 되어……." 육신이 된 말씀은 역사의 분기점마다 새 세상을 창조하는 영감과 통찰, 그리고 힘의 원천이었다. 위대한 개혁의 시대에는 일상의 언어, 보통 사람의 말로 생생하게 살아 펄떡이는 말씀이 있었다. 위클리프의 성경이, 루터의 성경이, 암울했던 일제 강점기에는 개역성경이, 그리고 이제 우리에게는 『메시지』가 주어졌다. 주님께서는 우리 시대 또 어떤 역사를 시작하실 것인가?

이윤복 전 죠이선교회 대표

『메시지』 성경의 출간은 오랫동안 기다려 왔던 일입니다. 왜냐하면 성경을 오늘날의 언어로 이해할 수 있는 탁월한 성경이기 때문입니다. 『메시지』를 통해 많은 사람들이 성경의 진수를 오늘의 생각과 언어 그리고 정서로 이해할 수 있었으면 좋겠습니다. 성경을 손에 잡히는 언어로 이해하고 묵상하기에 가장 훌륭한 도구가 될 것입니다.

한철호 미션파트너스 상임대표

기독교는 창조주 하나님께서 친히 속내를 드러내신 계시의 종교다. 성경은 영원한 하나님의 진리를 제한된 사람의 언어로 담아낸 책으로, 평범한 사람이 이해하도록 배려하신 하나님의 커뮤니케이션이다. 그러나 역사상 수많은 번역이 난삽하거나 고전적 표현을 고집함으로써 성경의 메시지로부터 일반인을 격리시키는 오류를 범하곤 했다. 개역성경도 긴 시간이 흐르면서 현대인이 쉽게 읽기 어려운 책이 되고 말았다. 유진 피터슨의 『메시지』가 우리말로 번역된 것을 보니 오랜 가뭄에 단비같이 반가운 소식이다. 이 탁월한 '성경 옆의 성경'을 통해, 하나님의 말씀이 독자의 삶에 친숙하고 풍성하게 되살아나는 축복이 있기를 바란다.

정민영 전 국제 위클리프 성경번역선교회 부대표

원어의 운율과 숙어적인 의미를 살리면서도 편안하게 빠져서 읽을 수 있는 『메시지』를 우리말로 읽을 수 있게 됨을 환영한다. 우리말로 옮기면서 운율과 어감이 다소 달라졌지만, 성경을 살아 있는 메시지로 듣고자 하는 이들의 보조성경으로 흔쾌히 권하련다.

권영석 전 학원복음화협의회 상임대표

개역성경, 솔직히 좀 어려운 게 사실이지만 다들 쓰니까 어쩔 수 없이 들고 다녀야 했다. 다른 현대어 성경, 좀 밋밋하고 아쉬운 구석이 많아 영어 성경 보듯 가끔 참고만 했다. 유진 피터슨의 『메시지』 성경, 오랜만에 앉은자리에서 책 읽듯이 쭉 읽고 묵상하고 싶게 만드는 성경이다. 못 믿겠으면 지금 당장 로마서 12장 1-2절을 찾아 읽어 보라!

서재석 Young2080 대표

말씀에 목마른 사람들이 있습니다. 말씀 없이는 단 한 순간도 살아갈 수 없는 사람들입니다. 저는 컴패션 현지에서 가난 속에서 몸부림치며 하나님 말씀 붙들고 일어나는 수많은 어린이와 부모들을 만납니다. 그들과 만나면, 말씀의 능력 앞에 엎드릴 수밖에 없습니다. 그 말씀에 가장 좋은 친구가 되는 『메시지』를 통해 말씀의 살아 있음을 더욱 깊이 경험하게 되기를 바랍니다.

서정인 국제어린이양육기구 한국컴패션 대표

『메시지』는 평소에 늘 곁에 두고 읽고 싶은 성경입니다. 마침내 본문 전체가 번역되다니, 얼마나 기쁜지요! 유진 피터슨은 많은 책에서 일상의 영성을 강조하는데, 우리의 구체적인 삶 가운데 함께하시는 하나님을 깨닫고 만나는 데 『메시지』가 많은 도움을 주리라 믿습니다. 『메시지』를 읽고 잠잠히 묵상하는 가운데, 수천 년 전 살았던 성경 속 인물들이 지금 우리 곁에서 이야기하는 듯한 놀라운 경험을 하게 될 것입니다.

문애란 G&M 글로벌문화재단 대표

『메시지』는 이 시대의 언어로 성경 속 그 시절을 물 흐르듯 자연스럽게 만나게 합니다. 『메시지』를 통해 더 많은 이들이 우리를 향한 하나님의 계획하심과 일하심을 생생하게 느끼기를, 나아가 예수님을 알지 못하는 이들 역시 지금 이 순간에도 살아 역사하시는 하나님을 뜨겁게 맞이하기를 소망합니다.

김경란 전 KBS 아나운서

유진 피터슨의 『메시지』는 이미 영어권 독자에게는 '뉴욕타임스'처럼 매일 읽을 수 있는 책으로 자리 잡았다. 그러나 『메시지』는 단순히 사건에 대한 기사를 읽고 아는 것에 그치지 않고 '거룩한 독서', '영적 독서' 렉티오 디비나(lectio divina) 전통이 해온 것처럼 읽고, 묵상하고, 기도하고, 일상의 구체적 삶에서 말씀을 삶으로 살아 내도록 배려한다. 따라서 오늘도 여전히 살아 계셔서 말씀하시는 하나님이 성경을 통해서 말씀하시고 계신 것을 『메시지』를 통해서 체험하게 될 것이고 읽는 이들이 성경을 더욱더 사랑하게 될 것이라 믿고 진심으로 추천한다.

강영안 미국 칼빈신학대학원 철학신학 교수, 서강대학교 철학과 명예교수

『메시지』 성경의 뛰어난 가독성은, 하나님의 말씀인 성경이 이렇게 빨리 읽히고 이렇게 쉽게 이해되어도 괜찮나, 하는 생각이 들어 문득 독서를 멈출 정도이다. 그렇지만 성경이 왜 잘 안 읽히고 이해되기 어려운 책이어야 한단 말인가. 일상의 언어와 시대의 문장에 담겨 우리를 찾아온 새로운 버전의 이 성경은 하나님의 말씀이 얼마나 친근하고 가까운지를 새삼 상기시킨다. 말씀이 그분의 임재의 현장임을 믿는다. 『메시지』 성경의 생생하고 과감한 현대적 표현을 통해 우리는 어제와 마찬가지로 오늘도 동일하게 활동하시는 성령의 역동적인 운행을 경험하며 놀란다.

이승우 소설가, 조선대학교 문예창작학과 교수

『메시지』가 다른 쉬운 번역 성경과 차별되는 독특함은, 번역과 의역을 넘나드는 그 문학성 때문이다. 『메시지』는 딱딱한 성경의 이야기성(narrative)을 멋지게 되살려 낸, 이 시대를 사는 그리스도인들에게 참 반가운 선물이다. 『메시지』는 피터슨의 학문적인 토대 위에서 30여 년간의 목회 사역과 그의 문학적 소양이 빚어낸 역작이다. 하지만 역설적으로 『메시지』는 유진 피터슨의 책이 아니다. 그는 창작자가 아니라 통역자이기 때문이다. 하나님이 말씀하시고, 피터슨 목사는 알아듣기 쉬운 언어로 그 말씀을 전하는 또 한 명의 도구일 뿐이다. 이 지혜로운 동네 목사님이 준비해 주신 말씀이 우리 안에서 살아 내지도록 하는 것만이 그 은혜에 보답하는 길이리라.

고(故) 안수현 『그 청년 바보의사』 저자

제가 이스라엘에서 10년간 사역하면서 누린 최고의 복은, 이스라엘의 역사·지리·문화에 대한 폭넓은 이해를 통해 성경을 역사 드라마처럼 익사이팅하게 읽을 수 있게 되었다는 점입니다. 유진 피터슨의 『메시지』 또한 성경 속 이야기를 눈앞에서 움직이듯이 생생히 전달해 주어 성경을 더욱 친근하고 입체적으로 이해하도록 돕습니다. 이 책을 통해, 풍성하고 벗어날 수 없는 성경의 매력에 푹 빠져 보시기 바랍니다.

류모세 『열린다 성경』 저자

『메시지』는 마치 다리와도 같다. 성경과 사람들 사이에 다리를 놓아 우리로 하여금 바로 일상에서 말씀하시는 것 같은 생생한 어조로 진리를 듣게 해준다.

하덕규 CCM 아티스트

유진 피터슨은 일상과 사람과 영성을 따로 보지 않았습니다. 『메시지』에는 뭇 백성을 향한 애끓는 사랑과 그분을 향한 한결같은 장인 정신이 살아 있습니다. 예수가 사람이 되어 오신 사랑과 연민을 그는 『메시지』를 통해 실천했습니다.

홍순관 CCM 아티스트

『메시지』의 출간을 독자의 한 사람으로 기다리고 있었습니다. 따뜻하고 친절한 저자의 배려가 글 한 구절 한 구절에 담겨져 있는 듯합니다. 덕분에 쉽게 펼쳐 보지 못했던 성경의 구석구석을 『메시지』와 함께 여행할 수 있어 읽는 내내 가슴 설레고, 인생이라는 여행길에 걸음걸음 흥겨움을 줍니다. 고맙습니다. 좋은 책을 만나게 해주셔서……

조수아 CCM 아티스트

하나님은 인간의 언어를 사용하여 우리의 수준으로 말씀하셨다. 신약성경이 코이네(평범한) 그리스어로 쓰여진 것도 바로 그 맥락일 것이다. 『메시지』는 누구나 이해할 수 있는 일상의 언어로 우리에게 말씀하신 그 놀라운 성육신의 은혜를 고스란히 담아내고 있다.

조준모 CCM 아티스트, 한동대학교 국제어문학부 교수

일상을 사는 일과 말씀을 읽고 그 말씀을 일상 속에 해석하고 또한 비추어 내는 일은 늘 어려운 숙제 같습니다. 여기 이 책이 그 여정 가운데 도움이 되지 않을까 싶습니다.

한웅재 CCM 아티스트

『메시지』는 유진 피터슨의 35년간의 목회 경험과 신학 교수로서의 전문성이 집약된 '읽는 성경'이다. 학자적 엄밀성뿐 아니라 공역 성경이 줄 수 없는 친근함과 정겨움이 넘쳐나는 이 책은, 기독교인과 일반인 모두에게 성경을 더욱 가까이하는 계기를 제공한다.

「국민일보」

『메시지』 한국어판 감수자

성경 읽기의 궁극적 목표는 순종이다. 순종은 하나님의 뜻에 대한 깨달음을 전제한다. 그리고 우리는 이 깨달음을 위해 성경을 읽는다. 그렇지만 우리는 종종 내게 칼날을 겨누는 깨달음보다는 그런 불편함이 없는 읽기 자체에만 몰두하려 한다. 그런 우리에게는 우리의 무릎을 꿇게 하는 성령의 감화가 필요하겠지만, 깨달음의 장애를 제거하려는 노력도 필요할 것이다. 유진 피터슨의 『메시지』는 깨달음을 위한 읽기를 돕는 참 좋은 도구다. 물론 한 사람의 경험으로 비춘 사적인 읽기이지만, 그래서 오히려 더 구체적이고 더 살갑다. 『메시지』를 읽으며 우리는 '나도 이처럼 실감나게 말씀을 읽고 싶다'는 열망을 갖게 된다. 세상의 온갖 잡음으로 난청의 지병에 시달리는 우리를 돕는 좋은 보청기가 될 수 있을 것이다.

권연경 교수 숭실대학교 신약학

말씀을 주체적으로 읽는 것이 기독교 영성의 중요한 부분이다. 그러나 난해한 번역은 때때로 그런 성경 읽기를 방해한다. 원문에 대한 해설적 번역인 『메시지』 성경은 보다 많은 사람들이 성경을 재미있고 진지하게 읽도록 도울 것이다. 또한 한국의 다소 보수적인 성경 번역 문화에서 『메시지』 성경은 신선하며 대안적인 번역이 되리라 확신한다.

김구원 교수 개신대학원대학교 구약학

유진 피터슨이 풀어가는 『메시지』는 참으로 파격적이다. 워낙 파격적이어서 어떤 부분에서는 히브리어 본문보다 한 걸음 더 나아간 듯 보이기도 한다. 주어진 본문의 일점일획을 강조하는 오늘의 우리는 그의 번역을 따라가기가 주저되기도 한다. 그러나 성경 번역의 가장 기본적인 목적이 그때에 주어진 말씀을 오늘의 우리가 이해할 수 있도록 돕는 것, 다시 말해 '과거와 현재의 소통'이라고 할 때, 『메시지』는 일관되게 이 목적에 충실하다. 『메시지』를 읽다 보면 성경에 이런 말씀이 있었는지 깜짝 놀라게 될 것이다. 이렇게 파격적인 표현이 있었던가 싶을 것이며, 개역개정판을 다시 들추어 보게 될 것이다. 그렇게 두 번역본을 서로 대조해 보게 하고, 또 다른 번역들을 확인해 보게 만든다는 점으로도 『메시지』의 가치는 매우 특별하다.

김근주 교수 기독연구원 느헤미야 전임연구위원

오랫동안 기다리던 『메시지』가 드디어 출간되었다. 일상에서 만나는 하나님, 하나님께서 섭리하시는 일상의 삶이 『메시지』 성경에 어떻게 녹아 있을지 몹시 궁금했는데, 역시 기대를 저버리지 않는다. 저자의 40년 목회자로서의 삶과 묵상의 결과물로서, 오늘날 일상의 언어로 친근하게 표현되었을 뿐 아니라 한국적 맥락에서 능수능란하게 번역되어 있어, 구약의 지혜자와 시인들의 빛나는 지혜와 진솔한 고백, 그 절절한 외침들을 가슴 깊이 와 닿게 만든다. 성경을 통독하고자 하는 이들은 시 읽기에 대한 부담감을 떨쳐 버리고 편하게 넘기면서 읽을 수 있을 것이고, 한 구절 한 구절 음미하며 묵상하고자 하는 이들에게는 구약 성도들의 깊은 신앙의 맛을 느끼게 하는 동시에 쉽게 삶으로 옮겨 가도록 도와줄 것이다. 또한 『메시지』 본문으로 설교하는 사역자들은 원문과 다른 번역본들과 더불어 이 책을 참조하며 읽을 때 해석과 적용의 고리를 선명하게 이어 나갈 수 있을 것이다. 많은 성도들이 이 책을 통해 일상에서 더 깊이 하나님을 만나고 일상의 삶을 더 지혜롭고 행복하게 영위할 수 있게 되기를 바란다.

김성수 교수 고려신학대학원 구약학

『메시지』는 목회자의 마음으로 번역된 성경이다. 독자에게 하나님의 마음을 전달하려는 간절한 목자의 마음이 문체와 어조 속에 잘 반영되어 있다. 유진 피터슨은 자신이 목회하는 교회의 회중의 눈높이에 맞춰, 현대인의 접근을 어렵게 만드는 성경의 구절들을 일상의 언어로 탁월하게 번역해 냈다.

김회권 교수 숭실대학교 구약학

광야길을 가며 구약성경을 읽고 있던 에티오피아 재무장관에게 예루살렘 교회의 전도자 빌립이 다가와 물었습니다. "읽는 것이 이해가 되십니까?" 그러자 에티오피아 내시는 "도와주는 사람이 없는데 어찌 이해가 되겠습니까?"라고 대답했습니다. 이 에피소드는 유진 피터슨의 『메시지』의 역할이 무엇인지 잘 설명해 줍니다. 우리가 부르는 찬송가의 한 구절처럼, 『메시지』는 하나님의 말씀을 알아듣기 쉽고 이해하기 쉽게 들려주는 탁월한 통역자입니다. 또한 천상의 언어를 우리가 사는 이 땅의 언어로 번역한 성육신적 성경입니다. 어느 것도 이보다 더 좋을 수 없을 것입니다.

류호준 교수 백석대학교 구약학

종교개혁의 중요한 공헌 가운데 하나는, 신부들의 전유물처럼 여겨진 라틴어로 된 성경을 각 나라말로 번역하여 평신도들이 직접 성경을 읽게 함으로써 성경 중심의 신앙을 세운 것이다. 한국에서는 예배용으로 사용되는 개역성경의 전통이 있고 최근에 다양한 성경이 보급되었지만, 여전히 신앙인들이 쉽게 성경을 읽기에는 장애물들이 있는 실정이다. 이러한 상황에서, 성경 옆의 성경 『메시지』는 성경이 신앙인들에게 더 가까이 다가가게 만드는 역할을 한다는 면에서 반갑지 않을 수 없다. 나 자신도 감수를 하면서 쉬운 일상의 말로 번역된 성경의 이야기가 통전적으로 다가오는 편안함을 느낄 수 있었다. 『메시지』가 한국어를 사용하는 신앙인들에게 성경의 오묘한 세계로 들어가는 친절한 친구가 되기를 소망한다.

배정훈 교수 장로회신학대학교 구약학

유진 피터슨의 『메시지』를 우리말로 읽는다는 것은 커다란 감동입니다. 히브리어와 그리스어로 기록된 성경의 말씀이 무슨 뜻인지를 오늘날 우리들의 글말로 새롭게 듣게 하기 때문입니다. 성경의 세계와 오늘 우리 사이에는 커다란 시간적·공간적·문화적 거리가 있습니다. 유진 피터슨의 『메시지』는 이 거리를 단숨에 건너뛰게 해줍니다. 그때 선포되었던 말씀을 오늘 우리에게 선포되는 말씀으로 듣게 할 뿐만 아니라 그 뜻이 무엇인지를 정확하게 깨닫게 해줍니다. 어렵게만 느껴지던 성경의 구절이 '아! 그런 뜻이었구나' 하면서 우리에게 다가오는 경험을 하게 됩니다. 그런 점에서 유진 피터슨의 『메시지』는 '뜻으로 푼 성경'이라고 말할 수 있습니다. 그가 풀어 놓은 말씀의 향연에 참여할 때, 독자들은 하나님의 말씀을 "종일 작은 소리로 읊조리는"(시 119:97) 시인의 고백을 공유하게 됩니다.

왕대일 교수 감리교신학대학교 구약학

성경의 존재 이유는 하나님의 선물인 구원을 인류에게 전달하는 데 있다. 이 『메시지』 성경은 하나님의 말씀만이 제공할 수 있는 영혼을 살려 내는 싱싱함을 듬뿍 안겨 준다. 알찬 짜임새로 독자를 사로잡는 이 『메시지』 성경의 한 구절 한 구절은, 독자가 이해하기 쉽도록 현대적인 번역은 물론, 감칠맛 나는 수사학적 뉘앙스가 어우러져 수천 년 전 바로 그 선포의 자리에 함께하고 있다는 느낌마저 들게 한다. 동시에 본문의 의미를 정확하게 담아내려는 노력은 이 『메시지』 성경을 현대인의 영적 해갈을 위한 명작으로 손꼽히게 만든다. 그래서 성경에 대해서 이해하기 어렵다는 불평은 본 『메시지』 성경을 손에 든 순간부터 더 이상 설득력을 잃게 될 것이다. 현란한 언어가 난무하고 진리의 순수성이 훼손되는 현대사회의 모든 문제와 사회적 병폐를 치유해 줄 본 『메시지』 성경의 출간을 축하하며, 그리스도인들과 진리에 목마른 모든 현대인들에게 『메시지』를 강력히 추천하는 바이다.

윤철원 교수 서울신학대학교 신약학

『메시지』의 미덕은 두 가지다. 무엇보다 성경을 막힘없이 읽을 수 있게 해준다. 하나님의 거대한 이야기를 만들었던 소소한 일상 속에서 사람들이 웃고 떠들고 화내고 슬퍼하던 소리를 생생히 듣는다. 그들와 함께했던 하나님의 일하심을 또렷하게 본다. 이것이 『메시지』의 잘 알려진 첫 번째 미덕이다. 그런데 『메시지』의 두 번째 미덕은 첫 번째 미덕과는 반대의 성격을 띤다. 『메시지』는 종종 성경을 읽는 걸음을 멈추게 한다. 하나님의 말씀이 잘 들리지 않는 이유 중 하나는 우리가 그 말씀에 너무 "익숙해져" 있기 때문이다. 익숙한 말은 더 이상 들리지 않는다. 더 이상 설레지도 않는다. 그런데 『메시지』는 하나님의 말씀을 낯설게 한다. 이런 말씀이 성경에 있었단 말인가? 말씀을 낯설게 하기, 이것이 『메시지』의 두 번째 미덕이다. 이런 낯설음이 정말로 성경이 무엇을 말하고 있는지 다시금 꼼꼼히 살펴보는 계기가 된다면, 『메시지』는 '성경 옆의 성경'이라는 소임을 성공적으로 수행한 것이다. 『메시지』를 통해 하나님 말씀을 가슴 설레며 읽게 되는 것, 그 하늘의 복을 모든 독자들이 누릴 수 있기를 바란다.

전성민 교수 밴쿠버 기독교세계관대학원 원장

성경은 고전(古典) 가운데서도 최고의 고전이다. 고전이란 반드시 읽어야 할 책이라는 것은 누구나 알지만, 고전을 읽는다는 것은 말 그대로 고전(苦戰)이라, 쉽게 읽지 못하는 책이기도 하다. 성경이 영원히 읽어야 할 책이라는 점에는 그 누구도 이의를 제기하지 않을 것이다. 그러나 열정적인 독서에 비해서 그만큼 이해되지 않는 책이기도 하다. 이런 문제를 단번에 해결하는 책이 드디어 발간되었다. 문자적인 번역은 그 의미를 파악하기가 쉽지 않고, 풀어 쓴 의역은 본래의 의미를 벗어나기가 십상이다. 그런데 『메시지』는 이 둘의 한계를 신기하게 극복하고, 본문의 의미를 현대적인 언어로 되살린 탁월한 결과물이다. 마치 성경의 원저자이신 하나님께서 옆에서 우리가 쓰는 언어로 말씀하시는 것 같은 착각을 불러일으킬 정도다.

차준희 교수 한세대학교 구약학

'그때 거기에서의' 옛 메시지의 보화를 캐내어 '이제 여기에서의' 신선하고 살아 있는 복음 메시지로 우리에게 친숙하게 다가온 우리말 『메시지』 성경 출간을 기쁘게 생각합니다. 그 옛날 쉽게 알아들을 수 있었던 하나님의 말씀이 오늘 우리에게도 그렇게 다가와야 함은, 사람들의 기대이자 하나님의 선하신 뜻이라 확신합니다. 서구에서 그러했듯이, 『메시지』 성경은 한국의 오늘과 내일의 성도들에게도 많은 사랑을 받을 것입니다. 이에 설렘과 감사 가운데 『메시지』 성경을 환영하며 추천합니다.

허주 교수 아신대학교 신약학

『메시지』는 내가 아는 성경의 최근 번역본 중에 가장 역동적인 성경이다. 『메시지』는 아이들도 이해할 수 있는 성경이다. 성경을 많이 읽어 온 사람은 이 『메시지』를 통해 예수님의 말씀을 전혀 새로운 눈으로 보게 될 것이다.

빌리 그레이엄

『메시지』는 하나님 말씀을 교인들에게 전하려고 했던 피터슨의 목회 경험에서 나온 책이다. 『메시지』를 통해 가장 큰 유익을 얻을 사람은, 성경을 읽어도 이해가 되지 않아 성경을 덮어 버린 사람이다. 또한 깊이 생각하며 진리를 추구하지만 아직 말씀을 받아들일 준비가 되어 있지 않은 사람이다. 놀랍게도 『메시지』는, 일상적인 언어로 저들에게 강렬하게 다가가서 살아 있는 말씀이 된다.

달라스 윌라드 『하나님의 모략』 저자

『메시지』는 성경 본래의 목소리를 생생한 언어로 전해 주는 성경이다. 강력하게 추천한다.

리처드 포스터 『영적 훈련과 성장』 저자

학자적 엄밀성과 생생한 표현이 잘 어우러진 유진 피터슨의 『메시지』는, 다양한 성경 번역본 가운데 단연 돋보이고 뛰어난 성경이다. 성경 원문의 논리적 흐름과 활력적인 정서, 함축된 의미들이 탁월하게 되살아난다.

제임스 I. 패커 『하나님을 아는 지식』 저자

『메시지』는 오늘날 살아 있는 일상의 언어로 말하는 성경이다. 유진 피터슨의 탁월한 언어 감각은 『메시지』만의 고유한 특징이다.

고든 피 리젠트 칼리지 신약학 교수

우리는 전 교인과 함께 『메시지』를 읽었고, 지금도 계속해서 읽고 있다.

릭 워렌 새들백교회 담임목사

『메시지』는 한 번 손에 들면 놓을 수 없는 책이다. 다음에 어떤 내용이 있을지 궁금해서 계속해서 읽게 되고, 읽다 보면 끊임없이 놀라게 된다. 『메시지』의 신선한 관점과 형식은 예수님에 관한 사실들을 단번에 읽어 내는 경험을 가져다줄 것이다.

에이미 그랜트 CCM 아티스트

피터슨 목사님, 안녕하세요? 저는 그룹 U2의 싱어인 보노입니다. 성경 본문을 이렇게 멋지게 번역하신 그 수고에 대해서 저와 저희 밴드가 감사의 마음을 전하고 싶습니다. 정말이지 너무 훌륭합니다. 그동안 많은 훌륭한 번역들이 있었지만 제 자신의 언어 그대로 이야기해 주는 이런 성경은 처음이었어요. 10년이라는 시간, 참 긴 시간이죠. 이젠 좀 쉬셔야죠? 안녕히.

보노 록그룹 U2 리드싱어

나는 『메시지』에서 단어를 읽을 뿐 아니라, 단어 뒤에서 말하는 소리까지도 듣게 된다. 『메시지』는 우리 눈에 읽히고 귀로도 들려서, 성경 속으로 들어가는 문을 활짝 열어 준다.

마이클 카드 CCM 아티스트

『메시지』는 나를 사로잡아 놀랍도록 살아 있게 한다. 『메시지』는 경이와 흥분, 인간의 진정한 언어와 감정으로 가득 차 있다.

프레드릭 뷰크너 『하나님을 향한 여정』 저자

성경의 이야기를 새롭고 신선하게 보는 눈을 열어 준 이 책을 처음 만난 것이 아주 오래전 일인 것 같다. 이제 『메시지』를 읽고 싶어 하는 저 수많은 사람들의 명단에 내 이름이 올라 있다. 『메시지』는 내게 너무도 소중한 친구이다.

맥스 루케이도 『예수님처럼』 저자

유진 피터슨 덕분에 이 시대 모든 이들이 성경을 흥미롭고 강력하고 감미롭고 날카롭고 설득력 있고 통렬하고 인간적이고 현대적이고 따뜻하고 극적으로 읽을 수 있게 되었다.

월터 왱어린 『오직 나와 내 집은』 저자

나는 『메시지』의 한 구절을 읽고, 다시 읽고 생각한다. '아, 이것이 그런 뜻이었구나!' 피터슨은 우리에게 평생의 선물을 주었다.

레베카 피펏 『빛으로 소금으로』 저자

놀랍다! 나는 항상 『메시지』를 가지고 다닌다. 『메시지』는 어디를 가든 꺼내 보고 싶은 보화다.

조니 에릭슨 타다 『하나님의 눈물』 저자

『메시지』를 주신 하나님께 감사드린다. 유진 피터슨은 『메시지』를 통해 교회가 성경을 새롭게 읽을 수 있게 해주었다.

「크리스채너티 투데이」

『메시지』 원서 감수자

구약

로버트 L. 허버드 Jr. | 노스 파크 신학교 구약학 교수
리처드 E. 에버벡 | 트리니티 복음주의 신학교 구약학 교수
피터 E. 엔즈 | 이스턴 대학교 구약학 교수
듀안 A. 개럿 | 남침례 신학교 구약학 교수
프레스콧 H. 윌리엄스 Jr. | 전 오스틴 장로교 신학교 구약학 교수
브라이언 E. 베이어 | 컬럼비아 인터내셔널 대학교 인문대 교수
레이머 E. 쿠퍼 | 크리스웰 칼리지 구약학 교수
도널드 R. 글렌 | 댈러스 신학교 구약학 명예교수
폴 R. 하우스 | 비슨 신학교 구약학 교수
V. 필립스 롱 | 리젠트 칼리지 구약학 교수
트렘퍼 롱맨 3세 | 웨스트몬트 칼리지 구약학 교수
존 N. 오스월트 | 애즈베리 신학교 구약학 교수
리처드 L. 프랫 Jr. | 리폼드 신학교 구약학 교수
존 H. 월튼 | 휘튼 칼리지 구약학 교수
마빈 R. 윌슨 | 고든 칼리지 구약학 교수

신약

윌리엄 W. 클라인 | 덴버 신학교 신약학 교수
대럴 L. 보크 | 댈러스 신학교 신약학 교수
도널드 A. 해그너 | 풀러 신학교 신약학 교수
모이제스 실바 | 전 고든 콘웰 신학교 신약학 교수
로드니 A. 휘태커 | 트리니티 성공회 신학교 신약학 명예교수

『메시지』 한국어판 작업에 도움을 준 이들

번역

김순현 | 여수 갈릴리교회 담임목사, 번역가(『메시지』 『안식』 『디트리히 본회퍼』 등 다수)
윤종석 | 전문 번역가(『메시지』 『예수님처럼』 『하나님의 모략』 『놀라운 하나님의 은혜』 등 다수)
이종태 | 한남대학교 교양대학 교수, 번역가(『메시지』 『순전한 기독교』 『다윗: 현실에 뿌리박은 영성』 등 다수)
홍종락 | 전문 번역가(『메시지』 『올 댓 바이블』 『피고석의 하나님』 『영광의 무게』 등 다수)

책임 감수

김회권 | 숭실대학교 기독교학과 교수, 『청년설교 시리즈』 『하나님 나라 신학 강해 시리즈』 저자
김영봉 | 와싱톤사귐의교회 담임목사, 『설교자의 일주일』 『사귐의 기도』 『바늘귀를 통과한 부자』 저자

신학 감수

김구원 | 개신대학원대학교 구약학 교수
김근주 | 기독연구원 느헤미야 전임연구위원
김성수 | 고려신학대학원 구약학 교수
류호준 | 백석대학교 구약학 교수
배정훈 | 장로회신학대학교 구약학 교수
왕대일 | 감리교신학대학교 구약학 교수
전성민 | 밴쿠버 기독교세계관대학원 원장
차준희 | 한세대학교 구약학 교수
권연경 | 숭실대학교 신약학 교수
김철홍 | 장로회신학대학교 신약학 교수
심상법 | 총신대학교 신약학 교수
윤철원 | 서울신학대학교 신약학 교수
허주 | 아신대학교 신약학 교수

영문 감수

이종태 | 한남대학교 교양대학 교수, 번역가(『메시지』 『순전한 기독교』 『다윗: 현실에 뿌리박은 영성』 등 다수)
홍종락 | 전문 번역가(『메시지』 『올 댓 바이블』 『피고석의 하나님』 『영광의 무게』 등 다수)

편집 및 독자 감수

『메시지』 한국어판이 약 10년에 걸쳐 완간되기까지, 복 있는 사람 출판사에서 오랫동안 수고해 온 멤버들과 개교회 목회자, 선교단체 간사, 신학생들 그리고 무명의 독자들의 날카롭고도 애정어린 편집 및 감수의 손길이 『메시지』 곳곳에 배어 있다.

메시지 | 완역본

2009년 10월 20일 초판(신약) 1쇄 발행
2011년 4월 29일 초판(모세오경) 1쇄 발행
2012년 7월 30일 초판(역사서) 1쇄 발행
2013년 8월 14일 초판(예언서) 1쇄 발행
2015년 1월 16일 초판(시가서) 1쇄 발행
2015년 11월 23일 완역본 1쇄 발행
2024년 1월 19일 완역본 14쇄 발행

지은이 유진 피터슨
옮긴이 김순현 윤종석 이종태 홍종락
책임 감수자 김회권 김영봉
펴낸이 박종현

(주) 복 있는 사람
주소 서울특별시 마포구 연남동 246-21(성미산로23길 26-6)
전화 02-723-7183(편집), 7734(영업·마케팅)
팩스 02-723-7184
이메일 hismessage@naver.com
등록 1998년 1월 19일 제1-2280호

ISBN 978-89-6360-166-3 03230

이 도서의 국립중앙도서관 출판시도서목록(CIP)은
서지정보유통지원시스템 홈페이지(http://seoji.nl.go.kr)와 국가자료공동목록시스템
(http://www.nl.go.kr/kolisnet)에서 이용하실 수 있습니다. (CIP 제어번호: 2015027932)

THE MESSAGE: The Bible in Contemporary Language
by Eugene H. Peterson

메시지 | 완역본

THE MESSAGE

The Bible in Contemporary Language

Eugene H. Peterson

The MESSAGE

유진 피터슨

복 있는 사람

구약전서

신약전서

일러두기

- 유진 피터슨의 『메시지』 영어 원문을 번역하면서, 한국 교회의 실정과 환경을 고려하여 『메시지』 한글 번역본의 극히 일부분을 의역하거나 문장과 용어를 바꾸었다.
- 유진 피터슨은 『메시지』 영어 원문에서, 유일무이한 하나님의 인격적 이름을 주(LORD) 대신에 대문자 GOD로 번역했다. 따라서 『메시지』 한국어판은 많은 논의와 신학 감수를 거쳐, 원저자의 의도를 반영해 '주'(LORD) 대신에 강조체 '하나님'(GOD)으로 표기했다.
- 『메시지』 한국어판의 도량형(길이, 무게, 부피)은 『메시지』 영어 원문을 기초로 하여, 오늘날 우리나라에서 일반적으로 통용되는 단위로 환산해 표기했다.
- 지명, 인명은 대한성서공회에서 발행한 「개역개정」「새번역」 성경의 원칙을 따랐다.

한국의 독자에게

한국의 많은 친구들이 하나님의 말씀, 이 귀한 성경 말씀을 오늘의 언어로 된 새로운 번역으로 읽게 된다니 기쁘기 그지없습니다.

하나님의 말씀—하나님은 말씀하시고, 언어를 사용하십니다—은 세상과 우리 안에서 벌어지는 모든 일, 글자 그대로 모든 일의 기초입니다. 성경의 첫 페이지에는 "하나님께서 말씀하셨다"가 아홉 번이나 나옵니다. 하나님이 말씀하시면, 일이 생겨납니다. 우리가 존재하게 됩니다. 성경은 하나님이 말씀하실 때 생겨나거나 존재하게 되는 일들의 이야기입니다. 그 이야기는 우리가 자녀와 부모 간에, 친구와 이웃들과 이야기할 때 사용하는 언어와 똑같은 언어로 말하고 기록되었습니다. 그러므로 하나님의 백성이, 하나님이 누구시며 그분이 무슨 일을 하시는지를 계시해 주는 말씀을 읽는 데 계속해서 열심을 내는 것은 놀랄 일이 아닙니다. 참으로 놀라운 사실은, 하나님의 백성인 우리가 모든 것을 포괄하는 그 거대한 창조와 구원의 이야기에 등장하고, 그 이야기에 참여하고 있으며, 그 이야기를 살아 낸다는 것입니다.

여러분이 이 책을 펴서 읽는 동안, 기독교 신앙과 모든 삶의 핵심에 자리한 그 거대한 대화 속으로 들어가기를, 하나님이 말씀하시고 여러분이 응답하는 대화 속으로 들어가기를 간절히 바랍니다.

유진 피터슨

『메시지』를 읽는 독자에게

『메시지』에 독특한 점이 있다면, 현직 목사가 그 본문을 다듬었기 때문일 것이다. 나는 성경의 메시지를 내가 섬기는 사람들의 삶 속에 들여놓는 것을 내게 주어진 일차적 책임으로 받아들이고 성인 인생의 대부분을 살아왔다. 강단과 교단, 가정 성경공부와 산상수련회에서 그 일을 했고, 병원과 양로원에서 대화하면서, 주방에서 커피를 마시고 바닷가를 거닐면서 그 일을 했다. 『메시지』는 40년간의 목회 사역이라는 토양에서 자라난 열매다.

인간의 삶을 만들고 변화시키는 하나님의 말씀은, 내가 『메시지』 작업을 하는 동안 정말로 사람들의 삶을 만들고 변화시켰다. 우리 교회와 공동체라는 토양에 심겨진 말씀의 씨앗은, 싹을 틔우고 자라서 열매를 맺었다. 현재의 『메시지』를 작업할 무렵에는, 내가 수확기의 과수원을 누비며 무성한 가지에서 잘 영근 사과며 복숭아며 자두를 따고 있다는 기분이 들곤 했다. 놀랍게도 성경에는, 내가 목회하는 성도며 죄인인 사람들이 살아 낼 수 없는 말씀, 이 나라와 문화 속에서 진리로 확증되지 않는 말씀이 단 한 페이지도 없었다.

내가 처음부터 목사였던 것은 아니다. 원래 나는 교사의 길에 들어서서, 몇 년간 신학교에서 성경 원어인 히브리어와 그리스어를 가르쳤다. 남은 평생을 교수와 학자로 가르치고 집필하고 연구하며 살겠거니 생각했었다. 그러다 갑자기 직업을 바꾸어 교회 목회를 맡게 되었다.

뛰어들고 보니, 교회는 전혀 다른 세계였다. 제일 먼저 눈에 띈 차이는, 아무도 성경에 별로 관심이 없어 보인다는 점이었다. 얼마 전까지만 해도, 사람들은 내게 돈을 내면서까지 성경을 가르쳐 달라고 했는데 말이다. 내가 새로 섬기게 된 사람들 중 다수는, 사실 성경에 대해 아무것도 몰랐다. 성경을 읽은 적도 없었고, 배우려는 마음조차 없었다. 성경을 몇 년씩 읽어 온 사람들도 많았지만, 그들에게 성경은 너무 익숙해서 무미건조하고 진부한 말로 전락해 있었다. 그들은 지루함을 느낀 나머지 성경을 제쳐 둔 상태였다. 그 양쪽 사이에 있는 사람은 많지 않았다. 내가 가장 중요하게 여긴 일은, 성경 말씀을 그 사람들의 머리와 가슴 속에 들여놓아서, 성경의 메시지가 그들의 삶이 되게 하는 것이었다. 그러나 거기에 관심을 갖는 사람은 거의 없었다. 신문과 잡지, 영화와 소설이 그들 입맛에 더 맞았다.

결국 나는, 바로 그 사람들에게 성경의 메시지를 듣게—정말로 듣게—해주는 일을 내 평생의 본분으로 삼게 되었다. 그것이야말로 확실히 나를 위해 예비된 일이었다.

나는 성경의 세계와 오늘의 세계라는 두 언어 세계에 살고 있었다. 나는 언제나 그 두 세계가 같은 세계인 줄 알았다. 그러나 사람들은 그렇게 보지 않았다. 나는 어쩔 수 없이 "번역가"(당시에는 그런 표현을 쓰지 않았지만)가 되었다. 날마다 그 두 세계의 접경에 서서, 하나님이 우리를 창조하시고 구원하시고 치유하시고 복 주시고 심판하시고 다스리실 때 쓰시는 성경의 언어를, 우리가 잡담하고 이야기하고 길을 알려 주고 사업하고 노래 부르고 자녀에게 말할 때 쓰는 오늘의 언어로 옮긴 것이다.

그렇게 하는 동안, 성경의 원어—강력하고 생생한 히브리어와 그리스어—는 끊임없이 내 설교의 물밑에서 작용했다. 성경의 원어는 단어와 문장을 힘 있고 예리하게 해주고, 내가 섬기는 사람들의 상상력을 넓혀 주었다. 그래서 오늘의 언어 속에서 성경의 언어를 듣고, 성경의 언어 속에서 오늘의 언어를 들을 수 있게 해주었다.

나는 30년간 한 교회에서 그 일을 했다. 그러던 어느 날(1990년 4월 30일이었다), 한 편집자가 내게 편지를 보내 왔다. 그동안 내가 목사로서 해온 일의 연장선에서 새로운 성경 번역본을 집필해 달라는 청탁의 편지였다. 나는 수락했다. 그 후 10년은 수확기였다. 그 열매가 바로『메시지』다.

『메시지』는 읽는 성경이다. 기존의 탁월한 주석성경을 대체하기 위한 것이 아니다. 내 취지는 간단하다. (일찍이 우리 교회와 공동체에서도 그랬듯이) 성경이 충분히 읽을 수 있는 책이라는 사실을 모르는 사람들에게 성경을 읽게 해주고, 성경에 관심을 잃은 지 오래된 사람들에게 성경을 다시 읽게 해주는 것이다. 그렇다고 굳이 내용을 쉽게 하지는 않았다. 성경에는 이해하기 어려운 부분도 많이 있다. 그래서『메시지』를 읽다 보면, 더 깊은 연구에 도움이 될 주석성경을 구하는 일이 조만간 중요하게 여겨질 것이다. 그때까지는, 일상을 살기 위해 읽으라. 읽으면서 이렇게 기도하라. "하나님, 말씀하신 대로 내게 이루어지기를 원합니다."

유진 피터슨

『메시지』 머리말

읽는 것이 먼저다. 일단 성경을 읽는 것이 중요하다. 읽다 보면, 어느새 우리는 새로운 말의 세계에 들어가 대화를 나누게 된다. 하나님께서 시작과 끝을 쥐고 계신 그 대화에 우리도 참여하고 있음을 곧 알게 된다. 이것은 우리가 예상치 못한 일이다. 하지만 어느 시대를 막론하고 성경을 읽는 사람들은, 성경이 우리에 관해서 기록된 책일 뿐 아니라 우리를 향해 기록된 책이라는 사실을 알고 있었다. 성경 속에서 우리는 대화의 참여자가 된다. 그 대화를 통해, 하나님은 말씀으로 우리를 만드시고 복 주시고 가르치시고 인도하시고 용서하시고 구원하신다.

우리는 이런 일에 익숙하지 못하다. 반면에, 설명이나 지시나 감동이나 즐거움을 주는 책을 읽는 데는 익숙하다. 하지만 성경은 다르다. 성경은 계시의 세계다. 하나님은 바로 우리 같은 사람들—하나님 형상대로 지음받은 남녀들—에게, 그분이 일하시는 방식과 우리가 살고 있는 세계의 실상을 계시해 주신다. 동시에 하나님은 우리를 이끌어 그분의 일하시는 삶에 동참하도록 초청하고 명령하신다. 우리 시대의 가장 중요한 일은 하나님께서 (하늘에서와 같이) 이 땅에 사랑과 정의의 위대한 통치를 세우시는 것이다. 우리가 그 일의 주체임을, 우리는 서서히 (혹은 갑자기) 깨닫는다. '계시'란 우리 스스로는 알아내지 못할 일, 짐작하지도 못할 내용을 읽고 있다는 뜻이다. 성경의 독특성은 바로 계시에 있다.

『메시지』 성경도, 일단 읽고 귀 기울여 듣는 것이 중요하다. 공부할 시간은 나중에 얼마든지 있을 것이다. 우선은 그냥 읽는 것이 중요하다. 서두르지 말고 생각하면서 읽어야 한다. 성경의 이야기와 노래, 기도와 대화, 설교와 환상이 우리를 보다 큰 세계로 초청하는 방식을 느낄 수 있어야 한다. 하나님께서는 그 큰 세계에 계시면서 우리 눈에 보이는 모든 것에 개입하신다. 이 땅에 산다는 것—그냥 왔다 가는 것이 아니라 정말로 산다는 것—의 의미를 일깨워 주신다. 읽다 보면, 우리는 "알아듣기" 시작한다. 읽으면 읽을수록, 더욱 그렇다. 우리는 하나님과 대화를 나누고 있다. 우리에게 가장 중요한 사안들에 관해서 어느새 듣고 대답하고 있다. 우리는 누구인가, 어디서 와서 어디로 가는가, 무엇이 우리를 움직이는가, 우리가 사는 세계와 공동체의 원리는 무엇인가, 무엇보다도 우리 가운데 계시면서 우리 힘으로 할 수 없는 일들을 대신 해주시는 하나님의 신기한 사랑에 관해 대화하게 된다.

성경을 읽으면서 우리는, 이 세상에 더 큰 의미가 있음을 알게 된다. 인간이라는 존재에도, 보이는 세계에도, 보이지 않는 세계에도 더 큰 의미가 있다. 모든 것에 더 큰 의미가 있다! 그리고 그 의미는 하나님과 관계가 있다.

많은 사람들에게 성경은 새로운 책, 전혀 다른 종류의 책이다. 성경은 우리가 읽는 책이지만, 우리를 읽는 책이기도 하다. 우리는 뭔가 얻어 낼 수 있는 책을 찾아 읽는 데 익숙하다. 이를테면, 유용한 정보나 기운을 북돋아 주는 감동적인 이야기, 온갖 일의 방법론, 비 오는 날 시간을 때울 오락물, 더 행복한 삶으로 이끌어 줄 지혜 같은 것을 찾는다. 성경 읽기에도 그런 유익이 있을 수 있고, 실제로 있기도 하다. 하지만 하나님께서 우리에게 성경을 주신 본래 목적은, 단순히 우리를 초청하시기 위해서다. 하나님의 세계와 하나님의 말씀을 내 집처럼 느끼도록, 하나님이 말씀하시는 방식과 우리가 삶으로 그분께 응답하는 방식에 익숙해지도록 하려는 것이다.

⚜

성경을 읽다 보면, 몇 가지 놀라운 일이 있다. 가장 놀랄 만한 일은, 성경은 일단 펼쳐서 읽어 보면 참으로 다가가기 쉬운 책이라는 점이다. 성경은 사실 누구나 읽고 이해할 수 있는 책이다. 두어 세대마다 새로운 번역본이 나오는 이유는, 성경의 언어를 우리가 현재 쓰는 일상어, 성경이 맨 처음 기록된 바로 그 언어로 유지하기 위해서다. 똑똑하지 않은 사람, 교육을 많이 받지 못한 사람도 성경을 이해할 수 있다. 성경은 우리가 시장과 놀이터와 저녁식탁에서 흔히 듣는 단어와 문장들로 기록되었기 때문이다. 성경이 워낙 유명하고 높여지다 보니, 반드시 전문가들이 설명하고 해석해 주어야 한다고 생각하는 사람들이 많다. 물론 설명이 필요한 부분도 있다. 하지만 성경에 기록된 말을 처음

들은 사람들은 평범한 노동자 계층이었다. 성경을 영어로 옮긴 초기의 최고 번역가 중 한 사람인 윌리엄 틴데일이 한 말이 있다. 그는 "쟁기로 밭을 가는 소년"이 읽을 수 있도록 성경을 번역하고 있다고 말했다.

교육을 많이 받은 아프리카인 어거스틴은 나중에 역사상 가장 영향력 있는 성경 교사가 되었지만, 성경을 처음 읽었을 때는 큰 반감을 가졌다. 문학적으로 세련되고 깔끔한 책을 극찬했던 그가 보기에, 성경은 평범하고 시시한 사람들의 투박하고 촌스러운 이야기로 가득했던 것이다. 그가 읽은 라틴어역 성경에는 속어와 은어가 수두룩했다. 많은 등장인물이 "속되고" 예수는 평범해 보여서, 그는 성경을 한 번 보고는 경멸하며 내던졌다. 그러나 하나님은 세련된 지성인의 몸을 입고 오지 않으셨고, 그분의 고상한 세계를 터득하도록 우리에게 수준 높은 지식인 문화를 가르치지도 않으셨다. 어거스틴은 세월이 흐른 뒤에야 그것을 깨달았다. 하나님이 우리를 구원하기 위해 유대인 종의 모습으로 인간의 삶에 들어오셨다는 것을 알게 되면서부터, 그는 감사하고 믿는 마음으로 성경을 읽기 시작했다.

성경을 읽어도 세상이 "더 나아지지" 않는다며 놀라는 사람들도 있다. 성경의 세계는 결코 여행사의 안내 책자에 나오는 그런 이상적인 세계가 아니다. 하나님께서 이 세계 속에서 일하시고 사랑하시고 구원하시지만, 그렇다고 해서 고난과 불의와 악이 말끔히 사라지지는 않는다. 그렇게 간단한 문제가 아니다. 하나님은 죄로 물든 우리의 본성과 역사 속에서 끈기 있고 깊이 있게 일하시지만, 종종 은밀하게 일하신다. 이 세계는 깔끔하고 단정한 곳이 못되며, 우리가 모든 일을 통제할 수 있다는 보장도 없다. 이런 현실에 익숙해져야 한다. 어디에나 신비가 있다. 성경이 우리에게 제시하는 세계는, 우리의 직업을 계획하여 미래를 보장받을 수 있는 세계, 인과법칙에 따라 움직이는 예측 가능한 세계가 아니다. 모든 일이 우리의 미숙한 바람대로 이루어지는 꿈의 세계도 아니다. 고통과 가난과 학대가 있다. 그 앞에서 우리는 분개하여 "어떻게 이러실 수 있습니까!" 하고 부르짖는다. 대다수 사람들의 경우, 우리의 꿈의 세계가 성경이 제시하는 실제 세계로 바뀌기까지, 길고 긴 세월이 걸린다. 그 실제 세계는 은혜와 자비, 희생과 사랑, 자유와 기쁨의 세계다. 하나님께 구원받은 세계다.

놀라운 사실이 하나 더 있다. 성경은 우리의 기분을 맞추려고 하지 않는다는 것이다. 성경은 더 쉬운 삶을 약속하는 어떤 것도 우리에게 팔려고 하지 않는다. 성경은 우리가 흔히 생각하는 형통이나 쾌락이나 짜릿한 모험의 비결을 내놓지 않는다. 성경을 읽으면서 뚜렷이 부각되는 실체는, 하나님께서 구원을 위해 사랑으로 행하시는 일이다. 우리와, 우리가 하는 모든 일이 그 하나님의 일에 포함되어 있다. 이것은 죄와 문화 속에서 위축되고 너저분해진 우리가 상상하던 것과는 사뭇 다르다. 성경을 읽는 것은, 여러 우상을 소개하는 우편주문용 카탈로그에서 우상 하나를 골라서 우리의 환상을 채우는 것이 아니다. 성경은 하나님께서 말씀으로 만물과 우리를 창조하시는 것에서 시작한다. 그리고 하나님께서 우리 각 사람과의 복잡한 관계 속으로 들어오셔서, 우리를 도우시고 복 주시고 가르치시고 훈련하시고 책망하시고 징계하시고 사랑하시고 구원하시는 이야기를 들려준다. 이것은 현실도피가 아니라, 오히려 더 큰 현실 속으로 뛰어드는 것이다. 희생이 따르지만, 시종 훨씬 더 나은 삶으로 말이다.

하나님은 이 가운데 어느 것도 우리에게 강요하지 않으신다. 하나님의 말씀은 인격적인 부름이기 때문에, 초청하고 명령하고 도전하고 책망하고 심판하고 위로하고 지도하지만, 절대로 강요하지는 않는다. 결코 억지로 시키지 않는다. 대화에 참여해서 응답할 자유와 여지가 우리에게 주어져 있다. 무엇보다도 성경은 하나님의 일과 언어에 동참하도록 우리를 초청하는 책이다.

읽으면서 우리는, 말씀을 읽는 일과 말씀대로 사는 삶이 연관되어 있음을 알게 된다. 성경의 모든 말씀은 삶으로 살아 낼 수 있다. 많은 사람들이 발견하듯이, 성경을 읽으면서 가장 중요한 질문은 '이것이 무슨 의미인가'가 아니라 '어떻게 이대로 살 수 있는가'이다. 그래서 우리는 성경을 비인격적으로 읽지 않고 인격적으로 읽는다. 우리의 참 자아로 살기 위해서 읽는다. 그저 생활수준을 높이는 데 유용한 정보를 얻기 위해 읽는 것이 아니다. 성경 읽기는 하나님의 음성을 듣고 순종하기 위한 방편이지, 종교 자료를 수집해서 우리 스스로 신이 되기 위한 수단이 아니다.

지금부터 당신은 성경의 이야기를 듣게 될 것이다. 그 이야기들은 당신을 자신에게 몰입된 상태에서 이끌어 내어, 세상의 구원을 이루고 계신 하나님의 드넓은 자유 속으로 데려갈 것이다. 거기서 만나게 될 단어와 문장들이, 당신을 비수처럼 찔러 아름다움과 희망에 눈뜨게 할 것이다. 그것이 당신을 참된 삶과 연결해 줄 것이다.

그 메시지에 꼭 응답하기 바란다.

감수의 글

구약성경이 그리스도인의 정경으로 영접된 이래 2천 년 교회사 내내 구약성경은 여러 가지 이유로 경원시되어 왔다. 구약성경은 히말라야 산맥같이 험준하고 사하라 사막처럼 지루한 여로 같다. 구약성경은 일단 너무 길고 복잡하며, 우원(迂遠)한 옛날 이야기들로 가득 차 있다. 의미 없어 보이는 장황한 지명 및 인명 목록과 너무 자세한 제사 규정, 성막과 성전 건축 규정들은 독자들의 인내를 과도하게 요구한다. 구약성경으로 가는 길을 막는 장애물은 여기서 그치지 않는다. 현대인의 평등 정서에 반하는 선민사상과 인종학살과 같은 수준의 야만적 전쟁과 폭력 이야기, 간음과 근친상간 등 반인륜적인 범죄 이야기 등 구약성경에는 오늘날의 인권의식과 윤리의식에 손상을 가하는 이야기들이 적지 않다. 과연 이런 역사와 이야기 속에서 어떻게 거룩하신 하나님의 현존을 발견할 수 있을까? 남녀차별, 노예제, 일부다처제를 버젓이 긍정하는 것처럼 보이는 구약성경의 구절들 외에도 자기의를 앞세워 복수혈전을 요청하고 원수 파멸을 노골적으로 간구하는 시편 기도문들은 또 어찌할 것인가? 이런 이유 때문에 많은 그리스도인들이 구약성경과 신약성경 사이의 연속성을 찾는 데 어려움을 겪는다. 그들에게 구약성경은 인류에게 영생을 주시기 위해 독생자를 주시기까지 자신을 희생하신 하나님의 끝없는 죄인 사랑, 의인과 악인 모두에게 비를 주시는 그 하나님의 보편적인 사랑을 보여주지 않는 것처럼 보인다.

『메시지』의 저자인 유진 피터슨은 이렇게 아득히 멀어져 버린 구약성경과 현대 독자 사이의 간격을 메우기 위해 생동감 넘치는 현대어로 된 성경을 내놓았다. 『메시지』는 일차적으로 목회자의 마음으로 번역된 성경이다. 독자에게 하나님의 마음을 전달하려는 간절한 목자의 마음이 그 문체와 어조 속에 잘 반영되어 있다. 유진 피터슨은 자신이 목회하는 교회 회중의 눈높이에 맞춰 현대인의 접근을 어렵게 만드는 구약성경의 구절들을 일상 언어로 번역한다. 험산 준령과 울퉁불퉁한 사막 여로를 곧게 펴서 독자들이 구약성경에서 전개되는 하나님의 구원 드라마를 속도감 있게 읽고 음미하도록 평탄 작업을 시도한다.

모세오경은 이스라엘 민족의 형성사다. 구약의 뿌리이며 그리스도인의 성경에서 첫째 자리를 차지하는 중요한 책이다. 하나님의 창조, 인류의 원시 역사, 아브라함과 이삭과 야곱의 가나안 정착 이야기, 출애굽 구원 이야기, 시내 산 율법 계시와 성막 건축 이야기, 38년의 광야 생활에서 겪은 징계와 연단, 하나님의 신적 인도와 지탱 이야기, 그리고 가나안 땅 입구까지 이르는 긴 여정을 담고 있다. 창세기부터 신명기까지 구약의 첫 다섯 책은 모세의 사명이 성취되는 과정을 자세하게 기록했기 때문에 모세오경으로 불린다. 또한 그것은 이스라엘 민족의 생명과 번영의 길을 제시한 매우 중요한 지침을 담고 있기 때문에 토라(Torah)라고도 불린다. 『메시지』 모세오경은, 바로 이 하나님의 백성이 가나안 땅을 향해 전진해 가는 이야기를 입체적으로 되살림으로써 독자들이 가나안 땅 행진에 동참하도록 유도한다.

여호수아부터 에스더까지 **역사서**는 이스라엘 민족의 가나안 정착부터 가나안 땅 상실까지, 그리고 이후 포로생활에서 귀환까지 약 천 년간의 통사(通史)를 다룬다. 십계명과 모세의 부대율법을 준수하는 데 실패하여 심판받는 이스라엘 백성 이야기다. 이 열두 권의 역사서에는 여호수아와 에스더를 제외하고는 하나님의 극적이고 강권적인 구원을 경험하는 장면보다는 심판과 저주를 받아 깨어지는 장면이 훨씬 많다. 『메시지』 역사서는 독자들을 이야기 속 등장인물의 자리로 초청하는 문체로 다듬어져 있다. 오늘날의 독자들로 하여금 자신의 삶, 자신의 교회 공동체의 이야기를 장강대하처럼 흘러가는 하나님의 구원사라는 관점에서 보도록 초청하며, 아울러 우리가 누리는 구원이 불순종으로 상실될 수 있다는 경고도 잊지 않는다. 열두 권의 역사서에 등장하는 하나님의 동역자들처럼 독자들도 자신의 동시대에 전개되는 하나님의 구원 역사에 감응하고 응답하도록 초청받고 있다.

모세오경(율법서)과 예언서가 하나님께서 이스라엘에게 선포하신 말씀들의 집성물이라면, 욥기에서부터 아가까지 **시가서**는 하나님을 향해 인간이 쏟아낸 말들과 하나님의 역사주관 섭리에 대한 인간의 비판적, 관조적 성찰의 집성물이다(내용상 욥기, 잠언, 전도서를 묶어 '지혜서'로 구분하기도 한다). 시가서에서는 하나님께서 들어주시고 받아 주신 인간의 모든 말도 하나님의 말씀으로 간주된다. 여기서는 하나님께서 친히 환희에 찬 인간의 찬양과 감사를 받으시며 쓰라린 기도, 불평과 의심, 그리고 항변도 묵묵히 경청해 주신다. 시가서의 하나님은 경청하시는 하나님, 연약하고 부서진 인간 옆에 와 함께하시는 성육신의 하나님이시다. 시가서는 『메시지』 성경의 백미(白眉)다. 『메시지』의 특징과 장점이 무엇보다 잘 드러나 있을 뿐 아니라, 독자에게 하나님의 마음을 원음 그대로 전달하려는 목자의 마음과 감수성이 그 문체와 어조 속에 잘 반영되어 있다. 가장 최신판 한국어 문체의 옷을 입고 나타나신 하나님, 한국인의 폐부와 심장에 웅성거리는 의심과 불평, 항변과 문제제기를 곁에서 경청하시는 하나님을 『메시지』 시가서에서 만날 수 있다.

이사야에서 말라기까지 예언서는 하나님의 백성 이스라엘의 죄와 불순종을 심판하시는 하나님의 공의로운 정화 사역과 심판당하여 부서지고 망가진 이스라엘을 다시 재활복구시키기 위하여 베푸시는 하나님의 위로 사역을 증언하는 책이다. 열여섯 명의 예언자들은 남북분열왕국시대 후반인 주전 8세기 중반 이후부터 등장했다. 그들은 먼 미래의 일을 알아맞히는 천리안적 신통력을 가진 예언가들이 아니라, 하나님의 입장에서 역사적 사건들을 해석하고 하나님의 의도를 대변했던 대언자들이었다. 예언자들의 눈에 비친 왕정시대는 사사시대의 영적·도덕적 무정부 상태와 다르지 않았고, 오히려 전제왕권을 휘두르는 인간 왕들은 하나님의 직접적 통치를 방해하는 장애물들이었다. 이런 상황에서 예언자들은 스스로를 하나님의 어전회의에서 의논된 의제를 지배계층에게 전달하는 거룩한 전령(messenger)이라고 자임하였다(왕상 22장, 사 6장). 구약성경의 예언이란 당대의 역사적·자연적 사건이나 현상들을 신학적으로 해석하는 틀을 가리킨다. 예언은 점성술에서 주로 시도하는 미래 예측(fortune-telling)이 아니라 하나님 나라 중심의 현실분석이었으며, 동시대 사람들의 마음에 모종의 신앙적 결단을 하도록 돕는 목회사역의 일환이었다. 인간 역사가 하나님의 공평과 정의의 잣대로 보아 급격한 퇴락과 영적 일탈의 길로 치달을 때 예언이 분출하였다. 결국 대부분의 예언자들은 철두철미하게 당대의 중심과제를 안고 씨름하던 사람들이었다. 『메시지』의 다른 책과 동일하게, 예언서에서도 하나님의 마음이 잘 느껴진다. 지존하시며 거룩하신 하나님이 낮고 천한 인간의 거리에 내려오신 느낌을 준다. 특히, 우리 시대의 문화적·사상적 감수성에 적절하게 호소하며, 인간의 죄악과 타락에 대한 하나님의 진노, 좌절, 그리고 비통의 감정을 잘 전달한다. 『메시지』 예언서를 읽을 때 가장 강하게 다가오는 진실은, 이스라엘의 죄악으로 인한 하나님의 슬픔과 고통이 진노보다 더 크고 앞선다는 사실이다. 이스라엘의 죄와 씨름하시다가 당신의 독생자에게 모든 죄를 전가시켜 지고 가게 하시는 하나님 아버지의 마음이 예언서에 나타나 있다.

우리는 『메시지』 구약을 읽을 때 누릴 수 있는 유익을 몇 가지로 정리해 볼 수 있다. 첫째, 한 절 단위의 절 구분이 없기에 이야기의 맥락에 주목하면서 읽을 수 있다. 그러나 절 표시에 익숙한 한국 독자들을 위해 의미 단락별로 절 표시가 제시되어 있어서 설교 강단용 성경으로 사용될 여지를 남겨 두었다. 둘째, 구약 안의 다양한 하위 장르 및 각 책의 특징에 적합한 한글문체로 번역되었으며, 가독성 높은 편집으로 이를 잘 부각시켰다. 독백, 대화, 논쟁, 내러티브, 기도, 찬양, 비탄이 잘 읽힌다. 『메시지』로 읽을 때, 성경 읽는 속도가 두 배 이상 빨라질 수 있다. 예레미야 6:26이 좋은 예다. "카운트다운이 시작된다. 육, 오, 사, 삼……공포가 들이닥친다!" 이런 번역은 심판 이미지의 박진감을 한껏 넘치게 한다. 시문이나 운문의 경우 인용 단락을 들여쓰기함으로써 가독성을 높인다. 창세기 49장이나 신명기 32–33장 등 시적 운율을 아름답게 되살린 번역도 눈에 띈다. 마찬가지로, 도량형 단위가 한국 독자들에게 익숙한 단위로 표현되어 있어 잘 읽힌다. 셋째, 아름답고 격조 높은 현대 한국어로 번역되어 성경 원의에 손쉽게 접근할 수 있을 뿐 아니라,

기존 한글성경의 단어, 개념, 어휘들에 익숙하지 않은 신세대 독자들의 감수성에 잘 맞는 흥미로운 비유, 유비 등이 사용되었다. '역동적 동등' 번역이라는 번역원리에 충실하여 독자들에게 하나님의 파토스가 부드럽게 이입되는 성경 읽기가 가능하다. 넷째, 구약성경의 히브리어 원문이 갖는 논리적, 서사적 역동성이 잘 부각되어 있다. 시편의 탄원, 불평, 간구, 찬양은 지금 바로 독자들의 기도언어로 읊조려지기에 손색이 없다. 이런 번역은 단지 원어나 구문에 대한 이해만으로는 불가능하고 말씀을 하나님의 마음으로 읽으면서도 동시에 부조리한 이 땅의 현실에서 살아가는 연약한 인간의 자리에서 읽을 때에만 가능한 일이다. 『메시지』의 상관성 넘치고 생동감 넘치는 언어에 매료되고 나면, 성경 전체에 대한 호감과 관심이 비약적으로 증가되어 성경통독의 소망이 새록새록 자랄 것이다. 마지막으로, 많은 성경구절을 애독하고 암송하는 성도들의 경우, 평소 자신들이 알고 있던 구절과 다소 색다르게 번역된 『메시지』 성경을 보면서 그 구절의 원래 뜻이 무엇인지를 찾아보고 묵상할 수 있을 것이다. 따라서 현대적 언어 감각의 파격적인 번역은 그것을 가능하게 할 만큼 원문 성경구절의 의미범위가 상당히 넓고 포괄적임을 깨닫게 해주며, 성경을 더 자세히 읽고 공부해 보도록 격려한다.

번역은 하나님의 말씀을 현대인의 가슴에 와 닿게 증거하는 예언자적 중개 사역이다. 번역자는 하나님의 말씀을 살아 있는 말씀, 가슴에 와 닿는 말씀으로 전달할 의무가 있는 예언자다. 하나님의 말씀은 변함이 없지만 사람과 시대는 바뀌기에 하나님의 말씀도 계속해서 번역되어야 하는 것은 맞다. 그러나 하나님의 말씀이 너무 낯설어져 버린 시대를 사는 현대인들의 일상 언어의 한계 또한 인정해야, 하나님의 심원한 말씀과 계시에 대한 목마름을 유지할 수 있을 것이다.

『메시지』는 하나님의 간절한 마음을 계시하는 책이며, 예언자적인 목회자의 마음이 담겨 있는 또 하나의 귀한 번역 성경이다. 우리는 유진 피터슨의 수고 위에 한국어판 작업에 쏟아진 번역자와 편집진의 노고 속에서, 하나님 말씀을 우리 마음의 귓전에 들려주시려는 하나님의 간절하고 애다는 마음을 체감한다. 각 장에 적힌 글자 하나, 단어 하나, 구문 하나에 쏟아부어진 예언자적 중보의 영성이 독자들에게 잘 전달되어, 문자를 넘어 영이신 하나님과 막힘없는 교감이 일어나기를 간구한다.

김회권
승실대학교 기독교학과 교수

우리 시대의 가장 탁월한 신학자요 목회자인 유진 피터슨이 그의 학문과 영성과 인격을 도구로 하여 번역한『메시지』를 드디어 한국 독자들이 접할 수 있게 되어 기쁘다. 그는 무려 10년의 세월 동안 주 5일, 하루 6시간을 이 작업에 투자하여 대작을 완성했다. 한 개인이 신구약성경 전체를 원전으로부터 직접 번역한 것은 유례를 찾기 힘든 일이다. 1958년에 출간된 필립스(J.B.Phillips)의 The New Testament in Modern English가 이에 근접한 사례다. 필립스도 생전에 구약성경 전체를 같은 방식으로 번역하려 했으나, 예언서 네 권을 번역하는 것으로 만족해야 했다. 또한,『메시지』에 대한 독자들의 반응에 있어서도 비슷한 사례를 찾기 어렵다. 영어권 기독교 독자들 사이에서『메시지』는 이미 확고한 지지층을 확보했고, 점점 영향력을 넓혀 가고 있다.

몇 년 전, 나는 피터슨의 번역 성경이 우리말로 번역될 것으로 예상하면서, '우리' 신학자들 가운데 이와 같은 작업을 '우리말'로 할 사람이 나왔으면 좋겠다는 글을 쓴 적이 있다. 미국에서 영어 회중을 섬기면서 설교와 성경공부에서『메시지』를 직접 사용해 보았던 사람으로서, 나는 이 번역 성경의 미덕을 잘 알고 있다. 그동안 이 번역 성경에 대한 비판도 적지 않았지만, 기독교 신앙에 분명히 큰 유익을 끼쳤으며 앞으로도 끼칠 것이라는 사실은 부정할 수 없다. 하지만 이것은 미국식 영어와 미국식 문화에 맞게 번역한 것이다. 그래서 누군가가 한국 문화와 정서 그리고 우리말의 독특한 맛을 살려 이와 같은 작업을 해주었으면 하는 바람을 가지는 것이다. 문제는 이 작업이 엄청난 노력과 인내와 시간을 필요로 한다는 데 있다. 가까운 미래에 이 같은 바람이 이루어질 가능성이 없어 보인다. 그래서 피터슨의 번역을 우리말로 읽게 된 것을 기쁘게 여기는 것이다. 이 번역이 비록 미국 문화 속에서 나온 것이지만, 미국 문화가 우리에게 낯설지 않은 만큼, 우리 독자들에게도 많은 유익을 끼칠 것으로 기대한다.

유진 피터슨은『메시지』가 성경을 처음 대하는 사람들에 의해 읽혀지기를 기대한다고 말한 적이 있다. 공역 성경(번역위원회가 책임지고 번역하여 성서공회의 이름으로 출판한 성경)이 초신자들에게는 쉽게 이해되지 않기 때문이다. 비유하자면, 『메시지』가 젖이나 우유라면, 공역 성경은 밥에 해당한다. 피터슨은, 초신자들이 『메시지』를 읽고 어느 정도 성장한 다음 "젖을 떼고" 공역 성경으로 옮겨 가라고 권고한다. 이 점에 있어서 나는 생각을 달리한다. 성경을 처음 접하는 사람은 공역 성경을 읽는 것으로 시작하는 것이 좋다. 「개역성경」 혹은 「개역개정판」의 어투가 어색하면 「새번역」 혹은 「공동번역」을 읽으면 된다. 『메시지』는 공역 성경을 읽고 이해하는 데 있어서 '도움'을 얻기 위해 읽혀져야 한다. 유진 피터슨 자신도 어느 인터뷰에서 천명한 바이지만, 『메시지』는 공역 성경을 대체하기 위해서 마련된 것이 아니다. 미국 교회에서는 공역 성경 대신 『메시지』를 예배중에 읽는 경우가 적지 않은데, 이것도 역시 바람직하지 않다.

여기에는 두 가지 이유가 있다. 첫째, 『메시지』는 '한 사람'이 자신의 해석과 판단에 따라 번역한 것이기 때문이다. 기독교가 성경 번역에 있어서 '공역'의 원칙을 고집한 이유는 단지 번역의 분량이 방대하기 때문만은 아니다. 교회의 '공교회성'이 성경 번역에 있어서도 중요하다고 판단했기 때문이다. 성경 번역자로서 유진 피터슨의 미덕이 많이 있지만, 여러 가지 배경을 가진 번역자들이 함께 논의하고 합의하여 번역하는 것은 또 다른 미덕을 가지고 있다. 둘째, 『메시지』는 엄밀하게 말하면 '번역 성경'이라기보다는 '의역 성경'이다. 때로는 현대적으로 '번안'을 한 경우도 있다. 이 모든 노력은 원문의 의미를 좀 더 생명력 있고 인상 깊게 전하려는 데 목적을 두고 있다. 하지만 의역을 하는 과정에서 해석이 개입되고, 그 해석은 독자의 묵상을 제한할 수 있다. 반면, 공역 성경은 이해하기 어려울 수 있지만 해석의 여지를 그대로 남겨 둔다.

나는 『메시지』를 '청바지에 티셔츠를 입은 예수'에 비유하고 싶다. 이 번역 성경은 그처럼 예수님을 친근하게 느끼도록 만들어 줄 것이다. 하지만 예수님이 2천 년 전에 청바지에 티셔츠를 입고 활동한 것으로 오해하게 만들어서는 안된다. 성경에는 언제나 '낯선 면'이 남아 있어야 하고 또 그럴 수밖에 없다. 그것을 모두 제거하려 하면, 본문의 영감을 고갈시킬 수 있다.

그럼에도 불구하고, 『메시지』는 다른 공역 성경에서 찾을 수 없는 장점을 가지고 있으며, 따라서 우리의 영성 생활에 좋은 길벗이 되어 줄 것이다. 번역 안에 유진 피터슨의 학문과 영성과 인격이 배어 있기 때문이다. 번역은 단순한 기계적인 작업이 아니다. 번역자가 어떤 안목을 가지고 있느냐에 따라, 그리고 번역자의 영성과 인격이 어떠하느냐에 따라 번역의 깊이와 맛이 달라진다. 특히, 문자에 담긴 하나님의 영감된 말씀을 분별하는 일은 예민한 영적 감수성을 요구한다. 유진 피터슨은 성경 원어에 대한 전문적인 지식을 갖추었을 뿐 아니라 성령의 영감을 분별할 만한 깊은 영성의 소유자다. 그의 모든 것이 녹아든 번역이라는 점에서 나는 기쁜 마음으로 이 책을 추천한다.

나는 『메시지』가 공역 성경을 이해하는 데 좋은 참고 자료가 되기를 기대한다. 나 자신도 개인적으로 많은 도움을 받아 왔기 때문에 이 점에 대해서는 확신을 가지고 말할 수 있다. 개인 경건생활이나 공동체에서의 설교 혹은 성경 연구에 있어서 『메시지』는 좋은 동반자가 되어 줄 것이다. 영어 회중에게 설교할 때, 나는 종종 『메시지』의 번역을 소개하곤 했는데, 그럴 때마다 "그게 그런 뜻이었습니까?"라고 묻는 사람들이 있었다. 『메시지』는 "너무 익숙해서 오히려 낯선" 본문들을 살아나게 만들어 준다. 아니, 너무 익숙해서 스쳐 지나가던 본문들에 대해 독자를 살아나게 한다. 성경에 대해 살아나면, 우리의 영혼이 살아나게 되어 있다. 이 점에서 『메시지』는 탁월한 경건서라고 할 수 있다.

처음 신약부분에 대한 감수를 맡아 달라는 청을 받았을 때, 나는 주저했고 또한 사양했다. 감수에 대한 출판계의 부정적인 관행을 알고 있기 때문이었다. 몇 번의 대화 끝에 "제대로 감수"할 것을 감수하고 수락했다. 일단 작업을 시작하고 나서 나는 편집진의 신실성과 성실성에 놀랐고, 이 작업에 참여한 것을 영예로 여기고 있다. 번역, 원문 교열, 독회, 감수 등의 여러 단계를 거치면서 수없이 읽고 고치기를 반복했다. 감수자 자신도 모든 원고를 꼼꼼히 읽고 수정했음을 밝힌다. 이 같은 치밀하고 성실한 작업으로 인해 출판 일정이 수없이 재조정되었지만, 편집진에서는 소명감을 가지고 모든 일에 정성을 다했다. 이 점에서 이 출간 작업에 참여한 모든 이들에게 감사의 마음을 전한다. 그들은 참으로 "복 있는 사람"들이다. 부디, 『메시지』가 독자들의 영적 여정에 좋은 벗이 되어, 복 있는 사람들로 살아가게 되기를 기대한다.

김영봉

와싱톤사귐의교회 담임목사

The MESSAGE

구약전서

일반적으로 모세오경으로 알려진 성경의 처음 다섯 책은 수 세기에 걸쳐 엄청난 권위와 위엄을 인정받아 왔다. 그 책들은 오랜 세월 동안 실로 방대한 분량의 읽기와 쓰기, 연구와 기도, 가르침과 설교의 재료가 되었으며, 지금도 그러하다.

이 다섯 책의 주된 관심사는 하나님이다. 이 다섯 책이 권위와 위엄을 자랑하는 것은 그 때문이다. 그러나 이 다섯 책은 하나님께만 관심을 기울이는 것이 아니라 우리에게도 관심을 기울인다. 이 다섯 책이 인간의 광범하고 강렬한 관심을 끄는 것은 그 때문이다. 우리는 '하늘과 땅'에서 무슨 일이 일어나고 있는지 알고 싶어 한다. 또 그 일들과 조화를 이루려면 어떻게 해야 하는지 알고 싶어 한다. 우리는 그것을 놓치고 싶지 않다.

모세오경은 대개 이야기와 이정표들로 구성되어 있다. 이야기들은 우리에게 매우 다양한 환경 속에서 인간들과 함께 일하시고 그들에게 말을 건네시는 하나님을 소개한다. 관념과 논쟁이 아니라, 우리 각 사람과 직접적으로 연관된 사건과 행동들 속에서 하나님을 소개하는 것이다. 이정표들은 즉각적이고 실제적인 지침들을 제공하여, 우리의 인간성에 어울리면서 하나님께 영광이 되는 행동으로 우리를 이끈다.

이 다섯 책에서 전개되는 이야기와 이정표들은 너무나 단순해서, 어른은 물론이고 아이들까지 쉽게 이해할 수 있다. 그러나 그 단순성은 (상당수 단순한 것들에서 보듯이) 심오하기도 해서, 하나님께서 우리와 함께 걸으시는 구원의 길에 우리를 평생토록 참여시킨다.

우리는 인간 성장의 이미지를 활용하여, 이 이야기와 이정표들이 수많은 남녀와 아이들을 강하게 끌어당겨 '하나님의' 백성으로 살아가게 하는 이유를 설명할 수 있다. 이 다섯 책은, 하나님께서 자신의 영광을 위해 먼저 우주를 창조하시고 그런 다음 인간을 창조하셔서 밟게 하시는 다섯 가지 성장 단계를 암시한다고 할 수 있다.

창세기는 태아기라고 할 수 있다. 하나님께서는 장차 인간의 죄와 반역 한가운데서 창조와 구원과 심판이라는 자신의 일을 수행하시고자 기본 요소들을 확정하신 뒤에 (1–11장) 한 민족을 잉태하신다. 그것은 그 민족에게 자신을 구원의 하나님으로 드러내시고, 그들을 통해 이 땅의 모든 사람에게도 자신을 드러내시려는 것이다. 하나님께서는 작은 한 사람, 곧 아브라함에서부터 시작하신다. 하나님께서 그에게 이렇게 말씀하신다. "나는 강한 하나님이다. 너는 내 앞에서 흠 없이 살고, 온전하게 살아라! 내가 나와 너 사이에 언약을 맺고, 네게 큰 민족을 줄 것이다"(창 17:1-2). 미발달 상태인 하나님의 백성이 자궁 속에서 자란다. 태아가 형태를 갖추어 가면서 세부 기관과 훨씬 세부적인 기관들이 점점 분명하게 드러난다. 사라, 이삭, 리브가, 야곱과 에서, 라헬, 요셉과 그의 형제들이 그렇다. 임신이 진행되면서 자궁 안에는 분명 생명이 자라고 있지만, 아직은 분명하지 않고 눈에 보이지 않는 것이 많다. 배경은 어렴풋하고, 주변 민족들과 관습들은 안개에 휩싸여 있다. 하지만 하나님께서 잉태하신 생명은 발길질을 하면서 튼튼하게 자라난다.

출애굽기는 분만기와 유아기라고 할 수 있다. 하나님의 백성을 잉태하는 기간이 오래 지속되다가 드디어 진통이 시작된다. 이집트에서의 종살이는 조만간 이루어질 자궁 수축을 암시한다. 출산을 관장하기 위해 모세가 무대에 등장하면서 이집트에 열 가지 극심한 재앙이 임하고, 동시에 자궁 수축이 시작되면서 산고가 끝난다. 홍해에서 바닷물이 갈라지고, 하나님의 백성이 자궁에서 빠져나와 마른 땅에 이르고, 하나님의 자유로운 백성으로서 그들의 삶이 시작된다. 모세는 기기도 하고 아장아장 걷기도 하는 그들을 이끌고 시내 산에 도착한다. 이제 그들에게 젖이 공급된다. 하나님께서 산에서 그들에게 자신을 드러내시자, 그들이 자신들의 어버이를 알아보기 시작한다. 그들은 자유와 구원의 언어를 배운다. 옹알이 내지 초보적인 어휘로 이곳에서 한 마디 저곳에서 한 마디를 익히면서 열 마디(계명)를 익힌다. "이렇게 해라, 저렇게 하지 마라"와 같은 이정표들이 솟아오르기 시작한다. 그들의 유아기 생활을 가장 크게 지배하는 것은 하나님, 곧 살아 계신 하나님이다. 그들이 하나님의 깊고 넓은 세계를 탐험하면서 예배가 그들의 주된 활동, 그들의 가장 중요한 활동이 된다. 그들은 자신들을 예배에 길들이고, 예배용 구조물을 세우고, 예배 순서를 익히는 일에 엄청난 주의를 기울인다. 그들은 하나님께 복종하고 하나님을 경배하는 일에 온통 주의를 기울인다. 그 결과, "구름이 회막을 덮고, **하나님**의 영광이 성막에 가득했다. 구름이 회막 위에 있고 **하나님**의 영광이 성막에 가득했으므로, 모세는 회막 안으로 들어갈 수 없었다"(출 40:34-35).

레위기는 학령기라고 할 수 있다. 유아기에서 유년기로 접어들면, 공식적인 학령기가 시작된다. 알아야 할 것이 많아진다. 일을 제대로 처리하도록 돕는 몇 가지 조직과 장치, 이를테면 읽기, 쓰기, 산수가 필요한 것이다. 그러나 하나님의 백성이 밟아야 할 기초 교과과정은 하나님과 관련이 있다. 하나님과의 관계가 그들의 기초 교과과정인 것이다. 레위기는 하나님의 백성이 필독해야 할 교과서다. 레위기는 시청각 교재나 다름없다. 그것은 하나님과의 관계에 실패하거나(죄), 용서와 무죄 상태를 회복했을 때(구원), 하나님의 백성이 깨어서 준수하는 제사 의식과 절기를 그림으로 그려 보여준다. 일상생활은 끝없이 이어지는 구체적 세부 조항으로 이루어진다. 그 세부 조항 가운데 상당수는 우리가 하나님 앞에서 어떻게 행동하고, 서로에게 어떻게 처신해야 하는지와 관련이 있다. 그렇기 때문에 레위기가 하나님께서 중요하게 여기시는 끝없는 세부 조항으로 이루어져 있는 것은 당연한 일이다. "너희는 나의 모든 규례와 나의 모든 법도를 지켜라. 그대로 지켜 행하여라. 나는 하나님이다"(레 19:37).

민수기는 청소년기라고 할 수 있다. 청소년기는 우리가 누구인지를 꼬치꼬치 따지는 시기다. 대개의 경우 이 시기가 되면, 스스로를 돌볼 수 있을 만큼 신체적으로 충분히 자란 상태에 도달한다. 분명 어느 정도 한계가 있기는 하지만, 정신적으로도 스스로 사고할 수 있을 만큼 충분히 발달한 상태가 된다. 우리는 자신이 단순히 부모의 연장선도 아니고 우리 시대 문화를 반영하는 거울상도 아니라는 것을 깨닫는다. 그러면 우리는 누구인가? 특히 하나님의 백성으로서 우리는 누구인가? 민수기에 등장하는 하나님의 백성은, 처음으로 독립적으로 행동하고 사고하기 시작하면서 불가피하게 실수를 연발한다. 그들의 두드러진 실수 가운데 하나가 반역이다. 그들은 자신들의 하나밖에 없는 정체성을 실험한답시고 부모 세대 및 그 문화와 관계 맺기를 거부한다. 그것은 '자기 자신을 잃지 않으려고' 동원하는 가장 쉽고도 가장 저속한 방법이다. 그러나 사실 그런 '자신'에게는 딱히 이렇다 단언할 만한 것이 많지 않다. 성숙은 우리가 태아기와 분만기, 유아기와 학령기를 거치면서 습득한 것을 잘라 냄으로써 이루어지는 것이 아니라 통합함으로써 이루어진다. 하나님의 백성은 거의 사십 년 가까운 대단히 긴 청소년기를 광야에서 보낸다.

신명기는 성인기라고 할 수 있다. 성숙한 삶은 종합 작용으로 이루어진다. 성장은 기나긴 과정이다. 그리고 하나님 안에서 성장하는 데는 참으로 오랜 시간이 걸린다. 태아기를 꽉 채우고 홍해 바닷가에서 태어난 하나님의 백성은, 광야에서 사십 년 세월을 보내면서 모세의 인도와 지휘와 양육과 보호를 받으며 하나님의 계시 장소인 시내 산으로 나아가, 가르침과 지도와 훈련과 은혜를 받는다. 이제 그들은 새 땅, 곧 약속의 땅에서 자유로우면서도 순종하는 사람들로 살아갈 채비를 갖춘 상태다. 그들은 성인기에 돌입할 채비, 겉은 물론이고 속까지 성인이 될 채비를, 자유로운 백성, 거룩한 백성으로 살아갈 채비를 갖추었다. 그들을 자유로운 백성으로 만들어 주신 분도 하나님이시고, 그들을 거룩한 백성으로 변화시켜 주신 분도 하나님이시다. 그들은 (우리와 마찬가지로) 갈 길이 멀지만, 성숙의 온갖 조건을 이미 갖춘 상태다. 신명기는 하나님의 백성이 되는 전 과정을 요약하여 설교와 노래와 축복으로 표현해 낸다. 신명기의 가장 강력한 핵심어는 '사랑'이다. 모세는 이스라엘 백성에게 이렇게 말한다. "여러분은 **하나님**을, 여러분의 하나님을 전심으로 사랑하십시오. 여러분의 전부를 다해, 여러분이 가진 전부를 다 드려, 그분을 사랑하십시오"(신 6:5). 사랑은 인간의 가장 특징적이고 가장 종합적인 행위다. 우리는 사랑할 때 가장 우리다워진다. 우리는 사랑할 때 가장 하나님의 백성다워진다. 그러나 사랑은 사전에서 정의하는 추상적인 단어가 아니다. 성숙한 사랑을 하려면, 이 구원과 자유의 세계에서 살고, 이 구원과 자유의 세계를 이해하고, 이 구원과 자유의 세계로 들어가야 한다. 그리고 이야기들 속에서 우리 자신을 발견하고, 이정표들을 가까이하며 따르고, 예배생활을 익히고, 우리의 독특한 정체성, 곧 우리가 하나님의 백성으로서 사랑하는 것임을 깨달아야 한다.

⁂

성경에서 모세오경은 이어지는 육십일 권 책의 기초라고 할 수 있다. 그러나 그것은 완전한 건물이 아니라 그 건물을 미리 내다본 것이다. 말하자면 장차 이루어질 일을 위해 도덕적으로 정교한 토대를 제공한 것이다. 이어지는 각 권의 책은 하나님의 백성이 되는 것과 관련된 메시아적 구원의 몇몇 양상을 포착하고 발전시킨다. 하지만 그 일은 언제나 이 기초(모세오경) 위에서 행해진다. 이야기와 이정표들로 이루어진 이 기초는 견고하고 지속적인 것임이 입증되었다.

⁂

하나님의 이름을 우리말로 옮길 때, 이스라엘 자손과 그 이웃 민족들이 구약성경의 히브리어 원문에서 사용했던 신(神)의 총칭을 '하나님'(God) 혹은 '신'(god)으로 번역했다. 하지만 불타는 떨기나무에서 모세에게 나타나신 하나님의 유일무이한 인격적 이름(출 3:13-14)은 **'하나님'**(God)으로 번역했다. 초기 유대인 공동체는 그 유일무이한 이름 대신 '주'(LORD)라는 단어를 사용했다. 그것은 경외심(우리의 입술은 그 이름을 담을 자격이 없다)과 조심하는 마음(하나님의 이름을 '함부로' 불러 무심코 불경죄를 저지르는 일이 없게 하려는 마음)에서 우러난 행동이었다. 그리고 대부분의 성경번역자들이 지금도 그러한 관례를 따르고 있다.

가장 먼저 하나님이 계신다. 하나님은 삶을 주관하신다. 하나님은 삶의 기초이시다. 하나님이 그 어떤 것보다 우선이라는 의식이 없다면, 우리는 어느 것 하나 똑바로 이해할 수 없다. 삶을 바로 이해할 수 없을 뿐 아니라, 삶을 제대로 살아갈 수도 없다. 하나님은 가장자리에만 계신 분이 아니고, 선택사항 중 하나이신 분도 아니며, 주말에만 뵙는 분도 아니다. 하나님은 중심과 주변 어디에나 계신 분이며, 처음이요 마지막이신 분이다. 오직 하나님, 하나님, 하나님이다!

창세기는 우리가 이 하나님과 바른 관계에서 시작할 수 있게 해준다. "모든 것의 시작은 이러하다. 하나님께서……"(창 1:1). 창세기를 읽다 보면, 하나님께서 만드시고 채우시는 현실을 의식하게 된다. 창세기는 우리 삶을 정확하게 이해하고 말할 수 있도록 돕는 언어를 제공한다. 우리가 어디서 와서 어디로 가는지, 우리가 무슨 생각을 하며 무슨 일을 하는지, 우리와 함께 사는 사람들이 누구이며 어떻게 하면 그들과 사이좋게 지낼 수 있는지, 우리가 처한 곤경과 끊임없이 찾아오는 축복 등에 대해 빠짐없이 정확하게 말해 준다.

창세기는 이 언어를 활용하여 견고하고 참된 기초를 세운다. 우리가 생각하고 행동하고 느끼는 모든 것이 우리가 일생 동안 지어 가는 건물에 꼭 필요한 자재가 된다. 우리가 하는 모든 일에는 엄청난 의미가 깃들어 있고, 우리의 말과 행동과 기도는 그 하나하나가 하나님 나라라는 거대한 건물을 짓는 일과 연관되어 있다. 그러나 우리가 기초를 세우지는 않는다. 기초는 이미 주어져 있으며, 그 기초는 확고한 기반 위에 서 있다.

예수께서는 자신의 가장 유명한 가르침을 끝맺으시면서, 인생을 살아가는 두 가지 방법을 말씀해 주셨다. 우리는 모래 위에 집을 지을 수도 있고 바위 위에 지을 수도 있다. 만일 우리가 모래 위에 집을 짓는다면, 그 집이 아무리 훌륭하다 해도 맥없이 무너지고 말 것이다. 우리는 이미 확고하게 놓인 터, 곧 바위 위에 집을 짓는다. 창세기는 이 바위에 대한 증언이다. 하나님께서 창조하시고 우리 삶에 개입하시며, 은혜로운 심판을 내리시고 믿음으로 살도록 우리를 부르시며, 우리와 언약을 맺으신다는 증언이다.

하나님께서 말씀하셨다. "우리가 우리의

형상을 따라 사람을 만들자.
그들로 우리의 본성을 드러내게 하여
그들이 바다의 물고기와
공중의 새와 집짐승과
온 땅과
땅 위에 사는 온갖 동물을 돌보게 하자."
하나님께서 사람을 창조하시되
하나님을 닮게 창조하시고
하나님의 본성을 드러내게 하셨다.
하나님께서 사람을 남자와 여자로 창조하셨다.
하나님께서 그들에게 복을 주시며 말씀하셨다.
"자녀를 낳고, 번성하여라! 온 땅에 가득하여라! 땅을 돌보아라!
바다의 물고기와 공중의 새와
땅 위에 사는 온갖 생물을 돌보아라!"
(창 1:26-28)

그러나 창세기는 이 모든 것을 추상적인 '진리'나 핏기 없는 '원리'로 제시하지 않는다. 창세기는 구체적인 이름을 가진 사람들의 이야기를 연속해서 보여준다. 그들은 사랑하고 다투고, 믿고 의심한다. 결혼해서 자녀를 낳고, 죄를 짓고 은혜를 경험한다. 주의를 기울여 살펴보면, 이 이야기, 곧 아담과 하와, 가인과 아벨, 노아와 그의 아들들, 아브라함과 사라, 이삭과 리브가, 야곱과 라헬, 요셉과 그의 형제들 이야기가 또 다른 형태로 우리 삶에서 계속되고 있음을 알 수 있다. 이 이야기들은 우리가 '하늘과 땅'에서 일어나는 어떤 일에도 외부인이나 구경꾼일 수 없음을 분명히 보여준다. 하나님은 저 멀리 우주에서 비인격적으로 일하시는 분이 아니다. 그분은 우리를 찾아오신 바로 그 삶의 자리에서 우리와 함께 일하시는 분이다. 우리가 선한 일을 하든 나쁜 일을 하든, 우리는 하나님께서 행하시는 모든 일에 계속해서 참여할 수밖에 없다. 누구도 예외일 수 없고 빠져나갈 수도 없다. 그러므로 우리는 그 이야기 속에서 시작하고 그 이야기 속에서 우리의 자리를 찾아야 할 것이다. 맨 처음부터 말이다.

창세기

하늘과 땅의 창조

1 [1-2] 모든 것의 시작은 이러하다. 하나님께서 하늘과 땅을 창조하셨다. 보이
는 모든 것과 보이지 않는 모든 것을 창조하셨다. 땅은 아무것도 없는 늪,
끝없이 깊은 공허, 칠흑 같은 어둠이었다. 하나님의 영은 물의 심연 위에 새처
럼 내려앉으셨다.

[3-5] 하나님께서 말씀하셨다. "빛!" 하시니
빛이 생겨났다.
하나님께서 보시니 그 빛이 좋았다.
하나님께서 빛과 어둠을 나누셔서,
빛을 낮이라 부르시고
어둠을 밤이라 부르셨다.
저녁이 되고 아침이 되니
첫째 날이었다.

[6-8] 하나님께서 말씀하셨다.
"물 한가운데 창공이 생겨
물과 물 사이를 갈라놓아라!"
하나님께서 창공을 만드셔서
창공 아래 물과
창공 위의 물로 갈라놓으시니,
그대로 되었다.
하나님께서 창공을 하늘이라 부르셨다.

저녁이 되고 아침이 되니
둘째 날이었다.

9-10 하나님께서 말씀하셨다. "갈라져라!
하늘 아래 있는 물은 한곳으로 모이고
뭍은 드러나라!" 하시니
그대로 되었다.
하나님께서 뭍을 땅이라 부르시고
모인 물을 바다라 부르셨다.
하나님께서 보시니 좋았다.

11-13 하나님께서 말씀하셨다. "땅은 푸른 움을 돋게 하여라!
씨 맺는 온갖 종류의 식물과
열매 맺는 온갖 종류의 나무를 자라게 하여라" 하시니
그대로 되었다.
땅은 씨 맺는 푸른 식물을
그 종류대로 나게 하고
열매 맺는 나무를 그 종류대로 자라게 했다.
하나님께서 보시니 좋았다.
저녁이 되고 아침이 되니
셋째 날이었다.

14-15 하나님께서 말씀하셨다. "빛들아! 나오너라!
하늘 창공에서 빛을 비추어라!
낮과 밤을 나누고
계절과 날과 해를 구분하여라.
하늘 창공에서 땅을 비추는 빛들이 되어라" 하시니
그대로 되었다.

16-19 하나님께서 두 큰 빛을 만드셔서,
그중 큰 빛에게는 낮을 맡기시고
작은 빛에게는 밤을 맡기셨다.
그리고 별들도 만드셨다.
하나님께서 그 빛들을 하늘 창공에 두셔서,
땅을 비추게 하시고
낮과 밤을 다스리며
빛과 어둠을 나누게 하셨다.
하나님께서 보시니 좋았다.

저녁이 되고 아침이 되니
넷째 날이었다.

20-23 하나님께서 말씀하셨다.
"바다는 물고기와 온갖 생물로 가득하여라!
새들은 땅 위 창공을 날아다녀라!"
하나님께서 거대한 고래들과
물에 가득한 모든 생물과
온갖 종류의 새를 창조하셨다.
하나님께서 보시니 좋았다.
하나님께서 그것들에게 복을 주시며 말씀하셨다.
"잘 자라서, 번성하여라! 바다에 가득하여라!
새들은 땅 위에 번성하여라!"
저녁이 되고 아침이 되니
다섯째 날이었다.

24-25 하나님께서 말씀하셨다. "땅은 생물을 내어라!
집짐승과 기어 다니는 것과 들짐승을 각기 종류대로 내어라" 하시니
그대로 되었다.
온갖 종류의 들짐승과
온갖 종류의 집짐승과 온갖 종류의 기어 다니는 것과 벌레가 생겨났다.
하나님께서 보시니 좋았다.

26-28 하나님께서 말씀하셨다. "우리가 우리의 형상을 따라 사람을 만들자.
그들로 우리의 본성을 드러내게 하여
그들이 바다의 물고기와
공중의 새와 집짐승과
온 땅과
땅 위에 사는 온갖 동물을 돌보게 하자."
하나님께서 사람을 창조하시되
하나님을 닮게 창조하시고
하나님의 본성을 드러내게 하셨다.
하나님께서 사람을 남자와 여자로 창조하셨다.
하나님께서 그들에게 복을 주시며 말씀하셨다.
"자녀를 낳고, 번성하여라! 온 땅에 가득하여라! 땅을 돌보아라!
바다의 물고기와 공중의 새와
땅 위에 사는 온갖 생물을 돌보아라!"

29-30 하나님께서 말씀하셨다.
"내가 땅 위에 있는 씨 맺는 온갖 식물과
열매 맺는 온갖 나무를
너희에게 양식으로 준다.
모든 짐승과 새와
숨 쉬고 움직이는 모든 것에게도
땅에서 자라는 것을 양식으로 준다" 하시니
그대로 되었다.

31 하나님께서 손수 만드신 모든 것을 보시니
참으로 좋고 좋았다!
저녁이 되고 아침이 되니
여섯째 날이었다.

2 1 하늘과 땅의 모든 것이
빠짐없이 완성되었다.

2-4 일곱째 날에
하나님께서 하시던 일을 마치셨다.
일곱째 날에
하나님께서 모든 일을 마치고 쉬셨다.
하나님께서 일곱째 날에 복을 주시고
그날을 거룩한 날로 삼으셨다.
그날에 하나님께서 창조하시던 모든 일을
마치고 쉬셨기 때문이다.

하늘과 땅이 창조될 때
그 모든 것의 시작은 이러했다.

아담과 하와

5-7 **하나님**께서 땅과 하늘을 지으시던 때에, 땅에는 아직 풀과 나무가 돋아나지
않았다. **하나님**께서 땅에 비를 내리지 않으셨고, 땅을 일굴 사람도 없었기 때문
이다. (땅속에서 솟아 나온 물이 온 땅을 적시고 있었다.) **하나님**께서 땅의 흙으로 사람
을 빚으시고, 그 코에 생명의 숨을 불어넣으셨다. 그러자 그 사람이 살아나, 생
명체가 되었다!
8-9 **하나님**께서 동쪽에 있는 에덴에 동산을 일구시고, 만드신 사람을 그곳에 두
셨다. **하나님**께서는 보기에도 아름답고 먹기에도 좋은 온갖 나무를 그 땅에 자

라게 하셨다. 동산 한가운데는 생명나무가 있었고, 선과 악을 알게 하는 나무도
있었다.
10-14 강 하나가 에덴에서 흘러나와 동산을 적시고, 그곳에서 네 줄기로 갈라져
네 강을 이루었다. 첫째 강의 이름은 비손인데, 금이 나는 하윌라 온 땅을 두루
돌아 흘렀다. 그 땅에서 나는 금은 질이 좋았다. 그 땅은 향기 나는 송진과 마노
보석이 나는 곳으로도 유명했다. 둘째 강의 이름은 기혼인데, 구스 온 땅을 두
루 돌아 흘렀다. 셋째 강의 이름은 힛데겔인데, 앗시리아 동쪽으로 흘렀다. 넷
째 강의 이름은 유프라테스였다.
15 **하나님**께서 사람을 데려다가 에덴 동산에 두시고, 땅을 일구며 돌보게 하셨다.
16-17 **하나님**께서 사람에게 명령하셨다. "동산에 있는 모든 나무의 열매는 무엇
이든 먹어도 좋다. 그러나 선과 악을 알게 하는 나무의 열매는 먹어서는 안된
다. 그 나무의 열매를 먹는 순간, 너는 죽을 것이다."
18-20 **하나님**께서 말씀하셨다. "사람이 혼자 있는 것이 좋지 않으니, 내가 그를 도
울 짝을 만들어 주어야겠다." **하나님**께서 땅의 흙으로 들의 모든 짐승과 공중의
모든 새를 만드셨다. **하나님**께서 그것들을 사람에게로 데려가셔서, 그가 그것
들을 무엇이라 부르는지 보셨다. 그 사람이 생물 하나하나를 일컫는 말이 곧 그
이름이 되었다. 그 사람이 집짐승과 공중의 새와 들짐승에게 이름을 붙여 주었
으나, 정작 자신에게 꼭 맞는 짝은 찾지 못했다.
21-22 **하나님**께서 남자를 깊이 잠들게 하셨다. 그가 잠들자, **하나님**께서 그의 갈
빗대 하나를 떼어 내고 그 자리를 살로 메우셨다. **하나님**께서 남자에게서 떼어
낸 갈빗대로 여자를 만드시고, 그녀를 남자에게 데려오셨다.

23-25 남자가 말했다.
"드디어 나타났구나! 내 뼈 중의 뼈,
내 살 중의 살!
남자에게서 나왔으니
여자라고 부르리라."
그러므로 남자는 부모를 떠나, 아내를 품에 안고 한 몸이 된다.
남자와 그의 아내는 둘 다 벌거벗었으나 부끄러워하지 않았다.

사람의 불순종

3 1 뱀은 **하나님**께서 지으신 들짐승 가운데 가장 간교했다. 뱀이 여자에게
말했다. "하나님이 너희에게 동산 안에 있는 모든 나무의 열매를 먹지 말
라고 하셨다는데, 그게 정말이냐?"
2-3 여자가 뱀에게 말했다. "그렇지 않아. 동산 안에 있는 나무들의 열매는 먹어
도 돼. 하지만 하나님께서는 동산 한가운데 있는 나무의 열매만큼은 '너희는 먹
지도 말고 만지지도 마라. 그러면 너희가 죽을 것이다'라고 말씀하셨어."
4-5 뱀이 여자에게 말했다. "너희는 결코 죽지 않아. 하나님은 너희가 그 나무의

열매를 먹는 순간 하나님처럼 되어서, 선에서 악까지 모든 실상을 보게 되리라
는 것을 알고 계신거야."
6 여자가 그 나무를 보니 먹음직스럽게 보였고, 그 열매를 먹으면 모든 것을 알게
될 것 같았다! 여자가 그 열매를 따서 먹고 자기 남편에게도 주니, 그도 먹었다.
7 그러자 그 두 사람은 곧바로 "실상을 보게 되었다." 자신들이 벌거벗은 것을 알
게 된 것이다! 그들은 무화과나무 잎을 엮어서 임시로 몸을 가렸다.
8 저녁 산들바람 속에 **하나님**께서 동산을 거니시는 소리가 들리자, 남자와 그의
아내는 **하나님**을 피해 동산 나무 사이에 숨었다.
9 **하나님**께서 남자를 부르며 물으셨다. "네가 어디 있느냐?"
10 남자가 대답했다. "제가 동산에서 하나님의 소리를 듣고, 벌거벗은 것이 두려
워 숨었습니다."
11 **하나님**께서 물으셨다. "네가 벌거벗었다고 누가 일러 주었느냐? 내가 네게
먹지 말라고 한 나무의 열매를 네가 먹었느냐?"
12 남자가 대답했다. "하나님께서 제게 짝으로 주신 여자가 그 나무의 열매를 주
기에, 제가 먹었습니다."
하나님께서 여자에게 물으셨다. "네가 어찌하여 이런 일을 저질렀느냐?"
13 여자가 대답했다. "뱀이 꾀어서, 제가 먹었습니다."

14-15 **하나님**께서 뱀에게 말씀하셨다.
"네가 이런 일을 저질렀으니,
너는 모든 집짐승과 들짐승보다 더 저주를 받아
평생토록 배로 기어 다니면서
흙을 먹어야 할 것이다.
내가 너와 여자 사이에
네 후손과 여자의 후손 사이에 전쟁을 일으킬 것이다.
여자의 후손은 네 머리를 상하게 하고
너는 그의 발뒤꿈치를 상하게 할 것이다."

16 여자에게는 이렇게 말씀하셨다.
"내가 네게 해산의 고통을 크게 더하겠다.
너는 고통 속에서 아이를 낳을 것이다.
너는 네 남편을 기쁘게 해주려고 하겠지만
그는 너를 지배하려 들 것이다."

17-19 남자에게는 이렇게 말씀하셨다.
"네가 네 아내의 말을 듣고
내가 네게 먹지 말라고 한
나무의 열매를 먹었으니,

땅이 너로 인하여 저주를 받을 것이다.
아이 낳는 것이 네 아내에게 고통스러운 일이듯이
네가 땅에서 양식을 얻는 것도
고통스러운 일이 될 것이다.
너는 평생토록 수고하며 일해야 할 것이다.
땅은 가시와 엉겅퀴를 내고
너는 죽어서 흙으로 돌아가는 그날까지
새벽부터 저녁까지 땀 흘리며
들에서 씨를 뿌리고 밭을 갈고 수확해야만
양식을 얻을 수 있을 것이다.
너는 흙에서 시작되었으니, 흙으로 끝날 것이다."

20 아담이라 알려진 그 남자는, 자기 아내에게 하와라는 이름을 지어 주었다. 그
녀가 살아 있는 모든 것의 어머니였기 때문이다.
21 **하나님**께서 아담과 그의 아내에게 가죽옷을 만들어 입히셨다.
22 **하나님**께서 말씀하셨다. "이 사람이 우리 가운데 하나처럼 선에서 악까지 모
든 것을 알게 되었다. 이제 그가 손을 뻗어 생명나무 열매도 따서 먹고 영원히
살면 어찌하겠는가? 그런 일이 결코 일어나서는 안된다!"
23-24 그래서 **하나님**은 그들을 에덴 동산에서 내쫓으시고, 그들이 흙으로 지어졌
으므로 흙을 일구게 하셨다. **하나님**께서 그들을 쫓아내신 다음, 동산 동쪽에 그
룹 천사들과 회전하는 불칼을 두셔서, 생명나무에 이르는 길을 지키게 하셨다.

가인과 아벨

4 1 아담이 자기 아내 하와와 잠자리를 같이하니, 하와가 임신하여 가인을
낳았다. 하와가 말했다. "내가 **하나님**의 도우심으로 사내아이를 얻었다!"
2 하와가 또 아벨이라는 아이를 낳았다. 아벨은 양을 치는 목자가 되고, 가인은
농부가 되었다.
3-5 시간이 흘렀다. 가인은 자기 밭에서 거둔 곡식을 **하나님**께 제물로 가져왔고,
아벨도 자신이 기르는 양 떼의 첫 새끼 가운데서 가장 좋은 부위를 골라 제물로
가져왔다. **하나님**께서 아벨과 그의 제물은 반기셨으나, 가인과 그의 제물은 반
기지 않으셨다. 가인은 화를 내며 언짢아했다.
6-7 **하나님**께서 가인에게 말씀하셨다. "어찌하여 화를 내느냐? 언짢아하는 까닭
이 무엇이냐? 네가 잘하면, 내가 받아들이지 않겠느냐? 네가 잘못하여서 죄가
숨어 너를 덮치려고 하니, 너는 죄를 다스려야 한다."
8 가인이 아우 아벨과 말다툼을 했다. 그들이 들에 나갔을 때, 가인이 아우 아벨
을 덮쳐서 죽였다.
9 **하나님**께서 가인에게 물으셨다. "네 아우 아벨이 어디 있느냐?"
가인이 대답했다. "제가 어떻게 알겠습니까? 제가 그를 돌보는 사람입니까?"

10-12 **하나님**께서 말씀하셨다. "네가 무슨 일을 저질렀느냐? 네 아우의 피가 땅
에서 내게 울부짖고 있구나. 이제부터 너는 이 땅에서 저주를 받게 될 것이다.
땅이 두 팔을 벌려 살해된 네 아우의 피를 받았으니, 너는 이 땅에서 쫓겨날 것
이다. 네가 땅을 일구어도, 땅은 네게 더 이상 좋은 것을 내주지 않을 것이다.
너는 정처 없이 세상을 떠도는 자가 될 것이다."

13-14 가인이 **하나님**께 아뢰었다. "그 형벌은 제게 너무 가혹합니다. 저는 그것을
감당할 수 없습니다! 하나님께서 저를 이 땅에서 쫓아내셨으니, 제가 다시는 하
나님을 뵐 수 없게 되었습니다. 제가 정처 없이 세상을 떠돌면, 만나는 사람마
다 저를 죽이려고 할 것입니다."

15 **하나님**께서 그에게 말씀하셨다. "그렇지 않다. 누구든지 가인을 죽이는 자는
일곱 배의 벌을 받을 것이다." **하나님**께서 가인을 지키기 위해 그에게 표를 해주
셔서, 어느 누가 그를 만나더라도 그를 죽이지 못하게 하셨다.

16 가인은 **하나님** 앞을 떠나, 에덴 동쪽에 있는 '아무도 살지 않는 땅'에서 살았다.

17-18 가인이 자기 아내와 잠자리를 같이하니, 그의 아내가 임신하여 에녹을 낳았
다. 그때에 가인이 도시를 세우고, 자기 아들의 이름을 따서 그 도시의 이름을 에
녹이라고 했다.

에녹은 이랏을 낳고
이랏은 므후야엘을 낳고
므후야엘은 므드사엘을 낳고
므드사엘은 라멕을 낳았다.

19-22 라멕은 아다와 씰라를 아내로 맞이했다. 아다는 야발을 낳았는데, 그는 장
막에 살면서 가축을 치는 모든 사람의 조상이 되었다. 그의 아우 이름은 유발인
데, 그는 수금과 피리를 연주하는 모든 사람의 조상이 되었다. 씰라는 두발가인
을 낳았는데, 그는 대장간에서 구리와 쇠로 여러 기구를 만드는 사람이었다. 그
의 누이는 나아마였다.

23-24 라멕이 자기 아내들에게 말했다.
"아다와 씰라는 내 말을 들으시오.
라멕의 아내들이여, 내 말에 귀를 기울이시오.
내게 상처를 입힌 남자를 내가 죽였소.
나를 공격한 젊은 남자를 내가 죽였소.
가인을 해친 자가 일곱 배의 벌을 받는다면,
라멕을 해친 자는 일흔일곱 배의 벌을 받을 것이오!"

25-26 아담이 다시 자기 아내와 잠자리를 같이했다. 그녀가 아들을 낳고 그 이름
을 셋이라고 했다. 그녀가 이렇게 말했다. "가인에게 죽은 아벨을 대신해서 하

나님께서 내게 또 다른 아이를 주셨다." 셋도 아들을 낳고 그 이름을 에노스라
고 했다.
그때부터 사람들이 **하나님**의 이름으로 기도하고 예배하기 시작했다.

인류의 족보

5 1-2 인류의 족보는 이러하다. 하나님께서 인류를 창조하실 때, 하나님의
형상대로, 하나님의 본성을 닮은 존재로 만드셨다. 하나님께서 남자와
여자를 창조하시고, 그들 곧 온 인류에게 복을 주셨다.
3-5 아담은 백서른 살에 자신을 꼭 닮은 아들, 그 성품과 모습이 자신을 빼닮은 아
들을 낳고 그 이름을 셋이라고 했다. 셋을 낳은 뒤에 그는 800년을 더 살면서 자
녀를 낳았다. 아담은 모두 930년을 살고 죽었다.
6-8 셋은 백다섯 살에 에노스를 낳았다. 에노스를 낳은 뒤에 그는 807년을 더 살
면서 자녀를 낳았다. 셋은 모두 912년을 살고 죽었다.
9-11 에노스는 아흔 살에 게난을 낳았다. 게난을 낳은 뒤에 그는 815년을 더 살면
서 자녀를 낳았다. 에노스는 모두 905년을 살고 죽었다.
12-14 게난은 일흔 살에 마할랄렐을 낳았다. 마할랄렐을 낳은 뒤에 그는 840년을
더 살면서 자녀를 낳았다. 게난은 모두 910년을 살고 죽었다.
15-17 마할랄렐은 예순다섯 살에 야렛을 낳았다. 야렛을 낳은 뒤에 그는 830년을
더 살면서 자녀를 낳았다. 마할랄렐은 모두 895년을 살고 죽었다.
18-20 야렛은 백예순두 살에 에녹을 낳았다. 에녹을 낳은 뒤에 그는 800년을 더
살면서 자녀를 낳았다. 야렛은 모두 962년을 살고 죽었다.
21-23 에녹은 예순다섯 살에 므두셀라를 낳았다. 에녹은 늘 하나님과 동행했다. 므
두셀라를 낳은 뒤에 그는 300년을 더 살면서 자녀를 낳았다. 에녹은 모두 365년
을 살았다.
24 에녹은 늘 하나님과 동행하다가, 어느 날 홀연히 사라졌다. 하나님께서 그를
데려가신 것이다.
25-27 므두셀라는 백여든일곱 살에 라멕을 낳았다. 라멕을 낳은 뒤에 그는 782년
을 더 살았다. 므두셀라는 모두 969년을 살고 죽었다.
28-31 라멕은 백여든두 살에 아들을 낳았다. 그는 아들의 이름을 노아라 하고, 이
렇게 말했다. "이 아이는 **하나님**께서 저주하신 땅을 일구는 고된 일에서 우리를
쉬게 해줄 것이다." 노아를 낳은 뒤에 그는 595년을 더 살면서 자녀를 낳았다.
라멕은 모두 777년을 살고 죽었다.
32 노아는 오백 살에 셈과 함과 야벳을 낳았다.

땅의 거인들

6 1-2 사람들의 수가 늘어나기 시작하고 그들에게서 점점 더 많은 딸들이 태
어나자, 하나님의 아들들이 사람의 딸들의 아름다움을 주목했다. 그들이
사람의 딸들을 눈여겨보고는, 저마다 자기 마음에 드는 대로 자기 아내로 삼았다.

[3] 그러자 하나님께서 말씀하셨다. "내가 사람들에게 영원히 생명을 불어넣지는
않을 것이다. 결국 그들은 죽게 될 것이다. 이제부터 그들은 120년밖에 살지 못
할 것이다."
[4] 그 무렵 (그리고 그 후에도) 땅에는 거인들이 있었다. 그들은 하나님의 아들들과
사람의 딸들 사이에서 태어난 자들이었다. 그들은 고대의 용사들로서, 이름난
사람들이었다.

하나님과 동행한 노아

[5-7] 하나님께서 사람의 악이 통제 불능 상태가 되었음을 보셨다. 사람들은 눈을
떠서 잠들 때까지 온통 악한 것만 생각하고 악한 것만 꾀했다. 하나님께서 사람
지으신 것을 후회하시고 마음 아파하셨다. 하나님께서 말씀하셨다. "내가 타락
한 내 피조물을 없애 버리겠다. 사람과 짐승, 뱀, 곤충, 새들을 가리지 않고 다
쓸어버리겠다. 그것들을 만든 것이 후회스럽구나."
[8] 그러나 노아만은 달랐다. 노아는 하나님의 눈에 쏙 들었다.

[9-10] 노아의 이야기는 이러하다. 노아는 자기 공동체에서 선하고 흠 없는 사람이
었다. 노아는 하나님과 동행했다. 노아는 세 아들 곧 셈과 함과 야벳을 두었다.
[11-12] 하나님께서 보시기에 세상은 이미 시궁창이 되어 있었고, 악이 곳곳에 퍼져
있었다. 하나님께서 보시기에 세상이 얼마나 타락했던지, 모든 사람이 썩어 있
었고, 생명 자체가 속속들이 썩어 있었다.
[13] 하나님께서 노아에게 말씀하셨다. "다 끝났다. 사람도 끝이다. 악이 도처에
퍼져 있으니, 내가 깨끗이 쓸어버리겠다.
[14-16] 너는 티크나무로 배를 한 척 만들어라. 배 안에 방을 여러 개 만들고, 역청
으로 배 안팎을 칠하여라. 배의 길이는 140미터, 너비는 23미터, 높이는 14미
터가 되게 하여라. 배에 지붕을 달고, 맨 위에서 45센티미터 아래에 창을 하나
내고, 배 옆쪽에 출입문을 내어라. 그리고 아래층과 가운데층과 위층, 이렇게 삼
층으로 만들어라.
[17] 내가 땅 위에 홍수를 일으켜, 하늘 아래 살아 있는 모든 것을 없애 버리겠다.
모든 것을 멸하겠다.
[18-21] 그러나 내가 너와는 언약을 맺을 것이다. 너는 네 아들들과 아내와 며느리들
과 함께 배에 들어가거라. 살아 있는 모든 것 가운데서 암수 한 쌍씩을 데리고 배
에 들어가서, 너와 함께 살아남게 하여라. 새도 그 종류대로, 포유동물도 그 종
류대로, 땅에 기어 다니는 것도 그 종류대로 한 쌍씩 데리고 들어가서, 너와 함께
살아남게 하여라. 네게 필요한 모든 양식을 가져다가 쌓아 두어라. 이것은 너와
짐승들의 양식이 될 것이다."
[22] 노아는 하나님께서 명령하신 대로 다 행했다.

홍수가 땅을 덮다

7 [1] 그 후에 하나님께서 노아에게 말씀하셨다. "너는 가족들을 다 데리고 배에 들어가거라. 이 세대의 모든 사람 가운데 의로운 사람이라고는 오직 너밖에 없다.
[2-4] 모든 정결한 짐승은 암수 일곱 쌍씩, 모든 부정한 짐승은 암수 한 쌍씩, 모든 날짐승은 암수 일곱 쌍씩 배에 태워서, 땅 위에 살아남게 하여라. 이제 칠 일이 지나면, 내가 사십 일 동안 밤낮을 가리지 않고 온 땅에 비를 퍼부을 것이다. 내가 만든 모든 것을 다 쓸어버릴 것이다."
[5] 노아는 하나님께서 명령하신 대로 다 행했다.
[6-10] 홍수가 땅을 덮은 것은 노아가 육백 살 되던 해였다. 노아와 그의 아내와 아들들과 며느리들은 홍수를 피해 배에 들어갔다. 정결한 짐승과 부정한 짐승, 날짐승과 땅 위를 기어 다니는 모든 짐승도, 하나님께서 노아에게 명령하신 대로, 암수 짝을 지어 노아에게로 와서 배에 들어갔다. 칠 일이 지나자 홍수가 났다.
[11-12] 노아가 육백 살 되던 해 둘째 달, 그달 십칠 일에, 땅속 깊은 샘들이 모두 터지고, 하늘의 창들이 모두 열렸다. 사십 일 동안 밤낮으로 비가 땅 위에 쏟아졌다.
[13-16] 바로 그날, 노아는 자기의 세 아들 셈, 함, 야벳과, 자기 아내와 며느리들을 데리고 배에 들어갔다. 그들과 함께, 온갖 종류의 들짐승과 집짐승, 땅 위를 기어 다니는 온갖 짐승과 날아다니는 온갖 짐승도 짝을 지어 노아에게로 와서 배에 들어갔다. 하나님께서 노아에게 명령하신 대로, 살아 숨 쉬는 모든 것이 암수 짝을 지어 배에 들어갔다. 그런 다음 노아가 들어가자, 하나님께서 배의 문을 닫으셨다.
[17-23] 홍수가 사십 일 동안 계속되어 물이 차오르자, 배가 땅에서 높이 떠올랐다. 물이 계속해서 불어나 수위가 높아지자, 배가 수면에 떠다녔다. 홍수가 더욱 심해져, 가장 높은 산들까지 잠겼다. 수위가 그 산들의 봉우리보다 6미터 정도 더 높아졌다. 모든 것이 죽었다. 살아 움직이는 모든 것이 죽었다. 날짐승, 집짐승, 들짐승 할 것 없이 땅에 가득한 모든 생물이 죽었다. 사람도 다 죽었다. 마른 땅 위에 살면서 숨을 쉬는 모든 것이 죽었다. 하나님께서는 사람과 짐승, 기어 다니는 것과 날아다니는 새까지, 모든 피조물을 남김없이 쓸어버리셨다. 오직 노아와 그와 함께 배에 있던 가족과 짐승들만 살아남았다.
[24] 홍수는 백오십 일 동안 계속되었다.

노아가 하나님께 제단을 쌓다

8 [1-3] 그때에 하나님께서 노아와, 그와 함께 배에 있는 모든 들짐승과 집짐승들을 돌아보셨다. 하나님께서 바람을 일으키시니, 물이 줄어들기 시작했다. 땅속 깊은 샘들이 막히고, 하늘의 창들이 닫히고, 비가 그쳤다. 물이 조금씩 줄어들어서, 백오십 일이 지나자 고비를 넘겼다.
[4-6] 일곱째 달 십칠 일에, 배가 아라랏 산에 닿았다. 물은 열째 달이 될 때까지 계속 줄어서, 열째 달 첫째 날에 산봉우리들이 드러났다. 사십 일이 지난 뒤에 노

아는 자신이 배에 단 창문을 열었다.
7-9 노아가 까마귀 한 마리를 내보냈다. 까마귀는 물이 마르기를 기다리며 이리
저리 날아다니기만 했다. 그는 또 홍수의 상태를 알아보려고 비둘기 한 마리를
내보냈다. 그러나 물이 아직 땅을 뒤덮고 있어서, 비둘기는 내려앉을 곳을 찾지
못했다. 노아가 손을 뻗어 비둘기를 잡아서, 배 안으로 들여놓았다.
10-11 노아는 칠 일을 더 기다려 다시 비둘기를 내보냈다. 비둘기는 저녁때가 되
어 돌아왔는데, 부리에 올리브 새순을 물고 있었다. 노아는 땅에서 물이 거의
다 빠진 것을 알았다.
12 노아가 다시 칠 일을 기다려 세 번째로 비둘기를 내보냈다. 이번에는 비둘기
가 돌아오지 않았다.
13-14 노아가 육백한 살이 되던 해 첫째 달 첫째 날에, 물이 말랐다. 노아가 배의
뚜껑을 열고 보니, 땅이 말라 있었다. 둘째 달 이십칠 일에, 땅이 완전히 말랐다.
15-17 하나님께서 노아에게 말씀하셨다. "너는 네 아내와 아들들과 며느리들과 함
께 배에서 나오너라. 모든 짐승, 곧 모든 새와 포유동물과 기어 다니는 것까지,
이 배에 가득한 저 생명들을 모두 데리고 나오너라. 그것들이 땅에서 새끼를 낳
고 번성하게 하여라."
18-19 노아가 자기 아들들과 아내와 며느리들을 데리고 배에서 나오자, 모든 짐승
과 기어 다니는 짐승과 새, 곧 땅 위의 모든 동물이 종류대로 배에서 나왔다.
20-21 노아는 **하나님**께 제단을 쌓았다. 그는 모든 짐승과 새들 가운데서 정결한
것을 골라 제단 위에 번제물로 드렸다. **하나님**께서 그 향기를 맡으시고 마음속
으로 생각하셨다. "내가 다시는 사람 때문에 땅을 저주하지 않을 것이다. 사람은
어려서부터 악으로 기울어지게 마련이니, 다시는 내가 이번처럼 살아 있는 모든
것을 죽이지 않을 것이다.

22 땅이 존재하는 한,
씨를 뿌리고 거두는 일, 추위와 더위,
여름과 겨울, 낮과 밤이
멈추지 않을 것이다."

내가 너희와 언약을 맺겠다

9 1-4 하나님께서 노아와 그의 아들들에게 복을 주시며 말씀하셨다. "자녀
를 낳고, 번성하여라! 땅에 가득하여라! 새와 짐승과 물고기를 포함한 살
아 있는 모든 것이 너희 앞에서 꼼짝 못하고, 너희를 두려워할 것이다. 너희가
이것들을 책임지고 돌보아라. 살아 있는 모든 것이 너희의 양식이 될 것이다.
전에 내가 식물을 양식으로 주었듯이, 이제 이 모든 것을 너희에게 양식으로 준
다. 그러나 고기는 생명인 피가 들어 있는 채로 먹어서는 안된다.
5 생명인 피를 흘리게 하는 자에게는 내가 반드시 갚아 줄 것이다. 짐승이든 사
람이든 피를 흘리게 하는 자에게는 내가 반드시 갚아 줄 것이다.

[6-7] 다른 사람의 피를 흘리게 하는 자는
그 자신도 피 흘림을 당할 것이다.
하나님께서 자신의 형상대로 사람을 지으셔서
하나님의 본성을 드러내게 하셨기 때문이다.
너희는 좋은 결실을 맺고, 번성하여라.
이 땅에 생명이 가득하게 하고, 풍성하게 누리며 살아라!"

[8-11] 하나님께서 노아와 그의 아들들에게 말씀하셨다. "내가 너희와, 너희 뒤에
올 너희 자손과 언약을 맺겠다. 또한 너희와 함께 살아 있는 모든 것, 곧 너희가
배에서 데리고 나온 새와 집짐승과 들짐승과도 언약을 맺을 것이다. 내가 너희
와 언약을 맺어, 다시는 살아 있는 모든 것을 홍수로 멸망시키지 않을 것이다.
다시는 홍수가 땅을 멸망시키지 못하게 하겠다."
[12-16] 하나님께서 말씀하셨다. "이것은 내가 너희와 그리고 너희와 함께 살아 있
는 모든 것과, 너희 뒤를 이어 살게 될 모든 후손과 맺는 언약의 표다. 내가 구
름 사이에 무지개를 걸어 두겠다. 그것이 나와 땅 사이에 맺은 언약의 표가 될
것이다. 이제부터 땅 위에 구름이 일어나 그 사이로 무지개가 나타나면, 내가
너희와 살아 있는 모든 것과 맺은 나의 언약을 기억하고, 내가 다시는 홍수로
모든 생명을 멸망시키지 않을 것이다. 구름 사이로 무지개가 나타날 때마다 내
가 그것을 보고, 나 하나님이 살아 있는 모든 것, 곧 땅 위의 살아 있는 모든 것
과 맺은 영원한 언약을 기억할 것이다."
[17] 하나님께서 말씀하셨다. "이것이 내가, 나와 땅 위의 살아 있는 모든 것 사이
에 맺은 언약의 표다."

[18-19] 배에서 나온 노아의 아들들은 셈과 함과 야벳이었다. 함은 가나안의 조상이
되었다. 노아의 세 아들로 말미암아 온 땅은 사람들로 북적이게 되었다.

[20-23] 노아는 농부로서, 최초로 포도밭을 가꾼 사람이었다. 그가 포도주를 마시고
취하여, 자기 장막에서 벌거벗은 채 정신없이 곯아떨어져 있었다. 가나안의 조
상 함이 아버지의 벌거벗은 모습을 보고, 장막 밖에 있던 두 형제에게 알렸다.
셈과 야벳은 겉옷을 가져다가 어깨에 걸치고 뒷걸음질해 들어가서, 아버지의
벌거벗은 몸을 덮어 드렸다. 그들은 아버지의 벌거벗은 몸을 보지 않으려고 얼
굴을 돌렸다.
[24-27] 노아가 술에서 깨어나, 작은아들이 행한 일을 알고 이렇게 말했다.

가나안은 저주를 받으라!
종들의 종, 자기 형제들의 종이 되리라!
셈의 하나님, 하나님은 찬양을 받으소서!
그러나 가나안은 그의 종이 되리라.

하나님께서 야벳을 번성하게 하시고
셈의 장막에서 넉넉하게 살게 하시리라.
그러나 가나안은 그의 종이 되리라.

28-29 노아는 홍수가 있은 뒤에 350년을 더 살았다. 그는 모두 950년을 살고 죽었다.

노아 자손의 족보

10 1 노아의 세 아들, 셈과 함과 야벳의 족보는 이러하다. 홍수가 있은
뒤에 그들이 아들들을 낳았다.
2 야벳의 아들은 고멜, 마곡, 마대, 야완, 두발, 메섹, 디라스다.
3 고멜의 아들은 아스그나스, 리밧, 도갈마다.
4-5 야완의 아들은 엘리사, 달시스, 깃딤, 로다님이다. 이들로부터 바닷가에 사는
여러 민족이 나왔다. 이들 민족은 저마다 자기 지역에서 자기 언어를 가지고 종
족을 이루며 살았다.

6 함의 아들은 구스, 이집트, 붓, 가나안이다.
7 구스의 아들은 쓰바, 하윌라, 삽다, 라아마, 삽드가다.
라아마의 아들은 스바, 드단이다.
8-12 구스는 또 니므롯을 낳았는데, 니므롯은 세상에 처음 등장한 위대한 용사였
다. 그는 하나님 앞에서 탁월한 사냥꾼이었다. 그래서 "하나님 앞에서 탁월한
사냥꾼 니므롯처럼"이라는 말이 생겨났다. 그의 나라는 시날 땅 바벨과 에렉과
악갓과 갈레에서 시작되었다. 그는 그 땅을 떠나 앗수르로 가서, 니느웨와 르호
보딜과 갈라를 세우고, 니느웨와 큰 성 갈라 사이에 레센을 세웠다.
13-14 이집트는 루드인, 아남인, 르합인, 납두인, 바드루스인, (블레셋의 조상인) 가
슬루인, 갑돌인의 조상이 되었다.
15-19 가나안은 맏아들 시돈과 헷을 낳았고, 그에게서 여부스 사람, 아모리 사람,
기르가스 사람, 히위 사람, 알가 사람, 신 사람, 아르왓 사람, 스말 사람, 하맛
사람이 나왔다. 나중에 가나안 사람은 시돈에서 그랄 쪽으로, 남쪽으로는 멀리
가사까지, 그 후에 동쪽으로는 소돔과 고모라와 아드마와 스보임을 넘어 라사
까지 퍼져 나갔다.
20 이들은 종족과 언어와 지방과 민족을 따라 살펴본 함의 후손이다.

21 야벳의 형 셈도 아들들을 낳았다. 셈은 에벨 모든 자손의 조상이 되었다.
22 셈의 아들은 엘람, 앗수르, 아르박삿, 룻, 아람이다.
23 아람의 아들은 우스, 훌, 게델, 메섹이다.
24-25 아르박삿은 셀라를 낳고, 셀라는 에벨을 낳았다. 에벨은 두 아들 벨렉과 욕
단을 낳았다. (벨렉이라는 이름은 그의 시대에 인류가 나뉘어졌다고 해서 붙여진 이름이다.)
26-30 욕단은 알모닷, 셀렙, 하살마웻, 예라, 하도람, 우살, 디글라, 오발, 아비마

엘, 스바, 오빌, 하윌라, 요밥을 낳았다. 이들은 모두 욕단의 아들들이다. 이들
의 거주지는 메사에서 동쪽 산지인 스발까지였다.
31 이들은 종족과 언어와 지방과 민족을 따라 살펴본 셈의 후손이다.

32 이것은 여러 민족으로 갈라져 나간 노아 자손의 족보다. 홍수가 있은 뒤에 이
들로부터 여러 민족이 갈라져 세상으로 뻗어 나갔다.

하나님께서 사람들의 언어를 혼란스럽게 하시다

11 1-2 한때 온 세상이 같은 언어를 사용했다. 그들은 동쪽에서 이주해
오다가 시날 땅 한 평지에 이르러 그곳에 정착했다.
3 그들이 서로 말했다. "자, 벽돌을 만들어 단단하게 구워 내자." 그들은 돌 대신
벽돌을 사용하고, 진흙 대신 역청을 사용했다.
4 그들이 말했다. "우리가 직접 도시를 세우고, 하늘까지 닿는 탑을 쌓자. 우리
의 이름을 드높여서, 우리가 온 땅에 흩어지는 일이 없게 하자."
5 **하나님**께서 내려오셔서, 사람들이 세운 도시와 탑을 살펴보셨다.
6-9 **하나님**께서 단번에 알아보시고 말씀하셨다. "백성도 하나요 언어도 하나이
니, 이것은 시작에 불과하다. 저들이 다음에 무슨 일을 할지 안 봐도 눈에 선하
다. 저들은 무슨 일이든 거침없이 할 것이다! 자, 우리가 내려가서 저들의 말을
어지럽혀, 저들이 서로 알아듣지 못하게 하자." **하나님**께서 그들을 그곳에서 세
상 곳곳으로 흩어 버리셨다. 그래서 그들은 도시 세우는 일을 그만두어야 했다.
하나님께서 그들의 언어를 혼란스럽게 하셨으므로, 그곳의 이름을 바벨이라고
했다. **하나님**께서 그들을 그곳에서 세상 곳곳으로 흩어 버리셨다.

셈의 족보

10-11 셈의 이야기는 이러하다. 셈은 홍수가 있은 지 두 해가 지나서 백 살에 아르
박삿을 낳았다. 아르박삿을 낳은 뒤에 그는 500년을 더 살면서 자녀를 낳았다.
12-13 아르박삿은 서른다섯 살에 셀라를 낳았다. 셀라를 낳은 뒤에 그는 403년을
더 살면서 자녀를 낳았다.
14-15 셀라는 서른 살에 에벨을 낳았다. 에벨을 낳은 뒤에 그는 403년을 더 살면
서 자녀를 낳았다.
16-17 에벨은 서른네 살에 벨렉을 낳았다. 벨렉을 낳은 뒤에 그는 430년을 더 살
면서 자녀를 낳았다.
18-19 벨렉은 서른 살에 르우를 낳았다. 르우를 낳은 뒤에 그는 209년을 더 살면
서 자녀를 낳았다.
20-21 르우는 서른두 살에 스룩을 낳았다. 스룩을 낳은 뒤에 그는 207년을 더 살
면서 자녀를 낳았다.
22-23 스룩은 서른 살에 나홀을 낳았다. 나홀을 낳은 뒤에 그는 200년을 더 살면
서 자녀를 낳았다.

24-25 나홀은 스물아홉 살에 데라를 낳았다. 데라를 낳은 뒤에 그는 119년을 더
살면서 자녀를 낳았다.
26 데라는 일흔 살에 아브람과 나홀과 하란을 낳았다.

데라의 족보

27-28 데라의 이야기는 이러하다. 데라는 아브람과 나홀과 하란을 낳았다.
하란은 롯을 낳았다. 하란은 자기 가족의 고향인 갈대아 우르에서 아버지 데라
보다 먼저 죽었다.
29 아브람과 나홀이 각자 아내를 맞아들였다. 아브람의 아내 이름은 사래였고,
나홀의 아내 이름은 밀가였다. 밀가는 나홀의 형제인 하란의 딸이었다. 하란에
게는 두 딸이 있었는데, 밀가와 이스가였다.
30 사래는 임신을 못해서 자식이 없었다.
31 데라는 아들 아브람과 (하란의 아들인) 손자 롯과 (아브람의 아내인) 며느리 사래를
데리고 갈대아 우르를 떠나 가나안 땅을 향해 갔다. 그러나 도중에 하란에 이르
러, 그곳에 자리를 잡고 살았다.
32 데라는 205년을 살고 하란에서 죽었다.

하나님께서 아브람을 부르시다

12

1 **하나님**께서 아브람에게 말씀하셨다. "네 고향과 네 가족과 네 아버
지 집을 떠나, 내가 네게 보여줄 땅으로 가거라.

2-3 내가 너를 큰 민족이 되게 하고
네게 복을 주겠다.
내가 네 이름을 떨치게 할 것이니
너는 복의 근원이 될 것이다.
너를 축복하는 사람에게는 내가 복을 내리고
너를 저주하는 사람에게는 내가 저주를 내리겠다.
세상 모든 민족이
너로 인하여 복을 받을 것이다."

4-6 아브람은 **하나님**께서 말씀하신 대로 길을 떠났다. 롯도 아브람을 따라 떠났
다. 아브람이 하란을 떠날 때, 그의 나이는 일흔다섯 살이었다. 아브람은 아내
사래와 조카 롯과 모든 재산과 하란에서 얻은 사람들을 데리고 가나안 땅을 향
해 길을 떠나, 마침내 그 땅에 무사히 도착했다.
아브람은 그 땅을 지나서 세겜 땅 모레의 상수리나무가 있는 곳에 이르렀다. 당
시 그 땅에는 가나안 사람이 살고 있었다.
7 **하나님**께서 아브람에게 나타나셔서 말씀하셨다. "내가 이 땅을 네 자손에게
주겠다." 아브람은 **하나님**께서 자신에게 나타나신 그곳에 제단을 쌓았다.

8 아브람이 그곳을 떠나 베델 동쪽에 있는 산지로 가서, 서쪽으로는 베델이 보이고 동쪽으로는 아이가 보이는 곳에 장막을 쳤다. 그는 그곳에 제단을 쌓고 하나님께 기도를 드렸다.

9 아브람이 또 길을 떠나서, 줄곧 남쪽으로 길을 잡아 네겝 지역에 이르렀다.

10-13 그때 그 땅에 기근이 들었다. 기근이 극심했기 때문에, 아브람은 이집트로 내려가 살았다. 이집트 근처에 이르러, 그는 자기 아내 사래에게 말했다. "여보, 알다시피 당신은 아름다운 여인이잖소. 이집트 사람들이 당신을 보면, '아, 저 여인은 그의 아내구나!' 하면서, 나는 죽이고 당신은 살려 둘 것이오. 부탁이니, 당신이 내 누이라고 말해 주시오. 당신 덕에 내가 그들의 환대를 받고 목숨도 부지할 수 있을 거요."

14-15 아브람이 이집트에 이르렀을 때, 이집트 사람들은 그의 아내가 눈부시게 아름다운 여인임을 한눈에 알아보았다. 바로의 대신들이 바로 앞에서 그 여인의 아름다움을 칭찬했다. 그리하여 사래는 바로의 거처로 불려 들어갔다.

16-17 아브람은 아내 덕에 대접을 잘 받았다. 그는 양과 소, 암나귀와 수나귀, 남종과 여종, 그리고 낙타까지 얻었다. 그러나 하나님께서는 아브람의 아내 사래의 일로 바로를 심하게 치셨다. 궁에 있던 모든 사람이 중병에 걸린 것이다.

18-19 바로가 아브람을 불러 말했다. "네가 어찌하여 내게 이런 일을 행하였느냐? 그녀가 네 아내라고 왜 말하지 않았느냐? 어찌하여 너는 그녀가 네 누이라고 말하여, 내가 그녀를 아내로 삼게 할 뻔했느냐? 여기, 네 아내를 돌려줄 테니, 데리고 나가거라!"

20 바로는 신하들을 시켜 아브람을 그 나라에서 내보냈다. 그들은 아브람이 자기 아내와 자신의 모든 소유를 가지고 나가게 했다.

아브람과 롯이 갈라지다

13

1-2 아브람은 아내와 자신의 모든 소유를 가지고 이집트를 떠나 네겝 지역으로 돌아갔다. 롯도 그와 함께 갔다. 이제 아브람은 가축과 은과 금이 많은 큰 부자가 되었다.

3-4 아브람은 네겝 지역을 떠나 장막생활을 하면서 베델로 갔다. 그곳은 전에 그가, 베델과 아이 사이에 장막을 치고 처음으로 제단을 쌓은 곳이었다. 아브람은 거기서 하나님께 기도를 드렸다.

5-7 아브람과 함께 다니던 롯도 양과 소와 장막이 많은 부자였다. 그 땅은 그들이 함께 살기에는 비좁았다. 그들의 재산이 너무 많았으므로, 그들은 그곳에서 함께 살 수 없었다. 아브람과 롯의 목자들 사이에 다툼이 일어나기도 했다. 그때 그 땅에는 가나안 사람과 브리스 사람도 살고 있었다.

8-9 아브람이 롯에게 말했다. "너와 나 사이에, 네 목자들과 내 목자들 사이에 다툼이 있어서는 안된다. 어쨌든 우리는 한 가족이 아니냐? 주위를 둘러보아라. 저기 넓은 땅이 보이지 않느냐? 그러니 따로 떨어져 살자꾸나. 네가 왼쪽으로

가면 나는 오른쪽으로 가고, 네가 오른쪽으로 가면 나는 왼쪽으로 가겠다."
10-11 롯이 바라보니, 요단 온 들판이 소알에 이르기까지 물이 넉넉하여, 하나님
의 동산 같고 이집트 땅과 같았다. (그때는 하나님께서 소돔과 고모라를 멸망시키시기
전이었다.) 롯은 요단 온 들판을 택하고 동쪽으로 출발했다.
11-12 그렇게 해서 삼촌과 조카는 갈라지게 되었다. 아브람은 가나안에 자리를 잡
았고, 롯은 평지의 여러 도시에서 살다가 소돔 근처에 장막을 쳤다.
13 소돔 사람들은 악해서, 하나님을 거슬러 극악한 죄를 짓는 자들이었다.
14-17 롯이 아브람을 떠나간 뒤에, 하나님께서 아브람에게 말씀하셨다. "네 눈
을 들어 주위를 보아라. 북쪽과 남쪽, 동쪽과 서쪽을 둘러보아라. 네 눈에 보이
는 모든 것, 네 앞에 펼쳐진 온 땅을, 내가 너와 네 자손에게 영원히 주겠다. 내
가 네 후손을 땅의 먼지처럼 많아지게 하겠다. 땅의 먼지를 셀 수 없듯이 네 후
손도 셀 수 없게 될 것이다. 일어나 걸어 보아라. 땅을 세로로 질러가 보기도 하
고, 가로로 질러가 보기도 하여라. 내가 그 모든 것을 네게 주겠다."
18 아브람은 장막을 옮겨, 헤브론에 있는 마므레의 상수리나무 숲 근처에 자리
를 잡고 살았다. 그는 그곳에서 하나님께 제단을 쌓았다.

멜기세덱의 축복을 받다

14 1-2 그때에 이런 일이 있었다. 시날 왕 아므라벨, 엘라살 왕 아리옥,
엘람 왕 그돌라오멜, 고임 왕 디달이 전쟁을 일으켜서 소돔 왕 베라,
고모라 왕 비르사, 아드마 왕 시납, 스보임 왕 세메벨, 벨라 왕 소알과 싸웠다.
3-4 공격을 받은 다섯 왕은 싯딤 골짜기, 곧 소금 바다에 집결했다. 그들은 십이
년 동안 그돌라오멜의 지배를 받다가, 십삼 년째 되는 해에 반란을 일으켰던 것
이다.
5-7 십사 년째 되는 해에 그돌라오멜이 자신과 동맹을 맺은 왕들과 함께 진격해
가서, 아스드롯가르나임에서 르바 사람을 치고, 함에서는 수스 사람을 치고, 사
웨 기랴다임에서는 엠 사람을 치고, 세일 산지에서는 호리 사람을 쳐서, 사막
가장자리에 있는 엘 바란까지 이르렀다. 돌아오는 길에 그들은 엔미스밧, 곧 가
데스에서 아멜렉 사람의 전 지역과 하사손다말에 사는 아모리 사람의 전 지역
을 쳤다.
8-9 그러자 소돔 왕이 고모라 왕, 아드마 왕, 스보임 왕, 벨라 왕 곧 소알 왕과 함
께 진군하여, 싯딤 골짜기에서 적들과 맞서 전열을 가다듬었다. 엘람 왕 그돌라
오멜, 고임 왕 디달, 시날 왕 아므라벨, 엘라살 왕 아리옥, 이 네 왕이 다섯 왕과
맞서 싸웠다.
10-12 싯딤 골짜기는 역청 수렁이 가득했다. 소돔 왕과 고모라 왕이 달아나다가
역청 수렁에 빠지고, 나머지는 산지로 달아났다. 그러자 네 왕은 소돔과 고모라
의 모든 재물과 양식과 병기를 약탈하여 떠나갔다. 그들은 당시 소돔에 살고 있
던 아브람의 조카 롯을 사로잡고, 그의 모든 소유도 빼앗아 갔다.
13-16 도망쳐 나온 사람 하나가 히브리 사람 아브람에게 와서 그 일을 알렸다. 그

때 아브람은 아모리 사람 마므레의 상수리나무 숲 근처에 살고 있었다. 마므레
는 에스골과 형제간이었고, 아넬과도 형제간이었다. 이들은 모두 아브람과 동
맹을 맺은 사이였다. 아브람이 자기 조카가 포로로 끌려갔다는 소식을 듣고 부
하들을 모으니 318명이었다. 그들은 모두 아브람의 집에서 태어난 사람들이었
다. 아브람은 그들을 데리고 롯을 잡아간 자들을 추격해 단까지 갔다. 아브람과
그의 부하들은 여러 패로 나뉘어 밤에 공격했다. 그들은 다마스쿠스 북쪽 호바
까지 적들을 뒤쫓아 갔다. 그들은 약탈당한 모든 것을 되찾았고, 아브람의 조카
롯과 그의 재물뿐 아니라 부녀자들과 다른 사람들까지 되찾았다.
17-20 아브람이 그돌라오멜과 그와 동맹을 맺은 왕들을 쳐부수고 돌아오자, 소돔
왕이 사웨 골짜기, 곧 왕의 골짜기로 나와서 그를 맞이했다. 살렘 왕 멜기세덱
이 빵과 포도주를 가지고 나아왔다. 그는 지극히 높으신 하나님의 제사장이었
다. 그가 아브람을 축복하며 말했다.

지극히 높으신 하나님, 하늘과 땅의 창조주께
아브람은 복을 받으리라.
그대의 원수들을 그대의 손에 넘겨주신,
지극히 높으신 하나님께서는 찬양을 받으소서.

아브람은 되찾은 재물의 십분의 일을 멜기세덱에게 주었다.
21 소돔 왕이 아브람에게 말했다. "사람들은 내게 돌려주고, 재물은 그대가 다
가지시오."
22-24 그러나 아브람은 소돔 왕에게 이렇게 말했다. "**하나님** 지극히 높으신 하나
님, 하늘과 땅의 창조주께 맹세하건대, 나는 왕의 것을 하나도 가지지 않겠습니
다. 왕의 것은 실오라기 하나, 신발 끈 하나도 가지지 않겠습니다. 그것은 왕이
'내가 아브람을 부자로 만들어 주었다'고 말하지 못하게 하려는 것입니다. 나에
게는 아무것도 주지 마십시오. 다만 젊은이들이 먹은 것과, 나와 함께 갔던 사
람들, 곧 아넬과 에스골과 마므레의 몫은 챙겨 주십시오. 그들은 자신들의 몫을
받아 마땅합니다."

하나님께서 아브람과 언약을 맺으시다

15 1 이 모든 일이 있은 뒤에, **하나님**의 말씀이 환상 가운데 아브람에게
임했다. "아브람아, 두려워하지 마라. 나는 네 방패다. 네가 받을 상
이 매우 크다!"
2-3 아브람이 말했다. "주 **하나님**, 제게는 자식이 없어 다마스쿠스 사람 엘리에
셀이 모든 것을 물려받을 텐데, 주께서 주시는 선물이 무슨 소용이 있겠습니
까?" 아브람이 계속해서 말했다. "보십시오, 주께서 제게 자식을 주지 않으셨으
니, 이제 제 집의 종이 모든 것을 상속받을 것입니다."
4 그러자 **하나님**의 메시지가 임했다. "걱정하지 마라. 그는 네 상속자가 아니다.

네 몸에서 태어날 아들이 네 상속자가 될 것이다."
5 **하나님**께서 아브람을 밖으로 데리고 나가셔서 말씀하셨다. "저 하늘을 바라보
아라. 저 별들을 세어 보아라. 셀 수 있겠느냐? 네 자손을 세어 보아라! 아브람
아, 너는 장차 큰 민족을 이룰 것이다!"
6 아브람이 믿었다! **하나님**을 믿었다! 하나님께서는 그가 "하나님과 바른 관계
를 맺었다"고 선언해 주셨다.
7 **하나님**께서 계속 말씀하셨다. "나는 너를 갈대아 우르에서 데리고 나와, 이 땅
을 네게 주어 소유하게 한 **하나님**이다."
8 아브람이 말했다. "주 **하나님**, 이 땅이 제 것이 되리라는 것을 제가 어떻게 알
수 있겠습니까?"
9 **하나님**께서 말씀하셨다. "삼 년 된 암송아지 한 마리와 삼 년 된 암염소 한 마
리, 삼 년 된 숫양 한 마리, 산비둘기 한 마리, 그리고 집비둘기 한 마리를 내게
가져오너라."
10-12 아브람이 그 모든 짐승을 **하나님**께 가져와서 반으로 가르고, 갈린 반쪽을
서로 마주 보게 차려 놓았다. 그러나 비둘기들은 가르지 않았다. 독수리들이 짐
승의 시체 위로 날아들었으나, 아브람이 쫓아 버렸다. 해가 지자 아브람이 깊은
잠에 빠졌는데, 공포와 어둠이 그를 짓눌렀다.
13-16 **하나님**께서 아브람에게 말씀하셨다. "이것을 알아 두어라. 네 후손이 다른
나라에서 나그네로 살다가, 사백 년 동안 종살이를 하고 매질을 당하게 될 것이
다. 그 후에 내가 그들의 주인으로 군림하는 자들을 벌할 것이다. 그러면 네 후
손은 재물을 가득 가지고 거기서 나올 것이다. 그러나 너는 장수를 누리다가 평
안히 죽게 될 것이다. 네 후손은 사 대째가 되어서야 이 땅으로 돌아오게 될 것
이다. 아직까지는 아모리 사람의 죄가 한창 자라고 있기 때문이다."
17-21 해가 져서 어두워지자, 연기 나는 화덕과 타오르는 횃불이 갈라 놓은 짐승
들 사이로 지나갔다. 그때 **하나님**께서 아브람과 언약을 맺으시며 말씀하셨다.
"내가 이집트의 나일 강에서부터 앗시리아의 유프라테스 강에 이르는 이 땅을
네 자손에게 주겠다. 이 땅은 겐 사람과 그니스 사람과 갓몬 사람과 헷 사람과
브리스 사람과 르바 사람과 아모리 사람과 가나안 사람과 기르가스 사람과 여
부스 사람의 땅이다."

하갈과 이스마엘

16

1-2 아브람의 아내 사래는 아직 아이를 낳지 못했다.
그녀에게는 하갈이라는 이집트 여종이 있었다. 사래가 아브람에게
말했다. "**하나님**께서 내가 아이 갖는 것을 좋다고 여기지 않으시니, 당신은 내
여종과 잠자리를 같이하세요. 내가 여종의 몸을 빌려서 대를 이을 수 있을지도
모르잖아요." 아브람은 사래의 말을 따르기로 했다.
3-4 그리하여 아브람의 아내 사래는 자신의 이집트 여종 하갈을 데려다가 자기
남편 아브람에게 아내로 주었다. 이것은 아브람이 가나안 땅에 산 지 십 년이

지난 뒤의 일이었다. 그가 하갈과 잠자리를 같이하자, 하갈이 임신을 했다. 하
갈은 자신이 임신한 것을 알고 자신의 여주인을 업신여겼다.
5 사래가 아브람에게 말했다. "내가 이런 능욕을 당하는 것은 다 당신 책임이에
요. 내가 내 여종을 당신과 잠자리를 같이하도록 했건만, 그 종이 자기가 임신
한 것을 알고서 나를 업신여기지 뭐예요. **하나님**께서 우리 중에 누가 옳은지 결
정해 주시면 좋겠어요."
6 아브람이 말했다. "당신이 결정하구려. 당신 종은 당신 소관이잖소."
사래가 하갈을 학대하자, 하갈이 달아났다.
7-8 **하나님**의 천사가 광야의 샘 곁에서 하갈을 발견했다. 그 샘은 수르로 가는 길
가에 있었다. 천사가 말했다. "사래의 여종 하갈아, 여기서 무엇을 하고 있느냐?"
하갈이 대답했다. "내 여주인 사래에게서 도망치는 중입니다."
9-12 **하나님**의 천사가 말했다. "네 여주인에게로 돌아가거라. 그녀의 학대를 참
아 내어라." 천사가 계속해서 말했다. "내가 네게 큰 민족, 셀 수 없을 만큼 많은
자손을 주겠다.

네가 임신했으니, 아들을 낳을 것이다. 너는 그 이름을 이스마엘이라 하여라.
하나님께서 네 소리를 듣고 응답하셨다.
그는 날뛰는 야생마처럼 될 것이다.
남과 맞서 싸우고, 남도 그와 맞서 싸울 것이다.
그는 늘 문제를 일으키며
자기 가족과도 사이가 좋지 못할 것이다."

13 하갈이 자신에게 말씀하신 **하나님**께 기도하며 '나를 보시는 하나님!'이라고
불렀다.
"그래! 그분께서 나를 보셨고, 나도 그분을 뵈었다!"
14 그래서 광야의 그 샘도 '나를 보시는, 살아 계신 하나님의 샘'이라고 부르게
되었다. 그 샘은 지금도 가데스와 베렛 사이에 그대로 있다.
15-16 하갈이 아브람에게서 아들을 낳았다. 아브람이 그 아이의 이름을 이스마엘
이라고 했다. 하갈이 아브람의 아들 이스마엘을 낳았을 때에 아브람은 여든여
섯 살이었다.

할례, 언약의 표

17

1-2 아브람이 아흔아홉 살이 되었을 때, **하나님**께서 그에게 나타나셔
서 말씀하셨다. "나는 강한 하나님이다. 너는 내 앞에서 흠 없이 살
고, 온전하게 살아라! 내가 나와 너 사이에 언약을 맺고, 네게 큰 민족을 줄 것
이다."
3-8 아브람이 압도되어, 얼굴을 땅에 대고 엎드렸다.
하나님께서 그에게 말씀하셨다. "이것은 내가 너와 맺은 언약이다. 너는 수많은

민족들의 아버지가 될 것이다. 이제 네 이름은 더 이상 아브람이 아니라 아브라
함이다. '내가 너를 수많은 민족들의 아버지로 만들 것'이기 때문이다. 내가 너
를 아버지들의 아버지로 만들겠다. 네게서 여러 민족이 나오고, 네게서 여러 왕
이 나오게 하겠다. 내가 너와는 물론이고 네 후손과도 영원토록 지속될 언약을
맺어, 네 하나님이 되고 네 후손의 하나님이 되겠다. 네가 장막을 치고 있는 이
땅, 곧 가나안 땅 전체를 너와 네 후손에게 주어 영원토록 소유하게 하고, 나는
그들의 하나님이 될 것이다."
9-14 하나님께서 아브라함에게 계속 말씀하셨다. "너는 내 언약을 지켜야 한다.
너와 네 후손이 대대로 지켜야 한다. 이것은 네가 지켜야 할 언약, 네 후손이 지
켜야 할 언약이다. 너희 모든 남자에게 할례를 행하여라. 포피를 잘라 내어라.
이것이 나와 너 사이에 맺는 언약의 표가 될 것이다. 대대로 모든 남자아이는
태어난 지 팔 일째 되는 날에 할례를 받아야 한다. 너희 집에서 태어난 종들과,
이방인에게서 사 온 종들도 너희 혈족은 아니지만 할례를 받아야 한다. 너희는
너희 자손뿐 아니라 밖에서 들여온 사람에게도 할례를 행해야 한다. 그러면 내
언약이 너희 몸에 새겨져서, 영원한 언약의 표가 될 것이다. 할례를 받지 않은
남자, 곧 포피를 잘라 내지 않은 남자는 자기 백성 가운데서 잘려 나갈 것이다.
그가 내 언약을 깨뜨렸기 때문이다."
15-16 하나님께서 또 아브라함에게 말씀하셨다. "네 아내 사래를 더 이상 사래라
고 하지 말고, 사라라고 하여라. 내가 그녀에게 복을 주어, 그녀가 네 아들을 낳
게 하겠다! 내가 반드시 그녀에게 복을 주어, 그녀에게서 여러 민족이 나오게
하고, 여러 민족의 왕들도 나오게 할 것이다."
17 아브라함이 얼굴을 땅에 대고 엎드린 채 웃으며 속으로 말했다. "백 살이나 된
남자가 아들을 볼 수 있다고? 아흔 살이나 된 사라가 아이를 낳을 수 있다고?"
18 아브라함이 정신을 차리고 하나님께 아뢰었다. "이스마엘이나 하나님 앞에서
잘 살았으면 좋겠습니다."
19 하나님께서 말씀하셨다. "내 말은 그런 뜻이 아니다. 네 아내, 사라가 아들을
낳을 것이다. 너는 그 아이의 이름을 이삭(웃음)이라고 하여라. 내가 그와는 물
론이고, 그의 후손과도 영원한 언약을 맺을 것이다.
20-21 이스마엘 말이냐? 네가 그를 위해 기도하는 것을 내가 들었다. 내가 그에게
도 복을 주어, 많은 자식을 낳아 큰 민족을 이루게 하겠다. 그는 열두 지도자의
아버지가 될 것이다. 내가 그를 큰 민족이 되게 하겠다. 그러나 나는 내년 이맘
때 사라가 낳을 네 아들 이삭과 언약을 맺을 것이다."
22 하나님께서 아브라함과 말씀을 마치고 떠나가셨다.

23 그날 아브라함은 자기 아들 이스마엘과, 집에서 태어난 종과 돈을 주고 사 온
모든 종, 곧 자기 집안의 모든 남자를 데려다가, 하나님께서 말씀하신 대로 그
들의 포피를 잘라 내어 할례를 행했다.
24-27 아브라함이 할례를 받을 때 그의 나이는 아흔아홉 살이었고, 그의 아들 이

스마엘이 할례를 받을 때 그의 나이는 열세 살이었다. 아브라함과 이스마엘이
같은 날에 할례를 받았고, 그의 집안에 있는 모든 종도 그날에 할례를 받았다.
집에서 태어난 종과 돈을 주고 이방인에게서 사 온 종이 모두 아브라함과 함께
할례를 받았다.

하나님께서 아브라함에게 아들을 약속하시다

18 1-2 하나님께서 마므레의 상수리나무 숲 근처에서 아브라함에게 나
타나셨다. 그때 아브라함은 장막 입구에 앉아 있었다. 몹시 뜨거운
한낮이었다. 아브라함이 고개를 들어 보니, 세 사람이 서 있었다. 그가 장막에
서 뛰어나가 그들을 맞이하며 절했다.
3-5 아브라함이 말했다. "주님, 괜찮으시다면 잠시 이 종의 집에 머무시기 바랍
니다. 물을 가져올 테니 발을 씻으시고, 이 나무 아래에서 좀 쉬십시오. 제 곁을
지나가게 되셨으니, 제가 음식을 가져오겠습니다. 원기를 회복하여 길을 떠나
십시오."
그들이 말했다. "좋습니다. 그대가 말한 대로 하십시오."
6 아브라함이 급히 장막으로 달려가서 사라에게 말했다. "서두르시오. 가장 고
운 밀가루 세 컵을 가져다가 반죽하여 빵을 구우시오."
7-8 아브라함이 또 가축우리로 달려가서 살진 송아지 한 마리를 골라 종에게 건
네니, 종이 곧 그것을 잡아 요리했다. 아브라함은 치즈와 우유와 구운 송아지
고기를 가져다가 그 사람들 앞에 차려 놓았다. 그들이 식사하는 동안, 아브라함
은 나무 아래에 서 있었다.
9 그 사람들이 아브라함에게 말했다. "그대의 아내 사라는 어디 있습니까?"
아브라함이 대답했다. "장막 안에 있습니다."
10 그들 가운데 한 사람이 말했다. "내년 이맘때 내가 다시 찾아오겠습니다. 그
때에는 그대의 아내 사라에게 아들이 있을 것입니다." 사라는 그 사람의 바로
뒤, 장막 입구에서 그 말을 듣고 있었다.
11-12 아브라함과 사라는 이미 나이 많은 노인이었고, 사라는 아이를 가질 수 있
는 나이가 훨씬 지난 상태였다. 사라가 속으로 웃으면서 말했다. "나처럼 늙은
여자가 임신을 한다고? 남편도 이렇게 늙었는데?"
13-14 **하나님**께서 아브라함에게 말씀하셨다. "사라가 '나처럼 늙은 여자가 아이를
갖는다고?' 하면서 웃는데, 어찌 된 것이냐? **하나님**이 하지 못할 일이 있느냐?
내가 내년 이맘때 돌아올 텐데, 그때에는 사라에게 아이가 있을 것이다."
15 사라가 두려운 나머지 거짓말을 했다. "저는 웃지 않았습니다."
그러자 **하나님**께서 말씀하셨다. "아니다. 네가 웃었다."

아브라함이 소돔을 위해 간구하다

16 그 사람들이 떠나려고 자리에서 일어나, 소돔을 향해 출발했다. 아브라함은
그들을 배웅하려고 함께 걸어갔다.

17-19 그때 **하나님**께서 말씀하셨다. "내가 앞으로 하려고 하는 일을 아브라함에게
숨기겠느냐? 아브라함은 장차 크고 강한 민족이 되어, 세상 모든 민족이 그를
통해 복을 받게 될 것이다. 그렇다. 내가 그를 택한 것은, 그가 자기 자녀와 후손
을 가르쳐 **하나님**의 생활방식을 따라, 친절하고 너그럽고 바르게 살게 하려는
것이다. 그리하여 **하나님**이 아브라함에게 약속하신 것을 이루려는 것이다."
20-21 **하나님**께서 계속해서 말씀하셨다. "소돔과 고모라의 희생자들이 울부짖는
소리가 내 귀를 먹먹하게 하는구나. 그 도시의 죄악이 너무 크다. 내가 직접 내
려가서, 저들이 하는 짓이 정말 내 귀에 들려오는 울부짖음처럼 악한지 알아봐
야겠다."
22 그 사람들이 소돔을 향해 출발했으나, 아브라함은 **하나님**의 길에 서서 그 길
을 가로막았다.
23-25 아브라함이 **하나님**을 대면하여 아뢰었다. "진심이십니까? 죄 없는 사람들
을 악한 사람들과 함께 쓸어버릴 작정이십니까? 그 도시에 의인 오십 명이 있
다면 어떻게 하시겠습니까? 죄 없는 사람들을 악한 사람들과 함께 쓸어버리시
겠습니까? 의인 오십 명을 봐서라도 그 도시를 용서하지 않으시렵니까? 저는
주께서 의인과 악인을 구별하지 않고 죽이실 것이라고는 생각하지 않습니다.
세상을 심판하시는 분께서 공정하게 심판하셔야 하지 않겠습니까?"
26 **하나님**께서 말씀하셨다. "소돔에 의인 오십 명이 있으면, 내가 그들을 봐서
그 도시를 용서하겠다."
27-28 아브라함이 다시 아뢰었다. "한 줌 흙에 지나지 않는 제가 감히 주께 말씀드
립니다. 오십 명에서 다섯 명이 모자라면 어떻게 하시겠습니까? 다섯 명이 모
자란다는 이유로 그 도시를 멸하시겠습니까?"
하나님께서 말씀하셨다. "사십오 명이 있으면, 내가 그 도시를 멸하지 않겠다."
29 아브라함이 다시 아뢰었다. "사십 명밖에 찾지 못하시면 어떻게 하시겠습니까?"
"사십 명이 있으면, 그 도시를 멸하지 않겠다."
30 아브라함이 아뢰었다. "주님, 노하지 마십시오. 삼십 명밖에 찾지 못하시면
어떻게 하시겠습니까?"
"삼십 명만 찾을 수 있어도, 내가 그 도시를 멸하지 않겠다."
31 아브라함이 더 강하게 아뢰었다. "주님, 부디 참아 주십시오. 이십 명이면 어
떻게 하시겠습니까?"
"이십 명만 있어도, 내가 그 도시를 멸하지 않겠다."
32 아브라함이 멈추지 않고 아뢰었다. "주님, 이번이 마지막이니, 노하지 마십시
오. 열 명밖에 찾지 못하시면 어떻게 하시겠습니까?"
"그 열 명을 봐서라도, 내가 그 도시를 멸하지 않겠다."
33 **하나님**께서 아브라함과 말씀을 마치고 떠나가셨다. 아브라함은 집으로 돌아
갔다.

소돔과 고모라의 심판

19 [1-2] 저녁때에 두 천사가 소돔에 도착했다. 롯은 그 도시 입구에 앉아
있었다. 그가 그들을 보고 일어나 맞이하면서, 그들에게 엎드려 절
하며 말했다. "두 분께서는 부디 저희 집에 오셔서, 씻고 하룻밤 묵으십시오. 그
러면 내일 아침 일찍 일어나 기운을 차리고 길을 떠나실 수 있을 겁니다."
그들이 말했다. "아닙니다. 우리는 거리에서 자겠습니다."
3 그러나 롯은 거절하지 말라고 간청했다. 그들은 거절하지 못하고 롯을 따라
집으로 들어갔다. 롯이 그들을 위해 따뜻한 음식을 차리자 그들이 먹었다.
4-5 그들이 잠자리에 들기 전에, 소돔의 남자들이 젊은이 노인 할 것 없이 사방에
서 몰려와 롯의 집을 에워쌌다. 그러고는 롯에게 고함을 지르며 말했다. "오늘
밤 당신 집에서 머물려고 온 사람들이 어디 있소? 그들을 데리고 나오시오. 우
리가 그들과 재미 좀 봐야겠소!"
6-8 롯이 밖으로 나가 뒤로 문을 닫아걸고 말했다. "여보시오, 제발 수치스러운
짓을 하지 마시오! 자, 내게 남자를 알지 못하는 두 딸이 있소. 내가 그들을 내줄
테니 그 아이들과 즐기고, 이 사람들은 건드리지 마시오. 이들은 내 손님이오."
9 그들이 말했다. "저리 비켜! 어디서 굴러들어 와서 우리를 가르치려 드는 거
냐! 저들보다 너를 먼저 손봐야겠구나." 그러고는 롯에게 달려들어 그를 밀치고
문을 부수려고 했다.
10-11 그러자 두 사람이 손을 내밀어 롯을 집 안으로 끌어들이고 문을 닫아걸었
다. 그들은 문을 부수려고 하는 자들을 우두머리 졸개 할 것 없이 모두 눈이 멀
게 하여, 어둠 속을 헤매게 만들었다.
12-13 그 두 사람이 롯에게 말했다. "이곳에 그대의 가족들이 더 있습니까? 아들
이나 딸이나, 이 도시에 사는 가족들 말입니다. 지금 당장 그들을 데리고 이 도
시에서 나가시오! 우리가 곧 이 도시를 멸하려고 하오. 이곳의 희생자들이 울부
짖는 소리가 **하나님**의 귀를 먹먹하게 합니다. **하나님**께서 이곳을 쓸어버리도록
우리를 보내셨소."
14 롯이 밖으로 나가서 자기 딸들의 약혼자들에게 알렸다. "이곳을 떠나게. **하나
님**께서 이 도시를 멸하려고 하시네!" 그러나 그들은 롯의 말을 농담으로 여겼다.
15 새벽이 되자, 천사들이 롯을 떠밀며 말했다. "서두르시오. 너무 늦기 전에 그
대의 아내와 두 딸을 데리고 이곳을 떠나시오. 그러지 않으면, 이 도시가 벌을
받을 때에 멸망하고 말 것이오."
16-17 롯이 꾸물거리자, 그 사람들이 롯의 팔과 그의 아내와 딸들의 팔을 잡고 도
시 밖 안전한 곳으로 데리고 나갔다. **하나님**께서 그들에게 자비를 베푸셨다! 롯
의 가족을 밖으로 데리고 나온 뒤에, 그 사람들이 롯에게 말했다. "지금 당장 달
아나 목숨을 구하시오! 뒤돌아보지 마시오! 평지 어디에서도 멈추면 안됩니다.
산으로 달아나시오. 그러지 않으면, 죽고 말 것입니다."
18-20 그러자 롯이 반대했다. "안됩니다, 그렇게 하지 마십시오! 두 분께서는 저를
좋게 보시고 크나큰 호의를 베푸셔서 제 생명을 구해 주셨습니다. 하지만 저는

산으로 달아날 수 없습니다. 산에 있더라도 끔찍한 재앙이 미쳐서 죽을지도 모
릅니다. 저쪽을 보십시오. 저 성읍은 우리가 닿기에 가깝고, 아무런 일도 닥치지
않을 만큼 작은 곳입니다. 저 작은 성읍으로 달아나 목숨을 건지게 해주십시오."
21-22 "좋소. 그대가 그렇게 하겠다면, 원하는 대로 하시오. 그대가 택한 성읍은
멸하지 않겠소. 하지만 서둘러 그곳으로 달아나시오! 그대가 그곳에 닿기 전에
는 내가 아무 일도 할 수 없소." 그리하여 그 성읍은 '작은 성읍'이라는 뜻의 소
알이라 불리게 되었다.
23 롯이 소알에 이르렀을 때 해가 하늘 높이 떠 있었다.
24-25 그때 **하나님**께서 유황과 불을 소돔과 고모라에 비처럼 퍼부으셨다. 유황과
불이 **하나님**이 계신 하늘로부터 용암처럼 흘러내려서, 두 도시와 평지 전체, 두
도시에 살고 있던 모든 사람과, 땅에서 자라던 모든 것을 멸했다.
26 그러나 롯의 아내는 뒤를 돌아보다가 그만 소금기둥이 되고 말았다.
27-28 아브라함은 이튿날 아침 일찍 일어나, 얼마 전에 **하나님**과 함께 서 있던 곳
으로 갔다. 그가 소돔과 고모라를 바라보고 온 평지를 내려다보니, 보이는 것이
라고는 온통 땅에서 뿜어져 나오는 연기뿐이었다. 마치 용광로에서 뿜어져 나
오는 연기 같았다.
29 하나님께서 평지의 도시들을 멸하실 때에 아브라함을 잊지 않으셨다. 그래서
그 도시들을 땅에서 쓸어버리시기 전에 롯을 먼저 나오게 하신 것이다.

30 롯은 소알을 떠나 산으로 가서 두 딸과 함께 살았다. 소알에 머무는 것이 두려
웠기 때문이다. 그는 두 딸과 함께 동굴에서 살았다.
31-32 하루는 큰딸이 작은딸에게 말했다. "아버지는 늙어 가고, 이 땅에는 우리에
게 아이를 얻게 해줄 남자가 없구나. 아버지에게 술을 대접해 취하게 한 뒤에,
아버지와 잠자리를 같이하자. 그러면 우리가 아버지를 통해 자식을 얻게 될 거
야. 우리가 집안을 살릴 수 있는 방법은 이것밖에 없어."
33-35 그날 밤 그들은 자기 아버지에게 술을 대접해 취하게 했다. 큰딸이 들어가
아버지와 잠자리를 같이했다. 그러나 그는 취한 나머지 딸이 무슨 일을 하는지
전혀 알지 못했다. 이튿날 아침, 큰딸이 작은딸에게 말했다. "지난밤에는 내가
아버지와 잠자리를 같이했으니, 오늘 밤은 네 차례야. 우리가 다시 아버지를 취
하게 한 뒤에, 네가 아버지와 잠자리를 같이하여라. 그러면 우리 둘 다 아버지
를 통해 아이를 갖게 되어, 우리 집안을 살리게 될 거야." 그날 밤 그들은 아버
지에게 또다시 술을 대접해 취하게 한 다음, 작은딸이 들어가 아버지와 잠자리
를 같이했다. 이번에도 그는 취한 나머지 딸이 무슨 일을 하는지 전혀 알지 못
했다.
36-38 두 딸 모두 자기 아버지 롯의 아이를 갖게 되었다. 큰딸은 아들을 낳고 그
이름을 모압이라고 했다. 모압은 오늘날 모압 사람의 조상이 되었다. 작은딸도
아들을 낳고 그 이름을 벤암미라고 했다. 벤암미는 오늘날 암몬 사람의 조상이
되었다.

아브라함과 아비멜렉

20

1-2 아브라함은 그곳에서 남쪽 네겝 지역으로 이주하여 가데스와 수
르 사이에 정착했다. 아브라함이 그랄에서 장막생활을 하던 때에 자
기 아내 사라를 가리켜 "이 여인은 나의 누이요"라고 했다.
2-3 그랄 왕 아비멜렉이 사람을 보내어 사라를 데려갔다. 그러나 하나님께서 그
날 밤 아비멜렉의 꿈에 나타나셔서 말씀하셨다. "너는 이제 죽은 목숨이다. 네
가 데려온 여인은 남편이 있는 여인이다."
4-5 아비멜렉은 아직 그녀와 잠자리를 같이하지 않았고, 그녀에게 손도 대지 않
았다. 그가 말했다. "주님, 죄 없는 사람을 죽이시렵니까? 아브라함이 제게 '이
여인은 나의 누이요'라고 했고, 그녀도 아브라함을 가리켜 '그는 나의 오라버니
입니다'라고 하지 않았습니까? 제가 이 일에서 무슨 잘못을 저질렀는지 모르겠
습니다."
6-7 하나님께서 꿈에 그에게 말씀하셨다. "네가 다른 뜻이 없었다는 것을 잘 안
다. 그래서 네가 내게 죄를 짓지 않도록 내가 막은 것이다. 너를 막아 그녀와 잠
자리를 같이하지 못하게 한 것이다. 그러니 이제 그 여인을 남편에게 돌려보내
라. 그는 예언자니, 그가 너와 네 목숨을 위해 기도해 줄 것이다. 그 여인을 돌
려보내지 않으면, 너와 네 집안의 모든 사람이 반드시 죽을 것이다."
8-9 아비멜렉은 이튿날 아침 일찍 일어나 집안의 모든 종을 한자리에 불러 모으
고 자초지종을 말했다. 그 자리에 모인 모든 사람이 큰 충격을 받았다. 아비멜
렉이 아브라함을 불러들여 말했다. "우리에게 무슨 일을 한 것이오? 내가 그대
에게 무슨 잘못을 했기에, 나와 내 나라에 이토록 엄청난 죄를 끌어들인 것이
오? 그대가 내게 한 일은 결코 해서는 안될 일이었소."
10 아비멜렉이 계속해서 아브라함에게 말했다. "도대체 무슨 생각으로 이 같은
일을 벌인 것이오?"
11-13 아브라함이 말했다. "이곳에는 하나님을 두려워하는 마음이 없어서, 사람
들이 나를 죽이고 내 아내를 빼앗을 것이라고 생각했기 때문입니다. 사실을 말
씀드리면, 아내는 내 이복누이입니다. 그녀와 나는 아버지는 같고 어머니가 다
를 뿐입니다. 하나님께서 나로 하여금 내 아버지의 집을 떠나 나그네로 떠돌게
하셨을 때, 내가 아내에게 말하기를 '부탁이 있소. 우리가 어디로 가든지, 사람
들에게 내가 당신의 오라버니라고 말해 주시오' 하고 말했습니다."
14-15 아비멜렉은 사라를 아브라함에게 돌려보냈다. 그녀를 보내면서 양 떼와 소
떼와 남녀 종들도 함께 보냈다. 그가 말했다. "내 땅이 그대 앞에 있으니, 어디
든지 원하는 곳에 가서 사시오."
16 사라에게는 이렇게 말했다. "나는 그대의 오라버니에게 은화 천 개를 주었소.
그것으로 사람들 앞에서 그대의 깨끗함이 입증될 것이오. 이제 그대는 명예가
회복되었소."
17-18 아브라함이 하나님께 기도하자, 하나님께서 아비멜렉과 그의 아내와 여종
들의 병을 고쳐 주셨다. 그러자 그들이 다시 아이를 가질 수 있게 되었다. 하나

님께서 아브라함의 아내 사라의 일로 아비멜렉 집안의 모든 태를 닫아 버리셨
던 것이다.

이삭이 태어나다

21 1-4 하나님께서는 약속하신 바로 그날에 사라를 찾아오셨다. 그리고
약속하신 대로 사라에게 행하셨다. 하나님께서 정하신 바로 그때에,
사라가 임신하여 노년의 아브라함에게 아들을 안겨 주었다. 아브라함은 아들의
이름을 이삭이라고 했다. 아이가 태어난 지 팔 일이 되자, 아브라함은 하나님께
서 명령하신 대로 아이에게 할례를 행했다.
5-6 아브라함의 아들 이삭이 태어났을 때, 아브라함의 나이는 백 살이었다.
사라가 말했다.

하나님께서 내게 웃음을 복으로 주셨구나.
이 소식을 듣는 모든 이가 나와 함께 웃을 것이다!

7 그녀가 또 말했다.

사라가 아이에게 젖을 물릴 날이 올 것이라고
누가 아브라함에게 말할 수 있었겠는가!
그러나 내가 이렇게! 늙은 아브라함에게 아들을 안겨 주지 않았는가!

8 아이가 자라서 젖을 떼게 되었다. 이삭이 젖을 떼던 날, 아브라함은 성대한 잔
치를 베풀었다.
9-10 어느 날 사라가 보니, 이집트 여인 하갈이 아브라함에게서 낳은 아들이 자기
아들 이삭을 놀리고 있었다. 그녀가 아브라함에게 말했다. "저 여종과 아들을
쫓아내세요. 저 여종의 아들이 내 아들 이삭과 함께 유산을 나눠 갖게 할 수는
없습니다!"
11-13 아브라함은 그 일로 큰 고통을 겪었다. 결국 이스마엘도 자기 아들이었기
때문이다. 그러나 하나님께서 아브라함에게 말씀하셨다. "그 아이와 네 여종의
문제로 걱정하지 마라. 사라가 네게 말한 대로 하여라. 네 후손은 이삭을 통해
이어질 것이다. 네 여종의 아들에 관해서는 안심하여라. 그도 네 아들이니, 내
가 그도 큰 민족이 되게 하겠다."
14-16 아브라함은 이튿날 아침 일찍 일어나, 얼마의 음식과 물 한 통을 하갈의 등
에 지워 주고, 아이와 함께 떠나보냈다. 그녀는 정처 없이 길을 헤매다가 브엘
세바 광야에 이르렀다. 물이 다 떨어지자, 그녀는 아이를 덤불 아래 놓아두고
50미터쯤 걸어갔다. 그녀는 "내 아들이 죽어 가는 모습을 지켜볼 수 없구나" 하
고는, 그 자리에 주저앉아 흐느껴 울기 시작했다.
17-18 하나님께서 아이가 우는 소리를 들으셨다. 하나님의 천사가 하늘에서 하갈

을 부르며 말했다. "하갈아, 어찌 된 일이냐? 두려워하지 마라. 하나님께서 아이의 소리를 들으셨고, 아이가 곤경에 처한 것도 알고 계신다. 일어나거라. 가서 아이를 일으켜 세우고, 굳게 붙잡아 주어라. 내가 그를 큰 민족이 되게 하겠다."
19 그때 하나님께서 하갈의 눈을 열어 주셨다. 그녀가 둘러보니, 샘이 보였다. 그녀는 샘으로 가서 물통에 물을 가득 채운 다음, 아이에게 시원한 물을 충분히 먹였다.
20-21 아이가 자라는 동안 하나님께서 아이 곁에 계셨다. 그 아이는 광야에 살면서 노련한 활잡이가 되었다. 그는 바란 광야에서 살았다. 그의 어머니는 그에게 이집트 여인을 아내로 얻어 주었다.

브엘세바에서 아비멜렉과 맺은 계약

22-23 그 무렵, 아비멜렉과 그의 군지휘관 비골이 아브라함에게 말했다. "그대가 무슨 일을 하든지, 하나님께서는 그대 편이오. 그러니 그대는 나와 내 가족에게 어떠한 부당한 행동도 하지 않겠다고 맹세해 주시오. 이곳에서 사는 동안, 내가 그대를 대한 것처럼 그대도 나와 내 땅을 그렇게 대하겠다고 맹세해 주시오."
24 아브라함이 말했다. "맹세합니다."
25-26 그러고 나서, 아브라함은 아비멜렉의 종들이 우물을 빼앗은 일을 그에게 따졌다. 아비멜렉이 대답했다. "누가 그런 짓을 했는지 나는 모르오. 그대도 그 일에 대해 내게 말해 준 적이 없지 않소. 오늘 처음 듣는 이야기오."
27-28 그리하여 두 사람은 계약을 맺었다. 아브라함이 양과 소를 가져다가 아비멜렉에게 주었다. 아브라함은 양 떼에서 양 일곱 마리를 따로 떼어 놓았다.
29 아비멜렉이 물었다. "그대가 따로 떼어 놓은 이 양 일곱 마리는 무슨 뜻이오?"
30 아브라함이 대답했다. "이 양 일곱 마리를 받으시고, 내가 판 이 우물이 내 우물이라는 증거로 삼아 주십시오."
31-32 두 사람이 거기서 맹세하고 계약을 맺었으므로, 그곳을 브엘세바(맹세의 우물)라 부르게 되었다. 그들이 브엘세바에서 계약을 맺은 다음, 아비멜렉과 그의 군지휘관 비골은 그곳을 떠나 블레셋 사람의 땅으로 돌아갔다.
33-34 아브라함은 브엘세바에 에셀 나무를 심고, 거기서 하나님을 예배하고 영원하신 하나님께 기도를 드렸다. 아브라함은 블레셋 사람의 땅에서 오랫동안 살았다.

하나님께서 아브라함을 시험하시다

22

1 이 모든 일이 있은 뒤에, 하나님께서 아브라함을 시험하셨다. 하나님께서 말씀하셨다. "아브라함아!"
아브라함이 대답했다. "예, 말씀하십시오."
2 하나님께서 말씀하셨다. "네가 아끼는 아들, 네 사랑하는 아들 이삭을 데리고 모리아 땅으로 가거라. 거기서 내가 네게 지시할 산에서 그를 번제물로 바쳐라."

[3-5] 아브라함은 아침 일찍 일어나서 나귀에 안장을 얹었다. 그는 젊은 두 종과 아
들 이삭을 데리고 갔다. 그는 번제에 쓸 장작을 쪼갠 뒤에, 하나님께서 지시해
주신 곳으로 출발했다. 사흘째 되는 날에 그가 눈을 들어 바라보니 멀리 그곳이
보였다. 아브라함은 젊은 두 종에게 말했다. "이곳에서 나귀와 함께 머물러 있
어라. 아이와 나는 저곳으로 가서 예배하겠다. 그러고 나서 우리가 너희에게 돌
아오겠다."
[6] 아브라함은 번제에 쓸 장작을 가져다가 자기 아들 이삭에게 지우고, 자신은
부싯돌과 칼을 챙겨 들었다. 두 사람은 함께 길을 떠났다.
[7] 이삭이 자기 아버지 아브라함에게 말했다. "아버지?"
"그래, 내 아들아."
"부싯돌과 장작은 있는데, 번제에 쓸 양은 어디에 있습니까?"
[8] 아브라함이 대답했다. "아들아, 번제에 쓸 양은 하나님께서 마련하실 것이다."
두 사람은 계속해서 걸었다.
[9-10] 그들이 하나님께서 아브라함에게 지시하신 곳에 이르렀다. 아브라함은 제단
을 쌓고, 그 위에 장작을 벌여 놓았다. 그런 다음 이삭을 묶어 장작 위에 올려놓
았다. 아브라함이 손을 뻗어 칼을 쥐고 자기 아들을 죽이려고 했다.
[11] 바로 그때에 **하나님**의 천사가 하늘에서 그를 불렀다. "아브라함아! 아브라함아!"
"예, 말씀하십시오."
[12] "그 아이에게 손대지 마라! 그 아이를 건드리지 마라! 네가 나를 위해 네 아
들, 네 사랑하는 아들을 제단에 바치기를 주저하지 않았으니, 네가 하나님을 얼
마나 경외하는지 이제 내가 알겠다."
[13] 아브라함이 고개를 들어 살펴보니, 덤불에 뿔이 걸린 숫양 한 마리가 보였다.
아브라함은 그 양을 잡아다가 자기 아들 대신 번제물로 바쳤다.
[14] 아브라함이 그곳의 이름을 '**여호와** 이레'(하나님께서 마련하신다)라고 했다. "**하
나님**의 산에서 **하나님**께서 마련하신다"라는 말은 거기서 생겨난 것이다.
[15-18] **하나님**의 천사가 하늘에서 두 번째로 아브라함을 불러 말했다. "내가 맹세
한다. **하나님**의 확실한 말씀이다! 네가 네 아들, 네 사랑스럽고 사랑스러운 아
들을 아끼지 않고 내게 바쳤으니, 내가 네게 복을 주겠다. 내가 반드시 네게 복
을 주겠다! 내가 네 자손을 하늘의 별처럼, 바닷가의 모래처럼 번성하게 하겠
다! 네 후손이 원수를 물리칠 것이다. 네가 내 말에 순종했으니, 땅 위의 모든
민족이 네 후손으로 인하여 복을 받게 될 것이다."
[19] 그 후에 아브라함은 젊은 종들에게로 돌아왔다. 그들은 짐을 챙겨 브엘세바
로 돌아갔다. 아브라함은 브엘세바에 정착했다.

[20-23] 이 모든 일이 있은 뒤에, 아브라함에게 소식이 들려왔다. "그대의 동생 나홀
이 아버지가 되었소! 밀가가 그의 자녀를 낳았는데, 맏아들은 우스, 그 아래로
부스, 그므엘(그는 아람의 아버지다), 게셋, 하소, 빌다스, 이들랍, 브두엘(그는 리브

가의 아버지다)이 태어났소." 밀가는 아브라함의 동생 나홀에게서 이 여덟 아들을
낳았다.
24 나홀의 첩 르우마도 나홀의 네 자녀, 곧 데바, 가함, 다하스, 마아가를 낳았다.

막벨라 동굴에 사라를 묻다

23 1-2 사라는 127년을 살았다. 사라는 오늘날 헤브론이라 하는, 가나안
땅 기럇아르바에서 죽었다. 아브라함은 그녀를 위해 슬퍼하며 울었다.
3-4 아브라함은 죽은 아내 사라를 위해 애곡하기를 그치고 일어나서 헷 사람들에
게 말했다. "비록 내가 여러분 가운데 사는 이방인에 지나지 않지만, 묘지로 쓸
땅을 내게 팔아서 내 아내를 안장할 수 있게 해주시기 바랍니다."
5-6 헷 사람들이 대답했다. "어째서 그런 말을 하십니까? 우리와 함께 사는 당신
은 이방인에 불과한 분이 아닙니다. 당신은 하나님이 세우신 지도자입니다! 우
리의 묘지 가운데서 가장 좋은 곳에 당신의 아내를 안장하십시오. 우리 가운데
누구도 묘지를 구하는 당신의 부탁을 거절하지 않을 것입니다."
7-9 그러자 아브라함이 일어나서 그 땅 사람들, 곧 헷 사람들에게 정중히 절하며
말했다. "여러분이 나를 도와 내 아내를 안장할 적당한 매장지를 제공하겠다는
말이 진심이라면, 나를 위해 소할의 아들 에브론에게 말해 주시기 바랍니다. 그
가 소유하고 있는 막벨라 동굴을 내게 팔도록 주선해 주십시오. 그 동굴은 그의
밭머리에 있습니다. 값은 충분히 쳐 드릴 테니, 여러분이 증인이 되어 그가 내
게 그 밭을 팔도록 해주십시오."
10-11 에브론은 헷 사람 공동체의 일원이었다. 헷 사람 에브론이 마을 의회의 일
원인 헷 사람들이 모두 들을 수 있도록 아브라함에게 큰소리로 대답했다. "어르
신, 그렇게 해서는 안됩니다. 그 밭은 당신 것입니다. 당신께 드리는 선물입니
다. 그 밭과 동굴을 당신께 드리겠습니다. 내 동족이 보는 앞에서 내가 그것을
당신께 드리겠습니다. 돌아가신 부인을 안장하십시오."
12-13 아브라함이 그곳에 모인 의회 앞에 정중히 절하고 에브론에게 대답했다.
"부디 내 말을 들어주셔서, 내가 그 땅의 값을 치를 수 있게 해주십시오. 내 돈
을 받고, 내가 가서 아내를 안장할 수 있게 해주십시오."
14-15 그러자 에브론이 아브라함에게 대답했다. "정 그러시다면, 어르신과 저 사
이에 은 사백 세겔이면 어떻겠습니까? 어서 가서 부인을 안장하십시오."
16 아브라함은 에브론의 제안을 받아들이고, 에브론이 헷 사람의 마을 의회 앞
에서 제안한 금액—당시 통용되던 환율로 은 사백 세겔—을 지불했다.
17-20 그리하여 마므레 근처에 있는 에브론의 밭, 곧 밭과 동굴과 밭의 경계 안에
있는 모든 나무가 아브라함의 소유가 되었다. 헷 사람의 마을 의회가 그 거래의
증인이 되었다. 그런 다음 아브라함은 가나안 땅 마므레, 곧 오늘날의 헤브론
근처 막벨라 밭에 있는 동굴에 자기 아내 사라를 묻었다. 그 밭과 거기에 딸린
동굴이 헷 사람에게서 아브라함 소유의 묘지가 되었다.

이삭과 리브가

24 [1] 아브라함은 이제 노인이 되었다. **하나님**께서 아브라함이 하는 일
마다 복을 주셨다.
2-4 아브라함이 그의 모든 소유를 맡아 관리하는 집안의 늙은 종에게 말했다. "네
손을 내 허벅지 밑에 넣고 하늘의 하나님, 땅의 하나님이신 **하나님**께 맹세하여
라. 너는 이곳 가나안의 젊은 여자들 가운데서 내 아들의 아내 될 사람을 찾지
않고, 내가 태어난 고향으로 가서 내 아들 이삭의 아내를 찾겠다고 맹세하여라."
5 종이 대답했다. "하지만 그 여인이 집을 떠나 저와 함께 오지 않겠다고 하면 어
찌합니까? 그러면 제가 아드님을 주인님의 고향 땅으로 데려가야 하는지요?"
6-8 아브라함이 말했다. "아니다. 절대 그래서는 안된다. 내 아들을 그곳으로 데
려가서는 절대로 안된다. **하나님** 하늘의 하나님께서는 나를 내 아버지 집과 내
고향 땅에서 이끌어 내시고 '내가 이 땅을 네 후손에게 주겠다'고 내게 엄숙히
약속하셨다. 그러니 그 하나님께서 천사를 너보다 앞서 보내셔서 내 아들의 아
내 될 사람을 찾게 하실 것이다. 그 여인이 오지 않겠다고 하면, 너는 내게 한
맹세에서 풀려나게 될 것이다. 그러나 어떠한 경우에도 내 아들을 그곳으로 데
려가서는 안된다."
9 그 종은 자기 주인 아브라함의 허벅지 밑에 손을 넣고 엄숙히 맹세했다.
10-14 종은 주인의 낙타 떼에서 열 마리를 가져다가 주인이 준 선물을 싣고, 아람
나하라임에 이르러 나홀의 성을 찾아갔다. 그는 성 밖에 있는 한 우물가에서 낙
타들을 쉬게 했다. 때는 여인들이 물을 길으러 나오는 저녁 무렵이었다. 그는
이렇게 기도했다. "**하나님**, 제 주인 아브라함의 하나님, 오늘 일이 순조롭게 이
루어지게 해주십시오. 제 주인 아브라함을 선대해 주십시오! 제가 이곳 우물가
에 서 있다가 마을의 젊은 여인들이 물을 길으러 나오면, 한 여인에게 '그대의
물동이를 기울여 물을 마시게 해주시오' 하고 말하겠습니다. 그때 그 여인이 '드
십시오. 제가 당신의 낙타들에게도 물을 먹이겠습니다' 하고 대답하면, 그 여인
이 바로 하나님께서 당신의 종 이삭을 위해 택하신 여인인 줄 알겠습니다. 이것
으로 하나님께서 제 주인을 위해 뒤에서 은혜롭게 일하고 계신 줄 알겠습니다."
15-17 그가 말을 마치자마자, 리브가가 어깨에 물동이를 메고 나왔다. 그녀는 아
브라함의 동생 나홀의 아내인 밀가가 낳은 브두엘의 딸이었다. 그 여인은 눈부
시게 아름다웠고, 아직 남자를 알지 못하는 처녀였다. 그녀가 우물로 내려가서
물동이에 물을 채워 가지고 올라왔다. 그 종이 그녀에게 달려가서 말했다. "그
대의 물동이에 든 물을 한 모금 마실 수 있겠소?"
18-21 그녀가 말했다. "그럼요, 드십시오!" 그녀는 물동이를 받쳐 들고 그가 물을
마실 수 있게 해주었다. 그가 물을 실컷 마시고 나자, 그녀가 말했다. "제가 낙
타들도 실컷 마실 수 있도록 물을 길어다 주겠습니다." 그녀는 곧 물동이의 물
을 여물통에 붓고, 다시 우물로 내려가 물동이를 채웠다. 그녀는 낙타들에게 물
을 다 먹일 때까지 계속해서 물을 길어 왔다.
이것이 **하나님**의 응답인지, 과연 **하나님**께서 이 여행 목적을 이루어 주신 것인

지, 그 사람은 말없이 그 모습을 지켜보고 있었다.
22-23 낙타들이 물을 다 마시자, 그 사람은 무게가 5그램이 조금 넘는 금코걸이
한 개와 무게가 110그램 정도 되는 팔찌 두 개를 꺼내어 그녀에게 선물로 주었
다. 그리고 그녀에게 물었다. "그대의 가족에 대해 내게 말해 주겠소? 그대는
누구의 딸인가요? 그대의 아버지 집에 우리가 묵어갈 방이 있는지요?"
24-25 그녀가 대답했다. "저는 밀가와 나홀의 아들인 브두엘의 딸입니다. 우리 집
에는 묵을 방이 많고, 꼴과 여물도 넉넉합니다."
26-27 그 사람은 이 말을 듣고서, 고개를 숙여 **하나님**께 경배하고 기도했다. "**하나**
님, 제 주인 아브라함의 하나님, 찬양을 받으소서. 하나님께서 제 주인에게 얼
마나 관대하고 신실하신지, 아무것도 거절하지 않으셨습니다. 저를 제 주인의
동생이 사는 집 앞까지 이끌어 주셨습니다!"
28 그녀는 그곳을 떠나 달려가서, 무슨 일이 있었는지 어머니 집 모든 식구에게
알렸다.
29-31 리브가에게는 라반이라는 오라버니가 있었는데, 그가 우물가에 있는 그 사
람에게로 뛰어나갔다. 그는 자기 여동생이 하고 있는 코걸이와 팔찌를 보았고,
또 그녀가 "그 사람이 이러이러한 것을 내게 말했습니다" 하고 말하는 이야기도
들었던 것이다. 그가 가 보니, 과연 그 사람이 여전히 우물가에 낙타들과 함께
서 있었다. 라반이 그를 맞이했다. "**하나님**의 복을 받으신 분이여, 어서 들어오
십시오! 어찌하여 이곳에 서 계십니까? 제가 당신을 위해 집을 치워 놓았습니
다. 당신의 낙타들을 둘 곳도 있습니다."
32-33 그리하여 그 사람은 집으로 들어갔다. 라반은 낙타들에게서 짐을 내리고 낙
타들에게 꼴과 여물을 주었다. 그리고 그 사람과 그의 일행이 발을 씻을 수 있
도록 물을 가져다주었다. 그런 다음 라반은 먹을 것을 대접했다. 하지만 그 사
람은 이렇게 말했다. "제 이야기를 말씀드리기 전에는 먹지 않겠습니다."
라반이 말했다. "어서 말씀하십시오."
34-41 그 종이 말했다. "저는 아브라함의 종입니다. **하나님**께서 제 주인에게 복을
주셔서, 유력한 사람이 되게 하셨습니다. **하나님**께서 그분에게 양과 소, 은과
금, 남종과 여종, 낙타와 나귀를 주셨습니다. 결국에는 제 주인의 부인인 사라
가 늘그막에 그분의 아들을 낳았고, 그분은 모든 재산을 그 아들에게 넘겨주셨
습니다. 제 주인께서는 제게 맹세하라 하시면서, '내가 살고 있는 이 땅 가나안
사람의 딸들 가운데서 내 아들의 아내가 될 사람을 찾지 말고, 내 아버지 집, 내
친족에게로 가서, 그곳에서 내 아들의 아내가 될 사람을 찾아 오너라' 하고 말씀
하셨습니다. 저는 제 주인에게 '하지만 그 여인이 저와 함께 오지 않겠다고 하면
어찌합니까?' 하고 말씀드렸습니다. 그분께서는 '내가 마음을 다해 섬기는 **하나**
님께서 천사를 너와 함께 보내셔서 일이 잘 되게 해주실 것이다. 네가 내 친족,
내 아버지 집에서 내 아들의 아내가 될 사람을 데려오게 하실 것이다. 그런 뒤
에야 너는 맹세에서 풀려나게 될 것이다. 네가 내 친족에게 갔는데, 그들이 그
녀를 네게 내주지 않더라도, 너는 맹세에서 풀려나게 될 것이다' 하고 말씀하셨

습니다.
42-44 제가 오늘 우물가에 이르렀을 때, 저는 이렇게 기도했습니다. '하나님, 제
주인 아브라함의 하나님, 제가 맡은 이 일이 잘 이루어지게 해주십시오. 저는
이 우물가에 서 있겠습니다. 한 젊은 여인이 물을 길으러 이곳에 오면, 제가 그
녀에게 "그대 물동이의 물을 한 모금 마시게 해주시오" 하고 말하겠습니다. 그
때 그녀가, "제가 당신에게 물을 드릴 뿐 아니라 당신의 낙타들에게도 물을 먹
이겠습니다" 하고 말하면, 바로 그 여인이 하나님께서 제 주인의 아들을 위해
택하신 여인인 줄 알겠습니다.'
45-48 제가 이 기도를 마치자마자, 리브가가 물동이를 어깨에 메고 도착했습니
다. 그녀는 우물로 내려가 물을 길었고, 저는 '물 좀 주시겠소?' 하고 물었습니
다. 그녀는 주저하지 않고 물동이를 내밀며, '드십시오. 당신께서 다 드시면, 제
가 당신의 낙타들에게도 물을 먹이겠습니다' 하고 말했습니다. 제가 물을 마시
자, 그녀는 낙타들에게도 물을 주었습니다. 저는 그녀에게 '그대는 누구의 딸인
가요?' 하고 물었습니다. 그녀는 자신이 '나홀과 밀가의 아들인 브두엘의 딸입
니다' 하더군요. 저는 그녀에게 코걸이 한 개와 팔찌 두 개를 주고, 고개를 숙여
하나님께 경배했습니다. 저는 저를 제 주인의 친족이 사는 집 앞으로 곧장 이끄
셔서 주인 아들의 아내가 될 여인을 얻게 하신 하나님, 제 주인 아브라함의 하
나님을 찬양했습니다.
49 이제 여러분은 어떻게 하실지 제게 말씀해 주십시오. 여러분께서 관대하게
승낙하시려거든, 그렇게 하겠다고 제게 알려 주십시오. 그렇지 않거든, 제가 다
음 일을 생각할 수 있도록 분명하게 말씀해 주십시오."
50-51 라반과 브두엘이 대답했다. "이 일은 전적으로 하나님께로부터 비롯된 일
입니다. 이 문제에 대해 우리는 어느 쪽이든 할 말이 없습니다. 리브가를 당신
께 맡기니, 데려가십시오. 하나님께서 분명히 밝히신 대로, 당신 주인 아들의
아내로 삼으십시오."
52-54 아브라함의 종은 그들의 결정을 듣고서, 고개를 숙여 하나님께 경배했다.
그런 다음 은금 패물과 옷가지를 꺼내어 리브가에게 주었다. 그는 그녀의 오라
버니와 어머니에게도 값비싼 선물을 주었다. 그와 그의 일행은 저녁을 먹고 밤
을 지냈다. 그들은 아침 일찍 일어났다. 그 종이 말했다. "저를 제 주인에게로
돌아가게 해주십시오."
55 리브가의 오라버니와 어머니가 말했다. "저 아이를 한 열흘쯤 더 머물다 가게
해주십시오."
56 종이 대답했다. "제가 지체하지 않게 해주십시오! 하나님께서 모든 일을 잘
되게 해주셨으니, 저를 제 주인에게로 보내 주십시오."
57 그들이 말했다. "우리가 그 아이를 불러서 물어보겠습니다."
그들은 리브가를 불러서 물었다. "이분과 같이 가겠느냐?"
58 그녀가 대답했다. "가겠습니다."
59-60 그리하여 그들은 리브가와 그녀의 유모를, 아브라함의 종과 그 일행과 함께

가도록 배웅했다. 그들은 이런 말로 리브가를 축복했다.

너는 우리의 누이, 풍성한 삶을 살아라!
네 자녀들도, 승리하며 살 것이다!

61 리브가와 젊은 여종들이 낙타에 올라타고 그 사람을 따라나섰다. 그 종은 리
브가를 데리고 주인의 집을 향해 출발했다.
62-65 이삭은 네겝 지역에서 살고 있었다. 그는 브엘라해로이를 방문했다가 막 돌
아왔다. 저녁 무렵 그가 들에 나가 묵상하던 중에, 눈을 들어 보니 낙타 떼가 오
는 것이 보였다. 리브가도 눈을 들어 이삭을 보고는, 낙타에서 내려 그 종에게
물었다. "들판에서 우리를 향해 오는 저 남자는 누구입니까?"
"제 주인이십니다."
그녀는 너울을 꺼내어 얼굴을 가렸다.
66-67 그 종이 이삭에게 여행의 자초지종을 말하자, 이삭은 리브가를 자기 어머니
사라의 장막으로 데리고 들어갔다. 그는 리브가와 결혼하고, 그녀는 그의 아내가
되었다. 이삭은 리브가를 사랑했다. 이삭은 어머니를 여읜 뒤에 위로를 받았다.

아브라함이 죽다

25 1-2 아브라함이 재혼을 했다. 새 아내의 이름은 그두라였다. 그녀는
시므란, 욕산, 므단, 미디안, 이스박, 수아를 낳았다.
3 욕산은 스바와 드단을 낳았다.
드단의 후손은 앗수르 사람, 르두시 사람, 르움미 사람이었다.
4 미디안은 에바, 에벨, 하녹, 아비다, 엘다아를 낳았다. 이들은 모두 그두라의
후손이다.

5-6 아브라함은 자신의 모든 소유를 이삭에게 주었다. 그는 아직 살아 있을 때에
첩들에게서 얻은 자식들에게도 재산을 나누어 주었다. 그 후에 그들을 동쪽 땅
으로 보내어, 자기 아들 이삭과 서로 멀리 떨어져 살게 했다.
7-11 아브라함은 175년을 살고 숨을 거두었다. 그는 장수를 누리다가 수명을 다
채우고 평안하게 죽어, 자기 조상과 함께 묻혔다. 그의 아들 이삭과 이스마엘이
그를 막벨라 동굴에 묻었다. 그 동굴은 마므레 근처, 헷 사람 소할의 아들 에브
론의 밭에 있었다. 이 밭은 아브라함이 헷 사람에게서 사들인 밭이었다. 아브라
함은 아내 사라 곁에 묻혔다. 아브라함이 죽은 뒤에, 하나님께서 그의 아들 이
삭에게 복을 주셨다. 이삭은 브엘라해로이에서 살았다.

이스마엘의 족보

12 아브라함의 아들 이스마엘, 곧 사라의 여종인 이집트 사람 하갈이 아브라함
에게서 낳은 이스마엘의 족보는 이러하다.

13-16 이스마엘의 아들들의 이름을 태어난 순서대로 적으면 다음과 같다. 이스마
엘의 맏아들 느바욧, 그 아래로 게달, 앗브엘, 밉삼, 미스마, 두마, 맛사, 하닷,
데마, 여둘, 나비스, 게드마. 이들은 모두 이스마엘의 아들들이다. 그들의 이름
이 곧 그들이 정착하여 장막을 친 곳의 이름이 되었다. 그들은 열두 부족의 지
도자들이었다.
17-18 이스마엘은 137년을 살았다. 그가 숨을 거두자, 자기 조상과 함께 묻혔다.
그의 자손은 이집트 동쪽 인근의 하윌라에서 앗수르 방면에 있는 수르에 이르
기까지 흩어져 정착했다. 이스마엘의 자손은 자기 친족과 어울려 살지 않았다.

야곱과 에서

19-20 아브라함의 아들 이삭의 족보는 이러하다. 아브라함은 이삭을 낳았다. 이삭
은 마흔 살에 밧단아람의 아람 사람 브두엘의 딸 리브가와 결혼했다. 그녀는 아
람 사람 라반의 누이였다.
21-23 이삭은 자기 아내가 임신하지 못하므로, **하나님**께 간절히 기도했다. **하나님**
께서 그의 기도를 들어주셔서, 리브가가 임신하게 되었다. 그런데 태 속에서 아
이들이 어찌나 뒤척이고 발길질을 해대던지, 그녀는 이렇게 말했다. "계속 이런
식이라면, 어찌 살까?" 그녀는 **하나님**께 나아가 어찌 된 일인지 알고자 했다.
하나님께서 그녀에게 말씀하셨다.

네 태 속에 두 민족이 있다.
두 민족이 네 몸속에 있는 동안 서로 다툴 것이다.
한 민족이 다른 민족을 압도할 것이며
형이 동생을 섬길 것이다.

24-26 해산할 날이 다 되었을 때, 그녀의 태 속에는 쌍둥이가 들어 있었다. 첫째가
나왔는데, 피부가 붉었다. 그 모습이 마치 털 많은 담요에 아늑하게 싸여 있는
것 같았다. 그래서 그의 이름을 에서(털복숭이)라고 했다. 이어서 동생이 나왔는
데, 손으로 에서의 발뒤꿈치를 꼭 붙잡고 있었다. 그래서 그의 이름을 야곱(발뒤
꿈치)이라고 했다. 그들이 태어났을 때, 이삭의 나이는 예순 살이었다.
27-28 아이들은 무럭무럭 자라났다. 에서는 밖에서 지내기 좋아하는 노련한 사냥
꾼이 되었고, 야곱은 장막 안에서 생활하기 좋아하는 차분한 사람이 되었다. 이
삭은 에서가 사냥해 온 것을 좋아했으므로 에서를 사랑했다. 그러나 리브가는
야곱을 사랑했다.
29-30 어느 날 야곱이 죽을 쑤고 있는데, 에서가 허기진 채 들에서 돌아왔다. 에서
가 야곱에게 말했다. "그 붉은 죽을 내게 좀 다오. 배가 고파 죽겠다!" 그가 에돔
(붉은 사람)이라고 불리게 된 것은 이 때문이었다.
31 야곱이 말했다. "형, 나와 거래합시다. 내가 끓인 죽과 형이 가지고 있는 장자
의 권리를 맞바꿉시다."

32 에서가 대답했다. "배고파 죽을 지경인데, 장자의 권리가 무슨 소용이 있어?"
33-34 야곱이 말했다. "먼저 나한테 맹세부터 하시오." 그러자 에서가 맹세를 했
다. 그는 맹세를 하고 장자의 권리를 팔아넘겼다. 야곱은 에서에게 빵과 팥죽을
건넸다. 에서는 먹고 마신 다음, 일어나서 그곳을 떠나갔다. 그렇게 에서는 장
자의 권리를 내던져 버렸다.

이삭과 아비멜렉

26 1 그 땅에 흉년이 들었다. 아브라함의 때에 있었던 것만큼이나 극심
한 흉년이었다. 그래서 이삭은 그랄에 있는 블레셋 왕 아비멜렉에게
로 갔다.
2-5 **하나님**께서 이삭에게 나타나셔서 말씀하셨다. "이집트로 내려가지 말고, 내
가 네게 일러 주는 곳에 머물러라. 여기 이 땅에 머물러라. 그러면 내가 너와 함
께하고 네게 복을 주겠다. 내가 너와 네 자손에게 이 모든 땅을 주어, 내가 네
아버지 아브라함에게 맹세한 약속을 다 이루겠다. 내가 네 후손을 하늘의 별처
럼 많게 하고, 그들에게 이 모든 땅을 주겠다. 세상 모든 민족이 네 후손으로 인
하여 복을 받게 될 것이다. 그것은, 아브라함이 나의 부름에 순종하고, 나의 명
령, 곧 나의 계명과 나의 규례와 나의 가르침을 따랐기 때문이다."
6 그래서 이삭은 그랄에 머물렀다.
7 그곳 사람들이 그의 아내에 대해 물었다. 이삭이 "그녀는 내 누이입니다" 하고
대답했다. 그는 "내 아내입니다" 하고 말하기가 두려웠다. "리브가가 몹시 아름
답기 때문에 이 사람들이 나를 죽이고 그녀를 빼앗아 갈지도 모른다"고 생각했
던 것이다.
8-9 그들이 그곳에 머문 지 꽤 오랜 시간이 지난 어느 날, 블레셋 왕 아비멜렉이
창밖을 내다보다가, 이삭이 자기 아내 리브가를 껴안는 모습을 보았다. 아비멜
렉이 사람을 보내어 이삭을 불러들였다. 그가 말했다. "그러니까 그녀는 그대의
아내였군. 그런데 어찌하여 그대는 누이라고 말했소?"
이삭이 대답했다. "그녀를 탐내는 사람에게 제가 죽을지도 모른다고 생각했기
때문입니다."
10 아비멜렉이 말했다. "그러나 그대가 우리에게 무슨 일을 저지를 뻔했는지 생
각해 보시오! 시간이 조금 더 있었으면, 남자들 가운데 누군가가 그대의 아내와
잠자리를 같이했을지도 모르잖소. 그대 때문에 우리가 죄를 지을 뻔했소."
11 아비멜렉은 백성에게 명령을 내렸다. "누구든지 이 남자나 그의 아내를 건드
리는 자는 반드시 죽을 것이다."

12-15 이삭이 그 땅에 곡물을 심어 엄청난 수확을 거두었다. **하나님**께서 그에게
복을 주셨다. 이삭은 점점 더 부유해져, 아주 큰 부자가 되었다. 그의 양 떼와
소 떼와 종들이 많이 불어나자, 블레셋 사람들이 그를 시기하기 시작했다. 그들
은 앙심을 품고, 이삭의 아버지 아브라함의 종들이 아브라함의 때에 판 모든 우

물을 흙과 쓰레기로 막아 버렸다.
16 마침내, 아비멜렉이 이삭에게 말했다. "떠나시오. 그대는 너무 커져서 우리가
감당하지 못하겠소."
17-18 그래서 이삭은 그곳을 떠났다. 그는 그랄 골짜기에 장막을 치고 정착했다.
이삭은 자기 아버지 아브라함의 때에 팠으나 아브라함이 죽자 블레셋 사람들이
막아 버린 우물들을 다시 팠다. 그는 자기 아버지가 그 우물들에 붙였던 원래
이름대로 이름을 붙여 불렀다.
19-24 어느 날, 이삭의 종들이 골짜기를 파다가 물이 솟아나는 샘을 발견했다. 그
랄 지역의 목자들이 "이 물은 우리 것이오"라고 주장하며 이삭의 목자들과 다투
었다. 이삭은 우물을 두고 다투었다고 해서 그 우물의 이름을 에섹(다툼)이라고
했다. 이삭의 목자들이 다른 우물을 팠는데, 그것을 두고도 다툼이 일어났다.
그래서 이삭은 그 우물의 이름을 싯나(불화)라고 했다. 이삭이 그곳을 떠나 또
다른 우물을 팠다. 그러나 이번에는 그 우물을 두고 다툼이 일지 않았다. 그래
서 이삭은 그 우물의 이름을 르호봇(활짝 트인 곳)이라 하고 이렇게 말했다. "이제
하나님께서 우리에게 넉넉한 땅을 주셨으니, 이 땅에서 우리가 퍼져 나갈 것이
다." 그는 거기서 브엘세바로 올라갔다. 바로 그날 밤에 하나님께서 그에게 나
타나셔서 말씀하셨다.

나는 네 아버지 아브라함의 하나님이다.
내가 너와 함께 있으니, 조금도 두려워하지 마라.
내가 나의 종 아브라함으로 인하여
네게 복을 주고 네 자손이 번성하게 할 것이다.

25 이삭이 그곳에 제단을 쌓고 하나님의 이름을 부르며 기도를 드렸다. 그는 장
막을 쳤고, 그의 종들은 또 다른 우물을 파기 시작했다.

26-27 그때 아비멜렉이 자신의 보좌관 아훗삿과 군지휘관 비골을 데리고 그랄에
서부터 이삭에게로 왔다. 이삭이 그들에게 물었다. "무슨 일로 나에게 왔습니
까? 그대들은 나를 미워하여, 그대들의 땅에서 나를 쫓아내지 않았습니까?"
28-29 그들이 대답했다. "우리는 하나님께서 그대 편에 계시다는 것을 분명히 알
았소. 우리는 그대와 우리 사이에 서로 우호적인 관계를 유지하는 계약을 맺고
싶소. 우리는 전에 그대를 괴롭히지 않았고 친절히 대했으며, 그대가 우리에게
서 평안히 떠나가게 해주었소. 그러니 그대도 우리에게 그렇게 해주시오. 하나
님의 복이 그대와 함께하기를 빕니다!"
30-31 이삭은 잔치를 베풀어 그들과 함께 먹고 마셨다. 이튿날 아침 그들은 서로
맹세를 주고받았다. 그런 다음 이삭이 작별을 고하자, 그들은 친구가 되어 헤어
졌다.
32-33 그날 늦게 이삭의 종들이 그에게 와서 자신들이 파고 있던 우물에 관한 소식

을 전했다. "저희가 물을 발견했습니다!" 이삭이 그 우물의 이름을 세바(맹세)라
고 했다. 그것이 오늘날까지 그 도시의 이름, 곧 브엘세바(맹세의 우물)가 되었다.

34-35 에서는 마흔 살이 되던 때에 헷 사람 브에리의 딸 유딧과 헷 사람 엘론의 딸
바스맛을 아내로 맞아들였다. 그들은 이삭과 리브가의 근심거리가 되었다.

이삭이 야곱을 축복하다

27
1 이삭이 늙어서 거의 앞을 볼 수 없게 되자, 맏아들 에서를 불러 말
했다. "내 아들아."
"예, 아버지."
2-4 이삭이 말했다. "나는 이제 늙어서 언제 죽을지 모르겠구나. 내 부탁을 들어
다오. 화살집과 활을 챙겨 들로 나가서 사냥을 좀 해오너라. 그런 다음 내가 좋
아하는 별미를 준비해서 내게 가져오너라. 내가 그것을 먹고 죽기 전에 너를 마
음껏 축복해 주겠다."
5-7 이삭이 자기 아들 에서에게 하는 말을 리브가가 엿듣고 있었다. 에서가 자기
아버지를 위해 사냥감을 잡으러 들로 나가자마자, 리브가가 자기 아들 야곱에
게 말했다. "방금 네 아버지가 네 형 에서와 나누는 이야기를 내가 엿들었다. 네
아버지가 이렇게 말씀하시더구나. '사냥감을 잡아 별미를 준비해 오너라. 내가
그것을 먹고 죽기 전에 하나님의 복으로 너를 축복해 주겠다.'
8-10 그러니 아들아, 내 말을 잘 듣고 내가 일러 주는 대로 하거라. 염소 떼가 있
는 곳으로 가서, 새끼 염소 두 마리를 내게 끌고 오너라. 네가 가장 좋은 것을
골라 오면, 내가 그것들로 네 아버지가 좋아하는 별미를 준비하겠다. 너는 그것
을 아버지께 가져다드려라. 그러면 아버지가 그 음식을 드시고 죽기 전에 너를
축복해 주실 것이다."
11-12 야곱이 말했다. "하지만 어머니, 에서 형은 털이 많은 사람이고 나는 피부가
매끈합니다. 아버지께서 나를 만지시면 어떻게 되겠습니까? 아버지께서는 내
가 아버지를 속이고 있다고 여기실 것입니다. 축복은커녕 오히려 저주를 받게
될 것입니다."
13 그의 어머니가 말했다. "그렇게 되면 그 저주는 내가 받을 테니, 너는 내가 시
키는 대로만 하여라. 가서 염소를 끌고 오너라."
14 그가 가서 염소를 끌고 와 어머니에게 건네자, 그녀는 그의 아버지가 몹시 좋
아하는 별미를 요리했다.
15-17 리브가는 맏아들 에서의 예복을 가져다가 작은아들 야곱에게 입혔다. 그리
고 염소 가죽으로 그의 두 손과 매끈한 목덜미를 덮었다. 그런 다음 자신이 준
비한 별미와 직접 구운 신선한 빵을 야곱의 손에 건넸다.
18 야곱이 아버지에게 가서 말했다. "아버지!"
그러자 이삭이 말했다. "그래, 아들아, 너는 누구냐?"

19 야곱이 아버지에게 대답했다. "아버지의 맏아들 에서입니다. 제가 아버지께
서 말씀하신 대로 했습니다. 이제 일어나셔서 제가 사냥한 고기를 드시고, 마음
껏 저를 축복해 주십시오."
20 이삭이 물었다. "벌써 다녀왔느냐? 어떻게 이렇게 빨리 잡았느냐?"
"아버지의 하나님께서 제 길을 열어 주셨습니다."
21 이삭이 말했다. "가까이 오너라, 아들아. 내가 너를 만져 봐야겠다. 네가 정말
내 아들 에서란 말이냐?"
22-23 야곱이 아버지 이삭에게 가까이 다가가자, 이삭이 그를 만져 보고 말했다.
"목소리는 야곱의 목소리인데, 손은 에서의 손이구나." 야곱의 손이 그의 형 에
서의 손처럼 털이 많았기 때문에, 이삭은 그가 야곱인 것을 알아보지 못했다.
23-24 이삭이 야곱을 축복하려다가 다시 물었다. "네가 정말로 내 아들 에서냐?"
"예, 그렇습니다."
25 이삭이 말했다. "음식을 가져오너라. 내가 내 아들이 사냥해 온 것을 먹고 마
음껏 축복해야겠다." 야곱이 아버지에게 음식을 가져다드리자 이삭이 먹었다.
포도주도 가져다드리자 이삭이 마셨다.
26 이삭이 말했다. "아들아, 가까이 와서 내게 입을 맞춰 다오."
27-29 야곱이 가까이 다가가서 이삭에게 입을 맞추자 이삭이 그의 옷 냄새를 맡았
다. 마침내, 이삭이 그를 축복했다.

아, 내 아들의 냄새가
하나님께서 복을 내리신
넓은 들의 향기와 같구나.
하나님께서 네게
하늘의 이슬을 내리시고
땅에서 난 풍성한 곡식과 포도주를 주실 것이다.
민족들이 너를 섬기고
나라들이 네게 경의를 표할 것이다.
너는 네 형제들을 다스리고
네 어머니의 아들들이 네게 경의를 표할 것이다.
너를 저주하는 사람은 저주를 받고
너를 축복하는 사람은 복을 받을 것이다.

30-31 야곱이 이삭의 축복을 받고 나가자마자, 에서가 사냥을 마치고 돌아왔다.
그도 별미를 준비하여 아버지에게 가서 말했다. "일어나셔서 이 아들이 사냥해
온 고기를 드시고, 저를 마음껏 축복해 주십시오."
32 그의 아버지 이삭이 말했다. "그런데 너는 누구냐?"
"아버지의 아들, 아버지의 맏아들, 에서입니다."
33 이삭이 떨면서 크게 동요하기 시작했다. 그가 말했다. "그렇다면 먼저 사냥감

을 잡아서 내게 가져온 그는 누구란 말이냐? 나는 네가 들어오기 바로 전에 식
사를 마치고, 그를 축복해 주었다. 그가 영원히 복을 받을 것이다!"
34 아버지의 말을 들은 에서가 비통하게 흐느껴 울며 큰소리로 말했다. "아버지!
제게도 축복해 주실 수 없습니까?"
35 이삭이 말했다. "네 동생이 이곳에 와서 속임수를 써 네 복을 가로채 갔구나."
36 에서가 말했다. "그 녀석의 이름이 야곱, 발뒤꿈치라고 불리는 것은 다 이유
가 있었군요. 지금까지 그 녀석은 저를 두 번이나 속였습니다. 처음에는 제 장
자의 권리를 빼앗아 가더니, 이제는 제가 받을 복까지 빼앗아 갔습니다."
에서가 간절히 청했다. "저를 위한 축복은 남겨 두지 않으셨습니까?"
37 이삭이 에서에게 대답했다. "나는 그를 네 주인이 되게 하고, 그의 모든 형제
를 그의 종이 되게 했으며, 그에게 곡식과 포도주를 남김없이 주었다. 내가 그
모든 것을 다 주었는데, 내 아들아, 너를 위해 무엇이 남아 있겠느냐?"
38 "아버지, 제게 축복해 주실 것이 하나도 없다는 말씀입니까? 아버지, 제게도
축복해 주십시오! 제게도 축복해 주세요!" 에서가 슬픔에 잠겨서 흐느꼈다.
39-40 이삭이 그에게 말했다.

너는 땅의 혜택을 받지 못하고,
하늘의 이슬에서 멀리 떨어져 살 것이다.
너는 칼로 생계를 유지하며 살고
네 동생을 섬길 것이다.
그러나 네가 더 이상 감당할 수 없을 때
너는 속박에서 벗어나 자유롭게 뛰어다닐 것이다.

41 에서는 아버지가 야곱을 축복한 일 때문에 야곱에 대한 분노로 들끓었다. 그
는 "내 아버지의 죽음을 애곡할 때가 가까워지고 있다. 그때가 되면 내가 내 동
생 야곱을 죽여 버리겠다"고 마음을 먹었다.
42-45 맏아들 에서가 하는 말을 들은 리브가는, 작은아들 야곱을 불러 말했다.
"네 형 에서가 네게 복수할 계획을 세우고 있다. 너를 죽이겠다는구나. 아들아,
내 말을 잘 들어라. 여기를 떠나거라. 하란에 있는 내 오라버니 라반에게 가서
네 목숨을 부지하여라. 네 형의 분노가 가라앉고 진정되어서 네가 그에게 한 일
을 잊어버릴 때까지, 한동안 외삼촌 집에서 지내거라. 때가 되면, 내가 사람을
보내 너를 데려오게 하겠다. 내가 어찌 같은 날에 너희 둘을 다 잃겠느냐?"
46 리브가가 이삭에게 말했다. "나는 이 헷 여자들이 지긋지긋해요. 야곱마저 헷
여자와 결혼하겠다고 하면, 내가 어찌 살겠어요?"

28 1-2 이삭은 야곱을 불러 축복한 다음, 이렇게 당부했다. "가나안 여인
을 아내로 맞이해서는 안된다. 당장 이곳을 떠나 밧단아람으로 가

서, 네 외할아버지 브두엘의 집을 찾아가거라. 네 외삼촌 라반의 딸들 가운데서
아내를 얻도록 하여라.
3-4 그러면 강하신 하나님께서 네게 복을 주시고 수많은 자손을 주셔서, 여러 민
족을 이루게 하실 것이다. 아브라함의 복을 너와 네 자손에게도 주셔서, 네가
살고 있는 이 땅, 하나님께서 아브라함에게 주신 이 땅을 네가 차지하게 하실
것이다."
5 이삭은 야곱을 떠나보냈다. 야곱은 밧단아람으로 가서, 아람 사람 브두엘의 아
들인 라반을 찾아갔다. 라반은 야곱과 에서의 어머니인 리브가의 오라버니였다.
6-9 에서는 이삭이 야곱을 축복하고 밧단아람으로 보내서 거기서 아내를 얻으라
고 한 것과, 그를 축복하면서 가나안 여인과 결혼하지 말라고 당부한 것, 그리
고 야곱이 부모의 말에 순종하여 밧단아람으로 떠난 것을 알게 되었다. 아버지
이삭이 가나안 여인을 얼마나 싫어하는지 알게 된 에서는, 이스마엘에게 가서
아브라함의 아들 이스마엘의 딸이요 느바욧의 누이인 마할랏과 결혼했다. 마할
랏 외에도 그는 이미 여러 아내를 두고 있었다.

베델에서 드린 야곱의 서원

10-12 야곱은 브엘세바를 떠나 하란을 향해 갔다. 한 곳에 이르러 해가 지자, 그는
그곳에서 하룻밤을 묵기로 했다. 그는 거기에 있는 돌 하나를 가져다가 머리에 베
고 누워 잠이 들었다. 그리고 꿈을 꾸었다. 꿈에 보니, 땅에 계단이 세워져 있고
그 끝이 하늘에까지 닿아서, 하나님의 천사들이 그 계단을 오르내리고 있었다.
13-15 그때 **하나님**께서 야곱 바로 앞에서 말씀하셨다. "나는 **하나님**, 네 조상 아브
라함의 하나님, 이삭의 하나님이다. 네가 지금 자고 있는 이 땅을 내가 너와 네
후손에게 주겠다. 네 후손이 땅의 먼지처럼 많아질 것이며, 서쪽에서부터 동쪽
에 이르기까지 그리고 북쪽에서부터 남쪽에 이르기까지 퍼져 나갈 것이다. 땅
의 모든 민족이 너와 네 후손으로 인하여 복을 받게 될 것이다. 참으로 내가 너
와 함께 있어, 네가 어디로 가든지 너를 지키며, 너를 다시 이 땅으로 데려오겠
다. 내가 네게 약속한 것을 다 이루기까지, 내가 너를 떠나지 않겠다."
16-17 야곱이 잠에서 깨어나 말했다. "**하나님**께서 이곳에 계시는데, 내가 정말 그
것을 몰랐구나!" 그는 무척 두려웠다. 그는 경외감에 사로잡혀 작은 소리로 말
했다. "믿기지 않아. 이 얼마나 놀랍고 거룩한 곳인가! 이곳이 바로 하나님의 집
이며, 여기가 바로 하늘의 문이다."
18-19 야곱은 아침 일찍 일어나서, 베개로 삼았던 돌을 가져다가 기념기둥으로 세
우고 그 위에 기름을 부었다. 그리고 나서 그곳의 이름을 베델(하나님의 집)이라
고 했다. 그 전까지 그 성읍의 이름은 루스였다.
20-22 야곱은 이렇게 서원했다. "이제 시작하는 이 여정에서, 만일 하나님이 저와
함께 계셔서, 저를 지키고 보호하시며, 먹을 것과 입을 것을 마련해 주시고, 저
로 무사히 제 아버지 집에 돌아가게 해주시면, **하나님**께서는 제 하나님이 되실
것입니다. 제가 기념으로 세운 이 돌기둥은, 이곳을 하나님이 사시는 곳이라 말

해 주는 표석이 될 것입니다. 그리고 하나님께서 제게 무엇을 주시든지, 그 십
분의 일을 하나님께 되돌려 드리겠습니다."

야곱이 라반의 집에 머물다

29

1-3 야곱이 다시 길을 떠나 동방 사람들의 땅에 이르렀다. 그가 보니
넓은 들에 우물이 있고, 세 무리의 양 떼가 우물 주위에서 자고 있었
다. 이 우물은 양 떼에게 물을 먹이는 공동 우물이었다. 우물 입구는 큰 돌로 덮
여 있었다. 양 떼가 다 모이면 목자들이 우물에서 돌을 굴려 양 떼에게 물을 먹
였고, 물을 먹인 뒤에는 다시 돌을 제자리로 굴려서 우물을 덮어 두곤 했다.
4 야곱이 말했다. "여보시오, 당신들은 어디서 왔습니까?"
그들이 말했다. "하란에서 왔습니다."
5 야곱이 물었다. "나홀의 손자 라반이라는 분을 아십니까?"
"예, 압니다."
6 야곱이 계속해서 물었다. "그분은 잘 지내고 계시는지요?"
그들이 대답했다. "아주 잘 지내고 있습니다. 저기 그의 딸 라헬이 양 떼를 몰고
오는군요."
7 야곱이 말했다. "아직 해가 한창인데, 지금은 양을 모을 때가 아니지 않습니
까? 양 떼에게 물을 먹이고 나서 돌아가 풀을 더 먹이는 것이 어떨까요?"
8 그들이 대답했다. "우리는 그렇게 할 수가 없답니다. 목자들이 이곳에 다 도착
한 뒤에야 물을 먹일 수 있습니다. 우물에서 돌을 굴려 내려면 모두가 힘을 합
쳐야 하거든요. 그러고 나서야 양 떼에게 물을 먹일 수 있습니다."
9-13 야곱이 그들과 대화하고 있을 때, 라헬이 아버지의 양 떼를 몰고 왔다. 그녀
는 양을 치고 있었다. 야곱은 자기 외삼촌 라반의 딸 라헬을 알아보았다. 야곱
은 그녀가 외삼촌 라반의 양 떼를 이끌고 도착한 것을 보자마자, 다가가서 혼자
힘으로 우물 입구에서 돌을 굴려 내고 외삼촌 라반의 양 떼에게 물을 먹였다.
그러고 나서 야곱은 라헬에게 입 맞추고 울음을 터뜨렸다. 그는 자신이 그녀 아
버지의 친척이며 리브가의 아들임을 라헬에게 밝혔다. 그녀는 집으로 달려가서
자신이 들은 것을 아버지에게 알렸다. 라반은 자기 누이의 아들 야곱이 왔다는
소식을 듣고, 달려 나가서 그를 껴안고 입 맞추고는 집으로 데려왔다. 야곱은
라반에게 그동안 있었던 일을 모두 이야기했다.
14-15 라반이 말했다. "너는 내 가족이자, 내 혈육이다!"
야곱이 라반의 집에 머문 지 한 달이 되었을 때, 라반이 말했다. "네가 내 조카
이기는 하다만, 거저 일해서야 되겠느냐? 어느 정도의 보수를 받고 싶은지 말
해 보아라. 얼마면 적당하겠느냐?"
16-18 라반에게는 두 딸이 있었다. 큰딸은 레아였고, 작은딸은 라헬이었다. 레아
는 눈매가 예뻤지만, 라헬은 눈부시게 아름다웠다. 야곱이 사랑한 사람은 라헬
이었다.
그래서 야곱은 이렇게 대답했다. "외삼촌의 작은딸 라헬을 위해 제가 칠 년 동

안 외삼촌의 일을 돕겠습니다."
19 라반이 말했다. "그 아이를 낯선 사람과 결혼시키느니 네게 주는 것이 훨씬
낫겠다. 좋다. 여기 내 집에 머물러라."
20 그리하여 야곱은 라헬을 위해 칠 년 동안 일했다. 그러나 그가 그녀를 몹시 사
랑했으므로, 칠 년이 수일처럼 여겨졌다.
21-24 마침내 야곱이 라반에게 말했다. "제가 일하기로 약속한 기한을 다 채웠으
니, 이제 제 아내를 주십시오. 저는 당장이라도 결혼할 준비가 되어 있습니다."
라반은 주위 사람들을 모두 초청하여 성대한 잔치를 베풀었다. 하지만 저녁이
되자, 그는 자기 딸 레아를 데려다가 신방에 들여보냈고, 야곱은 그녀와 잠자리
를 같이했다. (라반은 여종 실바를 딸 레아에게 몸종으로 주었다.)
25 아침이 되어 보니, 신방에 레아가 있었다!
야곱이 라반에게 따져 물었다. "제게 무슨 일을 하신 겁니까? 제가 라헬을 얻겠
다고 이 모든 기간을 일한 것이 아닙니까? 외삼촌은 어째서 저를 속이셨습니까?"
26-27 라반이 말했다. "우리 지역에서는 그런 식으로 하지 않는다네. 작은딸을 큰
딸보다 먼저 결혼시키는 법이 없지. 신혼 첫 주를 즐기게. 그러면 다른 딸도 자
네에게 주겠네. 그러나 그 값으로 칠 년을 더 일해야 할 것이네."
28-30 야곱은 그렇게 하기로 했다. 신혼 첫 주를 지내자, 라반은 자기 딸 라헬을
야곱에게 주어 그의 아내가 되게 했다. (라반은 여종 빌하를 딸 라헬에게 몸종으로 주
었다.) 야곱은 라헬과 잠자리를 같이했다. 야곱은 레아보다 라헬을 더 사랑했다.
그가 다시 칠 년 동안 라반을 위해 일했다.
31-32 **하나님**께서 레아가 사랑받지 못하는 것을 아시고 그녀의 태를 열어 주셨다.
그러나 라헬은 아이를 갖지 못했다. 레아가 임신하여 아들을 낳았다. 그녀는 아
이의 이름을 르우벤(보라, 사내아이다!)이라 하고, "이것은 **하나님**께서 나의 불행
을 보셨다는 증거다. 이제 내 남편이 나를 사랑해 줄 것이라는 증거나 다름없
어" 하고 말했다.
33-35 레아가 또 임신하여 아들을 낳았다. 그녀는 "**하나님**께서 내가 사랑받지 못
한다는 것을 들으시고 내게 이 아들도 주셨다" 말하고, 아이의 이름을 시므온(하
나님께서 들으셨다)이라고 했다. 그녀가 다시 임신하여 아들을 낳았다. 그녀는 "내
가 아들 셋을 낳았으니, 이제는 남편의 마음이 나와 통할 거야" 하면서, 아이의
이름을 레위(통하다)라고 했다. 그녀가 마지막으로 임신하여 네 번째 아들을 낳
았다. 그녀는 "이제는 내가 **하나님**을 찬양하리라" 말하고, 아이의 이름을 유다
(하나님을 찬양하다)라고 했다. 그러고는 그녀의 출산이 그쳤다.

❧

30

1 라헬은 자신이 야곱의 아이를 낳지 못함을 깨닫고 언니를 시샘했
다. 그녀가 야곱에게 말했다. "나도 아이를 갖게 해주세요. 그러지
않으면 죽어 버리겠어요!"
2 야곱이 라헬에게 화를 내며 말했다. "내가 하나님이라도 된다는 말이오? 내가

당신이 아이를 갖지 못하게 하기라도 했다는 말이오?"
3-5 라헬이 말했다. "내 몸종 빌하가 있으니, 그녀와 잠자리를 같이하세요. 그녀
가 나를 대신해 아이를 낳으면, 내가 그녀를 통해 아이를 얻어 집안을 이어 나
갈 수 있을 거예요." 그녀는 자신의 몸종 빌하를 야곱에게 아내로 주었고, 야곱
은 빌하와 잠자리를 같이했다. 빌하가 임신하여 야곱의 아들을 낳았다.
6-8 라헬이 말했다. "하나님께서 내 편에서 나를 변호해 주셨다. 하나님께서 내
말을 들으시고 내게 아들을 주셨어." 그녀는 아이의 이름을 단(변호)이라고 했
다. 라헬의 몸종 빌하가 또 임신하여 야곱에게서 두 번째 아들을 낳자, 라헬이
말했다. "내가 온 힘을 다해 언니와 싸워서 이겼다." 그러고는 아이의 이름을 납
달리(싸움)라고 했다.
9-13 레아는 자신이 더 이상 아이를 낳을 수 없다는 것을 알고, 자신의 몸종 실바
를 야곱에게 아내로 주었다. 실바가 야곱의 아들을 낳자, 레아가 "참 다행이구
나!" 하고 말하면서 아이의 이름을 갓(행운)이라고 했다. 레아의 몸종 실바가 야
곱에게서 두 번째 아들을 낳자, 레아가 "참 행복한 날이다! 여자들이 나의 행복
을 보고 축하해 줄 거야" 하고 말했다. 그러고는 아이의 이름을 아셀(행복하다)이
라고 했다.
14 밀 수확이 있던 어느 날, 르우벤이 들에서 합환채를 발견하고는, 그것을 집으
로 가져와 자기 어머니 레아에게 주었다. 라헬이 레아에게 물었다. "언니의 아
들이 가져온 합환채를 좀 얻을 수 있을까요?"
15 레아가 대답했다. "내게서 남편을 빼앗아 간 것으로는 부족하더냐? 그래서
이제는 내 아들이 가져온 합환채까지 원하는 거냐?"
라헬이 말했다. "좋아요. 언니의 아들이 가져온 사랑의 열매를 얻는 대신에 오
늘 밤 그이가 언니와 잠자리를 같이하게 해주지요."
16-21 그날 저녁에 야곱이 들에서 돌아오자, 레아가 그를 맞이하며 말했다. "오늘
밤에는 나와 잠자리를 같이해요. 내 아들이 구해 온 합환채를 주고 당신과 하룻
밤을 보내기로 했어요." 그래서 야곱은 그날 밤 레아와 잠자리를 같이했다. 하
나님께서 레아의 말에 귀 기울여 주셔서, 레아가 임신하여 야곱에게서 다섯 번
째 아들을 낳았다. 그녀가 말했다. "내 몸종을 남편에게 주었더니 하나님께서
내게 갚아 주셨다." 그녀는 아이의 이름을 잇사갈(교환했다)이라고 했다. 레아가
또 임신하여 야곱에게서 여섯 번째 아들을 낳고는 "하나님께서 내게 큰 선물을
주셨다. 내가 아들 여섯을 낳았으니, 이제는 남편이 나를 존중해 줄 거야" 하고
말했다. 그녀는 아이의 이름을 스불론이라고 했다. 그녀는 마지막으로 딸을 낳
고 아이의 이름을 디나라고 했다.
22-24 그때에 하나님께서 라헬을 기억하셨다. 하나님께서 그녀의 말에 귀 기울이
시고, 그녀의 태를 열어 주셨다. 그녀가 임신하여 아들을 낳고는, "하나님께서
나의 수치를 없애 주셨다" 하고 말했다. 그녀는 "하나님께서 내게 아들을 하나
더 주시면 좋으련만" 하고 기도하며, 아이의 이름을 요셉(더하다)이라고 했다.

25-26 라헬이 요셉을 낳은 뒤에, 야곱이 라반에게 말했다. "제가 고향으로 돌아가
게 해주십시오. 장인어른을 섬기고 얻은 제 아내들과 자식들을 제게 주십시오.
제가 장인어른을 위해 얼마나 열심히 일했는지 장인어른도 잘 아십니다."
27-28 라반이 말했다. "맞는 말이네. 내가 점을 쳐 보니, 하나님께서 자네 때문에
내게 복을 주셨다는 것을 알겠더군." 그러고는 이렇게 말을 이었다. "내가 얼마
를 주면 좋을지 정해 보게. 내가 자네에게 주겠네."
29-30 야곱이 대답했다. "제가 한 일이 장인어른께 얼마나 가치가 있었는지, 제가
장인어른의 가축을 돌보는 동안 가축이 얼마나 불어났는지, 장인어른도 잘 아
십니다. 제가 여기 왔을 때만 해도 장인어른의 재산이 보잘것없었으나 이제는
크게 불어났습니다. 제가 한 모든 일이 장인어른께는 복이 되었습니다. 이제는
제가 제 가족을 위해 무언가를 해야 하지 않겠습니까?"
31-33 "그래, 내가 자네에게 무엇을 해주면 되겠나?"
야곱이 말했다. "아무것도 해주지 않으셔도 됩니다. 다만 이렇게 하면 어떻겠습
니까? 제가 목장으로 돌아가서 장인어른의 가축 떼를 돌보겠습니다. 오늘 모든
가축 떼를 샅샅이 살펴서, 얼룩지거나 점이 있는 양과, 검은 새끼양과, 점이 있
거나 얼룩진 염소들을 골라 내십시오. 그것들이 제 품삯이 될 것입니다. 그리하
면 장인어른께서 제 품삯을 조사하실 때 저의 정직함을 확인하실 수 있을 것입
니다. 장인어른께서 얼룩지지 않고 점이 없는 염소나 검지 않은 양을 발견하시
면, 제가 그것을 훔친 것으로 아셔도 좋습니다."
34 라반이 말했다. "좋네. 그렇게 하지."
35-36 그러나 라반은 그날로 얼룩지고 점이 있는 숫염소와 얼룩지고 점이 있는 암
염소와 검은 양과 흰색 기미가 도는 가축까지 모두 가려내어, 자기 아들들 손에
맡겨 돌보게 했다. 그런 다음 자신과 야곱 사이에 사흘 거리를 두었다. 그동안
야곱은 라반의 남은 가축 떼를 돌보았다.
37-42 야곱은 미루나무, 감복숭아나무, 버즘나무의 싱싱한 가지들을 꺾어다가 껍
질을 벗겨 흰 줄무늬가 드러나게 했다. 그는 껍질을 벗긴 가지들을 가축 떼가
물을 먹으러 오는 여물통 앞에 세워 두었다. 짝짓기 때가 된 가축들이 물을 마
시러 와서 줄무늬가 있는 나뭇가지들 앞에서 짝짓기를 했다. 그렇게 짝짓기를
한 것들은 줄무늬가 있거나 점이 있거나 얼룩진 새끼들을 낳았다. 야곱은 암양
들을 라반의 양 떼 가운데서 검은 빛이 도는 양들 앞에 두었다. 그는 이런 식으
로 양 떼를 구분해 자신의 것으로 가려내어 라반의 양 떼와 섞이지 않게 했다.
튼튼한 가축들이 짝짓기를 할 때면, 그 가축들이 볼 수 있도록 여물통 앞에 가
지들을 세워 놓아, 그 앞에서 짝짓기를 하게 했다. 그러나 약한 가축들 앞에는
그 가지들을 세워 두지 않았다. 그리하여 약한 것들은 라반의 것이 되고, 튼튼
한 것들은 야곱의 것이 되었다.
43 야곱은 점점 더 부자가 되었다. 낙타와 나귀는 말할 것도 없고, 상당히 많은
양 떼와 종들을 손에 넣게 되었다.

야곱이 라반을 떠나 고향으로 돌아가다

31 1-2 야곱은 라반의 아들들이 뒤에서 쑥덕거리는 소리를 들었다. "야
곱이 우리 아버지 재산을 이용해서 자기 잇속만 차리는데, 우리 아
버지는 손해만 보고 있다." 동시에 야곱은 라반의 태도가 달라졌다는 것도 알게
되었다. 자신을 대하는 태도가 전과 같지 않았던 것이다.
3 그때에 하나님께서 야곱에게 말씀하셨다. "네가 태어난 고향으로 돌아가거라.
내가 너와 함께 가겠다."
4-9 야곱은 라헬과 레아에게 기별하여 그의 가축 떼가 있는 들에서 만나자고 했
다. 야곱이 말했다. "내가 보니, 그대들의 아버지가 나를 대하는 태도가 달라졌
소. 나를 예전처럼 대해 주시지 않소. 그러나 내 아버지의 하나님께서는 변함이
없으셔서, 지금도 나와 함께하고 계시오. 내가 그대들의 아버지를 위해 얼마나
열심히 일했는지는 그대들이 잘 알 것이오. 그런데도 그대들의 아버지는 몇 번
이나 되풀이하여 나를 속이고, 내 품삯도 번번이 바꿔 셈했소. 그러나 하나님께
서는 그대들의 아버지가 내게 해를 입히지 못하게 하셨소. 그대들의 아버지가
'얼룩진 것이 자네의 품삯이 될 것이네' 하고 말하면 온 가축이 얼룩진 양과 새
끼를 낳았고, 그대들의 아버지가 '이제부터는 줄무늬 있는 것이 자네의 품삯이
될 것이네' 하고 말하면 온 가축이 줄무늬 있는 새끼를 낳았소. 하나님께서는 몇
번이고 그대들 아버지의 가축을 이용해서 내게 갚아 주셨소.
10-11 일찍이 가축들이 짝짓기를 하던 때에, 나는 꿈에 줄무늬가 있고 얼룩지고
점이 있는 숫염소들이 암염소들에 올라타는 것을 보았소. 그 꿈에서 하나님의
천사가 '야곱아!' 하고 나를 불렀소.
나는 '예' 하고 대답했소.
12-13 그 천사가 이렇게 말했소. '잘 보아라. 가축들 가운데 짝짓기를 하고 있는
염소들은 다 줄무늬가 있고 얼룩지고 점이 있는 것뿐임을 알아 두어라. 라반이
이제까지 네게 어떻게 했는지 내가 다 안다. 나는 베델의 하나님이다. 네가 거
기서 한 기둥을 거룩하게 구별해 세우고 내게 서원했다. 이제 너는 이곳을 떠나
네가 태어난 고향으로 돌아가거라.'"
14-16 라헬과 레아가 말했다. "우리 아버지가 언제 우리를 제대로 대해 준 적이 있
나요? 아버지는 우리를 이방인보다도 못하게 대했잖아요. 아버지가 바란 것은
온통 돈밖에 없었습니다. 그것도 우리를 팔아서 번 것인데도 아버지가 다 써 버
리고 말았습니다. 하나님께서 우리 아버지에게서 거두어 우리에게 돌려주신 재
산은 당연히 우리와 우리 자녀들 몫입니다. 그러니 망설이지 마세요. 하나님께
서 당신에게 일러 주신 대로 하세요."
17-18 야곱은 그렇게 했다. 그는 자녀와 아내들을 낙타에 태우고, 모든 가축과 밧
단아람에서 얻은 것을 전부 가지고서, 가나안 땅에 있는 자기 아버지 이삭의 집
으로 떠났다.
19-21 마침 라반은 양털을 깎으러 가고 없었다. 라헬이 그 틈을 타서 아버지 집의
수호신상을 훔쳐 냈다. 야곱이 자신의 계획을 비밀로 했기 때문에, 아람 사람

라반은 사태가 어떻게 돌아가는지 전혀 몰랐다. 야곱은 자신의 전 재산을 가지고 떠났다. 이내 유프라테스 강을 건너 길르앗 산지를 향해 나아갔다.

22-24 라반은 사흘이 지나서야 "야곱이 도망쳤다"는 소식을 들었다. 라반은 친척들을 불러 모아 야곱을 추격했다. 그들은 칠 일이 지나서야 길르앗 산지에서 그를 따라잡았다. 그날 밤 꿈에 하나님께서 아람 사람 라반에게 나타나셔서 말씀하셨다. "좋은 일이든 나쁜 일이든, 야곱에게 함부로 하지 마라."

25 라반이 이르러 보니, 야곱이 길르앗 산지에 장막을 쳐 놓았다. 라반도 그곳에 장막을 쳤다.

26-30 라반이 말했다. "자네가 나 몰래 내빼고 내 딸들을 포로처럼 끌고 가다니, 무슨 생각으로 이렇게 했는가? 어째서 도둑처럼 밤중에 도망쳤는가? 왜 내게 알리지 않았나? 내가 알았더라면, 음악과 소고와 피리를 동원해서 성대한 환송식을 열어 자네를 떠나보냈을 것이네! 하지만 자네는 내가 내 딸들과 손자손녀들에게 입 맞출 기회조차 주지 않았네. 그렇게 한 것은 어리석은 짓이네. 나는 마음만 먹으면 당장 자네를 해칠 수 있지만, 자네 아버지의 하나님께서 간밤에 내게 나타나셔서 말씀하셨네. 좋은 일이든 나쁜 일이든, 야곱에게 함부로 하지 말라고 말일세. 고향이 그리워서 떠난 것은 이해가 되네. 하지만 내 집의 수호신상은 왜 훔쳐 갔는가?"

31-32 야곱이 라반에게 대답했다. "저는 장인어른이 제게서 장인어른의 딸들을 강제로 빼앗아 갈까 봐 두려웠습니다. 그러나 장인어른의 수호신상에 관해서는, 여기 있는 누구에게서 그것이 나오든, 그 사람은 살아남지 못할 것입니다. 우리 모두 지켜볼 테니, 뒤져 보십시오. 장인어른께 속한 것이 조금이라도 나오거든, 그것을 가져가십시오." 야곱은 라헬이 수호신상을 훔쳤다는 사실을 모르고 있었다.

33-35 라반은 야곱의 장막과 레아의 장막과 두 여종의 장막을 샅샅이 뒤졌지만, 아무것도 찾아내지 못했다. 그는 레아의 장막에서 나와 라헬의 장막으로 갔다. 그러나 라헬은 그 수호신상을 가져다 낙타 안장 속에 넣고는 그 위에 앉아 있었다. 라반이 장막을 뒤지고 샅샅이 수색했으나 아무것도 찾아내지 못했다. 라헬이 자기 아버지에게 말했다. "아버지, 제가 월경중이라 아버지 앞에서 일어설 수 없으니, 저를 무례하다 여기지 말아 주십시오." 라반은 그곳을 샅샅이 뒤져 보았으나, 수호신상을 찾아내지 못했다.

36-37 이제는 야곱이 화를 내며 라반에게 따졌다. "제가 무슨 죄를 짓고 무슨 잘못을 저질렀기에, 저를 이렇게 괴롭히십니까? 장인어른께서 이곳을 샅샅이 뒤졌으나, 장인어른의 소유라고 할 만한 것을 단 하나라도 찾아낸 것이 있습니까? 있다면, 보여주십시오. 증거를 제시해 주십시오. 장인어른과 저 사이에 누가 옳고 그른지, 우리 가족과 장인어른의 가족이 배심원이 되어 가려 줄 것입니다.

38-42 제가 장인어른을 위해 이십 년 동안 일하면서, 암양과 암염소가 유산한 적이 한 번도 없었습니다. 저는 장인어른의 가축 가운데서 숫양 한 마리 잡아먹은 적이 없습니다. 들짐승에게 찢긴 가축은 장인어른께 가져가지 않고 제 주머니

를 털어 변상했습니다. 사실, 장인어른은 제 잘못인지 아닌지 가리지도 않고 제게 물어내게 하셨습니다. 저는 찌는 듯한 더위나 살을 에는 듯한 추위에도 밖에서 일했고, 잠을 못 자고 밤을 새운 적도 여러 번 있었습니다. 지난 이십 년 동안 저는, 장인어른의 두 딸을 얻기 위해 십사 년을 종처럼 일했고, 장인어른의 가축을 얻기 위해 육 년을 더 일했습니다. 그런데도 장인어른은 제 품삯을 열 번이나 바꿔 셈했습니다. 제 아버지의 하나님, 아브라함의 하나님, 이삭의 두려우신 하나님께서 저와 함께 계시지 않았다면, 장인어른은 저를 빈손으로 떠나보냈을 것입니다. 그러나 하나님께서는 제가 곤경에 처한 것과 제가 얼마나 열심히 일했는지를 아시고, 지난밤에 판결을 내려 주신 것입니다."

43-44 라반이 자신을 변호했다. "딸들도 내 딸들이고, 아이들도 내 아이들이고, 가축도 내 가축일세. 자네 눈에 보이는 모든 것이 내 것일세. 그러나 내가 내 딸들이나 그 애들이 낳은 자식들을 어찌하겠는가? 그러니 자네와 나 사이에 계약을 맺어 해결하세. 하나님께서 우리 사이에 증인이 되어 주실 것이네."

45 야곱이 돌 하나를 가져다가 기둥처럼 똑바로 세웠다.

46-47 야곱이 가족을 불러 모아 "돌들을 가져오시오!" 하고 말했다. 그들은 돌들을 주워 모아 쌓아 올리고, 그 돌무더기 곁에서 음식을 먹었다. 라반은 그 돌무더기를 아람 말로 여갈사하두다(증거의 기념비)라고 했고, 야곱은 히브리 말로 갈르엣(증거의 기념비)이라고 했다.

48-50 라반이 말했다. "이제부터 이 돌무더기 기념비가 자네와 나 사이에 증거가 될 것이네." (이 돌무더기를 갈르엣, 곧 증거의 기념비라 부르는 것은 이 때문이다.) 이 돌무더기를 미스바(망루)라고도 하는데, 이는 라반이 이렇게 말했기 때문이다. "우리가 서로 보지 못할 때에도 하나님께서 자네와 나 사이에서 지켜보신다네. 자네가 내 딸들을 박대하거나 다른 아내들을 맞아들이면, 주위에 자네를 보는 사람이 아무도 없다 하더라도, 하나님께서 자네를 보시고 우리 사이에 증인이 되어 주실 것이네."

51-53 라반이 계속해서 야곱에게 말했다. "이 돌무더기 기념비와 내가 세운 이 돌기둥이 증거일세. 내가 이 선을 넘어가 자네를 해치지 않고, 자네도 이 선을 넘어와 나를 해치지 않겠다는 증거 말일세. 아브라함의 하나님, 나홀의 하나님(그들 조상의 하나님)께서 우리 사이의 일들을 올바르게 해주실 것이네."

53-55 야곱도 두려우신 분, 곧 자기 아버지 이삭의 하나님께 맹세하며 약속했다. 야곱은 산에서 제사를 드리고 예배한 뒤에, 친족들을 모두 식사에 청했다. 그들은 음식을 먹고 그날 밤을 그 산에서 묵었다. 라반은 이튿날 아침 일찍 일어나, 손자손녀와 딸들에게 입 맞추고 그들을 축복한 다음 집을 향해 출발했다.

네 이름은 더 이상 야곱이 아니다

32

1-2 야곱도 자기 길을 갔다. 하나님의 천사들이 그를 만났다. 야곱이 그들을 보고 "하나님의 진이다!" 하고 말했다. 그러고는 그곳의 이름을 마하나임(진영)이라고 했다.

3-5 그런 다음 야곱은 에돔의 세일 땅에 사는 자기 형 에서에게 심부름꾼들을 먼저
보냈다. 그는 그들에게 지시했다. "나의 주인 에서께 이렇게 전하여라. '당신의
종 야곱이 말씀드립니다. 저는 라반의 집에 머물며 지금까지 떠나지 못하고 있었
습니다. 그동안 저는 소와 나귀와 양 떼를 얻게 되었고, 남녀 종들도 거느리게 되
었습니다. 주인님, 주인님의 허락을 바라며 제가 이 모든 소식을 전합니다.'"
6 심부름꾼들이 야곱에게 돌아와 말했다. "주인님의 형님이신 에서께 주인님의
소식을 전했습니다. 그분은 주인님을 맞이하려, 부하 사백 명을 거느리고 오시
는 중입니다."
7-8 야곱은 몹시 두렵고 겁이 났다. 당황한 그는, 일행과 양과 소와 낙타 떼를 두
진으로 나누고 나서 생각했다. "에서 형님이 한쪽 진을 치면, 다른 쪽 진은 달아
날 기회가 있을 거야."
9-12 야곱이 기도했다. "나의 조상 아브라함의 하나님, 나의 아버지 이삭의 하나
님, 제게 '네 부모의 고향으로 돌아가거라. 그러면 내가 너를 선대하겠다'고 말
씀하신 **하나님**, 저는 **하나님**께서 보여주신 그 모든 사랑과 성실을 받을 만한 사
람이 못됩니다. 제가 이곳을 떠나 요단 강을 건너던 때, 제가 가진 것은 옷가지
가 전부였습니다. 하지만 보십시오. 이제 저는 두 진이나 이루었습니다! 몹시도
화가 난 제 형님으로부터 저를 구해 주십시오! 그가 와서 저와 제 아내들과 자
식들 할 것 없이 저희 모두를 칠까 두렵습니다. **하나님**께서는 '내가 너를 선대하
겠다. 네 자손을 바다의 모래처럼 셀 수 없을 만큼 많아지게 하겠다'고 친히 말
씀하셨습니다."
13-16 야곱은 그날 밤 그곳에서 묵었다. 그는 자기 소유물 가운데서 형 에서에게
줄 선물을 골라 준비했다. 암염소 이백 마리와 숫염소 스무 마리, 암양 이백 마
리, 숫양 스무 마리, 새끼 딸린 낙타 서른 마리, 암소 마흔 마리, 황소 열 마리,
암나귀 스무 마리, 수나귀 열 마리였다. 그는 종들에게 한 떼씩 맡기며 말했다.
"나보다 앞서 가거라. 가축 떼 사이에 거리를 충분히 두어라."
17-18 그런 다음 첫 번째 종에게 이렇게 지시했다. "나의 형님 에서가 가까이 다가
와서 '네 주인이 누구냐? 어디로 가는 중이냐? 이것들은 누구의 것이냐?' 하고
묻거든, '주인님의 종 야곱의 것입니다. 이것들은 에서 주인님께 드리는 선물입
니다. 그도 뒤에 오고 있습니다' 하고 대답하여라."
19-20 그는 떼를 이끌고 출발하는 두 번째 종과 세 번째 종에게도 차례로 같은 지
시를 내렸다. "너는 이렇게 말하여라. '주인님의 종 야곱이 저희 뒤에 오고 있습
니다.'" 야곱은 생각했다. "연이어 선물을 받으면 형님의 마음이 풀어지겠지. 그
런 다음에 내 얼굴을 보면, 형님이 나를 기쁘게 맞아 줄지도 몰라."
21 야곱은 선물을 앞세워 보내고, 그날 밤을 진에서 머물렀다.
22-23 그러나 야곱은 밤중에 일어나, 두 아내와 두 여종과 열한 명의 자녀들을 데
리고 얍복 강을 건넜다. 그는 그들을 강 너머로 안전하게 건너보내고, 자신의
모든 소유물도 건너보냈다.
24-25 야곱이 홀로 뒤에 남았는데, 어떤 사람이 그를 붙잡고 동이 틀 때까지 씨름

했다. 그 사람은 야곱을 이길 수 없음을 알고는, 일부러 야곱의 엉덩이뼈를 쳐
서 탈골시켰다.
26 그 사람이 말했다. "동이 트려고 하니 나를 놓아 다오."
야곱이 말했다. "저를 축복해 주시지 않으면 놓아주지 않겠습니다."
27 그 사람이 물었다. "네 이름이 무엇이냐?"
야곱이 대답했다. "야곱입니다."
28 그 사람이 말했다. "아니다. 이제 네 이름은 더 이상 야곱이 아니다. 네가 하나
님과 씨름하여 이겼으니, 이제부터 네 이름은 이스라엘(하나님과 씨름한 자)이다."
29 야곱이 물었다. "당신의 이름이 무엇입니까?"
그 사람이 말했다. "어째서 내 이름을 알려고 하느냐?" 그러고는 곧 그 자리에
서 야곱을 축복해 주었다.
30 야곱은 "내가 하나님을 마주 대하여 뵈었는데도, 이렇게 살아서 이야기를 전
하는구나!" 하고 말하며, 그곳의 이름을 브니엘(하나님의 얼굴)이라고 했다.
31-32 야곱이 브니엘을 떠날 때 해가 떠올랐다. 그는 엉덩이뼈 때문에 절뚝거렸다.
(그래서 이스라엘 사람들은 오늘날까지도 엉덩이뼈의 힘줄을 먹지 않는다. 야곱의 엉덩이뼈가
탈골되었기 때문이다.)

야곱과 에서의 화해

33

1-4 야곱이 눈을 들어 보니, 에서가 부하 사백 명을 거느리고 오고 있
었다. 야곱은 레아와 라헬과 두 여종에게 자녀들을 나누어 맡기고,
맨 앞에는 두 여종을, 그 뒤에는 레아와 그녀의 아이들을, 그리고 맨 뒤에는 라
헬과 요셉을 세웠다. 야곱 자신은 선두에 서서, 자기 형에게 다가가면서 일곱
번 절하고 경의를 표했다. 그러자 에서가 달려와 그를 와락 껴안았다. 그는 야
곱을 힘껏 안고 입을 맞추었다. 그 둘은 함께 울었다.
5 잠시 후에 에서가 둘러보다가, 여인과 아이들을 보고 물었다. "너와 함께 있는
이 사람들은 누구냐?"
야곱이 대답했다. "하나님께서 제게 은혜로 주신 자녀들입니다."
6-7 그러자 두 여종이 자기 아이들과 함께 나아와 절하고, 이어서 레아와 그녀의
아이들이 나아와 절하고, 마지막으로 라헬과 요셉이 에서에게 나아와 절했다.
8 에서가 물었다. "내가 앞서 만난 가축 떼는 다 무엇이냐?"
"주인님께서 저를 너그러이 맞아 주셨으면 하는 마음에서 보내드린 것입니다."
9 에서가 말했다. "내 아우야, 나는 온갖 것을 풍성히 가지고 있으니 네 것은 네
가 가지거라."
10-11 야곱이 말했다. "아닙니다. 받아 주십시오. 저를 맞아 줄 마음이 있으시면,
그 선물을 받아 주십시오. 주인님의 얼굴을 뵈니, 저를 보고 미소 지으시는 하
나님의 얼굴을 뵙는 것 같습니다. 제가 주인님께 드린 선물을 받아 주십시오.
하나님께서 저를 선대해 주셔서, 저는 넉넉히 가지고 있습니다." 야곱이 간곡히
권하므로 에서가 선물을 받아들였다.

12 에서가 말했다. "내가 앞장설 테니, 어서 출발하자."
13-14 그러자 야곱이 말했다. "주인님도 보시다시피, 아이들이 많이 지쳐 있습니
다. 가축들도 새끼에게 젖을 먹여야 하니, 천천히 진행하는 것이 좋겠습니다.
하루라도 심하게 몰다가는 다 죽고 말 것입니다. 그러니 주인님께서는 이 종보
다 앞서 가십시오. 저는 제 가축 떼와 아이들 걸음에 맞춰서 천천히 가겠습니
다. 세일에서 주인님을 만나겠습니다."
15 에서가 말했다. "그렇다면 내 부하 몇을 네게 남겨 두도록 하겠다."
야곱이 말했다. "그러실 필요가 없습니다. 저를 이렇게 환대해 주신 것으로 충
분합니다."
16 에서는 그날로 길을 떠나 세일로 돌아갔다.
17 야곱은 숙곳으로 갔다. 그는 자기가 살 집과 가축을 위한 초막을 지었다. 그리
하여 그곳을 숙곳(초막)이라고 부르게 되었다.
18-20 이렇게 야곱은 밧단아람을 떠나 가나안 땅 세겜 성읍에 무사히 이르렀다.
그는 그 성읍 근방에 장막을 쳤다. 그리고 장막을 친 그 땅을 세겜의 아버지 하
몰의 아들들에게서 샀다. 그는 그 땅값으로 은화 백 개를 지불했다. 그런 다음
그곳에 제단을 쌓고, 그 이름을 엘엘로헤이스라엘(이스라엘의 하나님은 강하시다)이
라고 했다.

디나가 부끄러운 일을 당하다

34 1-4 어느 날, 레아가 낳은 야곱의 딸 디나가 그 땅 여자들을 만나러 갔
다. 그 땅의 족장이며 히위 사람 하몰의 아들인 세겜이 그녀를 보고
강간하여 욕보였다. 그가 야곱의 딸 디나에게 마음을 빼앗기고 사랑에 빠져서,
결혼해 달라고 졸라 댔다. 세겜이 자기 아버지 하몰에게 말했다. "이 소녀를 제
아내로 얻어 주십시오."
5-7 야곱은 세겜이 자기 딸 디나를 욕보였다는 말을 들었으나, 아들들이 가축 떼
와 함께 들에 나가 있었으므로 그들이 집으로 돌아올 때까지 아무 말도 하지 않
았다. 세겜의 아버지 하몰이 결혼을 성사시키려고 야곱을 찾아왔다. 그 사이에
야곱의 아들들이 들에서 돌아와 무슨 일이 있었는지 들었다. 그들은 몹시 흥분
해서, 분노를 억누르지 못했다. 세겜이 야곱의 딸을 욕보인 것은 이스라엘 안에
서는 도저히 묵과할 수 없고 참을 수 없는 일이었다.
8-10 하몰이 야곱과 그의 아들들에게 말했다. "내 아들 세겜이 당신 딸에게 빠져
있습니다. 그러니 따님을 내 아들의 아내로 주십시오. 우리 서로 사돈 관계를
맺읍시다. 여러분의 딸을 우리에게 주면, 우리도 우리의 딸을 여러분에게 주겠
습니다. 우리 서로 어울려 한 가족처럼 지냅시다. 우리 가운데 자리 잡고 편히
지내십시오. 우리와 함께 살면서 번성하기를 바랍니다."
11-12 세겜이 디나의 아버지와 오라버니들에게 자기 생각을 말했다. "허락해 주
십시오. 신부를 데려오는 값은 얼마든지 치르겠습니다. 당신들이 그 값을 정하
십시오. 이 소녀를 내 아내로 주기만 하면, 바라는 값이 아무리 많다 해도 꼭 치

르겠습니다."
13-17 야곱의 아들들은 자신들의 누이를 욕보인 세겜과 그의 아버지에게 속임수
를 써서 대답했다. 그들은 이렇게 말했다. "말도 안됩니다. 할례 받지 않은 남자
에게 우리 누이를 줄 수 없습니다. 그렇게 하는 것은 우리에게 수치스러운 일입
니다. 당신네 남자들이 모두 우리처럼 할례를 받는 조건이라면 한번 진지하게
이야기해 볼 수 있습니다. 그렇게 해준다면, 우리가 기꺼이 당신네 딸들과 결혼
하고 우리의 딸들을 당신들에게 시집보내며, 당신들 가운데서 편히 지내면서
당신들과 더불어 큰 민족을 이루어 행복하게 지내겠습니다. 그러나 당신들이
이 조건을 받아들이지 않으면, 우리는 우리 누이를 데리고 떠나겠습니다."
18 하몰과 그의 아들 세겜이 생각하기에 그 조건은 꽤 타당해 보였다.
19 야곱의 딸에게 빠져 있던, 젊은 세겜은 그들이 요구한 대로 했다. 그는 자기
아버지의 집안에서 가장 인정받는 아들이었다.
20-23 하몰과 그의 아들 세겜은 광장으로 가서 성읍 의회 앞에 말했다. "이 사람들
은 우리를 좋아합니다. 그들은 우리의 친구입니다. 그러니 그들이 이 땅에 자리
잡고 편히 지내게 해줍시다. 우리 땅은 그들이 자리 잡고 살아도 될 만큼 넓습
니다. 생각해 보십시오. 우리는 그들의 딸들과 결혼하고, 그들은 우리의 딸들과
결혼할 수 있게 될 것입니다. 하지만 이 사람들은 우리 성읍의 모든 남자가 자
기들처럼 할례를 받아야만 우리의 청을 받아들이고, 우리와 함께 살면서 더불
어 한 민족이 되겠다고 하는군요. 이것은 우리에게 크게 이득이 되는 거래입니
다. 이 사람들은 엄청난 가축 떼를 소유하고 있는 대단한 부자들이니, 그 모든
것이 결국 우리 손에 들어오게 될 것입니다. 그러니 그들이 요구하는 대로 해주
고, 그들이 우리 가운데 자리 잡고 살면서 우리와 어울리게 합시다."
24 성읍 주민 모두가 하몰과 그의 아들 세겜의 제안을 받아들여, 모든 남자가 할
례를 받았다.
25-29 할례를 받고 사흘이 지난 뒤, 모든 남자가 아파하고 있을 때에 야곱의 두 아
들 곧 디나의 오라버니인 시므온과 레위가 각자 칼을 들고, 자기들이 주인이기
라도 한 것처럼 당당하게 성읍으로 들어가서 그곳 남자들을 모조리 살해했다.
그들은 또 하몰과 그의 아들 세겜을 죽이고, 세겜의 집에서 디나를 구출하여 그
곳을 떠났다. 야곱의 다른 아들들은 살해 현장에 달려 들어가서, 디나를 욕보인
것에 대한 보복으로 성읍 전체를 약탈했다. 그들은 양 떼, 소 떼, 나귀 떼뿐 아
니라 성읍 안과 들에 있는 소유물까지 모조리 빼앗았다. 그런 다음 부녀자들과
아이들을 포로로 잡고, 그들의 집을 샅샅이 뒤져 값나가는 것은 무엇이든 약탈
했다.
30 야곱이 시므온과 레위에게 말했다. "너희가 이 땅의 가나안 사람과 브리스 사
람 사이에서 내 이름을 몹시도 추하게 만들었구나. 저들이 힘을 합쳐 우리를 치
면, 수가 적은 우리는 살아남을 수가 없다. 저들이 나와 우리 가족을 다 죽이고
말 것이다."
31 그들이 말했다. "누구든지 우리 누이를 창녀처럼 대하는 자를, 우리는 가만

둘 수 없습니다."

베델로 돌아가거라

35 [1] 하나님께서 야곱에게 말씀하셨다. "베델로 돌아가거라. 그곳에 머
물면서, 네가 네 형 에서를 피해 달아나던 때에 네게 나타난 하나님
께 제단을 쌓아라."
2-3 야곱은 자기 가족과 자기와 함께한 모든 사람에게 말했다. "여러분이 지니고
있는 이방 신들을 모두 내던져 버리고, 몸을 깨끗이 씻고, 깨끗한 옷으로 갈아
입으시오. 이제 우리는 베델로 갈 것이오. 그곳에서 내가 곤경에 처했을 때 내
게 응답하시고, 내가 어디로 가든지 늘 나와 함께하신 하나님께, 제단을 쌓을
것이오."
4-5 그들은 자신들이 의지해 온 이방 신들과 행운의 부적 귀걸이들을 모두 야곱
에게 넘겨주었다. 야곱은 그것들을 세겜 근처 상수리나무 밑에 묻었다. 그러고
나서 그들은 길을 떠났다. 큰 두려움이 주변 성읍들에 임했다. 겁에 질린 그들
은 아무도 야곱의 아들들을 추격하지 못했다.
6-7 야곱과 그의 일행은 가나안 땅 루스, 곧 베델에 이르렀다. 야곱은 그곳에 제
단을 쌓고, 그곳의 이름을 엘베델(베델의 하나님)이라고 했다. 야곱이 자기 형을
피해 달아나던 때에 하나님께서 그곳에서 그에게 나타나셨기 때문이다.
8 그때 리브가의 유모 드보라가 죽어, 베델 바로 아래에 있는 상수리나무 밑에
묻혔다. 사람들이 그 나무를 알론바굿(눈물의 상수리나무)이라고 했다.
9-10 야곱이 밧단아람에서 돌아온 뒤에, 하나님께서 그에게 다시 나타나 복을 주
시며 말씀하셨다. "네 이름이 야곱(발뒤꿈치)이지만, 그것은 더 이상 네 이름이
아니다. 이제부터 네 이름은 이스라엘(하나님과 씨름한 자)이다."
11-12 하나님께서 말씀하셨다.

나는 강한 하나님이다.
자녀를 낳고, 번성하여라!
한 민족, 곧 민족들의 무리가
네게서 나오고
왕들이 네 허리에서 나올 것이다.
이제 내가
아브라함과 이삭에게 준 땅을 네게 주고
네 후손에게도 줄 것이다.

13 그런 뒤에 하나님께서 야곱과 말씀을 나누시던 곳을 떠나 올라가셨다.
14-15 야곱은 하나님께서 자기와 말씀하시던 곳에 돌기둥을 세우고, 그 위에 부어
드리는 제물을 붓고, 또 그 위에 기름을 부었다. 야곱은 하나님께서 자기와 말
씀을 나누신 장소, 곧 베델(하나님의 집)을 하나님께 바쳤다.

16-17 그들은 베델을 떠났다. 에브랏까지는 아직 한참을 가야 하는데, 라헬이 진
통을 시작했다. 진통이 몹시 심할 즈음에, 산파가 그녀에게 말했다. “두려워하
지 마세요. 또 사내아이를 낳았습니다.”
18 죽어 가던 라헬은 마지막 숨을 거두면서 아이의 이름을 베노니(내 고통의 아들)
라고 했다. 그러나 아이의 아버지는 아이의 이름을 베냐민(복된 아들)이라고 했다.
19-20 라헬이 죽어서 에브랏, 곧 베들레헴으로 가는 길가에 묻혔다. 야곱은 그곳
에 묘비를 세워 그녀의 무덤을 표시했다. 그 묘비는 오늘날까지 ‘라헬의 묘비’로
그곳에 있다.

21-22 이스라엘이 계속 진행하다가 믹달에델에 장막을 쳤다. 이스라엘이 그 지역
에서 지내는 동안, 르우벤이 자기 아버지의 첩 빌하와 잠자리를 같이했다. 그가
한 일을 이스라엘이 전해 들었다.

22-26 야곱에게는 열두 아들이 있었다.
레아가 낳은 아들은,
야곱의 맏아들인 르우벤
시므온
레위
유다
잇사갈
스불론이다.
라헬이 낳은 아들은,
요셉
베냐민이다.
라헬의 몸종 빌하가 낳은 아들은,
단
납달리다.
레아의 몸종 실바가 낳은 아들은,
갓
아셀이다.
이들은 밧단아람에서 태어난, 야곱의 아들들이다.

27-29 마침내 야곱이 기럇아르바의 마므레에 있는 자기 아버지 이삭의 집으로 돌

아왔다. 오늘날 헤브론이라 불리는 그곳은 아브라함과 이삭이 살던 곳이다. 이
삭은 이제 백여든 살이었다. 이삭은 늙고 나이가 들어서 마지막 숨을 거두었다.
아들 에서와 야곱이 그를 조상 곁에 묻었다.

에서의 족보

36 1 에돔이라고도 하는 에서의 족보는 이러하다.
2-3 에서는 가나안 여인들과 결혼했다. 헷 사람 엘론의 딸 아다, 히위
사람 아나의 딸이며 시브온의 손녀딸인 오홀리바마, 이스마엘의 딸이며 느바욧
의 누이인 바스맛을 아내로 맞았다.
4 아다는 에서에게서 엘리바스를 낳았고,
바스맛은 르우엘을 낳았고,
5 오홀리바마는 여우스와 얄람과 고라를 낳았다.
이들은 모두 에서가 가나안 땅에서 얻은 아들들이다.

6-8 에서는 아내들과 아들딸들과 자기 집안의 모든 사람과 모든 가축—가나안에
서 얻은 모든 짐승과 재산—을 거두어, 자기 아우 야곱에게서 상당히 떨어진 곳
으로 옮겨 갔다. 한곳에서 같이 살기에는 형제의 재산이 너무 많고 땅도 부족해
서, 그들의 가축 떼를 모두 먹여 살릴 수 없었기 때문이다. 에서는 세일 산지에
자리를 잡았다. (에서와 에돔은 같은 사람이다.)
9-10 세일 산지에 사는 에돔 사람의 조상 에서의 족보는 이러하다. 에서의 아들들
의 이름은,
에서의 아내 아다가 낳은 아들 엘리바스
에서의 아내 바스맛이 낳은 아들 르우엘이다.
11-12 엘리바스의 아들들은 데만, 오말, 스보, 가담, 그나스다. (엘리바스에게는 딤나
라는 첩이 있었는데, 그녀는 엘리바스의 아들 아말렉을 낳았다.) 이들은 모두 에서의 아내
아다의 손자들이다.
13 르우엘의 아들들은 나핫, 세라, 삼마, 미사다. 이들은 에서의 아내 바스맛의
손자들이다.
14 에서의 아내이며 시브온의 아들 아나의 딸인 오홀리바마의 아들들은 이러하
다. 그녀는 에서에게서 여우스, 얄람, 고라를 낳았다.

15-16 에서의 족보에서 나온 족장들은 이러하다. 에서의 맏아들 엘리바스의 자손
으로 족장이 된 이들은 데만, 오말, 스보, 그나스, 고라, 가담, 아말렉이다. 이들
은 에돔 땅에 거주하는 엘리바스 자손의 족장들이며, 모두 아다의 자손이다.
17 에서의 아들 르우엘의 자손으로 족장이 된 이들은 나핫, 세라, 삼마, 미사다.
이들은 에돔 땅에 거주하는 르우엘 자손의 족장들이며, 에서의 아내 바스맛의
자손이다.
18 에서의 아내 오홀리바마의 자손으로 족장이 된 이들은 여우스, 얄람, 고라다. 이

들은 모두 에서의 아내이자 아나의 딸인 오홀리바마에게서 태어난 족장들이다.
19 이들은 모두 에서 곧 에돔의 자손으로, 족장이 된 사람들이다.

20-21 그 땅의 원주민인 호리 사람 세일의 족보는 이러하다. 로단, 소발, 시브온,
아나, 디손, 에셀, 디산. 이들은 에돔 땅에 거주하는 세일의 자손으로, 호리 사
람의 족장들이다.
22 로단의 아들들은 호리, 호맘이고, 로단의 누이는 딤나다.
23 소발의 아들들은 알완, 마나핫, 에발, 스보, 오남이다.
24 시브온의 아들들은 아야, 아나다. 아나는 자기 아버지 시브온의 나귀를 치다
가 광야에서 온천을 발견한 사람이다.
25 아나의 아들은 디손이고 딸은 오홀리바마다.
26 디손의 아들들은 헴단, 에스반, 이드란, 그란이다.
27 에셀의 아들들은 빌한, 사아완, 아간이다.
28 디산의 아들들은 우스, 아란이다.
29-30 호리 사람의 족장들은 로단, 소발, 시브온, 아나, 디손, 에셀, 디산이다. 이
들은 종족별로 살펴본, 세일 땅에 거주하는 호리 사람의 족장들이다.

31-39 이스라엘에 아직 왕이 없을 때에, 에돔 땅을 다스린 왕들은 이러하다. 브올
의 아들 벨라가 에돔의 왕이었고, 그의 도성의 이름은 딘하바였다. 벨라가 죽
자, 보스라 출신 세라의 아들 요밥이 그 뒤를 이어 왕이 되었다. 요밥이 죽자,
데만 사람의 땅에서 온 후산이 그 뒤를 이어 왕이 되었다. 후산이 죽자, 브닷의
아들 하닷이 그 뒤를 이어 왕이 되었다. 하닷은 미디안 사람을 모압 땅에서 물
리친 왕이었다. 그의 도성의 이름은 아윗이었다. 하닷이 죽자, 마스레가 출신
삼라가 그 뒤를 이어 왕이 되었다. 삼라가 죽자, 강가의 르호봇 출신 사울이 왕
이 되었다. 사울이 죽자, 악볼의 아들 바알하난이 그 뒤를 이어 왕이 되었다. 악
볼의 아들 바알하난이 죽자, 하닷이 왕이 되었다. 그의 도성의 이름은 바우였
다. 그의 아내 이름은 므헤다벨이었는데, 그녀는 마드렛의 딸이자 메사합의 손
녀였다.
40-43 에서의 가계에서 나온 족장들을 종족과 거주지별로 살펴보면 이러하다. 딤
나, 알와, 여뎃, 오홀리바마, 엘라, 비논, 그나스, 데만, 밉살, 막디엘, 이람. 이
들은 모두 에돔의 족장들로, 각자 자기 지역을 차지하고 살았다.
이상은 에돔 사람의 조상인 에서의 족보를 나열한 것이다.

37

1 그 즈음에 야곱은 자기 아버지가 살던 가나안 땅에 정착했다.

요셉과 그의 형제들

2 야곱의 이야기는 이러하다. 그의 이야기는 요셉과 함께 계속된다. 당시 열일

곱 살이던 요셉은 양 떼를 치는 형들을 돕고 있었다. 사실 그 형들은 모두 요셉
의 이복형들로, 아버지의 아내인 빌하와 실바의 아들들이었다. 요셉은 형들에
대해 좋지 않은 이야기를 아버지에게 전했다.
3-4 이스라엘은 늘그막에 얻은 아들 요셉을 다른 아들들보다 더 사랑했다. 그래
서 그는 요셉에게 정교하게 수놓은 겉옷을 지어 입혔다. 그의 형들은 아버지가
자기들보다 요셉을 더 사랑하는 것을 알고는 그를 미워했다. 그들은 요셉에게
말조차 건네지 않았다.
5-7 요셉이 꿈을 꾸었다. 그가 꿈 이야기를 형들에게 전하자, 형들이 그를 더 미
워했다. 요셉이 말했다. "내가 꾼 꿈 이야기를 잘 들어 보세요. 우리가 모두 밖
으로 나가 밭에서 밀짚 단을 모아들이는데, 갑자기 내 단이 일어나 우뚝 서고
형님들의 단들은 내 단 주위로 빙 둘러서서 내 단에 절을 하더군요."
8 형들이 말했다. "그래서 어쨌다는 거냐! 네가 우리를 다스리기라도 하겠다는
거냐? 네가 우리의 우두머리가 되겠다는 거냐?" 요셉의 꿈 이야기와 그의 말투
때문에 형들은 그를 전보다 더욱 미워했다.
9 요셉이 또 다른 꿈을 꾸고 이번에도 형들에게 말했다. "내가 또 다른 꿈을 꾸
었습니다. 해와 달과 열한 별이 내게 절을 하더군요!"
10-11 그가 그 꿈 이야기를 아버지와 형들에게 전하자, 그의 아버지가 그를 꾸짖
으며 말했다. "그 꿈 이야기가 다 무엇이냐? 나와 네 어머니와 네 형들이 다 네
게 절하게 된다는 것이냐?" 이제 형들은 드러내 놓고 그를 시기했지만, 그의 아
버지는 그 모든 일을 마음에 새겨 두었다.
12-13 그의 형들이 세겜으로 가서 아버지의 양 떼에게 풀을 먹이고 있었다. 이스
라엘이 요셉에게 말했다. "네 형들이 지금 양 떼와 함께 세겜에 있다. 네가 네
형들에게 좀 다녀와야겠다."
요셉이 말했다. "그렇게 하겠습니다."
14 이스라엘이 그에게 말했다. "가서, 네 형들과 양 떼가 어떻게 하고 있는지 살
펴보고, 돌아와서 내게 알려 다오." 그는 요셉을 헤브론 골짜기에서 세겜으로
떠나보냈다.
15 요셉이 들판에서 헤매고 있는데, 어떤 사람이 다가와 물었다. "무엇을 찾고
있느냐?"
16 "제 형들을 찾고 있습니다. 그들이 어디서 양 떼에게 풀을 먹이고 있는지 아
시는지요?"
17 그 사람이 말했다. "그들은 여기를 떠났다. 내가 들으니, 그들이 '도단으로 가
자'고 하더구나." 그래서 요셉은 길을 떠나 형들의 뒤를 따라가다가 도단에서
그들을 찾아냈다.
18-20 형들은 멀리서 요셉을 알아보았다. 그들은 그가 자신들에게 이르기 전에 그
를 죽이기로 모의했다. 그들이 말했다. "꿈꾸는 자가 이리로 오는구나. 저 녀석
을 죽여서 이 오래된 구덩이들 가운데 한 곳에 던져 넣고, 사나운 짐승이 잡아
먹었다고 말하자. 녀석의 꿈이 어떻게 되는지 지켜보자구."

21-22 르우벤은 아우들이 하는 이야기를 듣고 요셉을 구할 생각으로 끼어들었다. "그를 죽이려 하다니 안될 일이야. 살인은 절대 안돼. 그 애를 이곳 광야에 있는 구덩이에 던져 버리기만 하고, 다치게는 하지 마라." 르우벤은 나중에 다시 와서 그를 끌어내어 아버지에게 데려갈 생각이었다.

23-24 요셉이 형들에게 이르자, 그들은 그가 입고 있던 화려한 겉옷을 벗기고, 그를 붙잡아 구덩이에 던져 넣었다. 그 구덩이는 바싹 말라서, 물 한 방울도 없었다.

25-27 그런 다음 그들은 앉아서 저녁을 먹었다. 그들이 눈을 들어 보니, 길르앗에서 오는 이스마엘 상인 한 떼가 보였다. 그들은 이집트에 가서 팔 향료와 향품과 향수를 여러 마리 낙타에 싣고 오는 길이었다. 유다가 말했다. "형제들아, 우리가 아우를 죽이고 그 흔적을 감춘다고 해서 얻는 게 무엇이냐? 그 아이를 죽이지 말고, 이스마엘 사람들에게 팔아넘기자. 따지고 보면, 그 아이도 우리의 형제, 우리의 혈육이다." 형제들이 그의 말에 동의했다.

28 그때에 미디안 상인들이 지나가고 있었다. 형들이 요셉을 구덩이에서 끌어내어 이스마엘 사람들에게 은화 스무 개를 받고 팔아넘겼다. 이스마엘 사람들은 요셉을 데리고 이집트로 내려갔다.

29-30 나중에 르우벤이 돌아와 구덩이로 가서 보니, 요셉이 거기에 없었다! 그는 비통한 마음에 자기 옷을 찢었다. 그가 어찌할 바를 몰라 하며 형제들에게 가서 말했다. "아이가 사라지고 없다! 이제 어찌해야 하나!"

31-32 그들이 요셉의 겉옷을 가져다가, 염소 한 마리를 죽인 다음 그 피에 옷을 담갔다. 그들은 그 겉옷을 아버지에게 가지고 가서 말했다. "저희가 이것을 발견했습니다. 살펴보십시오. 아버지 아들의 겉옷이 맞나요?"

33 야곱은 곧바로 그 겉옷을 알아보았다. "내 아들의 옷이다. 사나운 짐승이 그 아이를 잡아먹었구나. 요셉이 갈기갈기 찢겨 죽었구나!"

34-35 야곱은 슬픔에 잠겨 자기 옷을 찢고서, 거칠고 굵은 베옷을 입고, 아들의 죽음을 오래도록 슬퍼했다. 자녀들이 위로하려고 했으나, 그는 그들의 위로를 마다했다. "나는 내 아들의 죽음을 슬퍼하면서 무덤으로 가련다." 아버지는 요셉을 생각하며 하염없이 눈물을 흘렸다.

36 미디안 상인들이 이집트에서 요셉을 보디발에게 팔아넘겼다. 보디발은 바로의 신하로, 바로의 왕실 일을 맡아보는 사람이었다.

유다와 다말

38

1-5 그 무렵, 유다는 형제들로부터 떨어져 나와 히라라고 하는 아둘람 사람과 함께 지내고 있었다. 그곳에 있는 동안 유다는 가나안 사람 수아의 딸을 만났다. 유다가 그녀와 결혼하여 잠자리를 같이하니, 그녀가 임신하여 아들을 낳고 아이의 이름을 엘이라고 했다. 그녀가 다시 임신하여 아들을 낳고 아이의 이름을 오난이라고 했다. 그녀가 또다시 아들을 낳고 아이의 이름을 셀라라고 했다. 셀라를 낳았을 때 그들 부부는 거십에 살고 있었다.

6-7 유다가 맏아들 엘에게 아내를 얻어 주었다. 그녀의 이름은 다말이었다. 그러

나 유다의 맏아들 엘이 하나님께 심히 악한 죄를 지어, 하나님께서 그의 목숨을
거두어 가셨다.
8-10 유다가 오난에게 말했다. "가서 남편을 잃은 네 형수와 잠자리를 같이하도
록 하여라. 네 형의 혈통이 끊어지지 않게 하는 것이 동생인 네가 해야 할 도리
다." 하지만 오난은 아이를 낳아도 자기 아이가 되지 못할 것을 알고, 형수와 잠
자리를 같이할 때마다 형의 아이를 낳지 않으려고 정액을 바닥에 쏟았다. 그가
한 짓은 하나님을 크게 거스르는 일이었다. 하나님께서 그의 목숨도 거두어 가
셨다.
11 그러자 유다는 며느리 다말을 찾아가서 말했다. "내 아들 셀라가 다 자랄 때
까지 네 아버지 집에서 과부로 지내고 있거라." 그는 셀라마저 형들처럼 죽게
될까 걱정했던 것이다. 그리하여 다말은 자기 아버지 집으로 가서 살았다.
12 시간이 흘러 유다의 아내, 곧 수아의 딸이 죽었다. 애도 기간이 끝나자, 유다
는 아둘람 사람인 친구 히라와 함께 양 떼의 털을 깎으러 딤나로 갔다.
13-14 다말은 "네 시아버지가 양 떼의 털을 깎으러 딤나로 갔다"는 소식을 전해
들었다. 그녀는 과부의 옷을 벗고, 너울로 얼굴을 가려 남이 알아보지 못하게
한 다음, 딤나로 가는 길에 있는 에나임 입구에 앉아 있었다. 그녀는 셀라가 다
자랐는데도 유다가 자기를 그와 결혼시키려 하지 않는다는 것을 알고 있었다.
15 유다는 너울로 얼굴을 가리고 있는 그녀를 보고는 창녀라고 생각했다. 그는
길가에 있는 그녀에게 다가가 말했다. "오늘 밤 함께 보내자." 유다는 그녀가 자
기 며느리인 줄을 전혀 알지 못했다.
16 그녀가 말했다. "그 값으로 내게 무엇을 주겠습니까?"
17 유다가 말했다. "내 가축 떼에서 새끼 염소 한 마리를 보내겠다."
그녀가 말했다. "그것을 보낼 때까지 내게 담보물을 맡기면 그렇게 하겠습니다."
18 "담보물로 원하는 게 뭐냐?"
그녀가 대답했다. "어르신이 갖고 있는 줄 달린 도장과 지팡이를 주십시오."
유다는 그것들을 다말에게 건네고 잠자리를 같이했다. 그녀가 임신하게 되었다.
19 그녀는 그곳을 떠나 집으로 돌아가서, 너울을 벗고 과부의 옷을 다시 입었다.
20-21 유다는 친구인 아둘람 사람 편에 새끼 염소를 보내며 그 여자에게서 담보물
을 찾아오게 했다. 그러나 그 친구는 그녀를 찾지 못했다. 그래서 그곳 사람들
에게 물었다. "이곳 에나임 근처 길가에 앉아 있던 창녀는 어디로 갔습니까?"
그들이 말했다. "여기에는 창녀가 없답니다."
22 그가 유다에게로 돌아와서 말했다. "그 여자를 찾을 수 없었네. 그곳 사람들
이, 거기에는 창녀가 없다고 하더군."
23 유다가 말했다. "담보물을 가질 테면 가지라지. 우리가 계속 찾아다니면, 다
들 우리를 보고 손가락질할 것이네. 나는 이 거래에서 내 도리를 다했네. 내가
새끼 염소를 보냈지만 자네가 그녀를 찾지 못한 것뿐이네."
24 세 달쯤 지난 뒤에, 유다의 귀에 한 소식이 들려왔다. "자네 며느리가 창녀 짓
을 하고 있네. 게다가 이제는 임신까지 했다는군."

유다가 고함을 질렀다. "그 애를 이곳으로 끌어내어 불태워 버려라!"
25 사람들이 다말을 끌어내려고 하자, 그녀가 시아버지에게 전갈을 보냈다. "저
는 이 물건의 주인 때문에 임신하게 되었습니다. 이 물건을 확인해 보십시오.
이 줄 달린 도장과 지팡이가 누구의 것입니까?"
26 유다는 그것이 자기 것임을 알아보고 말했다. "그 애가 옳고, 내가 잘못했다.
내가 그 애를 내 아들 셀라와 결혼시키려 하지 않았기 때문이다." 유다는 다시
는 그녀와 잠자리를 같이하지 않았다.
27-30 다말이 출산할 때가 되었는데, 그녀의 태 속에 쌍둥이가 있었다. 아이를 낳
을 때, 한 아이의 손이 나왔다. 산파가 그 손에 붉은 실을 묶고 말했다. "이 아이
가 먼저 나온 아이이다." 그러나 바로 그때, 그 아이의 손이 도로 들어가더니 그의
동생이 나왔다. 산파가 말했다. "동생이 밀치고 나왔구나!" 그래서 아이의 이름
을 베레스(돌파)라고 했다. 곧이어 그 아이의 형이 손에 붉은 실을 감고 나오니,
아이의 이름을 세라(빛나다)라고 했다.

이집트로 팔려 간 요셉

39

1 이스마엘 사람들이 요셉을 이집트로 끌고 가자, 바로의 신하로 왕
실 일을 도맡아 관리하고 있던 이집트 사람 보디발이 그들에게서 요
셉을 샀다.
2-6 **하나님**께서 요셉과 함께하셨으므로, 그가 하는 일이 다 잘 되었다. 그는 자기
주인인 이집트 사람의 집에서 지내게 되었다. 그의 주인은 **하나님**께서 요셉과
함께하시면서, 요셉이 하는 일마다 잘 되게 해주시는 것을 알았다. 그는 요셉이
몹시 마음에 들어 그에게 자신의 시중을 들게 했다. 그는 자신의 개인적인 일들
을 요셉에게 맡기고, 모든 재산을 관리하게 했다. 그때부터 **하나님**께서 요셉으
로 인해 그 이집트 사람의 집에 복을 주셨다. 그의 집에 있는 것이든 밭에 있는
것이든, 그가 소유한 모든 것에 **하나님**의 복이 두루 미쳤다. 보디발은 하루 세
끼 밥 먹는 일만 신경 쓰면 되었다.
6-7 요셉은 용모가 준수하고 잘생긴 남자였다. 시간이 흐르면서 주인의 아내가
요셉에게 반해, 어느 날 이렇게 말했다. "나와 함께 침실로 가자."
8-9 요셉은 그렇게 하지 않았다. 그는 주인의 아내에게 말했다. "보십시오. 주인
께서는 모든 소유를 제게 맡기시고 집안일에 대해서는 일절 신경 쓰지 않으십
니다. 그분은 저를 동등한 사람으로 대해 주셨습니다. 다만 그분께서 제게 맡기
지 않으신 것이 있는데, 바로 당신입니다. 당신은 주인님의 아내이기 때문입니
다! 그런데 제가 어떻게 그분의 신뢰를 저버리고 하나님께 죄를 짓겠습니까?"
10 그녀가 하루도 빠지지 않고 날마다 졸라 댔지만, 요셉은 뜻을 굽히지 않았다.
그녀와 같이 자기를 거절한 것이다.
11-15 그러던 어느 날, 요셉이 일을 보러 집으로 들어갔는데, 그날따라 집 안에 종
들이 아무도 없었다. 그녀가 그의 겉옷을 붙잡고 말했다. "나와 함께 침실로 가
자!" 요셉은 그녀의 손에 겉옷을 버려두고 집 밖으로 뛰쳐나갔다. 그녀는 그가

겉옷을 자기 손에 버려두고 뛰쳐나간 것을 알고는, 종들을 불러 말했다. "이것 좀 봐라, 저 히브리 놈이 본색을 드러내서, 너희 모르게 나를 유혹하려 하는구나. 저 놈이 나를 욕보이려 해서 내가 크게 소리를 질렀더니, 내 고함과 비명 소리를 듣고는 이렇게 겉옷을 내 손에 버려두고 밖으로 도망쳤다."

16-18 그녀는 자기 주인이 집에 돌아올 때까지 요셉의 겉옷을 가지고 있다가, 그에게 같은 이야기를 들려주었다. "당신이 데려온 히브리 놈이 내 뒤를 쫓아와서, 나를 희롱하려고 하지 뭐예요. 내가 소리치고 비명을 질렀더니, 이렇게 자기 겉옷을 내 손에 버려두고 밖으로 도망쳤답니다."

19-23 요셉의 주인은 "이게 다 당신의 종이 벌인 일이예요"라고 하는 아내의 이야기에 격분했다. 그는 요셉을 붙잡아 왕의 죄수들을 가두는 감옥에 처넣었다. 그러나 하나님께서는 그곳 감옥에서도 여전히 요셉과 함께하셨고, 요셉에게 인자를 베푸셔서 간수장과 가까운 사이가 되게 하셨다. 간수장은 요셉에게 모든 죄수를 맡겼고, 요셉은 모든 일을 잘 처리했다. 간수장은 요셉에게 자유를 주고, 전혀 간섭하지 않았다. 하나님께서 요셉과 함께하시면서, 그가 하는 일마다 최선의 결과를 낳게 해주셨기 때문이다.

관리들의 꿈을 해석하다

40

1-4 시간이 흘러, 이집트 왕의 술잔을 맡은 관리와 빵을 맡은 관리가 자신들의 주인인 이집트 왕의 뜻을 거스르는 일이 있었다. 바로는 두 관리, 곧 술잔을 맡은 관리와 빵을 맡은 관리에게 크게 노하여, 그들을 감옥에 가두고 경호대장의 감시를 받게 했다. 그들이 갇힌 곳은 요셉이 갇힌 곳과 같은 감옥이었다. 경호대장은 요셉에게 그들의 시중을 들도록 지시했다.

4-7 감옥에 갇힌 지 얼마 뒤에, 술잔을 맡은 관리와 빵을 맡은 관리가 같은 날 밤에 꿈을 꾸었는데, 각자의 꿈이 저마다 의미를 가지고 있었다. 요셉이 아침에 그들에게 가 보니, 둘 다 기운이 없어 보였다. 그래서 그는 자신과 함께 갇혀 있는 바로의 두 관리에게 물었다. "무슨 일입니까? 어째서 얼굴에 수심이 가득합니까?"

8 그들이 말했다. "우리가 각자 꿈을 꾸었는데, 그 꿈을 해석해 줄 사람이 없어서 그러네."

요셉이 말했다. "꿈의 해석은 하나님께로부터 오는 것이 아닙니까? 어떤 꿈을 꾸었는지 이야기해 보십시오."

9-11 술잔을 맡은 관리가 먼저 요셉에게 자기 꿈을 이야기했다. "꿈에 보니 내 앞에 포도나무가 있는데, 가지가 세 개 달려 있더군. 싹이 나고 꽃이 피더니 포도송이들이 익는 거야. 나는 바로의 술잔을 가지고 있었는데, 그 포도송이들을 따서 바로의 술잔에 짜 넣고는 그 잔을 바로께 올려 드렸네."

12-15 요셉이 말했다. "그 뜻은 이렇습니다. 가지 셋은 사흘을 뜻합니다. 사흘 안에 바로께서 당신을 이곳에서 꺼내어 복직시키실 것입니다. 당신은 술잔을 맡은 관리였을 때와 똑같이 바로께 술잔을 올려 드리게 될 것입니다. 당신의 일이

잘 되면 저를 기억해 주십시오. 바로께 제 사정을 아뢰어 주셔서 저를 이곳에서
꺼내 주십시오. 저는 히브리 사람의 땅에서 납치되어 왔습니다. 그리고 저는 여
기서도 이 감옥에 갇힐 만한 일을 한 적이 없습니다."
16-17 요셉의 꿈 해석이 좋은 것을 보고, 빵을 맡은 관리도 그에게 말했다. "내 꿈
은 이러하네. 버들가지를 엮어 만든 바구니 세 개가 내 머리 위에 있었네. 맨 위
바구니에는 갓 구운 온갖 빵들이 있었는데, 새들이 내 머리 위의 바구니에서 그
것을 쪼아 먹고 있었네."
18-19 요셉이 말했다. "그 꿈의 해석은 이렇습니다. 바구니 셋은 사흘을 뜻합니
다. 사흘 안에 바로께서 당신의 머리를 베고 당신의 몸을 기둥에 매달 텐데, 그
러면 새들이 와서 당신의 뼈가 드러날 때까지 모조리 쪼아 먹을 것입니다."
20-22 사흘째 되는 날, 그날은 바로의 생일이었다. 바로는 모든 신하를 위해 잔치
를 베풀고, 술잔을 맡은 관리와 빵을 맡은 관리를 모든 신하가 볼 수 있도록 영
광의 자리에 나란히 세웠다. 그런 다음 술잔을 맡은 관리를 본래의 직위에 복직
시켰다. 그 관리는 전과 똑같이 바로에게 술잔을 따라 올렸다. 하지만 빵을 맡
은 관리는 요셉이 해석한 대로 기둥에 매달게 했다.
23 그러나 술잔을 맡은 관리는 요셉에게 신경 쓰지 않았다. 요셉의 처지를 까맣
게 잊고 만 것이다.

바로의 꿈을 해석하다

41 1-4 그로부터 두 해가 지난 뒤에 바로가 꿈을 꾸었다. 꿈에 그는 나일
강가에 서 있었다. 튼튼해 보이는 암소 일곱 마리가 나일 강에서 올
라와 습지에서 풀을 뜯고 있었다. 뒤이어 가죽만 남은 암소 일곱 마리가 강에서
올라와, 강가에 있는 암소들 곁에 섰다. 그러더니 바싹 마른 암소들이 튼튼한
암소 일곱 마리를 잡아먹는 것이었다. 그때 바로가 잠에서 깨어났다.
5-7 바로가 다시 잠이 들어 두 번째 꿈을 꾸었다. 줄기 하나에서 튼실하고 잘 여
문 이삭 일곱이 자라났다. 곧이어 이삭 일곱이 더 자라났는데, 이번에는 야위고
동풍에 바싹 마른 것들이었다. 그 야윈 이삭들이 튼실하고 잘 여문 이삭들을 삼
켜 버렸다. 바로가 잠에서 깨어 보니 또 다른 꿈이었다.
8 아침이 되자, 바로는 마음이 뒤숭숭했다. 그는 사람을 보내어 이집트의 마술
사와 현자들을 모두 불러들였다. 바로가 그들에게 자신이 꾼 꿈을 이야기했으
나, 그들은 그 꿈을 바로에게 해석해 주지 못했다.
9-13 그때 술잔을 맡은 관리가 용기를 내어 바로에게 말했다. "제가 오래전에 경
험한 일을 미리 말씀드렸어야 했는데, 이제야 생각났습니다. 전에 왕께서 종들
에게 노하셔서 저와 빵을 맡은 관리를 경호대장의 집에 가두신 적이 있습니다.
그때 저희 두 사람이 같은 날 밤에 꿈을 꾸었는데, 각자 꾼 꿈이 저마다 의미가
있었습니다. 마침 그곳에 경호대장의 소유였던 젊은 히브리 종 하나가 저희와
함께 있었습니다. 저희가 꾼 꿈을 그에게 이야기했더니, 그가 저희 꿈을 각기
다르게 해석해 주었습니다. 그리고 모든 일이 그가 해석한 대로 되어서, 저는

복직되고 빵을 맡은 관리는 기둥에 매달렸습니다."
14 바로가 즉시 사람을 보내어 요셉을 불러오게 했다. 사람들이 서둘러 그를 감
옥에서 끌어냈다. 요셉은 머리털을 깎고 깨끗한 옷을 입고서 바로 앞으로 나아
갔다.
15 바로가 요셉에게 말했다. "내가 꿈을 꾸었는데, 아무도 그것을 해석해 주는
사람이 없다. 그런데 너는 꿈 이야기를 듣기만 하면 해석해 낸다고 하더구나."
16 요셉이 대답했다. "제가 아니라, 하나님께서 하시는 것입니다. 하나님께서 왕
의 마음을 편하게 해주실 것입니다."
17-21 그러자 바로가 요셉에게 말했다. "꿈에 내가 나일 강가에 서 있었다. 튼튼해
보이는 암소 일곱 마리가 강에서 올라와 습지에서 풀을 뜯고 있었다. 뒤이어 가
죽만 남은 암소 일곱 마리가 올라왔는데, 그처럼 흉한 소는 일찍이 이집트에서
본 적이 없었다. 그런데 가죽만 남아 보기 흉한 암소 일곱 마리가, 먼저 올라온
튼튼한 암소 일곱 마리를 잡아먹었다. 그러나 그렇게 잡아먹고도 전과 같이 뼈
와 가죽만 남아 보기 흉한 모습이었다. 다른 소를 잡아먹었다고는 짐작할 수 없
을 정도였다. 그러고는 잠에서 깨어났다.
22-24 두 번째 꿈에 보니, 줄기 하나에서 튼실하고 잘 여문 이삭 일곱이 자라나고,
뒤이어 쭈글쭈글하고 야위고 동풍에 바싹 마른 이삭 일곱이 자라났다. 그러더
니 그 야윈 이삭들이 알찬 이삭들을 삼켜 버렸다. 내가 이 모든 꿈을 마술사들
에게 이야기했지만, 그들은 그 뜻을 해석하지 못했다."
25-27 요셉이 바로에게 말했다. "왕의 두 꿈은 모두 같은 것을 의미합니다. 하나
님께서 친히 하시려는 일을 왕께 알려 주신 것입니다. 튼튼한 암소 일곱 마리는
일곱 해를 뜻하고, 튼실한 이삭 일곱도 일곱 해를 뜻합니다. 그 둘은 같은 꿈입
니다. 뒤이어 올라온 병들고 흉한 암소 일곱 마리도 일곱 해를 뜻하고, 야위고
동풍에 바싹 마른 이삭 일곱도 마찬가지입니다. 그것들은 모두 칠 년 흉년을 의
미합니다.
28-32 그 의미는 앞서 말씀드린 것과 같이, 하나님께서 친히 하시려는 일을 왕께
알려 주신 것입니다. 앞으로 일곱 해 동안은 이집트 전역에 큰 풍년이 들 것입
니다. 그러나 그 뒤에 이어지는 일곱 해 동안은 흉년이 닥쳐 이집트 전역에 들
었던 풍년의 흔적을 말끔히 지워 버릴 것입니다. 그 흉년으로 인해 나라가 텅
비고, 전에 들었던 큰 풍년의 흔적조차 사라지고 말 것입니다. 기근이 온 나라
를 휩쓸 것입니다. 왕께서 같은 꿈을 두 번이나 꾸신 것은 하나님께서 이 일을
행하시기로, 그것도 속히 행하시기로 결정하셨다는 뜻입니다.
33-36 그러니 왕께서는 지혜롭고 경험 많은 사람을 찾으셔서, 그에게 나라를 맡겨
관리하게 하시는 것이 좋겠습니다. 그런 다음 감독관들을 임명하셔서, 풍년이
드는 일곱 해 동안 이집트 전역을 감독하게 하십시오. 그들에게 앞으로 풍년이
드는 동안 생산되는 온갖 식량을 거둬들여 왕의 권한으로 곡식을 비축하게 하
고, 각 성읍에 보관하여 장차 식량으로 삼게 하십시오. 이 곡식을 저장해 두셔
야, 앞으로 이집트에 닥칠 칠 년 흉년 동안 활용하실 수 있을 것입니다. 그렇게

해야 이 나라가 흉년으로 망하지 않을 것입니다."
37 바로와 그의 신하들이 이 제안을 좋게 여겼다.
38 바로가 신하들에게 말했다. "이 사람이야말로 우리에게 필요한 사람이 아니겠
소? 이 사람처럼 그 안에 하나님의 영이 있는 사람을 어디서 찾을 수 있겠소?"
39-40 바로가 요셉에게 말했다. "그대야말로 우리가 찾는 사람이오. 하나님께서
그대에게 앞으로 일어날 일의 내막을 알려 주셨으니, 그대처럼 자격을 갖춘 사
람, 그대처럼 경험 많고 지혜로운 사람도 없을 것이오. 이제부터 그대가 내 일
을 맡아 보시오. 나의 모든 백성이 그대에게 보고할 것이오. 내가 그대보다 높
은 게 있다면 왕이라는 사실뿐이오."
41-43 바로가 요셉을 임명하면서 말했다. "이집트 온 땅을 그대 손에 맡기겠소."
그런 다음 바로는 자신의 손가락에서 인장 반지를 빼내어 요셉의 손가락에 끼
워 주었다. 바로는 요셉에게 가장 좋은 세마포옷을 입히고, 목에 금목걸이를 걸
어 주었다. 그리고 왕의 전차에 버금가는 전차를 내주어 요셉이 마음대로 쓰게
했다. 요셉이 전차에 올라타자, 사람들이 "만세!" 하고 외쳤다.
요셉이 이집트 온 땅을 맡아 다스렸다.
44 바로가 요셉에게 말했다. "내가 왕이지만, 그대의 허락 없이는 이집트에서 어
느 누구도 손가락 하나 움직이지 못할 것이오."
45 바로는 요셉에게 사브낫바네아(하나님께서 말씀하시며 그분은 살아 계시다)라는 이
름을 지어 주고, 온(헬리오폴리스)의 제사장 보디베라의 딸 아스낫을 그에게 아내
로 주었다.
요셉은 자신의 임무에 따라 이집트 온 땅을 둘러보았다.
46 요셉이 이집트 왕 바로를 위해 일하기 시작할 때에 그의 나이 서른 살이었다.
요셉은 바로 앞에서 물러나오자마자, 이집트에서 일을 시작했다.

47-49 풍년이 든 일곱 해 동안 그 땅은 풍성한 곡식을 냈다. 요셉은 이집트에 찾아
온 일곱 해 풍년 동안 생산된 식량을 거두어들여 여러 도시에 비축했다. 각 도
시마다 주변 밭에서 거두어들인 잉여 농산물을 저장하게 했다. 요셉이 얼마나
많은 곡식을 거두어들였던지, 바다의 모래처럼 많았다! 나중에는 그 수를 헤아
리는 것조차 포기해야 할 정도였다.
50-52 요셉은 일곱 해 흉년이 닥치기 전에 온의 제사장 보디베라의 딸 아스낫에게
서 두 아들을 보았다. 요셉은 "하나님께서 나의 모든 고난과 내 아버지의 집을
잊게 해주셨다"고 말하며, 맏아들의 이름을 므낫세(잊다)라고 했다. 또 "하나님
께서 내 슬픔의 땅에서 나를 번성하게 해주셨다"고 말하면서, 둘째 아들의 이름
을 에브라임(갑절의 번성)이라고 했다.
53-54 일곱 해 풍년이 끝나고, 요셉이 말한 대로 일곱 해 흉년이 찾아왔다. 모든
나라가 기근을 겪었으나, 식량이 있는 나라는 이집트뿐이었다.
55 기근이 이집트 전역으로 확산되자, 괴로움에 빠진 백성이 바로에게 먹을 것

을 달라고 부르짖었다. 바로는 이집트 사람들에게 이렇게 말했다. "요셉에게 가서, 그가 일러 주는 대로 하여라."

56-57 기근이 더욱 심해져 이집트 온 땅을 덮자, 요셉은 곡식 창고를 열어 비축해 두었던 식량을 이집트 사람들에게 팔았다. 기근이 극심했다. 이윽고 온 세상이 요셉에게서 식량을 사려고 모여들었다. 기근이 온 세상을 덮쳤던 것이다.

요셉의 형들이 식량을 구하러 이집트로 가다

42

1-2 야곱이 이집트에 식량이 있다는 소문을 듣고, 아들들에게 말했다. "어째서 잠자코 앉아서 서로 얼굴만 쳐다보고 있느냐? 이집트에 식량이 있다고 하니, 그리로 내려가서 식량을 좀 사 오너라. 그래야 우리가 굶어 죽지 않고 살지 않겠느냐."

3-5 요셉의 형 열 명이 식량을 구하러 이집트로 내려갔다. 야곱은 요셉의 아우 베냐민을 그들과 함께 보내지 않았다. 그에게 무슨 일이 일어날까 봐 두려웠기 때문이다. 가나안 땅에도 기근이 심하게 들었으므로, 이스라엘의 아들들은 식량을 사러 가는 다른 사람들과 함께 이집트로 갔다.

6-7 그때 요셉은 이집트 온 땅을 다스리고 있었다. 그는 온 백성에게 식량을 나눠 주는 일을 책임지고 있었다. 요셉의 형들이 도착하여 그에게 절하며 경의를 표했다. 요셉은 곧바로 그들을 알아보았으나, 마치 모르는 사람을 대하듯 엄하게 말했다.

요셉이 물었다. "너희는 어디에서 왔느냐?"

그들이 대답했다. "가나안에서 왔습니다. 저희는 식량을 사려고 왔습니다."

8 요셉은 그들을 알아보았으나, 그들은 그를 알아보지 못했다.

9 요셉은 그들에 관해 꾸었던 꿈을 떠올리며 말했다. "너희는 정탐꾼들이다. 너희는 우리의 약점을 살피러 온 것이다."

10-11 그들이 말했다. "아닙니다, 주인님. 저희는 식량을 사러 왔을 뿐입니다. 저희는 모두 한 남자의 아들들입니다. 저희는 정직한 사람들입니다. 정탐이라니, 당치도 않습니다."

12 요셉이 말했다. "아니다. 너희는 정탐꾼들이다. 너희는 우리의 약점을 찾으러 온 게 틀림없다."

13 그들이 말했다. "저희 형제는 모두 열둘이며, 가나안 땅에 사는 한 아버지의 아들들입니다. 막내는 아버지와 함께 있고, 하나는 없어졌습니다."

14-16 그러나 요셉이 말했다. "내가 말한 대로, 너희는 정탐꾼들이다. 내가 너희를 시험해 보겠다. 바로의 살아 계심을 두고 맹세하건대, 너희 아우를 이곳으로 데려오기 전에는 너희가 이곳을 떠나지 못할 것이다. 너희 가운데 한 사람이 가서 너희 아우를 데려오고, 나머지는 이곳 감옥에 남아 있거라. 너희 말이 사실인지 아닌지 확인해야겠다. 바로의 살아 계심을 두고 말하건대, 너희는 정탐꾼들인 게 틀림없다."

17 그러고 나서 요셉은 그들을 감옥에 집어넣고 사흘을 지내게 했다.

18-20 사흘째 되는 날, 요셉이 그들에게 말했다. "너희가 살고 싶다면 이렇게 하
여라. 나는 하나님을 경외하는 사람이다. 너희 말대로 너희가 정직하다면, 너희
형제 가운데 한 사람만 이곳 감옥에 남고, 나머지는 식량을 가지고 굶주리는 너
희 가족들에게 돌아가거라. 그러나 너희는 너희 막내아우를 내게 데려와서, 너
희 말이 진실임을 증명해야 한다. 그래야 너희 가운데 한 사람도 죽지 않을 것
이다." 그들은 그렇게 하기로 했다.
21 그들이 서로 말하기 시작했다. "지금 우리는 우리 아우에게 한 짓의 죄값을
치르고 있는 거야. 우리 아우가 살려 달라고 할 때, 그 애가 얼마나 두려워했는
지 우리가 똑똑히 보았잖아. 그런데도 우리는 그 애의 말을 들은 체도 하지 않
았어. 그래서 이렇게 곤경에 처하게 된 거야."
22 르우벤이 한마디 했다. "내가 너희에게 '그 애를 다치게 하지 말라'고 하지 않
았더냐? 그런데도 너희는 내 말을 듣지 않았어. 지금 우리는 그 애를 죽인 죄값
을 치르고 있는 거야."
23-24 요셉이 통역을 쓰고 있었으므로, 그들은 요셉이 모든 말을 알아듣는 줄 알
지 못했다. 요셉은 그들이 보지 못하는 곳으로 물러나와 울었다. 그는 마음이
진정되자, 그들이 지켜보는 앞에서 시므온을 붙잡아 묶고 죄수로 삼았다.
25 그런 다음 요셉은 지시를 내려, 그들의 자루에 곡식을 채우고 가져온 돈을 각
자의 자루에 도로 넣게 했고, 또 그들이 돌아가는 길에 먹을 양식을 주게 했다.
요셉이 지시한 대로 되었다.
26 그들은 식량을 나귀에 싣고 출발했다.
27-28 잠잘 곳에 이르러, 그들 가운데 하나가 나귀에게 먹이를 주려고 자루를 열
어 보니, 자루 안에 돈이 있었다. 그가 형제들을 불러 말했다. "내 돈이 되돌아
왔어. 여기 내 자루 속에 돈이 들어 있다!" 다들 그것을 보고는 놀라서 두려워했
다. "하나님께서 우리를 어떻게 하시려는 거지?"
29-32 그들은 가나안 땅에 있는 아버지 야곱에게 돌아가서, 그동안 있었던 일을 낱
낱이 말했다. "그 나라를 다스리는 사람이 우리에게 엄히 말하면서, 우리를 정탐
꾼들이라고 몰아세웠습니다. 우리는 이렇게 말했습니다. '저희는 정직한 사람들
이지 결코 정탐꾼들이 아닙니다. 저희는 열두 형제이고, 모두가 한 아버지의 아
들들입니다. 하나는 사라졌고, 막내는 아버지와 함께 가나안 땅에 있습니다.'
33-34 그랬더니 그 나라의 주인이 이렇게 말했습니다. '너희 형제들 가운데 한 사
람은 내 곁에 남겨 두고, 너희는 굶주린 가족을 위해 식량을 가지고 가거라. 너
희 막내아우를 내게 데려와서, 너희가 정탐꾼들이 아니라 정직한 사람들이라는
것을 증명해 보여라. 그러면 나는 너희 형제를 풀어 주고, 너희는 이 나라에 마
음대로 오가게 될 것이다.'"
35 그들이 식량 자루를 비우는데, 자루에서 각 사람의 돈 주머니가 나왔다. 그들
과 그들의 아버지는 그 돈을 보고서 근심에 사로잡혔다.
36 그들의 아버지가 말했다. "너희는 내가 얻은 모든 것을 빼앗아 가는구나! 요
셉도 없어지고, 시므온도 없어졌는데, 이제는 베냐민마저 빼앗아 가려고 하는

구나. 너희 말대로 하면, 내게 무엇이 남겠느냐."
37 르우벤이 목소리를 높여 말했다. "제 두 아들의 목숨을 아버지의 손에 맡기겠
습니다. 제가 베냐민을 데려오지 않으면, 아버지께서 그 아이들을 죽이셔도 좋
습니다. 베냐민을 제게 맡겨 주십시오. 제가 반드시 그 아이를 데려오겠습니다."
38 그러나 야곱은 거절했다. "내 아들을 너희와 함께 내려보낼 수는 없다. 그 아
이의 형은 죽었고, 내게 남은 것은 이제 그 아이뿐이다. 길에서 그 아이에게 무
슨 일이라도 생기면, 너희는 백발이 성성한 채 슬퍼하는 나를 땅에 묻어야 할
것이다."

베냐민을 데리고 다시 이집트로 가다

43 1-2 기근이 더욱 심해졌다. 이집트에서 가져온 식량이 다 떨어지자,
그들의 아버지가 말했다. "다시 가서 식량을 조금 더 구해 오너라."
3-5 유다가 말했다. "그 사람이 우리에게 엄히 경고하면서 말하기를, '너희 아우
를 데려오지 않으면, 너희는 내 얼굴을 볼 수 없을 것이다'라고 했습니다. 아버
지께서 아우를 우리와 함께 가도록 내주시면, 우리가 내려가서 아버지께 식량
을 구해 오겠습니다. 하지만 아버지께서 그렇게 하지 않겠다고 하시면, 우리는
가지 않겠습니다. 간다고 한들 무슨 소용이 있겠습니까? 그 사람이 우리에게
'너희 아우를 데려오지 않으면, 너희는 내 얼굴을 볼 수 없을 것이다' 하고 말했
으니 말입니다."
6 이스라엘이 말했다. "너희는 어찌하여 내 인생을 이토록 고달프게 하느냐? 도
대체 어쩌자고 또 다른 아우가 있다는 말을 했느냐?"
7 그들이 말했다. "그 사람이 우리를 심하게 다그치며 '너희 아버지는 살아 계시
느냐? 너희에게 또 다른 아우가 있느냐?' 하고 우리 가족에 대해 꼬치꼬치 캐
묻기에, 그렇다고 대답한 것입니다. 그 사람이 '너희 아우를 이리로 데려오너라'
하고 말할 줄 우리가 어찌 알았겠습니까?"
8-10 유다가 아버지 이스라엘에게 재촉했다. "제가 책임질 테니 그 아이를 보내
주십시오. 우리가 곧 떠나야겠습니다. 우리가 가지 않으면, 우리 가족 모두가
굶어 죽게 됩니다. 우리도 아버지도 우리 자녀도 다 죽게 될 것입니다! 그 아이
의 안전을 제가 모두 책임지겠습니다. 그 아이의 생명과 제 생명을 맞바꾸겠습
니다. 제가 그 아이를 무사히 데려오지 않으면, 제가 죄인이 되어 모든 죄를 달
게 받겠습니다. 우리가 이렇게 꾸물거리지 않고 갔더라면, 벌써 두 번은 다녀왔
을 것입니다."
11-14 아버지 이스라엘이 마지못해 응했다. "정 그렇게 해야만 한다면, 이렇게 하
여라. 이 땅에서 나는 가장 좋은 토산물을 너희 자루에 넣어 가서 그 사람에게
선물로 드리거라. 향유와 꿀, 향료와 향수, 유향나무 열매와 감복숭아도 얼마
가져가거라. 돈도 넉넉히 챙겨서, 너희 자루에 담겨 있던 액수의 두 배를 가져
가거라. 분명히 착오가 있었을 것이다. 너희 아우를 데리고 출발하여라. 그 사
람에게 다시 가거라. 너희들이 그 사람 앞에 설 때 강하신 하나님이 은혜를 베

푸셔서, 그 사람이 너희의 다른 형제와 베냐민을 함께 돌려보내 주면 더없이 좋
겠구나. 내게는 이제 남은 게 하나도 없다. 다 잃어버렸다."
15-16 그들은 선물을 마련하고 돈을 두 배로 챙겨서 베냐민을 데리고 갔다. 그들은
지체하지 않고 이집트로 가서 요셉을 만났다. 그들이 베냐민을 데려온 것을 보
고, 요셉이 자기 집 관리인에게 말했다. "이 사람들을 집으로 데려가서 편히 쉬게
해주어라. 짐승을 잡고 식사를 준비하여라. 내가 그들과 점심을 함께할 것이다."
17-18 관리인은 요셉이 말한 대로 그들을 집 안으로 데리고 들어갔다. 그들은 안
내를 받아 요셉의 집으로 들어가면서, 불안에 휩싸여 생각했다. "그 돈 때문이
야. 그 사람은 우리가 처음 이곳으로 내려왔을 때 그 돈을 가지고 도망쳤다고
생각하는 거다. 이제 그가 원하는 곳에서 우리를 붙잡았으니, 우리를 종으로 삼
고 우리의 나귀를 몰수하려는 거야."
19-22 그래서 그들은 요셉의 집 관리인에게 다가가 그 집 문 앞에서 말했다. "주인
님, 들어 보십시오. 저희는 지난번에 식량을 사러 여기에 내려왔던 사람들입니
다. 집으로 돌아가던 날 밤에 자루를 열어 보니, 자루에 저희 돈이 들어 있었습
니다. 저희가 지불한 액수 그대로였습니다. 저희가 그 돈을 고스란히 가져왔고,
추가로 식량을 살 돈도 많이 가져왔습니다. 누가 저희 자루 속에 돈을 넣어 두
었는지 저희는 모르겠습니다."
23 관리인이 말했다. "모든 것이 잘 되었으니, 걱정하지 마십시오. 여러분의 하
나님, 여러분 아버지의 하나님께서 여러분에게 덤으로 주신 것이 분명합니다.
나는 이미 여러분의 돈을 다 받았습니다." 그러고는 시므온을 데려와 그들에게
넘겨주었다.
24-25 관리인은 그들을 요셉의 집으로 데리고 들어가서, 발 씻을 물을 주고 그들
의 나귀에게 먹이를 주며 그들을 편히 쉬게 해주었다. 형제들은 요셉과 함께 식
사할 것이라는 말을 듣고, 정오에 그가 나타나기를 기다리며 가져온 선물을 펼
쳐 놓았다.
26 요셉이 집에 오자, 그들은 가져온 선물을 그 앞에 내놓고 정중히 머리 숙여 절
했다.
27 요셉이 그들을 맞이하며 말했다. "전에 너희가 말한 연로하신 너희 아버지는
안녕하시냐? 아직도 살아 계시느냐?"
28 그들이 말했다. "예, 주인님의 종인 저희 아버지는 지금도 살아 계시고, 아주
잘 지내십니다." 그러고는 다시 정중히 머리 숙여 절했다.
29 그때 요셉이 자기 어머니의 아들, 곧 자기 친동생 베냐민을 알아보고 그들에
게 물었다. "전에 너희가 내게 말한 막내아우가 이 아이냐?" 그러고는 "내 아들
아, 하나님께서 네게 은혜 베푸시기를 빈다" 하고 말했다.
30-31 요셉은 자기 아우를 보고 감정이 북받쳐 울음이 터져 나오려고 하자, 급히
다른 방으로 들어가서 한참을 울었다. 그러고 나서 얼굴을 씻고 마음을 진정시
킨 다음, 상을 차리라고 말했다.
32-34 요셉은 따로 상을 받았고, 형제들은 형제들끼리, 이집트 사람들은 이집트

사람들끼리 식사하도록 상을 차리게 했다. (이집트 사람들은 히브리 사람들과 한 식탁
에서 먹지 않았다. 히브리 사람들과 식사하는 것을 역겹게 여겼기 때문이다.) 형제들이 안
내를 받아 앉고 보니, 요셉을 마주 보고 맏이에서부터 막내에 이르기까지 나이
순으로 앉게 되었다. 형제들은 이제 무슨 일이 벌어질까 의아해 하며 놀란 눈으
로 서로 쳐다보았다. 요셉은 각 사람이 먹을 음식을 자기 식탁에서 형제들의 접
시로 나르게 했다. 베냐민의 접시에 담긴 음식은 다른 형들의 접시에 담긴 음식
보다 훨씬 많았다. 형제들은 요셉과 함께 마음껏 먹고 마셨다.

베냐민의 자루에서 은잔이 나오다

44 1-2 요셉이 자기 집 관리인에게 지시했다. "저 사람들의 자루에 그들
이 가져갈 수 있을 만큼 넉넉하게 식량을 채우고, 각 사람이 가져온
돈을 자루 맨 위에 도로 넣어라. 그리고 막내의 자루 맨 위에는 식량 값으로 가
져온 돈과 함께 내 은잔을 넣어 두어라." 그는 요셉이 지시한 대로 했다.
3-5 동이 트자, 그들은 배웅을 받으며 나귀들을 이끌고 길을 나섰다. 그들이 아직
그 도시에서 얼마 벗어나지 못했을 때, 요셉이 자기 집 관리인에게 말했다. "그
들을 뒤쫓아라. 그들을 따라잡거든, '너희는 어찌하여 선을 악으로 갚느냐? 이
것은 내 주인께서 마실 때 쓰시는 잔이다. 점을 칠 때 쓰시는 잔이기도 하다. 이
렇게 괘씸한 짓을 저지르다니!' 하고 말하여라."
6 관리인은 그들을 따라잡고서 이 모든 말을 그대로 했다.
7-9 그들이 말했다. "저희는 무슨 말씀을 하시는지 모르겠습니다. 저희 형제들은
그런 짓을 할 사람들이 아닙니다! 지난번 자루 속에서 발견한 돈도 가나안 땅에
서 고스란히 가져왔습니다. 그런데 저희가 마음이 변해 당신 주인님의 집에서
은잔을 훔쳤다고 생각하시는 것입니까? 저희 가운데 누구에게서든 그 잔이 발
견되면, 그 사람은 죽어 마땅합니다. 그리고 나머지 형제들도 당신 주인님의 종
이 되겠습니다."
10 관리인이 말했다. "좋다. 그러나 그렇게까지 할 필요는 없다. 잔이 발견되는
자는 내 주인님의 종이 될 것이다. 그러나 나머지 사람들은 죄가 없으니 가도
좋다."
11-12 그들은 다급한 마음에 누가 먼저랄 것도 없이 각자 자기 자루를 바닥에 내
려놓고 자루를 풀어 조사를 받았다. 관리인은 맏이에서부터 막내에 이르기까지
그들의 자루를 하나씩 뒤졌다. 그런데 베냐민의 자루에서 잔이 나왔다.
13 그들은 낙심하여 자기 옷을 찢고서, 나귀에 짐을 실은 뒤에 그 도시로 되돌아
갔다.
14 유다와 그의 형제들이 돌아가 보니, 요셉이 아직 집에 있었다. 그들은 요셉이
보는 앞에서 바닥에 털썩 주저앉았다.
15 요셉이 그들을 나무라며 말했다. "너희가 어찌하여 이런 짓을 했느냐? 나 같
은 사람이 이런 것을 알아낼 줄 몰랐단 말이냐?"
16 유다가 형제들을 대신해서 말했다. "주인님, 저희가 무슨 할 말이 있고 무슨

변명을 할 수 있겠습니까? 저희에게 죄가 없다는 것을 무엇으로 입증할 수 있
겠습니까? 하나님께서 저희 뒤에 계시면서 저희 잘못을 들추어 보이셨습니다.
저희가 주인님 앞에 죄를 지었으니, 이제 주인님의 종이 되겠습니다. 저희 모두
가 이 일에 연루되었습니다. 잔을 가져간 아이나 저희나 다 죄인입니다."
17 요셉이 말했다. "나는 그렇게 할 마음이 없다. 잔을 가져간 자만 나의 종이 될
것이다. 나머지는 죄가 없으니 너희 아버지에게로 돌아가거라."
18-20 유다가 앞으로 나아가 말했다. "주인님, 부탁드립니다. 주인님께 한 가지만
말씀드리게 해주십시오. 주인님께서는 바로와 같은 분이시니, 노여워하지 마시
고, 제가 주제넘다고 여기지 말아 주십시오. 주인님께서는 저희에게 '아버지와
동생이 있느냐?'고 물으셨습니다. 그래서 저희는 '저희에게 연로한 아버지와,
그가 노년에 얻은 아우가 있습니다. 그 아이의 형은 죽고, 그 아이의 어머니가
낳은 아들 가운데 남은 아이는 그 아이뿐입니다. 그래서 아버지께서는 누구보
다 그 아이를 사랑하십니다' 하고 솔직히 말씀드렸습니다.
21-22 그러자 주인님께서는 저희에게 '그 아이를 이리로 데려오너라. 내가 그 아
이를 보아야겠다'고 말씀하셨습니다. 저희는 그럴 수 없다는 뜻으로 '그 아이는
아버지를 떠날 수 없습니다. 그 아이가 떠나면, 아버지는 돌아가시고 말 것입니
다' 하고 말씀드렸습니다.
23 그러자 주인님께서는 '너희 막내아우를 데려오지 않으면, 너희는 나를 보지
못할 것이다' 하고 말씀하셨습니다.
24-26 저희는 저희 아버지께 돌아가, 주인님께서 저희에게 하신 모든 말씀을 전했
습니다. 저희 아버지께서 '다시 가서 식량을 조금 더 구해 오너라'고 했을 때도,
저희는 '그럴 수 없습니다. 막내아우가 우리와 함께 가지 않으면, 우리는 다시
갈 수 없습니다. 막내아우가 함께 가지 않으면, 우리는 그분을 뵐 수가 없습니
다' 하고 단호하게 말씀드렸습니다.
27-29 그러자 주인님의 종인 제 아버지는 저희에게 '너희도 잘 알다시피, 내 아내
가 두 아들을 낳았는데, 한 아이는 잃어버렸다. 그 아이는 짐승에게 찢겨 죽은
게 틀림없다. 그 후로 나는 그 아이를 한 번도 본 적이 없다. 그런데 이제 너희
가 이 아이를 데리고 갔다가 이 아이에게 무슨 일이라도 생기면, 너희는 백발이
성성한 채 슬퍼하는 나를 끝내 땅에 묻어야 할 것이다' 하고 말씀하셨습니다.
30-32 주인님의 종인 제 아버지에게 이 아이의 목숨은 당신 목숨이나 다름없어서,
제가 이 아이 없이 아버지 앞에 나타나면 아버지는 아이가 없어진 것을 아시고
그 자리에서 돌아가시고 말 것입니다. 아버지가 슬픔에 잠겨 돌아가시면, 여기
주인님 앞에 주인님의 종으로 서 있는 저희가 그분을 돌아가시게 한 셈이 됩니
다. 그뿐 아닙니다. 저는 그 아이를 주인님께 보여드릴 수 있게 해달라고 하면
서, 제 아버지께 '제가 그 아이를 데려오지 않으면, 아버지 앞에서 평생 죄인으
로 살겠습니다' 하고 다짐했습니다.
33-34 그러니 이 아이 대신에 제가 주인님의 종으로 이곳에 머물게 해주십시오.
이 아이는 형제들과 함께 돌아가게 해주십시오. 이 아이가 함께 가지 못하는데,

제가 어떻게 아버지께 돌아갈 수 있겠습니까? 제발, 제가 돌아가서 아버지가 슬픔에 잠겨 돌아가시는 모습을 보지 않게 해주십시오!"

요셉이 형제들에게 자신을 밝히다

45 [1-2] 요셉은 더 이상 자신을 억제할 수 없어, 자신의 수행원들에게 "물러가라! 다들 물러가라!" 하고 소리쳤다. 요셉은 자기 곁에 아무도 없게 되자, 형제들에게 자신이 누구인지를 밝혔다. 그러나 그의 흐느끼는 소리가 너무도 격해서, 이집트 사람들에게까지 들렸다. 그 소식은 곧 바로의 궁에도 전해졌다.

3 요셉이 자기 형제들에게 말했다. "내가 요셉입니다. 정말 내 아버지께서 아직도 살아 계십니까?" 그의 형제들은 말문이 막혀 한 마디도 할 수 없었다. 그들은 자신들이 보고 들은 것을 믿을 수가 없었다.

4-8 요셉이 형제들에게 말했다. "내게 가까이 오십시오." 그들이 가까이 다가갔다. "내가 바로 형님들의 아우 요셉입니다. 형님들이 이집트에 팔아넘긴 그 요셉입니다. 저를 팔아넘겼다고 괴로워하지도 말고, 자책하지도 마십시오. 그 일 뒤에는 하나님이 계셨습니다. 하나님께서 나를 형님들보다 앞서 이곳으로 보내셔서, 여러 목숨을 구하게 하셨습니다. 이 땅에 흉년이 든 지 두 해가 되었지만, 앞으로도 다섯 해 동안은 흉년이 계속 들어 밭을 갈지도 못하고 추수도 하지 못하게 될 것입니다. 하나님께서 나를 앞서 보내셔서, 이 땅에 살아남은 민족이 있게 하시고, 놀라운 구원의 행위로 형님들의 목숨을 구하도록 준비하셨습니다. 보다시피, 나를 이곳으로 보낸 것은 형님들이 아니라 하나님이십니다. 하나님께서 나를 바로의 아버지와 같은 자리에 앉히시고, 내게 그의 일을 맡기셔서, 나를 이집트의 통치자로 세워 주셨습니다.

9-11 서둘러 아버지께 돌아가십시오. 가서 아버지께 이렇게 전하십시오. '아버지의 아들 요셉이 말씀드립니다. 저는 이집트 온 땅의 주인입니다. 되도록 빨리 이곳으로 오셔서 저와 함께 지내십시오. 아버지께서 저와 가까이 계실 수 있도록 제가 고센 땅에 지내실 곳을 마련해 놓겠습니다. 아버지와 아버지의 아들들과 손자들, 그리고 아버지의 양 떼와 소 떼와 아버지의 모든 재산을 가지고 오십시오. 제가 그곳에서 아버지를 극진히 모시겠습니다. 앞으로도 흉년이 다섯 해나 더 들 텐데, 아버지께 필요한 모든 것을 제가 살펴 드리겠습니다. 아버지와 아버지께 딸린 모든 식구를 제가 보살피고, 부족한 것이 하나도 없게 해드리겠습니다' 하고 말씀해 주십시오.

12-13 나를 보십시오. 내가 내 입으로 형님들에게 이 모든 말을 하는 것을, 형님들은 물론이고 내 아우 베냐민도 직접 보고 있습니다. 내가 이집트에서 차지하고 있는 높은 지위에 대해 아버지께 말씀드리고, 형님들이 이곳에서 본 것을 하나도 빠짐없이 말씀드려 주십시오. 하지만 오래 지체하지 말고, 서둘러 아버지를 모시고 이곳으로 내려오십시오."

14-15 그리고 나서 요셉은 자기 아우 베냐민의 목을 껴안고 울었다. 베냐민도 요

셉의 목을 껴안고 울었다. 요셉은 형들과도 한 사람씩 입을 맞추며 부둥켜 안고
울었다. 그제야 형들도 요셉과 이야기를 나눌 수 있게 되었다.
16 "요셉의 형제들이 왔다"는 소식이 바로의 궁에 전해졌다. 그 소식을 듣고 바
로와 그의 모든 신하가 기뻐했다.
17-18 바로가 요셉에게 말했다. "그대의 형제들에게 이렇게 전하시오. '너희 짐을
짐승들의 등에 싣고 가나안으로 가서, 너희 아버지와 너희 가족들을 데리고 이
곳으로 돌아오너라. 내가 너희를 이집트에서 가장 좋은 땅에 자리 잡고 살게 해
주겠다. 너희는 그 땅에서 나는 기름진 것을 먹고 살게 될 것이다.'
19-20 그들에게 이 말도 전하시오. '나는 너희가 이렇게 하기를 바란다. 너희 아이
들과 아내들을 태워 올 수 있도록 이집트에서 마차 몇 대를 가져가거라. 마차에
너희 아버지를 모시고 돌아오너라. 이집트 온 땅에 있는 가장 좋은 것이 너희
차지가 될 것이니, 아무 걱정 말고 살림살이는 두고 오너라.'"
21-23 이스라엘의 아들들은 바로가 하라는 대로 했다. 요셉은 그들에게 바로가 약
속한 대로 마차를 내주었고, 돌아가는 길에 먹을 양식도 주었다. 그는 형들에게
새로 만든 옷을 마련해 주고, 베냐민에게는 은화 삼백 개와 옷 여러 벌을 주었
다. 아버지에게는 이집트의 특산물을 실은 나귀 열 마리와 오는 길에 먹을 양식
으로 곡식과 빵을 실은 또 다른 나귀 열 마리를 선물로 보냈다.
24 요셉은 형제들을 떠나보냈다. 그들이 떠나갈 때, 그는 "오가는 길에 마음을
편히 하시고, 서로 사이좋게 지내십시오" 하고 당부했다.
25-28 그들은 이집트를 떠나 가나안 땅에 있는 아버지 야곱에게로 돌아갔다. 그들
이 말했다. "요셉이 지금까지 살아 있습니다. 그는 이집트 온 땅을 다스리는 사
람입니다!" 야곱은 말문이 막혔다. 그는 자신의 귀를 의심했다. 그러나 요셉이
한 말을 아들들에게서 다 전해 듣고 또 요셉이 자기를 태워 오라고 보낸 마차를
보자, 그제야 혈색이 돌아왔다. 그들의 아버지 야곱이 기운을 차린 것이다. 이
스라엘이 말했다. "내 아들 요셉이 지금까지 살아 있다는 말은 충분히 들었다.
그러니 내가 가서, 죽기 전에 그 아이를 봐야겠다."

야곱의 가족이 이집트로 가다

46 1 마침내 이스라엘은 자기의 모든 소유를 가지고 여행길에 올랐다.
그는 브엘세바에 이르러 자기 아버지 이삭의 하나님께 희생 제사를
드리며 예배했다.
2 그날 밤, 하나님께서 이스라엘에게 환상 가운데 말씀하셨다. "야곱아! 야곱아!"
그가 대답했다. "예, 말씀하십시오."
3-4 하나님께서 말씀하셨다. "나는 네 아버지의 하나님이다. 이집트로 내려가는
것을 두려워하지 마라. 내가 그곳에서 너를 큰 민족이 되게 하겠다. 내가 너와
함께 이집트로 내려갔다가, 너를 다시 이곳으로 데려오겠다. 네가 죽을 때, 요
셉이 네 곁에 있을 것이다. 요셉이 그의 손으로 네 눈을 감겨 줄 것이다."
5-7 야곱이 브엘세바를 떠났다. 이스라엘의 아들들은 바로가 이스라엘을 모셔 오

라고 보내 준 마차에 자신들의 아버지와 아이들과 아내들을 태웠다. 그들은 가
나안 땅에서 모은 가축과 재산을 가지고 이집트에 도착했다. 야곱은 자기 집안
의 모든 사람, 곧 아들과 손자들, 딸과 손녀들까지 한 사람도 빠뜨리지 않고 다
데리고 갔다.
8 이집트로 내려간 이스라엘 자손, 곧 야곱과 그 자손의 이름은 이러하다.
야곱의 맏아들 르우벤.
9 르우벤의 아들 하녹, 발루, 헤스론, 갈미.
10 시므온의 아들 여무엘, 야민, 오핫, 야긴, 스할, 가나안 여인이 낳은 아들 사울.
11 레위의 아들 게르손, 고핫, 므라리.
12 유다의 아들 엘, 오난, 셀라, 베레스, 세라. (엘과 오난은 가나안 땅에 있을 때 이미
죽었다.) 베레스의 아들은 헤스론과 하물이다.
13 잇사갈의 아들 돌라, 부와, 욥, 시므론.
14 스불론의 아들 세렛, 엘론, 얄르엘.
15 이들은 레아가 밧단아람에서 낳은 야곱의 자손이다. 디나도 그의 딸이다. 아
들딸을 모두 합하니 서른세 명이다.
16 갓의 아들 시본, 학기, 수니, 에스본, 에리, 아로디, 아렐리.
17 아셀의 아들 임나, 이스와, 이스위, 브리아, 그들의 누이 세라. 브리아의 아들
헤벨과 말기엘.
18 이들은 라반이 자기 딸 레아에게 준 여종 실바가 낳은 야곱의 자손으로, 모두
열여섯 명이다.
19-21 야곱의 아내 라헬의 아들은 요셉과 베냐민이다. 요셉은 온의 제사장 보디
베라의 딸 아스낫과 결혼하여 얻은 두 아들, 므낫세와 에브라임의 아버지다. 그
들은 요셉이 이집트에서 얻은 아들들이다. 베냐민의 아들들은 벨라, 베겔, 아스
벨, 게라, 나아만, 에히, 로스, 뭅빔, 훕빔, 아릇이다.
22 이들은 야곱과 라헬 사이에서 태어난 자손으로, 모두 열네 명이다.
23 단의 아들 후심.
24 납달리의 아들 야스엘, 구니, 예셀, 실렘.
25 이들은 라반이 자기 딸 라헬에게 준 여종 빌하가 낳은 야곱의 자손으로, 모두
일곱 명이다.
26-27 야곱과 함께 이집트로 내려간 사람들 가운데 야곱의 며느리들을 뺀 그의 직
계 자손은 모두 예순여섯 명이다. 이집트에서 요셉에게 태어난 두 아들까지 합
하면, 이집트에 들어간 야곱의 집안 식구는 모두 일흔 명이다.

❦

28-29 야곱은 유다를 앞서 보내어, 고센 땅으로 가는 길을 요셉에게서 알아 오게
했다. 그들이 고센에 도착할 무렵, 요셉은 전차를 준비시켜 아버지 이스라엘을
만나러 고센으로 갔다. 요셉은 아버지를 보자마자, 그의 목을 끌어안고 한참을
울었다.

30 이스라엘이 요셉에게 말했다. "내가 이렇게 네 얼굴을 들여다보고 네가 정말
로 살아 있는 것을 확인하다니, 이제 죽어도 여한이 없다."
31-34 요셉이 자기 형제들과 아버지의 가족들에게 말했다. "내가 바로께 가서 '가
나안 땅에 살던 제 형제들과 아버지의 가족들이 제게 왔습니다. 그들은 목자들
입니다. 줄곧 가축을 치면서 살아온 사람들입니다. 그들이 양 떼와 소 떼를 몰
고 자기들의 모든 재산을 가지고 왔습니다' 하고 말씀드리겠습니다. 바로께서
형님들을 불러들여 무슨 일을 하는지 물으실 것이니, 형님들은 '왕의 종들인 저
희는 지금까지 줄곧 가축을 치며 살아온 기억밖에 없습니다. 저희는 물론이고
저희 조상도 그러했습니다' 하고 대답하십시오. 그러면 바로께서 형님들을 고센
지방에서 따로 지내게 하실 것입니다. 이집트 사람들은 목자라면 누구나 천하
게 보기 때문입니다."

47

1 요셉이 바로에게 가서 말했다. "제 아버지와 형제들이 양 떼와 소
떼와 모든 재산을 가지고 가나안 땅에서 왔습니다. 그들이 지금 고
센 땅에 와 있습니다."
2-3 요셉은 자기 형제들 가운데 다섯 사람을 데려가서 바로에게 소개했다. 바로
가 그들에게 물었다. "너희는 무슨 일을 하느냐?"
3-4 "왕의 종들인 저희는 조상 때부터 목자였습니다. 저희는 새로 정착할 곳을
찾아 이 나라에 왔습니다. 가나안 땅에는 저희 양 떼를 먹일 풀밭이 없습니다.
가나안 땅에 기근이 몹시 심하게 들었기 때문입니다. 부디 왕의 종들이 고센 땅
에 자리를 잡고 살게 해주십시오."
5-6 바로가 요셉을 보며 말했다. "그대의 아버지와 형제들이 도착해, 이렇게 온
가족이 다 만나게 되었소! 이집트는 그들을 환영하오. 가장 좋은 땅을 골라서
그대의 아버지와 형제들이 자리 잡고 살게 하시오. 좋소. 고센 땅을 그들에게
주시오. 그들 가운데 특별히 목축을 잘하는 이들이 있거든, 그들에게 내 가축을
맡겨 돌보게 하시오."
7-8 이어서 요셉이 자기 아버지 야곱을 모시고 들어와 바로에게 소개했다. 야곱
이 바로를 축복하자, 바로가 야곱에게 물었다. "연세가 어떻게 되시오?"
9-10 야곱이 바로에게 대답했다. "제가 나그네처럼 세상을 살아온 세월이 백삼십
년입니다. 제 조상이 받아 누린 세월에는 못 미치지만, 험한 인생을 살았습니
다." 야곱은 바로를 축복하고 물러나왔다.
11-12 요셉은 바로가 지시한 대로 자기 아버지와 형제들을 이집트에 정착시키고,
가장 좋은 땅—라암셋(고센)—을 그들에게 주어 그 땅의 당당한 주인이 되게 했
다. 요셉은 자기 아버지와 형제들과 아버지의 온 가족을 가장 나이 어린 아이에
이르기까지 잘 보살폈다. 그는 그들에게 모든 것을 넉넉하게 공급해 주었다.

13-15 마침내 온 땅에 식량이 바닥났다. 기근이 더욱 심해지더니, 이집트 땅과 가
나안 땅이 기근으로 황폐해졌다. 요셉은 식량 배급의 대가로, 이집트 땅과 가나
안 땅에 있는 돈을 남김 없이 거두어들여 바로의 궁에 두었다. 이집트 땅과 가
나안 땅에서 거두어들일 수 있는 돈이 바닥나자, 이집트 사람들이 요셉에게로
몰려와서 말했다. "저희에게 식량을 주십시오. 저희가 주인님 앞에서 죽는 모습
을 두고 보실 참입니까? 돈이 바닥났습니다."
16-17 요셉이 말했다. "여러분의 가축을 끌고 오시오. 돈이 떨어졌다니, 여러분의
가축을 받고 식량을 내주겠소." 그래서 이집트 사람들은 요셉에게 가축을 끌고
왔고, 요셉은 말과 양, 소, 나귀를 받고 그들에게 식량을 내주었다. 요셉은 그해
내내 가축을 받고 그들에게 식량을 내주었다.
18-19 그해가 가고 이듬해가 되자, 이집트 사람들이 다시 몰려와서 말했다. "주인
님께서 잘 아시다시피, 저희는 빈털터리입니다. 돈은 이미 다 떨어졌고, 가축마
저 주인님께 다 팔아 버렸습니다. 저희 몸과 땅을 빼면 저희에게는 식량과 맞바
꿀 물건이 아무것도 남아 있지 않습니다. 저희가 이렇게 버티다가 주인님 앞에
서 굶어 죽는다면, 저희 몸과 땅이 무슨 소용이겠습니까? 저희의 몸과 땅을 받
으시고 식량을 주십시오. 저희가 바로의 종이 되고 저희 땅도 바로께 넘겨드리
겠습니다. 저희가 바라는 것은 그저 살아남는 데 필요한 씨앗뿐입니다. 저희가
생계를 유지하며 땅을 살릴 수 있을 만큼만 씨앗을 주십시오."
20-21 요셉은 이집트에 있는 모든 땅을 사들여 바로의 것이 되게 했다. 기근이 너
무 심해서 이집트 사람들은 너나없이 자기 땅을 팔 수밖에 없었다. 그렇게 해서
결국 모든 땅이 바로의 소유가 되었고, 백성은 바로의 종이 되었다. 요셉이 이
집트 땅 이 끝에서 저 끝까지 온 백성을 종이 되게 한 것이다.
22 그러나 요셉은 제사장들의 땅은 사들이지 않았다. 제사장들은 바로에게서 정
기적으로 급료를 받고 있었고, 그 급료만으로도 살아갈 수 있어서 땅을 팔 필요
가 없었다.
23-24 요셉이 백성에게 공표했다. "나는 다음과 같이 일을 처리하겠소. 나는 여러
분과 여러분의 땅을 사서 바로의 것이 되게 했소. 이제 나는 여러분에게 씨앗을
주어, 여러분이 땅에 심을 수 있게 하겠소. 곡식을 수확할 때, 오분의 일은 바로
께 내고 오분의 사는 여러분이 가지시오. 여러분과 여러분의 가족을 위한 씨앗
으로 말이오. 그러면 여러분은 여러분의 자녀들을 먹여 살릴 수 있을 것이오!"
25 백성이 말했다. "주인님께서 저희 목숨을 구해 주셨습니다! 주인님의 호의에
감사드립니다. 저희가 기꺼이 바로의 종이 되겠습니다."
26 요셉은 '오분의 일은 바로께 바친다'는 내용의 이집트 토지법을 공표했다. 그
법은 지금까지도 유효하다. 그러나 제사장들의 땅은 바로의 것이 되지 않았다.

야곱의 마지막 부탁

27-28 이스라엘은 이집트의 고센 땅에 자리를 잡고 살았다. 그들은 재산을 소유하
고 번성하여 아주 큰 백성이 되었다. 야곱은 이집트에서 십칠 년을 살았다. 그

는 모두 백사십칠 년을 살았다.
29-30 죽을 날이 다가오자, 이스라엘은 자기 아들 요셉을 불러 이렇게 말했다.
"내 부탁을 들어다오. 내게 끝까지 성실하게 신의를 지키겠다는 표시로 네 손을
내 허벅지 밑에 넣어라. 나를 이집트에 묻지 마라. 내가 조상과 함께 잠들거든,
나를 이집트에서 옮겨 내어 내 조상 곁에 묻어 다오."
요셉이 말했다. "그렇게 하겠습니다. 아버지께서 당부하신 대로 하겠습니다."
31 이스라엘이 "내게 약속해 다오" 하고 말하자, 요셉이 약속했다.
이스라엘은 침상에서 머리 숙여 절하며 하나님께 순종과 감사를 드렸다.

에브라임과 므낫세를 축복하다

48 1-2 이런 대화가 있고 나서 얼마 후에, 요셉은 "주인님의 아버지께서
편찮으십니다"라는 소식을 들었다. 그는 자신의 두 아들 므낫세와
에브라임을 데리고 야곱에게로 갔다. 야곱은 "당신의 아들 요셉이 왔습니다"라
는 말을 듣고, 기운을 내어 침상에서 일어나 앉았다.
3-7 야곱이 요셉에게 말했다. "강하신 하나님께서 가나안 땅 루스에서 내게 나타
나 복을 주시며 말씀하시기를, '내가 너로 번성하여 그 수가 많아지게 하고, 네게
서 여러 민족이 나오게 하며, 이 땅을 네 뒤에 오는 자손에게 영원한 유산으로 넘
겨주겠다'고 하셨다. 내가 너와 만나기 전에 이곳 이집트에서 태어난 네 두 아들
을, 내가 양자로 삼아야겠다. 그 아이들은 르우벤과 시므온처럼 내 아들의 지위
를 얻게 될 것이다. 이 두 아이 뒤에 태어나는 아이들은 네 자식이 될 것이다. 이
두 아이는 자기 형들의 뒤를 이어 유산을 상속받게 될 것이다. 내가 그렇게 하려
는 것은, 내가 밧단을 떠나 가나안 땅으로 돌아가던 길에, 슬프게도, 네 어머니 라
헬이 지금은 베들레헴이라 하는 에브랏에 거의 다 와서 죽고 말았기 때문이다."
8 그러고 나서 야곱이 요셉의 아들들을 보고 물었다. "이 아이들은 누구냐?"
9-11 요셉이 아버지에게 말했다. "이 아이들은 하나님께서 이곳에서 제게 주신
제 아들들입니다."
그러자 야곱이 말했다. "내가 축복할 수 있도록 그 아이들을 내게 데려오너라."
이스라엘은 나이가 많아 시력이 떨어져서 거의 앞을 볼 수 없었다. 그래서 요셉
이 그들을 가까이 데려갔다. 연로한 이스라엘이 그들에게 입을 맞추고 껴안았
다. 그런 다음 요셉에게 말했다. "내가 네 얼굴을 다시 보리라고는 생각지도 못
했는데, 하나님께서는 네 아이들까지 보게 해주셨구나!"
12-16 요셉은 그들을 이스라엘의 무릎에서 물러나게 하고, 얼굴을 땅에 대고 엎드
려 절했다. 그런 다음 두 아이를 데려다가, 오른손으로는 에브라임을 이끌어 이
스라엘의 왼편에 서게 하고, 왼손으로는 므낫세를 이끌어 이스라엘의 오른편에
서게 했다. 그러나 이스라엘은 두 팔을 엇갈리게 내밀어 오른손을 작은아들 에
브라임의 머리에 얹고, 왼손은 맏아들 므낫세의 머리에 얹었다. 그런 다음 그들
을 축복했다.

저의 조상 아브라함과 이삭을
당신 앞에서 걷게 하신 하나님,
제가 태어난 날부터 지금까지 줄곧
저의 목자가 되어 주신 하나님,
온갖 해악에서 저를 구해 주신 하나님의 천사께서
이 아이들에게 복을 내려 주소서.
저의 이름이 이 아이들의 삶 속에서 메아리치게 하시고
저의 조상 아브라함과 이삭의 이름도 이 아이들의 삶 속에서 살아 있게 하소서.
이 아이들이 자라서
그들의 자손이 이 땅을 덮게 하소서.

17-18 요셉은 아버지가 오른손을 에브라임의 머리에 얹은 것을 보고 아버지가 실
수한 것이려니 생각했다. 그래서 아버지의 오른손을 잡고 에브라임의 머리에서
므낫세의 머리로 옮기며 말했다. "아버지, 손을 잘못 얹으셨습니다. 다른 아이
가 맏아들이니, 그 아이의 머리에 오른손을 얹으십시오."
19-20 그러나 그의 아버지는 그렇게 하기를 마다하며 말했다. "내 아들아, 나도 안
다. 내가 무엇을 하는지 나도 안다. 므낫세도 민족을 이루어 크게 될 것이다. 그
러나 그의 아우가 더 크게 되고, 그의 후손은 민족들을 부유하게 할 것이다." 그
러고는 두 아이에게 축복했다.

이스라엘 백성이 너희의 이름으로 이렇게 축복하리라.
하나님께서 너를 에브라임과 므낫세처럼 되게 해주시기를.

이렇게 함으로써 그는 분명하게 에브라임을 므낫세 앞에 내세웠다.
21-22 이스라엘이 요셉에게 말했다. "이제 나는 곧 죽을 것이다. 하나님께서 너와
함께 계셔서, 네가 네 조상의 땅으로 무사히 돌아갈 수 있게 해주시기를 빈다.
너는 형제들 가운데 첫째나 다름없으니, 내가 칼과 활로 아모리 사람의 손에서
빼앗은 산등성이 땅을 네게 선물로 준다."

야곱이 열두 아들을 축복하다

49

1 야곱이 아들들을 불러 말했다. "내게로 모여라. 장차 너희에게 일
어날 일을 일러 주겠다."

2 야곱의 아들들아, 다 함께 와서 들어라.
너희 아버지 이스라엘의 말을 들어라.

3-4 르우벤, 너는 내 맏아들,
나의 힘, 내 사내다움의 첫 번째 증거.

너는 영예도 절정이고 힘도 절정이다만
엎질러진 물과 같아서
더 이상 정상에 있지 못할 것이다.
네가 아버지의 침상에 올라가,
아버지의 잠자리를 더럽혔기 때문이다.

5-6 시므온과 레위는 한통속.
걸핏하면 합세하여 싸움을 건다.
나는 그들이 꾸미는 복수극에 끼지 않고
그들이 모의하는 격한 싸움에 끼어들지 않을 것이다.
그들은 홧김에 사람들을 죽이고
내키는 대로 소들을 베어 버린다.
7 고삐 풀린 그들의 노여움,
무분별한 그들의 분노에 화가 임할 것이다.
나는 그들을 쓰레기와 함께 내던지고
갈기갈기 찢겨진 색종이 조각처럼 이스라엘 전역에 흩뿌릴 것이다.

8-12 너 유다야, 네 형제들이 너를 찬양할 것이다.
네 손가락이 네 원수들의 목을 누르고
네 형제들이 네게 경의를 표할 것이다.
유다, 너는 젊은 사자다.
내 아들아, 너는 짐승을 잡아먹고 힘차게 보금자리로 돌아올 것이다.
백수의 왕 사자처럼 웅크린 그를 보라.
누가 감히 끼어들어 그를 방해하랴?
왕권이 유다에게서 떠나지 않을 것이다.
최후의 통치자가 오고
민족들이 그에게 복종할 때까지,
유다는 지휘봉을 놓지 않을 것이다.
그는 자기 나귀를 포도나무에 단단히 매고
순종 나귀 새끼를 튼튼한 가지에 맬 것이다.
그는 자기 옷을 포도주에 빨고
자기 겉옷을 붉은 포도즙에 빨 것이다.
그의 두 눈은 포도주보다 검고
그의 이는 우유보다 흴 것이다.

13 스불론은 바닷가에 자리 잡고 살며
배들의 안전한 항구가 되고,
영토는 시돈과 맞닿은 곳까지 이를 것이다.

14-15 잇사갈은 가축우리 사이에 웅크린
튼튼한 나귀다.
그는 그곳이 얼마나 아름다운 곳인지
그 땅이 얼마나 좋은 곳인지를 알고서,
자신의 자유를 포기하고
종처럼 일하게 되었다.

16-17 단은 자기 백성을 위해 정의의 문제를 다룰 것이다.
그는 이스라엘 지파들 사이에서 자기 몫을 톡톡히 할 것이다.
단은 풀밭 속의 작은 뱀,
길가에 숨은 치명적인 뱀이다.
말의 발뒤꿈치를 물어
그 위에 탄 거대한 사람을 떨어뜨린다.

18 하나님,
제가 주의 구원을 바라고 기다립니다.

19 갓은 악당들의 공격을 받겠지만,
그들을 직접 쓰러뜨릴 것이다.

20 아셀은 양식이 풍부한 사람으로 알려져,
왕들에게 달콤하고 감미로운 것들을 올릴 것이다.

21-26 납달리는 자유롭게 뛰노는 사슴이니
사랑스러운 새끼 사슴들을 낳는다.

요셉은 야생 나귀,
샘 곁의 야생 나귀,
언덕 위의 씩씩한 나귀다.
사수들이 악의를 품고
화살촉에 증오를 묻혀 쏘았지만,
요셉은 빗발치는 화살 속에서도 흔들림 없이
활을 굳게 쥐고 팔을 유연하게 놀렸으니,
이는 야곱의 전사이시며 이스라엘의 목자요 바위이신 분께서
뒤에서 보호해 주셨기 때문이다.
네 아버지의 하나님, 그분께서 너를 도와주시기를!
강하신 하나님, 그분께서 네게 복을 주시고
하늘에서 내리는 복과

땅에서 솟구치는 복,
젖을 먹이는 복과 잉태하는 복을 주시기를!
네 아버지의 복이
예로부터 이어져 온 산들의 복보다 크고
영원한 언덕들의 복보다 풍성하기를.
그 복이 요셉의 머리에,
형제들 가운데서 거룩하게 구별된 사람의 이마에 머물기를.

27 베냐민은 굶주린 늑대다.
아침에는 자신이 잡은 짐승을 게걸스럽게 먹고
저녁에는 남은 것을 나눈다.

28 이들은 모두 이스라엘의 열두 지파다. 이것은 그들의 아버지가 아들들에게
축복하며 한 말, 특별히 아들 한 사람 한 사람에게 해준 고별 축복기도다.

29-32 야곱이 아들들에게 지시했다. "이제 나는 조상 곁으로 간다. 나를 헷 사람
에브론의 밭에 있는 동굴에 내 조상과 함께 묻어 다오. 그 동굴은 가나안 땅 마
므레 앞 막벨라 밭에 있다. 그 밭은 아브라함이 묘지로 쓰려고 헷 사람 에브론
에게서 사 두신 것이다. 아브라함과 그분의 아내 사라가 그곳에 묻혀 있고, 이
삭과 그분의 아내 리브가도 그곳에 묻혀 있다. 나도 레아를 그곳에 묻었다. 그
밭과 동굴은 헷 사람에게서 산 것이다."
33 야곱은 아들들에게 지시하고 나서, 발을 침상 위로 올려 마지막 숨을 거두고,
조상 곁으로 돌아갔다.

50

1 요셉이 아버지를 끌어안고 슬피 울며, 그에게 입을 맞추었다.

야곱의 죽음

2-3 요셉이 장의사들을 시켜 자기 아버지의 시신에 향 재료를 넣게 했다. 장의사
들이 이스라엘의 시신에 향 재료를 넣는 데 꼬박 사십 일이 걸렸다. 이집트 사
람들은 칠십 일 동안 그의 죽음을 애도했다.
4-5 애도 기간이 끝나자, 요셉이 바로의 궁에 청원을 올렸다. "여러분이 진심으
로 저를 생각하는 마음이 있거든, 바로께 제 말씀을 전해 주십시오. 제 아버지
께서 제게 맹세하게 하시면서, '나는 곧 죽는다. 내가 죽으면, 내가 가나안 땅에
마련해 놓은 묘지에 나를 묻어 다오' 하고 말씀하셨습니다. 부디 제가 올라가서
아버지의 장례를 치르게 해주십시오. 장례를 마치고, 제가 돌아오겠습니다."
6 바로가 말했다. "그렇게 하시오. 그대의 아버지가 그대에게 맹세하게 한 대로,

가서 고인의 장례를 치르시오."
7-9 요셉은 아버지의 장례를 치르러 갔다. 바로의 궁에서 일하는 모든 고위 관료들
과 이집트의 모든 고위 인사들, 그리고 요셉의 가족들, 곧 그의 형제들과 아버지
집안 사람들이 요셉과 함께 올라갔다. 아이들과 양 떼와 소 떼는 고센에 남겨 두었
다. 전차와 기병들이 그들과 함께 갔다. 그것은 거대한 장례 행렬이었다.
10 그들은 요단 강 건너편 아닷 타작 마당에 이르러, 크게 애통하며 애도의 기간
을 보냈다. 요셉은 자기 아버지를 위해 칠 일 동안 장례 예식을 치렀다.
11 가나안 사람들은 아닷 타작 마당에서 슬피 우는 모습을 보고 이렇게 말했다.
"이집트 사람들이 진심으로 애도하는구나." 그리하여 요단 강가에 있는 그곳이
아벨미스라임(이집트 사람들의 애도)이라고 불리게 되었다.
12-13 야곱의 아들들은 아버지가 지시한 대로 행했다. 아버지의 시신을 가나안 땅
으로 모셔다가, 마므레 앞 막벨라 밭에 있는 동굴에 묻었다. 그 밭은 아브라함
이 헷 사람 에브론에게서 묘지로 사들인 것이었다.

14-15 요셉은 아버지의 장례를 치르고 나서 이집트로 돌아왔다. 아버지의 장례를
치르러 요셉과 함께 갔던 형제들도 그와 함께 돌아왔다. 장례를 치르고 나서 요
셉의 형들이 서로 말했다. "요셉이 우리에게 원한을 품고 우리가 그에게 저지른
모든 악을 되갚으려고 하면 어떻게 하지?"
16-17 그래서 그들은 요셉에게 이런 전갈을 보냈다. "아버지께서 돌아가시기 전
에 분부하시기를, '요셉에게 전하여라. 네 형들이 네게 아주 못된 짓을 했으나,
너는 네 형들의 죄, 그들의 모든 잘못을 용서해 주어라' 하고 말씀하셨습니다.
그러니, 아우님 아버지께서 섬기시던 그 하나님의 종들인 우리가 지은 죄를 용
서해 주시겠습니까?"
요셉은 이 전갈을 받고 울었다.
18 요셉의 형들이 직접 와서, 요셉 앞에 엎드려 말했다. "우리가 아우님의 종이
되겠습니다."
19-21 요셉이 대답했다. "두려워하지 마십시오. 내가 하나님을 대신하겠습니까?
보다시피, 형님들이 나를 해치려고 악한 일을 꾸몄으나, 하나님께서는 그 계략
을 선으로 바꾸셔서 나를 이롭게 하셨고, 지금 형님들 주위에서 이루어진 모든
일에서 보는 것처럼, 수많은 사람들도 살리신 것입니다. 두려워할 이유가 없으
니, 마음 편히 지내십시오. 제가 형님들과 형님들의 자녀들을 보살피겠습니다."
그는 진심어린 말로 그들을 안심시켰다.
22-23 요셉은 아버지의 집안 식구들과 함께 이집트에서 살았다. 그는 110년을 살
면서 에브라임에게서 증손자를 보았다. 므낫세의 아들 마길의 아들들까지도 요
셉의 자식으로 인정받았다.
24 마침내 요셉이 형제들에게 말했다. "나는 곧 죽습니다. 하나님께서 반드시 여
러분에게 찾아오시고, 여러분을 이 땅에서 이끌어 내셔서, 아브라함과 이삭과

야곱에게 엄숙히 약속하신 땅으로 되돌아가게 하실 것입니다."
25 요셉은 이스라엘의 아들들에게 맹세하게 하면서 말했다. "하나님께서 찾아오
셔서 여러분이 이곳을 떠나게 될 때에, 내 유골을 가지고 가십시오."
26 요셉은 백열 살에 죽었다. 그들이 그의 시신을 향 재료로 채우고, 이집트에서
입관했다.

인류는 곤경에 처해 있다. 우리는 오랫동안 곤경 속에서 살아 왔다. 수많은 사람들이 이 곤경에서 우리를 건져 내기 위해, 엉망인 이 세상을 말끔히 치우기 위해 엄청난 노력을 기울여 왔다. 이 진창에서 우리를 끌어내려고 온 힘을 기울이는 사람들, 곧 부모와 교사, 의사와 상담가, 통치자와 정치인, 작가와 목회자들의 역량과 인내와 지성과 헌신은 여간 인상적인 게 아니다.

이러한 활동의 중심에 하나님이 계신다. 하나님께서 우리를 곤경에서 건져 내기 위해 행하시는 일, 그것을 포괄하는 용어가 다름 아닌 '구원'이다. 우리 스스로 할 수 없는 일을 하나님께서 우리를 위해 하시는 것, 그것이 구원이다. 하나님의 백성이 사용하는 어휘 중에서 가장 중요한 단어가 바로 구원이다. 출애굽기는 하나님께서 행하시는 구원을 담고 있는 감동적이고 극적인 실화다. 하나님께서는 모세를 통해 그분의 백성에게 말씀하신다.

> "나는 **하나님**이다. 내가 이집트의 혹독한 강제노동에서 너희를 이끌어 내겠다. 내가 너희를 종살이에서 구해 내겠다. 내가 직접 나서서, 강력한 심판을 행하여 너희를 속량하겠다. 내가 너희를 내 백성으로 삼고 너희 하나님이 될 것이다. 너희는 내가 이집트의 혹독한 강제노동에서 너희를 이끌어 낸, **하나님** 너희 하나님인 것을 알게 될 것이다. 나는 아브라함과 이삭과 야곱에게 주기로 약속한 땅으로 너희를 데리고 가서, 그 땅을 너희에게 주어 너희 나라가 되게 하겠다. **나는 하나님이다**"(출 6:6-8).

이 이야기는 노래와 시, 연극과 소설, 정치와 사회정의, 회개와 회심, 예배와 거룩한 생활로 재생산되면서 수 세기에 걸쳐 엄청난 결과들을 낳았다. 이 이야기는 지금도 사람들, 특히 곤경에 처한 사람들의 상상력을 끊임없이 사로잡는다.

의미심장하게도, 하나님은 추상적인 진리나 엄밀한 정의(定義)나 주의를 끄는 구호가 아닌 '이야기'로 구원을 제시하신다. 출애굽기는 줄거리와 등장인물이 있는 이야기, 다시 말해 의도와 인격적 관계가 있는 이야기 속으로 우리를 끌어들인다. 이야기는 먼저 우리의 상상력을 통해 참여를 유도한다. 그런 다음에는 우리에게 의지가 있을 경우 믿음을 통해 우리의 삶 전체를 걸고 하나님께 응답하도록 참여를 유도한다. 이 출애굽 이야기는, 지금도 하나님께서 곤경에 처한 사람들을 역사의 혼란으로부터 건져 내어 구원의 나라로 이끌기 위해 사용하시는 주요 수단이다.

출애굽기의 반 정도(1-19, 32-34장)는 가혹한 학대를 받던 미천한 한 민족이 종살이에서 건짐 받아 자유로운 삶으로 옮겨 가는 흥미진진한 이야기다. 나머지 반(20-31, 35-40장)은 구원받은 삶, 곧 자유로운 삶을 지루하다 싶을 정도로 세심하게 가르치고 훈련시키는 과정이라고 할 수 있다. 구원 이야기는 이 둘 중 어느 한쪽이라도 없으면 온전하게 될 수 없다.

출애굽기

1 [1-5] 야곱과 함께 각자 자기 가족을 데리고 이집트로 간 이스라엘의 아들
들 이름은 이러하다.
르우벤, 시므온, 레위, 유다,
잇사갈, 스불론, 베냐민,
단, 납달리, 갓, 아셀.
야곱의 혈통에서 태어난 사람은 모두 칠십 명이었다. 요셉은 이미 이집트에 있
었다.
[6-7] 그 후에 요셉이 죽고, 그의 모든 형제와 그 시대 사람들이 다 죽었다. 그러나
이스라엘 자손은 계속해서 자녀를 낳았다. 그들은 아이를 많이 낳고 번성하여
그 수가 폭발적으로 늘었고, 마침내 그 땅에 가득 차게 되었다.

이집트 왕이 이스라엘 자손을 억압하다

[8-10] 요셉을 알지 못하는 새 왕이 이집트를 다스리게 되었다. 그 왕이 놀라서 자
기 백성에게 말했다. "이스라엘 자손의 수가 우리가 감당할 수 없을 만큼 많아
졌다. 무슨 조치를 취해야겠다. 전쟁이라도 일어나서 그들이 우리의 적군과 합
세하거나 우리를 떠나 버리는 일이 없도록, 그들을 견제할 방안을 강구하자."
[11-14] 그들은 이스라엘 자손을 노역자 부대로 편성하고 공사감독을 두어 강제노
동을 하게 했다. 이스라엘 자손은 바로를 위해 곡식을 저장해 둘 성읍 비돔과
라암셋을 세웠다. 그러나 이집트 사람들이 그들을 가혹하게 부릴수록, 이스라
엘 자손은 더욱더 불어났다. 어디를 가나 이스라엘 자손이 있었다! 이집트 사람
들은 이스라엘 자손을 감당할 수 없게 되자 그들을 전보다 더 혹독하게 다루었
고, 강제노동을 시켜 그들을 짓눌렀다. 이집트 사람들은 벽돌과 회반죽 만드는
일과 힘든 밭일 등 온갖 고된 노동으로 이스라엘 자손을 괴롭게 했다. 그들은

산더미처럼 많은 일과 과중한 노역을 부과하여 이스라엘 자손을 억압했다.
15-16 이집트 왕이 십브라와 부아라 하는 히브리 산파 두 명과 이야기를 나누었
다. "너희는 히브리 여자들이 아이를 낳을 때 잘 살펴서, 사내아이거든 죽이고
여자아이거든 살려 두어라."
17-18 그러나 산파들은 하나님을 깊이 경외했으므로, 이집트 왕이 명령한 대로 하지
않고 사내아이들을 살려 두었다. 이집트 왕이 산파들을 불러들여 말했다. "너희가
어찌하여 내 명령을 따르지 않았느냐? 너희가 사내아이들을 살려 주었더구나!"
19 산파들이 바로에게 대답했다. "히브리 여인들은 이집트 여인들과 달리 힘이
좋아서, 산파가 도착하기도 전에 아이를 낳아 버립니다."
20-21 하나님께서 그 산파들을 기뻐하셨다. 이스라엘 백성은 그 수가 계속 증가하
여, 아주 강한 백성이 되었다. 산파들이 하나님을 경외했으므로, 하나님께서 그
들의 가정을 번성하게 하셨다.
22 그러자 바로가 온 백성에게 명령을 내렸다. "태어난 사내아이는 모두 나일 강
에 던져 죽여라. 그러나 여자아이는 살려 두어라."

모세가 태어나다

2

1-3 레위 가문의 한 남자가 레위 가문의 여자와 결혼했다. 그 여자가 임신
하여 아들을 낳았다. 그녀는 그 아이에게 특별한 것이 있음을 보고, 세
달 동안 아이를 숨겨서 길렀다. 더 이상 숨길 수 없게 되자, 그녀는 갈대로 만든
작은 바구니 배를 구해다가 역청과 송진을 발라 물이 새지 않게 하고, 그 속에
아이를 뉘었다. 그런 다음 바구니 배를 나일 강가의 갈대 사이에 띄워 놓았다.
4-6 아이의 누이가 조금 떨어져 잘 보이는 곳에 서서, 아이에게 무슨 일이 일어나
는지 지켜보고 있었다. 마침 바로의 딸이 목욕하러 나일 강으로 내려왔다. 시녀
들은 강가를 거닐고 있었다. 바로의 딸이 갈대 사이에 떠 있는 바구니 배를 보
고, 시녀를 보내 가져오게 했다. 그녀가 바구니를 열어 보니, 아이가 있었다. 아
이가 울고 있었다! 그녀가 아이를 보고 불쌍한 마음이 들어 말했다. "이 아이는
틀림없이 히브리 사람의 아이로구나."
7 그때 아이의 누이가 그녀 앞으로 나아가서 말했다. "제가 가서, 히브리 여인
중에 공주님을 대신해서 아이에게 젖을 먹일 유모를 데려올까요?"
8 바로의 딸이 말했다. "그래, 어서 다녀오너라." 그 소녀가 가서 아이의 어머니
를 불러왔다.
9 바로의 딸이 그녀에게 말했다. "이 아이를 데려가서 나를 대신해 젖을 먹여 주
게. 내가 자네에게 품삯을 주겠네." 그 여인이 아이를 데려가서 젖을 먹였다.
10 아이가 젖을 뗀 뒤에 여인이 아이를 바로의 딸에게 데려오니, 바로의 딸이 그
아이를 아들로 삼았다. 그녀는 "내가 그를 물에서 건져 냈다"고 말하면서, 아이
의 이름을 모세(건져 냈다)라고 했다.

미디안으로 도망친 모세

11-12 세월이 흘러, 모세가 어른이 되었다. 어느 날 그가 자기 동족에게 가서 보
니, 그들이 모두 고되게 일하고 있었다. 마침 그때 한 이집트 사람이 그의 동족
히브리 사람을 때리는 모습이 보였다! 모세는 사방을 살펴 아무도 없는 것을 확
인하고는, 이집트 사람을 죽여 모래 속에 묻었다.
13 이튿날 그가 다시 그곳에 가 보니, 히브리 사람 둘이서 싸우고 있었다. 먼저
싸움을 건 사람에게 모세가 말했다. "그대는 왜 동족을 때리는 것이오?"
14 그 사람이 되받아쳤다. "당신이 뭔데 우리에게 이래라저래라 하는 거요? 이
집트 사람을 죽이더니 나도 죽일 셈이오?"
그러자 모세가 두려워하며 말했다. "탄로 났구나. 사람들이 이 일을 알고 있다."

15 바로가 이 소식을 전해 듣고 모세를 죽이려 했으나, 모세는 미디안 땅으로 도
망쳤다. 그는 한 우물가에 앉아 있었다.
16-17 미디안 제사장에게 일곱 딸이 있었다. 그 딸들이 우물가로 와서 물을 길어
여물통에 채우고 아버지의 양 떼에게 물을 먹였다. 그때 어떤 목자들이 와서 그
들을 쫓아내자, 모세가 그 딸들을 구해 주고 그들이 양 떼에게 물을 먹이는 것
을 도와주었다.
18 딸들이 집으로 돌아가 자기 아버지 르우엘에게 이르니, 아버지가 말했다. "일
찍 끝났구나. 어떻게 이렇게 빨리 돌아왔느냐?"
19 그들이 말했다. "어떤 이집트 사람이 목자들한테서 우리를 구해 주고, 우리를
위해 물을 길어 양 떼에게 먹여 주기까지 했습니다."
20 아버지가 말했다. "그 사람이 어디 있느냐? 어째서 그 사람을 남겨 두고 왔느
냐? 그를 불러다가 함께 식사하도록 하자."
21-22 모세가 그의 제안에 따라 그곳에 정착하기로 하자, 르우엘이 자기 딸 십보
라(새)를 모세에게 아내로 주었다. 십보라가 아들을 낳자, 모세는 "내가 낯선 땅
에서 나그네가 되었다"고 말하면서, 아이의 이름을 게르솜(나그네)이라고 했다.

23 세월이 많이 흘러 이집트 왕이 죽었다. 이스라엘 자손이 종살이 때문에 신음
하며 부르짖었다. 고된 노역에서 벗어나게 해달라는 그들의 부르짖음이 하나님
께 이르렀다.

24 하나님께서 그들의 신음소리를 들으시고,
아브라함과 이삭과 야곱과 맺으신 언약을 기억하셨다.
25 하나님께서 이스라엘에게 일어난 일을 보시고,
그들의 처지를 헤아리셨다.

하나님께서 모세를 부르시다

3

1-2 모세는 그의 장인인 미디안 제사장 이드로의 양 떼를 치고 있었다. 그
는 양 떼를 이끌고 광야 서쪽 끝으로 가서 하나님의 산, 호렙에 이르렀
다. **하나님**의 천사가 떨기나무 가운데서 타오르는 불꽃으로 그에게 나타났다.
모세가 보니, 떨기나무가 활활 타오르는데도 그 나무가 타 버리지 않았다.
3 모세가 말했다. "이곳에서 무슨 일이 일어나고 있는 건가? 믿을 수가 없군! 놀
라운 일이다! 어째서 떨기나무가 타 버리지 않는 걸까?"
4 모세가 멈춰 서서 살피려는 것을 보시고, 하나님께서 떨기나무 가운데서 그를
부르셨다. "모세야, 모세야!"
모세가 대답했다. "예, 제가 여기 있습니다!"
5 하나님께서 말씀하셨다. "더 이상 가까이 다가오지 마라. 네 발에서 신을 벗어
라. 네가 서 있는 곳은 거룩한 땅이다."
6 하나님께서 또 말씀하셨다. "나는 네 조상의 하나님, 곧 아브라함의 하나님,
이삭의 하나님, 야곱의 하나님이다."
모세는 하나님 뵙기를 두려워하여, 얼굴을 가렸다.
7-8 **하나님**께서 말씀하셨다. "나는 내 백성이 이집트에서 고통받는 모습을 오랫
동안 지켜보았다. 압제자들의 손에서 벗어나기를 바라는 그들의 부르짖음도 들
었다. 나는 그들의 고통을 속속들이 알고 있다. 이제 내가 내려가서 그들을 도
와 이집트의 손아귀에서 그들을 풀어 주고, 그들을 그 땅에서 이끌어 내어 젖과
꿀이 흐르는 광활한 땅, 곧 가나안 사람과 헷 사람과 아모리 사람과 브리스 사
람과 히위 사람과 여부스 사람의 땅으로 데리고 가겠다.
9-10 도움을 구하는 이스라엘 자손의 부르짖음이 내게 들렸고, 그들이 이집트 사
람들에게 얼마나 혹사당하고 있는지도 내가 보았다. 이제 너는 돌아가거라. 내
가 너를 바로에게 보낼 테니, 너는 내 백성 이스라엘을 이집트에서 이끌고 나오
너라."
11 모세가 하나님께 대답했다. "하지만 어째서 저입니까? 어떻게 제가 바로에게
가서 이스라엘 자손을 이집트에서 이끌어 낼 수 있다고 생각하십니까?"
12 하나님께서 말씀하셨다. "내가 너와 함께하겠다. 너는 내 백성을 이집트에서
이끌어 낸 뒤에 이 산, 바로 이곳에서 하나님을 예배하게 될 것이다. 이것이 내
가 너를 보냈다는 증거가 될 것이다."
13 그러자 모세가 하나님께 아뢰었다. "제가 이스라엘 백성에게 가서 '너희 조상
의 하나님께서 나를 너희에게 보내셨다'고 하면, 그들이 제게 '그분의 이름이 무
엇이냐?'고 물을 것입니다. 그러면 제가 무엇이라고 대답해야 하겠습니까?"
14 하나님께서 모세에게 말씀하셨다. "**나는 스스로 있는 자다**. 너는 '**스스로 있
는 자**가 나를 너희에게 보내셨다'고 이스라엘 백성에게 말하여라."
15 하나님께서 모세에게 계속해서 말씀하셨다. "네가 이스라엘 자손에게 할 말
은 이것이다. '**하나님** 너희 조상의 하나님, 곧 아브라함의 하나님, 이삭의 하나
님, 야곱의 하나님께서 나를 너희에게 보내셨다.' 이것이 언제나 나의 이름이었

고, 앞으로도 나는 이 이름으로 늘 기억될 것이다.
16-17 이제 가거라. 이스라엘의 지도자들을 모으고, 그들에게 '**하나님** 너희 조상
의 하나님, 곧 아브라함과 이삭과 야곱의 하나님께서 내게 나타나셔서 말씀하
셨다'고 전하여라. 그리고 이렇게 말하여라. '너희가 이집트에서 어떤 일을 겪고
있는지 내가 똑똑히 보았다. 내가 너희를 이집트에서 겪는 괴로움으로부터 이
끌어 내어, 가나안 사람과 헷 사람과 아모리 사람과 브리스 사람과 히위 사람과
여부스 사람이 사는 땅, 젖과 꿀이 흐르는 땅으로 데리고 가겠다.'
18 그러면 그들이 네 말을 들을 것이다. 또 너는 이스라엘의 지도자들과 함께 이
집트 왕에게 가서 이렇게 말하여라. '**하나님** 히브리 사람의 하나님께서 우리를
만나 주셨습니다. 우리가 광야로 사흘길을 가서 **하나님** 우리 하나님을 예배하
게 해주십시오.'
19-22 내가 이집트 왕을 강제로 치지 않는 한, 그가 너희를 내보내지 않을 것이다.
그러므로 내가 직접 나서서 이집트를 칠 것이다. 내가 이적으로 그들을 휘청거
리게 하고 그들의 아픈 곳을 칠 것이다! 그런 뒤에야, 그들이 너희를 기꺼이 떠
나보낼 것이다! 나는 이 백성이 이집트 사람들의 따뜻한 배웅을 받게 하겠다.
너희가 빈손으로 떠나지 않을 것이다! 여인들은 저마다 자기 이웃과 자기 집에
사는 사람들에게 은붙이와 금붙이, 보석과 옷가지를 달라고 하여, 그것으로 너
희 자녀를 치장할 것이다. 너희는 이집트 사람들을 빈털터리로 만들 것이다!"

4

1 모세가 이의를 제기했다. "그들은 저를 믿지 않고, 제가 하는 말을 한
마디도 듣지 않을 것입니다. 그들은 '**하나님**께서 그에게 나타나셨다고?
천만에!' 하고 말할 것입니다."
2 **하나님**께서 말씀하셨다. "네 손에 있는 것이 무엇이냐?"
"지팡이입니다."
3 "그것을 땅에 던져라." 모세가 지팡이를 던지니, 그것이 뱀이 되었다. 모세가
재빨리 뒤로 물러섰다!
4-5 **하나님**께서 모세에게 말씀하셨다. "손을 뻗어 그 꼬리를 잡아라." 그가 손을
뻗어 꼬리를 잡으니, 그것이 원래대로 지팡이가 되었다. "이는 **하나님** 그들 조
상의 하나님, 곧 아브라함의 하나님, 이삭의 하나님, 야곱의 하나님이 네게 나
타났다는 것을 그들이 믿게 하려는 것이다."
6 **하나님**께서 또 말씀하셨다. "네 손을 옷 속에 넣어 보아라." 모세가 손을 옷 속
에 넣었다가 꺼내 보니, 손이 나병에 걸려 눈처럼 하얗게 되어 있었다.
7 **하나님**께서 말씀하셨다. "네 손을 다시 옷 속에 넣어 보아라." 모세가 다시 손
을 넣었다가 꺼내 보니, 손이 전처럼 말끔해져 있었다.
8-9 "그들이 너를 믿지 않고 첫 번째 표적을 보고 믿지 않더라도, 두 번째 표적을
보고는 믿을 것이다. 그러나 그들이 이 두 표적을 보고도 너를 믿지 않고 네 메
시지도 듣지 않거든, 나일 강에서 물을 조금 떠다가 마른 땅에 부어라. 네가 부

은 나일 강의 물이 마른 땅에 닿자마자 피로 변할 것이다."
10 모세가 **하나님**께 또 이의를 제기했다. "주님, 저는 정말 말을 잘하지 못합니
다. 저는 본래 말재주가 없는 사람입니다. 전에도 그랬지만, 주님께서 제게 말
씀하신 뒤에도 마찬가지입니다. 저는 말을 심하게 더듬습니다."
11-12 **하나님**께서 말씀하셨다. "누가 사람의 입을 만들었느냐? 누가 말 못하는
자와 듣지 못하는 자를 만들고, 누가 앞을 보는 자와 앞 못 보는 자를 만들었느
냐? 나 **하나님**이 아니냐? 그러니 가거라. 내가 너와, 네 입과 함께하겠다! 내가
너와 함께하여, 네가 무슨 말을 해야 할지 가르쳐 주겠다."
13 모세가 말했다. "주님, 제발 다른 사람을 보내십시오!"
14-17 **하나님**께서 모세에게 노하셨다. "레위 사람, 네 형 아론이 있지 않느냐? 그
가 말 잘하는 것을 내가 안다. 그는 말을 아주 잘하는 사람이다. 그가 지금, 너
를 만나러 오고 있다. 그가 너를 보면 기뻐할 것이다. 너는 그가 해야 할 말을
일러 주어라. 네가 말할 때에 내가 너와 함께하고, 그가 말할 때에 내가 그와 함
께하겠다. 내가 차근차근 너희를 가르치겠다. 그가 너를 대신해서 백성에게 말
할 것이다. 그가 네 입을 대신하겠으나, 그 입에서 나오는 말은 네가 결정해야
할 것이다. 이제 이 지팡이를 손에 들어라. 네가 그것으로 이적을 행할 것이다."

18 모세가 장인 이드로에게 가서 말했다. "이집트에 있는 제 친족들에게 돌아가
야겠습니다. 그들이 아직도 살아 있는지 알아보고 싶습니다."
이드로가 말했다. "가게나. 자네에게 평안이 있기를 비네."
19 **하나님**께서 미디안에서 모세에게 말씀하셨다. "어서 이집트로 돌아가거라.
너를 죽이려고 하던 자들이 모두 죽었다."
20 모세는 아내와 아들들을 나귀에 태우고 이집트로 돌아가는 여행길에 올랐다.
그는 하나님의 지팡이를 힘껏 쥐고 있었다.
21-23 **하나님**께서 모세에게 말씀하셨다. "이집트로 돌아가거든, 너는 내가 너를
통해 행할 모든 이적을 바로 앞에서 행하여라. 그러나 나는 그를 고집불통이 되
게 하여 백성을 내보내지 않게 하겠다. 그러면 너는 바로에게 이렇게 말하여라.
'**하나님**의 메시지다. 이스라엘은 나의 아들, 나의 맏아들이다! 내가 네게 "내 아
들을 놓아주어 나를 섬기게 하여라" 하고 말했다. 그러나 너는 내 아들을 놓아
주려고 하지 않았다. 그래서 이제 내가 네 아들, 네 맏아들을 죽이겠다.'"

24-26 그들이 이집트로 돌아가다가 밤에 야영을 하는데, **하나님**께서 모세를 만나
셔서 그를 죽이려고 하셨다. 십보라가 부싯돌 칼을 가져다가 아들의 포피를 자
르고 그것을 모세의 몸에 갖다 대며 말했다. "당신은 내게 피 남편입니다!" 그러
자 **하나님**께서 그를 놓아주셨다. 십보라가 "피 남편"이라는 표현을 쓴 것은 할

례 때문이었다.

❦

27-28 **하나님**께서 아론에게 말씀하셨다. "광야로 가서 모세를 만나거라." 아론은
길을 떠나 하나님의 산에서 모세를 만나 그에게 입을 맞추었다. 모세는 **하나님**
께서 그를 보내면서 전하라고 하신 메시지와 그에게 명령하신 이적들을 아론에
게 알려 주었다.
29-31 모세와 아론이 가서 이스라엘의 모든 지도자를 불러 모았다. 아론은 **하나님**
께서 모세에게 일러 주신 모든 말씀을 그들에게 전하고 백성 앞에서 이적을 행
하여 보였다. 그러자 백성이 믿었다. 그들은 **하나님**께서 이스라엘 자손이 겪고
있는 일을 살피고 계시며, 그들의 고통을 모두 알고 계시다는 말을 듣고, 엎드
려 경배했다.

모세와 아론이 바로 앞에 서다

5

1 그 후에 모세와 아론이 바로에게 가서 말했다. "**하나님** 이스라엘의 하
나님께서 '내 백성을 놓아주어, 그들이 광야에서 나의 절기를 지키게 하
여라' 하고 말씀하십니다."
2 바로가 말했다. "**하나님**이 누구인데, 내가 그의 말을 듣고 이스라엘을 보내야
한다는 것이냐? 나는 너희들이 말하는 '**하나님**'을 도무지 모르겠고, 이스라엘도
절대로 떠나보내지 않겠다."
3 그들이 말했다. "히브리 사람의 하나님께서 우리를 만나 주셨습니다. 우리가
광야로 사흘길을 가서 우리 **하나님**을 예배하게 해주십시오. 그러지 않으면 그
분께서 질병과 죽음으로 우리를 치실 것입니다."
4-5 그러나 이집트 왕은 이렇게 말했다. "모세와 아론, 너희는 도대체 무엇 때문
에 백성에게 휴일을 주어 쉬게 해야 한다는 것이냐? 돌아가서 일이나 하거라!"
바로가 계속해서 말했다. "내가 이 자들을 빈둥거리게 했더니, 이제 너희는 그
들에게 쉴 시간까지 주자는 말이냐?"
6-9 바로는 즉시 조치를 취했다. 그는 강제노동 감독관과 작업반장들에게 지시를
내렸다. "너희는 벽돌을 만드는 데 필요한 짚을 더 이상 저 백성에게 공급해 주
지 마라. 저들 스스로 짚을 마련하게 하여라. 전과 똑같은 수의 벽돌을 생산하
게 하고, 저들의 하루 작업량을 조금도 줄여 주어서는 안된다! 저들이 게을러져
서, '우리 하나님을 예배할 수 있도록 시간을 주십시오' 하며 떠들고 다니는 것
이다. 저들을 엄히 다스려라. 그래야 저들의 불평이 사라지고, 신을 예배하겠다
는 망상도 사라질 것이다."
10-12 강제노동 감독관과 작업반장들이 나가서 백성에게 새로운 지시를 내렸다.
"바로께서 명령하신다. 더 이상 너희에게 짚을 공급해 주지 않겠다. 어디든 가
서, 너희 스스로 짚을 마련하여라. 그러나 너희의 하루 작업량에서 벽돌 하나라
도 줄어들어서는 안된다!" 백성은 이집트 전역으로 흩어져 짚을 긁어모았다.

[13] 강제노동 감독관들은 그들을 무자비하게 대했다. "너희의 하루 작업량을 다
채워라. 너희가 짚을 공급받던 때와 같은 수의 벽돌을 만들어야 한다."
[14] 강제노동 감독관들은 자신들이 세운 이스라엘 출신 작업반장들을 때리며 다그쳤다. "너희는 어째서 하루 작업량을 어제도 그제도, 그리고 오늘도 채우지 못했느냐?"
[15-16] 이스라엘 출신 작업반장들이 바로에게 가서 작업량을 줄여 달라고 호소했다. "왕께서는 어찌하여 왕의 종들을 이같이 대하십니까? 아무도 저희에게 짚을 주지 않으면서 저희더러 '벽돌을 만들라!'고 합니다. 보십시오. 저희의 잘못이 아닌데도, 저희가 이렇게 매를 맞았습니다."
[17-18] 그러자 바로가 말했다. "게으름뱅이들! 너희야말로 게으름뱅이들이다! 그러니 너희가 '우리가 가서 **하나님**을 예배하게 해주십시오' 하고 불평하는 것이다. 썩 물러가서 일이나 하여라! 아무도 너희에게 짚을 공급해 주지 않을 것이다. 그래도 하루가 끝날 때는 하루 작업량을 다 채워야 한다."
[19] 이스라엘 출신 작업반장들은 자신들이 곤경에 처했음을 알았다. 그들은 돌아가서 백성에게 "너희의 하루 작업량에서 벽돌 한 장도 줄여 줄 수 없다"고 말해야 했다.
[20-21] 그들은 바로 앞에서 나오다가, 자신들을 만나려고 기다리던 모세와 아론과 마주쳤다. 그들이 모세와 아론에게 말했다. "**하나님**께서 당신들이 한 짓을 보시고 심판해 주셨으면 좋겠소. 당신들은 바로와 그의 신하들 앞에서 우리를 역겹게 만들었소! 당신들이 바로의 손에 우리를 죽일 무기를 쥐어 준 것이오!"
[22-23] 모세가 돌아와서 **하나님**께 아뢰었다. "주님, 주께서는 어찌하여 이 백성을 이렇게도 모질게 대하십니까? 도대체 왜 저를 보내셨습니까? 제가 바로에게 가서 주의 이름으로 말한 순간부터 이 백성의 사정이 더 악화되었습니다. 저들을 구하신다고요? 주께서는 이렇게 하는 것이 저들을 구하는 것으로 보이십니까?"

내가 너희를 구해 내겠다

6 [1] **하나님**께서 모세에게 말씀하셨다. "이제 너는 내가 바로에게 어떻게 하는지 보게 될 것이다. 그는 강한 손에 떠밀려 그들을 내보낼 것이다. 그는 강한 손에 떠밀려 그들을 자기 땅에서 내쫓을 것이다."
[2-6] 하나님께서 모세에게 말씀하시며 그를 안심시키셨다. "나는 **하나님**이다. 나는 아브라함과 이삭과 야곱에게 강한 하나님으로 나타났으나, 그들에게 **하나님**(스스로 있는 자)이라는 내 이름으로 나를 알리지 않았다. 또한 나는 나그네로 머물던 가나안 땅을 그들에게 주기로 그들과 언약을 맺었다. 이제 나는 이집트 사람들이 종으로 부리는 이스라엘 자손의 신음소리를 듣고 나의 언약을 기억했다. 그러니 너는 이스라엘 자손에게 이렇게 전하여라.
[6-8] '나는 **하나님**이다. 내가 이집트의 혹독한 강제노동에서 너희를 이끌어 내겠다. 내가 너희를 종살이에서 구해 내겠다. 내가 직접 나서서, 강력한 심판을 행

하여 너희를 속량하겠다. 내가 너희를 내 백성으로 삼고 너희 하나님이 될 것이
다. 너희는 내가 이집트의 혹독한 강제노동에서 너희를 이끌어 낸, **하나님** 너희
하나님인 것을 알게 될 것이다. 나는 아브라함과 이삭과 야곱에게 주기로 약속
한 땅으로 너희를 데리고 가서, 그 땅을 너희에게 주어 너희 나라가 되게 하겠
다. 나는 **하나님**이다.'"
9 모세가 이 메시지를 이스라엘 자손에게 전했으나, 그들은 모진 종살이에 지치
고 낙심하여 그의 말을 들으려고 하지 않았다.
10-11 그러자 **하나님**께서 모세에게 말씀하셨다. "이집트 왕 바로에게 가서 이스
라엘 자손을 그의 땅에서 내보내라고 말하여라."
12 모세가 **하나님**께 대답했다. "보십시오. 이스라엘 자손도 제 말을 들으려고 하
지 않는데, 바로가 어찌 제 말을 듣겠습니까? 게다가 저는 말을 더듬습니다."
13 그러나 **하나님**께서는 모세와 아론에게 이스라엘 자손과 이집트 왕 바로에 대
해 다시 설명해 주시면서, 이스라엘 자손을 이집트 땅에서 인도하여 내라고 거
듭 명령하셨다.

모세와 아론의 족보

14 이스라엘 지파들의 우두머리들은 이러하다.
맏아들 르우벤의 아들들은 하녹, 발루, 헤스론, 갈미다. 이들은 르우벤 가문이다.
15 시므온의 아들들은 여무엘, 야민, 오핫, 야긴, 소할, 그리고 가나안 여인이 낳
은 아들 사울이다. 이들은 시므온 가문이다.
16 레위의 아들들의 이름을 태어난 순서대로 적으면 게르손, 고핫, 므라리다. 레
위는 137년을 살았다.
17 게르손의 아들들은 가문별로 립니, 시므이다.
18 고핫의 아들들은 아므람, 이스할, 헤브론, 웃시엘이다. 고핫은 133년을 살았다.
19 므라리의 아들들은 마흘리, 무시다.
이들은 태어난 순서로 본 레위의 자손이다.
20 아므람은 자신의 고모 요게벳과 결혼했는데, 그녀가 아론과 모세를 낳았다.
아므람은 137년을 살았다.
21 이스할의 아들들은 고라, 네벡, 시그리다.
22 웃시엘의 아들들은 미사엘, 엘사반, 시드리다.
23 아론은 암미나답의 딸이며 나손의 누이인 엘리세바와 결혼했는데, 그녀가 나
답, 아비후, 엘르아살, 이다말을 낳았다.
24 고라의 아들들은 앗실, 엘가나, 아비아삽이다. 이들은 고라 가문이다.
25 아론의 아들 엘르아살은 부디엘의 딸 가운데 하나와 결혼했는데, 그녀가 비
느하스를 낳았다.
이들은 가족별로 본 레위 가문의 우두머리들이다.

26-27 **하나님**께로부터 "이스라엘 자손을 가문별로 이집트 땅에서 이끌어 내라"는

명령을 받은 이들도 아론과 모세이고, 이집트 왕 바로에게 가서 이스라엘 자손
을 이집트 땅에서 내보내라고 말한 이들도 모세와 아론이다.

내가 너를 바로에게 신과 같이 되게 하겠다

28 **하나님**께서 이집트에서 모세에게 말씀하실 때의 상황은 이러하다.
29 하나님께서 모세에게 말씀하셨다. "나는 **하나님**이다. 내가 네게 하는 말을 너
는 이집트 왕 바로에게 하나도 빠짐없이 전하여라."
30 그러자 모세가 대답했다. "보십시오, 저는 말을 더듬습니다. 바로가 어찌 제
말을 듣겠습니까?"

7 1-5 **하나님**께서 모세에게 말씀하셨다. "보아라, 내가 너를 바로에게 신과
같이 되게 하고, 네 형 아론은 너의 예언자가 되게 하겠다. 너는 내가 네
게 명령한 모든 것을 말하고, 네 형 아론은 그것을 바로에게 전해야 한다. 그러
면 그가 이스라엘 자손을 자기 땅에서 내보낼 것이다. 동시에 나는 바로가 고집
을 부리게 해서, 많은 표적과 이적을 이집트에 가득 채우겠다. 바로는 네 말을
들으려고 하지 않겠지만, 나는 내 뜻대로 이집트를 치고 강력한 심판을 행하여,
나의 군사요 나의 백성인 이스라엘 자손을 이집트에서 이끌어 내겠다. 내가 직
접 나서서 이스라엘 자손을 그 땅에서 이끌어 낼 때에 내가 하나님인 것을 이집
트 사람들이 알게 될 것이다."
6-7 모세와 아론은 **하나님**께서 명령하신 대로 행했다. 그들이 바로에게 말할 때
에 모세는 여든 살이고 아론은 여든세 살이었다.

⁂

8-9 **하나님**께서 모세와 아론에게 말씀하셨다. "바로가 너희에게 '이적을 행하여,
너희 자신을 입증해 보아라' 하고 말하거든, 너는 아론에게 '형님의 지팡이를 들
어 바로 앞에 던지십시오. 그러면 그것이 뱀으로 변할 것입니다' 하고 말하여라."
10 모세와 아론이 바로에게 가서 **하나님**께서 명령하신 대로 행했다. 아론이 자
기 지팡이를 바로와 그의 신하들 앞에 던지니, 그것이 뱀으로 변했다.
11-12 바로가 현자와 마술사들을 불러들였다. 이집트의 마술사들도 자기들의 마
술로 똑같이 했다. 그들이 각자 자기 지팡이를 던지니, 그것들이 모두 뱀으로
변했다. 그러나 그때에 아론의 지팡이가 그들의 지팡이들을 삼켜 버렸다.
13 그러나 바로는 고집을 부렸다. **하나님**께서 말씀하신 대로, 바로는 그들의 말
을 들으려 하지 않았다.

첫 번째 재앙, 피

14-18 **하나님**께서 모세에게 말씀하셨다. "바로는 고집이 세서, 백성을 내보내려

하지 않는다. 너는 아침이 되거든 곧바로 바로에게 가서, 그가 강가로 내려올
때에 그를 만나거라. 너는 나일 강가에서, 전에 뱀으로 변했던 지팡이를 들고
그에게 이렇게 말하여라. '**하나님** 히브리 사람의 하나님께서 나를 왕에게 보내
셔서 이 메시지를 전하게 하셨습니다. "내 백성을 내보내어 광야에서 나를 예배
하게 하여라." 그런데도 왕은 아직까지 그 말씀을 듣지 않았습니다. 이제 이것
으로 왕은 그분이 **하나님**이신 것을 알게 될 것입니다. 이제 내가 쥐고 있는 이
지팡이로 나일 강의 물을 치겠습니다. 그러면 강물이 피로 변하여, 나일 강에
있는 물고기가 죽고 강물에서 악취가 나서, 이집트 사람들이 그 강의 물을 마시
지 못하게 될 것입니다.'"
19 **하나님**께서 모세에게 말씀하셨다. "너는 아론에게 말하여, 지팡이를 잡고서,
이집트의 물, 곧 이집트의 강과 운하와 늪과 모든 고인 물 위로 그것을 흔들라
고 하여라. 이집트 온 땅에 피가 가득할 것이다. 냄비와 접시에 담긴 물까지 피
로 변할 것이다."
20-21 모세와 아론은 **하나님**께서 명령하신 대로 행했다. 아론이 지팡이를 들어 바
로와 그의 신하들이 보는 앞에서 나일 강의 물을 치니, 강의 물이 다 피로 변했
다. 강에 있는 물고기가 죽고 강물에서 악취가 나서, 이집트 사람들이 그 강의
물을 마실 수 없게 되었다. 이집트 온 땅에 피가 가득했다.
22-25 그러나 이집트의 마술사들도 자기들의 마술로 똑같이 했다. 바로는 여전히
고집을 부렸다. **하나님**께서 말씀하신 대로, 바로는 그들의 말을 들으려 하지 않
았다. 그는 그 일에 전혀 마음을 두지 않고, 발길을 돌려 궁으로 돌아갔다. 그러
나 이집트 사람들 모두가 나일 강의 물을 마실 수 없게 되었으므로, 마실 물을
찾아 강에서 멀리 떨어진 땅을 파야만 했다.
하나님께서 나일 강을 치시고 나서 칠 일이 지났다.

두 번째 재앙, 개구리 떼

8 1-4 **하나님**께서 모세에게 말씀하셨다. "너는 바로에게 가서 이렇게 말하
여라. '**하나님의 메시지**다. 내 백성을 내보내어 나를 예배하게 하여라.
경고하건대, 네가 그들을 내보내지 않으면, 내가 개구리 떼로 온 땅을 치겠다.
나일 강이 개구리들로 가득 찰 것이다. 개구리들이 네 궁과 네 침실과 네 침대
로 들어가고, 네 신하들의 집과 백성 가운데로 다니며, 네 솥과 냄비와 접시 속
으로 뛰어들 것이다. 개구리들이 너를 덮치고, 모든 사람을 덮칠 것이다. 장소
와 물건을 가리지 않고, 개구리 천지가 될 것이다!'"
5 **하나님**께서 모세에게 말씀하셨다. "너는 아론에게 말하여, 지팡이를 강과 운하
와 늪 위로 흔들어 개구리 떼를 이집트 땅 위로 올라오게 하라고 하여라."
6 아론이 이집트의 물 위로 지팡이를 뻗자, 개구리 떼가 올라와 온 땅을 뒤덮었다.
7 그러나 마술사들도 자기들의 마술로 똑같이 하여, 개구리들이 이집트 땅 위로
올라오게 했다.
8 바로가 모세와 아론을 불러들여 말했다. "**하나님**께 기도하여 이 개구리들을

우리에게서 없애 다오. 내가 백성을 내보내어 하나님께 제사를 드리고 예배하
게 하겠다."
9 모세가 바로에게 말했다. "그렇게 하겠습니다. 시간을 정해 주십시오. 왕의 신
하들과 왕의 백성과 왕의 궁에서 이 개구리들을 언제 없애면 좋겠습니까? 나일
강에 있는 개구리들만 남고 다 사라질 것입니다."
10-11 "내일이다."
모세가 말했다. "내일 그렇게 하겠습니다. 왕께서는 우리 하나님 같은 분이 없
음을 알게 될 것입니다. 개구리 떼가 왕과 왕의 궁과 왕의 신하들과 왕의 백성
에게서 사라질 것입니다. 오직 나일 강의 개구리들만 남을 것입니다."
12-14 모세와 아론이 바로 앞에서 물러나왔다. 모세가 하나님께서 바로에게 보내
신 개구리들을 두고 기도하자, 하나님께서 모세의 기도에 응답하셨다. 집과 뜰
과 들 할 것 없이, 모든 곳에서 개구리들이 죽었다. 사람들이 개구리들을 모아
서 쌓아 놓으니, 죽은 개구리 냄새가 온 땅에 진동했다.
15 그러나 바로는 숨을 돌리게 되자, 다시 고집을 부리고 모세와 아론의 말을 들
으려 하지 않았다. 하나님께서 말씀하신 그대로였다.

세 번째 재앙, 이

16 하나님께서 모세에게 말씀하셨다. "너는 아론에게 말하여, 지팡이를 들어 먼
지를 치라고 하여라. 그러면 이집트 온 땅에서 먼지가 이로 변할 것이다."
17 모세가 그대로 행했다. 아론이 지팡이를 쥐고 땅의 먼지를 치자, 먼지가 이로
변하여 모든 사람과 짐승에게 들러붙었다. 온 땅의 먼지가 이로 변하여, 이집트
도처에 이가 퍼졌다.
18 마술사들도 자기들의 마술로 이를 만들어 내려고 했지만, 이번에는 그렇게
할 수가 없었다. 어디를 가나 이 천지였고, 모든 사람과 짐승에게 온통 이가 들
러붙었다.
19 마술사들이 바로에게 말했다. "이것은 하나님이 하시는 일입니다." 그러나 바
로는 완강해서 그들의 말을 들으려 하지 않았다. 하나님께서 말씀하신 그대로
였다.

네 번째 재앙, 파리 떼

20-23 하나님께서 모세에게 말씀하셨다. "너는 아침 일찍 일어나서 바로 앞에 서
거라. 바로가 물가로 내려올 때에, 그에게 이렇게 말하여라. '하나님의 메시지
다. 내 백성을 내보내어 나를 예배하게 하여라. 네가 내 백성을 내보내지 않으
면, 내가 너와 네 신하들과 네 백성과 네 궁에 파리 떼를 풀어 놓겠다. 이집트 사
람들의 집과 그들이 딛고 선 땅에도 파리 떼가 득실거릴 것이다. 그러나 그 일
이 일어날 때, 내 백성이 사는 고센 땅은 구별하여 거룩한 곳으로 삼겠다. 고센
땅에는 파리 떼가 없을 것이다. 그 일로 인하여 너는 내가 이 땅에서 하나님인
것을 알게 될 것이다. 내가 네 백성과 내 백성을 분명하게 구별하겠다. 이 표적

이 내일 일어날 것이다.'"

24 **하나님**께서 말씀하신 대로 행하셨다. 바로의 궁과 신하들의 집에 파리 떼가 득실거렸다. 이집트 온 땅이 파리 떼로 폐허가 되었다.

25 바로가 모세와 아론을 불러들여 말했다. "어서 가거라. 너희 하나님께 제사를 드려라. 그러나 이 땅에서 드려야 한다."

26-27 모세가 말했다. "그렇게 하는 것은 현명한 일이 아닙니다. 이집트 사람들은 우리가 우리 **하나님**께 제사를 드리는 것을 몹시 불쾌하게 여길 것입니다. 우리가 이집트 사람들 앞에서 그들이 불쾌하게 여기는 제사를 드리면, 그들이 우리를 죽이려 들 것입니다. 우리 **하나님**께서 우리에게 지시하신 대로, 우리가 광야로 사흘길을 가서 제사를 드리게 해주십시오."

28 바로가 말했다. "좋다. 내가 너희를 내보낼 테니, 가서 광야에서 너희 **하나님**께 제사를 드려라. 다만 너무 멀리 가지는 마라. 이제 나를 위해 기도해 다오."

29 모세가 말했다. "내가 이곳에서 나가는 대로 **하나님**께 기도하여, 내일 파리 떼가 왕과 왕의 신하들과 왕의 백성에게서 떠나가게 하겠습니다. 그러나 우리를 속이지 마십시오. 왕의 마음이 바뀌어서, 우리를 내보내어 **하나님**께 제사를 드리지 못하게 하는 일이 없기를 바랍니다."

30-32 모세가 바로 앞에서 물러나와 **하나님**께 기도하니, **하나님**께서 모세의 기도를 들어주셨다. 하나님께서 바로와 그의 신하들과 그의 백성에게서 파리 떼를 없애 주셨다. 파리가 한 마리도 남지 않았다. 그러나 바로는 또다시 고집을 부리고 백성을 내보내려 하지 않았다.

다섯 번째 재앙, 가축의 죽음

9

1-4 **하나님**께서 모세에게 말씀하셨다. "바로에게 가서 이렇게 말하여라. '**하나님** 히브리 사람의 하나님이 말씀하신다. 내 백성을 내보내어 나를 예배하게 하여라. 경고하건대, 네가 그들을 내보내지 않고 계속 붙잡아 두면, **하나님**이 들에 있는 네 가축을 칠 것이다. 너의 말과 나귀와 낙타와 소와 양을 쳐서 극심한 병이 들게 할 것이다. **하나님**이 이스라엘의 가축과 이집트의 가축을 분명하게 구별할 것이다. 이스라엘 자손에게 속한 짐승은 단 한 마리도 죽지 않을 것이다.'"

5 **하나님**께서 때를 정하시고 말씀하셨다. "**하나님**이 내일 이 일을 행할 것이다."

6-7 이튿날 **하나님**께서 그대로 행하셨다. 이집트의 가축은 모두 죽었으나, 이스라엘 자손의 가축은 한 마리도 죽지 않았다. 바로가 사람을 보내어 일어난 일을 알아보니, 과연 이스라엘 자손의 가축은 단 한 마리도 죽지 않았다. 그러나 바로는 여전히 고집을 부리고 백성을 내보내려 하지 않았다.

여섯 번째 재앙, 악성 종기

8-11 **하나님**께서 모세와 아론에게 말씀하셨다. "너희는 아궁이에서 재를 긁어모아 두 손에 가득 쥐어라. 그리고 모세가 그것을 바로가 보는 앞에서 공중에 뿌

려라. 그것이 이집트 온 땅을 덮는 미세한 먼지가 되어, 이집트 온 땅에 있는 사람과 짐승에게 악성 종기를 일으킬 것이다." 그들은 아궁이에서 재를 긁어모아 손에 쥐고, 바로 앞에 서서 공중에 뿌렸다. 그랬더니 그것이 사람과 짐승에게 악성 종기를 일으켰다. 이번에는 마술사들도 종기 때문에 모세와 맞서지 못했다. 이집트에 있는 다른 모든 사람과 마찬가지로, 그들도 온몸에 종기가 났기 때문이다.

12 **하나님**께서 바로의 고집을 드세게 하셨다. **하나님**께서 모세에게 말씀하신 대로, 바로는 그들의 말을 들으려 하지 않았다.

일곱 번째 재앙, 우박

13-19 **하나님**께서 모세에게 말씀하셨다. "너는 아침 일찍 일어나서 바로 앞에 서거라. 그에게 이렇게 말하여라. '**하나님** 히브리 사람의 하나님이 말씀하신다. 내 백성을 내보내어 나를 예배하게 하여라. 이번에는 내가 너와 네 신하들과 네 백성을 나의 강력한 능력으로 쳐서, 온 세상 어디에도 나와 같은 신이 없음을 너로 알게 하겠다. 내가 치명적인 질병으로 너와 네 백성을 쳤더라면, 지금쯤 네게 남은 것이 없고, 네게 그 흔적조차 없으리라는 것을 이제 너도 깨달을 것이다. 내가 너를 쓰러뜨리지 않은 것은, 네가 내 능력을 인정하게 하여 내 이름이 온 세상에 전파되게 하려는 것이다. 너는 아직도 내 백성을 희생시켜 네 자신을 높이면서, 내 백성을 놓아주지 않고 있다. 그러므로 앞으로 일어날 일은 이러하다. 내일 이맘때 내가 무시무시한 우박을 퍼부을 것이다. 이집트가 세워진 이래로 지금까지 그와 같은 우박이 없었을 것이다. 그러니 너는 네 가축을 안전한 곳으로 대피시켜라. 우박이 떨어지면, 사람이나 짐승 할 것 없이 들에 있는 모든 것이 죽을 것이다.'"

20-21 바로의 신하들 가운데 **하나님**의 말씀을 받아들인 자들은 모두 자기 일꾼과 짐승들을 서둘러 안전한 곳으로 대피시켰다. 그러나 **하나님**의 말씀을 진지하게 받아들이지 않은 자들은 자기 일꾼과 짐승들을 들에 내버려 두었다.

22 **하나님**께서 모세에게 말씀하셨다. "네 두 손을 하늘로 뻗어, 이집트 온 땅, 곧 이집트의 들에 있는 사람과 짐승들과 농작물 위에 우박이 떨어지게 하여라."

23-26 모세가 하늘을 향해 지팡이를 들자, **하나님**께서 천둥소리와 함께 우박과 번개를 내리셨다. **하나님**께서 이집트 땅에 우박을 퍼부으신 것이다. 번개와 폭풍을 동반한 사나운 우박이었다. 이집트 역사상 그와 같은 우박이 내린 적은 한 번도 없었다. 우박은 이집트 온 땅을 사납게 내리쳤다. 사람이나 짐승이나 농작물 할 것 없이, 들에 있는 모든 것을 세차게 내리쳤다. 들에 있는 나무까지 부러뜨렸다. 그러나 이스라엘 자손이 사는 고센 땅만은 예외여서, 그 땅에는 우박이 내리지 않았다.

27-28 바로가 모세와 아론을 불러들여 말했다. "이번에는 내가 확실히 죄를 지었다. **하나님**이 옳고 나와 내 백성은 그르다. **하나님**께 기도해 다오. 우리가 **하나님**이 내리시는 천둥과 우박을 맞을 만큼 맞았다. 내가 너희를 내보낼 테니, 가

능한 한 빨리 여기서 나갔으면 좋겠다."

29-30 모세가 말했다. "내가 이 성을 벗어나는 대로, 하나님께 내 손을 들겠습니다. 천둥이 멎고, 우박도 그칠 것입니다. 그러면 왕은 땅이 하나님의 것임을 알게 될 것입니다. 그래도 왕과 왕의 신하들이 하나님을 경외하지 않을 것을 나는 알고 있습니다."

31-32 (마침 아마와 보리가 무르익고 있어서, 그것들이 못쓰게 되고 말았다. 그러나 밀과 귀리는 아직 여물지 않아서 피해를 입지 않았다.)

33 모세가 바로 앞에서 물러나와 성 밖으로 나갔다. 그가 하나님께 손을 들자, 천둥과 우박이 그치고 비바람이 잠잠해졌다.

34-35 그러나 바로는 비와 우박과 천둥이 멎은 것을 보고, 곧 다시 죄를 지었다. 그와 그의 신하들이 전처럼 고집을 꺾지 않았다. 바로의 마음은 바위처럼 단단해졌다. 하나님께서 모세를 통해 말씀하신 대로, 바로는 이스라엘 자손을 내보내려 하지 않았다.

여덟 번째 재앙, 메뚜기 떼

10 1-2 하나님께서 모세에게 말씀하셨다. "바로에게 가거라. 내가 바로와 그의 신하들의 마음을 완강하게 했다. 이는 내가 바로에게 이 표적들을 보게 하려는 것이고, 내가 이집트 사람들을 어떻게 괴롭게 했는지 네가 네 자녀와 후손에게 전하게 하려는 것이다. 내가 이집트 사람들에게 행한 표적 이야기를 네가 네 자녀와 후손에게 들려주어, 내가 하나님인 것을 너희 모두가 알게 하려는 것이다."

3-6 모세와 아론이 바로에게 가서 말했다. "하나님 히브리 사람의 하나님께서 이렇게 말씀하십니다. '네가 언제까지 굴복하지 않겠느냐? 내 백성을 내보내어 나를 예배하게 하여라. 두고 보아라. 네가 내 백성을 내보내지 않으면, 내가 내일 네 땅으로 메뚜기 떼를 들여보내겠다. 메뚜기 떼가 온 땅을 뒤덮어, 아무도 땅을 보지 못하게 될 것이다. 메뚜기들이 우박의 피해를 입지 않고 남은 것을 모조리 먹어 치우고, 들에서 자라는 어린 나무까지 먹어 치울 것이다. 나무란 나무는 모조리 끝장낼 것이다. 또한 메뚜기들이 네 궁으로 들이닥쳐서, 네 신하들의 집과 이집트에 있는 모든 집에 가득 찰 것이다. 네 조상이 이 땅을 처음 밟은 이래로, 오늘까지 그와 같은 것을 본 사람이 아무도 없을 것이다.'" 모세가 발길을 돌려 바로 앞에서 물러나왔다.

7 바로의 신하들이 바로에게 말했다. "왕께서는 저 사람이 언제까지 우리를 괴롭히도록 내버려 두시겠습니까? 저 사람들을 내보내어 자기의 하나님을 예배하게 하십시오. 이집트가 다 죽어 가는 것이 보이지 않습니까?"

8 모세와 아론이 다시 바로에게 불려 갔다. 바로가 그들에게 말했다. "그렇다면 어서 가거라. 가서 너희 하나님을 예배하여라. 너희와 함께 갈 사람들이 도대체 누구냐?"

9 모세가 말했다. "우리가 **하나님**께 예배를 드려야 하므로, 젊은이와 노인들, 아
들과 딸들, 양 떼와 소 떼를 데리고 가겠습니다."
10-11 바로가 말했다. "**하나님**의 복을 빌어 주며 너희를 보낼지언정, 너희 자녀들
을 너희와 함께 보내지는 않을 것이다. 너희가 못된 짓을 꾀하고 있는 것이 빤
히 들여다보인다. 어림없는 수작 마라. 너희 장정들만 가거라. 어서 가서 **하나
님**을 예배하여라. 그것이 너희가 그토록 바라던 것이 아니냐." 그들은 바로 앞
에서 쫓겨났다.
12 **하나님**께서 모세에게 말씀하셨다. "네 손을 이집트 땅 위로 뻗어, 메뚜기 떼
가 이집트 땅을 덮게 하여라. 메뚜기들이 우박의 피해를 입지 않고 땅에 남은
채소를 남김없이 먹어 치울 것이다."
13 모세가 지팡이를 이집트 땅 위로 뻗자, **하나님**께서 동풍이 불게 하셨다. 동풍
이 그날 내내 낮과 밤으로 불었다. 아침에 보니, 동풍이 메뚜기 떼를 몰고 왔다.
14-15 메뚜기 떼가 이집트 땅을 덮고 이집트 온 땅에 내려앉았다. 메뚜기 떼가 땅
을 가득 메웠다. 그렇게 많은 메뚜기 떼의 습격은 전에도 없었고 앞으로도 없을
것이었다. 메뚜기 떼가 온 땅을 뒤덮어서 땅이 새까맣게 되었다. 메뚜기들은 모
든 채소와 열매뿐 아니라, 우박의 피해를 입지 않은 모든 것을 닥치는 대로 먹
어 치웠다. 이집트 온 땅에 벌거벗은 나무와 텅 빈 들 외에는 아무것도 남지 않
았다. 푸른 것이라고는 흔적조차 없었다.
16-17 바로가 즉시 모세와 아론을 불러들여 말했다. "내가 너희 **하나님**과 너희에
게 죄를 지었다. 한 번 더 나의 죄를 눈감아 다오. 너희 **하나님**께 기도하여 이
재앙에서 나를 건져 달라고 해다오. 이곳에서 죽음이 떠나가게 해다오!"
18-19 모세가 바로 앞에서 물러나와 **하나님**께 기도하자, **하나님**께서 바람의 방향
을 바꾸셨다. 강한 서풍이 메뚜기 떼를 몰고 가서 홍해에 처넣어 버렸다. 이집
트 온 땅에 메뚜기가 한 마리도 남지 않았다.
20 그러나 **하나님**께서 바로의 마음을 전처럼 완강하게 하셨다. 바로는 여전히
이스라엘 자손을 내보내려 하지 않았다.

아홉 번째 재앙, 어둠

21 **하나님**께서 모세에게 말씀하셨다. "네 손을 하늘로 뻗어, 이집트 땅에 어둠이
내리게 하여라. 손으로 더듬어야 다닐 수 있을 만큼 짙은 어둠이 내릴 것이다."
22-23 모세가 하늘로 손을 뻗자, 짙은 어둠이 사흘 동안 이집트 땅에 내렸다. 사람
들은 서로 볼 수 없었고, 사흘 동안 꼼짝도 할 수 없었다. 그러나 이스라엘 자손
만은 예외여서, 그들이 사는 곳에는 빛이 있었다.
24 바로가 모세를 불러들여 말했다. "가서 **하나님**을 예배하여라. 너희 양 떼와
소 떼는 남겨 두고, 너희 자녀들은 데리고 가거라."
25-26 모세가 말했다. "왕께서는 우리가 **하나님**께 드릴 짐승과 제물들을 가져가
게 해주셔야 합니다. 그래야 우리가 우리 **하나님**을 예배하면서 그것들을 제물
로 드릴 수 있습니다. 우리의 가축들도 우리와 함께 가야 하며, 한 마리도 남겨

두어서는 안됩니다. 그것들은 우리가 하나님께 드릴 예배에 필요한 제물입니
다. 그리고 그곳에 이를 때까지는, 어떤 것을 제물로 드려야 할지 우리가 알지
못합니다."
27 그러나 하나님께서 바로의 마음을 계속해서 완강하게 하셨다. 바로는 그들을
내보내려 하지 않았다.
28 바로가 모세에게 말했다. "내 앞에서 썩 꺼져라! 다시는 너를 보고 싶지 않다.
조심해라. 내 앞에 다시 나타났다가는 죽을 것이다."
29 모세가 말했다. "마음대로 하십시오. 나도 다시는 왕 앞에 나타나지 않겠습니다."

열 번째 재앙, 처음 태어난 것의 죽음

11 1 하나님께서 모세에게 말씀하셨다. "내가 마지막으로 바로와 이집
트를 치겠다. 그렇게 한 다음에야 그가 너희를 놓아줄 것이다. 그가
너희를 내보내는 날, 그날은 너희가 이집트를 보는 마지막 날이 될 것이다. 그
가 너희를 어떻게든 빨리 떨쳐 버리려 할 것이다.
2-3 네가 할 일은 이러하다. 너는 백성에게 말하여, 남자는 이웃 남자에게, 여자
는 이웃 여자에게 은붙이와 금붙이를 요구하게 하여라." 하나님께서는 이집트
사람들이 이스라엘 백성을 선대하게 해주셨다. 또한 모세는, 바로의 신하들과
백성에게 크게 높임을 받는 인물이 되었다.
4-7 모세가 바로 앞에 섰다. "하나님의 메시지입니다. '내가 한밤중에 이집트 가
운데로 지나가겠다. 왕좌에 앉은 바로의 맏아들에서부터 맷돌을 가는 여종의
맏아들에 이르기까지, 이집트에 있는 모든 맏아들이 죽을 것이다. 짐승의 처음
태어난 새끼도 죽을 것이다. 이집트 전역에서 통곡소리가 터져 나올 것이다. 그
러한 통곡은 전에도 없었고 앞으로도 없을 것이다. 그러나 이스라엘 자손에게
는—사람에게나 짐승에게나—개도 감히 함부로 짖지 못할 것이다. 이는 하나님
께서 이집트 사람과 이스라엘 자손을 분명하게 구별하고 계심을 너로 알게 하
려는 것이다.'
8 그러면 왕의 모든 신하가 무릎을 꿇고 나에게 떠나 달라고 사정할 것입니다.
'떠나시오! 당신과 당신을 따르는 백성은 모두 떠나 주시오!' 할 것입니다. 그때
에는 나도 반드시 떠나겠습니다."
모세는 몹시 화를 내며 바로 앞에서 물러나왔다.
9 하나님께서 모세에게 말씀하셨다. "바로는 네가 하는 말을 한 마디도 들으려
하지 않을 것이다. 이는 나 하나님의 살아 있음과 나의 표적을 이집트 땅에 더
많이 나타내려는 것이다."

10 모세와 아론은 바로 앞에서 이 모든 표적을 행했다. 그러나 하나님께서는 바
로의 마음을 전보다 더 완강하게 하셨다. 그는 또다시 이스라엘 자손을 자기 땅
에서 내보내려 하지 않았다.

유월절, 무교절

12

1-10 **하나님**께서 이집트 땅에서 모세와 아론에게 말씀하셨다. "이 달은 너희에게 한 해의 첫째 달이 될 것이다. 이스라엘 온 공동체에 전하여라. 이 달 십 일에 모든 남자가 자기 가족을 위해 어린양 한 마리를, 집집마다 어린양 한 마리를 잡으라고 하여라. 가족의 수가 너무 적어서 어린양 한 마리를 다 먹을 수 없거든, 사람 수에 따라 가까운 이웃과 함께 나누어 먹어라. 각 사람이 먹을 양을 잘 계산하여라. 너희의 어린양은 일 년 된 건강한 수컷으로 하되, 양이나 염소 가운데서 골라라. 그 양을 이 달 십사 일까지 우리에 넣어 두었다가 해가 질 무렵에 잡아라. 이스라엘 온 공동체가 그렇게 하여라. 그런 다음 그 양의 피 얼마를 받아다가, 고기를 먹을 집의 두 문기둥과 그 기둥 사이에 놓인 상인방에 발라라. 그날 밤에 너희는 고기를 불에 구워 먹되, 누룩을 넣지 않은 빵과 쓴 나물을 곁들여 먹어야 한다. 날것으로 먹거나 물에 삶아 먹지 마라. 머리와 다리와 내장 할 것 없이, 고기 전체를 구워 먹어라. 그것을 아침까지 남겨 두지 말고, 남은 것이 있거든 불에 태워 버려라.

11 그것을 먹는 방법은 이러하다. 옷을 차려 입고, 신을 신고, 손에 지팡이를 들고, 서둘러 먹어라. 이것이 **하나님**의 유월절이다.

12-13 그날 밤에 내가 이집트 땅을 지나가면서 사람이든 짐승이든 가리지 않고 이집트 땅에 있는 처음 태어난 것을 모두 치고, 이집트의 모든 신들을 심판하겠다. 나는 **하나님**이다. 피는 너희가 살고 있는 집을 가리키는 표적이 될 것이다. 내가 그 피를 보고서 너희를 넘어가겠다. 내가 이집트 땅을 칠 때에 어떤 재앙도 너희를 건드리지 못할 것이다.

14-16 이날은 너희에게 기념일이 될 것이니, 너희는 이날을 **하나님**의 절기, 곧 대대로 영원히 지켜야 할 절기로 기념하여라. 너희는 칠 일 동안 누룩을 넣지 않은 빵(무교병)을 먹어라. 첫째 날에 너희는 집에서 누룩을 모두 없애 버려라. 첫째 날부터 일곱째 날까지 누룩을 넣은 빵을 먹는 사람은, 누구든지 이스라엘 가운데서 끊어질 것이다. 첫째 날과 일곱째 날은 거룩하게 구별된 날이니, 그 두 날에는 일하지 마라. 각 사람이 먹을 것을 장만하는 일만은 할 수 있다.

17-20 무교절을 지켜라! 이는 내가 너희를 이집트 땅에서 일제히 이끌어 낸 것을 기념하는 날이다. 너희는 이날을, 대대로 영원히 지켜야 할 절기로 기념하여라. 너희는 첫째 달 십사 일 저녁부터 이십일 일 저녁까지 누룩을 넣지 않은 빵을 먹어야 한다. 칠 일 동안은 너희 집 안에 누룩의 흔적조차 있어서는 안된다. 너희를 방문한 사람이든 그 땅에서 태어난 사람이든, 누구든지 누룩을 넣은 음식을 먹는 사람은 이스라엘 공동체 가운데서 끊어질 것이다. 누룩을 넣은 음식은 아무것도 먹지 말고, 오직 무교병만 먹어야 한다."

21-23 모세는 이스라엘의 장로들을 모두 불러 모아 이렇게 말했다. "각자 자기 가족을 위해 어린양 한 마리를 골라서 유월절 어린양으로 잡으십시오. 우슬초 한 다발을 가져다가 피를 받은 그릇에 담근 다음, 그 피를 두 문기둥과 상인방에 바르십시오. 아침까지 아무도 집 밖으로 나가서는 안됩니다. **하나님**께서 이집

트를 치러 지나가실 것입니다. 하나님께서 두 문기둥과 상인방에 바른 피를 보
시고, 그 문 앞을 넘어가실 것입니다. 파괴하는 자가 여러분의 집으로 들어가
여러분을 쳐서 멸하는 일이 없게 하실 것입니다.
24-27 이 말씀을 지키십시오. 이것은 여러분과 여러분의 자녀를 위한 규례이니,
영원히 지키십시오. 하나님께서 여러분에게 주시겠다고 약속하신 땅에 들어가
거든, 여러분은 이것을 지켜 행하십시오. 여러분의 자녀가 '왜 이렇게 하는 것입
니까?' 하고 묻거든, '이것은 하나님께 드리는 유월절 제사다. 하나님께서 이집
트를 죽음으로 치시고 우리를 구하실 때, 이집트에 있던 이스라엘 자손의 집은
그냥 넘어가셨다' 하고 그들에게 말해 주십시오."
백성이 엎드려 경배했다.
28 이스라엘 자손이 가서, 하나님께서 모세와 아론에게 명령하신 대로, 모든 것
을 행했다.

이스라엘이 이집트를 떠나다

29 한밤중에 하나님께서, 왕좌에 앉은 바로의 맏아들에서부터 감옥에 갇힌 죄수
의 맏아들에 이르기까지, 이집트 땅의 모든 맏아들을 치셨다. 짐승의 처음 태어
난 새끼도 치셨다.
30 그날 밤에 바로는 물론이고 그의 신하들과 모든 이집트 사람들이 깨어 일어났다.
거친 통곡의 소리가 이집트를 덮었다! 초상을 당하지 않은 집이 한 집도 없었다.
31-32 바로가 그 밤에 모세와 아론을 불러들여 말했다. "너희와 너희 이스라엘 자
손은 이 땅에서 썩 나가 너희 뜻대로 하여라! 너희가 바라던 대로, 가서 하나님
을 예배하여라. 너희가 요구하던 대로, 너희 양 떼와 소 떼도 데리고 가거라. 그
리고 나를 위해 복을 빌어 다오."
33 이집트 사람들은 이스라엘 자손을 속히 내쫓고 싶었다. 그들은 "우리가 다 죽
게 되었다"고 하면서, 이스라엘 자손에게 서둘러 떠나라고 재촉했다.
34-36 이스라엘 백성은 부풀지 않은 빵 반죽 덩어리를 그릇에 담아 외투에 싸서
어깨에 둘러맸다. 이스라엘 자손은 모세가 일러 준 대로 행하여, 이집트 사람들
에게 은붙이와 금붙이와 옷가지를 요구했다. 하나님께서 이집트 사람들이 이스
라엘 자손을 선대하게 해주셔서, 이스라엘 자손이 요구하는 대로 기꺼이 내주
게 하셨다! 이스라엘 자손은 이집트 사람들을 빈털터리로 만들었다.
37-39 이스라엘 자손은 라암셋을 떠나 숙곳을 향해 나아갔다. 60만여 명의 장정
이 자기 가족들과 함께 걸어서 갔다. 양 떼와 소 떼 등 수많은 가축 떼는 말할 것
도 없고, 어중이떠중이들도 그 뒤를 따랐다. 그들은 이집트에서 가지고 나온 반
죽으로 누룩을 넣지 않은 빵을 구웠다. 이는 그들이 이집트에서 급히 나오느라,
여정에 필요한 양식을 미처 마련하지 못했기 때문이다.

유월절 규례

40-42 이스라엘 자손은 이집트에서 430년을 살았다. 430년이 끝나는 바로 그날,

하나님의 모든 군대가 이집트를 떠났다. 그날 하나님께서 이스라엘 자손을 이
집트에서 이끌어 내시면서, 밤을 새워 지켜 주셨다. 하나님께서 이 밤을 지켜
주셨으므로, 이스라엘의 모든 사람이 대대로 이 밤을 새우며 하나님을 경배하
게 되었다.

⸙

43-47 하나님께서 모세와 아론에게 말씀하셨다. "유월절 규례는 이러하다.
외국인은 유월절 음식을 먹지 못한다.
돈으로 사들인 종으로, 할례 받은 사람은 먹을 수 있다.
잠시 머무는 방문객이나 고용된 일꾼은 먹을 수 없다.
한 집에서 먹되, 집 밖으로 고기를 가지고 나가서는 안된다.
뼈는 하나라도 꺾어서는 안된다.
이스라엘 온 공동체가 유월절 식사에 빠짐없이 참여해야 한다."

48 "너희와 함께 사는 외국인이 하나님 앞에서 유월절을 지키고자 한다면, 그의
집안 모든 남자가 할례를 받아야 한다. 그런 다음에 그는 유월절 식사에 참여할
수 있다. 그는 본국인과 같은 대우를 받을 것이다. 그러나 할례를 받지 않은 사
람은 유월절 음식을 먹어서는 안된다."

49 "이 법은 본국인이나 너희와 함께 사는 외국인에게나 똑같이 적용된다."

50-51 이스라엘 모든 자손이 하나님께서 모세와 아론에게 명령하신 대로 행했다. 바
로 그날에 하나님께서 이스라엘 자손을 지파별로 이집트 땅에서 이끌어 내셨다.

⸙

13 1-2 하나님께서 모세에게 말씀하셨다. "처음 태어난 것은 모두 거룩
하게 구별하여 내게 바쳐라. 이스라엘 자손 가운데서 맨 처음 태를
열고 나온 것은, 사람이든 짐승이든 모두 내 것이다."
3 모세가 백성에게 말했다. "이날을 항상 기억하십시오. 이날은 여러분이 이집
트, 곧 여러분이 종살이하던 집에서 나온 날입니다. 하나님께서 강한 손으로 여
러분을 이집트에서 이끌어 내셨으니, 누룩을 넣은 빵은 먹지 마십시오.
4-5 여러분은 봄이 시작되는 아빕월에 이집트를 떠났습니다. 하나님께서 여러분
을 이끄셔서, 가나안 사람과 헷 사람과 아모리 사람과 히위 사람과 여부스 사람
의 땅, 곧 여러분에게 주시겠다고 여러분의 조상에게 약속하신 젖과 꿀이 흐르
는 땅으로 여러분을 데려가시거든, 여러분은 이 달에 다음과 같이 예식을 지켜
야 합니다.
6 여러분은 칠 일 동안 누룩을 넣지 않은 빵을 먹어야 하며, 일곱째 날에는 하나
님께 절기를 지켜야 합니다.

7 칠 일 동안은 누룩을 넣지 않은 빵을 먹어야 합니다. 누룩을 넣은 흔적이 있어
서는 안되며, 어디에도 누룩이 있어서는 안됩니다.
8 그날에 여러분은, 여러분의 자녀에게 '이 예식을 지키는 것은 내가 이집트에
서 나올 때 **하나님**께서 나를 위해 행하신 일 때문이다' 하고 알려 주십시오.
9-10 이날을 지키는 것은 여러분의 손에 감은 표나 여러분의 두 눈 사이에 붙인
기념표나 여러분의 입에 담긴 **하나님**의 가르침과 같은 것입니다. **하나님**께서
강한 손으로 여러분을 이집트에서 이끌어 내셨기 때문입니다. 여러분은 해마다
정해진 때에, 이 규례대로 행하십시오.
11-13 **하나님**께서 여러분과 여러분의 조상에게 약속하신 대로, 여러분을 가나안
사람의 땅으로 이끄셔서 그 땅을 여러분에게 주시거든, 여러분은 맨 처음 태어
난 모든 것을 **하나님**께 구별하여 드려야 합니다. 여러분의 가축이 맨 처음 낳은
새끼도 모두 **하나님**의 것입니다. 여러분이 나귀의 첫 새끼를 다른 것으로 대신
하고 싶으면 어린양으로 대신할 수 있습니다. 대신하지 않으려거든, 그 목을 꺾
어야 합니다.
13-16 여러분의 자녀 가운데 맏아들은 모두 대속하십시오. 때가 되어 여러분의 아
들이 '왜 이렇게 하는 것입니까?' 하고 묻거든, 이렇게 말해 주십시오. '**하나님**
께서 강한 손으로 이집트, 곧 종살이하던 집에서 우리를 이끌어 내셨다. 바로가
우리를 놓아주지 않으려고 완강하게 버티자, **하나님**께서 이집트에서 처음 태어
난 것, 곧 사람뿐 아니라 짐승의 처음 태어난 것까지 다 죽이셨다. 그래서 내가
처음 태어난 모든 수컷을 **하나님**께 제물로 드리고 모든 맏아들을 대속하는 것
이다.' 이날을 지키는 것은 여러분의 손에 감은 표나 여러분의 이마 중앙에 붙인
표와 같은 역할을 합니다. **하나님**께서 강한 손으로 우리를 이집트에서 이끌어
내셨기 때문입니다."

17 바로가 백성을 내보낸 뒤의 상황은 이러하다. 블레셋 사람의 땅을 통과해 가
는 길이 가장 가까운 길인데도, 하나님께서는 백성을 그 길로 인도하지 않으셨
다. "백성이 전쟁을 만나면 마음이 바뀌어 이집트로 되돌아갈 것이다" 하고 생
각하셨기 때문이다.
18 그래서 하나님께서는, 백성을 홍해로 가는 광야길로 돌아가도록 인도하셨다.
이스라엘 자손은 군대식으로 대열을 갖춰 이집트를 떠났다.
19 모세는 요셉의 유골을 가지고 떠났다. 요셉이 전에 말하기를 "하나님께서 틀
림없이 여러분을 책임지실 것입니다. 그때 여기서 내 유골을 가지고 가겠다고
다짐하십시오" 하고 이스라엘 자손에게 엄숙히 맹세시켰기 때문이다.
20-22 그들은 숙곳을 떠나서 광야 끝에 있는 에담에 진을 쳤다. **하나님**께서 그들
보다 앞서 가시며 낮에는 구름기둥으로 길을 인도하시고, 밤에는 불기둥으로
그들을 비추어 주셨다. 그들은 낮에도 밤에도 이동할 수 있었다. 낮에는 구름기
둥이, 밤에는 불기둥이 그 백성을 떠나지 않았다.

하나님께서 행하시는 구원

14

1-2 **하나님**께서 모세에게 말씀하셨다. "너는 이스라엘 자손에게 말하여, 오던 길로 되돌아가서 믹돌과 바다 사이에 있는 비하히롯, 곧 바알스본 맞은편 바닷가에 진을 치라고 하여라.

3-4 바로는 '이스라엘 자손이 길을 잃고서 헤매고 있다. 저들이 광야에 꼼짝없이 갇혔다'고 생각할 것이다. 그때 내가 바로의 마음을 다시 고집스럽게 하여, 그가 너희를 뒤쫓아 오게 할 것이다. 내가 바로와 그의 군대를 사용하여 나의 영광을 드러내겠다. 그러면 이집트 사람들이 내가 **하나님**인 것을 깨닫게 될 것이다."

이스라엘 자손이 그대로 행했다.

5-7 이집트 왕이 이스라엘 백성이 떠났다는 소식을 전해 들었다. 바로와 그의 신하들이 마음이 변하여 말했다. "우리에게 종살이하던 이스라엘을 놓아주다니, 우리가 대체 무슨 짓을 한 건가?" 바로는 전차를 준비시키고 군대를 소집했다. 그는 최정예 전차 육백 대와 그 밖의 이집트 전차들과 전차를 모는 기병들을 거느리고 나섰다.

8-9 **하나님**께서 이집트 왕 바로의 마음을 완강하게 하셨다. 바로는 이스라엘 자손이 뒤도 돌아보지 않고 떠나가자, 그들의 뒤를 쫓기로 결심했다. 이집트 사람들이 추격하여 바닷가에 진을 치고 있던 이스라엘 자손을 바짝 따라붙었다. 바로의 말이 끄는 전차들과 전차를 모는 기병들과 바로의 모든 군사가 바알스본 맞은편 비하히롯에 집결했다.

10-12 바로가 접근해 오자, 이스라엘 자손이 고개를 들어 그들을 보았다. 이집트 사람들이었다! 금방이라도 그들을 덮칠 태세였다!

그들은 몹시 두려웠다. 그들은 무서워서 **하나님**께 부르짖었다. 그들이 모세에게 말했다. "이집트에 넓은 매장지가 없어서 이곳 광야에서 죽게 하려고 우리를 데려왔단 말입니까? 왜 우리를 이집트에서 이끌고 나와서 이 같은 일을 당하게 하는 겁니까? 전에 이집트에 있을 때 우리가 이런 일이 일어날 거라고 하지 않았습니까? '광야에서 죽는 것보다 차라리 이집트에서 종으로 사는 것이 더 나으니, 우리를 이집트에 그대로 내버려 두라'고 우리가 말하지 않았습니까?"

13 모세가 백성에게 말했다. "두려워하지 마십시오. 굳게 서서, **하나님**께서 오늘 여러분을 위해 행하시는 구원을 지켜보십시오. 오늘 저 이집트 사람들을 똑똑히 보아 두십시오. 다시는 여러분이 저들을 볼 일이 없을 것입니다.

14 **하나님**께서 여러분을 위해 싸우실 것입니다.
여러분은 잠자코 가만히 있기만 하면 됩니다!"

15-16 **하나님**께서 모세에게 말씀하셨다. "너는 왜 내게 부르짖느냐? 이스라엘 자손에게 말하여라. 계속해서 전진하라고 명령하여라. 지팡이를 높이 들고 바다 위로 네 손을 뻗어, 바다를 갈라지게 하여라! 이스라엘 자손이 바다 한가운데로

마른 땅을 밟고 지나가게 될 것이다.
17-18 내가 이집트 사람들이 너희를 집요하게 추격하도록 하겠다. 내가 바로와 그
의 모든 군대와 그의 전차와 기병들을 사용하여 나의 영광을 드러내고, 내가 하
나님인 것을 이집트 사람들이 깨닫게 하겠다."
19-20 이스라엘 진을 이끌고 가던 하나님의 천사가 그들 뒤로 자리를 옮겼다. 앞
에 있던 구름기둥도 뒤로 자리를 옮겼다. 이제 구름이 이집트 진과 이스라엘 진
사이를 막아섰다. 구름이 한쪽 진은 어둠으로 덮어 버리고 다른 쪽 진은 빛으로
환하게 밝혀 주었다. 두 진이 밤새도록 서로 가까이 가지 못했다.
21 모세가 바다 위로 손을 뻗자, **하나님**께서 밤새도록 강한 동풍으로 바닷물을 물
러가게 하셨다. **하나님**께서 바다를 마른 땅으로 만드셨다. 바닷물이 갈라졌다.
22-25 물이 갈라져 좌우에 벽이 되자, 이스라엘 자손이 바다 한가운데로 마른 땅
을 밟고 지나갔다. 이집트 사람들이 그들을 맹렬히 추격하여 쫓아왔다. 바로의
모든 말과 전차와 기병들이 바다 한가운데로 달려 들어왔다. 새벽녘이 되자, **하
나님**께서 불기둥과 구름기둥에서 이집트 군대를 내려다보시고, 그들을 공포 속
으로 몰아넣으셨다. **하나님**께서 그들의 전차 바퀴를 움직이지 못하게 하시니,
전차 바퀴가 진창에 박혀 옴짝달싹하지 못했다.
이집트 사람들이 말했다. "이스라엘에게서 도망쳐라! **하나님**이 그들 편이 되어
이집트와 싸우고 있다!"
26 **하나님**께서 모세에게 말씀하셨다. "네 손을 바다 위로 뻗어라. 그러면 바닷물
이, 이집트 사람들과 그들의 전차와 기병들 위로 다시 덮칠 것이다."
27-28 모세가 바다 위로 손을 뻗었다. 날이 밝으면서 바닷물이 원래 있던 자리로
되돌아왔다. 이집트 사람들이 달아나려고 했으나, **하나님**께서 이집트 사람들을
바다 한가운데에 처넣어 버리셨다. 바닷물이 다시 돌아와서, 전차와 기병들을
덮어 버렸다. 이스라엘을 추격하여 바다로 들어온 바로의 군대 가운데 살아남
은 사람이 하나도 없었다.
29-31 그러나 이스라엘 자손은 바다 한가운데로 마른 땅을 밟고 지나갔다. 바닷물
이 그들의 좌우에서 벽이 되어 주었다. 그날 **하나님**께서 이스라엘 자손을 이집
트 사람들의 압제에서 구원해 주셨다. 이스라엘 자손은 이집트 사람들이 죽어
서 바닷가로 밀려오는 것을 보고, **하나님**께서 이집트 사람들에 맞서 행하신 큰
권능을 깨닫게 되었다. 백성이 **하나님** 앞에서 그분을 경외하며, **하나님**과 그분
의 종 모세를 믿었다.

구원의 노래

15

1-8 그때에 모세와 이스라엘 자손이 목소리를 합하여 **하나님**께 이 노
래를 불러 드렸다.

내 마음 다해 **하나님**께 노래하리라, 이 놀라운 승리를!
그분께서 말과 기병을 바다에 던지셨네.

하나님은 나의 힘, 하나님은 나의 노래
오, 하나님은 나의 구원!
그분은 내가 모시는 하나님
나 세상에 알리리라!
그분은 내 아버지의 하나님
나 그 소식 널리 전하리라!
하나님은 용사,
순전하심이 한결같으신 하나님.
바로의 전차와 군대를
바다에 내던지시고
그의 정예 장교들을
홍해에 수장시키셨네.
사나운 바닷물이 그들 위에 덮치니
그들 깊고 푸른 바다에 바위처럼 가라앉았네.
하나님, 주의 강한 오른손은 권능으로 빛나고
주의 강한 오른손은 원수를 산산이 부수십니다.
주의 강력한 위엄으로
교만한 원수들을 박살내시고
주의 진노를 풀어 놓으셔서,
그들을 바삭 태워 버리셨습니다.
주께서 콧김을 한 번 부시니
물이 쌓여 일어서고
일렁이는 물결이 둑처럼 일어서며
사나운 바다가 엉기어 늪이 되었습니다.

9 원수가 말합니다.
"내가 쫓아가서 붙잡고
노획물을 나누어서
물리도록 먹으리라.
내가 칼을 뽑아 들고
주먹으로 그들을 비틀거리게 하리라."

10-11 주께서 힘껏 바람을 일으키시니
바다가 그들을 덮쳤습니다.
그들은 거대한 물속에
납덩이처럼 가라앉아 버렸습니다.
오 하나님, 신들 가운데
누가 주와 견주겠습니까?

권능과 거룩하신 위엄,
찬양받으실 하나님
이적을 행하시는 하나님
누가 주와 견줄 수 있겠습니까?

12-13 주께서 오른손을 내미시니
땅이 그들을 삼켰습니다.
그러나 주께서는 친히 구원하신 백성을
자비로운 사랑으로 이끄시고
주의 보호 아래 두시며
주의 거룩한 초장으로 인도하셨습니다.

14-18 사람들이 듣고서 겁을 먹었고
블레셋 사람들이 몸부림치며 두려워 떨었습니다.
에돔의 지도자들도
모압의 우두머리들마저도, 벌벌 떨었습니다.
가나안의 모든 사람도
당황하여 정신을 잃었습니다.
불안과 공포가
그들을 비틀거리게 했습니다.
주께서 오른손을 휘두르시자
그들이 그 앞에서 돌처럼 굳어졌습니다,
오 하나님, 주의 백성이 다 건너가서 뭍에 오를 때까지
주께서 지으신 백성이 다 건너가서 뭍에 오를 때까지, 그리하셨습니다.
주께서 그들을 데려다가
주님 기업의 산에 심으셨습니다.
그곳은 주께서 거하시는 곳
그곳은 주께서 지으신 곳
주님, 그곳은
주께서 손수 세우신 주님의 성소입니다.
하나님께서
영원무궁토록 다스리소서!

19 정말로 그랬다. 바로의 말과 전차와 기병들이 바다에 들어서자, 하나님께서
바닷물을 되돌려서 그들을 덮어 버리셨다. 그러나 이스라엘 자손은 바다 한가
운데로 마른 땅을 밟고 지나갔다.

20-21 아론의 누이이며 예언자인 미리암이 탬버린을 들자, 모든 여인이 그녀를 따
라 탬버린을 들고 춤을 추었다. 미리암이 노래를 부르며 그들을 이끌었다.

하나님께 노래하리라,
이 놀라운 승리를!
그분께서 말과 기병을
바다에 던지셨네!

마라에서 백성이 불평하다

22-24 모세가 이스라엘을 인도하여 홍해에서 수르 광야로 들어갔다. 그들이 사흘
동안 광야를 다녔지만 물을 찾지 못했다. 그들이 마라에 이르렀는데, 마라의 물
은 써서 마실 수가 없었다. 그래서 그들은 그곳을 마라(쓰다)라고 했다. 백성이
모세에게 불평했다. "우리더러 무엇을 마시라는 말입니까?"
25 모세가 기도하며 하나님께 부르짖었다. 하나님께서 그에게 나뭇가지 하나를
가리키셨다. 모세가 그 가지를 가져다가 물에 던져 넣자, 물이 단물로 변했다.
26 하나님께서 법도와 율례를 세우시고, 그들을 시험하기 시작하신 곳이 바로
그곳이다.
하나님께서 말씀하셨다. "너희가 하나님 앞에서 제대로 살고 순종하여 내 말을
잘 들으며, 내 계명을 따르고 내 모든 법을 지키면, 내가 이집트 사람들에게 내린
그 모든 질병으로 너희를 치지 않을 것이다. 나는 너희를 치료하는 하나님이다."
27 그들이 엘림에 이르렀다. 그곳에는 샘이 열두 개, 종려나무가 일흔 그루 있었
다. 그들은 그곳 물가에 진을 쳤다.

하나님께서 만나와 메추라기를 보내 주시다

16 1-3 이집트를 떠난 뒤 둘째 달 십오 일에, 이스라엘 온 무리가 엘림을
떠나 엘림과 시내 사이에 있는 신 광야로 이동했다. 이스라엘 온 무
리가 그 광야에서 모세와 아론에게 불평했다. 이스라엘 자손이 말했다. "하나님
께서는 왜 우리를 이집트에서 편안히 죽게 내버려 두지 않으셨는지 모르겠습니
다. 거기에는 우리가 먹을 수 있는 양고기 요리와 빵이 잔뜩 있는데 말입니다.
당신들이 우리 이스라엘 온 무리를 이 광야로 끌고 와서 굶겨 죽이고 있는 것
아닙니까!"
4-5 하나님께서 모세에게 말씀하셨다. "내가 하늘에서 너희에게 양식을 비처럼
내려 주겠다. 백성이 날마다 나가서 그날 먹을 양만큼 거두어들이게 하여라. 그
들이 나의 가르침대로 사는지 살지 않는지, 내가 그들을 시험해 보겠다. 여섯째
날에는, 거두어들인 것으로 음식을 준비하다 보면, 날마다 거두던 양의 두 배가
될 것이다."
6-7 모세와 아론이 이스라엘 백성에게 말했다. "오늘 저녁에 여러분은 이집트에
서 여러분을 이끌어 내신 분이 하나님이신 것을 알게 될 것입니다. 그리고 아침

에는 여러분이 하나님의 영광을 보게 될 것입니다. 여러분이 불평하는 소리를 하나님께서 들으셨습니다. 여러분도 알다시피, 여러분이 불평한 것은 우리에게 한 것이 아니라, 하나님께 한 것입니다."
8 모세가 말했다. "하나님께서 저녁에는 여러분에게 고기를 주셔서 먹이시고, 아침에는 여러분에게 빵을 주셔서 배불리 먹이실 것입니다. 여러분이 불평하는 소리를 하나님께서 들으신 것입니다. 도대체 우리가 누구이기에 이렇게 불평하는 것입니까? 여러분이 불평한 것은 우리에게 한 것이 아니라 하나님께 한 것입니다!"
9 모세가 아론에게 지시했다. "이스라엘 온 무리에게 '하나님께 가까이 나아오십시오. 그분께서 여러분이 불평하는 소리를 들으셨습니다' 하고 전해 주십시오."
10 아론이 이스라엘 온 무리에게 지시를 내릴 때, 그들이 광야를 바라보았다. 그곳에서 하나님의 영광이 구름 속에 분명하게 드러났다.
11-12 하나님께서 모세에게 말씀하셨다. "이스라엘 자손이 불평하는 소리를 내가 들었다. 이제 그들에게 이렇게 알려라. '해가 질 때는 너희가 고기를 먹을 것이고, 동이 틀 무렵에는 양식을 배불리 먹을 것이다. 너희는 내가 하나님 너희 하나님인 것을 깨닫게 될 것이다.'"
13-15 그날 저녁에 메추라기가 날아와 진을 덮었고, 아침에는 온 진에 이슬이 맺혔다. 이슬이 걷히자, 광야의 지면에 마치 땅 위에 맺힌 서리처럼 가는 것이 널려 있었다. 이스라엘 자손이 그것을 보고 서로 '만-후'(이게 뭐지?) 하고 물었다. 그들은 그것이 무엇인지 몰랐다.
15-16 모세가 그들에게 말했다. "이것은 하나님께서 여러분에게 먹으라고 주신 양식입니다. 하나님께서 이렇게 지시하셨습니다. '각자 자기가 먹을 만큼 한 사람에 2리터씩 거두어들여라. 각자 자기 장막에 있는 모든 사람이 먹을 만큼 거두어들여라.'"
17-18 이스라엘 백성이 광야로 나가 거두어들이기 시작했다. 더러는 조금 많게, 더러는 조금 적게 거두어들였다. 그러나 거두어들인 것의 양을 달아 보니, 조금 많이 거둔 사람도 남지 않고, 조금 적게 거둔 사람도 모자라지 않았다. 각 사람이 필요한 만큼만 거두어들인 것이다.
19 모세가 그들에게 말했다. "거둔 것을 아침까지 남겨 두지 마십시오."
20 그러나 그들은 모세의 말을 듣지 않았다. 몇몇 사람이, 거둔 것 가운데 일부를 아침까지 따로 남겨 두었다. 그러자 거기서 벌레가 생기고 악취가 났다. 모세가 그들에게 크게 화를 냈다.
21-22 아침마다 사람들이 저마다 필요한 만큼 그것을 거두어들였다. 해가 뜨거워지면, 그것은 녹아서 사라져 버렸다. 여섯째 날에는 한 사람에 4리터씩, 두 배로 양식을 거두어들였다.
무리의 지도자들이 모세에게 와서 이 일을 보고했다.
23-24 모세가 말했다. "하나님께서 말씀하셨습니다. '내일은 안식의 날, 곧 하나님의 거룩한 안식일이다. 무엇이든 구울 것이 있거든 오늘 굽고, 삶을 것이 있거

든 오늘 삶아라. 남은 것은 아침까지 따로 챙겨 두어라.'" 그들은 모세가 지시한
대로 남은 것을 아침까지 따로 챙겨 두었다. 거기서는 악취가 나지 않았고 벌레
도 생기지 않았다.
25-26 모세가 말했다. "오늘은 그것을 먹으십시오. 오늘이 바로 그날, 곧 하나님
께 드리는 안식일입니다. 오늘은 지면에서 그것을 얻지 못할 것입니다. 육 일
동안은 날마다 그것을 거두어들이십시오. 그러나 일곱째 날은 안식일이니, 그
것을 거두어들이지 못할 것입니다."
27 일곱째 날에 백성 가운데 몇몇 사람이 그것을 거두어들이려고 나갔으나, 아
무것도 얻지 못했다.
28-29 하나님께서 모세에게 말씀하셨다. "너희가 언제까지 내 명령을 어기고, 내
지시를 따르지 않으려느냐? 하나님이 너희에게 안식일을 주었다는 것을 모르
겠느냐? 그래서 내가 여섯째 날에 너희에게 이틀치 양식을 주는 것이다. 그러
니 일곱째 날에 너희는 각자 자기 집에 머물고 집 밖으로 나가지 마라."
30 백성이 일곱째 날에는 일을 하지 않고 쉬었다.
31 이스라엘 자손이 그것의 이름을 만나(이게 뭐지?)라고 했다. 그것은 고수 씨같
이 희고, 꿀을 섞은 과자 같은 맛이 났다.

32 모세가 말했다. "이것은 하나님의 명령입니다. '너희는 이것을 일 오멜, 곧 2리
터들이 단지에 담아 다음 세대를 위해 보관해 두어라. 그렇게 해서, 내가 너희
를 이집트에서 이끌어 낸 뒤에 광야에서 너희를 먹여 살린 양식을 그들이 볼 수
있게 하여라.'"
33 모세가 아론에게 말했다. "단지 하나를 가져다가 그 속에 만나 2리터를 채우
십시오. 그것을 하나님 앞에 두고, 다음 세대를 위해 잘 보관하십시오."
34 아론은 하나님께서 모세에게 지시하신 대로, 그것을 챙겨 증거판 앞에 두고
보관했다.
35 이스라엘 자손은 장차 정착하여 살게 될 땅에 이를 때까지 사십 년 동안 만나
를 먹었다. 그들은 가나안으로 들어가는 경계에 이를 때까지 만나를 먹었다.
36 고대 도량형에 따르면, 일 오멜은 십분의 일 에바다.

백성이 하나님을 시험하다

17 1-2 이스라엘 온 무리가 하나님의 인도하심에 따라 신 광야에서 서서
히 앞으로 나아갔다. 그들이 르비딤에 진을 쳤으나, 거기에는 백성
이 마실 물이 없었다. 백성이 모세를 비난하며 말했다. "우리에게 마실 물을 주
십시오." 그러자 모세가 말했다. "어찌하여 나를 괴롭힙니까? 여러분은 어찌하
여 하나님을 시험합니까?"
3 그러나 백성은 목이 말랐으므로, 모세에게 불평했다. "어쩌자고 우리를 이집
트에서 데리고 나왔습니까? 어쩌자고 우리와 우리 자녀와 짐승들을 이곳으로
끌고 와서 목말라 죽게 하는 겁니까?"

4 모세가 기도로 하나님께 부르짖었다. "이 사람들을 제가 어떻게 해야 하겠습
니까? 이제 조금 있으면 이들이 저를 죽이려 들 것입니다!"
5-6 **하나님**께서 모세에게 말씀하셨다. "너는 이스라엘의 장로들 가운데 몇 사람
을 데리고 백성보다 앞서 가거라. 나일 강을 칠 때 썼던 지팡이를 가지고 가거
라. 내가 저기 호렙 산 바위 위에서 네 앞에 있겠다. 너는 그 바위를 쳐라. 그러
면 거기서 물이 솟구쳐 나와, 백성이 마실 수 있게 될 것이다."
6-7 모세는 이스라엘의 장로들이 지켜보는 앞에서 하나님의 말씀대로 행했다. 모
세가 그곳의 이름을 맛사(시험한 곳)라고도 하고 므리바(다툼)라고도 했다. 이는
이스라엘 자손이 다투었기 때문이며, "**하나님**께서 이곳에 우리와 함께 계신가,
계시지 않는가?" 하고 **하나님**을 시험했기 때문이다.

❦

8-9 아말렉이 와서, 르비딤에서 이스라엘을 공격했다. 모세가 여호수아에게 명령
했다. "우리를 위해 장정들을 뽑아서 아말렉과 싸우러 나가거라. 내가 내일 하
나님의 지팡이를 잡고 산꼭대기에 서 있겠다."
10-13 여호수아는 모세가 지시한 대로 아말렉과 싸우러 나갔다. 모세와 아론과 훌
은 산꼭대기로 올라갔다. 모세가 두 손을 들면 이스라엘이 이기고, 모세가 두
손을 내리면 아말렉이 이겼다. 모세의 두 팔이 아프기 시작했다. 그래서 그들은
돌을 가져다가 모세의 아래에 두었다. 모세가 그 돌 위에 앉자, 아론과 훌이 각
자 양 옆에서 그의 두 팔을 받쳐 주었다. 그리하여 그의 두 손이 해가 질 때까지
내려오지 않았다. 여호수아는 전투에서 아말렉과 그 군대를 무찔렀다.
14 **하나님**께서 모세에게 말씀하셨다. "너는 이 일을 기념으로 삼고 기록하여, 그
기록한 것을 여호수아에게 맡겨라. 내가 아말렉에 대한 기억을 이 세상에서 완
전히 지워 버릴 것이다."
15-16 모세가 제단을 쌓고, 그 이름을 '**하나님**은 나의 깃발'이라고 했다. 그가 말했다.

하나님의 통치 앞에 무릎을 꿇어라!
하나님께서 영원토록
아말렉과 싸우실 것이다!

이드로가 모세를 찾아오다

18 1-4 미디안의 제사장이며 모세의 장인인 이드로가, 하나님께서 모세
와 그분의 백성 이스라엘에게 행하신 모든 일, 곧 **하나님**께서 이스
라엘을 이집트에서 건져 내셨다는 소식을 들었다. 모세의 장인 이드로는, 모세
가 친정으로 돌려보냈던 십보라와 그녀의 두 아들을 데리고 있었다. 한 아이의
이름은 게르솜(나그네)인데, 이는 모세가 "내가 낯선 땅에서 나그네가 되었다"고
한 데서 붙여진 이름이다. 다른 아이의 이름은 엘리에셀(하나님의 도우심)인데, 이
는 모세가 "내 아버지의 하나님께서 나의 도움이 되셔서, 바로의 살해 위협으로

부터 나를 건져 주셨다"고 한 데서 붙여진 이름이다.
5-6 모세의 장인 이드로가 모세의 두 아들과 아내를 데리고 광야에 있는 모세에
게 왔다. 모세는 하나님의 산에 진을 치고 있었다. 이드로는 앞서 모세에게 다
음과 같은 전갈을 보냈다. "자네의 장인인 내가 자네의 아내와 두 아들을 데리
고 가고 있네."
7-8 모세가 장인을 맞으러 나가서, 엎드려 절하고 그에게 입을 맞추었다. 그들은
서로 안부를 묻고 나서 함께 장막으로 들어갔다. 모세는 **하나님**께서 이스라엘을
도우셔서 바로와 이집트 사람들에게 행하신 모든 일과, 오는 길에 겪은 온갖 고
생과, **하나님**께서 그들을 어떻게 구원하셨는지를, 장인에게 모두 들려주었다.
9-11 이드로는 **하나님**께서 이스라엘을 이집트 사람들의 압제에서 건져 내시면서
이스라엘에게 행하신 온갖 선한 일을 듣고 기뻐하며 이렇게 말했다. "이스라엘
을 이집트와 바로의 권력에서 구원하시고, 자기 백성을 이집트의 압제에서 건
져 내신 **하나님**은 찬양을 받으소서. **하나님**께서 다른 모든 신들보다 크시다는
것을 이제 내가 알았네. 그분께서 이스라엘에게 오만하게 굴던 모든 자들에게
이 같은 일을 행하셨으니 말일세."
12 모세의 장인 이드로가 번제물과 희생 제물을 하나님께 바쳤다. 아론과 이스
라엘의 장로들이 와서 모세의 장인과 함께 하나님 앞에서 음식을 먹었다.
13-14 이튿날 모세가 백성을 재판하려고 자리에 앉았다. 백성은 아침부터 저녁까
지 하루 종일 모세 앞에 줄지어 서 있었다. 모세의 장인은 그가 백성을 위해 하
는 모든 일을 보고 말했다. "이게 무슨 일인가? 어찌하여 모든 사람을 아침부터
저녁까지 자네 앞에 세워 두고 자네 혼자서 이 모든 일을 처리하는가?"
15-16 모세가 장인에게 대답했다. "백성이 하나님에 관한 문제들을 가지고 저에
게 오기 때문입니다. 그들은 무슨 일이 생길 때마다 저에게 옵니다. 저는 이웃
간의 문제를 재판하고, 하나님의 법도와 규례를 그들에게 가르쳐 줍니다."
17-23 모세의 장인이 말했다. "그런 식으로 일하지 말게. 그러다가는 자네도 탈진
하고 백성도 자네와 함께 탈진하고 말 걸세. 이 일은 너무 과중해서 자네 혼자
서는 할 수 없네. 내 말을 들어 보게. 자네가 이 일을 어떻게 처리해야 하는지
내가 알려 주겠네. 하나님께서 이 일에 자네와 함께하실 걸세. 자네는 백성을
위해 하나님 앞에 나아가되, 중요한 문제를 하나님께 내어드리게. 자네가 할 일
은 그들에게 법도와 규례를 가르쳐서, 그들이 어떻게 살고 무엇을 해야 하는지
보여주는 것이네. 그런 다음에 유능한 사람들, 곧 하나님을 경외하고 참되며 청
렴한 사람들을 눈여겨보았다가 그들을 천 명, 백 명, 오십 명, 열 명으로 조직된
사람들의 지도자로 세우게. 백성 사이의 문제를 재판하는 일상적인 일은 그들
이 책임지도록 맡기게. 판결하기 어려운 사안은 자네에게 가져오게 하되, 일상
적인 소송은 그들이 재판하도록 하게. 그들이 자네의 짐을 나누어 지면 자네의
일이 훨씬 가벼워질 걸세. 자네가 이렇게 일을 처리하면 자네는 하나님께서 명
령하시는 것은 무엇이든 수행할 능력을 갖추게 될 테고, 백성도 각자 자기 자리
에서 번성할 것이네."

24-27 모세가 장인의 조언을 듣고, 그가 말한 대로 모든 일을 처리했다. 모세는 온 이스라엘에서 능력 있는 사람들을 뽑아, 그들을 천 명, 백 명, 오십 명, 열 명으로 조직된 사람들의 지도자로 세웠다. 그들은 백성 사이의 문제를 재판하는 일상적인 일을 맡았다. 그들은 자신들이 판결하기 어려운 사안은 모세에게 가져왔고, 일상적인 문제는 자신들이 재판했다. 얼마 후에 모세는 장인을 떠나보냈다. 모세의 장인은 자기 고향으로 돌아갔다.

시내 산

19 1-2 이집트를 떠난 지 세 달이 지난 뒤에 이스라엘 자손은 시내 광야로 들어갔다. 그들은 르비딤을 떠나 시내 광야에 이르렀다. 이스라엘은 그곳 산 앞에 진을 쳤다.

3-6 모세가 하나님을 뵈러 올라가자, **하나님**께서 산에서 그를 불러 말씀하셨다. "너는 야곱의 집에 말하고, 이스라엘 백성에게 전하여라. '너희는 내가 이집트 사람들에게 한 일을 보았고, 내가 어떻게 너희를 독수리 날개에 태워 내게 데려왔는지도 보았다. 너희가 내 말을 순종하는 마음으로 듣고 내 언약을 지키면, 너희는 모든 민족 가운데서 나의 특별한 보배가 될 것이다. 온 세상이 나의 것이지만, 너희는 내가 특별히 선택한 민족이다. 너희는 제사장 나라, 거룩한 민족이다.'
너는 이 말을 이스라엘 백성에게 꼭 전하여라."

7 모세가 돌아와서 이스라엘의 장로들을 불러 모으고, **하나님**께서 그에게 명령하신 모든 말씀을 그들 앞에 전했다.

8 백성이 한목소리로 이렇게 응답했다. "**하나님**께서 말씀하시는 모든 것을 우리가 다 행하겠습니다." 모세는 백성이 한 말을 **하나님**께 전했다.

⁂

9 **하나님**께서 모세에게 말씀하셨다. "준비하여라. 내가 짙은 구름 속에서 네게 나타나겠다. 그러면 내가 너와 이야기하는 것을 백성이 듣고 너를 온전히 신뢰하게 될 것이다." 모세가 백성이 한 말을 다시 한번 **하나님**께 전했다.

10-13 **하나님**께서 모세에게 말씀하셨다. "너는 백성에게 가서, 거룩한 **하나님**을 뵐 수 있도록 앞으로 이틀 동안 그들을 준비시켜라. 그들에게 옷을 깨끗이 빨게 하여, 셋째 날에는 준비를 다 마치게 하여라. 이는 셋째 날에 **하나님**이 시내 산에 내려가서, 온 백성 앞에 나의 존재를 알릴 것이기 때문이다. 너는 백성을 위해 산 모든 주위에 경계선을 정하고, 이렇게 일러 주어라. '경고한다! 산에 오르지 마라. 산에 한 발짝도 들여놓지 마라. 누구든지 산에 접근하는 자는 반드시 죽음을 면치 못할 것이다. 이 명령을 어긴 그 자에게 아무도 손대지 말고, 돌로 쳐서 죽여야 한다. 아니면 화살을 쏘아 죽여야 한다. 짐승이든 사람이든, 반드시 죽여야 한다.'
뿔나팔소리가 길게 울리면, 그것은 백성이 산에 올라와도 좋다는 신호다."

14-15 모세가 산에서 내려와 백성에게 거룩한 만남을 준비하게 하니, 그들이 저마
다 자기 옷을 깨끗이 빨았다. 모세가 백성에게 말했다. "셋째 날을 준비하고, 여
자와 잠자리를 같이하지 마십시오."
16 셋째 날 새벽녘에, 천둥소리가 크게 울리고 번개가 치고 짙은 구름이 산을 뒤
덮었다. 귀청을 찢는 듯한 나팔소리가 울려 퍼졌다. 진 안에 있던 모든 백성이
두려워 떨었다.
17 모세는 백성이 하나님을 만날 수 있도록, 그들을 이끌고 진 밖으로 나왔다. 그
들은 긴장하며 산기슭에 섰다.
18-20 **하나님**께서 불 가운데 그곳으로 내려오시니, 시내 산에 연기가 자욱했다.
마치 용광로에서 나오는 것처럼 연기가 뿜어져 나왔다. 산 전체가 크게 흔들리
며 진동했다. 나팔소리가 점점 크게 울려 퍼졌다. 모세가 아뢰자, **하나님**께서
천둥소리로 응답하셨다. 하나님께서 시내 산 꼭대기로 내려오셨다. **하나님**께서
모세를 산꼭대기로 부르시니, 모세가 올라갔다.
21-22 **하나님**께서 모세에게 말씀하셨다. "너는 내려가서, 백성에게 경고하여라.
하나님을 보겠다고 경계선을 넘어 들어오다가 많은 사람들이 죽는 일이 없게
하여라. 제사장들에게도 경고하여, 거룩한 만남을 준비하게 하여라. 그렇게 하
지 않으면 **하나님**이 그들을 칠 것이다."
23 모세가 **하나님**께 아뢰었다. "백성은 시내 산에 올라올 수 없습니다. **하나님**께
서 '산 주위에 경계선을 정해서, 거룩한 산 앞에서 경외심을 가져라' 하고 우리
에게 이미 경고하셨기 때문입니다."
24 **하나님**께서 모세에게 말씀하셨다. "내려가서 아론을 데리고 다시 올라오너
라. 그러나 제사장들과 백성이 경계선을 넘어 **하나님**에게 올라오는 일이 없게
하여라. 경계선을 넘으면, **하나님**이 그들을 칠 것이다."
25 모세가 백성에게 내려가서, 그들에게 전했다.

십계명

20

1-2 **하나님**께서 이 모든 말씀을 하셨다.
"나는 너희를 이집트 땅,
종살이에서 이끌어 낸
하나님 너희 하나님이다.
3 나 외에, 다른 신을 섬기지 마라.
4-6 날아다니는 것이나 걸어 다니는 것이나 헤엄쳐 다니는 것이나, 크기와 모양
과 형상이 어떠하든지, 신상들을 새겨 만들지 마라. 그것들에게 절하거나 그것
들을 섬기지 마라. 나는 **하나님** 너희 하나님이며, 몹시도 질투하는 하나님이다.
나를 미워하는 사람에게는, 내가 그들의 죄를 자녀들에게 넘겨줄 뿐 아니라, 삼
사 대 자손에 이르기까지 그 죄를 벌할 것이다. 그러나 나를 사랑하고 내 계명
을 지키는 사람에게는, 내가 천 대에 이르기까지 한결같은 성실로 대한다.
7 **하나님** 너희 하나님의 이름을, 저주하거나 실없이 농담을 하는 데 사용하지

마라. 나 **하나님**은, 그 이름을 경건하지 못한 일에 사용하는 것을 참지 않을 것이다.

8-11 안식일을 기억하여 거룩하게 지켜라. 육 일 동안 일하면서 네 할 일을 다 하여라. 그러나 일곱째 날은 **하나님** 너희 하나님의 안식일이다. 그날에는 아무 일도 하지 마라. 너희와 너희 아들딸, 너희 남종과 여종, 너희 집짐승, 심지어 너희 마을을 방문한 손님도 일을 해서는 안된다. **하나님**이 육 일 동안 하늘과 땅과 바다와 그 안에 있는 모든 것을 만들고, 일곱째 날에 쉬었기 때문이다. 그러므로 **하나님**이 안식일을 복되게 하고, 그날을 구별하여 거룩한 날로 삼은 것이다.

12 너희 부모를 공경하여라. 그러면 **하나님** 너희 하나님이 너희에게 주는 땅에서 오래도록 살 것이다.

13 살인하지 마라.

14 간음하지 마라.

15 도둑질하지 마라.

16 너희 이웃에 대해 거짓말하지 마라.

17 너희 이웃의 집이나 그 아내, 남종이나 여종, 소나 나귀를 탐내지 마라. 너희 이웃의 소유는 무엇이든 너희 마음에 두지 마라."

❦

18-19 온 백성이 천둥소리와 번개와 나팔소리와 연기 자욱한 산을 보고 두려워하며 뒤로 멀찍이 물러섰다. 그들이 모세에게 말했다. "당신이 우리에게 말씀하십시오. 우리가 듣겠습니다. 하나님께서 우리에게 말씀하시지 않게 해주십시오. 하나님께서 직접 말씀하시면, 우리는 죽습니다."

20 모세가 백성에게 말했다. "두려워하지 마십시오. 하나님께서 오신 것은, 여러분을 시험하고 여러분 안에 깊은 경외심을 심어 주어, 여러분이 죄짓지 않게 하시려는 것입니다."

21 모세가 하나님이 계신 짙은 구름 쪽으로 가까이 나아가는 동안, 백성은 멀리 떨어져 서 있었다.

22-26 **하나님**께서 모세에게 말씀하셨다. "너는 이 **메시지**를 이스라엘 백성에게 전하여라. '내가 하늘에서부터 너희와 이야기하는 것을 너희는 직접 경험했다. 너희는 은이나 금으로 신상들을 만들어서 내 옆에 두지 마라. 너희는 나를 위해 흙으로 제단을 만들고, 그 위에 너희의 양과 소를 번제물과 화목 제물로 바쳐라. 내가 내 이름을 존귀하게 여겨 예배하도록 한 곳이면 어디든지 함께 있어 너희에게 복을 주겠다. 너희가 나를 위해 돌로 제단을 만들려거든, 다듬은 돌은 쓰지 마라. 돌에 정을 대는 것은 제단을 더럽히는 짓이다. 계단을 이용해 내 제단에 오르지 마라. 그러면 너희 벌거벗은 몸이 드러나기 때문이다.'"

여러 가지 규례와 법도

21

1 "네가 백성 앞에서 제시할 규례와 법도는 이러하다.

2-6 너희가 히브리 종을 산 경우, 그는 여섯 해 동안을 종으로 섬기고, 일곱째 해에는 몸값을 치르지 않고도 자유의 몸이 된다. 그가 혼자 몸으로 들어왔으면 혼자 몸으로 나가고, 결혼한 몸으로 들어왔으면 아내를 데리고 나갈 수 있다. 주인이 그에게 아내를 얻어 주어서 그 아내가 아들딸을 낳았으면, 그의 아내와 아이들은 주인의 집에 머무르고 그 혼자서만 떠날 수 있다. 그러나 그 종이 '저는 주인님과 제 아내와 아이들을 사랑합니다. 저는 자유를 원하지 않습니다' 하고 말하면, 주인은 그를 하나님 앞으로 데리고 가서 그의 귀를 문이나 문기둥에 대고 송곳으로 뚫는다. 이것은 그가 평생 동안 종이 되었다는 표시다.

7-11 어떤 사람이 자기 딸을 종으로 판 경우, 그녀는 여섯 해가 지나도 남자처럼 자유의 몸이 될 수 없다. 주인이 그녀를 마음에 들어 하지 않으면, 그녀의 가족은 그녀를 다시 사 와야 한다. 그녀의 주인은 약속을 어겼으므로, 그녀를 외국인에게 팔 권리가 없다. 그녀를 자기 아들에게 양도하기로 했으면, 주인은 그녀를 딸처럼 대해 주어야 한다. 주인이 다른 여인을 아내로 맞아들이더라도, 음식과 의복과 부부관계에 대한 그녀의 권리는 온전히 유지해 주어야 한다. 주인이 이 세 가지 의무 가운데 어느 하나라도 이행하지 않으면, 그녀는 몸값을 치르지 않고도 자유의 몸이 된다.

12-14 사람을 때려서 죽게 한 자는 사형에 처해야 한다. 그러나 고의로 죽인 것이 아니라 불가항력적으로 발생한 우발적 사고라면, 그 살인한 자가 도망하여 은신할 곳을 내가 따로 정해 주겠다. 그러나 계획적이고 교활한 흉계에 의한 살인이라면, 설령 그가 내 제단에 있더라도 끌어내어 사형에 처해야 한다.

15 부모를 때린 자는 사형에 처해야 한다.

16 사람을 유괴한 자는, 그 사람을 팔았든 데리고 있든 상관없이 사형에 처해야 한다.

17 부모를 저주한 자는 사형에 처해야 한다.

18-19 사람들이 서로 싸우다가 한 사람이 다른 사람을 돌이나 주먹으로 때려서 상처를 입혔는데, 맞은 사람이 죽지 않고 자리에 누웠다가 나중에 나아서 목발을 짚고 다닐 수 있게 되었으면, 때린 사람은 형벌을 받지 않는다. 하지만 그동안 입은 손해를 보상하고 다친 사람이 완전히 회복될 때까지 책임을 져야 한다.

20-21 어떤 주인이 남종이나 여종을 몽둥이로 때려 그 종이 그 자리에서 죽으면, 그 종의 억울함을 갚아 주어야 한다. 그러나 그 종이 하루나 이틀을 더 살면, 그의 억울함을 갚아 주지 않아도 된다. 종은 주인의 재산이기 때문이다.

22-25 사람들이 서로 싸우다가 임신한 여자를 쳐서 유산하게 했으나 상처를 입히지 않았으면, 가해자는 무엇이든 그 여자의 남편이 요구하는 것으로 변상해야 한다. 그러나 그 이상의 해를 입힌 경우에는, 목숨에는 목숨으로, 눈에는 눈으로, 이에는 이로, 손에는 손으로, 발에는 발로, 화상에는 화상으로, 상처에는 상처로, 타박상에는 타박상으로 갚아야 한다.

26-27 어떤 주인이 남종이나 여종의 눈을 때려서 멀게 했으면, 주인은 그 눈으로 인해 그 종을 자유의 몸으로 내보내야 한다. 주인이 남종이나 여종의 이를 쳐서 부러뜨렸으면, 주인은 그 이로 인해 그 종을 풀어 주고 자유의 몸으로 내보내야 한다.

28-32 소가 남자나 여자를 들이받아 죽게 했으면, 그 소는 돌로 쳐서 죽여야 한다. 그 고기는 먹어서는 안되며, 이 경우에 소의 주인은 벌을 받지 않는다. 그러나 그 소가 들이받은 적이 있고 주인이 그것을 알고도 미리 조치를 취하지 않아 소가 남자나 여자를 죽인 경우에는, 그 소는 돌로 쳐서 죽이고 그 주인도 사형에 처해야 한다. 만일 사형을 받는 대신에 배상금을 주기로 합의했으면, 그는 자기 목숨을 되찾기 위해 배상금을 충분히 치러야 한다. 소가 남의 아들이나 딸을 들이받은 경우에도, 동일한 판결이 적용된다. 소가 남의 남종이나 여종을 들이받은 경우에는, 종의 주인에게 은 삼십 세겔을 지불하고 그 소는 돌로 쳐서 죽여야 한다.

33-34 어떤 사람이 구덩이의 덮개를 열어 놓거나 구덩이를 파고 덮개를 덮지 않아서 소나 나귀가 거기에 빠졌으면, 구덩이 주인은 짐승의 주인에게 짐승의 값을 치러 배상해야 한다. 그러나 죽은 짐승은 구덩이 주인의 차지가 된다.

35-36 어떤 사람의 소가 이웃의 소를 다치게 하여 죽게 했으면, 살아 있는 소를 팔아서 그 돈을 나누어 갖고 죽은 소도 나누어 가져야 한다. 그러나 그 소가 들이받은 적이 있고 주인이 그것을 알고도 미리 조치를 취하지 않은 경우에는, 소의 주인은 살아 있는 소로 배상하고 죽은 소를 차지한다."

22

1-3 "어떤 사람이 소나 양을 훔쳐서 그것을 잡거나 팔았으면, 그는 훔친 소 대신에 소 다섯 마리를, 훔친 양 대신에 양 네 마리를 배상해야 한다. 도둑이 어느 집에 침입하다가 붙잡혀서 맞아 죽었으면, 살인죄가 성립되지 않는다. 그러나 그것이 날이 밝은 후에 일어난 일이면, 살인죄가 성립된다.

3-4 도둑은 자신이 훔친 것에 대해 충분히 배상해야 한다. 갚을 능력이 없는 사람은 자기 몸을 팔아 종이 되어서라도 훔친 것을 갚아야 한다. 그가 현장에서 잡혔을 경우, 훔친 소나 나귀나 양이 아직 살아 있으면, 그는 두 배로 갚아야 한다.

5 어떤 사람이 자기 밭이나 포도밭에서 가축을 풀어 놓아 먹이다가, 그 가축이 다른 사람의 밭에 들어가서 뜯어 먹었으면, 가축의 주인은 자기 밭이나 포도밭에서 난 가장 좋은 것으로 배상해야 한다.

6 불이 나서 덤불로 번져 낟가리나 아직 거두지 않은 곡식이나 밭 전체를 태워 버렸으면, 불을 놓은 사람이 그 피해를 배상해야 한다.

7-8 어떤 사람이 이웃에게 돈이나 물건을 보관해 달라고 맡겼는데 그 맡은 사람의 집에 도둑이 든 경우, 도둑이 잡히면 그 도둑은 두 배로 배상해야 한다. 도둑이 잡히지 않으면, 그 집의 주인을 하나님 앞으로 데려가서, 그가 이웃의 물건에 손을 댔는지 안 댔는지 여부를 판결받아야 한다.

[9] 소나 나귀나 양이나 의복이나 그 밖의 어떤 유실물이든지, 도난당했다가 찾은
물건을 두고 서로 자기 것이라고 주장하는 경우에는, 두 당사자가 재판관 앞으
로 가야 한다. 재판관에게 유죄 판결을 받은 사람은 상대방에게 두 배로 배상해
야 한다.
[10-13] 어떤 사람이 나귀나 소나 양이나 그 밖의 짐승을 보호해 달라고 다른 사람
에게 맡겼는데, 그 짐승이 죽거나 다치거나 없어졌지만 이를 목격한 사람이 없
는 경우, 그 맡았던 사람은 **하나님** 앞에서 맹세하여 자신이 상대방의 재산에 손
을 대지 않았음을 밝혀야 한다. 짐승의 주인은 그 맹세를 받아들이고 배상을 요
구해서는 안된다. 그러나 그것이 도둑맞은 것으로 밝혀지면, 그 주인은 배상받
을 수 있다. 그것이 들짐승에게 찢겨 죽었으면, 찢겨 죽은 짐승을 증거물로 제
시하고 배상금은 지불하지 않아도 된다.
[14-15] 어떤 사람이 이웃에게서 짐승을 빌렸는데, 주인이 없는 사이에 그 짐승이
상처를 입거나 죽은 경우, 그는 그것에 대해 배상해야 한다. 그러나 주인이 그
자리에 함께 있었으면, 배상하지 않아도 된다. 그 짐승이 세를 내고 빌려 온 것
이면, 그 세를 내는 것으로 배상해야 한다."

[16-17] "어떤 사람이 약혼하지 않은 처녀를 꾀어 잠자리를 같이했으면, 그는 결혼
비용을 주고 그녀와 결혼해야 한다. 그녀의 아버지가 그녀를 절대 주지 않겠다
고 하더라도, 그 사람은 처녀의 결혼 비용을 물어야 한다.
[18] 마술을 부리는 여자는 살려 두지 마라.
[19] 짐승과 교접하는 자는 사형에 처해야 한다.
[20] **하나님** 한분 외에 다른 신에게 제사를 드리는 자는 사형에 처해야 한다.
[21] 나그네를 학대하거나 착취하지 마라. 너희도 한때 이집트에서 나그네였음을
기억하여라.
[22-24] 과부나 고아를 학대하지 마라. 너희가 그들을 학대해서 그들이 내게 부르짖
으면, 내가 그 부르짖음을 반드시 귀 기울여 들을 것이다. 내가 몹시 진노를 드
러내어, 칼을 들고 맹렬히 너희 가운데로 갈 것이다. 그러면 너희 아내는 과부
가 되고 너희 자녀는 고아가 될 것이다.
[25] 너희 가운데서 아무것도 가진 것 없는 내 백성에게 돈을 꾸어 주었으면, 심하
게 독촉하지 말고 이자도 받지 마라.
[26-27] 너희가 이웃의 겉옷을 담보물로 잡았으면, 해가 지기 전에 돌려주어라. 그
에게 덮을 것이라고는 그것뿐인데, 그가 무엇을 덮고 자겠느냐? 네 이웃이 추
워서 부르짖으면, 내가 직접 나설 것이다. 나는 자비로운 하나님이다.
[28] 하나님에게 욕이 되는 말을 하지 말고, 너희의 지도자들을 저주하지 마라.
[29-30] 너희의 포도주 통이 가득 차거든 내게 바치는 것을 아까워하지 마라.
너희의 맏아들은 내게 바쳐라. 너희의 소와 양도 처음 태어난 것은 내게 바쳐
라. 칠 일 동안은 어미와 함께 있게 하고, 그 후에 내게 바쳐라.

31 너희는 나를 위해 거룩하여라.
들에서 찢겨 죽은 짐승을 발견하거든, 그 고기를 먹지 마라. 그것은 개에게나 던져 주어라."

⁂

23

1-3 "악의에 찬 소문을 옮기지 마라.
악인과 어울려 불의한 증언을 하지 마라. 다수의 사람이 악을 행하더라도 그들을 따라가지 말고, 다수의 마음에 들려고 거짓으로 증언하지 마라. 또 어떤 사람이 가난하다고 해서, 소송에서 그를 편들지도 마라.
4-5 너희 원수의 소나 나귀가 돌아다니는 것을 보거든, 그 주인에게 데려다 주어라. 너희를 미워하는 자의 나귀가 짐에 눌려 힘없이 쓰러져 있는 것을 보거든, 그냥 지나치지 말고 가서 일으켜 주어라.
6 가난한 사람들과 관련된 소송이 일어나거든, 그들에게 돌아가야 할 마땅한 권리를 조작하지 마라.
7 거짓 고발을 멀리하여라. 죄 없는 사람과 선한 사람을 죽이는 일에 끼어들지 마라. 나는 악인의 죄를 눈감아 주지 않는다.
8 뇌물을 받지 마라. 뇌물은 선한 사람의 눈을 멀게 하고 선한 사람의 말을 왜곡시킨다.
9 나그네를 착취하지 마라. 너희가 나그네의 처지를 잘 알지 않느냐. 너희도 한때 이집트 땅에서 나그네였다.
10-11 너희는 여섯 해 동안 땅에 씨를 뿌리고 그 농작물을 거두어들여라. 그러나 일곱째 해에는 그 땅을 묵히고 놀려서, 가난한 사람들이 그 땅에서 나는 것을 먹게 하여라. 그들이 남긴 것은 들짐승이 먹게 하여라. 너희의 포도밭과 올리브밭도 그렇게 해야 한다.
12 너희는 육 일 동안 일하고 일곱째 날에는 쉬어야 한다. 그래야 너희의 소와 나귀도 쉬고, 너희의 종과 이주 노동자들도 쉴 시간을 얻게 될 것이다.
13 내가 너희에게 하는 모든 말을 잘 들어라. 다른 신들은 거들떠보지도 말고, 그 이름을 입에 담지도 마라."

지켜야 할 세 가지 절기

14 "너희는 일 년에 세 차례, 나를 위해 절기를 지켜야 한다.
15 내가 너희에게 명령한 대로, 너희는 아빕월 정한 때에 칠 일 동안 누룩을 넣지 않은 빵을 먹으며 봄의 절기인 무교절을 지켜라. 그달에 너희가 이집트에서 나왔기 때문이다. 아무도 내 앞에 빈손으로 나와서는 안된다.
16 밭에서 수고하여 얻은 첫 열매를 거두어들일 때에 여름 절기인 맥추절을 지켜라. 일 년 농사를 거두어들이는 한 해의 끝에 가을 절기인 수장절을 지켜라.
17 너희의 모든 남자는 일 년에 세 차례, 주 하나님 앞에 나와야 한다."

18 "내게 바치는 희생 제물의 피를 누룩을 넣은 것과 함께 바치지 마라.
절기 때 내게 바친 제물의 지방을 아침까지 남겨 두지 마라.
19 한 해의 첫 열매 가운데 가장 좋은 것을 너희 **하나님**의 집으로 가져오너라.
새끼 염소를 그 어미의 젖에 삶지 마라."

20-24 "이제 마음을 가다듬고 준비하여라. 내가 너희 앞에 천사를 보내어 너희 가는 길에서 너희를 지키고, 내가 예비해 둔 곳으로 너희를 인도하도록 하겠다. 너희는 그에게 세심한 주의를 기울여, 그의 말에 순종하고 그를 거역하지 마라. 그가 나의 권한으로 행동하는 까닭에, 너희의 반역을 참지 않을 것이다. 그러나 너희가 그의 말에 순종하고 내가 너희에게 이르는 모든 것을 행하면, 내가 너희 원수들에게 원수가 되고 너희 적들과 맞서 싸우겠다. 내가 보낸 천사가 너희보다 앞서 가서 너희를 아모리 사람과 헷 사람과 브리스 사람과 가나안 사람과 히위 사람과 여부스 사람의 땅으로 인도할 때에, 내가 그 민족들을 깨끗이 없애 버리겠다. 그러니 그들의 신들을 숭배하지도 말고 섬기지도 마라. 내가 그들을 지면에서 쓸어버리고, 그들이 신성하게 여기는 남근 모양의 기둥들을 산산이 부수어 버릴 것이니, 너희는 그들이 하는 짓을 조금도 따라 하지 마라."

25-26 "너희는 너희 **하나님**을 섬겨라. 그러면 내가 너희의 음식과 물에 복을 줄 것이다. 내가 너희 중에서 병을 제거할 것이니, 너희 땅에서는 유산하는 일도 없고 임신하지 못하는 여인도 없을 것이다. 내가 반드시 너희가 풍족하고 흠잡을 데 없는 삶을 살게 하겠다.
27 내가 공포를 너희 앞에 보내어, 너희가 맞서야 할 민족들을 혼란에 빠뜨리겠다. 너희는 너희 원수들의 뒤통수만 보게 될 것이다.
28-31 또한 내가 절망을 너희 앞에 보내어, 히위 사람과 가나안 사람과 헷 사람을 너희 앞에서 몰아내겠다. 내가 그들을 단번에 없애 버리지는 않을 것이다. 이는 그 땅이 잡초로 무성해지고 들짐승들이 그 땅을 차지하는 일을 막으려는 것이다. 내가 그들을 그 땅에서 서서히 몰아내겠다. 그동안에 너희는 너희의 곡물을 잘 자라게 할 기회를 얻고 그 땅을 너희 소유로 삼게 될 것이다. 나는 너희의 경계를 홍해에서 지중해까지 그리고 광야에서 유프라테스 강까지 뻗어 가게 하고, 그 땅에 살고 있는 모든 사람을 너희 손에 넘겨주겠다. 그러니 어서 가서 그들을 쫓아내어라.
32-33 그들이나 그들의 신들과 타협하지 마라. 그들이 그 땅에서 너희와 함께 머물지 못하게 해야 한다. 그러지 않으면, 그들이 너희를 꾀어 죄짓게 하고 그들의 신들을 섬기게 할 것이다. 조심하여라. 그것은 대단히 위험한 일이다."

시내 산에서 언약을 맺다

24 [1-2] **하나님**께서 모세에게 말씀하셨다. "너는 아론과 나답과 아비후와
이스라엘의 장로 칠십 명과 함께 산에 올라 **하나님**에게 오너라. 그
들은 멀찍이 서서 경배하고, 모세 너는 **하나님**에게 가까이 오너라. 나머지 사람
들은 가까이 와서는 안된다. 백성은 결코 산에 올라와서는 안된다."
3 모세가 백성에게 가서 **하나님**께서 말씀하신 모든 것, 곧 모든 법도와 규례를
말해 주었다. 그들이 한목소리로 대답했다. "**하나님**께서 말씀하신 모든 것을 우
리가 행하겠습니다."
4-6 모세는 **하나님**께서 말씀하신 모든 것을 기록했다. 그는 이튿날 아침 일찍 일
어나, 이스라엘 열두 지파를 상징하는 열두 개의 돌기둥을 사용하여 산기슭에
제단을 쌓았다. 그런 다음 이스라엘의 젊은이들에게 지시하여, 소를 잡아 번제
물과 화목 제물을 드리게 했다. 모세는 그 피의 절반을 가져다가 그릇에 담고,
나머지 절반은 제단에 뿌렸다.
7 모세가 언약의 책을 들고 낭독하니, 백성이 귀 기울여 들었다. 그들은 "**하나님**
께서 말씀하신 모든 것을 우리가 행하겠습니다. 우리가 순종하겠습니다" 하고
말했다.
8 모세가 남은 피를 가져다가 백성에게 뿌리며 말했다. "이것은 내가 전한 이 모
든 말씀에 따라 **하나님**께서 여러분과 맺으신 언약의 피입니다."

9-11 그 후에 모세와 아론과 나답과 아비후와 이스라엘의 장로 칠십 명이 산으로
올라가서 이스라엘의 하나님을 뵈었다. 하나님께서는 청보석을 깔아 놓은 것
같은, 하늘빛처럼 맑고 깨끗한 곳에 서 계셨다. 하나님께서 이스라엘 자손의 기
둥 같은 이 지도자들을 치지 않으셨다. 그들은 하나님을 뵙고서, 먹고 마셨다.

12-13 **하나님**께서 모세에게 말씀하셨다. "산의 더 높은 곳으로 올라와서, 거기서
나를 기다려라. 내가 그들을 가르치려고 교훈과 계명을 기록한 두 돌판을 네게 주
겠다." 모세가 자신의 부관 여호수아와 함께 일어나 하나님의 산으로 올라갔다.
14 모세가 이스라엘의 장로들에게 말했다. "우리가 돌아올 때까지 여기서 우리
를 기다리십시오. 아론과 훌이 여러분과 함께 있으니, 무슨 문제가 생기면 그들
에게 가십시오."
15-17 모세가 산에 오르자, 구름이 산을 덮었다. **하나님**의 영광이 시내 산 위에 머
무르고, 육 일 동안 구름이 산을 뒤덮었다. 일곱째 날에 **하나님**께서 구름 속에
서 모세를 부르셨다. 산 밑에 있던 이스라엘 자손의 눈에는 **하나님**의 영광이 산
꼭대기에서 맹렬히 타는 불처럼 보였다.
18 모세는 구름 속으로 들어가 산으로 올라갔다. 모세는 밤낮으로 사십 일을 그
산에 있었다.

성소를 지을 예물

25 1-9 하나님께서 모세에게 말씀하셨다. "너는 이스라엘 자손에게 말
하여, 나를 위해 예물을 마련하게 하여라. 자원하는 마음으로 바치
는 모든 사람의 예물을 받아라. 그들에게서 받을 예물은 이러하다. 금과 은과
청동, 청색 실과 자주색 실과 주홍색 실, 가는 모시실, 염소 털, 가공한 숫양 가
죽, 돌고래 가죽, 아카시아나무, 등잔에 쓸 기름, 거룩하게 구별하는 기름에 넣
는 향료와 분향할 향에 넣는 향료, 에봇과 가슴받이에 박을 마노와 그 밖의 보
석들이다. 내가 그들 가운데 머물 수 있도록 그들에게 나를 위한 성소를 지으라
고 하여라. 너는 내가 네게 준 설계대로, 곧 성막의 도안과 거기서 쓸 모든 기구
의 도안대로 지어야 한다."

언약궤

10-15 "먼저 그들을 시켜 아카시아나무로 궤를 만들어라. 길이 1.12미터, 너비와
높이는 67.5센티미터가 되게 하고, 궤의 안과 밖에 순금을 입히고 그 둘레에는
금테를 둘러라. 금고리 네 개를 주조하여 궤의 네 다리에 달되, 한쪽에 고리 두
개, 다른 한쪽에 고리 두 개를 달아라. 아카시아나무로 채를 만들어 금을 입히
고, 그 채를 궤 양쪽에 달린 고리에 끼워서 궤를 들 수 있게 하여라. 채는 고리
에 끼워 두고 빼내지 마라.
16 내가 네게 줄 증거판을 그 궤 속에 넣어 두어라.
17 그 궤의 덮개, 곧 속죄판을 순금으로 만들되, 길이 1.12미터, 너비 67.5센티
미터가 되게 하여라.
18-22 두들겨 편 금으로 날개 달린 천사 둘을 조각하여, 속죄판의 양쪽 끝에 자
리 잡게 하여라. 천사 하나는 이쪽 끝에, 다른 하나는 저쪽 끝에 자리 잡게 하
되, 천사들과 속죄판이 하나로 이어지게 하여라. 천사들은 날개를 활짝 펴서 속
죄판 위에 머물게 하고, 서로 마주 보며 속죄판을 내려다보게 하여라. 속죄판을
덮개로 삼아 궤 위에 얹고, 궤 안에는 내가 네게 줄 증거판을 넣어 두어라. 내가
정한 때에 거기서 너를 만날 것이다. 속죄판 위, 곧 증거궤 위에 있는 두 천사
사이에서 내가 너와 이야기하고, 내가 이스라엘 자손에게 내릴 명령들을 네게
말해 주겠다."

임재의 빵을 차려 놓는 상

23-28 "다음으로 아카시아나무로 상을 만들어라. 길이 90센티미터, 너비 45센티
미터, 높이 67.5센티미터가 되게 하고, 그 위에 순금을 입히고, 그 둘레에는 금
테를 둘러라. 상 둘레에 손바닥 너비만한 턱을 만들고, 그 턱의 둘레에도 금테
를 둘러라. 금고리 네 개를 만들어, 상의 네 다리에 달되, 상의 윗면과 평행이
되게 하여라. 그 고리들은 상을 나를 때 쓰는 채를 끼우는 데 사용될 것이다. 채
는 아카시아나무로 만들고 거기에 금을 입혀서, 상을 나를 때 사용하여라.
29 접시와 대접과 단지, 그리고 부어 드리는 제물을 담는 주전자를 만들어라. 이

것들은 순금으로 만들어라.
30 갓 구운 임재의 빵을 그 상 위에, 곧 내 앞에 항상 놓아두어라."

등잔대

31-36 "두들겨 편 순금으로 등잔대를 만들어라. 등잔대의 줄기와 가지와 잔과 꽃받침과 꽃잎이 모두 하나로 이어지게 하여라. 등잔대의 줄기 양쪽에 가지 여섯 개를 내되, 한쪽에 세 개, 다른 한쪽에 세 개를 내어라. 가지에는 꽃받침과 꽃잎이 달린 감복숭아꽃 모양의 잔 세 개를 얹어라. 줄기에서 나온 가지 여섯 개를 모두 그렇게 만들어라. 등잔대의 줄기에는 꽃받침과 꽃잎이 달린 감복숭아꽃 모양의 잔 네 개를 만들어 달되, 줄기에서 양쪽으로 갈라져 나온 가지 한 쌍마다 그 아래에 꽃받침을 하나씩 달아라. 두들겨 편 순금으로 등잔대를 만들되, 전체가 하나로 이어지게 만들어라.
37-38 등잔 일곱 개를 만들어 상 앞쪽을 비추게 하여라. 심지 자르는 가위와 재를 담는 접시도 순금으로 만들어라.
39-40 순금 약 34킬로그램을 사용하여 등잔대와 그 부속 기구들을 만들어라. 내가 산에서 네게 준 도안을 잘 살펴서, 모든 것을 그대로 만들어라."

성막

26

1-6 "성막을 만들되, 가늘게 꼰 모시실과 청색 실과 자주색 실과 주홍색 실로 짜서 그룹 천사 문양을 수놓은 열 폭의 천으로 만들어라. 이 일은 숙련된 장인이 맡아야 한다. 열 폭의 천은 각각 길이 12.6미터, 너비 1.8미터로 하되, 다섯 폭을 옆으로 나란히 이어 한 벌이 되게 하고, 나머지 다섯 폭도 옆으로 나란히 이어 한 벌이 되게 하여라. 나란히 이은 한 벌의 한쪽 가장자리를 따라 청색 실로 고리를 만들고, 나란히 이은 다른 벌의 한쪽 가장자리에도 그렇게 하여, 두 벌의 마지막 폭에 각각 오십 개의 고리를 만들어라. 금으로 갈고리 오십 개를 만들고, 그것으로 두 벌의 천을 서로 연결하여 하나의 온전한 성막이 되게 하여라.
7-11 그런 다음 염소 털로 짜서 만든 열한 폭의 천으로 성막을 덮을 천막을 만들어라. 천 한 폭의 길이는 13.5미터, 너비는 1.8미터로 하되, 천 다섯 폭을 나란히 이어 연결하고, 나머지 여섯 폭도 그렇게 연결하여라. 여섯 번째 폭은 반으로 접어 성막 앞쪽으로 걸치게 하여라. 나란히 이은 천의 한쪽 가장자리를 따라 고리 오십 개를 만들고, 맞물릴 쪽의 가장자리에도 고리 오십 개를 만들어라. 청동으로 갈고리 오십 개를 만들고, 그것을 양쪽 고리에 걸어 하나의 천막이 되게 하여라.
12-14 여분으로 남은 천막의 반 폭은 성막의 뒤로 늘어뜨려라. 천막에서 양쪽으로 45센티미터씩 남는 부분은 성막 양 옆으로 늘어뜨려 성막을 덮게 하여라. 마지막으로, 붉게 물들인 가공한 숫양 가죽으로 천막 덮개를 만들고, 돌고래 가죽으로 그 위에 덮을 덮개를 만들어라.

15-25 아카시아나무 널판으로 성막의 뼈대를 세워라. 각 널판은 길이 4.5미터, 너비 67.5센티미터로 하고, 널판마다 촉꽂이 두 개를 만들어 널판을 고정시킬 수 있게 하여라. 모든 널판을 똑같이 만들어라. 남쪽에 세울 널판 스무 개와 은밑받침 마흔 개를 만들어, 널판마다 두 개씩 달려 있는 촉꽂이를 꽂을 수 있게 하여라. 성막의 북쪽도 같은 구조로 만들어라. 서쪽을 바라보는 성막의 뒤쪽에 세울 널판을 여섯 개 만들고, 성막 뒤쪽 두 모퉁이에 세울 널판을 추가로 두 개 더 만들어라. 두 모퉁이에 세울 널판은 두께가 위에서 아래까지 두 겹이 되게 하고, 하나의 고리에 끼워 맞추도록 하여라. 널판이 여덟 개이고, 각 널판에 밑받침이 두 개씩 있어, 은밑받침이 열여섯 개가 된다.

26-30 아카시아나무로 가로다지를 만들어라. 성막 한쪽 옆면 널판들에 다섯 개, 다른 쪽 옆면 널판들에도 다섯 개, 서쪽을 바라보는 성막 뒤쪽에도 다섯 개를 만들어라. 널판들의 가운데에 끼울 중간 가로다지는 이쪽 끝에서 저쪽 끝까지 이어지게 해야 한다. 널판에는 금을 입히고 가로다지를 꿸 금고리를 만들어라. 그리고 가로다지에도 금을 입혀라. 그런 다음 내가 산에서 네게 보여준 도안대로 성막을 세워라.

31-35 청색 실과 자주색 실과 주홍색 실과 가늘게 꼰 모시실로 휘장을 만들어라. 숙련된 장인을 시켜 휘장에 그룹 천사 문양을 짜 넣게 하여라. 그 휘장을 금갈고리에 걸어 아카시아나무로 만든 네 기둥에 드리워라. 네 기둥에는 금을 입히고, 은으로 만든 네 개의 밑받침 위에 그 기둥들을 세워라. 휘장을 갈고리에 걸어 드리우고 나서, 휘장 안쪽에 증거궤를 들여놓아라. 이 휘장이 성소와 지성소를 구분해 줄 것이다. 속죄판으로 지성소에 있는 증거궤를 덮어라. 상과 등잔대는 휘장 바깥쪽에 놓되, 등잔대는 성막 남쪽에 놓고 상은 맞은편 북쪽에 놓아라.

36-37 성막 문을 가리는 막을 만들어라. 청색 실과 자주색 실과 주홍색 실과 가늘게 꼰 모시실로 짜서 만들어라. 아카시아나무로 기둥 다섯 개를 만들고 금을 입혀서 그 막의 뼈대로 세우고, 막을 칠 수 있게 금갈고리도 만들어라. 그리고 기둥을 받치는 데 쓸 밑받침 다섯 개는 청동으로 주조하여라."

제단

27

1-8 "아카시아나무로 제단을 만들어라. 가로와 세로가 2.25미터의 정사각형 모양이 되게 하고, 높이는 1.35미터로 하여라. 네 귀퉁이에는 뿔을 하나씩 만들어 달되, 네 개의 뿔이 제단과 하나로 이어지게 하고 그 위에 청동을 입혀라. 재를 담는 통과 부삽, 대야, 고기 집게, 화로를 만들어라. 이 모든 기구는 청동으로 만들어라. 청동으로 그물 모양의 석쇠를 만들고 석쇠의 네 귀퉁이에 고리를 만들어 달아라. 그 석쇠를 제단 가장자리 밑에 달아 제단 중간에 자리하게 하여라. 제단을 드는 데 쓸 채는 아카시아나무로 만들고 거기에 청동을 입혀라. 제단 양쪽에 달린 고리에 그 채를 꿰어 제단을 나를 수 있게 하여라. 제단은 널판으로 만들되, 속이 비게 만들어라."

성막 뜰

9-11 "성막 뜰을 만들어라. 뜰의 남쪽 면은 길이가 45미터여야 한다. 성막 뜰을 두를 휘장은 가늘게 꼰 모시실로 짜고, 휘장을 칠 기둥 스무 개와 청동으로 만든 밑받침 스무 개, 은으로 만든 갈고리와 줄도 만들어라. 뜰의 북쪽 면도 남쪽 면과 똑같이 만들어라.

12-19 뜰의 서쪽 끝에는 길이 22.5미터 되는 휘장을 치고, 휘장을 칠 기둥 열 개와 밑받침 열 개를 만들어라. 뜰의 앞쪽, 곧 뜰의 동쪽 끝의 길이도 22.5미터로 하고, 한쪽에 기둥 세 개와 밑받침 세 개를 세우고, 길이 6.75미터 되는 휘장을 쳐라. 다른 한쪽도 똑같이 하여라. 뜰의 정문에는 청색 실과 자주색 실과 주홍색 실과 가늘게 꼰 모시실로 짜서 장인이 수를 놓은 9미터 길이의 막을 쳐라. 밑받침 네 개에 기둥 네 개를 세우고 그 위에 막을 쳐라. 뜰 사방에 세울 기둥은 은줄로 묶고, 은갈고리를 달고, 청동밑받침으로 받쳐야 한다. 뜰의 길이는 45미터, 너비는 22.5미터여야 한다. 가늘게 꼰 모시실로 짜서 청동밑받침 위에 설치할 휘장의 높이는 2.25미터여야 한다. 성막의 말뚝과 뜰에 박을 말뚝을 비롯해 성막을 세우는 데 쓰는 모든 기구는 청동으로 만들어야 한다."

20-21 "이스라엘 자손에게 등불에 쓸 맑고 깨끗한 올리브기름을 가져오게 하여, 등불이 끊임없이 타오르게 하여라. 아론과 그의 아들들은 이 등불을 회막 안, 증거궤를 가리는 휘장 바깥쪽에 항상 켜 두어, 저녁부터 아침까지 **하나님** 앞에서 타오르게 해야 한다. 이것은 이스라엘 자손이 대대로 지켜야 할 영원한 규례다."

제사장의 예복

28

1-5 "너는 이스라엘 자손 가운데서 네 형 아론과 그의 아들들, 곧 나답과 아비후와 엘르아살과 이다말을 데려다가 나를 섬기는 제사장 일을 맡겨라. 네 형 아론을 위해 거룩한 예복을 지어 영광과 아름다움을 상징하게 하여라. 숙련된 장인들, 곧 내가 이 일에 재능을 부여한 사람들과 상의하고, 그들을 준비시켜 아론의 예복을 만들게 하여라. 이는 그를 거룩하게 구별하여 나를 섬기는 제사장으로 일하게 하려는 것이다. 그들이 지어야 할 옷은 가슴받이와 에봇과 겉옷과 속옷과 두건과 허리띠다. 네 형 아론과 그의 아들들에게 거룩한 예복을 만들어 주어, 그들이 나를 위해 제사장으로 일하게 하여라. 예복을 만드는 이들은 금실과 청색 실과 자주색 실과 주홍색 실과 가는 모시실로 만들어야 한다."

에봇

6-14 "숙련된 장인을 시켜, 금실과 청색 실과 자주색 실과 주홍색 실과 가늘게 꼰 모시실로 에봇을 만들게 하여라. 에봇은 양쪽 끝에 멜빵을 달아서 조일 수 있게 만들어라. 에봇 위에 매는 장식 허리띠는 에봇과 같은 재질로 만들되, 금실과 청색 실과 자주색 실과 주홍색 실과 가늘게 꼰 모시실로 만들고, 에봇에 이어

붙여 하나가 되게 해야 한다. 마노 보석 두 개를 가져다가 거기에 이스라엘의 아들들 이름을 태어난 순서에 따라 새겨 넣어라. 보석 하나에 여섯 명의 이름을 새기고, 다른 보석에 나머지 여섯 명의 이름을 새겨라. 보석 세공사가 인장을 새기듯이, 두 보석에 이스라엘의 아들들 이름을 새겨 넣어라. 그런 다음 그 두 보석을 세공한 금테에 물려라. 그 두 보석은 이스라엘 자손을 기념하는 보석이니 에봇의 양쪽 멜빵에 달아라. 아론이 이 이름들을 양 어깨에 짊어지고 하나님 앞에서 기념이 되게 할 것이다. 또 세공한 금테를 만들어라. 순금으로 사슬 두 개를 만들어 새끼줄처럼 꼰 다음, 그 꼰 사슬을 그 테에 달아라."

가슴받이

15-20 "이제 에봇을 만들 때와 마찬가지로, 숙련된 장인들을 동원하여 판결 가슴받이를 만들어라. 금실과 청색 실과 자주색 실과 주홍색 실과 가늘게 꼰 모시실을 사용하여 가로와 세로가 23센티미터인 정사각형 모양으로 두 겹이 되게 만들어라. 거기에 값진 보석을 네 줄로 박아 넣어라.

첫째 줄에는 홍옥수와 황옥과 취옥을
둘째 줄에는 홍옥과 청보석과 수정을
셋째 줄에는 청옥과 마노와 자수정을
넷째 줄에는 녹주석과 얼룩 마노와 벽옥을 박아 넣어라.

20-21 이 보석들을 세공한 금테에 물려라. 열두 보석은 이스라엘의 아들들의 수대로 열둘이다. 인장을 새기듯이 보석마다 각 사람의 이름을 새겨 넣어 열두 지파를 나타내게 하여라.

22-28 가슴받이를 매달 사슬은 순금으로 새끼줄처럼 꼬아서 만들어라. 금고리 두 개를 만들어 가슴받이 양쪽 끝에 달고, 금줄 두 개를 가슴받이 양쪽 끝에 달려 있는 고리에 매어라. 그런 다음 그 금줄의 다른 두 끝을 두 개의 테에 매고, 그것들을 에봇 멜빵 앞에 달아라. 또 금고리 두 개를 만들어서 가슴받이 양 끝, 곧 에봇과 만나는 가슴받이 안쪽 가장자리에 달아라. 그런 다음 금고리 두 개를 더 만들어서 에봇의 앞쪽 두 멜빵 아랫부분, 곧 장식 허리띠 위쪽 이음매 곁에 달아라. 청색 줄로 가슴받이 고리와 에봇 고리를 이어 가슴받이를 고정시켜서, 가슴받이가 에봇의 장식 허리띠 위에 튼튼하게 붙어 늘어지지 않게 하여라.

29-30 아론이 성소에 들어갈 때마다 판결 가슴받이에 새긴 이스라엘의 아들들 이름을 가슴에 달고 하나님 앞으로 들어가 기념이 되게 하여라. 판결 가슴받이 안에 우림과 둠밈을 넣어라. 아론이 하나님 앞으로 들어갈 때, 그것들이 그의 가슴에 있어야 한다. 이렇게 아론은 늘 판결 가슴받이를 지니고 하나님 앞으로 들어가야 한다."

겉옷

31-35 "에봇에 받쳐 입을 겉옷을 청색으로 만들되, 머리를 넣을 수 있도록 가운데
에 구멍을 내고, 그 구멍의 둘레를 감침질하여 찢어지지 않게 하여라. 겉옷 하
단의 가장자리에는 청색 실과 자주색 실과 주홍색 실로 석류 모양의 술을 만들
어 달고, 그 사이사이에 금방울을 달아라. 방울 하나 석류 하나, 또 방울 하나
석류 하나를 다는 식으로, 겉옷 하단의 가장자리를 돌아가며 방울과 석류를 번
갈아 달면 된다. 아론이 제사장 직무를 수행할 때는 이 옷을 입어야 한다. 성소
에 들어가서 하나님 앞으로 들어갔다가 나올 때 방울소리가 울리면, 그는 죽지
않을 것이다."

두건, 속옷, 속바지

36-38 "순금으로 패를 만들어라. 그 위에, 인장을 새기듯이 '하나님께 거룩'이라고
새겨라. 그 패를 청색 끈에 매어 두건 앞쪽에 달아라. 그 패는 아론의 이마에 달
려 있어야 한다. 이스라엘 자손이 거룩하게 구별하여 드리는 거룩한 예물과 관
련된 죄를 아론이 담당하게 하여라. 그 패가 늘 아론의 이마에 달려 있으면, 예
물이 하나님 앞에서 기꺼이 받아들여질 것이다.
39-41 가는 모시실로 속옷을 지어라. 가는 모시실로 두건을 만들어라. 허리띠는
수놓는 사람이 만들어야 한다. 아론의 아들들이 입을 속옷과 허리띠와 관을 만
들어 영광과 아름다움을 나타내게 하여라. 네 형 아론과 그의 아들들에게 그것
들을 입혀라. 그들의 머리에 기름을 부어 제사장으로 세우고, 거룩하게 구별하
여 나를 섬기는 제사장의 일을 하게 하여라.
42-43 허리에서 넓적다리까지 덮는 속바지를 모시실로 만들어라. 아론과 그의 아
들들이 회막에 들어가거나 성소에서 섬기기 위해 제단으로 나아갈 때는 반드시
그 옷을 입어야 한다. 그래야 죄를 지어 죽는 일이 없게 된다. 이것은 아론과 그
의 후손 제사장들이 지켜야 할 영원한 규례다."

제사장 위임식

29

1-4 "그들을 거룩하게 구별하여 제사장으로 세우는 의식은 이러하다.
수송아지 한 마리와 숫양 두 마리를 건강하고 흠 없는 것으로 골라
라. 빵과 기름을 섞어 만든 과자와 기름을 바른 속 빈 과자를 고운 밀가루로 만
들되, 누룩은 넣지 마라. 그것들을 한 바구니에 담아 수송아지와 숫양 두 마리
와 함께 가져오너라. 아론과 그의 아들들을 회막 입구로 데려와서 물로 씻겨라.
5-9 예복을 가져와서 아론에게 속옷과 에봇 아래 받쳐 입는 겉옷과 에봇과 가슴
받이를 입히고, 수놓은 허리띠로 에봇을 매게 하여라. 그의 머리에 두건을 씌우
고 두건 위에 거룩한 패를 붙여라. 그리고 거룩하게 구별하는 기름을 가져다가
그의 머리에 부어, 그를 거룩하게 구별하여라. 그런 다음 그의 아들들을 데려다
가 속옷을 입히고, 아론과 그의 아들들에게 허리띠를 매어 주고, 그들에게 관을
씌워라. 그들의 제사장직을 법으로 확정하여 영원한 것이 되게 하여라.

[9-14] 너는 아론과 그의 아들들에게 다음과 같은 방식으로 직무를 맡겨라. 수소를
회막으로 끌어다가, 아론과 그의 아들들이 그 수소의 머리에 손을 얹게 한 다
음, 회막 입구 **하나님** 앞에서 그 수소를 잡아라. 그 수소의 피 얼마를 받아다가
손가락으로 제단 뿔에 바르고, 나머지 피는 제단 밑에 부어라. 그런 다음 내장
을 덮은 모든 지방과, 간과 두 콩팥에 붙은 지방을 떼어 내어 제단 위에서 불살
라라. 그러나 그 수소의 고기와 가죽과 똥은 진 밖에서 태워 버려라. 이것이 바
로 속죄 제사다.
[15-18] 또 숫양 한 마리를 끌어다가, 아론과 그의 아들들이 그 숫양의 머리에 손을
얹게 한 다음, 그 숫양을 잡고 피를 받아서 제단 사면에 뿌려라. 그 숫양의 각을
뜨고 내장과 다리는 씻어서 여러 부위의 고기와 머리와 함께 모아 두고, 그 숫
양을 제단 위에서 송두리째 불살라라. 이것이 **하나님**에게 바치는 번제요, 향기
로운 냄새며, **하나님**에게 불살라 바치는 제사다.
[19-21] 다시 숫양 한 마리를 끌어다가, 아론과 그의 아들들이 그 숫양의 머리에 손
을 얹게 한 다음, 그 숫양을 잡고 피 얼마를 받아서 아론의 오른쪽 귓불과 그의
아들들의 오른쪽 귓불에 바르고, 그들의 오른손 엄지손가락과 오른발 엄지발가
락에도 발라라. 남은 피는 제단 사면에 뿌려라. 또 제단 위에 있는 피를 가져다
가 거룩하게 구별하는 기름과 섞어 아론과 그의 옷에 뿌리고, 그의 아들들과 그
들의 옷에도 뿌려라. 그러면 아론과 그의 옷과 그의 아들들과 그들의 옷이 거룩
하게 될 것이다.
[22-23] 그 숫양에게서 지방 곧 기름진 꼬리와, 내장을 덮은 지방과, 간을 덮은 껍질
과, 두 콩팥과 거기에 붙은 지방을 떼어 내고, 오른쪽 넓적다리를 잘라 내어라.
이것은 제사장 위임식에 쓸 숫양이다. 그리고 **하나님** 앞에 놓인 빵 바구니에서
빵 한 덩이와 기름을 섞어 만든 과자 한 개와 속 빈 과자 한 개를 가져오너라.
[24-25] 너는 이 모든 것을 아론과 그 아들들의 손에 얹어 주어, 그것을 **하나님** 앞에
서 흔들게 하여, 흔들어 바치는 제물로 드리게 하여라. 그런 다음 그들의 손에
서 그것을 받아다가 제단 위에 놓고 번제물과 함께 불살라라. 이것은 **하나님** 앞
에 향기로운 냄새요, **하나님**에게 바치는 제물이다.
[26] 아론의 위임식 제물인 숫양의 가슴을 가져다가 흔들어 바치는 제물로 **하나님**
앞에서 흔들어 바쳐라. 그것은 네 몫이 될 것이다.
[27-28] 아론과 그 아들들의 위임식 제물인 숫양의 고기 가운데서 흔들어 바친 가슴
과 들어 올려 바친 넓적다리를 거룩하게 구별하여라. 아론과 그의 아들들은 이
제물을 이스라엘 자손에게서 영원토록 받게 될 것이다. 이스라엘 자손은 화목
제물 가운데서 이 제물을 정기적으로 바쳐야 한다.
[29-30] 아론의 거룩한 예복은 그의 후손에게 물려주어, 그들이 그 옷을 입고 기름
부음을 받아 제사장직을 위임받게 하여라. 아론의 뒤를 이어 제사장이 될 아들
은, 칠 일 동안 그 옷을 입고 회막에 들어가 성소에서 섬겨야 한다.
[31-34] 위임식 제물로 바친 숫양을 가져다가 그 고기를 성소에서 삶아라. 아론과
그의 아들들은 회막 입구에서 그 삶은 고기와 바구니에 든 빵을 먹어야 한다.

이 제물로 인해 속죄받고 제사장으로 위임받아 거룩하게 구별되었으니, 그들만
이 그 제물을 먹을 수 있다. 그 제물은 거룩한 것이므로 다른 사람은 먹을 수 없
다. 위임식 제물로 바친 숫양이나 빵이 이튿날 아침까지 남아 있거든 태워 버려
야 한다. 그것은 거룩한 것이니, 다른 사람은 먹지 마라.
35-37 내가 너에게 명령한 모든 것을 행하여 아론과 그 아들들을 위한 위임식을
칠 일 동안 행하여라. 날마다 수소 한 마리를 속죄를 위한 속죄 제물로 바쳐라.
제단을 위한 속죄 제물은 제단 위에 바치고, 그것에 기름을 부어 거룩하게 구별
하여라. 너는 칠 일 동안 제단을 위해 속죄하여 제단을 거룩하게 구별하여라.
그러면 제단에 거룩함이 속속들이 스며들게 되어, 그 제단을 만지는 사람도 거
룩하게 될 것이다.
38-41 제단 위에 바쳐야 할 것은 이러하다. 일 년 된 어린양 두 마리를 날마다 바
치되, 어린양 한 마리는 아침에 바치고 다른 어린양 한 마리는 저녁에 바쳐라.
첫 번째 어린양 제물을 바칠 때, 고운 밀가루 2리터에 깨끗한 올리브기름 1리
터를 섞어 바치고, 포도주 1리터는 부어 드리는 제물로 바쳐라. 저녁에 두 번째
어린양 제물을 바칠 때도 아침 제사 때와 같은 곡식 제물과 부어 드리는 제물을
바쳐야 한다. 이것은 향기로운 냄새요, **하나님**에게 바치는 제물이다.
42-46 이것은 너희가 대대로 회막 입구에서 매일 **하나님** 앞에 바쳐야 하는 번제
다. 내가 거기서 너희를 만나고, 거기서 너희와 이야기하겠다. 나의 영광으로
거룩하게 된 그곳에서 내가 이스라엘 자손을 만날 것이다. 내가 회막과 제단을
거룩하게 하겠다. 내가 아론과 그의 아들들을 거룩하게 하여 나를 섬기는 제사
장으로 삼겠다. 내가 이스라엘 자손 가운데로 들어가 그들과 함께 살 것이다.
내가 그들의 하나님이 될 것이다. 그들은, 내가 그들과 함께 살려고 그들을 이
집트 땅에서 이끌어 낸 그들의 **하나님**인 것을 깨닫게 될 것이다. 나는 **하나님**
너희의 하나님이다."

분향단

30

1-5 "분향할 제단을 만들어라. 그것을 아카시아나무로 만들되, 가로
와 세로가 45센티미터인 정사각형 모양이 되게 하고, 높이는 90센
티미터로 하며, 제단과 네 뿔이 하나로 이어지게 하여라. 분향단의 윗면과 네
옆면과 뿔에 순금을 입히고, 그 둘레에 금테를 두르고, 금테 밑에 금고리 두 개
를 만들어 달아라. 두 개의 고리를 분향단 양쪽 옆에 달아서 채를 꿰어 들 수 있
게 하여라. 채는 아카시아나무로 만들어 금을 입혀라.
6-10 그 분향단을 증거궤를 가리는 휘장 앞, 곧 증거판 위에 있는 속죄판 앞에 놓
아두어라. 그 속죄판에서 내가 너를 만나겠다. 아론은 그 분향단 위에다 향기로
운 향을 피워야 하는데, 매일 아침 등잔을 손질할 때마다 피우고 저녁에 등불을
밝힐 준비를 할 때도 향을 피워야 한다. 그리하여 대대로 **하나님** 앞에서 향이
피어오르게 해야 한다. 이 분향단 위에 부정한 향이나 번제물이나 곡식 제물을
올려놓고 태워서는 안되며, 그 위에 부어 드리는 제물을 부어서도 안된다. 아론

은 일 년에 한 차례 분향단의 뿔을 깨끗하게 하되, 매년 속죄 제물의 피로 이 단을 속죄해야 한다. 너는 대대로 이렇게 해야 한다. 이것은 **하나님**에게 지극히 거룩한 것이다."

속죄세

11-16 **하나님**께서 모세에게 말씀하셨다. "네가 이스라엘 자손의 수를 세어 조사할 때, 인구조사를 받는 모든 사람은 자기 목숨 값으로 속죄세를 **하나님**에게 바쳐야 한다. 그래야 인구조사를 할 때 나쁜 일이 일어나지 않을 것이다. 누구든지 인구조사를 받는 사람은 (성소 표준 세겔로 무게가 6그램 정도 되는) 반 세겔을 내야 한다. 이 반 세겔은 **하나님**에게 바치는 예물이다. 스무 살 이상으로 인구조사를 받는 모든 사람은 **하나님**에게 예물을 바쳐야 한다. 너희 목숨에 대한 속죄세를 **하나님**에게 바칠 때, 부유한 사람이라고 해서 반 세겔보다 더 많이 내서도 안되고 가난한 사람이라고 해서 더 적게 내서도 안된다. 너는 이스라엘 자손에게서 속죄세를 받아 장막을 유지하는 비용으로 충당하여라. 그것은 이스라엘 자손이 **하나님**에게 경의를 표하여 기념물로 드리는 기금, 너희 목숨을 속죄하는 기금이 될 것이다."

대야

17-21 **하나님**께서 모세에게 말씀하셨다. "너는 대야와 그 받침대를 청동으로 만들어라. 그것을 회막과 제단 사이에 놓고, 거기에 물을 담아라. 아론과 그의 아들들이 그 물로 손과 발을 씻을 것이다. 그들이 회막에 들어갈 때나 제단 가까이 가서 섬기거나 **하나님**에게 예물을 바칠 때, 물로 씻어야 죽지 않을 것이다. 그들이 손과 발을 씻어야 죽지 않을 것이다. 이것은 아론과 그의 아들들이 대대로 지켜야 할 영원한 규례다."

거룩하게 구별하는 기름

22-25 **하나님**께서 모세에게 말씀하셨다. "너는 가장 좋은 향료를 취하여라. 성소 표준 도량형으로 액체 몰약은 5.5킬로그램, 향기로운 육계는 그 절반 정도인 2.75킬로그램, 향기로운 향초 줄기는 2.75킬로그램, 계피는 5.5킬로그램을 마련하고, 올리브기름도 4리터 마련하여라. 이것들을 향을 제조하는 사람이 하는 것처럼 잘 혼합하여, 거룩하게 구별하는 기름을 만들어라.

26-29 그것을 회막과 증거궤와, 상과 거기에 딸린 모든 기구와, 등잔대와 거기에 딸린 기구와, 분향단과, 번제단과 거기에 딸린 모든 기구와, 대야와 그 받침대에 발라라. 그것들을 거룩하게 구별하여 그 안에 거룩함이 속속들이 스며들게 하여라. 그러면 그것을 만지는 사람도 누구나 거룩하게 될 것이다.

30-33 그런 다음 아론과 그의 아들들에게 기름을 부어라. 그들을 거룩하게 구별하여 나를 섬기는 제사장으로 세워라. 너는 이스라엘 자손에게 이렇게 일러 주어라. '이것은 너희 대대로 내게 거룩하게 구별하는 기름이 될 것이다.' 그 기름을

일반인에게 붓지 마라. 너희 몸에 쓰려고 이 혼합법을 모방하지도 마라. 그것은 거룩한 것이니, 거룩하게 다루어라. 그 혼합법을 모방하거나 그 기름을 일반인에게 붓는 사람은 누구든지 추방될 것이다."

거룩한 향

34-38 **하나님**께서 모세에게 말씀하셨다. "너는 향기로운 향료들, 곧 소합향과 나감향과 풍자향을 가져다가, 거기에 순수한 유향을 섞어라. 향 제조하는 법에 따라 그 향료들을 같은 비율로 섞어 향기로운 향을 만들고, 소금을 쳐서 깨끗하고 거룩하게 만들어라. 그 가운데 일부를 곱게 빻아서, 그 가루 가운데 일부를 내가 너와 만날 회막 안 증거궤 앞에 놓아라. 그곳은 너희에게 가장 거룩한 곳이 될 것이다. 너희가 이 향을 만들 때, 사사로이 쓰려고 그 혼합법을 모방해서는 안된다. 그 향은 **하나님**에게 거룩한 것이니, 거룩하게 다루어라. 사적인 용도로 그 혼합법을 모방하는 사람은 누구든지 추방될 것이다."

브살렐과 오홀리압

31

1-5 **하나님**께서 모세에게 말씀하셨다. "내가 한 일을 보아라. 내가 유다 지파 사람 훌의 손자이며 우리의 아들인 브살렐을 직접 뽑았다. 내가 그에게 하나님의 영을 가득 채워 주었고, 문양을 그리고 금과 은과 동으로 만들고 보석을 깎아 물리고 나무를 조각하는 등, 온갖 공예에 필요한 솜씨와 지식과 기술을 주었다. 그는 탁월한 장인이다.

6-11 또한 내가 단 지파 사람 아히사막의 아들 오홀리압을 그에게 붙여 주어 함께 일하게 했다. 내가 공예에 재능이 있는 모든 사람에게 기술을 주어, 내가 너에게 명령한 모든 것을 만들게 하겠다. 곧 회막과 증거궤와 그 위에 덮을 속죄판과, 회막의 모든 기구와, 상과 거기에 딸린 모든 기구와, 순금 등잔대와 거기에 딸린 모든 기구와, 분향단과, 번제단과 거기에 딸린 모든 기구와, 대야와 그 받침대와, 예복과 제사장 아론과 그의 아들들이 제사장 직무를 행할 때 입을 거룩한 예복과, 거룩하게 구별하는 기름과, 성소에서 쓸 향기로운 향을 만들게 하겠다. 그들이 이 모든 것을 내가 네게 명령한 대로 만들 것이다."

나의 안식일을 지켜라

12-17 **하나님**께서 모세에게 말씀하셨다. "너는 이스라엘 자손에게 이렇게 전하여라. '너희는 그 무엇보다 나의 안식일을 지켜라. 안식일은 내가 너희를 거룩하게 하는 **하나님**인 것을 생생히 알리려고 나와 너희 사이에 대대로 세운 표징이다. 안식일은 너희에게 거룩한 날이니, 너희는 안식일을 지켜라. 누구든지 안식일을 더럽히는 자는 반드시 죽임을 당할 것이다. 누구든지 안식일에 일하는 자는 백성 가운데서 추방될 것이다. 육 일 동안은 일할 것이나, 일곱째 날은 안식일이다. 순전한 안식의 날, **하나님**에게 거룩한 날이다. 누구든지 안식일에 일하는 자는 반드시 죽임을 당할 것이다. 이스라엘 자손은 안식일을 변함없는 언약

으로 삼아 대대로 지켜야 한다. 이것은 나와 이스라엘 자손 사이에 세워진 영원
한 표징이다. **하나님**이 육 일 동안 하늘과 땅을 만들고, 일곱째 날에는 쉬면서
숨을 돌렸기 때문이다.'"

18 **하나님**께서 시내 산에서 모세와 이야기를 마치시고, 손가락으로 돌판에 쓰신
두 증거판을 모세에게 주셨다.

우리를 위해 신을 만들어 주십시오

32

1 백성은 모세가 영원히 산에서 내려오지 않을 것이라 생각하고서
아론에게 몰려가 말했다. "어떻게 좀 해보십시오. 우리를 이끌어 줄
신을 만들어 주십시오. 우리를 이집트에서 데리고 나온 저 모세라는 사람이, 도
대체 어찌 되었는지 모르겠습니다."
2-4 아론이 그들에게 말했다. "여러분의 아내와 아들딸들의 귀에서 금고리를 빼
서 내게 가져오시오." 모든 백성이 귀에서 금고리를 빼서 아론에게 가져왔다.
아론이 그들의 손에서 받은 금을 가지고 그것을 주조하여 송아지 형상을 만들
었다.
백성의 반응이 뜨거웠다. "오 이스라엘아, 이 신이 너희를 이집트에서 이끌어
낸 너희의 신이다!"
5 아론은 사태를 파악하고서, 송아지 형상 앞에 제단을 쌓았다.
그런 다음 이렇게 선언했다. "내일은 **하나님**께 드리는 절기입니다!"
6 이튿날 이른 아침, 백성이 일어나서 번제와 화목제를 드렸다. 백성이 앉아서
먹고 마시다가 파티를 벌이기 시작했다. 그것은 급기야 난잡한 파티로 변질되
고 말았다!
7-8 **하나님**께서 모세에게 말씀하셨다. "가거라! 내려가거라! 네가 이집트 땅에서
이끌어 낸 네 백성이 타락하고 말았다. 그들이 순식간에 내가 명령한 길에서 벗
어나 송아지 형상을 만들어 숭배했다. 그들이 송아지 형상에게 제물을 바치고,
'오 이스라엘아, 이 신이 너희를 이집트에서 이끌어 낸 너희의 신이다!' 하고 말
했다."
9-10 **하나님**께서 모세에게 말씀하셨다. "내가 이 백성을 보니, 참으로 고집이 세
고 목이 뻣뻣한 백성이구나! 이제 너는 나를 막지 마라. 내가 저들에게 마음껏
진노를 터뜨리겠다. 내 진노가 활활 타올라서 저들을 태워 없애 버릴 것이다.
그러나 너는 내가 큰 민족으로 만들겠다."
11-13 모세가 **하나님**을 진정시키며 아뢰었다. "**하나님**, 어찌하여 **하나님**께서 당
신의 백성에게 진노를 터뜨리려 하십니까? **하나님**께서는 크신 권능과 능력으
로 저들을 이집트에서 이끌어 내셨습니다. 그런데 어찌하여 이집트 사람들이
'그 신이 그들에게 악의를 품었군! 그들을 데리고 나간 것이, 결국 그들을 산에
서 죽여 지면에서 싹 쓸어버리기 위해서였다'고 말하게 하려 하십니까? 진노를
거두십시오. 한 번 더 생각하셔서, 당신의 백성에게 불행을 안겨 주는 일을 거

두어 주십시오! 당신의 종 아브라함과 이삭과 이스라엘을 기억해 주십시오. 하나님께서 '내가 네 후손을 하늘의 별처럼 많게 하고 그들에게 이 땅을 영원토록 주겠다'고 약속하지 않으셨습니까?"
14 그러자 하나님께서 뜻을 돌이키셨다. 자기 백성에게 내리시려던 재앙을 내리지 않기로 결정하셨다.

15-16 모세가 돌아서서 두 증거판을 손에 들고 산에서 내려왔다. 그 두 돌판의 양면에는 글자가 쓰여 있었다. 그 두 돌판은 하나님께서 만드시고 손수 새겨서 쓰신 것이었다.
17 여호수아가 백성이 시끄럽게 떠드는 소리를 듣고 모세에게 말했다. "진에서 싸우는 소리가 들립니다!"
18 그러나 모세는 이렇게 말했다.

이것은 승전가도 아니고
패전가도 아니다.
내가 듣기에는 백성이 파티를 벌이는 소리다.

19-20 정말 그랬다. 모세는 진 가까이 와서 송아지 형상과 백성이 춤추는 모습을 보고 분노가 치밀어 올랐다. 그는 두 돌판을 산 아래로 내던져 산산조각 냈다. 그는 그들이 만든 송아지 형상을 가져다가 불에 녹이고, 가루가 되도록 빻아서 물에 뿌리고는, 이스라엘 자손에게 마시게 했다.
21 모세가 아론에게 말했다. "이 백성이 도대체 형님에게 어떻게 했기에, 형님은 저들을 이토록 엄청난 죄에 빠지게 한 것입니까?"
22-23 아론이 말했다. "주인님, 화내지 마십시오. 당신도 이 백성이 얼마나 악한 것에 마음을 두는지 잘 알지 않습니까. 저들이 나에게 '우리를 이끌어 줄 신을 만들어 주십시오. 우리를 이집트에서 데리고 나온 저 모세라는 사람이, 도대체 어찌 되었는지 모르겠습니다' 하더군요.
24 그래서 내가 '금을 가지고 있는 사람이 있습니까?' 하고 물었습니다. 그랬더니 저들이 자기들의 장신구를 가져와서 내게 주었습니다. 내가 그것을 불에 던졌더니 이 송아지가 나왔습니다."
25-26 모세는 백성이 제멋대로 날뛰는 것을 보았다. 아론이 그들을 제멋대로 굴게 내버려 두어서, 적들 앞에서 조롱거리가 되게 한 것이다. 모세가 진 입구에 자리를 잡고 말했다. "누구든지 하나님 편에 설 사람은 나와 함께하시오!" 레위 자손이 모두 모세 앞으로 나아왔다.
27 모세가 그들에게 말했다. "하나님 이스라엘의 하나님께서 내리신 명령이오. '너희는 허리에 칼을 차고 진의 한쪽 끝에서 다른 쪽 끝까지 다니면서, 형제와 친구와 이웃들을 죽여라.'"
28 레위 자손이 모세의 명령대로 행했다. 그날 백성 가운데서 삼천 명이 죽임을

당했다.
29 모세가 말했다. "오늘 여러분은 받은 명령대로 다 행했습니다. 큰 희생을 치르면서 여러분의 아들과 형제들까지 죽였습니다! 하나님께서 여러분에게 복을 주셨습니다."
30 이튿날 모세가 백성에게 말했다. "여러분은 엄청난 죄를 지었습니다! 행여 하나님께서 여러분의 죄를 깨끗게 해주실지도 모르니, 이제 내가 하나님께 올라가려고 합니다."
31-32 모세가 하나님께 돌아가서 아뢰었다. "참으로 끔찍한 일이 아닐 수 없습니다. 이 백성이 죄를 지었습니다. 그것도 엄청난 죄를 지었습니다! 저들이 자신들을 위해 금으로 신상을 만들었습니다. 하지만 이제 저들의 죄를 용서해 주십시오.……용서하지 않으시려거든, 차라리 주께서 기록하신 책에서 제 이름을 지워 주십시오."
33-34 하나님께서 모세에게 말씀하셨다. "나에게 죄를 지은 사람들만 내가 내 책에서 지워 버릴 것이다. 이제 너는 가서, 내가 너에게 말해 준 곳으로 백성을 인도하여라. 보아라, 내 천사가 너보다 앞서 갈 것이다. 그러나 셈을 치르는 날, 내가 반드시 그들의 죄값을 물을 것이다."
35 백성과 아론이 만든 송아지 형상 때문에 하나님께서 백성에게 전염병을 내리셨다.

⁂

33 1-3 하나님께서 모세에게 말씀하셨다. "이제 가거라. 네가 이집트 땅에서 이끌어 낸 백성과 함께 이곳을 떠나거라. 내가 아브라함과 이삭과 야곱에게 '네 후손에게 주겠다'고 약속한 땅을 향해 가거라. 내가 천사를 너희보다 앞서 보내어, 가나안 사람과 아모리 사람과 헷 사람과 브리스 사람과 히위 사람과 여부스 사람을 몰아내겠다. 그 땅은 젖과 꿀이 흐르는 땅이다. 그러나 나는 너희와 함께하지 않겠다. 너희는 고집이 세고 목이 뻣뻣한 백성이다! 내가 너희와 함께 가다가는 너희를 없애 버릴지도 모른다."
4 백성이 이 엄한 결정을 듣고는 슬픔에 빠져 침통한 표정을 지었다. 장신구를 몸에 걸치는 사람이 아무도 없었다.
5-6 하나님께서 모세에게 말씀하셨다. "이스라엘 자손에게 전하여라. '너희는 목이 뻣뻣한 백성이다. 나는 너희와 한순간도 같이 있을 수 없다. 내가 너희를 없애 버릴지도 모른다. 그러니 내가 너희를 어떻게 할지 결정할 때까지는 너희 몸에서 모든 장신구를 떼어 버려라.'" 그리하여 이스라엘 자손은 호렙 산에서부터 장신구를 떼어 버렸다.

⁂

7-10 모세는 장막을 거두어 진 밖으로 나가서, 진에서 멀리 떨어진 곳에 장막을 치곤 했다. 그는 그 장막을 회막이라고 불렀다. 하나님을 찾는 사람은 누구나 진 밖에 있는 회막으로 나아갔다. 그 일은 이렇게 진행되었다. 모세가 회막으로

나아갈 때면 온 백성이 주의하여 서 있었다. 그들은 모세가 회막에 들어갈 때까지 저마다 자기 장막 입구에 서서 그를 지켜보았다. 모세가 회막에 들어갈 때면, 구름기둥이 회막 입구로 내려와 **하나님**께서 모세와 이야기를 나누셨다. 구름기둥이 내려와 회막 입구에 머무는 것을 볼 때면, 온 백성이 모두 일어섰다. 저마다 자기 장막 입구에 주의하여 서 있다가 엎드려 경배했다.

11 **하나님**께서는 마치 이웃이 서로 이야기를 나누듯이 모세와 얼굴을 마주하고 말씀을 나누셨다. 모세가 진으로 돌아가도, 그의 젊은 부관 여호수아는 회막을 떠나지 않고 그대로 머물렀다.

❦

12-13 모세가 **하나님**께 아뢰었다. "보십시오, 하나님께서는 제게 '이 백성을 이끌고 가라'고 하셨지만, 누구를 저와 함께 보내실지는 알려 주지 않으셨습니다. 주께서는 제게 '나는 너를 잘 안다. 너는 내게 특별한 존재다' 하고 말씀해 주셨습니다. 제가 주께 특별한 존재라면, 주의 계획을 알려 주십시오. 그러면 제가 계속해서 주께 특별한 존재가 될 것입니다. 이 백성은 주의 백성이며, 주의 책임이라는 것을 기억해 주십시오."

14 **하나님**께서 말씀하셨다. "내가 친히 너와 함께 가겠다. 내가 이 여정을 끝까지 지켜보겠다."

15-16 모세가 아뢰었다. "주께서 여기서 앞장서 가지 않으시려거든, 지금 당장 이 여정을 취소해 주십시오. 그러지 않으시면, 주께서 저와 함께하시고, 저뿐 아니라 우리 백성과 함께하신다는 것을 어떻게 알겠습니까? 저희와 함께 가시겠습니까, 가지 않으시겠습니까? 주께서 함께 가지 않으시면, 이 세상 다른 모든 민족 가운데서, 저와 주의 백성이 주께 특별한 존재라는 것을 저희가 어떻게 알겠습니까?"

17 **하나님**께서 모세에게 말씀하셨다. "알겠다. 네가 말한 대로 하겠다. 내가 너를 잘 알고, 너는 내게 특별한 존재이기 때문이다. 내가 너를 잘 안다."

18 모세가 아뢰었다. "부디, 주의 영광을 제게 보여주십시오."

19 **하나님**께서 말씀하셨다. "내가 나의 선한 것을 네 앞으로 지나가게 하고, 네 앞에서 **하나님**의 이름을 선포하겠다. 나는 내가 선대하고자 하는 자를 선대하고, 내가 긍휼을 베풀고자 하는 자에게 긍휼을 베풀 것이다."

20 **하나님**께서 또 말씀하셨다. "그러나 네가 내 얼굴은 보지 못할 것이다. 나를 본 사람은 아무도 살 수 없기 때문이다."

21-23 **하나님**께서 말씀하셨다. "보아라, 여기 내 옆에 자리가 있다. 이 바위에 서 있어라. 나의 영광이 지나갈 때 내가 너를 바위틈에 두고, 내가 다 지나갈 때까지 너를 내 손으로 덮어 주겠다. 그런 다음 내가 손을 치우면, 너는 내 등을 보게 될 것이다. 그러나 내 얼굴은 보지 못할 것이다."

다시 새겨 주신 언약의 말씀

34

1-3 **하나님**께서 모세에게 말씀하셨다. "너는 돌판 두 개를 깎아서 처음 것과 같이 만들어라. 네가 깨뜨린 원래 판에 있던 말씀을 내가 새 돌판에 다시 새겨 넣을 것이다. 아침에 시내 산으로 올라와 산꼭대기에서 나를 만날 준비를 하여라. 아무도 너와 함께 올라와서는 안된다. 이 산 어디에도 사람이나 짐승이 있어서는 안된다. 양이나 소가 산 앞에서 풀을 뜯고 있어서도 안된다."

4-7 모세가 돌판 두 개를 깎아서 처음 것과 같이 만들었다. 그는 아침 일찍 일어나, **하나님**께서 명령하신 대로 돌판 두 개를 가지고 시내 산으로 올라갔다. **하나님**께서 구름 가운데 내려오셔서 모세 옆에 자리를 정하시고, **하나님**의 이름을 선포하셨다. **하나님**께서 모세 앞으로 지나가며 선포하셨다. "**하나님**, 나 **하나님**은 자비롭고 은혜로우며 한없이 오래 참는 하나님이다. 사랑이 충만하고, 속속들이 진실한 하나님이다. 천 대에 이르기까지 한결같은 사랑을 베풀고, 죄악과 반역과 죄를 용서하는 하나님이다. 그러나 나는 죄를 그냥 넘기지는 않는다. 아버지가 죄를 지으면 본인뿐 아니라 아들과 손자, 그리고 삼사 대 자손에 이르기까지 그 죄값을 치르게 할 것이다."

8-9 모세가 곧바로 땅에 엎드려 경배하며 말했다. "주님, 주께서 제 안에서 조금이라도 선한 것을 보시거든, 비록 이 백성이 목이 뻣뻣한 백성이지만 저희와 함께 가 주십시오. 저희의 죄악과 죄를 용서해 주시고, 저희를 주의 것으로, 주의 소유로 삼아 주십시오."

10-12 **하나님**께서 말씀하셨다. "이제 내가 너희와 언약을 맺겠다. 세상 어디서도, 어느 민족에게도 일어난 적이 없는 이적을 내가 너희 모든 백성이 보는 앞에서 행하겠다. 그러면 너희와 함께 사는 온 백성이 **하나님**의 일, 곧 내가 너희를 위해 행하는 일이 얼마나 크고 놀라운지 보게 될 것이다. 너희는 내가 오늘 너희에게 명령하는 모든 것에 주의를 기울여라. 내가 아모리 사람과 가나안 사람과 헷 사람과 브리스 사람과 히위 사람과 여부스 사람을 몰아내어, 너희 앞길을 깨끗이 치울 것이다. 방심하지 마라. 경계를 늦추지 마라. 너희가 들어가는 땅의 사람들과 계약을 맺어, 그들이 너희를 넘어뜨리지 못하게 하여라.

13-16 너희는 그들의 제단을 허물고, 그들의 남근 모양의 기둥들을 깨부수고, 그들이 다산을 빌며 세운 기둥들을 찍어 버려라. 다른 신들을 예배하지 마라. **하나님**은 '질투'라는 이름을 가진 질투하는 하나님이다. 주의하여라. 너희는 그 땅에 살고 있는 사람들과 계약을 맺지 말고, 그들의 음란한 종교생활에 어울리지 말며, 그들의 제단에서 그들과 함께 식사를 하지 마라. 너희의 아들들을 그들의 여자들과 결혼시키지 마라. 안락의 신과 여신을 가까이하는 여자들은 너희의 아들들에게도 똑같은 짓을 하게 만들 것이다.

17 너희는 자신을 위해 신상들을 부어 만들지 마라.

18 너희는 무교절을 지켜라. 아빕월에는 칠 일 동안 누룩을 넣지 않은 빵만 먹어라. 이는 너희가 아빕월에 이집트에서 나왔기 때문이다.

19 맨 처음 태어난 것은 모두 내 것이다. 너희의 가축 가운데 처음 태어난 수컷
은, 소든 양이든 모두 내 것이다.
20 맨 처음 태어난 나귀는 어린양으로 대신하여라. 대신하지 않으려거든, 그 목
을 꺾어야 한다.
너희의 맏아들은 모두 대속하여라.
아무도 빈손으로 내 앞에 나와서는 안된다.
21 육 일 동안 일하고 일곱째 날에는 쉬어라. 밭갈이하는 철이나 추수하는 철이
라도 일곱째 날에는 일을 멈추어야 한다.
22 밀을 처음 거두어들일 때에 칠칠절을 지키고, 한 해가 끝날 때에는 수장절을
지켜라.
23-24 너희의 모든 남자는 일 년에 세 차례, 주 이스라엘의 **하나님** 앞에 나와야 한
다. 너희가 매년 세 차례 너희 **하나님** 앞에 나올 때에, 너희 땅에 대해 걱정하지
않아도 된다. 내가 너희 앞에서 모든 민족을 몰아내고, 너희에게 땅을 넉넉히
줄 것이다. 너희에게서 그 땅을 빼앗으려고 기회를 엿보며 어슬렁거리는 자가
없을 것이다.
25 너희는 내 희생 제물의 피를 발효된 것과 섞지 마라.
유월절에 쓰고 남은 것을 이튿날 아침까지 남겨 두지 마라.
26 너희가 생산한 첫 열매 가운데 가장 좋은 것을 너희 하나님의 집으로 가져오
너라.
새끼염소를 그 어미의 젖에 삶지 마라."

27 **하나님**께서 모세에게 말씀하셨다. "이제 너는 이 말을 기록하여라. 내가 이
말을 근거로 너와 이스라엘과 언약을 맺었기 때문이다."
28 모세는 그곳에서 **하나님**과 함께 밤낮으로 사십 일을 지냈다. 그는 음식도 먹지
않고 물도 마시지 않은 채 언약의 말씀, 곧 열 가지 말씀을 두 돌판에 기록했다.
29-30 모세가 두 증거판을 들고 시내 산에서 내려올 때, **하나님**과 함께 이야기를
나눈 그의 얼굴이 빛나고 있었다. 그러나 그 자신은 알지 못했다. 아론과 이스
라엘 모든 자손이 모세를 보았으나, 그의 빛나는 얼굴을 보고 두려워서 그에게
가까이 가기를 주저했다.
31-32 모세가 큰소리로 그들을 불렀다. 아론과 공동체 지도자들이 모세에게 다시
나아오자, 모세가 그들과 이야기를 나누었다. 그 후에야 이스라엘 모든 자손이
그에게 나아왔고, 모세는 **하나님**께서 시내 산에서 말씀해 주신 모든 명령을 그
들에게 전했다.
33-35 모세는 그들과 이야기하기를 마치고, 수건으로 자기 얼굴을 가렸다. 그러나
하나님 앞에 나아가서 **하나님**과 함께 이야기할 때는 수건을 벗었고, 나올 때까
지 수건을 쓰지 않았다. 모세가 나와서 자신이 받은 명령을 이스라엘 자손에게
전할 때면, 이스라엘 자손은 그의 얼굴이 빛나는 것을 보았다. 모세는 **하나님**과
이야기를 나누러 다시 들어갈 때까지 자기 얼굴을 수건으로 가렸다.

35

1 모세가 이스라엘 온 회중에게 말했다. "이것은 하나님께서 여러분
에게 행하라고 명령하신 사항들입니다.
2-3 육 일 동안은 일을 해야 합니다. 그러나 일곱째 날은 거룩한 안식일, 하나님
께 드리는 거룩한 안식일입니다. 이날에 일하는 사람은 누구나 죽임을 당할 것
입니다. 안식일에 여러분은 집에서 불을 피워서는 안됩니다."

하나님께 드릴 예물

4 모세가 이스라엘 온 회중에게 말했다. "이것은 하나님께서 명령하신 것입니다.
5-9 여러분 가운데서 하나님을 위한 예물을 모으겠습니다. 사람이 하나님께 예
물로 드리고 싶어 하는 것이면 무엇이든 하나님을 위해 받겠습니다. 금과 은과
청동, 청색 실과 자주색 실과 주홍색 실, 가는 모시실, 염소 털, 가공한 숫양 가
죽, 돌고래 가죽, 아카시아나무, 등잔에 쓸 기름, 거룩하게 구별하는 기름에 넣
는 향료와 분향할 향에 넣는 향료, 에봇과 가슴받이에 박을 마노 보석과 그 밖
의 보석들을 받겠습니다.
10-19 여러분 가운데 기술이 있는 사람은 모두 나오십시오. 와서, 하나님께서 명
령하신 모든 것, 곧 성막과 그 위에 덮을 천막과 덮개, 갈고리, 널판, 가로다지,
기둥, 밑받침, 증거궤와 그 채, 속죄판과 그것을 가릴 휘장, 상과 그 채와 부속
기구와 임재의 빵, 불을 밝힐 등잔대와 부속 기구와 등잔과 등잔에 쓸 기름, 분
향단과 그 채, 거룩하게 구별하는 기름, 분향할 향, 성막 입구의 정문에 늘어뜨
릴 막, 번제단과 거기에 달 청동석쇠와 채와 부속 기구들, 대야와 그 받침대, 성
막 뜰에 두를 휘장과 그 기둥과 밑받침, 뜰 정문에 칠 막, 성막의 말뚝, 뜰의 말
뚝과 그 줄, 성소에서 섬길 때 입는 예복, 제사장 아론이 입을 거룩한 예복과 그
아들들이 제사장으로 섬길 때 입을 예복을 만드십시오."
20-26 이스라엘 공동체의 모든 사람이 모세 앞에서 물러나왔다. 마음에 감동을 받
은 모든 사람, 그 영으로 자원하여 드리고자 하는 모든 사람이, 회막을 짓고 예
배하고 거룩한 예복을 짓는 데 쓸 예물을 하나님께 가져왔다. 남자 여자 할 것
없이 그들 가운데 자원하여 드리기 원하는 사람들은 모두 와서 장식핀과 귀걸
이, 반지, 목걸이 등 금으로 만든 것들을 드렸다. 저마다 자신의 금붙이를 하나
님께 드렸다. 그리고 청색 실과 자주색 실과 주홍색 실, 가는 모시실, 염소 털,
가공한 가죽, 돌고래 가죽을 가진 사람들은 그것들을 가져왔다. 은이나 청동으
로 하나님께 드리고 싶어 하는 이들은 그것을 예물로 가져왔다. 작업에 쓸 아카
시아나무를 가진 이들은 그것을 가져왔다. 직조 기술이 있는 여자들은 청색 실
과 자주색 실과 주홍색 실과 가는 모시실로 직접 짠 것을 가져왔다. 실을 잣는
재능이 있는 여자들은 염소 털로 실을 자았다.
27-29 지도자들은 에봇과 가슴받이에 박을 마노 보석과 그 밖의 값진 여러 보석들
을 가져왔다. 그들은 등잔에 쓸 기름과 거룩하게 구별하는 기름과 향을 만드는
데 쓸 향료와 올리브기름도 가져왔다. 이스라엘의 모든 남자와 여자가 마음에
감동을 받아, 하나님께서 모세를 통해 만들라고 명령하신 작업에 쓸 것들을 기

꺼이 가져왔다. 그들은 자발적으로 물품을 가져다가 하나님께 드렸다.

브살렐과 오홀리압

30-35 모세가 이스라엘 자손에게 말했다. "보십시오, 하나님께서 유다 지파 사람
훌의 손자이며 우리의 아들인 브살렐을 직접 뽑으셨습니다. 하나님께서는 그에
게 하나님의 영을 가득 채워 주셨고, 문양을 그리고 금과 은과 청동으로 만들고
보석을 깎아 물리고 나무를 조각하는 등, 온갖 공예에 필요한 솜씨와 지식과 기
술을 그에게 주셨습니다. 또한 하나님께서는 그와 단 지파 사람 아히사막의 아
들 오홀리압을 가르치는 자로 삼으셨습니다. 하나님께서는 그들에게 조각하는
일과 문양을 그리는 일, 청색 실과 자주색 실과 주홍색 실과 가는 모시실로 천
을 짜고 수를 놓는 일에 필요한 지식을 주셨습니다. 이제 그들은 무엇이든 만들
수 있고, 무엇이든 고안해 낼 수 있게 되었습니다."

36

1 "브살렐과 오홀리압은, 하나님께서 그분의 명령대로 성소의 예배
에 필요한 모든 것을 만들라고 기술과 지식을 주신 사람들과 함께
일을 시작해야 합니다."
2-3 모세는 브살렐과 오홀리압뿐 아니라 하나님께서 손으로 능숙하게 일하는 재
능을 주신 모든 사람을 불러들였다. 그 사람들은 일을 시작하고 그 일에 참여하
기를 간절히 원했다. 그들은 이스라엘 자손이 성소를 만드는 일에 쓰라고 가져
온 온갖 예물을 모세에게서 넘겨받았다. 백성이 아침마다 계속해서 자발적으로
예물을 가져왔다.
4-5 성소 건립에 필요한 모든 것을 만들던 기술자들이 잇따라 모세에게 와서 말
했다. "하나님께서 우리에게 명령하신 일을 하는 데 쓰고도 남을 만큼 넉넉한데
도, 백성이 더 많은 예물을 가져오고 있습니다!"
6-7 그래서 모세가 진중에 명령을 내렸다. "남자든 여자든, 성소 건립에 쓸 예물
을 더 이상 가져오지 마십시오!"
그 명령을 듣고 백성이 더 이상 예물을 가져오지 않았다! 해야 할 일을 다 할 수
있을 만큼 물자가 넉넉했다. 남을 정도로 넉넉했다.

성막 천

8-13 성막 제작 기술이 있는 모든 사람이 가늘게 꼰 모시실과 청색 실과 자주색
실과 주홍색 실로 열 폭의 천을 짜고, 그 위에 그룹 천사 문양을 수놓았다. 천
한 폭은 길이 12.6미터, 너비 1.8미터였다. 열 폭의 천은 다섯 폭을 옆으로 나란
히 이어 한 벌을 만들고, 나머지 다섯 폭도 옆으로 나란히 이어 또 한 벌을 만들
었다. 나란히 이은 한 벌의 한쪽 가장자리를 따라 청색 실로 고리를 만들고, 나란
히 이은 다른 벌의 한쪽 가장자리에도 그렇게 했다. 그들은 두 벌의 마지막 폭에
각각 오십 개의 고리를 만들어 서로 맞닿게 했다. 그리고 금갈고리 오십 개를 만

들어서, 그것으로 두 벌의 천을 서로 연결하여 하나의 온전한 성막이 되게 했다.
14-19 그런 다음 그들은 염소 털로 짜서 만든 열한 폭의 천으로 성막을 덮을 천막
을 만들었다. 천 한 폭의 길이는 13.5미터, 너비는 1.8미터였다. 그들은 천 다섯
폭을 나란히 이어 연결하고, 나머지 여섯 폭도 그렇게 연결했다. 그런 다음 나
란히 이은 천의 한쪽 가장자리를 따라 고리 오십 개를 만들고, 맞물릴 쪽의 가
장자리에도 고리 오십 개를 만들었다. 청동으로 갈고리 오십 개를 만들어서, 그
것을 고리에 걸어 하나의 천막이 되게 했다. 그들은 붉게 물들인 가공한 숫양
가죽으로 천막을 덮고, 그 위에 돌고래 가죽을 덮어 일을 마무리했다.

성막의 뼈대

20-30 그들은 아카시아나무 널판을 수직으로 세워 성막의 뼈대를 만들었다. 각 널
판은 길이 4.5미터, 너비 67.5센티미터로 하고, 널판마다 촉꽂이 두 개를 만들
어 널판을 고정시킬 수 있게 했다. 그들은 모든 널판을 똑같이 만들었다. 남쪽
에 세울 널판 스무 개를 만들고, 은밑받침 마흔 개를 만들어, 널판마다 두 개씩
달려 있는 촉꽂이를 꽂을 수 있게 했다. 성막의 북쪽도 같은 구조로 만들었다.
서쪽을 바라보는 성막의 뒤쪽에 세울 널판을 여섯 개 만들고, 성막 뒤쪽 두 모
퉁이에 세울 널판도 추가로 두 개 더 만들었다. 두 모퉁이에 세울 널판은 두께
가 위에서 아래까지 두 겹이고, 하나의 고리에 끼워 맞췄다. 널판이 여덟 개이
고, 각 널판에 밑받침이 두 개씩 있어, 은밑받침이 열여섯 개가 되었다.
31-34 그들은 아카시아나무로 가로다지를 만들었는데, 성막 한쪽 옆면 널판들에
다섯 개, 다른 쪽 옆면 널판들에도 다섯 개, 서쪽을 바라보는 성막 뒤쪽에도 다
섯 개를 만들었다. 널판들의 가운데에 끼울 중간 가로다지는 이쪽 끝에서 저쪽
끝까지 이어지게 했다. 그들은 널판에 금을 입히고, 가로다지를 꿸 수 있도록
금고리를 만들었다. 그리고 가로다지에도 금을 입혔다.
35-36 그들은 청색 실과 자주색 실과 주홍색 실과 가늘게 꼰 모시실로 휘장을 만
들었다. 그리고 휘장에 그룹 천사 문양을 짜 넣었다. 아카시아나무로 기둥 네
개를 만들어 금을 입히고, 그 기둥을 받칠 은밑받침 네 개를 주조했다.
37-38 그들은 성막 문을 가릴 막을 만들었는데, 청색 실과 자주색 실과 주홍색 실
과 가늘게 꼰 모시실로 수를 놓아 만들었다. 아카시아나무로 기둥 다섯 개를 만
들고 금을 입혀서 뼈대로 세우고, 막을 칠 수 있게 금갈고리를 만들고, 기둥을
받칠 청동밑받침도 다섯 개 만들었다.

언약궤

37 1-5 브살렐은 아카시아나무로 궤를 만들었다. 길이 1.12미터, 너비와
높이는 67.5센티미터가 되게 만들었다. 궤의 안과 밖에 순금을 입
히고, 그 둘레에 금테를 둘렀다. 금고리 네 개를 주조하여 궤의 네 다리에 달되,
한쪽에 고리 두 개, 다른 한쪽에 고리 두 개를 달았다. 아카시아나무로 채를 만
들어 금을 입혔고, 그 채를 궤 양쪽에 달린 고리에 끼워서 궤를 들 수 있게 했다.

6 그런 다음 그는 궤의 덮개, 곧 속죄판을 순금으로 만들었는데, 길이 1.12미터, 너비 67.5센티미터가 되게 했다.
7-9 그는 두들겨 편 금으로 날개 달린 그룹 천사 둘을 조각하여 속죄판 양쪽 끝에 자리 잡게 했는데, 천사 하나는 이쪽 끝에, 다른 하나는 저쪽 끝에 자리 잡게 했고, 천사들과 속죄판이 하나로 이어지게 했다. 천사들은 날개를 활짝 펴고 속죄판 위에 머무는 듯 보였고, 서로 마주 보며 속죄판을 내려다보는 것 같았다.

임재의 빵을 차려 놓는 상

10-15 그는 아카시아나무로 상을 만들었다. 길이 90센티미터, 너비 45센티미터, 높이 67.5센티미터가 되게 하고, 그 위에 순금을 입히고, 그 둘레에는 금테를 둘렀다. 상 둘레에는 손바닥 너비만한 턱을 만들고, 그 턱의 둘레에도 금테를 둘렀다. 상에 매달 금고리 네 개를 주조하여, 상의 네 다리에 상의 윗면과 평행이 되게 달았다. 그 고리들은 상을 나를 때 쓰는 채를 끼우는 데 사용될 것이었다. 채는 아카시아나무로 만들고, 거기에 금을 입혔다. 이 채는 상을 나를 때 사용될 것이었다.
16 그는 상에 쓸 기구들, 곧 접시와 대접과 단지, 그리고 부어 드리는 제물을 담는 주전자를 순금으로 만들었다.

등잔대

17-23 그는 두들겨 편 순금으로 등잔대를 만들고, 등잔대의 줄기와 가지와 잔과 꽃받침과 꽃잎이 모두 하나로 이어지게 만들었다. 등잔대의 줄기 양쪽에 가지 여섯 개를 냈는데, 한쪽에 세 개, 다른 한쪽에 세 개를 냈다. 가지에는 꽃받침과 꽃잎이 달린 감복숭아꽃 모양의 잔 세 개를 얹었고, 줄기에서 나온 가지 여섯 개를 모두 그렇게 만들었다. 등잔대의 줄기에는 꽃받침과 꽃잎이 달린 감복숭아꽃 모양의 잔 네 개를 만들어 달았다. 줄기에서 양쪽으로 갈라져 나온 가지 한 쌍마다 그 아래에 꽃받침을 하나씩 달았다. 두들겨 편 순금으로 줄기와 꽃받침을 포함한 등잔대 전체를 만들었고, 전체가 하나로 이어지게 했다. 그는 등잔 일곱 개와 심지 자르는 가위를 모두 순금으로 만들었다.
24 그는 약 34킬로그램의 순금을 사용하여 등잔대와 그 부속 기구들을 만들었다.

분향단

25-28 그는 아카시아나무로 분향단을 만들었다. 가로와 세로가 45센티미터인 정사각형 모양이 되게 하고, 높이는 90센티미터가 되게 하고, 제단과 네 뿔이 하나로 이어지게 했다. 분향단의 윗면과 네 옆면과 뿔에 순금을 입히고, 그 둘레에 금테를 두르고, 금테 밑에 금고리 두 개를 만들어 달았다. 두 개의 고리를 분향단 양쪽 옆에 달아 그 고리에 채를 꿰어 분향단을 나를 수 있게 했다. 채는 아카시아나무로 만들어 금을 입혔다.
29 또한 그는 향 제조하는 법에 따라, 거룩하게 구별하는 기름과 순수하고 향기

로운 향을 마련했다.

번제단

38 [1-7] 그는 아카시아나무로 번제단을 만들었다. 가로와 세로가 2.25미터로 정사각형 모양이 되게 만들고, 높이는 1.35미터가 되게 했다. 네 귀퉁이에는 뿔을 하나씩 만들어 달았다. 네 개의 뿔이 제단과 하나로 이어지게 했고 청동을 입혔다. 그는 제단에 쓰이는 모든 기구, 곧 재를 담는 통, 부삽, 대야, 고기 집게, 화로를 청동으로 만들었다. 그는 청동으로 그물 모양의 석쇠를 만들어 제단 가장자리 밑에 달아 제단 중간에 자리 잡게 했다. 그리고 채를 꿸 수 있도록 고리 네 개를 주조하여 석쇠의 네 귀퉁이에 하나씩 달았다. 채는 아카시아나무로 만들어 청동을 입혔다. 그러고는 제단 양쪽에 달린 고리에 그 채를 꿰어 제단을 나를 수 있게 했다. 제단은 널판으로 만들었는데, 속이 비게 했다.

대야

[8] 그는 회막 입구에서 섬기도록 임명받은 여인들의 거울을 녹여 청동대야와 그 받침대를 만들었다.

성막 뜰

[9-11] 그는 성막 뜰을 만들었다. 뜰의 남쪽 면에는 길이 45미터의 휘장이 성막 뜰을 두르고 있었는데, 이 휘장은 가늘게 꼰 모시실로 짠 것이었다. 또한 남쪽에는 휘장을 칠 기둥 스무 개와 청동으로 만든 밑받침 스무 개, 그리고 은으로 만든 갈고리와 줄이 있었다. 뜰의 북쪽 면도 남쪽 면과 똑같았다.

[12-20] 뜰의 서쪽 끝에는 길이 22.5미터 되는 휘장과 기둥 열 개와 밑받침 열 개, 은갈고리와 은줄이 있었다. 뜰의 앞쪽, 곧 뜰의 동쪽 끝의 길이도 22.5미터였는데, 한쪽에 기둥 세 개와 밑받침 세 개가 있고, 길이 6.75미터 되는 휘장이 쳐져 있었다. 다른 한쪽도 똑같이 되어 있었다. 뜰 사방에 두른 휘장은 모두 가늘게 꼰 모시실로 짠 것이었다. 기둥 밑받침은 청동으로 만들었고, 기둥에 거는 갈고리와 줄은 은으로 만들었다. 뜰의 기둥머리들은 은으로 덮개를 하고 은줄로 동여져 있었다. 뜰의 정문 입구에 친 막은 청색 실과 자주색 실과 주홍색 실과 가늘게 꼰 모시실로 수를 놓아 짠 것이었다. 길이 9미터, 높이 2.25미터로 뜰의 휘장과 잘 어울렸다. 기둥 네 개와 청동밑받침이 있었고, 갈고리는 은이었다. 기둥은 은으로 덮개를 하고 은줄로 동였다. 성막과 뜰에 박을 말뚝은 모두 청동으로 만들었다.

성막 공사의 명세서

[21-23] 다음은 증거판을 안치한 성막 공사의 명세서로, 제사장 아론의 아들 이다말이 모세의 지시를 받아 레위 사람들을 시켜 작성한 것이다. 유다 지파 사람 훌

의 손자이며 우리의 아들인 브살렐이 **하나님**께서 모세에게 명령하신 모든 것을 만들었다. 브살렐과 함께 일한 단 지파 사람 아히사막의 아들 오홀리압은 솜씨 좋은 장인이자 도안가이며, 청색 실과 자주색 실과 주홍색 실과 가는 모시실로 수를 놓는 사람이었다.

24 금. 성소 건축 공사에 사용된 금, 자원하여 바친 금은 성소 도량형으로 모두 994킬로그램이었다.

25-28 은. 인구조사를 받은 공동체 사람들에게서 거둔 은은 성소 도량형으로 3,419킬로그램이었다. 인구조사를 받은 스무 살 이상의 사람이 모두 603,550명으로, 각 사람이 일 베가, 곧 반 세겔을 낸 셈이다. 그들은 은 3,400킬로그램을 들여 성소 밑받침과 휘장 밑받침을 주조했다. 밑받침은 백 개를 주조했는데, 밑받침 하나당 은 34킬로그램이 들었다. 또한 그들은 나머지 은 19킬로그램을 들여 기둥에 연결할 갈고리와 기둥머리에 씌울 덮개, 기둥에 동여맬 줄을 만들었다.

29-31 청동. 거두어들인 청동은 무게가 2,406킬로그램이었다. 그것으로 회막 문과 청동제단과 거기에 다는 석쇠와 제단의 모든 기구와 뜰 사방의 밑받침을 만들고, 성막과 뜰에 박을 모든 말뚝을 만들었다.

제사장이 입을 옷

39

1 예복. 그들은 청색 실과 자주색 실과 주홍색 실로 성소에서 섬길 때 입는 예복을 짜서 만들었다. 또한 그들은 **하나님**께서 모세에게 명령하신 대로 아론이 입을 거룩한 예복도 만들었다.

2-5 에봇. 그들은 금실과 청색 실과 자주색 실과 주홍색 실과 가늘게 꼰 모시실로 에봇을 만들었다. 그들은 금판을 두들겨 얇게 편 다음 그것을 잘라 여러 가닥의 실로 만들고, 청색 실과 자주색 실과 주홍색 실과 가늘게 꼰 모시실과 함께 섞어 짜서 문양을 만들었다. 멜빵은 에봇 양쪽 끝에 달아서 조일 수 있게 했다. 장식 허리띠는 **하나님**께서 모세에게 명령하신 대로 에봇과 같은 재질로 만들되, 금실과 청색 실과 자주색 실과 주홍색 실과 가늘게 꼰 모시실로 만들고 에봇에 이어 붙여 하나가 되게 했다.

6-7 그들은 마노 보석 두 개를 세공한 금테에 물리고 이스라엘의 아들들 이름을 그 보석에 새긴 다음, 그 보석들을 에봇의 양쪽 멜빵에 달아 이스라엘 자손을 기념하는 보석으로 삼았다. 이는 **하나님**께서 모세에게 명령하신 대로 행한 것이다.

8-10 가슴받이. 그들은 에봇을 만들 때와 마찬가지로 금실과 청색 실과 자주색 실과 주홍색 실과 가늘게 꼰 모시실로 가슴받이를 만들었다. 두 겹으로 만들어진 가슴받이는 가로와 세로가 23센티미터인 정사각형 모양이었다. 거기에 값진 보석을 네 줄로 박아 넣었다.

첫째 줄에는 홍옥수와 황옥과 취옥을

11 둘째 줄에는 홍옥과 청보석과 수정을

12 셋째 줄에는 청옥과 마노와 자수정을
13-14 넷째 줄에는 녹주석과 얼룩 마노와 벽옥을 박아 넣었다.
이 보석들을 세공한 금테에 물렸다. 열두 보석은 이스라엘의 아들들의 수대로
열둘이었다. 인장을 새기듯이 열두 이름을 새겼는데, 각 사람의 이름은 열두 지
파를 나타냈다.
15-21 그들은 순금을 새끼줄처럼 꼬아서 가슴받이를 매달 사슬을 만들었다. 그들
은 금테 두 개와 금고리 두 개를 만들어서, 그 두 고리를 가슴받이의 양쪽 끝에
달고, 금줄 두 개의 끝을 가슴받이 끝에 달려 있는 두 개의 고리에 붙들어 맸다.
그런 다음 금줄을 두 개의 테에 붙잡아 매고, 그것들을 에봇 멜빵 앞에 달았다.
또 금고리 두 개를 만들어서 가슴받이 양 끝, 곧 에봇과 만나는 가슴받이 안쪽
가장자리에 달았다. 그런 다음 금고리 두 개를 더 만들어서 에봇의 앞 양쪽 두
멜빵 아랫부분, 곧 장식 허리띠 위쪽 이음매 곁에 달았다. 청색 줄로 가슴받이
고리와 에봇 고리를 이어 가슴받이를 고정시켜서, 가슴받이가 에봇의 장식 허
리띠 위에 튼튼하게 붙어 늘어지지 않게 했다. **하나님**께서 모세에게 명령하신
대로 행했다.
22-26 겉옷. 그들은 에봇에 받쳐 입을 겉옷을 모두 청색으로 만들었다. 겉옷의 가
운데에 구멍을 내고, 그 구멍의 둘레를 옷깃처럼 감침질하여 찢어지지 않게 했
다. 겉옷의 가장자리에는 청색 실과 자주색 실과 주홍색 실과 가늘게 꼰 모시실
로 석류 모양의 술을 만들어 달았다. 또한 그들은 순금으로 방울을 만들어서,
겉옷의 가장자리를 돌아가며 방울과 석류를 번갈아 달았다. 성막에서 섬길 때
입는 겉옷의 가장자리를 돌아가며 방울 하나 석류 하나, 또 방울 하나 석류 하
나를 달았다. **하나님**께서 모세에게 명령하신 대로 행했다.
27-29 그들은 또 아론과 그의 아들들을 위해 직조공이 만든 가는 모시실로 속옷을
만들고, 가는 모시실로 두건을, 모시실로 관을, 가늘게 꼰 모시실로 속바지를
만들고, 가늘게 꼰 모시실과 청색 실과 자주색 실과 주홍색 실로 수를 놓아 허
리띠를 만들었다. **하나님**께서 모세에게 명령하신 대로 행했다.
30-31 그들은 순금으로 패, 곧 거룩한 관을 만들고, 인장을 새기듯이 그 위에 '**하
나님**께 거룩'이라고 새겼다. 그것을 청색 끈에 매어 두건에 달았다. **하나님**께서
모세에게 명령하신 대로 행했다.

성막을 완성하다

32 이렇게 해서 성막, 곧 회막이 완성되었다. 이스라엘 백성은 **하나님**께서 모세
에게 명령하신 모든 것을, 하나도 빠뜨리지 않고 모두 행했다.
33-41 그들은 성막, 곧 회막과 거기에 딸린 모든 기구를 모세에게 가져왔다. 그 내
역은 이러하다.

붙잡아 매는 갈고리
널판

가로다지
기둥
밑받침
가공한 숫양 가죽 덮개
돌고래 가죽 덮개
칸막이 휘장
증거궤와
거기에 딸린 채와
속죄판
상과
거기에 딸린 기구와
임재의 빵
순금 등잔대와
거기에 장착할 등잔들
그리고 거기에 딸린 모든 기구와
등잔에 쓸 기름
금제단
거룩하게 구별하는 기름
분향할 향
성막 문에 치는 막
청동제단과
거기에 딸린 청동석쇠와
제단의 채와 모든 부속 기구들
대야와
그 받침대
성막 뜰에 두르는 휘장과
휘장을 칠 기둥과 밑받침
성막 뜰 정문에 칠 막과
막을 칠 줄과 말뚝
성막, 곧 회막에서 섬길 때 쓰는 기구들
성소에서 섬길 때 입는 예복
제사장 아론과
그의 아들들이 제사장으로 섬길 때 입는 거룩한 예복.

42-43 이스라엘 자손은 모든 일을 하나님께서 명령하신 대로 다 마쳤다. 모세는 그들이 모든 일을 마친 것과 하나님께서 명령하신 대로 행한 것을 보고, 그들을 축복했다.

모세가 하나님께서 명령하신 대로 다 행하다

40

1-3 하나님께서 모세에게 말씀하셨다. "첫째 달 첫째 날에 성막, 곧
회막을 세워라. 그 안에 증거궤를 두고 휘장을 쳐서 그 궤를 가려라.
4 상을 가져다가 놓고, 등잔대와 등잔을 배치하여라.
5 금으로 만든 분향단을 증거궤 앞에 두고 성막 문에 휘장을 달아라.
6 번제단을 성막, 곧 회막 입구에 놓아라.
7 대야를 회막과 제단 사이에 놓고, 거기에 물을 채워라.
8 회막 사방에 뜰을 만들고 뜰 입구에는 휘장을 달아라.
9-11 그런 다음 거룩하게 구별하는 기름을 가져다가 성막과 그 안에 있는 모든 것
에 바르고, 성막과 거기에 딸린 모든 기구를 거룩하게 구별하여라. 그러면 그것
들이 거룩하게 될 것이다. 번제단과 거기에 딸린 모든 기구에 기름을 발라 제단
을 거룩하게 구별하여라. 그러면 제단이 지극히 거룩하게 될 것이다. 대야와 그
받침대에 기름을 발라 거룩하게 구별하여라.
12-15 마지막으로, 아론과 그의 아들들을 회막 문으로 데려가 물로 씻겨라. 아론
에게 거룩한 예복을 입히고 그에게 기름을 붓고, 그를 거룩하게 구별하여 나를
섬기는 제사장으로 세워라. 그의 아들들을 데려다가 속옷을 입히고, 네가 그들
의 아버지에게 기름을 부었던 것처럼 그들에게도 기름을 부어 나를 섬기는 제
사장으로 세워라. 그들은 기름부음을 받음으로써 대대로 영원한 제사장직을 맡
게 될 것이다."
16 모세는 하나님께서 명령하신 모든 것을 하나도 빠뜨리지 않고 다 행했다.

17-19 둘째 해 첫째 달 첫째 날에 성막이 세워졌다. 모세가 성막을 세웠는데, 밑받
침을 놓고, 널판을 세우고, 가로다지를 얹고, 기둥을 세우고, 성막 위로 천막을
펴고, 천막 위에 덮개를 씌웠다. 하나님께서 모세에게 명령하신 대로 행했다.
20-21 모세는 증거판을 궤 안에 놓고, 궤를 나를 수 있도록 채를 끼우고, 궤 위에
덮개 곧 속죄판을 얹었다. 그러고는 궤를 성막 안에 들여놓고 휘장을 쳐서 증거
궤를 가렸다. 하나님께서 모세에게 명령하신 대로 행했다.
22-23 모세는 회막 안, 성막의 북쪽 면, 휘장 바깥쪽에 상을 놓고 거기 하나님 앞
에 빵을 차려 놓았다. 하나님께서 모세에게 명령하신 대로 행했다.
24-25 모세는 회막 안, 상의 맞은편, 성막의 남쪽 면에 등잔대를 놓고 하나님 앞에
등잔들을 올려놓았다. 하나님께서 그에게 명령하신 대로 행했다.
26-27 모세는 금제단을 회막 안, 휘장 앞에 놓고 그 위에 향기로운 향을 피웠다.
하나님께서 그에게 명령하신 대로 행했다.
28 모세는 성막 문에 막을 달았다.
29 모세는 성막, 곧 회막 문에 번제단을 놓고 번제와 곡식 제사를 드렸다. 하나님
께서 그에게 명령하신 대로 행했다.
30-32 모세는 회막과 제단 사이에 대야를 놓고 거기에 씻을 물을 채웠다. 모세와
아론과 그의 아들들이 거기서 손과 발을 씻었다. 그들은 회막에 들어갈 때와 제

단에서 섬길 때 거기서 씻었다. **하나님**께서 모세에게 명령하신 대로 행했다.
33 마지막으로, 모세는 성막과 제단 주위에 뜰을 조성하고, 뜰 입구에 막을 달았다.
모세는 일을 다 마쳤다.

34-35 구름이 회막을 덮고, **하나님**의 영광이 성막에 가득했다. 구름이 회막 위에
있고 **하나님**의 영광이 성막에 가득했으므로, 모세는 회막 안으로 들어갈 수 없
었다.
36-38 구름이 성막에서 걷힐 때면, 이스라엘 백성이 길을 나섰다. 그러나 구름이
걷히지 않으면, 그들은 구름이 걷히기까지 길을 나서지 않았다. 낮에는 **하나님**
의 구름이 성막 위에 있고 밤에는 불이 그 구름 가운데 있어서, 온 이스라엘 자
손이 모든 여정에서 그것을 볼 수 있었다.

인류가 결코 포기하지 않는 습관 가운데 하나는 하나님을 길들이겠다는 고집이다. 우리는 하나님을 길들이겠다고 결심한다. 우리의 계획을 위해 하나님을 이용할 방법을 생각해 낸다. 우리의 계획과 야망과 기호에 들어맞는 크기로 하나님을 축소시키려 한다.

그러나 성경은 우리가 그럴 수 없다고 훨씬 더 고집스럽게 말한다. 하나님이 우리의 계획에 딱 들어맞으실 리가 없다. 오히려 우리가 그분의 계획에 맞춰야 한다. 우리는 하나님을 이용할 수 없다. 하나님은 도구나 기구나 신용카드가 아니시다.

> "너희는 내가 명령한 것을 행하고, 내가 일러 준 대로 살아라. 나는 **하나님**이다. 나의 거룩한 이름을 더럽히지 마라. 나는 이스라엘 백성 가운데서 거룩하게 높임을 받기 원한다. 나는 너희를 거룩하게 하는 **하나님**이다. 나는 너희 하나님이 되려고 너희를 이집트에서 이끌어 낸 **하나님**이다. 나는 **하나님**이다"(레 22:31-33).

우리는 소원성취라는 우리의 환상이나 세상의 명성을 얻으려는 이상적인 계획에 하나님을 끌어들이려고 시도한다. 우리의 그러한 시도로부터 하나님을 구별해 주는 단어가 다름 아닌 '거룩'이다. 거룩은 하나님께서 그분의 방식대로 살아 계시며, 우리의 경험과 상상을 뛰어넘는 방식으로 살아 계시다는 뜻이다. 거룩은 강렬한 순수성으로 타오르는 생명, 접촉하는 것은 무엇이든 변화시키는 생명과 관계가 있다.

하나님은 모든 생명의 중심이시며 거룩한 하나님이시다. 그러므로 우리가 바라는 하나님이 아니라 있는 그대로의 하나님께 응답하며 살기 위해서는, 많은 가르침과 오랜 훈련이 필요하다. 레위기는 이집트에서 건짐받은 우리의 조상이 가나안 땅에 정착하기 위해 길을 떠나는 이야기에서 잠시 쉬어 가는 대목이라 할 수 있다. 일종의 연장된 중간휴식, 곧 '거룩'이 무엇인지 조금도 알지 못하는 문화 속에서 '거룩하게' 살기 위해, 상세하고도 대단히 신중하게 준비하는 시간이다. 이 백성은 가나안에 들어가는 순간, 우상이라는 일촉즉발의 치명적인 지뢰밭을 지나가야 할 것이다. 그 우상들은 "우리가 원하는 것을, 우리가 원하는 대로, 우리가 원하는 때에, 우리에게 주십시오" 라고 외치는, 신에 대한 우리의 환상에 부합하는 것들이다. 하지만 이런 환상을 품고 가다가는 불구가 되거나 목숨을 잃고 말 것이다. 모든 나라와 문화 속에서 구원받은 하나님의 백성을, 하나님께서 창조하신 목적대로, 곧 하나님이 거룩하신 것처럼 거룩하게 살도록 가르치는 '많은 교훈과 오랜 훈련'의 출발점이 바로 레위기다.

이런 관점에서 레위기를 읽을 때 우리의 마음을 울리는 첫 번째 사실은, 이 거룩하신 하나님께서 실제로 우리와 함께하신다는 것이며, 우리 삶의 세세한 부분이 모두 이 거룩하신 하나님의 현존에 영향을 받는다는 것이다. 우리 안에 있는 것도, 우리의 관계도, 우리의 환경도 예외가 아니다. 두 번째 사실은, 하나님께서 우리 안과 우리 주위에 있는 모든 것을 그분의 거룩한 임재 속으로 가져가셔서, 그 모든 것이 거룩하신 분의 강렬한 불꽃 속에서 변화되는 길(희생 제사, 절기, 안식일)을 우리에게 제공하신다는 것이다. 그분의 임재 속으로 들어가는 것은 근사한 일이다. 우리도 고대 이스라엘 백성처럼 매 순간 그분의 임재 가운데 서 있다(시 139편). 우리 주님은 우리 근처의 장막이나 집에 거하시지 않는다. 그분은 신자인 우리 안에 그리고 우리들 가운데 거하시면서 이렇게 말씀하신다. "내가 거룩하니, 너희도 거룩하여라"(벧전 1:16; 레 11:44-45, 19:2, 20:7 인용).

우리가 이 사실을 깨닫기만 하면, 겉보기에 끝없이 이어지는 것 같은 레위기의 세부 지침과 가르침들은 우리에게 복음을 가리키는 이정표가 될 것이다. 말하자면 하나님께서는 우리 삶의 세세한 부분에 이르기까지 마음을 쓰시며, 우리 안과 우리 주위에 있는 모든 것을 기꺼이 변화시킬 의향이 있으시다는 것이다. 나중에 바울은 그 변화에 대해 다음과 같이 권고했다.

> 그러므로 나는, 이제 여러분이 이렇게 살기를 바랍니다. 하나님께서 여러분을 도우실 것입니다. 여러분의 매일의 삶, 일상의 삶—자고 먹고 일하고 노는 모든 삶—을 하나님께 헌물로 드리십시오. 하나님께서 여러분을 위해 하시는 일을 받아들이는 것이, 바로 여러분이 그분을 위해 할 수 있는 최선의 일입니다. 문화에 너무 잘 순응하여 아무 생각 없이 동화되어 버리는 일이 없도록 하십시오. 대신에, 여러분은 하나님께 시선을 고정하십시오. 그러면 속에서부터 변화가 일어날 것입니다. 그분께서 여러분에게 바라시는 것을 흔쾌히 인정하고, 조금도 머뭇거리지 말고 거기에 응하십시오. 여러분을 둘러싸고 있는 문화는 늘 여러분을 미숙한 수준으로 끌어 낮추려 하지만, 하나님께서는 언제나 여러분에게서 최선의 것을 이끌어 내시고 여러분 안에 멋진 성숙을 길러 주십니다(롬 12:1-2).

레위기

번제

1 [1-2] **하나님**께서 모세를 부르셔서, 회막에서 그에게 말씀하셨다. "너는 이
스라엘 백성에게 전하여라. 그들에게 이렇게 일러 주어라. 누구든지 하
나님에게 제물을 바칠 때는, 소 떼나 양 떼 가운데서 골라 제물을 바쳐야 한다.
[3-9] 소 떼 가운데서 골라 번제로 제물을 바치는 것이면, **하나님**이 받을 만한 흠
없는 수컷을 회막 입구에서 바쳐야 한다. 너희 손을 번제물의 머리에 얹어라.
그러면 그것이 너희를 대신해 속죄하는 제물로 받아들여질 것이다. **하나님** 앞
에서 그 수소를 잡아라. 아론의 아들인 제사장들은 그 피를 가져다가, 회막 입
구에 있는 제단 사면에 뿌려야 한다. 그런 다음, 그 번제물의 가죽을 벗기고 각
을 떠라. 아론의 아들인 제사장들은 제단에 불을 마련하고 정성껏 장작을 벌여
놓은 다음, 각을 뜬 여러 부위의 고기와 머리와 지방을 제단 위, 불을 피우기 위
해 마련해 놓은 장작 위에 차려 놓아야 한다. 그 내장과 다리를 깨끗이 씻어라.
그러면 제사장은 그것들을 모두 제단 위에서 불살라야 한다. 이것이 번제요, 불
살라 바치는 제물이며, **하나님**을 기쁘게 하는 향기다.
[10-13] 양 떼나 염소 떼 가운데서 골라 번제로 바치는 것이면, 흠 없는 수컷을 바쳐
야 한다. 제단의 북쪽 **하나님** 앞에서 그 제물을 잡아라. 아론의 아들인 제사장
들은 그 피를 제단 사면에 뿌려야 한다. 그 번제물의 각을 떠라. 제사장은 여러
부위의 고기와 머리와 지방을 제단 위, 불을 피우기 위해 마련해 놓은 장작 위
에 차려 놓아야 한다. 그 내장과 다리를 깨끗이 씻어라. 그러면 제사장은 그것
들을 모두 제단 위에서 불살라 바쳐야 한다. 이것이 번제요, 불살라 바치는 제
물이며, **하나님**을 기쁘게 하는 향기다.
[14-17] 새를 번제로 **하나님**에게 바치는 것이면, 산비둘기나 집비둘기를 바쳐야 한
다. 제사장은 그 새를 제단으로 가져가서, 목을 비틀어 끊고 제단 위에서 불살

라야 한다. 그러나 먼저 그 피를 제단 곁으로 흘려보내고, 모래주머니와 그 안
에 든 것을 제거해서, 제단 동쪽에 있는 잿더미에 던져 버려야 한다. 그리고 두
날개를 잡고 그 몸을 찢되 두 쪽으로 나뉘지 않게 하여, 제단 위, 불을 피우기
위해 마련해 놓은 장작 위에서 불살라야 한다. 이것이 번제요, 불살라 바치는
제물이며, **하나님**을 기쁘게 하는 향기다."

곡식 제물

2

1-3 "**하나님**에게 곡식 제물을 바칠 때는, 고운 곡식 가루를 사용해야 한
다. 그 가루에 기름을 붓고 향을 얹어, 아론의 아들인 제사장들에게 가
져가거라. 그러면 제사장들 가운데 한 사람이 고운 곡식 가루 한 움큼과 기름을
가져다가, 향 전체와 함께 제단 위에서 기념물로 불살라야 한다. 이것이 불살라
바치는 제물이며, **하나님**을 기쁘게 하는 향기다. 곡식 제물 가운데 남은 것은
아론과 그의 아들들 몫이다. 이것은 **하나님**에게 불살라 바치는 제물 가운데 지
극히 거룩한 것이다.
4 화덕에서 구운 빵으로 곡식 제물을 바칠 때는, 고운 곡식 가루에 기름을 섞되
누룩을 넣지 않고 만든 빵이나, 고운 곡식 가루에 누룩을 넣지 않고 기름을 얇
게 발라 만든 과자를 바쳐야 한다.
5-6 철판에 구운 것으로 곡식 제물을 바칠 때는, 고운 곡식 가루에 기름을 섞되
누룩을 넣지 않고 만든 것을 바쳐야 한다. 그것을 여러 조각으로 부수고 그 위
에 기름을 부어라. 이것이 곡식 제물이다.
7 냄비에 넣어 튀긴 것으로 곡식 제물을 바칠 때는, 고운 곡식 가루에 기름을 섞
어 만들어야 한다.
8-10 너희는 이와 같은 재료로 만든 곡식 제물을 가져다가 제사장에게 주어라. 제
사장은 그 곡식 제물을 제단으로 가져가서, 그중에서 기념할 조각을 떼어 제단
위에서 불살라야 한다. 이것이 불살라 바치는 제물이며, **하나님**을 기쁘게 하는
향기다. 곡식 제물 가운데 남은 것은 아론과 그의 아들들 몫이다. 이것은 **하나
님**에게 바치는 제물 가운데 지극히 거룩한 것이다.
11-13 **하나님**에게 바치는 모든 곡식 제물에는 누룩을 넣어서는 안된다. 누룩이나
꿀을 **하나님**에게 불살라 바치는 제물로 바쳐서는 안된다. 그것들을 첫 수확물
의 제물로 **하나님**에게 바치는 것은 괜찮지만, **하나님**을 기쁘게 하는 향기로 바
치려고 제단 위에 올려놓아서는 안된다. 너희가 바치는 모든 곡식 제물에는 소
금을 쳐서 간을 맞추어야 한다. 너희가 바치는 곡식 제물에 너희 하나님과 언약
을 맺을 때 넣는 소금을 빼놓아서는 안된다. 너희가 바치는 모든 제물에 소금을
넣어라.
14-16 첫 수확물을 곡식 제물로 **하나님**에게 바칠 때는, 햇곡식의 이삭을 볶아 찧
은 것을 바쳐야 한다. 그 위에 기름을 붓고 향을 얹어라. 이것이 곡식 제물이다.
제사장은 그 곡식과 기름에서 일부를 덜어 내어 향 전체와 함께 기념물로 불살
라야 한다. 이것이 **하나님**에게 불살라 바치는 제물이다."

화목 제물

3

1-5 "소 떼 가운데서 골라 화목 제물로 바치는 것이면, 수컷이든 암컷이든 흠 없는 것을 바쳐야 한다. 제물의 머리에 손을 얹은 다음, 회막 입구에서 그 제물을 잡아라. 아론의 아들인 제사장들은 제단 사면에 그 피를 뿌려야 한다. 그 화목 제물 가운데서 내장을 덮거나 내장에 붙은 모든 지방과, 두 콩팥과 그 둘레 허리께 있는 지방과, 콩팥과 함께 떼어 낸 간을 덮은 껍질은 **하나님**에게 불살라 바치는 제물로 바쳐야 한다. 아론과 그의 아들들은 그것들을 제단 위, 불을 피우기 위해 마련해 놓은 장작 위에서 번제물과 함께 불살라야 한다. 이것이 불살라 바치는 제물이며, **하나님**을 기쁘게 하는 향기다.

6-11 양 떼 가운데서 골라 **하나님**에게 화목 제물로 바치는 것이면, 수컷이든 암컷이든 흠 없는 것을 끌고 와야 한다. 어린양을 바치는 것이면, 그 양을 **하나님**에게 바쳐라. 제물의 머리에 손을 얹은 다음, 회막에서 그 제물을 잡아라. 그러면 아론의 아들들이 그 피를 제단 사면에 뿌릴 것이다. 화목 제물에서 떼어 낸 지방과, 엉치뼈 부근에서 잘라 낸 기름진 꼬리 전부와, 내장을 덮거나 내장에 붙은 모든 지방과, 두 콩팥과 그 둘레 허리께 있는 지방과, 콩팥과 함께 떼어 낸 간을 덮은 껍질을 **하나님**에게 불살라 바치는 제물로 바쳐라. 제사장은 그것을 제단 위에서 불살라야 한다. 이것이 **하나님**에게 바치는 음식이며, 불살라 바치는 제물이다.

12-16 염소를 바치는 것이면, 그 염소를 **하나님** 앞으로 끌고 와서 그 머리에 손을 얹은 다음, 회막 앞에서 잡아야 한다. 그러면 아론의 아들들이 그 피를 제단 사면에 뿌릴 것이다. 내장을 덮거나 내장에 붙은 모든 지방과, 두 콩팥과 그 둘레 허리께 있는 지방과, 콩팥과 함께 떼어 낸 간을 덮은 껍질을 **하나님**에게 불살라 바치는 제물로 바쳐라. 그러면 제사장은 그것들을 제단 위에서 불살라야 한다. 이것이 **하나님**에게 바치는 음식이요, 불살라 바치는 제물이며, **하나님**을 기쁘게 하는 향기다.

16-17 모든 지방은 **하나님**의 것이다. 이것은 너희가 어느 곳에 살든지 대대로 지켜야 할 영원한 규례다. 너희는 지방을 먹지 말고, 피도 먹지 마라. 그 가운데 어느 것도 먹어서는 안된다."

속죄 제물

4

1-12 **하나님**께서 모세에게 말씀하셨다. "너는 이스라엘 자손에게 이렇게 일러 주어라. 어떤 사람이 뜻하지 않게 **하나님**의 명령 가운데 하나라도 어겨 범해서는 안될 죄를 지었으면, 특히, 기름부음을 받은 제사장이 죄를 지어 그 죄가 백성에게 돌아가게 되었으면, 그 제사장은 자신이 지은 죄로 인해 흠 없는 수소 한 마리를 **하나님**에게 속죄 제물로 가져와야 한다. 그는 그 수소를 회막 입구 **하나님** 앞으로 끌고 와서 그 머리에 손을 얹은 다음, **하나님** 앞에서 잡아야 한다. 그 수소의 피 얼마를 받아다가 회막 안으로 가지고 들어가서, 손가락에 그 피를 찍어 **하나님** 앞, 곧 성소 휘장 앞에 일곱 번 뿌려야 한다. 또

한 그는 그 피 얼마를 가져다가 회막 안, 곧 **하나님** 앞에 있는 분향단의 뿔들에
도 발라야 한다. 수소의 나머지 피는 회막 입구에 있는 번제단 밑에 쏟아야 한
다. 그런 다음 속죄 제물로 바친 수소의 지방을 모두 떼어 내야 한다. 떼어 내야
할 지방은 내장을 덮거나 내장에 붙은 모든 지방과, 두 콩팥과 그 둘레 허리께
있는 지방과, 콩팥과 함께 떼어 낸 간을 덮은 껍질이다. 이 절차는 화목 제물로
바친 수소의 지방을 떼어 낼 때와 같다. 마지막으로, 그는 이 모든 것을 번제단
위에서 불살라야 한다. 그 밖의 모든 것, 곧 수소의 가죽, 고기, 머리, 다리, 기
관, 내장은 진 밖에 있는 깨끗한 곳, 곧 재를 버리는 곳으로 가져가서 장작불 위
에 얹어 불살라야 한다.
13-21 회중 전체가 뜻하지 않게 **하나님**의 명령 가운데 하나라도 어겨 범해서는 안
될 죄를 지었으면, 그 사실을 깨달은 사람이 하나도 없더라도 그들은 유죄다.
자신들이 지은 죄를 깨달은 경우, 회중은 수소 한 마리를 속죄 제물로 끌고 와서
회막에 바쳐야 한다. 회중의 장로들은 **하나님** 앞에서 그 수소의 머리에 손을 얹
은 다음, 그들 가운데 한 사람이 **하나님** 앞에서 그 수소를 잡아야 한다. 기름부음
을 받은 제사장은 그 피 얼마를 가져다가 회막 안으로 가지고 들어가서, 손가락
에 그 피를 찍어 **하나님** 앞, 곧 휘장 앞에 일곱 번 뿌려야 한다. 그는 또 그 피를
회막 안, 곧 **하나님** 앞에 있는 제단 뿔들에 바르고, 나머지 피는 회막 입구에 있
는 번제단 밑에 쏟아야 한다. 그는 제물에서 지방을 떼어 내어 제단 위에서 불
살라야 한다. 이 수소를 처리하는 절차는 속죄 제물로 바친 수소를 처리할 때와
같다. 제사장이 회중을 위해 속죄하면, 그들은 용서를 받는다. 그 후에 회중은
그 수소를 진 밖으로 끌어내어, 첫 번째 수소를 불사른 것과 같이 불살라야 한
다. 이것이 회중을 위한 속죄 제물이다.
22-26 통치자가 뜻하지 않게 **하나님**의 명령 가운데 하나라도 어겨 범해서는 안될
죄를 지었으면, 그는 유죄다. 그가 자신이 지은 죄를 깨달은 경우, 흠 없는 숫
염소 한 마리를 제물로 끌고 와서, 그 머리에 손을 얹은 다음, 하나님 앞 번제물
잡는 곳에서 그것을 잡아야 한다. 이것이 속죄 제물이다. 제사장은 이 속죄 제
물의 피 얼마를 가져다가 손가락에 찍어 번제단의 뿔들에 바르고, 나머지 피는
제단 밑에 쏟아야 한다. 숫염소의 모든 지방은 화목 제물의 지방을 불사를 때와
마찬가지로 제단 위에서 불살라야 한다.
제사장이 통치자의 죄 때문에 그를 위해 속죄하면, 그는 용서를 받는다.
27-31 회중 가운데 한 사람이 뜻하지 않게 **하나님**의 명령 가운데 하나라도 어겨
범해서는 안될 죄를 지었으면, 그는 유죄다. 그가 자신이 지은 죄를 깨달은 경
우, 흠 없는 암염소 한 마리를 끌고 와서 자신이 지은 죄를 위해 바치고 그 제물
의 머리에 손을 얹은 다음, 번제물 잡는 곳에서 그 제물을 잡아야 한다. 제사장
은 그 속죄 제물의 피 얼마를 가져다가 손가락에 찍어 번제단의 뿔들에 바르고,
나머지 피는 제단 밑에 쏟아야 한다. 마지막으로, 그는 화목 제물을 처리할 때
와 같이 그 제물에서 지방을 모두 떼어 내어, 제단 위에서 불살라 **하나님**을 기
쁘게 하는 향기로 바쳐야 한다.

이와 같이 제사장이 그를 위해 속죄하면, 그는 용서를 받는다.
32-35 그가 속죄 제물로 어린양을 가져오는 것이면, 흠 없는 암컷을 바쳐야 한다.
그는 속죄 제물의 머리에 손을 얹은 다음, 번제물 잡는 곳에서 잡아야 한다. 제
사장은 속죄 제물의 피 얼마를 가져다가 손가락에 찍어 번제단의 뿔들에 바르
고, 나머지 피는 제단 밑에 쏟아야 한다. 그는 화목 제물로 바친 어린양을 처리
할 때와 같이 속죄 제물의 지방을 모두 떼어 내야 한다. 마지막으로, 제사장은
그것을 제단 위, 곧 **하나님**에게 바치는 제물 위에 올려놓고 불살라야 한다.
이와 같이 제사장이 그의 죄 때문에 그를 위해 속죄하면, 그는 용서를 받는다."

5

1 "너희가 범죄 사건에 대해 보거나 들은 것을 증인석에 올라가 증언하지
않아 죄를 지으면, 너희는 그 죄에 대해 책임을 져야 한다.
2 너희가 부정한 것, 곧 부정한 들짐승의 주검이나 부정한 집짐승의 주검이나
부정한 길짐승의 주검을 만졌으면, 그것을 깨닫지 못했더라도 너희가 더러워졌
으므로 죄가 된다.
3 너희가 사람 몸에 있는 부정한 것, 곧 그것이 무엇이든 사람을 더럽힐 수 있는
부정한 것에 닿았으면, 그것을 깨닫지 못하다가 나중에 깨닫더라도 죄가 된다.
4 너희가 선한 일이든 악한 일이든 무엇을 하겠다고 충동적으로 맹세하거나 경
솔히 다짐했으면, 그것을 깨닫지 못하다가 나중에 깨닫더라도 어느 경우에나
죄가 된다.
5-6 너희에게 이러한 죄가 있거든 그 지은 죄를 즉시 고백하고, 너희가 지은 죄에
대한 벌로 가축 떼에서 암컷 어린양이나 암염소 한 마리를 속죄 제물로 가져와
하나님에게 바쳐야 한다.
이와 같이 제사장이 너희 죄를 위해 속죄해야 한다.
7-10 어린양을 드릴 형편이 못되거든, 너희가 지은 죄에 대한 벌로 산비둘기나 집
비둘기 두 마리를 **하나님**에게 가져와서, 한 마리는 속죄 제물로 바치고 다른 한
마리는 번제물로 바쳐야 한다. 이것들을 제사장에게 가져오면, 제사장은 먼저
속죄 제물로 가져온 비둘기를 바쳐야 한다. 그는 그 목을 비틀어 꺾되 끊지는
말아야 하며, 그 속죄 제물의 피 얼마를 제단에 뿌리고, 나머지 피는 제단 밑에
짜내야 한다. 이것이 속죄 제물이다. 그런 다음 그는 두 번째 비둘기를 가져다
가 절차에 따라 번제물로 바쳐야 한다.
이와 같이 제사장이 너희 죄를 위해 속죄하면, 너희는 용서를 받는다.
11-12 산비둘기 두 마리나 집비둘기 두 마리를 바칠 형편이 못되거든, 고운 곡식
가루 2리터를 속죄 제물로 가져와야 한다. 이것은 속죄 제물이니, 거기에 기름
을 섞거나 향을 얹어서는 안된다. 이것을 제사장에게 가져가면, 제사장은 그 가
루를 기념물로 한 움큼 가져다가 **하나님**에게 바치는 제물과 함께 제단 위에서
불살라야 한다. 이것이 속죄 제물이다.
13 제사장이 너희를 위해 그리고 너희가 지은 죄 가운데 어떤 죄를 위해 속죄하

면, 너희는 용서를 받는다. 나머지 제물은 곡식 제물과 마찬가지로 제사장의 몫
이다."

보상 제물

14-16 **하나님**께서 모세에게 말씀하셨다. "어떤 사람이 신뢰를 저버리고 **하나님**
의 거룩한 제물 가운데 어느 하나라도 소홀히 하여 자신도 모르게 죄를 지었으
면, 그는 그 죄에 대한 벌로 가축 떼에서 흠 없는 숫양 한 마리를 가져와 **하나님**
에게 바쳐야 한다. 그 숫양의 값은 세겔로 정해야 하는데, 보상 제물의 값을 규
정한 성소 세겔 단위에 따라야 한다. 그가 거룩한 제물과 관련하여 자신이 지은
죄를 추가로 보상할 때는, 그 숫양 값에 오분의 일을 더해서 제사장에게 주어야
한다.
이와 같이 제사장이 보상 제물의 숫양으로 그를 위해 속죄하면, 그는 용서를 받
는다.
17-18 누구든지 **하나님**의 명령 가운데 하나라도 어겨 범해서는 안될 죄를 지었는
데, 그것을 깨닫지 못하다가 나중에 깨달으면, 그는 그것에 대해 책임을 져야
한다. 그는 보상 제물의 값으로 정해진 흠 없는 숫양 한 마리를 제사장에게 가
져와야 한다.
18-19 그가 모르고 저지른 잘못 때문에 제사장이 그를 위해 속죄하면, 그는 용서를
받는다. 이것이 보상 제물이다. 그가 하나님 앞에 분명히 죄가 있기 때문이다."

6 1-6 **하나님**께서 모세에게 말씀하셨다. "누구든지 **하나님**에 대한 신뢰를
저버림으로 죄를 지었으면, 곧 이웃이 자신에게 맡긴 물건과 관련해 이
웃을 속이거나, 그 물건을 빼앗거나, 그 물건을 사취하거나, 이웃을 협박하거
나, 잃어버린 물건을 줍고도 거짓말하거나, 사람이 짓기 쉬운 죄와 관련해 거짓
맹세하여, 결국 그가 죄를 짓고 유죄인 것이 드러나면, 그는 자신이 훔치거나
빼앗은 것을 되돌려 주어야 하고, 자신이 맡았던 물건을 반환해야 하며, 자신이
주운 물건이나 거짓으로 맹세한 물건을 되돌려 주어야 한다. 그는 전부 갚을 뿐
아니라 물건 값에 오분의 일을 더해서 원래의 주인에게 갚되, 보상 제물을 바치
는 날에 갚아야 한다. 그는 정해진 보상 제물의 값에 따라, 가축 가운데서 흠 없
는 숫양 한 마리를 보상 제물로 **하나님**에게 바쳐야 한다.
7 이와 같이 제사장이 **하나님** 앞에서 그를 위해 속죄하면, 그는 사람이 하면 죄
가 되는 일들 가운데 어느 하나라도 잘못하여 지은 죄를 용서받는다."

그 밖의 규례

8-13 **하나님**께서 모세에게 말씀하셨다. "아론과 그의 아들들에게 명령하여라. 그
들에게 이렇게 지시하여라. 번제물에 관한 규례는 이러하다. 번제물은 아침이
될 때까지 밤새도록 제단의 화로 위에 그대로 두고, 제단 위의 불은 계속 타오

르게 해야 한다. 제사장은 모시로 짠 옷을 입고 속에는 모시 속옷을 입어야 한다. 번제물을 태우고 남은 재는 제단 옆으로 옮겨 두었다가, 옷을 갈아입고 진 밖에 있는 깨끗한 곳으로 옮겨야 한다. 그동안에 제단 위의 불이 계속 타오르게 해야 하며, 절대 꺼뜨려서는 안된다. 아침마다 불에 장작을 보충하고, 그 위에 번제물을 차려 놓고, 화목 제물의 지방을 그 위에서 불살라야 한다. 제단 위의 불이 계속 타오르게 해야 하며, 절대 꺼뜨려서는 안된다."

⁂

14-18 "곡식 제물에 관한 규례는 이러하다. 곡식 제물은 아론의 아들들이 제단 앞에서 **하나님**에게 바쳐야 한다. 제사장은 곡식 제물에서 고운 가루를 한 움큼 가져다가 곡식 제물에 섞은 기름과 거기에 얹은 향과 함께 기념물로 제단 위에서 불살라, **하나님**을 기쁘게 하는 향기로 바쳐야 한다. 나머지 곡식 제물은 아론과 그의 아들들이 먹는다. 그들은 누룩을 넣지 않은 빵을 먹어야 하며, 거룩한 곳, 곧 회막 뜰에서 그것을 먹어야 한다. 누룩을 넣고 구워서는 안된다. 그것은 나에게 바친 제물 가운데서 내가 그들 몫으로 정해 준 것이다. 그것은 속죄 제물과 보상 제물처럼 지극히 거룩한 것이다. 아론의 후손 가운데서 남자는 누구나 그것을 먹을 수 있다. 이것은 **하나님**에게 바치는 제물과 관련하여 대대로 지켜야 할 영원한 규례다. 누구든지 이 제물을 만지는 사람은 거룩해야 한다."

⁂

19-23 **하나님**께서 모세에게 말씀하셨다. "아론과 그의 아들들이 기름부음을 받는 날에 그들 각자가 **하나님**에게 바쳐야 할 제물은 이러하다. 고운 곡식 가루 2리터를 매일 바치는 곡식 제물로 바치되, 반은 아침에 바치고 반은 저녁에 바쳐야 한다. 그 가루에 기름을 섞어 철판에 굽고, 잘 섞은 뒤에 여러 조각으로 부셔서 **하나님**을 기쁘게 하는 향기로 바쳐야 한다. 아론의 아들들 가운데 아론의 뒤를 이어 기름부음을 받은 제사장이 그것을 **하나님**에게 바쳐야 한다. 이것은 영원한 규례다. 제물은 모두 불살라야 한다. 제사장이 바치는 모든 곡식 제물은 온전히 불살라야 하며, 아무도 그것을 먹어서는 안된다."

⁂

24-30 **하나님**께서 모세에게 말씀하셨다. "아론과 그의 아들들에게 이렇게 일러 주어라. 속죄 제물을 위한 규례는 이러하다. 속죄 제물은 지극히 거룩한 제물이니 **하나님** 앞 번제물 잡는 곳에서 잡아야 한다. 제사를 드리는 제사장이 그 제물을 먹되, 거룩한 곳, 곧 회막 뜰에서 먹어야 한다. 누구든지 그 고기를 만지는 사람은 거룩해야 한다. 고기에서 피가 튀어 옷에 묻으면, 거룩한 곳에서 그 옷을 빨아야 한다. 고기를 삶을 때 사용한 질그릇은 깨뜨려야 한다. 고기를 청동 그릇에 삶았으면, 그 그릇은 문질러 닦고 물로 씻어야 한다. 제사장의 가족 가운데서 남자는 누구나 그 제물을 먹을 수 있다. 그것은 지극히 거룩한 것이다.

그러나 성소에서 속죄하기 위해 속죄 제물의 피를 회막 안으로 가져왔을 때는, 그 제물을 먹어서는 안된다. 그것은 불살라야 한다."

⁂

7 1-6 "보상 제물에 관한 규례는 이러하다. 보상 제물은 지극히 거룩한 것이니, 보상 제물은 번제물 잡는 곳에서 잡아야 한다. 제사장은 그 피를 제단 사면에 뿌려야 한다. 그 제물의 지방을 바치되, 기름진 꼬리와, 내장을 덮은 지방과, 두 콩팥과 그 둘레 허리께 있는 지방과, 콩팥과 함께 떼어 낸 간을 덮은 껍질을 모두 바쳐야 한다. 제사장은 이것들을 제단 위에서 **하나님**에게 바치는 제물로 불살라야 한다. 이것이 보상 제물이다. 제사장의 가족 가운데서 남자는 누구나 그 제물을 먹을 수 있으나, 반드시 거룩한 곳에서 먹어야 한다. 그 제물은 지극히 거룩한 것이다.

7-10 보상 제물은 속죄 제물과 같아서, 이 두 제물에는 같은 규례가 적용된다. 그 제물은 속죄한 제사장의 몫이다. 어떤 사람을 위해 번제를 바친 제사장은 그가 바친 번제물의 가죽을 갖는다. 화덕에서 구운 곡식 제물이나 냄비나 철판에서 만든 곡식 제물은 모두 그 제물을 바친 제사장의 몫이다. 그것은 그의 것이다. 기름을 섞은 것이든 마른 것이든, 모든 곡식 제물은 아론의 아들들이 다 똑같이 나누어 갖는다."

⁂

11-15 "**하나님**에게 바치는 화목 제물에 관한 규례는 이러하다. 감사의 뜻으로 화목 제물을 바칠 때는, 누룩 없이 기름을 섞어 만든 빵과, 누룩 없이 기름을 얇게 발라 만든 과자와, 고운 곡식 가루에 기름을 섞어 반죽해서 만든 과자를 감사 제물과 함께 바쳐야 한다. 감사의 뜻으로 바치는 화목 제물에는, 누룩을 넣은 빵도 함께 바쳐야 한다. 제물의 종류별로 각각 하나씩 높이 들어 바치는 제물로 **하나님**에게 바쳐야 한다. 그 제물은 화목 제물의 피를 뿌린 제사장의 몫이 된다. 감사의 뜻으로 바친 화목 제물 가운데서 고기는 그것을 바친 그날에 먹어야 하며, 다음날 아침까지 조금이라도 남겨 두어서는 안된다.

16-21 서원 제물이거나 자원 제물이면, 제물을 바친 그날에 먹고, 남은 것은 다음날에 먹어도 된다. 그러나 제물 가운데 셋째 날까지 남은 고기는 반드시 불살라야 한다. 셋째 날에 화목 제물의 고기를 조금이라도 먹으면, 그 제물을 바친 사람은 받아들여지지 않을 것이다. 그 제물이 그에게 조금도 유익이 되지 못하는 것은, 그것이 부정한 고기가 되었기 때문이다. 누구든지 그 고기를 먹는 사람은 그 죄에 대해 책임을 져야 한다. 부정한 것에 닿은 고기는 먹지 말고 불살라야 한다. 그 밖의 다른 고기는 정결하게 된 사람이면 누구나 먹을 수 있다. 그러나 부정한 사람이 **하나님**에게 바쳐진 화목 제물의 고기를 먹으면, 그는 회중 가운데서 추방될 것이다. 사람에게 있는 부정한 것이든 짐승에게 있는 부정한 것이든 또는 역겨운 물건이든, 부정한 것을 만지고도 **하나님**에게 바쳐진 화목 제물

을 먹으면, 그는 회중 가운데서 추방될 것이다."

22-27 **하나님**께서 모세에게 말씀하셨다. "이스라엘 백성에게 전하여라. 그들에게 이렇게 일러 주어라. 소나 양이나 염소의 지방은 어느 것이든 먹지 마라. 죽은 채 발견된 짐승의 지방이나 맹수에게 찢겨 죽은 짐승의 지방은 다른 용도로는 쓸 수 있으나, 먹어서는 안된다. **하나님**에게 제물로 바친 짐승의 지방을 먹는 사람은 회중 가운데서 추방될 것이다. 또한 너희가 어느 곳에 살든지, 새의 피든 짐승의 피든, 피는 절대로 먹어서는 안된다. 피를 먹는 사람은 회중 가운데서 추방될 것이다."

28-34 **하나님**께서 모세에게 말씀하셨다. "이스라엘 백성에게 전하여라. 그들에게 이렇게 일러 주어라. 화목 제물을 **하나님**에게 바칠 때는, 그 제물의 일부를 자기 손으로 가져와서 **하나님**을 위한 특별 제물로 바쳐야 한다. 제물에서 떼어낸 지방과 가슴을 함께 가져와서, 가슴은 흔들어 바치는 제물로 **하나님** 앞에 흔들어 바치고, 지방은 제사장이 제단 위에서 불살라야 한다. 가슴은 아론과 그의 아들들의 몫이 된다. 너희가 바치는 화목 제물 가운데 오른쪽 넓적다리는 높이 들어 바치는 제물로 제사장에게 주어라. 오른쪽 넓적다리는 아론의 아들들 가운데 화목 제물의 피와 지방을 바치는 제사장에게 주어, 그의 몫이 되게 하여라. 이스라엘 자손의 화목 제물 가운데서 흔들어 바치는 제물의 가슴과 높이 들어 바치는 제물의 넓적다리는, 내가 제사장 아론과 그의 아들들에게 준다. 이것은 그들이 이스라엘 백성에게서 받을 영원한 보상이다."

35-36 이것은 아론과 그의 아들들이 제사장이 되어 **하나님**을 섬기도록 세워진 날부터, **하나님**의 제물 가운데서 그들이 받게 될 몫이다. **하나님**께서는 제사장들이 기름부음을 받은 날부터 이것을 그들에게 주도록 이스라엘 백성에게 명령하셨다. 이것은 대대로 지켜야 할 영원한 규례다.

37-38 이것은 번제물, 곡식 제물, 속죄 제물, 보상 제물, 위임식 제물, 화목 제물에 관한 규례다. 이는 시내 광야에서 이스라엘 백성에게 **하나님**께 제물을 드리라고 명령하신 날에, **하나님**께서 시내 산에서 모세에게 주신 규례다.

제사장 위임식

8 1-4 **하나님**께서 모세에게 말씀하셨다. "너는 아론과 그의 아들들을 함께 데려오고, 그들의 옷과 거룩하게 구별하는 기름과 속죄 제물로 바칠 수소 한 마리와 숫양 두 마리와 누룩을 넣지 않은 빵 한 바구니를 가져오너라. 그리고 모든 회중을 회막 입구에 불러 모아라." 모세가 **하나님**께서 명령하신 대로 하니, 회중이 회막 입구에 모였다.

[5] 모세가 회중에게 말했다. "하나님께서 이렇게 하라고 명령하셨습니다."
[6-9] 모세는 아론과 그의 아들들을 데려다가 물로 그들을 씻겼다. 그는 아론에게
속옷을 입히고 허리띠를 매어 주었다. 그런 다음 겉옷을 입히고 에봇을 걸쳐 주
고, 장식 허리띠로 에봇을 고정시켜 몸에 꼭 맞게 했다. 그는 또 아론에게 가슴
받이를 달아 주고, 가슴받이 주머니 안에 우림과 둠밈을 넣어 주었다. 그러고는
아론의 머리에 두건을 씌우고, 두건 앞쪽에 금패, 곧 거룩한 관을 달아 주었다.
모세는 하나님께서 명령하신 대로 행했다.
[10-12] 그런 다음 모세는 거룩하게 구별하는 기름을 가져다가 성막과 그 안에 있는
모든 기구에 발라서, 그것들을 거룩하게 구별했다. 그는 또 그 기름을 제단 위
에 일곱 번 뿌리고, 제단과 그 모든 기구, 대야와 그 받침대에 발라서 그것들을
거룩하게 구별했다. 그러고는 거룩하게 구별하는 기름을 아론의 머리에 붓고
그에게 발라서, 그를 거룩하게 구별했다.
[13] 모세는 아론의 아들들을 데려다가, 그들에게 속옷을 입히고 허리띠를 매어
준 다음 머리에 두건을 씌어 주었다. 모세는 하나님께서 명령하신 대로 행했다.
[14-17] 모세가 속죄 제물로 바칠 수소 한 마리를 끌고 나오자, 아론과 그의 아들들
이 수소의 머리에 손을 얹었다. 모세는 수소를 잡고 손가락으로 제단 뿔 하나하
나에 피를 발라서 제단을 깨끗하게 하고, 나머지 피는 제단 밑에 쏟았다. 모세
는 제단을 거룩하게 구별하여 거기서 속죄할 수 있게 했다. 그는 내장을 덮은
모든 지방과, 간을 덮은 껍질과, 두 콩팥과 거기에 붙은 지방을 가져다가 제단
위에서 모두 불살랐고, 그 수소의 가죽과 고기와 내장은 진 밖에서 불살랐다.
모세는 하나님께서 명령하신 대로 행했다.
[18-21] 모세가 번제물로 숫양 한 마리를 드리자, 아론과 그의 아들들이 그 숫양의
머리에 손을 얹었다. 모세는 숫양을 잡고 그 피를 제단 사면에 뿌렸다. 그는 숫
양의 각을 뜨고 나서, 머리와 각을 뜬 여러 부위와 지방을 불살랐다. 그는 내장
과 다리를 물로 씻은 다음, 그 숫양을 통째로 제단 위에서 불살랐다. 이것은 번
제요, 하나님을 기쁘시게 하는 향기며, 하나님께 드리는 제물이다. 모세는 하나
님께서 명령하신 대로 행했다.
[22-29] 모세가 두 번째 숫양, 곧 위임식 제물로 쓸 숫양을 드리자, 아론과 그의 아
들들이 그 숫양의 머리에 손을 얹었다. 모세는 숫양을 잡고 그 피 얼마를 가져
다가 아론의 오른쪽 귓불과 오른손 엄지손가락과 오른발 엄지발가락에 발랐다.
또 아론의 아들들을 데려다가, 그 피 얼마를 그들의 오른쪽 귓불과 오른손 엄지
손가락과 오른발 엄지발가락에 발랐다. 나머지 피는 제단 사면에 뿌렸다. 모세
는 숫양의 지방과, 기름진 꼬리와, 내장에 붙은 모든 지방과, 간을 덮은 껍질과,
두 콩팥과 거기에 붙은 지방과, 오른쪽 넓적다리를 떼어 냈다. 그는 하나님 앞
에 두는 누룩을 넣지 않은 빵 바구니에서, 누룩을 넣지 않고 기름을 섞어 만든
빵 한 개와 속이 빈 과자 한 개를 집어서, 지방과 오른쪽 넓적다리 위에 올려놓
았다. 그가 이 모든 것을 아론과 그의 아들들의 손에 두자, 아론과 그의 아들들
이 그것을 흔들어 바치는 제물로 하나님 앞에 흔들어 드렸다. 그런 다음 모세가

그 모든 것을 그들의 손에서 다시 가져다가 제단 위에 있는 번제물 위에 놓고
불살랐다. 이것은 위임식 제물이요, **하나님**을 기쁘시게 하는 향기며, **하나님**께
드리는 제물이다. 모세는 그 가슴을 가져다가 흔들어 바치는 제물로 **하나님** 앞
에 올려 드렸다. 위임식 제물 가운데서 가슴은 모세의 몫이었다. 모세는 **하나님**
께서 명령하신 대로 행했다.
30 모세는 거룩하게 구별하는 기름과 제단에 있는 피 얼마를 가져다가 아론과 그
의 옷과 아론의 아들들과 그들의 옷에 뿌려서, 아론과 그의 옷과 아론의 아들들
과 그들의 옷을 거룩하게 구별했다.
31-35 모세가 아론과 그의 아들들에게 말했다. "회막 입구에서 그 고기를 삶아서,
위임식 바구니에 담긴 빵과 함께 먹으십시오. '아론과 그의 아들들이 그것을 먹
어야 한다'고 하셨으니, 그것을 먹으십시오. 남은 고기와 빵은 모두 불살라 버리
십시오. 위임식을 마치는 날까지 칠 일 동안 회막 문을 나가지 마십시오. 여러
분의 위임식은 칠 일 동안 계속될 것입니다. **하나님**께서 여러분을 위해 속죄하
시려고, 여러분이 오늘 행한 것을 하라고 명령하셨습니다. 여러분은 칠 일 동안
밤낮으로 회막 입구에 머무십시오. 반드시 **하나님**께서 시키시는 대로 행하십시
오. 그러면 죽지 않을 것입니다. 이것이 내가 받은 명령입니다."
36 아론과 그의 아들들은 **하나님**께서 모세를 통해 명령하신 일을 모두 행했다.

아론이 제사장 직무를 수행하다

9

1-2 팔 일째 되는 날, 모세는 아론과 그의 아들들과 이스라엘의 지도자들
을 불러 모았다. 모세가 아론에게 말했다. "속죄 제물로 드릴 송아지 한
마리와 번제물로 드릴 숫양 한 마리를 흠 없는 것으로 가져와서 **하나님**께 드리
십시오.
3-4 그리고 이스라엘 백성에게 이렇게 전하십시오. 속죄 제물로 드릴 숫염소 한
마리와 번제물로 드릴 일 년 된 흠 없는 송아지 한 마리와 어린양 한 마리를 가
져오고, 화목 제물로 드릴 수소 한 마리와 숫양 한 마리를 기름 섞은 곡식 제물
과 함께 가져와서 **하나님** 앞에 드리십시오. **하나님**께서 오늘 여러분에게 나타
나실 것입니다."
5-6 백성이 모세가 명령한 것들을 회막으로 가져왔다. 온 회중이 가까이 다가와
서 **하나님** 앞에 섰다. 모세가 말했다. "이것은 **하나님**께서 여러분에게 명령하신
것입니다. **하나님**의 빛나는 영광이 여러분에게 나타날 것입니다."
7 모세가 아론에게 지시했다. "제단으로 가까이 가서, 형님의 속죄 제물과 번제
물을 드리십시오. 형님 자신과 백성을 위해 속죄하십시오. **하나님**께서 명령하
신 대로, 백성을 위한 제물을 드려 그들을 위해 속죄하십시오."
8-11 아론은 제단으로 가까이 가서 자신을 위한 속죄 제물로 송아지를 잡았다. 아
론의 아들들이 그 피를 그에게 가져오자, 아론은 손가락에 그 피를 찍어 제단
뿔들에 발랐다. 나머지 피는 제단 밑에 쏟았다. 아론은 속죄 제물에서 떼어 낸
지방과, 콩팥과, 간을 덮은 껍질을 제단 위에서 불살랐다. 모세는 **하나님**께서

명령하신 대로 행했다. 고기와 가죽은 진 밖에서 불살랐다.
12-14 그 다음에 아론은 번제물을 잡았다. 아론의 아들들이 그에게 그 피를 건네
자, 아론은 그 피를 제단 사면에 뿌렸다. 아론의 아들들이 그에게 각을 뜬 여러
부위와 머리를 건네자, 아론은 그것들을 제단 위에서 불살랐다. 그는 내장과 다
리를 씻어 제단 위에 있는 번제물 위에 놓고 불살랐다.
15-21 이어서 아론은 백성의 제물을 드렸다. 아론은 백성을 위한 속죄 제물로 숫
염소를 가져다가 잡고, 먼저 드린 제물과 마찬가지로 그것을 속죄 제물로 드렸
다. 같은 절차에 따라 번제물도 드렸다. 이어서 곡식 제물을 한 움큼 가져다가
아침 번제물과 함께 제단 위에서 불살랐다. 그리고 백성을 위한 화목 제물로 수
소와 숫양을 잡았다. 아론의 아들들이 그에게 그 피를 건네자, 아론은 그 피를
제단 사면에 뿌렸다. 그들이 수소와 숫양에게서 떼어 낸 여러 부위의 지방, 곧
기름진 꼬리와, 콩팥을 덮은 지방과, 간을 덮은 껍질을 두 짐승의 가슴 위에 놓
자, 아론은 그것을 제단 위에서 불살랐다. 아론은 두 짐승의 가슴과 오른쪽 넓
적다리를 흔들어 바치는 제물로 **하나님** 앞에 흔들어 드렸다. 모세는 **하나님**께
서 명령하신 대로 행했다.
22-24 아론이 백성을 향해 두 손을 들어 그들을 축복했다. 아론은 속죄 제물과 번
제물과 화목 제물을 다 드리고 나서 제단에서 내려왔다. 모세와 아론은 회막 안
으로 들어갔다. 그들이 회막에서 나와 백성을 축복하자, **하나님**의 영광이 온 백
성에게 나타났다. **하나님**께로부터 불이 나와서, 제단 위에 있는 번제물과 지방
을 불살라 버렸다. 온 백성이 그 일어난 일을 보고, 큰소리로 환호하며 땅에 엎
드려 경배했다.

나답과 아비후의 죽음

10 1-2 바로 그날에 아론의 아들들인 나답과 아비후가 각기 자기 향로를
가져와서, 거기에 타오르는 숯불을 담고 향을 피워 '알 수 없는' 불을
하나님께 드렸다. 그러나 그 불은 **하나님**께서 명령하신 불이 아니었다. **하나님**께
로부터 불이 나와서 그들을 불살라 버리니, 그들이 **하나님** 앞에서 죽고 말았다.
3 모세가 아론에게 말했다. "**하나님**께서 다음과 같이 말씀하신 것은 이 일을 두
고 하신 것입니다.

나를 가까이하는 사람에게
내가 나의 거룩함을 보일 것이다.
온 백성 앞에서
내가 나의 영광을 나타낼 것이다."

아론은 아무 말도 하지 못했다.
4-5 모세가 아론의 삼촌 웃시엘의 두 아들 미사엘과 엘사반을 불러서 그들에게
말했다. "가서, 너희의 죽은 조카들을 성소에서 진 밖으로 옮겨라." 그들은 모세

가 지시한 대로 가서 조카들을 진 밖으로 옮겼다.

6-7 모세가 아론과 그의 남은 아들 엘르아살과 이다말에게 말했다. "머리를 풀거나 옷을 찢어 애도해서는 안됩니다. 그렇게 하다가는 여러분마저 죽고, **하나님**께서 온 회중에게 진노하실 것입니다. **하나님**께서 불로 없애신 자들의 죽음은 여러분의 동족인 이스라엘 온 백성이 애도할 것입니다. 여러분은 회막 문을 떠나지 마십시오. 떠나면, 여러분은 죽습니다. 여러분은 **하나님**께서 기름부어 거룩하게 구별하신 사람들이기 때문입니다."

그들은 모세가 말한 대로 행했다.

8-11 **하나님**께서 아론에게 지시하셨다. "너나 네 아들들이 회막에 들어갈 때는, 포도주나 독한 술을 마시지 마라. 마시면, 너희는 죽는다. 이것은 대대로 지켜야 할 영원한 규례다. 거룩한 것과 속된 것을 구별하고, 정결한 것과 부정한 것을 구별하여라. **하나님**이 모세를 통해 말한 모든 규례를 이스라엘 백성에게 가르쳐라."

12-15 모세가 아론과 살아남은 그의 두 아들 엘르아살과 이다말에게 말했다. "**하나님**께 불살라 바치는 제물을 드리고 남은 곡식 제물은 여러분이 가져가십시오. 누룩을 넣지 않고 만든 그 제물은 지극히 거룩한 것이니, 여러분은 그것을 제단 옆에서 먹으십시오. **하나님**께 불살라 바치는 제물 가운데서 그것은 형님과 형님 아들들의 몫이니, 거룩한 곳에서 먹어야 합니다. **하나님**께서 내게 그렇게 명령하셨습니다. 또한 형님과 형님의 아들딸들은 흔들어 바치는 제물의 가슴과 높이 들어 바치는 제물의 넓적다리를 정결한 곳에서 먹어야 합니다. 그것들은 이스라엘 백성이 바친 화목 제물 가운데서 형님과 형님 자녀들의 몫으로 주신 것입니다. 높이 들어 바치는 제물의 넓적다리와, 흔들어 바치는 제물의 가슴과, 불살라 바치는 제물에서 떼어 낸 지방을 가져다가, 흔들어 바치는 제물로 올려 드리십시오. 이것은 **하나님**께서 명령하신 대로, 영원히 형님과 형님 자녀들의 몫이 될 것입니다."

16-18 모세는 속죄 제물로 드린 염소가 어떻게 되었는지 알아보았다. 그런데 그것은 이미 다 타 버린 상태였다. 모세가 아론의 남은 아들 엘르아살과 이다말에게 화를 내며 물었다. "속죄 제물은 지극히 거룩한 것인데, 어찌하여 너희는 그것을 거룩한 곳에서 먹지 않았느냐? 그 제물을 너희에게 주신 것은, 공동체의 죄를 없애고 **하나님** 앞에서 그들을 위해 속죄하게 하려는 것이다. 그 피를 거룩한 곳으로 가지고 들어가지 않았으니, 너희는 내가 명령한 대로 성소에서 그 염소를 먹었어야 했다."

19 아론이 모세에게 대답했다. "보십시오. 오늘 그들이 **하나님** 앞에 속죄 제물과 번제물을 드렸습니다. 그리고 내게 무슨 일이 있었는지 당신도 보지 않았습니까? 나는 두 아들을 잃었습니다. 오늘 내가 그 속죄 제물을 먹었다고 한들, **하나님**께서 기뻐하셨겠습니까?"

20 이 말을 듣고 모세도 수긍했다.

먹을 수 있는 짐승과 먹을 수 없는 짐승

11

1-2 하나님께서 모세와 아론에게 말씀하셨다. "이스라엘 백성에게 전
하여라. 그들에게 이렇게 일러 주어라. 땅 위에 있는 모든 짐승 가운
데 네가 먹을 수 있는 짐승은 이러하다.
3-8 굽이 둘로 갈라지고 새김질을 하는 짐승은 어느 것이든 먹어도 된다. 새김질
은 하지만 굽이 갈라지지 않았거나, 굽은 갈라졌으나 새김질을 하지 않는 짐승
은 먹어서는 안된다. 예를 들어, 낙타는 새김질은 하지만 굽이 갈라지지 않았으
니 부정한 것이다. 오소리도 새김질은 하지만 굽이 갈라지지 않았으니 부정한
것이다. 토끼도 새김질은 하지만 굽이 갈라지지 않았으니 부정한 것이다. 돼지
는 굽이 둘로 갈라졌지만 새김질을 하지 않으니 부정한 것이다. 너희는 이런 짐
승의 고기를 먹어서는 안되며 그 주검을 만져서도 안된다. 그것들은 너희에게
부정한 것이다.
9-12 바다나 강에 사는 동물 가운데서 지느러미와 비늘이 있는 것은 무엇이든 먹
어도 된다. 그러나 바다에 사는 것이든 강에 사는 것이든, 얕은 곳에 사는 작은
것이든 깊은 곳에 사는 큰 것이든, 지느러미와 비늘이 없는 것은 무엇이나 혐오
스러운 것이다. 이런 것은 혐오스러운 것으로 여겨라. 그 고기를 먹지 말고 그
주검도 혐오스러운 것으로 여겨라. 물에 사는 것 가운데서 지느러미와 비늘이
없는 것은 무엇이든 너희에게 혐오스러운 것이다.
13-19 다음은 너희가 혐오해야 할 새들이니, 이것들은 먹지 마라. 독수리, 참수리,
물수리, 솔개, 각종 수리, 각종 까마귀, 타조, 쏙독새, 갈매기, 각종 매, 올빼미,
가마우지, 따오기, 뜸부기, 사다새, 대머리수리, 황새, 각종 왜가리, 오디새, 박
쥐. 이 새들은 혐오스러운 것이다.
20-23 네 발로 기어 다니는 날벌레는 모두 너희에게 혐오스러운 것이다. 그러나
이것들 가운데서 몇 가지는 먹어도 된다. 이를테면, 다리가 달려서 땅에서 뛸
수 있는 것은 먹을 수 있다. 각종 메뚜기와 여치와 귀뚜라미와 방아깨비는 먹어
도 된다. 그러나 그 밖에 다리가 네 개 달린 날벌레는 모두 혐오스러운 것이다.
24-25 그런 것들의 주검에 몸이 닿은 사람은 저녁때까지 부정하다. 그 주검들 가
운데 하나라도 들어 옮기는 사람은 반드시 자기 옷을 빨아야 한다. 그는 저녁때
까지 부정하다.
26 굽이 갈라졌어도 완전히 갈라지지 않았거나 새김질을 하지 않는 짐승은 모두
너희에게 부정한 것이다. 그것들 가운데 어느 하나의 주검에 몸이 닿은 사람은
부정하게 된다.
27-28 네 발로 걷는 짐승 가운데 발바닥으로 걷는 짐승은 모두 너희에게 부정한
것이다. 그 주검에 몸이 닿은 사람은 저녁때까지 부정하다. 그 주검을 들어 옮
기는 사람은 반드시 자기 옷을 빨아야 한다. 그는 저녁때까지 부정하다. 그것들
은 너희에게 부정한 것이다.

29-38 땅에 기어 다니는 동물 가운데서 너희에게 부정한 것은 이러하다. 족제비,
쥐, 각종 도마뱀, 도마뱀붙이, 왕도마뱀, 벽도마뱀, 사막도마뱀, 카멜레온. 기
어 다니는 동물 가운데 이런 것들은 너희에게 부정한 것이다. 이것들이 죽었을
때 그 주검을 만지는 사람은 저녁때까지 부정하다. 이것들 가운데 하나가 죽어
서 어떤 물건 위에 떨어진 경우, 나무든 천이든 가죽이든 삼베든, 그 물건이 무
엇으로 만들어졌든, 또 그 물건의 용도가 무엇이든 관계없이 그 물건은 부정하
게 되니, 그 물건을 물에 담가라. 그것은 저녁때까지 부정하고, 그 후에는 정결
하다. 그 주검이 질그릇에 떨어지면, 그 안에 있는 것은 무엇이든 부정하게 된
다. 너희는 그 그릇을 깨뜨려야 한다. 먹을 수 있는 음식이더라도 그 그릇에 담
긴 물에 닿으면, 부정하게 된다. 그 그릇에 담긴 마실 것도 무엇이든 부정하게
된다. 이런 것들의 주검이 어떤 물건에 떨어지면, 그 물건은 무엇이든 부정하게
된다. 화덕이든 냄비든 모두 깨뜨려야 한다. 그것들은 부정한 것이니, 너희는
그것들을 부정한 것으로 여겨야 한다. 샘이나 물이 고인 웅덩이는 정결한 것으
로 남지만, 이 주검들 가운데 어느 하나라도 너희 몸에 닿으면, 너희는 부정하
게 된다. 파종할 씨 위에 주검이 떨어져도, 그 씨는 여전히 정결하다. 그러나 그
씨가 물에 젖어 있을 때 주검이 그 위에 떨어지면, 너희는 그 씨를 부정한 것으
로 여겨야 한다.
39-40 먹어도 되는 짐승이 죽었을 경우, 그 주검에 몸이 닿은 사람은 누구나 저녁
때까지 부정하다. 죽은 고기를 먹은 사람은 자기 옷을 빨아야 하며, 저녁때까지
부정하다. 그 주검을 들어 옮기는 사람도 자기 옷을 빨아야 하며, 저녁때까지
부정하다.
41-43 땅에 기어 다니는 동물은 혐오스러운 것이니 먹어서는 안된다. 배로 기어
다니든 네 발로 기어 다니든 여러 발로 기어 다니든, 땅에 기어 다니는 동물은
먹지 마라. 그것들은 혐오스러운 것이다. 너희는 그것들로 너희 자신을 부정하
게 하거나 더럽히는 일이 없게 하여라. 나는 너희 하나님이다.
44-45 내가 거룩하니, 너희도 자신을 거룩하게 하여라. 땅에 기어 다니는 어떤 것
으로도 너희 자신을 부정하게 해서는 안된다. 나는 너희를 이집트 땅에서 이끌
어 낸 하나님이다. 내가 거룩하니, 너희도 거룩하여라."

46-47 "이것은 짐승과 새와 물고기와 땅에 기어 다니는 동물에 관한 규례다. 너희
는 부정한 것과 정결한 것, 먹을 수 있는 동물과 먹을 수 없는 동물을 구별해야
한다."

산모를 정결하게 하는 규례

12 1-5 하나님께서 모세에게 말씀하셨다. "이스라엘 백성에게 이렇게 일
러 주어라. 임신하여 사내아이를 낳은 여자는 칠 일 동안 부정하다.
그녀는 월경할 때와 마찬가지로 부정하다. 너희는 팔 일째 되는 날에 그 아이에
게 할례를 행하여라. 산모는 출혈 상태에서 정결하게 될 때까지 삼십삼 일 동안

집 안에 머물러 있어야 한다. 정결하게 되는 기간이 다 찰 때까지, 산모는 거룩하게 구별된 것을 만지거나 성소에 들어가서는 안된다. 여자아이를 낳은 여자는 십사 일 동안 부정하다. 그녀는 월경할 때와 마찬가지로 부정하다. 산모는 출혈 상태에서 정결하게 될 때까지 육십육 일 동안 집 안에 머물러 있어야 한다.
6-7 사내아이를 낳았든 여자아이를 낳았든, 정결하게 되는 기간이 다 차면, 산모는 번제물로 바칠 일 년 된 어린양 한 마리와 속죄 제물로 바칠 집비둘기나 산비둘기 한 마리를 회막 입구로 가져와서 제사장에게 건네야 한다. 제사장은 그것을 받아 **하나님**에게 바쳐서 그녀를 위해 속죄해야 한다. 그러면 그녀는 출혈 상태로부터 정결하게 된다.

이것은 사내아이나 여자아이를 낳은 산모에게 주는 규례다.
8 그녀가 어린양 한 마리를 마련할 형편이 못되면, 산비둘기 두 마리나 집비둘기 두 마리를 가져다가 하나는 번제물로, 다른 하나는 속죄 제물로 바쳐도 된다. 제사장이 그녀를 위해 속죄하면, 그녀는 정결하게 된다."

악성 피부병에 관한 규례

13

1-3 **하나님**께서 모세와 아론에게 말씀하셨다. "어떤 사람의 피부에 부스럼이나 물집이나 번들거리는 얼룩이 생겨서 그 몸에 악성 피부병 증상이 보이면, 그 사람을 제사장 아론이나 그의 아들들 가운데 한 제사장에게 데려가야 한다. 제사장은 그 피부의 상처를 살펴보아야 한다. 상처 부위의 털이 희어지고 그 부위가 피부보다 들어가 보이면, 그것은 전염성이 있는 악성 피부병이다. 제사장은 그 상처를 살펴본 뒤에 그 사람을 부정하다고 선언해야 한다.
4-8 피부에 생긴 번들거리는 얼룩이 희기는 한데 피부에만 있는 것처럼 보이고 그 부위의 털이 희어지지 않았으면, 제사장은 그 사람을 칠 일 동안 격리시켜야 한다. 칠 일째 되는 날에 상처를 다시 살펴보아 상처가 더 퍼지지 않았다고 판단되면, 제사장은 그를 다시 칠 일 동안 격리시켜야 한다. 칠 일째 되는 날에 다시 살펴보아 상처가 옅어지고 더 퍼지지 않았으면, 제사장은 그 사람을 정결하다고 선언해야 한다. 그것은 해롭지 않은 뾰루지다. 그 사람이 집에 가서 자기 옷을 빨아 입으면, 그는 정결하다. 그러나 제사장에게 몸을 보여서 정결하다고 선언을 받은 뒤에 상처가 더 퍼졌으면, 그는 다시 제사장에게 돌아가야 한다. 제사장은 그를 살펴보아 상처가 퍼졌으면, 그 사람을 부정하다고 선언해야 한다. 그것은 전염성이 있는 악성 피부병이다.
9-17 어떤 사람이 전염성이 있는 악성 피부병에 걸렸으면, 반드시 그를 제사장에게 데려가야 하고, 제사장은 그를 살펴보아야 한다. 피부에 흰 부스럼이 생겼는데 그 부위의 털이 희어지고 부스럼이 곪아 터졌으면, 그것은 만성 피부병이다. 제사장은 그를 부정하다고 선언해야 한다. 그러나 그가 이미 부정하다는 진단을 받았으므로, 그를 격리시키지 않아도 된다. 제사장이 보기에 악성 피부병이 그 사람의 머리끝에서 발끝까지 피부 전체를 덮었으면, 제사장은 철저히 살펴

보아야 한다. 피부병이 그 사람의 몸 전체를 덮었으면, 제사장은 그 사람을 정결하다고 선언해야 한다. 상처 부위가 온통 희어졌으므로, 그 사람은 정결하다. 그러나 상처 부위가 곪아 터져 고름이 흘러나오면, 그 사람은 부정하다. 제사장은 곪아 터진 부위를 살펴보고 그 사람을 부정하다고 선언해야 한다. 곪아 터진 부위는 악성 피부병의 증거이므로 부정하다. 그러나 곪아 터진 부위가 아물어 희어졌으면, 그 사람은 제사장에게 돌아가야 하고, 제사장은 그를 다시 살펴보아야 한다. 상처 부위가 희어졌으면, 제사장은 그 사람을 정결하다고 선언해야 한다. 그는 정결하다.

18-23 어떤 사람이 피부에 종기가 생겼다가 나았는데 종기가 있던 자리에 흰 부스럼이나 번들거리는 희붉은 얼룩이 생겼으면, 그는 제사장에게 가서 자기 몸을 보여야 한다. 상처가 깊어지고 상처 부위의 털이 희어졌으면, 제사장은 그를 부정하다고 선언해야 한다. 그것은 종기에서 발생한 악성 피부병이다. 그러나 제사장이 살펴보아 상처 부위의 털이 희지 않고 상처도 깊지 않고 수그러들었으면, 제사장은 그를 칠 일 동안 격리시켜야 한다. 그러고도 상처가 피부에 넓게 퍼졌으면, 제사장은 그를 부정하다고 진단해야 한다. 그것은 전염성이 있는 병이다. 그러나 번들거리는 얼룩이 더 퍼지지 않고 그대로이면, 그것은 종기로 인해 생긴 흉터일 뿐이다. 제사장은 그를 정결하다고 선언해야 한다.

24-28 어떤 사람이 피부에 화상을 입었는데, 덴 자리에 희붉은 얼룩이나 번들거리는 흰 얼룩이 생겼으면, 제사장은 그것을 살펴보아야 한다. 얼룩 부위에 난 털이 희어지고 그 부위가 피부보다 들어가 보이면, 화상 부위에 악성 피부병이 생긴 것이다. 제사장은 그를 부정하다고 선언해야 한다. 그것은 전염성이 있는 악성 피부병이다. 그러나 제사장이 살펴보아 얼룩 부위의 털이 희지 않고 그 부위가 피부보다 들어가 보이지 않고 옅어졌으면, 제사장은 그를 칠 일 동안 격리시켜야 한다. 칠 일째 되는 날에 제사장은 그를 다시 살펴보아야 한다. 그때까지 얼룩이 피부에 퍼졌으면, 제사장은 그를 부정하다고 진단해야 한다. 그것은 전염성이 있는 악성 피부병이다. 그러나 그때까지 얼룩이 같은 부위에 머물러 더 퍼지지 않고 수그러들었으면, 그것은 화상으로 부풀어 오른 것일 뿐이다. 그것은 화상으로 생긴 흉터이니, 제사장은 그를 정결하다고 선언해야 한다.

29-37 남자든 여자든 머리나 턱에 피부병이 생기면, 제사장은 병의 상태를 진단해야 한다. 상처 부위가 피부보다 들어가 보이고 그 부위의 털이 누렇고 가늘면, 제사장은 그 사람을 부정하다고 선언해야 한다. 그것은 전염성이 있는 피부병인 백선이다. 그러나 제사장이 백선이 난 자리를 살펴보아 상처 부위가 피부보다 들어가 보이지 않고 그 부위의 털이 검지 않으면, 제사장은 그 사람을 칠 일 동안 격리시켜야 한다. 칠 일째 되는 날에 제사장은 상처 부위를 다시 살펴보아, 백선이 퍼지지 않았고 백선 부위의 털이 누렇지 않으며 그 부위가 피부보다 들어가 보이지 않으면, 그는 백선이 난 자리만 제외하고 털을 모두 밀어야 한다. 제사장은 그를 다시 칠 일 동안 격리시켜야 한다. 백선이 퍼지지 않았고 백선 부위가 피부보다 들어가 보이지 않으면, 제사장은 그를 정결하다고 선언

해야 한다. 그 사람이 집에 가서 자기 옷을 빨아 입으면, 그는 정결하다. 그러나 그 사람이 정결하다고 선언받은 뒤에 다시 백선이 퍼지면, 제사장은 그 부위를 다시 살펴보아야 한다. 백선이 피부에 퍼졌으면, 누런 털을 찾아볼 필요도 없이 그 사람은 부정하다. 그러나 제사장이 보기에 백선이 더 진행되지 않았고 그 부위에 검은 털이 자라기 시작했으면, 백선이 나은 것이다. 그 사람은 정결하니, 제사장은 그를 정결하다고 선언해야 한다.

38-39 남자든 여자든 피부에 번들거리는 얼룩이나 번들거리는 흰 얼룩이 생기면, 제사장은 그것을 살펴보아야 한다. 얼룩이 희끗하면, 그것은 피부에 생긴 뾰루지일 뿐이니, 그 사람은 정결하다.

40-44 어떤 사람이 머리카락이 빠져 대머리가 되어도, 그는 정결하다. 앞머리카락이 빠지면, 그저 대머리일 뿐 그는 정결하다. 그러나 두피나 이마에 희붉은 상처가 생기면, 그것은 악성 피부병에 걸렸다는 뜻이다. 제사장은 그 상처를 살펴보아야 한다. 두피나 이마에 생긴 상처가 악성 피부병에 걸린 상처처럼 희붉게 보이면, 그는 악성 피부병에 걸린 것이므로 부정하다. 제사장은 그의 머리에 생긴 상처로 인해 그를 부정하다고 선언해야 한다.

45-46 악성 피부병에 걸린 사람은 누구든지 찢어진 옷을 입고, 머리를 풀되 빗질을 하지 말아야 한다. 또한 그는 윗입술을 가리고, "부정하다! 부정하다!" 하고 외쳐야 한다. 그 상처가 없어지지 않는 한, 그는 계속해서 부정할 것이다. 그 사람은 진 밖에서 따로 살아야 한다."

47-58 "털옷이나 모시옷이나, 모시나 털로 짠 직물이나 편물이나, 가죽이나 가죽 제품에 악성 곰팡이가 피어 반점이 생기면, 또는 옷이나 가죽이나 직물이나 편물이나 가죽으로 만든 어떤 것에 푸르스름하거나 불그스름한 반점이 생기면, 그것은 악성 곰팡이가 피었다는 표시다. 그것을 제사장에게 보여야 한다. 제사장은 그 반점을 살펴보고 곰팡이가 핀 물건을 칠 일 동안 압류해 두어야 한다. 칠 일째 되는 날에 제사장은 그 반점을 다시 살펴보아야 한다. 직물이나 편물이나 가죽 소재의 옷에 반점이 퍼졌으면, 그것은 쉽게 없어지지 않는 악성 곰팡이의 반점이니, 그 천이나 가죽은 부정하다. 제사장은 그 옷을 불살라야 한다. 그것은 쉽게 없어지지 않는 악성 곰팡이니, 불에 태워 버려야 한다. 그러나 제사장이 살펴보아 반점이 옷에 퍼지지 않았으면, 제사장은 그 옷의 주인에게 반점이 있는 옷을 빨게 하고, 그것을 다시 칠 일 동안 압류해 두어야 한다. 옷을 빤 뒤에, 제사장은 다시 살펴보아야 한다. 반점이 퍼지지 않았더라도 반점의 모양이 바뀌지 않았으면, 그 옷은 여전히 부정하다. 곰팡이가 옷 안쪽에 피었든 바깥쪽에 피었든, 그 옷은 불에 태워 버려야 한다. 그 옷을 빤 뒤에 반점이 수그러들었으면, 제사장은 반점이 있는 부분을 잘라 내야 한다. 하지만 그렇게 하고도 반점이 다시 나타나면 그것은 새로 생겨난 것이니, 반점이 생긴 것은 모두 불에 던져 버려라. 그러나 한 번 빨아서 옷에서 반점이 완전히 사라졌으면, 한 번 더

빨아야 한다. 그러면 정결하게 된다.

59 이것은 털옷이나 모시옷이나 직물이나 편물이나 온갖 가죽 제품에 악성 곰팡이 반점이 생겼을 때, 그것이 정결한지 부정한지를 결정하기 위한 규례다."

14

1-9 하나님께서 모세에게 말씀하셨다. "악성 피부병에 걸린 사람을 정결하게 하는 날에 지켜야 할 규례는 이러하다. 먼저, 그 사람을 제사장에게 데려가면, 제사장은 그를 진 밖으로 데리고 나가서 살펴보아야 한다. 악성 피부병에 걸린 사람이 병에서 나았으면, 제사장은 정결하게 되려는 그 사람을 위해 살아 있는 정결한 새 두 마리와 백향목 가지와 주홍색 실과 우슬초를 가져오도록 사람들에게 지시해야 한다. 제사장은 병에서 나은 사람에게 지시하여 그 두 마리 새 가운데 한 마리를 맑은 물이 담긴 질그릇 위에서 잡게 해야 한다. 그런 다음 살아 있는 새와 백향목 가지와 주홍색 실과 우슬초를 가져다가, 맑은 물 위에서 죽은 새의 피를 찍어 악성 피부병이 나아 정결하게 된 사람에게 일곱 번 뿌리고, 그를 정결하다고 선언해야 한다. 마지막으로, 살아 있는 새는 넓은 들로 날려 보내야 한다. 정결하게 된 그 사람은 자기 옷을 빨고 자기 몸의 털을 모두 밀고 물로 씻으면 정결하게 된다. 그 후에 그는 진으로 들어가도 되지만, 자기 장막 밖에서 칠 일 동안 생활해야 한다. 칠 일째 되는 날, 그는 자기 몸의 털을 밀되, 머리털과 수염과 눈썹까지 모두 밀어야 한다. 그런 다음 자기 옷을 빨고 물로 온몸을 씻어야 한다. 그러면 그 사람은 정결하게 된다.

10-18 다음날 곧 팔 일째 되는 날에, 그는 흠 없는 어린양 두 마리와 일 년 된 흠 없는 암양 한 마리를, 기름 섞은 고운 곡식 가루 6리터와 함께 가져와야 한다. 그 사람을 정결하다고 선언할 제사장은, 그와 그가 바친 제물을 회막 입구 하나님 앞에 두어야 한다. 제사장은 어린양 두 마리 가운데 한 마리를 끌어다가 기름 0.3리터와 함께 보상 제물로 바치되, 하나님 앞에 흔들어 바치는 제물로 올려 바쳐야 한다. 속죄 제물과 번제물 잡는 곳, 곧 거룩한 곳에서 그 어린양을 잡아야 한다. 보상 제물은 속죄 제물과 마찬가지로 제사장의 몫이다. 그것은 지극히 거룩한 것이다. 제사장은 보상 제물의 피 얼마를 받아다가, 정결하게 되려는 사람의 오른쪽 귓불과 오른손 엄지손가락과 오른발 엄지발가락에 발라야 한다. 그런 다음 기름을 가져다가 자기 왼손 손바닥에 붓고, 오른손 손가락으로 그 기름을 찍어 하나님 앞에 일곱 번 뿌려야 한다. 제사장은 그 남은 기름을 정결하게 되려는 사람의 오른쪽 귓불과 오른손 엄지손가락과 오른발 엄지발가락, 곧 보상 제물의 피를 바른 부위에 덧발라야 한다. 나머지 기름은 정결하게 되려는 사람의 머리에 바르고, 하나님 앞에서 그를 위해 속죄해야 한다.

19-20 마지막으로, 제사장은 부정한 상태에서 벗어나 정결하게 되려는 사람을 위해 속죄 제물을 바치고 그를 위해 속죄한 뒤에, 번제물을 잡아 제단 위에서 곡식 제물과 함께 바쳐야 한다. 이와 같이 제사장이 그 사람을 위해 속죄하면, 그 사람은 정결하게 된다."

21-22 "가난하여 이러한 제물을 바칠 형편이 못되는 사람은, 어린 숫양 한 마리를
보상 제물로 가져와서 자신을 위해 속죄할 흔들어 바치는 제물로 바치고, 기름
섞은 고운 곡식 가루 2리터와 기름 0.3리터를 곡식 제물로 바쳐야 한다. 형편이
닿는 대로 산비둘기 두 마리나 집비둘기 두 마리를 바치되, 한 마리는 속죄 제
물로 다른 한 마리는 번제물로 바쳐야 한다.
23-29 팔 일째 되는 날에 그는 그것들을 제사장에게로, 곧 회막 입구 **하나님** 앞으
로 가져와야 한다. 제사장은 보상 제물로 바친 어린양을 기름 0.3리터와 함께
가져다가, 흔들어 바치는 제물로 **하나님** 앞에 흔들어 바쳐야 한다. 그런 다음
보상 제물로 바친 어린양을 잡고 그 피 얼마를 가져다가, 정결하게 되려는 이의
오른쪽 귓불과 오른손 엄지손가락과 오른발 엄지발가락에 발라야 한다. 제사장
은 자신의 왼손 손바닥에 기름을 붓고, 오른손 손가락으로 그 기름을 찍어 **하나
님** 앞에 일곱 번 뿌려야 한다. 또한 자기 손바닥에 있는 기름을 찍어 보상 제물
의 피를 바른 부위, 곧 정결하게 되려는 이의 오른쪽 귓불과 오른손 엄지손가락
과 오른발 엄지발가락에 덧발라야 한다. 그리고 손바닥에 남아 있는 기름을 가
져다가, 정결하게 되려는 사람의 머리에 바르고 **하나님** 앞에서 그를 위해 속죄
해야 한다.
30-31 마지막으로, 그 사람은 힘이 닿는 대로 마련한 산비둘기나 집비둘기를, 하
나는 속죄 제물로 다른 하나는 번제물로 바치되, 곡식 제물과 함께 바쳐야 한
다. 이런 절차에 따라, 제사장은 **하나님** 앞에서 정결하게 되려는 사람을 위해
속죄해야 한다."
32 이것은 악성 피부병에 걸렸으나 자신을 정결하게 하기 위해 바치는 제물을 마
련할 형편이 못되는 사람이 따라야 할 규례다.

집에 악성 곰팡이가 핀 경우

33-42 **하나님**께서 모세와 아론에게 말씀하셨다. "내가 너희에게 주어 소유하게
할 가나안 땅에 너희가 들어가서, 너희 소유가 된 그 땅의 어느 한 집에 내가 내
린 악성 곰팡이가 피거든, 그 집의 주인은 제사장에게 가서 '집에 곰팡이가 피었
습니다' 하고 알려야 한다. 제사장은 그 곰팡이를 살펴보러 가기 전에 그 집을
비우도록 지시해야 한다. 이는 그 집에 있는 물건이 하나라도 부정하다고 선언
되는 일이 없게 하려는 것이다. 제사장이 그 집에 가서 살펴보아, 그 집 벽에 핀
곰팡이가 푸르스름하거나 불그스름하게 돋아나 있고 벽면보다 더 깊이 스며들
었으면, 제사장은 그 집 문밖으로 나와서 그 집을 칠 일 동안 폐쇄해야 한다. 칠
일째 되는 날에 다시 가서 살펴보아 곰팡이가 그 집 벽에 두루 퍼졌으면, 제사
장은 곰팡이가 핀 돌들을 빼내어 성 밖의 쓰레기 더미에 버리도록 지시해야 한
다. 반드시 그 집 내벽 전체를 긁어내고, 긁어낸 벽토는 성 밖의 쓰레기 더미에
버려야 한다. 그러고 나서 돌들이 빠진 자리에 새로운 돌들을 끼우고, 그 집 내
벽에 벽토를 다시 발라야 한다.
43-47 돌들을 빼내고 집 내벽을 긁어내어 벽토를 다시 바른 뒤에도 곰팡이가 피

면, 제사장이 가서 살펴봐야 한다. 만일 곰팡이가 퍼졌으면, 그것은 악성 곰팡이다. 그 집은 부정하니, 그 집을 헐고 돌들과 목재와 벽토를 성 밖의 쓰레기 더미에 내다 버려야 한다. 그 집을 폐쇄한 기간에 그 집에 들어가는 사람은 누구든지 저녁때까지 부정하고, 그 집에서 잠을 자거나 음식을 먹은 사람은 누구든지 자기 옷을 빨아야 한다.

48-53 그러나 제사장이 가서 살펴보아, 내벽에 벽토를 다시 바른 뒤에 그 집에 곰팡이가 퍼지지 않았으면, 곰팡이가 제거된 것이다. 제사장은 그 집이 정결하다고 선언해야 한다. 그런 다음 새 두 마리와 백향목 가지와 주홍색 실과 우슬초를 가져다가 그 집을 정결하게 해야 한다. 제사장은 맑은 물이 담긴 질그릇 위에서 새 한 마리를 잡아야 한다. 그런 다음 백향목 가지와 우슬초와 주홍색 실과 살아 있는 새를 가져다가, 죽은 새의 피와 맑은 물에 담갔다가 그 집에 일곱 번 뿌려야 한다. 이렇게 새의 피와 맑은 물과 살아 있는 새와 백향목 가지와 우슬초와 주홍색 실로 그 집을 정결하게 해야 한다. 마지막으로, 살아 있는 새는 성 밖의 넓은 들에 놓아주어야 한다. 제사장이 그 집을 위해 속죄했으니, 그 집은 정결하다.

54-57 이것은 각종 악성 피부병과 백선, 옷과 집에 피는 노균과 곰팡이, 그리고 부스럼과 물집과 번들거리는 얼룩과 관련해서 따라야 할 절차로, 언제 부정하게 되고 언제 정결하게 되는지를 판정하기 위한 것이다. 이것은 전염성 있는 피부병과 노균과 곰팡이와 관련된 절차다."

남자나 여자가 부정하게 되었을 때의 규례

15

1-3 하나님께서 모세와 아론에게 말씀하셨다. "이스라엘 백성에게 전하여라. 그들에게 이렇게 일러 주어라. 어떤 남자의 성기에서 고름이 흘러나오면, 그 고름은 부정한 것이다. 고름이 계속 흘러나오든 흘러나오지 않고 고여 있든, 그는 부정하다. 고름이 몸에서 계속 흘러나오거나 고름이 몸 안에 고여 있는 모든 날 동안, 그는 부정하다.

4-7 그가 누운 자리는 모두 부정하고, 그가 깔고 앉은 물건도 모두 부정하다. 고름을 흘리는 남자의 잠자리에 몸이 닿았거나, 그가 깔고 앉은 물건에 앉았거나, 그와 몸이 닿은 사람은 누구든지 자기 옷을 빨고 물로 몸을 씻어야 한다. 그는 저녁때까지 부정하다.

8-11 고름을 흘리는 남자가 정결한 사람에게 침을 뱉으면, 그 정결한 사람은 자기 옷을 빨고 물로 몸을 씻어야 한다. 그는 저녁때까지 부정하다. 고름을 흘리는 남자가 타고 다니는 안장도 모두 부정하다. 그가 깔고 앉은 물건에 몸이 닿은 사람은 누구나 저녁때까지 부정하다. 그러한 물건을 옮긴 사람도 자기 옷을 빨고 물로 몸을 씻어야 한다. 그는 저녁때까지 부정하다. 고름을 흘리는 남자가 물로 두 손을 씻지 않은 채 어떤 사람을 만졌으면, 그에게 닿은 사람도 자기 옷을 빨고 물로 몸을 씻어야 한다. 그는 저녁때까지 부정하다.

12 고름을 흘리는 남자가 만진 질그릇은 깨뜨려 버려야 한다. 나무그릇은 물로

씻어야 한다.
13-15 고름을 흘리던 남자가 나아서 깨끗하게 되면, 그는 정결해지기 위해 칠 일
동안 기다렸다가 옷을 빨고 흐르는 물에 몸을 씻어야 한다. 그런 다음에야 그는
정결하게 된다. 팔 일째 되는 날에 그는 산비둘기 두 마리나 집비둘기 두 마리
를 가지고 회막 입구 **하나님** 앞으로 와서, 제사장에게 주어야 한다. 그러면 제
사장은 한 마리는 속죄 제물로, 다른 한 마리는 번제물로 바쳐서, 고름을 흘리
는 그 사람을 위해 **하나님** 앞에서 속죄해야 한다.
16-18 어떤 남자가 정액을 흘리면, 그는 물로 온몸을 씻어야 한다. 그는 저녁때까
지 부정하다. 옷이든 가죽으로 만든 물건이든, 정액이 묻은 것은 모두 물로 빨
아야 한다. 그것은 저녁때까지 부정하다. 남자가 여자와 잠자리를 같이하여 정
액을 흘리면, 둘 다 물로 씻어야 한다. 그들은 저녁때까지 부정하다.
19-23 어떤 여자가 몸에서 피를 흘리는데 그것이 월경이면, 그 여자는 칠 일 동안
부정하다. 그 여자의 몸에 닿은 사람은 모두 저녁때까지 부정하다. 그 여자가
월경중에 눕거나 앉은 자리는 모두 부정하다. 그 여자의 잠자리에 몸이 닿거나
그 여자가 깔고 앉은 물건에 몸이 닿은 사람은, 자기 옷을 빨고 물로 몸을 씻어
야 한다. 그는 저녁때까지 부정하다.
24 어떤 남자가 그 여자와 잠자리를 같이하다가 그 여자가 흘린 피에 몸이 닿으
면, 그는 칠 일 동안 부정하고 그가 누운 잠자리도 모두 부정하다.
25-27 어떤 여자가 월경 기간이 아닌데 여러 날 동안 출혈을 하거나 월경 기간이
지났는데도 계속 출혈을 하면, 그 여자는 월경할 때와 마찬가지로 부정하다. 출
혈을 하는 동안 그 여자가 누운 잠자리와 그 여자가 앉은 자리는 모두 월경할
때와 마찬가지로 부정하다. 이러한 것들에 몸이 닿은 사람은 모두 부정하다. 그
는 자기 옷을 빨고 물로 몸을 씻어야 한다. 그는 저녁때까지 부정하다.
28-30 출혈이 멎어 깨끗하게 되면, 그 여자는 칠 일을 기다려야 한다. 그런 다음에
야 정결하게 된다. 팔 일째 되는 날에 그 여자는 산비둘기 두 마리나 집비둘기
두 마리를 가져와 회막 입구에서 제사장에게 주어야 한다. 그러면 제사장은 한
마리는 속죄 제물로, 다른 한 마리는 번제물로 바친다. 제사장은 출혈로 인해
부정해진 그 여자를 위해 **하나님** 앞에서 속죄해야 한다.
31 너희는 부정하게 하는 것으로부터 이스라엘 백성을 떼어 놓아야 한다. 그러
지 않으면, 그들 가운데 있는 나의 성막을 더럽혀 그들이 부정한 상태로 죽게
될 것이다.
32-33 이것은 고름이나 정액을 흘려 자신을 부정하게 한 남자와 월경중인 여자가
따라야 할 절차로, 몸에서 무언가 흘러나오는 남자나 여자뿐 아니라 부정한 여
자와 잠자리를 같이한 남자도 이 절차를 따라야 한다."

속죄의 날

16

1-2 아론의 두 아들이 알 수 없는 불을 가지고 **하나님** 앞으로 나아갔
다가 죽은 일이 있었다. 그 후에 **하나님**께서 모세에게 말씀하셨다.

"네 형 아론에게 일러 주어라. 휘장 안쪽의 지성소, 곧 궤를 덮고 있는 속죄판
앞에 아무 때나 들어오다가는 죽을 것이다. 내가 구름 속에서 속죄판 위에 임하
기 때문이다.
3-5 아론이 성소에 들어갈 때에 따라야 할 절차는 이러하다. 아론은 속죄 제물로
바칠 수송아지 한 마리와 번제물로 바칠 숫양 한 마리를 가져와야 한다. 거룩한
모시 속옷과 모시 속바지를 입고, 모시로 만든 띠를 두르고, 모시로 만든 두건
을 써야 한다. 이것들은 거룩한 옷이니, 먼저 물로 몸을 씻고 나서 입어야 한다.
그런 다음 그는 이스라엘 공동체로부터 속죄 제물과 번제물로 바칠 숫염소 두
마리를 받아 가져와야 한다.
6-10 아론은 자신을 위한 속죄 제물로 수송아지를 바쳐서, 자기 자신과 자기 가족
을 위해 속죄해야 한다. 또한 그는 숫염소 두 마리를 회막 입구 **하나님** 앞에 두
고 제비를 뽑아서, 하나는 **하나님**을 위한 것으로, 다른 하나는 아사셀을 위한
것으로 정해야 한다. **하나님**의 몫으로 정해진 염소는 속죄 제물로 바치고, 아사
셀의 몫으로 정해진 염소는 속죄를 위해 광야에 있는 아사셀에게 보내야 한다.
11-14 아론은 자신을 위한 제물로 수송아지를 바쳐서, 자기 자신과 자기 가족을
위해 속죄해야 한다. 그는 속죄 제물로 수송아지를 잡아야 한다. **하나님** 앞 제
단에 타오르는 숯불을 향로에 가득 담고 곱게 간 향기로운 향을 두 손 가득 떠
서 휘장 안으로 가지고 들어가, **하나님** 앞에서 그 향을 태워 향의 연기가 증거
궤 위의 속죄판을 덮게 해야 한다. 그래야 그가 죽지 않을 것이다. 그런 다음 수
송아지의 피 얼마를 가져다가 손가락에 찍어 속죄판 위에 뿌리고, 속죄판 앞에
일곱 번 뿌려야 한다.
15-17 이어서 아론은 백성을 위한 속죄 제물로 지목된 염소를 잡고, 그 피를 가지
고—휘장 안으로 들어가서, 수송아지의 피를 뿌릴 때와 마찬가지로 염소의 피
를 제단 위와 앞에 뿌려야 한다. 이와 같이 아론은 지성소를 위해 속죄해야 한
다. 이는 이스라엘 자손의 부정과 그들의 반역과 그들의 다른 모든 죄 때문이
다. 아론은 부정한 백성 가운데 있는 회막을 위해서도 그와 같이 해야 한다. 아
론이 속죄하기 위해 지성소에 들어가서, 자신과 자기 가족과 이스라엘 온 공동
체를 위해 속죄하기를 마치고 성소에서 나오기까지, 아무도 회막 안에 있어서
는 안된다.
18-19 그 후에 아론은 **하나님** 앞 제단으로 가서, 제단을 위해 속죄해야 한다. 그는
수송아지의 피와 염소의 피 얼마를 가져다가 제단의 네 뿔에 바르고, 그 피를
손가락에 찍어 제단 위에 일곱 번 뿌려서, 이스라엘 자손의 부정으로부터 제단
을 정결하게 하고 거룩하게 구별해야 한다.
20-22 지성소와 회막과 제단을 위해 속죄하기를 마친 뒤에, 아론은 살아 있는 염소
를 가져와서 그 머리에 두 손을 얹고, 이스라엘 백성의 모든 부정과 모든 반역과
모든 죄를 고백해야 한다. 그리고 그 모든 죄를 그 염소의 머리에 씌워서 대기하
고 있던 사람에게 맡겨 광야로 내보내야 한다. 그 염소가 이스라엘 백성의 온갖
부정을 짊어지고 광야로 나가면, 그는 그 염소를 광야에 풀어 주어야 한다.

23-25 마지막으로, 아론은 회막 안으로 들어가, 지성소에 들어가기 위해 입었던
모시옷을 벗어서 거기 놓아두어야 한다. 그는 거룩한 곳에서 물로 몸을 씻고,
제사장 옷을 입고, 자신을 위한 번제물과 백성을 위한 번제물을 바쳐 자신과 백
성을 위해 속죄한 다음, 속죄 제물의 지방을 제단 위에서 불살라야 한다.
26-28 염소를 끌고 나가서 광야의 아사셀에게 놓아 보낸 사람은, 자기 옷을 빨고
물로 몸을 씻어야 한다. 그런 다음에야 그는 진 안으로 들어올 수 있다. 속죄 제
물로 바친 수송아지와 속죄 제물로 바친 염소의 피를 지성소 안으로 가지고 들
어가 속죄한 다음에는, 그것들을 진 밖으로 가지고 나가서 그 가죽과 고기와 내
장 전체를 불살라야 한다. 지명을 받아 그것들을 불사른 사람은, 자기 옷을 빨
고 물로 몸을 씻어야 한다. 그런 다음에야 그는 진 안으로 들어올 수 있다."

29-31 "이것은 너희가 지켜야 할 기준이며, 영원히 지켜야 할 규례다. 일곱째 달
십 일에, 너희는 본국인이든 너희와 함께 사는 외국인이든, 엄격한 금식을 시작
하고 아무 일도 해서는 안된다. 이날은 너희를 위해 속죄하는 날, 너희가 정결
하게 되는 날이기 때문이다. 너희의 모든 죄가 **하나님** 앞에서 말끔히 씻겨질 것
이다. 이날은 모든 안식일 중의 안식일이다. 너희는 금식해야 한다. 이것은 너
희가 영원히 지켜야 할 규례다.
32 아버지의 뒤를 이어 기름부음을 받고 위임받은 제사장은 다음과 같은 절차에
따라 속죄해야 한다.
33 그는 거룩한 모시옷을 입어야 한다.
그는 속죄하여 지성소를 정결하게 해야 한다.
그는 속죄하여 회막과 제단을 정결하게 해야 한다.
그는 제사장들과 온 회중을 위해 속죄해야 한다.
34 이것은 너희가 영원히 지켜야 할 규례다. 너희는 이스라엘 백성의 모든 죄를
위해 일 년에 한 차례 속죄해야 한다."
아론은 **하나님**께서 모세에게 명령하신 대로 행했다.

제물과 피에 관한 규례

17 1-7 **하나님**께서 모세에게 말씀하셨다. "아론과 그의 아들들과 온 이
스라엘 자손에게 전하여라. 그들에게 이렇게 일러 주어라. 이것은
하나님이 명령한 것이다. 소나 어린양이나 염소를 회막 입구로 끌고 와서 **하나
님**의 성막 앞에서 **하나님**에게 바치지 않고 진 안이나 밖에서 잡는 사람은 누구
든지 피 흘리는 죄를 범한 자로 여길 것이다. 그는 피를 흘렸으므로 자기 백성
가운데서 끊어져야 한다. 이것은 이스라엘 자손이 습관을 따라 들에서 잡던 제
물을 **하나님**에게로 가져오게 하려는 것이다. 그들은 그 제물을 **하나님**에게로
가져와야 한다. 그 제물을 회막 입구에 있는 제사장에게 가져와서, 화목 제물로
하나님에게 바쳐야 한다. 제사장은 그 피를 회막 입구에서 **하나님**의 제단에 뿌
리고, 그 지방을 **하나님**을 기쁘게 하는 향기로 불살라야 한다. 그들은 전에 음

란하게 섬기던 숫염소 귀신들에게 더 이상 제물을 바쳐서는 안된다. 이것은 그들이 대대로 지켜야 할 영원한 규례다.

8-9 너는 또 그들에게 이렇게 일러 주어라. 이스라엘 자손이든 그들과 함께 사는 외국인이든, 번제물이나 화목 제물을 바치되 그것을 회막 입구로 가져와서 하나님에게 바치지 않는 사람은 자기 백성 가운데서 끊어질 것이다.

10-12 이스라엘 자손이든 그들과 함께 사는 외국인이든, 피를 먹는 사람이 있으면 나는 그와 관계를 끊고 그를 백성 가운데서 끊어 버리겠다. 이는 생물의 생명이 그 피 속에 있기 때문이다. 피는 너희의 생명을 위해 속죄할 때 제단 위에 바치라고 내가 준 것이다. 피 곧 생명이 죄를 속한다. 그래서 내가 이스라엘 백성에게 피를 먹지 말라고 한 것이다. 너희와 함께 사는 외국인에게도 피를 먹지 말라는 명령이 적용된다.

13-14 이스라엘 자손이든 그들과 함께 사는 외국인이든, 먹을 수 있는 짐승이나 새를 사냥해 잡은 사람은, 누구든지 그 피를 땅에 쏟고 흙으로 덮어야 한다. 모든 생물의 생명은 피와 다름없고, 피는 곧 그 생물의 생명이기 때문이다. 그래서 내가 이스라엘 자손에게 '어떤 생물의 피도 먹지 마라. 피는 곧 모든 생물의 생명이기 때문이다. 피를 먹는 자는 누구든지 끊어져야 한다'고 말한 것이다.

15-16 죽은 채 발견된 짐승이나 찢겨 죽은 짐승을 먹은 사람은, 본국인이든 외국인이든 자기 옷을 빨고 물로 몸을 씻어야 한다. 그는 저녁때까지 부정하다가 저녁이 지나면 정결하게 된다. 옷을 빨지 않거나 몸을 씻지 않으면, 그는 자신의 행위에 책임을 져야 한다."

성관계에 관한 규례

18 1-5 **하나님**께서 모세에게 말씀하셨다. "이스라엘 백성에게 전하여라. 그들에게 이렇게 일러 주어라. 나는 **하나님** 너희 하나님이다. 너희는 전에 너희가 살던 이집트 땅의 사람들처럼 살지 마라. 내가 너희를 이끌고 갈 가나안 땅의 사람들처럼 살아서도 안된다. 너희는 그들이 하는 대로 하지 마라. 너희는 나의 법도를 따라 살고, 나의 규례를 지키며 살아라. 나는 너희 **하나님**이다. 너희는 나의 규례와 법도를 지켜라. 이것을 지키는 사람은 그로 인해 살 것이다. 나는 **하나님**이다.

6 가까운 친족과 동침하지 마라. 나는 **하나님**이다.

7 네 어머니와 동침하여 네 아버지를 욕되게 하지 마라. 그녀는 네 어머니이니, 그녀와 동침해서는 안된다.

8 네 아버지의 아내와 동침하지 마라. 그것은 네 아버지를 욕되게 하는 짓이다.

9 네 아버지의 딸이든 네 어머니의 딸이든, 한 집에서 태어났든 다른 곳에서 데려왔든, 네 누이와 동침하지 마라.

10 네 아들의 딸이나 네 딸의 딸과 동침하지 마라. 그것은 네 몸을 욕되게 하는 짓이다.

11 네 아버지의 아내가 낳은 네 아버지의 딸과 동침하지 마라. 그녀는 네 누이다.

12 네 아버지의 누이와 동침하지 마라. 그녀는 네 고모이며 네 아버지의 가까운
친족이다.
13 네 어머니의 자매와 동침하지 마라. 그녀는 네 이모이며 네 어머니의 가까운
친족이다.
14 네 숙부의 아내와 동침하여 네 아버지의 형제, 곧 네 숙부를 욕되게 하지 마
라. 그녀는 네 숙모다.
15 네 며느리와 동침하지 마라. 그녀는 네 아들의 아내이니 그녀와 동침하지 마라.
16 네 형제의 아내와 동침하지 마라. 그것은 네 형제를 욕되게 하는 짓이다.
17 한 여자와 그 여자의 딸과 아울러 동침하지 마라. 그녀의 손녀들과도 동침하
지 마라. 그들은 그녀의 가까운 친족이다. 그것은 사악한 짓이다.
18 네 아내가 살아 있는 동안에 그녀의 자매를 첩으로 맞아 동침하는 일이 없게
하여라.
19 월경중이라 부정한 상태인 여자와 동침하지 마라.
20 네 이웃의 아내와 동침하지 마라. 그녀 때문에 네 자신을 욕되게 하지 마라.
21 네 자녀를 몰렉 신에게 희생 제물로 불살라 바치지 마라. 그것은 분명 네 하나
님을 모독하는 짓이다. 나는 **하나님**이다.
22 여자하고 하듯이 남자와 동침하지 마라. 그것은 역겨운 짓이다.
23 짐승과 교접하지 마라. 짐승으로 네 자신을 욕되게 하지 마라.
여자도 짐승과 교접해서는 안된다. 그것은 사악한 짓이다.
24-28 이 모든 일 가운데 어느 것으로도 너희 자신을 더럽히지 마라. 내가 너희 앞
에 있는 땅에서 쫓아낼 민족들이 그와 같은 일을 하다가 더러워졌고, 그 땅도
더러워졌다. 나는 그 죄악으로 인해 그 땅을 벌했고, 그 땅은 거기에 살던 사람
들을 토해 냈다. 너희는 본국인이든 외국인이든, 나의 규례와 법도를 지켜야 한
다. 너희는 이 역겨운 짓들 가운데 어느 하나라도 행해서는 안된다. 너희가 오
기 전에 그 땅에 살던 사람들이 그 모든 짓을 행하여 그 땅을 더럽혔다. 너희마
저 그 땅을 더럽히면, 그 땅이 너희 앞서 살았던 민족들을 토해 냈듯이 너희도
토해 낼 것이다.
29-30 이 역겨운 짓들 가운데 어느 하나라도 행하는 자는 자기 백성 가운데서 끊
어질 것이다. 너희는 내 명령을 지켜라. 너희가 오기 전에 행해졌던 역겨운 짓
들 가운데 어느 하나라도 행하지 마라. 그런 짓으로 너희 자신을 더럽히지 마
라. 나는 **하나님** 너희 하나님이다."

내가 거룩하니, 너희도 거룩하여라

19

1-2 **하나님**께서 모세에게 말씀하셨다. "너는 이스라엘 회중에게 전하
여라. 그들에게 이렇게 일러 주어라. **하나님** 너희 하나님인 내가 거
룩하니, 너희도 거룩하여라.
3 너희는 저마다 자기 부모를 공경해야 한다.
안식일을 지켜라. 나는 **하나님** 너희 하나님이다.

4 신이라고 할 수 없는 우상들에 관심을 갖지 마라. 쇠를 녹여 우상들을 만들지
마라. 나는 **하나님** 너희 하나님이다.
5-8 **하나님**에게 화목 제물을 바칠 때는, 너희가 배운 대로 받아들여질 만하게 바
쳐야 한다. 제물은 너희가 바친 그날과 그 다음날까지 먹고, 셋째 날까지 남은
것은 무엇이든 불살라 버려야 한다. 셋째 날까지 남은 제물을 먹으면, 그 고기
는 더럽혀졌으므로 받아들여지지 않을 것이다. 누구든지 그것을 먹는 자는 **하**
나님에게 거룩한 것을 더럽힌 것이므로 책임을 져야 할 것이다. 그 사람은 자기
백성 가운데서 끊어질 것이다.
9-10 땅에서 곡식을 거두어들일 때는, 밭 가장자리까지 거두지 말고 떨어진 이삭
을 다 줍지 마라. 너희 포도밭의 포도를 남김없이 거두지 말고, 밭으로 되돌아
가 떨어진 포도알갱이를 줍지도 마라. 가난한 사람과 외국인을 위해 그것들을
남겨 두어라. 나는 **하나님** 너희 하나님이다.
11 도둑질하지 마라.
거짓말하지 마라.
속이지 마라.
12 내 이름으로 거짓 맹세하여 너희 하나님의 이름을 욕되게 하지 마라. 나는 **하**
나님이다.
13 네 친구를 이용해 먹거나 그의 것을 빼앗지 마라.
품꾼이 받을 삯을 주지 않은 채 다음날까지 가지고 있지 마라.
14 듣지 못하는 사람을 저주하지 말고, 눈먼 사람 앞에 장애물을 놓지 마라. 너희
하나님을 두려워하여라. 나는 **하나님**이다.
15 정의를 왜곡하지 마라. 가난한 사람이라고 해서 편들지 말고, 세력 있는 사람
이라고 해서 봐주지 마라. 옳은 것에 기초해서 재판하여라.
16 험담과 소문을 퍼뜨리지 마라.
네 이웃의 목숨이 위태로운데 팔짱을 끼고 바라보기만 해서는 안된다. 나는 **하**
나님이다.
17 마음속으로 네 이웃을 미워하지 마라. 그에게 잘못이 있으면, 그것을 밝히 드
러내라. 그러지 않으면, 너도 그 잘못의 공범자가 된다.
18 네 동족에게 복수할 기회를 노리거나 원한을 품지 마라.
네 이웃을 네 자신처럼 사랑하여라. 나는 **하나님**이다.
19 너희는 내 규례를 지켜라.
종류가 다른 두 동물을 서로 교배시키지 마라.
너희 밭에 두 종류의 씨를 함께 뿌리지 마라.
두 종류의 재료로 짠 옷을 입지 마라.
20-22 한 남자가 여종하고 동침했는데, 그 여종에게 결혼하기로 한 남자가 있고
그가 아직 그녀의 몸값을 치르지 않았거나 그녀가 자유의 몸이 아니라면, 두 사
람은 조사를 받아야 한다. 하지만 여자가 자유의 몸이 아니기 때문에 그 두 사
람이 사형을 당하지는 않는다. 남자는 **하나님**에게 바칠 보상 제물을 회막 입구

로 가져와야 한다. 이때 보상 제물은 숫양이어야 한다. 제사장은 남자가 저지른
죄 때문에 바친 보상 제물인 숫양을 가지고, 그를 위해 **하나님** 앞에서 속죄해야
한다. 그러면 남자는 자신이 저지른 죄를 용서받게 된다.
23-25 너희가 그 땅에 들어가 각종 과일나무를 심을 때, 처음 삼 년 동안은 그 나
무의 열매를 먹지 마라. 그 열매는 먹을 수 없는 것으로 여겨라. 사 년째 되는
해에는 그 열매가 거룩하게 되어, **하나님**에게 바치는 찬양의 제물이 된다. 오
년째 되는 해부터 너희는 그 열매를 먹을 수 있다. 이렇게 하면 너희는 더 풍성
한 수확물을 얻게 될 것이다. 나는 **하나님** 너희 하나님이다.
26 너희는 고기를 피째 먹지 마라.
점을 치거나 마술을 쓰지 마라.
27 머리 양 옆에 난 머리카락을 자르지 말고, 수염을 다듬지 마라.
28 죽은 사람을 위한다고 너희 몸에 상처를 내지 마라.
너희 몸에 문신을 새기지 마라. 나는 **하나님**이다.
29 너희 딸을 창녀가 되게 하여 그녀를 욕되게 하지 마라. 그러면 온 땅이 조만간
지저분한 섹스로 가득 차 매음굴이 될 것이다.
30 나의 안식일을 지키고, 나의 성소를 귀하게 여겨라. 나는 **하나님**이다.
31 주술에 빠지지 말고, 영매들을 가까이하지 마라. 그런 일로 너희 영혼을 더럽
히지 마라. 나는 하나님 너희 하나님이다.
32 노인을 공경하고, 나이 든 어른에게 존경을 표하여라. 너희 하나님을 경외하
여라. 나는 **하나님**이다.
33-34 외국인이 너희 땅에서 생활할 때에 그를 착취하지 마라. 외국인과 본국인을
동등하게 대하여라. 그를 네 가족처럼 사랑하여라. 너희도 전에는 이집트 땅에
서 외국인이었다는 것을 기억하여라. 나는 **하나님** 너희 하나님이다.
35-36 길이나 무게나 양을 잴 때 속이지 마라. 바른 저울과 바른 추와 바른 자를 사
용하여라. 나는 **하나님** 너희 하나님이다. 내가 너희를 이집트에서 이끌어 냈다.
37 너희는 나의 모든 규례와 나의 모든 법도를 지켜라. 그대로 지켜 행하여라. 나
는 **하나님**이다."

반드시 죽여야 하는 죄

20 1-5 **하나님**께서 모세에게 말씀하셨다. "너는 이스라엘 자손에게 이렇
게 일러 주어라. 이스라엘 자손이든 이스라엘에 사는 외국인이든,
자기 자녀를 몰렉 신에게 바치는 사람은 모두 사형에 처해야 한다. 공동체가 그
를 돌로 쳐서 죽여야 한다. 나도 그를 단호하게 내쫓아 자기 백성 가운데서 끊
어 버리겠다. 자기 자녀를 몰렉 신에게 바친 사람은 나의 성소를 더럽히고 나의
거룩한 이름을 모독한 것이다. 그 사람이 자기 자녀를 몰렉 신에게 바치는데도
그 땅 사람들이 아무 일 없다는 듯이 못 본 척하며 그를 죽이지 않으면, 내가 그
와 그의 가족을 가차 없이 내쫓을 것이다. 그는 물론이고 그와 함께 몰렉 신의
의식에 참여하여 음란한 행위를 한 자들을 모조리 자기 백성 가운데서 끊어 버

리겠다.
[6] 나는 주술에 빠지거나 영매들과 가까이하면서 그들의 의식에 참여해 음란한
짓을 일삼는 자들을 가차 없이 내쫓을 것이다. 그들을 자기 백성 가운데서 끊어
버리겠다.
[7-8] 너희 자신을 구별하여 거룩하게 살아라. 나는 **하나님** 너희 하나님이니, 너희
는 거룩한 삶을 살아라. 너희는 내가 일러 주는 대로 행하고, 내가 일러 주는 대
로 살아라. 나는 너희를 거룩하게 하는 **하나님**이다.
[9] 자기 부모를 저주하는 자는 모두 사형에 처해야 한다. 자기 부모를 저주했으
니, 그는 자기 죄값으로 죽을 것이다.
[10] 어떤 남자가 다른 남자의 아내, 이를테면 이웃의 아내와 간음하면, 간음한 남
자와 여자 둘 다 사형에 처해야 한다.
[11] 어떤 남자가 자기 아버지의 아내와 동침하면, 자기 아버지를 욕되게 한 것이
다. 그 남자와 여자는 반드시 사형에 처해야 한다. 그들은 자기 죄값으로 죽을
것이다.
[12] 어떤 남자가 자기 며느리와 동침하면, 둘 다 사형에 처해야 한다. 그들이 저지
른 짓은 사악하므로, 그들은 자기 죄값으로 죽을 것이다.
[13] 어떤 남자가 여자와 하듯이 남자하고 동침하면, 그 둘은 역겨운 짓을 한 것이
므로 사형에 처해야 한다. 그들은 자기 죄값으로 죽을 것이다.
[14] 어떤 남자가 한 여자뿐 아니라 그 여자의 어머니와도 결혼하면, 그것은 사악
한 짓이다. 그들 셋을 모두 화형에 처해서, 공동체로부터 사악한 짓을 제거해야
한다.
[15] 어떤 남자가 짐승과 교접하면, 그는 사형에 처해야 한다. 너희는 그 짐승도 죽
여야 한다.
[16] 어떤 여자가 짐승과 교접하면, 너희는 그 여자와 짐승을 모두 죽여야 한다. 그
들은 사형에 처해야 한다. 그들은 자기 죄값으로 죽을 것이다.
[17] 어떤 남자가 자기 누이, 곧 자기 아버지의 딸이나 자기 어머니의 딸과 결혼하
여 동침하면, 그것은 수치스러운 일이다. 그들은 공개적으로 자기 백성 가운데
서 끊어져야 한다. 그가 자기 누이를 욕되게 했으니, 그 죄값을 치러야 한다.
[18] 어떤 남자가 월경중인 여자와 잠자리를 같이하여 성관계를 가지면, 그는 그
여자의 샘을 드러낸 것이고 그 여자는 자신의 샘을 드러낸 것이니, 둘 다 자기
백성 가운데서 끊어져야 한다.
[19] 네 이모나 네 고모와 동침하지 마라. 그것은 가까운 친족을 욕되게 하는 짓이
다. 둘 다 그 죄값을 치러야 한다.
[20] 어떤 남자가 자기 숙모와 동침하면, 그것은 자기 숙부를 욕되게 한 것이다. 둘
다 그 죄값을 치르고 자식 없이 죽을 것이다.
[21] 어떤 남자가 자기 형제의 아내와 결혼하면, 그것은 더러운 짓이다. 그는 자기
형제를 모욕한 것이다. 그들은 자식을 보지 못할 것이다.
[22-23] 너희는 내가 일러 준 대로, 나의 모든 규례와 법도를 지켜 행하여라. 그렇게

살아야 내가 너희를 데리고 들어갈 그 땅이 너희를 토해 내지 않을 것이다. 내가 너희 앞에서 쫓아낼 민족들처럼 살아서는 안된다. 그들은 이 모든 짓을 행했고, 나는 그 일 하나하나를 끔찍이 싫어했다.

24-26 기억하여라. 내가 너희에게 말한 대로, 너희는 그들의 땅을 차지하게 될 것이다. 젖과 꿀이 흐르는 그 땅을 내가 너희에게 유산으로 주겠다. 나는 **하나님**, 곧 너희를 여러 민족들 가운데서 구별한 너희 하나님이다. 그러니 너희는 이렇게 살아라. 정결한 짐승과 부정한 짐승을 구별하고, 정결한 새와 부정한 새를 구별하여라. 짐승이든 새든 땅을 기어 다니는 것이든, 내가 너희를 위해 부정하다고 정해 준 것들로 너희 자신을 더럽히지 마라. 나 **하나님**이 거룩하니, 너희도 내 앞에서 거룩하게 살아라. 내가 너희를 여러 민족들 가운데서 구별하여 내 것이 되게 했다.

27 너희 가운데 영매나 마법사로 사는 자는 사형에 처해야 한다. 너희는 그들을 돌로 쳐서 죽여야 한다. 그들은 자기 죄값으로 죽을 것이다."

제사장이 지켜야 할 규례

21

1-4 **하나님**께서 모세에게 말씀하셨다. "너는 아론의 아들들인 제사장들에게 전하여라. 그들에게 이렇게 일러 주어라. 제사장은 주검을 만져 자신을 더럽혀서는 안된다. 다만 가까운 가족인 어머니나 아버지나 아들이나 딸이나 형제나 결혼하지 않아 남편 없이 그를 의지하다가 죽은 누이의 주검은 예외다. 이들 가족 때문에 제사장이 부정하게 되는 것은 괜찮지만, 결혼해서 혈연으로만 연결되어 있는 누이의 주검과 접촉하여 자신을 더럽히고 욕되게 해서는 안된다.

5-6 제사장은 자기 머리털을 밀거나 수염을 다듬거나 자기 몸에 상처를 내서는 안된다. 그는 자기 하나님에게 거룩해야 하고, 자기 하나님의 이름을 더럽혀서는 안된다. **하나님**에게 제물을 바치는 것, 곧 자기 하나님에게 음식을 바치는 것이 그의 일이니, 그는 거룩해야 한다.

7-8 제사장은 하나님에게 거룩한 사람이니, 창녀나 제의에서 몸을 판 여자나 이혼한 여자와 결혼해서는 안된다. 그는 너희 하나님에게 음식을 바치는 사람이니 거룩해야 한다. 너희는 그를 거룩한 사람으로 대하여라. 너희를 거룩하게 하는 나 **하나님**이 거룩하기 때문이다.

9 제사장의 딸이 매춘으로 자기 몸을 더럽혔을 경우, 그녀는 자기 아버지를 수치스럽게 한 것이다. 그녀는 화형에 처해야 한다.

10-12 형제들 가운데서 대제사장이 된 사람은, 자기 머리에 거룩하게 구별하는 기름부음을 받고 위임을 받아 제사장 옷을 입었으니, 머리를 풀거나 엉킨 채로 두거나 낡거나 찢어진 옷을 입어서는 안된다. 그는 주검이 놓인 방에 들어가서도 안된다. 자기 아버지나 어머니 때문이라고 해도 자신을 더럽혀서는 안된다. 그는 거룩하게 구별하는 기름부음을 받고 드려졌으므로, 하나님의 성소를 버려두고 나가거나 성소를 더럽혀서는 안된다. 나는 **하나님**이다.

[13-15] 그는 젊은 처녀와 결혼해야 한다. 과부나 이혼한 여자나 제의에서 몸을 판 여자와 결혼해서는 안된다. 그는 자기 백성 가운데서 고른 처녀하고만 결혼해야 한다. 그는 자기 후손이 그 백성 가운데서 더러워지지 않게 해야 한다. 나는 그를 거룩하게 하는 **하나님**이기 때문이다."

[16-23] **하나님**께서 모세에게 말씀하셨다. "너는 아론에게 이렇게 일러 주어라. 대대로 너의 후손 가운데서 흠이 있는 사람은 자기 하나님에게 음식을 바칠 수 없다. 흠이 있는 사람은 눈이 먼 사람, 다리를 저는 사람, 몸이 일그러졌거나 기형인 사람, 손이나 발이 불구인 사람, 등이 굽은 사람, 난쟁이, 눈에 부정한 것이 낀 사람, 고름을 흘리는 사람, 고환이 상한 사람을 가리킨다. 제사장 아론의 후손 가운데서 흠이 있는 사람은 **하나님**에게 제물을 바칠 수 없다. 그는 흠이 있으므로 자기 하나님에게 음식을 바쳐서는 안된다. 그는 자기 하나님의 음식, 곧 지극히 거룩한 제물과 거룩한 제물을 모두 먹을 수는 있지만, 자기에게 흠이 있으니 휘장 가까이 가거나 제단에 다가가서는 안된다. 그럴 경우 나의 성소를 더럽히고 말 것이다. 나는 그들을 거룩하게 하는 **하나님**이다."

[24] 모세는 이 말씀을 아론과 그의 아들들과 이스라엘 온 백성에게 전했다.

22

[1-2] **하나님**께서 모세에게 말씀하셨다. "너는 아론과 그의 아들들에게 말하여, 이스라엘 자손이 나에게 바치는 거룩한 제물을 경건하게 다루어서, 나의 거룩한 이름을 모독하는 일이 없게 하여라. 나는 **하나님**이다.

[3] 너는 그들에게 이렇게 일러 주어라. 이제부터 너희 후손 가운데 누구든지, 이스라엘 자손이 **하나님**에게 구별해 바친 거룩한 제물에 부정한 상태로 다가가면, 그는 내 앞에서 끊어질 것이다. 나는 **하나님**이다.

[4-8] 아론의 후손 가운데서 전염성이 있는 피부병에 걸렸거나 고름을 흘리는 사람은, 정결하게 될 때까지 거룩한 제물을 먹어서는 안된다. 또한 주검 때문에 더러워진 것을 만졌거나, 정액을 흘렸거나, 기어 다니는 것과 접촉해 더러워졌거나, 어떤 이유로든 부정하게 된 사람의 몸에 닿은 사람, 곧 그런 부정한 것과 접촉한 사람은 저녁때까지 부정하며, 물로 자기 몸을 깨끗이 씻지 않으면 거룩한 제물을 먹을 수 없다. 그는 해가 진 뒤에야 정결하게 되어 거룩한 제물을 먹을 수 있다. 그것이 그의 음식이기 때문이다. 그는 죽은 채 발견되었거나 맹수에게 찢겨 죽은 것을 먹어 자신을 더럽혀서는 안된다. 나는 **하나님**이다.

[9] 제사장들은 나의 지시를 따라야 한다. 그러지 않고 제물을 함부로 다루면, 그들은 죄를 짓고 죽게 될 것이다. 나는 그들을 거룩하게 하는 **하나님**이다.

[10-13] 일반인은 그 누구도 거룩하게 구별된 음식을 먹어서는 안된다. 제사장의 손님이나 제사장의 품꾼도 거룩한 음식을 먹어서는 안된다. 그러나 제사장이 돈을 주고 산 종은 그 음식을 먹을 수 있다. 제사장의 집에서 태어난 종도 제사장의 음식을 먹을 수 있다. 그러나 제사장의 딸이 일반인과 결혼한 경우, 거룩하

게 바쳐진 음식을 더 이상 먹어서는 안된다. 그 딸이 과부가 되었거나 자식 없
이 이혼하여 자기 아버지 집으로 돌아와 예전처럼 살 때는, 아버지의 음식을 먹
을 수 있다. 그러나 일반인은 그 누구도 거룩한 음식을 먹어서는 안된다.
14 누가 모르고 거룩한 제물을 먹었으면, 그는 그 거룩한 제물 값에 오분의 일을
더해서 제사장에게 갚아야 한다.
15-16 제사장들은 이스라엘 자손이 **하나님**에게 바친 거룩한 제물을 함부로 다루
어서는 안된다. 그들이 거룩한 제물을 먹다가 부정하게 되어 스스로 죄를 짓는
일이 없게 해야 한다. 나는 그 음식을 거룩하게 하는 **하나님**이다."

17-25 **하나님**께서 모세에게 말씀하셨다. "아론과 그의 아들들과 이스라엘 온 백
성에게 이렇게 일러 주어라. 너희 가운데 본국인이든 외국인이든, 서원한 것을
행하려고 **하나님**에게 번제물을 바치거나 자원 제물을 바칠 때, 그 제물이 받아
들여지려면 반드시 소나 양이나 염소 가운데서 흠 없는 수컷을 골라서 바쳐야
한다. 어떤 것이든 흠 있는 것을 바쳐서는 안된다. 그런 제물은 받지 않을 것이
다. 누구든지 서원한 것을 행하려고 소나 양 가운데서 **하나님**에게 화목 제물을
바치거나 자원 제물을 바칠 때, 그 제물이 받아들여지려면 반드시 흠 없는 온전
한 것을 바쳐야 한다. 눈먼 것이나 다리를 저는 것이나 어떤 부위가 잘린 것이
나 고름을 흘리는 것이나 종기가 난 것이나 피부병이 있는 것을 **하나님**에게 바
쳐서는 안된다. 그런 것들은 **하나님**에게 바치는 제물로 제단 위에 올려서는 안
된다. 자원 제물로는 한쪽 다리가 길거나 짧은 소와 양을 드려도 괜찮다. 그러
나 서원 제물로는 받아들여지지 않을 것이다. 짐승 가운데 고환이 상했거나 으
스러졌거나 찢겼거나 잘려 나간 것은 **하나님**에게 바치지 마라. 너희 땅에서 그
와 같은 일을 하지 마라. 외국인에게서도 그런 짐승을 받아 너희 **하나님**에게 음
식으로 바치는 일이 없게 하여라. 그런 것들은 보기 흉하고 결함이 있으므로 받
지 않을 것이다."

26-30 **하나님**께서 모세에게 말씀하셨다. "송아지나 어린양이나 염소가 태어나면
칠 일 동안은 그 어미와 함께 있게 해야 한다. 팔 일째 되는 날부터는, 그것을
하나님에게 제물로 바쳐도 받아들여질 것이다. 암소나 암양을 그 새끼와 같은
날에 잡지 마라. **하나님**에게 감사 제물을 바칠 때는 받아들여지도록 바르게 바
쳐야 한다. 제물은 바친 그날에 다 먹고, 다음날 아침까지 남겨 두지 마라. 나는
하나님이다.
31 너희는 내가 명령한 것을 행하고, 내가 일러 준 대로 살아라. 나는 **하나님**이다.
32-33 나의 거룩한 이름을 더럽히지 마라. 나는 이스라엘 백성 가운데서 거룩하게
높임을 받기 원한다. 나는 너희를 거룩하게 하는 **하나님**이다. 나는 너희 하나님
이 되려고 너희를 이집트에서 이끌어 낸 **하나님**이다. 나는 **하나님**이다."

하나님의 절기

23 1-2 **하나님**께서 모세에게 말씀하셨다. “너는 이스라엘 백성에게 이렇
게 일러 주어라. 너희가 거룩한 모임으로 선언해야 하는 **하나님**의
절기, 내가 정한 절기는 이러하다.
3 육 일 동안 일하여라. 일곱째 날은 안식일이다. 완전하고 온전한 안식의 날,
거룩한 모임의 날이다. 이날에는 아무 일도 하지 마라. 너희가 어디서 살든지,
이날은 **하나님**의 안식일이다.
4 **하나님**이 정한 절기, 곧 너희가 정해진 때에 선포해야 할 거룩한 모임은 이러하다.
5 첫째 달 십사 일 해가 질 무렵부터 **하나님**의 유월절이다.
6-8 같은 달 십오 일은 **하나님**의 무교절이다. 너희는 칠 일 동안 누룩을 넣지 않은
빵을 먹어야 한다. 첫째 날에 거룩한 모임을 열고, 평소에 하던 일은 아무것도 하
지 마라. 너희는 칠 일 동안 **하나님**에게 불살라 바치는 제물을 바쳐야 한다. 칠
일째 되는 날에도 거룩한 모임을 열고, 평소에 하던 일은 아무것도 하지 마라.”
9-14 **하나님**께서 모세에게 말씀하셨다. “이스라엘 백성에게 이렇게 일러 주어라.
내가 주는 땅에 들어가 곡식을 거두어들일 때, 너희가 수확한 첫 곡식단을 제사
장에게 가져오너라. 그러면 제사장은 너희를 위해 그 곡식단이 받아들여지도
록 그것을 **하나님** 앞에 흔들어 바칠 것이다. 제사장은 그것을 안식일 다음날 아
침에 흔들어 바쳐야 한다. 곡식단을 흔들어 바치는 날, 너희는 일 년 된 흠 없는
어린 숫양을 **하나님**에게 번제물로 바쳐라. 그와 함께 기름 섞은 고운 곡식 가루
4리터를 곡식 제물로 바쳐라. 이것은 **하나님**에게 불살라 바치는 제물이며, **하**
나님을 기쁘게 하는 향기다. 또한 포도주 1리터를 부어 드리는 제물로 바쳐야
한다. 너희가 이렇게 제물을 너희 하나님에게 바치는 날까지는, 빵이나 볶은 곡
식이나 날곡식을 먹지 마라. 이것은 너희가 어디서 살든지, 대대로 지켜야 할
영원한 규례다.”

15-21 “안식일 다음날 아침, 곧 너희가 곡식단을 흔들어 바친 날부터 일곱 번째 안
식일 다음날 아침까지 일곱 주를 꽉 채워 오십 일을 세어라. 그날에 너희는 새
로운 곡식 제물을 **하나님**에게 바쳐라. 너희가 살고 있는 곳에서, 고운 곡식 가
루 4리터에 누룩을 넣어 구운 빵 두 덩이를 가져오너라. 이것은 첫 수확물로 **하**
나님에게 흔들어 바치는 제물이다. 이 빵과 함께, 일 년 된 흠 없는 어린 숫양
일곱 마리와 수송아지 한 마리와 숫양 두 마리를 바쳐야 한다. 이것들을 곡식
제물과 부어 드리는 제물과 함께 **하나님**에게 번제물로 바쳐야 한다. 이것은 불
살라 바치는 제물이며, **하나님**을 기쁘게 하는 향기다. 너희는 또 숫염소 한 마
리를 속죄 제물로 바치고 일 년 된 어린양 두 마리를 화목 제물로 바쳐라. 제사
장은 첫 수확물로 만든 빵과 함께 그 어린양 두 마리를 흔들어 바치는 제물로
하나님 앞에 흔들어 바쳐야 한다. 그것들은 **하나님**에게 바쳐진 거룩한 제물로,
제사장의 몫이다. 그날에 너희는 거룩한 모임을 선포해야 한다. 평소에 하던 일
은 아무것도 하지 마라. 이것은 너희가 어디서 살든지, 대대로 지켜야 할 영원

한 규례다.
22 너희가 땅에서 곡식을 거두어들일 때는 밭의 가장자리까지 거두지 말고, 떨
어진 이삭을 다 줍지도 마라. 가난한 사람과 외국인을 위해 그것들을 남겨 두어
라. 나는 **하나님** 너희 하나님이다."

23-25 **하나님**께서 모세에게 말씀하셨다. "너는 이스라엘 백성에게 이렇게 일러
주어라. 일곱째 달 첫째 날은 안식의 날, 거룩한 모임의 날로 구별하여라. 숫양
의 뿔로 만든 나팔을 크게 울려 그날을 기념하여라. 평소에 하던 일은 아무것도
하지 말고, **하나님**에게 불살라 바치는 제물을 바쳐라."

26-32 **하나님**께서 모세에게 말씀하셨다. "일곱째 달 십 일은 속죄일이다. 너희는
거룩한 모임을 열고, 금식하며, **하나님**에게 불살라 바치는 제물을 바쳐라. 그날
은 너희 **하나님** 앞에서 너희를 위해 속죄하는 속죄일이니, 그날에는 일하지 마
라. 그날에 금식하지 않는 사람은 누구든지 자기 백성 가운데서 끊어져야 한다.
누구든지 그날에 일하는 사람은 내가 그 백성 가운데서 멸할 것이다. 그날에는
아무 일도 해서는 안된다. 절대로 일하지 마라. 이것은 너희가 어디서 살든지,
대대로 지켜야 할 영원한 규례다. 그날은 안식일, 곧 온전하고 완전한 쉼의 날
이며 금식의 날이다. 그달 구 일 저녁부터 다음날 저녁까지 너희는 안식일을 지
켜라."

33-36 **하나님**께서 모세에게 말씀하셨다. "너는 이스라엘 백성에게 이렇게 일러
주어라. **하나님**의 초막절은 일곱째 달 십오 일에 시작되어 칠 일 동안 이어진
다. 첫째 날은 거룩한 모임의 날이니, 평소에 하던 일은 아무것도 하지 마라. 칠
일 동안 **하나님**에게 불살라 바치는 제물을 바쳐라. 팔 일째 되는 날에 다시 거
룩한 모임을 열고 **하나님**에게 제물을 바쳐라. 이것은 엄숙한 집회다. 평소에 하
던 일은 아무것도 하지 마라.
37-38 이것들은 **하나님**이 정한 절기다. 그날에 너희는 거룩한 모임을 선포하고 **하**
나님에게 불살라 바치는 제물을 바치되, 번제물과 곡식 제물과 희생 제물과 부
어 드리는 제물을 각각 정해진 날에 바쳐야 한다. 이 제물들은 **하나님**의 안식일
에 바치는 제물, 서원 제물, 자원 제물과는 별도로 너희가 **하나님**에게 바치는
것들이다.
39-43 밭에서 곡식을 거두고 난 다음, 너희는 일곱째 달 십오 일부터 칠 일 동안
하나님의 절기를 기념하여라. 첫째 날은 온전히 쉬는 날이고, 팔 일째 되는 날
도 온전히 쉬는 날이다. 첫째 날에 가장 좋은 나무에서 열린 가장 좋은 열매를
따고, 종려나무 잎과 잎이 무성한 나뭇가지와 시냇가의 버드나무를 꺾어 들고,
너희 **하나님** 앞에서 칠 일 동안 즐거워하여라. 칠 일 내내 **하나님** 앞에서 그 절
기를 경축하여라. 앞으로 매년 일곱째 달이 되면, 이 절기를 기념하여라. 너희
는 칠 일 동안 초막에서 지내야 한다. 이스라엘의 모든 아들딸이 초막에 들어가

야 한다. 이는 내가 이스라엘 백성을 이집트 땅에서 이끌어 낼 때 초막에서 살
게 한 것을 너희 후손이 알게 하려는 것이다. 나는 **하나님** 너희 하나님이다."

44 모세는 이스라엘이 즐겁게 지켜야 할 절기, 곧 **하나님**께서 정해 주신 일 년 동
안의 절기를 그들에게 공표했다.

하나님 앞에 두는 등불과 빵

24 1-4 **하나님**께서 모세에게 말씀하셨다. "이스라엘 백성에게 등불에 쓸
깨끗한 올리브기름을 가져오게 하여, 등불이 계속 타오르게 하여라.
아론은 이 등불을 회막 안 증거궤를 가리는 휘장 앞에 두어, 저녁부터 아침까지
하나님 앞에서 계속 타오르게 해야 한다. 이것은 너희가 대대로 지켜야 할 영원
한 규례다. 아론은 이 등불을 **하나님** 앞 순금 등잔대 위에 두어, 계속 타오르게
해야 한다."

5-9 "너는 고운 곡식 가루를 가져다가, 빵 한 개당 가루 4리터를 들여 빵 열두 개
를 구워라. 그 빵들을 **하나님** 앞 순금 상 위에 한 줄에 여섯 개씩 두 줄로 차려
놓아라. 각 줄을 따라 순전한 향을 발라, 그 빵을 기념물로 삼아라. 이것은 **하나
님**에게 바치는 제물이다. 안식일마다 그 빵을 **하나님** 앞에 차려 놓아야 한다.
이것은 이스라엘 자손이 지켜야 할 영원한 언약이다. 그 빵은 아론과 그의 아들
들 몫이 되고, 그들은 그 빵을 거룩한 곳에서 먹어야 한다. 그 빵은 **하나님**에게
바친 제물에서 온 것으로, 그들의 몫 가운데서도 지극히 거룩한 것이다. 이것은
영원히 지켜야 할 규례다."

하나님을 모독한 자

10-12 어머니는 이스라엘 사람이고 아버지는 이집트 사람인 한 남자가 있었다. 하
루는 그가 외출하여 이스라엘 사람들에게로 갔는데, 진 안에서 그와 어떤 이스
라엘 사람 사이에 싸움이 일어났다. 그 이스라엘 여인의 아들이 **하나님**의 이름
을 모독하고 저주했다. 그러자 사람들이 그를 끌고 모세에게로 왔다. 그의 어머
니 이름은 슬로밋인데, 단 지파 디브리의 딸이었다. 사람들은 그를 가두어 두고
하나님의 뜻이 그들에게 드러나기를 기다렸다.
13-16 **하나님**께서 모세에게 말씀하셨다. "하나님을 모독한 그 자를 진 밖으로 끌
어내라. 그가 한 말을 들은 사람은 모두 그의 머리에 손을 얹은 다음, 온 회중이
그를 돌로 쳐서 죽여라. 너는 이스라엘 자손에게 이렇게 일러 주어라. 누구든지
하나님을 저주한 자는 그 책임을 져야 한다. 누구든지 **하나님**의 이름을 모독한
자는 사형에 처해야 한다. 온 회중이 그를 돌로 쳐서 죽여야 한다. 외국인이든
본국인이든, 하나님의 이름을 모독한 자는 사형에 처해야 한다.
17-22 누구든지 사람을 때려 죽게 한 사람은 사형에 처해야 한다. 다른 사람의 짐
승을 죽인 사람은 그것을 물어 주어야 한다. 생명은 생명으로 갚아야 한다. 누

구든지 이웃에게 상처를 입힌 사람은 자신이 입힌 만큼 되받게 될 것이다. 골절에는 골절로, 눈에는 눈으로, 이에는 이로 되받게 될 것이다. 이웃에게 상처를 입힌 만큼 그 자신도 상처를 입게 될 것이다. 짐승을 때려 죽게 한 자는 그것을 물어 주어야 한다. 그러나 사람을 때려 죽게 한 사람은 사형에 처해야 한다. 여기에 예외는 없다. 외국인이나 본국인에게나 같은 법이 적용된다. 나는 **하나님** 너희 하나님이다."

[23] 모세가 이렇게 이스라엘 백성에게 말하자, 그들은 하나님을 모독한 자를 진 밖으로 끌어내어 돌로 쳐서 죽였다. 이스라엘 백성은 **하나님**께서 모세에게 명령하신 대로 행했다.

땅도 하나님 앞에서 안식하게 하여라

25

[1-7] **하나님**께서 시내 산에서 모세에게 말씀하셨다. "너는 이스라엘 백성에게 전하여라. 그들에게 이렇게 일러 주어라. 내가 너희에게 주는 땅에 들어가면, 그 땅도 **하나님** 앞에서 안식하게 하여라. 너희는 여섯 해 동안, 밭에 씨를 뿌리고 포도밭을 가꾸고 수확물을 거두어들여라. 그러나 일곱째 해에는, 그 땅이 **하나님** 앞에서 안식, 곧 온전하고 완전한 쉼을 얻게 해야 한다. 너희는 밭에 씨를 뿌려서도 안되고, 포도밭을 가꾸어서도 안된다. 자생하는 것을 거두어들이지도 말고, 돌보지 않은 포도나무의 열매를 수확하지도 마라. 그 땅은 한 해 동안 온전하고 완전한 쉼을 얻을 것이다. 안식년 동안 그 땅에서 자생하는 것은 너희가 먹어도 된다. 너희와, 너희 남종과 여종과 너희 품꾼과 너희 땅에서 사는 외국인은 물론이고, 너희의 가축과 그 땅의 들짐승도 그것을 먹을 수 있다. 그 땅에서 자생하는 것은 무엇이든 먹어도 된다."

희년

[8-12] "안식년을 일곱 번, 곧 일곱 해를 일곱 번 세어라. 안식년이 일곱 번이면 마흔아홉 해가 된다. 일곱째 달 십 일, 곧 속죄일에 숫양의 뿔로 만든 나팔을 크게 울려라. 나팔소리가 온 땅에 울려 퍼지게 하여라. 너희는 오십 년이 되는 해를 거룩한 해로 정하고, 온 땅에 사는 모든 사람에게 자유를 선포하여라. 이 해는 너희를 위한 희년이니, 각 사람은 자기 집안의 소유지로 돌아가서 자기 가족을 만날 것이다. 오십 년째 해는 너희의 희년이다. 씨를 뿌리지도 말고, 밭에서 자생하는 것을 거두지도 말고, 돌보지 않은 포도나무의 열매를 수확하지도 마라. 그해는 희년이고 너희에게 거룩한 해이기 때문이다. 너희는 밭에서 자생하는 것은 무엇이든 먹어도 된다.

[13] 이 희년에는 모든 사람이 자기 집안의 소유지로 돌아가야 한다.

[14-17] 이웃에게 소유물을 팔거나 이웃에게서 소유물을 살 때는, 이웃을 속이지 마라. 살 때는 희년에서 몇 해가 지났는지를 계산해서 가격을 정하고, 팔 때는 다음 희년까지 몇 해가 남았는지를 계산해서 가격을 정해야 한다. 희년까지 햇수가 많이 남았으면 큰 돈이 되니 값을 올릴 수 있다. 하지만 햇수가 적게 남았으

면 돈이 덜 되니 값을 내려라. 실제로 너희가 사고파는 것은 곡물을 수확할 수 있는 횟수인 것이다. 너희는 서로 속이지 말고, 너희 하나님을 두려워하여라. 나는 하나님 너희 하나님이다.

18-22 나의 규례를 지키고, 나의 법도를 따라 살아라. 그러면 너희가 그 땅에서 안전하게 살 것이다. 그 땅은 열매를 낼 것이고, 너희는 온갖 먹을거리를 얻고 아무 걱정 없이 안전하게 살게 될 것이다. 너희가 묻기를, '일곱째 해에 심지도 않고 거두지도 않으면 무엇을 먹고 살라는 말입니까?' 하겠지만, 내가 보증하겠다. 내가 여섯째 해에 너희에게 복을 주어, 세 해 동안 먹기에 충분한 소출이 그 땅에서 나게 할 것이다. 여덟째 해에 씨를 뿌리고 나서, 아홉째 해가 되어 햇곡식을 거둘 때까지 너희는 묵은 곡식을 먹게 될 것이다.

23-24 땅을 영구히 팔지는 못한다. 땅은 나의 것이다. 너희는 다만 외국인이요 나의 소작인일 뿐이다. 너희는 너희가 소유한 땅을 누군가가 되살 수 있는 권리를 보장해야 한다.

25-28 네 형제 가운데 하나가 가난하게 되어 자기 땅의 일부를 팔아야 할 경우, 그 친척 가운데 가장 가까운 사람이 나서서 자기 형제가 판 땅을 되사야 한다. 땅을 되사 줄 친척이 없는 사람이라도 나중에 성공해서 그 땅을 되살 만큼 충분한 돈을 벌었으면, 그 사람은 자신이 땅을 판 뒤로 사용된 땅의 가치를 계산해서 남은 값을 땅을 산 사람에게 지불하면 된다. 그렇게 해서 그는 자기 소유의 땅으로 돌아갈 수 있다. 그러나 되살 만큼 돈을 벌지 못했으면, 그가 판 땅은 희년이 될 때까지 그 땅을 산 사람의 소유로 남는다. 희년이 되면 땅은 원래의 주인에게 돌아갈 것이다. 그때 그는 자기 땅으로 돌아가 그 땅에서 살아갈 수 있다.

29-31 성곽 안에 있는 집을 판 경우, 판 지 한 해가 다 차기까지는 되살 권리가 있다. 한 해 동안은 언제든 되살 수 있다. 하지만 한 해가 다 지나도록 되사지 못하면, 그 집은 영원히 구입한 사람과 그 자손의 소유가 된다. 그 집은 희년이 되어도 원래의 주인에게 돌아가지 않는다. 그러나 성곽이 없는 마을에 있는 집은 밭과 마찬가지로 처리할 것이다. 그 집은 언제든 되살 수 있고, 희년에는 원래의 주인에게 돌아가야 한다.

32-34 레위인 성읍의 경우에는, 성읍 안에 있는 그들 소유의 집은 언제든 되살 수 있다. 레위인의 집은 그들 소유의 성읍에서 판 것이면 언제든 되살 수 있고, 희년이 되면 원래의 주인에게 돌아간다. 레위인의 성읍에 있는 집은 이스라엘 백성 가운데 있는 그들의 재산이기 때문이다. 레위인의 성읍에 속한 목초지는 그들의 영원한 소유지이므로 팔 수 없다.

35-38 너희 형제 가운데 누가 가난하게 되어 자기 힘으로 살아가지 못하는 사람이 있으면, 외국인이나 손님을 돕듯이 그를 도와주어라. 그래서 그가 너희 동네에서 계속 살 수 있게 해주어라. 그에게 이자를 받아 돈을 벌려고 하지 마라. 너희 하나님을 경외하는 마음으로, 너희 형제가 너희와 한 동네에서 함께 살 수 있게 해주어라. 그의 곤경을 이용하여 과도한 이자를 얻으려고 돈을 빌려 주거나, 이득을 보려고 양식을 꾸어 주어서는 안된다. 나는 가나안 땅을 너희에게 주어 너

희 하나님이 되려고 너희를 이집트에서 이끌어 낸 너희 **하나님**이다.

39-43 너희 형제 가운데 누가 가난하게 되어 자신의 몸을 너희에게 팔아야 할 경우, 그를 종 부리듯 하지 말고, 품꾼이나 너희 가운데 머무는 손님처럼 대하여라. 희년이 될 때까지 그가 너희를 위해 일할 것이다. 희년이 되면 그는 자녀들과 함께 마음 놓고 자기 친척과 조상의 땅으로 돌아갈 수 있다. 이스라엘 백성은 내가 이집트에서 이끌어 낸 나의 종이니, 절대 종으로 팔 수 없다. 너희는 그를 가혹하게 부리지 마라. 너희는 하나님을 두려워하여라.

44-46 너희가 소유할 수 있는 남종과 여종은 주변 나라에서 온 사람들이어야 한다. 주변 나라로부터 종을 사들이는 것은 괜찮다. 일시적으로 너희와 함께 사는 외국인 노동자의 자녀들은 사들여도 된다. 너희 땅에서 태어나 너희 가운데 사는 그들의 친척에게서 사들일 수도 있다. 너희는 그들을 너희 소유로 삼아 너희 자녀에게 재산으로 물려줄 수 있고, 그들이 사는 동안 종으로 부릴 수도 있다. 그러나 너희 형제 이스라엘 자손을 가혹하게 부려서는 안된다.

47-53 너희와 함께 사는 외국인이나 거류민 가운데 부유해진 사람이 있어서, 너희 형제 가운데 가난해진 한 사람이 너희와 함께 사는 외국인이나 그의 친척에게 자신의 몸을 판 경우, 그는 자기 몸을 판 뒤라도 되살 권리가 있다. 그의 친족 가운데 하나가 그를 되살 수 있다. 그의 삼촌이나 사촌이나 그의 친척 가운데서 가까운 사람이 그를 되살 수 있다. 또는 그가 돈을 모아서 스스로 값을 치를 수도 있다. 그럴 경우, 그와 그의 주인은 그가 몸을 판 해부터 희년이 되는 해까지의 햇수를 계산하고, 그 햇수 동안 치러야 할 품꾼의 삯에 따라 되사는 값을 정해야 한다. 희년까지 햇수가 많이 남았으면, 그는 자신을 판 가격의 상당액을 갚아야 한다. 그러나 희년까지 몇 해 남지 않았으면, 그 남은 햇수에 따라 되사는 값을 계산해야 한다. 주인은 그를 해마다 고용한 사람처럼 대해야 한다. 주인이라도 그를 가혹하게 부리는 일이 없어야 한다.

54-55 그가 이 방법들 가운데 어느 것으로도 풀려나지 못한다 해도, 희년이 되면 자유의 몸이 된다. 그는 물론이고 그의 자녀까지도 자유의 몸이 된다. 이는 이스라엘 백성이 나의 종, 곧 내가 이집트에서 이끌어 낸 나의 종이기 때문이다. 나는 **하나님** 너희 하나님이다."

26

1 "너희 자신을 위해 우상들을 만들지 마라. 조각한 신상이나 돌기둥을 세우지 마라. 조각한 돌을 너희 땅에 놓고 그 앞에 절하며 섬기는 일이 없게 하여라. 나는 **하나님** 너희 하나님이다.

2 너희는 나의 안식일을 지키고, 나의 성소를 귀하게 여겨라. 나는 **하나님**이다."

너희가 내 규례를 따라 살면

3-5 "너희가 내 규례를 따라 살고 내 계명을 잘 지키면, 내가 철 따라 비를 내려 줄 것이다. 땅은 농작물을 내고 들의 나무는 열매를 맺을 것이다. 너희는 포도

를 수확할 때까지 타작하고, 다음 파종할 때까지 포도를 거두게 될 것이다. 너희는 배불리 먹고도 남을 만큼 풍성히 거두고 너희 땅에서 아무 걱정 없이 안전하게 살 것이다.

6-10 내가 그 땅을 평화의 땅으로 만들 것이다. 너희는 밤에 아무 두려움 없이 잠들 수 있을 것이다. 내가 그 땅에서 사나운 짐승을 없애고 전쟁을 없애겠다. 너희는 원수를 쫓아내고 원수를 쓰러뜨릴 것이다. 너희 다섯 명이 그들 백 명을 추격하고, 너희 백 명이 그들 만 명을 추격하여 그들을 없애 버릴 것이다. 내가 너희에게 온갖 주의를 기울여, 반드시 너희가 번성하고 너희 수가 많아지게 하며, 내가 너희와 맺은 언약이 제대로 이행되게 하겠다. 너희가 지난해에 거둔 곡식을 다 먹지 못했는데도 햇곡식을 쌓을 자리를 마련하기 위해 창고를 비워야 할 것이다.

11-13 너희가 사는 곳에 나도 같이 살 것이다. 내가 너희를 피하지도 않고 멀리하지도 않겠다. 내가 너희와 함께 거리를 거닐겠다. 나는 너희 하나님이 되고, 너희는 내 백성이 될 것이다. 나는 너희를 이집트에서 구해 내어 더 이상 이집트 사람들의 종이 되지 않게 한 **하나님**, 곧 너희 하나님이다. 나는 너희에게서 종의 굴레를 벗겨 내어, 너희가 마음껏 자유롭게 다니게 했다."

너희가 내 말에 순종하지 않으면

14-17 "그러나 너희가 내 말에 순종하지 않고 내 계명을 지키지 않으면, 또 내 규례를 멸시하고 내 법도를 경멸하여 순종하지 않고 내 언약을 내팽개치면, 내가 직접 나서서 다음과 같은 재앙을 쏟아붓겠다. 내가 몸을 쇠약하게 하는 병과 열병을 보내고 눈을 어둡게 하여, 너희 생명을 조금씩 쇠약하게 하겠다. 너희가 씨를 뿌리지만, 너희 원수들이 그 알곡을 먹어 버릴 것이다. 너희 원수들이 너희를 넘어뜨리는 동안, 나는 그 곁에서 등을 돌리고 서 있을 것이다. 너희를 미워하는 자들이 너희를 다스릴 것이다. 너희를 뒤쫓는 자가 없는데도 너희는 겁을 집어먹고 도망치게 될 것이다.

18-20 이렇게 하는데도 너희가 내 말에 주의를 기울이지 않으면, 내가 너희 죄로 인해 너희를 일곱 배로 벌하겠다. 내가 너희의 그 드센 교만을 꺾어 버리겠다. 너희 머리 위의 하늘을 철판처럼, 너희 발 아래의 땅을 무쇠처럼 만들어 버리겠다. 너희가 아무리 애써도 아무것도 얻지 못할 것이다. 땅에서 곡식을 얻지 못하고, 나무에서 열매를 얻지 못할 것이다.

21-22 너희가 나를 거역하고 내 말에 귀를 기울이지 않으면, 너희가 지은 죄보다 일곱 배나 더 벌을 내리겠다. 내가 너희에게 들짐승들을 풀어 놓겠다. 들짐승들이 너희 자녀들을 물어 가고 너희 가축을 죽이고 너희의 수를 크게 줄여서, 너희가 사는 곳은 유령 도시처럼 황폐해질 것이다.

23-26 이렇게 하는데도 너희가 바뀌지 않고 징계를 받아들이지 않으며 계속해서 내게 맞서면, 그때는 내가 너희와 맞설 것이다. 내가 너희 죄로 인해 너희를 일곱 배로 벌하겠다. 내가 너희에게 전쟁을 일으켜 너희가 언약을 파기한 것을 되

갚아 주겠다. 너희가 전쟁을 피해 성 안으로 모여들면 내가 너희에게 치명적인 전염병을 보내겠다. 너희가 너희 원수 앞에서 맥없이 무너질 것이다. 내가 너희의 양식을 끊어 버리면, 열 명의 여인이 한 화덕에서 빵을 구워 너희에게 나누어 줄 것이다. 너희는 먹어도 먹은 것 같지 않을 것이다. 아무도 배부르지 못할 것이다.

27-35 이렇게까지 하는데도 너희가 바뀌지 않고 여전히 내 말에 귀를 기울이지 않고 나와 맞서면, 내가 더는 두고 보지 않고 진노하여 너희와 맞서고, 너희 죄로 인해 너희를 일곱 배로 벌할 것이다! 극심한 기근이 찾아와서, 너희는 급기야 너희 아들을 삶아 먹고 너희 딸을 구워 먹게 될 것이다. 내가 음란한 종교의 산당을 허물고, 거기에 딸린 기물들도 모두 박살내겠다. 너희의 주검과 우상들의 주검을 한자리에 차곡차곡 쌓아 올리겠다. 내가 너희를 몹시 싫어하여 너희 도시를 돌무더기로 만들어 버리겠다. 너희 성소를 쓸어버리고, 너희가 피워 올리는 '기쁘게 하는 향기'에도 코를 막아 버리겠다. 내가 너희 땅을 생명이 없는 황무지로 만들어 버리겠다. 그 땅을 접수하러 온 너희 원수들이 그 광경을 보고 충격을 받을 것이다. 내가 너희를 세계 곳곳으로 흩어 버리고, 내 칼끝을 너희 등에 겨눈 채로 계속 너희 뒤를 쫓을 것이다. 너희의 땅은 황폐하게 되고, 너희의 도시는 폐허가 될 것이다. 너희가 그 땅을 떠나 너희 원수들의 땅에 흩어져 사는 동안, 너희가 사라진 그 땅은 그제야 쉼을 얻고 안식을 누릴 것이다. 버려져 있는 동안에 그 땅은 쉼을 얻을 것이며, 너희가 그 땅에 사는 동안에 누리지 못했던 쉼, 곧 안식을 누리게 될 것이다.

36-39 너희 가운데 아직 살아남은 자들에게는 내가 두려움을 잔뜩 심어 주겠다. 그들은 나뭇잎 바스락거리는 소리에도 기겁하여 달아날 것이다. 뒤쫓는 자가 없는데도 목숨을 부지하려고 도망치듯이 이리 뛰고 저리 뛰고 갈팡질팡하다가, 극도로 당황해서 서로 걸려 넘어지고 말 것이다. 너희는 원수들과 맞설 수 없을 것이다. 너희는 민족들 가운데서 망하고 너희 원수들의 땅이 너희를 집어삼킬 것이다. 살아남은 자도 원수들의 땅에서 서서히 힘을 잃고, 쇠약해지고 말 것이다. 자신들의 죄로 인해 쇠약해지고, 조상이 지은 죄 때문에 더욱 쇠약해지고 말 것이다."

그러나 그들이 자신들의 죄를 고백하면

40-42 "그러나 그들이 자신들의 죄와 조상의 죄, 곧 그들의 배은망덕한 반역과 반항 때문에 내가 그들과 맞서 그들을 원수의 땅으로 쫓아냈다고 고백하면, 행여 그들이 자신들의 굳은 마음을 부드럽게 하여 그들의 죄를 바로잡기만 하면, 내가 야곱과 맺은 내 언약을 기억하고, 이삭과 맺은 내 언약, 아브라함과 맺은 내 언약을 기억할 것이다. 또한 그 땅도 기억하겠다.

43-45 그들이 버리고 떠난 그 땅은 그들이 없는 동안에 안식을 누릴 것이다. 하지만 내 법도를 거절하고 내 규례를 업신여긴 그들은 죄값을 치르게 될 것이다. 그러나 그들의 행실에도 불구하고, 그들이 원수들 가운데 있을 때에, 나는 그들

을 내치거나 멸시하거나 완전히 없애지는 않을 것이다. 내가 그들과 맺은 내 언약도 깨뜨리지 않겠다. 나는 **하나님** 그들의 하나님이다. 내가 그들을 위해 그들의 조상과 맺은 언약을 기억할 것이다. 나는 그들의 하나님이 되기 위해, 모든 민족이 지켜보는 앞에서 그들을 이집트에서 이끌어 냈다. 나는 **하나님**이다."

46 이것은 **하나님**께서 시내 산에서 모세를 통해 자신과 이스라엘 백성 사이에 세우신 규례와 법도와 지침이다.

서원 제물의 값

27

1-8 **하나님**께서 모세에게 말씀하셨다. "너는 이스라엘 백성에게 전하여라. 그들에게 이렇게 일러 주어라. 누구든지 **하나님**을 섬기는 사람으로 서원하고 그 값을 드리기로 했으면, 스무 살에서 예순 살에 이르는 남자는 그 값을 성소 세겔을 기준으로 은 오십 세겔로 정하여라. 여자일 경우, 그 값은 삼십 세겔이다. 다섯 살에서 스무 살 사이면, 남자는 그 값을 이십 세겔, 여자는 그 값을 십 세겔로 정하여라. 생후 한 달에서 다섯 살 사이면, 남자아이는 은 오 세겔, 여자아이는 은 삼 세겔로 값을 정하여라. 예순 살이 넘었으면, 남자는 십오 세겔, 여자는 십 세겔로 값을 정하여라. 너무 가난하여 정한 액수를 낼 수 없는 사람이면, 그를 제사장에게 데려가거라. 제사장은 서원한 그 사람이 낼 수 있는 형편에 따라 그의 값을 정해 주어야 한다.

9-13 그가 받아들여질 만한 짐승을 **하나님**에게 바치기로 서원했으면, 그 짐승은 **하나님**에게 바쳐진 것이므로 성소의 재산이 된다. 좋은 것을 나쁜 것으로, 나쁜 것을 좋은 것으로 바꾸거나 대체해서는 안된다. 바치려던 짐승을 다른 짐승으로 바꾸면, 본래의 것과 바꾼 것이 모두 성소의 재산이 된다. 그가 서원한 것이 부정한 짐승, 곧 **하나님**에게 바치는 제물로 받아들여질 만한 것이 아니면, 그 짐승을 제사장에게 보여야 한다. 제사장은 비싸든 싸든 그 값을 매길 것이고, 제사장이 정한 값이 그 제물의 값이 될 것이다. 그가 마음을 바꿔 그 짐승을 되사려고 하면, 짐승 값에 오분의 일을 더해서 내야 한다.

14-15 어떤 사람이 자기 집을 거룩하게 구별하여 성소의 재산으로 **하나님**에게 바칠 경우, 제사장이 그 값을 심사하여 비싸든 싸든 그 값을 매기면 제사장이 정한 값이 그 집의 값이 된다. 그 사람이 집을 되사려고 하면, 그 값에 오분의 일을 더해서 내야 다시 자기 것이 된다.

16-21 어떤 사람이 자기 집안의 땅 일부를 거룩하게 구별하여 **하나님**에게 바칠 경우, 그 값은 그 땅에 뿌릴 씨앗의 분량에 따라 정해야 한다. 보리 220리터에 은 오십 세겔의 비율로 정하면 된다. 그가 희년에 자기 밭을 거룩하게 구별해 바치면, 그 값은 앞서 정한 그대로 하면 된다. 그러나 희년이 지난 다음에 그 밭을 바치면, 제사장이 다음 희년까지 남은 햇수를 계산해서 그 햇수에 비례해 값을 낮추어 정하면 된다. 밭을 바친 사람이 그 밭을 되사려면, 정한 값에 오분의 일을 더해서 내야 한다. 그러면 그 밭은 다시 자기 것이 된다. 그러나 그가 그 밭

을 되사지 않거나 다른 사람에게 팔았으면, 다시는 그 밭을 되살 수 없다. 희년
이 되어 그 밭이 풀려나더라도, 그 밭은 **하나님**에게 거룩한 것이 되어 성소의
재산, 곧 **하나님**의 밭이 된다. 그 밭은 제사장의 소유가 될 것이다.
22-25 어떤 사람이 자기 집안의 땅이 아니라 자기가 사들인 밭을 거룩하게 구별하
여 **하나님**에게 바치려면, 제사장은 다음 희년까지 남은 햇수를 계산해서 그 햇
수에 비례해 값을 매겨야 한다. 그 사람은 그 자리에서 그 값을 **하나님**에게 거
룩한 것, 곧 성소에 속한 것으로 바쳐야 한다. 희년이 되면, 그 밭은 밭을 판 사
람, 곧 그 밭의 원래 주인에게 돌아간다. 모든 값은 성소 세겔로 정할 것이며,
일 세겔은 이십 게라다.
26-27 짐승의 첫 새끼는 거룩하게 구별하여 바칠 수 없다. 맨 처음 태어난 것은 이
미 **하나님**에게 속한 것이기 때문이다. 소든 양이든, 그것은 이미 **하나님**의 것이
다. 그러나 바치려는 것이 부정한 짐승이면, 정한 값에 오분의 일을 더해서 되
살 수 있다. 되사지 않으려면, 그 짐승은 정한 값에 다른 사람에게 팔아야 한다.
28 어떤 사람이 자기 소유물 가운데 무엇을 **하나님**에게 온전히 바쳤으면, 사람
이든 짐승이든 집안의 땅이든, 그것을 팔거나 되살 수 없다. 모든 헌물은 지극
히 거룩한 것이다. 그것은 **하나님**의 재산으로, 누구에게도 양도할 수 없다.
29 거룩한 진멸에 바쳐진 사람은 속하여 살려 줄 수 없다. 그는 반드시 죽여야 한다."

30-33 "땅의 곡식이든 나무의 열매든, 땅에서 거둔 소출의 십분의 일은 **하나님**의
것이다. 그것은 **하나님**에게 거룩한 것이다. 어떤 사람이 자신이 바친 십분의 일
을 되사고자 할 경우, 그는 그 되사는 값에 오분의 일을 더해서 내야 한다. 소
떼와 양 떼의 십분의 일, 곧 목자의 지팡이 밑으로 지나가는 짐승의 십분의 일
은 **하나님**에게 거룩한 것이다. 좋은 것과 나쁜 것을 골라서도 안되고 바꿔서도
안된다. 바꿀 경우, 본래의 것과 바꾼 것이 모두 성소의 소유가 되며 되살 수 없
게 된다."

34 이것은 **하나님**께서 시내 산에서 이스라엘 백성을 위해 모세에게 주신 계명이다.

참다운 인간 공동체를 이루는 것은 긴 시간이 소요되는 복잡다단하고 번거로운 일이다. 한 개인이 성숙한 인간으로 성장하는 데도 최대한 지혜와 인내와 용기를 발휘해야 한다. 그러나 다른 사람들과 더불어 성장하는 것은, 낯선 사람이나 비열한 원수들은 말할 것도 없고 부모와 형제자매와 이웃들과 더불어 성장하는 것조차도 대단히 복잡한 일이다.

민수기는 그처럼 녹록치 않은 성장 과정 속으로 우리를 밀어 넣는다. 성경의 이 부분에 수록된 사건들을 읽다 보면, 우리는 하나님의 백성에 속하는 것이 어떤 것인지 생생히 실감하게 된다. 하나님의 백성은 하나님을 경외하고, 일상생활에서 사랑과 정의를 실천하고, 자신과 타인 안에 있는 죄를 다룰 줄 알고, 하나님의 명령을 따르면서 복된 미래로 나아가는 인간 공동체를 가리킨다. 이 모든 일에는 환상이 끼어들 여지가 없다.

> 구름이 성막 위로 올라갈 때면 이스라엘 백성이 행진했고, 구름이 내려와 머물 때면 백성이 진을 쳤다. 이스라엘 백성은 **하나님**의 명령에 따라 행진하고, **하나님**의 명령에 따라 진을 쳤다. 구름이 성막 위에 머무는 동안에는 진을 쳤다. 구름이 성막 위에 여러 날을 머물면, 그들은 **하나님**의 명령에 따라 행진하지 않았다. 구름이 성막 위에 머물러 있는 동안에는 **하나님**의 명령에 순종하여 진 안에 머물렀고, **하나님**께서 명령을 내리시면 곧바로 행진했다. 구름이 해가 질 무렵부터 새벽녘까지 머물다가 동이 틀 무렵에 올라가면, 그들은 행진했다. 밤이든 낮이든 상관없이, 구름이 올라가면 그들은 행진했다. 구름이 성막 위에 이틀을 머물든 한 달을 머물든 한 해를 머물든 상관이 없었다. 구름이 성막 위에 머무는 동안에는 그들도 그 자리에 머물렀다. 그러다가 구름이 올라가면, 그들도 일어나 행진했다. 그들은 **하나님**의 명령에 따라 진을 치고, **하나님**의 명령에 따라 행진했다. 그들은 모세가 전한 **하나님**의 명령에 순종하며 살았다(민 9:17-23).

우리 가운데 상당수는 낭만적으로 묘사된 영성을 마음속에 그리며 좋아한다. 이를테면 "하나님께서 하늘에 계시니 모든 것이 세상과 제대로 어우러지네"(로버트 브라우닝의 '피파의 노래' 일부—옮긴이)와 같은 식의 생각 말이다. 일이 "제대로" 되지 않을 때, 우리는 다른 사람이나 자신을 탓하고, 할 수 있는 최선을 다해 상황을 헤쳐 나가고, 종종 성질을 부리고, 다른 시대—아마도 '성경 시대!'—에 태어났더라면 거룩하게 사는 것이 훨씬 쉬웠을 것이라고 생각한다. 하지만 그것은 헛된 생각일 뿐이다. 하나님께 지음받은 인간이 되어 순종하는 믿음과 희생적인 사랑의 삶으로 부름받는다는 것이 무슨 뜻인지를 보여주는 기본 교재인 성경 어디에도, 사는 것이 쉽다거나 '자연스러운 것'이라고 암시하는 대목은 없다. 따라서 우리는 많은 도움이 필요하다.

우리는 조직적인 도움이 필요하다. 공동체 안에서 함께 지낼 때는, 업무를 분담하고 지도자를 임명하고 물품 목록을 갖추어 두어야 한다. 수를 세고 목록을 작성하고 명부를 갖추는 것은 기도와 가르침과 정의만큼이나 하나님의 공동체로 살아가는 데 꼭 필요한 요소다. 정확한 계산법은 하나님의 백성이 갖추어야 할 덕목이다.

우리는 관계의 측면에서도 도움이 필요하다. 우리는 하나님의 부르심과 인도하심과 명령을 받는 사람들이, 싸우고 말다툼하고 불평하고 반역하고 간음하고 도둑질하는 등 많은 죄를 범하는 남녀 무리와 함께 있음을 알게 된다. 함께 살아가는 데는 도움이 필요하다. 하나님의 백성이 되는 데는 사려 깊은 훈련이 필요하다.

수를 세는 일과 다툼이 민수기의 상당 부분을 차지한다. 그것들은 우리가 하나님의 백성이 되는 데 있어서 피할 수 없는 부분이다. 이처럼 결코 낭만적이지 않은 세부사항을 받아들이도록 우리의 상상력을 훈련시켜서, 하나님의 백성이 되어 가는 데 꼭 필요한 책이 바로 민수기다.

민수기

시내 광야에서의 인구조사

1 [1-5] 이스라엘 자손이 이집트에서 나온 이듬해 둘째 달 첫째 날에 하나님께
서 시내 광야 회막에서 모세에게 말씀하셨다. "너는 가문과 집안별로 이
스라엘 백성 온 회중의 수를 세어, 모든 남자의 이름을 명부에 올려라. 너와 아
론은 군에 입대해 싸울 수 있는 스무 살 이상 된 남자들을 모두 부대별로 등록
시켜야 한다. 각 지파에서 한 사람씩, 곧 지파마다 우두머리를 한 사람씩 뽑아
너희를 돕게 하여라. 너희를 도와줄 사람들의 이름은 이러하다.

르우벤 지파에서는 스데울의 아들 엘리술
6 시므온 지파에서는 수리삿대의 아들 슬루미엘
7 유다 지파에서는 암미나답의 아들 나손
8 잇사갈 지파에서는 수알의 아들 느다넬
9 스불론 지파에서는 헬론의 아들 엘리압
10 요셉의 아들들 가운데
에브라임 지파에서는 암미훗의 아들 엘리사마
므낫세 지파에서는 브다술의 아들 가말리엘
11 베냐민 지파에서는 기드오니의 아들 아비단
12 단 지파에서는 암미삿대의 아들 아히에셀
13 아셀 지파에서는 오그란의 아들 바기엘
14 갓 지파에서는 드우엘의 아들 엘리아삽
15 납달리 지파에서는 에난의 아들 아히라.

16 이들은 회중 가운데서 선출된 사람들로, 조상 때부터 내려온 지파들의 지도

자들이자 이스라엘 각 부대의 우두머리들이다.

17-19 모세와 아론은 자신들을 돕도록 임명된 이 사람들을 데리고, 둘째 달 첫째
날에 온 회중을 불러 모았다. 백성이 자기 가문과 조상의 집안별로 명부에 등록
하고, 스무 살 이상 된 남자들의 이름을 명부에 기록했다. **하나님**께서 모세에게
명령하신 대로 한 것이다. 모세는 시내 광야에서 그들의 수를 세었다.
20-21 이스라엘의 맏아들 르우벤의 자손 가운데 군에 입대해 싸울 수 있는 스무
살 이상 된 남자로 조상의 가문과 집안별로 등록된 사람을 하나하나 세었다. 르
우벤 지파는 그 수가 46,500명이었다.
22-23 시므온의 자손 가운데 군에 입대해 싸울 수 있는 스무 살 이상 된 남자로 가
문과 집안별로 등록된 사람을 하나하나 세었다. 시므온 지파는 그 수가 59,300명
이었다.
24-25 갓의 자손 가운데 군에 입대해 싸울 수 있는 스무 살 이상 된 남자로 가문과
집안별로 등록된 사람을 하나하나 세었다. 갓 지파는 그 수가 45,650명이었다.
26-27 유다의 자손 가운데 군에 입대해 싸울 수 있는 스무 살 이상 된 남자로 가문
과 집안별로 등록된 사람을 하나하나 세었다. 유다 지파는 그 수가 74,600명이
었다.
28-29 잇사갈의 자손 가운데 군에 입대해 싸울 수 있는 스무 살 이상 된 남자로 가
문과 집안별로 등록된 사람을 하나하나 세었다. 잇사갈 지파는 그 수가 54,400명
이었다.
30-31 스불론의 자손 가운데 군에 입대해 싸울 수 있는 스무 살 이상 된 남자로 가
문과 집안별로 등록된 사람을 하나하나 세었다. 스불론 지파는 그 수가 57,400명
이었다.
32-33 요셉의 아들 에브라임의 자손 가운데 군에 입대해 싸울 수 있는 스무 살 이
상 된 남자로 가문과 집안별로 등록된 사람을 하나하나 세었다. 에브라임 지파
는 그 수가 40,500명이었다.
34-35 요셉의 아들 므낫세의 자손 가운데 군에 입대해 싸울 수 있는 스무 살 이상
된 남자로 가문과 집안별로 등록된 사람을 하나하나 세었다. 므낫세 지파는 그
수가 32,200명이었다.
36-37 베냐민의 자손 가운데 군에 입대해 싸울 수 있는 스무 살 이상 된 남자로 가
문과 집안별로 등록된 사람을 하나하나 세었다. 베냐민 지파는 그 수가 35,400명
이었다.
38-39 단의 자손 가운데 군에 입대해 싸울 수 있는 스무 살 이상 된 남자로 가문과
집안별로 등록된 사람을 하나하나 세었다. 단 지파는 그 수가 62,700명이었다.
40-41 아셀의 자손 가운데 군에 입대해 싸울 수 있는 스무 살 이상 된 남자로 가문
과 집안별로 등록된 사람을 하나하나 세었다. 아셀 지파는 그 수가 41,500명이
었다.
42-43 납달리의 자손 가운데 군에 입대해 싸울 수 있는 스무 살 이상 된 남자로 가

문과 집안별로 등록된 사람을 하나하나 세었다. 납달리 지파는 그 수가 53,400명
이었다.
44-46 이것은 모세와 아론이 이스라엘 가문을 대표하는 열두 지도자의 도움을 받
아 등록시킨 사람들의 수다. 군에 입대해 싸울 수 있는 스무 살 이상 된 사람으
로 조상의 가문별로 계수된 이스라엘 백성의 수는, 모두 603,550명이었다.
47-51 그러나 레위인은 다른 지파들과 함께 자기 조상의 가문별로 계수되지 않았
다. **하나님**께서 모세에게 말씀하셨다. "레위 지파는 예외다. 그들은 등록시키
지 마라. 레위 지파의 수는 세지 않아도 된다. 이스라엘 백성을 대상으로 한 인
구조사에 그들을 포함시키지 마라. 대신 레위인에게 증거판이 보관된 성막과
그 모든 기구와 거기에 딸린 모든 것을 맡게 하여라. 그들은 성막과 그 모든 기
구를 나르고 성막을 관리하며 성막 주위에 진을 치고 살아야 한다. 성막을 옮길
때가 되면 레위인이 그것을 거두고, 성막을 세울 때가 되면 레위인이 그것을 세
워야 한다. 그들 외에 성막에 가까이 다가오는 자는 죽임을 당할 것이다.
52-53 나머지 이스라엘 백성은 부대별로 자기 진영의 깃발 아래 장막을 쳐야 한
다. 그러나 레위인은 증거판이 보관된 성막 주위에 진을 쳐서, 진노가 이스라엘
공동체에 임하지 않게 해야 한다. 레위인의 임무는 증거판이 보관된 성막을 안
전하게 지키는 것이다."
54 이스라엘 백성은 **하나님**께서 모세에게 명령하신 모든 것을 행했다. 그들은
그 모든 일을 빠짐없이 행했다.

행진 순서

2 1-2 **하나님**께서 모세와 아론에게 말씀하셨다. "이스라엘 백성은 회막을
에워싸고 둘레에 진을 치되, 회막을 마주 보도록 쳐야 한다. 부대마다 자
기 지파를 표시하는 깃발 아래 진을 쳐야 한다.
3-4 동쪽 해 뜨는 쪽에는 유다 지파의 진영에 속한 부대들이 그 진영의 깃발 아래
진을 친다. 유다 지파의 지휘관은 암미나답의 아들 나손이며, 그가 이끌 병력의
수는 74,600명이다.
5-6 잇사갈 지파는 유다 지파 옆에 진을 친다. 잇사갈 지파의 지휘관은 수알의 아
들 느다넬이며, 그가 이끌 병력의 수는 54,400명이다.
7-8 스불론 지파도 유다 지파 옆에 진을 친다. 스불론 지파의 지휘관은 헬론의 아
들 엘리압이며, 그가 이끌 병력의 수는 57,400명이다.
9 유다 진영에 배속된 각 부대의 군사 수는 모두 186,400명이다. 이들이 선두에
서서 행진할 것이다."

10-11 "남쪽에는 르우벤 지파의 진영에 속한 부대들이 그 진영의 깃발 아래 진을
친다. 르우벤 지파의 지휘관은 스데울의 아들 엘리술이며, 그가 이끌 병력의 수
는 46,500명이다.
12-13 시므온 지파는 르우벤 지파 옆에 진을 친다. 시므온 지파의 지휘관은 수리

삿대의 아들 슬루미엘이며, 그가 이끌 병력의 수는 59,300명이다.
14-15 갓 지파도 르우벤 지파 옆에 진을 친다. 갓 지파의 지휘관은 드우엘의 아들
엘리아삽이며, 그가 이끌 병력의 수는 45,650명이다.
16 르우벤 진영에 배속된 각 부대의 군사 수는 모두 151,450명이다. 이들이 두
번째로 행진한다."

17 "회막은 레위인의 진영과 함께 행진 대열의 중앙에 위치한다. 각 지파가 진을
친 순서대로 행진하되, 각자 자기 깃발을 따라 행진한다."

18-19 "서쪽에는 에브라임 지파의 진영에 속한 부대들이 그 진영의 깃발 아래 진
을 친다. 에브라임 지파의 지휘관은 암미훗의 아들 엘리사마이며, 그가 이끌 병
력의 수는 40,500명이다.
20-21 므낫세 지파는 에브라임 지파 옆에 진을 친다. 므낫세 지파의 지휘관은 브
다술의 아들 가말리엘이며, 그가 이끌 병력의 수는 32,200명이다.
22-23 베냐민 지파도 에브라임 지파 옆에 진을 친다. 베냐민 지파의 지휘관은 기
드오니의 아들 아비단이며, 그가 이끌 병력의 수는 35,400명이다.
24 에브라임 진영에 배속된 각 부대의 군사 수는 모두 108,100명이다. 이들이
세 번째로 행진한다."

25-26 "북쪽에는 단 지파의 진영에 속한 부대들이 그 진영의 깃발 아래 진을 친
다. 단 지파의 지휘관은 암미삿대의 아들 아히에셀이며, 그가 이끌 병력의 수는
62,700명이다.
27-28 아셀 지파는 단 지파 옆에 진을 친다. 아셀 지파의 지휘관은 오그란의 아들
바기엘이며, 그가 이끌 병력의 수는 41,500명이다.
29-30 납달리 지파도 단 지파 옆에 진을 친다. 납달리 지파의 지휘관은 에난의 아
들 아히라이며, 그가 이끌 병력의 수는 53,400명이다.
31 단 진영에 배속된 각 부대의 군사 수는 모두 157,600명이다. 이들은 자기 진
영의 깃발 아래 행진 대열의 맨 마지막에 자리를 잡고 출발한다."

32-33 이들은 자기 조상의 가문에 따라 계수된 이스라엘 백성이다. 모든 진영에서
부대별로 계수된 군사 수는 모두 603,550명에 달했다. 그러나 하나님께서 모세
에게 내리신 명령에 따라, 레위인은 나머지 이스라엘 자손과 함께 계수되지 않
았다.
34 이스라엘 백성은 하나님께서 모세에게 명령하신 대로 모두 행했다. 그들은
각각 자기 진영의 깃발 아래 진을 치고, 자기 조상의 가문과 함께 지파별로 행
진했다.

레위인

3

1 하나님께서 시내 산에서 모세와 말씀하시던 때에 아론과 모세의 족보는 이러하다.

2-4 아론의 아들들의 이름은 맏아들 나답, 그 아래로 아비후, 엘르아살, 이다말이다. 이들은 제사장으로 섬기도록 위임받고, 기름부음을 받은 제사장들이다. 그러나 나답과 아비후는 시내 광야에서 규정에 어긋난 제물을 하나님께 드리다가 하나님 앞에서 죽었다. 그들이 아들 없이 죽었으므로, 엘르아살과 이다말이 아버지 아론이 살아 있는 동안 제사장 직무를 수행했다.

5-10 하나님께서 모세에게 말씀하셨다. "너는 레위 지파를 앞으로 나오게 하여라. 그들을 아론에게 맡겨 그를 돕게 하여라. 그들은 성막 일을 수행하여 회막 앞에서 아론과 온 회중을 위해 일하게 될 것이다. 그들의 임무는 성막의 모든 기구를 책임지고, 이스라엘 백성이 의무를 다하기 위해 나아올 때 성막 일을 수행하는 것이다. 너는 레위인을 아론과 그의 아들들에게 맡겨라. 그들은 전적으로 아론을 위해 일하도록 임명된 사람들이다. 아론과 그의 아들들을 세워 제사장 직무를 수행하게 하여라. 누구든지 다른 사람이 그를 밀치고 들어오려고 하다가는 죽임을 당할 것이다."

11-13 하나님께서 모세에게 말씀하셨다. "나는 이스라엘 백성 가운데서 레위인을 택하여, 모든 이스라엘 어머니의 맏아들을 대신하게 했다. 레위인은 나의 것이다. 처음 태어난 것은 모두 나의 것이다. 내가 이집트에서 처음 태어난 것을 모두 죽여 없애던 때에, 사람이든 짐승이든 이스라엘에서 처음 태어난 것은 모두 거룩하게 구별하여 나의 것으로 삼았다. 그들은 나의 것이다. 나는 하나님이다."

14-16 하나님께서 시내 광야에서 모세에게 말씀하셨다. "레위 자손의 수를 조상의 가문과 집안별로 세어라. 태어난 지 한 달 이상 된 남자의 수를 모두 세어라." 모세는 하나님께서 지시하신 대로 그들의 수를 세었다.

17 레위의 아들들의 이름은 게르손, 고핫, 므라리다.

18 게르손의 아들들의 이름은 가문별로 립니, 시므이다.

19 고핫의 아들들은 가문별로 아므람, 이스할, 헤브론, 웃시엘이다.

20 므라리의 아들들은 가문별로 마흘리, 무시다.

이는 가문별로 살펴본 레위의 자손이다.

21-26 게르손은 립니 가문과 시므이 가문의 조상이다. 이들은 게르손 가문으로 알려졌다. 그들 중 태어난 지 한 달 이상 된 남자의 수는 모두 7,500명이었다. 게르손 자손은 성막 뒤편 서쪽에 진을 쳤으며, 라엘의 아들 엘리아삽이 그들을 이끌었다. 게르손 자손이 회막에서 맡은 일은 성막과 장막과 그 덮개, 회막 입구를 가리는 막, 뜰의 휘장, 성막과 제단을 둘러싼 뜰의 입구를 가리는 막, 여러 가지 줄, 그 밖에 이와 관련된 모든 일을 관리하는 것이었다.

27-32 고핫은 아므람 가문과 이스할 가문과 헤브론 가문과 웃시엘 가문의 조상이다. 이들은 고핫 가문으로 알려졌다. 그들 중 태어난 지 한 달 이상 된 남자의 수는 모두 8,600명이었다. 고핫 자손은 성소를 맡았다. 고핫 자손은 성막 남쪽

에 진을 쳤으며, 웃시엘의 아들 엘리사반이 그들을 이끌었다. 그들이 맡은 일은 증거궤와 상과 등잔대와 제단들, 예식에 쓰는 성소의 물품과 휘장, 그 밖에 이와 관련된 모든 일을 관리하는 것이었다. 제사장 아론의 아들 엘르아살이 레위인의 지도자들과 성소 맡은 이들을 감독했다.

33-37 므라리는 마흘리 가문과 무시 가문의 조상이다. 이들은 므라리 가문으로 알려졌다. 그들 중 태어난 지 한 달 이상 된 남자의 수는 모두 6,200명이었다. 그들은 성막 북쪽에 진을 쳤으며, 아비하일의 아들 수리엘이 그들을 이끌었다. 므라리 자손이 맡은 일은 성막의 널판과 가로다지, 기둥, 밑받침, 성막에 딸린 모든 기구와 이와 관련된 모든 물건을 책임지고, 뜰 둘레에 세우는 기둥과 밑받침, 장막 말뚝과 여러 가지 줄을 관리하는 것이었다.

38 모세와 아론과 그의 아들들은 성막 동쪽, 곧 회막 앞 해 뜨는 쪽에 진을 쳤다. 그들이 맡은 일은 이스라엘 백성을 위해 성소를 관리하고 예배 의식을 거행하는 것이었다. 이들 외에 이 직무를 수행하려고 한 사람은 누구든지 죽임을 당했다.

39 **하나님**의 명령에 따라 모세와 아론이 가문별로 계수한 레위인, 곧 태어난 지 한 달 이상 된 남자의 수는 모두 22,000명이었다.

40-41 **하나님**께서 모세에게 말씀하셨다. "이스라엘 백성 가운데서 태어난 지 한 달 이상 된 모든 맏아들의 수를 세어라. 그들의 이름을 명부에 올려라. 이스라엘 백성의 모든 맏아들 대신에 레위인을 나의 것으로 따로 떼어 놓아라. 기억하여라. 나는 **하나님**이다. 이스라엘 백성의 가축 대신에 레위인의 가축을 나의 것으로 따로 떼어 놓아라. 나는 **하나님**이다."

42-43 모세는 **하나님**께서 명령하신 대로, 이스라엘 백성의 모든 맏아들의 수를 세었다. 태어난 지 한 달 이상 된 맏아들, 곧 명부에 이름을 올린 맏아들의 수는 모두 22,273명이었다.

44-48 **하나님**께서 다시 모세에게 말씀하셨다. "너는 이스라엘 백성의 모든 맏아들 대신에 레위인을 택하고, 이스라엘 백성의 가축 대신에 레위인의 가축을 택하여라. 레위인은 나의 것이다. 나는 **하나님**이다. 이스라엘 자손의 맏아들 가운데서 레위인의 수를 초과하는 273명을 대속하되, (이십 게라가 일 세겔인) 성소 세겔로 한 사람에 오 세겔씩 거두어 대속하여라. 이렇게 거둔 돈을 레위인의 수를 초과하는 이스라엘 자손을 대속하는 값으로 아론과 그의 아들들에게 주어라."

49-51 모세는 레위인이 대속한 사람들의 수를 초과한 이들에게서 대속의 값을 거두었다. 그는 이스라엘 자손의 맏아들 273명에게서 성소 세겔로 은 1,365세겔을 거두었다. **하나님**께서 말씀하신 대로 모세는 그 대속의 값을 아론과 그의 아들들에게 주었다. 그는 이렇게 **하나님**께서 명령하신 대로 행했다.

고핫 자손의 임무

4 [1-3] **하나님**께서 모세와 아론에게 말씀하셨다. "레위 자손 가운데서 고핫
자손의 수를 가문과 집안별로 세어라. 서른 살에서 쉰 살까지 회막 일을
할 만한 남자의 수를 모두 세어라.
[4] 고핫 자손이 회막에서 맡을 일은, 지극히 거룩한 것들을 보살피는 것이다.
[5-6] 진이 출발하려고 할 때, 아론과 그의 아들들은 안으로 들어가서 칸막이 휘장
을 내리고 그것으로 증거궤를 덮어야 한다. 그 위에 돌고래 가죽을 덮고, 또 그
위에 튼튼한 청색 천을 덮은 다음 채를 꿰어야 한다.
[7-8] 임재의 빵을 차려 놓는 상 위에 청색 보자기를 펴고, 그 위에 접시와 향 담는
그릇과 대접과 부어 드리는 제물을 담는 주전자를 두고, 늘 차려 놓는 빵도 그
위에 놓아두어라. 이것들을 주홍색 보자기로 덮고, 그 위에 돌고래 가죽을 덮은
다음 채를 꿰어야 한다.
[9-10] 빛을 내는 등잔대와 등잔들, 심지 자르는 가위와 재를 담는 접시, 등잔대에
딸린 기름 단지들을 청색 보자기로 덮은 다음, 이 모든 것을 돌고래 가죽 덮개
로 싸서 들것 위에 얹어야 한다.
[11] 금제단 위에 청색 보자기를 펴고 그 위에 돌고래 가죽을 덮어서 들것 위에 얹
어야 한다.
[12] 성소에서 섬길 때 쓰는 온갖 기구를 가져다가 청색 보자기에 싸고 돌고래 가
죽을 덮은 다음 들것 위에 얹어야 한다.
[13-14] 제단의 재를 치우고 그 위에 자주색 보자기를 펴고, 거기에다 제단에서 예
식을 거행할 때 쓰는 온갖 기구, 곧 화로와 고기 집게와 부삽과 쟁반 등 제단에
서 쓰는 모든 기구를 얹고, 그 위에 돌고래 가죽을 덮은 다음 채를 꿰어야 한다.
[15] 아론과 그의 아들들이 모든 거룩한 비품과 기구를 싸는 일을 마치고 진영이
출발할 준비가 되면, 고핫 자손이 와서 그것들을 들고 날라야 한다. 이때 그 거
룩한 물건들을 만져서는 안된다. 만졌다가는 죽을 것이다. 고핫 자손이 맡은 임
무는 회막 안에 있는 모든 물건을 들고 나르는 것이다.
[16] 제사장 아론의 아들 엘르아살은 등불에 쓰는 기름, 향기로운 향, 매일 바치는
곡식 제물, 거룩하게 구별하는 기름을 맡아야 한다. 또한 그는 성막 전체와 성
막의 거룩한 비품과 기구를 포함한 성막 안의 모든 것을 맡아야 한다."
[17-20] **하나님**께서 모세와 아론에게 말씀하셨다. "고핫 자손의 가문들이 레위인
가운데서 끊어지지 않게 하여라. 그들이 지극히 거룩한 것에 가까이 갈 때 죽지
않고 살도록 그들을 보호하여라. 그들을 보호하기 위해, 아론과 그의 아들들이
그들보다 먼저 성소 안으로 들어가서 각 사람이 해야 할 일과 날라야 할 것을
정해 주어야 한다. 고핫 자손은 성소에 들어가서 거룩한 것들을 보아서는 안된
다. 잠깐이라도 보았다가는 죽을 것이다."

게르손 자손의 임무

[21-23] **하나님**께서 모세에게 말씀하셨다. "게르손 자손의 수를 조상의 가문과 집안

별로 세어라. 서른 살에서 쉰 살까지 회막 일을 할 만한 남자의 수를 모두 세어라.
24-28 게르손 자손의 가문과 집안은 무거운 짐을 나르는 일로 섬길 것이다. 그들은 성소와 회막의 휘장들, 장막 덮개와 그 위에 씌우는 돌고래 가죽 덮개, 회막 입구를 가리는 막, 거기에 딸린 여러 가지 줄, 그 밖에 성소에서 섬길 때 쓰는 모든 기구를 나르고, 이와 관련된 일을 해야 한다. 그들은, 아론과 그 아들들의 감독 아래 짐을 들어 올리고 나르고 옮기는 모든 일을 수행해야 한다. 너는 그들이 날라야 할 것을 분명하게 정해 주어라. 이것은 게르손 자손이 회막에서 할 일이다. 제사장 아론의 아들 이다말이 그들의 일을 감독할 것이다."

므라리 자손의 임무

29-30 "므라리 자손의 수를 조상의 집안별로 세어라. 서른 살에서 쉰 살까지 회막 일을 할 만한 남자의 수를 모두 세어라.
31-33 그들이 회막에서 맡을 일은 성막의 널판과 가로다지, 기둥과 밑받침, 뜰 둘레에 세우는 기둥과 밑받침, 장막 말뚝과 여러 가지 줄, 그리고 이것들을 사용하는 것과 관련된 모든 기구를 나르는 것이다. 너는 각 사람이 날라야 할 것을 정확하게 정해 주어라. 이것은 므라리 자손이 회막에서 제사장 아론의 아들 이다말의 감독 아래 해야 할 일이다."

34-37 모세와 아론과 회중의 지도자들은 고핫 자손의 수를 가문과 집안별로 세었다. 서른 살에서 쉰 살까지 회막 일을 하러 온 남자의 수를 가문별로 세어 보니, 모두 2,750명이었다. 이는 회막에서 섬긴 고핫 자손의 전체 수다. 모세와 아론은 하나님께서 모세를 통해 명령하신 대로 그들의 수를 세었다.
38-41 게르손 자손의 수도 가문과 집안별로 세었다. 서른 살에서 쉰 살까지 회막 일을 하러 온 남자의 수를 가문과 집안별로 세어 보니, 모두 2,630명이었다. 이는 회막에서 섬긴 게르손 자손의 전체 수다. 모세와 아론은 하나님께서 명령하신 대로 그들의 수를 세었다.
42-45 므라리 자손의 수도 가문과 집안별로 세었다. 서른 살에서 쉰 살까지 회막 일을 하러 온 남자의 수를 가문별로 세어 보니, 모두 3,200명이었다. 이는 므라리 자손 가운데서 계수된 사람의 전체 수다. 모세와 아론은 하나님께서 모세를 통해 명령하신 대로 그들의 수를 세었다.
46-49 모세와 아론과 이스라엘의 지도자들은 모든 레위인의 수를 가문과 집안별로 세었다. 서른 살에서 쉰 살까지 회막 운반 작업을 하러 온 남자의 수는 모두 8,580명이었다. 모세는 하나님께서 명령하신 대로 각 사람이 할 일을 정해 주고 날라야 할 것을 일러 주었다.
이것은 하나님께서 모세에게 명령하신 대로, 이스라엘 자손의 수를 계수한 이야기다.

5

1-3 **하나님**께서 모세에게 말씀하셨다. "너는 이스라엘 백성에게 명령하여, 악성 피부병에 걸린 사람, 고름을 흘리는 사람, 주검에 닿아 부정하게 된 사람을 진 안에 머물지 못하게 하여라. 남자와 여자 가리지 말고 똑같이 내보내라. 그들을 진 밖으로 내보내어, 내가 그들 가운데 머물고 있는 진을 더럽히지 못하게 하여라."
4 이스라엘 백성은 그대로 행하여 그들을 진 안에 머물지 못하게 했다. 그들은 **하나님**께서 모세를 통해 명령하신 대로 행했다.

5-10 **하나님**께서 모세에게 말씀하셨다. "너는 이스라엘 백성에게 이렇게 일러 주어라. 남자든 여자든 어떤 잘못을 저질렀으면, 그 사람은 **하나님**과의 신뢰 관계를 끊은 것이므로 유죄다. 그는 반드시 자기 잘못을 고백해야 한다. 또한 그는 피해자에게 전액을 보상하고 거기에 오분의 일을 더해서 갚아야 한다. 그러나 피해자에게 보상을 받을 가까운 친척이 없으면, 그 보상은 **하나님**의 것이므로 속죄에 쓰는 숫양과 함께 제사장에게 주어야 한다. 이스라엘 백성이 제사장에게 가져오는 거룩한 제물은 모두 제사장의 것이다. 각 사람이 가져온 거룩한 제물은 그 사람의 것이지만, 일단 제사장에게 준 것은 제사장의 것이 된다."

11-15 **하나님**께서 모세에게 말씀하셨다. "이스라엘 백성에게 이렇게 일러 주어라. 한 남자의 아내가 바람을 피우고, 남편을 배신한 채 다른 남자와 잠자리를 같이하여 자기 몸을 더럽혔는데도 남편이 그 사실을 전혀 알아채지 못했다고 하자. 목격자도 없고 현장에서 잡힌 것도 아닌데 남편이 질투심에 사로잡혀 자기 아내가 부정하다고 의심할 경우, 또는 아내가 결백한데도 남편이 근거 없는 질투심에 사로잡혀 의심할 경우, 남편은 자기 아내를 제사장에게 데려가야 한다. 그는 자기 아내를 위해 보릿가루 2리터를 제물로 가져가야 한다. 그 제물에는 기름을 부어서도 안되고 향을 섞어서도 안된다. 그것은 질투 때문에 바친 곡식 제물, 죄를 밝히기 위해 바친 제물이기 때문이다.
16-22 제사장은 그 여자를 데려다가 **하나님** 앞에 세워야 한다. 그리고 옹기항아리에 거룩한 물을 담아다가 성막 바닥에서 흙먼지 얼마를 긁어 그 물에 타야 한다. 제사장은 그 여자를 **하나님** 앞에 세운 다음 그 여자에게 머리를 풀게 하고, 진상 규명의 제물, 곧 질투 때문에 바친 곡식 제물을 그 여자의 두 손에 얹어 놓아야 한다. 제사장은 저주를 전하는 쓴 물을 손에 들고 그 여자에게 맹세시키면서 이렇게 말해야 한다. '그대가 다른 남자와 잠자리를 같이한 적이 없고 그대가 남편과 결혼생활을 하는 동안에 바람을 피워 몸을 더럽힌 일이 없으면, 저주를 전하는 이 쓴 물이 그대를 해치지 않을 것이오. 그러나 그대가 남편과 결혼생활을 하는 동안에 바람을 피우고 그대의 남편 외에 다른 남자와 잠자리를 같이하여 자기 몸을 더럽혔으면—이 대목에서 제사장은 그 여자를 다음과 같이 저주

해야 한다—**하나님**께서 그대의 자궁을 오그라들게 하시고 그대의 배를 부풀어 오르게 하셔서, 그대의 백성이 그대를 저주하고 욕하게 하실 것이오. 저주를 전하는 이 물이 그대의 몸속에 들어가서, 그대의 배를 부풀어 오르게 하고 그대의 자궁을 오그라들게 할 것이오.'
그러면 그 여자는 '아멘. 아멘' 하고 말해야 한다.

23-28 제사장은 이 저주의 말을 두루마리에 적어서, 쓴 물에 그 글자를 씻은 다음, 저주를 전하는 쓴 물을 그 여자에게 주어야 한다. 이 물은 그 여자의 몸속에 들어가 심한 통증을 일으킬 것이다. 제사장은 그 여자의 손에서 질투 때문에 바친 곡식 제물을 한 움큼 받아, **하나님** 앞에 흔들어 바치고 제단으로 가져가야 한다. 제사장은 또 곡식 제물을 한 움큼 쥐고, 그것을 진상 규명의 제물로 삼아 제단 위에서 불살라 바쳐야 한다. 그런 다음 여자에게 그 물을 마시게 해야 한다. 저주를 전하는 물을 마셨을 때, 그 여자가 자기 남편을 배반하고 몸을 더럽힌 일이 있으면, 그 물이 그 여자의 몸속에 들어가 심한 통증을 일으킬 것이다. 그 여자의 배가 부풀어 오르고 자궁이 오그라들 것이다. 그 여자는 자기 백성 가운데서 저주를 받을 것이다. 그러나 그 여자가 자기 몸을 더럽힌 일이 없고 결백하면, 자신의 오명을 씻고 아이도 가질 수 있게 될 것이다.

29-31 이것은 질투에 관한 법으로, 한 여자가 남편과 결혼생활을 하는 동안 바람을 피우고 자기 몸을 더럽혔거나, 남편이 아내를 의심하여 질투심에 사로잡혔을 경우에 적용되는 법이다. 제사장은 그 여자를 **하나님** 앞에 세우고 이 모든 절차를 그 여자에게 적용해야 한다. 그러면 남편은 죄를 면하고, 그 여자는 자기 죄값을 치르게 될 것이다."

나실인 서원

6 1-4 **하나님**께서 모세에게 말씀하셨다. "너는 이스라엘 백성에게 전하여라. 그들에게 이렇게 일러 주어라. 남자든 여자든 너희가 자신을 거룩하게 구별하여 **하나님**에게 완전히 바치겠다는 특별 서원, 곧 나실인 서원을 하려고 할 경우, 너희는 포도주와 맥주를 마셔서는 안된다. 취하게 하는 음료는 무엇이든 마셔서는 안된다. 포도즙도 안되고, 포도나 건포도를 먹어서도 안된다. 나실인으로 헌신하는 기간 내내 포도나무에서 취한 것은 어떤 것도 먹어서는 안된다. 포도 씨나 포도 껍질을 먹어서도 안된다.

5 헌신하는 기간 동안 너희는 머리털을 깎아서는 안된다. 긴 머리는 **하나님**에게 거룩하게 구별되었음을 알리는 지속적인 표가 될 것이다.

6-7 또한 **하나님**에게 자신을 구별해 바치기로 한 기간 동안 주검에 가까이 가서도 안된다. 너희 아버지나 어머니, 너희 형제나 누이의 주검이더라도, 너희는 그것으로 자기 몸을 더럽혀서는 안된다. 하나님에게 자신을 구별해 바쳤음을 알리는 표가 너희 머리에 있기 때문이다.

8 헌신하는 기간 동안 너희는 **하나님**에게 거룩해야 한다.

9-12 누가 갑자기 너희 곁에서 죽어 너희가 구별해 바친 머리털이 더럽혀졌을 경

우, 너희는 자신을 정결하게 하는 날, 곧 칠 일째 되는 날에 머리털을 깎아야 한
다. 팔 일째 되는 날에는 산비둘기 두 마리나 집비둘기 두 마리를 회막 입구로
가져와서 제사장에게 주어야 한다. 그러면 제사장은 한 마리는 속죄 제물로, 다
른 한 마리는 번제물로 바쳐, 주검 때문에 더럽혀진 너희를 정결하게 할 것이
다. 그날로 너희는 다시 자기 머리를 거룩하게 하고, 너희 자신을 나실인으로
다시 **하나님**에게 구별해 바치고, 일 년 된 어린양을 보상 제물로 가져와야 한
다. 너희는 처음부터 다시 시작해야 한다. 너희의 헌신이 더럽혀졌으므로, 지나
간 날은 날수로 세지 않는다.

13-17 너희가 **하나님**에게 자신을 구별해 바치기로 한 기간이 다 찼을 때를 위한 법
은 이러하다. 먼저, 너희는 회막 입구로 가서 너희의 제물을 **하나님**에게 바쳐야
한다. 일 년 된 건강한 어린 숫양 한 마리는 번제물로 바치고, 일 년 된 건강한
암양 한 마리는 속죄 제물로, 건강한 숫양 한 마리는 화목 제물로 바쳐야 한다.
또 고운 곡식 가루로 만든 누룩을 넣지 않은 빵과 고운 곡식 가루에 기름을 섞어
만든 빵과 기름을 발라 만든 과자 한 바구니를 바치고, 곡식 제물과 부어 드리는
제물도 바쳐야 한다. 제사장은 **하나님**에게 나아와 너희의 속죄 제물과 번제물을
바쳐야 한다. 누룩을 넣지 않은 빵 한 바구니와 함께 숫양을 **하나님**에게 화목 제
물로 바치고, 마지막으로 곡식 제물과 부어 드리는 제물을 바쳐야 한다.

18 너희가 구별해 바친 자신의 머리털을 회막 입구에서 깎고, 그 깎은 머리털은
화목 제물 밑에 타고 있는 불 속에 넣어라.

19-20 너희가 구별해 바친 머리털을 깎고 나면, 제사장은 삶은 숫양의 어깨와 누
룩을 넣지 않은 빵 한 개와 과자 한 개를 바구니에서 가져와서, 너희의 두 손에
얹어 놓아야 한다. 제사장은 그것들을 흔들어 바치는 제물로 **하나님** 앞에 흔들
어 바쳐야 한다. 그것들은 거룩한 것이므로, 흔들어 바친 가슴과 들어 올려 바
친 넓적다리와 함께 제사장의 소유가 된다.
그제야 너희는 포도주를 마실 수 있다.

21 이것은 나실인이 지켜야 할 법으로, 그가 따로 바치는 제물 외에 자신을 구별
해 바치기로 서원하고 **하나님**에게 제물을 바칠 때 지켜야 할 지침이다. 그는 나
실인이 지켜야 할 법에 따라 서원한 것은 그대로 실행에 옮겨야 한다."

아론의 축복

22-23 **하나님**께서 모세에게 말씀하셨다. "너는 아론과 그의 아들들에게, '너희는
이스라엘 백성에게 이렇게 축복해야 한다'고 일러 주어라.

24 **하나님**께서 여러분에게 복을 내리시고 여러분을 지켜 주시기를,
25 **하나님**께서 여러분에게 미소 지으시고 은혜 베푸시기를,
26 **하나님**께서 여러분의 얼굴에서 눈을 떼지 않으시고
여러분을 형통케 해주시기를 빕니다.

27 이렇게 하여, 그들이 나의 이름을 이스라엘 백성 위에 두게 하여라.
그러면 내가 나의 이름을 확인하고 그들에게 복을 내릴 것이다."

지도자들이 드린 봉헌 제물

7 1 모세는 성막 세우는 일을 마친 뒤에 성막에 기름을 발라, 성막과 거기
에 딸린 모든 기구를 거룩하게 구별했다. 제단과 거기에 딸린 기구에도
기름을 발라 거룩하게 구별했다.
2-3 인구조사를 수행한 이스라엘의 지도자들, 곧 각 지파의 우두머리들이 제물을
가져왔다. 덮개 있는 수레 여섯 대와 수소 열두 마리를 **하나님** 앞에 드렸는데,
수레는 지도자 두 사람에 한 대씩, 수소는 지도자 한 사람에 한 마리씩이었다.
4-5 **하나님**께서 모세에게 말씀하셨다. "너는 이 제물들을 받아 회막을 운반하는 데
사용하여라. 그것들을 레위인에게 주어, 그들의 일에 필요한 대로 쓰게 하여라."
6-9 모세는 수레와 수소들을 받아 레위인에게 주었다. 수레 두 대와 수소 네 마
리는 게르손 자손에게 주어 그들의 일에 쓰게 하고, 수레 네 대와 수소 여덟 마
리는 므라리 자손에게 주어 그들의 일에 쓰게 했다. 그들은 모두 제사장 아론의
아들 이다말의 감독을 받았다. 모세는 고핫 자손에게는 아무것도 주지 않았다.
고핫 자손은 자신들이 맡은 거룩한 것들을 어깨에 메고 직접 날라야 했기 때문
이다.
10-11 제단에 기름을 부어 거룩하게 구별하던 날, 지도자들이 제단 봉헌을 위한
제물을 가져와 제단 앞에 드렸다. **하나님**께서 모세에게 "날마다 지도자 한 사람
씩 제단 봉헌을 위한 제물을 바쳐야 한다"고 말씀하셨기 때문이다.
12-13 첫째 날에는 유다 지파 암미나답의 아들 나손이 제물을 가져왔다. 그가 드
린 제물은 이러하다.
(성소 표준 중량으로) 무게가 1,430그램인 은쟁반 하나와 무게가 770그램인 은대
접 하나. 이 두 그릇에는 곡식 제물로 드릴 기름 섞은 고운 곡식 가루가 가득 담
겨 있었다.
14 무게가 110그램인 금접시 하나. 이 그릇에는 향이 가득 담겨 있었다.
15 번제물로 드릴 수송아지 한 마리, 숫양 한 마리, 일 년 된 어린 숫양 한 마리.
16 속죄 제물로 드릴 숫염소 한 마리.
화목 제물로 드릴 수소 두 마리, 숫양 다섯 마리, 숫염소 다섯 마리, 일 년 된 어
린 숫양 다섯 마리.
17 이것이 암미나답의 아들 나손이 드린 제물이다.

18-23 둘째 날에는 잇사갈의 지도자, 수알의 아들 느다넬이 제물을 가져왔다. 그
가 드린 제물은 이러하다.
(성소 표준 중량으로) 무게가 1,430그램인 은쟁반 하나와 무게가 770그램인 은대
접 하나. 이 두 그릇에는 곡식 제물로 드릴 기름 섞은 고운 곡식 가루가 가득 담
겨 있었다.

무게가 110그램인 금접시 하나. 이 그릇에는 향이 가득 담겨 있었다.
번제물로 드릴 수송아지 한 마리, 숫양 한 마리, 일 년 된 어린 숫양 한 마리.
속죄 제물로 드릴 숫염소 한 마리.
화목 제물로 드릴 수소 두 마리, 숫양 다섯 마리, 숫염소 다섯 마리, 일 년 된 어린 숫양 다섯 마리.
이것이 수알의 아들 느다넬이 드린 제물이다.

24-29 셋째 날에는 스불론 자손의 지도자, 헬론의 아들 엘리압이 제물을 가져왔다. 그가 드린 제물은 이러하다.
(성소 표준 중량으로) 무게가 1,430그램인 은쟁반 하나와 무게가 770그램인 은대접 하나. 이 두 그릇에는 곡식 제물로 드릴 기름 섞은 고운 곡식 가루가 가득 담겨 있었다.
무게가 110그램인 금접시 하나. 이 그릇에는 향이 가득 담겨 있었다.
번제물로 드릴 수송아지 한 마리, 숫양 한 마리, 일 년 된 어린 숫양 한 마리.
속죄 제물로 드릴 숫염소 한 마리.
화목 제물로 드릴 수소 두 마리, 숫양 다섯 마리, 숫염소 다섯 마리, 일 년 된 어린 숫양 다섯 마리.
이것이 헬론의 아들 엘리압이 드린 제물이다.

30-35 넷째 날에는 르우벤 자손의 지도자, 스데울의 아들 엘리술이 제물을 가져왔다. 그가 드린 제물은 이러하다.
(성소 표준 중량으로) 무게가 1,430그램인 은쟁반 하나와 무게가 770그램인 은대접 하나. 이 두 그릇에는 곡식 제물로 드릴 기름 섞은 고운 곡식 가루가 가득 담겨 있었다.
무게가 110그램인 금접시 하나. 이 그릇에는 향이 가득 담겨 있었다.
번제물로 드릴 수송아지 한 마리, 숫양 한 마리, 일 년 된 어린 숫양 한 마리.
속죄 제물로 드릴 숫염소 한 마리.
화목 제물로 드릴 수소 두 마리, 숫양 다섯 마리, 숫염소 다섯 마리, 일 년 된 어린 숫양 다섯 마리.
이것이 스데울의 아들 엘리술이 드린 제물이다.

36-41 다섯째 날에는 시므온 자손의 지도자, 수리삿대의 아들 슬루미엘이 제물을 가져왔다. 그가 드린 제물은 이러하다.
(성소 표준 중량으로) 무게가 1,430그램인 은쟁반 하나와 무게가 770그램인 은대접 하나. 이 두 그릇에는 곡식 제물로 드릴 기름 섞은 고운 곡식 가루가 가득 담겨 있었다.
무게가 110그램인 금접시 하나. 이 그릇에는 향이 가득 담겨 있었다.
번제물로 드릴 수송아지 한 마리, 숫양 한 마리, 일 년 된 어린 숫양 한 마리.

속죄 제물로 드릴 숫염소 한 마리.
화목 제물로 드릴 수소 두 마리, 숫양 다섯 마리, 숫염소 다섯 마리, 일 년 된 어린 숫양 다섯 마리.
이것이 수리삿대의 아들 슬루미엘이 드린 제물이다.

42-47 여섯째 날에는 갓 자손의 지도자, 드우엘의 아들 엘리아삽이 제물을 가져왔다. 그가 드린 제물은 이러하다.
(성소 표준 중량으로) 무게가 1,430그램인 은쟁반 하나와 무게가 770그램인 은대접 하나. 이 두 그릇에는 곡식 제물로 드릴 기름 섞은 고운 곡식 가루가 가득 담겨 있었다.
무게가 110그램인 금접시 하나. 이 그릇에는 향이 가득 담겨 있었다.
번제물로 드릴 수송아지 한 마리, 숫양 한 마리, 일 년 된 어린 숫양 한 마리.
속죄 제물로 드릴 숫염소 한 마리.
화목 제물로 드릴 수소 두 마리, 숫양 다섯 마리, 숫염소 다섯 마리, 일 년 된 어린 숫양 다섯 마리.
이것이 드우엘의 아들 엘리아삽이 드린 제물이다.

48-53 일곱째 날에는 에브라임 자손의 지도자, 암미훗의 아들 엘리사마가 제물을 가져왔다. 그가 드린 제물은 이러하다.
(성소 표준 중량으로) 무게가 1,430그램인 은쟁반 하나와 무게가 770그램인 은대접 하나. 이 두 그릇에는 곡식 제물로 드릴 기름 섞은 고운 곡식 가루가 가득 담겨 있었다.
무게가 110그램인 금접시 하나. 이 그릇에는 향이 가득 담겨 있었다.
번제물로 드릴 수송아지 한 마리, 숫양 한 마리, 일 년 된 어린 숫양 한 마리.
속죄 제물로 드릴 숫염소 한 마리.
화목 제물로 드릴 수소 두 마리, 숫양 다섯 마리, 숫염소 다섯 마리, 일 년 된 어린 숫양 다섯 마리.
이것이 암미훗의 아들 엘리사마가 드린 제물이다.

54-59 여덟째 날에는 므낫세 자손의 지도자, 브다술의 아들 가말리엘이 제물을 가져왔다. 그가 드린 제물은 이러하다.
(성소 표준 중량으로) 무게가 1,430그램인 은쟁반 하나와 무게가 770그램인 은대접 하나. 이 두 그릇에는 곡식 제물로 드릴 기름 섞은 고운 곡식 가루가 가득 담겨 있었다.
무게가 110그램인 금접시 하나. 이 그릇에는 향이 가득 담겨 있었다.
번제물로 드릴 수송아지 한 마리, 숫양 한 마리, 일 년 된 어린 숫양 한 마리.
속죄 제물로 드릴 숫염소 한 마리.
화목 제물로 드릴 수소 두 마리, 숫양 다섯 마리, 숫염소 다섯 마리, 일 년 된 어린 숫양 다섯 마리.
이것이 브다술의 아들 가말리엘이 드린 제물이다.

60-65 아홉째 날에는 베냐민 자손의 지도자, 기드오니의 아들 아비단이 제물을 가져왔다. 그가 드린 제물은 이러하다.
(성소 표준 중량으로) 무게가 1,430그램인 은쟁반 하나와 무게가 770그램인 은대접 하나. 이 두 그릇에는 곡식 제물로 드릴 기름 섞은 고운 곡식 가루가 가득 담겨 있었다.
무게가 110그램인 금접시 하나. 이 그릇에는 향이 가득 담겨 있었다.
번제물로 드릴 수송아지 한 마리, 숫양 한 마리, 일 년 된 어린 숫양 한 마리.
속죄 제물로 드릴 숫염소 한 마리.
화목 제물로 드릴 수소 두 마리, 숫양 다섯 마리, 숫염소 다섯 마리, 일 년 된 어린 숫양 다섯 마리.
이것이 기드오니의 아들 아비단이 드린 제물이다.

66-71 열째 날에는 단 자손의 지도자, 암미삿대의 아들 아히에셀이 제물을 가져왔다. 그가 드린 제물은 이러하다.
(성소 표준 중량으로) 무게가 1,430그램인 은쟁반 하나와 무게가 770그램인 은대접 하나. 이 두 그릇에는 곡식 제물로 드릴 기름 섞은 고운 곡식 가루가 가득 담겨 있었다.
무게가 110그램인 금접시 하나. 이 그릇에는 향이 가득 담겨 있었다.
번제물로 드릴 수송아지 한 마리, 숫양 한 마리, 일 년 된 어린 숫양 한 마리.
속죄 제물로 드릴 숫염소 한 마리.
화목 제물로 드릴 수소 두 마리, 숫양 다섯 마리, 숫염소 다섯 마리, 일 년 된 어린 숫양 다섯 마리.
이것이 암미삿대의 아들 아히에셀이 드린 제물이다.

72-77 열한째 날에는 아셀 자손의 지도자, 오그란의 아들 바기엘이 제물을 가져왔다. 그가 드린 제물은 이러하다.
(성소 표준 중량으로) 무게가 1,430그램인 은쟁반 하나와 무게가 770그램인 은대접 하나. 이 두 그릇에는 곡식 제물로 드릴 기름 섞은 고운 곡식 가루가 가득 담겨 있었다.
무게가 110그램인 금접시 하나. 이 그릇에는 향이 가득 담겨 있었다.
번제물로 드릴 수송아지 한 마리, 숫양 한 마리, 일 년 된 어린 숫양 한 마리.
속죄 제물로 드릴 숫염소 한 마리.
화목 제물로 드릴 수소 두 마리, 숫양 다섯 마리, 숫염소 다섯 마리, 일 년 된 어린 숫양 다섯 마리.
이것이 오그란의 아들 바기엘이 드린 제물이다.

78-83 열두째 날에는 납달리 자손의 지도자, 에난의 아들 아히라가 제물을 가져왔
다. 그가 드린 제물은 이러하다.

(성소 표준 중량으로) 무게가 1,430그램인 은쟁반 하나와 무게가 770그램인 은대접 하나. 이 두 그릇에는 곡식 제물로 드릴 기름 섞은 고운 곡식 가루가 가득 담겨 있었다.

무게가 110그램인 금접시 하나. 이 그릇에는 향이 가득 담겨 있었다.

번제물로 드릴 수송아지 한 마리, 숫양 한 마리, 일 년 된 어린 숫양 한 마리.

속죄 제물로 드릴 숫염소 한 마리.

화목 제물로 드릴 수소 두 마리, 숫양 다섯 마리, 숫염소 다섯 마리, 일 년 된 어린 숫양 다섯 마리.

이것이 에난의 아들 아히라가 드린 제물이다.

84 제단에 기름을 부어 거룩하게 구별하던 때에 이스라엘의 지도자들이 드린 제
물은 이러하다.

은쟁반 열둘
은대접 열둘
금접시 열둘.

85-86 각 쟁반의 무게는 1,430그램이고, 각 대접의 무게는 770그램이다. 쟁반과
대접을 모두 합한 무게는 (성소 표준 중량으로) 약 26,400그램이다. 향이 가득 담
긴 금접시 열둘은 하나의 무게가 (성소 표준 중량으로) 110그램이다. 금접시를 모
두 합한 무게는 약 1,320그램이다.
87 곡식 제물과 함께 번제물로 드린 짐승의 수는 이러하다.

수송아지 열두 마리
숫양 열두 마리
일 년 된 어린 숫양 열두 마리.

속죄 제물로 드린 짐승의 수는 이러하다.

숫염소 열두 마리.

88 화목 제물로 드린 짐승의 수는 이러하다.

수소 스물네 마리
숫양 육십 마리
숫염소 육십 마리

일 년 된 어린 숫양 육십 마리.

이것이 제단에 기름을 부어 구별한 뒤에 드린 제단 봉헌 제물이다.
89 모세가 하나님께 아뢰려고 회막에 들어갈 때면, 증거궤를 덮은 속죄판 위의
두 그룹 천사 사이에서 말씀하시는 그분의 음성을 들었다. 하나님께서 그와 말
씀하신 것이다.

등잔

8 1-2 하나님께서 모세에게 말씀하셨다. "아론에게, 등잔 일곱 개를 두어 등
잔대 앞을 비추게 하라고 일러 주어라."
3-4 아론이 그대로 행했다. 하나님께서 모세에게 지시하신 대로, 등잔들을 설치
하여 등잔대 앞을 비추게 했다. 등잔대는 줄기에서 꽃잎까지 두들겨 편 금으로
만들었다. 하나님께서 모세에게 보여주신 도안과 정확히 일치하게 만들었다.

레위인을 정결하게 하다

5-7 하나님께서 모세에게 말씀하셨다. "이스라엘 백성 가운데서 레위인을 데려
다가, 그들을 정결하게 하여 하나님의 일을 할 수 있게 하여라. 너는 이렇게 하
여라. 속죄의 물을 그들에게 뿌리고, 그들이 온몸의 털을 밀게 하고 자기 옷을
빨게 하여라. 그러면 그들이 정결하게 될 것이다.
8-11 그들에게 수송아지 한 마리를 가져오게 하고, 기름 섞은 고운 곡식 가루를 곡
식 제물로 가져오게 하여라. 또한 다른 수송아지 한 마리를 속죄 제물로 가져오
게 하여라. 레위인을 회막 앞으로 나오게 하고, 이스라엘 온 공동체를 모아라.
레위인을 하나님 앞에 세우면, 이스라엘 백성이 그들에게 손을 얹을 것이다. 아
론은 이스라엘 백성으로부터 레위인을 넘겨받아 흔들어 바치는 제물로 하나님
앞에 바쳐야 한다. 이는 하나님의 일을 하도록 그들을 준비시키는 것이다.
12-14 너는 레위인에게 수송아지들의 머리에 손을 얹게 한 다음, 한 마리는 속죄
제물로, 다른 한 마리는 번제물로 하나님에게 바쳐 레위인을 위해 속죄하여라.
레위인을 아론과 그의 아들들 앞에 세우고, 그들을 흔들어 바치는 제물로 하나
님에게 바쳐라. 이는 레위인을 이스라엘 백성에게서 구별하는 절차다. 레위인
은 오직 나를 위해서만 존재한다.
15-19 네가 이렇게 레위인을 정결하게 하여 흔들어 바치는 제물로 하나님에게 바
친 뒤에야, 그들이 회막에 들어가서 일할 수 있다. 이스라엘 백성 가운데서 레
위인을 뽑은 것은 오직 내가 쓰기 위해서다. 그들은 이스라엘 여인들에게서 태
어난 모든 맏아들을 대신하는 것이다. 짐승이든 사람이든, 이스라엘에서 처음
태어난 것은 모두 내가 쓰려고 따로 구별해 둔 것이다. 내가 이집트의 모든 맏
아들을 치던 날, 나는 그들을 거룩하게 쓰려고 구별해 두었다. 그러나 이제 나
는 이스라엘 백성 가운데서 뽑은 레위인을 이스라엘의 모든 맏아들 대신 받아,
그들을 아론과 그의 아들들에게 주었다. 이는 그들이 이스라엘 백성을 위해 회

막과 관련된 모든 일을 하고 이스라엘 백성을 위해 속죄하게 하여, 이스라엘 백
성이 성소에 가까이 나아올 때 나쁜 일이 일어나지 않게 하려는 것이다."
20-22 모세와 아론과 이스라엘 백성 온 공동체는 **하나님**께서 모세에게 명령하신
대로, 이 절차들을 레위인과 함께 실행에 옮겼다. 레위인은 자기 몸을 정결하게
하고 자기 옷을 깨끗이 빨았다. 아론은 그들을 흔들어 바치는 제물로 **하나님** 앞
에 드리고, 그들을 위해 속죄하여 그들을 정결하게 했다. 그런 뒤에 레위인은
회막으로 가서 일을 했다. 아론과 그의 아들들은 **하나님**의 지시에 따라 그들을
감독했다.
23-26 **하나님**께서 모세에게 말씀하셨다. "이것은 레위인에 관한 지침이다. 그들
은 스물다섯 살이 되면 회막에 들어가 일을 시작해야 한다. 쉰 살이 되면 일에
서 물러나야 한다. 그들은 형제들이 회막에서 하는 일을 도울 수는 있지만, 직
접 그 일을 맡아 해서는 안된다. 이것이 레위인의 직무에 관한 기본 규례다."

두 번째 유월절

9 1-3 이집트를 떠난 이듬해 첫째 달에 **하나님**께서 시내 광야에서 모세에게
말씀하셨다. "이스라엘 백성이 정해진 때에 유월절을 기념하여 지키게
하여라. 예정대로 이 달 십사 일 저녁에 모든 규례와 절차에 따라 유월절을 기
념하여 지켜라."
4-5 모세가 이스라엘 백성에게 유월절을 기념하여 지키라고 명령하자, 그들이 첫
째 달 십사 일 저녁에 시내 광야에서 유월절을 지켰다. 이스라엘 백성은 **하나님**
께서 모세에게 명령하신 대로 모두 행했다.
6-7 그러나 그들 가운데 몇 사람은 주검 때문에 부정하게 되어 정해진 날에 유월
절을 지킬 수 없었다. 그들이 유월절에 모세와 아론에게 나와서, 모세에게 말했
다. "우리가 주검 때문에 부정하게 되기는 했지만, 어찌하여 우리가 유월절 정
해진 때에 다른 이스라엘 자손과 함께 **하나님**께 제물을 드리지 못하게 막는 것
입니까?"
8 모세가 대답했다. "시간을 좀 주십시오. **하나님**께서 여러분의 처지를 보시고
어떻게 말씀하시는지 알아보겠습니다."
9-12 **하나님**께서 모세에게 말씀하셨다. "너는 이스라엘 백성에게 이렇게 일러 주
어라. 너희 가운데 어떤 사람이 주검 때문에 부정하게 되었거나 먼 여행길에 있
다 하더라도, **하나님**의 유월절을 기념하여 지킬 수 있다. 그러나 그런 사람은
둘째 달 십사 일 저녁에 유월절을 지켜야 한다. 누룩을 넣지 않은 빵과 쓴 나물
을 곁들여 유월절 양을 먹고, 다음날 아침까지 아무것도 남기지 마라. 어린양의
뼈를 꺾지도 마라. 모든 절차를 그대로 따라라.
13 그러나 정결한 사람이나 여행중이 아닌 사람이 유월절을 지키지 않으면, 그
사람은 자기 백성 가운데서 끊어져야 한다. 정해진 때에 **하나님**에게 제물을 바
치지 않았기 때문이다. 그러한 사람은 자기 죄값을 치르게 될 것이다.
14 너희와 함께 사는 외국인이 **하나님**의 유월절을 지키려면, 모든 규례와 절차

를 따라야 한다. 외국인이나 본국인에게나 똑같은 절차가 적용된다."

성막을 덮은 구름

15-16 성막을 세우던 날, 구름이 성막 곧 증거판이 보관된 성막을 덮었다. 해가 질
무렵부터 새벽녘까지 구름이 성막을 덮고 있었다. 그 구름은 불처럼 보였다. 구
름은 그렇게 항상 성막을 덮고 있었고, 밤이 되면 불처럼 보였다.
17-23 구름이 성막 위로 올라갈 때면 이스라엘 백성이 행진했고, 구름이 내려와
머물 때면 백성이 진을 쳤다. 이스라엘 백성은 **하나님**의 명령에 따라 행진하고, **하나님**의 명령에 따라 진을 쳤다. 구름이 성막 위에 머무는 동안에는 진을 쳤다. 구름이 성막 위에 여러 날을 머물면, 그들은 **하나님**의 명령에 따라 행진하지 않았다. 구름이 성막 위에 머물러 있는 동안에는 **하나님**의 명령에 순종하여 진 안에 머물렀고, **하나님**께서 명령을 내리시면 곧바로 행진했다. 구름이 해가 질 무렵부터 새벽녘까지 머물다가 동이 틀 무렵에 올라가면, 그들은 행진했다. 밤이든 낮이든 상관없이, 구름이 올라가면 그들은 행진했다. 구름이 성막 위에 이틀을 머물든 한 달을 머물든 한 해를 머물든 상관이 없었다. 구름이 성막 위에 머무는 동안에는 그들도 그 자리에 머물렀다. 그러다가 구름이 올라가면, 그들도 일어나 행진했다. 그들은 **하나님**의 명령에 따라 진을 치고, **하나님**의 명령에 따라 행진했다. 그들은 모세가 전한 **하나님**의 명령에 순종하며 살았다.

두 개의 나팔

10

1-3 **하나님**께서 모세에게 말씀하셨다. "너는 두들겨 편 은으로 나팔
두 개를 만들어라. 회중을 불러 모으거나 진에 행진 명령을 내릴 때, 이 두 나팔을 사용하여라. 나팔 둘을 같이 불면, 온 공동체가 회막 입구에 모여 너를 만날 것이다.
4-7 나팔 하나를 짧게 불면, 그것은 지도자들, 곧 가문의 우두머리들에게 모임을 알리는 신호다. 나팔 하나를 길게 불면, 그것은 행진하라는 신호다. 첫 번째 나팔소리에는 동쪽에 진을 친 지파들이 출발하고, 두 번째 나팔소리에는 남쪽에 진을 친 지파들이 출발한다. 긴 나팔소리는 행진하라는 신호다. 모임을 알리는 나팔소리와 행진을 알리는 신호는 다르다.
8-10 나팔을 부는 일은 아론의 아들들인 제사장들이 맡는다. 이것은 그들이 대대로 맡아야 할 임무다. 침략자들에 맞서 싸우러 나갈 때는 나팔을 길게 불어라. 그러면 **하나님**이 너희를 알아보고 너희 원수들에게서 너희를 구해 줄 것이다. 경축일과 정한 절기와 음력 초하룻날에는 번제물과 화목 제물을 바치며 나팔을 불어라. 그 소리를 듣고서 너희는 하나님에게 주의를 기울이게 될 것이다. 나는 **하나님** 너희 하나님이다."

시내 광야를 떠나 행진하다

11-13 둘째 해 둘째 달 이십 일에 증거판이 보관된 성막 위로 구름이 올라갔다. 그

러자 이스라엘 백성은 시내 광야에서 출발하여 구름이 바란 광야에 내려앉을 때까지 이동했다. 그들은 **하나님**께서 모세를 통해 주신 명령에 따라 행진을 시작했다.

14-17 유다 진영의 깃발이 앞장섰고, 암미나답의 아들 나손의 지휘 아래 부대별로 출발했다. 잇사갈 지파의 부대는 수알의 아들 느다넬이 이끌었고, 스불론 지파의 부대는 헬론의 아들 엘리압이 이끌었다. 성막을 거두자, 게르손 자손과 므라리 자손이 성막을 메고 출발했다.

18-21 르우벤 진영의 깃발이 그 뒤를 이었는데, 스데울의 아들 엘리술이 부대를 이끌었다. 시므온 지파의 부대는 수리삿대의 아들 슬루미엘이 이끌었고, 갓 지파의 부대는 드우엘의 아들 엘리아삽이 이끌었다. 이어서 고핫 자손이 거룩한 물건들을 메고 출발했다. 이들이 도착하기 전에 성막이 세워져 있어야 했다.

22-24 뒤이어 에브라임 지파의 깃발이 출발했는데, 암미훗의 아들 엘리사마가 부대를 이끌었다. 므낫세 지파의 부대는 브다술의 아들 가말리엘이 이끌었고, 베냐민 지파의 부대는 기드오니의 아들 아비단이 이끌었다.

25-27 마지막으로, 모든 진영의 후방 경계를 맡은 단 지파가 깃발을 앞세우고 행진했는데, 암미삿대의 아들 아히에셀이 이끌었다. 아셀 지파의 부대는 오그란의 아들 바기엘이 이끌었고, 납달리 지파의 부대는 에난의 아들 아히라가 이끌었다.

28 이것이 이스라엘 백성의 행진 대형이었다. 그들은 이렇게 길을 떠났다.

29 모세가 자신의 처남 호밥에게 말했다. 그는 미디안 사람이자 모세의 장인인 르우엘의 아들이었다. "이제 우리는 **하나님**께서 '내가 너희에게 주겠다'고 약속하신 곳으로 행진할 것이네. 우리가 자네를 선대할 테니, 우리와 함께 가세. **하나님**께서 이스라엘에게 좋은 것을 약속해 주셨다네."

30 호밥이 말했다. "가지 않겠습니다. 나는 내 고향, 내 가족에게로 돌아갈 작정입니다."

31-32 그러자 모세가 대답했다. "우리를 떠나지 말게. 광야에서 진을 칠 최적의 장소를 두루 아는 사람은 자네밖에 없네. 우리에게는 자네의 안목이 필요하네. 우리와 함께 가면, **하나님**께서 우리에게 베풀어 주신 온갖 좋은 것을 자네에게도 나누어 주겠네."

33-36 그들은 행진했다. 그들은 **하나님**의 산을 떠나서, **하나님**의 언약궤를 앞세우고 사흘길을 행진해 진을 칠 곳을 찾았다. 낮에 그들이 진영을 떠나 행진할 때면, **하나님**의 구름이 그들 위에 머물렀다. 언약궤를 앞세우고 갈 때면, 모세는 이렇게 말했다.

하나님, 일어나소서!
주의 원수들을 물리치소서!

주를 미워하는 자들을 산으로 쫓아내소서!

그리고 언약궤를 내려놓을 때면, 이렇게 말했다.

하나님, 저희와 함께 쉬소서.
이스라엘의 많고 많은
사람들과 함께 머무소서.

하나님의 불이 타오르다

11 [1-3] 백성이 자신들의 고단한 삶을 두고 불평하기 시작했다. 하나님께서 그 불평을 들으시고 진노를 발하셨다. 하나님께로부터 불이 타올라 진 바깥 경계를 불태웠다. 백성이 모세에게 소리쳐 도움을 청했다. 모세가 하나님께 기도하자, 불이 꺼졌다. 하나님의 불이 그들을 향해 타올랐기 때문에, 그곳의 이름을 다베라(불사름)라고 했다.

지도자 칠십 명을 세우다

4-6 백성 가운데 있던 어중이떠중이 무리가 탐욕을 품자, 이윽고 이스라엘 백성도 울며 불평을 터뜨렸다. "어째서 우리는 고기를 먹을 수 없는 거지? 이집트에서는 오이와 수박, 부추와 양파와 마늘은 말할 것도 없고 생선까지 공짜로 먹었는데 말이야! 여기에는 맛있는 것이 하나도 없다. 우리가 먹을 것이라고는 온통 만나, 만나, 만나뿐이다."
7-9 만나는 씨앗 모양이었고 겉은 송진처럼 반들반들했다. 백성이 돌아다니며 그것을 모아서 맷돌에 갈거나 절구에 넣어 곱게 빻았다. 그런 다음 냄비에 넣어 익힌 후에 빚어서 과자를 만들었다. 그 맛은 올리브기름에 튀긴 과자 맛 같았다. 밤에 이슬이 진 위로 내리면, 만나도 함께 내렸다.
10 모세는 온 집안이 저마다 자기 장막 앞에서 울며 불평하는 소리를 들었다. 하나님께서 크게 진노하셨다. 모세는 사태가 심각하다는 것을 깨달았다.
11-15 모세가 하나님께 아뢰었다. "어찌하여 저를 이렇게 대하십니까? 제가 이런 대접을 받을 만한 일을 하나님께 한 적이 있습니까? 제가 이들을 낳았습니까? 제가 이들의 어미라도 된다는 말입니까? 어찌하여 이 백성의 무거운 짐을 저에게 지우십니까? 왜 저에게 아이를 품은 어미처럼 이들을 안고 다니라고 하십니까? 어찌하여 이들의 조상에게 약속하신 땅에 이르기까지 이들을 안고 가라고 하십니까? 이 백성이 모두 '고기가 먹고 싶으니, 고기를 주십시오' 하며 불평하는데, 이들에게 줄 고기를 제가 어디서 얻을 수 있겠습니까? 이 일은 저 혼자 할 수 있는 일이 아닙니다. 이 백성을 모두 안고 가는 것은 너무나 버거운 일입니다. 저를 이리 대하시려거든, 차라리 죽여 주십시오. 저는 볼 만큼 보고, 겪을 만큼 겪었습니다. 저를 여기서 벗어나게 해주십시오."
16-17 하나님께서 모세에게 말씀하셨다. "이스라엘의 지도자들 가운데서 칠십 명

을 불러 모아라. 그들은 네가 아는 이들로, 존경받고 신뢰할 만한 사람들이어야
한다. 그들을 회막으로 데려오너라. 내가 거기서 너를 만나겠다. 내가 내려가서
너와 이야기하겠다. 내가 네게 내려 준 영을 그들에게도 내려 주겠다. 그러면
그들이 이 백성의 짐을 일부 짊어질 수 있을 것이다. 너 혼자 그 짐을 다 짊어지
려고 애쓰지 않아도 될 것이다.
18-20 너는 백성에게 이렇게 일러 주어라. 너희 자신을 거룩하게 구별하여라. 고
기를 먹게 될 내일을 위해 준비하여라. 너희는 **하나님**에게 '고기를 원합니다. 고
기를 주십시오. 이집트에서도 이보다는 더 잘 살았습니다' 하고 불평했다. **하나
님**이 너희의 불평을 들었으니, 너희에게 고기를 주겠다. 너희는 고기를 먹게 될
것이다. 너희는 고기를 하루만 먹고 말 것이 아니다. 이틀이나, 닷새나, 열흘이
나, 스무 날도 아니다. 한 달 내내 먹게 될 것이다. 콧구멍에서 고기 냄새가 날
때까지 먹게 될 것이다. 고기 이야기만 나와도 구역질을 할 만큼 고기에 질리고
말 것이다. 너희 가운데 있는 **하나님**을 너희가 거부하고, 그 얼굴을 향해 '아이
고, 우리가 어쩌자고 이집트를 떠났던가?' 하면서 불평했기 때문이다."
21-22 모세가 아뢰었다. "제가 이 자리에 서 있지만, 지금 이 자리에는 걸어서 행
진하는 장정 60만 명이 저를 둘러싸고 있습니다. **하나님**께서는 '내가 그들에게
고기를 주겠다. 한 달 동안 매일 고기를 주겠다'고 하시는데, 그 고기가 어디서
나온단 말입니까? 양 떼와 소 떼를 다 잡는다고 한들 넉넉하겠습니까? 바다의
고기를 다 잡는다고 한들 충분하겠습니까?"
23 **하나님**께서 모세에게 대답하셨다. "그래서, 너는 내가 너희를 보살피지 못할
것이라고 생각하느냐? 이제 너는 내가 말한 것이 너희에게 일어나는지 안 일어
나는지 곧 보게 될 것이다."
24-25 모세가 밖으로 나가서 **하나님**께서 하신 말씀을 백성에게 알렸다. 그는 지
도자 칠십 명을 불러 모아 그들을 장막 주위에 세웠다. **하나님**께서 구름 가운데
내려오셔서 모세에게 말씀하시고, 모세에게 내린 영을 칠십 명의 지도자들에게
도 내려 주셨다. 그 영이 그들에게 내려와 머물자, 그들이 예언을 했다. 그러나
예언을 계속하지는 못했다. 그것은 단 한 번 일어난 일이었다.

26 한편 두 사람, 곧 엘닷과 메닷이 진 안에 남아 있었다. 그들은 지도자 명단에
들어 있었지만, 장막으로 가지 않고 진에 있었다. 그런데도 영이 그들에게 내려
와 머물렀고, 그들도 진에서 예언을 했다.
27 한 젊은이가 모세에게 달려와서 알렸다. "엘닷과 메닷이 진에서 예언하고 있
습니다!"
28 그러자 젊은 시절부터 모세의 오른팔 역할을 해온 눈의 아들 여호수아가 말했
다. "나의 주인 모세여! 그들을 말리셔야 합니다!"
29 그러나 모세는 이렇게 말했다. "네가 나를 위해 시기하는 것이냐? 나는 **하나
님**의 백성이 다 예언자가 되었으면 좋겠다. **하나님**께서 모든 백성에게 그분의

영을 내려 주셨으면 좋겠다."

❦

30-34 모세와 이스라엘의 지도자들이 진으로 돌아왔다. **하나님**께서 일으키신 바
람이 바다에서 메추라기를 몰고 왔다. 메추라기가 진 안에 90센티미터가량 쌓
였고, 진 밖으로는 사방 하룻길 되는 거리까지 쌓였다. 그날 낮과 밤과 그 다음
날까지 백성이 나가서 종일토록 메추라기를 주워 모으니, 그 양이 상당했다. 그
들 가운데 가장 적게 거둔 사람도 2,200리터를 모았다. 그들은 그것들을 진 사
방에 널어 말렸다. 그러나 그들이 메추라기를 씹어 미처 한 입 삼키기도 전에,
하나님께서 백성에게 크게 진노하셨다. **하나님**께서 그들을 끔찍한 전염병으로
치셨다. 결국 그들은 그곳을 기브롯핫다아와(탐욕의 무덤)라고 불렀다. 그들은 고
기를 탐한 백성을 그곳에 묻었다.
35 그들은 기브롯핫다아와를 떠나 하세롯으로 행진해 갔다. 그들은 하세롯에 머
물렀다.

미리암과 아론이 모세에게 대항하다

12

1-2 (모세가 아내로 맞아들인) 구스 여인 때문에 미리암과 아론이 뒤에서
모세를 비방했다. 그들이 말했다. "**하나님**께서 모세를 통해서만 말
씀하시느냐? 우리를 통해서도 말씀하시지 않느냐?"
하나님께서 그들이 하는 말을 들으셨다.
3-8 모세는 아주 겸손한 사람이었다. 그는 이 땅에 사는 어떤 사람보다도 겸손했
다. **하나님**께서 갑자기 모세와 아론과 미리암 사이에 개입하셨다. "너희 셋은
회막으로 나아오너라." 그들 셋이 나아오자, **하나님**께서 구름기둥 가운데 내려
오셔서 장막 입구에 서 계셨다. 그분께서 아론과 미리암을 부르셨다. 그들이 나
아가자, 하나님께서 말씀하셨다.

너희는 내가 하는 말을 잘 들어라.
너희 가운데 **하나님**의 예언자가 있으면,
나는 환상으로 나 자신을 그에게 알리고
꿈속에서 그에게 말할 것이다.
그러나 나의 종 모세에게는 그렇게 하지 않는다.
그는 나의 집 어디든 마음대로 드나들도록 허락받은 사람이다.
나는 그와 직접 친밀하게 말하고
수수께끼가 아닌 분명한 말로 이야기한다.
그는 **하나님**의 참 모습을 깊이 헤아리는 사람이다.
그런데 어찌하여 너희는 존경이나 경의를 표하지 않고
나의 종 모세를 비방하는 것이냐?

[9] 하나님께서 그들에게 진노하고 떠나가셨다.
[10] 장막을 덮고 있던 구름이 걷히니, 미리암이 나병에 걸려 피부가 눈처럼 하얗
게 되었다. 아론이 미리암을 살펴보니, 영락없는 나병환자였다!
[11-12] 아론이 모세에게 말했다. "나의 주인님, 우리가 어리석게 생각 없이 지은 죄
때문에, 우리를 가혹하게 벌하지 마십시오. 제발 미리암을, 몸이 반쯤 썩은 채
모태에서 죽어 나온 아이처럼 저렇게 두지 마십시오."
[13] 그러자 모세가 하나님께 기도했다.

하나님, 미리암을 고쳐 주십시오.
부디 미리암을 고쳐 주십시오.

[14-16] 하나님께서 모세에게 응답하셨다. "미리암의 얼굴에 그녀의 아버지가 침을
뱉었어도, 그녀가 칠 일 동안은 부끄러워해야 하지 않겠느냐? 그녀를 칠 일 동
안 진 밖에 격리시켜라. 그런 뒤에야 그녀가 진으로 돌아올 수 있다." 그리하여
미리암은 칠 일 동안 진 밖에 격리되었다. 백성은 그녀가 돌아올 때까지 행진하
지 않았다. 백성은 그녀가 돌아온 뒤에야 하세롯에서 출발하여, 바란 광야에 이
르러 진을 쳤다.

가나안 땅 정탐

13

[1-2] 하나님께서 모세에게 말씀하셨다. "사람들을 보내어, 내가 이스라
엘 백성에게 주려고 하는 가나안 땅을 정탐하게 하여라. 각 지파에서
한 사람씩 보내되, 각 지파에서 믿을 수 있는 검증된 지도자를 보내야 한다."
[3-15] 모세는 하나님의 명령에 따라 바란 광야에서 그들을 보냈다. 그들은 모두 각
지파에서 한 사람씩 뽑힌 이스라엘의 지도자들이었다. 그들의 이름은 이러하다.

르우벤 지파에서는 삭굴의 아들 삼무아
시므온 지파에서는 호리의 아들 사밧
유다 지파에서는 여분네의 아들 갈렙
잇사갈 지파에서는 요셉의 아들 이갈
에브라임 지파에서는 눈의 아들 호세아
베냐민 지파에서는 라부의 아들 발디
스불론 지파에서는 소디의 아들 갓디엘
(요셉 지파 가운데 하나인) 므낫세 지파에서는 수시의 아들 갓디
단 지파에서는 그말리의 아들 암미엘
아셀 지파에서는 미가엘의 아들 스둘
납달리 지파에서는 웝시의 아들 나비
갓 지파에서는 마기의 아들 그우엘.

16 이는 모세가 그 땅을 정탐하라고 보낸 사람들의 명단이다. 모세는 눈의 아들
호세아(구원)에게 여호수아(하나님께서 구원하신다)라는 새 이름을 지어 주었다.

17-20 모세는 가나안을 정탐하라고 그들을 보내면서 이렇게 말했다. "네겝 지역
에 올라가 보고, 산지에도 가 보시오. 그 땅을 샅샅이 살펴보고, 그 땅이 어떠한
지 조사하시오. 그 땅의 백성이 강한지 약한지, 그들의 수가 적은지 많은지 조
사하시오. 그 땅이 살기 좋은 땅인지 척박한 땅인지 상세히 알아 오시오. 그들
이 살고 있는 성읍들이 탁 트인 진인지 성곽으로 둘러쌓인 요새인지, 토양이 비
옥한지 메마른지, 삼림이 우거져 있는지 상세히 알아 오시오. 그리고 그 땅에서
자라는 열매를 가져오시오. 지금은 포도가 처음 익는 철이오."
21-25 그들은 길을 떠났다. 그들은 신 광야에서 르보하맛 방면에 있는 르홉에 이
르기까지 그 땅을 정탐했다. 그들은 네겝 사막을 지나 헤브론 성읍까지 이르렀
다. 거기에는 거인족 아낙의 후손인 아히만 부족과 세새 부족과 달매 부족이 살
고 있었다. 헤브론은 이집트의 소안보다 칠 년 먼저 세워진 곳이다. 그들은 에스
골 골짜기에 이르러, 포도송이 하나가 달린 가지를 잘라 장대에 매달았다. 그것
을 나르려면 두 사람이 필요했다. 또한 그들은 석류와 무화과도 땄다. 그들은 그
곳 이름을 에스골 골짜기(포도송이 골짜기)라고 했다. 그곳에서 잘라 낸 포도송이
가 엄청나게 컸기 때문이다. 그들은 그 땅을 사십 일 동안 정탐하고 돌아왔다.
26-27 그들은 가데스에 있는 바란 광야에서 모세와 아론과 이스라엘 백성 온 회중
앞에 모습을 드러냈다. 그들은 온 회중에게 보고하고 그 땅의 과일을 보여주었
다. 그리고 자신들의 정탐 이야기를 들려주었다.
27-29 "우리를 보낸 그 땅으로 갔더니, 정말 그곳은 젖과 꿀이 흐르는 땅이었습니
다! 이 과일 좀 보십시오! 그런데 문제는, 그곳에 사는 백성은 몹시 사납고, 그
들의 성읍은 거대한 요새라는 점입니다. 더구나 우리는 거인족인 아낙 자손도
보았습니다. 아말렉 사람이 네겝 지역에 퍼져 있고, 헷 사람과 여부스 사람과
아모리 사람이 산지를 차지하고 있습니다. 그리고 가나안 사람이 지중해 바닷
가와 요단 강가에 자리 잡고 있습니다."
30 갈렙이 이야기를 중단시키고 모세 앞에서 백성을 조용히 시킨 뒤에 말했다.
"당장 올라가서 그 땅을 점령합시다. 우리는 할 수 있습니다."
31-33 그러나 다른 사람들이 이렇게 말했다. "우리는 그 백성을 칠 수 없소. 그들
은 우리보다 강하오." 그러면서 그들은 이스라엘 백성 사이에 무시무시한 소문
을 퍼뜨렸다. "우리가 그 땅 이쪽 끝에서 저쪽 끝까지 정탐해 보았는데, 그 땅은
사람들을 통째로 삼키는 땅이다. 우리가 본 그곳 사람들은 모두가 어마어마하
게 컸다. 우리는 네피림 자손인 거인족도 보았다. (거인족인 아낙 자손은 네피림 자손
에서 나왔다.) 그들 곁에 서니, 마치 우리가 메뚜기 같았다. 그들도 우리가 메뚜기
라도 된다는 듯이 얕잡아 보았다."

14

백성의 반역

1-3 온 공동체가 큰 소란을 일으키며 밤새도록 울부짖었다. 이스라엘
온 백성이 모세와 아론에게 불평을 쏟아냈다. 공동체 전체가 여기에
가세했다. "차라리 우리가 이집트에서 죽었으면 좋았을 것을! 아니면 이 광야에
서라도 죽었으면 좋았을 것을! 어쩌자고 **하나님**은 우리를 이 땅으로 데려와서
우리를 죽게 하시는가? 우리 아내와 자식들이 노획물이 되겠구나. 차라리 이집
트로 돌아가는 편이 낫겠다! 당장 그렇게 하자!"
4 곧이어 그들은 서로 말했다. "새로운 지도자를 뽑아 이집트로 돌아가자."
5 모세와 아론은 비상 회의로 모인 온 공동체 앞에서 얼굴을 땅에 대고 엎드렸다.
6-9 정탐을 다녀온 이들 가운데 눈의 아들 여호수아와 여분네의 아들 갈렙이 자
기 옷을 찢으며, 그 자리에 모여든 이스라엘 백성에게 말했다. "우리가 두루 다
니며 정탐한 그 땅은 매우 아름답고 정말 좋은 땅입니다. **하나님**께서 우리를 기
뻐하시면, 저들이 말한 대로, 젖과 꿀이 흐르는 그 땅으로 우리를 인도하실 것
입니다. 그 땅을 우리에게 주실 것입니다. 그러니 **하나님**을 배역하지 마십시오!
그 백성을 두려워하지 마십시오. 그렇습니다. 그들은 우리의 밥이 될 것입니다!
그들에게는 보호자가 없지만, 우리에게는 **하나님**이 계십니다. 그러니 그들을
두려워하지 마십시오!"
10-12 그러나 온 공동체가 들고일어나 그들을 돌로 치려고 했다.
그때 **하나님**의 빛나는 영광이 회막 가운데 나타났다. 모든 이스라엘 자손이 그
것을 보았다. **하나님**께서 모세에게 말씀하셨다. "이 백성이 언제까지 나를 업신
여기겠느냐? 언제까지 나를 신뢰하지 않을 작정이냐? 내가 저들 가운데 일으킨
모든 표적을 보고도 저렇게 하는구나! 이것으로 충분하다. 이제 내가 저들을 전
염병으로 쳐서 죽이겠다. 그러나 너는 저들보다 크고 강한 민족으로 만들겠다."
13-16 그러나 모세는 **하나님**께 이렇게 아뢰었다. "이집트 사람들이 듣겠습니다!
하나님께서는 큰 능력을 보이시며 이 백성을 이집트에서 건져 내셨는데, 이제
그리하시겠다니요? 이집트 사람들이 모든 사람에게 알릴 것입니다. 그들은 당
신께서 **하나님**이시고, 이 백성 편이시며, 이 백성 가운데 계시다는 말을 이미
들었습니다. 그들은 이 백성이 구름 속에서 **하나님**을 두 눈으로 뵙는다는 말도
들었습니다. 또한 그들은 구름이 이 백성 위에 머물면서, 낮에는 구름기둥으로
이 백성을 인도하고, 밤에는 불기둥으로 인도한다는 말도 들었습니다. **하나님**
께서 이 백성 전체를 단번에 죽이시면, 이제까지 진행되어 온 일을 들은 민족들
이 '**하나님**은 저 백성을 약속한 땅으로 데리고 갈 능력이 없어서, 저들을 광야에
서 무참히 죽여 버렸다' 하고 말할 것입니다.
17 전에 주께서 말씀하신 대로, 부디 주의 능력을 더 크게 펼치시기 바랍니다.

18 **하나님**은 노하기를 더디하고 그 사랑이 심히 커서
죄악과 반역과 죄를 용서하되,
죄를 그냥 덮어 두지는 않는다.

부모가 지은 죄의 결과를
삼사 대 자손에 이르기까지
미치게 한다.

19 이집트를 떠나던 날부터 이 백성을 줄곧 용서하신 것처럼, **하나님**의 신실하
신 사랑을 아낌없이 베푸셔서, 이 백성의 잘못을 용서해 주십시오."
20-23 **하나님**께서 말씀하셨다. "네 말을 존중하여 내가 저들을 용서하겠다. 그러
나 내가 살아 있는 한, 그리고 **하나님**의 영광이 온 땅을 가득 채우고 있는 한,
나의 영광과 내가 이집트와 광야에서 행한 이적을 보았으면서도 끊임없이 나
를 시험하며 내 말을 듣지 않은 자들은, 단 한 사람도, 내가 그들의 조상에게 엄
숙히 약속한 땅을 보지 못할 것이다. 계속해서 나를 멸시한 자들은 어느 누구도
그 땅을 보지 못할 것이다.
24 그러나 나의 종 갈렙은 다르다. 그는 마음이 저들과 달라서, 전심으로 나를 따
른다. 나는 그가 정탐한 땅으로 그를 들어가게 하고, 그의 자손이 그 땅을 물려
받게 할 것이다.
25 아말렉 사람과 가나안 사람이 골짜기에 자리 잡고 있으니, 당장 진로를 바꿔
홍해에 이르는 길을 따라서 광야로 돌아가거라."

26-30 **하나님**께서 모세와 아론에게 말씀하셨다. "이 악한 공동체가 언제까지 내
게 불평을 늘어놓겠느냐? 이 불평 많은 이스라엘 자손의 투덜거리는 소리를 내
가 들을 만큼 들었다. 너는 그들에게 전하여라. **하나님**의 말이다. 내가 살아 있
음을 두고 맹세하건대, 이제 내가 이렇게 행하겠다. 너희는 주검이 되어 광야에
나뒹굴게 될 것이다. 인구조사 때 계수된 스무 살 이상의 사람들, 곧 불평하고
원망하던 이 세대가 모두 다 그렇게 될 것이다. 너희 가운데 아무도 내가 굳게
약속한 땅에 들어가지 못할 것이며, 그 땅에 너희 집도 짓지 못할 것이다. 그러
나 여분네의 아들 갈렙과 눈의 아들 여호수아는 들어가게 될 것이다.
31-34 너희가 노획물로 사로잡혀 갈 것이라고 말한 너희의 자녀들만 내가 그 땅
으로 데리고 들어가서, 너희가 거부한 그 땅을 차지하게 하겠다. 그러나 너희는
주검이 되어 광야에서 썩어질 것이다. 너희의 자녀들은 너희 세대가 다 주검이
되어 광야에 누울 때까지, 사십 년 동안 광야에서 양을 치며 너희가 지은 음란
과 불성실의 죄를 짊어지고 살 것이다. 너희가 사십 일 동안 그 땅을 정탐했으
니, 하루를 일 년으로 쳐서 사십 년 동안 너희 죄값으로 형기를 채워야 한다. 이
는 너희가 나를 노하게 하여 받는 기나긴 훈련이다.
35 나 **하나님**이 말했듯이, 나는 악이 가득한 이 공동체, 나를 거슬러 한통속이 되
어 버린 이 공동체 전체에 반드시 이 일을 행할 것이다. 그들은 이 광야에서 최
후를 맞을 것이다. 그들은 여기서 죽을 것이다."
36-38 모세가 정탐을 보냈던 사람들이 돌아와서 그 땅에 대해 그릇된 소문을 유포
시키며 온 공동체를 부추겨 모세에게 불평하게 했다. 그 사람들이 모두 죽었다.

그들은 그 땅에 대해 그릇된 소문을 퍼뜨리다가 **하나님** 앞에서 전염병으로 죽었다. 그 땅을 정탐하러 갔던 사람들 가운데 눈의 아들 여호수아와 여분네의 아들 갈렙만이 살아남았다.

39-40 모세가 이 모든 말씀을 이스라엘 백성에게 전하니, 그들이 몹시 슬퍼했다. 그들은 이튿날 아침 일찍 산지로 올라가며 말했다. "다 왔다. 이제 우리가 올라가기만 하면 된다. **하나님**께서 우리에게 약속하신 땅으로 올라가서 그 땅을 치자. 우리가 죄를 지었으나, 지금이라도 그 땅을 치자."

41-43 모세가 말했다. "여러분은 어쩌자고 또 **하나님**의 명령을 거스르는 것입니까? 이 일은 결코 성공하지 못할 것입니다. 그들을 치러 가지 마십시오. **하나님**께서 이 일에 여러분과 함께하지 않으십니다. 여러분은 적에게 처참하게 패하고 말 것입니다. 아말렉 사람과 가나안 사람이 여러분을 기다리고 있다가 여러분을 죽일 것입니다. 여러분이 **하나님**의 말씀을 순종하며 따르지 않았으니, **하나님**께서 이 일에 여러분과 함께하지 않으실 것입니다."

44-45 그러나 그들은 갔다. 무모하고 오만하게도 그들은 산지로 올라갔다. 그러나 언약궤와 모세는 진에서 꼼짝도 하지 않았다. 산지에 사는 아말렉 사람과 가나안 사람이 산에서 나와 그들을 쳐서 물리치고, 호르마까지 그들을 밀어냈다.

하나님께 드리는 제물

15

1-5 **하나님**께서 모세에게 말씀하셨다. "너는 이스라엘 백성에게 전하여라. 그들에게 이렇게 일러 주어라. 내가 너희에게 주려고 하는 땅에 너희가 들어가 불살라 바치는 제물을 **하나님**에게 바칠 때, 곧 절기를 맞아 서원 제물이나 자원 제물로 번제물이나 소 떼나 양 떼에서 고른 제물을 **하나님**을 기쁘게 하는 향기로 바칠 때, 제물을 가져오는 사람은 고운 곡식 가루 2리터에 기름 1리터를 섞은 것을 **하나님**에게 곡식 제물로 바쳐야 한다. 번제물이나 희생 제물로 바칠 어린양 한 마리에는 기름 1리터와 부어 드리는 제물로 바칠 포도주 1리터를 준비하여라.

6-7 숫양 한 마리를 바칠 때는 고운 곡식 가루 4리터에 기름 1.25리터를 섞어 곡식 제물로 준비하고, 포도주 1.25리터를 부어 드리는 제물로 준비하여라. 이것을 **하나님**을 기쁘게 하는 향기로 바쳐야 한다.

8-10 특별 서원을 갚거나 **하나님**에게 화목 제물을 바치려고 수송아지를 번제물이나 희생 제물로 준비할 때는, 수송아지와 함께 고운 곡식 가루 6리터와 기름 2리터를 곡식 제물로 바쳐라. 그리고 포도주 2리터도 부어 드리는 제물로 바쳐라. 이것은 불살라 바치는 제물이요, **하나님**을 기쁘게 하는 향기가 될 것이다.

11-12 수소 한 마리나 숫양 한 마리, 어린양 한 마리나 어린 염소 한 마리를 준비할 때도 이와 같이 해야 한다. 너희가 준비한 것이 아무리 많아도, 그 수효대로 한 마리씩 이 절차를 따르도록 하여라.

13-16 이스라엘 본국인이 **하나님**을 기쁘게 하는 향기로 불살라 바치는 제물을 바

칠 때는, 이 절차를 따라야 한다. 다음 세대에 대대로 너희와 함께 사는 외국인이나 거류민이 **하나님**을 기쁘게 하는 향기로 불살라 바치는 제물을 바칠 때도 같은 절차를 따라야 한다. 공동체는 너희나 너희와 함께 사는 외국인에게나 같은 규례를 적용해야 한다. 이것은 다음 세대에 항상 지켜야 할 규례다. 너희나 외국인이나, **하나님** 앞에서는 동일하다. 너희나 너희와 함께 사는 외국인에게나 같은 법과 규례가 적용된다."

17-21 **하나님**께서 모세에게 말씀하셨다. "너는 이스라엘 백성에게 전하여라. 그들에게 이렇게 일러 주어라. 내가 너희를 데려가려고 하는 그 땅에 너희가 들어가서 그 땅에서 나는 양식을 먹게 될 때, 너희는 그 양식의 일부를 **하나님**에게 바칠 제물로 따로 떼어 놓아라. 처음 반죽한 것으로 둥근 빵을 만들어 제물로 바쳐라. 이는 타작마당에서 바치는 제물이다. 너희는 대대로 처음 반죽한 것으로 이 제물을 만들어 **하나님**에게 바쳐라."

22-26 "그러나 너희가 정도에서 벗어나 **하나님**이 모세에게 내린 명령, 곧 **하나님**이 모세를 통해 너희에게 명령한 것을 **하나님**이 처음 명령하던 때부터 지금까지 지키지 않았으면, 그리고 그것이 회중이 모르는 가운데 실수로 저지른 것이면, 온 회중은 수송아지 한 마리를 번제물, 곧 **하나님**을 기쁘게 하는 향기로 바치고, 곡식 제물과 부어 드리는 제물도 함께 규례대로 바쳐야 한다. 또 숫염소 한 마리를 속죄 제물로 바쳐야 한다. 제사장은 이스라엘 백성 온 공동체를 위해 속죄해야 한다. 그러면 그들이 용서를 받는다. 그것은 그들이 고의로 저지른 죄가 아니었고, 그들이 **하나님**에게 불살라 바치는 제물을 바쳤으며, 자신들의 실수를 보상하기 위해 속죄 제물을 바쳤기 때문이다. 모든 백성이 잘못을 저지른 것이므로, 이스라엘 온 공동체뿐만 아니라 그들과 함께 사는 외국인도 용서를 받을 것이다.

27-28 그러나 어떤 사람이 자신이 무엇을 하는지도 모르고 실수로 죄를 지었으면, 그는 일 년 된 암염소 한 마리를 속죄 제물로 가져와야 한다. 제사장은 실수로 죄를 지은 그 사람을 위해 속죄해야 한다. **하나님** 앞에서 속죄하여, 그 죄가 그 사람에게 남아 있지 않게 해야 한다.

29 본국에서 난 이스라엘 자손이든 외국인이든, 실수로 죄를 지은 사람에게는 누구나 같은 규례가 적용된다.

30-31 그러나 본국인이든 외국인이든, 고의로 **하나님**을 모독하는 죄를 지은 사람은 자기 백성 가운데서 끊어져야 한다. 그가 **하나님**의 말씀을 업신여기고 **하나님**의 명령을 어겼기 때문이다. 그런 자는 반드시 공동체에서 내쫓아 홀로 죄값을 치르게 해야 한다."

32-35 이스라엘 백성이 광야에서 여러 해를 지내던 때였다. 어떤 사람이 안식일에
나뭇가지를 줍다가 붙잡혔다. 그를 붙잡은 사람들이 모세와 아론과 온 회중 앞
으로 그를 끌고 왔다. 그들은 그를 어떻게 해야 할지 결정이 내려질 때까지 가
두어 두었다. 그때 **하나님**께서 모세에게 말씀하셨다. "그에게 사형을 선고하여
라. 온 공동체가 진 밖에서 그를 돌로 쳐서 죽여야 한다."
36 **하나님**께서 모세를 통해 명령하신 대로, 온 공동체가 그를 진 밖으로 끌어내
어 돌로 쳐서 죽였다.

37-41 **하나님**께서 모세에게 말씀하셨다. "이스라엘 백성에게 전하여라. 그들에게
이렇게 일러 주어라. 지금부터 너희는 대대로 옷자락에 술을 만들어 달고, 청
색 끈을 그 술에 달아 표시해야 한다. 너희는 그 술을 볼 때마다 **하나님**의 계명
을 기억하여 지켜야 한다. 너희가 느끼고 보는 것, 곧 너희를 꾀어 배역하게 하
는 모든 것에 미혹되는 일이 없게 해야 한다. 그 술은 나의 모든 계명을 기억하
여 지키고, **하나님**을 위해 거룩하게 살라는 표가 될 것이다. 나는 너희 **하나님**
이 되려고 너희를 이집트 땅에서 구해 낸 **하나님**이다. 나는 **하나님** 너희 하나님
이다."

16

고라 무리의 반역

1-3 어느 날, 레위의 증손이자 고핫의 손자이며 이스할의 아들인 고
라가 르우벤 자손 몇 명—엘리압의 아들인 다단과 아비람, 그리고
벨렛의 아들인 온—과 함께 거들먹거리며 모세에게 반기를 들었다. 고라는 이
스라엘 회중 가운데서 지도자 250명을 자기편으로 끌어들였다. 이들은 총회에
서 높은 지위를 차지한 사람들로, 이름 있는 자들이었다. 그들이 모세와 아론에
게 몰려가서 대들며 말했다. "당신들은 월권을 했소. 온 공동체가 거룩하고 **하**
나님께서 그들 가운데 계시는데, 당신들은 어째서 모든 권한을 쥔 것처럼 행동
하는 거요?"
4 모세가 이 말을 듣고 얼굴을 땅에 대고 엎드렸다.
5 그러고 나서 고라와 그의 무리에게 말했다. "아침이 되면, **하나님**께서 누가 그
분 편에 서 있고, 누가 거룩한 사람인지 밝히 보이실 것이오. **하나님**께서 친히
택하신 사람을 곁에 세우실 것이오.
6-7 고라, 내가 당신과 당신 무리에게 바라는 것은 이것이오. 내일 향로를 가져오
시오. **하나님** 앞에서 향로에 불을 담고 그 위에 향을 얹으시오. 그러면 누가 거
룩한지, 누가 **하나님**께서 택하신 사람인지 알게 될 것이오. 레위 자손 여러분,
당신들이야말로 월권을 하고 있소."
8-11 모세가 계속해서 고라에게 말했다. "레위 자손 여러분, 잘 들으시오. 이스라
엘의 하나님께서 당신들을 이스라엘의 회중 가운데서 뽑으시고 당신들을 그분
곁에 오게 하셔서, **하나님**의 성막 일로 섬기게 하시고 회중 앞에 서서 그들을

돌보게 하셨는데, 그것으로 부족하다는 말이오? 그분께서는 당신과 당신의 레
위인 형제들을 불러들여 최측근이 되게 하셨는데, 이제 당신들은 제사장직까지
거머쥐려 하고 있소. 당신들은 우리를 거역한 것이 아니라 **하나님**을 거역한 것
이오. 어떻게 당신들이 아론을 비방하며 그에게 대든단 말이오?"
12-14 모세가 엘리압의 두 아들 다단과 아비람에게 출두하라고 지시했다. 그러자
그들이 말했다. "우리는 가지 않겠소. 젖과 꿀이 흐르는 땅에서 우리를 끌어내
어 이 광야에서 죽이는 것으로는 성이 차지 않는단 말이오? 이제 당신은 아예
우리를 마음대로 부리려 하는구려! 현실을 직시하시오. 당신이 한 일이 뭐가 있
소? 우리를 젖과 꿀이 흐르는 땅으로 데려가기를 했소, 약속한 밭과 포도밭을
우리에게 유산으로 주기를 했소? 현실을 보지 못하게 하려면 우리의 두 눈을
뽑아내야 할 것이오. 관두시오. 우리는 가지 않겠소."
15 모세는 몹시 화가 나서 **하나님**께 아뢰었다. "저들의 곡식 제물을 받지 마십시
오. 저는 저들에게서 나귀 한 마리 빼앗지 않았고, 저들의 머리카락 한 올 상하
게 하지 않았습니다."
16-17 모세가 고라에게 말했다. "내일 당신네 사람들을 **하나님** 앞에 나아오게 하
시오. 그들과 아론은 물론이고 당신도 나아오시오. 각자 자기 향로에 향을 가득
담아 가져와서 **하나님**께 드리시오. 모두 250개의 향로가 될 것이오. 당신과 아
론도 똑같이 향로를 가져오시오."
18 그들은 그대로 했다. 저마다 불과 향이 가득 담긴 향로를 가져와서 회막 입구
에 섰다. 모세와 아론도 그렇게 했다.
19 고라와 그의 무리가 회막 입구에서 모세와 아론에게 맞섰다. 그때 온 공동체
가 **하나님**의 영광을 보았다.
20-21 **하나님**께서 모세와 아론에게 말씀하셨다. "너희는 이 회중으로부터 떨어져
있어라. 내가 저들을 완전히 없애 버리겠다."
22 그러자 모세와 아론이 얼굴을 땅에 대고 엎드리며 말했다. "하나님, 살아 있
는 모든 것의 하나님, 죄는 한 사람이 지었는데, 온 공동체에 화를 쏟으실 작정
이십니까?"
23-24 **하나님**께서 모세에게 말씀하셨다. "공동체에 전하여라. 고라와 다단과 아
비람의 장막에서 물러서라고, 그들에게 일러 주어라."
25-26 모세가 일어나 다단과 아비람에게 갔다. 이스라엘의 지도자들도 그를 따라
갔다. 모세가 공동체에 말했다. "이 악인들의 장막에서 물러서십시오. 그들에게
속한 것은 하나도 건드리지 마십시오. 건드렸다가는 그들이 지은 죄의 홍수에
쓸려 가고 말 것입니다."
27 그들은 모두 고라와 다단과 아비람의 장막에서 멀찍이 물러섰다. 다단과 아
비람은 아내와 자녀와 젖먹이들과 함께 밖으로 나와서 자기들 장막 입구에 서
있었다.
28-30 모세가 계속해서 공동체에 말했다. "이로써 여러분은 이 모든 일이 **하나님**
께서 나를 보내서 하신 것이지, 내가 마음대로 조작한 것이 아니라는 것을 알게

될 것입니다. 이 자들이 우리처럼 수명이 다해 죽는다면, **하나님**께서 나를 보내
신 것이 아닙니다. 그러나 **하나님**께서 전에 없던 일을 행하셔서, 땅이 입을 벌
려 이들을 모두 삼키고 산 채로 스올에 내던지게 하시면, 여러분은 이 자들이
하나님을 업신여겼다는 것을 알게 될 것입니다."
31-33 모세가 이 말을 마치자마자 땅이 쫙 갈라졌다. 땅이 입을 벌려 그들과 그들
의 가족과, 고라와 관계된 모든 사람과, 그들의 모든 소유를 한입에 삼켜 버렸
다. 그들은 산 채로 스올에 내던져져 최후를 맞이했다. 땅이 그들을 덮어 버렸
다. 공동체가 그들의 소리를 들은 것은 그때가 마지막이었다.
34 주위에 있던 사람들이 그들의 비명소리에 놀라, "우리마저 산 채로 삼켜 버리
겠다!" 하고 소리치며 모두 필사적으로 도망쳤다.
35 그때 **하나님**께서 번갯불을 보내셨다. 그 불이 분향하던 250명을 불살라 버렸다.
36-38 **하나님**께서 모세에게 말씀하셨다. "너는 제사장 아론의 아들 엘르아살에게
명령하여, 연기 나는 잿더미에서 향로들을 모으게 하고, 타다 남은 숯불은 멀리
흩어 버리게 하여라. 이 향로들은 거룩하게 되었기 때문이다. 죄를 지어 죽은
자들의 향로를 가져다가 얇게 두들겨 펴서 제단에 씌워라. 그 향로들은 **하나님**
에게 바쳐진 것으로, **하나님**에게 거룩한 것이다. 이것을 이스라엘 자손에게 표
징으로 삼아, 오늘 일어난 일의 증거가 되게 하여라."
39-40 엘르아살은 **하나님**께서 모세를 통해 지시하신 대로, 타 죽은 이들의 청동향
로들을 거두어 두들겨 펴서 제단에 씌웠다. 이것은 아론의 후손만이 **하나님** 앞
에 향을 사르도록 허락받았으며, 다른 사람이 그렇게 하면 결국 고라와 그의 무
리처럼 된다는 것을 이스라엘 자손에게 알리는 표징이 되었다.
41 이튿날, 이스라엘 공동체에서 불평이 터져 나왔다. 모세와 아론에게 퍼붓는
불평이었다. "당신들이 **하나님**의 백성을 죽였습니다!"
42 온 공동체가 모여서 모세와 아론을 공격할 때에 모세와 아론이 회막을 보니,
모든 이가 볼 수 있도록 구름, 곧 **하나님**의 영광이 머물러 있었다.
43-45 모세와 아론이 회막 앞에 서자, **하나님**께서 모세에게 말씀하셨다. "이 회중
에게서 멀찍이 떨어져 있어라. 내가 저들을 당장 없애 버리겠다."
그들은 얼굴을 땅에 대고 엎드렸다.
46 모세가 아론에게 말했다. "형님의 향로를 가져다가 제단의 불을 담고 그 위에
향을 가득 얹으십시오. 어서 빨리 회중에게 가서 그들을 위해 속죄하십시오. **하**
나님께서 진노를 쏟아내고 계십니다. 전염병이 시작되었습니다!"
47-48 아론은 모세가 지시한 대로 향로를 가지고 회중 가운데로 뛰어갔다. 이미
전염병이 퍼지고 있었다. 그는 향로에 향을 얹어 백성을 위해 속죄했다. 그가
살아 있는 자들과 죽은 자들 사이에 서자, 전염병이 그쳤다.
49-50 고라의 일로 죽은 사람 외에도, 전염병으로 죽은 사람이 14,700명이었다.
아론은 회막 입구로 돌아와서 모세와 합류했다. 전염병이 그친 것이다.

아론의 싹 난 지팡이

17 [1-5] 하나님께서 모세에게 말씀하셨다. "이스라엘 백성에게 전하여, 그들에게서 지팡이를 거두어라. 각 지파의 지도자에게서 지팡이 하나씩, 모두 열두 개를 거두어라. 각 지도자의 이름을 지팡이에 써라. 먼저 아론부터 레위의 지팡이에 아론의 이름을 쓰고, 나머지 지팡이들에도 각 지파 지도자들의 이름을 써라. 그것들을 회막 안, 내가 너희와 약속을 맺는 증거판 앞에 놓아라. 그러면 내가 선택하는 사람의 지팡이에서 싹이 날 것이다. 이스라엘 백성이 너희에게 쉴 새 없이 쏟아내는 불평을 내가 그치게 하겠다."

[6-7] 모세가 이스라엘 백성에게 전하자, 그들의 지도자들이 각 지파마다 하나씩 모두 열두 개의 지팡이를 건넸다. 아론의 지팡이도 그 가운데 있었다. 모세는 그 지팡이들을 증거의 장막 안 하나님 앞에 펼쳐 놓았다.

[8-9] 이튿날 모세가 증거의 장막 안으로 들어가 보니, 아론의 지팡이, 곧 레위 지파의 지팡이에 정말로 싹이 돋아나 있었다. 싹이 돋아나서 꽃이 피고, 아몬드 열매까지 열려 있었다! 모세가 지팡이들을 모두 하나님 앞에서 가지고 나와 이스라엘 백성에게 보여주자, 그들이 찬찬히 훑어보았다. 지도자들이 저마다 자기 이름이 적힌 지팡이를 가져갔다.

[10] 하나님께서 모세에게 말씀하셨다. "아론의 지팡이를 증거판 앞에 도로 갖다 놓아라. 그것을 간직하여 반역자들에게 경종이 되게 하여라. 이것으로 백성이 나에 대한 불평을 그치고 자기 목숨을 건지게 될 것이다."

[11] 모세는 하나님께서 명령하신 대로 행했다.

[12-13] 이스라엘 백성이 모세에게 말했다. "우리는 죽은 것이나 다름없습니다. 이것은 우리에게 내리는 사형선고입니다. 하나님의 성막에 가까이 가는 사람은 누구든지 죽을 텐데, 우리 모두 망한 것이 아닙니까?"

제사장과 레위인의 직무

18 [1-4] 하나님께서 아론에게 말씀하셨다. "성소와 관련된 죄를 다루는 일은 너와 네 아들들과 네 아버지의 집안이 책임져야 한다. 제사장의 직무와 관련된 죄도 너와 네 아들들이 책임져야 한다. 레위 지파에 속한 네 형제들을 명부에 올려라. 그들이 너와 함께 있게 하여, 너와 네 아들들이 증거의 장막에서 일할 때 너희를 돕게 하여라. 그들은 네게 보고하고 장막과 관련된 일을 해야 한다. 그러나 그들은 제단의 거룩한 기구에는 조금도 관여해서는 안 된다. 이를 어기면 죽임을 당할 것이다. 그들뿐 아니라 너희도 죽을 것이다! 그들은 너희 곁에서 회막을 돌보는 일, 곧 회막과 관련된 일을 해야 한다. 그 밖에 다른 사람이 너희를 도울 수는 없다.

[5-7] 너희가 할 일은 성소와 제단을 보살펴서, 이스라엘 백성에게 진노가 더 이상 내리지 않게 하는 것이다. 너희 형제인 레위인은 내가 온 이스라엘 자손 가운데서 직접 뽑은 사람들이다. 내가 그들을 너희에게 선물로 주어 회막 일을 돕도록

하겠다. 그러나 제사장으로 섬기면서 제단 근처와 휘장 안에서 하는 일은 너와
네 아들들이 해야 한다. 제사장의 직무는 내가 너희에게만 주는 선물이다. 아
무도 그 일을 대신할 수 없다. 다른 사람이 함부로 성소에 들어오다가는 죽임을
당할 것이다."

8-10 **하나님**께서 아론에게 말씀하셨다. "나의 헌물, 곧 내가 이스라엘 백성에게
서 받는 모든 거룩한 제물을 네게 맡긴다. 그것들을 너와 네 자녀의 몫으로 주
어 네가 개인적으로 쓸 수 있게 하겠다. 이것은 영원한 규례다. 제물 가운데서
남은 것, 곧 곡식 제물과 속죄 제물과 보상 제물 가운데서 불사르지 않고 남은
것은 무엇이든 너와 네 아들들의 몫이다. 그것은 지극히 거룩한 것이니, 경건한
마음으로 먹어라. 남자는 누구나 그것을 먹을 수 있다. 너는 그것을 거룩하게
다루어라.
11-13 이스라엘 백성이 흔들어 바치는 제물도 네 몫이다. 내가 그것을 너와 네 아
들딸들에게 선물로 준다. 이것은 영원한 규례다. 네 집에 있는 정결한 사람은
누구나 그것을 먹을 수 있다. 가장 좋은 올리브기름과 가장 좋은 새 포도주와
곡식, 곧 그들이 수확의 첫 열매로 **하나님**에게 바친 것도 네게 준다. 그들이 **하
나님**에게 바친 첫 수확물은 모두 네 것이다. 네 집에 있는 사람 가운데 정결한
사람은 누구나 그것을 먹을 수 있다.
14-16 완전한 헌신의 제물도 네 몫이다. 짐승이든 사람이든, 처음 태어난 것으로
하나님에게 바친 것은 모두 네 몫이다. 다만 처음 태어난 것 자체를 받는 것이
아니라 그것을 대속하는 값을 받는 것이다. 사람의 맏아들과 정결한 짐승의 첫
새끼는 그것을 바친 사람이 되사고, 너는 그가 되사면서 치른 값을 받는다. 태
어난 지 한 달 된 것부터 되살 수 있는데, 대속하는 값은 성소 표준 세겔로 은 오
세겔이다. 일 세겔은 이십 게라다.
17-19 이와 달리, 수소의 첫 새끼나 양의 첫 새끼나 염소의 첫 새끼는 값을 받고
돌려주지 않는다. 그것들은 거룩한 것이다. 대신에, 너는 그것들의 피를 제단에
뿌리고, 그것들의 지방을 불살라 바치는 제물, 곧 **하나님**을 기쁘게 하는 향기
로 불살라 바쳐야 한다. 그러나 흔들어 바치는 제물의 가슴과 오른쪽 넓적다리
가 네 몫인 것처럼, 그것들의 고기도 네 몫이다. 이스라엘 백성이 **하나님**을 위
해 따로 마련한 모든 거룩한 제물을 내가 너와 네 자녀들에게 준다. 이것은 너
와 네 자녀들이 지켜야 할 영원한 규례로, **하나님** 앞에서 맺은 영원불변의 소금
언약이다."

20 **하나님**께서 아론에게 말씀하셨다. "너는 땅에서는 받을 유산이 없다. 작은 땅
이라도 네 몫은 없다. 네 몫의 땅은 나다. 이스라엘 백성 가운데서 네가 받을 유
산은 바로 나밖에 없다.
21-24 나는 레위인에게 회막에서 일하는 대가로 이스라엘의 십일조 전부를 준다.
이제부터 이스라엘 백성은 회막을 드나들지 못한다. 회막을 드나드는 죄를 지

을 경우 벌을 받게 될 것인데, 그 벌은 바로 죽음이다. 회막에서 일할 수 있는 사람은 오직 레위인뿐이다. 이것을 어길 경우, 모든 책임은 레위인이 진다. 이것은 언제나 지켜야 하는 규례다. 레위인은 이스라엘 백성 가운데서 유산을 받지 못한다. 대신에, 이스라엘 백성이 **하나님**에게 제물로 바치는 십일조를 내가 그들에게 준다. 그래서 내가 이런 규례를 주는 것이다. 레위인은 이스라엘 백성 가운데서 땅을 유산으로 상속받지 못한다."

25-29 **하나님**께서 모세에게 말씀하셨다. "레위인에게 전하여라. 그들에게 이렇게 일러 주어라. 내가 너희에게 유산으로 정해 준 십일조를 이스라엘 백성에게서 받으면, 너희는 거기서 십분의 일을 떼어 **하나님**에게 제물로 바쳐야 한다. 내가 너희의 제물을, 다른 사람들이 타작마당에서 바치는 곡식 제물이나 술통에서 따라 바치는 포도주와 똑같은 것으로 여길 것이다. 너희가 이스라엘 백성에게서 받는 모든 십일조에서 일부를 **하나님**에게 제물로 바치는 절차는 이러하다. 이 십일조 가운데서 **하나님**의 몫을 떼어 제사장 아론에게 주어라. 너희가 받는 모든 것 가운데서 가장 좋고 지극히 거룩한 것을 **하나님**의 몫으로 떼어 놓아야 한다.

30-32 너는 레위인에게 이렇게 일러 주어라. 너희가 가장 좋은 것을 바치면, 남은 것은 내가 다른 사람들이 타작마당에서 바치는 곡식이나 술통에서 따라 바치는 포도주와 똑같은 것으로 여길 것이다. 너희와 너희 집안 사람들은 언제 어디서든 그것을 먹어도 된다. 그것은 회막에서 일하는 대가로 내가 너희에게 주는 몫이다. 너희는 가장 좋은 것을 바침으로써 죄를 면하게 될 것이다. 너희는 이스라엘 백성의 거룩한 제물을 더럽히지 않도록 하여라. 그래야 너희가 죽지 않을 것이다."

정결하게 하는 물

19 1-4 **하나님**께서 모세와 아론에게 말씀하셨다. "이것은 **하나님**이 명령하는 규례, 곧 계시로 정한 규례다. 너는 이스라엘 백성에게 말하여, 한 번도 멍에를 메어 본 적이 없는 정결하고 건강한 붉은 암소를 가져오게 하여라. 그 암소를 제사장 엘르아살에게 주고, 그것을 진 밖으로 끌고 가서, 그가 보는 앞에서 잡아라. 엘르아살은 손가락에 그 피 얼마를 찍어 회막 쪽으로 일곱 번 뿌려야 한다.

5-8 그 후에 엘르아살의 감독 아래 그 암소를 불사르되, 가죽과 고기와 피와 똥까지 모두 불살라야 한다. 제사장은 백향목 가지 하나와 우슬초 가지 몇 개와 주홍색 실 한 다발을 가져다가 불타는 암소 위에 던져야 한다. 그런 다음 제사장은 자기 옷을 빨고, 물로 몸을 깨끗이 씻어야 한다. 그 후에야 그는 진으로 들어올 수 있다. 그는 저녁때까지 부정하다. 암소를 불사른 사람도 자기 옷을 빨고, 물로 몸을 깨끗이 씻어야 한다. 그도 저녁때까지 부정하다.

9 그 후에 정결한 사람이 암소의 재를 거두어, 진 밖의 정결한 곳에 두어야 한
다. 속죄 제사를 드릴 때 정결하게 하는 물에 타서 쓸 수 있도록, 이스라엘 회중
은 그것을 잘 보관해야 한다.
10 재를 거두었던 사람은 자기 옷을 깨끗이 빨아야 하며, 그는 저녁때까지 부정
하다. 이것은 본국에서 태어난 이스라엘 자손과 그들과 함께 사는 외국인이 지
켜야 할 영원한 규례다.
11-13 누구든지 주검을 만진 사람은 칠 일 동안 부정하다. 그는 삼 일째 되는 날
에 정결하게 하는 물로 자기 몸을 정결하게 해야 하며, 칠 일째 되는 날에 정결
하게 된다. 그러나 삼 일째 되는 날과 칠 일째 되는 날에 이 절차를 따르지 않으
면, 그는 정결하게 되지 않는다. 누구든지 주검을 만진 뒤에 정결하게 하지 않
으면, 그는 하나님의 성막을 더럽힌 자이므로 반드시 공동체 가운데서 추방해
야 한다. 정결하게 하는 물을 자기 몸에 뿌리지 않는 한, 그는 부정한 상태로 남
아 있기 때문이다.
14-15 장막에서 사람이 죽었을 때 적용되는 규례는 이러하다. 그 장막에 출입하는
사람이나 이미 장막 안에 있던 사람은 칠 일 동안 부정하다. 뚜껑을 덮지 않은
그릇도 모두 부정하다.
16-21 넓은 들에 나가 있다가, 맞아 죽은 사람의 주검이나 수명이 다해 죽은 사람
의 주검이나 사람의 뼈나 무덤을 만진 사람은 칠 일 동안 부정하다. 이 부정한
사람을 위해서는 속죄 제물을 태우고 남은 재를 가져다가 대접에 담고 거기에
맑은 물을 부어야 한다. 정결한 사람이 우슬초 가지를 그 물에 담갔다가 장막과
거기에 딸린 모든 기구와 장막 안에 있던 사람, 살해당했거나 수명이 다해 죽은
사람의 뼈를 만진 사람, 무덤을 만진 사람에게 뿌린다. 정결한 사람은 삼 일째
되는 날과 칠 일째 되는 날에 부정한 사람에게 물을 뿌려야 한다. 그러면 부정
한 사람은 칠 일째 되는 날에 정결하게 된다. 정결하게 된 그 사람은 자기 옷을
깨끗이 빨고 몸을 씻어야 한다. 그는 저녁때까지 부정하다. 그러나 부정한 사람
이 이 정결 과정을 거치지 않으면, 그는 공동체 가운데서 추방되어야 한다. 그
가 하나님의 성소를 더럽혔기 때문이다. 그는 정결하게 하는 물을 뿌리지 않았
으므로 부정하다. 이것은 위와 같은 경우에 적용해야 할 영원한 규례다.
정결하게 하는 물을 뿌린 사람은 자기 옷을 깨끗이 빨아야 한다. 정결하게 하는
물을 만진 사람도 저녁때까지 부정하다.
22 부정한 사람이 만진 것은 무엇이든 부정하며, 부정한 사람이 만진 것을 만진
사람도 저녁때까지 부정하다."

가데스에서 일어난 일

20

1 첫째 달에, 온 이스라엘 백성이 신 광야에 이르렀다. 백성은 가데
스에 머물렀다.
그곳에서 미리암이 죽어 땅에 묻혔다.
2-5 거기에는 마실 물이 없었다. 그들이 무리를 지어 모세와 아론에게 대들었다.

그들은 모세에게 비난을 퍼부었다. "우리 형제들이 하나님 앞에서 죽을 때 우리
도 죽었으면 차라리 좋았을 것을. 어쩌자고 당신은 하나님의 회중을 여기 광야
까지 끌고 와서, 사람이나 가축이나 모두 죽게 하는 겁니까? 왜 우리를 이집트
에서 데리고 나와서 이 비참한 땅으로 끌고 온 겁니까? 여기에는 곡식도 없고,
무화과도 없고, 포도나무도 없고, 물도 없는데 말입니다!"
6 모세와 아론은 몰려든 회중을 뒤로하고 회막으로 가서, 얼굴을 땅에 대고 엎
드렸다. 그들이 하나님의 영광을 뵈었다.
7-8 하나님께서 모세에게 말씀하셨다. "지팡이를 손에 잡아라. 네 형 아론과 함
께 공동체를 소집하여라. 그들 바로 앞에 있는 저 바위에 말하여라. 그러면 그
바위에서 물이 날 것이다. 바위에서 물을 내어, 회중과 가축이 마시게 하여라."
9-10 모세는 하나님께서 명령하신 대로 지팡이를 잡고 하나님 앞에서 나왔다. 모
세와 아론은 온 회중을 바위 앞에 불러 모았다. 모세가 말했다. "반역자들은 들
으시오! 우리가 여러분을 위해 이 바위에서 물을 내야 하겠소?"
11 이 말과 함께 모세가 팔을 들어 지팡이로 바위를 세차게 두 번 쳤다. 그러자
물이 흘러나왔다. 회중과 가축이 그 물을 마셨다.
12 하나님께서 모세와 아론에게 말씀하셨다. "너희가 나를 신뢰하지 않고 이스
라엘 백성 앞에서 나를 거룩한 경외심으로 대하지 않았으니, 너희 두 사람은 내
가 이 무리에게 주려고 하는 땅으로 그들을 이끌고 들어가지 못할 것이다."
13 이곳 므리바(다툼) 샘에서 이스라엘 백성이 하나님과 다투었고, 하나님께서 자
신의 거룩함을 나타내 보이셨다.

14-16 모세는 가데스에서 에돔 왕에게 사신을 보내 이런 메시지를 전했다. "왕의
형제 이스라엘이 전하는 메시지입니다. 왕께서는 우리가 겪은 온갖 고초를 잘
아실 것입니다. 우리 조상은 이집트로 내려가 그곳에서 오랫동안 살았습니다.
그런데 이집트 사람들은 우리와 우리 조상을 잔인하게 학대했습니다. 우리가
하나님께 울부짖고 도움을 구하자, 하나님께서 우리의 울부짖음을 들으시고 천
사를 보내셔서 우리를 이집트에서 이끌어 내셨습니다. 이제 우리는 왕의 영토
경계에 있는 성읍 가데스에 와 있습니다.
17 우리가 왕의 영토를 지나가도록 허락해 주시겠습니까? 우리가 왕의 밭이나
과수원에 들어가지 않고, 왕의 우물물도 마시지 않겠습니다. 큰길, 곧 왕의 길
만 따라가겠습니다. 왕의 영토를 다 지나갈 때까지, 오른쪽으로나 왼쪽으로나
벗어나지 않겠습니다."
18 에돔 왕이 답했다. "절대 안된다! 내 땅에 발을 딛는 순간, 내가 너희를 죽일
것이다."
19 이스라엘 백성이 말했다. "들어 보십시오. 우리가 큰길로만 다니겠습니다. 우
리나 우리 가축이 물을 마시면, 그 값을 치르겠습니다. 우리는 위험한 사람들이
아닙니다. 그저 발이 부르튼 여행자들일 뿐입니다."

20-21 왕은 같은 답변을 보내왔다. "안된다. 너희는 지나갈 수 없다." 에돔 왕은
무장한 많은 백성을 거느리고 나와서 길을 막았다. 에돔 왕은 그들이 자기 영토
를 지나가지 못하게 했다. 그래서 이스라엘은 에돔을 돌아서 갈 수밖에 없었다.

아론의 죽음

22 이스라엘 백성 온 무리가 가데스를 출발하여, 호르 산으로 나아갔다.
23-26 **하나님**께서 에돔 경계에 있는 호르 산에서 모세와 아론에게 말씀하셨다.
"아론이 자기 조상에게 돌아갈 때가 되었다. 그는 내가 이스라엘 백성에게 주려
고 하는 땅에 들어가지 못할 것이다. 너희가 므리바 샘에서 내 명령을 거역했기
때문이다. 너는 아론과 그의 아들 엘르아살을 데리고 호르 산으로 올라가거라.
아론의 옷을 벗겨 그의 아들 엘르아살에게 입혀라. 아론이 거기서 자기 조상에
게 돌아가 죽을 것이다."
27-29 모세가 **하나님**의 명령에 순종했다. 그들은 온 회중이 지켜보는 앞에서 호르
산으로 올라갔다. 모세는 아론의 옷을 벗겨 그의 아들 엘르아살에게 입혔다. 아
론이 그 산의 꼭대기에서 죽자, 모세와 엘르아살은 산에서 내려왔다. 온 회중이
아론이 죽었다는 소식을 듣고, 삼십 일 동안 그의 죽음을 슬퍼했다.

거룩한 진멸

21 1 네겝 지역에서 다스리던 가나안 사람 아랏 왕은, 이스라엘이 아다
림 길로 진격해 오고 있다는 소식을 들었다. 그는 이스라엘을 공격
하여 그들 가운데 일부를 포로로 잡아갔다.
2 이스라엘이 **하나님**께 서원했다. "이 백성을 저희 손에 넘겨주시면, 저희가 그
들의 성읍들을 쳐부수고, 그 잔해를 하나님께 바쳐 거룩한 진멸이 되게 하겠습
니다."
3 **하나님**께서 이스라엘의 기도를 들으시고 가나안 사람을 그들 손에 넘겨주셨
다. 이스라엘은 그들과 그들의 성읍들을 쳐부수었다. 거룩한 진멸이었다. 이스
라엘은 그곳 이름을 호르마(거룩한 진멸)라고 했다.

구리뱀으로 백성을 구하다

4-5 그들은 호르 산에서 출발하여 홍해 길을 따라 에돔 땅을 돌아서 나아갔다. 백
성이 길을 가는 동안에 그들의 마음이 조급하고 날카로워졌다. 그들은 하나님
과 모세에게 거침없이 대들었다. "어쩌자고 우리를 이집트에서 끌어 내어, 하나
님께 버림받은 이 땅에서 죽게 하는 겁니까? 먹을 만한 음식도 없고 물도 없습
니다. 이 형편없는 음식을 더는 못 먹겠습니다."
6-7 **하나님**께서 독사들을 백성 가운데로 보내셨다. 독사들이 그들을 물어, 이스
라엘의 많은 사람들이 죽었다. 백성이 모세에게 와서 말했다. "우리가 **하나님**과
당신을 거역하는 죄를 지었습니다. 이 뱀들을 우리에게서 거두어 달라고 **하나
님**께 기도해 주십시오."

모세가 백성을 위해 기도했다.
8 **하나님**께서 모세에게 말씀하셨다. "뱀 한 마리를 만들어 깃대에 매달아라. 물
린 자는 누구든지 그것을 보면 살게 될 것이다."
9 모세는 이글거리는 구리로 뱀을 만들어 깃대 위에 달아 놓았다. 뱀에게 물린
사람마다 그 구리뱀을 보고 살아났다.

호르 산에서 모압까지

10-15 이스라엘 백성이 길을 떠나 오봇에 진을 쳤다. 오봇을 떠나서는 모압 맞은
편, 동쪽 광야의 이예아바림에 진을 쳤다. 그곳을 떠나서는 세렛 골짜기에 진을
쳤다. 그 다음에는 아모리 땅과 모압 땅의 경계에 있는 아르논 강을 따라 진을
쳤다. **하나님**의 전쟁기는 이 지역을 두고 다음과 같이 기록하고 있다.

수바의 와헙과
아르논 골짜기들은
협곡 벼랑을 따라
아르 촌락으로 뻗어 있고,
모압의 경계 쪽으로
가파르게 기울어 있다.

16-18 그들이 거기서 브엘(우물)로 나아갔다. 그곳은 **하나님**께서 모세에게 "백성을
모아라. 내가 그들에게 물을 주겠다"고 말씀하신 곳이다. 거기서 이스라엘은 다
음과 같은 노래를 불렀다.

우물물아, 솟아나라!
우물의 노래를 불러라.
이 우물은
홀과 지팡이로
군주들이 파고
백성의 지도자들이 판 우물이다.

19-20 그들은 광야에서 맛다나를 떠나 나할리엘에 이르렀고, 나할리엘을 떠나 바
못(고원)에 이르렀고, 바못을 떠나 모압 들판을 향해 트인 골짜기로 나아갔다. 그
곳은 비스가(꼭대기) 산이 솟아올라 여시몬(황무지)이 내려다보이는 곳이었다.

시혼과 옥을 물리치다

21-22 이스라엘이 아모리 왕 시혼에게 사신들을 보내어 이렇게 말했다. "우리가
왕의 영토를 지나가게 해주십시오. 우리가 왕의 밭에 들어가지 않고, 왕의 포도
밭에서 우물물을 마시지도 않겠습니다. 우리는 왕의 영토를 다 지나갈 때까지

큰길, 곧 왕의 길만 따라가겠습니다."
23-27 그러나 시혼은 이스라엘이 지나가는 것을 허락하지 않았다. 오히려 이스라
엘과 싸우려고 군대를 소집하여 광야로 진격해 왔다. 그는 야하스에 이르러 이
스라엘을 공격했다. 그러나 이스라엘이 맹렬히 싸워 그를 무찌르고, 아르논에
서 얍복, 곧 암몬의 경계에 이르기까지 그의 영토를 점령했다. 그들은 거기서
멈추었는데, 암몬의 경계가 요새화되어 있었기 때문이다. 이스라엘은 헤스본과
그 주변 모든 마을을 포함한 아모리 사람의 모든 성읍을 점령했다. 헤스본은 아
모리 왕 시혼이 다스리던 수도였다. 시혼은 모압의 이전 왕을 공격해서 북쪽으
로 아르논 강에 이르기까지 그의 모든 영토를 빼앗은 왕이다. 그래서 시인들은
이렇게 노래했다.

헤스본으로 와서 도성을 재건하여라.
시혼의 성읍을 복구하여라.

28-29 헤스본에서 불이 나오고
시혼의 도성에서 화염이 나와
모압의 아르를 불태우고
아르논 고원의 원주민들을 불살랐다.
화가 있을 것이다, 모압아!
그모스의 백성아, 너는 망했다!
네 아들들은 도망자가 되어 쫓기고, 네 딸들은 포로가 되어
아모리 왕 시혼에게 넘겨졌다.

30 그러나 우리가 그들을 죽였다.
헤스본에서 디본까지 남김없이 해치웠다.
노바까지 파괴했고
메드바까지 이르는 땅을 초토화시켰다.

31-32 이스라엘은 아모리 사람의 땅으로 이주하여 거기서 지냈다. 모세는 사람들
을 보내어 야스엘을 정탐하게 했다. 이스라엘은 야스엘의 마을들을 점령하고,
그곳에 사는 아모리 사람을 쫓아냈다.
33 그들은 북쪽으로 방향을 바꾸어 바산 길로 나아갔다. 바산 왕 옥이 모세와 맞
서 싸우려고 자기의 모든 군대를 거느리고 에드레이로 진격해 왔다.
34 하나님께서 모세에게 말씀하셨다. "그를 두려워하지 마라. 내가 그와 그의 온
백성과 그의 땅을 네게 선물로 주겠다. 헤스본에서 다스리던 아모리 왕 시혼에
게 한 것처럼, 그를 처치하여라."
35 그들이 그와 그의 아들들과 그의 온 백성을 치니, 살아남은 자가 하나도 없었
다. 이스라엘이 그 땅을 점령한 것이다.

모압 왕 발락과 발람

22

[1] 이스라엘 백성이 계속 행진하여 요단-여리고 앞 모압 평야에 진을
쳤다.
2-3 십볼의 아들 발락은 이스라엘이 아모리 사람에게 한 일을 모두 들어 알고 있
었다. 모압 백성은 이스라엘 때문에 잔뜩 겁을 먹었다. 이스라엘의 수가 너무
많았던 것이다! 그들은 공포에 떨었다.
4-5 모압이 미디안의 지도자들에게 말했다. "보시오, 까마귀 떼가 시체의 살점을
말끔히 뜯어먹듯이, 이 무리가 우리를 남김없이 먹어 치우려 하고 있소."
그 당시, 모압의 왕은 십볼의 아들 발락이었다. 그는 브올의 아들 발람을 데려
오라고 사신들을 보냈다. 발람은 자기 고향인 유프라테스 강가에 자리한 브돌
에 살고 있었다.
5-6 발락의 사신들이 전할 말은 이러했다. "보시오, 한 백성이 이집트에서 나와
온 땅을 덮었소! 그들이 나를 맹렬히 압박하고 있소. 그들이 너무 벅차서 나로
서는 감당할 수 없으니, 부디 와서, 나를 위해 그들을 저주해 주시오. 그러면 내
가 그들을 치겠소. 우리가 그들을 공격해서, 이 땅에서 쫓아낼 수 있을 것이오.
당신의 명성은 익히 들어 알고 있소. 당신이 축복하는 자는 복을 받고, 당신이
저주하는 자는 저주를 받는다는 말을 들었소."
7-8 곧 모압의 지도자와 미디안의 지도자들이, 저주의 대가로 제공할 사례금을
단단히 챙겨서 길을 떠났다. 그들이 발람의 집에 이르러, 그에게 발락의 말을
전했다.
발람이 말했다. "오늘 밤은 여기서 지내십시오. 내일 아침에 하나님께서 내게
주시는 말씀을 여러분에게 알려 드리겠습니다."
모압의 귀족들은 그의 집에 머물렀다.
9 하나님께서 발람에게 오셔서 물으셨다. "너와 함께 있는 이 사람들은 누구냐?"
10-11 발람이 대답했다. "십볼의 아들인 모압 왕 발락이 사람들을 보내면서 이런
메시지를 전했습니다. '보시오, 이집트에서 나온 백성이 온 땅을 덮었소! 부디
와서, 나를 위해 그들을 저주해 주시오. 그러면 내가 그들을 공격해서, 이 땅에
서 쫓아낼 수 있을 것이오.'"
12 하나님께서 발람에게 말씀하셨다. "그들과 함께 가지 마라. 그 백성은 복을
받은 백성이니, 그들을 저주하지 마라."
13 이튿날 아침에 발람이 일어나 발락의 귀족들에게 말했다. "돌아가십시오. 하
나님께서 내가 여러분과 함께 가는 것을 허락하지 않으십니다."
14 그리하여 모압의 귀족들은 길을 떠나 발락에게 돌아가서 말했다. "발람이 우
리와 함께 오지 않으려고 합니다."
15-17 발락은 그들보다 지위가 높고 명망 있는 귀족들을 보냈다. 그들이 발람에게
가서 말했다. "십볼의 아들 발락이 이렇게 말씀합니다. '부디 거절하지 말고 내
게 오시오. 당신을 극진히 예우하고 사례도 아낌없이 하겠소. 원하는 것이 무엇
이든, 내가 다 들어주겠소. 얼마든지 사례할 테니, 그저 와서 저 백성을 저주해

주기만 하시오.'"
18-19 발람이 발락의 신하들에게 대답했다. "발락이 은과 금이 가득한 자기 집을
준다 해도, 나는 내 **하나님**의 명령을 어기고는 크든 작든 아무 일도 할 수 없습
니다. 하지만 지난번에 오신 분들처럼 여러분도 오늘 밤 여기서 지내십시오. 이
번에는 **하나님**께서 어떻게 말씀하시는지 알아보겠습니다."
20 그날 밤, 하나님께서 발람에게 오셔서 말씀하셨다. "이 사람들이 너를 보려고
이렇게 왔으니, 그들과 함께 가거라. 그러나 내가 네게 말하는 것 외에는 절대
아무 일도 해서는 안된다."
21-23 발람은 아침에 일어나 나귀에 안장을 얹고, 모압에서 온 귀족들과 함께 길
을 떠났다. 그러나 발람이 길을 나서자 하나님께서 진노하셨다. **하나님**의 천사
가 그가 가는 것을 막으려고 길에 서 있었다. 발람은 나귀를 탔고, 하인 둘이 그
와 함께 가고 있었다. 나귀는 천사가 길을 막고 서서 칼을 휘두르는 것을 보자,
급히 길에서 벗어나 도랑으로 뛰어들었다. 발람은 나귀를 때려 다시 길로 돌아
가게 했다.
24-25 그러나 그들이 길 양옆으로 울타리가 세워진 포도밭 사이로 지나갈 때, 나
귀는 길을 막고 선 **하나님**의 천사를 다시 보게 되었다. 나귀는 울타리 쪽으로
몸을 붙여, 발람의 발이 울타리에 짓눌리게 했다. 그러자 발람이 다시 나귀를
때렸다.
26-27 **하나님**의 천사가 또다시 길을 막아섰다. 이번에는 길목이 매우 비좁아서,
오른쪽으로도 왼쪽으로도 빠져나갈 틈이 없었다. 발람의 나귀는 천사를 보자
그만 주저앉고 말았다. 발람은 화가 치밀어, 지팡이로 나귀를 때렸다.
28 그때 **하나님**께서 나귀의 입을 열어 주셨다. 나귀가 발람에게 말했다. "도대체
제가 당신께 무엇을 잘못했기에 저를 이렇게 세 번씩이나 때리십니까?"
29 발람이 말했다. "네가 나를 가지고 놀지 않았느냐! 내게 칼이 있었으면, 벌써
너를 죽였을 것이다."
30 나귀가 발람에게 말했다. "이때까지 저는 여러 해 동안 당신의 충실한 나귀가
아니었습니까? 제가 전에 당신에게 이와 같은 짓을 한 적이 있습니까? 말씀해
보십시오."
그가 말했다. "없다."
31 그때 **하나님**께서 발람의 눈을 열어 상황을 보게 해주셨다. 그가 보니, **하나님**
의 천사가 길을 막고 서서 칼을 휘두르고 있었다. 발람이 얼굴을 땅에 대고 엎
드렸다.
32-33 **하나님**의 천사가 그에게 말했다. "너는 어째서 네 불쌍한 나귀를 이렇게 세
번씩이나 때렸느냐? 네가 성급히 길을 나서기에 내가 너를 막으려고 왔다. 나
귀가 나를 보고, 내게서 세 번이나 비켜났다. 그러지 않았으면, 내가 벌써 너를
죽이고 나귀는 살려서 풀어 주었을 것이다."
34 발람이 **하나님**의 천사에게 말했다. "제가 잘못했습니다. 당신께서 저를 막으
시려고 길에 서 계신 줄 몰랐습니다. 제가 하려는 일을 기뻐하지 않으시면 돌아

가겠습니다."

35 하나님의 천사가 발람에게 말했다. "그들과 함께 가거라. 다만 내가 네게 일
러 주는 것만 말하여라. 다른 말은 절대로 해서는 안된다."
그리하여 발람은 발락의 귀족들과 함께 갔다.

36 발락은 발람이 오고 있다는 소식을 듣고, 그를 마중하러 자기 영토의 경계 아
르논 강가에 자리한 모압 사람의 성읍으로 나갔다.
37 발락이 발람에게 말했다. "내가 긴급한 전갈을 보내 도움을 요청하지 않았소?
내가 부를 때 왜 오지 않았소? 내가 넉넉하게 사례하지 못할 것이라고 생각한
것이오?"
38 발람이 발락에게 말했다. "내가 이렇게 오지 않았습니까. 그러나 나는 아무것
도 알려 드릴 수 없습니다. 나는 하나님께서 내게 주시는 말씀만 전할 수 있습
니다. 다른 말은 한 마디도 할 수 없습니다."
39-40 발람은 발락과 함께 기럇후솟(중심가)으로 갔다. 발락은 소와 양을 잡아 제물
로 바치고, 그 제물을 발람과 그와 함께한 귀족들에게 선물했다.
41 이튿날 새벽에 발락이 발람을 데리고 이스라엘 백성 일부가 잘 보이는 바못바
알(바알의 산당)로 올라갔다.

발람의 예언

23

1 발람이 말했다. "여기에 제단 일곱을 쌓고, 수소 일곱 마리와 숫양
일곱 마리를 준비해 주십시오."
2 발락은 발람의 말대로 했다. 발람과 발락은 제단마다 수소와 숫양을 한 마리
씩 바쳤다.
3 발람이 발락에게 지시했다. "왕은 여기 왕의 번제물 곁에 서서 지키고 계십시
오. 나 혼자 다녀오겠습니다. 어쩌면 하나님께서 오셔서 나를 만나 주실지도 모
르겠습니다. 그분께서 내게 보여주거나 알려 주는 것은 무엇이든, 왕께 전해 드
리겠습니다." 그러고 나서 그는 혼자 갔다.

4 하나님께서 발람을 만나 주셨다. 발람이 아뢰었다. "제가 제단 일곱을 쌓고, 제
단마다 수소와 숫양을 한 마리씩 바쳤습니다."
5 하나님께서 발람에게 메시지를 주셨다. "발락에게 돌아가 이 메시지를 전하여라."
6-10 발람이 발락에게 돌아가 보니, 그는 모압의 모든 귀족과 함께 자기 번제물
곁에 서 있었다. 발람은 자신이 받은 예언의 메시지를 전했다.

발락이 아람에서,
모압 왕이 동쪽 산지에서 나를 이곳으로 데리고 왔다.
"와서, 나를 위해 야곱을 저주해 주시오.
와서, 이스라엘에게 악담을 퍼부어 주시오."

하나님께서 저주하시지 않은 저들을 내가 어찌 저주하겠는가?
하나님께서 악담을 퍼부으시지 않은 저들에게 내가 어찌 악담을 퍼붓겠는가?
내가 바위산 봉우리에서 그들을 바라보고
언덕 꼭대기에서 그들을 굽어본다.
보라, 홀로 떨어져 진을 친 백성을!
그들은 민족들 가운데서 자신을 이방인으로 여긴다.
야곱의 흙먼지를 누가 헤아리며,
티끌 구름 같은 이스라엘의 수를 누가 셀 수 있으랴?
나는 바르게 사는 이 백성처럼 죽기를 바란다!
나의 최후가 그들과 같기를 원한다!

11 발락이 발람에게 말했다. "이게 무슨 짓이오? 나의 원수들을 저주해 달라고
당신을 데려왔더니, 당신은 그들에게 축복만 하고 있잖소."
12 발람이 대답했다. "하나님께서 내게 주시는 말씀만 주의해서 전해야 하지 않
겠습니까?"

13 발락이 발람에게 말했다. "나와 함께 다른 곳으로 갑시다. 거기서도 그들의
진 끝자락만 볼 수 있고, 전체는 볼 수 없을 것이오. 거기서 나를 위해 그들을
저주해 주시오."
14 그는 발람을 비스가 산 꼭대기에 있는 '파수꾼의 풀밭'으로 데려갔다. 그는 거
기에다 제단 일곱을 쌓고, 제단마다 수소와 숫양을 한 마리씩 바쳤다.
15 발람이 발락에게 말했다. "내가 저쪽에서 하나님을 뵙는 동안, 왕께서는 왕의
번제물 곁에 서 계십시오."
16 하나님께서 발람을 만나 주시고 그에게 메시지를 주셨다. "발락에게 돌아가
이 메시지를 전하여라."
17-24 발람이 발락에게 돌아가 보니, 그는 모압의 귀족들과 함께 자기 번제물 곁
에 서 있었다. 발락이 발람에게 말했다. "하나님께서 뭐라고 하셨소?" 그러자
발람이 자신이 받은 예언의 메시지를 전했다.

발락아, 일어서서 들어라.
십볼의 아들아, 잘 들어라.
하나님은 사람이 아니시니 거짓을 말하지 않으시며
사람의 아들이 아니시니 마음을 바꾸지 않으신다.
그분께서 말씀만 하시고 행하지 않으시겠느냐?
그분께서 약속만 하시고 지키지 않으시겠느냐?
나는 축복하라고 이곳에 보내졌고
그분께서 복을 내리셨다. 그러니 내가 어찌 그것을 바꿀 수 있으랴?

그분께서 야곱에게 아무 불만이 없으시고
이스라엘에게서 어떤 잘못도 찾지 못하신다.
하나님께서 그들과 함께 계시고,
그들이 그분과 함께하면서 자신들의 왕이신 그분께 소리 높여 찬양한다.
하나님께서 그들을 이집트에서 이끌어 내셨으니,
그 행하심이 사나운 들소와도 같았다.
야곱을 결박할 마술이 없고
이스라엘을 방해할 술법도 없다.
사람들이 야곱과 이스라엘을 보고 말하리라.
"하나님께서 행하신 일이 어찌 그리 큰가!"
보라, 사자처럼 제 발로 일어나 기지개를 켜는 백성을,
눈을 떴다 하면 사냥이 끝날 때까지
배불리 먹고 마실 때까지
눕지도 쉬지도 않는 맹수의 제왕 같은 백성을.

25 발락이 발람에게 말했다. "좋소. 그들을 저주할 수 없다면, 적어도 축복하지
는 마시오."
26 발람이 발락에게 대답했다. "무엇이든 하나님께서 말씀하시는 것만 전하겠다
고 내가 전에 말씀드리지 않았습니까?"

27-28 발락이 발람에게 말했다. "내가 당신을 다른 곳으로 데리고 가겠소. 우리가
하나님의 눈에 드는 좋은 자리를 찾으면, 당신이 나를 위해 그들을 저주할 수
있을지도 모르니 말이오." 그래서 발락은 발람을 데리고 여시몬(황무지)이 내려
다보이는 브올 산 꼭대기로 갔다.
29 발람이 발락에게 말했다. "나를 위해 이곳에 제단 일곱을 쌓고, 제물로 수소
일곱 마리와 숫양 일곱 마리를 준비해 주십시오."
30 발락이 그대로 한 뒤에 제단마다 수소와 숫양을 한 마리씩 바쳤다.

발람의 마지막 메시지

24 1-3 그때에 발람은 하나님께서 이스라엘에게 복을 내리고 싶어 하신
다는 것을 깨달았다. 그래서 그는 전에 하던 것처럼 마술을 쓰지 않
고, 고개를 돌려 광야 쪽을 바라보았다. 발람이 보니, 이스라엘이 지파별로 진
을 친 것이 보였다. 하나님의 영이 그에게 임하여, 그가 예언의 메시지를 선포
했다.

3-9 브올의 아들 발람이 전하는 말이다.
눈이 매우 밝은 사람이 전하는 말이다.

하나님께서 하시는 말씀을 듣는 사람,
강하신 하나님께서 보여주시는 것을 보는 사람,
얼굴을 땅에 대고 엎드려 예배하는 사람,
실제 무슨 일이 일어나고 있는지 아는 사람의 말이다.

야곱아, 너의 장막이
이스라엘아, 너의 안식처가 어찌 그리 아름다우냐!
멀리 뻗은 계곡 같고
강가에 가꾸어 놓은 정원 같구나.
정원사 **하나님**께서 심으신 달콤한 향초 같고
못가와 샘물가에서 자라는 붉은 삼나무 같구나.
그들의 물동이에서는 물이 넘치고
그들의 씨는 도처에 퍼지리라.
그들의 왕은 아각과 그 일족보다 뛰어나고
그들의 왕국은 위세를 크게 떨치리라.
하나님께서 그들을 이집트에서 이끌어 내셨으니,
그 행하심이 사나운 들소와도 같았다.
원수들을 고기 조각 삼키듯 하시는 분,
원수들의 뼈를 가루로 만드시고, 그들의 화살을 꺾으시는 분.
이스라엘이 사자처럼 웅크리고
맹수의 제왕처럼 잠을 자니, 누가 그를 방해하랴?
너를 축복하는 사람은 누구나 복을 받고
너를 저주하는 사람은 누구나 저주를 받으리라.

10-11 발락이 크게 화가 나서 주먹을 불끈 쥐며 발람에게 말했다. "나는 원수들을 저주해 달라고 당신을 이곳으로 부른 것인데, 당신은 무엇을 한 것이오? 그들을 축복하다니! 그것도 세 번씩이나! 썩 물러가시오! 고향으로 돌아가시오! 당신에게 후히 사례하겠다고 했지만, 나는 아무것도 줄 수 없소. 당신은 **하나님**을 탓해야 할 것이오."

12-15 발람이 발락에게 말했다. "왕께서 사신들을 보내셨을 때, 내가 미리 말씀드리지 않았습니까? '발락이 자기 궁궐에 은과 금을 가득 채워 내게 준다 해도, 나는 **하나님**의 명령을 어기고는 선하든 악하든 아무 일도 내 마음대로 할 수 없습니다' 하고 말입니다. 이제 나는 고향으로, 내 백성에게로 갑니다. 장차 이 백성이 왕의 백성에게 어떻게 할 것인지 알려 드리겠습니다." 그러고 나서 그는 자신이 받은 예언의 메시지를 선포했다.

15-19 브올의 아들 발람이 전하는 말이다.
눈이 매우 밝은 사람이 전하는 말이다.

하나님의 말씀을 듣는 사람,
지극히 높으신 하나님께 무슨 일이 일어나고 있는지 아는 사람,
강하신 하나님께서 보여주시는 것을 보는 사람,
엎드려 예배하고 무엇이 실재인지 아는 사람의 말이다.
나는 그분을 보지만, 지금은 아니다.
나는 그분을 감지하지만, 여기서는 아니다.
한 별이 야곱에게서 솟아나고
한 홀이 이스라엘에게서 일어나리라.
그는 모압의 머리를,
시끄러운 수다쟁이의 두개골을 가루로 만들리라.
나는 에돔이 경매로 팔리고
원수 세일이 벼룩시장에 헐값에 넘겨지는 것을 본다.
그러나 이스라엘은 전리품을 차지한다.
한 통치자가 야곱에게서 나와
그 도시에 남아 있는 것을 파괴하리라.

20 그런 다음 발람은 아말렉을 바라보며 예언의 메시지를 전했다.

아말렉아, 너는 지금 민족들 가운데서 으뜸이지만
마지막이 되어, 멸망하리라.

21-22 그는 또 겐 족속을 바라보며 예언의 메시지를 전했다.

네 안식처는 꽤 안전한 곳에 있어서
낭떠러지 높은 곳에 있는 보금자리 같다.
그러나 앗수르가 너를 포로로 잡아갈 때
너 겐 족속은 바보 같아 보이리라.

23-24 발람은 마지막 예언의 메시지를 선포했다.

화가 있으리라! 하나님께서 이 일을 시작하실 때
누가 살아남으랴?
바닷가의 민족들, 바다를 건너온 침략자들이
앗수르와 에벨을 괴롭히겠지만,
그들도 다른 민족들처럼

사라지고 말리라.

25 발람은 일어나 고향으로 돌아갔다. 발락도 자기 길로 갔다.

싯딤에서 벌어진 음란한 바알 숭배

25

1-3 이스라엘이 싯딤(아카시아 숲)에서 장막을 치고 머무는 동안, 남자
들이 모압 여자들과 성관계를 갖기 시작했다. 이 사건은 모압 여자
들이 음란한 종교 의식에 남자들을 초대하면서 시작되었다. 그 남자들은 모압
여자들과 함께 음식을 먹고 그들의 신들에게 절했다. 이스라엘은 결국 브올의
신 바알을 숭배하는 의식에 참여하고 말았다. 하나님께서 진노하셔서, 이스라
엘에게 화를 발하셨다.
4 하나님께서 모세에게 말씀하셨다. "이스라엘의 지도자들을 모두 잡아다가 목
매달아 처형하고, 그들의 주검을 누구나 볼 수 있도록 버려두어라. 그래야만 하
나님의 진노가 이스라엘에서 떠날 것이다."
5 모세가 이스라엘의 재판관들에게 지시했다. "여러분 관할 아래 있는 남자들
가운데 바알브올 숭배에 가담한 자들을 찾아 처형하십시오."
6-9 모든 사람이 회막 입구에서 참회의 눈물을 흘리고 있을 때, 이스라엘 남자 하
나가 모세와 온 회중 앞에서 자기 행동을 과시하듯 당당하게 미디안 여자를 데
리고 자기 가족의 장막으로 들어갔다. 제사장 아론의 손자이자 엘르아살의 아
들인 비느하스가 그의 하는 짓을 보고, 창을 쥐고 그들을 뒤쫓아 장막으로 들어
갔다. 그는 창 하나로 두 사람을 꿰뚫었는데, 창이 이스라엘 남자와 그 여자의
배를 단번에 관통했다. 그러자 이스라엘 백성 가운데 퍼지던 전염병이 그쳤다.
그러나 이미 24,000명이 죽은 뒤였다.
10-13 하나님께서 모세에게 말씀하셨다. "제사장 아론의 손자이자 엘르아살의 아
들인 비느하스가 이스라엘 백성을 향한 나의 진노를 그치게 했다. 그가 나의 영
광을 위해 나만큼 열심을 다했으므로, 내가 질투로 이스라엘 백성을 다 죽이지
는 않았다. 그러니 내가 그와 평화의 언약을 맺을 것이라고 일러 주어라. 내가
그와는 물론이고 그의 후손과도 영원한 제사장직의 언약을 맺을 것이다. 그가
자기 하나님을 위해 열심을 다했고, 이스라엘 백성을 위해 속죄했기 때문이다."
14-15 미디안 여자와 함께 처형된 이스라엘 남자의 이름은 살루의 아들 시므리였
다. 살루는 시므온 지파 가문의 우두머리였다. 처형된 미디안 여자의 이름은 수
르의 딸 고스비였다. 수르는 미디안 족속 한 가문의 우두머리였다.

16-18 하나님께서 모세에게 말씀하셨다. "이제부터는 미디안 사람을 적으로 여겨
라. 온 힘을 다해 그들을 쳐라. 그들은 브올에서 생겼던 일과 그 일로 인해 전염
병이 돌았을 때 처형된 미디안 지도자의 딸 고스비의 일로 너희를 꾀어, 너희의
적이 되고 말았다."

모압 평야에서 실시한 두 번째 인구조사

26 1-2 전염병이 그친 뒤에 하나님께서 모세와 제사장 아론의 아들 엘르
아살에게 말씀하셨다. "이스라엘 온 공동체의 수를 가문별로 세어
라. 스무 살 이상 된 남자로, 이스라엘 군에 복무할 수 있는 사람의 수를 모두
세어라."
3-4 모세와 제사장 엘르아살은 하나님의 명령에 순종하여 요단-여리고 앞 모압
평야에서 백성에게 말했다. "스무 살 이상 된 사람의 수를 세십시오!"

4-7 이집트 땅에서 나온 이스라엘 백성은 이러하다.
이스라엘의 맏아들 르우벤의 자손은 이러하다.
하녹과 하녹 가문
발루와 발루 가문
헤스론과 헤스론 가문
갈미와 갈미 가문.
이들은 르우벤 가문이며, 계수된 사람은 43,730명이다.
8 발루의 아들은 엘리압이다.
9-11 엘리압의 아들은 느무엘, 다단, 아비람이다. (다단과 아비람은 고라 무리에서 뽑힌
공동체 지도자들로, 고라와 함께 모세와 아론에게 반기를 들어 하나님께 반역한 자들이다. 불이
250명을 집어삼킬 때, 땅이 입을 벌려 고라 무리와 함께 그들도 삼켜 버렸다. 세월이 지난 지금도
그들은 경고의 표징으로 남아 있다. 그러나 고라의 자손이 다 죽어 없어진 것은 아니었다.)

12-14 가문별로 본 시므온의 자손은 이러하다.
느무엘과 느무엘 가문
야민과 야민 가문
야긴과 야긴 가문
세라와 세라 가문
사울과 사울 가문.
이들은 시므온 가문이며, 계수된 사람은 22,200명이다.

15-18 가문별로 본 갓의 자손은 이러하다.
스본과 스본 가문
학기와 학기 가문
수니와 수니 가문
오스니와 오스니 가문
에리와 에리 가문
아롯과 아롯 가문
아렐리와 아렐리 가문.
이들은 갓 가문이며, 계수된 사람은 40,500명이다.

19-22 유다의 아들 에르와 오난은 가나안 땅에서 일찍 죽었다. 가문별로 본 유다의 자손은 이러하다.
셀라와 셀라 가문
베레스와 베레스 가문
세라와 세라 가문.
베레스의 자손은 이러하다.
헤스론과 헤스론 가문
하물과 하물 가문.
이들은 유다 가문이며, 계수된 사람은 76,500명이다.

23-25 가문별로 본 잇사갈의 자손은 이러하다.
돌라와 돌라 가문
부와와 부니 가문
야숩과 야숩 가문
시므론과 시므론 가문.
이들은 잇사갈 가문이며, 계수된 사람은 64,300명이다.

26-27 가문별로 본 스불론의 자손은 이러하다.
세렛과 세렛 가문
엘론과 엘론 가문
얄르엘과 얄르엘 가문.
이들은 스불론 가문이며, 계수된 사람은 60,500명이다.

28-34 가문별로 본 요셉의 자손은 므낫세와 에브라임으로 나뉜다. 므낫세의 자손은 이러하다.
마길과 마길 가문
(마길은 길르앗의 아버지다)
길르앗과 길르앗 가문.
길르앗의 자손은 이러하다.
이에셀과 이에셀 가문
헬렉과 헬렉 가문
아스리엘과 아스리엘 가문
세겜과 세겜 가문
스미다와 스미다 가문
헤벨과 헤벨 가문.
헤벨의 아들 슬로브핫은 아들은 없고 딸만 있었다.
그 딸들의 이름은 말라, 노아, 호글라, 밀가, 디르사다.
이들은 므낫세 가문이며, 계수된 사람은 52,700명이다.

35-37 가문별로 본 에브라임의 자손은 이러하다.
수델라와 수델라 가문
베겔과 베겔 가문
다한과 다한 가문.
수델라의 자손은 이러하다.
에란과 에란 가문.
이들은 에브라임 가문이며, 계수된 사람은 32,500명이다.
이들은 가문별로 본 요셉의 자손이다.

38-41 가문별로 본 베냐민의 자손은 이러하다.
벨라와 벨라 가문
아스벨과 아스벨 가문
아히람과 아히람 가문
수부밤과 수부밤 가문
후밤과 후밤 가문.
아룻과 나아만으로 나뉘는 벨라의 자손은 이러하다.
아룻과 아룻 가문
나아만과 나아만 가문.
이들은 베냐민 가문이며, 계수된 사람은 45,600명이다.

42-43 가문별로 본 단의 자손은 이러하다.
수함과 수함 가문.
이들은 단 가문이며, 모두 수함 가문이다. 계수된 사람은 64,400명이다.

44-47 가문별로 본 아셀의 자손은 이러하다.
임나와 임나 가문
이스위와 이스위 가문
브리아와 브리아 가문.
브리아의 자손은 이러하다.
헤벨과 헤벨 가문
말기엘과 말기엘 가문.
아셀은 딸 세라를 두었다.
이들은 아셀 가문이며, 계수된 사람은 53,400명이다.

48-50 가문별로 본 납달리의 자손은 이러하다.
야스엘과 야스엘 가문
구니와 구니 가문
예셀과 예셀 가문

실렘과 실렘 가문.
이들은 납달리 가문이며, 계수된 사람은 45,400명이다.

51 계수된 이스라엘 백성은 모두 601,730명이다.

52-54 하나님께서 모세에게 말씀하셨다. "인구수에 따라 그 땅을 유산으로 나누
어 주어라. 수가 많은 지파는 많은 유산을 받고, 수가 적은 지파는 적은 유산을
받는다. 각 지파마다 계수된 인구수에 따라 유산을 받는다.
55-56 반드시 제비뽑기로 그 땅을 나누어라.
각 지파의 유산은 인구수, 곧 각 조상의 지파에 이름을 올린 사람들의 수를 근거로, 수가 많은 지파와 수가 적은 지파 사이에서 제비뽑기로 나누어야 한다."

57-58 가문별로 계수된 레위인은 이러하다.
게르손과 게르손 가문
고핫과 고핫 가문
므라리와 므라리 가문.
레위 가문에는 다음 가문들도 포함된다.
립니 가문
헤브론 가문
마흘리 가문
무시 가문
고라 가문.
58-61 고핫은 아므람을 낳았다. 아므람의 아내는 요게벳으로, 이집트에서 레위 가문에 태어난 레위 자손이다. 요게벳은 아므람에게서 아론과 모세와 그들의 누이 미리암을 낳았다. 아론은 나답과 아비후, 엘르아살, 이다말의 아버지다. 나답과 아비후는 규정에 어긋난 제물을 하나님 앞에 드리다가 죽었다.
62 태어난 지 한 달 이상 된 레위 남자의 수는 23,000명에 달했다. 그들은 땅을 유산으로 받지 않았으므로 나머지 이스라엘 백성과 함께 계수되지 않았다.

63-65 이들은 모세와 제사장 엘르아살이 요단-여리고 앞 모압 평야에서 계수한 이스라엘 백성이다. 모세와 제사장 아론이 시내 광야에서 이스라엘 백성을 상대로 인구조사를 실시할 때 계수한 사람들은 단 한 사람도 여기에 포함되지 않았다. 이는 하나님께서 그들을 두고 "그들은 죽을 것이다. 광야에서 죽을 것이다. 여분네의 아들 갈렙과 눈의 아들 여호수아 외에는 한 사람도 살아남지 못할 것이다" 하고 말씀하셨기 때문이다.

슬로브핫의 딸들

27

1 슬로브핫의 딸들이 앞으로 나왔다. 그들의 아버지 슬로브핫은 요셉의 아들 므낫세 가문에 속한 사람으로, 헤벨의 아들이고 길르앗의 손자이며 마길의 증손이고 므낫세의 현손이었다. 그 딸들의 이름은 말라, 노아, 호글라, 밀가, 디르사였다.

2-4 그들이 회막 입구로 가서, 모세와 제사장 엘르아살과 지도자들과 회중 앞에 서서 말했다. "저희 아버지는 광야에서 돌아가셨습니다. 그분은 **하나님**께 반역한 고라 무리와 함께하지 않았습니다. 그분은 자신의 죄 때문에 돌아가셨습니다. 아버지는 아들을 두지 않으셨습니다. 그런데 아들이 없어서 저희 아버지의 이름이 가문에서 빠져야 한다니, 어찌 된 것입니까? 저희 아버지의 친척들과 함께 저희도 유산을 물려받게 해주십시오."

5 모세가 그들의 사정을 **하나님**께 아뢰었다.

6-7 **하나님**께서 판결해 주셨다. "슬로브핫의 딸들의 말이 옳다. 그 아버지의 친척들과 함께 그 딸들에게도 땅을 유산으로 주어라. 그 아버지의 유산을 그들에게 주어라.

8-11 또 이스라엘 백성에게 이렇게 일러 주어라. 어떤 사람이 아들을 두지 않고 죽으면, 그의 유산을 그의 딸에게 주어라. 딸이 없으면, 그의 형제에게 주어라. 형제가 없으면, 그의 아버지의 형제에게 주어라. 그의 아버지에게 형제가 없으면, 가장 가까운 친척에게 주어, 유산이 그 집안에 남아 있게 하여라. 이것은 **하나님**이 모세를 통해 명령한 대로, 이스라엘 백성이 지켜야 하는 율례다."

모세의 후계자, 여호수아

12-14 **하나님**께서 모세에게 말씀하셨다. "너는 아바림 산에 올라가서, 내가 이스라엘 백성에게 주려고 하는 땅을 바라보아라. 그 땅을 본 뒤에는 너도 죽어서, 네 형 아론을 따라 네 조상에게 돌아가게 될 것이다. 이는 온 회중이 신 광야에서 물 문제로 다툴 때, 너희가 그들 앞에서 거룩한 경외심으로 나를 대하지 않았기 때문이다. 신 광야의 가데스에서 있었던 므리바(다툼)의 물 사건을 두고 하는 말이다."

15-17 모세가 **하나님**께 대답했다. "**하나님**, 살아 있는 모든 이에게 영을 주시는 하나님, 이 공동체 위에 한 사람을 세우셔서, 그가 이들을 이끌게 해주십시오. 그가 이들 앞에서 길을 제시하기도 하고 공동체를 이끌고 돌아오게도 해주십시오. 그래서 **하나님**의 공동체가 목자 없는 양처럼 되지 않게 해주십시오."

18-21 **하나님**께서 모세에게 말씀하셨다. "눈의 아들 여호수아를 데려오너라. 그의 안에는 하나님의 영이 있다! 그에게 네 손을 얹어라. 그를 제사장 엘르아살과 온 회중 앞에 세우고, 모든 사람이 보는 앞에서 그를 후계자로 임명하여라. 네 권위를 그에게 넘겨주어, 온 이스라엘 백성이 그의 말에 순종하게 하여라. 그는 제사장 엘르아살의 조언을 구해야 한다. 그러면 제사장은 우림의 판결을 사용해 **하나님** 앞에서 기도하며 그에게 조언해 줄 것이다. 그는 이스라엘 백성,

곧 온 공동체의 출입을 지휘하게 될 것이다."
22-23 모세는 **하나님**의 명령을 따라 그대로 행했다. 그는 여호수아를 데려다가,
제사장 엘르아살과 온 공동체 앞에 세웠다. 그리고 **하나님**께서 명령하신 대로,
그에게 손을 얹어 그를 후계자로 임명했다.

하나님께 드리는 제물

28 1-8 **하나님**께서 모세에게 말씀하셨다. "이스라엘 백성에게 명령하여
라. 그들에게 이렇게 일러 주어라. 너희는 나의 음식, 곧 불살라 바
쳐서 나를 기쁘게 하는 향기로운 제물을 정해진 때에 바쳐야 한다. 그들에게 또
이렇게 일러 주어라. 너희가 **하나님**에게 바쳐야 하는 불살라 바치는 제물은 이
러하다. 일 년 된 건강한 어린 숫양 두 마리를 매일 번제물로 바치되, 한 마리는
아침에 바치고 다른 한 마리는 저녁에 바쳐라. 또 고운 곡식 가루 2리터에 올리
브기름 1리터를 섞어서 곡식 제물로 함께 바쳐라. 이는 시내 산에서 제정된 표
준 번제로, **하나님**을 기쁘게 하는 향기요 불살라 바치는 제물이다. 이것과 함께
바칠 부어 드리는 제물은 어린 숫양 한 마리에 독한 술 1리터로 한다. 부어 드리
는 제물은 성소에서 **하나님** 앞에 부어 바쳐라. 저녁에 두 번째 어린 숫양을 바
칠 때도 아침에 한 것처럼 곡식 제물과 부어 드리는 제물을 함께 바쳐라. 이것
은 불살라 바치는 제물이며, **하나님**을 기쁘게 하는 향기다."

9-10 "안식일에는 일 년 된 어린 숫양 두 마리를 바치되, 고운 곡식 가루 4리터에
기름 섞은 곡식 제물과 부어 드리는 제물을 함께 바쳐라. 이것은 매일 바치는
번제와, 거기에 딸린 부어 드리는 제물 외에 안식일마다 바치는 번제다."

11 "매월 초에 **하나님**에게 번제를 바칠 때는, 수송아지 두 마리, 숫양 한 마리,
일 년 된 어린 숫양 일곱 마리를 바쳐라. 그것들은 모두 건강한 것이어야 한다.
12-14 수송아지 한 마리에 기름 섞은 고운 곡식 가루 6리터를 곡식 제물로 함께
바치고, 숫양 한 마리에 기름 섞은 고운 곡식 가루 4리터를 함께 바치며, 어린
숫양 한 마리에 기름 섞은 고운 곡식 가루 2리터를 함께 바쳐라. 이는 번제요,
하나님을 기쁘게 하는 향기며, 불살라 바치는 제물이다. 이것과 함께 부어 드리
는 제물은, 수송아지 한 마리에 포도주 2리터, 숫양 한 마리에 포도주 1.25리터,
어린 숫양 한 마리에 포도주 1리터를 바쳐야 한다.
14-15 이것은 일 년 내내 매월 초에 바쳐야 하는 번제다. 매일 바치는 번제와 거
기에 딸린 부어 드리는 제물 외에도, 숫염소 한 마리를 속죄 제물로 **하나님**에게
바쳐야 한다."

16-17 "**하나님**의 유월절은 첫째 달 십사 일에 지켜야 한다. 그달 십오 일에 절기가 시작된다.
17-22 칠 일 동안은 누룩을 넣지 않은 빵을 먹어야 한다. 첫째 날은 거룩한 예배로 시작하여라. 그날은 평소에 하던 일은 아무것도 하지 마라. **하나님**에게 불살라 바치는 제물로 번제를 바치되, 수송아지 두 마리, 숫양 한 마리, 일 년 된 어린 숫양 일곱 마리를 모두 건강한 것으로 가져오너라. 고운 곡식 가루에 기름 섞은 곡식 제물을 준비하되, 수송아지 한 마리에 6리터, 숫양 한 마리에 4리터, 어린 숫양 한 마리에 2리터를 준비하여라. 거기에 너희를 위해 속죄할 속죄 제물로 숫염소 한 마리를 준비하여라.
23-24 아침마다 바치는 번제 외에 이것들을 별도로 바쳐야 한다. 이렇게 칠 일 동안 날마다 불살라 바치는 제물, 곧 **하나님**을 기쁘게 하는 향기로 음식을 준비하여라. 매일 바치는 번제물과 부어 드리는 제물 외에 별도로 이것을 준비하여라.
25 칠 일째 되는 날은 거룩한 예배로 마무리하여라. 그날은 평소에 하던 일은 아무것도 하지 마라."

26-30 "첫 열매를 바치는 날, 곧 **하나님**에게 첫 수확물을 가져오는 칠칠절에는 거룩한 예배로 모이고, 평소에 하던 일은 아무것도 하지 마라. 불살라 바쳐서 **하나님**을 기쁘게 하는 향기로운 제물로 수송아지 두 마리, 숫양 한 마리, 일 년 된 어린 숫양 일곱 마리를 가져오너라. 그것들은 모두 건강한 것이어야 한다. 고운 곡식 가루에 기름 섞은 곡식 제물을 준비하되, 수송아지 한 마리에 6리터, 숫양 한 마리에 4리터, 어린 숫양 한 마리에 2리터를 준비하여라. 거기에 너희를 위해 속죄할 속죄 제물로 숫염소 한 마리를 준비하여라.
31 이것은 매일 바치는 번제와 거기에 딸린 곡식 제물과 부어 드리는 제물 외에 별도로 바쳐야 하는 제물이다. 잊지 마라, 그 짐승들은 건강한 것이어야 한다."

29

1-5 "일곱째 달 첫째 날에는 거룩한 예배로 모이고, 평소에 하던 일은 아무것도 하지 마라. 이날은 너희가 나팔을 부는 날이다. 너희는 번제를 드리되, 수송아지 한 마리, 숫양 한 마리, 일 년 된 어린 숫양 일곱 마리를 **하나님**을 기쁘게 하는 향기로 바쳐라. 그것들은 모두 건강한 것이어야 한다. 고운 곡식 가루에 기름 섞은 곡식 제물을 준비하되, 수송아지 한 마리에 6리터, 숫양 한 마리에 4리터, 어린 숫양 한 마리에 2리터를 준비하여라. 거기에 너희를 위해 속죄할 속죄 제물로 숫염소 한 마리를 준비하여라.
6 이것은 규정에 따라 매달 바치는 번제와 매일 바치는 번제와 거기에 딸린 곡식 제물과 부어 드리는 제물 외에 별도로 바쳐야 하는 것으로, **하나님**을 기쁘게 하는 향기요 불살라 바치는 제물이다."

7 "이 일곱째 달 십 일에 너희는 거룩한 예배로 모이고, 자신을 낮추고, 아무 일
도 하지 마라.
8-11 수송아지 한 마리, 숫양 한 마리, 일 년 된 어린 숫양 일곱 마리를 하나님을
기쁘게 하는 향기로 바칠 번제물로 가져오너라. 그것들은 모두 건강한 것이어
야 한다. 고운 곡식 가루에 기름 섞은 곡식 제물을 준비하되, 수송아지 한 마리
에 6리터, 숫양 한 마리에 4리터를 준비하고, 어린 숫양 일곱 마리의 경우에는
한 마리에 2리터씩 준비하여라. 매일 바치는 번제와 거기에 딸린 곡식 제물과
부어 드리는 제물 외에, 숫염소 한 마리를 너희를 위해 속죄할 속죄 제물로 가
져오너라."

12-16 "일곱째 달 십오 일에 거룩한 예배로 모이고, 평소에 하던 일은 아무것도 하
지 마라. 칠 일 동안 하나님 앞에서 절기를 지켜라. 수송아지 열세 마리, 숫양
두 마리, 일 년 된 어린 숫양 열네 마리를 하나님을 기쁘게 하는 향기로 바칠 번
제물로 가져오너라. 그것들은 모두 건강한 것이어야 한다. 고운 곡식 가루에 기
름 섞은 곡식 제물을 준비하되, 수송아지 한 마리에 6리터, 숫양 한 마리에 4리
터를 준비하고, 어린 숫양 열네 마리의 경우에는 한 마리에 2리터씩 준비하여
라. 매일 바치는 번제와 거기에 딸린 곡식 제물과 부어 드리는 제물 외에, 숫염
소 한 마리를 너희를 위해 속죄할 속죄 제물로 가져오너라.
17-19 둘째 날에는 수송아지 열두 마리, 숫양 두 마리, 일 년 된 어린 숫양 열네 마
리를 가져오너라. 그것들은 모두 건강한 것이어야 한다. 곡식 제물과 부어 드리
는 제물은 규례에 따라 수송아지와 숫양과 어린 숫양들에 맞게 준비하여라. 매
일 바치는 번제와 거기에 딸린 곡식 제물과 부어 드리는 제물 외에, 숫염소 한
마리를 속죄 제물로 가져오너라.
20-22 셋째 날에는 수송아지 열한 마리, 숫양 두 마리, 일 년 된 어린 숫양 열네 마
리를 가져오너라. 그것들은 모두 건강한 것이어야 한다. 곡식 제물과 부어 드리
는 제물은 규례에 따라 수송아지와 숫양과 어린 숫양들에 맞게 준비하여라. 매
일 바치는 번제와 거기에 딸린 곡식 제물과 부어 드리는 제물 외에, 숫염소 한
마리를 속죄 제물로 가져오너라.
23-25 넷째 날에는 수송아지 열 마리, 숫양 두 마리, 일 년 된 어린 숫양 열네 마리
를 가져오너라. 그것들은 모두 건강한 것이어야 한다. 곡식 제물과 부어 드리는
제물은 규례에 따라 수송아지와 숫양과 어린 숫양들에 맞게 준비하여라. 매일
바치는 번제와 거기에 딸린 곡식 제물과 부어 드리는 제물 외에, 숫염소 한 마
리를 속죄 제물로 가져오너라.
26-28 다섯째 날에는 수송아지 아홉 마리, 숫양 두 마리, 일 년 된 어린 숫양 열네
마리를 가져오너라. 그것들은 모두 건강한 것이어야 한다. 곡식 제물과 부어 드

리는 제물은 규례에 따라 수송아지와 숫양과 어린 숫양들에 맞게 준비하여라.
매일 바치는 번제와 거기에 딸린 곡식 제물과 부어 드리는 제물 외에, 숫염소
한 마리를 속죄 제물로 가져오너라.
29-31 여섯째 날에는 수송아지 여덟 마리, 숫양 두 마리, 일 년 된 어린 숫양 열네
마리를 가져오너라. 그것들은 모두 건강한 것이어야 한다. 곡식 제물과 부어 드
리는 제물은 규례에 따라 수송아지와 숫양과 어린 숫양들에 맞게 준비하여라.
매일 바치는 번제와 거기에 딸린 곡식 제물과 부어 드리는 제물 외에, 숫염소
한 마리를 속죄 제물로 가져오너라.
32-34 일곱째 날에는 수송아지 일곱 마리, 숫양 두 마리, 일 년 된 어린 숫양 열네
마리를 가져오너라. 그것들은 모두 건강한 것이어야 한다. 곡식 제물과 부어 드
리는 제물은 규례에 따라 수송아지와 숫양과 어린 숫양들에 맞게 준비하여라.
매일 바치는 번제와 거기에 딸린 곡식 제물과 부어 드리는 제물 외에, 숫염소
한 마리를 속죄 제물로 가져오너라.
35-38 여덟째 날에는 거룩한 예배로 모이고, 평소에 하던 일은 아무것도 하지 마
라. **하나님**을 기쁘게 하는 향기로 불살라 바치는 제물, 곧 번제물을 가져오되,
수송아지 한 마리, 숫양 한 마리, 일 년 된 어린 숫양 일곱 마리를 가져오너라.
그것들은 모두 건강한 것이어야 한다. 곡식 제물과 부어 드리는 제물은 규례에
따라 수송아지와 숫양과 어린 숫양들에 맞게 준비하여라. 매일 바치는 번제와
거기에 딸린 곡식 제물과 부어 드리는 제물 외에, 숫염소 한 마리를 속죄 제물
로 가져오너라.
39 너희가 절기를 맞아 모일 때마다 번제와 곡식 제물과 부어 드리는 제물과 화
목 제물을 **하나님**에게 바쳐라. 이것은 너희가 개인적으로 바치는 서원 제물과
자원 제물 외에 별도로 바쳐야 하는 제물이다."
40 모세는 **하나님**께서 명령하신 모든 것을 이스라엘 백성에게 알려 주었다.

서원

30

1-2 모세가 이스라엘 백성 각 지파의 우두머리들에게 말했다. "**하나
님**께서 이렇게 명령하십니다. '남자가 **하나님**에게 서원하거나 무엇
을 하겠다고 맹세한 경우, 그는 자신이 한 말을 어겨서는 안된다. 그는 자신이
말한 대로 정확히 지켜야 한다.
3-5 여자가 어릴 때 자기 아버지의 집에 살면서 **하나님**에게 서원하거나 서약한
경우, 아버지가 그녀의 서원이나 서약을 듣고도 아무 말 하지 않으면, 그녀는
자신의 서원과 서약을 모두 지켜야 한다. 그러나 아버지가 그 서원이나 서약을
듣고 그녀를 만류하면, 그 서원과 서약은 무효가 된다. 아버지가 그녀를 말렸으
므로, **하나님**이 그녀를 놓아줄 것이다.
6-8 여자가 서원을 하거나 경솔하게 약속하거나 분별없이 서약하고 나서 시집을
간 경우, 남편이 그것을 듣고도 그녀에게 아무 말 하지 않으면, 그 여자는 자신
이 서원하고 서약한 대로 행해야 한다. 그러나 남편이 그 서원을 듣고 막으면,

그녀를 묶고 있는 서원과 서약을 남편이 취소시킨 것이니, **하나님**이 그녀를 놓아줄 것이다.

9 과부나 이혼한 여자가 한 서원이나 서약은 그대로 구속력이 있다.

10-15 아내가 남편과 함께 살면서 서원을 하거나 맹세로 서약한 경우, 남편이 그것을 듣고도 아무 말 하지 않거나 그녀에게 그렇게 하지 말라고 하지 않으면, 그녀의 서원과 서약은 모두 유효하다. 그러나 남편이 그녀의 서원과 서약을 듣고 즉시 그것을 취소시키면, 그 서원과 서약은 구속력이 없다. 남편이 취소시킨 것이니, **하나님**이 그녀를 놓아줄 것이다. 아내가 한 서원과 서약이 그녀에게 해를 입힐 가능성이 있는 경우, 남편은 그녀의 서원과 서약을 지지할 수도 있고 취소시킬 수도 있다. 그러나 남편이 잠잠하고 그 다음날에도 거론하지 않으면, 그는 아내의 서원과 서약을 승인한 것이다. 그녀는 자신의 서원과 서약을 다 지켜야 한다. 남편이 그녀의 말을 듣고도 아무 말을 하지 않았으므로, 아내는 자신의 서원과 서약에 매이게 된 것이다. 그러나 남편이 그녀의 말을 듣고 얼마 지나서야 취소시키면, 그가 아내의 죄를 떠맡아야 한다.'"

16 이것은 남편과 아내 사이, 아버지와 아버지 집에 사는 어린 딸 사이의 처리법에 관해 **하나님**께서 모세에게 내리신 규례다.

미디안 전쟁

31

1-2 **하나님**께서 모세에게 말씀하셨다. "미디안 사람에게 이스라엘 백성의 원수를 갚아라. 그런 다음에 너는 네 조상에게 돌아가게 될 것이다."

3-4 모세가 백성에게 말했다. "미디안과 싸워 미디안에 대한 **하나님**의 원수를 갚을 사람들을 이스라엘 각 지파에서 천 명씩 모집하여 전쟁에 내보내십시오."

5-6 그리하여 이스라엘 각 지파에서 천 명씩, 모두 만이천 명을 모집하여 전투 부대를 편성했다. 모세는 각 지파에서 천 명씩을 전쟁에 내보냈다. 엘르아살의 아들 비느하스도 제사장 신분으로 입대하여 거룩한 기구와 신호용 나팔을 맡았다.

7-12 그들은 **하나님**께서 모세에게 명령하신 대로 미디안을 공격하여, 최후의 한 사람까지 다 죽였다. 죽은 자들 중에는 에위, 레겜, 수르, 후르, 레바 등 미디안의 다섯 왕도 있었다. 그들은 브올의 아들 발람도 칼로 베어 죽였다. 이스라엘 백성은 미디안 여자들과 아이들을 포로로 잡고, 그들의 모든 짐승과 가축과 재산을 전리품으로 취했다. 그들은 미디안 사람이 살던 모든 성읍과 막사를 잿더미로 만들고, 모든 물자와 사람과 짐승을 닥치는 대로 노획했다. 그들은 포로와 노획물과 전리품을 끌고, 요단-여리고 앞 모압 평야에 진을 치고 있던 모세와 제사장 엘르아살과 이스라엘 공동체로 돌아왔다.

13-18 모세와 제사장 엘르아살과 회중의 모든 지도자가 부대를 맞으러 진 밖으로 나갔다. 모세는 전장에서 돌아오는 군지휘관인 천부장과 백부장들에게 화를 냈다. "이게 무슨 짓이오! 이 여자들을 살려 두다니! 저들은 브올 사건 때 발람의 지시에 따라 이스라엘 백성을 꾀어 **하나님**으로부터 멀어지게 하고, 전염병을

촉발시켜 **하나님**의 백성을 치게 한 장본인들이오. 그러니 그대들은 일을 마무리하시오. 사내아이들은 모두 죽이고, 남자와 잠자리를 같이한 여자들도 모두 죽이시오. 그들보다 어린 처녀들은 그대들을 위해 살려 두어도 좋소.

19-20 이제 그대들은 이렇게 하시오. 진 밖에 장막을 치시오. 사람을 죽였거나 주검을 만진 사람은 모두 칠 일 동안 진 밖에 머물러야 합니다. 삼 일째 되는 날과 칠 일째 되는 날에 그대들과 그대들이 잡아 온 포로들을 정결하게 하시오. 모든 옷가지와 기구를 정결하게 하시오. 가죽으로 만든 것이든, 염소 털로 짠 것이든, 나무로 만든 것이든 모두 정결하게 하시오."

21-24 제사장 엘르아살이 전쟁에서 싸운 군사들에게 말했다. "이것은 **하나님**께서 모세에게 계시로 주신 규정입니다. 금과 은과 청동과 쇠와 주석과 납 등 불에 타지 않는 것은 모두 불에 넣었다가 꺼내야 합니다. 그러면 정결하게 될 것입니다. 그런 다음에는 정결하게 하는 물로 씻어야 합니다. 불에 타는 것은 무엇이든 그 물에 담갔다가 꺼내야 합니다. 칠 일째 되는 날에 그대들의 옷을 깨끗이 빨면, 여러분은 정결하게 될 것입니다. 그런 뒤에야 여러분은 진으로 돌아올 수 있습니다."

25-27 **하나님**께서 모세에게 말씀하셨다. "너와 제사장 엘르아살과 공동체에 속한 각 가문의 지도자들은 사로잡아 온 사람과 짐승의 수를 세어라. 전리품을 절반으로 나누어, 반은 전투를 치른 군사들에게 주고 반은 회중에게 주어라.

28-30 군사들이 차지한 노획물은 사람이든 소든 나귀든 양이든, 오백분의 일의 비율로 세를 부과하여라. 그것은 **하나님**의 몫이니, 그들이 받은 절반의 몫에서 거두어 **하나님** 대신 제사장 엘르아살에게 넘겨주어라. 회중이 받은 절반은 사람이든 소든 나귀든 양이든 염소든 다른 짐승이든, 오십분의 일의 비율로 세를 부과하여라. 그것을 **하나님**의 성막 관리를 맡은 레위인에게 주어라."

31 모세와 엘르아살은 **하나님**께서 모세에게 명령하신 대로 행했다.

32-35 군대가 빼앗아 온 전리품 가운데 남은 것은 이러하다.

양 675,000마리

소 72,000마리

나귀 61,000마리

처녀 32,000명.

36-40 전쟁에서 싸운 군사들이 차지한 절반의 몫은 이러하다.

양 337,500마리, 그중 675마리를 **하나님** 몫으로 드렸다.

소 36,000마리, 그중 72마리를 **하나님** 몫으로 드렸다.

나귀 30,500마리, 그중 61마리를 **하나님** 몫으로 드렸다.

사람 16,000명, 그중 32명을 하나님 몫으로 드렸다.

41 모세는 이 세금을 **하나님** 몫으로 떼어 제사장 엘르아살에게 주었다. 이렇게

모세는 하나님께서 지시하신 대로 행했다.

42-46 모세가 전쟁에 나갔던 사람들에게서 떼어 이스라엘 공동체에 나누어 준 나
머지 절반은 이러하다.
양 337,500마리
소 36,000마리
나귀 30,500마리
사람 16,000명.
47 모세는 하나님께서 지시하신 대로 이스라엘 백성에게 돌아간 절반에서 사람
이든 짐승이든, 오십분의 일을 떼어 하나님의 성막 관리를 맡은 레위인에게 주
었다.
48-50 군지휘관인 천부장과 백부장들이 모세에게 와서 말했다. "우리가 우리 수
하의 군사들을 세어 보았는데, 한 사람도 잃어버리지 않았습니다. 그래서 우리
가 하나님께 드릴 예물을 가져왔습니다. 하나님 앞에서 우리 삶을 속죄하려고
우리가 얻은 금패물인 팔장식, 팔찌, 반지, 귀걸이, 장신구를 가져왔습니다."
51-54 모세와 제사장 엘르아살은 그들에게서 정교하게 세공된 온갖 금패물을 받
았다. 모세와 엘르아살이 천부장과 백부장들에게서 받아 하나님께 예물로 드린
금의 무게는 약 185킬로그램이었다. 이것은 모두 노획물을 차지한 군사들이 기
부한 것이다. 모세와 엘르아살은 천부장과 백부장들에게서 받은 금을 회막으로
가져가, 하나님 앞에서 이스라엘 백성을 위한 기념물로 삼았다.

요단 강 동쪽 지파들

32 1-4 르우벤 자손과 갓 자손은 엄청나게 많은 수의 가축 떼를 소유하
고 있었다. 그들이 야셀 땅과 길르앗 땅을 살펴보니, 가축을 방목하
기에 알맞은 곳이었다. 그래서 갓 자손과 르우벤 자손은 모세와 제사장 엘르아
살과 회중의 지도자들에게 가서 말했다. "아다롯, 디본, 야스엘, 니므라, 헤스
본, 엘르알레, 스밤, 느보, 브온, 곧 하나님께서 이스라엘 공동체 앞에서 쳐서
멸하신 땅은 가축에게 더없이 좋은 땅입니다. 그리고 우리에게는 가축 떼가 있
습니다."
5 그들은 말을 이었다. "우리가 이제까지 일을 잘했다고 여기시면 이 땅을 우리
에게 유산으로 주셔서, 우리가 요단 강을 건너지 않게 해주십시오."
6-12 모세가 갓 자손과 르우벤 자손에게 말했다. "전쟁이 임박했는데 형제들에게
떠넘기고, 여러분만 여기에 정착하겠다는 것이오? 이제 곧 이스라엘 백성이 하
나님께서 주신 땅으로 들어가려고 하는데, 여러분은 어찌하여 형제들을 실망시
키고 그들의 사기마저 떨어뜨리려고 합니까? 내가 저 땅을 정탐하라고 가데스
바네아에서 여러분의 조상을 보냈을 때에 그들이 한 짓과 똑같군요. 그들은 에
스골 골짜기까지 가서 한 번 훑어보고는 포기하고 말았습니다. 그들은 이스라
엘 백성의 사기를 완전히 꺾어서, 하나님께서 그들에게 주신 땅으로 들어가지

못하게 했습니다. 그러자 **하나님**께서 참으로 진노하셔서 이렇게 맹세하셨습니
다. '그들은 그 땅을 결코 보지 못할 것이다. 이집트에서 나온 사람들 가운데 스
무 살 이상 된 자는, 내가 아브라함과 이삭과 야곱에게 약속한 땅을 결코 보지
못할 것이다. 그들은 나를 따르는 일에 관심이 없었다. 마음도 없었다. 그나스
사람 여분네의 아들 갈렙과 눈의 아들 여호수아 외에는, 아무도 나를 따르지 않
았다. 이 두 사람만 나를 따르고, 그 일에 마음이 있었다.'
13 **하나님**께서 이스라엘에게 진노하셔서, 그분의 눈앞에서 악을 행한 그 세대가
모두 죽어 없어질 때까지, 사십 년 동안 그들을 광야에서 헤매게 하셨습니다.
14-15 그런데 이제는 여러분이 여러분 조상 대신 또 하나의 죄인 무리가 되어, 이
미 이스라엘을 향해 활활 타오르고 있는 **하나님**의 진노에 기름을 끼얹으려 하
는군요. 여러분이 **하나님**을 따르지 않으면, 그분께서 다시 한번 진노하셔서 이
스라엘을 광야에 내버리실 것입니다. 여러분의 모든 잘못 때문에 그 재앙이 닥
치게 될 것입니다."
16-19 그러자 그들이 모세에게 가까이 다가와 말했다. "우리는 그저 우리 가축을
위해 축사를 짓고, 우리 가족을 위해 성읍을 세우려는 것뿐입니다. 그런 다음에
무기를 들고 최전방에 서서, 이스라엘 백성을 그들이 살 곳으로 이끌고 가겠습
니다. 그러면 우리는 가족들을 뒤에 남겨 두고 떠날 수 있을 테고, 우리 가족들
은 요새화된 성읍 안에 머물면서 이 땅 주민들로부터 안전하게 지낼 수 있을 것
입니다. 이스라엘 자손이 저마다 유산을 충분히 차지할 때까지, 우리는 집으로
돌아오지 않을 것입니다. 우리가 요단 강 동쪽에서 유산을 차지했으니, 요단 강
서쪽에서는 어떤 유산도 바라지 않겠습니다."
20-22 모세가 말했다. "여러분이 말한 대로 **하나님** 앞에서 무장을 하고 우리와 함
께 요단 강을 건너가서, **하나님**께서 자기 원수들을 그 땅에서 쓸어 내실 때까지
하나님 앞에서 싸워 그 땅을 정복하면, 여러분은 하나님과 이스라엘에 대한 여
러분의 의무를 다한 셈이 될 것입니다. 그제야 이 땅이 **하나님** 앞에서 여러분의
소유가 될 것입니다.
23-24 그러나 여러분이 말한 대로 하지 않으면, 여러분은 **하나님**께 죄를 짓는 것
입니다. 그러면 여러분은 그 죄에서 벗어나지 못한다는 것을 잘 알 것입니다.
자, 가십시오. 여러분의 가족을 위해 성읍을 세우고, 여러분의 가축을 위해 축
사를 지으십시오. 여러분이 한 말을 꼭 지키십시오."
25-27 갓 자손과 르우벤 자손이 모세에게 말했다. "우리는 주인님의 명령대로 할
것입니다. 우리의 자녀와 아내들, 우리의 양 떼와 소 떼는 이곳 길르앗의 성읍
들에 머물게 하겠습니다. 그러나 우리는 모두 주인님이 말씀하신 대로, 완전 무
장을 하고 강을 건너가, **하나님**을 위해 싸우겠습니다."
28-30 모세는 그들을 위해 제사장 엘르아살과 눈의 아들 여호수아와 이스라엘 백
성 각 지파의 우두머리들에게 지시를 내렸다. "갓 자손과 르우벤 자손이 무장을
하고서, **하나님** 앞에서 싸우기 위해 여러분과 함께 요단 강을 건너가 그 땅을
정복하면, 여러분은 그들에게 길르앗 땅을 유산으로 주십시오. 그러나 여러분

과 함께 건너가지 않으면, 그들은 여러분과 함께 가나안 땅에 정착해야 할 것입
니다."
31-32 갓 자손과 르우벤 자손이 대답했다. "우리가 하나님께서 말씀하신 대로 하
겠습니다. 하나님 앞에서 요단 강을 건너가, 기꺼이 싸우겠습니다. 다만 우리가
유산으로 받을 땅은 이곳 요단 강 동쪽이 되게 해주십시오."
33 모세는 갓 자손과 르우벤 자손과 요셉의 아들 므낫세 반쪽 지파에게, 아모리
왕 시혼의 나라와 바산 왕 옥의 나라 전체, 곧 그 땅과 그 땅에 세워진 성읍들과
주변의 모든 영토를 주었다.
34-36 갓 자손은 디본, 아다롯, 아로엘, 아다롯소반, 야스엘, 욕브하, 벳니므라, 벳
하란을 요새화된 성읍들로 재건했다. 그들은 가축을 위한 축사도 지었다.
37-38 르우벤 자손은 헤스본, 엘르알레, 기랴다임을 재건하고, 느보와 바알므온,
십마도 재건했다. 그들은 자신들이 재건한 성읍들에 새 이름을 붙였다.
39-40 므낫세의 아들 마길의 집안은 길르앗으로 가서 그곳을 점령하고, 거기 살던
아모리 사람을 내쫓았다. 그러자 모세는 길르앗을 므낫세의 후손인 마길 자손
에게 주었다. 그들은 그곳으로 이주하여 정착했다.
41 므낫세의 다른 아들 야일은 마을 몇 개를 점령하고, 그곳을 하봇야일(야일의 장
막촌)이라고 했다.
42 노바는 그낫과 그 주변 진들을 점령하고, 자기 이름을 따서 그곳을 노바라고
했다.

라암셋에서 요단-여리고까지

33

1-2 이스라엘 백성이 모세와 아론의 지휘 아래 부대를 편성하여 이집
트를 떠나 행진하면서 진을 쳤던 곳은 이러하다. 모세는 하나님의
지시에 따라, 그들이 이동할 때마다 진을 친 곳을 하나하나 일지에 기록했다.
3-4 그들은 유월절 다음날에 라암셋에서 나왔다. 그날은 첫째 달 십오일이었다.
그들은 고개를 들고 당당하게 행진하여 나왔다. 이집트 사람들은 하나님께서
쳐죽이신 맏아들을 장사하는 데 여념이 없어, 그들이 떠나가는 것을 그저 바라
보기만 했다. 하나님께서는 그들의 신들이 얼마나 터무니없는지 여실히 드러내
셨다.

5-36 이스라엘 백성은
라암셋을 떠나 숙곳에 진을 쳤다.
숙곳을 떠나서는 광야 가장자리에 있는 에담에 진을 쳤다.
에담을 떠나서는 바알스본 동쪽 비하히롯으로 돌아가 믹돌 근처에 진을 쳤다.
비하히롯을 떠나서는 바다를 건너 광야로 들어갔다. 에담 광야에서 사흘길을
걸어 마라에 진을 쳤다.
마라를 떠나서는 샘 열두 개와 야자나무 일흔 그루가 있는 엘림에 이르러 진을
쳤다.

엘림을 떠나서는 홍해 옆에 진을 쳤다.
홍해를 떠나서는 신 광야에 진을 쳤다.
신 광야를 떠나서는 돕가에 진을 쳤다.
돕가를 떠나서는 알루스에 진을 쳤다.
알루스를 떠나서는 르비딤에 진을 쳤다. 그곳에는 백성이 마실 물이 없었다.
르비딤을 떠나서는 시내 광야에 진을 쳤다.
시내 광야를 떠나서는 기브롯핫다아와에 진을 쳤다.
기브롯핫다아와를 떠나서는 하세롯에 진을 쳤다.
하세롯을 떠나서는 릿마에 진을 쳤다.
릿마를 떠나서는 림몬베레스에 진을 쳤다.
림몬베레스를 떠나서는 립나에 진을 쳤다.
립나를 떠나서는 릿사에 진을 쳤다.
릿사를 떠나서는 그헬라다에 진을 쳤다.
그헬라다를 떠나서는 세벨 산에 진을 쳤다.
세벨 산을 떠나서는 하라다에 진을 쳤다.
하라다를 떠나서는 막헬롯에 진을 쳤다.
막헬롯을 떠나서는 다핫에 진을 쳤다.
다핫을 떠나서는 데라에 진을 쳤다.
데라를 떠나서는 밋가에 진을 쳤다.
밋가를 떠나서는 하스모나에 진을 쳤다.
하스모나를 떠나서는 모세롯에 진을 쳤다.
모세롯을 떠나서는 브네야아간에 진을 쳤다.
브네야아간을 떠나서는 홀하깃갓에 진을 쳤다.
홀하깃갓을 떠나서는 욧바다에 진을 쳤다.
욧바다를 떠나서는 아브로나에 진을 쳤다.
아브로나를 떠나서는 에시온게벨에 진을 쳤다.
에시온게벨을 떠나서는 신 광야에 있는 가데스에 진을 쳤다.

37-39 그들이 가데스를 떠나 에돔 경계에 있는 호르 산에 진을 치고 나서, 제사장 아론이 하나님의 명령에 따라 호르 산으로 올라가 그곳에서 죽었다. 그날은 이스라엘 백성이 이집트를 떠난 지 사십 년 되는 해 다섯째 달 첫째 날이었다. 아론이 호르 산에서 죽을 때 백스물세 살이었다.

40 가나안의 네겝 지역에서 다스리던 가나안 사람 아랏 왕이, 이스라엘 백성이 도착했다는 소식을 들었다.
41-47 그들은 호르 산을 떠나 살모나에 진을 쳤다.
살모나를 떠나서는 부논에 진을 쳤다.

부논을 떠나서는 오봇에 진을 쳤다.
오봇을 떠나서는 모압 경계에 있는 이예아바림에 진을 쳤다.
이임을 떠나서는 디본갓에 진을 쳤다.
디본갓을 떠나서는 알몬디블라다임에 진을 쳤다.
알몬디블라다임을 떠나서는 느보가 보이는 아바림(강 저편) 산지에 진을 쳤다.
48-49 그들은 아바림 산지를 떠나 요단-여리고 앞 모압 평야에 진을 쳤다. 모압
평야에 자리한 그들의 진은 요단 강가를 따라 벳여시못에서 아벨싯딤(아카시아
초원)까지 뻗어 있었다.

50-53 **하나님**께서 요단-여리고 앞 모압 평야에서 모세에게 말씀하셨다. "너는 이
스라엘 백성에게 이렇게 일러 주어라. 너희가 요단 강을 건너 가나안 땅에 들어
가면, 그 땅 주민들을 너희 앞에서 쫓아내고, 그들이 돌에 새긴 우상과 부어 만
든 신상들을 부수고, 그들의 산당들을 허물어뜨려라. 그 땅을 점령하고, 거기서
마음 편히 살아라. 내가 그 땅을 너희에게 주었다. 그 땅은 너희 것이다.
54 그 땅을 가문의 규모에 따라 제비를 뽑아 나누어 주어라. 큰 가문에는 큰 토
지를 나누어 주고 작은 가문에는 작은 토지를 나누어 주되, 제비가 뽑히는 대로
하여라. 너희 조상의 지파에 따라 그 땅을 나누어 주어라.
55-56 그러나 너희가 그 땅 주민을 쫓아내지 않으면, 너희가 남겨 놓은 자들이 너
희 눈에 먼지가 되고 너희 발에 가시가 될 것이다. 그들이 바로 너희 뒷마당에
살면서 너희를 끊임없이 괴롭힐 것이다. 그러면 내가 그들을 다루기로 마음먹
었던 대로 너희를 다룰 것이다."

각 지파가 유산으로 받을 땅

34

1-2 **하나님**께서 모세에게 말씀하셨다. "이스라엘 백성에게 명령하여
라. 그들에게 이렇게 일러 주어라. 너희가 가나안 땅에 들어갈 때,
너희가 유산으로 받게 될 땅의 경계는 이러하다.
3-5 남쪽 경계는 에돔과 맞닿은 신 광야 일부를 포함한 사해 동쪽에서 시작되어
전갈 고개를 돌아 신에 이르고, 거기서 가데스바네아 남쪽으로 이어지다가, 하
살아달을 지나 아스몬에 이른다. 그 경계는 다시 북쪽 이집트 시내로 방향을 틀
어 지중해에 이른다.
6 서쪽 경계는 지중해다.
7-9 북쪽 경계는 지중해에서 호르 산까지 이어지고, 또 호르 산에서 르보하맛까
지 이어져 스닷에 이르고, 거기서 시브론으로 이어지다가 하살에난에서 끝난
다. 이것이 너희 땅의 북쪽 경계다.
10-12 동쪽 경계는 하살에난에서 스밤까지 이어지고, 다시 스밤에서 아인 동쪽 리
블라까지 갔다가, 갈릴리 바다 동쪽 비탈을 끼고 이어진다. 거기서 요단 강을
따라 내려가다가 사해에서 끝난다.
이것이 너희 땅의 사방 경계다."

13-15 모세가 이스라엘 백성에게 명령했다. "이것이 바로 여러분이 제비를 뽑아
유산으로 나누어 받을 땅입니다. 하나님께서 그 땅을 아홉 지파와 반쪽 지파에
게 주라고 명령하셨습니다. 르우벤 지파와 갓 지파와 므낫세 반쪽 지파는 이미
자신들의 유산을 받았습니다. 이 두 지파와 반쪽 지파는 요단-여리고 동쪽, 해
뜨는 곳에서 자신들의 유산을 받았습니다."

16-19 하나님께서 모세에게 말씀하셨다. "그 땅을 유산으로 나누어 주는 일을 맡
을 사람은 제사장 엘르아살과 눈의 아들 여호수아다. 각 지파에서 지도자 한 명
씩을 임명하여, 그들이 땅을 나누어 주는 일을 돕게 하여라. 너희가 임명할 사
람들은 이러하다.

19-28 유다 지파에서는 여분네의 아들 갈렙
시므온 지파에서는 암미훗의 아들 스무엘
베냐민 지파에서는 기슬론의 아들 엘리닷
단 지파에서는 요글리의 아들 북기 족장
요셉의 아들 므낫세 지파에서는 에봇의 아들 한니엘 족장
요셉의 아들 에브라임 지파에서는 십단의 아들 그므엘 족장
스불론 지파에서는 바르낙의 아들 엘리사반 족장
잇사갈 지파에서는 앗산의 아들 발디엘 족장
아셀 지파에서는 슬로미의 아들 아히훗 족장
납달리 지파에서는 암미훗의 아들 브다헬 족장이다."

29 이들은 가나안 땅에서 이스라엘 백성에게 땅을 유산으로 나누어 주도록 하나
님께 명령받은 사람들이다.

레위인에게 줄 성읍과 도피성

35 1-3 하나님께서 요단-여리고 앞 모압 평야에서 모세에게 말씀하셨
다. "이스라엘 백성에게 명령하여, 그들이 받는 유산 가운데서 레위
인이 거주할 성읍을 내어주게 하여라. 그 성읍 주위에는 반드시 풍부한 목초지
가 있어야 한다. 그들이 거주할 성읍과 소 떼와 양 떼와 모든 가축을 위한 목초
지를 제공하고, 그들을 잘 보살펴라.

4-5 레위인의 성읍을 에워싼 목초지는 성벽 둘레로부터 바깥쪽으로 사방 450미
터까지 이르는 지역이어야 한다. 목초지의 바깥쪽 경계는 성읍을 중심으로 해
서 동쪽으로 900미터, 남쪽으로 900미터, 서쪽으로 900미터, 북쪽으로 900미
터를 재어야 한다. 그렇게 하면 레위인이 거주하는 성읍마다 목초지를 제공할
수 있을 것이다.

6-8 너희가 레위인에게 줄 성읍들 가운데서 여섯 개를 도피성으로 삼아, 실수로
사람을 죽인 자가 피신할 수 있게 하여라. 이 밖에도 성읍 마흔두 개를 별도로
레위인에게 내어주어라. 너희는 레위인에게 모두 성읍 마흔여덟 개와 거기에

딸린 목초지를 내어주어야 한다. 이스라엘 백성의 공동 소유 가운데서 레위인에게 성읍을 내어줄 때는 지파의 크기에 따라 떼어 주어야 한다. 수가 많은 지파는 성읍을 많이 내어주고, 수가 적은 지파는 적게 내어주면 된다."

9-15 **하나님**께서 모세에게 말씀하셨다. "이스라엘 백성에게 전하여라. 그들에게 이렇게 일러 주어라. 너희가 요단 강을 건너 가나안 땅으로 들어가거든, 성읍 몇 개를 도피성으로 지정하여 실수로 사람을 죽게 한 자가 피신할 수 있게 하여라. 그 성읍들을 복수하는 자를 피할 도피성으로 삼아, 사람을 죽게 한 자가 법정에 출두하기 전에 공동체 앞에서 살해되는 일이 없게 하여라. 성읍 여섯 개를 도피성으로 마련하여라. 그 가운데 세 개는 요단 강 동쪽에 두고 세 개는 가나안 본토에 두어, 이스라엘 백성과 외국인과 임시 거류민과 방문객에게도 도피성이 되게 하여라. 누구든지 실수로 사람을 죽게 한 자가 그곳으로 달려갈 수 있게, 성읍 여섯 개를 도피성으로 두어라.

16 그러나 실수로 사람을 죽게 한 자가 쇠 연장을 사용한 경우, 그것은 명백한 살인 행위다. 그는 살인자이므로 사형에 처해야 한다.

17 누가 사람을 죽일 만큼 큰 돌을 손에 쥐고 있다가 사람을 죽게 한 경우, 그것도 살인이다. 그는 살인자이므로 사형에 처해야 한다.

18 누가 사람을 죽일 만큼 육중한 나무 연장을 들고 다니다가 사람을 죽게 한 경우, 그것도 살인이다. 그는 살인자이므로 사형에 처해야 한다.

19 이러한 경우에, 복수하는 자는 살인자를 만나는 즉시 죽일 권리가 있다. 그는 살인자를 현장에서 죽여도 된다.

20-21 누가 들끓는 증오심으로 사람을 밀치거나 매복해 있다가 무언가를 던져서 사람을 죽게 한 경우, 또는 홧김에 주먹으로 쳐서 사람을 죽게 한 경우, 그것도 살인이다. 그는 사형에 처해야 한다. 복수하는 자는 그를 붙잡는 즉시 죽일 권리가 있다.

22-27 그러나 누가 원한 없이 충동적으로 사람을 밀치거나, 성급하게 무언가를 집어 던지거나, 사람이 있는 줄 모르고 실수로 망치 같은 연장을 떨어뜨려서 사람을 죽게 한 경우, 두 사람 사이에 원한이 있다고 의심할 만한 점이 없으면, 공동체는 이 지침에 따라 우발적 살인자와 복수하는 자 사이를 판가름해야 한다. 우발적 살인자를 복수하는 자의 손에서 구하는 것이 공동체의 의무다. 공동체는 그 살인 혐의자를 그가 피신해 있던 도피성으로 돌려보내야 한다. 거룩한 기름을 부어 세운 대제사장이 죽을 때까지, 그는 그곳에 머물러야 한다. 그러나 살인자가 자신이 피신해 있던 도피성을 떠났는데, 복수하는 자가 도피성의 경계 밖에 있다가 그를 발견한 경우, 복수하는 자는 그 살인자를 죽일 권리가 있다. 그 복수하는 자에게는 살인죄가 성립되지 않는다.

28 그러므로 살인자는 대제사장이 죽을 때까지 도피성에 머물러야 한다. 그는 대제사장이 죽은 뒤에야 자기 땅으로 돌아갈 수 있다."

29 "이것은 너희가 어디서 살든지, 지금부터 대대로 따라야 할 재판 절차다.
30 누구든지 사람을 죽인 자는 목격자의 증언이 있어야 처형할 수 있다. 그러나
한 사람의 증언만으로는 살인자를 처형할 수 없다.
31 뇌물을 받고 살인자의 목숨을 살려 주는 일이 없게 하여라. 그는 유죄이므로
사형을 받아 마땅하다. 반드시 그를 처형해야 한다.
32 도피성으로 피신해 있는 자에게 뇌물을 받고, 대제사장이 죽기 전에 그를 자
기 땅으로 돌려보내어 살게 해주어서는 안된다.
33 너희가 사는 땅을 더럽히지 마라. 살인은 땅을 더럽힌다. 살인한 자의 피가 아
니고는 그 땅에서 살인의 피를 씻을 수 없다.
34 너희가 사는 땅을 더럽히지 마라. 나도 그 땅에 살기 때문이다. 나 **하나님**은,
이스라엘 백성이 사는 곳에 같이 살고 있다."

유산을 받은 슬로브핫의 딸들

36 1 요셉 자손의 가문 가운데 므낫세의 손자이자 마길의 아들인 길르
앗 가문의 우두머리들이, 모세와 이스라엘 백성의 지도자들인 각 집
안의 우두머리들에게 나아왔다.
2-4 그들이 말했다. "**하나님**께서 주인님께 명령하셔서 제비를 뽑아 이스라엘 백
성에게 땅을 유산으로 나누어 주라고 하셨을 때, 주인님께서는 우리의 형제 슬
로브핫의 유산을 그의 딸들에게 넘겨주라는 **하나님**의 명령도 받으셨습니다. 그
런데 그 딸들이 이스라엘 백성의 다른 지파 사람에게 시집가면 어떻게 됩니까?
그들이 유산으로 받은 땅이 조상 대대로 이어져 온 우리 지파에서 떨어져 나가,
그들이 시집간 지파에 더해질 것입니다. 그러면 이스라엘 백성에게 희년이 찾
아와도, 그 딸들의 유산은 그들이 시집간 지파의 유산이 되고 말 것입니다. 그
들의 땅이 우리 조상의 유산에서 떨어져 나가고 마는 것입니다!"
5-9 모세가 **하나님**의 명령에 따라 이스라엘 백성에게 지시했다. "요셉 자손 지파
의 말이 옳습니다. **하나님**께서 슬로브핫의 딸들에게 내리신 명령은 이러합니
다. '자기 조상의 가문 안에서 결혼하는 한, 그들은 자기가 선택한 사람과 결혼
할 수 있다. 이스라엘 백성이 유산으로 받은 땅이 이 지파에서 저 지파로 넘어
가서는 안된다. 각 지파가 유산으로 받은 땅은 자기 지파에서 관리해야 한다.
지파를 불문하고, 땅을 상속받은 딸은 누구나 자기 아버지 지파의 가문에 속한
남자에게만 시집가야 한다. 모든 이스라엘 자손은 유산으로 받은 땅이 자기 조
상의 지파 안에 남아 있게 해야 한다. 유산으로 받을 땅이 이 지파에서 저 지파
로 넘어가서는 안된다. 이스라엘 백성의 각 지파는 반드시 자기 땅을 굳게 붙들
어야 한다.'"
10-12 슬로브핫의 딸들은 **하나님**께서 모세에게 명령하신 대로 행했다. 슬로브핫
의 딸들, 곧 말라, 디르사, 호글라, 밀가, 노아는 모두 자기 아버지의 조카인 사

촌들과 결혼했다. 그들이 요셉의 아들 므낫세 집안으로 시집갔으므로, 그들이
유산으로 받은 땅은 자기 아버지의 지파에 남아 있게 되었다.
13 이것은 **하나님**께서 요단-여리고 앞 모압 평야에서 모세의 권위를 통해 이스
라엘 백성에게 내리신 명령과 규례다.

신명기는 설교, 그야말로 설교의 연속이다. 성경에서 가장 긴 설교이며, 어쩌면 이제까지 설교자들이 전한 설교 가운데 가장 긴 설교일지도 모른다. 신명기는 모세가 모압 평야에서 온 이스라엘 자손 앞에 설교하는 모습을 제시한다. 신명기는 그의 마지막 설교다. 설교를 마친 후 그는, 설교단을 평야에 남겨 둔 채 산으로 올라가 거기서 생을 마감할 것이다.

이 설교의 배경은 감동과 흥분을 한껏 자아낸다. 모세는 이집트에서 태어나 죽음의 위협을 받는 어린아이의 모습으로 성경의 구원 이야기에 등장했다. 그로부터 120년이 지난 지금, 그는 여전히 눈이 맑고 발걸음이 활기찬 모습으로 이 장대한 설교를 전하고 죽는다. 여전히 말씀과 생명으로 충만한 채 죽음을 맞이한다.

이 설교는 모든 설교가 지향하는 바를 그대로 견지한다. 말하자면 과거에 기록되고 선포된 하나님의 말씀을 고르고, 조상의 경험과 개인의 경험을 취하여, 그 말씀과 경험을 지금 여기서 하나의 사건으로 재현하는 것이다. 하나님의 말씀은 연구 대상으로만 존재하는 문학적 가공물이 아니다. 인간의 경험 역시 그저 후회나 감탄을 불러일으키기 위해 존재하는 죽은 역사가 아니다. 모세가 이 설교 전체에 걸쳐서 "오늘"이라는 말과 "이날"이라는 말을 모자이크처럼 계속 반복해서 사용하는 이유는, 청중의 주의를 팽팽하게 붙잡아 즉각적인 응답을 이끌어 내려는 것이다. "이렇게 살아라! 지금 당장!"이라고 말씀하시는 하나님의 충만한 계시를 통해 인간의 다양한 경험은 생명을 얻고 구원을 얻는다.

> 내가 오늘 여러분에게 명령하는 이 계명은 여러분에게 어려운 것도 아니요, 여러분의 힘이 미치지 않는 곳에 있는 것도 아닙니다. 그 계명이 높은 산 위에 있어, 누가 산꼭대기에 올라가서 그것을 가지고 내려와 여러분의 수준에 맞게 풀이해 주어야, 여러분이 그 계명대로 살아갈 수 있는 것도 아닙니다. 또한 그 계명이 바다 건너편에 있어, 누가 바다를 건너가서 그것을 가져다가 설명해 주어야, 여러분이 그 계명대로 살아갈 수 있는 것도 아닙니다. 그렇습니다. 그 말씀은 바로 지금 여기에 있습니다. 입 속 혀처럼 가까이, 가슴 속 심장처럼 가까이 있습니다. 그러니 바로 행하십시오!

내가 오늘 여러분을 위해 한 일을 보십시오.
내가 여러분 앞에
생명과 선,
죽음과 악을 두었습니다.

내가 오늘 여러분에게 명령합니다. **하나님** 여러분의 하나님을 사랑하십시오. 그분의 길을 따라 걸어가십시오. 그분의 계명과 법도와 규례를 지키십시오. 그러면 여러분이 참으로 살고, 풍성하게 살 것입니다. **하나님** 여러분의 하나님께서 여러분이 들어가 차지할 땅에서 여러분에게 복을 내리실 것입니다(신 30:11-16).

모압 평야는 이집트 땅에서 약속의 땅으로, 종의 상태에서 자유인의 상태로 나아가는 사십 년 여정의 마지막 정거장이다. 하나님의 공동체로서의 이스라엘 백성은 구원, 방황, 반역, 전쟁, 섭리, 예배, 인도하심 등 많은 것을 경험했다. 또한 이스라엘 백성은 하나님께로부터 계명과 언약 조건과 제사 절차에 관해 들었다. 그리고 요단 강을 건너 새 땅을 차지할 준비가 된 지금, 모세는 모압 평야에서 이 위대한 설교를 전하면서, 이스라엘 백성이 경험한 것과 하나님이 알려 주신 것을 하나라도 잊어서는 안된다고 당부한다. 그는 이스라엘 백성이 경험한 구원과 섭리를 현재 시제로 옮기고(1-11장), 하나님께서 알려 주신 계명과 언약도 현재 시제로 옮긴다(12-28장). 그런 다음 그는 당부와 노래와 축복으로 그 모든 것을 마무리하며, 오늘 여기서 순종하는 믿음의 삶을 시작하도록 그들을 떠나보낸다(29-34장).
"자, 가자!"

신명기

1 [1-2] 이것은 요단 강 동쪽 아라바 광야에서 모세가 온 이스라엘 백성에게 전한 설교다. 아라바는 숩 맞은편, 곧 바란, 도벨, 라반, 하세롯, 디사합 부근에 있는 광야다. 호렙에서 세일 산을 지나 가데스바네아까지는 열하루가 걸린다.

[3-4] 사십 년째 되던 해 열한째 달 첫째 날에, 모세는 **하나님**께서 이스라엘 백성과 관련하여 그에게 명령하신 모든 것을 그들에게 전해 주었다. 이는 모세가 헤스본에서 다스리던 아모리 왕 시혼과 에드레이의 아스다롯에서 다스리던 바산 왕 옥을 쳐부순 다음에 있었던 일이다. 모세는 요단 강 동쪽 모압 땅에서 이 계시의 말씀을 설명하기 시작했다.

모세가 모압 평야에서 전한 설교

[5] 모세가 말했다.
[6-8] 전에 호렙 산에서, **하나님** 우리 하나님께서 우리에게 이렇게 말씀하셨습니다. "너희는 이 산에서 꽤 오래 머물렀다. 이제 길을 떠나라. 어서 출발하여라. 아모리 사람의 산지로 가거라. 아라바, 산지들, 작은 언덕들, 네겝 지역, 바닷가 등 사람이 살고 있는 곳이면 어디로든 나아가거라. 또 가나안 사람의 땅과 레바논을 거쳐 멀리 큰 강 유프라테스까지 나아가거라. 보아라, 내가 이 땅을 너희에게 주었다. 이제 너희는 그 땅에 들어가서 그 땅을 차지하여라. 그 땅은 **하나님**이 너희 조상 아브라함과 이삭과 야곱과 그 자손에게 주겠다고 약속한 땅이다."
[9-13] 그때에 내가 여러분에게 이렇게 말했습니다. "나 혼자서는 이 일을 할 수 없습니다. 나 혼자서는 여러분의 짐을 질 수 없습니다. **하나님** 여러분의 하나님께

서 여러분의 수를 늘어나게 해주셨습니다. 여러분 자신을 보십시오. 여러분의
수가 하늘의 별들에 뒤지지 않습니다! **하나님** 여러분 조상의 하나님께서 계속
그렇게 해주셔서 여러분의 수를 천 배나 늘어나게 하시고, 약속하신 대로 여러
분에게 복 주시기를 원합니다. 하지만 나 혼자서 어떻게 여러분의 힘든 문제와
여러분의 무거운 짐과 여러분 사이의 분쟁을 감당할 수 있겠습니까? 그러니 여
러분은 자기 지파에서 지혜롭고 사려 깊고 경험 많은 사람들을 뽑으십시오. 그
러면 내가 그들을 여러분의 지도자로 세우겠습니다."
14 그러자 여러분은 내게 "좋습니다! 훌륭한 해결책입니다" 하고 대답했습니다.
15 그래서 나는 여러분의 지파에서 지혜롭고 경험 많은 사람들을 뽑아 여러분의
지도자로 삼았습니다. 여러분이 속한 지파들에 맞게 천 명을 맡을 지도자, 백
명을 맡을 지도자, 오십 명을 맡을 지도자, 열 명을 맡을 지도자를 뽑아 관리로
삼은 것입니다.
16-17 동시에 나는 여러분의 재판관들에게 이렇게 명령했습니다. "그대들의 동족
인 이스라엘 자손 사이에 서로 고소하고 소송하는 일이 생기면, 잘 듣고 공정하
게 재판하시오. 동족 사이에서만 그럴 것이 아니라 동족과 외국인 사이에 발생
한 일도 공정하게 재판하시오. 어느 한쪽을 편들지 말고, 힘없는 사람이나 유력
한 사람이나 똑같이 대하시오. 각 사람의 말을 주의 깊게 들으시오. 유명인사라
고 해서 주눅 들 것 없습니다. 그대들이 하는 재판은 하나님의 재판이기 때문이
오. 그대들이 처리하기 힘든 사건은 내게 가져오시오. 그것은 내가 처리하겠습
니다."
18 그때에 나는 여러분이 해야 할 일을 여러분에게 다 지시했습니다.

19-21 우리는 **하나님** 우리 하나님께서 명령하신 대로 호렙을 떠나 아모리 사람의
산지로 향했습니다. 우리는 여러분이 이제껏 보아 온 것보다 크고 두려운 광야
를 지나 마침내 가데스바네아에 이르렀습니다. 거기서 내가 여러분에게 말했습
니다. "여러분은 **하나님** 우리 하나님께서 우리에게 주시는 아모리 사람의 산지
에 이르렀습니다. 보십시오, **하나님** 여러분의 하나님께서 여러분 앞에 이 땅을
선물로 두셨습니다. 어서 가서 그 땅을 차지하십시오. **하나님** 여러분 조상의 하
나님께서 그 땅을 여러분에게 주시겠다고 약속하셨습니다. 그러니 두려워하지
마십시오. 낙심하지 마십시오."
22 그러나 그때 여러분은 모두 나에게 와서 말했습니다. "우리보다 먼저 몇 사람
을 보내어 그 땅을 정탐하게 한 다음, 어느 길로 가는 것이 가장 좋은지, 우리가
차지할 만한 성읍은 어떤 곳이 있는지 보고하게 합시다."
23-25 나는 그 의견을 좋게 여겨 각 지파에서 한 사람씩 열두 사람을 뽑았습니다.
그들은 길을 떠나 산지로 올라가서, 에스골 골짜기에 이르러 그 땅을 샅샅이 조
사했습니다. 그들은 그 땅의 열매를 가지고 우리에게 돌아와서 "**하나님** 우리 하
나님께서 우리에게 주시는 땅은 좋은 땅입니다!" 하고 말했습니다.
26-28 그러나 그때 여러분은 올라가려고 하지 않고, 오히려 **하나님** 여러분의 하

나님의 명백한 말씀을 거역했습니다. 여러분은 장막 안에서 불평하며 말했습
니다. "하나님께서 우리를 미워하시는구나. 하나님께서 우리를 아모리 사람 가
운데 던져 버리시려고 이집트에서 이끌어 내셨다. 우리에게 사형선고를 내리신
게 틀림없어! 우리가 어떻게 올라갈 수 있단 말인가? 우리는 막다른 골목으로
몰린 거야. 우리 형제들도 '그 땅 백성은 우리보다 훨씬 크고 강하다. 그들의 성
읍들은 크고, 그들의 요새들은 엄청나게 견고하기 이를 데 없다. 우리는 거기서
거인족인 아낙 자손까지 보았다!' 하면서 우리의 기를 꺾지 않았던가!"
29-33 나는 두려워하는 여러분을 안심시키려고 이렇게 말했습니다. "그들을 두려
워하지 마십시오. **하나님** 여러분의 하나님께서 앞서 가시며 여러분을 위해 싸
우고 계십니다. 그분께서 여러분을 위해 이집트에서 어떻게 일하셨는지, 광야
에서는 어떻게 일하셨는지, 여러분의 두 눈으로 똑똑히 보았습니다. 여러분은,
아버지가 자기 아이를 안고 가듯이, **하나님** 여러분의 하나님께서 여러분이 이
곳에 이를 때까지 줄곧 여러분을 안고 다니시는 것도 보았습니다. 그러나 이제
이곳에 이르렀으면서도, 여러분은 **하나님** 여러분의 하나님을 신뢰하려고 하지
않는군요. 이 **하나님**께서 여러분의 여정 가운데 여러분보다 앞서 가시며 진 칠
곳을 정찰하시고, 밤에는 불기둥으로 낮에는 구름기둥으로 여러분이 가야 할
길을 보여주시는데도 말입니다."
34-36 **하나님**께서는 여러분이 하는 말을 들으시고, 진노하며 맹세하셨습니다.
"이 악한 세대 가운데서는 단 한 사람도, 내가 너희 조상에게 주기로 약속한 좋
은 땅을 얻지 못할 것이다. 얻기는커녕 보지도 못할 것이다. 다만 여분네의 아
들 갈렙만은 예외다. 그는 그 땅을 볼 것이다. 그가 마음과 뜻을 다해 **하나님**을
따랐으니, 그가 밟은 땅을 내가 그와 그의 자손에게 주겠다."
37-40 나 또한 벌을 받았습니다. 여러분 때문에 **하나님**의 진노가 나에게까지 미친
것입니다. 그분께서는 이렇게 말씀하셨습니다. "너도 그 땅에 들어가지 못할 것
이다. 너의 부관 눈의 아들 여호수아는 들어갈 것이다. 너는 그에게 용기를 북
돋아 주어라. 그는 이스라엘 자손에게 유산을 찾아 줄 적임자다. 또한 너희가
노획물로 잡혀갈 것이라고 한 너희 젖먹이들과, 아직 옳고 그름조차 구별하지
못하는 이 어린아이들도 모두 그 땅에 들어갈 것이다. 내가 그들에게 그 땅을
주겠다. 그렇다. 그들이 그 땅의 새로운 주인이 될 것이다. 그러나 너희는 아니
다. 너희는 발길을 돌려, 홍해 길을 따라 광야로 돌아가거라."
41 그러자 여러분은 이렇게 말했습니다. "우리가 **하나님**께 죄를 지었습니다. **하**
나님 우리 하나님께서 명령하신 대로 우리가 올라가 싸우겠습니다." 여러분은
무기를 들고 전투할 태세를 갖췄습니다. 그 산지로 들어가는 것을 너무나 쉽게
여겼던 것입니다!
42 그러나 **하나님**께서 내게 말씀하셨습니다. "그들에게 이렇게 전하여라. '그렇
게 하지 마라. 싸우러 올라가지 마라. 내가 이 일에 너희와 함께하지 않겠다. 너
희 원수들이 너희를 죽일 것이다.'"
43-46 내가 그 말을 여러분에게 전했지만, 여러분은 들으려 하지 않았습니다. 여

러분은 **하나님**의 명백한 말씀을 거역했습니다. 가슴을 펴고 자신만만하게 산지로 들어갔습니다. 그러자 평생을 그 산지에서 살아온 아모리 사람이 여러분에게 벌 떼처럼 달려들어, 세일에서 호르마까지 여러분을 뒤쫓았습니다. 그것은 여러분이 당한 뼈아픈 패배였습니다. 여러분은 돌아와 **하나님** 앞에서 통곡했지만, **하나님**께서는 여러분을 조금도 거들떠보지 않으셨고, 관심조차 보이지 않으셨습니다. 그래서 여러분은 예전만큼이나 오랫동안 가데스에 머물렀던 것입니다.

광야에서 보낸 시간들

2 [1] 우리는 **하나님**께서 내게 지시하신 대로, 발길을 돌려 홍해 길을 따라 광야로 들어갔습니다. 우리는 오랫동안, 세일 산지 일대를 떠돌아다녔습니다.

[2-6] 그때에 **하나님**께서 말씀하셨습니다. "너희가 이 산지에서 오랫동안 떠돌았으니, 이제 북쪽으로 가거라. 백성에게 이렇게 명령하여라. '너희는 세일에 자리 잡은 너희 동족 에서의 자손이 사는 땅을 통과하게 될 것이다. 그들이 너희를 두려워하니, 조심하여라. 그들과 싸우지 마라. 그들의 땅은 한 뼘이라도 내가 너희에게 주지 않을 것이다. 세일 산지는 내가 이미 에서에게 주었으니, 그가 그 땅의 주인이다. 너희가 그들에게서 먹을 것을 얻거나 마실 것을 얻거든, 반드시 값을 치러야 한다.'"
[7] **하나님** 여러분의 하나님께서는 여러분이 하는 모든 일에 복을 주셨습니다. 그리고 여러분이 이 넓은 광야를 지나는 동안 여러분을 지켜 주셨습니다. 지난 사십 년 동안 **하나님** 여러분의 하나님께서 여러분과 함께 이곳에 계셨으므로, 여러분에게는 부족한 것이 하나도 없었습니다.
[8] 우리는 세일에 사는 우리 동족 에서의 자손을 비켜 지나왔습니다. 엘랏과 에시온게벨에서 시작되는 아라바 길을 포기한 것입니다. 그 대신에 우리는 모압 광야를 가로지르는 길로 접어들었습니다.

[9] **하나님**께서 내게 말씀하셨습니다. "모압 사람과 싸우려 하지 마라. 나는 너희에게 그들의 땅 어느 곳도 주지 않을 것이다. 아르 지역의 소유권은 내가 롯의 자손에게 주었기 때문이다."
[10-12] 전에는 에밈 사람(몸집이 거대한 사람들)이 그곳에 살았는데, 그들은 아낙 사람처럼 몸집이 큰 거인족이었습니다. 그들은 아낙 사람처럼 르바 사람(귀신 같은 사람들)과 같은 무리로 여겨졌으나, 모압에서는 에밈 사람으로 알려졌습니다. 전에 세일에는 호리 사람도 살았지만, 에서의 자손이 그 땅을 차지하고 그들을 멸망시켰습니다. 이것도 **하나님**께서 이스라엘에게 주셔서 차지하게 하신 땅에서 한 것과 같습니다.

13 **하나님**께서 "이제 세렛 시내를 건너라" 말씀하셔서, 우리는 세렛 시내를 건넜습니다.

14-15 우리가 가데스바네아에서 세렛 시내에 이르기까지는 삼십팔 년이 걸렸습니다. 그 세월이 어찌나 길었던지, **하나님**께서 맹세하신 대로, 그 세대의 모든 군사가 진에서 다 죽었습니다. 최후의 한 사람이 진에서 사라질 때까지 **하나님**께서 그들을 가차 없이 치신 것입니다.

16-23 마지막 군사까지 다 죽자, **하나님**께서 내게 말씀하셨습니다. "오늘 너는 모압 땅 아르를 가로질러 갈 것이다. 암몬 자손에게 가까이 이르거든, 그들에게 싸움을 걸지 말고 그들과 싸우지도 마라. 암몬 자손의 땅은 내가 너희에게 주지 않을 것이기 때문이다. 그 땅은 내가 이미 롯의 자손에게 주었다." 그곳도 르바 사람의 땅으로 알려진 곳이었습니다. 전에 그곳에 르바 사람이 살았는데, 암몬 사람은 그들을 삼숨 사람(미개인들)이라 불렀습니다. 그들은 아낙 사람처럼 거인족이었고 거대한 무리였습니다. **하나님**께서 그들을 멸하셨으므로, 암몬 사람이 들어가 그 땅을 차지했습니다. 이는 세일에 사는 에서의 자손이 한 것과 같습니다. 보다시피, **하나님**께서 그곳에 먼저 살던 호리 사람을 없애 버리시자, 에서의 자손이 들어가 그 땅을 차지하게 된 것입니다. 이는 가사에 이르기까지 여러 마을에 살던 아위 사람의 경우도 마찬가지입니다. 갑돌(크레타)에서 온 갑돌 사람이 그들을 소탕하고 그곳에 들어가 살게 된 것입니다.

헤스본 왕 시혼을 진멸하다

24-25 "이제 일어나서, 떠나라. 아르논 시내를 건너라. 보아라, 헤스본 왕 아모리 사람 시혼과 그의 땅이 여기 있다. 내가 그 땅을 너희 손에 넘겨주겠다. 그 땅은 이제 너희 것이다. 어서 가서 그 땅을 차지하여라. 가서 그와 싸워라. 오늘이 다 가기 전에, 내가 반드시 이 주변에 사는 모든 백성이 두려움에 떨게 하겠다. 너희 소문이 들불처럼 퍼져서, 그들이 벌벌 떨게 될 것이다."

26-28 나는 그데못 광야에서 헤스본 왕 시혼에게 사신을 보내어, 다음과 같이 우호적인 메시지를 전했습니다. "큰길을 따라 왕의 영토를 지나가게 해주십시오. 내가 오른쪽으로나 왼쪽으로나 벗어나지 않고, 큰길로만 가겠습니다. 음식이나 물이 필요한 경우에는 값을 치르겠습니다. 걸어서 지나가게만 해주십시오.

29 세일에 사는 에서의 자손과 아르에 사는 모압 사람도 그렇게 해주었습니다. 내가 요단 강을 건너, **하나님** 우리 하나님께서 우리에게 주시는 땅에 들어갈 때까지 계속해서 길을 갈 수 있도록 도와주십시오."

30 그러나 헤스본 왕 시혼은 우리가 그의 영토를 지나가는 것을 허락하지 않았습니다. 여러분이 본 것처럼, **하나님** 여러분의 하나님께서 그를 여러분 손에 넘겨주시려고, 그의 성품을 비열하게 하시고 그의 마음을 완악하게 하셨습니다.

31 그때에 **하나님**께서 내게 말씀하셨습니다. "보아라, 이제 내가 일을 시작했으니, 시혼과 그의 땅이 조만간 네 차지가 될 것이다. 어서 가서, 그 땅을 차지하여라. 이제 그 땅은 네 것이나 다름없다!"

32-36 시혼과 그의 모든 군대가 우리와 맞서 싸우려고 야하스로 진격해 왔습니다.
자신의 모든 군대를 이끌고 나와 야하스에서 우리와 맞서 싸웠습니다. **하나님**
께서 그와 그의 아들들과 그의 모든 군대를 우리 손에 넘겨주셔서, 우리는 그들
을 모조리 쳐부수었습니다. 여세를 몰아 우리는 그의 모든 성읍을 점령하고, 남
자와 여자, 아이 할 것 없이 모조리 없앴습니다. 그야말로 거룩한 진멸이었습니
다. 살아남은 자가 하나도 없었습니다. 다만 가축과 그 성읍에서 탈취한 물건은
우리 것으로 삼았습니다. 아르논 시내 끝자락에 있는 아로엘과 그 골짜기 가운
데 있는 성읍에서부터 멀리 길르앗에 이르기까지, 우리가 감당하지 못할 성읍
은 하나도 없었습니다. **하나님** 우리 하나님께서는 최후의 한 성읍까지 우리에
게 주셨습니다.
37 여러분이 **하나님**의 명령에 순종하여 빼앗지 않은 땅은, 암몬 자손의 땅과 얍
복 강 일대의 땅, 그리고 산지의 성읍들 주변에 있는 땅뿐이었습니다.

바산 왕 옥을 진멸하다

3

1 그런 다음 우리는 북쪽으로 방향을 바꾸어 바산 길로 나아갔습니다. 바
산 왕 옥은 우리와 맞서 싸우려고 자신의 모든 백성을 거느리고 에드레
이로 나왔습니다.
2 **하나님**께서 내게 말씀하셨습니다. "그를 두려워하지 마라. 내가 그와 그의 모
든 군대와 그의 땅을 네 손에 넘겨주겠다. 헤스본에서 다스리던 아모리 왕 시혼
을 처치한 것과 같이 그를 처치하여라."
3-7 **하나님** 우리 하나님께서는 바산 왕 옥과 그의 모든 백성도 우리 손에 넘겨주
셨고, 이에 우리는 그들을 모조리 진멸했습니다. 이번에도 살아남은 자가 하나
도 없었습니다. 동시에 우리는 그의 성읍들도 모두 빼앗았습니다. 바산 왕 옥의
영토인 아르곱 전역의 육십 개 성읍 가운데서 우리가 빼앗지 못한 성읍은 하나
도 없었습니다. 그 성읍들은 하나같이 성벽이 높고 성문마다 빗장을 걸어 잠근
요새였습니다. 성곽이 없는 마을들도 많았습니다. 우리는 그 마을들도 모조리
쳐부수었습니다. 그야말로 거룩한 진멸이었습니다. 우리는 헤스본 왕 시혼에게
한 것과 똑같이 했습니다. 모든 성읍과 남자와 여자, 아이 할 것 없이 모조리 없
애는, 그야말로 거룩한 진멸이었습니다. 그러나 가축과 그 성읍에서 탈취한 물
건은 우리 것으로 삼았습니다.
8-10 그때에 우리는 요단 강 동쪽 땅을 다스리던 두 아모리 왕의 손에서, 아르논
시내에서 헤르몬 산에 이르는 땅을 빼앗았습니다. (시돈 사람들은 헤르몬을 시룐이라
불렀고, 아모리 사람들은 스닐이라 불렀습니다.) 우리는 고원 지대의 모든 성읍과 길르
앗 온 땅과 바산 온 땅을 빼앗고, 바산 왕 옥의 영토 경계에 있는 성읍인 살르가
와 에드레이까지 빼앗았습니다.
11 바산 왕 옥은 르바 사람 가운데서 마지막 생존자였습니다. 쇠로 만든 그의 침
대는 길이가 4미터, 너비가 1.8미터인데, 암몬 자손이 사는 랍바에 있어 지금도
볼 수 있습니다.

요단 강 동쪽 땅 분배

12 나는 우리가 당시에 차지한 땅 가운데서 아르논 시내 일대의 아로엘 북쪽 땅
과 길르앗 산지 절반과 거기에 딸린 성읍들을 르우벤 자손과 갓 자손에게 주었
습니다.
13 므낫세 반쪽 지파에게는 길르앗의 나머지 땅과 바산 왕 옥의 영토 전역, 곧 바
산 전역을 포함한 아르곱의 모든 지역을 주었습니다. 아르곱은 전에 르바 사람
의 땅으로 알려진 곳입니다.
14 므낫세의 아들 야일은 그술 사람과 마아갓 사람의 경계까지 이르는 아르곱 땅
을 모두 차지했습니다. 그는 그곳 바산 마을들을 자기 이름을 따서 하봇야일(야
일의 장막촌)이라 불렀습니다. 그 마을들은 지금도 그렇게 불립니다.
15 나는 마길에게는 길르앗을 주었습니다.
16-17 르우벤 자손과 갓 자손에게는 아르논 시내 중앙을 경계로 하여 길르앗에서
아르논 시내에 이르는 땅을 주고, 암몬 자손의 경계인 얍복 강까지 주었습니다.
서쪽으로는 아라바에 있는 요단 강까지, 동쪽으로는 비스가 산 기슭까지를 경
계로 하여, 긴네렛(갈릴리 바다)에서 아라바 바다(소금 바다, 사해)에 이르는 지역을
주었습니다.

⁂

18-20 그때에 나는 여러분에게 이렇게 명령했습니다. "**하나님** 여러분의 하나님께
서 이 땅을 여러분에게 주셔서 차지하게 하셨습니다. 그러니 군사들은 싸울 준
비를 갖추고 여러분의 형제인 이스라엘 백성보다 앞서 강을 건너야 합니다. 다
만 여러분의 아내와 아이들, 그리고 (내가 알기로 여러분이 많이 거느리고 있는) 가축
들은 내가 앞서 여러분에게 나누어 준 성읍들로 가서 정착해도 됩니다. **하나님**
께서 여러분에게 주신 것과 마찬가지로 여러분의 형제들에게도 살 곳을 확보해
주실 것입니다. 그들이 **하나님** 여러분의 하나님께서 그들에게 주시는 요단 강
서쪽 땅을 차지하게 되면, 그제야 여러분은 저마다 내가 이곳에서 여러분에게
나누어 준 땅으로 돌아갈 수 있습니다."

너는 요단 강을 건너지 못할 것이다

21-22 그때에 나는 여호수아에게 명령했습니다. "너는 **하나님** 너희 하나님께서
이 두 왕에게 행하신 모든 것을 두 눈으로 똑똑히 보았다. **하나님**께서는 네가
건너갈 강 건너편 모든 나라에도 똑같이 행하실 것이다. 그들을 두려워하지 마
라. **하나님** 너희 하나님께서 친히 너희를 위해 싸우실 것이다."
23-25 동시에 나는 **하나님**께 간절히 구했습니다. "주 나의 **하나님**, 주께서는 이 일
의 시작부터 저를 참여시키셨습니다. 주께서는 제게 주의 위대하심을 나타내
시고, 주의 권능을 보여주셨습니다. 하늘과 땅에 있는 어떤 신이 주께서 행하신
것과 같은 일을 행할 수 있겠습니까! 부디, 이 일의 마지막까지 저를 참여시켜
주셔서, 제가 저 강을 건너서 요단 강 저편에 있는 좋은 땅, 초목이 무성한 언

덕, 레바논의 산들을 보게 해주십시오."

26-27 그러나 **하나님**께서는 여러분 때문에 내게 진노하셔서, 나의 간구를 들어주
지 않으셨습니다. 그분께서 말씀하셨습니다. "이제 됐다. 더 이상 이 일로 내게
말하지 마라. 너는 비스가 산 정상에 올라가서 동서남북 사방을 둘러보아라. 그
땅을 네 두 눈에 담아 두어라. 너는 이 요단 강을 건너지 못할 것이니, 잘 보아
두어라.

28 너는 여호수아에게 명령하여, 그에게 용기와 힘을 북돋아 주어라. 그가 혼자
서 이 백성을 이끌고 강을 건너서, 네가 바라보기만 하고 들어갈 수 없는 그 땅
을 그들에게 유산으로 받게 할 것이다."

29 그래서 우리는 벳브올 맞은편 이 골짜기에 머물렀습니다.

지켜야 할 하나님의 규례와 법도

4

1-2 이스라엘 여러분, 들으십시오. 내가 여러분에게 가르치는 규례와 법
도를 잘 듣고 따르십시오. 그리하면 여러분이 살 것이요, **하나님** 여러분
조상의 하나님께서 여러분에게 주시는 땅에 들어가 그 땅을 차지할 것입니다.
내가 여러분에게 명령하는 말에 한 마디도 더하거나 빼지 마십시오. 여러분은
내가 여러분에게 전하는, **하나님** 여러분의 하나님의 명령을 지키십시오.

3-4 여러분은 **하나님**께서 바알브올에서 행하신 일을 두 눈으로 보았습니다. **하
나님**께서 바알브올 광란의 축제에 참여한 모든 사람을 여러분 가운데서 어떻게
멸하셨는지 똑똑히 보았습니다. 그러나 **하나님** 여러분의 하나님을 꼭 붙잡은
사람은 오늘까지 다 살아 있습니다.

5-6 잘 들으십시오. 내가 **하나님**께서 내게 명령하신 규례와 법도를 여러분에게
가르쳐 주겠습니다. 이것은 여러분이 들어가 소유하게 될 땅에서 이 규례와 법
도를 지키며 살게 하려는 것입니다. 여러분은 이것을 지켜 실천하십시오. 그러
면 여러분은 지혜롭고 슬기로워질 것입니다. 사람들이 여러분에 대해 듣고 눈
으로 확인하고서 "대단한 민족이다! 어떻게 저토록 지혜롭고 슬기로울 수 있을
까! 저런 민족은 처음 본다" 하고 말할 것입니다.

7-8 맞습니다. 우리와 함께 계시고, 늘 우리 말을 들으시는 **하나님** 우리 하나님처
럼 친밀하신 신을 섬기는 위대한 민족이 또 어디 있겠습니까? 내가 오늘 여러
분 앞에 제시하는 이 계시의 말씀만큼 선하고 올바른 규례와 법도를 가진 위대
한 민족이 또 어디 있겠습니까?

9 정신을 바짝 차리고, 여러분 자신을 면밀히 살피십시오. 여러분이 본 것을 잊
지 마십시오. 여러분의 마음이 흐트러지지 않게 하십시오. 평생토록 깨어 있으
십시오. 여러분이 보고 들은 것을 여러분의 자녀와 손자손녀에게 가르치십시오.

10 여러분이 호렙에서 **하나님** 여러분의 하나님 앞에 서던 날, **하나님**께서 내게
말씀하셨습니다. "백성을 내 앞에 불러 모아 내 말에 귀를 기울이게 하여라. 그
들이 그 땅에서 사는 날 동안 거룩한 두려움으로 나를 경외하는 법을 배우고,
똑같은 말씀을 그들의 자녀에게도 가르치게 하여라."

11-13 여러분이 모여서 산기슭에 서자, 그 산에 불이 활활 타올라 불길이 하늘 높이 치솟았습니다. 칠흑 같은 어둠과 짙은 구름이 여러분을 감쌌습니다. **하나님**께서 불 가운데서 여러분에게 말씀하셨습니다. 여러분은 말씀하시는 소리만 들었을 뿐 아무것도 보지 못했습니다. 아무 형상도 보지 못하고 오직 그 음성만 들었습니다. 하나님께서는 그분의 언약, 곧 십계명을 선포하셨습니다. 여러분에게 그 계명대로 살라고 명령하시면서, 그것을 두 돌판에 써 주셨습니다.

14 그때에 **하나님**께서 내게 명령하시기를, 여러분이 요단 강을 건너가 차지할 땅에서 지키며 살아야 할 규례와 법도를 여러분에게 가르쳐 주라고 하셨습니다.

15-20 **하나님**께서 호렙 산 불 가운데서 여러분에게 말씀하시던 날, 여러분은 아무 형상도 보지 못했습니다. 그 점을 기억하십시오. 여러분이 타락하여 형상을 만드는 일이 없도록 스스로 조심하십시오. 남자의 형상이든 여자의 형상이든, 어슬렁거리는 짐승의 형상이든 날아다니는 새의 형상이든, 기어 다니는 뱀의 형상이든 물속 물고기의 형상이든, 아무것도 돌에 새기지 마십시오. 또 하늘로 눈을 들어, 해와 달과 별들, 곧 하늘의 온갖 천체를 보고 미혹되어서, 그것들을 경배하고 섬기는 일이 없도록 스스로 조심하십시오. 그것들은 도처에 있는 세상 모든 사람을 위해 **하나님**께서 진열해 놓으신 것에 불과합니다. 그러나 여러분은, **하나님**께서 용광로와 같은 이집트에서 건져 내셔서, 오늘 이처럼 그분 소유의 백성이 되게 하셨습니다.

21-22 그러나 **하나님**께서는 여러분과 여러분이 한 말 때문에 내게 진노하셨습니다. 그분께서는 내가 요단 강을 건너지 못하고, **하나님** 여러분의 하나님께서 여러분에게 유산으로 주시는 저 아름다운 땅에 들어가지 못할 것이라고 맹세하셨습니다. 이는 내가 이 땅에서 죽는다는 뜻입니다. 나는 요단 강을 건너지 못하지만, 여러분은 건너가서 저 아름다운 땅을 차지할 것입니다.

23-24 그러니 정신을 바짝 차리십시오. **하나님** 여러분의 하나님께서 여러분과 맺으신 언약을 한순간도 잊지 마십시오. 어떤 형상이든, 새겨 만든 우상들에 관심을 갖지 마십시오. 이는 **하나님** 여러분의 하나님께서 분명하게 내리신 명령입니다. **하나님** 여러분의 하나님을 함부로 대해서는 안됩니다. 그분은 태워 버리는 불이시며, 질투하는 하나님이십니다.

25-28 여러분이 자녀를 낳고 손자손녀를 보고 나이를 먹어 가면서 그것들을 당연한 것으로 여기며 살다가, 그만 타락하여 어떤 형상이든 돌에 새겨 만들거나, **하나님** 보시기에 분명히 악한 짓을 하여 그분의 진노를 산다면, 내가 하늘과 땅을 증인 삼아 여러분에게 장담하건대, 여러분은 요단 강을 건너가 차지할 그 땅에서 쫓겨나고 말 것입니다. 정말입니다. 여러분이 그 땅에서 머무는 기간이 극히 짧을 것입니다. 여러분은 완전히 멸망할 것입니다. **하나님**께서 여러분을 멀리 사방으로 흩어 버리실 것입니다. **하나님**께서 여러분을 쫓아 보내실 민족들 가운데서도 살아남을 사람이 얼마 되지 않을 것입니다. 여러분은 거기서 사람이 나무나 돌로 만든 이상한 신들, 곧 보지도 못하고 듣지도 못하고 먹지도 못하고 냄새도 맡지 못하는 신들을 마음껏 섬기게 될 것입니다.

29-31 그러나 여러분이 거기서도 **하나님** 여러분의 하나님을 찾으면, 진정으로 그
분을 찾고 마음과 뜻을 다해 그분을 찾으면, 그분을 만나게 될 것입니다. 장차
여러분이 환난을 당하고 이 모든 끔찍한 일이 여러분에게 일어나면, 그제야 여
러분은 **하나님** 여러분의 하나님께로 돌아가, 그분이 하시는 말씀을 순종하는
마음으로 듣게 될 것입니다. **하나님** 여러분의 하나님은 무엇보다 자비로운 하
나님이십니다. 그분은 여러분을 버리지도 멸하지도 않으실 것이며, 여러분의
조상에게 지키겠다고 맹세하신 언약을 잊지도 않으실 것입니다.
32-33 물어보십시오. 여러분이 태어나기 전 그 오랜 세월 동안 무슨 일이 있었는
지 알아보십시오. 하나님께서 이 땅에 남자와 여자를 창조하신 날부터 지금까
지, 동쪽 지평선에서 서쪽 지평선에 이르기까지, 여러분이 상상할 수 있는 가장
먼 옛날에 이르기까지, 여러분이 상상할 수 있는 가장 먼 곳에 이르기까지, 이
처럼 큰 일이 일어난 적이 있습니까? 누가 이와 같은 일을 들어 본 적이 있습니
까? 불 가운데서 말씀하시는 신의 음성을 듣고도 여러분처럼 살아남아서 그 이
야기를 전한 백성이 있습니까?
34 **하나님** 여러분의 하나님께서 이집트에서 여러분이 지켜보는 앞에서 여러분
을 위해 행하신 것처럼, 온갖 시험과 이적과 전쟁을 통해, 강한 손과 펴신 팔과
두렵고 어마어마한 광경으로, 한 민족을 다른 민족 가운데서 이끌어 내려고 그
토록 애쓴 신이 있습니까?
35-38 이 모든 것을 여러분에게 보여주신 것은, **하나님**만이 하나님이시며 그분만
이 유일한 하나님이시라는 것을 여러분이 알게 하시려는 것입니다. 하나님은
정말로 그런 분이십니다. **하나님**께서는 여러분을 가르치시려고 하늘로부터 그
분의 음성을 여러분에게 들려주셨습니다. 땅에서는 큰 불을 여러분에게 보여주
셔서, 여러분이 다시 한번 그분의 말씀, 곧 불 가운데서 들려오는 그분의 말씀
을 듣게 하셨습니다. **하나님**께서는 여러분의 조상을 사랑하셨고, 그래서 그들
의 자손과 함께 일하기로 작정하셨습니다. 그분께서는 친히 강한 능력으로 여
러분을 이집트에서 이끌어 내시고, 여러분보다 크고 강하고 오래된 여러 민족
들을 쫓아내셨습니다. 그분께서는 여러분을 이끌어 내셔서, 그 민족들의 땅을
여러분에게 유산으로 넘겨주셨습니다. 그 일이 지금, 바로 오늘 일어나고 있습
니다.
39-40 오늘 여러분은, **하나님**께서 위로는 하늘에 계시고 아래로는 땅에 계시며,
그분만이 오직 한분 하나님이신 것을 제대로 알고 마음에 새기십시오. 내가 오
늘 여러분에게 전하는 그분의 규례와 계명을 지키며 사십시오. 그러면 여러분이
잘 살고, 여러분의 자손도 여러분의 뒤를 이어 잘 살 것입니다. 여러분은 **하나님**
여러분의 하나님께서 여러분에게 주시는 땅에서 오래도록 살게 될 것입니다.

❦

41-42 그때에 모세는 요단 강 동쪽 지역에 성읍 세 개를 따로 구별하고, 뜻하지 않
게 사람을 죽인 자가 그곳으로 피신하여 목숨을 건질 수 있게 했다. 원한을 품

은 일 없이 뜻하지 않게 살인한 자는, 이 성읍들 가운데 한 곳으로 피신하여 목
숨을 건질 수 있었다.
43 그 세 성읍은 르우벤 지파가 차지한 고원 지대 광야의 베셀, 갓 지파가 차지한
길르앗의 라못, 므낫세 지파가 차지한 바산의 골란이다.

모세가 모압 평야에서 전한 두 번째 설교

44-49 다음은 모세가 이스라엘 백성에게 전한 계시의 말씀이다. 이것은 이스라엘
백성이 이집트를 나와 요단 강 동쪽 벳브올 맞은편 골짜기에 도착한 뒤에, 모세
가 이스라엘 백성에게 전한 증언과 규례와 법도다. 그곳은 헤스본에서 다스리던
아모리 왕 시혼의 땅이었다. 모세와 이스라엘 백성은 이집트를 떠난 뒤에 그를
쳐서 물리치고 그 땅을 차지했다. 또한 그들은 바산 왕 옥의 땅도 차지했다. 두
아모리 왕이 차지하고 있던 요단 강 동쪽 지역의 땅은, 아르논 시내 근처에 있는
아로엘에서부터 북쪽으로는 헤르몬 산으로 알려진 시온 산까지, 요단 강 동쪽의
아라바 전역, 남쪽으로는 비스가 산 기슭 아래 아라바 바다(사해)까지였다.

십계명

5

1 모세가 온 이스라엘을 불러 모아, 그들에게 말했다.
이스라엘 여러분, 주목하십시오. 내가 오늘 여러분의 들을 줄 아는 귀에
대고 전하는 규례와 법도를, 순종하는 마음으로 들으십시오. 이것들을 익히고,
그대로 사십시오.
2-5 **하나님** 우리 하나님께서는 호렙에서 우리와 언약을 맺으셨습니다. **하나님**께
서는 이 언약을 우리 조상하고만 맺으신 것이 아니라, 오늘 이렇게 살아 있는 우
리 모두와도 맺으셨습니다. **하나님**께서는 그 산 불 가운데서 여러분에게 직접
말씀하셨습니다. 그때 나는 **하나님**과 여러분 사이에 서서, **하나님**께서 하시는
말씀을 여러분에게 전해 주었습니다. 기억하시겠지만, 여러분이 그 불을 두려워
하여 산에 올라가려고 하지 않았기 때문입니다. **하나님**께서 말씀하셨습니다.

6 "나는 너희를 이집트 땅,
종살이하던 집에서 이끌어 낸
하나님 너희 하나님이다.

7 나 외에, 다른 신을 섬기지 마라.
8-10 날아다니는 것이나 걸어 다니는 것이나 헤엄쳐 다니는 것이나, 크기와 모양
과 형상이 어떠하든지, 신상들을 새겨 만들지 마라. 그것들에게 절하거나 그것
들을 섬기지 마라. 나는 **하나님**, 너희 하나님이며, 몹시도 질투하는 하나님이
다. 나는 부모의 죄를 자녀들에게 넘겨줄 뿐 아니라, 삼사 대 자손에 이르기까
지 그 죄값을 치르게 할 것이다. 그러나 나를 사랑하고 내 계명을 지키는 사람
에게는, 내가 천 대에 이르기까지 한결같은 사랑을 베푼다.

11 **하나님** 너희 하나님의 이름을, 저주하거나 실없이 농담을 하는 데 사용하지
마라. 나 **하나님**은, 그 이름을 경건하지 못한 일에 사용하는 것을 참지 않을 것
이다.
12-15 안식일에는 일하지 마라. **하나님** 너희 하나님이 너희에게 명령한 대로 안식
일을 거룩하게 지켜라. 육 일 동안 일하면서 네 할 일을 다 하여라. 그러나 일곱
째 날은 안식일, 곧 휴식의 날이니, 아무 일도 하지 마라. 너희와 너희 아들딸,
너희 남종과 여종, 너희 소와 나귀(너희 소유의 집짐승), 심지어 너희 마을을 방문
한 손님도 일을 해서는 안된다. 그래야 너희 남종과 여종들도 너희와 똑같이 쉴
수 있을 것이다. 너희가 이집트에서 종으로 살았고, **하나님** 너희 하나님이 강한
능력을 나타내어 너희를 그곳에서 이끌어 내었음을 잊지 마라. **하나님** 너희 하
나님이 너희에게 안식의 날을 지키라고 명령하는 것은 그 때문이다.
16 너희 부모를 공경하여라. 이는 **하나님** 너희 하나님의 명령이다! 그러면 너희
가 오래도록 살고, 하나님이 너희에게 주는 땅에서 너희가 잘 될 것이다.
17 살인하지 마라.
18 간음하지 마라.
19 도둑질하지 마라.
20 너희 이웃에 대해 거짓말하지 마라.
21 너희 이웃의 아내를 탐내지 마라. 이웃의 집이나 밭, 남종이나 여종, 소나 나
귀나 그 무엇이든, 너희 이웃의 소유는 어떤 것도 탐내지 마라!"

22 이것이 **하나님**께서 산에서 온 회중에게 선포하신 말씀입니다. 그분께서는 불
과 구름과 짙은 안개 가운데서 큰 음성으로 말씀하셨습니다. 그 말씀이 전부였
고, 한 마디도 더하지 않으셨습니다. 그러고는 그것을 두 돌판에 써서 내게 주
셨습니다.
23-24 여러분이 짙은 구름 가운데서 들려오는 그 음성을 듣고 산이 불타는 것을
보고 나서야, 여러분 각 지파의 우두머리와 지도자들이 내게 다가와서 말했습
니다.
24-26 "우리 **하나님**께서 우리에게 그분의 영광과 위엄을 드러내 보이셨습니다.
오늘 우리는 그분께서 불 가운데서 하시는 말씀을 들었습니다! 하나님께서 사
람들에게 말씀하시는데도 그들이 여전히 살아 있는 것을 우리가 똑똑히 보았습
니다. 하지만 어찌 더 모험을 하겠습니까? 우리가 더 머물다가는 이 큰 불이 우
리를 삼키고 말 것입니다. 우리가 **하나님**의 음성을 더 듣다가는 틀림없이 죽고
말 것입니다. 이제까지, 우리처럼 **하나님**의 음성을 듣고도 살아남아서 이야기
를 전한 사람이 있었습니까?
27 이제부터는 당신이 가서 **하나님** 우리 하나님께서 하시는 말씀을 듣고, **하나
님**께서 당신에게 일러 주시는 말씀을 우리에게 전해 주십시오. 그러면 우리가
듣고 그대로 행하겠습니다."
28-29 **하나님**께서는 여러분이 내게 하는 말을 들으시고 내게 말씀하셨습니다.

"이 백성이 네게 하는 말을 내가 들었다. 그들의 말이 참으로 옳다. 그들이 언제
나 이런 마음으로 나를 경외하고 나의 모든 계명을 지키면, 내가 무엇인들 주지
않겠느냐? 그렇게 하기만 하면, 그들과 그 자손이 영원토록 잘 살 것이다!
30-31 가서 그들에게 자기 장막으로 돌아가라고 말하여라. 그러나 너는 여기에 나
와 함께 머물러 있어라. 그들에게 가르쳐야 할 모든 계명과 규례와 법도를 내가
네게 일러 주겠다. 그러면 그들은 내가 그들에게 주어 소유하게 할 땅에서 어떻
게 살아야 하는지 알게 될 것이다."
32-33 그러니 여러분은 정신을 바짝 차려서, **하나님**께서 여러분에게 명령하시는
그대로 행하십시오. 오른쪽으로나 왼쪽으로나 벗어나지 마십시오. **하나님**께서
명령하시는 길을 곧장 따라가십시오. 그러면 여러분이 차지할 땅에서 여러분이
잘 살고, 오래도록 살 것입니다.

여러분의 하나님을 전심으로 사랑하십시오

6 1-2 이것은 **하나님** 여러분의 하나님께서 여러분에게 가르치라고 내게 명
령하신 계명과 규례와 법도입니다. 여러분이 건너가 차지할 땅에서 이
것을 지켜 행하십시오. 이것은 여러분과 여러분의 자녀와 손자손녀가 평생토록
하나님을 깊이 경외하며 살고, 내가 여러분에게 명령하는 그분의 규례와 법도
를 지켜, 오래도록 잘 살게 하려는 것입니다.
3 이스라엘 여러분, 잘 들으십시오. 이 말을 듣고 그대로 행하십시오. 그러면 **하
나님**께서 약속하신 대로, 젖과 꿀이 흐르는 땅에서 여러분이 잘 살고, 풍요로운
삶을 얻게 될 것입니다.
4 이스라엘 여러분, 주목하십시오!
하나님 우리 하나님! 그분은 오직 한분 **하나님**이십니다!
5 여러분은 **하나님**을, 여러분의 하나님을 전심으로 사랑하십시오. 여러분의 전
부를 다해, 여러분이 가진 전부를 다 드려, 그분을 사랑하십시오.

6-9 오늘 내가 여러분에게 전한 이 계명을 여러분 마음에 새기십시오. 이 계명이
여러분 마음에서 떠나지 않게 하고, 여러분 자녀의 마음에서 떠나지 않게 하십
시오. 집에 앉아 있을 때나 길을 걸을 때나 어디에 있든지, 이 계명에 관해 이야
기하십시오. 아침에 일어나는 순간부터 밤에 잠자리에 드는 순간까지, 이 계명
에 관해 이야기하십시오. 이 계명을 여러분의 손과 이마에 매어 표로 삼으십시
오. 여러분의 집 양쪽 문기둥과 성문에도 새겨 놓으십시오.
10-12 **하나님** 여러분의 하나님께서 여러분의 조상 아브라함과 이삭과 야곱을 통
해 여러분에게 주기로 약속하신 땅에 여러분을 이끌어 들이시면, 여러분은 여
러분이 세우지 않은 크고 번화한 성읍들, 여러분이 구입하지 않은 좋은 가구가
즐비한 집들로 들어가, 여러분이 파지 않은 우물과 여러분이 심지 않은 포도밭
과 올리브밭을 만나게 될 것입니다. 여러분이 그 모든 것을 차지하고 그곳에 정
착하여 기쁨과 만족을 얻게 되거든, 여러분이 어떻게 그곳에 이르게 되었는지

를 잊지 마십시오. 여러분을 이집트 종살이에서 이끌어 내신 분은 **하나님**이십
니다.
13-19 **하나님** 여러분의 하나님을 깊이 경외하십시오. 그분만을 섬기고 오직 그분
만을 예배하십시오. 그분의 이름으로만 맹세하십시오. 여러분 가운데 살고 계신
하나님 여러분의 하나님은 질투하는 하나님이시니, 다른 신들, 곧 이웃 백성이
섬기는 신들과 어울리지 마십시오. 그분을 노하게 하여, 활활 타오르는 그분의
진노가 여러분을 지면에서 싹 태워 버리는 일이 없게 하십시오. 전에 여러분이
맛사에서 하나님을 시험했던 것처럼, **하나님** 여러분의 하나님을 시험하지 마십
시오. **하나님** 여러분의 하나님의 명령을 잘 지키고, 그분께서 여러분에게 주신
의무와 법도를 모두 지키십시오. 옳은 일을 하십시오. **하나님** 보시기에 선한 일
을 행하십시오. 그러면 여러분이 잘 살게 되고, **하나님**께서 여러분의 조상을 통
해 엄숙히 약속하신 저 아름다운 땅에 당당히 들어가 그 땅을 차지하며, **하나님**
께서 말씀하신 대로 여러분의 원수들을 사방으로 쫓아낼 수 있을 것입니다.
20-24 장차 여러분의 자녀가 "**하나님** 우리 하나님께서 명령하신 이 의무와 법도와
규례는 무슨 뜻입니까?" 하고 묻거든, 여러분은 그들에게 이렇게 일러 주십시
오. "우리가 이집트에서 바로의 종이었으나, **하나님**께서 강한 능력으로 직접 나
서서 우리를 그 땅에서 이끌어 내셨다. **하나님**께서 이집트, 곧 바로와 그의 집
안에 기적-표징과 큰 이적과 끔찍한 재앙을 내리실 때, 우리가 그곳에 서서 똑
똑히 보았다. **하나님**께서 우리를 그곳에서 이끌어 내신 것은, 우리를 이곳으로
데려오셔서 우리 조상에게 엄숙히 약속하신 땅을 우리에게 주시려는 것이었다.
하나님께서 우리에게 이 모든 규례를 따르라고 명령하신 것은 그 때문이다. 이
는 우리가 **하나님** 우리 하나님 앞에서 경건하게 살게 하셔서, 오늘 이처럼 우리
를 잘 살게 하시고 오래도록 살게 해주시려는 것이다.
25 **하나님** 우리 하나님께서 명령하신 대로 우리가 그분 앞에서 이 모든 계명을
지켜 행하면, 이것이야말로 하나님 앞에 바로 세워진 온전한 삶이 될 것이다."

하나님께서 이스라엘을 택하신 이유

7
1-2 **하나님** 여러분의 하나님께서, 여러분이 들어가 차지하려고 하는 땅으
로 여러분을 데려가신 뒤에, 그곳에 자리 잡고 살던 막강한 민족들, 곧
헷 사람, 기르가스 사람, 아모리 사람, 가나안 사람, 브리스 사람, 히위 사람, 여
부스 사람을 여러분 앞에서 몰아내실 것입니다. 그 일곱 민족은 모두 여러분보
다 수가 많고 강한 민족입니다. **하나님** 여러분의 하나님께서 그들을 여러분 손
에 넘겨주실 것이니, 여러분은 그들을 쳐부수어야 합니다. 여러분은 그들을 완
전히 멸해서, 그들을 거룩한 진멸의 제물로 **하나님**께 드려야 합니다.
그들과 조약을 맺지 마십시오.
어떤 경우에도 그들을 풀어 주지 마십시오.
3-4 그들과 결혼하지 마십시오. 여러분의 딸을 그들의 아들에게 주지도 말고, 그
들의 딸을 여러분의 아들에게 데려오지도 마십시오. 그렇게 하다가는 여러분이

미처 눈치채기도 전에, 그들이 자기 신들을 숭배하는 일에 여러분을 끌어들이
고 말 것입니다. 그러면 **하나님**께서 진노하셔서, 순식간에 여러분을 멸하실 것
입니다.
5 여러분은 이렇게 해야 합니다.

그들의 제단을 하나씩 허물고
남근 모양의 기둥들을 깨부수고
섹스와 종교를 결합한 아세라 목상들을 찍어 버리고
그들이 조각한 신상들을 불사르십시오.

6 여러분은 **하나님** 여러분의 하나님 앞에 거룩하게 구별된 백성이니, 그렇게 해
야 합니다. **하나님** 여러분의 하나님께서 땅에 있는 모든 백성 가운데서 여러분
을 친히 택하시고, 그분의 소중한 보배로 삼으셨습니다.
7-10 **하나님**께서 여러분에게 마음이 끌리시고 여러분을 택하신 것은, 여러분이
수가 많고 유력해서가 아니었습니다. 사실, 여러분에게는 이렇다 할 것이 없었
습니다. 그분께서는 순전한 사랑 때문에, 그리고 여러분의 조상에게 하신 약속
을 지키시려고 그렇게 하신 것입니다. **하나님**께서 크신 능력으로 직접 나서서
저 종살이하던 세계에서 여러분을 되사시고, 이집트 왕 바로의 강철 같은 손에
서 여러분을 해방시켜 주신 것입니다. 그러니 여러분은, **하나님** 여러분의 하나
님만이 참 하나님이시며 여러분이 의지해야 할 하나님이시라는 것을 알아야 합
니다. **하나님**께서는 그분을 사랑하고 그분의 계명을 지키는 사람들과 맺은 신
실한 사랑의 언약을 천 대에 이르기까지 지키십니다. 그러나 그분을 미워하는
자들에게는 벌을 내려 죽게 하십니다. **하나님**께서는 그런 자들에게 지체 없이
되갚아 주십니다. **하나님**께서는 그분을 미워하는 자들을 즉시 벌하십니다.
11 그러니 내가 오늘 여러분에게 명령하는 계명과 규례와 법도를 지키십시오.
그대로 행하십시오.
12-13 그러면 장차 이런 일이 일어날 것입니다. 여러분이 이 명령을 따라 잘 지켜
행하면, **하나님**께서도 여러분의 조상과 맺은 신실한 사랑의 언약을 지키실 것
입니다.

하나님께서 여러분을 사랑하시고
여러분에게 복을 내리시며
여러분의 수를 늘려 주실 것입니다.

13-15 또 여러분에게 주시겠다고 여러분의 조상에게 약속하신 땅에서, 여러분의
태에서 태어난 젖먹이와 여러분의 밭에서 난 곡식 수확물과 포도주와 기름에
복을 내리시고, 여러분의 소 떼에서 태어난 송아지와 양 떼에서 태어난 어린양
에게도 복을 내려 주실 것입니다. 여러분은 다른 모든 민족보다 더 큰 복을 받

아서, 여러분 가운데서 아이를 낳지 못하는 사람이 없고, 여러분의 가축 가운데
서 새끼를 낳지 못하는 짐승이 없을 것입니다. **하나님**께서 온갖 질병을 없애 주
실 것입니다. 그분께서는 여러분이 이집트에서 경험한 온갖 나쁜 질병에 걸리지
않게 하시고, 여러분을 미워하는 자들에게 그러한 병이 걸리게 하실 것입니다.
16 여러분은 **하나님** 여러분의 하나님께서 여러분에게 넘겨주시는 모든 민족을
완전히 쳐부수어야 합니다. 그들을 불쌍히 여기지 말고, 그들의 신들을 숭배하
지 마십시오. 그렇게 했다가는 그것들이 여러분에게 덫이 되고 말 것입니다.
17-19 여러분은 속으로 "이 민족들이 우리보다 열 배는 많은 것 같다! 우리는 그
들에게 아무런 충격도 주지 못할 것이다!" 하고 생각할 것입니다. 그러나 내가
분명히 말하건대, 두려워하지 마십시오. **하나님** 여러분의 하나님께서 바로와
온 이집트에 행하신 일을 낱낱이 기억하고 또 기억하십시오. 여러분이 직접 목
격한 그 위대한 싸움들을 기억하십시오. 하나님께서 팔을 뻗어 여러분을 그곳
에서 이끌어 내실 때에 보여주신 기적-표징과 이적과 그분의 강한 손을 기억하
십시오. **하나님** 여러분의 하나님께서는, 지금 여러분이 두려워하고 있는 저 민
족들에게도 그와 똑같이 행하실 것입니다.
20 그뿐 아니라, 말벌까지 보내실 것입니다. **하나님**께서 그들에게 말벌을 풀어
놓으셔서, 여러분의 눈을 피해 살아남은 자들까지 모조리 죽이실 것입니다.
21-24 그러니 그들을 겁내지 마십시오. **하나님** 여러분의 하나님, 위대하고 두려
우신 **하나님**께서 여러분 가운데 계십니다. **하나님** 여러분의 하나님께서 저 민
족들을 서서히 쫓아내실 것입니다. 여러분은 저들을 단번에 쓸어버리지는 못할
것입니다. 그렇게 했다가는 들짐승들이 그 땅을 차지하고서 여러분을 덮칠지도
모릅니다. **하나님** 여러분의 하나님께서는 그들을 여러분의 길에서 몰아내시고
그들을 큰 공포에 빠지게 하셔서, 그들 가운데 살아남은 자가 하나도 없게 하
실 것입니다. 그분께서 그들의 왕들을 여러분 손에 넘겨주실 것이니, 여러분은
그들의 흔적을 하늘 아래서 모조리 없애 버릴 것입니다. 단 한 사람도 여러분과
맞서지 못할 것이며, 여러분은 그들을 모조리 죽일 것입니다.
25-26 여러분은 반드시 그들이 조각한 신상들을 불살라 버리십시오. 그 신상들에
입힌 은이나 금을 탐내어 여러분의 것으로 취하지 마십시오. 그것 때문에 여러
분은 덫에 걸리고 말 것입니다. 그런 짓은, **하나님** 여러분의 하나님께서 몹시
싫어하시는 역겨운 행동입니다. 여러분은 그 역겨운 것은 하나라도 집에 들이
지 마십시오. 그렇게 했다가는 여러분도 그 역겨운 것처럼 끝장나고 말 것입니
다. 거룩한 진멸의 제물로 불살라지고 말 것입니다. 그것은 금지된 물건입니다!
그러니 그것을 혐오하고 역겨운 것으로 여기십시오. 그것을 없애 버려서, **하나
님**의 거룩하심을 지키십시오.

여러분의 하나님을 잊지 마십시오

8 1-5 여러분은 오늘 내가 여러분에게 명령하는 모든 계명을 지켜 행하십시
오. 그러면 여러분이 살고 번성할 것이며, **하나님**께서 여러분의 조상에

게 약속하신 땅에 들어가 그 땅을 차지할 것입니다. **하나님**께서 지난 사십 년 동안 광야에서 여러분을 인도하신 모든 여정을 기억하십시오. 그렇게 여러분을 극한까지 몰아붙여 시험하신 것은, 여러분의 마음이 어떠한지, 여러분이 그분의 계명을 지키는지 지키지 않는지 알아보시려는 것이었습니다. 그분께서는 여러분에게 힘든 시기를 겪게 하시고, 여러분을 굶주리게도 하셨습니다. 그러고는 여러분도 모르고 여러분의 조상도 몰랐던 만나로 여러분을 먹여 주셨습니다. 이는 사람이 빵으로만 사는 것이 아니라 **하나님**의 입에서 나오는 모든 말씀으로 산다는 것을 여러분이 알게 하시려는 것입니다. 그 사십 년 동안 여러분의 옷이 해어진 적이 없고, 여러분의 발이 부르튼 적이 없습니다. 여러분은 아버지가 자기 자녀를 훈련시키듯이, **하나님**께서 여러분을 훈련시키신다는 것을 마음 깊이 배웠습니다.

6-9 **하나님** 여러분의 하나님의 계명을 지키고 그분께서 보여주시는 길을 따라 걸으며 그분을 경외하는 것이야말로 가장 중요한 일입니다. 이제 곧 **하나님**께서 여러분을 아름다운 땅으로 데려가실 것입니다. 그곳은 시내와 강이 흐르고, 샘과 호수가 있고, 산에서 물이 흘러내려 골짜기로 흐르는 땅입니다. 그곳은 밀과 보리, 포도주와 무화과와 석류, 올리브와 기름과 꿀이 나는 땅입니다. 그곳에서 여러분은 절대로 굶주리지 않을 것입니다. 식탁에는 음식이 끊이지 않을 것이며, 여러분이 거할 보금자리도 마련될 것입니다. 그 땅에서 여러분은 바위에서 쇠를 얻고, 산에서는 구리를 캐내게 될 것입니다.

10 여러분은 배불리 먹고 나서, 그 아름다운 땅을 여러분에게 주신 **하나님** 여러분의 하나님을 찬양하십시오.

11-16 **하나님** 여러분의 하나님을 잊지 않겠다고 다짐하십시오. 내가 오늘 여러분에게 명령하는 그분의 계명과 규례와 법도를 어기는 일이 없게 하십시오. 여러분이 배불리 먹고, 좋은 집을 지어 거기서 살고, 여러분의 소 떼와 양 떼가 늘어나 돈이 더 많아지고, 여러분의 생활수준이 점점 높아질 때, 행여 여러분의 마음이 여러분 자신과 여러분의 재산으로 가득 차서, **하나님** 여러분의 하나님을 잊는 일이 없게 하십시오.

그분은 여러분을 이집트의 종살이에서 구해 내신 하나님,
여러분을 이끌고 저 막막하고 무시무시한 광야,
불뱀과 전갈이 다니는 황량하고 메마른 불모지를 지나게 하신 하나님,
단단한 바위에서 솟아나는 물을 주신 하나님,
여러분의 조상이 들어 보지 못한 만나로
광야에서 여러분을 먹이신 하나님이십니다.
이는 여러분에게 고된 삶을 맛보게 하시고 여러분을 시험하셔서
장차 여러분이 잘 살 수 있도록 준비시키시려는 것이었습니다.

17-18 여러분이 마음속으로 "이 모든 것은 다 내가 이룬 것이다. 나 혼자서 이루

었어. 나는 부자다. 모두 다 내 것이다!" 하고 생각한다면, 생각을 고쳐먹으십시오. 기억하십시오. **하나님** 여러분의 하나님께서는, 오늘 이처럼 여러분의 조상에게 맹세하신 언약을 이루시려고, 여러분에게 이 모든 부를 일구어 낼 힘을 주신 것입니다.

19-20 여러분이 **하나님** 여러분의 하나님을 잊고, 다른 신들과 어울려 그 신들을 섬기고 숭배하면, 분명히 경고하건대, 여러분은 그 일로 멸망하고 말 것입니다. 곧 파멸입니다. 여러분이 **하나님** 여러분의 하나님의 음성에 순종하지 않으면, **하나님**께서 여러분 앞에서 멸망시키신 민족들처럼 여러분도 멸망하고 말 것입니다.

이스라엘 백성의 반역

9 1-2 이스라엘 여러분, 주목하십시오!
여러분은 저 땅에 들어가 여러분보다 수가 많고 강한 민족들을 쫓아내려고, 바로 오늘 요단 강을 건널 것입니다. 이제 여러분은 하늘에 닿을 만큼 높이 솟은 성벽으로 둘러싸인 큰 성읍들과 몸집이 대단히 큰 사람들, 곧 아낙 자손을 만나게 될 것입니다. 여러분은 그들에 대한 소문을 들었고, "아무도 아낙 자손과 맞설 수 없다"는 말까지 들었습니다.

3 여러분은 오늘 이것을 알아 두십시오. **하나님** 여러분의 하나님께서는 여러분보다 앞서 강을 건너가실 것입니다. 그분은 태워 버리는 불이십니다. 그분께서 그 민족들을 멸하셔서, 여러분의 힘 아래 굴복시키실 것입니다. **하나님**께서 여러분에게 약속하신 대로, 여러분은 그들을 쫓아내고, 속히 그들을 멸망시킬 것입니다.

4-5 **하나님**께서 그들을 여러분 앞에서 몰아내시거든, "**하나님**께서 우리를 이곳으로 이끌고 오셔서 저 민족들을 쫓아내게 하신 것은 내가 행한 모든 착한 행실 때문이다" 하고 생각하지 마십시오. 사실 그것은 저 민족들이 악을 저질렀기 때문입니다. 여러분이 여기까지 온 것은 여러분이 행한 착한 행실 때문도 아니고, 여러분이 쌓아 올린 고상한 행위 때문도 아닙니다. **하나님** 여러분의 하나님께서 저 민족들을 여러분 앞에서 쫓아내시려는 이유는, 그들이 몹시도 사악하기 때문입니다. 또한 그것은 여러분의 조상, 곧 아브라함과 이삭과 야곱에게 하신 약속을 지키시려는 것입니다.

6-10 이것을 기억하고 절대 잊지 마십시오. **하나님**께서 저 아름다운 땅을 차지하라고 여러분에게 주시는 것은, 여러분이 선을 행해서가 아닙니다. 전혀 아닙니다! 여러분은 고집 센 백성일 뿐입니다. 여러분이 광야에서 **하나님** 여러분의 하나님을 얼마나 노엽게 했는지, 절대로 잊지 말고 기억하십시오. 여러분은 이집트를 떠나던 날부터 이곳에 이를 때까지 **하나님**께 반항하고 대들었습니다. 줄곧 반역을 일삼았습니다. 호렙에서 여러분은, **하나님**께서 여러분을 멸하려고 하셨을 만큼 그분을 노엽게 했습니다. 내가 돌판, 곧 **하나님**께서 여러분과 맺으신 언약의 돌판을 받으려고 그 산에 올라갔을 때, 나는 밤낮으로 사십 일을 그

곳에 머물면서, 음식도 먹지 않고 물도 마시지 않았습니다. 그때 **하나님**께서 손
수 새기신 돌판 두 개를 내게 주셨습니다. 거기에는 여러분이 모두 모였을 때,
하나님께서 그 산 불 가운데서 여러분에게 하신 모든 말씀이 글자 그대로 기록
되어 있었습니다.
11-12 밤낮으로 사십 일이 지난 뒤에 **하나님**께서 내게 두 돌판, 곧 언약의 돌판을
주셨습니다. 그리고 내게 말씀하셨습니다. "어서 가거라. 네가 이집트에서 이끌
어 낸 네 백성이 모든 것을 파멸시키고 있으니, 빨리 내려가거라. 그들이, 내가
그들을 위해 펼쳐 놓은 길을 순식간에 버리고 떠나서, 자기들을 위해 신상을 부
어 만들었다."
13-14 **하나님**께서 말씀하셨습니다. "내가 이 백성을 보니, 목이 뻣뻣하고 마음이
굳은 반역자들이다. 나를 막지 마라. 내가 저들을 멸망시키겠다. 내가 저들을
지상에서 완전히 쓸어버리겠다. 그러고 나서 너와 새롭게 시작하여, 너를 저들
보다 낫고 저들보다 큰 민족으로 만들겠다."
15-17 내가 언약 돌판을 두 손에 들고 돌아서서 그 산을 내려오는데, 그 산은 이미
불타고 있었습니다. 내가 보니, 여러분이 **하나님** 여러분의 하나님께 죄를 짓고
있었습니다. 여러분이 직접 송아지 모양의 신상을 부어 만들었던 것입니다! **하
나님**께서 걸어가라고 명령하신 길에서 여러분은 너무 빨리 떠나갔습니다. 나는
두 돌판을 높이 들었다가 내던져, 그것을 여러분이 지켜보는 앞에서 산산조각
내 버렸습니다.
18-20 그런 다음 나는 전과 같이 밤낮으로 사십 일을 **하나님** 앞에 엎드려, 음식도
먹지 않고 물도 마시지 않았습니다. 내가 그렇게 한 것은, 여러분과 여러분이
저지른 모든 죄 때문이었습니다. 여러분이 **하나님**을 거슬러 죄를 짓고, **하나님**
보시기에 악한 일을 저질러 그분을 노엽게 했기 때문이었습니다. 나는 **하나님**
의 진노, 활활 타오르는 그분의 진노가 두려웠습니다. 그분께서 여러분을 멸망
시키려고 하신다는 생각이 들었습니다. 그러나 **하나님**께서 다시 한번 내 말을
들어주셨습니다. 그분께서 아론에게도 진노하셔서, 그를 멸하려 하셨습니다.
그때에 나는 아론을 위해서도 기도했습니다.
21 나는 여러분이 만든 죄악된 물건, 곧 송아지 신상을 가져다가 불 속에 넣어 태
운 다음, 고운 가루가 될 때까지 부수고 빻아서, 산에서 흘러 내려오는 시냇물
에 뿌렸습니다.
22 여러분은 우리가 진을 쳤던 다베라(불사름), 맛사(시험한 곳), 기브롯핫다아와(탐
욕의 무덤)에서도 그랬습니다. 여러분은 **하나님**을 진노케 한 경우가 많았습니다.
23-24 최근에도 **하나님**께서는 가데스바네아에서 여러분을 보내시며, "가서, 내가
너희에게 주는 땅을 차지하여라" 하고 명령하셨습니다. 그때 여러분은 어떻게
했습니까? 하나님을 거역했습니다. **하나님** 여러분의 하나님께서 내리신 분명
한 명령을 거스르고 그분을 신뢰하지 않았습니다. 그분의 말씀에 순종하려 하
지 않았습니다. 내가 여러분을 알게 된 날부터 지금까지, 여러분은 줄곧 **하나님**
을 거역하는 반역자로 살아왔습니다.

25-26 하나님께서 여러분을 멸하시겠다고 말씀하실 때에 나는 밤낮으로 사십 일
을 하나님 앞에 엎드려, 여러분을 위해 하나님께 기도했습니다. "나의 주 하나
님, 주의 관대하심으로 속량하시고, 그 크신 능력으로 이집트에서 이끌어 내신
당신의 백성, 당신의 소유를 멸하지 말아 주십시오.
27-28 주의 종 아브라함과 이삭과 야곱을 기억하셔서, 이 백성의 완악함과 악과
죄를, 너무 심각하게 여기지 말아 주십시오. 그렇게 하지 않으시면, 주께서 저
들을 구해 내신 이집트 땅의 사람들이 '하나님도 어쩔 수 없군. 그가 지쳐서, 자
신이 약속한 땅으로 그들을 데리고 가지 못하는 거야. 그들을 미워해서, 결국
그들을 광야에 죽게 내버려 두는구나' 하고 말할 것입니다.
29 그들은 주께서 친히 강한 능력으로 구해 내신 주의 백성, 주의 소유입니다."

십계명을 다시 받다

10

1-2 그러자 하나님께서 이렇게 대답하셨습니다. "너는 돌판 두 개를
처음 것과 같이 만들어서, 산으로 가지고 올라와 나를 만나라. 또 나
무로 궤를 하나 만들어라. 처음 돌판, 곧 네가 깨뜨려 버린 돌판에 있던 말을 내
가 그 돌판에 새겨 줄 테니, 너는 그것을 그 궤에 넣어라."
3-5 그래서 나는 아카시아나무로 궤를 만들고, 처음 것과 같이 돌판 두 개를 만
들어 양손에 들고 산으로 올라갔습니다. 하나님께서는 총회 날에 그 산 불 가운
데서 여러분에게 말씀하신 십계명을, 처음 돌판에 쓰셨던 것처럼 그 돌판에 새
겨 내게 주셨습니다. 나는 돌아서서 산을 내려왔습니다. 그러고는 하나님께서
명령하신 대로, 내가 만든 궤 안에 그 두 돌판을 넣었습니다. 두 돌판은 그 후로
지금까지 그 궤 안에 있습니다.

6-7 이스라엘 백성은 야아간 사람의 우물을 떠나 모세라로 갔습니다. 거기서 아
론이 죽어 묻혔고, 그의 아들 엘르아살이 뒤를 이어 제사장이 되었습니다. 그들
은 그곳을 떠나 굿고다로 갔고, 굿고다를 떠나서는 여러 물줄기가 흐르는 땅 욧
바다로 갔습니다.
8-9 그때에 하나님께서 레위 지파를 따로 구별하셔서, 하나님의 언약궤를 나르게
하시고, 하나님 앞에서 일하게 하시며, 그분을 섬기고 그분의 이름으로 축복하
는 일을 하게 하셨습니다. 그들은 지금도 그렇게 하고 있습니다. 그 때문에 레
위인에게는 그들의 동족이 유산으로 물려받은 것과 같은 땅이 한 평도 없습니
다. 하나님 여러분의 하나님께서 그들에게 약속하신 대로, 하나님께서 그들의
유산이 되어 주시기 때문입니다.
10 나는 처음과 같이 산 위에서 밤낮으로 사십 일을 머물렀습니다. 그러자 하나
님께서 그때처럼 나의 간구를 들어주셨습니다. 여러분을 멸하지 않기로 하신
것입니다.
11 하나님께서 내게 말씀하셨습니다. "이제 떠나거라. 백성을 인도하여라. 그들이

다시 길을 떠나, 내가 그들 조상에게 주겠다고 약속한 땅을 차지하게 하여라."

여러분 마음의 굳은살을 베어 내고

12-13 그러니 이스라엘 여러분, **하나님**께서 여러분에게 기대하시는 것이 무엇이
겠습니까? 그것은 바로 여러분이 그분 앞에서 거룩하고 경건하게 살고, 그분께
서 여러분 앞에 두신 길을 따라 걸으며, 그분을 사랑하고, 마음을 다해 **하나님**
여러분의 하나님을 섬기며, 내가 오늘 여러분에게 명령하는 **하나님**의 계명과
법도를 지키는 것입니다. 이것이야말로 여러분이 잘 사는 길입니다.
14-18 주위를 둘러보십시오. 여러분의 눈에 보이는 모든 것, 곧 하늘과 그 위에 있
는 것, 땅과 그 위에 있는 모든 것이 다 **하나님**의 것입니다. 그런데도 **하나님**께
서는 여러분의 조상에게 마음을 두시고, 다른 모든 민족 가운데서 그들의 자손
인 여러분을 택하셨습니다! 우리가 지금 그 자리에 있습니다. 그러니 여러분은
마음의 굳은살을 베어 내고, 제멋대로 고집부리는 것을 멈추십시오. **하나님** 여
러분의 하나님은 모든 신의 하나님이시며, 모든 주의 주이시며, 위대하고 강하
고 두려우신 하나님이십니다. 그분께서는 편애하지 않으시고, 뇌물을 받지 않
으시며, 고아와 과부가 공평하게 대우 받게 하시고, 외국인이 음식과 옷을 구할
수 있도록 그들을 따뜻하게 보살피는 분이십니다.

19-21 여러분은 낯선 외국인을 보살펴 따뜻하게 대해야 합니다.
기억하십시오, 여러분도 전에는 이집트 땅에서 외국인이었습니다.
하나님 여러분의 하나님을 경외하고, 그분을 섬기며, 그분을 꼭 붙잡고,
여러분의 약속을 그분의 이름으로만 맹세하십시오.
그분은 여러분의 찬양을 받으실, 여러분의 하나님이십니다!
그분은 여러분이 두 눈으로 직접 본 것처럼,
크고 두려운 이 모든 일을 행하신 분이십니다.

22 여러분의 조상이 이집트에 들어갈 때에는 그 수가 겨우 칠십 명에 지나지 않
았습니다. 그러나 이제 보십시오. 여러분의 수가 밤하늘의 별처럼 많지 않습니
까? **하나님**께서 그렇게 하신 것입니다.

하나님을 사랑하고 그분의 계명을 지키십시오

11 1 그러므로 **하나님** 여러분의 하나님을 사랑하십시오.
여러분이 사는 날 동안 그분의 규례와 법도를 잘 지키고,
그분의 계명을 지키십시오.

2-7 오늘 여기에서 가장 중심에 있어야 할 사람은 여러분의 자녀가 아닙니다. 그
들은 **하나님**께서 행하신 일을 알지도 못하고, 그분이 행하신 일을 본 적도 없으
며, 그분의 징계를 경험하지도 못했고, 그분의 위대하심에 놀란 적도 없기 때문

입니다. 또한 그들은, 하나님께서 어떻게 그분의 크신 능력으로 이집트 한가운
데서 이집트 왕 바로와 그의 온 땅에 기적-표징과 큰 일을 일으키셨는지, 이집
트의 군대와 말과 전차들이 여러분을 뒤쫓아 올 때에 어떻게 그들을 홍해에 수
장시키셨는지 알지 못합니다. 하나님께서 그들을 물에 빠뜨려 죽이셨지만, 여
러분은 살아서 오늘 이 자리에 서 있습니다. 여러분이 이곳에 이르기까지 하나
님께서 여러분을 광야에서 어떻게 돌보셨는지, 르우벤의 자손이며 엘리압의 아
들인 다단과 아비람에게 그분께서 어떻게 행하셨는지, 땅이 어떻게 입을 벌려
이스라엘 가운데서 그들과 그 가족과 그들의 장막과 주위의 모든 것을 삼켜 버
렸는지를 아는 사람도 여러분의 자녀가 아닙니다. 그렇습니다. 하나님께서 행
하신 이 모든 크고 위대한 일을 두 눈으로 본 사람은, 다름 아닌 여러분입니다.
8-9 그러므로 여러분은 오늘 내가 여러분에게 명령하는 모든 계명을 지켜 행해야
합니다. 그러면 여러분은 힘을 얻고, 여러분이 건너가서 차지하려는 땅에 들어
가 그 땅을 차지하게 될 것입니다. 여러분은 계명을 지킴으로써, 하나님께서 여
러분의 조상과 그 자손에게 주시기로 약속하신 땅, 젖과 꿀이 흐르는 땅에서 오
래도록 살게 될 것입니다.
10-12 여러분이 들어가 차지하려는 땅은 여러분이 떠나온 이집트 땅과 같지 않습
니다. 거기서는 여러분이 씨를 뿌리고, 채소밭에 물을 줄 때처럼 직접 물을 주
어야 했습니다. 그러나 여러분이 강을 건너가 여러분의 소유로 삼을 땅은 산과
골짜기가 있는 땅, 하늘에서 내리는 빗물을 흡수하는 땅입니다. 정원사이신 하
나님 여러분의 하나님께서 친히 가꾸시고, 일 년 내내 홀로 돌보시는 땅입니다.
13-15 이제부터 여러분이, 내가 오늘 여러분에게 명령하는 계명을 순종하는 마음
으로 듣고, 하나님 여러분의 하나님을 사랑하고, 마음을 다해 그분을 섬기면,
그분께서 제때에 가을비와 봄비를 내려 주셔서, 여러분이 곡식과 포도와 올리
브를 거두게 해주실 것입니다. 또한 여러분의 가축들이 뜯어먹을 풀도 무성하
게 해주실 것입니다. 여러분은 먹을거리를 풍성히 얻게 될 것입니다.
16-17 여러분은 유혹을 받고 길을 벗어나, 다른 신들을 섬기고 숭배하는 일이 없
도록 깨어 있으십시오. 그러지 않으면 하나님께서 진노하셔서 하늘을 닫으실
것입니다. 비가 내리지 않고 밭에서는 아무것도 자라지 않아서, 여러분은 곧 굶
어 죽고 말 것입니다. 하나님께서 여러분에게 주신 아름다운 땅에서, 여러분은
흔적도 없이 사라지고 말 것입니다.
18-21 그러므로 이 말을 여러분의 마음에 간직하십시오. 마음속 깊이 간직하십시
오. 손과 이마에 매어 표로 삼으십시오. 또한 여러분의 자녀에게 가르치십시오.
집에 앉아 있을 때나 길을 걸을 때나 어디에 있든지, 아침에 일어나서 밤에 잠
자리에 드는 순간까지 이 계명에 관해 이야기하십시오. 양쪽 문기둥과 성문에
도 새겨 넣으십시오. 그러면 하나님께서 여러분의 조상에게 주겠다고 약속하신
땅에서 여러분과 여러분의 자손이, 땅 위에 하늘이 있는 한, 오래도록 살게 될
것입니다.
22-25 맞습니다. 내가 여러분에게 지키라고 명령하는 이 모든 계명을 부지런히 지

키고, **하나님** 여러분의 하나님을 사랑하고, 그분께서 일러 주시는 대로 행하며,
그분께 꼭 붙어 있으면, **하나님**께서 여러분 앞에서 저 모든 민족을 쫓아내실 것
입니다. 그렇습니다. 그분께서 여러분보다 크고 강한 민족들을 몰아내실 것입
니다. 여러분이 발을 딛는 곳마다 여러분의 땅이 될 것입니다. 여러분 땅의 경
계는 광야에서 레바논 산맥에 이르기까지, 유프라테스 강에서 지중해에 이르기
까지 뻗어 나갈 것입니다. 아무도 여러분의 앞길을 막지 못할 것입니다. 여러분
이 가는 곳이면 어디든지, **하나님**께서 약속하신 대로 공포와 전율을 여러분보
다 앞서 보내실 것입니다.
26 나는 오늘 여러분을 복과 저주의 갈림길에 세웠습니다.
27 내가 오늘 여러분에게 명령하는 **하나님** 여러분의 하나님의 계명을 순종하는
마음으로 듣고 따르면, 복을 받을 것입니다.
28 내가 오늘 여러분에게 명령하는 **하나님** 여러분의 하나님의 계명에 주의를 기
울이지 않고, 그 길에서 벗어나 여러분이 알지도 못하는 신들을 따라가면, 저주
를 받을 것입니다.
29-30 **하나님** 여러분의 하나님께서 여러분이 들어가 차지할 땅으로 여러분을 데
리고 가시면, 여러분은 그리심 산에서 축복을 선포하고 에발 산에서 저주를 선
포하십시오. 요단 강을 건너면, 서쪽 길을 따라가다가 길갈과 모레의 상수리나
무 인근 골짜기에 있는 가나안 사람들의 땅을 통과해 가십시오.
31-32 이제 여러분은 요단 강을 건너, **하나님** 여러분의 하나님께서 여러분에게 주
시는 땅으로 들어가 그 땅을 차지하게 될 것입니다. 깨어 있으십시오. 내가 오
늘 여러분 앞에 제시하는 법도와 규례를 모두 지켜 행하십시오.

하나님께서 택하신 예배 처소

12

1 이것은 **하나님** 여러분 조상의 하나님께서 여러분에게 차지하라고
주신 땅에서 여러분이 사는 날 동안 부지런히 지켜야 할 규례와 법
도입니다.
2-3 여러분이 쫓아낼 민족들이 자기 신들을 섬기는 산당은, 가차 없이 허물어 버
리십시오. 그 산당을 낮은 산이나 높은 산, 푸른 나무숲이나 그 어디에서 찾아
내든지, 가차 없이 허물어 버리십시오. 그들의 제단을 부수고, 남근 모양의 기
둥들을 박살내십시오. 섹스와 종교를 결합한 아세라 산당들을 불태우고, 그들
이 조각한 신상들을 부수어 버리십시오. 그 산당의 이름들을 흔적도 없이 지워
버리십시오.
4 여러분은 그런 곳과 분명히 선을 그으십시오. 그런 곳에서 일어나는 일이, **하**
나님 여러분의 하나님께 드리는 예배를 더럽히지 못하게 하십시오.
5-7 여러분은 **하나님** 여러분의 하나님께서 택하셔서 자기 이름으로 표시하신 곳,
이스라엘 온 지파를 위해 정해 주신 곳으로 가서, 그곳에서 모임을 가지십시
오. 여러분의 속죄 제물과 희생 제물, 여러분의 십일조와 높이 들어 바치는 제
물, 여러분의 서원 제물과 자원 제물, 소 떼와 양 떼의 첫 새끼를 그곳으로 가져

가십시오. 거기, 곧 **하나님** 여러분의 하나님 앞에서 잔치를 벌이십시오. **하나님** 여러분의 하나님께서 주시는 복으로 성취한 모든 것을 두고 여러분의 가족과 함께 기뻐하십시오.

8-10 지금은 우리가 이 같은 일들을 저마다 원하는 대로 하고 있지만, 앞으로는 그렇게 하지 마십시오. 아직까지는 여러분이 목적지와 안식처, 곧 **하나님** 여러분의 하나님께서 유산으로 주시는 땅에 이르지 못했기 때문입니다. 그러나 여러분이 요단 강을 건너 **하나님** 여러분의 하나님께서 유산으로 주시는 땅에 들어가 자리를 잡으면, 그분께서 여러분 주위에 있는 모든 적들을 쫓아내시고 여러분을 편히 쉬게 해주실 것입니다. 그러면 여러분은 안전하게 자리를 잡고 살게 될 것입니다.

11-12 그때부터는 내가 여러분에게 명령하는 모든 것, 곧 여러분의 속죄 제물과 희생 제물, 여러분의 십일조와 높이 들어 바치는 제물, 여러분이 **하나님**께 서원하고 바치는 서원 제물 가운데서 가장 좋은 것을, **하나님** 여러분의 하나님께서 택하셔서 자기 이름으로 표시하신 곳, 여러분이 그분을 만날 수 있는 곳으로 가져가십시오. 거기서 여러분은, **하나님** 여러분의 하나님 앞에서 여러분의 자녀와 남종과 여종과, 여러분의 유산 가운데 자기 몫 없이 여러분의 동네에 사는 레위인과 함께 기뻐하십시오.

13-14 특히, 마음에 드는 아무 곳에서나 속죄 제물을 드리는 일이 없도록 조심하십시오. **하나님**께서 여러분의 지파 가운데서 택하신 한곳에서만 속죄 제물을 드리십시오. 내가 명령하는 모든 것을 그곳으로만 가져가야 합니다.

15 **하나님** 여러분의 하나님께서 주신 복에 따라, 노루나 사슴처럼 제물용이 아닌 짐승은 여러분의 성읍에서 잡아 원하는 부위를 먹어도 됩니다. 정결한 사람이든 부정한 사람이든, 모두 그 고기를 먹을 수 있습니다.

16-18 그러나 그 피를 먹어서는 안됩니다. 피는 물처럼 땅바닥에 쏟아 버려야 합니다. 그리고 여러분의 곡식과 새 포도주와 올리브기름의 십일조, 소와 양의 첫 새끼, 여러분이 서원하여 드린 서원 제물과 자원 제물, 높이 들어 바치는 제물도 여러분의 성읍에서 먹어서는 안됩니다. 이 모든 것은 **하나님** 여러분의 하나님 앞, 곧 **하나님** 여러분의 하나님께서 택하신 곳에서 먹어야 합니다. 여러분과 여러분의 자녀, 여러분의 남종과 여종, 여러분의 동네에 사는 레위인이 모두 그렇게 해야 합니다. 여러분은 여러분이 성취한 모든 것을 두고, **하나님** 여러분의 하나님 앞에서 경축해야 합니다.

19 여러분은 여러분의 땅에서 사는 동안 레위인을 결코 소홀히 대하지 마십시오.

20-22 **하나님** 여러분의 하나님께서 친히 약속하신 대로, 여러분의 영토를 넓혀 주신 뒤에, 고기 생각이 간절하여 여러분의 입에서 "고기가 먹고 싶다"는 말이 나오면, 가서 원하는 만큼 고기를 먹으십시오. 만일 **하나님** 여러분의 하나님께서 자기 이름으로 표시하신 곳이 여러분이 사는 곳에서 너무 멀면, 내가 여러분에게 명령한 대로 **하나님**께서 여러분에게 주신 소나 양을 잡아, 여러분의 성읍에서 마음껏 먹어도 됩니다. 노루나 사슴처럼 제물용이 아닌 짐승을 먹듯이, 그

고기를 먹어도 됩니다. 부정한 사람이든 정결한 사람이든, 한 식탁에 둘러앉아
그것을 먹을 수 있습니다.
23-25 그러나 피는 안됩니다. 피는 먹지 마십시오. 피는 생명이니, 생명을 고기와
함께 먹어서는 안됩니다. 피는 먹지 말고, 물처럼 땅바닥에 쏟아 버리십시오.
그것을 먹지 마십시오. 그러면 여러분과 여러분의 자손이 모두 잘 살게 될 것입
니다. 반드시, **하나님** 보시기에 올바른 일을 행하십시오.
26-27 여러분의 거룩한 제물과 여러분의 서원 제물은, 높이 들어 **하나님**께서 정해
주신 곳으로 가져가십시오. 속죄 제물의 고기와 피는 **하나님** 여러분의 하나님
의 제단에 바치십시오. 속죄 제물의 피는 **하나님** 여러분의 하나님의 제단에 쏟
으십시오. 그런 다음 여러분은 고기를 먹어도 됩니다.
28 정신을 차려, 내가 여러분에게 명령하는 이 말을 순종하는 마음으로 들으십
시오. 그러면 여러분과 여러분의 자손이, **하나님** 여러분의 하나님 보시기에 선
한 일과 올바른 일을 행하면서, 오래도록 잘 살게 될 것입니다.

다른 신들을 섬기지 마십시오

29-31 **하나님** 여러분의 하나님께서 여러분이 들어가 차지하려는 땅에 살고 있는
민족들을 끊어 버리시고 여러분 앞에서 그들을 몰아내셔서, 그들을 대신해 여
러분이 그 땅에 자리를 잡게 하시면, 조심하십시오, 여러분 앞에서 멸망한 그들
에 대해 호기심을 품는 일이 없도록 조심하십시오. 그들의 신들에게 정신이 팔
려, "이 민족들은 신들을 어떻게 섬겼을까? 나도 한번 그렇게 해보고 싶다" 하
고 생각하는 일이 없게 하십시오. **하나님** 여러분의 하나님께 그 같은 일을 하지
마십시오. 그들은 상상할 수 있는 온갖 역겨운 짓을 자기 신들과 함께 저지릅니
다. **하나님**께서는 그러한 짓을 몹시 싫어하십니다. 그들은 자녀를 불살라 자기
신들에게 제물로 바치기까지 합니다!
32 내가 여러분에게 명령하는 모든 것을, 여러분은 부지런히 지켜 행하십시오.
거기에 무엇을 더하거나 빼지 마십시오.

13

1-4 여러분의 공동체에 예언자나 환상을 보는 자가 나타나서 기적-
표징이나 이적을 일으키겠다 말하고, 자신이 말한 기적-표징이나
이적이 일어나서, 그가 (여러분이 알지 못하는 신들을 들먹이며) "다른 신들을 따라가
그 신들을 섬기자" 하고 말하거든, 그 예언자나 환상을 보는 자의 말을 듣는 척
도 하지 마십시오. 이는 **하나님** 여러분의 하나님께서, 여러분이 마음을 다해 그
분을 온전히 사랑하는지 알아보시려고 여러분을 시험하시는 것입니다. 여러분
은 **하나님** 여러분의 하나님만을 따르고, 그분을 깊이 경외하고, 그분의 계명을
지키고, 그분의 말씀을 순종하는 마음으로 들으며, 그분을 섬겨야 합니다. 생명
을 다해 그분을 꼭 붙잡으십시오!
5 그런 예언자나 환상을 보는 자는 반드시 사형에 처해야 합니다. 이집트에서

여러분을 건져 주시고, 종살이하던 세계에서 여러분을 속량하셨으며, 여러분에
게 길을 제시해 그 길을 걸으라고 명령하신 **하나님** 여러분의 하나님을 배반하
라고 그 자가 선동했기 때문입니다. 여러분은 여러분의 공동체에서 악을 말끔
히 제거해 버리십시오.

6-10 그리고 여러분의 형제나 아들이나 딸이나, 여러분이 사랑하는 아내나 여러
분의 평생 친구가 은밀히 다가와서, (여러분이나 여러분의 조상이 전혀 알지 못하는 신
들, 땅의 이 끝에서 저 끝까지 원근 각처에 있는 민족들의 신들을 들먹이며) "가서 다른 신
들을 섬깁시다" 하고 꾀거든, 여러분은 그를 따르지도 말고 그의 말을 듣지도
마십시오. 그런 자를 불쌍히 여기지도 말고 변호해 주지도 마십시오. 그 자를
죽이십시오. 그런 자는 죽이는 것이 옳습니다. 여러분이 먼저 돌을 던지십시오.
그런 다음 곧바로 공동체의 모든 사람이 동참하여 돌을 던지십시오. 돌로 쳐서
그를 죽이십시오. 그가 여러분을 반역자로 만들어, 이집트 땅 종살이하던 세계
에서 여러분을 이끌어 내신 **하나님** 여러분의 하나님을 거역하게 하려고 했기
때문입니다.

11 그러면 이스라엘의 모든 남자와 여자와 아이가 그 일을 듣고 두려워하여, 이
처럼 악한 일을 다시는 저지르지 않게 될 것입니다.

12-17 **하나님** 여러분의 하나님께서 여러분에게 들어가 살라고 주시는 성읍들 가
운데 한 곳에서 소문이 들리기를, 악한 자들이 그 성읍 주민들 일부와 공모하여
배반을 일삼고 (여러분이 알지 못하는 신들을 들먹이며) "가서 다른 신들을 섬깁시다"
한다 하거든, 여러분은 반드시 그 일을 자세히 알아봐야 합니다. 심문하고 조사
하십시오. 소문이 사실로 판명되고, 그 역겨운 일이 실제로 여러분의 공동체 안
에서 벌어졌다는 것이 사실로 드러나면, 여러분은 그 성읍 주민들을 처형해야
합니다. 그들을 죽이고, 그 성읍을 거룩한 진멸을 위해 따로 떼어 두십시오. 그
성읍과 그 안에 있는 모든 것과 가축까지 멸하십시오. 노획물은 그 성읍의 광장
한가운데 모아 놓고 그 성읍과 노획물을 모조리 불살라서, 그 연기를 **하나님** 여
러분의 하나님을 위한 거룩한 제물로 바치십시오. 그 성읍을 폐허 더미로 남겨
두고, 다시는 그 터 위에 성읍을 세우지 마십시오. 거룩한 진멸에 바쳐진 노획
물 가운데 어느 것에도 손대지 마십시오. 완전히 없애 버리십시오. 그래야 **하나
님**께서 진노를 푸시고 긍휼을 베푸셔서, 여러분의 조상에게 약속하신 대로, 여
러분을 번성하게 해주실 것입니다.

18 그렇습니다. **하나님** 여러분의 하나님의 말씀을 잘 들으십시오. 오늘 내가 여
러분에게 전하는 그분의 계명을 모두 지키십시오. **하나님** 여러분의 하나님 보
시기에 올바른 일을 행하십시오.

먹을 수 있는 짐승과 먹을 수 없는 짐승

14

1-2 여러분은 **하나님** 여러분의 하나님의 자녀이니, 죽은 자를 위해
애도할 때 여러분의 몸에 상처를 내거나 머리를 미는 일이 없게 하
십시오. **하나님** 여러분의 하나님께 거룩한 백성은 여러분밖에 없습니다. **하나**

님께서 땅 위에 있는 모든 백성 가운데서 여러분을 택하셔서 그분의 소중한 보
배로 삼으셨기 때문입니다.
3-8 혐오스러운 것은 무엇이든 먹지 마십시오. 여러분이 먹어도 되는 짐승은 소
와 양과 염소, 사슴과 노루와 수노루, 들염소와 산염소와 영양과 산양과 같이
굽이 갈라지고 새김질하는 모든 짐승입니다. 그러나 낙타와 토끼와 바위너구리
는 먹어서는 안됩니다. 그것들은 새김질은 하지만 굽이 갈라지지 않아서 부정
한 것입니다. 돼지도 먹지 마십시오. 돼지는 굽은 갈라졌지만 새김질을 하지 않
아서 부정한 것입니다. 그 주검을 만져서도 안됩니다.
9-10 물속에 사는 것 가운데서 지느러미와 비늘이 있는 것은 무엇이든 여러분이
먹어도 됩니다. 그러나 지느러미나 비늘이 없는 것은 먹어서는 안됩니다. 그것
은 부정한 것입니다.
11-18 정결한 새는 무엇이든 먹어도 됩니다. 그러나 예외가 있는데, 다음 새들은
먹지 마십시오. 곧 독수리, 참수리, 검은대머리수리, 솔개, 수리, 각종 말똥가
리, 각종 까마귀, 타조, 쏙독새, 각종 매, 금눈쇠올빼미, 큰올빼미, 흰올빼미, 사
다새, 물수리, 가마우지, 황새, 각종 왜가리, 오디새, 박쥐입니다.
19-20 날개 달린 곤충은 부정하니 먹지 마십시오. 그러나 정결하고 날개 달린 것
은 먹어도 됩니다.
21 여러분은 **하나님** 여러분의 하나님께 거룩한 백성이니, 죽은 채 발견된 것은
무엇이든 먹지 마십시오. 그러나 그것을 여러분의 동네에 사는 외국인에게 먹
으라고 주거나 그에게 파는 것은 괜찮습니다.
새끼염소를 그 어미의 젖에 삶지 마십시오.

십일조

22-26 매년 여러분의 밭에서 거둔 농산물 가운데서 십분의 일, 곧 십일조를 예물
로 드리십시오. 여러분의 곡식과 포도주와 기름의 십일조를, 양 떼와 소 떼의
처음 태어난 새끼와 함께 **하나님** 여러분의 하나님 앞, 곧 **하나님**께서 예배를 위
해 정해 주신 곳으로 가져가서 먹어야 합니다. 이렇게 함으로써 여러분은, 살아
있는 동안 **하나님** 여러분의 하나님을 깊이 경외하며 사는 법을 배우게 될 것입
니다. 그러나 **하나님** 여러분의 하나님께서 정해 주신 곳이 너무 멀어서 그곳까
지 십일조를 가져갈 수 없을 경우에도, **하나님** 여러분의 하나님께서는 여러분
에게 복을 주실 것입니다. 여러분의 십일조를 돈으로 바꾸어 **하나님** 여러분의
하나님께서 예배받으시기 위해 택하신 곳으로 가져가십시오. 거기서 여러분이
원하는 것을 사십시오. 소나 양, 포도주나 맥주, 그 무엇이든 여러분이 보기에
좋은 것을 그 돈을 주고 사십시오. 그런 다음 여러분과 여러분의 온 집안이 **하**
나님 여러분의 하나님 앞에서 잔치를 벌이고 즐거운 시간을 보내십시오.
27 그러나 여러분의 성읍에 사는 레위인을 잊지 말고 잘 보살피십시오. 그들은
여러분처럼 재산이나 자기 소유의 유산을 상속받을 수 없기 때문입니다.
28-29 여러분은 매 삼 년 끝에 그해에 거둔 모든 곡식의 십분의 일을 거두어들여,

창고에 따로 저장해 두십시오. 재산이나 유산이 없는 레위인과 여러분의 동네 에 사는 외국인과 고아와 과부를 위해 그것을 비축해 두십시오. 그러면 그들이 먹을거리를 풍성히 얻게 될 것이고, **하나님** 여러분의 하나님께서 여러분이 하는 모든 일에 복을 주실 것입니다.

빚을 면제해 주는 해

15 1-3 매 칠 년 끝에는 모든 빚을 면제해 주십시오. 그 절차는 다음과 같습니다. 누구든지 이웃에게 돈을 꾸어 준 사람은 자기가 꾸어 준 것을 장부에서 지워 버려야 합니다. **하나님**께서 "모든 빚이 면제되었다" 말씀하시니, 여러분은 이웃이나 그의 형제에게 빚을 갚으라고 독촉해서는 안됩니다. 외국인에게 빌려 준 돈은 거두어들여도 되지만, 여러분의 동족 이스라엘 자손에게 꾸어 준 것은 무엇이든지 장부에서 지워 버려야 합니다.

4-6 여러분 가운데 가난한 사람이 있어서는 안됩니다. **하나님** 여러분의 하나님께서 여러분에게 유산으로 주시는 저 땅, 곧 여러분이 차지할 땅에서 여러분에게 아낌없이 복을 주실 것이기 때문입니다. 그러나 여러분이 **하나님** 여러분의 하나님의 음성을 순종하는 마음으로 듣고, 내가 오늘 여러분에게 명령하는 모든 계명을 부지런히 지킬 때에만 그렇게 하실 것입니다. 그렇습니다. **하나님** 여러분의 하나님께서는 약속하신 대로, 여러분에게 복을 주실 것입니다. 여러분은 많은 민족들에게 꾸어 줄지언정 꾸지는 않을 것이고, 많은 민족들을 다스릴지언정 다스림을 받지는 않을 것입니다.

7-9 **하나님** 여러분의 하나님께서 주시는 저 땅에서 함께 살아가는 여러분의 동족 가운데 곤경에 처하거나 도움이 필요한 이를 만나거든, 못 본 척 고개를 돌리지 마십시오. 여러분의 지갑을 꼭 닫지 마십시오. 그러면 안됩니다. 그의 처지를 살펴보고, 여러분의 지갑을 열어 그가 필요로 하는 만큼 넉넉하게 꾸어 주십시오. 손해를 따지지 마십시오. "조금 있으면 일곱째 해, 곧 모든 빚을 면제해 주는 해다" 하는 이기적인 소리에 솔깃하여, 곤경에 빠진 궁핍한 이웃을 외면하거나 그를 돕지 않는 일이 없게 하십시오. 그가 여러분과 여러분의 뻔뻔스러운 죄를 두고 **하나님**께 부르짖으면 **하나님**께서 들으실 것이기 때문입니다.

10-11 자원하는 마음으로 기꺼이 베푸십시오. 아까워하는 마음을 갖지 마십시오. 여러분이 이러한 문제를 어떻게 처리하느냐에 따라, 여러분이 하는 모든 일, 곧 여러분의 모든 업무와 사업 가운데 내려 주시는 **하나님** 여러분의 하나님의 복이 결정됩니다. 여러분 가운데는 가난하고 궁핍한 사람이 늘 있을 것입니다. 그러므로 나는 여러분에게 명령합니다. 언제나 인정 많은 사람이 되십시오. 지갑을 열고 손을 활짝 펴서, 어려움에 처한 여러분의 이웃, 가난하고 굶주린 여러분의 이웃에게 베푸십시오.

12-15 히브리 남자나 히브리 여자가 여러분에게 팔려 와서 여섯 해 동안 여러분을 섬겼을 경우, 일곱째 해에는 그들을 놓아주어 자유로운 삶을 살게 해야 합니다. 그들을 놓아줄 때에는 빈손으로 보내지 마십시오. 그들에게 가축 몇 마리를 내

어주고, 빵과 포도주와 기름도 듬뿍 내어주십시오. **하나님** 여러분의 하나님께서 여러분에게 베푸신 온갖 복을 듬뿍 떼어 그들에게 주십시오. 여러분도 전에는 이집트 땅에서 종이었으며, **하나님** 여러분의 하나님께서 그 종살이하던 세계에서 여러분을 속량해 주셨음을 한순간도 잊지 마십시오.

그래서 내가 오늘 여러분에게 이것을 명령하는 것입니다.

16-17 그러나 여러분의 종이 여러분과 여러분의 가족을 사랑하고 여러분과 함께 지내는 것을 좋아하여 "나는 주인님을 떠나고 싶지 않습니다" 하고 말하면, 송곳을 가져다가 그의 귀를 문기둥에 대고 구멍을 뚫어, 그를 영원토록 여러분의 종으로 삼으십시오. 여러분과 함께 지내고 싶어 하는 여종에게도 똑같이 하십시오.

18 여러분의 종을 놓아주는 것을 이치에 맞지 않은 어려운 일로 여기지 마십시오. 따지고 보면, 그는 여섯 해 동안 품꾼의 절반 품삯으로 여러분을 위해 일했기 때문입니다.

하나님 여러분의 하나님께서 여러분이 하는 모든 일에 복을 주실 것이니, 내 말을 믿으십시오.

❦

19-23 여러분의 소 떼와 양 떼 가운데서 처음 태어난 수컷은 모두 **하나님** 여러분의 하나님께 드리십시오. 처음 태어난 소는 부리지 말고, 처음 태어난 양의 털은 깎지 마십시오. 이것들은 여러분과 여러분의 가족이 **하나님** 여러분의 하나님 앞, 곧 **하나님**께서 예배를 위해 정해 주신 곳에서 해마다 먹어야 하는 것들입니다. 그 짐승에게 흠이 있으면, 곧 다리를 절거나 눈이 멀었거나 그 밖에 어딘가 결함이 있으면, **하나님** 여러분의 하나님께 제물로 잡아 드리지 마십시오. 그런 것은 집에서 먹으십시오. 노루나 사슴을 먹을 때와 마찬가지로, 정결한 사람이든 부정한 사람이든 누구나 그것을 먹어도 됩니다. 다만 그 피를 먹어서는 안됩니다. 피는 물처럼 땅바닥에 쏟아 버리십시오.

유월절

16

1-4 아빕월을 지켜 **하나님** 여러분의 하나님께 유월절 제사를 드리십시오. **하나님** 여러분의 하나님께서 여러분을 아빕월 밤에 이집트에서 건져 내셨습니다. **하나님**께서 자기 이름을 두고 예배받으시려고 택하신 그 곳에서, **하나님** 여러분의 하나님께 유월절 제물을 드리십시오. 누룩을 넣은 빵을 그 제물과 함께 먹어서는 안됩니다. 칠 일 동안 누룩을 넣지 않은 빵, 곧 궁핍한 시절에 먹었던 빵을 그 제물과 함께 먹으십시오. 이는 여러분이 이집트를 나올 때 급히 떠나왔기 때문입니다. 그 빵은 여러분이 이집트를 어떻게 떠나왔는지를, 여러분이 사는 동안 생생하게 기억나게 할 것입니다. 칠 일 동안은 어디에도 누룩의 흔적이 있어서는 안됩니다. 여러분이 저녁에 제물로 드린 고기는 다음날 아침까지 남겨 두지 마십시오.

[5-7] 유월절 제물을, **하나님** 여러분의 하나님께서 여러분에게 주신 성읍 아무 데서나 드리지 마십시오. 오직 **하나님** 여러분의 하나님께서 예배를 위해 정해 주신 곳에서, 여러분이 이집트를 나오던 시각, 곧 해가 지는 저녁에 유월절 제물을 드리십시오. **하나님** 여러분의 하나님께서 정해 주신 곳에서 그 제물을 삶아 먹고, 새벽에 집으로 돌아가십시오.
[8] 육 일 동안 누룩을 넣지 않은 빵을 먹고, 일곱째 날은 거룩한 날로 구별하여 아무 일도 하지 마십시오.

칠칠절

[9-11] 무르익은 곡식에 낫을 대는 날부터 시작하여, 일곱 주를 세십시오. 여러분의 자원 제물을 가지고 가서 **하나님** 여러분의 하나님께 드리는 칠칠절을 기념하십시오. **하나님** 여러분의 하나님께서 여러분에게 복을 주시는 대로 넉넉하게 드리십시오. 여러분과 여러분의 자녀, 여러분의 남종과 여종, 여러분의 동네에 사는 레위인, 여러분과 함께 사는 외국인과 고아와 과부 할 것 없이 모두 다 **하나님** 여러분의 하나님 앞에서 기뻐하십시오. **하나님** 여러분의 하나님께서 예배받으시려고 따로 구별해 주신 곳에서 기뻐하십시오.
[12] 여러분도 전에는 이집트 땅에서 종이었음을 잊지 마십시오. 이 법도를 부지런히 지키십시오.

초막절

[13-15] 타작마당과 포도주틀에서 수확물을 거두어들일 때, 칠 일 동안 초막절을 지키십시오. 여러분과 여러분의 자녀, 여러분의 남종과 여종, 여러분의 동네에 사는 레위인과 외국인과 고아와 과부 할 것 없이 모두 이 절기를 기뻐하십시오. 칠 일 동안 **하나님**께서 정해 주신 곳에서, **하나님** 여러분의 하나님 앞에 절기를 지키십시오. **하나님** 여러분의 하나님께서 여러분의 수확물과 여러분이 하는 모든 일에 복을 주셨으니, 즐겁게 보내십시오. 마음껏 경축하십시오!

[16-17] 여러분 가운데 모든 남자는 해마다 세 차례, 곧 무교절(유월절)과 칠칠절과 초막절에, **하나님** 여러분의 하나님께서 정해 주신 곳에서 그분 앞에 나아가야 합니다. 빈손으로 **하나님** 앞에 나아가서는 안됩니다. 저마다 **하나님** 여러분의 하나님께서 베풀어 주신 복에 따라, 힘 닿는 만큼 넉넉하게 가져가서 드려야 합니다.

[18-19] **하나님** 여러분의 하나님께서 여러분에게 주시는 모든 성읍에, 지파에 따라 재판관과 관리들을 임명하여 세우십시오. 그들은 백성을 공정하고 정직하게 재판해야 합니다. 법을 왜곡하지 말고, 어느 한쪽을 편들지 마십시오. 뇌물을 받지 마십시오. 뇌물은 슬기로운 사람의 눈을 어둡게 하고, 가장 선한 사람의 의

도마저 훼손합니다.
[20] 옳은 것, 바른 것! 오직 올바른 것만 따르십시오! 그렇게 할 때에만 여러분이 참으로 살고, **하나님** 여러분의 하나님께서 여러분에게 주시는 땅을 차지할 수 있습니다.

❦

[21-22] 여러분이 세울 **하나님** 여러분의 하나님의 제단 옆에 다산의 신 아세라 목상들을 세우지 마십시오. 남근 모양의 기둥들을 세우지 마십시오. 그것들은 **하나님** 여러분의 하나님께서 혐오하시는 것들입니다.

17

[1] 흠이 있거나 결함이 있는 소나 양을 **하나님** 여러분의 하나님께 제물로 드리지 마십시오. 그런 것은 **하나님** 여러분의 하나님께 역겹고 혐오스러운 것입니다.

❦

[2-5] **하나님** 여러분의 하나님께서 여러분에게 주시는 성읍 안에서, **하나님** 보시기에 부정한 짓을 저지르고, 그분의 언약을 저버리고 다른 신들을 숭배하러 가서 해나 달이나 하나님을 대적하는 하늘의 신들에게 절하는 자를 만나거든, 그 증거를 찾아 철저히 조사하십시오. 그것이 사실로 드러나고 그들이 이스라엘 안에서 역겨운 짓을 한 것이 드러나면, 여러분은 그 악한 짓을 저지른 남자나 여자를 여러분의 성문 밖으로 끌고 가 돌로 쳐서 죽여야 합니다. 그가 죽을 때까지 돌로 쳐야 합니다.
[6-7] 하지만 두세 사람의 증언이 있을 때에만 사람을 죽일 수 있습니다. 한 명의 증언만으로 사람을 죽여서는 안됩니다. 증인이 먼저 돌을 던지고, 그 후에 공동체의 나머지 사람들이 따라서 던져야 합니다. 이와 같이 하여 여러분은 여러분의 공동체에서 악을 제거해야 합니다.

[8-9] 여러분이 판결하기 어려운 재판의 문제, 곧 살인이나 법적 소송이나 싸움 등 어려운 사건이 생기거든, 그 사건을 **하나님** 여러분의 하나님께서 정해 주신 예배 처소로 가져가십시오. 그 사건을 당시 직무를 맡은 레위인 제사장들과 재판관에게 가져가서 문의하십시오. 그러면 그들이 여러분에게 판결을 내려 줄 것입니다.
[10-13] 그런 다음 **하나님** 여러분의 하나님께서 정해 주신 곳에서 그들의 판결대로 실행하십시오. 그들이 여러분에게 일러 주는 대로, 꼭 그대로 행하십시오. 그들의 판결을 정확히 따르십시오. 빼거나 더하지 마십시오. **하나님** 여러분의 하나님 앞에서 섬기는 제사장이나 재판관의 판결을 듣지 않고 거역하는 사람은 죽여야 합니다. 그런 자는 뿌리째 뽑아 버리십시오. 이스라엘에서 악을 제거하십

시오. 그러면 모든 사람이 듣고 마음에 깊이 새겨서, 아무도 주제넘게 행동하지 않을 것입니다.

⁂

14-17 **하나님** 여러분의 하나님께서 여러분에게 주시는 땅에 들어가서 그 땅을 차지하고 자리를 잡은 다음에, "주위의 모든 민족처럼 왕을 세워야겠다"는 말이 나오면, 반드시 **하나님** 여러분의 하나님께서 택하시는 사람을 왕으로 세우십시오. 여러분의 동족 가운데서 왕을 고르십시오. 외국인을 왕으로 세우지 말고, 여러분의 동족을 왕으로 세워야 합니다. 그러나 아무리 왕이라고 해도 전쟁 무기를 늘리거나 군마와 전차를 비축하게 해서는 안됩니다. 말을 늘리려고 백성을 이집트로 보내서도 안됩니다. **하나님**께서 여러분에게 "너희가 다시는 그곳으로 돌아가서는 안된다!" 하고 말씀하셨기 때문입니다. 또한 왕이 후궁을 늘리고 여러 아내를 맞이하여, 바르고 고결한 삶에서 벗어나는 일이 없게 하십시오. 또 은과 금을 많이 쌓아 두는 일도 없게 하십시오.

18-20 왕이 해야 할 일은 이러합니다. 왕위에 오른 사람이 맨 먼저 할 일은, 레위인 제사장들의 감독 아래 이 계시의 말씀을 두루마리에 직접 기록하는 것입니다. 왕은 그것을 늘 곁에 두고 날마다 연구하여 **하나님**을 경외하는 것이 무슨 뜻인지 배우고, 이 규례와 법도를 성심껏 따르고 지키면서 살아야 합니다. 그는 자만하거나 교만해서도 안되고, 자기 좋을 대로 하거나 자기 생각을 내세우기 위해 기분에 따라 계명을 고쳐서도 안됩니다. 그와 그의 자손이 이 계명을 읽고 배우면, 이스라엘에서 오랫동안 왕으로 다스리게 될 것입니다.

제사장과 레위인의 몫

18 1-2 레위인 제사장들, 곧 모든 레위 지파는 나머지 이스라엘 지파들과 함께 땅을 유산으로 받지 못합니다. 그들은 **하나님**께 불살라 바친 제물을 유산으로 받아, 그것을 먹고 살 것입니다. 그러나 그들은 자기 동족처럼 땅을 유산으로 받지 못합니다. 그들의 유산은 다름 아닌 **하나님**이기 때문입니다.

3-5 소나 양을 제물로 바치는 백성에게서 제사장이 받을 수 있는 것은 앞다리와 턱과 위입니다. 여러분은 처음 거둔 곡식과 포도주와 기름은 물론이고, 여러분이 처음 깎은 양털도 제사장에게 주어야 합니다. 이는 **하나님** 여러분의 하나님께서 여러분의 모든 지파 가운데서 그들과 그 자손을 택하셔서, 그들이 언제나 **하나님** 여러분의 하나님의 이름으로 그곳에 있으면서 섬기게 하셨기 때문입니다.

6-8 레위인은 자신이 원하는 성읍 어디든지 갈 수 있습니다. 그가 이스라엘의 어느 성읍을 떠나, **하나님**께서 예배받으시려고 정해 주신 곳으로 갈 경우, 그는 **하나님** 앞에서 섬기는 모든 레위인 형제와 함께 그곳에서 **하나님**의 이름으로 섬길 수 있습니다. 그가 자기 조상의 재산을 판 돈을 가지고 있더라도, 그들과 똑같이 먹고 살 몫을 나누어 받아야 합니다.

다른 민족들의 생활방식을 본받지 마십시오

9-12 **하나님** 여러분의 하나님께서 여러분에게 주시는 땅에 들어가거든, 여러분은 그곳에 사는 민족들의 역겨운 생활방식을 본받지 마십시오. 여러분의 아들이나 딸을 불 속에 제물로 바치지 마십시오. 점이나 마술, 운세풀이, 마법, 주문 걸기, 혼백 불러내기나 죽은 자와 소통하는 짓 등을 따라하지 마십시오. **하나님**께서는 이와 같은 짓을 일삼는 자들을 역겨워하십니다. **하나님** 여러분의 하나님께서 저 민족들을 여러분 앞에서 쫓아내려고 하시는 것은, 그런 역겨운 관습 때문입니다.

13-14 **하나님** 여러분의 하나님께 온전히 충성하십시오. 여러분이 저 땅에서 쫓아낼 민족들은 지금도 마술사와 무당들과 놀아나고 있지만, 여러분은 그렇게 해서는 안됩니다. **하나님** 여러분의 하나님께서는 그런 일을 금하십니다.

15-16 **하나님** 여러분의 하나님께서 여러분을 위해 한 예언자를 일으켜 세우실 것입니다. 여러분의 동족 가운데서 나와 같은 예언자를 세우실 것입니다. 여러분은 그의 말을 순종하는 마음으로 들으십시오. 이것은 여러분이 호렙에 모이던 날에 **하나님** 여러분의 하나님께 청한 일입니다. 그때 여러분은 이렇게 말했습니다. "우리는 **하나님** 우리 하나님께서 하시는 말씀을 더 이상 듣지 못하겠습니다. 이렇게 불을 보고 서 있다가는 우리가 죽을 것 같습니다!"

17-19 그러자 **하나님**께서 내게 말씀하셨습니다. "맞다. 그들의 말이 옳다. 내가 그들을 위해 그들의 동족 가운데서 너와 같은 예언자 한 사람을 일으켜 세워, 무슨 말을 해야 하는지 그에게 일러 주겠다. 그러면 그는 내가 그에게 명령하는 모든 것을 그들에게 전해 줄 것이다. 그가 전하는 내 말을 귀 기울여 듣지 않는 자에게는, 내가 직접 책임을 물을 것이다.

20 만일 어떤 예언자가 내 말을 조작하거나, 내가 명령하지도 않은 말을 내 이름으로 말하거나 다른 신들의 이름으로 말하면, 그 예언자는 반드시 죽여야 한다."

21-22 여러분은 마음속으로, "**하나님**께서 하신 말씀인지 아닌지 우리가 어떻게 알겠는가?" 하고 말할지도 모르겠습니다. 알 수 있는 방법이 여기 있습니다. 예언자가 **하나님**의 이름으로 말한 것이 실제로 일어나지 않으면, **하나님**께서 하신 말씀이 아니라 예언자가 자기 마음대로 꾸며 낸 것입니다. 그런 예언자의 말은 신경 쓰지 마십시오.

도피성

19

1-3 **하나님** 여러분의 하나님께서 친히 여러분에게 주시는 땅에서 저 민족들을 내쫓으시고 여러분이 그들의 성읍과 집에 들어가 살게 되면, 여러분은 **하나님** 여러분의 하나님께서 여러분에게 차지하라고 주시는 땅에서, 누구나 쉽게 접근할 수 있는 성읍 셋을 따로 떼어 놓아야 합니다. 여러분은 **하나님** 여러분의 하나님께서 여러분에게 차지하라고 주시는 저 땅을 세 지역으로 나누고 각 성읍에 이르는 길을 닦아서, 실수로 사람을 죽인 사람이 그곳으로 피신할 수 있게 하십시오.

4-7 살인자가 그곳으로 피신하여 보호받을 수 있는 경우는 다음과 같습니다. 그
는 원한을 품은 일 없이 실수로 이웃을 죽인 사람이어야 합니다. 예를 들어, 어
떤 사람이 자기 이웃과 함께 나무를 하러 숲에 가서 도끼를 휘두르다가 그만 도
끼날이 자루에서 빠져 그 이웃이 맞아 죽었다고 합시다. 그 사람은 이 세 성읍
가운데 한 곳으로 피신하여 목숨을 건질 수 있습니다. 그 성읍이 너무 멀리 떨
어져 있으면, 복수심에 불타는 피의 보복자가 그 사람을 뒤쫓아 가서 잡아 죽이
고 말 것입니다. 거리가 먼 탓에, 죽지 않아도 되는 사람이 죽게 됩니다. 사람을
죽인 것이 그의 잘못이 아니고 살인자와 피해자 사이에 원한을 살 만한 일이 없
었는데도, 그런 참극이 빚어지는 것입니다. 그러므로 나는 여러분에게 명령합
니다. 여러분을 위해 성읍 셋을 따로 떼어 두십시오.
8-10 **하나님** 여러분의 하나님께서 여러분의 조상에게 엄숙히 약속하신 대로, 여
러분의 땅을 넓혀 주시고 그 경계를 확장해 주시고 여러분의 조상에게 약속하신
땅 전체를 여러분에게 주시면, 다시 말해 내가 오늘 여러분에게 명령하는 대로,
여러분이 열심히 살고 **하나님** 여러분의 하나님을 사랑하며 그분이 말씀하시는
것을 여러분 평생에 실천하여 그런 일이 일어나면, 여러분은 이 세 성읍에 다른
세 성읍을 추가하여 무고한 피가 여러분의 땅에 떨어지는 일이 없게 하십시오.
하나님 여러분의 하나님께서 여러분에게 유산으로 주시는 땅이니, 여러분은 그
땅을 무고한 피로 더럽혀 피 흘림의 죄를 뒤집어쓰지 않게 해야 합니다.
11-13 그러나 어떤 사람이 이웃을 미워하여 숨어서 기다리다가, 그를 급습하여 쳐
죽이고 이 성읍들 가운데 한 곳으로 달아난 경우에는 이야기가 다릅니다. 그가
살던 성읍의 장로들은 사람을 보내어 그를 붙잡아 돌아오게 해야 합니다. 그런
다음 그를 피의 보복자에게 넘겨주어 죽게 해야 합니다. 그를 불쌍히 여기지 마
십시오. 이스라엘에서 사악한 살인을 말끔히 씻어 버리십시오. 그래야 여러분
이 깨끗한 공기를 마시며 잘 살게 될 것입니다.

14 여러분은 그 땅에 첫 발을 들여놓은 여러분의 조상이, 오래전에 자기 소유지
경계로 세워 놓은 경계표를 옮기지 마십시오.

15 어떤 범죄나 죄도 한 사람의 증언만으로는 유죄 판결을 내릴 수 없습니다. 증
인이 두세 사람은 있어야 그 일을 판결할 수 있습니다.
16-21 악의를 가진 증인이 나타나서 어떤 사람에게 죄가 있다고 말하면, 다툼에
연루된 두 당사자는 **하나님** 앞에, 그 당시 직무를 맡은 제사장과 재판관들 앞에
서야 합니다. 재판관들은 철저하게 심문하여, 그 증인이 거짓 증인이고 자기 동
족 이스라엘 자손에 대해 거짓 증언을 한 것이 드러나면, 그가 상대에게 주려고
했던 것과 똑같은 벌을 그에게 주어야 합니다. 여러분의 공동체에서 더러운 악
을 말끔히 쓸어버리십시오. 그러면 백성이 여러분이 한 일을 듣고 마음에 깊이

새겨, 여러분 가운데서 그와 같은 악을 다시는 행하지 않을 것입니다. 그를 불쌍히 여기지 마십시오. 목숨에는 목숨으로, 눈에는 눈으로, 이에는 이로, 손에는 손으로, 발에는 발로 갚으십시오.

전쟁에 관한 법

20
1-4 여러분이 적과 싸우러 나가서 여러분보다 많은 수의 말과 전차와 군사를 보더라도, 그들을 두려워하여 움츠러들지 마십시오. 이집트에서 여러분을 이끌어 내신 **하나님** 여러분의 하나님께서 여러분과 함께 계십니다. 전투가 시작되려고 하면, 제사장을 앞에 내세워 전군에 말하게 하십시오. 제사장은 이렇게 말하십시오. "이스라엘 여러분, 들으십시오. 잠시 후 여러분은 적과 전투를 벌일 것입니다. 전의가 꺾이지 않게 하십시오. 두려워하지 마십시오. 주저하지 마십시오. 침착하십시오. **하나님** 여러분의 하나님께서 여러분과 함께 계시면서, 여러분과 더불어 적과 싸워 승리하실 것입니다."

5-7 그 다음에는 장교들을 내세워 전군에 말하게 하십시오. "새 집을 짓고서 아직 준공식을 하지 못한 사람이 이 자리에 있습니까? 그런 사람이 있으면 지금 당장 집으로 돌아가십시오. 그가 싸우다 죽어서, 다른 사람이 준공식을 거행하는 일이 없게 하십시오. 포도밭을 일구어 놓고서 아직 포도를 맛보지 못한 사람이 있습니까? 그런 사람이 있으면 지금 당장 집으로 돌아가십시오. 그가 싸우다 죽어서, 다른 사람이 그 포도를 맛보는 일이 없게 하십시오. 약혼하고서 아직 아내를 맞아들이지 못한 사람이 있습니까? 그런 사람이 있으면 지금 당장 집으로 돌아가십시오. 그가 싸우다 죽어서, 다른 사람이 그 여자를 맞아들이는 일이 없게 하십시오."

8 장교들은 또 이렇게 말하십시오. "전의가 꺾여 두려운 사람이 이 자리에 있습니까? 그런 사람이 있으면 지금 당장 집으로 돌아가십시오. 그래야 그의 동료들이 그의 소심하고 겁 많은 모습에 영향을 받지 않을 것입니다."

9 장교들은 전군에 할 말을 마쳤으면 지휘관들을 임명하여 부대별로 소집하게 하십시오.

10-15 여러분이 어떤 성읍에 다가가 공격하고자 할 때에는, 먼저 "평화를 원합니까?" 하고 큰소리로 말하십시오. 그들이 "평화를 원합니다!" 하고 여러분에게 성읍을 개방하면, 그곳 사람들을 강제노역자로 삼아 여러분을 위해 일하게 하십시오. 그러나 그들이 평화 제안을 받아들이지 않고 전쟁을 고집하면, 곧바로 공격하십시오. **하나님** 여러분의 하나님께서 그들을 여러분의 손에 넘겨주실 것이니, 거기 있는 모든 남자를 칼로 쳐죽이십시오. 그러나 여자와 아이와 가축은 죽이지 마십시오. 성읍 안에 있는 모든 것은 전리품으로 취하여, 여러분이 먹고 사용해도 됩니다. 그것은 **하나님** 여러분의 하나님께서 여러분에게 주시는 것입니다. 여러분에게서 멀리 떨어져 있는 성읍들, 곧 여러분 주변의 민족들에게 속하지 않은 성읍들은 이런 식으로 처리하십시오.

16-18 그러나 **하나님** 여러분의 하나님께서 여러분에게 유산으로 주시는 민족들의
성읍은 경우가 다릅니다. 그들은 한 사람도 살려 두지 마십시오. 그들을 거룩한
진멸의 제물로 삼으십시오. **하나님** 여러분의 하나님께서 명령하신 대로, 헷 사
람, 아모리 사람, 가나안 사람, 브리스 사람, 히위 사람, 여부스 사람을 진멸하
십시오. 그렇게 해야 그들이 자기 신들과 어울리며 행하던 역겨운 짓을 여러분
에게 가르쳐서, 여러분이 **하나님** 여러분의 하나님께 죄를 짓게 되는 일이 없을
것입니다.
19-20 여러분이 어떤 성읍을 공격하러 올라가 오랫동안 포위하고 있을 때, 도끼를
휘둘러 나무를 쓰러뜨리는 일이 없게 하십시오. 그 나무들은 여러분이 장차 먹
을 양식이니 베지 마십시오. 그 나무들이 군사들처럼 무기를 들고 여러분과 맞
서 싸우러 올 리는 없지 않습니까? 그러나 열매를 맺지 않는 나무는 예외입니
다. 그런 나무는 베어서, 여러분에게 저항하는 성읍을 함락하기까지, 그 성읍을
포위하고 공격하는 데 필요한 병기 재료로 사용하십시오.

21

1-8 **하나님** 여러분의 하나님께서 여러분에게 주신 땅에서 들에 방치
된 주검이 발견되었는데, 누가 그를 죽였는지 아무도 알지 못할 경
우, 여러분의 지도자와 재판관들이 나가서 그 주검이 있는 곳에서부터 인근 성
읍들에 이르는 거리를 재어야 합니다. 그 주검에서 가장 가까운 성읍의 지도자
와 재판관들은 아직 부린 적도 없고 멍에를 메운 적도 없는 암송아지 한 마리를
끌고 오십시오. 지도자들은 물이 흐르는 골짜기, 땅을 갈아엎거나 씨를 뿌린 적
이 없는 골짜기로 암송아지를 끌고 가서 그 목을 꺾으십시오. 그런 다음 레위인
제사장들이 나서십시오. 그들은 **하나님**께서 택하셔서 이런 일과 관련해 그분을
섬기고, 법적 소송과 폭력 범죄를 수습하며, **하나님**의 이름으로 축복을 선언하
는 일을 맡은 사람들입니다. 마지막으로, 그 주검에서 가장 가까운 성읍의 지도
자들 모두가 물가에서 목이 꺾인 암송아지 위에서 손을 씻고 이렇게 말하십시
오. "우리는 이 사람을 죽이지 않았고, 누가 이 사람을 죽였는지도 모릅니다. **하
나님**, 주께서 속량하신 주의 백성 이스라엘을 정결하게 해주십시오. 주의 백성
이스라엘을 이 살인죄에서 깨끗하게 해주십시오."
8-9 그러면 이스라엘은 그 살인에 대한 책임을 벗게 될 것입니다. 이 절차를 따
름으로써 여러분은 그 살인에 관여했다는 의혹에서 벗어날 것입니다. 여러분이
하나님 보시기에 옳은 일을 했기 때문입니다.

10-14 여러분이 적과 싸우러 나갈 때에 **하나님** 여러분의 하나님께서 여러분에게
승리를 안겨 주셔서 포로를 사로잡았는데, 여러분이 그 포로들 가운데 아름다
운 여자를 보고 마음이 끌려 그 여자와 결혼하고 싶을 경우, 여러분은 이렇게
하십시오. 그 여자를 집으로 데려가, 머리를 손질하고 손톱을 깎고 포로로 잡혔

을 때 입고 있던 옷을 벗어 버리게 하십시오. 그 여자는 한 달 동안 여러분의 집에 머물면서 자기 부모를 생각하며 애도해야 합니다. 그런 다음에야 여러분은 그 여자와 잠자리를 같이하여 부부가 될 수 있습니다. 그 여자가 여러분의 마음에 들지 않으면, 그녀를 놓아주어 원하는 곳 어디서든 살게 해야 합니다. 그 여자를 팔거나 종으로 부려서는 안됩니다. 여러분이 그 여자를 욕되게 했기 때문입니다.

15-17 어떤 남자에게 두 아내가 있는데, 한 아내는 사랑을 받고 다른 아내는 미움을 받다가 둘 다 그 남자의 아들을 낳았습니다. 이때 미움받는 아내의 아들이 맏아들인 경우, 그 남자는 자기 아들들에게 유산을 나누어 줄 때, 진짜 맏아들인 미움받는 아내의 아들을 제쳐 두고 사랑받는 아내의 아들을 맏아들로 대해서는 안됩니다. 그는 미움받는 아내의 아들, 곧 진짜 맏아들의 상속권을 인정하여 자기 유산에서 두 배의 몫을 그에게 주어야 합니다. 그 아들이 생식능력의 첫 번째 증거이므로, 맏아들의 권리는 그에게 있습니다.

18-20 어떤 사람에게 부모의 말을 전혀 듣지 않고 반항하는 고집 센 아들이 있어, 부모가 아무리 타일러도 말을 듣지 않을 경우, 부모는 그를 강제로라도 성문에 있는 지도자들 앞으로 끌고 가서, "우리 아들 녀석은 고집 센 반항아입니다. 우리가 하는 말을 한 마디도 들으려 하지 않습니다. 게다가 먹보이고 술꾼입니다" 하고 말하십시오.
21 그러면 성읍의 모든 사람이 그에게 돌을 던져 죽여야 합니다. 여러분은 여러분 가운데서 더러운 악을 말끔히 제거해야 합니다. 온 이스라엘이 그 일어난 일을 듣고 두려워할 것입니다.

22-23 어떤 사람이 죽을죄를 지어서 사형 선고를 받고 처형되어 나무에 매달린 경우, 그의 주검을 밤새도록 나무에 매달아 두지 마십시오. 그날로 무덤에 안장하여, 여러분의 **하나님**께서 주신 땅을 더럽히는 일이 없게 하십시오. 사형당해 나무에 매달린 사람은 하나님을 욕되게 하기 때문입니다.

22

1-3 동족의 소나 양이 줄이 풀려 돌아다니는 것을 보거든, 못 본 척 고개를 돌리지 마십시오. 그 짐승을 본래 있던 자리로 즉시 돌려보내십시오. 여러분의 동족 이스라엘 사람이 가까이에 없거나 여러분이 그 짐승의 주인을 알지 못하겠거든, 그 짐승을 집으로 끌고 가서 잘 보살피십시오. 그러다가 여러분의 동족이 그 짐승에 대해 물어 오면, 그때 그에게 돌려주십시오. 여

러분의 동족 이스라엘 사람이 나귀든 옷가지든 그 무엇을 잃어버리든지, 그렇게 하십시오. 못 본 척 고개를 돌리지 마십시오.

4 동족의 나귀나 소가 상처를 입어 길가에 쓰러져 있는 것을 보거든, 못 본 척 고개를 돌리지 마십시오. 여러분의 동족을 거들어 그 짐승을 일으켜 주십시오.

5 여자가 남자 옷을 입어서는 안되고, 남자가 여자 옷을 입어서도 안됩니다. 이런 것은 **하나님** 여러분의 하나님께 역겨운 짓입니다.

6-7 여러분이 길을 가다가 나무나 땅에서 새의 둥지를 발견했는데, 어미새가 새끼나 알을 품고 있는 경우, 새끼를 품고 있는 어미새는 잡지 마십시오. 새끼는 잡아도 되지만 어미새는 날려 보내십시오. 그래야 여러분이 오래도록 잘 살게 될 것입니다.

8 새로 집을 짓거든, 지붕 둘레에 난간을 설치하여 안전하게 하십시오. 그래야 누군가 떨어져 죽는 일이 없고, 여러분의 집이 사망 사고를 책임지는 일도 없을 것입니다.

9 여러분의 포도밭에 두 종자의 씨를 섞어서 뿌리지 마십시오. 그럴 경우, 여러분이 뿌린 곡식과 포도밭의 수확물 전체를 잃게 될 것입니다.

10 소와 나귀를 한 멍에에 메워 밭을 갈지 마십시오.

11 양털과 모시실을 섞어 짠 옷을 입지 마십시오.

12 몸에 걸치는 겉옷의 네 귀퉁이에 술을 만들어 다십시오.

13-19 어떤 남자가 여자와 결혼하여 잠자리를 같이하고 나서, 갑자기 그 여자를 난잡한 여자라 욕하면서 "내가 이 여자와 결혼하여 잠자리를 같이하고 보니 처녀가 아니었다" 하고 누명을 씌울 경우, 그 여자의 부모는 그 여자가 처녀였다는 증거물을 가지고 그 여자와 함께 성문에 있는 지도자들에게 가야 합니다. 그런 다음, 그 여자의 아버지는 지도자들에게 이렇게 말해야 합니다. "내가 내 딸을 이 남자에게 아내로 주었는데, 그가 갑자기 내 딸을 욕하며 내쳤습니다. 그리고 이제는 내 딸이 처녀가 아니었다고 비방하고 있습니다. 하지만 이것을 보십시오. 내 딸이 처녀였다는 증거가 여기 있습니다." 그러고는 지도자들 앞에 그 여자의 피 묻은 결혼 예복을 펴 놓아, 확인할 수 있게 해야 합니다. 그러면 성읍의 지도자들은 그 남편을 붙잡아 매질하고 그에게 은화 백 개를 벌금으로 부과하여, 그것을 받아 그 여자의 아버지에게 주어야 합니다. 그 남자가 이스라엘의 처녀에게 누명을 씌웠기 때문입니다. 그는 그 여자를 아내로 데리고 있어

야 하며, 결코 이혼해서는 안됩니다.
20-21 그러나 그의 주장이 사실로 드러나고 그 여자가 처녀였다는 증거가 없으면, 성읍의 남자들이 그 여자를 그 아버지의 집 문 앞으로 끌어내어 돌로 쳐서 죽여야 합니다. 그 여자가 이스라엘 가운데서 수치스러운 일을 하여, 자기 부모의 집에 있을 때에 창녀처럼 살았기 때문입니다. 이렇게 여러분은, 여러분 가운데서 악을 제거해 버리십시오.
22 어떤 남자가 다른 남자의 아내와 잠자리를 같이하다가 발각된 경우, 둘 다 죽여야 합니다. 이스라엘 가운데서 그런 악을 제거해 버리십시오.
23-24 어떤 남자가 이미 한 남자와 약혼한 처녀를 성읍 안에서 만나 잠자리를 같이한 경우, 그 두 사람을 성문으로 끌고 가 돌로 쳐서 죽여야 합니다. 그 여자는 성읍 안에 있으면서도 도와 달라고 소리치지 않았기 때문이고, 그 남자는 자기 이웃의 약혼녀를 범했기 때문입니다. 이렇게 여러분은, 여러분 가운데서 악을 제거해 버리십시오.
25-27 그러나 그 남자가 약혼한 여자를 들에서 보고 덮쳐 범했으면, 여자를 범한 남자만 죽여야 합니다. 여자는 잘못한 게 없으니, 그 여자에게는 어떠한 벌도 주지 마십시오. 이는 어떤 사람이 들에서 자기 이웃을 만나 살해한 것과 같은 경우입니다. 약혼한 그 여자가 도와 달라고 고함을 질렀어도, 그 소리를 듣고 구해 줄 사람이 주위에 없었기 때문입니다.

28-29 어떤 남자가 약혼한 적이 없는 처녀를 만나 그녀를 덮쳐 범하다가 두 사람이 발견되었으면, 여자를 범한 남자는 그 여자의 아버지에게 은화 오십 개를 주어야 합니다. 그는 그 여자를 욕보였으므로 그 여자와 결혼해야 하며, 결코 이혼해서는 안됩니다.

30 아무도 자기 아버지의 전처와 결혼해서는 안됩니다. 그런 짓은 자기 아버지의 권리를 범하는 것입니다.

23

1 거세된 남자는 하나님의 회중에 들 수 없습니다.
2 사생아는 하나님의 회중에 들 수 없고, 그의 자손도 십 대에 이르기까지 회중에 들 수 없습니다.
3-6 암몬 사람이나 모압 사람은 하나님의 회중에 들 수 없고, 그들의 자손도 십 대에 이르기까지 회중에 들 수 없습니다. 여러분이 이집트에서 나올 때에 그들은 여러분을 환대하지 않았고, 게다가 여러분을 저주하려고 브올의 아들 발람을 고용하여 메소포타미아의 브돌에서 그를 데려왔기 때문입니다. 하나님 여러분의 하나님께서는 발람의 말을 듣지 않으시고, 오히려 저주를 복으로 바꾸어 주셨습니다. 하나님 여러분의 하나님께서 여러분을 얼마나 사랑하시는지요! 그러니 절대로 그들과 어울리려고 하거나, 그들을 위해 어떠한 일을 하려고 하지

마십시오.
7 에돔 사람을 경멸하지 마십시오. 그들은 여러분의 친족입니다.
이집트 사람을 경멸하지 마십시오. 여러분은 그들의 땅에서 외국인 이었습니다.
8 에돔 사람과 이집트 사람에게서 삼 대 자손으로 태어난 사람은 **하나님**의 회중
에 들 수 있습니다.

9-11 여러분이 적과 싸우러 나가 진을 치고 있을 때, 부정한 일을 하지 않도록 스스로 조심하십시오. 여러분 가운데 한 사람이 밤에 정액을 흘려 부정하게 되었으면, 그는 진 밖으로 나가서 저녁때까지 그곳에 머물러야 합니다. 그는 오후 늦게야 몸을 씻고 해가 질 무렵에 진으로 돌아올 수 있습니다.
12-14 용변을 볼 수 있게 진 밖에 변소를 마련하십시오. 그곳에 갈 때는 무기 외에 막대기를 가지고 가서, 용변을 본 뒤에 막대기로 땅을 파고 배설물을 덮으십시오. **하나님** 여러분의 하나님께서 여러분을 구원하시고, 적들과의 싸움에서 여러분에게 승리를 안겨 주시려고 여러분의 진을 두루 거니시기 때문입니다. 그러니 여러분은 진을 거룩한 상태로 유지하십시오. **하나님**의 눈에 거슬리는 상스러운 것이나 역겨운 것을 용납하지 마십시오.

15-16 도망쳐 나온 종을 그 주인에게 돌려보내지 마십시오. 그가 피신하려고 여러분에게 왔기 때문입니다. 그가 여러분의 성읍 안에서 원하는 곳에 자리를 잡고 살게 해주십시오. 그를 부려 먹지 마십시오.

17-18 이스라엘의 딸은 신전의 창녀가 되어서는 안됩니다. 이스라엘의 아들도 신전의 남창이 되어서는 안됩니다. 신전의 창녀가 매춘으로 번 돈이나 신전의 남창이 번 소득은 서원을 갚는 돈으로 **하나님**의 집에 가져오지 마십시오. 이 두 가지는 모두 **하나님** 여러분의 하나님께서 역겨워하시는 것입니다.

19-20 여러분의 친족에게 꾸어 준 것이 있거든 이자를 받지 마십시오. 돈이든 양식이든 옷이든, 이자를 받을 수 있는 그 어떤 것에도 이자를 받지 마십시오. 외국인에게는 이자를 받아도 되지만, 여러분의 형제에게는 이자를 받아서는 안됩니다. 그래야 **하나님** 여러분의 하나님께서 여러분이 하는 모든 일과, 여러분이 들어가 차지할 땅에 복을 주실 것입니다.
21-23 **하나님** 여러분의 하나님께 서원한 것은 미루지 말고 지키십시오. **하나님** 여러분의 하나님께서는 여러분이 서원한 것을 지키기를 기대하십니다. 여러분이 서원을 지키지 않았으면, 여러분에게 죄가 됩니다. 하지만 애초에 서원하지 않았으면, 죄가 될 일도 없습니다. 여러분이 무엇을 하겠다고 말했으면, 그대로 행하십시오. 여러분이 자원해서 **하나님** 여러분의 하나님께 서원한 것은 반드시

지키십시오. 약속했으면, 그 약속을 지켜야 합니다.

24-25 이웃의 포도밭에 들어가서 포도를 원하는 만큼 배불리 먹는 것은 괜찮지만, 양동이나 가방에 조금이라도 담아서는 안됩니다. 이웃의 무르익은 곡식밭을 지나갈 때에 곡식 이삭을 따는 것은 괜찮지만, 낫을 대서는 안됩니다.

24

1-4 어떤 남자가 한 여자와 결혼했는데, 그 여자에게 부정한 것이 있음을 알게 되어 그 여자에게서 마음이 떠난 경우, 그는 이혼 증서를 써서 그 여자의 손에 쥐어 주고 그녀를 내보낼 수 있습니다. 그 여자가 그의 집을 떠나 다른 남자의 아내가 되었는데, 두 번째 남편도 그 여자를 싫어하여 이혼 증서를 써서 그 여자의 손에 쥐어 주고 내보냈거나 그 두 번째 남편이 죽은 경우, 그 여자를 내보낸 첫 번째 남편은 그 여자를 다시 아내로 맞아들여서는 안됩니다. 그 여자가 이미 자신을 더럽혔으므로, 첫 번째 남편과 다시 결혼하는 것은 **하나님** 앞에 역겨운 일이며, **하나님** 여러분의 하나님께서 여러분에게 유산으로 주시는 땅을 죄로 더럽히는 일입니다.
5 어떤 남자가 아내를 맞아들였으면, 그를 군대에 보내서도 안되고 어떤 의무를 그에게 지워서도 안됩니다. 그는 한 해 동안 집에 있으면서 자기 아내를 행복하게 해주어야 합니다.

6 맷돌 전체나 그 위짝을 담보물로 잡지 마십시오. 그것은 누군가의 생명을 빼앗는 짓입니다.

7 어떤 사람이 자기 동족 가운데 한 사람, 곧 이스라엘 백성 가운데 한 사람을 유괴하여 종으로 삼거나 팔아넘기다가 잡혔을 경우, 그를 반드시 죽여야 합니다. 여러분 가운데서 그런 악을 제거해 버리십시오.

8-9 경고합니다! 악성 피부병이 발생한 경우, 레위인 제사장들이 적어 주는 규례를 정확히 따르십시오. 내가 그들에게 명령한 규례를 철저히 지키십시오. 여러분이 이집트에서 나오는 길에 **하나님** 여러분의 하나님께서 미리암에게 하신 일을 잊지 마십시오.

10-13 이웃에게 무엇을 꾸어 줄 경우, 담보물을 잡으려고 그의 집에 들어가지 마십시오. 여러분은 밖에서 기다리고, 여러분에게 담보를 제공하는 사람이 담보물을 가지고 밖으로 나오게 하십시오. 그가 가난한 사람이면, 그의 겉옷을 덮고 자지 마십시오. 해가 질 무렵에는 그것을 돌려주어, 그가 자기 겉옷을 덮고 자면서 여러분을 축복할 수 있게 하십시오. 그렇게 하는 것이 **하나님** 여러분의 하나님께서 보시기에 의로운 행위입니다.

14-15 가난하고 궁핍한 노동자를 착취하지 마십시오. 그가 여러분의 땅, 여러분의 성읍에 사는 사람이면, 동족이든 아니든 그를 착취해서는 안됩니다. 하루 일을 마칠 때면 반드시 그에게 품삯을 주십시오. 그는 하루 벌어 하루 먹고 사는 처지여서, 당장 그 품삯을 받지 못하면 살 수 없기 때문입니다. 여러분이 품삯 지급을 미루면 그가 **하나님**께 이의를 제기할 것이고, 그러면 그것이 여러분의 죄로 남을 것입니다.

16 부모가 자식을 대신하여 사형을 당해서는 안되고, 자식이 부모를 대신하여 사형을 당해서도 안됩니다. 누구나 자기 죄로만 사형을 당해야 합니다.

17-18 외국인과 고아가 정당한 권리를 누릴 수 있게 하십시오. 과부의 겉옷을 담보물로 잡지 마십시오. 여러분도 전에는 이집트 땅에서 종이었으며, **하나님** 여러분의 하나님께서 여러분을 그곳에서 이끌어 내셨음을 절대로 잊지 마십시오. 여러분에게 명령합니다. 내가 여러분에게 일러 주는 대로 행하십시오.

19-22 여러분이 곡식을 수확하다가 곡식 한 단을 잊어버리고 왔을 경우, 그것을 가지러 되돌아가지 마십시오. 외국인과 고아와 과부를 위해 그것을 남겨 두십시오. 그러면 **하나님** 여러분의 하나님께서 여러분이 하는 모든 일에 복을 주실 것입니다. 여러분이 올리브나무를 흔들어 그 열매를 떨어낼 때, 이미 떨어낸 나무로 다시 가서 남은 열매를 모조리 떨어내는 일이 없게 하십시오. 그 남은 것은 외국인과 고아와 과부의 것입니다. 여러분이 여러분의 포도밭에서 포도송이를 딸 때, 가지에 마지막 남은 포도송이까지 따지 마십시오. 외국인과 고아와 과부를 위해 몇 송이라도 남겨 두십시오. 여러분이 전에 이집트 땅에서 종이었던 것을 절대로 잊지 마십시오. 여러분에게 명령합니다. 내가 여러분에게 일러 주는 대로 행하십시오.

25

1-3 사람들 사이에 법적 소송이 일어날 경우, 그들을 법정으로 보내십시오. 재판관은 그들 사이를 재판하여, 한쪽에는 무죄를 선고하고 다른 한쪽에는 유죄를 선고하십시오. 유죄를 선고받은 사람이 벌을 받아야 하면, 재판관은 그를 자기 앞에 엎드리게 하고, 그의 죄에 해당하는 만큼 매를 맞게 해야 합니다. 그러나 마흔 대 이상 맞게 하지는 마십시오. 그렇게 하는 것은 그를 인간 이하의 존재로 대하는 것입니다.

4 타작 일을 하는 소의 입에 망을 씌우지 마십시오.

5-6 형제들이 함께 살다가 그 가운데 한 사람이 아들 없이 죽은 경우, 그 죽은 사람의 아내는 다른 집안 남자와 결혼해서는 안됩니다. 남편의 형제가 그 여자와 결혼하여 자신의 의무를 다해야 합니다. 그 여자가 낳은 첫아들은 죽은 남편의

이름으로 지어, 그 이름이 이스라엘에서 없어지지 않게 해야 합니다.

7-10 그러나 그 형제가 자기 형제의 아내와 결혼하기를 원하지 않으면, 그 여자는 성문에 있는 지도자들에게 가서 이렇게 말해야 합니다. "내 남편의 형제가 자기 형제의 이름을 이스라엘 가운데서 이어 주려고 하지 않습니다. 그의 의무를 나에게 이행할 마음이 없는 것 같습니다." 그러면 지도자들은 남편의 형제를 불러 꾸짖어야 합니다. 그래도 그가 듣지 않고 "나는 저 여인을 원하지 않습니다" 하고 말하면, 그 형제의 아내는 그의 발에서 신발을 벗긴 다음, 그의 얼굴에 침을 뱉고 이렇게 말해야 합니다. "자기 형제의 집안을 일으켜 세우려고 하지 않는 자에게는 이런 일이 일어난다. 이스라엘에서 그의 이름은 '신발 없는 자의 집안'이 될 것이다!"

11-12 두 남자가 싸울 때에 한쪽 남자의 아내가 남편을 구하려다 그만 남편을 때리는 사람의 성기를 움켜잡은 경우, 여러분은 그 여인의 손을 잘라 버려야 합니다. 그녀를 조금도 불쌍히 여기지 마십시오.

13-16 두 개의 추, 곧 무거운 추와 가벼운 추를 함께 가지고 다니지 마십시오. 또한 큰 되와 작은 되를 함께 두지 마십시오. 추는 정확하고 바른 것으로 하나만 사용하고, 되도 정확하고 바른 것으로 하나만 사용하십시오. 그러면 **하나님** 여러분의 하나님께서 여러분에게 주시는 땅에서 여러분이 오래도록 살 것입니다. **하나님** 여러분의 하나님께서는 추와 되를 가지고 눈속임하는 것을 몹시 싫어하십니다. 거래에서 이루어지는 모든 불법 행위를 역겨워하십니다!

17-19 여러분이 이집트에서 나온 뒤에 아말렉이 여러분의 여정에서 어떻게 했는지 잊지 마십시오. 그들은 여러분이 지쳐서 한 발짝도 더 내딛지 못할 때에 여러분 뒤에 처진 사람들을 무자비하게 베어 죽이고, **하나님**마저 무시했습니다. **하나님** 여러분의 하나님께서 여러분에게 차지하라고 유산으로 주시는 땅에서 친히 여러분 주위의 모든 적을 물리치고 여러분에게 안식을 주실 때, 여러분은 이 땅에서 아말렉이라는 이름을 지워 버려야 합니다. 이것을 잊지 마십시오!

첫 열매, 십일조

26

1-5 여러분이 **하나님** 여러분의 하나님께서 여러분에게 유산으로 주시는 땅에 들어가 그곳을 차지하고 자리를 잡게 되면, **하나님** 여러분의 하나님께서 여러분에게 주신 땅에서 거둔 모든 첫 열매 가운데 얼마를 가져다가 바구니에 담아, **하나님** 여러분의 하나님께서 예배받으시려고 따로 정해 주신 곳으로 가야 합니다. 그때에 그곳에 있는 제사장에게 가서, "**하나님**께서 우리에게 주시겠다고 우리 조상에게 약속하신 땅에 내가 들어온 것을, 오늘 **하나님** 당신의 하나님께 아뢥니다" 하고 말하십시오. 제사장이 여러분에게서 바구니를 받아 **하나님**의 제단 위에 놓으면, 여러분은 **하나님** 여러분의 하나님 앞

에서 이렇게 아뢰십시오.

5-10 내 조상은 방랑하는 아람 사람으로,
이집트로 내려가 거기서 나그네로 살았습니다.
처음에는 그와 몇 안되는 형제들이 전부였지만
이내 그들은 크고 강하고, 수가 많은 민족이 되었습니다.
그러자 이집트 사람들이 우리를 학대하고 때리며
무자비하고 잔혹하게 종살이를 시켰습니다.
우리가 **하나님** 우리 조상의 하나님께 울부짖자,
그분께서 우리의 소리를 들으시고
우리의 궁핍과 곤경과 비참한 처지를 보셨습니다.
하나님께서는 강한 손과 펴신 팔,
큰 위엄과 표적과 이적으로
우리를 이집트에서 이끌어 내셨습니다.
우리를 이곳으로 데리고 오셔서,
우리에게 젖과 꿀이 흐르는 이 땅을 주셨습니다.
그래서 내가 이 자리에 서게 된 것입니다. 오 **하나님**,
하나님께서 내게 주신 이 땅에서 재배한 첫 열매를 가져왔습니다.

10-11 그런 다음 가져온 것을 **하나님** 여러분의 하나님 앞에 놓고, **하나님** 여러분의 하나님 앞에 엎드리십시오. 그리고 기뻐하십시오! **하나님** 여러분의 하나님께서 여러분과 여러분의 집안에 베푸신 온갖 좋은 것으로 경축하십시오. 여러분과 레위인과 여러분과 함께 사는 외국인이 한데 어우러져 잔치를 벌이십시오.

⁂

12-14 삼 년마다 십일조를 바치는 해가 되면, 여러분이 거둔 곡식에서 십분의 일을 떼어 레위인과 외국인과 고아와 과부에게 주어, 그들이 여러분의 성읍에서 배불리 먹게 하십시오. 그런 다음, **하나님** 여러분의 하나님 앞에서 이렇게 아뢰십시오.

나는 거룩한 몫을 가져다가
레위인과 외국인과 고아와 과부에게 주었습니다.
나는 주께서 명령하신 대로 행했습니다.
주신 명령을 회피하지 않았고
하나도 잊지 않았습니다.
애도할 때에 그 거룩한 몫을 먹지 않았고
부정한 상태일 때에는 그것을 떼어 놓지 않았으며
장례식에 쓰지도 않았습니다.

나는 **하나님**의 말씀을 순종하는 마음으로 듣고
주께서 내게 명령하신 대로 살았습니다.

15 하늘에 있는 주의 거룩한 집에서 굽어 살펴 주십시오!
주의 백성 이스라엘에게 복을 내려 주시고
주께서 우리 조상에게 약속하신 대로, 우리에게 주신 땅,
젖과 꿀이 흐르는 이 땅에도 복을 내려 주십시오.

16-17 바로 오늘 **하나님** 여러분의 하나님께서 이 규례와 법도를 지키라고, 온 마
음을 다해 그것을 지켜 행하라고 여러분에게 명령하십니다. 여러분은 오늘 **하
나님**께서 여러분의 하나님이심을 선언했고, 그분께서 여러분에게 지시하시는
대로 살겠다고 새롭게 맹세했습니다. 그러니 그분께서 규례와 법도와 계명으로
여러분에게 일러 주시는 것을 지켜 행하고, 그분의 말씀을 순종하는 마음으로
들으십시오.
18-19 **하나님**께서는 친히 약속하신 대로, 오늘 여러분을 그분의 소중한 보배로 받
아들이시고, 그분의 계명을 지키는 백성, 손수 만드신 다른 모든 민족들 위에
높이 세워진 백성, 칭찬을 받으며 명성과 영예를 얻는 백성이 되게 하시겠다고
거듭 단언하셨습니다. 그분께서 약속하신 대로, 여러분은 **하나님** 여러분의 하
나님께 거룩한 백성입니다.

돌에 새겨 기록한 말씀

27

1-3 모세가 이스라엘의 지도자들과 백성에게 명령했다. 여러분은 내
가 오늘 여러분에게 명령하는 모든 계명을 지키십시오. 요단 강을
건너, **하나님** 여러분의 하나님께서 여러분에게 주시는 땅에 들어가는 날, 여러
분은 큰 돌들을 세우고 거기에 회반죽을 입히십시오. 강을 건너자마자, 이 모든
계시의 말씀을 그 돌들 위에 기록하십시오. 그러면 여러분은 **하나님** 여러분의
하나님께서 여러분에게 주시는 땅, **하나님** 여러분의 조상의 하나님께서 여러분
에게 약속하신 젖과 꿀이 흐르는 땅에 들어가게 될 것입니다.
4-7 요단 강을 건너가거든, 이 돌들을 에발 산에 세우고 거기에 회반죽을 입히십
시오. 그곳 산 위에 **하나님** 여러분의 하나님을 위해 돌로 제단을 쌓으십시오.
그 돌들에 쇠 연장을 대지 마십시오. 다듬지 않은 돌로 **하나님** 여러분의 하나님
을 위해 제단을 쌓고, 그 위에 **하나님** 여러분의 하나님께 번제를 드리십시오.
화목 제물을 드리고 거기서 먹으면서, **하나님** 여러분의 하나님 앞에서 기뻐하
십시오.
8 여러분은 이 모든 계시의 말씀을, 그 돌들 위에 분명하게 기록하고 새기십시오.

에발 산에서 선포한 저주

9-10 모세와 레위인 제사장들이 온 이스라엘에게 선포했다. 조용히 하십시오. 이
스라엘 여러분, 잘 들으십시오. 바로 오늘 여러분은 **하나님** 여러분의 하나님의
백성이 되었습니다. **하나님** 여러분의 하나님께서 하시는 말씀을 잘 들으십시
오. 내가 오늘 여러분에게 명령하는 그분의 계명과 법도를 지키십시오.
11-13 그날 모세가 명령했다. 여러분이 요단 강을 건넌 뒤에, 백성을 축복하기 위
해 그리심 산에 서야 할 지파는 시므온 지파, 레위 지파, 유다 지파, 잇사갈 지파,
요셉 지파, 베냐민 지파입니다. 그리고 저주하기 위해 에발 산에 서야 할 지파는
르우벤 지파, 갓 지파, 아셀 지파, 스불론 지파, 단 지파, 납달리 지파입니다.
14-26 레위인들은 대변인 역을 맡아 큰소리로 이스라엘에게 이렇게 선포하십시오.

"**하나님**께서 역겨워하시는 신상을 새기거나 부어 만드는 자, 장인이 만든 신상을 은밀한 곳에 세워 두는 자는 **하나님**의 저주를 받습니다" 하면
온 백성이 "예, 물론입니다" 하고 응답하십시오.
"부모 얼굴에 먹칠하는 자는 **하나님**의 저주를 받습니다" 하면
온 백성이 "예, 물론입니다" 하고 응답하십시오.
"이웃의 경계표를 옮기는 자는 **하나님**의 저주를 받습니다" 하면
온 백성이 "예, 물론입니다" 하고 응답하십시오.
"눈먼 사람을 잘못된 길로 인도하는 자는 **하나님**의 저주를 받습니다" 하면
온 백성이 "예, 물론입니다" 하고 응답하십시오.
"외국인과 고아와 과부의 정당한 권리를 침해하는 자는 **하나님**의 저주를 받습니다" 하면
온 백성이 "예, 물론입니다" 하고 응답하십시오.
"아버지의 아내와 동침하여 아버지의 여자를 욕보이는 자는 **하나님**의 저주를 받습니다" 하면
온 백성이 "예, 물론입니다" 하고 응답하십시오.
"짐승과 교접하는 자는 **하나님**의 저주를 받습니다" 하면
온 백성이 "예, 물론입니다" 하고 응답하십시오.
"아버지의 딸이든 어머니의 딸이든 자기 누이와 동침하는 자는 **하나님**의 저주를 받습니다" 하면
온 백성이 "예, 물론입니다" 하고 응답하십시오.
"장모와 동침하는 자는 **하나님**의 저주를 받습니다" 하면
온 백성이 "예, 물론입니다" 하고 응답하십시오.
"이웃을 몰래 죽이는 자는 **하나님**의 저주를 받습니다" 하면
온 백성이 "예, 물론입니다" 하고 응답하십시오.
"뇌물을 받고 무고한 사람을 죽이는 자는 **하나님**의 저주를 받습니다" 하면
온 백성이 "예, 물론입니다" 하고 응답하십시오.
"이 계시의 말씀을 행하지 않는 자는 **하나님**의 저주를 받습니다" 하면

온 백성이 "예, 물론입니다" 하고 응답하십시오.

순종하여 받을 복

28

1-6 여러분이 **하나님** 여러분의 하나님의 말씀을 잘 듣고, 내가 오늘 여러분에게 명령하는 그분의 모든 계명을 마음을 다해 지키면, **하나님** 여러분의 하나님께서 여러분을 세상 모든 민족 위에 높이 두실 것입니다. 여러분이 **하나님** 여러분의 하나님의 말씀에 응답했으므로, 이 모든 복이 여러분에게 내려서, 여러분 너머로 퍼져 나갈 것입니다.

하나님의 복이 도시에 내릴 것입니다.
하나님의 복이 시골에 내릴 것입니다.
하나님의 복이 여러분의 자녀에게
여러분의 땅에서 나는 곡식에
여러분이 기르는 가축의 새끼에게
여러분이 기르는 소의 새끼에게
여러분이 기르는 양의 새끼에게 내릴 것입니다.
하나님의 복이 여러분의 바구니와 빵 반죽 그릇에도 내릴 것입니다.
여러분이 들어와도 **하나님**의 복이 내리고
여러분이 나가도 **하나님**의 복이 내릴 것입니다.

7 여러분의 적들이 여러분을 공격해도, **하나님**께서 그들을 쳐부수실 것입니다. 그들이 여러분을 치러 한 길로 왔다가 일곱 길로 도망칠 것입니다.
8 **하나님**께서 명령하셔서, 여러분의 창고와 일터에 복이 넘치게 하실 것입니다. **하나님** 여러분의 하나님께서 여러분에게 주시는 땅에서, 여러분에게 복을 내리실 것입니다.
9 여러분이 **하나님** 여러분의 하나님의 계명을 지키고 그분께서 여러분에게 보여주신 길을 따라 살면, **하나님** 여러분의 하나님께서 약속하신 대로, 여러분을 거룩한 백성으로 만드실 것입니다.

10 땅 위의 모든 백성이 **하나님**의 이름 아래 살아가는 여러분의 모습을 보고, 여러분을 크게 두려워할 것입니다.
11-14 **하나님**께서 여러분에게 좋은 것을 아낌없이 주실 것입니다. **하나님**께서 여러분에게 주시겠다고 여러분의 조상에게 약속하신 땅에서, 여러분의 태에서 태어나는 자녀와 여러분이 보살피는 가축 새끼와 땅에서 나는 곡물을 아낌없이 주실 것입니다. **하나님**께서 하늘 금고의 문을 여셔서 여러분의 땅에 철 따라 비를 내리시고, 여러분이 손대는 일에 복을 내리실 것입니다. 여러분은 많은 민족들에게 빌려 주기는 해도, 여러분이 빌리지는 않을 것입니다. 내가 오늘 여러분에게 명령하는 **하나님**의 계명을 여러분이 잘 듣고 부지런히 지키면, **하나님**께

서 여러분을 머리가 되게 하시고 꼬리가 되지 않게 하실 것이며, 여러분을 언제
나 위에만 있고 아래에 있지 않게 하실 것입니다. 내가 오늘 여러분에게 명령하
는 말에서 오른쪽으로나 왼쪽으로나 조금이라도 벗어나서, 다른 신들을 따라가
거나 섬기는 일이 없게 하십시오.

불순종하여 받을 저주

15-19 여러분이 **하나님** 여러분의 하나님의 말씀을 잘 듣지 않고, 내가 오늘 명령
하는 계명과 규례를 부지런히 지키지 않으면, 이 모든 저주가 여러분에게 쏟아
져 내릴 것입니다.

하나님의 저주가 도시에 내릴 것입니다.
하나님의 저주가 시골에 내릴 것입니다.
하나님의 저주가 여러분의 바구니와 빵 반죽 그릇에 내릴 것입니다.
하나님의 저주가 여러분의 자녀에게
여러분의 땅에서 나는 곡식에
여러분이 기르는 가축의 새끼에게
여러분이 기르는 소의 새끼에게
여러분이 기르는 양의 새끼에게 내릴 것입니다.
여러분이 들어와도 **하나님**의 저주가 내리고
여러분이 나가도 **하나님**의 저주가 내릴 것입니다.

20 여러분이 하려고 하는 모든 일에 **하나님**께서 저주와 혼란과 역풍을 보내셔
서, 마침내 여러분이 멸망하고 여러분에게 남은 것이 하나도 없게 하실 것입니
다. 이것은 모두 여러분이 그분을 저버리고 악을 좇았기 때문입니다.
21 **하나님**께서 여러분을 질병에 걸리게 하셔서, 여러분이 들어가 차지할 땅에서
여러분을 쓸어버리실 것입니다.
22 **하나님**께서 여러분을 폐병과 열병과 발진과 발작과 탈수증과 마름병과 황달
로 공격하실 것입니다. 그것들이 여러분을 따라다니며 괴롭히다가, 마침내 여
러분을 죽게 할 것입니다.
23-24 여러분 머리 위에 있는 하늘은 쇠 지붕이 되고, 여러분이 딛고 선 땅은 콘크
리트 덩어리가 될 것입니다. **하나님**께서 하늘에서 재와 먼지를 비처럼 내리셔
서 여러분을 질식시키실 것입니다.
25-26 **하나님**께서 적의 공격을 통해 여러분을 치실 것입니다. 여러분은 그들을 치
러 한 길로 갔다가 일곱 길로 도망칠 것입니다. 땅 위의 모든 나라가 여러분을
보고 혐오스럽게 여길 것입니다. 썩은 고기를 먹는 새와 짐승들이 여러분의 주
검을 마음껏 뜯어먹어도, 그것들을 쫓아 줄 사람이 없을 것입니다.
27-29 **하나님**께서 이집트의 종기와 치질과 옴과 난치성 가려움증으로 여러분을
모질게 치실 것입니다. 그분께서 여러분을 미치게 하시고, 눈멀게 하시고, 노

망이 들게 하실 것입니다. 눈먼 자가 평생토록 어둠 속에서 길을 더듬는 것처럼 여러분은 대낮에도 길을 더듬게 되어, 여러분이 가려고 하는 곳에도 이르지 못할 것입니다. 여러분이 학대와 강탈을 당하지 않고 지나가는 날이 하루도 없을 것입니다. 하지만 아무도 여러분을 도와주지 않을 것입니다.

30-31 여러분이 여자와 약혼해도 다른 남자가 그 여자를 빼앗아 첩으로 삼을 것입니다. 여러분이 집을 지어도 그 집에서 살지 못하고, 정원을 가꾸어도 당근 한 뿌리 먹지 못할 것입니다. 여러분의 소가 도살되는 것을 보면서도 고기 한 조각 얻지 못할 것입니다. 여러분의 나귀를 눈앞에서 도둑맞아도 다시 찾지 못할 것입니다. 여러분의 양을 적들에게 빼앗겨도 여러분을 도우려고 나서는 사람이 없을 것입니다.

32-34 여러분이 아들딸을 외국인에게 빼앗기고 눈이 빠지도록 그들을 기다려도, 어찌해 볼 도리가 없을 것입니다. 여러분의 곡식과 여러분이 일해서 얻은 모든 것을 외국인이 먹어 치우고, 여러분은 학대와 구타를 당하며 남은 생애를 보내게 될 것입니다. 여러분의 눈에 보이는 것마다 여러분을 미치게 할 것입니다.

35 **하나님**께서 여러분의 무릎과 다리를 치료할 수 없는 심한 종기로 치셔서, 머리끝부터 발끝까지 번지게 하실 것입니다.

36-37 **하나님**께서 여러분과 여러분이 세운 왕을 여러분과 여러분의 조상이 들어보지도 못한 나라로 데려가실 것입니다. 거기서 여러분은 다른 신들, 곧 나무나 돌로 만들어져 신이라고 할 수 없는 것들을 섬기게 될 것입니다. **하나님**께서 데려가실 모든 민족 가운데서 여러분은 교훈거리와 웃음거리, 혐오의 대상이 되고 말 것입니다!

38-42 여러분이 밭에 자루째 씨를 뿌려도, 메뚜기들이 먹어 치워서 거둘 게 거의 없을 것입니다. 여러분이 포도밭을 일구고 풀을 뽑고 가지를 손질해도, 벌레들이 먹어 치워 포도주를 마시거나 저장하지 못할 것입니다. 도처에 올리브나무가 있어도, 그 열매가 다 떨어져 여러분의 얼굴과 손에 바를 기름이 없을 것입니다. 여러분이 아들딸을 낳아도, 그들이 여러분의 자녀로 오래 있지 못하고 포로로 잡혀갈 것입니다. 여러분의 모든 나무와 곡식을 메뚜기들이 차지하고 말 것입니다.

43-44 여러분과 함께 사는 외국인은 여러분보다 점점 더 높이 올라가고, 여러분은 점점 깊은 구렁텅이 속으로 떨어질 것입니다. 그가 여러분에게 빌려 주어도, 여러분은 그에게 빌려 주지 못할 것입니다. 그는 머리가 되고, 여러분은 꼬리가 될 것입니다.

45-46 이 모든 저주가 여러분 위에 내려, 여러분에게 남은 것이 하나도 없게 될 때까지 여러분을 쫓아다니며 괴롭힐 것입니다. 이는 여러분이 **하나님** 여러분의 하나님의 말씀을 잘 듣지 않고, 내가 오늘 여러분에게 명령한 그분의 계명과 규례를 부지런히 지키지 않았기 때문입니다. 이 저주들은 여러분의 자손에게 영원토록 경고의 표징이 될 것입니다.

47-48 모든 것이 풍족한데도 여러분이 **하나님** 여러분의 하나님을 기쁘고 즐거운
마음으로 섬기지 않은 탓에, 여러분은 **하나님**께서 여러분을 대적하라고 보내시
는 여러분의 원수들을 섬기며, 굶주림과 목마름과 누더기와 비참함 속에서 살
게 될 것입니다. 그분께서 여러분의 목에 쇠멍에를 메워, 마침내 여러분을 멸망
시키실 것입니다.
49-52 그렇습니다. **하나님**께서는 여러분을 대적하도록 먼 곳에서 한 민족을 일으
키셔서, 독수리처럼 여러분을 덮치게 하실 것입니다. 여러분이 알아듣지 못하
는 언어를 쓰고 험상궂게 생긴 그들은, 늙은 여자와 갓난아이를 가리지 않고 학
대하는 민족입니다. 그들은 여러분이 기르는 가축의 새끼와 여러분의 밭에서
나는 곡식을 약탈하여, 마침내 여러분을 멸망시킬 것입니다. 그들은 곡식과 포
도주와 기름과 송아지와 어린양을 남겨 두지 않는 것은 물론이고, 결국에는 여
러분도 가만 놔두지 않을 것입니다. 그들이 사방에서 여러분을 포위하고 공격
하여 여러분을 성문 뒤로 몰아넣을 것입니다. 그들은 여러분이 안전하다고 여
기던 높고 웅대한 성벽을 공격하여 무너뜨릴 것입니다. 그들은 **하나님** 여러분
의 하나님께서 여러분에게 주신 땅 도처에 있는 요새화된 성읍을 그렇게 포위
하고 공격할 것입니다.
53-55 마침내 여러분은 **하나님** 여러분의 하나님께서 여러분에게 주신 아들딸을
잡아먹을 것입니다. 포위 공격으로 고통이 최고조에 달하면, 여러분은 여러분
의 젖먹이까지 잡아먹게 될 것입니다. 여러분 가운데 가장 온유하고 자상하던
남자마저 험악하게 변하여, 자기 형제와 소중한 아내와 살아남은 자녀들에게까
지 독기 서린 눈을 부라리고, 자기가 먹고 있는 자기 자녀의 살점을 그들과 나
눠 먹으려 하지 않을 것입니다. 원수들이 여러분의 요새화된 성읍을 포위하고
옥죄어 오는 것이 고통스러워서, 그는 모든 것을 잃고 인간성마저 상실하게 된
것입니다.
56-57 여러분 가운데 가장 온유하고 상냥하여 들꽃 한 송이조차 함부로 밟지 않던
여자마저 험악하게 변하여, 자신의 소중한 남편과 아들딸에게 독기 서린 눈을
부라리고, 심지어 갓 태어난 아기와 그 태반까지 남몰래 먹으려 들 것이며, 기
어이 잡아먹고 말 것입니다! 원수들이 여러분의 요새화된 성읍을 포위하고 옥
죄어 오는 것이 고통스러워서, 그녀는 모든 것을 잃고 인간성마저 상실했기 때
문입니다.

58-61 여러분이 이 영광스럽고 두려운 이름, **하나님** 여러분의 하나님을 경외하
지 않고, 이 책에 쓰인 모든 계시의 말씀을 부지런히 지키지 않으면, **하나님** 여
러분의 하나님께서 여러분과 여러분의 자손에게 재앙을 내리실 것입니다. 그칠
줄 모르는 큰 재앙과 무시무시한 질병으로 사정없이 치실 것입니다. 그분께서
는 한때 여러분이 그토록 무서워하던 이집트의 모든 질병을 가져다가 여러분에
게 들러붙게 하실 것입니다. 그렇습니다. **하나님**께서는 상상할 수 있는 모든 질
병과 재앙, 이 계시의 책에 기록되지 않은 재앙까지 여러분에게 내리셔서, 여러

분을 멸하실 것입니다.

62 여러분이 한때 하늘의 눈부신 별처럼 허다하게 많았더라도, 이제는 몇 안되는 가엾은 낙오자로 남고 말 것입니다. 이는 **하나님** 여러분의 하나님께서 하시는 말씀을 여러분이 순종하여 듣지 않았기 때문입니다.

63-66 결국 이렇게 끝나고 말 것입니다. 전에 **하나님**께서 여러분을 기뻐하시고, 여러분을 잘 살게 하시고, 여러분에게 많은 자손 주기를 기뻐하셨던 것처럼, 이제 여러분을 제거하고 땅에서 없애 버리는 것을 기뻐하실 것입니다. 그분께서는 여러분이 들어가 차지할 그 땅에서 여러분을 뿌리째 뽑아, 사방으로 부는 바람에 여러분을 실어, 땅 이쪽 끝에서 저쪽 끝까지 흩어 버리실 것입니다. 여러분은 다른 모든 신들, 곧 여러분과 여러분의 조상이 들어 보지도 못한 신들, 나무나 돌로 만들어져 신이라고 할 수도 없는 것들을 섬기게 될 것입니다. 여러분은 거기서 안식을 얻기는커녕 자리조차 잡지 못할 것입니다. **하나님**께서 여러분에게 불안한 마음, 갈망하는 눈, 향수병에 걸린 영혼을 주실 것입니다. 여러분은 끊임없는 위험에 노출된 채 온갖 망령에 시달리며, 다음 모퉁이에서 무엇을 만날지 전혀 알지 못한 채 살게 될 것입니다.

67 여러분은 아침에는 "어서 저녁이 되었으면!" 하고, 저녁에는 "어서 아침이 되었으면!" 할 것입니다. 여러분은 직접 목격한 광경 때문에 다음에 무슨 일이 닥칠지 몰라서, 두려워 떨게 될 것입니다.

68 "여러분이 다시는 보지 않게 될 것입니다" 하고 내가 약속한 그 길로, **하나님**께서 여러분을 배에 태워 이집트로 돌려보내실 것입니다. 거기서 여러분이 자기 자신을 원수들에게 남종이나 여종으로 팔려고 해도, 여러분을 살 사람이 없을 것입니다.

모압 평야에서 맺으신 언약의 말씀

29

1 이것은 **하나님**께서 호렙에서 이스라엘 백성과 맺으신 언약에 덧붙여, 모압 땅에서 모세에게 명령하여 그들과 맺으신 언약의 말씀이다.

2-4 모세가 온 이스라엘을 불러 모아 말했다. 여러분은 **하나님**께서 이집트에서 바로와 그의 신하들에게 하신 일, 이집트 온 땅에 하신 모든 일을 두 눈으로 똑똑히 보았습니다. 그것은 여러분이 직접 목격한 엄청난 시험과 큰 표적과 이적이었습니다. 그러나 **하나님**께서는 오늘까지 여러분에게 깨닫는 마음이나 통찰력 있는 눈이나 경청하는 귀를 주지 않으셨습니다.

5-6 나는 지난 사십 년 동안 여러분을 이끌고 광야를 지나왔습니다. 그 모든 세월 동안 여러분의 몸에 걸친 옷이 해어지지 않았고, 여러분의 발에 신은 신발이 닳지 않았습니다. 여러분은 빵과 포도주와 맥주 없이도 잘 살았습니다. 이는 하나님이 정말로 **하나님** 여러분의 하나님이신 것을 여러분에게 알게 하시려는 것이었습니다.

7-8 여러분이 이곳에 이르렀을 때, 헤스본 왕 시혼과 바산 왕 옥이 전쟁 준비를 하고 우리와 싸우러 나왔지만, 우리는 그들을 쳐부수었습니다. 우리는 그들의 땅을 빼앗아 르우벤 자손과 갓 자손과 므낫세 반쪽 지파에게 유산으로 주었습니다.

9 여러분은 이 언약의 말씀을 부지런히 지키십시오. 이 말씀대로 행하면, 여러분은 모든 면에서 지혜롭고 잘 살게 될 것입니다.

10-13 오늘 여러분은 **하나님** 여러분의 하나님 앞에 모두 나와 섰습니다. 각 지파의 우두머리, 여러분의 지도자, 관리, 이스라엘의 모든 사람, 곧 여러분의 아이와 아내와 여러분의 진에 장작과 물을 날라다 주는 외국인에 이르기까지 다 나와서, **하나님** 여러분의 하나님께서 오늘 여러분과 맺으시는 엄숙한 언약에 참여하고 있습니다. **하나님**께서 여러분과 여러분의 조상 아브라함과 이삭과 야곱에게 약속하신 대로, 여러분은 그분의 백성이 되고, 그분은 **하나님** 여러분의 하나님이 되시겠다는 언약을 다시 굳게 하는 것입니다.

14-21 나는 이 언약과 맹세를 여러분하고만 맺는 것이 아닙니다. 나는 오늘 **하나님** 우리 하나님 앞에 서 있는 여러분하고만 이 언약을 맺는 것이 아니라, 오늘 이 자리에 있지 않은 사람들과도 맺는 것입니다. 우리가 이집트에서 어떤 처지로 살았고 우리가 여러 민족들 사이를 어떻게 헤쳐 왔는지, 여러분은 잘 알고 있습니다. 여러분은 그들의 역겨운 것들, 곧 그들이 나무와 돌과 은과 금으로 만든 잡신들을 충분히 보았습니다. 여러분 가운데 남자나 여자나, 어떤 가문이나 지파 그 누구든지, **하나님**에게서 벗어나 그 민족들의 우상에 빠지지 않도록, 경계를 늦추지 마십시오. 독초가 움터 올라 여러분 가운데 퍼지지 않게 하십시오. 이 언약과 맹세의 말씀을 듣고도 자신을 제외시켜 "미안하지만, 나는 내 뜻대로 살겠습니다" 하면서 모든 사람의 목숨까지 파멸시키는 자가 생기지 않게 하십시오. **하나님**께서 그를 용서하지 않으실 것입니다. **하나님**의 진노와 질투가 화산처럼 폭발하여 그에게 미칠 것입니다. 이 책에 기록된 모든 저주가 그를 덮을 것입니다. **하나님**께서 그의 이름을 기록에서 지워 버리실 것입니다. **하나님**께서 그를 이스라엘 모든 지파 가운데서 따로 떼어 내어, 이 계시의 책에 기록된 언약의 온갖 저주대로, 그에게 특별한 벌을 내리실 것입니다.

22-23 여러분 뒤에 올 다음 세대의 자손과 먼 나라에서 올 외국인이, 도처에 널린 참상과 **하나님**께서 온 땅을 병들게 하신 것을 보고 소스라치게 놀랄 것입니다. 그들은 유황불에 검게 타 버린 불모지와 소금 평야, 아무것도 뿌릴 수 없고, 아무것도 자라지 않으며, 풀잎 하나 돋아나지 않는 땅을 보게 될 것입니다. 그 땅은 **하나님**께서 진노로 멸하신 소돔과 고모라와 아드마와 스보임 같을 것입니다.

24 모든 민족이 이렇게 물을 것입니다. "어찌하여 **하나님**께서 이 땅에 이런 일을 행하셨단 말인가? 도대체 무엇이 그분을 이토록 진노하게 했을까?"

25-28 그러면 여러분의 자손이 이렇게 대답할 것입니다. "그들은, **하나님**께서 이집트에서 그들 조상을 이끌어 내신 뒤에 그들 조상과 맺으신 언약을 저버리고,

그들이 들어 보지도 못하고 그들과 아무 관계도 없는 신들에게 가서 그것들을
섬기고 그것들에게 복종했기 때문입니다. 그래서 **하나님**의 진노가 폭발하여 이
땅에 미쳤고, 이 책에 기록된 온갖 저주가 그 위에 내렸습니다. 크게 진노하신
하나님께서 그들을 그 땅에서 뿌리 뽑으셔서, 오늘 여러분이 보는 것처럼, 다른
땅에 내다 버리신 것입니다."

29 감추어진 것은 **하나님** 우리 하나님께서 책임지고 하실 일이지만, 드러난 것
은 우리의 몫입니다. 이 모든 계시의 말씀을 소중히 여겨 순종하는 것은, 우리
와 우리 자손이 해야 할 일입니다.

생명과 선, 죽음과 악의 길

30

1-5 앞으로 이런 일이 일어날 것입니다. 내가 여러분 앞에 제시한 대
로 복과 저주가 임할 것입니다. **하나님**께서 여러분을 흩으셔서 여
러 민족들 가운데서 살게 하실 때에, 여러분과 여러분의 자손이 이 일들을 진지
하게 받아들이고 **하나님** 여러분의 하나님께 돌아와서 내가 오늘 여러분에게 명
령하는 모든 말씀에 따라 마음과 뜻을 다해 그분께 순종하면, **하나님** 여러분의
하나님께서 여러분이 잃어버린 모든 것을 회복해 주시고 여러분을 긍휼히 여
기실 것입니다. 그분께서 돌아오셔서, 흩어져 살던 모든 곳에서 여러분을 모으
실 것입니다. 여러분이 아무리 멀리 떨어져 있어도 **하나님** 여러분의 하나님께
서는 그곳에서 여러분을 이끌고 나오셔서, 전에 여러분의 조상이 차지했던 땅
으로 여러분을 다시 데려오실 것입니다. 그 땅은 다시 여러분의 땅이 될 것입니
다. 그분은 그 땅에서 여러분을 잘 살게 하시고, 여러분의 조상보다 수가 더 많
게 하실 것입니다.
6-7 **하나님** 여러분의 하나님께서 여러분과 여러분 자손의 마음에서 굳은살을 베
어 내셔서, 여러분이 마음과 뜻을 다해 **하나님** 여러분의 하나님을 사랑하게 하
시고, 참된 삶을 살게 하실 것입니다. **하나님** 여러분의 하나님께서 여러분의 원
수들, 곧 여러분을 미워하여 여러분을 노리던 자들 위에 이 모든 저주를 내리실
것입니다.
8-9 그러면 여러분은 새롭게 시작하여 **하나님**의 말씀을 잘 듣고, 내가 오늘 여러
분에게 명령하는 그분의 모든 계명을 지킬 것입니다. **하나님** 여러분의 하나님
께서 여러분의 일에 전보다 더 큰 복을 주실 것입니다. 여러분은 아이를 낳고
송아지를 얻고 농작물을 재배하며, 모든 면에서 행복한 삶을 누리게 될 것입니
다. 그렇습니다. **하나님**께서 여러분의 조상이 잘 되게 하면서 기뻐하셨듯이, 여
러분의 일이 잘 되게 하면서 다시 기뻐하실 것입니다.
10 여러분이 **하나님** 여러분의 하나님의 말씀을 잘 듣고 이 계시의 책에 기록된
계명과 규례를 지키면, 그렇게 해주실 것입니다. 마지못해 해서는 안됩니다. 여
러분은 마음을 다하고 정성을 다해 **하나님** 여러분의 하나님께 돌아와야 합니
다. 조금도 망설여서는 안됩니다.

11-14 내가 오늘 여러분에게 명령하는 이 계명은 여러분에게 어려운 것도 아니요,
여러분의 힘이 미치지 않는 곳에 있는 것도 아닙니다. 그 계명이 높은 산 위에
있어, 누가 산꼭대기에 올라가서 그것을 가지고 내려와 여러분의 수준에 맞게
풀이해 주어야, 여러분이 그 계명대로 살아갈 수 있는 것도 아닙니다. 또한 그
계명이 바다 건너편에 있어, 누가 바다를 건너가서 그것을 가져다가 설명해 주
어야, 여러분이 그 계명대로 살아갈 수 있는 것도 아닙니다. 그렇습니다. 그 말
씀은 바로 지금 여기에 있습니다. 입 속 혀처럼 가까이, 가슴 속 심장처럼 가까
이 있습니다. 그러니 바로 행하십시오!

15 내가 오늘 여러분을 위해 한 일을 보십시오.
내가 여러분 앞에
생명과 선,
죽음과 악을 두었습니다.

16 내가 오늘 여러분에게 명령합니다. **하나님** 여러분의 하나님을 사랑하십시오.
그분의 길을 따라 걸어가십시오. 그분의 계명과 법도와 규례를 지키십시오. 그
러면 여러분이 참으로 살고, 풍성하게 살 것입니다. **하나님** 여러분의 하나님께
서 여러분이 들어가 차지할 땅에서 여러분에게 복을 내리실 것입니다.
17-18 그러나 여러분에게 경고합니다. 여러분의 마음이 변하여 잘 듣지 않고 자기
마음대로 떠나서 다른 신들을 섬기고 숭배하면, 여러분은 반드시 죽고 말 것입
니다. 요단 강을 건너 들어가 차지할 땅에서 오래 살지 못할 것입니다.
19-20 나는 오늘 하늘과 땅을 불러 여러분 앞에 증인으로 세우고, 생명과 죽음, 복
과 저주를 여러분 앞에 둡니다. 여러분과 여러분의 후손이 살려거든, 생명을 택
하십시오. **하나님** 여러분의 하나님을 사랑하고, 그분의 말씀을 순종하여 듣고,
그분을 꼭 품으십시오. 그렇습니다. 그분이 바로 생명이십니다. 여러분의 조상
아브라함과 이삭과 야곱에게 주겠다고 약속하신 그 땅에 계신 **하나님** 여러분의
하나님이야말로, 생명 그 자체이십니다.

모세의 마지막 당부

31 1-2 모세가 온 이스라엘에게 계속해서 이 말을 선포했다. 그가 말했
다. "내 나이가 이제 백스무 살입니다. 거동이 전과 같지 못합니다.
하나님께서도 나에게 '너는 이 요단 강을 건너지 못할 것이다' 하고 말씀하셨습
니다.
3-5 **하나님** 여러분의 하나님께서 여러분보다 먼저 강을 건너셔서, 여러분 앞에
있는 저 민족들을 멸하시고, 여러분이 그들을 쫓아내게 하실 것입니다. (하나님
께서 말씀하신 대로, 여호수아가 여러분 앞에서 강을 건널 것입니다.) **하나님**께서는 아모
리 왕 시혼과 옥과 그들의 땅에 행하신 것처럼, 저 민족들에게도 똑같이 행하시
고 저들을 멸하실 것입니다. **하나님**께서 저 민족들을 여러분 손에 넘겨주시면,

여러분은 내가 여러분에게 명령한 대로 그들에게 행하십시오.
6 힘을 내십시오. 용기를 내십시오. 두려워하지 마십시오. **하나님** 여러분의 하
나님께서 여러분보다 앞서 성큼성큼 힘차게 걸어가시니, 그들을 두려워하지 마
십시오. 하나님께서 여러분과 함께하실 것입니다. 여러분을 버리지도 않으시
고, 떠나지도 않으실 것입니다."
7-8 모세가 여호수아를 불러, 온 이스라엘이 지켜보는 앞에서 그에게 말했다.
"힘을 내시오. 용기를 내시오. 그대는 이 백성과 함께 **하나님**께서 그들 조상에
게 주시겠다고 약속하신 땅으로 들어가서, 그들이 저 땅을 자랑스럽게 차지하
게 하시오. **하나님**께서 그대보다 앞서 성큼성큼 힘차게 걸어가시고, 그대와 함
께하십니다. 그대를 버리지도 않으시고, 떠나지도 않으실 것이오. 두려워하지
마시오. 염려하지 마시오."

9-13 모세가 이 계시의 말씀을 기록하여, **하나님**의 언약궤를 나르는 레위 자손
제사장과 이스라엘의 모든 지도자에게 주었다. 그리고 그들에게 명령을 내렸
다. "일곱째 해, 곧 모든 빚을 면제해 주는 해가 끝날 무렵인 초막절 순례 기간
에, 온 이스라엘이 **하나님** 여러분의 하나님을 뵈려고 그분께서 정해 주신 곳으
로 나아올 때에, 여러분은 이 계시의 말씀을 온 이스라엘에게 읽어 주어, 모두
가 듣게 하십시오. 남자와 여자와 아이와 여러분과 함께 사는 외국인 할 것 없
이 백성을 다 불러 모아서, 그들이 잘 듣고, **하나님** 여러분의 하나님을 경외하
며 사는 법을 배우고, 이 모든 계시의 말씀을 부지런히 지키게 하십시오. 이 모
든 것을 모르는 그들의 자녀들도, 여러분이 요단 강을 건너가 차지할 땅에서 사
는 동안에 듣고 배워서, **하나님** 여러분의 하나님을 경외하며 살게 하십시오."

14-15 **하나님**께서 모세에게 말씀하셨다. "너는 머지않아 죽는다. 여호수아를 불
러, 함께 회막에서 나를 만나거라. 내가 그를 임명하겠다."
그래서 모세와 여호수아가 함께 가서 회막에 섰다. **하나님**께서 구름기둥 가운
데서 회막에 나타나시고, 구름은 회막 입구 가까이에 있었다.
16-18 **하나님**께서 모세에게 말씀하셨다. "이제 너는 죽어서 네 조상과 함께 묻힐
것이다. 네가 무덤에 눕자마자, 이 백성은 저 땅에 들어가 이방 신들을 음란하
게 섬길 것이다. 그들은 나를 저버리고, 나와 맺은 언약을 깨뜨릴 것이다. 나는
몹시 진노할 것이다! 나는 그들을 홀로 버려둔 채 떠나가서 뒤돌아보지 않을 것
이다. 그러면 수많은 재난과 재앙이 무방비 상태의 그들을 덮칠 것이다. 그들은
'이 모든 재앙이 우리에게 닥친 것은 하나님께서 여기 계시지 않기 때문이 아닌
가?' 하고 말할 것이다. 그러나 나는, 그들이 다른 신들과 어울리며 저지른 온갖
악행 때문에, 그들의 삶에 관여하지 않고 못 본 척할 것이다!
19-21 이제 너희는 이 노래를 옮겨 적은 다음, 이스라엘 백성에게 가르쳐서 외워
부르게 하여라. 그러면 이 노래가 그들에게 나의 증언이 될 것이다. 내가 그들

의 조상에게 약속한 젖과 꿀이 흐르는 땅으로 그들을 이끌고 들어가면, 그들이
배불리 먹고 살이 쪄서 다른 신들과 바람을 피우고 그것들을 섬기기 시작할 것
이다. 사태가 악화되어 끔찍한 일들이 일어난 뒤에야, 그들 곁에서 이 노래가
증언이 되어, 그들이 누구이며 무엇이 잘못되었는지 일깨워 줄 것이다. 그들의
후손이 이 노래를 잊지 않고 부를 것이다. 내가 약속한 저 땅에 그들이 아직 들
어가지 않았지만, 나는 그들이 무슨 생각을 품고 있는지 다 알고 있다."
22 모세가 그날에 이 노래를 기록하여 이스라엘 백성에게 가르쳤다.
23 **하나님**께서 눈의 아들 여호수아에게 명령하여 말씀하셨다. "힘을 내라. 용기
를 내라. 너는 내가 이스라엘 백성에게 주겠다고 약속한 땅에 그들을 이끌고 들
어갈 것이다. 내가 너와 함께하겠다."
24-26 모세는 이 계시의 말씀을 마지막 한 글자까지 책에 다 기록하고 나서, **하나
님**의 언약궤 운반을 맡은 레위인들에게 명령하여 말했다. "이 계시의 책을 가져
다가 **하나님** 여러분의 하나님 언약궤 옆에 두십시오. 이 책을 거기에 두어 증거
로 삼으십시오.
27-29 나는 여러분이 반역을 일삼으며, 얼마나 완악하고 제멋대로인지 잘 알고 있
습니다. 지금 내가 버젓이 살아서 여러분과 함께 있는데도 여러분이 **하나님**께
반역하는데, 내가 죽으면 얼마나 더하겠습니까! 그러니 각 지파의 지도자와 관
리들을 이곳으로 불러 모으십시오. 내가 하늘과 땅을 증인 삼아 그들에게 직접
말해야겠습니다. 내가 죽은 뒤에, 여러분이 모든 것을 엉망으로 만들고, 내가
명령한 길에서 떠나 온갖 악한 일을 끌어들이리라는 것을 나는 잘 알고 있습니
다. 또한 나는 여러분이 **하나님**을 무시하고 기어이 악을 행하리라는 것과, 여러
분이 행하는 일로 그분을 진노하게 하리라는 것도 잘 알고 있습니다."
30 온 이스라엘이 모여서 듣는 가운데, 모세는 그들에게 다음 노랫말을 처음부
터 끝까지 가르쳐 주었다.

모세의 노래

32

1-5 하늘아, 내가 말할 테니 귀를 기울여라.
땅아, 내가 입을 열 테니 주목하여라.
나의 가르침은 부드러운 비처럼 내리고
나의 말은 아침 이슬처럼 맺히나니,
새싹 위에 내리는 가랑비
정원에 내리는 봄비 같다.
내가 **하나님**의 이름을 선포하니
우리 하나님의 위대하심에 응답하여라!
그분은 반석, 그분의 일은 완전하고
그분의 길은 공평하고 정의롭다.
너희가 의지할 하나님은 한결같이
올곧은 하나님이시다.

그분의 자녀라고 할 수 없는, 엉망진창인 자들이
그분 얼굴에 먹칠을 하지만, 그분 얼굴은 조금도 더러워지지 않는다.

6-7 너희가 이처럼 대하는 분이 **하나님**이심을 알지 못하느냐?
이런 미친 짓을 하다니, 너희는 경외심도 없느냐?
이분은 너희를 창조하신 아버지,
너희를 지으셔서 땅 위에 세우신 아버지가 아니시더냐?
너희가 태어나기 전에 어떤 일이 있었는지 읽어 보아라.
옛일을 조사하고, 너희 뿌리를 알아보아라.
너희가 태어나기 전에는 어떠했는지 부모에게 물어보고,
어른들에게 물어보아라. 그들이 한두 가지 말해 줄 것이다.

8-9 지극히 높으신 하나님께서 민족들에게 땅을 나누어 주시고
땅 위에 살 곳을 주실 때,
백성마다 경계를 그어 주시고
하늘 보호자들의 보살핌을 받게 하셨다.
그러나 **하나님**께서 자기 백성만은 친히 떠맡으시고
야곱만은 직접 돌보셨다.

10-14 그분이 광야에서
바람만 드나드는 텅 빈 황무지에서 그를 찾아내시고
두 팔로 감싸 극진히 돌보아 주셨으며
자기 눈동자처럼 지켜 주셨다.
마치 독수리가 보금자리를 맴돌며
새끼들을 보호하고
날개를 펴서 새끼들을 공중으로 들어 올려
새끼들에게 나는 법을 가르치듯이,
하나님께서 홀로 야곱을 인도하시고
이방 신은 눈에 띄지 않게 하셨다.
하나님께서 그를 산꼭대기로 들어 올리셔서,
밭의 곡식을 마음껏 즐기게 하셨다.
바위에서 흘러내리는 꿀을 먹이시고
단단한 바위틈에서 나오는 기름을 먹게 하셨다.
우유로 만든 치즈와 양의 젖
어린양과 염소의 살진 고기와
바산의 숫양, 질 좋은 밀을 먹이시고
검붉은 포도주를 먹게 하셨다. 너희는 질 좋은 포도주를 마신 것이다!

15-18 여수룬은 몸집이 커지자 반항했다.
네가 살이 찌고 비대해져 기름통이 된 것이다.
그는 자신을 지으신 하나님을 저버리고
자기 구원의 반석을 업신여겼다.
그들은 최신 유행하는 이방 신들로 그분의 질투를 사고
음란한 짓으로 그분의 진노를 불러일으켰다.
그들은 신이라고 할 수 없는 귀신들,
자기들이 알지도 못하던 신들,
시장에 갓 나온 최신 유행하는 신들,
너희 조상이 한 번도 "신"이라고 부른 적 없는 것들에게 제물을 바쳤다.
너희에게 생명을 주신 반석이신 분을 버리고
너희를 세상에 내신 하나님을 잊어버렸다.

19-25 **하나님**께서 그것을 보시고 발길을 돌리셨다.
자기 아들딸들에게 상처를 입으시고 진노하셨다.
그분께서 말씀하셨다. "이제부터 나는 못 본 척하겠다.
그들에게 무슨 일이 일어나는지 지켜보겠다.
그들은 변절자, 위아래가 뒤집힌 세대다!
다음에는 어떻게 할지 그 진심을 누가 알겠느냐?
그들이 신이 아닌 것들로 나를 자극하고
허풍쟁이 신들로 나를 격노케 했으니,
이제 나도 내 백성이 아닌 자들로 그들을 자극하고
빈껍데기 민족으로 그들을 격앙시키겠다.
나의 진노가 불을 뿜으니,
들불처럼 스올 밑바닥까지 타들어 가며
하늘 높이 치솟아 땅과 곡식을 삼켜 버리고
모든 산을 기슭에서 꼭대기까지 불살라 버린다.
나는 그들 위에 재난을 쌓아 올리고
굶주림, 불 같은 더위, 치명적인 질병을
화살 삼아 그들을 향해 쏘겠다.
으르렁거리는 들짐승들을 숲에서 보내어 그들을 덮치게 하고
독벌레들을 땅속에서 보내어 그들을 치게 하겠다.
거리에는 살인이
집 안에는 공포가 난무하니,
청년과 처녀가 거꾸러지고
젖먹이와 백발노인도 거꾸러질 것이다."

26-27 "내가 그들을 갈기갈기 찢어

땅에서 그들의 흔적을 모두 지워 버리겠다" 할 수도 있었지만
원수가 그 모든 것을 자기 공로인 양
"우리가 한 일을 보아라!
이 일은 하나님과 아무 관계가 없다" 하고 우쭐댈까 봐
그렇게 하지 않았다.

28-33 그들은 어리석은 민족이어서
비를 피할 줄도 모른다.
그들이 조금이라도 분별력이 있었다면
길 위에 무엇이 떨어지고 있는지 볼 텐데.
그들의 반석이신 분께서 그들을 팔아 버리지 않으시고서야
하나님께서 그들을 포기하지 않으시고서야,
어찌 군사 한 명이 천 명의 적을 쫓아내며
어찌 두 사람이 이천 명을 도망치게 할 수 있겠느냐?
우리의 원수들조차 자기들의 반석은
우리의 반석에 비하면 아무것도 아니라고 한다.
그들은 소돔에서 뻗어 나온 포도나무,
고모라의 밭에 뿌리박은 포도나무다.
그들의 포도는 독이 있어서
송이마다 쓰기만 하다.
그들의 포도주는 방울뱀의 독,
치명적인 코브라의 독이 섞여 있다.

34-35 내가 그것들을 내 창고에 보관하고
철문으로 꼭꼭 잠가 둔 것을, 깨닫지 못하느냐?
원수 갚는 것은 나의 일이니
그들이 넘어지기만을 내가 기다린다.
그들이 멸망할 날이 가까우니
느닷없이 신속하고도 확실하게 닥칠 것이다.

36-38 하나님께서는 자기 백성을 심판하셔도
가엾게 여기며 심판하실 것이다.
그들의 힘이 다하고
종도 자유인도 남지 않았음을
그분께서 보시고 말씀하실 것이다.
"그들의 신들이 어디 있느냐?
그들이 피난처로 삼던 반석이 어디 있느냐?
그들이 제물로 바친 지방 덩어리를 먹고

그들이 부어 바친 포도주를 마시던 신들이 어디 있느냐?
능력을 보여달라고, 도와 달라고,
너희에게 손을 펼쳐 달라고, 그것들에게 말해 보아라!"

39-42 "이제 알겠느냐? 내가 하나님인 줄 이제 알겠느냐?
나밖에 다른 신이 없다는 것을 알겠느냐?
나는 죽이기도 하고 살리기도 하며, 상하게도 하고 낫게도 하니
내게서 빠져나갈 자 아무도 없다!
내가 손을 들고 엄숙히 맹세한다.
'나는 언제 어디에나 있다. 내가 내 생명을 걸고 약속한다.
내가 번뜩이는 칼을 갈아
재판을 집행할 때
나의 원수들에게 복수하고
나를 미워하는 자들에게 되갚아 주겠다.
내 화살이 피에 취하게 하고
내 칼이 살을 실컷 먹게 하겠다.
살해당한 자들과 포로들,
오만하고 거만한 원수의 주검을 마음껏 먹게 하겠다.'"

43 민족들아, 그분의 백성과 함께 즐거워하고 찬양하여라.
그분께서는 자기 종들의 죽음을 갚아 주시고
자기 원수들에게 복수하시며
그 백성을 위해 자기 땅을 깨끗게 하신다.

44-47 모세와 눈의 아들 여호수아가 가서 이 노랫말을 백성에게 들려주었다. 모세
가 이 모든 말씀을 온 이스라엘에게 전한 뒤에 말했다. "내가 오늘 증언한 이 모
든 말씀을 마음에 새기고, 속히 여러분의 자녀들에게 명령하여 이 모든 계시의
말씀을 하나하나 실천하게 하십시오. 그렇습니다. 이것은 여러분에게 하찮은
것이 아닙니다. 바로 여러분의 생명입니다. 여러분이 이 말씀을 지키면, 요단
강을 건너가 차지할 저 땅에서 오래도록 잘 살 것입니다."

48-50 바로 그날에 **하나님**께서 모세에게 말씀하셨다. "너는 여리고 맞은편 모압
땅에 있는 아바림 산을 타고 느보 산 정상에 올라가서, 내가 이스라엘 백성에게
주어 차지하게 할 가나안 땅을 바라보아라. 네 형 아론이 호르 산에서 죽어 자
기 조상에게 돌아간 것처럼, 너도 네가 올라간 산에서 죽어 땅에 묻힌 네 조상
에게 돌아가거라.
51-52 이는 네가 신 광야 가데스의 므리바 샘에서 이스라엘 백성이 지켜보는 가운
데 나와의 믿음을 저버리고, 나의 거룩한 임재를 나타내지 않았기 때문이다. 너

는 네 앞에 펼쳐진 저 땅, 내가 이스라엘 백성에게 주는 땅을 바라보기만 할 뿐, 들어가지는 못할 것이다."

모세의 축복

33

1-5 하나님의 사람 모세가 죽기 전에, 이스라엘 백성에게 다음과 같은 말로 축복했다.

하나님께서 시내 산에서 내려오시고
세일 산에서 그들 위에 떠오르셨다.
그분께서 바란 산에서 빛을 비추시고
거룩한 천사 만 명을 거느리고 오시는데
그분의 오른손에서는
널름거리는 불길이 흘러나왔다.
오, 주께서 저 백성을 어찌나 아끼시는지,
당신의 거룩한 이들이 모두 주의 왼손 안에 있습니다.
그들이 주의 발 앞에 앉아서
주의 가르침을,
모세가 명령한 계시의 말씀을
야곱의 유산으로 귀히 여깁니다.
이렇게 하나님께서는
이스라엘의 지도자와 지파들이 모인 가운데
여수룬에서 왕이 되셨습니다.

6 르우벤
"르우벤은 그 수가 줄어들어 겨우겨우 살겠지만
죽지 않고 살게 해주십시오."

7 유다
"하나님, 유다의 외치는 소리를 들으시고
그를 자기 백성에게로 데려다 주십시오.
그의 손을 강하게 하시고
그의 도움이 되셔서 그의 원수들을 물리쳐 주십시오."

8-11 레위
"주의 둠밈과 우림이
주의 충성스런 성도에게 있게 해주십시오.
주께서 맛사에서 그를 시험하시고
므리바 샘에서 그와 다투셨습니다.

그는 자기 아버지와 어머니를 두고
'나는 저들을 모른다' 하고
자기 형제들을 외면하고
자기 자식들까지 못 본 체했으니,
이는 그가 주의 말씀을 보호하고
주의 언약을 지키고 있었기 때문입니다.
그로 하여금 주의 규례를 야곱에게 가르치고
주의 계시를 이스라엘에게 가르치며,
주의 코에 향을 피워 올리고
주의 제단에서 번제를 드리게 해주십시오.
하나님, 그의 헌신에 복을 주시고
그가 하는 일에 주께서 승인하신다는 표를 찍어 주십시오.
그에게 대항하는 자의 허리를 꺾으셔서
그를 미워하는 자의 최후가 어떠한지, 저희가 듣게 해주십시오."

12 베냐민
"그는 하나님께서 사랑하시는 자,
하나님의 영원한 거처.
하나님께서 종일토록 그를 감싸시고
그 안에서 편히 쉬신다."

13-17 요셉
"그의 땅은 하나님께 이런 복을 받게 하십시오.
높은 하늘에서 내리는 가장 맑은 이슬
땅속 깊은 곳에서 솟구치는 샘물
태양이 발하는 가장 밝은 빛
달이 내는 가장 좋은 빛
산들의 꼭대기에서 쏟아지는 아름다움
영원한 언덕에서 나는 최고의 산물
땅의 풍성한 선물들 가운데서도 가장 값진 선물
불타는 떨기나무에 거하시는 분의 미소.
이 모든 복이 요셉의 머리 위에
형제들 가운데서 거룩하게 구별된 이의 이마 위에 내릴 것이다.
그는 처음 태어난 수소처럼 위엄이 있고
그의 뿔은 들소의 뿔.
그 뿔로 민족들을 들이받아
땅 끝으로 모두 밀어낼 것이다.
에브라임의 수만 명이 그러하고

므낫세의 수천 명이 그러할 것이다."

18-19 스불론과 잇사갈
"스불론아, 외출할 때에 기뻐하여라.
잇사갈아, 집에 있을 때에 기뻐하여라.
그들이 사람들을 산으로 초청하여
바른 예배의 제물을 바칠 것이니,
바다에서 풍요를 거둬들이고
바닷가에서 보화를 주울 것이기 때문이다."

20-21 갓
"갓을 광대하게 하신 분, 찬양을 받으소서.
갓은 사자처럼 돌아다니다가
먹이의 팔을 찢고, 그 머리를 쪼갠다.
그는 가장 좋은 곳, 지도자의 몫으로 마련된 그 땅을
한 번 쳐다보고 혼자 힘으로 움켜쥐었다.
그는 선두에 서서
하나님의 옳은 길을 따르고
이스라엘의 생명을 위해 그분의 규례를 지켰다."

22 단
"단은 바산에서 뛰어오르는
새끼 사자다."

23 납달리
"납달리에게 은총이 넘치고
하나님의 복이 넘쳐흐른다.
그는 바다와
남쪽 땅을 차지한다."

24-25 아셀
"아들들 가운데 가장 많은 복을 받은 아셀!
형제들이 가장 아끼는 이가 되어
그 발을 기름에 담그고 안마를 받을 것이다.
철문을 잠갔으니 안전하고
살아 있는 동안 네 힘이 강철 같을 것이다."

[26-28] 여수룬아, 하나님 같은 분은 없다.
그분께서 너를 구하시려 하늘을 가르고 오시며
구름으로 자기 위엄을 두르신다.
옛부터 계시는 하나님은 너의 안식처,
영원하신 두 팔이 그 기초를 떠받치신다.
그분께서 원수들을 네 앞에서 쫓아내시며
"멸하여라!" 명령하셨다.
이스라엘은 안전히 살고
야곱의 샘은 곡식과 포도주의 땅에
고요히 흐르고
그의 하늘은 이슬을 흠뻑 내린다.

[29] 이스라엘아! 너와 같이 복된 이가 누구겠느냐?
하나님께 구원받은 백성아!
그분은 너를 지키시는 방패
승리를 안기시는 칼.
네 원수들이 배로 기어서 네게 나아오고
너는 그들의 등을 밟고 행진할 것이다.

모세의 죽음

34

[1-3] 모세가 모압 평야에서 여리고 맞은편에 있는 느보 산 비스가 꼭
대기에 올랐다. 하나님께서 그에게 길르앗에서 단까지 이르는 온 땅
을 보여주셨다. 납달리와 에브라임과 므낫세의 땅, 지중해까지 이르는 유다의
땅, 네겝 지역, 종려나무 성읍 여리고를 에워싸며 멀리 남쪽 소알까지 이르는
평지를 보여주셨다.
[4] 그런 다음 하나님께서 그에게 말씀하셨다. "이것은 내가 네 조상 아브라함과
이삭과 야곱에게 맹세하여 '네 후손에게 주겠다'고 약속한 땅이다. 내가 저기 있
는 저 땅을 네 눈으로 보게 해주었다. 그러나 너는 저 땅에 들어가지 못한다."
[5-6] 하나님의 종 모세는 하나님께서 말씀하신 대로 모압 땅에서 죽었다. 하나님
께서 그를 벳브올 맞은편 모압 땅 골짜기에 묻으셨는데, 오늘날까지 그가 묻힌
곳을 아는 사람이 아무도 없다.
[7-8] 모세가 죽을 때 백스무 살이었으나 그는 눈빛이 흐리지 않았고, 거뜬히 걸어
다닐 수 있었다. 이스라엘 백성은 모압 평야에서 모세를 생각하며 삼십 일 동안
슬피 울었다. 이렇게 모세를 위해 애도하는 기간이 끝났다.
[9] 모세가 안수했으므로, 눈의 아들 여호수아는 지혜의 영으로 가득 찼다. 이스
라엘 백성은 그의 말을 잘 듣고, 하나님께서 모세에게 명령하신 대로 행했다.
[10-12] 그 후로 지금까지 이스라엘에 모세와 같은 예언자가 다시는 일어나지 않았
다. 모세는 하나님께서 얼굴을 마주 보고 아시던 사람이다. 하나님께서 그를 이

집트에 보내셔서 바로와 그의 모든 신하와 그의 온 땅에 일으키게 하신 표징과 이적 같은 것이, 그 후로 다시는 일어나지 않았다. 모세가 온 이스라엘 백성이 보는 앞에서 행한 크고 두려운 일과 그의 강한 손에 견줄 만한 것이 아무것도 없었다.

여호수아서부터 시작해 에스더서까지 이어지는 이 열두 권의 책은 흔히 '역사서'라 불린다. 그러나 그 사이에 일어난 일들을 기록한 '역사'라고만 할 수 없는 것이, 이는 무엇보다 사람이 하나님을 만나고 경험하는 일에 주목하는 역사이기 때문이다. 히브리 백성은 그들 내면과 주위에서 일어나는 일을 주시하고 거기에 전력으로 뛰어든 이들이었다. 그것은 하나님이 이 세상 안에, 또 그들의 공동체 안에, 그리고 그들 안에 살아 역사하시는 분이라는 그들의 믿음 때문이었다.

> **하나님**이 우리 하나님이십니다! 그분께서 우리 조상을 이집트의 종살이에서 이끌어 내셨습니다. 그분은 그 모든 위대한 기적을 우리가 보는 앞에서 행하셨습니다. 우리가 수없이 많은 길을 지나고 여러 나라를 통과하는 동안, 그분은 한순간도 우리에게서 눈을 떼지 않으셨습니다. 바로 우리를 위해 그분은 모든 민족, 곧 이 땅에 살던 아모리 사람과 모든 사람을 쫓아내셨습니다.
> 우리도 함께하겠습니다. 우리도 **하나님**을 예배하겠습니다. 그분만이 우리의 하나님이십니다(수24:17-18).

그들은 살아 계신 하나님을 떠나서는 인생과 세상을 논할 수 없으며, 아무리 특별하고 신비한 체험이라도—일식(日蝕)이나 염소 간에 생긴 반점이나 땅 틈에서 올라오는 증기 소리 같은 것들도—이야기의 중심이 될 수 없다고 여겼다. 하나님은 천문학적, 생리학적, 심리학적 현상으로 축소될 수 없는 분이셨다. 하나님은 살아 계셔서 언제 어디서나 그분의 뜻을 이루시는 분, 사람을 불러 일을 맡기시고, 믿음과 순종을 일깨우시고, 예배 공동체를 일구어 내시고, 자신의 사랑과 자비를 나타내시며, 죄를 심판하시는 분이셨다. 그런데 그분은 이 모든 일을 막연한 일반을 향해서가 아니라, 특정한 시간에 특정한 장소에서 특정한 이름을 가진 사람들과 더불어—곧 역사 속에서—행하셨다.

성경 안의 사람들에게 하나님은 철학자들이 토론하는 추상적 관념도, 제사장들이 다루는 괴이한 능력도 아니었다. 창조의 일부가 아닌 하나님은 사람의 연구대상, 관찰대상, 관리대상이 될 수 없는 존재이시다. 아울러 하나님은 '인격체'(person)이시다.

즉 이 시공간 속에서 우리가 섬기거나 반역할 수도, 믿거나 거부할 수도, 사랑하거나 미워할 수도 있는 존재이시다. 이 책들이 우리를 무수한 날짜와 사건과 인물과 상황들, 곧 역사 속에 빠뜨리는 이유도 거기에 있다. 하나님은 우리의 일상을 이루는 평범하고 비상한 사건들 속에서 우리를 만나신다. 성경 속 믿음의 조상들은 사람이 역사로부터 도피할 때, 시쳇말로 "머리 깎고 산에 들어갈 때" 하나님을 더 잘 만날 수 있다는 식의 생각을 해본 적이 없다. 그들에게 역사는 하나님께서 구원의 일을 행하실 때 사용하시는 매개물이었다. 렘브란트가 예술작품을 만들 때 물감과 캔버스를 매개물로 사용한 것처럼 말이다. 우리가 역사의 어지러운 판을 등진다고 해서 하나님께 더 가까이 가는 것은 결코 아니다.

이러한 철두철미한 역사의식이, 다시 말해, 존엄한 역사적 사명과 하나님의 역사 속 현존에 대한 의식이 히브리 백성의 말하는 방식과 글 쓰는 방식을 결정했다. 고대 세계 일반과 달리 그들은 공상적인 이야기들을 만들어 내거나 즐기는 일에 관심이 없었다. 그들의 글들은 오락적이지도 설명적이지도 않았다. 그 글들은 다만 하나님께서 사람과 세상을 어떻게 대하시는지를 계시해 주었다. 하나님을 대하는, 또 하나님이 대하시는 구체적 인간 군상의 모습과 그 현실적 상황들을 이야기라는 틀에 담아 보여 주었다.

하나님께 감사하여라! 그분의 이름을 소리쳐 불러라!
온 세상에 그분이 어떤 분이신지, 어떤 일을 하셨는지 알려라!
그분께 노래하여라! 그분을 위해 연주하여라!
그분께서 행하신 모든 놀라운 일을 방방곡곡에 전파하여라!
하나님을 찾는 이들아,
그분의 거룩한 이름을 한껏 즐겨라. 환호성을 올려라!
하나님과 그분의 능력을 배우고
밤낮으로 그분의 임재를 구하여라.
그분께서 행하신 놀라운 일들,
그분 입에서 나온 기적과 심판을 기억하여라.
그분의 종 이스라엘의 자손들아!
그분께서 가장 아끼시는 야곱의 자녀들아!
그분은 **하나님** 곧 우리 하나님이시다.
그분의 심판과 판결은 어디든 미친다.
그분께서는 약속하신 바를 지키신다.
명령하신 그 언약,
아브라함과 맺으신 그 언약,
이삭에게 맹세하신 그 언약을 수천 대까지 지키신다.
그 언약을 야곱에게 대문짝만하게 적어 주셨다.
이스라엘과 이 영원한 언약을 맺으셨다.
"내가 너희에게 가나안 땅을 주노라.
유산으로 주노라.
별 볼 일 없는 너희,

한 줌 나그네에 불과한 너희에게."

그들은 이곳저곳을 방황했고,
이 나라 저 나라로 옮겨 다녔다.
그러나 그분께서는 누구도 그들을 괴롭히지 못하게 하셨고,
그들 편이 되어 폭군들에 맞서 주셨다.
"감히 내가 기름부은 이들을 건드리지 마라.
내 예언자들에게 손대지 마라."

만민들아, 만물들아, 하나님께 노래하여라!
그분의 구원 소식을 날마다 전파하여라!
이방 민족들 가운데 그분의 영광을 선포하여라.
그분께서 행하신 놀라운 일들을 모든 종족과 종교 가운데 널리 알려라.
하나님께서 위대하시니! 찬양받으시기에 합당하시니!
어떤 신이 그분 영광에 이를 수 있으랴.
(대상 16:8-25)

사실, 히브리 사람에게 하나님과 무관한(secular) 역사란 있을 수 없었다. 그런 것은 애초에 없었다. 이 세상 모든 일은 다 하나님의 활동무대에서 일어나는 일이었다. 그들의 이야기 자체는 하나님에 대해 많은 말을 늘어놓고 있지 않기에, 자칫 우리는 그 모든 일 가운데 계시는 하나님의 보이지 않는, 말 없는 현존을 망각하기 쉽다. 그러나 그렇게 해서는 그 글들의 내용도, 그 형식도 제대로 이해할 수 없다. 그 이야기들 어디서도 하나님은 부재자나 주변인으로 머물지 않으신다. 히브리 사람이 그렇게 사람과 사건들에 주목한 이유는 오직 하나였다. 바로, 하나님을 향해 깨어 있기 위함이었다.

이는 현대를 사는 우리가 터득하기 어려운 사고방식이다. 우리는 하나님을 배제시킨 채 연구하고 글을 쓰는 역사가나 학자, 언론인들에게서 역사를 배우는 데 익숙해 있기 때문이다. 우리의 학교와 일간지와 텔레비전 방송국들은 그동안 우리를, 역사를 오직 정치와 경제, 이익추구와 환경적 조건의 관점에서만 읽도록 길들여 왔다. 그렇게 길들여진 이들에게 하나님은 그저 적당한 곳 어딘가에 끼워 넣으면 되는 무엇에 불과하다. 그러나 여호수아서에서 에스더서까지의 이 역사서들은 근본적으로 다르다. 이 책들은 하나님의 모든 역사 속에 우리 자신과 우리 주변의 모든 사람이 개입되는 그런 역사 읽기로 우리를 이끌어 간다.

땅. 젖과 꿀이 흐르는 땅. 약속의 땅. 거룩한 땅. 가나안 땅. 그 땅! 모세의 뒤를 이어 이스라엘의 지도자가 된 여호수아가 요단 강가에 서 있다. 그 강 건너편 가나안 땅에 들어가 그곳을 차지하려는 것이다. 그곳은 유구한 역사의 거대한 문명들 사이에 낀 보잘것없는 지역이었다. 그곳에서 무언가 중요한 일이 일어나리라 생각했던 사람은 당대에 아무도 없었다. 그 협소한 지역은 이집트와 메소포타미아라는 두 위대한 문화권과 경제권 사이에 놓인 다리라는 점을 제외하면 하등의 중요성도 없었다. 그러나 이제 그곳은 인류의 종교사에서 중요한 곳이 될 것이었다. 아니, 그곳은 실로 앞선 모든 것과 주변 모든 것을 압도하는 곳이 될 것이었다.

이스라엘 백성은 거의 오백 년 동안을 땅 없이 살았다. 그들의 '조상'인 아브라함, 이삭, 야곱 그리고 그의 열두 아들은 모두 가나안 땅을 떠도는 유목민이었다. 그들 이후, 이스라엘 백성은 장구한 세월 동안(사백 년 넘도록!) 이집트에서 종으로 살았고, 그러다 모세의 인도로 기적적인 해방을 맞아 자유민이 되었으며, 하나님의 인도와 축복 아래 사십 년간 자유민 수업과 훈련을 받았다.

여호수아서를 열 때 우리가 만나는 그들, 그날 요단에 진 친 그 무리는, 천 년의 절반에 가까운 시간을 종으로 살아온 사람들이었다. 불과 얼마 전에야 자유의 몸이 된 초라한 행색의 유랑민이었다. 땅 한 평 가질 수 없는 종이 땅을 소유한 자유민이 되는 일은 실로 엄청난 변화였다. 그런 변화를 이끌며 여호수아는 그 땅을 정복했고(1-12장), 그 땅을 열두 지파에게 분배했으며(13-22장), 그 백성을 그 땅과, 그 땅을 선물로 주신 하나님과 묶어 주는 엄숙한 언약-증거 의식으로 대장정을 마무리했다(23-24장). 그들은 오직 하나님만 예배하는 백성이 되겠다고 서약했다.

여호수아서를 신성한 이야기로 받아들이는 데 있어 현대 독자 대부분에게 가장 큰 걸림돌은 이른바 '거룩한 전쟁'(holy war)이라 불리는 군사행동이다. 내가 '거룩한 저주'(holy curse)라고 번역한 그것은 정복한 성읍의 주민을 모조리 죽이고, 짐승이든 물건이든 그 안의 모든 것을 완전히 파괴해 버리는 행위를 말한다. 대학살, 대대적인 파괴행위다. 이 책에서는 "하나도 살려 두어서는 안된다"는 말이 후렴구처럼 반복해서 등장한다. 흔히 우리는 지금 우리 시대의 시각에 입각해 "어찌 이렇게 잔혹할 수가!"라고 말한다. 그러나 우리가 주전 13세기로 돌아가 본다면 아마 다른 시각을 갖게 될 것이다. 당시 가나안 문화는 아이 희생제(child sacrifice)나 사원 매춘(sacred prostitution)으로 얼룩져 있었다. 신(들)을 움직여 득을 볼 요량으로 사회에서 가장 죄 없고 힘없는 이들(어린아이와 처녀들)을 잔인무도하게 희생시키는 야만적 관행들이 횡행하는 사악한 뱀 우리 같은 곳이 바로 가나안이었다.

모세의 리더십과 가르침을 이어받아 여호수아서가 펼쳐 보이는 이 구원 이야기 역시 특정 장소들에 뿌리박고 특정 사람들과 결합되어 있다. 그래서 수백 개도 넘는 구체적 지명, 명칭, 이름들이 등장한다. 이 이야기에서는 우리가 흔히 종교의 중심 주제라고 여기는 것들—관념, 진리, 기도, 약속, 신조—이 특정 인물이나 실제 장소와 분리되어 별개로 제시되는 법이 결코 없다. 성경이 제시하는 종교에는 구체적 인물이나 장소와 동떨어진 '위대한 사상'이니 '숭고한 진리'니 '영감을 주는 생각'이니 하는 것들이 설 자리가 없다. 우리를 향한 하나님의 크신 사랑과 목적은 언제나 혼란, 위기와 죄, 파탄, 일상적 노동, 평범한 꿈 같은 것들을 통해 이루어진다. 하나님은 언제나 우리의 이상적인 모습이 아니라 있는 모습 그대로를 사용해 일하신다. 그분은 여호수아에게(그리고 우리에게!) 다음과 같이 말씀하신다. "힘을 내어라! 용기를 내어라! 겁내지 마라. 낙심하지 마라. **하나님** 네 하나님이 네가 내딛는 모든 걸음마다 함께할 것이다"(수 1:9).

하나님을 현실 곧 어려운 세상살이에서 벗어날 도피처로 삼기 좋아하는 이들은 이런 방식이 그다지 마음에 들지 않을 것이다. 그러나 현실도피가 아니라 현실을 추구하는 이들에게 이런 식으로 전개되는 하나님의 구원 이야기, 곧 불같은 의지와 믿음으로 여호수아가 자기 백성을 위해 땅을 정복해 나가는 이야기, 비상하리만치 신중하게 모든 지파와 집안들의 이름을 하나하나 불러 가며 그들에게 제 몫을 할당해 주는 이야기는, 실로 좋은 소식이다. 여호수아서는 현실에 뿌리박은 삶을 위한 확고한 토대가 되어 주는 책이다.

여호수아

1 [1-9] **하나님**의 종 모세가 죽은 뒤에 **하나님**께서 모세를 보좌하던 여호수아에게 말씀하셨다.

"내 종 모세가 죽었으니, 가거라. 너는 모든 백성과 함께 이 요단 강을 건너, 내가 이스라엘 백성에게 주려는 땅으로 가거라. 모세에게 약속한 대로, 내가 너희 발로 밟는 땅을 한 구석도 빠짐없이 너희에게 모두 주겠다. 광야와 이 레바논에서부터 동쪽으로 큰 강 유프라테스에 이르는 헷 사람의 온 땅과, 서쪽으로 큰 바다까지 모두 너희 것이다. 네 평생에 너를 당해 낼 자가 아무도 없을 것이다. 내가 모세와 함께했던 것같이 너와 함께할 것이다. 나는 너를 포기하지 않으며 너를 떠나지 않겠다. 힘을 내어라! 용기를 내어라! 너는 이 백성을 인도하여 내가 그들의 조상에게 주기로 약속한 땅을 유산으로 받게 할 것이다. 네 마음과 뜻을 다하여라. 모세가 너에게 명령한 계시를 하나도 빠짐없이 그대로 행하여라. 왼쪽으로나 오른쪽으로나 길을 벗어나지 마라. 그러면 틀림없이 네가 가려는 곳에 이르게 될 것이다. 또 이 계시의 책이 잠시도 네 마음에서 떠나지 않게 하여라. 밤낮으로 그것을 묵상하고 마음에 새겨, 거기 기록된 대로 반드시 모두 행하여라. 그러면 네가 이르려는 곳에 이르게 될 것이고, 네가 뜻한 바를 이루게 될 것이다. 내가 네게 명령하지 않았느냐? 힘을 내어라! 용기를 내어라! 겁내지 마라. 낙심하지 마라. **하나님** 네 하나님이 네가 내딛는 모든 걸음마다 함께할 것이다."

땅을 차지할 것이다

[10-11] 그리하여 여호수아는 백성의 지도자들에게 명령했다. "진을 두루 다니며 백성에게 이렇게 명령하십시오. '짐을 꾸리십시오. 사흘 후에 여러분은 이 요단 강을 건너서 **하나님** 여러분의 하나님께서 여러분 소유로 주시는 땅에 들어가,

그 땅을 차지하게 될 것입니다.'"
12-15 또 여호수아는 르우벤 지파와 갓 지파와 므낫세 반쪽 지파에게 이렇게 말했
다. "**하나님**의 종 모세가 여러분에게 명령한 것을 잊지 마십시오. **하나님** 여러
분의 하나님은 여러분에게 쉼을 주시고 이 땅을 주시는 분입니다. 여러분의 아
내와 자녀와 가축들은 모세가 여러분에게 준 땅인 여기 요단 강 동쪽에 남아도
좋습니다. 하지만 강한 군사인 여러분 모두는 형제들의 선두에 서서 전투대형
으로 강을 건너, **하나님** 여러분의 하나님께서 여러분에게 주신 것처럼 여러분
의 형제들에게도 쉴 곳을 주실 때까지 그들을 도와야 합니다. 그들도 **하나님** 여
러분의 하나님이 주시는 땅을 얻게 될 것입니다. 그 후에야 여러분은 하나님의
종 모세가 여러분에게 준 요단 강 건너편 동쪽 여러분의 소유지로 자유롭게 돌
아오게 될 것입니다."
16-18 그들이 여호수아에게 대답했다. "명령하신 대로 우리가 다 행하겠습니다.
당신이 어디로 보내든지 우리는 가겠습니다. 모세에게 충실하게 순종한 것처럼
당신에게도 순종하겠습니다. 오직 **하나님** 당신의 하나님께서 모세와 함께 계셨
던 것처럼, 당신과 함께 계시기를 빕니다. 누구든지 당신의 말에 이의를 달거나
당신의 명령에 순종하지 않는 사람은 죽임을 당할 것입니다. 힘을 내십시오! 용
기를 내십시오!"

2

라합

1 눈의 아들 여호수아가 싯딤에서 정탐꾼 두 사람을 몰래 보내며 말했다.
"가서 그 땅을 둘러보고, 여리고를 잘 살펴보시오." 그들이 길을 떠나 라
합이라는 창녀의 집에 이르러 그곳에서 묵었다.
2 여리고 왕에게 보고가 들어갔다. "지금 막 들어온 소식입니다. 이 땅을 정탐하
려고 이 밤에 사람들이 들어왔습니다. 이스라엘 백성 가운데서 왔다고 합니다."
3 여리고 왕이 라합에게 전갈을 보냈다. "너희 집에 묵으려고 온 사람들을 내놓
아라. 그들은 정탐꾼들이다. 이 온 땅을 정탐하러 온 자들이다."
4-7 그러나 그 여인은 두 사람을 데려다가 숨겨 두고 이렇게 말했다. "맞습니다.
두 사람이 저에게 오기는 했지만, 저는 그들이 어디서 왔는지 몰랐습니다. 어두
워져서 성문이 닫힐 무렵에 그 자들이 떠났는데, 어디로 갔는지는 모르겠습니
다. 서두르십시오! 쫓아가면 잡을 수 있을 것입니다!" (그러나 그때는 라합이 두 사
람을 지붕으로 데리고 올라가, 지붕 위에 널어놓은 아마 단 밑에 숨겨 둔 뒤였다.) 그들을 뒤
쫓던 사람들은 요단 길을 따라 여울목 쪽으로 향했다. 그들이 나가자마자 성문
이 닫혔다.
8-11 그 밤에 정탐꾼들이 잠자리에 들기 전, 라합이 지붕 위에 있는 그들에게 올
라가서 말했다. "나는 **하나님**께서 당신들에게 이 땅을 주신 것을 압니다. 우리
모두가 두려워 떨고 있고, 이 땅의 모든 사람이 절망에 빠져 있습니다. 당신들
이 이집트를 떠날 때 **하나님**께서 당신들 앞에서 어떻게 홍해 물을 마르게 하셨
는지, 당신들이 거룩한 저주 아래 두어 멸망시킨 요단 동쪽 아모리 사람의 두

왕 시혼과 옥에게 그분께서 어떻게 행하셨는지 우리가 들었습니다. 그 말을 듣고서 다들 가슴이 철렁 내려앉아 숨이 멎는 줄 알았습니다. 모두가 당신들 때문입니다. 당신들과, 위로 하늘의 하나님이시며 아래로 땅의 하나님이신 **하나님** 당신들의 하나님 때문입니다.

12-13 이제 **하나님**의 이름으로 나에게 약속해 주십시오. 내가 당신들에게 자비를 베풀었으니, 당신들도 우리 집에 자비를 베풀어 주십시오. 내 부모와 형제를 비롯해서 우리 집과 관계된 사람들을 모두 살려 주겠다는 보증으로, 눈에 보이는 증거물을 주십시오. 우리 목숨을 죽음에서 건져 주십시오!"

14 "우리가 목숨을 걸고 당신들을 지키겠소!" 그 사람들이 말했다. "다만, 이 일을 아무에게도 말하지 마시오. 그러면 **하나님**께서 이 땅을 우리에게 넘겨주실 때, 우리가 신의를 지키고 자비를 베풀어 당신들에게 도리를 다할 것이오."

15-16 라합의 집이 바깥쪽 성벽 위에 있었으므로, 라합은 그들을 창문에서 줄로 달아 내렸다. 그리고 그들에게 말했다. "뒤쫓는 사람들의 눈에 띄지 않도록 산으로 달아나세요. 사흘 동안 숨어 있으면 뒤쫓던 사람들이 돌아갈 겁니다. 그때 길을 떠나십시오."

17-20 그 사람들이 대답했다. "우리가 당신과 맺은 맹세를 지키게 하려면 이렇게 하시오. 우리를 달아 내렸던 창문 밖으로 이 붉은 줄을 걸어 놓고 당신의 부모와 형제 온 가족이 당신 집에 모여 있으시오. 누구든지 당신 집 문을 나서서 길로 나갔다가 목숨을 잃으면 그것은 그 사람 잘못이지 우리 책임이 아닙니다. 그러나 집 안에 있는 사람들에 대해서는 전적으로 우리가 책임지겠소. 누가 그들 중 하나에게라도 손을 대면 그것은 우리 잘못입니다. 다만, 당신이 우리의 일을 아무에게라도 말하면 당신과 맺은 이 맹세는 무효입니다. 우리는 더 이상 책임이 없습니다."

21 라합은 "그 말대로 하겠습니다" 하고는, 그들을 보냈다. 그들이 떠나자 라합은 창문 밖으로 붉은 줄을 내걸었다.

22 그들은 산으로 가서, 뒤쫓는 사람들이 돌아갈 때까지 사흘 동안 거기 머물렀다. 뒤쫓는 사람들은 이곳저곳을 샅샅이 뒤졌으나 아무것도 찾지 못했다.

23-24 그들이 돌아갔다. 두 사람은 산에서 내려와 강을 건너, 눈의 아들 여호수아에게 돌아가서 자신들이 겪은 일을 빠짐없이 보고했다. "**하나님**께서 온 땅을 우리에게 주셨습니다! 그곳 사람들 모두가 우리 때문에 겁에 질려 있습니다."

요단 강을 건너다

3 1-4 여호수아는 일찍 일어나, 온 이스라엘 백성과 함께 싯딤을 떠나 요단 강에 이르렀다. 그는 강을 건너기 전에 그곳에 진을 쳤다. 사흘 후에, 지도자들이 진을 두루 다니며 백성에게 명령을 내렸다. "레위 제사장들이 **하나님** 여러분의 하나님의 언약궤를 메는 것을 보거든, 여러분이 머물던 자리를 떠나 그 궤를 따라나서십시오. 여러분과 언약궤 사이는 900미터 정도 간격을 두어야 합니다. 반드시 그 거리를 유지해야 합니다! 그러면 갈 길이 분명히 보일 것입

니다. 이 길은 여러분이 한 번도 가 본 적이 없는 길입니다."
5 여호수아가 백성에게 말했다. "여러분 자신을 정결하게 하십시오. 내일 하나
님께서 여러분 가운데서 놀라운 기적을 행하실 것입니다."
6 여호수아가 제사장들에게 지시했다. "언약궤를 메고 백성보다 앞서 가십시
오." 그래서 제사장들은 언약궤를 메고 백성보다 앞서 나아갔다.
7-8 **하나님**께서 여호수아에게 말씀하셨다. "바로 오늘부터 내가 온 이스라엘이
보는 앞에서 너를 높일 것이다. 내가 모세와 함께 있었던 것처럼 너와 함께 있
다는 것을 그들이 직접 보게 될 것이다. 너는 언약궤를 멘 제사장들에게, 요단
강 물가에 이르거든 거기 강둑에 서 있으라고 명령하여라."
9-13 여호수아는 이스라엘 백성에게 말했다. "주목하십시오! **하나님** 여러분의 하
나님께서 하시는 말씀을 들으십시오. 하나님께서 여러분 가운데 살아 계심을
여러분이 이제 알게 될 것입니다. 그분께서 가나안 사람, 헷 사람, 히위 사람,
브리스 사람, 기르가스 사람, 아모리 사람, 여부스 사람을 여러분 앞에서 완전
히 쫓아내실 것입니다. 여러분 앞에 있는 것을 보십시오. 언약궤입니다. 생각해
보십시오. 온 땅의 주께서 여러분이 보는 앞에서 요단 강을 건너실 것입니다.
이제 이스라엘 지파 중에서 지파별로 한 명씩 열두 사람을 뽑으십시오. 온 땅의
주이신 **하나님**의 언약궤를 멘 제사장들의 발이 요단 강 물에 닿는 순간, 흘러내
리던 물이 멈출 것입니다. 위에서부터 흘러내리던 물이 가득 고일 것입니다."
14-16 정말 그대로 되었다. 언약궤를 멘 제사장들이 앞장선 가운데 백성은 요단
강을 건너기 위해 장막을 떠났다. 제사장들이 요단 강에 이르러 그 발이 물가에
닿자(요단 강은 추수철이면 내내 강둑에 물이 넘쳤다) 흘러내리던 물이 멈췄다. 멀리 사
르단 근처의 아담에 물이 가득 고인 것이다. 저만치 아라바 바다(소금 바다)까지
강이 말랐다. 그래서 백성은 여리고 쪽으로 건너갔다.
17 온 이스라엘이 마른 땅을 밟고 요단 강을 건너는 동안, 언약궤를 멘 제사장들
은 강 한가운데 마른 땅을 굳게 딛고 서 있었다. 마침내 온 이스라엘 민족이 발
하나 젖지 않은 채 요단 강을 건넜다.

4 1-3 마침내 온 백성이 강을 건너자, **하나님**께서 여호수아에게 말씀하셨다.
"백성 중에서 지파별로 한 명씩 열두 사람을 뽑아, 그들에게 '바로 여기,
제사장들의 발이 굳게 섰던 요단 강 한가운데서 돌 열두 개를 취하십시오. 그
돌들을 가져다가 오늘 밤 여러분이 진을 칠 곳에 두십시오' 하고 말하여라."
4-7 여호수아는 자신이 이스라엘 백성 중에서 지파별로 한 명씩 뽑은 열두 사람
을 불러 지시했다. "요단 강 한가운데로 가서 **하나님** 여러분의 하나님의 언약궤
앞에 서십시오. 각자 돌 하나씩을 들어 어깨에 메십시오. 이스라엘 백성 각 지
파마다 돌 하나씩입니다. 그 돌들은 훗날 이 일에 대한 기념물이 될 것입니다.
여러분의 자손이 '이 돌들은 무엇입니까?' 하고 묻거든, 여러분은 '**하나님**의 언
약궤가 요단 강을 건널 때 강물이 그 궤 앞에서 멈췄다. 궤가 다 건널 때까지 줄

곧 멈춰 있었다. 이 돌들은 이스라엘 백성을 위한 영원한 기념물이다'라고 말해
주십시오."
8-9 이스라엘 백성은 여호수아가 명령한 대로 행했다. 요단 강 한가운데서 돌 열
두 개를—하나님께서 여호수아에게 지시하신 대로 열두 지파가 돌 하나씩을—
취하여 그것을 메고 진으로 돌아와 진 안에 두었다. 여호수아는 언약궤를 멘 제
사장들이 서 있던 요단 강 한가운데서 가져온 열두 돌을 세웠다. 그 돌들은 오
늘까지 그곳에 있다.
10-11 언약궤를 멘 제사장들은 하나님께서 여호수아에게 지시하여 백성에게 행하
게 한 일이 다 이루어질 때까지(이로써 일찍이 모세가 여호수아에게 지시한 일이 이루어
졌다) 계속해서 요단 강 한가운데 서 있었다. 백성은 한 사람도 망설이지 않고 모
두가 강을 건넜다. 강을 다 건너고 나서 온 백성은 언약궤와 제사장들이 건너오
는 모습을 지켜보았다.
12-13 르우벤 지파와 갓 지파와 므낫세 반쪽 지파는 모세가 지시한 대로, 이스라
엘 백성 앞에서 전투대형으로 건너갔다. 모두 약 사만 명의 무장한 군사들이 전
투태세를 갖추고 하나님 앞에서 여리고 평지로 건너갔다.
14 **하나님**께서는 그날 온 이스라엘 백성이 보는 앞에서 여호수아를 높여 주셨
다. 그리하여 이스라엘은 모세가 살아 있는 동안 모세를 두려워했듯이 여호수
아를 두려워하게 되었다.

⁂

15-16 **하나님**께서 여호수아에게 말씀하셨다. "증거궤를 멘 제사장들에게 명령하
여 요단 강에서 올라오게 하여라."
17 여호수아는 제사장들에게 "요단 강에서 올라오십시오" 하고 명령했다.
18 제사장들이 그대로 행했다. 그들은 **하나님**의 언약궤를 메고 요단 강 한가운
데서 올라왔다. 제사장들의 발이 마른 땅에 닿자마자, 요단 강 물이 전처럼 둑
안으로 다시 흐르기 시작했다.
19-22 백성은 첫째 달 십일에 요단 강에서 올라와, 여리고 동쪽 길갈(동그라미)에
진을 쳤다. 여호수아는 요단 강에서 가져온 돌 열두 개를 길갈에 기념물로 세웠
다. 그러고 나서 이스라엘 백성에게 말했다. "훗날 여러분의 자손이 그 아버지
에게 '이 돌들은 대체 무엇입니까?' 하고 묻거든, 여러분은 '이스라엘이 마른 땅
을 밟고 이 요단 강을 건넜다' 하고 말해 주십시오.
23-24 그렇습니다. **하나님** 여러분의 하나님께서 여러분이 강을 다 건널 때까지 요
단 강 물을 마르게 하셨습니다. 전에 **하나님** 여러분의 하나님께서 우리가 홍해
를 다 건널 때까지 우리 앞에서 홍해를 마르게 하셨던 것처럼 말입니다. 그렇게
하신 것은 땅의 모든 사람이 **하나님**의 구원하시는 손이 얼마나 강한지 알도록
하고, 여러분이 항상 **하나님**을 경외하도록 하려는 것입니다."

⁂

5

1 이스라엘 백성이 강을 다 건널 때까지 하나님께서 그들 앞에서 요단 강을 멈추게 하셨다는 소식을 듣고, 요단 강 서쪽의 모든 아모리 사람의 왕들과 바닷가 가나안 사람의 왕들의 마음이 무너져 내렸다. 이스라엘 백성을 생각만 해도 그들은 간담이 서늘해졌다.

2-3 그때 하나님께서 여호수아에게 말씀하셨다. "돌칼을 만들어 이스라엘 백성에게 다시 할례를 행하여라." 여호수아는 돌칼을 만들어 할례 산에서 이스라엘 백성에게 할례를 행했다.

4-7 여호수아가 할례를 행한 까닭은 이러하다. 이집트를 떠난 백성 가운데 남자, 곧 모든 군사는 이집트를 나오는 여정 중에 광야에서 죽었다. 이집트에서 나온 사람들은 물론 다 할례를 받았으나, 이집트를 떠난 뒤로 광야 길에서 태어난 사람들은 할례를 받지 못했다. 사실 이스라엘 백성은 민족 전체가 죽기까지, 곧 이집트에서 나올 때에 군대 징집 연령에 해당하던 남자들이 하나님의 부르심에 불순종하여 모두 죽기까지 사십 년 동안 광야를 헤맸다. 하나님께서는 친히 우리에게 주시겠다고 우리 조상에게 엄숙히 약속하신 그 땅, 곧 젖과 꿀이 흐르는 땅을 그들이 절대로 보지 못할 것이라고 맹세하셨다. 결국 그 자손들이 그들을 대신했는데, 여호수아가 할례를 행한 사람들이 바로 그들이었다. 그들이 지금까지 할례를 받지 못한 것은, 광야 길에서 아무도 할례를 행하지 않았기 때문이다.

8 온 백성의 할례가 끝나자, 그들은 다 나을 때까지 진을 친 곳에 그대로 머물렀다.

9 하나님께서 여호수아에게 말씀하셨다. "내가 오늘 너희가 이집트에서 겪은 치욕을 없애 버렸다." 그래서 그곳은 오늘까지 길갈이라고 불린다.

10 이스라엘 백성은 계속해서 길갈에 진을 쳤다. 그들은 그달 십사일 저녁에 여리고 평지에서 유월절을 지켰다.

11-12 유월절 바로 다음 날부터 그들은 그 땅의 열매, 곧 누룩을 넣지 않은 빵과 볶은 곡식을 먹기 시작했다. 그러자 만나가 더 이상 내리지 않았다. 만나가 완전히 그친 것이다. 이스라엘 백성이 그 땅에서 난 음식을 먹기 시작하자, 그들에게 더 이상 만나가 주어지지 않았다. 그해에 그들은 가나안 땅에서 난 곡식을 먹었다.

13 그리고 이 일이 있었다. 여호수아가 여리고 근처에 이르렀을 때다. 그가 눈을 들어 보니, 바로 앞에 어떤 사람이 칼을 뽑아 들고 서 있었다. 여호수아가 그에게 다가가서 물었다. "너는 어느 편이냐? 우리 편이냐, 우리 원수의 편이냐?"

14 그가 말했다. "어느 편도 아니다. 나는 하나님의 군대 사령관으로, 이제 막 도착했다." 여호수아가 땅에 엎드려 경배한 다음, 그에게 물었다. "내 주께서 이 종에게 내리실 명령이 무엇입니까?"

15 하나님의 군대 사령관이 여호수아에게 명령했다. "네 발에서 신을 벗어라. 네

가 서 있는 곳은 거룩한 곳이다."
여호수아가 그대로 행했다.

여리고 성 점령

6

1 여리고는 이스라엘 백성 때문에 철통같이 닫혀 있었다. 들어가는 사람
도 나오는 사람도 없었다.
2-5 하나님께서 여호수아에게 말씀하셨다. "잘 들어라. 내가 여리고를 그 왕과
정예부대와 함께 이미 너에게 넘겨주었으니, 너는 이렇게 하여라. 너희 모든 군
사들은 그 성 둘레를 따라 행진하여라. 성을 한 바퀴씩 돌되, 육 일 동안 반복해
서 돌아라. 제사장 일곱 명이 언약궤 앞에서 숫양 뿔나팔 일곱 개를 들고 가게
하여라. 칠 일째 되는 날에는 제사장들이 나팔을 부는 동안 성을 일곱 바퀴 돌
아라. 후에 숫양 뿔을 길게 부는 소리가 들리거든 온 백성이 힘껏 소리를 질러
야 한다. 그러면 성벽이 곧바로 무너질 것이다. 그때 백성이 일제히 진격하여
들어가라."
6 눈의 아들 여호수아가 제사장들을 불러 말했다. "언약궤를 메십시오. 그리고
일곱 제사장은 숫양 뿔나팔 일곱 개를 들고 하나님의 궤 앞에 서십시오."
7 그가 또 백성에게 말했다. "출발하십시오! 성 둘레를 따라 행진하십시오. 무장
한 호위대는 하나님의 궤 앞에서 행진하십시오."
8-9 그러자 백성이 그대로 행했다. 여호수아가 명령하자, 백성이 움직였다. 일곱
제사장은 숫양 뿔나팔 일곱 개를 들고 하나님 앞에서 출발했다. 그들은 하나님의
언약궤 앞에 서서 나팔을 불었다. 무장한 호위대가 나팔을 부는 제사장들 앞에서
행진했고, 후방 호위대는 나팔을 불며 행진하는 제사장들 뒤에서 행진했다.
10 여호수아가 백성에게 명령했다. "소리치지 말고, 말도 하지 마십시오. 내가
'외치라!'고 할 때까지는 속닥거리지도 마십시오. 외치라는 명령이 들릴 때에
힘껏 외치십시오!"
11-13 여호수아는 하나님의 궤를 보내어 성 둘레를 돌게 했다. 궤는 성을 한 바퀴
돌고서 진으로 돌아와 진 안에서 밤을 보냈다. 여호수아는 이튿날 아침 일찍 일
어났고 제사장들은 하나님의 궤를 멨다. 제사장 일곱 명이 숫양 뿔나팔 일곱 개
를 들고 하나님의 궤 앞에서 행진했다. 그들이 나팔을 불며 행진하는 동안, 무
장한 호위대가 앞에서 행진했고 후방 호위대는 뒤에서 행진했다. 이렇게 그들
은 나팔을 불며 행진했다!
14 둘째 날에 그들은 다시 성을 한 바퀴 돌고 진으로 돌아왔다. 육 일 동안 그렇
게 했다.
15-17 일곱째 날, 그들은 아침 일찍 일어나 성 둘레를 똑같은 방식으로 행진하되
그날만은 일곱 바퀴를 돌았다. 일곱 바퀴째 돌 때에, 제사장들이 나팔을 불자
여호수아가 백성에게 신호를 보냈다. "외치십시오! 하나님께서 이 성을 여러분
에게 주셨습니다. 이 성과 그 안에 있는 모든 것은 거룩한 저주를 받아 하나님
께 바쳐졌습니다.

다만 창녀 라합만은 예외입니다. 라합과 그 집에 있는 모든 사람은 우리가 보낸
정탐꾼들을 숨겨 주었으므로, 살려 두어야 합니다.
18-19 거룩한 저주를 받은 이 성에서 여러분은 행동에 주의하십시오. 성 안에 있
는 물건을 탐내지 마십시오. 저주받은 것을 취함으로써, 그 저주로 이스라엘 진
을 위험에 빠뜨리고 모든 사람을 괴롭게 하는 일이 없도록 조심하십시오. 모든
은과 금, 동과 철로 만든 그릇은 **하나님**께 거룩한 것이니, 그것들은 **하나님**의
보물 보관소에 두십시오."
20 제사장들이 나팔을 불었다.
백성이 나팔소리를 듣고 우레처럼 큰소리로 외치자, 성벽이 곧바로 무너져 내
렸다. 백성은 곧장 성 안으로 달려 들어가 그 성을 차지했다.
21 그들은 성 안의 모든 것을 거룩한 저주 아래 두어, 남녀노소와 소와 양과 나귀
를 가리지 않고 죽였다.
22-24 여호수아는 전에 그 땅을 정탐했던 두 사람에게 명령했다. "그대들이 약속
한 대로 그 창녀의 집에 들어가, 그녀뿐 아니라 그녀와 관계된 사람들을 모두
구하시오." 젊은 정탐꾼들이 들어가서 라합과 그 부모와 형제, 곧 그녀와 관계
된 사람들을 모두 데리고 나왔다. 온 가족을 데리고 나와서 이스라엘 진 밖의
한곳에 있게 했다. 그리고 성과 그 안에 있는 모든 것을 불살라 버렸다. 그러나
금과 은, 동과 철로 만든 그릇은 예외여서, 그것은 모두 **하나님**의 집 보물 보관
소에 두었다.
25 여호수아는 창녀 라합만은 살려 주었다. 곧 라합과 그녀의 아버지 집안과 그
녀와 관계된 모든 사람을 살려 준 것이다. 라합이 오늘까지 이스라엘 가운데 살
아 있는데, 그것은 여호수아가 여리고를 정탐하도록 보낸 정탐꾼들을 그녀가
숨겨 주었기 때문이다.
26 그때 여호수아가 엄숙히 맹세했다.

이 여리고 성을 다시 세우려는 사람은
하나님 앞에 저주를 받을 것이다.
기초를 쌓으면 맏아들을 잃고
문짝을 달면 막내아들을 잃을 것이다.

27 **하나님**께서 여호수아와 함께 계셨으므로, 그는 온 땅에 널리 알려졌다.

아간의 범죄

7 1 그때에 이스라엘 백성이 거룩한 저주를 어기는 일이 일어났다. 유다 지
파 세라의 증손이요 삽디의 손자요 갈미의 아들인 아간이, 저주받은 물
건 가운데 일부를 취한 것이다. **하나님**께서 이스라엘 백성에게 진노하셨다.
2 여호수아가 여리고에서 베델 동쪽의 벳아웬 근처에 있는 아이(폐허)로 사람들

을 보냈다. 그들에게 "올라가서 그 땅을 정탐하시오" 하고 지시하니, 그 사람들
이 올라가서 아이를 정탐했다.
3 그들이 여호수아에게 돌아와 보고했다. "굳이 많은 백성을 보내지 않아도 되
겠습니다. 이삼천 명이면 충분히 아이를 물리칠 수 있습니다. 군대를 모두 동원
하여 지치게 할 필요가 없습니다. 그곳 사람의 수가 얼마 되지 않습니다."
4-5 그리하여 백성 가운데 삼천 명이 그곳으로 올라갔다. 그러나 그들은 도리어
아이 사람들에게 패하여 도망쳐 왔다! 아이 사람들이 성문에서 채석장까지, 또
거기서 내리막길을 따라 쫓아오면서 이스라엘 사람 서른여섯 명을 죽였다. 백
성은 마음이 무너져 내렸고 기운을 다 잃고 말았다.
6 여호수아가 옷을 찢고 **하나님**의 궤 앞에서 얼굴을 땅에 대고 엎드렸다. 그와
지도자들은 머리 위에 먼지를 뒤집어쓰고 저녁때까지 엎드려 있었다.
7-9 여호수아가 말했다. "오 주 **하나님**, 어찌하여 이 백성을 요단 강 건너편으로
데려오셨습니까? 아모리 사람의 희생물이 되게 하시려는 것입니까? 우리를 없
애 버리시려는 것입니까? 차라리 요단 강 동쪽에 정착할 것을 그랬습니다. 오
주님, 이스라엘이 적에게 패하여 도망쳤으니, 이제 제가 무슨 말을 할 수 있겠
습니까? 가나안 사람과 이곳에 사는 다른 모든 사람이 이 소식을 들으면, 떼를
지어 몰려와서 순식간에 우리를 해치울 것입니다. 그렇게 되면 주님의 명성은
어떻게 지키시렵니까?"
10-12 **하나님**께서 여호수아에게 말씀하셨다. "일어나거라. 어찌하여 엎드려 있느
냐? 이스라엘이 죄를 지었다. 그들이 내가 지키라고 명령한 언약을 어기고 내
가 금지한 전리품을 취했다. 또한 그것을 훔치고서는 자기가 한 짓을 은폐하
려고 그 훔친 것을 자기네 살림과 함께 감추어 두었다. 이스라엘 백성은 더 이
상 원수를 똑바로 쳐다볼 수 없게 되었다. 그들 자신이 전리품이 되고 말았다.
저주받은 물건을 너희 중에서 없애지 않으면, 나는 너희와 함께 있지 않을 것
이다.
13 어서 시작하여라. 백성을 정결하게 하여라. 그들에게 자신을 정결하게 하여
내일을 준비하라고 일러 주어라. **하나님** 이스라엘의 하나님이 말한다. 진 안에
저주받은 물건이 있다. 그 저주받은 물건을 없애기 전에는 너희가 적과 맞설 수
없다.
14-15 아침 일찍 너희는 지파별로 나오너라. **하나님**이 지명하는 지파는 가문별로
나오고, **하나님**이 지명하는 가문은 가족별로 나오고, **하나님**이 지명하는 가족
은 장정별로 나오너라. 저주받은 물건을 가진 것으로 밝혀지는 사람은 그의 모
든 소유와 함께 불태워 버려라. 그가 **하나님**의 언약을 어기고 이스라엘 가운데
서 비열한 짓을 저질렀기 때문이다."
16-18 여호수아가 새벽같이 일어나서 이스라엘을 지파별로 불렀다. 그 가운데서
유다 지파가 뽑혔다. 이어서 그는 유다 지파를 가문별로 불렀는데 세라 가문이
뽑혔다. 다시 세라 가문을 불렀는데 삽디 가족이 뽑혔다. 그리고 삽디 가족을
한 사람씩 불렀는데, 유다 지파 세라의 증손이요 삽디의 손자이요 갈미의 아들

인 아간이 뽑혔다.
[19] 여호수아가 아간에게 말했다. "내 아들아, 하나님 이스라엘의 하나님께 영광을
돌려라. 그분께 자백하여라. 네가 한 일을 내게 말하여라. 하나도 숨기지 마라."
[20-21] 아간이 여호수아에게 대답했다. "사실, 제가 하나님 이스라엘의 하나님께
죄를 지었습니다. 전리품 중에서 시날의 아름다운 겉옷 한 벌과 은 이백 세겔,
그리고 오십 세겔 되는 금덩이가 보이기에 탐이 나서 취했습니다. 제 장막 안에
묻어 두었는데, 은은 맨 밑에 두었습니다."
[22-23] 여호수아가 사람들을 보냈다. 그들이 장막으로 달려가 보니, 과연 장막 안
에 그 물건들이 묻혀 있었고 은이 맨 밑에 있었다. 그들은 장막에서 그 물건들을
취하여 여호수아와 이스라엘 온 백성에게 가져와서 하나님 앞에 펼쳐 놓았다.
[24] 여호수아가 세라의 아들 아간을 잡고, 그 은과 겉옷과 금덩이, 그의 아들딸
들, 그의 소와 나귀와 양, 장막 등 그와 관계된 모든 것을 취했다. 온 이스라엘
이 그 자리에 함께 있었다. 온 이스라엘 백성이 함께 그것들을 이끌고 아골 골
짜기(괴로움의 골짜기)로 갔다.
[25-26] 여호수아가 말했다. "어찌하여 네가 우리를 괴롭게 하였느냐? 하나님께서
오늘 너를 괴롭게 하실 것이다!" 그러자 온 이스라엘이 그를 돌로 쳐서 죽였다.
그를 불태우고 돌로 친 것이다. 그들은 그 위에 큰 돌무더기를 쌓았는데, 그것
이 오늘까지 그대로 남아 있다. 그제야 하나님께서 맹렬한 진노를 거두셨다. 그
래서 오늘까지 그곳을 괴로움의 골짜기라고 부른다.

아이 성 점령

8 [1] 하나님께서 여호수아에게 말씀하셨다. "겁내지 마라. 머뭇거리지도 마
라. 너의 모든 군사를 이끌고 다시 아이로 가거라. 내가 아이 왕과 그 백
성과 성읍과 땅을 다 네게 넘겨주었다.
[2] 여리고와 그 왕에게 한 것처럼 아이와 그 왕에게도 행하여라. 이번에는 재물과
가축을 너희 마음껏 전리품으로 취해도 좋다. 성 뒤쪽에 군사들을 매복시켜라."
[3-8] 여호수아와 모든 군사들이 아이로 행군할 준비를 마쳤다. 여호수아는 강하고
노련한 군사 삼만 명을 뽑아 밤중에 그들을 보내며 지시했다. "잘 들어라. 성 뒤
쪽에 매복하되, 최대한 바짝 접근하여라. 깨어 있어라. 나와 내 군대는 성 정면
으로 다가갈 것이다. 그들이 전처럼 우리를 맞서러 나오면, 우리는 돌아서서 도
망칠 것이다. 그들은 성을 남겨 두고 우리를 뒤쫓아 올 것이다. 우리가 멀찍이
달아나면, 그들은 '지난번처럼 저들이 도망친다' 하고 말할 것이다. 너희는 이것
을 신호 삼아 매복지에서 뛰쳐나와 성을 점령하여라. 하나님 너희 하나님께서
그 성을 손쉽게 너희에게 넘겨주실 것이다. 일단 성을 차지하고 나서는 불살라
버려라. 하나님께서 말씀하시니, 너희는 그 말씀대로 행하여라. 시작하여라. 내
가 너희에게 명령을 내렸다."
[9] 여호수아가 그들을 보냈다. 그들은 아이 서쪽 베델과 아이 사이에 매복하고
기다렸다. 여호수아는 백성과 함께 그날 밤을 보냈다.

10-13 여호수아가 아침 일찍 일어나 군대를 소집했다. 그는 이스라엘의 지도자들
과 함께 군대를 이끌고 아이로 향했다. 아이 성이 보이는 곳까지 전군이 곧장
행진해 올라가서 아이 북쪽에 진을 쳤다. 그들과 아이 사이에는 골짜기가 있었
다. 그는 군사 오천 명 정도를 떼어서 성의 서쪽 베델과 아이 사이에 매복시켰
다. 주력부대는 성 북쪽에, 매복부대는 성 서쪽에 두어 병력 배치를 마쳤다. 여
호수아는 골짜기에서 그날 밤을 보냈다.
14 아이 왕이 이 모든 것을 보았고, 그 성의 사람들은 한시도 지체하지 않았다.
왕은 이스라엘과 맞서 싸우려고 아라바로 가는 길목 벌판으로 군대를 거느리고
새벽같이 나왔다. 성 뒤쪽에 자신들을 칠 매복부대가 있다는 것을 왕은 알지 못
했다.
15-17 여호수아와 온 이스라엘 군대는 쫓기는 척하며 광야 쪽으로 도망쳤다. 성
안에 있던 사람들 모두가 명령대로 그들의 뒤를 쫓았다. 그들은 여호수아를 쫓
아 성을 멀리 벗어나 버렸다. 이스라엘을 쫓지 않고 아이나 베델에 남아 있는
사람은 한 명도 없었다. 그들이 이스라엘을 뒤쫓는 동안 성은 무방비 상태로 비
어 있었다.
18-19 그때 **하나님**께서 여호수아에게 말씀하셨다. "네 손에 든 단창을 아이를 향
해 뻗어라. 내가 그 성을 네게 넘겨주겠다." 여호수아는 손에 든 단창을 아이를
향해 뻗었다. 그것을 신호로 해서, 매복해 있던 군사들이 뛰쳐나와 성으로 달려
가서 성을 점령하고 재빨리 불을 질렀다.
20-21 아이 사람들이 뒤를 돌아보니, 성에서 연기가 치솟고 있었다! 그들은 자신
들이 벗어날 수 없는 덫에 걸렸음을 알았다. 광야 쪽으로 도망치던 이스라엘 군
대가 뒤로 돌아섰다. 매복부대가 성을 점령하여 성에서 연기가 치솟는 것을 보
고는, 여호수아와 온 이스라엘이 돌아서서 아이 사람들을 공격했다.
22-23 그때 매복 군사들도 성에서 쏟아져 나왔다. 양쪽에 이스라엘 사람들을 두고
사이에 아이 사람들이 낀 형국이었다. 어마어마한 살육이 벌어졌다. 아이 왕 외
에는 단 한 사람도 살아남지 못했다. 그들은 왕을 생포하여 여호수아에게 데려
갔다.
24-25 이스라엘은 자신들을 뒤쫓던 아이 사람들을 벌판과 광야에서 모두 죽였다.
이스라엘 사람들은 전투를 마치고 아이로 돌아와 성을 완전히 폐허로 만들었
다. 그날 죽은 사람은 남녀 합해서 만이천 명으로, 아이 사람 전부였다.
26-27 아이와 그 모든 백성에 대한 거룩한 진멸이 마무리될 때까지 여호수아는 단
창을 뻗어 든 손을 내리지 않았다. 이스라엘은 그 성에 남아 있는 가축과 전리
품을 취했다. **하나님**께서 여호수아에게 지시하신 대로 행한 것이다.
28-29 여호수아는 아이를 잿더미로 만들었다. 영원히 아무것도 없는 '무더기'요
'존재하지 않는 곳'으로 만들어 버린 것이다. 그곳은 오늘까지 그대로 남아 있
다. 여호수아는 아이 왕을 나무에 매달았다. 저녁 무렵 해가 지자, 여호수아는
시체를 나무에서 내리라고 명령했다. 사람들은 시체를 성 입구에 버리고 그 위
에 돌무더기를 높이 쌓았다. 그곳도 오늘까지 그대로 남아 있다.

❦

30-32 이 일 후에 여호수아가 에발 산에서 이스라엘의 **하나님**께 제단을 쌓았다.
그는 **하나님**의 종 모세가 이스라엘 백성에게 내린 지시를 따라, 모세의 계시의
책에 기록된 대로 제단을 쌓았다. 쇠 연장으로 깎거나 다듬지 않은 돌로 쌓은
제단이었다. 그들은 그 위에 번제와 화목제를 **하나님**께 드렸다. 또한 여호수아
는 이스라엘 백성이 지켜보는 앞에서 모세의 계시를 돌에 새겨 넣었다.
33 온 이스라엘이 외국인과 본국인 할 것 없이 장로와 관리, 재판관들과 함께 **하
나님**의 언약궤를 멘 레위 제사장들을 사이에 두고 마주하여 궤 양편에 섰다. 전
에 **하나님**의 종 모세가 명령한 대로, 이스라엘 백성을 축복하기 위해 백성의 절
반은 그리심 산을 등지고 서고 절반은 에발 산을 등지고 섰다.
34-35 그 후에, 여호수아는 계시에 기록된 모든 것, 축복과 저주, 계시의 책에 있
는 모든 말씀을 낭독했다. 모세가 명령한 모든 것 가운데서, 여호수아가 온 회
중—남자와 여자와 아이들, 그리고 그들과 여정을 함께한 외국인들—에게 낭
독해 주지 않은 말씀은 하나도 없었다.

기브온 사람과 맺은 조약

9

1-2 요단 강 서편의 산지와 작은 언덕과 레바논 북쪽의 지중해 연안에 살
고 있는 헷 사람, 아모리 사람, 가나안 사람, 브리스 사람, 히위 사람, 기
르가스 사람, 여부스 사람의 왕이 그 소식을 들었다. 그들은 함께 모여 한 지휘
부 아래 여호수아와 이스라엘에 맞서 싸우기로 동맹을 맺었다.
3-6 기브온 사람들은 여호수아가 여리고와 아이에 행한 일을 듣고 계략을 꾸몄
다. 그들은 나그네로 가장했다. 군데군데 덧대고 기운 자루와 포도주 부대를 나
귀에 싣고, 너덜너덜한 신발을 신고, 누더기 옷을 걸치고, 말라비틀어진 빵 조
각과 부스러기 음식만 챙겼다. 그러고는 길갈에 있는 여호수아에게 와서 이스
라엘 사람들에게 말했다. "우리는 먼 나라에서 왔습니다. 우리와 조약을 맺어
주십시오."
7 이스라엘 사람들이 이 히위 사람들에게 말했다. "당신들이 이 지방 사람이 아
니라는 것을 어떻게 알고 우리가 당신들과 조약을 맺을 수 있겠소?"
8 그들이 여호수아에게 말했다. "우리가 당신의 종이 되겠습니다."
여호수아가 말했다. "당신들은 누구며, 어디서 왔소?"
9-11 그들이 말했다. "먼 나라, 아주 멀리서 왔습니다. 당신의 종들이 이렇게 온
것은, **하나님** 당신의 하나님에 대해 굉장한 일들을 들었기 때문입니다. 그분께
서 이집트에서 행하신 모든 일 말입니다! 요단 강 동쪽의 두 아모리 왕, 곧 헤스
본 왕 시혼과 아스다롯에서 다스리던 바산 왕 옥에게 행하신 일도 우리가 들었
습니다! 우리 지도자들과 우리 나라의 모든 사람들이 '길에서 먹을 음식을 싸 가
지고 가서 그들을 만나시오. 그리고 우리는 당신들의 종이니 우리와 조약을 맺
어 달라고 전하시오' 하고 우리에게 말했습니다.

12-13 당신들을 만나려고 떠나올 때만 해도, 이 빵은 갓 구운 것처럼 따끈따끈했습니다. 그런데 보십시오. 빵 조각과 부스러기만 남았습니다. 갈라져서 기운 이 포도주 부대도 처음 포도주를 담을 때는 새것이나 다름없었습니다. 우리의 옷과 신발도 멀고 험한 길을 오느라 이렇게 누더기가 되었습니다."

14 이스라엘 사람들은 그들을 살펴보고 그들의 말을 받아들였다. 그러나 이 일에 대해 **하나님**께 여쭙지는 않았다.

15 여호수아는 그들과 화친하여 그들의 목숨을 보장하는 조약을 정식으로 맺었다. 회중의 지도자들도 그 조약을 지키기로 맹세했다.

16-18 그들과 조약을 맺은 지 사흘 후에, 이스라엘 백성은 그 사람들이 줄곧 그곳에 살아온 가까운 이웃인 것을 알게 되었다! 이스라엘 백성은 진을 걷고 출발하여 사흘 후에 그들의 성읍인 기브온, 그비라, 브에롯, 기럇여아림에 이르렀다. 그러나 이스라엘 백성은 그들을 치지 않았다. 회중의 지도자들이 이스라엘의 **하나님** 앞에서 약속했기 때문이다. 그러자 회중은 지도자들에게 반발하고 나섰다.

19-21 지도자들이 단합하여 회중에게 대답했다. "우리가 이스라엘의 **하나님** 앞에서 그들에게 약속했습니다. 그러니 그들에게 손을 대서는 안됩니다. 그들을 살려 주지 않으면 약속을 어긴 책임을 면할 수 없을 것입니다." 지도자들은 이어서 말했다. "우리는 그들을 살려 둘 것입니다. 다만 그들은 온 회중을 위해 장작 패는 자와 물 긷는 자로 살아갈 것입니다."
지도자들이 약속한 대로 되었다.

22-23 여호수아가 기브온 사람들을 불러 모아 말했다. "어째서 당신들은 우리 가까이 있는 이웃이면서 '우리는 아주 먼 곳에 삽니다'라는 말로 우리를 속였소? 그러니 당신들은 저주를 받아, 지금부터 막노동을 해야 할 것이오. 내 하나님의 집을 위해 장작 패는 자와 물 긷는 자가 될 것이오."

24-25 그들이 여호수아에게 대답했다. "**하나님** 당신의 하나님께서 그분의 종 모세를 통해 명령하신 말씀, 곧 온 땅을 당신들에게 주고 그 땅에 사는 사람들을 모두 멸하라고 하신 말씀을 우리가 똑똑히 들었습니다. 우리는 당신들 때문에 겁이 났습니다. 그래서 그렇게 했습니다. 그게 전부입니다. 이제 우리는 당신의 처분에 따르겠습니다. 당신이 옳다고 여기시는 대로 우리에게 행하십시오."

26-27 사정이 그렇게 된 것이었다. 여호수아는 이스라엘 백성이 그들을 죽이지 못하도록 보호했다. 그는 그들로 하여금 회중이 쓰고, **하나님**이 택하신 곳에서 **하나님**의 제단에서 쓸 장작 패는 자와 물 긷는 자로 삼았다. 오늘까지도 그들은 그 일을 하고 있다.

여호수아가 기브온을 구하다

10

1-2 얼마 후 예루살렘 왕 아도니(나의 주)세덱은, 여호수아가 여리고와 그 왕에게 한 것처럼 아이를 취하여 아이와 그 왕을 거룩한 저주 아래 전멸시켰다는 소식을 들었다. 그는 또 기브온 사람들이 이스라엘과 조약을

맺고 이웃으로 살고 있다는 소식도 들었다. 그와 그의 백성은 크게 놀랐다. 기
브온은 큰 성—왕이 있는 어느 성 못지않게 크고 아이보다도 큰성—이었고 그
곳 사람들은 모두 노련한 전사들이었기 때문이다.
3-4 예루살렘 왕 아도니세덱은 헤브론 왕 호함, 야르뭇 왕 비람, 라기스 왕 야비
아, 에글론 왕 드빌에게 전갈을 보냈다. "와서 나를 도와주시오. 우리가 함께 기
브온을 칩시다. 그들이 여호수아와 이스라엘 백성과 동맹을 맺었소."
5 그래서 아모리 사람의 (서쪽) 다섯 왕—예루살렘 왕, 헤브론 왕, 야르뭇 왕, 라
기스 왕, 에글론 왕—은 연합군을 결성하여 기브온을 치기 위해 나섰다.
6 기브온 사람들은 길갈의 진에 있는 여호수아에게 전갈을 보냈다. "우리를 저
버리지 마십시오! 속히 이리로 올라와서 우리를 구해 주십시오! 산지에 사는 아
모리 사람의 왕들이 힘을 합쳐 우리를 공격하고 있습니다."
7-8 여호수아는 전군을 이끌고 길갈을 떠났다. 그들 모두가 강한 군사들이었다!
하나님께서 그에게 말씀하셨다. "머뭇거릴 것 없다. 내가 그들을 네 손아귀에
두었으니, 그들 중 누구도 네게 맞서지 못할 것이다."
9-11 여호수아는 길갈에서 밤새도록 행군하여 기습작전으로 그들을 쳤다. 하나님
께서 이스라엘 앞에서 그들을 완전히 혼란에 빠뜨리셔서, 기브온에서 큰 승리
를 주셨다. 이스라엘은 벳호론으로 가는 산등성이를 따라 아세가와 막게다까지
추격하며 그들과 싸웠다. 그들이 이스라엘 백성에게서 달아나 벳호론 산등성이
에서 아세가까지 비탈을 내려가는 동안, 하나님께서 하늘에서 큰 우박을 퍼부
으셔서 많은 사람들이 죽었다. 이스라엘 백성의 칼에 죽은 사람보다 우박에 맞
아 죽은 사람이 더 많았다.
12-13 하나님께서 아모리 사람을 이스라엘에게 넘겨주시던 날, 여호수아가 온 이
스라엘이 듣는 데서 하나님께 아뢰었다.

"해야, 기브온 위에 멈추어라.
달아, 아얄론 골짜기 위에 머물러라."
그러자 그가 적들을 물리칠 때까지
해가 멈추었고
달이 꼼짝하지 않았다.

13-14 (야살의 책에도 이 일이 기록되어 있다.) 해가 곧 중천에 멈추어 서서, 하루 종일
그 자리에 있었다. 그런 날은 전에도 없었고 이후로도 없었다. 하나님께서 사람
의 목소리를 들어주셨다! 참으로 하나님께서 이스라엘을 위해 싸워 주셨다.
15 그 후에 여호수아는 온 이스라엘을 이끌고 길갈의 진으로 돌아왔다.

16-17 한편, 다섯 왕은 막게다의 굴에 숨어 있었다. 누군가 여호수아에게 "다섯 왕
이 막게다 굴에 숨은 것을 알아냈습니다" 하고 전했다.
18-19 여호수아가 말했다. "큰 돌을 굴려 굴 입구를 막고 호위병들을 세워 지켜라.

너희는 지체하지 말고 적을 추격하여라. 퇴로를 차단하여, 그들이 자기들 성읍
으로 다시 들어가지 못하게 하여라. 하나님께서 그들을 너희에게 넘겨주셨다."
20-21 여호수아와 이스라엘 백성은 그들을 죽여 전멸시켰다. 겨우 몇 사람만 피하
여 요새화된 성읍들로 도망쳐 갔다. 온 군대가 무사히 진으로, 막게다의 여호수
아에게로 돌아왔다. 그날 이스라엘 백성 가운데서 어떤 비판의 소리도 들리지
않았다!
22 그때 여호수아가 말했다. "굴 입구를 열고 다섯 왕을 내게로 데려오너라."
23 그들은 명령대로 했다. 다섯 왕 곧 예루살렘 왕, 헤브론 왕, 야르뭇 왕, 라기
스 왕, 에글론 왕을 굴에서 끌어내어 그에게 데려왔다.
24 그들이 다섯 왕을 모두 여호수아 앞에 두자, 여호수아는 군대를 소집하여 자
기와 함께했던 야전 사령관들에게 말했다. "이리 나와서, 이 왕들의 목을 발로
밟으시오."
그들이 다가가서 왕들의 목을 밟았다.
25 여호수아가 그들에게 말했다. "주저하거나 겁내지 말고, 힘을 내시오! 담대하
시오! 여러분이 싸우러 나갈 때마다 하나님께서 여러분의 모든 적들에게 이렇
게 하실 것입니다."
26-27 그러고 나서 여호수아는 왕들을 쳐죽였다. 그는 다섯 개의 나무에 그들을
매달아 저녁때까지 두었다. 해가 지자 여호수아가 명령을 내렸다. 사람들은 그
들을 나무에서 내려 그들이 숨었던 굴 속에 던지고, 굴 입구를 큰 돌로 막았다.
그곳은 오늘까지 그대로 남아 있다.

살아남은 자가 하나도 없었다

28 그날 여호수아는 막게다를 점령했는데, 왕까지 죽이는 큰 살육이었다. 그가
거룩한 저주를 행하니, 살아남은 자가 하나도 없었다. 막게다 왕도 여리고 왕이
당한 것과 똑같이 당했다.
29-30 여호수아는 온 이스라엘과 함께 막게다에서 립나로 이동하여 립나와 싸웠
다. 하나님께서 립나를 이스라엘에게 넘겨주셨다. 그들은 그 성읍과 왕을 점령
하고 모두 진멸했다. 살아남은 자가 하나도 없었다. 립나 왕도 여리고 왕이 당
한 것과 똑같이 당했다.
31-32 여호수아는 온 이스라엘과 함께 립나에서 라기스로 이동했다. 그는 근처에
진을 치고 공격했다. 하나님께서 라기스를 이스라엘에게 넘겨주셨다. 이스라
엘은 이틀 만에 그곳을 점령하고 사람들을 모두 죽였다. 그는 립나에서 한 것과
똑같이 거룩한 저주를 행했다.
33 게셀 왕 호람이 라기스를 도우려고 왔다. 여호수아는 그와 그의 군대를 쳐서
한 사람도 남기지 않았다. 살아남은 자가 하나도 없었다.
34-35 여호수아는 온 이스라엘과 함께 라기스에서 에글론으로 이동하여 그곳에
진을 치고 공격했다. 그들은 그곳을 점령하고 모든 사람을 죽여서, 라기스에서
한 것과 똑같이 거룩한 저주를 행했다.

36-37 여호수아는 온 이스라엘과 함께 에글론에서 헤브론으로 올라갔다. 그는 그
곳을 공격하여 점령했다. 온 이스라엘이 왕과 마을과 백성을 치고 모든 사람을
죽였다. 에글론과 마찬가지로, 살아남은 자가 하나도 없었다. 그 성읍과 백성에
게 거룩한 저주를 행했다.
38-39 그 후에, 여호수아는 온 이스라엘과 함께 드빌 쪽으로 돌아서 그곳을 공격
했다. 그는 그 성읍과 왕과 마을들을 점령했다. 모든 사람을 죽였다. 모든 사람
과 모든 것을 거룩한 저주 아래 두었다. 살아남은 자가 하나도 없었다. 드빌과
그 왕도, 헤브론과 그 왕과 립나와 그 왕이 당한 것과 똑같이 당했다.

⚘

40-42 여호수아는 산지, 사막, 작은 언덕, 산비탈 등 온 땅을 차지하고 그 땅의 모
든 왕을 취했다. 그는 한 사람도 살려 두지 않았다. **하나님** 이스라엘의 하나님
께서 일찍이 명령하신 대로, 숨 쉬는 모든 것에 거룩한 저주를 행했다. 여호수
아의 정복지는 가데스바네아에서 가사까지, 고센 전역에서 기브온까지 이르렀
다. 여호수아가 단번의 출정으로 이 모든 왕과 그들의 땅을 차지할 수 있었던
것은, **하나님** 이스라엘의 하나님께서 이스라엘을 위해 싸우셨기 때문이다.
43 그 후에 여호수아는 온 이스라엘과 함께 길갈의 진으로 돌아왔다.

⚘

11

1-3 하솔 왕 야빈이 이 소식을 듣고, 마돈 왕 요밥, 시므론 왕, 악삽
왕, 북쪽 산지의 모든 왕, 긴네롯 남쪽 골짜기의 왕, 서쪽 작은 언덕
과 나봇도르의 왕, 동쪽과 서쪽의 가나안 사람, 아모리 사람과 헷 사람과 브리
스 사람과 산지의 여부스 사람, 미스바 지방 헤르몬 산 아래 사는 히위 사람에
게 전갈을 보냈다.
4-5 그들은 모든 병력을 한데 모아 총력전을 벌였는데, 그 군사의 수가 바닷가의
모래알처럼 셀 수 없이 많았고, 말과 전차들은 말할 것도 없었다. 이 모든 왕이
이스라엘과 싸울 태세를 갖추고 메롬 물가에 모여서 함께 진을 쳤다.
6 **하나님**께서 여호수아에게 말씀하셨다. "그들 때문에 걱정할 것 없다. 내일 이
맘때 내가 그들을 모두 이스라엘에게 넘겨주어 죽게 할 것이다. 너는 그들의 말
뒷발 힘줄을 끊고 전차들을 불태워 버려라."
7-9 여호수아는 온 군대를 이끌고 메롬 물가에서 그들을 기습공격했다. **하나님**께
서 그들을 이스라엘에게 넘겨주셨다. 이스라엘은 큰 시돈과 미스르봇마임까지,
동쪽으로는 미스바 골짜기까지 그들을 추격하며 공격했다. 살아남은 자가 하나
도 없었다. 여호수아는 **하나님**께서 명령하신 대로 그들에게 행했다. 그들의 말
뒷발 힘줄을 끊고, 전차들을 불태워 버렸다.
10-11 그 후에 여호수아가 돌아와 하솔을 차지하고 그 왕을 죽였다. 일찍이 하솔
은 그 모든 왕국의 우두머리였다. 이스라엘은 그곳 사람들을 모두 죽여 거룩한
저주를 행했다. 어디서든 단 한 명의 목숨도 살려 두지 않았다. 여호수아는 하

솔을 불태워 버렸다.
12-14 여호수아는 그 모든 왕의 성읍들을 점령하고 그 왕들을 쳐죽였다. **하나님**의
종 모세가 명령한 거룩한 저주 그대로였다. 그러나 이스라엘은 하솔을 제외한
산 위의 성읍들은 불사르지 않았다. 하솔은 여호수아가 불태워 버렸다. 이스라
엘 백성은 그 성읍들에서 가축을 비롯한 전리품을 약탈해 가졌으나, 사람들은
모두 죽였다. 숨을 쉬는 사람은 하나도 살려 두지 않았다.
15 **하나님**께서 그 종 모세에게 명령하신 대로, 모세는 여호수아에게 명령했고
여호수아는 그 명령대로 행했다. **하나님**께서 모세에게 명령하신 것 가운데 여
호수아가 행하지 않은 것은 하나도 없었다.

16-20 여호수아는 산지, 남쪽 사막, 고센 전역, 작은 언덕, 골짜기(아라바), 이스라
엘 산지와 거기에 딸린 작은 언덕까지 온 땅을 차지했다. 세일 지방에 우뚝 솟은
할락 산에서부터 헤르몬 산 아래 레바논 골짜기의 바알갓까지, 그 땅의 모든 왕
을 잡아서 죽였다. 여호수아는 이 왕들과 오랫동안 싸웠다. 기브온에 사는 히위
사람 외에는 이스라엘 백성과 화친한 성읍이 하나도 없었다. 나머지 모든 성읍
은 이스라엘이 싸워서 차지했다. 그들이 고집스럽게 이스라엘과 싸운 것은, 그
들을 불쌍히 여기지 않고 거룩한 저주 아래 두시려는 **하나님**의 의도였다. 이렇
게 여호수아는 **하나님**께서 모세에게 명령하신 대로 그들을 전멸시킬 수 있었다.

21-22 그때에 여호수아가 또 나가서, 산지와 헤브론, 드빌, 아납, 유다 산지, 이스
라엘 산지에서 아낙 사람을 전멸시켰다. 여호수아는 그들과 그 성들에 거룩한
저주를 행했다. 이스라엘 백성의 땅에는 아낙 사람이 하나도 남지 않았다. 다만
가사와 가드와 아스돗에만 조금 남아 있었다.
23 여호수아는 온 지역을 차지했다. 그는 **하나님**께서 모세에게 말씀하신 모든
것을 행했다. 그리고 그 땅을 지파별로 이스라엘에게 유산으로 나누어 주었다.
마침내 이스라엘이 전쟁에서 벗어나 쉼을 얻었다.

이스라엘이 물리친 왕들

12 1 이스라엘 백성은 아르논 협곡에서 헤르몬 산에 이르는 요단 강 동
쪽 땅과 아라바 골짜기 동쪽 땅을 차지했다. 그 땅을 다스리던 왕들
은 이러하다.
2-3 헤스본에서 다스리던 아모리 왕 시혼. 그는 아르논 협곡 끝에 있는 아로엘에
서부터 협곡 가운데와 길르앗 절반 이상을 지나 암몬 사람의 경계인 얍복 강 협
곡까지 다스렸다. 아라바 골짜기 동쪽 방면의 긴네렛 바다부터 아라바 바다(소
금 바다)까지도 그의 영토였는데, 동쪽으로는 벳여시못, 남쪽으로는 비스가 산기
슭에 이르렀다.

4-5 르바 사람의 마지막 후손 중 하나로, 아스다롯과 에드레이에서 다스리던 바
산 왕 옥. 그는 헤르몬 산과 살르가에서 바산 전역을 지나 그술 사람과 마아가
사람의 경계까지(길르앗의 남은 절반)와 헤스본 왕 시혼의 경계까지 다스렸다.
6 하나님의 종 모세와 이스라엘 백성이 그들을 물리쳤다. 하나님의 종 모세는
이 땅을 르우벤 지파, 갓 지파, 므낫세 반쪽 지파에게 유산으로 나누어 주었다.

7-24 여호수아와 이스라엘 백성이 요단 강 서쪽 레바논 골짜기의 바알갓에서부
터 남쪽으로 세일에 우뚝 솟은 할락 산까지의 땅에서 물리친 왕들은 이러하다.
여호수아는 이 땅을 이스라엘 지파들에게 구획별로 나누어 주어 그들의 소유가
되게 했다. 그 땅은 산지, 서쪽의 작은 언덕, 아라바 골짜기, 비탈, 광야, 네겝
사막의 땅(헷 사람, 아모리 사람, 가나안 사람, 브리스 사람, 히위 사람, 여부스 사람이 살던
땅)이었다. 그 왕들은 다음과 같다.

여리고 왕
(베델 근처) 아이 왕
예루살렘 왕
헤브론 왕
야르뭇 왕
라기스 왕
에글론 왕
게셀 왕
드빌 왕
게델 왕
호르마 왕
아랏 왕
립나 왕
아둘람 왕
막게다 왕
베델 왕
답부아 왕
헤벨 왕
아벡 왕
랏사론 왕
마돈 왕
하솔 왕
시므론므론 왕
악삽 왕

다아낙 왕
므깃도 왕
게데스 왕
갈멜의 욕느암 왕
도르(나봇도르) 왕
길갈의 고임 왕
디르사 왕.

왕의 수는 모두 서른한 명이었다.

유산으로 받은 땅

13 1-6 여호수아가 나이가 들자, 하나님께서 그에게 말씀하셨다. "네가 강건하게 오래 살았으나, 아직 차지해야 할 땅이 많이 남아 있다. 남은 땅은 이러하다.
블레셋 사람과 그술 사람의 모든 지역
이집트 동쪽 시홀 강에서부터 가나안 사람의 땅인 북쪽 에그론 경계까지의 땅(가사, 아스돗, 아스글론, 가드, 에그론에는 블레셋의 다섯 군주가 있었다), 그리고 남쪽 아위 사람의 땅
(시돈 사람에게 속한) 아라에서부터 아모리 사람의 경계인 아벡에 이르는 가나안 사람의 모든 땅
그발 사람의 땅
헤르몬 산 아래 바알갓에서부터 하맛 입구에 이르는 동쪽 레바논 전역
레바논에서부터 미스르봇마임에 이르는 산지에 사는 모든 사람
시돈 모든 사람.

6-7 내가 직접 그들을 이스라엘 백성 앞에서 쫓아낼 것이다. 너는 내가 지시한 대로, 이 땅을 이스라엘에게 유산으로 나누어 주기만 하면 된다. 너는 지금 이 땅을 아홉 지파와 므낫세 반쪽 지파에게 유산으로 나누어 주어라."

요단 강 동쪽의 땅

8 므낫세 지파의 다른 반쪽은 르우벤 지파, 갓 지파와 함께 이미 요단 강 건너편 동쪽 땅을 모세에게 유산으로 받았다. 하나님의 종 모세가 그 땅을 그들에게 주었다.
9-13 그 땅은 아르논 협곡 끝에 있는 아로엘과 골짜기 가운데 있는 성읍에서 시작하여, 디본까지 뻗은 메드바 고원 전역과 헤스본에서 다스리던 아모리 왕 시혼의 모든 성읍을 지나 암몬 사람의 경계까지 이르렀다. 또한 길르앗과 그술 사람과 마아갓 사람의 땅, 헤르몬 산 전역, 살르가까지 뻗은 바산 전 지역, 곧 아스다롯과 에드레이에서 다스리던 바산 왕 옥의 온 나라가 그 땅에 포함되었다. 옥

은 르바 사람의 마지막 생존자 가운데 하나였다. 모세는 그들을 물리치고 땅을 차지했다. 이스라엘 백성이 그술 사람과 마아갓 사람을 쫓아내지 못했기 때문에, 그들이 오늘까지 이스라엘 가운데 살고 있다.
14 레위 지파만은 유산을 받지 않았다. 하나님께서 말씀하신 대로, **하나님** 이스라엘의 하나님께 드리는 불살라 바치는 제물이 그들의 유산이기 때문이다.

르우벤 지파가 받은 땅

15-22 르우벤 지파에게 모세가 가문별로 나눠 준 땅은 이러하다.
아르논 협곡 끝에 있는 아로엘에서부터 골짜기 가운데 있는 성읍까지의 땅과 메드바 주변의 고원지대
헤스본과 그 고원에 있는 모든 성읍(디본, 바못바알, 벳바알므온, 야하스, 그데못, 메바앗, 기랴다임, 십마, 골짜기 산에 있는 세렛사할, 벳브올, 비스가 기슭, 벳여시못)
고원지대에 있는 모든 성과 헤스본에서 다스리던 아모리 왕 시혼의 온 나라. 모세는 시혼뿐 아니라 그 땅에 살던 미디안의 귀족들 곧 에위, 레겜, 수르, 훌, 레바를 죽였는데, 그들은 모두 시혼의 꼭두각시였다. (전쟁중에 죽은 이들 외에, 브올의 아들인 점술가 발람도 이스라엘 백성에게 죽임을 당했다.)
23 르우벤 지파의 경계는 요단 강가였다. 이것이 르우벤 지파가 가문에 따라 유산으로 받은 마을과 성읍들이다.

갓 지파가 받은 땅

24-27 갓 지파에게 모세가 가문별로 나눠 준 땅은 이러하다.
야스엘 지역, 길르앗의 모든 성읍, 랍바 앞 아로엘에 이르는 암몬 사람의 땅 절반
헤스본에서 라맛미스바와 브도님까지, 마하나임에서 드빌 지역에 이르는 땅
골짜기에 있는 벳하람과 벳니므라와 숙곳과 사본, 헤스본 왕 시혼의 나라의 남은 땅(북쪽 긴네렛 바다의 끝에 이르는 요단 강 동쪽).
28 이것이 갓 지파가 가문에 따라 유산으로 받은 성읍과 마을들이다.

므낫세 반쪽 지파가 받은 땅

29-31 므낫세 반쪽 지파에게 모세가 가문별로 나눠 준 땅은 이러하다.
마하나임에서 뻗어 있는 땅
바산 왕 옥의 온 나라 영토인 바산 전역, 바산에 있는 야일의 정착지 전부인 예순 개의 성읍
길르앗의 절반과 바산 왕 옥의 도성인 아스다롯과 에드레이는 므낫세의 아들 마길의 후손(곧 마길 자손의 반쪽)에게 가문별로 돌아갔다.

32-33 이것이 모세가 여리고 동쪽 요단 강 건너편 모압 평지에 있을 때 유산으로 나눠 준 땅이다. 그러나 모세는 레위 지파에게는 유산을 주지 않았다. 하나님께서 말씀하신 대로, **하나님** 이스라엘의 하나님이 그들의 유산이기 때문이다.

요단 강 서쪽의 땅

14

1-2 이스라엘 백성이 가나안 땅에서 받은 유산은 다음과 같이 분배되었다. 제사장 엘르아살과 눈의 아들 여호수아와 가문의 우두머리들이 분배하는 일을 맡았는데, **하나님**께서 모세에게 명령하신 대로, 제비를 뽑아 아홉 지파와 반쪽 지파에게 각각의 유산을 나누어 주었다.

3-4 모세가 이미 요단 강 동쪽에서 두 지파와 반쪽 지파에게 유산을 주었지만, 레위 지파에게는 다른 지파들에게 한 것처럼 유산을 나누어 주지 않았다. 요셉 자손이 므낫세와 에브라임 두 지파가 되었기 때문이다. 그러나 그들에게도 거주할 성읍들과 양과 소를 먹일 목초지는 주었다.

5 이스라엘 백성은 **하나님**께서 모세에게 명령하신 그대로, 그 땅을 나누었다.

갈렙이 헤브론을 유산으로 받다

6-12 유다 자손이 길갈에 있는 여호수아에게 나아왔다. 그니스 사람 여분네의 아들 갈렙이 말했다. "전에 **하나님**께서 가데스바네아에서 하나님의 사람 모세에게 그대와 나에 대해서 한 말을 그대도 기억할 것입니다. **하나님**의 종 모세가 이 땅을 정탐하라고 가데스바네아에서 나를 보낼 때 내 나이 마흔이었습니다. 그때 나는 돌아와서 정직하고 정확하게 보고했습니다. 나와 함께 갔던 동료들은 백성을 낙담케 했으나, 나는 한 발도 물러서지 않고 **하나님** 나의 하나님과 온전히 함께했습니다. 바로 그날 모세는 엄숙히 약속하며 '네가 발로 밟은 땅은 네 유산이 될 것이다. 영원히 너와 네 자손의 유산이 될 것이다. 네가 온전히 **하나님**을 위해 살았기 때문이다' 하고 말했습니다. 이제 보십시오. **하나님**께서는 약속하신 대로, 오늘까지 나를 살게 하셨습니다. **하나님**께서 모세에게 그 말씀을 하신 지 어느새 마흔다섯 해가 지났습니다. 이스라엘이 광야를 방황한 세월입니다. 그리고 지금 나는 여든다섯의 나이로 여기 있습니다! 지금도 나는 모세가 정탐 보내던 날과 마찬가지로 힘이 넘치고, 전쟁에 들고 나는 기력 또한 여느 때 못지않습니다. 그러니 **하나님**께서 내게 약속하신 대로 이 산지를 내게 주십시오. 그대도 직접 보고를 받아서 아는 것처럼, 그곳에는 아낙 자손이 있고 요새화된 큰 성읍들이 있습니다. 그러나 **하나님**께서 나와 함께하시면, **하나님**께서 말씀하신 대로 내가 그들을 쫓아내겠습니다."

13-14 여호수아가 갈렙을 축복했다. 그는 여분네의 아들 갈렙에게 헤브론을 유산으로 주었다. 헤브론은 오늘까지 그니스 사람 여분네의 아들 갈렙의 소유로 되어 있다. 그가 **하나님** 이스라엘의 하나님께 온전히 자신을 드렸기 때문이다.

15 헤브론의 옛 이름은 기럇아르바였는데, 아낙 사람 가운데서 가장 위대한 인물인 아르바의 이름을 딴 것이다.

그 땅이 전쟁에서 벗어나 쉼을 얻었다.

유다 지파가 받은 땅

15

1 유다 자손이 가문별로 제비 뽑아 받은 땅은, 남쪽으로 에돔 경계까
지이며 남쪽 끝 신 광야에까지 이른다.
2-4 남쪽 경계는 소금 바다 끝 혀 모양의 남단에서 시작하여 전갈 고개에서 남쪽
으로 내려가 신을 돌아 가데스바네아 바로 남쪽에 이르고, 헤스론을 지나 앗달
로 올라가다가 구부러져 갈가에 이른다. 거기서 다시 아스몬까지 이어지다 이
집트 시내로 나아가 바다에서 끝난다. 이것이 남쪽 경계다.
5-11 동쪽 경계는 위로 요단 강이 끝나는 지점에 이르는 소금 바다다.
북쪽 경계는 요단 강이 끝나는 소금 바다 여울목에서 시작하여 벳호글라로 올
라가서 벳아라바 북쪽으로 돌아 르우벤 자손 보한의 돌에 이른다. 그 경계는 다
시 괴로움의 골짜기에서 드빌로 올라간 후에 북쪽으로 방향을 틀어 골짜기 남
쪽 붉은 고갯길 맞은편에 있는 길갈에 이르고, 엔세메스 물을 따라가다 엔로겔
에서 끝난다. 거기서 다시 여부스 등성이 (곧 예루살렘) 남쪽 비탈을 따라 난 벤힌
놈 골짜기를 따라가다가 서쪽으로 르바임 골짜기 북단인 힌놈 골짜기 맞은편에
있는 산꼭대기로 올라간다. 다시 경계는 산꼭대기에서 돌아 넵도아 샘물 근원
에 이르고 골짜기를 따라 에브론 산으로 나와서 바알라(곧 기럇여아림) 쪽으로 돌
다가, 바알라 서쪽에서 다시 세일 산으로 돌아 구부러져 여아림 산(곧 그살론)의
북쪽 어깨에 이르고, 벳세메스로 내려가 딤나로 건너간다. 거기서 다시 북쪽으
로 에그론 등성이까지 가서 식그론 쪽으로 돌아 바알라 산까지 계속 이어지다
가 얍느엘로 나와서 바다에서 끝난다.
12 서쪽 경계는 큰 바다 해안이다.
이것이 유다 자손이 가문별로 받은 땅의 사방 경계다.

13 여호수아는 하나님께서 명령하신 대로 유다 자손의 유산 가운데서 한 부분을
여분네의 아들 갈렙에게 주었다. 그는 갈렙에게 기럇아르바, 곧 헤브론을 주었
다. 아르바는 아낙 사람의 조상이다.
14-15 갈렙은 헤브론에서 세 명의 아낙 사람 곧 세새, 아히만, 달매를 몰아냈는데,
그들은 모두 아낙의 후손이다. 그는 거기서 위로 진격하여 드빌 사람들을 쳤다.
드빌의 옛 이름은 기럇세벨이다.
16-17 갈렙은 "누구든지 기럇세벨을 공격하여 점령하는 사람에게는, 내 딸 악사
를 아내로 주겠다"고 말했다. 갈렙의 동생 그나스의 아들 옷니엘이 그곳을 점령
했다. 그래서 갈렙은 자기 딸 악사를 그에게 아내로 주었다.

18-19 악사가 도착해서 옷니엘을 시켜
자기 아버지에게 밭을 청하게 했다.
악사가 나귀에서 내리자 갈렙이 물었다.

"무엇을 원하느냐?"
악사가 대답했다. "제게 결혼 예물을 주십시오.
아버지께서 제게 사막의 땅을 주셨으니,
이제 샘물도 주십시오!"
그래서 갈렙은 윗샘과 아랫샘을 딸에게 주었다.

20-32 유다 자손의 지파가 가문별로 받은 유산은 이러하다.
네겝에 있는 유다 지파의 남쪽 성읍들은 에돔 경계에 인접해 있었다.

갑스엘, 에델, 야굴
기나, 디모나, 아다다
게데스, 하솔, 잇난
십, 델렘, 브알롯
하솔하닷다, 그리욧헤스론(곧 하솔)
아맘, 세마, 몰라다
하살갓다, 헤스몬, 벳벨렛
하살수알, 브엘세바, 비스요댜
바알라, 이임, 에셈
엘돌랏, 그실, 호르마
시글락, 맛만나, 산산나
르바옷, 실힘, 아인, 림몬 등
모두 스물아홉 성읍과 그 주변 마을들이다.

33-47 세벨라(서쪽 작은 언덕)에는
에스다올, 소라, 아스나
사노아, 엔간님, 답부아, 에남
야르뭇, 아둘람, 소고, 아세가
사아라임, 아디다임, 그데라(또는 그데로다임) 등
열네 성읍과 그 주변 마을들
스난, 하다사, 믹달갓
딜르안, 미스바, 욕드엘
라기스, 보스갓, 에글론
갑본, 라맘, 기들리스
그데롯, 벳다곤, 나아마, 막게다 등
열여섯 성읍과 그 주변 마을들
립나, 에델, 아산
입다, 아스나, 느십

그일라, 악십, 마레사 등
아홉 성읍과 그 주변 마을들
에그론과 그 성읍과 주변 마을들
에그론에서 서쪽으로 바다까지 아스돗과 경계한 모든 곳과 그 주변 마을들
아스돗과 그 성읍과 주변 마을들
이집트 시내에 이르기까지 가사와 그 성읍과 주변 마을들이다.
서쪽 경계는 큰 바다다.

48-60 산지에는
사밀, 얏딜, 소고
단나, 기럇산나(곧 드빌)
아납, 에스드모, 아님
고센, 홀론, 길로 등
열한 성읍과 그 주변 마을들
아랍, 두마, 에산
야님, 벳답부아, 아베가
훔다, 기럇아르바(곧 헤브론), 시올 등
아홉 성읍과 그 주변 마을들
마온, 갈멜, 십, 윳다
이스르엘, 욕드암, 사노아
가인, 기브아, 딤나 등
열 성읍과 그 주변 마을들
할훌, 벳술, 그돌
마아랏, 벳아놋, 엘드곤 등
여섯 성읍과 그 주변 마을들
기럇바알(곧 기럇여아림), 랍바 등
두 성읍과 그 주변 마을들이다.

61-62 광야에는
벳아라바, 밋딘, 스가가
닙산, 소금 성읍, 엔게디 등
여섯 성읍과 그 주변 마을들이다.

63 유다 자손은 예루살렘에 살고 있던 여부스 사람을 쫓아내지 못했다. 여부스
사람은 그대로 남아서, 유다 자손과 함께 살았다. 오늘까지도 그들은 거기 예루
살렘에 살고 있다.

요셉 지파가 받은 땅

16 [1-3] 요셉 자손이 제비 뽑아 받은 땅은, 여리고 근처 요단 강에서 시작하여 여리고 샘 동쪽을 지나 북쪽으로 사막 산지를 통과해 베델에 이르고, 다시 베델(곧 루스)에서 아다롯에 있는 아렉 사람의 영토에 이른다. 거기서 다시 서쪽으로 내려가 야블렛 사람의 영토와 아래쪽 벳호론 지역과 게셀에 이르러 바다에서 끝난다.

[4] 이것이 요셉 자손, 곧 므낫세와 에브라임이 유산으로 받은 지역이다.

[5-9] 에브라임이 가문별로 받은 땅은 이러하다.

그들이 유산으로 받은 땅의 경계는, 동쪽으로 아다롯앗달에서 위쪽 벳호론으로 이어져 서쪽으로 바다에 이른다. 그리고 북쪽 믹므다에서 동쪽으로 돌아 다아낫실로에 이르고 계속 동쪽으로 가서 야노아까지 이어진다. 경계는 다시 야노아에서 아다롯과 나아라로 내려가고 여리고를 만나 요단 강으로 나온다. 답부아에서 경계는 서쪽으로 가나 시내에 이르러 바다에서 끝난다. 이것이 에브라임 지파가 가문별로 받은 유산이며, 므낫세의 유산 중에는 에브라임의 몫으로 구별된 모든 성읍과 그 주변 마을들도 포함된다.

[10] 그러나 그들은 게셀에 살고 있던 가나안 사람을 쫓아내지 않았다. 가나안 사람은 오늘까지 에브라임 자손 가운데 살면서 강제노역을 하고 있다.

17 [1-2] 요셉의 맏아들 므낫세 자손이 제비 뽑아 받은 땅은 이러하다. (므낫세의 맏아들이요 길르앗의 아버지인 마길은 뛰어난 용사였으므로 길르앗과 바산을 이미 받았다.) 그래서 나머지 제비 뽑은 땅은 나머지 므낫세 자손과 그 가문들, 곧 아비에셀, 헬렉, 아스리엘, 세겜, 헤벨, 스미다 가문들에게 돌아갔다. 이들은 요셉의 아들 므낫세의 남자 후손으로, 각기 가문을 이룬 이들이다.

[3-4] 므낫세의 아들 마길은 길르앗을 낳고 길르앗은 헤벨을 낳고 헤벨은 슬로브핫을 낳았는데, 슬로브핫에게는 아들이 없고 딸만 있었다. 그 딸들의 이름은 말라, 노아, 호글라, 밀가, 디르사다. 그들이 제사장 엘르아살과 눈의 아들 여호수아와 지도자들을 찾아가 말했다. "하나님께서 모세에게 명령하시기를, 우리의 남자 친척들과 함께 우리에게도 유산을 주라고 하셨습니다." 여호수아는 하나님께서 명령하신 대로, 그들의 아버지의 형제들과 함께 그들에게 유산을 주었다.

[5-6] 므낫세의 딸들이 아들들과 함께 유산을 받았으므로, 므낫세의 유산은 요단 강 건너편의 길르앗과 바산 땅 외에도 열 몫이 되었다. 길르앗 땅은 나머지 므낫세 자손의 몫이 되었다.

[7-10] 므낫세의 경계는 아셀에서 시작하여 세겜 맞은편의 믹므닷에 이르고, 거기서 남쪽으로 내려가 엔답부아 주민이 사는 곳에 이른다. (답부아 땅은 므낫세의 소유지만 므낫세 경계에 있는 답부아는 에브라임 지파의 소유다.) 경계는 계속 남쪽으로 이

어져 가나 시내에 이른다. (그곳 성읍들은 므낫세의 성읍들 가운데 있지만 에브라임의 소
유다.) 므낫세의 경계는 시내 북쪽으로 뻗어 바다에서 끝난다. 남쪽 땅은 에브라
임의 소유고, 북쪽 땅은 므낫세의 소유며, 서쪽 경계는 바다다. 그 땅은 북쪽으
로는 아셀, 동쪽으로는 잇사갈과 맞닿아 있다.
11 잇사갈과 아셀 안에도 므낫세의 소유가 있었는데, 벳산과 이블르암 그리고
도르와 엔돌과 다아낙과 므깃도 백성과 그들의 마을들이다. 그 목록에서 세 번
째는 나봇이다.
12-13 므낫세 자손은 그 성읍들을 끝내 점령하지 못했다. 가나안 사람이 꼼짝도
하지 않았기 때문이다. 나중에 이스라엘이 더 강해지자 그들은 가나안 사람에
게 강제노역을 시켰다. 그러나 그들을 쫓아내지는 않았다.

*

14 요셉 자손이 여호수아에게 말했다. "어찌하여 우리에게 한 몫만 주셨습니까?
우리는 수가 많고 점점 더 불어나고 있습니다. 하나님께서 우리에게 넘치도록
복을 주셨기 때문입니다."
15 여호수아가 대답했다. "여러분의 수가 아주 많아져서 에브라임 산지가 너무
좁다고 하니, 브리스 사람과 르바임 사람의 땅인 삼림지대로 올라가서 그곳을
여러분의 힘으로 개간하십시오."
16 그러자 요셉 자손이 말했다. "산지만으로는 우리에게 부족합니다. 게다가 아
래 평지에 사는 가나안 사람은, 벳산과 그 주변 마을 사람들이든 이스르엘 골짜
기에 사는 사람들이든 다 철제 전차를 가지고 있습니다."
17-18 여호수아가 요셉 지파에게(에브라임과 므낫세에게) 말했다. "그렇습니다. 여러
분은 수가 많고 아주 강해서 한 몫으로는 부족합니다. 그러니 그 산지까지 차지
하십시오. 지금은 나무밖에 없는 땅이지만, 여러분이 그 땅을 개간하여 이 끝에
서 저 끝까지 여러분의 것으로 삼으면 됩니다. 가나안 사람이 강하고 철제 전차
까지 가지고 있다 하더라도, 여러분을 당해 내지는 못할 것입니다."

나머지 땅의 분할

18 1-2 그 후에 이스라엘 백성 온 회중이 실로에 모여서, 그곳에 회막을
세웠다.
그들이 그 땅을 점령했지만 아직 이스라엘 가운데 일곱 지파가 유산을 받지 못
했다.
3-5 여호수아가 이스라엘 백성에게 말했다. "여러분이 언제까지 수수방관하며
하나님 여러분 조상의 하나님께서 여러분에게 주신 땅을 차지하는 일을 미루고
있겠습니까? 각 지파에서 세 사람씩 뽑으십시오. 내가 그들에게 일을 맡기겠습
니다. 그들은 땅을 살피고 각 지파에게 돌아갈 유산을 지도로 그려서 내게 보고
할 것입니다. 그들이 땅을 일곱 부분으로 나눌 것입니다. 유다는 남쪽 자신들의
영토에 머물고 요셉 자손은 북쪽 자신들의 자리를 지킬 것입니다.

6 여러분은 일곱 부분을 표시한 측량 지도를 책임지고 준비해서 내게 가져오십
시오. 그러면 내가 여러분을 위해 여기 우리 **하나님** 앞에서 제비를 뽑겠습니다.
7 그러나 레위 지파만은 여러분 가운데서 유산을 받지 못합니다. **하나님**의 제사
장직이 그들의 유산이기 때문입니다. 그리고 갓, 르우벤, 므낫세 반쪽 지파는
요단 강 동쪽에서 **하나님**의 종 모세가 그들에게 준 유산을 이미 받았습니다."
8 그 사람들이 길을 떠났다. 땅을 살피러 가는 그들에게 여호수아가 이렇게 당
부했다. "가서 땅을 살피고 지도를 그려서 돌아오시오. 그러면 내가 여기 실로
에서 여러분을 위해 **하나님** 앞에서 제비를 뽑을 것이오."
9 그들은 길을 떠났다. 그 땅을 두루 다니며 성읍별로 두루마리에 지도를 그렸
다. 그리고 실로의 진에 있는 여호수아에게 보고했다.
10 여호수아는 실로에서 그들을 위해 **하나님** 앞에서 제비를 뽑았다. 그리고 지
파에 따라 이스라엘 백성에게 땅을 나누어 주었다.

베냐민 지파가 받은 땅

11 첫 번째로 베냐민 지파와 그 가문의 몫을 정하기 위해 제비를 뽑았다. 그들이
받은 땅의 경계는 유다 자손과 요셉 자손 사이였다.
12-13 북쪽 경계는 요단 강에서 시작하여 여리고 북쪽 등성이로 해서 서쪽 산지로
계속 올라가다가 벳아웬 광야에 이르렀다. 그 경계는 거기서 돌아서 루스를 지
나 루스 남쪽 등성이(곧 베델)에 이르고, 아다롯앗달에서 산을 따라 내려가 아래
벳호론 남쪽에 닿았다.
14 거기서 경계는 서쪽으로 돌아 산에서 남쪽으로 꺾여 벳호론 남쪽에 이르고,
유다 자손의 성읍인 기럇바알(곧 기럇여아림)에서 끝났다. 이것이 서쪽 경계다.
15-19 남쪽 경계는 서쪽의 기럇여아림 끝에서 시작하여 넵도아 샘물 근원에 이르
기까지 서쪽으로 이어진다. 거기서 (르바임 골짜기 북쪽과 맞닿아 있는) 벤힌놈 골짜
기 맞은편 산기슭으로 내려가고, 여부스 등성이 남쪽의 힌놈 골짜기로 내려가
서 엔로겔까지 이어졌다. 거기서 다시 북쪽으로 구부러져 붉은 고갯길(아둠밈)
맞은편 엔세메스와 글릴롯에 이르고, 르우벤의 아들 보한의 돌까지 내려가서
계속 벳아라바 북쪽으로 가다가 아라바로 가파르게 내려간다. 그리고 북쪽으로
벳호글라 비탈을 따라가다가 요단 강 남쪽 끝인 소금 바다의 북쪽 만(灣)으로 나
왔다. 이것이 남쪽 경계다.
20 동쪽 경계는 요단 강으로 이루어졌다.
이것이 베냐민 자손이 가문별로 받은 유산이며, 그 사방 경계가 이와 같았다.
21-28 베냐민 지파가 가문별로 받은 성읍들은 이러하다.

여리고, 벳호글라, 에멕그시스
벳아라바, 스마라임, 베델
아윔, 바라, 오브라
그발암모니, 오브니, 게바 등

열두 성읍과 그 주변 마을들
기브온, 라마, 브에롯
미스바, 그비라, 모사
레겜, 이르브엘, 다랄라
셀라, 엘렙, 여부스 사람의 성읍(곧 예루살렘), 기브아, 기럇여아림 등
열네 성읍과 그 주변 마을들이다.

이것이 베냐민 자손이 가문별로 받은 유산이다.

시므온 지파가 받은 땅

19 1-8 두 번째로 시므온과 그 가문의 몫을 정하기 위해 제비를 뽑았다.
그들이 유산으로 받은 땅은 유다의 영토 안에 있었다. 그들이 유산
으로 받은 땅은 이러하다.

브엘세바(또는 세바), 몰라다
하살수알, 발라, 에셈
엘돌랏, 브둘, 호르마
시글락, 벳말가봇, 하살수사
벳르바옷, 사루헨 등
열세 성읍과 그 주변 마을들
아인, 림몬, 에델, 아산 등
네 성읍과 그 주변 마을들 그리고 네겝의 라마, 곧 바알랏브엘에 이르기까지
그 성읍들 주변에 있는 모든 마을들이다.

8-9 이것이 시므온 지파가 가문별로 받은 유산이다. 유다의 몫이 필요 이상으로
컸으므로, 그것을 시므온 지파와 나누었다. 이렇게 시므온 자손은 유다의 몫 안
에서 자신들의 몫을 얻었다.

스불론 지파가 받은 땅

10-15 세 번째로 스불론의 몫을 정하기 위해 가문별로 제비를 뽑았다.
그들이 유산으로 받은 땅의 경계는 사릿까지 이르렀다. 서쪽으로는 마랄라에
이르러 답베셋과 만나고 거기서 욕느암 맞은편 시내에 닿았다. 사릿의 반대 방
향인 동쪽의 경계는, 해 뜨는 곳을 따라 기슬롯다볼의 경계를 지나고 다브랏을
지나 야비아까지 이르렀다. 경계는 계속해서 동쪽으로 가드헤벨과 엣가신까지
갔다가 림몬에서 나와 네아 쪽으로 돌았고, 거기서 북쪽으로 돌아 한나돈에 이
르러 입다엘 골짜기로 빠졌다. 갓닷, 나할랄, 시므론, 이달라, 베들레헴 등 열두
성읍과 그 주변 마을들이 여기에 포함되었다.

[16] 이것이 스불론 자손이 가문별 유산으로 받은 성읍과 그 주변 마을들이다.

잇사갈 지파가 받은 땅

[17-21] 네 번째로 잇사갈의 몫을 정하기 위해 가문별로 제비를 뽑았다. 그들의 영토는 이러하다.

이스르엘, 그술롯, 수넴
하바라임, 시온, 아나하랏
랍빗, 기시온, 에베스
레멧, 언간님, 엔핫다, 벳바세스.

[22] 그 경계는 다볼, 사하수마, 벳세메스에 닿았고 요단 강에서 끝났다. 모두 열여섯 성읍과 그 주변 마을들이다.
[23] 이것이 잇사갈 지파가 가문별 유산으로 받은 성읍과 그 주변 마을들이다.

아셀 지파가 받은 땅

[24] 다섯 번째로 아셀 지파의 몫을 정하기 위해 가문별로 제비를 뽑았다.
[25-30] 그들의 영토에는 헬갓, 할리, 베덴, 악삽, 알람멜렉, 아맛, 미살이 들어갔다. 서쪽 경계는 갈멜과 시홀림낫에 닿았고, 거기서 동쪽 벳다곤 방향으로 돌아 스불론과 입다엘 골짜기에 닿았으며, 가불을 왼쪽에 끼고 북쪽으로 올라가 벳에멕과 느이엘에 이르렀다. 경계는 계속해서 에브론, 르홉, 함몬, 가나를 지나 큰 시돈에까지 이르렀다. 거기서 라마 쪽으로 되돌아 요새화된 성읍인 두로까지 뻗었다가 호사 쪽으로 돌아서 악십, 움마, 아벡, 르홉 지역의 바다로 나왔다. 모두 스물두 성읍과 그 주변 마을들이다.

[31] 이것이 아셀 지파가 가문별 유산으로 받은 성읍과 그 주변 마을들이다.

납달리 지파가 받은 땅

[32] 여섯 번째로 납달리와 그 가문의 몫을 정하기 위해 제비를 뽑았다.
[33] 그들의 경계는 헬렙과 사아난님의 상수리나무에서 시작하여 아다미네겝과 얍느엘을 지나 락굼에 이르고 요단 강에서 끝났다.
[34] 경계는 아스놋다볼에서 서쪽으로 돌아가 훅곡으로 나왔으며, 남쪽으로 스불론, 서쪽으로 아셀, 동쪽으로 요단 강과 만났다.
요새화된 성읍들은 이러하다.

[35-38] 싯딤, 세르, 함맛, 락갓, 긴네렛
아다마, 라마, 하솔
게데스, 에드레이, 엔하솔

이론, 믹다렐, 호렘, 벳아낫, 벳세메스 등
열아홉 성읍과 그 주변 마을들이다.

39 이것이 납달리 지파가 가문별 유산으로 받은 성읍과 그 주변 마을들이다.

단 지파가 받은 땅

40-46 일곱 번째로 단의 몫을 정하기 위해 제비를 뽑았다. 그들이 유산으로 받은
영토는 이러하다.

소라, 에스다올, 이르세메스
사알랍빈, 아얄론, 이들라
엘론, 딤나, 에그론
엘드게, 깁브돈, 바알랏
여훗, 브네브락, 가드림몬
메얄곤, 락곤, 욥바 맞은편 지역.

47 그러나 단 자손은 서쪽 사람(아모리 사람)을 쫓아내지 못했다. 서쪽 사람이 그
들을 다시 산지로 몰아넣고 평지로 나오지 못하게 했기 때문에 그들이 지낼 공
간이 좁았다. 그래서 단 자손은 진격해 올라가 레셈을 쳤다. 그들은 레셈을 취
하여 그 주민들을 죽이고 그곳에 정착했다. 그리고 자신들의 조상 단의 이름을
따라 레셈을 단이라고 불렀다.
48 이것이 단 지파가 가문별 유산으로 받은 성읍과 그 주변 마을들이다.

49-50 이스라엘 백성은 땅을 유산으로 나누어 주고 그 경계를 정하는 일을 마쳤
다. 그 후에 그들은 눈의 아들 여호수아에게 자신들의 유산 일부를 주었다. 그
들은 **하나님**의 말씀에 순종하여, 그가 요구한 성읍인 에브라임 산지의 딤낫세
라를 그에게 주었다. 여호수아는 성읍을 재건하고 그곳에 정착했다.
51 이것이 제사장 엘르아살과 눈의 아들 여호수아와 조상 때부터 이어져 온 지도
자들이 실로의 회막 문 **하나님** 앞에서 이스라엘 지파들에게 제비 뽑아 나누어
준 유산이다. 그들은 땅을 분배하는 일을 마쳤다.

도피성

20

1-3 그때 **하나님**께서 여호수아에게 말씀하셨다. "이스라엘 백성에게
말하여라. 내가 모세를 통해 너희에게 지시한 대로 도피성을 지정하
여, 누구든지 실수로—뜻하지 않게—사람을 죽인 자가 피의 보복자를 피하여
안전한 피난처인 그곳으로 피신할 수 있게 하여라.
4 피할 곳을 찾아 이 성읍들 가운데 한 곳으로 피하려는 사람은, 성문 입구에 서

서 성읍의 지도자들에게 자신이 저지른 일을 털어놓아야 한다. 그러면 지도자들은 그를 성읍 안으로 받아들이고 그에게 살 곳을 주어 더불어 살 수 있게 해야 한다.
5-6 피의 보복자가 그를 뒤쫓아 와도 그를 내주어서는 안된다. 그는 사람을 죽일 의도가 없었고 악감정을 품은 적이 없기 때문이다. 그는 회중 앞에서 재판을 받을 때까지, 그리고 현재의 대제사장이 죽을 때까지 그 성읍에 머물러 지낸 뒤에야 자기가 도망쳐 나온 자기 고향 집으로 돌아갈 수 있다."
7 그들은 납달리 산지에 있는 갈릴리의 게데스와 에브라임 산지에 있는 세겜과 유다 산지에 있는 기럇아르바(곧 헤브론)를 구별하여 지정했다.
8-9 여리고 동쪽 요단 강 건너편에서는 르우벤 지파 중에서 사막 고원에 있는 베셀, 갓 지파 중에서 길르앗의 라못, 므낫세 지파 중에서 바산의 골란을 지정했다. 이것은 이스라엘 백성과 그들과 함께 사는 외국인을 위해 지정된 성읍들로, 누구든지 뜻하지 않게 사람을 죽인 사람이 그곳으로 도망하여, 회중 앞에서 공정한 재판을 받기도 전에 피의 보복자의 손에 죽지 않게 하기 위해서였다.

레위 지파의 성읍

21 1-2 레위 지파의 지도자들이 제사장 엘르아살과 눈의 아들 여호수아와 이스라엘 백성의 다른 지파 지도자들을 찾아왔다. 이것은 가나안 땅 실로에서 있었던 일이다. 그들이 말했다. "하나님께서 모세를 통해 명령하시기를, 우리가 머물러 살 성읍들과 우리 가축들을 먹일 목초지의 사용 권한을 우리에게 주라고 하셨습니다."
3 이스라엘 백성은 하나님께서 명령하신 대로, 자신들이 받은 유산 중에서 다음의 성읍과 목초지를 레위 지파에게 주었다.
4-5 고핫 가문의 몫을 결정할 제비는 이렇게 뽑았다. 레위 지파 중에서 제사장 아론의 자손에게는 유다, 시므온, 베냐민 지파로부터 제비를 뽑아 열세 성읍이 돌아갔다. 나머지 고핫 자손에게는 에브라임, 단, 므낫세 반쪽 지파의 가문들로부터 제비를 뽑아 열 성읍이 돌아갔다.
6 게르손 자손에게는 잇사갈, 아셀, 납달리, 바산의 므낫세 반쪽 지파 가문들로부터 제비를 뽑아 열세 성읍이 돌아갔다.
7 므라리 자손에게는 르우벤, 갓, 스불론 지파로부터 열두 성읍이 돌아갔다.
8 이렇게 이스라엘 백성은 하나님께서 모세를 통해 명령하신 대로, 제비를 뽑아 이 성읍들과 목초지를 레위인에게 주었다.
9-10 그들이 유다, 시므온, 베냐민 지파로부터 받아 나누어 준 성읍들을 하나씩 살펴보면 이러하다(레위의 고핫 가문에서 난 아론의 자손이 첫 번째로 제비 뽑혔으므로, 이 성읍들이 그들의 차지가 되었다).
11-12 유다 산지의 기럇아르바(아르바는 아낙의 조상이다), 곧 헤브론과 그 주변 목초지를 얻게 되었다. 그러나 이전에 여분네의 아들 갈렙에게 준 성읍의 밭과 넓은

땅은 그의 소유로 남았다.
13-16 유다와 시므온 지파는 제사장 아론의 자손에게, (유죄 판결을 받지 않은 살인자
들을 위한 도피성인) 헤브론과 립나, 얏딜, 에스드모아, 홀론, 드빌, 아인, 윷다, 벳
세메스 아홉 성읍과 거기에 딸린 모든 목초지를 주었다.
17-18 베냐민 지파에서는 기브온, 게바, 아나돗, 알몬 네 성읍과 거기에 딸린 목초
지를 주었다.
19 이렇게 모두 열세 성읍과 거기에 딸린 목초지가 아론의 자손 제사장들에게 돌
아갔다.

20-22 레위 지파의 나머지 고핫 가문에게는 에브라임 지파에게서 제비를 뽑아 받
은 성읍들을 나누어 주었다. 유죄 판결을 받지 않은 살인자를 위한 도피성인 에
브라임 산지의 세겜과 게셀, 깁사임, 벳호론 네 성읍과 거기에 딸린 목초지였다.
23-24 단 지파에서는 엘드게, 깁브돈, 아얄론, 가드림몬 네 성읍과 거기에 딸린 목
초지를 주었다.
25 므낫세 반쪽 지파에서는 다아낙, 가드림몬 두 성읍과 거기에 딸린 목초지를
주었다.
26 이렇게 모두 열 성읍과 거기에 딸린 목초지가 나머지 고핫 가문에게 돌아갔다.

27 레위 지파의 게르손 가문에게는 므낫세 반쪽 지파에서 유죄 판결을 받지 않은
살인자를 위한 도피성인 바산의 골란과 브에스드라 두 성읍과 거기에 딸린 목
초지를 주었다.
28-29 잇사갈 지파에서는 기시온, 다브랏, 야르뭇, 언간님 네 성읍과 거기에 딸린
목초지를 주었다.
30-31 아셀 지파에서는 미살, 압돈, 헬갓, 르홉 네 성읍과 거기에 딸린 목초지를
주었다.
32 납달리 지파에서는 유죄 판결을 받지 않은 살인자를 위한 도피성인 갈릴리의
게데스와 함못돌, 가르단 세 성읍과 거기에 딸린 목초지를 주었다.
33 이렇게 모두 열세 성읍과 거기에 딸린 목초지가 게르손 자손과 그 가문에게
돌아갔다.

34-35 나머지 레위 지파인 므라리 가문에게는 스불론 지파에서 욕느암, 가르다,
딤나, 나할랄 네 성읍과 거기에 딸린 목초지를 주었다.
36-37 르우벤 지파에서는 베셀, 야하스, 그데못, 므바앗 네 성읍과 거기에 딸린 목
초지를 주었다.
38-39 갓 지파에서는 유죄 판결을 받지 않은 살인자를 위한 도피성인 길르앗의 라
못과 마하나임, 헤스본, 야스엘 모두 네 성읍과 거기에 딸린 목초지를 주었다.
40 이렇게 그들은 이 모든 성읍, 곧 열두 성읍을 나머지 레위 지파인 므라리 자손
에게 제비를 뽑아 나누어 주었다.

41-42 레위 지파는 이스라엘 백성의 영토 안의 마흔여덟 성읍과 거기에 딸린 목초지를 갖게 되었다. 이들 각 성읍은 목초지로 둘러싸여 있었다. 받은 모든 성읍이 그러했다.

⁂

43-44 이와 같이 **하나님**께서는 그들의 조상에게 주시기로 엄숙히 맹세하신 모든 땅을 이스라엘에게 주셨다. 그들은 그 땅을 차지하여 거기에 자리 잡고 살았다. **하나님**께서는 그들의 조상에게 엄숙히 맹세하신 대로, 사방에 쉼을 주셨다. 그들의 원수들 가운데 어느 누구도 그들에게 맞서지 못했다. **하나님**께서 모든 원수를 그들에게 넘겨주셨기 때문이다.
45 **하나님**께서 이스라엘 집에 주신 모든 선한 말씀 가운데 단 한 마디도 이루어지지 않은 것이 없었다. 모든 것이 그대로 되었다.

⁂

22 1-5 그때에 여호수아가 르우벤 지파, 갓 지파, 므낫세 반쪽 지파를 불러모아 말했다. "여러분은 **하나님**의 종 모세가 여러분에게 명령한 일을 모두 행했고, 내가 여러분에게 명령한 일도 순종하는 마음으로 모두 행했습니다. 그동안 여러분은 여러분의 형제들을 버리지 않았고, **하나님** 여러분의 하나님께서 여러분에게 맡기신 일을 감당했습니다. 이제 **하나님** 여러분의 하나님께서 약속하신 대로 여러분의 형제들에게 쉼을 주셨으니, 여러분은 **하나님**의 종 모세가 요단 강 건너편에서 여러분에게 유산으로 준 여러분의 땅, 여러분의 집으로 돌아가도 좋습니다. 다만, **하나님**의 종 모세가 여러분에게 맡긴 계명과 계시를 주의하여 지키십시오. **하나님** 여러분의 하나님을 사랑하고, 그분의 모든 길로 행하고, 그분의 명령을 지키고, 그분을 마음에 품고, 여러분 안에 있는 모든 것과 여러분이 가지고 있는 모든 것으로 그분을 섬기십시오."
6-7 여호수아는 그들을 축복하고 떠나보냈다. 그들은 집으로 돌아갔다. (므낫세 반쪽 지파에게는 이미 바산에서 모세가 그들의 몫을 나누어 주었다. 나머지 반쪽 지파에게는 여호수아가 요단 강 서쪽에서 그들의 형제들과 함께 땅을 나누어 주었다.)
7-8 여호수아는 그들을 집으로 보내며 축복했다. "집으로 돌아가십시오. 여러분은 부자가 되어, 많은 가축 떼와 금과 은과 동과 철과 산더미 같은 옷을 가지고 집으로 갑니다. 여러분이 원수들에게서 빼앗은 이 모든 전리품을 여러분의 친구와 가족들과 함께 나누어 가지십시오!"

⁂

9 르우벤 지파와 갓 지파와 므낫세 반쪽 지파는 가나안 땅 실로에서 이스라엘 백성을 떠나, **하나님**께서 모세를 통해 주신 명령대로 그들이 차지한 땅 길르앗으로 돌아갔다.
10 그들은 가나안 땅과 맞닿은 요단 강가 글릴롯에 이르렀다. 거기서 르우벤 지

파와 갓 지파와 므낫세 반쪽 지파는 제단을 쌓았다. 아주 큰 제단이었다!
11 이스라엘 백성이 그 소식을 들었다. "이게 무슨 일인가? 르우벤 지파와 갓 지
파와 므낫세 반쪽 지파가 이스라엘 백성 맞은편의 요단 강가 글릴롯에서 가나
안 땅 쪽을 향해 제단을 쌓았다!"
12-14 이스라엘 백성이 이 말을 듣고, 온 회중이 그들과 전쟁을 하러 가려고 실로
에 모였다. 그들은 제사장 엘르아살의 아들 비느하스를 르우벤 지파와 갓 지파
와 므낫세 반쪽 지파에게(곧 길르앗 땅으로) 보냈다. 각 지파에서 한 사람씩 보낸
지도자 열 명도 함께 갔는데, 그들은 각각 조상 대대로 내려온 집안의 우두머리
이자 이스라엘 각 군대의 대표였다.
15-18 그들은 르우벤 지파와 갓 지파와 므낫세 반쪽 지파에게 가서 말했다. "**하나**
님의 온 회중이 알고 싶어 합니다. 여러분은 어찌하여 이스라엘의 하나님께 죄
를 지은 것입니까? **하나님**을 등지고 여러분의 제단을 따로 쌓은 것은 드러내
놓고 **하나님**을 거역하는 행위입니다. 브올의 범죄가 우리에게 부족했습니까?
하나님의 회중에게 닥친 재앙의 여파를 우리가 여태 안고 살고 있고, 오늘까지
도 그 죄에서 벗어나지 못했습니다! 여러분이 한 일을 보십시오. **하나님**께 등을
돌렸습니다! 오늘 여러분이 **하나님**을 거역했으니, 내일 그분께서 우리 모두에
게, 이스라엘 온 회중에게 진노를 발하실 것입니다.
19-20 여러분 소유의 땅이 충분히 거룩하지 못하여 어딘가 더럽다고 생각되거든,
하나님의 성막이 세워진 **하나님**의 소유지로 건너와 거기서 여러분의 땅을 취하
십시오. 그러나 **하나님**을 거역하는 일만은 안됩니다. 또한 우리 **하나님**의 제단
외에 여러분의 제단을 따로 쌓아 우리를 거역해서도 안됩니다. 세라의 아들 아
간이 거룩한 저주를 어겼을 때 이스라엘 온 회중 위에 진노가 임하지 않았습니
까? 그 죄로 인해 죽은 사람이 아간 혼자가 아니었습니다."
21-22 르우벤 지파와 갓 지파와 므낫세 반쪽 지파가 이스라엘 지파들의 지도자들
에게 대답했다.

하나님은 모든 신 중의 신이십니다.
하나님은 모든 신 중의 신이십니다!

22-23 "이 일이 그분을 거역하는 반역인지 아닌지는 **하나님**께서 아시며, 그분이
이스라엘에게도 그 사실을 알게 하실 것입니다. 만일 이것이 반역이라면 우리
를 살려 두지 마십시오. 만일 우리가 **하나님**을 거역하여 따로 제단을 쌓고 그
단 위에 번제물이나 곡식 제물이나 화목 제물을 바치려 한 것이라면, **하**
나님께서 친히 판단하실 것입니다.
24-25 하지만 그렇지 않습니다. 우리는 걱정이 되어서 제단을 쌓았습니다. 언젠가
여러분의 자손이 우리 자손에게 '당신들은 **하나님** 이스라엘의 하나님과 상관이
없습니다! **하나님**께서 우리와 당신들 사이에 요단 강을 경계로 삼으셨으니, 당
신들 르우벤 지파와 갓 지파는 **하나님**과 아무런 관계가 없습니다' 하고 말할까

봐 염려했던 것입니다. 그렇게 되면 여러분의 자손이 우리 자손에게 **하나님**을
예배하지 못하게 할지도 모르지 않습니까.
26 그래서 우리가 의논했습니다. '뭔가 방법을 강구하자. 제단을 쌓자. 그러나 번
제물이나 희생 제물을 바치기 위한 것은 아니다' 하고 말입니다.
27 우리는 우리와 여러분과 우리 뒤에 올 자손 사이의 증거물로 이 제단을 쌓았
습니다. 우리가 **하나님**의 거룩한 성막에서 번제물과 희생 제물과 화목 제물로
하나님을 예배하는 그 제단을 가리키는 증거물로 말입니다.
이렇게 하면, 앞으로 여러분의 자손이 우리 자손에게 '당신들은 하나님과 아무
런 관계가 없습니다' 하고 말하지 못할 것입니다.
28 우리가 말한 대로, 앞으로 누구든지 우리나 우리 자손을 얕잡아 말한다면, 우
리는 '우리 조상들이 **하나님**의 제단을 본떠서 만든 이 제단을 보시오. 이것은 번
제물이나 희생 제물을 바치기 위한 것이 아니라, 우리와 당신들을 이어 주는 증
거물일 뿐입니다' 하고 말할 것입니다.
29 우리는 **하나님**을 거역하거나 배반하려는 생각이 전혀 없습니다. 우리 **하나님**
의 거룩한 성막 앞에 있는 **하나님**의 제단에 맞서기 위해 번제물이나 곡식 제물
을 위한 제단을 따로 쌓을 생각은 꿈에도 없습니다."
30 제사장 비느하스와 그와 함께한 회중의 모든 지도자들 곧 이스라엘 각 군대의
우두머리들은, 르우벤 지파와 갓 지파와 므낫세 반쪽 지파가 하는 말을 듣고 만
족해 했다.
31 엘르아살의 아들 제사장 비느하스가 르우벤 자손과 갓 자손과 므낫세 자손에
게 말했다. "여러분이 이 일로 **하나님**께 반역하지 않았으니, 이제 우리는 **하나
님**께서 우리와 함께 계심을 확신합니다. 여러분은 이스라엘 백성을 **하나님**의
징계에서 구한 것입니다."
32-33 그 후에 엘르아살의 아들 제사장 비느하스와 지도자들은 (길르앗에 있는) 르우
벤 지파와 갓 지파와 므낫세 반쪽 지파를 떠나서, 가나안 땅 이스라엘 백성에게
돌아와 모든 것을 자세히 보고했다. 이스라엘 백성은 그 보고를 듣고 기뻐하며
하나님을 찬양했다. 르우벤 지파와 갓 지파가 살고 있는 땅을 공격하여 멸하자
는 말이 다시는 나오지 않았다.
34 르우벤 자손과 갓 자손은 그 제단에 이런 이름을 붙였다.

우리 사이의 증거물.
하나님 한분만이 하나님이시다.

여호수아의 마지막 당부

23 1-2 **하나님**께서 주변의 모든 원수들을 물리치시고 이스라엘에게 쉼
을 주신 후에, 오랜 세월이 흘러서 여호수아도 우리를 만한 노인이
되었다. 여호수아는 온 이스라엘, 곧 장로와 지도자와 재판관과 관리들을 모두
불러 모아 말했다.

2-3 "이제 나는 늙었고, 살 만큼 살았습니다. 여러분은 **하나님**께서 여러분을 위
해 이 모든 나라에 행하신 일을 보았습니다. 그분은 **하나님** 여러분의 하나님이
시기에 그렇게 하셨습니다. 여러분을 위해 싸우신 것입니다.
4-5 보십시오. 요단 강에서부터 서쪽 큰 바다까지 남아 있는 이 나라들을 이미 정
복한 나라들과 함께 내가 여러분 지파들의 유산으로 제비 뽑아 나누어 주었습
니다. **하나님** 여러분의 하나님께서는 그들이 하나도 남지 않을 때까지 그들을
여러분 앞에서 쫓아내실 것이고, 여러분은 **하나님** 여러분의 하나님께서 약속하
신 대로 그들의 땅을 차지하게 될 것입니다.
6-8 이제 여러분은 변함없이 강하고 흔들리지 마십시오. 모세의 계시의 책에 기
록된 모든 것을 순종하는 마음으로 행하십시오. 작은 것 하나라도 빠뜨리지 마
십시오. 아직 주변에 남아 있는 나라들과 섞이는 일이 없게 하십시오. 그 신들
의 이름을 입에 올리거나 그 이름으로 맹세하지도 마십시오. 절대로 그 신들을
예배하거나 그것들에게 기도해서는 안됩니다. 지금까지 여러분이 해온 것처럼,
하나님 여러분의 하나님만을 꼭 붙드십시오.
9-10 **하나님**께서 여러분 앞에서 크고 강한 나라들을 쫓아내셨습니다. 지금까지
아무도 여러분에게 능히 맞설 수 없었습니다. 생각해 보십시오. 여러분 가운데
한 사람이 혼자서 천 명을 쫓아낸 것입니다! 그것은 하나님께서 **하나님** 여러분
의 하나님이시기 때문입니다. 약속하신 대로, 그분께서 여러분을 위해 싸우셨
기 때문입니다.
11-13 이제 여러분은 깨어서 정신을 바짝 차리십시오. **하나님** 여러분의 하나님을
사랑하십시오. 만일 여러분이 빗나가서 아직 여러분 가운데 남아 있는 이 민족
들과 어울리면(그들과 결혼하고 다른 거래관계를 맺으면), **하나님** 여러분의 하나님께
서 여러분을 위해 이 민족들을 몰아내지 않으실 것이라는 사실을 분명히 아십
시오. 그들은 여러분에게 괴로움이 될 것입니다. 여러분 등에 내리치는 채찍이
되며, 여러분 눈을 파고드는 모래알이 될 것입니다. 결국 **하나님** 여러분의 하
나님께서 여러분에게 주신 이 좋은 땅에서 쫓겨날 자는, 바로 여러분이 되고 말
것입니다.
14 보다시피, 이제 나는 모든 사람이 가는 길로 가야 합니다. **하나님** 여러분의 하
나님께서 여러분에게 약속하신 모든 선한 일이, 작은 것 하나까지도 다 이루어
진 것을 여러분은 온 마음을 다해 알아야 합니다. 모든 것이 그대로 되었습니
다. 어느 한 말씀도 이루어지지 않은 것이 없습니다.
15-16 그러나 **하나님** 여러분의 하나님께서는, 약속하신 모든 좋은 일을 확실하게
이루신 것같이, 또한 모든 나쁜 일도 일어나게 하십니다. 여러분에게 주신 이
좋은 땅에서 여러분 가운데 아무도 남지 않게 하실 수도 있습니다. 여러분이 **하
나님** 여러분의 하나님께서 명령하신 그분의 언약의 길을 떠나 다른 신들을 섬
기고 예배하면, **하나님**의 진노가 여러분을 향해 타오를 것입니다. 그러면 순식
간에 여러분은 하나도 남지 않게 되고, 그분께서 주신 이 좋은 땅에는, 여러분
이 머물던 흔적까지도 모두 사라지게 될 것입니다."

세겜에서 언약을 맺다

24 1-2 여호수아가 이스라엘의 모든 지파를 세겜에 모이게 하고, 장로와 지도자와 재판관과 관리들을 불렀다. 그들이 하나님 앞에 나오자, 여호수아가 온 백성에게 말했다.

2-6 "하나님 이스라엘의 하나님께서 이같이 말씀하십니다. '먼 옛날에 너희 조상, 곧 데라와 그의 아들 아브라함과 나홀은 유프라테스 강 동쪽에 살면서 다른 신들을 예배했다. 그러나 내가 너희 조상 아브라함을 강 건너편에서 이끌어 내어, 그를 가나안 땅 전역을 누비게 했고 그의 후손이 많아지게 했다. 내가 그에게 이삭을 주었고, 또 이삭에게는 야곱과 에서를 주었다. 에서는 내가 세일 산지에 살게 했으나, 야곱과 그의 아들들은 이집트로 가게 했다. 나는 모세와 아론을 보내어 여러 재앙으로 이집트를 쳐서, 너희를 거기서 인도해 냈다. 너희 조상을 이집트에서 이끌어 낸 것이다. 너희는 바다에 이르렀고, 이집트 사람들은 전차와 기병을 거느리고 홍해 물가까지 맹렬히 추격해 왔다!

7-10 그때 너희 조상은 나 하나님에게 도와 달라고 부르짖었다. 나는 너희와 이집트 사람들 사이에 구름을 두었고, 바닷물을 그들에게 풀어 놓아 그들을 삼켜 버렸다.

너희는 내가 이집트에 행한 모든 일을 너희 눈으로 직접 보았다. 그 후에 너희는 오랫동안 광야에서 지냈다. 내가 너희를 요단 강 동쪽에 사는 아모리 사람의 땅으로 인도하자, 그들이 너희와 싸웠다. 그러나 내가 너희를 위해 싸웠고 너희는 그들의 땅을 차지했다. 내가 너희를 위해 그들을 멸망시켰다. 그때 십볼의 아들 발락이 나타났다. 그는 모압 왕이었다. 그는 이스라엘과 싸울 작정으로 브올의 아들 발람을 불러다가 너희를 저주하게 하려고 했다. 그러나 나는 발람의 말에 귀를 기울이지 않았고, 오히려 그는 몇 번씩이나 너희를 축복했다! 내가 너희를 그에게서 구한 것이다.

11 그 후에 너희는 요단 강을 건너 여리고로 왔다. 여리고 지도자들뿐 아니라 아모리 사람, 브리스 사람, 가나안 사람, 헷 사람, 기르가스 사람, 히위 사람, 여부스 사람이 힘을 합쳐 너희를 공격했으나, 내가 그들을 너희에게 넘겨주었다.

12 내가 너희 앞서 말벌을 보내어, 아모리 사람의 두 왕을 몰아냈다. 너희가 할 일을 대신해 주었다. 너희는 아무것도 할 필요가 없었다. 손가락 하나 움직일 필요가 없었다.

13 너희가 수고하지 않은 땅, 너희가 짓지 않은 성읍들을 내가 너희에게 넘겨주었다. 그래서 지금 이렇게 이 성읍들에 살면서, 너희가 심지 않은 포도원과 올리브 과수원에서 난 열매를 먹고 있는 것이다.'

14 그러니, 이제 하나님을 경외하십시오. 온 마음과 뜻을 다해 그분을 예배하십시오. 여러분의 조상들이 유프라테스 강 건너편과 이집트에서 숭배하던 신들을 없애 버리십시오. 여러분은 하나님을 예배하십시오.

15 여러분 생각에 하나님을 예배하는 것이 좋지 않다면, 여러분이 대신 섬길 신을 선택하십시오. 오늘 선택하십시오. 여러분의 조상들이 강 건너편 땅에서 예

배하던 신들 가운데 하나를 택하든지, 아니면 여러분이 지금 살고 있는 땅 아모
리 사람의 신들 가운데 하나를 택하십시오. 그러나 나와 내 가족은 **하나님**을 예
배할 것입니다."
16 백성이 대답했다. "우리는 **하나님**을 버리지 않겠습니다! 우리는 절대로 **하나
님**을 버리고 다른 신들을 예배하지 않겠습니다.
17-18 **하나님**이 우리 하나님이십니다! 그분께서 우리 조상을 이집트의 종살이에
서 이끌어 내셨습니다. 그분은 그 모든 위대한 기적을 우리가 보는 앞에서 행하
셨습니다. 우리가 수없이 많은 길을 지나고 여러 나라를 통과하는 동안, 그분은
한순간도 우리에게서 눈을 떼지 않으셨습니다. 바로 우리를 위해 그분은 모든
민족, 곧 이 땅에 살던 아모리 사람과 모든 사람을 쫓아내셨습니다.
우리도 함께하겠습니다. 우리도 **하나님**을 예배하겠습니다. 그분만이 우리의 하
나님이십니다."

19-20 여호수아가 백성에게 말했다. "아닙니다. 여러분은 **하나님**을 예배하지 못
할 것입니다. 그분은 거룩하신 하나님이며 질투하시는 하나님이십니다. 그분은
여러분이 돌아다니며 죄짓는 것을 참지 않으실 것입니다. 여러분이 **하나님**을
떠나 다른 나라의 신들을 예배하면, 그분이 곧바로 돌이켜서 여러분을 크게 벌
하실 것입니다. 여러분에게 그 모든 선을 베푸셨지만, 결국 여러분을 끝장내실
것입니다!"
21 그러자 백성이 여호수아에게 말했다. "아닙니다! 우리가 **하나님**을 예배하겠
습니다!"
22 여호수아가 백성에게 말했다. "여러분이 **하나님**을 선택하고 그분을 예배하기
로 한 것에 대해 여러분 자신이 증인입니다."
그들이 말했다. "우리가 증인입니다."
23 여호수아가 말했다. "이제 여러분이 가지고 있는 모든 이방 신들을 없애 버리
십시오. **하나님** 이스라엘의 하나님께 온 마음을 드리십시오."
24 백성이 여호수아에게 대답했다. "우리가 **하나님**을 예배하겠습니다. 그분이
말씀하시는 대로 행하겠습니다."

25-26 그날 여호수아가 그곳 세겜에서 백성을 위해 언약을 맺고, 공식적으로 그것
을 자세히 기록했다. 여호수아는 모든 지침과 규정을 하나님의 계시의 책에 자
세히 적었다. 그리고 큰 돌을 가져다가 **하나님**의 성소 곁에 있는 상수리나무 아
래에 세웠다.
27 여호수아가 온 백성에게 말했다. "이 돌이 우리의 증거입니다. **하나님**께서 우
리에게 하신 모든 말씀을 이 돌이 들었습니다. 여러분이 하나님을 배반하지 못
하도록, 이 돌이 여러분에게 변치 않는 증거가 될 것입니다."
28 그 후에 여호수아는 백성을 각자 유산으로 받은 땅으로 돌려보냈다.

❦

[29-30] 이 모든 일이 있은 후에, **하나님**의 종 눈의 아들 여호수아가 백열 살의 나이
로 죽었다. 사람들은 그가 유산으로 받은 땅인 가아스 산 북쪽 에브라임 산지의
딤낫세라에 그를 묻었다.
[31] **하나님**께서 이스라엘을 위해 행하신 모든 일을 직접 겪은 여호수아와 그보다
나중까지 산 장로들이 살아 있는 동안에, 이스라엘은 **하나님**을 섬겼다.
[32] 이스라엘 백성은 이집트에서 가지고 나온 요셉의 유골을 세겜, 곧 야곱이 (세
겜의 아버지인) 하몰의 아들들에게서 산 땅에 묻었다. 야곱이 은화 백 개를 주고
산 그 땅은 요셉 가문의 유산이 되었다.
[33] 아론의 아들 엘르아살도 죽었다. 사람들은 그를 그의 아들 비느하스가 유산
으로 받은 에브라임 산지의 기브아에 묻었다.

섹스와 폭력, 강간과 학살, 잔인무도와 권모술수. 하나같이 구원 이야기를 전개하는 데 적합한 소재로 보이지 않는다. 하나님과 구원, 진정한 삶과 사랑 같은 성경의 중심 주제를 염두에 두고 성경을 펴는 독자들은, 응당 성경에서 우리 모두에게 모범이 될 만한 선하고 고귀하며 존경스러운 지도자들의 모습을 보게 되기를 기대한다. 그렇기에, 사사기의 각 장마다 홍수처럼 쏟아져 나오는 적나라한 폭력행위들은 가히 충격적이지 않을 수 없다. "이스라엘 백성이 하나님 보시기에 악을 행했다"(삿 2:11, 3:12, 4:1, 6:1, 10:6, 13:1)는 문장이 여러 장에 걸쳐 반복해서 나온다.

사사기가 그 흠 많고 불량한 지도자들을 부정적인 본보기로 제시하고 그런 형편없는 삶에 따르는 섬뜩한 벌을 지옥불 운운하며 묘사하는 이야기였다면, 그다지 우리 비위에 거슬리지 않았을 것이다. 그런데 이 이야기는 전혀 그런 식이 아니다. 화자(話者)는 심드렁한 어조로 이야기를 펼쳐 가는데, 마치 하나님께서 이런 식으로 말씀하시는 것 같다. "좋다. 그게 너희가 내놓을 수 있는 최선이라면, 나는 그런 너희의 모습을 있는 그대로 사용해 내 구원 이야기를 전개시켜 가겠다." 이들은 그 이야기 속에서 자리를 찾아가면서 어느 정도의 명예를 부여받기까지 한다. 분명, 이 이야기는 그들을 비난의 대상이나 조롱거리로 다루지 않는다.

그렇다. 하나님이 하시는 선한 일에 반드시 선한 사람이 필요한 것은 아니다. 그분은 우리가 도덕적·영적으로 어떤 상태에 있든 우리를 사용해 일하실 수 있고, 또 그렇게 일하신다. 때로는 그분의 가장 선한 일을 이루는 데 가장 부적합해 보이는 자들을 사용하시기도 한다. 그런 지도자들(사사들)까지도 영광스러운 결론을 향해 달려가는 이야기의 의미 있는 일부로 포함시키는 하나님이시라면, 분명 우리 같은 사람들, 구제불능인 것처럼 보이는 우리의 친구와 이웃도 그렇게 사용하실 수 있을 것이다.

사사기에 두 번(17:6과 21:25) 등장하는 인상적인 반복구가 있다. "그때에는 이스라엘에 왕이 없었다. 사람들은 무엇이든 자기 마음에 원하는 대로 행했다." 그러나 사사기를 읽는 우리는, 사실 이스라엘에 왕이 있었음을 안다. 바로, 하나님께서 왕이셨다. 지상의 왕이 없던, 그래서 도덕적·정치적으로 무정부 상태였던 그 시절에도 주권자 하나님이 계셨고, 그분이 다스리시는 나라가 엄연한 현실로 존재했다.

사사기

1 [1] 여호수아가 죽은 후에, 이스라엘 백성이 하나님께 여쭈었다. "어느 지
파가 앞장서 올라가서 가나안 사람과 싸워야 하겠습니까?"
2 하나님께서 말씀하셨다. "유다 지파가 올라가거라. 내가 그 땅을 그들의 손에
넘겨주었다."
3 유다 지파 사람들이 형제인 시므온 지파 사람들에게 제안했다. "우리와 함께
우리 땅에 올라가서 가나안 사람과 싸우자. 그러면 우리도 너희와 함께 너희 땅
에 가겠다." 그리하여 시므온 지파가 유다 지파와 함께 갔다.
4 유다 지파가 올라가자, 하나님께서 가나안 사람과 브리스 사람을 그들의 손에
넘겨주셨다. 그들은 베섹에서 열 개의 부대를 물리쳤다!
5-7 그곳 베섹에서 그들은 아도니(나의 주)베섹을 쫓아가 그와 싸웠다. 그리고 가
나안 사람과 브리스 사람을 쳐부수었다. 그들이 도망치는 아도니베섹을 뒤쫓아
가서 사로잡아, 그의 엄지손가락과 엄지발가락을 잘라 버렸다. 아도니베섹은
"내가 전에 일흔 명의 왕들의 엄지손가락과 엄지발가락을 자르고 나서 내 식탁
밑을 기어 다니며 부스러기를 주워 먹게 했는데, 내가 그들에게 한 대로 하나님
께서 내게 갚으시는구나" 하고 말했다.
유다 지파 사람들이 그를 예루살렘으로 끌고 가니, 그가 거기서 죽었다.

8-10 유다 백성이 예루살렘을 공격해 함락시키고, 칼로 그 성을 정복하고 불살랐
다. 그 후에 그들은 산지와 네겝, 작은 언덕으로 내려가서, 거기 살고 있는 가나
안 사람과 싸웠다. 유다는 헤브론(헤브론은 전에 기럇아르바라고 불리던 곳이다)에 사
는 가나안 사람에게까지 가서 세새, 아히만, 달매를 굴복시켰다.
11-12 거기서 그들은 진격하여 드빌 주민을 쳤다(드빌은 전에 기럇세벨이라고 불리던

곳이다). 갈렙은 "누구든지 기럇세벨을 공격하여 점령하는 사람에게는 내 딸 악사를 아내로 주겠다"고 말했다.

13 갈렙의 동생 그나스의 아들 옷니엘이 그곳을 점령했다. 그래서 갈렙은 자기 딸 악사를 그에게 아내로 주었다.

14-15 악사가 도착해서 옷니엘을 시켜
자기 아버지에게 밭을 청하게 했다.
악사가 나귀에서 내리자 갈렙이 물었다.
"무엇을 원하느냐?"
악사가 대답했다. "제게 결혼 예물을 주십시오.
아버지께서 제게 사막의 땅을 주셨으니,
이제 샘물도 주십시오!"
그래서 갈렙은 윗샘과 아랫샘을 딸에게 주었다.

❦

16 모세의 친척인 겐 사람 호밥의 자손이 유다 자손과 함께 종려나무 성읍으로
부터 올라가 아랏 내리막에 있는 유다 광야로 가서, 아말렉 사람과 함께 그곳에
정착했다.
17 유다 자손은 친족인 시므온 지파 사람들과 함께 가서 스밧에 사는 가나안 사람
을 쳤다. 그들은 거룩한 저주를 행하고 그 성읍을 저주받은 성읍이라고 불렀다.
18-19 그러나 유다 자손은 가사, 아스글론, 에그론과 거기에 딸린 영토를 점령하
지 않았다. 하나님께서 분명히 유다 자손과 함께 계셨으므로 그들은 산지를 점
령할 수 있었다. 그러나 평지에 사는 사람들에게 철제 전차가 있었기 때문에 그
들을 쫓아내지 못했다.
20 유다 자손은 모세가 지시한 대로 갈렙에게 헤브론을 주었다. 갈렙은 아낙의
세 아들을 쫓아냈다.
21 그러나 베냐민 자손은 예루살렘에 사는 여부스 사람을 쫓아내지 못했다. 베
냐민 자손과 여부스 사람은 오늘까지 예루살렘에서 어깨를 맞대고 살고 있다.

❦

22-26 요셉의 집안 역시 베델을 치러 올라갔다. 하나님께서 그들과 함께하셨다.
요셉 집안이 정탐꾼들을 보내어 그곳을 정탐하게 했다. 베델은 루스라는 이름
으로 알려져 있었다. 정탐꾼들이 때마침 그 성읍에서 나오는 사람을 보고 말했
다. "성읍으로 들어가는 길을 우리에게 일러 주시오. 우리가 당신을 선대하겠
소." 그 사람은 정탐꾼들에게 들어가는 길을 일러 주었다. 정탐꾼들은 그 사람
과 그의 일가족만 빼고 성읍 안에 있는 모든 사람을 죽였다. 그 사람은 헷 사람
의 땅으로 가서 그곳에 성읍을 세웠다. 그는 그곳을 루스라고 불렀는데, 오늘까
지 그 이름으로 남아 있다.

[27-28] 그러나 므낫세 지파는 벳산, 다아낙, 도르, 이블르암, 므깃도와 거기에 딸린 영토에 사는 주민을 끝내 쫓아내지 않았다. 가나안 사람이 완강히 버티며 꿈쩍도 하지 않았다. 이스라엘이 더 강해졌을 때에도 가나안 사람에게 강제노역을 시켰을 뿐 그들을 몰아내지는 않았다.

[29] 에브라임 지파도 게셀에 사는 가나안 사람을 쫓아내지 못했다. 가나안 사람은 완강히 버티며 그곳에서 그들과 함께 살았다.

[30] 스불론 지파도 기드론과 나할롤의 가나안 사람을 쫓아내지 못했다. 그들은 계속해서 그곳에 살면서 강제노역을 해야 했다.

[31-32] 아셀 지파도 악고, 시돈, 알랍, 악십, 헬바, 아벡, 르홉 사람을 쫓아내지 못했다. 아셀 지파는 가나안 사람을 몰아낼 수 없었으므로 그들과 함께 정착했다.

[33] 납달리 지파도 크게 다르지 않았다. 그들은 벳세메스와 벳아낫 사람을 쫓아내지 못하고 그들 가운데로 이주하여 그들과 함께 살았다. 납달리 지파도 그들에게 강제노역을 시켰다.

[34-35] 아모리 사람은 단 자손을 산지로 몰아넣고 평지에 내려오지 못하게 했다. 아모리 사람은 꿋꿋하게 헤레스 산, 아얄론, 사알빔에 계속 살았다. 그러나 요셉의 집안이 더 강성해지자 그들은 강제노역을 해야 했다.

[36] 아모리 사람의 경계는 전갈 고갯길과 셀라에서부터 그 위에까지 이르렀다.

2

[1-2] **하나님**의 천사가 길갈에서 보김으로 올라와서 말했다. "내가 너희를 이집트에서 이끌어 내어 너희 조상에게 약속한 땅으로 인도했다. 내가 너희에게 말하기를 '나는 너희와 맺은 내 언약을 절대로 어기지 않을 것이다. 그러니 너희는 이 땅에 사는 사람들과 절대로 언약을 맺어서는 안된다. 그들의 제단들을 허물어라!' 하고 말했다. 그러나 너희는 내 말에 순종하지 않았다! 어찌 이럴 수 있느냐?

[3] 이제 내가 너희에게 말한다. 나는 그들을 너희 앞에서 쫓아내지 않을 것이다. 그들이 너희를 걸려 넘어지게 하고 그들의 신들은 너희에게 덫이 될 것이다."

[4-5] **하나님**의 천사가 이스라엘 온 백성에게 이 말을 하자, 그들이 큰소리로 울었다! 그들은 그곳을 보김(우는 사람들)이라고 불렀다. 그리고 거기서 **하나님**께 제사를 드렸다.

[6-9] 여호수아가 이스라엘 백성을 해산시킨 뒤에, 그들은 각각 자신들이 유산으로 받은 땅으로 가서 그 땅을 차지했다. 여호수아가 살아 있는 동안 그리고 그가 죽은 후에도, **하나님**께서 이스라엘을 위해 행하신 모든 크신 일을 직접 경험한 지도자들이 살아 있는 동안에는 백성이 하나님을 잘 섬겼다. 그 후에 **하나님**의 종 눈의 아들 여호수아가 백열 살의 나이로 죽었다. 그들은 그가 유산으로 받은 땅인 가아스 산 북쪽 에브라임 산지의 딤낫헤레스에 그를 묻었다.

10 마침내 그 세대가 모두 죽어 땅에 묻혔다. 그 후에 하나님을 알지 못하고 그분
께서 이스라엘을 위해 행하신 일도 전혀 모르는 새로운 세대가 일어났다.

❦

11-15 이스라엘 백성이 하나님 보시기에 악을 행했다. 그들은 바알 신들을 섬겼
고, 자신들을 이집트에서 인도하여 내신 하나님 그들 조상의 하나님을 버렸다.
그들은 다른 신들, 주변 민족들이 섬기는 신들과 어울렸고, 실제로 그 신들을
섬겼다! 바알 신과 아스다롯 여신을 섬기는 것 때문에 그들이 하나님을 얼마나
노하시게 했는지 모른다! 하나님께서는 이스라엘에게 불같이 진노하셨다. 그래
서 그들을 약탈자들의 손에 넘겨 약탈당하게 하셨고, 사방의 적들에게 헐값에
팔아넘기셨다. 그들은 적들 앞에서 무력했다. 그들이 문밖으로 나갈 때마다 하
나님께서 그들과 함께하셨지만, 그것은 하나님께서 말씀하시고 또 맹세하신 대
로, 그들을 벌하시기 위해서였다. 그들의 상황이 몹시 위태했다.
16-17 그러나 하나님께서는 사사들을 일으키셔서 그들을 약탈자의 손에서 구해
내셨다. 그런데도 그들은 사사들의 말을 좀처럼 들으려 하지 않았다. 그들은 음
란하게도 자신들을 다른 신들에게 팔아 버렸다. 다른 신들을 예배한 것이다! 그
들은 조상들이 하나님의 명령에 순종하며 걸어온 길을 순식간에 떠나갔다. 그
길과 아예 관계를 끊어 버렸다.
18-19 하나님께서 그들을 위해 사사를 세우실 때면, 하나님께서는 그 사사와 함께
하셨다. 그 사사가 살아 있는 동안에는 원수들의 압제에서 이스라엘 백성을 구
해 주셨다. 자신들을 괴롭히고 짓밟는 자들 때문에 신음하는 그들의 소리를 들
으시고, 하나님께서 그들을 불쌍히 여기셨던 것이다. 그러나 사사가 죽고 나면
백성은 곧바로 옛날 방식으로 돌아가—조상보다 더 악하게!—다른 신들을 좇고
섬기고 예배했다. 고집 센 노새처럼, 그들은 악한 행실을 놓으려 하지 않았다.
20-22 이스라엘을 향해 하나님의 진노가 불타올랐다. 그분께서 말씀하셨다. "이
백성이 내가 그들의 조상에게 명령한 내 언약을 버리고 내 말을 듣지 않았으니,
나 또한 여호수아가 죽은 후에 남아 있는 민족들을 단 한 사람도 쫓아내지 않을
것이다. 내가 그들을 통해 이스라엘을 시험하고, 이스라엘의 조상들처럼 그 자
손들이 하나님의 길로 걸어가는지 지켜볼 것이다."
23 그래서 하나님께서는 그 민족들을 남겨 두셨다. 그분은 그들을 쫓아내지 않
으셨고, 여호수아가 그들을 몰아내게 하지도 않으셨다.

3 1-4 가나안 전쟁을 경험하지 않은 이스라엘 백성을 시험하기 위해 하나님
께서 그곳에 남겨 두신 민족들은 이러하다. 그분은 전쟁을 겪지 않은 이
스라엘 자손들을 훈련시키기 위해 그렇게 하셨다. 블레셋의 다섯 군주, 가나안
사람 전부, 시돈 사람, 바알헤르몬 산에서부터 하맛 고갯길까지 레바논 산에 사
는 히위 사람을 남겨 두셨다. 그것은 모세를 통해 조상들에게 주신 하나님의 명

령에 이스라엘이 순종하는지 시험하여 알아보기 위해서였다.
5-6 그러나 이스라엘 백성은 가나안 사람, 헷 사람, 아모리 사람, 브리스 사람, 히
위 사람, 여부스 사람과 함께 어울려 살았다. 이스라엘은 그들의 딸과 결혼했고
그들의 아들을 사위로 삼았다. 그리고 그들의 신들을 섬겼다.

사사 옷니엘

7-8 이스라엘 백성이 **하나님** 보시기에 악을 행했다. 그들은 자신들의 **하나님**을
잊어버리고 바알 신들과 아세라 여신들을 섬겼다. 이스라엘을 향한 **하나님**의
진노가 뜨겁게 불타올랐다. 그분은 그들을 아람나하라임 왕 구산리사다임에게
팔아넘기셨다. 이스라엘 백성은 팔 년 동안 구산리사다임의 종으로 지냈다.
9-10 이스라엘 백성이 **하나님**께 부르짖자 **하나님**께서 그들을 구할 구원자를 일으
키셨다. 그는 갈렙의 조카요 갈렙의 동생 그나스의 아들인 옷니엘이었다. **하나
님**의 영이 그에게 임하시니 그가 이스라엘을 다시 불러 모았다. 그가 전쟁에 나
가자 **하나님**께서 아람나하라임 왕 구산리사다임을 그의 손에 넘겨주셨다. 옷니
엘은 그를 간단히 처치할 수 있었다.
11 그 땅이 사십 년 동안 평온했다. 그 후에 그나스의 아들 옷니엘이 죽었다.

사사 에훗

12-14 그러나 이스라엘 백성은 또다시 **하나님** 보시기에 악을 행했다. 그래서 **하나
님**께서는 모압 왕 에글론을 강하게 만드셔서 이스라엘을 대적하게 하셨다. 그
들이 **하나님** 보시기에 악을 행했기 때문이다. 에글론은 암몬 사람과 아말렉 사
람을 소집하여 이스라엘을 치고 종려나무 성읍을 차지했다. 이스라엘 백성은
십사 년 동안 에글론의 종으로 지냈다.
15-19 이스라엘 백성이 **하나님**께 부르짖으니 **하나님**께서 그들을 위해 구원자를
일으키셨다. 그는 베냐민 지파 게라의 아들 에훗으로, 왼손잡이였다. 이스라엘
백성은 에훗 편으로 모압 왕 에글론에게 조공을 보냈다. 에훗은 양날 단검을 만
들어 오른쪽 허벅지에 차고 옷으로 가린 뒤, 모압 왕 에글론에게 가서 조공을
바쳤다. 에글론은 몹시 뚱뚱했다. 조공을 다 바친 뒤에 에훗은 조공을 메고 온
사람들과 함께 길을 떠났다. 그는 길갈 근처 돌 우상이 있는 곳까지 갔다가 다
시 돌아와서 말했다. "왕이시여, 은밀히 드릴 말씀이 있습니다."
왕이 신하들에게 "물러가라"고 하자, 그들이 다 물러갔다.
20-24 에훗이 왕에게 다가섰을 때 왕은 서늘한 다락방에 혼자 있었다. 에훗이 "왕
께 전할 하나님의 말씀이 있습니다" 하고 말하자, 에글론이 왕좌에서 일어났다.
에훗은 왼손을 뻗어 오른쪽 허벅지에서 칼을 뽑아 왕의 불룩한 배를 찔렀다. 그
러자 칼날뿐 아니라 칼자루까지 배에 깊이 박혔다. 기름기가 칼에 엉겨서 칼을
뽑을 수 없었다. 에훗은 현관으로 몰래 빠져나와 다락방 문을 닫아 잠그고 도망
쳤다.
신하들이 와서 보니, 뜻밖에도 다락방 문이 잠겨 있었다. 그들은 "왕이 화장실

에서 용변을 보시는가" 하고 생각했다.
25 그들은 기다리다가 걱정이 되었다. 그 잠긴 문에서 아무도 나오지 않았기 때
문이다. 결국 그들이 열쇠를 가져다가 문을 열어 보니, 그곳에 왕이 죽은 채로
바닥에 쓰러져 있었다!
26-27 그들이 어찌할 바를 몰라 우두커니 서 있는 동안, 에훗은 한참 달아나 있었
다. 그는 돌 우상이 있는 곳을 지나서 스이라로 도망쳤다. 그곳에 이른 그는, 에
브라임 산에서 나팔을 불었다. 이스라엘 백성이 산지에서 내려와 그와 합류했
다. 에훗은 그들의 선두에 섰다.
28 그가 말했다. "나를 따르시오. **하나님**께서 여러분의 원수 모압을 여러분의 손
에 넘겨주셨소." 그들은 에훗을 따라 내려가 요단 강 여울목을 확보하고 모압
사람과 대치했다. 그들은 아무도 강을 건너지 못하게 했다.
29-30 그때 그들이 죽인 모압 사람이 열 개 부대쯤 되었는데, 다들 몸집이 크고 건
장했지만 한 사람도 도망치지 못했다. 그날 모압이 굴복하여 이스라엘의 손 아
래 들어왔다.
그 땅이 팔십 년 동안 평온했다.

사사 삼갈

31 아낫의 아들 삼갈이 에훗의 뒤를 이었다. 그는 소 모는 막대기로 혼자서 블레
셋 사람 육백 명을 죽였다. 그도 이스라엘을 구원했다.

사사 드보라

4

1-3 이스라엘 백성이 **하나님** 보시기에 끊임없이 악을 행했다. 그래서 **하**
나님께서는 에훗이 죽은 뒤에 하솔에서 다스리던 가나안 왕 야빈에게 그
들을 팔아 버리셨다. 그의 군대 사령관은 하로셋학고임에 사는 시스라였다. 그
가 구백 대의 철제 전차로 이십 년 동안 이스라엘 백성을 잔혹하게 압제했으므
로 이스라엘 백성이 **하나님**께 부르짖었다.
4-5 랍비돗의 아내 드보라는 예언자요, 당시에 이스라엘을 다스리던 사사였다.
드보라가 에브라임 산지의 라마와 베델 사이에 있는 드보라의 종려나무 아래서
재판을 열면, 이스라엘 백성이 그녀에게 가서 재판을 받곤 했다.
6-7 드보라가 납달리의 게데스로 사람을 보내어 아비노암의 아들 바락을 불러다
그에게 말했다. "**하나님** 이스라엘의 하나님께서 그대에게 분명히 명령하십니
다. '다볼 산으로 가서 전투를 준비하여라. 납달리 자손과 스불론 자손 중에서
군사 열 개 부대를 이끌고 가거라. 내가 야빈의 군지도자 시스라를 그의 모든
전차와 군대와 함께 기손 강가로 끌어들이겠다. 내가 반드시 너를 도와 전투에
서 이기게 하겠다.'"
8 바락이 말했다. "당신이 나와 함께 가면 나도 가겠습니다. 그러나 당신이 나와
함께 가지 않으면 나도 가지 않겠습니다."
9-10 드보라가 말했다. "물론 나도 그대와 함께 갈 것입니다. 하지만 그런 자세로

는 이 일에서 그대가 영광을 얻지 못할 것입니다. **하나님**께서는 한 여인의 손을
빌어 시스라를 처치하실 것입니다."
드보라는 준비를 마치고 바락과 함께 게데스로 갔다. 바락이 스불론과 납달리
를 게데스로 불러 모으니, 군사 열 개 부대가 그를 따랐다. 드보라도 그와 함께
있었다.
11-13 모세의 장인 호밥의 자손 가운데 겐 사람 헤벨이 일찍이 동족인 겐 사람들
과 갈라져, 그 즈음 게데스 부근의 사아난님 상수리나무 옆에 살고 있었다. 사
람들이 시스라에게 아비노암의 아들 바락이 다볼 산으로 올라갔다고 전해 주었
다. 시스라는 곧바로 모든 전차—철제 전차 구백 대!—와 하로셋학고임에 주둔
하고 있던 모든 군대를 기손 강가로 소집했다.
14 드보라가 바락에게 말했다. "돌진하십시오! 바로 오늘 **하나님**께서 그대에게
시스라를 쳐부수도록 승리를 주셨습니다. **하나님**께서 그대보다 앞서 진격하고
계십니다."
바락은 열 개 부대를 이끌고 다볼 산 비탈로 돌진해 내려갔다.
15-16 **하나님**께서 바락 앞에서 시스라를—그의 모든 전차와 모든 군대!—쳐부수
셨다. 시스라는 전차에서 뛰어내려 도망쳤다. 바락은 하로셋학고임까지 전차와
군대를 추격했다. 시스라의 모든 군대가 죽임을 당하고 한 사람도 남지 않았다.
17-18 한편, 시스라는 필사적으로 도망쳐 겐 사람 헤벨의 아내 야엘의 장막으로
갔다. 하솔 왕 야빈과 겐 사람 헤벨은 서로 사이가 좋았다. 야엘이 나와서 시스
라를 맞으며 말했다. "들어오세요, 장군님. 저와 함께 이곳에 머무세요. 두려워
하실 것 없습니다."
그래서 시스라는 야엘의 장막으로 들어갔다. 야엘은 그에게 담요를 덮어 주었다.
19 시스라가 야엘에게 말했다. "물 좀 주시오. 목이 마르군."
야엘은 우유가 든 병을 열어 그에게 마시게 하고는, 다시 담요로 그를 덮어 주
었다.
20 시스라가 말했다. "장막 문에 서 있으시오. 혹시 누군가 와서 안에 누가 있는
지 묻거든, 아무도 없다고 하시오."
21 시스라가 지쳐서 곤히 잠든 사이에, 헤벨의 아내 야엘이 장막 말뚝과 망치를
들고 살금살금 다가가, 그의 관자놀이에 대고 장막 말뚝을 박았다. 말뚝이 땅에
꽂히도록 박히니, 시스라가 경련을 일으키며 죽었다.
22 시스라를 쫓던 바락이 도착했다. 야엘이 나가서 그를 맞이했다. 야엘은 "어서
오십시오. 당신이 찾는 사람을 제가 보여드리겠습니다" 하고 말했다. 그가 야엘
과 함께 가 보니, 시스라는 관자놀이에 말뚝이 박혀 몸을 뻗은 채 죽어 있었다.
23-24 그날 하나님은 이스라엘 백성 앞에서 가나안 왕 야빈을 굴복시키셨다. 이
스라엘 백성이 가나안 왕 야빈을 더 세게 몰아붙여, 결국 그에게 아무것도 남지
않게 되었다.

5

[1] 그날 드보라와 아비노암의 아들 바락이 이 노래를 불렀다.

[2] 그들이 이스라엘에서 머리를 풀어 내려
바람에 마구 흩날리게 했다.
백성이 기꺼이 나섰으니
하나님을 찬양하여라!

[3] 왕들아, 들어라! 통치자들아, 들어라!
내가 하나님께 노래하리라.
하나님 이스라엘의 하나님께
아름다운 음악을 울려라.

[4-5] 하나님, 주께서 세일을 떠나
에돔 들판을 가로질러 진군하실 때
땅이 떨었고, 아, 하늘이 비를 쏟았으며
구름이 강을 이루었습니다.
하나님 시내 산의 하나님 앞에서
하나님 이스라엘의 하나님 앞에서 산들이 뛰었습니다.

[6-8] 아낫의 아들 삼갈의 때와
야엘의 때에
큰길의 인적이 끊기고
행인들은 뒷길로 다녔다.
전사들은 뚱뚱하고 엉성하여
투지가 하나도 없었다.
그때 당신, 드보라가 일어났다.
당신, 이스라엘의 어머니가 일어났다.
하나님께서 새 지도자들을 택하시니
그들이 성문에서 싸웠다.
이스라엘의 마흔 개 부대 가운데
방패 하나 창 하나 보이지 않았다.

[9] 이스라엘아, 기운을 내어라.
백성과 함께 기꺼이 나와서 하나님을 찬양하여라!

❦

[10-11] 편하게 담요 위에 앉아서
귀한 나귀를 타고 가는 너희들아,

길을 가는 너희들아,
깊이 생각하고 주의를 기울여라!
성읍 우물가에 모여서
그들의 노랫소리를 들어라.
하나님의 승리, 곧 이스라엘에 이루신
승리의 이야기를 노래하는 소리를 들어라.

그때 **하나님**의 백성이
성문으로 내려갔다.

12 깨어라, 깨어라, 드보라야!
깨어라, 깨어서 노래를 불러라!
일어나라, 바락아!
포로들을 데려가라, 아비노암의 아들아!

13-18 그때 남은 자들이 내려가 용감한 자들을 맞이했다.
하나님의 백성이 강한 자들과 합류했다.
에브라임의 지휘관들이 골짜기로 왔고
너희 뒤로는 베냐민이 너희 군대와 함께 왔다.
마길에서 지휘관들이 진군해 내려왔고
스불론에서 고위급 지도자들이 내려왔다.
잇사갈의 지도자들이 드보라에게 모였고
잇사갈은 바락과 함께 굳게 서서
전쟁터에서 그를 지원했다.
그러나 르우벤 군대는 앞뒤 계산하느라 바빴다.
모닥불 가의 모든 입씨름은 어찌 된 일인가?
산만하여 생각이 딴 데 있고
르우벤 군대는 마음을 정할 수 없었다.
어찌하여 길르앗은 요단 강 건너에서 몸을 사렸고
단은 어째서 배를 타고 나갔던가?
해변의 아셀은 일정한 거리를 두고
자기 항구에서 안전히 머물렀다.
그러나 스불론은 목숨을 걸었고 죽음을 무릅썼다.
납달리도 고원의 싸움터에서 그러했다.

19-23 왕들이 와서 싸웠으니
가나안 왕들이 싸웠다.

그들이 다아낙에서, 므깃도 시내에서 싸웠으나
은과 전리품을 얻지 못했다.
하늘의 별들도 함께 싸웠으니
그 다니는 길에서 시스라와 싸웠다.
기손의 급류가 그들을 휩쓸었다.
급류, 기손의 급류가 그들을 쳤다.
너는 강한 자의 목을 밟을 것이다!
그때 말발굽소리가 울리니
우르르 돌진하는 군마들이었다.
하나님의 천사가 이르기를 "메로스를 저주하여라.
그 백성을 저주하고 또 저주하여라.
그들이 하나님께서 필요로 하실 때 오지 않았고
용감한 전사들과 하나님 편에 모이지 않았기 때문이다."

⁂

24-27 모든 여인 중에 가장 복된 사람은
겐 사람 헤벨의 아내 야엘이니
여인들 중에 가장 복되도다.
시스라가 물을 달라 할 때
야엘은 우유를 내오되
멋들어진 대접에
크림을 담아서 주었다.
그녀는 왼손에 장막 말뚝을 들고
오른손으로 망치를 잡았다.
망치를 내리쳐 시스라의 머리를 깨고
관자놀이에 구멍을 뚫었다.
그는 그녀의 발아래 고꾸라졌다. 쓰러져 뻗었다.
그녀의 발아래 고꾸라져, 쓰러졌다.
고꾸라지고, 쓰러져 죽었다.

⁂

28-30 시스라의 어머니가 창가에서 기다렸다.
지치고 불안한 마음으로 두루 살폈다.
"그의 전차가 왜 이리 더딘가?
덜컹이는 전차소리가 왜 아직 들리지 않는가?"
가장 지혜로운 시녀가 침착한 말로
대답하여 안심시키기를,
"그들이 약탈하느라,

전리품을 나누느라 바쁘지 않을까요?
각 사람마다
처녀 하나씩 어쩌면 둘씩 차지하고,
시스라는 화사한 비단 웃옷,
멋진 고급 비단 웃옷을 걸치고 있겠지요!
또 울긋불긋한 목도리로, 어쩌면 목도리 두 개로
약탈자들의 목을 치장하겠지요."

31 하나님의 원수들은 이처럼 모두 망하게 하시고
하나님을 사랑하는 자들은 구름 없는 해 같게 하십시오.

그 땅이 사십 년 동안 평온했다.

사사 기드온

6

1-6 이스라엘 백성이 또다시 하나님 보시기에 악을 행했다. 그래서 하나님께서는 그들을 칠 년 동안 미디안의 지배 아래 두셨다. 미디안이 이스라엘을 압제하니, 이스라엘 백성은 미디안 때문에 산속에 은신처로 동굴과 요새를 마련했다. 이스라엘이 곡식을 심어 놓으면, 미디안과 아말렉 같은 동쪽 사람들이 침략하여 이스라엘의 밭에 진을 치고는, 멀리 가사에 이르기까지 작물을 망쳐 놓았다. 그들은 이스라엘이 먹고살 것을 하나도 남겨 두지 않았고, 양이나 소나 나귀 한 마리도 남겨 두지 않았다. 마치 메뚜기 떼가 쳐들어오듯이, 그들은 자기네 소 떼와 장막을 가지고 들어와 그 땅을 차지해 버렸다. 게다가 그들의 낙타는 수를 헤아릴 수조차 없었다! 그들은 진격해 들어와서 그 땅을 폐허로 만들었다. 미디안 때문에 가난해질 대로 가난해진 이스라엘 백성은, 하나님께 도와 달라고 부르짖었다.

7-10 한번은 이스라엘 백성이 미디안 때문에 하나님께 부르짖었더니, 하나님께서 그들에게 한 예언자를 보내셔서 이런 말씀을 주셨다. "하나님 이스라엘의 하나님의 말씀이다.

내가 너희를 이집트에서 구해 내고
종살이에서 해방시켰다.
나는 너희를 이집트의 폭정에서 구하고
또 모든 압제자의 손에서 구해 냈다.
내가 그들을 너희 앞에서 쫓아내고
그들의 땅을 너희에게 주었다.

나는 너희에게 '나는 하나님 너희 하나님이다. 너희가 살고 있는 땅 아모리 사람

의 신들을 조금도 두려워하지 마라' 하고 말했다. 그러나 너희는 내 말을 듣지
않았다."
11-12 하루는 **하나님**의 천사가 와서, 아비에셀 사람 요아스에게 속한 오브라의 상
수리나무 아래에 앉았다. 요아스의 아들 기드온이 미디안 사람의 눈에 띄지 않
도록 포도주 틀에서 밀을 타작하고 있었다. **하나님**의 천사가 그에게 나타나서
말했다. "강한 용사여, **하나님**께서 너와 함께 계신다!"
13 기드온이 대답했다. "저와 함께 계신다고요? **하나님**께서 우리와 함께 계신다
면 어째서 우리에게 이 모든 일이 일어났습니까? 우리 부모와 조상들이 '**하나
님**께서 우리를 이집트에서 구해 내지 않으셨느냐?'며 우리에게 말하던 그 모든
기적은 다 어디로 갔습니까? 이제 **하나님**은 우리와 아무 상관이 없는 분이십니
다. 우리를 이렇게 미디안의 손에 넘긴 것도 그분이십니다."
14 그러자 **하나님**께서 그를 돌아보며 말씀하셨다. "너는 가서, 네게 있는 그 힘
으로 이스라엘을 미디안에게서 구원하여라. 내가 너를 보내지 않았느냐?"
15 기드온이 그분께 아뢰었다. "주님, 제가 말입니까? 제가 무엇으로 이스라엘
을 구원할 수 있겠습니까? 저를 보십시오. 저희 집안은 므낫세 중에서 가장 약
하고, 저는 형제들 중에서도 가장 보잘것없는 자입니다."
16 **하나님**께서 그에게 말씀하셨다. "내가 너와 함께할 것이다. 나를 믿어라. 네
가 마치 한 사람을 물리치듯이 미디안을 물리칠 것이다."
17-18 기드온이 말했다. "그 말씀이 진심이라면 제 부탁을 들어주십시오. 말씀하
신 것을 뒷받침할 표징을 제게 주십시오. 제가 돌아와 예물을 드릴 때까지 떠나
지 마십시오."
하나님께서 말씀하셨다. "네가 돌아올 때까지 기다리겠다."
19 기드온은 가서 염소 새끼 한 마리와 누룩을 넣지 않은 빵을 많이 준비했다(밀
가루를 20리터도 더 썼다!) 그는 거룩한 식사로 바구니에 고기를 담고 냄비에 국을
담아 상수리나무 그늘 아래로 다시 갔다.
20 하나님의 천사가 그에게 말했다. "고기와 누룩을 넣지 않은 빵을 가져다가 저
바위 위에 놓고 그 위에 국을 부어라." 기드온이 그대로 했다.
21-22 **하나님**의 천사가 들고 있던 지팡이 끝을 내밀어 고기와 빵에 댔다. 그러자
바위에서 불이 나와 고기와 빵을 살라 버렸고, 그 사이에 하나님의 천사는 온데
간데없이 사라졌다. 그제야 기드온은 그가 하나님의 천사인 것을 알았다!
기드온이 말했다. "어쩌면 좋습니까! 주 **하나님**! 제가 하나님의 천사를 대면하
여 보았습니다!"
23 그러자 **하나님**께서 그를 안심시키셨다. "안심하여라. 두려워하지 마라. 너는
죽지 않을 것이다."
24 기드온은 그곳에 **하나님**께 제단을 쌓고 그 제단을 '**하나님**의 평화'라고 불렀
다. 아비에셀의 오브라에 있는 그 제단은 오늘까지 그렇게 불린다.
25-26 그날 밤에 이런 일이 있었다. **하나님**께서 기드온에게 말씀하셨다. "네 아버
지의 집에서 칠 년 된 가장 좋은 수소, 최상품 수소를 끌고 오너라. 네 아버지

집의 바알 제단을 허물고 그 옆에 있는, 다산을 비는 아세라 목상을 찍어 버려
라. 그리고 이 언덕 꼭대기에 **하나님** 너의 하나님께 제단을 쌓아라. 최상품 수
소를 끌고 와서 번제로 드리되, 네가 찍어 낸 아세라 목상을 장작으로 써라."
27 기드온은 자기 종들 가운데서 열 명을 골라 **하나님**께서 명령하신 대로 행했
다. 그러나 가족과 이웃이 두려워 그 일을 드러내지 않고 밤중에 했다.
28 이른 아침, 마을 사람들은 바알의 제단이 헐려 있고, 그 옆의 아세라 목상이
찍혀 있으며, 새로 쌓은 제단 위에 최상품 수소가 불타고 있는 것을 보고 깜짝
놀랐다.
29 "누구 짓이지?" 그들은 여기저기 물어보았다.
묻고 또 물어 마침내 답을 찾았다. "요아스의 아들 기드온의 짓이다."
30 성읍 사람들은 요아스를 다그쳤다. "당신의 아들을 내놓으시오! 그는 죽어 마
땅하오! 그가 바알의 제단을 허물고 아세라 목상을 찍어 버렸소!"
31 그러나 요아스는 자신을 떠미는 무리와 당당히 맞섰다. "당신들이 바알을 위
해 바알의 싸움을 하려는 거요? 당신들이 바알을 구원하겠다는 거요? 누구든지
바알 편에 서는 사람은 내일 아침까지 죽고 말 것이오. 바알이 정말 신이라면,
그가 스스로 싸우고 자기 제단도 스스로 지키게 두시오."
32 그날 사람들은 기드온에게 여룹바알이라는 별명을 붙여 주었다. 그가 바알의
제단을 허문 뒤에 "바알의 싸움은 바알 스스로 하게 두라"고 말했기 때문이다.

33-35 미디안 사람과 아말렉 사람(동쪽 사람들)이 모두 모여 강을 건너와서, 이스르
엘 골짜기에 진을 쳤다. **하나님**의 영이 기드온 위에 임하셨다. 그가 숫양 뿔나
팔을 불자 아비에셀 사람들이 나와서 즉시 그를 따랐다. 기드온은 므낫세 전역
으로 전령들을 급파하여 그들을 전쟁에 소집했고, 아셀과 스불론과 납달리에도
전령들을 보내니 그들이 모두 왔다.
36-37 기드온이 하나님께 아뢰었다. "참으로 주께서 말씀하신 대로 저를 사용하
여 이스라엘을 구원하실 것이라면, 보십시오. 제가 양털 한 뭉치를 타작마당에
놓아두겠습니다. 이슬이 양털에만 내리고 마당은 말라 있으면, 주께서 말씀하
신 대로 저를 사용하여 이스라엘을 구원하실 줄로 알겠습니다."
38 정말 기드온의 말대로 되었다. 이튿날 아침 일찍 기드온이 일어나서 양털을
짜 보니, 대접에 물이 가득할 정도로 축축하게 젖어 있었다.
39 기드온이 다시 하나님께 아뢰었다. "제게 노하지 마십시오. 하나만 더 아뢰겠
습니다. 양털로 한 번만 더 시험해 보고 싶습니다. 이번에는 양털만 말라 있고,
땅은 이슬로 흠뻑 젖게 해주십시오."
40 그 밤에 하나님께서 그대로 해주셨다. 양털만 말라 있고 땅은 이슬로 젖어 있
었다.

7 [1] 여룹바알(기드온)이 이튿날 아침 일찍 일어나니, 그의 모든 군대가 그와
함께했다. 그들은 하롯 샘 옆에 진을 쳤다. 미디안의 진은 그들의 북쪽
모레 언덕 부근의 평지에 있었다.
2-3 하나님께서 기드온에게 말씀하셨다. "너와 함께한 군대가 너무 많다. 이대로
는 내가 미디안을 그들 손에 넘겨줄 수 없다. 그들이 '내 힘으로 해냈다'고 하며
공로를 독차지하고 나를 잊어버릴 것이 뻔하다. 너는 '두렵거나 조금이라도 주
저하는 마음이 있으면, 누구든지 지금 길르앗 산을 떠나 집으로 돌아가도 좋다'
고 공포하여라." 그들 가운데 스물두 개 부대가 집으로 돌아가고 열 개 부대만
남았다.
4-5 하나님께서 기드온에게 말씀하셨다. "아직도 너무 많다. 그들을 데리고 개울
로 내려가거라. 내가 거기서 최종 선발을 하겠다. 내가 '이 사람은 너와 함께 간
다'고 말하면, 그가 너와 함께 갈 것이다. 내가 '이 사람은 너와 함께 가지 않는
다'고 말하면, 그는 너와 함께 가지 않을 것이다." 그래서 기드온은 군대를 이끌
고 개울로 내려갔다.
5-6 하나님께서 기드온에게 말씀하셨다. "개가 핥듯이 혀로 물을 핥는 사람은 한
쪽에 두고, 무릎을 꿇고서 얼굴을 물에 대고 마시는 사람은 다른 쪽에 두어라."
손으로 물을 떠서 혀로 핥아 먹은 사람의 수는 삼백 명이었고, 나머지는 다 무
릎을 꿇고 마셨다.
7 하나님께서 기드온에게 말씀하셨다. "개울에서 물을 핥아 먹은 이 삼백 명을
사용하여 내가 너희를 구원하고 미디안을 너희 손에 넘겨주겠다. 나머지는 다
집으로 돌아가도 좋다."
8 기드온은 식량과 나팔을 모두 넘겨받은 뒤에 이스라엘 백성을 집으로 돌려보
냈다. 그는 삼백 명과 함께 위치를 정했다. 미디안 진은 그 아래 골짜기에 펼쳐
져 있었다.
9-12 그날 밤 하나님께서 기드온에게 말씀하셨다. "일어나서 적진으로 내려가거
라. 내가 그들을 네 손에 넘겨주었다. 선뜻 내려가지 못하겠거든, 네 무기를 드
는 자 부라와 함께 가거라. 가서 그들이 하는 말을 들으면, 네가 담대해지고 자
신감이 생길 것이다." 기드온과 그의 무기를 드는 자 부라는 보초병들이 배치되
어 있는 곳 가까이로 내려갔다. 미디안과 아말렉, 곧 동쪽 사람들이 메뚜기 떼
처럼 평지에 널려 있었다. 게다가 그들의 낙타는 바닷가의 모래알처럼 헤아릴
수 없을 만큼 많았다!
13 기드온이 도착하자 마침 어떤 사람이 친구에게 자신의 꿈 이야기를 하는 것이
들렸다. "내가 이런 꿈을 꾸었네. 보리빵 한 덩이가 미디안 진으로 굴러 들어왔
는데, 그것이 장막까지 이르러 세게 치는 바람에 장막이 무너졌다네. 장막이 쓰
러지고 말았어!"
14 그의 친구가 말했다. "이것은 이스라엘 사람 요아스의 아들 기드온의 칼이 틀
림없어! 하나님께서 미디안의 진을 몽땅 그의 손에 넘기신 것이네!"
15 꿈 이야기와 그 해석을 들은 기드온은 하나님 앞에 무릎을 꿇고 기도했다. 그

리고 이스라엘 진으로 돌아가서 말했다. "일어나, 출발하라! 하나님께서 미디안 군대를 우리 손에 넘겨주셨다!"

16-18 기드온은 삼백 명을 세 개 부대로 나누었다. 각 사람에게 나팔과 빈 항아리를 주었는데, 항아리 안에는 횃불이 들어 있었다. 그가 말했다. "나를 잘 보고 내가 하는 대로 하여라. 내가 적진에 이르거든, 나를 따라 하여라. 나와 함께한 자들과 내가 나팔을 불면, 너희도 진 사방에서 나팔을 불고 '하나님을 위하여, 기드온을 위하여!'라고 외쳐라."

19-22 기드온과 그와 함께한 백 명의 군사는 보초병들이 배치된 직후 심야 경계가 시작될 때 적진에 이르렀다. 그들은 나팔을 불었고, 그와 동시에 들고 있던 항아리를 깨부수었다. 세 개 부대가 일제히 나팔을 불며 항아리를 깨뜨렸다. 그들은 왼손에는 횃불을, 오른손에는 나팔을 들고 외쳤다. "하나님을 위한 칼, 기드온을 위한 칼이다!" 그들은 진을 빙 둘러서 각자 자리를 잡았다. 미디안 온 진이 발칵 뒤집혔다. 그들은 소리를 지르며 달아났다. 삼백 명이 나팔을 불자, 하나님께서 진 전역에 걸쳐 미디안 군사의 칼마다 자기네 동료를 향하게 하셨다. 그들은 벳싯다로, 스레라 쪽으로, 답밧 근처의 아벨므홀라 경계까지 필사적으로 도망쳤다.

23 이스라엘 백성이 납달리와 아셀, 므낫세 전역에서 모여들었다. 미디안이 달아나고 있었기 때문이다.

24 기드온은 에브라임 산지 전역으로 전령들을 보내어 "내려와서 미디안을 쳐라! 벳바라에서 요단 강 여울목을 장악하여라" 하고 독려했다.

25 그래서 에브라임 사람들이 모두 모여 벳바라에서 요단 강 여울목을 장악했다. 그들은 미디안의 두 지휘관 오렙(까마귀)과 스엡(늑대)도 사로잡았다. 그들은 까마귀 바위에서 오렙을 죽이고, 늑대 포도주 틀에서 스엡을 죽였다. 그리고 계속해서 미디안을 추격했다. 그들은 오렙과 스엡의 머리를 요단 강 건너편에 있는 기드온에게 가져왔다.

8 1 그때 에브라임 사람들이 기드온에게 말했다. "당신이 미디안과 싸우러 나갈 때에 어찌하여 우리를 부르지 않고 이 일에서 제외시켰소?" 그들은 잔뜩 화가 난 상태였다.

2-3 그러자 기드온이 대답했다. "내가 한 일이 여러분이 한 일과 비교가 되겠습니까? 에브라임이 주워 모은 이삭이 아비에셀이 수확한 포도보다 낫지 않습니까. 하나님께서 미디안의 지휘관 오렙과 스엡을 여러분 손에 넘겨주셨습니다. 그러니 내가 한 일이 여러분이 한 일에 비교나 되겠습니까?"
그 말을 듣고 나서야, 그들의 마음이 진정되었다.

⁂

4-5 기드온과 그와 함께한 삼백 명이 요단 강에 이르러 강을 건넜다. 그들은 기진

맥진했지만 계속 적들을 추격했다. 기드온이 숙곳 사람들에게 부탁했다. "나와
함께한 군대가 지쳤으니, 그들에게 빵을 좀 주십시오. 나는 미디안의 두 왕 세
바와 살문나를 바짝 뒤쫓고 있는 중입니다."
6 그러자 숙곳 지도자들이 말했다. "당신은 부질없는 짓을 하고 있소. 당신의 헛
수고를 우리가 어째서 도와야 한단 말이오?"
7 기드온이 말했다. "그렇다면 어쩔 수 없소. 하지만 **하나님**께서 세바와 살문나
를 내게 넘겨주실 때, 내가 사막의 가시와 엉겅퀴로 당신들의 맨살을 매질하고
채찍질할 것이오."
8-9 기드온은 거기서 브누엘로 올라가 똑같이 사정해 보았지만, 브누엘 사람들도
숙곳 사람들처럼 그의 부탁을 거절했다. 기드온은 그들에게 말했다. "내가 무사
히 돌아올 때에 이 망루를 허물어 버리고 말 것이오."
10 세바와 살문나는 약 열다섯 개 부대의 병력과 함께 갈골에 있었는데, 동쪽 사람
들의 남은 병력은 그것이 전부였다. 그들은 이미 군사 백이십 개 부대를 잃었다.
11-12 기드온이 노바와 욕브하 동쪽의 대상로를 따라 올라가서, 무방비 상태의 진
을 공격했다. 세바와 살문나가 도망쳤지만 기드온이 추격하여 미디안의 두 왕
을 사로잡았다. 온 진이 공포에 휩싸였다.

13-15 요아스의 아들 기드온은 헤레스 고갯길을 지나 전투에서 돌아오다가, 숙곳
의 한 젊은이를 사로잡아 몇 가지를 물었다. 젊은이는 숙곳의 관리와 지도자 일
흔일곱 명의 명단을 적어 주었다. 기드온은 숙곳 사람들에게 가서 말했다. "당
신들이 나더러 부질없는 일이라며 절대로 사로잡지 못할 것이라고 했던 세바와
살문나가 여기 있소. 당신들은 내 지친 부하들에게 빵 한 조각도 주지 않았소.
당신들은 헛수고를 하고 있다며 우리를 조롱했소."
16-17 이어서 기드온은 숙곳의 지도자 일흔일곱 명을 붙잡고 사막의 가시와 엉겅퀴
로 그들을 매질했다. 또 그는 브누엘의 망루를 허물고 그 성읍 사람들을 죽였다.
18 그 후에 기드온이 세바와 살문나에게 말했다. "너희가 다볼에서 죽인 사람들
에 대해 말해 보아라."
그들이 말했다. "꼭 당신 같은 사람들이었소. 하나같이 다 왕자처럼 보였소."
19 기드온이 말했다. "그들은 내 형제, 곧 내 어머니의 아들들이다. **하나님**께서
살아 계심을 두고 맹세하는데, 만일 너희가 그들을 살려 주었다면 나도 너희를
살려 주었을 것이다."
20 그러고 나서 그는 자기 맏아들 여델에게 "일어나 이들을 죽여라" 하고 명령했
다. 그러나 여델은 칼을 뽑지 못했다. 아직 어려서 두려웠던 것이다.
21 세바와 살문나가 말했다. "당신이 대장부라면 직접 하시오!" 그러자 기드온이
다가가 세바와 살문나를 죽였다. 그는 그들이 타던 낙타 목에 걸린 초승달 모양
의 장신구를 떼어 가졌다.

[22] 이스라엘 백성이 말했다. "당신과 당신의 아들과 당신의 손자가 우리를 다스
려 주길 원합니다. 당신이 미디안의 폭정에서 우리를 구원했습니다."
[23] 기드온이 말했다. "나는 절대로 여러분을 다스리지 않을 것입니다. 내 아들도
마찬가지입니다. **하나님**께서 여러분을 통치하실 것입니다."
[24] 이어서 기드온이 말했다. "다만 한 가지 청이 있습니다. 여러분 각자가 전리
품으로 취한 귀걸이를 하나씩 내게 주십시오." 이스마엘 사람은 금귀걸이를 찼
으므로, 그들의 주머니마다 귀걸이가 가득했다.
[25-26] 그들이 말했다. "물론입니다. 모두 당신 것입니다!"
그들은 담요를 펴 놓고 각자 전리품으로 취한 귀걸이를 그 위에 던졌다. 기드온
이 요청한 금귀걸이는 무게가 모두 20킬로그램 정도 되었다. 그 밖에도 초승달
모양의 장신구, 늘어뜨린 장식, 미디안 왕들이 입던 자주색 옷, 낙타들 목에 둘
렀던 장식품들이 있었다.
[27] 기드온은 그 금으로 신성한 에봇을 만들어 자기 고향 오브라에 전시해 두었
다. 그러자 온 이스라엘이 거기서 그것을 음란하게 섬겼고, 그 일은 기드온과
그의 집안에도 덫이 되었다.
[28] 이스라엘 백성이 미디안의 폭정을 꺾은 후로는, 그들에게서 더 이상 아무 말
도 들려오지 않았다. 기드온이 다스리는 동안 그 땅이 사십 년 동안 평온했다.

❦

[29-31] 요아스의 아들 여룹바알은 고향으로 돌아가 자기 집에서 살았다. 기드온에
게는 아들 일흔 명이 있었다. 모두 그가 낳은 아들이었다. 그에게 아내가 많았
던 것이다! 세겜에 있는 그의 첩도 아들을 낳았는데, 기드온은 그의 이름을 아
비멜렉이라고 했다.
[32] 요아스의 아들 기드온은 수를 다 누리고 죽었다. 그는 아비에셀 사람의 땅 오
브라에 있는 자기 아버지 요아스의 무덤에 묻혔다.

아비멜렉

[33-35] 기드온의 몸이 무덤 속에서 채 식기도 전에, 이스라엘 백성이 그 길에서 벗
어나 바알을 음란하게 섬겼다. 그들은 바알브릿을 자신들의 신으로 섬겼다. 이
스라엘 백성은 그들을 속박하던 모든 적에게서 그들을 구원하신 **하나님** 그들의
하나님을 깨끗이 잊어버렸다. 그들은 또 여룹바알(기드온)의 집안에도 신의를 지
키지 않았고, 그가 이스라엘을 위해 행한 모든 선한 일을 기리지도 않았다.

❦

9

[1-2] 여룹바알의 아들 아비멜렉이 세겜의 외삼촌들과 외가의 친척들에게
가서 말했다. "세겜의 모든 높은 사람에게 이렇게 물어보십시오. '여룹바
알의 아들 일흔 명 모두가 여러분을 다스리는 것과 한 사람이 다스리는 것 중에
어느 쪽이 나을 것 같습니까? 내가 여러분의 혈육임을 기억하십시오.'"

3 그의 외가 친척들이 세겜의 지도자들에게 그 제안을 전했다. 그들은 아비멜렉
을 받들고 싶어졌다. "그는 결국 우리와 한 핏줄이기 때문이오" 하고 그들이 말
했다.
4-5 그들은 바알브릿 신전에서 은화 일흔 개를 꺼내어 아비멜렉에게 주었다. 그
는 그 돈으로 건달패를 군사로 고용해 자기를 따르게 했다. 그는 오브라에 있는
아버지의 집에 가서 자기의 배다른 형제들, 곧 여룹바알의 아들 일흔 명을 죽였
다! 그것도 한 바위 위에서 죽였다! 여룹바알의 막내아들 요담만 용케 숨어서
살아남았다.
6 그 후에 세겜과 벳밀로의 모든 지도자가 세겜에 있는 돌기둥 옆의 상수리나무
에 모여 아비멜렉을 왕으로 추대했다.

7-9 요담이 그 일을 다 듣고 그리심 산 꼭대기에 올라가 소리 높여 외쳤다.

"세겜의 지도자들이여, 내 말을 들으십시오.
그러면 하나님께서 여러분의 말을 들으실 것입니다!
하루는 나무들이 기름을 부어
자기들의 왕을 세우기로 했습니다.
그들은 올리브나무에게 말했습니다.
'네가 우리를 다스려라.'
그러나 올리브나무는 그들에게 말했습니다.
'내가 어찌 신과 사람들을 영화롭게 하는
이 기름 내는 귀한 일을 버리고
나무들 위에서 이래라저래라 하겠느냐?'

10-11 그러자 나무들이 무화과나무에게 말했습니다.
'네가 와서 우리를 다스려라.'
그러나 무화과나무는 그들에게 말했습니다.
'내가 어찌 군침 도는
단 과실을 내는 귀한 일을 버리고
나무들 위에서 이래라저래라 하겠느냐?'

12-13 그러자 나무들이 포도나무에게 갔습니다.
'네가 와서 우리를 다스려라.'
그러나 포도나무는 그들에게 말했습니다.
'내가 어찌 신과 사람들을 기쁘게 하는
포도주를 내는 귀한 일을 버리고
나무들 위에서 이래라저래라 하겠느냐?'

[14-15] 그러자 모든 나무들이 풀덤불에게 갔습니다.
'네가 와서 우리를 다스려라.'
그러나 풀덤불은 나무들에게 말했습니다.
'진정으로 나를 너희 왕으로 삼고자 한다면
와서 내 그늘 아래로 피하여라.
그렇지 않으면 풀덤불에서 불이 뿜어져 나와
레바논의 백향목들을 사를 것이다!'

[16-20] 이제 들으십시오. 여러분이 아비멜렉을 왕으로 세운 것이 옳고 훌륭한 일이
라고 생각합니까? 여러분이 여룹바알과 그 집안을 선대하고 그에게 마땅한 대
우를 했다고 봅니까? 나의 아버지는 목숨을 걸고 여러분을 위해 싸워 미디안의
폭정에서 여러분을 구했습니다. 그런데 여러분은 바로 지금 그를 배신했습니
다. 여러분은 그의 아들 일흔 명을 한 바위 위에서 학살했습니다! 그의 여종이
낳은 아들 아비멜렉이 여러분의 친척이라는 이유로 그를 세겜의 지도자들 위에
왕으로 세웠습니다. 여러분이 오늘 여룹바알을 이렇게 대한 것이 정당한 처사
라고 생각한다면, 여러분은 아비멜렉을 즐거워하고 아비멜렉은 여러분을 즐거
워할 것입니다. 그러나 그렇지 않다면, 아비멜렉에게서 불이 나와 세겜과 벳밀
로의 지도자들을 사를 것입니다. 또 세겜과 벳밀로의 지도자들에게서 불이 나
와 아비멜렉을 사를 것입니다."
[21] 요담은 목숨을 구하기 위해 도망쳤다. 그는 자기 형제 아비멜렉이 두려워, 브
엘로 가서 그곳에 정착했다.

⁂

[22-24] 아비멜렉은 삼 년 동안 이스라엘을 다스렸다. 그때에 하나님께서 아비멜렉
과 세겜 지도자들 사이에 불화를 일으키시니, 세겜 지도자들이 아비멜렉을 배
신했다. 폭력은 부메랑이 되어 돌아왔다. 여룹바알의 아들 일흔 명을 살해한 잔
인한 폭력이, 이제 아비멜렉과 그 폭력을 지지했던 세겜 지도자들 사이에 횡행
했다.
[25] 세겜 지도자들은 아비멜렉에게 해를 끼치려고 산꼭대기마다 사람들을 매복
시켜 길을 가는 사람들에게 강도짓을 하게 했다. 그 소식이 아비멜렉에게 들어
갔다.
[26-27] 그때에 에벳의 아들 가알이 친척들과 함께 세겜으로 이주했다. 세겜 지도자
들은 그를 의지했다. 하루는 그들이 밭에 나가 포도원에서 포도를 거두어다 포
도주 틀에 넣고 밟았다. 그러고는 자기네 신의 신전에서 잔치를 베풀며 먹고 마
셨다. 그러다 그들은 아비멜렉을 헐뜯기 시작했다.
[28-29] 에벳의 아들 가알이 말했다. "아비멜렉이 누구입니까? 또 우리 세겜 사람
들이 왜 그의 지시를 받아야 합니까? 그는 여룹바알의 아들이 아닙니까? 그리
고 이곳의 통치자는 그의 심복 스불이 아닙니까? 우리는 하몰의 자손으로 세겜

의 귀하신 이름을 받은 사람들입니다. 어째서 우리가 아비멜렉의 비위나 맞추
어야 한단 말입니까? 내가 이 백성의 책임자라면 우선 아비멜렉부터 없앨 겁니
다! 그에게 '네 실력을 보여 봐라. 여기서 누가 높은지 한번 겨뤄 보자!' 하고 말
할 겁니다."
30-33 그 성읍의 통치자인 스불은 에벳의 아들 가알이 하는 말을 듣고 화가 났다.
그는 몰래 아비멜렉에게 전령을 보내어 이렇게 알렸다. "에벳의 아들 가알과 그
의 친척들이 세겜에 와서 당신에게 맞서 분란을 일으키고 있습니다. 그러니 이
렇게 하십시오. 오늘 밤 당신의 군대를 이끌고 와서 밭에 매복하고 기다리십시
오. 아침에 해가 밝는 대로 행동을 개시하여 성읍으로 돌격해 오십시오. 가알과
그의 군대가 당신에게 나아갈 테니, 뒷일은 알아서 하시면 됩니다."
34-36 아비멜렉과 그의 군대 네 개 부대가 그 밤에 올라가서 세겜에 접근하여 매
복하고 기다렸다. 에벳의 아들 가알이 일어나 성문에 서 있었다. 아비멜렉과 그
의 군대가 매복했던 곳에서 떠나자, 가알이 그 모습을 보고 스불에게 말했다.
"저것 좀 보시오. 산꼭대기에서 사람들이 내려오고 있소!"
스불이 말했다. "산 그림자가 사람들처럼 보이는 것이겠지요." 가알은 연신 중
얼거렸다.
37 가알이 다시 말했다. "답불에레스(세상의 중심)에서 내려오는 저 군대를 보시
오. 한 부대는 신탁의 상수리나무에서 곧장 다가오고 있소."
38 스불이 말했다. "큰소리치던 당신의 입은 지금 어디 있소? '아비멜렉이 누군데
우리가 그의 지시를 받아야 하느냐' 하고 당신이 말하지 않았소? 저기 당신이 비
웃던 아비멜렉이 그의 군대와 함께 있소. 기회가 왔으니, 한번 싸워 보시오!"
39-40 가알은 세겜 지도자들의 지지를 받고 나가 아비멜렉과 싸움을 벌였다. 그러
나 아비멜렉이 그를 추격하자, 가알은 도망쳐 버렸다. 부상을 입고 쓰러진 사람
들이 성문 앞까지 늘어졌다.
41 아비멜렉은 아루마에 야전 지휘 본부를 설치하고, 스불은 가알과 그의 친척
들이 세겜에 들어오지 못하게 했다.

⁂

42-45 이튿날 세겜 백성이 들로 나갔는데, 아비멜렉이 그 소식을 들었다. 그는 군
대를 이끌고 나가서 세 개 부대로 나눈 다음 들에 매복시킨 뒤에, 백성이 탁 트
인 곳으로 나서는 것을 보고 일제히 일어나 그들을 쳤다. 아비멜렉과 그와 함께
한 부대는 앞으로 돌격하여 성문 입구를 장악했고, 다른 두 개 부대는 들판에
있는 사람들을 쫓아가 죽였다. 아비멜렉은 그날 온종일 성읍에서 싸웠다. 그는
성읍을 점령하고 성읍 안에 있는 사람들을 모두 죽였다. 그는 성읍을 무너뜨리
고 그 위에 소금을 뿌렸다.
46-49 세겜 망대와 관계된 지도자들이 그 소식을 듣고는 요새화된 엘브릿 신전으
로 들어갔다. 세겜 망대의 무리가 함께 모여 있다는 말이 아비멜렉에게 전해졌
다. 그와 그의 군대는 살몬 산(캄캄한 산)에 올라갔다. 아비멜렉은 도끼를 들어

장작 한 더미를 패고는 그것을 어깨에 멨다. 그러고는 그의 군대에게 말했다.
"너희도 내가 한 것처럼 하여라. 서둘러라!" 그래서 그의 부하들도 각자 한 더
미씩 장작을 팼다. 그들은 아비멜렉을 따라 장작더미를 망대 방벽에 기대어 쌓
고 건물 전체에 불을 질렀다. 세겜 망대 안에 있던 사람들이 다 죽었는데, 죽은
남녀가 모두 천 명쯤 되었다.
50-54 그 후에 아비멜렉은 데베스로 갔다. 그는 데베스에 진을 치고 그곳을 점령
했다. 성읍 한가운데에 튼튼한 망대가 서 있었다. 성읍의 모든 남녀가 성읍 지
도자들과 함께 그곳으로 피해 문을 잠그고 망대 꼭대기로 올라갔다. 아비멜렉
은 망대까지 다가가서 공격했다. 그가 망대에 불을 놓으려고 망루 문으로 다가
간 바로 그때, 어떤 여인이 맷돌 위짝을 그의 머리 위로 떨어뜨려 그의 두개골
을 부서뜨렸다. 그는 자기의 무기를 들고 다니는 젊은 병사를 다급히 불러 "사
람들이 나를 두고 '여자한테 죽은 자'라고 말하지 못하도록 네 칼을 뽑아서 나를
죽여라" 하고 말했다. 그 젊은 병사가 아비멜렉을 칼로 찌르니, 그가 죽었다.
55 이스라엘 백성은 아비멜렉이 죽은 것을 보고 집으로 돌아갔다.

❖

56-57 하나님께서는 아비멜렉이 형제 일흔 명을 죽여서 자기 아버지에게 저지른
악을 갚으셨다. 또 세겜 사람들이 저지른 모든 악을 여룹바알의 아들 요담의 저
주대로 그들의 머리 위에 내리셨다.

사사 돌라

10

1-2 아비멜렉의 뒤를 이어 도도의 손자요 부아의 아들인 돌라가 일어
났다. 돌라는 위기에 잘 대처하여 이스라엘을 구원했다. 그는 잇사
갈 사람으로, 에브라임 산지 사밀에 살면서 이십삼 년 동안 이스라엘의 사사로
있었다. 그는 죽어서 사밀에 묻혔다.

사사 야일

3-5 돌라 다음으로, 길르앗 사람 야일이 지도자가 되었다. 야일은 이십이 년 동안
이스라엘의 사사로 있었다. 그에게 아들 서른 명이 있었는데, 그들은 나귀 서른
마리를 타면서 길르앗에 성읍 서른 개를 두었다. 그 성읍들은 오늘까지 야일의
마을이라고 불린다. 야일은 죽어서 가몬에 묻혔다.

❖

6-8 그 후에 이스라엘 백성이 또다시 하나님 보시기에 악을 행했다. 그들은 바알
신들과 아스다롯 여신들 곧 아람과 시돈과 모압의 신들, 암몬 사람과 블레셋 사
람의 신들을 섬겼다. 그들은 금세 하나님을 버리고 떠나 버렸다. 더 이상 그분
을 섬기지 않았다. 그러므로 하나님께서 불같은 진노를 터뜨리셔서, 이스라엘
을 블레셋 사람과 암몬 사람에게 넘기셨다. 그들은 그해부터 이스라엘 백성을

무참히 괴롭히고 학대했다. 그들은 요단 강 동쪽 길르앗 아모리 사람 땅에 사는
이스라엘 온 백성을 십팔 년 동안 지배했다.
9 그러다가 암몬 사람이 요단 강을 건너서 유다와 베냐민과 에브라임에까지 쳐
들어왔다. 이스라엘은 위태로운 지경에 이르렀다!
10 이스라엘 백성은 **하나님**께 도와 달라고 부르짖었다. "저희가 하나님께 죄를
지었습니다! 저희가 하나님을 떠나 바알 신들을 섬겼습니다!"
11-14 **하나님**께서 이스라엘 백성에게 대답하셨다. "이집트, 아모리, 암몬, 블레
셋, 시돈 사람이—아말렉과 미디안까지!—너희를 압제할 때에 너희가 내게 도
와 달라고 부르짖어서, 내가 그들 손에서 너희를 구원했다. 그런데도 너희는 나
를 떠나 반역하고 다른 신들을 섬겼다. 이제 나는 더 이상 너희를 구원하지 않
겠다. 어디, 너희가 택한 그 신들에게 도와 달라고 부르짖어 보아라! 그 신들의
도움으로 너희가 처한 곤경에서 벗어나 보아라!"
15 그러자 이스라엘 백성이 **하나님**께 아뢰었다. "저희가 죄를 지었습니다. 무엇
이든 주님 보시기에 좋을 대로 행하십시오. 하지만 부디 저희를 여기서 벗어나
게 해주십시오!"
16 그러고 나서 그들은 이방 신들을 깨끗이 제거해 버리고 **하나님**만 섬겼다. **하
나님**께서는 이스라엘의 괴로움을 마음에 두셨다.

사사 입다

17-18 암몬 사람이 전쟁을 준비하고 길르앗에 진을 치자, 이스라엘 백성도 대항하
기 위해 미스바에 진을 쳤다. 길르앗의 지도자들이 말했다. "누가 우리를 위해
일어나서 암몬 사람을 치겠는가? 우리가 그를 길르앗 모든 사람의 통치자로 삼
을 것이다!"

11

1-3 길르앗 사람 입다는 강인한 용사였다. 그는 창녀의 아들이었고,
아버지는 길르앗이었다. 한편 길르앗의 본처가 그의 다른 아들들을
낳았는데, 그 아들들이 자라서 입다를 쫓아내며 그에게 말했다. "너는 다른 여
자의 아들이니 우리 집안의 유산을 하나도 받지 못할 것이다." 그래서 입다는
형제들을 피해 돕이라고 하는 땅에 가서 살았는데, 건달들이 그에게 붙어 함께
어울려 다녔다.
4-6 얼마 후에, 암몬 사람이 이스라엘에 싸움을 걸어 왔다. 그들이 전쟁을 일으
키자, 길르앗 장로들은 입다를 데려오기 위해 돕 땅으로 갔다. 그들이 입다에게
말했다. "와서 우리의 지휘관이 되어 주시오. 그러면 우리가 암몬 사람을 칠 수
있을 것이오."
7 그러자 입다가 길르앗의 장로들에게 말했다. "하지만 당신들은 나를 미워하지
않습니까? 당신들은 나를 집안에서 쫓아냈습니다. 그런데 어찌 이제 와서 나를 찾
아온 것입니까? 당신들이 곤경에 빠져서 그런 게 아닙니까? 그렇지 않습니까?"

8 길르앗의 장로들이 대답했다. "그렇소. 당신과 함께 가서 암몬 사람과 싸우려고,
우리가 여기 왔소. 당신이 우리 모두, 길르앗 모든 사람의 통치자가 될 것이오."
9 입다가 길르앗의 장로들에게 말했다. "그러니까 당신들이 나를 고향으로 데
리고 가서 암몬 사람과 싸울 때에, **하나님**께서 그들을 내 손에 넘겨주시면 내가
당신들의 통치자가 된다는 말입니까?"
10-11 그들이 말했다. "**하나님**께서 우리 사이의 증인이시오. 무엇이든 당신이 말
하는 대로 우리가 행하겠소." 입다는 길르앗의 장로들과 함께 갔다. 백성은 그
를 그들의 통치자와 지휘관으로 삼았다. 입다는 자신이 한 말을 미스바에서 **하
나님** 앞에 아뢰었다.

12 그 후에 입다가 암몬 사람의 왕에게 전령을 보내 메시지를 전했다. "내 땅에
들어와 시비를 거니, 이 무슨 짓입니까?"
13 암몬 사람의 왕이 입다의 전령에게 말했다. "이스라엘이 이집트에서 올라올
때 아르논 강에서부터 멀리 얍복 강과 요단 강에 이르는 내 땅을 빼앗았기 때문
이오. 순순히 내 땅을 내놓으시오. 그러면 돌아가겠소."
14-27 입다가 암몬 사람의 왕에게 다시 전령을 보내 메시지를 전했다. "입다의 말
입니다. '이스라엘은 모압 땅과 암몬 땅을 빼앗지 않았습니다. 이집트에서 올라
올 때 이스라엘은 사막을 가로질러 홍해까지 갔고, 가데스에 이르렀습니다. 거
기서 에돔 왕에게 전령을 보내어 "부디 우리를 당신의 땅으로 지나가게 해주십
시오" 하고 말했지만, 에돔 왕은 그 요청을 들어주지 않았습니다. 이스라엘은
모압 왕에게도 승낙을 구했으나, 그도 지나가게 해주지 않았습니다. 이스라엘
은 가데스에서 발이 묶였습니다. 그래서 이스라엘은 사막을 가로지르고 에돔
땅과 모압 땅을 돌아서 왔습니다. 이스라엘은 모압 땅 동쪽으로 나와 아르논 맞
은편에 진을 쳤습니다. 아르논은 모압의 경계여서, 모압 영토에는 한 발짝도 들
어가지 않았습니다. 그 후에 이스라엘은 수도 헤스본에 있는 아모리 왕 시혼에
게 전령을 보내어, "우리 땅으로 가는 길에 부디 당신의 땅을 지나가게 해주십
시오" 하고 부탁했습니다. 그러나 이스라엘을 믿지 못한 시혼은 자기네 땅을 통
과하도록 허락하지 않았고, 오히려 온 군대를 모아 야하스에 진을 치고 이스라
엘과 싸웠습니다. 그러나 **하나님** 이스라엘의 하나님께서 시혼과 그의 온 군대
를 이스라엘의 손에 넘겨주셨습니다. 이스라엘은 그들을 물리치고, 아르논에
서 얍복 강까지 그리고 사막에서 요단 강까지 아모리의 모든 땅을 차지했습니
다. **하나님** 이스라엘의 하나님께서 이스라엘을 위해 아모리 사람을 몰아내셨습
니다. 그런데 당신이 누구이기에 그것을 빼앗으려고 합니까? 어째서 당신의 신
그모스가 주는 것으로 만족하지 못합니까? 당신이 그것으로 만족한다면 우리
도 **하나님** 우리 하나님께서 주시는 것으로 만족할 것입니다. 당신이 모압 왕 십
볼의 아들 발락보다 잘될 것 같습니까? 이스라엘에 대항하던 그에게 과연 성과
가 있었습니까? 그가 감히 전쟁을 벌였습니까? 지금까지 이스라엘이 헤스본과
그 주변 마을들, 아로엘과 그 주변 마을들, 아르논을 따라 난 주변 모든 마을에

서 살아온 세월이 어언 삼백 년인데, 당신은 왜 여태까지 그곳들을 빼앗으려 하
지 않았습니까? 내가 당신한테 잘못한 것이 없는데도 당신이 나한테 이렇게 싸
움을 거는 것은 악한 일입니다. 재판장이신 **하나님**께서 오늘 이스라엘 백성과
암몬 백성 사이에서 판단하실 것입니다.'"
28 그러나 암몬 사람의 왕은 입다가 전한 말을 들으려 하지 않았다.

29-31 **하나님**의 영이 입다에게 임하셨다. 입다가 길르앗과 므낫세를 가로지르고
길르앗의 미스바를 지나, 거기서 암몬 사람에게 접근했다. 입다가 **하나님** 앞에
서원했다. "주께서 제게 확실한 승리를 주셔서 암몬 사람을 이기게 하시면, 제가
무사히 돌아올 때에 제 집 문에서 저를 맞으러 나오는 것을 **하나님**께 드리겠습
니다. 그것이 무엇이 되었든 상관없습니다. 그것을 희생 번제로 바치겠습니다."
32-33 입다가 나가서 암몬 사람과 싸웠다. **하나님**께서 암몬 사람을 그의 손에 넘
겨주셨다. 입다가 아로엘에서부터 민닛 주변 지역 그리고 멀리 아벨그라밈까
지, 스무 개 성읍을 쳐서 크게 이겼다! 그야말로 진멸이었다! 암몬 사람은 이스
라엘 백성에게 항복했다.
34-35 입다가 미스바에 있는 집으로 돌아오자, 그의 딸이 집에서 달려나와 탬버
린을 들고 춤추며 그의 귀향을 환영했다! 그녀는 입다의 외동딸이었다. 그녀 말
고는 그에게 아들도 없고 딸도 없었다. 입다는 그를 맞으러 누가 나왔는지 알고
서, 자기 옷을 찢으며 말했다. "아, 사랑하는 내 딸아, 내 처지가 비참하게 되었
구나. 내 마음이 갈기갈기 찢어진다. 내가 **하나님**께 서원했으니 이제 와서 되돌
릴 수도 없구나!"
36 딸이 말했다. "사랑하는 아버지, **하나님**께 서원하셨으면, 아버지가 서원하신
대로 행하십시오. **하나님**께서는 그분의 일을 행하심으로 원수 암몬에게서 아버
지를 구원하지 않으셨습니까!"
37 딸이 아버지에게 말했다. "하지만 제게 한 가지만 허락해 주십시오. 저는 영
영 결혼하지 못할 테니 제게 두 달만 주셔서, 친한 친구들과 함께 산속으로 들
어가 처녀로 죽는 제 처지를 슬퍼하게 해주십시오."
38-39 "그래, 그렇게 하거라." 입다는 두 달 동안 말미를 주어 딸을 떠나보냈다.
딸은 친한 친구들과 함께 산속으로 들어가서 자기가 영영 결혼하지 못하고 처
녀로 죽는 것을 슬퍼했다. 두 달이 지나 딸은 아버지에게 돌아왔다. 그는 자신
이 서원한 대로 딸에게 행했다. 그 딸은 한 번도 남자와 잠자리를 같이한 적이
없었다.
39-40 이후 이스라엘에는 해마다 나흘 동안 이스라엘의 젊은 여자들이 나가서 길
르앗 사람 입다의 딸을 애도하는 풍습이 생겼다.

⁂

12

1 에브라임 사람들이 군대를 소집하여 사본으로 건너와서 입다에게
말했다. "당신은 암몬 사람과 싸우러 가면서 어찌하여 우리에게 함

께 가자고 하지 않았소? 우리가 당신과 당신의 집을 불살라 버리겠소."
2-3 입다가 말했다. "나와 내 백성은 암몬 사람과 협상하느라 정신이 없었습니다. 게다가 여러분께 도움을 청했지만 여러분이 나를 무시했습니다. 여러분이 오지 않아 나는 혼자 목숨 걸고 암몬 사람과 맞서 싸웠습니다. 하나님께서 그들을 내게 넘겨주셨습니다! 그런데 여러분은 어찌하여 오늘 여기에 나타났습니까? 나와 싸우고 싶어 안달이 난 겁니까?"
4 입다는 자신의 길르앗 군대를 모아 에브라임과 싸웠다. 길르앗 사람들은 에브라임을 맹렬히 공격했다. 그들은 "길르앗 사람은 혼혈아에 지나지 않으며 에브라임과 므낫세에게 버림받은 자들이다"라는 말을 들어 왔다.
5-6 길르앗은 에브라임으로 건너가는 요단 강 여울목을 장악했다. 도망치는 에브라임 사람이 강을 건너가겠다고 하면, 길르앗 사람들은 "에브라임 사람이냐?" 하고 물었다. 그가 "아니다"라고 하면 그들은 "쉬볼렛이라고 말해 보라"고 했다. 하지만 에브라임 사람은 언제나 "시볼렛"이라고 하여 제대로 발음하지 못했다. 그러면 그들은 그를 잡아다가 거기 요단 강 여울목에서 죽였다. 그 일로 에브라임의 마흔두 개 부대가 죽임을 당했다.
7 입다는 육 년 동안 이스라엘의 사사로 있었다. 길르앗 사람 입다는 죽어서 그의 성읍 길르앗의 미스바에 묻혔다.

사사 입산

8-9 입다의 뒤를 이어 베들레헴의 입산이 이스라엘의 사사가 되었다. 그는 아들과 딸이 각각 서른 명씩 있었는데, 딸들을 다른 가문으로 시집보냈고 며느리들도 다른 가문에서 얻었다.
10 그는 칠 년 동안 이스라엘의 사사로 있었다. 입산은 죽어서 베들레헴에 묻혔다.

사사 엘론

11-12 입산 후에 스불론 사람 엘론이 이스라엘의 사사가 되어, 십 년 동안 다스렸다. 스불론 사람 엘론은 죽어서 스불론 땅 아얄론에 묻혔다.

사사 압돈

13-15 엘론 후에, 비라돈 사람 힐렐의 아들 압돈이 이스라엘의 사사가 되었다. 그는 아들 서른 명과 손자 마흔 명이 있었는데, 그들은 나귀 일흔 마리를 탔다. 그는 팔 년 동안 이스라엘의 사사로 있었다. 비라돈 사람 힐렐의 아들 압돈은 죽어서 아말렉 사람의 산지에 있는 에브라임 땅 비라돈에 묻혔다.

사사 삼손

13

1 그 후에 이스라엘 백성이 또다시 하나님 보시기에 악을 행했다. 하나님께서 사십 년 동안 그들을 블레셋 사람의 지배를 받게 하셨다.
2-5 그때 소라 땅에 단 지파 출신의 마노아라는 사람이 있었다. 그의 아내는 임

신하지 못하여 자녀가 없었다. 하나님의 천사가 그녀에게 나타나 말했다. "네가 임신하지 못하여 자녀가 없다는 것을 내가 안다. 그러나 이제 네가 임신하여 아들을 낳을 것이다. 그러니 아주 조심해야 한다. 포도주나 맥주를 마시지 말고, 부정한 것은 어떤 것도 먹지 마라. 실제로, 너는 이제 바로 임신하여 아들을 품게 될 것이다. 그의 머리에 면도칼을 대서는 안된다. 그 아이는 태어나는 순간부터 하나님의 나실인이 될 것이다. 그가 블레셋의 압제에서 이스라엘을 구원하는 일을 시작할 것이다."

6-7 여인은 남편에게 가서 말했다. "하나님의 사람이 내게 왔는데, 두려우면서도 영광이 감도는 것이, 꼭 하나님의 천사 같았어요! 미처 그분이 어디서 왔는지 묻지 못했는데, 그분도 내게 이름을 말해 주지 않았어요. 하지만 그분이 이런 말을 했어요. '네가 임신하여 아들을 낳을 것이다. 포도주나 맥주를 마시지 말고, 부정한 것은 어떤 것도 먹지 마라. 그 아이는 태어나는 순간부터 죽는 날까지 하나님의 나실인이 될 것이다.'"

8 마노아가 **하나님**께 기도했다. "주님, 우리에게 보내신 하나님의 사람을 다시 보내 주셔서, 앞으로 태어날 이 아이를 어떻게 길러야 할지 우리에게 가르쳐 주십시오."

9-10 하나님께서 마노아의 말을 들으셨다. 하나님의 천사가 그 여인에게 다시 왔다. 여인은 밭에 앉아 있었고 남편 마노아는 그곳에 함께 있지 않았다. 그녀가 벌떡 일어나 남편에게 달려가서 말했다. "다시 왔어요! 그날 내게 왔던 그분 말이에요!"

11 마노아가 일어나 아내를 따라 그 사람에게 갔다. 그리고 그에게 말했다. "당신이 제 아내에게 말씀한 그분이십니까?"

그가 말했다. "그렇다."

12 마노아가 말했다. "그렇군요. 당신이 말씀한 대로 이루어질 때에, 이 아이에 대해 또 이 아이가 할 일에 대해 우리에게 해줄 말씀이 무엇입니까?"

13-14 하나님의 천사가 마노아에게 말했다. "내가 여인에게 일러 준 모든 말을 명심하여라. 포도나무에서 난 것은 아무것도 먹지 마라. 포도주나 맥주를 마시지 말고, 부정한 음식은 어떤 것도 먹지 마라. 그녀는 내가 명령한 것을 모두 지켜야 한다."

15 마노아가 하나님의 천사에게 말했다. "조금만 더 우리와 함께 계십시오. 당신을 위해 새끼 염소 한 마리를 잡아 올리겠습니다."

16 **하나님**의 천사가 마노아에게 말했다. "좀 더 머무를 수야 있겠지만, 너의 음식을 먹지는 않을 것이다. 그러나 **하나님**을 위해서 번제물을 준비하여 바치고 싶거든 어서 바쳐라!" 마노아는 자기가 하나님의 천사에게 말하고 있는 줄은 꿈에도 몰랐다.

17 그래서 마노아가 하나님의 천사에게 물었다. "당신의 이름이 무엇입니까? 당신의 말씀이 이루어질 때에, 우리가 당신을 높이고 싶습니다."

18 **하나님**의 천사가 말했다. "어찌하여 내 이름을 묻느냐? 너무 놀라워서, 네가

이해하지 못할 것이다."
19-21 마노아는 새끼 염소 한 마리와 곡식 제물을 가져다가, 놀라운 일을 행하시는 **하나님**께 바위 제단 위에서 제물로 바쳤다. 제단에서 하늘로 불꽃이 솟아오르면서 **하나님**의 천사도 제단 불꽃을 타고 올라갔다. 마노아와 그의 아내는 그것을 보고 바닥에 얼굴을 대고 엎드렸다. 이후 그들은 다시는 **하나님**의 천사를 보지 못했다.
21-22 그제야 마노아는 그가 **하나님**의 천사인 것을 깨달았다. 그가 아내에게 말했다. "이제 우리는 죽은 목숨이오! 하나님을 보았으니 말이오!"
23 그러자 그의 아내가 말했다. "**하나님**께서 우리를 죽이실 작정이셨으면 번제물과 곡식 제물을 받지 않으셨을 테고, 아이가 태어나리라고 이 모든 것을 계시해 주지도 않으셨을 겁니다."
24-25 여인이 아들을 낳자, 그들이 그의 이름을 삼손이라고 지었다. 아이가 자랄 때에 **하나님**께서 그에게 복을 주셨다. 그가 소라와 에스다올 사이에 있는 단 지파의 진에 머물 때에 **하나님**의 영이 그 안에서 역사하기 시작하셨다.

14

1-2 삼손이 딤나로 내려갔다. 그곳 딤나에 그의 눈을 끄는 여자가 있었는데, 블레셋 처녀였다. 그가 돌아와 아버지와 어머니에게 말했다. "딤나에서 여자를 보았는데, 블레셋 처녀입니다. 그 여자를 아내로 얻어 주십시오."
3 그러자 그의 부모가 말했다. "우리 백성이 사는 이 근방 처녀들 가운데는 여자가 없더냐? 꼭 할례 받지 않은 블레셋 사람에게서 아내를 얻어야 되겠느냐?" 그러나 삼손은 아버지에게 말했다. "그 여자를 얻어 주십시오. 그 여자야말로 제가 원하는 사람, 제 짝입니다."
4 (삼손의 아버지와 어머니는 이 일 배후에 **하나님**이 계신 것과, 그분이 이 일을 블레셋 사람을 치실 계기로 삼고자 하시는 것을 몰랐다. 당시에는 블레셋 사람이 이스라엘을 지배하고 있었다.)
5-6 삼손은 아버지와 어머니와 함께 딤나로 내려갔다. 그가 딤나의 포도원에 이르렀을 때, 어린 사자가 으르렁거리며 그에게 덤벼들었다. **하나님**의 영이 삼손에게 강하게 임하셔서, 그는 염소 새끼를 찢듯이 맨손으로 사자를 잡아 찢었다. 그러나 그는 자신이 한 일을 부모에게 말하지 않았다.
7 삼손은 그 길로 내려가 그 여자와 이야기를 나누었다. 그의 눈에는 그 여자가 바로 자기 짝으로 보였다.
8-9 며칠 후에 다시 여자를 데리러 가면서, 그는 그 사자가 어떻게 되었는지 보려고 길을 돌아서 갔다. 그런데 신기한 일이 벌어지고 있었다. 사자의 주검에 벌떼가 우글거리고 그 안에 꿀이 있었던 것이다! 그는 손으로 꿀을 떠 가지고 길을 가면서 그 꿀을 먹었다. 그는 꿀 얼마를 아버지와 어머니에게도 가져다주어 먹게 했다. 그러나 그 꿀을 사자의 주검에서 떠왔다는 말은 하지 않았다.
10-11 그의 아버지가 내려가 그 여자와 결혼 일정을 잡는 동안, 삼손은 거기서 잔

치를 벌였다. 당시에 젊은 남자들은 그렇게 했다. 블레셋 사람들은 삼손을 경계
하여, 서른 명을 구해다가 그의 친구로 삼고 함께 어울리게 했다.
12-13 삼손이 그들에게 말했다. "내가 당신들에게 수수께끼를 하나 내겠소. 잔치
가 계속되는 칠 일 동안 당신들이 답을 알아맞히면 내가 당신들에게 베옷 서른
벌과 좋은 겉옷 서른 벌을 주겠소. 그러나 알아맞히지 못하면 당신들이 나에게
베옷 서른 벌과 좋은 겉옷 서른 벌을 주어야 하오."
13-14 그들이 말했다. "좋소. 어디 한번 들어 봅시다." 그래서 삼손이 수수께끼를
내놓았다.

먹는 자에게서 먹을 것이 나오고
힘센 자에게서 단 것이 나왔다.

14-15 그러나 그들은 알아맞히지 못했다. 사흘이 지나도록 그들은 여전히 쩔쩔매
고 있었다. 나흘째 되는 날에 그들은 삼손의 신부에게 말했다. "당신 남편에게
서 답을 캐내시오. 그렇지 않으면 우리가 당신과 당신 아버지의 집을 불살라 버
리겠소. 우리를 빈털터리로 만들려고 여기로 초대한 거요?"
16 그래서 삼손의 신부는 눈물을 흘리며 삼손에게 말했다. "당신은 나를 미워하
고 사랑하지 않아요. 우리 민족에게 수수께끼를 내놓고는 나한테 답을 말해 주
지도 않잖아요."
그가 말했다. "내 부모한테도 말하지 않았는데 어떻게 그대에게 말할 수 있겠소?"
17 그러나 그녀는 잔치하는 칠 일 내내 울음을 그치지 않았다. 그녀의 괴롭힘에
지친 삼손은 결국 칠 일째 되던 날에 그녀에게 답을 말해 버렸다. 그러자 그녀
는 가서 자기 민족에게 그 답을 알려 주었다.
18 칠 일째 되던 날 해 지기 전에 성읍 사람들이 그에게 와서 말했다.

꿀보다 단 것이 무엇이며
사자보다 힘센 것이 무엇이겠소?

그러자 삼손이 말했다.

당신들이 내 여자에게서 캐내지 않았다면
내 수수께끼를 알아맞히지 못했을 것이오.

19-20 그때 하나님의 영이 삼손에게 강하게 임하셨다. 그는 아스글론에 내려가서
그곳 사람 서른 명을 죽이고 그들의 옷을 벗겨 수수께끼를 푼 사람들에게 주었
다. 그는 화가 머리끝까지 나서 성큼성큼 걸어 나가 자기 아버지 집으로 가 버렸
다. 삼손의 신부는 그의 결혼식에서 신랑 들러리를 섰던 사람의 아내가 되었다.

15 [1-2] 얼마 후 밀을 추수할 때에 삼손은 새끼 염소 한 마리를 가지고 자
기 신부를 찾아갔다. 그가 말했다. "내 아내를 보아야겠소. 아내의
침실을 알려 주시오."
그러나 여자의 아버지가 그를 들이려고 하지 않았다. 그가 말했다. "나는 지금
쯤이면 자네가 내 딸을 지독히 미워하리라 생각해서, 그 아이를 신랑 들러리로
온 사람에게 주었네. 하지만 그 밑의 여동생이 더 예쁘니, 그 애를 아내로 맞으
면 어떻겠는가?"
3 삼손이 말했다. "더는 못 참겠소. 이번에는 내가 블레셋 사람들을 쳐부수어도
내 잘못이 아니오."
4-5 삼손은 나가서 여우 삼백 마리를 잡았다. 그리고 한 쌍씩 꼬리를 서로 묶고,
꼬리 사이에 횃불을 달았다. 그러고는 여우를 블레셋 사람의 무르익은 곡식 밭
에 풀어 놓았다. 모든 것이 불타 버렸다. 베어 놓은 곡식단과 아직 베지 않은 곡
식, 포도원과 올리브 과수원까지 불타 버렸다.
6 블레셋 사람들이 말했다. "이게 누구의 짓이냐?"
그들은 "딤나 사람의 사위 삼손이, 그의 장인이 신부를 빼앗아 신랑 들러리에게
준 것을 알고 이렇게 했다"는 말을 들었다.
블레셋 사람들이 올라가서 그 여자와 아버지를 둘 다 불살라 죽였다.
7 그러자 삼손이 말했다. "너희가 이런 식이라면, 맹세코 나도 너희에게 똑같이
되갚아 주겠다. 그러기 전에는 가만있지 않을 것이다!"
8 그 말이 끝나자마자, 삼손은 닥치는 대로 그들을 마구 찢어 죽였다. 엄청난 살
육이었다. 그 후에 그는 에담 바위의 동굴로 내려가 그곳에 머물렀다.

9-10 블레셋 사람이 나와서 유다에 진을 치고 레히(턱뼈)를 공격하려고 했다. 유다
사람들이 "무엇 때문에 우리를 치러 올라온 것이오?" 하고 묻자, 그들은 "우리
는 삼손을 잡으러 왔소. 삼손이 우리에게 행한 대로 우리도 되갚아 주려고 그를
쫓고 있는 것이오" 하고 말했다.
11 유다 사람 세 개 부대가 에담 바위 동굴로 내려가 삼손에게 말했다. "블레셋
사람이 이미 우리를 괴롭히고 우리 위에 군림하고 있는 것을 당신도 잘 알지 않
소? 그런데도 당신이 사태를 더 악화시키고 있으니 어찌 된 일이오?"
그가 말했다. "앙갚음을 한 것이오. 그들이 내게 한 대로 내가 되갚아 준 것뿐이오."
12 그들이 말했다. "어쨌든 우리는 당신을 묶어 블레셋 사람에게 넘겨주려고 여
기로 내려왔소."
삼손이 말했다. "나를 해치지 않겠다고만 약속하시오."
13 그들이 말했다. "약속하오. 우리는 그저 당신을 묶어 그들에게 넘겨줄 뿐 당
신을 죽일 생각은 전혀 없소. 우리를 믿으시오." 곧이어 그들은 새 밧줄로 그를

묶어 바위에서 이끌고 올라갔다.
14-16 삼손이 레히에 다다르자, 블레셋 사람이 승리의 함성을 지르며 그를 맞이했
다. 그때 하나님의 영이 큰 능력으로 그에게 임하셨다. 그의 팔뚝 위의 밧줄이
마치 삼이 불에 타듯 떨어져 나가고, 그의 손에서 끈이 벗겨졌다. 삼손은 마침
거기에 죽은 지 얼마 안된 나귀의 턱뼈가 있는 것을 보고는, 손을 뻗어 집어 들
고 그것으로 블레셋 사람들을 모조리 죽였다. 그러고 나서 말했다.

나귀의 턱뼈로
그들을 나귀 더미로 만들어 버렸다.
나귀의 턱뼈로
부대를 모조리 다 죽여 버렸다.

17 이렇게 외치고 나서 삼손은 턱뼈를 던져 버렸다. 그는 그곳을 라맛레히(턱뼈
언덕)라고 불렀다.
18-19 삼손은 갑자기 목이 몹시 말랐다. 그는 하나님께 부르짖었다. "주께서 주님
의 종에게 이 큰 승리를 주셨습니다. 그런데 이제 저를 목말라 죽게 하셔서 저
할례 받지 못한 자들의 손에 넘기시렵니까?" 그러자 하나님께서 레히의 오목한
바위를 터뜨리셨다. 그곳에서 물이 솟아 나와 삼손은 그 물을 마시고 기운을 되
찾았다. 그가 다시 살아났다! 그래서 그곳을 엔학고레(부르짖는 자의 샘)라고 불렀
다. 그 샘은 오늘까지 레히에 그대로 있다.
20 삼손은 블레셋 사람이 다스리던 시대에 이십 년 동안 이스라엘의 사사로 있었다.

16

1-2 삼손이 가사로 가서 한 창녀를 보고, 그녀에게 갔다. "삼손이 여
기 있다"는 소식이 퍼졌다. 사람들이 그곳을 에워싸고 "동틀 무렵
그를 없애 버리자" 작정하고는 몰래 숨어들었다. 밤새 쥐 죽은 듯 조용히 성문
에서 그를 기다렸다.
3 삼손은 밤늦게까지 그 여자와 함께 자다가 일어나서, 성문 양쪽 문짝과 두 기
둥과 빗장까지 통째로 떼어 내어 어깨에 메고는, 헤브론 맞은편 언덕 꼭대기로
가져가 버렸다.

4-5 얼마 후에 삼손이 소렉(포도) 골짜기에 사는 한 여자와 사랑에 빠졌다. 여자의
이름은 들릴라였다. 블레셋 군주들이 그녀에게 접근하여 말했다. "그를 꾀어서,
그 엄청난 힘이 어디서 나오며 어떻게 하면 우리가 그를 결박해 꺾을 수 있는지
알아내거라. 그러면 우리가 각각 네게 은 백 세겔씩을 주겠다."
6 들릴라가 삼손에게 물었다. "당신의 엄청난 힘이 어디서 나오는지 그 비밀을
말해 주세요. 어떻게 하면 당신을 꼼짝 못하게 할 수 있는지 내게 말해 주세요."

7 삼손이 그녀에게 말했다. "짐승의 마르지 않은 새 힘줄로 만든 활시위 일곱 줄
로 나를 묶으면, 나도 여느 사람처럼 약해질 것이오."
8-9 블레셋 군주들이 마르지 않은 활시위 일곱 줄을 가져다주자, 그녀는 그것으
로 삼손을 묶었다. 사람들은 그녀의 방에 숨어 기다렸다. 그때 여자가 "삼손, 블
레셋 사람들이 당신을 잡으러 왔어요!" 하고 말했다. 그러자 삼손은 마치 실을
끊듯이 묶은 줄을 끊어 버렸다. 그 힘의 근원은 여전히 비밀로 남았다.
10 들릴라가 말했다. "이봐요, 삼손. 당신은 나를 놀렸군요. 거짓말을 하고 있어
요. 자, 어떻게 하면 당신을 묶을 수 있는지 말해 주세요."
11 삼손이 그녀에게 말했다. "한 번도 사용한 적 없는 새 밧줄로 나를 꽁꽁 묶으
면, 나도 여느 사람처럼 힘이 없어질 것이오."
12 그래서 들릴라는 새 밧줄을 구해서 그를 묶었다. 그러고는 "삼손, 블레셋 사
람들이 당신을 잡으러 왔어요!" 하고 소리쳤다. 그 사람들은 옆방에 숨어 있었
다. 그는 팔뚝의 밧줄을 실을 끊듯이 끊어 버렸다.
13-14 들릴라가 삼손에게 말했다. "당신은 아직도 거짓말로 나를 놀리고 있어요.
어떻게 하면 당신을 묶을 수 있는지 말해 주세요."
삼손이 그녀에게 말했다. "일곱 가닥으로 땋은 내 머리털을 베틀로 천에 짜 넣
고 팽팽히 잡아당기면, 나도 여느 다른 인간처럼 힘이 없어질 것이오."
들릴라는 그를 곤히 잠들게 하고는, 일곱 가닥으로 땋은 그의 머리털을 잡고서
베틀로 천에 짜 넣은 뒤에 팽팽히 잡아당겼다. 그러고는 "삼손, 블레셋 사람들
이 당신을 잡으러 왔어요!" 하고 말했다. 그러자 삼손이 잠에서 깨어 베틀과 천
을 함께 뜯어냈다!
15 들릴라가 말했다. "당신은 나를 믿지도 않으면서 어떻게 사랑한다고 말할 수
있어요? 당신이 그 큰 힘의 비밀은 내게 말해 주지 않으면서, 고양이가 쥐한테
하듯이 나를 가지고 논 게 벌써 세 번째예요."
16-17 들릴라는 날마다 끈질기게 졸라 대며 그를 괴롭혔다. 마침내 질려 버린 삼
손은 더 이상 견딜 수 없게 되었다. 그래서 속을 털어놓고 말았다.
삼손이 그녀에게 말했다. "나는 머리에 한 번도 면도칼을 댄 적이 없소. 나는 잉
태되는 순간부터 하나님의 나실인이었소. 내 머리털을 밀면 나는 힘이 빠지고
무력해져서 여느 인간과 다를 바 없게 될 것이오."
18 들릴라는 그가 자신에게 비밀을 털어놓은 것을 알고는, 블레셋 군주들에게
사람을 보내어 말했다. "빨리 오십시오. 이번에는 그가 사실대로 말했습니다."
그러자 블레셋 군주들이 뇌물로 줄 돈을 가지고 왔다.
19 들릴라는 삼손이 그녀의 무릎을 베고 잠들게 한 뒤에, 사람을 불러 일곱 가닥
으로 땋은 그의 머리털을 자르게 했다. 그러자 곧바로 그의 힘이 약해지더니,
몸에서 모든 힘이 빠져나갔다.
20 그녀가 말했다. "삼손, 블레셋 사람들이 당신을 잡으러 왔어요!" 삼손은 잠에
서 깨어 "이번에도 내가 나가 힘을 쓰리라" 하고 생각했지만, 하나님께서 그를
떠나신 것을 깨닫지 못했다.

21-22 블레셋 사람들이 그를 잡아서 두 눈을 뽑고, 가사로 끌고 내려갔다. 그들은
삼손에게 쇠고랑을 채워 감옥에서 맷돌 가는 일을 시켰다. 그러나 그의 잘린 머
리털은 다시 자라기 시작했다.
23-24 블레셋 군주들이 함께 모여 그들의 신 다곤에게 큰 제사를 드렸다. 그들은
즐거워하며 말했다.

우리의 신이
원수 삼손을 넘겨주셨다!

이를 본 백성도 함께 자기네 신을 찬양했다.

우리의 신이
원수를 넘겨주셨다.
우리 땅을 유린하고 우리 가운데
시체를 높이 쌓은 자를 넘겨주셨다.

25-27 그렇게 흥이 무르익을 무렵, 누군가가 말했다. "삼손을 데려와라! 어디 실
력 한번 보자!" 그들이 감옥에서 삼손을 데려왔고 그가 그들 앞에서 재주를 부
렸다.
그들은 삼손을 두 기둥 사이에 세웠다. 삼손은 자기 길잡이 노릇을 하는 젊은이
에게 말했다. "신전을 떠받치고 있는 기둥을 만질 수 있게 나를 데려다 다오. 내
가 기둥에 좀 기대야겠다." 신전 안은 블레셋의 모든 군주를 비롯해 사람들로 가
득 차 있었다. 관람석에서 삼손을 구경하는 사람들이 적어도 삼천 명은 되었다.
28 그때 삼손이 하나님께 부르짖었다.

주 하나님!
저를 다시 한번 헤아려 주십시오.
부디 한 번만 더 제게 힘을 주십시오.

하나님!
제 두 눈을 뽑은 블레셋 놈들에게
단번에 원수를 갚게 해주십시오!

29-30 그런 다음 삼손은 건물을 떠받치고 있는 중앙의 두 기둥에 이르러, 하나는
오른손으로 다른 하나는 왼손으로 밀기 시작했다. 삼손이 "나를 블레셋 사람들
과 함께 죽게 해주십시오" 하고 부르짖으며 있는 힘을 다해 두 기둥을 밀어 내
니, 신전 안에 있던 군주들과 온 백성 위로 그 건물이 무너져 내렸다. 삼손이 죽
으면서 죽인 사람이, 그가 살았을 때 죽인 사람보다 더 많았다.

[31] 삼손의 형제들과 친척이 내려가 그의 시신을 거두었다. 그들은 시신을 메고
돌아와 소라와 에스다올 사이에 있는 그의 아버지 마노아의 무덤에 묻었다.
삼손은 이십 년 동안 이스라엘의 사사로 있었다.

미가

17

[1-2] 에브라임 산지에 미가라는 사람이 있었다. 그가 자기 어머니에게
말했다. "어머니가 잃어버린 은화 1,100개를 기억하시지요? 어머니
가 그 일로 저주하실 때 제가 옆에서 들었습니다. 그런데 그 돈이 제게 있습니
다. 제가 훔친 것입니다. 하지만 이제 어머니에게 다시 가져왔습니다."
그의 어머니가 말했다. "내 아들아, **하나님**께서 네게 복 주시기를 원한다!"
[3-4] 미가가 어머니에게 은화 1,100개를 돌려주자, 그의 어머니가 말했다. "이 돈
은 내 아들로 하여금 신상을 만들게 하려고 내가 **하나님**께 온전히 바쳤던 것이
다." 그녀가 은화 200개를 가져다가 조각하는 사람에게 주었더니, 그가 그것을
주조하여 신상을 만들었다.
[5] 이 사람 미가에게는 개인 예배실이 있었다. 그는 에봇과 드라빔 우상을 만들
고, 아들 가운데 한 명을 자기 집의 제사장으로 세웠다.
[6] 그때에는 이스라엘에 왕이 없었다. 사람들은 무엇이든 자기 마음에 원하는 대
로 행했다.

⁂

[7-8] 한편, 유다 땅 베들레헴에 유다 집안 출신의 한 젊은이가 있었다. 그는 레위
인이었으나 그곳에서는 나그네였다. 그는 출셋길을 찾아 유다 땅 베들레헴 성
읍을 떠났다. 그는 에브라임 산지까지 와서 미가의 집에 이르렀다.
[9] 미가가 그에게 물었다. "당신은 어디서 오는 길이오?"
그가 말했다. "나는 유다 땅 베들레헴에 사는 레위인입니다. 정착할 곳을 찾아
떠도는 중입니다."
[10] 미가가 말했다. "나와 함께 여기 머물면서, 내 어른이 되어 주고 제사장이 되
어 주시오. 내가 매년 은화 열 개를 주고 필요한 옷과 식사를 제공하겠소."
[11-12] 레위인이 그 제안을 좋게 여겨 미가의 집에 살기로 했다. 젊은이는 그 집에
잘 적응하여 한 가족처럼 되었다. 미가는 그 젊은 레위인을 자기 집의 제사장으
로 삼았다. 이 모두가 미가의 집에서 일어난 일이다.
[13] 미가가 말했다. "레위인을 제사장으로 두었으니, 이제 **하나님**께서 내가 하는
일마다 틀림없이 잘되게 해주실 것이다."

⁂

18

[1] 그때에는 이스라엘에 왕이 없었다. 당시는 단 지파가 정착할 곳을
찾는 중이기도 했다. 그들은 아직 이스라엘 지파 중에서 자신들의
땅을 차지하지 못했다.
2-3 단 지파는 소라와 에스다올에서 건장한 용사 다섯 명을 보내어 땅을 살펴보
고, 그곳에 그들 가문에 적합한 곳이 있는지 알아보게 했다. 그들이 말했다. "가
서 땅을 살펴보고 오시오."
그들은 에브라임 산지로 들어가 미가의 집에까지 이르렀다. 그곳에 진을 치고
밤을 지냈다. 미가의 집에 가까이 갔을 때, 그들은 젊은 레위인의 목소리를 알
아들었다. 그들이 소리 나는 쪽으로 가서 그에게 말했다. "도대체 당신이 어떻
게 여기까지 왔습니까? 어찌 된 일입니까? 여기서 무엇을 하고 있습니까?"
4 그가 말했다. "어쩌다 보니 그렇게 되었습니다. 미가가 저를 고용하여 자기 집
의 제사장으로 삼았습니다."
5 그들이 말했다. "그거 잘됐군요. 우리를 위해서 하나님께 물어봐 주십시오. 우
리의 사명이 과연 성공하겠는지 말입니다."
6 제사장이 말했다. "안심하고 가십시오. 하나님께서 여러분이 가는 길을 보살
펴 주실 것입니다."
7 다섯 사람은 그곳을 떠나 북쪽 라이스로 향했다. 그들이 보니 그곳 사람들은
시돈 사람의 보호 아래 안전하게, 평온하고 태평하게 살고 있었다. 아주 좋은
시절을 보내고 있었다. 하지만 그 백성은 서쪽의 시돈 사람과 멀리 떨어져 살고
있었고, 동쪽으로는 아람 사람과 아무 조약도 맺지 않고 있었다.
8 다섯 사람이 소라와 에스다올로 돌아오자, 그들의 형제들이 물었다. "그곳 사
정이 어떻소?"
9-10 그들이 말했다. "어서 가서 그들을 칩시다! 우리가 그 땅을 살펴보았는데,
정말 좋은 땅입니다. 팔짱만 끼고 앉아 있을 셈입니까? 꾸물거리지 말고 쳐들
어가서 정복합시다! 여러분도 가 보면 알겠지만, 그들은 너무 태평스러운 나머
지 방심하고 있습니다. 드넓게 펼쳐진 땅, 여러분이 찾던 모든 것이 다 있는 땅
을 하나님께서 여러분에게 넘겨주실 것입니다."

11-13 단 지파 사람 육백 명이 완전무장하고 소라와 에스다올을 떠났다. 가는 길
에 그들은 유다 땅 기럇여아림에 진을 쳤다. 그래서 그곳이 오늘까지 단의 진이
라고 불리는데, 기럇여아림 바로 서쪽이었다. 거기서 그들은 에브라임 산지로
진행하여 미가의 집에 이르렀다.
14 전에 라이스 땅을 정탐했던 다섯 사람이 동료들에게 말했다. "이 집 안에 에
봇과 드라빔 우상과 주조해 만든 신상이 있다는 것을 알고 있소? 어떻게 생각
하시오? 그걸 어떻게 해보지 않겠소?"
15-18 그래서 그들은 길에서 벗어나, 미가의 집안에 있는 젊은 레위인의 집으로
가서 그에게 안부를 물었다. 중무장한 단 지파 사람 육백 명이 문 입구를 지키
고 있는 동안, 그 땅을 살펴보러 갔던 정탐꾼 다섯 명이 안으로 들어가 새긴 우

상과 에봇과 드라빔 우상과 신상을 챙겼다. 제사장은 육백 명의 무장한 군인들
과 함께 문 입구에 서 있었다. 다섯 사람이 미가의 집에 들어가서 새긴 우상과
에봇과 드라빔 우상과 신상을 가져가려고 하자, 제사장이 그들에게 말했다. "지
금 뭐하는 겁니까?"
19 그들이 그에게 말했다. "쉿! 아무 소리 마시오. 우리와 함께 갑시다. 우리의
어른과 제사장이 되어 주시오. 한 사람의 제사장이 되는 것과 이스라엘의 한 지
파와 그 가문 전체의 제사장이 되는 것 중에 어느 쪽이 더 중요한 일이겠소?"
20 제사장은 기회를 붙잡았다. 그는 에봇과 드라빔 우상과 새긴 우상을 가지고
서 군인 무리에 합류했다.
21-23 그들은 발길을 돌려 아이들과 소 떼와 소유물을 앞세우고 길을 떠났다. 그
들이 미가의 집을 떠나 한참을 간 뒤에야 미가와 그 이웃들이 모였다. 그들은
곧 단 지파 사람들을 따라잡았다. 그들이 단 지파 사람들에게 소리쳤다. 단 지
파 사람들이 돌아서서 말했다. "무슨 일로 이리 시끄러운 거요?"
24 미가가 말했다. "당신들이 내가 만든 내 신을 가져가고, 내 제사장도 데려가
지 않았소! 내게 남은 게 뭐가 있소? 그러면서 지금 '대체 무슨 일이냐?'고 말하
는 것이오?"
25 그러자 단 지파 사람들이 대답했다. "우리한테 소리지르지 마시오. 사납고 성
질 급한 이 사람들을 공연히 자극했다가는 당신들을 칠지도 모르오. 그렇게 되
면 당신들은 떼죽음을 당하게 될 거요."
26 단 지파 사람들은 계속해서 길을 갔다. 미가는 그들의 무력 앞에 승산이 없음
을 알고, 집으로 발길을 돌렸다.
27 단 지파 사람들은 미가가 만든 물건들과 함께 그의 제사장을 데리고 라이스,
곧 평온하고 태평한 사람들이 사는 성읍에 도착했다. 그들은 그곳 사람들을 모
두 죽이고 성읍을 불태워 버렸다.
28-29 주변에 라이스를 도와주는 자가 아무도 없었다. 그들은 시돈에서 멀리 떨어
져 있었고 아람 사람과도 아무 조약을 맺지 않은 터였다. 라이스는 벳르홉 골짜
기에 있었다. 단 지파는 성읍을 재건하고 이스라엘의 아들인 자기네 조상의 이
름을 따라 그곳을 단이라고 고쳐 불렀다. 그 성읍의 본래 이름은 라이스였다.
30-31 단 지파는 자신들을 위해 훔쳐 온 신상을 세웠다. 훗날 그 땅을 빼앗길 때까
지 모세의 손자요 게르솜의 아들인 요나단과 그의 후손이 단 지파의 제사장이
되었다. 실로에 하나님의 성소가 있는 동안, 줄곧 그들은 미가가 만든 신상을
자신들을 위해 그곳에 모셔 두었다.

한 레위인과 그의 첩

19 1-4 그때는 이스라엘에 왕이 없던 시절이었다. 에브라임 산지의 산골
에 나그네로 살고 있던 한 레위인이 유다 땅 베들레헴에서 한 여자
를 첩으로 들였다. 그런데 그 여자는 그와 다투고 나가 유다 땅 베들레헴에 있
는 친정아버지 집으로 돌아가서, 그곳에서 넉 달을 머물렀다. 남편은 그녀를 찾

아가 마음을 돌려 보기로 했다. 그는 종 하나와 나귀 두 마리를 데리고 갔다. 그
가 여자의 아버지 집에 이르자, 여자의 아버지가 그를 보고 반기며 편하게 대해
주었다. 여자의 아버지인 그의 장인이 그에게 좀 머물다 가라고 강권하여, 그는
사흘을 함께 머물면서 즐겁게 먹고 마시고 잤다.
5-6 나흘째 되는 날, 그들이 새벽같이 일어나 떠날 채비를 하는데 여자의 아버지
가 사위에게 말했다. "아침을 든든히 먹고 기운을 차린 다음에 가게나." 그래서
그들은 자리에 앉아서 함께 아침식사를 했다.
6-7 여자의 아버지가 그에게 말했다. "이보게, 더 있다 가게나. 오늘 밤도 여기
있으면서 즐겁게 보내게." 그 사람은 가려고 일어났지만 장인이 붙잡는 바람에
결국 하룻밤을 더 지내게 되었다.
8-9 닷새째 되는 날에도 그는 일찍 일어나서 떠나려고 했지만, 여자의 아버지가
"아침밥을 좀 먹어야지" 하고 권했다. 그들이 우물쭈물하다가 함께 먹고 마시는
사이 어느새 하루가 지나갔다. 하지만 그 사람과 그의 첩은 끝내 떠나려고 했
다. 그러자 여자의 아버지인 그의 장인이 말했다. "이보게, 날이 거의 저물었네.
여기서 밤을 지내는 게 어떤가? 해가 얼마 남지 않았으니, 하룻밤 더 머물면서
즐겁게 보내게. 내일 일찍 출발하면 되지 않겠나."
10-11 그러나 그 사람은 하룻밤 더 머물 마음이 없었다. 그는 여장을 챙겨 길을 나
섰고, 안장을 지운 나귀 두 마리와 첩과 종과 함께 여부스(예루살렘)에 이르렀다.
여부스에 이르자 날이 거의 저물었다. 종이 주인에게 말했다. "늦었으니, 여기
여부스 사람의 성읍에 들어가서 밤을 지내야겠습니다."
12-13 그러나 주인이 말했다. "우리는 이방인들의 성읍에는 들어가지 않는다. 기
브아까지 마저 가자." 그는 종에게 지시했다. "계속 가자꾸나. 기브아나 라마에
서 밤을 지내야겠다."
14-15 그들은 계속해서 갔다. 그들이 걸음을 재촉하고 있는데, 베냐민 지파에 속
한 기브아 근처에서 마침내 해가 졌다. 그들은 기브아에서 밤을 보내려고 거기
서 발길을 멈추었다.
15-17 레위인이 가서 성읍 광장에 앉아 있었으나, 그들을 맞아들여 묵게 하는 사
람이 아무도 없었다. 그때 저녁 늦게 한 노인이 하루 일을 마치고 밭에서 돌아
왔다. 그는 에브라임 산지 출신이었는데, 기브아에서 잠시 살고 있었다. 그곳
주민은 모두가 베냐민 사람이었다. 노인이 눈을 들어 성읍 광장에 있는 여행자
를 보고 말했다. "어디로 가는 길이오? 어디서 오셨소?"
18-19 레위인이 말했다. "우리는 지나가는 나그네입니다. 베들레헴을 떠나 에브
라임 산지의 외진 곳으로 가는 길이지요. 저는 그곳 사람입니다. 유다 땅 베들
레헴에 갔다가 집으로 돌아가는 길인데, 우리를 맞아들여 묵게 하는 사람이 없
군요. 우리가 폐를 끼치지는 않을 겁니다. 우리에게는 나귀에게 먹일 여물과 짚
이 있고, 이 여자와 젊은이와 제가 먹을 빵과 포도주도 있습니다. 더 필요한 것
은 없습니다."
20-21 노인이 말했다. "걱정 마시오. 내가 당신들을 돌봐 주리다. 성읍 광장에서

밤을 보낼 수야 없지 않겠소." 그는 그들을 자기 집으로 들이고는 나귀에게 먹
이를 주었다. 그들은 씻고 나서 잘 차려진 음식을 먹었다.
22 그들이 쉬면서 즐거운 시간을 보내고 있는데, 성읍 사람들이 그 집을 에워싸
고 문을 두드리기 시작했다. 모두 그 근방의 불량배들이었다. 그들은 집주인인
노인에게 소리를 질렀다. "당신 집에 온 사람을 내놓으시오. 우리가 그 사람과
관계를 해야겠소."
23-24 노인이 밖으로 나가서 그들에게 말했다. "형제들, 이러지 마시오! 이 사람
은 내게 온 손님이니, 그에게 음란한 짓을 하지 마시오. 제발 악한 짓을 저지르
지 마시오. 보시오. 여기 처녀인 내 딸과 이 사람의 첩을 내가 당신들에게 내놓
을 테니, 꼭 그래야겠다면 이들을 욕보이시오. 그러나 이 사람한테는 극악무도
한 짓을 하지 마시오."
25-26 그러나 무리는 그의 말을 들으려 하지 않았다. 결국 레위인은 자기 첩을 문
밖으로 떠밀어 그들에게 내주었다. 그들은 밤새도록 여자를 욕보였다. 새벽 무
렵에야 그들은 여자를 놓아주었다. 여자는 돌아와서 자기 주인이 자고 있는 집
문 앞에 쓰러졌다. 해가 떴는데도 여자는 그 자리에 있었다.
27 아침이 되었다. 여자의 주인이 일어나서 길을 가려고 문을 열었다. 거기에 그
의 첩이 두 손을 문지방에 걸친 채 문 앞에 쓰러져 있었다.
28 그가 "일어나시오. 갑시다"라고 말했지만 대답이 없었다.
29-30 그는 여자를 나귀에 싣고 집으로 향했다. 집에 와서 그는 칼로 자기 첩의 팔
다리를 잘라 열두 토막을 냈다. 그는 토막 낸 것을 이스라엘 땅 전역에 보냈다.
그리고 사람들을 보내면서 이렇게 일러 주었다. "이스라엘 모든 사람에게 말하
시오. '이스라엘 자손이 이집트 땅에서 올라온 이래로 지금까지 이런 일이 한 번
이라도 있었습니까? 이 일을 깊이 생각하고 논의해 주십시오! 무슨 조치든 취
해 주십시오!'"

❦

20

1-2 그러자 이스라엘 온 백성이 쏟아져 나왔다. 회중이 미스바에서 하
나님 앞에 모였다. 단에서 브엘세바에 이르기까지 한 사람도 빠짐없
이 모였다! 이스라엘 모든 지파를 대표하는 백성의 지도자들이 하나님 백성의
모임에 참석했다. 칼을 찬 보병부대가 사백 개였다.
3 한편, 베냐민 지파는 이스라엘 백성이 미스바에 모였다는 소식을 전해 들었다.
이스라엘 백성이 말했다. "이제 말해 보시오. 이 극악무도한 일이 어떻게 벌어
진 겁니까?"
4-7 살해당한 여자의 남편인 그 레위인이 대답했다. "내가 첩과 함께 하룻밤 묵
어가려고 베냐민 지파의 성읍인 기브아에 갔습니다. 그날 밤 기브아 사람들이
내 뒤를 쫓아와 내가 묵고 있던 집을 에워싸고 나를 죽이려 했습니다. 그들이
내 첩을 집단으로 욕보였고, 그 여자가 죽었습니다. 그래서 나는 그 여자의 주
검을 가져와서 토막 내어, 이스라엘이 유산으로 받은 땅 곳곳에 한 토막씩—열

두 토막을!—보냈습니다. 이 악독한 범죄가 이스라엘에서 일어났습니다! 그러니 이스라엘 자손 여러분, 마음을 정하십시오. 뭔가 대책을 세워 주십시오!"

8-11 그러자 온 백성이 일제히 일어났다. "우리 가운데 누구도 집에 가지 않을 것입니다. 단 한 사람도 집으로 돌아가지 않을 것입니다. 우리는 기브아를 이렇게 처리할 생각입니다. 우선 제비를 뽑아 기브아로 진격합니다. 이스라엘 모든 지파에서 백 명당 열 명을(천 명당 백 명, 만 명당 천 명을) 뽑아 군 식량을 나르게 할 것입니다. 기브아에 도착하면 군대는 이스라엘에서 벌어진 이 극악무도한 만행을 응징할 것입니다." 이스라엘 모든 사람이 똘똘 뭉쳐서 그 성읍을 치려고 모였다.

12-13 이스라엘 지파들이 베냐민 온 지파에 전령을 보내 말했다. "당신들의 땅에서 벌어진 극악무도한 이 일이 어찌 된 것이오? 기브아의 그 불량배들을 지금 당장 내놓으시오. 우리가 그들을 죽여 이스라엘에서 악을 불살라 없앨 것이오."

13-16 그러나 베냐민 지파는 그렇게 할 마음이 없었다. 그들은 자신들의 형제인 이스라엘 백성의 말을 듣지 않았다. 오히려 그들은 이스라엘과 전쟁을 벌이려고 자신들의 모든 성읍에서 군사를 일으켜 기브아에 집결시켰다. 순식간에 각 성읍에서 칼을 찬 보병 스물여섯 개 부대를 모았다. 또한 기브아에서 최고의 용사 칠백 명을 뽑았다. 그 밖에도 양손을 다 쓰는 명사수 칠백 명이 있었는데, 이들이 물맷돌을 던지면 머리카락 하나 놓치는 법이 없었다.

17 이스라엘 사람들은 베냐민 지파를 빼고도 칼을 찬 용사 사백 개 부대를 동원했다.

⁂

18 그들이 길을 떠나 베델로 가서 하나님께 여쭈었다. 이스라엘 백성이 말했다.
"우리 가운데 누가 먼저 가서 베냐민 지파와 싸워야 하겠습니까?"
하나님께서 말씀하셨다. "유다가 먼저 가거라."

19-21 이튿날 아침 이스라엘 백성이 일어나 기브아 앞에 진을 쳤다. 이스라엘 군이 베냐민과 싸우기 위해 진군하여 위치를 정하고 막 기브아를 치려는 순간에, 기브아에서 베냐민 지파 사람들이 쏟아져 나와 이스라엘의 스물두 개 부대를 그 자리에서 전멸시켰다.

22-23 이스라엘 백성이 성소로 돌아와 저녁때까지 **하나님** 앞에서 울었다. 그들이 **하나님**께 다시 여쭈었다. "우리가 다시 가서 우리 형제 베냐민 지파와 싸워야 하겠습니까?"
하나님께서 말씀하셨다. "그렇다. 싸워라."

24-25 군대는 기운을 냈다. 이스라엘 사람들은 첫날 배치받았던 위치로 다시 갔다. 둘째 날에 이스라엘 백성이 다시 베냐민을 치기 위해 진격했다. 둘째 날에도 베냐민 지파 사람들이 성읍에서 나와 칼솜씨가 뛰어난 이스라엘의 열여덟 개 부대를 전멸시켰다.

[26] 이스라엘 백성, 곧 온 군대가 베델에 돌아와 **하나님** 앞에 앉아서 울었다. 그날 그들은 저녁때까지 금식했다. 그리고 **하나님** 앞에 번제와 화목제를 드렸다.

[27-28] 그러고 나서 그들은 **하나님**께 다시 여쭈었다. 그때에 하나님의 언약궤가 베델에 있었고, 아론의 손자요 엘르아살의 아들인 비느하스가 제사장으로 섬기며 그곳에 함께 있었다. 그들이 여쭈었다. "우리가 또 진격하여 우리 형제인 베냐민 지파와 싸워야겠습니까? 아니면 여기서 끝내야겠습니까?"

그러자 **하나님**께서 말씀하셨다. "싸워라. 내일 내가 너희에게 승리를 줄 것이다."

[29-31] 이번에 이스라엘은 기브아 주위에 군사를 매복시켰다. 사흘째 되는 날에도 이스라엘이 나가서 베냐민 앞, 전과 똑같은 곳에 자리를 잡았다. 베냐민 지파 사람들이 나와서 군대와 맞서며 성읍 밖으로 밀고 나갔다. 베냐민 지파는 전처럼 이스라엘 병력을 쓰러뜨리기 시작했다. 들판에서, 베델과 기브아로 가는 길에서 서른 명 정도가 쓰러졌다.

[32] 베냐민 지파 사람은 "우리가 전처럼 그들을 파리 잡듯이 죽이고 있다!" 하고 떠벌리기 시작했다.

[33] 그러나 이스라엘 백성에게는 전략이 있었다. "우리가 후퇴하여 그들을 성읍에서 큰길로 끌어내자." 그래서 이스라엘 사람 모두가 더 멀리 바알다말까지 나갔다. 그때 이스라엘 복병이 기브아 서쪽 지역에서 쏟아져 나왔다.

[34-36] 이스라엘 전체에서 뽑힌 열 개의 정예부대가 드디어 기브아에 이르렀다. 맹렬한 피의 전투였다! 베냐민 지파는 자신들이 패하여 무너질 줄은 꿈에도 생각하지 못했다. **하나님**께서 이스라엘 앞에서 그들을 패하게 하셨다. 이스라엘 백성은 그날 베냐민의 스물다섯 개 부대를 전멸시켰다. 25,100명이 죽었는데, 모두 칼솜씨가 뛰어난 자들이었다. 베냐민 지파는 자신들이 패한 것을 알았다.

이스라엘 사람들은 기브아에 매복시켜 둔 복병을 믿고, 베냐민 앞에서 후퇴하는 척했던 것이다.

[37-40] 매복해 있던 군사들이 뛰어 나와서 기브아를 재빨리 해치우고, 성읍 곳곳으로 퍼져 나가 성읍 주민을 모두 죽였다. 전략상 매복부대의 주력이 성읍에서 연기로 신호를 올리면, 이스라엘 사람들이 돌아서서 공격하기로 되어 있었다. 그즈음 이미 이스라엘 사람 서른 명 정도를 죽인 베냐민은 자신들이 곧 이길 줄 알고 "저들이 처음 전투 때처럼 달아난다!"고 소리쳤다. 그때 성읍에서 거대한 연기기둥 신호가 올라갔다. 베냐민 지파가 뒤돌아보니, 온 성읍이 연기에 휩싸여 있었다.

[41-43] 이스라엘 사람들이 돌아서서 공격하자 베냐민 사람들이 무너져 내렸다. 자신들이 덫에 걸린 것을 알아차렸던 것이다. 이스라엘 백성과 마주한 그들은 광야 길로 도망치려 했으나, 이미 사방이 전쟁터였다. 이스라엘 사람들이 성읍에서 쏟아져 나와 그들을 닥치는 대로 죽이고, 뒤를 바짝 따라붙어 기브아 동쪽까지 추격했다.

44 베냐민 지파에서 열여덟 개 부대가 전멸했는데, 모두 최고의 전사들이었다.
45 다섯 개 부대는 뒤돌아 광야, 곧 림몬 바위로 피하려 했으나, 이스라엘 백성이
길에서 그들을 모두 잡아 죽였다.
이스라엘 백성은 계속 몰아붙여서 두 개 부대를 더 무찔렀다.
46 죽은 베냐민 사람은 모두 보병 스물다섯 개 부대에 이르렀는데, 하나같이 칼
솜씨가 최고인 자들이었다.
47 달아난 육백 명은 광야의 림몬 바위까지 가서 거기서 넉 달 동안 버텼다.
48 이스라엘 사람들이 돌아와 베냐민 지파의 남은 자들, 곧 각 성읍에 있는 사람
과 짐승을 모두 죽이고 모든 성읍을 불태웠다.

21

1 미스바에서 이스라엘 사람들은 "우리 가운데 누구도 베냐민 사람
한테 딸을 시집보내지 않겠다"고 맹세했었다.
2-3 이제 베델로 돌아온 백성은 저녁때까지 하나님 앞에 앉아 있었다. 그들은 소
리 내어 울었다. 온통 울음 바다였다. 그들이 말했다. "하나님 이스라엘의 하나
님, 이 일이 어찌 된 것입니까? 오늘 우리에게서 이스라엘 한 지파가 송두리째
없어지다니, 어찌 된 일입니까?"
4 이튿날 이른 아침에, 백성은 서둘러 제단을 쌓고 번제와 화목제를 드렸다.
5 이스라엘 백성이 말했다. "우리가 하나님 앞에 모일 때 이스라엘 모든 지파 가
운데서 나타나지 않은 자가 누구요?" 이것은 미스바에 올라와 하나님 앞에 모
이지 않은 자는 누구든지 반드시 죽이기로 그들 모두가 거룩하게 맹세했기 때
문이다.

6-7 이스라엘 백성은 자신들의 형제 베냐민에 대해 안쓰러운 마음이 들었다. 그
들이 말했다. "오늘 한 지파가 이스라엘에서 끊어졌소. 남아 있는 자들에게 우
리가 어떻게 아내를 얻어 줄 수 있겠소? 우리가 딸들을 그들에게 시집보내지
않겠다고 하나님의 이름으로 맹세했으니 말이오."
8-9 그래서 그들은 "이스라엘 지파 가운데 미스바에 올라와 하나님 앞에 모이지
않은 자가 누구요?" 하고 말했다.
알아보니, 야베스의 길르앗에서는 아무도 모임에 오지 않은 것으로 드러났다.
인원을 점검할 때 백성 가운데 야베스의 길르앗 사람은 단 한 명도 없었다.
10-11 그래서 회중은 우수한 군사들로 구성된 열두 개 부대를 그곳으로 보내며 이
렇게 명령했다. "야베스의 길르앗 사람은 여자들과 아이들까지 모조리 죽여라.
다만 다음의 명령을 따르라. 곧 모든 남자와, 남자와 잠자리를 한 모든 여자는
반드시 죽이되, 처녀만은 살려 두어라." 그들은 명령대로 행했다.
12 그들은 야베스의 길르앗에 사는 사람들 가운데서 처녀 사백 명을 얻었다. 모
두가 남자와 잠자리를 한 적이 없는 여자들이었다. 그들은 그 여자들을 가나안

땅에 있는 실로의 진으로 데려왔다.
13-14 그때 회중은 림몬 바위에 있는 베냐민 사람들에게 전갈을 보내어 평화를 제
의했다. 그러자 베냐민 사람들이 왔다. 회중은 야베스의 길르앗에서 살려 둔 여
자들을 베냐민 사람들에게 주었다. 그래도 모든 남자에게 아내를 구해 주기에
는 부족했다.
15 백성은 베냐민 지파를 보며 마음 아파했다. **하나님**께서 베냐민 지파를 없애
셔서, 이스라엘에서 한 지파가 비게 되었기 때문이다.

16-18 회중의 장로들이 말했다. "베냐민 여자들이 다 죽임을 당했으니, 어떻게 하
면 나머지 남자들에게 아내를 얻어 줄 수 있겠소? 어떻게 하면 베냐민의 살아
남은 자들이 유산을 물려받게 할 수 있겠소? 어떻게 하면 한 지파 전체가 진멸
되는 것을 막을 수 있겠소? 그렇다고 우리의 딸들을 그들에게 아내로 줄 수도
없지 않소." (알다시피, 이스라엘 백성은 "누구든지 베냐민 지파에게 아내를 주는 자는 저주
를 받을 것이다" 하고 맹세했기 때문이다.)
19 그래서 그들이 말했다. "해마다 실로에서 **하나님**의 축제가 열립니다. 그곳은
베델 북쪽, 곧 베델에서 세겜으로 올라가는 큰길 동쪽이며 르보나에서 약간 남
쪽입니다."
20-22 그들은 베냐민 사람들에게 말했다. "가서 포도원에 숨어 있으시오. 잘 보고
있다가 실로의 처녀들이 나와서 춤추는 것이 보이거든, 포도원에서 뛰어나와
실로의 처녀들을 하나씩 잡아 아내로 삼고 서둘러 베냐민 땅으로 돌아가시오.
그들의 아버지나 형제가 와서 우리에게 따지면 우리가 이렇게 말하겠소. '우리
가 그들에게 은혜를 베푼 것이오. 우리가 그들에게 아내를 얻어 주려고 전쟁을
일으켜 사람을 죽인 것도 아니지 않소? 게다가 당신들은 동의하고 딸을 준 게
아니니 문제될 것이 없소. 그러나 계속해서 이 일을 문제 삼으면, 화를 자초하
는 꼴이 될 거요.'"
23 그래서 베냐민 사람들은 그 말대로 행했다. 그들은 춤추고 있는 처녀들 가운
데서 자신들의 수만큼을 붙잡아 아내로 삼고, 그곳을 빠져나와 그들이 유산으
로 받은 땅으로 돌아갔다. 그곳에서 성읍들을 재건하고 정착했다.
24 거기서 이스라엘 백성은 흩어져 각각의 지파와 가문에게로, 저마다 유산으로
받은 땅으로 돌아갔다.
25 그때에는 이스라엘에 왕이 없었다. 사람들은 무엇이든 자기 마음에 원하는
대로 행했다.

이 세상 속에서 일하고 계시는 하나님에 대해 말하는 크고 광대한 이야기를 성경에서 읽노라면, 우리 대부분은 깊은 인상을 받게 된다. 말씀으로 세상을 창조하시는 하나님, 위대한 조상들을 통해 믿음의 삶의 기초를 놓으시는 하나님, 참혹한 종살이 가운데 있던 백성을 해방시키셔서 자유롭게 순종하는 사랑의 삶으로 이끄시는 하나님, 하나님 앞에서 기쁘게 책임을 다하는 지도자를 일으키시고, 그러한 삶에 따르기 마련인 고난의 여로에 안내자가 되게 하시는 하나님에 대한 이야기들 말이다.

우리는 실로 깊은 인상을 받는다. 그러나 그 이야기가 너무 인상 깊어, 때로 소외감을 느끼기도 한다. 전혀 인상적일 것 없는 아주 평범한 우리로서는, 그런 이야기들이 그저 별세계의 이야기로 들리는 것이다. 우리는 스스로에게 실격 판정을 내린다. 죄 때문이든, 고집 때문이든, 다른 어떤 우발적 요소 때문이든, 어쨌든 나 자신은 그런 이야기들에 맞지 않는다고 생각한다. 왠지 나는 '신앙이 부족하고' 따라서 자신은 그런 거대한 이야기들과 어울리지 않는다고 결론 내리는 것이다.

그런데 성경을 한 장 한 장 넘기다가, 어느 외딴 마을에 사는 두 과부와 한 농부의 이 작은 이야기를 만나게 된다.

이방인 룻은 모태신앙인이 아니었고, 선천적으로 신앙에 끌렸던 사람도 아니었다. 우리 많은 사람들처럼 말이다. 그러나 그녀는 자신도 모르게 구원 이야기 속으로 끌려 들어가게 되고, 거기서 요란스럽지 않고 도드라지지 않지만 이야기의 완결을 위해 없어서는 안될 배역을 맡게 된다.

성경은 하나님께서 창조하시고 구원하시고 축복하시는 방식들로 짜인 거대한 융단이다. 시내 산에서 절정에 달하는 줄거리에 등장하는 큰 이름들(아브라함, 이삭, 야곱, 요셉, 모세), 또 그 후속 이야기에 등장하는 큰 이름들(여호수아, 사무엘, 다윗, 솔로몬)을 보면, 보통 사람들은 누구라도 기가 죽을 수밖에 없다. "거기는 나 같은 사람이 감히 올라가 배역을 맡을 수 있는 무대가 아니다." 그러나 과부이자 가난한 이방인이었던 룻의 이야기는, 사실이 그렇지 않음을 보여준다. 보잘것없는 이방인이었던 룻, 그러나 그녀의 삶은 우리 가운데서 일하고 계신 하나님 이야기의 완성을 위해 없어서는 안될 부분이었다. 짐짓 대수롭지 않다는 듯 던지는 그 마지막 구절이야말로 룻기가 우리에게 날리는 결정적 한 방이다. 보아스는 룻과 결혼했고 그녀는 오벳을 낳았는데, "오벳은 이새의 아버지였고, 다윗의 할아버지였다"(룻 4:17).

다윗이다! 의지할 데 없는 무명의 한 '이방인' 과부 여인이 다름 아닌 다윗의 증조모요 예수님의 조상이었다는 이 절묘한 이야기. 그래서 룻기는 대수롭지 않은 평범한 인물도 하나님 이야기의 완결을 위해 결코 빠질 수 없는 등장인물이라는 사실을 우리에게 각인시켜 준다. 우리 한 사람 한 사람이 모두 하나님 앞에서 그처럼 중요하며, 우리에게 맡겨진 일 또한 소중한 것이다.

룻기

1 1-2 옛적 사사들이 이스라엘을 이끌던 시절, 그 땅에 기근이 들었다. 유다
땅 베들레헴의 한 사람이 아내와 두 아들을 데리고 고향을 떠나 모압 땅
에 가서 살았다. 그 사람의 이름은 엘리멜렉이고 아내의 이름은 나오미며, 아들
들의 이름은 말론과 기룐이었다. 모두 유다 땅 베들레헴의 에브랏 사람이었다.
그들은 모두 모압 땅으로 가서 그곳에 정착했다.
3-5 그러다가 엘리멜렉이 죽고 나오미와 두 아들만 남았다. 아들들은 모압 여인
들을 아내로 맞이했는데, 첫째의 이름은 오르바고, 둘째는 룻이었다. 그들은 그
후로 십 년 동안 그곳 모압 땅에 살았다. 그 후에 두 형제 말론과 기룐도 죽었
다. 이제 젊은 아들들도 없고 남편도 없이 여인만 남았다.

6-7 하루는 나오미가 마음을 추스르고, 두 며느리와 함께 모압 땅을 떠나 고향으
로 가기로 결심했다. 그녀는 하나님께서 기꺼이 그분의 백성을 찾아오셔서 그
들에게 양식을 주셨다는 말을 들었다. 그래서 자기가 살던 곳을 떠나 유다 땅으
로 돌아가는 여정에 올랐다. 두 며느리도 함께했다.
8-9 한참을 가다가, 나오미가 두 며느리에게 말했다. "돌아가거라. 집으로 가서
너희 어머니와 함께 살아라. 너희가 죽은 남편과 나를 대한 것처럼 하나님께서
너희를 너그러이 대해 주시기를 빈다. 하나님께서 너희에게 각각 새 가정과 새
남편을 주시기를 빈다!" 그녀가 그들에게 입을 맞추자 그들은 소리 내어 울었다.
10 그들이 말했다. "아닙니다. 우리도 어머니와 함께 어머니의 백성에게로 돌아
가겠습니다."
11-13 그러나 나오미는 단호했다. "내 사랑하는 딸들아, 돌아가거라. 너희가 어째
서 나와 함께 가려고 하느냐? 내가 아직 태중에 너희 남편이 될 아들들을 가질

수 있다고 보느냐? 사랑하는 딸들아, 돌아가거라. 부디 너희 길로 가거라! 나는 너무 늙어서 남편을 얻을 수 없다. 내가 '아직 희망이 있다!' 말하고 당장 오늘 밤에 남자를 얻어 아들을 잉태한다고 한들, 그들이 자랄 때까지 너희가 잠자코 기다릴 수 있겠느냐? 너희가 다시 결혼할 그때까지 언제고 기다릴 셈이냐? 아니다. 사랑하는 딸들아, 이것은 내가 감당하기에 너무 힘든 일이다. **하나님**께서 나를 세게 치셨구나."

14 다시 그들은 소리 내어 울었다. 오르바는 시어머니에게 입 맞추고 작별했으나, 룻은 나오미를 부둥켜안고 놓지 않았다.

15 나오미가 말했다. "봐라, 네 동서는 자기 백성과 그 신들과 함께 살려고 집으로 돌아갔다. 너도 함께 가거라."

16-17 그러자 룻이 대답했다. "제게 어머니를 떠나라, 집으로 돌아가라 하지 마십시오. 어머니가 가시는 곳으로 저도 가고, 어머니가 사시는 곳에서 저도 살겠습니다. 어머니의 백성이 저의 백성이고, 어머니의 하나님이 저의 하나님입니다. 어머니가 죽으시는 곳에서 저도 죽어, 거기 묻히겠습니다. 그러니 **하나님**, 죽음조차도 우리 사이를 갈라놓지 못하도록 저를 도와주십시오!"

18-19 나오미는 룻이 자기와 함께 가기로 마음을 단단히 굳힌 것을 보고, 더 이상 말리지 않았다. 그래서 두 사람은 함께 베들레헴으로 갔다.

그들이 베들레헴에 이르자 온 성읍이 술렁이기 시작했다. "이 사람이 정말 우리가 아는 나오미인가? 그 세월을 다 보내고 돌아왔구나!"

20-21 나오미가 말했다. "나를 나오미라고 부르지 말고 '쓴맛'이라고 부르십시오. 강하신 분께서 나를 쓰라리게 치셨습니다. 내가 여기를 떠날 때는 살림이 넉넉했지만, **하나님**께서 나를 다시 데려오실 때는 몸에 걸친 이 옷가지밖에 남기신 게 없습니다. 그대들은 어찌하여 나를 나오미라고 부릅니까? 하나님께서는 절대 그렇게 부르지 않으십니다. 강하신 분이 나를 불행하게 하셨습니다."

22 이렇게 하여 나오미는, 이방인 룻과 함께 모압 땅에서 돌아왔다. 그들이 베들레헴에 도착한 때는 보리 추수가 시작될 무렵이었다.

2

1 마침 나오미에게 남편 쪽으로 친척이 하나 있었는데, 엘리멜렉 집안과 관계된 유력하고 부유한 사람이었다. 그의 이름은 보아스였다.

2 하루는 모압 여인 룻이 나오미에게 말했다. "일을 해야겠습니다. 나가서 추수하는 사람 중에 누군가가 저를 친절히 대해 주면, 그 사람을 뒤따라가며 곡식단 사이에서 이삭을 줍겠습니다."

나오미가 말했다. "그렇게 해라, 사랑하는 딸아."

3-4 그리하여 룻은 밭으로 나가, 추수하는 사람들 뒤를 따라가며 이삭을 줍기 시작했다. 마침내 룻은 자신의 시아버지인 엘리멜렉의 친척, 보아스 소유의 밭에 이르렀다. 얼마 후에 보아스가 베들레헴에서 왔다. 그는 추수하는 일꾼들에게 "**하나님**께서 자네들과 함께하시기를 비네!" 하고 인사했다. 그들도 "**하나님**께

서 주인님에게 복 주시기를 빕니다!" 하고 응답했다.
5 보아스가 농장 일꾼들을 맡은 젊은 종에게 물었다. "저 젊은 여인은 누구인가?
어디서 온 사람인가?"
6-7 그 종이 말했다. "모압 땅에서 나오미와 함께 온 모압 여인입니다. 저 여인이
'추수하는 사람들 뒤를 따라가며 곡식 단 사이에서 이삭을 줍게 해주십시오' 하
고 승낙을 구했습니다. 이른 아침부터 지금까지, 잠시도 쉬지 않고 여태 일하고
있습니다."
8-9 그러자 보아스가 룻에게 말했다. "내 딸이여, 들으시오. 이제부터는 다른 밭으
로 이삭을 주우러 가지 말고 여기 이 밭에 있으시오. 내 밭에서 일하는 젊은 여인
들 곁에 있으면서, 그들이 어디서 추수하는지 잘 보고 그들을 따라가시오. 아무
것도 걱정할 것 없소. 내가 내 종들에게 그대를 괴롭히지 말라고 지시해 두었소.
목마르거든 가서 종들이 길어 온 물통에서 얼마든지 물을 마시도록 하시오."
10 룻은 무릎을 꿇고 얼굴을 땅에 대며 절했다. "어찌하여 저를 따로 지명하여
이렇게 친절히 대해 주시는지요? 저는 한낱 이방 여자에 불과합니다."
11-12 보아스가 룻에게 대답했다. "그대에 관한 이야기를 내가 다 들었소. 그대의
시아버지가 돌아가신 뒤로 그대가 시어머니를 어떻게 대했으며, 또 어떻게 그
대의 부모와 그대가 태어난 땅을 떠나 낯선 사람들 틈에 살려고 왔는지도 들었
소. 그대가 한 일에 대해 **하나님**께서 갚아 주실 것이오. 그대가 **하나님**의 날개
아래 보호를 받고자 왔으니, 그분께서 그대에게 후히 갚아 주실 것이오."
13 룻이 말했다. "어르신, 저는 이런 은혜와 자비를 받을 자격이 없습니다. 당신
은 제 마음에 감동을 주셨고, 저를 한 가족처럼 대해 주셨습니다. 제가 이곳 사
람이 아닌데도 말입니다!"
14 점심시간이 되어 쉴 때에 보아스가 룻에게 말했다. "이쪽으로 와서 빵을 좀
드시오. 포도주에 찍어서 드시오."
룻은 추수하는 사람들 틈에 끼었다. 보아스가 볶은 곡식을 룻에게 건네주니, 룻
이 배불리 먹고도 음식이 남았다.
15-16 룻이 일어나서 다시 일하러 가자, 보아스가 종들에게 말했다. "저 여인이 바
닥에 곡식이 많이 남아 있는 데서 줍게 해주게. 너그러이 대해서, 아예 실한 것
들을 좀 뽑아서 저 여인이 줍도록 흘려 두게. 특별히 배려해 주게나."
17-18 룻은 저녁때까지 밭에서 이삭을 주웠다. 모은 이삭에서 낟알을 떨고 보니, 보
릿자루가 거의 가득 찰 정도였다! 룻은 주운 이삭을 모아 성읍으로 돌아가서, 그
날 일의 결과를 시어머니에게 보였다. 그리고 점심때 먹고 남은 음식도 드렸다.
19 나오미가 룻에게 물었다. "오늘 누구의 밭에서 이삭을 주웠느냐? 너를 이렇
게 잘 돌보아 준 사람이 누구이든, **하나님**께서 복 주시기를 빈다!"
룻이 시어머니에게 말했다. "오늘 제가 일한 밭의 주인 말인가요? 그의 이름은
보아스입니다."
20 나오미가 며느리에게 말했다. "**하나님**께서 그 사람에게 복 주시기를 빈다! **하
나님**께서 아직까지 우리를 버리지 않으셨구나! 그분께서는 좋을 때만 아니라

굿을 때도 여전히 우리를 사랑하시는구나!"
나오미는 말을 이었다. "그 사람은 언약에 따라 우리를 구제할 사람 가운데 하
나다. 우리의 가까운 친척이다!"
21 모압 여인 룻이 말했다. "들어 보십시오. 그가 또 저에게 '내 밭의 추수가 끝날
때까지 내 일꾼들과 함께 있으라'고 했습니다."
22 나오미가 룻에게 말했다. "잘됐구나, 사랑하는 딸아! 그렇게 하려무나! 그의
밭에서 일하는 젊은 여인들과 같이 다니면 안전할 것이다. 모르는 사람의 밭에
서 욕을 당할까 걱정했는데, 이제 안심이구나."
23 그래서 룻은 시어머니의 말대로 했다. 보아스 밭의 젊은 여인들에게 바짝 붙
어서, 보리 추수와 밀 추수가 끝날 때까지 날마다 그 밭에서 이삭을 주웠다. 그
러면서 룻은 계속해서 시어머니와 함께 살았다.

3

1-2 하루는 시어머니 나오미가 룻에게 말했다. "내 사랑하는 딸아, 이제
네가 행복하게 살 수 있도록 너에게 좋은 가정을 찾아 주어야겠다. 게다
가 네가 여태 함께 일했던 그 젊은 여인들의 주인인 보아스는 우리의 가까운 친
척이 아니더냐? 우리가 행동을 취할 때가 온 것 같다. 오늘 밤은 보아스가 타작
마당에서 보리를 거두어들이는 밤이다.
3-4 목욕을 하고 향수도 좀 바르거라. 옷을 잘 차려입고 타작마당으로 가거라. 그
러나 잔치가 한창 무르익어 그가 배불리 먹고 마실 때까지는 네가 왔다는 사실
을 그에게 알려서는 안된다. 그가 자려고 자리를 뜨는 게 보이거든 너는 그가
눕는 곳을 잘 보아 두었다가 그리로 가서, 너를 배우자로 삼아도 좋다는 것을
알도록 그의 발치에 누워라. 기다리고 있으면, 그가 네가 해야 할 일을 일러 줄
것이다."
5 룻이 말했다. "어머니께서 말씀하시니, 그 말씀대로 하겠습니다."
6 룻은 타작마당으로 내려가 시어머니의 계획대로 했다.
7 보아스는 배불리 먹고 마시며 즐거운 시간을 보냈다. 그는 기분이 아주 좋았
다. 그러다가 잠을 자려고 빠져나와 보릿단 끝으로 가서 누웠다. 룻도 조용히
그를 따라가 누웠는데, 그것은 자신이 그의 배우자가 되어도 좋다는 표시였다.
8 한밤중에 보아스가 깜짝 놀라 일어났다. 놀랍게도, 그의 발치에서 한 여인이
자고 있었던 것이다!
9 그가 말했다. "누구요?"
룻이 말했다. "저는 당신의 종 룻입니다. 저를 당신의 날개 아래 보호해 주십시
오. 아시는 것처럼 당신은 저의 가까운 친척으로, 언약에 따라 저를 구제할 이
들 가운데 한 분입니다. 저와 결혼할 권리가 당신에게 있습니다."
10-13 보아스가 말했다. "하나님께서 그대에게 복 주시기를 비오. 내 사랑하는 그
대여! 참으로 놀라운 사랑의 표현이구려! 또한 그대 정도라면 주변의 젊은 사
람들 가운데서 누구나 고를 수 있었는데도 그렇게 하지 않았구려. 사랑하는 그

대여, 이제 아무것도 걱정하지 마시오. 그대가 원하거나 청하는 일이라면, 내가
무엇이든 하겠소. 그대가 얼마나 용기 있는 여인이며 귀한 보배인지 온 성읍 사
람들이 다 알고 있소! 그대 말대로 나는 그대의 가까운 친척이 맞지만, 나보다
더 가까운 친척이 한 사람 있소. 그러니 날이 샐 때까지 여기 있으시오. 내일 아
침에 그가 언약에 따라 구제할 수 있는 가장 가까운 친척으로서 관습상 자기 권
리와 책임을 다하고자 한다면, 그에게 기회가 돌아갈 것이오. 그러나 그가 관심
이 없다면, 하나님께서 살아 계심을 두고 맹세하는데, 내가 당신을 거두겠소.
이제 아침이 올 때까지 눈 좀 붙이도록 하시오."
14 룻은 새벽까지 그의 발치에서 자다가 사람들 눈에 띄지 않도록 아직 어두울
때에 일어났다. 그러자 보아스도 "룻이 타작마당에 왔었다는 것을 아무도 알아
서는 안된다"고 혼잣말을 했다.
15 보아스가 말했다. "그대의 어깨에 걸친 옷을 가져와서 펴 보시오."
룻이 옷을 펴자, 보아스는 보리 여섯 되를 가득 부어 룻의 어깨에 지워 주었다.
룻은 곧 성읍으로 돌아갔다.
16-17 룻이 시어머니에게 돌아오자, 나오미가 물었다. "그래 어찌 되었느냐, 사랑
하는 딸아?"
룻은 그 사람이 자기한테 한 일을 시어머니에게 다 말하고 나서 이렇게 덧붙였
다. "그가 내게 이 보리 여섯 되를 주었습니다! '그대가 시어머니에게 빈손으로
갈 수야 없지 않소!' 하면서 말입니다."
18 나오미가 말했다. "내 사랑하는 딸아, 이제 이 일의 결과가 드러날 때까지 편
히 앉아서 쉬어라. 그는 빈말을 할 사람이 아니다. 내 말을 잘 들어라. 그가 오
늘 중으로 모든 일을 매듭지을 것이다."

4

1 보아스는 곧바로 광장으로 가서 자리를 잡았다.
잠시 후 '더 가까운 친척', 곧 앞서 보아스가 말했던 그 사람이 지나갔다.
보아스가 말했다. "여보시오, 잠시 이리로 와서 좀 앉으시오." 그가 와서 앉았다.
2 보아스가 성읍 장로들 가운데 열 명을 함께 불러모아 놓고 말했다. "여기 우리와
함께 앉아 주십시오. 우리가 처리해야 할 일이 있습니다." 그들이 와서 앉았다.
3-4 보아스가 친척에게 말했다. "우리 친척 엘리멜렉에게 속한 토지를 얼마 전에
모압 땅에서 돌아온 그의 과부 나오미가 팔고자 하오. 그대도 알아야 된다는 생
각이 들었소. 원한다면 그대가 그 땅을 되사시오. 여기 앉아 있는 사람들과 성
읍 장로들 앞에서 공식적으로 처리하면 될 것이오. 우선적으로 구제할 권리가
그대에게 있소. 그대가 원하지 않으면 내게 말하시오. 그러면 내가 알아서 하겠
소. 순서상 그대가 먼저고, 나는 그 다음이오."
그러자 그가 "내가 사겠소" 하고 말했다.
5 이에 보아스가 덧붙였다. "그대도 알다시피, 그대가 나오미한테서 그 밭을 살
때는 우리 죽은 친척의 과부인 모압 사람 룻도 함께 취해야 하고, 구제하는 자

로서 그 여인과의 사이에 자녀를 낳아 그 집의 유산을 물려받게도 해야 하오."
6 그러자 그 친척이 말했다. "아, 그건 못하겠소. 자칫하면 내 집의 유산이 위태
로워질 테니 말이오. 그냥 그대가 사시오. 나는 못하겠으니, 내 권리를 그대한
테 넘기겠소."

7 옛적 이스라엘에서 사람들이 재산과 유산 문제에 관한 공식 업무를 처리할 때
는, 자기 신발을 벗어 상대방에게 주곤 했다. 이스라엘에서 이것은 인감도장이
나 개인서명과 같은 것이었다.
8 그래서 보아스의 '구제하는 친척'도 "그냥 그대가 사시오" 하고 말한 뒤에, 자
기 신발을 벗어 주는 것으로 계약에 서명했다.
9-10 그러자 보아스가 그날 성읍 광장에 있던 장로들과 모든 백성에게 말했다.
"내가 엘리멜렉과 기룐과 말론에게 속한 모든 것을 나오미한테서 산 것에 대해
오늘 여러분이 증인입니다. 여기에는 말론의 과부인 이방 여인 룻에 대한 책임
도 포함됩니다. 나는 그 여인을 내 아내로 맞아 죽은 자의 이름을 그의 유산과
함께 잇겠습니다. 죽은 자의 기억과 명성이 이 집에서나 그의 고향에서 사라지
지 않도록 할 것입니다. 바로 오늘, 이 모든 일에 여러분이 증인입니다."
11-12 그날 성읍 광장에 있던 모든 백성이 장로들과 뜻을 같이하여 말했다. "예,
우리가 증인입니다. **하나님**께서 당신의 집에 들어오는 이 여인을 이스라엘 집
안을 세운 두 여인, 곧 라헬과 레아 같게 하시기를 빕니다. **하나님**께서 당신을
에브랏에서 기둥이 되고 베들레헴에서 유명해지게 하시기를 빕니다! **하나님**께
서 이 젊은 여인을 통해 당신에게 자녀들을 주셔서, 당신의 집이 다말과 유다
사이에 태어난 아들 베레스의 집과 같게 되기를 빕니다."

13 보아스는 룻과 결혼했고, 룻은 그의 아내가 되었다. 보아스가 룻과 잠자리를
같이했다. 그러자 **하나님**의 은혜로운 선물로 룻이 임신하여 아들을 낳았다.
14-15 성읍 여인들이 나오미에게 말했다. "**하나님**을 찬양합니다! 그분께서 그대
를, 생명을 이어 갈 가족이 없는 상태로 내버려 두지 않으셨습니다. 이 아이가
자라서 이스라엘에서 유명해지기를 빕니다! 이 아이가 그대를 다시 젊어지게
하고, 노년의 그대를 돌볼 것입니다! 이 아이의 어머니이자 그대를 이토록 사랑
하는 이 며느리는, 그대에게 일곱 아들보다 귀합니다!"
16 나오미는 아기를 받아 품에 안았다. 꼭 껴안고, 다정히 속삭이며, 지극정성으
로 돌보았다.
17 여인들은 그 아이를 '나오미의 아기'라고 부르기 시작했다! 그러나 그의 진짜
이름은 오벳이었다. 오벳은 이새의 아버지였고, 다윗의 할아버지였다.

18-22 베레스의 족보는 이러하다.
베레스는 헤스론을 낳고
헤스론은 람을 낳고
람은 암미나답을 낳고
암미나답은 나손을 낳고
나손은 살몬을 낳고
살몬은 보아스를 낳고
보아스는 오벳을 낳고
오벳은 이새를 낳고
이새는 다윗을 낳았다.

이 두 권 분량의 이야기 사무엘상하는 네 인물이 뼈대를 이룬다. 바로 한나, 사무엘, 사울 그리고 다윗이다. 이 이야기는 연대로 따지면 주전 1000년 어간의 일들인데, 이를 중심으로 천여 년 전에는(주전 1800년경) 이스라엘의 조상 아브라함이 부르심을 받았고, 천 년 후에는 예수 그리스도가 탄생하게 된다.

자기중심적인 우리의 인생경험은 하나님을 믿고 따른다는 것의 의미를 이해하고 경험하기에는 너무도 좁다. 이 사실을 깨닫는 순간, 이 네 인물이 보여주는 삶의 전형이 우리에게 더없이 소중하게 다가온다. 왜냐하면 이들은 그야말로 너른 삶을 살았기 때문이다. 그들의 삶이 널찍했던 것은 광대하신 하나님 안에 거했기 때문이다. 그들의 삶은 단순한 문화적 조건이나 심리적 구조의 산물로 설명할 수 없다. 그들에게는 하나님이 바로 삶의 터전이었다.

무엇보다 먼저 기억해야 할 것은, 이 이야기는 갤러리에 전시된 조각상처럼 일정한 거리를 두고 감상하며 찬탄하게 되는 모범적인 이야기가 아니라는 점이다. 그런 이야기는 도저히 그처럼 영광스럽거나 비극적인 삶을 우리가 살 수 없다는 생각을 다져 줄 뿐이다. 여기 이 이야기는 다르다. 이는 우리를 있는 그대로의 삶 속으로, 인생의 진상 속으로 깊이 들어가게 하는 이야기다. 이 이야기를 기도하며 읽어 내려가다 보면 서서히, 그러나 분명히 얻게 되는 바가 있다. 바로, 인생의 참 의미는 무엇보다 하나님과의 관계 속에 있다는 깨달음이다. 이 네 인물의 이야기들은 삶의 당위가 아니라 삶의 실제를 보여준다. 하나님께서 어떻게 우리의 일상과 있는 그대로의 현실을 재료로 삼아 우리 안에서, 또 세상 안에서 당신의 구원의 일을 해나가시는지 보여준다.

그렇다고 해서 이 이야기가 하나님의 이야기를 잔뜩 늘어놓은 것은 아니다. 여기에는 놀라우리만치 하나님에 대한 명시적 언급이 드물다. 여러 페이지에 걸쳐 하나님의 이름이 전혀 등장하지 않을 때도 있다. 그러나 펼쳐지는 이야기를 따라가다 보면, 각각의 사건에 줄거리와 결을 부여해 주고 있는 것이 다름 아니라, 그 사건 하나하나에 음으로 양으로 함께하시는 하나님의 현존이라는 사실을 깨닫게 된다. 서로 맞물려 돌아가는 이 이야기들은 우리 자신을 고스란히 '인간'으로 보도록, 다시 말해 감정과 생각과 상황 따위로 다 설명될 수 없는 존재임을 깨닫도록 우리의 인식을 훈련시킨다. 생물학적인 삶 이상의 삶을 찾는다면, 우리는 하나님과 관계해야 한다. 다른 길은 없다.

한나, 사무엘, 사울, 다윗의 삶에 비추어 자신의 삶을 '읽는' 법을 배울 때, 우리 모습을 긍정하고 자유를 누리는 반가운 결과가 따라온다. 하나님과 동행하는 사람으로 인정받고 받아들여지기 위해 미리 짜여 있는 도덕적·정신적·종교적 틀에 억지로 자신을 끼워 맞출 필요가 없다는 사실을 알게 된다. 우리는 있는 모습 그대로 받아들여지며, 그분의 이야기 안에서 각자의 자리를 부여받는다. 이는 결국 그분의 이야기이기 때문이다. 우리의 인생 이야기를 이끌어 가는 이는 우리 자신이 아니라 바로 하나님이시기 때문이다. 이러한 인식은 한나와 다윗의 기도에서도 드러난다.

한나는 다음과 같이 기도한다.

무엇이, 그 누가 **하나님**처럼 거룩할까.
우리 하나님처럼 높고 굳센 산이 있을까.
감히 뻐기지 마라.
잘났다고 떠들 생각 하지 마라!
하나님께서 사정을 다 아시며
그분께서 사태를 다 간파하고 계시니.

하나님께서 죽음을 내리시며 또 생명을 내리신다.
무덤까지 끌어내리시며, 또다시 일으키신다.
하나님께서 가난을 주시며 또 부를 주신다.
그분께서 낮추시며 또 높이신다.……
땅의 기초를 놓으신 분이 바로 **하나님**이시기 때문이다.
그분께서 반석 같은 토대 위에 당신의 일을 펼치셨다.
당신께 충실한 벗들은 그 걸음걸음을 지켜 주시지만,
악인들은 캄캄한 곳을 걷다가 넘어지게 놔두신다.
인생살이가 기력에 달린 것이 아니니!
(삼상 2:2, 6-9)

또한 다윗은 다음과 같이 기도한다.

하나님은 내가 발 디딜 반석
내가 거하는 성채,
나를 구해 주시는 기사.
나, 높은 바위산 내 하나님께
죽기 살기로 달려가
그 병풍바위 뒤에 숨고
그 든든한 바위 속에 몸을 감춘다.
내 산꼭대기 피난처이신 그분께서
나를 무자비한 자들의 손에서 구해 주신다.

존귀한 찬송을 **하나님**께 부르며
나, 안전과 구원을 누린다.

조각난 내 삶을 다 맡겨 드렸더니,

하나님께서 온전하게 만들어 주셨다.
(삼하 22:2-4, 21)

사무엘 역시 그것을 분명히 인식하고, 다음과 같이 사울을 깨우치기 위해 노력한다.

하나님께서 원하시는 것이
보여주기 위한 공허한 제사 의식이겠습니까?
그분께서 원하시는 것은 그분의 말씀을 잘 듣는 것입니다!
중요한 것은 듣는 것이지,
거창한 종교 공연을 무대에 올리는 것이 아닙니다.
하나님의 명령을 행하지 않는 것은
이교에 빠져 놀아나는 것보다 훨씬 더 악한 일입니다.
하나님 앞에서 스스로 우쭐대는 것은
죽은 조상과 내통하는 것보다 훨씬 더 악한 일입니다.
왕께서 하나님의 명령을 거절했으니
그분께서도 왕의 왕권을 거절하실 것입니다(삼상 15:22-23).

성경은 우리에게 어떤 도덕규범을 제시하며 "여기에 맞게 살라"거나, 어떤 교리 체계를 제시하며 "여기에 맞추어 사고하라, 그러면 구원받을 것이다" 하고 말하지 않는다. 성경은 그저 우리에게 한 이야기를 들려주며 이렇게 초대할 뿐이다. "이 안으로 들어오라. 이 이야기 속으로 들어와 살아라. 이것이 인간의 삶이다. 한 인간으로 성숙해 간다는 것은 바로 이런 것이다." 성경의 계시를 무엇인가를 얻어 낼 목적으로, 혹은 단조로운 삶을 다채롭게 할 목적으로 '이용'하는 것은 일종의 폭력이다. 그런 태도는 일종의 '장식용' 영성을 낳는다. 하나님을 장식물이나 보강재로 취급하는 것이다. 사무엘서 이야기는 이를 허용하지 않는다. 이 이야기를 읽고 읽는 바에 따라 살아가다 보면, 우리 이야기 속에 하나님이 계신 것이 아니라 하나님의 이야기 속에 우리 이야기가 들어 있음을 깨닫게 된다. 우리의 이야기들을 한데 아우르는 거대한 맥락과 플롯으로서의 하나님을 발견하게 된다.

이러한 읽기는 당연히 기도와 함께 진행될 수밖에 없다. 하나님께 귀 기울이고 하나님께 응답하는 읽기 말이다. 무엇보다도 이 이야기는 한나의 기도(삼상 2장)로 시작하여 다윗의 기도(삼하 22-23장)로 끝나는, 기도로 짜여 있는 책이기 때문이다.

사무엘상

하나님께 마음을 쏟아 놓는 한나

1 [1-2] 라마다임에 한 사람이 살고 있었다. 그는 에브라임 산지의 숩이라 하
는 오래된 가문의 후손으로, 이름은 엘가나였다(그는 아버지 여호람, 할아버
지 엘리후, 증조부 도후를 통해 에브라임 숩 가문의 혈통을 이어받았다). 그에게 두 아내가
있었는데, 첫째는 한나였고 둘째는 브닌나였다. 브닌나에게는 자녀가 있었으나
한나에게는 없었다.
[3-7] 이 사람은 해마다 자기가 사는 성읍에서 실로로 올라가 만군의 하나님께 예
배하고 제사를 드렸다. 엘리와 그의 두 아들 홉니와 비느하스가 그곳에서 하나
님의 제사장으로 섬기고 있었다. 엘가나는 제사를 드릴 때마다 아내 브닌나와
그녀의 모든 자녀에게 제사 음식을 한 몫씩 나누어 주었는데, 한나에게는 언제
나 특별히 더 후한 몫을 주었다. 그것은 그가 한나를 지극히 사랑했기 때문이
며, 또한 하나님께서 한나에게 자녀를 주지 않으셨기 때문이다. 그러나 한나의
경쟁 상대인 브닌나는 한나를 모질게 조롱하고 아픈 곳을 건드려, 하나님께서
그녀에게 자녀를 주지 않으신 것을 계속 의식하게 했다. 그런 일이 해마다 되풀
이되었다. 하나님의 성소에 갈 때마다 한나는 으레 모욕당할 줄을 알았다. 한나
는 끝내 눈물을 흘리며 아무것도 먹지 않았다.
[8] 남편 엘가나가 말했다. "한나여, 왜 울기만 하고 아무것도 먹지 않는 거요? 어
찌하여 그토록 마음이 상한 거요? 내가 당신에게 열 아들보다도 낫지 않소?"
[9-11] 한나는 음식을 먹고 기운을 차린 뒤에, 조용히 그곳을 빠져나와 성소에 들어
갔다. 제사장 엘리가 하나님의 성전 입구의 늘 앉는 자리에 앉아서 직무를 보고
있었다. 슬픔에 잠긴 한나는, 괴로운 마음에 하나님께 기도하며 울고 또 울었
다. 한나가 서원하며 아뢰었다.

만군의 하나님,
저의 괴로움을 깊이 살피시는 하나님,
저를 외면치 마시고 저를 위해 일하셔서
저에게 아들을 주시면,
제가 그 아이를 아끼지 않고 온전히 주님께 바치겠습니다.
거룩한 순종의 삶을 살도록 그 아이를 구별해 드리겠습니다.

12-14 한나가 하나님 앞에서 계속 기도하는 동안, 엘리는 그녀를 유심히 보고 있
었다. 한나가 마음속으로 기도하고 있었으므로, 입술만 움직일 뿐 소리는 들리
지 않았다. 엘리는 한나가 술에 취했다고 단정하고 그녀에게 다가가 말했다.
"술에 취했구먼! 언제까지 이러고 있을 셈이요? 정신 차리시오!"
15-16 한나가 말했다. "그렇지 않습니다, 제사장님! 술을 마신 것이 아니라 제 처
지가 너무 슬퍼서 그렇습니다. 술이라곤 한 방울도 입에 대지 않았습니다. 그저
제 마음을 하나님께 쏟아 놓았을 뿐입니다. 저를 나쁜 여자로 여기지 마십시오.
너무나 불행하고 고통스러워 이제껏 이러고 있었습니다."
17 엘리가 대답했다. "평안히 가시오. 이스라엘의 하나님께서 그대가 구한 것을
들어주실 것이오."
18 "저를 좋게 여기셔서, 저를 위해 기도해 주십시오!" 한나는 그렇게 말하고 돌
아가서 환한 얼굴로 음식을 먹었다.
19 엘가나 일행은 동트기 전에 일어나 하나님을 예배하고, 라마에 있는 집으로
돌아갔다. 엘가나가 아내 한나와 잠자리를 같이하니, 하나님께서 한나의 간구
를 들어주시기 위해 필요한 일들을 시작하셨다.

사무엘을 하나님께 바치다

20 그해가 지나기 전에, 한나가 임신하여 아들을 낳았다. 한나는 "내가 하나님께
이 아들을 구했다"는 뜻으로, 아이의 이름을 사무엘이라고 했다.
21-22 이듬해에 엘가나가 하나님을 예배하여 제사를 드리고 자신의 서원을 지키
려고 가족을 데리고 실로로 갈 때, 한나는 함께 가지 않았다. 한나는 남편에게
말했다. "아이가 젖을 떼고 나면, 내가 직접 아이를 데리고 가서 하나님 앞에 바
치겠습니다. 아이가 그곳에 평생 머물게 하겠습니다."
23-24 엘가나가 아내에게 말했다. "당신 생각대로 하시오. 아이가 젖을 뗄 때까지 집
에 있으시오! 하나님께서 시작하신 일을 그분께서 이루시기를 진심으로 바라오!"
한나는 아이가 젖을 뗄 때까지 집에 있으면서 아이를 길렀다. 그 후 그녀는 아
이를 데리고 실로로 가면서, 제사 음식 재료로 가장 좋은 소 한 마리와 밀가루
와 포도주를 풍성하게 마련하여 가져갔다. 그러나 홀로 떼어 놓기에는 아이가
너무 어렸다!
25-28 그들은 먼저 소를 잡은 다음, 아이를 엘리에게 데려갔다. 한나가 말했다.
"제사장님, 제가 제사장님 앞 바로 이 자리에 서서 하나님께 기도하던 그 여자

라면 믿으시겠습니까? 제가 이 아이를 구하며 기도했는데, 하나님께서 제가 간구한 것을 이루어 주셨습니다. 이제 이 아이를 하나님께 바치겠습니다. 이 아이는 평생 하나님의 사람으로 살아갈 것입니다."
그런 다음에, 그들은 거기서 하나님을 예배했다.

2 [1] 한나가 기도했다.

나, 하나님 소식에 가슴이 터질 듯합니다!
하늘을 나는 듯합니다.
나의 원수들, 이제 내게 웃음거리일 뿐.
나는 나의 구원을 노래하며 춤추렵니다.

[2-5] 무엇이, 그 누가 하나님처럼 거룩할까.
우리 하나님처럼 높고 굳센 산이 있을까.
감히 뻐기지 마라.
잘났다고 떠들 생각 하지 마라!
하나님께서 사정을 다 아시며
그분께서 사태를 다 간파하고 계시니.
강자들의 무기는 다 바수어지나
약자들에게는 새 힘이 부어진다.
잘 먹고 잘 살던 자들은 길거리에 나앉아 찬밥을 구걸하나
배고팠던 이들은 상다리가 휘어져라 푸짐한 밥상을 받는다.
아이 못 낳던 여인의 집이 아이들로 바글바글하고
자식 많던 여인 곁에는 지금 아무도 없다.

[6-10] 하나님께서 죽음을 내리시며 또 생명을 내리신다.
무덤까지 끌어내리시며, 또다시 일으키신다.
하나님께서 가난을 주시며 또 부를 주신다.
그분께서 낮추시며 또 높이신다.
그분께서 궁핍한 이들을 다시 일으켜 세우신다.
지친 인생들에게 새 희망을 주시고
인생의 품위와 존엄을 회복시켜 주시며
그들을 빛나는 자리에 앉히신다!
땅의 기초를 놓으신 분이 바로 하나님이시기 때문이다.
그분께서 반석 같은 토대 위에 당신의 일을 펼치셨다.
당신께 충실한 벗들은 그 걸음걸음을 지켜 주시지만,
악인들은 캄캄한 곳을 걷다가 넘어지게 놔두신다.

인생살이가 기력에 달린 것이 아니니!
하나님의 원수들은 벼락을 맞고 결딴나리라.
그을린 파편들이 산을 이루리라.
하나님께서 온 땅의 만사를 바로잡아 주시리라.
당신의 왕에게 힘을 주시며,
당신의 기름부음 받은 이를 세상의 꼭대기에 우뚝 세우시리라!

11 엘가나는 라마에 있는 집으로 돌아갔다. 아이는 남아 제사장 엘리의 곁에서 하나님을 섬겼다.

하나님을 섬기는 사무엘

12-17 엘리의 아들들은 행실이 나빴다. 그들은 하나님을 몰랐고, 백성 앞에서 제사장이 지켜야 할 관례 같은 것에는 관심도 없었다. 보통은 어떤 사람이 제물을 바치면, 제사장의 종이 와서 고기를 삶고 있는 솥 안에 세 살 갈고리를 넣어 무엇이든 갈고리에 걸려 나오는 것을 제사장의 몫으로 가져갔다. 그런데 엘리의 아들들이 하나님께 제사를 드리러 실로에 오는 이스라엘 모든 사람을 대하는 방식은 달랐다. 사람들이 하나님께 지방을 태워 드리기도 전에, 제사장의 종이 끼어들어 "그 고기 얼마를 제사장님이 구워 먹게 내놓으시오. 제사장께서는 삶은 고기보다 덜 익힌 고기를 좋아하오" 하고 말했다. 제사 드리던 사람이 "먼저 하나님 몫의 지방부터 태우고 나서 당신 마음대로 가져가시오" 하면, 종은 "아니오, 지금 내놓으시오. 당신이 내놓지 않으면 내가 빼앗겠소" 하고 요구했다. 이 젊은 종들은 하나님 앞에서 무서운 죄를 짓고 있었다! 하나님께 드리는 거룩한 제물을 더럽힌 것이다.

18-20 이 모든 일이 일어나는 중에도, 사무엘은 모시로 만든 제사장 옷을 입고 하나님을 섬겼다. 해마다 그의 어머니는 남편과 함께 제사를 드리러 올 때마다 아이의 몸에 맞게 작은 겉옷을 지어서 가져왔다. 엘리는 엘가나와 그의 아내에게 "이 아이를 하나님께 바쳤으니, 하나님께서 두 분 사이에 이 아이를 대신할 자녀를 주시기를 바랍니다" 하고 복을 빌어 주었고, 부부는 이렇게 축복을 받고서 집으로 돌아가곤 했다.

21 하나님께서 특별한 은혜를 베풀어 주셔서, 한나는 아들 셋과 딸 둘을 더 낳았다! 어린 사무엘은 성소에 있으면서 하나님과 함께 자라갔다.

엘리가 심히 근심하다

22-25 엘리는 나이가 아주 많이 들었다. 그는 자기 아들들이 백성을 갈취하고 또 성소에서 돕는 여자들과 동침하고 있다는 소문을 들었다. 엘리는 아들들을 꾸짖었다. "이것이 도대체 어찌된 일이냐? 너희가 어찌하여 이런 일들을 벌이고 있느냐? 너희의 부패하고 악한 행실에 대한 이야기가 좀체 끊이지 않는구나. 내 아들들아, 이것은 옳지 않다! 내가 듣는 이 끔찍한 소문이 하나님의 백성 사

이로 퍼져 나가고 있다! 너희가 사람에게 죄를 지으면 하나님의 도우심을 받을 수 있지만, **하나님**께 죄를 지으면 누가 너희를 도울 수 있겠느냐?"

25-26 하지만 이미 불순종이 몸에 밴 아들들은 아버지의 말을 조금도 귀담아듣지 않았다. **하나님**께서는 더는 참지 못하시고 그들을 죽이기로 결정하셨다! 그러나 어린 사무엘은 자라면서 **하나님**의 복과 사람들의 사랑을 듬뿍 받았다.

27-30 거룩한 사람이 엘리에게 와서 말했다. "이것은 **하나님**의 메시지입니다. '너희 조상이 이집트에서 바로의 종으로 있을 때 내가 그들에게 나를 분명히 나타냈다. 내가 이스라엘의 모든 지파 가운데서 너희 집안을 나의 제사장으로 선택하여, 제단에서 섬기고 향을 피우고 내 앞에서 제사장 옷을 입게 했다. 내가 네 조상의 집안에 이스라엘의 모든 희생 제물을 맡겼다. 그런데 어찌하여 너는 예배를 위해 명령한 희생 제물을 한낱 전리품처럼 취급하느냐? 어찌하여 나보다 네 아들들을 더 위하고 그들이 이 제물로 살을 찌우고 나를 무시하도록 내버려 두느냐? 그러므로—이것은 **하나님**의 말씀이다. 이스라엘의 하나님께서 말씀하신다—전에 내가 너와 네 조상 집안이 영원히 내 제사장이 되리라고 했으나, 이제는—명심하여라, **하나님**의 말씀이다!—더 이상 그러지 않을 것이다.

나는 나를 귀히 여기는 자를 귀히 여기고
나를 우습게 여기는 자를 수치스럽게 할 것이다.

31-36 경고를 잘 들어라. 머지않아 내가 네 집안뿐 아니라 네 후손의 집안까지 다 없애 버릴 것이다. 네 집안에서 노년까지 살 자가 아무도 없을 것이다! 너는 내가 이스라엘에 행하는 선한 일들을 보겠으나, 그것을 보고서 울 것이다. 네 집안에서 살아남아 그것을 누릴 자가 아무도 없을 것이기 때문이다. 내가 한 사람을 남겨 두어 나의 제단에서 섬기게 하겠으나, 눈물로 얼룩진 고단한 삶이 될 것이다. 네 집안 사람들은 모두 자기 수를 다 누리지 못하고 죽을 것이다. 네 두 아들 홉니와 비느하스에게 벌어질 일이 그 증거가 될 텐데, 그 둘은 한날에 죽을 것이다. 그 후에 내가 나를 위해 참된 제사장을 세울 것이다. 그는 내가 원하는 일을 하고 내가 원하는 사람이 될 것이다. 나는 그의 지위를 견고히 할 것이고, 그는 맡은 일을 기꺼이 감당하여 내 기름부음 받은 자를 섬길 것이다. 네 집안의 살아남은 자들이 그에게 와서 "입에 풀칠할 정도면 괜찮으니 제사장 일을 하게 해주십시오" 하며 구걸하게 될 것이다.'"

어린 사무엘을 부르시는 하나님

3

1-3 어린 사무엘은 엘리의 지도를 받으며 **하나님**을 섬기고 있었다. 그때는 **하나님**의 계시가 아주 드물거나 거의 나타나지 않던 때였다. 어느 날 밤 엘리는 곤히 잠들었다(그는 시력이 아주 나빠서 거의 앞을 보지 못했다). 이른 새벽 날이 밝기 전 성소에 등불이 켜져 있을 때에, 사무엘은 하나님의 궤가 있는 **하나님**의 성전에서 자고 있었다.

4-5 그때 **하나님**께서 "사무엘아, 사무엘아!" 하고 부르셨다.
사무엘이 대답했다. "예, 제가 여기 있습니다." 그는 엘리에게 달려가 말했다. "부르셨는지요? 제가 여기 있습니다."
엘리가 말했다. "나는 너를 부르지 않았다. 돌아가서 자거라." 사무엘은 돌아와 자리에 누웠다.
6-7 **하나님**께서 다시 "사무엘아, 사무엘아!" 하고 부르셨다.
사무엘이 일어나 엘리에게 갔다. "부르셨는지요? 제가 여기 있습니다."
다시 엘리가 말했다. "아들아, 나는 너를 부르지 않았다. 돌아가서 자거라." (이 모든 일은 사무엘이 **하나님**을 직접 알기 전에 있었던 일이다. **하나님**의 계시가 그에게 직접 임하기 전이었다.)
8-9 **하나님**께서 다시 "사무엘아!" 하고 세 번째로 부르셨다! 이번에도 사무엘은 일어나 엘리에게 갔다. "부르셨는지요? 제가 여기 있습니다."
그제야 엘리는 **하나님**께서 그 아이를 부르고 계심을 깨닫고, 사무엘에게 이렇게 지시했다. "돌아가서 누워라. 그 음성이 다시 들리거든 '말씀하십시오, **하나님**. 주님의 종이 들을 준비가 되었습니다' 하고 아뢰어라." 사무엘은 잠자리로 돌아갔다.
10 그 후에 **하나님**이 오셔서, 사무엘 앞에서 조금 전과 같이 "사무엘아, 사무엘아!" 하고 부르셨다.
사무엘이 대답했다. "말씀하십시오. 주님의 종이 들을 준비가 되었습니다."
11-14 **하나님**께서 사무엘에게 말씀하셨다. "잘 들어라. 내가 모든 사람을 흔들어 깨워 주목하게 할 일을 지금 이스라엘에 행하려고 한다. 내가 엘리에게 경고했던 모든 일을 하나도 빠짐없이 그의 집안에 행할 때가 왔다. 때가 되었으니 내가 그에게 알릴 것이다. 내가 그의 집안에 영원히 심판을 내릴 것이다. 그는 자기 아들들이 하나님의 이름과 하나님의 처소를 더럽히고 있는 것을 알면서도, 그들을 막기 위해서 어떤 일도 하지 않았다. 내가 엘리 집안에 내리는 선고는 이것이다. 엘리 집안의 죄악은 제사나 제물로 절대 씻지 못할 것이다."
15 사무엘은 아침까지 잠자리에 머물러 있다가 일찍 일어나, 성소의 문을 열고 직무를 보러 갔다. 그러나 사무엘은 자신이 보고 들은 환상을 엘리에게 알리는 것이 두려웠다.
16 엘리가 사무엘을 불렀다. "내 아들, 사무엘아!"
사무엘이 달려왔다. "예, 부르셨습니까?"
17 "그분께서 무슨 말씀을 하셨느냐? 나에게 모두 말하여라. 하나님께서 네 재판장이시니, 한 마디도 감추거나 얼버무려서는 안된다! 그분께서 네게 하신 모든 말씀을 다 듣고 싶구나."
18 사무엘은 그에게 하나도 숨기지 않고, 그대로 말했다.
엘리가 말했다. "그분은 **하나님**이시다. 무엇이든 그분께서 가장 좋다고 여기시는 대로 행하실 것이다."

19-21 사무엘이 자라는 동안 **하나님**이 그와 함께 계셔서, 사무엘의 예언이 하나도
땅에 떨어지지 않았다. 북쪽으로 단에서부터 남쪽으로 브엘세바까지, 이스라엘
의 모든 사람이 사무엘이 **하나님**의 참 예언자임을 알게 되었다. **하나님**께서는 계
속하여 실로에 나타나셨고, 거기서 말씀을 통해 사무엘에게 자신을 계시하셨다.

하나님의 언약궤를 빼앗기다

4 1-3 사무엘이 하는 모든 말이 온 이스라엘에 전해졌다. 이스라엘은 블레셋
사람과 싸우러 나갔다. 이스라엘은 에벤에셀에 진을 치고 블레셋 사람은
아벡에 진을 쳤다. 블레셋 사람이 전투대형으로 진격하여 이스라엘을 치자, 이
스라엘은 크게 패하여 군사 사천 명 정도가 들판에서 죽었다. 군대가 진으로 돌
아오자, 이스라엘의 장로들이 말했다. "**하나님**께서 오늘 우리를 블레셋 사람에
게 패하게 하신 까닭이 무엇이겠습니까? 실로에 가서 **하나님**의 언약궤를 가져
옵시다. 언약궤가 우리와 함께 가면 우리를 적의 손에서 구해 줄 것입니다."
4 그래서 군대가 실로에 전갈을 보냈다. 사람들이 그룹 사이에 앉아 계신 만군
의 **하나님**의 언약궤를 가져왔다. 하나님의 언약궤를 가져올 때에, 엘리의 두 아
들 홉니와 비느하스도 함께 왔다.
5-6 **하나님**의 언약궤가 진에 들어오자, 모두가 환호성을 질렀다. 그 함성은 땅을
뒤흔드는 천둥소리 같았다. 블레셋 사람은 환호하는 소리를 듣고 무슨 일인지
궁금했다. "도대체 히브리 사람들이 왜 저리 함성을 내지르지?"
6-9 그러다가 그들은 **하나님**의 궤가 히브리 진에 들어온 것을 알았다. 블레셋 사
람은 두려웠다. "이스라엘의 진에 그들의 신이 들어갔다! 여태까지 이런 일은
한 번도 없었다. 이제 우리는 끝장이다! 이 강력한 신의 손에서 누가 우리를 구
원할 수 있겠는가? 이 신은 저 광야에서 온갖 재앙으로 이집트 사람들을 친 바
로 그 신이다. 블레셋 사람아, 일어나라! 용기를 내어라! 히브리 사람들이 우리
의 종이 되었던 것처럼 이제 우리가 그들의 종이 되게 생겼다. 너희의 근성을
보여주어라! 목숨을 걸고 싸워라!"
10-11 그들은 죽을 각오로 싸웠다! 결국 큰 승리를 거두었다. 그들이 이스라엘을
무참히 쳐부수었고 이스라엘은 필사적으로 도망쳤다. 이스라엘 군사 삼만 명이
죽었다. 그것으로도 모자라, 하나님의 궤마저 빼앗기고 엘리의 두 아들 홉니와
비느하스도 죽었다.

이스라엘에서 영광이 떠나다

12-16 곧바로 베냐민 사람 하나가 전쟁터에서 빠져나와 실로에 이르렀다. 옷은
찢어지고 얼굴은 흙투성이가 된 채로 그가 성읍에 들어섰다. 엘리는 하나님의
궤가 몹시 걱정이 되어서 길 옆 의자에 앉아 꼼짝 않고 있었다. 그 사람이 곧장
성읍으로 달려와 슬픈 소식을 전하자, 모두가 슬피 울며 크게 두려워했다. 엘리
가 울부짖는 소리를 듣고 물었다. "어찌 이리 소란스러운가?" 그 사람이 급히
다가와서 보고했다. 엘리는 그때 아흔여덟이었고 앞을 보지 못했다. 그 사람이

엘리에게 말했다. "제가 방금 전쟁터에서 왔는데, 겨우 목숨을 건졌습니다."
엘리가 말했다. "그래 내 아들아, 어떻게 되었느냐?"
17 그 사람이 대답했다. "이스라엘이 블레셋 사람 앞에서 뿔뿔이 흩어졌습니다.
엄청난 피해를 입은 참패입니다. 제사장님의 아들 홉니와 비느하스도 전사했
고, 하나님의 궤도 빼앗겼습니다."
18 '하나님의 궤'라는 말을 듣는 순간, 엘리는 앉아 있던 문 옆의 의자에서 뒤로
넘어졌다. 노인인 데다 아주 뚱뚱했던 엘리는, 넘어지면서 목이 부러져 죽었다.
그는 사십 년 동안 이스라엘을 이끌었다.
19-20 엘리의 며느리인 비느하스의 임신한 아내가 곧 해산하려던 참이었다. 하나
님의 궤를 빼앗기고 시아버지와 남편마저 죽었다는 말을 들은 뒤에, 그녀는 아
이를 낳기 위해 무릎을 구부린 채 심한 진통에 들어갔다. 산모가 죽어 가는데,
산파가 "두려워하지 마세요. 아들을 낳았습니다!" 하고 말했다. 그러나 산모는
그 말에 아무 반응도 보이지 않았다.
21-22 하나님의 궤를 빼앗기고 시아버지와 남편이 죽었으므로, 그녀는 "하나님의
궤를 빼앗겼으니 이스라엘에서 하나님의 영광이 떠났다" 하며 아이의 이름을
이가봇(영광이 사라졌다)이라고 했다.

블레셋 사람에게 빼앗긴 하나님의 궤

5 1-2 하나님의 궤를 빼앗은 블레셋 사람은 그 궤를 에벤에셀에서 아스돗으
로 옮긴 다음, 다곤 신전 안으로 가지고 들어가 다곤 상 옆에 나란히 놓
았다.
3-5 이튿날 아침 아스돗 주민들이 일어났다가, 다곤이 하나님의 궤 앞에 얼굴을
처박고 바닥에 쓰러져 있는 것을 보고 깜짝 놀랐다. 그들은 다곤을 일으켜 다시
제자리에 두었다. 그 이튿날 아침에 그들이 일어나자마자 가 보니, 다곤이 다시
하나님의 궤 앞에 얼굴을 처박고 바닥에 쓰러져 있었다. 다곤의 머리와 두 팔은
부러져 입구에 널브러져 있었고, 몸통만 남아 있었다. (그래서 다곤의 제사장과 아스
돗에 있는 다곤 신전을 방문하는 사람들은 지금도 문지방을 밟지 않는다.)
6 하나님께서 아스돗 주민들을 엄히 다루셨다. 종양으로 그들을 쳐서 그 지역을
황폐하게 만드셨다. 성읍과 그 주변 지역도 마찬가지였다. 또한 그들 사이에 쥐
를 풀어 놓으셨다. 쥐들이 그곳에 있는 배들에서 뛰쳐나와 온 성읍에 우글거렸
다! 모든 사람이 두려움에 휩싸였다.
7-8 아스돗의 지도자들이 그 광경을 보고 결정을 내렸다. "이스라엘 신의 궤를
떠나 보내야 합니다. 이 물건은 우리가 감당할 수 없고 우리의 신 다곤도 감당
할 수 없습니다." 그들은 블레셋 지도자들을 모두 불러 놓고 물었다. "어떻게 하
면 우리가 이스라엘 신의 궤를 치울 수 있겠소?"
지도자들의 뜻이 일치했다. "그 궤를 가드로 옮기시오." 그래서 그들은 이스라
엘 하나님의 궤를 가드로 옮겼다.
9 그러나 하나님의 궤를 가드로 옮기자마자, 하나님께서 그 성읍도 무섭게 내리

치셨다. 성읍 전체가 큰 혼란에 빠졌다! 하나님께서 종양으로 그들을 치신 것이
다. 어른 아이 할 것 없이 성읍 모든 사람에게 종양이 생겼다.
10-12 그래서 그들은 하나님의 궤를 에그론으로 보냈다. 그러나 궤가 성읍으로 들
어오려고 하자, 그곳 백성이 소리쳐 항의했다. "이스라엘 하나님의 궤를 이리로
가져오다니, 우리를 다 죽일 셈이요!" 그들은 블레셋의 지도자들을 불러 모아
이렇게 요구했다. "이스라엘 하나님의 궤를 여기서 가지고 나가서, 왔던 곳으로
돌려보내시오. 이러다 우리 모두 죽겠소!" 하나님의 궤가 나타나자 모두가 심한
두려움에 사로잡혔다. 그러나 하나님께서는 이미 그곳을 무섭게 내리치셨다.
죽지 않은 사람은 종양으로 치셨다. 온 성읍이 내지르는 고통과 비탄의 부르짖
음이 하늘에 사무쳤다.

하나님의 궤가 돌아오다

6 1-2 **하나님**의 궤가 블레셋 사람 가운데 있은 지 일곱 달이 되자, 블레셋의
지도자들이 종교전문가와 제사장과 초자연 현상의 전문가들을 한데 불
러서 의견을 구했다. "어떻게 해야 사태를 더 이상 악화시키지 않고 이 **하나님**
의 궤를 치워 버릴 수 있겠소? 방법을 말해 보시오!"
3 그들이 말했다. "이스라엘의 하나님의 궤를 돌려보내려면, 그들에게 그냥 던
져 주기만 하면 되는 것이 아니라 보상을 해야 합니다. 그러면 여러분의 병이
나을 것입니다. 여러분이 다시 깨끗해지고 나면, 여러분을 향한 하나님의 태도
도 누그러지실 것입니다. 어찌 그러지 않으시겠습니까?"
4-6 "정확하게 무엇이면 충분한 보상이 되겠소?"
그들이 대답했다. "블레셋 지도자들의 수에 맞추어 금종양 다섯 개와 금쥐 다
섯 개로 하십시오. 지도자와 백성 할 것 없이 모두가 똑같이 재앙을 당했으니,
이 땅을 휩쓸고 있는 종양과 쥐 모양을 만들고 그것들을 제물로 바쳐 이스라엘
의 하나님께 영광을 돌리십시오. 그러면 혹시 그분의 마음이 누그러져 여러분
과 여러분의 신들과 여러분의 땅을 향한 노여움이 가라앉을지 모릅니다. 이집
트 사람과 바로처럼 고집을 부릴 까닭이 무엇입니까? 하나님께서는 그들을 향
해 공격을 멈추지 않다가, 결국 그들이 그분의 백성을 내보내고 나서야 누그러
지셨습니다.
7-9 그러니 이렇게 하십시오. 새 수레와 멍에를 메어 본 적이 없는 암소 두 마리
를 가져다가, 암소들은 수레에 메우고 그 송아지들은 우리로 돌려보내십시오.
하나님의 궤를 수레에 싣고, 여러분이 보상으로 드리는 금종양과 금쥐를 자루
에 잘 담아 궤 옆에 두십시오. 그런 다음 수레를 떠나보내고 잘 지켜보십시오.
만일 궤가 왔던 길을 되짚어 곧장 벳세메스 길로 향하면, 이 재앙은 신의 심판
임이 분명합니다. 그렇지 않으면, 이 일은 하나님과 아무 상관 없이 그저 우연
히 일어난 일이라고 생각하면 됩니다."
10-12 블레셋 지도자들은 그 제안대로 했다. 암소 두 마리를 수레에 메우고, 그 송
아지들은 우리에 두고 **하나님**의 궤를 금쥐와 금종양이 든 자루와 함께 수레에

실었다. 암소들은 울음소리를 내며 궤가 왔던 길을 되짚어 곧장 벳세메스 길로
갔는데, 오른쪽으로나 왼쪽으로 조금도 벗어나지 않았다. 블레셋의 지도자들은
벳세메스 경계까지 수레를 따라갔다.
13-15 그때에 벳세메스 사람들이 골짜기에서 밀을 추수하고 있었다. 눈을 들어 궤
를 본 그들은 펄쩍 뛸 듯이 기뻐하며 달려 나와 맞았다. 수레는 벳세메스 사람 여호
수아의 밭에 들어서서 그곳에 있는 큰 바위 곁에 멈추었다. 추수하던 사람들이
수레를 조각조각 뜯어내 장작으로 쓰고 암소들을 잡아 **하나님**께 번제물로 바쳤
다. 레위 사람들은 **하나님**의 궤와 금제물이 든 자루를 맡아서 그 바위 위에 올
려놓았다. 그날 벳세메스 사람들 모두가 제사를 드리며 진심으로 **하나님**을 예
배했다.
16 블레셋의 다섯 지도자는 이것을 모두 확인하고 나서, 그날로 에그론으로 돌
아갔다.
17-18 블레셋 사람은 아스돗, 가사, 아스글론, 가드, 에그론 성읍들을 위한 보상으
로 금종양 다섯 개를 바쳤다. 금쥐 다섯 개는 다섯 지도자가 통치하는 크고 작
은 블레셋 성읍의 수에 맞춘 것이었다. 그들이 **하나님**의 궤를 올려놓았던 큰 바
위는 지금도 그곳 벳세메스에 있는 여호수아의 밭에 기념물로 남아 있다.

19-20 호기심에 못 이겨 무례히 **하나님**의 궤를 들여다본 벳세메스 사람 중에 얼마
를 **하나님**께서 치시니, 일흔 명이 죽었다. **하나님**께서 엄하게 치시자 온 성읍이
휘청이며 슬픔에 빠져 물었다. "누가 능히 **하나님**, 이 거룩하신 하나님 앞에 설
수 있겠는가? 누구를 데려다 이 궤를 다른 곳으로 가져가게 할 수 있을까?"
21 그들은 기럇여아림에 전령을 보내 말했다. "블레셋 사람이 **하나님**의 궤를 돌
려보냈습니다. 내려와서 가져가십시오."

사무엘이 이스라엘을 다스리다

7

1 기럇여아림 사람들은 그대로 행했다. 그들이 와서 **하나님**의 궤를 받아
산 위에 있는 아비나답의 집으로 옮겼다. 거기서 아비나답의 아들 엘리
아살을 구별하여 세우고, **하나님**의 궤를 책임지게 했다.
2 궤가 기럇여아림에 정착하고 이십 년이라는 긴 세월이 흘렀다. 온 이스라엘에
하나님을 경외하는 마음이 널리 퍼져 나갔다.
3 그 후에 사무엘이 이스라엘 백성에게 말했다. "여러분이 진심으로 **하나님**께
돌아오려거든, 집을 깨끗이 정리하십시오. 이방 신들과 다산의 여신들을 없애
고, **하나님**께 기초를 단단히 두고 오직 그분만 섬기십시오. 그러면 그분께서 여
러분을 블레셋의 압제에서 구원하실 것입니다."
4 그들은 그대로 행했다. 바알과 아스다롯 신상을 없애고, 오직 **하나님**만 바라
보며 그분만을 섬겼다.
5 그 후에 사무엘이 말했다. "모든 사람을 미스바로 모이게 하십시오. 내가 여러
분을 위해 기도하겠습니다."

[6] 그래서 모든 사람이 미스바에 모였다. 그들은 정결하게 하는 의식으로 우물에
서 물을 길어다가 **하나님** 앞에 부어 드렸다. 그리고 하루 종일 금식하며 "우리
가 **하나님**께 죄를 지었습니다" 하고 기도했다.
이렇게 사무엘은 그곳 미스바에서 거룩한 전쟁에 대비해 이스라엘 백성을 준비
시켰다.

[7] 이스라엘이 미스바에 모였다는 소식이 블레셋 사람에게 전해지자, 블레셋 지
도자들이 그들을 치려고 나왔다. 이스라엘은 그 소식을 듣고 두려워했다. 블레
셋 사람이 다시 행동을 개시했기 때문이다!
[8] 그들은 사무엘에게 간청했다. "온 힘을 다해 기도해 주십시오! 마음을 놓아서
는 안됩니다! **하나님** 우리 하나님께서 블레셋 사람의 압제에서 우리를 구원하
시도록 기도해 주십시오."
[9] 사무엘은 아직 젖을 떼지 않은 어린양 한 마리를 가져다가 **하나님**께 온전한 번
제물로 바치고, 이스라엘을 위해 **하나님**께 간절히 기도했다. 그러자 **하나님**께
서 응답하셨다.
[10-12] 사무엘이 제사를 드리고 있을 때에, 블레셋 사람이 이스라엘과 싸우려고 가
까이 다가왔다. 바로 그때 **하나님**께서 천둥을 내리치시니, 블레셋 머리 위로 천
둥소리가 크게 울렸다. 그들이 겁에 질려 허둥지둥 도망쳤다. 대혼란이었다! 이
스라엘은 미스바에서 쏟아져 나와 블레셋 사람을 추격하여, 벳갈 너머에 있는
지점에 이를 때까지 그들을 닥치는 대로 죽였다. 사무엘은 돌 하나를 가져다가
미스바와 센 사이에 곧게 세웠다. 그는 "**하나님**께서 이곳에서 우리를 도우셨다
는 표시다"라고 하면서, 그 돌의 이름을 '에벤에셀'(도움의 돌)이라고 했다.
[13-14] 호되게 당한 블레셋 사람이 다시는 경계를 넘어오지 않았다. 사무엘이 살아
있는 동안에 **하나님**께서 블레셋을 엄히 다루셨다. 이스라엘은 전에 블레셋 사
람이 빼앗아 간 성읍, 곧 에그론에서 가드까지의 모든 성읍을 되찾았다. 그 주
변 지역들도 블레셋의 지배에서 해방시켰다. 이스라엘과 아모리 사람 사이에도
평화가 임했다.
[15-17] 사무엘은 살아 있는 동안 이스라엘에 든든한 지도력을 발휘했다. 그는 해
마다 베델에서 길갈과 미스바로 순회하며 이스라엘을 돌아보았다. 그러나 항상
자기 거처인 라마로 돌아와 그곳에서 이스라엘을 다스렸다. 그는 거기서 **하나
님**께 제단을 쌓았다.

하나님의 왕되심을 거부하는 이스라엘

8 [1-3] 사무엘이 나이가 많이 들자, 자기 아들들을 이스라엘의 사사로 세웠
다. 맏아들의 이름은 요엘이고 둘째의 이름은 아비야였다. 그들은 직무
를 맡아 브엘세바에서 일했다. 그러나 사무엘의 아들들은 그와 같지 않았다. 자
기 욕심을 채우려고 뇌물을 받았고, 재판에서 부정을 일삼았다.
[4-5] 그들에게 진절머리가 난 이스라엘의 모든 장로가, 라마로 가서 사무엘에게

따졌다. 그들은 이런 주장을 내세웠다. "보십시오. 당신은 이제 늙었고 당신의 아들들은 당신을 따르지 않고 있습니다. 우리가 원하는 바는 이것입니다. 다른 모든 나라처럼 우리에게도 우리를 다스릴 왕을 세워 주십시오."

6 사무엘은 "우리를 다스릴 왕을 주십시오!"라는 그들의 요구를 듣고 마음이 상했다. 얼마나 괘씸한 생각인가! 사무엘은 **하나님**께 기도했다.

7-9 **하나님**께서 사무엘에게 대답하셨다. "그들이 요구하는 것을 들어주어라. 그들은 지금 너를 버린 것이 아니라 그들의 왕인 나를 버렸다. 내가 그들을 이집트에서 이끌어 낸 날부터 오늘까지, 그들은 늘 이런 식으로 행동하며 나를 버리고 다른 신들을 좇았다. 이제 네게도 똑같이 하는 것이니, 그들 뜻대로 하게 두어라. 다만, 그들이 당하게 될 일들을 경고해 주어라. 왕이 다스리는 방식과 그들이 왕에게 당하게 될 일들을 말해 주어라."

10-18 그래서 사무엘은 그들에게 말했다. 왕을 달라고 요청하는 백성에게 **하나님**의 경고를 전했다. "여러분이 말하는 왕이 다스리는 방식은 이렇습니다. 그는 여러분의 아들들을 데려가 전차병과 기병, 보병 등의 군사로 삼고 대대와 중대로 편성할 것입니다. 어떤 이들에게는 왕의 농장에서 강제노역을 시켜 밭을 갈고 추수하게 하고, 어떤 이들에게는 전쟁 무기나 왕의 호사스러운 전차를 만들게 할 것입니다. 여러분의 딸들을 데려가서 미용사와 종업원과 요리사로 부릴 것입니다. 그는 여러분의 가장 좋은 밭과 포도원과 과수원을 빼앗아 왕의 가까운 친구들에게 넘겨줄 것입니다. 왕의 수많은 관료들을 유지하기 위해 여러분의 작물과 포도에 세금을 매길 것입니다. 여러분이 소유한 가장 뛰어난 일꾼과 가장 건강한 짐승들을 데려다가 자기 일에 쓸 것입니다. 여러분의 양 떼에 세금을 부과하여 결국 여러분을 종이나 다름없이 부릴 것입니다. 여러분이 그토록 원했던 왕 때문에, 절박하게 부르짖을 날이 올 것입니다. 그러나 그때 **하나님**의 응답을 기대하지는 마십시오."

19-20 그러나 백성은 사무엘의 말을 들으려 하지 않았다. "아닙니다!" 그들은 말했다. "우리도 우리를 다스릴 왕이 있어야겠습니다! 그러면 우리도 다른 모든 나라처럼 될 것입니다. 왕이 우리를 다스리고 지도하며 우리를 위해 싸워 줄 것입니다."

21-22 사무엘은 그들의 말을 받아서 **하나님**께 그대로 아뢰었다. **하나님**께서 사무엘에게 말씀하셨다. "그들의 말을 들어주어라. 그들에게 왕을 세워 주어라."
그 후에 사무엘은 이스라엘 사람들을 흩어 보냈다. "집으로 돌아가십시오. 각자 자기 성읍으로 돌아가십시오."

사울이 사무엘을 만나다

9 1-2 베냐민 지파에 기스라는 사람이 있었다. 그는 유력한 베냐민 사람으로 아비엘의 아들이었다. 아비엘은 스롤의 아들이고, 스롤은 고랏의 아들, 고랏은 아비아의 아들이다. 기스에게 사울이라는 아들이 있었는데, 아주 잘생긴 젊은이였다. 그보다 준수한 사람은 없었다. 그는 말 그대로 남들보다 머리

하나만큼 키가 더 컸다!
3-4 기스가 나귀 몇 마리를 잃어버렸다. 그는 아들에게 말했다. "사울아, 종 하나
를 데리고 가서 나귀를 찾아보아라." 사울은 종을 데리고 나귀를 찾으러 갔다.
그들은 살리사 땅 주변의 에브라임 산지로 갔지만 나귀를 찾지 못했다. 이어서
사알림 땅을 살펴보았지만 헛수고였다. 다음에는 야빈 땅으로 갔으나, 역시 아
무것도 얻지 못했다.
5 그들이 숩 땅에 이르렀을 때, 사울이 옆에 있던 젊은 종에게 말했다. "이만하
면 됐으니 돌아가자. 아버지께서 나귀보다 우리 걱정을 하시겠다."
6 종이 대답했다. "서두르지 마십시오. 이 성읍에 거룩한 사람이 있는데, 근방에
서 영향력이 큰 분입니다. 그가 하는 말은 언제나 들어맞는다고 합니다. 우리가
어디로 가야 할지 어쩌면 그가 알려 줄지도 모르겠습니다."
7 사울이 말했다. "그를 찾아가면, 선물로 무엇을 드린단 말이냐? 자루에 빵도
다 떨어져 거룩한 사람에게 드릴 것이 아무것도 없구나. 우리가 가진 것이 더
있느냐?"
8-9 종이 말했다. "보십시오. 마침 저에게 은화가 있습니다! 제가 이것을 거룩한
사람에게 드리겠습니다. 그러면 그가 우리에게 어떻게 해야 할지 일러 줄 것입
니다!" (옛날 이스라엘에서는 무슨 일이 있어서 하나님의 말씀을 구하려는 사람은 "선견자를
찾아가자!" 하고 말하곤 했다. 우리가 지금 '예언자'라고 부르는 사람을 그때는 '선견자'라고 불
렀다.)
10 "좋다, 가자." 사울이 말했다. 그들은 거룩한 사람이 사는 성읍으로 떠났다.
11 성읍으로 들어가는 언덕을 오르다가, 두 사람은 물 길러 나오는 처녀들을 만
나 그들에게 물었다. "여기가 선견자가 사는 곳입니까?"
12-13 처녀들이 대답했다. "맞습니다. 조금만 가면 됩니다. 서두르세요. 백성이
산당에 제사를 준비해 놓아서 오늘 그분이 오셨습니다. 곧바로 성읍으로 들어
가면, 그분이 산당으로 식사하러 올라가시기 전에 만날 수 있을 겁니다. 백성은
그분이 도착하시기 전에는 먹지 않습니다. 그분이 제물을 축복하셔야 모두가
먹을 수 있습니다. 그러니 어서 가세요. 틀림없이 만날 수 있을 겁니다!"
14 그들이 계속 올라가 성읍으로 들어가니, 거기에 사무엘이 있었다! 그는 산당
으로 가느라 곧장 그들 쪽으로 오고 있었다!
15-16 그 전날 하나님께서는 사무엘에게 이렇게 말씀하셨다. "내일 이맘때, 내가
베냐민 땅에서 한 사람을 보내 너를 만나게 할 것이다. 너는 그에게 기름을 부
어 내 백성 이스라엘의 지도자로 삼아라. 그가 내 백성을 블레셋의 압제에서 해
방시킬 것이다. 나는 그들의 어려운 처지를 다 알고 있다. 도와 달라고 부르짖
는 그들의 소리를 내가 들었다."
17 사무엘이 사울을 보는 순간, 하나님께서 말씀하셨다. "이 사람이 내가 네게
말한 바로 그다. 이 사람이 내 백성을 다스릴 것이다."
18 사울이 길가에서 사무엘에게 다가가 말했다. "실례지만, 선견자가 어디 사는
지 아시는지요?"

19-20 사무엘이 대답했다. "내가 바로 선견자입니다. 산당으로 가서 나와 함께 식
사합시다. 그대가 물어보려는 것은 내일 아침에 다 말하겠습니다. 그러고 나서
당신들을 보내드리겠습니다. 그대가 지난 사흘 동안 찾아다닌 나귀들은 이미
찾았으니 걱정하지 마십시오. 지금 이 순간에, 이스라엘의 장래가 그대 손안에
있습니다."
21 사울이 대답했다. "저는 이스라엘에서 가장 작은 지파인 베냐민 사람이며, 그
지파 중에서도 가장 보잘것없는 가문 출신입니다. 어찌하여 제게 이렇게 말씀
하십니까?"
22-23 사무엘은 사울과 그의 종을 데리고 산당의 식당으로 들어가 그들을 상석에
앉혔다. 그곳에 모인 손님이 서른 명 정도 되었다. 사무엘이 요리사에게 지시했
다. "내가 자네에게 보관해 두라고 했던 가장 좋은 고기를 가져오게."
24 요리사가 고기를 가져와 사울 앞에 성대히 차려 놓으며 말했다. "이 음식은
바로 당신을 위해 따로 준비해 두었던 것입니다. 드십시오! 오늘 여러 손님들을
대접하고자 특별히 준비했습니다."
사울은 사무엘과 함께 음식을 들었다. 그로서는 잊지 못할 날이었다!
25 그 후에 그들은 산당에서 성읍으로 내려갔다. 시원한 산들바람이 부는 사무
엘의 집 옥상에 사울의 잠자리가 마련되어 있었다.
26 그들은 동틀 무렵에 일어났다. 사무엘이 옥상에 있는 사울을 불렀다. "일어나
시지요. 내가 배웅하겠습니다." 사울이 일어나자 두 사람은 곧 길을 나섰다.
27 성읍 경계에 이르렀을 때 사무엘이 사울에게 말했다. "종에게 앞서 가라고 하
십시오. 그리고 잠시 나와 함께 계시지요. 그대에게 전할 하나님의 말씀이 있습
니다."

사무엘이 사울에게 기름을 붓다

10 1-2 사무엘이 기름병을 들어 사울의 머리에 붓고, 그에게 입을 맞추
었다. 사무엘이 말했다. "이것이 무슨 뜻인지 알겠습니까? **하나님**
께서 그대에게 기름을 부으셔서 그분의 백성을 다스릴 지도자로 삼으셨습니다.
하나님께서 그대에게 기름을 부으셔서 그분의 기업을 다스릴 지도자로 삼으신
것이, 이제 곧 표징으로 확증될 것입니다. 그대가 오늘 길을 떠나 그대의 고향
땅 베냐민에 이를 즈음, 라헬의 묘 근처에서 두 사람을 만나게 될 것입니다. 그
들은 '당신이 찾으러 간 나귀들은 이미 찾았지만, 당신 아버지가 당신 걱정으로
노심초사하고 있다!'고 말할 것입니다.
3-4 거기서 좀 더 가다 보면 다볼의 상수리나무에 이를 텐데, 거기서 하나님을 예
배하러 베델로 올라가는 세 사람을 만나게 될 것입니다. 한 사람은 염소 새끼
세 마리를 끌고, 다른 한 사람은 빵 세 자루를, 나머지 한 사람은 포도주 한 병
을 들고 있을 것입니다. 그들이 '안녕하시오?' 하면서 그대에게 빵 두 덩이를 주
거든, 그것을 받으십시오.
5-6 그 후에 그대는 블레셋 수비대가 있는 하나님의 기브아에 닿을 것입니다. 성

읍에 가까이 이를 즈음에, 하프와 탬버린과 피리와 북을 연주하며 산당에서 내
려오는 예언자 무리와 마주칠 것입니다. 그들은 예언을 하고 있을 텐데, 그대도
모르는 사이에 **하나님**의 영이 임하셔서, 그들과 함께 그대도 예언하게 될 것입
니다. 그대는 변화되어 새사람이 될 것입니다!
7 이 표징들이 모두 이루어지거든, 자신이 준비된 줄 알기 바랍니다. 그대에게
무슨 일이 주어지든지, 그 일을 행하십시오. 하나님께서 그대와 함께하십니다!
8 이제 길갈로 내려가십시오. 나도 곧 따라갈 것입니다. 내가 내려가서 그대와
함께 번제와 화목제를 드려 예배할 것입니다. 칠 일을 기다리십시오. 그러면 내
가 가서 그대가 다음에 할 일을 알려 주겠습니다."
9 사울은 발걸음을 돌려 사무엘을 떠났다. 그 순간 하나님께서 그를 변화시켜
새사람이 되게 하셨다! 앞서 말한 표징들도 그날 모두 이루어졌다.

10-12 사울 일행이 기브아에 이르렀을 때, 그들 앞에 예언자들이 있었다! 사울이
미처 깨닫기도 전에 하나님의 영이 임하셔서, 사울도 그들과 함께 예언을 하게
되었다. 전에 사울을 알던 사람들은 그가 예언자들과 함께 예언하는 모습을 보
고 크게 놀랐다. "이게 어찌 된 일인가? 기스의 아들에게 무슨 일이 일어났는
가? 도대체 사울이 어쩌다 예언자가 되었단 말인가?" 한 사람이 큰소리로 말했
다. "이 일을 시작한 사람이 누구냐? 이 사람들은 도대체 어디서 왔는가?"
그렇게 해서 "사울이 예언자 중에 있다니! 누가 짐작이나 했으랴!" 하는 속담이
생겼다.
13-14 사울은 예언을 마치고 집으로 돌아갔다. 그의 삼촌이 그와 그의 종에게 물
었다. "너희 둘은 지금까지 어디에 있었느냐?"
"나귀들을 찾으러 갔었습니다. 여기저기 다 찾아보았지만, 찾지 못했습니다. 그
러다가 사무엘을 만났습니다!"
15 사울의 삼촌이 말했다. "그래, 사무엘이 너희에게 무슨 말씀을 하시더냐?"
16 사울이 말했다. "나귀를 이미 찾았으니 걱정하지 말라고 하셨습니다." 그러나
사울은 사무엘이 말한 왕의 일에 대해서는 삼촌에게 아무 말도 하지 않았다.

우리는 왕을 원합니다!

17-18 사무엘은 백성을 미스바로 불러 **하나님** 앞에 모이게 했다. 그는 이스라엘
자손에게 말했다. "이것은 **하나님**께서 친히 여러분에게 주시는 말씀입니다.
18-19 '내가 이스라엘을 이집트에서 이끌어냈다. 내가 이집트의 압제에서뿐 아니
라 너희를 괴롭히고 너희 삶을 괴롭게 하는 모든 나라에서 너희를 구해 냈다.
그런데 이제 너희는 너희 하나님, 너희를 온갖 괴로움에서 번번이 건져 준 그
하나님과 아무 상관 없이 살려고 한다.
이제 너희는 "아닙니다! 우리는 왕을 원합니다. 우리에게 왕을 주십시오!" 하고
말한다.
그것이 너희가 원하는 것이라면 얻게 해주겠다! 이제 너희는 지파와 가문별로

예를 갖추어 하나님 앞에 나오너라.'"
20-21 사무엘이 이스라엘의 모든 지파를 줄지어 나오게 하니 베냐민 지파가 뽑혔
다. 베냐민 지파를 가문별로 줄지어 나오게 하니 마드리 가문이 뽑혔다. 마드리
가문을 줄지어 나오게 하니 기스의 아들 사울의 이름이 뽑혔다. 그들이 사울을
찾으러 갔지만, 그는 어느 곳에도 보이지 않았다.
22 사무엘이 하나님께 다시 여쭈었다. "그가 이 근처에 있습니까?"
하나님께서 말씀하셨다. "그렇다. 바로 저기 짐 더미 사이에 숨어 있다."
23 사람들이 달려가서 그를 데려왔다. 그가 사람들 앞에 섰는데, 키가 다른 사람
들보다 머리 하나만큼이나 더 컸다.
24 이윽고 사무엘이 백성에게 말했다. "하나님께서 택하신 사람을 잘 보십시오.
최고입니다! 온 나라에 이만한 사람이 없습니다!"
그러자 백성이 크게 함성을 질렀다. "우리 왕 만세!"
25 사무엘은 왕국에 관한 여러 규정과 법규를 백성에게 가르치고, 그것을 책에 모
두 기록하여 하나님 앞에 두었다. 그러고 나서 모든 사람을 집으로 돌려보냈다.
26-27 사울도 기브아에 있는 집으로 돌아갔다. 하나님께서 마음에 감동을 주셔서
사울과 함께한 진실하고 용감한 사람들도 그를 따라갔다. 그러나 불량배들은
자리를 뜨면서 투덜거렸다. "구원할 자라고? 웃기지 마라!" 그들은 사울을 업
신여겨 축하하려 들지 않았다. 하지만 사울은 그들에게 신경 쓰지 않았다.

왕으로 추대되는 사울

암몬 사람의 왕 나하스가 갓 지파와 르우벤 지파를 잔인하게 대했다. 그들의 오른쪽 눈을 뽑고, 이스라엘을 도우려는 자는 누구든 위협했다. 요단 강 동쪽에 사는 이스라엘 백성 가운데 나하스에게 오른쪽 눈을 뽑히지 않은 사람은 거의 없었다. 다만 칠천 명이 암몬 사람을 피해 야베스에서 안전하게 지내고 있었다.

11

1 그래서 나하스는 그들을 쫓아가 야베스 길르앗과 전쟁을 벌이려고
했다. 야베스 사람들이 나하스에게 간청했다. "우리와 조약을 맺어
주십시오. 그러면 우리가 당신을 섬기겠습니다."
2 나하스가 말했다. "너희와 조약을 맺기는 하겠다만 한 가지 조건이 있다. 너희
의 오른쪽 눈을 모두 뽑아야 한다! 나는 이스라엘의 모든 남녀를 욕보이고 나서
야 조약을 맺을 것이다!"
3 야베스의 성읍 지도자들이 말했다. "우리에게 이스라엘 전역에 전령들을 보낼
시간을 주십시오. 칠 일이면 될 겁니다. 우리를 도우러 나타나는 자가 아무도
없으면, 그때 당신의 조건을 받아들이겠습니다."
4-5 전령들이 사울이 살고 있는 기브아로 가서 백성에게 사정을 알렸다. 백성이
큰소리로 울기 시작할 때, 사울이 나타났다. 그는 소를 몰고 밭에서 돌아오던
길이었다.

사울이 물었다. "무슨 일입니까? 왜 다들 울고 있습니까?"
그러자 백성이 야베스에서 온 메시지를 전했다.
6-7 그 소식을 들을 때 하나님의 영이 사울에게 임하셔서 그 안에 분노가 차올랐
다. 그는 소의 멍에를 붙잡고 그 자리에서 소를 잡았다. 그리고 전령들을 온 이
스라엘에 보내 피 묻은 소의 토막들을 돌리며 이렇게 전하게 했다. "누구든지
사울과 사무엘을 따라 함께하지 않으면 여러분의 소도 이렇게 되고 말 것이오!"
7-8 하나님의 두려움이 백성을 사로잡아 너 나 할 것 없이 모두 나왔고, 지체하
는 자가 하나도 없었다. 사울은 베섹에서 백성을 이끌었는데, 이스라엘 사람이
300,000명, 유다 사람이 30,000명이었다.
9-11 사울은 전령들에게 지시했다. "야베스 길르앗 사람들에게 가서 '우리가 도우
러 가고 있으니, 내일 한낮이면 도착할 것이다' 하고 전하여라."
전령들은 곧바로 떠나서 사울의 메시지를 전했다. 의기양양해진 야베스 길르앗
백성은 나하스에게 메시지를 전했다. "내일 우리가 항복하겠습니다. 당신이 말
한 조건대로 우리를 대해도 좋습니다." 이튿날 동트기 한참 전에, 사울은 전략
상 군대를 세 부대로 나누었다. 날이 밝자마자 그들은 적진으로 쳐들어가 한낮
이 될 때까지 암몬 사람을 죽였다. 살아남은 사람들은 필사적으로 달아나, 사방
으로 뿔뿔이 흩어졌다.
12 그러자 백성이 사무엘에게 와서 말했다. "'사울은 우리를 다스릴 적임자가 못
된다'고 말하던 자들이 어디 있습니까? 넘겨주십시오. 우리가 그들을 죽여야겠
습니다!"
13-14 그러자 사울이 말했다. "오늘은 아무도 처형하지 않을 것입니다. 오늘은 하
나님께서 이스라엘을 구원하신 날입니다! 길갈로 가서, 왕위를 다시 새롭게 합
시다."
15 백성이 모두 무리 지어 길갈로 가서, 하나님 앞에서 사울을 왕으로 세웠다. 그
들은 거기서 화목제를 드리며 하나님을 예배했다. 사울과 온 이스라엘이 크게
기뻐했다.

사무엘의 고별사

12 1-3 사무엘이 온 이스라엘에게 말했다. "나는 여러분이 내게 한 말을
한 마디도 빠짐없이 잘 듣고, 여러분에게 왕을 주었습니다. 자, 보십
시오. 여러분의 왕이 여러분 가운데서 여러분을 이끌고 있습니다! 그러나 이제
나를 보십시오. 나는 늙어서 머리가 희어졌고 내 아들들도 아직 여기 있습니다.
나는 어릴 적부터 오늘까지 여러분을 신실하게 이끌었습니다. 나를 보십시오!
여러분이 하나님과 그분의 기름부음 받은 자 앞에서 나에 대해 고소할 것이 하
나라도 있습니까? 내가 수소나 나귀 한 마리라도 훔친 적이 있습니까? 여러분
을 이용하거나 착취한 적이 있습니까? 뇌물을 받거나 법을 우습게 여긴 적이 있
습니까? 그런 일이 있다면 나를 고소하십시오. 그러면 내가 배상하겠습니다."
4 "아닙니다." 그들이 말했다. "그런 적 없습니다. 당신은 그 비슷한 어떤 일도

행하지 않았습니다. 우리를 억압한 적도 없고, 사사로운 욕심을 채운 적도 없습
니다."
5 "그렇다면 됐습니다." 사무엘이 말했다. "여러분은 내게서 어떤 잘못이나 불
만도 찾지 못했습니다. 하나님께서 이 일의 증인이시며, 그분의 기름부음 받은
이가 이 일의 증인입니다."
6-8 그러자 백성이 말했다. "그분이 증인이십니다."
사무엘이 말을 이었다. "모세와 아론을 여러분의 지도자로 삼으시고 여러분의
조상을 이집트에서 이끌어 내신 분이 바로 하나님이십니다. 이제 그분 앞에서
여러분의 태도를 결정하십시오. 지금까지 하나님께서 여러분과 여러분의 조상
에게 행하신 모든 의로운 일들에 비추어, 내가 여러분의 문제를 하나님 앞에서
검토하겠습니다. 야곱의 아들들이 이집트에 들어갔을 때 이집트 사람이 그들을
핍박해 괴롭게 했고, 그래서 그들이 하나님께 구원해 달라고 부르짖었습니다.
하나님께서는 모세와 아론을 보내 주셨고, 그들이 여러분의 조상을 이집트에서
인도하여 여기 이곳에 정착하게 하셨습니다.
9 그러나 그들은 금방 자신들의 하나님을 잊어버렸고, 하나님께서는 그들을 하
솔의 군사령관 시스라에게, 그 후에는 블레셋 치하의 혹독한 삶에, 또 그 후에
는 모압 왕에게 파셨습니다. 그들은 목숨을 걸고 싸워야 했습니다.
10 그러다가 그들은 하나님께 구원해 달라고 부르짖었습니다. 그들은 '우리가 죄
를 지었습니다! 우리가 하나님을 버리고 떠나서 가나안 다산의 신들과 여신들
을 섬겼습니다. 제발 우리를 원수들의 만행에서 건져 주십시오. 그러면 우리가
주님만 섬기겠습니다' 하고 고백했습니다.
11 그러자 하나님께서는 여룹바알(기드온)과 베단(바락)과 입다와 사무엘을 보내
셨습니다. 그분은 원수들에게 에워싸인 혹독한 삶에서 여러분을 구원하셨고,
여러분은 평안히 살 수 있었습니다.
12 하지만 여러분은 암몬 사람의 왕 나하스가 여러분을 공격하려는 것을 보고 내
게 이렇게 말했습니다. '더 이상 이렇게 살기는 싫습니다. 우리는 우리를 이끌어
줄 왕을 원합니다.' 하나님께서 이미 여러분의 왕이신데도 말입니다!
13-15 이제 여러분이 원하던 왕, 여러분이 구하던 왕이 여기 있습니다. 하나님께
서 여러분 마음대로 하게 하셔서, 왕을 주셨습니다. 여러분이 하나님을 경외한
다면, 그분을 섬기고 순종하며 그분의 말씀을 거역하지 마십시오. 여러분과 여
러분의 왕이 하나님을 따르면 아무 문제가 없을 것입니다. 하나님께서 반드시
여러분을 구원하실 것입니다. 그러나 여러분이 그분께 순종하지 않고 그분의
말씀을 거역하면, 왕이 있든 없든, 여러분의 처지는 여러분의 조상보다 나을 게
하나도 없을 것입니다.
16-17 주목하십시오! 하나님께서 지금 여러분 앞에서 행하시려는 이 기적을 잘 보
십시오! 여러분도 알다시피, 지금은 여름이고 우기가 끝났습니다. 그러나 내가
하나님께 기도하면, 그분께서 천둥과 비를 보내실 것입니다. 이것은 여러분이
왕을 구함으로써 하나님께 저지른 큰 악을 일깨워 주는 표징이 될 것입니다."

[18] 사무엘이 **하나님**께 기도하자, **하나님**께서 그날 천둥과 비를 보내셨다. 백성
은 잔뜩 겁에 질려 **하나님**과 사무엘을 두려워했다.
[19] 그때 온 백성이 사무엘에게 간청했다. "당신의 종인 우리를 위해 당신의 **하나
님**께 기도해 주십시오. 우리가 죽지 않도록 기도해 주십시오! 우리가 지은 다른
모든 죄 위에, 왕을 구하는 죄를 하나 더 쌓았습니다!"
[20-22] 사무엘이 그들에게 말했다. "두려워하지 마십시오. 여러분이 매우 악한 일
을 저지른 것은 사실입니다. 그럴지라도 **하나님**께 등을 돌리지 마십시오. 마음
을 다해 그분을 예배하고 섬기십시오! 헛된 신들을 좇지 마십시오! 그것들은 아
무것도 아닙니다. 그것들은 여러분을 도울 수 없습니다. 헛된 신들일 뿐입니다!
하나님께서는 순전히 자신의 어떠하심 때문에라도, 그분의 백성을 버리거나 떠
나지 않으실 것입니다. **하나님**께서는 여러분을 그분의 소유된 백성으로 삼으신
것을 기뻐하셨습니다.
[23-25] 나 또한 여러분을 버리거나 떠나지 않을 것입니다. 내가 그렇게 한다면, 그
것은 **하나님** 앞에서 죄를 짓는 일이 될 것입니다! 나는 바로 여기 내 자리에 남
아서 여러분을 위해 기도하고, 여러분에게 선하고 올바른 삶의 길을 가르칠 것
입니다. 다만 여러분에게 당부합니다. **하나님**을 경외하고, 온 마음을 다해 정
직하게 그분을 섬기십시오. 여러분은 그분이 지금까지 여러분 가운데서 얼마나
큰일을 행하셨는지 보았습니다! 주의하십시오. 여러분이 악하게 살면, 여러분
과 여러분의 왕은 버림받을 것입니다."

사울이 블레셋과 싸우다

13

[1] 사울이 처음 왕이 되었을 때 그는 젊은이였다. 그는 여러 해 동안
이스라엘의 왕으로 다스렸다.
[2] 사울은 사람들을 징집하여 세 개 부대를 만들었다. 두 개 부대는 믹마스와 베
델 산지에 보내 자기 휘하에 두었고, 다른 부대는 베냐민 땅 기브아에 보내 요
나단 아래 두었으며, 나머지 사람들은 집으로 돌려보냈다.
[3-4] 요나단이 게바(기브아)에 주둔한 블레셋 수비대장을 공격하여 죽였다. 블레셋
사람이 그 소식을 듣고 "히브리 사람이 반란을 일으켰다!" 하며 경계경보를 울
렸다. 사울은 온 땅에 경계나팔을 불도록 명령을 내렸다. "사울이 블레셋 수비
대장을 죽여 첫 피를 흘렸다! 블레셋 사람이 자극을 받아 잔뜩 화가 났다!"는 소
문이 온 이스라엘에 퍼졌다. 군대가 소집되어, 길갈에 있는 사울에게 나아왔다.
[5] 블레셋 사람은 이스라엘과 싸우려고 병력을 집결시켰다. 전차가 세 개 부대,
기병이 여섯 개 부대였고, 보병은 바닷가의 모래알처럼 많았다. 그들은 산으로
올라가 벳아웬 동쪽 믹마스에 진을 쳤다.
[6-7] 이스라엘 백성은 자신들이 수적으로 훨씬 열세이며 큰 곤경에 처했음을 깨닫
고, 달아나 숨었다. 굴이나 구덩이, 골짜기, 수풀, 웅덩이 등 장소를 가리지 않
고 숨었다. 그들은 요단 강 건너편으로 후퇴하여 갓과 길르앗 땅으로 도망치는
피난민 신세가 되었다. 그러나 사울은 길갈에서 한 발짝도 물러서지 않았다. 아

직 그와 함께한 군사들도 몹시 두려워하며 떨었다.
8 사울은 사무엘이 정해 준 기한인 칠 일을 기다렸다. 그러나 사무엘은 길갈에
나타나지 않았고, 군사들은 여기저기서 빠져나가기 시작했다.
9-10 참다 못한 사울은 직접 나섰다. "번제물과 화목 제물을 가져오너라!" 그는
직접 번제를 드렸다. 그렇게 제사를 드리자마자 사무엘이 나타났다! 사울이 그
를 맞이했다.
11-12 그러자 사무엘이 말했다. "도대체 무엇을 하고 있는 겁니까?"
사울이 대답했다. "내 밑의 군대는 줄어들고 있는데 제사장께서는 온다고 한 때에 오시지 않고, 블레셋 사람은 믹마스에서 만반의 태세를 갖추고 있으니, '블레셋 사람이 나를 치러 곧 길갈로 올라올 텐데, 나는 아직 **하나님**께 도움을 구하지도 못했구나' 하는 생각이 들어 직접 나서서 번제를 드린 것입니다."
13-14 "어리석은 일을 저지르셨습니다." 사무엘이 말했다. "왕이 왕의 **하나님**께서
명령하신 약속을 지켰다면, 지금쯤 **하나님**께서 이스라엘을 다스릴 왕의 왕권을 영원토록 견고하게 다지셨을 것입니다. 그러나 왕권은 이미 산산이 부서져 버렸습니다. 이제 **하나님**께서는 왕을 대신할 자를 찾고 계십니다. 이번에는 그분께서 직접 택하실 것입니다. 원하는 사람을 찾으시면, 그분께서 친히 그를 지도자로 세우실 것입니다. 이 모두가 왕이 **하나님**과의 약속을 어겼기 때문입니다!"
15 말을 마치고, 사무엘은 일어나 길갈을 떠났다. 그때까지 남아 있던 군대는 사울을 따라 싸우러 나갔다. 그들은 산으로 들어가 길갈에서 베냐민 땅 기브아로 향했다. 사울이 자기 곁에 남아 있는 군사들을 살피고 세어 보니, 육백 명밖에 되지 않았다!

요나단이 블레셋을 습격하다

16-18 사울과 그의 아들 요나단과 남은 군사들은 베냐민 땅 게바(기브아)에 진을 쳤다. 블레셋 사람은 믹마스에 진을 쳤다. 블레셋 진에서는 세 개의 기습부대를 수시로 내보냈다. 한 부대는 수알 땅 쪽으로 가는 오브라 길을 맡았고, 다른 부대는 벳호론 길을 맡았고, 또 다른 부대는 하이에나 골짜기 가장자리에 둘러 있는 경계 길을 맡았다.
19-22 당시 이스라엘에는 대장장이가 한 명도 없었다. "히브리 사람이 칼과 창을 만들게 해서는 안된다"며 블레셋 사람이 확실하게 수를 써 놓았기 때문이다. 이스라엘 사람이 쟁깃날, 곡괭이, 도끼, 낫 같은 농기구를 갈거나 손질하려면 블레셋 사람에게 내려가야만 했다. 블레셋 사람은 쟁깃날과 곡괭이에는 은화 한 개, 나머지에는 은화 반 개씩을 받았다. 그래서 믹마스 전투가 벌어졌을 때, 이스라엘에는 사울과 그의 아들 요나단 외에는 칼이나 창을 가진 사람이 없었다. 그들 두 사람만 무장한 상태였다.
23 블레셋의 정찰대가 믹마스 고갯길에 자리를 잡고 주둔했다.

14

1-3 그날 늦게, 사울의 아들 요나단이 자기의 무기를 드는 병사에게
말했다. "길 건너편 블레셋의 수비 정찰대가 있는 곳으로 건너가
자." 그러나 그는 자기 아버지에게 그 사실을 알리지 않았다. 한편, 사울은 게바
(기브아) 성읍 가장자리에 있는 타작마당의 석류나무 아래서 쉬고 있었다. 육백 명
정도 되는 군사가 그와 함께 있었는데, 제사장의 에봇을 입은 아히야도 함께 있
었다(아히야는 실로에서 하나님의 제사장이었던 엘리의 손자요 비느하스의 아들인 이가봇의
형제 아히둡의 아들이었다). 거기 있던 사람들은 요나단이 나간 사실을 전혀 몰랐다.
4-5 요나단이 블레셋 수비대 쪽으로 건너가기 위해 접어든 길은 양쪽으로 깎아지
른 암벽이 드러나 있었다. 양쪽 벼랑의 이름은 보세스와 세네였다. 북쪽 벼랑은
믹마스와, 남쪽 벼랑은 게바(기브아)와 마주하고 있었다.
6 요나단이 자기의 무기를 드는 병사에게 말했다. "자 어서, 이 할례 받지 못한
이방인들에게 건너가자. **하나님**께서 우리를 위해 일하실 것이다. **하나님**께서
큰 군대를 통해서만 구원하시는 것은 아니다. **하나님**께서 구원하시기로 뜻을
정하시면, 아무도 그분을 막을 수 없다."
7 그의 무기를 드는 병사가 말했다. "알겠습니다. 무엇이든 원하시는 대로 행하
십시오. 무엇을 하시든 당신과 함께하겠습니다."
8-10 요나단이 말했다. "이렇게 하자. 일단 길을 건너가서, 저쪽 사람들에게 우리
의 모습을 보이자. 만일 그들이 '멈춰라! 너희를 검문할 때까지 꼼짝하지 마라!'
고 하면, 우리는 올라가지 않고 여기 있을 것이다. 그러나 저들이 '어서 올라오
라'고 하면, **하나님**께서 그들을 우리 손에 넘겨주신 것으로 알고 바로 올라갈 것
이다. 그것이 우리에게 표징이 될 것이다."
11 두 사람은 블레셋 수비대의 눈에 잘 띄는 곳으로 나아갔다. 블레셋 사람들이
소리쳤다. "저기를 봐라! 히브리 사람들이 구덩이에서 기어 나온다!"
12 그러더니 요나단과 그의 무기를 드는 병사를 향해 외쳤다. "어서 이리 올라오
너라! 우리가 본때를 보여주마!"
13 요나단은 자기의 무기를 드는 병사에게 외쳤다. "올라가자! 나를 따라오너라!
하나님께서 저들을 이스라엘의 손에 넘겨주셨다!" 요나단은 손과 발로 기어올
라 갔고, 그의 무기를 드는 병사는 그 뒤를 바짝 따랐다. 블레셋 사람들이 달려
들자 요나단은 그들을 때려눕혔고, 그의 무기를 드는 병사가 바로 뒤에서 돌로
그들의 머리를 세게 쳐서 마무리했다.
14-15 이 첫 전투에서 요나단과 그의 무기를 드는 병사는 적군을 스무 명 정도 죽
였다. 그러자 양쪽 진영과 들판에 큰 소동이 벌어져, 수비대와 기습부대 군사들
이 두려워 떨며 크게 동요했고 땅까지 흔들렸다. 전에 없던 엄청난 공포였다!

블레셋 사람들이 서로를 죽이다

16-18 베냐민 땅 게바(기브아) 후위에 배치되어 있던 사울의 초병들이 적진을 휩쓸
고 있는 혼란과 소동을 목격했다. 사울이 명령했다. "정렬하고 점호를 실시하
여, 누가 여기 있고 누가 없는지 확인하여라." 그들이 점호를 해보니, 요나단과

그의 무기를 드는 병사가 없는 것으로 밝혀졌다.
18-19 사울이 아히야에게 명령했다. "제사장의 에봇을 가져오시오. 하나님께서 이
일에 대해 무슨 말씀을 하시는지 알아봅시다." (당시에는 아히야가 에봇을 맡고 있었다.)
사울이 제사장과 대화하는 동안 블레셋 진영의 소동은 점점 더 커지고 있었다. 그
러자 사울은 이야기를 중단하며 아히야에게 "에봇을 치우시오" 하고 말했다.
20-23 사울은 즉시 군대를 불러 모아 싸움터로 나갔다. 적진에 이르러 보니 완전
히 난장판이었다. 블레셋 사람들이 칼을 마구 휘두르며 자기들끼리 서로 죽이
고 있었다. 일찍이 블레셋 진영에 투항했던 히브리 사람들이 다시 돌아왔다. 이
제 그들은 사울과 요나단의 지휘를 따르며 이스라엘과 함께 있고자 했다. 에브
라임 산지에 숨어 있던 이스라엘 백성도 블레셋 사람이 필사적으로 달아나고
있다는 소식을 듣고 모두 나와서 추격에 합류했다. 그날 하나님께서 이스라엘
을 구원하셨다! 굉장한 날이었다!
싸움은 벳아웬까지 번졌다. 이제 온 군대가—만 명의 강한 군사가!—사울의 뒤
에 있었고, 싸움은 에브라임 산지 전역의 모든 성읍으로 퍼져 나갔다.
24 그날 사울은 참으로 어리석은 일을 저질렀다. "저녁 전, 곧 내가 적들에게 복
수하기 전에 무엇이든 먹는 사람은 저주를 받을 것이다!"라고 군사들에게 말한
것이다. 군사들은 하루 종일 아무것도 먹지 못했다.
25-27 들판 곳곳에 벌집이 있었지만, 그 꿀을 맛보려고 손가락을 대는 자가 아무
도 없었다. 다들 저주를 받을까 두려웠던 것이다. 그러나 자기 아버지의 맹세를
듣지 못한 요나단은 막대기 끝으로 꿀을 조금 찍어 먹었다. 그러자 기운이 나고
눈이 밝아지면서 새 힘이 솟았다.
28 한 군사가 그에게 말했다. "왕께서 '저녁 전에 무엇이든 먹는 사람은 저주를
받을 것이다!' 하고 군 전체를 상대로 엄숙히 맹세하셨습니다. 그래서 군사들이
맥없이 늘어져 있습니다!"
29-30 요나단이 말했다. "아버지께서 이 나라를 위태롭게 만드셨구나. 꿀을 조금
만 먹었는데도 이렇듯 빨리 기운이 나지 않았는가! 군사들이 적에게서 빼앗은
것을 뭐라도 먹었더라면 사정이 훨씬 나았을 것을. 그들을 더 크게 쳐부술 수
있었을 텐데!"
31-32 그날 그들은 믹마스에서 멀리 아얄론에 이르기까지 블레셋 사람을 추격해
죽였으나, 군사들은 완전히 기진맥진하고 말았다. 그때부터 그들은 전리품을
취하기 시작했다. 양이든 소든 송아지든, 눈에 띄는 대로 마구 붙잡아 그 자리
에서 잡았다. 그리고 그 고기와 피와 내장까지 닥치는 대로 먹었다.
33-34 누군가 사울에게 말했다. "어떻게 좀 해보십시오! 군사들이 하나님께 죄를
짓고 있습니다. 고기를 피째 먹고 있습니다!"
사울이 말했다. "너희가 은혜를 원수로 갚고 있구나! 당장 큰 돌 하나를 이리로
굴려 오너라!" 그가 말을 이었다. "군사들 사이로 다니며 알려라. '너희 소와 양
들을 이곳으로 가져와 제대로 잡아라. 그러고 나서 고기를 마음껏 즐겁게 먹어
도 좋다. 하지만 고기를 피째 먹어 하나님께 죄를 지어서는 안된다.'"

군사들은 그 말대로 행했다. 그날 밤 그들은 차례로 자기 짐승을 가져와 그곳에
서 잡았다.
35 이것이 사울이 하나님께 제단을 쌓게 된 배경이다. 그것은 그가 하나님께 처
음으로 쌓은 제단이었다.

사울이 하나님께 기도하다

36 사울이 말했다. "오늘 밤 블레셋 사람을 쫓아가자! 밤새도록 약탈하고 전리품
을 취할 수 있을 것이다. 블레셋 사람을 단 한 놈도 살려 두어서는 안된다!"
"좋습니다. 그렇게 하겠습니다!" 군사들이 말했다.
그러나 제사장이 그들을 만류했다. "이 일에 대해 하나님께서 어떻게 생각하시
는지 알아봐야 합니다."
37 그래서 사울은 하나님께 기도했다. "제가 블레셋 사람을 쫓아가도 되겠습니
까? 하나님께서 그들을 이스라엘의 손에 넘겨주시겠습니까?" 하나님께서는 그
일에 대해 사울에게 응답하지 않으셨다.
38-39 그러자 사울이 말했다. "모든 군지휘관들은 앞으로 나오시오. 오늘 누군가
죄를 범했소. 그 죄가 무엇이며 누가 범했는지 찾아낼 것이오! 하나님 이스라
엘의 구원자 하나님께서 살아 계심을 두고 맹세하는데, 죄를 지은 자가 있으면,
설령 내 아들 요나단으로 밝혀진다 해도 그는 죽을 것이오!"
입을 떼는 자가 아무도 없었다.
40 사울이 이스라엘 군대에게 말했다. "저쪽에 정렬하여 서시오. 나와 내 아들
요나단은 이쪽에 서겠소."
군대가 "좋습니다. 왕의 말씀대로 하겠습니다" 하고 말하자,
41 사울은 하나님께 기도했다. "이스라엘의 하나님, 어째서 오늘 제게 응답하지
않으셨습니까? 진실을 보여주십시오. 하나님, 저나 요나단에게 죄가 있다면 우
림 표시를 주시고, 이스라엘 군대에 죄가 있다면 둠밈 표시를 주십시오."
그러자 우림 표시가 나와 사울과 요나단에게 죄가 있음을 알렸다. 이로써 군대
는 혐의를 벗게 되었다.
42 사울이 말했다. "나와 요나단이 제비를 뽑겠소. 하나님께서 지적하시는 자는
죽임을 당할 것이오!"
군사들이 반대했다. "안됩니다. 이 일은 옳지 않습니다. 그만 멈추십시오!" 그
러나 사울은 계속 밀어붙였다. 그들이 우림과 둠밈으로 제비를 뽑자, 요나단이
걸렸다.
43 사울이 요나단을 추궁했다. "무슨 짓을 한 것이냐? 당장 말하여라!"
요나단이 말했다. "들고 있던 막대기로 꿀을 조금 찍어 먹었습니다. 그것이 전
부입니다. 그것 때문에 제가 죽어야 합니까?"
44 사울이 말했다. "그렇다. 너는 반드시 죽을 것이다. 나도 어쩔 수 없다. 하나
님을 거스를 수는 없지 않느냐?"
45 군사들이 자리에서 일어났다. "요나단이 죽다니요? 절대로 안됩니다! 그는

오늘 이스라엘을 위해 혁혁한 구원의 승리를 이루어 냈습니다. 하나님께서 살
아 계심을 두고 맹세하는데, 그의 머리털 하나도 해를 당하지 않을 것입니다.
온종일 하나님과 함께 싸운 사람이 아닙니까!" 군사들이 요나단을 구하여 그는
죽음을 면했다.
46 사울은 블레셋 사람을 추격하는 것을 그만두었고, 블레셋 사람은 자기 땅으
로 돌아갔다.
47-48 사울은 주변 왕국들을 점령하여 통치 영역을 넓혔다. 그는 모압, 암몬, 에
돔, 소바 왕, 블레셋 사람 등 사방의 모든 원수와 맞붙어 싸웠는데, 어디로 가든
지 승리를 거두었다. 그를 이길 자가 없었다! 그는 아말렉을 쳤고, 이스라엘은
그들의 만행과 약탈에서 벗어났다.

49-51 사울의 아들들은 요나단, 리스위, 말기수아였고, 딸들은 맏딸 메랍과 작은
딸 미갈이었다. 사울의 아내는 아히마아스의 딸 아히노암이었다. 넬의 아들 아
브넬은 사울의 군사령관이었다(넬은 사울의 삼촌이었다). 사울의 아버지 기스와 아
브넬의 아버지 넬은 아비엘의 아들들이었다.
52 사울은 살아 있는 동안 블레셋 사람과 격렬하고 무자비한 전쟁을 벌였다. 그
는 힘세고 용감한 자들을 눈에 띄는 대로 징집했다.

아말렉과의 전쟁

15 1-2 사무엘이 사울에게 말했다. "하나님께서 나를 보내시고 왕께 기
름을 부어, 그분의 백성 이스라엘을 다스릴 왕으로 삼게 하셨습니
다. 이제 하나님께서 하시는 말씀을 다시 들으십시오. 만군의 하나님께서 말씀
하십니다.
2-3 '이스라엘이 이집트에서 올라올 때 아말렉이 매복해 있다가 이스라엘을 기습
했으니, 이제 내가 그들에게 원수를 갚겠다. 너는 이렇게 하여라. 아말렉과 전
쟁을 벌이고 아말렉과 관계된 모든 것을 거룩한 저주 아래 두어라. 예외는 없
다! 남자와 여자, 어린아이와 아기, 소와 양, 낙타와 나귀까지 모조리 진멸해야
한다.'"
4-5 사울은 들라임에 군대를 소집하고, 이스라엘에서 군사 이백 개 부대와 유다
에서 따로 열 개 부대를 뽑아 출정 준비를 했다. 사울은 아말렉 성을 향해 진군
하여 계곡에 매복했다.
6 사울은 겐 사람에게 전갈을 보냈다. "나올 수 있을 때 거기서 나오시오. 지금
당장 성읍에서 대피하시오. 그렇지 않으면 당신들도 아말렉 사람과 함께 당할
것이오. 이스라엘 백성이 이집트에서 올라올 때 당신들이 친절을 베풀었기 때
문에 이렇게 경고하는 것이오."
겐 사람은 그의 경고대로 그곳에서 대피했다.
7-9 그러자 사울은 계곡에서부터 멀리 이집트 경계 근처에 있는 수르에 이르기까
지 아말렉을 추격했다. 그는 아말렉 왕 아각을 생포했다. 다른 모든 사람은 거

룩한 저주의 규정대로 죽였다. 그러나 사울과 그의 군대는 아각을 비롯해 가장
좋은 양과 소는 살려 두었다. 그것들에는 거룩한 저주의 규정을 적용하지 않았
다. 그 외 아무도 필요로 하지 않는 것은 모두 거룩한 저주의 규정대로 죽였다.
10-11 그러자 **하나님**께서 사무엘에게 말씀하셨다. "사울을 왕으로 삼은 것이 후
회스럽구나. 그가 내게서 등을 돌리고 내가 말한 대로 행하지 않는다."
11-12 사무엘은 그 말을 듣고 화가 났다. 그는 분노와 실망 속에서 밤새도록 기도
했다. 그가 사울을 만나 잘못을 지적하려고 아침 일찍 일어났을 때 이런 보고가
들어왔다. "왕께서는 이미 떠나셨습니다. 갈멜에서 왕을 기념하는 승전비를 세
운 다음 길갈로 가셨습니다."

사울의 불순종

사무엘이 그를 따라잡았을 때는 사울이 이미 제사를 마친 뒤였다. 그는 아말렉
의 전리품을 가지고 **하나님**께 번제를 드렸다.
13 사무엘이 다가오자, 사울이 큰소리로 말했다. "당신에게 **하나님**의 복이 임하
시기를 빕니다! 내가 **하나님**의 계획을 충실히 이행했습니다!"
14 사무엘이 말했다. "그러면 내 귀에 들리는 이 양과 소의 울음소리는 무엇입니
까?"
15 "아말렉의 전리품 가운데 몇 가지일 뿐입니다." 사울이 말했다. "군사들이 가
장 좋은 소와 양 일부를 **하나님**께 제물로 바치려고 남겨 두었습니다. 그러나 그
밖의 것은 다 거룩한 저주 아래 진멸했습니다."
16 "그만하십시오!" 사무엘이 가로막았다. "**하나님**께서 어젯밤 내게 하신 말씀
을 들어 보십시오."
사울이 말했다. "어서 말씀하십시오."
17-19 사무엘이 말했다. "처음 이 길에 들어설 때 당신은 보잘것없는 사람이었습
니다. 왕께서도 그것을 알고 있었습니다. 그때 **하나님**께서 당신을 이스라엘 가
운데 가장 높이 두셔서 왕으로 삼으셨습니다. 그러다 **하나님**께서 그분을 위해
한 가지 일을 하도록 당신을 보내며 명령하시기를, '가서 저 죄인들, 아말렉 사
람을 거룩한 저주 아래 두어라. 그들과 끝까지 싸워 완전히 없애 버려라' 하고
말씀하셨습니다. 그런데 어찌하여 왕께서는 **하나님**께 순종하지 않았습니까?
하나님께서 당신을 항상 지켜보시는데, 어찌하여 이 모든 전리품을 챙기고 버
젓이 악을 저질렀습니까?"
20-21 사울은 자신을 변호했다. "무슨 말씀입니까? 나는 **하나님**께 순종했습니다.
하나님께서 시키신 일을 행했습니다. 나는 아각 왕을 잡아 왔고 아말렉 사람을 거
룩한 저주의 규정대로 진멸했습니다. 군사들이 길갈에서 **하나님**께 제사를 드리
려고 가장 좋은 양과 소 일부를 남겨 두었기로 그것이 뭐가 잘못이란 말입니까?"
22-23 그러자 사무엘이 말했다.

하나님께서 원하시는 것이

보여주기 위한 공허한 제사 의식이겠습니까?
그분께서 원하시는 것은 그분의 말씀을 잘 듣는 것입니다!
중요한 것은 듣는 것이지,
거창한 종교 공연을 무대에 올리는 것이 아닙니다.
하나님의 명령을 행하지 않는 것은
이교에 빠져 놀아나는 것보다 훨씬 더 악한 일입니다.
하나님 앞에서 스스로 우쭐대는 것은
죽은 조상과 내통하는 것보다 훨씬 더 악한 일입니다.
왕께서 **하나님**의 명령을 거절했으니
그분께서도 왕의 왕권을 거절하실 것입니다.

24-25 사울이 마침내 잘못을 시인하며 고백했다. "내가 죄를 지었습니다. 내가 **하
나님**의 말씀과 당신의 지시를 무시했습니다. 백성을 기쁘게 하는 일에 더 마음
을 두었습니다. 그들이 원하는 대로 했습니다. 부디 나의 죄를 용서해 주십시
오! 내 손을 잡고 제단으로 인도하여서, 다시 **하나님**께 예배할 수 있게 해주십
시오!"
26 그러나 사무엘은 거절했다. "아닙니다. 나는 이 일에서 왕과 함께 갈 수 없습
니다. 왕께서는 **하나님**의 명령을 저버렸습니다. 이제 **하나님**께서는 당신을 버
리셨습니다. 당신은 이스라엘의 왕이 될 수 없습니다."
27-29 사무엘이 떠나려고 돌아서는데, 사울이 그의 옷자락을 잡는 바람에 옷 한쪽
이 찢어졌다. 사무엘이 말했다. "**하나님**께서 바로 지금, 왕께 주셨던 이 나라를
찢어 내셔서 왕의 이웃에게, 왕보다 나은 사람에게 넘겨주셨습니다. 이스라엘
의 영광의 하나님은 속이지도 않으시고 오락가락하지도 않으십니다. 그분은 마
음에 있는 것을 말씀하시며, 그분의 말씀은 모두 진심입니다."
30 사울이 다시 만류했다. "내가 죄를 지었습니다. 나를 버리지 마십시오! 지도
자들과 백성 앞에서 나를 지지해 주십시오. 내가 돌아가서 **하나님**을 예배할 테
니, 나와 함께 가 주십시오."
31 사무엘은 그의 요청대로 그와 함께 돌아갔다. 사울은 **하나님** 앞에 무릎을 꿇
고 예배했다.

32 사무엘이 말했다. "아말렉 왕 아각을 내 앞에 데려오십시오." 아각은 죽는 편
이 낫겠다고 중얼거리며 끌려 나왔다.
33 사무엘이 말했다. "네 칼로 인해 많은 여인들이 자녀를 잃은 것처럼, 네 어미
도 그 여인들과 같이 자녀를 잃게 될 것이다!" 사무엘은 그곳 길갈, **하나님** 앞에
서 아각을 칼로 베었다.
34-35 사무엘은 바로 라마로 떠났고 사울은 기브아의 집으로 돌아갔다. 그 후로
사무엘은 다시는 사울을 상대하지 않았다. 그러나 사울의 일로 오랫동안 깊이
슬퍼했다. **하나님**께서는 사울을 왕으로 삼으신 것을 후회하셨다.

하나님은 중심을 보신다

16 [1] **하나님**께서 사무엘에게 말씀하셨다. "네가 언제까지 사울 때문에 침
울하게 있을 참이냐? 너도 알다시피, 나는 그를 버렸다. 그는 더 이상
이스라엘의 왕이 아니다. 너는 거룩하게 구별하는 기름을 병에 담아라. 내가 너
를 베들레헴의 이새에게 보내겠다. 그의 아들 가운데서 원하는 왕을 찾았다."
2-3 "그렇게 할 수 없습니다." 사무엘이 말했다. "사울이 이 소식을 들으면 저를
죽일 것입니다."
하나님께서 말씀하셨다. "암송아지 한 마리를 끌고 그곳으로 가서, '내가 이 암
송아지를 제물로 바치고 여러분을 인도하여 **하나님**께 예배를 드리러 왔습니다'
하고 알려라. 그 자리에 이새도 반드시 초대해야 한다. 그 다음에 할 일은 그때
가서 알려 주겠다. 네가 기름을 부어야 할 사람을 내가 알려 줄 것이다."
4 사무엘은 **하나님**께서 지시하신 대로 행했다. 그가 베들레헴에 도착하자 성읍
의 장로들이 그를 맞으러 나왔다. 그들은 불안한 기색이 역력했다. "무슨 잘못
된 일이라도 있습니까?"
5 "없습니다. 나는 이 암송아지를 제물로 바치고 여러분을 인도하여 **하나님**께 예
배를 드리러 왔습니다. 모두 자신을 살펴 정결하게 하고 나와 함께 예배를 드립
시다." 그는 이새와 그의 아들들도 정결하게 한 뒤 예배에 참석하라고 불렀다.
6 이새의 아들들이 도착했을 때 사무엘은 엘리압을 보고 생각했다. "이 사람이
하나님께 기름부음을 받을 자구나!"
7 그러나 **하나님**께서 사무엘에게 말씀하셨다. "외모가 다가 아니다. 그의 외모
와 키에 감동하지 마라. 나는 이미 그를 제외시켰다. 나 **하나님**은 사람을 판단
할 때 사람들이 하는 것처럼 하지 않는다. 사람은 얼굴을 보지만, 나 **하나님**은
그 중심을 본다."
8 이새가 아비나답을 불러 사무엘에게 보였다. 사무엘이 말했다. "이 사람도 하
나님께서 택하신 자가 아닙니다."
9 다음으로 이새는 삼마를 보였다. 사무엘이 말했다. "이 사람도 아닙니다."
10 이새는 아들 일곱 명을 모두 사무엘에게 보였다. 사무엘은 이새에게 있는 그
대로 말했다. "**하나님**께서 이들 가운데 누구도 선택하지 않으셨습니다."
11 그러더니 이새에게 다시 물었다. "이들이 전부입니까? 아들이 더 없습니까?"
"작은 녀석이 하나 있기는 합니다만, 밖에서 양을 치고 있습니다."
사무엘이 이새에게 명했다. "가서 그 아이를 데려오십시오. 그가 오기 전에는
우리가 이 자리를 뜨지 않겠습니다."
12 이새는 사람을 보내 그를 데려오게 했다. 그가 안으로 들어왔는데, 눈이 밝게
빛나고 준수하여, 무척 건강해 보였다.
하나님께서 말씀하셨다. "일어나서, 그에게 기름을 부어라! 바로 이 사람이다."
13 그의 형들이 둘러서서 지켜보는 가운데, 사무엘은 기름이 담긴 병을 들어 그
에게 부었다. **하나님**의 영이 급한 바람처럼 다윗 안에 들어가, 그가 살아 있는
동안 큰 능력을 부어 주셨다.

사무엘은 그곳을 떠나 라마에 있는 집으로 돌아갔다.

14 그 순간에 사울에게서 **하나님**의 영이 떠나고, **하나님**께서 보내신 어두운 기
운이 그를 덮쳤다. 그는 두려웠다.
15-16 사울의 참모들이 말했다. "하나님께로부터 온 이 지독한 우울증이 왕의 삶
을 비참하게 만들고 있습니다. 왕이시여, 하프를 탈 줄 아는 사람을 찾아 왕을
돕게 하십시오. 하나님께서 보내신 어둡고 우울한 기운이 찾아올 때 그가 음악
을 연주하면 왕의 기분이 좋아질 것입니다."
17 사울이 신하들에게 말했다. "하프를 탈 줄 아는 사람을 찾아서 내게 데려오시오."
18 젊은 신하들 가운데 하나가 말했다. "제가 아는 사람이 있습니다. 제가 직접
보았는데, 베들레헴에 사는 이새의 아들로 음악에 재주가 뛰어납니다. 또한 용
감하고 이제 성년이 되어서 말도 잘하고 준수한 데다, **하나님**께서 그와 함께 계
십니다."
19 사울은 이새에게 전령을 보내어 청했다. "그대의 아들 다윗, 양을 치는 그 아
들을 내게 보내 주시오."
20-21 이새는 나귀 한 마리에 빵 두어 덩이와 포도주 한 병과 새끼 염소 한 마리를
실어서, 아들 다윗을 사울에게 보냈다. 다윗은 사울에게 가서 그 앞에 섰다. 사
울은 첫눈에 그가 마음에 들어 자신의 오른팔로 삼았다.
22 사울은 이새에게 답변을 보냈다. "고맙소. 다윗은 이곳에 머물 것이오. 그는
내가 찾던 사람이오. 그에게 깊은 감동을 받았소."
23 그 후로 하나님께로부터 온 우울증이 사울을 괴롭힐 때마다 다윗이 하프를 꺼
내 연주했다. 그러면 사울은 진정되었고, 어둡고 우울한 기운이 걷히면서 기분
이 좋아졌다.

골리앗이 이스라엘에 도전하다

17 1-3 블레셋 사람이 전투를 벌이려고 군대를 소집했다. 그들은 유다
땅 소고에 군대를 배치하고, 소고와 아세가 사이에 있는 에베스담밈
에 진을 쳤다. 사울과 이스라엘 백성은 상수리나무 골짜기에 진을 치고 부대를
배치하여 블레셋 사람과 맞서 싸울 준비를 했다. 블레셋 사람은 한쪽 산 위에
있고 이스라엘 백성은 반대쪽 산 위에 있는데, 그 사이에 골짜기가 있었다.
4-7 블레셋 진영에서 키가 거의 3미터나 되는 거인 하나가 넓게 트인 곳으로 걸
어 나왔다. 그는 가드 사람 골리앗이었다. 머리에 청동투구를 쓰고 갑옷을 입었
는데, 갑옷의 무게만 57킬로그램이나 되었다! 그는 또 청동각반을 차고 청동칼
을 들고 있었다. 그의 창은 울타리의 가로장만큼 굵었고 창날의 무게만 해도
7킬로그램에 달했다. 그의 앞에서는 방패를 드는 자가 걸어 나왔다.
8-10 골리앗이 그 자리에 서서 이스라엘 군대를 향해 소리질렀다. "너희 군대를
군이 다 동원할 필요가 있겠느냐? 블레셋은 나 하나로 충분하다. 너희는 다 사
울에게 충성하는 자들이니, 너희 가운데서 가장 뛰어난 용사를 골라 나와 대결

하게 하여라. 만일 그 자가 나를 쳐죽이면, 블레셋 사람이 다 너희 종이 될 것이
다. 그러나 내가 이겨서 그 자를 쳐죽이면, 너희가 다 우리 종이 되어 우리를 섬
겨야 한다. 내가 오늘 도전장을 던지니 어서 사람을 내보내라. 어디 한번 끝장
을 보자!"
11 사울과 그의 군대는 블레셋 사람의 소리를 듣고 겁에 질려 크게 낙심했다.
12-15 바로 그때 다윗이 등장한다. 그는 유대 베들레헴 에브랏 사람 이새의 아들
이었다. 여덟 아들을 둔 이새는 나이가 너무 많아 사울의 군대에 들어갈 수 없
었다. 이새의 아들들 가운데 위로부터 세 아들이 사울을 따라 전쟁에 나갔다.
그 세 아들의 이름은 맏아들 엘리압과 둘째 아비나답, 셋째 삼마였다. 다윗은
막내아들이었다. 그의 큰형 셋이 사울과 함께 전쟁에 나가 있는 동안, 다윗은
사울의 시중을 들기도 하고 베들레헴에서 아버지의 양을 치기도 하면서 양쪽을
왔다갔다 했다.
16 골리앗은 사십 일 동안 날마다 아침저녁으로 그 자리에 나와 소리쳤다.
17-19 하루는 이새가 아들 다윗에게 말했다. "굵게 빻은 밀 한 포대와 빵 열 덩이
를 가지고 진에 있는 네 형들에게 서둘러 가거라. 그리고 치즈 열 덩이를 챙겨
그들의 부대장에게 가져다주어라. 네 형들이 잘 지내고 있는지 살펴보고, 사울
왕과 네 형들 그리고 지금 상수리나무 골짜기에서 블레셋 사람과 전쟁중인 이
스라엘 백성이 어떻게 하고 있는지 내게 알려 다오."
20-23 다윗은 이른 새벽에 일어나 양 치는 일을 다른 사람에게 맡긴 다음, 이새가
지시한 대로 음식을 가지고 길을 떠났다. 그가 진에 도착하자 마침 군대가 전
투 개시를 알리는 함성을 지르며 전투대형으로 자리를 잡고 있었다. 이스라엘
과 블레셋은 서로 마주보고 진을 펼쳤다. 다윗은 가져온 음식 보따리를 감시병
에게 맡기고, 군대가 배치된 곳으로 달려가 형들과 인사를 나눴다. 그들이 함께
이야기하는 사이, 블레셋의 선봉장인 가드 사람 골리앗이 블레셋 사람의 진에
서 나와 전처럼 싸움을 걸었다. 다윗도 그가 하는 말을 들었다.
24-25 이스라엘 백성은 그 거인을 보는 순간 하나같이 겁을 내며 뒤로 물러났다.
군사들 사이에 이런 말이 오갔다. "이런 일을 본 적이 있는가? 드러내 놓고 이
스라엘에 싸움을 걸어 오다니 말이야. 저 거인을 죽이는 사람은 원하는 모든 것
을 얻을 수 있을 거야. 왕께서 큰 상을 내릴 뿐 아니라, 딸을 신부로 주고 온 집
안이 거저 먹고살게 해준다더군."

다윗이 골리앗을 이기다

26 다윗이 곁에 선 사람들과 이야기하다가 이렇게 물었다. "저 블레셋 사람을 죽
여 이스라엘의 더럽혀진 명예를 회복하는 사람에게는 어떤 보상이 따릅니까?
블레셋의 할례 받지 못한 저 자가 누군데 감히 살아 계신 하나님의 군대를 조롱
한단 말입니까?"
27 군사들은 블레셋 사람을 죽이는 사람에게 왕이 무엇을 약속했는지 그에게 말
해 주었다.

[28] 다윗의 형 엘리압은 다윗이 사람들과 친근하게 이야기 나누는 것을 듣고 성을
냈다. "여기서 무엇을 하는 것이냐! 뼈만 앙상하게 남은 양 떼를 치는 네 일에나
신경 쓰지 않고서? 네가 무슨 짓을 하려는지 다 안다. 피비린내 나는 전투가 잘
보이는 곳에 자리를 잡고서, 구경하려고 내려온 게 아니냐!"
[29-30] "무엇 때문에 그러십니까? 저는 그저 물어본 것뿐입니다." 다윗이 대답했
다. 그는 형을 의식하지 않고 다른 사람에게 가서 똑같이 물었다. 대답은 전과
같았다.
[31] 다윗이 하는 말을 누군가 듣고 사울에게 보고했다. 사울은 사람을 보내 그를
불렀다.
[32] 다윗이 말했다. "왕이시여, 희망을 버리지 마십시오. 제가 가서 저 블레셋 사
람과 싸우겠습니다."
[33] 사울이 다윗에게 대답했다. "너는 저 블레셋 사람과 싸울 수 없다. 너는 너무
어리고 경험이 없다. 그는 네가 태어나기 전부터 싸움판에서 잔뼈가 굵은 자다."
[34-37] 다윗이 말했다. "저는 그동안 목자로서 아버지의 양을 돌봐 왔습니다. 사자
나 곰이 양 떼에게 접근해 새끼 양을 채어 갈 때면, 쫓아가서 그 짐승을 때려눕
히고 새끼 양을 구했습니다. 그 짐승이 저한테 덤비면, 목덜미를 잡아 목을 비
틀어 죽이곤 했습니다. 사자든 곰이든 다를 바 없었습니다. 살아 계신 하나님의
군대를 조롱하는 저 블레셋 사람에게도 제가 똑같이 할 것입니다. 사자의 이빨
과 곰의 발톱에서 저를 구해 내신 **하나님**께서 저 블레셋 사람에게서도 구해 내
실 것입니다."
사울이 말했다. "가거라. **하나님**께서 너를 도우시기를 빈다!"
[38-39] 사울은 다윗에게 군인처럼 갑옷을 입혔다. 자신의 청동투구를 그의 머리에
씌우고 자신의 칼을 갑옷 위에 채워 주었다. 다윗이 걸어 보았지만 한 발짝도
움직일 수가 없었다.
다윗이 사울에게 말했다. "이렇게 다 갖춰 입고는 움직이기 어렵습니다. 저는
이런 복장이 익숙하지 않습니다." 그러고는 그것들을 다 벗어 버렸다.
[40] 그런 다음 다윗은 목자의 지팡이를 들고, 시냇가에서 매끄러운 돌 다섯 개를
골라 목자의 배낭 주머니에 넣은 다음, 손에 물매를 들고 골리앗에게 다가갔다.
[41-42] 그 블레셋 사람은 방패를 드는 자를 앞세우고 이리저리 왔다갔다 하다가 다
윗을 보았다. 그는 다윗을 한번 훑어보고, 코웃음을 쳤다. 뺨이 붉고 솜털이 보
송보송한 한낱 애송이로 본 것이다.
[43] 그 자는 다윗을 비웃었다. "막대기를 들고 나한테 오다니, 내가 개냐?" 그러
고는 자기 신들의 이름으로 다윗을 저주했다.
[44] "이리 오너라." 블레셋 사람이 말했다. "내가 너를 이 들판에서 죽여 독수리
밥이 되게 해주마. 들쥐들의 별미로 만들어 주겠다."
[45-47] 다윗이 대답했다. "너는 칼과 창과 도끼를 가지고 내게 오지만, 나는 네가
비웃고 저주하는 만군의 **하나님**, 이스라엘 군대의 하나님의 이름으로 나아간
다. 바로 오늘 **하나님**께서 너를 내 손에 넘겨주실 것이다. 내가 너를 죽이고 네

머리를 베어서, 네 시체와 네 블레셋 동료들의 주검을 까마귀와 늑대들의 먹이
로 던져 줄 것이다. 이스라엘에 참으로 놀라우신 하나님이 계심을 온 땅이 알게
될 것이다. **하나님**께서는 칼이나 창으로 구원하는 분이 아니심을 여기 모인 모
든 사람이 깨닫게 될 것이다. 전투는 **하나님**께 속한 것이니, 그분께서 너희를
우리 손에 손쉽게 넘겨주실 것이다."
48-49 블레셋 사람은 그 말에 자극을 받아 다윗 쪽으로 걸음을 뗐다. 다윗은 전열
에서 벗어나 블레셋 사람 쪽으로 달려갔다. 그는 배낭 주머니에서 돌을 꺼내 물
매로 힘껏 던졌다. 돌이 날아가 블레셋 사람의 이마를 세게 맞혔다. 그리고 그
대로 깊이 박혀 버렸다. 블레셋 사람이 땅바닥에 얼굴을 박고 맥없이 쓰러졌다.
50 그렇게 해서 다윗은 물매와 돌 하나로 블레셋 사람을 이겼다. 그를 쳐서 죽인
것이다. 그에게 칼은 필요 없었다!
51 다윗은 블레셋 사람에게로 달려가 그를 밟고 선 뒤, 거인의 칼집에서 칼을 뽑
아 그의 목을 베었다. 그것으로 끝이었다. 블레셋 사람은 자기들의 위대한 장수
가 한순간에 죽는 광경을 보고, 뿔뿔이 흩어져 필사적으로 도망쳤다.
52-54 이스라엘과 유다 사람들이 일어나 소리쳤다! 그들은 멀리 가드 경계와 에그
론 성문까지 블레셋 사람을 추격했다. 사아라임 길을 따라서 가드와 에그론에
이르기까지 부상당한 블레셋 사람이 곳곳에 널브러졌다. 이스라엘 백성은 추격
을 마치고 돌아와 블레셋의 진을 약탈했다. 다윗은 그 블레셋 사람의 머리를 취
하여 예루살렘으로 가져갔다. 그러나 거인의 무기는 자신의 장막 안에 두었다.

55 사울은 다윗이 나가 블레셋 사람에게 맞서는 것을 보고 군사령관 아브넬에게
말했다. "저 젊은이는 어느 가문 사람이오?"
아브넬이 말했다. "왕이시여, 황공하오나 저도 아는 바가 없습니다."
56 왕이 말했다. "그렇다면 저 젊은이의 집안에 대해 알아보시오."
57 다윗이 블레셋 사람을 죽이고 돌아오자마자, 아브넬이 곧장 그를 사울 앞으
로 데려갔다. 블레셋 사람의 머리가 그때까지 그의 손에 들려 있었다.
58 사울이 그에게 물었다. "젊은이, 자네는 누구의 아들인가?"
다윗이 말했다. "저는 베들레헴에 사는 주인님의 종 이새의 아들입니다."

요나단과 다윗

18 1 다윗이 사울에게 보고하는 모습을 본 요나단은 그에게 깊은 인상
을 받았다. 두 사람은 곧 끈끈한 우정을 나누는 사이가 되었다. 요나
단은 다윗에게 마음을 다했고, 그 이후로 다윗의 첫째가는 조력자이자 친구가
되었다.
2 사울은 그날 다윗을 집안 식구로 받아들이고, 다시 아버지의 집으로 돌아가지
못하게 했다.
3-4 요나단은 다윗을 깊이 아끼는 마음에서 그와 언약을 맺었다. 그리고 언약의

증표로 격식을 갖춘 선물을 주었다. 왕자의 겉옷과 갑옷, 칼, 활, 허리띠 등의 무기였다.

5 다윗은 사울이 무슨 일을 맡기든지 그 일을 아주 잘 해냈다. 다윗이 일을 너무나 잘하자 사울은 그에게 군대의 작전권까지 맡겼다. 일반 백성뿐 아니라 사울의 신하들까지도 모두 다윗의 지도력을 인정하고 칭찬했다.

6-9 다윗이 블레셋 사람을 죽이고 나서 무리가 집으로 돌아올 때, 이스라엘 모든 마을에서 여인들이 쏟아져 나와 노래하고 춤추면서, 탬버린과 흥겨운 노래와 비파로 사울 왕을 환영했다. 여인들은 흥에 겨워 즐겁게 노래했다.

사울은 수천 명을 죽이고
다윗은 수만 명을 죽인다!

그 말에 사울은 몹시 화가 났다. 사울은 그것을 자신을 무시하는 말로 받아들였다. 그는 "백성이 다윗에게는 '수만 명'의 공을 돌리면서, 내게는 '수천 명'의 공만 돌리니, 자칫하다가는 그에게 이 나라를 빼앗기겠구나!" 하고 말했다. 그때부터 사울은 다윗을 경계했다.

10-11 이튿날, 하나님께서 보내신 어둡고 우울한 기운이 사울을 괴롭혔다. 사울은 거의 제정신이 아닌 상태로 떠들어 댔다. 다윗은 으레 하던 대로 하프를 연주했다. 사울의 손에 창이 들려 있었는데, 그가 갑자기 "다윗을 벽에 박아 버리겠다" 생각하고는 그에게 창을 던졌다. 다윗이 몸을 피하여 창은 빗나갔다. 그런 일이 두 번이나 있었다.

12-16 사울은 다윗이 두려워졌다. 하나님께서 사울을 떠나 다윗과 함께 계시는 것이 너무나 분명했다. 그래서 사울은 다윗을 군지휘관으로 임명해 자기 눈에 띄지 않는 곳으로 보내 버렸다. 다윗은 자주 전쟁에 나갔다. 그가 하는 일마다 다 잘되었다. 참으로 하나님께서 그와 함께 계셨다. 다윗이 번번이 성공하는 것을 보고, 사울은 더욱 두려워졌다. 그의 눈에는 임박한 재앙의 조짐이 훤히 보였다. 그러나 이스라엘과 유다의 모든 사람은 다윗을 사랑했다. 그들은 그가 하는 일을 즐겁게 지켜보았다.

17 하루는 사울이 다윗에게 말했다. "내 맏딸 메랍을 자네에게 아내로 주고 싶네. 나를 위해 용감하고 담대하게 하나님의 싸움을 싸워 주게!" 사울은 "블레셋 사람이 나 대신에 다윗을 죽일 것이다. 굳이 내 손으로 그를 칠 필요가 없다"는 생각을 품고 있었다.

18 다윗이 당황하여 대답했다. "진심이십니까? 저는 보잘것없는 집안 출신입니다! 제가 어떻게 왕의 사위가 될 수 있겠습니까."

19 결혼식 날이 정해져 메랍과 다윗이 결혼할 날이 다가오자, 사울은 약속을 어기고 메랍을 므홀랏 사람 아드리엘과 결혼시켰다.

20-21 한편, 사울의 딸 미갈이 다윗을 사랑하고 있었다. 이것을 전해 들은 사울은
마침 잘됐다는 듯 음흉한 미소를 지었다. "두 번째 기회다. 미갈을 미끼로 해서,
블레셋 사람이 그를 쉽게 처치할 수 있는 곳으로 내보내야겠다." 사울은 다시
다윗에게 "내 사위가 되어 주게" 하고 말했다.
22 사울이 신하들에게 지시했다. "다윗을 따로 불러 '왕께서 그대를 아주 좋아하
고 왕궁 안의 모든 사람도 그대를 사랑하니, 어서 왕의 사위가 되시오!' 하고 말
해 주시오."
23 왕의 신하들이 다윗에게 그대로 전했으나, 다윗은 망설였다. "무슨 말씀입니
까? 그렇게는 못합니다. 나는 보잘것없는 사람이라 드릴 게 아무것도 없습니다."
24-25 신하들이 다윗의 반응을 보고하자, 사울은 그들을 시켜 다윗에게 이렇게 말
하게 했다. "왕께서는 그대에게 돈을 바라지 않으시오. 다만 그대가 가서 블레
셋 사람 백 명을 죽이고 왕을 대신해서 복수했다는 증거를 가져오기를 바라신
다오. 왕의 원수들에게 원수를 갚으시오." (사울은 다윗이 전투중에 죽기를 바랐다.)
26-27 이 말을 듣고서 다윗은 기뻤다. 왕의 사위가 될 자격을 얻기 위해 자기가 할
수 있는 일이 생겼기 때문이다! 그는 지체하지 않고 곧바로 나갔다. 다윗은 부
하들과 함께 블레셋 사람 백 명을 죽이고 자루에 증거를 담아 와 왕 앞에서 그
수를 세었다. 사명을 완수한 것이다! 사울은 딸 미갈을 다윗과 결혼시켰다.
28-29 **하나님**께서 다윗과 함께 계신다는 것과 미갈이 그를 얼마나 사랑하는지 알
면 알수록, 다윗을 향한 사울의 두려움은 더 커져 갔고 결국에는 증오로 굳어졌
다. 사울은 다윗을 증오했다.
30 블레셋 장군들이 싸우러 나올 때마다 다윗이 나서서 그들과 맞섰다. 그는 싸
움에서 승리했고 사울의 부하들 가운데서 단연 돋보였다. 다윗의 이름이 모든
사람의 입에 오르내렸다.

19

1-3 사울은 아들 요나단과 자기 신하들을 불러 다윗을 죽이라고 지시
했다. 그러나 요나단은 다윗을 아꼈으므로, 그를 찾아가 조심하라고
일러 주었다. "아버지께서 자네를 죽일 방법을 찾고 있네. 그러니 이렇게 하게.
내일 아침에 들판에 나가 숨게. 자네가 숨어 있는 곳 부근으로 내가 아버지를
모시고 나가겠네. 그리고 아버지에게 자네 이야기를 할 테니, 그분이 뭐라고 말
씀하시는지 들어 보세. 그 후에 내가 해결책을 일러 주겠네."
4-5 요나단은 아버지 앞에서 다윗 이야기를 꺼내며 그에 대해 좋게 말했다. "부
디 다윗을 해치지 마십시오. 그가 아버지께 잘못한 일이 없지 않습니까? 지금
까지 그가 행한 좋은 일들을 봐 주십시오! 그는 목숨을 걸고 블레셋 사람을 죽
였습니다. 그날 **하나님**께서 이스라엘에 얼마나 큰 승리를 주셨습니까! 아버지
도 그 자리에 계셨습니다. 아버지도 보시고서 일어나 다른 모든 사람과 함께 손
뼉을 치며 기뻐하셨습니다. 그런데 어째서 아무 이유도 없이 다윗을 죽여, 무고
한 사람에게 죄를 범할 생각을 하십니까?"

6 사울이 요나단의 말을 듣고 말했다. "네 말이 옳다. 하나님께서 살아 계심을
두고 맹세하는데, 다윗은 살 것이다. 죽임을 당하지 않을 것이다."
7 요나단이 사람을 보내 다윗을 불러서 그 말을 모두 전했다. 그리고 다윗을 다
시 사울에게 데려갔다. 모든 것이 전과 같아졌다.

8 다시 전쟁이 나자, 다윗이 나가서 블레셋 사람과 싸웠다. 그는 블레셋을 쳐서
크게 이겼고, 그들은 필사적으로 도망쳤다.
9-10 그런데 하나님께서 보내신 어둡고 우울한 기운이 사울을 덮쳐 그를 사로잡
았다. 그때 사울은 손에 창을 들고 왕궁에 앉아 있었고, 다윗은 음악을 연주하
고 있었다. 갑자기 사울이 다윗에게 창을 꽂으려 했으나 다윗이 피했다. 창은
벽에 박혔고 다윗은 도망쳤다. 밤에 일어난 일이었다.
11-14 사울은 다윗의 집으로 사람들을 보내어, 그의 집을 잘 감시하고 있다가 날
이 밝는 대로 그를 죽이라고 시켰다. 그러나 다윗의 아내 미갈이 그에게 사태를
알렸다. "서두르세요. 이 밤에 몸을 피하지 않으면 내일 아침 죽게 됩니다!" 미
갈은 창문으로 다윗을 내보냈고, 다윗은 무사히 도망쳤다. 그런 다음 미갈은 가
짜 신상을 가져다가 침대에 뉘어 놓고는, 그 머리에 염소털 가발을 씌우고 이불
을 덮었다. 사울의 부하들이 다윗을 잡으러 오자, 미갈이 말했다. "그이는 지금
아파서 누워 있어요."
15-16 사울이 부하들을 다시 보내며 지시했다. "침상째로 그를 데려오거라. 내가
직접 그를 죽이겠다." 부하들이 방에 들어가 보니, 침대에는 염소털 가발을 쓴
가짜 신상밖에 없었다!
17 사울은 미갈에게 불같이 화를 냈다. "네가 어찌 이처럼 나를 속일 수가 있느
냐? 네가 내 원수와 한편이 되는 바람에 그 자가 도망쳤다!"
18 미갈이 말했다. "그가 저를 위협했습니다. '내가 빠져나갈 수 있게 돕지 않으
면 너를 죽이겠다'고 협박했습니다."
다윗은 무사히 도망쳐 라마에 있는 사무엘에게 가서, 그동안 사울이 자기에게
한 일을 모두 말했다. 그와 사무엘은 나욧으로 물러나 숨어 지냈다.
19-20 "다윗이 라마의 나욧에 있다"는 소식이 사울의 귀에 들어갔다. 그는 다윗을
잡으려고 곧바로 부하들을 보냈다. 그들이 보니, 한 무리의 예언자들이 사무엘
의 인도 아래 예언을 하고 있었다. 그런데 갑자기 하나님의 영이 사울의 부하들
에게도 임하여, 그들이 예언자들과 함께 큰소리로 마구 고함을 질렀다!
21 그 소식을 보고받은 사울은 부하들을 더 보냈다. 그러자 그들도 곧 예언을 하
게 되었다. 사울은 세 번째로 부하들을 보냈는데, 그들도 분별없이 고함을 질러
댔다!
22 참다 못해 사울이 직접 라마로 갔다. 그는 세구에 있는 큰 우물에 이르러 물었
다. "사무엘과 다윗이 어디 있느냐?"
지나가던 사람이 말했다. "저기 라마의 나욧에 있습니다."
23-24 사울이 라마의 나욧으로 향하자, 하나님의 영이 그에게도 임했다. 나욧에

이르기까지 그는 넋을 잃고 중얼거렸다! 옷을 벗고 그곳에 누워 하루 동안 밤낮
으로 사무엘 앞에서 뜻 모를 말을 늘어놓았다. 사람들은 "사울이 예언자가 되다
니! 누가 짐작이나 했겠는가?" 하며 오늘까지도 그 일을 이야기한다.

하나님의 언약으로 맺어진 우정

20 [1] 다윗이 라마의 나욧에서 빠져나와 요나단에게 갔다. "이제 어찌하
면 좋겠나? 내가 자네 아버지에게 무슨 잘못을 저질렀다고 그분이
이렇게까지 나를 죽이려 하시는가?"
2 "자네를 죽이시다니, 그런 일은 없을 것이네." 요나단이 말했다. "자네는 잘못
한 것이 없네. 그리고 자네는 죽지 않을 걸세. 절대로 죽지 않을 거야! 아버지는
모든 일을 나에게 말씀하신다네. 큰일이든 작은 일이든, 나에게 알리지 않고는
아무 일도 하지 않으시네. 이 일이라고 해서 나 모르게 하시겠는가? 있을 수 없
는 일이네."
3 다윗이 말했다. "자네 아버지는 우리가 절친한 친구 사이라는 것을 알고 계시
네. 그래서 '요나단이 이 일을 알아서는 안된다. 알았다가는 다윗 편을 들 것이
다' 하고 생각하셨을 것이네. **하나님**께서 살아 계심과 지금 자네가 내 앞에 살아
있음을 두고 맹세하는데, 틀림없이 자네 아버지는 나를 죽이기로 작정하셨네."
4 요나단이 말했다. "자네 마음에 있는 것을 말해 보게. 무엇이든 들어주겠네."
5-8 다윗이 말했다. "내일은 초하루네. 내가 왕과 함께 저녁식사를 하도록 예정
되어 있는 날이지. 나는 식사에 참석하지 않고 셋째 날 저녁까지 들판에 숨어
있겠네. 자네 아버지가 나를 찾으시거든, '다윗이 연례 모임이 있다며 고향 베들
레헴에 가서 가족과 함께 예배를 드릴 수 있겠는지 묻더군요' 하고 말씀드려 주
게. 자네 아버지가 '좋다!'고 하시면, 나는 무사할 것이네. 하지만 화를 내신다면
그분이 나를 죽이기로 마음먹은 것을 자네가 확실히 알게 될 것이네. 부디 마지
막까지 내게 충실해 주게. 자네는 나와 **하나님**의 언약을 맺은 사이 아닌가! 내
게 잘못이 있다면, 자네가 직접 나를 죽이게. 나를 자네 아버지에게 넘길 까닭
이 없지 않은가?"
9 "안될 말이네!" 요나단이 소리를 높였다. "나는 절대로 그러지 않을 것이네!
아버지가 자네를 죽이려고 결심했다는 기미가 조금이라도 보이면 바로 자네에
게 알리겠네."
10 다윗이 물었다. "자네 아버지가 호되게 꾸짖으시면, 누구를 보내어 나에게 알
리겠는가?"
11-17 요나단이 말했다. "밖으로 나가지. 들판으로 가세." 둘이 들판에 있을 때 요
나단이 말했다. "**하나님** 이스라엘의 하나님께서 내 증인이시네. 내일 이맘때에
자네에 대한 아버지의 마음이 어떤지 알아내겠네. 그리고 그것을 자네에게 알
려 주겠네. 내가 만일 자네를 배반한다면, **하나님**께서 내게 천벌을 내리실 걸
세! 내 아버지가 여전히 자네를 죽이실 생각이라면, 자네에게 알려 이곳에서 무
사히 벗어나게 하겠네. **하나님**께서 내 아버지와 함께하셨던 것처럼 자네와 함

께하시기를 바라네! 만일 내가 이 일이 끝날 때까지 살아 있다면, 계속해서 내
언약의 친구가 되어 주게. 내가 죽는다면, 언약의 우정으로 내 가족을 영원히
지켜 주게나. 하나님께서 마침내 이 땅에서 자네의 원수들을 없애실 때, 나에
대한 의리를 지켜 주게!" 요나단은 다윗을 향한 사랑과 우정을 다시 한번 맹세
했다. 그는 다윗을 자기 목숨보다 더 아꼈다!
18-23 요나단이 자신의 계획을 내놓았다. "내일은 초하루니, 자네가 저녁식사에
나타나지 않으면 다들 자네를 찾을 것이네. 사흘째가 되어 그들이 자네를 더 이
상 찾지 않으면, 자네는 전에 숨었던 곳으로 가서 그 큰 바위 옆에서 기다리게.
내가 바위 쪽으로 화살을 세 번 쏘겠네. 그런 다음 종을 보내면서 '가서 화살을
찾으라'고 할 텐데, 내가 종에게 '화살이 이쪽에 있으니, 가져오라!'고 외치면,
자네가 무사히 돌아와도 좋다는 신호로 알게. 하나님께서 살아 계심을 두고 맹
세하는데, 두려워할 것 하나도 없네! 그러나 내가 '화살이 더 멀리 나갔다!'고 외
치면, 서둘러 도망치게. 하나님께서 자네가 여기서 벗어나기를 원하시는 것이
네! 지금까지 우리가 의논한 모든 것에 대해 하나님께서 마지막까지 우리와 함
께하심을 잊지 말게!"
24-26 다윗은 들판에 숨었다. 초하루 절기가 되자 왕이 식사를 하려고 식탁에 앉
았다. 그는 늘 앉던 대로 벽 쪽 자리에 앉았고 요나단은 식탁 맞은편에, 아브넬
은 사울 옆에 앉았다. 그러나 다윗의 자리는 비어 있었다. 그날 사울은 그것에
대해 아무 말도 하지 않았다. "그에게 뭔가 부정한 일이 생긴 거겠지. 아마 부정
해져서 거룩한 식사를 못하는 거겠지" 하고 생각했다.
27 그러나 초하루 다음 날인 명절 이튿째에도 다윗의 자리는 비어 있었다. 사울
이 아들 요나단에게 물었다. "이새의 아들은 어디 있느냐? 어제도 오늘도 우리
와 함께 먹지 않는구나."
28-29 요나단이 말했다. "다윗이 제게 베들레헴에 가게 해달라고 특별히 부탁했
습니다. '고향의 가족 모임에 참석할 수 있게 해주십시오. 저의 형들이 제게 당
부했습니다. 괜찮으시다면, 가서 형들을 보게 해주십시오' 하더군요. 그래서 이
자리에 참석하지 못한 겁니다."
30-31 사울은 요나단에게 불같이 화를 냈다. "이 더러운 계집의 자식아! 네가 이
새의 아들과 한통속이 되어, 너와 네 어미 둘 다를 욕되게 하고 있는 것을 내가
모르는 줄 아느냐? 이새의 아들이 이 땅을 활보하고 다니는 한, 이 나라에서 너
의 장래는 보장할 수 없다. 어서 가서 그를 잡아 이리로 끌고 오너라. 이 순간부
터 그놈은 죽은 목숨이나 다름없다!"
32 요나단이 아버지에게 대들었다. "죽은 목숨이라니요? 다윗이 무엇을 잘못했
다고 그러십니까?"
33 사울은 창을 던져 그를 죽이려고 했다. 이로써 요나단은 아버지가 다윗을 죽
이려 한다는 것을 확실히 알았다.
34 요나단은 잔뜩 화가 나서 식사 자리에서 뛰쳐나갔고, 하루 종일 아무것도 먹
지 않았다. 다윗 생각에 마음이 아팠고, 아버지에게 당한 모욕 때문에 속이 상

했다.
35-39 이튿날 아침, 요나단은 다윗과 약속한 대로 어린 종을 데리고 들판으로 갔
다. 그가 종에게 말했다. "달려가서 내가 쏘는 화살을 가져오너라." 어린 종이
달려가자, 요나단은 그 종보다 한참 앞쪽으로 화살을 쏘았다. 어린 종이 화살이
날아간 곳에 이르자, 요나단은 "화살이 더 멀리 나가지 않았느냐?"고 외쳤다.
그러면서 "어서! 서둘러라! 거기 그냥 서 있지 말고!" 하고 외쳤다. 요나단의 어
린 종은 화살을 주워 주인에게 가져왔다. 그러나 그 어린 종은 무슨 일인지 전
혀 몰랐다. 오직 요나단과 다윗만이 그 일을 알았다.
40-41 요나단은 화살집과 활을 어린 종에게 주어 성읍으로 돌려보냈다. 종이 가고
나자, 다윗은 숨어 있던 바위 옆에서 일어섰다가 얼굴을 땅에 대고 엎드렸다.
그렇게 그는 세 번을 절했다! 그러고 나서 그들은 친구와 친구로 서로 입을 맞
추고 울었는데, 다윗이 더 서럽게 울었다.
42 요나단이 말했다. "평안히 가게! '**하나님**께서 나와 자네 사이에, 내 자녀와 자
네 자녀 사이에 영원한 보증이 되실 것이네!' 우리 둘은 **하나님**의 이름으로 우정
을 맹세하지 않았나."

다윗이 사울을 피하여 도망치다

21 1 다윗은 길을 떠나고 요나단은 성읍으로 돌아갔다.
다윗은 놉에 있는 제사장 아히멜렉에게 갔다. 아히멜렉이 나가서 다
윗을 맞으며 크게 놀랐다. "일행도 없이 혼자 오다니 대체 무슨 일입니까?"
2-3 다윗은 제사장 아히멜렉에게 대답했다. "왕이 내게 임무를 맡겨 보내시면서
'이것은 중요한 비밀이니, 아무에게도 알리지 말라'고 엄명을 내리셨습니다. 내
부하들과 정해진 장소에서 만나기로 했습니다. 이곳에 먹을 것이 좀 있습니까?
빵 다섯 덩이 정도 구할 수 있는지요? 무엇이든 있는 대로 주십시오!"
4 제사장이 말했다. "보통 빵은 없고 거룩한 빵만 있습니다. 그대의 부하들이 며
칠 사이에 여자와 잠자리한 적이 없다면, 가져가도 좋습니다."
5 다윗이 말했다. "우리 가운데 누구도 여자를 가까이하지 않았습니다. 나는 임
무를 수행할 때면, 부하들이 여자와 잠자리를 하지 못하게 합니다. 보통 임무를
맡을 때도 그렇게 하는데, 이번 거룩한 임무에는 말할 것도 없지요."
6 그래서 제사장은 거룩한 빵을 내주었다. 그것은 새 빵을 차려 놓으면서 **하나님**
앞에서 물려 낸 임재의 빵이었는데, 그에게 있는 음식이 그것뿐이었기 때문이다.
7 사울의 신하 가운데 한 사람이 그날 서원을 지키려고 그곳에 있었는데, 그는
에돔 사람 도엑으로 사울의 목자 가운데 우두머리였다.
8 다윗이 아히멜렉에게 물었다. "이곳에 혹시 창이나 칼이 있습니까? 왕의 명령
이 너무 급해서 서둘러 떠나느라 무기를 챙길 겨를이 없었습니다."
9 제사장이 말했다. "그대가 상수리나무 골짜기에서 죽인 블레셋 사람 골리앗의
칼이 여기 있습니다! 천에 싸서 에봇 뒤에 두었습니다. 갖고 싶으면 가져가십시
오. 그것 말고 다른 무기는 없습니다."

10-11 다윗이 말했다. "그만한 칼이 어디 또 있겠습니까! 그것을 저에게 주십시오!"
그 말을 마지막으로 다윗은 그곳을 급히 빠져나와 사울을 피해 필사적으로 도
망쳤다. 그는 가드 왕 아기스에게 갔다. 아기스의 신하들이 그를 보고 말했다.
"이 자는 그 유명한 다윗이 아닙니까? 사람들이 춤추면서 노래했던 그 사람 말
입니다.

사울은 수천 명을 죽이고
다윗은 수만 명을 죽인다!"

12-15 다윗은 자신의 정체가 들통 난 것을 알고 당황했다. 그는 가드 왕 아기스에
게 최악의 일을 당할까 두려웠다. 그래서 그들이 보는 앞에서 미친 척하며 머리
를 성문에 찧고 나서, 입에 거품을 물고 수염에 침을 흘렸다. 아기스가 그 모습
을 보고 신하들에게 말했다. "미친 자인 줄 보면 모르느냐? 너희가 어째서 이
자를 이곳에 들였느냐? 내가 참고 견뎌야 할 미친 자들이 부족해서 하나를 더
데려왔느냐? 이 자를 당장 내쫓아라!"

사울이 하나님의 제사장들을 죽이다

22

1-2 다윗은 도망쳐 아둘람 굴로 피했다. 그의 형들을 비롯해서 그의
집안과 관계된 사람들이 그가 그곳에 있다는 소식을 듣고 내려와 합
류했다. 뿐만 아니라 인생의 낙오자들—온갖 실패한 사람과 부랑자와 부적응자
들—도 모두 그의 곁으로 모여들었다. 다윗은 그들의 지도자가 되었는데, 모두
사백 명쯤 되었다.
3-4 그 후에 다윗은 모압 땅 미스바로 갔다. 그는 모압 왕에게 간청했다. "저를
향한 하나님의 계획이 무엇인지를 제가 알게 될 때까지, 제 아버지와 어머니가
피할 곳을 허락해 주십시오." 다윗은 부모를 모압 왕에게 맡겼다. 다윗이 숨어
지내는 동안 그의 부모는 그곳에 머물렀다.
5 예언자 갓이 다윗에게 말했다. "굴로 돌아가지 말고 유다로 가십시오." 다윗은
그가 말한 대로 헤렛 숲으로 갔다.

6-8 사울이 다윗과 그 부하들의 행방에 대해 전해 들었다. 그때 그는 기브아 산
위에 있는 큰 상수리나무 아래서 손에 창을 들고 앉아, 신하들에게 둘러싸인 채
로 회의를 열고 있었다. 그가 말했다. "이 베냐민 사람들아, 잘 들어라! 행여 이
새의 아들에게 너희의 미래를 의탁할 생각은 아예 하지도 마라! 그가 너희에게
가장 좋은 땅을 내주고 너희 모두를 요직에 앉혀 줄 것 같으냐? 생각을 고쳐먹
어라. 지금 너희는 작당하여 내 등 뒤에서 숙덕거리고 있다. 내 아들이 이새의
아들과 내통하고 있는데도, 그것을 내게 고하는 자가 하나도 없다. 내 아들이
그 반역자를 편들고 있는데도, 신경 써서 그것을 내게 고하는 자가 너희 중에
하나도 없다!"

9-10 그때 사울의 신하들과 함께 서 있던 에돔 사람 도엑이 말했다. "제가 놉에서
이새의 아들과 아히둡의 아들 아히멜렉이 만나는 것을 보았습니다. 아히멜렉이
그와 함께 기도하며 **하나님**의 인도하심을 구하고, 그에게 먹을 것을 주고, 블레
셋 사람 골리앗의 칼을 주는 것을 제가 보았습니다."
11 사울이 사람을 보내 아히둡의 아들 제사장 아히멜렉과 놉에 있는 그의 집안
제사장들을 모두 불러들였다. 그들 모두가 왕 앞에 나왔다.
12 사울이 말했다. "아히둡의 아들아, 내 말을 들어라!"
"예, 왕이시여." 그가 말했다.
13 "너는 어찌하여 이새의 아들과 한패가 되어 나를 대적했느냐? 어찌하여 그에
게 빵과 칼을 주고, 그와 함께 기도하여 하나님의 인도하심을 구하고, 그를 반
역자로 세워 나를 해치게 했느냐?"
14-15 아히멜렉이 왕에게 대답했다. "왕의 수하에 왕의 사위이자 경호대 대장인
다윗만큼 충실한 신하가 없고, 그보다 훌륭한 사람도 없습니다. 제가 그와 함께
기도하여 하나님의 인도하심을 구한 것이, 그때가 처음입니까? 아닙니다! 저나
저의 집안에 어떤 죄도 씌우지 마십시오. '반역자'라 하시는 말씀이 무슨 뜻인지
도무지 모르겠습니다."
16 왕이 말했다. "아히멜렉아, 너는 죽어 마땅하다! 너와 네 집안 사람 모두 죽을
것이다!"
17 왕이 심복들에게 명령했다. "**하나님**의 제사장들을 에워싸고 모두 죽여라! 저
들은 다윗과 한편이다. 저들은 다윗이 나를 피하여 달아나는 줄 알면서도 내게
알리지 않았다." 그러나 그들은 제사장들을 죽이려 하지 않았다. **하나님**의 제사
장들에게 손을 대고 싶지 않았던 것이다.
18-19 그러자 왕이 도엑에게 말했다. "네가 제사장들을 죽여 버려라!" 에돔 사람
도엑이 앞장서서 거룩한 옷을 입은 제사장 여든다섯 명을 쳐서 죽였다. 이어서
사울은 제사장들의 성읍인 놉에까지 학살의 손길을 뻗었다. 남자와 여자, 어린
아이와 아기, 소와 나귀와 양 할 것 없이 모조리 죽였다.
20-21 아히둡의 손자요 아히멜렉의 아들인 아비아달만이 겨우 몸을 피해 달아났
다. 그는 도망쳐 다윗에게 가서 그와 한편이 되었다. 아비아달은 사울이 **하나님**
의 제사장들을 살해한 일을 다윗에게 전했다.
22-23 다윗이 아비아달에게 말했다. "그럴 줄 알았소. 내가 그날 거기서 에돔 사람
을 보았는데, 그가 사울에게 말할 줄 알았소. 그대 아버지 집안의 사람들이 몰
살당한 것은 내 탓이오. 여기서 나와 함께 있으시오. 두려워하지 마시오. 그대
를 죽이려는 자는 내 목숨을 노리는 자이기도 하니, 내 곁에 있으시오. 내가 그
대를 지켜 주겠소."

다윗이 광야에서 숨어 지내다

23

1-2 블레셋 사람이 그일라를 습격하여 곡물을 약탈하고 있다는 보고
가 다윗에게 들어갔다. 다윗은 **하나님**께 기도했다. "제가 이 블레셋

사람을 추격해 응징해도 되겠습니까?"
하나님께서 말씀하셨다. "가거라. 블레셋 사람을 공격하여 그일라를 구하여라."
3 그러나 다윗의 부하들이 말했다. "우리는 여기 유다에서도 목숨을 잃을까 두
려워하며 살고 있습니다. 그런데 어떻게 블레셋 사람이 득실대는 그일라로 갈
생각을 하십니까?"
4 그래서 다윗은 다시 하나님께 나아가 기도했다. 하나님께서 말씀하셨다. "가
거라. 그일라로 가거라. 내가 블레셋 사람을 네 손에 넘겨주겠다."
5-6 다윗과 그의 부하들은 그일라로 가서 블레셋 사람과 싸웠다. 그들은 블레셋
사람의 가축을 사방으로 흩어 놓았고 그들을 크게 물리쳐 그일라 백성을 구했다.
다윗에게 피해 있던 아비아달도 에봇을 가지고 나와 그일라 공격에 가세했다.

7-8 다윗이 그일라로 갔다는 말을 듣고 사울은 생각했다. "잘됐다! 하나님께서
그를 통째로 내게 넘겨주시는구나! 사방이 성벽으로 막힌 성 안에서 문까지 잠
겼으니, 그는 이제 독 안에 든 쥐다!" 사울은 다윗과 그의 부하들을 포위하려고
군대를 소집하여 그일라로 향했다.
9-11 다윗은 자기를 멸하려는 사울의 전략을 전해 듣고 제사장 아비아달에게 "에
봇을 가져오시오" 하고 일렀다. 그리고 하나님께 기도했다. "이스라엘의 하나
님, 방금 사울이 저를 잡으려고 그일라로 와서 이 성을 쳐부수려 한다는 소식을
들었습니다. 그일라 성읍의 원로들이 저를 그의 손에 넘겨주겠습니까? 정말 사
울이 내려와 제가 들은 내용대로 실행하겠습니까? 하나님 이스라엘의 하나님,
제게 알려 주십시오!"
하나님께서 대답하셨다. "그가 내려올 것이다."
12 "그럼 그일라의 지도자들이 저와 제 부하들을 사울의 손에 넘겨주겠습니까?"
하나님께서 말씀하셨다. "그들이 너를 넘겨줄 것이다."
13 그래서 다윗과 그의 부하들은 그곳을 빠져나왔다. 그들의 수는 육백 명 정도 되
었다. 그들은 그일라를 떠나 이동했다. 이곳저곳을 다니며 계속해서 이동했다.
사울은 다윗이 그일라에서 피했다는 말을 듣고 기습 계획을 취소했다.
14-15 다윗은 사막의 은신처와 변경의 십 광야 산지에 계속 머물렀다. 사울은 날
마다 그를 찾아다녔으나, 하나님께서 다윗을 그의 손에 넘겨주지 않으셨다. 사
울이 다윗의 목숨을 노리고 뒤쫓기로 작정한 것이 분명해지자, 다윗은 사울의
손이 미치지 않는 곳, 십 광야의 호레스에 숨었다.
16-18 사울의 아들 요나단이 호레스로 다윗을 찾아와서, 하나님 안에서 그를 위
로하며 말했다. "절망하지 말게. 내 아버지 사울은 자네에게 해를 입힐 수 없네.
자네는 이스라엘의 왕이 될 것이고, 나는 자네 곁에서 도울 것이네. 내 아버지
도 그것을 알고 있다네." 그리하여 두 사람은 하나님 앞에서 언약을 맺었다. 다
윗은 호레스에 남고 요나단은 집으로 돌아갔다.

19-20 십 사람 가운데 몇 명이 기브아로 사울을 찾아와서 말했다. "다윗이 우리 지

역 근처의 호레스 굴과 계곡에 숨어 있는 사실을 알고 계십니까? 지금 그는 여
시몬 남쪽에 있는 하길라 산에 있습니다. 그러니 언제든 왕께서 내려오실 준비
가 되면 말씀해 주십시오. 그를 왕의 손에 넘겨드리는 것을 우리의 영광으로 알
겠습니다."
21-23 사울이 말했다. "그대들이 이처럼 나를 생각해 주니 하나님께서 그대들에
게 복 주시기를 비오! 이제 돌아가서 모든 것을 살펴 두시오. 그의 일과를 파악
하고, 그가 어디로 다니며 누구와 함께 있는지 동태를 관찰하시오. 그는 아주
약삭빠르오. 그가 숨은 곳들을 모두 정탐한 다음, 나곤으로 나를 찾아오시오.
그때 내가 당신들과 함께 가겠소. 유다의 어느 지역이든 그를 찾기만 하면 내가
당장 달려갈 것이오!"
24-27 그래서 십 사람들은 사울을 위한 정찰에 착수했다.
그때에 다윗과 그의 부하들은 여시몬 남쪽 사막인 마온 광야에 있었는데, 사울
과 그의 부하들이 도착하여 수색을 시작했다. 다윗은 그 소식을 듣고 남쪽 바위
산으로 피해 마온 광야에서 야영했다. 그가 어디 있는지 전해 들은 사울은 그를
쫓아 마온 광야로 왔다. 사울은 산 이편에 있고, 다윗과 그의 부하들은 산 저편
에 있었다. 사울과 그의 부하들이 포위망을 좁히며 다가오자, 다윗과 그의 부하
들은 후퇴하여 달아났다. 그런데 그때 전령이 사울에게 와서 말했다. "서둘러
돌아가셔야겠습니다! 블레셋 사람이 공격을 개시했습니다!"
28-29 사울은 다윗 쫓는 일을 중단하고 블레셋 사람과 싸우기 위해 돌아갔다. 그
렇게 해서 그곳의 이름을 '구사일생'이라고 부르게 되었다. 다윗은 그곳을 떠나
엔게디 굴과 협곡에서 머물렀다.

다윗이 사울을 살려 주다

24

1-4 블레셋 사람과 싸우다 돌아온 사울은 "다윗이 지금 엔게디 광야
에 있다"는 보고를 들었다. 사울은 온 이스라엘에서 선발한 최정예
군으로 세 개 부대를 꾸려, 들염소 바위 지역으로 다윗과 그의 부하들을 찾아
떠났다. 가다가 길가에 있는 양 우리에 이르렀는데, 마침 그곳에 굴이 있어 사
울이 들어가 용변을 보았다. 다윗과 그의 부하들은 그 굴 안쪽 깊숙한 곳에 숨
어 있었다. 다윗의 부하들이 낮은 목소리로 다윗에게 말했다. "믿어지십니까?
'내가 네 원수를 네 손에 넘겨주겠다. 무엇이든 네 마음대로 행하여라' 하신 하
나님의 말씀이 바로 오늘을 두고 하신 말씀입니다." 다윗은 소리 없이 기어가,
사울의 겉옷자락을 몰래 베었다.
5-7 그는 곧 죄책감이 들어 부하들에게 말했다. "내가 하나님의 기름부음 받은
내 주인에게 이 일을 한 것과, 손가락 하나라도 들어 그를 치는 것은 하나님께
서 금하시는 일이다. 그는 하나님의 기름부음 받은 자다!" 다윗은 이런 말로 자
기 부하들이 사울에게 덤벼들지 못하게 막았다. 사울은 일어나 굴에서 나가, 가
던 길을 계속해서 갔다.
8-13 잠시 후에 다윗이 굴 입구에 서서 사울을 불렀다. "내 주인인 왕이시여!" 사울

이 뒤돌아보았다. 다윗은 무릎을 꿇고 공손히 절했다. 그리고 큰소리로 말했다. "왕께서는 어째서 '다윗이 왕을 해치려 한다'는 사람들의 말을 들으십니까? 오늘 **하나님**께서 왕을 내 손에 넘겨주셨음을, 지금 왕의 눈으로 보고 계십니다. 부하들은 내가 왕을 죽이기를 바랐으나, 나는 그렇게 하지 않았습니다. 나는 그들에게, **하나님**의 기름부음을 받은 내 주인을 내 손으로 치지 않겠다고 말했습니다. 내 아버지여, 이것을 보십시오. 내가 베어 낸 왕의 옷자락입니다. 나는 왕을 베어 죽일 수도 있었지만, 그렇게 하지 않았습니다. 여기 증거를 보십시오! 나는 왕을 대적하지 않습니다. 나는 반역자도 아닙니다. 지금까지 한 번도 왕께 죄를 지은 적이 없습니다. 그런데도 왕께서는 나를 죽이려고 쫓아다니십니다. 우리 중에 누가 옳은지 판단해 보십시오. **하나님**께서 내 원수를 갚아 주실지라도, 그것은 그분의 일이지 나의 계획이 아닙니다. 옛말에 '악한 자에게서 악한 행동이 나온다'고 했습니다. 내 손으로 절대 왕을 해치지 않을 테니 안심하십시오.

14-15 이스라엘의 왕이 도대체 무엇을 하고 계신 것입니까? 누구를 쫓고 계십니까? 죽은 개요 벼룩 아닙니까? **하나님**께서 우리의 재판장이십니다. 누가 옳은지 그분께서 판단하실 것입니다. 그분께서 지금 굽어보시고 당장 판단해 주시면 좋겠습니다. 그래서 나를 왕에게서 해방시켜 주시면 좋겠습니다!"

16-21 다윗이 말을 마치자, 사울은 "이것이 정녕 내 아들 다윗의 목소리냐?" 하면서 눈물을 흘리며 크게 울었다. 그리고 말을 이었다. "너는 옳은데, 나는 그렇지 않구나. 너는 내게 많은 선을 베풀었는데, 나는 네게 악을 쏟아부었다. 이번에도 너는 나를 너그러이 대했다. **하나님**께서 나를 네 손에 넘겨주셨는데도 나를 죽이지 않았다. 왜 그랬겠느냐? 제 원수를 만난 사람이 그를 축복하며 그냥 보내겠느냐? **하나님**께서 네가 오늘 내게 한 일을 보시고 네게 복에 복을 더하시기를 빈다! 네가 왕이 되어 다스릴 것을 이제 나는 의심치 않는다. 이스라엘 나라는 이미 네 손안에 있다! 이제 너는 내 집안 사람들을 다 죽이거나 명부에서 내 이름을 없애지 않겠다고 **하나님**의 이름으로 약속해 다오."

22 다윗이 사울에게 약속했다. 그러자 사울은 집으로 돌아갔고, 다윗과 그의 부하들은 광야에 있는 그들의 피난처로 올라갔다.

25

1 사무엘이 죽었다. 온 백성이 장례식에 와서 그의 죽음을 슬퍼했다. 그는 고향 라마에 묻혔다. 한편, 다윗은 다시 이동하여 이번에는 마온 광야로 갔다.

다윗과 아비가일

2-3 마온에 어떤 사람이 있었는데, 그는 갈멜 땅에서 자기 일을 하고 있었다. 그는 아주 부자여서 그에게 양이 삼천 마리, 염소가 천 마리가 있었다. 마침 갈멜에 양털을 깎는 철이 돌아왔다. 그는 갈렙 사람으로, 이름은 나발(바보)이고 아내의 이름은 아비가일이었다. 여인은 똑똑하고 아름다웠으나 남편은 잔인하고

야비했다.
4-8 변경에 있던 다윗은, 나발이 양털을 깎는다는 말을 듣고 젊은이 열 명을 보내
며 지시했다. "갈멜로 가서 나발을 찾아가거라. 내 이름으로 그에게 이렇게 문
안하여라. '평안을 빕니다! 당신에게 생명과 평안이 있기를 바랍니다. 당신의
집안에도 평안, 이곳에 있는 모든 이에게도 평안이 임하길 빕니다! 양털을 깎는
철이라고 들었습니다. 드리고 싶은 말씀은 이것입니다. 당신의 목자들이 우리
근처에서 야영할 때 우리는 그들을 해치지 않았습니다. 우리와 함께 갈멜에 있
는 동안에도 그들은 잃은 것이 없습니다. 당신의 젊은 목자들에게 물어보면, 그
들이 말해 줄 것입니다. 나는 당신이 내 부하들에게 아량을 베풀어 잔치 음식을
좀 나누어 주었으면 합니다! 무엇이든 내키는 대로 당신의 종들과 당신의 아들
인 나 다윗에게 베풀어 주십시오.'"
9-11 다윗의 젊은이들이 나발에게 가서 그의 메시지를 그대로 전했다. 나발은 그
들에게 호통을 쳤다. "다윗이 누구냐? 도대체 이새의 아들이란 자가 누구냐?
요즘 이 땅에는 도망친 종들이 수두룩하다. 내가 한 번도 본 적 없는 자들에게
좋은 빵과 포도주와 양털 깎는 자들에게 주려고 잡은 신선한 고기를 줄 것 같으
냐? 어디서 굴러 왔는지도 모르는 자들에게 말이냐?"
12-13 다윗의 부하들이 거기서 나와 다윗에게 돌아가서 나발의 말을 전했다. 다윗
이 "너희 모두 칼을 차라!" 하고 명령하니, 그들 모두가 칼을 찼다. 다윗과 그의
부하 사백 명이 길을 떠났고, 이백 명은 뒤에 남아 진을 지켰다.
14-17 그 사이, 젊은 목자들 가운데 한 명이 나발의 아내 아비가일에게 그 일을 알
렸다. "다윗이 변방에서 전령들을 보내 주인께 예를 표했으나 주인님은 호통을
치며 그들을 모욕했습니다. 하지만 그들은 우리를 아주 잘 대해 주었습니다. 우
리가 들판에 있는 동안 우리 소유를 하나도 빼앗지 않았고 우리를 해치지도 않
았습니다. 우리가 밖에서 양을 치는 동안에는 우리 주위에서 밤낮으로 지켜 주
었습니다. 주인님과 우리 모두 이제 곧 큰 피해를 입게 되었으니 서둘러 방법을
찾으십시오. 주인께는 아무 말도 할 수 없습니다. 그분은 꽉 막힌 데다 정말 잔
인하기까지 합니다!"
18-19 아비가일은 서둘러 행동을 취했다. 그녀는 빵 이백 덩이, 포도주 두 가죽부
대, 요리할 수 있게 다듬어 준비한 양 다섯 마리, 볶은 곡식 35리터, 건포도 백
뭉치, 무화과 이백 뭉치를 가져다가 모두 나귀에 실었다. 그리고 젊은 종들에게
말했다. "먼저 가서 길을 터놓아라. 내가 곧 뒤따라가겠다." 그러나 남편 나발에
게는 알리지 않았다.
20-22 아비가일이 나귀를 타고 골짜기로 내려가고 있는데, 마침 다윗과 그의 부하
들이 맞은편에서 내려오고 있었다. 그들은 그 길에서 마주쳤다. 다윗이 막 이렇
게 말하고 난 뒤였다. "광야에서 그 자의 모든 소유를 지켜 주어 재산을 하나도
잃지 않게 한 것이 모두 헛된 일이었다. 결국 그가 내게 모욕으로 갚지 않는가.
모욕도 이런 모욕이 없다! 내가 내일 아침까지 나발과 그의 못된 무리 가운데
한 사람이라도 살려 둔다면, 하나님께 어떤 벌이라도 받겠다!"

23-25 아비가일은 다윗을 보자마자, 나귀에서 내려 그의 발 앞에 무릎을 꿇고 얼
굴을 땅에 대고 엎드려 경의를 표했다. "내 주인이시여, 모두가 제 잘못입니다!
제가 말씀드리는 것을 허락해 주시고, 제 말에 귀를 기울여 주십시오. 그 잔인
한 사람 나발이 한 일에 마음 쓰지 마십시오. 그는 자기 이름처럼 행동하는 사
람입니다. 나발은 바보라는 뜻입니다. 그에게서는 미련함이 흘러나옵니다.
25-27 주인께서 보내신 젊은이들이 왔을 때, 제가 그 자리에 없어 그들을 보지 못
했습니다. 주인이시여, **하나님**께서 살아 계심과 당신이 살아 계심을 두고 맹세
합니다. 이제 **하나님**께서 보복 살인을 하지 못하도록 당신을 막으신 것입니다.
당신의 원수들, 곧 내 주인님을 해치려는 모든 자는 나발처럼 되기를 원합니다!
이제 당신의 여종이 주인께 가져온 선물을 받으시고, 주인님의 뒤를 따르는 젊
은이들에게 나누어 주십시오.
28-29 저의 무례함을 용서하십시오! 하지만 **하나님**께서는 내 주인님 안에서 일하
시고, 견고하고 확실한 통치를 세우고 계십니다. 내 주인님은 **하나님**의 싸움을
싸우고 계십니다! 주인께서 사시는 날 동안에는 어떤 악도 주인께 달라붙지 못
할 것입니다.

누가 당신의 길을 막고
당신을 그 길에서 밀어내려 한다면,
이것을 아십시오. 하나님이 높이시는 당신의 생명은
하나님이 지키시는 생명 주머니에 꼭 싸여 있다는 것을.
그러나 당신 원수들의 생명은
물매로 돌을 던지듯 내던져질 것입니다.

30-31 **하나님**께서 내 주인께 약속하신 모든 선을 이루시고 주인님을 이스라엘의
통치자로 세우실 때에, 내 주인님의 마음속에는 보복 살인으로 인한 무거운 죄
책감은 없을 것입니다. **하나님**께서 내 주인님을 위해 일이 잘되게 하시거든, 저
를 기억해 주십시오."
32-34 그러자 다윗이 말했다. "**하나님** 이스라엘의 하나님이여, 찬양받으소서. 하
나님께서 그대를 보내어 나를 맞이하게 하셨소! 그대의 분별력에 복이 임하기를
빕니다! 나를 막아 살인하지 못하게 하고, 또 이렇게 앞장서서 나를 찾아와 준
그대를 축복하오. 하마터면 큰일 날 뻔했소! 그대를 해치지 못하게 나를 막으신
하나님 이스라엘의 하나님의 살아 계심을 두고 맹세하오. 그대가 이렇게 급히
와서 나를 막지 않았다면, 아침에 나발에게 남은 것은 시체뿐이었을 것이오."
35 다윗은 그녀가 가져온 선물을 받고 말했다. "평안히 집으로 돌아가시오. 그대
의 말을 잘 알아들었으니, 그대가 요청한 대로 행할 것이오."
36-38 아비가일이 집에 돌아가서 보니, 나발은 큰 잔치를 베풀고 있었다. 그는 잔
뜩 흥이 난 데다가 흠뻑 취해 있었다. 그녀는 날이 밝을 때까지 자기가 한 일을
그에게 일절 말하지 않았다. 아침이 되어 나발이 술이 깨자, 그녀는 그 사이에

있었던 일을 모두 알렸다. 그러자 나발은 곧바로 심장발작을 일으켜 혼수상태
에 빠졌고, 열흘 후에 **하나님**께서 그를 죽게 하셨다.
39-40 다윗은 나발이 죽었다는 소식을 듣고 말했다. "나발의 모욕 앞에서 내 편이
되어 주시고 나의 악한 행위를 막으셔서, 나발의 악이 그에게 되돌아가게 하신
하나님을 찬양합니다."
그 후에 다윗은 아비가일에게 사람을 보내, 그녀를 아내로 삼고 싶다는 뜻을 전
했다. 다윗의 부하들이 갈멜로 아비가일을 찾아가서 말했다. "다윗 어른께서 당
신을 아내로 삼고자 하여 모셔 오라고 우리를 보냈습니다."
41 아비가일은 일어나 얼굴을 땅에 대고 절하며 말했다. "나는 당신의 종이니 당
신이 원하는 일이면 무엇이든 기꺼이 하겠습니다. 내 주인님을 따르는 종들의
발이라도 씻기겠습니다!"
42 아비가일은 머뭇거리지 않았다. 그녀는 나귀를 타고 자기를 시중드는 여종
다섯을 데리고 다윗의 부하들과 함께 다윗에게 가서 그의 아내가 되었다.
43-44 다윗은 이스르엘의 아히노암과도 결혼했다. 두 여인 모두 다윗의 아내였다.
사울은 다윗의 아내 미갈을 갈림 사람 라이스의 아들 발디(발디엘)에게 시집보냈다.

26

1-3 십 사람 몇 명이 기브아로 사울을 찾아와서 말했다. "다윗이 여
시몬 맞은편에 있는 하길라 산에 숨어 있는 것을 아십니까?" 사울
은 즉시 일어나 최정예 부하 삼천 명을 이끌고, 그 황량한 사막에 있는 다윗을
잡으려고 십 광야로 떠났다. 그는 여시몬 맞은편에 있는 하길라 산길 옆에 진을
쳤다.
3-5 아직까지 변경에 머물던 다윗은 사울이 자기를 뒤쫓아 온 것을 알았다. 다윗
은 정탐꾼들을 보내어 그가 있는 정확한 위치를 알아냈다. 그 후에 사울이 진을
친 곳으로 가서, 사울과 그의 군사령관인 넬의 아들 아브넬이 머물고 있는 것을
직접 보았다. 사울은 군대에 둘러싸여 진 안에 안전하게 있었다.
6 다윗은 앞장서며 헷 사람 아히멜렉과 스루야의 아들 요압의 동생인 아비새에
게 말했다. "누가 나와 함께 사울의 진에 들어가겠소?"
아비새가 낮은 목소리로 말했다. "제가 가겠습니다."
7 다윗과 아비새가 밤중에 적진에 들어가 보니, 사울이 진 한가운데서 몸을 뻗
고 누워 잠들어 있었다. 사울의 머리맡에 그의 창이 꽂혀 있고, 아브넬과 군사
들은 그의 주위에서 곤히 자고 있었다.
8 아비새가 말했다. "드디어 때가 왔습니다! 하나님께서 장군의 원수를 장군께
넘겨주셨습니다. 제가 저 창으로 그를 찔러 땅에 박겠습니다. 한 번만 내리꽂으
면 됩니다. 두 번도 필요 없습니다!"
9 그러나 다윗은 아비새에게 말했다. "그를 해치지 마라! **하나님**의 기름부음 받
은 자에게 해를 입히고 무사할 사람이 누가 있겠느냐?"
10-11 다윗이 말을 이었다. "**하나님**께서 살아 계심을 두고 맹세하는데, 그분이 그

를 치시든지, 때가 되어 그가 집에서 죽든지, 아니면 전투에서 전사할 것이다.
그러나 내 손으로 **하나님**의 기름부음 받은 자를 치는 것은 **하나님**께서 금하시
는 일이다. 그의 머리맡에 있는 창과 물병을 가지고 여기서 나가자."
12 다윗은 사울의 머리맡에 있던 창과 물병을 가지고 몰래 빠져나왔다. 보는 사
람도, 알아챈 사람도, 잠에서 깬 사람도 없었다! 그 일이 벌어지는 동안 그들은
모두 자고 있었다. **하나님**께서 보내신 깊은 잠이 이불처럼 그들을 덮었다.
13-14 다윗이 맞은편 산으로 건너가 멀찍이 산꼭대기에 섰다. 안전거리를 두고서
그는 건너편의 군대와 넬의 아들 아브넬에게 외쳤다. "아브넬아! 내가 얼마나
기다려야 네가 깨서 내게 대답하겠느냐?"
아브넬이 말했다. "너는 누구냐?"
15-16 "너는 그곳의 책임자가 아니냐?" 다윗이 말했다. "어찌하여 네 본분을 다하
지 않고 있느냐? 군사 하나가 네 주인인 왕을 죽이러 갔는데도, 어찌하여 네 주
인인 왕을 지키는 보초가 없었느냐? 무엄하다! **하나님**께서 살아 계심을 두고
맹세하는데, 너와 경호대는 목숨을 잃어 마땅하다. 나에게 있는 것을 보아라.
왕의 머리맡에 있던 왕의 창과 물병이다!"
17-20 사울이 다윗의 목소리를 알아듣고 말했다. "내 아들 다윗아, 이것이 네 목소
리냐?"
다윗이 말했다. "내 주인인 왕이시여, 그렇습니다. 왕께서는 어찌하여 내 목숨
을 노리고 쫓으십니까? 내가 무슨 잘못을 했습니까? 무슨 죄를 저질렀습니까?
내 주인인 왕이시여, 왕의 종이 드리는 말에 귀를 기울여 주십시오. 만일 **하나
님**께서 왕의 마음을 움직여 나를 치게 하셨다면, 나는 기쁘게 내 목숨을 제물로
바칠 것입니다. 그러나 인간이 벌인 일이라면, 그들은 **하나님** 앞에서 쫓겨날 것
입니다! 그들은 **하나님**께서 유산으로 주신 땅 가운데 내가 받을 정당한 자리에
서 나를 쫓아내면서 '여기서 나가라! 가서 다른 신하고 잘해 보아라!' 하고 비웃
어 댔습니다. 하지만 왕께서는 나를 그렇게 쉽게 없애지 못할 것입니다. 왕께서
는 내가 살아 있을 때든 죽은 다음에든, **하나님**과 나 사이를 갈라놓지 못할 것
입니다. 말도 안되는 일입니다! 이스라엘의 왕이 벼룩 한 마리에 집착하시다니
요! 메추라기에 지나지 않는 나를 잡기 위해 이렇게 산에까지 쫓아오시다니요!"
21 사울이 고백했다. "내가 죄를 지었구나! 내 사랑하는 아들 다윗아, 돌아오거
라! 다시는 너를 해치지 않겠다. 오늘 너는 나를 귀히 여겨 내 목숨을 지켜 주었
다. 내가 어리석었다. 바보처럼 못나게 굴었구나."
22-24 다윗이 대답했다. "여기, 내가 무엇을 가지고 있는지 보이십니까? 왕의 창입
니다. 왕의 신하들 가운데 한 사람을 보내어 가져가게 하십시오. 정의와 신의에
따라 우리 각 사람에 대한 처분을 내리실 분은 **하나님**이십니다. 오늘 **하나님**께
서 왕의 목숨을 내 손에 넘기셨지만, 나는 **하나님**의 기름부음 받은 자를 내 손으
로 칠 생각이 없었습니다. 오늘 내가 왕의 목숨을 귀하게 여겼듯이 **하나님**께서
내 목숨을 귀하게 여기셔서, 모든 어려움에서 나를 건져 주시기를 바랍니다."
25 사울이 다윗에게 말했다. "사랑하는 아들 다윗아, 너를 축복한다! 네가 해야

할 일을 하거라! 참으로 네가 하는 모든 일에서 성공하기를 빈다!"
그 후에 다윗은 자기 길로 가고, 사울은 왕궁으로 돌아갔다.

27 [1] 다윗은 속으로 생각했다. "조만간에 사울이 나를 잡으러 올 것이
다. 내가 할 수 있는 최선은 블레셋 땅으로 피하는 것이다. 그러면
사울은 가망 없다고 생각하며 이스라엘 구석구석에서 나를 쫓는 일을 포기할
것이다. 그렇게 해야 그의 손아귀에서 아주 벗어나게 될 것이다."
2-4 다윗은 부하 육백 명과 함께 가드 왕 마옥의 아들 아기스에게로 내려갔다. 그
들은 가드로 이주하여 아기스와 함께 그곳에 정착했다. 각자 자기 가족을 데리
고 갔다. 다윗도 두 아내 이스르엘 사람 아히노암과 나발의 아내였던 갈멜 사람
아비가일을 데리고 갔다. 사울은 다윗이 가드로 도망했다는 말을 듣고 추적을
멈추었다.
5 그 후에 다윗이 아기스에게 말했다. "왕께서 괜찮으시다면, 지방의 마을들 가
운데 하나를 내게 주십시오. 왕의 종에 불과한 내가 왕이 계신 성읍에 자리를
차지하고 있는 것이 옳지 않은 듯합니다."
6-7 그러자 아기스는 그에게 시글락을 주었다. (그렇게 해서 시글락은 지금처럼 유다의
성읍이 되었다). 다윗은 일 년 넉 달 동안 블레셋 땅에서 살았다.
8-9 다윗과 그의 부하들은 이따금씩 그술 사람, 기르스 사람, 아말렉 사람을 습
격했는데, 이들은 오래전부터 수르에서 이집트에 이르는 지역에 거주하고 있
었다. 다윗은 한 지역을 공격할 때 남녀 할 것 없이 아무도 살려 두지 않았으나,
양과 소, 나귀, 낙타, 옷 등 나머지 것은 모두 전리품으로 취했다. 그러고 나서
그가 아기스에게 돌아오면,
10-11 아기스는 "오늘은 어디를 습격했소?" 하고 묻곤 했다.
그러면 다윗은 "유다 땅 네겝입니다"라든지 "여라무엘 사람의 네겝입니다", "겐
사람의 네겝입니다" 하고 대답했다. 행여 누구라도 가드에 나타나 다윗이 실제
로 무슨 일을 했는지 보고할까 싶어, 그는 단 한 사람도 살려 두지 않았다. 블레
셋 땅에 사는 동안 다윗은 늘 그런 식으로 일을 처리했다.
12 아기스는 다윗을 온전히 신임하게 되었다. 아기스는 "그가 이토록 자기 백성
에게 미움받을 행동을 했으니 영원히 내 진에 머물 것이다" 하고 생각했다.

28 [1] 그 즈음에 블레셋 사람이 이스라엘과 싸우려고 군대를 소집했다.
아기스가 다윗에게 말했다. "알고 계시오. 그대와 그대의 부하들도
나의 군대와 함께 진격할 것이오."

2 그러자 다윗이 말했다. "좋습니다! 이제 내가 무엇을 할 수 있는지 직접 보시
게 될 것입니다."

"잘됐소!" 아기스가 말했다. "내가 그대를 평생 내 경호원으로 삼겠소."

사울의 기도에 응답하지 않으신 하나님

3 사무엘이 이미 죽어서, 온 이스라엘이 그의 죽음을 슬퍼하며 그를 고향 라마
에 묻은 뒤였다. 사울은 혼백을 불러내는 자들을 오래전에 깨끗이 없애 버렸다.
4-5 블레셋 사람이 군대를 소집하여 수넴에 진을 쳤다. 사울은 온 이스라엘을 모
아 길보아에 진을 쳤다. 그러나 블레셋 군대를 본 사울은 몹시 두려워 떨었다.
6 사울이 하나님께 기도했지만, 하나님은 꿈이나 표징이나 예언자로도 응답하
지 않으셨다.
7 그래서 사울은 신하들에게 지시했다. "내가 조언을 구할 수 있도록 혼백을 불
러낼 줄 아는 사람을 찾아내라."
신하들이 말했다. "엔돌에 무당이 한 사람 있습니다."
8 사울은 다른 옷을 입고 변장한 다음, 신하 둘을 데리고 야음을 틈타 그 여인에
게 가서 말했다. "나를 위해 혼백에게 조언을 구해 주시오. 내가 이름을 대는 사
람을 불러내 주시오."
9 여인이 말했다. "그만하십시오! 사울 왕이 이 땅에서 무당들을 깨끗이 없애 버
린 것을 당신도 알지 않습니까. 그런데 어째서 나를 함정에 빠뜨려 목숨을 잃게
하려 하십니까?"
10 사울이 엄숙하게 대답했다. "하나님께서 살아 계심을 두고 맹세하는데, 이 일
로 그대가 피해를 입는 일은 없을 것이오."
11 여인이 말했다. "그럼 내가 누구를 불러내리이까?"
"사무엘이오. 사무엘을 불러 주시오."
12 사무엘이 보이자 여인이 큰소리로 사울에게 외쳤다. "왜 나를 속이셨습니까?
당신은 사울 왕이 아니십니까!"
13 왕이 여인에게 말했다. "두려워할 것 없다. 네게 무엇이 보이느냐?"
"땅속에서 한 혼백이 올라오는 것이 보입니다."
14 "그가 어떻게 생겼느냐?" 사울이 물었다.
"제사장 같은 옷차림을 한 노인입니다."
사울은 그가 사무엘임을 알았다. 그는 엎드려 땅에 얼굴을 대고 절했다.
15 사무엘이 사울에게 말했다. "어찌하여 나를 불러내 번거롭게 합니까?"
사울이 말했다. "내가 심각한 곤경에 빠져서 그렇습니다. 블레셋 사람이 쳐들어
오고 있는데 하나님께서 나를 버리셨습니다. 그분은 더 이상 예언자로도 꿈으
로도 내게 응답하지 않으십니다. 그래서 내가 어찌해야 할지 알려 달라고 당신
을 불러낸 것입니다."
16-19 사무엘이 말했다. "왜 나에게 묻습니까? 하나님께서 이미 당신에게 등을
돌리셔서 당신 이웃의 편이 되셨습니다. 하나님께서는 나를 통해 당신에게 말
씀하신 대로 행하셨습니다. 당신 손에서 나라를 찢어내 당신의 이웃에게 주셨
습니다. 하나님께서 오늘 이 일을 하신 이유는, 당신이 아말렉에서 하나님께 불

순종하여 그분의 맹렬한 심판을 실행하지 않았기 때문입니다. 하나님께서는 이
스라엘마저도 당신과 함께 블레셋 사람의 손에 넘겨주실 것입니다. 내일 당신
과 당신의 아들들은 나와 함께 있을 것입니다. 참으로 하나님께서 이스라엘 군
대를 블레셋 사람의 손에 넘겨주실 것입니다."
20-22 사울은 사무엘의 말이 너무도 두려워, 나무가 넘어지듯 바닥으로 쓰러졌다.
그는 그날 하루 종일 아무것도 먹지 못해 기운이 하나도 없었다. 여인은 그가
심한 충격을 받은 것을 알고 이렇게 말했다. "제 말을 들으십시오. 저는 제 목
숨을 내놓으면서까지 왕께서 요구하신 대로 했고 왕의 지시에 충실히 따랐습니
다. 이제 왕께서 제 말대로 해주실 차례입니다. 제가 음식을 좀 드릴 테니 드십
시오. 기운을 차려야 길을 떠나실 수 있습니다."
23-25 사울은 "아무것도 먹지 않겠다"며 거절했다.
그러나 신하들과 여인이 간곡히 권하자, 그들의 간청에 못 이겨 바닥에서 일어나 침상에 앉았다. 여인은 재빨리 움직였다. 그녀는 집에서 키운 송아지를 잡고 밀가루를 가져다 반죽하여 누룩을 넣지 않은 빵을 구웠다. 그러고는 그 모든 음식을 사울과 그의 신하들에게 대접했다. 그들은 충분히 먹고 나서 식탁에서 일어나 그날 밤에 길을 떠났다.

29

1-2 블레셋 사람은 모든 군대를 아벡에 집결시켰다. 이스라엘은 이미
이스르엘에 있는 샘에 진을 치고 있었다. 블레셋의 장군은 연대와 사
단 단위로 진군했고, 다윗과 그의 부하들은 아기스와 함께 맨 뒤에서 따라갔다.
3 블레셋의 지휘관들이 말했다. "이 히브리 사람들이 무엇 때문에 이곳에 와 있
는 겁니까?"
아기스가 지휘관들에게 대답했다. "한때 이스라엘 왕 사울의 신하였던 다윗을 모르시오? 그는 오랫동안 나와 함께 지냈소. 나는 그가 사울에게서 망명한 날부터 지금까지, 수상쩍거나 못마땅한 점을 하나도 보지 못했소."
4-5 블레셋의 지휘관들은 아기스에게 화를 내며 말했다. "이 사람을 돌려보내십
시오. 가서 제 일이나 충실히 보게 하십시오. 그는 우리와 함께 전쟁에 나가지 못합니다. 전투중에 저쪽 편으로 돌아설 겁니다! 다시 돌아가서 제 주인의 마음을 얻기에 우리의 등을 찌르는 것보다 더 좋은 기회가 어디 있겠습니까! 이 사람은 히브리 사람들이 잔치 자리에서 이렇게 노래하며 칭송하는 그 다윗이 아닙니까?

사울은 수천 명을 죽이고
다윗은 수만 명을 죽인다!'"

6-7 할 수 없이 아기스는 다윗에게 사람을 보내어 이렇게 말했다. "하나님께서
살아 계심을 두고 맹세하는데, 그대는 지금까지 믿음직한 협력자였소. 나와 함

께 일하면서 모든 면에서 탁월했고 그대가 처신한 방식도 나무랄 데가 없었소.
그러나 장군들은 그렇게 보지 않는구려. 그러니 그대는 이제 평안히 떠나는 것
이 좋겠소. 블레셋 장군들의 심기를 건드려서 좋을 게 없소."
8 "내가 무엇을 잘못했는지요?" 다윗이 말했다. "내가 왕과 동맹한 날부터 지금
까지 단 하나라도 불편하게 해드린 일이 있었습니까? 왜 내가 내 주인이신 왕
의 적들과 싸울 수 없습니까?"
9-10 "내 생각도 같소." 아기스가 말했다. "그대는 좋은 사람이오. 내가 아는 한
그대는 하나님의 천사요! 그러나 블레셋 지휘관들은 '그는 우리와 함께 전쟁에
나갈 수 없다'며 강경하게 나오고 있소. 그러니 그대는 함께 온 부하들을 데리고
일찍 떠나시오. 날이 밝는 대로 바로 이동하시오."
11 다윗과 그의 부하들은 일찍 일어나, 동틀 무렵에 블레셋 땅으로 돌아갔다. 블
레셋 사람은 이스르엘로 계속 진군했다.

다윗의 힘은 하나님께 있었다

30

1-3 사흘 후, 다윗과 그의 부하들이 시글락으로 돌아왔을 때에는, 아
말렉 사람이 이미 네겝과 시글락을 친 뒤였다. 그들은 시글락을 쑥
대밭으로 만들어 놓고 불살랐다. 또한 나이와 상관없이 모든 여자를 잡아서 소
떼처럼 끌고 갔다. 다윗과 그의 부하들이 마을에 들어섰을 때는 이미 온 마을이
잿더미가 되었고, 그들의 아내와 자녀들이 모두 포로로 잡혀간 뒤였다.
4-6 다윗과 그의 부하들은 큰소리로 울부짖었다. 기진맥진할 때까지 울고 또 울
었다. 다윗의 두 아내 이스르엘 사람 아히노암과 나발의 아내였던 갈멜 사람 아
비가일도 다른 사람들과 함께 포로로 잡혀갔다. 그러나 다윗의 곤경은 그것으
로 끝나지 않았다. 가족을 잃고 원통한 나머지, 다윗을 돌로 치자는 말이 사람
들 사이에서 나왔던 것이다.
6-7 다윗은 자기가 믿는 **하나님**을 의지하여 힘을 냈다. 그는 아히멜렉의 아들인
제사장 아비아달에게 명령했다. "에봇을 내게 가져오시오. 하나님께 여쭈어 보
겠습니다." 아비아달은 에봇을 가져와 다윗에게 주었다.
8 다윗이 **하나님**께 기도했다. "제가 이 침략자들을 쫓아가야 하겠습니까? 제가
그들을 따라잡을 수 있겠습니까?"
하나님께서 응답해 주셨다. "그들을 쫓아가거라! 네가 그들을 따라잡을 것이다!
참으로 네가 모두를 구해 낼 것이다!"
9-10 다윗은 부하 육백 명을 데리고 갔다. 그들이 브솔 시내에 도착했는데, 거기
서 일부 낙오자가 생겼다. 다윗과 부하 사백 명은 계속 추격했지만, 이백 명은
너무 지쳐서 브솔 시내를 건너지 못하고 그곳에 남았다.
11-12 계속 추격해 간 이들이 들판에서 우연히 한 이집트 사람을 만나 다윗에게
데려왔다. 그들이 빵을 주자 그가 먹고 물도 마셨다. 그들은 그에게 무화과빵
한 조각과 건포도빵 두 덩이를 주었다. 그는 사흘 밤낮을 아무것도 먹지도 마시
지도 못했는데, 그제야 서서히 생기를 되찾았다!

13-14 다윗이 그에게 말했다. "너는 누구에게 속한 자냐? 어디서 왔느냐?"
"저는 이집트 사람으로, 아말렉 사람의 종입니다." 그가 말했다. "사흘 전에 제
가 병이 들자, 주인이 저를 버리고 가 버렸습니다. 우리는 그렛 사람의 네겝과
유다의 네겝과 갈렙의 네겝을 침략했습니다. 그리고 시글락을 불태웠습니다."
15 다윗이 그에게 물었다. "네가 우리를 침략자들에게 데려다 줄 수 있겠느냐?"
그가 말했다. "저를 죽이거나 옛 주인에게 넘기지 않겠다고 하나님의 이름으로
약속해 주십시오. 그러면 제가 당신을 침략자들이 있는 곳으로 곧장 안내하겠
습니다."
16 그는 다윗을 인도하여 아말렉 사람에게 갔다. 그들은 사방에 흩어져서 먹고
마시며, 블레셋과 유다에서 약탈한 온갖 전리품을 즐기고 있었다.
17-20 다윗이 그들을 덮쳐 동트기 전부터 그 이튿날 저녁까지 싸우니, 그들 가운
데 낙타를 타고 도주한 젊은 사람 사백 명을 빼고는 아무도 살아남지 못했다.
다윗은 아말렉 사람에게 빼앗겼던 모든 것을 되찾았고, 두 아내도 구해 냈다!
젊은 사람이나 늙은 사람, 아들과 딸, 약탈품을 통틀어 잃어버린 것이 하나도
없었다. 다윗은 모두 다 되찾았다. 그가 양 떼와 소 떼를 앞세우고 진군하자, 모
두가 "다윗의 전리품이다!" 하고 소리쳤다.
21 얼마 후 다윗은, 너무 지쳐 자기를 따르지 못하고 낙오했던 이백 명이 있는 브
솔 시내에 이르렀다. 그들이 나와서 다윗과 그의 무리를 환영했고, 다윗은 그들
가까이 다가가 "성공이다!" 하고 외쳤다.
22 그런데 다윗과 함께 출전했던 사람들 가운데 비열한 무리가 다윗을 제지하고
나섰다. "저들은 구출 작전에 기여한 게 없으니, 우리가 되찾은 전리품을 나눌 수
없소. 아내와 자녀들을 데려가는 것으로 끝이오. 처자식이나 데려가게 하시오!"
23-25 그러자 다윗이 그 언쟁을 중지시키면서 말했다. "형제 여러분, 가족끼리 이
러는 법은 없습니다! **하나님**께서 우리에게 주신 것을 가지고 이렇게 처신해서
는 안됩니다! 하나님께서는 우리를 안전하게 지켜 주셨고 우리를 공격했던 침
략자들을 우리 손에 넘겨주셨습니다. 그러니 말도 안되는 소리 따위는 집어치
웁시다. 남아서 보급품을 지킨 자나 나가서 싸운 자나 몫은 똑같습니다. 똑같이
나눌 것입니다. 나누되 똑같이 나누십시오!" 그날 이후로 다윗은 그것을 이스라
엘의 규정으로 삼았고, 오늘까지 그대로 지켜지고 있다.

26-31 시글락에 돌아온 다윗은 전리품의 일부를 이웃인 유다 장로들에게 보내면
서 이런 전갈도 함께 보냈다. "**하나님**의 원수들에게서 빼앗은 전리품 중 일부를
선물로 보냅니다!" 그는 그것을 베델, 라못네겝, 얏딜, 아로엘, 십못, 에스드모
아, 라갈, 여라므엘 사람의 성읍들과 겐 사람의 성읍들과 호르마, 보라산, 아닥,
헤브론 등지의 장로들에게 보냈고, 부하들과 함께 드나들던 다른 많은 지역에
도 보냈다.

사울과 요나단이 전사하다

31 1-2 블레셋 사람이 이스라엘과 전쟁을 벌였다. 이스라엘 사람들이 전면 후퇴하다가, 길보아 산에서 부상을 입고 여기저기 쓰러졌다. 블레셋 사람은 사울과 그의 아들들을 추격하여, 요나단과 그의 형제 아비나답과 말기수아를 죽였다.

3-4 사울 주변에서 싸움이 맹렬했다. 활 쏘는 자들이 바짝 따라붙어 그에게 중상을 입혔다. 사울은 자신의 무기를 드는 자에게 말했다. "네 칼을 뽑아서 나를 죽여라. 저 이교도들이 와서 나를 죽이며 조롱하지 못하게 하여라."

4-6 그러나 사울의 무기를 드는 자는 몹시 두려운 나머지 찌르려고 하지 않았다. 그러자 사울은 직접 칼을 뽑아 그 위로 엎어졌다. 사울이 죽은 것을 보고는 무기를 드는 자도 자기 칼 위에 엎어져 함께 죽었다. 이렇게 사울과 그의 세 아들과 그의 무기를 드는 자, 그와 가장 가까웠던 자들이 그날 함께 죽었다.

7 맞은편 골짜기와 요단 강 건너편에 있던 이스라엘 사람은, 아군이 후퇴하는 것과 사울과 그의 아들들이 죽은 것을 보고 성읍들을 떠나 필사적으로 도망쳤다. 블레셋 사람이 들어와 그곳들을 차지했다.

8-10 이튿날, 블레셋 사람이 죽은 자들을 약탈하러 왔다가 길보아 산에 쓰러져 있는 사울과 그의 세 아들의 시신을 보았다. 그들은 사울의 머리를 베고 갑옷을 벗겼다. 그리고 우상들의 산당을 포함한 온 블레셋 땅에 그 기쁜 소식을 전했다. 그들은 사울의 갑옷을 아스다롯 산당에 전시하고 그의 주검은 벳산 성벽에 못 박았다.

11-13 야베스 길르앗 사람들은 블레셋 사람이 사울에게 한 일을 전해 들었다. 용사들이 바로 나서서, 밤새도록 달려 벳산 성벽에서 사울과 그의 세 아들의 주검을 거두고 야베스로 가져와 화장했다. 그리고 야베스의 에셀 나무 아래 그 뼈를 묻고 칠 일 동안 금식하며 애도했다.

사무엘하

1 [1-2] 사울이 죽고 나서 얼마 후에, 다윗은 아말렉 사람을 정벌하고 시글락
으로 돌아왔다. 사흘 후에 사울의 진에서 온 어떤 사람이 예고도 없이 나
타났다.
[2-3] 흐트러진 옷차림에 애도중인 것이 분명해 보이는 그는, 다윗 앞에 정중히 무
릎을 꿇었다. 다윗이 물었다. "무슨 일로 왔느냐?"
그가 대답했다. "저는 이스라엘 진에서 도망쳐 나오는 길입니다."
[4] 다윗이 말했다. "그래, 무슨 일이 있었느냐? 어떤 소식을 가지고 왔느냐?"
그가 말했다. "이스라엘 사람들이 죽은 수많은 동료들을 뒤로한 채 전쟁터에서
달아났습니다. 사울 왕과 그의 아들 요나단도 전사했습니다."
[5] 다윗이 그 젊은 군사에게 자세히 물었다. "사울 왕과 요나단이 전사한 것이 확
실하냐? 네가 어떻게 아느냐?"
[6-8] "제가 길보아 산을 지나다가 우연히 사울 왕과 마주쳤습니다. 그는 중상을
입은 채 자기 창에 기대어 있었는데, 적의 전차와 기병들이 바짝 추격해 오고
있었습니다. 그가 뒤돌아보다가 제가 있는 것을 알고는 저를 불렀습니다. '예,
말씀하십시오' 하고 말하자, 그가 저에게 누구인지 묻기에 아말렉 사람이라고
했습니다.
[9] 그는 '이리 와서 이 고통에서 나를 건져 다오. 내 목숨이 아직 붙어 있지만, 이
미 죽은 것이나 다름없다' 하고 말했습니다.
[10] 그래서 저는 그의 부탁대로 했습니다. 그가 오래 살지 못할 것을 알았습니다.
왕의 머리띠와 팔찌를 벗겨서 주인님께 가져왔습니다. 여기 있습니다."
[11-12] 다윗은 몹시 슬퍼하며 자기 옷을 잡아 찢었다. 그와 함께 있던 사람들도 모
두 그와 같이 했다. 그들은 그날 남은 시간 동안 울고 금식하면서 사울과 그의
아들 요나단이 죽은 것과, 하나님의 군대와 이스라엘 민족이 패전의 희생자가

된 것을 슬퍼했다.
13 그런 다음 다윗은 소식을 가져온 젊은 군사에게 말했다. "도대체 너는 누구냐?"
"저는 이민 집안 출신으로 아말렉 사람입니다."
14-15 다윗이 말했다. "네가 감히 하나님의 기름부음 받은 왕을 죽였단 말이냐?"
다윗은 곧바로 자기 군사 가운데 한 사람에게 "그를 쳐죽여라!" 하고 명령했다.
그러자 군사가 그를 쳐죽였다.
16 다윗이 그에게 말했다. "너는 죽음을 자청했다. 하나님의 기름부음 받은 왕을
죽였다는 네 말이 곧 사형선고가 되었다."
17-18 다윗이 애가를 불러 사울과 그의 아들 요나단을 애도하고, 유다의 모든 사람
에게도 그 노래를 외워 부르게 했다. 이 노래는 야살의 책에도 기록되어 있다.

19-21 이스라엘의 영양들이 산에서 죽임당하고
강한 용사들이 쓰러지고 쓰러졌다!
이 일을 가드 성에 알리지 말고
아스글론 거리에도 퍼뜨리지 마라.
천박한 블레셋 여자들에게
술자리의 이야깃거리를 또 하나 던져 주지 마라!
길보아의 산들아, 너희 위로 다시는 이슬과 비가 내리지 않고
샘과 우물에도 물 한 방울 남지 않을 것이다.
거기서 용사들의 방패가 진흙탕에 끌렸고
사울의 방패가 녹슨 채 버려졌으니.

22 요나단의 활은 대담무쌍하여
큰 적일수록 더욱 무참히 쓰러뜨렸고
사울의 칼은 두려움을 몰라서
한번 칼집을 떠나면 그 무엇도 막을 수 없었다.

23 사랑스럽고 아름다운 사울과 요나단이여!
살아서도 함께더니 죽을 때도 함께구나.
그대들은 내려 꽂히는 독수리보다 빠르고
용맹한 사자보다 강했다.

24-25 이스라엘의 여인들아, 사울을 위해 울어라.
그가 너희를 최고의 무명과 비단으로 입혔고
아낌없이 치장해 주었다.
강한 용사들이 싸움의 한복판에서
쓰러지고 쓰러졌다!
요나단이 산에서 죽임을 당했다!

[26] 내 사랑하는 형제 요나단이여,
그대의 죽음에 내 마음은 무너져 내리오.
기적과도 같은 그대의 우정은
내가 지금껏 알았던, 앞으로 알게 될
그 무엇보다도 더한 사랑이었소.

[27] 강한 용사들이 쓰러지고 쓰러졌다.
무기들이 산산이 부서졌다.

다윗이 유다의 왕이 되다

2 [1] 이 모든 일이 있고 나서, 다윗이 기도하며 하나님께 여쭈었다. "제가 유
다의 한 성읍으로 이주해도 되겠습니까?"
하나님께서 말씀하셨다. "그렇다. 이주하여라."
"어느 성읍으로 가야겠습니까?"
"헤브론으로 가거라."
[2-3] 그래서 다윗은 두 아내 이스르엘 사람 아히노암과 갈멜 사람 나발의 아내였
던 아비가일을 데리고 헤브론으로 이주했다. 다윗의 부하들도 자기 가족을 데
리고 그와 함께 가서, 헤브론과 그 주변에 자리를 잡았다.
[4-7] 유다 주민들이 헤브론으로 와서 다윗을 유다 지파의 왕으로 삼았다.

길르앗 야베스 사람들이 사울을 안장해 주었다는 보고가 다윗에게 들어갔다. 다윗은 길르앗 야베스 사람들에게 전령을 보내어 이렇게 전했다. "여러분이 주인인 사울 왕을 높여 장례를 치러 주었으니, 하나님께서 여러분에게 복 주시기를 빕니다. 하나님께서 여러분을 높이시고 진실하게 대해 주시기를 빕니다. 나도 그와 같이 하여 여러분의 너그럽고 선한 행위에 보답하겠습니다. 여러분은 뜻을 굳게 하고 마땅히 해야 할 바를 행하십시오. 여러분의 주인인 사울은 죽었고, 유다 주민들은 나를 그들의 왕으로 삼았습니다."

[8-11] 한편, 사울의 군사령관인 넬의 아들 아브넬이 사울의 아들 이스보셋을 마하
나임으로 데리고 가서 그를 길르앗, 아셀, 이스르엘, 에브라임, 베냐민의 왕으
로 삼았다. 그를 온 이스라엘의 왕으로 삼은 것이다. 당시 이스보셋은 마흔 살
이었다. 그는 고작 이 년 동안 왕위에 있었다. 그러나 유다 백성은 다윗을 지지
했고, 다윗은 헤브론에서 칠 년 반 동안 유다 백성을 다스렸다.

[12-13] 하루는 넬의 아들 아브넬이 사울의 아들 이스보셋의 군사들과 함께 마하나
임을 떠나 기브온으로 향했다. 스루야의 아들 요압도 다윗의 군사들과 이동 중
이었다. 두 무리가 기브온 연못가에서 만났는데, 아브넬의 무리는 한편에 있었

고 요압의 무리는 맞은편에 있었다.
14 아브넬이 요압에게 싸움을 걸었다. "너희 쪽 최고의 군사들을 내세워 보아라. 실력이나 한번 겨뤄 보자."
요압이 말했다. "좋다! 겨뤄 보자!"
15-16 그들이 싸우려고 늘어섰는데, 사울의 아들 이스보셋 쪽에서는 베냐민 사람 열두 명이 나왔고 다윗 쪽에서는 군사 열두 명이 나왔다. 그들이 각각 상대방의 머리를 잡고 서로 단도로 찌르자, 모두가 쓰러져 한꺼번에 죽었다. 그래서 그곳을 '살육의 벌판'이라 불렀는데, 그곳은 기브온에 있다.
17-19 싸움이 온종일 이어지면서 점점 더 치열해졌다. 아브넬과 이스라엘 사람들이 다윗의 부하들에게 사정없이 패했다. 스루야의 세 아들인 요압과 아비새와 아사헬도 그 자리에 있었다. 드넓은 평원의 영양처럼 빠른 아사헬이 아브넬 뒤에 바짝 붙어 그를 쫓았다.
20 아브넬이 돌아보며 말했다. "아사헬, 너냐?"
"그렇다." 그가 말했다.
21 아브넬이 말했다. "나를 뒤쫓지 마라. 네가 이길 만한 사람을 골라서 그의 전리품으로 만족해라!" 그러나 아사헬은 그만두지 않았다.
22 아브넬이 다시 말했다. "돌아가거라. 계속 쫓아오면 너를 죽일 수밖에 없다. 내가 네 형 요압의 얼굴을 어떻게 보겠느냐?"
23-25 아사헬이 계속 따라오자, 아브넬은 무딘 창 끝으로 그의 배를 찔렀는데, 얼마나 세게 찔렀던지 창이 등을 뚫고 나왔다. 아사헬은 그 자리에서 쓰러져 죽었다. 아사헬이 쓰러져 죽은 곳에 이른 사람마다 멈추어서 멍하니 바라보았다. 아사헬이 죽었다! 그러나 요압과 아비새는 계속해서 아브넬을 추격했다. 해가 질 무렵, 그들은 기브온 변경으로 가는 길가의 기아 맞은편 암마 산에 이르렀다. 베냐민 사람들이 그 산 위 요충지에 자리를 잡고 아브넬과 함께 서 있었다.
26 아브넬이 요압에게 소리쳐 말했다. "우리가 다 망할 때까지 계속해서 서로 죽여야겠느냐? 그렇게 해서 남는 것이 무엇이냐, 참극밖에 더 있겠느냐? 얼마나 기다려야, 네 부하들에게 형제들을 쫓지 말라고 명령하겠느냐?"
27-28 요압이 말했다. "하나님께서 살아 계심을 두고 맹세하는데, 네가 말하지 않았으면 아침까지 계속 추격했을 것이다!" 그러고서 요압이 숫양 뿔나팔을 불자, 유다의 온 군대가 그 자리에 멈추어 섰다. 그들은 더 이상 이스라엘을 쫓지 않고 싸움을 멈췄다.
29 아브넬과 그의 군사들은 밤새도록 행군하여 아라바 골짜기에 이르렀고, 요단강을 건너 오전 내내 행군한 끝에 마하나임에 도착했다.
30-32 요압이 아브넬을 쫓다가 돌아와서 부대의 인원을 점검하니, (아사헬을 제외하고도) 다윗의 부하 가운데 열아홉 명이 없었다. 다윗의 부하들이 죽인 아브넬의 부하는 모두 360명이었는데, 죽은 자들은 모두 베냐민 사람이었다. 다윗의 부하들은 아사헬의 주검을 거두어 베들레헴의 가족 묘지에 묻었다. 그런 다음 밤새도록 행군하여 동틀 무렵 헤브론에 도착했다.

3 [1] 사울의 집안과 다윗의 집안 사이에 전쟁이 끊이지 않았다. 전쟁이 길어
질수록 다윗은 점점 강해졌고, 사울의 집안은 점점 약해졌다.

2-5 다윗이 헤브론 시절에 낳은 아들들은 이러하다.
이스르엘 사람 아히노암이 낳은 맏아들 암논
갈멜 사람 나발의 아내였던 아비가일이 낳은 둘째 아들 길르압
그술 왕 달매의 딸 마아가가 낳은 셋째 아들 압살롬
학깃이 낳은 넷째 아들 아도니야
아비달이 낳은 다섯째 아들 스바댜
에글라가 낳은 여섯째 아들 이드르암.
다윗은 이 여섯 아들을 헤브론에서 낳았다.

6-7 아브넬은 사울의 집안과 다윗의 집안 사이에 계속되는 싸움을 이용해 자신의
권력을 키웠다. 사울에게 후궁이 있었는데, 아야의 딸 리스바였다. 하루는 이스
보셋이 아브넬에게 따졌다. "그대가 어찌하여 내 아버지의 후궁과 동침하였소?"
8-10 아브넬은 이스보셋에게 화를 냈다. "나를 개 취급하는 겁니까! 내가 왕의 아
버지 사울의 집안과 그의 온 가문과 친구들에게 끝까지 충실한 대가가 고작 이
겁니까? 다윗에게 잡혀갈 게 뻔한 왕을 내가 직접 구해 줬는데, 왕께서는 내가
한 여자와 잔 것을 문제 삼으시는 겁니까! **하나님**께서 다윗에게 약속하신 일이
이루어지도록 내가 도울 것입니다. 이 나라를 사울의 집안에서 옮겨, 다윗이 단
에서 브엘세바까지 이스라엘과 유다 온 땅을 통치하는 자가 되게 만들겠다, 이
말입니다. 그렇지 않으면 하나님께서 내게 어떤 벌이라도 내리시길 바랍니다."
11 이스보셋은 아브넬의 격분이 두려워 더 이상 한 마디도 하지 못했다.

12 아브넬은 곧바로 다윗에게 전령을 보냈다. "저와 협상하시지요. 이스라엘 온
땅이 왕께 넘어가도록 돕겠습니다."
13 다윗이 말했다. "좋소. 협상이 성립되었소. 다만, 한 가지 조건이 있소. 나를
만나러 올 때 사울의 딸 미갈을 데려오시오. 그렇지 않으면 그대는 여기서 환영
받지 못할 것이오."
14 이어서 다윗은 사울의 아들 이스보셋에게 전령을 보냈다. "내가 블레셋 사람
의 포피 백 개를 주고 아내로 얻은 미갈을 내게 돌려주시오."
15-16 이스보셋은 라이스의 아들 발디엘과 결혼하여 살고 있던 미갈을 데려오도
록 명령했다. 발디엘은 계속 울면서 바후림까지 그녀를 따라왔다. 거기서 아브
넬이 그에게 "집으로 돌아가라"고 하자, 그가 집으로 돌아갔다.
17-18 아브넬이 이스라엘의 장로들을 모아 놓고 말했다. "어제까지만 해도 여러
분은 다윗을 왕으로 삼을 길을 찾고 있었습니다. 그러니 이제 그리하시오! **하나**

님께서 이미 '내가 내 종 다윗의 손을 통해 내 백성 이스라엘을 블레셋과 다른 모든 원수의 압제에서 구원할 것이다' 하고 허락하셨습니다."

19 아브넬은 베냐민 지파를 따로 불러 그들과 이야기했다. 그러고 나서 다윗과 밀담을 나누기 위해 헤브론으로 갔다. 그는 온 이스라엘이, 특히 베냐민 지파가 계획한 일을 모두 다윗에게 말할 참이었다.

20 아브넬과 그의 부하 스무 명이 헤브론에서 다윗을 만나니, 다윗은 그들을 위해 연회를 베풀었다.

21 연회 후에 아브넬이 말했다. "저는 준비가 되었습니다. 이제 가서 내 주인이신 왕을 위해 이스라엘의 모든 사람을 모으겠습니다. 그들이 왕과 조약을 맺고, 왕의 뜻대로 다스릴 권한을 왕께 드릴 것입니다." 아브넬은 다윗의 축복을 받으며 헤브론을 떠났다.

22-23 잠시 후에, 요압이 이끄는 다윗의 부하들이 현장 임무를 마치고 돌아왔다. 아브넬은 조금 전 다윗의 축복을 받고 떠난 터라, 헤브론에 있지 않았다. 요압과 그의 기습부대는 넬의 아들 아브넬이 다윗과 함께 그곳에 있다가 다윗의 축복을 받고 떠났다는 이야기를 들었다.

24-25 요압은 곧바로 왕에게 갔다. "무슨 일을 하신 것입니까? 아브넬이 나타났는데 그를 무사히 보내 주시다니요? 왕도 넬의 아들 아브넬을 잘 아시지 않습니까. 이것은 친선 방문이 아닙니다. 그 자가 여기 온 목적은 왕을 정탐하여 왕의 출입을 파악하고 왕의 의중을 살피려는 것입니다."

26-27 요압은 그곳에서 나와 행동을 취했다. 그는 전령들을 보내 아브넬을 뒤쫓게 했고, 그들은 시라 우물가에서 그를 따라잡아 다시 헤브론으로 데려왔다. 다윗은 이 일을 전혀 몰랐다. 아브넬이 헤브론에 돌아오자, 요압은 은밀히 할 말이 있다며 그를 성문 한구석으로 데려갔다. 거기서 요압은 자기 동생 아사헬을 죽인 것에 대한 복수로, 아브넬의 배를 찔러 무참히 살해했다.

28-30 나중에 다윗이 그 소식을 듣고 말했다. "넬의 아들 아브넬이 살해된 일에 대해 나와 내 나라는 하나님 앞에서 아무런 죄가 없다. 요압과 그의 온 집안이 이 피흘린 죄의 저주 아래 있게 될 것이다. 그들은 영원히 장애와 병과 폭력과 기근의 피해자가 될 것이다." (요압과 그의 동생 아비새가 아브넬을 살해한 것은, 그가 기브온 전투에서 그들의 동생 아사헬을 죽였기 때문이다.)

31-32 다윗은 요압과 자기 밑에 있는 모든 부하에게 명령했다. "너희의 옷을 잡아 찢고 상복을 입어라! 아브넬의 장례 행렬에 앞장서 가며 큰소리로 슬퍼하여라." 다윗 왕은 관을 따라갔다. 그들은 아브넬을 헤브론에 묻었다. 아브넬의 무덤 곁에서 우는 왕의 소리가 어찌나 크고 구슬프던지, 모든 백성이 따라 울었다.

33-34 다윗 왕은 아브넬을 위해 애가를 불렀다.

이럴 수 있는가? 아브넬이 이름 없는 부랑아처럼 죽다니?
그대는 마음대로 다니고 행하는 자유인이었으나

골목 싸움의 희생물이 되었구나.

그러자 온 백성이 울었고, 울음소리는 점점 더 커졌다!
35-37 온 백성이 다윗에게 다가와서, 어두워지기 전에 무언가를 먹도록 권했다. 그러나 다윗은 엄숙히 맹세했다. "해가 지기 전에는 어떤 음식도 먹지 않겠소. 그러니 하나님, 저를 도와주십시오!" 장례식에 참석한 모든 사람이 그 모습을 보고 좋게 여겼다. 백성은 왕이 하는 일이면 무엇이든 박수를 보냈다. 왕이 넬의 아들 아브넬의 죽음과 아무 상관이 없다는 것을, 그날 온 이스라엘을 비롯한 모든 사람이 분명히 알게 되었다.
38-39 왕이 신하들에게 말했다. "그대들도 보았듯이, 오늘 이스라엘의 지도자이자 큰 용사가 더러운 살인의 희생물이 되어 죽었소. 내 비록 기름부음을 받은 왕이지만, 힘이 없어 이 일에 전혀 손을 쓰지 못했소. 이 스루야의 아들들이 나보다 강하오. 하나님, 범죄한 자에게 그가 행한 대로 갚아 주십시오!"

이스보셋이 살해되다

4

1 아브넬이 헤브론에서 죽었다는 말을 듣고, 사울의 아들 이스보셋은 마음이 무너져 내렸다. 온 나라가 흔들렸다.
2-3 이스보셋에게는 기습부대를 맡은 두 사람의 군지휘관이 있었는데, 한 사람의 이름은 바아나고 다른 사람의 이름은 레갑이었다. 그들은 베냐민 지파 브에롯 사람인 림몬의 아들들이었다. (브에롯 사람은 깃다임으로 도망한 이후로 베냐민 지파에 속했고, 오늘까지 외국인으로 그곳에 살고 있다.)
4 사울의 아들 요나단에게는 두 다리를 저는 아들이 하나 있었다. 사울과 요나단의 사망 소식이 이스르엘에 전해졌을 때, 그는 다섯 살이었다. 유모가 그를 안고 서둘러 도망가다 넘어지는 바람에 다리를 절게 되었다. 그의 이름은 므비보셋이었다.
5-7 하루는 림몬의 두 아들 바아나와 레갑이 이스보셋의 궁으로 향했다. 그들은 하루 중 가장 더울 때 도착했는데, 그때 이스보셋은 낮잠을 자고 있었다. 그들은 공무가 있는 척 꾸며 궁 안으로 들어갔다. 마침 침실을 지키던 여종은 잠들어 있었다. 레갑과 바아나는 그 옆을 몰래 지나 이스보셋의 방으로 들어갔는데, 그는 침대에서 잠들어 있었다. 그들은 그를 죽인 다음 머리를 베어 전리품으로 들고 나왔다. 그리고 아라바 골짜기 사이로 난 길을 따라 밤새도록 걸어서 이동했다.
8 그들은 헤브론으로 가서 이스보셋의 머리를 다윗에게 바치고 이렇게 말했다. "여기 왕의 원수인 사울의 아들 이스보셋의 머리가 있습니다. 그가 왕을 죽이려고 애썼지만, 하나님께서 내 주인이신 왕의 원수를 갚아 주셨습니다. 바로 오늘 사울과 그의 자손에게 복수하신 것입니다!"
9-11 다윗은 브에롯 사람 림몬의 아들들인 레갑과 바아나 형제에게 대답했다. "지금까지 온갖 역경에서 나를 건져 주신 하나님께서 참으로 살아 계심을 두고

맹세한다. 전에 시글락에서 한 전령이 내가 좋아할 것이라 생각하고 '기쁜 소식입니다! 사울이 전사했습니다!'라고 말했을 때 나는 그를 붙들어 그 자리에서 죽였다. 그것이 그가 전한 기쁜 소식의 결과였다! 그리고 지금 너희가 나타났다. 너희는 자기 집에서 자고 있는 죄 없는 사람을 무참히 죽인 악한 자들이다! 내가 살인을 저지른 너희를 이 땅에서 없애지 않을 줄로 생각하느냐!"

12 다윗은 군사들에게 명령을 내렸다. 군사들은 두 사람을 죽여 손발을 자르고 그 주검을 헤브론 연못가에 매달았다. 이스보셋의 머리는 거두어 헤브론에 있는 아브넬의 무덤에 묻었다.

다윗이 온 이스라엘의 왕이 되다

5

1-2 얼마 후 이스라엘 온 지파가 헤브론의 다윗에게 나아와 말했다. "보십
시오. 우리는 왕의 혈육입니다! 과거에 사울이 왕이었을 때도, 나라를 실제로 움직인 사람은 왕이셨습니다. 그때 이미 하나님께서는 왕에게 '너는 내 백성 이스라엘의 목자가 되고 지도자가 될 것이다' 하고 말씀하셨습니다."
3 이스라엘의 모든 지도자가 헤브론에서 다윗 왕을 만났고, 다윗은 하나님 앞에 나아가 그들과 언약을 맺었다. 이어 그들은 다윗에게 기름을 부어 이스라엘의 왕으로 삼았다.

❧

4-5 다윗은 서른 살에 왕위에 올라, 사십 년 동안 다스렸다. 헤브론에서 칠 년 반 동안 유다를 다스렸고, 예루살렘에서 삼십삼 년 동안 온 이스라엘과 유다를 다스렸다.
6 다윗과 그의 부하들이 예루살렘으로 곧장 진군하여 그 땅에 살고 있던 여부스 사람을 치려고 하자, 그들이 말했다. "집으로 돌아가거라! 너 따위는 눈먼 자나 다리 저는 자라도 물리칠 수 있겠다. 너는 여기 들어올 수 없다!" 그들은 다윗이 뚫고 들어오지 못할 것이라고 확신했다.
7-8 그러나 다윗은 앞으로 돌진하여 시온 성채를 점령했다. 그 후로 그곳은 다윗 성으로 알려졌다. 그날 다윗은 "여부스 사람을 이기려면 급수 시설을 공략해야 하고, 다윗이 미워하는 다리 저는 자와 눈먼 자도 반드시 쳐야 한다"고 말했다. (그 일이 얼마나 그의 신경을 거슬렀던지, "다리 저는 자와 눈먼 자는 왕궁에 출입할 수 없다"는 말까지 생겨났다.)
9-10 다윗은 그 요새 성읍에 살면서 그곳 이름을 '다윗 성'이라 하고, 바깥쪽 보루에서부터 안쪽으로 성을 쌓았다. 만군의 하나님께서 그와 함께 계셨으므로, 다윗은 더 넓은 품과 더 큰 걸음으로 나아갔다.
11-12 그 즈음에 두로 왕 히람이 다윗에게 사절단과 함께 백향목 재목을 보냈다. 그는 또 목수와 석공들을 보내어 다윗의 왕궁을 짓게 했다. 다윗은 그 일을, 하나님께서 자신을 이스라엘의 왕으로 인정하시고 그분의 백성 이스라엘을 위해 그의 왕권을 세상에 널리 알리셨다는 표시로 받아들였다.

13-16 헤브론을 떠난 뒤로 다윗은 예루살렘에서 첩과 아내를 더 맞아들였고, 아들
과 딸들을 더 낳았다. 그가 예루살렘에서 낳은 자녀들의 이름은 이러하다.

삼무아
소밥
나단
솔로몬
입할
엘리수아
네벡
야비아
엘리사마
엘리아다
엘리벨렛.

17-18 다윗이 온 이스라엘의 왕이 되었다는 말을 듣고 블레셋 사람이 그를 잡으러
왔다. 다윗은 그 소식을 듣고 요새로 내려갔다. 블레셋 사람이 이미 도착하여
르바임 골짜기에 병력을 주둔시켰다.
19 그때 다윗이 하나님께 기도했다. "제가 올라가서 블레셋 사람과 싸워도 되겠
습니까? 주께서 도우셔서 그들을 물리치게 해주시겠습니까?"
20-21 하나님께서 대답하셨다. "올라가거라. 나를 믿어라. 내가 너를 도와 그들을
물리치게 하겠다."
다윗은 곧장 바알브라심으로 가서 그들을 철저히 쳐부수었다. 그러고 나서 다윗
은 "콸콸 솟구치는 물처럼 하나님께서 내 적들을 쓸어버리셨다" 말하고 그곳을
바알브라심(솟구치시는 주님)이라고 불렀다. 블레셋 사람이 후퇴하면서 그들의 온
갖 우상을 버려두고 갔으므로, 다윗과 그의 군사들이 그 우상들을 치워 버렸다.

22-23 나중에 똑같은 일이 일어났다. 블레셋 사람이 다시 올라와서 르바임 골짜기
에 병력을 배치시켰다. 이번에도 다윗은 하나님께 기도했다.
23-24 하나님께서 말씀하셨다. "너는 정면에서 공격하지 말고, 그들 뒤로 돌아가
신성하게 여기는 나무숲에 매복했다가 습격하여라. 나무들 사이로 발소리가 들
리면, 나와서 칠 준비를 하여라. 그것이 나 하나님이 너보다 앞서 가서 블레셋
진을 쳐부순다는 신호다."
25 다윗은 하나님께서 명령하신 대로 행했다. 그는 기브온에서 게셀에 이르기까
지 블레셋 사람을 정벌했다.

하나님의 궤를 예루살렘으로 옮기다

6

1-2 다윗이 이스라엘의 정예군 서른 개 부대를 소집했다. 그는 하나님의 궤를 되찾아 오기 위해 군사들과 함께 바알라로 향했다. 그 궤는 한 쌍의 천사 위에 앉아 계신 만군의 **하나님**의 이름으로 불리는 궤였다.

3-7 그들은 산 위에 있는 아비나답의 집으로 가서 하나님의 궤를 새 수레에 싣고 내려왔다. 아비나답의 아들들인 웃사와 아히오가 하나님의 궤를 실은 새 수레를 몰았는데, 아히오가 앞장서고 웃사는 궤 옆에서 따라갔다. 다윗과 이스라엘 온 무리는 행진하면서 목청껏 노래를 불렀고 만돌린, 하프, 탬버린, 캐스터네츠, 심벌즈를 연주했다. 그들이 나곤의 타작마당에 이르렀을 때 소들이 비틀거리자, 웃사가 손을 내밀어 하나님의 궤를 잡았다. **하나님**께서 불같이 진노하셔서 웃사를 치셨다. 이는 그가 궤를 더럽혔기 때문이다. 웃사는 거기, 바로 궤 옆에서 죽었다.

8-11 **하나님**께서 웃사에게 진노를 발하시자 다윗은 화를 냈다. 그래서 그곳은 오늘까지 베레스웃사(웃사에 대해 폭발하심)라고 불린다. 그날 다윗은 **하나님**이 두려워 "이 궤는 함부로 손댈 수 없다. 이래서야 어떻게 이 궤를 다시 다윗 성으로 옮길 수 있겠는가?" 하고 말했다. 그는 **하나님**의 궤를 한 발짝도 더 옮기려 하지 않았다. 대신 그는, 궤를 길에서 조금 떨어진 곳에 있는 가드 사람 오벳에돔의 집으로 옮겼다. **하나님**의 궤는 가드 사람 오벳에돔의 집에 석 달 동안 머물렀다. **하나님**께서 오벳에돔과 그의 온 집안에 복을 주셨다.

12-16 **하나님**께서 하나님의 궤 때문에 오벳에돔과 그의 온 집안에 복을 주셨다는 소식이 다윗 왕에게 들어갔다. "그 복을 내가 받아야겠다"고 생각한 다윗은, 가서 하나님의 궤를 오벳에돔의 집에서 다윗 성으로 가지고 올라왔다. 궤를 옮기는 내내 가장 좋은 소를 제물로 바치며 성대한 축제를 벌였다. 다윗은 제사장의 세마포를 입고 **하나님** 앞에서 주저 없이 춤을 추었다. 온 나라가 그와 함께 함성과 나팔소리를 울리며 **하나님**의 궤를 따라갔다. 그러나 **하나님**의 궤가 다윗 성으로 들어올 때 사울의 딸 미갈이 창밖을 내다보다가, **하나님** 앞에서 춤추며 뛰노는 다윗 왕을 보고서 마음속으로 그를 업신여겼다.

17-19 그들이 **하나님**의 궤를 가지고 들어와서 궤를 두려고 쳐 놓은 장막 한가운데 놓자, 다윗은 그 자리에서 번제와 화목제를 드려 예배했다. 번제와 화목제를 마친 다윗은 만군의 **하나님**의 이름으로 백성을 축복하고, 남녀 할 것 없이 그곳에 모인 모든 사람에게 빵 한 덩이와 대추과자 하나와 건포도과자 하나씩을 나누어 주었다. 그 후에 백성이 모두 집으로 돌아갔다.

20-22 다윗이 그의 가족을 축복하기 위해 왕궁으로 돌아가니, 사울의 딸 미갈이 그를 맞으러 나오면서 말했다. "왕께서는 오늘 거리의 저속한 춤꾼처럼 여종들이 보는 앞에서 몸을 드러내며 참으로 훌륭하게 위엄을 떨치시더군요!" 다윗이 미갈에게 대답했다. "나는 **하나님** 앞에서 마음껏 춤을 출 것이오! 그분이 나를 택하셔서, 당신의 아버지와 당신의 남은 집안 위에 두시고 **하나님**의 백성 이스

라엘의 통치자로 삼으셨소. 하나님의 영광을 위해서라면 나는 이보다도 더 격
하게 춤을 출 것이오. 설령 내가 바보처럼 보여도 좋소. 하지만 당신이 그렇게
걱정하는 이 여종들 사이에서, 나는 한없는 존경을 받을 것이오."
23 그 후 사울의 딸 미갈은 평생 자식을 낳지 못했다.

하나님께서 다윗과 맺으신 언약

7 1-2 **하나님**께서 모든 원수들로부터 왕을 지켜 주셨으므로, 머지않아 그가
안정을 찾았다. 그러던 어느 날, 다윗 왕이 예언자 나단에게 말했다. "보
십시오. 나는 여기 호화로운 백향목 왕궁에서 편히 살고 있는데, 하나님의 궤는
허술한 장막 안에 있습니다."
3 나단이 왕에게 말했다. "무엇이든 왕의 마음에 좋은 대로 행하십시오. **하나님**
께서 왕과 함께 계십니다."
4-7 그러나 그날 밤 **하나님**의 말씀이 나단에게 임했다. "너는 가서 내 종 다윗에
게 전하여라. '이 일에 대한 **하나님**의 말씀이다. 내가 살 집을 네가 짓겠다는 말
이냐? 이스라엘 자손을 이집트에서 이끌어 내던 날부터 지금까지, 나는 한 번
도 집에서 산 적이 없다. 언제나 장막에 거하며 옮겨 다녔다. 내가 이스라엘과
함께 다니면서, 목자로 지명한 지도자들 중 누구에게 "어찌하여 내게 백향목 집
을 지어 주지 않느냐?"고 물은 적이 있느냐?'
8-11 그러니 너는 내 종 다윗에게 이렇게 말하여라. '만군의 **하나님**이 네게 주는
말씀이다. 내가 양의 뒤를 따라다니던 너를 목장에서 데려다가 내 백성 이스라
엘의 지도자로 삼았다. 네가 어디로 가든지 내가 너와 함께 있었고, 네 앞의 모
든 적을 물리쳤다. 이제 나는 네 이름을 높여서 땅의 위대한 이름들과 어깨를
겨루게 할 것이다. 그리고 내 백성 이스라엘을 위해 한 곳을 따로 떼어 그들을
그곳에 심고, 각자 자기 집을 갖게 하여 더 이상 떠돌지 않게 할 것이다. 또한
내 백성 이스라엘 위에 사사들을 두던 시절과는 달리, 악한 자들이 너희를 괴롭
히지 못하게 할 것이다. 마침내, 너의 모든 적을 막아 평화를 누리게 할 것이다.
11-16 나 **하나님**이 네게 말한다. 나 **하나님**이 친히 네게 집을 지어 주겠다! 네 일
생이 다하여 조상과 함께 묻힐 때에, 내가 네 자식, 네 몸에서 난 혈육을 일으켜
네 뒤를 잇게 하고 그의 통치를 견고히 세울 것이다. 그가 나를 높여 집을 지을
것이며, 나는 그 나라의 통치를 영원히 보장할 것이다. 나는 그에게 아버지가
되고 그는 내게 아들이 될 것이다. 그가 잘못을 저지르면 내가 평소 하던 것처
럼, 인생의 함정과 장애물로 그를 징계할 것이다. 그러나 앞선 왕 사울에게 그
러했던 것처럼 내 자비로운 사랑을 거두는 일은 없을 것이다. 그에게서는 절대
로 내 사랑을 거두지 않을 것이다. 네 집안과 네 나라가 영원히 안전할 것이다.
내가 거기서 눈을 떼지 않을 것이다! 네 왕좌는 바위처럼 언제나 든든히 그 자
리에 있을 것이다.'"
17 나단은 환상 중에 보고 들은 모든 것을 다윗에게 빠짐없이 이야기했다.

18-21 다윗 왕이 들어가서, 하나님 앞에서 기도했다. "내 주 하나님, 제가 누구이
며 저의 집안이 무엇이기에 주께서 저를 이 자리에 이르게 하셨습니까? 그러나
앞으로 있을 일에 비하면 이것은 아무것도 아닙니다. 내 주 하나님, 주께서는
제 집안의 먼 앞날에 대해서 말씀하시며 장래 일을 엿보게 해주셨습니다! 이 모
든 것 앞에서 감히 제가 무슨 말을 할 수 있겠습니까? 주 하나님, 주께서는 제
실상을 아십니다. 주께서 이 모든 일을 행하신 것은, 저의 어떠함 때문이 아니
라 주의 어떠하심 때문입니다. 바로 주님의 마음에서 비롯된 것입니다! 주께서
그것을 제게 알려 주셨습니다.
22-24 주 하나님, 주님은 참으로 위대하십니다! 주님 같은 분이 없습니다. 주님과
같은 하나님이 없습니다. 주님 외에는 하나님이 없습니다. 우리 귀로 들은 그
어떤 이야기도 주님과 비할 수 없습니다. 누가 이 땅에 하나뿐인 나라, 주의 백
성 이스라엘과 같겠습니까? 하나님께서 친히 나서서 당신을 위해 그들을 구해
내셨습니다(그 일로 주의 이름을 널리 알리셨습니다). 그들을 이집트에서 구원하여 내
심으로 여러 민족과 그 신들을 사방으로 내쫓으시며 크고 두려운 일을 행하셨
습니다. 주께서 자신을 위해 한 백성—주님 소유의 이스라엘!—을 영원한 주의
백성으로 세우셨습니다. 그리고 주 하나님께서 그들의 하나님이 되셨습니다.
25-27 위대하신 하나님, 저와 제 집안에 주신 이 말씀을 영원히 보장해 주십시오!
약속하신 대로 이루어 주십시오! 그러면 주의 명성이 영원히 높아져 사람들이
'만군의 하나님이 이스라엘의 하나님이시다!' 하고 외칠 것입니다. 그리고 주의
종 다윗의 집은, 보살펴 주시는 주의 임재 안에 확실하고 견고하게 남을 것입니
다. 만군의 하나님이요 이스라엘의 하나님이신 주께서 '내가 네게 집을 지어 주
겠다'고 밝히 말씀하시니, 제가 용기를 내어 주께 이 기도를 감히 드립니다.
28-29 주 하나님, 주께서는 신실하신 하나님이시고, 언제나 분명하게 말씀하십니
다. 이 놀라운 일을 제게 말씀해 주셨으니, 부디 한 가지만 더 구합니다. 저의
집안에 복을 내리시고 언제나 주의 눈을 떼지 마십시오. 주 하나님, 주께서 그
렇게 하시겠다고 이미 말씀하셨습니다! 오, 주님의 복이 저의 집안에 영영히 있
게 해주십시오!"

8 1 그 후, 다윗은 블레셋 사람을 크게 쳐서 굴복시키고 그 지역을 지배했다.
2 그는 또 모압과 싸워 그들을 물리쳤다. 그는 무작위로 그들 가운데 삼
분의 이를 택해 처형하고, 나머지 삼분의 일은 살려 주었다. 이후 모압 사람은
다윗의 통치를 받으며 조공을 바쳐야 했다.
3-4 다음으로 유프라테스 강 유역의 통치권을 회복하러 가는 길에 다윗은 소바
왕 르홉의 아들 하닷에셀을 물리쳤다. 다윗은 그에게서 전차 천 대와 기병 칠천
명, 보병 이만 명을 빼앗았다. 그는 전차를 끄는 말 백 마리만 남기고, 나머지
모든 말의 뒷발 힘줄을 끊었다.
5-6 다마스쿠스의 아람 사람이 소바 왕 하닷에셀을 도우러 오자, 다윗은 그들 이

만이천 명을 모두 죽였다. 그는 아람-다마스쿠스에 꼭두각시 정부를 세웠다.
아람 사람은 다윗의 종이 되어 조공을 바쳐야 했다. 다윗이 어디로 진군하든지
하나님께서 그에게 승리를 주셨다.

7-8 다윗은 하닷에셀의 신하들이 가지고 있던 금방패를 전리품으로 취하여 예루
살렘으로 가져왔다. 또 하닷에셀의 성읍인 데바와 베로대에서 청동을 아주 많
이 빼앗았다.

9-12 다윗이 하닷에셀의 군대를 모두 쳐부수었다는 소식을 하맛 왕 도이가 들었
다. 그는 아들 요람을 다윗 왕에게 보내어 안부를 묻고 하닷에셀 군대와 싸워
이긴 것을 축하했다. 도이와 하닷에셀은 오랜 원수관계였기 때문이다. 요람은
다윗에게 은과 금과 청동을 선물로 가져왔다. 다윗 왕은 그것을 아람, 모압, 암
몬 사람, 블레셋 사람, 아말렉 등 정복한 모든 나라에서 가져온 은금, 그리고 소
바 왕 르홉의 아들 하닷에셀에게서 빼앗은 전리품과 함께 거룩하게 구별했다.

13-14 다윗은 아람 사람을 물리치고 돌아와 승전비를 세웠다.
스루야의 아들 아비새는 소금 골짜기에서 에돔 사람과 싸워 그들 만팔천 명을
죽였다. 다윗이 에돔에도 꼭두각시 정부를 세우니, 에돔 사람이 다윗의 지배를
받았다.
다윗이 어디로 진군하든지 하나님께서 그에게 승리를 주셨다.

15 이렇게 해서 다윗은 온 이스라엘을 다스렸다. 무슨 일을 하든지 누구를 대하
든지, 그의 다스림은 공명정대했다.
16 스루야의 아들 요압은 군사령관이었다.
아힐룻의 아들 여호사밧은 기록관이었다.
17 아히둡의 아들 사독과 아비아달의 아들 아히멜렉은 제사장이었다.
스라야는 서기관이었다.
18 여호야다의 아들 브나야는 그렛 사람과 블렛 사람을 지휘했다.
그리고 다윗의 아들들은 제사장 일을 보았다.

다윗과 므비보셋

9 1 하루는 다윗이 물었다. "사울의 집안에 살아남은 사람이 없느냐? 만일
있다면, 내가 요나단을 생각해서 그에게 친절을 베풀고 싶구나."
2 마침 시바라는 사울 집안의 종이 있었다. 사람들이 그를 다윗 앞으로 불러오
자, 왕이 물었다. "네가 시바냐?"
"예, 그렇습니다." 그가 대답했다.
3 왕이 물었다. "사울의 집안에 살아남은 사람이 없느냐? 내가 그에게 하나님의
친절을 베풀고 싶구나."
시바가 왕에게 말했다. "요나단의 아들이 있는데, 두 다리를 모두 접니다."
4 "그가 어디 있느냐?"
"로드발에 있는 암미엘의 아들 마길의 집에 살고 있습니다."

5 다윗 왕은 한시도 지체하지 않고 사람을 보내어 로드발에 있는 암미엘의 아들
마길의 집에서 그를 데려왔다.
6 사울의 손자요 요나단의 아들인 므비보셋이 다윗 앞에 와서 엎드려 절하고 자
신을 낮추며 예를 갖추었다.
다윗이 그의 이름을 불렀다. "그대가 므비보셋인가?"
"예, 왕이시여."
7 "두려워하지 마라." 다윗이 말했다. "내가 네 아버지 요나단을 기억하여 뭔가 특
별한 일을 네게 해주고 싶구나. 우선 네 할아버지 사울의 재산을 모두 너에게 돌
려주겠다. 그뿐 아니라 이제부터 너는 항상 내 식탁에서 나와 함께 먹을 것이다."
8 므비보셋은 다윗을 똑바로 보지도 못한 채 발을 끌며 더듬더듬 말했다. "제가
누구라고 왕께서 길 잃은 개와 같은 제게 관심을 두십니까?"
9-10 다윗은 곧바로 사울의 오른팔인 시바를 불러 말했다. "사울과 그 집안에 속
한 모든 것을 내가 네 주인의 손자에게 넘겨주었다. 너와 네 아들들과 네 종들
은 그의 토지에서 일하고 농작물을 거둬들여 네 주인의 손자를 위한 양식을 마
련하여라. 네 주인의 손자 므비보셋은 이제부터 늘 내 식탁에서 먹을 것이다."
시바에게는 열다섯 명의 아들과 스무 명의 종이 있었다.
11-12 시바가 대답했다. "내 주인이신 왕께서 이 종에게 명령하신 모든 것을 그대
로 받들겠습니다."
므비보셋은 왕족의 한 사람처럼 다윗의 식탁에서 먹었다. 므비보셋에게는 미가
라는 어린 아들이 하나 있었다. 시바 집안에 속한 모든 사람은 이제 므비보셋의
종이 되었다.
13 므비보셋은 예루살렘에 살면서 항상 왕의 식탁에서 먹었다. 그는 두 다리를
모두 절었다.

다윗이 암몬과 싸우다

10

1-2 시간이 흘러, 암몬 사람의 왕이 죽고 그의 아들 하눈이 뒤를 이어
왕이 되었다. 이에 다윗은 "나하스의 아들 하눈에게 친절을 베풀고
싶구나. 그의 아버지가 내게 한 것처럼 나도 그를 잘 대해 주고 싶다"고 하면서,
하눈의 아버지 일을 위로하기 위해 조문단을 보냈다.
2-3 그러나 다윗의 신하들이 암몬 사람의 땅에 이르자, 암몬 사람의 지도자들이
자신들의 대표인 하눈에게 경고했다. "왕께서는 다윗이 왕의 아버지를 공경해
서 이렇게 조문단을 보낸 줄 아십니까? 그가 왕께 조문단을 보낸 것은 이 성을
정탐하여 살펴보기 위함이 아니겠습니까?"
4 그래서 하눈은 다윗의 신하들을 잡아 그들의 수염 절반을 깎고, 옷을 엉덩이
절반 높이까지 자른 다음 돌려보냈다.
5 이 모든 일이 다윗에게 전해졌다. 그들이 심한 모욕을 당했으므로, 다윗은 사
람을 보내어 그들을 맞이하게 했다. 왕은 "그대들의 수염이 자랄 때까지 여리고
에 있다가 그 후에 돌아오시오" 하고 말했다.

6 암몬 사람은 자신들이 다윗의 미움을 사게 된 줄을 깨닫고 벧르홉과 소바에서
아람 보병 이만 명, 마아가 왕에게서 천 명, 돕에서 만이천 명을 고용했다.
7 이 소식을 들은 다윗은 그의 가장 강한 용사들을 요압에게 맡겨 출정시켰다.
8-12 암몬 사람이 나와서 성문 앞에 전투대형으로 진을 쳤고, 소바와 르홉에서 온
아람 사람과 돕 사람과 마아가 사람은 바깥 넓은 들판에 전열을 갖추었다. 요
압은 싸워야 할 전선이 앞뒤로 있는 것을 보고, 이스라엘의 정예군 중에서 다시
최정예군을 뽑아 아람 사람과 맞서게 배치했다. 나머지 군대는 그의 동생 아비
새의 지휘 아래 두어 암몬 사람과 맞서게 배치했다. 그가 말했다. "아람 사람이
나보다 힘이 세면, 네가 와서 나를 도와라. 암몬 사람이 너보다 힘이 세면 내가
가서 너를 돕겠다. 용기를 내어라! 우리는 우리 백성과 우리 하나님의 성읍을
위해 온 힘을 다해 싸울 것이다. 무엇이든 필요하다면 하나님께서 친히 행하실
것이다!"
13-14 그런데 요압과 그의 군사들이 아람 사람과 싸우려고 쳐들어가자, 그들이 모
두 후퇴하여 도망쳤다. 아람 사람이 목숨을 건지기 위해 도망치는 것을 본 암몬
사람도, 아비새를 피해 도망쳐 성 안으로 들어갔다.
그러자 요압은 암몬 사람과의 싸움을 멈추고 예루살렘으로 돌아왔다.
15-17 아람 사람은 이스라엘에게 처참히 패한 것을 알고, 사태를 수습하고 나서
전열을 재정비했다. 하닷에셀은 사람을 보내 요단 강 건너편에 있는 아람 사람
을 불렀다. 그들은 헬람으로 왔고, 하닷에셀의 군사령관 소박의 지휘 아래 움직
였다. 이 모든 일이 다윗에게 보고되었다.
17-19 다윗은 이스라엘 군대를 소집하여 요단 강을 건너 헬람으로 진군했다. 아람
사람은 다윗과 맞설 태세로 전투대형을 취했고, 이내 전투가 시작되었다. 그러
나 그들은 이번에도 이스라엘 앞에서 흩어져 도망쳤다. 다윗은 전차병 칠백 명
과 기병 사만 명을 죽였다. 또한 군사령관 소박에게 치명상을 입혀, 결국 소박
은 전쟁터에서 죽었다. 하닷에셀을 섬기던 모든 왕이 자신들의 패배를 인정하
고, 이스라엘과 화친하여 이스라엘을 섬겼다. 아람 사람은 이스라엘이 두려워
다시는 암몬 사람을 돕지 않았다.

다윗의 범죄

11

1 다음 해 암몬 사람이 침략해 오는 시기가 다시 돌아오자, 다윗은
그들을 아주 멸하려고 요압과 이스라엘의 용사들을 모두 출정시켰
다. 그들은 랍바를 포위 공격했다. 그러나 다윗은 예루살렘에 남아 있었다.
2-5 어느 느지막한 오후, 다윗이 낮잠을 자고 일어나 왕궁 옥상을 거닐고 있었다.
시야가 트인 옥상에서 보니 한 여인이 목욕을 하고 있는 모습이 눈에 들어왔다.
여인은 눈부시게 아름다웠다. 다윗이 사람을 보내 그 여인에 대해 알아보게 했
더니, 그가 "이 사람은 엘리암의 딸이자 헷 사람 우리아의 아내인 밧세바입니
다"라고 보고했다. 다윗은 부하들을 보내 여인을 데려오게 했다. 밧세바가 도착
하자 다윗은 그 여인과 동침했다(이 일은 그녀의 월경 이후 '정결예식' 기간 중에 일어났

다). 밧세바가 자기 집으로 돌아갔다. 얼마 후에 여인은 자기가 임신한 것을 알았다.
나중에 그 여인은 "제가 임신했습니다" 하고 다윗에게 말을 전했다.
6 그러자 다윗은 요압에게 연락을 취했다. "헷 사람 우리아를 내게 보내시오."
요압이 우리아를 보냈다.
7-8 우리아가 도착하자, 다윗은 요압과 군대와 전쟁 상황이 어떠한지 전선의 소식을 물었다. 그러고 나서 우리아에게 "집에 가서 목욕을 하고 하룻밤 푹 쉬어라" 하고 말했다.
8-9 우리아가 왕궁을 나가자, 왕의 정보원이 그의 뒤를 따라갔다. 그러나 우리아는 집으로 가지 않았다. 그날 밤 그는 왕의 신하들과 함께 왕궁 입구에서 잤다.
10 다윗은 우리아가 집에 가지 않았다는 말을 들었다. 그는 우리아에게 물었다. "너는 고단한 여정에서 이제 막 돌아오지 않았느냐? 그런데 왜 집에 가지 않았느냐?"
11 우리아가 다윗에게 대답했다. "궤가 이스라엘과 유다의 군사들과 함께 바깥 장막 안에 있고, 저의 주인인 요압과 부하들이 바깥 들판에서 고생하고 있습니다. 그런데 제가 어떻게 집에 가서 먹고 마시고 아내와 즐길 수 있겠습니까? 도저히 그럴 수는 없습니다!"
12-13 다윗이 말했다. "알겠다. 좋을 대로 하여라. 오늘은 여기 있어라. 내일 내가 너를 보내겠다." 그래서 우리아는 그날 예루살렘에 머물렀다.
이튿날 다윗은 그를 초대하여 함께 먹고 마셔 그를 취하게 했다. 그러나 우리아는 그날 저녁에도 나가서 자기 주인의 부하들과 함께 잤다. 그는 집으로 가지 않았다.
14-15 이튿날 아침에 다윗은 요압에게 편지를 써서 우리아 편에 보냈다. 그는 편지에 이렇게 썼다. "우리아를 싸움이 가장 맹렬한 최전선에 두시오. 그를 적에게 노출된 상태로 두고 후퇴하여, 절대 살아남지 못하게 하시오."
16-17 요압은 적의 성을 포위하고 있다가 우리아를 맹렬한 적의 군사들이 있는 지점으로 보냈다. 성을 방어하던 자들이 나와서 요압과 싸우니, 다윗의 군사 몇이 목숨을 잃었고 헷 사람 우리아도 죽었다.
18-21 요압은 다윗에게 상세한 전황 보고를 보냈다. 그는 전령에게 이렇게 지시했다. "왕께 전황 보고를 자세히 올린 뒤에 왕께서 화를 내시면, '왕의 신하 헷 사람 우리아도 죽었습니다' 하고 아뢰어라."
22-24 요압의 전령은 예루살렘에 이르러 왕에게 상세하게 보고했다. "적의 군대가 우리보다 더 강했습니다. 그들이 넓은 들판 쪽으로 진격해 오기에 우리는 그들을 성문으로 밀어붙였습니다. 그런데 성벽 위에서 우리 쪽으로 화살이 맹렬히 날아오는 과정에서 왕의 군사 열여덟 명이 죽었습니다."
25 전령이 전황 보고를 마치자, 다윗은 요압에게 화가 났다. 그는 전령에게 분통을 터뜨렸다. "너희가 어찌하여 성에 그렇게 가까이 다가갔느냐? 성벽 위에서 공격이 있을 줄 몰랐느냐? 여룹베셋의 아들 아비멜렉이 어떻게 죽었는지 너희

가 잊었느냐? 데벳스의 성벽 위에서 맷돌을 떨어뜨려 그를 바스러뜨린 것이 한
여인이 아니었더냐? 그런데도 너희가 어찌하여 성벽에 바짝 다가갔느냐!"
요압의 전령이 말했다. "왕의 신하 헷 사람 우리아도 죽었습니다."
그러자 다윗은 전령에게 말했다. "알았다. 요압에게 이렇게 전하고 격려해 주어
라. '그대는 이 일로 고민하지 마시오. 전쟁에서는 이 사람이 죽기도 하고 저 사
람이 죽기도 하는 법이니, 누가 다음 차례인지 알 수 없소. 더욱 맹렬히 공격해
서 그 성을 함락시키시오.'"
26-27 우리아의 아내는 남편이 죽었다는 소식을 듣고 그를 위해 슬피 울었다. 애
도 기간이 끝나자, 다윗은 사람을 보내 그녀를 왕궁으로 데려오게 했다. 그녀는
다윗의 아내가 되어 그의 아들을 낳았다.

나단의 책망과 다윗의 회개

12

27-3 그러나 하나님께서는 다윗이 한 일을 조금도 기뻐하지 않으셨다.
하나님께서 다윗에게 나단을 보내셨다. 나단이 그에게 말했다. "한
성읍에 두 사람이 있었는데, 한 사람은 부유하고 다른 사람은 가난했습니다. 부
자는 양 떼와 소 떼가 아주 많았으나, 가난한 사람은 자기가 사서 기른 새끼 암
양 한 마리밖에 없었습니다. 그 양은 그와 그의 자녀들과 함께 한가족처럼 자랐
습니다. 양은 그의 접시에서 먹고 그의 잔에서 마시며 그의 침대에서 잤습니다.
그에게는 딸과 같은 존재였습니다.
4 하루는 한 나그네가 부자의 집에 찾아왔습니다. 그런데 부자는 자기 소 떼나
양 떼 중에서 짐승을 잡아 손님의 식사를 차리고 싶지 않았습니다. 너무나 인색
한 사람이었던 그는 가난한 사람의 암양을 빼앗아 식사를 차려 손님 앞에 내놓
았습니다."
5-6 다윗은 크게 화를 내며 나단에게 말했다. "하나님께서 참으로 살아 계심을
두고 맹세하는데, 그런 일을 한 사람은 마땅히 죽어야 할 것입니다! 죄를 짓고
인색하게 굴었으니 그 양을 네 배로 갚아야 합니다!"
7-12 "왕이 바로 그 사람입니다!" 나단이 말했다. "하나님 이스라엘의 하나님께서
왕에게 말씀하십니다. '내가 너를 이스라엘의 왕으로 삼았다. 내가 너를 사울의
손아귀에서 벗어나게 했다. 내가 네게 네 주인의 딸과 아내들을 주어 소유하고
품게 했다. 내가 네게 이스라엘과 유다도 주었다. 그것으로 부족했다면, 내가
기꺼이 더 주었을 것이다. 그런데 네가 어찌하여 하나님의 말씀을 업신여기고
이 큰 악을 행하였느냐? 너는 헷 사람 우리아를 죽이고 그의 아내를 빼앗아 네
아내로 삼았다. 더구나 너는 그를 암몬 사람의 칼로 죽였다! 네가 이렇게 하나
님을 업신여기고 헷 사람 우리아의 아내를 빼앗았으니, 이제 살인과 살육이 두
고두고 네 집안을 괴롭힐 것이다. 나 하나님이 하는 말을 명심하여라! 내가 바
로 네 집안의 일로 너를 괴롭게 할 것이다. 네가 보는 앞에서 네 아내들을 빼앗
아 너와 가까운 사람에게 주겠고, 그는 공공연하게 그들과 잠자리를 같이할 것
이다. 너는 은밀하게 했지만, 나는 온 나라가 지켜보는 가운데 이 일을 행할 것

이다!'"

13-14 그러자 다윗이 나단에게 고백했다. "내가 하나님께 죄를 지었습니다."
나단이 단언했다. "예, 그러나 이것이 최종 선고는 아닙니다. 하나님께서 왕의 죄를 용서하십니다. 왕께서는 이번 일로 죽지 않을 것입니다. 그러나 왕이 낳은 아들은 하나님을 모독한 왕의 행동 때문에 죽을 것입니다."

15-18 나단이 집으로 돌아간 뒤에, 하나님께서 우리아의 아내가 다윗에게 낳아 준 아이를 앓게 하셔서, 아이가 병이 들었다. 다윗은 어린 아들을 위해 하나님께 간절히 기도했다. 그는 금식하면서 밖에 나가지도 않은 채 잠도 바닥에서 잤다. 집안의 어른들이 와서 바닥에 앉은 그를 일으키려 했으나, 그는 꿈쩍도 하지 않았다. 또한 그들은 그에게 아무것도 먹일 수 없었다. 칠 일째 되던 날에 아이가 죽었다. 다윗의 신하들은 "이제 우리가 어찌하면 좋겠소? 아이가 살아 있을 때도 왕은 우리 말을 한 마디도 들으려 하지 않으셨는데, 이제 아이가 죽었으니 그 말을 전하면 왕이 어찌하시겠소" 하고 말했다.

19 다윗은 신하들이 자기 등 뒤에서 수군거리는 것을 보고 아이가 죽은 것을 알아차렸다.
그가 신하들에게 물었다. "아이가 죽었소?"
그들이 대답했다. "그렇습니다."

20 다윗은 바닥에서 일어나 얼굴을 씻고 머리를 빗고 옷을 새로 갈아입은 뒤에 성전에 들어가서 예배했다. 그리고 왕궁에 와서 먹을 것을 차리게 했다. 그들이 음식을 차려 놓자 그가 먹었다.

21 신하들이 그에게 물었다. "어찌 된 일입니까? 아이가 살아 있을 동안에는 금식하고 울며 밤을 지새우시다가, 아이가 죽고 난 지금은 일어나셔서 드시니 말입니다."

22-23 다윗이 말했다. "아이가 살아 있을 동안에는 하나님께서 내게 자비를 베푸셔서 아이가 살게 될까 하여 금식하며 울었소. 하지만 이제 아이가 죽었으니 무엇 때문에 금식을 하겠소? 내가 아이를 다시 데려올 수 있겠소? 내가 그 아이에게 갈 수는 있어도, 아이가 내게 올 수는 없소."

24-25 다윗은 가서 아내 밧세바를 위로했다. 그녀와 잠자리를 같이하니, 그녀가 아들을 임신했다. 아이가 태어나자 그 이름을 솔로몬이라고 했다. 하나님께서 그를 특별히 사랑하셔서 예언자 나단을 통해 말씀을 주셨는데, 하나님께서 그의 이름을 여디디야(하나님의 사랑받는 자)라고 하기 원하신다는 말씀이었다.

26-30 랍바에서 암몬 사람과 전쟁중이던 요압은 암몬 왕의 도성을 점령했다. 그는 다윗에게 전령을 보내 말했다. "제가 랍바에서 싸워, 방금 성의 급수 시설을 점령했습니다. 왕께서는 급히 남은 군대를 소집하여 이 성에 진을 치고 직접 마무리하십시오. 그렇지 않으면 제가 성을 점령하여 왕 대신 모든 공로를 취하게 될 것입니다." 그래서 다윗은 군대를 모아 랍바로 가서 싸우고 그곳을 점령했다.

다윗이 암몬 왕의 머리에서 왕관을 벗겼는데, 금관에 보석이 박혀 있어 아주 무거웠다. 다윗이 그 관을 들어 머리에 썼다. 그들은 그 성을 약탈하여 엄청난 양의 전리품을 가져왔다.

31 다윗은 그곳 백성을 성에서 다 내보내고 종처럼 톱질과 곡괭이질, 도끼질과 벽돌을 굽는 일을 시켰다. 그는 암몬 사람의 모든 성읍에서 그와 같이 행했다. 그러고 나서 다윗과 군대는 예루살렘으로 돌아왔다.

암논과 다말

13 1-4 그 후에 이런 일이 있었다. 다윗의 아들 압살롬에게는 아주 매력
적인 누이가 있었다. 그녀의 이름은 다말이었다. 다윗의 다른 아들인 암논이 다말을 사랑했다. 암논은 상사병이 날 정도로 누이 다말에게 빠져 있었다. 다말이 처녀였으므로, 암논은 그녀를 자기 손에 넣을 방법을 찾을 수 없었다. 암논에게 요나답이라는 친한 친구가 있었는데, 그는 다윗의 형 시므아의 아들이었다. 요나답은 남달리 세상 물정에 밝았다. 그가 암논에게 말했다. "왕자께서 어찌 날마다 이렇게 침울해 계십니까? 무엇 때문에 속을 태우고 계신지 나에게 말씀해 보십시오."

암논이 말했다. "내 동생 압살롬의 누이인 다말 때문이라네. 내가 다말을 사랑한다네."

5 요나답이 말했다. "이렇게 하시면 됩니다. 자리에 누워서 병이 난 척하십시오. 왕께서 왕자님을 보러 오시거든 '제 누이 다말이 와서 제 앞에서 저녁을 차리고, 제게 먹이도록 해주십시오' 하고 말씀드리십시오."

6 그리하여 암논은 자리에 드러누워 앓는 척했다. 왕이 보러 오자 암논은 "청이 있습니다. 제 누이 다말이 와서 제 앞에서 영양가 있는 음식을 빚어, 제게 먹이도록 해주십시오" 하고 말했다.

7 다윗은 마침 집에 있던 다말에게 말을 전했다. "네 오라비 암논의 집으로 가서 그에게 식사를 차려 주거라."

8-9 다말이 오라버니 암논의 집으로 갔다. 다말은 그가 침상에서 지켜보는 가운데 밀가루를 반죽하여 음식을 빚어 구웠다. 다말이 그릇을 가져다가 암논 앞에 내놓았지만, 암논은 먹으려 하지 않았다.

9-11 암논이 "사람들을 집 밖으로 다 내보내라" 하고 말했다. 모두 나가자 그가 다말에게 말했다. "음식을 내 방으로 가져오너라. 거기서 우리끼리 먹자꾸나." 다말은 직접 준비한 영양가 있는 음식을 들고 방 안의 오라버니에게 갔다. 다말이 먹여 주려고 하자, 암논이 다말을 붙잡고 말했다. "누이야, 나와 함께 자자!"

12-13 "안됩니다, 오라버니!" 다말이 말했다. "나에게 욕을 보이지 마십시오! 이런 일은 이스라엘에서 있을 수 없는 일입니다! 이 끔찍한 짓을 하지 마세요! 그렇게 되면 내가 어떻게 낯을 들고 다닐 수 있겠습니까? 오라버니도 길거리로 쫓겨나 망신을 당하게 될 거예요. 제발! 왕께 말씀드리세요. 그러면 나와 결혼하게 해주실 겁니다."

[14] 그러나 암논은 들으려 하지 않았다. 그는 다말보다 훨씬 힘이 셌으므로 억지
로 그녀를 욕보였다.
[15] 그녀를 욕보이자마자, 암논은 그녀가 몹시도 미워졌다. 이제 그녀를 미워하
는 마음이 그녀를 사랑했던 마음보다 훨씬 더 강했다. 암논이 말했다. "당장 일
어나, 꺼져 버려!"
[16-18] "이러면 안됩니다, 오라버니." 다말이 말했다. "제발! 이것은 오라버니가 방
금 나에게 행한 것보다 더 못된 짓입니다!"
암논은 다말의 말을 들으려 하지 않았다. 그는 시종을 불렀다. "이 여자를 내 앞
에서 내쫓고 문을 걸어 잠가라!" 시종은 그녀를 내쫓고 문을 걸어 잠갔다.
[18-19] 다말은 소매가 긴 웃옷을 입고 있었다(결혼하지 않은 공주들은 사춘기에 들어서
면서부터 그렇게 했다). 다말은 자기 머리에 재를 뿌리고 소매가 긴 웃옷을 찢고 두
손으로 머리를 감싸 쥔 채 흐느껴 울면서 나갔다.
[20] 다말의 오라버니 압살롬이 그녀에게 말했다. "네 오라버니 암논이 너를 가지
고 놀았느냐? 내 사랑하는 누이야, 집안 문제니 일단 조용히 있자. 어쨌든 그도
네 오라버니 아니냐. 이 일로 너무 힘들어하지 마라." 다말은 괴롭고 쓸쓸하게
오라버니 압살롬의 집에서 살았다.
[21-22] 다윗 왕은 이 모든 이야기를 듣고 격분했으나 암논을 징계하지 않았다. 그
가 맏아들이었으므로 다윗은 그를 아꼈다. 압살롬은 누이 다말을 욕보인 암논
을 미워하여, 그와 말도 하지 않고 지냈다. 좋은 말이든 나쁜 말이든 한 마디도
하지 않았다.
[23-24] 그로부터 이 년이 지났다. 하루는 압살롬이 에브라임 근처의 바알하솔에서
양털을 깎는 잔치를 벌이고 왕의 아들들을 모두 초대했다. 그는 왕에게도 찾아
가서 초대했다. "보십시오. 제가 양털을 깎는 잔치를 벌이는데 오셨으면 좋겠습
니다. 신하들도 데리고 오십시오."
[25] 그러나 왕은 말했다. "아니다, 아들아. 이번에 온 집안이 가지 않겠다. 우리가
네게 짐만 될 것이다." 압살롬이 강권했으나, 다윗은 뜻을 바꾸지 않았다. 대신
압살롬을 축복해 주었다.
[26-27] 그러자 압살롬은 "왕께서 오시지 않으면 형 암논이라도 오게 해주십시오"
하고 말했다.
왕이 말했다. "그가 그 자리에 가야 할 까닭이 무엇이냐?" 하지만 압살롬이 하
도 고집해서, 왕은 뜻을 굽히고 암논과 왕의 나머지 모든 아들을 보냈다.
[28] 압살롬은 왕에게 어울리는 연회를 준비했다. 그리고 부하들에게 지시했다.
"잘 들어라. 암논이 술을 마시고 잔뜩 취했을 때 내가 '암논을 치라'는 명령을 내
릴 것이다. 그러면 너희는 그를 죽여라. 내가 내리는 명령이니 두려워할 것 없
다. 용기를 내어라! 너희는 할 수 있다!"
[29-31] 압살롬의 부하들은 주인이 지시한 대로 암논을 죽였다. 그러자 왕의 아들들
은 정신없이 그 자리를 빠져나가 노새에 올라타고 달아났다. 그들이 달아나고
있는 동안에, "압살롬이 방금 왕의 아들들을 하나도 남김없이 다 죽였다!"는 소

식이 왕에게 들어갔다. 왕은 일어나서 옷을 갈기갈기 잡아 찢고 바닥에 엎드렸
다. 주변에 서 있던 모든 신하도 그와 같이 했다.
32-33 그때 왕의 형 시므아의 아들 요나답이 나섰다. "왕의 젊은 아들들이 다 죽은
것으로 생각하지 마십시오. 암논 한 사람만 죽었습니다. 이런 일이 벌어진 것은
암논이 압살롬의 누이 다말을 욕보인 일로 압살롬이 분개했기 때문입니다. 그
러니 왕께서는 아들들이 다 죽은 것으로 생각하여 사태를 악화시키시면 안됩니
다. 오직 암논만 죽었습니다."
34 그 사이에 압살롬이 도망쳐 버렸다.
그때 근무중이던 초병이 눈을 들어 보니, 산자락을 따라 호로나임에서 오는 길
에 먼지 구름이 일었다. 초병이 와서 왕에게 아뢰었다. "한 무리의 사람들이 산
모퉁이를 돌아 호로나임 길로 오고 있습니다."
35-37 그러자 요나답이 왕에게 소리쳤다. "보십시오! 제가 말씀드린 대로 왕의 아
들들이 오고 있습니다!" 그가 말을 마치자마자 왕의 아들들이 큰소리로 울며 들
이닥쳤다! 왕과 모든 신하도 함께 눈물을 흘리며 큰소리로 울었다. 다윗은 암논
의 죽음을 오래도록 슬퍼했다.

37-39 도망친 압살롬은 그술 왕 암미훌의 아들 달매에게 갔다. 그는 삼 년을 그곳
에 머물렀다. 마침내 왕은 압살롬을 벌하려던 생각을 포기했다. 체념하고 암논
의 죽음을 받아들였던 것이다.

14 1-3 스루야의 아들 요압은, 왕이 속으로는 압살롬을 걱정하고 있다는
것을 알았다. 그래서 드고아로 사람을 보내어 그곳에 사는 한 지혜
로운 여인을 불러 지시했다. "너는 상중인 척하여, 검은 옷을 입고 머리를 빗지
말고, 사랑하는 사람을 보내고 오랫동안 슬퍼한 사람처럼 보이도록 하여라. 그
다음에 왕께 가서 이렇게 아뢰어라." 그러고 나서 요압은 그 여인이 할 말을 정
확히 일러 주었다.
4 드고아 여인은 왕에게 가서 그 앞에 엎드려 절하고 경의를 표하며 말했다. "왕
이시여, 도와주십시오!"
5-7 왕이 말했다. "어떻게 도와주면 되겠느냐?"
여인이 말했다. "저는 과부입니다. 남편은 죽고 두 아들만 남았습니다. 그 둘이
들판에서 싸움이 붙었는데, 끼어들어 말려 줄 사람이 주위에 아무도 없었습니
다. 그래서 하나가 다른 하나를 쳐서 죽였습니다. 그러자 온 집안이 제게 달려
들어 '살인자를 내놓아라. 그가 형제를 죽였으니 우리가 그 목숨 값으로 그를 죽
이겠다!'고 요구했습니다. 그들은 상속자를 없애 제게 남은 생명의 작은 불씨마
저 꺼뜨리려고 합니다. 그렇게 되면 이 땅에 제 남편의 흔적은 아무것도, 그야
말로 이름조차도 남지 않게 됩니다.
15-17 그래서 이 모든 일로 감히 내 주인이신 왕께 나왔습니다. 그들이 제 삶을 비

참하게 만드니, 저는 두렵습니다. 저는 마음속으로 이렇게 생각했습니다. '왕께 가야겠다. 왕이시라면 무슨 방법이 있으실 것이다! 왕께서 이 사정을 들으시면, 나와 내 아들과 하나님의 유산을 모조리 없애 버리려는 사람들의 횡포에서 나를 구해 주실 것이다!' 또한 이 종은 일찍이 '왕께서는 선악을 분별하시는 데 있어 하나님의 천사와 같은 분이시니, 이 일에 최종 판결을 내려 주실 것이다' 하고 생각했습니다. **하나님**께서 왕과 함께하시기를 빕니다!"

8 왕이 말했다. "내가 이 일을 처리해 줄 테니, 집으로 가 있거라."

9 드고아 여인이 말했다. "무슨 일이 일어나든지 그 책임은 모두 제가 지겠습니다. 저는 왕과 왕의 명예에 누를 끼치고 싶지 않습니다."

10 왕이 말을 이었다. "지금까지 너를 괴롭히던 그 사람을 데려오너라. 더 이상 너를 괴롭게 하지 못하도록 내가 조치할 것이다."

11 여인이 말했다. "왕께서는 **하나님**의 이름으로 말씀하셔서, 자기 멋대로 정의를 실행하겠다는 이 자가 제 아들을 죽이는 것은 물론이요 그 어떤 것도 하지 못하게 해주십시오."

왕이 말했다. "**하나님**께서 참으로 살아 계심을 두고 맹세한다. 네 아들의 머리카락 하나도 잃지 않을 것이다."

12 그러자 여인이 물었다. "내 주인이신 왕께 한 가지만 더 아뢰어도 되겠습니까?"

왕이 말했다. "말해 보아라."

13-14 여인이 말했다. "그렇다면 어찌하여 왕께서는 하나님의 백성에게 바로 그 같은 일을 행하셨습니까? 왕께서는 내쫓긴 아들을 집에 데려오지 않으시니, 방금 내리신 판결대로라면 자신에게 유죄를 선고하신 셈입니다. 우리는 모두 언젠가는 죽습니다. 한번 땅에 쏟은 물은 다시 담을 수 없습니다. 하지만 하나님께서는 생명을 빼앗지 않으십니다. 그분은 기어이 방법을 내셔서 쫓겨난 자라도 돌아오게 하십니다."

18 그러자 왕이 말했다. "내가 네게 하나 묻겠다. 진실하게 대답하여라."

여인이 말했다. "예, 내 주인이신 왕께서는 말씀하십시오."

19-20 왕이 말했다. "이 일에 요압이 개입되었느냐?"

"내 주인인 왕이시여, 왕 앞에서는 오른쪽으로든 왼쪽으로든 피할 자가 하나도 없습니다! 그렇습니다. 저에게 이 일을 시키고 이 모든 말을 일러 준 사람은 주인님의 신하 요압입니다. 요압은 이 모든 일을 되돌리고 싶어 그렇게 한 것입니다. 그러나 왕께서는 하나님의 천사처럼 지혜로우시니, 이 땅에서 일어난 일들을 어떻게 처리해야 할지 다 아실 것입니다."

21 왕이 요압에게 말했다. "좋소. 그대 뜻대로 하겠소. 가서 어린 압살롬을 데려오시오."

22 요압은 공손히 엎드려 절하며 왕을 축복했다. "왕께서 이 종의 권고를 받아주시니, 제가 여전히 왕의 은총과 신임을 얻고 있음을 알겠습니다."

23-24 요압은 일어나 그술로 가서 압살롬을 예루살렘으로 데려왔다. 왕이 말했다. "그가 자기 집으로 돌아가도 좋으나, 나를 대면하여 볼 수는 없다." 그래서 압살

롬은 집으로 돌아갔다. 왕을 보는 일은 허락되지 않았다.
25-27 압살롬은 준수한 외모로 인해 온 이스라엘에서 사람들의 입에 수없이 오르
내렸다! 그는 머리끝에서 발끝까지 흠이 하나도 없었다! 머리숱이 아주 많아서
봄이면 늘 짧게 깎았는데, 머리를 깎고 나면 머리털의 무게가 1 킬로그램이 넘었
다! 압살롬은 아들 셋과 딸 하나를 낳았다. 딸은 이름이 다말인데, 아름다웠다.
28-31 압살롬은 이 년 동안 예루살렘에 살았으나, 한 번도 왕을 대면하여 보지 못
했다. 그는 요압에게 사람을 보내어 왕을 보게 해달라고 요청했지만, 요압은 미
동도 하지 않았다. 그가 다시 사람을 보냈으나, 요압의 태도는 마찬가지였다.
그래서 압살롬은 종들에게 말했다. "잘 들어라. 요압의 밭과 내 밭이 서로 붙어
있는데, 그가 거기에 보리 농사를 지어 놓았다. 가서 그 밭에 불을 놓아라." 그
래서 압살롬의 종들이 그 밭에 불을 놓았다. 그제야 요압이 움직였다. 그가 압
살롬의 집에 와서 말했다. "어찌하여 종들을 시켜 내 밭에 불을 놓았습니까?"
32 압살롬이 대답했다. "들으시오. 나는 당신에게 사람을 보내 이렇게 말했소.
'빨리 와 주시오. 내가 당신을 왕께 보내 "제가 그술에서 돌아온 것이 무슨 소용
이 있습니까? 차라리 계속 거기 있는 편이 더 나았겠습니다!" 하고 여쭙고 싶
소. 내가 왕을 뵐 수 있게 해주시오. 왕이 보시기에 내게 죄가 있다면 나를 죽이
셔도 좋소.'"
33 요압은 왕에게 가서 사정을 아뢰었다. 압살롬은 그제야 부름을 받았다. 그는
왕 앞에 나아가 공손히 엎드려 절했다. 왕은 압살롬에게 입을 맞추었다.

압살롬이 반란을 일으키다

15 1-2 세월이 흘렀다. 압살롬은 말이 끄는 전차를 즐겨 탔는데, 쉰 명의
부하가 그 앞에서 달렸다. 그는 아침마다 일찍 성문 앞 길가에 자리
를 잡았다. 누가 왕의 판결을 받기 위해 송사를 가지고 나타나면, 압살롬은 그
를 불러서 "어디 출신이오?" 하고 물었다.
그러면 "종은 이스라엘의 어느 지파 출신입니다"라는 대답이 돌아왔다.
3-6 이에 압살롬은 "보시오. 당신의 주장이 옳지만 왕께서는 당신의 말을 들어주
지 않으실 것이오" 하고 말했다. 또한 그는 "왜 아무도 나를 이 땅의 재판관으로
삼지 않는지 모르겠소. 누구든지 소송할 것을 내게 가져오면, 아주 공정하게 처
리해 줄 텐데 말이오" 하고 말했다. 누가 그에게 특별히 예를 갖출 때마다, 압살
롬은 그를 일으켜 세우며 대등한 사람처럼 대하여 그가 중요하다는 느낌을 심
어 주었다. 압살롬은 왕에게 볼일이 있어 오는 모든 사람을 그렇게 대했고, 결
국 모든 이스라엘 사람의 마음을 사로잡았다.
7-8 그렇게 사 년이 지난 후에, 압살롬이 왕에게 말했다. "헤브론에 가서 제가 **하
나님**께 드렸던 서원을 갚게 해주십시오. 이 종이 아람의 그술에 살 때, **하나님**
께서 저를 예루살렘으로 돌아가게 해주시면 평생 동안 그분을 섬기겠다고 서원
했습니다."
9 왕이 그에게 말했다. "내가 축복하니 가거라." 압살롬은 일어나 헤브론으로 떠

났다.
10-12 그 후에 압살롬은 이스라엘의 모든 지파에 첩자들을 보내 메시지를 전했다.
"숫양 뿔나팔 소리가 들리거든 그것을 신호로 알고 '압살롬이 헤브론에서 왕
이 되었다!' 하고 외쳐라." 예루살렘에서 이백 명이 압살롬과 함께 떠났다. 그들
은 압살롬의 음모에 대해서는 전혀 모른 채 소집되어, 별다른 생각 없이 그곳으
로 갔다. 압살롬은 제사를 드리면서 다윗의 보좌관인 길로 사람 아히도벨을 끌
어들일 수 있었다. 그는 사람을 보내어 아히도벨을 그의 고향 길로에서 오게 했
다. 음모는 점점 탄탄해졌고, 압살롬의 지지 세력은 불어났다.
13 누군가가 다윗에게 와서 보고했다. "백성의 마음이 모두 압살롬에게 기울었
습니다!"
14 "일어나 이곳을 떠나자!" 다윗이 예루살렘에 함께 있던 신하들에게 소리쳤다.
"필사적으로 달아나야 한다. 그렇지 않으면 우리 중 누구도 압살롬을 피하지 못
할 것이다! 서둘러라. 그가 곧 성을 완전히 무너뜨리고 우리를 모조리 죽일 것
이다!"
15 왕의 신하들이 말했다. "무엇이든 우리 주인이신 왕께서 말씀하시는 대로 따
르겠습니다. 우리는 끝까지 왕과 함께하겠습니다!"
16-18 왕과 그의 온 집안은 걸어서 피난을 떠났다. 왕은 후궁 열 명을 뒤에 남겨
왕궁을 돌보게 했다. 그렇게 그들이 길을 떠나 한 걸음 한 걸음 가다가 마지막
궁에서 잠시 멈추었다. 그때 온 군대가 왕 앞으로 지나갔다. 모든 그렛 사람과
모든 블렛 사람, 그리고 가드에서 왕과 함께 행군해 온 가드 사람 육백 명이 왕
앞으로 지나갔다.
19-20 왕이 가드 사람 잇대에게 큰소리로 말했다. "여기서 무엇을 하고 있는 거
요? 압살롬에게 돌아가시오. 그대는 이곳에서 나그네고 고국에서 뿌리를 잃은
지 얼마 되지 않았소. 그대가 겨우 얼마 전 이곳에 왔는데, 내가 어떻게 그대에
게 떠돌이 생활을 감당하면서 우리 쪽에 명운을 걸라고 할 수 있겠소? 돌아가
시오. 그대의 집안 사람도 모두 데리고 가시오. 하나님의 은혜와 진리가, 그대
와 함께하기를 빌겠소!"
21 잇대가 대답했다. "하나님께서 살아 계심과 내 주인이신 왕께서 살아 계심을
두고 맹세합니다. 내 주인께서 계신 그곳이, 죽든지 살든지 제가 있는 곳이 될
것입니다."
22 "알겠소. 앞장서시오." 다윗이 말했다. 그래서 가드 사람 잇대와 그의 모든 부
하와 그와 함께한 모든 자녀가 앞서 갔다.
23-24 그들이 지나갈 때, 온 나라가 크게 슬퍼하며 울었다. 왕이 기드론 시내를 건
너자, 군대는 광야 길로 향했다. 그곳에 사독이 있었고 하나님의 언약궤를 멘
레위인도 함께 있었다. 그들은 하나님의 궤를 내려놓았다. 아비아달도 그 곁에
서서 그들이 모두 성을 빠져나갈 때까지 기다렸다.
25-26 그때 왕이 사독에게 명령했다. "궤를 가지고 성으로 돌아가시오. 만일 내가
다시 하나님의 선하신 은혜를 입으면, 그분께서 나를 데려오셔서 궤가 있던 곳

을 다시 보게 하실 것입니다. 그러나 그분께서 '내가 너를 기뻐하지 않는다'고
말씀하시면, 그때는 무엇이든 그분의 뜻대로 내게 행하셔도 좋습니다."
27-30 왕이 또 제사장 사독에게 지시했다. "나에게 계획이 있습니다. 그대의 아들
아히마아스와 아비아달의 아들 요나단을 데리고 성으로 평안히 돌아가시오. 그
대들이 내게 근황을 전해 올 때까지, 나는 요단 강 건너편 광야의 한 지점에서
기다리겠습니다." 그래서 사독과 아비아달은 하나님의 궤를 가지고 예루살렘으
로 돌아가 궤를 그 자리에 두었고, 다윗은 머리를 가리고 울면서 맨발로 올리브
산을 올라갔다. 온 군대도 그와 함께 머리를 가리고 울면서 올라갔다.
31 다윗은 "아히도벨이 압살롬과 함께 음모를 꾸민 자들과 한패가 되었다"는 말
을 들었다. 다윗은 "하나님, 아히도벨의 조언이 어리석은 것이 되게 해주십시
오" 하고 기도했다.
32-36 다윗이 하나님을 예배하는 산꼭대기에 가까이 왔을 때, 아렉 사람 후새가
옷이 갈기갈기 찢기고 머리에 흙을 뒤집어 쓴 채로 그곳에서 다윗을 기다리고
있었다. 다윗이 말했다. "그대가 나와 함께 가면 짐만 될 뿐이오. 성으로 돌아가
서 압살롬에게 '왕이시여, 내가 기꺼이 왕의 종이 되겠습니다. 내가 전에는 당신
아버지의 신하였으나, 이제는 왕의 신하입니다' 하고 말하시오. 그렇게 하면 그
대는 그곳에서 나를 위해 아히도벨의 조언을 어지럽힐 수 있을 것이오. 제사장
사독과 아비아달이 이미 그곳에 있소. 그대가 왕궁에서 얻는 모든 정보를 그들
에게 알려 주시오. 그들의 두 아들 곧 사독의 아들 아히마아스와 아비아달의 아
들 요나단도 거기에 함께 있으니, 무엇이든 그대가 얻는 것을 그들 편에 보내면
되오."
37 다윗의 친구 후새가 성에 도착할 즈음 압살롬도 예루살렘으로 들어오고 있었다.

16

1 다윗이 산마루를 지난 지 얼마 안되어 므비보셋의 종인 시바가 짐
을 가득 실은 짐승 한 떼를 이끌고 왕을 맞이했다. 안장을 지운 짐승
등에는 빵 백 덩이, 건포도과자 백 개, 신선한 과일 백 광주리, 포도주 한 가죽
부대가 실려 있었다.
2 왕이 시바에게 말했다. "이것이 다 무엇이냐?"
시바가 말했다. "나귀들은 왕의 가족들이 타고, 빵과 포도주는 신하들이 먹도록
가져왔습니다. 포도주는 광야에서 피로에 지친 사람들에게 도움이 될 것입니다."
3 왕이 말했다. "그런데 네 주인의 손자는 어디 있느냐?"
시바가 말했다. "그는 예루살렘에 남았습니다. 그는 '지금이야말로 이스라엘이
내 할아버지의 나라를 내게 돌려줄 때다' 하고 말했습니다."
4 왕이 말했다. "므비보셋에게 속한 모든 것이 이제 네 것이다."
시바가 말했다. "무슨 말로 감사를 드려야 할지 모르겠습니다. 내 주인인 왕이
시여, 저는 영원히 왕께 은혜를 입은 자입니다. 언제나 저를 이렇게 너그러이
살펴 주시기를 바랍니다!"

5-8 왕이 바후림에 이르자, 사울 집안의 친척 한 사람이 나타났다. 그는 게라의
아들로, 이름은 시므이였다. 그는 따라오면서 큰소리로 다윗과 그의 신하와 군
사들에게 욕을 퍼붓고 마구 돌을 던졌다. 그는 저주하며 이렇게 소리쳤다. "이
학살자야, 잔인한 자야, 꺼져 버려라. 사라져 버려라! 네가 사울 집안에 온갖 비
열한 짓을 행하고 그의 나라를 빼앗은 것을 **하나님**께서 이렇게 벌하시는구나.
하나님께서 이 나라를 네 아들 압살롬의 손에 넘겨주셨다. 네 꼴을 보아라. 망
했구나! 꼴좋다. 이 딱한 노인네야!"
9 스루야의 아들 아비새가 말했다. "저 천한 개가 내 주인이신 왕을 이렇게 모욕
하도록 놔둘 수 없습니다. 제가 건너가서 목을 베겠습니다!"
10 그러나 왕이 말했다. "너희 스루야의 아들들은 어째서 걸핏하면 끼어들고 나
서는 것이냐? 그가 저주를 하는 까닭은 **하나님**께서 '다윗을 저주하라'고 하셨기
때문이다. 그러니 누가 감히 그를 나무라겠느냐?"
11-12 다윗은 아비새와 나머지 신하들에게 말했다. "그뿐 아니라 내 아들, 내 혈육
이 지금 나를 죽이려 하고 있소. 거기에 비하면 저 베냐민 사람이 하는 일은 아
무것도 아니오. 그에게 마음 쓰지 마시오. 저주하게 놔두시오. 그는 내게 **하나
님**의 말씀을 전하고 있는 것이오. 혹시 **하나님**께서 오늘 내가 처한 곤경을 보시
고 이 저주를 좋은 일로 바꾸어 주실지 누가 알겠소."
13 다윗과 그의 부하들이 계속해서 길을 가는 동안, 시므이는 산등성이를 나란
히 따라오면서 저주하고 돌을 던지며 흙먼지를 일으켰다.
14 다윗과 그의 일행이 요단 강에 이르렀을 즈음, 그들은 지칠 대로 지쳐 있었
다. 거기서 쉬면서 그들은 기운을 되찾았다.

15 그 즈음 압살롬과 그의 부하들은 예루살렘에 있었다.
아히도벨도 그들과 함께 있었다.
16 그때에 다윗의 친구인 아렉 사람 후새가 압살롬에게 와서 인사했다. "압살롬
왕 만세! 압살롬 왕 만세!"
17 압살롬이 후새에게 말했다. "그대가 친한 친구에게 표하는 우정의 방식이 이
것이오? 그대는 왜 친구인 다윗과 함께 가지 않았소?"
18-19 후새가 말했다. "**하나님**과 이 백성과 이스라엘이 택한 분과 함께 있고 싶어
서 그랬습니다. 나는 왕과 함께 남고 싶습니다. 이제 압살롬 왕 외에 누구를 섬
길 수 있겠습니까? 전에 왕의 아버지를 섬긴 것처럼, 이제 기꺼이 왕을 섬기겠
습니다."
20 그러자 압살롬이 아히도벨에게 말했다. "의견을 말해 보시오. 우리가 다음에
할 일은 무엇이오?"
21-22 아히도벨이 압살롬에게 말했다. "가서 왕의 아버지의 후궁들, 그가 왕궁을
돌보라고 남겨 둔 후궁들과 잠자리를 같이하십시오. 왕께서 아버지를 공개적으
로 욕되게 했다는 소식을 모두가 듣게 될 테니, 왕 편에 선 사람들의 사기가 높
아질 것입니다." 그래서 압살롬은 사람들이 볼 수 있도록 옥상 위에 천막을 치

고 그 안에 들어가 아버지의 후궁들과 잠자리를 같이했다.
23 당시 아히도벨의 조언은 마치 하나님께서 친히 하시는 말씀처럼 여겨졌다.
다윗도 그렇게 생각했고 압살롬도 마찬가지였다.

17 1-3 아히도벨이 압살롬에게 제안했다. "제가 만이천 명을 선발하여 오늘 밤 다윗을 쫓아가겠습니다. 그가 기진맥진해 있을 때 불시에 그를 덮치겠습니다. 그러면 모든 군대가 도망칠 텐데, 저는 다윗만 죽이겠습니다. 그러고 나서 신부를 신랑에게 되돌려 주듯 군대를 왕께 되돌려 드리겠습니다! 왕께서 찾는 사람은 어차피 한 명이 아닙니까. 그러면 모든 사람이 평안하게 될 것입니다!"
4 압살롬은 그것을 탁월한 전략이라 여겼고, 이스라엘의 모든 장로도 동의했다.
5 하지만 압살롬은 "아렉 사람 후새를 불러들여라. 그의 말도 들어 보자" 하고
말했다.
6 후새가 오자 압살롬이 그에게 물었다. "아히도벨이 이렇게 조언했소. 우리가
그 말대로 해도 되겠소? 그대 생각은 어떻소?"
7-10 후새가 말했다. "이번에는 적절치 않은 것 같습니다. 왕께서도 알다시피, 왕의 아버지와 그의 부하들은 용맹스러운 데다 새끼를 빼앗긴 곰처럼 잔뜩 화가 나 있습니다. 그뿐 아니라 백전노장인 왕의 아버지는 이 같은 상황에서 잠을 자다가 붙잡힐 사람이 아닙니다. 지금 우리가 말하고 있는 동안에도 그는 분명 동굴이나 다른 곳에 숨어 있을 것입니다. 그가 매복해 있다가 왕의 부하들을 덮치면 '압살롬의 군대가 죽임을 당했다!'는 말이 금세 퍼질 것입니다. 왕의 부하들이 용감하여 사자의 심장을 가졌다 해도, 그런 소식을 들으면 이내 무너지고 말 것입니다. 왕의 아버지의 싸움 실력이 대단하고 그와 함께한 부하들 또한 그러하다는 것을 온 이스라엘이 잘 알고 있습니다.
11-13 저의 조언은 이렇습니다. 단에서 브엘세바까지 온 나라에서 바닷가의 모래알처럼 많은 군대를 소집하여 왕께서 그들을 직접 이끄십시오. 다윗이 어디에 있든지 우리가 그를 찾아내어, 이슬이 땅에 내리는 것처럼 그를 습격할 것입니다. 그러면 한 사람도 살아남지 못할 것입니다. 그가 어떤 성 안에 숨어 있다면, 군대 전체가 밧줄을 가지고 가서 그 성을 계곡으로 끌어내리면 됩니다. 그러면 그곳에는 돌멩이 하나 남지 않을 것입니다!"
14 압살롬과 그의 일행은 아렉 사람 후새의 조언이 아히도벨의 조언보다 낫다는 데 뜻을 같이했다. (하나님께서 아히도벨의 조언을 믿지 못하게 만들어 압살롬을 망하게 하시기로 작정하셨던 것이다.)
15-16 그 후에 후새는 제사장 사독과 아비아달에게 말했다. "아히도벨이 압살롬과 이스라엘 장로들에게 이러저러하게 조언했는데, 나는 그들에게 이러저러하게 조언했습니다. 이제 최대한 빨리 다윗 왕께 이 메시지를 전하십시오. '강 이편에서 밤을 보내지 말고 즉시 강을 건너십시오. 그렇지 않으면 왕과 왕과 함께

한 모든 사람이 산 채로 삼켜질 것입니다.'"
17-20 요나단과 아히마아스는 엔로겔에서 배회하며 기다렸다. 한 여종이 와서 그
들에게 메시지를 전하면 그들이 다윗 왕에게 가서 알리기로 되어 있었다. 자칫
성 안에 들어가다가 눈에 띄면 위험했기 때문이다. 그러나 한 군사가 그들을 보
고 압살롬에게 알렸다. 그래서 그 두 사람은 재빨리 그곳을 나와 바후림에 있는
어떤 사람의 집으로 갔다. 그 집 마당에 우물이 있어 그들은 그 속으로 기어 들
어갔다. 그 집의 안주인이 담요를 가져다 우물을 덮고 그 위에 곡식을 널어, 누
구도 이상한 점을 눈치채지 못하게 했다. 얼마 안 되어 압살롬의 부하들이 그
집에 와서 그녀에게 물었다. "아히마아스와 요나단을 보았소?"
그 여인이 대답했다. "강 쪽으로 갔습니다."
부하들은 결국 그들을 찾지 못하고 예루살렘으로 돌아갔다.
21 위험이 사라지자, 아히마아스와 요나단은 우물에서 기어올라 와, 그 길로 다
윗 왕에게 가서 보고했다. "일어나서 빨리 강을 건너십시오. 아히도벨이 왕께
불리한 조언을 했습니다!"
22 다윗과 그의 군대가 바로 일어나 이동하여 요단 강을 건넜다. 동틀 무렵에는
요단 강을 건너지 못한 사람이 하나도 없었다.
23 아히도벨은 자신의 조언이 채택되지 않았음을 알고 나귀에 안장을 지워 고향
으로 떠났다. 그는 유언을 작성하고 집을 정리한 뒤에, 목매달아 죽었다. 그는
가족 묘지에 묻혔다.

24-26 다윗이 마하나임에 도착할 무렵, 압살롬은 이스라엘의 모든 군대와 함께 요
단 강을 건넜다. 압살롬은 요압을 대신하여 아마사를 군사령관으로 삼았다. (아
마사는 이드라라는 사람의 아들인데, 이드라는 요압의 어머니 스루야의 여동생인 나하스의 딸
아비갈과 결혼한 이스마엘 사람이다.) 이스라엘과 압살롬은 길르앗에 진을 쳤다.
27-29 다윗이 마하나임에 이르자, 암몬의 랍바 출신 나하스의 아들 소비가 찾아왔
고 로드발에서 암미엘의 아들 마길, 로글림 출신 길르앗 사람 바르실래가 찾아
왔다. 그들이 침상과 이불을 가져왔고 밀과 보리, 밀가루, 볶은 곡식, 콩과 팥,
꿀, 소 떼와 양 떼에서 난 버터와 치즈가 가득 들어 있는 사발과 단지도 가져왔
다. 그들은 그 모든 것을 다윗과 그의 군대에게 선물하면서 "군대가 광야에 있
으니 얼마나 배고프고 피곤하며 목마르겠습니까" 하고 말했다.

압살롬의 죽음

18 1-2 다윗은 병력을 조직하여, 천부장과 백부장을 임명했다. 또 군대
를 셋으로 나누어 삼분의 일은 요압 밑에, 삼분의 일은 스루야의 아
들이요 요압의 동생인 아비새 밑에, 나머지 삼분의 일은 가드 사람 잇대 밑에
배치시켰다.
그러고 나서 왕은 "나도 그대들과 함께 진군하겠소" 하고 공표했다.
3 그들이 말했다. "아닙니다. 왕께서 우리와 함께 진군하시면 안됩니다. 우리가

어쩔 수 없이 후퇴해도 적은 신경 쓰지 않을 것입니다. 우리 가운데 절반이 죽
어도 역시 마찬가지일 것입니다. 하지만 왕은 우리 만 명만큼의 가치가 있는 분
입니다. 왕께서는 이 성 안에 계시면서 우리를 도우시는 편이 더 좋겠습니다."
4 왕이 말했다. "그렇다면 그대들 생각에 따르겠소." 그래서 그는 성문 옆에 남
고, 온 군대는 백 명씩 천 명씩 진군해 나갔다.
5 그때 왕이 요압과 아비새와 잇대에게 명령했다. "나를 생각해서 어린 압살롬
을 너그러이 대해 주시오." 왕이 압살롬에 대해 세 지휘관에게 내린 명령을 온
군대가 들었다.
6-8 군대는 출전하여 이스라엘과 맞섰다. 전투는 에브라임 숲에서 벌어졌다. 그
날 거기서 이스라엘 군이 다윗의 부하들에게 참패했는데, 사상자가 이만 명에
이르는 엄청난 살육이었다! 그날 사방에서 허둥대며 싸우느라 칼에 죽은 사람
보다 숲에서 죽은 사람이 더 많았다!
9-10 압살롬이 다윗의 부하들과 마주쳤다. 압살롬이 노새를 타고 그들 앞에 나섰
을 때, 노새가 큰 상수리나무 가지 아래로 내달렸다. 압살롬의 머리가 상수리나
무에 걸려 몸이 공중에 매달리고, 노새는 그 밑으로 빠져나갔다. 한 군사가 그
것을 보고 요압에게 보고했다. "압살롬이 상수리나무에 매달려 있는 것을 방금
보았습니다."
11 요압은 그 소식을 알린 사람에게 말했다. "네가 그를 보았으면서, 왜 그 자리
에서 죽이지 않았느냐? 그랬다면 너는 은화 열 개와 고급 허리띠를 상으로 받
았을 것이다."
12-13 그러자 그 사람이 요압에게 말했다. "은화 천 개를 얻을 수 있다 해도, 저는
왕의 아들에게 해를 입히지 않을 것입니다. 왕께서 장군과 아비새 장군과 잇대
장군에게 '나를 생각해서 어린 압살롬을 지켜 주시오' 하고 말씀하시는 것을 우
리 모두가 들었습니다. 왕께는 아무것도 숨길 수 없으니 자칫하면 제 목숨이 날
아갈 것입니다. 장군께서 그 자리에 계셨어도 지켜보기만 하셨을 것입니다!"
14-15 요압이 말했다. "너와 허비할 시간이 없다." 그러더니 그는 칼 세 자루를 쥐
고, 아직 나무에 산 채로 매달려 있는 압살롬의 심장을 찔렀다. 그러자 요압의
무기를 드는 자 열 명이 압살롬을 에워싸고 그를 마구 찔러 죽였다.
16-17 요압은 숫양 뿔나팔을 불어 군대의 이스라엘 추격을 중지시켰다. 그들은 압
살롬의 주검을 들어다가 숲 속의 큰 구덩이에 던지고 그 위에 거대한 돌무더기
를 쌓았다.
그동안 이스라엘 군대는 모두 도망하여 각자 집으로 돌아갔다.
18 압살롬은 살아 있을 때 자기를 위해 왕의 골짜기에 기둥을 하나 세우고 "내
이름을 이을 아들이 없다"고 말했다. 그는 그 기둥에 자신의 이름을 새겼다. 오
늘까지도 그 기둥은 '압살롬 기념비'라고 불린다.

19-20 사독의 아들 아히마아스가 말했다. "제가 왕께 달려가 하나님께서 왕을 적
들의 손에서 구하셨다는 이 기쁜 소식을 전하겠습니다." 그러나 요압이 말렸다.

"오늘 기쁜 소식을 전할 사람은 네가 아니다. 다른 날은 어떨지 몰라도 오늘 이
소식은 '기쁜 소식'이 아니다." (왕의 아들이 죽었기 때문이다.)
21 그러더니 요압은 한 구스 사람에게 명령했다. "네가 가서 본 것을 왕께 아뢰
어라."
구스 사람이 "예, 장군님" 하고 달려갔다.
22 사독의 아들 아히마아스가 끈질기게 요압에게 청했다. "무슨 문제가 있겠습
니까? 저도 구스 사람을 따라가게 해주십시오."
요압이 말했다. "왜 이리도 달려가지 못해서 안달이냐? 이 일은 잘했다는 소리
를 들을 일이 아니다."
23 "괜찮습니다. 가게 해주십시오."
"좋다. 가거라." 요압이 말했다. 그래서 아히마아스는 아래 골짜기 길로 달려가
구스 사람을 앞질렀다.
24-25 다윗은 두 문 사이에 앉아 있었다. 초병이 문 위의 성벽에 올라가 사방을 둘
러보고 있는데, 달려오는 사람 하나가 보였다. 초병은 아래를 향해 왕에게 외쳤
다. 왕이 말했다. "혼자라면 틀림없이 기쁜 소식이다!"
25-26 달려오던 사람이 가까워질 즈음에 초병은 또 다른 사람이 달려오는 것을 보
고 문 쪽에 대고 외쳤다. "또 다른 사람이 달려오고 있습니다."
그러자 왕이 말했다. "이것도 틀림없이 기쁜 소식이다."
27 그때 초병이 말했다. "첫 번째 사람을 보니, 뛰는 것이 사독의 아들 아히마아
스 같습니다."
왕이 말했다. "그는 좋은 사람이다. 반드시 기쁜 소식을 가져올 것이다."
28 그때 아히마아스가 큰소리로 왕에게 말했다. "평안하시기를 빕니다!" 그는 얼
굴을 땅에 대고 왕 앞에 엎드려 절했다. "왕의 하나님을 찬양합니다. 내 주인이
신 왕께 반역한 자들을 그분께서 왕의 손에 넘겨주셨습니다."
29 왕이 물었다. "그런데 어린 압살롬은 괜찮으냐?"
아히마아스가 말했다. "요압이 저를 보낼 때 제가 큰 소동을 보았으나, 무슨 일
인지는 모르겠습니다."
30 왕이 말했다. "비켜나 옆에 서 있거라." 그는 비켜났다.
31 그때 구스 사람이 도착하여 말했다. "내 주인인 왕이시여, 기쁜 소식입니다!
오늘 하나님께서 왕에게 반역한 모든 자를 제압하고 왕에게 승리를 안겨 주셨
습니다!"
32 왕이 말했다. "그런데 어린 압살롬은 괜찮으냐?"
그러자 구스 사람이 대답했다. "내 주인이신 왕의 모든 원수와 왕을 대적하여
일어나는 모든 악한 자가 그 젊은이처럼 되기를 원합니다."

33 이 말을 듣고 충격을 받은 왕은 마음이 찢어질 듯 아파서, 문 위의 방으로 올
라가 슬피 울었다. 그는 울면서 이렇게 부르짖었다.

내 아들 압살롬아, 내 사랑하는 아들 압살롬아!
차라리 너 대신 내가 죽을 것을, 어째서 너란 말이냐.
압살롬아, 내 사랑하는 아들아!

다윗이 압살롬의 죽음을 슬퍼하다

19 1-4 요압은 다윗이 압살롬 때문에 울며 슬퍼하고 있다는 말을 들었
다. "왕께서 아들 때문에 슬퍼하고 계시다"는 말이 군사들 사이에
두루 퍼지면서 승리의 날이 애도의 날로 바뀌었다. 그날 군사들은 뿔뿔이 흩어
져 성으로 돌아왔는데, 사기가 꺾이고 기가 죽어 있었다. 그런데도 왕은 얼굴을
두 손에 묻고 큰소리로 슬퍼했다.

내 아들 압살롬아,
압살롬, 내 사랑하는 아들아!

5-7 요압이 은밀히 왕을 나무랐다. "왕의 아들딸과 아내와 첩들의 목숨은 물론이
요 왕의 목숨까지 구한 충성스런 신하들을 이렇게 맥 빠지게 하시다니, 정말 해
도 너무하십니다. 왕을 미워하는 사람은 사랑하시고 왕을 사랑하는 사람은 미
워하시니, 이게 어찌 된 일입니까? 지금 왕의 행동은 지휘관과 군사들이 왕께
아무 의미가 없다는 메시지를 전해 주고 있습니다. 압살롬이 살아 있고 우리가
다 죽었으면 기쁘셨겠습니까? 정신 차리십시오. 밖으로 나가 왕의 신하들에게
용기를 북돋아 주십시오! 하나님께 맹세하는데, 왕께서 그들에게 가지 않으시
면 그들이 왕을 떠나 버릴 것입니다. 해가 질 무렵에는 단 한 명의 군사도 이곳
에 남아 있지 않을 것입니다. 그렇게 되면 지금까지와는 비교할 수 없는 최악의
사태가 벌어지게 될 것입니다."
8 그러자 왕이 밖으로 나가 성문에 자리했다. 곧 모두가 알아보고 말했다. "보아
라! 왕이 우리를 보러 나오셨다." 그의 모든 군대가 나와 왕 앞에 모습을 보였
다. 그러나 이스라엘 사람들은 이미 전쟁터에서 도망쳐 각자 집으로 돌아갔다.
9-10 한편, 이스라엘 백성이 지도자들에게 불평했다. "원수들의 손에서 우리를
여러 번 구하고 블레셋 사람의 손에서 우리를 구한 분은 왕이 아니십니까? 그
왕이 지금 압살롬 때문에 이 나라를 떠나셨습니다. 그리고 우리가 왕으로 삼았
던 압살롬은 전쟁터에서 죽었습니다. 여러분은 무엇을 기다리고 있습니까? 어
찌하여 왕을 다시 모셔 오지 않습니까?"
11-13 다윗이 그 말을 듣고 두 제사장 사독과 아비아달에게 말을 전했다. "유다 장
로들에게 이렇게 물으십시오. '여러분은 어째서 왕을 궁으로 다시 모셔 오는 일
을 주저합니까? 여러분은 내 형제들입니다! 내 혈육입니다! 그런데 어째서 왕
을 궁으로 다시 모셔 오는 일을 맨 마지막에 하려고 합니까?' 아마사에게도 이
렇게 전하십시오. '그대도 내 혈육이오. 하나님께서 내 증인이시거니와, 내가
그대를 요압을 대신하여 군사령관으로 삼겠소.'"

14 다윗은 모든 유다 사람의 마음을 사로잡았다. 그들은 왕에게 사람을 보내어
한마음 한뜻으로 말했다. "왕과 왕의 모든 신하는 돌아오십시오."
15-18 그래서 왕은 돌아왔다. 그가 요단 강에 이르렀을 때, 유다 사람들이 왕을 환
영하고 호위해서 요단 강을 건너기 위해 길갈에 와 있었다. 바후림 출신의 베냐
민 사람 게라의 아들 시므이도 급히 내려와 유다 사람과 합세했고, 베냐민 사람
천 명과 함께 왕을 맞았다. 사울의 종 시바도 아들 열다섯 명과 종 스무 명을 데
리고 요단 강을 건너와 왕을 맞았고, 왕과 함께한 측근들이 강을 건너는 일을
도와 힘닿는 대로 왕을 편히 모셨다.
18-20 게라의 아들 시므이는 요단 강을 건너자마자 왕 앞에 엎드려 절하고 경의
를 표하며 말했다. "내 주인이시여, 저를 나쁘게 생각하지 마십시오! 제 주인이
신 왕께서 예루살렘을 떠나시던 날 제가 무책임하게 벌인 일을 눈감아 주시고,
그 일로 저를 나쁘게 보지 말아 주십시오. 제가 지은 죄를 잘 압니다. 하지만 지
금 저를 보십시오, 요셉의 모든 지파 중에서 가장 먼저 내려와 내 주인이신 왕
을 다시 영접합니다!"
21 스루야의 아들 아비새가 끼어들었다. "더는 못 듣겠습니다! 우리가 이 자를
당장 죽여야 하지 않겠습니까? 이 자는 **하나님**의 기름부음 받은 왕을 저주한
자입니다!"
22 그러나 다윗이 말했다. "너희 스루야의 아들들은 어찌하여 이토록 고집스럽
게 싸우기를 좋아하느냐? 내가 다시 이스라엘의 왕이 되었으니, 오늘은 아무도
죽이지 않을 것이다!"
23 그러고 나서 왕은 시므이를 보며 "너는 죽지 않을 것이다" 하고 그에게 약속
해 주었다.
24-25 사울의 손자 므비보셋이 예루살렘에서 도착하여 왕을 맞았다. 왕이 떠나던
날부터 무사히 돌아온 날까지, 그는 머리도 빗지 않고 수염도 다듬지 않고 옷도
빨아 입지 않았다. 왕이 말했다. "므비보셋, 너는 어찌하여 나와 함께 가지 않았
느냐?"
26-28 그가 말했다. "내 주인인 왕이시여, 제 종이 저를 배반했습니다. 왕께서 아
시는 것처럼, 저는 다리가 성치 못하므로 나귀를 타고 왕과 함께 가려고 종에게
나귀에 안장을 지우라고 했습니다. 그런데 그가 저에 대해서 왕께 거짓을 고했
습니다. 내 주인이신 왕께서는 하나님의 천사와 같으셔서, 무엇이 옳은지 아시
고 그 옳은 일을 행하시는 분입니다. 제 아버지 집 사람들은 모두 죽을 운명이
아니었습니까? 그런데 왕께서 저를 받아 주시고 왕의 식탁에서 먹게 해주셨습
니다. 제가 그 이상 무엇을 더 바라거나 구할 수 있겠습니까?"
29 왕이 말했다. "됐다. 더 말하지 마라. 내 결정은 이러하다. 너는 시바와 재산
을 나누어 가져라."
30 므비보셋이 말했다. "재산은 다 시바에게 주십시오! 다만 제가 걱정하는 것은
내 주인이신 왕께서 무사히 왕궁으로 돌아오시는 것뿐이었습니다!"
31-32 길르앗 사람 바르실래가 로글림에서 내려와, 왕과 함께 요단 강을 건너며

왕을 배웅했다. 바르실래는 나이가 여든 살로 매우 늙었다! 그는 큰 부자였으므
로 왕이 마하나임에 있는 동안 왕에게 필요한 것들을 공급했다.
33 왕이 바르실래에게 말했다. "나와 함께 예루살렘으로 갑시다. 내 그대를 보살
펴 드리리다."
34-37 그러나 바르실래는 그 제안을 사양했다. "제가 왕과 함께 예루살렘에 간다
한들 얼마나 더 살겠습니까? 제 나이가 여든이니 이제는 누구에게도 그다지 쓸
모가 없습니다. 음식 맛도 모르고 풍악소리도 듣지 못합니다. 그런데 어찌자고
내 주인이신 왕께 짐을 얹어 드리겠습니까? 저는 그저 왕과 함께 요단 강을 건
너고 싶을 뿐입니다. 대단한 일은 아니지요. 저는 돌아가 제 고향에서 죽어 부
모와 함께 묻힐 것입니다. 하지만 여기 제 종 김함이 있으니, 저 대신 그를 데려
가 주십시오. 그를 잘 대해 주십시오!"
38 왕이 말했다. "알겠소. 김함이 나와 함께 갈 것이오. 그에게 잘 대해 주리다!
그 밖에도 그대가 생각하는 것이 있으면, 그것도 해드리겠소."
39-40 군대가 요단 강을 건넜으나 왕은 중간에 남았다. 왕은 바르실래에게 입을
맞추며 축복했고, 그는 집으로 돌아갔다. 그러고 나서 왕은 김함과 함께 길갈로
건너갔다.
40-41 유다의 온 군대와 이스라엘 군대의 절반이 왕과 함께 행진했다. 이스라엘
사람들이 왕에게 와서 말했다. "어찌하여 우리의 형제인 유다 사람들이 나서서
왕이 마치 자신들의 소유라도 되는 것처럼, 왕과 그 가족과 측근들을 호위하여
요단 강을 건넜습니까?"
42 유다 사람들이 반박했다. "왕이 우리의 친척이어서 그랬소! 그게 어쨌다고 소
란을 피우는 것이오? 그 일로 우리가 특별대우를 받은 것이 있소? 당신들 보기
에도 없지 않소?"
43 이스라엘 사람들이 되받았다. "당신들은 한 몫뿐이지만 우리는 왕에게 열 몫을
요구할 수 있소. 그뿐 아니라 우리가 맏아들이오. 그런데 어찌하여 우리가 조연
을 맡아야 하는 것이오? 왕을 다시 모셔 오자는 것도 우리가 먼저 생각해 냈소."
그러나 유다 사람들의 태도가 이스라엘 사람들보다 더 강경했다.

20

1 그때에 베냐민 사람 비그리의 아들 세바라는 건달 하나가 숫양 뿔
나팔을 불며 큰소리로 외쳤다.

우리는 다윗과 아무 상관이 없으며,
이새의 아들에게는 우리의 미래가 없다!
이스라엘아, 여기서 나가자. 각자 자기 장막으로 돌아가자!

2-3 그래서 이스라엘 사람들은 모두 다윗을 버리고 비그리의 아들 세바를 따라갔
다. 그러나 유다 사람들은 요단 강에서 예루살렘에 이르기까지 왕의 곁에 남아

서 충성을 다했다. 예루살렘 궁에 도착한 다윗 왕은, 왕궁을 지키도록 남겨 두었던 후궁 열 명을 데려다 격리시키고 그들을 감시하게 했다. 그들에게 필요한 것은 주었지만 그들을 찾아가지는 않았다. 그들은 죽는 날까지 죄수처럼 갇혀서 평생을 생과부로 지냈다.

4-10 왕이 아마사에게 명령했다. "나를 위해 사흘 안에 유다 사람들을 소집하고 그대도 함께 오시오." 아마사가 왕의 명령을 수행하러 나갔으나, 복귀가 늦어졌다. 그래서 다윗은 아비새에게 말했다. "비그리의 아들 세바는 압살롬보다 더 큰 해를 우리에게 끼칠 것이오. 그가 우리의 손이 닿지 못하는 요새 성읍으로 숨기 전에, 나의 부하들을 데리고 가서 그를 추적하시오." 그래서 요압의 부하들과 그렛 사람과 블렛 사람 등 모든 정예군이 아비새의 지휘 아래 비그리의 아들 세바를 추적하러 예루살렘을 떠났다. 그들이 기브온 바위 근처에 이르렀을 때, 마침 아마사가 그들 쪽으로 다가왔다. 요압은 군복을 입고 칼이 든 칼집을 허리에 차고 있었는데, 칼이 빠져나와 땅에 떨어졌다. 요압은 아마사에게 "잘 있었는가, 형제여?" 하고 인사한 뒤에, 그에게 입을 맞추려는 체하며 오른손으로 아마사의 수염을 잡았다. 아마사는 요압의 다른 손에 칼이 있는 것을 보지 못했다. 요압이 아마사의 배를 찌르자 창자가 땅에 쏟아졌다. 다시 찌를 필요도 없이 그가 죽었다. 그러고 나서 요압과 그의 동생 아비새는 계속해서 비그리의 아들 세바를 쫓아갔다.

11-14 요압의 군사 가운데 하나가 아마사의 주검 위에 버티고 서서 외쳤다. "누구든지 요압의 편에서 다윗을 지지하는 자는 요압을 따르라!" 하고 소리를 질렀다. 아마사가 피가 흥건히 고인 채 길 한복판에 누워 있었으므로, 요압은 군대가 걸음을 멈추고 쳐다보지 못하도록 아마사의 주검을 밭으로 치워 놓고 담요로 덮었다. 그가 길에서 시체를 치우자마자, 군사들은 다시 요압을 따라 비그리의 아들 세바를 추적했다. 세바는 이스라엘의 모든 지파를 두루 다니다가 아벨벳마아가까지 갔다. 비그리 집안 사람들이 모두 모여 그를 따라 성으로 들어갔다.

15 요압의 군대가 도착하여 아벨벳마아가에서 세바를 포위했다. 그들은 성을 마주보고 공격용 보루를 쌓았다. 성벽을 무너뜨릴 작정이었다.

16-17 그러나 한 영리한 여인이 성에서 큰소리로 외쳤다. "모두들 들어 보십시오! 내가 할 말이 있으니, 요압 장군께 이리 가까이 오시라고 전해 주십시오." 요압이 다가오자 여인이 말했다. "요압 장군이십니까?"

그가 말했다. "그렇소."

여인이 말했다. "그렇다면 내 말을 잘 들어 보십시오."

그가 말했다. "듣고 있소."

18-19 "이 지방의 옛말에 답을 원하거든 아벨로 가서 해결하라고 했습니다. 이곳에 사는 우리는 평화롭고 믿을 수 있는 사람들입니다. 그런데 장군께서 와서 이스라엘의 어머니 같은 성읍을 허물려고 하십니다. 어찌하여 **하나님**께서 주신 유산을 망치려 하십니까?"

20-21 요압이 항변했다. "정말로 나를 완전히 오해하고 있소. 나는 누구를 해치거

나 무엇을 부수려고 여기 온 것이 아니오! 에브라임 산지 출신의 한 사람, 비그
리의 아들 세바라는 사람이 다윗 왕에게 반란을 일으켰소. 그 사람만 넘겨주면
우리는 이곳을 떠나겠소."
여인이 요압에게 말했다. "좋습니다. 성벽에서 그의 머리를 장군께 던지겠습니다."
22 여인이 성 안의 사람들에게 자신의 전략을 설명하자 사람들은 그 말대로 했
다. 그들은 비그리의 아들 세바의 목을 베어 요압에게 던졌다. 요압이 숫양 뿔
나팔을 부니 군사들이 모두 집으로 돌아갔다. 요압은 왕이 있는 예루살렘으로
돌아갔다.

23-26 요압은 다시 이스라엘 온 군대의 사령관이 되었다. 여호야다의 아들 브나야
는 그렛 사람과 블렛 사람을 관할했고, 아도니람은 노역자들을 감독했다. 아힐
룻의 아들 여호사밧은 기록관, 스와는 서기관, 사독과 아비아달은 제사장, 야일
사람 이라는 다윗의 제사장이 되었다.

기근과 전쟁

21

1 다윗의 시대에 기근이 들었다. 기근은 해를 거듭하며 삼 년이나 이
어졌다. 다윗이 **하나님**께 나아가 그 원인을 여쭈었다.
하나님께서 말씀하셨다. "사울이 기브온 사람을 함부로 죽이던 때부터 사울과
그의 집안이 손에 묻힌 피 때문이다."
2 그래서 왕은 기브온 사람을 불러 모아 물었다. (기브온 사람은 본래 이스라엘 자손
이 아니라 아모리 사람 가운데 살아남은 자들로서, 이스라엘과 맺은 조약에 따라 보호를 받고
있었다. 그런데 이스라엘과 유다의 명예에 광적으로 집착하던 사울이 그들을 모두 죽여 없애
려고 했다.)
3 다윗이 기브온 사람에게 말했다. "내가 당신들에게 무엇을 해주면 좋겠소? 내
가 무엇으로 보상해야 당신들이 **하나님**께서 유산으로 주신 이 땅과 백성을 축
복할 수 있겠소?"
4 기브온 사람이 대답했다. "우리는 사울과 그 집안의 돈을 바라지 않습니다. 이
스라엘 사람 아무나 죽이는 것도 우리가 원하는 바가 아닙니다."
그러나 다윗은 집요하게 물었다. "내가 당신들에게 해주어야 할 일이 무엇이란
말이오?"
5-6 그러자 그들이 왕에게 말했다. "우리를 없애려 했고 이스라엘에서 아예 씨를
말리려 했던 사람이 있었습니다. 그 사람의 자손 가운데 남자 일곱 명을 우리에
게 넘겨주시면, 우리가 그들을 **하나님** 앞에서 처형하되, 사울이 살던 기브아,
곧 거룩한 산에서 그들의 목을 매어 달겠습니다."
그러자 다윗이 동의했다. "내가 그들을 당신들에게 넘겨주겠소."
7-9 왕은 **하나님** 앞에서 요나단과 했던 약속 때문에 사울의 손자요 요나단의 아
들인 므비보셋은 살려 두었다. 대신에 아야의 딸 리스바가 낳은 사울의 두 아들
인 알모니와 므비보셋, 사울의 딸 메랍이 므홀랏 사람 바르실래의 아들인 아드

리엘과의 사이에서 낳은 다섯 아들을 뽑았다. 왕이 그들을 기브온 사람에게 넘
겨주자 기브온 사람이 그들을 산 위 하나님 앞에서 목을 매어 다니, 일곱이 모
두 함께 죽었다. 그들이 처형된 때는 추수가 막 시작될 무렵, 보리 수확에 들어
갈 때였다.
10 아야의 딸 리스바는 굵은 베를 가져다가 자신을 위해 바위 위에 펼쳐 놓고, 추
수가 시작될 때부터 호우가 쏟아질 때까지 낮에는 주검에 새가 앉지 못하게 하
고 밤에는 들짐승이 범하지 못하게 했다.
11-14 다윗은 아야의 딸이요 사울의 첩인 리스바가 한 이 일을 전해 듣고, 야베스
길르앗 지도자들에게 가서 사울과 그의 아들 요나단의 유해를 찾아왔다(전에
블레셋 사람이 길보아에서 사울과 요나단을 죽인 뒤에 벳산 성읍 광장에 매달
았는데, 야베스 길르앗 지도자들이 거기서 그들의 주검을 거두어 왔다). 다윗은
두 사람의 유해를 가져와 얼마 전 사람들이 목 매어 달아 죽인 일곱 사람의 주
검과 함께 두었다. 그리고 그 주검들을 베냐민 땅으로 다시 옮겨 사울의 아버지
기스의 묘지에 잘 묻어 주었다.
백성은 왕의 명령대로 다 행했다. 이로써 문제가 해결되어, 그때부터 하나님께
서 그 땅을 위한 이스라엘의 기도에 응답하셨다.

15-17 블레셋 사람과 이스라엘 사이에 다시 전쟁이 벌어지자, 다윗과 그의 부하
들이 내려가 싸웠다. 다윗은 몹시 지쳐 있었다. 라파 자손의 용사 이스비브놉이
무게가 4킬로그램에 가까운 창을 들고 새 갑옷을 입고 나와 자기가 다윗을 죽이
겠다고 큰소리쳤다. 그러자 스루야의 아들 아비새가 가서, 다윗을 구하고 그 블
레셋 사람을 쳐죽였다.
다윗의 부하들은 그에게 맹세하며 말했다. "왕께서는 더 이상 전선에 나오지 마
십시오! 이스라엘의 등불이 꺼져서는 안됩니다!"
18 그 후에 곱에서 다시 블레셋 사람과 작은 충돌이 있었다. 그때 후사 사람 십브
개가 삽을 죽였는데, 삽도 라파 자손의 또 다른 용사였다.
19 곱에서 블레셋 사람과 또다시 전투할 때, 베들레헴의 베 짜는 사람인 야르의 아
들 엘하난이 가드 사람 골리앗을 죽였는데, 골리앗의 창은 깃대만큼이나 컸다.
20-21 또 가드에서 싸움이 벌어졌을 때는 손가락과 발가락이 여섯 개씩 모두 스물
네 개인 거인이 나왔다! 그도 라파 자손이었다. 그가 이스라엘을 모욕하자, 다
윗의 형 시므아의 아들 요나단이 그를 죽였다.
22 이 네 사람은 가드 출신의 라파 자손으로, 모두 다윗과 그의 군사들에게 목숨
을 잃었다.

다윗의 승전가

22

1 하나님께서 다윗을 모든 원수와 사울에게서 구해 주셨을 때에, 다
윗은 이 노랫말로 하나님께 기도했다.

[2-3] **하나님**은 내가 발 디딜 반석
내가 거하는 성채,
나를 구해 주시는 기사.
나, 높은 바위산 내 하나님께
죽기 살기로 달려가
그 병풍바위 뒤에 숨고
그 든든한 바위 속에 몸을 감춘다.
내 산꼭대기 피난처이신 그분께서
나를 무자비한 자들의 손에서 구해 주신다.

[4] 존귀한 찬송을 **하나님**께 부르며
나, 안전과 구원을 누린다.

[5-6] 죽음의 물결이 밀어닥치고
마귀의 물살이 나를 덮쳤다.
지옥 끈에 꽁꽁 묶이고
죽음의 덫에 갇혀 출구가 모조리 막혔다.

[7] 이리도 험악한 세상! 나는 **하나님**께 외쳤다.
나의 하나님을 소리쳐 불렀다.
그랬더니 하나님께서 그분의 왕궁에서 들으셨다.
내 부르짖음을 들으시고 나를 당신 앞에 불러 주셨다.
나를 독대해 주셨다!

[8-16] 땅이 진동하고 요동치며
하늘이 나뭇잎처럼 흔들렸다.
사시나무 떨듯 떨었다.
그분께서 격노하셨기 때문이다.
코로 씩씩 연기를 내뿜으시고
입으로 불을 내뿜으셨다.
불 혀들이 널름거렸다.
하늘을 말아 내리고
땅을 밟으시니
땅 밑으로 심연이 패였다.
날개 돋친 생물을 타고,
바람날개를 타고 날아오르셨다.
먹구름을
외투로 두르셨다.

그러나 혜성처럼 거대한 불빛이 나타났다.
구름을 비집고 나오는 그분의 광채였다.
하나님께서 하늘에서 천둥소리를 내셨다.
높으신 하나님께서 고함을 지르셨다.
하나님께서 활을 쏘셨다. 일대 아수라장이 되었다!
번개를 내리꽂으셨다. 다들 혼비백산 달아났다!
하나님께서 노호하시며
폭풍 분노를 터뜨리시자,
대양의 숨은 원천이 드러나고
대지의 심부가 훤히 드러났다.

17-20 그러나 그분께서 나를 붙잡아 주셨다.
하늘에서 바다까지 손을 뻗어 끌어올려 주셨다.
그 증오의 바다에서, 원수가 일으킨 혼돈으로부터,
내가 빠져든 그 공허로부터.
쓰러진 나를 그들이 걷어찼지만,
하나님께서 내 곁을 지켜 주셨다.
그분께서 나를 탁 트인 들판에 세워 주셨다.
나, 구원받아 거기 섰다. 놀라운 사랑이여!

21-25 조각난 내 삶을 다 맡겨 드렸더니,
하나님께서 온전하게 만들어 주셨다.
내 행위를 깨끗이 하자,
새 출발을 허락해 주셨다.
진정, 나는 **하나님**의 도(道)에 늘 정신을 바짝 차렸고,
하나님을 예사롭게 여기지 않았다.
매일 나는 그분이 일하시는 방식을 유심히 살피며
하나도 놓치지 않으려 애쓴다.
다시 시작하는 마음으로
한 걸음 한 걸음 신중히 내딛는다.
내 마음을 열어 보여드리니
하나님께서 내 인생 이야기를 다시 써 주셨다.

26-28 주께서는 주를 붙드는 이들을 붙드시며,
주께 진실한 이들을 진실히 대하십니다.
주께서는 선한 이들을 선대하시며,
악한 이들은 짓궂게 괴롭히십니다.
주께서는 밟히는 이들의 편을 들어주시며,

콧대 높은 이들의 콧대를 꺾어 버리십니다.

29-31 **하나님**, 길에 돌연 주의 빛이 차오릅니다.
하나님께서 어둠을 몰아내 주십니다.
나, 날강도 떼를 박살내고
높디높은 담장도 뛰어넘습니다.
하나님은 얼마나 놀라우신가! 그분의 길은
쭉 뻗은 평탄대로.
하나님께서 가라 하시는 길은 모두 검증된 길.
그분은 누구든 달아나
몸을 숨길 수 있는 은신처.

32-46 **하나님** 같은 신이 있느냐?
우리의 반석이신 그분 같은 신이?
내 손에 무기를 쥐어 주시고
똑바로 겨누게 하시는 하나님 같은 신이?
나, 사슴처럼 뛰며,
산 정상에 올랐다.
그분이 내게 싸우는 법을 가르쳐 주셨다.
나, 청동활도 당길 수 있다!
주께서 내게 구원을 갑옷처럼 입혀 주십니다.
주께서 내 어깨를 두드려 주시자, 나는 거인이 된 듯한 기분입니다.
주께서 내가 선 땅을 든든하게 하시니,
내가 확고히 서서 흔들리지 않습니다.
내가 원수들을 뒤쫓아가, 그들을 붙잡았습니다.
그들이 기진하기까지 절대 놓지 않았습니다.
그들에게 강타를 먹이고, 그들을 아주 쓰러뜨렸습니다.
그런 다음 그들을 깔아뭉갰습니다.
주께서 나를 무장시켜 이 싸움을 하게 하셨습니다.
주께서 그 거만한 자들을 박살내셨습니다.
나의 원수들, 주님 앞에서 꽁무니를 빼고
나를 증오하던 그들, 내가 쓸어버렸습니다.
그들이 "형님!" 하고 외쳐 댔지만,
그들의 형님은 코빼기도 비치지 않았습니다.
하나님께도 소리를 질러 댔지만,
아무 대답도 듣지 못했습니다.
내가 그들을 가루로 만들어 바람에 날려 보냈습니다.
도랑에 오물 버리듯 그들을 내던졌습니다.

주께서 티격태격하는 백성에게서 나를 구하시고
뭇 민족의 지도자로 세워 주셨습니다.
내가 들어 보지도 못한 민족이 나를 섬겼습니다.
내 소문을 듣자마자 그들이 내게 항복해 왔습니다.
은신처에서 두 손 들고 떨며 나왔습니다.

47-51 **하나님**, 만세! 나의 반석,
나의 큰 구원이신 하나님께 찬양을!
그분께서 나를 위해 모든 일을 바로잡으시고
말대꾸하는 자들의 말문을 막아 버리셨다.
원수의 분노에서 나를 구해 주셨다.
주께서 나를 거만한 자들의 손아귀에서 빼내 주시고
깡패들에게서 구해 주셨다.
그러므로 내가 세상 뭇 백성이 보는 앞에서
주 **하나님**께 감사를 드립니다.
주님의 이름에 운을 달아
노래를 부릅니다.
하나님이 세우신 왕이 승리를 얻고
하나님이 택하신 이가 사랑을 받음이여,
다윗과 그 자손에게, 영원토록,
언제까지나.

23

1 이것은 다윗이 남긴 마지막 말이다.

이새의 아들의 소리다.
하나님께서 정상에 올리신 자,
야곱의 하나님께서 왕으로 세우신 자,
이스라엘에서 가장 이름난 노래꾼의 소리다!

2-7 **하나님**의 영이 나를 통해 말씀하셨다.
그분의 말씀이 내 혀를 움직여 나타나셨다.
이스라엘의 하나님이신 분께서 내게 말씀하셨다.
이스라엘의 반석이요 산이신 분께서 말씀하셨다.
"선정을 베풀며
하나님을 경외하는 통치자는
구름 한 점 없는 새벽하늘
서광 같고,

맑은 빗물 머금고 반짝이는
푸른 들판 같다."
나의 통치가 그러했다.
하나님께서 나와 굳은 언약을 맺으시고
분명히 설명해 주셨으며,
약속하신 말씀을 다 지켜 주셨기 때문이다.
나를 온전히 구원해 주시고,
내 소원을 남김없이 이루어 주셨다.
그러나 마귀의 심복들은
뽑힌 가시 더미 같다.
손대지 말고,
갈퀴나 괭이로 저만치 치워라.
그것들, 불에 타 장관을 이루리라!

8 다윗이 거느린 용사들의 이름은 이러하다.
다그몬 사람 요셉밧세벳은 세 용사의 우두머리였다. 그는 창만 가지고 팔백 명
과 맞붙어 하루 만에 그들을 모두 죽였다.
9-10 아호아 사람 도도의 아들 엘르아살은 세 용사 가운데 두 번째였다. 그가 다
윗과 함께 있을 때, 블레셋 사람이 바스담밈에서 그들을 조롱했다. 블레셋 사람
이 전투태세를 갖추자, 이스라엘은 후퇴했다. 그러나 엘르아살은 버티고 서서
지칠 줄 모르고 블레셋 사람을 닥치는 대로 죽였다. 그는 절대로 칼을 놓지 않
았다! 그날 하나님께서 큰 승리를 주셨다. 그 후에 군대가 다시 엘르아살에게
돌아왔으나 남은 일이라고는 뒤처리하는 것뿐이었다.
11-12 하랄 사람 아게의 아들 삼마는 세 용사 가운데 셋째였다. 블레셋 사람이 싸
우려고 레히에 모였는데, 그곳에 팥을 가득 심은 밭이 있었다. 이스라엘이 블레
셋 사람 앞에서 도망쳤으나, 삼마는 밭 한가운데 버티고 서서 블레셋 사람을 막
아 냈고, 그들과 싸워 크게 이겼다. 하나님께서 또 한 번 큰 승리를 주셨다!
13-17 하루는 추수철에 이 세 용사가 삼십 인과 헤어져 아둘람 굴에 있는 다윗에
게 합류했다. 블레셋 사람 한 무리가 이미 르바임 골짜기에 진을 치고 있었다.
다윗이 굴 속에 숨어 있는 동안 블레셋 사람은 베들레헴에 본부를 두고 있었다.
다윗이 갑자기 "베들레헴 성문 곁에 있는 우물물이 몹시 마시고 싶구나!" 하고
말했다. 그러자 세 용사가 블레셋 전선을 뚫고 들어가, 베들레헴 성문 곁에 있
는 우물물을 길어서 다윗에게 가져왔다. 그러나 다윗은 그 물을 마시지 않고 하
나님께 부어 드리며 말했다. "하나님, 저는 이 물을 마실 수 없습니다! 이것은
그저 물이 아니라 저들의 생명의 피입니다. 저들이 목숨을 걸고 가져온 것입니
다!" 그는 끝내 물을 마시지 않았다.
세 용사가 바로 이러한 일을 했다.

18-19 스루야의 아들이요 요압의 동생인 아비새는 삼십 인의 우두머리였다. 그는
창으로 삼백 명을 죽인 공을 인정받았지만, 세 용사와 같은 수준에 들지는 못했
다. 그는 삼십 인 가운데서 가장 훌륭했고 그들의 우두머리였지만, 세 용사만큼
은 못했다.

20-21 갑스엘 출신 여호야다의 아들 브나야는 많은 공적을 세운 기운 센 사람이었
다. 그가 모압에서 새끼 사자 두 마리를 죽였고, 눈 오는 날 구덩이에 내려가 사
자를 죽였다. 또 그는 실력이 대단한 이집트 사람을 죽였다. 브나야는 창으로
무장한 그 이집트 사람과 막대기 하나로 맞붙었는데, 그 사람의 손에서 창을 빼
앗아 그 창으로 그를 죽였다.
22-23 여호야다의 아들 브나야는 이런 일들로 유명했으나, 그 또한 세 용사와 어
깨를 나란히 하지는 못했다. 삼십 인 사이에서 크게 존경을 받았지만, 세 용사
만큼은 못했다. 다윗은 그에게 자신의 경호 책임을 맡겼다.

삼십 인

24-39 '삼십 인'은 이러하다.

요압의 동생 아사헬
베들레헴 사람 도도의 아들 엘하난
하롯 사람 삼마
하롯 사람 엘리가
발디 사람 헬레스
드고아 사람 익게스의 아들 이라
아나돗 사람 아비에셀
후사 사람 십브개
아호아 사람 살몬
느도바 사람 마하래
느도바 사람 바아나의 아들 헬렛
베냐민 자손으로 기브아 사람 리배의 아들 잇대
비라돈 사람 브나야
가아스 황무지 출신 힛대
아르바 사람 아비알본
바르훔 사람 아스마웻
사알본 사람 엘리아바
기손 사람 야센
하랄 사람 삼마의 아들 요나단
우르 사람 사랄의 아들 아히암
마아가 사람 아하스배의 아들 엘리벨렛

길로 사람 아히도벨의 아들 엘리암
갈멜 사람 헤스래
아랍 사람 바아래
하그리 사람의 군사령관 나단의 아들 이갈
암몬 사람 셀렉
스루야의 아들 요압의 무기를 드는 자 브에롯 사람 나하래
이델 사람 이라
이델 사람 가렙
헷 사람 우리아.

이렇게 모두 서른일곱 명이다.

다윗의 인구조사

24 1-2 다시 이스라엘을 향해 하나님의 진노가 불타올랐다. 그분은 "가
서 이스라엘과 유다의 인구를 조사하여라"는 말씀으로 다윗을 시험
하셨다. 그래서 다윗은 요압과 자기 밑의 군지휘관들에게 명령을 내렸다. "단에
서 브엘세바까지 이스라엘의 모든 지파를 두루 다니며 인구를 조사하시오. 내
가 그 수를 알고 싶소."
3 그러나 요압이 왕을 만류했다. "왕의 하나님께서 내 주인이신 왕의 눈앞에서
백성이 백 배나 늘어나게 하시기를 빕니다. 그런데 왕께서는 도대체 왜 이 일을
하시려는 것입니까?"
4-9 그러나 왕이 고집을 꺾지 않았으므로, 요압과 군지휘관들은 이스라엘의 인구
를 조사하기 위해 왕 앞에서 물러났다. 그들은 요단 강을 건너 야셀 근처 갓 지
파의 계곡에 있는 성읍과 아로엘에서 시작하여, 길르앗을 거쳐 헤르몬을 지나
단까지 갔다가 시돈으로 돌아섰다. 그리고 두로 요새와 히위 사람과 가나안 사
람의 성읍들을 지나 브엘세바의 유다 네겝에 이르렀다. 그들은 온 땅을 두루 다
니다가 아홉 달 이십 일 만에 예루살렘으로 다시 돌아왔다. 요압이 왕에게 내놓
은 인구조사 결과는 건장한 군사가 이스라엘에 800,000명, 유다에 500,000명
이었다.
10 그러나 인구조사를 마친 뒤에, 다윗은 죄책감에 사로잡혔다. 그가 하나님을
신뢰하는 대신에 백성의 수를 의지했기 때문이다. 그래서 다윗은 하나님께 기
도했다. "이 일로 제가 큰 죄를 지었습니다. 그러나 하나님, 제가 지은 죄를 용
서해 주십시오. 제가 참으로 어리석었습니다."
11-12 다윗이 이튿날 아침에 일어났을 때, 다윗의 영적 조언자인 예언자 갓에게
이미 하나님의 말씀이 임했다. "가서 다윗에게 이 메시지를 전하여라. '나 하나
님이 말한다. 내가 너에게 할 수 있는 일이 세 가지 있다. 세 가지 가운데 하나
를 택하여라. 그러면 내가 그대로 행할 것이다.'"
13 갓이 가서 메시지를 전했다. "이 땅에 삼 년 동안 기근이 드는 것이 좋겠습니

까? 아니면, 왕이 원수들에게 쫓겨 석 달 동안 도망 다니시는 것이 좋겠습니
까? 아니면, 나라에 사흘 동안 전염병이 도는 것이 좋겠습니까? 생각해 보시고
마음을 정하십시오. 저를 보내신 분께 어떻게 아뢰면 되겠습니까?"
14 다윗이 갓에게 말했다. "모두 끔찍한 일입니다! 하지만 사람의 손에 넘겨지기
보다는 차라리 자비가 많으신 **하나님**께 벌을 받겠습니다."
15-16 그래서 **하나님**께서 아침부터 저녁까지 전염병을 풀어 놓으셨다. 단에서 브
엘세바까지 칠만 명이 죽었다. 그러나 천사가 예루살렘 위로 손을 뻗어 그곳을
멸망시키려 할 때, **하나님**께서 그 재앙의 고통을 아시고 사람들 사이로 죽음을
퍼뜨리는 천사에게 말씀하셨다. "이제 됐다! 그만 물러나거라!"
그때 **하나님**의 천사는 여부스 사람 아라우나의 타작마당에 이르러 있었다. 다
윗이 눈을 들어 보니, 천사가 땅과 하늘 사이를 돌며 칼을 뽑아 들고 예루살렘
을 치려고 했다. 다윗과 장로들이 엎드려 기도하며 굵은 베로 몸을 덮었다.
17 천사가 백성을 멸하려는 것을 보고, 다윗이 기도했다. "죄를 지은 것은 저입
니다! 목자인 제가 죄인입니다. 이 양들이 무슨 잘못이 있습니까? 그들이 아니
라, 저와 제 집안을 벌해 주십시오."
18-19 그날 갓이 다윗에게 와서 말했다. "여부스 사람 아라우나의 타작마당으로
가서 제단을 쌓으십시오." 다윗은 갓이 전해 준 대로, **하나님**께서 명령하신 것
을 행했다.
20-21 아라우나가 눈을 들어 보니, 다윗과 그의 부하들이 자기 쪽으로 오고 있었
다. 그는 그들을 맞이하고 왕에게 예를 갖추어 엎드려 절하며 말했다. "내 주인
이신 왕께서 무슨 일로 저를 보러 오셨습니까?"
다윗이 말했다. "그대의 타작마당을 사서 이곳에 **하나님**께 제단을 쌓고, 이 재
앙을 끝내려고 하오."
22-23 아라우나가 말했다. "내 주인이신 왕께서 원하시는 대로 무엇이든 가져다
가 희생 제물로 바치십시오. 보십시오. 여기 번제에 쓸 소와 땔감으로 쓸 타작
기구와 소의 멍에가 있습니다. 제가 이 모든 것을 왕께 드립니다! **하나님** 왕의
하나님께서 왕을 위해 일하시기를 빕니다."
24-25 그러나 왕이 아라우나에게 말했다. "아니오. 내가 제값을 치르고 사겠소.
하나님 내 하나님께 희생 없는 제사를 드릴 수 없소."
그래서 다윗은 은 오십 세겔을 주고 타작마당과 소를 샀다. 그는 그곳에서 **하나
님**께 제단을 쌓고 번제와 화목제를 드렸다. **하나님**께서 그 기도에 마음이 움직
이셨고, 그로써 재앙이 그쳤다.

하나님의 주권을 인정하고 사는 것은 신앙인들의 일상에서 가장 어려운 일 가운데 하나다. 그러나 우리는 피해 갈 수 없다. 참으로 하나님께서 주권자이시다. 하나님께서 통치하신다. 그분은 우리 각자의 개인적 문제뿐 아니라 온 우주를 다스리신다. 우리가 예배 드리는 시간이나 장소에서만이 아니라, 사무실, 정당, 공장, 대학, 병원, 심지어 술집과 록 콘서트장에서도 그렇다. 엉뚱하고 터무니없는 개념처럼 보일지 모르지만, 성경에서 이보다 더 자주 강조되고 있는 것도 없다.

하지만 우리의 일상 경험은 하나님의 통치를 그다지 확증해 주지 않는다. 현실은 온갖 비인격적 세력과 오만한 자아들이 최고 권력자가 되겠다고 각축전을 벌이는 전쟁터 같다. 하나님과 무관해 보이는 세력과 의지들에 의해 늘 이리저리 휘둘리고 두들겨 맞는 것이 우리 대부분의 일상 경험이다. 그러나 어느 시대든, 깨어 있는 정신의 소유자들은 하나님께서 지금도 여전히 주권적으로 통치하고 계신다는 증언을 멈추지 않았다. 예수님을 가리키는 가장 오랜 호칭 가운데 하나는 '왕'이다.

그렇다면, 하나님의 주권적 통치를 알지 못하거나 거부하는 이 세상에서 우리가 하나님께서 알려 주신 그분의 주권을 인정하고 받들어 믿고 순종하며 살아갈 수 있는 방도는 무엇일까?

무엇보다 필요한 것은 하나님을 예배하는 자세다. 이런 자세는 순종하는 마음으로 성경을 읽을 때 생겨난다. 성경 읽기를 통해 우리의 사고와 행동은 학교 교과과정이나 언론보도의 내용이 아니라, 하나님의 실재 안에서 움직이게 된다. 이렇게 예배하듯이 마음을 다해 말씀에 귀를 기울이는 과정에서, 열왕기서는 하나님의 주권적 통치 아래 살아가는 이들이 어떤 희망을 가질 수 있는지에 관한 필수자료를 제공한다.

우리 조상인 히브리 왕들의 이야기는 앞서 사무엘서에서 시작되었다. 그 이야기가 분명히 전해 주는 것처럼, 히브리 사람들이 왕을 갖는 것은 하나님의 생각이 아니었다. 그들이 고집을 피워 하나님께서 허락해 주신 것뿐이었다. 그렇다고 해도 하나님은 그 어떤 히브리 왕에게도 그분의 주권을 넘겨주신 바가 없다. 그분의 취지는 그 왕들을 통해 당신의 주권을 나타내는 일이었다.

그러나 이러한 취지는 제대로 살아나지 못했다. 오백 년에 걸쳐 사십 명이 넘는 왕들이 나타났지만, 내세울 만한 성과는 그다지 많지 않았다. 빛나는 황금기라 불리는 시대—다윗과 히스기야와 요시야 시대—조차도 실은 그다지 빛나지 않았다. 인간이 제아무리 좋은 의도와 재능을 가졌다 해도, 하나님의 통치를 구현하는 일에는 턱없이 부족한 존재였다. 이러한 시각에 입각해 이 실패의 역사를 가차 없이 폭로한 책이 바로 열왕기서다. 오백 년 역사를 들추어 "왕을 갖게 해달라"고 하나님께 떼썼던 히브리 사람들의 요구가 얼마나 어리석은 것이었는지를 밝혀 낸 혹독한 증명서인 것이다.

그러나 수세기에 걸쳐 이 책을 읽어 온 독자들이 깨달은 바가 있다. 바로 그 왕들이 일으킨 말할 수 없는 혼란의 와중에서도 하나님께서는 쉼 없이 그분의 목적을 이루어 오셨고, 그 일에 그들을 사용하셨다는 사실이다. 그렇다. 하나님께서는 그저 그들을 폐기처분하거나 배제해 버리지 않으신다. 그분은 그들을 사용하신다. 그들이 원하든 원하지 않든, 알든 모르든, 그들은 이미 그분의 주권적 통치의 일부다. 히스기야도 그것을 어느 정도 이해하고 있었다. 그는 앗시리아로부터 구원해 주시기를 구하며 다음과 같이 기도한다.

> 위엄으로 그룹 보좌에 앉으신
> **하나님** 이스라엘의 하나님,
> 주님은 세상 모든 나라를 다스리시는
> 한분 하나님이시며
> 하늘을 지으시고
> 땅을 지은 분이십니다.
> **하나님**, 귀를 열어 들으시고
> 눈을 떠서 보십시오.……
> 주님만이 **하나님** 오직 한분 하나님이심을
> 세상 모든 나라로 알게 하십시오.
> (왕하 19:15-16, 19)

하나님께서는 고발과 계시, 심판과 구원을 통해 당신의 목적을 이루신다. 이루어 내고야 마신다. 하나님께서는 앗시리아 왕을 두고 다음과 같이 말씀하셨다. "이 모든 일 뒤에 내가 있다는 생각을 너는 한 번도 해본 적이 없느냐? 아주 먼 옛날 내가 계획을 세웠고 이제 그것을 실행에 옮겼다"(왕하 19:25). 하나님의 통치란 바깥에서 부과되는 무엇이 아니다. 하나님은 우리에게 공의와 진리와 정의를 강제하지 않으신다. 그분의 통치는 안쪽에서부터 내밀하게, 그러나 끈기 있고 확고하게 움직여, 마침내 현실을 전복시키고야 마는 실체다. 열왕기서는 아무리 부적합하고 비협조적인 사람들의 무리 안에서도 하나님의 주권은 결국 행사되고야 만다는 사실을 탁월하게 증언해 준다.

열왕기서를 읽는 유익은 실로 엄청나다. 무엇보다 하나님의 통치는 힘 있고 경건한 사람들을 통해 효과적으로 구현된다고 생각했던 억측이 무너지면서, 그분의 주권을 한층 깊이 이해하고 경험하게 된다. 온갖 유토피아적 계획이나 망상들의 현혹에서 벗어나게 된다. 그에 따라, 아무리 문제 많고 죄 많은 지도자들(왕들)이 우리 사회와 교회를 농단하고 있다 하더라도, 그것 때문에 하나님의 통치가 무효화될 수는 없으며, 그 어떤 현실과 상황 속에서도 여전히 (은밀히) 행사되는 하나님의 주권을 마음껏 기뻐하고 즐거워할 수 있다는 사실을 깨닫게 된다.

열왕기상

1 1-4 다윗 왕이 늙었다. 그도 세월을 당해 낼 수는 없었다. 이불을 몇 겹씩
덮어도 따뜻하지 않았다. 그래서 신하들이 왕에게 말했다. "우리가 주인
이신 왕을 위해 젊은 처녀를 하나 구하여 왕 옆에서 시중들게 하겠습니다. 그
처녀와 함께 잠자리에 들면 왕께서 기력을 회복하실 것입니다." 그들은 이스라
엘에서 가장 매혹적인 처녀를 물색하다가 수넴 사람 아비삭을 찾아 왕에게 데
려왔다. 그 처녀는 눈부시게 아름다웠다. 그녀가 왕 옆에 머물며 시중을 들었으
나, 왕은 그녀와 관계를 갖지 않았다.
5-6 그때에 학깃의 아들 아도니야가 우쭐대며 말했다. "내가 다음 왕이다!" 그는
전차와 기병과 호위대 쉰 명을 앞세우고 다니며 세상의 주목을 끌었다. 그의 아
버지는 그를 완전히 버릇없는 아이로 길렀고, 한 번도 꾸짖지 않았다. 게다가,
그는 아주 잘생겼고 서열상 압살롬 다음이었다.
7-8 아도니야가 스루야의 아들 요압과 제사장 아비아달과 모의를 했는데, 그들이
그의 편에 서서 힘을 보탰다. 그러나 제사장 사독과 여호야다의 아들 브나야와
예언자 나단과 시므이와 레이와 다윗의 개인 경호대는 아도니야를 지지하지 않
았다.
9-10 그 후에 아도니야가 로겔 샘 근처에 있는 소헬렛 바위 옆에서 대관식을 거행
하고 양과 소, 살진 송아지를 제물로 바쳤다. 그는 자기의 형제들 곧 왕자들과
지위가 높고 영향력 있는 유다 사람을 모두 초청했으나, 예언자 나단과 브나야
와 왕의 경호대와 동생 솔로몬은 초청하지 않았다.

솔로몬이 왕이 되다

11-14 나단이 솔로몬의 어머니 밧세바에게 가서 물었다. "학깃의 아들 아도니야
가 왕이 되었는데, 우리 주인이신 다윗 왕은 전혀 모르고 계신 것을 아십니까?

서두르십시오. 당신과 솔로몬의 목숨을 구할 수 있는 길을 제가 알려 드리겠습니다. 당장 다윗 왕께 가서 이렇게 말씀하십시오. '내 주인인 왕이시여, 왕께서는 제게 "그대의 아들 솔로몬이 내 뒤를 이어 왕이 되어 내 왕위에 앉을 것이오" 하고 약속하지 않으셨습니까? 그런데 어찌하여 지금 아도니야가 왕이 되었습니까?' 당신이 거기서 왕과 말씀을 나누고 계시면, 제가 들어가서 이야기하시는 것을 돕겠습니다."

15-16 밧세바는 곧바로 왕궁 침실로 왕을 뵈러 갔다. 왕은 아주 늙어서 아비삭이 옆에서 시중들고 있었다! 밧세바가 엎드려 절하며 왕에게 예를 갖추자, 왕이 말했다. "무엇을 원하시오?"

17-21 밧세바가 말했다. "내 주인인 왕이시여, 왕께서 **하나님**의 이름으로 제게 약속하시기를 '그대의 아들 솔로몬이 내 뒤를 이어 왕이 되어 내 왕위에 앉을 것이오' 하셨습니다. 그런데 지금 벌어진 일을 보십시오. 아도니야가 왕이 되었는데, 내 주인이신 왕은 알지도 못하십니다! 그가 왕의 모든 아들과 제사장 아비아달과 군사령관 요압을 초청하고, 소와 살진 송아지와 양을 잡아 성대한 대관식을 거행했습니다. 그러나 왕의 종 솔로몬은 초청받지 못했습니다. 내 주인인 왕이시여, 이스라엘의 모든 눈이 왕께서 어떻게 하시는지 보려고—누가 내 주인이신 왕의 뒤를 이어 왕위에 앉나 보려고—왕께 향해 있습니다. 왕께서 가만히 계시면, 왕을 여의게 되는 순간에 제 아들 솔로몬과 저는 죽은 목숨이나 다름없을 것입니다."

22-23 밧세바가 왕에게 이 모든 말을 하고 있을 때에 예언자 나단이 들어왔다. 그러자 신하들이 "예언자 나단이 왔습니다" 하고 알렸다. 그는 왕 앞에 나아가 얼굴을 땅에 대고 엎드려 절하며 예를 갖추었다.

24-27 "내 주인인 왕이시여." 나단이 말문을 열었다. "왕께서 '아도니야가 내 뒤를 이어 왕이 되어 내 왕위에 앉을 것이다' 하셨습니까? 지금 그 일이 벌어지고 있어서 드리는 말씀입니다. 그가 왕의 모든 아들과 군지휘관들과 제사장 아비아달을 초청하고, 소와 살진 송아지와 양을 잡아 성대한 대관식을 거행했습니다. 그들은 먹고 마시고 '아도니야 왕 만세!'를 외치며 아주 유쾌한 시간을 보내고 있습니다. 그러나 저는 초청받지 못했고, 제사장 사독과 여호야다의 아들 브나야와 왕의 종 솔로몬도 마찬가지입니다. 혹시 내 주인이신 왕께서, 누구에게 왕위를 물려주실지 종들에게 알리지 않고 은밀하게 이 일을 행하셨습니까?"

28 다윗 왕이 "밧세바를 다시 안으로 들이시오" 하고 명령하자, 밧세바가 들어와 왕 앞에 섰다.

29-30 왕은 엄숙히 약속했다. "나를 온갖 고난에서 건지신 **하나님**께서 살아 계심을 두고 맹세하오. 나는 **하나님** 이스라엘의 하나님의 이름으로 약속한 대로 행할 것이오. 그대의 아들 솔로몬이 내 뒤를 이어 왕이 되고 나를 대신해 왕위에 앉을 것이오. 오늘 당장 그렇게 하리다."

31 밧세바는 얼굴을 땅에 대고 엎드려 절했다. 그리고 공손히 왕 앞에 무릎 꿇고 앉아서 말했다. "내 주인인 다윗 왕이시여, 만수무강하십시오!"

32 다윗 왕이 말했다. "사독 제사장과 예언자 나단과 여호야다의 아들 브나야를
들게 하라." 그들이 왕 앞에 나아왔다.
33-35 그러자 왕이 명령했다. "내 신하들을 모으고 내가 타는 왕실 노새에 내 아들
솔로몬을 태워, 기혼까지 행진해 가시오. 거기 이르거든 제사장 사독과 예언자
나단이 솔로몬에게 기름을 부어 그를 이스라엘의 왕으로 삼으시오. 그런 다음
숫양 뿔나팔을 불며 '솔로몬 왕 만세!'를 외치고, 그를 수행해 오시오. 그가 궁에
들어가서 왕좌에 앉고 내 뒤를 이어 왕위를 계승할 것이오. 내가 그를 이스라엘
과 유다의 통치자로 지명했소."
36-37 여호야다의 아들 브나야가 왕을 지지했다. "옳습니다! **하나님** 내 주인이신
왕의 하나님께서 그렇게 하시기를 원합니다! 지금까지 **하나님**께서 내 주인이신
왕과 함께 계신 것처럼 솔로몬과도 함께 계시고, 그의 통치를 내 주인이신 다윗
왕의 통치보다 더 크게 하시기를 원합니다!"
38-40 그리하여 제사장 사독과 예언자 나단과 여호야다의 아들 브나야와 왕의 경
호대(그렛 사람과 블렛 사람)가 내려가서 솔로몬을 다윗 왕의 노새에 태우고 함께
기혼으로 행진해 갔다. 제사장 사독은 성소에서 기름 한 병을 가져다가 솔로몬
에게 부었다. 그들은 숫양 뿔나팔을 불고 한목소리로 "솔로몬 왕 만세!"를 외쳤
다. 모든 백성이 함께 축하하며 연주하고 노래하자, 그 소리가 온 땅을 울렸다.
41 아도니야와 그를 수행한 손님들이 대관식을 마칠 즈음에 그 소리를 들었다.
요압이 숫양 뿔나팔 소리를 듣고 말했다. "대체 무슨 일이냐? 왜 이리 소란스러
운 것이냐?"
42 그의 말이 끝나기도 전에, 제사장 아비아달의 아들 요나단이 갑자기 나타났
다. 아도니야가 말했다. "어서 오게! 그대처럼 용감하고 착한 사람이라면 틀림
없이 기쁜 소식을 가져왔겠지."
43-48 요나단이 대답했다. "아닙니다! 우리 주인이신 다윗 왕께서 조금 전에 솔로
몬을 왕으로 삼으셨습니다! 또 왕께서 그의 주변에 제사장 사독과 예언자 나단
과 여호야다의 아들 브나야, 그렛 사람과 블렛 사람을 두었고, 그들은 솔로몬을
왕의 노새에 태웠습니다. 제사장 사독과 예언자 나단이 기혼에서 그에게 기름
을 부어 왕으로 삼았고, 지금 행렬이 노래하며 이쪽으로 오고 있는데, 아주 대
단합니다! 성 안이 온통 진동하고 있습니다! 여러분께서 들으신 소리가 바로 그
것입니다. 중요한 것은 솔로몬이 왕위에 앉았다는 사실입니다! 그뿐만이 아닙
니다. 왕의 신하들이 와서 우리 주인이신 다윗 왕을 이렇게 축복했습니다. '하나
님께서 솔로몬의 이름을 왕의 이름보다 더 존귀하게 하시고, 그의 통치를 왕의
통치보다 더 크게 하시기를 원합니다!' 왕은 죽음을 맞이할 침상에서 하나님을
예배하며, '내 왕위를 계승할 자를 주셨고 내가 살아서 그것을 보았다! **하나님**
이스라엘의 하나님을 찬양합니다!' 하고 기도했습니다."
49-50 아도니야의 손님들이 크게 놀라, 거기서 나와 사방으로 흩어졌다. 그러나
아도니야는 솔로몬에게 목숨을 잃을까 두려워 성소로 도망가서 제단 뿔을 붙잡
았다.

51 사람들이 솔로몬에게 말했다. "아도니야가 솔로몬 왕을 두려워하여 성소에
들어가 제단 뿔을 잡고 '솔로몬 왕이 나를 죽이지 않겠다고 약속하지 않는 한 여
기서 나가지 않겠다'고 말하고 있습니다."
52-53 그러자 솔로몬이 말했다. "그가 충신으로 밝혀지면 머리털 하나도 상하지
않겠지만, 그에게 악이 있다면 죽을 것이다." 솔로몬이 그를 불러들이자 사람들
이 그를 제단에서 데려왔다. 아도니야가 와서 절하며 왕에게 예를 갖추었다. 솔
로몬은 "집으로 가라"며 그를 돌려보냈다.

다윗이 솔로몬에게 한 당부

2 1-4 다윗은 죽을 날이 가까워지자, 아들 솔로몬에게 당부했다. "나는 곧
세상 모든 사람이 가는 길로 가겠지만, 너는 굳세어서 네가 어떤 사람인
지 보여주어야 한다! 하나님께서 명령하시는 대로 행하고, 그분이 네게 보이시
는 길로 걸어가거라. 인생의 지도(地圖)를 철저히 따르고 표지판을 잘 살펴보아
라. 이는 하나님께서 모세에게 계시하신 것이다. 이것을 잘 따르면 네가 어디
가서 무엇을 하든지 잘될 것이다. 하나님께서는 내게 주신 약속, 곧 '네 자손이
그 걸음을 잘 살피고 마음을 다해 내게 진실하면, 네게서 이스라엘의 왕위를 이
을 자가 항상 있을 것이다' 하신 말씀을 반드시 이루실 것이다.
5-6 그리고 스루야의 아들 요압이 이스라엘의 두 군사령관 넬의 아들 아브넬과
예델의 아들 아마사에게 한 일을 잊지 마라. 그는 평화로울 때에 전시인 것처럼
행동하여 그들을 무참히 살해했고, 그 핏자국이 아직까지 남아 있다. 네 생각에
좋을 대로 행하되, 결코 그를 그냥 두지 말고 반드시 대가를 치르게 하여라.
7 그러나 길르앗 사람 바르실래의 아들들에게는 너그러이 환대를 베풀어라. 내가
네 형 압살롬을 피해 생명을 구하고자 달아났을 때 그들이 나를 선대해 주었다.
8-9 너는 또 바후림 출신 베냐민 사람 게라의 아들 시므이를 처리해야 한다. 그는
내가 마하나임으로 갈 때 아주 독하게 나를 저주했다. 나중에 그가 요단 강에서
나를 다시 맞았을 때, 나는 하나님의 이름으로 그에게 '나는 너를 죽이지 않겠
다'고 약속했다. 그렇다고 해서 아무 일도 없었던 것처럼 그를 대해서는 안된다.
너는 지혜로우니, 이 일을 어떻게 처리해야 하는지 알 것이다. 네가 잘 알아서,
그가 죽기 전에 대가를 치르게 하여라."

10-12 그 후 다윗은 조상에게 돌아갔다. 그는 다윗 성에 묻혔다. 다윗은 사십 년
동안 이스라엘을 다스렸는데, 헤브론에서 칠 년, 예루살렘에서 삼십삼 년을 다
스렸다. 솔로몬은 아버지 다윗의 왕위를 이어 나라를 견고히 세웠다.

아도니야의 죽음

13-14 학깃의 아들 아도니야가 솔로몬의 어머니 밧세바를 찾아왔다. 밧세바가 물
었다. "평화로운 일로 왔는가?"

그가 말했다. "평화로운 일입니다." 그리고 말을 이었다. "드릴 말씀이 있습니다."
밧세바가 말했다. "어서 말해 보게."
15-16 "아시는 것처럼, 이 나라가 바로 제 손안에 있었고 모두들 제가 왕이 될 줄
로 알았습니다. 그러나 일이 어긋나서 나라가 동생에게 돌아갔으니, 그것은 하
나님께서 하신 일입니다. 그래서 이제 제가 한 가지 요청을 드리니, 거절하지
말아 주십시오."
밧세바가 말했다. "어서 말해 보게."
17 "어머니의 청이라면 마다하지 않을 테니, 솔로몬 왕에게 청하여 수넴 사람 아
비삭을 제 아내로 삼게 해주십시오."
18 밧세바가 말했다. "알았네. 내가 왕께 말하겠네."
19 밧세바는 아도니야의 청을 전하려고 솔로몬 왕에게 갔다. 왕은 일어나 어머
니를 맞이하여 공손히 절한 뒤에 다시 왕좌에 앉았다. 그가 어머니의 자리를 마
련하자, 밧세바가 그의 오른쪽에 앉았다.
20 밧세바가 말했다. "내가 왕께 작은 청이 하나 있으니, 거절하지 마십시오."
그러자 솔로몬 왕이 대답했다. "어머니, 어서 말씀하십시오. 거절하지 않겠습니다."
21 밧세바가 말했다. "수넴 사람 아비삭을 왕의 형 아도니야에게 아내로 주십시오."
22 솔로몬 왕이 어머니에게 대답했다. "수넴 사람 아비삭을 아도니야에게 주라
니요. 어찌 그런 부탁을 하십니까? 그는 나의 형이고 제사장 아비아달과 스루
야의 아들 요압이 그의 편이니, 차라리 온 나라를 그에게 고스란히 바치라고 하
지 그러십니까!"
23-24 그러더니 솔로몬 왕은 하나님의 이름으로 맹세했다. "아도니야가 이번 일
로 죽지 않으면 하나님께서 내게 천벌을 내리심이 마땅합니다! 하나님, 곧 나를
내 아버지 다윗의 왕위에 견고히 세우시고 약속대로 나라를 내게 맡기신 하나
님께서 참으로 살아 계심을 두고 맹세합니다. 아도니야는 이 일로 오늘 당장 죽
을 것입니다!"
25 솔로몬 왕이 여호야다의 아들 브나야를 보내니, 그가 아도니야를 쳐죽였다.
26 왕은 또 제사장 아비아달에게 말했다. "그대의 고향 아나돗으로 돌아가시오.
그대도 죽어 마땅하지만, 그대가 내 아버지 다윗과 함께 있을 때 우리의 통치자
하나님의 궤를 맡았고, 또 내 아버지와 함께 모든 힘든 시기를 겪었으니 지금은
그대를 죽이지 않겠소."
27 솔로몬은 아비아달의 제사장직을 박탈했다. 이로써 하나님께서 실로에서 엘
리 가문에 대해 하신 말씀이 이루어졌다.
28-29 이 소식이 요압에게 전해지자, (압살롬 사건 때는 충성을 지켰지만) 아도니야와
공모했던 요압은 하나님의 성소로 피하여 제단 뿔을 붙잡고 필사적으로 매달렸
다. 요압이 하나님의 성소로 피하여 제단을 붙잡고 있다는 말이 솔로몬에게 전
해졌다. 솔로몬은 즉시 여호야다의 아들 브나야를 보내며 "그를 죽이라"고 명령
했다.
30 브나야는 하나님의 성소로 가서 말했다. "왕의 명령이니, 나오시오."

요압이 말했다. "싫소. 나는 여기서 죽겠소."
브나야가 왕에게 돌아가서 보고했다. "요압이 거기서 죽겠다 합니다."
31-33 왕이 말했다. "그렇다면 어서 가서 그의 말대로 하여라. 그를 죽여서 땅에
묻어라. 나와 내 아버지 가문은 요압이 저지른 무분별한 살인죄와 무관함을 보
여라. 하나님께서 그 잔혹한 살인을 요압의 머리에 갚으실 것이다. 그가 죽인
두 사람은 그보다 훨씬 나은 이들이었다. 그는 이스라엘 군사령관 넬의 아들 아
브넬과 유다 군사령관 예델의 아들 아마사를 내 아버지 몰래 잔인하게 살해했
다. 그들을 죽인 책임은 영원히 요압과 그 자손에게 있을 것이다. 그러나 다윗
과 그의 자손과 집안과 나라에는 하나님의 평화가 임할 것이다."
34-35 그래서 여호야다의 아들 브나야가 돌아가서 요압을 쳐죽였다. 요압은 광야
에 있는 그의 집안의 땅에 묻혔다. 왕은 요압을 대신해 여호야다의 아들 브나야
를 군책임자로 세우고 아비아달의 자리에 제사장 사독을 임명했다.
36-37 그 후에 왕이 시므이를 불러들여 그에게 말했다. "예루살렘에 집을 짓고 거
기서 살되, 절대로 그 지역을 떠나서는 안되오. 기드론 시내를 건너는 날에는
당신은 죽은 목숨이나 다름없소. 그때는 당신 스스로 사형선고를 내리는 꼴이
될 것이오."
38 시므이가 왕에게 대답했다. "감사합니다! 종은 내 주인이신 왕의 말씀대로 하
겠습니다." 시므이는 오랫동안 예루살렘에서 살았다.
39-40 그로부터 삼 년이 지날 무렵, 시므이의 종 두 명이 가드 왕 마아가의 아들
아기스에게 도망쳤다. 사람들이 시므이에게 "당신의 종들이 가드에 있다"고 알
려 주었다. 시므이는 곧바로 나귀에 안장을 지우고 종들을 찾아 가드의 아기스
를 찾아갔다. 그리고 자기 종들을 데리고 돌아왔다.
41 솔로몬에게 보고가 들어갔다. "시므이가 예루살렘을 떠나 가드에 갔다가 지
금 돌아왔습니다."
42-43 솔로몬은 시므이를 불러 말했다. "내가 당신에게 이 지역을 떠나지 않겠다
고 하나님 이름으로 약속하게 하고, 또 단단히 경고하지 않았소? 떠나면 당신
스스로 사형선고를 내리는 것과 같다고 하지 않았소? 당신도 '감사합니다. 왕의
말씀대로 하겠습니다' 하지 않았소? 그런데 어찌하여 신성한 약속을 어기고 이
지역을 벗어난 거요?"
44-45 왕은 계속해서 시므이에게 말했다. "당신이 내 아버지 다윗에게 저지른 모
든 악을 당신은 마음속 깊이 알고 있소. 이제 하나님께서 그 악을 당신에게 갚
으실 것이오. 하지만 나 솔로몬 왕은 복을 받고, 다윗의 통치는 하나님 아래서
영원히 견고할 것이오."
46 그러고 나서 왕이 여호야다의 아들 브나야에게 명령하자, 그가 나가서 시므
이를 쳐죽였다.
이제 나라는 솔로몬의 손안에 확실하게 들어왔다.

솔로몬이 지혜를 구하다

3

1-3 솔로몬은 이집트 왕 바로와 결혼 조약을 맺었다. 그는 바로의 딸과 결혼하고, 왕궁과 **하나님**의 성전과 예루살렘 성벽을 완공할 때까지 그녀를 다윗 성에 머무르게 했다. 당시까지 **하나님**의 이름을 위해 지어진 성전이 없었으므로, 백성은 지역 산당에서 예배를 드렸다. 솔로몬은 **하나님**을 사랑했고 아버지 다윗처럼 하나님을 높이며 살았으나, 그 역시 지역 산당에서 예배하며 제사를 드리고 향을 피웠다.

4-5 왕은 지역 산당들 가운데 가장 유명한 산당이 있는 기브온으로 예배를 드리러 갔다. 왕은 그곳 제단 위에 번제물 천 마리를 바쳤다. 그날 밤 기브온에서, **하나님**께서 솔로몬의 꿈에 나타나셨다. "내가 너에게 무엇을 주기 원하느냐? 구하여라."

6 솔로몬이 대답했다. "주께서는 제 아버지 다윗에게 더할 나위 없이 너그러운 사랑을 베푸셨습니다. 그는 주의 임재하심 안에서 신실하게 살았고, 그의 판단은 정의롭고 그의 마음은 올곧았습니다. 또 주께서 크고 너그러운 사랑을 변함없이 베푸셔서—바로 오늘!—그의 왕위에 앉을 아들을 주셨습니다.

7-8 그래서 제가 여기 있습니다. **하나님** 나의 하나님, 주께서 주의 종인 저를 제 아버지 다윗을 대신하여 이 나라를 통치할 자로 삼으셨습니다. 저는 이 일을 감당하기에 너무 어리고 아직 어린아이에 불과합니다! 아는 것도 없고 일의 자세한 내용도 잘 모릅니다. 그런 제가 이렇게 주께서 택하신 백성, 너무 많아 셀 수도 없는 큰 백성 가운데 있습니다.

9 제가 원하는 것은 이것입니다. 하나님의 음성을 듣는 마음을 주셔서 주의 백성을 잘 인도하고 선악을 분별하게 해주십시오. 주님의 영화로운 백성을 어느 누가 자기 힘으로 다스릴 수 있겠습니까?"

10-14 주 하나님께서 솔로몬의 대답을 기뻐하셨다. 하나님께서 그에게 말씀하셨다. "네가 오래 사는 것이나 부나 원수의 멸망을 구하지 않고, 다만 백성을 잘 지도하고 통치할 능력을 구했으니, 네가 구한 대로 내가 네게 줄 것이다. 내가 네게 지혜롭고 성숙한 마음을 줄 것이니, 너와 같은 사람은 이전에도 없었고 앞으로도 없을 것이다. 또한 네가 구하지 않은 부와 영광도 줄 것이니, 너만큼 누리는 왕은 어디에도 없을 것이다. 네가 네 아버지 다윗처럼 인생의 지도와 내가 세운 표지판을 잘 살피며 바른 길에서 벗어나지 않으면, 네게 장수의 복도 줄 것이다."

15 솔로몬이 잠에서 깨었다. 엄청난 꿈이었다! 그는 예루살렘으로 돌아와 하나님의 언약궤 앞에 서서 번제와 화목제로 예배 드리고, 모든 신하를 위해 잔치를 베풀었다.

16-21 그때에, 두 창녀가 왕 앞에 나타났다. 한 여자가 말했다. "내 주인님, 이 여자와 저는 한집에 삽니다. 우리가 함께 살던 중에 제가 아이를 낳았습니다. 그리고 제가 출산한 지 사흘 후에 이 여자도 아이를 낳았습니다. 그때는 우리 둘뿐이었습니다. 집 안에 우리 둘 말고는 아무도 없었습니다. 그런데 하루는 이

여자가 잠결에 아이 위로 구르는 바람에 그 아들이 죽고 말았습니다. 이 여자는
한밤중에 일어나 제 아들을 데려다가—저는 그때 곤히 잠들어 있었습니다!—자
기 품에 두고, 죽은 자기 아들은 제 품에 두었습니다. 제가 아침에 아이에게 젖
을 주려고 일어나 보니 아이가 죽어 있지 뭡니까! 그러나 아이를 본 순간, 저는
그 아이가 제 아이가 아닌 것을 금세 알았습니다."
22 "그렇지 않아!" 다른 여자가 말했다. "살아 있는 아이는 내 아이고, 죽은 아이
가 네 아이야."
첫 번째 여자가 다시 반박했다. "천만에! 죽은 아이가 네 아들이고, 살아 있는
아이는 내 아들이야."
왕 앞에서 그들은 서로 다투었다.
23 왕이 말했다. "한 여자는 '살아 있는 아이가 내 아들이고 네 아들은 죽었다' 하
고, 또 한 여자는 '아니다. 죽은 아이는 네 아들이고 살아 있는 아이가 내 아들이
다' 하니 이 일을 어찌한단 말인가?"
24 잠시 후에 왕이 말했다. "칼을 가져오너라." 사람들이 왕에게 칼을 가져왔다.
25 왕이 말했다. "살아 있는 아이를 둘로 갈라서 반은 이 여자에게 주고, 반은 저
여자에게 주어라."
26 살아 있는 아이의 진짜 어머니는 아들 생각에 감정이 북받쳐서 말했다. "안됩
니다, 주인님! 아이를 산 채로 저 여자에게 주십시오. 아이를 죽이지 마십시오!"
그러나 다른 여자가 말했다. "아이가 내 것이 될 수 없다면 네 것도 될 수 없지.
차라리 갈라 버리자!"
27 왕이 판결을 내렸다. "살아 있는 아이를 먼저 말한 여자에게 내주어라. 아무
도 이 아이를 죽이지 못한다. 저 여자가 진짜 어머니다."
28 이 소문이 사방으로 퍼져 나가, 이스라엘 모든 사람이 왕의 판결을 들었다. 그
들은 왕의 정확한 재판이 하나님의 지혜에서 온 것임을 알고 왕을 두려워했다.

4

1-2 솔로몬 왕의 이스라엘 통치는 시작이 좋았다.
그의 정부 지도자들은 이러하다.

2-6 사독의 아들 아사랴—제사장
시사의 아들들 엘리호렙과 아히야—서기관
아힐룻의 아들 여호사밧—사관
여호야다의 아들 브나야—군사령관
사독과 아비아달—제사장
나단의 아들 아사랴—지방 관리들의 총책임자
나단의 아들 사붓—제사장이자 왕의 친구
아히살—왕궁 관리인
압다의 아들 아도니람—강제노역 책임자.

7-19 솔로몬은 이스라엘 전역에 지방 관리 열두 명을 두었다. 그들은 왕과 그 행정부의 식량을 조달하는 책임을 맡았는데, 각 사람이 매년 한 달씩 맡아서 식량을 공급했다. 그들의 이름은 이러하다.
벤훌이 에브라임 산지를,
벤데겔이 마가스, 사알빔, 벳세메스, 엘론벳하난을,
벤헤셋이 소고와 헤벨 전역을 포함한 아룹봇을,
벤아비나답(그는 솔로몬의 딸 다밧과 결혼했다)이 나봇돌을,
아힐룻의 아들 바아나가 다아낙, 므깃도, 이스르엘 아래, 사르단 옆의 벳산 전역, 벳산에서부터 아벨므홀라를 지나 욕느암까지 이르는 지역을 맡았고,
벤게벨이 길르앗 라못을 맡았는데, 길르앗에 있는 므낫세의 아들 야일의 모든 마을, 바산의 아르곱 지역 안에 있는 성벽과 청동 박힌 성문을 갖춘 큰 성읍 예순 개가 여기에 포함되었다.
잇도의 아들 아히나답이 마하나임을,
아히마아스(그는 솔로몬의 딸 바스맛과 결혼했다)가 납달리를,
후새의 아들 바아나가 아셀과 아롯을,
바루아의 아들 여호사밧이 잇사갈을,
엘라의 아들 시므이가 베냐민을 맡았고,
우리의 아들 게벨이 길르앗 땅 곧 아모리 왕 시혼과 바산 왕 옥의 땅을 맡았는데, 그가 전 지역을 맡아 관리했다.

솔로몬의 영화

20-21 유다와 이스라엘의 인구가 바닷가의 모래알처럼 많아졌다! 그들에게 필요한 모든 것이 채워졌고, 그들은 먹고 마시며 행복하게 지냈다. 솔로몬은 동쪽으로 유프라테스 강에서부터 서쪽으로 블레셋 사람의 땅과 이집트 국경에 이르기까지 모든 나라를 다스렸다. 그 나라들은 솔로몬이 살아 있는 동안 조공을 바쳐 그를 섬겼다.

22-23 솔로몬 왕실의 하루 식량은 이러했다.
고운 밀가루 6.6킬로리터
굵은 밀가루 13.2킬로리터
살진 소 10마리
방목한 소 20마리
양 100마리
그 밖에 사슴, 영양, 수노루, 살진 가금류 등이었다.

24-25 솔로몬은 딥사에서 가사까지 유프라테스 강 서편의 모든 나라와 왕들을 다스렸다. 어느 곳을 가든지 평화로웠다. 솔로몬이 살아 있는 동안, 북쪽으로 단에서부터 남쪽으로 브엘세바에 이르기까지 이스라엘과 유다의 모든 사람이 평화를 누리며 만족스럽게 살았다.

26-28 솔로몬에게는 전차를 끄는 말을 두는 마구간이 사만 칸, 기병이 만이천 명이 있었다. 지방 관리들은 각 사람이 맡은 달마다 솔로몬 왕과 왕의 식탁에 앉는 모든 사람의 식량을 언제나 풍성히 공급했다. 또 그들은 말에게 먹일 보리와 짚도 할당된 분량만큼 정해진 장소로 가져왔다.

29-34 하나님께서 솔로몬에게 지혜를 주시고, 가장 깊은 식견과 가장 넓은 마음을 주셨다. 그의 능력을 넘어서는 사람도 없었고, 그가 다루지 못할 일도 없었다. 솔로몬의 지혜는 칭송이 자자한 동양 현자들의 지혜를 능가했고, 유명한 이집트의 지혜보다도 뛰어났다. 그는 누구보다도 지혜로웠다. 예스라 사람 에단보다 지혜롭고, 마홀의 아들 헤만과 갈골과 다르다보다 지혜로웠으므로, 그의 명성이 주변 모든 나라에 자자했다. 삼천 가지의 잠언을 말했고, 천다섯 편에 이르는 노래를 지었다. 그는 레바논에서 자라는 커다란 백향목에서부터 담장 틈바구니에서 자라는 우슬초에 이르기까지 모든 식물에 대해 해박했고, 짐승과 조류와 파충류와 어류에 대해서도 훤히 알았다. 그의 명성을 듣고서 온 땅의 왕들이 사람을 보냈는데, 그들이 솔로몬의 지혜를 들으러 각처에서 몰려왔다.

5 1-4 두로의 히람 왕은 솔로몬이 다윗을 이어 왕위에 올랐다는 말을 듣고
그에게 사신들을 보냈다. 히람은 일생 동안 다윗을 좋아했었다. 솔로몬
은 이렇게 답했다. "왕께서도 아시는 것처럼, 내 아버지 다윗은 **하나님**께서 전
쟁을 모두 끝내실 때까지 사방에서 전쟁을 치러야 했기에 **하나님**을 높이는 성
전을 지을 수 없었습니다. 그러나 이제 **하나님**께서 사방에 평화를 주셔서, 아무
도 우리를 대적하는 자가 없고 우리와 다투는 자도 없습니다.
5-6 그래서 이제 내가 하고 싶은 일이 있습니다. **하나님**께서 내 아버지 다윗에게
주신 약속, 곧 '내가 너를 이어 왕이 되게 할 네 아들이 나를 높이는 집을 지을
것이다' 하신 약속에 따라 **하나님** 나의 하나님을 높이는 성전을 지으려고 합니
다. 왕께서 도우실 일이 있는데, 명령을 내려 레바논 숲의 백향목을 베어 주십
시오. 내 벌목꾼들이 왕의 일꾼들과 함께 일할 것이고, 왕의 일꾼들에게는 왕께
서 정하시는 대로 품삯을 줄 것입니다. 왕이나 나나 다 아는 바와 같이, 우리 중
에는 시돈 사람만큼 벌목에 능한 자가 없습니다."
7 솔로몬의 메시지를 들은 히람은 기뻐 외쳤다. "다윗에게 이런 지혜로운 아들
을 주셔서 번성하는 백성을 다스리게 하신 **하나님**을 찬양합니다!"
8-9 히람은 솔로몬에게 이런 메시지를 보냈다. "백향목과 잣나무를 보내 달라는
왕의 요청을 받았습니다. 왕의 소원이 곧 내 명령이니, 이미 시행된 것이나 마
찬가지입니다. 내 벌목꾼들이 레바논 숲에서 바다까지 재목을 운반하고, 통나
무 뗏목으로 엮어 왕께서 정하신 곳까지 물에 띄워 운송한 다음, 왕께서 가져가
실 수 있도록 다시 풀어 놓을 것입니다. 왕께서는 인부들이 먹을 음식만 제공해
주시면 됩니다."

10-12 이렇게 히람은 백향목과 잣나무 재목을 솔로몬이 원하는 만큼 공급했다. 솔로몬은 히람에게 밀 4,400킬로리터, 깨끗한 올리브기름 440킬로리터를 주었고, 해마다 그렇게 했다. **하나님**께서는 친히 약속하신 대로, 솔로몬에게 지혜를 주셨다. 히람과 솔로몬 사이의 굳건한 평화는 조약으로 공식화되었다.

13-18 솔로몬 왕은 이스라엘 전역에서 노역자 삼만 명을 징발했다. 그는 그들을 한 달에 만 명씩 교대로 레바논 숲으로 보내, 한 달은 레바논에서 일하게 하고 두 달은 본국에 있게 했다. 아도니람이 인부들을 관할했다. 솔로몬에게는 숙련되지 않은 일꾼 칠만 명과 산에서 채석하는 일꾼 팔만 명이 있었다. 그 밖에 삼천삼백 명의 공사감독이 전체 과정을 관리하고 인부들을 감독했다. 그들은 왕의 명령에 따라 가장 크고 좋은 돌을 캐냈고 성전 기초로 쓸 수 있게 다듬었다. 솔로몬과 히람의 일꾼들은 그발 사람들의 도움을 받아 성전 건축에 쓸 목재와 석재를 자르고 준비했다.

솔로몬이 성전을 짓다

6 1-6 이스라엘 백성이 이집트에서 나온 지 사백팔십 년, 솔로몬이 이스라엘의 왕이 된 지 사 년째 되던 해 시브월 곧 둘째 달에, 솔로몬이 **하나님**의 성전을 짓기 시작했다. 솔로몬 왕이 **하나님**께 지어 드린 성전은 길이 27미터, 너비 9미터, 높이 13.5미터였다. 성전 앞에 있는 현관 폭은 성전 너비와 같이 9미터였고, 앞쪽으로 뻗어 나간 길이는 4.5미터였다. 성전 안에는 턱이 깊고 좁은 창들을 냈다. 또 바깥벽 사방에 보조 건물을 짓고, 그 안에 더 작은 방들을 냈는데, 그 너비가 1층은 2.25미터, 2층은 2.7미터, 3층은 3.15미터였다. 성전 바깥벽을 따라 턱을 내어 버팀벽 들보를 떠받치게 했다.

7 성전 건물에 쓰이는 돌은 모두 채석장에서 다듬었으므로 건축 현장은 경건하고 조용했다. 망치나 정, 그 밖에 쇠 연장 소리가 전혀 들리지 않았다.

8-10 1층 입구는 성전 남쪽 끝에 있었고, 2층과 3층으로 계단이 나 있었다. 솔로몬은 백향목 서까래와 널빤지로 성전 천장을 덮어 성전 건축을 마무리했다. 바깥벽을 따라 지은 보조 건물은 백향목 들보로 성전과 연결되어 있었고, 그 안의 방들은 높이가 2.25미터였다.

11-13 **하나님**의 말씀이 솔로몬에게 임했다. "네가 짓고 있는 이 성전에 관해 알아야 할 중요한 것이 있다. 네가 내 교훈을 잘 따르고 순종하여서 내가 정해 준 대로 살고 내 명령대로 행하면, 내가 네 아버지 다윗에게 한 약속을 네게서 이룰 것이다. 내가 친히 이스라엘 백성 가운데 거할 것이며, 내 백성 이스라엘을 버리지 않을 것이다."

14-18 솔로몬이 성전 건축을 마쳤다. 성전의 안쪽 벽에는 바닥부터 천장까지 백향목 널빤지로 덮고, 성전 바닥에는 잣나무를 썼다. 성전 뒤쪽 9미터 지점에 바닥부터 천장까지 백향목 널빤지를 대어 성전의 내실, 곧 지성소를 만들었다. 앞쪽의 외실은 길이가 18미터였다. 성전 내부 전체에 입힌 백향목에는 과일과 꽃 모

양을 새겼다. 전체가 백향목이어서 석재는 전혀 눈에 띄지 않았다.
19-22 성전 안 내실은 하나님의 언약궤를 두기 위해 마련했는데, 길이, 너비, 높이 모두 9미터인 정육면체 모양으로 전부 금을 입혔다. 백향목으로 된 제단에도 금을 입혔다. 어디를 보든지 순금이었다. 금을 입힌 내실 앞에는 금사슬을 드리우고, 벽과 천장과 바닥과 제단까지 모든 곳에 금을 입혔다. 눈이 부셨다!
23-28 솔로몬은 또 올리브나무로 그룹 둘을 만들었는데, 거대한 천사의 형상이었다. 각각의 높이가 4.5미터였고 그룹의 펼친 날개도 4.5미터였다(크기와 모양이 둘 다 똑같았다). 그는 날개를 펼친 두 그룹을 내실에 두었다. 날개 길이를 합하면 방 너비와 같아서, 한 그룹의 날개는 한쪽 벽에 닿고 다른 그룹의 날개는 반대쪽 벽에 닿고 가운데에서 두 날개가 서로 맞닿았다. 그 그룹에도 금을 입혔다.
29-30 그는 또 내실과 외실 양쪽 모든 벽에 그룹과 종려나무와 활짝 핀 꽃 모양을 새겨 넣었다. 그리고 내실과 외실 양쪽 바닥 전체에 금을 입혔다.
31-32 내실 입구에는 올리브나무로 문을 만들어 달았는데, 상인방과 문기둥은 오각형이었다. 문에도 그룹과 종려나무와 꽃 모양을 새기고 그 위에 금박을 입혔다.
33-35 비슷하게, 외실 입구의 문기둥도 올리브나무로 만들었는데, 이 문기둥은 사각형이었다. 문은 잣나무로 만들었는데, 두 짝으로 나누어 각각의 문이 따로 여닫히게 했다. 그 문에도 그룹과 종려나무와 꽃 모양을 새기고 얇게 두들겨 편 금박을 입혔다.
36 안뜰은 다듬은 돌을 세 층으로 쌓아 두르고, 맨 위에 대패로 깎은 백향목 판자를 한 층 얹었다.
37-38 넷째 해 시브월에 하나님의 성전 기초를 놓았고, 열한째 해 불월(여덟째 달)에 마지막 세부사항까지 설계대로 완공되었다. 솔로몬이 성전을 건축하는 데 칠 년이 걸렸다.

솔로몬의 왕궁

7 1-5 솔로몬이 자신의 왕궁을 지어 완공하기까지 다시 십삼 년이 걸렸다.
그는 레바논 숲 궁전을 지었는데, 그 길이는 45미터, 너비는 22.5미터, 높이는 13.5미터였다. 백향목 기둥들을 네 줄로 세우고 그 위에 한 줄에 열다섯 개씩 마흔다섯 개의 백향목 들보를 얹었으며, 지붕도 백향목으로 덮었다. 양쪽 벽 높은 곳에는 창문을 세 개씩 냈다. 모든 문은 네모 모양으로 서로 마주 보게 배치했다.
6 그는 기둥을 세워 주랑을 만들었는데, 길이가 22.5미터, 너비가 13.5미터였다. 주랑 앞쪽에 현관이 있고, 그 위에 넓은 차양을 쳤다.
7 사법 문제를 판결하는 법정인 법원도 짓고, 그 바닥을 백향목으로 깔았다.
8 법원 뒤쪽에는 비슷한 설계로 자신이 거주할 궁을 지었다. 솔로몬은 또 아내로 맞이한 바로의 딸을 위해 똑같은 궁을 하나 더 지었다.
9-12 비용은 조금도 아끼지 않았다. 기초부터 지붕까지 안과 밖의 모든 것을, 정

확히 잘라서 다듬은 고급 석재로 지었다. 기초를 놓을 때에도 최고급의 큰 돌을 썼는데, 그 크기가 3.6미터에서 4.5미터에 이르렀다. 기초 위에 놓은 돌도 가장 좋은 돌을 써서 규격대로 모양을 맞추고 백향목으로 장식했다. 안뜰을 두른 담은 하나님의 성전 현관에 있는 것과 똑같이 돌을 세 층으로 쌓고 맨 위에 백향목 판자를 얹었다.

❦

13-14 솔로몬 왕은 두로에 사람을 보내어 히람(왕이 아니라 다른 히람)을 데려왔다.
히람의 어머니는 납달리 지파의 과부였고, 아버지는 두로 사람으로 청동을 다
루는 장인이었다. 히람은 진정한 예술가여서, 청동으로 못하는 일이 없었다. 그
가 솔로몬 왕에게 와서 모든 청동 작업을 했다.
15-22 우선 그는 청동으로 두 기둥을 주조했는데, 각각 높이가 8.1미터, 둘레가
5.4미터였다. 다음에 기둥 위에 얹을 청동기둥머리 둘을 주조했는데, 각각 높
이가 2.25미터에 맨 위는 활짝 핀 백합꽃 모양이었다. 각 기둥머리에는 꼰 사슬
일곱 개와 겹줄의 석류 이백 개씩을 정교한 세공물로 꾸며 웅장하게 장식했다.
그는 성전 입구 현관에 두 기둥을 세우고, 남쪽 기둥은 안전(야긴)이라 하고 북쪽
기둥은 안정(보아스)이라 했다. 기둥머리는 백합꽃 모양이었다.
22-24 기둥을 마치고 나서 히람은 바다를 만들었다. 바다는 금속을 주조해 만든
거대한 둥근 대야로, 지름 4.5미터, 높이 2.25미터, 둘레 13.5미터였다. 가장자
리 아래에 두 줄로 호리병 모양의 장식용 박을 둘렀는데, 45센티미터마다 열 개
씩이었다. 이 박은 바다와 함께 한 덩어리로 주조해 만들었다.
25-26 열두 마리 황소가 바다를 떠받치고 있는데, 세 마리는 북쪽을 향하고 세 마
리는 서쪽을 향하고 세 마리는 남쪽을 향하고 세 마리는 동쪽을 향했다. 황소는
얼굴을 바깥쪽으로 향하고 뒤쪽 몸으로 바다를 떠받쳤다. 바다의 두께는 8센티
미터였고, 가장자리는 잔이나 백합꽃처럼 벌어져 있었다. 그 용량은 44킬로리
터 정도 되었다.
27-33 히람은 또 청동으로 세면대 열 개를 만들었다. 길이와 너비가 각각 1.8미
터, 높이는 1.35미터였다. 세면대는 이렇게 만들었다. 곧게 세운 기둥에 판을
붙이고 판과 기둥에 사자, 황소, 그룹을 그렸다. 비스듬한 화환 무늬가 위아래
로 사자와 황소와 맞닿았다. 각 세면대 밑에는 청동축이 달린 네 개의 청동바퀴
를 달았다. 곧게 세운 기둥은 장식용 부조 세공과 함께 주조했다. 각 세면대에
는 조각한 원형 지지물 위에 깊이 45센티미터의 대야가 있고, 그 밑에 가로 세
로 67.5센티미터의 받침대가 있었다. 세면대 자체는 정사각형이었다. 대 밑에
축을 붙이고 그 축에 바퀴를 달았다. 바퀴는 지름이 67.5센티미터로 전차 바퀴
처럼 생겼다. 그 축과 테두리와 살과 통은 모두 금속을 주조해 만들었다.

34-37 세면대의 네 귀퉁이에는 손잡이가 있었는데, 손잡이는 세면대와 함께 한 덩
어리로 주조했다. 세면대 맨 위에는 약 22.5센티미터 정도 깊이의 테두리가 둥

글게 둘려 있었다. 곧게 세운 기둥과 손잡이는 세면대와 함께 한 덩어리로 주조했다. 세면대의 모든 표면에는 그룹, 사자, 종려나무를 새기고 그 둘레에 화환 모양을 새겼다. 세면대들은 모두 같은 틀에 주조하여 모양이 똑같았다.

38-40 그는 또 청동으로 대야 열 개를 만들었는데, 각각 지름 1.8미터에 용량 880리터로, 열 개의 세면대 위에 각각 대야 하나씩이었다. 세면대 다섯 개는 성전 남쪽에, 다섯 개는 북쪽에 배치했다. 바다는 성전 남동쪽 모퉁이에 놓았다. 히람은 또 들통, 부삽, 대접 등 여러 기구를 만들었다.

40-45 히람은 솔로몬 왕을 위해 시작한 **하나님**의 성전 짓는 일을 모두 마쳤다.

기둥 둘
기둥 꼭대기에 얹은 기둥머리 둘
기둥머리의 장식용 세공물 둘
두 세공물에 달린 석류 모양 사백 개(각 세공물마다 겹줄의 석류)
세면대 열 개와 거기에 딸린 대야
바다 하나
바다 밑의 황소 열두 마리
그 밖의 들통, 부삽, 대접.

45-47 히람이 **하나님**의 성전을 위해 솔로몬 왕에게 만들어 준 이 모든 기구는 광택이 나는 청동으로 만든 것이었다. 왕은 숙곳과 사르단 사이에 있는 요단 평지의 주물 공장에서 진흙에 부어 주조하는 방법으로 그것들을 만들었다. 이 기구들은 수가 너무 많아서 무게를 달지 않았다! 청동이 얼마나 쓰였는지 아무도 모른다.

48-50 솔로몬은 또 **하나님**의 성전에서 쓸 가구와 부속물도 만들었다.

금제단
임재의 빵을 차려 놓는 금상
내실 앞 오른쪽과 왼쪽에 각각 다섯 개씩 두는 나뭇가지 모양의 순금촛대
금꽃, 등잔, 부젓가락
순금접시, 심지 자르는 가위, 피 뿌리는 대접, 국자, 향로들
내실 곧 지성소 문과 외실 문에 다는 금돌쩌귀들.

51 이렇게 해서 솔로몬 왕은 **하나님**의 성전과 관련된 모든 일을 끝마쳤다. 그는 아버지 다윗이 거룩하게 구별해 두었던 물건, 곧 은과 금과 기구들을 가져다가 **하나님**의 성전 보물 보관소에 두었다.

언약궤를 성전으로 옮기다

8 1-2 이 모든 일의 마무리로, 솔로몬 왕은 시온, 곧 다윗 성에서 **하나님**의
언약궤를 가져오려고 이스라엘의 지도자들, 곧 모든 지파의 대표들과 각
가문의 족장들을 불러 모았다. 에다님월 곧 일곱째 달에, 온 이스라엘이 큰 가
을 절기로 솔로몬 왕 앞에 모였다.
3-5 이스라엘의 모든 지도자가 참석한 자리에서 제사장들이 **하나님**의 궤를 메고,
궤와 회막과 회막에 딸린 모든 거룩한 그릇을 옮겼다. 솔로몬 왕과 이스라엘 온
회중은 궤 앞에서 예배하며 셀 수 없이 많은 양과 소로 제사를 드렸다. 그 수가
너무 많아 자세히 기록할 수 없었다.
6-9 곧이어 제사장들은 **하나님**의 언약궤를 제자리, 곧 성전 내실의 지성소 안 그
룹들의 날개 아래에 가져다 놓았다. 그룹들의 펼친 날개가 궤와 그 채를 덮었
다. 채는 아주 길어서 내실 입구에서 그 끝이 보였는데, 멀리서는 보이지 않았
다. 그 채는 오늘까지 그곳에 있다. 궤 안에는 호렙에서 모세가 넣어 둔 두 돌판
외에는 아무것도 없었다. 호렙은 **하나님**께서 이스라엘을 이집트에서 이끌어 내
신 뒤에 그들과 언약을 맺으신 곳이다.

10-11 제사장들이 성소에서 나오자, **하나님**의 성전에 구름이 가득 찼다. 구름 때
문에 제사장들이 직무를 수행할 수 없었다. 성전이 **하나님**의 영광으로 가득했
기 때문이다!

12-13 그때 솔로몬이 말했다.

하나님께서는
아무도 볼 수 없는
어둠 속에 계시겠다고 말씀하셨습니다.
하나님, 주의 보이지 않는 영원한 임재의 표시로
제가 이 훌륭한 성전을 지었습니다.

14 왕은 회중 쪽으로 돌아서서 그들을 축복했다.
15-16 "내 아버지 다윗에게 친히 말씀하신 **하나님** 이스라엘의 하나님을 찬양합니
다. 그분께서 '내 백성 이스라엘을 이집트에서 이끌어 낸 날부터 오늘까지, 나는
내 이름을 둘 성전을 지으려고 이스라엘 지파 가운데 한 성읍을 따로 떼어 구별
하지 않았다. 다만 다윗을 택하여 내 백성 이스라엘을 다스리게 했다'고 하신 말
씀을 이제 지키셨습니다.
17-19 내 아버지 다윗은 **하나님** 이스라엘의 하나님의 이름을 높이는 성전을 짓고
자 했습니다. 그러나 **하나님**께서는 '네가 나를 높이는 성전을 짓기 원하니, 좋은
일이고 더없이 칭찬할 만한 일이다! 그러나 그 일을 할 사람은 네가 아니다. 네
아들이 내 이름을 높이는 성전을 지을 것이다' 하고 말씀하셨습니다.

20-21 **하나님**께서는 말씀하신 대로 행하셨습니다. 그래서 내가 **하나님**의 약속대로, 내 아버지 다윗의 뒤를 이어 이스라엘을 다스려 온 것입니다. 이제 나는 **하나님** 이스라엘의 하나님을 높여 드리는 성전을 지었고, 그분께서 우리 조상을 이집트 땅에서 인도하여 내실 때 그들과 맺으신 언약을 넣은 궤를 둘 자리를 마련했습니다."

솔로몬의 기도

22-25 솔로몬은 이스라엘 온 회중이 지켜보는 가운데, 제단 앞에 자리를 잡고 하늘을 향해 두 팔을 들고 기도했다.

> **하나님** 이스라엘의 하나님, 위로 하늘이나 아래로 땅 그 어디에도 주와 같은 신이 없습니다. 주의 종들이 주의 길을 따르며 성실하게 살아갈 때, 주께서는 그들과 맺은 언약을 확실히 지키시며 그들을 아낌없이 사랑해 주십니다. 주께서는 제 아버지 다윗에게 주신 말씀, 주께서 친히 주신 말씀을 지키셨습니다. 작은 것까지 모두 약속하신 대로 행하셨습니다. 그 증거가 오늘 우리 앞에 있습니다!
>
> **하나님** 이스라엘의 하나님, 계속 그렇게 해주십시오! 제 아버지 다윗에게 하신 약속, 곧 "네 자손이 주의하여 네가 내 앞에서 행한 것처럼 순종하여 살면, 네 자손이 항상 이스라엘의 왕위에 앉아 나를 대신해 다스릴 것이다"라고 하신 그 약속을 계속해서 지켜 주십시오.
>
> 26 이스라엘의 하나님, 이 모든 것이 이루어지게 해주십시오.
> 확실하게 증명해 주십시오!
>
> 27-32 하나님께서 참으로 우리가 사는 곳에 오셔서 거하시겠습니까? 우주조차도 주께서 편히 숨 쉴 만큼 넓지 못한데, 제가 지은 이 성전이야 더 말할 것도 없습니다. 그러할지라도 담대히 구합니다. **하나님** 나의 하나님, 제가 드리는 중보기도와 간구에 귀를 기울여 주십시오. 지금 주 앞에 아뢰는 저의 뜨겁고 진실한 기도를 들어주십시오. 주께서 말씀하시기를 "내 이름이 거기서 높임을 받을 것이다"라고 하신 이곳, 이 성전을 밤낮으로 지켜보시고, 제가 이곳에서 드리는 기도를 들어주십시오.
>
> 주께서는 주님 계신 곳 하늘에서 들으시고
> 들으실 때 용서해 주십시오.
>
> 이웃에게 해를 끼친 사람이 잘못을 바로잡기로 약속하고 이 성전 안에 있는 주님의 제단 앞에 나와 그 약속을 그대로 아뢰면, 주께서는 하늘에서 들으시고 합당하게 행해 주십시오. 주님의 종들을 판결하셔서 가해자는 그 대가를

치르게 하시고 피해자는 모든 혐의를 벗도록 해주십시오.
33-34 주님의 백성 이스라엘이 주께 죄를 지어 적에게 패할 때라도 주께 돌이켜
이 성전에서 간절하고 진실한 기도로 주님의 통치를 인정하면,

주께서는 주님 계신 곳 하늘에서 들으시고
주님의 백성 이스라엘의 죄를 용서하시며
주께서 그들 조상에게 주신 땅으로 돌아오게 해주십시오.

35-36 주님의 백성이 주께 죄를 지어서 하늘이 마르고 비가 오지 않을 때, 주께
벌을 받은 그들이 이곳에서 기도하며 주님의 통치를 인정하고 그 죄를 멈추면,

주께서는 주님 계신 곳 하늘에서 들으시고
주님의 종, 주님의 백성 이스라엘의 죄를 용서해 주십시오.

그들과 다시 시작해 주십시오. 그들을 가르쳐 바르게 살게 하시고, 주님의 백
성에게 유산으로 주신 이 땅에 비를 내려 주십시오.
37-40 기근이나 재해, 흉작이나 질병, 메뚜기 떼나 병충해 같은 재앙이 닥치거
나 원수가 요새로 쳐들어와 온갖 재난이 닥칠 때, 주님의 백성 이스라엘 가운
데 누구라도 재앙이 일어났음을 깨닫고 이 성전을 향해 손과 팔을 들어 도움
을 구하는 기도를 드리면,

주께서는 주님 계신 곳 하늘에서 들어주십시오.

우리를 용서하시고 판단해 주십시오. 주께서는 각 사람의 마음을 아시니(오직 주님만이 사람의 속마음을 아십니다!) 각 사람에게 합당하게 갚아 주십시오. 그리하면 주께서 우리 조상에게 주신 이 땅에서 사는 동안, 그들이 주님을 경외하고 믿고 순종하게 될 것입니다.
41-43 주님의 백성 이스라엘에 속하지 않지만 주님의 명성을 듣고 먼 나라에서
온 외국인들도 기억해 주십시오. 그들은 분명 주님의 큰 명성을 듣고 기적을
행하시는 주님의 능력에 이끌려 이 성전에 나와 기도할 것입니다.

주께서는 주님 계신 곳 하늘에서 들어주십시오.

그 외국인들이 드리는 기도에 응답해 주십시오. 그러면 주님이 누구이며 어떤 분이신지 온 세상 사람들이 알게 될 것이고, 주님의 백성 이스라엘처럼 주님을 경외하고 순종하며 살게 될 것입니다. 또한 그들은 주께서 제가 지은 이곳을 친히 성전으로 여기신다는 것을 알게 될 것입니다.
44-51 주님의 백성이 주님의 때에 주님이 보내시는 곳으로 가서 적과 싸울 때

에, 주님이 택하신 이 성읍과 제가 주님의 이름을 위해 지은 이 성전을 향해 기도하면,

주께서는 그들이 기도하고 구하는 것을 하늘에서 들으시고
그들의 형편에 맞게 행하여 주십시오.

그들이 주께 죄를 지어—죄가 없는 사람은 아무도 없으니 그들도 분명히 죄를 지을 것입니다!—주의 진노를 사서 원수의 손에 넘겨져 멀든 가깝든 원수의 나라에 포로로 잡혀갈지라도, 그 나라에서 회개하고 포로생활 중에 마음을 돌이켜 "우리가 죄를 지었습니다. 잘못을 저질렀습니다. 사악한 짓을 행했습니다"라고 고백하면, 또한 원수의 땅에서 마음을 다해 주께로 돌이키며 주님이 그들 조상에게 주신 고향 땅과 주님이 택하신 이 성읍과 제가 주님의 이름을 위해 지은 이 성전을 향해 기도하면,

주께서는 그들의 간절하고 진실한 기도를
주님 계신 곳 하늘에서 들으시고
그들에게 가장 좋은 것을 행하여 주십시오.

주께 죄를 지은 주님의 백성을 용서해 주십시오. 그들의 반역을 용서하시고, 그들을 포로로 잡은 자들의 마음을 움직이셔서 그들을 불쌍히 여기게 해주십시오. 그들은 철을 녹이는 용광로 같은 이집트 한복판에서 주님이 구해 내신 주님의 백성이요 주님의 귀한 유산입니다!

52-53 주님의 종인 저의 간구와 주님의 사랑하시는 백성 이스라엘의 간곡한 기도에 늘 귀를 기울여 주십시오. 그들이 주께 부르짖을 때마다 들어주십시오! **하나님**, 주님의 강력한 주권으로 우리 조상을 이집트에서 구해 내실 때 주님의 종 모세를 통해 선포하신 것처럼, 주께서 이 땅의 모든 민족 가운데 그들을 친히 택하셔서 주님의 백성이 되게 하셨습니다.

54-55 이 모든 담대하고 뜨거운 기도를 **하나님**께 드린 뒤에, 솔로몬은 무릎 꿇고 있던 **하나님**의 제단 앞에서 일어나 하늘을 향해 손을 뻗었다. 그렇게 선 채로 소리 높여 이스라엘 온 회중을 축복했다.
56-58 "친히 말씀하신 대로, 당신의 백성 이스라엘에게 평화를 주신 **하나님**을 찬양합니다. 그분이 모세를 통해 하신 모든 선하고 놀라운 말씀이 단 한 마디의 예외 없이 모두 이루어졌습니다. **하나님** 바로 우리 하나님께서 우리 조상과 함께 계셨던 것처럼 우리와 계속해서 함께 계시기를 바랍니다. 그분께서 절대로 우리를 포기하거나 떠나지 않으시기를 바랍니다. 우리가 늘 그분께 집중하고

헌신하게 하셔서, 그분이 예비하신 인생길을 따라갈 때에 표지판을 주의 깊게
살피며, 그분이 우리 조상에게 정해 주신 걸음걸이와 장단에 따라 걷게 하시기
를 바랍니다.
59-61 그리고 내가 하나님 앞에서 기도로 아뢴 이 말씀이 밤낮으로 그분 앞에 있
어서, 그분이 내 형편에 맞게 행하시고 날마다 그분의 백성 이스라엘에게 공의
를 보장해 주시기를 바랍니다. 그러면 이 땅의 모든 사람이 하나님께서 참 신이
시며 다른 신이 없음을 알게 될 것입니다. 그러니 여러분도 하나님 우리 하나님
께 전적으로 순종하며 살아야 합니다. 그분이 예비해 주신 인생길을 따라가고
그분께서 오늘 분명히 밝혀 주신 모든 것에 주의하여, 깨어서 살아야 합니다."

성전 봉헌

62-63 그 후에 왕과 온 이스라엘이 하나님께 제사를 드리며 예배했다. 솔로몬은
소 22,000마리, 양 120,000마리를 하나님께 제물로 바치며 화목제를 드렸다.
이렇게 왕과 온 이스라엘이 하나님의 성전을 봉헌했다.
64 그날 왕은 하나님의 성전 앞뜰 한가운데를 거룩한 장소로 구별하고, 거기서
번제물과 곡식 제물, 화목 제물의 지방을 바쳤다. 청동제단은 너무 작아서 이
모든 제물을 다 바칠 수 없었기 때문이다.
65-66 이렇게 솔로몬은 큰 가을 절기를 지켰고, 온 백성이 그와 함께했다. 북동
쪽 끝(하맛 입구)에서부터 남서쪽 끝(이집트 시내)에 이르는 지역에 사는 백성이 모
여, 큰 회중을 이루었다. 그들은 칠 일을 계획하여 축제를 시작했다가 칠 일을
더 늘려 꼬박 이 주 동안 축제를 벌였다! 그 후에야 솔로몬이 백성을 돌려보냈
다. 그들은 왕을 축복하고 집으로 돌아갔다. 하나님께서 그분의 종 다윗과 그분
의 백성 이스라엘에게 베푸신 모든 선한 일들로 인해 그들 마음에 감사가 흘러
넘쳤다.

❧

9 1-2 솔로몬이 하나님의 성전과 그의 왕궁을 건축하는 일, 곧 마음먹었던
모든 일을 마친 뒤에, 하나님께서 전에 기브온에서 나타나셨던 것처럼
솔로몬에게 다시 나타나셨다.
3-5 하나님께서 그에게 말씀하셨다. "내가 네 기도와 뜨거운 간구를 모두 들었
다. 네가 지은 이 성전을 내가 거룩하게 했다. 이제 내 이름이 그 위에 영원히
새겨졌으니, 내 눈이 그 위에, 내 마음이 그 안에 언제나 머물 것이다. 네가 네
아버지 다윗처럼 순전한 마음으로 내 앞에서 행하고 내가 정해 준 삶을 따라 살
며 내 가르침과 판단에 주의하여 순종하면, 이스라엘을 다스리는 너의 왕권이
든든한 기초 위에 서게 될 것이다. 네 아버지 다윗에게 보증했던 것처럼 네게도
이것을 보증하겠다. '이스라엘의 왕위에서 네 자손이 항상 끊이지 않을 것이다.'
6-9 그러나 너와 네 자손이 내게 반역하고 내 가르침과 판단을 무시하며 이방 신
들과 어울리면서 그것들을 섬기고 예배하면, 그때에는 이 보증이 무효가 될 것

이다. 나는 이스라엘을 멸하고 내 이름을 높이도록 거룩하게 구별한 이 성전에
서 등을 돌릴 것이다. 그러면 이스라엘은 세상 민족들 사이에서 흉한 농담거리
가 되고 말 것이다. 지금은 이렇게 훌륭한 이 성전도 비웃음거리가 되고 말 것
이다. 지나가는 사람들이 고개를 저으며 '이게 어찌 된 일인가? 어쩌다가 이렇
게 망해 버렸는가?' 하고 물을 것이다. 그러면 그들은 이런 답을 듣게 될 것이
다. '한때 여기 살던 민족은 그들의 **하나님**, 곧 그들 조상을 이집트에서 구해 낸
하나님께 반역했다. 그들은 이방 신들과 어울리며 그것들을 예배하고 섬겼다.
그래서 하나님께서 이렇게 폐허로 만들어 버리신 것이다.'"

10-12 솔로몬은 이십 년 만에 두 건물, 곧 **하나님**의 성전과 자신의 왕궁을 지은 뒤
에, 두로 왕 히람에게 갈릴리 땅에 있는 마을 스무 개를 선물로 주었다. 이것은
히람이 솔로몬이 원하는 대로 백향목과 잣나무와 금을 준 것에 대한 보답이었
다. 그러나 두로에서 와서 솔로몬이 준 마을들을 둘러본 히람은 선물이 마음에
들지 않았다.
13-14 히람이 말했다. "친구여! 오지의 산골 마을 스무 개라니, 이것이 무슨 보답이
오?" 사람들은 지금도 그곳을 쓸모없는 오지 마을이라고 부른다. 히람이 4.5톤가
량의 금에 대한 답례로 솔로몬에게서 받은 것은 그것이 전부였다!

솔로몬의 나머지 업적

15 솔로몬 왕이 노역을 동원해 **하나님**의 성전과 자기 왕궁, 방어시설(밀로), 예루
살렘 성벽, 하솔과 므깃도와 게셀에 요새화된 성읍을 건축한 공사 기록은 이러
하다.
16-17 전에 이집트 왕 바로가 올라와서 게셀을 점령하여 불사르고 그곳에 살던 가
나안 사람을 다 죽였다. 그는 그 도시를 솔로몬의 아내가 된 자기 딸에게 결혼
선물로 주었다. 그래서 솔로몬이 게셀을 재건했다.
17-19 솔로몬은 또 아랫 벳호론과 바알랏, 사막의 다말, 곡식을 저장해 둘 변방의
성읍, 전차와 말을 둘 성읍들을 건축했다. 예루살렘이든 레바논이든 자기 마음
에 드는 곳이면 어디에나 대대적인 건축 공사를 벌였다.
20-23 솔로몬은 그 땅 원주민(이스라엘 자손이 아닌 아모리 사람, 헷 사람, 브리스 사람, 히
위 사람, 여부스 사람) 가운데서 살아남은 무리, 곧 거룩한 전쟁에서 살아남은 자들
을 강제노역 부대로 편성했는데, 이 정책은 오늘까지 시행되고 있다. 그러나 이
스라엘 사람은 그런 대우를 받지 않았다. 그들은 솔로몬의 군대와 행정부에서
정부 지도자, 전차와 전차병 지휘관으로 일했다. 또한 그들은 솔로몬의 건축 공
사를 책임지는 관리가 되었는데, 모두 550명이 노역자들을 감독했다.
24 바로의 딸이 정식으로 다윗 성에서 올라와 그녀를 위해 특별히 지은 궁에 들
어가 살았다. 그 후에 솔로몬은 방어시설(밀로)을 지었다.
25 매년 세 번씩 솔로몬은 **하나님**의 제단에서 예배하며 번제와 화목제를 드리고

하나님 앞에 향을 피웠다. 그는 성전과 관련해서 필요한 것이 있으면 무엇이든 아끼지 않았고, 인색함이 없었다.

26-28 그는 배도 만들었다! 에돔 땅 홍해 해변의 엘랏 근처에 있는 에시온게벨에서 배를 만들었다. 히람은 바다를 잘 아는 뱃사람들을 보내, 솔로몬 사람들의 항해를 돕게 했다. 그들은 오빌로 출항한 뒤 금 16톤을 가지고 돌아와, 솔로몬 왕에게 바쳤다.

스바 여왕의 방문

10 1-5 스바 여왕이 솔로몬에 대한 소문과 그것이 하나님의 이름과 관련이 있다는 말을 듣고, 어려운 질문으로 그의 명성을 시험해 보기 위해 솔로몬을 찾아왔다. 그녀는 향료와 어마어마한 양의 금과 값진 보석을 낙타에 싣고, 당당하고 호화롭게 예루살렘에 입성했다. 그녀는 솔로몬에게 나아와 평소 관심 있던 온갖 주제를 논하며 자신의 생각을 모두 이야기했다. 솔로몬은 그녀가 내놓은 모든 주제에 답했고, 어떤 질문에도 말문이 막히지 않았다. 솔로몬의 지혜를 직접 경험한 스바 여왕은 그가 지은 왕궁, 잘 차려 놓은 식사, 멋있게 줄지어 선 왕궁 관리들, 단정하게 차려입은 시종들, 호화로운 수정, 그리고 하나님의 성전에 오르는 계단에서 아낌없이 번제를 드리는 정성스런 예배를 보며 그 모든 것에 감탄했다.

6-9 그녀가 왕에게 말했다. "모두 사실이었군요! 왕의 업적과 지혜에 대한 명성이 내 나라에까지 들려왔는데, 이제 모두 확인했습니다. 내가 직접 보지 않았으면 믿지 못했을 것입니다. 사람들의 말이 과장이 아니었군요! 왕의 지혜와 기품은 내가 상상한 것보다 훨씬 뛰어납니다. 왕 밑에서 일하는 사람들은 날마다 왕 곁에서 지혜로운 말을 직접 들으니 얼마나 복됩니까! 당신을 총애하셔서 왕으로 삼으신 하나님 당신의 하나님을 찬양합니다. 그분이 당신을 왕으로 삼아 공의로 질서를 유지하게 하시고 소중한 백성을 보살피게 하신 것은, 이스라엘을 향한 그분의 사랑에서 비롯된 것임이 분명합니다."

10 그런 다음 그녀는 4.5톤가량의 금과 수많은 향료와 값비싼 보석을 왕에게 주었다. 스바 여왕이 솔로몬 왕을 위해 향료를 가져온 이후로, 그처럼 많은 향료가 배로 들어온 일은 다시 없었다.

11-12 히람의 배들은 오빌에서 금을 수입해 오면서 엄청난 양의 향기로운 백단목과 값비싼 보석도 함께 가져왔다. 왕은 백단목으로 하나님의 성전과 왕궁에 들일 세련된 가구를 제작하고 음악인들을 위해 하프와 수금을 만들었다. 그만한 백단목을 들여온 경우는 이후로 없었다.

13 솔로몬 왕은 스바 여왕이 원하는 것을 모두 주었다. 이미 후하게 준 것 외에도 그녀가 구하는 것은 무엇이든 다 주었다. 그녀는 흡족해 하며 신하들을 이끌고 자기 나라로 돌아갔다.

14-15 솔로몬은 매년 조공으로 금 25톤을 받았다. 이것은 상인과 여러 왕과 지방 장관들과의 무역에서 나오는 세금과 수익 외의 수입이었다.

16-17 솔로몬 왕은 얇게 두들겨 편 금으로 사람 키만한 방패 이백 개—방패 하나에 금 3.4킬로그램씩 들어갔다—와 그 절반 크기의 작은 방패 삼백 개를 만들었다. 그는 그 방패들을 레바논 숲 궁전에 두었다.

18-20 왕은 상아로 큰 보좌를 만들고, 눈에 잘 띄도록 겉에 금을 입혔다. 보좌 아래에는 여섯 개의 층계가 있었고, 보좌 뒤쪽은 아치모양이었다. 양쪽 팔걸이 옆으로 사자상을 두었는데, 여섯 층계의 양쪽 끝에도 각각 사자상이 하나씩 서 있었다. 주변 어느 나라에도 그와 같은 보좌는 없었다.

21 솔로몬 왕의 잔과 컵은 금으로 만들었고, 레바논 숲 궁전의 식기도 모두 순금으로 만들었다. 은으로 만든 것은 하나도 없었다. 솔로몬 시대에 은은 흔하고 값싼 것이었다.

22 왕은 원양 선박을 바다에 두어 히람의 배와 함께 있게 했다. 삼 년에 한 번씩 그 배가 금과 은, 상아, 원숭이, 공작을 실어 날랐다.

23-25 솔로몬 왕은 지상의 그 어떤 왕보다 지혜롭고 부유했다. 그는 모든 왕보다 뛰어났다. 온 세상 사람들이 하나님께서 솔로몬에게 주신 지혜를 배우려고 찾아왔다. 오는 사람마다 금은 기물, 고급 예복과 의복, 최신 무기, 외국산 향료, 말과 노새 같은 선물을 가져왔다. 방문객들의 행렬이 매년 줄을 이었다.

26-29 솔로몬은 전차와 말을 모았다. 그가 모은 전차가 천사백 대, 말이 만이천 마리였다! 그는 그 말들을 예루살렘뿐 아니라 전차가 주둔해 있는 특별 성읍들에도 두었다. 그의 시대에는 은이 돌처럼 흔했고, 백향목도 낮은 산지의 무화과나무만큼이나 흔했다. 왕이 타는 말은 이집트와 실리시아에서 들여왔는데, 특별히 왕의 중개인들이 매입했다. 이집트에서 들여온 전차는 은 6.8킬로그램, 말은 은 1.7킬로그램에 거래되었다. 솔로몬은 헷과 아람 왕실을 상대로 말 무역을 벌여 호황을 누렸다.

솔로몬이 하나님을 저버리다

11

1-5 솔로몬 왕은 여자에 집착했다. 바로의 딸은 그가 사랑한 많은 이방 여인들—모압, 암몬, 에돔, 시돈, 헷 여인들—가운데 첫 여자에 불과했다. **하나님**께서 이스라엘에게 "너희는 그들과 결혼해서는 안된다. 그들이 너희를 꾀어 그들의 신들을 섬기게 할 것이다"라고 분명히 경고하셨지만, 그는 주변 이방 나라들에서 여인들을 취했다. 솔로몬은 자신의 마음을 빼앗은 그 여인들을 포기하지 않았다. 그는 칠백 명의 왕비와 삼백 명의 후궁, 모두 합해 천 명의 아내를 두었다! 과연 여인들이 그를 꾀어 하나님에게서 멀어지게 했다. 솔로몬이 늙자 아내들은 자기들의 이방 신들로 그를 꾀었고, 결국 그는 하나님을 저버리게 되었다. 그는 아버지 다윗과 달리 **하나님**께 끝까지 신실하지 못했다. 솔로몬은 시돈의 창녀 여신 아스다롯과 암몬의 혐오스러운 신 몰렉을 가까이했다.

6-8 솔로몬은 공공연히 **하나님**을 거역하면서, 아버지 다윗이 걸어간 길을 따르지 않았다. 더 나아가 그는 예루살렘 동쪽 산에 모압의 혐오스러운 신 그모스와 암몬의 혐오스러운 신 몰렉을 섬기는 산당들을 지었다. 그는 자신의 모든 이방 아내들을 위해 그와 같은 산당을 지었다. 그들이 바친 제사의 연기와 냄새가 그 땅을 더럽혔다.

9-10 솔로몬이 이스라엘의 **하나님**을 버렸으므로 **하나님**께서 그에게 진노하셨다. 하나님께서는 두 번이나 그에게 나타나셔서 다른 신들을 가까이하지 말라고 분명히 명령하셨지만, 솔로몬은 **하나님**의 명령에 순종하지 않았다.

11-13 **하나님**께서 솔로몬에게 말씀하셨다. "네가 이런 식으로 믿음을 저버리고 내 명령대로 행할 뜻을 보이지 않으니, 내가 네게서 나라를 빼앗아 다른 사람에게 넘겨줄 것이다. 다만 네 아버지 다윗을 생각해서 네 생전에는 그리하지 않겠다. 하지만 네 아들이 대가를 치를 것이니, 내가 그의 손에서 나라를 빼앗을 것이다. 그러나 내 종 다윗과 내가 택한 성 예루살렘을 생각하여, 다 빼앗지는 않고 한 지파를 남겨 둘 것이다."

14-20 **하나님**께서 에돔 왕의 후손 하닷을 일으키셔서 솔로몬을 대적하게 하셨다. 예전에 다윗이 에돔을 멸할 때, 군사령관 요압이 죽은 사람들을 묻으러 갔다가 에돔의 남자들을 모두 쳐죽인 일이 있었다. 요압과 그 군대는 그곳에 여섯 달 동안 머물면서 에돔의 모든 남자를 철저하게 죽였다. 당시 소년이었던 하닷은, 자기 아버지 밑에서 일하던 에돔 사람 몇몇과 함께 피신했다. 피난길에 오른 그들은 미디안을 지나 바란으로 갔고, 거기서 사람을 좀 더 모아 이집트로 가서 이집트 왕 바로를 만났다. 바로는 하닷에게 집과 양식은 물론 땅까지 내주었다. 바로는 그를 아주 좋아해서 자기 아내 다브네스 왕비의 동생을 아내로 주었다. 그녀는 하닷과 결혼하여 그누밧이라는 아들을 낳고 왕족처럼 길렀다. 그누밧은 바로의 자녀와 함께 궁에서 자랐다.

21 이집트에 살던 하닷은 다윗과 군사령관 요압이 죽었다는 소식을 듣고 바로에게 가서 말했다. "왕의 축복 속에 저를 보내 주십시오. 제 나라로 돌아가고 싶습니다."

22 "이유가 무엇이오?" 바로가 말했다. "어찌하여 이곳을 떠나려 하오? 그대 마음에 거슬리는 것이 있소?"

하닷이 말했다. "모든 것이 좋습니다. 하지만 고향 땅으로 가고 싶습니다. 저를 보내 주십시오!"

솔로몬의 적들이 일어나다

23-25 그 후에 하나님께서 다른 적을 일으키셔서 솔로몬을 대적하게 하셨다. 그는 엘리아다의 아들 르손으로, 일찍이 자기 주인 소바 왕 하닷에셀에게서 도망친 사람이었다. 다윗이 아람 사람을 죽인 뒤에, 르손은 무법자들을 모아 그들의 지도자가 되었다. 나중에 그들은 다마스쿠스에 정착했는데, 거기서 르손은 결국 왕이 되었다. 하닷처럼 르손도 솔로몬이 살아 있는 동안 이스라엘을 괴롭혔다.

그는 아람을 다스리는 왕이었고 이스라엘을 미워했다.

26 그러다가 결정적인 사건이 터졌다. 느밧의 아들 여로보암이 왕에게 반역한
것이다. 그는 스레다 출신의 에브라임 사람으로, 그의 어머니는 스루아라는 과
부다. 그는 솔로몬 밑에서 왕을 섬기던 사람이었다.
27-28 그가 반역한 이유는 이러하다. 전에 솔로몬은 외곽 방어시설(밀로)을 짓고,
아버지 다윗 때부터 파손되어 있던 요새들을 복구했다. 그 건축 기간 중에 여로
보암은 강하고 실력 있는 자로 돋보였다. 솔로몬은 젊은 그가 일을 잘하는 것을
보고 요셉 지파의 노역자 전부를 그의 손에 맡겼다.
29-30 하루는 여로보암이 예루살렘에서 나와 길을 가다가, 실로의 예언자 아히야
를 만났다. 그는 새 옷을 입고 있었는데, 외딴 길목에 그 두 사람밖에 없었다.
아히야는 자기가 입고 있던 새 옷을 벗어 열두 조각으로 찢었다.
31-33 그러고는 여로보암에게 말했다. "이 중에서 열 조각을 가지십시오. 이스라
엘의 하나님께서 이렇게 명령하십니다. '내가 하려는 일을 보아라. 내가 솔로몬
의 손에서 나라를 빼앗아 너에게 열 지파를 넘겨줄 것이다. 내 종 다윗과 내가
특별히 택한 성 예루살렘을 생각하여, 솔로몬에게 한 지파는 남겨 둘 것이다.
이렇게 하는 이유는, 그가 나를 버리고 가서 시돈의 여신 아스다롯과 모압의 신
그모스와 암몬의 신 몰렉을 섬겼기 때문이다. 그는 내가 일러 준 대로 살지 않
았고 내가 원하는 일을 행하지 않았으며, 그의 아버지 다윗과 달리 내 지시에
따르지도 명령에 순종하지도 않았다.
34-36 그러나 나는 그에게서 나라를 모두 빼앗지는 않을 것이다. 다윗은 내가 택
한 자요 내 지시와 명령에 순종했으니, 내 종 다윗을 보아 내가 솔로몬이 살아
있는 동안에는 그와 함께할 것이다. 그러나 그 후에는 그의 아들의 손에서 나라
를 빼앗아 너에게 열 지파를 넘겨줄 것이다. 한 지파는 그의 아들에게 남겨 주
어, 내가 내 이름을 기념하기 위해 택한 성 예루살렘에 내 종 다윗에게 한 약속
의 증거를 보존할 것이다.
37-39 그러나 내가 너를 내 손안에 두었다. 너는 마음껏 다스려라! 네가 이스라엘
의 왕이 될 것이다. 네가 나의 말에 귀를 기울이고, 내가 보여주는 길을 따라 살
고, 내 종 다윗이 한 것처럼 내 지시에 따르고 명령에 순종하여 나를 기쁘게 하
면, 어떠한 일이 있어도 내가 너와 함께 있을 것이다. 다윗에게 한 것같이 너에
게도 견고한 나라를 지어 줄 것이다. 이스라엘이 네 것이 될 것이다! 내가 다윗
의 자손에게 고통과 괴로움을 내리겠지만, 그 시련이 영원히 계속되지는 않을
것이다.'"
40 솔로몬이 여로보암을 암살하라고 명령하자, 여로보암은 이집트 왕 시삭에게
로 도망가서 숨었다. 그는 솔로몬이 죽을 때까지 거기서 망명생활을 했다.
41-43 솔로몬의 나머지 생애와 통치, 그가 행한 모든 일과 지혜는 '솔로몬 연대기'
에서 읽을 수 있다. 솔로몬은 예루살렘에서 사십 년 동안 온 이스라엘을 다스렸
다. 그는 죽어서 아버지 다윗의 성에 묻혔다. 그의 아들 르호보암이 뒤를 이어

왕이 되었다.

북쪽 지파들의 반항

12 1-2 르호보암은 세겜으로 갔다. 온 이스라엘이 그를 왕으로 세우려고 그곳에 모여 있었다. 당시 솔로몬을 피해 이집트에 숨어 있던 여로보암은, 솔로몬이 죽었다는 소식을 듣고 돌아왔다.

3-4 르호보암이 여로보암과 온 백성을 소집했다. 그들이 르호보암에게 말했다. "왕의 아버지께서 등골이 휘도록 우리에게 일을 시켜 삶이 아주 고달팠습니다. 이제 좀 쉬게 해주시고 우리의 짐을 가볍게 해주시면, 우리가 기꺼이 왕을 섬기겠습니다."

5 르호보암이 말했다. "생각할 시간이 필요하니 사흘 후에 다시 오시오."

6 르호보암 왕은 그의 아버지가 살아 있을 때 조언을 구했던 원로들과 의논했다. "그대들의 생각은 어떠하오? 내가 백성에게 뭐라고 답하면 좋겠소?"

7 그들이 말했다. "왕께서는 이 백성의 종이 되셔서 그들의 필요를 잘 헤아리고 긍휼을 베푸시며 원만히 일을 해결해 나가십시오. 그러면 결국 백성이 왕을 위해 무슨 일이든 할 것입니다."

8-9 그러나 그는 원로들의 조언을 물리치고, 그와 함께 자라서 지금은 왕의 비위만 맞추려 드는 젊은 신하들에게 물었다. "그대들 생각은 어떻소? '왕의 아버지처럼 혹독하게 하지 말고 좀 쉬게 해주십시오. 우리의 짐을 가볍게 해주십시오' 하고 말하는 이 백성에게 내가 뭐라고 해야 되겠소?"

10-11 왕과 함께 자란 철없는 젊은이들이 말했다. "'왕의 아버지께서 우리에게 너무 심하게 하셨으니, 짐을 가볍게 해주십시오' 하고 불평하는 이 백성에게 이렇게 말씀하십시오. '내 새끼손가락이 내 아버지의 허리보다 굵다. 내 아버지의 다스림이 고달팠다고 여긴다면, 너희는 아직 고달픔의 맛을 제대로 보지 못한 것이다. 내 아버지는 너희를 채찍으로 때렸지만, 나는 너희가 피투성이가 될 때까지 사슬로 칠 것이다!'"

12-14 르호보암이 백성을 향해 "생각할 시간이 필요하니 사흘 후에 다시 오시오" 하고 지시한 대로, 사흘 후에 여로보암과 백성이 나타났다. 왕의 대답은 가혹하고 거칠었다. 그는 원로들의 조언을 무시하고 젊은이들의 제안을 따랐다. "내 아버지의 다스림이 고달팠다고 여긴다면, 너희는 아직 고달픔의 맛을 제대로 보지 못한 것이다. 내 아버지는 너희를 채찍으로 때렸지만, 나는 너희가 피투성이가 될 때까지 사슬로 칠 것이다!"

15 르호보암은 백성의 말에 귀를 막았다. 하나님께서 이 모든 일의 배후에 계셨고, 이로써 실로 사람 아히야를 통해 느밧의 아들 여로보암에게 주신 메시지를 확증하셨다.

16-17 온 이스라엘은 왕이 그들의 말을 한 마디도 듣지 않은 것을 알고, 왕에게 맞서서 말했다.

꺼져 버려라, 다윗!
이새의 아들아, 우리는 이제 너한테 질렸다!
이스라엘아, 어서 여기서 떠나자!
다윗, 이제 더 이상 우리 일에 참견하지 마라.

그런 다음, 백성이 떠나갔다. 그러나 르호보암은 유다 성읍들에 사는 사람들을 계속 다스렸다.

❦

18-19 그 후에 르호보암 왕이 노역 책임자인 아도니람을 보내자, 이스라엘 백성이 모여서 그를 돌로 쳐죽였다. 르호보암 왕은 재빨리 전차에 뛰어올라 예루살렘으로 도망쳤다. 그때부터 오늘까지 이스라엘은 다윗 왕조에 계속 대항했다.

이스라엘 왕 여로보암

20 여로보암이 돌아왔다는 말이 나돌자, 백성이 모여 그를 불러 온 이스라엘의 왕으로 삼았다. 오직 유다 지파만이 다윗 왕가에 남았다.
21 예루살렘으로 돌아온 르호보암은 유다와 베냐민 지파 사람들을 소집하고 정예군 180,000명을 동원했다. 그는 이스라엘과 전쟁을 벌여 솔로몬의 아들 르호보암의 나라를 되찾으려고 했다.
22-24 그때 하나님의 말씀이 하나님의 사람 스마야에게 임했다. "솔로몬의 아들 유다 왕 르호보암과 유다와 베냐민의 모든 사람과 그 밖에 남은 자들에게 전하여라. '이것은 하나님의 말씀이다. 너희는 진군하지 마라. 너희 형제 이스라엘 자손과 싸우지 마라. 너희는 한 사람도 남김없이 다 집으로 돌아가거라. 이 모든 것이 나의 뜻이다.'" 그들은 하나님께서 말씀하신 대로 집으로 돌아갔다.

여로보암이 하나님에게서 돌아서다

25 여로보암은 에브라임 산지에 있는 세겜에 성을 짓고, 그곳을 본거지로 삼았다. 그는 브누엘에도 성을 지었다.
26-27 그러나 여로보암은 이런 생각이 들었다. "머지않아 나라가 다시 다윗 밑으로 통일될 것이다. 이 백성이 예루살렘에 있는 하나님의 성전에서 다시 예배 드리기 시작하면, 그 즉시 유다 왕 르호보암을 자신들의 통치자로 생각할 것이다. 그렇게 되면 그들은 나를 죽이고 르호보암 왕에게 돌아갈 것이다."
28-30 그래서 왕은 계획을 꾸몄다. 그는 금송아지 두 개를 만들고 이렇게 공포했다. "예루살렘에 가서 예배를 드리려니 여러분의 고생이 너무 큽니다. 이것을 보십시오. 여러분을 이집트에서 이끌어 낸 신입니다!" 그는 송아지 하나는 베델에 두고, 다른 하나는 단에 두었다. 이것은 너무도 명백한 죄였다. 사람들이 단까지 가서 송아지를 숭배했다!
31-33 일은 거기서 끝나지 않았다. 여로보암은 사방에 금지된 산당들을 짓고, 제

사장직에 적합한 사람이든 아니든 상관없이 아무나 닥치는 대로 제사장으로 세웠다. 또한 그는 유다의 절기를 대신할 거룩한 신년 절기를 새로 만들어 여덟째 달 십오일에 지키게 했고, 직접 베델 제단에서 예배하며 자신이 그곳에 세워 둔 송아지 앞에 제물을 바쳤다. 그는 자신이 지은 지역 산당들의 제사장들을 베델의 제사장으로 세웠다. 이것은 유다의 절기에 맞서기 위해 그가 생각해 낸 것이었다. 여로보암은 이스라엘만을 위한 이 절기를 능숙하게 치러 냈고, 제단 예배도 자신이 직접 인도했다.

13

1-3 그 후에 이런 일이 있었다. 여로보암이 제단에서 제사를 드리려는데, 유다에서 하나님의 명령을 받고 온 거룩한 사람이 제단을 향해 선포했다(이것은 하나님의 명령이었다). "제단아, 제단아! 하나님의 메시지다! '다윗 집안에 요시야라는 아들이 태어날 것이다. 그가 네 위에 제사 드리고 있는 산당 제사장들을 네 위에서 제물로 바칠 것이다! 사람의 뼈가 네 위에서 불타오를 것이다!'" 동시에 그는 표징을 공포했다. "이것은 하나님께서 주시는 증거다. 제단이 산산조각으로 갈라져 거룩한 제물이 땅에 쏟아질 것이다."
4-5 왕은 거룩한 사람이 베델 제단을 향해 외치는 메시지를 듣고, 그를 잡으려고 팔을 뻗으며 소리쳤다. "저 자를 잡아라!" 그러자 왕의 팔이 마비되어 쓸 수 없게 되었다. 동시에 제단이 갈라지면서 거룩한 제물이 모두 땅에 쏟아졌다. 거룩한 사람이 하나님의 명령을 받아 공포했던 표징이 그대로 이루어졌다.
6 왕은 거룩한 사람에게 간청했다. "도와주시오! 당신의 하나님께 기도하여 내 팔을 낫게 해주시오." 거룩한 사람이 그를 위해 기도하자 왕의 팔이 나아 새것처럼 되었다!
7 그러자 왕은 거룩한 사람을 초대했다. "나와 함께 식사합시다. 당신에게 줄 선물이 있소."
8-10 거룩한 사람이 왕에게 말했다. "왕께서 내게 아무리 큰돈을 준다고 해도, 나는 이곳에서 왕과 함께 앉아 식사하지 않을 것입니다. 나는 하나님의 명령을 받아 이곳에 왔습니다. 그분께서 명령하시기를, '빵 한 조각도 먹지 말고, 물 한 모금도 마시지 말고, 네가 왔던 길로 돌아가지도 말라'고 하셨습니다." 그러고서 그는 베델로 올 때 걸어왔던 길이 아닌 다른 길로 떠났다.
11 베델에 한 늙은 예언자가 살고 있었다. 그의 아들들이 와서 그날 거룩한 사람이 베델에서 한 일을 아버지에게 이야기하며, 거기서 일어난 모든 일과 거룩한 사람이 왕에게 한 말을 전했다.
12 아버지가 말했다. "그 사람이 어느 쪽으로 갔느냐?" 아들들은 유다에서 온 거룩한 사람이 간 길을 가리켜 보였다.
13-14 그가 아들들에게 말했다. "내 나귀에 안장을 얹어 다오." 그들이 안장을 얹자, 그는 나귀를 타고 거룩한 사람을 쫓아갔다. 그는 상수리나무 아래 앉아 있는 거룩한 사람을 만났다.

노인이 그에게 물었다. "당신이 유다에서 온 거룩한 사람이오?"
"그렇습니다." 그가 대답했다.
15 "나와 같이 우리 집으로 가서 식사합시다."
16-17 "죄송하지만 그럴 수 없습니다." 거룩한 사람이 말했다. "나는 어르신과 함
께 돌아갈 수도 없고 이 땅에서 어르신과 함께 먹을 수도 없습니다. 하나님께서
내게 엄히 명령하시기를, '빵 한 조각도 먹지 말고, 물 한 모금도 마시지 말고,
네가 왔던 길로 돌아가지도 말라'고 하셨습니다."
18-19 그러자 노인이 말했다. "나도 당신처럼 예언자요. 천사가 내게 와서 '그 사
람을 네 집으로 데리고 가서 식사를 잘 차려 주어라!' 하고 하나님의 메시지를
전해 주었소." 하지만 노인은 거짓말을 하고 있었다. 거룩한 사람은 그와 함께
집으로 가서 식사를 했다.
20-22 그들이 함께 식탁에 앉아 있는데, 거룩한 사람을 데려온 예언자에게 하나님
의 말씀이 임했다. 그는 유다에서 온 거룩한 사람의 잘못을 지적했다. "당신에
게 주는 하나님의 말씀이오. '너는 하나님의 명령에 불순종했고, 네 하나님의 엄
한 명령을 지키지 않았다. 너는 하나님이 빵 한 조각도 먹지 말고, 물 한 모금도
마시지 말라고 한 바로 그곳에 앉아 음식을 배불리 먹었다. 그러니 너는 길에서
죽을 것이고 네 조상의 묘에 묻히지 못할 것이다.'"
23-25 식사가 끝나자, 그를 데려온 예언자가 그를 위해 자기 나귀에 안장을 얹어
주었다. 길을 떠나가는데, 사자가 나타나 그를 죽였다. 그의 시체가 길 위에 널
브러졌고 한쪽에는 사자가 다른 한쪽에는 나귀가 서 있었다. 길 가던 사람들이
길에 널브러진 주검과 그 곁을 지키고 선 사자를 보았다. 그들은 늙은 예언자가
살고 있는 마을로 가서 자기들이 본 것을 말했다.
26 그를 곁길로 가게 만든 예언자가 그 말을 듣고 말했다. "그는 하나님의 엄한
명령에 불순종한 거룩한 사람이다. 하나님께서 그에게 말씀하신 대로, 그를 사
자에게 넘겨주셔서 사자가 그를 찢어 죽이게 하신 것이다."
27-30 예언자는 아들들에게 말했다. "내 나귀에 안장을 얹어 다오." 그들이 안장을
얹자, 그는 곧 나귀를 타고 가서 길 위에 쓰러져 있는 주검과 그 옆에 서 있는 사
자와 나귀를 찾아냈다. 사자는 주검에도 나귀에도 입을 대지 않았다. 늙은 예언
자는 거룩한 사람의 주검을 나귀에 싣고 자기 성읍으로 돌아와 안장해 주었다. 그
는 그 주검을 자기 무덤에 묻고 나서 애도하며 말했다. "형제여, 슬픈 날입니다!"
31-32 장례식을 마치고 나서 예언자는 아들들에게 말했다. "내가 죽거든 거룩한
사람을 묻은 그 무덤에 묻어 다오. 내 뼈와 그의 뼈가 나란히 있게 해다오. 그가
하나님의 명령을 받아서 베델에 있는 제단과 사마리아 성읍들에 있는 모든 음
란한 종교 산당들을 향해 전한 메시지가 그대로 이루어질 것이다."

여로보암의 악한 죄

33-34 이 일이 있고 나서도 여로보암은 계속 악을 행하여, 금지된 산당의 제사장
들을 마구잡이로 세웠다. 누구든지 원하기만 하면 한 지역 산당의 제사장이 될

수 있었다. 이것이 여로보암이 지은 가장 뿌리 깊은 죄였다. 그를 망하게 한 것
도 그 죄였다.

❦

14 1-3 그 즈음에 여로보암의 아들 아비야가 병이 들었다. 여로보암이
아내에게 말했다. "이렇게 합시다. 아무도 당신을 알아보지 못하게
변장을 하고 실로로 가시오. 내게 이 백성의 왕이 될 것이라고 말했던 예언자
아히야가 거기 살고 있소. 빵 열 덩어리와 과자와 꿀 한 병을 가져가시오. 그를
찾아가면 우리 아들이 어찌될 것인지 말해 줄 것이오."
4-5 여로보암의 아내는 그의 말대로 했다. 그녀는 곧장 실로로 가서 아히야의 집
에 이르렀다. 아히야는 이제 나이 들고 눈이 멀었으나, 하나님께서 이미 그에게
경고하셨다. "여로보암의 아내가 병든 아들의 일로 네 의견을 들으려고 오는 중
이다. 너는 그녀에게 이렇게 말하여라."
5-9 그녀가 변장한 차림으로 들어왔다. 아히야는 그녀가 문간에 들어서는 소리를
듣고 말했다. "여로보암의 아내여, 어서 오십시오! 그런데 어찌하여 변장을 하
셨습니까? 내가 흉한 소식을 전해야겠습니다. 내가 하나님 이스라엘의 하나님
께 직접 받은 이 메시지를 여로보암에게 전하십시오. '내가 미천한 너를 일으켜
내 백성 이스라엘의 지도자로 세웠다. 내가 다윗 집안의 손에서 나라를 빼앗아
너에게 주었건만, 너는 내 종 다윗처럼 살지 않았다. 다윗은 내 명령대로 행하
고 일편단심으로 살면서 나를 기쁘게 했다. 그러나 너는 이방 신들, 거짓 신들
을 만들어 그 누구보다 악한 일을 행했다! 나를 거부하고 내게 등을 돌려, 나를
불같이 진노하게 만들었다.
10-11 나는 이 일을 그냥 넘어가지 않을 것이다. 여로보암 집안에 재앙을 내려 그
집안의 모든 남자를, 종이나 자유인이나 가리지 않고 이스라엘에서 다 죽일 것
이다. 그들은 쓰레기에 지나지 않게 되었으니 내가 깨끗이 없애 버릴 것이다.
성읍 안에서 죽는 자들은 떠돌이 개들의 먹이가 되고, 들판에서 죽는 자들은 썩
은 고기를 먹는 까마귀들의 밥이 될 것이다. 하나님의 말씀이다!'
12-13 이것이 전부입니다. 집으로 돌아가십시오. 당신이 성읍에 발을 들여놓는 순
간, 당신의 아들이 죽을 것입니다. 모든 사람이 장례식에 와서 그의 죽음을 애
도할 것입니다. 여로보암의 가문에서 제대로 장사될 사람은 그 하나뿐입니다.
하나님 이스라엘의 하나님께서 좋게 말씀하실 사람도 그 하나뿐입니다.
14-16 그 후에 하나님께서 이스라엘에 한 왕을 세우실 텐데, 그가 여로보암의 가
문을 완전히 없애 버릴 것입니다. 여로보암의 운명의 날입니다! 폭풍이 갈대를
후려치듯이 하나님께서 이스라엘을 세게 치실 것이고, 그들의 유업인 이 좋은
땅에서 뿌리째 뽑아 사방으로 흩으실 것입니다. 왜 그러시겠습니까? 그들이 아
세라의 음란한 종교 산당들을 만들어 하나님을 노엽게 했기 때문입니다. 이스
라엘을 죄의 늪으로 끌어들인 여로보암의 죄 때문에 그분이 이스라엘을 붙들고
있던 손을 떼어 버리실 것입니다."

17-18 여로보암의 아내는 그곳을 떠나 디르사에 있는 집으로 돌아갔다. 그녀가 문
간에 들어서는 순간, 아들이 죽었다. 그들은 그를 장사 지냈고 모든 사람이 그
의 죽음을 애도했다. **하나님**께서 그분의 종인 예언자 아히야를 통해 말씀하신
그대로 되었다.
19-20 여로보암의 나머지 생애, 그가 치른 전쟁과 그가 통치한 방식은 '이스라엘
왕 연대기'에 기록되어 있다. 그는 이십이 년 동안 다스렸고, 죽어서 자기 조상
과 함께 묻혔다. 그의 아들 나답이 뒤를 이어 왕이 되었다.

유다 왕 르호보암

21-24 솔로몬의 아들 르호보암은 유다의 왕이었다. 그는 마흔한 살에 왕위에 올
라, **하나님**께서 그분의 이름을 예배하도록 이스라엘 모든 지파 가운데서 택하
신 성 예루살렘에서 십칠 년 동안 다스렸다. 르호보암의 어머니는 암몬 사람 나
아마다. 유다는 **하나님** 앞에서 공공연하게 악을 행했고 그분을 몹시 노엽게 했
다. 그들은 조상보다 더 큰 죄를 저질렀다. 아세라의 음란한 종교 산당을 짓고
산 위나 나무 밑이나 눈 닿는 모든 곳마다 신성하게 여기는 돌을 세웠다. 뿐만
아니라 신전에 남창들까지 두어 나라를 더럽힐 대로 더럽혔다. 이 모든 것은 **하
나님**께서 이스라엘을 그 땅에 들어오게 하실 때 제거하신 것들이었다.
25-28 르호보암 왕이 다스린 지 오 년째 되던 해에, 이집트 왕 시삭이 예루살렘으
로 쳐들어왔다. 그는 **하나님**의 성전과 왕궁의 보물을 약탈하고 솔로몬이 만든
금방패까지 몽땅 다 가져갔다. 르호보암 왕은 금방패 대신 청동방패를 만들어
왕궁 경비대를 무장시켰다. 왕이 **하나님**의 성전에 갈 때마다 경비대가 방패를
들고 갔다가 다시 경비대실에 가져다 놓곤 했다.
29-31 르호보암의 나머지 생애와 그의 언행은 '유다 왕 연대기'에 모두 기록되어
있다. 르호보암과 여로보암 사이에는 전쟁이 끊이지 않았다. 르호보암은 죽어
서 자기 조상과 함께 다윗 성에 묻혔다. 그의 어머니는 암몬 사람 나아마다. 그
의 아들 아비야가 뒤를 이어 왕이 되었다.

유다 왕 아비야

15

1-6 느밧의 아들 여로보암 왕 십팔년에, 아비야가 유다 왕위에 올랐
다. 그는 예루살렘에서 삼 년 동안 다스렸다. 그의 어머니는 압살롬
의 딸 마아가다. 그는 자기 아버지처럼 계속해서 죄를 지었다. 증조할아버지 다
윗과 달리 **하나님**께 신실하지 못했다. 그럼에도 **하나님**께서는 다윗을 생각하여
자비를 베푸시고 그에게 한 등불, 곧 그의 뒤를 이어 예루살렘을 안전하게 지킬
아들을 주셨다. 다윗이 평생 **하나님** 앞에서 본이 되는 삶을 살았고, (헷 사람 우리
아 사건 말고는) **하나님**의 명백한 지시를 의도적으로 거역하고 자기 뜻대로 행하지
않았기 때문이다. 그러나 아비야와 여로보암 사이에는 전쟁이 끊이지 않았다.
7-8 아비야의 나머지 생애와 그가 행한 모든 일은 '유다 왕 연대기'에 기록되어
있는데, 여로보암과의 전쟁이 주를 이룬다. 아비야는 죽어서 자기 조상과 함께

다윗 성에 묻혔다. 그의 아들 아사가 뒤를 이어 왕이 되었다.

유다 왕 아사

9-10 이스라엘의 여로보암 왕 이십년에, 아사가 유다의 왕이 되었다. 그는 예루살
렘에서 사십일 년 동안 다스렸다. 그의 할머니는 마아가다.
11-15 아사는 조상 다윗의 행실을 되살려, 하나님 앞에서 바르게 행했다. 신전의
남창들을 없애고 선왕들이 만든 우상들을 모두 내다 버리는 등 온 나라를 깨끗
이 했다. 아사는 그 무엇이나 그 누구도 봐주지 않았다. 그의 할머니 마아가가
창녀 여신 아세라를 위해 지독하게 음란한 기념물을 만들게 하자, 그녀를 대비
의 자리에서 폐위시켰다. 아사는 그 기념물을 허물어 기드론 골짜기에서 불태
워 버렸다. 아쉽게도 지역의 음란한 종교 산당들은 그대로 두었지만, 그는 선한
뜻과 바른 마음으로 하나님께 집중했다. 그는 자신과 아버지가 거룩하게 구별
하여 바친 모든 금은 그릇과 기구를 성전에 두었다.
16-17 그러나 아사가 다스리는 동안, 아사와 이스라엘 왕 바아사 사이에는 전쟁이
끊이지 않았다. 이스라엘 왕 바아사는 라마에 요새를 짓고 이스라엘과 유다 사이
의 국경을 폐쇄하여 아무도 유다에 드나들지 못하게 함으로써 전쟁을 시작했다.
18-19 아사는 하나님의 성전과 왕궁의 보물 보관소에 남아 있던 은과 금을 다 꺼
내어, 다마스쿠스에서 다스리던 아람 왕 헤시온의 손자요 다브림몬의 아들인
벤하닷에게 보내며 메시지를 전했다. "나의 아버지와 당신의 아버지가 조약을
맺은 것처럼 우리도 조약을 맺읍시다. 내가 이 은금 예물로 성의를 표하니, 부
디 이스라엘 왕 바아사와 맺은 조약을 깨뜨려 그가 더 이상 나와 싸우지 못하게
해주십시오."
20-21 벤하닷은 아사 왕과 뜻을 같이하여 이스라엘 성읍들로 군대를 보냈다. 그는
이욘과 단과 아벨벳마아가와 납달리를 포함한 긴네렛 전역을 공격했다. 이 보
고를 받은 바아사는 라마에 요새를 짓던 일을 멈추고 디르사로 돌아갔다.
22 그러자 아사 왕은 모든 유다 사람에게—한 명도 예외 없이—명령하여 바아사
가 라마 요새를 건축할 때 쓰던 목재와 석재를 실어오게 했고, 그것으로 베냐민
땅 게바와 미스바에 요새를 건축했다.
23-24 아사의 생애에 대한 자세한 기록, 그가 행한 모든 훌륭한 일과 건축한 요새
들은 '유다 왕 연대기'에 남아 있다. 노년에 그는 팔다리의 심한 염증으로 고생
했다. 그 후에 아사는 죽어서 자기 조상과 함께 다윗 성에 묻혔다. 그의 아들 여
호사밧이 뒤를 이어 왕이 되었다.

이스라엘 왕 나답

25-26 유다의 아사 왕 이년에, 여로보암의 아들 나답이 이스라엘의 왕이 되었다.
그는 이 년 동안 이스라엘을 다스렸다. 그는 하나님 앞에서 공공연하게 악을 행
했고, 자기뿐 아니라 이스라엘도 죄를 짓게 한 자기 아버지의 뒤를 따랐다.
27-28 나답과 이스라엘 백성이 블레셋 성읍 깁브돈을 치는 동안, 잇사갈 지파 아

히야의 아들 바아사가 무리를 모아 그를 공격했다. 바아사는 유다의 아사 왕 삼
년에 나답을 죽이고 이스라엘의 다음 왕이 되었다.
29-30 왕이 되자마자 바아사는 여로보암 가문을 모두 죽였다. 여로보암의 이름을
가진 자 가운데 살아남은 사람은 하나도 없었다. 바아사는 그들을 완전히 없애
버렸는데, **하나님**의 종 실로 사람 아히야가 예언한 대로 되었다. 그것은 여로보
암이 지은 죄에 대한 대가이자, 그가 이스라엘로 죄를 짓게 하여 이스라엘의 **하
나님**을 몹시 노하게 한 벌이었다.
31-32 나답의 나머지 생애, 그가 행한 모든 일은 '이스라엘 왕 연대기'에 기록되어
있다. 아사와 이스라엘 왕 바아사 사이에는 전쟁이 끊이지 않았다.

이스라엘 왕 바아사

33-34 유다의 아사 왕 삼년에, 아히야의 아들 바아사가 온 이스라엘의 왕이 되어,
디르사에서 이십사 년 동안 다스렸다. 그는 **하나님** 앞에서 공공연히 악을 행했
고, 자기뿐 아니라 이스라엘도 죄를 짓게 한 여로보암의 뒤를 따랐다.

16 1-4 바아사를 향한 **하나님**의 말씀이 하나니의 아들 예후에게 임했다.
"내가 아무것도 아닌 너, 보잘것없는 너를 들어 내 백성 이스라엘의
지도자로 세웠건만, 너는 여로보암이 걸어간 길을 그대로 밟아 내 백성 이스라
엘로 하여금 죄를 짓게 하고 그로 인해 나를 진노하게 했다. 이제 내가 바아사
와 그 정권을 불태워 버리겠다. 느밧의 아들 여로보암과 같은 운명을 맞게 하겠
다. 바아사의 백성 가운데 성읍 안에서 죽는 자들은 쓰레기나 뒤지는 개들의 먹
이가 될 것이고, 들판에서 죽는 자들은 썩은 고기를 먹는 까마귀들의 밥이 될
것이다."
5-6 바아사의 나머지 생애, 그 정권에 관한 기록은 '이스라엘 왕 연대기'에 남아
있다. 바아사는 죽어서 자기 조상과 함께 디르사에 묻혔다. 그의 아들 엘라가
뒤를 이어 왕이 되었다.
7 이것이 바아사에게 일어난 일이다. 하나니의 아들 예언자 예후를 통해 **하나님**
의 말씀이 그와 그 정권에 임한 것은, 그의 삶이 **하나님** 앞에서 공공연하게 악
을 행했고 **하나님**을 몹시 노하게 했기 때문이다. **하나님**께서 여로보암을 망하
게 하셨는데도, 바아사는 여로보암을 그대로 따랐다.

이스라엘 왕 엘라

8-10 유다의 아사 왕 이십육년에, 바아사의 아들 엘라가 이스라엘의 왕이 되어 디
르사에서 이 년 동안 다스렸다. 하루는 그가 왕궁 관리인 아르사의 집에서 취하
도록 술을 마시고 있는데, 그의 전차 병력 절반을 통솔하는 지휘관 시므리가 엘
라에 반역하여 음모를 꾸몄다. 시므리는 몰래 들어가 엘라를 때려눕혀 죽였다.
유다의 아사 왕 이십칠년에 일어난 일이다. 시므리가 이어서 왕이 되었다.

11-13 시므리는 왕이 되자마자 바아사와 관련된 모든 자를 죽였다. 떠돌이 개들을
처리하듯, 친척이나 친구 가리지 않고 모조리 없앴다. 예언자 예후가 전한 하나
님의 말씀대로, 시므리는 바아사 가문을 완전히 없애 버렸다. 이것은 바아사와
그의 아들 엘라가 지은 죄의 대가였는데, 자신들뿐 아니라 이스라엘까지 죄로
끌어들이고 미련한 우상들로 이스라엘의 하나님을 노하게 한 대가였다.
14 엘라의 나머지 생애, 그의 언행은 '이스라엘 왕 연대기'에 기록되어 있다.

이스라엘 왕 시므리

15-19 유다의 아사 왕 이십칠년에, 시므리는 디르사에서 칠 일 동안 다스렸다. 그
때 이스라엘 군대는 블레셋의 성읍인 깁브돈 근처에서 훈련중이었다. "시므리
가 왕에 맞서 음모를 꾸며 왕을 죽였다"는 보고를 접한 이스라엘 군대는 바로
그곳 진에서 군사령관 오므리를 왕으로 세웠다. 오므리와 군대는 곧바로 깁브
돈을 떠나 디르사를 공격했다. 시므리는 자신이 포위되어 죽은 목숨이나 다름
없게 된 것을 알고, 왕궁 성채에 들어가 불을 지르고 죽었다. 그의 죄에 걸맞은
죽음이었다. 그는 하나님 보시기에 지극히 악하게 살았고, 여로보암의 뒤를 따
라 죄를 지었을 뿐 아니라 이스라엘까지 죄로 끌어들였다.
20 시므리의 나머지 생애, 그의 악명 높은 반역과 음모는 '이스라엘 왕 연대기'에
모두 기록되어 있다.

이스라엘 왕 오므리

21-22 그 후에 이스라엘 백성은 두 패로 갈라져, 절반은 기낫의 아들 디브니를 왕
으로 지지했고 절반은 오므리를 원했다. 결국 오므리 편이 디브니 편보다 강하
여, 디브니는 죽고 오므리가 왕이 되었다.
23-24 유다의 아사 왕 삼십일년에 오므리가 이스라엘의 왕이 되어 십이 년 동안
다스렸는데, 처음 육 년은 디르사에서 다스렸다. 그러다가 그는 은 68킬로그램
을 주고 세멜에게서 사마리아 산을 샀다. 그는 그 산을 개발하여 도성을 지었는
데, 원래 주인 세멜의 이름을 따서 사마리아라고 불렀다.
25-26 그러나 하나님의 일에 관해서는 악하게 살았는데, 이전의 누구보다도 악했
다. 그는 느밧의 아들 여로보암의 뒤를 따랐다. 자기뿐 아니라 이스라엘까지 죄
로 끌어들여 하나님을 진노케 했는데, 그야말로 이성과 감정이 모두 마비된 인
생이었다!
27-28 오므리의 나머지 생애와 행적은 '이스라엘 왕 연대기'에 기록되어 있다. 오
므리는 죽어서 사마리아에 묻혔다. 그의 아들 아합이 뒤를 이어 왕이 되었다.

이스라엘 왕 아합

29-33 유다의 아사 왕 삼십팔년에, 오므리의 아들 아합이 이스라엘의 왕이 되어
사마리아에서 이십이 년 동안 다스렸다. 오므리의 아들 아합은 이전의 어떤 왕
보다도 더 공공연하게 하나님 앞에서 악한 일을 저질렀다! 그는 악행의 일인자

였다! 느밧의 아들 여로보암의 죄를 반복하는 정도에서 멈추지 않았다. 그는 시돈 왕 엣바알의 딸 이세벨과 결혼했으며, 더 나아가 바알 신을 섬기고 예배했다. 사마리아에 바알을 위한 신전을 짓고 그 안에 바알의 제단을 두었다. 또한 창녀 여신 아세라의 산당까지 지었다. 그를 향한 **하나님**의 진노는 이스라엘의 선왕들을 모두 합한 것보다도 더 컸다.

34 베델 사람 히엘이 여리고 성을 다시 쌓았다가 끔찍한 대가를 치른 일도 아합이 다스릴 때 일어났다. 그는 성의 기초를 놓으면서 맏아들 아비람을 제물로 바쳤고, 성문을 세울 때는 막내아들 스굽을 제물로 바쳤다. 이로써 눈의 아들 여호수아의 예언이 정확히 이루어졌다.

엘리야와 사르밧 과부

17 1 그 후에 이런 일이 있었다. 길르앗에 살고 있던 디셉 사람 엘리야가 아합에게 맞섰다. "내가 순종하며 섬기는 **하나님** 이스라엘의 하나님께서 살아 계심을 두고 맹세합니다. 앞으로 여러 해 동안 심한 가뭄이 들 것입니다. 내가 다시 말할 때까지 이슬 한 점, 비 한 방울도 내리지 않을 것입니다."

2-4 그때 **하나님**께서 엘리야에게 말씀하셨다. "어서 이곳을 떠나 동쪽으로 가서 요단 강 건너편 그릿 골짜기에 숨어 있어라. 너는 맑은 시냇물을 마시면 된다. 내가 까마귀들에게 명령하여 너를 먹이겠다."

5-6 엘리야는 **하나님**의 명령에 순종했다. 그는 가서 요단 강 건너편 그릿 계곡에 머물렀다. 아니나 다를까, 까마귀들이 그에게 아침식사와 저녁식사를 모두 가져왔고, 그는 그 시냇물을 마셨다.

7-9 마침내 가뭄으로 시내가 바짝 말랐다. 그러자 **하나님**께서 그에게 말씀하셨다. "일어나 시돈 땅 사르밧으로 가서 그곳에 머물러라. 내가 그곳의 한 과부에게 지시하여 너를 먹이겠다."

10-11 그는 일어나 사르밧으로 갔다. 그가 마을 입구에 이르렀을 때 땔감을 줍고 있는 한 과부를 만났다. 그가 여인에게 물었다. "목이 마른데, 내게 물 한 그릇만 가져다주겠소?" 여자가 물을 가지러 가는데 그가 큰소리로 말했다. "기왕이면 먹을 것도 좀 가져다줄 수 있겠소?"

12 여인이 말했다. "당신의 **하나님**께서 참으로 살아 계심을 두고 맹세하는데, 내게는 한 조각의 빵도 없습니다. 통에 밀가루 한 움큼과 병에 기름이 조금 남아 있을 뿐입니다. 보시는 것처럼, 나는 내 아들과 먹을 마지막 식사를 준비하기 위해 땔감을 주워 모으던 중이었습니다. 그 음식을 먹고 나서 우리는 죽을 작정입니다."

13-14 엘리야가 여인에게 말했다. "아무것도 걱정하지 마시오. 어서 가서 방금 말한 대로 하시오. 그러나 먼저 나를 위해 작은 빵을 만들어 이리 가져다주시오. 그러고 나서 남은 것으로 그대와 아들을 위해 음식을 만드시오. 이스라엘의 하나님께서 '나 **하나님**이 이 땅에 비를 내려 가뭄을 끝낼 때까지, 그 밀가루 통이 바닥나지 않고 기름병이 마르지 않을 것이다' 하고 말씀하셨소."

15-16 여인은 곧바로 가서 엘리야가 시킨 대로 했다. 그랬더니 과연 그의 말대로
되었다. 여인과 그 가족에게 날마다 먹을 양식이 생긴 것이다. 밀가루 통은 바
닥나지 않았고 기름병은 마르지 않았다. **하나님**의 약속이 엘리야가 전한 그대
로 이루어졌다!
17 그 후에 여인의 아들이 병이 들었다. 아이의 병세는 갈수록 더 나빠져, 결국
숨을 거두고 말았다.
18 여인이 엘리야에게 말했다. "당신 같은 거룩한 사람이 무엇 때문에 이곳에 나
타나서 내 죄를 드러내고 내 아들까지 죽게 하십니까?"
19-20 엘리야가 말했다. "아들을 이리 주시오."
여인의 품에서 아이를 받은 그는, 자기가 머물고 있던 다락방으로 아이를 안고
올라가서 침대에 뉘었다. 그리고 기도했다. "**하나님** 나의 하나님, 저에게 자기
집을 열어서 맞아 준 이 과부에게 어찌하여 이처럼 비참한 일을 허락하셨습니
까? 어찌하여 그 아들을 죽이셨습니까?"
21-23 그는 아이의 몸 위에 세 번 자신의 몸을 펴고 엎드려 힘을 다해 기도했다.
"**하나님** 나의 하나님, 이 아이의 숨이 다시 돌아오게 해주십시오!" **하나님**께서
엘리야의 기도를 들으시고 아이의 숨이 다시 돌아오게 하셨다. 아이가 살아난
것이다! 엘리야는 아이를 안고 다락방에서 아래층으로 내려와 그 어머니에게
건네주면서 말했다. "보시오. 당신 아들이 살아났습니다!"
24 여인이 엘리야에게 말했다. "이제야 당신이 거룩한 사람인 것을 알겠습니다.
당신의 말씀은 참된 **하나님**의 말씀입니다!"

엘리야와 바알 예언자들

18 1-2 많은 시간이 흘러, **하나님**의 말씀이 엘리야에게 임했다. 가뭄은
삼 년째로 접어들고 있었다. 메시지는 이러했다. "가서, 아합을 만나
거라. 내가 이 땅에 비를 내리겠다." 엘리야는 아합을 만나러 떠났다. 그때는 사
마리아에 가뭄이 가장 심할 때였다.
3-4 아합이 왕궁을 관할하는 오바댜를 불렀다. 오바댜는 **하나님**을 경외하는 경건
한 사람이었다. 일찍이 이세벨이 **하나님**의 예언자들을 다 죽여 없애려고 할 때,
오바댜는 예언자 백 명을 쉰 명씩 굴 속에 숨기고 음식과 물을 공급했다.
5-6 아합이 오바댜에게 명령했다. "이 땅을 두루 다니며 모든 샘과 개울을 살펴
보시오. 우리의 말과 노새를 살릴 풀이 있나 봅시다." 그래서 그들은 그 땅을 둘
로 나누어 아합은 한쪽 길로, 오바댜는 다른 쪽 길로 나섰다.
7 오바댜가 길을 가는데 갑자기 엘리야가 나타났다! 오바댜가 무릎을 꿇고 공손
히 절하며 큰소리로 말했다. "참으로 내 주인 엘리야이십니까?"
8 엘리야가 대답했다. "그렇소. 내가 엘리야요. 이제 가서 그대의 주인에게 '내
가 엘리야를 보았습니다' 하고 말하시오."
9-14 오바댜가 말했다. "내가 무슨 잘못을 했기에 이러십니까? 아합이 나를 죽
일 것입니다. 당신의 **하나님**께서 살아 계심을 두고 맹세하는데, 내 주인이 당신

을 찾으려고 사람을 보내지 않은 땅과 나라가 없습니다. 그들이 말하기를 '샅샅
이 찾아보았지만 찾을 수 없었습니다' 하면, 내 주인은 당신을 찾지 못했다는 맹
세를 그 땅과 나라로부터 받아 냈습니다. 그런데 이제 당신은 내게 '가서 그대
의 주인에게 엘리야를 찾았다고 말하시오'라고 하십니다. 내가 길을 떠나자마
자, **하나님**의 영이 당신을 아무도 모르는 곳으로 데려가실 것입니다. 내가 아합
에게 보고할 때쯤이면 당신은 이곳에 없을 텐데, 그러면 아합은 나를 죽일 것입
니다. 나는 어려서부터 경건하게 **하나님**을 섬겨 왔습니다! 이세벨이 **하나님**의
예언자들을 죽이려 할 때 내가 어떻게 했는지 듣지 못하셨습니까? 나는 목숨을
걸고 그들 백 명을 쉰 명씩 나누어 굴에 숨기고 어떻게든 음식과 물을 공급해
주었습니다. 그런데 이제 당신이 내게 말씀하기를, 내 주인에게 '엘리야를 찾았
습니다' 하고 말하여 주의를 끌라고 하십니다. 내 주인은 틀림없이 나를 죽일 것
입니다."

15 엘리야가 말했다. "내가 섬기는 만군의 **하나님**께서 살아 계심을 두고 맹세하
는데, 오늘은 내가 아합을 대면하여 만날 것이오."

16 그래서 오바댜는 곧장 아합에게 가서 말했고, 아합은 엘리야를 만나러 나갔다.

17-19 아합은 엘리야를 보자마자 말을 건넸다. "그대가 우리를 괴롭히는 늙은이로군!"
엘리야가 말했다. "내가 이스라엘을 괴롭히는 것이 아닙니다. 이스라엘을 괴롭
히는 사람은 바로 왕과 왕의 정부입니다. 왕께서는 **하나님**의 규례와 명령을 버
리고 지역 신들인 바알들을 좇았습니다. 왕께 청할 일이 있습니다. 이스라엘의
모든 사람을 갈멜 산에 모아 주십시오. 이세벨이 특별히 아끼는 지역 신, 곧 바
알의 예언자 사백오십 명과 창녀 여신 아세라의 예언자 사백 명도 반드시 그곳
에 오게 해주십시오."

20 그래서 아합은 이스라엘의 모든 사람, 특히 바알과 아세라의 예언자들을 갈
멜 산으로 불러 모았다.

21 엘리야가 백성에게 소리쳤다. "여러분은 언제까지 팔짱만 끼고 있을 셈입니
까? **하나님**이 참 하나님이면 그분을 따르고, 바알이 참 하나님이면 그를 따르
십시오. 이제 여러분의 마음을 정하십시오!"
백성은 한 마디도 하지 않았다. 아무도 움직이지 않았다.

22-24 그러자 엘리야가 말했다. "이스라엘에 남은 **하나님**의 예언자는 나 하나뿐
이고, 바알의 예언자는 사백오십 명이나 됩니다. 바알의 예언자들을 보내어 소
두 마리를 가져오게 하십시오. 그중 한 마리를 택하여 잡아서 제단 장작 위에
벌여 놓되 불은 붙이지 마십시오. 나는 나머지 소를 가져다가 각을 떠서 나무
위에 얹어 놓겠습니다. 그리고 역시 불은 붙이지 않겠습니다. 그 다음에 여러분
은 여러분의 신들에게 기도하십시오. 나는 **하나님**께 기도하겠습니다. 불로 응
답하는 신이 참 하나님으로 밝혀질 것입니다."
온 백성이 동의했다. "좋은 생각입니다. 그렇게 합시다!"

25 엘리야가 바알의 예언자들에게 말했다. "당신들의 수가 많으니 먼저 하시오.
당신들의 소를 골라서 준비하시오. 그리고 당신들 신에게 기도하되 불은 붙이

지 마시오."
26 그들은 가져온 소를 제단에 차려 놓고 바알에게 기도했다. 오전 내내 "바알이
여, 우리에게 응답해 주십시오!" 하고 기도했다. 그러나 아무 일도 일어나지 않
았다. 속삭이는 바람소리조차 없었다. 다급해진 그들은 자신들이 만든 제단 위
에서 쿵쿵 뛰며 발을 굴렀다.
27-28 정오에 이르러, 엘리야가 그들을 놀리며 조롱하기 시작했다. "더 크게 불러
보시오. 바알도 명색이 신이 아니오. 어쩌면 어디 다른 곳에서 묵상중이거나 다
른 일을 보고 있거나 휴가중일지도 모르지 않소. 혹 늦잠을 자고 있다면 어서 깨
워야 할 것 아니오?" 그들은 점점 더 큰소리로 기도하며 그들이 흔히 하는 의식
에 따라 예리한 칼로 제 몸에 상처를 냈고, 마침내 온몸이 피투성이가 되었다.
29 정오가 한참 지나도록 그러기를 계속했다. 그들은 뭔가 해보려고 자신들이
알고 있는 모든 종교적 수단과 방법을 다 써 보았지만 아무 일도 일어나지 않았
다. 가느다란 소리, 희미한 반응조차 없었다.
30-35 그때 엘리야가 백성에게 말했다. "그만하면 됐소. 이제 내 차례요. 제단을
빙 둘러 모이시오." 그들이 모이자, 그는 무너진 제단을 다시 쌓아 올렸다. 엘리
야는 **하나님**께서 전에 "이제부터 네 이름은 이스라엘이다" 하신 야곱의 각 지파
별로 하나씩 돌 열두 개를 가져왔다. 그리고 그 돌들로 하나님을 높이는 제단을
쌓았다. 이어서 그는 제단 둘레에 넓은 도랑을 팠다. 제단 위에 장작을 펴고 각
을 뜬 소를 그 위에 얹어 놓은 뒤 말했다. "들통 네 개에 물을 담아 와서 소와 장
작 위에 흠뻑 부으시오." 곧이어 그가 "그렇게 한 번 더 부으시오" 하니, 그들은
그대로 했다. 그가 "다시 한번 더 부으시오" 하니, 그들은 세 번째로 그렇게 했
다. 제단은 흠뻑 젖었고 도랑에는 물이 흘러넘쳤다.
36-37 제물을 바칠 때가 되자, 예언자 엘리야가 나아와 기도했다. "**하나님**, 아브
라함과 이삭과 이스라엘의 하나님, 주께서 이스라엘의 하나님이시고 저는 주의
종이며, 제가 지금 하고 있는 이 일이 주님의 명령에 따른 것임을, 지금 이 순간
알려 주십시오. **하나님**, 제게 응답해 주십시오. 제게 응답하셔서, 주는 참 하나
님이시며 이들에게 다시 회개할 기회를 주고 계시다는 것을 알려 주십시오."
38 그러자 그 즉시 **하나님**의 불이 내려와 제물과 장작, 돌, 흙을 다 태우고 도랑
의 물까지 다 말려 버렸다.
39 온 백성이 그 일을 보고 얼굴을 땅에 대고 엎드렸다. 그들은 두려움에 사로잡
혀 하나님께 절하며 외쳤다. "**하나님**은 참 하나님이시다! **하나님**만이 참 하나님
이시다!"
40 엘리야가 그들에게 말했다. "바알의 예언자들을 잡으시오! 한 사람도 도망가
게 해서는 안됩니다!"
백성이 그들을 잡았다. 엘리야가 그들을 기손 시내로 끌고 내려가게 하니, 백성
이 그 무리를 모두 죽였다.
41 엘리야가 아합에게 말했다. "일어나십시오! 먹고 마시고 기뻐하십시오! 곧 비
가 올 것입니다. 비가 오는 소리가 들립니다."

42-43 아합은 그의 말대로 일어나 먹고 마셨다. 그 사이, 엘리야는 갈멜 산 꼭대기
에 올라가서 얼굴을 무릎 사이에 묻고 엎드려 기도했다. 그러다가 그의 젊은 종
에게 말했다. "어서 일어나 바다 쪽을 살펴보아라."
종이 가서 보고, 돌아와서 그에게 보고했다. "아무것도 보이지 않습니다."
"계속 살펴보아라. 필요하다면 일곱 번이라도 가 보아라." 엘리야가 말했다.
44 아니나 다를까, 일곱 번째에 종이 말했다. "구름이 보입니다! 하지만 아주 작
습니다. 겨우 사람 손만한 구름이 바다에서 일어나고 있습니다."
"그렇다면 왕께 서둘러 가서, '비가 와서 길이 막히기 전에 안장을 지우고 산을
내려가십시오' 하고 말하여라."
45-46 순식간에 바람이 일고 구름이 몰려와 하늘이 캄캄해지더니, 곧 비가 억수같
이 쏟아졌다. 아합은 전차를 타고 이스르엘로 서둘러 달렸다. 그리고 하나님께
서 엘리야에게 엄청난 능력을 주셨다. 엘리야는 겉옷을 말아 올려 허리에 묶고
서, 이스르엘에 도착할 때까지 아합의 전차 앞에서 달렸다.

19

1-2 아합은 엘리야가 한 일을, 예언자들이 살육당한 일까지 모두 이
세벨에게 알렸다. 이세벨은 즉시 엘리야에게 전령을 보내 위협했다.
"신들이 이번 일로 너를 응징하고 나도 네게 되갚아 주겠다! 내일 이맘때까지
너도 그 예언자들의 하나처럼 반드시 죽을 것이다."
3-5 사태가 심각하게 돌아가는 것을 보고, 엘리야는 유다 남쪽 끝 브엘세바로 필
사적으로 달아났다. 그는 젊은 종을 그곳에 남겨 두고 사막으로 하룻길을 더 들
어갔다. 외그루 로뎀나무에 이르러, 그는 그 그늘 아래 쓰러졌다. 모든 것을 끝
내고 싶은 마음밖에 없었다. 그저 죽고 싶은 마음뿐이었다. "하나님, 이만하면
됐습니다! 저를 죽여 주십시오. 저는 제 조상들과 함께 무덤에 들어갈 준비가
되었습니다!" 그는 기진맥진하여, 외그루 로뎀나무 아래서 잠이 들었다.
갑자기 천사가 그를 흔들어 깨우며 말했다. "일어나서 먹어라!"
6 그가 둘러보니, 놀랍게도 바로 머리맡에 숯불에 구운 빵 한 덩이와 물 한 병이
있었다. 그는 식사를 한 뒤에 다시 잠이 들었다.
7 하나님의 천사가 다시 와서, 그를 흔들어 깨우며 말했다. "일어나 좀 더 먹어
라. 갈 길이 멀다."
8-9 그는 일어나서, 실컷 먹고 마신 후에 길을 떠났다. 그는 음식을 먹고 힘을 얻
어, 하나님의 산 호렙까지 밤낮으로 사십 일을 걸었다. 그는 그곳에 이르러, 어
느 굴 속으로 들어가 잠이 들었다.
그때 하나님의 말씀이 그에게 임했다. "엘리야야, 여기서 무엇을 하고 있느냐?"
10 엘리야가 말했다. "저는 마음을 다해 만군의 하나님을 섬겨 왔습니다. 그러나
이스라엘 백성은 주님의 언약을 버린 채, 예배 처소를 부수고 주님의 예언자들
을 죽였습니다. 저만 홀로 남았는데, 이제 그들이 저마저 죽이려고 합니다."
11-12 그러자 하나님의 말씀이 다시 들려왔다. "나 하나님이 지나갈 것이니, 너는

가서, 산 위에서, **하나님** 앞에 주의하여 서 있어라."
거센 폭풍이 산들을 가르고 바위들을 부수었으나, **하나님**은 그 바람 속에 계시지 않았다. 바람이 지나가고 지진이 일었으나, **하나님**은 그 지진 속에 계시지 않았다. 지진이 지나가고 불이 일었으나, **하나님**은 그 불 속에 계시지 않았다. 불이 지나간 뒤에, 부드럽고 고요한 속삭임이 들려왔다.
13-14 고요한 음성을 들은 엘리야는, 큰 겉옷으로 얼굴을 덮고 굴 입구로 가서 섰다. 고요한 음성이 물었다. "엘리야야, 말해 보아라. 네가 여기서 무엇을 하고 있느냐?" 엘리야가 다시 말했다. "저는 마음을 다해 **하나님** 만군의 **하나님**을 섬겨 왔습니다. 그러나 이스라엘 백성은 주님의 언약을 버린 채, 주님의 예배 처소를 부수고, 주님의 예언자들을 죽였습니다. 저만 홀로 남았는데, 이제 그들이 저마저 죽이려고 합니다."
15-18 **하나님**께서 말씀하셨다. "사막을 지나 네가 온 길로 돌아가서 다마스쿠스로 가거라. 거기에 이르거든 하사엘에게 기름을 부어 아람 왕으로 세워라. 그리고 님시의 아들 예후에게 기름을 부어 이스라엘 왕으로 세워라. 마지막으로, 아벨므홀라 출신 사밧의 아들 엘리사에게 기름을 부어 네 뒤를 이을 예언자가 되게 하여라. 누구든지 하사엘에게 죽음을 면하는 자는 예후에게 죽을 것이고, 예후에게 죽음을 면하는 자는 엘리사에게 죽을 것이다. 그러나 나는 칠천 명을 남겨 놓을 텐데, 그들은 바알 신에게 무릎 꿇지 않고 그 신상에 입 맞추지 않은 자들이다."

엘리야가 엘리사를 부르다

19 바로 그곳을 떠난 엘리야는 밭에서 사밧의 아들 엘리사를 만났다. 거기에는 멍에를 메고 밭을 가는 소 열두 쌍이 있었는데, 엘리사는 열두 번째 쌍을 맡고 있었다. 엘리야가 엘리사 곁으로 다가가 자신의 겉옷을 그에게 던져 주었다.
20 그러자 엘리사는 소를 버려두고 엘리야에게 달려가 말했다. "부탁입니다! 제 아버지와 어머니께 작별 인사를 하게 해주십시오. 그 후에 당신을 따르겠습니다."
"그렇게 하여라." 엘리야가 말했다. "하지만 방금 내가 네게 한 일을 잊지 마라."
21 엘리사가 떠났다. 그는 자기 소 한 쌍을 끌고 가서 잡고, 쟁기와 기구로 불을 피워 고기를 삶았다. 이별할 가족을 위해 정성껏 준비한 식사였다. 그 후에 엘리사는 엘리야를 따라가서, 그의 오른팔이 되었다.

20

1-3 그 즈음에 아람 왕 벤하닷이 그의 군대를 소집했다. 그는 추가로 지방 영주 서른두 명을 보강했는데, 모두 말과 전차를 갖추고 있었다. 그는 군대를 이끌고 나가, 당장이라도 전쟁을 벌일 태세로 사마리아를 포위했다. 그리고 성 안으로 사절을 보내어 이스라엘 왕 아합 앞에 조건을 제시했다. "그대의 은과 금, 그대의 아내와 아들들 중에서 뛰어난 자들을 나 벤하닷의 것으로 삼는다."

[4] 이스라엘 왕은 조건을 받아들였다. "고매하신 왕이시여, 말씀하신 대로 저와 제게 있는 모든 것이 왕의 것입니다."

[5-6] 그런데 사절이 다시 와서 말을 전했다. "다시 생각해 보니, 내가 다 갖고 싶구나. 네 은과 금 그리고 네 아내와 아들들 전부를 말이다. 모두 다 내게 넘겨라. 네게 하루의 시간을 주겠다. 그 이후에 내 신하들이 가서 네 왕궁과 네 관리들의 집을 뒤져, 그들 마음에 드는 것은 무엇이든 가져갈 것이다."

[7] 이스라엘 왕은 지파의 모든 원로들과 회의를 열었다. 그가 말했다. "어찌 이럴 수 있단 말인가! 그는 시비를 걸고 있소. 내 아내와 자식들을 전부 달라니, 나를 빈털터리로 만들려는 속셈이오. 내가 이미 값을 두둑이 치르기로 했는데도 말이오!"

[8] 백성의 지지를 받고 있는 원로들이 말했다. "그의 말에 굴할 것이 전혀 없습니다. 한 치도 양보하지 마십시오."

[9] 그래서 이스라엘 왕은 벤하닷에게 사절을 보냈다. "내 고매하신 주인에게 이렇게 전하여라. '왕께서 처음 요구한 조건에는 내가 합의했으나, 이번 경우에는 그럴 생각이 전혀 없습니다!'"

사절이 돌아가서 그대로 보고했다.

[10] 그러자 벤하닷이 다시 응수했다. "사마리아에 잔해 더미 외에 남는 게 있다면, 신들이 내게 천벌을 내리고 또 그보다 중한 벌을 내리실 것이다."

[11] 이스라엘 왕이 되받아쳤다. "잘 생각해 보십시오. 싸움이란 시작하기는 쉬워도 끝내기는 어려운 법입니다."

[12] 이 전갈을 들을 때에 벤하닷은 야전 막사에서 영주들과 거한 술판을 벌이고 있었다. 취중에 그가 심복들에게 지시했다. "그들을 쫓아가라!" 그래서 그들은 성을 공격했다.

[13] 바로 그때, 한 예언자가 홀로 이스라엘 왕 아합을 찾아와 말했다. "하나님의 말씀입니다. '너는 이 무리를 잘 보았느냐? 자, 다시 보아라. 내가 오늘 그들을 네게 넘겨주겠다. 그러면 너는 내가 하나님인 것을 한 치의 의심도 없이 분명히 알게 될 것이다.'"

[14] 아합이 말했다. "정말이십니까? 그렇다면 이 일을 해낼 자가 누구입니까?"

하나님께서 말씀하셨다. "지방 지도자들의 젊은 특전대원들이다."

아합이 말했다. "그럼 누가 공격을 진두지휘합니까?"

하나님께서 말씀하셨다. "바로 너다."

[15] 아합은 지방 지도자들의 특전대를 훑어보았다. 수가 232명이었다. 또 투입 가능한 병력을 세어 보니 7,000명이었다.

[16-17] 정오가 되자, 그들은 벤하닷을 찾아 성을 나섰다. 벤하닷은 연합군 영주 서른두 명과 함께 야전 막사에서 술을 마시느라 정신이 없었다. 지방 지도자들의 특전대가 진두에 나섰다.

벤하닷에게 보고가 들어왔다. "사마리아에서 군사들이 오고 있습니다."

[18] 벤하닷이 말했다. "그들이 화친하러 오거든 인질로 생포하여라. 싸우러 왔더

라도 똑같이 인질로 생포하여라."
19-20 특전대가 성읍 바깥으로 달려 나가자, 전군이 그 뒤를 따랐다. 그들은 육탄
전을 벌여 벤하닷의 군대에 큰 타격을 입혔다. 아람 사람들은 들판으로 흩어졌
고 이스라엘은 그 뒤를 바짝 추격했다. 아람 왕 벤하닷도 기병들과 함께 말을
타고 도망쳤다.
21 이스라엘 왕은 말이나 전차 할 것 없이 모두 격파했다. 아람의 참패였다.
22 얼마 후에 그 예언자가 이스라엘 왕에게 와서 말했다. "이제 방심하면 안됩니
다. 군대를 증강하고 전투력을 점검하여 잘 대비하십시오. 한 해가 지나기 전에
아람 왕이 다시 쳐들어올 것입니다."
23-25 한편 아람 왕의 참모들이 말했다. "그들의 신은 산의 신입니다. 산에서는 우
리에게 승산이 없습니다. 그러니 평지에서 붙어야 합니다. 평지라면 우리가 유
리합니다. 전략은 이렇습니다. 각 영주를 지도자 자리에서 빼고 노련한 지휘관
으로 대체하십시오. 그리고 지난번에 탈주한 군대 규모에 맞먹는 전투부대를
징집하되, 말은 말대로 전차는 전차대로 보충하십시오. 그런 다음 평지에서 싸
우면, 틀림없이 우리가 그들을 이길 것입니다."
왕은 그 말을 좋게 여겨 그들의 조언대로 했다.
26-27 새해가 되자 벤하닷은 아람 군대를 다시 집결시켰고, 이스라엘과 전쟁을 벌
이려고 아벡으로 올라갔다. 이스라엘 군대도 싸울 준비를 하고 출정하여 아람
군대와 마주쳤다. 그들은 아람 앞에서 두 진으로 전투대형을 이루었는데, 마치
두 염소 떼 같았다. 평지는 아람 사람들로 들끓고 있었다.
28 바로 그때, 거룩한 사람이 이스라엘 왕에게 다가와 말했다. "이것은 **하나님**의
말씀입니다. '아람 사람이 말하기를 "**하나님**은 산의 신이지 골짜기의 신은 아니
다"라고 했으니, 내가 이 큰 무리의 군대를 네게 넘겨주겠다. 그러면 너는 내가
하나님인 것을 알게 될 것이다.'"
29-30 양쪽 군대는 칠 일 동안 대치 상태로 있었다. 칠 일째 되던 날에 전투가 벌
어졌다. 이스라엘 사람들은 하루 만에 아람 보병 100,000명을 죽였다. 나머지
군대는 필사적으로 달아나 아벡 성으로 돌아갔으나, 생존자 27,000명 위로 성
벽이 무너졌다.
30-31 벤하닷은 성 안으로 피하여 골방에 숨었다. 그러자 참모들이 그에게 말했
다. "우리가 듣기로 이스라엘 왕들은 신사적이라고 합니다. 그러니 우리가 낡은
삼베 자루를 걸친 뒤 휴전의 백기를 들고 이스라엘 왕 앞에 나가면 어떻겠습니
까? 혹시 그가 왕을 살려 줄지도 모르지 않습니까."
32 그래서 그들은 그렇게 했다. 그들은 낡은 삼베 자루를 걸치고 백기를 들고 이
스라엘 왕에게 가서 말했다. "왕의 종 벤하닷이 '부디 나를 살려 주십시오' 하고
말했습니다."
아합이 말했다. "그가 아직 살아 있다는 말이냐? 살아 있다면, 그는 나의 형제다."
33 그들은 그것을 좋은 징조로 여기고 모든 일이 다 잘되리라고 결론지었다. "벤
하닷은 두말할 것 없이 당신의 형제입니다."

왕이 말했다. "가서 그를 데려오너라." 그들은 가서 전차로 벤하닷을 데려왔다.
34 아합이 말했다. "나는 내 아버지가 당신 아버지에게서 빼앗은 성읍들을 돌려
줄 용의가 있소. 또 내 아버지가 사마리아에 한 것처럼 다마스쿠스에 당신 본부
를 두어도 좋소. 내가 당신을 호위하여 고국으로 보내 드리겠소." 그러고서 그
는 벤하닷과 언약을 맺고 그를 전송했다.
35 예언자들 가운데 한 사람이 옆에 있는 사람에게 말했다. "하나님의 명령이니,
그분을 위해 나를 쳐서 상처를 입게 하여라." 그러나 그 사람은 때리려고 하지
않았다.
36 그 예언자는 그에게 말했다. "네가 **하나님**의 명령에 순종하지 않았으니, 이
자리를 떠나자마자 사자가 너를 공격할 것이다." 그 사람이 그 자리를 떠나기가
무섭게, 사자가 나타나서 그를 공격했다.
37 그 예언자는 또 다른 사람을 찾아 "나를 쳐서 상처를 입게 하라"고 말했다. 그
사람은 그대로 했다. 피가 나도록 그의 얼굴을 세게 쳤다.
38-40 그러자 예언자는 자기 눈에 붕대를 감고 길가에 자리를 잡은 뒤, 왕을 기다
렸다. 얼마 후 왕이 그곳을 지나가자, 예언자는 왕에게 큰소리로 외쳤다. "왕의
종인 제가 한창 치열한 전투중에 있는데, 어떤 사람이 나타나 포로 하나를 저에
게 맡기며 말했습니다. '목숨을 걸고 이 사람을 감시하여라. 그가 없어지기라도
하면 네가 큰 대가를 치를 것이다.' 하지만 제가 바쁘게 이것저것을 하다 보니
그가 없어지고 말았습니다."
이스라엘 왕이 말했다. "방금 너 스스로 네 판결을 내렸다."
41 그러자, 그 예언자가 눈에 감은 붕대를 풀었다. 그제야 왕은 그가 누구인지 알
아보았다. 그는 예언자들 가운데 하나였다!
42 그 예언자가 왕에게 말했다. "**하나님**의 말씀입니다. '**하나님**께 형벌을 선고받
은 사람을 네가 놓아주었으니, 이제 네 목숨이 그의 목숨을, 네 백성이 그의 백
성을 대신할 것이다.'"
43 이스라엘 왕은 언짢아하며 왕궁으로 돌아갔다. 그는 아주 침울한 기분으로
사마리아에 도착했다.

나봇의 포도원

21 1-2 설상가상으로, 그 후에 이런 일이 있었다. 이스르엘 사람 나봇이
이스르엘에 포도원을 가지고 있었는데, 그 포도원은 사마리아 왕 아
합의 왕궁과 붙어 있었다. 하루는 아합이 나봇에게 말했다. "내가 텃밭으로 쓰
려고 하니 그대의 포도원을 내게 넘기시오. 포도원이 궁 바로 옆에 있어 아주
편할 것이오. 대신 내가 그대에게 훨씬 좋은 포도원을 주겠소. 그대가 원한다면
그 값을 돈으로 치를 수도 있소."
3-4 그러나 나봇이 아합에게 말했다. "절대로 안됩니다! 오 **하나님**, 저를 도우소
서. 이것은 집안의 농지이니 절대로 팔 수 없습니다!" 아합은 마음이 몹시 상한
채 왕궁으로 돌아갔다. 이스르엘 사람 나봇이 "내 집안의 유산을 절대로 왕께

넘기지 않겠습니다"라고 한 말에 기분이 몹시 상했던 것이다. 그는 자리에 누워
얼굴을 베개에 묻고는 먹지도 않았다.
5 그의 아내 이세벨이 와서 물었다. "무슨 일인가요? 무엇 때문에 이렇게 언짢
아서 먹지도 않으십니까?"
6 왕이 말했다. "이스르엘 사람 나봇 때문에 그러오. 내가 그에게 '그대의 포도
원을 내게 넘기시오. 내가 그 값을 돈으로 치르거나, 원한다면 다른 포도원을
대신 주겠소' 하고 말했소. 그랬더니 그가 '나는 절대로 내 포도원을 팔지 않겠
습니다' 하지 않겠소."
7 이세벨이 말했다. "이게 이스라엘 왕이 할 행동입니까? 당신이 대장이시잖아
요. 일어나세요! 음식을 드시고 기운을 내세요! 이 일은 내가 알아서 하겠어요.
내가 왕께 이스르엘 사람 나봇의 포도원을 갖다 바치겠어요."
8-10 그녀는 아합의 서명으로 편지를 쓰고 그의 직인을 찍어, 나봇이 살고 있는
성읍의 원로와 지도자들에게 보냈다. 편지의 내용은 다음과 같았다. "금식일을
선포하고 나봇을 상석에 앉히시오. 그리고 그 맞은편에 앞잡이 둘을 앉히시오.
그들이 모든 사람 앞에서 '나봇! 너는 하나님과 왕을 모독했다!' 말하게 하고, 그
를 끌어내어 돌로 쳐죽이시오."
11-14 그 성읍에 살고 있는 원로와 지도자들은 이세벨이 편지에 쓴 지시에 따라
그대로 행했다. 그들은 금식일을 선포하고 나봇을 상석에 앉혔다. 그리고 앞잡
이 둘을 데리고 들어와 나봇 맞은편에 앉혔다. 두 잡배는 모든 사람 앞에서 그
를 고소했다. "이 자가 하나님과 왕을 모독했다!" 무리가 그를 길바닥에 내던지
고 잔인하게 돌로 쳐서 죽였다.
15 이세벨은 나봇이 돌에 맞아 죽었다는 말을 듣고 아합에게 말했다. "아합 왕
이시여, 어서 가서 이스르엘 사람 나봇의 포도원, 그가 당신에게 팔지 않겠다던
그 포도원을 차지하세요. 나봇은 이제 없습니다. 그는 죽었습니다."
16 아합은 그 이야기를 듣자마자, 이스르엘 사람 나봇의 포도원으로 가서 그것
을 자기 소유로 삼았다.
17-19 그때 **하나님**께서 개입하셔서 디셉 사람 엘리야에게 말씀하셨다. "일어나
라. 내려가서 이스라엘 왕 사마리아의 아합을 만나거라. 나봇의 포도원에 가면
그가 있을 것이다. 그가 포도원을 차지하려고 그곳으로 내려갔다. 그에게 이렇
게 말하여라. '**하나님**의 말씀이다. 이게 무슨 짓이냐? 처음에는 사람을 죽이더
니, 이제는 도둑질까지 하였느냐?' 또 그에게 말하여라. '**하나님**의 판결이다. 개
들이 나봇의 피를 핥아 먹은 바로 그 자리에서 네 피를 핥아 먹을 것이다. 그렇
다. 네 피다.'"
20-22 아합이 엘리야에게 말했다. "이 원수야! 그래, 네가 또 나를 찾아왔구나!"
"그렇습니다. 이렇게 또 찾아왔습니다." 엘리야가 말했다. "왕께서 **하나님**을 거
역하고 악을 일삼고 있기에 이렇게 왔습니다. '내가 반드시 네게 파멸을 내려 네
자손을 완전히 묵사발로 만들고, 아합의 이름과 조금이라도 연관된 한심하고
비열한 남자들을 모조리 죽일 것이다. 내가 느밧의 아들 여로보암과 아히야의

아들 바아사에게 닥친 것과 똑같은 운명을 네게 내릴 것이다. 네가 이스라엘로
죄를 짓게 하여 나를 이렇듯 진노하게 만들었다.'
23-24 이세벨에 관해서는 하나님께서 이렇게 말씀하셨습니다. '온 이스르엘의 개
들이 이세벨의 살점을 서로 먹으려고 다툴 것이다. 누구든지 아합 가운데 속한
자는, 성읍 안에서 죽으면 떠돌이 개들에게 먹힐 것이고, 들판의 시체들은 썩은
고기를 먹는 까마귀의 밥이 될 것이다.'"
25-26 아내 이세벨에게 떠밀려 하나님을 공공연히 거역한 아합은, 대대적으로 악
을 일삼았고 이전의 누구보다도 악했다. 그는 하나님께서 일찍이 이스라엘 영
토에서 쫓아낸 아모리 사람을 본받아 우상을 섬기며 극악한 음란에 빠졌다.
27 엘리야의 말을 들은 아합은 자기 옷을 갈기갈기 찢고, 회개의 굵은 베옷을 입
고 금식했다. 그는 잠잘 때도 굵은 베옷을 입었다. 그리고 생쥐처럼 소리 없이
가만가만 다녔다.
28-29 그러자 하나님께서 디셉 사람 엘리야에게 말씀하셨다. "아합이 회개하여
공손해진 것이 보이느냐? 그가 회개했으므로, 그의 생전에는 파멸을 내리지 않
겠다. 그러나 아합의 아들이 그 일을 당할 것이다."

아합에 대한 하나님의 경고

22 1-3 그들은 삼 년 동안 평화를 누렸다. 아람과 이스라엘 사이에 싸움
이 없었다. 삼 년째 되던 해에 유다의 여호사밧 왕이 이스라엘 왕을
찾아갔다. 이스라엘 왕이 자기 신하들에게 말했다. "길르앗에 있는 라못은 우리
땅인데도 아람 왕에게서 그 땅을 빼앗지 않고 그저 바라만 보고 있는 것을 경들
은 알고 있소?"
4-5 그리고 그는 고개를 돌려 여호사밧에게 말했다. "나와 함께 길르앗 라못을
치러 가시겠습니까?"
여호사밧이 말했다. "물론입니다. 나는 끝까지 왕의 편입니다. 내 군대는 왕의
군대고 내 말들도 왕의 것입니다." 그가 말을 이었다. "하지만 무슨 일이든 시작
하기 전에 하나님의 인도하심을 구해야 합니다."
6 이스라엘 왕은 예언자 사백여 명을 모아 놓고 이렇게 물었다. "내가 길르앗 라
못을 공격하는 것이 좋겠소? 아니면 이대로 가만히 있는 것이 좋겠소?"
그들이 말했다. "공격하십시오. 하나님께서 길르앗 라못을 왕에게 넘겨주실 것
입니다."
7 그러나 여호사밧은 머뭇거렸다. "이 근처에 우리가 의견을 들을 만한 하나님
의 예언자가 또 있습니까?"
8 이스라엘 왕이 여호사밧에게 말했다. "사실 한 사람이 있기는 합니다. 이믈라
의 아들 미가야라는 자인데, 나는 그를 싫어합니다. 그는 내게 좋은 말을 전한
적이 한 번도 없고, 오직 파멸만을 예언합니다."
여호사밧이 말했다. "왕께서는 예언자에 대해 그런 식으로 말씀하시면 안됩니다."
9 그러자 이스라엘 왕은 한 신하에게 명령했다. "당장 이믈라의 아들 미가야를

데려오너라!"
10-12 그 사이, 이스라엘 왕과 여호사밧은 화려한 왕복 차림으로 사마리아 성문
앞에 마련된 왕좌에 앉아 있었다. 모든 예언자들이 그들을 위해 공연이라도 하
듯 예언을 펼쳤다. 그나아나의 아들 시드기야는 철로 뿔까지 한 쌍 만들어 그것
을 휘두르며 외쳤다. "하나님의 말씀입니다! 왕께서 이 뿔들로 아람을 들이받아
아람에는 결국 아무것도 남지 않게 될 것입니다!" 모든 예언자가 맞장구를 쳤
다. "맞습니다! 길르앗 라못을 치십시오. 쉽게 이길 것입니다! 왕께 주시는 하나
님의 선물입니다!"
13 미가야를 데리러 간 신하가 말했다. "예언자들이 하나같이 왕의 승리를 예언
했습니다. 만장일치가 되도록 당신도 찬성표를 던지시오!"
14 그러나 미가야는 말했다. "하나님께서 참으로 살아 계심을 두고 맹세하는데,
나는 하나님께서 말씀하시는 것만을 말할 것이오."
15 미가야가 왕 앞에 나아오자 왕이 물었다. "미가야여, 우리가 길르앗 라못을
공격하는 것이 좋겠소, 아니면 가만히 있는 것이 좋겠소?"
미가야가 말했다. "공격하십시오. 쉽게 이길 것입니다. 왕께 주시는 하나님의
선물입니다."
16 왕이 말했다. "잠깐, 나에게 진실만을 말하라고 그대에게 몇 번이나 맹세를
시켜야 하겠소?"
17 미가야가 말했다. "정 그러시다면, 좋습니다.

나는 온 이스라엘이 목자 없는 양처럼
산에 흩어져 있는 것을 보았습니다.
그때 하나님께서 말씀하셨습니다. '이 불쌍한 백성에게
어찌해야 할지 일러 주는 자가 없구나.
그들을 집으로 돌려보내
각자 생업에 충실하게 하여라.'"

18 그러자 이스라엘 왕이 여호사밧을 보며 말했다. "보십시오! 내가 뭐라고 했습
니까? 이 자는 내게 하나님의 좋은 말씀은 전하지 않고, 오직 파멸만을 전할 뿐
입니다."
19-23 미가야가 말을 이었다. "아직 끝나지 않았습니다. 하나님의 말씀을 들으십
시오.

나는 하나님께서 왕좌에 앉아 계시고
하늘의 모든 군대가
그분의 오른쪽과 왼쪽에
늘어서 있는 것을 보았습니다.
하나님께서 말씀하셨습니다. '우리가 어찌하면 아합을 꾀어

길르앗 라못을 공격하게 할 수 있겠느냐?'
그러자 누구는 이렇게 말하고
누구는 저렇게 말했습니다.
그때 한 천사가 담대히 나서서
하나님 앞에 서서 말했습니다.
'제가 그를 꾀어내겠습니다.'
'그래 어떻게 꾀어내려느냐?' **하나님**께서 말씀하셨습니다.
'쉽습니다.' 그 천사가 말했습니다.
'모든 예언자들을 시켜 거짓말을 하게 하겠습니다.'
'그러면 되겠구나.' **하나님**께서 말씀하셨습니다.
'어서 가서 그를 꾀어라!'

그래서 그대로 되었습니다. **하나님**께서 왕의 꼭두각시 예언자들의 입에 꾀는
거짓말을 가득 채우셨습니다. **하나님**께서 왕의 파멸을 선고하셨습니다."
24 바로 그때, 그나아나의 아들 시드기야가 다가와 미가야의 얼굴을 치며 말했
다. "언제부터 **하나님**의 영이 나를 떠나 너와 함께하셨더냐?"
25 미가야가 말했다. "네가 곧 알게 될 것이다. 미친 듯이 숨을 곳을 찾지만 모든
것이 부질없음을 네가 깨닫게 될 것이다."
26-27 이스라엘 왕은 더 듣고 싶지 않았다. "미가야를 데려가거라! 그를 성읍 재
판관 아몬과 왕자 요아스에게 넘기고 이렇게 전하여라. '왕의 명령이다! 그를
감옥에 가두고, 내가 무사히 돌아올 때까지 죽지 않을 만큼만 빵과 물을 먹여
라.'"
28 미가야가 말했다. "왕께서 무사히 돌아오신다면 나는 **하나님**의 예언자가 아
닙니다."
그리고 덧붙였다. "백성들이여, 일이 이루어지거든 이 말을 어디서 들었는지 잊
지 마십시오!"

아합의 죽음

29-30 이스라엘 왕과 유다 왕 여호사밧은 길르앗 라못을 공격했다. 이스라엘 왕이
여호사밧에게 말했다. "나는 변장하고 전쟁터에 들어갈 테니, 왕은 내 왕복을
입으십시오." 이스라엘 왕은 변장하고 전쟁터에 들어갔다.
31 한편 아람 왕은 자신의 전차 지휘관 서른두 명에게 명령했다. "다른 자들은
신경 쓰지 말고, 오직 이스라엘 왕만 쫓아라."
32-33 전차 지휘관들은 여호사밧을 보고 "저기 있다! 이스라엘 왕이다!" 하며 쫓
아갔다. 여호사밧이 소리를 지르자, 전차 지휘관들은 그가 이스라엘 왕이 아니
고 엉뚱한 사람이라는 것을 알아차렸다. 그들은 그를 놓아주었다.
34 바로 그때, 누군가가 무심코 쏜 화살이 이스라엘 왕의 갑옷 이음새 사이에 꽂
혔다. 왕이 전차병에게 말했다. "방향을 돌려라! 내가 부상을 입었으니, 여기서

빠져나가자."

35-37 싸움은 온종일 치열하게 계속되었다. 왕은 전차 안에 기대어 앉은 채로 싸움을 지켜볼 수밖에 없었다. 그는 그날 저녁에 죽었다. 그의 상처에서 흐른 피가 전차 안에 가득 고였다. 해질 무렵에 군사들 사이에 명령이 울려 퍼졌다. "진을 버리고 집으로 돌아가라! 왕이 운명하셨다!"

37-38 사람들은 왕을 사마리아로 데려가 그곳에 묻었다. 그들은 그곳 성읍의 창녀들이 목욕하는 사마리아 연못에서 왕의 전차를 씻었는데, 하나님께서 말씀하신 대로 개들이 피를 핥아 먹었다.

39-40 아합의 나머지 생애, 그가 행한 모든 일과 그가 지은 상아 궁전, 그가 세운 성읍, 그가 구축한 방어체제에 관한 기록은 '이스라엘 왕 연대기'에 모두 남아 있다. 그는 가족 묘지에 묻혔고 그의 아들 아하시야가 뒤를 이어 왕이 되었다.

유다 왕 여호사밧

41-44 이스라엘의 아합 왕 사년에, 아사의 아들 여호사밧이 유다의 왕이 되었다. 그는 왕이 되었을 때 서른다섯 살이었고, 예루살렘에서 이십오 년 동안 다스렸다. 그의 어머니는 실히의 딸 아수바다. 여호사밧은 아버지 아사가 걸어간 길에서 멈춰 서거나 벗어나지 않고, 그의 삶으로 **하나님**을 기쁘게 해드렸다. 그러나 지역의 음란한 종교 산당들은 없애지 않았으므로, 백성이 계속해서 이 산당들을 찾아가 기도하고 예배했다. 여호사밧은 이스라엘 왕과 줄곧 사이가 좋았다.

45-46 여호사밧의 나머지 생애, 그의 업적과 전투에 관한 기록은 '유다 왕 연대기'에 모두 남아 있다. 그는 아버지 아사 시대 때부터 남아 있던 신전 남창들을 없앴다.

47 그의 재위 기간 동안에는 에돔에 왕이 없었고 위임 통치가 이루어졌다.

48-49 여호사밧은 오빌에서 금을 수입해 오려고 원양 선박을 지었다. 그러나 에시온게벨에서 배들이 난파하는 바람에 항해가 무산되었다. 그 시기에 아합의 아들 아하시야가 공동 해운 사업을 제의했으나, 여호사밧은 그와 협력하지 않았다.

50 그 후에 여호사밧은 죽어서 자기 조상 다윗 성의 가족 묘지에 묻혔다. 그의 아들 여호람이 뒤를 이어 왕이 되었다.

이스라엘 왕 아하시야

51-53 유다의 여호사밧 왕 십칠년에, 아합의 아들 아하시야가 사마리아에서 이스라엘의 왕이 되었다. 그는 이 년 동안 이스라엘을 다스렸다. **하나님** 보시기에 그는 아버지와 어머니의 못된 삶을 본받아 악하게 살았고, 이스라엘을 죄로 이끈 느밧의 아들 여로보암의 전철을 밟았다. 그는 바알 산당에서 예배하여 **하나님** 이스라엘의 하나님을 크게 진노케 했다. 차이가 있다면, 그는 자기 아버지보다 더 악했다는 것이다.

빼내 가자."

35-37 싸움은 온종일 치열하게 계속되었다. 왕은 전차 안에 기대어 앉은 채로 싸움을 지켜볼 수밖에 없었다. 그는 그날 저녁에 죽었다. 그의 상처에서 흐른 피가 전차 안에 가득 고였다. 해질 무렵에 군사들 사이에 명령이 울려 퍼졌다. "진을 버리고 집으로 돌아가라! 왕이 운명하셨다!"

38 사람들은 왕을 사마리아로 데려가 그곳에 묻었다. 그들은 그곳 성읍의 창녀들이 목욕하는 사마리아 연못에서 왕의 전차를 씻었는데, 하나님께서 말씀하신 대로 개들이 피를 핥아 먹었다.

39 아합의 나머지 생애, 그가 행한 모든 일과 그가 지은 상아 궁전, 그가 세운 성읍, 그가 구축한 방어체제에 관한 기록은 '이스라엘 왕 연대기'에 모두 남아 있다. 40 그는 가족 묘지에 묻혔고 그의 아들 아하시야가 뒤를 이어 왕이 되었다.

유다 왕 여호사밧

41 이스라엘의 아합 왕 시절에, 아사의 아들 여호사밧이 유다의 왕이 되었다. 42 그는 왕이 되었을 때 서른다섯 살이었고, 예루살렘에서 이십오 년 동안 다스렸다. 그의 어머니는 실히의 딸 아수바다. 43 여호사밧은 아버지 아사가 걸어간 길에서 멈춰 서거나 벗어나지 않고, 그의 삶으로 하나님을 기쁘게 해드렸다. 그러나 지역의 음란한 종교 산당들은 없애지 않았으므로, 백성이 계속해서 이 산당들을 찾아가 기도하고 예배했다. 44 여호사밧은 이스라엘 왕과 줄곧 사이가 좋았다.

45 여호사밧의 나머지 생애, 그의 업적과 전투에 관한 기록은 '유다 왕 연대기'에 모두 남아 있다. 46 그는 아버지 아사 시대 때부터 남아 있던 신전 남창들을 없앴다.

47 그의 재위 기간 동안에는 에돔에 왕이 없었고 위임 통치자뿐이었다.

48-49 여호사밧은 오빌에서 금을 수입해 오려고 원양 선박을 지었다. 그러나 에시온게벨에서 배들이 난파하는 바람에 항해가 무산되었다. 그 시기에 아합의 아들 아하시야가 공동 해운 사업을 제안했으나, 여호사밧은 그와 협력하지 않았다.

50 그 후에 여호사밧은 죽어서 자기 조상 다윗 성의 가족 묘지에 묻혔다. 그의 아들 여호람이 뒤를 이어 왕이 되었다.

이스라엘 왕 아하시야

51-53 유다의 여호사밧 왕 십칠년에, 아합의 아들 아하시야가 사마리아에서 이스라엘의 왕이 되었다. 그는 이 년 동안 이스라엘을 다스렸다. 하나님 보시기에 그는 아버지와 어머니의 못된 삶을 본받아 악하게 살았고, 이스라엘을 죄로 이끈 느밧의 아들 여로보암의 전철을 밟았다. 그는 바알 산당에서 예배하여 하나님 이스라엘의 하나님을 크게 진노케 했다. 차이가 있다면, 그는 자기 아버지보다 더 악했다는 것이다.

열왕기하

1 [1] 아합이 죽은 뒤에, 모압이 이스라엘에 반역했다.
[2] 하루는 아하시야가 사마리아에 있는 왕궁 옥상의 발코니 난간에서 떨
어져 부상을 입었다. 그는 에그론의 신 바알세붑에게 전령들을 보내어 "내가 이
사고에서 회복되겠습니까?" 하고 묻게 했다.
3-4 하나님의 천사가 디셉 사람 엘리야에게 말했다. "일어나거라! 나가서 사마리
아 왕이 보낸 사람들을 만나 이렇게 전하여라. '이스라엘에 하나님이 없어서 네
가 에그론의 신 바알세붑에게 물으러 달려가느냐?' 왕이 피하려던 하나님의 메
시지가 여기 있다. '너는 지금 누운 그 침상에서 내려오지 못할 것이다. 너는 이
미 죽은 목숨이나 다름없다.'" 엘리야는 메시지를 전하고 사라졌다.
5 전령들이 돌아오자 왕이 말했다. "어찌하여 이렇게 금방 돌아왔느냐? 어찌 된
일이냐?"
6 그들이 왕에게 말했다. "도중에 어떤 사람을 만났는데, 그가 우리에게 이렇게
말했습니다. '그대들을 보낸 왕에게 돌아가 하나님의 메시지를 전하시오.' 그러
면서 하는 말이 '이스라엘에 하나님이 없어서 네가 에그론의 신 바알세붑에게
물으러 달려가느냐? 그럴 것 없다. 너는 지금 누운 그 침상에서 내려오지 못할
것이다. 너는 이미 죽은 목숨이나 다름없다'고 했습니다."
7 왕이 말했다. "너희에게 그 말을 한 사람에 대해 자세히 말해 보아라. 그가 어
떻게 생겼더냐?"
8 그들이 말했다. "털이 텁수룩하고 가죽 허리띠를 맸습니다."
왕이 말했다. "디셉 사람 엘리야가 틀림없다."
9 왕은 군지휘관 한 명과 부하 쉰 명을 엘리야에게 보냈다. 그때에 엘리야는 산
꼭대기에 앉아 있었다. 군지휘관이 말했다. "거룩한 사람이여! 왕의 명령이니
내려오시오!"

10 엘리야가 쉰 명의 부하를 둔 군지휘관에게 대답했다. "내가 참으로 거룩한 사
람이라면, 번개가 너와 네 부하 쉰 명을 칠 것이다." 그러자 마른 하늘에서 번개
가 내리쳐 군지휘관과 그의 부하 쉰 명을 태워 버렸다.
11 왕은 또 다른 군지휘관과 부하 쉰 명을 보냈다. "거룩한 사람이여! 왕의 명령
이니 지금 당장 내려오시오!"
12 엘리야가 대답했다. "내가 참으로 거룩한 사람이라면, 번개가 너와 네 부하
쉰 명을 칠 것이다." 곧바로 하나님의 번개가 내리쳐 군지휘관과 그의 부하 쉰
명을 태워 버렸다.
13-14 그러자 왕은 세 번째 군지휘관과 그의 부하 쉰 명을 보냈다. 세 번째로 군지
휘관이 부하 쉰 명과 함께 엘리야에게 다가갔다. 그 세 번째 군지휘관은 무릎을
꿇고 애원했다. "거룩한 사람이여, 제 목숨과 이 쉰 명의 목숨을 생각해 주십시
오! 벌써 두 번씩이나 마른 하늘에서 번개가 내리쳐 군지휘관들과 그들의 부하
각 쉰 명을 태워 버렸습니다. 부디 제 목숨을 생각해 주십시오!"
15 **하나님**의 천사가 엘리야에게 말했다. "가거라. 두려워하지 마라." 엘리야가
일어나, 그와 함께 왕에게 갔다.
16 엘리야가 왕에게 말했다. "**하나님**의 말씀입니다. '너는 이스라엘에 네가 기도
할 하나님이 없다는 듯이 에그론의 신 바알세붑에게 전령들을 보내 묻게 했으
니, 절대로 그 침상에서 살아 내려오지 못할 것이다. 너는 이미 죽은 목숨이나
다름없다.'"
17 과연 엘리야가 전한 **하나님**의 말씀대로 그가 죽었다.
아하시야는 아들이 없었으므로, 그의 동생 요람이 뒤를 이어 왕이 되었다. 때는
유다 왕 여호사밧의 아들 여호람 이년이었다.
18 아하시야의 나머지 생애는 '이스라엘 왕 연대기'에 기록되어 있다.

엘리야가 하늘로 올라가다

2 1-2 **하나님**께서 엘리야를 회오리바람에 실어 하늘로 데려가시기 직전의
일이다. 엘리야와 엘리사가 길갈을 벗어나 걸어가고 있었다. 엘리야가 엘
리사에게 말했다. "너는 여기 남아 있거라. **하나님**께서 나를 베델로 보내셨다."
엘리사가 말했다. "그럴 수 없습니다! 저는 스승님을 절대 떠나지 않겠습니다!"
그래서 그들은 함께 베델로 갔다.
3 베델의 예언자 수련생들이 엘리사를 만나 말했다. "**하나님**께서 오늘 당신의
스승을 데려가실 텐데, 알고 계십니까?"
"그렇소." 엘리사가 말했다. "나도 알고 있으니, 조용히 하시오."
4 엘리야가 엘리사에게 말했다. "너는 여기 남아 있거라. **하나님**께서 나를 여리
고로 보내셨다."
엘리사가 말했다. "그럴 수 없습니다! 저는 스승님을 절대 떠나지 않겠습니다!"
그래서 그들은 함께 여리고로 갔다.
5 여리고의 예언자 수련생들이 엘리사에게 와서 말했다. "**하나님**께서 오늘 당신

의 스승을 데려가실 텐데, 알고 계십니까?"
"그렇소." 그가 말했다. "나도 알고 있으니, 조용히 하시오."
6 엘리야가 엘리사에게 말했다. "너는 여기 남아 있거라. 하나님께서 나를 요단
으로 보내셨다."
엘리사가 말했다. "그럴 수 없습니다! 저는 스승님을 절대 떠나지 않겠습니다!"
그래서 두 사람은 함께 길을 떠났다.
7 그들 두 사람이 요단 강가에 섰을 때, 따라온 예언자 수련생 쉰 명이 멀찍이 모
여 있었다.
8 엘리야가 겉옷을 벗어 말아 들고 그것으로 강물을 치니, 물이 갈라져 두 사람
은 마른 땅을 밟으며 강을 건넜다.
9 건너편에 이르러 엘리야가 엘리사에게 말했다. "주께서 나를 데려가시기 전
에, 네가 내게 바라는 것이 있느냐? 무엇이든 구하여라."
엘리사가 말했다. "저는 스승님을 따라 살기 원합니다. 저도 스승님처럼 거룩한
사람이 되고 싶습니다."
10 "어려운 부탁을 하는구나!" 엘리야가 말했다. "하지만 나를 데려가시는 것을 네
가 지켜보고 있으면, 네가 구한 것을 받게 될 것이다. 반드시 지켜보아야 한다."
11-14 실제로 그렇게 되었다. 그들이 함께 이야기하며 걷고 있는데, 갑자기 불전
차와 불말이 두 사람 사이에 끼어들더니, 엘리야만 회오리바람에 실고 하늘로
올라갔다. 엘리사가 그 모든 것을 보고 소리쳤다. "나의 아버지, 나의 아버지!
이스라엘의 전차와 기병이시여!" 더 이상 아무것도 보이지 않자, 엘리사는 자기
옷을 잡고 찢었다. 그러고는 엘리야가 떨어뜨린 겉옷을 집어 들고 요단 강가로
돌아와 그곳에 섰다. 그는 엘리야의 겉옷—엘리야가 남긴 것은 그것뿐이었다!
—을 들고 강물을 치며 말했다. "엘리야의 하나님, 어디 계십니까?"
그가 강물을 치자, 물이 갈라져 엘리사는 걸어서 강을 건넜다.
15 여리고에서 온 예언자 수련생들은 자신들이 서 있던 곳에서 그 모든 광경을
보았다. 그들은 "엘리야의 영이 엘리사 안에 살아 있다!"고 말하면서 예를 갖춰
그를 맞이했다.
16 이어서 그들이 말했다. "우리에게 무슨 일이든 시키십시오. 여기 믿을 만한 사
람 쉰 명이 있습니다. 그들을 보내어 선생님의 스승을 찾게 하십시오. 하나님의
영이 그를 어떤 산으로 쓸어 가셨거나 먼 골짜기에 떨어뜨리셨을지 모릅니다."
엘리사가 말했다. "아니다. 보내지 마라."
17 그런데도 그들이 성가시게 간청하자 결국 그는 뜻을 굽혔다. "그렇다면 사람
들을 보내 찾아보아라."
그들이 쉰 명을 보내어 사흘 동안이나 샅샅이 살폈으나, 아무것도 찾지 못했다.
18 마침내 그들이 여리고에 있는 엘리사에게 돌아왔다. 그가 그들에게 말했다.
"그것 보아라. 내가 말하지 않았느냐?"
19 하루는 그 성읍 사람들이 엘리사에게 말했다. "선생님께서도 아시는 것처럼,
우리 성읍은 위치가 아주 좋습니다. 그러나 물이 더러워서 아무것도 자라지 못

합니다."
[20] 그가 말했다. "새 대접에 소금을 조금 넣어 내게 가져오십시오." 그러자 그들
이 그 말대로 했다.
[21-22] 엘리사는 샘으로 가서 그 안에 소금을 뿌리고 이렇게 선포했다. "하나님의
말씀입니다. '내가 이 물을 깨끗하게 했다. 다시는 이 물이 너희를 죽이거나 너
희 땅을 오염시키지 못할 것이다.'" 엘리사의 말대로 물은 깨끗하게 되었고, 오
늘까지도 그대로 남아 있다.

[23] 또 한번은 엘리사가 베델로 가고 있는데, 어린아이들이 성읍에서 나와 "어이,
대머리 늙은이야! 저리 꺼져라, 대머리야!" 하며 그를 조롱했다.
[24] 엘리사가 돌아서서 그들을 보고는, 하나님의 이름으로 저주했다. 그때 곰 두
마리가 수풀에서 튀어나와, 마흔두 명의 아이들을 모두 덮쳐 갈기갈기 찢어 놓
았다!
[25] 엘리사는 계속해서 갈멜 산으로 갔다가, 거기서 다시 사마리아로 돌아왔다.

이스라엘 왕 요람

3 [1-3] 유다의 여호사밧 왕 십팔년에, 아합의 아들 요람이 사마리아에서 이스
라엘의 왕이 되어 십이 년 동안 다스렸다. 그는 하나님 보시기에 악한 왕
이었으나, 자기 아버지와 어머니만큼 악하지는 않았다. 그가 자기 아버지가 만
든 가증한 바알 석상을 부순 것은 잘한 일이었지만, 느밧의 아들 여로보암의 죄
악된 행위들, 그토록 오랫동안 이스라엘을 타락하게 만든 행위들을 고수했고,
그것을 떨쳐 버리지 못했다.
[4-7] 모압 왕 메사는 양을 치는 사람이었다. 그는 어린양 100,000마리와 숫양
100,000마리를 이스라엘 왕에게 바쳐야 했다. 아합이 죽자, 모압 왕은 이스라
엘 왕에게 반기를 들었다. 그래서 요람 왕은 사마리아에서 나와 전쟁 준비를 했
다. 먼저 그는 유다의 여호사밧 왕에게 메시지를 보냈다. "모압 왕이 나에게 반
기를 들었습니다. 나와 함께 가서 그와 싸우겠습니까?"
[7-8] 여호사밧이 말했다. "끝까지 당신과 함께하겠습니다. 내 군대가 곧 당신의
군대고 내 말이 곧 당신의 말입니다. 어느 길로 가면 좋겠습니까?"
"에돔 황무지를 지나서 가는 것이 좋겠습니다."
[9] 그리하여 이스라엘 왕과 유다 왕과 에돔 왕이 길을 떠났는데, 그만 길을 돌아
서 가게 되었다. 칠 일이 지나자 군대와 짐승이 마실 물이 떨어졌다.
[10] 이스라엘 왕이 말했다. "큰일이다! 하나님께서 우리 세 왕을 여기까지 데려오
셔서 모압의 손에 넘기려 하시는구나."
[11] 그러자 여호사밧이 물었다. "혹시 주위에 하나님의 예언자가 있습니까? 하나
님의 뜻을 알아보게 말입니다."
이스라엘 왕의 신하들 가운데 한 사람이 말했다. "가까운 곳에 사밧의 아들 엘
리사가 있습니다. 그는 엘리야의 오른팔이었습니다."

12 여호사밧이 말했다. "좋습니다! 그는 우리가 믿을 수 있는 사람입니다!" 그래서 그들 세 사람—이스라엘 왕, 여호사밧, 에돔 왕—은 엘리사를 찾아가서 만났다.

13 엘리사가 이스라엘 왕에게 말했다. "무슨 일로 내게 오셨습니까? 왕의 아버지와 어머니의 꼭두각시 예언자들에게 가서 물으십시오."

이스라엘 왕이 말했다. "그런 말씀 마십시오! **하나님**께서 우리 세 왕을 곤경에 빠뜨려 모압의 손에 넘기려 하십니다."

14-15 엘리사가 말했다. "내가 늘 섬기는 만군의 **하나님**께서 살아 계심을 두고 맹세합니다. 유다 왕 여호사밧을 존중하는 마음이 없었다면, 나는 왕을 쳐다보지도 않았을 것입니다. 하지만 여호사밧 왕을 생각하지 않을 수 없으니, 내게 악기를 타는 사람을 불러 주십시오." (악기를 타는 사람이 연주하자 **하나님**의 능력이 엘리사에게 임했다.)

16-19 엘리사가 말했다. "**하나님**께서 말씀하시기를, '이 골짜기 곳곳에 도랑을 파라'고 하십니다. 그러면 이렇게 될 것입니다. '너희가 바람소리도 듣지 못하고 비도 보지 못하겠으나, 이 골짜기에 물이 가득 차서 너희 군대와 짐승이 마음껏 마시게 될 것이다.' 이 일이 **하나님**께는 쉬운 일입니다. 그분께서는 또한 모압을 왕들의 손에 넘기실 것입니다. 왕들께서는 그 땅을 황폐하게 만들고, 그 땅의 요새를 무너뜨리고, 주요 마을을 짓밟고, 과수원을 허물고, 샘을 막고, 밭을 돌밭으로 만들 것입니다."

20 아침이 되어 아침 제사를 드릴 때에, 물이 서쪽 에돔에서 쏟아져 들어와 순식간에 홍수처럼 골짜기를 가득 메웠다.

21-22 모압의 모든 사람은 이스라엘의 왕들이 싸우러 올라왔다는 소식을 들었다. 그래서 칼을 쓸 줄 아는 사람을 모두 소집해 국경에 자리를 잡았다. 그들이 아침 일찍 일어나 준비하고 있는데, 해가 물 위로 떠올랐다. 모압 사람이 선 곳에서 보니, 햇빛에 반사된 물이 피처럼 붉게 보였다.

23 그들이 말했다. "피다! 저 피를 보아라! 왕들이 서로 싸워 죽인 것이 분명하다! 모압 사람들아, 약탈하러 가자!"

24-25 모압이 이스라엘 진에 들어오자, 이스라엘 사람이 일어나 모압 사람을 닥치는 대로 죽였다. 모압 사람은 필사적으로 도망쳤고, 이스라엘 사람은 거침없이 추격해 그들을 죽였다. 그들은 성읍을 짓밟고, 밭을 돌밭으로 만들고, 샘을 막고, 과수원을 허물었다. 수도인 길하레셋만 무사했으나, 그것도 오래가지 않았다. 그들은 수도마저 포위하고 돌을 마구 던져 공격했다.

26-27 모압 왕은 자기가 지는 싸움을 하고 있음을 알고는, 칼 쓰는 사람 칠백 명을 데리고 에돔 왕이 있는 쪽으로 돌파해 가려 했다. 그러나 뜻대로 되지 않자, 그는 자기를 이어 왕이 될 맏아들을 잡아 성벽 위에서 제물로 바쳤다. 그 일은 이스라엘에 격한 분노를 불러일으켰다. 이스라엘은 물러나 자기 나라로 돌아갔다.

4 [1] 하루는 예언자 수련생들 가운데 한 사람의 아내가 엘리사에게 부르짖
었다. "선생님의 종인 제 남편이 죽었습니다. 선생님도 잘 아시는 것처
럼, 남편은 **하나님**께 헌신된 아주 선한 사람이었습니다. 그런데 남편에게 돈을
꾸어 준 자가 저의 두 아이를 종으로 잡아가겠다고 지금 오고 있습니다."
2 엘리사가 말했다. "내가 어찌하면 그대를 도울 수 있을지 말해 보시오. 집 안
에 무엇이 남아 있소?"
여인이 말했다. "기름 조금 말고는 아무것도 없습니다."
3-4 엘리사가 말했다. "그러면 이렇게 하시오. 길을 다니면서 모든 이웃에게 빈
그릇과 대접을 빌려 오시오. 몇 개만 아니라 얻을 수 있는 만큼 많이 빌려 오시
오. 그런 다음 아들들과 함께 집으로 들어가 문을 닫고, 그릇마다 기름을 부어
가득 차는 대로 옆으로 밀어 놓으시오."
5-6 여인은 그의 말대로 아들들과 함께 집 안으로 들어가 문을 닫고, 아들들이 그
릇을 가져오는 대로 기름을 채웠다. 모든 그릇과 대접에 기름이 다 차자, 여인
이 한 아들에게 말했다. "다른 통을 가져오너라."
아들이 말했다. "그게 다입니다. 그릇이 더 없습니다."
그러자 기름이 그쳤다.
7 여인은 하나님의 사람에게 가서 그 이야기를 전했다. 하나님의 사람이 말했
다. "가서 기름을 팔아 빚을 갚고, 남은 것은 그대와 아들들의 생활비로 쓰도록
하시오."

엘리사와 수넴 여인

8 하루는 엘리사가 수넴을 지나가는데, 그 성읍의 어느 귀부인이 그를 초대하여
식사를 대접했다. 그래서 엘리사는 그 지역을 지날 때마다 그 집에 들러서 식사
를 하게 되었다.
9-10 그 여인이 남편에게 말했다. "우리 집에 항상 들르는 이 사람은 분명히 하나
님의 거룩한 사람입니다. 그러니 위층에 작은 방을 하나 더 내고 침대와 책상,
의자와 등잔을 갖추어, 그가 이곳을 지날 때마다 우리 집에 묵게 하면 어떨까
요?"
11 그래서 다음부터 그곳을 지날 때 엘리사는 그 방에 가서 잠시 누워 쉬게 되었다.
12 그는 자기 종 게하시에게 말했다. "수넴 여인에게 내가 좀 보잔다고 전하여
라." 그러자 그 여인이 엘리사에게 왔다.
13 엘리사는 게하시를 통해 말했다. "그대는 도리에 넘치도록 우리를 잘 돌보아
주었소. 그대에게 무언가를 해주고 싶은데, 혹 왕이나 군사령관에게 부탁할 만
한 청이 있으시오?"
여인이 대답했다. "아무것도 없습니다. 저는 집에서 평안하고 만족스럽게 살고
있습니다."
14 엘리사가 게하시와 의논했다. "우리가 이 여인에게 해줄 수 있는 일이 분명
있을 텐데, 무엇을 해주면 좋겠느냐?"

게하시가 말했다. "이 여인에게는 아들이 없습니다. 그리고 남편은 나이가 들었
습니다."
15 "여인을 불러다오." 엘리사가 말했다. 게하시가 여인을 부르자, 여인이 열린
문 앞에 섰다.
16 엘리사가 여인에게 말했다. "내년 이맘때 그대는 사내아이에게 젖을 먹이고
있을 것이오."
여인이 대답했다. "내 거룩한 주인이시여, 그런 허황된 말로 저를 놀리지 마십
시오!"
17 그러나 그 여인은 임신했고, 엘리사의 말대로 일 년 후에 아들을 낳았다.
18-19 그 아이가 자라났다. 하루는 아이가 추수꾼들과 함께 일하고 있는 아버지에
게 가서 아프다고 호소했다. "아이고 머리야, 아이고 머리야!"
아버지가 종에게 명령했다. "아이를 어머니에게 데려가거라."
20 종은 아이를 안고 어머니에게 데려갔다. 아이는 어머니의 무릎에 정오까지
누워 있다가 죽었다.
21 여인이 아이를 데리고 올라가 하나님의 사람의 침대 위에 눕히고, 아이를 혼
자 둔 채 문을 닫고 나왔다.
22 그러고 나서 여인은 남편을 불렀다. "종 하나와 나귀 한 마리를 내주세요. 급
히 그 거룩한 사람에게 다녀와야겠습니다."
23 "오늘 꼭 가야겠소? 오늘은 초하루나 안식일 같은 거룩한 날이 아니지 않소."
여인이 말했다. "묻지 마세요. 지금 당장 가야 합니다. 저를 믿어 주세요."
24-25 여인이 가서 나귀에 안장을 얹고 종에게 말했다. "앞장서거라. 최대한 빨리
가자. 네가 너무 빠르면 내가 말하겠다." 여인은 길을 떠나서 갈멜 산에 있는 거
룩한 사람에게 이르렀다.
25-26 거룩한 사람은 멀리서 여인이 오는 것을 보고 종 게하시에게 말했다. "저기
를 보아라. 수넴 여인이다! 빨리 가서 '무슨 문제라도 있습니까? 괜찮습니까?
남편과 아이는 별일 없습니까?' 하고 물어보아라."
게하시가 가서 묻자, 여인이 대답했다. "별일 없소."
27 그러나 여인은 산에 있는 거룩한 사람에게 이르자, 그 발밑에 엎드려 그를 꼭
붙들었다.
게하시가 여인을 떼어 내려 했으나, 거룩한 사람이 말했다. "그냥 두어라. 괴로
워하는 모습이 보이지 않느냐? 하지만 하나님께서 내게 그 이유를 알려 주지
않으시니 나도 모르겠구나."
28 그때 여인이 입을 열었다. "주인님, 제가 언제 아들을 달라고 했습니까? 헛된
희망으로 저를 놀리지 말라고 말씀드리지 않았던가요?"
29 그러자 엘리사가 게하시에게 명령했다. "잠시도 지체하지 말고 내 지팡이를
들고 최대한 빨리 달려가거라. 도중에 누구를 만나더라도 인사를 해서는 안된
다. 누가 너에게 인사를 하더라도 대꾸하지 마라. 도착하거든, 내 지팡이를 아
이의 얼굴 위에 놓아라."

30 아이의 어머니가 말했다. "하나님께서 살아 계심과 당신이 살아 계심을 두고
맹세하는데, 당신이 나를 두고 갈 수는 없습니다." 그래서 게하시는 여인을 앞
장서게 하고 그 뒤를 따랐다.
31 게하시가 먼저 도착하여 아이의 얼굴에 지팡이를 놓았다. 하지만 아무 소리
도 없었다. 생명의 조짐이 보이지 않았다. 게하시가 다시 돌아가 엘리사에게 말
했다. "아이가 깨어나지 않습니다."
32-35 엘리사가 집에 들어가 보니 아이가 죽은 채로 침대에 누워 있었다. 그는 방
안에 들어가 문을 잠그고—방에는 그 둘만 있었다—하나님께 기도했다. 그는
아이가 누운 침대에 올라가 입과 입, 눈과 눈, 손과 손을 맞대어 자기 몸으로 아
이를 덮었다. 그가 그렇게 아이 위에 엎드리자 아이 몸이 따뜻해졌다. 엘리사는
일어나 방 안을 왔다갔다 했다. 그러다가 다시 가서 아이 위에 엎드렸다. 그러
자 아이가 재채기를 시작하더니—재채기를 일곱 번 했다!—눈을 떴다.
36 그는 게하시를 불러 말했다. "수넴 여인을 안으로 들여라!" 그가 부르자 여인
이 들어왔다.
엘리사가 말했다. "그대의 아들을 안으시오!"
37 여인은 깊이 존경하는 마음으로 얼굴을 땅에 대고 엘리사의 발 앞에 엎드렸
다. 그러고는 아들을 안고 밖으로 나갔다.

38 엘리사가 다시 길갈로 내려갔다. 그곳에 기근이 들었다. 그가 예언자 수련생
들에게 조언하던 중에 자기 종에게 말했다. "불 위에 큰 솥을 걸고 예언자들이
먹을 국을 끓여라."
39-40 한 사람이 나물을 구하러 들에 나갔다. 그는 우연히 들포도덩굴을 보고 거
기에 달린 박들을 따서 마대자루에 가득 담았다. 그는 그것을 가져와 썰어서 국
에 넣었으나, 그것이 어떤 식물인지는 아무도 몰랐다. 드디어 국을 사람들에게
대접하여 먹게 했다. 그들이 먹기 시작하더니 잠시 후에 소리쳤다. "하나님의
사람이여, 솥 안에 죽음이 있습니다! 솥 안에 죽음이 있습니다!" 아무도 그 국을
먹을 수 없었다.
엘리사가 명령했다. "밀가루를 좀 가져오너라." 그러더니 그것을 솥 안에 뿌렸다.
41 엘리사가 말했다. "이제 사람들에게 나누어 주어라." 그들은 국을 먹었고 아
무 이상도 없었다. 국은 아무 문제 없었다!
42 하루는 어떤 사람이 바알살리사에서 도착했다. 그는 이른 추수에서 난 갓 구
운 빵 스무 덩이와 과수원에서 딴 사과 몇 개를 하나님의 사람에게 가져왔다.
엘리사가 말했다. "사람들에게 돌려서 먹게 하여라."
43 그의 종이 말했다. "백 명이나 되는 사람에게 말입니까? 어림도 없습니다!"
엘리사가 말했다. "가서 그대로 하여라. 하나님께서 충분하다고 말씀하신다."
44 정말로 충분했다. 그는 자기가 가진 음식을 돌렸다. 사람들이 충분히 먹고도
음식이 남았다.

나아만이 고침을 받다

5 1-3 나아만은 아람 왕의 군사령관으로, 그의 주인에게 중요한 사람이었다.
하나님께서 그를 통해 아람에게 승리를 주셨으므로, 왕은 그를 더할 나위
없이 귀히 여겼다. 그는 참으로 훌륭한 사람이었는데, 다만 심한 피부병을 앓고
있었다. 전에 아람이 이스라엘을 원정 기습할 때 한 어린 소녀를 붙잡아 왔는데,
그 소녀는 나아만의 아내의 종이 되었다. 하루는 소녀가 여주인에게 말했다. "주
인께서 사마리아의 예언자를 만나시면, 피부병을 고치실 수 있을 텐데요."
4 나아만은 곧바로 자기 주인에게 가서 이스라엘 소녀가 한 말을 보고했다.
5 아람 왕이 말했다. "그렇다면 가시오. 내가 이스라엘 왕에게 소개 편지를 보내
리다."
그래서 그는 은 340킬로그램, 금 68킬로그램, 옷 열 벌을 가지고 떠났다.
6 나아만은 이스라엘 왕에게 편지를 전했다. 편지에는 이렇게 쓰여 있었다. "왕
께서 이 편지를 받으면 아시겠지만, 내가 개인적인 일로 신하 나아만을 왕께 보
냈습니다. 그의 피부병을 고쳐 주시기 바랍니다."
7 이스라엘 왕은 편지를 읽고 근심에 사로잡혀 옷을 잡아 찢었다. 그가 말했다.
"나에게 이 사람의 병을 고쳐 주라니, 내가 사람을 죽이거나 살릴 능력이 있는
신이라도 된다는 말인가? 이것은 아람 왕이 시비를 걸려는 수작이다!"
8 이스라엘 왕이 너무 괴로워서 옷을 잡아 찢었다는 말을 하나님의 사람 엘리사
가 들었다. 그는 왕에게 전갈을 보냈다. "어찌하여 옷을 찢을 정도로 근심하고
계십니까? 그 사람을 내게 보내십시오. 그가 이스라엘에 예언자가 있다는 것을
알게 될 것입니다."
9 그리하여 나아만은 거창하게 자기 소유의 말과 전차를 거느리고 와서 엘리사
의 집 문 앞에 섰다.
10 엘리사가 종을 보내 그를 맞이하면서 메시지를 전했다. "요단 강에 가서 일곱
번 몸을 담그십시오. 그러면 살갗이 나아서 새 살처럼 될 것입니다."
11-12 나아만은 화가 치밀어 발길을 돌리며 말했다. "적어도 엘리사가 직접 나와
서 나를 맞이하고, 하나님의 이름을 부르며 상처 위에 손을 얹어 병을 없앨 줄
알았다. 다마스쿠스의 아바나 강과 바르발 강이 이스라엘의 강보다 훨씬 깨끗
한데, 거기서 목욕하면 안된단 말인가? 그러면 몸이라도 깨끗해질 것 아닌가!"
그는 노발대발하며 떠나가 버렸다.
13 그러나 그의 부하들이 따라와서 말했다. "장군님, 예언자가 어렵고 거창한 일
을 주문했어도 그대로 따르지 않았겠습니까? 그저 씻기만 하면 된다는데, 그
간단한 일을 못할 이유가 무엇입니까?"
14 그래서 그는 거룩한 사람의 명령대로 요단 강에 내려가서 일곱 번 몸을 담갔
다. 그러자 그의 피부가 어린아이처럼 깨끗해졌다.
15 나아만은 수행원을 데리고 거룩한 사람에게 돌아가 그 앞에 서서 말했다. "나
는 이제야 이스라엘의 하나님 외에는 세상 어디에도 하나님이 계시지 않다는
것을 알게 되었습니다. 너무나 감사하여 선물을 드리고자 합니다."

16 엘리사가 대답했다. "**하나님** 곧 내가 섬기는 하나님께서 살아 계심을 두고 맹
세하는데, 나는 당신에게서 아무것도 받지 않겠습니다." 나아만은 선물로 무엇
이든 주려고 했지만, 엘리사는 받지 않았다.
17-18 나아만이 말했다. "아무것도 받지 않으시겠다면, 내가 당신에게 부탁드릴
것이 있습니다. 내게 나귀 한 떼에 실을 수 있을 만큼의 흙을 주십시오. 이제 내
가 다시는 **하나님** 외에 다른 신에게 예배하지 않겠습니다. 다만 한 가지 일만큼
은 **하나님**의 용서를 구합니다. 내가 모시는 주인이 내 팔에 기대어서 림몬 산당
에 들어가 예배하면 나도 그분과 함께 거기서 림몬을 예배해야 할 텐데, 그 일
만큼은 **하나님**께서 나를 용서해 주시도록 기도해 주십시오."
19-21 엘리사가 말했다. "다 잘될 것이니 평안히 가십시오."
나아만이 떠난 지 오래되지 않았을 때, 거룩한 사람 엘리사의 종 게하시가 혼자
중얼거렸다. "내 주인께서는 감사의 표시 하나 받지 않고 아람 사람 나아만을
그냥 돌려보냈구나. **하나님**이 살아 계심을 두고 맹세하는데, 내가 그를 쫓아가
서 무엇이든 얻어 와야겠다!" 게하시는 나아만을 쫓아갔다.
나아만은 게하시가 자기를 쫓아오는 것을 보고 전차에서 뛰어내려 그를 맞이했
다. "무슨 문제라도 있소?"
22 "문제가 아니라 일이 좀 생겼습니다. 제 주인께서 저를 보내어 '방금 에브라
임 산지에서 두 청년이 나타났는데, 그들은 예언자 수련생의 형제들입니다. 은
34킬로그램과 옷 두 벌을 선물로 주어 그들에게 부족한 것을 채워 주십시오' 하
고 전하라고 말씀했습니다."
23 나아만이 말했다. "물론이오. 68킬로그램은 어떻소?" 나아만이 우겨서 은을
두 자루에 넣어 묶고 그에게 옷 두 벌을 주었다. 그리고 선물을 나르도록 두 명
의 종까지 붙여 주었다.
24 언덕에 있는 요새에 이르자, 게하시는 종들에게서 선물을 받아 안에 보관해
두고 종들을 돌려보냈다.
25 그가 돌아와 주인 앞에 섰다. 엘리사가 말했다. "게하시야, 지금까지 무엇을
하다 왔느냐?"
"아무 일도 아닙니다." 그가 말했다.
26-27 엘리사가 말했다. "그 사람이 전차에서 내려 너를 맞이할 때 내가 영으로 너
와 함께 있던 것을 몰랐느냐? 말해 보아라. 지금이 네 자신을 돌보고 선물로 네
주머니를 채울 때냐? 이제 나아만의 피부병이 너와 네 집안에 옮아서, 영영 낫
지 않을 것이다."
게하시가 물러나오니, 피부병으로 그의 살갗이 벗겨져 눈처럼 하얗게 되었다.

6

1-2 하루는 예언자 수련생들이 엘리사에게 와서 말했다. "우리가 선생님
을 모시고 살고 있는 이곳은, 보시는 것처럼 거동조차 어려울 정도로 비
좁습니다. 허락해 주시면, 우리가 요단으로 내려가 각각 통나무를 구해다 더 넓

은 집을 짓겠습니다."
엘리사가 말했다. "그렇게 하여라."
3 그러자 그들 중 한 사람이 말했다. "선생님도 우리와 함께 가 주십시오!"
엘리사가 말했다. "좋다."
4-5 엘리사는 그들과 함께 갔다. 그들은 요단에 이르러 나무를 베기 시작했다. 그
들 중 한 사람이 나무를 넘어뜨리는데, 그만 도끼머리가 떨어져 강 속에 빠져
버렸다.
그가 외쳤다. "큰일났습니다, 주인님! 이것은 빌려 온 도끼입니다!"
6 거룩한 사람이 물었다. "어디에 빠뜨렸느냐?"
그 사람이 엘리사에게 자리를 일러 주었다.
엘리사가 나뭇가지를 꺾어 그 지점으로 던지자, 도끼머리가 떠올랐다.
7 엘리사가 "저것을 집어라" 하고 말하니, 그 사람이 손을 내밀어 도끼를 건져
냈다.

아람 군대를 물리치다

8 한번은 아람 왕이 이스라엘과 전쟁중일 때, 신하들과 의논한 뒤에 "내가 이러
이러한 곳에 복병을 두고자 한다"고 말했다.
9 그러자 거룩한 사람이 이스라엘 왕에게 메시지를 보냈다. "그곳을 지날 때 조
심하십시오. 아람 사람이 그곳에 매복해 있습니다."
10 이 말을 듣고 이스라엘 왕은 거룩한 사람이 경고한 곳에 대해 지시를 내렸다.
이와 같은 일이 한두 번이 아니었다.
11 아람 왕은 몹시 화가 나서 신하들을 불러모아 놓고 말했다. "이스라엘 왕에게
정보를 흘리는 자가 누구인지 말하여라! 도대체 우리 가운데 적과 내통하는 자
가 누구냐?"
12 그의 신하들 중 한 사람이 말했다. "내 주인인 왕이시여, 우리 가운데는 그런
자가 없습니다. 그것은 이스라엘의 예언자 엘리사의 짓입니다. 그가 왕의 모든
말을, 심지어 침실에서 속삭이는 귓속말까지도 다 이스라엘 왕에게 알려 주고
있습니다."
13 왕이 말했다. "가서 그 자가 있는 곳을 알아내라. 내가 사람을 보내 그를 잡고
야 말겠다."
그러자 "그가 도단에 있습니다" 하는 보고가 들어왔다.
14 왕이 말과 전차를 보냈는데, 엄청난 전투병력이었다. 그들이 밤중에 가서 그
성읍을 포위했다.
15 이른 아침에 거룩한 사람의 종이 일어나 밖으로 나가 보니, 말과 전차가 성읍을
포위하고 있었다! 종이 소리를 질렀다. "주인님! 이제 우리는 어찌해야 합니까?"
16 엘리사가 말했다. "걱정하지 마라. 우리 편이 그들보다 많다."
17 그는 기도했다. "하나님, 그의 눈을 열어서 보게 해주십시오."
청년의 눈이 열리자 그의 눈에 뭔가가 보였다. 놀랍게도, 온 산기슭에 불전차와

불말이 가득하여 엘리사를 둘러싸고 있었다!
18 아람 사람이 공격하자 엘리사가 하나님께 기도했다. "저들의 눈을 멀게 해주
십시오!" 엘리사의 말대로 하나님께서 그들의 눈을 멀게 하셨다.
19 그러자 엘리사가 그들에게 큰소리로 말했다. "그 길이 아니다! 이 성읍이 아
니다! 나를 따라오너라. 너희가 찾는 사람에게로 내가 너희를 인도하겠다." 그
러고 나서 엘리사는 그들을 사마리아로 인도했다.
20 그들이 성읍에 들어갈 때 엘리사가 기도했다. "하나님, 저들의 눈을 열어 여
기가 어딘지 보게 해주십시오." 하나님께서 그들의 눈을 열어 주셨다. 그들이
둘러보니, 비로소 자기들이 사마리아에 갇혔다는 사실을 알게 되었다!
21 이스라엘 왕이 그들을 보고 엘리사에게 말했다. "아버지여, 내가 이 무리를
쳐서 죽여도 되겠습니까?"
22 엘리사가 말했다. "절대로 안됩니다! 왕께서는 그들을 붙잡는 일에 손 하나
까딱하지 않으셨는데, 이제 그들을 죽이려고 하십니까? 안될 말입니다. 그들을
위해 잔치를 베풀고 주인에게로 돌려보내십시오."
23 그래서 왕은 그들을 위해 큰 잔치를 준비했다. 그들을 실컷 먹이고 마시게 한
뒤에 해산시켰다. 그러자 그들은 고향에 있는 주인에게로 돌아갔다. 이후 다시
는 아람의 기습부대가 이스라엘을 괴롭히지 않았다.

24-25 얼마 후에 이런 일이 있었다. 아람 왕 벤하닷이 군대를 정비하고 사마리아
포위에 나섰다. 그로 인해 극심한 기근이 발생했다. 음식 값이 천문학적으로 치
솟아 나귀 머리 하나에 팔십 세겔, 야채 한 대접에 오 세겔이었다!
26 하루는 이스라엘 왕이 성벽 위를 걷고 있을 때 한 여인이 소리쳤다. "왕이시
여, 도와주십시오!"
27 왕이 대답했다. "하나님께서 너희를 돕지 않으시는데, 내가 무슨 수로 도울
수 있겠느냐? 곡물 창고 일을 돕겠느냐, 아니면 농장 일을 돕겠느냐?"
28-29 그러면서 왕이 말했다. "네 사연이나 들어 보자."
여인이 말했다. "이 여자가 저한테 와서 하는 말이 '네 아들을 내놓아라. 오늘은
네 아들을 저녁식사로 먹고 내일은 내 아들을 먹자'고 했습니다. 그래서 제 아들
을 삶아서 같이 먹었습니다. 이튿날 제가 이 여자에게 '이제 네 차례다. 저녁식
사로 먹게 네 아들을 데려오라'고 했더니, 이 여자가 자기 아들을 감추어 버렸습
니다."
30-31 왕은 그 여인의 사연을 듣고 옷을 찢었다. 그가 성벽 위를 걸을 때, 모든 사
람이 맨살 위에 거친 삼베를 입고 있는 그의 모습을 보았다. 왕이 큰소리로 말
했다. "사밧의 아들 엘리사의 머리가 오늘이 다 가도록 그 어깨 위에 붙어 있으
면, 하나님께서 내게 천벌을 내리시고 또 내리시기를 바란다."
32 엘리사는 집에 앉아 있었고 원로들도 그와 함께 있었다. 왕이 이미 사형 집행
인을 보냈으나, 그가 도착하기 전에 엘리사가 원로들에게 말했다. "이 살인자가
내 머리를 베려고 방금 사람을 보낸 것을 아십니까? 사형 집행인이 도착하면

문을 닫아 잠그십시오. 그를 뒤따라오는 그 주인의 발자국 소리가 벌써 저렇게
들리지 않습니까?"
33 엘리사가 지시를 내리는 동안, 왕이 나타나서 비난했다. "이 재앙은 **하나님**이
직접 내린 것이다! 다음은 또 무엇이냐? 이제 **하나님**이라면 지긋지긋하다!"

7

1 엘리사가 말했다. "들으십시오! **하나님**의 말씀입니다! 기근은 끝났습니
다. 내일 이맘때면 양식이 풍부해져 곡식 가루 한 움큼에 한 세겔, 곡물
두 움큼에 한 세겔이 될 것입니다. 성문 앞 장터가 활기를 되찾을 것입니다."
2 왕을 부축하고 있던 수행원이 거룩한 사람에게 말했다. "지금 우리에게 그 말
을 믿으라는 겁니까? 하늘 문이 열려 양식이 쏟아지기라도 한다는 말입니까?"
엘리사가 말했다. "당신이 두 눈으로 보게 될 것이오. 하지만 당신은 한 입도 먹
지 못할 것이오."
3-4 나병환자 네 사람이 성문 밖에 앉아 있다가 서로 말했다. "우리가 이 죽음의
문턱에 앉아서 무엇을 하고 있는 거지? 우리는 기근에 찌든 성 안에 들어가도
죽고 여기 있어도 죽는다. 그러니 아람 사람의 진에 들어가서 그들에게 자비를
구해 보자. 그들이 받아 주면 우리는 사는 것이고, 죽이면 죽는 것이다. 어차피
잃을 게 없지 않은가."
5-8 그래서 그들은 해가 진 뒤에 자리에서 일어나 아람 사람의 진으로 갔다. 진
입구에 이른 그들은 깜짝 놀랐다! 진에 사람이 하나도 없었다! 주께서 이미 아
람 군대에게 말과 막강한 군대의 진군소리를 듣게 하셨던 것이다. 군인들은 "이
스라엘 왕이 우리를 공격하려고 헷 사람의 왕들과 이집트 왕들을 고용했다!"고
서로 말하면서, 겁에 질려 천막과 말과 나귀를 포함한 진 전체를 그대로 버려둔
채 어둠 속으로 죽기 살기로 달아났다. 필사적으로 도망쳤다. 네 명의 나병환자
는 진 안의 한 장막 안으로 들어갔다. 그들은 우선 실컷 먹고 마셨다. 그러고 나
서 은과 금과 옷을 가지고 나와 숨겨 두고는, 다른 장막에도 들어가 물건들을
약탈하고 다시 그것을 숨겨 두었다.
9 이윽고 그들이 서로 말했다. "우리가 이러고 있으면 안되지! 오늘은 기쁜 소식
이 있는 날인데 우리만 즐기고 있지 않은가! 빈둥대며 아침까지 기다린다면, 우
리는 잡혀서 벌을 받을 것이다. 가자! 가서 이 소식을 왕궁에 알리자!"
10 그래서 그들은 성문 앞으로 가서 큰소리로 외쳐 상황을 알렸다. "우리가 아
람 사람의 진에 갔더니, 그곳이 버려져 있었습니다! 사람 하나 없고 소리 하나
들리지 않았습니다! 말과 나귀는 묶인 채로 버려져 있고, 장막도 그대로 버려져
있었습니다."
11-12 성 문지기들은 왕궁에 그 전말을 알렸다. 왕은 한밤중에 일어나 신하들에게
말했다. "아람이 한 일을 그대들에게 말하겠소. 그들은 우리가 굶주리고 있다는
것을 알고 있소. 그래서 '저들이 성 밖으로 나오면 생포하고 성을 취하겠다'는
생각으로 진을 떠나 들판에 숨은 것이오."

13 보좌관 하나가 대답했다. "몇 사람을 보내어 성 안에 남아 있는 말 다섯 마리
를 가져오게 하십시오. 무슨 일을 당한다 한들, 온 성에 닥칠 일만 하겠습니까?
사람들을 보내서 어찌 된 일인지 알아보게 하십시오."
14 그들은 전차 둘과 말들을 가져왔다. 왕은 그들을 아람 군대 뒤로 보내면서 지
시했다. "그들을 정탐하여 무슨 일인지 알아보아라."
15 그들은 요단 강까지 아람 사람의 흔적을 따라갔다. 아람 사람이 겁에 질려 도
망치느라 버린 옷이며 장비가 온 길에 흩어져 있었다. 정찰대가 돌아와 왕에게
보고했다.
16 그때부터 백성은 아람 사람의 진을 약탈했다. 하룻밤 사이에 양식 값이 뚝 떨
어져 곡식 가루 한 움큼이나 곡물 두 움큼이 한 세겔에 불과했다. 하나님의 말씀
이 그대로 다 이루어졌다!
17 왕은 자신을 부축하던 수행원에게 명령하여 성문을 관리하게 했다. 그런데
폭도로 변한 백성이 성문으로 쏟아져 나오다 그를 밟아 죽였다. 왕이 거룩한 사
람을 찾아왔을 때 그가 했던 말 그대로였다.
18-20 그때 거룩한 사람이 왕에게 이렇게 말했었다. "내일 이맘때면 사마리아 성
문에서 곡식 가루 한 움큼에 한 세겔, 곡물 두 움큼에 한 세겔이 될 것입니다."
그러자 그 수행원이 빈정대며 "지금 우리에게 그 말을 믿으라는 겁니까? 하늘
문이 열려 양식이 쏟아지기라도 한다는 말입니까?"라고 대답했고, 다시 거룩한
사람이 "당신이 두 눈으로 보게 될 것이오. 하지만 당신은 한 입도 먹지 못할 것
이오" 하고 말했다. 그 말이 그대로 이루어져, 결국 그는 백성에게 짓밟혀 죽고
말았다.

8

1-3 전에 엘리사가 죽은 아이를 살린 일이 있었는데, 그 아이의 어머니에
게 이렇게 말했었다. "그대는 가족을 데리고 이곳을 떠나 다른 곳으로 가
서 사시오. 하나님께서 이 땅에 기근을 명령하셨으니 기근이 칠 년 동안 계속될
것이오." 여인은 거룩한 사람의 말대로 그곳을 떠났다. 그녀와 가족은 칠 년 동
안 블레셋 땅에서 외국인으로 살았다. 그러다가 칠 년이 다 되어서 고향으로 돌
아왔다. 여인은 곧바로 왕에게로 가서 자기 집과 밭을 돌려달라고 청했다.
4-5 왕은 거룩한 사람의 종인 게하시와 이야기를 나누던 중이었다. "엘리사가 행
했다는 큰일들을 내게 말해 보아라." 그래서 게하시가 죽은 자를살린 일을 왕에
게 이야기하고 있는데, 바로 그때 엘리사가 살린 아이의 어머니가 나타나 자기
집과 농지를 돌려달라고 청한 것이다.
게하시가 말했다. "내 주인인 왕이시여, 이 여인이 바로 그 여인입니다! 그리고
이 아이가 엘리사가 살린 그 아들입니다!"
6 왕이 그 일을 자세히 알고 싶어 했기 때문에, 여인은 그 이야기를 왕에게 들려
주었다. 왕은 한 관리에게 명령하여 그 여인을 돌보게 하고 이렇게 말했다. "이
여인의 재산을 모두 돌려주고, 여인이 떠난 때부터 지금까지 그 농지에서 거둔

모든 수익도 함께 돌려주어라."

[7] 엘리사는 다마스쿠스로 갔다. 그때 아람 왕 벤하닷이 병들어 있었는데, "거룩
한 사람이 성읍에 와 있습니다" 하는 말이 그에게 전해졌다.
[8] 왕이 하사엘에게 명령했다. "선물을 가지고 가서 거룩한 사람을 만나시오. 그
를 통해 '제가 이 병에서 낫겠습니까?' 하고 **하나님**께 여쭈어 보게 하시오."
[9] 하사엘이 가서 엘리사를 만났다. 그는 자기가 알고 있는 다마스쿠스의 모든
고급 물품을 가져갔는데, 낙타 사십 마리에 실을 만큼의 양이었다! 그가 도착해
서 엘리사 앞에 서서 말했다. "당신의 아들 아람 왕 벤하닷이 나를 여기로 보내
어, '제가 이 병에서 낫겠습니까?' 하고 당신에게 물어보라고 했습니다."
[10-11] 엘리사가 대답했다. "가서 '왕께서는 살게 될 테니 걱정하지 마십시오' 하고
전하시오. 하지만 **하나님**께서 내게 보여주셨는데, 사실 그는 죽을 운명이오."
그러더니 엘리사는 하사엘을 뚫어져라 쳐다보며 그의 마음을 읽었다. 하사엘은
속내를 들킨 것 같아 고개를 떨구었다. 그때 거룩한 사람이 눈물을 흘렸다.
[12] 하사엘이 말했다. "내 주인께서 어찌하여 우십니까?"
엘리사가 말했다. "그대가 장차 이스라엘 자손에게 무슨 일을 행할지 내가 알기
때문이오.

그들의 성을 불태우고
젊은이들을 살해하고
아기들을 메어치고
임신부들의 배를 가를 것이오."

[13] 하사엘이 말했다. "개보다도 나을 것이 없는 제가 어찌 그런 끔찍한 일을 저
지른다는 말입니까?"
엘리사가 말했다. "그대가 아람 왕이 될 것을 **하나님**께서 내게 보이셨소."
[14] 하사엘은 엘리사를 떠나 자기 주인에게 돌아갔다. 왕은 "엘리사가 뭐라 했
소?" 하고 물었다.
"그가 '왕께서는 살게 될 테니 걱정하지 마십시오' 하고 말했습니다."
[15] 그러나 그 이튿날, 누군가가 무거운 이불에 물을 흠뻑 적셔서 왕의 얼굴을 덮
어 질식시켜 죽였다.
그리고 하사엘이 왕이 되었다.

유다 왕 여호람

[16-19] 이스라엘 왕 아합의 아들 요람 오년에, 유다 왕 여호사밧의 아들 여호람이
왕이 되었다. 그는 서른두 살에 왕위에 올라 예루살렘에서 팔 년 동안 다스렸
다. 그는 이스라엘 왕들의 삶을 따랐고, 아합 집안과 결혼하여 그 가문의 죄를
이어 갔다. 그는 **하나님** 보시기에 악했다. 그러나 **하나님**께서는 그분의 종 다윗

을 생각하여 유다를 선뜻 멸하지 않으셨다. 다윗의 자손을 통해 등불이 계속 타
오르게 하겠다고 약속하셨기 때문이다.
20-21 여호람이 다스리는 동안, 에돔이 유다의 통치에 반기를 들고 자신들의 왕을
세웠다. 그래서 여호람은 전차부대를 거느리고 사일로 갔다.
에돔에게 포위되었지만, 여호람은 한밤중에 전차병들과 함께 전선을 뚫고 나가
서 에돔에 큰 타격을 입혔다. 그러나 보병들은 그를 버리고 도망쳤다.
22 에돔은 오늘까지도 계속해서 유다에 반역하고 있다. 작은 성읍인 립나도 그
때 반역했다.
23-24 여호람의 나머지 생애와 시대, 그의 통치에 대한 기록은 '유다 왕 연대기'에
남아 있다. 여호람은 죽어서 다윗 성의 가족 묘지에 묻혔다. 그의 아들 아하시
야가 뒤를 이어 왕이 되었다.

유다 왕 아하시야

25-27 이스라엘 왕 아합의 아들 요람 십이년에, 유다 왕 여호람의 아들 아하시야
가 유다의 왕이 되어 다스리기 시작했다. 아하시야는 스물두 살에 왕위에 올라
예루살렘에서 일 년밖에 통치하지 못했다. 그의 어머니는 이스라엘 왕 오므리
의 손녀 아달랴다. 그는 아합 가문이 행한 대로 살고 다스렸으며, **하나님** 보시
기에 악한 죄의 길을 이어 갔다. 결혼이나 죄짓는 것으로도 아합 가문과 한통속
이었다.
28-29 그는 이스라엘 왕 아합의 아들 요람과 연합하여 길르앗 라못에서 아람 왕 하
사엘과 전쟁을 벌였다. 활 쏘는 자들이 요람에게 부상을 입혔다. 요람은 하사엘
과 싸우다 입은 부상을 치료하기 위해 이스르엘로 물러났다. 유다 왕 여호람의
아들 아하시야는 병상에 있는 아합의 아들 요람을 문병하러 이스르엘로 갔다.

이스라엘 왕 예후

9 1-3 하루는 예언자 엘리사가 한 예언자 수련생에게 명령했다. "너는 기름
한 병을 준비하여 길르앗 라못으로 가서, 님시의 손자요 여호사밧의 아
들인 예후를 찾아라. 그를 찾거든 동료들로부터 불러내어 뒷방으로 데리고 들
어가, 기름병을 꺼내 그의 머리에 붓고 '**하나님**의 말씀이다. 내가 네게 기름을
부어 이스라엘의 왕으로 삼는다' 하고 말하여라. 그러고 나서 문을 열고 속히 거
기서 도망쳐라. 잠시도 지체해서는 안된다."
4-5 그 젊은 예언자가 길르앗 라못으로 갔다. 그가 도착해 보니 군지휘관들이 모
두 둘러 앉아 있었다. 그가 말했다. "장군님, 드릴 말씀이 있습니다."
예후가 말했다. "우리 가운데 누구를 말하는 것이오?"
"바로 장군님입니다."
6-10 예후가 일어나 건물 안으로 들어가자, 젊은 예언자가 그의 머리에 기름을 붓
고 말했다. "**하나님** 이스라엘의 하나님의 말씀이다. 내가 너에게 기름을 부어
하나님의 백성 이스라엘의 왕으로 삼았다. 너의 임무는 너의 주인인 아합 가문

을 치는 것이다. 내가 나의 종 예언자들이 죽임당한 일—이세벨이 하나님의 모
든 예언자를 죽인 일—을 되갚아 줄 것이다. 아합 가문은 모조리 망할 것이다.
그 딱한 무리를 내가 모두 없애 버릴 것이다. 내가 반드시 아합 가문도 느밧의
아들 여로보암 가문, 아히야의 아들 바아사 가문과 똑같은 운명을 맞게 할 것이
다. 이세벨은 죽어서 이스르엘 넓은 들판에 있는 개들에게 먹힐 것이요, 땅에
묻히지도 못할 것이다!" 그러고 나서 그는 문을 열고 급히 도망쳤다.
11 예후가 자기 주인의 지휘관들에게로 다시 나가자 그들이 물었다. "별일 없소?
그 미친 녀석이 그대에게 뭘 원하는 거요?"
그가 말했다. "그런 부류의 인간들이 하는 말은 그대들도 잘 알지 않소."
12 "어물쩍 넘어갈 생각 마시오!" 그들이 말했다. "무슨 일인지 우리에게 말해
보시오."
예후가 말했다. "그가 내게 이러저러하게 말하더니, 진정 '하나님의 말씀이다.
내가 네게 기름을 부어 이스라엘의 왕으로 삼는다!' 하더군요."
13 그러자 그들이 즉각 움직였다. 각 사람이 자기 옷을 집어서 계단 꼭대기에 쌓
아 임시 보좌를 만들고, 나팔을 불며 "예후가 왕이시다!" 하고 선포했다.
14-15 그리하여 님시의 손자요 여호사밧의 아들인 예후가 요람에게 반역하는 모
의가 본격적으로 시작되었다.
한편, 요람과 그의 온 군대는 아람 왕 하사엘에 맞서 길르앗 라못을 방어하고
있었다. 그때 요람은 아람 왕 하사엘과의 전투에서 입은 부상을 치료하기 위해
이스르엘로 물러나 있었다.
예후가 말했다. "그대들이 정말 나를 왕으로 삼기 원한다면, 누구도 이 성에서
몰래 빠져나가 이스르엘에 이 소식을 알리지 못하게 하시오."
16 그런 다음 예후는 전차를 타고 요람이 침상에 누워 요양중인 이스르엘로 갔
다. 마침 유다의 아하시야 왕이 요람을 문병하러 내려와 있었다.
17 이스르엘 망대에서 근무중이던 초병이 예후 일행이 오는 것을 보고 말했다.
"한 무리의 사람들이 보입니다."
요람이 말했다. "말 탄 병사를 보내 그들을 맞고, 무슨 일이 있는지 묻게 하여라."
18 말 탄 병사가 나가서 예후를 맞이하며 말했다. "무슨 일이 있는지 왕께서 알
고자 하십니다."
예후가 말했다. "무슨 일이 있든 말든, 그게 너와 무슨 상관이냐? 내 뒤로 물러
나거라."
초병이 말했다. "그들에게 간 병사가 돌아오지 않습니다."
19 그러자 왕은 두 번째로 말 탄 병사를 보냈다. 병사가 예후에게 이르러 말했
다. "무슨 잘못된 일이라도 있는지 왕께서 알고자 하십니다."
예후가 말했다. "잘못된 일이든 아니든, 그게 너와 무슨 상관이냐? 내 뒤로 물
러나거라."
20 초병이 말했다. "그들에게 간 병사가 또 돌아오지 않습니다. 그런데 미친 듯
이 전차를 모는 모습이 꼭 님시의 아들 예후 같습니다!"

21 요람이 명령했다. "내 전차를 준비시켜라!" 그들은 그의 전차에 말을 맸다.
이스라엘 왕 요람과 유다 왕 아하시야가 각자 자기 전차를 타고 예후를 만나러
나갔다. 그들은 이스르엘 사람 나봇의 땅에서 마주쳤다.
22 요람이 예후를 보고 큰소리로 말했다. "좋은 날이요, 예후!"
예후가 대답했다. "좋기는 뭐가 좋다는 말이오? 당신 어머니 이세벨의 음란한
창녀 짓과 주술이 나라를 더럽히고 있는데, 어찌 좋은 일이 있을 수 있겠소?"
23 요람이 전차를 돌려 도망치면서 아하시야에게 외쳤다. "아하시야, 함정이오!"
24 예후가 활을 당겨 화살을 쏘자, 화살이 요람의 양 어깨뼈 사이에 맞아 심장을
관통했다. 요람은 전차 안에 쓰러졌다.
25-26 예후가 부관 빗갈에게 명령했다. "어서 그를 이스르엘 사람 나봇의 밭에 던
져라. 너와 내가 그의 아버지 아합 뒤에서 전차를 몰던 때를 기억하느냐? 그때
하나님께서 그에게 이렇게 될 운명을 선고하셨다. '내가 어제 살해당한 나봇과
그 아들들의 피를 분명히 보았으니, 네가 정확히 이 땅 위에서 그 값을 치를 것
이다. **하나님**의 말씀이다!' 그러니 그를 들어다 이 밭에 던져 버려라. **하나님**의
말씀이 다 그대로 이루어졌다!"
27 유다 왕 아하시야는 사태를 파악하고 벳하간 쪽 길로 도망쳤다. 예후는 그를
추격하며 외쳤다. "저 자도 잡아라!" 이블르암 근처 구르로 올라가는 언덕에서
예후의 군대가 전차 안에 있는 아하시야를 찔러 부상을 입혔다. 그는 므깃도까
지 갔으나, 거기서 죽었다.
28 그의 측근들이 예루살렘까지 전차를 몰고 가서 다윗 성의 가족 묘지에 그를
묻었다.

29 아합의 아들 요람 왕 십일년에, 아하시야가 유다의 왕이 되었다.

이세벨의 최후

30-31 예후가 이스르엘에 도착했다는 말을 들은 이세벨은, 눈화장을 하고 머리를
만져 단장한 뒤에 유혹하는 모습으로 창가에 서 있었다. 예후가 성문에 들어서
자, 그녀는 아래를 내려다보며 외쳤다. "무참하게 왕을 죽인 '시므리' 같은 놈아,
그래 어떠냐?"
32 예후가 창을 올려다보며 외쳤다. "그 위에 내 편이 될 사람이 있느냐?" 왕궁
내시 두세 명이 내다보았다.
33 예후가 "그 여자를 아래로 던져라!" 하고 명령하니, 그들이 이세벨을 들어 창
밖으로 던졌다. 그녀의 피가 벽과 말에 튀었고, 예후는 자기가 탄 말의 말발굽
으로 그녀를 짓밟았다.
34 그런 다음 예후는 안으로 들어가 점심을 먹었다. 점심을 먹으면서 그가 명령했
다. "저 저주받은 여자를 거두어서 안장해 주어라. 그래도 왕의 딸이 아니더냐."
35-36 그들이 그녀를 묻으러 나갔으나, 두개골과 손발 외에는 남은 것이 없었다.
그들이 돌아와서 예후에게 말하니, 그가 말했다. "**하나님**의 말씀, 곧 디셉 사람

엘리야가 전한 말씀이다.

이스르엘 밭에서
개들이 이세벨을 먹을 것이다.
37 이세벨의 몸은 이스르엘 땅에서
개의 배설물처럼 될 것이다.
옛 친구와 연인들이
'이것이 정말 이세벨이 맞는가?' 하고 말할 것이다."

아합의 자손이 살해되다

10 1-2 아합의 아들 일흔 명이 아직 사마리아에 살고 있었다. 예후는 사마리아에 있는 이스르엘 관리와 성읍 원로와 아합의 아들들을 맡고 있는 자들 앞으로 편지를 써서 보냈다. 편지 내용은 이러했다.

2-3 이 편지는 정당한 경고요. 그대들은 주인의 자녀들과 전차와 말과 요새와 무기를 책임지고 있소. 주인의 아들들 가운데서 가장 훌륭하고 유능한 사람을 뽑아 왕위에 앉히시오. 그리고 주인의 지위를 위해 싸울 준비를 하시오.

4 그들은 편지를 읽고 완전히 겁에 질려서 말했다. "그가 이미 두 왕을 제거했는데, 우리에게 무슨 희망이 있겠는가?"
5 그래서 그들은 왕궁 관리와 성읍 시장, 원로, 후견인들을 예후에게 보내며 메시지를 전했다. "우리는 당신의 종이니, 당신이 뭐라고 말씀하시든 그대로 행하겠습니다. 우리는 이쪽에서 누구도 왕으로 삼지 않겠습니다. 당신이 책임자입니다. 당신 생각에 좋은 대로 하십시오."

6-7 그러자 예후가 두 번째 편지를 썼다.

그대들이 내 편이고 기꺼이 내 명령에 따르겠다면, 이렇게 하시오. 주인의 아들들의 목을 베어 내일 이맘때까지 그 머리를 이스르엘에 있는 내게 가져오시오.

왕자들은 일흔 명이었다. 성읍 지도자들이 그들을 돌보고 있었다. 그들은 편지를 받고 나서, 왕자들을 잡아 일흔 명을 모두 죽였다. 그런 다음 그 머리를 광주리에 담아 이스르엘에 있는 예후에게 보냈다.
8 전령이 예후에게 보고했다. "그들이 왕자들의 머리를 가져왔습니다."
그가 말했다. "그 머리들을 두 무더기로 나누어 아침까지 성문 앞에 쌓아 두어라."
9-10 아침에 예후가 백성 앞에 나가 공식적으로 말했다. "여러분이 오늘 하나님께서 펼치시는 의로운 일에 참여하고 있다는 것을 알겠습니까? 그렇습니다. 내 주인에게 반역하여 음모를 꾸미고 그를 암살한 사람이 나입니다. 하지만 여기

쌓인 머리들은 누가 한 일이겠습니까? 분명히 아십시오. **하나님**께서 아합 가문
의 심판에 대해 하신 말씀이 한 글자도 취소되지 않았다는 것을 지금 여러분의
눈으로 똑똑히 보고 있습니다. **하나님**께서는 엘리야를 통해 말씀하신 일을 그
대로 행하셨습니다."
11 그런 다음 예후는 아합 가문과 조금이라도 관계가 있는 이스르엘 사람을 전부
죽였다. 또 아합 가문의 지도자와 친구와 제사장들을 모조리 없애 버렸다.
12-13 그 일을 마치자, 예후는 자리를 털고 일어나 사마리아로 떠났다. 가는 길에
목자들의 벳에켓(묶는 집)에서 유다 왕 아하시야의 친척 몇 사람을 만났다.
예후가 말했다. "여러분은 누구시오?"
그들이 말했다. "우리는 아하시야의 친척인데, 왕실 가족모임을 하러 내려왔습
니다."
14 "이들을 잡아라!" 예후가 명령했다. 부하들이 그들을 잡아 벳에켓 우물가에
서 죽였다. 모두 마흔두 명이었는데, 그들 중 살아남은 자는 아무도 없었다.
15 예후가 거기서 계속 가다가 레갑 사람 여호나답과 마주쳤다. 여호나답은 예
후를 만나러 오던 길이었다. 예후가 그에게 인사하며 말했다. "우리가 한편이며
이 일에 한마음이오?"
여호나답이 말했다. "그렇습니다. 믿어 주십시오."
예후가 말했다. "그렇다면 그대의 손을 내미시오."
그들은 악수로 뜻이 같음을 확인했고, 여호나답은 예후가 탄 전차에 올라섰다.
16 예후가 말했다. "나와 함께 가서, **하나님**을 위한 내 열심이 어느 정도인지 보
시오." 그들은 함께 전차를 타고 나아갔다.
17 사마리아에 도착하자, 예후는 그곳에 남아 있던 아합과 조금이라도 관계 있
는 사람들을 모두 죽였다. **하나님**께서 엘리야에게 말씀하신 대로 수많은 사람
들이 죽었다.
18-19 그 후에 예후는 온 백성을 모아 놓고 말했다.

"아합은 바알을 대단찮게 섬겼으나
예후는 확실하게 섬길 것입니다.

바알의 모든 예언자, 바알을 섬긴 모든 사람과 모든 제사장을 이곳에 모아 주십
시오. 내가 바알께 큰 제사를 드리려고 하니, 한 사람도 빠뜨리지 말고 모두 모
아 주셔야 합니다. 나타나지 않는 자는 살아남지 못할 것입니다." (물론 예후는 거
짓말을 하고 있었다. 그는 바알을 섬기는 자들을 모두 죽일 작정이었다.)
20 예후가 명령했다. "바알을 위해 거룩한 집회를 준비하여라." 그러자 집회가
준비되고 날짜가 공포되었다.
21 이어 예후가 이스라엘 모든 사람을 불러 모으자, 나라 안에 있던 바알을 섬기
는 자들이 한 명도 빠짐없이 무리를 지어 왔다. 그들이 와서 바알 신전을 가득
채웠다.

22 예후가 예복을 관리하는 사람에게 지시했다. "바알의 모든 종에게 예복을 주어라." 예복을 관리하는 사람이 그들의 예복을 내왔다.
23-24 예후와 레갑 사람 여호나답이 드디어 바알 신전에 들어가서 말했다. "다시 한 번 확인하여 이곳에 하나님을 예배하는 자가 한 사람도 없게 하십시오. 바알 예배자만 들어올 수 있습니다." 그들은 제물과 번제를 바쳐 예배를 시작했다.
한편, 예후는 바깥에 여든 명을 배치하고 이렇게 명령했다. "단 한 사람도 도망치게 해서는 안된다. 도망치게 했다가는 자기 목숨으로 대가를 치러야 할 것이다."
25-27 제사 의식을 마친 뒤에, 예후는 지휘관과 호위병들에게 신호를 보냈다. "안으로 들어가서, 한 사람도 살려 두지 말고 모조리 죽여라!"
피비린내 나는 살육이 시작되었다. 지휘관과 호위병들은 시체들을 밖으로 내던지며 바알 산당의 내실로 들어가는 길을 만들었다. 그들은 바알 신전에서 남근 모양의 석상을 끌어내 깨부수었다. 바알의 제단들을 때려 부수고 바알 신전을 허물었다. 그 후로 그곳은 공중화장실이 되었다.
28 그렇게 해서 예후는 이스라엘에서 바알을 완전히 몰아냈다.
29 그 모든 일에도 불구하고, 예후는 느밧의 아들 여로보암의 죄, 곧 이스라엘을 죄악된 삶으로 끌어들인 죄에서는 돌아서지 않았다. 베델과 단의 금송아지들을 남겨 두었던 것이다.
30 하나님께서 예후를 칭찬하셨다. "너는, 내가 보기에 일을 가장 잘 처리했다. 아합 가문에 대해 내가 명령한 대로 행했다. 그 상으로 네 자손이 사 대에 걸쳐 이스라엘의 왕위를 차지할 것이다."
31 그러나 그 후로 예후는 주의하여 하나님의 길로 가지 않았고, 한마음으로 이스라엘의 하나님을 높이지도 않았다. 그는 이스라엘을 죄악된 삶으로 끌어들인 느밧의 아들 여로보암의 죄에서 돌아서지 않았다.

32-33 이때부터 하나님께서 이스라엘을 줄어들게 하셨다. 하사엘이 요단 강 동쪽에서 이스라엘의 국경을 침략해 왔다. 그는 아르논 시냇가 근처의 아로엘에서부터 길르앗, 갓, 르우벤, 므낫세의 영토 전역, 곧 길르앗과 바산 전체를 공격했다.
34-36 예후의 나머지 생애와 시대, 그의 업적과 명성은 '이스라엘 왕 연대기'에 기록되어 있다. 예후는 죽어서 사마리아의 가족 묘지에 묻혔다. 그의 아들 여호아하스가 뒤를 이어 왕이 되었다. 예후는 사마리아에서 이십팔 년 동안 이스라엘을 다스렸다.

유다 여왕 아달랴

11 1-3 아하시야의 어머니 아달랴는 아들이 죽은 것을 보고는, 정권을 잡았다. 그녀는 먼저 왕족을 모두 죽이기 시작했다. 그러나 여호람 왕의 딸이요 아하시야의 누이인 여호세바가 죽을 운명에 처한 왕자들 중에서 아하시야의 아들 요아스를 몰래 빼냈다. 그녀가 아달랴를 피해 요아스와 그 유모를 은밀한 곳에 숨겨서, 요아스는 죽음을 면할 수 있었다. 요아스는 여호세바

와 함께 육 년 동안 **하나님**의 성전에서 숨어 지냈다. 아달랴는 그가 살아 있는
줄 모른 채 나라를 다스렸다.
4 칠 년째 되던 해에, 여호야다가 사람을 보내 경호대 지휘관과 왕궁 호위대 지
휘관들을 불렀다. 그들은 **하나님**의 성전에서 여호세바를 만났다. 여호야다는 그
들과 언약을 맺고 비밀을 엄수할 것을 맹세하게 한 뒤, 어린 왕자를 보여주었다.
5-8 그리고 그들에게 명령했다. "여러분은 이렇게 하십시오. 여러분 가운데 안식
일에 당번이어서 왕궁을 지키는 자들과 안식일에 비번이어서 **하나님**의 성전을
지키는 자들은 호위병 교대 시간에 무장한 채로 합세하여 어린 왕을 둘러싸십
시오. 여러분의 대열을 뚫고 지나가려는 자는 누구를 막론하고 죽여야 합니다.
왕이 출입하실 때에는 언제 어디서나 왕 옆을 지켜야 합니다."
9-11 군지휘관들은 제사장 여호야다의 지시에 따랐다. 각자 안식일에 당번인 부
하들과 비번인 부하들을 데리고 제사장 여호야다에게로 왔다. 제사장은 **하나님**
의 성전에 보관되어 있던 다윗 왕의 창과 방패로 지휘관들을 무장시켰다. 무장
한 호위병들은 왕을 보호하기 위해 성전 한쪽 끝에서 반대쪽 끝까지 저마다 맡
은 자리로 가서 제단과 성전을 에워쌌다.
12 그때 제사장이 왕자를 데리고 나와 그에게 왕관을 씌우고, 하나님의 언약이
담긴 두루마리를 준 뒤에 그를 왕으로 세웠다. 그에게 기름을 붓자, 모두가 손
뼉을 치며 "요아스 왕 만세!"를 외쳤다.
13-14 아달랴가 호위병들과 백성의 함성을 듣고 **하나님**의 성전에 모여 있는 무리
에게로 갔다. 그녀는 왕이 보좌 옆에서 양옆에 군지휘관과 전령의 호위를 받으
며 서 있는 모습을 보고 깜짝 놀랐다. 모두 나팔을 불며 크게 기뻐했다. 아달랴
는 당황하여 옷을 찢으며 "반역이다! 반역이다!" 하고 소리쳤다.
15-16 제사장 여호야다가 군지휘관들에게 명령했다. "저 여자를 밖으로 끌어내시
오. 저 여자를 따르는 자는 모두 쳐죽이시오!" (제사장은 "하나님의 성전 안에서는 그
녀를 죽이지 말라"고 일러두었다.) 그래서 그들은 그녀를 끌어내어 왕궁 마구간 앞에
서 죽였다.
17 여호야다는 **하나님**과 왕과 백성 사이에 언약을 맺었다. 그들은 이제 **하나님**
의 백성이었다. 왕과 백성 사이에도 따로 언약을 맺었다.
18-20 백성은 바알 신전으로 몰려가 그 신전을 허물고, 제단과 우상들을 산산이
깨뜨려 부수었다. 제사장 맛단을 제단 앞에서 죽였다.
그런 다음 여호야다는 **하나님**의 성전에 경비병들을 배치했다. 그는 경호대 지
휘관과 왕궁 호위대 지휘관, 그리고 백성과 함께 왕을 호위하여 **하나님**의 성전
에서 내려와 호위대 문을 지나서 왕궁으로 들어갔다. 왕이 왕좌에 앉자 모두가
기뻐했다. 무리가 아달랴를 왕의 검으로 죽인 이후, 그 도성은 안전하고 평온한
곳이 되었다.
21 요아스가 왕이 되었을 때 그의 나이 일곱 살이었다.

유다 왕 요아스

12

[1] 예후 칠년에, 요아스가 왕이 되어 예루살렘에서 사십 년 동안 다스렸다. 그의 어머니는 브엘세바 출신 시비아(영양)다.

[2-3] 제사장 여호야다의 가르침을 받은 요아스는 살아 있는 동안 하나님을 기쁘게 해드렸다. (그럼에도 다산 산당들은 제거하지 않아서, 백성이 여전히 그곳을 찾아 제사를 지내고 향을 피웠다.)

[4-5] 요아스가 제사장들에게 지시했다. "하나님의 성전에 들어오는 거룩한 헌금, 곧 의무적으로 바치는 헌금과 자원하여 바치는 헌금을 잘 계산하여, 성전 안에 파손된 곳이 있거든 그것으로 보수하시오."

[6] 그러나 요아스가 왕이 된 지 이십삼 년이 지나도록 제사장들은 아무 일도 하지 않았다. 성전은 전에 없이 황폐해졌다.

[7] 요아스 왕이 제사장 여호야다와 다른 제사장들을 불러 놓고 말했다. "어찌하여 초라하기 짝이 없는 이 성전을 아직까지 보수하지 않고 있소? 성전 보수를 위해 돈을 거두는 일을 이제 금지하겠소. 이제부터는 들어오는 돈을 모두 넘기도록 하시오."

[8] 제사장들은 더 이상 돈을 거두거나 성전을 보수하는 일에 관여하지 않기로 했다.

[9-16] 그러자 여호야다는 궤 하나를 가져다가 뚜껑에 구멍을 뚫어 하나님의 성전 정문 오른쪽에 두었다. 문을 지키는 제사장들은 하나님의 성전에 가져오는 모든 헌금을 그 궤에 넣었다. 궤 안에 돈이 가득 차면, 왕의 서기관과 대제사장이 궤를 비우고 헌금을 계산하곤 했다. 그들은 계산한 돈을 성전 사업 관리자들에게 주었고, 그들은 그것을 다시 목수, 건축 일꾼, 석수, 석공, 그리고 하나님의 성전 수리와 보수에 쓸 재목과 다듬은 돌을 구입하는 사람들에게 지불했다. 성전 보수에 관계된 모든 비용을 댄 것이다. 그러나 하나님의 성전에 들어오는 돈을 예전용 추가물품(은잔, 초의 심지를 자르는 도구, 나팔, 각종 금은 그릇 등)을 구입하는 데는 사용하지 않았다. 장인들에게 주어 하나님의 성전 보수에만 쓰게 했다. 또한 이 사업에 쓰는 돈을 취급하는 사람들에 대해 확인할 필요가 없었는데, 그것은 그들이 정직한 사람들이었기 때문이다. 보상 제물과 속죄 제물로 지정된 헌물은 건물 사업에 들어가지 않고 바로 제사장들에게 갔다.

[17-18] 이즈음 아람 왕 하사엘이 용감히 나아가 가드를 공격하여 그곳을 점령했다. 그는 내친김에 예루살렘도 치기로 했다. 이에 대한 대책으로 유다 왕 요아스는 모든 신성한 기념물—조상인 유다 왕 여호사밧과 여호람과 아하시야가 거룩한 용도로 바친 예물, 자기 자신이 받았던 거룩한 기념물, 성전과 왕궁 창고들에 있는 모든 금까지—을 모아다가 아람 왕 하사엘에게 보냈다. 하사엘은 만족하여 자기 길로 갔고 예루살렘을 공격하지 않았다.

[19-21] 요아스의 나머지 생애와 시대, 그가 행한 모든 일은 '유다 왕 연대기'에 기록되어 있다. 말년에 그의 신하들이 모의하여, 외곽 요새 성벽의 진입로를 거닐고 있는 요아스를 암살했다. 암살자들은 시므앗의 아들 요사갈과 소멜의 아들 여

호사바드였다. 요아스는 그렇게 죽어서 다윗 성의 가족 묘지에 묻혔다. 그의 아들 아마샤가 뒤를 이어 왕이 되었다.

이스라엘 왕 여호아하스

13 1-3 유다 왕 아하시야의 아들 요아스 이십삼년에, 예후의 아들 여호아하스가 사마리아에서 이스라엘의 왕이 되어 십칠 년 동안 다스렸다. 그는 이스라엘을 죄악된 삶으로 끌어들인 느밧의 아들 여로보암의 길을 그대로 밟았다. 왼쪽으로나 오른쪽으로 치우치는 법도 없이, **하나님** 앞에서 한결같이 악하게 살았다. **하나님**께서 크게 노하셔서, 이스라엘을 아람 왕 하사엘과 하사엘의 아들 벤하닷의 손에 넘기셨다. 그들의 지배는 오랫동안 계속되었다.
4-6 여호아하스는 **하나님**의 진노가 누그러지기를 기도했고, **하나님**께서 그 기도를 들으셨다. 아람 왕의 압제 아래서 이스라엘이 얼마나 비참해졌는지 그분께서 아셨다. 그래서 **하나님**께서는 구원자를 보내셔서, 아람의 압제에서 그들을 이끌어 내게 하셨다. 이스라엘 자손은 다시 고향에서 평화롭게 살 수 있게 되었다. 하지만 달라진 것은 없었다. 그들은 자신들의 삶을 고치지 않았고, 이제는 이스라엘의 특징이 되어 버린 여로보암의 죄에서 돌아서지 않았다. 사마리아에 여전히 성행하고 있던 아세라의 음란한 종교 산당이 그중 하나였다.
7 하사엘의 압제를 겪고 난 여호아하스의 군대에는 기병 쉰 명과 전차 열 대와 보병 만 명밖에 남지 않았다. 나머지는 아람 왕에 의해 초토화되어 남은 것이라고는 쭉정이뿐이었다.
8-9 여호아하스의 나머지 생애와 시대, 그의 업적에 대한 기록은 '이스라엘 왕 연대기'에 남아 있다. 여호아하스는 죽어서 자기 조상과 함께 사마리아에 묻혔다. 그의 아들 여호아스가 뒤를 이어 왕이 되었다.

이스라엘 왕 여호아스

10-11 유다의 요아스 왕 삼십칠년에, 여호아하스의 아들 여호아스가 사마리아에서 이스라엘의 왕이 되어 십육 년 동안 다스렸다. 그는 **하나님** 앞에서 악하게 살았다. 그는 이스라엘을 죄악된 삶으로 끌어들인 느밧의 아들 여로보암의 죄에서 한 걸음도 벗어나지 않았다. 그와 똑같은 길을 그대로 걸었다.
12-13 여호아스의 나머지 생애와 시대, 그의 업적과 유다 왕 아마샤와의 전쟁에 대한 기록은 '이스라엘 왕 연대기'에 남아 있다. 여호아스는 죽어서 자기 조상에게 돌아갔다. 여로보암이 그의 왕위를 이어받았다. 여호아스는 사마리아 왕실 묘지에 묻혔다.

14 엘리사가 병이 들었다. 곧 죽게 될 병이었다. 이스라엘 왕 여호아스가 그에게 문병을 갔다. 그는 엘리사를 보더니 흐느껴 울며 외쳤다. "내 아버지여, 내 아버지여, 이스라엘의 전차와 기병이시여!"
15 엘리사가 그에게 말했다. "가서 활과 화살을 가져오십시오." 왕은 활과 화살

을 가져왔다.
16 그러자 엘리사가 왕에게 말했다. "손으로 활을 잡으십시오." 왕이 손으로 활
을 잡자, 엘리사가 왕의 손 위에 자기 손을 얹었다.
17 엘리사가 말했다. "이제 동쪽 창문을 여십시오." 왕이 창문을 열었다.
그러자 엘리사가 말했다. "쏘십시오!" 왕이 활을 쏘았다.
엘리사가 큰소리로 말했다. "**하나님**의 구원의 화살입니다! 아람에게서 구하시는
화살입니다! 아람이 하나도 남지 않을 때까지 왕께서 아람과 싸울 것입니다."
18 엘리사가 말했다. "이번에는 다른 화살을 드십시오." 그는 화살을 들었다.
그러자 엘리사가 이스라엘 왕에게 말했다. "바닥을 치십시오."
왕이 바닥을 세 번 치고 그쳤다.
19 거룩한 사람은 왕에게 화를 냈다. "어찌하여 바닥을 대여섯 번 치지 않았습니
까? 그랬더라면 아람이 끝장날 때까지 왕께서 아람을 쳐부수었을 것입니다. 그
러나 이제 왕은 그를 세 번밖에 물리치지 못할 것입니다."
20-21 그런 다음 엘리사가 죽으니, 사람들이 그를 묻었다.

얼마 후에 모압 부족의 도적떼가, 종종 그랬듯이 그 땅을 침략했다. 하루는 사람들이 어떤 사람의 주검을 묻다가 그 도적떼를 보게 되었다. 그들은 주검을 엘리사의 무덤 속에 던지고 달아났다. 그런데 그 주검이 엘리사의 뼈에 닿자, 그 사람이 살아나 일어서서 두 발로 걸어 나왔다.

22-24 아람 왕 하사엘은 여호아하스가 다스리는 동안 계속해서 이스라엘을 괴롭히며 못살게 굴었다. 그러나 **하나님**께서 이스라엘에게 은혜를 베푸시고 그들을 불쌍히 여기셨다. 그분은 아브라함과 이삭과 야곱과 맺은 언약을 기억하셔서 그들과 함께하셨다. 그분은 그들을 포기하지 않으셨고, 오늘까지도 그들을 버리지 않으셨다. 아람 왕 하사엘이 죽고, 그의 아들 벤하닷이 뒤를 이어 왕이 되었다.

25 여호아하스의 아들 여호아스가 상황을 역전시켜, 전에 자기 아버지 여호아하스가 하사엘의 아들 벤하닷에게 빼앗겼던 성읍들을 되찾았다. 여호아스는 세 번 전쟁에 나갔고, 그때마다 그를 물리쳐 이스라엘의 성읍들을 되찾았다.

유다 왕 아마샤

14

1-2 이스라엘 왕 여호아하스의 아들 여호아스 이년에, 요아스의 아들 아마샤가 유다의 왕이 되었다. 그는 스물다섯 살에 왕위에 올라 예루살렘에서 이십구 년 동안 다스렸다. 그의 어머니는 예루살렘 출신 여호앗단이다.
3-4 아마샤는 **하나님**께서 원하시는 모습으로 살며 옳은 일을 행했으나, 조상 다
윗의 수준에는 미치지 못했다. 그 대신 그는 자기 아버지 요아스와 아주 비슷하

게 살았다. 지역의 음란한 종교 산당들은 여전히 문을 열었고 백성이 자주 그곳
을 찾아갔다.
5-6 아마샤는 왕권을 확고히 장악하게 되자, 그의 아버지 요아스를 암살한 왕궁
경비대들을 처형했다. 하지만 암살자들의 자녀는 죽이지 않았는데, 모세에게
계시된 말씀에 기록된 명령—자녀의 죄 때문에 부모를, 부모의 죄 때문에 자녀
를 처형하지 말라고 하신 하나님의 명령—에 순종했기 때문이다. 이는 각자가
자기 죄값을 직접 치르게 한 것이다.

7 아마샤는 소금 골짜기에서 에돔을 물리치고 만 명을 죽였다. 다른 전투에서
그는 '바위'를 점령하여 그 이름을 욕드엘이라 했는데, 오늘까지 그 이름으로 불
린다.

8 하루는 아마샤가 이스라엘 왕 예후의 손자요 여호아하스의 아들인 여호아스
에게 사절을 보내 싸움을 걸었다. "와서 나와 한번 겨루어 보겠는가? 어디, 한
판 붙어 보자!"
9-10 이스라엘 왕 여호아스는 유다 왕 아마샤에게 회답했다. "하루는 레바논의
엉겅퀴가 레바논의 백향목에게 '네 딸을 내 아들한테 시집보내라' 하고 전갈을
보냈다. 그런데 레바논의 들짐승이 지나가다 엉겅퀴를 밟아 뭉개 버렸다. 네가
전투에서 에돔을 물리쳤다는 이유로 스스로 대단한 줄 아는 모양인데, 으스대
는 건 괜찮다만 집에 가만히 있는 편이 좋을 것이다. 욕심을 부리다 일을 그르
칠 까닭이 무엇이냐? 네 자신과 유다의 멸망을 자초할 이유가 무엇이냔 말이
다!"
11 그러나 아마샤는 그 말을 듣지 않았다. 그래서 이스라엘 왕 여호아스는 마지
못해 유다 왕 아마샤와의 전투에 응했다. 그들은 유다의 한 성읍 벳세메스에서
마주쳤다.
12 유다는 이스라엘에 완전히 패했고, 유다의 군사들은 모두 집으로 도망쳤다.
13-14 이스라엘 왕 여호아스는 아하시야의 손자요 요아스의 아들인 유다 왕 아마
샤를 벳세메스에서 붙잡았다. 그는 거기서 그치지 않고 예루살렘까지 공격했
다. 예루살렘 성벽을 에브라임 문에서 모퉁이 문까지 180미터 정도 허물고, 왕
궁과 하나님의 성전에서 금, 은, 비품 등 가져갈 만한 것은 닥치는 대로 약탈했
다. 거기다 인질들까지 사로잡아 사마리아로 돌아갔다.
15-16 여호아스의 나머지 생애와 시대, 그의 중요한 업적과 유다 왕 아마샤와의
싸움은 '이스라엘 왕 연대기'에 모두 기록되어 있다. 여호아스는 죽어서 사마리
아에 있는 이스라엘 왕들의 묘지에 묻혔다. 그의 아들 여로보암이 뒤를 이어 왕
이 되었다.
17-18 유다 왕 요아스의 아들 아마샤는 이스라엘 왕 여호아하스의 아들 여호아스
가 죽은 뒤로도 십오 년 동안 왕으로 다스렸다. 아마샤의 나머지 생애와 시대는
'유다 왕 연대기'에 기록되어 있다.

19-20 결국 사람들이 예루살렘에서 아마샤에게 반역하는 음모를 꾸몄다. 그는 라기
스로 도망쳤다. 그러나 사람들이 라기스까지 쫓아가서 그를 죽였다. 그들은 아마
샤를 말에 싣고 돌아와, 예루살렘에 있는 다윗 성에 그의 조상과 함께 묻었다.
21-22 유다 백성은 만장일치로 당시 열여섯 살밖에 되지 않았던 아사랴를 택하여
그의 아버지 아마샤의 뒤를 이어 왕이 되게 했다. 아버지가 죽은 뒤에, 아사랴
는 엘랏을 재건하여 유다에 귀속시켰다.

이스라엘 왕 여로보암 2세

23-25 유다의 요아스 왕의 아들 아마샤 십오년에, 여호아스의 아들 여로보암이 사
마리아에서 이스라엘의 왕이 되어 사십일 년 동안 다스렸다. **하나님** 보시기에
그는 이스라엘을 죄악된 삶으로 끌어들인 느밧의 아들 여로보암의 모든 죄에서
한 걸음도 벗어나지 않고 악하게 살았다. 그러나 그는 이스라엘 국경을 북쪽 끝
의 르보하맛까지 그리고 남쪽의 사해까지 회복했다. 이것은 **하나님** 이스라엘의
하나님께서 가드헤벨 출신의 예언자, 곧 그분의 종 아밋대의 아들 요나를 통해
선언하신 대로 이루어진 것이다.

26-27 **하나님**께서는 이스라엘의 괴로움을, 그 쓰라린 시련을 다 아셨다. 종이든
일반 백성이든 예외가 없었고, 구원의 희망은 어느 곳에도 보이지 않았다. 하지
만 **하나님**께서는 아직 이스라엘의 이름을 역사에서 지우실 마음이 없으셨다.
그래서 여호아스의 아들 여로보암을 사용하여 그들을 구원하셨다.
28-29 여로보암의 나머지 생애와 시대, 그의 승전과 유다에 속했던 다마스쿠스와
하맛을 되찾은 일, 이 모두가 '이스라엘 왕 연대기'에 기록되어 있다. 여로보암
은 죽어서 자기 조상과 함께 왕실 묘지에 묻혔다. 그의 아들 스가랴가 뒤를 이
어 왕이 되었다.

유다 왕 아사랴(웃시야)

15 1-5 이스라엘의 여로보암 왕 이십칠년에, 아마샤의 아들 아사랴가 유
다의 왕이 되었다. 그는 열여섯 살에 왕위에 올라, 예루살렘에서 오
십이 년 동안 다스렸다. 그의 어머니는 예루살렘 출신 여골리야다. 그는 아버지
아마샤를 본받아 **하나님** 보시기에 바르게 행했다. 그러나 그 또한 지역의 음란
한 종교 산당들은 없애지 못했다. 그곳은 여전히 백성에게 인기가 좋았다. **하나
님**께서 왕에게 악성 피부병이 걸리게 하셔서, 죽는 날까지 그를 괴롭게 하셨다.
그는 왕궁에 살았지만 더 이상 왕노릇을 할 수 없었다. 그의 아들 요담이 정부
를 지휘하며 나라를 다스렸다.
6-7 아사랴의 나머지 생애와 시대, 그가 이룬 모든 일은 '유다 왕 연대기'에 기록
되어 있다. 아사랴는 죽어서 자기 조상과 함께 다윗 성에 묻혔다. 그의 아들 요
담이 뒤를 이어 왕이 되었다.

이스라엘 왕 스가랴

8-9 유다의 아사랴 왕 삼십팔년에, 여로보암의 아들 스가랴가 사마리아에서 이스라엘의 왕이 되어 여섯 달 동안 다스렸다. 그는 자기 조상과 다름없이 하나님 앞에서 악하게 살았다. 그는 이스라엘을 죄악된 삶으로 끌어들인 느밧의 아들 여로보암의 길을 이어 갔다.

10 야베스의 아들 살룸이 반역 음모를 꾸며, 사람들이 보는 앞에서 그를 죽이고 왕이 되었다.

11-12 스가랴의 나머지 생애와 시대는 '이스라엘 왕 연대기'에 분명히 기록되어 있다. 이로써 하나님께서 예후에게 주신 "네 자손이 사 대에 걸쳐 이스라엘의 왕위에 앉을 것이다"라고 하신 말씀이 이루어졌다. 스가랴가 사 대째였다.

이스라엘 왕 살룸

13 유다의 아사랴 왕 삼십구년에, 야베스의 아들 살룸이 이스라엘의 왕이 되었다. 그는 사마리아에서 겨우 한 달 동안 왕으로 있었다.

14 가디의 아들 므나헴이 디르사에서 사마리아로 올라와, 야베스의 아들 살룸을 공격하여 죽이고 왕이 되었다.

15 살룸의 나머지 생애와 시대, 그가 꾸민 음모 이야기는 '이스라엘 왕 연대기'에 기록되어 있다.

이스라엘 왕 므나헴

16 디르사에 기반을 둔 므나헴은 왕권을 잡자마자 딥사를 쳐부수고, 그 성읍뿐 아니라 근교까지 전부 파괴했다. 이는 그들이 두 팔 벌려 그를 환영하지 않았기 때문이다. 그는 잔인하게도 모든 임신부의 배를 갈랐다.

17-18 유다의 아사랴 왕 삼십구년에, 가디의 아들 므나헴이 이스라엘의 왕이 되어 사마리아에서 십 년 동안 다스렸다. 하나님 보시기에 그는 악하게 살았다. 그는 이스라엘을 죄악된 삶으로 끌어들인 느밧의 아들 여로보암의 죄를 하나씩 그대로 되풀이했다.

19-20 그때 앗시리아 왕 디글랏빌레셀 3세가 나타나 그 땅을 공격했다. 그러나 므나헴은 그와 거래를 했다. 37톤가량의 은을 넘겨주고 그의 지지를 얻어 낸 것이다. 므나헴은 돈을 조달하기 위해 이스라엘의 모든 지주로 하여금 앗시리아 왕에게 50세겔씩 바치게 했다. 앗시리아 왕은 그것에 만족하여 그 땅을 떠났다.

21-22 므나헴의 나머지 생애와 시대, 그가 행한 모든 일은 '이스라엘 왕 연대기'에 기록되어 있다. 므나헴은 죽어서 자기 조상에게 돌아갔다. 그의 아들 브가히야가 뒤를 이어 왕이 되었다.

이스라엘 왕 브가히야

23-24 유다의 아사랴 왕 오십년에, 므나헴의 아들 브가히야가 이스라엘의 왕이 되어 사마리아에서 이 년 동안 다스렸다. 하나님 보시기에 그는 악하게 살았다.

그는 이스라엘을 죄악된 삶으로 끌어들인 느밧의 아들 여로보암의 오래된 죄의
길에서 떠나지 않았다.
25 그러다가 그의 군보좌관인 르말랴의 아들 베가가 반역 음모를 꾸며, 사마리
아에 있는 왕궁 막사에서 그를 무참히 죽이고 아르곱과 아리에도 죽였다. 갓 지
파 사람 쉰 명이 그의 음모에 가담했다. 그는 왕을 죽이고 그 뒤를 이어 왕이 되
었다.
26 브가히야의 나머지 생애와 시대, 그가 행한 모든 일은 '이스라엘 왕 연대기'에
기록되어 있다.

이스라엘 왕 베가

27-28 유다의 아사랴 왕 오십이년에, 르말랴의 아들 베가가 사마리아에서 이스라
엘의 왕이 되어 이십 년 동안 다스렸다. 하나님 보시기에 그는 악하게 살았다.
그는 이스라엘을 죄악된 삶으로 끌어들인 느밧의 아들 여로보암이 닦아 놓은
길에서 조금도 벗어나지 않았다.
29 이스라엘의 베가 왕이 다스리는 동안, 앗시리아 왕 디글랏빌레셀 3세가 그 땅
을 침략했다. 그는 이욘, 아벨벳마아가, 야노아, 게데스, 하솔, 길르앗, 갈릴리
와 납달리 온 땅을 점령하고 모든 사람을 포로로 잡아 앗시리아로 끌고 갔다.
30 그때 엘라의 아들 호세아가 르말랴의 아들 베가를 상대로 반역 음모를 꾸몄
다. 그는 베가를 암살하고 왕이 되었다. 웃시야의 아들 요담 이십년에 일어난
일이다.
31 베가의 나머지 생애와 시대, 그가 행한 모든 일은 '이스라엘 왕 연대기'에 기
록되어 있다.

유다 왕 요담

32-35 이스라엘의 르말랴 왕의 아들 베가 이년에, 웃시야의 아들 요담이 유다의
왕이 되었다. 그는 스물다섯 살에 왕위에 올라 예루살렘에서 십육 년 동안 다스
렸다. 그의 어머니는 사독의 딸 여루사다. 그는 아버지 웃시야를 본받아 하나님
보시기에 바르게 행했다. 그러나 백성이 지역의 음란한 종교 산당들을 오가는
일에는 간섭하지 않아서, 백성이 계속해서 그곳을 드나들었다. 하나님의 성전
에 있는 높은 문은 그가 건축한 것이다.
36-38 요담의 나머지 생애와 시대, 그가 행한 일에 대한 기록은 '유다 왕 연대기'에
남아 있다. 바로 이때부터 하나님께서 아람 왕 르신과 르말랴의 아들 베가를 보
내어 유다를 공격하게 하셨다. 요담은 죽어서 자기 조상에게 돌아갔다. 사람들
이 그를 다윗 성의 가족 묘지에 묻었다. 그의 아들 아하스가 뒤를 이어 왕이 되
었다.

유다 왕 아하스

16 [1-4] 르말랴의 아들 베가 십칠년에, 요담의 아들 아하스가 유다의 왕이
되었다. 아하스는 스무 살에 왕위에 올라 예루살렘에서 십육 년 동
안 다스렸다. 그는 **하나님** 보시기에 바르게 행하지 못했고, 조상 다윗을 전혀 본
받지 않았다. 오히려 그는 이스라엘 왕들의 길을 따랐다. 심지어는 "자기 아들을
불 가운데로 지나게 하는" 극악무도한 행위까지 일삼았다. 그는 참으로 가증한
행위를 **하나님**께서 일찍이 그 땅에서 쫓아내신 이방인들에게서 배웠다. 또한 사
방 곳곳에서 성행하는 지역의 음란한 종교 산당들의 활동에도 참여했다.
5 그때 아람 왕 르신과 이스라엘 왕 르말랴의 아들 베가가 연합하여 아하스가 있
는 예루살렘을 공격하고 그 성을 포위했으나, 정복하지는 못했다.
6 비슷한 시기에 에돔 왕은 다른 곳을 침략하여 엘랏 포구를 되찾고 유다 사람들
을 쫓아냈다. 에돔 사람은 엘랏을 점령한 이후 오늘까지 그곳에 살고 있다.
7-8 아하스는 앗시리아 왕 디글랏빌레셀에게 사절을 보내어 이런 메시지를 전했
다. "나는 왕의 신하요 왕의 아들입니다. 오셔서 나를 아람 왕과 이스라엘 왕의
무자비한 침략에서 구해 주십시오. 그들이 지금 나를 공격하고 있습니다." 아하
스는 왕궁과 **하나님**의 성전 보물 보관소에서 금과 은을 강제로 꺼내어 앗시리
아 왕에게 뇌물로 보냈다.
9 앗시리아 왕은 이에 응하여 다마스쿠스를 공격하고 점령했다. 그는 사람들을
포로로 사로잡아 니느웨로 이주시켰다. 그리고 르신을 죽였다.
10-11 아하스 왕은 앗시리아 왕 디글랏빌레셀을 만나러 다마스쿠스로 갔다. 그는
다마스쿠스에 있는 제단을 보고 큰 감동을 받았다. 그는 그 제단의 도면과 청사
진 일체를 제사장 우리야에게 보냈다. 제사장 우리야는 아하스 왕이 다마스쿠
스에서 보내 온 규격대로 제단을 만들었다. 왕이 다마스쿠스에서 돌아오기 전
에 우리야는 제단을 모두 완성했다.
12-14 왕은 제단을 보고 경건한 마음으로 다가가, 각종 제물을 갖추고 예배를 준
비했다. 연기 자욱한 번제물, 곡식 제물, 부어 드리는 제물, 화목 제물로 뿌리는
피 등 빠진 것이 없었다. 그러나 그는 **하나님**의 임재의 증표인 옛 청동제단을
가운데 자리에서 옮겨, 자신이 세운 새 제단 옆으로 밀어 두었다.
15 아하스 왕은 제사장 우리야에게 명령했다. "이제부터는 아침의 번제물, 저녁
의 곡식 제물, 왕의 번제물과 곡식 제물, 백성의 번제물과 곡식 제물과 부어 드
리는 제물까지 모든 제물을 새 제단, 큰 제단에서 바치시오. 번제물과 희생 제물
의 모든 피를 이 제단에 뿌리시오. 옛 청동제단은 내가 개인적으로 쓸 것이오."
16 제사장 우리야는 아하스의 명령을 그대로 따랐다.
17-18 아하스 왕은 성전 가구에서 청동을 모두 압수했다. 성전 비품에서 청동을
벗기고, 커다란 대야 곧 바다를 떠받치고 있는 네 마리 청동황소까지 훔치고,
바다는 예법을 무시한 채 돌바닥 위에 놓았다. 마지막으로, 그는 성전 안에 있
는 물건 중에서 앗시리아 왕의 비위에 거슬릴 만한 것들을 모두 치웠다.
19-20 아하스의 나머지 생애와 시대는 '유다 왕 연대기'에 기록되어 있다. 아하스

는 죽어서 자기 조상과 함께 다윗 성에 묻혔다. 그의 아들 히스기야가 뒤를 이어 왕이 되었다.

이스라엘 왕 호세아

17

1-2 유다의 아하스 왕 십이년에, 엘라의 아들 호세아가 이스라엘의 왕이 되어 사마리아에서 구 년 동안 다스렸다. **하나님** 보시기에 그는 악하게 살았으나 선왕들만큼 악하지는 않았다.
3-5 그때 앗시리아 왕 살만에셀이 공격해 왔다. 호세아는 이미 앗시리아 왕의 꼭두각시로, 정기적으로 그에게 조공을 바치고 있었다. 살만에셀은 호세아가 몰래 이집트 왕 소와 손잡고 반역을 꾸미고 있다는 것을 알게 되었다. 더구나 호세아는 앗시리아에 보내야 할 연례 조공의 기한을 한참 넘기고 있었다. 그래서 앗시리아 왕은 그를 잡아 감옥에 가두고, 온 나라를 침략해 왔다. 그는 사마리아를 포위 공격했는데, 공격이 삼 년간 계속되었다.
6 호세아 구년에, 앗시리아 왕이 사마리아를 점령하고 백성을 포로로 잡아 앗시리아로 끌고 갔다. 그는 그들을 할라, 하볼 강가의 고산, 메대 사람들의 여러 성읍으로 이주시켰다.
7-12 그들이 포로로 끌려간 것은 죄 때문이었다. 이스라엘 자손은 자신들을 이집트와 바로 왕의 가혹한 압제에서 구해 낸 **하나님** 그들의 하나님께 죄를 지었다. 그들은 다른 신들과 친해졌고, **하나님**께서 쫓아내신 이방 나라들의 생활방식에 빠져들었으며, 왕들이 하는 대로 무엇이든 따라 했다. 그들은 남몰래 **하나님**을 거스르는 온갖 일들을 행했고, 파렴치하게도 어디든 자리만 있으면 공공연히 음란한 종교 산당들을 지었다. 그들은 거의 모든 교차로에 음란한 종교 상징물을 세웠다. 어디를 둘러보아도 그들이 이방 신들에게 바치는 제사의 연기가 피어올랐다. 전에 이방 나라들을 포로 신세로 전락하게 만든 바로 그 제사였다. 그들은 온갖 악한 짓을 저질렀다. "절대 그러지 말라!"는 **하나님**의 명령이 있었음에도 마른 나무를 깎거나 흙을 빚어 만든 신들을 고집스레 숭배했고, 결국 **하나님**께서는 더 이상 그들을 참아 낼 수 없으셨다.
13 그동안 **하나님**께서 수없이 많은 거룩한 예언자와 선견자들을 보내, 이스라엘과 유다에 맞서 몇 번이나 분명히 말씀하셨다. "너희는 악한 생활방식에서 돌아서라. 내가 명령하는 대로 행하여라. 내가 너희 조상에게 명령했고, 그 뒤로도 내 종 예언자들을 통해 누누이 일깨워 준 그 계시대로 행하여라."
14-15 그러나 그들은 듣지 않았다. 어떻게 그럴 수 있을까 싶을 만큼, 그들은 고집불통인 그들의 조상보다 더한 고집을 부렸다. 그들은 하나님의 지침, 곧 그분이 그들의 조상과 맺으신 엄숙하고 거룩한 언약을 거듭 일깨워 주는 경고를 업신여겼다. 주변의 이방 민족들처럼 "아무것도 아닌" 삶을 살았고 "아무것도 아닌 자들"이 되었다. 그들은 "하지 말라!"는 **하나님**의 경고를 받을 만큼 받았으나, 그것을 무시했다.
16-17 그들은 **하나님** 그들의 하나님께서 하신 모든 말씀을 버리고, 하나님 대신

수송아지 형상의 두 신상과 창녀 여신 아세라를 위한 남근 목상을 섬겼다. 그들
은 우주의 하늘 신과 여신을 숭배하고, 바알의 음란한 종교 산당들에 자주 드나
들었다. 급기야는 자신들의 자녀를 불살라 제물로 바치는 지경에까지 이르렀
다! 그들은 마법과 주술에 빠져들었다. 한마디로 그들은 온갖 악한 일로 스스로
를 더럽혔다. 결국 **하나님**께서는 더 이상 참을 수가 없으셨다.
18-20 **하나님**께서 매우 진노하셔서 그들을 없애 버리고 그 땅에서 영원히 몰아내
시니, 오직 유다 지파만 남았다. (사실 유다도 크게 나을 것은 없었다. 유다도 하나님의
명령을 지키지 않았고, 이스라엘이 택한 것과 똑같은 생활방식에 빠져들었다.) **하나님**께서
이스라엘과 관계된 자들을 모두 버리셨고, 그들의 삶을 괴롭게 하셨으며, 침략
자들에게 착취당하도록 내버려 두셨다. 그리고 마침내 그들을 눈앞에서 쫓아내
셨다.
21-23 전에 하나님께서 이스라엘을 다윗 가문에서 찢어 내실 때에 그들은 느밧의
아들 여로보암을 왕으로 삼았고, 여로보암은 이스라엘을 타락하게 만들었다.
하나님을 섬기지 못하게 내몰고, 총체적인 죄악으로 끌어들였다. 이스라엘 자
손은 조금도 저항하지 않고 여로보암의 모든 죄를 그대로 따라 했다. 결국 **하나
님**께서는 이스라엘을 거절하시고 그들에게서 등을 돌리셨다. 그분께서는 그분
의 종인 예언자들의 설교를 통해 그들에게 타당한 경고와 함께 충분한 시간을
주셨으나, 결국에는 이스라엘을 앗시리아에 포로로 보내셨다. 그래서 그들은
오늘까지 그곳에 있다.

24-25 앗시리아 왕은 포로로 잡혀간 이스라엘 백성을 대신하여 바빌론, 구다, 아
와, 하맛, 스발와임에서 사람들을 데려다가 사마리아 성읍들에 이주시켰다. 그
들은 그곳이 자기 소유인 것처럼 이주해 들어와서 정착했다. 앗시리아 사람들
이 처음 들어올 때, 그들에게 **하나님**은 또 하나의 신에 지나지 않았다. 그들은
그분을 높이지도 않고 예배하지도 않았다. 그래서 **하나님**께서는 그들 사이로
사자들을 보내셔서 사람들을 물어 죽이게 하셨다.
26 그러자 이 일이 앗시리아 왕에게 전해졌다. "왕께서 사마리아의 성읍으로 데
려온 사람들은 이 땅의 신이 그들에게 무엇을 바라는지 모릅니다. 그래서 그 신
이 사자들을 보내어 사람들을 닥치는 대로 물어 죽이게 한 것입니다. 이 땅의
신이 그들에게 무엇을 바라는지 아무도 모르기 때문입니다."
27 앗시리아 왕이 명령했다. "그 지역에서 포로로 끌려온 제사장 몇 사람을 돌
려보내라. 그들이 돌아가 거기 살면서, 그 땅의 신이 그들에게 무엇을 바라는지
가르치게 하여라."
28 사마리아에서 포로로 잡혀 와 있던 제사장들 가운데 한 사람이 돌아가 베델로
이주했다. 그는 그들에게 **하나님**을 높이고 예배하는 법을 가르쳤다.
29-31 하지만 앗시리아가 이주시킨 각 민족은 그들의 신들을 만들어, 사마리아 사
람들이 남기고 간 지역의 음란한 종교 산당들 안에 세웠다. 각 민족마다 입맛에
맞는 지역 신이 있었다.

바빌론 사람은 숙곳브놋
구다 사람은 네르갈
하맛 사람은 아시마
아와 사람은 닙하스와 다르닥
스발와임 사람은 아드람멜렉과 아남멜렉(그들은 자녀를 불살라서 이 신들에게 희생제물로 바쳤다!)

32-33 그들은 하나님을 높이고 예배했으나, 하나님만 섬기지는 않았다. 또 자격과
상관없이 온갖 사람들을 제사장으로 임명하여, 지역에 있는 다산의 산당들에서
갖가지 의식을 거행하게 했다. 그들은 하나님을 높이고 예배했으나, 그들이 살
다 온 지역의 옛 신들을 섬기는 일도 버리지 않았다.
34-39 그들은 오늘까지도 옛 관습을 따르고 있다. 향수를 불러일으키는 옛 신이면
무엇이든 예배한다. 그들은 하나님을 진정으로 예배하지 않는다. 어떻게 행동
하고 무엇을 믿어야 할지에 대해서 그분이 하시는 말씀, 그분이 이스라엘로 이
름 지어 주신 야곱의 자손에게 계시해 주신 말씀을 진지하게 여기지 않는다. 하
나님은 그분의 백성과 언약을 맺으시며 이렇게 명령하셨다. "다른 신들을 높이
지 마라. 그들을 예배하지 말고 그들을 섬기지 말며, 그들에게 제사 지내지 마
라. 하나님 곧 큰 능력으로 너희를 친히 이집트에서 구해 내신 그 하나님을 예
배하여라. 그분을 공경하고 경외하여라. 그분을 예배하여라. 그분께 제사를 드
려라. 오직 그분께만! 무엇을 믿고 어떻게 행동해야 할지 그분이 가르치신 것,
너희를 위해 기록해 두신 모든 것을 너희가 사는 날 동안 행하여라. 너희는 어
떤 경우에도 다른 신들을 예배해서는 안된다! 그분이 너희와 맺으신 언약에서
너희가 지켜야 할 것을 잊지 마라. 다른 신들을 예배하지 마라! 하나님, 오직 하
나님만 예배하여라. 너희를 원수의 압제에서 구원하실 이는 바로 그분이시다."
40-41 그러나 그들은 전혀 신경 쓰지 않았다. 그들은 늘 하던 대로, 겉으로는 하나
님을 예배하면서, 동시에 자신들의 지역 신들을 섬겼다. 그들의 자녀들도 조상
이 한 일을 오늘까지 그대로 따르고 있다.

유다 왕 히스기야

18

1-4 이스라엘의 엘라 왕의 아들 호세아 삼년에, 아하스의 아들 히스
기야가 유다의 왕이 되었다. 그는 스물다섯 살에 왕위에 올라 예루
살렘에서 이십구 년 동안 다스렸다. 그의 어머니는 스가랴의 딸 아비야다. 하
나님 보시기에 그는 선한 왕이었다. 그는 조상 다윗을 그대로 본받았다. 지역
에 있는 다산의 산당들을 없애고, 남근 석상들을 깨부수고, 음란한 여신 아세라
의 목상을 베었다. 결정적으로 그는 모세가 만들었던 옛 청동뱀을 가루로 만들
었다. 당시 이스라엘 백성 사이에는 그 뱀에게 제사하는 풍습이 있었다. 그들은
그것을 느후스단(옛 뱀)이라는 이름으로 부르며 고상하게 여기기까지 했다.
5-6 히스기야는 이스라엘의 하나님을 온전히 신뢰했다. 그와 같은 왕은 전에도

없었고 후에도 없었다. 그는 **하나님**을 꼭 붙들고—잡은 손을 절대 놓지 않고—
그분이 모세에게 명령하신 모든 말씀에 그대로 순종했다. **하나님**께서는 그를
저버리지 않으시고 그가 행하는 모든 일에 함께하셨다.
7-8 그는 앗시리아 왕에게 반기를 들었다. 더 이상 그를 섬기지 않기로 결단했다.
그는 또 전초기지와 요새 성읍에 있던 블레셋 사람을 가사와 그 국경까지 쫓아
냈다.
9-11 히스기야 사년, 이스라엘 왕 엘라의 아들 호세아 칠년에, 앗시리아 왕 살만
에셀이 사마리아를 공격했다. 그는 그곳을 포위하여 삼 년 만에 점령했다. 이때
는 히스기야 육년, 곧 호세아 구년이었다. 앗시리아 왕은 이스라엘 사람을 포로
로 잡아 할라, 하볼 강가의 고산, 메대 사람의 여러 성읍으로 이주시켰다.
12 이 모든 일은 그들이 **하나님**의 음성을 듣지 않고, 경솔하게 그분의 언약을 멸
시했기 때문에 일어났다. 그들은 **하나님**의 종 모세가 명령한 것을 한 마디도 듣
지 않았고 행하지도 않았다.
13-14 히스기야 왕 십사년에, 앗시리아 왕 산헤립이 유다 외곽의 요새 성읍을 공
격하여 모두 점령했다. 히스기야 왕은 라기스 본부에 있는 앗시리아 왕에게 메
시지를 보냈다. "내가 잘못했습니다. 군대를 후퇴시켜 주십시오. 당신이 정하시
는 대로 조공을 바치겠습니다."
14-16 앗시리아 왕은 유다의 히스기야 왕에게 은 11톤과 금 1톤을 조공으로 요구
했다. 히스기야는 **하나님**의 성전과 왕궁 보물 보관소에 있던 은을 모두 넘겼다.
히스기야는 **하나님**의 성전 문과 자기가 금을 입혔던 문기둥까지 뜯어서 앗시리
아 왕에게 주었다.
17 그러자 앗시리아 왕은 군 최고지휘관 세 사람(다르단, 랍사리스, 랍사게)에게 막강
한 병력을 주어서 라기스에서부터 히스기야 왕이 있는 예루살렘으로 보냈다. 예
루살렘에 도착한 그들은 빨래터로 가는 길에 있는 '윗저수지' 수로에 멈추었다.
18 그들이 큰소리로 왕을 부르자, 왕궁을 책임지고 있는 힐기야의 아들 엘리아
김과 왕의 서기관 셉나, 궁중 사관 아삽의 아들 요아가 그들을 맞으러 나갔다.
19-22 셋째 지휘관인 랍사게가 앗시리아 왕의 대변인 역할을 했다. 그가 말했다.
"히스기야에게 전하여라. 위대한 왕이신 앗시리아 왕의 메시지다. '너는 지금
거짓의 세계, 종교적 환상의 세계에 살고 있다. 고작 말 몇 마디로 군사 전략과
병력을 대신할 수 있다고 보느냐? 이제 네가 내게 반역했으니 누구의 도움을
바랄 수 있겠느냐? 너는 이집트가 도와줄 줄로 알았겠지만, 이집트는 종이호
랑이에 지나지 않아서 바람 한번 불면 쓰러진다. 이집트 왕 바로는 속빈 강정이
다. 아니면 너희가 "우리는 **하나님**을 의지한다"고 말하겠느냐? 하지만 히스기
야, 너는 사람들이 하나님께 갈 수 있는 길을 이미 없애 버렸다. 유다와 예루살
렘의 모든 사람에게 "너희는 예루살렘 제단에서만 예배해야 한다"고 명령하면
서, 지역에 있는 하나님의 산당을 모두 없애지 않았느냐?'
23-24 그러니 이치에 맞게 생각해 보아라. 내 주인 앗시리아 왕과 겨루어 보는 건
어떠냐. 네가 말 타는 사람들을 내놓을 수 있다면, 내가 네게 말 이천 마리를 주

겠다. 내놓을 수 없다고? 그러면서 어떻게 내 주인의 군대중에서 신병 하나라
도 칠 수 있겠느냐? 너는 언제까지 그 공상을 붙들고 있을 셈이냐? 언제까지
이집트 전차와 말들에 의존할 셈이냐?
25 너는 내가 **하나님**의 허락 없이 이 땅을 멸하러 왔다고 생각하느냐? 사실은
하나님께서 내게 '이 땅을 공격하여 멸하라!'고 분명히 명령하셨다."
26 힐기야의 아들 엘리아김과 셉나와 요아가 랍사게에게 말했다. "우리가 아람
말을 알아들으니, 제발 아람 말로 말씀하십시오. 히브리 말로 말씀하지 말아 주
십시오. 성벽 위에 가득 모인 사람들이 당신의 말을 듣겠습니다."
27 그러자 랍사게가 말했다. "이것은 너희의 주인과 너희에게만 전하는 사적인
전갈이 아니다. 들릴 만한 거리에 있는 사람이면 누구나 들어야 할 공적인 메시
지다. 어차피 그들과도 관계된 일이 아니냐. 네가 항복하지 않으면, 그들도 너
희와 함께 자기 똥을 먹고 자기 오줌을 마시게 될 것이다."
28-32 그러더니 그는 앞으로 나아와 모두에게 들릴 만큼 크게 히브리 말로 말했
다. "위대한 왕이신 앗시리아 왕의 말씀을 잘 들어라. '히스기야에게 속지 마라.
그는 너희를 구원할 수 없다. 히스기야가 "**하나님**께서 우리를 구원하실 것입니
다. 이 성은 절대로 앗시리아 왕의 손에 넘어가지 않을 것입니다" 하며 **하나님**
을 신뢰하자고 말하지 못하게 하여라. 히스기야의 말에 귀를 기울이지 마라. 그
는 자기가 무슨 말을 하는지도 모른다.' 앗시리아 왕의 말씀을 들어라. '내 통치
를 받아들여 행복한 삶을 살아라. 내가 너희 모두에게 각자의 토지와 밭과 우물
을 보장하겠다! 내가 너희를 지금보다 훨씬 기름진 땅, 곡식과 포도주와 빵과
포도원과 올리브 과수원과 꿀의 땅으로 데려다 주겠다. 인생은 한 번뿐이다. 그
러니 제대로 사는 것처럼 살아 보아라!
32-35 절대 히스기야의 말을 듣지 마라. "**하나님**께서 우리를 구원하실 것입니다"
하는 그의 거짓말에 귀를 기울이지 마라. 앗시리아 왕의 손에서 한 사람이라도
자기 백성을 구해 낸 신이 있었느냐? 하맛과 아르밧의 신들은 어디 있느냐? 스
발와임, 헤나, 아와의 신들은 어디 있느냐? 그리고 사마리아, 그들의 신들이 그
들을 구원했느냐? 어디서든 나 앗시리아 왕의 손에서 한 사람이라도 구원한 신
의 이름을 너희가 댈 수 있느냐? 그런데 어찌하여 너희는 **하나님**이 내 손에서
예루살렘을 구원할 수 있다고 생각하느냐?'"
36 백성은 침묵했다. 왕이 이미 "누구도 말하지 마시오. 한 마디도 하지 마시오!"
하고 명령했기 때문에 아무도 입을 열지 않았다.
37 왕궁 관리 힐기야의 아들 엘리아김과 왕의 서기관 셉나와 궁중 사관 아삽의
아들 요아가 히스기야에게 돌아갔다. 그들은 절망하여 옷을 찢었다. 그리고 랍
사게의 말을 히스기야에게 보고했다.

19

1-3 이 말을 모두 들은 히스기야도 옷을 찢고 굵은 베옷을 입었다. 그
리고 **하나님**의 성전으로 들어갔다. 그는 왕궁을 책임지고 있는 엘리

아김과 서기관 셉나와 원로 제사장들을 아모스의 아들 예언자 이사야에게 보냈
는데, 그들도 모두 굵은 베옷을 입었다. 그들이 이사야에게 말했다. "히스기야
왕의 메시지입니다. '오늘은 참담한 날, 비참한 날, 심판의 날입니다!

아이를 낳을 때가 되었으나
출산할 힘이 없습니다.

4 하나님 당신의 하나님께서 랍사게의 신성모독 발언을 들으셨을 것입니다. 그
의 주인인 앗시리아 왕이 그를 보내어, 살아 계신 하나님을 모욕하게 했습니다.
하나님 당신의 하나님께서 그런 말을 한 그를 그냥 두지 않으실 것입니다. 당신
은 남은 이 백성을 위해 기도해 주십시오.'"
5 이것이 히스기야 왕의 신하들이 이사야에게 전한 메시지였다.
6-7 이사야가 그들에게 대답했다. "당신들의 주인에게 이렇게 전하십시오. 하나
님의 말씀입니다. '너는 앗시리아 왕의 아첨쟁이 심부름꾼들에게서 들은 그 무
엄한 신성모독 발언을 조금도 두려워하지 마라. 내가 그의 자신감을 앗아 갈 것
이다. 그는 한 소문을 듣고 겁에 질려서 자기 나라로 돌아갈 것이다. 돌아간 뒤
에는 내가 반드시 그를 죽게 할 것이다.'"
8-13 랍사게가 돌아가서 보니, 앗시리아 왕이 이미 라기스에서 진을 거두고 가서
립나와 싸우고 있었다. 그때에 산헤립은 구스 왕 디르하가가 자기와 싸우러 오
고 있다는 소식을 들었다. 그래서 그는 유다의 히스기야 왕에게 또 다른 사신을
보내어 이런 메시지를 전하게 했다. "네가 그토록 소중히 여기는 그 신이 '예루
살렘은 절대로 앗시리아 왕에게 무너지지 않는다'고 말하더라도 속지 마라. 새
빨간 거짓말이다. 앗시리아 왕들의 업적은 너도 아는 바다. 여러 나라들이 줄줄
이 짓밟혀 폐허가 되었다. 그런데 어째서 너희만은 예외일 것이라고 생각하느
냐? 내 조상들에게 망하여 폐허가 된 나라들을 잘 살펴보아라. 그들의 신들이
그들에게 조금이라도 도움이 되었느냐? 고산, 하란, 레셉, 들라살의 에덴 민족
을 보아라. 이미 폐허가 되었다. 하맛 왕, 아르밧 왕, 스발와임과 헤나와 이와의
왕들에게 무엇이 남았느냐? 오직 뼈뿐이다."
14-15 히스기야가 사신에게서 편지를 받아 읽었다. 그는 하나님의 성전으로 가서
편지를 하나님 앞에 펼쳐 놓았다. 그리고 기도했다. 참으로 간절히 기도했다!

위엄으로 그룹 보좌에 앉으신
하나님 이스라엘의 하나님,
주님은 세상 모든 나라를 다스리시는
한분 하나님이시며
하늘을 지으시고
땅을 지은 분이십니다.
16 하나님, 귀를 열어 들으시고

눈을 떠서 보십시오.
살아 계신 하나님을 뻔뻔스레 모욕하는,
산헤립이 보낸 이 편지를 보십시오!
17 **하나님**, 과연 그의 말대로 앗시리아 왕들은
여러 땅과 나라를 폐허로 만들었습니다.
18 그들은 나무와 돌을 가지고 손으로 만든 그곳 신들로
신도 아닌 것들로, 큰 모닥불을 피웠습니다.
19 그러나 **하나님** 우리 하나님, 이제
건방진 앗시리아의 무력에서 우리를 구원해 주십시오.
주님만이 **하나님** 오직 한분 하나님이심을
세상 모든 나라로 알게 하십시오.

20-21 얼마 후에 아모스의 아들 이사야가 히스기야에게 말을 전했다.

하나님의 말씀입니다. "네가 앗시리아 왕 산헤립의 일로 내게 기도했다. 내가 네 기도를 들었다. 산헤립에 대한 나의 응답은 이러하다.

처녀 딸 시온이
너를 잔뜩 멸시한다.
딸 예루살렘이 보기에
너는 찌끼에 지나지 않는다.
22 네가 누구를 모욕했느냐?
네가 누구를 욕했느냐?
네가 누구 앞에서 으스댔느냐?
바로, 이스라엘의 거룩한 이다!
23 너는 네 심부름꾼들을 보내어
주를 모욕했다.
너는 자랑했다. '나는 전차부대로
가장 높은 산들,
눈 덮인 레바논 고산들에 올랐다!
그곳의 거대한 백향목들을 베고
수려한 소나무들을 베어 넘어뜨렸다.
온 세상을 돌아다니며
절경의 깊은 숲에 가 보았다.
24 나는 먼 곳에 우물을 파서
다른 나라의 물을 마셨다.
이집트의 강들을
맨발로 첨벙첨벙 걸었다.'

[25] 이 모든 일 뒤에 내가 있다는 생각을
너는 한 번도 해본 적이 없느냐?
아주 먼 옛날 내가 계획을 세웠고
이제 그것을 실행에 옮겼다.
내가 너를 심판 날의 무기로 사용하여
교만한 성읍들을 잔해 더미로 만들었고,
[26] 그곳 백성을 낙담하게 하고
절망하게 하고, 무기력하게 만들었다.
그들은 잡초처럼 쓸모없고 풀처럼 약하며
바람에 날리는 겨처럼 힘을 잃었다.
[27] 나는 네가 언제 앉고, 언제 오며,
언제 가는지를 다 안다.
네가 나에게 화내며 대든 일도
하나하나 유심히 보았다.
[28] 너의 그 성미 때문에,
신성을 모독한 몹쓸 성미 때문에
이제 내가 네 코에 갈고리를 꿰고
네 입에 재갈을 물려서
네가 왔던 곳으로
되돌려 보낼 것이다.

[29] 그리고 히스기야야, 이것은 네게 주는 확실한 표징이다.

올해는 네가 수확하고 남은 것을 먹고, 내년에는
되는 대로 구걸하거나 빌리거나 훔쳐서 먹을 것이다.
그러나 내후년에는 네가 씨를 뿌려 수확할 것이며
포도원을 가꾸어 포도를 먹을 것이다.
[30] 유다 가문의 남은 자들이 다시금
뿌리를 내리고 열매를 맺을 것이다.
[31] 남은 자들이 예루살렘에서,
살아남은 자들이 시온 산에서 올 것이다.
하나님의 열심이
이 일을 이룰 것이다."

[32] 요컨대, **하나님**께서 앗시리아 왕에 대해 하신 말씀은 이러합니다.

그는 이 성에 들어오지 못하고
이리로 화살 하나도 쏘지 못할 것이다.

방패를 휘두르지 못하고
포위 공격을 시작조차 못할 것이다.
[33] 그는 자기가 왔던 길, 본국으로 돌아갈 것이다.
이 성에는 들어오지 못한다. **하나님**의 말씀이다!
[34] 내가 나를 위해, 다윗을 위해
이 성을 보호하고 이 성을 구원할 것이다.

[35] 그리하여 그날 밤 **하나님**의 천사가 와서 앗시리아 사람 185,000명을 죽였다.
이튿날 아침에 예루살렘 백성이 일어나 보니, 온 진이 주검 천지였다!
[36-37] 앗시리아 왕 산헤립은 거기서 재빨리 빠져나와 곧장 본국의 니느웨로 가서
그곳에 머물렀다. 하루는 그가 자기의 신 니스록의 신전에서 예배하고 있는데,
그의 아들 아드람멜렉과 사레셀이 그를 죽이고 아라랏 땅으로 도망쳤다. 그의
아들 에살핫돈이 뒤를 이어 왕이 되었다.

20

[1] 얼마 후에 히스기야가 죽을병이 들었다. 아모스의 아들 예언자 이
사야가 그에게 문병을 와서 말했다. "일들을 정리하십시오. 왕께서
는 곧 돌아가실 것입니다. 살 날이 얼마 남지 않았습니다."

[2-3] 히스기야가 이사야에게서 고개를 돌려 **하나님**을 향해 기도했다.

하나님, 제가 누구이며 어떻게 살아왔는지 기억해 주십시오!
제가 주님 앞에서 정직했고
제 마음이 한결같이 진실했습니다.
주님을 기쁘게 해드리고, 주님께 인정받는 삶을 살았습니다.

그러고 나서 히스기야의 눈에서 눈물이 흘러내렸다. 그가 슬피 울었다.

[4-6] 이사야가 그곳을 떠나서 안뜰을 지나기 전에 **하나님**의 말씀이 그를 잡아 세
웠다. "돌아가서 내 백성의 지도자인 히스기야에게 말하여라. '히스기야야, **하
나님**의 말씀이다! 네 조상 다윗의 하나님에게서 온 말씀이다. 내가 네 기도를
듣고 네 눈물을 보았다. 내가 너를 낫게 할 것이다. 사흘 후에는 네가 네 발로
걸어 **하나님**의 성전에 들어갈 것이다. 내가 방금 네 수명에 십오 년을 더했다.
나를 위해, 내 종 다윗을 위해 내가 너를 앗시리아 왕의 손에서 구원하고, 이 성
을 내 방패로 보호할 것이다.'"
[7] 이사야가 말했다. "무화과 반죽을 가져오십시오."
사람들이 반죽을 준비하여 종기에 바르자, 히스기야는 점차 회복되었다.
[8] 히스기야가 이사야에게 말했다. "이것이 무화과 반죽 때문이 아니라 **하나님**

께서 하신 일이라는 것을 내가 어떻게 알겠습니까? 하나님께서 나를 낫게 하셔
서, 사흘 후에는 내 발로 걸어 하나님의 성전에 들어가게 된다는 확실한 표징이
무엇입니까?"
9 이사야가 말했다. "하나님께서 그 말씀대로 행하시리라는 표징은 이것입니다.
해시계의 그림자가 십 도 앞으로 가면 좋겠습니까, 십 도 뒤로 가면 좋겠습니
까? 선택하십시오."
10 히스기야가 말했다. "해시계의 그림자가 십 도 앞으로 가는 것은 쉬울 테니,
십 도 뒤로 가게 해주십시오."
11 이사야가 하나님께 부르짖어 기도하자, 아하스의 해시계 그림자가 십 도 뒤
로 물러났다.

12-13 그 일이 있고 나서 얼마 후에, 왕이 병들었다는 소식을 들은 바빌론 왕 발라
단의 아들 므로닥발라단이 쾌유를 비는 편지와 선물을 히스기야에게 보내왔다.
히스기야는 기뻐서 사신들에게 은과 금과 향료와 향기로운 기름과 무기 등 자
신의 값진 물건이 보관되어 있는 곳을 직접 안내하며 구경시켜 주었다. 왕궁과
나라 안의 모든 것을 빠짐없이 그들에게 보여주었다.
14 그때 예언자 이사야가 나타났다. "이 사람들은 여기서 무엇을 하고 있는 것입
니까? 이들이 어디서 왔으며, 무엇 때문에 온 것입니까?"
히스기야가 말했다. "그들은 멀리 바빌론에서 왔습니다."
15 "이들이 왕궁에서 무엇을 보았습니까?"
"모든 것을 보았습니다." 히스기야가 말했다. "내가 그들에게 보여주지 않은 것
이 하나도 없습니다. 왕궁 일주를 시켜 주었습니다."
16-18 그러자 이사야가 히스기야에게 말했다. "이 일에 대해 하나님께서 하시는
말씀을 들으십시오. '네 모든 소유물과 네 조상들이 네게 물려 준 모든 것이, 받
침접시 딸린 마지막 잔 하나까지 이곳에서 몽땅 치워질 날이 올 것이다. 모두
약탈당해 바빌론으로 옮겨질 것이다. 나 하나님의 말이다! 그뿐 아니라 네 아들
들, 네가 낳은 아들들의 자손이 결국에는 바빌론 왕궁의 내시가 될 것이다.'"
19 히스기야가 이사야에게 말했다. "하나님께서 그렇게 말씀하시면, 그것은 분명
지당한 말씀일 것입니다." 그러나 그는 속으로 "내 평생에는 그런 일이 일어나지
않을 테니, 내가 사는 동안에는 평안과 안전을 누릴 것이다" 하고 생각했다.

20-21 히스기야의 나머지 생애와 시대, 그가 벌인 사업, 특히 윗저수지를 공사하
여 성 안으로 물을 끌어들인 일은 '유다 왕 연대기'에 기록되어 있다. 히스기야는
죽어서 자기 조상과 함께 묻혔다. 그의 아들 므낫세가 뒤를 이어 왕이 되었다.

유다 왕 므낫세

21

1-6 므낫세는 왕이 되었을 때 열두 살이었다. 그는 예루살렘에서 오
십오 년 동안 다스렸다. 그의 어머니는 헵시바다. 하나님 보시기에

그는 나쁜 왕, 악한 왕이었다. 그는 **하나님**께서 이스라엘 자손을 위해 이방 민족들을 쫓아내시던 때에, 그 땅에서 사라졌던 모든 도덕적 부패와 영적 타락을 다시 들여놓기 시작했다. 아버지 히스기야가 허물어 버린 모든 음란한 종교 산당들을 다시 지었고, 이스라엘 왕 아하스가 했던 것과 같이 음란한 신 바알과 아세라를 위해 제단과 남근 목상을 세웠다. 그는 또 일월성신을 숭배하여 별자리의 지시에 따랐다. 그는 **하나님**께서 정하신 대로("내가 예루살렘에 내 이름을 두겠다") 오직 **하나님**의 이름만 예배하도록 드려진 예루살렘 성전 안에까지 이러한 이방 제단들을 세웠다. 그는 일월성신을 위한 산당들을 지어 **하나님**의 성전 양쪽 안뜰에 두었다. 자기 아들을 희생 제물로 불살라 바쳤고, 악한 마술과 점술을 행했다. 그는 지하의 혼백을 불러내 궁금한 것들을 묻기도 했다. 그에게 악이 넘쳐났다. **하나님** 보시기에, 악으로 일관된 생애였다. **하나님**께서 진노하셨다.

7-8 결정적으로 그는 음란한 여신 아세라 목상을 **하나님**의 성전 안에 두었는데, 이것은 **하나님**께서 다윗과 솔로몬에게 주신 다음의 말씀을 명백히, 보란 듯이 범한 일이었다. "내가 이스라엘 모든 지파 가운데서 택한 이 성전과 이 예루살렘 성에 내 이름을 영원히 두겠다. 내가 다시는 내 백성 이스라엘로 하여금 내가 그들의 조상에게 준 이 땅을 떠나서 방황하지 않게 할 것이다. 그러나 조건이 있다. 그들이 내 종 모세가 전해 준 지침에 따라 내가 명령한 모든 것을 지켜야 한다."

9 그러나 백성은 이 말씀을 따르지 않았다. 므낫세는 그들을 그 길에서 벗어나게 했고, 일찍이 **하나님**께서 멸망시키신 이방 민족들의 악행을 넘어서는 악한 행위로 그들을 이끌었다.

10-12 **하나님**께서는 더 이상 참을 수 없어 그분의 종 예언자들을 통해 말씀을 보내셨다. "유다 왕 므낫세가 이런 극악무도한 죄를 짓고 그 앞에 있던 아모리 사람의 죄를 넘어서는 더 큰 악을 범하여 유다를 더러운 우상들이 판치는 죄인의 나라로 전락시켰으니, 이제 나 **하나님**이 너희를 심판하겠다. 나 이스라엘의 하나님이 예루살렘과 유다에 큰 재앙을 내릴 것이다. 사람들이 듣고도 믿어지지 않아 고개를 저으며 '도저히 믿지 못하겠다!'고 할 정도로 처참한 재앙이 될 것이다.

13-15 내가 사마리아가 맞은 운명을 예루살렘에도 내릴 것이니, 곧 아합을 향한 심판이 재현될 것이다. 너희가 그릇을 씻고 엎어서 말리듯이, 내가 예루살렘을 깨끗이 씻어 버릴 것이다. 내 유산으로 남은 그들을 없애고, 그 원수들의 손에 떨구어 버릴 것이다. 원수들이 닥치는 대로 그들을 약탈할 것이다. 그들의 조상이 이집트를 떠나던 날부터 지금까지, 그들은 내게 괴로움만 주었다. 그들이 나를 한계까지 몰아붙였으니, 나는 더 이상 그들의 악을 참지 않을 것이다."

16 므낫세에 대한 최종 평가는 그가 무차별적인 살인자라는 것이었다. 그는 백성을 죄로 끌어들였을 뿐 아니라, 무죄한 자들의 피로 예루살렘을 물들였다. **하나님** 보시기에 그는 유다를 죄인의 나라로 만들었다.

17-18 므낫세의 나머지 생애와 시대, 그가 행한 모든 일과 어리석은 죄의 기록이
'유다 왕 연대기'에 남아 있다. 므낫세는 죽어서 자기 조상에게 돌아갔다. 그는
왕궁 동산, 곧 웃사의 동산에 묻혔다. 그의 아들 아몬이 뒤를 이어 왕이 되었다.

유다 왕 아몬

19-22 아몬은 왕이 되었을 때 스물두 살이었다. 그는 예루살렘에서 이 년 동안 다
스렸다. 그의 어머니는 욧바 출신 하루스의 딸 므술레멧이다. **하나님** 보시기에
그는 그의 아버지 므낫세처럼 악하게 살았다. 그는 아버지의 뒤를 따라, 아버지
가 섬겼던 더러운 우상들을 섬기고 숭배했다. 그는 조상의 **하나님**을 완전히 버
렸고, **하나님**의 방식대로 살지 않았다.
23-24 결국 아몬의 신하들이 반역하여 왕궁에서 그를 암살했다. 그러나 백성이 아
몬 왕에게 반역한 세력을 죽이고 아몬의 아들 요시야를 왕으로 삼았다.
25-26 아몬의 나머지 생애와 시대는 '유다 왕 연대기'에 기록되어 있다. 사람들은
아몬을 웃사의 동산에 있는 그의 묘지에 묻었다. 그의 아들 요시야가 뒤를 이어
왕이 되었다.

유다 왕 요시야

22
1-2 요시야는 왕이 되었을 때 여덟 살이었다. 그는 예루살렘에서 삼십
일 년 동안 다스렸다. 그의 어머니는 보스갓 출신 아다야의 딸 여디
다다. 그는 **하나님**이 원하시는 모습으로 살았다. 그의 조상 다윗이 밝히 보여준
길을 똑바로 따라갔고, 왼쪽으로나 오른쪽으로나 한 걸음도 벗어나지 않았다.
3-7 요시야 왕 십팔년 어느 날에, 왕은 므술람의 손자요 아살리야의 아들인 왕의
서기관 사반을 **하나님**의 성전으로 보내며 지시했다. "대제사장 힐기야에게 가
서 백성이 **하나님**의 성전에 가져온 헌금, 곧 성전 문지기들이 백성에게서 거둔
돈을 계산하게 하시오. 그 돈을 **하나님**의 성전 공사를 관리하는 감독관들에게
넘겨주어, **하나님**의 성전을 보수하는 일꾼들인 모든 목수와 건축자와 석수들에
게 지불하게 하시오. 또한 그들에게 성전 보수에 필요한 목재와 석재를 구입할
권한을 주시오. 그들은 모두 정직하니, 그들에게 돈을 줄 때는 영수증을 받지
않아도 될 것이오."
8 대제사장 힐기야가 왕의 서기관 사반에게 소식을 전했다. "내가 방금 **하나님**
의 길을 일러 주는 **하나님**의 계시의 책을 발견했습니다. 성전에서 찾았습니다!"
그가 그 책을 사반에게 주자 사반이 받아 읽어 보았다.
9 그러고 나서 사반은 왕에게 돌아와 그동안의 일을 보고했다. "왕의 신하들이
성전을 위해 거둔 돈을 자루에 담아, 성전 일꾼들에게 지불하도록 감독관들에
게 주었습니다."
10 왕의 서기관 사반은 또 왕에게 말했다. "제사장 힐기야가 저에게 책을 하나
주었습니다." 사반은 그 책을 왕에게 읽어 주었다.
11-13 왕은 그 책, 곧 **하나님**의 계시에 기록된 내용을 듣고, 크게 놀라며 자기 옷

을 찢었다. 왕은 제사장 힐기야와 사반의 아들 아히감, 미가야의 아들 악볼, 서
기관 사반, 왕의 개인 보좌관 아사야를 불러 그들 모두에게 명령했다. "가서 나
와 이 백성과 온 유다를 위해 **하나님**께 기도하시오! 방금 발견한 이 책에 기록
된 내용에 우리가 어떻게 반응해야 하는지 알아보시오! **하나님**의 진노가 우리
를 향해 불같이 타오르고 있는 것이 분명하오. 우리 조상은 이 책에 기록된 말
씀에 조금도 순종하지 않았고, 하나님께서 주신 지침을 하나도 따르지 않았소."
14-17 제사장 힐기야와 아히감, 악볼, 사반, 아사야는 곧바로 여예언자 훌다를 찾
아갔다. 훌다는 할하스의 손자요 디과의 아들이요 왕궁 예복을 맡은 살룸의 아
내로, 예루살렘 둘째 구역에 살고 있었다. 그 다섯 사람이 찾아가 그녀의 의견
을 구했다. 훌다는 그들에게 이렇게 답했다. "**하나님** 이스라엘의 하나님의 말씀
입니다. '너희를 이곳으로 보낸 사람에게 전하여라. "내가 이곳과 이 백성에게
심판의 재앙을 내릴 것이다. 유다 왕이 읽은 그 책에 기록된 모든 말씀이 그대
로 이루어질 것이다. 그들이 나를 버리고 다른 신들을 가까이했고, 신상을 만들
고 팔아 나를 더없이 노하게 했기 때문이다. 내 진노가 이곳을 향해 뜨겁게 타
오르고 있으니, 아무도 그 불을 끌 수 없을 것이다."'
18-20 또 유다 왕이 **하나님**의 인도하심을 구했으니 왕께 전하십시오. 왕이 책에서
읽은 내용에 대한 **하나님**의 말씀입니다. '내가 이곳과 이 백성에게 심판의 재앙
을 내리겠다고 한 말을 네가 진심으로 받아들이고 겸손하게 회개하며, 크게 놀
라 옷을 찢고 내 앞에서 울었으니, 내가 너를 진심으로 대하겠다. **하나님**의 말
씀이다. 내가 너를 돌볼 것이다. 너는 평안히 죽어서 묻힐 것이다. 내가 이곳에
내릴 재앙을 너는 보지 못할 것이다.'"
그들이 훌다의 메시지를 가지고 왕에게 돌아갔다.

23

1-3 왕은 곧바로 행동에 나서, 유다와 예루살렘의 모든 장로를 소집
했다. 그런 다음, 모든 백성—유명인부터 무명인에 이르기까지 모든
제사장과 예언자와 백성—을 거느리고 **하나님**의 성전으로 나아왔다. **하나님**의
성전에서 발견된 언약책에 기록된 내용을 모든 사람 앞에서 큰소리로 낭독했
다. 왕은 그의 자리에 서서 그들 모두가 **하나님** 앞에 엄숙히 맹세하게 했다. 믿
음과 순종으로 **하나님**을 따르고, 무엇을 믿고 행해야 할지 그분이 지시하신 대
로 온 마음을 다해 따르며, 그 책에 기록된 모든 언약을 지키게 한 것이다. 백성
이 서서 한마음으로 동의했다. 그들은 만장일치로 다짐했다.
4-9 이어서 왕은 대제사장 힐기야와 부제사장, 성전 문지기들에게 성전을 깨끗
이 정화하도록 명령했다. 바알과 아세라와 일월성신을 숭배하기 위해 만든 모
든 것을 **하나님**의 성전에서 없애게 했다. 왕은 그것들을 예루살렘 바깥 기드론
들판에서 불사르고 그 재를 베델에 버리게 했다. 그는 유다 각 성읍과 예루살렘
인근 지역의 음란한 종교 산당들을 감독하도록 유다 왕들이 고용한 이방 제사
장들을 내쫓았다. 바알과 해와 달과 별 등 모든 일월성신을 숭배하며 하루 종일

풍기는 더러운 악취를, 그 땅에서 단번에 깨끗이 제거했다. 그는 **하나님**의 성전
에 있던 음란한 아세라 목상을 예루살렘 바깥 기드론 골짜기로 가져다가 불사
른 다음, 그 재를 갈아서 묘지에 뿌렸다. 또한 **하나님**의 성전에 있던 신전 남창
들의 방을 허물었다. 그곳은 여인들이 아세라를 위해 천을 짜던 공간이기도 했
다. 왕은 유다 전역의 성읍에서 이방 제사장들을 모두 쫓아냈고, 나라 이쪽 끝
에서 저쪽 끝까지, 곧 게바에서 브엘세바까지 그들이 관리하던 음란한 종교 산
당들을 모두 부수었다. 그는 성읍의 지도자 여호수아가 성문 왼쪽에 개인 전용
으로 지은 음란한 종교 산당도 부수었다. 이러한 음란한 종교의 제사장들이 성
전의 제단을 더럽힌 것은 아니었지만, 타락한 제사장 전체 조직의 일부를 이루
고 있었으므로 그들을 내쫓았던 것이다.

10-11 또한 요시야는 도벳, 곧 자녀들을 제물로 불 속에 불살라 바치기 위해 벤힌
놈 골짜기에 세운 가마 철판을 부수었다. 더 이상 누구도 아들이나 딸을 몰렉
신에게 불살라 바칠 수 없게 했다. 그는 유다 왕들이 태양신을 기리기 위해 성
전 입구에 세워 놓은 말 동상들을 끌어내렸다. 그것들은 관리 나단멜렉의 집무
실 옆 안뜰에 있었다. 그는 태양 전차들을 불살라 쓰레기로 만들어 버렸다.

12-15 왕은 모든 제단, 곧 아하스의 산당 옥상에 세운 제단, 유다 왕들이 만든 갖
가지 제단, 성전 안뜰에 어지럽게 널린 므낫세의 제단들을 산산이 부숴 조각냈
다. 그 모두를 부순 뒤에 파편은 가루로 만들어, 그 재를 기드론 골짜기에 뿌렸
다. 왕은 또 예루살렘 동쪽, 가증한 산 남쪽 비탈에 우후죽순처럼 생겨난 음란
한 종교 산당들을 깨끗이 제거했다. 이 산당들은 이스라엘 왕 솔로몬이 시돈의
음란한 여신 아스다롯과 모압 사람의 음란한 신 그모스와 암몬 사람의 타락한
신 밀곰을 위해 지은 것들이었다. 요시야 왕은 제단들을 부수고, 남근 모양의
아세라 목상을 찍어 내고, 그곳에 오래된 뼈들을 뿌렸다. 또한 느밧의 아들 여
로보암—이스라엘을 죄악된 삶으로 끌어들인 바로 그 여로보암—이 세웠던 베
델 산당의 제단을 제거했다. 제단을 부수고 산당을 불살라 잿더미로 만든 다음,
아세라 목상을 불태웠다.

16 현장을 둘러보던 요시야 왕이 산허리에 있는 무덤들을 보았다. 그는 그 무덤
들을 파헤쳐 뼈를 꺼낸 다음, 무너진 제단들 위에서 불태워 그 악한 제단들을
더럽히라고 명령했다. 이로써 옛날 여로보암이 거룩한 집회로 제단 옆에 섰을
때 거룩한 사람이 전한 **하나님**의 말씀이 이루어졌다.

17 그러고 나서 왕이 물었다. "저 비석은 누구의 것이오?"

성읍 사람들이 말했다. "왕께서 방금 이루신 베델 제단에 대한 말씀을 전한 거
룩한 사람의 무덤입니다."

18 요시야가 말했다. "그의 뼈는 건드리지 마라." 그래서 사람들은 그의 뼈와 사
마리아에서 온 예언자의 뼈는 손대지 않고 그대로 두었다.

19-20 그러나 요시야는 거기서 멈추지 않았다. 그는 이스라엘 왕들이 지어 **하나님**
을 그토록 진노케 한 지역의 음란한 종교 산당들이 있는 사마리아의 모든 성읍
을 두루 다녔다. 그는 베델에서 한 것과 똑같이 산당들을 허물어 폐허로 만들었

다. 희생 제사를 바치던 모든 제사장들을 죽이고 그들의 제단 위에서 불태워, 그 제단들을 부정하게 만들었다. 그러고 나서 요시야는 예루살렘으로 돌아왔다.
21 왕이 백성에게 명령했다. "이 언약책에 지시된 대로, **하나님** 여러분의 하나님 앞에서 유월절을 경축하십시오."
22-23 유월절을 지키는 일은 명령이었으나, 사사들이 이스라엘을 다스리던 시대 이후로 지켜진 적이 없었다. 이스라엘과 유다의 어떤 왕도 유월절을 지키지 않았다. 요시야 왕 십팔년에 이르러, 비로소 예루살렘에서 **하나님** 앞에서 유월절을 기쁘게 지키게 되었다.
24 요시야는 그 땅을 깨끗이 정리하여 영매와 주술사, 토착 신과 조각상들, 곧 유다와 예루살렘 어디서나 볼 수 있었던 더럽고 음란한 유물과 엄청난 양의 우상들을 모두 치웠다. 요시야는 제사장 힐기야가 **하나님**의 성전에서 발견한 책에 기록된 **하나님**의 계시의 말씀에 순종하여 그렇게 행한 것이다.
25 요시야에 견줄 왕은 없었다. 그는 회개하고 온전히 **하나님**께 순종했다. 그처럼 마음과 뜻과 힘을 다해 하나님을 사랑하고, 모세가 계시를 받아 기록한 지침들을 그대로 따른 왕은 그 전에도 없었고 그 후에도 없었다. 요시야 같은 왕은 세상에 다시 없었다.

26-27 요시야가 그렇게 행했음에도 불구하고, **하나님**의 불타는 진노는 식지 않았다. 므낫세로 인해 불붙은 격한 진노가 걷잡을 수 없이 타올랐다. **하나님**께서는 변함없이 심판을 선고하셨다. "내가 이스라엘을 없애 버린 것과 똑같이 내 앞에서 유다를 없애 버릴 것이다. 내가 택한 이 성 예루살렘과, 내가 '내 이름이 여기 있다'고 말한 이 성전에서까지 등을 돌릴 것이다."
28-30 요시야의 나머지 생애와 시대는 '유다 왕 연대기'에 기록되어 있다. 요시야는 이집트 왕 바로 느고가 앗시리아 왕과 손을 잡으려고 유프라테스 강으로 진군해 나오던 때에 죽었다. 요시야 왕이 므깃도 평원에서 느고를 가로막자, 느고가 그를 죽였다. 요시야의 신하들이 그의 시신을 전차에 싣고 예루살렘으로 옮겨 와서, 그의 무덤에 묻었다. 백성의 지지를 받은 요시야의 아들 여호아하스가 기름부음을 받고 아버지의 뒤를 이어 왕이 되었다.

유다 왕 여호아하스

31 여호아하스는 왕이 되었을 때 스물세 살이었다. 그는 예루살렘에서 석 달 동안 다스렸다. 그의 어머니는 립나 출신 예레미야의 딸 하무달이다.
32 **하나님** 보시기에 그는 조상의 악한 행실로 되돌아간 악한 왕이었다.
33-34 바로 느고가 하맛 땅 리블라에서 여호아하스를 사로잡고 감금하여 예루살렘에서 다스리지 못하게 했다. 그는 유다에게 은 4톤가량과 금 34킬로그램을 조공으로 바칠 것을 요구했다. 그러고 나서 바로 느고는 요시야의 아들 엘리아김을 요시야의 후계자로 삼고 그 이름을 여호야김으로 고쳤다. 여호아하스는 이집트로 끌려가 그곳에서 죽었다.

35 한편 여호야김은 말 잘 듣는 꼭두각시가 되어 바로가 요구한 은과 금을 충실
히 바쳤다. 그는 백성을 착취하고 모두에게 세금을 부과해서 돈을 모았다.

유다 왕 여호야김

36-37 여호야김은 왕이 되었을 때 스물다섯 살이었다. 그는 예루살렘에서 십일 년 동안 다스렸다. 그의 어머니는 루마 출신 브다야의 딸 스비다다. 하나님 보시기에 그는 조상의 악한 행실을 이어받은 악한 왕이었다.

24

1 여호야김이 다스릴 때에 바빌론 왕 느부갓네살이 그 땅을 침략해 왔다. 여호야김은 그의 꼭두각시 노릇을 하다가, 더는 참을 수 없어 삼 년 만에 반기를 들었다.

2-4 하나님께서는 바빌론, 아람, 모압, 암몬의 기습부대를 연이어 그에게 보내셨다. 그분의 전략은 유다를 멸망시키는 것이었다. 하나님께서는 일찍부터 그분의 종들 곧 예언자들의 설교를 통해 이 일을 말씀하셨고, 마침내 그 일을 행하셨다. 이것은 결코 우연이 아니라 하나님의 심판이었다. 므낫세—예루살렘 거리마다 피해자들의 무고한 피가 넘쳐나게 한 살인자 므낫세 왕—의 극악무도한 죄 때문에 그분은 유다에게 등을 돌리셨다. 하나님께서는 그러한 범죄를 간과할 수 없으셨다.

5-6 여호야김의 나머지 생애와 시대는 '유다 왕 연대기'에 기록되어 있다. 여호야김은 죽어서 자기 조상과 함께 묻혔다. 그의 아들 여호야긴이 뒤를 이어 왕이 되었다.

7 이제 이집트의 위협은 끝나서, 더는 이집트 왕이 유다를 침략해 오지 않았다. 이즈음에 바빌론 왕이 이집트 시내와 유프라테스 강 사이의 모든 땅, 전에 이집트 왕이 다스리던 땅을 점령했기 때문이다.

유다 왕 여호야긴

8-9 여호야긴은 왕이 되었을 때 열여덟 살이었다. 예루살렘에서 그의 통치는 석 달밖에 가지 못했다. 그의 어머니는 예루살렘 출신 엘나단의 딸 느후스다다. 하나님 보시기에 그는 자기 아버지와 조금도 다를 바 없는 악한 왕이었다.

10-12 그때에 바빌론 왕 느부갓네살의 지휘관들이 예루살렘을 공격하여 성을 포위했다. 지휘관들이 성을 포위하고 있는 동안, 바빌론 왕 느부갓네살이 직접 성을 찾아왔다. 그러자 유다의 여호야긴 왕은 그의 어머니와 지휘관과 보좌관과 정부 지도자들과 함께 항복했다.

12-14 느부갓네살 재위 팔년에, 여호야긴은 바빌론 왕에게 포로로 잡혔다. 느부갓네살은 하나님의 성전과 왕궁의 보물 보관소들을 비우고, 이스라엘 왕 솔로몬이 하나님의 성전을 위해 만들었던 모든 금 기구들을 약탈했다. 이것은 전혀 놀

랄 일이 아니었다. 하나님께서 이미 그렇게 될 것을 말씀하셨기 때문이다. 그런
다음 느부갓네살은 예루살렘의 모든 사람, 곧 지도자와 군인, 장인과 기술자를
강제 이주시켰다. 그는 그들을 포로로 끌고 갔는데, 그 수가 만 명에 달했다! 그
가 남겨 둔 이들은 가난한 사람들뿐이었다.
15-16 느부갓네살은 여호야긴을 포로로 사로잡아 바빌론으로 끌고 갔다. 왕의 어
머니와 그의 아내들, 고관들, 사회 지도자들, 그 밖에 주요 인물들도 모두 그와
함께 끌고 갔다. 군인 칠천 명에 장인과 기술자의 수가 천 명 정도 되었다.
17 그 후 바빌론 왕은 여호야긴의 삼촌 맛다니야를 꼭두각시 왕으로 세우고, 그
이름을 시드기야로 고쳤다.

유다 왕 시드기야

18 시드기야는 왕이 되었을 때 스물한 살이었다. 그는 예루살렘에서 십일 년 동
안 다스렸다. 그의 어머니는 립나 출신 예레미야의 딸 하무달이다.
19 하나님 보시기에 시드기야 역시 악한 왕, 여호야김을 그대로 베껴 놓은 자에
지나지 않았다.
20 예루살렘과 유다가 맞게 된 이 모든 파멸의 근원에는 하나님의 진노가 있었
다. 하나님께서는 심판의 행위로 그들에게 등을 돌리셨다. 그 후에 시드기야가
바빌론 왕에게 반역했다.

25

1-7 반역은 시드기야 구년 열째 달에 시작되었다. 느부갓네살은 곧
바로 모든 군대를 이끌고 예루살렘으로 향했다. 그는 진을 치고 성
둘레에 토성을 쌓아 성을 봉쇄했다. 성은 열아홉 달 동안 (시드기야 십일년까지) 포
위되어 있었다. 시드기야 십일년 넷째 달, 곧 그달 구일에는 기근이 너무 심하
여 빵 부스러기 하나 남지 않았다. 그러다가 돌파구가 열렸다. 밤중에 야음을
틈타 모든 군대가 성벽 통로(왕의 동산 위쪽에 있는 두 성벽 사이의 문)로 도망친 것이
다. 그들은 성을 에워싸고 있던 바빌론 군사들의 전선을 몰래 뚫고 나가 아라바
골짜기 길을 지나 요단 강으로 향했다. 그러나 바빌론 군사들이 곧 왕을 추격하
여 여리고 평원에서 그를 따라잡았다. 시드기야의 군대는 이미 흩어져 도망친
뒤였다. 바빌론 군사들이 시드기야를 사로잡아 리블라에 있는 바빌론 왕에게
끌고 가자, 왕은 그 자리에서 그를 재판하고 선고를 내렸다. 시드기야의 아들들
은 그의 눈앞에서 처형되었다. 아들들의 즉결 처형을 마지막으로, 그는 더 이상
앞을 볼 수 없었다. 바빌론 군사들이 그의 눈을 멀게 했기 때문이다. 그는 사슬
에 단단히 묶여 바빌론으로 끌려갔다.
8-12 바빌론 왕 느부갓네살 십구년 다섯째 달 칠일에, 바빌론 왕의 수석 부관인
느부사라단이 예루살렘에 도착했다. 그는 하나님의 성전과 왕궁과 성까지 모두
불태워 없앴다. 그리고 자기가 데려온 바빌론 군대를 투입하여 성벽을 허물었
다. 마지막으로, 전에 바빌론 왕에게 투항했던 사람들을 포함해서 예루살렘 성

에 남아 있던 사람들을 모두 포로로 잡아갔다. 그는 가난한 농부 일부를 남겨서
포도원과 밭을 관리하게 했다.
13-15 바빌론 사람들은 하나님의 성전 안에 있는 청동기둥과 청동세면대와 커다
란 청동대야(바다)를 깨뜨려 바빌론으로 가져갔다. 또 성전 예배에 쓰이는 예배
용 청동기구들과 금과 은으로 만든 향로와 뿌리는 대접들도 가져갔다. 왕의 부
관은 귀금속 조각이라면 하나도 빠뜨리지 않고 눈에 띄는 대로 다 가져갔다.
16-17 솔로몬이 하나님의 성전을 위해 만든 두 기둥과 바다와 모든 세면대에서 뜯
은 청동의 양은 어마어마해서 무게를 달 수조차 없었다! 각 기둥의 높이가 8.1미
터인데다, 청동세공물과 장식용 과일로 꾸민 기둥머리만도 1.35미터였다.
18-21 왕의 부관은 특별한 포로들을 많이 데려갔다. 대제사장 스라야, 부제사장
스바냐, 성전 관리 세 명, 남아 있던 군 최고지휘관, 왕의 고문 다섯 명, 회계,
군 최고 모병지휘관, 백성 가운데서 지위가 높은 사람 예순 명이었다. 왕의 부
관 느부사라단은 그들을 모두 리블라에 있는 바빌론 왕에게 끌고 갔다. 바빌론
왕은 그곳 하맛 땅 리블라에서 그들 무리를 처참하게 죽였다.
유다는 자기 땅을 잃고 포로로 끌려갔다.

22-23 남겨진 백성에 관해서는 이러하다. 바빌론 왕 느부갓네살은 사반의 손자
요 아히감의 아들인 그달리야를 그들의 총독으로 임명했다. 백성 가운데 퇴역
한 군지휘관들은 바빌론 왕이 그달리야를 총독으로 임명했다는 말을 듣고 미스
바에 있는 그를 찾아갔다. 그들 가운데는 느다니야의 아들 이스마엘, 가레아의
아들 요하난, 느도바 부족 단후멧의 아들 스라야, 마아가 사람의 아들 야아사니
야, 그리고 그들을 좇는 무리도 있었다.
24 그달리야는 지휘관과 부하들을 안심시키며 이렇게 약속했다. "바빌론 관리들
을 두려워하지 마시오. 여러분의 농지와 가정으로 돌아가 살면서 바빌론 왕을
섬기시오. 그러면 모든 일이 다 잘될 것이오."
25 얼마 후에—일곱째 달이었다—엘리사마의 손자요 느다니야의 아들인 이스마
엘이(그는 왕족이었다) 부하 열 명을 데리고 가서 그달리야와 유대인 반역자들과
미스바에 와 있던 바빌론 관리들을 죽였다. 피의 살육이었다.
26 그러나 그 후에, 바빌론 사람들에게 당할 일이 두려워, 높은 사람 낮은 사람
할 것 없이 지도자와 백성이 모두 이집트로 피신했다.

27-30 유다의 여호야긴 왕이 포로로 있은 지 삼십칠 년째 되던 해에, 에윌므로닥
이 바빌론 왕이 되어 여호야긴을 감옥에서 풀어 주었다. 석방은 열두째 달 이십
칠일에 있었다. 왕은 그에게 극진한 호의를 베풀어, 바빌론에 억류되었던 다른
어떤 포로들보다 그를 높이 대우했다. 여호야긴은 죄수복을 벗었고 남은 여생
동안 왕과 함께 식사를 했다. 왕은 그가 편히 살도록 필요한 것들을 모두 마련
해 주었다.

같은 이야기라도 이야기하는 방식은 여러 가지로 달라질 수 있다. 이스라엘 왕들의 이야기는 먼저 사무엘서와 열왕기에 등장했다. 그로부터 백여 년 후, 같은 이야기를 다른 목소리, 다른 관점에서 이야기한 책이 바로 역대기다. 앞의 내용 중 얼마가 빠지고 상당한 양의 내용이 추가되었지만, 누구라도 같은 이야기임을 쉽게 알 수 있다. 그러나 과거 권위 있는 저술들(창세기부터 열왕기까지)의 시대 이래로, 이스라엘의 운명은 상당한 변화를 겪었다. 이제 하나님의 백성은 그들을 하나님의 백성이 되게 한 가치를 상실할 위험에 처해 있다. 돌이켜 보면, 그들의 역사는 강대국들의 끊임없는 침략으로 점철되어 왔다. 앗시리아와 이집트, 바빌론과 페르시아가 잇달아 출현하여 세상을 좌지우지했다. 이제도 이스라엘 백성의 운명은 외세에 저당 잡힌 상황이고, 내부적으로도 잡다한 종교 문제에 발목이 잡혀 있다. 그들은 과연 이대로 멸절되고 말 것인가?

이때 한 저자(아마 에스라일 것이다)가 팔을 걷고 나서서, 이미 익숙해진 오래된 이야기를 새로운 시각으로 다시 들려준다. 그의 임무는 이스라엘이 하나님의 백성임을 다시금 확신하게 만들고 하나님을 향한 순종을 이끌어 내는 일이었다. 놀랍게도—당대의 정치적·문화적 조건들을 볼 때, 거의 있을 수 없는 일이었다—이 사람은 동족의 외면을 받으면서도 이스라엘의 핵심 정체성은 다윗 전통에 입각한 예배 공동체에 있다고 끈질기게 주장했다. 그는 이 일을 이제 우리가 읽게 될 이 책을 쓰는 것으로 완수했다. 그 덕분에, 이스라엘은 고대 근동의 폭력과 섹스와 종교의 잡탕 속에 섞여 사라지는 비극을 모면할 수 있었다.

이 이야기는 이름으로 시작한다. 어마어마한 이름, 이름의 목록, 몇 장씩 이어지는 개개의 이름이 등장한다. 이름 없이는 이야기를 풀어 나갈 수 없고, 이 이름들의 바다에 잠길 때 우리는 개인적이고 유일하고 인격적인 고유의 영적 차원에 눈뜨게 된다. 성경의 다른 책(창세기, 민수기, 마태복음, 누가복음)들에도 이름의 목록(족보)이 등장하지만, 이렇게까지 차고 넘치지는 않는다. 거룩한 역사는 비인격적인 힘이나 추상적인 개념으로 만들어지는 게 아니다. 그것은 이름들로 짜여 만들어진다. 저마다 독특한 개개인들로 말이다. 역대기는 종교의 탈인격화를 막아 주는 강력한 방어물이다.

역대기는 또 인간의 삶에서 바른 예배가

차지하는 핵심적 위치를 증언하는 책이다. 역대기 서술의 중추는 예배다. 예배 장소(예루살렘 성전), 예배 사역자들(제사장과 레위인들), 예배 음악(성악과 기악), 그리고 예배의 장인(匠人)이자 예배의 충실한 수호자인 다윗 왕의 역할에 대한 이야기가 이 책의 중심을 이룬다. 전 생애에 걸쳐 하나님을 찬양했던 다윗은, 죽기 얼마 전 백성의 넉넉한 마음에 감동하여 하나님께 찬양을 드린다.

다윗은 온 회중 앞에서 **하나님**을 찬양했다.

우리 조상 이스라엘의 **하나님**,
옛적부터 영원까지 찬양받으소서.
오 **하나님**, 위대하심과 능력,
영광과 승리와 위엄과 영화가 모두 주의 것입니다.
그렇습니다! 하늘과 땅의 모든 것, 모든 나라가 주의 것입니다!
주께서 친히 모든 것 위에 높아지셨습니다.
부귀와 영광이 주께로부터 나오며
주께서 모든 것을 다스리십니다.
그 손안의 힘과 능력으로
모든 것을 세우시고 강하게 하십니다.
오 하나님, 우리 하나님, 이제 우리가 주께 감사하며
주의 영화로운 이름을 찬송합니다.
(대상 29:10-13)

시간이 흘러, 다윗의 아들 솔로몬이 성전 건축을 마친 뒤에,

그는 온 회중이 보는 앞에서 무릎을 꿇은 채 하늘을 향해 두 팔을 들고 기도했다.

하나님 이스라엘의 하나님, 위로 하늘이나 아래로 땅 그 어디에도 주와 같은 신이 없습니다. 주의 종들이 주의 길을 따르며 성실하게 살아갈 때, 주께서는 그들과 맺은 언약을 확실히 지키시며 그들을 변함없이 사랑해 주십니다. 주께서는 제 아버지 다윗에게 주신 말씀, 곧 주의 약속을 지키셨습니다. 작은 것까지 모두 약속하신 대로 행하셨습니다. 그 증거가 오늘 우리 앞에 있습니다!
하나님께서 참으로 우리가 사는 곳에 오셔서 거하시겠습니까? 우주조차도 주께서 편히 숨 쉴 만큼 넓지 못한데, 제가 지은 이 성전이야 더 말할 것도 없습니다. 그러할지라도 담대히 구합니다. **하나님** 나의 하나님, 제가 드리는 중보기도와 간구에 귀를 기울여 주십시오. 지금 주 앞에 아뢰는 이 뜨겁고 진실한 기도를 들어주십시오. 주께서 주의 이름으로 존귀하게 하겠다고 약속하신 이곳, 이 성전을 밤낮으로 지켜보시고, 제가 이곳에서 드리는 기도를 들어주십시오. 또 주님의 백성 이스라엘이 이곳에서 기도할 때 그들의 말에 귀 기울여 주십시오(대하 6:13-15, 18-21).

이스라엘의 이러한 과거 이야기가 말해 주는바, 하나님의 백성인 우리의 정체성을 기르고 지키는 데 있어서 무엇보다 선행되어야 할 것은 예배다. 정치나 경제나 가정이나 예술이 아니다. 또한 예배를 준비하고 드리는 일에 있어서 그때그때의 기분이나 운에 맡겨도 좋을 만큼 사소하게 여겨도 될 것은 아무것도 없다. 예배당 건축, 예배위원 세우는 일, 예배 음악, 신학에 있어서도 그렇다.

전에는 하나님의 백성인 이스라엘의 정체성과 생존을 위협하는 요소가 외부의 적대 세력들—이집트, 가나안, 블레셋, 아말렉 같은—이라고 보았다. 그러나 정말 중요한 것이 무엇인지를 따져 묻는 이 책에 따르면, 이스라엘에게 무엇보다 중요한 것은 올바르고 충실한 예배다. 하나님의 백성은 근본적으로 정치 공동체도, 군사 공동체도, 경제 공동체도 아니다. 하나님의 백성은 예배로 모인 거룩한 회중이다. (모세에 뿌리를 둔) 다윗 전통의 예배를 잃어버리는 것은 곧 거룩한 백성의 와해를 의미한다. 주변 문화의 대중적 세속 예배에 미혹되어 거기 빠져드는 일 역시 거룩한 백성의 멸절로 이어진다.

이 책을 읽다가 이 책의 이름 목록에서 자기 이름을 발견하게 될 독자는 많지 않을 것이다. 또 여기에 묘사된 성전과 건축학적으로 유사한 예배당을 가진 지역교회 회중도 많지 않을 것이다. 레위 족속 가운데서 찬양대원과 예배위원을 모집하고 임명할 수 있는 교회들 역시 많지 않을 것이다. 그렇다면 남는 것은 무엇인가?

예배가 남는다. 그리고 이름들이 남는다. 예수 그리스도를 통해 자신을 계시하시는 하나님께서 규정하고 채우시는 바른 예배와, 하나님의 백성인 거룩한 예배 회중을 이루는 개개인의 이름들 말이다. 그동안 그리스도인들은 신앙과 실천의 제반 문제의 중심부에 해당하는 인격적 차원에서 늘 깨어 있기 위해, 또 구속받은 삶을 온전하게 살아 내는 근본 토대는 바로 예배라는 인식을 늘 새롭게 다지기 위해, 역대기를 읽고 기도해 왔다.

역대상

이스라엘의 족보: 줄기

1 [1-4] 아담
셋
에노스
게난
마할랄렐
야렛
에녹
므두셀라
라멕
노아
셈, 함, 야벳.

야벳의 가지

5 아벳은 고멜, 마곡, 마대, 야완, 두발, 메섹, 디라스를 낳았다.
6 고멜은 아스그나스, 디밧, 도갈마를 낳았다.
7 야완은 엘리사, 다시스, 깃딤, 로다님을 낳았다.

함의 가지

8 함은 구스, 미스라임, 붓, 가나안을 낳았다.
9 구스는 쓰바, 하윌라, 삽다, 라아마, 삽드가를 낳았다.
라아마는 스바, 드단을 낳았다.
10 구스는 이 땅의 위대한 첫 영웅 니므롯을 낳았다.

11-12 미스라임은 루드인, 아남인, 르합인, 납두인, 바드루스인, 가슬루인, 갑돌인의 조상이며, 블레셋 사람은 갑돌인의 후손이다.

13-16 가나안은 (맏아들) 시돈과 헷을 낳았고, 그에게서 여부스 사람, 아모리 사람, 기르가스 사람, 히위 사람, 알가 사람, 신 사람, 아르왓 사람, 스말 사람, 하맛 사람이 나왔다.

셈의 가지

17 셈은 엘람, 앗수르, 아르박삿, 룻, 아람, 우스, 훌, 게델, 메섹을 낳았다.

18-19 아르박삿은 셀라를 낳고, 셀라는 에벨을 낳았다. 에벨은 두 아들을 낳았는데, 하나는 그의 시대에 땅이 나뉘어졌다고 해서 벨렉(분열)이라 했고 그의 동생은 욕단이다.

20-23 욕단은 알모닷, 셀렙, 하살마웻, 예라, 하도람, 우살, 디글라, 에발, 아비마엘, 스바, 오빌, 하윌라, 요밥을 낳았다. 이들은 모두 욕단의 아들이다.

24-28 세 개의 큰 가지를 요약하면 셈, 아르박삿, 셀라, 에벨, 벨렉, 르우, 스룩, 나홀, 데라, 아브람(아브라함)이다. 아브라함은 이삭, 이스마엘을 낳았다.

아브라함 가문

29-31 아브라함의 족보는 다음 계열을 따라 퍼져 나갔다. 이스마엘은 (맏아들) 느바욧, 게달, 앗브엘, 밉삼, 미스마, 두마, 맛사, 하닷, 데마, 여둘, 나비스, 게드마를 낳았다. 이들은 이스마엘의 가지다.

32-33 아브라함의 첩 그두라는 시므란, 욕산, 므단, 미디안, 이스박, 수아를 낳았다. 그 후에 욕산은 스바, 드단을 낳았다. 또 미디안은 에바, 에벨, 하녹, 아비다, 엘다아를 낳았다. 이들은 그두라의 가지를 이루었다.

34-37 아브라함은 이삭을 낳고, 이삭은 에서와 이스라엘(야곱)을 낳았다. 에서는 엘리바스, 르우엘, 여우스, 얄람, 고라를 낳았다. 엘리바스는 데만, 오말, 스보, 가담, 그나스, 딤나, 아말렉을 낳았다. 또 르우엘은 나핫, 세라, 삼마, 밋사를 낳았다.

38-42 그 후에 세일은 로단, 소발, 시브온, 아나, 디손, 에셀, 디산을 낳았다. 로단은 호리, 호맘을 낳았다. 딤나는 로단의 누이였다. 소발은 알랸, 마나핫, 에발, 스보, 오남을 낳았다. 시브온은 아야, 아나를 낳았다. 아나는 디손을 낳았다. 디손은 헴단, 에스반, 이드란, 그란을 낳았다. 에셀은 빌한, 사아완, 아간을 낳았다. 디산은 우스, 아란을 낳았다.

에돔 땅을 다스린 왕들

43-51 이스라엘에 왕이 있기 전에 에돔 땅을 다스린 왕들의 이름은 이러하다.
브올의 아들 벨라. 그의 성읍은 딘하바다.
벨라가 죽자, 보스라 출신 세라의 아들 요밥이 왕이 되었다.
요밥이 죽자, 데만 지방 사람 후삼이 왕이 되었다.

후삼이 죽자, 모압 땅에서 미디안을 물리친 브닷의 아들 하닷이 왕이 되었다.
그의 성읍은 아윗이다.
하닷이 죽자, 마스레가 출신 사믈라가 왕이 되었다.
사믈라가 죽자, 강가의 르호봇 출신 사울이 왕이 되었다.
사울이 죽자, 악볼의 아들 바알하난이 왕이 되었다.
바알하난이 죽자, 하닷이 왕이 되었다. 그의 성읍은 바이고, 그의 아내는 메사
합의 손녀요 마드렛의 딸 므헤다벨이다.
마지막으로 하닷이 죽었다.
51-54 그 후에 이어진 에돔의 족장은 딤나 족장, 알랴 족장, 여뎃 족장, 오홀리바
마 족장, 엘라 족장, 비논 족장, 그나스 족장, 데만 족장, 밉살 족장, 막디엘 족
장, 이람 족장이다. 이들은 에돔의 족장들이다.

이스라엘(야곱) 가문

2 1-2 이스라엘(야곱)의 아들들은 르우벤, 시므온, 레위, 유다, 잇사갈, 스불
론, 단, 요셉, 베냐민, 납달리, 갓, 아셀이다.
3-9 유다는 에르, 오난, 셀라를 낳았다. 그들의 어머니는 가나안 사람 밧수아다.
유다의 맏아들 에르는 **하나님** 앞에서 아주 악하여, **하나님**께서 그를 죽이셨다.
유다는 또 자기 며느리 다말에게서 베레스, 세라를 낳았다. 유다의 아들은 이렇
게 모두 다섯이다. 베레스는 헤스론, 하물을 낳았다. 세라는 시므리, 에단, 헤
만, 갈골, 다라 이렇게 다섯 아들을 낳았다. 갈미는 아갈을 낳았는데, 그가 거룩
한 금지명령을 어겨 이스라엘이 심판을 받았다. 에단의 아들은 아사랴다. 또 헤
스론은 여라므엘, 람, 글루배를 낳았다.
10-17 람은 암미나답을 낳고, 암미나답은 유다 집안의 탁월한 지도자 나손을 낳
았다. 나손은 살마를 낳고, 살마는 보아스를 낳았다. 보아스는 오벳을 낳고, 오
벳은 이새를 낳았다. 이새의 맏아들은 엘리압이고 그 아래로 아비나답, 시므아,
느다넬, 랏대, 오셈 그리고 마지막이 다윗이다. 다윗은 일곱째였다. 여자 형제
로는 스루야, 아비가일이 있었다. 스루야는 아비새, 요압, 아사헬 이렇게 세 아
들을 낳았다. 아비가일은 아마사의 어머니였다(아마사의 아버지는 이스마엘 사람 예
델이었다).

갈렙 가문

18-24 헤스론의 아들 갈렙은 아내 아수바와 여리옷에게서 자녀를 낳았다. 아수바
의 아들들은 예셀, 소밥, 아르돈이다. 아수바가 죽은 뒤에 갈렙은 에브랏과 결
혼했고 에브랏은 훌을 낳았다. 훌은 우리를 낳고, 우리는 브살렐을 낳았다. 그
리고 얼마 후에 헤스론은 길르앗의 아버지 마길의 딸과 결혼했다. 결혼할 당시
그는 예순 살이었다. 새 아내는 스굽을 낳았다. 그 후 스굽은 야일을 낳았는데,
야일은 길르앗 땅 스물세 개의 성읍을 소유했다. 그술과 아람이 야일과 그낫의
유목 마을들과 거기에 딸린 정착지 예순 개의 성읍을 점령했다. 이 모두가 길르

앗의 아버지 마길의 것이었다. 헤스론이 죽은 뒤에 갈렙은 아버지 헤스론의 아내 에브라다와 결혼했다. 그 후 그녀는 드고아의 아버지인 아스훌을 낳았다.

여라므엘 가문

25-26 헤스론의 맏아들 여라므엘의 아들들은 이러하다. 람이 그의 맏아들이고 그 아래로 브나, 오렌, 오셈, 아히야가 있다. 여라므엘에게는 아다라라는 또 다른 아내가 있었는데, 그녀는 오남을 낳았다.
27 여라므엘의 맏아들 람의 아들들은 마아스, 야민, 에겔이다.
28-29 오남의 아들들은 삼매, 야다다.
삼매의 아들들은 나답, 아비술이다. 아비술의 아내는 아비하일이며, 그녀는 아반, 몰릿을 낳았다.
30 나답은 셀렛, 압바임을 낳았다. 셀렛은 아들을 낳지 못하고 죽었다.
31 압바임은 이시를 낳고, 이시는 세산을 낳고, 세산은 알래를 낳았다.
32 삼매의 동생 야다는 예델, 요나단을 낳았다. 예델은 아들을 낳지 못하고 죽었다.
33 요나단은 벨렛, 사사를 낳았다.
이것이 여라므엘 자손의 족보다.

34-41 세산은 아들이 없고 딸들만 있었다. 그러나 세산에게는 야르하라는 이집트인 종이 있었다. 세산은 딸을 야르하와 결혼시켰고 그녀는 앗대를 낳았다. 앗대는 나단을 낳고, 나단은 사밧을 낳고, 사밧은 에블랄을 낳고, 에블랄은 오벳을 낳고, 오벳은 예후를 낳고, 예후는 아사랴를 낳고, 아사랴는 헬레스를 낳고, 헬레스는 엘르아사를 낳고, 엘르아사는 시스매를 낳고, 시스매는 살룸을 낳고, 살룸은 여가먀를 낳고, 여가먀는 엘리사마를 낳았다.

42 여라므엘의 동생 갈렙이 첫아들을 낳았는데, 이름은 메사다. 메사는 십을 낳았고, 십의 아들은 헤브론의 아버지인 마레사다.
43-44 헤브론의 아들들은 고라, 답부아, 레겜, 세마다. 세마는 요르그암의 아버지 라함을 낳고, 레겜은 삼매를 낳았다.
45 삼매의 아들은 마온이며, 마온은 벳술의 아버지다.
46 갈렙의 첩 에바는 하란, 모사, 가세스를 낳고, 하란은 가세스를 낳았다.
47 야대의 아들들은 레겜, 요담, 게산, 벨렛, 에바, 사압이다.
48-50 갈렙의 다른 첩 마아가는 세벨, 디르하나를 낳았다. 그녀는 또 맛만나의 아버지 사압과, 막베나와 기브아의 아버지 스와를 낳았다. 갈렙의 딸은 악사다. 이들은 갈렙의 가지를 이루었다.
50-51 에브라다의 맏아들 훌의 아들들은 기럇여아림을 낳은 소발, 베들레헴을 낳은 살마, 그리고 벳가델의 아버지 하렙이다.

52-53 기럇여아림의 아버지 소발의 가문에는 하로에, 마나핫 인구의 절반, 기럇여
아림 가문들, 이델 사람, 붓 사람, 수맛 사람, 미스라 사람이 있다. 소라 사람과
에스다올 사람도 이 가문에서 나왔다.
54-55 살마의 자손은 베들레헴, 느도바 사람, 아다롯벳요압, 마나핫 사람의 절반,
소라 사람, 야베스에 살던 소베림 가문—디랏 사람, 시므앗 사람, 수갓 사람—
이다. 이들은 레갑 가문의 조상 함맛에게서 나온 겐 사람을 이루었다.

다윗 가문

3 1-3 다윗이 헤브론에 살 때에 낳은 아들들은 이러하다.
이스르엘 사람 아히노암이 낳은 맏아들 암논
갈멜 사람 아비가일이 낳은 둘째 아들 다니엘
그술 왕 달매의 딸 마아가가 낳은 셋째 아들 압살롬
학깃이 낳은 넷째 아들 아도니야
아비달이 낳은 다섯째 아들 스바댜
다윗의 아내 에글라가 낳은 여섯째 아들 이드르암.
4-9 다윗은 헤브론에 있을 때 이 여섯 아들을 낳았다. 그는 거기서 칠 년 반 동안
왕으로 다스렸다.
이어서 다윗은 예루살렘에서 삼십삼 년 동안 왕으로 다스렸다. 그가 예루살렘
에서 낳은 아들들은 이러하다. 첫째가 시므아고 그 아래로 소밥, 나단, 솔로몬
이다. 암미엘의 딸 밧세바가 이 네 아들의 어머니다. 그 외에도, 입할, 엘리수
아, 엘리벨렛, 노가, 네벡, 야비아, 엘리사마, 엘랴다, 엘리벨렛 이렇게 아홉 아
들이 더 있다. 이들 외에 이들의 누이 다말이 있다. 또 다윗의 첩들이 낳은 아들
들도 있다.
10-14 그 다음 대에서 솔로몬은 르호보암을 낳고, 르호보암은 아비야를 낳고, 아
비야는 아사를 낳고, 아사는 여호사밧을 낳고, 여호사밧은 요람을 낳고, 요람은
아하시야를 낳고, 아하시야는 요아스를 낳고, 요아스는 아마샤를 낳고, 아마샤
는 아사랴를 낳고, 아사랴는 요담을 낳고, 요담은 아하스를 낳고, 아하스는 히
스기야를 낳고, 히스기야는 므낫세를 낳고, 므낫세는 아몬을 낳고, 아몬은 요시
야를 낳았다.
15 요시야의 맏아들은 요하난이고 그 아래로 여호야김, 시드기야, 마지막이 살
룸이다.
16 여호야김의 아들들은 여고냐(여호야긴), 시드기야다.
17-18 여고냐가 바빌론에 포로로 있을 때 낳은 아들들은 스알디엘, 말기람, 브다
야, 세낫살, 여가먀, 호사마, 느다뱌다.
19-20 브다야는 스룹바벨과 시므이를 낳고, 스룹바벨은 므술람과 하나냐를 낳았
다. 슬로밋은 그들의 누이다. 그 외에도 하수바, 오헬, 베레갸, 하사댜, 유삽헤
셋 이렇게 다섯이 더 있다.
21 하나냐의 아들들은 블라댜, 여사야다. 또한 르바야의 아들들, 아르난의 아들

들, 오바댜의 아들들, 스가냐의 아들들도 있다.
22 스가냐는 스마야를 낳고, 스마야는 다시 핫두스, 이갈, 바리야, 느아랴, 사밧
을 낳아 모두 여섯 아들을 두었다.
23 느아랴는 엘료에내, 히스기야, 아스리감 이렇게 세 아들을 낳았다.
24 엘료에내는 호다위야, 엘리아십, 블라야, 악굽, 요하난, 들라야, 아나니 이렇
게 일곱 아들을 낳았다.

그 밖의 유다 가문

4 1-2 유다의 아들들은 베레스, 헤스론, 갈미, 훌, 소발이다. 소발의 아들 르
아야는 야핫을 낳고, 야핫은 아후매와 라핫을 낳았다. 이들은 소라 사람
의 가문을 이루었다.
3-4 에담의 아들들은 이스르엘, 이스마, 잇바스다. 그들의 누이 이름은 하술렐보
니다. 브누엘은 그돌을 낳고, 에셀은 후사를 낳았다. 이들은 에브라다의 맏아들
이요 베들레헴의 아버지인 훌의 자손이다.
5-8 드고아의 아버지 아스훌에게는 헬라와 나아라라는 두 아내가 있었다. 나아
라는 아훗삼, 헤벨, 데므니, 하아하스다리를 낳았다. 이들은 나아라의 자녀들
이다. 헬라의 아들들은 세렛, 소할, 에드난, 고스다. 고스는 아눕과 소베바를 낳
고, 하룸의 아들 아하헬의 가문을 낳았다.

9-10 야베스는 형제들 가운데서 가장 존경받는 사람이었다. 일찍이 그의 어머니
는 "출산이 이토록 고통스럽다니! 내가 큰 고통 중에 그를 낳았다!" 하며 아이의
이름을 야베스(아, 고통!)라고 지었다. 야베스는 이스라엘의 하나님께 기도했다.
"제게 복을 주십시오. 제게 복을 주십시오! 제게 넓은 땅, 넓은 지경을 주십시
오. 주께서 친히 보호하셔서, 악이 저를 해치지 못하게 해주십시오." 하나님께
서는 그가 구한 대로 이루어 주셨다.

11-12 수하의 형 글룹은 므힐을 낳고, 므힐은 에스돈을 낳고, 에스돈은 벳라바, 바
세아, 드힌나를 낳았는데, 드힌나는 이르나하스(대장장이들의 성읍)를 세웠다. 이
들이 레가 사람이다.
13 그나스의 아들들은 옷니엘, 스라야다.
옷니엘의 아들들은 하닷, 므오노대다.
14 므오노대는 오브라를 낳고, 스라야는 게하라심(장인들의 거주지)을 세운 요압을
낳았다.
15 여분네의 아들인 갈렙의 아들들은 이루, 엘라, 나암이다.
엘라의 아들은 그나스다.
16 여할렐렐의 아들들은 십, 시바, 디리아, 아사렐이다.

17-18 에스라의 아들들은 예델, 메렛, 에벨, 얄론이다. 메렛의 아내들 중 한 사람
인 바로의 딸 비디아는 미리암, 삼매, 그리고 에스드모아의 아버지인 이스바를
낳았다. 또 유다 지파인 그의 다른 아내는 그돌의 아버지 예렛, 소고의 아버지
헤벨, 사노아의 아버지 여구디엘을 낳았다.
19 호디야의 아내, 곧 나함의 누이의 아들들은 가미 사람 그일라의 아버지와 마
아가 사람 에스드모아다.
20 시몬의 아들들은 암논, 린나, 벤하난, 딜론이다.
이시의 아들들은 소헷, 벤소헷이다.
21-23 유다의 아들인 셀라의 자손은 레가의 아버지 에르, 마레사의 아버지 라아
다, 벳아스베야에 살던 세마포 일꾼들 집안, 요김, 고세바 사람들, 요아스, 그리
고 모압과 야수비레헴에서 다스린 사랍이다. (이 기록들은 아주 오랜 전승에서 온 것
이다.) 그들은 느다임과 그데라에 살던 도공들인데, 왕을 섬기면서 일한 주재 도
공들이었다.

시므온 가문

24-25 시므온의 족보는 이러하다. 그의 아들들은 느무엘, 야민, 야립, 세라, 사울
이다. 사울은 살룸을 낳고, 살룸은 밉삼을 낳고, 밉삼은 미스마를 낳았다.
26 미스마의 아들 함무엘은 삭굴을 낳고, 삭굴은 시므이를 낳았다.
27-33 시므이는 아들 열여섯 명과 딸 여섯 명을 두었으나, 그의 형제들은 그만큼
자녀를 낳지 못했고 유다처럼 큰 집안을 이루지 못했다. 그들이 살던 곳은 브엘
세바, 몰라다, 하살수알, 빌하, 에셈, 돌랏, 브두엘, 호르마, 시글락, 벳말가봇,
하살수심, 벳비리, 사아라임으로, 다윗이 왕위에 오를 때까지 이 성읍들에서 살
았다. 인근의 다른 정착지로는 에담, 아인, 림몬, 도겐, 아산 다섯 성읍과 바알
랏까지 이르는 이 성읍들 주변에 있는 모든 마을이었다. 이곳이 그들의 정착지
였다. 이 내용은 족보에 잘 기록되어 있다.
34-40 메소밥, 야믈렉, 아마시야의 아들 요사, 요엘, 예후가 있는데, 예후는 요시
비야의 아들이고, 요시비야는 스라야의 아들, 스라야는 아시엘의 아들이다. 또
엘료에내, 야아고바, 여소하야, 아사야, 아디엘, 여시미엘, 브나야, 시사가 있는
데, 시사는 시비의 아들이고, 시비는 알론의 아들, 알론은 여다야의 아들, 여다
야는 시므리의 아들, 시므리는 스마야의 아들이다. 이들은 모두 자기 가문의 지
도자들이다. 이들은 크게 번성하고 수가 많아져서, 양 떼를 칠 목장을 찾아 골
짜기 동편의 그돌(그랄)까지 가야 했다. 이들은 초목이 무성한 목초지를 찾아냈
다. 충분히 넓고 평온하고 한적한 곳이었다.
40-43 전에는 함 사람 중 일부가 그곳에 살았다. 그러나 이 족보에 기록된 사람들
이 유다 왕 히스기야 시대에 이곳으로 와서, 함 사람을 공격하여 그들의 장막과
집들을 부수었다. 오늘 보는 것처럼, 함 사람은 하나도 살아남지 못했다. 그들
은 풍성한 목초지가 있는 것을 보고 이주하여 그곳을 차지했다. 이들 시므온 사
람 가운데 오백 명이 계속해서 세일 산지를 습격했는데, 이시의 아들들인 블라

댜, 느아랴, 르바야, 웃시엘이 그 무리를 이끌었다. 그들은 피신하여 살아남은 아말렉 사람들을 모두 죽였다. 그리고 오늘까지 그곳에 살고 있다.

르우벤 가문

5 [1-2] 이스라엘의 맏아들 르우벤의 가문은 이러하다. 르우벤은 이스라엘의 맏아들이었으나 그가 아버지의 첩과 잠자리를 같이하는 부정한 행위를 저질러서, 맏아들의 권리가 이스라엘의 아들 요셉의 아들들에게 넘어갔다. 그는 족보에서 맏아들의 자리를 잃었다. 유다가 형제들 중 가장 강하고 그의 가문에서 다윗 왕이 나왔지만, 맏아들의 권리는 요셉에게 있었다.

[3] 이스라엘의 맏아들 르우벤의 아들들은 하녹, 발루, 헤스론, 갈미다.

[4-6] 요엘의 자손은 이러하다. 요엘의 아들은 스마야고, 그 아들은 곡, 그 아들은 시므이, 그 아들은 미가, 그 아들은 르아야, 그 아들은 바알, 그 아들은 브에라다. 브에라는 르우벤 지파의 지도자였는데, 앗시리아 왕 디글랏빌레셀에게 포로로 잡혀갔다.

[7-10] 브에라의 형제들은 가문별로 족보에 올랐다. 첫째는 여이엘이고, 그 다음은 스가랴, 그 다음은 벨라인데, 벨라는 아사스의 아들이고, 아사스는 세마의 아들, 세마는 요엘의 아들이다. 요엘은 아로엘에서 느보와 바알므온에 이르는 지역에 살았다. 그의 가문은 멀리 유프라테스 강에서부터 사막 끝까지 걸쳐 있는 땅에 거주했다. 그들의 가축 떼가 점점 많아져서 길르앗에 차고 넘쳤기 때문이다. 사울이 다스리던 시대에 그들은 하갈 사람과 싸워 이겼고, 길르앗 동쪽 변방에 있던 하갈 사람의 장막들을 빼앗아 거기서 살았다.

[11-12] 르우벤 가문의 이웃인 바산의 갓 가문은 살르가까지 이르는 지역에 살았다. 요엘은 족장이고, 사밤은 부족장이며, 야내는 바산의 재판관이었다.

[13-15] 그들의 형제는 가문별로 미가엘, 므술람, 세바, 요래, 야간, 시아, 에벨 이렇게 모두 일곱이었다. 이들은 아비하일의 자손인데, 아비하일은 후리의 아들이고, 후리는 야로아의 아들, 야로아는 길르앗의 아들, 길르앗은 미가엘의 아들, 미가엘은 여시새의 아들, 여시새는 야도의 아들, 야도는 부스의 아들이다. 아히가 그들의 족장이었는데, 아히는 압디엘의 아들이고, 압디엘은 구니의 아들이다.

[16] 갓 가문은 주변 마을들을 포함해 샤론 목초지까지 뻗어 나간 길르앗과 바산에서 살았다.

[17] 그들 모두 유다 왕 요담과 이스라엘 왕 여로보암이 다스리던 시대에 공식 족보에 올랐다.

[18-22] 르우벤과 갓과 므낫세 반쪽 지파 가문들에는 군사훈련을 받은 용사 44,760명이 있었는데, 신체가 건장하고 방패와 칼과 활을 다루는 솜씨가 좋았다. 그들은

하갈 사람, 여두르, 나비스, 노답과 싸웠다. 그들이 싸울 때 하나님께서 도우셨
다. 그들이 전쟁중에 하나님께 부르짖었으므로, 하나님께서 하갈 사람과 이들
의 모든 연합군을 그들 손에 넘겨주셨다. 그들이 하나님을 신뢰했으므로 하나
님께서 그들의 기도에 응답하셨다. 그들은 하갈 사람의 가축 떼와 양 떼, 곧 낙
타 50,000마리, 양 250,000마리, 나귀 2,000마리를 전리품으로 취했다. 포로
100,000명도 사로잡았다. 그 전투는 하나님의 전투였으므로 많은 사람들이 죽
었다. 이 가문들은 포로로 잡혀갈 때까지 그 땅에서 살았다.

23-26 므낫세 반쪽 지파는 인구가 많았다. 그들은 바산에서 바알헤르몬까지, 곧
스닐(헤르몬 산)에 이르는 땅에 거주했다. 그들의 족장은 에벨, 이시, 엘리엘, 아
스리엘, 예레미야, 호다위야, 야디엘이었다. 그들은 용감한 군인들로, 각 가문
의 유명한 족장이었다. 그러나 그들은 조상의 하나님께 충실하지 못했다. 그들
은 자신들이 도착하기 전에 하나님께서 쫓아내신 그 땅 백성의 경건치 못한 신
들을 가까이했다. 그래서 이스라엘의 하나님께서는 앗시리아 왕 불(디글랏빌레
셀)의 마음을 움직이셔서, 르우벤, 갓, 므낫세 반쪽 지파 가문들을 포로로 잡아
가게 하셨다. 불은 그들을 할라, 하볼, 하라, 고산 강으로 이주시켰다. 그 후로
오늘까지 그들은 그곳에서 살고 있다.

레위 가문

6

1-14 레위의 아들들은 게르손, 고핫, 므라리다. 고핫의 아들들은 아므람,
이스할, 헤브론, 웃시엘이다. 아므람의 자녀는 아론, 모세, 미리암이다.
아론의 아들들은 나답, 아비후, 엘르아살, 이다말이다. 엘르아살은 비느하스를
낳고, 비느하스는 아비수아를 낳고, 아비수아는 북기를 낳고, 북기는 웃시를 낳
고, 웃시는 스라히야를 낳고, 스라히야는 므라욧을 낳고, 므라욧은 아마랴를 낳
고, 아마랴는 아히둡을 낳고, 아히둡은 사독을 낳고, 사독은 아히마아스를 낳
고, 아히마아스는 아사랴를 낳고, 아사랴는 요하난을 낳고, 요하난은 아사랴를
낳았다(그는 솔로몬이 예루살렘에 지은 성전에서 제사장으로 섬겼다). 아사랴는 아마랴
를 낳고, 아마랴는 아히둡을 낳고, 아히둡은 사독을 낳고, 사독은 살룸을 낳고,
살룸은 힐기야를 낳고, 힐기야는 아사랴를 낳고, 아사랴는 스라야를 낳고, 스라
야는 여호사닥을 낳았다.
15 하나님께서 느부갓네살을 일으켜 유다와 예루살렘 백성을 포로로 잡아가게
하실 때에 여호사닥도 붙잡혀 갔다.

16-30 레위의 아들들은 게르손, 고핫, 므라리다. 게르손의 아들들의 이름은 립니,
시므이다. 고핫의 아들들은 아므람, 이스할, 헤브론, 웃시엘이다. 므라리의 아
들들은 말리, 무시다. 레위의 가문은 이러하다. 게르손의 아들은 립니고, 그 아

들은 야핫, 그 아들은 심마, 그 아들은 요아, 그 아들은 잇도, 그 아들은 세라, 그 아들은 여아드래다. 고핫의 아들은 암미나답이고, 그 아들은 고라, 그 아들은 앗실, 그 아들은 엘가나, 그 아들은 에비아삽, 그 아들은 앗실, 그 아들은 다핫, 그 아들은 우리엘, 그 아들은 웃시야, 그 아들은 사울이다. 엘가나의 아들들은 아마새와 아히못이고, 그 아들은 엘가나, 그 아들은 소배, 그 아들은 나핫, 그 아들은 엘리압, 그 아들은 여로함, 그 아들은 엘가나다. 사무엘의 아들들은 맏아들 요엘, 둘째 아비야다. 므라리의 아들은 말리고, 그 아들은 립니, 그 아들은 시므이, 그 아들은 웃사, 그 아들은 시므아, 그 아들은 학기야, 그 아들은 아사야다.

다윗의 예배 인도자들

31-32 다윗이 언약궤를 하나님의 집에 모신 뒤에 그곳에서 찬양을 인도할 사람들을 임명했는데, 그들은 솔로몬이 예루살렘에 하나님의 성전을 지을 때까지 예배 처소인 회막에서 찬양하는 일을 맡았다. 그들은 주어진 지침에 따라 직무를 수행했다.

33-38 예배를 준비하고 지도하는 일로 섬긴 사람과 그 자손은 이러하다. 고핫 사람의 집안에서 헤만이 찬양대 지휘자로 섬겼는데, 그는 요엘의 아들이고, 요엘은 사무엘의 아들, 사무엘은 엘가나의 아들, 엘가나는 여로함의 아들, 여로함은 엘리엘의 아들, 엘리엘은 도아의 아들, 도아는 숩의 아들, 숩은 엘가나의 아들, 엘가나는 마핫의 아들, 마핫은 아마새의 아들, 아마새는 엘가나의 아들, 엘가나는 요엘의 아들, 요엘은 아사랴의 아들, 아사랴는 스바냐의 아들, 스바냐는 다핫의 아들, 다핫은 앗실의 아들, 앗실은 에비아삽의 아들, 에비아삽은 고라의 아들, 고라는 이스할의 아들, 이스할은 고핫의 아들, 고핫은 레위의 아들, 레위는 이스라엘의 아들이다.

39-43 헤만의 동료 아삽은 그의 오른편에 섰다. 아삽은 베레갸의 아들이고, 베레갸는 시므아의 아들, 시므아는 미가엘의 아들, 미가엘은 바아세야의 아들, 바아세야는 말기야의 아들, 말기야는 에드니의 아들, 에드니는 세라의 아들, 세라는 아다야의 아들, 아다야는 에단의 아들, 에단은 심마의 아들, 심마는 시므이의 아들, 시므이는 야핫의 아들, 야핫은 게르손의 아들, 게르손은 레위의 아들이다.

44-47 그의 왼편에 선 동료들, 곧 므라리의 자손 가운데 에단이 있었다. 에단은 기시의 아들이고, 기시는 압디의 아들, 압디는 말룩의 아들, 말룩은 하사뱌의 아들, 하사뱌는 아마시야의 아들, 아마시야는 힐기야의 아들, 힐기야는 암시의 아들, 암시는 바니의 아들, 바니는 세멜의 아들, 세멜은 말리의 아들, 말리는 무시의 아들, 무시는 므라리의 아들, 므라리는 레위의 아들이다.

48 나머지 레위인들은 예배 처소, 곧 하나님의 집에서 필요한 다른 모든 일을 맡았다.

49 아론과 그의 자손은 번제단과 분향단에 제물을 바쳤고, 지성소의 모든 일을 맡
았다. 그들은 하나님의 종 모세가 내린 지침에 따라 이스라엘을 위해 속죄했다.
50-53 아론의 자손은 이러하다. 그의 아들은 엘르아살이고, 그 아들은 비느하스,
그 아들은 아비수아, 그 아들은 북기, 그 아들은 웃시, 그 아들은 스라히야, 그
아들은 므라욧, 그 아들은 아마랴, 그 아들은 아히둡, 그 아들은 사독, 그 아들
은 아히마아스다.

제사장의 성읍들

54-81 제사장 가문에 분배된 거주지는 이러하다. 고핫 가문의 아론 자손이 첫 번
째로 제비를 뽑았다. 그들은 유다 땅 헤브론과 그 주변의 모든 목초지를 받았
다. 여분네의 아들 갈렙은 그 성읍 주변의 들판과 마을들을 얻었다. 아론 자손
은 또 헤브론, 립나, 얏딜, 에스드모아, 힐렌, 드빌, 아산, 벳세메스 등의 도피
성과 그 주변의 목초지를 받았다. 그리고 베냐민 지파에게서 게바, 알레멧, 아
나돗과 그 주변의 목초지를 받았다. 그 고핫 가문에게는 모두 열세 개의 성읍이
분배되었다. 나머지 고핫 자손은 므낫세 반쪽 지파의 땅에서 열 개의 성읍을 제
비 뽑아 나누어 받았다. 게르손 자손은 잇사갈, 아셀, 납달리, 바산에 있는 므
낫세 지파의 땅에서 가문별로 열세 개의 성읍을 받았다. 므라리 자손에게는 르
우벤, 갓, 스불론 지파의 땅에서 제비를 뽑아 가문별로 열두 개 성읍이 분배되
었다. 이스라엘 자손은 레위 지파에게 그 성읍들과 그 주변 목초지를 함께 주었
다. 그들은 유다, 시므온, 베냐민 지파의 땅에 있는 성읍들도 제비를 뽑아 분배
했다. 일부 고핫 가문들은 에브라임 지파의 땅에 있는 성읍들을 받았는데, 곧
에브라임 산지의 세겜, 게셀, 욕므암, 벳호론, 아얄론, 가드림몬 등의 도피성과
거기에 딸린 목초지였다. 나머지 고핫 자손은 므낫세 반쪽 지파의 땅에서 아넬
과 빌르암을 받았고 거기에 딸린 목초지도 함께 받았다. 게르손 자손은 므낫세
반쪽 지파의 땅에서 바산의 골란과 아스다롯을, 잇사갈 지파의 땅에서 게데스
와 다브랏과 라못과 아넴을, 아셀 지파의 땅에서 마살과 압돈과 후곡과 르홉을,
납달리 지파의 땅에서 갈릴리의 게데스와 함몬과 기랴다임을 받았다. 나머지
므라리 자손은 스불론 지파의 땅에서 림모노와 다볼을, 요단 강 동쪽 르우벤 지
파의 땅에서 사막의 베셀과 야사와 그데못과 메바앗을, 갓 지파의 땅에서 길르
앗의 라못과 마하나임과 헤스본과 야셀을 받았다. 이 모든 성읍에는 목초지가
딸려 있었다.

잇사갈 가문

7

1-5 잇사갈의 아들들은 돌라, 부아, 야숩, 시므론 이렇게 넷이었다. 돌라의
아들들은 웃시, 르바야, 여리엘, 야매, 입삼, 스므엘로, 각자 자기 가문의
족장이었다. 다윗이 통치하던 시대에 돌라 집안은 그 혈통의 용사가 22,600명이
었다. 웃시의 아들은 이스라히야고, 이스라히야의 아들들은 미가엘, 오바댜, 요
엘, 잇시야인데, 이 다섯 자손이 모두 족장이었다. 그들은 다른 형제들보다 아

내와 아들들이 더 많았으므로 그 혈통의 용사가 36,000명이었다. 잇사갈의 가
문에서 87,000명의 용사가 나왔으며, 그들 모두가 족보에 올랐다.

베냐민 가문

6-12 베냐민은 벨라, 베겔, 여디아엘 이렇게 세 아들을 두었다. 벨라는 에스본, 우
시, 웃시엘, 여리못, 이리까지 다섯 아들을 두었는데, 이들은 모두 용사들로 각
가문의 족장이었다. 그들의 족보에 이름이 오른 사람은 22,034명이었다. 베겔
의 아들들은 스미라, 요아스, 엘리에셀, 엘료에내, 오므리, 여레못, 아비야, 아
나돗, 알레멧이다. 이 족장들을 통해서 20,200명의 용사가 족보에 올랐다. 여디
아엘의 아들은 빌한이고, 빌한의 아들들은 여우스, 베냐민, 에훗, 그나아나, 세
단, 다시스, 아히사할이다. 이들은 모두 여디아엘의 자손으로 각 가문의 족장이
었다. 전쟁에 나 갈 준비가 된 용사는 17,200명이었다. 숩빔과 훕빔은 일의 아
들이고, 후심은 아헬 가문 출신이다.

납달리 가문

13 납달리의 아들들은 야시엘, 구니, 예셀, 살룸이다. 이들은 할아버지의 첩 빌
하 쪽으로 모계 족보에 올랐다.

므낫세 가문

14-19 므낫세의 아들들은 아람 사람인 첩에게서 낳은 아스리엘과, 길르앗의 아버
지 마길이다. 마길은 훕빔과 숩빔의 누이인 마아가를 아내로 맞았다. 므낫세의
또 다른 아들의 이름은 슬로브핫인데, 그에게는 딸들밖에 없었다. 마길의 아내
마아가는 아들을 낳고 그의 이름을 베레스라고 지었다. 그의 동생 이름은 세레
스고, 세레스의 아들들은 울람과 라겜이다. 울람의 아들은 브단이다. 이들은 길
르앗의 자손인데, 길르앗은 마길의 아들이고, 마길은 므낫세의 아들이다. 그의
누이 함몰레겟은 이스훗, 아비에셀, 말라를 낳았다. 스미다의 아들들은 아히안,
세겜, 릭히, 아니암이다.

에브라임 가문

20-24 에브라임의 아들은 수델라고, 그 아들은 베렛, 그 아들은 다핫, 그 아들은
엘르아다, 그 아들은 다핫, 그 아들은 사밧, 그 아들은 수델라, 그리고 가드 원
주민의 습격으로 죽은 소도둑 에셀과 엘르앗이다. 그들의 아버지 에브라임이
오랫동안 슬퍼했으므로 가족들이 와서 그를 위로했다. 그 후에 그가 다시 아내
와 잠자리를 같이하자, 그녀가 임신하여 아들을 낳았다. 그는 집안에 닥쳤던 불
운을 생각하여 아이 이름을 브리아(불운)라고 지었다. 그의 딸은 세에라다. 그녀
는 아랫 벳호론과 윗 벳호론, 우센세에라를 세웠다.
25-29 에브라임의 아들들은 레바, 레셉이다. 레셉의 아들은 델라고, 그 아들은 다
한, 그 아들은 라단, 그 아들은 암미훗, 그 아들은 엘리사마, 그 아들은 눈, 그

아들은 여호수아다. 그들은 베델과 그 주변의 땅, 곧 동쪽으로 나아란에서 서쪽으로 게셀과 그 주변 마을들까지와 세겜과 그 주변 마을들에 거주했고, 아야와 그 주변 마을들까지 관할했다. 므낫세와의 경계를 따라 벳산, 다아낙, 므깃도, 돌이 주변 마을들과 함께 뻗어 있었다. 이스라엘의 아들 요셉의 가문은 이 모든 곳에 흩어져 살았다.

아셀 가문

30-32 아셀의 아들들은 임나, 이스와, 이스위, 브리아고, 그들의 누이는 세라다. 브리아의 아들들은 헤벨과 말기엘이고, 말기엘은 비르사잇을 낳았다. 헤벨은 야블렛, 소멜, 호담, 그리고 그들의 누이 수아를 낳았다.

33-40 야블렛은 바삭, 빔할, 아스왓을 낳았다. 야블렛의 동생 소멜은 로가, 호바, 아람을 낳았다. 소멜의 동생 헬렘은 소바, 임나, 셀레스, 아말을 낳았다. 소바는 수아, 하르네벨, 수알, 베리, 이므라, 베셀, 홋, 사마, 실사, 이드란, 브에라를 낳았다. 예델은 여분네, 비스바, 아라를 낳았다. 울라는 아라, 한니엘, 리시아를 낳았다. 이들은 아셀 자손으로, 모두 책임감 있고 성품이 뛰어났으며 전쟁에 용감한 자요 훌륭한 지도자들이었다. 전쟁에 나갈 준비가 된 사람 26,000명이 족보에 올랐다.

베냐민 가문

8 1-5 베냐민의 맏아들은 벨라고, 그 아래로 아스벨, 아하라, 노하, 라바 이렇게 모두 다섯 아들을 두었다. 벨라의 아들들은 앗달, 게라, 아비훗, 아비수아, 나아만, 아호아, 게라, 스부반, 후람이다.

6-7 게바에 살다가 마나핫으로 잡혀간 에훗 가문은 나아만, 아히야, 게라인데, 이들이 잡혀갈 때 게라가 인도했다. 게라는 웃사, 아히훗을 낳았다.

8-12 사하라임은 모압 땅에서 두 아내 후심, 바아라를 내보낸 뒤에 자녀를 낳았다. 그는 새 아내 호데스에게서 요밥, 시비야, 메사, 말감, 여우스, 사갸, 미르마를 낳았다. 이들은 족장이 되었다. 이전 아내 후심에게서는 아비둡, 엘바알을 낳았다. 엘바알의 아들들은 에벨, 미삼, 세멧인데, 세멧은 오노와 롯과 거기에 딸린 모든 마을을 세웠다.

13-28 브리아와 세마는 아얄론에 살던 가문의 족장이었다. 그들은 가드 주민을 쫓아냈다. 그들의 형제는 사삭, 여레못이다. 브리아의 아들들은 스바다, 아랏, 에델, 미가엘, 이스바, 요하다. 엘바알의 아들들은 스바다, 므술람, 히스기, 헤벨, 이스므래, 이슬리아, 요밥이다. 시므이의 아들들은 야김, 시그리, 삽디, 엘리에내, 실르대, 엘리엘, 아다야, 브라야, 시므랏이다. 사삭의 아들들은 이스반, 에벨, 엘리엘, 압돈, 시그리, 하난, 하나냐, 엘람, 안도디야, 이브드야, 브누엘이다. 여로함의 아들들은 삼스래, 스하랴, 아달랴, 야아레시야, 엘리야, 시그리다. 이들은 각 가문의 족장이 되었고 족보에 올랐다. 이들은 예루살렘에서 살았다.

29-32 기브온의 아버지 여이엘은 기브온에서 살았다. 그의 아내 이름은 마아가다.

그의 맏아들은 압돈이고 그 아래로 술, 기스, 바알, 나답, 그돌, 아히오, 세겔, 미글롯이 있다. 미글롯은 시므아를 낳았다. 이들은 예루살렘에서 친족과 한동네에 살았다.

33-40 넬은 기스를 낳고, 기스는 사울을 낳고, 사울은 요나단과 말기수아와 아비나답과 에스바알을 낳았다. 요나단은 므립바알을 낳고, 므립바알은 미가를 낳았다. 미가의 아들들은 비돈, 멜렉, 다레아, 아하스다. 아하스는 여호앗다를 낳고, 여호앗다는 알레멧, 아스마웻, 시므리를 낳았다. 시므리는 모사를 낳고, 모사는 비느아를 낳았다. 비느아의 아들은 라바고, 그 아들은 엘르아사, 그 아들은 아셀이다. 아셀은 여섯 아들을 두었는데, 그들의 이름은 아스리감, 보그루, 이스마엘, 스아랴, 오바댜, 하난이다. 그의 동생 에섹은, 맏아들 울람과 그 아래로 여우스와 엘리벨렛을 두었다. 울람의 아들들은 활을 잘 쏘는 자로 알려진 용사들이었다. 그들은 아들과 손자들을 아주 많이 두어 적어도 150명은 되었다. 그들 모두 베냐민의 족보에 올랐다.

9

1 이것은 이스라엘 전체의 완성된 족보로, 그들이 불신앙과 불순종으로 바빌론에 포로로 잡혀간 때에 '이스라엘과 유다 왕 연대기'에 기록되었다.

포로 공동체의 귀환

2 포로로 살다가 자신들의 고향과 성읍으로 처음 귀환한 이스라엘 사람은 제사장과 레위인과 성전 봉사자들이었다.

3-6 유다, 베냐민, 에브라임, 므낫세 가문에서 예루살렘으로 돌아온 사람은 이러하다. 유다의 아들 베레스의 자손 중에 우대라는 사람이 있었는데, 그는 암미훗의 아들이고, 암미훗은 오므리의 아들, 오므리는 이므리의 아들, 이므리는 바니의 아들이다. 실로 사람들 중에는 맏아들 아사야와 그의 아들들, 세라 가문에서는 여우엘이 돌아왔다. 유다 가문에서 모두 690명이 돌아왔다.

7-9 베냐민 가문에서는 살루, 이브느야, 엘라, 므술람이 돌아왔다. 살루는 므술람의 아들이고, 므술람은 호다위아의 아들, 호다위아는 핫스누아의 아들이다. 이브느야는 여로함의 아들이다. 엘라는 웃시의 아들이고, 웃시는 미그리의 아들이다. 므술람은 스바댜의 아들이고, 스바댜는 르우엘의 아들, 르우엘은 이브니야의 아들이다. 베냐민 가문에서 모두 956명이 돌아왔다. 이들은 모두 각 가문의 족장이다.

10-13 제사장 가운데서는 여다야, 여호야립, 야긴, 하나님의 성전 관리를 맡은 아사랴, 아다야, 마아새가 돌아왔다. 아사랴는 힐기야의 아들이고, 힐기야는 므술람의 아들, 므술람은 사독의 아들, 사독은 므라욧의 아들, 므라욧은 아히둡의 아들이다. 아다야는 여로함의 아들이고, 여로함은 바스훌의 아들, 바스훌은 말기야의 아들이다. 마아새는 아디엘의 아들이고, 아디엘은 야세라의 아들, 야세라는 므술람의 아들, 므술람은 므실레밋의 아들, 므실레밋은 임멜의 아들이다.

제사장들은 모두 족장으로 1,760명이었으며, 하나님을 예배하는 일에 능숙하고 노련한 종들이었다.

14-16 레위인 가운데서는 스마야, 박박갈과 헤레스와 갈랄, 맛다냐, 오바댜, 그리고 느도바 사람의 마을에 살던 베레갸가 돌아왔다. 므라리 자손인 스마야는 핫숩의 아들이고, 핫숩은 아스리감의 아들, 아스리감은 하사뱌의 아들이다. 맛다냐는 미가의 아들이고, 미가는 시그리의 아들, 시그리는 아삽의 아들이다. 오바댜는 스마야의 아들이고, 스마야는 갈랄의 아들, 갈랄은 여두둔의 아들이다. 베레갸는 아사의 아들이고, 아사는 엘가나의 아들이다.

17-18 문지기는 살룸, 악굽, 달몬, 아히만과 그들의 형제들이었다. 그 우두머리는 살룸인데, 그때까지 동쪽에 있는 왕의 문의 문지기였다. 그들은 레위 가문의 진에서도 문지기로 일했다.

19-25 살룸은 고라 가문에 속한 형제들과 함께 성막 문지기로 예배를 섬겼는데, 그는 고레의 아들이고, 고레는 에비아삽의 아들, 에비아삽은 고라의 아들이다. 그들의 조상도 하나님의 진 입구를 지키는 사람들이었다. 예전에는 엘르아살의 아들 비느하스가 문지기들을 책임졌는데, 하나님께서 그와 함께하셨다! 이후 므셀레먀의 아들 스가랴가 회막 입구에서 문지기를 맡았다. 문지기로 뽑힌 사람의 수는 212명으로, 그들 모두 각자가 속한 진에 정식으로 등록되었다. 다윗과 선견자 사무엘이 그들을 직접 뽑아 이 일을 맡겼다. 그들과 그들 자손은 하나님의 성전, 곧 예배 처소의 문을 지키는 책임을 영구히 맡았다. 동서남북 네 입구에 기간 문지기들이 배치되었고, 각 마을에 있는 그들의 형제들이 매주 그들과 교대하도록 되어 있었다. 네 명의 기간 문지기들이 책임지고 밤낮으로 순찰을 돌았다.

26-32 레위인인 그들은 하나님의 성전에 있는 모든 비품과 귀중품의 안전을 책임졌다. 그들은 밤새도록 근무를 섰고, 열쇠를 맡아 가지고 있으면서 아침마다 문을 열었다. 그들 중 몇 사람은 성전 예배에 쓰는 기구를 맡아, 그것을 들이거나 내올 때에 그 수를 세었다. 다른 몇 사람은 밀가루, 포도주, 기름, 향, 향료 등 성소 안의 물자를 맡았다. 제사장 가운데서 몇 사람은 기름을 섞어 향유를 만드는 일을 맡았다. 고라 자손 살룸의 맏아들인 맛디댜는 예배에 쓸 빵을 굽는 책임을 맡았다. 고핫 자손의 몇몇 형제는 안식일마다 상에 차릴 빵을 준비하는 일을 맡았다.

33-34 그리고 음악을 맡은 사람들이 있었는데, 모두 레위 지파의 족장들이었다. 성전 안에 그들의 숙소가 있었고, 밤낮으로 근무했으므로 다른 일은 면제되었다. 그들은 족보에 기록된 레위인 족장들이었다. 그들은 예루살렘에서 살았다.

35-38 기브온의 아버지 여이엘은 기브온에 살았고, 그의 아내는 마아가다. 그의 맏아들은 압돈이고 그 아래로 술, 기스, 바알, 넬, 나답, 그돌, 아히오, 스가랴, 미글롯이 있다. 미글롯은 시므암을 낳았다. 이들은 예루살렘에서 친족과 한동네에 살았다.

39-44 넬은 기스를 낳고, 기스는 사울을 낳고, 사울은 요나단과 말기수아와 아비
나답과 에스바알을 낳았다. 요나단의 아들은 므립바알이고, 므립바알은 미가를
낳았다. 미가의 아들들은 비돈, 멜렉, 다레아다. 아하스는 야라를 낳고, 야라는
알레멧과 아스마웻과 시므리를 낳았다. 시므리는 모사를 낳고, 모사는 비느아
를 낳았다. 비느아의 아들은 르바야고, 그 아들은 엘르아사, 그 아들은 아셀이
다. 아셀은 여섯 아들을 두었다. 아스리감, 보그루, 이스마엘, 스아랴, 오바댜,
하난이 아셀의 아들들이다.

사울 왕의 죽음

10 1-5 블레셋 사람이 이스라엘과 전쟁을 벌였다. 이스라엘 사람이 필사
적으로 도망치다가, 길보아 산에서 살육당하여 쓰러졌다. 블레셋 사
람은 사울과 그의 아들들에게 집중하여, 요나단과 그의 형제 아비나답과 말기
수아를 죽였다. 전투는 사울을 궁지로 몰아갔다. 활 쏘는 자들이 그를 찾아내어
그에게 중상을 입혔다. 사울은 자신의 무기를 드는 자에게 말했다. "저 이교도
들이 와서 내 몸을 조롱하기 전에, 네 칼을 뽑아서 나를 죽여라." 그러나 사울의
무기를 드는 자는 몹시 두려운 나머지 찌르려고 하지 않았다. 그러자 사울은 자
신의 칼을 뽑아 스스로 목숨을 끊었다. 사울이 죽자, 그의 무기를 드는 자도 공
포에 질려 스스로 목숨을 끊었다.
6-7 이렇게 사울과 그의 세 아들이 모두 한날에 죽었다. 골짜기에 있던 온 이스라
엘 사람은, 군사들이 도망친 것과 사울과 그의 아들들이 죽은 것을 보고 성읍들
을 버리고 도망쳤다. 블레셋 사람이 들어와 그곳들을 차지했다.
8-10 이튿날, 블레셋 사람이 죽은 자들을 약탈하러 왔다가 길보아 산에 쓰러져 있
는 사울과 그의 세 아들의 시신을 보았다. 그들은 사울의 머리를 베고 갑옷을
벗겨서 블레셋 전역에 전시하고, 그들이 섬기는 우상과 백성에게 승리의 소식
을 알렸다. 그러고 나서 사울의 갑옷을 그들의 신전에 전시하고 그의 머리는 다
곤 신전 안에 전리품으로 두었다.
11-12 야베스 길르앗 사람들은 블레셋 사람이 사울에게 한 일을 전해 들었다. 용
사들이 모두 나서서 사울과 그의 아들들의 주검을 되찾아 야베스로 가져왔다.
그들은 예를 갖추어 야베스에 있는 상수리나무 아래 사울과 그 아들들을 묻고
칠 일 동안 애도했다.
13-14 사울이 죽은 것은 **하나님**께 불순종했기 때문이었다. 그는 **하나님**의 말씀에
순종하지 않았다. 기도하기보다는 무당을 찾아가 앞으로 있을 일을 알고자 점
을 쳤다. 그가 **하나님**께 나아가 도움을 구하지 않았기 때문에, **하나님**께서는 그
를 죽이시고 이새의 아들 다윗에게 나라를 넘겨주셨다.

다윗이 온 이스라엘의 왕이 되다

11 1-3 그 후에 온 이스라엘이 헤브론의 다윗 앞에 모여서 말했다. "보십
시오. 우리는 왕의 혈육입니다! 과거에 사울이 왕이었을 때도, 왕께

서 이스라엘의 참지도자였습니다. 하나님께서는 왕에게 '너는 내 백성 이스라
엘의 목자가 되고 내 백성 이스라엘의 통치자가 될 것이다' 하고 말씀하셨습니
다." 이스라엘의 모든 장로가 헤브론으로 왕을 찾아오자, 다윗은 헤브론에서 하
나님 앞에 나아가 그들과 언약을 맺었다. 이어서 그들은 하나님께서 사무엘을
통해 명령하신 대로, 다윗에게 기름을 부어 이스라엘의 왕으로 삼았다.
4-6 다윗과 온 이스라엘이 예루살렘(여부스 사람이 살던 옛 여부스)으로 갔다. 여부스
주민이 다윗에게 "너는 여기 들어올 수 없다" 하고 말했다. 그러나 다윗은 그 성
을 쳐서 시온 성채, 곧 다윗 성을 점령했다. 다윗은 "가장 먼저 여부스 사람을
죽이는 자가 군사령관이 될 것이다" 하고 말했는데, 스루야의 아들 요압이 맨
처음으로 그들을 죽여서 사령관이 되었다.
7-9 다윗이 그 요새 성읍에 거주했으므로, 그곳을 '다윗 성'이라고 불렀다. 다윗
은 바깥 성채(밀로)와 외벽을 쌓아 그 성을 요새화했다. 요압은 성문을 재건했
다. 다윗의 걸음은 더 커지고 그의 품은 더 넓어졌다. 참으로 만군의 하나님께
서 그와 함께 계셨다!

다윗의 용사들

10-11 다윗이 거느린 용사들의 우두머리는 이러하다. 이들은 다윗이 왕위에 오를
때 그와 손을 맞잡고, 온 이스라엘과 더불어 하나님께서 이스라엘에 대해 말씀
하신 대로, 그가 왕이 되도록 도왔다. 다윗이 거느린 용사들의 이름은 이러하다.
학모니의 아들 야소브암은 삼십 인의 우두머리였다. 그는 혼자서 삼백 명을 죽
였는데, 단 한 번의 접전으로 그들을 모두 죽였다.
12-14 다음은 아호아 사람 도도의 아들 엘르아살로, 최고 세 용사 가운데 하나였
다. 그가 다윗과 함께 바스담밈에 있을 때, 블레셋 사람이 싸우려고 그곳에 군
대를 소집했다. 그 부근에 보리밭이 있었는데, 처음에 블레셋 사람을 피하여 도
망치던 이스라엘 군대가 그 보리밭에 버티고 서자 전세는 역전되었다! 하나님
의 도우심으로 그들은 블레셋 사람을 쳐죽였다. 큰 승리를 거두었다.
15-19 블레셋 사람의 부대가 르바임 골짜기에 진 치고 있는 동안, 삼십 인 중 최고
세 용사가 바윗길을 내려가 아둘람 굴에 있는 다윗에게로 갔다. 그때에 다윗은
굴 속에 숨어 있었고, 블레셋 사람은 베들레헴에서 전투 준비를 하고 있었다.
다윗이 갑자기 목이 말랐다. "베들레헴 성문 곁에 있는 우물물을 마실 수만 있
다면, 무엇을 주어도 아깝지 않으련만!" 그러자 세 용사가 블레셋 진을 뚫고 들
어가, 베들레헴 성문 곁에 있는 우물물을 길어 어깨에 메고 다윗에게 가져왔다.
그러나 다윗은 그 물을 마시지 않았다! 그는 그것을 하나님께 거룩한 제물로 부
어 드리며 말했다. "이 물을 마시느니 차라리 하나님의 저주를 받겠습니다! 이
것은 저들이 목숨을 걸고 가져온 것이니, 이 물을 마시는 것은 저들의 생명의
피를 마시는 것과 같습니다." 그는 끝내 물을 마시지 않았다. 용사들 중에 최고
세 용사가 바로 이러한 일을 했다.
20-21 요압의 동생 아비새는 삼십 인의 우두머리였다. 그는 혼자서 삼백 명과 싸

워 그들을 죽였지만, 세 용사에는 들지 못했다. 그는 삼십 인에게 크게 존경을 받아 그들의 우두머리가 되었지만, 세 용사에는 미치지 못했다.

22-25 여호야다의 아들 브나야는 갑스엘 출신의 용사로 많은 공을 세워 명예를 얻었다. 그는 유명한 모압 사람 두 명을 죽였고, 눈 오는 날 구덩이에 내려가 사자를 죽였으며, 키가 2미터 30센티미터나 되는 이집트 사람을 죽였다. 그 이집트 사람은 배의 활대 같은 창을 가지고 있었으나, 브나야가 막대기 하나로 그를 쳐서 손에서 창을 빼앗고 그 창으로 그를 죽였다. 이것이 여호야다의 아들 브나야가 한 일이다. 그러나 그는 세 용사에는 들지 못했다. 삼십 인 사이에서 크게 존경을 받았지만, 세 용사에는 미치지 못했다. 다윗은 그에게 자신의 개인 경호 책임을 맡겼다.

26-47 군대의 용사들은 이러하다. 요압의 동생 아사헬, 베들레헴 사람 도도의 아들 엘하난, 하롤 사람 삼못, 블론 사람 헬레스, 드고아 사람 익게스의 아들 이라, 아나돗 사람 아비에셀, 후사 사람 십브개, 아호아 사람 일래, 느도바 사람 마하래, 느도바 사람 바아나의 아들 헬렛, 베냐민 자손으로 기브아 사람 리배의 아들 이대, 비라돈 사람 브나야, 가아스 골짜기에 사는 후래, 아르바 사람 아비엘, 바하룸 사람 아스마웻, 사알본 사람 엘리아바, 기손 사람 하셈의 아들들, 하랄 사람 사게의 아들 요나단, 하란 사람 사갈의 아들 아히암, 울의 아들 엘리발, 므게랏 사람 헤벨, 블론 사람 아히야, 갈멜 사람 헤스로, 에스배의 아들 나아래, 나단의 동생 요엘, 하그리의 아들 밉할, 암몬 사람 셀렉, 스루야의 아들 요압의 무기를 드는 자 브에롯 사람 나하래, 이델 사람 이라, 이델 사람 가렙, 헷 사람 우리아, 알래의 아들 사밧, 르우벤 자손 시사의 아들로 삼십 인의 르우벤 자손 우두머리인 아디나, 마아가의 아들 하난, 미텐 사람 요사밧, 아스드랏 사람 웃시야, 아로엘 사람 호담의 아들들 사마와 여이엘, 시므리의 아들 여디아엘, 그의 동생 디스 사람 요하, 마하위 사람 엘리엘, 엘나암의 아들들 여리배와 요사위야, 모압 사람 이드마, 엘리엘, 오벳, 므소바 사람 야아시엘이다.

12

1-2 다윗이 기스의 아들 사울에게 쫓겨 다닐 때에, 시글락에서 다윗에게 합류한 사람들이 있었다. 그들은 용사, 곧 훌륭한 군인들이었다. 활로 무장한 그들은 양손으로 물맷돌을 던질 줄 알았고 화살을 잘 쏘았다. 그들은 사울이 속한 베냐민 지파 사람들이었다.

3-7 첫째는 아히에셀이고, 그 아래로 기브아 사람 스마아의 아들 요아스, 아스마웻의 아들들 여시엘과 벨렛과 브라가, 아나돗 사람 예후, 삼십 인 중에 하나요 삼십 인의 지도자인 기브온 사람 이스마야, 예레미야, 야하시엘, 요하난, 그데라 사람 요사밧, 엘루새, 여리못, 브아랴, 스마랴, 하룹 사람 스바댜, 엘가나, 잇시야, 아사렐, 요에셀, 야소브암, 고핫 사람들, 그돌 사람 여로함의 아들들인 요엘라와 스바댜다.

8-15 갓 사람들 가운데 다윗을 찾아 광야의 요새로 탈주해 온 사람들이 있었다.

그들은 방패와 창을 다룰 줄 아는 노련하고 열정적인 용사였다. 그들의 모습은
사자처럼 사나웠고, 산을 가로질러 달리는 영양처럼 민첩했다. 첫째는 에셀이
고, 그 아래로 오바댜, 엘리압, 미스만나, 예레미야, 앗대, 엘리엘, 요하난, 엘사
밧, 예레미야, 막반내 이렇게 모두 열한 명이다. 이들 갓 사람들은 그야말로 군
계일학이었다. 각 사람이 백 명의 몫을 했고, 그들 중 최고는 천 명의 몫을 했
다. 그들은 물이 범람하는 첫째 달에 요단 강을 건너, 저지대에 사는 사람들을
동서로 피하게 했다.
16-17 또 광야의 요새로 다윗을 찾아와 합류한 베냐민 지파와 유다 지파 사람들도
있었다. 다윗은 그들을 맞으러 나가 이렇게 말했다. "여러분이 나를 돕고자 평
화로이 왔다면 얼마든지 이 무리와 함께해도 좋습니다. 그러나 무죄한 나를 적
에게 팔아넘기려 왔다면, 우리 조상의 하나님께서 꿰뚫어 보시고 여러분에게
심판을 내리실 것입니다."
18 바로 그때, 삼십 인의 우두머리인 아마새가 하나님의 영에 감동을 받아 말했다.

다윗이여, 우리는 당신 편입니다.
이새의 아들이여, 우리를 당신께 맡깁니다.
당신은 평안할 것입니다. 참으로 평안할 것입니다.
누구든 당신을 돕는 자마다 모두 평안할 것입니다.
당신의 하나님께서 당신을 도우셨고 지금도 도우시기 때문입니다.

그래서 다윗은 그들을 받아들여 습격대 우두머리들 밑으로 배치했다.
19 다윗이 블레셋 사람과 함께 출정하여 사울과 전쟁하려 할 때에, 일부 므낫세
지파 사람들도 탈주하여 다윗에게 왔다. 실제로 그들은 싸우지 못했는데, 블레
셋의 지도자들이 의논 끝에 "우리 목숨을 저들에게 맡길 수 없다. 저들은 원래
주인인 사울에게 우리를 팔아넘길 것이다" 하며 그들을 돌려보냈기 때문이다.
20-22 시글락의 다윗에게로 탈주해 온 므낫세 지파 사람들은 아드나, 요사밧, 여
디아엘, 미가엘, 요사밧, 엘리후, 실르대다. 이들은 모두 므낫세 가문의 지도자
들이었다. 그들은 다윗을 도와 사막의 도적떼를 급습했다. 그들 모두 건장한 용
사들이요 다윗의 습격대를 훌륭하게 이끌었다. 사람들이 날마다 돕겠다고 찾아
와서, 다윗의 무리는 금세 하나님의 군대와 같이 크게 되었다!

23-37 **하나님**의 말씀대로 사울의 나라를 넘기려고 북쪽에서 헤브론에 있는 다윗
을 찾아온 노련한 용사들의 수는 이러하다. 유다에서는 방패와 창으로 무장한
자 6,800명, 시므온에서는 건장한 용사 7,100명, 레위에서는 3,700명을 거느
리고 온 아론 가문의 지도자 여호야다와 가문의 지도자 22명과 함께 온 젊고 건
장한 사독을 포함해 4,600명, 베냐민 곧 사울의 집안에서는 그때까지 사울을
지키던 이들 3,000명이 왔다. 에브라임에서는 용맹한 용사이자 고향에서 유

명세를 떨치던 20,800명, 므낫세 반쪽 지파에서는 다윗을 왕으로 추대하기 위해 선출된 자 18,000명, 잇사갈에서는 시대와 이스라엘의 본분을 아는 지도자 200명과 그들의 가문 사람들, 스불론에서는 충성심이 강하고 잘 무장된 베테랑 용사 50,000명, 납달리에서는 중무장한 37,000명과 그들을 인솔한 지휘관 1,000명, 단에서는 전투 준비를 마친 자 28,600명, 아셀에서는 전투 준비를 마친 베테랑 군사 40,000명, 요단 동쪽에서는 중무장한 르우벤과 갓과 므낫세 반쪽 지파 사람 120,000명이 왔다.

38-40 이 모든 군사들이 싸울 준비를 갖추고 헤브론으로 다윗을 찾아왔다. 그들은 다윗을 온 이스라엘의 왕으로 삼기로 뜻을 굳혔고, 모두가 한마음이 되어 있었다. 이스라엘의 다른 모든 사람들도 같은 마음이었다. "다윗을 왕으로 삼자!" 그들은 사흘 동안 다윗과 함께 있으면서 각자의 가문에서 준비한 음식과 마실 것으로 풍성한 잔치를 벌였다. 멀리 북쪽의 잇사갈, 스불론, 납달리에서도 나귀와 낙타와 노새와 소에 잔치 음식을 싣고 사람들이 도착했다. 그들이 밀가루, 무화과빵, 건포도빵, 포도주, 기름, 소, 양을 가져오니, 이스라엘에 기쁨이 넘쳤다!

다윗이 하나님의 궤를 옮기다

13

1-14 다윗은 모든 지도자, 곧 천부장과 백부장과 함께 의논했다. 그러고 나서 이스라엘 온 회중 앞에서 말했다. "여러분이 옳게 여기고 그것이 하나님의 뜻이라면, 이스라엘 전역에 있는 우리의 친족과 그들의 친족, 각자의 성읍과 주변 목초지에 사는 제사장과 레위인들까지 모두 초청하여 한자리에 모이게 합시다. 그런 다음, 사울의 시대 동안 보이지 않아 마음에서 멀어진 우리 하나님의 궤를 다시 가져옵시다." 이스라엘 온 회중이 그것을 옳게 여기고 동의했다. 그래서 다윗은 기럇여아림에 있는 하나님의 궤를 가져오기 위해, 남서쪽으로는 이집트의 호루스 연못에서부터 북동쪽으로 하맛 고갯길에 이르기까지 온 이스라엘을 불러 모았다. 이어서 다윗과 온 이스라엘은 하나님의 궤를 다시 가져오려고 유다의 바알라(기럇여아림)로 갔다. 그 궤는 '하나님의 그룹 보좌'이며, 거기서 하나님의 이름을 불렀다. 그들은 아비나답의 집으로 가서 하나님의 궤를 새 수레에 싣고 옮겨 왔는데, 웃사와 아히오가 그 일을 맡았다. 다윗과 온 이스라엘은 하나님의 궤와 함께 행렬을 이루어, 온갖 악기를 든 악대와 함께 노래하고 춤추며 마음껏 예배했다. 그들이 기돈의 타작마당에 이르렀을 때, 소들이 비틀거려 궤가 떨어지려고 하자 웃사가 손을 내밀어 궤를 잡았다. 웃사가 궤를 잡은 일로 하나님께서 진노를 발하셔서 그를 죽이셨다. 그는 하나님 앞에서 죽었다. 하나님께서 웃사에게 진노를 발하시자 다윗은 성질을 부리며 화를 냈다. 그래서 그곳은 오늘까지 베레스웃사(웃사에 대해 폭발하심)라고 불린다. 그날 다윗은 하나님이 두려워 "이래서야 어떻게 하나님의 궤를 모시고 계속해서 갈 수 있겠는가?" 하고 말했다. 그래서 다윗은 다윗 성으로 궤를 옮기지 않고, 가드 사람 오벳에돔의 집에 보관했다. 하나님의 궤는 오벳에돔의 집에 석 달 동안 머물렀다. 하나님께서 오벳에돔의 집과 그의 주변 모든 것에 복을 주셨다.

14 1-7 두로 왕 히람이 다윗에게 사절단과 함께 백향목 재목과 석공과 목
수들을 보내어 그의 왕궁을 짓게 했다. 다윗은 **하나님**께서 자신을
이스라엘의 왕으로 인정해 주셨음을 분명히 깨달았다. **하나님**께서 그분의 백성
이스라엘을 위해 그 나라의 명성을 높여 주셨기 때문이다. 다윗은 예루살렘에
서 아내를 더 맞아들였고 자녀를 더 낳았다. 그가 예루살렘에서 낳은 자녀들은
삼무아, 소밥, 나단, 솔로몬, 입할, 엘리수아, 엘벨렛, 노가, 네벡, 야비아, 엘리
사마, 브엘랴다, 엘리벨렛이다.

8-9 다윗이 통일 이스라엘의 왕이 되었다는 소식을 듣고 블레셋 사람이 그를 잡
으러 몰려왔다. 보고를 들은 다윗은 그들과 맞서 싸우기 위해 나갔다. 블레셋
사람은 중간에 르바임 골짜기에 이르러 그곳을 약탈했다.
10 다윗이 하나님께 기도했다. "지금 블레셋 사람을 공격해도 되겠습니까? 주께
서 저에게 승리를 주시겠습니까?"
하나님께서 대답하셨다. "공격하여라. 내가 너에게 승리를 주겠다."
11-12 다윗은 바알브라심에서 공격하여 그들을 철저히 쳐부수었다. 그러고 나서
이렇게 말했다. "콸콸 솟구치는 물처럼 하나님께서 내 적들을 쓸어버리셨다."
이후 사람들은 그곳을 바알브라심(바알에게 솟구치심)이라고 불렀다. 블레셋 사람
은 그들의 신상들을 버려두고 도망쳤고, 다윗은 그것들을 불태워 버리라고 명
령했다.
13-15 그 후에 블레셋 사람이 또다시 쳐들어와 골짜기를 약탈했다. 다윗이 또 하
나님께 기도했다. 하나님께서 대답하셨다. "이번에는 정면에서 공격하지 말고,
그들 뒤로 돌아가 뽕나무 숲에서 덮쳐라. 뽕나무 숲 꼭대기에서 발소리가 들리
면, 그때 공격하여라. 나 하나님이 너보다 두 걸음 앞서 가서 블레셋 사람을 쳐
부술 것이다."
16 다윗은 하나님께서 명령하신 대로 하여, 기브온에서 게셀에 이르기까지 블레
셋 사람을 쳐서 무찔렀다.
17 다윗의 명성이 곧 사방으로 퍼졌고, **하나님**께서는 그분을 모르는 나라들 안
에 하나님에 대한 두려움을 심으셨다.

15 1-2 다윗은 다윗 성에 자신의 집을 지은 뒤에 하나님의 궤를 둘 자리
를 마련하고 장막을 쳤다. 그런 다음 이렇게 명령했다. "레위인들 외
에는 누구도 하나님의 궤를 나를 수 없다. **하나님**께서 그들을 선택하셔서, 오직
그들만이 **하나님**의 궤를 나르게 하셨고 장막 안에 머무르면서 예배를 섬기게
하셨다."
3-10 다윗은 특별히 준비해 둔 곳으로 **하나님**의 궤를 옮겨 오려고 이스라엘 모든
백성을 예루살렘에 불러 모았다. 다윗은 아론 집안과 레위인들도 불러들였다.

고핫 가문에서 족장 우리엘과 그의 친족 120명, 므라리 가문에서 족장 아사야와 그의 친족 220명, 게르손 가문에서 족장 요엘과 그의 친족 130명, 엘리사반 가문에서 족장 스마야와 그의 친족 200명, 헤브론 가문에서 족장 엘리엘과 그의 친족 80명, 웃시엘 가문에서 족장 암미나답과 그의 친족 112명이 왔다.

11-13 그러고 나서 다윗은 제사장 사독과 아비아달, 레위인 우리엘, 아사야, 요엘, 스마야, 엘리엘, 암미나답을 불러 그들에게 말했다. "여러분은 레위 가문의 책임자들입니다. 이제 여러분과 여러분의 친족들은 자신을 정결하게 하고 이스라엘의 **하나님**의 궤를 내가 따로 마련해 둔 곳으로 옮겨 오십시오. 지난번에 이 일을 할 때는 여러분 레위인들이 궤를 메지 않았습니다. 우리가 규정대로 제대로 준비하지 않았기 때문에 **하나님**께서 진노하신 것입니다."

14-15 그러자 제사장과 레위인들은 이스라엘의 **하나님**의 궤를 옮겨 오기 위해 자신들을 정결하게 했다. 레위인들은 **하나님**의 지시에 따라 모세가 명령한 대로, 하나님의 궤에 채를 끼워 어깨에 메고 손으로 만지지 않도록 주의했다.

16 다윗은 레위인 족장들에게 지시하여 그들의 친족들을 찬양대로 세우고, 잘 구비된 악대의 연주에 맞추어 노래할 때에 흥겨운 소리가 하늘 가득 울리게 했다.

17-18 레위인들은 요엘의 아들 헤만과 그의 친족인 베레갸의 아들 아삽을, 므라리 가문에서는 구사야의 아들 에단을 찬양대로 임명했다. 그들 외에 두 번째 서열도 그들의 형제 스가랴, 야아시엘, 스미라못, 여히엘, 운니, 엘리압, 브나야, 마아세야, 맛디디야, 엘리블레후, 믹네야, 문지기 오벳에돔, 여이엘을 임명했다.

19-22 찬양대와 악대 대원들은 이러하다. 헤만, 아삽, 에단은 청동심벌즈를 쳤다. 스가랴, 아시엘, 스미라못, 여히엘, 운니, 엘리압, 마아세야, 브나야는 수금으로 멜로디를 연주했다. 맛디디야, 엘리블레후, 믹네야, 오벳에돔, 여이엘, 아사시야는 하프로 화음을 넣었다. 음악을 책임진 레위인 그나냐는 타고난 음악가요 지휘자였다.

23-24 베레갸와 엘가나는 궤를 나르는 자였다. 제사장 스바냐, 요사밧, 느다넬, 아미새, 스가랴, 브나야, 엘리에셀은 하나님의 궤 앞에서 나팔을 불었다. 오벳에돔과 여히야도 궤를 나르는 자였다.

언약궤를 예루살렘으로 옮기다

25-28 마침내 그들이 모든 준비를 마쳤다. 다윗과 이스라엘의 장로와 천부장들은 오벳에돔의 집으로 가서 **하나님**의 언약궤를 가지고 올라왔다. 그들은 기쁜 마음으로 길을 갔다. 하나님께서 레위인들을 도우셔서, **하나님**의 언약궤를 나르는 그들에게 힘을 주셨다. 그들은 멈추어 서서 소 일곱 마리와 숫양 일곱 마리를 제물로 바쳐 예배했다. 다윗과 궤를 나르는 레위인과 찬양대와 악대와 음악을 지휘하는 그나냐를 포함한 모든 사람이 고운 세마포 옷을 입었다. 다윗은 (에봇이라고 하는) 세마포로 만든 겉옷까지 입었다. 온 이스라엘이 행진하며 나아갔고, 온갖 관악기와 타악기와 현악기를 연주하면서 소리치고 환호하며 **하나님**의 언약궤를 옮겼다.

29 하나님의 언약궤가 다윗 성으로 들어올 때에, 사울의 딸 미갈이 창가에서 그
광경을 보았다. 다윗 왕이 기뻐 어쩔 줄 모르며 춤추는 모습을 보고서, 그녀는
마음속으로 다윗을 업신여겼다.

❦

16

1-3 그들은 하나님의 궤를 가져다가 다윗이 따로 쳐 놓은 장막 한가운
데 두고, 하나님께 번제와 화목제를 드려 예배했다. 두 가지 제물을
바치고 예배를 마친 다윗은 하나님의 이름으로 백성을 축복하고, 남녀 할 것 없
이 그곳에 모인 모든 사람에게 빵 한 덩이와 구운 고기 한 점과 건포도과자 하
나씩을 돌렸다.
4-6 또한 다윗은 레위인에게 하나님의 궤 앞에서 예배를 인도하는 일을 맡겨 이
스라엘의 하나님께 중보하고 감사하며 찬양하게 했다. 그 일의 책임자는 아삽
이었고, 그 아래로 악기를 연주하는 스가랴, 여이엘, 스미라못, 여히엘, 맛디디
야, 엘리압, 브나야, 오벧에돔, 여이엘이 있었다. 아삽은 타악기를 맡았다. 제
사장 브나야와 야하시엘은 매일 정해진 시간에 하나님의 언약궤 앞에서 나팔을
불었다.
7 그날 다윗은 하나님께 드리는 찬양예배를 처음 시작하면서, 아삽과 그의 동료
가 예배를 인도하게 했다.

8-19 하나님께 감사하여라! 그분의 이름을 소리쳐 불러라!
온 세상에 그분이 어떤 분이신지, 어떤 일을 하셨는지 알려라!
그분께 노래하여라! 그분을 위해 연주하여라!
그분께서 행하신 모든 놀라운 일을 방방곡곡에 전파하여라!
하나님을 찾는 이들아,
그분의 거룩한 이름을 한껏 즐겨라. 환호성을 올려라!
하나님과 그분의 능력을 배우고
밤낮으로 그분의 임재를 구하여라.
그분께서 행하신 놀라운 일들,
그분 입에서 나온 기적과 심판을 기억하여라.
그분의 종 이스라엘의 자손들아!
그분께서 가장 아끼시는 야곱의 자녀들아!
그분은 하나님 곧 우리 하나님이시다.
그분의 심판과 판결은 어디든 미친다.
그분께서는 약속하신 바를 지키신다.
명령하신 그 언약,
아브라함과 맺으신 그 언약,
이삭에게 맹세하신 그 언약을 수천 대까지 지키신다.
그 언약을 야곱에게 대문짝만하게 적어 주셨다.

이스라엘과 이 영원한 언약을 맺으셨다.
"내가 너희에게 가나안 땅을 주노라.
유산으로 주노라.
별 볼 일 없는 너희,
한 줌 나그네에 불과한 너희에게."

20-22 그들은 이곳저곳을 방황했고,
이 나라 저 나라로 옮겨 다녔다.
그러나 그분께서는 누구도 그들을 괴롭히지 못하게 하셨고,
그들 편이 되어 폭군들에 맞서 주셨다.
"감히 내가 기름부은 이들을 건드리지 마라.
내 예언자들에게 손대지 마라."

23-27 만민들아, 만물들아, 하나님께 노래하여라!
그분의 구원 소식을 날마다 전파하여라!
이방 민족들 가운데 그분의 영광을 선포하여라.
그분께서 행하신 놀라운 일들을 모든 종족과 종교 가운데 널리 알려라.
하나님께서 위대하시니! 찬양받으시기에 합당하시니!
어떤 신이 그분 영광에 이를 수 있으랴.
세상 신들 다 헛것이요 헛소리일 뿐이나
하나님은 우주를 지은 분이시다!
영광과 위엄이 그분에게서 흘러나오고,
능력과 기쁨이 그분 계신 곳에 가득하다.

28-29 만방의 민족들아, 하나님께 환호성을 올려라!
그분의 경이로운 영광에! 그분의 경이로운 능력에!
그분의 높으신 이름에 환호성을 올려라!
예물을 높이 들고 그분 앞에 나아가라!
그분의 거룩하심을 옷 입고 그분 앞에 서라!

30-33 하나님은 엄위로운 분이시다. 경외할 분이시다.
세상을 제자리에 두어 요동하지 않게 하는 분이시다.
그러니 하늘에 명령하여 "기뻐하여라" 하고, 땅에 명령하여 "환호하여라" 하며,
민족들 가운데 소식을 전하여라. "하나님께서 통치하신다!"
바다와 거기 가득한 생명들에게 명령하여 "함성을 올려라" 하고,
들과 거기 모든 생물에게 명령하여 "환호성을 올려라" 하여라.
그러면 숲의 모든 나무도, 하나님 앞에서 즐거워하는 모든 것과 함께
손뼉 치며 외칠 것이다.

그분께서 오고 계신다! 모든 것을 바로잡으러 오고 계신다!

34-36 **하나님**께 감사하여라. 그분은 선하시며
그분의 사랑은 끝이 없으시다.
너희는 말하여라. "구원자 하나님, 저희를 구해 주십시오.
저희 모두를 모아, 이 이방 나라들에서 건져 주십시오.
그리하여 저희로 주의 거룩한 이름에 감사드리며
주를 찬양하는 삶을 누릴 수 있게 해주십시오."
하나님, 이스라엘의 하나님,
영원부터 영원까지 찬양받으시기를 원합니다.

그러자 모든 이들이 말했다. "그렇습니다! 아멘!", "**하나님**을 찬양하여라!"

37-42 다윗은 아삽과 그의 동료들을 **하나님**의 언약궤 앞에 머물게 하고 예배 일을
맡겼다. 그들은 하루 종일 그곳에 머물면서 예배에 필요한 일을 담당했다. 다윗
은 또 오벳에돔과 그의 친족 예순여덟 명을 임명하여 그들을 돕게 했다. 여두둔
의 아들 오벳에돔과 호사는 문지기 일을 맡았다. 제사장 사독과 그의 집안 제사
장들에게는 기브온의 거룩한 언덕에 있는 **하나님**의 회막을 맡겨 날마다 아침저
녁으로 예배를 드리게 하고, 이스라엘의 규범인 **하나님**의 율법에 기록된 대로
번제단 위에서 번제를 드리게 했다. 그들과 함께 헤만과 여두둔과 그 밖에 따로
임명된 자들의 직무 내역서에는 이렇게 적혀 있었다. "**하나님**께 감사하여라. 그
분의 사랑은 끝이 없으시다." 헤만과 여두둔은 거룩한 노래를 연주할 나팔과 심
벌즈와 그 밖의 악기들을 구비해 두었다. 여두둔의 아들들은 문지기를 맡았다.
43 직무 배치가 완료되자, 백성은 모두 집으로 돌아갔다. 다윗도 그의 가족을 축
복하기 위해 왕궁으로 돌아갔다.

다윗에 대한 하나님의 약속

17

1 왕은 안정을 찾은 뒤에, 예언자 나단에게 말했다. "보십시오. 나는
여기 호화로운 백향목 궁에서 편히 살고 있는데 하나님의 언약궤는
허술한 장막 안에 있습니다."
2 나단이 왕에게 말했다. "무엇이든 왕의 마음에 좋은 대로 행하십시오. **하나님**
께서 왕과 함께 계십니다."
3-6 그러나 그날 밤 하나님의 말씀이 나단에게 임했다. "너는 가서 내 종 다윗에
게 전하여라. '이 일에 대한 **하나님**의 말씀이다. 너는 내가 살 집을 짓지 못할 것
이다. 이스라엘 자손을 이집트에서 이끌어 내던 날부터 지금까지, 나는 한 번도
집에서 산 적이 없다. 장막과 임시 거처를 옮겨 다니며 지냈다. 내가 이스라엘
과 함께 다니면서 목자로 지명한 지도자들 중 누구에게 "어찌하여 내게 백향목

집을 지어 주지 않느냐?"고 물은 적이 있느냐?'
7-10 그러니 너는 내 종 다윗에게 이렇게 말하여라. '만군의 하나님이 네게 주는 말씀이다. 내가 양의 뒤를 따라다니던 너를 목장에서 데려다가 내 백성 이스라엘의 지도자로 삼았다. 네가 어디로 가든지 내가 너와 함께 있었고, 네 앞의 모든 적을 물리쳤다. 이제 나는 네 이름을 높여서 땅의 위대한 이름들과 어깨를 겨루게 할 것이다. 그리고 내 백성 이스라엘을 위해 한 곳을 따로 떼어 그들을 그곳에 심고, 각자 자기 집을 갖게 하여 더 이상 떠돌지 않게 할 것이다. 또한 내 백성 이스라엘 위에 사사들을 두던 시절과는 달리, 악한 나라들이 그들을 괴롭히지 못하게 할 것이다. 마침내, 너의 모든 적을 네 앞에 무릎 꿇게 할 것이다.
10-14 이제 네게 말한다. 나 하나님이 친히 네게 집을 지어 주겠다! 네 일생이 다하여 조상과 함께 묻힐 때에, 내가 네 자식, 네 몸에서 난 혈육을 일으켜 네 뒤를 잇게 하고 그의 통치를 견고히 세울 것이다. 그가 나를 높여 집을 지을 것이며, 나는 그 나라의 통치를 영원히 보장할 것이다. 나는 그에게 아버지가 되고 그는 내게 아들이 될 것이다. 앞선 왕에게서는 내 자비로운 사랑을 거두었으나, 그에게서는 절대로 내 사랑을 거두지 않을 것이다. 내가 그를 내 집과 내 나라 위에 영원히 세울 것이다. 그의 왕좌는 바위처럼 언제나 든든히 그 자리에 있을 것이다.'"
15 나단은 환상 중에 보고 들은 모든 것을 다윗에게 빠짐없이 전했다.
16-27 다윗 왕이 들어가서, 하나님 앞에서 기도했다.

내 주 하나님, 제가 누구이며 저의 집안이 무엇이기에 주께서 저를 이 자리에 이르게 하셨습니까? 그러나 앞으로 있을 일에 비하면 이것은 아무것도 아닙니다. 주 하나님, 주께서는 제 집안의 먼 앞날에 대해서 말씀하시며 장래 일을 엿보게 해주시고, 저를 대단한 사람처럼 봐 주셨습니다! 제 실상이 어떤지 아시면서도 주의 종을 높여 주시니 이 다윗이 무슨 할 말이 있겠습니까? 하나님, 주께서 그 선하신 마음으로 저를 취하셔서 이 큰일을 행하게 하시고 주의 크신 일을 나타내게 하셨습니다. 주님 같은 분이 없습니다. 주님과 같은 하나님이 없습니다. 주님 외에는 하나님이 없습니다. 우리 귀로 들은 그 어떤 이야기도 주님과 비할 수 없습니다. 누가 이 땅에 하나뿐인 나라, 주의 백성 이스라엘과 같겠습니까? 하나님께서 친히 나서서 그들을 구해 내시고 그분의 백성 삼으셨습니다(그 일로 주의 이름을 널리 알리셨습니다). 그들을 이집트에서 구원하여 내심으로 여러 민족과 그 신들을 사방으로 내쫓으시며 크고 두려운 일을 행하셨습니다. 주께서 자신을 위해 한 백성—주님 소유의 이스라엘!—을 영원히 주의 백성으로 세우셨습니다. 그리고 주 하나님께서 그들의 하나님이 되셨습니다.

위대하신 하나님, 저와 제 집안에 주신 이 말씀을 영원히 보장해 주십시오! 약속하신 대로 이루어 주십시오! 그러면 주의 명성이 굳건해지고 영원히 높아져 사람들이 '만군의 하나님, 이스라엘을 다스리시는 하나님이 이스라엘의 하나님이시다!' 하고 외칠 것입니다. 그리고 주의 종 다윗의 집은, 보살펴 주시는 주의 임재 안에 바위처럼 굳건히 남을 것입니다. 주 나의 하나님께서 '내가 네게 집을 지어 주겠다'고 제게 밝히 말씀하시니, 제가 용기를 내어 주께 이 기도를 감히 드립니다. **하나님**, 신실하신 주께서 이 모든 놀라운 말씀을 친히 제게 해주셨습니다. 저의 집안에 복을 내려 주셔서, 늘 주의 임재 안에 머물게 해주십시오. **하나님**, 주께서 복을 내리시니, 참으로 복되고 복됩니다. 영원히 복됩니다!

다윗의 승전 기록

18

1 그 후 다윗은 블레셋 사람을 크게 쳐서 굴복시키고, 가드를 점령하여 그 주변 지역을 지배했다.

2 그는 또 모압과 싸워 그들을 물리쳤다. 모압 사람은 다윗의 통치를 받으며 정기적으로 조공을 바쳤다.

3-4 다음으로 유프라테스 강 유역의 통치권을 회복하러 가는 길에 다윗은 소바 왕 하닷에셀을 (멀리 하맛까지) 물리쳤다. 다윗은 그에게서 전차 천 대와 기병 칠천 명, 보병 이만 명을 빼앗았다. 그는 전차를 끄는 말 백 마리만 남기고, 나머지 모든 말의 뒷발 힘줄을 끊었다.

5-6 다마스쿠스의 아람 사람이 소바 왕 하닷에셀을 도우러 오자, 다윗은 그들 이만이천 명을 모두 죽였다. 그는 아람-다마스쿠스에 꼭두각시 정부를 세웠다. 아람 사람은 다윗의 종이 되어 조공을 바쳐야 했다. 다윗이 어디로 진군하든지 **하나님**께서 그에게 승리를 주셨다.

7-8 다윗은 하닷에셀의 신하들이 가지고 있던 금방패를 전리품으로 취하여 예루살렘으로 가져왔다. 또 하닷에셀의 성읍인 데바와 군에서 청동을 아주 많이 빼앗았는데, 나중에 솔로몬이 그것으로 커다란 청동바다와 기둥과 성전 안의 청동기구들을 만들었다.

9-11 다윗이 소바 왕 하닷에셀의 군대를 모두 쳐부수었다는 소식을 하맛 왕 도우가 들었다. 그는 아들 하도람을 다윗 왕에게 보내어 안부를 묻고 하닷에셀과 싸워 이긴 것을 축하했다. 도우와 하닷에셀은 오랜 원수관계였기 때문이다. 하도람은 다윗에게 은과 금과 청동으로 된 각종 물건을 가져왔다. 다윗 왕은 이 물건을 에돔, 모압, 암몬 사람, 블레셋 사람, 아말렉 등 다른 나라에서 빼앗은 은금과 함께 거룩하게 구별했다.

12-13 스루야의 아들 아비새는 소금 골짜기에서 에돔 사람과 싸워 그들 만팔천 명을 물리쳤다. 다윗이 에돔에 꼭두각시 정부를 세우니, 에돔 사람이 다윗의 지배를 받았다.

다윗이 어디로 진군하든지 **하나님**께서 그에게 승리를 주셨다.

14-17 이렇게 해서 다윗은 온 이스라엘을 다스렸다. 무슨 일을 하든지 누구를 대

하든지, 그의 다스림은 공명정대했다.
스루야의 아들 요압은 군사령관이었다.
아힐룻의 아들 여호사밧은 공문서를 맡은 기록관이었다.
아히둡의 아들 사독과 아비아달의 아들 아히멜렉은 제사장이었다.
사워사는 서기관이었다.
여호야다의 아들 브나야는 특수부대인 그렛 사람과 블렛 사람을 지휘했다.
그리고 다윗의 아들들은 왕을 모시는 측근들로 높은 자리에 앉았다.

19 1-2 시간이 흘러, 암몬 사람의 왕 나하스가 죽고 그의 아들이 뒤를 이
어 왕이 되었다. 이에 다윗은 "나하스의 아들 하눈에게 친절을 베풀
고 싶구나. 그의 아버지가 내게 한 것처럼 나도 그를 잘 대해 주고 싶다"고 하면
서, 부친상을 당한 그에게 조문단을 보냈다.
2-3 그러나 다윗의 신하들이 암몬 사람의 땅에 이르러 하눈을 찾아가 조문하자,
암몬 사람의 지도자들이 하눈에게 경고했다. "왕께서는 다윗이 왕의 아버지를
공경해서 이렇게 조문단을 보낸 줄 아십니까? 그가 이들을 보낸 것은 이 성을
정탐하여 결국 빼앗기 위한 것임을 모르시겠습니까?"
4 그래서 하눈은 다윗의 신하들을 잡아 그들의 수염을 깎고, 옷을 엉덩이 절반
높이까지 자른 다음 돌려보냈다.
5 이 모든 일이 다윗에게 전해졌다. 그들이 심한 모욕을 당했으므로, 다윗은 사
람을 보내어 그들을 맞이하게 했다. 왕은 "그대들의 수염이 자랄 때까지 여리고
에 있다가 그 후에 돌아오시오" 하고 말했다.
6-7 암몬 사람은 자신들이 다윗의 미움을 사게 된 줄을 깨닫고 은 천 달란트
(37.5톤!)를 들여 나하라임, 마아가, 소바의 아람 사람에게서 전차 삼만이천 대와
기병을 고용했다. 또 마아가 왕과 그의 군대도 고용했는데, 그들이 와서 메드바
에 진을 쳤다. 암몬 사람도 그들의 여러 성읍에서 모여들어 전투 준비를 했다.
8 이 소식을 들은 다윗은 그의 가장 강한 용사들을 요압에게 맡겨 출정시켰다.
9-13 암몬 사람이 나와서 성문 앞에 전투대형으로 섰다. 연합군으로 온 왕들은
넓은 들판에 전열을 갖추었다. 요압은 싸워야 할 전선이 앞뒤로 있는 것을 보
고, 이스라엘의 정예군 중에서 다시 최정예군을 뽑아 아람 사람과 맞서게 배치
했다. 나머지 군대는 그의 동생 아비새의 지휘 아래 두어 암몬 사람을 상대하게
했다. 그가 말했다. "아람 사람이 나보다 힘이 세면, 네가 와서 나를 도와라. 암
몬 사람이 너보다 힘이 세면 내가 가서 너를 돕겠다. 용기를 내어라! 우리는 우
리 백성과 우리 하나님의 성읍을 위해 온 힘을 다해 싸울 것이다. 무엇이든 필
요하다면 하나님께서 친히 행하실 것이다!"
14-15 그런데 요압과 그의 군사들이 아람 사람과 싸우려고 쳐들어가자, 그들이 모
두 후퇴하여 도망쳤다. 아람 사람이 목숨을 건지기 위해 도망치는 것을 본 암몬
사람도, 아비새를 피해 도망쳐 성 안으로 들어갔다.

그러자 요압은 철수하여 예루살렘으로 돌아왔다.
16 아람 사람은 이스라엘에게 처참히 패한 것을 알고, 사태를 수습하고 나서 전
열을 재정비했다. 그들은 사람을 보내 요단 강 건너편에 있는 아람 사람을 불렀
다. 하닷에셀의 군사령관 소박이 그들을 지휘했다.
17-19 이 모든 일을 보고받은 다윗은, 그는 온 이스라엘 군대를 소집하고 요단 강
을 건너 진군하여 전투태세를 갖췄다. 아람 사람은 다윗과 맞설 태세로 전투대
형을 취했고, 이내 전투가 시작되었다. 그러나 그들은 이번에도 이스라엘 앞에
서 흩어져 도망쳤다. 다윗은 전차병 칠천 명과 보병 사만 명을 죽였다. 군사령
관 소박도 죽였다. 하닷에셀을 섬기던 모든 왕이 자신들의 패배를 인정하고, 다
윗과 화친하여 그를 섬겼다. 아람 사람은 이스라엘이 두려워 다시는 암몬 사람
을 돕지 않았다.

⁂

20 1-3 그해 봄, 왕들이 전쟁에 나가는 때가 되자 요압이 군대를 이끌고
나가 암몬 사람을 무찌르고 랍바를 포위했다. 한편, 다윗은 예루살
렘에 남아 있었다. 요압은 랍바를 크게 쳐서 폐허로 만들었다. 다윗이 암몬 왕
의 머리에서 왕관을 벗겼는데, 그 무게만도 금 한 달란트가 나갔고 보석도 박혀
있었다. 다윗이 그 관을 들어 머리에 썼다. 그는 그 성에서 엄청난 양의 전리품
을 가져왔고 그 백성에게 톱질과 곡괭이질과 도끼질 등의 강제노역을 시켰다.
그는 모든 암몬 사람에게 그와 같이 행했다. 그러고 나서 다윗과 그의 군대는
예루살렘으로 돌아왔다.
4-8 그 후에 게셀에서 블레셋 사람과 전쟁이 벌어졌다. 후사 사람 십브개가 거인
족 십배를 죽인 것이 이때였다. 블레셋 사람은 굴욕적으로 패배했다. 블레셋 사
람과의 또 다른 전쟁에서, 야일의 아들 엘하난이 가드 사람 골리앗의 동생 라흐
미를 죽였는데, 그의 창은 베의 활대만큼이나 컸다. 또 가드에서 전쟁이 벌어
졌을 때는 손가락과 발가락이 여섯 개씩 모두 스물네 개가 달린 거인이 나왔다.
그도 거인족의 자손이었다. 그가 이스라엘을 조롱하자, 다윗의 형 시므아의 아
들 요나단이 그를 죽였다. 이들은 모두 거인족의 자손으로, 다윗과 그의 부하들
에게 목숨을 잃었다.

다윗의 인구조사

21 1-2 사탄이 등장하여 다윗을 꾀어 이스라엘의 인구를 조사하게 했다.
다윗은 요압과 자기 밑의 군사령관에게 명령을 내렸다. "단에서 브
엘세바까지 이스라엘의 모든 지파를 두루 다니며 인구를 조사하시오. 내가 그
수를 알고 싶소."
3 요압이 만류했다. "하나님께서 그분의 백성을 백 배나 늘어나게 하시기를 빕
니다! 그들은 모두 내 주인이신 왕의 백성이 아닙니까? 그런데 왕께서는 도대
체 왜 이 일을 하시려는 것입니까? 어찌하여 이스라엘과 하나님과의 관계를 어

렵게 만들려고 하십니까?"
4-7 그러나 다윗은 뜻을 굽히지 않았고, 요압은 가서 명령대로 행했다. 그는 그
땅을 두루 다닌 다음 예루살렘으로 돌아와 인구조사 결과를 보고했다. 군사가
1,100,000명이었고, 그 가운데 유다가 470,000명을 차지했다. 요압은 왕의 명
령이 몹시 못마땅하여, 항의의 뜻으로 레위와 베냐민의 인구는 조사하지 않았
다. 하나님께서 이 모든 일로 노하시고 이스라엘을 벌하셨다.
8 그러자 다윗이 기도했다. "이 일로 제가 큰 죄를 지었습니다. 하나님을 신뢰하
는 대신에 통계 수치를 의지했습니다. 제가 지은 죄를 용서하여 주십시오. 제가
참으로 어리석었습니다."
9-10 **하나님**께서 다윗의 목자인 갓을 통해 대답하셨다. "가서 다윗에게 이 메시
지를 전하여라. '나 **하나님**이 말한다. 너는 세 가지 벌 중에서 하나를 택하여라.
나머지는 내가 알아서 하겠다.'"
11-12 갓이 다윗에게 메시지를 전했다. "삼 년 동안 기근이 드는 것이 좋겠습니
까? 아니면, 왕이 원수들에게 쫓겨 석 달 동안 도망 다니시는 것이 좋겠습니
까? 아니면, 사흘 동안 **하나님**의 칼—**하나님**의 천사가 이 땅에 풀어 놓을 전염
병—을 받는 것이 좋겠습니까? 생각해 보시고 마음을 정하십시오. 저를 보내신
분께 어떻게 아뢰면 되겠습니까?"
13 다윗이 갓에게 말했다. "모두 끔찍한 일입니다! 하지만 사람의 손에 넘겨지기
보다는 차라리 자비가 많으신 **하나님**께 벌을 받겠습니다."
14-15 그래서 **하나님**께서 이스라엘에 전염병을 풀어 놓으셨고, 이스라엘 백성 칠
만 명이 죽었다. 곧이어 하나님께서 예루살렘을 멸망시키려고 천사를 보내셨
다. 그러나 멸망이 시작되려는 것을 보시고, 하나님께서는 그들을 불쌍히 여겨
뜻을 바꾸시고, 죽음의 천사에게 명령하셨다. "이제 됐다! 그만 물러나거라!"
15-16 그때 **하나님**의 천사는 여부스 사람 아라우나의 타작마당에 이르러 있었다.
다윗이 눈을 들어 보니, 천사가 땅과 하늘 사이를 돌며 칼을 뽑아 들고 예루살
렘을 치려고 했다. 다윗과 장로들이 엎드려 기도하며 굵은 베로 몸을 덮었다.
17 다윗이 기도했다. "죄를 지은 것은 저입니다! 제가 죄인입니다. 이 양들이 무
슨 잘못을 했습니까? 그들이 아니라 저를, 저와 제 집안을 벌해 주십시오. 그들
에게 벌을 내리지 말아 주십시오."
18-19 **하나님**의 천사가 갓에게 명령했다. 다윗에게 말하기를, 여부스 사람 아라우
나의 타작마당으로 가서 **하나님**께 제단을 쌓으라고 했다. 다윗은 **하나님**의 명
령에 순종하여 갓이 전해 준 대로 행했다.
20-21 그때 아라우나는 타작을 멈추고 천사를 지켜보고 있었다. 그의 네 아들은
천사를 피하여 숨었다. 다윗이 아라우나에게 다가갔다. 다윗을 본 아라우나는
타작마당에서 나와 그 앞에 엎드려 절하며 왕에게 예를 갖추었다.
22 다윗이 아라우나에게 말했다. "이 타작마당을 내게 주어 **하나님**께 제단을 쌓
을 수 있게 해주시오. 제값을 받고 내게 파시오. 그러면 우리가 이 재앙을 끝낼
수 있을 것이오."

[23] 아라우나가 말했다. "내 주인이신 왕이여, 그냥 가져가셔서, 왕께서 원하시는
대로 사용하십시오! 보십시오. 여기 소는 번제물로, 타작기구는 땔감으로, 밀은
곡식 제물로 쓰십시오. 이 모두가 왕의 것입니다!"
[24-27] 다윗이 아라우나에게 대답했다. "아니오. 내가 제값을 치르고 사겠소. **하나**
님께 희생 없는 제사를 드릴 수 없소." 그래서 다윗은 금 육백 세겔을 주고 아라
우나에게서 그 땅을 샀다. 그는 그곳에서 **하나님**께 제단을 쌓고 번제와 화목제
를 드렸다. 그가 **하나님**께 부르짖자 **하나님**께서 번제단에 번개를 쳐서 응답하
셨다. **하나님**께서 천사에게 명령하여 칼을 칼집에 꽂게 하셨다.
[28] 이것은 다윗이 여부스 사람 아라우나의 타작마당에서 제사를 드리고 **하나님**
께서 그에게 응답하시는 것을 보았을 때 벌어진 일이다.

[29-1] 그 당시, 모세가 광야에서 지은 성막과 번제단이 기브온 예배 처소에 세워져
있었는데, 다윗은 천사의 칼이 두려워 더 이상 그곳으로 가서 하나님께 기도할
수 없었다. 그래서 그는 이렇게 선포했다. "이제부터 이곳은 **하나님**을 예배하는
곳이며, 이스라엘의 번제단이다."

다윗이 솔로몬에게 성전 건축을 당부하다

22

[2-4] 다윗이 명령하여 그 땅에 사는 모든 외국인을 한곳에 모이게 했
다. 그는 그들을 채석장으로 보내어 하나님의 성전을 지을 돌을 다
듬게 했다. 또 입구의 문에 쓸 못과, 꺽쇠를 만들 엄청난 양의 철과, 무게를 달
수 없을 정도로 많은 청동과, 셀 수 없이 많은 백향목 재목을 준비했다(시돈 사람
과 두로 사람이 다윗에게 엄청난 양의 백향목 재목을 보내온 것이다).
[5-6] 다윗은 생각했다. "내 아들 솔로몬이 이 일을 미리 계획하기에는 너무 어리
고, **하나님**을 위해 지을 성전은 모든 나라에 소문이 날 만큼 더없이 장대해야
하니, 내가 건축 자재를 준비해야겠다." 그래서 다윗은 죽기 전까지 엄청난 양
의 건축 자재를 준비했다. 그 후에 그는 아들 솔로몬을 불러 이스라엘의 **하나님**
을 위해 성전을 지을 것을 명령했다.
[7-10] 다윗이 솔로몬에게 말했다. "나는 성전을 지어 내 **하나님**을 높이고 싶은 마
음이 간절했다. 그러나 **하나님**께서 나를 막으시며 말씀하셨다. '너는 너무 많은
사람을 죽였고 너무 많은 전쟁을 치렀다. 성전을 지어 나를 높일 사람은 네가 아
니다. 지금까지 너 때문에 너무나 많은 사람이 죽고 피를 흘렸다. 그러나 네가
한 아들을 낳을 것인데, 그는 유순하고 온화한 사람이 될 것이며, 내가 그의 적
들을 사방으로 잠잠하게 할 것이다. 평화를 뜻하는 솔로몬이라는 이름 그대로,
그가 다스리는 동안 내가 평화와 안식을 선사할 것이다. 그가 바로 나를 높여 성
전을 지을 사람이다. 그는 내 귀한 양자가 되고 나는 그의 아버지가 될 것이다.
나는 반드시 이스라엘을 다스리는 그의 권세가 영원히 이어지게 할 것이다.'
[11-16] 그러니 아들아, **하나님**께서 너와 함께하시기를 빈다. 하나님께서 네게 말

기신 일이니, 네 하나님을 위해 성전을 짓는 너를 형통케 해주시기를 빈다. 또 한 하나님께서 네게 분별력과 이해력을 주셔서, 네가 하나님의 계시대로 경건하게 순종하며 이스라엘을 다스리게 되기를 빈다. 하나님께서 이스라엘을 위해 모세에게 명령하신 것들을 행하고 그 지침을 따르면, 네가 형통할 것이다. 용기를 내어라! 담대하게 나서거라! 겁내지 말고 망설이지도 마라. 보아라, 내가 하나님의 성전에 쓸 자재를 힘써 비축해 두었다. 금 십만 달란트(3,775톤), 은 백만 달란트(37,750톤), 너무 많아 무게를 잴 수 없을 정도의 청동과 철, 그리고 많은 양의 목재와 석재가 있다. 네가 얼마든지 더 보태도 좋다. 또 석수, 석공, 목수, 금은과 청동과 철을 다루는 장인들도 준비되어 있고 그 숫자도 아주 많다. 다 준비되었으니 일을 시작하도록 하여라! 하나님께서 형통케 해주시기를 빈다!"

17-19 다윗은 이스라엘의 모든 지도자에게 명령하여 그의 아들 솔로몬을 돕게 했다. "여러분의 하나님께서 여러분과 함께하셔서, 주변 모든 사람과 평화롭게 지내게 하시지 않았습니까? 이곳에서 내 역할은 적들을 물리치고 이 땅을 하나님과 그분의 백성에게 굴복시키는 일이었습니다. 여러분의 몫은 여러분의 마음과 뜻을 온전히 드려 여러분의 하나님께 기도하는 일입니다. 그러니 이제 움직이십시오. 하나님께 거룩한 예배 처소를 지어 드리십시오! 그리고 하나님을 높이기 위한 성전 안에 하나님의 언약궤와 예배를 위한 모든 거룩한 기구를 들여 놓으십시오."

23

1 다윗이 나이가 들어 늙었을 때에, 아들 솔로몬을 이스라엘의 왕으로 세웠다.

2-5 동시에 그는 이스라엘의 모든 지도자와 제사장과 레위인들을 한데 모았다. 서른 살 이상 된 레위인을 세어 보니 모두 삼만팔천 명이었다. 다윗은 그들을 직무에 따라 나누었다. "이만사천 명은 성전에서 예배를 담당하고, 육천 명은 관리와 재판관이고, 사천 명은 문지기며, 사천 명은 찬양대에서 봉사하면서 내가 찬양을 위해 마련한 악기들로 하나님을 찬양할 것이다."

6 이어서 다윗은 레위의 아들들인 게르손, 고핫, 므라리의 이름을 따라 여러 그룹으로 레위인들을 나누었다.

7-11 게르손 자손은 라단, 시므이다. 라단의 세 아들은 여히엘, 세담, 요엘이다. 시므이의 세 아들은 슬로못, 하시엘, 하란으로, 모두 라단 가문의 족장이었다. 시므이의 네 아들은 야핫, 시나, 여우스, 브리아다. 야핫이 첫째고 그 다음은 시사다. 여우스와 브리아는 아들이 많지 않아서 한 직무를 맡은 한 가문으로 계수되었다.

12-14 고핫의 네 아들은 아므람, 이스할, 헤브론, 웃시엘이다. 아므람의 아들들은 아론, 모세다. 아론은 특별히 위임받아 지성소에서 일했는데, 하나님 앞에 향을 피우고 항상 하나님을 섬기며 그분의 이름을 찬양했다. 이것은 아론과 그의 아들들에게 대대로 내려진 직무였다. 모세와 그의 아들들은 레위 지파에 포함되

었다.

15-17 모세의 아들들은 게르솜, 엘리에셀이다. 수바엘은 게르솜의 맏아들이다. 르하뱌는 엘리에셀의 맏아들이자 외아들이다. 엘리에셀은 다른 아들이 없었으나, 르하뱌는 아들이 많았다.

18-23 슬로밋은 이스할의 맏아들이다. 헤브론은 네 아들을 두었는데, 여리야, 아마랴, 야하시엘, 여가므암이다. 웃시엘은 미가와 잇시야 두 아들을 두었다. 므라리의 아들들은 마흘리, 무시다. 마흘리의 아들들은 엘르아살, 기스다. 엘르아살은 아들 없이 딸들만 두고 죽었다. 그의 딸들은 사촌인 기스의 아들들과 결혼했다. 무시는 마흘리, 에델, 여리못 이렇게 세 아들을 두었다.

24 이들은 스무 살 이상 된 레위 자손으로 가문과 족장에 따라 구분되었고, **하나님**의 성전 예배에서 맡은 직무에 따라 그룹별로 명단에 올랐다.

25-27 다윗이 말했다. "이제 이스라엘의 **하나님**께서 그분의 백성에게 안식을 주시고 예루살렘을 그분의 영원한 집으로 삼으셨으니, 레위인은 더 이상 성막이나 예배를 섬기는 데 필요한 기구들을 옮길 필요가 없다." 다윗의 이 유언은 스무 살 이상 된 레위인에게만 해당되었다.

28-31 이때부터 레위인들은 아론 자손을 도와 **하나님**의 집에서 예배의 일을 섬겼다. 안뜰과 골방을 관리하고, 예배용 기구와 도구를 청결히 유지하고, 그 밖에 예배를 섬기는 데 필요한 모든 일을 처리하며, 상에 차릴 빵과 곡식 제물의 밀가루와 누룩을 넣지 않은 과자를 준비하는 일, 곧 굽고 반죽하고 양을 재고 무게를 다는 모든 일을 맡았다. 또한 그들은 아침기도와 저녁기도에 참석해 **하나님**께 감사와 찬양을 드리고, 안식일과 초하루와 모든 절기에 **하나님**께 번제를 드리는 의식에 참석해야 했다. 그들은 맡은 일과 필요에 따라 정해진 시간에 **하나님**을 섬겼다.

32 이렇게 레위인은 거룩한 예배 사역에서 아론 자손과 동역하며, 예배 장소와 시간과 순서 등 예배와 관련된 모든 책임을 맡았다.

제사장의 직무

24

1-5 아론 가문은 다음과 같이 나뉘었다. 아론의 아들들은 나답, 아비후, 엘르아살, 이다말이다. 나답과 아비후는 아들을 남기지 않고 아버지보다 먼저 죽었다. 그래서 엘르아살과 이다말이 제사장 직분을 맡았다. 다윗은 엘르아살 가문의 사독과 이다말 가문의 아히멜렉을 책임자로 세워 두 가문이 맡겨진 직무를 나누어 수행하게 했다. 지도자가 될 만한 사람이 이다말 가문보다 엘르아살 가문에 더 많았으므로, 그 수를 고려하여 나누었다. 엘르아살 가문에서 족장 지도자 열여섯 명, 이다말 가문에서 족장 지도자 여덟 명이었다. 성전에서 하나님의 일을 맡을 지도자들이 모두 엘르아살 가문과 이다말 가문에 있었으므로, 그들은 양쪽 가문을 똑같이 대하여 제비를 뽑아 지도자들을 임명했다.

6 레위인 느다넬의 아들 서기관 스마야가 왕과 관리들, 제사장 사독과 아비아달

의 아들 아히멜렉, 제사장과 레위인 가문의 지도자들 앞에서 그들의 이름을 기록했다. 그들은 엘르아살 가문에서 한 집, 이다말 가문에서 한 집씩 교대로 제비를 뽑았다.

7-18 첫째로 제비 뽑힌 사람은 여호야립
둘째는 여다야
셋째는 하림
넷째는 스오림
다섯째는 말기야
여섯째는 미야민
일곱째는 학고스
여덟째는 아비야
아홉째는 예수아
열째는 스가냐
열한째는 엘리아십
열두째는 야김
열셋째는 훕바
열넷째는 예세브압
열다섯째는 빌가
열여섯째는 임멜
열일곱째는 헤실
열여덟째는 합비세스
열아홉째는 브다히야
스무째는 여헤스겔
스물한째는 야긴
스물두째는 가물
스물셋째는 들라야
스물넷째는 마아시야다.

19 그들은 정해진 순서대로 하나님의 성전에 들어가 섬기되, 하나님 이스라엘의
하나님께서 그들의 조상 아론에게 명령하신 그대로 아론이 정한 규례에 따라
행했다.
20 나머지 레위인은 이러하다.
아므람의 아들들 중에서 수바엘, 수바엘의 아들들 중에서 예드야.
21 르하뱌의 아들들 중에서는 잇시야가 첫째였다.
22 이스할 자손 중에서 슬로못, 슬로못의 아들들 중에서 야핫.
23 헤브론의 아들들은 첫째 여리야, 둘째 아마랴, 셋째 야하시엘, 넷째 여가므암
이다.

[24-25] 웃시엘의 아들 미가, 미가의 아들들 중에서 사밀. 또한 미가의 동생 잇시야,
잇시야의 아들들 중에서 스가랴.
[26-27] 므라리의 아들들인 마흘리와 무시, 또 야아시야의 아들 브노. 므라리의 자
손인 야아시야의 가문에서 브노, 소함, 삭굴, 이브리.
[28] 마흘리 가문에서는 엘르아살인데, 그는 아들이 없었다.
[29] 기스 가문에서는 기스의 아들 여라므엘이다.
[30-31] 무시의 아들들 중에서는 마흘리, 에델, 여리못이다.

이들은 가문에 따라 기록된 레위인이다. 그들도 친족인 아론 자손처럼, 다윗 왕과 사독과 아히멜렉과 제사장과 레위인 가문의 지도자들 앞에서 제비를 뽑았다. 맏형의 가문과 막내 동생의 가문이 모두 같은 대우를 받았다.

음악으로 예배를 섬긴 사람들

25 [1-7] 그 후에 다윗과 예배 인도자들은 아삽, 헤만, 여두둔 가문에서 특별히 설교와 음악으로 섬길 사람들을 뽑았다. 그 이름과 맡은 일의 목록은 이러하다. 아삽 가문에서는 삭굴, 요셉, 느다냐, 아사렐라다. 아삽이 이들을 감독했는데, 그는 왕의 명령에 따라 하나님의 말씀을 대언하는 자였다. 여두둔 가문에서는 그달리야, 스리, 여사야, 시므이, 하사뱌, 맛디디야 이렇게 여섯 아들이다. 그들의 아버지 여두둔이 이들을 감독했는데, 그는 설교도 하고 수금으로 직접 연주도 하며 하나님께 드리는 감사의 찬양을 인도했다. 헤만 가문에서는 북기야, 맛다냐, 웃시엘, 수바엘, 여리못, 하나냐, 하나니, 엘리아다, 깃달디, 로맘디에셀, 요스브가사, 말로디, 호딜, 마하시옷이다. 이들은 왕의 선견자 헤만의 아들들이다. 이들은 아버지가 임명받은 거룩한 일을 잘 수행하도록 지원하고 보조했다. 하나님은 헤만에게 열네 명의 아들과 세 명의 딸을 주셨다. 아버지의 감독 아래 이들은 하나님의 성전 예배에서 찬양을 인도하고 연주하는 일을 맡았다(아삽, 여두둔, 헤만은 직접 왕의 명령을 받았다). 이들은 거룩한 음악에 능숙한 명인들로, 모두 288명이었다.
[8] 이들은 제비를 뽑아 누가 무슨 일을 할지를 정했다. 나이가 많든 적든, 스승이
든 제자든, 어느 누구에게도 특혜나 우위를 주지 않았다.
[9-31] 아삽의 가문에서 첫째로 제비 뽑힌 이름은 요셉과 그 아들과 형제 열두 명이고, 둘째는 그달리야와 그 아들과 형제 열두 명, 셋째는 삭굴과 그 아들과 형제 열두 명, 넷째는 이스리와 그 아들과 형제 열두 명, 다섯째는 느다냐와 그 아들과 형제 열두 명, 여섯째는 북기야와 그 아들과 형제 열두 명, 일곱째는 여사렐라와 그 아들과 형제 열두 명, 여덟째는 여사야와 그 아들과 형제 열두 명, 아홉째는 맛다냐와 그 아들과 형제 열두 명, 열째는 시므이와 그 아들과 형제 열두 명, 열한째는 아사렐과 그 아들과 형제 열두 명, 열두째는 하사뱌와 그 아들과 형제 열두 명, 열셋째는 수바엘과 그 아들과 형제 열두 명, 열넷째는 맛디디야와 그 아들과 형제 열두 명, 열다섯째는 여리못과 그 아들과 형제 열두 명, 열여

셋째는 하나냐와 그 아들과 형제 열두 명, 열일곱째는 요스브가사와 그 아들과 형제 열두 명, 열여덟째는 하나니와 그 아들과 형제 열두 명, 열아홉째는 말로디와 그 아들과 형제 열두 명, 스무째는 엘리아다와 그 아들과 형제 열두 명, 스물한째는 호딜과 그 아들과 형제 열두 명, 스물두째는 깃달디와 그 아들과 형제 열두 명, 스물셋째는 마하시옷과 그 아들과 형제 열두 명, 스물넷째는 로맘디에셀과 그 아들과 형제 열두 명이었다.

성전 문지기

26

1-11 문지기들은 고라 가문 출신이었다. (아삽 자손 중 하나인) 고레의 아들 므셀레먀와 므셀레먀의 맏아들 스가랴, 그 아래로 여디야엘, 스바댜, 야드니엘, 엘람, 여호하난, 엘여호에내 이렇게 일곱 아들이 있었다. 오벳에돔의 아들로는 맏아들 스마야, 그 아래로 여호사밧, 요아, 사갈, 느다넬, 암미엘, 잇사갈, 브울래대가 있었다. 하나님께서 그에게 여덟 아들의 복을 주셨다. 그의 아들인 스마야의 아들들인 오드니, 르바엘, 오벳, 엘사밧은 가문의 탁월한 지도자가 되었고, 그의 친족 엘리후와 스마갸 또한 출중했다. 이들 모두 오벳에돔의 자손으로 탁월하고 유능했으며, 그 수는 예순두 명이었다. 므셀레먀의 아들과 친족 열여덟 명도 훌륭했다. 므라리의 자손인 호사의 아들들은 시므리(그는 맏아들이 아니었지만 아버지가 그를 맏아들로 삼았다), 그 다음은 힐기야, 그 뒤로는 드발리야, 스가랴였다. 호사 가문은 모두 열세 명이었다.

12-16 조상의 전통을 이어받은 이들 문지기들은 지도자들의 감독 아래 하나님의 성전 치안을 책임졌다. 이들은 각 가문의 지명도와 관계없이 똑같이 제비를 뽑아 각자 맡을 구역을 배정받았다. 셀레먀는 동문에 배정되었고, 참모이자 통찰력 있는 그의 아들 스가랴는 북문을 제비 뽑았다. 오벳에돔은 남문을 제비 뽑았고, 그의 아들들은 창고 근무를 제비 뽑았다. 숩빔과 호사는 서문과 큰길가에 있는 살레겟 문에 배치되었다.

16-18 문지기들은 나란히 서서 지켰다. 동문에는 하루에 레위인 여섯 명, 북문과 남문에는 하루에 네 명, 창고에는 한 번에 두 명이 배치되었다. 출입이 자유로운 서쪽 뜰에는 길에 네 명, 뜰에 두 명이 배치되었다.

19 이들은 고라 자손과 므라리 자손의 문지기들이다.

재무: 회계와 장부정리

20-22 하나님의 성전 재무는 다른 레위인들이 맡았다. (모두 게르손 자손인) 라단 가문에서는 여히엘리와 그의 아들들, 곧 스담과 그의 동생 요엘이 있었다. 이들은 하나님의 성전 재정을 감독했다.

23-28 아므람 자손, 이스할 자손, 헤브론 자손, 웃시엘 자손에서는 모세의 아들인 게르솜 자손 수바엘이 최고 재무책임자로 일했다. 수바엘의 형제인 엘리에셀의 친족으로는 엘리에셀의 아들 르하뱌, 그 아들 여사야, 그 아들 요람, 그 아들 시그리, 그 아들 슬로밋이 있다. 슬로밋과 그의 친족은 다윗 왕과 각 가문의 우두

머리와 여러 군지휘관들이 구별해 바친 귀중품을 맡았다. 이들은 전에 전쟁에
서 얻은 전리품을 하나님을 예배하는 일에 바쳤다. 아울러 선견자 사무엘과 기
스의 아들 사울과 넬의 아들 아브넬과 스루야의 아들 요압이 바친 모든 것, 그
들이 그때까지 바친 모든 헌물을 슬로밋과 그 집안이 관리했다.
29-30 이스할 자손의 가문에서는, 예배와 성전 직무 외의 일들을 책임지는 관리와
재판관으로 그나냐와 그의 아들들이 임명되었다. 헤브론 자손의 가문에서는 하
사뱌와 그의 친족—자격을 갖춘 1,700명—이 요단 강 서쪽 영토를 관할하는 일
과 하나님을 예배하는 일에 관련된 모든 행정을 책임졌다.
31-32 헤브론 자손의 족보에 따르면, 여리야가 그들의 우두머리였다. 다윗 왕은
재위 사십년(곧 마지막 해)이 되던 해에 헤브론의 족보를 살펴, 길르앗의 야스엘
에서 탁월한 사람들을 찾아냈다. 여리야와 그의 친족 2,700명이었다. 다윗 왕
은 그들에게 요단 강 동쪽 영토—르우벤 지파, 갓 지파, 므낫세 반쪽 지파—를
관할하는 일과 하나님을 예배하는 일에 관련된 모든 행정을 맡겼다.

군대 조직

27

1 이스라엘 자손 가운데서 각 지파의 족장과 군지휘관과 군과 관련
된 모든 일로 왕을 섬긴 관리들의 이름은 이러하다. 그들은 한 달씩
번갈아 가며 일 년 열두 달 동안 임무를 수행했다. 각 부대는 24,000명으로 구
성되었다.
2-3 첫째 달에 복무할 부대는 삽디엘의 아들 야소브암이 맡아 24,000명을 거느
렸다. 그는 베레스의 자손으로 첫째 달 동안 모든 군지휘관을 이끌었다.
4 둘째 달에 복무할 부대는 아호아 사람 도대가 맡아 24,000명을 거느렸다. 미
글롯이 부대의 지도자였다.
5-6 셋째 달에 복무할 부대의 지휘관은 제사장 여호야다의 아들 브나야로
24,000명을 거느렸다. 이 사람이 바로 삼십 인 중의 용장이자 우두머리인 브나
야였다. 그의 아들 암미사밧이 부대를 맡았다.
7 넷째 달에 복무할 부대의 지휘관은 요압의 동생 아사헬로 그의 아들 스바댜가
그의 뒤를 이어 24,000명을 거느렸다.
8 다섯째 달에 복무할 부대의 지휘관은 이스라 사람 삼훗으로 24,000명을 거느
렸다.
9 여섯째 달에 복무할 부대의 지휘관은 드고아 사람 익게스의 아들 이라로
24,000명을 거느렸다.
10 일곱째 달에 복무할 부대의 지휘관은 에브라임 자손인 발론 사람 헬레스로
24,000명을 거느렸다.
11 여덟째 달에 복무할 부대의 지휘관은 세라 자손인 후사 사람 십브개로
24,000명을 거느렸다.
12 아홉째 달에 복무할 부대의 지휘관은 베냐민 자손인 아나돗 사람 아비에셀로
24,000명을 거느렸다.

13 열째 달에 복무할 부대의 지휘관은 세라 자손인 느도바 사람 마하래로
24,000명을 거느렸다.
14 열한째 달에 복무할 부대의 지휘관은 에브라임 자손인 비라돈 사람 브나야로
24,000명을 거느렸다.
15 열두째 달에 복무할 부대의 지휘관은 옷니엘 가문인 느도바 사람 헬대로
24,000명을 거느렸다.

각 지파의 행정관

16-22 각 지파의 행정 업무를 맡은 행정관들은 이러하다.
르우벤 지파에는 시그리의 아들 엘리에셀
시므온 지파에는 마아가의 아들 스바댜
레위 지파에는 그무엘의 아들 하사뱌
아론 지파에는 사독
유다 지파에는 다윗의 형 엘리후
잇사갈 지파에는 미가엘의 아들 오므리
스불론 지파에는 오바댜의 아들 이스마야
납달리 지파에는 아스리엘의 아들 여리못
에브라임 지파에는 아사시야의 아들 호세아
므낫세 반쪽 지파에는 브다야의 아들 요엘
길르앗의 므낫세 반쪽 지파에는 스가랴의 아들 잇도
베냐민 지파에는 아브넬의 아들 야아시엘
단 지파에는 여로함의 아들 아사렐.
이들은 이스라엘 각 지파에 임명된 행정관들이다.
23-24 다윗은 스무 살 미만의 사람들 수는 세지 않았는데, 그것은 하나님께서 전
에 하늘의 별처럼 많은 인구를 이스라엘에 주시기로 약속하셨기 때문이다. 스
루야의 아들 요압이 인구조사를 시작했으나, 그 일로 하나님께서 이스라엘에
진노를 발하셔서 끝마치지 못했다. 그래서 결국 그 숫자는 다윗 왕의 실록에 기
록되지 못했다.

왕실 재산 관리자

25 아디엘의 아들 아스마웻은 왕의 창고 시설을 감독했다. 웃시야의 아들 요나
단은 외곽 지역의 창고를 책임졌다.
26 글룹의 아들 에스리는 농장의 농부들을 관리했다.
27 라마 사람 시므이는 포도원을 맡고, 스밤 사람 삽디는 포도주 통에 담을 포도
를 맡았다.
28 게델 사람 바알하난은 서쪽 산지의 올리브나무와 뽕나무를 맡고, 요아스는
올리브기름을 맡았다.
29 샤론 사람 시드래는 샤론에서 풀을 뜯는 소 떼를 맡고, 아들래의 아들 사밧은

골짜기의 소 떼를 맡았다.
30-31 이스마엘 사람 오빌은 낙타를 맡고, 메로놋 사람 예드야는 나귀를 맡았으
며, 하갈 사람 야시스는 양 떼를 맡았다.
이들은 다윗 왕의 재산 관리를 책임진 사람들이다.

다윗의 참모들

32 다윗의 숙부이자 지혜롭고 박식한 참모인 요나단과 학모니의 아들 여히엘은,
왕자들을 양육하는 책임을 맡았다.
33-34 아히도벨은 왕의 참모였고, 아렉 사람 후새는 왕의 친구였다. 나중에 브나
야의 아들 여호야다와 아비아달이 아히도벨의 뒤를 이었다.
요압은 왕의 군사령관이었다.

다윗의 고별 연설

28 1 다윗은 이스라엘의 모든 지도자—각 지파의 행정관, 여러 정부 부
처의 책임자, 군지휘관, 왕과 왕자들 소유의 재산과 가축을 맡은 관
리인 등 나랏일을 맡은 모든 사람—를 불러 모았다.
2-7 다윗 왕이 일어나서 이렇게 말했다. "나의 백성들이여, 내 말을 들으십시오.
나는 **하나님**의 언약궤, 곧 하나님의 발 받침대를 영구히 둘 성전을 짓기를 간절
히 원했습니다. 그래서 모든 준비를 다 마쳤으나 하나님께서 말씀하셨습니다.
'너는 나를 높일 집을 지을 수 없다. 너는 너무 많이 싸웠고 너무 많은 사람을 죽
였다.' **하나님**께서는 내 집안에서 나를 택하시고 영원히 이스라엘의 왕이 되게
하셨습니다. 먼저 그분은 유다 지파를 지도자로 택하셨고, 그런 다음 내 집안
을, 마지막으로 내 아버지의 아들들 중에서 나를 택하셔서 즐거이 온 이스라엘
의 왕으로 삼으셨습니다. 그 다음에 내 모든 아들 중에서—**하나님**께서 내게 아
들을 많이 주셨습니다!—솔로몬을 택하시고 **하나님**께서 통치하시는 이스라엘의
왕위에 앉히셨습니다. 그리고 이렇게 말씀하셨습니다. '네 아들 솔로몬이 내 집과
내 뜰을 지을 것이다. 내가 그를 택하여 내 귀한 양자로 삼았으니 나는 그에게 아
버지가 될 것이다. 그가 계속해서 한결같은 마음으로 내 명령을 행하고 지금처럼
내 결정들을 힘써 지키면, 나는 그의 나라가 영원히 지속되게 할 것이다.'
8 이제 여러분은 온 이스라엘이 지켜보고 하나님께서 들으시는 이 공적인 장소
에서, **하나님**의 백성으로 **하나님**의 계명을 마지막 하나까지 살피고 순종하십시
오. 그러면 이 좋은 땅에서 삶을 마음껏 누리고 이 땅을 여러분의 자손에게 흠
없이 물려주어, 그들에게 복된 미래를 보증할 수 있을 것입니다.
9-10 그리고 나의 아들 솔로몬아, 너는 네 아버지의 하나님을 바로 알고 온 마음
과 뜻을 다해 그분을 섬겨라. **하나님**께서는 마음을 살피시고 그 모든 중심을 꿰
뚫어 보신다. 네가 그분을 구하면, 반드시 너를 만나 주실 것이다. 그러나 네가
그분을 버리면, 그분도 너를 영원히 떠나실 것이다. 이제 잘 들어라! **하나님**께
서 너를 택하셔서 그분의 거룩한 집을 짓게 하셨다. 용기를 내고 마음을 굳게

먹어라! 그것을 시행하여라!"
11-19 그러고 나서 다윗은 성전의 현관과 창고와 집회소와 속죄 제물을 바칠 장
소의 설계도를 아들 솔로몬에게 건네주었다. 하나님의 영이 머릿속에 떠오르게
하신 모든 것, 곧 안뜰의 구도와 주위 모든 방의 배치, 모든 거룩한 물건을 보관
할 창고의 설계도도 넘겨주었다. 또한 레위인과 제사장들을 조직하여 하나님의
집에서 예배를 인도하고 주관하게 할 계획과 함께, 예배에 사용하는 기구들을
관리할 계획을 그에게 알려 주었다. 금은 등잔대와 등잔, 거룩하게 구별된 빵을
차릴 상, 금갈고리와 대접과 병, 분향단 등 예배에 사용할 각 기구에 금과 은이
얼마나 필요한지에 대해서도 구체적으로 일러 주었다. 그는 또 **하나님**의 언약
궤—그룹 보좌—위로 날개를 펼친 그룹들을 조각할 도면도 주었다. 다윗은 "**하
나님**께서 내게 주신 전체 청사진이 여기 있다" 하고 말했다.
20-21 다윗은 계속해서 솔로몬에게 말했다. "담대하게 일을 해나가거라! 걱정하
거나 낙심하지 마라. **하나님** 나의 하나님께서 이 일에 너와 함께 계신다. 그분
은 곤경에 처한 너를 두고 떠나지 않으실 것이다. 네가 **하나님**께 예배 드릴 수
있도록 마지막 세부 사항이 완성되기까지 네 곁에 함께 계실 것이다. 모든 제사
장과 레위인들이 도울 준비를 마쳤고, 숙련된 기술자와 장인들도 일할 준비가
되어 있다. 지도자와 백성도 모두 준비되었다. 이제 명령만 하여라."

성전 건축에 쓸 예물

29

1-5 다윗 왕이 회중에게 말했다. "하나님께서 내 아들 솔로몬을 택하
셔서 이 일을 행하게 하셨습니다. 그러나 그는 어리고 경험이 없으
며, 이것은 너무도 큰일입니다. 이 성전은 그저 사람들이 만나는 장소가 아니라
하나님께서 우리를 만나 주시는 집입니다. 나는 내 하나님을 위해 이 집을 짓고
자 최선을 다해 모든 것을 준비했습니다. 금과 은, 청동, 철, 재목, 각양각색의
보석과 건축용 석재 등 필요한 모든 자재를 산더미처럼 준비해 두었습니다. 더
욱이 내 마음이 이 일을 간절히 원하므로, 내게 있는 금과 은도 내 하나님을 위
한 예배 처소를 짓는 데 바치겠습니다. 오빌에서 난 최상품 금 3,000달란트(약
113톤)와 은 7,000달란트(214톤)입니다. 이것으로 성전 벽을 입히고, 기술자와
장인들이 각종 금과 은으로 작업하는 데 쓸 것입니다.
이제 여러분은 어떻습니까? 여러분 가운데 자원하여 기꺼이 나와 함께 바칠 사
람이 있습니까?"
6-8 그러자 각 가문의 족장과 이스라엘 각 지파의 지도자와 군지휘관과 왕의 사
무를 맡은 관리자들이 자원하여 기꺼이 바쳤다. 그들은 금 5,000달란트(188톤)
와 금 10,000다릭(83.9킬로그램), 은 10,000달란트(377톤), 청동 18,000달란트
(679톤), 철 100,000달란트(3,775톤)를 바쳤다. 보석을 가진 사람은 게르손 사람
여히엘의 관리 아래 하나님의 성전 보물 보관소로 가져다 바쳤다.
9 백성은 그들이 바친 모든 것으로 기뻐하며 환호했다! 모두가 자원해서, 아낌
없이 바친 물건이었다! 다윗 왕도 크게 기뻐했다.

10-13 다윗은 온 회중 앞에서 **하나님**을 찬양했다.

우리 조상 이스라엘의 **하나님**,
옛적부터 영원까지 찬양받으소서.
오 **하나님**, 위대하심과 능력,
영광과 승리와 위엄과 영화가 모두 주의 것입니다.
그렇습니다! 하늘과 땅의 모든 것, 모든 나라가 주의 것입니다!
주께서 친히 모든 것 위에 높아지셨습니다.
부귀와 영광이 주께로부터 나오며
주께서 모든 것을 다스리십니다.
그 손안의 힘과 능력으로
모든 것을 세우시고 강하게 하십니다.
오 하나님, 우리 하나님, 이제 우리가 주께 감사하며
주의 영화로운 이름을 찬송합니다.

14-19 "제가 누구이며 이 백성이 누구이기에, 우리가 감히 주께 그 무엇을 바칠 수 있겠습니까? 모든 것이 주께로부터 옵니다. 다만 우리는 주의 넉넉하신 손에서 받은 것을 돌려드릴 뿐입니다. 주님 보시기에 우리는, 우리 조상들처럼 집 없고 힘없는 방랑자에 불과하며, 우리의 삶은 그림자와 같이 보잘것없습니다. **하나님** 우리 하나님, 이 모든 자재—주님의 거룩하신 이름을 높이고 예배 드릴 처소를 짓기 위한 물건들—는 다 주께로부터 왔습니다! 처음부터 다 주님의 것이었습니다! 사랑하는 하나님, 주께서는 겉모습에 전혀 관심이 없으시고 우리 자신, 우리의 참된 마음을 원하시는 것을 잘 압니다. 그래서 제가 마음으로부터 정직하고 기쁘게 바쳤습니다. 이 백성도 똑같이 자원하여 아낌없이 바치는 것을 보십시오. 얼마나 기쁜 일입니까! **하나님** 우리 조상 아브라함과 이삭과 이스라엘의 하나님, 아낌없이 드리는 이 마음이 이 백성 안에 영원히 살아 있게 하시고, 이들의 마음이 주께만 머물게 하십시오. 제 아들 솔로몬에게 흐트러짐 없는 굳건한 마음을 주셔서, 주님의 명령에 순종하고 주님의 지침과 권고대로 살아가게 하시며, 제가 준비한 성전 건축을 완수하게 해주십시오."
20 그러고 나서 다윗은 회중에게 말했다. "**하나님** 여러분의 하나님을 찬양하십시오!" 그러자 그들은 **하나님** 그들 조상의 하나님을 찬양하고, **하나님**과 왕 앞에서 경건하게 예배했다.
21-22 이튿날 그들은 희생 제물로 바칠 짐승을 잡았다. 수소 천 마리, 숫양 천 마리, 양 천 마리, 부어 드리는 제물 등 많은 제물을 준비하여 하나님께 바쳤다. 그들은 기쁨에 넘쳐 온종일 잔치를 벌이며 **하나님** 앞에서 먹고 마셨다.
22-25 그 후에 그들은 솔로몬의 대관식을 다시 거행했는데, **하나님** 앞에서 다윗의 아들에게 기름을 부어 그들의 지도자로 삼고, 사독에게 기름을 부어 제사장으로 세웠다. 솔로몬은 아버지 다윗의 뒤를 이어 **하나님**께서 허락하신 왕위에 앉

아 왕이 되었다. 그가 하는 모든 일이 잘되었으므로, 온 이스라엘이 그에게 순종했다. 다윗 왕의 모든 아들을 포함한 백성의 지도자들이 솔로몬을 그들의 왕으로 인정하고 충성을 맹세했다. 솔로몬에게 쏟아진 대중의 갈채는 절정에 달했다. 모든 것이 **하나님**께서 행하신 일이었다. **하나님**께서는 과거 이스라엘의 어떤 왕도 누리지 못한 지위와 명예를 그에게 주셨다.

⁂

26-30 이새의 아들 다윗은 온 이스라엘의 왕이 되어 사십 년 동안 다스렸다. 그는 헤브론에서 칠 년, 예루살렘에서 삼십삼 년을 다스렸다. 그는 부와 영광과 장수를 누리다가 수를 다하고 죽었다. 다윗 왕의 역사는 선견자 사무엘, 예언자 나단, 선견자 갓의 연대기에 처음부터 끝까지 다 기록되어 있다. 그의 통치와 업적, 그와 이스라엘과 주변 나라들이 겪은 당대의 역사가 그 안에 상세히 기록되어 있다.

역대하

솔로몬이 지혜를 구하다

1 1-6 다윗의 아들 솔로몬은 왕위를 튼튼히 굳혔다. 하나님께서 그와 함께
계시며 그에게 큰 도움을 베풀어 주셨다. 솔로몬은 온 이스라엘, 곧 군지
휘관과 재판관과 모든 지도자와 족장을 불러서, 그들과 함께 기브온의 예배 처
소로 갔다. 하나님의 종 모세가 광야에서 만든 하나님의 회막이 바로 그곳에 있
었다. 그러나 하나님의 궤는 예루살렘에 있었다. 전에 다윗이 궤를 둘 특별한
곳을 마련하여 장막을 치고, 기럇여아림에서 그 궤를 예루살렘으로 옮겨 두었
기 때문이다. 그러나 훌의 손자요 우리의 아들인 브살렐이 만든 청동제단은 기
브온에 있는 하나님의 성막 앞에 있었다. 솔로몬과 회중은 그곳에 모여 기도했
다. 솔로몬은 회막 앞 청동제단에서 하나님을 예배했다. 그는 그 제단 위에 번
제물 천 마리를 바쳤다.
7 그날 밤 하나님께서 솔로몬에게 나타나 말씀하셨다. "나에게 무엇을 원하느
냐? 구하여라."
8-10 솔로몬이 대답했다. "주께서는 제 아버지 다윗에게 더할 나위 없이 너그러
우셨고, 이제 그를 대신하여 저를 왕으로 삼으셨습니다. 하나님, 주께서 제 아
버지에게 하신 말씀을 확증해 주십시오. 주께서 이 백성을 다스리는 엄청난 일
을 제게 맡기셨으니, 제가 이 백성 사이를 오갈 때에 저에게 지혜와 지식을 주
십시오. 주님의 영화로운 백성을 어느 누가 자기 힘으로 다스릴 수 있겠습니
까?"
11-12 하나님께서 솔로몬에게 대답하셨다. "그것이 네 마음의 소원이로구나. 너
는 부나 재물이나 명예나 원수의 멸망을 구하지 않았고, 오래 살기를 구하지도
않았다. 내가 너를 내 백성의 왕으로 삼았더니, 너는 그들을 잘 통치할 수 있도
록 지혜와 지식을 구했다. 그러므로 나는 네가 구한 대로 지혜와 지식을 네게

줄 것이다. 또한 나머지도 네게 덤으로 줄 것이다. 네 앞의 어떤 왕도 누린 적 없고 네 뒤의 어떤 왕도 누리지 못할 부와 재물과 명예를 줄 것이다."

13 그 후에 솔로몬은 기브온의 예배 처소와 회막을 떠나 예루살렘으로 갔다. 그는 이스라엘의 왕으로 다스리기 시작했다.

14-17 솔로몬은 전차와 말을 모았다. 그가 모은 전차가 천사백 대, 말이 만이천 마리였다! 그는 그 말들을 예루살렘뿐 아니라 전차가 주둔해 있는 특별 성읍들에도 두었다. 왕 덕분에 은과 금이 돌처럼 흔했고, 백향목도 낮은 산지의 무화과나무만큼이나 흔했다. 왕이 타는 말은 이집트와 실리시아에서 들여왔는데, 특별히 왕의 중개인들이 매입했다. 이집트에서 들여온 전차는 은 6.8킬로그램, 말은 은 1.7킬로그램에 거래되었다. 솔로몬은 헷과 아람 왕실을 상대로 말 무역업을 벌여 호황을 누렸다.

2

1 솔로몬은 **하나님**을 높이는 예배 처소와 자신을 위한 왕궁을 건축하도록 명령했다.

2 그는 막일꾼 칠만 명, 산에서 채석할 일꾼 팔만 명, 노역 책임자 삼천육백 명을 임명했다.

3-4 이어서 솔로몬은 두로의 히람 왕에게 메시지를 보냈다. "왕께서 왕궁 건축을 위해 내 아버지 다윗에게 보냈던 것과 같은 백향목 재목을 내게 보내 주십시오. 나는 **하나님**을 높이는 예배 처소를 지으려고 합니다. 그곳은 향기로운 향을 피우고, 거룩한 빵을 차리고, 아침과 저녁 예배 때 번제를 드리며, 안식일과 초하루와 거룩한 날에 예배를 드릴 거룩한 곳입니다. 이것은 이스라엘이 반드시 지켜야 하는 예배입니다.

5-10 우리 하나님은 다른 어떤 신보다 뛰어난 하나님이시니, 내가 지으려는 성전도 가장 뛰어나야 합니다. 하지만 누가 능히 그런 건물을 지을 수 있겠습니까? 하늘이라도, 온 우주라도 그분을 담을 수 없습니다! 하물며, 내가 감히 누구라고 하나님께 합당한 집을 지어 드릴 수 있겠습니까? 나는 그저 그분께 향을 피우는 일이나 할 수 있을 뿐입니다! 왕의 도움이 필요합니다. 금, 은, 청동, 철을 다룰 줄 알고, 자주색과 홍색과 청색 천을 짤 줄 알며, 조각도 할 줄 아는 장인 한 명을 내게 보내 주십시오. 내 아버지가 준비해 둔 유다와 예루살렘의 숙련된 장인들을 그가 감독할 것입니다. 또 레바논의 백향목, 잣나무, 백단목 재목을 보내 주십시오. 레바논 숲에서 경험을 쌓은 벌목꾼들이 왕께 많이 있음을 내가 잘 알고 있습니다. 나도 일꾼들을 보내어 왕의 인부들과 함께 재목을 베게 하겠습니다. 눈부시게 아름다운 건물, 당당하게 내보일 성전을 지으려면 재목이 많이 필요합니다! 나무를 베고 운반할 왕의 인부들에게 필요한 양식은 내가 모두 대겠습니다. 밀 4,400킬로리터, 포도주 440킬로리터, 올리브기름 440킬로리터를 인부들에게 주겠습니다."

11 두로 왕 히람이 솔로몬에게 답신을 썼다. "**하나님**께서 그분의 백성을 사랑하

시는 것이 분명합니다. 당신을 그들의 왕으로 삼으셨으니 말입니다!"

12-14 그는 계속해서 이렇게 썼다. "하늘과 땅을 지으신 하나님, 다윗 왕에게 이처럼 지혜롭고 총명하고 통찰력 있는 아들을 주셔서 하나님의 성전과 그의 왕궁을 짓게 하신 이스라엘의 하나님을 찬양합니다. 내가 건축 일을 속속들이 아는 전문가 후람아비를 왕께 보냈습니다. 그는 지금 그곳으로 향하고 있습니다. 그의 어머니는 단 사람이고 아버지는 두로 사람입니다. 그는 금, 은, 청동, 철, 돌, 나무를 다룰 줄 알고, 자주색과 청색 천과 홍색 직물을 짤 줄 아는 사람입니다. 그는 또한 전문 조각가이며, 왕의 장인과 건축가들뿐 아니라 왕의 아버지요 내 주인이신 다윗의 장인과 건축가들과도 함께 문양을 만들어 낼 만한 유능한 사람입니다.

15-16 내 작업 인부들을 위해 왕께서 약속하신 밀, 보리, 올리브기름, 포도주를 보내 주십시오. 우리가 왕께 필요한 재목을 레바논 숲에서 베어 욥바까지 뗏목으로 나르겠습니다. 재목을 예루살렘으로 운반하는 일은 그쪽에서 해야 할 것입니다."

17-18 솔로몬은 전에 아버지가 했던 것과 같은 방법으로, 이스라엘에 살고 있는 모든 외국인의 인구를 조사했다. 그 수가 모두 153,600명이었다. 그는 그 가운데 70,000명은 막일꾼으로, 80,000명은 산에서 채석하는 일꾼으로, 그리고 3,600명은 노역 책임자로 임명했다.

성전 건축을 시작하다

3 1-4 솔로몬은 예루살렘의 모리아 산, 곧 하나님께서 그의 아버지 다윗에게 나타나셨던 곳에 하나님의 성전을 짓기 시작했다. 정확한 위치는 여부스 사람 아라우나의 타작마당이었는데, 다윗이 미리 정해 둔 곳이었다. 성전을 짓기 시작한 때는, 솔로몬이 왕위에 오른 지 사 년째 되는 해 둘째 달 이일이었다. 솔로몬이 정한 하나님의 성전 규모는 길이 27미터, 너비 9미터였다. 앞쪽 현관의 폭은 건물 너비와 같이 9미터였고 높이도 9미터였다.

4-7 성전 내부에는 금을 입혔다. 또 본당에 잣나무 널판지를 대고 순금을 입힌 뒤 그 위에 종려나무와 사슬 문양을 새겼다. 그리고 보석과 바르와임에서 난 금으로 건물을 장식했다. 들보, 문지방, 벽, 문 등 모든 것에 금박을 입혔다. 벽에는 그룹을 새겼다.

8-9 그는 또 지성소를 지었는데, 길이, 너비, 높이가 모두 9미터인 정육면체가 되게 만들었다. 그리고 금 600달란트(22톤가량)를 입혔다. 금못의 무게는 50세겔(0.6킬로그램가량)이었다. 다락방에도 금을 입혔다.

10-13 그는 지성소에 놓을 거대한 천사 형상의 그룹 조각상 둘을 만들어 금을 입혔다. 나란히 선 두 그룹의 날개 길이를 합하면(각 날개는 2.25미터) 벽에서 벽까지 9미터에 달했다. 그룹은 본당 쪽을 향하여 똑바로 서 있었다.

14 또 청색과 자주색과 홍색 천으로 휘장을 만들고, 그 안에 그룹 문양을 수놓았다.

15-17 그리고 따로 세울 거대한 기둥 두 개를 만들었는데, 각각 높이가 15.75미터

에 기둥머리만 2.25미터였다. 각 기둥의 꼭대기는 정교한 사슬 세공으로 목걸
이처럼 장식했고, 그 사슬들에는 석류 모양 백 개를 달았다. 두 기둥은 성전 앞
에 세웠는데, 하나는 오른쪽에 다른 하나는 왼쪽에 세웠다. 오른쪽 기둥은 야긴
(안전)이라 하고 왼쪽 기둥은 보아스(안정)라 했다.

성전 기구들

4 1 솔로몬은 길이 9미터, 너비 9미터, 높이 3미터의 청동제단을 만들었다.
2-5 그 다음 바다를 만들었다. 바다는 금속을 주조해 만든 거대한 둥근 대
야로, 지름 4.5미터, 높이 2.25미터, 둘레 13.5미터였다. 가장자리 아래에 평행
하게 두 줄로 황소처럼 생긴 형상을 둘렀는데, 45센티미터마다 열 마리씩이었
다. 그 형상은 바다와 함께 한 덩어리로 주조해 만들었다. 열두 마리 황소가 바
다를 떠받치고 있는데, 세 마리는 북쪽을 향하고 세 마리는 서쪽을 향하고 세
마리는 남쪽을 향하고 세 마리는 동쪽을 향했다. 황소는 모두 얼굴을 바깥쪽으
로 향하고 뒤쪽 몸으로 바다를 떠받쳤다. 바다의 두께는 8센티미터였고, 가장자
리는 잔이나 백합꽃처럼 벌어져 있었다. 그 용량은 66킬로리터 정도 되었다.
6 또 대야 열 개를 만들어 다섯 개는 오른쪽에 두고 다섯 개는 왼쪽에 두었는데,
이는 번제를 드릴 때 쓰는 기물들을 씻는 데 사용했다. 제사장들은 바다에서 몸
을 씻었다.
7 솔로몬은 정해진 문양대로 등잔대 열 개를 만들어, 다섯 개는 오른쪽에 두고
다섯 개는 왼쪽에 두었다.
8 또 상 열 개를 만들어, 다섯 개는 오른쪽에 두고 다섯 개는 왼쪽에 두었다. 금
대접도 백 개를 만들었다.
9 그는 또 특별히 제사장을 위해 뜰을 만들고, 이어서 큰 뜰과 뜰로 통하는 문을
만들었다. 문에는 청동을 입혔다.
10 바다는 성전 오른편 남동쪽 모퉁이에 두었다.
11-16 들통, 부삽, 대접도 만들었다.
이렇게 해서 일이 마무리되었다. 후람은 솔로몬 왕에게 약속한 일을 모두 마쳤다.

기둥 둘
기둥 꼭대기에 얹은 대접 모양의 기둥머리 둘
기둥머리의 장식용 세공물 둘
두 세공물에 달린 석류 모양 사백 개(각 세공물마다 겹줄의 석류)
세면대 열 개와 거기에 딸린 대야
바다 하나와 그 밑의 황소 열두 마리
그 밖의 들통, 고기 갈고리, 부삽, 대접.

16-18 후람아비가 하나님의 성전을 위해 솔로몬 왕에게 만들어 준 이 모든 기구는
광택이 나는 청동으로 만든 것이었다. 왕은 숙곳과 사르단 사이에 있는 요단 평

지의 주물 공장에서 진흙에 부어 주조하는 방법으로 그것들을 만들게 했다. 이 기구들은 수가 너무 많아서 무게를 달지 않았다! 청동이 얼마나 쓰였는지 아무도 모른다.

19-22 솔로몬은 또 하나님의 성전에서 쓸 가구와 부속물도 만들었다.

금제단
임재의 빵을 차려 놓는 상
성소 내실, 곧 지성소 앞에 켜 놓을 순금 등잔대와 거기에 딸린 등잔들
금꽃, 등잔, 부젓가락(모두 순금)
금으로 만든 심지 자르는 가위, 대접, 국자, 향로들
금을 입힌 성전 문, 지성소 문, 본당 문.

5 1 이렇게 해서 솔로몬 왕은 하나님의 성전과 관련된 모든 일을 끝마쳤다. 그는 아버지 다윗이 바친 거룩한 예물, 곧 은과 금과 기구들을 가져다가 하나님의 성전 보물 보관소에 두었다.

언약궤를 성전으로 옮기다

2-3 이 모든 일의 가장 중요한 순서로, 솔로몬은 하나님의 언약궤를 시온에서 옮겨 성전 안에 모시기 위해 모든 지도자, 곧 모든 지파의 대표와 각 가문의 족장들을 예루살렘으로 불러 모았다. 일곱째 달 절기, 곧 초막절에 이스라엘의 모든 사람이 왕 앞에 모였다.

4-6 이스라엘의 모든 지도자가 모이자, 레위인들이 궤를 멨다. 그들은 궤와 회막과 예배에 쓰는 회막 안의 모든 거룩한 물건을 옮겼다. 레위인 제사장들이 그것들을 옮겼다. 솔로몬 왕과 이스라엘 온 회중은 궤 앞에서 예배하며 셀 수 없이 많은 양과 소로 제사를 드렸다. 그 수가 너무 많아 자세히 기록할 수 없었다.

7-10 제사장들은 하나님의 언약궤를 제자리, 곧 성전 내실의 지성소 안 그룹들의 날개 아래에 가져다 놓았다. 그룹들의 펼친 날개가 궤와 그 채를 덮었다. 채 끝은 아주 길어서 내실 입구에서 밖으로 튀어나왔는데, 멀리서는 보이지 않았다. 그 채는 오늘까지 그곳에 있다. 궤 안에는 호렙에서 모세가 넣어 둔 두 돌판 외에는 아무것도 없었다. 호렙은 하나님께서 이스라엘을 이집트에서 이끌어 내신 뒤에 그들과 언약을 맺으신 곳이다.

11-13 제사장들이 성소에서 나왔다. 그곳에 들어간 제사장은 서열이나 직무와 관계없이 모두 거룩하게 구별되었다. 음악을 맡은 레위인 아삽과 헤만과 여두둔과 그들의 가족도 모두 예배 예복을 입고 함께 자리했다. 찬양대와 악기 연주자들은 제단 동쪽에 모여 섰고, 제사장 120명이 그 옆에서 나팔을 불었다. 찬양대의 노랫소리와 나팔소리가 하나가 되어 하나님께 찬양과 감사를 드렸다. 악기 연주자들과 찬양대가 완벽한 조화를 이루어 노래와 연주로 하나님을 찬양했다.

하나님은 선하시다!
그분의 신실한 사랑은 영원하시다!

13-14 그러자 하나님의 성전에 구름이 가득 찼다. 성전에 가득한 구름—하나님의
영광!—때문에 제사장들이 직무를 수행할 수 없었다.

솔로몬의 기도와 성전 봉헌

6

1-2 그때 솔로몬이 말했다.

하나님께서는 구름 속에 거하겠다고 말씀하셨지만
제가 더없이 훌륭한 성전을 지었으니,
이곳은 주께서 영원히 사실 곳입니다.

3 왕은 모여 있는 회중 쪽으로 돌아서서 그들을 축복했다.
4-6 "내 아버지 다윗에게 친히 말씀하신 하나님 이스라엘의 하나님을 찬양합니
다. 그분께서 '내 백성 이스라엘을 이집트에서 이끌어 낸 날부터 오늘까지, 나
는 내 이름을 높이는 성전을 지으려고 이스라엘 지파들 가운데서 한 성읍을 따
로 떼어 구별하지 않았고, 지도자가 될 한 사람을 택하지도 않았다. 그러나 이
제 내가 성읍과 사람 모두를 택했으니, 곧 내 이름을 높일 예루살렘과 내 백성
이스라엘을 다스릴 다윗이다'라고 하신 말씀을 이제 행하셨습니다.
7-9 내 아버지 다윗은 하나님 이스라엘의 하나님의 이름을 높이는 성전을 간절히
짓기 원했으나, 하나님께서는 '네가 나를 높이는 성전을 짓기 원하니, 좋은 일이
고 더없이 칭찬할 만한 일이다! 그러나 그 일을 할 사람은 네가 아니다. 네 왕조
를 이을 네 아들이 내 이름을 위해 성전을 지을 것이다' 하고 말씀하셨습니다.
10-11 이제 여러분은 그 약속이 성취된 것을 보고 있습니다. 하나님께서는 말씀하
신 대로 행하셨습니다. 내가 내 아버지 다윗의 뒤를 이어 지금 이스라엘을 다스
리고 있습니다. 또 나는 하나님 이스라엘의 하나님을 높여 드리는 성전을 지었
고, 하나님의 언약, 곧 그분께서 이스라엘 백성과 맺으신 언약을 넣은 궤를 둘
자리를 마련했습니다."
12-16 솔로몬은 이스라엘 온 회중이 지켜보는 가운데, 하나님의 제단 앞에 자리를
잡고 두 팔을 들어 폈다. 그는 가로와 세로 각각 2.25미터에 높이 1.35미터인
청동연단을 만들어 뜰 안에 두었는데, 바로 그 연단에 올라 온 회중이 보는 앞
에서 무릎을 꿇은 채 하늘을 향해 두 팔을 들고 기도했다.

하나님 이스라엘의 하나님, 위로 하늘이나 아래로 땅 그 어디에도 주와 같은
신이 없습니다. 주의 종들이 주의 길을 따르며 성실하게 살아갈 때, 주께서는
그들과 맺은 언약을 확실히 지키시며 그들을 변함없이 사랑해 주십니다. 주께
서는 제 아버지 다윗에게 주신 말씀, 곧 주의 약속을 지키셨습니다. 작은 것까

지 모두 약속하신 대로 행하셨습니다. 그 증거가 오늘 우리 앞에 있습니다!
하나님 이스라엘의 하나님, 계속 그렇게 해주십시오! 제 아버지 다윗에게 하
신 약속, 곧 "네 자손이 주의하여 네가 내 앞에서 행한 것처럼 순종하여 살면,
네 자손이 항상 이스라엘의 왕위에 앉아 나를 대신해 다스릴 것이다"라고 하
신 그 약속을 계속해서 지켜 주십시오.

17 **하나님** 이스라엘의 하나님, 이 모든 것이 이루어지게 해주십시오.
확실하게 증명해 주십시오!

18-21 하나님께서 참으로 우리가 사는 곳에 오셔서 거하시겠습니까? 우주조차
도 주께서 편히 숨 쉴 만큼 넓지 못한데, 제가 지은 이 성전이야 더 말할 것도
없습니다. 그러할지라도 담대히 구합니다. **하나님** 나의 하나님, 제가 드리는
중보기도와 간구에 귀를 기울여 주십시오. 지금 주 앞에 아뢰는 이 뜨겁고 진
실한 기도를 들어주십시오. 주께서 주의 이름으로 존귀하게 하겠다고 약속하
신 이곳, 이 성전을 밤낮으로 지켜보시고, 제가 이곳에서 드리는 기도를 들어
주십시오. 또 주님의 백성 이스라엘이 이곳에서 기도할 때 그들의 말에 귀 기
울여 주십시오.

주께서는 주님 계신 곳 하늘에서 들으시고
들으실 때 용서해 주십시오.

22 이웃에게 해를 끼친 사람이 잘못을 바로잡기로 약속하고 이 성전 안에 있는
주님의 제단 앞에 나와 그 약속을 아뢰면,

23 주께서는 하늘에서 들으시고 행하시되
주님의 종들을 판결하셔서 가해자는 그 대가를 치르게 하시고
피해자는 모든 혐의를 벗도록
무죄를 선고해 주십시오.

24-25 주님의 백성 이스라엘이 주께 죄를 지어 적에게 패할 때라도 주께 돌이켜
이 성전에서 간절하고 진실한 기도로 주님의 통치를 인정하면,

주께서는 주님 계신 곳 하늘에서 들으시고
주님의 백성 이스라엘의 죄를 용서하시며
주께서 그들과 그들 조상에게 주신 땅으로 돌아오게 해주십시오.

26-27 주님의 백성이 주께 죄를 지어서 하늘이 마르고 비가 오지 않을 때, 주께
벌을 받은 그들이 이곳에서 기도하며 주님의 통치를 인정하고 그 죄를 멈추면,

주께서는 주님 계신 곳 하늘에서 들으시고
주님의 종, 주님의 백성 이스라엘의 죄를 용서해 주십시오.
그들과 다시 시작해 주십시오.
그들을 가르쳐 바르게 살게 하시고
주님의 백성에게 유산으로 주신 이 땅에
비를 내려 주십시오.

28-31 기근이나 재해, 흉작이나 질병, 메뚜기 떼나 병충해 같은 재앙이 닥치거
나 원수가 요새로 쳐들어와 온갖 재난이 닥칠 때, 주님의 백성 이스라엘 가운
데 누구라도 재앙이 일어났음을 깨닫고 이 성전을 향해 손과 팔을 들어 도움
을 구하는 기도를 드리면,

주께서는 주님 계신 곳 하늘에서 들으시고
우리를 용서하시며 우리에게 보상해 주십시오.
주께서는 각 사람의 마음을 아시니
(오직 주님만이 사람의 속마음을 아십니다!)
각 사람이 살아온 대로, 처한 형편에 따라 보상해 주십시오.
그리하면 주께서 우리 조상에게 주신 이 땅에서 사는 동안, 그들이
주님을 경외하고 믿고 순종하게 될 것입니다.

32 주님의 백성 이스라엘에 속하지 않지만 주님의 명성을 듣고 먼 나라에서 온
외국인들도 기억해 주십시오. 그들은 분명 주님의 큰 명성을 듣고 기적을 행
하시는 주님의 능력에 이끌려 이 성전에 나와 기도할 것입니다.

33 주께서는 주님 계신 곳 하늘에서 들으시고
그 외국인들이 드리는 기도에 응답해 주십시오.
그러면 주님이 누구시며 어떤 분이신지
온 세상 사람들이 알게 될 것이고,
주님의 백성 이스라엘처럼
주님을 경외하고 순종하며 살게 될 것입니다.
또한 그들은 주께서 제가 지은 이곳을 친히
성전으로 여기신다는 것을 알게 될 것입니다.

34-35 주님의 백성이 주님의 때에 주님이 보내시는 곳으로 가서 적과 싸울 때
에, 주님이 택하신 이 성읍과 제가 주님의 이름을 위해 지은 이 성전을 향해
기도하면,

주께서는 그들이 기도하고 구하는 것을 하늘에서 들으시고

그들의 형편에 맞게 행하여 주십시오.

36-39 그들이 주께 죄를 지어—죄가 없는 사람은 아무도 없으니 그들도 분명히
죄를 지을 것입니다!—주의 진노를 사서 원수의 손에 넘겨져 멀든 가깝든 원
수의 나라에 포로로 잡혀갈지라도, 그 나라에서 회개하고 포로생활 중에 마
음을 돌이켜 "우리가 죄를 지었습니다. 잘못을 저질렀습니다. 사악한 짓을 행
했습니다"라고 고백하면, 또한 원수의 땅에서 마음을 다해 주께로 돌이키며
주님이 그들 조상에게 주신 고향 땅과 주님이 택하신 이 성읍과 제가 주님의
이름을 위해 지은 이 성전을 향해 기도하면,

주께서는 그들의 간절하고 진실한 기도를
주님 계신 곳 하늘에서 들으시고
그들에게 가장 좋은 것을 행하여 주십시오.
주께 죄를 지은 주님의 백성을 용서해 주십시오.

40 사랑하는 하나님, 이곳에서 드리는 모든 기도에 늘 귀 기울여 주십시오.

41-42 **하나님**, 일어나셔서 주님의 능력의 언약궤와 함께
주님의 평온한 새 안식처에 들어가 주십시오.
주님의 제사장들에게 구원의 옷을 입히시고
주님의 거룩한 백성이 주님의 선하심을 찬양하게 해주십시오.
하나님, 주님의 기름부음 받은 이들을 버리지 마시고
주님의 종 다윗에게 약속하신 사랑을 잊지 말아 주십시오.

7 1-3 솔로몬이 기도를 마치자 하늘에서 번갯불이 일어 번제물과 제물 위에
내리쳤고, **하나님**의 영광이 성전에 가득 찼다. 그 영광이 성전에 가득 차
서 제사장들이 성전 안에 들어갈 수 없었다. **하나님**께서 성전을 가득 채우셨으
므로 제사장들이 들어설 수 없었다! 하늘에서 불이 내리고 **하나님**의 영광이 성
전에 가득한 것을 보고, 온 이스라엘이 무릎 꿇고 엎드려 예배하며 **하나님**께 감
사를 드렸다.

하나님은 선하시다!
그분의 사랑은 끝이 없으시다!

4-6 그 후에 왕과 온 이스라엘이 **하나님**께 제사를 드리며 예배했다. 솔로몬 왕은
성전 봉헌식에서 소 22,000마리, 양 120,000마리를 제물로 바쳤다. 제사장들
은 맡은 일에 따라 모두 제자리에 섰고, 다윗이 **하나님**을 높이는 사랑의 찬송

을 노래하고 연주하도록 준비한 레위인 찬양대와 악기 연주자들도 모두 함께 있었다. 맞은편 뜰에서는 제사장들이 나팔을 불었다. 이스라엘 백성은 모두 서 있었다.

7-10 솔로몬은 **하나님**의 성전 앞 뜰 한가운데를 거룩한 장소로 구별하고, 거기서 번제물과 곡식 제물, 화목 제물의 지방을 바쳤다. 청동제단은 너무 작아서 이 모든 제물을 다 바칠 수 없었기 때문이다. 이렇게 솔로몬은 큰 가을 절기인 초막절을 지켰다. 북동쪽 끝(하맛 입구)에서부터 남서쪽 끝(이집트 시내)에 이르는 지역에 사는 백성이 칠 일 동안 모여, 큰 회중을 이루었다. 그들은 칠 일을 계획하여 축제를 시작했다가 칠 일을 더 늘렸는데, 한 주는 제단 봉헌을 위해, 다음 한 주는 절기를 지키기 위해서였다. 축제는 꼬박 이 주 동안 계속되었다! 일곱째 달 이십삼일에 솔로몬은 회중을 돌려보냈다. 그들은 **하나님**께서 다윗과 솔로몬과 그분의 백성 이스라엘에게 베푸신 모든 선한 일을 기뻐하며 돌아갔다.

11 솔로몬은 **하나님**의 성전과 왕궁을 건축하는 일, 곧 그가 마음먹었던 모든 일을 마쳤다. 모든 것이 성공적으로 끝났고 만족스러웠다!

12-18 밤에 **하나님**께서 솔로몬에게 나타나 말씀하셨다. "내가 네 기도를 듣고 이곳을 제사 드리는 성전이요 예배하는 집으로 택했다. 내가 하늘에서 비를 내리지 않거나 메뚜기 떼를 동원해 작물을 먹어 치우게 하거나 전염병을 보낼 때에, 하나님의 백성이라 불리는 내 백성이 스스로를 낮추고 기도하며 내 임재를 구하고 악한 삶을 버리면, 내가 항상 너희 곁에 있을 것이다. 내가 하늘에서 듣고 그들의 죄를 용서하며 그들의 땅을 회복시켜 줄 것이다. 이제부터 나는 이곳에서 드리는 기도에 밤낮 귀를 기울일 것이다. 나는 네가 지은 이 성전을 택하여 거룩하게 했다. 이제 내 이름이 그 위에 영원히 새겨졌으니, 내 눈이 그 위에, 내 마음이 그 안에 언제나 머물 것이다. 네가 네 아버지 다윗처럼 순전한 마음으로 내 앞에서 행하고 내가 정해 준 삶을 따라 살며 내 가르침과 판단에 주의하여 순종하면, 이스라엘을 다스리는 너의 왕권이 든든한 기초 위에 서게 될 것이다. 네 아버지 다윗에게 언약으로 보증했던 것처럼 네게도 이것을 보증하겠다. '이스라엘의 왕위에서 네 자손이 항상 끊이지 않을 것이다.'

19-22 그러나 너와 네 자손이 내게 반역하고 내 가르침과 판단을 무시하며 이방 신들과 어울리면서 그것들을 섬기고 예배하면, 그때에는 이 보증이 무효가 될 것이다. 나는 이스라엘을 멸하고 내 이름을 높이도록 거룩하게 구별한 이 성전에서 등을 돌릴 것이다. 그러면 이스라엘은 세상 민족들 사이에서 흉한 농담거리가 되고 말 것이다. 지금은 이렇게 훌륭한 이 성전도 비웃음거리가 되고 말 것이다. 지나가는 사람들이 고개를 저으며 '이게 어찌 된 일인가? 어쩌다가 이렇게 망해 버렸는가?' 하고 물을 것이다. 그러면 그들은 이런 답을 듣게 될 것이다. '한때 여기 살던 민족은 그들의 **하나님**, 곧 그들 조상을 이집트에서 구해 낸 하나님께 반역했다. 그들은 이방 신들과 어울리며 그것들을 예배하고 섬겼다. 그래서 하나님께서 이렇게 폐허로 만들어 버리신 것이다.'"

솔로몬의 업적

8 [1-6] 솔로몬은 이십 년 만에 놀랄 만한 업적을 이루었다. 그가 한 일은 이러
하다.

하나님의 성전과 자신의 왕궁을 지었다.
히람에게서 얻은 성읍들을 재건하고 그곳에 이스라엘 백성을 이주시켰다.
하맛소바로 진군하여 그곳을 점령했다.
광야의 다드몰과 하맛에 건축했던 곡식을 쌓아 두는 모든 성읍을 요새화했다.
요새 성읍인 윗 벳호론과 아랫 벳호론을 건축하고 성벽, 문, 빗장을 완비했다.
바알랏과 곡식을 쌓아 두는 성읍들과
말과 전차를 둘 성읍들을 건축했다.

솔로몬은 한번 마음이 동하면 가리지 않고 건축을 시작했다. 예루살렘이든 레
바논이든 자기 마음에 드는 곳이면 어디에나 대대적인 건축 공사를 벌였다.
[7-10] 솔로몬은 그 땅 원주민(이스라엘 자손이 아닌 헷 사람, 아모리 사람, 브리스 사람, 히
위 사람, 여부스 사람) 가운데서 살아남은 무리, 곧 거룩한 전쟁에서 살아남은 자들
을 강제노역 부대로 편성했는데, 이 정책은 오늘까지 시행되고 있다. 그러나 이
스라엘 사람은 그런 대우를 받지 않았다. 그들은 솔로몬의 군대와 행정부에서
정부 지도자, 전차와 전차병 지휘관으로 일했다. 또한 그들은 솔로몬의 건축 공
사를 책임지는 관리가 되었는데, 모두 250명이 노역자들을 감독했다.
[11] 솔로몬은 바로의 딸을 다윗 성에서 데려와 특별히 그녀를 위해 지은 집에서
살게 했다. 그는 말했다. "하나님의 궤가 있는 곳은 거룩하니, 내 아내를 이스라
엘 왕 다윗의 집에서 살게 할 수 없다."
[12-13] 그 후에 솔로몬은 그가 성전 현관 앞에 세운 하나님의 제단에서 하나님께
번제를 드렸다. 그는 모세가 정해 둔 정기 예배 일정에 따라 안식일과 초하루,
그리고 삼대 절기인 무교절(유월절)과 칠칠절(오순절)과 초막절을 지켰다.
[14-15] 또 아버지 다윗이 정한 규례대로 제사장들을 세워 예배 직무를 수행하게 했
다. 그리고 레위인들을 임명하여 하나님의 찬양대를 이끌고 매일 예배를 드릴
때 제사장들을 돕게 했다. 그는 또 문지기들을 임명하여 각 문을 지키게 했다.
이것은 하나님의 사람 다윗이 명령한 일이었다. 제사장과 레위인과 재정 관리
자들은 왕이 내린 지시에 따라 국고를 비롯해 세세한 부분까지 그대로—고치지
않고—지켰다.
[16] 하나님의 성전 착공에서 준공까지, 솔로몬이 마음먹었던 모든 일이 마침내
완성되었다.
[17-18] 그 후 솔로몬은 에돔 땅 해변의 에시온게벨과 엘랏으로 갔다. 히람이 그에
게 배 여러 척과 숙련된 뱃사람들을 보냈다. 그들은 솔로몬의 사람들과 함께 (동
아프리카의) 오빌로 항해해서 금 15톤을 실어다가 솔로몬 왕에게 바쳤다.

9 [1-4] 스바 여왕이 솔로몬의 명성을 듣고는, 어려운 질문으로 그의 명성을
시험해 보기 위해 예루살렘으로 찾아왔다. 그녀는 수행원을 잔뜩 거느리
고 향료와 많은 금과 값진 보석을 낙타에 싣고, 호화롭게 예루살렘에 입성했다.
그녀는 평소 관심 있던 온갖 주제를 논하며 자신의 생각을 솔로몬에게 모두 이
야기했다. 솔로몬은 그녀가 내놓은 모든 주제에 답했고, 어떤 질문에도 말문이
막히지 않았다. 솔로몬의 지혜를 직접 경험한 스바 여왕은 그가 지은 왕궁, 잘
차려 놓은 식사, 멋있게 줄지어 선 왕궁 관리들, 단정하게 차려입은 시종들, 술
잔을 맡은 관리들, 그리고 **하나님**의 성전에서 아낌없이 번제를 드리는 정성스
런 예배를 보며 그 모든 것에 감탄했다.
[5-8] 그녀가 왕에게 말했다. "모두 사실이었군요! 왕의 업적과 지혜에 대한 명성
이 내 나라에까지 들려왔는데, 이제 모두 확인했습니다. 내가 직접 보지 않았으
면 믿지 못했을 것입니다. 사람들의 말이 과장이 아니었군요! 왕의 지혜와 기품
은 내가 상상한 것보다 훨씬 뛰어납니다. 왕 밑에서 일하는 사람들은 날마다 왕
곁에서 지혜로운 말을 직접 들으니 얼마나 복됩니까! 당신을 총애하셔서 왕으
로 삼으신 당신의 **하나님**을 찬양합니다. 그분이 당신을 왕으로 삼아 공의로 질
서를 유지하게 하시고 소중한 백성을 보살피게 하신 것은, 이스라엘을 향한 그
분의 사랑에서 비롯된 것임이 분명합니다."
[9-11] 그런 다음 그녀는 4.5톤가량의 금과 수많은 향료와 값비싼 보석을 왕에게
주었다. 스바 여왕이 솔로몬 왕을 위해 향료를 가져온 이후로, 그처럼 많은 향
료가 배로 들어온 일은 다시 없었다. 히람의 배들은 오빌에서 금을 수입해 오면
서 향기로운 백단목과 값비싼 보석도 함께 가져왔다. 왕은 백단목으로 **하나님**
의 성전과 왕궁에 들일 세련된 가구를 제작하고 음악인들을 위해 하프와 수금
을 만들었다. 그만한 백단목을 들여온 경우는 이후로 없었다.
[12] 솔로몬 왕은 스바 여왕이 원하는 것을 모두 주었다. 구하는 것은 무엇이든 다
주었다. 가져온 것보다 더 많이 가져가게 된 그녀는, 흡족해 하며 신하들을 이
끌고 자기 나라로 돌아갔다.

[13-14] 솔로몬은 매년 금 25톤을 받았다. 이것은 상인과 무역업자들과의 무역에서
나오는 세금과 수익 외의 수입이었다. 아라비아의 모든 왕과 크고 작은 지방 장
관들도 솔로몬에게 은과 금을 바쳤다.
[15-16] 솔로몬 왕은 얇게 두들겨 편 금으로 사람 키만한 방패 이백 개—방패 하나
에 금 6.8킬로그램씩 들어갔다—와 그 절반 크기의 작은 방패 삼백 개를 만들었
다. 그는 그 방패들을 레바논 숲 궁전에 두었다.
[17-19] 왕은 상아로 큰 보좌를 만들고 겉에 금을 입혔다. 보좌 아래에는 여섯 개의
층계가 있고, 층계와 연결된 보좌의 받침대는 금으로 만들었다. 양쪽 팔걸이 옆

으로 사자상을 두었는데, 여섯 층계의 양쪽 끝에도 각각 사자상이 하나씩 서 있
었다. 주변 어느 나라에도 그와 같은 보좌는 없었다.
20 솔로몬 왕의 잔과 컵은 금으로 만들었고, 레바논 숲 궁전의 식기도 모두 순금
으로 만들었다. 은으로 만든 것은 하나도 없었다. 솔로몬 시대에 은은 흔하고
값싼 것이었다.
21 왕의 배들은 히람의 뱃사람들을 태우고 삼 년에 한 번씩 다시스를 오가며 금
과 은, 상아, 원숭이, 공작을 싣고 돌아왔다.
22-24 솔로몬 왕은 지상의 그 어떤 왕보다 부유하고 지혜로웠다. 그는 모든 왕보
다 뛰어났다. 온 세상 왕들이 하나님께서 솔로몬에게 주신 지혜를 얻으려고 찾
아왔다. 오는 사람마다 금은 기구, 고급 예복과 의복, 최신 무기, 외국산 향료,
말과 노새 같은 선물을 가져왔다. 방문객들의 행렬이 매년 줄을 이었다.
25-28 솔로몬은 말과 전차를 모았다. 말과 전차를 두는 마구간이 사천 칸 있었고,
전차가 주둔해 있는 성읍과 예루살렘의 병영에 기병 만이천 명이 있었다. 그는
동쪽으로 유프라테스 강에서부터 블레셋 땅 전역과 서쪽으로 이집트 경계에 이
르는 지역의 모든 왕을 다스렸다. 그의 시대에는 은이 돌처럼 흔했고 백향목도
낮은 산지의 무화과나무만큼이나 흔했다. 그는 이집트와 그 밖의 나라들을 상
대로 말 무역업을 벌여 호황을 누렸다.

❧

29-31 솔로몬의 나머지 생애와 통치는 예언자 나단의 역사책, 실로 사람 아히야의
예언서, 느밧의 아들 여로보암에 관한 선견자 잇도의 묵시록에서 처음부터 끝
까지 읽을 수 있다. 솔로몬은 예루살렘에서 사십 년 동안 온 이스라엘을 다스렸
다. 그는 죽어서 아버지 다윗의 성에 묻혔다. 그의 아들 르호보암이 뒤를 이어
왕이 되었다.

북쪽 지파들의 반란

10 1-2 르호보암은 세겜으로 갔다. 온 이스라엘이 그를 왕으로 세우려고
그곳에 모여 있었다. 당시 솔로몬을 피해 이집트에 숨어 있던 여로
보암은, 솔로몬이 죽었다는 소식을 듣고 돌아왔다.
3-4 이스라엘이 불러낸 여로보암과 온 이스라엘 사람이 르호보암에게 가서 말했
다. "왕의 아버지께서 등골이 휘도록 우리에게 일을 시켜 삶이 아주 고달팠습니
다. 이제 좀 쉬게 해주시고 우리의 짐을 가볍게 해주시면, 우리가 기꺼이 왕을
섬기겠습니다."
5 르호보암이 말했다. "생각할 시간이 필요하니 사흘 후에 다시 오시오." 그래서
백성은 돌아갔다.
6 르호보암 왕은 그의 아버지가 살아 있을 때 조언을 구했던 원로들과 의논했
다. "그대들의 생각은 어떠하오? 내가 백성에게 뭐라고 답하면 좋겠소?"
7 그들이 말했다. "왕께서는 이 백성의 종이 되셔서 그들의 필요를 잘 헤아리고

긍휼을 베푸시며 원만히 일을 해결해 나가십시오. 그러면 결국 백성이 왕을 위
해 무슨 일이든지 할 것입니다."
8-9 그러나 그는 원로들의 조언을 물리치고, 그와 함께 자라서 지금은 왕의 비위
만 맞추려 드는 젊은 신하들에게 물었다. "그대들 생각은 어떻소? '왕의 아버지
처럼 혹독하게 하지 말고 좀 쉬게 해주십시오. 우리의 짐을 가볍게 해주십시오'
하고 말하는 이 백성에게 내가 뭐라고 해야 되겠소?"
10-11 왕과 함께 자란 철없는 젊은이들이 말했다. "'왕의 아버지께서 우리에게 너
무 심하게 하셨으니, 짐을 가볍게 해주십시오' 하고 불평하는 이 백성에게 이렇
게 말씀하십시오. '내 새끼손가락이 내 아버지의 허리보다 굵다. 내 아버지의 다
스림이 고달팠다고 여긴다면, 너희는 아직 고달픔의 맛을 제대로 보지 못한 것
이다. 내 아버지는 너희를 채찍으로 때렸지만, 나는 너희가 피투성이가 될 때까
지 사슬로 칠 것이다!'"
12-14 르호보암이 백성을 향해 "생각할 시간이 필요하니 사흘 후에 다시 오시오"
하고 지시한 대로, 사흘 후에 여로보암과 백성이 나타났다. 왕의 대답은 가혹하
고 거칠었다. 그는 원로들의 조언을 무시하고 젊은이들의 제안을 따랐다. "내
아버지의 다스림이 고달팠다고 여긴다면, 너희는 아직 고달픔의 맛을 제대로
보지 못한 것이다. 내 아버지는 너희를 채찍으로 때렸지만, 나는 너희가 피투성
이가 될 때까지 사슬로 칠 것이다!"
15 르호보암은 백성의 말에 귀를 막았다. 하나님께서 이 모든 일의 배후에 계셨
고, 이로써 실로 사람 아히야를 통해 느밧의 아들 여로보암에게 주신 메시지를
확증하셨다.
16-17 온 이스라엘은 왕이 그들의 말을 한 마디도 듣지 않은 것을 알고, 왕에게 맞
서서 말했다.

꺼져 버려라, 다윗!
이새의 아들아, 우리는 이제 너한테 질렸다!
이스라엘아, 어서 여기서 떠나자!
다윗, 이제 더 이상 우리 일에 참견하지 마라.

그런 다음, 백성이 떠나갔다. 그러나 르호보암은 유다 성읍들에 사는 사람들을
계속 다스렸다.
18-19 그 후에 르호보암 왕이 노역 책임자인 아도니람을 보내자, 이스라엘 백성이
모여서 그를 돌로 쳐죽였다. 르호보암 왕은 재빨리 전차에 뛰어올라 예루살렘
으로 피했다. 그때부터 오늘까지 이스라엘은 다윗 왕조에 계속 대항했다.

11
1 예루살렘으로 돌아온 르호보암은 유다와 베냐민 지파 사람들을 소
집하고 정예군 180,000명을 동원했다. 그는 이스라엘과 전쟁을 벌

여 나라를 되찾으려고 했다.

2-4 그때 **하나님**의 말씀이 거룩한 사람 스마야에게 임했다. "솔로몬의 아들 유다 왕 르호보암과 유다와 베냐민의 모든 이스라엘 백성에게 전하여라. '이것은 **하나님**의 말씀이다. 너희는 진군하지 마라. 너희 형제 이스라엘 자손과 싸우지 마라. 너희는 한 사람도 남김없이 다 집으로 돌아가거라. 이 모든 것이 나의 뜻이다.'" 그들은 **하나님**께서 말씀하신 대로 집으로 돌아갔다.

5-12 르호보암은 계속해서 예루살렘에 살면서 유다 곳곳에 방어체제를 구축했다. 베들레헴, 에담, 드고아, 벳술, 소고, 아둘람, 가드, 마레사, 십, 아도라임, 라기스, 아세가, 소라, 아얄론, 헤브론이 그가 유다와 베냐민을 보호하기 위해 세운 방어선이었다. 그는 요새 성읍을 강화하고, 지휘관들을 임명하며, 비상식량과 올리브기름과 포도주를 비축했다. 그는 모든 성읍에 큰 방패와 창들을 갖추어 두고, 성읍의 방비를 크게 강화했다. 그래서 유다와 베냐민은 한동안 안전했다.

13-17 이스라엘 전역에서 제사장과 레위인들이 르호보암에게 왔다. 레위인들이 자기 목초지와 재산을 버리고 유다와 예루살렘으로 이주한 것은, 여로보암과 그의 아들들이 그들에게서 **하나님**의 제사장직을 박탈하고 제사장을 따로 세워, 여러 예배 처소에서 그가 만든 숫염소와 송아지 우상을 섬기게 했기 때문이다. 이스라엘의 모든 지파 가운데서 이스라엘의 **하나님**을 찾기로 결심한 모든 사람은, 제사장과 레위인들과 함께 예루살렘으로 이주하여 그곳에서 그들 조상의 **하나님**께 제사를 드려 예배했다. 이것이 유다 나라에 엄청난 힘이 되었다. 그들은 삼 년 동안 솔로몬의 아들 르호보암 곁을 지키면서, 다윗과 솔로몬의 길을 충실히 따랐다.

18-21 르호보암은 다윗의 아들 여리못과 이새의 아들 엘리압의 딸 아비하일 사이에서 태어난 마할랏과 결혼했다. 마할랏은 여우스, 스마랴, 사함을 낳았다. 그 후에 르호보암은 압살롬의 딸 마아가와 결혼했는데, 마아가는 아비야, 앗대, 시사, 슬로밋을 낳았다. 마아가는 르호보암이 가장 사랑한 아내였다. 그는 다른 아내나 첩들(그는 아내 열여덟 명과 첩 예순 명을 두었는데, 그들이 아들 스물여덟 명과 딸 예순 명을 낳았다!)보다 그녀를 더 사랑했다.

22-23 르호보암은 마아가의 아들 아비야를 맏아들, 곧 형제들의 지도자로 삼았다. 그를 다음 왕으로 삼을 생각이었다. 그는 지혜롭게 아들들을 유다와 베냐민의 방어체제를 이루는 모든 요새 성읍에 배치했다. 그리고 풍부한 양식과 많은 아내를 주어 그들을 행복하게 해주었다.

12

1 르호보암이 나라를 안정시켜 다시 세력이 강해지자, 그와 온 이스라엘은 사실상 **하나님**과 그분의 길을 버렸다.

2-4 그와 그의 백성이 **하나님**께 신실하지 않았으므로, 르호보암 오년에 이집트

왕 시삭이 예루살렘으로 쳐들어왔다. 그는 전차 천이백 대와 기병 육만 명, 리비아와 숩과 에티오피아 사람들로 구성된 이집트 군대를 거느리고 왔다. 그들은 유다의 요새 성읍들을 빼앗고 예루살렘까지 진격해 왔다.
5 그때 예언자 스마야가 시삭을 피해 예루살렘으로 후퇴한 유다 지도자들과 함께 르호보암에게 가서 말했다. "**하나님**께서 말씀하십니다. '네가 나를 버렸으니, 이제 나도 너를 버려 시삭에게 넘기겠다.'"
6 이스라엘의 지도자들과 왕이 회개하며 말했다. "**하나님**께서 옳으십니다."
7-8 **하나님**께서 그들이 겸손히 회개하는 모습을 보셨다. 그러자 **하나님**의 말씀이 스마야에게 임했다. "그들이 겸손히 뉘우치니, 내가 그들을 멸하지 않겠다. 그들을 너그럽게 봐줄 것이다. 시삭을 통해 예루살렘에 나의 진노를 드러내지 않을 것이다. 그러나 나는 그들을 시삭의 신하로 만들 것이다. 그들은 나를 섬기는 것과 세상의 왕을 섬기는 것이 어떻게 다른지 알게 될 것이다."
9 그때 이집트 왕 시삭이 예루살렘을 공격했다. 그는 **하나님**의 성전과 왕궁의 보물 보관소에서 무엇이든 손에 잡히는 대로 약탈하고, 솔로몬이 만든 금방패까지 가져갔다.
10-11 르호보암 왕은 금방패 대신 청동방패를 만들어 왕궁 입구를 지키는 경비대에게 주었다. 왕이 **하나님**의 성전에 갈 때 경비대가 방패를 들고 왕을 수행했다가, 일이 끝나면 경비대실에 다시 가져다 놓았다.
12 르호보암이 회개했으므로, **하나님**께서 진노를 거두셨고 그를 완전히 멸하지 않으셨다. 유다에 선한 일도 벌어지고 있었으니 상황이 암담하지만은 않았다.
13-14 르호보암 왕은 예루살렘에서 자신의 통치체제를 개편하고 왕권을 다시 굳게 세웠다. 르호보암은 왕위에 오를 때 마흔한 살이었다. 그는 이스라엘의 모든 지파 가운데서 **하나님**께서 친히 임재하시는 특별한 처소로 택하신 예루살렘 성에서 십칠 년 동안 다스렸다. 그의 어머니는 암몬 사람 나아마다. 그러나 르호보암에 대한 최종 평가는 그가 악한 왕이라는 것이었다. 그에게 **하나님**은 중요하지 않았다. **하나님**께 관심이 없었을 뿐 아니라 그분을 마음으로 찾지도 않았다.
15-16 르호보암의 역사는 예언자 스마야와 선견자 잇도의 회고록에 처음부터 끝까지 족보와 함께 기록되어 있다. 르호보암과 여로보암 사이에는 전쟁이 끊이지 않았다. 르호보암은 죽어서 자기 조상과 함께 다윗 성에 묻혔다. 그의 아들 아비야가 뒤를 이어 왕이 되었다.

유다 왕 아비야

13 1-2 여로보암 왕 십팔년에, 아비야가 유다 왕위에 올랐다. 그는 예루살렘에서 삼 년 동안 다스렸다. 그의 어머니는 기브아 사람 우리엘의 딸 마아가다.
2-3 아비야와 여로보암 사이에 전쟁이 벌어졌다. 아비야는 정예군 400,000명을 이끌고 싸움에 나섰고, 여로보암 또한 정예군 800,000명으로 맞섰다.
4-7 아비야가 에브라임 산지 스마라임 산의 잘 보이는 곳에 서서 말했다. "여로

보암과 온 이스라엘은 들어라! **하나님** 이스라엘의 유일하신 하나님께서 다윗과
그 후손을 이스라엘의 영원한 통치자로 세우시고, **하나님**의 나라는 **하나님**의
왕이 다스린다고 '소금 언약'으로 확증하신 것을 너희가 알지 못하느냐? 그런
데 어떻게 되었느냐? 솔로몬의 종 느밧의 아들 여로보암이 자기 주인에게 반역
했다. 온갖 불량배들이 그와 함께 작당하니, 솔로몬의 후계자 르호보암이 당해
내지 못했다. 르호보암은 어찌할 바를 몰랐다. 게다가 그는 겁이 많아서 그들과
맞서지 못했다.
8-9 너희는 그 약점을 이용하여 다윗의 후손에게 위임된 **하나님**의 통치에 주제넘
게 맞서고 있다. 큰 군대를 거느리고, 거기다 여로보암이 너희에게 신으로 만들
어 준 금송아지 우상들 때문에 너희가 아주 대단한 줄 아는구나! 하지만 지금까
지 너희가 한 일을 보아라. 너희는 아론 자손인 **하나님**의 제사장과 레위인들을
쫓아 내고 이방인들처럼 너희 멋대로 제사장을 세웠다. 누구든지 돈을 충분히
들고 가서 값만 치르면 제사장이 될 수 있다! 하나님 아닌 거짓 우상들의 제사
장 말이다!
10-11 하지만 유다의 남은 우리는 **하나님**께 머물러 있다. 우리는 그분을 최신 우
상으로 바꾸지 않았다. 확실히 검증된 아론의 제사장들이 우리를 **하나님**께로
인도하고, 또 레위인들이 우리의 예배를 인도하여 날마다 아침과 저녁 기도 때
하나님께 번제와 향기로운 향을 드리고, 깨끗한 상에 갓 구운 거룩한 빵을 차려
내며, 밤마다 금등잔대에 불을 밝히고 있다. 우리는 **하나님**께서 명령하신 일을
그분이 말씀하신 방식대로 지키고 있다. 그러나 너희는 그분을 버렸다.
12 너희 눈에는 보이지 않느냐? 하나님께서 우리 편이시며 우리의 지도자이시
다. 그분의 제사장들은 나팔을 들고 전투 신호를 보낼 태세가 되어 있다. 이스
라엘 백성아, **하나님** 너희 조상의 하나님과 싸우지 마라. 너희는 절대 이 전투
에서 이기지 못한다."
13-18 아비야가 말하는 동안, 여로보암은 사람들을 뒤로 보내서 그들을 기습하게
했다. 유다 앞에는 여로보암, 뒤에는 복병이 있었다. 뒤를 돌아본 유다는 자기
들이 앞뒤로 공격받고 있음을 알았다. 그들은 **하나님**께 간절히 기도했다. 제사
장들은 나팔을 불고 유다 군사들은 크게 부르짖었다. 그때 하나님께서 아비야
와 유다 앞에서 여로보암과 온 이스라엘을 치셨다. 이스라엘 군은 유다 군 앞에
서 흩어졌다. 하나님께서 유다에게 승리를 주셨다. 아비야와 그의 병력은 이스
라엘을 크게 무찔렀다. 그날 이스라엘 정예군 500,000명이 죽었다. 이스라엘
군은 처참하게 무너졌다. 아주 치욕스러운 패배였다. 유다 군이 힘들이지 않고
이긴 것은 그들이 **하나님** 그들 조상의 하나님을 신뢰했기 때문이다.
19-21 아비야는 승리의 여세를 몰아 여로보암을 추격하여 베델, 여사나, 에브론
성읍과 그 주변 마을들을 빼앗았다. 여로보암은 아비야가 살아 있는 동안 이 패
배에서 끝내 빠져나오지 못했다. 이후에 **하나님**께서 그를 치시니 그가 죽었다.
반면에 아비야는 번성했다. 그는 열네 명의 아내와 결혼하여 아들 스물둘, 딸
열여섯의 한 가문을 이루었다.

[22] 아비야의 나머지 역사, 곧 그의 언행은 예언자 잇도가 쓴 연구서에 기록되어 있다.

유다 왕 아사

14 [1] 아비야는 죽어서 자기 조상과 함께 다윗 성에 묻혔다. 그의 아들 아사가 뒤를 이어 왕이 되었다.
아사가 다스리던 십 년 동안 그 땅은 평화로웠다.
[2-6] 아사는 선한 왕이었다. 그는 하나님 보시기에 바르게 행했다. 그는 이방 제단과 산당들을 없애고, 신성하게 여기는 돌기둥들을 부수고, 음란한 종교의 목상들(아세림)을 베었다. 그는 또 유다 백성에게 명령하여 삶의 중심을 하나님 그들 조상의 하나님께 두고, 율법대로 행하며 계명에 따르도록 했다. 그가 유다 성읍들에서 모든 이방 산당과 제단들을 없앴으므로 나라가 평화로웠다. 그 땅이 평온하고 전쟁이 없어서 아사는 튼튼한 방어체제를 구축할 수 있었다. 하나님께서 평화를 지켜 주셨다.
[7] 아사는 백성에게 말했다. "우리에게 기회가 있고 이 땅이 평온할 때 든든한 방어체제를 구축하여 성벽, 망대, 문, 빗장으로 성읍들을 요새화합시다. 이 땅이 이처럼 평화로운 것은 우리가 하나님을 찾았기 때문입니다. 그분이 우리를 모든 고난으로부터 지켜 주셨습니다." 그래서 그들은 성읍을 튼튼히 하고 번영을 누렸다.
[8] 아사의 군대에는 방패와 창으로 무장한 유다 사람 300,000명과, 방패를 들고 활을 쏘는 베냐민 사람 280,000명이 있었다. 그들 모두 용감한 군사들이었다.
[9-11] 에티오피아 사람 세라가 아사와 전쟁을 벌이려고 백만 군대와 전차 삼백 대를 이끌고 마레사까지 쳐들어왔다. 아사는 그에 맞서, 마레사 근처 스바다 골짜기에서 싸울 준비를 했다. 거기서 아사가 하나님께 기도했다. "하나님, 주께서는 한번 돕기로 작정하시면 적군의 많고 적음이 문제 되지 않고 그들의 세력에도 눌리지 않으십니다. 오 하나님, 우리를 도와주십시오. 우리는 주님과 주님의 성품을 신뢰하기에 이 큰 군대에 맞서 싸우러 나왔습니다. 한낱 인간들이 주께 대적하지 못하게 해주십시오!"
[12-15] 하나님께서 에티오피아 사람을 아사와 유다 앞에서 물리치셨다. 에티오피아 사람은 필사적으로 도망쳤다. 아사와 그의 용사들이 그랄까지 그들을 쫓아갔다. 죽은 자가 얼마나 많았던지 에티오피아 사람은 전의를 완전히 상실했다. 하나님과 그분의 군대 앞에서 어마어마한 살육이 벌어졌다. 유다는 많은 전리품들을 실어 날랐다. 그들은 그랄 주변의 모든 성읍을 폐허로 만들고 그 땅을 약탈했다. 그곳 사람들이 안절부절못한 채 하나님에 대한 두려움으로 벌벌 떨었다. 또 유다는 가축 지키는 자들을 공격하여 많은 양과 낙타를 빼앗아서 예루살렘으로 돌아왔다.

15

1-6 그때 오벳의 아들 아사랴가 하나님의 영에 감동하니, 그가 나가서 아사를 맞이했다. “아사 왕이시여, 잘 들으십시오. 유다와 베냐민도 들으시오. 여러분이 **하나님**과 함께 있는 한 **하나님**께서도 여러분과 함께 계실 것입니다. 여러분이 그분을 찾으면 그분이 만나 주실 것입니다. 그러나 여러분이 그분을 버리면 그분도 여러분을 버리실 것입니다. 오랫동안 이스라엘은 참 하나님을 모시지 않았고 제사장이나 스승이나 계시의 책의 도움도 받지 않았습니다. 그러나 고난이 찾아와 상황이 어려워지자, 그들이 **하나님** 이스라엘의 하나님을 찾았습니다. 그러자 **하나님**께서 그들을 만나 주셨습니다. 그때는 먹고 먹히는 살벌한 세상이었고, 먼저 차지하는 자가 주인이 되는 때였습니다. 어느 땅을 막론하고 다음 날 무슨 일이 벌어질지 아무도 몰랐습니다. 나라가 나라를 치고 성읍이 성읍을 쳤습니다. 하나님께서 그들에게 온갖 고난을 풀어 놓으셨습니다.

7 그러나 여러분은 다릅니다. 힘을 내십시오. 용기를 내십시오. 주께서 곧 갚아 주실 것입니다!”

8-9 아사는 오벳의 아들 아사랴의 예언을 듣고 마음을 가다듬은 다음, 소매를 걷어붙이고 일을 시작했다. 그는 유다와 베냐민 온 땅과 그가 빼앗은 에브라임 산지 성읍들에서 음란하고 더러운 종교 산당들을 깨끗이 없애 버렸다. 성전 현관 앞에 있는 **하나님**의 제단도 정비했다. 이어서 그는 온 유다와 베냐민을 불러 모았는데, 그곳에 살던 에브라임, 므낫세, 시므온 사람들도 포함되었다(하나님께서 아사 편에 계시는 것을 보고, 많은 이스라엘 사람들이 고향을 떠나 아사에게 합류했다).

10-15 아사 왕 십오년 셋째 달에, 그들이 모두 예루살렘에 도착하여 큰 집회를 열었다. 그들은 이전의 전리품들 중에서 황소 칠백 마리와 양 칠천 마리를 제물로 바쳐 예배했다. 그들은 전심으로 **하나님** 그들 조상의 하나님만 찾기로 언약을 맺었다. 또 **하나님** 이스라엘의 하나님을 찾지 않는 자는 남녀노소를 막론하고 누구든지 죽이기로 했다. 그들은 그 자리에서 한 약속을 **하나님** 앞에서 큰소리로 외쳤다. 즐거운 함성과 함께 나팔과 숫양 뿔 부는 소리가 울려 퍼졌다. 온 백성이 그 언약을 기뻐하며 마음을 다해 맹세했다. 그들은 가장 좋은 것을 기대하며 하나님을 찾았고, 그분은 기다리셨다는 듯 그들에게 오셨다. **하나님**께서 안팎으로 평화를 주셨다. 더없이 평화로운 나라가 되었다!

16-19 아사는 나라를 깨끗이 정화하면서, 음란한 여신 아세라 목상을 만든 어머니 마아가를 대비의 자리에서 폐위시켰다. 아사는 그 목상을 허물어 부수고 기드론 골짜기에서 불태워 버렸다. 아쉽게도 지역의 음란한 종교 산당들은 그대로 두었지만, 그는 선한 뜻과 바른 마음으로 **하나님**께 집중했다. 그는 자신과 그의 아버지가 거룩하게 구별하여 바친 모든 금은 그릇과 기구를 하나님의 성전에 두었다. 이후 아사 왕 삼십오년까지 전쟁이 없었다.

16 [1] 그러나 아사 왕 삼십육년에, 이스라엘 왕 바아사가 쳐들어왔다. 그
는 라마에 요새를 짓고 이스라엘과 유다 사이의 국경을 폐쇄하여 유
다 왕 아사가 드나들지 못하게 함으로써 전쟁을 시작했다.
2-3 아사는 **하나님**의 성전과 왕궁의 보물 보관소에 있던 은과 금을 다 꺼내어, 다
마스쿠스에 있던 아람 왕 벤하닷에게 보내며 메시지를 전했다. "나의 아버지와
당신의 아버지가 조약을 맺은 것처럼 우리도 조약을 맺읍시다. 내가 이 은금 예
물로 성의를 표하니, 부디 이스라엘 왕 바아사와 맺은 조약을 깨뜨려 그가 더
이상 나와 싸우지 못하게 해주십시오."
4-5 벤하닷은 아사 왕과 뜻을 같이하여 이스라엘 성읍들로 군대를 보냈다. 그들
은 이욘과 단과 아벨마임과 곡식을 쌓아 두는 납달리의 모든 성읍을 약탈했다.
이 보고를 받은 바아사는 라마에 요새를 짓던 일을 멈추었다.
6 그러자 아사 왕은 유다 백성에게 명령하여 바아사가 라마 요새를 건축할 때 쓰
던 목재와 석재를 실어 오게 했고, 그것으로 게바와 미스바에 요새를 건축했다.
7-9 그 일 후에 선견자 하나니가 유다 왕 아사에게 와서 말했다. "왕께서 아람 왕
에게 도움을 구하고 **하나님**께 도움을 구하지 않으셨으니, 이제 왕께서는 아람
왕의 군대에 맞서 승리할 기회를 잃어버렸습니다. 에티오피아와 리비아 사람이
왕을 완전히 압도하는 전차와 기병의 우세한 병력으로 왕을 치러 오지 않았습
니까? 하지만 왕께서 **하나님**께 도움을 구함으로 그분이 왕께 승리를 주셨습니
다. **하나님**께서는 항상 깨어 있어서 그분을 온전히 의지하는 사람들을 찾으십
니다. 하나님의 도움을 받을 수 있는데도 왕께서는 어리석게 인간의 도움을 구
했습니다. 이제 왕께서 곤경에 처하게 되었으니, 앞으로는 이 땅에 전쟁이 끊이
지 않을 것입니다."
10 아사는 그 말에 몹시 화가 나서, 하나니를 감옥에 가두어 버렸다. 그때에 그는
백성을 학대하기도 했다.
11-14 아사에 대한 기록은 '유다 왕 연대기'에 남아 있다. 아사는 왕이 된 지 삼십
구 년이 되던 해에 발에 균이 감염되어 중병이 들었다. 그는 **하나님**께 도움을
구하지 않고 대신에 의사들을 찾았다. 그러다 왕이 된 지 사십일 년이 되던 해
에 죽었다. 사람들은 그를 그 자신을 위해 다윗 성에 마련해 둔 웅장한 무덤에
묻었다. 그들은 향기로운 기름과 향료가 가득한 지하실에 그를 안장하고, 큰 모
닥불을 피워 그를 기념했다.

유다 왕 여호사밧

17 [1-6] 아사의 아들 여호사밧이 뒤를 이어 왕이 되었다. 그는 먼저 이스
라엘의 침략에 대비한 방어체제부터 정비했다. 유다의 모든 요새 성
읍에 군대를 두고, 유다 전역과 그의 아버지 아사가 점령한 에브라임 성읍들에
수비대를 배치했다. 여호사밧이 그의 아버지 아사가 처음에 걸었던 길을 따랐
으므로, **하나님**께서 그의 편에 계셨다. 그는 한창 성행하던 바알 종교에 관심
을 두지 않았다. 그는 그의 아버지의 하나님을 구하고 따랐으며 그분께 순종했

다. 그는 이스라엘과 같지 않았다. 그러므로 하나님께서 그의 통치 아래 나라를
안전히 지켜 주셨고, 그가 나라를 완전히 장악하게 하셨다. 유다의 모든 사람이
감사의 표시로 예물을 가져왔고, 여호사밧은 큰 부귀영화를 누렸다. 그는 일편
단심으로 하나님을 따랐고, 지역의 음란한 종교 산당들을 없애 버렸다.
7-9 그는 왕이 된 지 삼 년째 되는 해에, 자신의 관리들인 벤하일, 오바댜, 스가
랴, 느다넬, 미가야—하나같이 탁월한 인재였다—에게 가르치는 임무를 맡겨서
유다 각 성읍들로 보냈다. 레위인들—스마야, 느다냐, 스바댜, 아사헬, 스미라
못, 여호나단, 아도니야, 도비야, 도바도니야—도 함께 보냈는데, 제사장 엘리
사마와 여호람도 그 일행 중에 있었다. 그들은 유다 성읍들을 돌면서 하나님의
계시의 책으로 백성을 가르쳤다.
10-12 유다 주변에 있는 모든 나라는 하나님이 두려워, 감히 여호사밧에게 전쟁을
걸지 못했다. 일부 블레셋 사람들은 여호사밧에게 많은 예물과 은을 가져왔고,
사막의 베두인 사람들은 가축 떼, 곧 숫양 7,700마리와 염소 7,700마리를 가져
왔다. 그리하여 여호사밧은 날로 더 강해졌고, 곡식을 쌓아 두는 성읍과 요새들
을 더 많이 세웠다. 유다의 번성기였다!
13-19 또 여호사밧은 탁월한 전사들을 예루살렘에 주둔시켰다. 유다 군지휘관들
을 가문별로 구분하면, 사령관 아드나가 군사 30만, 부사령관 여호하난이 28만,
부사령관이자 하나님을 위해 자원한 시그리의 아들 아마시야가 20만의 군사를
거느렸다. 군지휘관 엘리아다는 활과 방패로 완전무장한 베냐민 가문과 군사
20만의 대표였고, 그의 부지휘관 여호사밧은 군사 18만을 거느렸다. 이들은 왕
의 직속 명령을 받았다. 이 밖에도 왕은 온 유다에 흩어져 있는 요새 성읍들에
도 병력을 배치했다.

18

1-3 여호사밧은 이렇게 큰 부귀영화를 누리면서도 이스라엘의 아합
과 정략결혼을 했다. 얼마 후 그는 사마리아로 가서 아합을 만났다.
아합은 그의 방문을 기념하여 잔치를 베풀었다. 양고기와 소고기를 원없이 먹
을 수 있는 성대한 바비큐 파티였다. 그러나 아합에게는 속셈이 있었다. 길르앗
라못을 공격하는 일에 여호사밧이 지원해 주기를 바랐던 것이다. 마침내 아합
은 속내를 털어놓았다. "나와 함께 길르앗 라못을 치러 가시겠습니까?" 여호사
밧이 말했다. "물론입니다. 나는 끝까지 왕의 편입니다. 나와 내 군대를 믿어도
좋습니다."
4 여호사밧이 말했다. "하지만 무슨 일이든 시작하기 전에 하나님의 인도하심을
구해야 합니다."
5 이스라엘 왕은 예언자 사백 명을 모아 놓고 이렇게 물었다. "내가 길르앗 라못
을 공격하는 것이 좋겠소? 아니면 이대로 가만히 있는 것이 좋겠소?"
그들이 말했다. "공격하십시오. 하나님께서 길르앗 라못을 왕에게 넘겨주실 것
입니다."

6 그러나 여호사밧은 머뭇거렸다. "이 근처에 우리가 의견을 들을 만한 하나님
의 예언자가 또 있습니까? 다른 의견을 들어 봅시다."
7 이스라엘 왕이 여호사밧에게 말했다. "사실 한 사람이 있기는 합니다. 이믈라
의 아들 미가야라는 자인데, 나는 그를 싫어합니다. 그는 내게 좋은 말을 전한
적이 한 번도 없고, 오직 파멸만을 예언합니다."
여호사밧이 말했다. "왕께서는 예언자에 대해 그런 식으로 말씀하시면 안됩니다."
8 그러자 이스라엘 왕은 한 신하에게 명령했다. "당장 이믈라의 아들 미가야를
데려오너라!"
9-11 그 사이, 이스라엘 왕과 여호사밧은 화려한 왕복 차림으로 사마리아 성문 앞
에 마련된 왕좌에 앉아 있었다. 모든 예언자들이 그들을 위해 공연이라도 하듯
예언을 펼쳤다. 그나아나의 아들 시드기야는 철로 뿔까지 한 쌍 만들어 그것을
휘두르며 외쳤다. "하나님의 말씀입니다! 왕께서 이 뿔들로 아람을 들이받아 아
람에는 결국 아무것도 남지 않게 될 것입니다!" 모든 예언자가 맞장구를 쳤다.
"맞습니다! 길르앗 라못을 치십시오. 쉽게 이길 것입니다! 왕께 주시는 하나님
의 선물입니다!"
12 미가야를 데리러 간 신하가 그에게 말했다. "예언자들이 하나같이 왕의 승리
를 예언했습니다. 만장일치가 되도록 당신도 찬성표를 던지시오!"
13 그러나 미가야는 말했다. "하나님께서 참으로 살아 계심을 두고 맹세하는데,
나는 하나님께서 말씀하시는 것만을 말할 것이오."
14 미가야가 왕 앞에 나아오자 왕이 물었다. "미가야여, 우리가 길르앗 라못을
공격하는 것이 좋겠소, 아니면 가만히 있는 것이 좋겠소?"
미가야가 말했다. "공격하십시오. 쉽게 이길 것입니다. 왕께 주시는 하나님의
선물입니다."
15 왕이 말했다. "잠깐, 나에게 진실만을 말하라고 그대에게 몇 번이나 맹세를
시켜야 하겠소?"
16 미가야가 말했다. "정 그러시다면, 좋습니다.

나는 온 이스라엘이 목자 없는 양처럼
산에 흩어져 있는 것을 보았습니다.
그때 하나님께서 말씀하셨습니다. '이 불쌍한 백성에게
어찌해야 할지 일러 주는 자가 없구나.
그들을 집으로 돌려보내
각자 생업에 충실하게 하여라.'"

17 그러자 이스라엘 왕이 여호사밧을 보며 말했다. "보십시오! 내가 뭐라고 했습
니까? 이 자는 내게 하나님의 좋은 말씀은 전하지 않고, 오직 파멸만 전할 뿐입
니다."
18-21 미가야가 말을 이었다. "아직 끝나지 않았습니다. 하나님의 말씀을 들으십

시오.

나는 하나님께서 왕좌에 앉아 계시고
하늘의 모든 군대가
그분의 오른쪽과 왼쪽에
늘어서 있는 것을 보았습니다.
하나님께서 말씀하셨습니다. '우리가 어찌하면 아합을 꾀어
길르앗 라못을 공격하게 할 수 있겠느냐?'
그러자 누구는 이렇게 말하고
누구는 저렇게 말했습니다.
그때 한 천사가 담대히 나서서
하나님 앞에 서서 말했습니다.
'제가 그를 꾀어내겠습니다.'
'그래 어떻게 꾀어내려느냐?' 하나님께서 말씀하셨습니다.
'쉽습니다.' 그 천사가 말했습니다.
'모든 예언자를 시켜 거짓말을 하게 하겠습니다.'
'그러면 되겠구나.' 하나님께서 말씀하셨습니다.
'어서 가서 그를 꾀어라!'

22 그래서 그대로 되었습니다. 하나님께서 왕의 꼭두각시 예언자들의 입에 꾀는
거짓말을 가득 채우셨습니다. 하나님께서 왕의 파멸을 선고하셨습니다."
23 바로 그때, 그나아나의 아들 시드기야가 다가와 미가야의 얼굴을 치며 말했
다. "언제부터 하나님의 영이 나를 떠나 너와 함께하셨더냐?"
24 미가야가 말했다. "네가 곧 알게 될 것이다. 미친 듯이 숨을 곳을 찾지만 모든
것이 부질없음을 네가 깨닫게 될 것이다."
25-26 이스라엘 왕은 더 듣고 싶지 않았다. "미가야를 데려가거라! 그를 성읍 재
판관 아몬과 왕자 요아스에게 넘기고 이렇게 전하여라. '왕의 명령이다! 그를
감옥에 가두고, 내가 무사히 돌아올 때까지 죽지 않을 만큼만 빵과 물을 먹여
라.'"
27 미가야가 말했다.

왕께서 무사히 돌아오신다면
나는 하나님의 예언자가 아닙니다.

그리고 덧붙였다.

백성들이여, 일이 이루어지거든
이 말을 어디서 들었는지 잊지 마십시오!

28-29 이스라엘 왕과 유다 왕 여호사밧이 나가서 길르앗 라못을 공격했다. 이스라
엘 왕이 여호사밧에게 말했다. "나는 변장하고 전쟁터에 들어갈 테니, 왕은 내
왕복을 입으십시오." 이스라엘 왕은 변장하고 전쟁터에 들어갔다.
30 한편 아람 왕은 자신의 전차 지휘관 서른두 명에게 명령했다. "다른 자들은
신경 쓰지 말고, 오직 이스라엘 왕만 쫓아라."
31-32 전차 지휘관들은 여호사밧을 보고 "저기 있다! 이스라엘 왕이다!" 하며 쫓
아갔다. 여호사밧이 소리를 지르자, 전차 지휘관들은 그가 이스라엘 왕이 아니
고 엉뚱한 사람이라는 것을 알아차렸다. 하나님께서 개입하셔서 그를 놓아주게
하셨다.
33 바로 그때, 누군가가 무심코 쏜 화살이 이스라엘 왕의 갑옷 이음새 사이에 꽂
혔다. 왕이 전차병에게 말했다. "방향을 돌려라! 내가 부상을 입었으니, 여기서
빠져나가자."
34 싸움은 온종일 치열하게 계속되었다. 왕은 전차 안에 기대어 앉은 채 싸움을
지켜볼 수밖에 없었다. 그는 그날 저녁에 죽었다.

19

1-3 그러나 유다 왕 여호사밧은 무사히 궁으로 돌아왔다. 하나니의 아
들 선견자 예후가 여호사밧 앞에 나아가 말했다. "**하나님**을 미워하
는 자들의 비위를 맞추며 악을 거드시다니요! 그것은 왕이 할 일이 아닙니다.
이 일로 인해 **하나님**께서 왕에게 진노하셨습니다. 그러나 왕께서 악한 일만 한
것은 아닙니다. 왕께서는 더럽고 음란한 종교 산당들을 깨끗이 제거하셨습니
다. 또한 일편단심으로 하나님을 찾으셨습니다."

여호사밧의 개혁

4 여호사밧은 예루살렘에 거주하면서 남쪽 브엘세바에서 북쪽 에브라임 산에
이르기까지 백성이 사는 곳을 정기적으로 방문했으며, 그들에게 **하나님** 그들
조상의 하나님께 돌아올 것을 촉구했다.
5-7 그는 공들여 그 땅 각 요새 성읍에 재판관들을 임명하여 세우고, 그들에게 이
렇게 당부했다. "그대들의 일은 매우 중대하니, 신중을 기하시오. 그대들은 그
저 사람들 사이에서 재판하는 것이 아니오. 그대들이 하는 재판은 **하나님**의 재
판이오. 그러니 **하나님**을 두려워하는 마음으로 임하시오. **하나님**께서는 부정직
과 불공정과 뇌물을 싫어하시니, 각별히 조심하시오."
8-10 여호사밧은 또 레위인과 제사장과 각 가문의 지도자들 중에서 사람을 뽑아
예루살렘에 보내어 예배와 관련된 일, 지방의 분쟁 조정과 관련된 일들을 판결
하게 했다. 왕은 그들에게 이렇게 당부했다. "**하나님**을 두려워하는 마음으로 일
하시오. 그대들이 맡은 직무를 믿음직하고 정직하게 감당해야 하오. 성읍 주민
과 관련된 사건을 맡게 되거든, 살인처럼 큰 문제이든 법 해석의 문제처럼 작은
것이든 상관없이, 그들이 **하나님**을 상대하고 있음을 그대들이 책임지고 알려야

하오. 그 점을 그들에게 분명히 말해 주시오. 그렇지 않으면 그대들이나 그들 모두가 하나님의 진노를 사게 될 것이오. 그대들이 일을 제대로 수행하지 않으면, 그대들 역시 그들처럼 유죄 판결을 받게 될 것이오.

11 대제사장 아마랴는 하나님께 드리는 예배와 관련된 모든 사건을 맡고 있으며, 유다 지파 지도자 이스마엘의 아들 스바댜는 그 외의 일반 백성에 관한 사건을 전담하고 있소. 레위인들은 법정의 질서를 유지할 것이오. 담대히, 힘써 행하시오. 하나님께서 최선을 다하는 그대들과 함께하시기를 바라오."

20 1-2 얼마 후에 모압 사람과 암몬 사람이 마온 사람과 결탁하여 여호사밧에게 싸움을 걸어왔다. "엄청난 군대가 왕과 싸우려고 사해 너머에서 쳐들어오고 있습니다. 지체할 시간이 없습니다. 그들이 벌써 하사손다말, 곧 엔게디 오아시스에 이르렀습니다"라는 정보가 여호사밧에게 전해졌다.

3-4 두려움에 사로잡힌 여호사밧이 기도했다. 그는 하나님께 나아가 도움을 구하고 온 나라에 금식령을 내렸다. 유다는 한마음으로 하나님의 도우심을 구했다. 유다 온 성읍에서 백성이 나아와 하나님께 기도했다.

5-9 그때 여호사밧이 하나님의 성전의 새 안뜰 앞쪽, 유다와 예루살렘 회중 앞에 자리하고 하나님께 아뢰었다. "하나님 우리 조상의 하나님, 주께서는 위로 하늘의 하나님이시요 아래로 온 나라의 통치자가 아니십니까? 모든 권세와 능력이 주님의 손안에 있으니 누구도 주님을 당해 낼 수 없습니다! 주께서는 이 땅 원주민들을 내보내시고 주의 백성 이스라엘을 들이셨으며, 이 땅을 주님의 백성 이스라엘, 곧 주님의 친구 아브라함의 후손에게 영원히 넘기지 않으셨습니까? 우리는 그동안 이곳에 살면서, 주님을 높이는 거룩한 예배 처소를 짓고 이렇게 아뢰었습니다. '최악의 사태가 벌어질 때—전쟁이든 홍수든 질병이든 기근이든—우리가 이 성전 앞에 나아와(우리는 주께서 친히 이곳에 임재하심을 압니다!) 고통과 환난 가운데 부르짖어 기도하면, 주께서 들으시고 승리를 주실 줄 믿습니다.'

10-12 그런데 지금 그런 상황이 벌어졌습니다. 암몬 사람과 모압 사람과 세일 산 사람들이 나타났습니다. 우리가 처음 이곳에 이르렀을 때, 주께서는 이스라엘이 그들을 건드리지 못하게 하셨습니다. 우리는 그들을 돌아서 갔고 해를 입히지 않았습니다. 그런데 이제 그들이 주께서 우리에게 주신 이 땅에서 우리를 쫓아내려 합니다. 사랑하는 하나님, 주께서 그들을 처치해 주지 않으시겠습니까? 우리를 공격하려는 저 야만의 무리 앞에서 우리는 무력합니다. 우리가 어찌할 바를 모르고 주님만 바라보고 있습니다."

13 온 유다 사람이 거기 있었다. 어린아이와 아내와 자녀들 할 것 없이 모두가 하나님 앞에서 그분께 집중하고 있었다.

14-17 그때 하나님의 영에 감동을 받은 야하시엘이 회중 가운데서 말했다(야하시엘은 아삽 가문의 레위인 스가랴의 아들이고, 스가랴는 브나야의 아들, 브나야는 여이엘의 아들, 여이엘은 맛다냐의 아들이다). "모두 잘 들으십시오. 성읍에서 온 여러분, 예루살렘

에 사는 여러분, 그리고 여호사밧 왕이시여, 하나님의 말씀입니다. '두려워하지
마라. 너희는 저 야만의 무리에 조금도 마음 쓸 필요 없다. 이것은 너희의 전쟁
이 아니라 하나님의 전쟁이다. 내일 너희가 그들을 쫓아 내려가면, 그들이 이미
시스 비탈을 올라오고 있을 것이다. 여루엘 광야 근처 골짜기 끝에서 너희가 그
들과 마주칠 것이다. 이 싸움에서 너희는 손 하나 까닥할 필요 없다. 유다와 예
루살렘아, 그저 굳건히 서서, 하나님이 너희를 어떻게 구원하는지 지켜보아라.
두려워하지 마라. 흔들리지 마라. 내일 담대히 진군해 나가거라. 하나님이 너희
와 함께할 것이다.'"

18-19 그러자 여호사밧이 무릎을 꿇어 얼굴을 땅에 대고 엎드렸다. 온 유다와 예
루살렘도 그와 똑같이 하나님 앞에 엎드려 예배했다. 레위인들(고핫 자손과 고라
자손 모두)은 일어서서 하나님 이스라엘의 하나님을 찬양했다. 그들은 목청껏 소
리 높여 찬양했다!

20 유다는 아침 일찍 일어나 드고아 광야로 진격할 준비를 마쳤다. 그들이 떠날
때 여호사밧이 일어서서 말했다. "유다와 예루살렘이여, 내가 하는 말을 들으시
오! 하나님 여러분의 하나님을 굳건히 믿어야 합니다. 그러면 여러분의 목숨도
굳건할 것입니다! 여러분의 예언자들을 믿으십시오. 그러면 여러분이 승리할
것입니다!"

21 여호사밧은 백성과 의논하여 하나님을 위한 찬양대를 임명했다. 그들은 거룩
한 예복을 입고 군대 앞에 서서 행진하며 노래했다.

하나님께 감사하여라.
　그분의 사랑은 끝이 없으시다.

22-23 그들이 외치며 찬송하기 시작하자, 하나님께서 유다를 치러 온 암몬, 모압,
세일 산 사람들을 칠 복병을 두셔서, 그들을 모두 처리하셨다. 먼저 암몬과 모
압 사람들이 잘못 알고 세일 산 사람들을 쳐서 죽였다. 그 다음에는 그들이 더
큰 혼란에 빠져서, 서로를 공격하여 결국에는 다 죽고 말았다.

24 유다 사람들이 등성이 위로 올라가 광야의 야만인 무리를 찾아보니, 시체들
로 가득한 살육의 현장이 펼쳐져 있었다. 생존자가 아무도 없었다.

25-26 여호사밧과 그의 백성이 전리품을 챙기려고 가 보니, 한번에 다 챙길 수 없
을 정도로 장비, 의복, 귀중품들이 많이 있었다. 그것들을 모두 실어 나르는 데
사흘이나 걸렸다! 나흘째 되던 날에 그들은 찬양(브라가)의 골짜기에 모여 하나
님을 찬양했다(그래서 찬양의 골짜기라는 이름이 붙었다).

27-28 여호사밧은 유다와 예루살렘의 모든 사람을 이끌고 예루살렘으로 돌아왔
다. 흥겨운 행렬이었다. 하나님께서 그들을 적들에게서 구해 내시고 큰 기쁨을
주셨다! 그들은 모든 악기를 연주하며 예루살렘에 들어가 하나님의 성전에 이
르렀다.

29-30 하나님께서 이스라엘의 적들과 싸우셨다는 소문이 주변 나라에 퍼지자, 하

나님을 두려워하는 마음이 그들을 사로잡았다. 여호사밧은 이후로 그들에 관한 소식을 듣지 못했다. 여호사밧이 통치하는 동안 평화가 임했다.

31-33 여호사밧의 유다 통치는 다음과 같이 요약된다. 그는 왕이 되었을 때 서른다섯 살이었고, 예루살렘에서 이십오 년 동안 다스렸다. 그의 어머니는 실히의 딸 아수바다. 여호사밧은 아버지 아사가 걸어간 길에서 멈춰 서거나 벗어나지 않고, 그의 삶으로 하나님을 기쁘게 해드렸다. 그러나 지역의 음란한 종교 산당들은 없애지 않았으므로, 백성이 계속해서 이 산당들을 찾아가 기도하고 예배했다.

34 여호사밧의 나머지 생애는 '이스라엘 왕 연대기'에 들어 있는 하나니의 아들 예후의 회고록에 처음부터 끝까지 기록되어 있다.

35-37 여호사밧은 늘그막에 이스라엘 왕 아하시야와 무역 협정을 맺었는데, 이는 아주 잘못된 일이었다. 여호사밧은 다시스와 거래하기 위해 아하시야의 동업자가 되어 에시온게벨에서 원양 선박들을 지었다. 그러자 마레사 사람 도다와후의 아들 엘리에셀이 여호사밧의 위험한 시도를 나무랐다. "왕이 아하시야와 손을 잡았으므로, 하나님께서 왕의 일을 무산시키셨습니다." 선박들은 난파되어 완전히 부서졌고, 여호사밧은 그 무역 협정에서 아무런 성과도 얻지 못했다.

21

1 여호사밧은 죽어서 다윗 성의 가족 묘지에 묻혔다. 그의 아들 여호람이 뒤를 이어 왕이 되었다.

유다 왕 여호람

2-4 여호람의 형제들은 아사랴, 여히엘, 스가랴, 아사랴후, 미가엘, 스바댜다. 이들은 유다 왕 여호사밧의 아들들이다. 이들의 아버지는 아들들에게 은과 금과 다른 귀중품에 더하여 유다의 요새 성읍들까지 아낌없이 선물로 주었다. 하지만 왕권은 맏아들인 여호람에게 물려주었다. 그러나 여호람은 아버지의 나라를 물려받아 왕위를 굳건하게 하고 나서, 몇몇 관리와 자기 형제들을 모두 죽였다.

5-7 여호람은 왕이 되었을 때 서른두 살이었고, 예루살렘에서 팔 년 동안 다스렸다. 그는 이스라엘 왕들을 본받았고 아합 왕조와 결혼했다. 하나님께서는 그를 악한 왕으로 여기셨다. 그러나 다윗과의 언약을 생각하여 다윗 자손을 선뜻 멸하지 않으셨다. 다윗과 그의 자손을 위해 등불이 계속 타오르게 하겠다고 약속하셨기 때문이다.

8-9 여호람이 다스리는 동안, 에돔이 유다의 통치에 반기를 들고 자신들의 왕을 세웠다. 그래서 여호람은 지휘관과 전차들을 거느리고 출정했다. 에돔에게 포위되었지만, 여호람은 한밤중에 전차병들과 함께 전선을 뚫고 나가서 에돔에 큰 타격을 입혔다.

10-11 에돔은 오늘까지도 계속해서 유다에 반역하고 있다. 작은 성읍인 립나도 그때 반역했다. 여호람이 하나님 자기 조상의 하나님을 버렸으므로, 하나님께서

도 그를 버리신 것이다. 심지어 그는 유다 산지에 이방 종교 산당들을 짓기까지
했다. 그는 뻔뻔스럽게도 예루살렘이 하나님을 떠나게 했고, 온 나라를 미혹되
게 이끌었다.
12-15 하루는 예언자 엘리야가 그에게 다음과 같은 편지를 보냈다. "**하나님** 왕의
조상 다윗의 하나님의 메시지입니다. '네가 유다 왕들, 곧 네 아버지 여호사밧과
할아버지 아사의 길을 따르지 않고 북쪽 이스라엘 왕들의 길로 빠져, 유다와 예
루살렘이 하나님을 떠나게 하고 아합과 그 무리가 걸었던 배교의 길을 한 걸음
씩 따라갔으니—너는 네 친형제들까지 죽였으니 오히려 그들보다 못한 자다!—
하나님이 네 백성, 네 아내, 네 아들, 네 모든 소유를 끔찍한 재앙으로 칠 것이
다. 그리고 너는 창자에 고통스럽고 수치스런 중병이 들 것이다.'"
16-20 재앙은 침략으로 시작되었다. **하나님**께서 블레셋 사람과 에티오피아 근처
에 사는 아랍 사람을 일으켜 여호람을 공격하게 하셨다. 그들은 유다 국경을 넘
어 쳐들어와 유다를 약탈했다. 왕의 아내와 아들들까지, 왕궁에 있는 모든 것을
약탈했다. 남은 사람이라고는 막내아들 아하시야뿐이었다. 이 일이 있은 뒤에,
여호람의 창자에 끔찍한 중병이 들었다. 이 년쯤 후에 그는 대변마저 가리지 못
하게 되었고, 결국 고통 가운데 몸부림치며 죽었다. 백성은 그를 높이지 않았
고, 왕이 죽을 때 큰 모닥불을 피우는 관례마저 따르지 않았다. 여호람은 왕이
되었을 때 서른두 살이었고, 예루살렘에서 팔 년 동안 통치했다. 그가 죽었을
때는 아무도 눈물을 흘리지 않았다—오히려 그가 죽어 속이 다 시원했다!—사
람들은 그를 다윗 성에 묻었으나, 왕실 묘지에 안장하지는 않았다.

유다 왕 아하시야

22

1-6 예루살렘 백성이 여호람의 막내아들 아하시야를 왕으로 삼았다.
그 위의 아들들은 전에 아랍 사람과 함께 유다 진영에 쳐들어왔던 사
막의 습격대에게 모두 학살당했다. 그렇게 해서 유다 왕 여호람의 아들 아하시
야가 왕이 되었다. 아하시야는 스물두 살에 왕위에 올라 예루살렘에서 일 년밖
에 통치하지 못했다. 그의 어머니는 오므리의 손녀 아달랴다. 아달랴가 그를 악
한 길로 이끌어, 그는 아합 가문이 행한 대로 살고 다스렸으며, **하나님** 보시기
에 악한 길을 이어 갔다. 결혼이나 죄짓는 것으로도 아합 가문과 한통속이었다.
아버지가 죽은 뒤에 그는 아합의 죄를 배우고 또 배우다가 결국 파멸을 맞이했
다. 그는 아합 가문 사람들이 가르친 대로 행하여, 이스라엘 왕 아합의 아들 요
람과 함께 길르앗 라못에서 아람 왕 하사엘과 전쟁을 벌였다. 아람 사람에게 부
상을 입은 요람은, 전쟁중에 라마에서 입은 부상을 치료하기 위해 이스르엘로
물러났다. 유다 왕 여호람의 아들 아하시야는 병상에 있는 아합의 아들 요람을
문병하러 이스르엘로 갔다.
7-9 문병을 간 아하시야에게는 하나님의 심판이 기다리고 있었다. 이스르엘에 도
착한 그는 요람과 함께 님시의 아들 예후와 마주쳤다. **하나님**께서는 이미 예후
에게 아합 왕조를 멸망시킬 권한을 주셨다. 아합 왕조를 멸하기 시작한 예후는,

아하시야 위문단의 일부인 유다의 군지휘관들과 아하시야의 조카들을 우연히
만난 자리에서 그들을 죽였다. 그는 또 수색대를 보내 아하시야를 찾게 했다.
수색대가 사마리아에 숨어 있던 아하시야를 찾아내 예후에게로 끌고 오자, 예
후가 그를 죽였다.
그러나 그들은 그의 시체를 그곳에 버려두지 않았다. **하나님**을 전심으로 찾았
던 그의 할아버지 여호사밧을 존중하여 정성껏 장례를 치러 주었다. 아하시야
가문에는 나라를 다스릴 만한 사람이 하나도 남아 있지 않았다.

유다 여왕 아달랴

10-12 아하시야의 어머니 아달랴는 아들이 죽은 것을 보고는, 정권을 잡았다. 그
녀는 먼저 왕족을 모두 죽이기 시작했다. 그러나 여호람 왕의 딸 여호세바가 죽
을 운명에 처한 왕자들 중에서 아하시야의 아들 요아스를 몰래 빼냈다. 그녀는
아달랴를 피해 요아스와 그 유모를 은밀한 곳에 숨겼다. 이렇게 해서 여호람 왕
의 딸이자 아하시야의 누이인 여호세바는—그녀는 제사장 여호야다의 아내이
기도 했다—잔인무도한 아달랴 여왕의 손에서 요아스를 구해 냈다. 요아스는
여호세바와 함께 육 년 동안 하나님의 성전에서 숨어 지냈다. 아달랴는 그가 살
아 있는 줄 모른 채 나라를 다스렸다.

23

1-3 칠 년째 되던 해에, 제사장 여호야다는 행동에 나서기로 결심하
고, 몇몇 영향력 있는 군지휘관들과 함께 작전을 짰다. 그는 여로함
의 아들 아사랴, 여호하난의 아들 이스마엘, 오벳의 아들 아사랴, 아다야의 아
들 마아세야, 시그리의 아들 엘리사밧을 조력자로 선택했다. 그들은 유다 전역
으로 흩어져, 모든 성읍에서 각 가문의 족장과 레위인들을 불러들였다. 그들은
예루살렘에 모였다. 하나님의 성전 안에서 회합을 열고, 그곳에서 그들은 언약
을 맺었다.
3-7 제사장 여호야다는 그들에게 어린 왕자를 보이며 이렇게 말했다. "여기 왕의
아들이 있습니다. **하나님**께서 다윗의 자손을 두고 약속하신 대로 그가 다스려
야 합니다. 여러분은 이제 이렇게 하십시오. 안식일에 당번인 제사장과 레위인
들 가운데 삼분의 일은 문지기로 배치하고, 삼분의 일은 왕궁을 지키고, 나머지
삼분의 일은 기초 문을 지키십시오. 백성은 모두 **하나님**의 성전 안뜰에 모일 것
입니다. 제사장과 지정된 레위인들 외에는 아무도 **하나님**의 성전에 들어갈 수
없습니다. 그들은 거룩하게 구별되었으니 들어가도 되지만, 일반 백성은 맡은
일을 해야 합니다. 레위인들은 무장한 채로 어린 왕을 둘러싸십시오. 여러분의
대열을 뚫고 지나가려는 자는 누구를 막론하고 죽여야 합니다. 왕이 출입하실
때에는 언제 어디서나 왕 옆을 지켜야 합니다."
8-10 모든 레위인과 지휘관들은 제사장 여호야다의 지시에 따랐다. 각자 안식일
에 당번인 부하들과 비번인 부하들을 통솔했다. 제사장 여호야다가 안식일에

비번인 사람들마저 집으로 돌려보내지 않았기 때문이다. 이어서 제사장은 다윗
왕이 준비해 하나님의 성전에 보관해 두었던 창과 크고 작은 방패로 지휘관들
을 무장시켰다. 무장한 호위병들은 왕을 보호하기 위해 성전 한쪽 끝에서 반대
쪽 끝까지 저마다 맡은 자리로 가서 제단과 성전을 에워쌌다.
11 그때 제사장이 왕자를 데리고 나와 그에게 왕관을 씌우고, 하나님의 언약이
담긴 두루마리를 준 뒤에 그를 왕으로 삼았다. 여호야다와 그의 아들들이 그에
게 기름을 붓자, 사람들이 "요아스 왕 만세!"를 외쳤다.
12-13 아달랴가 이 모든 소동과 사람들이 돌아다니는 소리와 왕을 칭송하는 함성
을 듣고, 무슨 일인가 보려고 성전으로 갔다. 그녀는 어린 왕이 성전 입구에서
양옆에 군지휘관과 전령들의 호위를 받으며 서 있는 모습을 보고 깜짝 놀랐다.
모두 나팔을 불며 크게 기뻐했다. 찬양대와 악기 연주자들이 찬송을 인도했다.
아달랴는 당황하여 옷을 찢으며 "반역이다! 반역이다!" 하고 소리쳤다.
14-15 제사장 여호야다가 군지휘관들에게 명령했다. "저 여자를 밖으로 끌어내시
오. 저 여자를 따르는 자는 모두 처죽이시오!" (제사장은 "하나님의 성전 안에서는 그
녀를 죽이지 말라"고 일러두었다.) 그래서 그들은 그녀를 끌어내어 왕궁 마구간 앞에
서 죽였다.
16 여호야다는 자신과 왕과 백성 사이에 언약을 맺었다. 그들은 이제 하나님의
특별한 백성이 되기로 맹세했다.
17 백성은 바알 신전으로 몰려가 그 신전을 허물고, 제단과 우상들을 산산이 깨
뜨려 부수었다. 바알의 제사장 맛단을 제단 앞에서 죽였다.
18-21 여호야다는 다윗이 처음에 지시한 대로, 하나님의 성전 관리를 제사장과 레
위인들에게 맡겼다. 그들은 모세의 계시에 나와 있는 대로 하나님께 번제를 드
리되, 다윗이 지시한 찬양과 노래와 함께 드려야 했다. 그는 또 하나님의 성전
문마다 문지기를 배치하여, 준비되지 않은 자는 아무도 들어가지 못하게 했다.
그러고 나서 모인 모든 사람—군지휘관과 귀족과 지방 행정관과 모든 백성—과
함께 왕을 호위했다. 그들은 하나님의 성전에서 내려와 윗문을 지나서 왕을 왕
좌에 앉혔다. 모두가 이를 기뻐했다. 아달랴의 죽음으로 공포 정치가 사라지자,
도성은 안전하고 평온한 곳이 되었다.

유다 왕 요아스

24 1 요아스는 왕이 되었을 때 일곱 살이었다. 그는 예루살렘에서 사십
년 동안 다스렸다. 그의 어머니는 브엘세바 출신 시비아(영양)다.
2-3 제사장 여호야다의 가르침을 받은 요아스는 여호야다가 살아 있는 동안 하나
님을 기쁘게 해드렸다. 여호야다가 그에게 두 아내를 골라 주어, 그는 아들딸을
두고 한 가문을 이루었다.
4-6 그 후에 요아스는 하나님의 성전을 새롭게 단장하기로 결심했다. 그는 제사
장과 레위인들을 모아 놓고 말했다. "해마다 유다 성읍들을 두루 다니며 하나님
의 성전을 보수할 돈을 백성에게서 거두시오. 여러분이 책임지고 이 일을 수행

해야 하오." 그러나 레위인들은 꾸물거리며 아무 일도 하지 않았다.
7 그러자 왕은 대제사장 여호야다를 불러들여 말했다. "그대는 어찌하여 레위
인들로 하여금 **하나님**과 회중의 종 모세가, 예배 처소의 유지를 위해 정한 세금
을 유다와 예루살렘에서 거둬들이게 하지 않았소? 보다시피 상황이 아주 심각
하오. 악한 아달랴 여왕과 그 아들들이 하나님의 성전을 파괴하고 그 안에 있는
거룩한 기물들을 모두 가져다가 바알을 숭배하는 데 사용했소."
8-9 레위인들은 왕의 지시에 따라, 궤 하나를 만들어 **하나님**의 성전 입구에 두었
다. 그리고 온 유다와 예루살렘에 공포하여 세금을 내도록 했다. "이스라엘이
광야에 있을 때 **하나님**의 종 모세가 정한 세금을 바치시오."
10 백성과 지도자들이 즐거운 마음으로 돈을 가져오자 마침내 궤가 가득 찼다.
11-14 레위인들은 왕궁의 감사를 받기 위해 궤를 가져왔는데, 그들이 궤가 가득
찬 것을 보여주면 그때마다 왕의 서기관과 대제사장의 관리가 궤를 비우고 제
자리에 도로 가져다 놓았다. 그들은 날마다 그렇게 하여 많은 돈을 모았다. 왕
과 여호야다는 돈을 성전 사업 관리자들에게 주었고, 그들은 그것을 다시 **하나
님**의 성전 보수 작업을 하는 석수와 목수들에게 지불했다. 일꾼들이 꾸준히 일
에 매진하여 마침내 성전이 복원되었다. 하나님의 집이 새것처럼 되었다! 작업
을 마친 뒤에 그들은 남은 돈을 왕과 여호야다에게 돌려주었고, 왕과 여호야다
는 그 돈으로 성전 예배에 쓸 거룩한 그릇들, 곧 매일 드리는 예배와 번제에 쓸
그릇과 대접과 기타 금은 기구들을 만들었다.
14-16 여호야다의 평생 동안, **하나님**의 성전에서 번제가 정기적으로 드려졌다. 그
는 백서른 살까지 살다 죽었다! 그가 남달리 이스라엘과 하나님과 하나님의 성
전을 섬기는 삶을 살았으므로, 사람들은 그를 왕실 묘지에 묻었다.
17-19 여호야다가 죽자 모든 것이 무너졌다. 유다 지도자들이 왕에게 나아가 그를
부추기자, 왕은 그들과 함께 행동하기 시작했다. 상황은 갈수록 악화되었다. 그
들은 **하나님**의 성전을 버리고 음란한 여신들을 섬기는 이교에 빠져들었다. 이
죄 때문에 진노의 기운이 온 유다와 이스라엘을 덮었다. **하나님**께서는 그들을
바로잡으려고 예언자들을 보내셨다. 하지만 심판을 경고하는 그들의 말을 아무
도 귀담아듣지 않았다.
20 그러자 하나님의 영이 제사장 여호야다의 아들 스가랴를 감동시켜 분명히 말
하게 하셨다. "하나님의 말씀이다. 너희가 어찌하여 **하나님**의 계명을 거역하고
떠나느냐? 절대 그렇게 살아서는 안된다! 너희가 **하나님**을 버리면, 그분도 너
희를 버리실 것이다."
21-22 그러나 사람들은 스가랴를 해칠 음모를 꾸몄고, 왕과 공모하여—실제로 그
가 명령을 내렸다!—바로 **하나님**의 성전 뜰에서 돌로 쳐 그를 살해했다. 요아스
왕은 자기를 왕으로 세워 준 충성된 제사장 여호야다의 은혜를 그렇게 갚았다.
그는 여호야다의 아들을 살해했다. 스가랴는 죽으면서 이렇게 말했다. "보십시
오, **하나님**! 저들로 하여금 이 일의 대가를 치르게 해주십시오!"
23-24 이듬해에 아람 군대가 요아스를 공격했다. 그들은 유다와 예루살렘을 침략

하여 지도자들을 닥치는 대로 죽이고, 모든 전리품을 다마스쿠스의 왕에게 실어
갔다. 아람 군대는 보잘것없었지만, **하나님**께서는 그들을 사용하셔서 요아스의
대군을 쓸어버리셨다. 유다 백성이 **하나님** 그들 조상의 하나님을 버렸기 때문에
받은 벌이었다. 아람 사람들은 요아스를 심판하시는 하나님의 도구였다.
25-27 아람 군대는 요아스에게 중상을 입히고 물러갔는데, 결국 그는 신하들의 손
에 죽었다. 요아스가 제사장 여호야다의 아들을 살해한 것을 복수하려는 왕궁
과 성전 사람들의 음모였다. 그들은 요아스를 왕의 침대에서 죽였다. 나중에 그
들이 그를 다윗 성에 묻었으나, 왕실 묘지의 무덤에 안장하는 영예는 베풀지 않
았다. 공모자는 암몬 출신 시므앗의 아들 사밧과 모압 출신 시므릿의 아들 여호
사밧이었다. 요아스의 아들들의 이야기, 요아스가 전해 들은 많은 말씀들, 그가
하나님의 성전을 보수한 기사는 왕조실록 주석에 기록되어 있다.
요아스의 아들 아마샤가 뒤를 이어 왕이 되었다.

유다 왕 아마샤

25 1-4 아마샤는 왕이 되었을 때 스물다섯 살이었고, 예루살렘에서 이십
구 년 동안 다스렸다. 그의 어머니는 예루살렘 출신 여호앗단이다.
그는 **하나님** 앞에서 바르게 살았고 대부분 옳은 일을 행했으나, 하나님께 온 마
음을 드리지는 않았다. 아마샤는 왕권을 확고히 장악하게 되자, 그의 아버지 요
아스를 암살한 왕궁 경비대들을 처형했다. 하지만 암살자들의 자녀는 죽이지
않았는데, 모세에게 계시된 말씀에 나오는 명령—자녀의 죄 때문에 부모를, 부
모의 죄 때문에 자녀를 처형하지 말라고 하신 **하나님**의 명령—을 유념했기 때
문이다. 이는 각자가 자기 죄값을 직접 치르게 한 것이다.
5-6 아마샤는 유다 지파를 정비하고 유다와 베냐민 지파를 가문과 부대별로 나
누었다. 스무 살 이상 된 남자들을 명부에 등록하니, 군에 복무할 수 있는 사
람이 300,000명이었다. 또 그는 은 약 4.5톤을 들여 북쪽 이스라엘에서 군사
100,000명을 고용했다.
7-8 그러자 거룩한 사람이 나타나 말했다. "왕이시여, 안됩니다. 북쪽 이스라엘
군사들을 왕의 군대에 넣지 마십시오. **하나님**께서는 그들 편이 아니시며 에브
라임 자손 누구와도 함께하지 않으십니다. 홀로 힘써 싸우십시오. 오직 하나님
만이 왕의 일을 돕거나 막으실 수 있습니다."
9 아마샤가 거룩한 사람에게 물었다. "하지만 그들을 고용하려고 이미 지불한
수톤의 은은 어떻게 하면 좋겠소?"
거룩한 사람이 대답했다. "그것보다 **하나님**의 도움이 왕께 훨씬 더 가치 있습니다."
10 그래서 아마샤는 고용한 북쪽 군사들을 해임하고 집으로 돌려보냈다. 일자리
를 잃은 그들은 잔뜩 화가 나서 집으로 돌아갔다.
11-12 아마샤는 사태를 낙관했다. 그는 군대를 이끌고 소금 골짜기로 가서 세일
사람들 만 명을 죽였다. 또 다른 만 명을 포로로 잡아 바위 꼭대기로 끌고 가서,
그들을 벼랑에서 떨어뜨렸다. 포로들은 모두 돌 위로 떨어져 몸이 산산이 부서

진 채 죽었다.
13 그러나 아마샤가 되돌려 보낸 북쪽 군사들이 약탈할 기회를 잃은 데 분노하
여, 사마리아부터 벳호론까지 온 유다 성읍들을 미친 듯이 돌아다니며, 백성 삼
천 명을 죽이고 많은 전리품을 빼앗아 갔다.
14-15 에돔 사람을 멸하고 돌아오는 길에, 아마샤는 세일 사람의 신상을 가져와
자신의 신으로 세우고 그것들을 숭배하며 향을 피웠다. 그 일로 하나님께서 크
게 진노하셨다. 하나님께서 보내신 한 예언자가 불같이 맹렬한 하나님의 진노
를 이렇게 표현했다. "이게 어찌 된 일입니까? 그 신들은 왕에게서 자기 백성을
구하지도 못했는데, 어찌 왕께서는 그 열등한 신들, 왕보다 약한 신들에게 기도
한단 말입니까?"
16 아마샤가 그의 말을 가로막았다. "내가 언제 네게 의견을 구했더냐? 닥쳐라!
그렇지 않으면 없애 버리겠다!"
예언자가 말을 그쳤지만, 마지막으로 한 마디 덧붙였다. "단언하건대, 왕께서
제 말을 듣지 않고 이렇게 하시는 것을 보니, 하나님께서 왕을 내치기로 작정하
신 모양입니다."

17 하루는 아마샤가 이스라엘 왕 예후의 손자요 여호아하스의 아들인 여호아스
에게 사절을 보내 싸움을 걸었다. "와서 나와 한번 겨루어 보겠는가? 어디, 한
판 붙어 보자!"
18-19 이스라엘 왕 여호아스는 유다 왕 아마샤에게 회답했다. "하루는 레바논의
엉겅퀴가 레바논의 백향목에게 '네 딸을 내 아들한테 시집보내라' 하고 전갈을
보냈다. 그런데 레바논의 들짐승이 지나가다 엉겅퀴를 밟아 뭉개 버렸다. 네가
전투에서 에돔을 물리쳤다는 이유로 스스로 대단한 줄 아는 모양인데, 으스대는
건 괜찮다만 집에 가만히 있는 편이 좋을 것이다. 욕심을 부리다 일을 그르칠 까
닭이 무엇이냐? 네 자신과 유다에 멸망을 자초할 이유가 무엇이냔 말이다!"
20-22 그러나 아마샤는 그 말을 듣지 않았다. 그가 에돔 신들에게로 돌아섰기 때
문에, 하나님께서는 여호아스를 들어 그를 치기로 작정하셨다. 이스라엘 왕 여
호아스가 먼저 쳐들어가서 유다 왕 아마샤에게 맞섰다. 그들은 유다의 한 성읍
벳세메스에서 마주쳤다. 유다는 이스라엘에 완전히 패했고, 유다의 군사들은
뿔뿔이 흩어져 집으로 돌아갔다.
23-24 이스라엘 왕 여호아스는 아하시야의 손자요 요아스의 아들인 유다 왕 아마
샤를 벳세메스에서 붙잡았다. 그는 거기서 그치지 않고 예루살렘까지 공격했
다. 예루살렘 성벽을 에브라임 문에서 모퉁이 문까지 약 180미터 정도 허물고,
왕궁과 하나님의 성전에서 금, 은, 비품 등 가져갈 만한 것은 닥치는 대로 약탈
했다. 거기다 인질들까지 사로잡아 사마리아로 돌아갔다.
25-26 유다 왕 요아스의 아들 아마샤는, 이스라엘 왕 여호아하스의 아들 여호아스
가 죽은 뒤로도 십오 년 동안 왕으로 다스렸다. 아마샤의 나머지 생애와 시대는

'유다와 이스라엘 왕 연대기'에 처음부터 끝까지 기록되어 있다.

27-28 아마샤의 말년, 곧 그가 하나님에게서 등을 돌린 뒤에, 사람들이 예루살렘에서 아마샤에게 반역하는 음모를 꾸몄다. 그는 라기스로 도망쳤다. 그러나 사람들이 라기스까지 쫓아가서 그를 죽였다. 그들은 아마샤를 말에 싣고 돌아와, 예루살렘에 있는 다윗 성에 그의 조상과 함께 묻었다.

유다 왕 웃시야

26

1-2 유다 백성은 열여섯 살밖에 되지 않은 웃시야를 데려다가 그의 아버지 아마샤를 대신하여 왕으로 삼았다. 아버지가 죽어 묻힌 뒤에, 웃시야는 가장 먼저 엘랏을 재건하여 유다에 귀속시켰다.

3-5 웃시야는 왕이 되었을 때 열여섯 살이었고, 예루살렘에서 오십이 년 동안 다스렸다. 그의 어머니는 예루살렘 출신 여골리야다. 그는 아버지 아마샤를 본받아 하나님 보시기에 바르게 행했다. 그는 하나님을 신실하게 찾았다. 그의 목자이자 스승인 스가랴에게 가르침을 잘 받아, 하나님 앞에 순종하며 경건하게 살았다. 스가랴가 살아 있는 동안 웃시야는 경건한 삶을 살았다. 하나님께서 그에게 복을 주셨다.

6-8 웃시야는 위험을 무릅쓰고 블레셋 사람과 싸워 요새 성읍인 가드, 야브네, 아스돗을 뚫고 쳐들어갔다. 그는 또 아스돗과 기타 블레셋 지역에 성읍들을 세웠다. 하나님께서는 블레셋 사람, 구르바알의 아랍 사람, 마온 사람과의 여러 전쟁에서 웃시야를 도우셨다. 암몬 사람도 그에게 조공을 바쳤다. 웃시야의 명성은 멀리 이집트에까지 퍼졌다. 그는 아주 막강해졌다.

9-10 웃시야는 예루살렘의 성 모퉁이 문과 골짜기 문, 성벽 모퉁이에 방어 망대를 세웠다. 지방에도 망대들을 세우고 물웅덩이를 팠다. 그는 아래 구릉지대와 바깥 평지에 소 떼를 길렀고, 산지와 들판에 농부와 포도나무 가꾸는 사람들도 두었다. 그는 이것저것 기르기를 좋아했다.

11-15 웃시야에게는 언제라도 싸울 수 있게 잘 준비된 막강한 군대가 있었다. 그의 군대는 서기관 여이엘, 야전 사령관 마아세야, 작전 참모 하나냐의 지휘 아래 중대별로 조직되었다. 군사들을 관할하는 가문 지도자들의 명단이 2,600명에 달했다. 그들 밑으로 307,000명 규모의 증원부대가 있고, 그중 500명이 상시경계에 임했다. 모든 공격에 대비한 왕의 막강한 방어전략이었다. 웃시야는 방패, 창, 투구, 갑옷, 활, 물맷돌로 군사들을 철저히 무장시켰다. 또 예루살렘 망대와 모퉁이마다 최신기술의 군 장비를 설치하여, 그것으로 화살을 쏘고 돌을 던지게 했다. 이 모든 일로 그의 명성이 사방으로 퍼졌다. 모든 것이 그의 뜻대로 되는 듯했다.

16-18 그러나 웃시야의 힘과 성공은 그를 자만에 빠뜨렸다. 그는 거만하고 교만해져 마침내 넘어지고 말았다. 어느 날 웃시야는 하나님을 업신여기고 하나님의 성전이 제 소유인 양 그 안에 들어가서, 향 제단에 직접 향을 피웠다. 제사장 아사랴가 그를 말렸고 하나님의 용감한 제사장 팔십 명도 만류했다. 그들은 웃시

야를 가로막고 말했다. "웃시야 왕이시여, 이러시면 안됩니다. 이것은 있을 수 없는 일입니다. 거룩하게 구별된 아론 자손의 제사장들만이 향을 피울 수 있습니다. 하나님의 성전에서 나가십시오. 이는 옳지 않으며 부끄러운 일입니다!"

19-21 그러나 손에 향로를 들고 이미 분향을 시작한 웃시야는, 화를 내며 제사장들을 물리쳤다. 그는 제정신이 아니었다. 그들이 서로 분노의 말을 쏟아내며 말다툼하고 있는 중에, 웃시야 왕의 이마에 피부병이 생겼다. 그것을 보자마자, 대제사장 아사랴와 다른 제사장들이 재빨리 그를 성전에서 내보냈다. 그가 급히 나갔다. **하나님**께서 자기에게 병을 주셨음을 웃시야도 알았다. 웃시야는 죽을 때까지 피부병을 앓았고 격리된 채 여생을 보냈다. 그는 **하나님**의 성전에 발을 들여놓을 수 없었다. 왕궁을 관리하던 그의 아들 요담이 왕위를 이어받았다.

22-23 웃시야의 나머지 역사는 아모스의 아들인 예언자 이사야가 처음부터 끝까지 기록했다. 웃시야가 죽자, 사람들은 그를 왕실 묘지 옆의 밭에 그의 조상과 함께 묻었다. 피부병 때문에 그는 왕실 묘지에 묻힐 수 없었다. 그의 아들 요담이 뒤를 이어 왕이 되었다.

유다 왕 요담

27

1-2 요담은 왕이 되었을 때 스물다섯 살이었고, 예루살렘에서 십육 년 동안 다스렸다. 그의 어머니는 사독의 딸 여루사다. 그는 아버지 웃시야를 본받아 **하나님** 보시기에 선한 삶을 살았다. 다만 아버지와 달리 그는 **하나님**의 성전을 모독하지 않았다. 그러나 백성은 무섭게 타락해 갔다.

3-6 요담은 **하나님**의 성전 윗문을 건축하고 오벨 성벽도 크게 연장했다. 유다 고지대에 성읍을 세우고 아래 숲 속에 성채와 망대를 지었다. 그는 암몬 사람의 왕과 싸워 이겼다. 그해 암몬 사람은 은 3.25톤, 밀 약 2,200킬로리터, 보리 2,200킬로리터를 바쳤다. 그들은 그 다음 두 해에도 똑같이 바쳤다. 요담의 능력은 **하나님**께 순종하려는 단호하고 한결같은 삶에서 나왔다.

7-9 요담이 치른 여러 전쟁과 그의 업적을 비롯한 나머지 역사는 '이스라엘과 유다 왕 연대기'에 모두 기록되어 있다. 그는 왕이 되었을 때 스물다섯 살이었고, 예루살렘에서 십육 년 동안 다스렸다. 요담은 죽어서 다윗 성에 묻혔다. 그의 아들 아하스가 뒤를 이어 왕이 되었다.

유다 왕 아하스

28

1-4 아하스는 왕이 되었을 때 스무 살이었고, 예루살렘에서 십육 년 동안 다스렸다. 그는 **하나님** 보시기에 바르게 살지 못했고, 조상 다윗을 전혀 본받지 않았다. 오히려 그는 북쪽 이스라엘의 길을 따랐고, 이방 바알 신들을 숭배하기 위해 금속 신상을 부어 만들기까지 했다. 그는 벤힌놈 골짜기에서 금지된 향을 피우는 일에 가담했고, "자기 아들들을 불 가운데로 지나게 하는" 극악무도한 행위를 일삼았다. 그는 참으로 가증한 일들을 **하나님**께서 일찍이 그 땅에서 쫓아내신 이방인들에게서 배웠다. 또 곳곳에서 성행하는 지역

의 음란한 종교 산당들의 활동에도 가담했다.
5-8 **하나님**께서는 그 모든 일을 더 이상 참으실 수 없어, 아하스를 아람 왕 손에
넘기셨다. 아람 왕이 그를 치고 수많은 포로를 다마스쿠스로 데려갔다. 또 하
나님께서 그를 이스라엘에 맡기신 결과 끔찍한 살육이 벌어졌다. 르말랴의 아
들 베가는 하루에 120,000명을 죽였는데, 모두 최고의 용사들이었다. 이 모든
일이 일어난 것은, 유다가 **하나님** 그들 조상의 하나님을 버렸기 때문이다. 뿐만
아니라 에브라임의 영웅 시그리는 왕의 아들 마아세야, 왕궁 관리인 아스리감,
왕의 다음 서열인 엘가나를 죽였다. 그것이 끝이 아니었다. 이스라엘 사람들은
사마리아로 엄청난 양의 전리품을 실어 갔을 뿐만 아니라, 남자와 여자와 아이
들 200,000명을 사로잡아 갔다.
9-11 **하나님**의 예언자 오뎃이 그 가까이에 있었다. 그는 사마리아로 들어가는 군
대를 맞으며 말했다. "그 자리에 멈추어 들으시오! **하나님** 당신들 조상의 하나
님께서 유다에 진노하셔서, 당신들을 사용해 그들을 벌하신 것은 사실이오. 하
지만 당신들은 주제넘게 나서서, 부당하고 불합리한 분노를 쏟아내며 유다와
예루살렘에서 온 형제들을 종으로 삼으려고 하고 있소. 이것이 당신들의 **하나
님**께 끔찍한 죄를 짓는 일인지 모르겠소? 이제 주의하여 행동해야 하오. 정확
히 내가 이르는 대로 하시오. 이 포로들을 마지막 한 사람까지 다 돌려보내시
오. 그렇게 하지 않으면, 당신들은 **하나님**의 진노가 어떻게 나타나는지 똑똑히
보게 될 것이오."
12-13 몇몇 에브라임 지도자들—요하난의 아들 아사랴, 무실레못의 아들 베레갸,
살룸의 아들 여히스기야, 하들래의 아들 아마사—이 귀환하는 군대를 막아서며
말했다. "포로들을 이곳으로 들이지 마시오! 우리는 이미 **하나님**께 죄를 지었
소. 그런데 지금 당신들은 우리의 죄와 허물을 더 심각하게 만들려 하고 있소.
이대로도 우리는 죄가 너무 많아서, 하나님의 진노가 언제 폭발할지 모르는 상
황이오."
14-15 그러자 군사들은 포로와 전리품을 모두 지도자와 백성에게 넘겼다. 그들 중
에 지명된 사람들이 포로들을 모아 놓고, 벌거벗은 사람에게는 전리품 가운데
서 옷을 찾아 입혀 주었다. 맨발인 사람에게는 신을 신겨 주고, 모두에게 먹을
것도 충분히 주었다. 또 부상자들은 응급치료를 해주고, 약한 사람들은 나귀에
태워 야자수 성읍 여리고로 데려가서, 가족들에게 돌려보냈다. 그러고 나서 그
들은 사마리아로 돌아갔다.
16-21 그 즈음에 아하스 왕은 앗시리아 왕에게 사람을 보내어 직접 도움을 구했
다. 에돔 사람이 다시 쳐들어와서 유다에 엄청난 타격을 입히고 많은 사람들을
포로로 잡아갔기 때문이다. 엎친 데 덮친 격으로, 블레셋 사람이 서쪽 구릉지
대와 남쪽 광야의 성읍들을 습격하여 벳세메스, 아얄론, 그데롯과 소고, 딤나,
김소와 그 주변 마을들까지 점령하여 그곳에 들어와 살았다. 교만한 아하스 왕
은 마치 하나님의 도움이 없어도 된다는 듯 행세하여, 타락을 전염병처럼 퍼지
게 했다. **하나님**께서는 유다를 낮추셔서 도움을 구하러 다니는 처지가 되게 하

셨다. 그러나 앗시리아 왕 디글랏빌레셀은 그를 도울 마음이 전혀 없었다. 오히려 아하스를 공격하고 괴롭혀 그에게 굴욕만 안겨 주었다. 다급해진 아하스는, **하나님**의 성전과 왕궁과 생각나는 곳을 샅샅이 털어 긁어모은 것들을 앗시리아 왕에게 주었다. 그러나 그 대가로 그가 얻은 것은 하나도 없었다. 손톱만큼의 도움도 받지 못했다.

22-25 상황이 이러한데도 아하스 왕은 깨닫지 못했다. 사방에서 공격을 받고 있는데도 계속해서 **하나님**을 대적했다! 그는 다마스쿠스의 신들에게 제물을 바쳤다. 막 다마스쿠스에 패한 그는 "내가 다마스쿠스를 도운 신들을 섬기면 그 신들도 나를 도와주겠지" 하고 생각했다. 그러나 상황은 더 악화될 뿐이었다. 아하스의 삶이 먼저 망가지더니, 결국 나라 전체가 폐허가 되고 말았다. 아하스는 하나님의 성전에서 쓸 만한 귀중품들을 모조리 꺼내고는 성전 문들에 판자를 쳐서 막아 버렸고, 예루살렘 곳곳에 자기가 드나들 이방 산당들을 세웠다. 예루살렘뿐 아니라 유다 온 지역에도 산당들을 짓고, 시장에 나와 있는 신이라는 신은 모조리 숭배했다. **하나님**께서 크게 진노하셨다!

26-27 악명 높은 아하스의 나머지 생애와 그가 행한 모든 일이 '유다와 이스라엘 왕 연대기'에 처음부터 끝까지 기록되어 있다. 아하스가 죽자, 사람들은 그를 예루살렘에 묻었다. 그러나 그는 왕들의 묘지에 안장되는 영예는 누리지 못했다. 그의 아들 히스기야가 뒤를 이어 왕이 되었다.

유다 왕 히스기야

29

1-2 히스기야는 왕이 되었을 때 스물다섯 살이었다. 그는 예루살렘에서 이십구 년 동안 다스렸다. 그의 어머니는 스가랴의 딸 아비야다. **하나님** 보시기에 그는 선한 왕이었다. 그는 조상 다윗을 그대로 본받았다.

3-9 왕이 되던 첫해 첫째 달에, 히스기야는 **하나님**의 성전 문들을 먼저 보수한 뒤에 그 문을 백성에게 활짝 열었다. 그는 또 제사장과 레위인들을 동쪽 뜰에 모아 놓고 이렇게 말했다. "레위인들이여, 들으시오! 그대들은 스스로를 정결하게 하고 **하나님**의 성전을 성결하게 하시오. 더럽혀질 대로 더럽혀진 이곳을 깨끗이 청소하시오. 우리 조상들은 잘못된 길로 갔고 **하나님** 앞에 악하게 살았소. 그들은 하나님을 버리고, **하나님**을 만나는 곳인 이 집을 등지고 떠났소. 문마다 판자를 쳐서 막고, 등불을 끄고, 거룩한 성전에서 이스라엘의 **하나님**께 드리는 예배를 모두 없애 버렸소. 그 때문에 **하나님**의 진노가 활활 타올라 그분께서 그들을 재앙의 본보기, 교훈을 주는 경계의 표본으로 삼으셨소. 이것을 보고 들으시오! 우리 조상들이 죽임을 당한 것도, 우리 아내와 아들딸들이 포로로 잡혀가 종이 된 것도 이 때문이오.

10-11 나는 이스라엘의 **하나님**과 언약을 맺고 역사의 방향을 바꾸기로 결심했소. **하나님**께서 더 이상 우리에게 진노하시지 않도록 말이오. 레위 자손들이여, 이 일에 꾸물거리지 마시오! **하나님**께서 그대들을 택하시고 그분 앞에 서서 예배를 드리고 인도하는 일로 섬기게 하셨소. 이것이 그대들의 평생의 직무요. 이

일을 잘 완수하시오."
12-17 레위인들이 일어서니, 고핫 자손 중에 아마새의 아들 마핫과 아사랴의 아들
요엘, 므라리 자손 중에 압디의 아들 기스와 여할렐렐의 아들 아사랴, 게르손
자손 중에 심마의 아들 요아와 요아의 아들 에덴, 엘리사반 자손 중에 시므리와
여우엘, 아삽 자손 중에 스가랴와 맛다냐, 헤만 가문 중에 여후엘과 시므이, 여
두둔 가문 중에 스마야와 웃시엘이 나왔다. 그들은 형제들과 함께 나와서 스스
로를 정결하게 하고, 왕이 지시한 대로—**하나님**께서 지시하신 대로!—**하나님**
의 성전 정화 작업에 착수했다. 제사장들은 안에서부터 시작해서 밖으로 작업
해 나갔다. 성전 안에 쌓여 있는 더러운 잡동사니—거룩한 곳에 있어서는 안될
이방 종교의 쓰레기들—를 치우고, 레위인들이 그것을 기드론 골짜기로 가져갔
다. 그들은 첫째 달 초하루에 성전 정화를 시작하여, 여덟째 날에는 바깥 현관
까지 작업했다. 성전을 깨끗이 하고 성결하게 하는 데만 팔 일이 걸렸고, 성전
보조물까지 마치는 데 또 팔 일이 걸렸다.
18-19 그러고 나서 그들은 히스기야 왕에게 보고했다. "번제단과 임재의 빵을 차
려 놓는 상과 거기에 딸린 기구들까지 포함하여 **하나님**의 성전 전체를 깨끗이
했습니다. 또 아하스 왕이 악한 정치를 하면서 치워 둔 그릇들도 모두 깨끗이
닦고 성결하게 했습니다. 보십시오. 우리가 그것들을 원래대로 복구하여 **하나**
님의 제단 앞에 모두 가져다 놓았습니다."
20-24 그러자 히스기야 왕은 일을 시작했다. 그는 성읍 지도자들을 모두 불러 모
아, **하나님**의 성전으로 나아왔다. 그들은 왕실과 성소와 유다 전체의 죄를 속죄
받으려고 황소 일곱 마리, 숫양 일곱 마리, 어린양 일곱 마리, 숫염소 일곱 마리
를 속죄 제물로 가져왔다. 히스기야는 아론의 자손 제사장들에게 지시하여 그
것들을 **하나님**의 제단에 제물로 바치게 했다. 제사장들은 황소들을 잡아 그 피
를 제단 위에 뿌리고, 이어 숫양과 어린양들도 똑같이 했다. 마지막으로 그들이
염소들을 데려오자, 왕과 회중이 그 위에 손을 얹었다. 제사장들은 염소들을 잡
고 그 피를 제단에 속죄 제물로 드려, 온 이스라엘의 죄를 속죄했다. 온 이스라
엘을 위해 번제와 속죄제를 드리라는 왕의 명령이 있었기 때문이다.
25-26 왕은 레위인들에게 명령하여 다윗, 왕의 선견자 갓, 예언자 나단의 지침에
따라 악기—심벌즈, 하프, 수금—를 들고 **하나님**의 성전에 자리하게 했다. 이것
은 **하나님**의 예언자들이 전한 **하나님**의 명령이었다. 레위인들은 다윗의 악기를
들고, 제사장들은 나팔을 들었다.
27-30 그때 히스기야가 시작 신호를 보냈다. 제단에서는 번제가 드려지고, 나팔
과 다윗의 악기 연주에 맞추어 거룩한 찬양대가 찬양을 부르는 가운데 온 회중
이 예배를 드렸다. 번제를 드리는 내내 찬양대원들은 노래를 부르고 나팔을 든
사람들은 나팔을 불었다. 제사를 마치자, 왕과 거기에 모인 모든 사람이 바닥에
무릎을 꿇고 엎드려 예배했다. 이어 히스기야 왕과 지도자들은 레위인들을 시
켜, 다윗과 선견자 아삽이 지은 가사로 **하나님**을 찬양하는 찬송을 불러 순서를
마치게 했다. 그들은 무릎을 꿇은 채 기쁘고 경건한 마음으로 찬양을 부르며 예

배했다.
31-35 그러자 히스기야가 이렇게 답했다. "봉헌이 끝났습니다. 여러분은 하나님
앞에서 정결해졌습니다. 이제 준비가 되었으니, 앞으로 나아와 여러분이 준비
한 제물과 감사 제물을 하나님의 성전으로 가져오십시오."
그들이 나아왔다. 모든 회중이 제물과 감사 제물을 가져왔고, 어떤 사람은 자원
하는 마음이 넘쳐흘러 번제물까지 가져왔다. 그 넉넉한 마음은 황소 칠십 마리,
숫양 백 마리, 어린양 이백 마리로 표현되었다. 모두가 하나님께 번제물로 바치
기 위한 것이었다! 그날 제물로 거룩하게 구별된 짐승의 수는 황소가 육백 마
리, 양이 삼천 마리에 이르렀다. 번제물을 잡을 자격이 되는 제사장들이 모자라
그들의 형제 레위인들까지 거들었고, 그동안 다른 제사장들은 그 일을 위해 스
스로를 정결하게 했다. 사실 레위인들이 제사장들보다 더 책임감 있게 자신들
의 정결을 지켰다. 성전에는 많은 양의 번제물 외에도, 화목 제물로 쓸 양질의
고기와, 번제와 함께 전제에 드릴 술도 풍성하게 있었다. 하나님의 성전에서 드
리는 예배는 다시 굳건히 자리 잡게 되었다!
36 히스기야와 회중은 이를 경축했다. 하나님께서 백성의 삶에 든든한 기초를
다져 주셨기 때문이다. 그것도 아주 신속히!

30

1-5 그 후에 히스기야는 이스라엘과 유다의 모든 사람을 초청하고, 에
브라임과 므낫세에 직접 편지를 보내어, 예루살렘에 있는 하나님의
성전으로 와서 이스라엘 하나님의 유월절을 기념하여 지키도록 했다. 왕이 그
의 관리 및 예루살렘 회중과 의논하여 둘째 달에 유월절을 지키기로 한 것이다.
그들이 이처럼 유월절을 제때에 지킬 수 없었던 것은, 준비된 제사장들이 부족
했고 백성이 예루살렘에 모일 시간도 없었기 때문이다. 상황이 그러하므로 왕
과 백성이 변경된 날짜를 승인하고, 나라 이 끝에서 저 끝, 곧 남쪽 브엘세바에
서 북쪽 단에 이르기까지 초청장을 보냈다. "예루살렘으로 와서, 이스라엘 하나
님의 유월절을 지키십시오." 백성 가운데 어느 누구도 전에 유월절을 제대로 지
켜 본 적이 없었다.
6-9 왕이 명령을 내리자, 전령들이 이스라엘과 유다 전역에 왕과 지도자들의 초
청장을 전달했다. 초청장의 내용은 이러하다. "이스라엘 사람들이여! 하나님 곧
아브라함과 이삭과 이스라엘의 하나님께 돌아오라. 그러면 그분께서도 앗시리
아 왕들의 강탈 가운데서 살아남은 너희에게 돌아오실 것이다. 하나님 너희의
하나님께 등을 돌린 조상들의 죄를 답습하지 말라. 그 죄 때문에 하나님께서 그
들을 망하게 하셨다. 그 잔해가 사방에 널려 있지 않느냐. 너희 조상들처럼 고
집부리지 말고 하나님께서 내미신 손을 붙들라. 거룩한 예배를 드리는 그분의
성전, 영원히 거룩하게 하신 그곳으로 오라. 하나님 너희 하나님을 섬겨라. 그
러면 더 이상 그분의 불같은 진노가 임하지 않을 것이다. 너희가 하나님께로 돌
아오면, 너희 친족과 자녀들을 포로로 잡아간 자들이 그들을 불쌍히 여겨 이 땅으

로 돌려보낼 것이다. 너희 **하나님**은 은혜롭고 자비로우시니 너희를 냉대하지 않
으실 것이다. 돌아오라. 그러면 그분께서 두 팔 벌려 너희를 반겨 주실 것이다."
10-12 전령들이 떠나서 에브라임과 므낫세 땅의 각 성읍을 두루 거쳐 북쪽 스불론
까지 이르렀다. 백성은 그들을 조롱하고 비웃었다. 하지만 모두가 그런 것은 아
니었다. 아셀, 므낫세, 스불론 일부 사람들은 겸손히 초청을 수락하여 예루살렘
으로 왔다. 유다의 상황은 그보다 나았다. 하나님께서 유다 가운데 강력하게 역
사하셔서, 왕과 관리들이 보낸 명령, 곧 **하나님** 말씀에 따른 명령에 모두가 응
하게 하셨다.
13-17 유월절(때로 무교절이라고도 함)을 지키는 둘째 달이 되자, 어마어마한 백성의
무리가 모여들었다. 먼저 그들은 예루살렘에 있는 이방 제단들을 모두 없애고,
그 잔해를 가져다가 기드론 골짜기에 던졌다. 둘째 달 십사일에는 유월절 어린
양을 잡았다. 미처 준비하지 못한 제사장과 레위인들은 자신들의 게으름이 부
끄러워, 스스로를 정결하게 한 뒤 번제물을 **하나님**의 성전으로 가져왔다. 준비
를 마치자, 그들은 거룩한 사람 모세의 계시에 따라 지정된 자리에 섰다. 제사
장들은 레위인들에게서 피를 받아 뿌렸다. 회중 가운데 아주 많은 사람들이 정
결예식을 치르지 않아 자격을 얻지 못했다. 그래서 그들이 **하나님** 앞에서 정결
해질 수 있도록 레위인들이 유월절 어린양들을 잡고 정결예식을 치렀다.
18-19 회중 가운데는 에브라임, 므낫세, 잇사갈, 스불론 사람들이 많았는데, 그들
은 정결예식을 치르지 않아 유월절 식사를 하지 못했다. 히스기야는 그들을 위
해 다음과 같이 기도했다. "모든 것이 선하신 **하나님**, 우리 조상의 하나님을 진
심으로 구하는 모든 사람을 용서해 주십시오. 특별히 성전 출입의 규정에 부합
되지 않는 이들을 용서해 주십시오."
20 **하나님**께서 히스기야의 기도에 응답하셔서, 백성을 용서해 주셨다.
21-22 예루살렘에 있는 모든 이스라엘 백성은 칠 일 동안 유월절(무교절)을 지키며
한없이 즐거워했다. 레위인과 제사장들은 날마다 **하나님**을 찬양했다. 타악기와
관악기의 찬양소리가 하늘 가득 울려 퍼졌다. 히스기야는, 백성을 탁월하게 인
도하여 **하나님**을 예배하게 한 레위인들을 칭찬했다.
22-23 절기와 축제—칠 일 동안 드린 영광스러운 예배와 제사, **하나님** 그들 조상의
하나님께 드린 찬양—가 끝나 상을 닦고 바닥을 쓸고 난 회중은 절기를 칠 일 더
연장하기로 결정했다! 그들은 처음 시작할 때처럼 기쁨에 넘쳐 절기를 이어 갔다.
24-26 유다 왕 히스기야는 회중의 예배를 위해 황소 천 마리, 양 칠천 마리를 주었
고, 관리들이 따로 황소 천 마리와 양 만 마리를 더 주었다. 자격을 얻고 잘 준
비된 정결해진 제사장들도 더 많아졌다. 유다 온 회중—제사장과 레위인, 이스
라엘에서 온 회중, 이스라엘과 유다에 사는 외국인들—이 모두 즐겁게 절기에
참여했다. 예루살렘은 온통 기쁨으로 가득 찼다. 이스라엘 왕 다윗의 아들 솔로
몬이 성전을 건축하여 봉헌한 이래, 예루살렘에 이와 같은 일이 없었다.
27 제사장과 레위인들이 일어나 마지막으로 백성을 축복했다. 그들의 기도소리
가 하나님이 계신 거룩한 곳 하늘에까지 올라가, 그분께서 들으셨다.

히스기야의 종교개혁

31

1 유월절을 지킨 뒤에, 이스라엘 사람들은 모두 유다 성읍으로 가서
남근 모양의 석상들을 산산이 부수고, 그들이 신성하게 여기는 아세
라 목상들을 베어 내고, 지역의 음란한 종교 산당과 지역 신상들을 허물었다.
그들은 유다, 베냐민, 에브라임, 므낫세를 다 돌고 나서야 멈추었다. 그들은 모
두 집으로 돌아가서 일상생활에 복귀했다.
2 히스기야는 제사장과 레위인들을 그룹별로 조직하여 각각 일을 맡기고, 직무
내역서를 나누어 주어 예배 직무를 수행하게 했다. 그들은 각종 제사를 드리고
언제 어디서 **하나님**을 예배하든지 늘 감사와 찬양을 드렸다.
3 히스기야는 아침과 저녁 예배, 안식일, 초하루 절기, **하나님**의 계시에 정해진
특별한 예배일을 위해 자기 소유를 번제물로 쓰게 했다.
4 그는 또 제사장과 레위인들이 근심 걱정 없이 **하나님**의 계시에 전적으로 헌신
할 수 있도록, 예루살렘에 사는 백성이 책임지고 그들을 돌보게 했다.
5-7 히스기야가 명령을 내리자, 이스라엘 백성은 수확한 곡식, 새 포도주, 기름,
꿀 등 그해에 재배한 모든 것의 첫 열매를 넉넉하게 가져왔다. 백성은 아끼지
않고 모든 것의 십일조를 바쳤다. 그들은 또 소와 양, **하나님**께 드려진 다른 모
든 소유의 십일조도 가져왔다. 이렇게 가져온 것들을 구분하여 차곡차곡 쌓았
다. 그들은 셋째 달에 이 일을 시작하여 일곱째 달에야 끝마쳤다.
8-9 히스기야와 지도자들이 와서 쌓여 있는 예물의 규모를 보고는, **하나님**을 찬
양하고 하나님의 백성 이스라엘을 칭찬했다. 히스기야는 어떻게 그 많은 예물
들을 쌓을 수 있었는지 제사장과 레위인들에게 물었다.
10 사독 가문의 대제사장 아사랴가 대답했다. "백성이 **하나님**의 성전에 예물을
쏟아 놓기 시작하면서, 우리 모두가 충분히 먹고도 이렇게 양식이 남았습니다.
하나님께서 그분의 백성에게 복을 주셨습니다. 그 증거를 보십시오!"
11-18 히스기야는 **하나님**의 성전에 창고를 짓도록 명령했다. 창고가 마련되자, 제
사장들은 모든 예물, 곧 십일조와 거룩한 헌물들을 들여놓았다. 그들은 레위인
고나냐를 책임자로, 그의 동생 시므이를 부책임자로 정했다. 고나냐와 시므이
는 여히엘, 아사시야, 나핫, 아사헬, 여리못, 요사밧, 엘리엘, 이스마갸, 마핫, 브
나야를 관리자로 세워, 히스기야 왕과 하나님의 성전 대제사장 아사랴의 명령을
수행하게 했다. 동문 문지기인 레위인 임나의 아들 고레는 하나님께 드리는 자원
제물을 관리하고, 그 제물과 거룩한 헌물을 나누어 주었다. 제사장들이 사는 바
깥 성읍들에서는 에덴, 미냐민, 예수아, 스마야, 아마랴, 스가냐가 그 일을 성실
하게 도왔다. 그들은 그날그날 **하나님**의 성전에 들어가 그룹별(그들의 일은 그룹별
로 모두 조직되어 있었다)로 정해진 일을 하는 동료들(서른 살 이상 된 모든 남자)에게 몫
을 공평하게 나누어 주었다. 공식적으로 명부에 오른 제사장은 가문별로, 스무
살 이상 된 레위인들은 직무별로 각 그룹을 구성했다. 공식 족보에는 어린아이와
아내와 아들과 딸들을 비롯한 전체 회중이 다 들어 있었다. 그들은 열과 성을 다
해 예배를 섬기며 예물을 바쳤다. 모두가 참여하는 전적인 헌신이었다.

19 제사장 성읍들에 딸린 목초지에 사는 아론의 자손 제사장들은 평판이 좋은 사
람들을 세워, 모든 제사장—레위인의 공식 족보에 오른 모든 사람—에게 정기
적으로 먹을 몫을 나누어 주게 했다.
20-21 히스기야는 이 일을 유다 전역에서 지속적으로 시행했다. 그는 단연 최고의
왕이었다. 그는 하나님 앞에서 선하고 의로우며 진실했다. 하나님의 성전에서
예배를 드리는 일이든, 하나님의 율법과 계명을 지키는 일이든, 그 모든 일을
기도하고 예배하는 마음으로 행했다. 그래서 그는 하는 일마다 형통했다.

32

1 히스기야 왕이 이처럼 본이 되는 행적을 남긴 이후, 앗시리아 왕
산헤립이 유다를 공격했다. 그는 요새화된 성읍들을 포위하고, 그것
을 빼앗을 작정이었다.
2-4 예루살렘을 빼앗는 것이 산헤립의 전략임을 알고, 히스기야는 보좌관과 군지
도자들과 의논하여 성 밖의 물 공급을 모두 끊기로 했다. 그들은 그 방책을 좋
게 여겼다. 많은 사람들이 몰려 나가 샘을 막고 수로를 허물었다. 그들이 말했
다. "앗시리아 왕들이 쳐들어와서 이 물을 얻게 할 수는 없지 않은가?"
5-6 히스기야는 또 성벽의 파손된 부분을 모두 보수하고, 그 위에 방어 망대를 쌓
고 외곽으로 방벽을 쌓았다. 그리고 옛 다윗 성의 방어시설(밀로)을 보강했다. 그
는 창과 방패 등 병기도 많이 만들었다. 또한 군지휘관들을 임명하여 백성을 책
임지게 하고, 그들 모두를 성문 앞 광장에 불러 모았다.
6-8 히스기야는 그곳에 모인 백성 앞에서 말했다. "힘을 내십시오! 용기를 내야
합니다! 앗시리아 왕과 그의 군대에 겁먹지 마십시오. 우리 편이 그들 편보다
많습니다. 그는 한낱 인간 무리를 가졌을 뿐이지만, 우리에게는 우리를 도우시
고 우리를 위해 싸우시는 하나님이 계십니다!"
히스기야의 말에 백성이 힘을 얻어 사기가 충천했다.
9-15 몇 킬로미터 떨어진 라기스에 진 치고 있던 산헤립이 예루살렘으로 전령들
을 보내어 히스기야 왕과 유다 백성에게 이렇게 말했다. "앗시리아 왕 산헤립
이 선포한다. 너희 어리석은 백성아, 너희가 요새라고 부르는 그 예루살렘 안에
서 안전할 것 같으냐? 너희는 독 안에 든 쥐다. 히스기야가 너희를 구해 줄 것
같으냐? 어리석게 굴지 마라. 히스기야는 그동안 너희에게 거짓말만 늘어놓았
다. '하나님께서 우리를 앗시리아 왕의 손에서 구원하실 것이다'라는 말은 거짓
이다. 너희는 결국 모두 죽고 말 것이다. 지역의 산당들을 모두 없애고 '참된 예
배 처소는 한 곳뿐이다'라고 한 자가 히스기야 아니더냐? 나와 내 조상들이 이
주변 모든 나라에게 어떻게 했는지 너희는 알지 못하느냐? 내게 맞설 만큼 강
력한 신이 어디 하나라도 있었더냐? 나와 내 조상들이 파괴한 모든 나라 중에,
내게 맞서 손가락 하나라도 까딱했던 신의 이름을 너희가 하나라도 댈 수 있느
냐? 그런데 어째서 너희 신은 다를 거라고 생각하느냐? 히스기야에게 속지 마
라. 그런 뻔뻔스런 거짓말을 늘어놓는 그를 그냥 두지 마라. 그를 믿지도 마라.

지금까지 어느 땅, 어느 나라의 신도 나와 내 조상들에 맞서는 데 조금도 도움
이 되지 못했다. 하물며 너희 신이 이길 확률은 얼마나 되겠느냐?"
16 산헤립의 부하들은 거리낌 없이 자신의 생각을 쏟아 놓으며 하나님과 그분의
종 히스기야를 비방했다.
17 또한 산헤립은 편지를 보내 이스라엘의 **하나님**을 모욕했다. "어느 나라의 신
들도 제 백성을 돕지 못했다. 그들은 무기력했다. 히스기야의 신이라고 해서 나
을 것이 없다. 오히려 더 못할 것이다."
18-19 산헤립의 부하들은 예루살렘 성벽까지 와서, 성벽 위에 서 있는 백성에게
히브리 말로 소리쳤다. 그들에게 겁을 주어 사기를 잃고 항복하게 만들려고 한
것이다. 그들은 인간이 만든 다른 민족의 신들에게 하듯이 예루살렘의 하나님
을 업신여겼다.
20-21 이에 대해 히스기야 왕은 아모스의 아들 예언자 이사야와 함께 기도하며 하
늘을 향해 부르짖었다. **하나님**께서 응답으로 천사를 보내셔서, 앗시리아 진의
모든 용사와 지휘관들을 다 쓸어버리셨다. 망신을 당한 산헤립은 기가 죽어서
고국으로 돌아갈 수밖에 없었다. 그가 자기 신의 신전에 들어갔을 때, 그의 친
아들들이 그를 죽였다.
22-23 **하나님**께서는 이렇게 히스기야와 예루살렘 주민들을 앗시리아 왕 산헤립과
다른 모든 자에게서 구원하셨다. 그분은 계속해서 그들을 보살펴 주셨다. 사람
들은 **하나님**을 예배할 예물과 유다 왕 히스기야에게 줄 값비싼 선물들을 가지
고 예루살렘에 몰려들었다. 주변 모든 나라들이 깊이 감동했고, 히스기야는 널
리 명성을 얻었다.

24 얼마 후에 히스기야가 죽을병이 들었다. 그는 **하나님**께 기도했고 확실한 표
징을 받았다.
25-26 그러나 히스기야는 그 표징에 감사할 줄 모르고 교만해졌다. 그것이 **하나님**
을 진노케 하여 유다와 예루살렘에 하나님의 진노가 가득 찼다. 그러나 히스기
야가 자신의 교만을 회개하고 예루살렘도 그와 함께했으므로, 히스기야가 살아
있는 동안에는 **하나님**께서 진노를 거두셨다.
27-31 히스기야는 큰 부귀영화를 누렸다. 그는 모든 금과 은과 보석과 향료와 방
패와 귀중품을 보관할 장소와, 곡식과 새 포도주와 올리브기름을 저장해 둘 곳
간, 여러 품종의 소들을 둘 외양간, 양 떼를 둘 우리를 지었다. 그는 자신을 위
해 성읍들을 짓고, 양 떼와 소 떼 보유량도 크게 늘렸다. 하나님은 그를 큰 부자
가 되게 해주셨다. 기혼 샘 위쪽 물줄기의 방향을 틀어서 다윗 성 서쪽으로 돌
린 것도 히스기야였다. 그가 손대는 일마다 다 잘되었다. 그러나 바빌론 통치자
들이 그전에 있었던 하나님의 기적에 대해 알아보려고 사절단을 보냈을 때, 하
나님은 히스기야가 어떻게 하는지 보려고 그를 내버려 두셨다. 그의 마음을 시
험하고자 하신 것이다.

32-33 히스기야의 나머지 역사와 충성된 생애는 '유다와 이스라엘 왕 연대기'에 나오는 아모스의 아들 예언자 이사야의 묵시록에 기록되어 있다. 히스기야가 죽자 사람들은 그를 다윗 왕 묘지의 위쪽에 묻었다. 유다와 예루살렘의 모든 사람이 장례식에 참석한 가운데, 그는 아주 영예롭게 장사되었다.

그의 아들 므낫세가 뒤를 이어 왕이 되었다.

유다 왕 므낫세

33

1-6 므낫세는 왕이 되었을 때 열두 살이었다. 그는 예루살렘에서 오십오 년 동안 다스렸다. **하나님** 보시기에 그는 나쁜 왕, 악한 왕이었다. 그는 **하나님**께서 이스라엘 자손을 위해 이방 민족들을 쫓아내시던 때에, 그 땅에서 사라졌던 모든 도덕적 부패와 영적 타락을 다시 들여놓기 시작했다. 아버지 히스기야가 허물어 버린 음란한 종교 산당들을 다시 지었고, 음란한 신 바알과 아세라를 위해 제단과 남근 목상을 세웠다. 그는 또 일월성신을 숭배하여 별자리의 지시에 따랐다. 그는 일월성신을 위한 산당들을 짓고, 하나님께서 정하신 대로("내가 예루살렘에 내 이름을 두겠다") 오직 **하나님**의 이름만 예배하도록 드려진 예루살렘 성전의 두 뜰에 그것들을 두었다. 벤힌놈 골짜기에서 자기 아들들을 희생 제물로 불살라 바쳤고, 악한 마술과 점술을 행했다. 그는 지하의 혼백을 불러내 궁금한 것들을 묻기도 했다. 그에게 악이 넘쳐났다. **하나님** 보시기에, 악으로 일관된 생애였다. **하나님**께서 진노하셨다.

7-8 결정적으로 그는 음란한 여신 아세라 목상을 하나님의 성전 안에 두었는데, 이것은 하나님께서 다윗과 솔로몬에게 명령하신 다음의 말씀을 명백히, 보란 듯이 범한 일이었다. "내가 이스라엘 모든 지파 가운데서 택한 이 성전과 이 예루살렘 성에 내 이름을 영원히 두겠다." 그분은 이렇게 약속하셨다. "내가 다시는 내 백성 이스라엘로 하여금 내가 그들의 조상에게 준 이 땅을 떠나서 방황하지 않게 할 것이다. 그러나 조건이 있다. 그들이 내 종 모세가 전해 준 지침에 따라 내가 명령한 모든 것을 지켜야 한다."

9-10 그러나 므낫세는 유다와 예루살렘 주민들을 그 길에서 벗어나게 했고, 일찍이 **하나님**께서 멸망시키신 이방 민족들의 악행을 넘어서는 악한 행위로 그들을 이끌었다. **하나님**께서 이 일로 므낫세와 그의 백성에게 말씀하셨지만, 그들은 **하나님**을 무시했다.

11-13 그러자 **하나님**께서는 앗시리아 왕의 군지도자들을 시켜 므낫세를 뒤쫓게 하셨다. 그들은 그의 코에 갈고리를 꿰고 발에는 족쇄를 채워 바빌론으로 끌고 갔다. 곤경에 처하자, 므낫세는 무릎 꿇고 기도하며 하나님께 도우심을 구했다. 그는 그의 조상의 하나님 앞에서 철저히 회개했다. **하나님**께서 마음이 움직이셔서 그의 기도를 들어주시고, 그를 다시 예루살렘으로 데려와 왕이 되게 하셨다. 그제야 므낫세는 **하나님**께서 모든 것을 다스리심을 확실하게 깨달았다.

14-17 그 후 므낫세는 기혼 샘 서쪽 골짜기에 다윗 성의 바깥쪽 방벽을 재건했다.
방벽은 물고기 문에서 시작하여 오벨 산을 돌아 나갔다. 그는 방벽도 더 높이
쌓았다. 유다 모든 요새 성읍에 군지휘관들을 주둔시켜 방어체제를 강화했다.
그는 또 대대적인 성전 정화를 실시하여, 이방 우상과 여신상을 제거했다. 또한
성전이 있는 산 위와 예루살렘 전역에 세워 놓은 모든 이교의 제단을 가져다가
성 바깥에 버렸다. 그는 **하나님**의 제단을 다시 사용할 수 있게 보수하고, 예배
를 회복하여 화목제와 감사제를 드렸다. 그는 백성에게 "**하나님** 이스라엘의 하
나님을 섬기고 예배하라"고 명령했다. 그러나 백성은 그의 말을 진지하게 받아
들이지 않았다. 그들은 '**하나님**'이라는 이름은 사용했지만, 계속해서 지역의 옛
이방 산당들을 다니며 전과 똑같이 행했다.
18-19 므낫세의 나머지 역사, 그가 하나님께 드린 기도, 예언자들이 **하나님** 이스
라엘의 하나님의 권세로 직접 전한 말씀들은 '이스라엘 왕 연대기'에 모두 기록
되어 있다. 그의 기도와 그 기도에 하나님의 마음이 움직이신 일, 그의 모든 죄
와 허물들, 그가 이방 산당을 지은 장소들, 음란한 여신 아세라를 세운 곳들, 그
가 회심 전에 숭배한 우상들, 이 모두가 예언자들의 역사책에 기록되어 있다.
20 므낫세가 죽자, 사람들은 그를 왕궁 동산에 묻었다. 그의 아들 아몬이 뒤를 이
어 왕이 되었다.

유다 왕 아몬

21-23 아몬은 왕이 되었을 때 스물두 살이었다. 그는 예루살렘에서 이 년 동안 다
스렸다. **하나님** 보시기에 그는 아버지 므낫세처럼 악하게 살았다. 그러나 므낫
세와 달리, 그는 끝내 **하나님**께 회개하지 않았다. 끝까지 여러 악한 행위를 일
삼았다.
24-25 결국 아몬의 신하들이 반역하여 왕궁에서 그를 암살했다. 그러나 백성이 아
몬 왕의 암살자들을 죽이고 아몬의 아들 요시야를 왕으로 삼았다.

유다 왕 요시야

34

1-2 요시야는 왕이 되었을 때 여덟 살이었다. 그는 예루살렘에서 삼
십일 년 동안 다스렸다. 그는 **하나님** 앞에서 바르게 행했다. 그의 조
상 다윗이 밝히 보여준 길을 똑바로 따라갔고, 왼쪽으로나 오른쪽으로나 한 걸
음도 벗어나지 않았다.
3-7 요시야는 왕이 된 지 팔 년째 되던 해에—아직 겨우 십대였다—자기 조상 다
윗의 하나님을 찾기 시작했다. 사 년 후 재위 십이년이 되던 해에는, 지역의 음
란한 종교 산당과 신성하게 여기는 아세라 목상들을 제거하고, 조각한 것이든
부어 만든 것이든 상관없이, 그 우상들은 유다에서 모조리 없앴다. 그는 바알
산당들을 부수고, 제단들을 허물고, 그 파편과 재를 거기서 예배하던 자들의 무
덤 위에 뿌렸다. 또한 그 제사장들의 뼈를 그들이 살아 있을 때 사용하던 바로
그 제단 위에서 불태웠다. 그는 그 땅, 유다와 예루살렘을 안팎으로 깨끗이 정화

했다. 정화 작업은 밖으로 므낫세, 에브라임, 시므온 성읍과 그 주변 마을들, 그리고 북쪽 납달리에까지 이르렀다. 이스라엘 전역에서 그는 제단과 아세라 목상들을 부수고, 그 우상들을 빻아 가루로 만들고, 지역의 산당들을 찍어 장작감으로 만들었다. 이스라엘이 원래의 모습을 되찾자, 그는 예루살렘으로 돌아왔다.

계시의 책을 발견하다

8-13 요시야 왕 십팔년 어느 날에, 왕은 그 땅과 성전 정화를 마치고, 아살랴의 아들 사반과 성읍 책임자 마아세야와 요아하스의 아들 사관 요아를 보내어 **하나님**의 성전을 새롭게 단장하게 했다. 먼저 그들은 므낫세와 에브라임과 나머지 이스라엘, 그리고 유다와 베냐민과 예루살렘 주민들에게서 레위인 문지기들이 거둔 헌금을 모두 대제사장 힐기야에게 넘겼다. 힐기야는 그 돈을 다시 **하나님**의 성전 공사를 관리하는 감독관들의 손에 넘겼고, 그들은 다시 그것을 **하나님**의 성전을 보수하는 일꾼들인 목수와 건축자와 석수들에게 전했다. 일꾼들은 그 돈으로 목재와 석재를 구입하여, 그동안 유다 왕들이 완전히 허물었던 성전 기초를 다시 세웠다. 일꾼들은 정직하고 부지런했다. 그들을 감독하고 공사를 관리하는 사람은 모두 레위인이었는데, 므라리 자손 중에 야핫과 오바댜, 고핫 자손 중에 스가랴와 무술람이 있었다. 레위인들—모두 숙련된 음악인이었다—은 막일꾼들을 관할하고, 이 일 저 일을 살피며 노역자들을 감독했다. 또 레위인들은 회계, 관리, 문지기로 섬겼다.

14-17 대제사장 힐기야는 **하나님**의 성전을 위해 바친 돈을 접수하고 분배하던 중에, 모세의 계시의 책 사본을 발견했다. 그는 왕의 서기관 사반에게 소식을 전했다. "내가 방금 **하나님**의 길을 일러 주는 하나님의 계시의 책을 발견했습니다. 성전에서 찾았습니다!" 그가 그 책을 사반에게 주자, 사반은 그것을 다시 왕에게 가지고 가서 이렇게 보고했다. "왕께서 명령하신 일을 다 마쳤습니다. **하나님**의 성전에서 거둔 돈을 모두 가져다 관리자와 일꾼들에게 주었습니다."
18 사반은 또 왕에게 말했다. "제사장 힐기야가 저에게 책을 하나 주었습니다." 사반은 그 책을 왕에게 읽어 주었다.

19-21 왕은 그 책, 곧 **하나님**의 계시에 기록된 내용을 듣고, 크게 놀라며 자기 옷을 찢었다. 왕은 힐기야와 사반의 아들 아히감, 미가의 아들 압돈, 서기관 사반, 왕의 개인 보좌관 아사야를 불러 그들 모두에게 명령했다. "가서 나와 이스라엘과 유다에 남아 있는 백성을 위해 **하나님**께 기도하시오! 방금 발견한 이 책에 기록된 내용에 우리가 어떻게 반응해야 하는지 알아보시오! **하나님**의 진노가 우리를 향해 불같이 타오르고 있는 것이 분명하오. 우리 조상은 이 **하나님**의 책에 기록된 말씀에 조금도 순종하지 않았고, **하나님**께서 주신 지침을 하나도 따르지 않았소."

22-25 힐기야와 왕에게 뽑힌 사람들은 곧바로 여예언자 훌다를 찾아갔다. 훌다는 하스라의 손자요 독핫의 아들이요 왕궁 예복을 맡은 살룸의 아내로, 예루살렘 둘째 구역에 살고 있었다. 그들이 찾아가 그녀의 의견을 구했다. 훌다는 그들에

게 이렇게 답했다. "**하나님** 이스라엘의 하나님의 말씀입니다. '너희를 이곳으로 보낸 사람에게 전하여라. "내가 이곳과 이 백성에게 심판의 재앙을 내릴 것이다. 유다 왕이 읽은 그 책에 기록된 모든 말씀이 그대로 이루어질 것이다. 그들이 나를 버리고 다른 신들을 가까이했고, 신상을 만들고 팔아 나를 더없이 노하게 했기 때문이다. 내 진노가 이곳을 향해 뜨겁게 타오르고 있으니, 아무도 그 불을 끌 수 없을 것이다."'

26-28 또 유다 왕이 **하나님**의 인도하심을 구했으니 왕께 전하십시오. 왕이 책에서 읽은 내용에 대한 **하나님**의 말씀입니다. '내가 이곳과 이 백성에게 심판의 재앙을 내리겠다고 한 말을 네가 진심으로 받아들이고 겸손하게 회개하며, 크게 놀라 옷을 찢고 내 앞에서 울었으니, 내가 너를 진심으로 대하겠다. **하나님**의 말씀이다. 내가 너를 돌볼 것이다. 너는 평안히 죽어서 묻힐 것이다. 내가 이곳에 내릴 재앙을 너는 보지 못할 것이다.'"

그들이 훌다의 메시지를 가지고 왕에게 돌아갔다.

29-31 왕은 곧바로 행동에 나서, 유다와 예루살렘의 모든 장로를 소집한 다음, 모든 백성—가장 작은 자부터 가장 큰 자에 이르기까지 모든 제사장과 예언자와 백성—을 거느리고 **하나님**의 성전으로 나아왔다. 그리고 **하나님**의 성전에서 발견된 언약책에 기록된 내용을 모든 사람 앞에서 큰소리로 낭독했다. 왕은 그의 자리에 서서 **하나님** 앞에 엄숙히 맹세했다. 믿음과 순종으로 **하나님**을 따르고, 무엇을 믿고 행해야 할지 그분이 지시하신 대로 온 마음을 다해 따르며, 그 책에 기록된 모든 언약대로 살기로 굳게 맹세한 것이다.

32 그러고 나서 그는 모든 예루살렘과 베냐민 사람이 언약에 참여하게 했다. 그러자 그들은 왕의 명령을 따라 하나님 그들 조상의 하나님과의 언약을 온전히 지키기로 했다.

33 요시야는 이스라엘 땅에 두루 퍼져 있던 더러운 것들을 완전히 제거하고, 모든 사람이 새롭게 시작하여 그들의 **하나님**을 섬기고 예배하게 했다. 요시야가 살아 있는 동안, 백성은 곧고 좁은 길을 지키며, **하나님** 그들 조상의 하나님께 순종했다.

35

1-4 요시야는 예루살렘에서 **하나님**께 유월절을 지켰다. 사람들은 첫째 달 십사일에 유월절 어린양을 잡았다. 그는 제사장들에게 상세한 지침을 주었고, 그들을 격려하여 **하나님**의 성전에서 예배를 인도하게 했다. 그는 또 이스라엘 백성에게 예배와 관련된 제반 사항을 가르치고 지도하는 일을 맡은 레위인들(이 일을 위해 거룩하게 구별된 자들이었다)에게 이렇게 말했다. "거룩한 궤를 이스라엘 왕 다윗의 아들 솔로몬이 지은 성전 안에 두시오. 당신들은 더 이상 그것을 어깨에 메고 다닐 필요가 없소! **하나님**과 하나님의 백성 이스라엘을 섬기시오. 당신 자신들을 가문별로 조직하고, 이스라엘 왕 다윗과 그 아들 솔로몬이 남긴 지침에 따라 각자 책임을 다하시오.

5-6 성소에 나가서 각자 자리를 잡되, 당신들의 동족인 일반 백성의 각 가문을 레
위인 한 조가 맡아야 합니다. 당신들이 할 일은 유월절 어린양을 잡는 것입니
다. 당신들 자신을 정결하게 하고 어린양을 준비하여, 모든 사람이 **하나님**께서
모세를 통해 명령하신 대로 유월절을 지킬 수 있게 해야 하오."
7-9 요시야 왕이 자기 소유의 양과 어린양과 염소 삼만 마리, 황소 삼천 마리를
내놓음으로써, 유월절을 지키는 데 필요한 모든 것이 마련되었다. 그의 관리들
도 제사장과 레위인을 비롯한 백성을 위해 나섰는데, 하나님의 성전 지도자들
인 힐기야, 스가랴, 여히엘은 어린양 이천육백 마리, 황소 삼백 마리를 유월절
제물로 제사장들에게 내놓았다. 고나냐와 그의 동생 스마야와 느다넬은 레위인
지도자인 하사뱌, 여이엘, 요사밧과 함께, 어린양 오천 마리와 황소 오백 마리
를 유월절 제물로 레위인들에게 내놓았다.
10-13 예배 준비가 모두 끝났다. 제사장들은 각자 자기 위치에 서고 레위인들도
왕의 지시대로 각자 맡은 자리로 갔다. 그들은 유월절 어린양을 잡았다. 제사장
들이 어린양의 피를 뿌리는 동안, 레위인들은 가죽을 벗겼다. 이어서 그들은 번
제물을 따로 챙겨 백성에게 가문별로 나누어 주어, 각 가문이 모세의 책에 나온
지침에 따라 **하나님**께 바칠 수 있게 했다. 소도 같은 방법으로 했다. 그들은 지
침대로 유월절 어린양을 굽고, 거룩하게 구별된 제물들을 솥과 가마와 냄비에
삶아서 신속히 백성에게 대접했다.
14 백성이 거룩한 식사를 마친 다음, 레위인들은 자기들도 먹고 아론의 자손 제
사장들에게도 대접했다. 제사장들은 밤늦게까지 제단에서 제사를 드리느라 몹
시 분주했다.
15 아삽 찬양대들은 다윗, 아삽, 헤만, 왕의 선견자 여두둔의 지침에 따라 각자
의 자리에 섰다. 각 문을 지키는 문지기들이 맡은 자리를 떠날 수 없었으므로,
레위인들은 그들에게도 음식을 대접했다.
16-19 그날 **하나님**을 예배하는 모든 일이 아무 문제없이 진행되었다. 그들은 유월
절을 지키며 **하나님**의 제단에 번제를 드렸다. 모든 절차가 요시야의 명령대로
이루어졌다. 이스라엘 백성은 무교절로도 알려진 유월절을 칠 일 동안 지켰다.
예언자 사무엘 시대 이후로 이처럼 유월절이 지켜진 적은 없었다. 어떤 왕도 유
월절을 지키지 않았다. 그러나 요시야와 제사장과 레위인과, 그 주에 거기 모인
온 유다와 이스라엘 그리고 예루살렘 주민들은 유월절을 지켰다. 이렇게 유월
절을 지킨 것은, 요시야 왕이 다스린 지 십팔 년이 되던 해의 일이었다.

❖

20 요시야가 성전 개혁을 마치고 나서 얼마 후, 이집트의 느고 왕이 전쟁을 하려
고 유프라테스 강가의 갈그미스를 향해 진군했다. 요시야는 그와 싸우러 나갔다.
21 느고는 요시야에게 전령을 보내 말했다. "유다 왕이여, 우리가 서로에게 무슨
반감이 있겠소? 나는 당신과 싸우러 온 게 아니라 지금 전쟁중인 나라를 치러
왔소. 하나님께서 내게 서두르라 명령하셨으니 내 앞을 가로막지 마시오. 공연

히 나섰다가는 하나님만 방해하게 될 뿐이오. 하나님이 이번 일에는 내 편이시
니 당신을 멸하실 것이오."
22-23 그러나 싸우고 싶어 못 견딘 요시야는 느고의 말을 전혀 듣지 않았다(사실
느고에게 말씀하신 분은 하나님이셨다). 그들이 므깃도 평원에서 마주쳤을 때 요시야
왕은 변장을 하고 있었지만, 적의 활 쏘는 자들이 그에게 화살을 쏘아 맞추었다.
왕이 부하들에게 말했다. "나를 여기서 데리고 나가라. 내가 중상을 입었다."
24-25 부하들은 그를 전차에서 끌어내 구급 전차에 뉘어 예루살렘으로 데려왔다.
그는 거기서 죽어 가족 묘지에 묻혔다. 유다와 예루살렘 모든 사람이 요시야의
장례식에 참석했고, 예레미야는 그를 위해 애가를 지었다. 오늘까지도 이스라
엘 찬양대가 부르는 그 노래는 애가집에 기록되어 있다.
26-1 요시야의 나머지 역사, 하나님의 계시에 기록된 대로 살았던 그의 모범적이
고 경건한 삶은 '이스라엘과 유다 왕 연대기'에 처음부터 끝까지 기록되어 있다.
백성의 지지를 받은 요시야의 아들 여호아하스가 아버지의 뒤를 이어 예루살렘
에서 왕이 되었다.

유다 왕 여호아하스

36 2-3 여호아하스는 왕이 되었을 때 스물세 살이었다. 그는 예루살렘에
서 석 달 동안 다스렸다. 이집트 왕이 그를 왕위에서 물러나게 하고,
강제로 은 4톤가량과 금 34킬로그램을 바치게 했다.

유다 왕 여호야김

4 이어서 이집트 왕 느고는 여호아하스의 형제 엘리아김을 유다와 예루살렘의
왕으로 삼고, 그 이름을 여호야김으로 고쳤다. 그 후 여호아하스를 사로잡아 이
집트로 돌아갔다.
5 여호야김은 왕이 되었을 때 스물다섯 살이었다. 그는 예루살렘에서 십일 년
동안 다스렸다. 하나님 보시기에 그는 악한 왕이었다.
6-7 바빌론 왕 느부갓네살이 전쟁을 일으켜 그를 청동사슬로 결박하고, 바빌론에
포로로 잡아갔다. 느부갓네살은 하나님의 성전 기구들도 가져가 바빌론의 자기
왕궁에 두었다.
8 여호야김의 나머지 역사, 그가 저지른 악한 신성모독과 그 결과로 당한 일은
'이스라엘과 유다 왕 연대기'에 모두 기록되어 있다.
그의 아들 여호야긴이 뒤를 이어 왕이 되었다.

유다 왕 여호야긴

9-10 여호야긴은 왕이 되었을 때 열여덟 살이었다. 그러나 그는 예루살렘에서 석
달 열흘밖에 다스리지 못했다. 하나님 보시기에 그는 악한 왕이었다. 그해 봄에
느부갓네살 왕이 하나님의 성전에 남아 있는 귀중품들과 함께 여호야긴을 바빌
론으로 사로잡아 오도록 명령했다. 그 후 느부갓네살은 여호야긴의 삼촌 시드

기야를 유다와 예루살렘의 꼭두각시 왕으로 세웠다.

유다 왕 시드기야

11-13 시드기야는 왕이 되었을 때 스물한 살이었다. 그는 예루살렘에서 십일 년 동안 다스렸다. 하나님 보시기에 시드기야 역시 악한 왕에 지나지 않았다. 예언자 예레미야가 그에게 하나님의 말씀을 전했을 때, 그는 조금도 뉘우치지 않았다. 오히려 느부갓네살 왕에게 반역하여 재난을 더 키웠다. 느부갓네살 왕은 일찍이 그에게 하나님의 이름으로 충성을 맹세하게 했다. 그러나 시드기야는 자신의 완고한 방식을 고집했다. 하나님 생각은 안중에도 없었고, 회개할 마음도 전혀 없었다.

14 그의 악한 사고방식은 지도자와 제사장들에게로 퍼졌고, 백성에게도 스며들었다. 악이 전염병처럼 퍼져 이방인들의 가증한 일들이 되풀이되었다. 이제 겨우 성결해진 예루살렘의 하나님의 성전이 다시 더럽혀지고 말았다.

15-17 하나님 그들 조상의 하나님께서는 거듭 경고의 말씀을 보내셨다. 백성과 성전을 긍휼히 여기시는 마음에서, 그분은 그들에게 최대한 기회를 주기 원하셨다. 그러나 그들은 들으려고 하지 않았다. 그들은 하나님의 전령들을 조롱하고, 말씀 자체를 멸시했으며, 예언자들을 바보 취급했다. 하나님의 진노가 거세어져, 마침내 상황은 돌이킬 수 없게 되었다. 하나님께서 바빌론 왕 느부갓네살을 불러들이셨고, 그는 와서 닥치는 대로 쳐죽였다. 그것도 성전 안에서 그렇게 했다. 인정사정없는 살육이었다. 젊은 남자와 처녀와 노약자를 가리지 않았다.

18-20 나아가 그는, 성전의 귀중품을 모조리 약탈하여 바빌론으로 가져갔다. 하나님의 성전 안에 있는 보물 보관소와 왕과 관리들의 보물 보관소를 모두 비우고 약탈해 갔다. 재물과 함께 사람들도 모두 바빌론으로 끌고 갔다. 그는 하나님의 성전을 불사르고, 예루살렘 성벽을 허물며, 모든 건물에 불을 질렀다. 그 안에 있던 각종 귀중품들이 모두 불에 타고 말았다. 생존자는 너 나 할 것 없이 바빌론에 포로로 잡혀가서 느부갓네살과 그 집안의 종이 되었다. 포로와 종의 생활은 페르시아 왕국이 세워질 때까지 계속되었다.

21 이것은 예레미야가 전한 하나님의 메시지 그대로 이루어진 것이다. 황폐한 땅은 긴 시간 안식에 들어갔다. 그동안 지켜지지 않았던 모든 안식일을 채우는 칠십 년 동안의 안식이었다.

페르시아 왕 고레스의 귀국 명령

22-23 페르시아 왕 고레스 일년에, 하나님께서는 예레미야를 통해 주신 메시지를 이루시려고, 페르시아 왕 고레스의 마음을 움직여 온 나라에 공포하게 하셨다. 그 내용은 이러하다. "페르시아 왕 고레스가 선포한다. 하나님 하늘의 하나님께서 내게 지상의 모든 나라를 주셨다. 또 내게 명령하여, 유다에 있는 예루살렘에 그분을 예배할 성전을 짓게 하셨다. 하나님의 백성에 속한 사람들은 모두 돌아가라. 너희 하나님께서 너희와 함께하시기를 빈다! 자, 이제 나아가거라!"

역사는 이스라엘 백성에게 모질었고, 그들은 쇠락의 길로 접어들었다. 초강대국 바빌론 군대가 쳐들어와 그들의 성읍과 성전을 초토화시켰고, 그들을 포로로 끌고 갔다. 그로부터 128년이 지난 후, 예루살렘으로 돌아온 소수의 유대인들은 허물어진 것들을 다시 일으켜 세우기 위해 안간힘을 썼다. 그러나 그러한 노력은 아무런 성과가 없었고, 그들의 형편은 금방이라도 무너져 내릴 듯 위태로웠다. 바로 그때, 에스라가 등장한다.

이는 외양만 다를 뿐 어느 시대 어느 곳에서나 되풀이되는 익숙한 패턴의 이야기다. 이스라엘의 경우는 그 패턴의 극단적인 사례라 할 수 있다. 이스라엘과 메시아를 통해 자신을 계시하시는 하나님 안에서 정체성을 찾는 사람의 길은 순탄치 않다. 과거에도 그랬고, 앞으로도 그럴 것이다. 때로는 적대세력의 공격이, 때로는 교묘한 유혹이 끊임없이 그들의 정체성을 위협한다. 하나님의 백성은 노골적인 공격 또는 교활한 유혹을 받으며 역사 속에서 숱한 멸절의 위기를 겪었다. 우리는 그러한 위험에서 벗어나 본 적이 없다.

이스라엘은 에스라 덕분에 그 위험을 극복할 수 있었다. 그런데 하나님께서는 에스라가 그 일을 혼자 하도록 내버려 두지 않으셨다. 하나님께서는, 그분의 섭리로 에스라와 같은 일을 하고 있던 느헤미야라는 인물을 통해 에스라의 구원 사역을 실질적이고 결정적으로 도우셨다. (에스라 이야기의 중요한 세부사항은, 이 책에 이어지는 느헤미야의 회고록에 기록되어 있다.) 그로 인해 하나님 백성의 정체성이 회복되고 보존된 것이다. 에스라는 예배와 성경으로 이 일을 해냈다. 먼저 그는 사람들을 이끌어 하나님을 예배하게 했다. 예배는 사람이 할 수 있는 가장 전인적이고 포괄적인 행위이며, 예배 가운데 하나님의 선물인 우리의 정체성이 우리 안에 깊이 새겨지기 때문이다. 결국, 백성을 대표하는 한 사람이 에스라에게 다음과 같은 고백을 하기에 이른다. "지금 당장 우리 하나님과 언약을 맺고……계시에 명시되어 있으니 그대로 시행하겠습니다. 에스라여, 이제 일어나십시오. 우리가 뒤를 따를 테니 앞장서십시오. 물러나지 마십시오"(스 10:3-4). 또한 에스라는 그들이 성경 말씀을 잘 듣고 거기에 순종하도록 인도했다. 무엇보다 하나님의 계시를 듣고 따를 때에야 비로소 우리 가운데 계시는 하나님께 지속적으로 주목하고 순종할 수 있기 때문이다.

에스라는 뚜렷한 족적을 남겼다. 예배와 성경은 이후 하나님 백성의 정체성을 회복하고 유지하게 하는 근간이 되었다.

에스라

페르시아 왕 고레스: 하나님의 성전을 지어라!

1 [1-4] 페르시아 왕 고레스 일년에, **하나님**께서는 예레미야를 통해 주신 **메시지**를 이루시려고, 페르시아 왕 고레스를 일으켜 온 나라에 공포하게 하셨다. 그 내용은 이러하다.

> 페르시아 왕 고레스가 선포한다. **하나님** 하늘의 하나님께서 내게 지상의 모든 나라를 주셨다. 또 내게 명령하여, 유다에 있는 예루살렘에 그분을 예배할 성전을 짓게 하셨다. 너희 가운데 그분의 백성에 속한 자들이 누구냐? 하나님께서 너희와 함께하시기를 빈다! 유다에 있는 예루살렘으로 돌아가, **하나님** 이스라엘의 하나님, 예루살렘의 하나님의 성전을 지어라. 남아 있는 백성이 있거든, 거주지에 상관없이 예루살렘에 건축할 하나님의 성전에 바칠 은, 금, 연장, 짐 싣는 동물과 함께 자원 예물도 주어서 보내도록 하여라.

[5-6] 유다와 베냐민 가문의 우두머리와 제사장과 레위인들, 곧 하나님께서 일으키신 모든 사람이 **하나님**의 성전을 짓기 위해 예루살렘으로 함께 떠났다. 그들의 이웃은 저마다 은, 금, 연장, 짐 싣는 동물, 값비싼 선물에 더하여 자원 예물로 그들을 열심히 도왔다.

[7-10] 아울러 고레스 왕은 전에 느부갓네살이 예루살렘에 있는 **하나님**의 성전에서 가져와 자기 신들의 신전에 두었던 그릇과 도구들을 모두 그들에게 넘겨주었다. 페르시아 왕 고레스는 그 일을 재무관 미드르닷에게 맡겼다. 미드르닷은 유다 지도자 세스바살에게 물품을 모두 넘겼는데, 그 목록은 이러하다.

금접시 30개

은접시 1,000개
은냄비 29개
금대접 30개
버금가는 은대접 410개
그 밖의 그릇 1,000개.

11 모두 합하여 금그릇과 은그릇이 5,400개였다. 세스바살은 포로로 잡혀 바빌론에 있던 이들을 예루살렘으로 데리고 오면서 이 그릇들을 모두 가지고 왔다.

2 1-58 바빌론 왕 느부갓네살에게 사로잡혀 포로생활하던 사람들 가운데 많은 이들이 고향 땅인 예루살렘과 유다로 돌아왔는데, 스룹바벨, 예수아, 느헤미야, 스라야, 르엘라야, 모르드개, 빌산, 미스발, 비그왜, 르훔, 바아나와 함께 왔다.
돌아온 이스라엘 백성의 출신 가문별 숫자는 이러하다.

바로스 자손 2,172명
스바댜 자손 372명
아라 자손 775명
바핫모압(예수아와 요압의 자손) 자손 2,812명
엘람 자손 1,254명
삿두 자손 945명
삭개 자손 760명
바니 자손 642명
브배 자손 623명
아스갓 자손 1,222명
아도니감 자손 666명
비그왜 자손 2,056명
아딘 자손 454명
아델(히스기야의 자손) 자손 98명
베새 자손 323명
요라 자손 112명
하숨 자손 223명
깁발 자손 95명.
출신 지역별로 파악된 이스라엘 백성은 이러하다.
베들레헴 사람 123명
느도바 사람 56명
아나돗 사람 128명

아스마웻 사람 42명
기랴여아림과 그비라와 브에롯 사람 743명
라마와 게바 사람 621명
믹마스 사람 122명
베델과 아이 사람 223명
느보 사람 52명
막비스 사람 156명
엘람(다른 엘람) 사람 1,254명
하림 사람 320명
로드와 하딧과 오노 사람 725명
여리고 사람 345명
스나아 사람 3,630명.
제사장 가문은 이러하다.
여다야(예수아의 자손) 자손 973명
임멜 자손 1,052명
바스훌 자손 1,247명
하림 자손 1,017명.
레위 가문은 이러하다.
예수아와 갓미엘(호다위야의 자손) 자손 74명.
노래하는 사람은 이러하다.
아삽 자손 128명.
문지기 가문은 이러하다.
살룸 자손과 아텔 자손과 달문 자손과 악굽 자손과 하디다 자손과 소배 자손이 모두 139명.
성전 봉사자 가문은 이러하다.
시하 자손과 하수바 자손과 답바옷 자손
게로스 자손과 시아하 자손과 바돈 자손
르바나 자손과 하가바 자손과 악굽 자손
하갑 자손과 살매 자손과 하난 자손
깃델 자손과 가할 자손과 르아야 자손
르신 자손과 느고다 자손과 갓삼 자손
웃사 자손과 바세아 자손과 베새 자손
아스나 자손과 므우님 자손과 느부심 자손
박북 자손과 하그바 자손과 할훌 자손
바슬룻 자손과 므히다 자손과 하르사 자손
바르고스 자손과 시스라 자손과 데마 자손
느시야 자손과 하디바 자손.
솔로몬의 신하들 가문은 이러하다.

소대 자손과 하소베렛 자손과 브루다 자손
야알라 자손과 다르곤 자손과 깃델 자손
스바댜 자손과 핫딜 자손과 보게렛하스바임 자손과 아미 자손.
성전 봉사자와 솔로몬의 신하들은 모두 392명이다.

59-60 델멜라, 델하르사, 그룹, 앗돈, 임멜에서 온 사람들도 있었는데, 이들은 조
상이 밝혀지지 않아 이스라엘 백성인지 아닌지 알 수 없었다.

61 이들은 들라야 자손과 도비야 자손과 느고다 자손인데, 모두 652명이다.
제사장 가문 중에도 그런 사람들이 있었다.
이들은 호바야 자손과 학고스 자손과 바르실래 자손인데, 바르실래는 길르앗
사람 바르실래 가문의 딸과 결혼하여 그 이름을 취했다.

62-63 이들은 족보를 최대한 뒤졌지만 자신들의 이름을 찾지 못했고, 부정하게 여
겨져 제사장직에서 제외되었다. 총독은 제사장이 우림과 둠밈을 가지고 그들의
신분을 판정할 때까지 거룩한 음식을 먹지 말라고 그들에게 명령했다.
64-67 회중의 수는 모두 42,360명이었다. 7,337명에 달하는 남녀 종은 그 수에
포함되지 않았다. 또 노래하는 사람이 남녀 200명이었고, 말 736마리, 노새
245마리, 낙타 435마리, 나귀가 6,720마리였다.

68-69 예루살렘에 있는 하나님의 성전에 도착하자, 각 가문의 우두머리 가운데 일
부가 그 부지에 하나님의 성전을 재건하고자 자원 예물을 바쳤다. 그들은 힘닿
는 대로 금 500킬로그램, 은 3톤, 제사장 예복 100벌을 건축 기금으로 바쳤다.
70 제사장과 레위인과 일부 백성은 예루살렘에 살았고, 노래하는 사람과 문지기
와 성전 봉사자들은 저마다 고향에 터를 잡았다. 모든 이스라엘 백성이 살 곳을
찾았다.

성전 기초를 놓다

3 1-2 이스라엘 백성은 각자 성읍에 자리를 잡은 지 일곱째 달이 되었을 때
에 일제히 예루살렘에 모였다. 요사닥의 아들 예수아와 그의 형제 제사
장들은 스알디엘의 아들 스룹바벨 및 그의 친족과 함께 하나님의 사람 모세의
계시에 기록된 대로 이스라엘의 하나님께 번제를 드리려고 제단을 만들었다.
3-5 그들은 이스라엘 백성이 아닌 이웃들이 어떻게 나올지 두려웠지만, 우선 일
을 추진하여 옛 성전 기초 위에 제단을 세우고 아침저녁으로 그 위에 번제를 드
렸다. 또 규정대로 초막절을 지키고, 매일의 규례대로 번제도 날마다 드렸다.
안식일과 초하루와 하나님의 거룩한 절기마다 번제를 드리고 하나님께 자원 예
물도 바쳤다.

[6] 하나님의 성전 기초는 아직 놓지 않았지만, 그들은 일곱째 달 첫째 날부터 하나님께 번제를 드리기 시작했다.
[7] 그들은 돈을 주고 석공과 목수들을 고용했다. 또 페르시아 왕 고레스가 허가한 대로, 시돈 사람과 두로 사람에게 먹고 마실 것과 기름을 주고, 그들이 레바논에서 욥바까지 바닷길로 보낸 백향목 재목을 받았다.

[8-9] 예루살렘에 있는 하나님의 성전에 도착한 지 이 년 하고도 둘째 달에, 스알디엘의 아들 스룹바벨과 요사닥의 아들 예수아는 그들의 형제 제사장과 레위인과, 사로잡혀 갔다가 예루살렘에 돌아온 다른 모든 사람과 함께 성전 건축을 시작했다. 그들은 스무 살 이상 된 레위인들을 지명하여 하나님의 성전 재건을 감독하게 했다. 예수아와 그 일가족은 갓미엘, 빈누이, 호다위야, 헤나닷의 대가족과 한마음 한뜻이 되어—곧 모든 레위인들이—하나님의 성전 작업 일꾼들을 감독했다.
[10-11] 일꾼들이 하나님의 성전 기초를 놓자 예복을 입은 제사장들은 나팔을 들고, 아삽 자손 레위인들은 심벌즈를 들고, 이스라엘 왕 다윗의 전통에 따라 하나님을 찬양했다. 그들은 서로 번갈아 노래하며 하나님께 찬양과 감사를 드렸다.

진실로, 하나님은 선하십니다!
그렇습니다. 이스라엘에 대한 그분의 사랑은 끝이 없습니다!

[11-13] 하나님의 성전 기초를 놓고 나서, 온 백성이 큰소리로 환호하며 하나님을 찬양했다. 많은 사람들이 즐거워할 때에, 첫 성전을 보았던 나이 많은 제사장과 레위인과 가문의 우두머리들은 기뻐서 소리내어 울었다. 함성과 울음소리를 분간할 수 없었다. 그들의 목소리가 사방으로 멀리까지 울려 퍼졌다.

성전 건축을 방해하는 사람들

4

[1-2] 포로들이 이스라엘 하나님의 성전을 건축하고 있다는 소식을 유다와 베냐민의 옛 원수들이 들었다. 그들은 스룹바벨과 각 가문의 우두머리들에게 와서 말했다. "우리도 당신들의 건축을 돕겠소. 우리도 당신들과 똑같이 당신들의 하나님을 예배하고 있소. 앗시리아 왕 에살핫돈이 이곳으로 우리를 데려온 뒤로 줄곧 그분께 제사를 드렸소."
[3] 스룹바벨과 예수아와 이스라엘 각 가문의 우두머리들이 그들에게 말했다. "그럴 수 없소. 우리 하나님의 성전을 건축하는 일은 당신들이 생각하는 성전 건축과는 차원이 다른 일이오. 이스라엘 하나님을 위해 성전을 짓는 것은 오로지 우리가 할 일이오. 페르시아 왕 고레스가 이 일을 위해 명령한 사람들은 바로 우리요."
[4-5] 그러자 그 사람들은 유다 백성의 사기를 떨어뜨리고 성전 건축을 방해하기 시작했다. 백성의 의지를 꺾기 위해 심지어 선전요원들까지 고용했다. 그들은

페르시아 왕 고레스의 재위 기간뿐 아니라 페르시아 왕 다리오가 다스리던 때까지 약 십오 년 동안 그러기를 계속했다.

6 아하수에로가 왕위에 오르자, 그들은 유다와 예루살렘에 사는 사람들을 고발하는 편지를 썼다.

7 그 후 아닥사스다 왕 때에도 비슬람, 미드르닷, 다브엘과 그들의 동료들이 페르시아 왕 아닥사스다에게 예루살렘 일로 편지를 썼다. 편지는 아람어로 쓴 뒤 번역했다. (다음은 아람어로 된 것이다.)

8-16 사령관 르훔과 서기관 심새는 아닥사스다 왕에게 다음과 같이 예루살렘을 고발하는 편지를 썼다.

> 사령관 르훔과 서기관 심새가 다른 동료들과 뜻을 합하여 아룁니다. 저희 동료들은 재판관과 관리들로서, 트리폴리스와 페르시아와 아렉과 바빌론에서 온 사람과 수사의 엘람 사람과 그 밖에 위대하고 존귀하신 오스납발께서 사마리아 성과 유프라테스 건너편 땅에 이주 정착시킨 모든 사람을 관할하고 있습니다.

(이것은 그들이 왕에게 보낸 편지의 사본이다.)

> 유프라테스 건너편 땅에서 종들이 아닥사스다 왕께 아룁니다.
> 왕께서 다스리시는 곳에서 살다가 저희가 사는 이곳 예루살렘에 도착한 유대인들이, 반역을 일삼던 악한 성읍을 다시 세우기 시작했음을 왕께 아룁니다. 그들은 기초를 다지고 성벽을 쌓아 올리는 공사로 분주합니다. 일단 이 성읍이 재건되고 성벽이 완공되면, 그들은 조공이나 조세나 세금을 더 이상 한 푼도 내지 않을 것입니다. 왕께서는 이 사실을 아셔야 합니다. 분명 왕의 국고에 손해를 끼칠 것입니다. 왕의 충복인 저희는 왕께서 모욕당하시는 것을 가만히 보고만 있을 수 없어 이렇게 전합니다. 선왕들의 궁중 실록을 살펴보면 아시겠지만, 이 성읍은 반역을 일삼던 성읍이요 여러 왕들과 지역에 눈엣가시였으며, 소요와 반역의 역사적 중심지입니다. 이 성읍이 망한 것도 그 때문입니다. 이 성읍이 재건되고 성벽이 복원되면, 유프라테스 건너편 땅에는 왕의 소유가 결국 아무것도 남지 않을 것임을 알려드립니다.

17-22 왕은 사령관 르훔과 서기관 심새 그리고 사마리아와 유프라테스 건너편 땅에 사는 그들의 동료들에게 답신을 보냈다.

> 너희의 평안을 빈다. 너희가 보낸 편지를 번역하여 내 앞에서 읽게 했다. 실록을 살펴보니, 과연 그 성읍은 여러 차례 왕들에게 반역한 것으로 드러났다. 그곳에서 반역은 흔한 일이다. 알아보니, 그 땅에도 과거에 강한 왕들이 제법 있어 유프라테스 건너편을 지배하며 조세와 조공과 세금을 거두었다. 그러

니, 그들에게 명령을 내려 공사를 즉시 중단하게 하여라. 내 명령이 없는 한
그 성읍의 재건에 손도 대지 못하게 하여라. 신속하고 단호하게 행동하여라.
그들이 입힌 해는 과거로 족하다!

23 르훔과 서기관 심새와 그들의 동료들은 아닥사스다 왕의 편지를 받아 읽었
다. 그들은 한시도 지체하지 않고 예루살렘의 유대인들에게 달려가 공사를 중
지시켰다.
24 이렇게 해서 예루살렘에 있는 하나님의 성전 공사가 중단되었다. 페르시아
왕 다리오 이년까지 그 상태로 있었다.

하나님의 성전을 재건하다

5

1-2 한편, 예언자 학개와 잇도의 아들 예언자 스가랴는 이스라엘을 다스리
시는 하나님의 권위로 유다와 예루살렘의 유대인들에게 설교하기 시작했
다. 스알디엘의 아들 스룹바벨과 요사닥의 아들 예수아는 예루살렘에 하나님의
성전을 재건하기 시작했다. 하나님의 예언자들이 바로 옆에서 그들을 도왔다.
3-4 당시 유프라테스 건너편 땅 총독은 닷드내였다. 닷드내와 스달보스내와 그들
의 동료들이 이스라엘 백성에게 와서 말했다. "누가 당신들에게 이 성전을 다시
짓고 복원하여 사용하라는 허가를 내렸소?" 사람들은 그들에게 성전 건축 공사
책임자들의 이름을 말해 주었다.
5 그러나 하나님께서 유다의 지도자들에게서 눈길을 떼지 않으셨으므로, 보고
서가 다리오에게 갔다가 공식 답변이 돌아오기까지 공사는 중단되지 않았다.

6-7 유프라테스 건너편 땅 총독 닷드내와 스달보스내와 그 땅을 관리하는 동료들
이 다리오 왕에게 편지를 보냈다. 편지의 내용은 이러하다.

다리오 왕께 아룁니다. 평안하시기를 빕니다!
8 저희가 유다 지방에서 큰 돌들로 재건되고 있는, 크신 하나님의 성전에 갔던
일을 왕께 보고하고자 합니다. 그들은 지금 성벽에 재목을 끼워 맞추고 있습
니다. 공사는 활기차고 빈틈없이 잘 진행되고 있습니다.
9-10 저희는 지도자들에게 "누가 당신들에게 이 성전을 다시 짓고 복원하여 사
용하라는 허가를 내렸소?" 하고 물었습니다. 또 건축 공사를 주도하는 자들
을 파악하여 왕께 전하고자 그들의 이름을 물었습니다.
11-12 그들은 저희에게 이렇게 대답했습니다. "우리는 하늘과 땅을 주관하시
는 하나님의 종들입니다. 우리는 오래전에 지어졌던 성전을 다시 짓는 중입
니다. 사실 이 성전은 이스라엘의 어떤 큰 왕께서 완공했던 것입니다. 그러나
우리 조상들이 하늘의 하나님을 진노케 하여 하나님께서 그들을 갈대아 사람
바빌론 왕 느부갓네살에게 넘기셨고, 그 왕은 이 성전을 무너뜨리고 백성을
사로잡아 바빌론으로 끌고 갔습니다.

13-16 하지만 고레스 왕께서 바빌론 왕이 되시던 첫해에, 이 하나님의 성전을
다시 지으라는 건축 허가를 내리셨습니다. 그뿐 아니라, 전에 느부갓네살 왕
이 옮겨다 바빌론 신전에 두었던 하나님의 성전의 금은 그릇들도 돌려주셨습
니다. 고레스 왕께서는 그것들을 바빌론 신전에서 꺼내어 왕이 총독으로 임
명한 세스바살에게 넘기셨습니다. 왕께서는 그에게 '이 그릇들을 가져다 예루
살렘 성전 안에 두고, 그 본래 터에 하나님의 성전을 다시 세우라'고 하셨습니
다. 세스바살은 그대로 행했습니다. 그는 예루살렘에 하나님의 성전 기초를
놓았습니다. 그 후로 지금까지 공사를 진행하고 있지만 아직 끝내지 못했습
니다."

17 그러니, 괜찮으시다면 왕께서 바빌론 왕궁 문서실의 기록을 살펴보시고,
고레스 왕께서 예루살렘에 하나님의 성전 재건을 승인하는 공식 건축 허가를
내리신 것이 과연 사실인지 확인해 보시는 것이 좋겠습니다. 그 후에, 이 일
을 어떻게 하면 좋을지 왕께서 판결을 내려 주시기 바랍니다.

6 1-3 그래서 다리오 왕은 바빌론 문서실의 기록을 살펴보도록 명령했다. 마
침내 메대 지방의 엑바타나 요새에서 두루마리 하나가 나왔는데, 거기에
이렇게 기록되어 있었다.

회람

고레스 왕 일년에, 왕께서 예루살렘에 있는 하나님의 성전에 관하여 다음과
같은 공식 칙령을 내리시다.

3-5 제물을 바치는 곳인 그 성전을 새 기초 위에 다시 세우도록 한다. 높이 27미
터, 너비 27미터로 하여 큰 돌들로 세 층을 쌓고 맨 위에 목재를 한 층 얹되,
그 비용은 왕실 금고에서 지불하도록 하라. 전에 느부갓네살이 하나님의 성
전에서 바빌론으로 가져온 금그릇과 은그릇은 예루살렘 성전으로 돌려보내
되, 각각 하나님의 성전 안 본래 있던 자리에 두도록 하라.

다리오 왕의 명령

6-7 이제 유프라테스 건너편 땅 총독 닷드내와 스달보스내와 동료 관리와 그
땅 모든 관리들은 들어라. 너희는 그들의 성전 짓는 일을 막지 마라. 유대인
총독과 지도자들을 방해하지 말고 하나님의 성전을 건축하여 다시 세울 수
있게 하여라.

8-10 이에 나는, 하나님의 성전을 재건하는 유대인 지도자들을 너희가 어떻게
도와야 할지에 관하여 공식 명령을 내린다.

첫째, 모든 건축 비용은 왕실 금고에서, 곧 유프라테스 건너편 땅에서 들어오
는 세금으로 충당하되, 지체하지 말고 제때에 지불하도록 하여라.
둘째, 그들의 예배에 필요한 것이면 무엇이든 주어라. 곧 하늘의 하나님께 번
제 드리는 데 쓸 수송아지, 숫양, 어린양, 그리고 예루살렘 제사장들이 요구
한 밀, 소금, 포도주, 기름을 지체 없이 날마다 공급하여, 그들이 하늘의 하나
님께 제사를 드리고 왕과 왕자들의 생명을 위하여 기도하게 하여라.
11-12 내가 공식 칙령을 내리노니, 누구든지 이 명령을 어기는 자는 그의 집에
서 들보를 빼내어 거기에 매달고, 그의 집을 두엄자리로 삼도록 하여라. 또
누구든지 이 칙령을 무시하고 예루살렘에 있는 하나님의 성전을 허물면, 그
곳에 자기 이름을 두신 하나님이 그 나라의 왕이나 백성을 멸하실 것이다.
나 다리오가 내리는 공식 칙령이니, 신속 정확하게 시행하도록 하여라.

13 유프라테스 건너편 땅 총독 닷드내와 스달보스내와 그들의 동료들은 다리오
의 칙령에 기록된 대로 신속 정확하게 시행했다.

성전 봉헌식을 거행하다

14-15 그리하여 유대인의 지도자들은 성전 건축을 계속했다. 공사는 예언자 학개
와 잇도의 아들 예언자 스가랴의 설교에 힘입어 순조롭게 진행되었다. 그들은
이스라엘 하나님의 명령과 페르시아 왕 고레스와 다리오와 아닥사스다의 허가
에 따라 성전 재건을 마쳤다. 성전은 다리오 왕 육년 아달월 삼일에 완공되었다.

16-18 그러고 나서 이스라엘 백성은 축하행사를 벌였다. 제사장과 레위인과 사로
잡혀 갔다가 돌아온 사람들이 하나같이 기뻐하며 하나님의 성전 봉헌식을 거
행했다. 그들은 황소 백 마리, 숫양 이백 마리, 어린양 사백 마리를 제물로 바쳤
다. 또 온 이스라엘을 위한 속죄 제물로 숫염소 열두 마리를 바쳤는데, 이스라
엘 열두 지파에 각각 한 마리씩이었다. 그들은 제사장을 분과별로, 레위인을 무
리별로 배치하여 예루살렘에서 하나님을 섬기게 했는데, 모두 모세의 책에 기
록된 그대로였다.

19 바빌론에 사로잡혀 갔다가 돌아온 사람들은 첫째 달 십사일에 유월절을 지켰다.
20 모든 제사장과 레위인은 정결예식을 치렀다. 누구도 예외가 없었다. 그 의식
으로 그들 모두 깨끗해졌다. 레위인들은 사로잡혀 갔다가 돌아온 사람과 형제
제사장과 자신들을 위해 유월절 양을 잡았다.
21-22 그러고 나서, 사로잡혀 갔다가 돌아온 이스라엘 백성이 유월절 음식을 먹었
다. 다른 민족의 더러운 것들을 떠나서 그들과 합류하여 하나님 이스라엘의 하
나님을 찾게 된 모든 사람도 함께했다. 그들은 크게 기뻐하며 칠 일 동안 무교
절을 지켰다. 하나님께서 앗시리아 왕의 마음을 바꾸시고 하나님 이스라엘의

하나님의 성전을 다시 짓는 일을 지원하게 하셨으므로, 그들은 말할 수 없이 기뻤다.

에스라의 등장

7 1-5 이 모든 일이 있은 뒤에, 에스라가 등장한다. 때는 페르시아 왕 아닥사스다가 다스리던 시절이었다. 에스라는 대제사장 아론의 십육대손이요 엘르아살의 십오대손이요 비느하스의 십사대손이요 아비수아의 십삼대손이요 북기의 십이대손이요 웃시엘의 십일대손이요 스라히야의 십대손이요 므라욧의 구대손이요 아사랴의 팔대손이요 아마랴의 칠대손이요 아히둡의 육대손이요 사독의 오대손이요 살룸의 현손이요 힐기야의 증손이요 아사랴의 손자요 스라야의 아들이었다.

6-7 에스라가 바빌론에서 돌아왔는데, 그는 이스라엘의 **하나님**께서 주신 모세의 계시에 통달한 학자였다. **하나님**의 손이 에스라 위에 머물렀으므로, 왕은 그가 요청하는 것은 무엇이든 다 주었다. 일부 이스라엘 백성, 곧 제사장과 레위인과 노래하는 사람과 성전 문지기와 성전 일꾼들이 그와 함께 예루살렘으로 왔다. 아닥사스다 왕 칠년의 일이었다.

8-10 그들이 예루살렘에 도착한 시기는 왕이 다스린 지 칠 년이 되던 해 다섯째 달이었다. 에스라는 예정대로 첫째 달 첫째 날에 바빌론을 떠났고, 하나님의 은혜로우신 인도에 힘입어 다섯째 달 첫째 날에 예루살렘에 도착했다. 에스라는 **하나님**의 계시를 연구하고, 거기에 순종하여 살며, 이스라엘 사람들에게 그 진리와 규례를 가르치는 일에 헌신했다.

⚜

11 다음은 아닥사스다 왕이 제사장이자 학자이며 이스라엘을 향한 **하나님**의 진리와 규례의 전문가인 에스라에게 보낸 편지다.

> 12-20 왕 중의 왕 아닥사스다는 하늘의 하나님의 가르침에 밝은 학자이자 제사장인 에스라에게 이른다.
>
> 평안을 빌며, 칙령을 내린다. 제사장과 레위인들을 포함하여 내 나라에 살고 있는 이스라엘 백성 중에서 예루살렘으로 가기 원하는 사람은 누구나 그대와 함께 가도 좋다. 나와 내 일곱 보좌관이 그대를 보내니, 그대는 그대의 하나님의 가르침에 비추어 유다와 예루살렘의 상황이 어떠한지 조사하여라. 또한 그대에게 권한을 주니, 나와 내 보좌관들이 예루살렘에 거하시는 이스라엘의 하나님께 드리는 은과 금을 가져가라. 아울러 백성과 제사장들이 바친 예물과 예루살렘의 하나님 성전을 위해 바빌론 전역에서 넉넉하게 바친 예물들이 있으니, 그 은과 금도 모두 가져가라. 그 돈으로 황소, 숫양, 어린양, 곡식 제물과 부어 드리는 제물을 사서 예루살렘에 있는 그대의 하나님의 성전 제단에 바쳐라. 남는 은과 금은 그대가 섬기는 하나님의 뜻에 맞게 그대와 그

대 형제들이 판단하여 자유롭게 쓰면 된다. 그대에게 준 그릇들은 예루살렘의 하나님께 바쳐 성전 예배에 쓰게 하여라. 그 밖에 무엇이든 하나님의 성전에 필요한 것이 있거든, 왕실 금고에서 충당하도록 하여라.

21-23 나 아닥사스다 왕은 유프라테스 건너편 땅의 모든 재무관들에게 이미 공식 명령을 내린다. 하늘의 하나님의 가르침에 밝은 학자이자 제사장인 에스라가 무엇을 구하든 최대한으로 주되, 은 3.75톤, 밀 22킬로리터, 포도주와 올리브기름 각각 2.2킬로리터까지 주도록 하여라. 소금은 제한 없이 주어라. 하늘의 하나님께서 그분의 성전을 위해 요구하시는 것이면 무엇이든 주저 없이 바쳐야 한다. 나와 내 자손이 그분의 진노를 초래할 까닭이 무엇이냐?

24 또한 제사장, 레위인, 노래하는 사람, 성전 문지기, 성전 일꾼, 그 밖에 하나님의 성전과 관계된 일꾼에게는 그 누구도 조공이나 조세나 세금을 부과할 수 없음을 밝힌다.

25 내가 그대 에스라에게 위임하니, 그대 손에 있는 하나님의 지혜를 펼쳐 행정관과 재판관들을 임명하고 그대의 하나님의 가르침대로 사는 유프라테스 건너편 땅의 모든 백성 사이에서 재판을 맡아 보게 하여라. 그 가르침을 모르는 사람들은 그대들이 가르쳐라.

26 누구든지 그대의 하나님의 가르침과 왕의 명령에 순종하지 않는 자는 즉시 재판하여 사형, 유배, 벌금, 투옥 등으로 엄히 다스려라.

27-28 왕에게 예루살렘에 있는 하나님의 성전을 영화롭게 할 마음을 주신 하나님 우리 조상의 하나님을 찬양하여라! 그분은 왕과 모든 보좌관과 영향력 있는 관리들이 진정 나를 좋아하고 지원하게 만드셨다. 하나님께서 내 편이시고 나는 떠날 채비를 마쳤다. 그리하여 나와 함께 갈 이스라엘 지도자들도 모두 조직했다.

에스라와 함께 돌아온 백성들

8

1-14 아닥사스다 왕이 다스릴 때에 바빌론에서 나와 함께 떠나기로 하고 등록한 사람과 각 가문의 우두머리들은 이러하다.

비느하스 가문에서 게르솜
이다말 가문에서 다니엘
다윗 가문에서 핫두스
스가냐 가문
바로스 가문에서 스가랴와 그와 함께 지원한 남자 150명
바핫모압 가문에서 스라히야의 아들 엘여호에내와 그와 함께 지원한 남자 200명
삿두 가문에서 야하시엘의 아들 스가냐와 그와 함께 지원한 남자 300명
아딘 가문에서 요나단의 아들 에벳과 그와 함께 지원한 남자 50명
엘람 가문에서 아달리야의 아들 여사야와 그와 함께 지원한 남자 70명
스바댜 가문에서 미가엘의 아들 스바댜와 그와 함께 지원한 남자 80명

요압 가문에서 여히엘의 아들 오바댜와 그와 함께 지원한 남자 218명
바니 가문에서 요시뱌의 아들 슬로밋과 그와 함께 지원한 남자 160명
베배 가문에서 베배의 아들 스가랴와 그와 함께 지원한 남자 28명
아스갓 가문에서 학가단의 아들 요하난과 그와 함께 지원한 남자 110명
아도니감 가문에서 (남은 자들 모두의) 이름은 엘리벨렛과 여우엘과 스마야와 그와 함께 지원한 남자 60명
비그왜 가문에서 우대와 삭굴과 그와 함께 지원한 남자 70명.

15-17 나는 아하와로 흐르는 운하에 그들을 불러 모았다. 사흘 동안 거기에 머물
면서 그들을 조사해 보니, 모두 일반 백성과 제사장들이고 레위인은 하나도 없
었다. 그래서 나는 사람을 보내어 지도자인 엘리에셀, 아리엘, 스마야, 엘라단,
야립, 엘라단, 나단, 스가랴, 므술람과 교사인 요야립, 엘라단을 불러왔다. 그리
고 그들을 가시뱌 지방의 지도자 잇도에게 보내며, 그와 그의 친족들에게 전할
말을 일러 주었다. "우리에게 하나님의 성전에서 섬길 사람을 보내 주시오."
18-20 우리 하나님의 너그러우신 손이 우리를 도우셨고, 그들은 이스라엘의 손자
요 레위의 아들인 말리 가문 출신의 지혜로운 사람 하나를 데려왔다. 그의 이름
은 세레뱌였다. 그는 아들과 형제들까지 모두 18명을 데려왔다. 지도자들은 또
하사뱌와 므라리 가문의 여사야를 데려왔는데, 형제와 아들들까지 모두 20명이
었다. 성전 일꾼 220명도 따라왔다. 그들은 다윗과 대신들이 레위인들의 일을
돕도록 임명했던 성전 일꾼들의 후손들이었다. 그들의 이름이 모두 등록되었다.
21-22 나는 그곳 아하와 운하 옆에서 금식을 선포했다. 우리 하나님 앞에서 자신
을 낮추고, 앞으로 펼쳐질 여정에서 우리 모든 인원과 소유물을 지혜롭게 인도
해 주시기를 구하는 금식이었다. 나는 왕에게 도적떼들의 공격에 대비해 우리
를 보호해 줄 경호 기병대를 청하기가 부끄러웠다. 떠나오기 직전에 왕에게 한
말이 있었기 때문이다. "우리 하나님은 그분을 구하는 모든 사람을 사랑으로 보
살펴 주시지만, 그분을 떠나는 자에게는 질색하며 등을 돌리십니다."
23 그래서 우리는 이런 문제들을 가지고 금식하며 기도했다. 그러자 하나님께서
는 우리의 기도를 들어주셨다.

24-27 그러고 나서 나는 지도자급 제사장 열둘을 뽑았다. 세레뱌와 하사뱌와 그들
의 형제 열 명이었다. 나는 왕과 보좌관들과 온 이스라엘 백성이 우리 하나님의
성전을 위해 바친 은, 금, 그릇, 예물의 무게를 달아 그들에게 주었다.

은 25톤
금 3.75톤 가치의 은접시 100개
무게 8.4킬로그램의 금대접 20개
금값에 맞먹는 선홍색 구리그릇 2개.

[28-29] 나는 그들에게 말했다. "그대들은 하나님 앞에서 거룩하며 이 그릇들도 거
룩하오. 여기에 있는 은과 금은 사람들이 그대들의 조상의 하나님께 바친 자원
예물이오. 예루살렘에 있는 우리 하나님의 성전에서 담당 제사장과 레위인과
각 가문의 우두머리들에게 무게를 달아 넘길 때까지, 이것들을 목숨 걸고 잘 보
살피시오."
[30] 제사장과 레위인들은 무게를 달아 받은 것들을 모두 맡아서, 우리 하나님의
성전 예루살렘에 가지고 갈 채비를 갖추었다.

[31] 우리는 첫째 달 십이일에 아하와 운하를 떠나 예루살렘으로 향하는 길에 올
랐다. 하나님께서 가는 길 내내 우리와 함께하시며 도적떼와 노상강도들로부터
안전하게 지켜 주셨다.
[32-34] 우리는 예루살렘에 도착하여 거기서 사흘 동안 기다렸다. 나흘째 되는 날
에, 하나님의 성전에서 은과 금과 그릇들의 무게를 달아 제사장 우리아의 아들
므레못에게 넘겼다. 비느하스의 아들 엘르아살이 그와 함께 있었고, 레위인 예
수아의 아들 요사밧과 빈누이의 아들 노아댜도 있었다. 그들은 모든 기물의 수
를 세고 무게를 달아 총계를 기록했다.

[35] 포로로 사로잡혀 갔다가 이제서야 돌아온 사람들은, 도착하여 이스라엘의 하
나님께 번제를 드렸다.

온 이스라엘을 나타내는 황소 12마리
숫양 96마리
어린양 77마리
속죄 제물로 숫염소 12마리.

이것들을 모두 번제물로 하나님께 바쳤다.
[36] 그들은 또 유프라테스 건너편 땅을 관할하는 지방 행정관들에게 왕의 명령을
전했다. 그러자 그들도 돌아온 백성과 하나님의 성전을 지원했다.

에스라의 회개 기도

9 [1-2] 이 모든 일을 마친 뒤에, 지도자들이 내게 와서 말했다. "이스라엘 백
성이 제사장과 레위인들까지 포함하여 주변의 이웃 민족인 가나안 사람,
헷 사람, 브리스 사람, 여부스 사람, 암몬 사람, 모압 사람, 이집트 사람, 아모리
사람과의 관계를 끊지 않고 그들의 저속한 음행을 그대로 따라 하고 있습니다.
자기 딸을 그들에게 시집보내고 그들의 딸을 며느리로 맞았습니다. 거룩한 자
손이 이들 이방 민족과 뒤섞이고 있습니다. 게다가 우리 지도자들이 이 반역에
앞장서고 있습니다."
[3] 이 모든 말을 들은 나는 어이가 없어, 속옷과 겉옷을 찢고 머리털과 수염을 뜯

으며 바닥에 주저앉았다.
4-6 그러나 포로생활에서 돌아온 사람들의 반역에 대해 하나님께서 하신 말씀을
두려워하는 사람들도 많았다. 그들은, 넋을 잃고 앉아 저녁제사를 기다리고 있
는 내 주변에 모여들었다. 저녁제사 때 나는 망연자실하게 있다가 일어났다. 찢
겨진 속옷과 겉옷을 입은 채 무릎을 꿇고서, **하나님** 내 하나님께 손을 들고 기
도했다.
6-7 "사랑하는 나의 하나님, 한없이 부끄러워 감히 주께 얼굴을 들 수가 없습니
다. 오 나의 하나님, 우리의 악은 앞을 내다볼 수 없을 만큼 높이 쌓였고, 우리
의 죄는 하늘에 닿았습니다. 조상의 때부터 지금까지 우리는 죄의 수렁에 처박
혀 있습니다. 우리의 죄 때문에 우리 자신과 우리 왕과 제사장들이 다른 나라
왕들에게 넘겨져 살상과 포로생활과 약탈과 공개적인 수치를 당했으니, 주께서
지금 보시는 바와 같습니다.
8-9 이제 잠시나마 **하나님** 우리 하나님께서 만신창이가 된 우리 무리를 들어 당
신의 거룩한 곳에 든든히 발을 딛게 하신 것은, 우리 눈을 밝게 하시고 혹독한
형벌을 감내하는 우리의 짐을 덜어 주시기 위해서입니다. 우리가 종의 신분이
었으나 하나님께서 우리를 종살이하도록 내버려 두지 않으셨습니다. 오히려 페
르시아 왕들의 총애를 받게 하셔서, 우리 하나님의 성전을 짓고 폐허가 된 성전
을 복구하며 유다와 예루살렘에 방벽을 쌓을 마음을 우리에게 주셨습니다.
10-12 그러므로 하나님, 이 모든 일을 겪은 우리가 감히 무어라 말할 수 있겠습니
까? 주의 명령, 곧 주의 종 예언자들을 통해 주신 명령을 우리가 내팽개쳤으니
말입니다. 그들은 우리에게 이렇게 말했습니다. '너희가 차지하려는 땅은 더럽
혀진 땅, 그곳 백성의 음란하고 저속한 행위로 더럽혀진 땅이다. 그들은 그 땅
을 이쪽 끝에서 저쪽 끝까지 도덕적 부패로 가득 채웠다. 분명히 말하지만, 너
희 딸을 그들의 아들에게 시집보내지 말고 너희 아들을 그들의 딸과 결혼시키
지 마라. 그들의 호감을 사려고 하지 마라. 그들을 달래서 너희를 좋게 여기게
하지도 마라. 그래야 너희가 많은 부를 일구고 재산을 쌓아 너희 자손에게 물려
줄 수 있다.'
13-15 그런데 우리는 악한 습성과 쌓인 죄 때문에 이미 당한 모든 일로도 모자라,
여전히 똑같은 일을 반복하고 있습니다. 사랑하는 하나님, 주께서는 우리가 마
땅히 당해야 할 심판보다 훨씬 적게 벌하시고 목숨까지 건져 주셨는데, 우리는
또 이렇게 범죄합니다. 음행을 일삼는 백성과 섞이고 그들과 결혼하여 주의 계
명을 어기고 있습니다! 주께서는 우리에게 노하셔서 우리를 완전히 멸하려 하
십니까? 탈출구도 남겨 두지 않으시렵니까? 주님은 이스라엘의 의로운 **하나님**
이시고, 지금 우리는 겨우 목숨을 건진 한 줌의 무리일 뿐입니다. 여기 숨을 데
없이 서 있는 우리를 보십시오. 주 앞에서 우리는 죄인입니다. 우리 가운데 누
구도 살아남을 수 없습니다."

10 [1] 에스라는 하나님의 성전 앞에 엎드려 울었다. 그가 기도하며 죄를
자백하고 있는데, 많은 수의 이스라엘 남자와 여자와 아이들이 그
주변에 모여들었다. 그들 모두가 가슴이 찢어질 듯 큰소리로 슬피 울었다.
2-3 엘람 가문 여히엘의 아들 스가냐가 대표로 에스라에게 말했다. "우리가 주변
민족의 외국인 여자들과 결혼하여 우리 하나님께 죄를 지었습니다. 그러나 다
끝난 것은 아닙니다. 아직도 이스라엘에 희망이 있습니다. 지금 당장 우리 하나
님과 언약을 맺고, 모든 외국인 아내와 그 자녀들을 내보내도록 하겠습니다. 당
신의 말대로, 하나님의 계명을 존중하는 사람들의 가르침대로 따르겠습니다.
계시에 명시되어 있으니 그대로 시행하겠습니다.
4 에스라여, 이제 일어나십시오. 우리가 뒤를 따를 테니 앞장서십시오. 물러나
지 마십시오."
5 그러자 에스라가 일어나 지도자급 제사장과 레위인과 온 이스라엘로 하여금
스가냐의 제안대로 엄숙히 맹세하게 하니, 그들이 그대로 맹세했다.
6 그러고 나서 에스라는 하나님의 성전 앞 광장을 떠나 엘리아십의 아들 여호하
난의 집으로 갔다. 그는 그곳에 있으면서 음식은 물론이고 물조차 입에 대지 않
고 금식하면서, 포로로 잡혀갔다가 돌아온 사람들의 반역을 줄곧 슬퍼했다.

❦

7-8 그 후, 사로잡혀 갔다가 돌아온 사람들은 모두 예루살렘에 모이라는 명령이
유다와 예루살렘 전역에 전달되었다. 사흘 안에 오지 않는 사람에 대해서는 지
도자와 장로들의 결정으로 전 재산을 몰수하고 백성의 공동체에서 쫓아내기로
했다.
9 유다와 베냐민 모든 사람이 사흘 안에 예루살렘에 모였다. 아홉째 달 이십일
이었다. 그들은 하나님의 성전 앞 광장에 모두 앉았다. 눈앞에 닥친 일도 엄청
난데 억수 같은 비까지 쏟아져, 그들은 불안에 떨며 안절부절못했다.
10-11 제사장 에스라가 일어나 말했다. "여러분은 신의를 저버리고, 외국인 여자
들과 결혼했습니다. 이스라엘에 죄를 쌓았습니다. 이제 하나님 여러분 조상의
하나님께 죄를 자백하고, 그분이 원하시는 대로 행하십시오. 이 땅 백성들, 그
리고 외국인 아내와의 관계를 끊으십시오."
12 온 회중이 큰소리로 대답했다. "예, 말씀하신 대로 하겠습니다!"
13-14 그들이 또 말했다. "하지만 보십시오. 여기 모인 사람들이 얼마나 많은지 보
이십니까? 게다가 지금은 우기입니다. 일이 끝날 때까지 이렇게 흠뻑 젖은 채
로 바깥에 서 있을 수는 없습니다. 아무래도 시일이 걸릴 것입니다! 이 죄에 깊
이 관여된 사람들이 많습니다. 온 회중을 위해 지도자들이 나서는 것이 좋겠습
니다. 성읍에 살면서 외국인 여자와 결혼한 모든 사람은 각기 정해진 시간에 오
되, 각 성읍 장로와 재판관들도 함께 오게 하십시오. 이 일로 인한 하나님의 진
노가 가라앉을 때까지 이 일을 확실하게 처리해야 할 것입니다."
15-17 아사헬의 아들 요나단과 디과의 아들 야스야만이 이 의견에 반대했고, 그들

에게 동조한 사람은 므술람과 레위인 삽브대뿐이었다. 그래서 포로로 사로잡혀 갔다가 돌아온 사람들은 그 방안대로 추진했다. 제사장 에스라는 각 가문의 우두머리를 지목하여 뽑았다. 그들은 열째 달 첫째 날에 모여 외국인 여자와 결혼한 남자를 처리하는 일을 시작하여, 이듬해 첫째 달 첫째 날에 모두 끝마쳤다.

❧

18-19 제사장 가문 중에서 외국인 여자와 결혼한 것으로 밝혀진 사람들은 이러하다.
요사닥의 아들 예수아와 그 형제들의 집안 가문에서는 마아세야, 엘리에셀, 야립, 그달랴. 그들은 모두 아내와 이혼하기로 약속하고 악수로 보증했다. 또 지은 죄가 있으므로 속죄 제물로 양 떼에서 숫양 한 마리를 가져왔다.
20 임멜 가문에서 하나니, 스바댜.
21 하림 가문에서 마아세야, 엘리야, 스마야, 여히엘, 웃시야.
22 바스훌 가문에서 엘료에내, 마아세야, 이스마엘, 느다넬, 요사밧, 엘라사.
23 레위인들 중에서 요사밧, 시므이, 글리다라고도 하는 글라야, 브다히야, 유다, 엘리에셀.
24 노래하는 사람들 중에서 엘리아십.
성전 문지기들 중에서 살룸, 델렘, 우리.
25 기타 이스라엘 백성의
바로스 가문에서 라먀, 잇시야, 말기야, 미야민, 엘르아살, 말기야, 브나야.
26 엘람 가문에서 맛다냐, 스가랴, 여히엘, 압디, 여레못, 엘리야.
27 삿두 가문에서 엘료에내, 엘리아십, 맛다냐, 여레못, 사밧, 아시사.
28 베배 가문에서 여호하난, 하나냐, 삽배, 아들래.
29 바니 가문에서 므술람, 말룩, 아다야, 야숩, 스알, 여레못.
30 바핫모압 가문에서 앗나, 글랄, 브나야, 마아세야, 맛다냐, 브살렐, 빈누이, 므낫세.
31-32 하림 가문에서 엘리에셀, 잇시야, 말기야, 스마야, 시므온, 베냐민, 말룩, 스마랴.
33 하숨 가문에서 맛드내, 맛닷다, 사밧, 엘리벨렛, 여레매, 므낫세, 시므이.
34-37 바니 가문에서 마아대, 아므람, 우엘, 브나야, 베드야, 글루히, 와냐, 므레못, 엘랴십, 맛다냐, 맛드내, 야아수.
38-42 빈누이 가문에서 시므이, 셀레먀, 나단, 아다야, 막나드배, 사새, 사래, 아사렐, 셀레먀, 스마랴, 살룸, 아마랴, 요셉.
43 느보 가문에서 여이엘, 맛디디야, 사밧, 스비내, 잇도, 요엘, 브나야.
44 이들은 모두 외국인 여자와 결혼했고, 일부는 그 사이에서 자녀도 낳았다.

삶을 '성'과 '속'으로 나누어 그 둘을 분리시키는 일은 온전하고 충만한 삶, 의미와 목적을 갖춘 일관된 삶, 하나님의 영광을 위한 삶을 살려는 모든 시도를 손상시킨다. 때로는 치명적인 손상을 입히기도 한다. 그럼에도, 우리 가운데 그런 식의 이분법적 태도가 만연되어 있다. 자신과 주변 세상을 두 영역으로 나누어 분리시키는 습관을 사람들은 대체 어디서 배운 것일까? 분명, 성경으로부터는 아니다. 거룩한 성경은 처음부터 끝까지 그러한 분리를 완강히 거부한다.

그러한 분리가 일으키는 해악이 가장 잘 드러나는 곳은 바로 우리의 일상이다. 흔히 우리는 목사나 사제나 선교사가 하는 일은 '성스러운' 일이고, 변호사나 농부나 엔지니어가 하는 일은 '세속적인' 일이라 여긴다. 이것은 아주 틀린 말이다. 모든 일은 본질에 있어 다 거룩하다. 성경 이야기에 등장하는 이들을 보면, 정원사, 목자, 군인, 정치가, 목수, 천막 제작자, 주부, 어부 등 다양하다.

느헤미야도 그들 가운데 하나였다. 그는 타국 왕에게 고용되어 정부 일을 하는 관료였는데, 그의 회고록인 이 책이 말해 주듯, 후에 예루살렘 성벽을 재건하는 일을 맡게 된다. 학자이자 선생인 에스라가 그의 일을 도왔다. 에스라는 성경을 가지고 일했고, 느헤미야는 돌과 회반죽을 가지고 일했다. 이 두 사람의 이야기는 서로 엮이면서 하나의 거룩한 일을 이루었다. 실제로 느헤미야 6:16에서는, 심지어 "주변 모든 나라가……이 일의 배후에 하나님이 계신 것을 알게 되었다"고 말한다. 두 일 가운데 어느 하나가 다른 하나보다 더 거룩하거나 덜 중요하지 않았다. 느헤미야에게는 에스라가 꼭 있어야 했고, 에스라에게는 느헤미야가 꼭 있어야 했다. 하나님의 백성에게는 두 사람의 일이 모두 필요했다. 우리에게도 그렇다.

느헤미야

느헤미야가 예루살렘을 위해 기도하다

1 1-2 하가랴의 아들 느헤미야의 회고록이다.
때는 이십년 기슬르월이었다. 당시 나는 수사 궁전에 있었다. 그때 막 내 형제인 하나니가 동포 유대인 몇과 함께 유다에서 왔다. 나는 그들에게, 사로잡혀 오지 않고 유다에 남아 있는 유대인들의 상황이 어떠한지, 예루살렘의 형편은 어떠한지 물어보았다.
3 그들의 대답은 이러했다. "그 지방에 남아 있는 사람들은 사정이 그리 좋지 못합니다. 그야말로 형편없지요. 예루살렘 성벽은 허물어진 채로 있고, 성문들도 불에 탄 채 그대로 있습니다."
4 이 말을 듣고서, 나는 주저앉아 슬피 울었다. 슬픔에 잠긴 채 며칠 동안 금식하며 하늘의 하나님 앞에 기도했다.

5-6 "**하나님** 하늘의 하나님, 주님의 언약에 충실하시며 주님을 사랑하고 주님의 명령에 순종하는 이들에게 신실하신 크고 엄위로우신 하나님, 저를 보시고 제 말을 들어주십시오. 주님의 종, 곧 이스라엘 백성을 위해 밤낮으로 중보기도하며 이스라엘 백성의 죄를 자백하는 이 종의 기도에 귀를 기울여 주십시오. 주께 범죄한 자들 가운데는 저와 제 조상도 있습니다.
7-9 우리는 주님을 하찮게 대했습니다. 주께서 하라고 하시는 대로 하지 않았고 주님의 명령을 따르지 않았으며, 주님의 종 모세에게 주신 결정들을 존중하지도 않았습니다. 그럴지라도, 주님의 종 모세에게 하신 말씀을 기억하여 주십시오. '너희가 나를 반역하면 내가 너희를 사방으로 흩을 것이다. 그러나 너희가 내게 돌아와서 내 말대로 행하면, 그 흩어진 사람들이 어디에 가 있든 내가 그들을 다 모아서 내 이름을 나타내려고 택한 곳에 돌려놓을 것이다.'

[10-11] 여기 그들이 있습니다. 그들은 주님의 종이며 크신 능력의 주께서 극적으로
구해 내신 주님의 백성입니다. 주님, 제 말을 들어주십시오. 주님의 종의 기도
를, 주님을 경외하기를 기뻐하는 모든 종의 말을 들으시고, 저로 하여금 형통케
하셔서, 오늘 제가 왕에게 원하는 바를 얻게 해주십시오."
그때에 나는 왕의 술잔을 맡아보고 있었다.

2 [1-2] 아닥사스다 왕 이십년 니산월이었다. 술을 올릴 시간이 되어, 나는 술
을 가지고 들어가 왕께 따라 드렸다. 그때까지 왕 앞에서 어두운 모습을
보인 적이 없었으므로, 왕께서 내게 물으셨다. "어째서 얼굴이 어두운 것이냐?
어디 아픈 것 같지는 않은데, 무슨 우울한 일이라도 있느냐?"
[2-3] 그 말에 나는 몸 둘 바를 몰라, "왕께서 만수무강하시기를 빕니다! 제 조상이
묻힌 성읍이 폐허가 되고 성문들이 모두 잿더미로 변했다고 하니, 어찌 우울하
지 않겠습니까?" 하고 아뢰었다.
[4-5] 그러자 왕께서 내게 물으셨다. "그러면 네가 바라는 것이 무엇이냐?"
나는 속으로 하늘의 하나님께 기도하며 말씀드렸다. "왕께서 저를 좋게 여기신
다면, 저를 유다로 보내셔서, 제 조상이 묻힌 성읍을 다시 세우게 해주십시오."
[6] 그때 왕비도 곁에 앉아 있었는데, 왕께서 말씀하셨다. "공사가 얼마나 걸리겠
으며, 네가 언제쯤 돌아올 수 있겠느냐?"
내가 기한을 정해 말씀드리자, 왕께서는 나의 청을 승낙하셨다.
[7-8] 나는 또 이렇게 말씀드렸다. "괜찮으시다면, 유프라테스 건너편 총독들에게
유다까지 이어질 제 여행을 승인하는 편지를 내려 주시기 바랍니다. 또 왕의 삼
림 관리인 아삽에게 명령을 내리셔서, 성전 옆에 있는 성채와 성벽과 제가 살
집의 들보로 쓸 재목을 공급하게 해주시기 바랍니다."
[8-9] 내 하나님의 너그러우신 손이 나를 도우셔서, 왕께서 나의 청을 들어주셨다.
나는 (유프라테스) 강 건너편 총독들을 만나 왕의 편지를 보여주었다. 왕께서는
호위 기병대까지 함께 보내 주셨다.
[10] 호론 사람 산발랏과 암몬 사람 관리 도비야는 이 소식을 듣고 몹시 못마땅해
했다. 이스라엘 백성의 이익을 위해 누가 온다는 것이 그들로서는 언짢은 일이
었다.

오라, 예루살렘 성벽을 건축하자

[11-12] 그렇게 해서 나는 예루살렘에 도착했다. 거기서 사흘을 머문 후, 나는 한밤
중에 일어나 밖으로 나섰다. 측근 몇 사람이 나와 함께했다. 하나님께서 예루살
렘을 위해 내 마음속에 두신 일을 나는 아무에게도 말하지 않았다. 우리에게 짐
승이라고는 내가 탄 것밖에 없었다.
[13-16] 나는 야음을 틈타 골짜기 문을 나서서 용의 샘을 지나 거름 문에 이르는 예
루살렘 성벽을 둘러보았다. 성벽은 허물어지고 성문들은 불탄 채 버려져 있었

다. 거기서 샘 문으로 건너가 왕의 연못에 이르자 내가 타고 있던 나귀가 지나갈 공간이 없었다. 그래서 나는 골짜기를 타고 올라가며 어둠 속에서 성벽을 계속 살핀 뒤에 골짜기 문을 통해 되돌아왔다. 지방 관리들은 내가 어디로 갔는지, 무슨 일을 했는지 전혀 몰랐다. 유대인이나 제사장이나 귀족이나 지방 관리나, 직책을 가진 그 누구에게도 내가 한 마디도 하지 않았기 때문이다.

17-18 성벽을 돌아보고 난 뒤에야 나는 그들에게 말했다. "현실을 똑바로 보십시오. 우리는 지금 어려운 고비에 처해 있습니다. 예루살렘은 폐허가 되었고 성문들은 불타 버렸습니다. 어서 예루살렘 성벽을 쌓아서, 다시는 이런 수모를 받으며 살지 말아야 합니다." 나는 하나님께서 어떻게 나를 지지하시며 왕이 어떻게 나를 후원하고 있는지 그들에게 말했다.

그러자 그들이 대답했다. "같은 생각입니다. 어서 시작해야겠습니다." 그들은 당장이라도 나설 듯이 소매를 걷어붙였다.

19 호론 사람 산발랏과 암몬 사람 관리 도비야와 아랍 사람 게셈이 이 소식을 듣고 우리를 비웃으며 조롱했다. "하! 당신들이 도대체 뭘 하겠다는 거요? 감히 왕을 배반하겠다는 거요?"

20 내가 되받아쳤다. "하늘의 하나님께서 반드시 우리를 도와 성공하게 하실 것이오. 우리는 그분의 종이니, 열심히 일하여 성벽을 재건할 것이오. 쓸데없는 간섭은 마시오. 당신들은 이 일에 발언권이 없을뿐더러, 예루살렘과도 아무 상관이 없소!"

3 1-2 대제사장 엘리아십과 동료 제사장들이 함께 일어나 밖으로 나섰다. 그들은 양 문에서부터 시작했다. 그것을 보수하여 문짝을 달고 일백 망대와 하나넬 망대에까지 성벽을 쌓았다. 여리고 사람들이 그들과 나란히 작업했고, 그들 옆에서는 이므리의 아들 삭굴이 작업했다.

3-5 물고기 문은 하스나아 형제들이 세웠다. 그들은 그것을 보수하여 문짝을 달고 자물쇠와 빗장을 만들어 달았다. 그 옆에서는 학고스의 손자요 우리아의 아들인 므레못이 작업했다. 그 옆은 므세사벨의 손자요 베레갸의 아들인 므술람이 작업했다. 그 옆은 바아나의 아들인 사독이 작업했다. 그 옆은 드고아 사람들이 작업했다(다만, 귀족들은 예외였다. 그들은 자기들 공사 책임자와 함께 일하려 하지 않았고, 그런 일로 손을 더럽히는 것을 거절했다).

6-8 여사나 문은 바세아의 아들 요야다와 브소드야의 아들 므술람이 맡았다. 그들은 그것을 보수하여 문짝을 달고 자물쇠와 빗장을 만들어 달았다. 기브온 사람 믈라댜와 메로놋 사람 야돈 그리고 유프라테스 건너편 총독의 관할 아래 있는 기브온과 미스바 사람들이 그들과 나란히 작업했다. 할해야의 아들 금세공업자 웃시엘이 그 옆에서 작업했고, 그 옆은 향수를 만드는 하나냐가 작업했다. 그들은 넓은 벽에 이르기까지 예루살렘 성벽을 다시 세웠다.

9-10 다음 구간은 예루살렘 반쪽 구역의 책임자이자 후르의 아들인 르바야가 작

업했다. 그 옆으로 하루맙의 아들 여다야가 자기 집 앞의 성벽을 다시 세웠다.
하삽느야의 아들 핫두스가 그 옆에서 작업했다.
11-12 하림의 아들 말기야와 바핫모압의 아들 핫숩은 풀무 망대가 포함된 다른 구
간을 보수했다. 그 옆에서 작업한 사람은 예루살렘 나머지 반쪽 구역의 책임자
이자 할로헤스의 아들인 살룸과 그의 딸들이었다.
13 골짜기 문은 사노아 마을 사람들과 하눈이 맡았다. 그들은 그것을 보수하여
문들을 달고 자물쇠와 빗장을 만들어 달았다. 그들은 계속해서 거름 문에 이르
기까지 성벽 450미터를 보수했다.
14 거름 문 자체는 벳학게렘 구역의 책임자이자 레갑의 아들인 말기야가 맡았
다. 그는 그것을 보수하여 문짝을 달고 자물쇠와 빗장을 만들어 달았다.
15 샘 문은 미스바 구역의 책임자이자 골호세의 아들인 살룬이 맡았다. 그는 그
것을 보수하여 지붕을 얹고 문짝을 달고 자물쇠와 빗장을 만들어 달았다. 그는
또 다윗 성에서 내려가는 계단에 이르기까지, 왕의 동산에 있는 실로암 연못의
벽을 다시 세웠다.
16 그 다음은 벳술 반쪽 구역의 책임자이자 아스북의 아들인 느헤미야가 맡았
다. 그는 다윗의 묘 바로 앞에서 연못과 영웅들의 집에 이르기까지 작업했다.
17-18 그 다음 이어지는 부분은 레위인들이 바니의 아들 르훔 밑에서 작업했다.
그들 옆에서는 그일라 반쪽 구역의 책임자인 하사뱌가 자기 구역을 맡아 다시
세웠다. 그 옆으로 그일라 나머지 반쪽 구역의 책임자이자 헤나닷의 아들인 빈
누이가 그 레위인들의 형제들과 함께 작업을 이어 갔다.
19-23 무기고 언덕배기 앞에서부터 모퉁이까지의 구간은 미스바 구역의 책임자
이자 예수아의 아들인 에셀이 다시 세웠다. 모퉁이부터 대제사장 엘리아십의
집 문까지는 삽배의 아들 바룩이 맡았다. 학고스의 손자요 우리야의 아들인 므
레못은 엘리아십의 집 문에서부터 엘리아십의 집 맨 끝까지 맡았다. 거기서부
터는 그 주변의 제사장들이 작업을 이어 갔다. 베냐민과 핫숩은 집 앞의 성벽을
작업했고, 아나냐의 손자요 마아세야의 아들인 아사랴는 집 옆쪽의 성벽을 작
업했다.
24-27 아사랴의 집에서부터 구석 모퉁이까지의 구간은 헤나닷의 아들 빈누이가
다시 세웠다. 우새의 아들 발랄은 모퉁이와 망대 맞은편을 작업했는데, 망대는
수비대 뜰 근처의 위 왕궁에서 튀어나와 있었다. 그 옆으로 바로스의 아들 브다
야와 오벨 언덕에 사는 성전 봉사자들이 동쪽 수문과 튀어나온 망대 맞은편 지
점까지 작업했다. 튀어나온 큰 망대에서부터 오벨 성벽까지의 구간은 드고아
사람들이 맡았다.
28-30 말 문 위로는 제사장들이 작업했는데, 각 제사장이 자기 집 앞의 성벽을 보
수했다. 그들 다음으로 임멜의 아들 사독이 자기 집 앞의 성벽을 다시 세웠고,
그 다음은 동문 문지기 스가냐의 아들 스마야가 다시 세웠다. 그 다음은 셀레먀
의 아들 하나냐와 살랍의 여섯째 아들 하눈이 다시 세웠다. 그 다음으로 베레갸
의 아들 므술람이 자기 헛간 앞의 성벽을 재건했다.

31-32 금세공업자 말기야는 성전 봉사자와 상인들의 집에까지, 그리고 검사 문과
모퉁이 다락까지의 성벽을 보수했다. 모퉁이 다락과 양 문 사이는 금세공업자
와 상인들이 보수했다.

4 1-2 산발랏은 우리가 성벽을 다시 쌓아 올리고 있다는 말을 듣고 노발대
발하며 유대인들을 비방했다. 그는 사마리아인 측근들과 군대 앞에서 거
침없이 말했다. "이 비천한 유대인들이 지금 무엇을 하는 거냐? 하룻밤 사이에
모든 것을 정상으로 되돌릴 수 있다고 생각하는 건가? 생각만 하면 건축자재가
나온다더냐?"
3 옆에 있던 암몬 사람 도비야도 합세했다. "그러게 말이오! 도대체 무엇을 쌓겠
다는 거지? 여우 한 마리만 올라가도 무게를 이기지 못하고 산산이 무너져 버
릴 텐데."

4-5 느헤미야는 기도했다. "사랑하는 하나님, 우리의 기도를 들어주십시오. 우리
가 이토록 멸시당하고 있습니다. 제발, 저들의 조롱이 저들 머리 위로 되돌아가
게 해주십시오. 저들의 원수들이 저들을 붙잡아서, 다시는 돌아올 수 없는 땅에
전리품으로 끌고 가게 해주십시오. 저들의 죄악을 용서하지 마시고, 저들의 죄
를 없애지 마십시오. 저들이 건축자들을 모욕했습니다!"
6 우리는 성벽을 보수하고 쌓는 일에 속도를 냈다. 백성이 마음을 다해 일하여
성벽 전체가 금세 하나로 이어졌고, 높이도 목표치의 절반에 이르렀다.
7-9 산발랏과 도비야와 아랍 사람과 암몬 사람과 아스돗 사람들은, 예루살렘 성
벽 보수가 아주 순조롭게 진행되고 있으며 성벽의 끊어진 곳들이 메워지고 있
다는 소식을 듣고 몹시 화를 냈다. 그들은 예루살렘과 싸워 최대한 분란을 일으
키기로 머리를 맞대고 결의했다. 우리는 하나님께 기도하면서 맞섰고, 하루 종
일 보초를 세워 그들의 공격에 대비했다.
10 그러나 머지않아 유다에 이런 말이 나돌았다.

건축하는 자들은 지쳤는데
쓰레기 더미만 쌓여 간다.
우리도 어쩔 수 없다.
이 성벽을 쌓을 수 없다.

11-12 그러는 동안 우리의 원수들은 다음과 같이 떠들고 다녔다. "저들은 누가 자
신들을 공격했는지도 모르겠지. 쥐도 새도 모르게 우리가 쳐들어가 저들을 닥
치는 대로 죽이자. 그러면 공사가 중단되겠지!" 그들과 이웃하여 사는 유대인들
이 계속 소식을 전해 왔다. "그들이 우리를 포위했습니다. 이제 곧 공격할 것입

니다!" 우리는 이 말을 적어도 열 번은 들었다.
13-14 그래서 나는 성벽의 가장 취약한 곳에 무장 보초를 세우고, 칼과 창과 활을
든 사람을 가문별로 배치했다. 나는 상황을 살핀 뒤에 일어나서 귀족과 관리와
다른 사람들에게 말했다. "그들을 두려워하지 말고, 크고 두려우신 주님을 기억
하십시오. 그리고 여러분의 형제와 자녀와 아내와 집을 위해 싸우십시오."
15-18 원수들은 우리가 그들의 계략을 모두 알고 있다는 것도, 하나님께서 그 계
략을 무산시키셨다는 것도 깨닫게 되었다. 우리는 다시 성벽으로 돌아가 작업
에 임했다. 그때부터 우리 젊은이들 가운데 반은 일을 하고, 나머지 반은 창과
방패와 활을 들고 갑옷 차림으로 보초를 섰다. 관리들은 성벽 재건 공사를 하는
모든 유다 백성의 후방을 지켜 주었다. 일반 일꾼들은 한 손에는 연장을, 다른
한 손에는 창을 들었다. 성벽을 쌓는 사람들은 허리에 칼을 차고 일했다. 나는
제때 경보를 울리기 위해 나팔수를 곁에 두었다.
19-20 나는 귀족과 관리와 다른 사람들에게 말했다. "공사가 워낙 커서 우리가 서
로 성벽을 따라 흩어져 있습니다. 나팔소리가 들리거든 소리 나는 곳으로 달려
와 합류하십시오. 하나님께서 우리를 위해 싸우실 것입니다."
21 우리는 동틀 때부터 별이 뜰 때까지 일했고, 우리 가운데 반은 창을 들고 일했다.
22 나는 또 백성에게 이렇게 지시했다. "밤에는 각 사람이 조수들과 함께 예루살
렘 안에 머무르며 보초를 서고, 낮에는 일을 하십시오."
23 나와 내 형제와 내 일꾼과 나를 지원하는 보초를 비롯한 우리 모두는 옷을 입
은 채 잠자리에 들었고, 물을 뜨러 갈 때도 손에서 창을 놓지 않았다.

5

1-2 여자들을 포함한 모든 백성이 동포 유대인들에게 거세게 항의했다. 어
떤 사람들은 이렇게 말했다. "우리는 가족이 많으니, 살아남으려면 양식
이 필요합니다."
3 다른 사람들은 이렇게 외쳤다. "입에 풀칠이라도 할 만큼 곡식을 얻으려면 우
리 밭과 포도원, 집을 저당 잡혀야 합니다."
4-5 또 다른 사람들은 이렇게 말했다. "왕에게 세금을 내려면 우리 밭과 포도원
을 저당 잡히고 돈을 빌려야 합니다. 보다시피, 우리는 유대인 형제들과 똑같은
살과 피를 가지고 있으며, 우리 자녀들도 그들의 자녀들과 다를 바 없습니다.
그런데도 우리는 이제 자녀들까지 종으로 팔아야 할 처지가 되었습니다! 우리
딸들 가운데는 이미 팔려 간 경우도 있는데, 우리 밭과 포도원이 다른 사람 소
유이니 어쩔 도리가 없습니다."
6-7 그들의 항의와 불만을 들은 나는 정말 화가 났다. 그 내용을 신중히 생각한
끝에, 나는 귀족과 관리들을 불러 꾸짖었다. "당신들은 형제를 갈취하고 있소."
7-8 이어서 나는 큰 회의를 소집하여 그 문제를 다루었다. "우리는 외국인에게
종으로 팔릴 수밖에 없는 유대인 형제들을 애써 값을 치르고 찾아왔소. 그런데
이제 당신들이 빚을 빌미로 그 형제들을 다시 종으로 팔고 있소! 우리더러 그들

을 다시 사오라는 말입니까?"
그들은 아무 말이 없었다. 무슨 말을 할 수 있겠는가.
9 "이것은 정말 악한 짓이오. 당신들에게는 하나님을 경외하는 마음이 조금도
남아 있지 않은 겁니까? 주변 나라와 우리의 원수들이 우리를 어떻게 생각할지
신경도 안 쓴단 말입니까?
10-11 나와 내 형제와 내 밑에서 일하는 사람들도 백성에게 돈을 빌려 주고 있소.
이제 이자로 그들을 갈취하는 일은 당장 그만두어야 하오. 저당 잡은 백성의 밭
과 포도원과 올리브 과수원과 집을 당장 돌려주시오. 그리고 그들에게 돈과 곡
식과 새 포도주와 올리브기름을 꾸어 주고 받는 이자도 탕감해 주시오."
12-13 그들이 말했다. "모두 돌려주겠습니다. 그들에게 더 이상 요구하지 않겠습
니다. 말씀하신 대로 다 하겠습니다."
나는 제사장들을 불러 놓고 그들이 한 말을 지키도록 서약하게 했다. 그리고 내
주머니를 뒤집어 털면서 말했다. "누구든지 이 약속을 지키지 않는 자는 하나님
께서 그의 주머니와 집도 이렇게 뒤집어 털어 버리실 것이오."
모두가 전심으로 "예, 우리가 그렇게 하겠습니다!" 하며 하나님을 찬양했다. 그
리고 그들은 그 약속을 지켰다.

나의 하나님, 제게 은혜를 베풀어 주십시오

14-16 나는 아닥사스다 왕 이십년에 유다 땅 총독으로 임명받아 아닥사스다 왕 삼
십이년까지 십이 년 동안 총독으로 있었지만, 나와 내 형제들은 총독으로서 받
아야 할 녹을 받지 않았다. 내 전임 총독들은 양식과 포도주를 사기 위해 하루
에 은 40세겔(약 0.5킬로그램)씩을 백성에게서 거두어들여 그들을 착취했고, 그
아랫사람들도 무자비하게 백성을 괴롭혔다. 그러나 나는 하나님을 두려워했으
므로 그런 일을 절대 하지 않았다. 그보다 내가 한 일은 성벽을 쌓는 일이었다.
내 모든 부하들도 성벽을 쌓는 데 몰두했다. 우리는 사리사욕을 채우고 있을 시
간이 없었다.
17-18 나는 내 식탁에서 유대인과 관리들 150명을 먹였고 그 외에 주변 나라에서
오는 사람들도 있었으므로, 날마다 황소 한 마리, 기름진 양 여섯 마리, 닭 여러
마리를 준비했다. 열흘에 한 번씩은 많은 양의 포도주도 마련해야 했다. 그런데
도 나는 총독이 받아야 할 녹을 받지 않았다. 백성의 삶이 이미 몹시도 힘겨웠
기 때문이다.

19 나의 하나님, 제가 이 백성을 위해 행한 모든 일을 기억하시고
제게 은혜를 베풀어 주십시오.

하나님, 제게 힘을 주십시오

6 1-2 내가 성벽을 다 쌓아 올려 더 이상 성벽에 끊어진 곳이 없게 되었다는
말이 산발랏과 도비야, 아랍 사람 게셈을 비롯한 우리 원수들의 귀에까

지 들어갔다. 아직 성문의 문짝은 달지 않은 상태였는데, 산발랏과 게셈이 내게
전갈을 보내왔다. "오노 골짜기 그비림으로 오시오. 거기서 좀 봅시다."
2-3 나는 그들이 나를 해치려고 수작을 부리는 것을 알고, 심부름꾼을 돌려보내
며 다음과 같이 전했다. "나는 지금 큰 공사를 하고 있어 내려갈 수 없소. 어찌
이 일을 중단하고 당신들을 보러 간단 말이오?"
4 그들은 네 번씩이나 같은 전갈을 보내왔고, 그때마다 나도 같은 답변을 했다.
5-6 다섯 번째에도 산발랏은 같은 내용의 편지를 봉하지 않은 채, 같은 심부름꾼
을 시켜 보내왔다.
6-7 "당신과 유대인들이 반역을 꾀하고 있다는 소문이 여러 민족들 사이에 돌고
있고, 게셈도 그것이 사실이라고 말했소. 당신들이 성벽을 쌓는 것도 그러한 이
유에서라고 말이오. 당신이 왕이 되려고 하고 있으며, '유다에 왕이 있다!'고 예
루살렘에 공포하기 위해 예언자들까지 세웠다는 말을 들었소. 이제 이 일은 모
두 왕의 귀에 들어가게 될 것이오. 그러니 우리가 함께 앉아 대화할 필요가 있
지 않겠소?"
8 나는 심부름꾼을 돌려보내며 다음과 같이 전했다. "당신의 말은 사실무근이
오. 모두 당신이 꾸며낸 것이오."
9 그들은 우리를 위협하여 성전 건축을 그만두게 하려고 했다. "저들은 포기할
것이며, 절대 공사를 끝마치지 못할 것이다." 이것이 그들의 생각이었다.
나는 기도했다. "하나님, 제게 힘을 주십시오."

❦

10 그 후에 나는 므헤다벨의 손자요 들라야의 아들인 스마야를 그의 집에서 은밀
히 만났다. 그가 말했다.

우리, 하나님의 집,
성전 안에서 만납시다.
그들이 당신을 죽이러 올 거요.
밤중에 반드시 죽이러 올 테니
성전 안에 들어가 문을 잠급시다.

11 나는 이렇게 대답했다. "나더러 도망쳐 숨으란 말입니까? 나 같은 사람이 어
찌 성전에 숨는단 말입니까? 그럴 수 없습니다."
12-13 나는 그가 하나님께서 보내신 사람이 아니라는 것을 알아차렸다. 그가 내게
말한 예언이란 것도 도비야와 산발랏의 작품이었다. 그들이 스마야를 매수한
것이다. 그렇게 해서 내게 겁을 주고—나를 꾀어—일반인의 몸으로 성전을 더
럽히는 죄를 짓게 하여, 그동안의 좋은 평판을 떨어뜨리고 나를 마음껏 헐뜯으
려는 속셈이었다.
14 "나의 하나님, 이 모든 악을 저지른 도비야와 산발랏을 내버려 두지 마십시

오. 내 확신을 꺾으려 한 여예언자 노아댜와 다른 예언자들도 그냥 내버려 두지
마십시오."

⁂

15-16 성벽은 오십이 일 만인 엘룰월 이십오일에 완공되었다. 우리의 모든 원수들
이 이 소식을 들었고, 주변 모든 나라가 이 일을 직접 보았다. 그제야 원수들의
기가 완전히 꺾였다. 이 일의 배후에 하나님이 계신 것을 알게 되었기 때문이다.
17-19 그 기간 내내 유다 귀족들과 도비야 사이에 편지가 오갔다. 그는 아라의 아
들 스가냐의 사위인 데다, 그의 아들 여호하난도 베레갸의 아들 므술람의 딸과
결혼한 터라 많은 유대 귀족들과 친분이 있었다. 그들은 그가 행한 좋은 일들을
내 앞에서 떠벌였고, 반대로 내가 한 말들을 그에게 일일이 보고했다. 그러면
도비야는 나를 위협하는 편지를 보내곤 했다.

마침내 성벽이 재건되다

7 1-2 성벽이 재건되어 나는 성문의 문짝들을 달았고, 문지기와 노래하는 사
람과 레위인들을 임명했다. 그 후에 내 동생 하나니와 성채 지휘관 하나
냐에게 예루살렘을 지키는 임무를 맡게 했다. 하나냐는 정직한 사람이요 누구
보다도 하나님을 경외했기 때문이다.
3 나는 그들에게 이렇게 명령했다. "해가 높이 뜰 때까지 예루살렘 성문들을 열
지 마시오. 그리고 문지기들이 임무를 마치기 전에 성문들을 닫고 빗장을 지르
도록 하시오. 문지기는 예루살렘 주민 중에서 임명하고, 각자 자기 집 앞 초소
에 배치하시오."
4 성은 크고 넓었으나 인구가 얼마 되지 않았고, 완성된 집들도 거의 없었다.
5 하나님께서는 귀족과 관리와 일반 백성을 모아 그 수를 등록하게 하셨다. 나
는 바빌론에서 일차로 돌아온 사람들의 족보 기록을 얻었는데, 그 내용은 이러
하다.

6-60 바빌론 왕 느부갓네살에게 사로잡혀 포로생활하던 사람들 가운데 많은 이
들이 고향 땅인 예루살렘과 유다로 돌아왔는데, 스룹바벨, 예수아, 느헤미야,
아사랴, 라아먀, 나하마니, 모르드개, 빌산, 미스베렛, 비그왜, 느훔, 바아나
와 함께 왔다.
이스라엘 남자들의 출신 가문별 숫자는 이러하다.
바로스 자손 2,172명
스바댜 자손 372명
아라 자손 652명
바핫모압(예수아와 요압의 자손) 자손 2,818명
엘람 자손 1,254명
삿두 자손 845명

삭개 자손 760명
빈누이 자손 648명
브배 자손 628명
아스갓 자손 2,322명
아도니감 자손 667명
비그왜 자손 2,067명
아딘 자손 655명
아델(히스기야의 자손) 자손 98명
하숨 자손 328명
베새 자손 324명
하립 자손 112명
기브온 자손 95명.
출신 지역별로 파악된 이스라엘 백성은 이러하다.
베들레헴과 느도바 사람 188명
아나돗 사람 128명
벳아스마웻 사람 42명
기랴여아림과 그비라와 브에롯 사람 743명
라마와 게바 사람 621명
믹마스 사람 122명
베델과 아이 사람 123명
느보(다른 느보) 사람 52명
엘람(다른 엘람) 사람 1,254명
하림 사람 320명
여리고 사람 345명
로드와 하딧과 오노 사람 721명
스나아 사람 3,930명.
제사장 가문은 이러하다.
여다야(예수아의 자손) 자손 973명
임멜 자손 1,052명
바스훌 자손 1,247명
하림 자손 1,017명.
레위 가문은 이러하다.
예수아(갓미엘과 호드야의 자손) 자손 74명.
노래하는 사람은 이러하다.
아삽 자손 148명.
문지기 가문은 이러하다.
살룸 자손과 아델 자손과 달문 자손과 악굽 자손과 하디다 자손과 소배 자손이 모두 138명.

성전 봉사자 가문은 이러하다.
시하 자손과 하수바 자손과 답바옷 자손
게로스 자손과 시아 자손과 바돈 자손
르바나 자손과 하가바 자손과 살매 자손
하난 자손과 깃델 자손과 가할 자손
르아야 자손과 르신 자손과 느고다 자손
갓삼 자손과 웃사 자손과 바세아 자손
베새 자손과 므우님 자손과 느비스심 자손
박북 자손과 하그바 자손과 할훌 자손
바슬룻 자손과 므히다 자손과 하르사 자손
바르고스 자손과 시스라 자손과 데마 자손
느시야 자손과 하디바 자손.
솔로몬의 신하들 가문은 이러하다.
소대 자손과 소베렛 자손과 브리다 자손
야알라 자손과 다르곤 자손과 깃델 자손
스바댜 자손과 핫딜 자손과 보게렛하스바임 자손과 아몬 자손.
성전 봉사자와 솔로몬의 신하들은 모두 392명이다.

61-63 델멜라, 델하르사, 그룹, 앗돈, 임멜에서 온 사람들도 있었는데, 이들은 조상이 밝혀지지 않아 이스라엘 백성인지 아닌지 알 수 없었다.

이들은 들라야 자손과 도비야 자손과 느고다 자손인데, 모두 642명이다.
제사장 가문 중에도 그런 사람들이 있었다.
이들은 호바야 자손과 학고스 자손과 바르실래 자손인데, 바르실래는 길르앗 사람 바르실래 가문의 딸과 결혼하여 그 이름을 취했다.

64-65 이들은 족보를 샅샅이 뒤졌지만 자신들의 이름을 찾지 못했고, 부정하게 여겨져 제사장직에서 제외되었다. 총독은 제사장이 우림과 둠밈을 가지고 그들의 신분을 판정할 때까지 거룩한 음식을 먹지 말라고 그들에게 명령했다.

66-69 회중의 수는 모두 42,360명이었다. 7,337명에 달하는 남녀 종은 그 수에 포함되지 않았다. 또 노래하는 사람이 남녀 245명이었고, 말 736마리, 노새 245마리, 낙타 435마리, 나귀가 6,720마리였다.

70-72 각 가문의 우두머리들 가운데 일부는 성벽 건축을 위해 자원하여 예물을 바쳤다. 총독도 금 1,000드라크마(약 8.6킬로그램), 대접 50개, 제사장 예복 530벌을 건축 기금으로 바쳤다. 각 가문의 우두머리들 가운데 일부가 성벽 재건을 위해 기금으로 바친 것은 금 20,000드라크마, 은 2,200마네(약 1.3톤)였다. 나머지 백성이 기부한 것은 모두 금 20,000드라크마(약 170킬로그램), 은 2,000마네, 제사장 예복 67벌이었다.

73 제사장과 레위인과 문지기와 노래하는 사람과 성전 봉사자와 일부 다른 지역
에서 온 사람과 나머지 이스라엘 백성은 저마다 고향에 살 곳을 찾았다.

백성에게 계시의 책을 낭독하다

8 1 일곱째 달 즈음이 되자, 이스라엘 백성이 모두 성읍에 정착했다. 그때
모든 백성이 수문 앞 성읍 광장에 모였다. 그들은 에스라에게 청하여, 하
나님께서 이스라엘에게 명령하신 모세의 계시의 책을 가져오게 했다.
2-3 그래서 에스라는 회중 앞에 계시의 책을 가져왔는데, 그 자리에는 남녀 할 것
없이 알아들을 만한 사람은 모두 나와 있었다. 때는 일곱째 달 첫째 날이었다.
남자든 여자든 알아들을 만한 사람이 모두 듣는 가운데, 에스라가 수문 앞 성읍
광장 쪽을 향해 새벽부터 정오까지 계시의 책을 낭독했다. 모든 백성이 그의 책
읽는 소리에 귀를 기울였다.
4 학자 에스라는 특별히 만든 나무 연단 위에 섰다. 그의 오른쪽에는 맛디댜, 스
마, 아나야, 우리야, 힐기야, 마아세야가 섰고, 왼쪽에는 브다야, 미사엘, 말기
야, 하숨, 하스밧다나, 스가랴, 므술람이 섰다.
5-6 에스라는 책을 폈다. 모든 시선이 그에게 집중되었고(그는 높은 연단 위에 서 있
었다), 그가 책을 펴자 모두 자리에서 일어났다. 에스라는 하나님 크신 하나님을
찬양했고, 모든 백성은 손을 높이 들고 "그렇습니다! 그렇습니다!" 하며 화답했
다. 이어서 그들은 무릎 꿇은 채 얼굴을 땅에 대고 하나님을 예배했다.
7-8 레위인인 예수아, 바니, 세레뱌, 야민, 악굽, 사브대, 호디야, 마아세야, 그리
다, 아사랴, 요사밧, 하난, 블라야가 계시를 설명하는 동안, 백성은 서서 그것을
귀 기울여 들었다. 그들은 백성이 알아들을 수 있도록 하나님의 계시의 책을 통
역하고, 낭독한 내용을 설명했다.
9 총독 느헤미야와, 제사장이자 학자인 에스라와 백성을 가르치는 레위인들이
백성에게 말했다. "오늘은 하나님 여러분의 하나님의 거룩한 날입니다. 울지도
슬퍼하지도 마십시오." 그들이 이렇게 말한 것은 온 백성이 계시의 말씀을 들으
며 울고 있었기 때문이다.
10 느헤미야는 말을 이었다. "집에 가서 명절 음식과 음료를 준비하여 잔치를 벌
이십시오. 그리고 아무것도 가진 것이 없는 이들에게 음식을 나눠 주십시오. 이
날은 하나님께 거룩한 날이니, 슬퍼하지 마십시오. 하나님을 기뻐하는 것이 여
러분의 힘입니다!"
11 레위인들이 백성을 진정시켰다. "이제 진정하십시오. 이날은 거룩한 날이니,
근심하지 마십시오."
12 백성은 돌아가서 잔치를 벌이고, 가난한 사람들과 함께 먹고 마시며 크게 즐
거워했다. 그제야 그들은 계시의 내용을 깨닫고, 그 낭독한 내용을 이해했던 것
이다.

13-15 이튿날에, 백성을 대표한 각 가문의 우두머리와 제사장과 레위인들이 계시
의 말씀을 더 깊이 깨닫고자 학자 에스라 주위에 모여들었다. 그들은 계시의 기
록을 보다가 **하나님**께서 모세를 통해 이스라엘 백성에게 일곱째 달 절기 동안
초막에서 지내라고 명령하신 대목을 발견했다. 그래서 그들은 그 명령을 공포
하고 모든 성읍과 예루살렘에 게시했다. "기록된 대로 산으로 가서 올리브 가
지, 솔가지, 향나무 가지, 야자수 가지, 기타 잎이 많은 가지를 모아다 초막을
짓도록 하십시오."

16-17 그러자 백성은 나가서 나뭇가지를 구해다가 지붕 위, 뜰, 하나님의 성전 뜰,
수문 광장, 에브라임 문 광장에 초막을 지었다. 바빌론 포로생활에서 돌아온 모
든 회중이 초막을 짓고 그 안에서 지냈다. 이스라엘 백성은 눈의 아들 여호수아
때부터 그날까지 이처럼 축제를 즐긴 적이 없었다. 굉장한 날이었다!
18 에스라는 첫날부터 마지막 날까지 날마다 하나님의 계시의 책을 낭독했다.
그들은 칠 일 동안 절기를 지켰다. 그리고 팔 일째 되는 날에, 그들은 명령에 따
라 엄숙한 집회를 열었다.

백성이 죄를 자백하다

9
1-3 이어 그달 이십사일에, 이스라엘 백성은 함께 모여서 금식하며 회개의
표시로 베옷을 입고 얼굴에 재를 묻혔다. 그들은 외국인과의 관계를 모
두 끊고, 일어나 자신의 죄와 조상들의 잘못을 자백했다. 그렇게 자리에 선 채
로 반나절 동안 **하나님** 그들 하나님의 계시의 책을 낭독했다. 또 반나절 동안은
죄를 자백하며 **하나님**을 예배했다.
4-5 여러 레위인—예수아, 바니, 갓미엘, 스바냐, 분니, 세레뱌, 바니, 그나니—
이 연단에 서서 **하나님** 그들의 하나님께 큰소리로 부르짖었다. 레위인인 예수
아, 갓미엘, 바니, 하삽느야, 세레뱌, 호디야, 스바냐, 브다히야가 외쳤다. "일어
나, **하나님** 우리 하나님을 영원토록 찬양합시다!"

5-6 그 무엇으로도 기릴 수 없는
주의 영화로우신 이름을 찬양합니다!
오직 주님만이 홀로 **하나님**이십니다.
주께서는 하늘과 하늘의 하늘과
모든 천사를 지으셨습니다.
땅과 그 위의 모든 것,
바다와 그 속의 모든 것을
주께서 살게 하시니,
하늘의 천사들이 주를 경배합니다!

7-8 주께서 곧 하나님이시니,
아브람을 택하셔서
갈대아 우르에서 이끌어 내시고
그 이름을 아브라함으로 고친 분이십니다.
주께 한결같은 그 마음의 진실함을 보시고
주께서 그와 언약을 맺으셨습니다.
가나안 사람, 헷 사람, 아모리 사람,
브리스 사람, 여부스 사람, 기르가스 사람의
땅을 그에게,
그의 후손에게 주시겠다는 언약.
의로우신 주께서는
그 약속을 지키셨습니다.

9-15 주께서는 이집트에서 우리 조상의 고통을 보셨습니다.
홍해에서 그들의 부르짖음을 들으셨습니다.
이적과 기적으로 바로와 그 신하들,
그 땅 백성을 놀라게 하셨습니다.
주의 백성을 괴롭히는 그들의 교만을 아셨고
오늘까지 이어지는 명성을 친히 얻으셨습니다.
주께서는 우리 조상 앞에서 바다를 가르시고
그들이 발에 물 한 방울 묻히지 않고 건너게 하셨습니다.
주께서 그 추격자들을 깊은 곳에 던지시자
그들이 풍랑 이는 바다에 돌처럼 가라앉았습니다.
낮에는 구름기둥으로
밤에는 불기둥으로 인도하시고
그들이 이동할 길을
주께서 보이셨습니다.
시내 산에 친히 내려오셔서
하늘에서 그들에게 말씀하셨습니다.
올바르게 사는 길의 지침,
참된 가르침, 온전한 계명과 명령을 주셨습니다.
주께서는 주의 거룩한 안식일을
그들에게 새롭게 알려 주셨습니다.
주의 종 모세를 통해
명령과 계명과 지침을 주셨습니다.
그들이 배고플 때 하늘에서 빵을 내리시고
목마를 때 바위에서 물을 내보내셨으며,
주기로 약속하신 땅에 들어가

그것을 취하라고 그들에게 명령하셨습니다.

16-19 그러나 우리 조상은 교만했습니다.
고집스레 주의 명령에 순종하지 않았습니다.
그들은 귀 기울이지 않았고, 주께서 그들을 위해
행하신 기적들을 기억하지 않았습니다.
그들은 완고해져, 종으로 살던 이집트로
다시 돌아갈 생각까지 했습니다.
주께서는 용서하시는 하나님,
은혜로우시고 긍휼이 많으시며
오래 참으시고 사랑이 넘치시는 분,
그래서 그들을 버리지 않으셨습니다.
그들이 송아지 상을 만들어
"이것이 너희를 이집트에서 이끌어 낸
너희 신이다" 하고 외치며
계속해서 반역할 때도
주께서는 크신 긍휼을 베푸셔서
그들을 사막에 버린 채 떠나지 않으셨습니다.
구름기둥이 그들을 떠나지 않고
날마다 갈 길을 보여주었으며,
밤이면 불기둥도
그들이 가야 할 길을 보여주었습니다.

20-23 그들에게 주의 선하신 영을 주셔서
지혜롭게 살게 하셨습니다.
주의 만나를 아끼신 적 없고,
마실 물도 풍성히 주셨습니다.
사막에서 사십 년 동안 주께서 친히 돌보셨으므로
그들에게는 부족함이 없었습니다.
옷은 해어지지 않았고
발은 한 번도 부르트지 않았습니다.
주께서 그들에게 나라와 민족들을 넘겨주시고
넉넉한 영토를 갖게 하셨습니다.
그들은 헤스본 왕 시혼의 땅과
바산 왕 옥의 땅을 차지했습니다.
주께서는 밤하늘의 뭇별처럼
그들의 자손이 많아지게 하셨습니다.
그리고 그들을

조상에게 약속하신 땅으로 인도해
마침내 그곳을 차지하게 하셨습니다.

24-25 그곳에 들어간 그들이
그 땅에 정착했습니다.
주께서는 거기 살던 가나안 사람들을
그들 앞에 무릎 꿇게 하셨습니다.
그 땅과 왕과 민족들을 주셔서
그들의 뜻대로 처리하게 하셨습니다.
그들은 강한 성읍과 비옥한 밭을 취하고
잘 갖추어진 집과
물웅덩이, 포도원, 올리브 과수원,
무성하고 광활한 과수원을 차지했습니다.
그들은 그 땅의 기름진 것을 마음껏 먹고 배불렀으며,
주께서 풍성하게 베푸신 복을 한껏 누렸습니다.

26-31 그러다 그들은 주께 불순종하고 반역했습니다.
주의 율법을 버리고 주의 예언자들,
그들을 주의 곁으로 되돌리려 한 바로 그 예언자들을 죽였습니다.
시간이 갈수록 그들의 사정은 더 나빠졌습니다.
결국 주께서 그들을 원수들에게 넘기셔서
그들의 삶을 고달프게 만드셨습니다.
그러나 그들이 고통 중에 부르짖어 도움을 구하면
주께서는 하늘에서 그 소리를 들으셨습니다.
그리고 주의 다함없는 긍휼을 베푸시고
그들에게 구원자를 보내 주셨습니다.
구원자들은 원수들의 잔인한 압제에서
그들을 구했습니다.
그러나 다시 편안하게 살 만하면
그들이 이전 삶으로 다시 돌아갔고, 오히려 더 악해졌습니다.
주께서 돌이켜 그들을 다시 운명에 맡기시니
원수들이 곧바로 들이닥쳤습니다.
그들은 다시 주께 부르짖었고, 주께서는 다시 크신 긍휼로
그들을 도우셨습니다.
이런 일이 수없이 되풀이되었습니다.
주께서 당신의 계시를 따르라고 경고하셨지만
그들의 반응은 막무가내였습니다.
그들은 주의 명령을 업신여기고

주의 계명, 곧 삶의 지침이 될 바로 그 말씀을 무시했습니다!
그들은 이를 악물고 대들며,
주께 등을 돌린 채 듣지 않았습니다.
주께서는 긴긴 세월 그들을 참으시며
주의 예언자들을 통해 주의 영으로 경고하셨습니다.
그래도 그들이 듣지 않자,
마침내 주께서는 그들을 이방 나라에게 넘기셨습니다.
그럼에도 주의 크신 긍휼 때문에
그들을 완전히 끝장내지는 않으셨습니다.
그들을 아주 버리고 떠나지 않으셨으니,
과연 주께서는 은혜와 긍휼의 하나님이십니다.

32-37 우리 크신 하나님,
언약과 사랑에 충실하시며 엄위하고 두려우신 하나님,
우리에게 닥친 환난, 앗시리아 왕들이 쳐들어온 때부터 지금까지
우리 왕과 대신과 제사장과 예언자와 우리 조상들,
그리고 주의 모든 백성에게 닥친 이 환난을
가볍게 여기지 마십시오.
우리에게 닥친 이 모든 일은
주의 탓이 아닙니다.
주께서는 모든 일을 의롭게 행하셨고
우리는 모든 일을 악하게 행했습니다.
우리의 왕과 대신과 제사장과 조상들 가운데
주의 계시를 따른 자가 아무도 없습니다.
그들은 주의 명령을 무시했고
주께서 주신 경고를 애써 거부했습니다.
그들의 나라에서
주의 너그러움과 선하심을 누리고
주께서 펼쳐 두신
광대하고 비옥한 땅에 살면서도
그들은 주를 섬기지 않았고
악한 행실을 버리지도 않았습니다.
그래서 오늘 우리는 다시 종이 되었습니다.
주께서 배불리 먹고 행복한 삶을 누리라고
우리 조상에게 주신 땅에서 말입니다.
이제 우리를 보십시오. 이 땅에서 우리는 종과 다를 바 없습니다.
우리의 죄 때문에 이 땅의 풍작은
주께서 우리 위에 두신 왕들에게 돌아갑니다.

그들은 우리가 자기 소유인 양 행세하며
우리의 가축도 마음대로 합니다.
우리의 고통이 말할 수 없이 심합니다.

38 "이 모든 일을 돌이켜 보면서, 이제 우리는 언약을 굳게 세우고 문서로 작성
하여 우리 대신과 레위인과 제사장들의 서명을 받아 봉인합니다."

10

1-8 봉인한 문서에 서명한 사람들은 이러하다.
하가랴의 아들인 총독 느헤미야
시드기야, 스라야, 아사랴, 예레미야
바스훌, 아마랴, 말기야
핫두스, 스바냐, 말룩
하림, 므레못, 오바댜
다니엘, 긴느돈, 바룩
므술람, 아비야, 미야민
마아시야, 빌개, 스마야.
이들은 제사장들이다.

9-13 레위인 가운데서는,
아사냐의 아들 예수아, 헤나닷 자손인 빈누이, 갓미엘
그리고 그들의 친척인
스바냐, 호디야, 그리다, 블라야, 하난
미가, 르홉, 하사뱌
삭굴, 세레뱌, 스바냐
호디야, 바니, 브니누.

14-27 백성의 지도자 가운데서는,
바로스, 바핫모압, 엘람, 삿두, 바니
분니, 아스갓, 베배
아도니야, 비그왜, 아딘
아델, 히스기야, 앗술
호디야, 하숨, 베새
하립, 아나돗, 노배
막비아스, 므술람, 헤실
므세사벨, 사독, 얏두아
블라댜, 하난, 아나야
호세아, 하나냐, 핫숩

할르헤스, 빌하, 소벡
르훔, 하삽나, 마아세야
아히야, 하난, 아난
말룩, 하림, 바아나.

28-30 나머지 백성과 제사장과 레위인과 문지기와 노래하는 사람과 성전 봉사자,
그리고 하나님의 계시를 지키려고 외국인과 관계를 끊은 모든 사람과 그 아내
와 아들딸들과 알아들을 만한 나이가 된 모든 사람이, 귀족 친척과 더불어 하나
님의 종 모세를 통해 주신 하나님의 계시를 따르고, 우리 주 하나님의 모든 계
명과 결정과 기준을 지키고 이행하기로 굳게 맹세했다. 그 내용은 이러하다.

우리는 딸들을 외국인에게 시집보내거나 아들들을 그들의 딸과 결혼시키지
않는다.
31 외국인들이 물건이나 곡식을 팔러 오더라도, 안식일이나 다른 모든 거룩한
날에는 그들과 교역하지 않는다.
우리는 칠 년마다 땅을 묵히고 모든 빚을 탕감해 준다.
32-33 우리는 매년 삼분의 일 세겔(약 4그램)의 세금을 바쳐 하나님의 성전에 드
릴 다음의 제물을 마련한다.
상에 차려 놓는 빵
정기적인 곡식 제물
정기적인 번제물
안식일, 초하루, 지정된 절기에 쓸 제물
봉헌 제물
이스라엘을 속죄하는 속죄 제물
우리 하나님의 성전 유지비.
34 우리 제사장과 레위인과 백성은 계시에 정해진 연간 일정에 따라 각 가문이
하나님의 제단에 필요한 장작을 공급할 수 있도록 제비를 뽑아 순서를 정한다.
35-36 우리는 하나님의 성전에서 섬기는 제사장들을 위해 작물과 과수원의 첫
수확과 맏아들과 가축과 소 떼와 양 떼의 처음 난 것을 해마다 하나님의 성전
에 가져가되, 계시의 책에 정해진 대로 한다.
37-39 우리는 곡식, 예물, 모든 나무열매, 포도주, 기름을 최상품으로 준비하고
제사장들에게 가져가 하나님의 성전 창고에 둔다.
우리가 일하는 성읍들에서 십일조를 거두는 일을 위해 레위인들이 세워졌으
므로, 밭의 십일조를 레위인들에게 가져간다. 십일조를 거두는 레위인들을
아론 자손의 제사장들이 감독하며, 레위인들은 받은 십일조의 십분의 일을
우리 하나님의 성전 창고로 가져간다. 이스라엘 백성과 레위인들은 곡식과
포도주와 기름을 가져가되, 성전 그릇을 보관하는 장소이자 성전을 섬기는
제사장과 문지기와 찬양대원들이 모이는 곳인 창고로 가져간다.

우리는 우리 하나님의 성전을 아무렇게나 내버려 두지 않는다.

11

1-2 백성의 지도자들은 이미 예루살렘에 살고 있었으므로, 나머지 백성이 제비를 뽑아 열 명 중 하나는 거룩한 성 예루살렘으로 이사하고 나머지 아홉은 자기 성읍에 자리를 잡았다. 예루살렘에 살기로 자진하여 나서는 사람들에게는 백성이 박수를 보내 주었다.

3-4 예루살렘에 거주한 지방의 지도자들은 이러하다(일부 이스라엘 백성, 제사장, 레위인, 성전 봉사자, 솔로몬의 종들의 자손은 유다 여러 성읍에 있는 각자의 소유지에서 살았고, 유다와 베냐민 가문 중 일부가 예루살렘에 살았다).

4-6 유다 가문에서는,

베레스 가문 계열에서 아다야가 있는데, 아다야는 웃시야의 아들이고, 웃시야는 스가랴의 아들, 스가랴는 아마랴의 아들, 아마랴는 스바댜의 아들, 스바댜는 마할랄렐의 아들이다. 또 마아세야가 있는데, 마아세야는 바룩의 아들이고, 바룩은 골호세의 아들, 골호세는 하사야의 아들, 하사야는 아다야의 아들, 아다야는 요야립의 아들, 요야립은 스가랴의 아들, 스가랴는 실로 사람의 아들이다. 예루살렘에 자리 잡은 베레스 자손의 수는 용맹한 사람 468명이었다.

7-9 베냐민 가문에서는,

살루와 그의 형제 갑배와 살래가 있다. 살루는 므술람의 아들이고, 므술람은 요엣의 아들, 요엣은 브다야의 아들, 브다야는 골라야의 아들, 골라야는 마아세야의 아들, 마아세야는 이디엘의 아들, 이디엘은 여사야의 아들이다. 그를 따르는 장정은 모두 928명이었다. 시그리의 아들 요엘이 그들의 우두머리였고, 핫스누아의 아들 유다는 그 성을 관할하는 부책임자였다.

10-14 제사장 가운데서는,

요야립의 아들 여다야와 야긴과, 하나님의 성전 감독인 스라야가 있다. 스라야는 힐기야의 아들이고, 힐기야는 므술람의 아들, 므술람은 사독의 아들, 사독은 므라욧의 아들, 므라욧은 아히둡의 아들이다. 성전 일을 책임진 그들의 동료는 모두 822명이었다. 또 아다야가 있는데, 아다야는 여로함의 아들이고, 여로함은 블라야의 아들, 블라야는 암시의 아들, 암시는 스가랴의 아들, 스가랴는 바스훌의 아들, 바스훌은 말기야의 아들이다. 그의 동료이자 각 가문의 우두머리는 모두 242명이었다. 또 아맛새가 있는데, 아맛새는 아사렐의 아들이고, 아사렐은 아흐새의 아들, 아흐새는 므실레못의 아들, 므실레못은 임멜의 아들이다. 그의 용맹한 동료는 모두 128명이었다. 이들의 지도자는 하그돌림의 아들 삽디엘이었다.

15-18 레위인 가운데서는,

스마야, 하나님의 성전 바깥일을 맡은 두 레위인 지도자 삽브대와 요사밧, 감사와 기도를 인도하는 책임자인 맛다냐, 그의 동료 중 부책임자인 박부갸, 압다가 있다. 스마야는 핫숩의 아들이고, 핫숩은 아스리감의 아들, 아스리감은 하사뱌

의 아들, 하사뱌는 분니의 아들이다. 맛다냐는 미가의 아들이고, 미가는 삽디의
아들, 삽디는 아삽의 아들이다. 압다는 삼무아의 아들이고, 삼무아는 갈랄의 아
들, 갈랄은 여두둔의 아들이다. 거룩한 성의 레위인은 모두 284명이었다.
19 문지기 가운데서는,
악굽과 달몬 그리고 성문을 지키는 그들의 동료가 모두 172명이었다.

20 나머지 이스라엘 백성과 제사장과 레위인들은 유다 각 성읍의 자기 집안 소유
지에서 살았다.
21 성전 봉사자들은 오벨 언덕에 살았다. 시하와 기스바가 그들을 지휘했다.
22-23 예루살렘의 레위인들을 관할하는 최고 책임자는 웃시였다. 웃시는 바니의
아들이고, 바니는 하사뱌의 아들, 하사뱌는 맛다냐의 아들, 맛다냐는 미가의 아
들이다. 웃시는 하나님의 성전에서 예배를 인도하는 노래하는 사람들, 곧 아삽
자손이었다. 노래하는 사람들은 왕의 명령을 받았는데, 왕이 그들의 하루 일과
를 정했다.
24 유다의 아들 세라 자손 가운데 므세사벨의 아들 브다히야가 왕궁에서 백성과
관련된 일을 처리했다.

25-30 일부 유다 사람들은 자기 농지 부근의 다음 마을에서 살았다.
기럇아르바(헤브론)와 그 외곽
디본과 그 외곽
여갑스엘과 그 외곽
예수아
몰라다
벳벨렛
하살수알
브엘세바와 그 외곽
시글락
므고나와 그 외곽
에느림몬
소라
야르뭇
사노아
아둘람과 거기에 딸린 마을들
라기스와 거기에 딸린 들판
아세가와 그 외곽.
이들은 브엘세바에서 힌놈 골짜기에 걸쳐 살았다.
31-36 게바 출신 베냐민 사람들이 자리 잡은 곳은 이러하다.
믹마스

아야
베델과 그 외곽
아나돗
놉과 아나냐
하솔
라마와 깃다임
하딧, 스보임, 느발랏
로드와 오노 그리고 장인들의 골짜기.
유다의 일부 레위인들도 베냐민 지역을 할당받았다.

12

1-7 스알디엘의 아들 스룹바벨과 예수아와 함께 올라온 제사장과 레
위인들은 이러하다.
스라야, 예레미야, 에스라
아마랴, 말룩, 핫두스
스가냐, 르훔, 므레못
잇도, 긴느돈, 아비야
미야민, 모아댜, 빌가
스마야, 요야립, 여다야
살루, 아목, 힐기야, 여다야.
이들은 예수아 때의 제사장 지도자들이다.
8-9 또 레위인들은,
예수아, 빈누이, 갓미엘, 세레뱌, 유다.
맛다냐는 그의 형제들과 함께 찬양을 맡았고, 그들의 형제인 박부갸와 운니가 그들 맞은편에 서서 예배를 섬겼다.

10-11 예수아는 요야김을 낳고
요야김은 엘리아십을 낳고
엘리아십은 요야다를 낳고
요야다는 요나단을 낳고
요나단은 얏두아를 낳았다.

12-21 다음은 요야김 때의 제사장 가문의 우두머리들이다.
스라야 가문에 므라야
예레미야 가문에 하나냐
에스라 가문에 므술람
아마랴 가문에 여호하난
말룩 가문에 요나단

스가냐 가문에 요셉
하림 가문에 아드나
므레못 가문에 헬개
잇도 가문에 스가랴
긴느돈 가문에 므술람
아비야 가문에 시그리
미냐민과 모아댜 가문에 빌대
빌가 가문에 삼무아
스마야 가문에 여호나단
요야립 가문에 맛드내
여다야 가문에 웃시
살루 가문에 갈래
아목 가문에 에벨
힐기야 가문에 하사뱌
여다야 가문에 느다넬.

22 레위인들은 엘리아십과 요야다와 요하난과 얏두아 때에 가문의 우두머리로
등록되었다. 제사장들은 페르시아 왕 다리오 때에 등록되었다.
23-24 레위인 가문의 우두머리들은 엘리아십의 아들 요하난 때까지 역대기에 등
록되었다. 그들의 이름은 이러하다.
하사뱌
세레뱌
갓미엘의 아들 예수아.
그들의 형제들은 하나님의 사람 다윗이 지시한 대로 그들 맞은편에 서서, 양쪽
이 서로 화답하며 찬양과 감사를 드렸다.
25-26 문지기에는 다음 사람들이 포함되었다.
맛다냐
박부갸
오바댜
므술람
달몬
악굽.
이들은 각 성문의 창고를 지켰다. 이들은 요사닥의 손자요 예수아의 아들인 요
야김 때, 곧 총독 느헤미야와 제사장이자 학자인 에스라 때에 활동했다.

성벽을 봉헌하다

27-29 성벽을 봉헌할 때가 되자 사람들은 예루살렘의 곳곳에서 레위인들을 불러
들여 감사 찬송, 노래, 심벌즈, 하프, 비파 등으로 봉헌식을 성대히 거행하게 했

다. 노래하는 사람들이 예루살렘 주변 일대와 느도바 사람의 마을, 벳길갈, 게
바와 아스마웻 농지 등에서 모여들었다. 이들은 예루살렘 주변에 마을을 세워
살고 있었다.
30 제사장과 레위인들은 정결예식으로 스스로를 깨끗게 했다. 이어서 백성과 성
문과 성벽에 대해서도 정결예식을 치렀다.
31-36 나는 유다 지도자들을 성벽 위로 올라서게 하고, 큰 찬양대 두 무리를 세웠
다. 한 무리는 성벽 위에서 오른쪽으로 거름 문을 향하여 행진했다. 하사야와
유다 지도자 절반이 그들을 따랐는데, 아사랴, 에스라, 므술람, 유다, 베냐민,
스마야, 예레미야도 그 무리 안에 있었다. 일부 젊은 제사장들은 나팔을 들었
다. 그 뒤로 스가랴와 그의 형제들 스마야, 아사렐, 밀랄래, 길랄래, 마애, 느다
넬, 유다, 하나니가 하나님의 사람 다윗의 악기들을 연주하며 행진했다. 스가랴
는 요나단의 아들이고, 요나단은 스마야의 아들, 스마야는 맛다냐의 아들, 맛다
냐는 미가야의 아들, 미가야는 삭굴의 아들, 삭굴은 아삽의 아들이다. 학자 에
스라가 그들을 이끌었다.
37 그들은 샘 문에서 똑바로 행진하여, 다윗의 집 위쪽 성벽 층계로 해서 다윗 성
계단을 올라 동쪽 수문까지 갔다.
38-39 다른 찬양대 무리는 왼쪽으로 행진했다. 나는 백성 절반과 함께 성벽 위에
서 그들을 따라갔다. 풀무 망대에서 넓은 벽, 에브라임 문, 여사나 문, 물고기
문, 하나넬 망대와 일백 망대, 양 문을 지나 감옥 문에서 멈추었다.
40-42 이어서 두 찬양대는 하나님의 성전 안에 자리를 잡았다. 나도 관리들 절반
과 함께 자리를 잡았고, 제사장 엘리아김, 마아세야, 미냐민, 미가야, 엘료에내,
스가랴, 하나냐가 나팔을 들었다. 성전 안에는 마아세야, 스마야, 엘르아살, 웃
시, 여호하난, 말기야, 엘람, 에셀도 있었다. 예스라히야의 지휘 아래 노래하는
사람들의 소리로 서까래가 들썩일 정도였다.
43 하나님께서 큰 기쁨으로 충만케 하시니, 그날 그들은 큰 제사를 드리며 마음
껏 즐거워했다. 여자와 아이들까지도 모두 즐겁게 목소리를 높이니, 그 소리가
예루살렘 멀리까지 퍼져 나갔다.

❦

44-46 같은 날, 그들은 제물과 첫 열매와 십일조를 보관할 창고를 맡을 사람들을
세웠다. 그들은 계시의 책에 명시된 제사장과 레위인들의 몫을 각 성읍에 딸린
농지에서 들여오게 했다. 유다 사람들은 제사장과 레위인들의 섬김을 감사히
여겼다. 그들은 노래하는 사람과 문지기들과 더불어 모든 일을 능숙하게 해냈
는데, 하나님을 예배하고 정결예식을 거행하는 그들의 모습은 다윗과 그 아들
솔로몬이라도 대견하게 여겼을 것이다. 옛날 다윗과 아삽의 시절에도 찬양대
지휘자들이 있어서 노래로 하나님께 찬양과 감사를 드렸다.
47 스룹바벨과 느헤미야 때에, 온 이스라엘은 노래하는 사람과 문지기들에게 날
마다 쓸 것을 주었다. 그들은 또 레위인들에게 할당된 몫을 떼어 놓았고, 레위

인들도 아론 자손에게 똑같이 했다.

느헤미야의 개혁

13 1-3 그날, 백성이 듣는 가운데 모세의 책이 낭독되었다. 거기 기록된 내용을 보니, 암몬 사람이나 모압 사람은 하나님의 회중에 들지 못하게 되어 있었다. 일찍이 그들은 먹을 것과 마실 것으로 이스라엘 백성을 환영하지 않았기 때문이다. 그들은 이스라엘을 저주하여 방해하려고 발람을 고용하기까지 했으나, 하나님께서 그 저주를 복으로 바꾸셨다. 계시의 낭독을 들은 백성은 이스라엘에서 모든 외국인을 몰아냈다.

4-5 이 일이 있기 얼마 전에, 제사장 엘리아십이 하나님의 성전 창고를 책임지고 있었다. 그는 도비야와 가까운 사이여서 큰 창고 하나를 그에게 내주었는데, 그 창고는 곡식 제물, 향, 예배용 그릇, 레위인과 노래하는 사람과 문지기들에게 줄 곡식과 포도주, 기름의 십일조, 제사장들을 위한 제물 등을 보관해 두던 곳이었다.

6-9 이 일이 있을 때에 나는 예루살렘에 없었다. 바빌론 왕 아닥사스다 삼십이년에, 나는 왕께 돌아가 거기서 머물렀다. 나중에 왕의 승낙을 구하고 다시 돌아왔다. 나는 예루살렘에 도착해서야 엘리아십이 하나님의 성전 뜰에 있는 방을 도비야에게 내어준 악한 일을 알게 되었다. 나는 화를 참을 수 없어 그 방에 있던 모든 것, 곧 도비야의 물건을 길 바깥으로 내던졌다. 그리고 그 방을 깨끗하게 치우도록 명령했다. 그러고 나서야 하나님의 성전 예배용 그릇을 곡식 제물과 향과 함께 다시 그 방에 들여다 놓게 했다.

10-13 또한 나는 레위인들이 정기적으로 배당되는 양식을 받지 못하고 있음을 알게 되었다. 그래서 예배를 인도하던 레위인과 노래하는 사람들이 모두 성전을 떠나 각자의 농지로 돌아가게 되었다. 나는 관리들을 꾸짖었다. "하나님의 성전이 왜 버려졌소?" 나는 모든 사람을 다시 불러들여 각자의 자리에 배치했다. 그러자 온 유다 사람이 곡식과 포도주와 기름의 십일조를 다시 창고에 들여다 놓았다. 나는 제사장 셀레먀, 서기관 사독, 레위인 브다야에게 창고의 책임을 맡겼다. 그리고 맛다냐의 손자요 삭굴의 아들인 하난을 그들의 오른팔로 삼았다. 이들은 정직하고 근면하기로 정평이 난 사람들이었다. 그들이 책임지고 자기 형제들에게 돌아갈 몫을 골고루 나누어 주었다.

14 나의 하나님, 이 일로 저를 기억해 주십시오. 제가 하나님의 성전과 예배를 위해 헌신적으로 행한 이 일을 잊지 마십시오.

15-16 유다에 돌아와 있던 그 시기에, 나는 백성이 안식일에 포도주 틀을 밟고 곡식 자루를 들이며, 나귀에 짐을 싣는 것을 보았다. 그들은 안식일에 장사하기

위해 포도주와 포도와 무화과와 각종 물건을 가져왔다. 그래서 나는 안식일에는 먹을 것을 팔면 안된다고 분명하게 경고했다. 예루살렘에 사는 두로 사람들이 생선 등을 가져와서, 안식일에 그것도 예루살렘에서 유다 사람들에게 팔고 있었다.

17-18 나는 유다 지도자들을 꾸짖었다. "이게 무슨 일이오? 어찌하여 이런 악을 들여와서 안식일을 더럽히는 거요! 당신들의 조상도 꼭 이같이 하지 않았소? 하나님께서 그 때문에 우리와 이 성에 이 모든 불행을 내리신 것이 아니오? 그런데 당신들은 거기에다 기름을 끼얹고 있소. 안식일을 더럽혀 예루살렘에 진노를 쌓고 있단 말이오."

19 안식일이 다가오면서 예루살렘 성문들에 그림자가 드리우면, 나는 성문들을 닫고 안식일이 끝날 때까지 열지 말라고 명령했다. 그리고 내 종 몇을 성문마다 세워, 안식일에 팔 물건들을 들이지 못하게 했다.

20-21 각종 물건을 파는 상인들이 한두 번 성문 밖에서 잠을 잤다. 나는 그들을 엄히 꾸짖었다. "여러분은 여기 성벽 밑에서 잠잘 권한이 없소. 내 눈에 다시 띄었다가는 큰일을 당하게 될 줄 아시오."

그것으로 문제가 해결되었다. 그들이 다시는 안식일에 나타나지 않았다.

22 나는 또 레위인들에게 지시하여 스스로를 정결하게 하고, 성문마다 보초를 서서 안식일을 거룩하게 지키게 했다.

> 나의 하나님, 제가 한 이 일도 기억해 주십시오. 주의 크고 한결같은 사랑을 따라 저를 자비로 대해 주십시오.

23-27 그 무렵에, 나는 아스돗과 암몬과 모압 여자들과 결혼한 유대인들을 보았다. 그 사이에서 태어난 자녀들 가운데 절반은 유다 말을 할 줄 몰랐다. 그들이 아는 것이라고는 아스돗 말이나 다른 지방의 언어뿐이었다. 그래서 나는 그 남자들을 꾸짖어 크게 나무랐다. 그 가운데 몇 명을 때리고 머리털을 잡아당기기까지 했다. 그런 다음 나는 그들을 불러 하나님께 맹세하게 했다. "당신들의 딸을 외국인의 아들에게 시집보내지 말고, 그들의 딸을 당신들의 아들과 결혼시키지 마시오. 당신들 자신도 그들과 결혼하지 마시오! 이스라엘 왕 솔로몬이 바로 이런 여자들 때문에 죄를 짓지 않았소? 비록 그와 같은 왕이 없었고 하나님께서 그를 사랑하셔서 온 이스라엘의 왕으로 삼으셨지만, 그는 외국 여자들 때문에 파멸하고 말았소. 외국인 아내와 결혼하여 이렇듯 큰 악을 저지르고 하나님을 거역하는데, 이것을 어찌 순종이라 할 수 있겠소?"

28 대제사장 엘리아십의 손자요 요야다의 아들인 하나는 호론 사람 산발랏의 사위였다. 나는 그를 내 앞에서 쫓아냈다.

> 29 나의 하나님, 저들을 잊지 마십시오. 저들은 제사장직을 더럽히고 제사장

과 레위인들의 언약을 저버렸습니다.

⚘

30-31 나는 외국인의 모든 부정한 것으로부터 그들을 깨끗게 했다. 나는 제사장과 레위인들이 할 일의 순서를 정하여, 각자 맡은 일을 하게 했다. 또 때를 정해 주어, 제단에서 쓸 장작을 규칙적으로 공급하고 첫 열매를 바치도록 했다.

나의 하나님, 저를 기억하시고 복을 내려 주십시오.

알다가도 모를 일이지만, 어떤 자들은 하나님이나 하나님의 사람들을 인식하기만 해도 최악의 악한으로 돌변한다. 모든 선과 복과 기쁨의 원천이신 하나님이 때로 어떤 자들에게는 상상을 초월하는 잔인무도한 악행의 구실이 되는 것이다.

인류의 역사는, 살아 계신 하나님을 전하거나 대변한다는 이유만으로 수많은 사람들이 죽임을 당한 일들로 점철되어 있다. 마치 하나님을 예배하는 이들을 죽이면 하나님이 제거되기라도 할 것처럼 말이다. 우리가 막 지나온 세기는 '신'을 죽이려는 그러한 시도들이 광기로 치달은 시간이었다. 그러나 하나님께서는 지금도 살아 계시며 우리 가운데 임재하신다.

에스더서는 하나님과 하나님의 백성을 향해 공공연히 혹은 암암리에 가해지는 이러한 폭력을 보여주는 창문이다. 이 창문을 통해 우리는 이 책의 사건에만 국한되지 않는 광범위한 시각을 얻게 되는데, 그 사건의 내용은 이러하다. 주전 5세기, 대제국 페르시아에서 포로로 살고 있던 유대인들을 모두 학살하려는 흉악한 음모가 있었다. 줄거리를 이끄는 인물은 셋이다. 먼저, 이야기 속에서 통상 '그 유대인'으로 등장하는 모르드개인데, 사건의 뼈대 역할을 하는 그는 견실하고 신실하며 지각 있고 경건한 인물이다. 이런 그와 극명한 대립을 보이는 인물로, 대학살 음모의 주모자인 오만한 악인 하만이 있다. 또 부모를 잃고 난 뒤 사촌 오라버니 모르드개의 집에서 자란 매혹적인 여인 에스더가 있는데, 그녀는 후미진 후궁의 처소를 나와 담대하게 주인공으로 나선다.

이 이야기에서는 하나님을 대변하는 백성이 한 사람도 죽임을 당하지 않는다. 극적인 반전을 통해 대학살 음모는 결국 무산되고 만다.

> 아하수에로 왕은 왕비 에스더와 유대인 모르드개에게 말했다. "하만이 유대인을 공격했으므로, 내가 그의 재산을 에스더에게 주고 그를 교수대에 매달게 했소. 그러니 이제 그대들의 판단대로 유대인들을 위해 무엇이든 글로 쓰도록 하시오."……왕이 명령한 내용은, 모든 성읍의 유대인들이 무장하여 스스로를 지키고, 그들과 그들의 아내와 자녀들을 위협하는 사람은 누구든 죽이며……누구도 그들을 당해 낼 수 없었다. 두려워서 모

두들 겁쟁이가 되었다(에 8:7-8, 11; 9:2).

그러나 이 이야기 전후로 수없이 많은 사람들이 죽임을 당했거니와, 앞으로도 그럴 것이다. 거의 모든 시대, 모든 사회마다 하만 같은 자들이 나타나서 하나님의 증거나 증인들을 모조리 없애려 들었다. 그러나 에스더서는 "하나님의 백성은 멸절되지 않는다"고 끊임없이 분명하고 확실하게 말하고 있다. 그들을 아무리 많이 잡아다 죽인다 해도, 온 땅에 흩어져 있는 하나님의 백성—하나님을 경외하며, 하나님을 섬기며, 하나님을 예배하는—의 공동체를 멸절시킬 수는 없다. 어느 누구도, 그 어떤 세력도 불가능하다. 지금도 분명하고 확실하게 그렇게 말할 수 있다.

에스더

1 [1-3] 이것은 아하수에로 왕 때에 있었던 일이다. 아하수에로는 인도에서
에티오피아에 이르기까지 모두 127개 지방을 다스린 왕이다. 아하수에
로 왕은 수사 궁전 왕좌에서 다스렸다. 다스린 지 삼 년째 되던 해에, 그는 모든
관리와 대신들을 위해 연회를 베풀었다. 페르시아와 메대의 군 고위 지휘관, 각
지방의 관원과 총독들이 그 자리에 참석했다.
4-7 여섯 달 동안 왕은 제국의 어마어마한 부와 눈부시게 찬란한 왕의 위엄을 과
시했다. 그 행사를 마치면서, 왕은 지위의 높고 낮음을 따지지 않고 수도 수사
에 살고 있는 모든 사람을 위해 일주일 동안 잔치를 베풀었다. 잔치는 왕의 여
름 별궁 정원 뜰에서 열렸다. 뜰에는 흰색과 파란색의 무명 커튼을 드리웠는데,
자주색 세마포 줄로 대리석 기둥의 은고리에 매달아 정성들여 장식했다. 화반
석, 백석, 운모석, 색색의 돌을 깐 모자이크 바닥 위에는 은과 금 의자들이 놓였
다. 술은 금잔에 대접했는데, 잔마다 모양이 모두 달랐다. 왕의 인심이 후한지
라, 왕이 내리는 술은 흘러넘쳤다!
8-9 왕의 지시가 따로 있었으므로 손님들은 마시고 싶은 만큼 마셨고, 술 심부름
꾼들이 옆에서 계속 잔을 채워 주었다. 한편, 왕비 와스디는 아하수에로 왕의
왕궁에서 여자들을 위해 따로 잔치를 베풀었다.
10-11 잔치 칠 일째 되던 날, 술에 한껏 취한 왕은 자기 종인 일곱 내시(므후만, 비스
다, 하르보나, 빅다, 아박다, 세달, 가르가스)에게 명령하여, 화려한 관을 쓴 왕비 와스
디를 데려오게 했다. 왕비의 미모가 뛰어났으므로, 왕은 손님과 관리들에게 왕
비의 아름다움을 과시하고자 했다.
12-15 그러나 왕비 와스디는 내시들이 전한 명령을 거절하고 오지 않았다. 왕은
몹시 화가 났다. 그는 와스디의 오만함에 분노하여 법적인 문제에 밝은 측근들
을 불러들였다. 전문 보좌관들의 자문을 받는 것은 왕의 관행이었다. 왕과 가장

가까운 사람들은 가르스나, 세달, 아드마다, 다시스, 메레스, 마르스나, 므무간으로, 페르시아와 메대의 최고위 일곱 대신이자 왕에게 영향력을 행사하는 최측근들이었다. 왕은 자신의 부름을 거절한 왕비 와스디를 법적으로 어떻게 처리할 수 있는지 그들에게 물었다.

16-18 왕과 대신들의 회의에서 므무간이 말했다. "와스디 왕비는 왕만 모욕한 것이 아닙니다. 아하수에로 왕께서 다스리시는 모든 지방의 지도자와 백성 할 것 없이 우리 모두를 모욕했습니다. 이제 이런 말이 나돌 것입니다. '최근에 와스디 왕비 소식 들었나? 아하수에로 왕이 왕비를 자기 앞에 나아오게 명령했는데도 왕비가 가지 않았다지 뭔가!' 여자들이 그 말을 들으면 그때부터 남편을 우습게 알 것입니다. 페르시아와 메대 관리의 아내들이 왕비의 오만함을 듣는 그날로부터 그들도 오만방자하게 될 것입니다. 자기 본분을 모르고 날뛰는 성난 여자들의 나라, 그것이 우리가 바라는 나라인지요?

19-20 그러니 왕께서 동의하신다면, 와스디 왕비를 아하수에로 왕 앞에서 영영 추방하는 왕령을 내리시고 그것을 철회하지 못하도록 페르시아와 메대의 법에 기록하십시오. 그리고 왕비의 지위는 자기 본분을 아는 여자에게 주십시오. 왕의 판결이 이 광대한 온 나라에 알려지면, 사회적 지위와 관계없이 모든 여자가 자기 남편을 마땅히 존중할 것입니다."

21-22 그의 말은 왕과 대신들의 마음에 쏙 들었다. 왕은 므무간의 건의대로 시행했다. 왕은 각 지방의 문자와 각 민족의 언어로 모든 지방에 공문을 보냈다. "남자가 자기 집을 주관해야 하며, 무엇이든 그의 말대로 해야 한다."

2 1-4 그 후에 아하수에로 왕의 분노가 가라앉아 와스디가 행한 일과 자신이 그녀에게 내린 명령을 다시 생각하고 있을 때, 왕의 젊은 수행원들이 끼어들어 이야기를 꺼냈다. "왕을 모실 어여쁜 젊은 처녀들을 찾아보게 하십시오. 왕께서는 나라의 각 지방에 관리들을 임명하시고, 어여쁜 젊은 처녀들을 도성 수사에 있는 규방으로 데려오게 하십시오. 그곳의 책임자인 왕의 내시 헤개가 그들의 몸단장을 맡을 것입니다. 그 후에 왕께서 가장 마음에 드는 처녀를 고르셔서 와스디를 대신하여 왕비로 삼으십시오."
왕은 그 제안이 마음에 들어 그대로 받아들였다.

5-7 한편, 수사 궁전에 한 유대인이 살고 있었다. 그는 기스의 증손이요 시므이의 손자요 야일의 아들인 모르드개로, 베냐민 사람이었다. 일찍이 바빌론 왕 느부갓네살이 그의 조상을 예루살렘에서 포로로 사로잡아 유다 왕 여호야긴과 함께 끌고 왔다. 모르드개에게는 에스더라고 하는 사촌 누이동생 하닷사가 있었다. 아버지와 어머니를 여읜 후부터 그녀를 그가 길러 온 터였다. 소녀는 몸매가 아름답고 얼굴도 예뻤다. 부모가 죽은 후에 모르드개가 그녀를 딸로 삼았다.

8 왕의 명령이 공포되자, 사람들이 많은 젊은 처녀들을 수사 궁전으로 데려와 여자들을 감독하는 헤개에게 넘겼다. 에스더도 그 가운데 있었다.

9-10 헤개는 에스더가 마음에 들어 특별히 관심을 두었다. 곧바로 그는 에스더의 몸단장을 시작했다. 특별 식단을 주문하고 궁의 시녀 일곱을 붙여 주어, 그녀와 시녀들이 규방의 가장 좋은 방에서 지내게 했다. 에스더는 자신과 가문과 민족 배경에 대해 아무 말도 하지 않았다. 모르드개가 말하지 말라고 일러두었기 때문이다.

11 모르드개는 에스더가 어떻게 지내는지, 무엇을 하고 있는지 소식을 듣고자 날마다 규방 뜰 옆을 거닐었다.

12-14 처녀들은 아하수에로 왕 앞에 차례대로 나아갈 때까지, 정해진 대로 열두 달—몰약 기름으로 여섯 달, 향수와 각종 화장품으로 여섯 달—의 몸단장 과정을 거쳤다. 왕 앞에 나아갈 때가 된 처녀에게는 무엇이든 본인이 원하는 것을 주어, 왕의 방으로 갈 때 가지고 가게 했다. 그들은 저녁때 왕의 방에 갔다가 아침에 사아스가스가 감독하는 별궁으로 돌아왔는데, 그는 후궁들을 관리하는 왕의 내시였다. 왕이 특별히 마음에 들어 하여 이름을 불러 찾지 않는 한, 그들은 다시 왕 앞에 나아가지 못했다.

15 에스더는 왕 앞에 나아갈 차례가 되자(에스더는 모르드개의 삼촌 아비하일의 딸이었으나 모르드개가 자기 딸로 삼았다) 규방을 관리하는 왕의 내시 헤개가 권한 것 말고는 아무것도 구하지 않았다. 그 모습 그대로 에스더는 보는 이들의 찬탄을 자아냈다.

16 그녀는 아하수에로 왕이 다스린 지 칠 년째 되는 해 열째 달 곧 데벳월에, 왕이 있는 왕궁으로 불려 들어갔다.

17-18 왕은 에스더를 보고 한눈에 반했다. 어떤 궁녀, 어떤 처녀보다도 그녀가 마음에 들었다. 그녀에게 완전히 매료되었다. 그는 에스더의 머리에 관을 씌우고, 와스디를 대신하여 왕비로 삼았다. 그리고 모든 귀족과 관리들을 위해 큰 연회를 베풀었다. '에스더의 연회'였다. 그는 모든 지방에 휴일을 선포하고, 왕의 선물을 후히 내렸다.

19-20 이후 처녀들이 다시 한번 소집되었는데, 모르드개가 왕의 문에서 일을 맡아보고 있었다. 그때까지 에스더는 모르드개가 말한 대로 자신의 가문 배경과 민족에 대해 입을 다물고 있었다. 에스더는 모르드개 밑에서 자라면서 그의 말에 늘 순종했고 지금도 마찬가지였다.

21-23 그날 모르드개가 왕의 문에서 일을 맡아보고 있는데, 입구를 지키는 왕의 두 내시 빅다나와 데레스가 원한을 품고 아하수에로 왕을 죽일 계략을 꾸미고 있었다. 그러나 모르드개가 그 음모를 알아채고 왕비 에스더에게 그 사실을 알렸고, 에스더는 그것을 모르드개에게서 들었다고 하면서 아하수에로 왕에게 알렸다. 조사 결과 진상이 드러나면서 두 사람은 교수형에 처해졌다. 이 모든 일

이 왕의 일지에 기록되었다.

3 [1-2] 얼마 후에, 아하수에로 왕은 아각 사람 함므다다의 아들 하만을 최고
위 관직에 앉혔다. 왕의 문에서 일하는 모든 신하는 왕의 명령에 따라 하
만 앞에 무릎 꿇고 절하며 그에게 예를 갖추었다.
[2-4] 그러나 모르드개만은 예외였다. 그는 무릎 꿇고 절하지 않았다. 왕의 문에
서 일하는 신하들이 그 일로 모르드개에게 물었다. "어째서 왕의 명령을 거역하
는 거요?" 그들이 날마다 타일렀으나 그는 듣지 않았다. 그래서 그들은 무슨 조
치를 취해야겠다 싶어 하만에게 갔다. 모르드개는 그들에게 자신이 유대인임을
밝힌 상태였다.
[5-6] 하만은 모르드개가 자기 앞에 무릎 꿇고 절하지 않는 것을 보고는 화가 치밀
었다. 그런데 모르드개가 유대인인 것을 알고 나자, 유대인 한 사람을 죽이는
것으로는 성이 차지 않았다. 그는 모르드개뿐 아니라 아하수에로의 나라에 있
는 모든 유대인을 제거할 방도를 궁리했다.
[7] 아하수에로 왕 십이년 첫째 달 곧 니산월에, 하만의 주도로 유대인들을 제거
할 적당한 시기를 정하기 위해 부르, 곧 제비를 뽑았다. 제비는 열두째 달 곧 아
달월 십삼일로 정해졌다.
[8-9] 그러자 하만은 아하수에로 왕에게 말했다. "백성 가운데 잘 어울리지 않는
이상한 민족 하나가 왕의 나라 각 지방에 흩어져 있습니다. 그들의 관습과 풍속
은 다른 민족들과 다릅니다. 뿐만 아니라, 그들은 왕의 법을 무시하기까지 합니
다. 왕께서는 그들의 무례한 행동을 참으시면 안됩니다. 왕께서 괜찮으시다면,
그들을 모두 없애라는 명령을 내려 주시기 바랍니다. 비용은 제가 직접 대겠습
니다. 이번 일의 자금으로 은 375톤을 왕실 금고에 예치하겠습니다."
[10] 왕은 손에 끼고 있던 인장 반지를 빼서 아각 사람 함므다다의 아들이자 유대
인의 큰 원수인 하만에게 주었다.
[11] 왕이 말했다. "그대의 돈이니, 그 민족에게 그대가 원하는 대로 하시오."
[12] 첫째 달 십삼일에 왕의 서기관들이 소집되었다. 그들은 하만이 불러 주는 대
로 왕의 대신과 각 지방 총독과 모든 민족의 관리들 앞으로 보내는 명령을 토씨
하나까지 모두 기록했다. 명령은 아하수에로 왕의 이름으로 각 지방의 문자와
각 민족의 언어로 기록한 후에 왕의 인장 반지로 날인했다.
[13-14] 전령들 편으로 왕의 모든 지방에 공문이 발송되었다. 열두째 달 곧 아달월
십삼일 하루 동안 모든 유대인—어린이와 노인, 여자와 아기들까지—을 학살하
고 그들의 재산을 약탈하라는 명령이 담긴 공문이었다. 공문 사본을 각 지방에
게시하여 모든 민족이 공개적으로 알고 그날을 준비하게 했다.
[15] 왕의 명령대로 전령들이 떠났다. 공문은 수사 궁전에도 게시되었다. 왕과 하만
은 마음 편히 앉아 술잔을 기울였으나, 수사 성은 그 소식으로 인해 술렁거렸다.

4 1-3 이 모든 일을 알게 된 모르드개는 자기 옷을 찢어 베옷을 입고 재를 뒤집어쓴 채, 대성통곡하며 성의 거리로 나갔다. 베옷을 입은 사람은 누구도 왕의 문 안으로 들어갈 수 없었으므로, 그는 왕의 문 앞까지 와서 멈추어 섰다. 왕의 명령이 모든 지방에 게시되자 유대인들이 크게 애통해 했다. 그들은 금식하면서, 슬피 울며 부르짖었다. 그들 대부분이 베옷 차림으로 재를 뒤집어쓰고 드러누웠다.

4-8 에스더의 시녀와 내시들이 이 일을 에스더에게 전하니, 왕비는 크게 충격을 받았다. 에스더가 모르드개에게 새옷을 보내 베옷을 벗도록 했지만, 그는 받으려 하지 않았다. 에스더는 왕이 그녀를 시중들도록 붙여 준 왕궁 내시 하닥을 불러, 모르드개에게 가서 무슨 일인지 전말을 알아 오게 했다. 하닥은 왕의 문 앞 성읍 광장에 있는 모르드개에게 갔다. 모르드개는 그동안 있었던 일을 그에게 모두 말했다. 그는 또 하만이 유대인 학살 자금으로 왕실 금고에 예치하기로 약속한 돈의 액수까지 정확히 말해 주었다. 모르드개는 수사에 게시된 왕의 공문 사본을 그에게 주면서, 에스더에게 돌아가 보고할 때 그것을 보이라고 말했다. 그리고 왕에게 나아가서 자기 민족을 위해 간절히 구하고 탄원하라는 당부도 전했다.

9-11 하닥이 돌아와서 모르드개의 말을 에스더에게 모두 전했다. 하닥의 이야기를 전해 들은 에스더는 다시 그를 모르드개에게 보내어 이렇게 말했다. “여기 왕 밑에서 일하는 사람과 각 지방의 백성도 다 아는 것처럼, 왕의 부름 없이 왕께 나아가는 모든 사람의 운명은 오직 죽음뿐입니다. 왕께서 금홀을 내밀 때에만 예외입니다. 그러면 그 사람은 살 수 있습니다. 내가 부름을 입어 왕 앞에 나아간 지 벌써 삼십 일이 지났습니다.”

12-14 하닥이 모르드개에게 에스더의 말을 전하자, 모르드개는 다시 에스더에게 이렇게 말했다. “왕비께서 왕궁에 있다는 이유만으로 이 일에서 홀로 살아남으리라고 생각지 마십시오. 이러한 때에 왕비께서 계속 침묵하면 유대인들은 다른 데서 도움을 얻어 구원을 받겠지만, 왕비와 왕비의 집안은 멸망하고 말 것입니다. 그대가 왕비로 세워진 것이, 바로 이때를 위함인지 누가 알겠습니까?”

15-16 에스더는 모르드개에게 다시 답변을 보냈다. “어서 수사에 사는 유대인들을 모두 모으시고, 나를 위해 금식하게 하십시오. 사흘 동안 밤낮으로 먹지도 말고 마시지도 마십시오. 나와 내 시녀들도 함께 금식할 것입니다. 그렇게 해주신다면, 비록 금지된 일이지만 내가 왕께 나아가겠습니다. 그러다가 죽으면, 죽겠습니다.”

17 모르드개가 떠나서 에스더가 일러 준 대로 시행했다.

⁂

5 1-3 사흘 후에 에스더는 왕비의 예복을 입고 왕의 알현실이 있는 왕궁 안뜰에 들어섰다. 그때에 왕은 입구 쪽을 향하여 왕좌에 앉아 있었다. 뜰에 서 있는 왕비 에스더의 모습이 눈에 띄자, 왕은 반가워하며 손에 들고 있던 금

홀을 내밀었다. 에스더가 가까이 다가가 그 홀의 끝에 손을 대었다. 왕이 물었
다. "왕비 에스더여, 그대의 소원이 무엇이오? 그대가 원한다면 내 나라의 절반
이라도 주겠소."
4 에스더가 말했다. "왕께서 괜찮으시다면, 제가 왕을 위해 준비한 저녁식사에
하만과 함께 오셨으면 합니다."
5-6 왕이 말했다. "당장 하만을 부르거라. 그와 함께 왕비 에스더가 준비한 저녁
을 들겠다."
그래서 왕과 하만은 에스더가 마련한 저녁식사 자리에 동석했다. 함께 술을 마
시던 중에, 왕이 에스더에게 말했다. "이제, 그대가 원하는 것을 말해 보시오.
내 나라의 절반을 달라고 해도 지나치지 않으니, 말만 하시오!"
7-8 에스더가 대답했다. "제가 원하는 것은 이것입니다. 왕께서 제게 은혜를 베
푸시고 제 소원과 간구대로 해주기를 기뻐하신다면, 제가 내일도 저녁식사를
차려 왕과 하만을 모시고 싶습니다. 왕께서는 하만과 함께 오시기 바랍니다. 그
때는 왕께서 물으시면 바로 제 소원을 아뢰겠습니다."

9-13 그날 하만은 아주 즐거운 기분으로 궁을 나섰다. 그런데 그때 왕의 문을 지
키고 앉아서 자기를 무시하고 본체만체하는 모르드개가 보였다. 하만은 화가
치밀어 올랐지만, 꾹 참고 곧바로 집으로 갔다. 그는 친구들과 아내 세레스를
불러 놓고, 자신의 엄청난 재물과 많은 자녀들, 그리고 왕이 자기를 높여 주던
일이며, 최고위직에 오른 일을 자랑하기 시작했다. 하만은 말을 이었다. "그뿐
만이 아니오. 에스더 왕비가 왕을 대접하는 사적인 저녁식사에 나를 초대했지
뭐요. 우리 셋뿐이었소. 왕비는 내일 저녁식사에도 나를 초대했다오. 그런데 왕
의 문에 앉아 있는 그 유대인 모르드개만 보면, 이 모든 게 하나도 즐겁지 않단
말이오."
14 그의 아내 세레스와 친구들이 말했다. "높이 23미터의 교수대를 세우십시오.
내일 아침 가장 먼저 왕께 구하여, 모르드개를 거기 매달라는 명령을 받아 내십
시오. 그러고 나서 즐거이 왕과 함께 저녁식사에 가면 되지 않겠습니까."
하만은 그 말이 마음에 들었다. 그는 교수대를 세우게 했다.

6

1-2 그날 밤 왕은 잠이 오지 않아서, 매일의 사건을 기록하는 실록을 가져
다가 자기 앞에서 읽도록 명령했다. 실록을 읽던 중에 우연히, 모르드개
가 빅다나와 데레스의 음모를 폭로했던 일에 관한 기록이 나왔다. 그 둘은 문
입구를 지키는 왕궁 내시로, 아하수에로 왕을 암살하려고 모의했었다.
3 왕이 물었다. "이런 일을 한 모르드개에게 상을 내려 그 공을 치하했느냐?"
시중들던 왕의 시종들이 대답했다. "그에게 해준 것이 하나도 없습니다."
4 왕이 말했다. "거기 뜰에 누구 있느냐?"

마침 하만이 자기가 세운 교수대에 모르드개를 매다는 일을 왕에게 말하려고
왕궁 바깥뜰에 들어서던 참이었다.
5 왕의 시종들이 말했다. "하만이 뜰에 대기하고 있습니다."
"안으로 들게 하여라." 왕이 말했다.
6-9 하만이 들어오자 왕이 그에게 말했다. "내가 특별히 높이고자 하는 사람이
있는데, 그에게 무엇을 해주면 좋겠소?"
하만은 속으로 생각했다. "나를 높이겠다는 말씀이로구나. 나 말고 또 누가 있
겠는가?" 그래서 그는 왕에게 대답했다. "왕께서 높이기를 기뻐하시는 사람이
라면 이렇게 하시는 것이 좋을 듯합니다. 왕께서 입으시는 옷과 왕께서 타시는
말을 내어 오게 하십시오. 그런 다음에 그 말의 머리에 왕의 관을 씌우고 그 옷
과 말을 왕의 가장 높은 대신에게 맡기셔서, 왕께서 특별히 높이시려는 그 사람
에게 입히게 하십시오. 그리고 그를 말에 태워 성읍 광장을 지나면서 '왕께서 특
별히 높이고자 하시는 사람에게는 이렇게 하신다!' 하고 외치게 하십시오."
10 왕이 하만에게 말했다. "바로 가서, 그 말대로 시행하시오. 한시도 지체하지
마시오. 내 옷과 말을 가지고 왕의 문에 앉아 있는 유대인 모르드개에게 가서,
그대가 말한 그대로 하시오. 사소한 것 하나라도 빠뜨려서는 안되오."
11 그래서 하만은 왕의 옷과 말을 가지고 가서 모르드개에게 옷을 입히고 그를
이끌어 성읍 광장을 지나면서 그 앞에서 선포했다. "왕께서 특별히 높이고자 하
시는 사람에게는 이렇게 하신다!"
12-13 그 후 모르드개가 왕의 문으로 돌아갔으나, 하만은 더없이 분해서 얼굴을
가리고 급히 자기 집으로 돌아갔다. 하만은 그날 있었던 일을 아내 세레스와 친
구들에게 모두 말했다. 그러자 그 자리에 있던 똑똑한 친구와 아내 세레스가 말
했다. "모르드개가 정말 유대인이라면 당신의 불운은 이제 시작에 불과합니다.
당신에게 승산이 없으니 이제 망한 것이나 다름없습니다."
14 그들이 아직 이야기하고 있는데 왕의 내시들이 와서, 에스더가 준비한 저녁
식사 장소로 하만을 급히 데리고 갔다.

7 1-2 왕과 하만은 왕비 에스더와 함께하는 저녁식사에 참석했다. 두 번째
저녁식사에서도, 왕은 술을 마시면서 에스더에게 물었다. "왕비 에스더
여, 무엇을 원하시오? 내 나라의 절반이라도 좋으니 말만 하시오. 모든 게 당신
것이오."
3 왕비 에스더가 대답했다. "왕이시여, 제가 왕께 은혜를 입어 왕께서 저를 기쁘
게 여기신다면, 저와 제 민족을 살려 주십시오.
4 저와 제 민족이 팔려서, 이제 망하게 되었습니다. 살육당하여 망하게 되었습
니다. 우리가 종으로만 팔렸어도 제가 감히 왕께 이런 말씀을 드리지 않을 것입
니다. 우리의 근심도 왕을 성가시게 할 정도는 아니었을 것입니다."
5 아하수에로 왕이 크게 화를 냈다. "그런 극악무도한 짓을 꾸민 자가 누구요?

그 자가 지금 어디 있소?"
6 에스더가 말했다. "그 원수, 그 대적은 바로 이 악한 자 하만입니다."
순간 하만은 왕과 왕비 앞에서 공포에 질렸다.
7-8 왕이 크게 분노하여, 술잔을 내려놓고 자리를 박차고 일어나 왕궁 정원으로
들어갔다.
하만은 거기 서서 왕비 에스더에게 살려 달라고 애원했다. 왕이 자신을 끝장내
리라는 것과 자신의 운이 다한 것을 그도 알 수 있었다. 왕이 왕궁 정원에서 연
회장으로 돌아오니, 하만이 에스더가 기대 누운 침상에 엎드려 있었다. 왕이 버
럭 소리를 질렀다. "이 자가 나를 지척에 두고 왕비를 겁탈하려 드는구나!"
왕의 입에서 그 말이 떨어지자, 하만의 얼굴에서 핏기가 가셨다.
9 왕을 시중들던 내시 가운데 하르보나가 말했다. "저쪽을 보십시오! 하만이 왕
의 목숨을 구한 모르드개를 매달려고 세운 교수대입니다. 하만의 집 바로 옆에
있는데, 높이가 23미터입니다!"
왕이 말했다. "이 자를 거기에 매달아라!"
10 하만은 모르드개를 매달려고 직접 세운 바로 그 교수대에 자신이 매달렸다.
그제야 왕의 불같은 분노가 가라앉았다.

8 1-2 그날 아하수에로 왕은 유대인의 대적 하만의 재산을 왕비 에스더에게
주었다. 에스더가 모르드개와의 관계를 설명하자, 모르드개가 왕 앞에
나아오게 되었다. 왕은 하만에게서 돌려받은 자신의 인장 반지를 빼서 모르드
개에게 맡겼다. 에스더는 하만의 재산을 그가 관리하게 했다.
3-6 에스더는 또다시 왕에게 나아가, 아각 사람 하만의 악을 저지하고 유대인을
해치려고 꾸민 그의 계략을 철회해 달라고 왕의 발 앞에 엎드려 눈물로 간청했
다. 왕이 에스더에게 금홀을 내밀자, 에스더가 일어나 왕 앞에 서서 말했다. "왕
께서 저를 기쁘게 여기시고 이 일이 옳다고 생각하시면, 그리고 왕께서 정말 저
에게 은혜를 베푸신다면, 명령을 내리셔서 아각 사람 함므다다의 아들 하만의
계략, 곧 각 지방의 모든 유대인을 몰살시키려는 계획을 승인하는 공문을 취소
하여 주십시오. 제 민족이 진멸당하는 참사를 제가 어찌 눈 뜨고 볼 수 있겠으
며, 제 친족이 살육당하는 것을 제가 어찌 바라보고만 있겠습니까?"
7-8 아하수에로 왕은 왕비 에스더와 유대인 모르드개에게 말했다. "하만이 유대
인을 공격했으므로, 내가 그의 재산을 에스더에게 주고 그를 교수대에 매달게
했소. 그러니 이제 그대들의 판단대로 유대인들을 위해 무엇이든 글로 쓰도록
하시오. 그리고 이 인장 반지로 날인하시오." (왕의 이름으로 기록하고 그의 인장 반지
로 날인한 명령은 철회할 수 없다.)
9 그래서 셋째 달 곧 시완월 이십삼일에, 왕의 서기관들이 소집되었다. 유대인
들에 관한 왕의 명령이 모르드개가 불러 주는 대로 토씨 하나까지 기록되었다.
그것은 인도에서 에티오피아까지 127개 모든 지방의 대신과 총독과 관리들 앞

으로 보내는 것으로, 유대인의 문자와 언어를 포함해 각 지방의 문자와 각 민족의 언어로 기록되었다.

10 모르드개는 아하수에로 왕의 이름으로 명령을 기록하고, 왕의 인장 반지로 날인했다. 그리고 말 탄 전령들 편으로 공문을 발송했는데, 그들은 왕궁 사육장에서 기른 왕의 가장 빠른 말을 탔다.

11-13 왕이 명령한 내용은, 모든 성읍의 유대인들이 무장하여 스스로를 지키고, 그들과 그들의 아내와 자녀들을 위협하는 사람은 누구든 죽이며, 원수들의 소유를 무엇이든 빼앗을 수 있게 한 것이었다. 아하수에로 왕이 다스리는 모든 지방에서 이 일이 허용된 날은 열두째 달 곧 아달월 십삼일이었다. 명령은 각 지방의 공공장소에 게시하여 누구나 읽게 했고, 유대인들에게는 그날을 준비하여 원수들에게 복수할 수 있도록 승인했다.

14 왕의 명령이 긴급하므로, 전령들은 왕의 말을 타고 급히 떠났다. 왕의 명령은 수사 궁전에도 게시되었다.

15-17 모르드개는 보라색과 흰색 예복, 큰 금관, 가는 모시실로 지은 자주색 겉옷 차림으로 왕 앞에서 물러 나왔다. 수사 성에 기쁨이 흘러넘쳤다. 유대인들에게 밝은 빛과 웃음이 찾아온 것이다. 즐겁고 기쁘고 자랑스러운 날이었다. 왕의 공문이 게시된 모든 성읍, 모든 지방, 각 나라 어디에서나 유대인들은 거리로 나가 축하하고 환호하며 잔치를 벌였다. 뿐만 아니라 유대인이 아닌 많은 사람들도 유대인이 되었다. 이제는 오히려 유대인이 아닌 사람들이 위험해졌다!

9 1-4 열두째 달 곧 아달월 십삼일에, 왕의 명령이 시행되었다. 유대인의 원수들이 그들을 제압하려고 했던 바로 그날, 상황은 역전되어 유대인들을 미워하는 자들을 유대인들이 제압하게 된 것이다! 유대인들은 아하수에로 왕이 다스리는 각 지방 모든 성읍에 모여 그들의 멸망을 꾀하던 자들을 공격했다. 누구도 그들을 당해 낼 수 없었다. 두려워서 모두들 겁쟁이가 되었다. 더욱이 정부 관리와 대신과 총독을 비롯하여 왕 밑에서 일하는 모든 사람이 모르드개를 의식하고 유대인들을 도왔다. 그들은 모르드개를 두려워했다. 이제 그는 왕궁의 실세가 되었다. 모르드개의 권력이 커질수록 그의 명성도 더해 갔다.

5-9 유대인들은 칼로 원수들을 해치우고 닥치는 대로 살육하며, 자기들을 미워하는 자들에게 마음껏 복수했다. 수사 궁전에서 유대인들은 오백 명이나 되는 사람을 죽였다. 그들은 또 유대인의 대적이요 함므다다의 아들인 하만의 열 아들도 죽였다.

바산다다 달본
아스바다 보라다
아달리야 아리다다
바마스다 아리새

아리대 왜사다

10-12 그러나 그들은 재산은 약탈하지 않았다. 그날 모든 일이 끝난 뒤에, 궁전
에서 죽임당한 자들의 수가 왕에게 보고되었다. 왕이 왕비 에스더에게 말했다.
"이곳 수사 궁전에서만 유대인들이 오백 명을 죽였고, 하만의 열 아들도 죽였
소. 그러니 나머지 지방에서야 어떠했겠소! 그 밖에 그대가 더 원하는 것이 무
엇이오? 말만 하시오. 그러면 그대 뜻대로 될 것이오. 그대의 소원이 곧 나의
명령이오."
13 왕비 에스더가 대답했다. "왕께서 괜찮으시다면, 수사의 유대인들에게 이 명
령의 기한을 하루만 더 연장해 주셔서, 하만의 열 아들의 시체를 교수대에 매달
아 모두가 보게 해주십시오."
14 왕은 그렇게 하라고 명령을 내렸다. 명령은 연장되었고, 하만의 열 아들의 시
체는 공개적으로 매달렸다.
15 수사의 유대인들이 다시 모여들었다. 아달월 십사일에 그들은 수사에서 삼백
명을 더 죽였다. 그러나 이번에도 재산은 약탈하지 않았다.
16-19 한편, 왕이 다스리는 나머지 지방에서는 유대인들이 단결하여 스스로를 지
키고 압제에서 벗어났다. 아달월 십삼일에 그들은 유대인을 미워하는 자 칠만
오천 명을 죽였으나 재산은 약탈하지 않았다. 그들은 이튿날 십사일에 쉬면서,
풍성한 음식으로 잔치를 벌이며 즐거워했다. 그러나 수사에서는 유대인들이 십
삼일과 십사일 이틀에 걸쳐 일을 벌였으므로, 십오일을 경축일로 삼아 잔치를
벌이면서 즐거워했다. (그래서 지방의 시골 마을에 사는 유대인들은 아달월 십사일을 기념
하여 잔치를 벌이고 선물을 주고받는다.)

⚘

20-22 모르드개는 이 모든 일을 기록하고 그 사본을 지역과 관계없이 아하수에로
왕이 다스리는 모든 지방의 유대인들에게 보내어, 해마다 아달월 십사일과 십
오일을, 유대인들이 원수들에게서 해방된 기념일로 지키도록 명령했다. 그달에
그들의 슬픔이 기쁨으로 변했고, 애통이 축제와 웃음의 경축일로 바뀌어, 서로
선물을 주고받고 가난한 이들을 보살폈다.
23 그들은 명령대로 그날을 지켰다. 그때부터 시작된 것이 전통이 되어, 모르드
개가 지시한 대로 계속 시행되었다.

⚘

24-26 모든 유대인의 대적인 아각 사람 함므다다의 아들 하만은, 모든 유대인을
멸할 음모를 꾸몄다. 그는 부르(제비)를 뽑아 그들을 공포에 떨게 하고 멸망시키
려 했다. 그러나 왕비 에스더가 나서서 탄원하자 왕이 문서로 명령을 내렸고,
하만이 꾸민 악한 계략은 결국 하만 자신에게로 돌아갔다. 하만과 그 아들들은
교수대에 매달렸다. 그래서 이 두 날을 '제비'를 뜻하는 '부르'라는 단어를 따서

'부림'이라 부른다.
[26-28] 유대인들은 모르드개가 보낸 편지에 적힌 모든 말을 명심하고 자신들이 겪은 모든 일을 기념하여, 이날을 계속 지키기로 뜻을 모았다. 해마다 그 편지에 기록된 두 날을 기념하는 일은, 그들과 그 후손과 장래의 모든 개종자들에게 전통이 되었다. 이 두 날은 모든 지방과 성읍에서 모든 세대가 기억하고 지켜야 할 명절이 되었다. 이 부림의 날들은 유대인들이 절대로 소홀히 해서는 안되는 날이자, 그 후손에게도 절대 잊어서는 안되는 날이 되었다.
[29-32] 아비하일의 딸 왕비 에스더는 왕비의 전권으로 유대인 모르드개를 지원하여, 그가 기록한 내용을 지지하고 승인하는 두 번째 편지를 썼다. 모르드개는 아하수에로가 다스리는 나라 127개 지방 전역의 모든 유대인에게 위로와 격려의 편지를 보내어, 이 부림의 날들이 유대인 모르드개가 정한 날로 달력에 자리 잡게 했다. 이날은 그들 자신들뿐 아니라 후손도 금식하고 울며 부르짖는 날로 정해졌다. 에스더의 명령은 부림의 전통을 견고하게 해주었고, 그 내용은 책에 기록되었다.

10 [1-2] 아하수에로 왕은 자신의 제국 이쪽 끝에서 저쪽 끝까지 세금을 부과했다. 아하수에로 왕의 광대한 업적은, 왕이 모르드개를 높여 영광스럽게 한 일에 대한 상세한 기록과 함께 '메대와 페르시아 왕 연대기'에 모두 기록되어 있다.
[3] 유대인 모르드개는 아하수에로 왕 다음으로 영향력 있는 위치에 올랐다. 그는 유대인들 사이에서 평판이 좋았고 크게 존경을 받았다. 그는 특히 자기 백성의 유익을 위해 열심히 일했고, 자기 민족의 평화와 번영에 마음을 다했다.

성경 안에는 인간 경험을 있는 그대로 다루는 독특한 계열의 책들이 있다. 이 책들은 인간답게 살기 위해 반드시 기억해야 할 것들을 다루고 있는데, 성경에 수록된 이러한 증언 및 작품에는 공통적으로 "지혜"라는 명칭이 따라붙는다.

여기서 말하는 "지혜"란, 별난 사상이나 교리나 조언이 아니라 일종의 마음가짐, 분명한 자세를 가리킨다. 지혜는 범위가 넓어서, 가지각색 동료 여행자들과 달갑지 않은 여행자들을 하나로 묶어 낸다. 이 신앙 여행자들이 공통의 기반에 발을 들여놓을 수 있는 이유는 지혜의 단호한 주장 때문이다. 우리가 하나님을 진지하게 섬기고 그분께 믿음으로 응답하려면, 인간 경험의 어떤 것도 빠뜨리거나 무시해서는 안된다는 것이다.

성경에서 포괄적인 줄거리와 주요 사건을 결정하는 쪽은 하나님과 그분의 길이고, 참여자로 초대받아 예우받는 쪽은 인간이다. 우리 가운데 마지막 한 사람, 우리의 일상생활과 연관된 마지막 세부사항까지 그러한 초대와 예우를 받는다. 구원 드라마에는 관람석이 없다. 무능한 선수들을 위한 "벤치"는 따로 존재하지 않는다.

사람들이 종교나 하나님께 관심을 기울이면서 자신의 직장과 가정, 공동체와 동료들에게는 무관심한 경우가 있는데, 우리 주위에서 흔히 있는 일이다. 이들은 하나님을 얻는 만큼 인간을 잃는다. 그러나 이것은 하나님께서 의도하시는 바가 아니다. 지혜는 이러한 경향을 거슬러, "영적"인 느낌이나 인상과 상관없이 모든 형식을 동원하여 인간 경험의 소중한 본질을 증언한다.

욥기, 시편, 잠언, 전도서, 아가는 성경의 지혜에 대한 중요한 증언이라고 할 수 있다. 물론 성경 전체에 지혜의 영향력이 스며들어 있기 때문에 지혜가 이 책들에 국한된다고 말할 수는 없다. 그러나 하나님께서 임재하시고 일하시는 무대인 인간 경험을 전면에 내세워 중점적으로 다룬 책은 이 몇 권뿐이다.

시편을 중앙에 놓고 그것을 중심으로 나머지 넷을 교차시킬 때 이 다섯 증언의 포괄성이 뚜렷해진다. 이를테면 시편 좌우에 욥기와 잠언을, 위아래에 전도서와 아가를 배열하는 것이다.

시편은 중심에 놓인 자석과 같아서, 인간 경험의 모든 조각과 차원을 하나님 앞으로 끌어당긴다. 불평("나는 스러져 소멸해

가고")과 감사("하나님께 박수갈채를!"), 의심("사랑 많기로 유명하신 주님, 그 사랑 지금 어디에 있습니까?")과 분노("오 하나님, 저들에게 응분의 벌을 내리소서!"), 고통의 절규("하루가 멀다 하고 누군가 나를 두들겨 팹니다")와 기쁨의 표출("하나님을 목청껏 찬양하여라!"), 조용한 묵상("주께서 주신 지혜를 작은 조각까지 곱씹고")과 떠들썩한 예배("하나님께 환호성을 올려라!") 등 가리지 않고 주제로 삼는다. 인간에게 흔히 나타나는 것이면 무엇이나 주제로 다룬다. 인간이 경험하는 것이면 무엇이나, 심지어 감정과 생각까지도 기도에 담고, 인간다운 본질을 유지하고 되찾을 수 있는 것이면 무엇이나 다 기도에 담는다. 그런 다음 우리네 인간성 전체에 관여하시는 하나님의 온전한 관심을 상하좌우의 두 축이 상세히 설명한다.

욥기와 잠언이 마주 보는 축은, 극도의 고난이라는 위기 경험과 우리가 직장과 가정, 돈과 섹스, 언어 사용과 감정 표현으로 이루어진 일상을 열심히 살아가며 겪는 흔한 경험을 대비하여 보여준다.

> "어찌하여 하나님은 비참한 사람들에게
> 빛을 주시고
> 쓰디쓴인생을사는이들을살려두시는가?
> 이들은 죽기를 무엇보다 바라건만 죽지
> 못하고
> 죽음보다 나은 것을 상상하지 못하며
> 죽어서 묻힐 날을
> 인생에서 가장 행복한 순간으로 손꼽아
> 기다리지 않는가?
> 부질없는 인생, 삶의 의미를 찾을 길을
> 하나님이 모두 막으셨으니, 살아서 무엇
> 하겠는가?"(욥 3:20-23)

> 이것은…… 솔로몬의 지혜로운 말이다.
> 어떻게 해야 바르게 잘살 수 있는지 가르
> 치고
> 인생의 의미가 무엇이며 어디로 흘러가
> 는지 알리려고 기록한 말이다.
> 이것은 옳고 정의롭고 공평한 것이 무엇
> 인지 알리고
> 세상의 이치를 모르는 이들을 가르치고
> 젊은이들이 현실을 파악하게 해줄
> 삶의 지침서다.
> 경험 많은 이들도 얻을 것이 있고
> 노련한 이들도 한두 가지 배울 것이 있을
> 것이다.
> 깊이 음미할 만한 새로운 지혜와
> 현인들의 슬기가 이 안에 있다(잠 1:1-6).

신앙생활은 특별한 경험과 평범한 경험 모두와 관계가 있다. 둘 중 하나를 배제할 수도 없고, 어느 하나에 우선순위를 둘 수도 없다. 고통을 당하며 화를 내고 항변하는 욥을 보면서, 우리는 우리에게 닥칠 수 있는 최악의 상황이 하나님의 영역 안에 있음을 깨닫게 된다. 또한 우리의 관찰력과 통찰력을 예리하게 해주는 간결한 잠언들을 통해 우리 주위에서 벌어지는 일을 제대로 보면서, 평범하고 단조로운 일상 역시 하나님의 영역임을 깨닫는다.
아가와 전도서가 마주 보는 축은 황홀한 사랑 경험과 따분한 사랑 경험을 맞세운다.

입 맞춰 주세요. 당신의 입술로 내 입술 덮어 주세요!
그래요, 당신의 사랑은 포도주보다 달콤하고
당신이 바른 향유보다 더 향기로워요.……

나를 데려가 주세요!……
우리 축하하고 노래하며
멋진 사랑의 음악을 연주해요.
그래요! 당신의 사랑은 최상품 포도주보다 달콤하니까요(아 1:2-4).

모든 것이 따분하다. 극도로 따분하다.
아무도 그 의미를 찾지 못한다.
눈에도 따분하고
귀에도 따분하다.
이미 있던 것이 다시 있을 것이고
이미 벌어진 일이 다시 벌어질 것이다.
(전 1:8-9)

신앙생활은 우리가 꿈꾸던 그 이상의 것을 발견하는 기쁨과 관계가 있고, '이 모든 것의 목적이 무엇이지?' 하고 물으며 끊임없이 한 발 한 발 내딛는 일과도 관계가 있다. 이 역시 둘 중 하나를 배제하거나 어느 하나에 우선순위를 둘 수 없다. 우리는 아가의 가사로 노래하고 기도하는 가운데, 하나님께서 인간이 경험할 수 있는 모든 복을 우리에게 내려 주신다는 것을 깨닫게 된다. 또한 전도서의 냉소적인 구절들을 곱씹으면서 인간 경험 고유의 한계들을 깨닫고 인간 경험을 있는 그대로 평가하여 그것과 하나님을 구분하게 된다.

이 시가서의 기자들은 우리가 인간 경험 전체를 정직하게 마주하고 주의를 기울이게 한다. 하나님께서 우리 각 사람 안에 거룩한 구원의 삶을 이루기 위해 활용하시는 것은 다름 아닌 우리의 경험이기 때문이다.

욥이 고난을 당했다. 그의 이름은 고난과 동의어로 쓰인다. 그가 물었다. "왜 그러십니까? 어째서 접니까?" 그 질문은 하나님을 향한 것이었다. 그의 질문은 끈질기고 열정적이며 호소력 있었다. 그는 침묵을 답변으로 여기지 않았고, 상투적인 말들을 답으로 받아들이지도 않았다. 하나님을 순순히 놓아 드리지 않았다.

그는 자신의 고난을 묵묵히 감내하거나 경건하게 감수하지 않았다. 다른 의견을 구하러 의사나 철학자를 찾아가지도 않았다. 그는 다만 하나님 앞에 버티고 서서 자신의 고난에 대해 강력하게 항의하고 또 항의했다.

"내가 오직 원하는 것은 한 가지 기도 응답뿐,
내 마지막 간구를 들어주시는 것.
하나님이 나를 밟아 주셨으면, 벌레처럼 짓이겨
영원히 끝장내 주셨으면.
그러면 궁지에 몰린 나머지 한계선을 넘어 거룩하신 하나님을 모독하는 일은 없을 것이고
그나마 그것으로 만족할 수 있을 텐데.
내게 무슨 힘이 있어 희망을 붙들겠는가?
무슨 미래가 있어 계속 살아가겠는가?
내 심장은 강철로 만들어진 줄 아나?
내가 무쇠인간인가?
내가 자력으로 지금 상황을 이겨 나갈 수 있을 것 같은가?
아닐세. 난 더 이상 버틸 힘이 없네!"
(욥 6:8-13)

욥이 우리에게 중요한 이유는 그가 고난을 당했을 뿐 아니라, 매우 중요한 영역인 가족과 건강과 물질적인 부분에서 우리와 똑같이 고난을 받았기 때문이다. 그리고 그는 자신의 고난에 대해 집요하게 질문을 던졌고 담대하게 항의했다. 그는 자신의 질문을 가지고 "최고책임자"에게 나아갔다.

❦

우리를 괴롭게 하는 것은 고난 자체가 아니다. "억울한" 고난이다.

다들 어릴 때 부모의 말을 듣지 않아 벌을 받은 적이 있을 것이다. 그 처벌이 우리의 잘못에 합당할 때 우리는 정당하다고 여기고 '잘못을 저지르면 벌을 받는구나' 하고 생각하게 된다.

그러나 우리는 나이가 들어 감에 따라, 우리가 저지르는 잘못의 크기와 우리가 겪는 고통의 강도가 정비례하지 않는다는 것을 깨닫고 놀라게 된다. 더 놀라운 사실은, 오히려 그와 정반대인 경우가 많다는 것이다. 옳은 일을 하고서 매를 맞기도 하고, 있는 힘껏 최선을 다하고 나서 보상을 기대하며 손을 내밀었다가 느닷없이 뒤통수를 얻어맞고 비틀거리며 쫓겨나기도 한다.

이것이 바로 우리를 당혹스럽게 하고, 더 나아가 분노하게 만드는 고난이다. 이런 고난이 욥에게 찾아와 그를 당혹스럽게 하고 분노하게 했다. 욥은 매사에 올바르게 처신했는데 어느 순간 갑자기 모든 것이 잘못되었다. 욥은 이 고난에 대해 목소리를 높여 하나님께 항의했다.

욥의 항변은 조리 있고 정곡을 찌르며 정직하다. 따라서 고난을 당해 본 사람이라면 누구나 욥의 목소리에서 자신의 고통을 들을 수 있다. 욥은 소심한 사람들이 차마 입 밖에 내지 못하는 내용들을 담대하게 말한다. 사람들의 내면에 혼란스럽게 뒤엉켜 있는 흐느낌을 시로 표현해 낸다. 많은 사람들이 속으로만 웅얼거리는 불평을 그는 하나님께 토해 낸다. 그는 좌절에 빠진 희생자이기를 거부한다.

> "나는 아네, 하나님이 살아 계심을. 그분은 나를 되살려 주시는 분.
> 그분이 마침내 땅에 우뚝 서실 것이네.
> 나 비록 하나님께 호된 벌을 받았지만 그분을 뵐 것이네!
> 내 두 눈으로 직접 하나님을 뵐 것이야.
> 오, 어서 빨리 그날이 왔으면!"
> (욥 19:25-27)

욥이 하지 않는 행동도 주목해서 보아야 한다. 그래야 그가 의도하지 않은 것을 그에게서 찾는 일이 없을 것이다. 그의 아내는 하나님을 저주하고 죽으라고 했다. 하나님을 부인함으로써 고난의 문제 자체를 없애 버리라고 제안한 셈이다. 하지만 욥은 그렇게 하지 않았다. 그렇다고 해서 그가 고난을 해명하는 것도 아니다. 고난을 피할 수 있는 비결을 알려 주지도 않는다. 고난은 신비다. 욥은 그 신비를 존중하게 된다.

> "그분은 내가 어디에 있으며 내가 무엇을 하는지 아신다네.
> 그분이 아무리 철저히 나를 시험하셔도,
> 나는 영예롭게 그 시험에 합격할 걸세.
> 나는 가까이에서 그분을 따랐고 그분의 발자취를 좇았네.
> 한 번도 그분의 길에서 벗어나지 않았네.
> 나는 그분의 말씀을 모두 지켰고
> 그분의 조언을 따랐으며 그것을 소중히 간직했네.
>
> 그러나 그분은 절대 주권자시니 누가 그분께 따질 수 있겠는가?
> 원하는 일을 원하실 때 행하시는 분이 아닌가.

그분은 나에 대해 정하신 일을 빠짐없이
이루실 것이고
그 외에도 하고자 하시는 모든 일을 이루
실 것이네.
그러니 그분 뵙기가 두려울 수밖에 없지
않겠는가?
생각만 해도 두려워지는구나."
(욥 23:10-15)

고난에 직면하여 의문을 제기하다 고난을 존중하기에 이르는 과정에서 욥은 자신이 더 큰 신비, 곧 하나님의 신비 안에 놓여 있음을 깨닫는다. 어쩌면 고난의 가장 큰 신비는, 고난에 처한 사람이 넘치는 경이감과 사랑과 찬양을 안고 하나님 앞에 나아가 그분을 예배하게 된다는 사실일 것이다. 고난이 매번 그런 결과를 낳지는 않지만, 그런 일은 생각보다 훨씬 많다. 욥의 경우는 분명히 그렇다. 그가 빈정대는 아내에게 한 말에도 심오한 역설과 받아들이기 어려운 우울한 진리가 담겨 있다. "우리가 하나님께 좋은 날도 받았는데, 나쁜 날도 받는 게 당연하지 않소?"(욥 2:10)

❦

그러나 욥기에는 욥만 등장하는 것이 아니다. 욥의 친구들이 있다. 아파서 병원에 입원하거나, 친구가 죽어 상심하거나, 일자리를 잃거나, 사귀던 사람과 헤어지거나, 우울증에 빠지거나, 당황하여 어찔 줄 모르거나, 종류를 막론하고 곤경에 처하는 순간, 사람들이 다가와 우리의 문제가 무엇이고 어떻게 해야 나아질 수 있는지 설명하기 시작한다. 주검에 독수리가 모이듯 고난당하는 사람들 주위에는 해결사들이 모여든다. 처음에는 우리에게 신경 써 주는 그들이 그저 고맙고 어쩌면 그렇게 멋진 말들을 척척 내놓는지 놀라울 따름이다. 그들은 정말 아는 게 많다! 그들은 어떻게 그런 '생활의 전문가'가 되었을까?

그런 사람들은 대개 하나님의 말씀을 자주 인용하지만 어딘가 어설프다. 그럴듯한 영적 진단과 처방을 잔뜩 내놓는데, 그것을 듣고 난 다음에는 "다 나를 걱정해서 하는 말인 것 같은데, 왜 저들의 말을 듣고 나면 기분이 나빠지는 거지?" 하는 의문이 든다.

욥기는 고난의 위엄과 하나님이 우리의 고통 가운데 함께하심을 알리는 증언인 동시에, 해명이나 "답변" 정도로 축소된 종교에 맞서 성경이 제시하는 주된 반론이다. 친구라는 사람들이 욥에게 내놓은 많은 답변이 형식적으로는 옳다. 그러나 바로 그 "형식적인" 측면 때문에 그들의 답변은 쓸모가 없어졌다. 그것은 인격적 관계가 없는 답변, 교감 없는 지성이다. 욥의 친구들은 표본병에 라벨을 붙이듯 황폐해진 욥의 인생에 답변을 붙였다. 욥은 하나님이 살아 역사하시는 현실과 동떨어진 그들의 세속화된 지혜에 몹시 화를 낸다.

"자네들 말은 이제 물릴 만큼 들었네.
그것도 위로라고 하는 건가?

그 장황한 연설은 끝도 없는가?
무슨 문제가 있기에 그렇게 계속 지껄이는가?
자네들이 내 처지라면
나도 자네들처럼 말할 수 있겠지.
끔찍한 장광설을 그러모아
지겹도록 들려줄 수 있을 걸세.
하지만 난 절대로 그렇게 하지 않을 거야. 격려하고 위로하고
안심시키는 말을 할 걸세. 복장 터지게 하는 말이 아니라!"(욥 16:1-5)

어느 시대에나 "건강, 부, 지혜"를 보장하는 생활방식을 가르쳐 주겠다고 장담하는 사람들이 있다. 그들은 지적이고 도덕적인 삶이 고난을 막아 준다고 선전한다. 그들의 관점에서 보면, 꼭 필요한 지적·도덕적 답변들을 제공해 줄 수 있는 그들을 곁에 둔 우리는 운이 좋은 사람들이다.

우리 앞에 나타나 이렇게 생각하고 저렇게 행동하기만 하면 만사가 잘될 것이라고 말하는 친절한 사람들의 진부한 말을 믿고 엉뚱한 길로 내달렸던 경험이 다들 한 번씩은 있을 것이다. 이런 우리를 대신해서 욥은 번민에 찬 답변을 내놓는다. 그는 하나님에 대해 속속들이 알고 있다는 투의 조언과 모든 상황을 그럴듯하게 설명해 내는 가르침을 거부한다. 욥의 정직한 항변은 장황한 종교적 잡설과 긍정적 사고를 주창하는 자들의 판에 박힌 말을 반박할 최고의 답변이며, 이 사실은 지금도 유효하다.

욥은 정직하고 무죄한 사람이었지만 엄청난 고난을 당했다. 그리고 당대의 종교적 상식으로 무장한 엘리바스, 빌닷, 소발, 엘리후가 일장연설을 쏟아내며 그를 포위했다. 욥과 친구들의 모습은 현저한 대조를 이룬다. 친구들은 상담가 역할을 자처하며 책에서 배운 교훈들을 현학적으로 논리정연하게 제시한다. 처음에 욥은 고통에 겨워 분통을 터뜨리며 큰소리로 항변하지만, 마침내 하나님이 나타나셔서 폭풍 가운데 말씀하시자 그 "회오리바람" 같은 신성 앞에서 경외감에 사로잡혀 믿음을 되찾고 입을 다문다. 진정한 믿음은 영적인 상투 문구로 축소되거나 성공담의 소재로 끝나지 않는다. 진정한 믿음은 고통의 불길과 폭풍 속에서 다듬어진다.

욥기는 일체의 답변을 거부하는 것이 아니다. 성경적 신앙에는 충분한 답변이 있다. 욥기가 거부하는 것은 세속화된 답변이다. 우리를 치기도 하고 고치기도 하시는 살아 계신 하나님, 참된 해답의 원천이신 그분의 말씀으로부터 분리되어 세속화된 답변이다. 하나님의 생각과 마음에서 끊어진 상태로는 그분에 대한 진리를 보유할 수 없는 까닭이다.

⸙

우리에게는 연민의 마음이 있어서 사람들이 고난받는 것을 보고 싶어 하지 않는다. 그래서 본능적으로 고통을 막거나 덜어 주려 한다. 이것은 분명 좋은 충동이다. 그러

나 고난당하는 자들에게 진심으로 다가가고자 한다면, 욥의 친구들처럼 되지 않도록 주의해야 한다. 나에게 잘못된 부분을 바로잡거나 문제를 없애거나 상황을 "더 좋게" 만들 능력이 있다는 주제넘은 생각을 가지고 "도움"을 베풀어서는 안된다. 고난당하는 친구들을 보면 어떻게 하면 부부관계가 나아지고, 아이들의 행실이 좋아지고, 마음과 정서가 건강해지는지 가르쳐 주고 싶어질 수도 있다. 그러나 다른 사람의 고난을 해결하려 달려들기 전에 몇 가지 명심할 것이 있다.

첫째, 우리가 제아무리 통찰력을 가졌다 해도, 친구들이 겪고 있는 문제의 본질을 온전하게 이해할 수는 없다. 둘째, 친구들이 우리의 조언을 원하지 않을 수도 있다. 셋째, 얄궂은 일이지만 사람이 하나님을 따르기로 헌신한다고 해도 고난이 줄어들지 않는다는 사실이다. 오히려 더 많은 고난을 받는다. 이들은 고난을 통해서 그 전에는 생각조차 못했을 놀라운 방법으로 삶이 변하고 깊어지며 아름답고 거룩한 사람이 된다.

그러므로 고난을 미연에 방지하겠다는 별 성과도 없는 일에 집중하지 말고, 할 수 있는 대로 고난 속으로 들어가 그 고난과 함께해야 한다. 고난의 신비 속으로 들어가 하나님을 찾아야 한다. 다시 말해, 고난받는 사람들이 안됐다는 생각을 버리고 그들을 존중하고 그들에게서 배우며, 그들이 허락하는 선에서 함께 항변하고 기도해야 한다. 동정은 근시안적이고 주제넘은 일이 될 수 있다. 고통을 나누는 일은 사람을 존중하는 일이면서 동시에 변화시키는 일이다. 욥의 고난과 기도와 예배를 바라보면, 우리가 따라가야 할 용기와 고결함의 길을 그가 열었음을 알게 된다.

⁂

그러나 나 혼자만 고난받는 것 같고 하나님이 원하시는 것이 무엇인지 몰라 욥이 앞서 간 길을 뒤따르는 일이 막막하게 느껴질 때가 있다. 그런 캄캄한 순간에는 폭풍 가운데 욥에게 나타나신 하나님이 지금 우리에게도 말씀하고 계신다는 사실을 기억해야 한다. 그 하나님께서 환상으로 우리 앞에 나타나지 않으실지라도, 그분은 욥에게 설명하신 수많은 방법들을 통해 우리에게 자신을 알려 주신다. 그것은 거시세계에서 미시세계까지, 경이로운 은하계에서 우리가 당연시하는 아주 작은 것들까지 포괄한다. 그분은 우리 앞에 펼쳐진 측량할 수 없는 우주의 창조자이시며 우리 안에 있는 소우주의 창조자도 되신다.

> 하나님께서 사나운 폭풍의 눈에서 욥에게 대답하셨다.……
>
> "내가 이 땅을 창조할 때 너는 어디 있었느냐?
> 네가 아는 것이 그렇게 많다니, 어디 말해 보아라!……

> 너는 아침에게 '기상' 명령을 내리고
> 새벽에게 '작업 개시'를 지시한 적이 있느냐?
> 그리하여 땅을 이불처럼 거머쥐고
> 바퀴벌레를 털어 내듯 악한 자들을 털어 버린 적이 있느냐?……
>
> 너는 구름의 주의를 끌어
> 소나기를 내리게 할 수 있느냐?
> 번개를 뜻대로 부리고
> 명령을 바로 수행했는지 보고하게 할 수 있느냐?"(욥 38:1, 4, 12-13, 34-35)

그래서 우리는 희망을 품는다. 그 희망은 캄캄한 고난에서 피어나는 것도, 책에 담긴 듣기 좋은 답변들이 제시하는 것도 아니다. 우리의 고난을 살피시고 우리의 고통을 함께 나누시는 하나님께로부터 오는 희망이다.

기도하고 묵상하며 욥기를 읽노라면, 인생이 생각대로 풀리지 않을 때 떠오르는 질문들을 만나게 된다. 처음에는 욥기의 대답들이 모두 진부하게만 들린다. 그러다 똑같은 질문들을 조금 다르게 다시 묻게 되고 똑같은 대답들이 조금 다르게 들린다. 이런 과정을 되풀이하면서 우리가 욥의 입을 통해 올바른 질문을 던지게 되면, 비로소 우리 고난의 가치가 드러나고 하나님의 음성과 신비에 한 발짝 더 가까워지게 된다. 우리를 보고 우리의 말을 들으면서도 우리를 이해하지 못하는 사람들의 응급처치식 조언을 욥과 함께 거부할 때, 우리는 폭풍 가운데서만 찾아오는 하나님의 계시에 마음을 열고 자신을 맡길 수 있게 된다. 하나님의 신비는 우리의 어둠과 고투를 무색하게 만든다. 그 신비를 깨달을 때, 비로소 우리는 고난이 하나님의 다스리심에 대해 따져 묻는 자리가 아니라 우리의 삶을 성찰 하는 자리임을 알게 된다. 그러고 나면 입장이 뒤바뀐다. 살아 계신 하나님이 우리에게 다가오신다. 하나님이 우리에게 말씀하신다. 그래서 우리는 우리의 고난과 인간으로서의 나약함을 통해 욥의 경험과 고백을 자신의 것으로 삼게 된다.

욥기

사탄이 욥을 시험하다

1 1-3 우스 땅에 욥이라는 사람이 살았다. 그는 더없이 정직하고 약속을 잘
지키는 사람이었으며, 하나님께 온전히 헌신하고 악을 지극히 미워했다.
그에게는 아들 일곱, 딸 셋이 있었다. 그는 엄청난 부자여서 양이 칠천 마리, 낙
타가 삼천 마리, 겨릿소가 오백 쌍, 암나귀가 오백 마리나 되었고, 종들도 어마
어마하게 많아 동방에서 가장 영향력이 컸다!
4-5 그의 아들들은 돌아가면서 제 집에서 잔치를 벌였고, 그때마다 누이들도 초
대해 함께 즐거운 시간을 보냈다. 잔치가 끝난 다음 날이면 욥은 으레 일찍 일
어나 제 자식들 하나하나를 위해 번제를 드렸다. "어쩌면 저 아이들 중 하나가
마음속으로 하나님을 거역하는 죄를 지었을지도 모른다"고 생각했기 때문이다.
그렇게 욥은 자식들이 혹시라도 죄를 지었을까 하여, 희생 제물을 바치곤 했다.

첫 번째 시험, 자녀와 재산을 잃다

6-7 어느 날 천사들이 **하나님**께 보고하러 왔을 때, 고발자 사탄도 함께 왔다. **하
나님**께서 사탄을 지목하여 말씀하셨다. "너는 무슨 일을 하다 왔느냐?"
사탄이 **하나님**께 대답했다. "여기저기 다니며 지상의 사정을 둘러보았습니다."
8 **하나님**께서 사탄에게 말씀하셨다. "내 친구 욥을 눈여겨보았느냐? 그처럼 정
직하고 약속을 잘 지키며, 하나님에게 온전히 헌신하고 악을 미워하는 사람이
없다."
9-10 사탄이 항변했다. "욥이 온전히 선한 마음으로 그러는 줄 아십니까? 이제껏
그처럼 형편이 좋은 사람이 없었습니다! 주님께서 그를 애지중지하시고 그의 가
족과 재산도 보호하시고 그가 하는 모든 일에 복을 주시니, 잘못될 수가 없지요!
11 하지만 주께서 손을 뻗어 그의 소유를 모두 빼앗으시면 어떤 일이 벌어지겠습

니까? 그는 틀림없이 주님을 똑바로 쳐다보며 저주할 것입니다."
12 **하나님**께서 대답하셨다. "좋다. 어디, 그가 가진 모든 것을 네 뜻대로 해보아
라. 다만 그의 몸은 건드리지 마라." 이에 사탄이 **하나님** 앞에서 물러났다.
13-15 얼마 후, 욥의 자녀들이 맏형의 집에 모여 잔치를 벌이고 있었는데, 심부름
꾼 하나가 욥에게 와서 말했다. "주인님, 소가 밭을 갈고 나귀들이 근처에서 풀
을 뜯고 있는데, 스바 사람들이 쳐들어와 가축들을 빼앗고 일꾼들을 죽였습니
다. 저 혼자만 살아남아서 주인어른께 소식을 전합니다."
16 그가 말을 채 마치기도 전에, 다른 심부름꾼이 와서 말했다. "여러 차례 번개
가 치더니 양 떼와 목동들을 바싹 태워 버렸습니다. 저 혼자만 살아남아서 주인
어른께 소식을 전합니다."
17 그가 말을 채 마치기도 전에, 또 다른 심부름꾼이 와서 말했다. "갈대아 사람
들이 세 방향에서 몰려와 낙타들을 빼앗고 낙타 몰이꾼들을 죽였습니다. 저 혼
자만 살아남아서 주인어른께 소식을 전합니다."
18-19 그가 말을 채 마치기도 전에, 또 다른 심부름꾼이 와서 말했다. "주인어른의
자제분들이 큰아드님 댁에서 잔치를 벌이고 있는데, 사막에서 폭풍이 불어닥쳐
그 집을 내리쳤습니다. 집이 무너져 내려 자제분들이 모두 죽었습니다. 저 혼자
만 살아남아서 주인어른께 소식을 전합니다."
20 욥은 벌떡 일어나 옷을 찢고 머리털을 깎은 후에, 바닥에 엎드려 경배하며 말
했다.

21 내가 어머니의 태에서 벌거벗고 나왔으니
벌거벗은 채 땅의 태로 돌아갈 것입니다.
주신 분도 **하나님**이시고 가져가신 분도 **하나님**이시니
하나님의 이름을 찬양할 뿐입니다.

22 이 모든 일을 겪으면서도 욥은 죄를 짓지 않았다. 단 한 번도 하나님을 원망하
지 않았다.

두 번째 시험, 건강을 빼앗기다

2 1-3 어느 날 천사들이 **하나님**께 보고하러 왔을 때, 사탄도 **하나님** 앞에 나
타났다. **하나님**께서 사탄을 지목하여 말씀하셨다. "너는 무슨 일을 하다
왔느냐?" 사탄이 **하나님**께 대답했다. "여기저기 다니며 지상의 사정을 둘러보
았습니다." **하나님**께서 사탄에게 말씀하셨다. "내 친구 욥을 눈여겨보았느냐?
그처럼 정직하고 약속을 잘 지키며, 하나님에게 온전히 헌신하고 악을 미워하
는 사람이 없다. 그는 자신의 믿음을 굳게 붙들었다! 네가 나를 부추겨 그를 무
너뜨리고자 했지만 부질없는 짓이었다."
4-5 사탄이 대답했다. "자기 목숨을 구하기 위해서라면 무슨 일이든 하는 게 사
람입니다. 주께서 손을 뻗어 그의 건강을 빼앗으시면 어떻게 되겠습니까? 그는

틀림없이 주님을 똑바로 쳐다보며 저주할 것입니다."
6 **하나님**께서 말씀하셨다. "좋다. 네 마음대로 해보아라. 하지만 그를 죽이지는
마라."
7-8 사탄이 **하나님**을 떠나가 욥의 몸에 악성 종기가 돋게 했다. 욥은 머리부터 발
끝까지 종기와 부스럼으로 뒤덮였다. 상처로 인해 미칠 듯 가려웠고 고름이 줄
줄 흘러내렸다. 그는 질그릇 조각으로 자기 몸을 벅벅 긁고 재가 깔린 쓰레기
더미에 가서 앉았다.
9 그의 아내가 말했다. "아직도 그 잘난 고결함을 지키겠다는 거예요? 차라리
하나님을 저주하고 죽어 버려요!"
10 욥이 아내에게 말했다. "당신은 생각 없는 바보처럼 말하는구려. 우리가 하나
님께 좋은 날도 받았는데, 나쁜 날도 받는 게 당연하지 않소?"
이 모든 일을 겪으면서도 욥은 죄를 짓지 않았다. 하나님을 거역하는 말을 한
마디도 하지 않았다.

욥의 세 친구

11-13 욥의 세 친구가 욥이 당한 온갖 어려움에 대한 소식을 들었다. 데만 사람 엘
리바스, 수아 사람 빌닷, 나아마 사람 소발은 각자의 지역에서 출발했다. 그들
은 욥 곁을 지키면서 그를 위로할 요량으로 중간에 만나 함께 욥을 찾아갔다.
욥의 모습을 처음 보았을 때 그들은 자신들의 눈을 믿을 수가 없었다. 친구의
몰골을 도저히 알아볼 수 없었기 때문이다! 그들은 탄식하며 목 놓아 울고 겉
옷을 찢고 슬픔의 표시로 머리에 재를 뿌렸다. 그러고는 친구 옆에 주저앉았다.
그들은 욥의 곁에 앉아 칠 일 밤낮을 한 마디도 하지 않았다. 그의 고난이 얼마
나 극심한지, 그의 심정이 얼마나 처참할지 알 수 있었기 때문이다.

욥이 자신의 운명을 저주하다

3

1-2 그러다 욥이 침묵을 깨뜨렸다. 그는 목소리를 높여 자신의 운명을 저
주했다.

3-10 "내가 태어난 날아, 사라져라.
내가 잉태된 그 밤아, 없어져 버려라!
우주공간의 블랙홀처럼 되어 버려라.
위에 계신 하나님이 그날을 잊어 주셨으면!
그날을 책에서 지워 버리셨으면!
내가 태어난 그날이 짙은 어둠 속에 묻히고
안개에 싸였으면!
밤이 그날을 삼켜 버렸다면!
내가 잉태된 밤 따위는 귀신이나 가져가라!
그날을 달력에서 찢어 버려라.

연감에서 삭제해 버려라.
오, 그날 밤이 아예 없어져
어떤 기쁨의 소리도 들리지 않았다면!
저주에 능한 자들이 그날을 저주하여
바다 괴물 리워야단을 풀어 버렸다면.
새벽별들이 검은 숯으로 변하고
아무리 기다려도 빛이 비추지 않고
동틀 녘의 첫 햇살도 보지 못했다면!
그러면 그날 내가 어머니의 태에서 나오지도,
이 고통 많은 세상에서 살지도 않았으련만.

11-19 어찌하여 나는 죽어서 나오지 않았으며
첫 숨이 마지막 숨이 되지 않았던가?
어찌하여 나를 안아 주는 두 팔이 있었으며
내게 젖을 물린 가슴이 있었던가?
그렇지 않았다면 지금쯤 나는 편안히 쉬고 있을 텐데.
아무 고통도 못 느끼고 영원히 잠들었을 텐데.
폐허가 된 왕실 묘지에 묻힌
왕과 정치가들과 함께 있을 텐데.
금과 은으로 장식한 번쩍이는 무덤에 묻힌
제후들과 함께 있을 텐데.
어찌하여 나는 죽은 채 태어나
빛을 보지 못한 모든 아기들과 함께 묻히지 못했던가?
그곳에서는 악인들이 더 이상 누군가를 괴롭히지 못하고
녹초가 된 사람들이 오랫동안 기다리던 휴식을 취하며
죄수들이 간수들의 고함소리에 잠깰 일 없이
편안하게 자고 있건만.
그곳에서는 큰 자와 작은 자의 구별이 없고
노예도 자유를 얻건만.

20-23 어찌하여 하나님은 비참한 사람들에게 빛을 주시고
쓰디쓴 인생을 사는 이들을 살려 두시는가?
이들은 죽기를 무엇보다 바라건만 죽지 못하고
죽음보다 나은 것을 상상하지 못하며
죽어서 묻힐 날을
인생에서 가장 행복한 순간으로 손꼽아 기다리지 않는가?
부질없는 인생, 삶의 의미를 찾을 길을
하나님이 모두 막으셨으니, 살아서 무엇하겠는가?

24-26 저녁식사로 빵 대신 신음만 삼키다
식탁을 물리고 고통을 토해 낸다.
내가 가장 두려워하던 일이 현실이 되었고
가장 무서워하던 일이 벌어졌다.
쉼이 산산조각 나고, 평안이 깨졌다.
내게 더 이상 안식은 없다. 죽음이 내 삶을 덮쳤구나."

엘리바스의 첫 번째 충고

4 1-6 그러자 데만 사람 엘리바스가 큰소리로 말했다.

"내가 자네에게 한마디 해도 되겠나?
잠자코 있기가 어려운 상황이라 그러네.
자네가 많이 하던 일일세. 자네는 적절한 말로
상황을 명확히 보게 해주고, 포기하려는 이들을 격려해 주었지.
자네의 말은 비틀거리던 이들을 일으켜 세우고
주저앉기 직전의 사람들에게 새로운 희망을 심어 주었지.
하지만 이제 자네가 곤경에 처했고 괴로워하고 있어!
큰일을 당한 충격으로 비틀거리고 있군.
하지만 지금은 자네가 경건한 삶에서 자신감을 얻어야 할 때가 아닌가.
모범적인 삶에서 희망을 찾아야 할 때가 아닌가!

7-11 잘 생각해 보게! 정말 죄 없는 사람이 쓰레기 더미에 앉는
신세가 된 적이 있던가?
진정 올곧은 사람들이 끝내 실패한 적이 있던가?
내가 본 바로는, 악을 갈고 재난을 뿌리는 사람들이
악과 재난을 거두어들이더군.
그들은 하나님의 입김 한 번이면 산산조각 나고
그분이 한바탕 노하시면 남아나지 못한다네.
백수의 왕 사자가 우렁차게 포효해도
이가 빠지면 쓸모가 없지.
이가 없어 먹이를 못 잡으니 새끼들은
뿔뿔이 흩어져 혼자 힘으로 살아가야 하지.

12-16 한마디 말이 나에게 은밀히 들려왔네.
속삭임에 불과했지만 나는 분명히 들었어.
깊이 잠들었던 어느 날 밤,
무서운 꿈속에서 들었다네.
두려움이 나를 정면으로 쳐다보았는데, 공포 그 자체였네.

무서워 죽을 지경이었어. 나는 머리부터 발끝까지 벌벌 떨었지.
한 영이 내 앞을 스르륵 지나가는데
내 머리털이 주뼛 곤두서더군.
거기 나타난 것이 무엇이었는지는 알아보지 못했네.
흐릿한 형체였는데, 그때 이런 희미한 소리가 들렸어.

17-21 '어찌 죽을 존재가 하나님보다 의로울 수 있겠느냐?
어찌 인간이 그 창조주보다 깨끗할 수 있겠느냐?
아니, 하나님은 그분의 종들도 신뢰하지 않으시고
그분의 천사들도 칭찬하지 않으시는데,
하물며 진흙으로 이루어져 나방처럼 쉬 부스러질
몸뚱이를 가진 우리야 오죽하겠느냐?
우리 몸은 오늘 있다가도 내일이면 사라져
누구도 눈여겨보지 않으니, 흔적도 없이 사라진다.
천막 말뚝을 뽑아낼 때 천막이 그대로 무너지듯,
우리도 죽을 때가 되면 살아온 세월이 무색할 만큼
미련한 존재로 스러진다.'"

5

1-7 "욥, 응답할 사람이 있겠거든 도움을 청해 보게!
거룩한 천사 중에 의지할 자가 있는가?
어리석은 자는 욱하는 성질 때문에 결국 목숨을 잃고
미련한 자는 시기와 분노 때문에 죽는다네.
내가 직접 보았지. 어리석은 자들이 잘되는가 싶더니
그들의 집이 순식간에 저주를 받더군.
그 자녀들이 바깥에 내쫓겨 학대와 착취를 받아도
도와주는 사람이 전혀 없었네.
거리의 굶주린 자들이 그들의 수확물을 약탈하고
남김없이, 모조리 가져갔어.
그들이 가진 것은 모두 탐내더군.
일이 잘 안 풀린다고 운명을 탓하지 말게.
불행은 까닭 없이 찾아오는 것이 아니니까.
인간인 탓도 있어! 인간이 불행을 타고 태어나는 것은
불티가 위로 치솟는 것처럼 자명한 일이네.

8-16 내가 자네라면 하나님께 곧장 나아가
그분의 자비에 매달리겠네.
하나님은 뜻밖의 큰일들을 행하시는 것으로 유명한 분이 아닌가.

놀라운 일들을 끝없이 행하시는 분이지.
드넓은 땅에 비를 내리시고
밭에 물을 대어 촉촉이 적시는 분이네.
그분이 몰락한 자들을 일으켜 세우시고
슬픔에 빠진 이들의 든든한 발판이 되어 주신다네.
남을 해치려는 이들의 흉계를 저지하여
그들의 음모가 하나도 성사되지 못하게 하신다네.
그분은 다 아는 체하는 자들의 모의를 잡아내어
그 복잡한 음모가 쓰레기와 함께 모두 쓸려 나가게 하시네.
그들은 순식간에 방향을 잃고 어둠 속에 처박혀
한 걸음도 앞으로 내딛지 못하네.
그러나 억눌린 자들은 하나님이
살인음모와 압제에서 구해 내시지.
이렇게 하나님이 불의를 묶고 그 입을 막으시니
가난한 이들에게 여전히 희망이 있는 것 아닌가.

17-19 하나님이 개입하여 자네를 바로잡아 주시니 얼마나 큰 복인가!
전능하신 하나님의 징계를 부디 업신여기지 말게!
하나님은 상처를 입히기도 하시지만 상처를 싸매기도 하시네.
자네를 아프게 한 손으로 치료하신다네.
재난이 줄지어 닥쳐도 그분이 자네를 건져 주시니
어떤 재앙이 와도 자네는 아무 해를 입지 않을 걸세.

20-26 기근이 닥치면 하나님이 굶주림을 면케 하시고
전쟁이 일어나면 칼에 상하지 않게 지키실 것이네.
사악한 험담에서 보호받을 것이며
어떤 재난도 겁 없이 헤쳐 나갈 걸세.
재앙과 기근 따위는 가볍게 떨치고
들짐승 사이에서도 두려움 없이 다닐 걸세.
자네는 바위와 산들과도 사이좋게 지내고
들짐승들이 자네의 좋은 친구가 될 것이네.
자네의 거처가 안전한 곳이 될 것이고
재산은 축나지 않을 걸세.
자녀들이 장성하는 모습과
집안이 과수원의 풀처럼 쑥쑥 번창하는 모습을 보게 될 것이네.
수확 철에 황금빛으로 영근 곡식단처럼
자네는 오랜 세월을 알차게 보내고 무덤에 이를 걸세.

27 여보게, 이것은 틀림없는 사실이네. 내 명예를 걸고 하는 말이야!
이 말을 명심하면 잘못될 일이 없을 걸세."

욥의 대답

6 1-7 욥이 대답했다.
"내 고통의 무게를 달아 볼 수 있다면,
내 원통한 심정을 모두 저울 위에 올려놓을 수 있다면,
바다의 모래를 다 합친 것보다 더 무거울 텐데!
내가 우리에 갇힌 고양이처럼 절규하는 것이 이상한가?
전능하신 하나님의 화살들이 내 안에 박혔네.
독화살들이 박혀 온몸에 독이 퍼졌어!
하나님이 이 모든 일을 내 탓으로 돌리셨네.
먹을 풀이 없으면 나귀와 소가 울기 마련이니
이런 상황에서 내가 입 다물고 있기를 바라지 말게.
하나님이 내 접시에 담아 주신 것이 보이는가?
그것들 앞에서 어느 누가 제정신일 수 있겠는가!
내 안의 모든 것이 진저리를 치니
속이 다 메슥거리네.

8-13 내가 오직 원하는 것은 한 가지 기도 응답뿐,
내 마지막 간구를 들어주시는 것.
하나님이 나를 밟아 주셨으면. 벌레처럼 짓이겨
영원히 끝장내 주셨으면.
그러면 궁지에 몰린 나머지 한계선을 넘어
거룩하신 하나님을 모독하는 일은 없을 것이고
그나마 그것으로 만족할 수 있을 텐데.
내게 무슨 힘이 있어 희망을 붙들겠는가?
무슨 미래가 있어 계속 살아가겠는가?
내 심장은 강철로 만들어진 줄 아나?
내가 무쇠인간인가?
내가 자력으로 지금 상황을 이겨 나갈 수 있을 것 같은가?
아닐세. 난 더 이상 버틸 힘이 없네!

14-23 절박한 처지의 사람이 전능하신 하나님에 대한 기대를 접을 때
그의 친구들만은 곁에 있어 줘야 하는 것 아닌가?
그런데 형제처럼 여긴 내 친구들이 사막의 협곡처럼 변덕스럽군.
어떤 때는 눈과 얼음이 녹은 물을 산에서
콸콸 흘려보내다가도

한여름이 되면 햇볕에 바싹 마른 골짜기로 변하는, 딱 그 짝이야.
여행자들이 마실 물을 기대하고 힘들게 왔다가
결국 바싹 마른 협곡에 이르러 갈증으로 죽는다네.
데마의 대상들이 물을,
스바의 관광객들이 시원한 음료를 고대하며
부푼 가슴을 안고 당도했건만, 그들을 기다리는 것은 실망뿐!
그곳에 도착한 그들의 얼굴이 낙심으로 흐려지네!
그런데 내 친구라는 자네들이 바로 그 꼴이야.
전혀 다를 게 없어!
내 몰골을 한번 보더니 겁을 먹고 움츠러드는군.
내가 자네들에게 무슨 부탁을 한 것도 아니지 않은가?
돈 한 푼 달라고 하기를 했나,
날 위해 위험을 무릅써 달라고 했나.
그런데 왜 이리 말을 돌리고 발뺌하기에 급급하나?

24-27 사실대로 말해 보게. 그럼 나는 입을 다물 테니.
내가 무엇을 잘못했다는 것인지 알려 주게.
정직한 말은 누구에게도 해가 되지 않는 법인데,
경건한 체 이리 허세를 부리는 이유가 무엇인가?
자네들은 내가 잘못 살았다고 말하지만
고뇌에 찬 내 말을 헛소리로 여기는구먼.
자네들 눈에는 사람이 사람으로 안 보이는가?
친구가 수지타산을 따져야 할 품목에 불과한가?

28-30 나를 똑바로 보게!
내가 자네 면전에서 거짓말을 할 것 같은가?
잘 생각해 보게. 엉뚱한 소리 말고!
곰곰이 생각해 보게. 내가 정말 믿지 못할 위인인가?
내 말에 틀린 부분이 있는가?
내가 선악을 분간하지 못할 사람인가?"

7 1-6 "인생은 고역일세. 그렇지 않은가?
종신 중노동형이지.
나는 휴식시간을 간절히 바라는 농장 일꾼이요
삯 받을 날만 기다리는 떠돌이 품꾼 신세일세.
내게 할당된 것은 정처 없이 굽이굽이 흘러가는 인생,
목적 없는 시간들, 그리고 고통의 밤이네!

잠자리에 들면서 '일어나려면 얼마나 남았지?'부터 생각한다네.
밤이 깊도록 이리저리 뒤척이다 보면 아주 지긋지긋해!
내 몸은 구더기와 상처딱지로 온통 뒤덮였네.
내 살은 비늘처럼 딱딱해지다가 터져서 고름이 줄줄 흐른다네.
나의 나날은 뜨개바늘의 움직임보다 빠르게 지나가지만
도중에 실이 떨어져 중단되는, 미완성 인생이야!"

욥의 기도

7-10 "하나님, 내 생명이 한낱 입김에 불과한 것을 잊지 말아 주십시오!
내 눈은 더 이상 좋은 일을 보지 못할 것입니다.
주님의 눈이 더 이상 내게 미치지 않습니다.
이제는 주께서 살피셔도 내 모습이 보이지 않을 것입니다.
증발한 구름은 영원히 사라지고
무덤에 들어간 자는 되돌아오지 못합니다.
다시 와서 가족을 찾아갈 수 없고
차 한잔 하러 친구를 방문할 수도 없습니다.

11-16 그래서 나는 잠잠히 있지 않고
내 사정을 모조리 다 이야기하렵니다.
드높은 하늘에 쏟아내는 나의 항의는 거칠지만 정직합니다.
바다를 가라앉히고 폭풍을 잠재우시듯
내 입에 재갈을 물리시렵니까?
'잠 좀 자고 나면 기분이 나아지겠지.
한결 기운이 날 거야' 하고 말하면,
주께서 오셔서 악몽으로 겁을 주시고
환영을 보내어 기겁을 하게 만드십니다.
이런 생활을 계속해서 견디느니
차라리 이불보 덮어쓰고 숨 막혀 죽는 편이 낫겠습니다.
더 이상 살기 싫습니다! 어느 누가 이렇게 살고 싶겠습니까?
나를 좀 내버려 두십시오! 내 인생은 아무것도 아닙니다.
한낱 연기에 불과합니다.

17-21 대체 사람이 무엇이기에 주께서 그에게 신경을 쓰시고
그에게 마음을 두십니까?
매일 아침 그를 들여다보고
그가 어떻게 하고 있는지 살피십니까?
나를 좀 내버려 두십시오, 네?
침이라도 마음 놓고 뱉게 해주실 수 없습니까?

내가 죄를 지었다 한들, 그것이 주께 무슨 해가 되겠습니까?
주님은 모든 인간을 책임지는 분이십니다.
나를 괴롭히시는 것보다 더 나은 일들이 있지 않겠습니까?
내가 무엇이라고 일을 크게 만드십니까?
그냥 내 죄를 용서하시고
새로 시작할 기회를 주시면 어떻겠습니까?
이대로 가면 나는 곧 죽을 것입니다.
주께서 샅샅이 찾으셔도, 나는 이미 없는 몸과 같습니다."

빌닷의 첫 번째 충고

8

1-7 이번에는 수아 사람 빌닷이 말했다.

"어떻게 그런 말을 계속할 수 있는가?
터무니없는 말만 시끄럽게 늘어놓고 있군.
하나님이 실수하시겠는가?
전능하신 하나님이 일을 그르치신 적이 있는가?
자네 자식들이 하나님께 죄를 지은 것이 분명하네.
그렇지 않다면 하나님이 왜 그들을 벌하셨겠나?
자네가 해야 할 일을 말해 주겠네. 더 이상 미루지 말게나.
전능하신 하나님 앞에 무릎을 꿇게.
자네 말마따나 자네가 결백하고 정직하다면
아직 늦지 않았네. 하나님이 달려오실 걸세.
모든 것을 바로잡으시고 자네의 재산을 회복시켜 주실 걸세.
지금 자네의 모습은 보잘것없지만,
나중에는 전보다 훨씬 나아질 걸세.

8-19 우리 선조들에게 물어보게나.
그분들이 그 윗대 선조들에게 배운 내용을 살펴보게나.
우리는 갓 태어난 사람들과 같아서 배울 것이 많고
배울 날은 그리 길지 않네.
그러니 선조들에게 배우고 뭐가 뭔지 듣고
그분들이 경험을 통해 터득한 것을 전수받으면 좋지 않겠나?
흙이 없는데 소나무가 크게 자라고
물이 없는데 달콤한 토마토가 주렁주렁 열리겠는가?
잘리거나 꺾이지 않고 활짝 핀 꽃은 근사해 보이지만
흙이나 물이 없으면 풀보다 빨리 마른다네.
하나님을 잊은 모든 사람에게 그런 일이 벌어지고
그들의 모든 희망은 물거품이 되고 말지.

그들은 가느다란 실 하나에 목숨을 거는 꼴이요
거미줄에 운명을 거는 꼴이네.
살짝 건드리기만 해도 실은 끊어지고
한 번 콕 찌르기만 해도 거미줄은 망가지고 만다네.
그들은 햇빛을 받고 불쑥불쑥 솟아나 정원을 덮치는 잡초와 같네.
사방으로 뻗어 나가 꽃보다 더 크게 자라고
돌 사이에도 뿌리를 내리지.
하지만 정원사가 놈들을 뿌리째 뽑아내도
정원은 조금도 아쉬워하지 않네.
하나님을 경외하지 않는 자들은 빨리 사라질수록 좋네.
그래야 그 자리에 좋은 초목이 자랄 수 있으니 말이야.

20-22 하나님이 착한 사람을 내치실 리 없고
나쁜 사람을 도우실 리도 없네.
하나님이 자네에게 웃음을 돌려주실 걸세.
자네가 기뻐 외치는 소리로 지붕이 들썩거릴 거야.
자네 원수들은 완전히 망신을 당하고
그들이 세운 허울 좋은 집은 무너지고 말 걸세."

욥의 대답

9

1-13 욥이 대답했다.

"그래서 새로운 게 뭔가? 나도 그 정도는 아네.
그러나 한낱 인간이 어찌 하나님보다 옳을 수 있겠는가?
우리가 하나님을 상대로 소송을 벌이려 한들
승산이 얼마나 되겠는가? 천에 하나도 안될 걸세.
하나님의 지혜는 너무나 깊고 하나님의 능력은 어마어마하니
누가 그분과 겨뤄서 무사할 수 있겠는가?
그분은 산들을 눈 깜짝할 사이 옮기시고
내키면 산을 뒤엎기도 하신다네.
땅을 강하게 뒤흔들어
그 기초까지 진동하게 하시지.
해에게 '비치지 마라' 하시면 그대로 되고
별들을 덮어 가리신다네.
홀로 하늘을 펼치시고
바다 물결 위를 성큼성큼 걸으시네.
북두칠성과 오리온자리,
묘성과 남방 별자리들을 만드셨네.

그분은 우리가 이해하지 못할 큰일들을 행하시고
그분의 기적은 이루 다 헤아릴 수 없어.
하나님이 내 앞으로 바로 지나가신다 해도 나는 그분을 볼 수 없네.
은밀하지만 분명히 일하시는데도 나는 눈치채지 못한다네.
하나님이 자네들 소유를 몽땅 털어 가신다 한들
누가 그분을 막을 수 있겠나?
누가 '지금 뭐하시는 겁니까?' 하고 항의할 수 있겠나?
하나님은 진노를 돌이키지 않으시니
용이 낳은 괴물들도 그분 앞에서는 꼼짝 못하네.

14-20 그러니 내가 어떻게 그분과 논쟁을 벌이며
그분의 마음을 움직일 변론을 내놓을 수 있겠는가?
내가 결백하다 해도 입증할 수 없으니
고작해야 재판관의 자비를 빌 수 있을 뿐이야.
내가 하나님을 부를 때 그분이 친히 대답하시면
그때 비로소 나는 그분이 내 말을 들으셨다고 믿겠네.
하지만 현재로서는, 하나님이 나를 여기저기 치시고
까닭 없이 마구 때려 멍들게 하신다네.
그분은 내게 숨 돌릴 틈도 주지 않으시고
괴로움에 괴로움만 더하시지.
힘으로 결판을 보려 하면 그분이 강하시니 승부는 뻔하네!
재판에서 정의를 가려 보려고 한들, 누가 감히 그분을 소환하겠는가?
내가 결백하다 해도, 내 입에서 나오는 모든 말이 날 유죄로 보이게 만들 거네.
내가 흠이 없다 해도, 무죄를 항변할수록 더 나쁜 놈으로 보일 거야.

21-24 나를 믿어 주게. 난 결백하네.
뭐가 어떻게 돼 가는 건지 모르겠네.
도무지 살고 싶지가 않아!
어떻게 살든 결과가 마찬가지라면, 하나님이 착한 사람과 나쁜 사람을
한꺼번에 멸하신다는 결론을 내릴 수밖에 없지 않은가.
재앙이 닥쳐 사람들이 갑자기 죽어 나가도
하나님은 무죄한 자들의 절망을 팔짱 끼고 지켜만 보신다네.
하나님은 악한 자들에게 세상을 맡기시고
옳고 그름을 분간하지 못하는 재판관들을 세우시네.
이것이 하나님 책임이 아니라면, 누구 책임이란 말인가?

25-31 시간이 얼마 안 남았고 남은 생애가 쏜살같이 달려가니
그 속도가 너무나 빨라 좋은 일을 볼 겨를이 없습니다.

그 지나가는 것이 돛을 올려 바람을 받으며 달리는 배 같고
먹잇감을 향해 내리닫는 독수리 같습니다.
'이 모든 것을 다 잊고
밝은 면만 보면서 억지웃음이라도 지어야지' 하고 말해 보지만
주께서 나를 봐주지 않으실 것이 분명하니,
이 고통은 창자 속 왕모래처럼 나를 계속 괴롭힐 것입니다.
유죄 판결이 이미 내려졌으니
항의하고 항소한들 무슨 소용이 있겠습니까?
온몸을 북북 문지르고
때가 잘 빠지는 비누로 아무리 깨끗이 씻어도
부질없을 것입니다. 주께서 나를 돼지우리에 밀어 넣으셔서,
누구도 견디지 못할 악취를 풍기게 하실 테니까요.

32-35 하나님과 나는 대등하지 않으니 그분을 상대로 소송을 벌일 수 없구나.
동등한 존재로 같이 법정에 들어갈 수가 없구나.
하나님과 나 사이에 개입하여 내가 살 기회를 열어 주고
내 멱살을 틀어쥔 하나님의 손을 풀어
이 두려움에서 벗어나 다시 숨을 쉴 수 있게 해줄
중재자가 있다면 얼마나 좋을까!
그러면 목소리 높여 내 사정을 거침없이 말하련만.
지금 상황에서는 그렇게 할 도리가 없구나."

10 1 "더 이상 견딜 수가 없구나. 살고 싶지 않아!
내 사정을 모두 이야기하겠다.
내 인생의 온갖 괴로움을 남김없이 털어놓겠다."

욥의 기도

2-7 욥은 이렇게 기도했다.

"드리고 싶은 말씀이 있습니다.
하나님, 내게 유죄 판결을 내리지 마십시오.
그것이 여의치 않다면 죄목이라도 알려 주십시오.
손수 지으신 이 몸은 시련과 박대로 대하시고
악한 자들의 음모에는 복을 주시다니,
이것을 어찌 주께서 말씀하시는 '선한' 일이라 할 수 있겠습니까?
주께서는 우리 인간들처럼 세상을 보지 않으십니다.
겉모습에 속는 분이 아니시지 않습니까?

주께서는 우리와 달리 마감시한에 쫓겨 일하지 않으십니다.
영원 가운데 거하시니 일을 제대로 처리하실 충분한 여유가 있으십니다.
그런데 이 무슨 일입니까? 내 허물을 파헤치시고
수치가 될 만한 것을 찾기 위해 이리도 혈안이 되셨습니까?
주께서는 내가 무죄임을 잘 아십니다.
나를 도울 자가 없다는 것도 아십니다.

8-12 주께서는 나를 질그릇처럼 손수 빚으셨는데
이제는 산산조각 내려 하십니까?
주께서 진흙으로 나를 얼마나 아름답게 빚으셨는지 잊으셨습니까?
그런데 이제 나를 진흙덩이로 돌리시렵니까?
주께서 정자와 난자를 섞으시자
경이로운 잉태가 이루어졌고,
살갗과 뼈, 근육과 두뇌를 갖춘
나란 존재가 기적같이 생겨났습니다!
주께서는 내게 생명과 믿기지 않는 큰 사랑을 주셨습니다.
내가 숨 쉬는 것까지도 눈여겨보시고 지켜 주셨습니다.

13-17 그러나 주께서는 한 가지 사실을 알려 주지 않으셨습니다.
그것이 다가 아니라는 것,
내가 한 걸음이라도 잘못 디디면 주께서 기다렸다는 듯이 달려들어
조금도 봐주지 않으시리라는 것을 말입니다.
내가 정말 죄가 있다면 나는 끝장입니다.
그러나 죄가 없다 해도 달라질 것은 없습니다. 끝장이긴 마찬가지입니다.
뱃속이 비통함으로 가득합니다.
나는 고통의 늪에 빠졌고 고통이 턱까지 차올랐습니다.
이런 상황에서도 어떻게든 잘해 보려고, 용감하게 견디려 애써 보지만
주님은 내가 도무지 감당할 수 없는 분,
먹이를 노리는 사자처럼 조금도 사정을 봐주지 않으십니다.
주께서 내게 불리한 증인들을 새롭게 내세우십니다.
나를 향한 노여움을 키우시고
내게 슬픔과 고통을 더하십니다!

18-22 이러실 거면 왜 나를 세상에 내놓으셨습니까?
아무도 나를 보지 못했다면 좋았을 것을!
사산아로 태어나 숨 한 번 못 쉬고
그대로 땅에 묻혔다면 좋았을 것을.
이제 내가 죽을 때도 되지 않았습니까?

죽어서 묻히기 전에,
관에 들어가 땅속에 봉인되고
죽은 자들의 땅으로 영원히 추방되어
칠흑 같은 어둠 속에서 아무것도 볼 수 없게 되기 전에,
노를 멈추시고 내가 미소라도 한번 짓도록 내버려 두실 수 없습니까?"

소발의 첫 번째 충고

11 1-6 이제 나아마 사람 소발 차례가 되었다.

"말은 청산유수로군! 더 이상 듣고만 있을 수 없군.
헛소리만 늘어놓는데 내버려 둬서야 되겠나?
이보게 욥, 자네가 계속 이렇게 나오는데
우리가 잠자코 있을 거라고 생각하나?
푸념과 조롱을 계속하도록 내버려 둘 줄 알았나?
자네는 '내 생각은 건전하고
내 행동은 흠이 없다'고 주장하는군.
하나님이 자네를 따끔하게 꾸짖으시고
자네에게 진상을 알려 주시면 좋겠네!
자네에게 지혜의 내막을 보여주시면 좋겠어.
참된 지혜는 겉모습만 보아서는 알 수 없는 법이니까.
그러나 이것 하나만은 확실하네.
자네는 아직 받아야 할 벌의 절반도 못 받았다는 사실이야.

7-12 자네가 하나님의 신비를 설명할 수 있겠나?
전능하신 하나님을 도표로 나타낼 수 있겠나?
하나님은 자네가 상상도 못할 만큼 높으시고
자네가 도무지 헤아릴 수 없을 만큼 깊으시네.
지평선보다 멀리 뻗어 계시고
끝없는 대양보다 훨씬 광대하시네.
그분이 불쑥 찾아오셔서 자네를 잡아 가두시고
법정으로 끌고 가신다면 자네가 별수 있겠나?
그분은 부질없는 허세를 꿰뚫어 보시고
멀리서도 악을 찾아내시지.
아무도 그분의 눈을 가릴 수 없네!
머리가 빈 사람이 깨닫는 시간이면
노새가 말을 배울 수 있을 걸세.

13-20 그래도 자네가 하나님을 갈망하고

그분께 손을 내민다면,
자네 손에 묻은 죄를 떨어내고
집안에 악을 간직하지 않는다면,
부끄럼 없이 세상을 마주하면서
죄책감과 두려움 없이 당당하게 살아갈 수 있을 걸세.
자네는 괴롭던 일을 다 잊어버리고
오래되어 빛바랜 사진처럼 여기게 될 걸세.
자네의 세상은 햇빛으로 씻김을 받고
모든 그늘은 여명에 흩어질 걸세.
자네는 희망에 부풀어 긴장을 풀고 자신감을 되찾을 거야.
편안히 앉아 주위를 둘러보며 여유로운 마음을 갖게 될 걸세.
아무 염려 없이 마음을 터놓고 사는 자네에게
많은 이들이 찾아와 복을 빌어 달라고 구할 거야.
그러나 악인들은 이런 일을 보지 못할 거네.
그들은 기대할 만한 것이 아무것도 없이
막다른 골목으로 달려가고 있네."

욥의 대답

12

1-3 욥이 대답했다.

"자네들은 모든 전문가의 대변인인 모양이군.
자네들이 죽으면 우리에게 살아갈 방도를 일러 줄 자가 없겠어.
하지만 나에게도 머리가 있다는 걸 잊지 말게.
난 자네들의 장단에 놀아날 생각 없네.
전문가가 아니라도 그 정도는 안다네.

4-6 친구들에게 내가 조롱을 당하는구나.
'하나님과 대화하던 사람이 저 꼴이군!'
무자비하게 조롱을 당하는구나.
'저 자 좀 봐. 잘못한 게 전혀 없대!'
잘사는 사람들이 남 탓하며 손가락질하기는 쉽고
배부른 사람들이 어렵게 사는 이들을 비웃기는 쉽지.
사기꾼들이 경비가 철저한 집에서 안전하게 지내고
하나님을 모독하는 거만한 자들이 오히려 호사스럽게 산다네.
자신을 보호해 줄 신을 돈 주고 산 자들.

7-12 가서 짐승들의 생각을 물어보게나. 그것들이 가르쳐 줄 걸세.
새들에게 물어보게나. 진실을 알려 줄 걸세.

땅에 귀를 갖다 대 보게. 그리고 기본을 배우게.
귀를 기울여 보게. 바다의 물고기도 제 이야기를 들려줄 걸세.
하나님이 주권자이시라는 것과
모든 사람과 살아 숨 쉬는 모든 생물이
그분의 손안에 있다는 것을,
그 모든 것들이 알고 동의하고 있지 않은가?
이것은 누구나 아는 상식이네.
누구나 맛을 느낄 수 있는 것처럼 말일세.
노인들만 지혜를 독점한다고 생각하나?
나이가 지긋해야만 인생을 알게 될 거라 믿는가?

13-25 참 지혜와 진정한 능력은 하나님의 것,
그분께 어떻게 살아야 하는지
무엇을 위해 살아야 하는지 배울 수 있네.
그분이 헐어 버리시면 다시는 세울 수 없고
그분이 잡아 가두시면 결코 풀려날 수 없네.
그분이 비를 막으시면 가뭄이 들고
비를 풀어 놓으시면 홍수가 진다네.
힘과 성공은 하나님의 것,
속는 자와 속이는 자 모두 그분의 통치 아래 있네.
그분은 그들이 내세우는 자격을 박탈하시고
재판관들이 어리석은 바보임을 드러내시네.
왕들의 왕복을 벗기시고
그 허리에 누더기를 두르게 하신다네.
제사장들의 예복을 벗기시고
고관들을 자리에서 물러나게 하시네.
신뢰받는 현인들이 입을 다물게 하시고
장로들의 분별력과 지혜를 거두어 가시지.
유명인사들에게 멸시를 쏟으시고
힘 있고 강한 자들의 무장을 해제하신다네.
어두운 동굴에 스포트라이트를 비추시고
칠흑 같은 어둠을 정오의 태양 아래로 끌어내시네.
나라들을 흥하게도 하시고 망하게도 하시며
세우기도 하시고 버리기도 하신다네.
세계 지도자들의 지각을 빼앗으시고
아무도 없는 곳으로 그들을 내몰아,
어둠 속에서 막막한 심정으로 더듬거리게 하시네.
술 취한 사람처럼 휘청대며 비틀거리게 하시네."

13

[1-5] "그래, 그 모든 것을 내 눈으로 보았고
내 귀로 들어서 알고 있다네.
자네들이 아는 것은 나도 다 아는 것이니
내가 자네들보다 못할 것이 없네.
나는 전능하신 하나님께 내 사정을 아뢰겠네.
지긋지긋한 자네들 말고, 하나님께 직접 호소할 참이네.
자네들은 거짓말로 내 인생을 더럽히는군.
하나같이 돌팔이 의사들이야!
자네들이 입을 다물었으면 좋겠네.
자네들의 지혜를 보여줄 방법은 그것뿐일세.

[6-12] 이제 내 변론을 들어 보게.
내 입장을 한번 생각해 보게나.
'하나님을 섬긴답시고' 계속 거짓말을 늘어놓을 셈인가?
'하나님을 궁지에서 빼 드린답시고' 없는 이야기를 지어낼 건가?
어째서 자네들은 늘 그분의 편을 드는가?
그분께 변호사가 필요한가?
자네들이 피고석에 앉는다면 어떻게 되겠나?
배심원단은 자네들의 거짓말에 넘어갈지 모르지만
하나님도 속아 주실까?
자네들의 증언에서 잘못된 부분을 집어내시고
당장 꾸짖으실 것이네.
그분의 위엄이 두렵지도 않나?
그분 앞에서 시답잖은 거짓말을 하는 것이 무섭지도 않은가?
자네들의 그럴듯한 이야기들은 고루한 교훈이요
티끌을 모은 것일 뿐 아무짝에도 쓸모없네.

[13-19] 그러니 입 좀 다물고 내가 하는 말을 들어 보게.
무슨 벌이 내려지든 내가 감당하겠네.
내가 이렇게 위험을 무릅쓰고
목숨을 걸어 가며 모험을 하는 이유가 무엇이겠나?
그분이 나를 죽이신다 해도 희망을 놓을 수 없어서라네.
나는 끝까지 결백을 주장할 걸세.
기다려 주게. 이것이 최선의 길, 구원의 길이 될 걸세!
일말의 죄책감이라도 있다면 내가 이럴 수 있을 것 같은가?
목숨을 걸고 하나님 앞에 나설 것 같은가?
내 말에 주의를 기울이고
두 귀로 잘 들어 보게.

이제 내 변론을 마쳤으니
나는 무죄로 풀려날 것을 확신하네.
나의 혐의를 입증할 사람이 있을까?
난 할 말을 다 했네. 내 변론은 여기까지네."

욥의 기도

20-27 "하나님, 나에게 두 가지 청이 있으니 제발 들어주십시오.
그러면 주께서 나를 귀히 여기심을 알겠습니다.
우선, 고통을 거두어 주십시오.
그 두려움이 내가 감당치 못할 만큼 큽니다.
그리고 하나님께서 내게 직접 말씀해 주십시오. 그러면 내가 응답하겠습니다.
아니면 내가 먼저 아뢰게 해주시고 주께서 응답해 주십시오.
나의 죄목이 몇 가지나 됩니까?
목록을 보여주십시오. 얼마나 심각합니까?
주께서는 왜 숨어 계십니까? 왜 아무 말씀이 없으십니까?
어찌하여 나를 원수 취급 하십니까?
어찌하여 나를 낡은 깡통처럼 걷어차십니까?
어찌하여 죽은 말에 채찍질을 하십니까?
주께서는 내가 저지른 사소한 잘못들의 목록을 길게 작성하시고
내가 어린 시절 지은 죄까지 책임을 물으십니다.
두 다리를 묶어 꼼짝 못하게 하십니다.
일거수일투족을 감시하고
위험인물로 낙인을 찍으십니다.

28 부패한 물건처럼 인간도 빠르게 썩어 갑니다.
좀먹은 셔츠처럼, 곰팡이 핀 블라우스처럼."

14

1-17 "우리는 모두 같은 배를 타고 표류하는 신세,
사는 날은 너무 짧고, 괴로움은 너무 많습니다.
사막의 들꽃처럼 피었다 지니
구름의 그림자처럼 무상합니다.
어찌하여 이렇듯 보잘것없는 존재에게 시간을 들이시며
나를 법정으로 끌고 가는 수고를 하십니까?
애초부터 별 볼 일 없던 우리에게
어찌하여 특별한 것을 기대하십니까?
인간의 수명은 정해져 있습니다.
우리가 얼마나 오래 살지 주께서 이미 정해 놓으셨고

주께서 정하신 경계는 누구도 넘을 수 없습니다.
그러니 우리를 너그럽게 대해 주십시오. 좀 봐주십시오!
막일하는 노동자들도 쉬는 날이 있지 않습니까.
한 그루 나무에도 희망은 있습니다.
그것을 베어 내도 여전히 기회가 있으니
뿌리에서 다시 새싹이 돋아납니다.
그 뿌리가 오래되어 뒤틀려도,
그루터기가 오랫동안 죽은 듯 그대로 있어도,
물기를 조금이라도 받으면 소생하여
묘목처럼 움을 틔우고 자라납니다.
그런데 사람은 어떻습니까? 죽으면 살아날 희망이 없습니다.
마지막 숨을 거두면 그것으로 끝입니다.
바싹 말라 물이 있던 흔적만 남은
호수와 강처럼,
인간은 쓰러지면 다시 일어나지 못하고
다시 깨어나지 못합니다.
차라리 나를 산 채로 묻으시고
주님의 진노가 식을 때까지 주님의 눈에서 벗어나 숨어 있게 해주십시오.
그러나 나를 그 상태로 버려두지는 말아 주십시오!
날짜를 정하시고 때가 되면 나를 다시 찾아 주십시오.
우리가 죽으면 다시 살겠습니까? 나는 이것을 여쭙고 싶습니다.
이 힘겨운 시기 내내 나는 희망을 놓지 않고
최후의 변화를 기다립니다. 부활을 고대합니다!
손수 지으신 피조물을 애타게 그리워하셔서
주께서 부르시면, 내가 응답하겠습니다!
주께서 내 모든 발걸음을 지켜보시지만
내 잘못을 추궁하지는 않으실 것입니다.
내 죄를 자루에 담아
대양 깊숙한 곳에 던져 버리실 것입니다.

18-22 그러나 산이 닳아 없어지고
바위가 부서지고
돌멩이가 매끈매끈해지고
토양이 침식하기에 이르도록
주께서는 우리의 희망을 가차 없이 짓밟으십니다.
주님은 우리가 어찌해 볼 수 없는 분,
최종 결정권은 늘 주께 있습니다.
그것이 마음에 들지 않아 우리는 싫은 기색을 하지만

주께서는 막무가내로 우리를 멀리 쫓아 보내십니다.
자녀들이 잘되어도 우리는 그것을 알지 못할 테고
그들이 잘못되어도 마음 아파할 수 없습니다.
우리가 아는 것은 우리 자신의 몸과 영혼뿐,
그것으로 한평생 아파하고 슬퍼합니다."

엘리바스의 두 번째 충고

15

1-16 데만 사람 엘리바스가 다시 말했다.

"자네가 정말 지혜로운 사람이라면, 그렇게 수다쟁이처럼
헛된 말만 늘어놓겠는가?
한창 진지한 주장을 펼치는데 헛소리나 늘어놓고
쓸데없는 말을 지껄이겠는가?
자네 꼴 좀 보게! 자네는 종교를 하찮게 여기고
영적 대화를 공허한 험담으로 바꿔 놓고 있네.
자네가 그렇게 말하는 이유는 바로 죄 때문이네.
자네는 사기꾼이 되기로 작정했군.
자네의 말로 스스로 유죄임이 드러났지 않았는가.
내가 한 말 때문이 아니야. 자네 스스로 자네를 정죄했어!
이런 일을 당한 사람이 자네가 처음인가?
자네가 저 산들만큼이나 오래 살기라도 했나?
하나님이 이 모든 일을 계획하실 때 엿듣기라도 했나?
자네 혼자만 똑똑한 줄 아나?
우리는 모르고 자네만 아는 게 무엇인가?
우리에게 없는 식견을 자네가 갖추고 있는가?
백발의 노인들이 우리를 지지한다네.
자네보다 훨씬 오랫동안 세상을 경험한 분들이지.
온화하고 부드럽게 들려주시는
하나님의 약속이 자네에게는 충분치 않은가?
제 감정에 휘둘려
비난을 일삼고 분통을 터뜨리고
온 힘을 다해 하나님께 대항하며
말도 안되는 소리를 토해 내다니, 도대체 어찌 된 일인가?
한낱 인간이 하나님 앞에서 결백할 수 있는가?
여인에게서 태어난 자가 온전할 수 있을 것 같은가?
하나님은 그분의 거룩한 천사들도 신뢰하지 않으시고
하늘의 흠까지 잡아내시는데,
악을 물 마시듯 하는

냄새나고 더러운 우리 인간들이야 오죽하겠는가?

17-26 자네에게 할 말이 있으니 좀 들어 보게!
내 생각을 말해 주겠네.
이것은 내가 지혜로운 사람들에게서 배운 것이고,
지혜로운 사람들은 그것을 조상들에게서 배워 후대에 충실히 전수했지.
그 조상들이 살던 먼 옛날,
그들은 이 땅을 독차지했네.
하나님의 법규를 따르지 않고 제멋대로 사는 자들이 기대할 수 있는 것은 괴로움뿐이고,
오래 살수록 사정은 더 나빠진다네.
작은 소리에도 겁에 질리고
원하는 것을 가졌다고 생각하는 순간 재앙이 닥친다네.
그들은 삶이 점점 더 나아질 거라는 희망을 포기하게 되지.
그들의 이름은 늘 상황이 가장 안 좋게 풀리는 사람들 명단에 들어 있다네.
다음 끼니를 어떻게 때울지 모른 채
여기저기 헤매고 다니니,
그들에게는 하루하루가 심판의 날이라네!
그들은 끝없는 공포 속에 살며
끊임없이 궁지에 몰리지.
하나님께 주먹을 휘두르고
전능하신 하나님께 정면으로 대들며
사사건건 따지고 들다가,
늘 수세에 몰리기 때문이라네.

27-35 설령 그들이 건강의 화신인 것처럼
말쑥하고 튼튼하고 혈기왕성해 보여도,
결국에는 유령도시에 살면서
개도 거들떠보지 않을 헛간과
삐걱대는 오두막에서 묵을 신세라네.
출세 한번 못 해보고
변변한 존재도 되어 보지 못하지.
그러다 죽어. 그들이 죽음을 모면할 거라고? 어림없는 소리!
그들은 하나님의 입김 한 번에 쓰러져
말라비틀어질 잡초라네.
여기에 교훈이 있네. 거짓에 투자하는 자는
거짓을 이자로 받고,
만기일 전에 투자한 것을 다 회수한단 말일세.

대단한 투자 아닌가!
그들은 익기도 전에 서리 맞아 떨어진 과일,
활짝 꽃피우기도 전에 잘린 꽃봉오리처럼 될 걸세.
하나님을 두려워하지 않는 자들은 열매를 만들지 못하는 척박한 땅과 같네.
뇌물 위에 세운 인생은 연기처럼 사라져 버리지.
그들은 죄와 동침하여 악을 낳으니,
그들의 삶은 속임수를 생산하는 자궁이라네."

욥의 대답

16

1-5 그러자 욥이 스스로를 변호했다.

"자네들 말은 이제 물릴 만큼 들었네.
그것도 위로라고 하는 건가?
그 장황한 연설은 끝도 없는가?
무슨 문제가 있기에 그렇게 계속 지껄이는가?
자네들이 내 처지라면
나도 자네들처럼 말할 수 있겠지.
끔찍한 장광설을 그러모아
지겹도록 들려줄 수 있을 걸세.
하지만 난 절대로 그렇게 하지 않을 거야. 격려하고 위로하고
안심시키는 말을 할 걸세. 복장 터지게 하는 말이 아니라!

6-14 큰소리로 말해도 기분이 나아지지 않고
입을 다물고 있어도 도움이 안됩니다.
나는 완전히 꺾였습니다.
하나님, 주께서 나와 내 가족을 완전히 망하게 하셨습니다!
나를 말린 자두처럼 오그라들게 하시고
주께서 나를 대적하심을 세상에 알리셨습니다.
거울에 비친 수척한 얼굴이 나를 노려보며
주께서 나를 어찌 대하시는지 말없이 증언합니다.
주님의 진노가 나를 노리고
주님의 이가 나를 갈가리 찢으며
주님의 눈이 뚫어져라 나를 노려봅니다. 하나님이 내 원수가 되시다니!
사람들이 나를 보고 놀라 벌린 입을 다물지 못합니다.
그들은 나를 경멸하여 마구 때리고
집단으로 공격합니다.
그런데 하나님은 가만히 서 계시면서 저들이 하는 대로 내버려 두시고
악인들이 저 하고 싶은 대로 나를 함부로 대하도록 내버려 두십니다.

분수를 지키며 제 일을 감당하던 나를 하나님이 두들겨 패시고
멱살을 쥐어 내던지십니다.
주께서 나를 표적으로 삼으시고
궁수들을 모아 내게 화살을 쏘게 하십니다.
그들이 사정없이 쏜 화살이 내 몸에 잔뜩 박혔고
창자가 터져 쓰디쓴 담즙이 땅바닥에 쏟아집니다.
주께서 나에게 달려들어 맹공격을 퍼부으시고
성난 황소처럼 내게 돌진하십니다.

15-17 나는 수의를 지어 입고
흙먼지 바닥에 엎드렸습니다.
내 얼굴은 통곡으로 벌겋게 얼룩이 졌고
눈 밑에는 어두운 그림자가 보입니다.
그러나 나는 누구 한 사람 해친 적이 없고
내 기도는 진실합니다!

18-22 오 땅이여, 내가 받은 부당한 대우를 덮지 말아 다오!
내 울음소리를 가리지 말아 다오!
하늘에는 나의 진실을 아는 분이 틀림없이 계실 것이다.
지극히 높은 하늘에는 내 무죄를 밝혀 줄 변호사가 계실 것이다.
내가 하나님 앞에서 눈이 퉁퉁 붓도록 우는 동안,
그분은 나의 수호자, 나의 친구가 되어 주실 것이다.
이웃이 이웃의 편을 들듯,
하나님 앞에서 사람을 대변해 줄 그분께 내가 호소할 것이다.

이제 몇 해만 지나면
나는 돌아오지 못할 길을 떠날 것이다."

17

1-2 "내 마음은 부서졌고
내 수명은 다했으며,
이미 파 놓은 무덤이 나를 기다립니다.
나를 조롱하며 달려드는 저들의 모습이 보이십니까?
저들의 오만함을 내가 언제까지 참아야 합니까?

3-5 오 하나님, 나를 지지해 주시고 그것을 보증해 주십시오.
지지 의사를 문서로 작성하고 서명까지 해주십시오.
그리해 주실 분은 주님뿐이십니다!

이 사람들은 아무짝에도 쓸모가 없습니다!
주께서는 저들이 얼마나 어리석은지 보셔서 아시니
저들의 뜻이 관철되도록 내버려 두진 않으시겠지요?
친구를 배신하는 자들은
학대받는 인생을 자녀에게 물려주게 될 것입니다.

6-8 하나님, 주께서 나를 동네의 이야깃거리로 삼으시는 탓에
사람들이 내 얼굴에 침을 뱉습니다. 하도 많이 울어 내 눈이 흐려지고
몸은 살가죽과 뼈만 남았습니다.
점잖은 사람들은 내 모습을 보고 그들의 눈을 의심합니다.
선량한 이들마저 하나같이 내가 하나님을 버렸다고 주장합니다.

9 그러나 지조 있는 사람은 인생의 방향을 분명히 하고
그 길을 꿋꿋이 갑니다.
깨끗하고 정결한 손이 결국에는 힘을 얻을 것이라는 확신 때문입니다!

10-16 자네들 모두 다시 시작하고,
다시 시도해 보고 싶을지 모르겠네.
나는 지금까지 자네들이 한 말에서
한 줌의 지혜도 발견하지 못했다네.
내 인생은 거의 끝났네. 내 모든 계획은 부서졌고
희망은 꺼져 버렸어.
밤이 지나고 낮이 오리라는 희망,
새벽이 밝아 올 것이라는 희망이 사라졌다네.
내가 기대할 집은 묘지뿐이고
내가 바랄 위로가 튼튼한 관뿐이라면,
가족을 다시 만날 길이 한 길 땅속으로 내려가는 것이고
거기서 만날 가족이 벌레들뿐이라면,
그런 것을 희망이라 말할 수 있겠나?
도대체 누가 그런 것에서 희망을 찾겠나?
아닐 것이네. 내가 희망과 함께 묻히는 날,
자네들은 우리 둘의 합동장례식에 참석하게 될 걸세!"

빌닷의 두 번째 충고

18

1-4 수아 사람 빌닷이 끼어들었다.

"정말 지루하기 짝이 없는 말장난만 하고 있군!
정신 차리게! 문제의 핵심을 봐야 하지 않나.

자네는 왜 친구들을 우둔한 짐승 취급하는가?
우리가 아무것도 모른다는 듯 깔보고 있군.
어찌 그리 흥분하는가?
세상이 자네 입맛에 맞게 다시 설계되기를 바라는가?
자네의 편의를 위해 현실이 멈추기라도 해야 하는가?

5-21 악한 자의 빛은 꺼진다. 이것이 세상의 원리네.
그 불꽃은 사그라지고 소멸한다네.
그들의 집은 어두워지고
그곳의 등불은 모두 꺼져 버리지.
그들의 힘찬 발걸음은 약해져 비틀거리고
자기가 놓은 덫에 걸려든다네.
그들 모두
자신들의 형식주의에 얽매이고
발목이 붙잡히며
목에는 올가미가 씌워지지.
자신들이 숨겨 놓은 밧줄에 걸려 넘어지고
제 손으로 판 구덩이에 빠진다네.
사방에서 공포가 엄습하면
그들은 허둥지둥 달아난다네.
배고픈 무덤이 잔뜩 벼르고 있지.
저녁식사로 그들을 집어삼키고
먹음직한 요리로 차려 내서
굶주린 죽음에게 한턱 내려고 말이야.
그들은 아늑한 집에서 붙잡혀
사형수의 감방으로 곧장 끌려간다네.
그들의 목숨은 연기가 되어 올라가고
산성비가 그 잔해를 적시지.
그들의 뿌리는 썩고
그 가지는 시든다네.
그들은 다시 기억되지 못하고
묘비 없는 무덤에 이름 없이 묻힌다네.
빛에서 어둠으로 내몰리고
세상에서 내쫓긴다네.
자식 하나 두지 못한 채 빈손으로 떠나니
그들이 이 세상에 살았음을 보여줄 것이 전혀 없지.
그들의 운명을 보고 서쪽 사람들이 소스라치게 놀라고
동쪽 사람들이 기겁을 하며 이렇게 말할 걸세.

'저럴 수가! 사악한 자들에게는 저런 일이 벌어지는구나.
하나님을 모르는 자들의 말로가 저렇구나!'"

욥의 대답

19

1-6 욥이 대답했다.

"자네들은 언제까지 나를 두들겨 패며
장황한 말로 나를 공격하려는가?
자네들은 나를 거듭거듭 비난하는군.
나를 이토록 괴롭히다니, 자네들은 양심도 없나?
내가 어찌어찌해서 정도에서 벗어났다 하더라도
그게 자네들하고 무슨 상관이란 말인가?
어찌하여 부득부득 나를 깎아내리고
내 불행을 회초리 삼아 나를 때리는가?
하나님께나 그리하게. 이 모든 일의 배후에는 그분이 계시고
나를 이 혼란 속으로 끌어들인 분도 그분이시니 말일세.

7-12 여보게, 내가 '살인이다!' 하고 외쳐도 다들 반응이 없고
도움을 청해도 그냥 지나쳐 버리네.
하나님이 내 길에 장애물을 두어 나를 막으시고
모든 등불을 꺼서 나를 어둠 속에 가두셨네.
나의 평판을 무너뜨리고
나의 자존심을 송두리째 앗아 가셨네.
나를 갈가리 찢어 못쓰게 만드시고
희망을 뿌리째 뽑으셨네.
하나님이 내게 노하셨네. 무섭게 노하셨어!
나를 극악한 원수로 대하시네.
무기란 무기는 다 동원하여
대대적인 공격을 가하시며
사방에서 한꺼번에 나를 덮치셨네.

13-20 하나님이 가족을 내게서 멀리 떠나게 하시니
나를 아는 자들이 하나같이 나를 피한다네.
친척과 친구들이 모두 떠나가고
집안의 손님들은 나란 사람이 있었다는 사실조차 잊었네.
여종들까지 나를 거리의 부랑자 취급하며
아는 체도 하지 않는다네.
종을 불러도 대답이 없고

간청해도 나를 무시한다네.
아내마저 더 이상 내 곁에 있기 싫어하니
나는 가족에게 불쾌한 존재가 되었다네.
거리의 부랑아들도 나를 업신여기고
내가 외출이라도 하면 조롱과 야유를 퍼붓는다네.
나와 가까이 지내던 사람들이 모두 나를 지긋지긋해하고
가장 사랑하던 이들도 나를 거부한다네.
나는 뼈만 남았고
내 목숨은 위태롭기 그지없네.

21-22 오 친구들이여, 소중한 벗들이여, 나를 불쌍히 여겨 주게나.
하나님은 나를 정말 모질게 대하셨다네!
자네들마저 나를 그렇게 대해야 하겠는가?
나를 구박하는 게 지겹지도 않은가?

23-27 내 말이 책에 기록될 수 있다면,
끌로 바위에 새길 수 있다면!
그러나 나는 아네, 하나님이 살아 계심을. 그분은 나를 되살려 주시는 분.
그분이 마침내 땅에 우뚝 서실 것이네.
나 비록 하나님께 호된 벌을 받았지만 그분을 뵐 것이네!
내 두 눈으로 직접 하나님을 뵐 것이야.
오, 어서 빨리 그날이 왔으면!

28-29 혹시 자네들이 '어찌해야 욥을 이해시킬 수 있을까?
자신의 불행이 전부 자기 탓이라는 것을 어찌 깨닫게 할 수 있을까?'
하고 생각한다면,
신경 쓰지 말고 자네들 걱정이나 하게.
자네들의 죄와 하나님의 임박한 심판이나 걱정하란 말일세.
심판이 확실히 다가오고 있으니."

소발의 두 번째 충고

20

1-3 나아마 사람 소발이 다시 말을 받았다.
"자네에게 이런 말을 듣게 되다니 믿을 수가 없군!
치가 떨리고 속이 다 울렁거리네.
어떻게 내 지성을 그렇게 모욕할 수가 있나?
자, 내 따끔하게 한마디 해주겠네!

4-11 자네는 기본도 모르나?
아담과 하와가 이 땅에 자리를 잡았던 처음부터
이어진 세상의 원리를 모르는가?
악한 자들의 좋은 시절은 오래가지 못하고
경건하지 못한 자들의 기쁨은 한순간뿐일세.
악한 자가 세계적인 명성을 얻고
누구보다 유명해져서 뻐기고 다녀도,
결국 똥 무더기 위에 처박히는 신세가 되지.
아는 사람들이 그들을 보고 역겨워하며 '저 꼴이 뭐람?' 하고 말한다네.
그들은 기억나지 않는 꿈처럼,
빛을 받으면 사라지는 어슴푸레한 환상처럼 흩어져 버리네.
한때는 모두가 아는 유명인사였을지 몰라도 이제는 별 볼 일 없어.
어디를 가도 알아보는 사람 하나 없지.
자녀들은 밑바닥에서 구걸하고
부당하게 챙긴 이득은 남김없이 토해 내야 할 걸세.
젊고 기력이 왕성한 한창때라도
결국 버티질 못한다네.

12-19 그들은 악을 별미 맛보듯 하고
혀로 이리저리 굴려 가며
그 향이 희미해질 때까지 음미한다네.
악의 맛을 제대로 아는 사람들이지!
하지만 그러다 식중독에 걸려
복통을 호소한다네.
온갖 기름진 음식이 뱃속에서 요동을 친다네.
하나님은 그것들을 다 토해 내게 만드시지.
악을 게걸스럽게 입에 넣고 맹독을 주식으로 삼다가
그것 때문에 죽는다네.
갓 구운 빵과 치즈, 시원한 칵테일이나 음료수를 놓고
잔잔한 시냇가 옆에서 즐기는 평온한 소풍 같은 것은 그들에게 없어.
반쯤 씹다 만 음식을 뱉어 내고
애써 얻은 것을 느긋하게 누리지도 못하네.
왜 그럴까? 가난한 자들을 착취하고
남의 것을 빼앗았기 때문이네.

20-29 하나님을 부인하는 그런 자들은
자기가 가진 것과 자기 모습에 만족하지 못한다네.
탐욕에 정신없이 휘둘리기 때문이지.

그러나 닥치는 대로 약탈을 해도
결국 손에 쥐는 것은 하나도 없다네.
다 얻었다고 생각할 바로 그때 재앙이 닥쳐서
불행이 가득 담긴 접시만 받는다네.
그들은 불행으로 배를 채우고
하나님은 그들에게 진노의 맛을 보여주시지.
한동안은 그것을 씹을 수밖에 없네.
하나의 재앙을 피해 필사적으로 달아나도
또 다른 재앙이 들이닥친다네.
연달아 두들겨 맞고
죽도록 얻어맞네.
공포의 집에 갇혀서
그동안 약탈한 물건들이 허탄하게 사라지는 광경을 보게 되지.
그들의 인생은 철저한 실패야.
동전 한 닢, 땡전 한 푼 남지 않네.
하나님이 죄에 찌든 그들의 옷을 벗기시고
모두가 볼 수 있게 그 더러운 옷가지를 큰길가에 걸어 놓으실 걸세.
그들의 인생은 그야말로 실패작이어서
하나님의 진노 앞에서 남아날 것이 없다네.
자, 이것이 하나님이 악인들을 위해 마련하신 청사진이라네.
그들이 기대할 수 있는 전부지."

욥의 대답

21

1-3 욥이 대답했다.

"내 말을 잘 들어 보게나. 부디 좀 들어 보게.
그 정도의 호의는 베풀 수 있지 않나.
내가 말하는 동안만 참아 주게.
그러고 나서 나를 마음껏 조롱해도 좋네.

4-16 내 불평 상대는 자네들이 아니라 하나님이네.
내가 그분의 침묵을 지긋지긋해하는 것이 이상한가?
내 꼴을 좀 보게. 내게 벌어진 일이 끔찍하지 않은가?
아니! 아무 말 말게. 자네들 의견이 아쉬운 게 아니니까.
지난 일을 돌이켜 보면 또 한 번 충격을 받고
내 몸은 경련을 일으킨다네.
어찌하여 악한 자들이 그리 잘살고
장수하며 부자가 되는가?

그들은 자녀들이 성공하는 것을 보고
손주들을 보는 기쁨을 얻는다네.
그들의 집은 평화롭고 두려워할 일이 없네.
하나님의 징계의 회초리를 맞는 법도 없지.
그들의 수소는 왕성한 정력으로 씨를 퍼뜨리고
암소는 영락없이 새끼를 낳는다네.
그들은 아이들을 내보내 놀게 하고
그 아이들이 새끼 양처럼 뛰노는 것을 지켜본다네.
바이올린과 플루트로 음악을 연주하고
노래와 춤으로 즐거운 시간을 보내네.
그렇게 오래오래 풍족하게 살다가
잠자는 중에 아무 고통 없이 죽지
그들은 하나님께 이렇게 말하네. '저리 가세요!
나는 당신이나 당신의 길에 관심 없습니다.
전능하신 하나님? 우리가 왜 당신과 어울려야 합니까?
그런다고 우리에게 무슨 이득이 있습니까?'
그들은 틀려도 크게 틀렸네. 그들은 신이 아니지 않나.
그들이 어떻게 그런 행태를 이어 갈 수 있는지, 나는 도무지 모르겠네!

17-21 악한 자들이 실패하거나
재앙을 겪거나
응분의 벌을 받는 일이 몇 번이나 있던가?
불운을 겪는 경우는 또 몇 번이나 있던가?
그리 많지 않네.
자네들은 '하나님이 그들의 후손을 치기 위해 처벌을
유보하신다'고 말하겠지.
그렇다면 나는 '지금 당장 그들에게 벌을 내려
자신이 한 일을 알게 해주십시오!' 하고 구하겠네.
그들은 자신이 저지른 악의 결과를 감당하고
하나님의 진노를 온전히 느껴야 마땅하네.
안전하게 무덤 속으로 들어가 버리고 나면
가족에게 무슨 일이 벌어지든 그들이 신경이나 쓰겠는가?

22-26 그러나 하나님은 우리가 도무지 이해할 수 없는 방식으로 일하시는 분인데,
감히 어떻게 하나님께 이래라저래라 할 수 있겠나?
어떤 사람은 만사가 순탄하여
원기왕성하게
전성기를 누리다가 죽고,

또 어떤 이는 행복을 맛보지도 못한 채
가진 것 없이 비참하게 죽는다네.
하지만 묘지에 나란히 누운 두 사람을
벌레들은 분간하지 못하지.

27-33 나는 속지 않네. 자네들의 속셈을 잘 알거든.
나를 넘어뜨리려고 계획을 꾸미고 있지 않나.
자네들은 폭군의 성채가 산산조각 나고
악인의 업적이 무너진다는 순진한 주장을 하네만,
온 세상을 다녀 본 사람들의 생각을 물어본 적이 있는가?
그들의 이야기를 들어 본 적이 있는가?
악한 자들이 처벌을 면하고
악행을 저지르고도 죄값을 치르지 않았다고 하지 않던가?
그들에게 범죄의 책임을 물은 사람이 있던가?
그들이 응분의 벌을 받은 적이 있던가?
없을 걸세.
그들은 화려하고 근사한 장례식 끝에,
값비싼 무덤 속으로 우아하게 들어간다네.
그러면 다들 그가 참 훌륭한 사람이었다고 거짓말을 늘어놓지.

34 그런데 어찌 내가 자네들의 터무니없는 소리에 위로받기를 바라는가?
자네들의 위로는 거짓말투성이야."

엘리바스의 세 번째 충고

22

1-11 데만 사람 엘리바스가 다시 말을 받았다.

"하나님을 도와드릴 만큼 힘센 사람이 있는가? 하나님께 조언할 만큼 영특한 사람이 있는가?
자네가 의롭다 한들, 전능하신 하나님이 거들떠나 보시겠는가?
자네가 완벽한 연기를 펼친다 한들, 하나님이 박수 한 번 치실 것 같은가?
자네가 결백해서
하나님이 자네를 징계하시고 자네를 힘들게 하신다고 생각하는가?
그럴 리가! 그것은 자네가 도덕적으로 너무나 문제가 많고
자네의 죄악이 끝이 없기 때문이야.
사람들이 와서 도움을 청하면
자네는 그들의 겉옷을 빼앗고 의지할 데 없는 그들을 착취했네.
배고픈 이들에게 먹을 것은커녕 부스러기 하나 건네지 않았고
목마른 이들에게 물 한 잔 주지 않았네.

그러면서도 어마어마한 재산에 둘러싸여
모든 사람의 존경을 받고 위세를 부렸지!
자네는 불쌍한 과부들을 문전박대했고
고아들을 무정하게 짓밟았네.
이제 자네가 공포에 사로잡히고, 두려움에 벌벌 떨고 있군.
갑자기 형세가 뒤바뀌었어!
칠흑 같은 어둠 속에서
물이 넘쳐 목까지 차오르는 신세가 되니 어떤가?

12-14 하나님의 다스리심을 자네도 인정하지 않나?
별들을 보게! 그분이 우주를 다스리시네.
하지만 자네는 감히 이렇게 묻는군. '하나님이 무엇을 아시겠어?
저 멀리 어둠 속에서 어떻게 심판하시겠어?
구름에 둘러싸여 하늘에서만 서성이시는데
어떻게 우리를 보시겠어?'

15-18 자네는 악한 자들이 옛날부터 줄기차게 걷던
그 길을 고집할 참인가?
그러다 그들이 어떻게 되었는가? 젊은 나이에 죽거나
갑작스러운 홍수에 휩쓸려 죽었네.
그들은 하나님께 '꺼지시지!
전능하신 하나님 따윈 필요 없어!' 하고 말하지만,
그들이 가진 모든 것을 주신 분이 바로 하나님이시네.
그들이 어떻게 그런 행위들을 이어 갈 수 있는지, 나는 도무지 모르겠네!

19-20 착한 사람은 나쁜 자들이 망하는 것을 보며 잔치를 벌인다네.
그들은 안도하며 환성을 지르지.
'마침내 우리의 원수가 전멸하고
그들이 소유하고 추구하던 모든 것이 연기처럼 사라지는구나!'

21-25 하나님께 순복하고 그분과 화해하게.
그러면 모든 것이 좋아질 것이네.
어찌해야 할지 알려 달라고 그분께 청하고
그분의 말씀을 마음에 새기게.
전능하신 하나님께 돌아오게.
그러면 회복될 걸세.
자네 안에 있는 모든 악을 치워 버리게.
돈을 움켜쥔 손을 놓고

금칠한 사치품을 버리게.
전능하신 하나님이 자네의 보물이 되시고
자네가 상상도 못한 값진 보화가 되어 주실 것이네.

26-30 자네는 전능하신 하나님으로 인해 즐거워하고
기쁜 마음으로 그분을 담대하게 바라보게 될 걸세.
자네가 기도하면 그분이 귀 기울여 들으시고
자네가 서원한 대로 할 수 있도록 도우실 걸세.
자네가 원하는 일이 이루어질 것이고
자네 인생은 빛으로 둘러싸일 것이네.
무기력한 자들을 위해 자네가 '기운 내게! 용기를 내게!' 하면
하나님이 그들을 구해 주실 것이네.
그래, 죄 지은 자들도 죄에서 빠져나올 수 있네.
자네 삶에 임한 하나님의 은혜가 그들의 탈출 통로가 될 거야."

욥의 대답

23

1-7 욥이 대답했다.

"나는 잠잠히 있지 않겠네. 물러서지 않을 걸세.
나의 항변은 정당하네.
하나님이 나를 이렇게 대하실 수는 없어.
공정하지 않아!
하나님을 어디에서 찾을 수 있는지만 알면
당장 그분께 가련만.
그분을 뵙고 나의 사정을 설명하고
그분 앞에서 직접 나의 주장을 펼치련만.
그분의 생각을 정확히 파악하고
그분의 의도를 알아낼 수 있으련만.
그분이 나를 물리치시거나 힘으로 누르실 것 같은가?
아닐세. 그분은 내 말을 진지하게 들어주실 거네.
내가 올곧게 살아온 사람임을 알아보실 거네.
재판관께서 내 모든 혐의에 대해 무죄 판결을 내리실 거네.

8-9 동쪽으로 가서 찾아도 그분은 보이지 않고
서쪽으로 가도 흔적이 없구나.
북쪽으로 가 보아도 자취를 숨기셨고
남쪽에 가도 뵐 수가 없구나.

10-12 그러나 그분은 내가 어디에 있으며 내가 무엇을 하는지 아신다네.
그분이 아무리 철저히 나를 시험하셔도,
나는 영예롭게 그 시험에 합격할 걸세.
나는 가까이에서 그분을 따랐고 그분의 발자취를 좇았네.
한 번도 그분의 길에서 벗어나지 않았네.
나는 그분의 말씀을 모두 지켰고
그분의 조언을 따랐으며 그것을 소중히 간직했네.

13-17 그러나 그분은 절대 주권자시니 누가 그분께 따질 수 있겠는가?
원하는 일을 원하실 때 행하시는 분이 아닌가.
그분은 나에 대해 정하신 일을 빠짐없이 이루실 것이고
그 외에도 하고자 하시는 모든 일을 이루실 것이네.
그러니 그분 뵙기가 두려울 수밖에 없지 않겠는가?
생각만 해도 두려워지는구나.
하나님이 나를 낙심하게 하신다!
전능하신 하나님이 나를 벌벌 떨게 하신다!
나는 칠흑 같은 어둠 속에 있어,
손을 눈앞에 갖다 대도 아무것도 보이지 않는다."

24

1-12 "전능하신 분이 심판의 날을 감추시는 게 아니라면
어째서 우리에게 알려 주시지 않는가?
살인을 저지르고, 도둑질과 거짓말, 불법적인 일들을 밥 먹듯 하고도
무사히 넘어가는 자들이 있지 않은가?
그들은 가난한 이들을 등치고
불행한 이들을 착취하며,
의지할 데 없는 자들을 도랑에 밀어 넣고
약자들을 괴롭혀 생명의 위협을 느끼게 하네.
가난한 이들은 길 잃은 개와 고양이처럼
뒷골목에서 먹을 것을 찾아 헤매거나
부자들의 쓰레기통을 뒤지며
동냥으로 근근이 살아간다네.
집이 없는 그들은 추운 거리에서 떨며 밤을 지새우고
머리 누일 곳조차 찾지 못하네.
비바람에 몸이 젖고 얼어
임시 대피소로 모여들지.
젖먹이 아기를 둔 엄마들은 아기를 빼앗기고
가난한 이들의 어린 자녀들은 납치되어 팔려 가네.

그들은 올이 거의 다 빠진 누더기 차림으로 돌아다니고
열심히 일해도 늘 굶주리네.
등골 빠지게 일해 봤자
남는 게 없어.
사람들이 여기저기서 죽어 가며 고통에 신음하고 있네.
가엾은 이들이 도와 달라고 부르짖건만,
하나님은 아무 문제 없다는 듯 침묵만 지키시네!

13-17 기어이 빛을 피하는 자들이 있더군.
빛이 가득한 길을 피하는 자들이지.
해가 떨어지면 살인자는 자리에서 일어나
가난한 이들을 죽이고 무방비 상태의 사람들을 유린한다네.
성폭력범들은 땅거미가 지기를 기다렸다가
'이제는 아무도 우리를 알아보지 못하겠지' 생각하네.
강도들도 밤중에 제 일을 하고
낮에는 도통 모습을 드러내지 않지.
그들은 낮과 엮이기를 원하지 않아.
그런 작자들에게는 깊은 어둠이 아침이니
무시무시한 어둠을 공범으로 삼는다네.

18-25 그들은 물 위에 떠 있는 나무토막이요
아무짝에도 쓸모없는 저주받은 쓰레기와 같지.
뜨거운 여름 태양 아래 눈이 녹듯이
죄인들은 무덤 속으로 사라진다네.
모태도 그들을 잊고, 구더기가 그들을 맛있게 먹어 치우지.
악한 것은 오래가지 못하는 법이지.
그들은 파렴치하게도
불행한 이들을 약탈한다네.
잔뜩 뽐내며 힘자랑을 해도
빛 좋은 개살구에 불과하지. 그들은 아무것도 아니야.
자신은 안전하다고 착각할지 몰라도
하나님이 그들을 눈여겨보신다네.
잠시 성공을 거두는 듯해도
오래가지 않고 결국에는 내놓을 것이 하나도 없어지네.
철 지난 신문처럼
쓰레기를 싸는 데 쓰일 뿐이지.
나를 거짓말쟁이로 모는 것은 자네들 자유네만,
뜻대로 되지는 않을 걸세."

빌닷의 세 번째 충고

25

[1-6] 수아 사람 빌닷이 다시 욥을 비난했다.

"하나님은 주권자시요, 무시무시한 분이시네.
우주의 모든 것이 그분의 계획대로 착착 움직이지.
그분의 천군천사를 누가 다 헤아릴 수 있겠는가?
어딘들 그분의 빛이 비치지 않겠는가?
한낱 인간이 어찌 하나님께 맞설 수 있겠는가?
별 볼 일 없는 사람이 어찌 죄 없는 체할 수 있겠는가?
하나님이 보실 때는 달도 흠이 있고
별들도 완전하지 않거늘,
그에 비하면 민달팽이와 구더기에 불과한
평범한 사람들이야 더 말할 나위가 있겠는가?"

욥의 대답

26

[1-4] 욥이 대답했다.

"힘없는 사람에게 정말이지 큰 힘이 되어 주는군!
절묘하게 때를 맞추어 도우러 왔어!
혼란에 빠진 사람에게 그런 멋진 충고를 하다니!
통찰력이 정말 기가 막히군!
도대체 이 모든 것을 어디서 배웠나?
어디서 그렇게 대단한 영감을 얻었는가 말이네.

[5-14] 죽어 땅에 묻힌 모든 자와
깊고 깊은 바다에 빠져 죽은 모든 이가 고통으로 몸부림치네.
하나님 앞에서는 지옥이 활짝 열리고
무덤도 파헤쳐져 훤히 드러난다네.
그분은 형체 없는 공간에 하늘을 펼치시고
텅 빈 허공에 땅을 매다시네.
뭉게구름 자루에 물을 부어 넣으시고
그 자루가 터지지 않게 하시지.
시간이 지남에 따라 달이 적절히
찼다 이울었다 하게 하시네.
대양 위에 수평선을 그으시고
빛과 어둠의 경계를 정하신다네.
하늘에서 우르릉 쾅쾅 천둥소리가 들려오는군.
들어 보게! 하나님이 언성을 높이시네!

그분은 능력으로 바다 폭풍을 잠재우시고
지혜로 바다 괴물을 길들이신다네.
입김 한 번으로 하늘을 맑게 하시고
손가락 하나로 바다뱀을 눌러 버리시네.
그러나 이것은 시작일 뿐,
그분의 통치를 알리는 속삭임에 불과하네.
하나님이 제대로 언성을 높이시면 우리가 무엇을 할 수 있겠나?"

세 친구에 대한 욥의 대답

27

1-6 욥이 소발의 대꾸를 기다리다 다시 말을 이었다.

"살아 계신 하나님! 그분이 나를 부당하게 대하셨네!
전능하신 하나님! 그분이 내 인생을 파괴하셨네!
그러나 내게 숨이 붙어 있는 한,
하나님이 내게 생명을 불어넣으시는 한,
참되지 않은 말은 한 마디도 하지 않을 걸세.
그 어떤 엉터리 죄목도 인정하지 않을 걸세.
나는 자네들이 고발하는 내용을 인정할 수 없네.
목숨을 걸고 내 결백을 주장하겠네.
나의 결백을 꽉 붙들고 놓지 않을 것이며
결코 후회하지 않겠네.

7-10 내 원수의 사악한 실체가 드러났으면!
내 대적의 유죄가 밝혀졌으면!
하나님을 모르는 자들의 목숨이 갑자기 끊어지면,
하나님이 그들의 인생을 끝장내시면, 그들에게 무슨 희망이 있을까?
재난이 닥칠 때,
도움을 청하는 그들의 소리를 하나님이 들으실 것 같은가?
그들이 전능하신 분께 관심을 보인 적이 있던가?
그들이 과연 기도한 적이 있던가?

11-12 나는 자네들에게 하나님의 일하심을 분명하게 보여주었네.
전능하신 하나님에 대해 어떤 것도 감추지 않았어.
증거는 바로 자네들 앞에 있네. 자네들이 직접 볼 수 있지.
그런데도 어찌 허튼소리를 계속하는가?

13-23 자네들이 했던 말을 그대로 자네들에게 돌려주겠네.

'이것이 하나님이 악한 자들을 다루시는 방식이요
악한 자들이 전능하신 하나님께 받을 몫일세.
그 자식들은 모두 비명횡사하고
식탁에 올릴 빵이 부족할 것이네.
그들은 전염병으로 죽을 것이나
과부들은 남편이 죽어도 눈물 한 방울 흘리지 않을 걸세.
그들이 제아무리 돈을 많이 벌고
최신 유행에 맞는 멋진 옷들을 사들여도,
결국에는 선한 사람들이 그 옷을 입고
착한 사람들이 그 돈을 나누어 가질 거야.
그들이 아무리 근사한 집을 지어도
그 집은 한 차례의 겨울도 버티지 못할 걸세.
부자로 잠자리에 들지만
깨어나 보면 빈털터리라네.
두려움이 홍수처럼 그들을 덮칠 것이네.
한밤중에 회오리바람이 불어 그들을 날려 보내고
폭풍이 그들을 휩쓸 것이네!
그들의 흔적은 발자국 하나 남지 않게 될 걸세.
온갖 재해가 가차 없이 그들을 뒤쫓아
달아날 곳도, 숨을 곳도 없을 것이네.
비바람에 사정없이 얻어맞고
폭풍으로 완전히 찢길 것이네.'"

28

1-11 "우리는 은을 품은 광맥이 있다는 것과
어떤 광석에서 금을 정련해 내는지 알고 있네.
철은 땅속에서 캐내고
구리는 광석을 녹여 얻지.
광부들은 어두운 땅속을 뚫고 들어가
산의 뿌리를 더듬어 광석을 찾고,
숨 막히는 어둠 속에서 파고 또 판다네.
그들은 사람들의 자취가 없는 먼 곳에
수직 갱도를 파고
밧줄을 내려 갱도 안으로 들어가네.
지구 표면이 곡창지대라면
그 심층은 대장간이라서
광석에서 사파이어를 떼어 내고
암석에서 금을 캐내지.

독수리는 그 가치를 알지 못하고
매는 거기에 눈을 두지 않네.
들짐승들은 그것을 의식하지 못하고
사자는 그것이 거기 있는지도 모른다네.
그러나 광부들은 바위를 깨부수고
산을 뿌리째 파헤치네.
암석에 갱도를 뚫어
온갖 아름다운 보석을 찾아낸다네.
그들은 강의 근원을 발견하고
땅에 숨겨진 여러 보물을 캐낸다네.

12-19 하지만 지혜는 어디서, 도대체 어디서 찾을까?
통찰력은 어디에 숨어 있을까?
사람들은 도무지 감도 못 잡고
어디를 찾아봐야 할지 전혀 모른다네.
지구의 심층은 '여기에는 없다' 말하고
깊은 바다에서는 '그런 것은 들어 본 적도 없다'는 소리가 메아리쳐 오네.
지혜는 순금으로도 살 수 없고
아무리 많은 은을 갖다 바쳐도 구할 수 없어.
유명한 오빌의 금으로도 살 수 없고
다이아몬드와 사파이어로도 안되네.
금이나 에메랄드는 비할 바가 못 되고
화려한 보석들도 어림없지.
진주 목걸이나 루비 팔찌 따위야 더 말할 것도 없네.
하나같이 지혜를 사는 데 필요한 계약금에도 못 미치지!
황금이나 아프리카 다이아몬드를 아무리 높이 쌓아도
지혜의 상대가 될 수 없다네.

20-22 그럼 지혜는 어디에서 오며
통찰력이 있는 곳은 어디일까?
아무리 둘러보아도
아무리 깊이 파 들어가도, 아무리 높이 날아도 찾을 수 없네.
묘지를 샅샅이 뒤지고 죽은 이들에게 물어보게.
'우리도 그것의 소문만 들어 봤소' 하고 말할 걸세.

23-28 지혜에 이르는 길은 하나님만 아시고
지혜를 찾을 수 있는 곳 역시 그분만이 아신다네.
그분은 지상의 모든 것이 어디에 있는지 아시고

하늘 아래 모든 것을 보신다네.
바람에게 명하여 불게 하시고
물의 양을 재어 나누시고
비가 어떻게 내릴지 정하시고
천둥번개가 터지게 하신 후에,
하나님은 지혜를 보셨네.
지혜를 시험하시고 만반의 준비를 갖추게 하셔서
언제든 쓰일 수 있도록 만드셨네.
그러고 나서 사람들에게 말씀하셨지. '여기 지혜가 있다!
주님을 경외하는 것이 지혜이며,
악을 멀리하는 것이 통찰력이다.'"

욥의 마지막 대답

29

1-6 욥이 답변을 계속했다.

"오, 지나간 좋은 시절,
하나님이 너무나 잘 보살펴 주시던 그때가 그립다네.
그분은 언제나 내 앞길에 등불을 비추시고
나는 그 빛에 의지해 어둠 속을 걸었지.
오, 지나간 황금 시절,
하나님과의 우정으로 내 집이 환하게 빛나던 때가 아쉽다네.
그때는 전능하신 분이 내 곁에 계시고
내 아이들도 품 안에 있었는데.
만사가 내 뜻대로 되었고
어려운 것이 없어 보였는데.

7-20 내가 중심가로 가서
친구들과 함께 광장에 앉으면,
나이가 많든 적든 간에 내게 예를 갖춰 인사하고
마을의 모든 사람이 나를 존경했었지.
내가 말하면 다들 귀를 기울이고
토씨 하나까지 새겨들었지.
나를 아는 이들은 다들 나를 좋게 말하고
어딜 가나 좋은 평판을 얻었네.
나는 곤경에 처한 사람들을 돕고
불행한 이들의 처지를 대변했어.
죽어 가는 이들이 나를 축복하고
유족들도 나의 조문을 받고 힘을 얻었지.

나는 늘 사람들을 따뜻하게 대하고
만나는 모든 사람을 공정히 대하는 사람으로 알려졌지.
눈먼 이에게는 눈이 되어 주고
발을 저는 이에게는 발이 되어 주었네.
궁핍한 이들의 아버지였고
학대받는 외국인들의 권리를 옹호했지.
노상강도들의 목덜미를 움켜잡아
훔친 것들을 돌려주게 했어.
그래서 나는 '내가 천수를 누린 것에 감사하며
내 침상에서 편안히 죽을 수 있겠구나' 생각했지.
'물가에 깊이 뿌리내린 나무 같고
싱싱하고 이슬 머금은 나무 같은 내 인생,
죽는 그날까지 내 영혼이 영광에 싸이고
내 육신은 쇠하지 않겠구나' 여겼었지.

21-25 내가 말하면 사람들이 귀를 기울였고
기대하는 눈빛으로 내 말을 토씨 하나까지 새겨들었네.
내가 말을 마치고 나면 그들은 말없이
내 말을 곱씹었지.
그들은 나의 조언을 봄비처럼 반기며
남김없이 받아 마셨어.
내가 그들을 향해 웃어 주면 그들은 믿을 수 없어 했지.
얼굴이 환해지면서 시름을 잊어버리곤 했네.
내가 그들의 지도자로 분위기를 주도하고
모범을 보이면, 그들도 그 길을 따라 살았다네.
내가 이끄는 대로 따라왔지."

30

1-8 "그러나 이제는 아닐세. 이제 나는 저들의 비웃음거리요
나이 어린 불량배와 애송이들의 조롱거리가 되었네!
내가 그 아비들을
미숙한 하룻강아지 정도로 여겼었는데.
저들은 아비보다 못한 작자들이네. 아무짝에도 쓸모없는
길바닥의 더러운 동물이지.
그들은 굶주린 채 먹을 것을 찾아 뒷골목을 뒤지고
달을 보고 짖어 대네.
집도 없이 떠돌며
닳아 빠진 뼈다귀나 씹고 낡은 깡통이나 핥는 자들,

위험한 불량자로 찍혀
마을에서 쫓겨난 자들이네.
누구에게도 환영받지 못하고
쫓겨나 버렸지.
자네들도 마을 변두리에서 나는 소리를 들을 수 있을 걸세.
그것은 쓰레기장에 모여 요란하게 짖어 대는 무리,
처참하게 쫓겨나
이름도 없이 구걸하는 무리가 내는 소리일세.

9-15 이제 나는 그들의 표적이 되어
학대와 조롱과 비웃음을 받는다네.
그들이 나를 혐오하고 욕하네.
악당 같은 놈들이 내 얼굴에 침까지 뱉는다네!
하나님이 나를 망하게 하시고 그대로 내팽개치시니,
그들이 거침없이 내게 달려들어 온갖 행패를 부린다네.
보이지 않는 곳에서 불쑥 다가와서,
다리를 걸어 나를 쓰러뜨리고 공격하네.
그들이 나를 망가뜨리기로 작정하고
내 앞에 온갖 장애물을 놓는데도
누구 하나 몸을 일으켜 나를 돕지 않아!
그들은 쇠약해진 내 몸에 폭행을 가하고
망가져 쑥대밭이 된 내 인생을 짓밟는다네.
두려움이 나를 덮쳐
내 위엄이 갈기갈기 찢기고,
구원의 희망은 연기처럼 사라졌네.

16-19 고통이 나를 붙잡고 놓아주지 않으니
이제 내 기력이 다하였네.
밤에는 뼈마디가 쑤시고
고통이 멈추지 않네.
손발이 묶이고 목에는 올가미가 걸렸어.
몸을 비틀고 몸부림치다가
진흙탕에 처박혀,
온통 진흙투성이가 되었네.

20-23 하나님, 내가 도와 달라고 소리쳐도 주께서는 가만히 계십니다.
아무 답도 주지 않으십니다!
이렇게 주님을 바라보고 서서 항의하는데도,

주께서는 빤히 바라만 보고 계십니다!
주께서 나를 이리저리 때리고 걷어차시니,
나를 괴롭히는 분이 되셨습니다.
한때 주께서 나를 높이 들어 올리셔서 의기양양했으나,
다음 순간 높은 곳에서 떨어뜨리시니 나는 산산조각 났습니다.
이제 알겠습니다. 주께서는 나를 죽여
한 길 땅속에 두실 작정이시군요.

24-31 내가 무슨 짓을 했기에 이러십니까?
도움을 청하는 사람을 때리기라도 했습니까?
어렵게 사는 이들을 위해 내가 울지 않았습니까?
가난한 이들의 처지를 보고 아파하지 않았습니까?
그런데 이 어찌 된 일입니까?
선을 기대했건만 악이 모습을 드러내고,
빛을 바랐건만 어둠이 깔립니다.
속이 쉴 새 없이 울렁거리고 도무지 진정되지 않습니다.
날이 갈수록 더 큰 고통이 찾아옵니다.
어디를 가든 먹구름이 끼어 있습니다. 해는 보이지도 않습니다.
나는 사람들이 모여 있는 곳에 서서 항의하는 신세가 되었습니다.
이리와 함께 짖고
올빼미들과 함께 웁니다.
내 몸은 멍투성이에다
고열로 불덩이 같습니다.
내 바이올린은 구슬픈 음악만 연주하고,
내 피리에서는 애곡이 흘러나옵니다."

31

1-4 "나는 젊은 여인을 음탕하게 바라보지 않겠다고
내 자신과 단단히 약속했네.
이런 내가 하나님께 무엇을 기대해야 합당하겠나?
전능하신 하늘의 하나님께로부터 무엇을 받아야 마땅하겠나?
재앙은 악한 자들의 몫으로 따로 준비된 것이 아닌가?
잘못을 저지른 자들에게 닥쳐야 하지 않겠는가?
하나님은 내가 어떻게 사는지 지켜보시고
내 발걸음을 낱낱이 헤아리지 않으시는가?

5-8 내가 거짓과 단짝이 되어 다니거나
속임수와 어울린 적이 있는가?

내 죄를 저울에 정확히 달아 보시라고 하게.
그러면 내가 정직한 사람이라는 증거를 얻게 되실 것이네.
내가 곧고 좁은 길에서 벗어나
내 것이 아닌 것을 원했다면,
죄와 놀아난 적이 있었다면,
그냥 두지 마시고
내 재산을 합당한 사람에게 나눠 주시라고 하게나.

9-12 내가 여인의 유혹에 넘어가
그 여인과 동침할 마음을 먹기라도 했다면,
내 아내가 가만히 보고 있지 않고
다른 남자와 동침한다 해도 나는 아무 말 못할 걸세.
그런 역겨운 죄에 대해서라면
어떤 벌이라도 달게 받겠네.
간음은 집을 송두리째 태우는 불이니,
내가 소중히 여기는 모든 것이 그 불로 인해 사라질 걸세.

13-15 아랫사람들이 내게 불만을 표출했다고 해서
내가 그들을 부당하게 대한 적이 있던가?
그랬다면 하나님 앞에서 내가 무슨 말을 할 수 있겠나?
하나님이 내 장부를 조사하실 때 감히 뭐라 말씀드리겠나?
나를 만드신 하나님이 그들도 만들지 않았나!
우리 모두 같은 재료로 만들어져, 하나님 앞에서 동등한 존재가 아닌가!

16-18 내가 가난한 이들의 어려움을 무시하고
궁핍한 이들을 외면한 적이 있던가?
그들이 쇠진할 때,
내 사정만 살피고 내 배만 채웠던가?
내 집의 문이 그들에게 항상 열려 있었고,
그들을 항상 식탁으로 맞아들이지 않았던가!

19-20 가난한 가족이 따뜻한 옷이 없어 추위에 떨도록
그냥 내버려 둔 적이 있던가?
내가 건넨 겉옷을 보고
그들이 나를 축복하지 않았던가!

21-23 내가 내 힘과 영향력을 믿고
불행한 자들을 착취한 적이 한 번이라도 있는가?

그렇다면 주저 말고 내 두 팔을 부러뜨리고
손가락을 모두 잘라 버리게!
내가 하나님을 경외하기에 이런 일들을 하지 않았네.
그랬다면 내가 어찌 그분의 얼굴을 똑바로 뵐 수 있겠나?

24-28 내가 크게 한몫 잡기를 바라고
은행을 숭배했던가?
재산이 많다고 우쭐거리거나
부유함을 뻐기기라도 했던가?
해의 찬란함에 경외감을 느끼고
달의 아름다움에 마음을 빼앗긴 나머지,
남몰래 그것들을 숭배한 적이 있던가?
그랬다면 하나님을 배신한 것이니
어떤 벌이라도 기꺼이 받겠네.

29-30 내가 원수의 파멸을 보고 환성을 지르거나
경쟁자의 불행을 고소해한 적이 있는가?
아닐세. 나는 험담 한 마디 한 적 없고
작은 목소리로 그들을 저주한 적도 없네.

31-34 내 집에서 일한 사람들이 이렇게 말하지 않았던가?
'주인님은 우리를 잘 먹이셨습니다. 언제나 한 그릇 더 먹게 해주셨지요.'
나는 여행자가 거리에서 자도록 내버려 둔 적이 없네.
우리 집은 여행자들에게 늘 열려 있었지.
내가 사람들의 입이 무서워,
이웃의 험담이 두려워
은둔을 선택했던가?
아담처럼 죄를 숨기고
잘못을 덮으려고 문을 닫아걸었던가?
자네들도 잘 알다시피 나는 그러지 않았네.

35-37 오, 누구 내 말을 들어줄 사람 없을까!
나는 답변서를 작성하고 서명까지 마쳤네.
이제는 전능하신 분께서 대답하실 차례일세!
그분의 기소장을 보고 싶군.
내 답변서는 누구나 볼 수 있네.
그 내용을 종이에 큼지막하게 써서 동네를 돌 생각이거든.
나는 왕자부터 거지까지 모든 사람들에게

내 삶의 행적을 낱낱이 해명할 생각이네.

38-40 내가 경작하는 땅이 나를 고소하거나
밭이랑들이 혹사를 당해 눈물을 흘린다면,
나의 이익을 위해 땅을 훼손하거나
정당한 땅 주인들을 쫓아낸 적이 있다면,
그 땅에서 밀 대신 엉겅퀴가 자라고
보리 대신 잡초가 나도록 저주해도 무방하네."

이로써 세 친구를 향한 욥의 말이 끝났다.

엘리후의 첫 번째 충고

32 1-5 욥의 세 친구는 침묵에 잠겼다. 할 말을 다 했는데도 욥이 자신의
잘못을 조금도 인정하지 않고 완강하게 버티니 어찌할 도리가 없었
다. 이렇게 되자 엘리후는 화가 났다. (엘리후는 람 족속 출신인 부스 사람 바라겔의 아
들이다.) 그는 하나님보다 자신이 의롭다고 주장하는 욥을 참을 수 없었고, 욥의
말에 변변히 대답도 못하고 그의 잘못을 입증하지 못하는 세 친구도 못마땅했
다. 그들보다 나이가 어렸던 엘리후는 자신이 말할 기회를 기다리고 있었는데,
세 사람이 논증에 지친 것을 보고 참아 왔던 분노를 터뜨렸다.
6-10 부스 사람 바라겔의 아들 엘리후가 말했다.

"나는 어리고
어르신들은 연로하신 데다 경험도 많습니다.
그래서 나는 지금까지 입을 다물고
논의에 끼어드는 것을 자제했습니다.
나는 줄곧 생각했습니다. '경험의 힘이 드러나겠지.
저분들은 오래 살아온 만큼 더 지혜로울 거야.'
그러나 내 생각이 틀렸음을 깨달았습니다.
지혜로운 사람에게 통찰력을 주는 것은
사람 안에 있는 하나님의 영, 곧 전능하신 분의 숨결이더군요.
전문가가 지혜를 독점하는 것은 아니며
나이가 들었다고 반드시 분별력이 있는 것도 아니더군요.
그래서 나도 소신을 밝히기로 했습니다. 잘 들어주십시오!
내 생각을 정확히 말씀드리지요.

11-14 어르신들이 말할 때 한 마디도 놓치지 않고
귀 기울여 들었습니다.
적절한 말을 찾으시는 동안

귀를 쫑긋 세웠습니다.
그런데 어르신들이 입증한 게 있습니까? 하나도 없습니다.
어르신들의 말은 욥의 마음을 전혀 움직이지 못하더군요.
'우리는 할 만큼 했다.
이제는 하나님이 욥을 정신 차리게 하실 차례다' 하고 변명하지 마십시오.
욥은 아직 나와 논쟁하지 않았습니다만,
나는 어르신들과 같은 논리를 사용하지 않을 테니 염려 놓으십시오.

15-22 이제 세 분께서는 달리 하실 말씀이 없습니까?
물론 없을 겁니다! 어르신들은 완전히 엉터리니까요!
어르신들이 하던 말을 딱 멈추었으니
내가 더 이상 기다릴 이유가 없겠지요?
내 의견을 말할 준비가 되었습니다. 그렇습니다!
내가 말할 차례입니다. 때가 되었습니다!
나는 할 말이 많습니다.
당장이라도 속에서 터져 나올 것 같습니다.
땅 밑의 용암처럼 끓어오릅니다.
폭발 직전의 화산 같습니다.
속 시원히
속에 있는 말을 해야겠습니다.
돌려 말하지 않겠습니다.
진실을, 오로지 진실만을 말하겠습니다.
나는 누구에게도 아첨할 줄 모르지만,
혹시라도 그랬다가는 나를 만드신 분이 지체 없이 나를 처단하실 것입니다!"

33

1-4 "욥이여, 내 말을 끝까지 들어주십시오.
부디 내 말에 귀 기울여 주십시오.
심사숙고한 내용을
말하는 것입니다.
다른 숨겨진 의도가 있는 것은 아닙니다.
내 마음을 정직하게 토로하는 것입니다.
하나님의 영이 지금의 나를 만드셨고
전능하신 하나님의 호흡이 내게 생명을 주셨습니다!

5-7 할 수 있겠거든 내가 틀렸음을 입증해 보십시오.
주장을 펼쳐 보십시오. 스스로를 변호해 보십시오.
자, 나는 당신과 다를 바 없는 인간입니다.

우리 둘 다 흙으로 만들어졌습니다.
그러니 이 상황을 같이 풀어 나가 봅시다.
내가 드세게 나간다고 기가 죽지 않았으면 합니다.

8-11 당신은 이렇게 말했습니다.
내 귀로 똑똑히 들었습니다.
'나는 결백하네. 잘못한 게 없어.
믿어 주게. 나는 깨끗하네. 양심에 거리낄 게 없어.
그런데 하나님이 자꾸만 나를 괴롭히시고
나를 원수 대하듯 하신다네.
나를 감옥에 처넣으시고
끊임없이 감시하시네.'

12-14 하지만 분명히 말하겠습니다.
욥이여, 당신은 완전히 잘못 생각하고 있습니다!
하나님은 그 어떤 사람보다도 훨씬 크십니다.
그런데 어찌 감히 그분을 법정으로 불러 놓고
당신의 비난에 답하시지 않는다고 불평합니까?
하나님은 어떤 식으로든 항상 응답하십니다.
사람들이 때로 그 사실을 인식하지 못할 뿐이지요.

15-18 예를 들어, 사람이 곯아떨어지거나
곤히 잠들었을 때,
하나님은 꿈이나 밤의 환상을 통해
그의 귀를 여시고
여러 차례의 경고로 경각심을 심어 주십니다.
그가 계획하는 나쁜 일이나
무모한 선택에서 돌이켜,
때 이른 죽음을 당하거나
돌아올 수 없는 강을 건너는 일이 없도록 보호하시려는 것입니다.

19-22 그런가 하면 그가 고통을 겪게 하시거나
병상에 드러눕게 하여 관심을 유도하기도 하시는데,
그렇게 되면 그는 음식을 보기만 해도 질색을 하고
입맛을 잃어, 평소 즐겨 먹던 요리마저 싫어하게 됩니다.
살이 빠지고 비쩍 말라
앙상하게 뼈만 남습니다.
죽음의 낭떠러지에 매달려

당장이라도 숨이 끊어질 수 있음을 깨닫게 됩니다.

23-25 그러나 그때라도 천사가 나타날 수 있습니다.
수천이나 되는 수호자 중 하나가 그를 위해 올 것입니다.
보냄을 받고 찾아온 천사가 자비롭게 개입하여
'내가 그의 몸값을 받았다!'는 말로
사형선고를 취소시킬 것입니다.
그러면 사람이 무슨 일인지 깨닫기도 전에 자신의 몸이 회복되어,
건강을 되찾을 것입니다!

26-28 또 사람 자신이 무릎을 꿇고 하나님께 기도할 수도 있습니다.
하나님은 그것을 좋아하십니다!
사람은 하나님의 미소를 보고,
그분과의 올바른 관계가 회복되었음을 깨닫습니다. 그리고 기뻐합니다.
그는 만나는 모든 사람 앞에서 하나님을 찬양하고
이렇게 증언할 것입니다. '난 인생을 엉망으로 살았지.
정말이지 무가치한 삶이었어.
하지만 하나님이 개입하셔서, 완전히 죽은 목숨이었던 나를 구하셨어.
나, 다시 살아났어! 다시 빛을 보게 되다니!'

29-30 하나님은 이런 식으로
거듭거듭 일하십니다. 확실한 파멸에서 우리 영혼을 끌어내십니다.
그러면 우리는 빛을 보고 빛 안에서 살게 됩니다!

31-33 욥이여, 내 말에 귀를 기울이십시오.
아직 끝나지 않았으니, 말을 끊지 말고 계속 들으십시오.
그러나 혹시 내가 알아야 할 것이 있다면 말해 주십시오.
나는 당신이 누명을 벗기를 무엇보다 바라니까요.
할 말이 없다면 잠자코 들어주십시오. 내 말을 끊어
혼란스럽게 하지 마십시오.
그럼 이제부터 지혜의 기본을 가르쳐 드리겠습니다."

엘리후의 두 번째 충고

34

1-4 엘리후가 계속해서 말했다.
"훌륭하신 어르신들, 내 말을 듣고
생각하는 바를 알려 주시기 바랍니다.
여기서 벌어지고 있는 상황을 제대로 파악하려면

머리를 맞대고 상의해야 하니까요.
이 정도는 누구나 아는 상식입니다.
누구나 맛을 느낄 수 있는 것처럼 말입니다.

5-9 들으신 것처럼 욥은 이렇게 말합니다. '나는 옳다.
그런데 하나님은 내게 공정한 재판을 허락하지 않으신다.
나는 스스로를 변호하는 자리에서 거짓말쟁이라는 소리를 들었고
잘못한 것이 없는데도 처벌을 받았다.'
이보다 더 심한 말을 들어 보신 적이 있습니까?
욥의 눈에는 보이는 것이 없답니까?
나쁜 친구들과 너무 많은 시간을 보낸 걸까요?
엉뚱한 무리와 너무 오래 어울려 다닌 걸까요?
그래서 '하나님을 기쁘게 해드리려고 애써 봐야 소용없다'는
그들의 말을 앵무새처럼 따라하게 된 걸까요?

10-15 어르신들은 이런 문제를 능숙하게 다루는 분들이니
나와 의견이 같을 것입니다.
하나님이 악을 행하실 리 없고
전능하신 분께서 잘못을 저지르실 리 없습니다.
그분은 더도 덜도 말고, 딱 우리가 행한 그대로 갚으십니다.
사람은 언제나 뿌린 대로 거둡니다.
하나님이 악한 일을 하시거나
전능하신 분이 정의를 뒤엎으실 리 없습니다.
그분은 온 땅을 다스리시는 분!
온 세상을 한 손에 쥐고 계시는 분!
그분이 호흡을 불어넣지 않으시면
남녀노소 모두 공기가 부족하여 죽고 말 것입니다.

16-20 그러니 욥이여, 잘 생각해 보십시오.
누가 봐도 분명한 사실입니다.
질서를 싫어하는 자가 질서를 유지할 수 있겠습니까?
당신은 의롭고 전능하신 하나님을 감히 비난하는 것입니까?
하나님은 언제나 진실을 말씀하시는 분,
부패한 통치자들이 악당이자 범죄자임을 폭로하시지 않습니까?
그분이 돈 많고 유명한 자들을 편드시고 가난한 이들을 무시하십니까?
모든 이들에게 똑같이 책임을 다하시는 분이 아닙니까?
불시에 죽는 사람들은 그럴 만한 죄가 있는 것 아닙니까?
사악한 통치자들이 몰락하는 것은 피할 수 없는 운명 아닙니까?

대단하다는 사람들이 쓰러져 죽을 때,
우리는 하나님이 배후에서 일하고 계시다는 것을 깨닫습니다.

21-28 하나님은 모든 사람을 살피시고
사소한 것 하나도 놓치지 않으십니다.
그분의 눈을 속이고 악을 행하는 자들을 가려 줄 만큼
캄캄한 밤이나 깊은 어둠은 존재하지 않습니다.
하나님은 그들의 범죄를 입증할 증거를 더 모으실 필요가 없습니다.
그들의 죄는 명백한 사실이기 때문입니다.
그분은 고위인사나 유력인사들을 묻지도 않고 해임하시고
곧바로 다른 사람들로 그 자리를 채우십니다.
잘못을 저지르고 무사히 빠져나가는 사람은 없습니다. 하룻밤 만에
판결문이 서명, 봉인, 교부됩니다.
그분은 모두가 볼 수 있는 탁 트인 곳에서
악한 자들을 그 악한 행위대로 처벌하십니다.
그들은 그분을 따르지 않고
그분의 길을 더 이상 생각하지 않기 때문입니다.
그들의 배교를 알린 것은 가난한 이들의 울부짖음이었습니다.
억눌린 이들의 울부짖음을 하나님이 들으신 것입니다.

29-30 하나님이 침묵하신다 한들, 그것이 당신과 무슨 상관이 있습니까?
하나님이 얼굴을 숨기신다 한들, 어찌하겠습니까?
그러나 침묵하시든 숨으시든, 하나님은 여전히 존재하시며 다스리시기에,
하나님을 미워하는 자들이 그분의 자리를 차지하여
사람들의 삶을 망치는 일은 없을 것입니다.

31-33 그러니 그냥 하나님께 실토하지 그럽니까?
이렇게 말하십시오. '내가 죄를 지었습니다. 다시는 죄를 짓지 않겠습니다.
내가 아직 깨닫지 못한 것이 있다면 깨닫게 해주십시오.
그동안 저지른 악을 다시는 저지르지 않겠습니다.'
당신이 하나님 뜻대로 살고 싶지 않다고 해서,
하나님이 당신의 뜻대로 움직이셔야 합니까?
선택은 당신의 몫입니다. 내가 대신할 수는 없지요.
어느 쪽을 선택할 것인지 말해 보십시오.

34-37 생각이 올바른 사람들이 이구동성으로 하는 말,
내 말에 동의하는 지혜로운 사람들이 하는 말이 있습니다.
'욥은 헛똑똑이야.

터무니없는 소리만 지껄여 대지.'
욥이여, 하나님께 그렇게 못되게 말대꾸를 했으니
어디 구석으로 끌려가 호된 질책을 받아 마땅합니다.
원래 지은 죄에다가,
하나님의 징계에 저항하고
무엄하게도 하나님께 주먹을 휘두르며
전능하신 분을 여러 죄목으로 고발하는 죄를 더했기 때문입니다."

엘리후의 세 번째 충고

35

1-3 엘리후는 욥을 다시 공격했다.

"처음에는 '나는 하나님 앞에서 완전히 결백하다'고 하더니
그 다음에는 '내가 죄를 짓든 안 짓든
무슨 차이가 있겠느냐'고 말하니,
이게 말이 됩니까?

4-8 자, 분명히 말씀드리지요.
당신과 세 친구분은 지금
자신이 무슨 말을 하는지 모르고 있습니다.
하늘을 보십시오. 오래도록 열심히 들여다보십시오.
하늘 높이 떠 있는 구름들이 보입니까?
당신이 죄를 짓는다 한들, 하나님께 달라질 것이 무엇이겠습니까?
당신이 아무리 큰 죄를 짓는다 한들, 그것이 하나님께 대수겠습니까?
당신이 선하다 한들, 하나님이 거기서 무슨 득을 보시겠습니까?
그분이 당신의 업적에 의존하기라도 하신단 말입니까?
사람이 선한지 악한지에 관심을 갖는 사람들은
가족과 친구와 이웃뿐입니다.
하나님은 사람의 행위에 의존하지 않으십니다.

9-15 사정이 어려워지면 사람들은 도움을 청하며 부르짖습니다.
이리저리 차이는 신세에서 벗어나게 해달라고 부르짖습니다.
그러나 사정이 좋을 때는 하나님을 전혀 생각하지 않습니다.
하나님이 사람들의 마음에서 노래가 흘러나오게 하시고
온 세상을 과학교실로 삼으시며
날짐승과 들짐승을 통해 지혜를 가르치실 때도 마찬가지입니다.
사람들은 오만하게도 하나님께 관심을 갖지 않습니다.
그러다 곤경에 처하면 비로소 하나님을 부르지만,
이번에는 하나님이 그들에게 관심을 보이지 않으십니다.

그런 기도는 순간적인 두려움을 빼면 아무 실체가 없고
전능하신 분은 그런 기도를 무시하십니다.
그러니 당신이 하나님의 응답을 기다리다 지쳤고,
하나님이 세상의 문제들을 보시고 진노하셔서
뭔가 조치를 취해 주시기를 기다리다 지쳤다고 말한다 해서
하나님이 당신에게 눈길을 주실 것 같습니까?

16 욥이여, 터무니없는 소리만 하고 있군요.
그것도 쉴 새 없이 말입니다!"

36

1-4 엘리후는 심호흡을 하고 계속해서 말을 이어 나갔다.
"조금만 더 참고 들으십시오. 납득하게 될 것입니다.
하나님 편에서 할 말이 아직 남아 있습니다.
나는 이 모든 내용을 만물의 근원이신 분께 직접 배웠습니다.
정의에 대해 내가 아는 것은, 모두 나를 지으신 분이 알려 주신 것입니다.
믿어 주십시오. 나는 더하지도 빼지도 않고 진리만을 말할 것입니다.
정말입니다. 내가 속속들이 아는 내용들입니다.

5-15 하나님은 전능하시지만
무고한 사람을 힘으로 누르지 않으십니다.
악인들의 경우는 이야기가 다른데,
하나님은 그들을 본체만체하십니다.
하지만 그 피해자들의 권리는 보호하십니다.
하나님은 의인들에게서 눈을 떼지 않으시고
그들에게 아낌없는 영예를 베푸시며 끊임없이 높여 주십니다.
상황이 좋지 않을 때,
고난과 고통이 닥칠 때,
하나님은 무엇이 어디서 잘못되었는지 알려 주십니다.
그들의 교만이 문제의 원인임을 보여주십니다.
그들이 그분의 경고에 주목하도록 만드시고
잘못된 삶을 회개하라고 말씀하십니다.
그들이 그 말씀에 순종하고 그분을 섬기면
오래도록 풍족하게 살 것입니다.
그러나 불순종하면, 한창때 죽어
인생에 대해 조금도 알지 못하게 될 것입니다.
하나님을 모르는 성난 사람들은 불만을 토로하며

자신의 어려움에 대해 남 탓을 합니다.
성적 방종을 일삼으며 인생을 즐기다
정력을 낭비하고, 결국 한창나이에 죽고 맙니다.
그러나 고통을 통해 지혜를 배우는 사람은
하나님이 그 고통에서 건져 주십니다.

16-21 욥이여, 하나님이 절체절명의 위기에서
당신을 구해 내고자 애타게 호소하시는 모습이 보이지 않습니까?
그분은 당신을 탁 트인 안전한 곳으로 이끌어 내셔서
좋은 것들이 가득한 잔치로 초대하고 계십니다.
그런데 지금 당신은 악인들의 죄악을 답습하며
하나님 탓하는 데 정신이 팔려 있습니다!
당신의 많은 재산에 헛된 기대를 걸지 말고
뇌물을 써서 빠져나갈 수 있다고 생각하지 마십시오.
돈을 바쳐 빠져나갈 계획이었습니까?
당치도 않습니다!
사람들이 고통을 잊고 잠드는
밤이 되면, 그나마 좀 나을 거라
생각하지 마십시오.
무엇보다, 더 많은 악을 저질러 사태를 악화시키지 마십시오.
지금 당신이 고통을 겪는 이유가 바로 그것입니다!

22-25 하나님이 얼마나 강한 분이신지 알기나 합니까?
그분처럼 위대한 스승이 또 어디 있습니까?
이제까지 누가 그분께 이래라저래라 한 적 있으며,
그분을 나무라며 '그거 완전히 잘못하셨네요'라고 말한 적이 있습니까?
그러니 수많은 사람들이 노래로 기리는
그분의 놀라운 일을 찬양하십시오.
누구나 그것을 봅니다.
아무리 멀리 있어도 다 볼 수 있습니다.

26 오래오래 찬찬히 살펴보십시오. 하나님이 얼마나 위대하신지를.
무한하신 분, 우리가 상상하거나 이해할 수 있는 수준을 훌쩍 뛰어넘는 분이십니다!

27-33 하나님은 바다에서 물을 퍼다
맑게 걸러, 비구름 물통들을 가득 채우십니다.
그러면 하늘이 열리고

소나기가 퍼부어 모든 사람들을 적십니다.
이런 일이 어떻게 일어나는지,
그분이 구름을 어떻게 마련하시고 천둥 가운데서 어떻게 말씀하시는지, 조금이라도 아는 사람이 있습니까?
번개를 보십시오. 하늘을 가득 채우고
깊고 어두운 바닷속을 비추는, 그분의 빛의 향연입니다!
이것들은 하나님의 주권과 관대하심,
애정어린 보살핌을 상징합니다.
그분은 표적을 정확히 겨냥하여
빛의 화살을 쏘십니다.
지극히 높으신 하나님이 악에 노하여
천둥소리로 호통을 치십니다."

37

1-13 "그 소리가 들릴 때마다, 내 심장이 멎습니다.
정신이 아뜩하여 숨조차 쉴 수 없습니다.
들어 보십시오! 그분의 천둥소리,
우르릉 쾅쾅 우렛소리로 말씀하시는 그분의 음성을 들어 보십시오.
그분이 지평선 이쪽 끝에서 저쪽 끝까지 번개를 보내시면
북극에서 남극까지 온 세상이 환해집니다.
뒤이어 천둥소리 가운데 그분의 음성이 메아리치니,
강력하고도 장엄합니다.
그분은 온갖 방식으로 거침없이 능력을 드러내십니다.
그 음성을 못 알아들을 자 없으니
천둥소리로 울리는 그분의 말씀 놀라울 따름이고
그분의 위업을 이해할 길이 없습니다.
그분은 눈에게 '땅을 덮어라!' 명하시고
비에게 '온 지역을 적셔라!' 명령하십니다.
누구도 비바람을 피할 수 없습니다.
누구도 하나님을 피해 달아날 수 없습니다.
눈보라가 으르렁거리며 북쪽에서 불어오고
얼음비로 땅이 꽁꽁 얼면,
들짐승도 피할 곳을 찾아
제 보금자리로 기어들어 갑니다.
하나님의 입김으로 얼음이 만들어지고
하나님의 입김으로 호수와 강이 얼어붙습니다.
하나님이 구름을 빗물로 채우시고
구름에서 사방으로 번개를 보내십니다.

하나님은 구름의 역량을 이리저리 시험하시고
그분의 말씀이 온 세계에서 이루어지도록 명하십니다.
징계나 은혜, 아낌없는 사랑을 베풀려 하실 때,
하나님은 구름에게 일을 맡기시고 그 일이 반드시 성취되게 하십니다.

14-18 욥이여, 듣고 있습니까? 이 모든 것을 주목해 본 적 있습니까?
그 자리에 가만히 서서 하나님의 기적들을 되새겨 보십시오!
하나님이 이 모든 일을 어떻게 하시는지,
캄캄한 폭풍 속에서 어떻게 번쩍이는 번개를 만드시는지,
뭉게구름을 어떻게 쌓아 올리시는지 아십니까?
완전한 지성을 가지신 분의 이 모든 기적이 어떻게 가능한지 아십니까?
찌는 듯 더운 날이면
고작해야 부채질이나 하는 게 전부인 당신이,
뜨거운 양철지붕 같은 하늘에
영향을 미칠 수 있다는 생각을 어떻게 할 수 있습니까?

19-22 당신이 그토록 똑똑하다면, 하나님께 어떻게 말씀드릴지 가르쳐 주십시오.
우리는 아는 게 없어서 그 방법을 도무지 모르겠습니다.
내가 하나님께 대들 만큼 우둔한 줄 압니까?
그것은 화를 자초하는 짓이 아니겠습니까?
정신이 온전히 박힌 사람이라면 구름 한 점 없이 화창한 날에
해를 똑바로 쳐다보지는 않을 것입니다.
북쪽 산에서 찬란한 금이 나오듯,
위엄에 찬 아름다움은 하나님께로부터 흘러나옵니다.

23-24 전능하신 하나님! 우리 손이 닿지 않는 곳에 계신 분!
권능과 정의가 더없이 뛰어나신 분!
그분이 사람을 불공평하게 대하신다니, 생각도 못할 일입니다.
그러니 모두 깊은 경외심으로 그분께 절하십시오!
당신이 지혜롭다면 틀림없이 그분을 경배하게 될 것입니다."

하나님께서 욥에게 대답하시다

38

1 마침내 하나님께서 사나운 폭풍의 눈에서 욥에게 대답하셨다.

2-11 "어찌하여 너는 문제를 혼란스럽게 만드느냐?
어찌하여 너는 잘 알지도 못하는 말을 하느냐?
정신 차려라, 욥!
일어서거라! 똑바로 서라!

몇 가지 물어볼 테니
제대로 대답하여라.
내가 이 땅을 창조할 때 너는 어디 있었느냐?
네가 아는 것이 그렇게 많다니, 어디 말해 보아라!
누가 땅의 크기를 정하였느냐? 네가 모를 리가 없겠지!
누가 그것을 설계하고 치수를 정했느냐?
새벽별들이 일제히 노래하고
모든 천사들이 소리 높여 찬양할 때,
땅의 기초는 어떻게 놓였으며
그 주춧돌은 누가 놓았느냐?
아기가 태를 열고 나오듯 바닷물이 터져 나올 때,
누가 그것을 감독하였느냐?
바로 나다! 내가 그것을 부드러운 구름으로 싸고
밤에는 어둠의 이불로 안전하게 덮어 주었다.
그 다음에 바다의 활동 구역을 정해 줄 울타리,
빠져나가지 못할 튼튼한 울타리를 만들고 바다에게 이렇게 말했다.
'여기에 머물러라. 여기가 네가 있을 곳이다.
너는 이 안에서만 사납게 날뛸 수 있다.'

12-15 너는 아침에게 '기상' 명령을 내리고
새벽에게 '작업 개시'를 지시한 적이 있느냐?
그리하여 땅을 이불처럼 거머쥐고
바퀴벌레를 털어 내듯 악한 자들을 털어 버린 적이 있느냐?
해가 만물에 빛을 비추어
모든 빛깔과 형체가 드러나면,
악한 자들을 덮고 있던 어둠이 일제히 벗겨지고
그들의 악행이 훤히 드러난다!

16-18 너는 세상의 바닥을 본 적이 있느냐?
깊은 대양의 미로 같은 동굴들을 답사해 보았느냐?
죽음을 알기나 하느냐?
죽음의 깊은 신비를 푸는 실마리가 네게 하나라도 있느냐?
이 세상이 얼마나 드넓은지 아느냐?
짐작하는 바라도 있다면 어디 말해 보아라.

19-21 너는 빛이 어디에서 오며
어둠이 어디에 사는지 아느냐?
그것들이 길을 잃으면

손을 잡고 집에 데려다줄 수 있느냐?
물론 너는 알고 있을 것이다.
어릴 때부터 그것들과 같은 동네에서 자라
평생 알고 지낸 사이가 아니냐!

22-30 너는 눈이 만들어지는 곳에 가 보았느냐?
우박이 비축된 저장고를 본 적이 있느냐?
환난과 전투와 전쟁 때를 대비해
내가 우박과 눈을 준비해 놓은 무기고 말이다.
번개가 발사되는 곳,
바람이 시작되는 곳을 찾을 수 있느냐?
너는 누가 폭우를 위해
협곡들을 깎았다고 생각하느냐?
누가 천둥번개를 동반한 폭풍우가
지나갈 길을 내어
사람의 발길이 닿지 않는 들판과
사람의 눈길이 닿지 않는 사막에 물을 대고
쓸모없는 황무지를 흠뻑 적셔
들꽃과 풀로 뒤덮이게 하겠느냐?
비와 이슬의 아버지가 누구이며
얼음과 서리의 어머니가 누구라고 생각하느냐?
이런 놀라운 기상현상들이 저절로 일어난다는
생각 따위는 잠시라도 하지 않을 줄 믿는다만, 어떠냐?

31-33 너는 아름다운 북두칠성의 눈길을 사로잡을 수 있으며,
거대한 사냥꾼 오리온자리의 추적을 따돌릴 수 있느냐?
금성을 불러내어 네 길을 비추게 하고
큰곰자리와 작은곰자리 별들을 함께 불러내어 뛰놀게 할 수 있느냐?
너는 하늘의 별자리들을 조금이라도 아느냐?
그것들이 지상의 일에 어떤 영향을 미치는지 아느냐?

34-35 너는 구름의 주의를 끌어
소나기를 내리게 할 수 있느냐?
번개를 뜻대로 부리고
명령을 바로 수행했는지 보고하게 할 수 있느냐?

36-38 누가 날씨 분별하는 지혜를 따오기에게 주었으며,
폭풍을 감지하는 능력을 수탉에게 주었느냐?

땅이 바싹 말라 쩍쩍 갈라지고
땅바닥이 벽돌처럼 단단히 구워질 때,
구름을 헤아리고
하늘의 빗물통을 기울여 비를 내리게 할 만큼 지혜로운 자가 있느냐?

39-41 너는 암사자에게 먹이를 사냥해,
보금자리에 웅크리고 있거나
주린 배를 안고 기다리는
새끼들에게 가져다주도록 가르칠 수 있느냐?
까마귀 새끼들이 먹을 것이 없어 날개를 퍼덕거리며
하나님께 부르짖을 때,
누가 그 어미들에게 먹이를 마련해 주느냐?"

39

1-4 "너는 산에 사는 염소가 새끼를 치는 달을 아느냐?
암사슴이 새끼 배는 것을 본 적이 있느냐?
암사슴이 새끼를 배고 얼마나 지내는지 아느냐?
몇 달 만에 만삭이 되어
몸을 구푸려 새끼를 낳는지 아느냐?
그 어린 것들은 잘 자라 금세 독립하고
어미 곁을 떠나 다시는 돌아오지 않는다.

5-8 누가 들나귀를 풀어 주었느냐?
누가 우리의 문을 열어 녀석을 보내 주었느냐?
나는 녀석이 거닐 만한 광야와
뒹굴 만한 평지, 탁 트인 벌판을 마련해 주었다.
들나귀는 도성에서 마구를 찬 채 괴로움을 겪는 제 사촌들을 비웃고,
몰이꾼들의 고함을 듣는 일 없이
언덕을 누비며 마음껏 풀을 뜯고
푸성귀를 닥치는 대로 뜯어 먹는다.

9-12 들소가 너를 고분고분 섬기겠느냐?
자진해서 네 외양간에서 밤을 지내겠느냐?
녀석에게 네 쟁기를 매어
네 밭을 갈게 할 수 있느냐?
힘이 세다고 네가 들소를 신뢰할 수 있으며
놈에게 함부로 일을 맡길 수 있느냐?
들소가 네 말에 따라 움직일 거라고는

너도 기대하지 않을 것이다.

13-18 타조의 날갯짓은 부질없고
녀석의 깃털은 아름답지만 아무 쓸데가 없다!
타조는 딱딱한 땅바닥에 알을 낳고
비바람을 맞도록 흙먼지 속에 버려둔다.
그 알들이 밟혀 금이 가든지
들짐승들이 짓밟든지 신경 쓰지 않는다.
새끼가 나와도 제 새끼가 아닌 양 소홀히 다룬다.
타조는 어떤 것에도 개의치 않는다.
분명히 말하지만, 내가 타조를 영특하게 창조하지 않았고
분별력을 나누어 주지도 않았기 때문이다.
그러나 타조가 내달릴 때를 보아라. 어찌나 잘 달리는지
말과 기수를 우습게 여기며 크게 앞지른다.

19-25 말에게 힘을 주고
번쩍이는 갈기로 꾸며 준 장본인이 너더냐?
의기양양하게 달리며 대단한 콧김으로
간담을 서늘하게 하는 말을 네가 창조했느냐?
기운이 넘치는 말은 당장 달려가고 싶어 힘차게 땅을 박차다가
싸움터로 돌진한다.
위험을 두려워하지 않고
칼 앞에서도 물러서지 않는다.
화살통이 철커덕거리고
창이 쨍그랑거려도 요동하지 않는다.
흥분하여 몸을 부르르 떨다가 나팔이 울리면
전속력으로 질주한다.
나팔소리를 들으며 힘차게 히힝 하고 운다.
저 멀리서도 짜릿한 전투 냄새를 맡고
천둥처럼 우르르 울리는 전장의 함성을 듣는다.

26-30 매가 열상승기류를 타고 손쉽게 솟아오르며
날 수 있는 것은, 네가 가르쳤기 때문이냐?
네가 독수리의 비행을 명령하고
녀석에게 높은 곳에 둥지를 틀도록 가르쳤느냐?
그래서 높다란 낭떠러지에서도 잘 지내고
뾰족하고 울퉁불퉁한 바위 위에서도 다치는 법이 없는 것이냐?
독수리는 그곳에서 먹이를 찾고

아주 멀리 떨어져 있는 먹이도 찾아낸다.
길에서 죽은 짐승의 사체가 있는 곳이면 독수리가 주위를 맴돌고
그 새끼들이 죽은 짐승의 고기를 게걸스레 먹는다."

40 1-2 하나님께서 욥에게 직접 따져 물으셨다.

"이제 너는 어떤 말로 자신을 변호할 것이냐?
전능한 나를 법정으로 끌고 가서 고소할 참이냐?"

욥의 대답

3-5 욥이 대답했다.

"너무나 놀라워 말이 나오지 않습니다. 말문이 막혔습니다.
입을 열지 말았어야 했습니다!
말을 많이 했습니다. 지나치게 많이 했습니다.
이제 입을 다물고 귀를 열겠습니다."

6-7 하나님께서 다시 폭풍의 눈에서 욥에게 말씀하셨다.

"몇 가지 더 물어볼 테니,
똑바로 대답하여라.

8-14 무엄하게도 내가 잘못하고 있다고 말하는 것이냐?
네가 성자가 되겠다고 나를 죄인 취급하느냐?
네가 나와 같은 팔을 지녔느냐?
나처럼 천둥 속에서 소리칠 수 있느냐?
어디 한번 기량을 뽐내 보아라.
어떤 능력이 있는지, 무엇을 할 수 있는지 보자꾸나.
분노를 터뜨려 보아라.
오만한 자들을 표적으로 삼아 쓰러뜨려 보아라.
또한 그들을 굴복시켜 보아라.
악한 자들을 꼼짝 못하게 한 뒤 묵사발을 만들어 보아라!
거대한 묘지에 그들을 파묻어,
표석 없는 무덤 속 이름 모를 시체들이 되게 만들어 보아라.
그러면 내 도움 없이도 스스로 구원할 힘이 네게 있다고 인정하고,
나는 기꺼이 뒤로 물러나 너에게 내 일을 맡길 것이다!

15-24 육지 괴물 베헤못을 보아라. 너처럼 내가 그놈도 만들었다.
소처럼 풀을 뜯고 온순하지만,
그 허리의 힘과
배의 억센 근육을 보아라.
꼬리를 흔들면 백향목이 휘둘리는 것 같고
육중한 다리는 너도밤나무 같다.
골격은 강철로 만들어졌고
온몸의 뼈가 강철처럼 단단하다.
내가 만든 피조물 가운데 으뜸이지만
지금도 나는 그놈을 어린양처럼 여기저기 끌고 다닌다!
산에 덮인 풀들이 다 놈의 먹이고
들쥐는 놈의 그늘 아래서 뛰논다.
오후에는 나무 그늘 아래서 낮잠을 자고
갈대 습지에서 몸을 식힌다.
버드나무 사이로 부는 바람을 맞으며
나무 그늘 아래에 느긋하게 몸을 누인다.
강물이 흘러넘쳐도 꿈쩍 않고
요단 강이 세차게 흘러도 아랑곳없이 태연하다.
녀석을 애완동물로 키우고 싶은 마음은 없을 것이다.
집에서 기를 수도 없을 테니!"

41

1-11 "바다 괴물 리워야단을 낚싯대로 낚을 수 있겠느냐?
통발로 그놈을 잡을 수 있겠느냐?
올가미 밧줄과
닻으로 놈을 잡을 수 있겠느냐?
놈이 네게 살려 달라고 간청하겠으며
현란한 말로 네 비위를 맞추겠느냐?
네 밑에서 평생 심부름을 하며 너를 섬기게 해달라고
부탁하겠느냐?
그것을 애완용 금붕어처럼 노리개로 삼고
동네 아이들의 마스코트로 삼을 수 있느냐?
놈을 시장에 내놓고
손님들과 가격 흥정을 할 수 있겠느냐?
놈에게 화살을 퍼부어 바늘이 잔뜩 꽂힌 바늘꽂이처럼 만들 수 있겠으며,
그 거대한 머리에 작살을 쑤셔 박을 수 있겠느냐?
놈에게 손이라도 얹었다가는
무용담을 이야기하기는커녕 목숨도 부지하지 못할 것이다.

그런 엄청난 놈을 상대로 무슨 승산이 있겠느냐?
놈을 한번 보기만 해도 고꾸라지고 말 것이다!
노려보는 그놈의 얼굴을 보는 것만으로도 기가 꺾인다면,
내게는 어떻게 맞서겠다는 것이냐?
내게 덤볐다가 어느 누가 무사하겠느냐?
이 모든 것이 다 내 것이다. 내가 이 우주를 다스린다!

12-17 바다 괴물 리워야단에 대해 할 말이 더 있다.
그 어마어마한 체구, 그 빼어난 모습 말이다.
누가 그 단단한 가죽을 뚫으며
그 턱에 재갈을 물릴 수 있겠느냐?
흉포한 이빨들이 줄줄이 늘어서 있는데
누가 감히 그 턱을 열려고 하겠느냐?
놈의 자랑거리는 최강의 가죽이다.
그 무엇도 그것에 흠을 낼 수 없다.
놈이 자랑하는 가죽을 그 무엇도 뚫을 수 없고
어떤 무기나 비바람도 그것을 파고들 수 없다.
가죽 중에서 가장 두껍고 질겨,
결코 뚫리지 않는다!

18-34 놈이 콧김을 뿜으면 온 세상이 불로 환해지고
눈을 뜨면 동이 튼다.
그 입에서는 혜성들이 쏟아져 나오고
불꽃들이 부채꼴로 갈라져 나온다.
펄펄 끓는 가마에서 증기가 나오듯
놈의 콧구멍에서 연기가 뿜어져 나온다.
입김을 내뿜으면 화염이 이글거리고
그 아가리에서 불길이 흘러나온다.
그 몸은 온통 근육질, 단단하고 빈틈이 없다.
놈과 마주치는 것은 죽음과 짝을 이뤄 춤을 추는 꼴.
얼마나 건장하고 유연한지
온몸에 약점 하나 없다.
속속들이 강하고
바위처럼 단단해, 도무지 상처를 입지 않는다.
놈이 몸을 일으키면 천사들도 숨을 곳을 찾아 달아나고
거센 바람을 일으키며 휘두르는 놈의 꼬리를 피해 움츠러든다.
창과 작살도 그 가죽에 상처를 내지 못하고
꼴사납게 튕겨 나온다.

그 앞에서는 철봉도 지푸라기에 불과하다.
청동 무기는 말할 것도 없다.
화살이 날아와도 눈 하나 깜짝 않고
날아드는 총알은 빗방울 정도에 불과하다.
도끼를 불쏘시개 나뭇조각 정도로 취급하고
날아오는 작살을 우습게 여긴다.
장갑판을 댄 듯 튼튼한 놈의 배는 거침이 없고
바지선처럼 막강하여 저지할 수 없다.
심해를 휘저어 끓는 물처럼 만들고
달걀로 거품을 만들듯 바다를 젓는다.
한번 지나가면 빛나는 자취가 죽 이어지니,
대양에 회색 수염이 돋아난 듯 보일 것이다!
이 세상에 그와 같은 것이 없으니
녀석은 두려움을 전혀 모른다!
높은 자들과 강한 자들을 다 낮추어 보니
대양의 왕, 심해의 제왕이다!"

욥의 회개

42

1-6 욥이 **하나님**께 대답했다.

"확실히 알겠습니다. 주께서는 무슨 일이든 하실 수 있고
누구도, 그 무엇도 주님의 계획을 망칠 수 없습니다.
주께서 '누가 이렇게 물을 흐리고,
아무것도 모르면서 상황을 혼란스럽게 만들며,
나의 의도를 지레짐작하느냐?' 하고 물으셨습니다.
자백합니다. 내가 그랬습니다. 내 능력 밖의 일에 대해 함부로 지껄였고,
내 머리로는 도무지 이해할 수 없는 경이로운 일들을 놓고 떠들어 댔습니다.
주께서는 '귀 기울여 들어라. 내가 말하겠다.
내가 몇 가지 물어볼 테니 네가 대답을 하여라' 하셨습니다.
인정합니다. 전에는 내가 주님에 대한 소문만 들었으나
이제는 내 눈과 내 귀로 직접 보고 들었습니다!
잘못했습니다. 용서해 주십시오.
다시는 그렇게 하지 않겠습니다. 맹세합니다!
다시는 전해 들은 말의 껍질, 소문의 부스러기에 의존해 살지 않겠습니다."

하나님께서 욥을 회복시키시다

7-8 **하나님**께서 욥에게 말씀을 마치신 후에 데만 사람 엘리바스에게 말씀하셨다.
"나는 너와 네 두 친구에게 질렸다. 넌더리가 난다! 너희는 내 앞에서 정직하지

도 않았고 나에 대해 정직하게 말하지도 않았다. 너희는 내 친구 욥과 달랐다. 너희가 해야 할 일이 있다. 수소 일곱 마리와 숫양 일곱 마리를 가지고 내 친구 욥에게 가거라. 그리고 너희 자신을 위해 번제를 드려라. 내 친구 욥이 너희를 위해 기도해 줄 것이고, 나는 그의 기도를 들을 것이다. 너희는 나에 대해 허튼소리를 했고 욥과 달리 내게 정직하지 않았으나, 욥의 기도를 봐서 나는 너희 잘못대로 갚지 않을 것이다."

9 데만 사람 엘리바스, 수아 사람 빌닷, 나아마 사람 소발은 **하나님**께서 명령하신 대로 행했다. **하나님**께서 욥의 기도를 들어주셨다.

10-11 욥이 친구들을 위해 중보기도를 드린 이후에 **하나님**께서 그의 재산을 회복시켜 주셨는데, 전보다 갑절로 돌려주셨다! 그의 형제와 자매, 친구들이 모두 그의 집으로 와서 축하해 주었다. 그들은 지난 일에 대해 참으로 안타깝게 생각한다고 말하면서, **하나님**께서 허락하신 온갖 괴로움을 생각하며 그를 위로했다. 다들 집들이 선물을 푸짐하게 가져왔다.

12-15 이후 **하나님**께서 욥에게 그 이전보다 더 많은 복을 내리셨다. 그는 양 만 사천 마리, 낙타 육천 마리, 겨릿소 천 쌍, 나귀 천 마리를 소유하게 되었다. 아들 일곱과 딸 셋도 얻었다. 그는 첫째 딸을 비둘기, 둘째 딸을 계피, 셋째 딸을 검은 눈이라고 불렀다. 그 지역에는 욥의 딸들만큼 아리따운 여자가 없었다. 욥은 딸들을 아들들과 동등하게 대우했고, 유산도 똑같이 나눠 주었다.

16-17 욥은 백사십 년을 더 살면서 자손을 사 대까지 보았다! 나이가 많이 든 그는, 천수를 누리고 죽었다.

오랜 세월 수많은 그리스도인들이 시편을 통해 기도하는 법을 배웠다. 그리스도인들은 그보다 몇 세기 전부터 기도하고 예배해 온 유대인들에게서 이 기도책을 물려받았다. 이 책에 담긴 언어를 우리 것으로 삼을 때, 우리에게 말씀하시는 하나님께 합당하게 응답할 수 있다.

평생 목회자로 일하다 보니 시편을 '지금 우리가 쓰는 말'로 풀어내고 싶은 마음을 갖게 되었다. 목사는 무엇보다도 사람들에게 기도를 가르쳐야 할 사람이다. 그들이 모든 경험을 가지고 기도의 자리로 나가 정직하고 철저하게 하나님께 아뢰도록 도와야 할 사람이다. 그 일은 생각처럼 쉽지 않았다. 시작은 쉽다. 기도의 욕구는 우리의 존재 중심에 깊이 내재해 있는 터라 사실 무슨 일이든지 기도의 계기가 될 수 있기 때문이다. "도와주세요"와 "감사합니다"가 가장 기본적인 기도다. 그러나 정직함과 철저함은 그렇게 쉽사리 생기지 않는다.

말씀으로 세계를 창조하신 거룩하신 하나님과 대화한다고 생각하면 곤혹감이 드는 것이 당연하다. 어색하고 거북하게 느껴진다. "나처럼 못된 인간이 무슨 기도야. 행실을 바로잡아 괜찮은 사람이 될 때까지 기다려야지" 하는 마음을 갖게 된다. 때로는 어휘가 부족하다는 핑계를 대기도 한다. "몇 달만 시간을 주세요. 아니 몇 년만! 하나님과의 거룩한 만남에 어울리는 세련된 기도를 할 수 있게 훈련받고 싶습니다. 그러면 더듬거리거나 불편한 느낌이 드는 일이 없을 거예요."

나는 이런 고충을 털어놓는 사람들의 손에 시편을 쥐어 주며 말한다. "집에 가서 이대로 기도하십시오. 지금 기도에 대해 잘못 생각하고 있는 것 같습니다. 이 시편에 나온 대로 기도하다 보면 잘못된 생각이 없어지고 진짜 기도가 무엇인지 알게 될 겁니다." 내 말대로 한 이들은 대개 놀랍다는 반응을 보였다. 그들은 성경에 그런 내용이 있을 줄 몰랐다고 말했다. 그러면 나는 그들의 놀라움에 놀라움을 표시한다. "시편이 고상한 사람들의 기도일 거라고 생각했습니까? 시편 기자들의 언어가 세련되고 예의 바를 거라고 생각했습니까?"

기도에 대해 배우지 못한 상태에서는 선한 사람들이 잘해 나가고 있을 때 하는 행위로 기도를 오해하기 쉽다. 그러나 기도는 그런 것이 아니다. 경험이 없는 상태에서는 "기도용" 언어가 따로 있을 거라고 생각하고 그 언어를 익혀야만 하나님이 우리의 기도를 진지하게 들어주실 거라고 지레짐작한다. 하지만 그런 언어는 존재하지 않는다. 기도는 고급언어가 아니라 초급언어로 드려진다. 우리의 언어는 기도라는 수단을 통해 하나님에 대한 정직하고 참되고 인격적인 반응을 담아내게 된다. 우리는 기도를 통해 삶의 모든 것을 하나님께 내어놓는다. 다윗은 다음과 같이 기록했다.

> 하나님, 내 삶을 샅샅이 살피시고
> 모든 사실을 직접 알아보소서.
> 나는 주님 앞에 활짝 펼쳐진 책이니,
> 멀리서도 주께서는 내 생각을 다 아십니다.……
>
> 오 하나님, 내 삶을 샅샅이 살피시고
> 나에 대해 모든 것을 캐 보소서.
> 나를 심문하고 시험하셔서
> 내가 어떤 사람인지 분명히 파악하소서.
> 내가 잘못한 일이 있는지 직접 살피시고
> 나를 영원한 생명의 길로 인도하소서.
> (시 139:1, 23-24)

그러나 목사인 나의 격려로 시편을 읽고도 여전히 기도를 잘 모르겠다는 사람들이 종종 있다. 영어로 번역된 시편은 매끄럽고 세련된 데다가 두운과 각운까지 맞춰져 있다. 문학적으로는 비할 데 없이 뛰어나다. 그러나 시편이 분노와 찬양과 탄식의 순간에 하나님을 갈망하는 사람들의 육성이 담긴 기도라는 사실을 생각할 때, 이런 번역에는 중요한 것이 빠져 있음을 알 수 있다. 문법적으로는 정확하다. 번역의 기초가 되는 학식은 깊고 탁월하다. 하지만 기도로 보자면 썩 흡족하지 않다. 히브리인들의 시편은 순박하면서도 거칠다. 고상하지 않다. 우아한 언어로 표현되는 교양인의 기도가 아니다.

그래서 나는 목회현장에서 만나는 이들에게 기도하는 법을 가르치면서 시편을 현대 영어의 운율과 표현으로 풀어 쓰기 시작했다. 나는 너무나 폭넓고 힘이 넘치는 시편의 기도를 가장 잘 다가오는 언어로 생생하게 접하게 해주고 싶었다. 다윗을 포함한 시편 기자들이 처음 시편을 썼을 때 사용했던 언어의 느낌을 전달하고 싶었다.

나는 이 작업을 앞으로도 계속하고 싶다. 더없이 정직하고 꼼꼼하고 철저하게 기도할 때, 역시 시편으로 기도하셨던 예수 그리스도 안에서 우리가 온전하고 참된 인간이 될 수 있을 것이라 확신하기 때문이다.

시편

1

[1] 그대, 하나님께서 좋아하실 수밖에!
죄악 소굴에 들락거리길 하나,
망할 길에 얼씬거리길 하나,
배웠다고 입만 살았길 하나.

[2-3] 오직 **하나님** 말씀에 사로잡혀
밤낮 성경말씀 곱씹는 그대!
에덴에 다시 심긴 나무,
달마다 신선한 과실 맺고
잎사귀 하나 지는 일 없이,
늘 꽃 만발한 나무라네.

[4-5] 악인들의 처지는 얼마나 다른가.
바람에 날리는 먼지 같은 그들,
입이 열 개라도 할 말 없는 죄인들이라
떳떳한 이들 사이에 끼지 못하네.

[6] 그대의 길은 **하나님**께서 지도해 주시나,
악인들의 종착지는 구렁텅이일 뿐.

2

[1-6] 뭇 나라들아, 웬 소란이냐?
뭇 민족들아, 웬 흉계냐?

땅의 두목들이 권력투쟁을 벌이고
선동가와 대표자들이 모여 정상회담을 여는구나.
하나님을 부정하며 메시아께 대드는 그들,
"하나님에게서 벗어나자!
메시아에게서 풀려나자!" 소리친다.
하늘 보좌에 앉으신 하나님께서 웃음을 터뜨리신다.
주제넘게 구는 그들을 가소로워하시다가,
마침내 대로하신다.
불같이 노를 터뜨리시며, 그들을 얼어붙게 만드신다.
"네 이놈들! 시온에 엄연히 왕이 있거늘!
거룩한 산 정상에서 그의 대관식 잔치가 열리고 있거늘!"

7-9 **하나님**께서 이어 뭐라고 말씀하셨는지 알려 주마.
그분께서 말씀하셨다. "너는 내 아들,
오늘은 네 생일이다.
원하는 것이 있느냐? 말만 하여라.
나라들을 선물로 주랴? 대륙들을 상으로 주랴?
너는 그것들을 마음대로 갖고 놀다가,
내일 쓰레기통에 던져도 좋다."

10-12 그러니 왕들아, 이 역당들아, 머리가 있으면 생각을 하여라.
건방 떠는 통치자들아, 교훈을 새겨라.
하나님을 흠모하며 그분께 경배하여라.
두려워 떨며 찬양하여라. 메시아께 입 맞추어라!
네 목숨이 경각에 달렸다.
그분의 노가 터지기 일보 직전이다.
그러나 **하나님**께 필사적으로 달아나는 이들은 결코 후회하지 않을 터!

다윗의 시. 다윗이 아들 압살롬을 피해 달아났을 때

3

1-2 **하나님**! 보십시오! 저 셀 수 없이 많은 적들을!
적들이 벌 떼처럼 일어나
폭도처럼 나를 에워싸고 조롱을 퍼붓습니다.
"하! 하나님이 저 자를 도와주신다고?"

3-4 그러나 **하나님**, 주님은 나의 사방에 방패를 두르시고
내 발을 받쳐 주시고, 내 머리를 들어 주십니다.
내가 온 힘 다해 **하나님**께 외치면,
그 거룩한 산에서 천둥소리로 응답해 주십니다.

5-6 이 몸, 두 다리 쭉 뻗고 누워
한숨 푹 자고 일어납니다. 푹 쉬었다가 씩씩하게 일어나,
벌 떼처럼 달려드는 적들을
두려움 없이 맞습니다.

7 일어나소서, 하나님! 나의 하나님, 도와주소서!
저들의 얼굴을 후려갈기소서.
이쪽저쪽 귀싸대기를 올리소서.
주먹으로 아구창을 날리소서!

8 참된 도움은 오직 하나님께로부터 옵니다.
주님의 복으로 주님 백성을 휘감아 주십니다!

다윗의 시

4

1 내가 부를 때 응답하소서. 하나님, 내 편이 되어 주소서!
내가 궁지에 몰렸을 때, 주님은 나를 구해 주셨습니다.
지금 다시 곤경에 처했으니, 은혜를 베푸시고
내 기도를 들어주소서!

2 너희 어중이떠중이들아, 너희의 비웃는 소리 내 얼마나 더 참아 주랴?
대체 언제까지 거짓에 빠져 살려느냐?
언제까지 망상에 취해 살려느냐?

3 자, 보아라.
하나님께서 누구를 택하셨는지를!
내가 부르는 즉시 그분은 내 음성을 들으신다.

4-5 불평하려거든 해라. 다만 빈정대지는 마라.
입을 다물고, 네 마음의 소리에 귀 기울여라.
하나님의 법정에 호소하고 그분의 평결을 기다려라.

6-7 왜 다들 더 많이 갖지 못해 안달일까? 맨날 "더! 더!"
"더 많이! 더 많이!"
그러나 내게는 하나님이 있어 차고 넘칩니다.
평범한 하루 내가 누리는 이 기쁨이
날마다 흥청거리는 저들이 얻는 것보다 더 큽니다.

7-8 내가 하루 일을 끝내고 단잠에 드는 것은

하나님께서 내 삶을 회복시켜 주시기 때문입니다.

다윗의 시

5

1-3 하나님, 들어주소서! 부디 귀 기울여 주소서!
신음하고 울부짖으며,
두서없이 쏟아내는 나의 말을 알아들으시겠는지요?
왕이신 하나님, 주님의 도움이 필요합니다.
아침마다 주님,
내 기도 들으시겠지요.
아침마다 나,
주님의 제단에
깨진 내 삶의 조각들 펼쳐 놓고
불이 내려오기를 기다립니다.

4-6 주님은 악과 상종하지 않으시며,
악을 주님의 집에 들이시는 법이 없습니다.
허풍 떠는 자들을 바닥에 고꾸라뜨리시고
이간질하는 자들을 보시면 고개를 절레절레 흔드십니다.
하나님께서는 거짓말하는 자들을 파멸시키시고
피에 주린 자들, 진실을 구부러뜨리는 자들을 역겨워하십니다.

7-8 그런데 나를 이렇게 맞아 주시다니요!
믿기지 않습니다.
이 몸, 주님의 집에 들어와 있습니다.
주님의 내실 성소에 엎드려
적진을 무사히 뚫고 나갈 방도를 일러 주시기를
기다리고 있습니다.

9-10 저들의 말은 하나같이 지뢰입니다.
그 폐는 독가스를 뿜어 댑니다.
저들의 목구멍은 쩍 벌어진 무덤,
그 혀는 기름칠한 듯 매끄럽습니다.
하나님, 저들의 죄를 물으소서!
지혜롭다는 저들, 그 지혜 때문에 망하게 하소서.
저들을 내치소서! 주님을 내친 자들입니다.

11-12 그러나 주께 피해 달아나는 우리는
주께서 두 팔 벌려 맞아 주소서.

밤샘 잔치가 벌어지게 하소서!
우리 잔치를 호위해 주소서.
하나님은 주님을 찾는 이들을 환영하시고
기쁨으로 단장해 주시는 분으로 이름 높습니다.

다윗의 시

6 1-2 **하나님**, 이제 나를 그만 혼내소서.
부디 그만 벌하소서.
주님의 그 보살핌 몹시도 그리우니,
이제 나를 다정히 맞아 주소서.

2-3 뼈와 영혼까지 두들겨 맞아
얼룩덜룩 멍든 내 모습 보이지 않으십니까?
하나님, 언제까지
보고만 있으시렵니까?

4-5 **하나님**, 이제 나서서 이 싸움을 끝장내 주소서.
나를 조금이라도 아끼신다면, 이 궁지에서 건져 주소서.
내가 죽어, 주께 좋을 게 뭐겠습니까?
무덤에 묻혀서는 주님의 찬양대에서 노래할 수 없습니다!

6-7 나는 지쳤습니다. 너무나 지쳤습니다.
사십 일 밤낮을, 침대가
내 눈물 홍수 위를 떠다녔습니다.
매트리스가 눈물에 흠뻑 젖어 눅눅해졌고
내 눈은 검게 움푹 파였습니다.
눈이 멀다시피 하여, 더듬거리며 다닙니다.

8-9 썩 꺼져라, 마귀의 졸개들아.
마침내 **하나님**께서 내 흐느끼는 소리 들으셨다.
내 간구를 모두 들으시고
내 기도에 응답해 주셨다.

10 겁쟁이들, 원수들이 물러간다.
굴욕을 당하고는 꽁무니를 빼는구나.

다윗의 시

7 [1-2] **하나님!** 하나님! 추격이 극심하여
죽을힘 다해 주께 피합니다.
저들에게 붙잡히면, 나는 끝장입니다.
사자처럼 사나운 적에게 갈기갈기 찢겨
숲으로 끌려가게 될 것입니다.
찾는 이, 기억해 주는 사람 없이 버려지고 말 것입니다.

3-5 **하나님**, 저들 말대로
내가 친구를 배신하고
원수들에게 바가지를 씌웠다면,
정말로 내 손이 그렇게 더럽다면,
저들이 나를 붙잡아 깔아뭉개게 하시고
나를 진흙탕에 처박게 하소서.

6-8 **하나님**, 일어나소서.
광포한 원수들에게 주님의 거룩한 분노를 쏟아내소서.
하나님, 깨어나소서. 나를 고소한 자들이
법정을 가득 메웠습니다. 지금은 판결을 내리실 때입니다.
재판석에 좌정하시고 주님의 법봉을 두드려
나에 대한 거짓고소를 기각하여 주소서.
나는 준비되었습니다.
주께서 "무죄" 판결을 내리시리라 자신합니다.

9-11 **하나님**, 악인들의 악을 끝장내시고
우리에게 주님의 명령을 공표하소서.
주님은 우리 인생을 단련시키시는 분,
우리의 약한 곳을 살펴 헤아리시고
우리의 거친 곳을 깎아 다듬으시는 분.
주께서 바로잡으시고 붙들어 주시니
이제 내가 강건하고 안전합니다.
존귀하신 하나님은 매사를 올바르게 행하시는 분.
그러나 언제라도 노여움을 터뜨릴 수 있는 분.

11-13 아무도 빠져나가지 못한다.
하나님께서 이미 행동에 돌입하셨다.
숫돌에 칼을 가시고
활을 메워 시위에 화살을 얹으시며,

손에는 흉기를 드셨다.
화살마다 불이 붙어 이글거린다.

14 보라, 저 사람을!
죄와 간통하여
악을 잉태했구나.
오, 보라! 아기를 낳았는데
거짓을 낳았구나!

15-16 날마다 삽질하며
저 곧게 뻗은 외길 밑에
함정을 파고 은폐하는 저 자가 보이느냐?
돌아가 다시 살펴보아라. 거기에 거꾸로 처박힌 채
바람결에 흔들리는 두 다리가 보이리라.
남에게 끼친 해악은 맞불이 되어 돌아오고
남에게 가한 폭력은 부메랑이 되어 돌아온다.

17 나, 모든 일을 바로잡으시는 하나님께 감사하리라.
지극히 높으신 **하나님**의 명성을 노래하리라.

다윗의 시

8

1 **하나님**, 찬란히 빛나는 주님,
주님의 이름은 이제 모르는 사람이 없습니다.

2 주님을 높이며 젖먹이들이 옹알이로 합창하고
막 걷기 시작한 어린아이들이 목청껏 노래하니,
원수의 말소리 묻혀 버리고
무신론자의 지껄임도 잠잠합니다.

3-4 주님의 거대한 하늘, 캄캄하고 광대한 하늘을 우러러봅니다.
손수 만드신 하늘 보석,
제자리에 박아 넣으신 달과 별들을.
그리고 한없이 작은 내 모습에 깜짝 놀랍니다.
우리가 무엇이기에 이토록 걱정하시고
우리 인생길이 무엇이기에 이토록 살뜰히 살피십니까?

5-8 하지만 우리는 신들보다 조금 못한 자들.
주님은 에덴의 새벽빛으로 빛나는 우리에게

손수 지으신 세상을 맡기시고
창조의 임무를 되새기게 하셨습니다.
양 떼와 소 떼,
들짐승들,
날아다니는 새들과 헤엄치는 물고기,
깊은 바다에서 노래하는 고래들을 다스리게 하셨습니다.

9 **하나님**, 찬란히 빛나는 주님,
주님의 이름이 온 세상에 메아리칩니다.

다윗의 시

9

1-2 **하나님**, 온 마음을 다해 감사하며
주께서 행하신 놀라운 일들을 책에 기록합니다.
내가 기쁨에 겨워 휘파람 불고, 즐거워 펄쩍펄쩍 뜁니다.
지극히 높으신 하나님, 주님을 노래합니다.

3-4 내 원수들이 꽁무니를 빼던 그날,
저들은 주님 앞에 비틀거리며 고꾸라졌습니다.
주께서 모든 일을 바로잡으셨고
내가 필요로 할 때, 곁에 계시며 변호해 주셨습니다.

5-6 주님은 사악한 민족들에게 호루라기 불어 경고하시는 분.
비열한 반칙을 저지른 선수들을 퇴장시키시고
곧바로 명단에서 그들의 이름을 삭제하시는 분.
원수들이 퇴장당해 사라지고
그들의 명성은 놀림거리가 되었으며,
그들의 이름이 명예의 전당에서 지워졌습니다.

7-8 **하나님**께서는 중심을 잡으시고,
세상의 혼란을 살피시며 바로잡으시는 분.
땅에 사는 우리에게 무엇이 알맞은지 정하시고
각 사람에게 합당한 상을 주시는 분.

9-10 **하나님**은 학대받는 이들을 위한 은신처.
곤경에 처할 때 찾아갈 피난처.
도착하는 순간, 마음이 놓이고
언제든 문 두드려도 미안한 마음 들지 않는 곳.

11-12 시온에 거하시는 **하나님**을 노래하고
만나는 모든 이에게 그분 이야기 들려주어라.
살인자의 뒤를 쫓으시되
우리에게서 눈을 떼지 않으시고,
흐느낌과 신음소리 하나 놓치지 않으시는 그분 이야기를.

13-14 **하나님**, 내게 친절을 베풀어 주소서.
오래도록 이 몸, 이리저리 치이며 살아왔습니다.
죽음의 문턱에서 나를 이끌어 주셨으니,
내가 찬양의 노래를 짓겠습니다.
대로변과 번화가에서
거리 집회를 열겠습니다.
내가 찬양을 이끌 때
구원의 노래 사방에 울려 퍼질 것입니다.

15-16 저 악한 나라들,
자기들이 놓은 덫에 걸리고
자기들이 친 그물에
발이 엉켰구나.
저들, 아무 말도 못하니
하나님의 일하심, 이토록 유명하구나.
악인들이 스스로 만든 교활한 기계장치에
손이 잘렸구나.

17-20 악인들이 손에 쥔 것은
지옥행 편도 승차권.
가난한 이들, 더 이상 이름 없는 자로 살지 않고
비천한 이들, 더 이상 수치를 당하지 않으리라.
하나님, 일어나소서!
악인들의 헛된 교만이 넌더리 나지 않으신지요?
저 허세를 까발려 주소서!
하나님, 저들을 떨게 하소서!
저들이 얼마나 어리석은지 드러내 보이소서.

10

1-2 **하나님**, 어찌하여 나를 외면하십니까?
주님이 필요한데 어디 계십니까?
악인들이 큰소리치며

가난한 이들을 맹렬히 뒤쫓고 있으니,
하나님, 저들의 다리를 걸어
자기들이 꾸민 흉계에 빠지게 하소서.

3-4 악인들은 빈말을 떠벌리고
사기꾼 입에서는 구린내가 진동합니다.
저들, 하늘을 찌를 듯 콧대가 높아
하나님을 무시합니다.
벽마다 휘갈겨 쓴 낙서가 보입니다.
"잡을 테면 잡아 보라지!" "하나님은 죽었어."

5-6 저들은 주님의 생각에 전혀 개의치 않고,
방해가 된다 싶으면 바로 주님을 외면합니다.
"우리는 잘못되지 않아. 올해는 운이 좋거든!" 하면서
자기들이 근사하게 산다고 생각합니다.

7-8 저들의 입에는 저주가 가득하고
저들의 혀는 살모사처럼 독을 내뱉습니다.
선량한 사람들 뒤에 숨어 있다가
만만한 이들을 덮칩니다.

9 운 나쁜 이를 눈여겨 두었다가
사냥꾼처럼 은밀한 곳에서 기다립니다.
그러다 그 가련한 사람이 가까이서 헤매기라도 하면
뒤에서 그의 등을 찌릅니다.

10-11 불행한 이는 걷어채어 땅바닥에 쓰러지고
운 나쁜 그는 잔인하게 난도질당합니다.
그는 하나님이 자기를 버리셨다고 생각합니다.
자신의 곤경에는 관심이 없다고 여깁니다.

12-13 하나님, 일어나실 때입니다. 서두르소서.
가련한 이들이 하나님께 버림받았다고 생각합니다.
악인들은 하나님을 업신여기고도
어찌하여 무사한지,
저리도 기고만장한데
어찌하여 문책을 당하지 않는지
그들이 의아해합니다.

[14] 그러나 주님은 이 모든 상황을 아십니다.
그들이 당하는 업신여김과 학대를 잘 아십니다.
언젠가는 가련한 저들이,
주님 주시는 복을 분명히 받게 될 것입니다.
주께서 저들의 기대를 저버리지 않으실 테니,
그들이 영원한 고아로 남지 않을 것입니다.

[15-16] 악인들의 오른팔을 꺾으시고
악질들의 왼팔을 부러뜨리소서.
범죄의 낌새까지
모두 찾아 없애 주소서.
그러면 하나님의 은혜와 명령이 승리하고
사악한 자들은 패할 것입니다.

[17-18] 주께서 가련한 이들의 말에 귀를 기울여 주시니,
저들의 희미한 맥박이 약동하고
절망에 빠진 이들의 심장이 붉은 피를 뿜어 올립니다.
고아들이 부모를 얻고
노숙자들이 집을 얻습니다.
공포정치가 끝나고
폭군들의 지배도 막을 내립니다.

다윗의 시

11

[1-3] 나, 죽을힘 다해
하나님의 품으로 피해 왔거늘,
이제 와 달아날 이유가 무엇이겠는가?
그런데도 너희는 말하는구나.

"산으로 달아나라.
악인들이 활을 당기고,
악당들이 화살을 겨눈다.
하나님께 정직한 모든 이들을
어둠 속에서 쏘려 한다.
나라의 기초가 무너졌는데
선한 사람인들 살 가망이 있겠는가?"

[4-6] 그러나 하나님은 산으로 거처를 옮기지 않으셨다.
그분의 거룩한 주소도 바뀌지 않았다.

그분은 여느 때처럼 변함없이 다스리시고
모든 것을 눈여겨보시며,
눈도 깜빡하지 않으신다.
제멋대로 구는 아담의 후손을
안팎으로 살피시되, 하나도 놓치지 않으신다.
선인과 악인을 똑같이 시험하시고
부정행위에 격분하신다.
하나님의 시험에서 떨어진 자는 밖으로 내쫓겨,
쏟아지는 불덩이를 맞게 되리라.
수통에 가득한 사막 열풍을 마시게 되리라.

7 모든 일을 바로잡는 것이야말로 하나님이 하시는 일.
주님은 올바른 기준 정하기를 기뻐하시고
우리를 바로 서게 하시는 분,
우리가 떳떳하면, 그분의 얼굴 마주하게 되리라.

다윗의 시

12

1-2 하나님, 서두르소서. 주님의 손길이 절실합니다!
마지막 남은 의인마저 쓰러지고
의지했던 친구들도 떠나고 없습니다.
거짓말이 모국어가 된 듯
번지르르한 입술에서 거짓말이 흘러나옵니다.
한 입으로 두말을 해댑니다.

3-4 저들 얼굴에서 입술을 베어 버리소서!
나불대는 저 입에서 혀를 뽑아 버리소서!
"우리가 말로 구워삶지 못할 자 누구랴?
세 치 혀로 하지 못할 일이 무엇이랴?" 하며 떠드는 소리,
더는 못 듣겠습니다.

5 가난한 이들의 오두막과
집 없는 이들이 신음하는 캄캄한 골목길을 향해, 하나님이 말씀하신다.
"내가 더는 못 참겠다. 이제 가서,
저 가련한 이들의 가슴속 응어리를 풀어 주리라."

6-8 하나님의 말씀은 순전한 말씀,
도가니 불로
일곱 번 정련한 은과 같구나.

하늘에서처럼 땅에서도 순전하도다.
하나님, 저들의 거짓말에서 우리를 지켜 주소서.
거짓말로 우리를 사냥하는 저 악한 자들,
거짓말로 이름을 떨치는 저 악인들에게서
우리를 지켜 주소서.

다윗의 시

13

1-2 **하나님**, 그만하면 충분합니다.
너무 오래도록 나를 못 본 체하시고
주님의 뒷모습만 보여주셨습니다.
무겁고 쓰라린 고통,
겪을 만큼 겪었습니다.
오만한 원수들의 조롱,
받을 만큼 받았습니다.

3-4 **하나님**, 나의 하나님, 나를 눈여겨봐 주소서.
원수에게 당하지 않고
넘어져도 비웃음당하지 않도록
나, 두 눈 똑바로 뜨고 살고 싶습니다.

5-6 주님 품에 달려든 이 몸,
주님의 구원을 기뻐합니다.
기도 응답을 넘치도록 받았으니
이제 목이 터져라 노래 부릅니다.

다윗의 시

14

1 비루하고 거만한 인간들,
"하나님은 없다"고 허튼소리 하는구나.
저들의 말은 독가스,
공기를 오염시키고
강과 하늘을 더럽힌다.
그저 엉겅퀴나 키워 낼 뿐.

2 **하나님**께서 하늘에서 고개를 내미시고
아래를 둘러보신다.
혹 우둔하지 않은 자가 있나 찾아보신다.
누구 하나 하나님을 바라는 사람,
하나님을 위해 준비된 사람이 있나 하고.

3 그러나 허탕만 치실 뿐,
단 한 사람도 찾지 못하신다.
다들 쓸모없는 자, 어중이떠중이들뿐.
돌아가며 양의 탈을 쓰고 목자 행세나 하니
열이면 열, 백이면 백
모두 제멋대로 가는구나.

4 저 사기꾼들,
정말 머리가 빈 것이냐?
패스트푸드 먹어 치우듯 내 백성을 집어삼키고도
너무 바빠서 기도하지 못한다니,
그러고도 무사하리라
생각한단 말이냐?

5-6 밤이 오고 있다. 악몽이 그들에게 닥치리니
하나님은 희생자들의 편이시기 때문이다.
가난한 이들의 꿈에
재를 뿌릴 수 있을 줄 알았더냐?
아서라. 하나님은
그들의 꿈을 이루어 주시는 분이다.

7 이스라엘을 구원할 이 누구인가?
그렇다. 하나님이 계신다. 하나님은 우리 삶을 반전시키는 분.
신세가 역전된 야곱이 기뻐 뛰놀고,
신세가 역전된 이스라엘이 웃으며 노래하는구나.

다윗의 시

15

1 하나님, 당신 계신 곳에 초대받아
함께 저녁식사를 할 자 누구입니까?
어떻게 해야 우리가 주님의 방문객 명단에 오를 수 있습니까?

2 "똑바로 걷고
바르게 행동하며
진실을 말하여라.

3-4 친구에게 해를 끼치지 말고
이웃을 탓하지 말며
비열한 자들을 경멸하여라.

[5] 손해가 나더라도 약속을 지키고
정직하게 살며
뇌물을 받지 마라.

이렇게 살면
주님 눈 밖에 나는 일
결코 없으리라."

다윗의 노래

16

[1-2] 하나님, 나를 지켜 주소서.
죽을힘 다해 주께 피합니다.
하나님께 구합니다. "나의 주님이 되어 주소서!"
하나님 없이는 모든 것이 헛됩니다.

[3] 하나님께서 택하시고 도처에 두신 이들,
나에게는 더없이 훌륭한 친구들입니다!

[4] 신(神)을 사러 가지 마라.
신들은 사고파는 물건이 아니다.
나, 신의 이름을 결코 상품 대하듯
하지 않으리라.

[5-6] 하나님, 나는 처음부터 주님만을 택했습니다.
그런데 이제 보니, 주께서 나를 택하신 것이었습니다!
주께서 내게 집과 마당을 주셨고
나를 주님의 상속자로 삼아 주셨습니다!

[7-8] 깨어 있을 때 하나님께서 주신 지혜로운 조언,
잠잘 때도 내 마음 굳게 붙듭니다.
나, 밤낮 하나님을 붙들겠습니다.
귀한 것 주시는 주님을 절대 떠나지 않겠습니다.

[9-10] 내 마음은 행복하고
나의 삶은 안팎으로 확고합니다.
주께서 내 지옥행 승차권을 취소해 주셨으니
이제 나 그리로 갈 일 없습니다!

[11] 주님은 나의 발을 생명 길에 두셨고

그 길은 온통 주님 얼굴빛으로 환히 빛납니다.
주께서 내 손을 잡으신 그날 이후로,
나, 바른 길에 서 있습니다.

다윗의 기도

17

1-2 하나님, 내 사정을 말씀드리니 귀 기울여 주소서.
거짓 없는 나의 기도, 주께 올려 드립니다.
주께서도 아시는 일이니
나의 무죄함을 세상에 알려 주소서.

3 나의 안과 밖을 샅샅이 살피시고
한밤중에도 들이닥쳐 나를 심문하소서.
나의 말이 틀림없음을,
조금도 거짓이 없음을 아시게 될 것입니다.

4-5 나는 세상 사람들처럼
내 마음대로 하지 않고
주님 뜻대로,
주님 말씀대로 살려고 애씁니다.
주님의 발자국 따라
한 걸음 한 걸음
내딛으려 합니다.
나는 포기할 줄을 모릅니다.

6-7 하나님, 응답을 확신하기에, 내가 주님을 부릅니다.
그러니 응답하소서! 귀 기울여 주소서!
담벼락마다 은혜라는 글자로 채워 주시고
두려워 떠는 이들,
주위의 무뢰배들을 피해 주께 달려오는
주님의 자녀들을 품어 주소서.

8-9 내게서 눈을 떼지 말아 주소서.
나를 노리는 악인들,
지긋지긋하게 몰려오는 저 원수들이 못 보게
나를 주님의 시원한 날개깃 아래 숨겨 주소서.

10-14 저들의 마음은 쇠못처럼 강고하고
저들의 입에서는 허풍이 뿜어져 나옵니다.

저들이 나를 쫓아와 뒤꿈치를 잡아채고
넘어뜨리려 합니다.
사자처럼 갈기갈기 찢으려 하고
젊은 사자처럼 독기를 품고 나를 덮치려 합니다.
하나님, 일어나소서! 저들의 턱수염을 뽑고, 뼈를 부러뜨리소서!
주님의 칼을 들어 저들의 발톱에서 나를 빼내 주소서.
하나님, 오늘 너머의 일을 생각지 않는 저 작자들,
저 무지막지한 자들을 맨손으로 꺾으소서.

저들이 기근 때나 먹는 험한 음식을 먹고
부황 들린 모습을 내 눈으로 보고 싶습니다.
저들은 씨 뿌려 거둔 풀뿌리로
차마 못 먹을 빵을 만들 겁니다.
첫 번째 것은 자신들이 먹고, 두 번째 것은 자식들에게 주고
껍데기는 어린아이들에게 주어 씹게 하겠지요.

15 그러나 나는 주님의 그 얼굴을
마주하여 볼 것입니다. 잠자리에서 일어날 때마다
주님 모습 그대로 뵙고,
지상에서 천국 맛보며 살 것입니다.

다윗이 모든 원수와 사울에게서 건짐을 받고 하나님께 바친 노래

18

1-2 주님은 나를 강하게 하시는 **하나님**,
내가 주님을 사랑합니다.
하나님은 내가 발 디딜 반석,
내가 거하는 성채,
나를 구해 주시는 기사.
나, 높은 바위산 내 하나님께
죽기 살기로 달려가
그 병풍바위 뒤에 숨고
그 든든한 바위 속에 몸을 감춘다.

3 존귀한 찬송을 **하나님**께 부르며
나, 안전과 구원을 누린다.

4-5 사형집행인의 올가미가 내 목을 단단히 죄고
마귀의 물살이 나를 덮쳤다.
지옥 끈에 꽁꽁 묶이고

죽음의 덫에 갇혀 출구가 모조리 막혔다.

[6] 이리도 험악한 세상! 나는 하나님께 외쳤다.
도와 달라고 부르짖었다.
그랬더니 하나님께서 그분의 왕궁에서 들으셨다.
내 부르짖음을 들으시고 나를 당신 앞에 불러 주셨다.
나를 독대해 주셨다!

[7-15] 땅이 진동하고 요동치며
거대한 산들이 나뭇잎처럼 흔들렸다.
사시나무 떨듯 떨었다.
그분께서 격노하셨기 때문이다.
코로 씩씩 연기를 내뿜으시고
입으로 불을 내뿜으셨다.
불 혀들이 널름거렸다.
하늘을 말아 내리고
땅을 밟으시니
땅 밑으로 심연이 패였다.
날개 돋친 생물을 타고,
바람날개를 타고 날아오르셨다.
먹구름을
외투로 두르셨다.
그러나 그분의 광채가 구름을 비집고 나와
우박과 불덩이를 쏟아 냈다.
하나님께서 하늘에서 천둥소리를 내셨다.
높으신 하나님께서 고함을 치셨다.
하나님이 활을 쏘셨다. 일대 아수라장이 되었다!
번개를 내리꽂으셨다. 다들 혼비백산 달아났다!
하나님께서 노호하시며
폭풍 분노를 터뜨리시자,
대양의 숨은 원천이 드러나고
대지의 심부가 훤히 드러났다.

[16-19] 그러나 그분께서 나를 붙잡아 주셨다.
하늘에서 바다까지 손을 뻗어 끌어올려 주셨다.
그 증오의 바다, 원수가 일으킨 혼돈에서부터,
내가 빠져든 그 공허로부터.
쓰러진 나를 그들이 걷어찼으나,

하나님께서 내 곁을 지켜 주셨다.
그분께서 나를 탁 트인 들판에 세워 주셨다.
나, 구원받아 거기 섰다. 놀라운 사랑이여!

20-24 조각난 내 삶을 다 맡겨 드렸더니,
하나님께서 온전하게 만들어 주셨다.
내 행실을 바로잡았더니
새 출발을 허락해 주셨다.
나 이제 하나님의 도(道)에 늘 정신을 바짝 차리고,
하나님을 예사롭게 여기지 않으리라.
매일 그분이 일하시는 방식을 유심히 살피며
하나도 놓치지 않으려 애쓰리라.
다시 시작하는 마음으로
한 걸음 한 걸음 신중히 내딛는다.
내 마음을 열어 보여드리니
하나님께서 내 인생 이야기를 다시 써 주셨다.

25-27 선한 이들은 주님의 선하심을 맛보고
온전한 이들은 주님의 온전하심을 맛보고
진실한 자들은 주님의 진실하심을 맛보지만,
악한 자들은 주님을 헤아리지 못할 것입니다.
주께서는 밟히는 이들의 편을 들어주시며,
콧대 높은 이들의 콧대를 꺾어 버리십니다.

28-29 하나님, 주께서 내 인생을 환히 비추시니
내가 하나님의 영광으로 밝게 빛납니다!
나, 날강도 떼를 박살내고
높디높은 담장도 뛰어넘습니다.

30 하나님은 얼마나 놀라우신가! 그분의 길은
쭉 뻗은 평탄대로.
하나님께서 가라 하시는 길은 모두 검증된 길.
그분은 누구든 달아나
몸을 숨길 수 있는 은신처.

31-42 하나님 같은 신이 있느냐?
우리의 반석이신 그분 같은 신이?
내 손에 무기를 쥐어 주시고

똑바로 겨누게 하시는 하나님 같은 신이?
나, 사슴처럼 뛰며,
산 정상에 올랐다.
그분이 내게 싸우는 법을 가르쳐 주셨다.
나, 청동활도 당길 수 있다!
주님은 내게 구원을 갑옷처럼 입혀 주십니다.
굳센 팔로 나를 붙드시고
부드러운 손길로 나를 어루만지십니다.
주께서 내가 선 땅을 든든하게 하시니,
내가 확고히 서서 흔들리지 않습니다.
내가 원수들을 뒤쫓아가, 그들을 붙잡았습니다.
그들이 기진하기까지 절대 놓지 않았습니다.
그들에게 강타를 먹이고, 그들을 아주 쓰러뜨렸습니다.
그런 다음 그들을 깔아뭉갰습니다.
주께서 나를 무장시켜 이 싸움을 하게 하셨습니다.
주께서 그 거만한 자들을 박살내셨습니다.
나의 원수들, 주님 앞에서 꽁무니를 빼고
나를 증오하던 그들, 내가 쓸어버렸습니다.
그들이 "형님!" 하고 외쳐 댔지만,
그들의 형님은 코빼기도 비치지 않았습니다.
하나님께도 소리를 질러 댔지만,
아무 대답도 듣지 못했습니다.
내가 그들을 가루로 만들어 바람에 날려 보냈습니다.
도랑에 오물 버리듯 그들을 내던졌습니다.

43-45 주께서 티격태격 다투는 백성에게서 나를 구하시고
뭇 민족의 지도자로 세워 주셨습니다.
내가 들어 보지도 못한 민족이 나를 섬겼습니다.
내 소문을 듣자마자 그들이 내 말에 귀를 기울였습니다.
이방인들이 항복하고 은신처에서
기어 나와 꿇어 엎드렸습니다.

46-48 하나님, 만세! 복 주시는 나의 반석,
나의 해방자 하나님, 출중하시도다!
그분께서 나를 위해 모든 일을 바로잡으시고
말대꾸하는 자들의 입을 막아 버리셨다.
원수의 분노에서 나를 구해 주셨다.
주께서 나를 거만한 자들의 손아귀에서 빼내 주시고

깡패들에게서 구해 주셨다.

49-50 그러므로 내가 세상 뭇 백성이 보는 앞에서
주 하나님께 감사를 드립니다.
주님의 이름에 운을 달아
노래를 부릅니다.
하나님이 세우신 왕이 승리를 얻고
하나님이 택하신 이가 사랑을 받음이여,
다윗과 그 자손에게, 영원토록.
언제까지나.

다윗의 시

19

1-2 하나님의 영광, 하늘을 순회하고
하나님의 솜씨, 수평선을 가로지르며 펼쳐진다.
낮이 아침마다 수업을 열고
밤이 저녁마다 강연을 베푼다.

3-4 그들의 말 들리지 않고
그들의 목소리 녹음되지 않으나,
그 침묵은 온 땅을 채우고
소리 없는 진리 어디에나 울려 퍼진다.

4-5 하나님께서 해를 위해
거대한 둥근 지붕을 만드셨으니, 그 지붕은 초대형!
아침 해는 신방에서 달려 나온
새신랑.
동틀 무렵의 해는
결승선을 향해 질주하는 달리기 선수.

6 동틀 녘부터 해질 녘까지,
하나님의 말씀도 그렇게 하늘을 누빈다.
얼음을 녹이고, 사막을 달구며,
마음을 어루만져 믿음을 갖게 한다.

7-9 하나님의 계시는 온전하여
우리 삶을 회복시키고,
하나님의 이정표는 확실하여
바른 길을 알려 준다.

하나님의 인생지도는 정확하여
기쁨에 이르는 길을 보여주고,
하나님의 지시는 분명하여
알아보기 쉽다.
하나님의 명성은
순금같이 변함없고,
하나님의 결정은 정확하여
한 치의 오차도 없다.

10 하나님의 말씀은 다이아몬드보다
에메랄드 두른 다이아몬드보다 나으니,
너는 봄철 딸기보다 더 말씀을 좋아하게 되리라.
붉게 잘 익은 딸기보다 더.

11-14 그뿐이 아니니, 하나님의 말씀은 위험을 경고하고
감춰진 보물이 있는 곳도 알려 준다.
하나님의 말씀이 아니면 우리가 어떻게 길을 찾고,
우리의 어리석음을 어떻게 분별할 수 있겠는가?
하나님, 우리의 지난 잘못을 깨끗게 해주소서,
하루를 새롭게 시작하게 하소서!
어리석은 죄에 빠지지 않게 하시고
내가 주님을 대신할 수 있다고 생각하지 않게 하소서.
그제야 내가 햇빛에 깨끗이 씻겨
죄의 얼룩 말끔히 지운 상태로 하루를 시작할 수 있습니다.
이것이 내 입에 담은 말,
내가 곱씹고 기도하는 것입니다.
오, 나의 제단 반석이신 하나님,
내 기도, 아침 제단에 바 치오니
받아 주소서.
나의 제단-제사장이신 하나님.

다윗의 시

20

1-4 왕이 큰 어려움을 당할 때
하나님께서 왕에게 응답해 주시기를.
야곱의 하나님의 이름이 왕을 안전하게 지키시고
거룩한 산에서 원군을 보내 주시며,
시온에서 새 보급품을 보내 주시기를.
왕의 예물에 감탄하시고

왕의 제물을 기쁘게 받으시기를.
왕이 소망하는 것을 허락하시고
왕의 계획들을 이루어 주시기를.

5 왕이 승리할 때, 우리, 지붕이 들썩이도록 함성 지르며
깃발 들고 행렬을 이끌리라.
왕의 모든 소원이 이루어지기를!

6 그렇게 되리라. 도움이 오고
응답이 가까워져
모든 일이 잘되리라.

7-8 전차를 반짝반짝 윤내는 이들,
군마를 손질하는 저들이 보이는가?
그러나 우리는 우리 하나님을 위해 화환을 만든다.
전차는 녹슬고
군마는 절름거리다 멈춰 서지만,
우리는 두 발로 서서 당당히 나서리라.

9 하나님, 왕에게 승리를 주소서.
우리가 부르짖는 날, 응답하여 주소서.

다윗의 시

21

1-7 하나님, 주님의 힘은 곧 왕의 힘입니다.
주님의 도움받은 왕이 호산나를 외칩니다.
주께서는 왕이 원하는 것을 들어주시고
물리치지 않으셨습니다.
왕의 품에 한가득 선물을 안기시고
그를 성대하게 맞아 주셨습니다.
왕이 원한 행복한 삶을 허락하시고
장수의 복까지 얹어 주셨습니다.
왕을 뭉게구름처럼 높여 빛나게 하시고
그에게 오색찬란한 옷을 입히셨습니다.
주께서 왕에게 복에 복을 더하시고
환한 얼굴빛으로 기쁨을 선사하십니다.
그러니 왕이 하나님을 사랑하고
가장 좋은 분을 떠나지 않을밖에요.

8-12 주께서 한 손에는 원수들,
다른 손에는 미워하는 자들을 움켜쥐시고
용광로 앞에서 광채를 발하시니
저들이 잔뜩 몸을 움츠립니다.
이제 용광로가 저들을 송두리째 삼키고
불이 그들을 산 채로 잡아먹습니다!
주님은 저들의 후손을 땅에서 쓸어버리시고
세상을 새롭게 하십니다.
저들이 꾸민 온갖 흉계와 음모는
모조리 불발로 끝났습니다.
주께서 저들을 쫓아내셨으니
저들은 주님의 얼굴을 보지 못할 것입니다.

13 하나님, 모든 사람이 알아보도록 주님의 능력 떨치소서.
우리는 밖으로 나가 이 기쁜 소식을 노래하겠습니다!

다윗의 시

22

1-2 하나님, 하나님, 나의 하나님!
어찌하여 나를 이토록 외딴 곳에
버려두십니까?
고통으로 몸을 웅크린 채
종일토록 하나님께 부르짖건만
응답이 없습니다. 한 마디도.
나, 밤새 하나님께 부르짖으며 몸을 뒤척입니다.

3-5 그런데 하나님! 주께서는 이스라엘의 찬양에 몸을 맡긴 채
내 곤경을 남의 일처럼 여기십니까?
주께서 우리 조상들과 함께하셨음을 잘 압니다.
그들이 주께 도움을 구했고, 주님은 응답하셨습니다.
그들은 주님을 신뢰하며 행복하게 살았습니다.

6-8 그러나 나는 하찮은 몸,
밟혀 으스러지는 지렁이.
모두가 나를 놀립니다.
내 모습에 얼굴을 찌푸리고 고개를 가로젓습니다.
"하나님이 저 자를 어떻게 하는지 보자.
하나님이 저 자를 그리 좋아한다니, 어떻게 도우시나 보자!"

9-11 주님은 내가 태어나던 날 나를 받아 주신 분,
어머니의 젖가슴에 나를 안겨 주신 분!
모태에서 나온 나를 품에 안으신 그때부터 지금까지
줄곧 나의 하나님이셨던 분.
그런데 이제 주께서 나를 멀리 떠나셨고
고난이 바로 옆집으로 이사를 왔습니다.
도움의 손길, 더없이 간절합니다.

12-13 황소 떼가 내게 달려듭니다.
미친 듯이 날뛰며 몰려옵니다.
이동하는 물소 떼처럼
뿔을 바싹 낮추고 콧김을 내뿜습니다.

14-15 나는 걷어채어 엎질러진 물동이,
내 몸의 뼈마디가 모두 어그러졌습니다.
내 마음은 속에서 녹아내린
한 방울 밀랍.
나는 해골처럼 바싹 말랐고
혀는 거뭇하게 부어올랐습니다.
저들이 땅에 묻으려고
나를 때려눕혔습니다.

16-18 이제는 들개 무리가 달려들고
폭력배들이 떼 지어 공격합니다.
내 손발을 옴짝달싹 못하게 묶어
우리에 가둡니다.
앙상한 몸으로 우리에 갇힌 나를
지나가는 사람마다 쳐다봅니다.
그들이 내 지갑과 겉옷을 빼앗고
내 옷을 차지하려고 주사위를 던집니다.

19-21 하나님, 지체치 마시고 나를 구해 주소서!
어서 나를 도와주소서!
저들이 내 목을 치지 못하게 하소서.
저 잡종개들이 나를 삼키지 못하게 하소서.
주께서 속히 오시지 않으면
나는 가망이 없습니다. 황소들에게 받히고
사자들의 먹이가 되고 말 것입니다.

22-24 벗들이 예배하러 모일 때, 나 이렇게 말하겠습니다.
주님을 찬양하며 힘주어 말하겠습니다.
너희 하나님을 예배하는 이들아, 할렐루야를 외쳐라.
너희 야곱의 아들들아, 그분께 영광을 돌려라.
너희 이스라엘의 딸들아, 그분을 찬양하여라.
너희가 학대당할 때
그분은 한 번도 너희를 저버리거나
외면하신 적이 없다.
다른 일 보느라 자리를 뜨지 않으셨다.
바로 그 자리에 계셨고, 귀 기울여 들으셨다.

25-26 이 큰 예배 모임에서
찬양의 기쁨을 알았습니다.
내가 서원했던 일을 바로 이 자리,
하나님을 예배하는 이들 앞에서 이행하겠습니다.
부랑자들이 하나님의 식탁에 앉아
배불리 먹는다.
하나님을 찾는 모든 이들이
여기서 그분을 찬양한다.
"마음껏 즐겨라, 머리부터 발끝까지.
절대 멈추지 마라!"

27-28 온 땅에서
사람들이 제정신을 차리고
황급히 하나님께 돌아온다.
오랫동안 보지 못한 가문들이
그분 앞에 나와 엎드린다.
하나님께서 권좌에 앉으셨다.
이제부터는 그분께서 결정권을 쥐신다.

29 힘 있는 자들이 그분 앞에 나와
경배한다!
가난하고 힘없는 이들도 모두 나와
경배한다!
어중이떠중이들도 덩달아
경배한다!

30-31 우리 자녀와 그 후손들이

이 예배에 참여하리니,
주님의 말씀이 대대로
전해지리라.
잉태 전의 아기들도
하나님은 말씀하신 대로 행하신다는
복된 소식 듣게 되리라.

다윗의 시

23

1-3 하나님은 나의 목자!
내게 부족한 것이 없습니다.
주께서 나를 푸른 풀밭에 누이시고
잔잔한 물가를 찾아 목을 축이게 하십니다.
말씀하신 대로,
나를 잠시 쉬게 하신 후
바른 길로 인도하십니다.

4 내가 죽음의 골짜기를
지날지라도
두려울 것이 없으니,
주께서 나와 함께 걸으시기 때문입니다.
주님의 믿음직한 지팡이를 보니
내 마음 든든합니다.

5 주께서 내 원수들이 보는 앞에서
내게 성대한 만찬을 차려 주시고
축 처진 내 고개를 세워 주시니
내 잔에 복이 넘칩니다.

6 내 사는 동안 날마다
주님의 아름다움과 사랑이 나를 따르리니,
나, 하나님의 집으로 돌아가
평생토록 그곳에서 살겠습니다.

다윗의 시

24

1-2 땅과 그 안에 있는 모든 것이 하나님의 것,
세상과 거기 사는 모든 사람도 하나님의 것.
그분께서 대양 위에 땅을 세우시고
강 위에 세상을 펼치셨다.

3-4 누가 **하나님**의 산에 오를 수 있는가?
누가 그 거룩한 북벽에 오를 수 있는가?
오직 손이 깨끗한 이,
오직 마음이 깨끗한 이,
속이지 않는 남자들,
호리지 않는 여자들이다.

5-6 **하나님**께서는 그들 편이시니
하나님의 도우심으로 그들이 성공하리라.
야곱아, 이것이 하나님을 구하는 이들,
하나님을 찾는 이들에게 일어나는 일이다.

7 일어나라, 너 잠든 도성이여!
일어나라, 너희 잠든 백성들아!
영광의 왕께서 들어가신다.

8 영광의 왕이 누구신가?
무장하고
전투태세를 갖춘 **하나님**이시다.

9 일어나라, 너 잠든 도성이여!
일어나라, 너희 잠든 백성들아!
영광의 왕께서 들어가신다.

10 영광의 왕이 누구신가?
만군의 **하나님**이시다.
그분이 영광의 왕이시다.

다윗의 시

25

1-2 **하나님**, 내 머리를 높이 듭니다.
하나님, 주님을 의지하오니
비열한 자가 나를 뒤쫓지 못하게 하소서.

3 주님과 운명을 같이하기로 했으니
나를 부끄럽게 하지 않으시겠지요?
원수가 나를 이기지 못하게 하시겠지요?

주님을 위해 위험을 무릅쓴 우리를

부끄럽게 하지 마소서.
수치를 당해야 할 쪽은 배신자들입니다.

4 **하나님**, 주께서 어떻게 일하시는지 보여주시고
주님의 길을 내게 가르쳐 주소서.

5 내 손을 잡으시고
진리의 길로 이끌어 주소서.
주께서는 나의 구원자 아니십니까?

6 **하나님**, 주님의 긍휼과 사랑을 이정표로 삼으시고
옛적의 경계표들을 다시 세우소서!

7 내 젊은 시절의 방탕한 생활은 잊으시고
내게 주님 사랑의 흔적 남기소서.
하나님, 나를 위해 가장 좋은 일만 계획하소서!

8 **하나님**은 공정하고 바르시니,
엇나간 자들을 바로잡아
바른 길로 인도하신다.

9 하나님은 따돌림 받는 이들에게 손을 내미시고
그들을 한 걸음 한 걸음 이끄신다.

10 이제부터 너희가 걷는 길은 모두
하나님께 이르는 길이 되리니,
언약의 표지판을 따르고
노선도를 잘 살펴라.

11 **하나님**, 주님의 명성을 위해서라도
나의 죄악된 삶을 용서해 주소서.
이 몸, 참으로 악하게 살았습니다.

12 하나님을 경외하는 이들을 무엇에 비교할까?
그들은 바로, 하나님의 과녁을 겨냥한 화살.

13 그들은 목 좋은 곳에 자리 잡고
그 자손은 비옥한 농장을 물려받는다.

[14] 하나님의 호의는 그분을 경외하는 이들의 것.
하나님은 그들에게 속마음을 털어놓으신다.

[15] 나, 하나님에게서 눈을 떼지 않으니
내 발이 걸려 넘어지는 일 없으리라.

[16] 하나님, 나를 보시고 도우소서!
곤경에 처한 이 몸, 의지할 곳 없습니다.

[17] 내 심장과 콩팥이 내 속에서 서로 싸우니
이 내전을 중지시켜 주소서.

[18] 중노동에 허덕이는 내 인생을 살피시고
죄에 눌린 무거운 마음 없애 주소서.

[19] 얼마나 많은 자들이
나를 미워하는지 보이십니까?
내게 앙심을 품은 저들이 보이십니까?

[20] 나를 지켜보시고 곤경에서 건지소서.
주께로 도망치니, 나를 못 본 체하지 마소서.

[21] 주님의 솜씨 전부 발휘하셔서 나를 다듬어 주소서.
완성된 내 모습 어떨지 몹시도 궁금합니다.

[22] 하나님, 주님의 백성을 너그럽게 보시고
꼬리에 꼬리를 무는 이 불행에서 벗어나게 하소서.

다윗의 시

26

[1] 하나님, 내 무고함을 밝혀 주소서.
이 몸, 정직을 신조로 삼고 살아왔습니다.
하나님, 주께 내 운명을 걸었고
그 마음, 지금도 변함이 없습니다.

[2] 하나님, 머리부터 발끝까지 나를 살피시고
샅샅이 시험해 보소서.
내게 흠잡을 곳 있는지 안팎으로
확인해 보소서.

3 이 몸, 주님의 사랑
한시도 잊은 적 없고,
주님과 보조를 맞춰 걸으며
한 박자도 놓친 적 없습니다.

4-5 사기꾼들과 어울리지 않고
조폭들과도 사귀지 않습니다.
불량배 무리를 미워하고
겉과 속이 다른 자들을 상대하지 않습니다.

6-7 **하나님**, 가장 깨끗한 비누로 내 손을 씻고
다른 이들과 손잡고 빙 둘러서서
주님의 제단을 돌며 춤을 춥니다.
하나님의 노래 목청껏 부르며
하나님의 이야기를 전합니다.

8-10 **하나님**, 주님의 집이 주님의 영광으로 빛나기에
이 몸, 주님과 함께 사는 것이 참으로 좋습니다.
봄맞이 대청소를 할 때가 되었으니
나를 사기꾼, 악당들과 함께 쓸어 내지 마시고,
더러운 속임수 가방을 둘러멘 남자들,
뇌물 가득한 지갑 든 여자들만 쓸어버리소서.

11-12 내가 주님 앞에서 떳떳한 것 아시니,
이제 주께서 나를 떳떳이 대해 주소서.
하나님, 내가 주께 부끄럽지 않으니,
기회 있을 때마다 내가 주님을 찬양하겠습니다.

다윗의 시

27

1 **하나님**은 빛, 공간, 열정.
하나님은 바로 그런 분!
그분이 내 편이시니, 나 두렵지 않다.
그 누구도, 그 무엇도 겁나지 않다.

2 말 탄 야만족이 달려들어
나를 산 채로 집어삼키려 해도,
그 악당과 불량배들
꼴사납게 고꾸라지리라.

3 사방으로 포위당해도
나 아기처럼 고요하며,
큰 혼란이 일어도
나 침착하고 냉정하리라.

4 **하나님**께 구하는 것은
오직 한 가지.
내 평생
그분의 집에서 그분과 함께 살며,
그분의 아름다우심 묵상하고
그분의 발치에서 전심으로 배우는 것.

5 떠들썩한 세상 한가운데서
고요하고 안전한 곳은, 오직 주님의 집뿐.
시끌벅적한 도로에서 멀찌감치 물러선
완벽한 은신처.

6 나를 끌어내리려는 모든 자들 위로
하나님께서 내 머리와 어깨를 들어 올리시리니,
나, 그분의 처소로 나아가
지붕이 들썩이도록 찬양하리라!
나, 하나님의 노래를 부르며
하나님께 드릴 음악을 연주하리라.

7-9 **하나님**, 들으소서. 내가 목청껏 부르짖습니다.
"나를 보아 주소서! 내게 응답하소서!"
내 마음이 "하나님을 찾으라" 하고 속삭이면,
내 온몸이 "지금 그분을 찾고 있다!" 하고 대답합니다.
그러니 내게서 숨지 마소서!

9-10 주님은 줄곧 내게 힘이 되어 주셨으니
이제 와서 나를 못 본 체하지 마소서.
주님은 줄곧 나를 위해 문을 열어 놓으셨으니
나를 쫓아내지도, 버리지도 마소서.
내 아버지와 어머니는 나를 버리고 떠났지만
하나님께서는 나를 맞아들이셨습니다.

11-12 **하나님**, 주님의 큰길을 내게 가르쳐 주시고

불빛 환한 길을 따라 나를 인도하소서,
주께서 누구 편이신지 내 원수들에게 보여주소서.
나를 개들에게 던지지 마소서.
저들은 나를 잡으려고
쉴 새 없이 으름장 놓는 거짓말쟁이들입니다.

13-14 내가 풍요의 땅에서
하나님의 선하심을 보게 될 것을 확신합니다.
하나님 곁에 머물러라!
용기를 내어라. 포기하지 마라.
거듭 말하노니,
하나님 곁에 머물러라.

다윗의 시

28

1 **하나님**, 내가 주께 부르짖을 때
못 들은 체하지 마소서.
주께 얻는 것이
귀를 먹먹하게 하는 침묵뿐이라면,
차라리 블랙홀 속으로 빠져드는 편이
낫겠습니다.

2 내게 필요한 것을 주께 알리며
도움을 구합니다.
주님의 은밀한 성소를 향해
내 두 손을 듭니다.

3-4 나를 저 악한 자들과 함께
한 감방에 밀어 넣지 마소서.
보란 듯이 악을 저지르는 자들과
같이 가두지 마소서.
저들은 그럴싸하게 '평화'를 말하지만
은밀하게 악마를 위해 일합니다.

저들이 행한 그대로,
저들이 저지른 악 그대로 되갚으소서.
저들이 악마의 일터에서 보낸
기나긴 시간만큼 되갚으시고,
거기에 두둑한 보너스까지 얹어 주소서.

5 하나님께서 어찌 일하시는지
무엇을 꾀하시는지 알지 못하는 저들,
하나님께서 저들을 산산이 부수시고
폐허로 만들어 버리실 것입니다.

6-7 **하나님**을 찬양하여라.
주께서 내 기도를 들어주셨다.
주께서 내 편이심을 증명해 주셨으니,
나는 주님과 운명을 같이할 것이다.

나, 이제 기뻐 뛰고
소리 높여 감사하며 그분을 찬양하리라.

8-9 **하나님**은 자기 백성에게 최고의 힘,
택하신 지도자에게 드넓은 은신처가 되십니다.
주님의 백성을 구원하시고,
주님 소유된 자들에게 복을 내리소서.
그들을 보살피시고
선한 목자와 같이 그들을 이끌어 주소서.

다윗의 시

29

1-2 만세, **하나님** 만세!
신들과 천사들이 환호성을 올린다.
두려운 마음으로 하나님의 영광을 마주하고
떨리는 마음으로 하나님의 능력을 목도하여라.
주의하여 서 있거라!
가장 좋은 옷을 차려 입고 그분께 예를 갖추어라!

3 **하나님**께서 천둥소리 내시며 물 위를 질주하신다.
찬란한 그분 목소리, 광채를 발하는 그 얼굴.
하나님께서 큰물을 가로질러 오신다.

4 **하나님**의 우렛소리는 북소리 같고
하나님의 천둥소리는 교향악 같다.

5 **하나님**의 우렛소리가 백향목을 박살낸다.
하나님께서 북쪽의 백향목을 쓰러뜨리신다.

6 산맥들이 봄철 망아지처럼 뛰놀고
산마루들이 야생 새끼염소처럼 날뛴다.

7-8 **하나님**의 우렛소리에 불꽃이 튀긴다.
하나님의 천둥소리에 광야가 흔들린다.
그분께서 가데스 광야를 뒤흔드신다.

9 **하나님**의 우렛소리에 참나무들이 춤춘다.
억수 같은 비가 가지들을 벌거숭이로 만든다.
온몸을 뒤흔드는 격렬한 저 춤.
모두가 무릎 꿇고 외친다. "영광!"

10 큰물 위에 **하나님**의 보좌 있으니
거기서 그분의 능력 흘러나오고,
그분께서 세상을 다스리신다.

11 **하나님**께서 자기 백성을 강하게 하신다.
하나님께서 자기 백성에게 평화를 주신다.

다윗의 시

30

1 **하나님**, 나는 오직 주님만 신뢰합니다.
주님은 나를 궁지에서 건져 내셔서,
원수들의 조롱거리가 되지 않게 하셨습니다.

2-3 **하나님**, 나의 하나님, 내가 도와 달라고 외칠 때
주께서 나를 회복시켜 주셨습니다.
하나님, 주께서 이 몸을 무덤에서 끌어내셨고,
내가 더없이 막막한 신세가 되었을 때
다시 살 기회를 주셨습니다.

4-5 너희 모든 성도들아! 마음을 다해 **하나님**을 찬양하여라!
그분의 얼굴을 바라며 감사하여라!
이따금 그분께서 노하실지라도,
평생 변함없는 것은 오직 그분의 사랑뿐.
밤에 하염없이 울다가도
낮이 되면 환히 웃게 되리라.

6-7 모든 일이 순조로울 때 나, 이렇게 외쳤습니다.

"나는 확실히 성공했어.
나는 하나님의 총애를 받는 사람이야.
하나님이 나를 산의 왕이 되게 해주셨어."
그러자 주께서 고개를 돌리셨고
나는 산산이 무너지고 말았습니다.

8-10 하나님, 내가 주님을 큰소리로 부르며,
내 사정을 주님 앞에 다 털어놓았습니다.
"내가 죽어 나를 내다 파신들,
묘지에 장을 열고 나를 경매로 넘기신들,
주께 무슨 이득이 되겠습니까?
내가 한 줌 먼지가 되어 사라지면,
주님 기리는 나의 노래와 이야기를
아무도 거들떠보지 않을 것입니다.
그러니 들으소서! 이 몸을 돌아보소서!
나를 도우셔서 이 곤경에서 건져 내소서!"

11-12 주께서 내 하소연을 들으시고
내 격한 탄식을 소용돌이 춤으로 바꾸셨습니다.
내 검은 상장(喪章)을 떼어 내시고
들꽃으로 나를 꾸며 주셨습니다.
내 안에 노래가 차올라, 가슴이 터질 것만 같습니다.
도저히 잠잠할 수 없습니다.
하나님, 나의 하나님,
감사한 이 마음, 어찌 다 전할지 모르겠습니다.

다윗의 시

31

1-2 하나님, 내가 주께 도망칩니다.
죽을힘 다해 주께로 달아납니다.
나를 못 본 체하지 마소서!
이번만은 내 말을 진지하게 들어주소서!
내 눈높이로 내려오셔서 들어주소서!
부디 지체하지 마소서!
주님의 견고한 동굴은 나의 은신처,
주님의 높다란 절벽 요새는 나의 피난처입니다.

3-5 주님은 내가 숨어드는 동굴,
내가 기어오르는 절벽.

나의 든든한 인도자,
나의 진정한 길 안내자가 되어 주소서.
숨겨진 덫에서 나를 빼내소서.
주께로 숨어들고 싶습니다.
내 목숨을 주님 손에 맡겼습니다.
주께서는 나를 떨어뜨리지도,
버리지도 않으시겠지요.

6-13 내가 이 어리석은 종교 놀음을 미워하고
하나님, 오직 주님만 신뢰합니다.
내가 주님 사랑의 울타리 안에서 겅중겅중 뛰며 노래하니,
주께서 내 아픔 보시고
나를 괴롭히던 자들을 무장 해제시키셨습니다.
주님은 저들의 손아귀에 나를 두지 않으시고
나에게 숨 돌릴 여유를 주셨습니다.
하나님, 나를 친절히 대해 주소서.
내가 다시 깊고 깊은 곤경에 빠졌습니다.
하염없이 눈물이 나고
마음은 텅 비었습니다.
내 목숨은 신음으로 새어 나가고
내 세월은 한숨으로 다해 갑니다.
근심으로 녹초가 되었고
뼈는 가루로 변했습니다.
원수들은 나를 괴물 보듯 하고
이웃들에게는 조롱거리가 되었습니다.
친구들도 내 몰골에 놀라
보고도 못 본 척 멀찍이 돌아갑니다.
저들은 나를 기억에서 지우고 싶어 합니다.
무덤 속 시체마냥 나를 잊고,
쓰레기통 안 깨진 접시마냥 나를 버리려 합니다.
길거리에서 수군대는 소리를 듣고 있으면
정신이 나가 칼이라도 휘두를 것 같습니다!
저들은 문을 꼭꼭 닫아걸고는
나를 영원히 파멸시킬 음모를 꾸밉니다.

14-18 절박한 심정으로 주께 의지합니다.
주님은 나의 하나님이십니다!
내 모든 순간순간을 주님 손에 맡기니

나를 죽이려는 자들에게서 나를 지켜 주소서.
주님의 종의 마음을 미소로 녹여 주시고
나를 아끼시니 구원해 주소서.
주께 여러 번 기별을 드렸으니
찾아오셔서 나를 안심시켜 주소서.
악인들이나 난처하게, 허탕 치게 하셔서
저들이 머리를 설레설레 저으며
지옥으로 떠내려가게 하소서.
주님을 따르는 나를 조롱과 야유로 놀려 대는
시끄러운 거짓말쟁이들,
저들의 입을 틀어막아 주소서.

19-22 주님을 섬기는 이들을 위해
주께서 준비하신 어마어마한 복 더미,
고약한 세상을 피해
주께로 도망치는 이들을 기다리고 있군요.
주께서는 그들을 안전하게 감추시고
적대자의 손길이 미치지 못하게 하십니다.
조롱하는 저 번드르르한 얼굴들을 퇴짜 놓으시고
지독한 험담을 잠잠케 하십니다.
하나님을 찬양하여라!
그분의 사랑은 세상 최고의 불가사의.
포위 공격에 갇힌 이 몸, 더럭 겁이 나 이렇게 말했습니다.
"내가 주님 눈 밖에 났구나."
그러나 주님은 내 목소리를 들으시고
내 말에 귀 기울여 주셨습니다.

23 너희 모든 성도들아, 하나님을 사랑하여라.
하나님께서는 그분을 가까이하는 모든 사람을 보살피시나,
거만하여 자기 힘으로 하려는 자들에게는
고스란히 갚으신다.

24 용기를 내어라. 굳세어라. 포기하지 마라.
이제 곧 오시리니, 하나님을 바라라.

다윗의 시

32

1 스스로 행운아로 여겨라. 그대, 얼마나 복된 사람인지.
잘못을 말끔히 씻고

새 출발하는 그대.

2 스스로 행운아로 여겨라.
하나님께서 흠잡으실 구석 전혀 없고
하나님께 아무것도 숨길 것 없는 그대.

3 내 속에 꼭꼭 담아 두려고 했더니,
내 뼈는 가루로 변하고
내 말은 종일토록 신음이 되었습니다.

4 나를 짓누르는 중압감 그치지 않으니
내 생명의 진액이 다 말라 버렸습니다.

5 마침내 내 모든 것 주께 고백했습니다.
"하나님께 내 잘못 모조리 털어놓겠습니다."

갑자기 나를 짓누르던 압박이 사라지고,
죄책감이 날아갑니다.
내 죄가 사라졌습니다.

6 그러므로 우리가 너나없이 기도하는 이것은
너무나 합당한 일입니다.
대혼란이 일어나고 댐이 터질지라도,
높은 곳에 있는 우리는 해를 입지 않을 것입니다.

7 하나님은 내가 은신하는 섬.
위험이 해안에 이르지 못하게 하시고
호산나의 화환을 내 목에 걸어 주십니다.

8 너희에게 유익한 조언을 몇 마디 하겠다.
너희 얼굴을 똑바로 쳐다보고
있는 그대로 말하겠다.

9 "말이나 노새처럼 고집을 부리지 마라.
그것들은 재갈과 고삐를 채워야만
제 길로 간다."

10 하나님을 무시하는 자는 언제나 곤경에 처하지만,

하나님을 인정하는 사람은 인생의 굽이굽이마다
주님의 사랑을 깨닫는다.

11 하나님을 찬양하여라.
다 함께 노래하여라!
마음이 정직한 너희여, 목청껏 환호하여라!

33

1-3 선한 너희여, 하나님을 기뻐하여라!
바르게 사는 이들의 찬양만큼 아름다운 것 없도다.
기타 반주로 주님을 찬양하여라!
그랜드피아노로 찬양곡을 연주하여라!
새 노래로 주님을 기리고
트럼펫으로 팡파르를 울려라.

4-5 하나님 말씀은 속속들이 믿을 수 있고
그분께서 지으신 것 무엇 하나 흠이 없다.
하나님이 기뻐하시는 것은,
모든 것 제자리를 찾고
그분의 세계가 다림줄처럼 바르게 움직이는 것.
하나님의 인자하심이
온 땅을 흠뻑 적신다.

6-7 하나님께서 명령하시자, 하늘이 생겨나고
나직이 속삭이시자, 불쑥 별들이 나타났다.
그분께서 바다를 자기 항아리에 퍼 담으시고
대양을 나무통 안에 부으셨다.

8-9 땅의 피조물들아, 하나님께 절하여라.
세상의 거민들아, 무릎을 꿇어라!
그분께서 말씀하시자,
말씀하신 그 순간에 세상이 생겨났다.

10-12 하나님께서 바벨의 허세를 제압하시고
세상의 집권 계획을 수포로 돌리신다.
세상을 위한 하나님의 계획은 굳게 서고
그분의 모든 설계는 무너지지 않는다.
하나님과 동행하며 하나님을 위하는 나라는 복이 있다.

그분께서 상속자로 삼으신 백성은 복이 있다.

13-15 하나님께서 하늘 높은 곳에서 둘러보시며
아담의 모든 자손을 바라보신다.
앉아 계신 그 자리에서
땅에 사는 우리 모두를 굽어보신다.
그분께서 각 사람을 지으셨으니
이제, 우리가 하는 모든 일을 지켜보신다.

16-17 큰 군대가 있다고 왕이 성공하는 것은 아니며,
큰 힘이 있다고 용사가 승리하는 것도 아니다.
말(馬)의 힘이 답은 아니며,
완력만으로 구원을 얻는 사람도 없다.

18-19 하나님의 눈은 그분을 귀히 여기는 이들,
그분의 사랑을 구하고 찾는 이들에게 머문다.
그들이 역경에 처할 때 당장 구하러 오시며,
어려울 때 그들의 몸과 영혼을 모두 돌보아 주신다.

20-22 우리가 하나님을 의지하니,
그분은 우리가 필요로 하는 전부.
그 거룩하신 이름, 우리 소유 삼았으니
우리 마음 기쁨이 넘치네.
하나님, 우리가 주님을 의지합니다.
주님의 전부로, 우리를 사랑해 주소서.

34

다윗의 시. 다윗이 아비멜렉을 속이고 떠나갈 때

1 나, 순간마다 하나님을 찬양하리라.
숨이 턱에 차도록 주님을 찬양하리라.

2 내가 늘 하나님과 함께 살고 숨 쉬니,
지금 곤경에 처한 너희여, 이 말을 듣고 기뻐하여라.

3 나와 함께 이 소식을 널리 전하고
주님의 말씀 함께 외치자.

4 하나님께서 저만치 달려 나와 나를 맞아 주시고
불안과 두려움에서 나를 구해 주셨다.

5 그분을 우러러보아라, 너의 그 밝고 따스한 미소로.
네 감정을 그분께 숨기지 마라.

6 내가 절망에서 부르짖을 때
하나님께서 나를 궁지에서 빼내 주셨다.

7 우리가 기도할 때
하나님의 천사가 우리를 둘러 진 치고 보호한다.

8 너희 입을 벌려 맛보고, 너희 눈을 활짝 떠서 보아라.
하나님이 얼마나 좋은 분이신지.
그분께 피하는 너희는 복이 있다.

9 가장 귀한 것을 바라거든 하나님을 예배하여라.
예배할 때 그분의 온갖 선하심에 이르는 문이 열린다.

10 굶주린 젊은 사자들은 먹이를 찾아 헤매지만,
하나님을 찾는 이들은 하나님으로 배부르리라.

11 아이들아, 와서 귀 기울여 들어라.
너희에게 하나님 예배하는 법을 가르쳐 주리라.

12 인생을 즐겁게 살기를 바라는 자 누구냐?
날마다 좋은 일이 끊이지 않기를 바라느냐?

13 네 혀를 지켜 불경죄를 피하고
네 입으로 거짓말이 새 나가지 않게 하여라.

14 죄를 버리고 선한 일을 행하여라.
평화를 꼭 붙들어 떠나지 않게 하여라!

15 하나님께서는 자기 벗들에게 눈을 떼지 않으시고
그분의 귀는 온갖 탄식과 신음을 놓치지 않는다.

16 하나님께서 반역자들을 참지 않으시고
무리 중에서 그들을 도려내시리라.

17 도움을 구하며 부르짖는 이 있느냐?

하나님께서 귀 기울여 들으시고 구하시리라.

18 너의 마음이 상할 때 **하나님**이 거기 계시고,
네가 낙심할 때 그분이 도우셔서 숨 쉬게 하시리라.

19 주님의 백성들이 자주 곤경에 처할지라도
하나님께서는 그들과 늘 함께하신다.

20 그분은 네 모든 뼈를 지켜 주시는 경호원이시니,
손가락 하나 부러지지 않는다.

21 악인은 자신을 서서히 죽이는 자니,
선한 이들을 미워하며 인생을 소모하는 까닭이다.

22 **하나님**께서 노예의 몸값을 치러 자유를 주시니,
그분께 피하는 이는 누구도 손해를 입지 않는다.

다윗의 시

35

1-3 **하나님**, 나를 괴롭히는 자들을 가만두지 마소서.
저 불한당들의 얼굴을 정통으로 갈겨 주소서.
무기든, 무엇이든 움켜잡으시고
나를 위해 일어나소서!
나를 노리고 달려드는 자들에게
창을 겨누어 던질 채비를 하소서.
"내가 너를 구하겠다" 말씀하시고
나를 안심시켜 주소서.

4-8 내 등을 찌르려는 저 무뢰배들,
미련한 자로 낙인찍히게 하소서.
나를 무너뜨리려는
모든 자들의 음모를 꺾으소서.
풀무질하는 천사를 붙이셔서,
저들을 강풍에 날리는 재처럼 흩으소서.
미행하는 천사를 붙이셔서,
저들의 길이 칠흑처럼 어둡고 질척거리게 하소서.
저들은 억지를 부려 가며 나를 잡으려 덫을 놓고,
나를 막으려고 까닭 없이 도랑을 팠습니다.
몰래 숨었다가 저들을 치소서.

저들이 놓은 덫에 저들이 걸리게 하시고
저들이 꾸민 참사에 저들이 당하게 하소서.

9-10 그러나 나는 거침없이 다니며,
하나님의 위대하신 일들 마음껏 알리게 하소서.
내 몸의 모든 뼈가 기쁨으로 들썩이며 노래하게 하소서.
"**하나님**, 주님과 같은 분 없습니다.
주께서는 주저앉은 자들을 일으키시고
기댈 데 없는 이들을 불한당에게서 보호해 주십니다!"

11-12 악의를 품은 고소인들이 느닷없이 나타나,
나를 괴롭히려고 달려듭니다.
나는 자비를 베풀었으나 그들이 고통으로 되갚으니,
내 영혼이 텅 빈 듯 허탈합니다.

13-14 저들이 아플 때 내가 검은 옷을 입고,
금식하며 기도했습니다.
납덩이처럼 무거운 마음으로 저들을 위해 기도하면서
가장 친한 벗, 나의 형제를 잃은 듯 안타까워했습니다.
침통한 마음에 어깨를 축 늘어뜨리고,
어머니 없는 아이처럼 넋 놓고 이리저리 서성였습니다.

15-16 그러나 정작 내가 쓰러졌을 때,
저들은 잔치를 벌였습니다!
동네의 이름 없는 어중이떠중이들이 몰려와
나를 모욕했습니다.
성소를 더럽히는 야만인들처럼
내 이름을 더럽혔습니다.

17-18 **하나님**, 언제까지 내버려 두시렵니까?
내 모든 것이 사자 밥으로 던져지고 있으니,
저들의 야만 행위에서 나를 구하소서.
모두가 모여 예배드릴 때
내가 주님의 신실하심을 찬양하겠습니다.
수많은 사람들이 모여들 때
할렐루야를 외치겠습니다.

19-21 저 거짓말쟁이들, 저 원수들이

나를 제물 삼아 잔치를 열지 못하게 하소서.
까닭 없이 나를 미워하는 자들이
서로 눈짓하거나 곁눈질로 바라보지 못하게 하소서.
저 패거리에게는 선한 것이 없고,
남의 일에 간섭 없이 자기 일에 몰두하는 이들을
어떻게 헐뜯을까 궁리하며 시간을 허비합니다.
저들은 입을 벌려 이죽거리며 조롱합니다.
"하하, 무사히 넘어갈 줄 알았지?
넌 우리에게 딱 걸렸어!"

22 **하나님**, 저들의 소행이 보이지 않습니까?
저들이 무사히 빠져나가게 내버려 두지는 않으시겠지요?
아무 조치 없이, 그냥 넘어가실 생각은 아니시겠지요?

23-26 제발 일어나소서, 깨어나소서! 내 사정을 살펴 주소서.
나의 하나님, 나의 주님, 내 목숨이 걸려 있습니다.
하나님 나의 하나님, 주님 뜻대로 하시되,
저들이 나를 제물 삼아 즐거워하는 일만은 막아 주소서.
"하하, 우리가 바라던 대로 됐어."
"우리가 그를 씹어서 뱉어 버렸지."
저들이 마음속으로 이렇게 말하지 못하게 하소서.
나를 제물 삼아 즐기려는 저들,
오히려 웃음거리가 되게 하소서.
거들먹거리며 힘을 과시하는
저들에게 당나귀 귀를 다시고,
당나귀 꼬리를 붙이소서!

27-28 그러나 내가 잘되기를 바라는 이들,
결국에는 그들이 기뻐 환호하며
이렇게 외치게 하소서. 끊임없이 외치게 하소서!
"**하나님**은 위대하시다. 그분의 종에게는
모든 것이 협력하여 선을 이루리라."
나도 주님의 위대하심과 선하심을 세상에 알리고,
날마다, 종일토록 할렐루야를 외치겠습니다.

다윗의 시

36

1-4 하나님께 반역하는 자, 선동에 귀 기울이며
온통 죄 지을 건수 찾아 귀를 바짝 세운다.

하나님을 두려워하지 않고
그분 앞에서 거드럭거릴 뿐,
스스로에게 발림소리 하며
자신의 악을
아무도 모를 거라 믿는다.
그의 입에서 나오는 말은
더러운 개숫물.
그가 온당한 일을
한 적이 있던가.
잠자리에 들 때마다
또 다른 흉계를 꾸민다.
그가 길거리에서 제멋대로 설치면,
누구도 안심할 수 없다.
그는 불장난을 하면서도
누가 화상을 입든 개의치 않는다.

5-6 하나님의 사랑 드높고,
그분의 성실하심 끝이 없다.
그분의 목적 원대하고,
그분의 평결 드넓다.
광대하시되
작은 것 하나 놓치지 않으시니,
사람도, 생쥐 한 마리조차도
그분께는 소외되는 법 없다.

7-9 오 하나님, 주님의 사랑이 어찌 그리 보배로운지요!
우리가 주님 날개 아래로 피하여
손수 베푸신 잔치음식을 배불리 먹느라 정신이 없건만,
주께서는 우리 잔에 에덴의 광천수를 가득 부어 주십니다.
주님은 폭포수 같은 빛의 원천,
우리 눈을 뜨게 하여 빛을 보게 하시는 분.

10-12 주님의 벗들을 끊임없이 사랑하시고
주님을 기뻐하는 이들 안에서 주님의 일을 행하소서.
불한당들이 나를 괴롭히지 못하게 하시고
소인배들이 나를 비난하지 못하게 하소서.
졸부처럼 거만한 자들이 쓰러져
진흙탕에 완전히 고꾸라지게 하소서.

다윗의 시

37

1-2 출세를 자랑하는 자들에 신경 쓰지 말고
악인의 성공을 부러워하지 마라.
머지않아 저들은 베인 풀처럼 오그라들고
잘린 꽃처럼 시들어 버릴 것이다.

3-4 하나님께 보험을 들고 선한 일을 하며,
마음을 가라앉히고 네 본분을 지켜라.
하나님과 사귐을 지속하여
가장 복된 것을 누려라.

5-6 하나님께 모두 털어놓고, 아무것도 숨기지 마라.
꼭 필요한 일이면 그분께서 이루어 주시리라.
네가 올바르게 살아왔음을 대낮에 증언해 주시고,
정오에 확인도장을 찍어 주시리라.

7 하나님 앞에 고요히 머물고
그분 앞에서 기도하여라.
출세의 사다리를 오르는 자들,
남을 밀치며 정상에 오르는 자들 때문에 괴로워하지 마라.

8-9 노여움을 제어하고, 분노를 버려라.
진정하여라. 화내 봤자 사태를 악화시킬 뿐.
얼마 못 가 사기꾼들은 파산하고,
하나님께 투자한 이들이 곧 그 가게를 차지하리라.

10-11 악인은 눈 깜짝할 사이에 결딴나리니,
한때 이름 날리던 사업장에는 아무것도 남지 않으리라!
겸손한 이들이 그리로 들어가 넘겨받고,
엄청난 횡재를 만끽하리라.

12-13 나쁜 자들은 착한 이들이 싫어
그들을 해코지하는 데 골몰하지만,
하나님은 조금도 신경 쓰지 않으신다.
그분께 그들은 싱거운 농담거리에 불과하다.

14-15 불량배들이 칼을 휘두르고
허세 부리며 활을 당기는구나.

순진한 이들을 괴롭히고,
개와 산책하는 선량한 사람을 강탈하려 드는구나.
저들, 바나나 껍질에 미끄러져 그대로 거꾸러지니
연극 속의 우스꽝스런 악역 꼴이다.

16-17 때로는 많은 것이 적고, 적은 것이 많은 법.
의인 한 사람이 악인 쉰 명보다 낫다.
악인은 도덕적으로 구제불능이지만,
의인은 **하나님**께서 붙드시기 때문이다.

18-19 **하나님**은 선량한 이들을 기억하시니,
그들이 하는 일을 쉬 잊지 않으신다.
그들은 불경기에도 고개 숙이지 않고
냉장고가 텅 비어도 배부르리라.

20 하나님을 얕보는 자들은 결딴나리라.
하나님의 원수들은 끝장나리라.
수확철의 포도원처럼 털리고
연기처럼 아무도 모르게 사라지리라.

21-22 악인은 꾸기만 하고 갚지 않으나,
의인은 베풀고 또 베푼다.
후히 베푸는 이는 마지막에 모든 것을 얻고,
인색한 자는 도중에 다 빼앗긴다.

23-24 신실한 사람은 **하나님**과 보조를 맞추며 걷는다.
하나님께서 그 길을 환히 비추시니, 그는 행복하다.
그는 넘어져도 오래 주저앉지 않으니,
하나님께서 그의 손을 잡아 주시기 때문이다.

25-26 한때 젊었다가 이제 백발이 되었지만,
나는 여태까지 신자가 버림받거나
그 자녀가 길거리를 떠도는 것을 보지 못했다.
그는 날마다 베풀고 꾸어 주며
자손들은 그의 자랑이 된다.

27-28 악을 버리고
선한 일에 힘쓰되, 꾸준히 그리하여라.

하나님은 선한 일을 사랑하시고
자기 벗들을 외면하지 않으신다.

28-29 이와 같이 살아라. 그러면 성공할 것이다.
그러나 악한 자들은 버림을 받으리라.
선한 이들은 좋은 땅에 심기고
튼튼히 뿌리를 내린다.

30-31 개가 뼈다귀를 핥고 또 핥듯, 의인은 지혜를 곱씹고
아름다운 덕을 음미한다.
피를 돌리듯, 그의 심장은 하나님 말씀을 온몸에 돌게 하고
그의 발걸음은 고양이처럼 흔들림이 없다.

32-33 악인은 의인을 엿보며
그를 죽이려 하지만,
하나님께서 경계를 늦추지 않고 의인을 지켜보시니,
악인은 의인의 머리카락 한 올 해치지 못하리라.

34 **하나님**을 간절히 기다려라.
그 길을 떠나지 마라.
그분께서 뭇사람이 보는 앞에서 네게 자리를 주시리니,
악인이 자리를 잃는 것을, 너는 보게 되리라.

35-36 나는 악인들이 두꺼비처럼 거만하게 뽐내며
허튼소리 하는 것을 보았다.
그러나 다음 순간, 그들의 모습은 온데간데없었다.
구멍 난 풍선, 바람 빠져 늘어진 거죽만 보일 뿐이다.

37-38 온전한 사람을 잘 들여다보고
올곧은 삶을 눈여겨보아라.
힘써 온전함을 이루는 것에
장래가 있다.
고집쟁이는 조만간 버림을 받고
거만한 자들은 막다른 길에 이르리라.

39-40 드넓고 자유로운 삶은 **하나님**이 주시는 것.
하나님께서 그 삶을 보호하시고 안전히 지키신다.
하나님의 도우심으로 우리가 악에서 해방되었으니,

그분께 피하면, 친히 우리를 구원하신다.

다윗의 시

38

1-2 하나님, 숨 한번 크게 쉬시고, 마음 가라앉히소서.
주님, 회초리를 성급히 들지 마소서.
화살처럼 날카로운 주님의 질책이 내 마음 할퀴고,
주께 얻어맞은 엉덩이가 몹시도 쓰라립니다.

3-4 지난 몇 달 사이 주님의 책망으로
내 얼굴 반쪽이 되었습니다.
내 죄 때문에
뼈는 바싹 마른 잔가지처럼 부스러지기 직전이고,
내 악행이 나를 뒤덮어
무거운 죄책감이 쌀포대처럼 어깨를 짓누릅니다.

5-8 내가 잘못 살았으므로
몸의 상처에서 악취가 나고 구더기까지 우글거립니다.
나, 꼴사납게 엎드러져
아침부터 밤까지 나로 인해 슬퍼합니다.
내 속에 있는 모든 장기가 불타는 듯하고
몸은 만신창이가 되었습니다.
기진하여 결딴난 신세,
내 삶은 신음만 토해 냅니다.

9-16 주님, 내 간절한 바람은 속이 훤히 보이고,
나의 신음은 주께서 다 아는 흔한 이야기입니다.
나는 완전히 지쳐서
금방이라도 심장이 멎을 것만 같습니다.
백내장으로 하나님과 선한 이들을 알아보지 못하니,
오랜 벗들이 나를 전염병 대하듯 피합니다.
내 친척들은 나를 찾지 않고
이웃들은 뒤에서 나를 헐뜯습니다.
경쟁자들이 내게 누명을 씌우고
나의 파멸을 간절히 바랍니다.
그러나 나는 귀머거리, 벙어리 신세,
귀도 닫히고 입마저 닫혔습니다.
그들의 말 한 마디 듣지 못하고
대꾸도 못합니다.

하나님, 내가 하는 일이라고는 그저 주님을 기다리는 것,
나의 주, 나의 하나님을 기다리는 것뿐이니, 응답해 주소서!
간절히 기도합니다. 저들이 나를 비웃지 못하게 하소서.
내가 비틀거릴 때 저들이 으스대며 활보하지 못하게 하소서.

17-20 내가 미칠 지경이 되고,
타는 듯한 고통이 내 속에서 나를 짓누릅니다.
내 잘못을 털어놓을 각오가 되어 있으니,
죄짓고도 의기양양해하는 일은 더 이상 없을 것입니다.
원수들은 기세등등하게 팔을 걷어붙였고,
폭력배들은 내 목을 노립니다.
내가 선을 베풀어도, 하나님을 싫어하는 자들은 악으로 되갚습니다.
저들은 하나님을 사랑하는 사람을 보면 참지 못합니다.

21-22 **하나님**, 나를 버리지 마소서.
하나님, 나를 하염없이 기다리게 하지 마소서.
내 인생에 넓고 탁 트인 공간이 필요하니,
어서 나를 도우소서.

다윗의 시

39

1-3 나, 굳게 다짐했다. 발걸음 조심하고 혀를 조심하여,
곤경에 처하는 일이 없게 하리라.
악인과 한 방에 있을 때는
입을 다물리라.
"아무 말 하지 말자" 다짐하며 잠자코 있었다.
그러나 침묵이 길어질수록
심사가 뒤틀리고,
속에서 화가 치밀었다.
생각하면 할수록 울화가 치밀어 올라
기어이 털어놓고야 말았다.

4-6 "**하나님**, 무슨 일인지 알려 주소서.
나의 살 날이 얼마나 남았는지 알려 주소서.
죽을 날이 언제인지 알려 주소서!
주께서 내 수명을 짧게 하셨으니,
내 목숨 줄, 건질 것 없을 만큼 짧습니다.
아! 우리는 한낱 입김.
아! 우리는 모닥불 속 그림자.

아! 우리는 허공으로 내뱉는 침.
기껏 모아 놓고는 그대로 두고 갈 뿐입니다.

7-11 주님, 이제 내가 사는 날 동안 할 일이 무엇이겠습니까?
내가 할 일은 그저 희망을 품는 것뿐입니다.
내게 씌워진 반역자의 굴레를 주께서 벗기시고
바보들의 경멸에서 나를 건져 주소서.
주님, 이 모든 일의 배후에 주님이 계시니
나는 더 이상 말하지 않고 입을 다물겠습니다.
그러나 얼마나 오래 버틸 수 있을지 모르겠습니다.
주께서 우리 죄를 씻기시려고
우리를 불 가운데 세우실 때,
우리가 애지중지하던 우상들이 연기처럼 사라집니다.
우리 역시 한낱 연기가 아니고 무엇이겠습니까?

12-13 아, **하나님**, 내 기도를 들으소서.
내 울부짖음에 귀를 열어 주소서.
흐르는 내 눈물 보시고
싸늘히 대하지 마소서.
나는 한낱 나그네일 뿐, 내 길을 알지 못합니다.
온 가족과 함께 그저 떠돌 뿐입니다.
너무 늦기 전에, 내가 이 세상 떠나기 전에
숨 돌릴 틈 주시고, 내 사정을 살펴 주소서."

다윗의 시

40

1-3 나, **하나님**을 기다리고 또 기다렸더니,
마침내 굽어보시고, 내 부르짖음 들어주셨다.
나를 시궁창에서 들어 올리시고
진흙탕에서 끌어내셨다.
단단한 반석 위에 나를 세우시고
미끄러지지 않게 하셨다.
주께서 새로운 노래,
우리 하나님께 드릴 찬양을 가르쳐 주셨다.
이를 보고 점점 더 많은 사람들이
그 신비 속으로 들어가,
하나님께 자신을 맡긴다.

4-5 **하나님**께 자기를 내어 드리는 그대,

세상 사람들의 "확실한 것"을 등지고
세상 사람들이 숭배하는 것을 무시하는 그대는 복이 있다.
세상은 **하나님**의 기적과
하나님의 생각으로 가득 쌓인 곳.
그 무엇도, 그 누구도
주께 견줄 수 없습니다!
주님에 대해 내가 아는 것을 말하려 해도
금세 말문이 막히고 마니,
지극히 크신 주님을
숫자나 말로는 다 담아낼 수 없습니다.

6 주님을 위해 일하고 주께 그 무엇을 드리려 해도
주께서는 그런 것 바라지 않으십니다.
종교적인 모습, 경건한 모양새,
주께서는 그런 것도 요구하지 않으십니다.
다만, 내가 들을 수 있도록
내 귀를 열어 주셨습니다.

7-8 그래서 내가 대답했습니다. "내가 왔습니다.
주께서 나에 대해 쓰신 기록을 읽고서,
나를 위해 베푸신
잔치에 왔습니다."
그때, 하나님의 말씀이 내 인생에 들어와
내 존재의 일부가 되었습니다.

9-10 **하나님**, 나는 온 회중에게 주님을 선포하고
아무것도 숨기지 않았습니다. 주께서도 아시는 일입니다.
주님의 길을 비밀로 하지 않았고
나 혼자 간직하지도 않았습니다.
주께서 얼마나 믿을 만한 분이신지,
얼마나 철두철미한 분이신지 다 말했습니다.
주님의 사랑과 진리를 나 혼자만 알고 있지 않았습니다.
모든 내용을 다 말하여
온 회중이 알게 했습니다.

11-12 그러니 **하나님**, 내게 숨기지 마시고
주님의 뜨거운 마음을 감추지 마소서.
나를 온전케 하는 것은

주님의 사랑과 진리뿐입니다.
시련이 한꺼번에 덮치고
무수한 죄악이 몰려와 나를 습격하니,
내가 죄책에 사로잡혀
내 길을 제대로 볼 수 없습니다.
내 마음속 죄악이 내 머리카락보다 많고
그 죄가 어찌나 무거운지, 내 마음이 지치고 말았습니다.

13-15 **하나님**, 너그럽게 보시고 몸소 나서 주소서.
어서 나를 도우소서.
그러면 내 영혼을 낚아채려는 자들이
당황하여, 고개를 떨구게 될 것입니다.
재미 삼아 나를 괴롭히는 자들이
조롱과 창피를 당하고,
내가 망하기를 바라는 자들이
가차 없이 야유와 조소를 받을 것입니다.

16-17 그러나 주님을 찾아 헤매는 이들,
오, 그들은 노래하며 기뻐하게 하소서.
주님의 진면목을 아는 이들이
주님의 위대하심을 쉬지 않고 세상에 알리게 하소서.
나는 엉망진창입니다. 보잘것없고 가진 것도 없습니다.
나를 의미 있는 존재로 만들어 주소서.
주께서는 그리하실 수 있고, 그만한 능력도 가지고 계십니다.
하나님, 지체하지 마소서.

다윗의 시

41

1-3 불행한 이들의 존엄을 지켜 주어라.
기분이 좋아지리라. 그것이 바로 **하나님**의 일.
하나님께서 우리 모두를 보살피시고
튼튼하고 생기 있게 하신다.
원수 걱정 안 해도 되니,
이 땅에 사는 것이 복되다.
병들어 자리에 누워 있을 때에도
하나님이 우리의 간호사 되셔서,
건강을 회복하도록 돌보신다.

4-7 내가 아뢰었습니다. "**하나님**, 은혜를 베푸소서!

나를 다시 온전케 하소서.
내 죄가 나를 갈기갈기 찢었습니다."
원수들은 내가 고꾸라지기를 바라며,
내 죽을 날을 놓고 내기를 합니다.
누군가 나를 만나러 오면
내용 없는 뻔한 말만 늘어놓습니다.
나에 관한 험담거리를 모아서
길모퉁이 군중을 즐겁게 하는 저들입니다.
나를 미워하는 이 "친구들"이
동네방네 다니며 나를 비방하고,
위원회를 꾸려 나를 괴롭힐 계획을 꾸밉니다.

8-9 마침내 소문이 나돕니다. "저 자 좀 봐. 몹쓸 병에 걸려
다 죽어 간다지?
의사들도 포기했다지 뭐야."
허물없이 지내던 가장 가까운 벗마저,
집에서 늘 함께 식탁을 나누던 벗마저,
내 손을 물어뜯었습니다.

10 **하나님**, 은혜를 베푸소서. 나를 일으켜
저들에게 본때를 보이게 하소서.

11-12 원수 진영에서 승리의 함성 아직 들리지 않으니,
분명 주께서는 내 편이십니다!
주님은 나를 속속들이 아시고 나를 붙드시는 분.
나를 주님 앞에 우뚝 세우셔서
주님의 얼굴을 바라보게 하십니다.

13 **하나님**, 이스라엘의 하나님은 찬양받으실 분.
언제까지나 영원히.
그렇습니다. 정말 그렇습니다.

고라 자손의 시

42

1-3 흰 꼬리 사슴이
시냇물을 마시듯,
나, 하나님을
깊이 들이켜고 싶습니다.
내가 살아 계신 하나님을 목말라합니다.

"언제나 그런 날이 올까?
하나님 앞에 나아가 마음껏 그분을 누리게 될 그날!"
아침에도 눈물, 저녁에도 눈물,
눈물이 나의 음식이 되었습니다.
종일토록
사람들이 내 집 문을 두드리며
"네 하나님이 어디 계시냐?" 하고 비방합니다.

4 나, 인생의 호주머니를 비워 가며
거듭 되새겨 봅니다.
내가 늘 예배하러 가는 무리
맨 앞에 서 있던 일.
어서 가서 예배드리고 싶어
그들 모두를 이끌던 일.
목청껏 찬양하고 감사의 노래를 부르던 일.
너나없이 모두가 하나 되어 하나님의 축제에 참여하던 일!

5 내 영혼아, 네가 어찌하여 낙심하느냐?
어찌하여 슬퍼하느냐?
너는 하나님을 바라보아라.
나, 이제 다시 찬송하게 되리라.
나를 웃음 짓게 하시는 분,
그분은 나의 하나님.

6-8 내 영혼이 낙심될 때,
나는 요단 강 밑바닥에서 헤르몬 산지와 미살 산에 이르기까지
주님에 대해 아는 것을 하나하나 되짚어 봅니다.
포말을 일으키는 급류를 따라
혼돈이 혼돈을 부르며 이어지고,
부서지는 파도, 주님의 거센 파도가 우레처럼 밀려와
나를 휩쓸고 지나갑니다.
그제야 하나님께서
"너를 종일토록 사랑하리라,
밤새도록 노래 불러 주리라" 약속해 주십니다!
나의 삶은 하나님께 드리는 기도입니다.

9-10 나, 이따금씩 하나님께, 바위처럼 든든한 하나님께 여쭤 봅니다.
"어찌하여 나를 못 본 체하십니까?

이 몸, 원수들에게 시달리고
눈물 마를 날 없으니, 어찌 된 일입니까?"
살기등등한 저들,
나를 괴롭히는 저들이 날마다 역겨운 말투로,
"네 하나님이 어디 있느냐?" 하고 빈정댑니다.

11 내 영혼아, 네가 어찌하여 낙심하느냐?
어찌하여 슬퍼하느냐?
너는 하나님을 바라보아라.
나, 이제 다시 찬송하게 되리라.
나를 웃음 짓게 하시는 분,
그분은 나의 하나님.

43

1-2 하나님, 내 무고함을 밝혀 주소서.
무정하고 부도덕한 자들에 맞서 나를 변호해 주소서.
이곳에서, 이 타락한 거짓말쟁이의 손에서
나를 건져 내소서.
하나님, 내가 주님을 의지했건만
어찌하여 나를 떠나셨습니까?
어찌하여 저 포악한 자들 때문에 이 몸
두 손 쥐어짠 채, 방 안을 서성거려야 합니까?

3-4 주님의 손전등과 나침반을 내게 주소서.
지도책도 주소서.
내가 거룩한 산,
주님 계신 그곳 이르는 길 찾을 수 있게 하소서.
예배당에 들어가,
나의 기쁨이신 하나님을 뵙게 하소서.
위대하신 하나님, 나의 하나님,
내가 하프를 뜯으며 감사의 노래를 부르게 하소서.

5 내 영혼아, 네가 어찌하여 낙심하느냐?
어찌하여 슬퍼하느냐?
너는 하나님을 바라보아라.
나, 이제 다시 찬송하게 되리라.
나를 웃음 짓게 하시는 분,
그분은 나의 하나님.

고라 자손의 시

44

1-3 하나님, 우리가
평생토록 들었습니다.
우리 조상들이 조상들에게서 들은 이야기를
우리에게도 들려주었습니다.
주께서 사악한 자들을
밭에서 손수 뽑으시고 그 자리에 우리를 심으신 이야기.
주께서 그들을 쫓아내시고
우리에게 새 출발을 허락하신 이야기.
이 땅은 우리가 싸워서 얻었거나
노력해서 얻은 것이 아니라, 주님의 선물입니다!
주께서 주셨습니다. 환한 얼굴로
즐거워하시며 주셨습니다.

4-8 오 하나님, 주님은 나의 왕이시니
야곱의 승리를 명하소서!
주님의 도우심으로 우리가 적들을 쓸어버리고
주님의 이름으로 저들을 산산이 짓밟아 버리겠습니다.
내가 의지하는 것은 무기가 아닙니다.
내 칼이 나를 구원하는 것도 아닙니다.
적의 손에서 우리를 구하시고,
우리를 미워하는 자들이 망신당하게 하신 분은 주님이십니다.
우리가 종일토록 활보하며 하나님을 찬양하고,
끊임없이 주님의 이름을 불러 감사를 드립니다.

9-12 그러나 지금, 주께서는 우리를 버리고 떠나셨습니다.
우리가 치욕을 당하게 하시고, 우리를 위해 싸우지도 않으셨습니다.
우리가 꽁무니를 빼고 달아나게 하시니,
우리를 미워하는 자들이 우리를 쓸어 냈습니다.
주께서 우리를 양처럼 도살업자에게 넘겨주시고
사방으로 흩으셨습니다.
주님의 백성을 이익도 남기지 않고
헐값에 팔아넘기셨습니다.

13-16 주께서는 거리의 사람들,
부랑자들이 우리를 놀리고 욕하게 하셨습니다.
사악한 자들에게 웃음거리가 되게 하시고,
어중이떠중이에게 값싼 놀림감이 되게 하셨습니다.

나는 날마다 곤경에 처하고,
수치스럽게 놀림을 당합니다.
비방과 비웃음이 사방에서 들려오고,
나를 괴롭히러 나온 자들이 거리에 가득합니다.

17-19 이 모든 일이 우리를 덮쳤습니다.
그러나 우리는 이런 대접 받을 짓을 하지 않았습니다.
우리는 주님과의 언약을 저버리지 않았고
우리 마음이 거짓되지 않았으며,
우리 발이 주님의 길에서 벗어난 적도 없습니다.
정녕 우리가 악인들의 소굴에서 고문당하고
캄캄한 어둠 속에 갇혀야겠습니까?

20-22 우리가 하나님께 기도하기를 잊었거나
돈을 주고 산 신들과 어리석게 놀아나기라도 했다면,
하나님께서 모르실 리 있겠습니까?
하나님께는 아무것도 숨길 수 없습니다.
그런데도 주님은 우리를 순교자로 만들고,
날마다 제물로 바쳐지는 양이 되게 할 작정이십니다.

23-26 일어나소서, 하나님! 온종일 주무실 작정이십니까?
깨어나소서! 우리에게 닥친 일을 모른 체하시렵니까?
어찌하여 베개에 얼굴을 묻고 계십니까?
어찌하여 우리를 아무 문제 없는 것처럼 여기십니까?
지금 우리는 땅바닥에 고꾸라진 채
적에게 목이 밟혀 꼼짝도 못합니다.
일어나셔서 우리를 구하러 오소서.
우리를 정말 사랑하신다면, 우리를 도와주소서!

고라 자손의 결혼 축가

45

1 내 마음의 강둑 터뜨려
아름다움과 선함을 흘려보냅니다.
그 강물 글로 바꾸고,
시로 담아내어 왕께 바칩니다.

2-4 "왕께서는 세상 그 누구보다 멋지신 분,
입술에서 나오는 말은 은혜 그 자체입니다.

하나님께서 왕에게 복을 내리셨습니다. 아주 큰 복을.
용사시여, 허리에 칼을 꽂으소서.
찬양받으소서! 합당한 영예를 받으소서!
위엄 있게 전차에 오르소서! 의기양양하게 달리소서!
진리를 옆에 태우고 달리소서!
정의롭고 온순한 이들을 위해 달리소서!

4-5 왕의 가르침은 어둠 속의 환한 빛.
왕의 날카로운 화살
원수의 심장 꿰뚫으니,
왕의 적들이 먼지 속에 맥없이 널브러집니다.

6-7 왕의 보좌는 영원무궁한
하나님의 보좌.
왕권의 홀은
올바른 삶의 척도.
왕께서 올바른 것을 사랑하시고
그릇된 것을 미워하시니,
하나님, 왕의 하나님께서
향기로운 기름을 왕의 머리에 부어 주셨습니다.
벗들을 제치고
당신을 왕으로 세워 주셨습니다.

8-9 왕의 의복은 맑은 공기 흠뻑 머금어
산바람의 향기 발하고,
편전에서 흘러나오는 실내악은
왕의 어깨를 들썩이게 만듭니다.
제왕의 딸들 왕의 궁전에서 시중들고
왕의 신부 황금빛 보석으로 단장하여 빛이 납니다.

10-12 왕후시여, 잘 들으소서. 한 마디도 놓치지 마소서.
이제 조국은 잊으시고, 고향에 연연하지 마소서.
이곳에 계십시오. 왕께서 왕후님을 간절히 원하십니다.
왕께서 그대의 주인이시니, 그분을 받드소서.
결혼 선물이 두로에서 밀려들고,
부유한 내빈들이 선물을 두 손 가득 들고 그대에게 옵니다."

13-15 (금실로 수놓아 눈부신
왕후의 웨딩드레스.
금실로 짠
왕후의 예복과 정장.
왕후가 왕 앞에 나아가고 들러리 처녀들이 그 뒤를 따른다.
기쁨과 웃음의 행렬!
성대한 입궁식이 거행된다!)

16-17 "왕이시여, 이제는 아드님들을 생각하소서.
부친과 조부에 연연하지 마소서.
왕께서는 아드님들을
온 땅의 제후로 삼게 될 것입니다.
나는 왕의 이름이 세세토록 전해지게 하겠습니다.
뭇 백성이 오래도록
왕을 이야기할 것입니다."

고라 자손의 노래

46

1-3 하나님은 안전한 피난처,
우리가 어려울 때 즉시 도우시는 분.
죽음의 절벽 끝에서도 두려움 없고
폭풍과 지진 속에서도 용기 잃지 않으며,
포효하며 달려드는 대양 앞에서도
산이 흔들리는 진동 속에서도, 굳건히 맞선다.

야곱과 씨름하신 하나님이 우리를 위해 싸우시고
만군의 **하나님**께서 우리를 보호하신다.

4-6 강의 원천들이 기쁨의 물보라 일으키며, 하나님의 도성,
지극히 높으신 분의 성소를 시원케 한다.
하나님께서 이곳에 거하시니, 거리가 안전하다.
하나님께서 동틀 녘부터 우리를 도우시니,
사악한 민족들이 날뛰며 아우성치고, 왕들과 나라들이 으르대지만,
땅은 무엇이든 그분 말씀에 순종한다.

7 야곱과 씨름하신 하나님이 우리를 위해 싸우시고
만군의 **하나님**께서 우리를 보호하신다.

8-10 모두 주목하여라! 보아라, **하나님**의 놀라우신 능력을!

그분께서 온 땅에 꽃과 나무를 심으시고,
세상 이 끝에서 저 끝까지 전쟁을 금하시며,
모든 무기를 무릎에 대고 꺾으신다.
"복잡한 일상에서 한 발 물러나라!
지극히 높은 너희 하나님을 사랑의 눈길로 바라보아라.
나는 정치보다 중요하고
세상 모든 것보다 귀하다."

11 야곱과 씨름하신 하나님이 우리를 위해 싸우시고
만군의 하나님께서 우리를 보호하신다.

고라 자손의 시

47

1-9 모두 박수 치며 환호성을 올려라!
하나님을 목청껏 찬양하여라!
지극히 높으신 하나님, 땅과 바다 아우르시는
놀랍기 그지없으신 분.
적들을 진압하고
민족들을 우리 발아래 굴복시키신다.
우리를 대열 맨 앞에 세우시니,
우리는 상 받는 야곱, 그분의 사랑을 받는 자들.
하나님이 산에 오르실 때 환호소리 들리고
산꼭대기에서 숫양의 뿔나팔 소리 울려 퍼진다.
하나님께 노래하여라. 크게 노래하여라!
우리 왕이신 분께 노래하여라. 찬양을 불러라!
그분은 온 땅의 주인,
하나님께 최고의 노래를 불러 드려라.
그분은 뭇 민족의 주인,
산들의 왕이시며 군주이신 분.
온 세상에서 모이는 제후들,
모두가 아브라함의 하나님의 백성들.
땅의 권력자들도 하나님의 것,
주님은 만유 위에 우뚝 솟으신 분.

고라 자손의 시

48

1-3 하나님은 위대하신 분.
그분의 도성에 찬양이 가득하다!
그분의 거룩한 산,
숨 막히도록 놀라우니, 대지의 기쁨이어라.

시온 산, 북녘에 우뚝 솟아오르니,
온 세상 왕이신 분의 도성이어라.
하나님께서 그 성채 안에 계시니
넘볼 자 없도다.

4-6 왕들이 도모하여
무리 지어 몰려왔으나,
보자마자 머리 가로젓고
뿔뿔이 도망쳤다.
해산하는 여인처럼
고통으로 몸을 바싹 구부렸구나.

7-8 주께서 거센 동풍으로
다시스의 배들을 박살내셨습니다.
우리가 그 소식 들었고, 이제 두 눈으로
똑똑히 보았습니다.
만군의 하나님이 계신 도성,
그 도성, 우리 하나님이
기초를 든든히 세우시고,
영원토록 흔들리지 않게 하셨다.

9-10 하나님, 우리가 주님의 성전에서
주님의 행동하는 사랑을 깊이 새기며 기다렸습니다.
하나님, 원근각처
주님의 이름이 불리는 곳마다
할렐루야가 연달아 터져 나옵니다.
주님 두 팔에 행동하는 선하심이 가득합니다.

11 시온 산아, 기뻐하여라.
유다의 딸들아, 기뻐 춤춰라!
그분께서 친히 말씀하신 대로 이루신다!

12-14 시온을 돌며 그 크기를 재어 보고
그 망대들을 세어 보아라.
그 성벽 오래도록 눈여겨보며
그 성채 끝에 올라 보아라.
그러면 다음 세대에게 하나님의 이야기
낱낱이 들려줄 수 있으리라.

마지막 때까지 영원토록 이끄시는
우리 하나님의 이야기를.

고라 자손의 시

49

1-2 새겨들어라. 다들 귀 기울여라.
땅에 사는 자들아, 이것을 놓치지 마라.
가진 자도
못 가진 자도
다 함께 들어라.

3-4 지혜를 너희 앞에 있는 그대로 펼치니
내 안에서 무르익은 삶의 깨달음이다.
내가 현자들의 말씀을 귀 기울여 들었으니
하프를 뜯으며 인생의 수수께끼를 풀어 주리라.

5-6 적의가 나를 에워싸고
불한당들이 나를 괴롭히며,
거만한 부자들이 나를 푸대접하는
어려운 상황이라 해도, 내가 어찌 두려워하랴?

7-9 참으로 인생은 스스로를 구할 수 없고,
혼자 힘으로는 곤경에서 벗어날 수 없다.
우리의 능력으로는 구원의 삯을 감당할 수 없고,
감당한다 해도 영원한 생명을 보장할 수 없다.
우리 힘으로는
블랙홀 속에 떨어질 운명에 대비할 수 없다.

10-11 누구나 볼 수 있으리라. 제아무리 똑똑하고 유능한 사람이라도
죽은 후에는 어리석고 멍청한 사람들과 똑같은 신세인 것을.
자기 이름을 따서 동네 이름을 지은 자들이라도,
결국에는 모든 재주를 뒤로 하고
그들의 새집, 관 속에 들어갈 뿐이다.
오직 그들의 영원한 주소는 공동묘지다.

12 우리는 불멸의 존재가 아니며, 오래 살지도 못한다.
개처럼 나이 들고 약해지면 죽을 뿐.

13-15 이것은 순간을 위해 사는 자들,

제 몸만 돌보는 자들에게 닥칠 운명이다.
죽음이 저들을 양 떼처럼 몰아 저승으로 보내 버리니,
그들은 무덤의 목구멍에 떨어져 사라지리라.
쇠약해지다 끝내 아무것도 남기지 못하고
묘지의 묘비로 남을 뿐이다.
그러나 나는, 하나님께서 죽음의 마수에서 구해 내시고
아래로 팔을 뻗어 잡아채신다.

16-19 그러니 누가 부자가 되어
명성과 부를 쌓아 올려도 감동하지 마라.
저들은 명성과 부를 고스란히 남겨 둘 뿐 가져가지 못한다.
마침내 정상에 이르렀다고 생각하는 순간,
사람들이 저들의 성공에 찬사를 보낼 바로 그 순간에,
저들은 가족 묘지에 들어가
다시는 햇빛을 보지 못하리라.

20 우리는 불멸의 존재가 아니며, 오래 살지도 못한다.
개처럼 나이 들고 약해지면 죽을 뿐.

아삽의 시

50

1-3 신들의 신 하나님께서 큰소리로 "땅아!" 외치며
동쪽 해를 맞이하시고,
사라지는 서쪽 해를 배웅하신다.
눈부신 시온에서
광염에 휩싸여 나타나신다.
우리 하나님께서 등장하신다.
주저하지 않고 거침없이 오신다.
번쩍이는 불꽃을 앞세우고 오신다.

4-5 그분께서 하늘과 땅을 배심원으로 부르시고
자기 백성을 법정으로 데려오신다.
"성경에 손을 얹고 나에게 충성을 맹세한
나의 성도들을 불러 모아라."

6 온 우주가 이 법정의 공평함을 증언한다.
하나님께서 이곳의 재판장이심을.

7-15 "내 백성아, 들리느냐? 내가 말한다.

이스라엘아, 내가 너를 재판에 부친다.
하나님, 너희 하나님이
너희에게 말한다.
너희가 드리는 예배,
너희가 자주 바치는 번제를 나무라려는 게 아니다.
내 어찌 너희의 최우등 황소를 바라겠으며
너희 가축 가운데 더 많은 염소를 바라겠느냐?
숲 속의 피조물이 다 내 것이며,
모든 산의 들짐승도 다 내 것이다.
나는 멧새들의 이름을 모두 알고
날쌔게 움직이는 들쥐들도 내 친구다.
내가 배고프다 한들 너희에게 말하겠느냐?
온 우주와 거기 가득한 것이 다 내 것이다.
내가 사슴고기를 즐기고
염소의 피를 마실 것 같으냐?
나를 위해 찬양 잔치를 벌이고
지극히 높은 나 하나님에게 너희 서원 잔칫상을 내오너라.
그리고 곤경에 처했을 때 도움을 구하여라.
내가 너희를 도와줄 것이고 너희는 나를 공경하리라."

16-21 그러고는 악인들을 불러내어 말씀하신다.

"너희가 무슨 짓을 꾸미고 있느냐? 어찌하여 내 율법을 인용하며
우리가 좋은 친구라도 되는 것처럼 말하느냐?
내가 찾아가면 너희는 문도 열어 주지 않고
내 말을 쓰레기 취급한다.
너희는 도둑을 보면 동료로 삼고
간음하는 자들을 만나면 친구 중의 친구로 여긴다.
너희 입은 오물을 흘려보내고
거짓말을 진지한 예술인 듯 지어낸다.
친형제의 뒤통수를 치고
어린 여동생을 갈취한다.
너희의 이 같은 짓거리를 말없이 참아 주었더니
내가 너희와 한통속인 줄로 여기는구나.
내가 이제 너희를 꾸짖으며,
너희 악행을 훤히 보이는 곳에 드러내리라.

22-23 나를 농락하던 시간은

이제 끝났다.
내 판결이 코앞인데
너희를 도울 자 아무도 보이지 않는구나!
찬양하는 삶이 나를 영화롭게 한다.
너희가 그 길에 발을 들여놓으면,
내가 즉시 나의 구원을 보여주리라."

다윗의 시. 다윗이 밧세바와 정을 통하고 예언자 나단에게 잘못을 지적당한 뒤

51

1-3 사랑이 많으신 하나님, 은혜를 베푸소서!
자비가 크신 하나님, 나의 전과를 지워 주소서.
북북 문질러 내 죄 씻어 주시고
주님의 세탁기로 내 죄악을 말끔히 제거해 주소서.
내 죄악이 나를 노려보고 있으니,
내가 얼마나 악한지 잘 압니다.

4-6 내가 주님을 모독했으며, 주께서는 내 지은 모든 죄를
속속들이 보셨습니다.
주께서 모든 사실을 훤히 알고 계시니,
나를 두고 어떤 결정을 내리시든 정당합니다.
내가 오랫동안 주님의 길에서 벗어났고
어머니 뱃속에서부터 죄 가운데 있었습니다.
주께서 구하시는 것은 마음속의 진실입니다.
내 안에 들어오셔서, 새롭고 참된 삶을 잉태해 주소서.

7-15 주님의 세탁기에 나를 담그소서. 이 몸이 깨끗해져 나오리다.
나를 비벼 빠소서. 내가 눈같이 희게 살아가리다.
흥겨운 노래에 맞추어 발을 구르게 하시고
부러졌던 뼈들이 다시 춤추게 하소서.
너무 꼼꼼히 흠을 찾지 마시고
내게 깨끗하다는 진단을 내려 주소서.
하나님, 내 안에서 새롭게 시작하시고
혼돈스러운 내 삶, 다시 창조하여 주소서.
나를 쓰레기와 함께 버리지 마시고
거룩함을 불어넣어 주소서.
이 쓸쓸한 유배생활 거두어 주시고
내 항해 길에 상쾌한 바람을 보내 주소서!
반역자들에게 주님의 길 가르치는 일을 내게 맡기셔서
길 잃은 자들이 집으로 돌아갈 수 있게 하소서.

하나님, 내 구원의 하나님, 내게 내리신 사형을 감형해 주소서.
그러면 생명 주시는 주님의 길을 찬양하겠습니다.
사랑하는 하나님, 내 입술을 열어 주소서.
내가 주님을 마음껏 찬양하겠습니다.

16-17 주께서는 시늉만 하는 것을 기뻐하지 않으시고
완벽한 연기라도 달가워하지 않으십니다.
내 자만심이 산산이 부서진 순간,
내가 하나님 경배하기를 배웠습니다.
깨어진 마음으로 사랑할 각오가 된 사람은
잠시라도 하나님 관심 밖으로 밀려나지 않습니다.

18-19 시온이 주님의 기쁨 되게 하시고
무너진 예루살렘 성벽을 보수하여 주소서.
그때에 주께서 우리의 참 경배와
크고 작은 예배를 받으시리니,
사람들이 수송아지를 잡아
주님의 제단 위에 바칠 것입니다.

다윗의 시. 에돔 사람 도엑이 사울에게 다윗이 아히멜렉의 집에 있다고 알렸을 때

52

1-4 하나님의 인자하심이 결국 승리하건만,
거물아, 네가 어찌 악을 자랑하느냐?
너는 재앙을 꾸미는구나.
면도칼처럼 날카로운 혀를 가진 너,
거짓말의 달인이로다.
너는 선보다 악을 좋아하고
검은 것을 희다고 말한다.
험담을 즐기는 너,
입정 사나운 자로구나.

5 하나님께서 네 팔다리를 찢으시고
조각 하나 남지 않게 말끔히 쓸어 내시리라.
생명의 땅에서 너를
뿌리째 뽑아 버리시리라.

6-7 선한 이들이 이를 눈여겨보고
하나님을 경배하리라. 안도하며 그를 비웃으리라.
"거물이 잘못 짚어

큰돈만 믿다,
파멸을 자초했구나."

8 그러나 나는 하나님의 집에서 자라는
푸르른 올리브나무.
그때나 지금이나
하나님의 한없는 자비를 의지할 뿐.

9 내가 늘 주께 감사드리니
주께서 행동으로 보여주신 까닭입니다.
주님의 선하신 이름은 나의 희망,
내가 주님의 신실한 벗들과 함께
주님 곁에 머물겠습니다.

다윗의 시

53

1-2 비루하고 거만한 인간들,
"하나님은 없다"고 허튼소리 하는구나.
저들의 말은 독가스,
자신을 오염시키고
강과 하늘을 더럽힌다.
그저 엉겅퀴나 키워 낼 뿐.
하나님께서 하늘에서 고개를 내미시고
아래를 둘러보신다.
혹 우둔하지 않은 자가 있나 찾아보신다.
누구 하나 하나님을 바라는 사람,
하나님을 위해 준비된 사람이 있나 하고.

3 그러나 허탕만 치실 뿐,
단 한 사람도 찾지 못하신다.
다들 쓸모없는 자, 어중이떠중이들뿐.
돌아가며 양의 탈을 쓰고 목자 행세나 하니
열이면 열, 백이면 백
모두 제멋대로 가는구나.

4 저 사기꾼들,
정말 머리가 빈 것이냐?
패스트푸드 먹어 치우듯 내 백성을 집어삼키고도
너무 바빠서 기도하지 못한다니,

그러고도 무사하리라
생각한단 말이냐?

5 밤이 오고 있다. 악몽이 그들에게 닥치리라.
절대로 깨어나지 못할 악몽이.
하나님께서 저들을 요절내어
영원히 쫓아내시리라.

6 이스라엘을 구원할 이 누구인가?
하나님은 우리 삶을 반전시키는 분.
신세가 역전된 야곱이 기뻐 뛰놀고,
신세가 역전된 이스라엘이 웃으며 노래하는구나.

다윗의 시. 십 사람이 사울에게 다윗이 자기들 있는 곳에 숨어 있다고 알렸을 때

54

1-2 하나님, 주님의 이름을 위하여 나를 도우소서!
주님의 힘으로 나의 결백을 밝혀 주소서.
하나님, 귀를 기울이소서. 너무 절박합니다.
아무리 바쁘셔도 나를 외면하지 마소서.

3 무법자들이 내게 무작정 시비를 걸고
청부 살인자들이 나를 죽이려 합니다.
무엇도 저들을 제지하지 못하니,
저들은 하나님마저 대수롭게 여기지 않습니다.

4-5 오, 보아라! 하나님께서 지금 여기서 나를 도우신다!
하나님께서 내 편이 되어 주시니,
불행이 원수들에게 되돌아갑니다.
눈감아 주지 마소서! 저들을 깨끗이 없애 버리소서!

6-7 마음을 다해, 내가 주님을 경배합니다.
주께 감사드리니, 주님은 참으로 선하신 하나님이십니다.
주님은 온갖 곤경에서 나를 건지시고
원수들이 무너지는 것을 보게 하셨습니다.

다윗의 시

55

1-3 하나님, 귀를 열어 내 기도를 들어주소서.
내가 문 두드리는 소리, 못 들은 체 마소서.
가까이 오셔서 속삭이듯 응답해 주소서.

주님이 몹시도 필요합니다.
저들이 죄에 죄를 쌓고
원색적인 비방을 늘어놓으면,
비열한 목소리에 내 온몸이 떨리고
사악한 눈초리에 기가 죽습니다.

4-8 뱃속이 온통 뒤틀리고
죽음의 망령이 나를 짓누릅니다.
두려워 덜덜 떨며
머리부터 발끝까지 진저리를 칩니다.
스스로 묻습니다. "누가 내게 날개를 달아 줄까?
비둘기 같은 날개를."
비둘기 날개 퍼덕여 이곳을 벗어나게 하소서.
평화와 고요를 맛보게 하소서.
시골길을 걸으며
숲 속 오두막에서 쉬게 하소서.
광풍이 난무하는 이 험악한 곳에서
벗어나게 해주소서.

9-11 주님, 호되게 꾸짖으소서. 저들의 혀를 베어 버리소서.
소름이 끼칩니다. 저들은 도성을
폭력배의 각축장으로 만들고,
뒷골목을 배회하며
낮이고 밤이고 싸움질을 해댑니다.
거리에는 쓰레기가 흘러넘치고
상인들이 환한 대낮에
바가지를 씌우며 사기 칩니다.

12-14 나를 모욕한 자가 동네 불량배였다면
차라리 내가 달게 받았을 것을.
욕설을 내뱉은 자가 낯모르는 악인이었다면
내가 신경 쓰지도 않았을 것을.
그러나 그자가 바로 너!
나와 함께 자란, 나의 가장 친한 벗이라니!
우리가 팔짱 끼고 함께 걷던 그 기나긴 시간,
하나님 이야기에 시간 가는 줄 몰랐지.

15 저 배신자들을 잡아 산 채로 지옥에 보내소서.

저들이 극심한 공포를 맛보게 하시고
저주받은 삶의 황폐함을 낱낱이 느끼게 하소서.

16-19 내가 하나님을 소리쳐 부르면
하나님께서 나를 도우시리라.
내가 깊은 한숨 내쉬면
해질 녘이나 동틀 녘에도,
한낮이라도 그분께서 들으시고 구해 주시리라.
수천 명이 늘어서 나를 대적하는
위험 속에서도
내 생명 안전하고, 아무 이상 없구나.
하나님께서 내 탄식 들으시고 판결을 내리시니
저들의 코를 납작하게 하시리라.
그러나 죄의 습관이 굳어진 저들,
하나님을 무시하는 저들, 결코 변하지 않으리.

20-21 내 가장 친한 벗이 친구들을 배신하니,
자기 말을 스스로 뒤집고 말았다.
평생 그의 말에 매료되었던 나,
그가 나를 공격할 줄은 꿈에도 몰랐다네.
음악처럼 아름답던 그의 말이
비수로 변해 내 마음을 찌르다니.

22-23 네 근심 하나님의 어깨 위에 올려놓아라.
그분께서 네 짐 지고 너를 도우시리라.
선한 이들이 쓰러져 파멸하는 것을,
그분 결코 그대로 두지 않으시리라.
하나님, 저들을
진흙탕 속에 던져 버리소서.
살인과 배신을 일삼는 저들의 수명을 절반으로 줄이소서.
나는 주님만 믿습니다.

다윗의 시. 다윗이 가드에서 블레셋 사람들에게 붙잡혔을 때

56

1-4 하나님, 내 편이 되어 주소서. 사람들에게 이리저리 차이고
날마다 짓밟히는 이 몸입니다.
하루가 멀다 하고
누군가 나를 두들겨 팹니다.
저들이 그것을

의무로 여기는 듯합니다.
두려움이 온통 나를 엄습할 때
믿음으로 주께 나아갑니다.
내가 자랑스럽게 하나님을 찬양하니,
이제는 두려움 없이 하나님만 신뢰합니다.
한낱 죽을 수밖에 없는 자들이 나를 어찌할 수 있겠습니까?

5-6 저들은 그칠 줄 모릅니다.
내 명예를 더럽히고
함께 모여 나의 파멸을 꾀합니다.
그들이 떼를 지어
뒷골목을 몰래 드나들면서,
불시에 덮쳐
나를 없앨 기회를 엿봅니다.

7 이 악행을 저들에게 그대로 갚아 주소서!
하나님, 분노하셔서
저 민족들을 쓰러뜨리소서!

8 주께서는 아십니다.
내가 잠 못 이루고 뒤척였던 숱한 밤을.
내 모든 눈물이 주님의 장부에,
내 모든 아픔이 주님의 책에 기록되었습니다.

9 내가 고함치자
원수들이 꽁무니를 빼고 달아나는 날에,
나는 알 것입니다.
하나님께서 내 편이 되어 주신 것을.

10-11 내가 자랑스럽게 하나님을 찬양하고
자랑스럽게 하나님을 찬양하니,
이제는 두려움 없이 하나님만 신뢰합니다.
한낱 죽을 수밖에 없는 자들이 나를 어찌할 수 있겠습니까?

12-13 하나님, 주께서 약속하신 것 다 지키셨으니
내가 마음을 다해 감사드립니다.
주께서 나를 죽음의 벼랑에서 끌어내시고
내 발을 파멸의 낭떠러지에서 끌어내셨으니,

나 이제 볕 드는 생명의 들판을
하나님과 함께 즐거이 거닙니다.

57

다윗의 시. 다윗이 사울을 피해 동굴에 숨었을 때

1-3 하나님, 나를 다정히 맞아 주소서. 바로 지금!
죽을힘 다해 주께 달려갑니다.
이 폭풍이 다 지나기까지
주님의 날개 아래로 내가 피합니다.
내가 지극히 높으신 하나님을 큰소리로 부르네.
나를 붙들어 주시는 하나님을.
주께서 하늘에서 명령을 내려 나를 구원하시고
내게 발길질하는 자들을 굴복시키시네.
내게 한없는 사랑을 베푸시고
말씀하신 그대로 인도하시네.

4 내가 사자 떼 한가운데 있습니다.
놈들이 사람의 살을 맛보려고 기를 씁니다.
놈들의 이빨은 창과 화살,
놈들의 혀는 날카로운 단도.

5 오 하나님, 하늘 높이 날아오르소서!
주님의 영광으로 온 땅을 덮으소서!

6 그들이 내 길에 위장 폭탄을 설치해 놓으니
나는 꼼짝없이 죽고, 결딴나는 줄 알았습니다.
나를 잡으려고 그들이 함정을 팠으나
거꾸로 그들 자신이 그 속에 빠졌습니다.

7-8 하나님, 준비가 끝났습니다.
머리부터 발끝까지 단단히 준비했습니다.
이제 선율에 맞춰 노래하렵니다.
"깨어나라, 내 영혼아!
깨어나라, 하프야, 거문고야!
깨어나라, 너 잠꾸러기 태양아!"

9-10 하나님, 내가 거리에서 소리 높여 주께 감사드리고
도시에서, 시골에서 주님을 찬양합니다.
주님의 사랑, 깊을수록 더 높이 이르고

모든 구름, 주님의 성실 드러내며 나부낍니다.

11 오 하나님, 하늘 높이 날아오르소서!
주님의 영광으로 온 땅을 덮으소서!

다윗의 시

58

1-2 어찌하여 나라를 이처럼 경영하느냐?
국회에 정직한 정치인이 있더냐?
너희는 막후에서 떠들썩하게 악을 꾸미고
닫힌 문 뒤에서는 악마와 거래하는구나.

3-5 악인들은 태어나자마자 잘못된 길로 간다.
모태에서 나면서부터 거짓말을 내뱉으니,
그들의 갈라진 혀에서 떨어지는 것은
독, 치명적인 방울뱀 독.
그들은 위협도 홀리는 소리도 듣지 못하니,
수십 년치 귀지가 귓속에 켜켜이 쌓인 탓이다.

6-9 하나님, 저들의 이를 박살내셔서
이빨 없는 호랑이 신세가 되게 하소서.
저들의 인생이 엎질러진 물이 되게 하시고
모래밭의 축축한 얼룩으로 남게 하소서.
저들이 짓밟힌 풀이 되게 하셔서
오가는 사람의 발길에 닳아 빠지게 하소서.
저들이 달팽이 진액처럼 녹아내리게 하시고
유산된 태아가 되어 햇빛을 보지 못하게 하소서.
하나님, 저들의 음모가 모양을 잡기 전에
쓰레기와 함께 내던져 버리소서!

10-11 의인은 악인이 벌 받는 것을 보고
친구들을 불러 모으리라.
악인의 피를 잔에 담아내어
함께 건배하리라.
다들 환호하며 말하리라. "규례를 지킬 만하구나!
상을 주시는 하나님, 세상을 지켜보시는 하나님이 과연 계시는구나!"

다윗의 시. 사울이 다윗을 죽이려고 그의 집에 감시를 붙였을 때

59

1-2 나의 하나님! 내 원수들에게서 나를 구하시고
폭도들에게서 나를 지켜 주소서.
저들의 더러운 술수에서 나를 건지시고
저들이 보낸 청부 살인자들에게서 나를 구원하소서.

3-4 무법자들이 똘똘 뭉쳐 나를 대적하고
매복까지 하며 나를 노립니다.
하나님, 나는 이런 일에 휩싸일 짓을 하지 않았고
누구를 속이거나 학대한 일도 없습니다.
그런데 저들은 나를 가만두지 않기로 작정한 듯,
나를 뒤쫓습니다.

4-5 깨어나셔서 직접 보소서! 주께서는 하나님이십니다.
만군의 **하나님**, 이스라엘의 하나님이십니다!
주님의 일을 행하셔서 저 악한 자들을 제거하소서.
잔학무도한 자들이오니 봐주지 마소서.

6-7 저들은 해만 지면 돌아와서
늑대처럼 짖어 대며 성 주위를 어슬렁거립니다.
그러다 갑자기 성문 앞에 모두 모여
욕설을 내지르며 단도를 뽑아 듭니다.
자신들은 절대 잡히지 않으리라 여깁니다.

8-10 그러나 **하나님**, 주께서는 저들을 비웃으십니다.
사악한 민족들을 웃음거리로 여기십니다.
강하신 하나님, 내가 주님 그 모습 바라보며
늘 주님만 의지합니다.
하나님은 한결같은 사랑으로 때맞춰 나타나셔서
내 원수들이 파멸하는 꼴을 내게 보여주십니다.

11-13 **하나님**, 내 백성이 잊지 않도록
저들을 단번에 해치우지 마소서.
저들을 천천히 쓰러뜨리시고
아주 서서히 해체하소서.
비열하고 거만하게 내뱉은 저들의 온갖 말에
스스로 걸려들게 하소서.
중얼중얼 내뱉은 온갖 저주와

뻔뻔스런 거짓말에
스스로 걸려 넘어지게 하소서.
저들을 말끔히 해치우소서!
영원히 끝장내소서!
하나님께서 야곱을 확실히 통치하심을,
하나님께서 세상 모든 곳을 다스리심을,
온 세상이 알게 될 것입니다.

14-15 저들은 해만 지면 돌아와서
늑대처럼 짖어 대며 성 주위를 어슬렁거립니다.
뼈다귀를 찾아 헤매다
먹을 것을 주는 손까지 물어뜯습니다.

16-17 그러나 나는 주님의 용맹을 노래하고
새벽에 주님의 과분한 선물을 큰소리로 이야기하렵니다.
주님은 나에게 더없이 안전한 장소,
좋은 피난처가 되어 주셨습니다.
강하신 하나님, 내가 주님 그 모습 바라보며
늘 주님만 의지합니다.
내 든든한 사랑이신 하나님!

다윗의 시. 다윗이 아람 나하라임과 아람 소바와 싸울 당시 요압이 소금 골짜기에서 에돔 사람 일만이천 명을 죽였을 때

60

1-2 하나님! 주께서 우리를 버리고 떠나가시고
우리의 방어 시설을 걷어차 부수시고
노를 발하며 사라지셨지만,
이제 돌아오소서. 제발, 돌아오소서!

주께서 땅의 기초를 뒤흔드시니
거대한 틈이 생겼습니다.
이제 갈라진 틈을 메우소서! 그 틈으로
모든 것이 무너져 내립니다.

3-5 주께서는 주님의 백성이 파멸을 목도하게 하시고
싸구려 포도주로 괴로움을 달래게 하셨습니다.
그러고는 주님의 백성을 독려할 깃발을 꽂으시고
용기를 줄 그 깃발이 휘날리게 하셨습니다.
어서 조치를 취하소서. 지금 바로 응답하소서.

주께서 끔찍이 사랑하시는 백성이 구원을 얻게 하소서.

6-8 그때 하나님께서 거룩한 광채 속에서 말씀하셨습니다.
"내가 기쁨에 겨워
세겜을 선사하고
숙곳 골짜기를 선물로 주리라.
길르앗이 내 호주머니 속에 있고
므낫세도 그러하다.
에브라임은 나의 헬멧,
유다는 나의 망치.
모압은 세탁용 양동이,
내가 모압을 쓰러뜨려 바닥 걸레로 삼으리라.
에돔에게 침을 뱉고
블레셋 전역에 불벼락을 퍼부으리라."

9-10 누가 나를 치열한 싸움터로 데려가며,
누가 에돔에 이르는 길을 알려 주겠습니까?
하나님, 주께서 우리를 버리신 것은 아니겠지요?
우리 군대와 함께 나아가기를 거절하신 것은 아니겠지요?

11-12 우리를 도우셔서 이 힘든 임무 완수하게 하소서.
사람의 도움은 아무 쓸데가 없습니다.
하나님을 힘입어 우리가 최선을 다하리니,
주께서 적군을 완전히 때려눕히실 것이다.

다윗의 시

61

1-2 하나님, 나의 부르짖음을 들으소서.
나의 기도에 귀 기울여 주소서.
멀리 있는 이 몸,
숨이 멎도록 헐떡이며
큰소리로 외칩니다. "저 높은 바위산 위로
나를 이끄소서!"

3-5 주께서는 내게 숨 쉴 공간을 주시고
모든 상황에서 벗어나 쉬게 하시며,
주님의 은신처 평생이용권을 주십니다.
주님의 손님으로 흔쾌히 초대해 주십니다.
하나님, 주님은 언제나 나를 진심으로 대하시며

주님을 알고 사랑하는 이들에게 환영받게 하십니다.

6-8 왕의 날들을 더하시고
선한 통치 기간이 오래도록 이어지게 하소서.
왕좌를 하나님의 충만한 빛 가운데 두시고
한결같은 사랑과 신실로 경계병을 삼아 주소서.
그러면 내가 시인이 되어 주님의 영광을 노래하고,
노래한 대로 날마다 살아가겠습니다.

다윗의 시

62

1-2 하나님은 오직 한분이시니,
그분 말씀하실 때까지 기다리리라.
내게 필요한 모든 것 그분에게서 오니,
어찌 기다리지 않으랴?
그분은 내 발밑의 견고한 바위
내 영혼이 숨 쉴 공간
난공불락의 성채이시니,
내가 평생토록 든든하다.

3-4 너희는 언제까지 나에게 달려들려느냐?
언제까지 불량배들과 어울려 배회하려느냐?
너희에게 아무것도 아니요,
썩은 마루청이, 벌레 먹은 서까래 같은 나를.
산을 무너뜨리겠다는
허망한 계획을 도모하나 개미둑에 불과한 너희,
멋진 말을 늘어놓아도
축복마다 저주의 악취가 풍기는구나.

5-6 하나님은 오직 한분이시니,
그분 말씀하실 때까지 기다리리라.
내게 필요한 모든 것 그분에게서 오니,
어찌 기다리지 않으랴?
그분은 내 발밑의 견고한 바위
내 영혼이 숨 쉴 공간
난공불락의 성채이시니,
내가 평생토록 든든하다.

7-8 나의 도움과 영광 하나님 안에 있으니

하나님은 굳센 바위, 안전한 항구!
백성들아, 온전히 그분을 신뢰하여라.
그분께 너희 목숨을 걸어라.
하나님만이 너희 피난처이시다.

9 남자는 한낱 연기
여자는 한낱 신기루일 뿐.
그 둘을 합해도 아무것도 아니니
이 곱하기 영은 결국 영일 뿐.

10 뜻밖의 횡재를 하더라도
거기에 너무 마음 쓰지 마라.

11 하나님께서 딱 잘라 하신 이 말씀,
내가 얼마나 자주 들었던가?
"능력은 오직
하나님께로부터 온다."

12 주 하나님, 주께는 자애가 가득합니다!
날마다 우리가 수고한 것에 합당한 대가를 지불해 주십니다!

63

다윗의 시. 다윗이 유다 광야에 있을 때

1 하나님, 주님은 나의 하나님!
보고 또 보아도 보고 싶은 분!
하나님을 향한 허기와 목마름에 이끌려
메마르고 삭막한 사막을 가로지릅니다.

2-4 주님의 권능과 영광을 보려고
두 눈 활짝 뜨고 예배처소에 있습니다.
마침내 주님의 너그러운 사랑 안에 살게 된 이 몸!
내 입술에 샘처럼 찬양이 넘쳐흐릅니다.
나, 숨 쉴 때마다 주님을 찬양하고
찬양의 깃발인 듯 두 팔을 주께 흔듭니다.

5-8 최상품 갈비를 마음껏 먹고 입맛을 다시니,
지금은 소리 높여 찬송할 때입니다!
한밤중에 잠 못 들 때면
지난날을 회상하며 감사의 시간을 보냅니다.

주께서 줄곧 내 편이 되어 주셨으니
나, 마음껏 뛰며 춤춥니다.
내가 주께 온 힘을 다해 매달리니,
주님은 나를 굳게 붙드시고 말뚝처럼 흔들림 없게 하십니다.

9-11 나를 잡으려 기를 쓰는 저들,
망하여 죽고 지옥에 떨어지리라.
비명횡사하여
승냥이 무리에게 사지를 찢기리라.
그러나 왕은 하나님 안에서 기뻐하고
그의 진실한 벗들은 그 기쁨 전파할 것이요,
야비한 뒷공론 일삼는 자들은
영원히 입에 재갈을 물리리라.

다윗의 시

64

1 오 하나님, 귀 기울여 들으시고 도와주소서.
운명의 날이 다가왔다는 생각에
이렇게 탄식하며 흐느낍니다.

2-6 저들이 나를 찾아내지 못하게 하소서.
나를 잡으려는 공모자들이
자신들의 혀를 무기 삼아
독설을 내뱉고,
독화살 같은 말을 쏘아 댑니다.
매복하여 있다가
누가 맞든 아랑곳하지 않고,
느닷없이 쏘아 댑니다.
저들은 운동 삼아 사악한 일을 벌여 건강을 유지하면서,
남몰래 놓은 덫의 목록을 품고 다니며
서로 말합니다.
"누구도 우리를 잡지 못할 거야.
이렇게 감쪽같은데 누가 눈치채겠어."
그러나 주님은 명탐정,
지하실처럼 캄캄한 마음속 비밀까지도 알아채십니다.

7-8 하나님께서 화살을 쏘시니
저들이 고통에 겨워 몸을 구부리는구나.
쓴웃음 짓는 군중들 앞에서

꼴사납게 고꾸라지는구나.

9-10 모든 사람이 보는구나.
하나님이 행하신 일이 장안의 화제가 되는구나.
선한 이들아, 기뻐하여라! 하나님께로 피하여라!
마음씨 고운 이들아, 찬양이 곧 삶이 되게 하여라.

다윗의 시

65 1-2 시온에 계신 하나님,
침묵이 주께 찬양하고
순종도 그리합니다.
주께서는 그 모든 것에 담긴 기도를 들으십니다.

2-8 우리 모두 죄를 짊어지고
머지않아 주님의 집에 이릅니다.
지은 죄 너무 무거워 감당할 수 없지만
주께서는 그것을 단번에 씻어 주십니다.
주께서 친히 택하신 이들은 복이 있습니다!
주님 거하시는 곳에 초대받은 이들은 복이 있습니다.
우리가 주님의 집, 주님 하늘 저택에 있는
좋은 것들을 한껏 기대합니다.
주님의 놀라운 구원의 일들이
주님 트로피 보관실에 전시되어 있습니다.
주께서는 땅을 길들이시고 대양에 물을 채우시며,
산을 조성하시고 언덕을 아름답게 꾸미시는 분.
폭풍과 파도의 노호와
군중의 시끄러운 소요를 가라앉히시는 분.
도처에서 사람들이 걸음을 멈추고,
두려움과 놀라움으로 바라봅니다.
새벽과 땅거미가 번갈아 소리칩니다.
"와서 예배하여라."

9-13 오, 땅에 찾아오셔서
땅에게 기쁨의 춤을 추게 하소서!
봄비로 땅을 장식하시고
생수로 하나님의 강을 채우소서.
밀밭을 황금빛으로 물들이소서.
주께서는 이 일을 위해 세상을 지으셨습니다!

비를 내려 갈아엎은 밭을 적셔 주시고
흙이 물을 넉넉히 품게 하소서.
써레질과 고무래질에
땅이 꽃을 피우고 열매 맺게 하소서.
산봉우리에 눈 왕관을 씌워 빛나게 하시고
주님의 길에 장미 꽃잎을 흩뿌리소서.
거친 풀밭 곳곳에도 뿌려 주소서.
언덕들이 춤추게 하시고
협곡진 비탈에 양 떼를 두어
골짜기와 골짜기, 아마포를 드리운 듯 꾸며 주소서.
오, 저들에게서 기쁨의 함성 터져 나오고
즐거운 노랫소리 그치지 않게 하소서!

66

1-4 다 함께 모여 하나님께 갈채를!
그분의 영광에 합당한 노래 부르고
그분께 영화로운 찬송 드려라.
하나님께 아뢰어라. "주님 같은 분, 그 어디에도 없습니다!"
원수들이 주께서 행하신 일을 보고
야단맞은 개처럼 슬그머니 도망칩니다.
온 땅이 무릎 꿇고
주님을 경배하며 노래합니다.
주님의 이름과 명성을 끊임없이 즐거워합니다.

5-6 하나님이 행하신 놀라운 일들을 잘 보아라.
너희 숨이 멎으리라.
그분께서 바다를 마른 땅으로 바꾸시고
사람들이 걸어서 그 길을 건너게 하셨으니,
어찌 찬양하지 않으랴?

7 주께서 지극히 높은 곳에서 영원히 다스리시며
모든 나라들을 굽어보신다.
반역자들, 그분께
감히 대들지 못하는구나.

8-12 오 백성들아, 우리 하나님을 찬양하여라!
온 땅에 울려 퍼지는 노래로 그분을 맞이하여라!
그분께서 우리를 생명 길에 두시지 않았느냐?

우리를 수렁에서 건져 내시지 않았느냐?
그분께서 우리를 먼저 단련하시고
은을 정련하듯 뜨거운 용광로 속을 통과하게 하셨다.
우리를 척박한 지역에 들여보내시고
극한까지 밀어붙이셨다.
길에서 우리를 안팎으로 시험하시고
생지옥을 데리고 다니셨으며,
마침내 물 댄 이곳으로
우리를 이끄셨다.

13-15 내가 소중히 여기는 것과 선물을 가지고
주님의 집에 왔습니다.
이제 주께 약속한 대로 행하겠습니다.
내가 큰 곤경에 처하던 날,
엄숙히 맹세한 대로 행하겠습니다.
엄선한 고기를 제물로 바치고
구운 양고기의 향기도 올려 드립니다!
염소 고기를 곁들인
수소도 바칩니다!

16-20 모든 믿는 이들아, 이리로 와서 귀를 기울여라.
하나님이 내게 행하신 일들을 너희에게 들려주리라.
내 입이 그분께 큰소리로 부르짖고
내 혀에서 찬양의 노래가 흘러나왔다.
내가 죄악과 놀아났다면
주께서 듣지 않으셨으리라.
그러나 하나님은 너무도 분명히 들어주셨다.
내 기도소리 들으시고 한걸음에 달려오셨다.
찬양받으실 하나님, 주께서는 귀를 막지 않으시고,
한결같은 사랑으로 나와 함께 계셨습니다.

67

1-7 하나님, 우리에게
은혜와 복을 내리소서! 환한 얼굴빛 비추소서!
주께서 어찌 일하시는지 온 나라가 보게 하시고,
주께서 어찌 구원하시는지 모든 민족이 알게 하소서.
하나님! 사람들이 주께 감사하고 주님을 기뻐하게 하소서.
모든 민족이 주께 감사하고 주님을 기뻐하게 하소서.

주께서는 흩어져 있는 모든 자를 공명정대하게 심판하고
보살피는 분이시니,
그들이 행복해지고
그 행복 큰소리로 이야기하게 하소서.
하나님! 사람들이 주께 감사하고 주님을 기뻐하게 하소서.
모든 민족이 주께 감사하고 주님을 기뻐하게 하소서.
땅아, 네 풍요로움을 드러내어라!
오 하나님, 우리 하나님, 우리에게 복을 내리소서.
오 하나님, 우리에게 복을 내리소서.
온 땅아, 주께 영광을 돌려 드려라!

다윗의 시

68

1-4 하나님과 함께 일어나라!
그분의 원수들을 해치워라!
적들아, 언덕으로 달음질쳐 보아라!
한 모금 담배연기처럼,
불 속의 한 방울 촛농처럼 사라지리라.
악인들은 하나님을 한번 보기만 해도 자취를 감추는구나.
그러나 의인들은 하나님의 일하심을 보고
웃으며 노래하리라.
기쁨에 겨워 노래하리라.
하나님께 찬송가를 불러 드려라.
온 하늘아, 큰소리로 외쳐라.
구름 타고 오시는 분을 위해 길을 깨끗게 하여라.
하나님을 기뻐하여라.
그분을 뵐 때 환호성을 올려라!

5-6 고아들의 아버지,
과부들의 보호자,
그분은 거룩한 집에 계시는 하나님.
집 없는 이들에게 집을 마련해 주시고
갇힌 이들을 자유의 문으로 인도하신다.
그러나 반역자들은 지옥에서 썩게 하시리라.

7-10 하나님, 주께서 주님의 백성을 이끌고 가실 때,
주께서 광야를 행진하실 때,
땅이 흔들리고 하늘이 식은땀을 흘렸습니다.
하나님께서 행진 중이시기 때문입니다.

행진하시는 하나님, 이스라엘의 하나님 앞에서
시내 산도 바들바들 떨었습니다.
오 하나님, 주께서 양동이로 쏟아붓듯 비를 내리시자
가시나무와 선인장 있던 곳이 오아시스로 변하고,
주님의 백성이 거기서 천막을 치고 즐거워합니다.
주께서 그들의 형편을 낫게 하시니
가난뱅이이던 그들이 부자가 되었습니다.

11-14 주께서 명령하시자
수천의 사람들이 기쁜 소식 외치네.
"왕들이 달아났다!
거느린 군대와 함께 도망치는구나!"
아낙네들 무사히 집에 돌아와
전리품을 나누네.
가나안의 은과 금을 나누네.
전능하신 분이 왕들을 쫓아내시던 날,
검은 산에 눈이 내렸다네.

15-16 너 거대한 산맥, 바산이여,
위대한 산맥, 용의 산맥이여!
너희가 선택받지 못해 토라져 한탄하는구나.
하나님이 한 산을 택해 그곳에서 지내기로 하셨으니,
주께서 그 산에서 영원히 다스리시리라.

17-18 하나님의 전차는 수천수만 대.
선두에 계신 주께서 전차 타시고 시내 산,
바로 그 거룩한 곳에 내려오셨다!
주께서 포로들을 거느리고 지극히 높은 곳에 오르셔서
반역자들에게서 전리품을 한 아름 받으셨습니다.
이제, 주께서 그곳에 당당히 좌정하고 계십니다.
하나님, 주권자이신 하나님!

19-23 주님을 찬양하여라.
주께서 날마다 우리를 이끄시니,
그분은 우리의 구원자, 우리의 하나님.
우리를 도우시는 하나님, 우리를 구원하시는 하나님.
주 하나님은
죽음을 속속들이 아시는 분.

주께서 원수들을 해산시키시고
그들의 두개골을 쪼개셨다.
하늘에서 행진해 나오시며 말씀하셨다.
"내가 용을 동아줄로 묶고
깊고 푸른 바다에도 재갈을 물렸다.
너는 네 원수들의 피로 발을 적시고
네 집 개들도 네 장화에 묻은 원수들의 피를 핥으리라."

24-31 보아라, 행진하시는 하나님을.
나의 하나님, 나의 왕께서
성소로 행진하신다!
맨 앞에는 가수들, 맨 뒤에는 악대가 뒤따르고
대열 중간에서 소녀들이 캐스터네츠를 연주한다.
온 찬양대가 하나님을 찬양한다.
찬양의 샘이 흐르듯, 이스라엘이 하나님을 찬양한다.
보아라. 어린 베냐민이
앞에 나와 대열을 이끌고,
귀족 복장을 한 유다 고관들,
스불론과 납달리 고관들이 그 뒤를 따른다.
오 하나님, 주님의 힘을 펼쳐 보이소서.
오 하나님, 지금의 우리를 있게 하신 주님의 능력을 뽐내소서.
지극히 높으신 하나님, 주님의 성전은 예루살렘,
왕들이 주께 예물을 가져옵니다.
꾸짖으소서, 저 늙은 악어 이집트와
들소 무리와 송아지들을.
탐욕스럽게 은을 바라며
다른 민족들을 짓밟고 싸우지 못해 안달하는 저들을.
이집트 무역상들이 주께 푸른색 옷감을 바치게 하시고
구스 사람들이 두 팔 벌려 하나님께 달려오게 하소서.

32-34 노래하여라, 오 세상의 왕들아!
주님을 찬양하여라!
저기, 하늘을 거니시는,
태곳적 하늘을 활보하시는 그분이 계신다.
귀 기울여 들어라. 그분께서 우레 속에서 외치신다.
우르르 쾅쾅 울리는 천둥 속에서 고함치신다.
하나님께, 이스라엘의 높으신 하나님께 "만세!"를 외쳐라.
그분의 광휘와 권능이

소나기구름처럼 거대하게 솟아오른다.

35 오 하나님, 위엄에 찬 아름다움
주님의 성소에서 흘러나옵니다.
이스라엘의 강하신 하나님!
그분께서 백성에게 힘과 능력을 주신다!
오, 주님의 백성들아, 하나님을 찬양하여라!

다윗의 시

69

1 하나님, 하나님, 나를 구원하소서!
이제는 도저히 버틸 수 없습니다.

2 아래로 내 발이 빠져들고, 위로는 거센 물결이 나를 덮칩니다.
익사하기 직전입니다.

3 도움을 구하느라 목이 쉬고
하늘 보며 하나님을 찾다가 눈까지 흐려졌습니다.

4 원수들이 내 머리카락보다 많습니다.
밀고자들과 거짓말쟁이들이 나를 해하려 듭니다.

내가 훔치지도 않았는데
물어내야 하다니요?

5 하나님, 주께서는 나의 죄를 낱낱이 아십니다.
내 인생은 주님 앞에 활짝 펼쳐진 책입니다.

6 사랑하는 주님! 만군의 하나님!
희망을 품고 주님을 바라보는 이들이
내게 일어난 일로 낙담하지 않게 하소서.

이스라엘의 하나님! 간구합니다.
주님을 찾는 이들이
나를 따르다가 막다른 곳에 이르지 않게 하소서.

7 주님 때문에 바보가 된 이 몸,
얼굴 보이기 부끄러워 숨어 다닙니다.

8 형제들은 나를 길거리의 부랑자 대하듯 하고
가족들은 나를 불청객 취급합니다.

9 내가 말로 다할 수 없을 만큼 주님을 사랑합니다.
내가 주님을 미친 듯이 사랑하기에,
저들이 주님을 싫어하는 모든 이유를 들어 나를 비난합니다.

10 내가 기도와 금식에 힘쓸 때
더 많은 경멸이 나에게 쏟아집니다.

11 내가 슬픈 표정이라도 지으면
저들은 나를 광대 취급합니다.

12 주정뱅이와 식충이들이
나를 조롱하며 축배의 노래를 부릅니다.

13 그러나 나는 그저 기도할 뿐입니다.
하나님, 내게 숨 돌릴 틈을 주소서!

하나님, 사랑으로 응답하시고
주님의 확실한 구원으로 응답하소서!

14 이 수렁에서 나를 건져 주셔서
영원히 가라앉지 않게 하소서.

원수의 손아귀에서 나를 빼내소서.
이 소용돌이가 나를 빨아들입니다.

15 늪이 내 무덤이 되게 하지 마시고, 블랙홀이
나를 물어 삼키지 못하게 하소서.

16 **하나님**, 나를 사랑하시니, 지금 응답하소서.
주님의 크신 긍휼을 내가 똑똑히 보게 하소서.

17 외면하지 마소서. 주님의 종이 견딜 수 없습니다.
내가 곤경에 처했으니, 당장 응답하소서!

18 하나님, 가까이 오셔서, 나를 여기서 꺼내 주소서.

이 죽음의 덫에서 나를 건져 주소서.

19 저들이 나를 함부로 대하고
바보 취급하며 모욕하는 것을, 주께서 알고 계십니다.

20 내가 저들의 모욕에 기가 꺾이고
꼴사납게 엎드러져, 만신창이가 되고 말았습니다.

인자한 얼굴을 찾았지만 헛수고였고
기대어 울 어깨도 찾지 못했습니다.

21 저들은 내 수프에 독을 타고
내가 마시는 물에 식초를 끼얹었습니다.

22 저들의 만찬이 덫의 미끼가 되게 하시고,
친한 친구들이 놓은 덫에 저들이 호되게 당하게 하소서.

23 저들의 눈을 어둡게 하시고
아침부터 저녁까지 두려워 떨게 하소서.

24 주님의 불같은 분노로 저들을 치셔서
주께서 저들을 어찌 여기시는지 알게 하소서.

25 저들의 집을 다 태워 버리시고
홀로 쓸쓸히 지내게 하소서.

26 저들은 주께서 징계하신 이를 헐뜯고
하나님께 상처 입은 사람의 이야기를 지어냅니다.

27 저들의 죄에 죄를 더하여 주셔서
저들이 빠져나가지 못하게 하소서.

28 살아남은 자들의 명부에서 저들의 이름을 지우시고
바위에 새긴 의인의 명단에 저들이 끼지 못하게 하소서.

29 내가 다쳐서 고통 중에 있으니,
몸을 추스를 공간과 맑은 공기를 허락해 주소서.

30 내가 찬양 노래로 하나님의 이름을 외치고
감사의 기도로 주님의 위대하심을 알리게 하소서.

31 하나님은 이 일을 제단 위에 놓인 수소보다 기뻐하시고
엄선된 황소보다 더 좋아하신다.

32 마음이 가난한 이들이 보고 기뻐하네.
오, 하나님을 찾는 이들아, 용기를 내라!

33 하나님은 가난한 이들의 소리에 귀 기울이시고
가엾은 이들을 저버리지 않으신다.

34 너 하늘아, 주님을 찬양하여라. 땅아, 주님을 찬양하여라.
바다와 그 속에서 헤엄치는 모든 것들아, 주님을 찬양하여라.

35 하나님께서 시온을 도우러 오시며
유다의 파괴된 성읍들을 다시 세우신다.

생각해 보아라, 누가 그곳에 살게 될지,
누가 그 땅의 당당한 주인이 될지.

36 주님의 종들의 자손이 그 땅을 차지하고
주님의 이름을 사랑하는 이들이 그곳에서 살아가리라.

다윗의 기도

70

1-3 하나님! 서둘러 나를 구하소서!
하나님, 속히 내게 오소서!
나를 해치려고 혈안이 된 자들이
제풀에 엎드러지게 하소서.
나의 몰락을 즐기는 자들이
막다른 골목에 몰리게 하소서.
저들이 부린 술수가 고스란히 되돌아가게 하시고
혀를 차며 내뱉던 험담을 저들이 도로 듣게 하소서.

4 주님을 찾아 헤매는 이들은
노래하고 기뻐하게 하소서.
주님의 구원의 도를 사랑하는 모든 이들이
"하나님은 위대하시다!" 하고 거듭거듭 말하게 하소서.

5 그러나 나의 마음은 꺾이고, 쇠약해졌습니다.
하나님, 속히 오소서!
어서 내게 오셔서, 나를 구하소서!
잠시도 지체하지 마소서, **하나님**.

71

1-3 내가 죽을힘 다해 **하나님**께로 달려갑니다.
결코 후회하지 않겠습니다.
주님의 특별한 능력을 보여주소서.
나를 이 궁지에서 구하시고 우뚝 서게 하소서.
내 말에 귀 기울여 주소서.
나에게 구원을 베푸소서.
주님의 문은 언제나 열려 있다고 하셨으니,
내게 쉴 처소가 되어 주소서!
주님은 나의 구원, 나의 견고한 성채이십니다.

4-7 나의 하나님, 악인의 손아귀에서 나를 건지시고
악당과 불량배의 손에서 나를 구하소서.
고달픈 시절에도 나를 붙들어 주신 **하나님**,
주님은 어려서부터 나의 반석이 되어 주셨습니다.
내가 태어나던 날,
주께서 나를 요람에서 안으시던 날부터 내가 주님을 의지하였으니,
이 몸, 찬양을 그치지 않으렵니다.
많은 사람들이 나를 색안경 끼고 바라보지만
주님은 나를 의연하게 받아 주십니다.

8-11 주님의 아름다움이 날마다 차고 넘치듯
내 입에도 찬양이 차고 넘칩니다.
내가 늙어 연약해져도 쫓아내지 마시고
제 역할 못하게 되어도 퇴물 취급하지 마소서.
원수들이 내 뒤에서 수군대며
나를 칠 기회를 호시탐탐 노립니다.
"하나님도 저 자를 버리셨다.
도와줄 자 없으니, 당장 잡아 족치자" 하고 떠들어 댑니다.

12-16 하나님, 멀찍이서 구경만 하지 마소서.
어서 오소서! 내 옆으로 달려오소서!
나를 비난하는 자들이 부끄러움을 당하고,

나를 잡으려는 자들이 바보 천치로 보이게 하소서.
내가 주님을 붙들려고 손을 뻗습니다.
날마다 찬양에 찬양을 더하겠습니다.
주님의 의로우심을 책에 기록하고
주님의 구원을 종일토록 큰소리로 전하겠습니다.
쓸거리나 말할거리가 결코 떨어지지 않을 것입니다.
내가 주 하나님의 권능으로 나아가
주님의 의로우신 일을 널리 알리겠습니다.

17-24 하나님, 주께서는 미숙한 어린 시절부터 나를 붙드시고
내가 알아야 할 모든 것을 가르치셨습니다.
이제 내가 주님의 놀라운 일들을 세상에 알리고
늙어 백발이 될 때까지 그 일을 계속하겠습니다.
하나님, 나를 버려두고 떠나지 마소서.
오 하나님, 내가
주님의 강한 오른팔을 세상에 알리고,
주님의 권능과
주님의 그 유명한 의의 길을
다음 세대에 알리겠습니다.
하나님, 주께서 이 모든 일을 행하셨으니
주님 같은 분, 또 어디에 있겠습니까?
나로 하여금 고난을 보게 하신 주님,
나를 회복시키셔서,
이제는 생명을 보게 하소서.
바닥까지 떨어진 나를 끌어올리시고
명예를 회복시켜 주소서.
나를 돌아보시고, 너그럽게 대해 주소서.
그러면 내가 거문고를 집어 들고
주님의 성실하심에 감사하는 노래를 연주하겠습니다.
하프로 주께 바치는 음악을 연주하겠습니다.
이스라엘의 거룩한 분이시여!
내가 입을 열어 주님을 노래하고
목청껏 찬양합니다.
나를 죽이려던 자들이
부끄러움에 사로잡혀 슬그머니 달아나는 동안,
나를 살려 주신 주님을 찬양할 것입니다.
온종일 주님의 의로운 길을 흥얼거릴 것입니다.

솔로몬의 시

72

1-8 오 하나님, 지혜롭게 다스리는 능력을 왕에게,
공정하게 다스리는 능력을 왕세자에게 주소서.
그가 주님의 백성을 공정하게 재판하여,
온순하고 불쌍한 이들에게 존경받는 왕이 되게 하소서.
산들이 왕의 통치를 생생하게 증언하고
언덕들이 바른 삶의 윤곽을 보이게 하소서.
가난한 이들을 지키시고
어려운 이들의 자녀를 도우시며
무자비한 폭군들을 엄히 꾸짖으소서.
해보다 오래 살고, 달보다 장수하여
대대로 다스리게 하소서.
베어진 풀에 내리는 비가 되시고
땅의 기운을 돋우는 소나기가 되소서.
저 달이 스러질 때까지 정의가 꽃피게 하시고
평화가 넘치게 하소서.
바다에서 바다까지
강에서 하구까지 다스리소서.

9-14 적들이 하나님 앞에 무릎 꿇고
왕의 원수들이 먼지를 핥게 될 것입니다.
멀리 있는 전설적 왕들이 경의를 표하고
부유하고 멋진 왕들이 재산을 넘길 것입니다.
모든 왕이 엎드려 절하고
모든 민족이 왕을 섬기기로 맹세할 것입니다.
그가 어려운 때에 가난한 이들을 구하고
운이 다한 빈민을 구제하기 때문입니다.
그는 빈털터리가 된 자들을 위해 마음을 쓰고
이 땅의 가련한 이들을 돕습니다.
그는 압제와 고문을 당하는 이들을 구해 냅니다.
그들이 피 흘리면, 그도 피 흘리고
그들이 죽으면, 그도 죽습니다.

15-17 오, 그가 오래오래 살게 하소서!
스바의 황금으로 꾸며 주소서.
그를 위해 드리는 기도, 끊이지 않게 하시고
아침부터 늦은 밤까지 그에게 복을 내리소서.
금빛으로 물든 곡식밭이

산봉우리까지 이르러 무성하게 하시고,
찬양, 넘쳐나는 찬양이
땅의 풀처럼 도성에서 돋아나게 하소서.
왕의 이름이 잊히지 않게 하시고
그의 명성이 햇빛처럼 빛나게 하소서.
모든 민족이 그의 복된 다스림을 받게 하시고
그들에게 복 주신 하나님을 찬양하게 하소서.

18-20 **하나님** 이스라엘의 하나님,
홀로 기적을 일으키시는 그분을 찬양하여라!
그분의 찬란한 영광을 영원토록 찬양하여라!
그분의 영광 온 땅에 가득하리라.
그렇습니다, 참으로 그렇습니다.

아삽의 시

73

1-5 의심할 것 없네! 하나님은 선하신 분.
착한 이들을 선대하시고, 마음씨 고운 사람도 그리하시네.
그러나 하마터면 놓치고,
그분의 선하심 보지 못할 뻔했네.
내가 엉뚱한 데 눈을 돌려
꼭대기에 있는 자들을
우러러보고
성공한 악인들을 부러워했으니.
걱정거리 전혀 없는 자들,
세상 근심거리 하나 없는 자들을.

6-10 거만하게 우쭐거리는 저들,
교묘하게 폭력을 휘두르고
제멋대로 하면서, 먹기는 원 없이 먹고
바보같이 비단 나비넥타이로 멋을 냈구나.
상처 주는 말로 조롱하고
거만하게 굴며 제멋대로 지껄이네.
큰소리 탕탕 치며
거친 말로 분위기를 어지럽히는 자들.
사람들이 저들의 말을 귀담아듣는다니, 기막힌 일 아닌가?
저들의 말을 목마른 강아지처럼 핥아 먹는다니.

11-14 대체 어떻게 된 일이야? 하나님이 점심 드시러 가셨나?

가게를 아무도 지키지 않는군.
악인들이 와서 물건을 싹쓸이하고
재산을 축적하며 성공 가도를 달리는구나.
미련하게 규칙을 지켰건만,
내가 얻은 것은 무엇이었나?
오랜 불운과
문 밖을 나설 때마다 당하는 모욕뿐.

15-20 내가 이런 생각을 받아들이고 입 밖에 냈다면,
주님의 귀한 자녀들을 배신하게 되었을지도 모릅니다.
어떻게 된 일인지 알아내려고 했으나
내가 얻은 것은 극심한 두통뿐이었습니다.
하나님의 성소에 들어가서야
비로소 전모를 파악했습니다.
주께서 저들을 미끄러운 길에 두셨고
저들은 끝내 미혹의 수렁에 처박히고 말 것임을.
눈 깜빡할 사이에 닥치는 파멸!
어둠 속의 급한 굽잇길, 그리고 악몽!
꿈에서 깨어나 눈을 비비고 둘러보면 아무것도 없듯,
저들도 그렇습니다. 아무것도 아닙니다.

21-24 질투로 제정신을 잃고
속이 타고 쓰릴 때,
나는 아무것도 몰랐습니다.
그저 주님 앞에서 한 마리 우둔한 황소였습니다.
그 상태로 여전히 주님 앞에 있지만,
주께서 내 손을 잡아 주셨습니다.
주께서 나를 지혜롭고 부드럽게 이끄시고
나에게 복을 내려 주십니다.

25-28 주님은 내가 하늘에서도 원하는 전부,
땅에서도 원하는 전부이십니다!
내 피부는 처지고 내 뼈는 약해져도,
하나님은 바위처럼 든든하고 성실하십니다.
보소서! 주님을 떠난 자들이 망합니다!
주님을 버린 자들의 소식, 다시는 들리지 않을 것입니다.
그러나 나는 하나님 바로 앞에 있으니,
오, 얼마나 상쾌한지요!

주 하나님은 나의 안식처,
내가 주님의 일들을 세상에 알리겠습니다!

아삽의 시

74

1 하나님, 우리를 버리고 떠나시더니
단 한 번도 돌아보지 않으시는군요.
어찌 그러실 수 있습니까?
우리는 주님 소유의 양 떼인데,
어찌 이토록 노를 발하며 떠나 계실 수 있습니까?

2-3 주께서 오래전에 우리를 사신 것을 기억하소서.
우리는 주께서 비싼 값을 치르고 사신, 주님의 가장 소중한 지파입니다!
우리는 주께서 한때 거하시던, 주님 소유의 시온 산입니다!
어서 오셔서 이 참혹한 현장을 둘러보소서.
저들이 성소를 어떻게 파괴했는지 보소서.

4-8 주님의 백성이 예배드릴 때, 주님의 원수들이 난입하여
고래고래 소리 지르고 낙서를 휘갈겨 썼습니다.
저들이 현관에 불을 지르고
도끼를 휘둘러 성소의 성물들을 찍었습니다.
쇠망치로 문을 부수고
불쏘시개감으로 산산이 쪼갰습니다.
주님의 성소를 완전히 불태우고
예배처소를 더럽혔습니다.
"싹 다 쓸어버리자" 말하고는
모두 불태웠습니다.

9-17 하나님의 징표도 보이지 않고
주님의 이름으로 말하는 자도 없으며,
앞으로 어찌 될지 아는 이도 없습니다.
하나님, 언제까지 신성모독을 일삼는 저 야만족을 그대로 두시렵니까?
언제까지 원수들이 저주를 퍼붓고도 아무 탈 없이 살게 내버려 두시렵니까?
어찌하여 조치를 취하지 않으십니까?
언제까지 팔짱을 끼고 가만히 앉아만 계시렵니까?
하나님은 처음부터 나의 왕,
세상 한복판에서 구원을 이루시는 분이십니다.
주께서는 일거에 바다를 두 동강 내시고
탄닌이라는 용을 묵사발로 만드셨습니다.

리워야단의 머리를 베시고
고깃국을 만들어 짐승들에게 주셨습니다.
주님의 손가락으로 샘과 시내를 여시고
사나운 홍수 물을 말라붙게 하셨습니다.
낮도 주님의 것, 밤도 주님의 것,
주께서 해와 별들을 제자리에 두셨습니다.
땅을 사방으로 펼치시고
여름과 겨울도 만드셨습니다.

18-21 하나님, 주목하시고 기억해 주소서.
원수들이 주님을 조롱하고, 천치들이 주님을 모독합니다.
주님의 어린양들을 늑대에게 내동댕이치지 마소서.
우리가 참으로 많은 일을 겪었으니, 잊지 마소서.
주님의 약속을 기억하소서.
도시는 어둠 속에 잠겼고, 시골은 폭력의 도가니로 변했습니다.
희생자들을 거리에서 썩게 버려두지 마시고,
그들을 살리셔서 주님을 찬송하는 찬양대로 세우소서.

22-23 오 하나님, 일어나소서.
하나님을 위해 일어나소서!
들리십니까, 저들이 주님을 두고 쏟아내는
온갖 역겨운 말들이?
간과하지 마소서, 저들의 악의에 찬 언사를.
그칠 줄 모르는 저 요란한 독설을.

아삽의 시

75

1 하나님, 감사합니다. 주께 감사드립니다.
주님의 이름이 우리 입에서 떠나지 않습니다.
주께서 행하신 놀라운 일들을 이야기하고 또 이야기합니다.

2-4 주께서 말씀하십니다. "내가 회의를 열어
사태를 수습하리라.
세상이 혼란에 빠지고
어떤 최후가 닥칠지 아무도 모를 때,
내가 상황을 확실히 정리하고
모든 것이 제자리를 잡게 하리라.
잘난 체하는 자들에게는 '그만하여라' 하고
불량배들에게는 '설치지 마라' 할 것이다."

5-6 지극히 높으신 하나님께 주먹을 쳐들지 마라.
만세 반석이신 분께 목소리를 높이지 마라.
그분은 동쪽에서부터 서쪽에 이르기까지,
사막에서부터 산맥에 이르기까지, 오직 한분이신 하나님.

7-8 그분께서 다스리신다. 어떤 사람은 무릎 꿇게 하시고
어떤 사람은 일으켜 세우신다.
하나님의 손에 잔이 들려 있으니
포도주가 찰랑찰랑 넘친다.
잔을 기울여
한 방울도 남기지 않고 다 따르신다.
세상의 악인들이 그것을 모두 받아 마시고
쓰디쓴 마지막 한 방울까지 핥아야 한다!

9-10 그러나 나는 영원하신 하나님 이야기를 전하며
야곱의 하나님을 찬양하리라.
악인들의 주먹은
피투성이 나무토막,
의인들의 팔은
힘차게 뻗은 푸르른 가지 같다.

아삽의 시

76

1-3 하나님은 유다에서 유명하신 분.
이스라엘에서 그분의 이름 모르는 자 없구나.
그분께서 살렘에 집을 마련하시고
시온에 방 여러 칸짜리 거처를 정하셨네.
거기서 화살을 불쏘시개로 쓰시고
전쟁 무기들을 불사르셨네.

4-6 오, 주님은 얼마나 찬란하신지요!
저 거대한 전리품 더미보다 더욱 빛나십니다!
용사들이 약탈을 당해
무기력하게 널브러졌습니다.
이제 그들에게는 아무것도 없습니다.
으스댈 것도 으르댈 만한 것도 없습니다.
야곱의 하나님, 주님의 갑작스런 포효에
말도 기병도 숨통이 끊어졌습니다.

7-10 주님은 두렵고 무서우신 분!
그 누가 주님의 진노에 맞설 수 있겠습니까?
주께서 하늘에서 천둥소리로 심판을 알리시니
땅이 무릎 꿇고 숨을 죽입니다.
하나님이 우뚝 서서 모든 일을 바로잡으시니
이 세상의 가련한 이들이 모두 구원을 받습니다.
부글부글 끓던 분노 대신, 찬양소리 울려 퍼진다!
씩씩대던 온갖 분노 대신, 모두 나와 하나님께 화환을 바친다!

11-12 하나님께 약속한 대로 행하여라.
그분은 너희 하나님이시다.
우리의 모든 행위를 지켜보시는 분께
주변 사람들 모두 예물을 드리게 하여라.
잘못을 저지른 자 누구도 빠져나갈 수 없고
그분을 함부로 대할 자 아무도 없도다.

아삽의 시

77

1 내가 하나님께 외칩니다. 온 힘 다해 부르짖습니다.
목청껏 외치니, 그분께서 내게 귀를 기울여 주십니다.

2-6 내가 고난을 당해 주님을 찾아 나섰습니다.
내 삶은 벌어져 아물지 않는 상처.
친구들은 "모든 게 잘될 거야"라고 말하지만,
그들의 말 도무지 믿기지 않습니다.
내가 하나님을 떠올리고는, 고개를 가로젓습니다.
고개를 떨구고 맞잡은 두 손을 쥐어짭니다.
근심거리 이루 말할 수 없어
뜬눈으로 밤 지새고 한숨도 자지 못했습니다.
지난날을 돌아보고
흘러간 세월을 되새겨 봅니다.
어떻게 해야 내 삶을 추스를 수 있을지
밤새도록 거문고 타며 생각에 잠깁니다.

7-10 주께서 우리를 버리고 영원히 떠나셨는가?
다시는 환한 얼굴빛 비추지 않으시려는가?
그분의 사랑, 오래되어 누더기가 되었나?
그분의 구원 약속, 더 이상 유효하지 않은가?
하나님께서 자비 베푸시는 것을 잊으셨나?

노여움으로 우리를 버리고 떠나가셨나?
내가 말했습니다. "운도 없지. 지극히 높으신 하나님은
내가 필요로 할 때면 어김없이 일을 쉬시는구나."

11-12 내가 **하나님**께서 행하신 일들을 한 번 더 새기고
옛적 기적들을 돌이켜 봅니다.
주께서 이루신 모든 일들을 곰곰이 묵상하고
주님의 행적들을 오랫동안 그리며 바라봅니다.

13-15 오 하나님! 주님의 길은 거룩합니다!
어떤 신도 하나님만큼 위대하지 않습니다!
주님은 모든 일을 주관하시는 하나님,
주님의 크신 능력을 모든 이에게 보여주셨습니다.
주님의 백성을 극심한 곤경에서 끌어내시고
야곱과 요셉의 자손들을 구하셨습니다.

16-19 하나님, 대양이 주께서 행하신 일을 보았습니다.
주님을 보고 두려워 떨었습니다.
깊은 바다도 무서워 죽을 지경이 되었습니다.
구름이 양동이로 퍼붓듯 비를 내리고
하늘이 천둥소리를 터뜨리며,
주님의 화살들이 이리저리 번뜩였습니다.
회오리바람에서 주님의 천둥소리 울리고
번개가 온 세상을 번쩍 밝히니,
땅이 동요하며 흔들렸습니다.
주께서 대양을 활보하시고
으르대는 대양을 질러 가셨지만
아무도 주님의 오고 가심을 보지 못했습니다.

20 주께서는 모세와 아론의 손에 몸을 숨기신 채
주님의 백성을 양 떼처럼 이끄셨습니다.

아삽의 시

78

1-4 사랑하는 친구들이여, 하나님의 진리를 들으며
내 말에 귀를 기울여라.
격언 한 조각 곱씹어
너희에게 알려 주리라, 감미로운 옛 진리를.
이것은 우리 조상들에게서 전해 들은 이야기,

어머니 슬하에서 받은 훈계.
우리만 간직하지 않고
다음 세대에게도 전하련다.
하나님의 명성과 부,
그분께서 행하신 놀라운 일들을.

5-8 하나님께서 야곱 안에 증거를 심으시고
그분의 말씀을 이스라엘에 확고히 두셨다.
그리고 우리 조상들에게 명령하시기를,
그것을 자손들에게 가르쳐
다음 세대와 앞으로 올 모든 세대가
알게 하라고 하셨다.
그들이 진리를 배우고 이야기를 전하여
그 자손들도 하나님을 믿고,
하나님께서 행하신 일들을 잊지 않으며
그분의 계명을 지키게 하라고 명령하셨다.
완고하고 악한 그들의 조상들처럼
변덕스럽고 믿음 없는 세대,
하나님께 신실하지 못한 세대가
되지 말 것을 명하셨다.

9-16 에브라임 자손들은 빈틈없이 무장하고도
정작 전투가 시작되자 도망치고 말았다.
그들은 겁쟁이여서 하나님의 언약을 지키지 않았고
그분의 말씀 따르기를 거절했다.
그분께서 행하신 일을,
그들에게 똑똑히 보여주신 이적들을 잊어버렸다.
하나님께서는 이집트 소안 들판에서
그들의 조상들 눈앞에서 기적을 일으키셨다.
바다를 갈라 좌우에 바닷물을 쌓으시고,
그들이 걸어서 그 사이를 통과하게 하셨다.
낮에는 구름으로,
밤에는 활활 타는 횃불로 그들을 인도하셨다.
광야에서 바위를 쪼개시고
모두가 지하 샘물을 마시게 하셨다.
반석에서 시냇물 흐르게 하시고
그 물줄기 강처럼 쏟아져 나오게 하셨다.

17-20 그러나 그들은 계속해서 죄를 더 짓고
그 사막에서 지극히 높으신 하나님을 거역했다.
하나님을 제 뜻대로 움직이려 했고
특별한 사랑과 관심을 가져 달라고 떼를 썼다.
막돼먹은 아이처럼 보채며 투덜거렸다.
"어째서 하나님은 이 사막에서는 괜찮은 음식을 못 주시는 거야?
그분이 바위를 치시니 물이 흐르고
반석에서 시냇물이 폭포처럼 떨어졌지.
그런데 갓 구운 빵은 어째서 안 주시는 거지?
맛있는 고기 한 덩어리는 왜 안되는 거야?"

21-31 하나님께서 들으시고 노하셨다.
그분의 진노가 야곱을 향해 타올랐고
그 진노가 이스라엘에게 미쳤다.
그들이 하나님을 믿지 않았고
그분의 도우심을 신뢰할 마음이 없었다.
그러나 하나님께서는 구름에게 명령해
하늘 문을 여시고 그들을 도우셨다.
만나를 빗발치듯 내리셔서 그들을 먹이시고
하늘의 빵을 내리셨다.
그들은 힘센 천사들의 빵을 먹었고
그분은 그들이 배부르게 먹을 만큼 충분한 양을 보내 주셨다.
하늘에서 동풍을 풀어 놓으시고
남풍을 힘껏 보내시니,
이번에는 새들이 비처럼 떨어졌다.
육즙이 풍부한 새가 수없이 쏟아져 내렸다.
하나님께서 그것들을 진영 한가운데로 곧장 던지시니,
그들의 천막 주위로 새들이 쌓였다.
그들이 마음껏 먹고 배를 두드렸다.
하나님께서는 그들이 간절히 원하는 모든 것을 선뜻 내주셨다.
그러나 그들의 욕심은 끝이 없었고,
그들은 점점 더 많은 것을 입에 욱여넣었다.
하나님께서 더 이상 참지 못하시고 진노를 터뜨리셨다.
그들 가운데 가장 총명하고 뛰어난 자들을 베시고
이스라엘에서 가장 멋진 젊은이들을 쓰러뜨리셨다.

32-37 그러나 놀랍게도, 그들은 여전히 죄를 지었다.
그 모든 기적을 경험하고도 여전히 믿지 않았다!

그들의 삶은 아무 가치 없이 스러졌다.
그들이 살았던 흔적은 온데간데없고 유령도시만 남았다.
하나님께서 그들을 베어 죽이실 때에야
그들은 하나님께 달려와 도움을 구하고,
돌이켜 긍휼을 간구했다.
하나님께서 그들의 반석이심을,
지극히 높으신 하나님께서 그들의 구원자이심을 증언했다.
그러나 거기에는 한마디의 진심도 담겨 있지 않았다.
그들은 내내 거짓말만 늘어놓았다.
하나님을 조금도 개의치 않았고
그분의 언약 따위는 신경도 쓰지 않았다.

38-55 그럼에도 하나님께서는 자비로우셨다!
저들을 멸하는 대신, 그 죄를 용서하셨다!
노를 참고 또 참으시며
그 진노를 억누르셨다.
하나님께서는 그들이 한낱 흙으로 지어진 존재임을,
대수로울 것 없는 자들임을 기억하셨다.
사막에서 그들은 얼마나 자주 그분을 퇴짜 놓았던가?
광야 시절에 얼마나 자주 그분의 인내심을 시험했던가?
그들은 거듭 그분을 거역했고
이스라엘의 거룩하신 하나님을 노엽게 했다.
그들은 얼마나 빨리 그분이 행하신 일을 잊었던가?
대적의 손아귀에서 그들을 구하시던 날을.
이집트에서 여러 기적을 일으키시고
소안 평원에서 이적을 행하시던 일을.
그분께서는 강과 그 지류를 피로 바꾸셔서,
이집트에 마실 물이 한 방울도 없게 하셨다.
파리 떼를 보내어 저들을 산 채로 먹게 하시고
개구리 떼를 보내어 저들을 괴롭히게 하셨다.
저들의 수확물을 벌레 떼에게 내주시고,
저들이 애써서 거둔 모든 것을 메뚜기 떼에게 넘기셨다.
우박으로 저들의 포도나무를 쓰러뜨리시고
서리로 저들의 과수원을 망가뜨리셨다.
우박으로 저들의 가축을 사정없이 때리시고
벼락으로 저들의 소 떼를 치셨다.
이글거리는 진노와
사나운 파괴의 불 바람,

질병을 옮기는 천사 전위부대를 보내셔서
그 땅을 말끔히 청소하고 주님의 길을 예비하게 하셨다.
저들의 목숨을 살려 두지 않으시고
전염병이 저들 가운데 창궐하게 하셨다.
이집트의 모든 맏아들을 쓰러뜨리시고,
함이 낳은 건강한 유아들을 죽이셨다.
그러고는 자기 백성들을 양 떼처럼 이끌어 내셨다.
광야에서 그들 무리를 안전하게 인도하셨다.
주께서 돌보시니 그들은 두려울 것 없었다.
그들의 원수들은 바다가 영원히 삼켜 버렸다.
하나님께서는 야곱을 그분의 거룩한 땅으로,
그분의 소유로 삼으신 이 산으로 데려오셨다.
그들을 가로막는 자는 누구든 쫓아 버리시고
그 땅에 말뚝을 박아 유산으로 주시니,
이스라엘 온 지파가 자기 땅을 갖게 되었다.

56-64 그러나 그들은 계속해서 그분의 심기를 언짢게 하고
지극히 높으신 하나님을 거역했다.
그분께서 말씀하신 것을 하나도 이행하지 않았다.
믿기지 않지만, 그들은 조상들보다 더 악했다.
용수철처럼 배배 꼬인 배신자가 되었다.
이방인들의 난잡한 잔치를 벌여 하나님의 진노를 사고
추잡한 우상숭배로 그분의 마음을 아프게 했다.
하나님께서 그 어리석은 짓거리를 보고 노하셔서
이스라엘에 '절연'을 선언하셨다.
하나님이 떠나심으로 실로는 텅 비었고
그분께서 이스라엘과 만나시던 성소도 버려졌다.
하나님의 긍지와 기쁨이던 것을 위험에 내어주셨고
그분의 기쁨이던 백성에게 등을 돌리셨다.
노하신 하나님은 그들을 전쟁터에 내보내시고
혼자 힘으로 감당하게 하셨다.
젊은이들이 전쟁에 나가 돌아오지 않았고
젊은 아낙들의 기다림은 헛되이 끝났다.
제사장들은 몰살당하고
과부가 된 그들의 아내들은 눈물 한 방울 흘리지 못했다.

65-72 그때 주께서
깊은 잠에서 깨어난 사람처럼 갑자기 일어나셔서

술로 달아오른 전사처럼 고함치셨다.
원수들을 내리쳐 쫓아내시고
뒤돌아볼 엄두도 못 내게 고함치셨다.
그러고는 요셉의 지도자 자격을 박탈하셨다.
에브라임도 자격이 없다고 말씀하셨다.
대신 하나님께서 몹시 아끼시던 시온 산,
유다 지파를 선택하셨다.
그 안에 성소를 세우셔서 영광스럽게 하시고
땅처럼 견고하고 영원하게 하셨다.
그 다음, 자기 종 다윗을 택하시되
양 우리에서 일하던 그를 친히 뽑으셨다.
어미 양과 새끼 양을 치던 그였으나
하나님께서는 그에게 야곱을 맡기셨다.
그분의 백성 이스라엘, 가장 아끼시는 소유를 돌보게 하셨다.
마음이 착한 다윗은 선한 목자가 되었고,
백성을 슬기롭게 잘 인도했다.

아삽의 시

79

1-4 하나님! 야만족이 주님의 집에 침입하여
주님의 거룩한 성전을 더럽히고,
예루살렘을 돌무더기로 만들었습니다!
저들이 주님의 종들의 주검을
새들의 먹이로 내주고,
주님의 거룩한 백성의 뼈를
들짐승들에게 내주어 물어뜯게 했습니다.
저들이 그들의 피를
양동이의 물처럼 쏟아 버렸습니다.
그들의 주검이 예루살렘 주위에 흩어져 썩고 있건만
묻어 줄 사람 아무도 없습니다.
우리는 이웃 민족들에게 한낱 농담거리요,
성벽에 휘갈겨 쓴 낙서가 되고 말았습니다.

5-7 하나님, 이런 상황을 언제까지 참아야 합니까?
우리를 영영 외면하시렵니까?
들끓는 주님의 진노는 영영 식지 않으십니까?
노를 쏟으시려거든
주님을 전혀 개의치 않는 이방인들에게,
주님과 경쟁하며 주님을 무시하는 나라들에 쏟으소서.

야곱을 파괴하고
그가 살던 곳을 부수며 약탈한 저들에게 말입니다.

8-10 우리 조상들의 죄를 우리에게 돌리지 마소서.
어서 오셔서 우리를 도우소서. 우리는 옴짝달싹할 수 없습니다.
주께서는 구원의 하나님으로 명성 높으시니, 우리를 도우소서.
주님의 이름이 걸린 일입니다.
이 곤경에서 우리를 끌어내시고, 우리 죄를 용서해 주소서.
주님의 명성대로 행하여 주소서!
믿지 않는 자들이 "너희 하나님은 어디 있느냐?
점심 드시러 가셨느냐?" 하고 비웃지 못하게 하소서.
주님의 능력을 드러내셔서, 하나님을 모르는 자들이
주님의 종들을 죽이고 무사히 넘어가지 못하게 하소서.

11-13 포로들의 신음소리를 들으시고
사형수 감방에 있는 이들을 죽음에서 구하소서.
주님은 능히 하실 수 있습니다!
우리를 비웃는 이웃들에게 그 소행대로 갚으시고
저들이 주께 안겨 드린 모욕이 되돌아가, 저들을 쓰러뜨리게 하소서.
주님의 백성, 주께서 아끼고 돌보시는 우리는
주께 거듭 감사하며,
만나는 모든 사람들에게 알리겠습니다.
주님은 참으로 놀라운 분, 참으로 찬양받으시기에 합당한 분이심을!

아삽의 시

80

1-2 이스라엘의 목자시여, 귀를 기울이소서.
주님의 양 떼 요셉 자손을 모두 모으소서.
주님의 눈부신 보좌에서
광채를 비추셔서,
에브라임과 베냐민과 므낫세로 하여금
그들이 어디로 가고 있는지 보게 하소서.
침대에서 일어나소서. 충분히 주무셨습니다!
늦기 전에 서둘러 오소서.

3 하나님, 돌아오소서!
주님의 복되고 환한 얼굴빛 비춰 주소서.
그러면 우리가 구원을 받겠나이다.

4-6 **하나님**, 만군의 하나님,
주님의 백성이 불과 유황을 구하는데도
언제까지 휴화산처럼 연기만 뿜으시렵니까?
주께서는 눈물이 우리의 밥이 되게 하시고,
짭짤한 눈물을 양동이로 연거푸 들이켜게 하셨습니다.
주께서 우리를 친구들에게 놀림거리로 만드시니,
원수들이 날마다 조롱합니다.

7 만군의 하나님, 돌아오소서!
주님의 복되고 환한 얼굴빛 비춰 주소서.
그러면 우리가 구원을 받겠나이다.

8-18 주께서 어린 포도나무 한 그루 이집트에서 가지고 나오셔서
가시나무와 찔레나무를 뽑아 없애고
주님 소유의 포도원에 심으셨음을 기억하소서.
주께서 좋은 땅을 마련하시고
그 뿌리를 깊이 내리게 하시니,
포도나무가 땅을 가득 채웠습니다.
주님의 포도나무 우뚝 솟아 산들을 덮으니
거대한 백향목도 그 앞에서 난쟁이가 되었습니다.
주님의 포도나무가 서쪽으로는 바다까지
동쪽으로는 강까지 뻗어 나갔습니다.
그런데 어찌하여 주님의 포도나무를 더 이상 돌보지 않으십니까?
사람들이 제멋대로 들어와 포도를 따고
멧돼지들이 울타리를 뚫고 들어와 짓밟으며,
남은 것을 생쥐들이 야금야금 갉아 먹습니다.
만군의 하나님, 우리에게 돌아오소서!
무슨 일인지 잘 살펴보시고
이 포도나무를 돌보아 주소서.
주께서 정성껏 심으시고
어린 모종 때부터 기르신 포도나무를 보살펴 주소서.
감히 그것을 불태운 저들을 노려보고
죽음을 안기소서!
주께서 가장 아끼시던 아이의 손을 잡아 주소서.
다 자랄 때까지 친히 키우신 아이입니다.
우리가 주님을 버리지 않겠으니
우리 폐에 생기를 불어넣어, 큰소리로 주님의 이름 부르게 하소서!

[19] **하나님**, 만군의 하나님, 돌아오소서!
주님의 복되고 환한 얼굴빛 비춰 주소서.
그러면 우리가 구원을 받겠나이다.

아삽의 시

81

[1-5] 우리의 강하신 하나님께 노래를!
야곱의 하나님께 환호성을!
찬양대의 찬양과 악대의 음악으로
거문고와 하프, 트럼펫, 트롬본, 호른으로
감미로운 소리 올려 드려라.
이날은 축제의 날, 하나님의 잔칫날!
하나님께서 명하신 날,
야곱의 하나님이 엄숙하게 정하신 날.
이집트에서 행하신 일들을 잊지 않게 하시려고
요셉에게 명하여 지키게 하셨다.

가장 부드러운 속삭임 내가 들었네,
내게 말씀하시리라 상상도 못했던 분에게서.

[6-7] "내가 너희 어깨에서 세상 짐을 내려 주고
중노동에 시달리던 삶에서 벗어나게 해주었다.
너희가 고통 속에서 내게 부르짖자,
그 험한 곳에서 너희를 구해 냈다.
천둥의 은신처에서 너희에게 응답하고
므리바 샘에서 너희를 시험했다.

[8-10] 귀담아들어라, 사랑스런 이들아. 똑똑히 알아 두어라.
오 이스라엘아, 가벼이 듣지 마라.
낯선 신들과 놀아나지 말고
최신 신들을 경배하지 마라.
나는 **하나님**, 너희 하나님이다.
죽음의 땅 이집트에서 너희를 구해 내고,
온갖 먹을거리로
너희 굶주린 배를 채워 준 참 하나님이다.

[11-12] 그러나 내 백성은 나의 말을 듣지 않았고
이스라엘은 주의하지 않았다.
그래서 내가 고삐를 풀어 주며 말했다. '가거라!

어디, 네 멋대로 해보아라!'

13-16 오 사랑스런 백성아, 이제 내 말을 들으려느냐?
이스라엘아, 내가 그려 준 지도를 따라가려느냐?
그러면 내가 너희 원수들을 순식간에 해치우고
너희 적들에게 모욕을 주리라.
하나님을 미워하는 자들이 개처럼 꽁무니를 빼니
그 소식 다시는 들리지 않게 하리라.
너희는 내가 갓 구워 낸 빵에
버터와 천연 꿀을 발라 마음껏 먹으리라."

아삽의 시

82

1 하나님께서 재판관들을 불러들여
법정 피고석에 앉히신다.

2-4 "이제 더 이상은 안된다! 너희는 너무 오랫동안 정의를 훼손했고
살인죄를 지은 악인을 놓아주었다.
이제는 의지할 곳 없는 이들을 변호하고
약자들에게 공정한 기회를 보장하여라.
너희가 할 일은 힘없는 이들을 변호하고
그들을 착취하는 자들을 기소하는 것이다."

5 멋모르는 법관들! 진실을 외면하는 재판관들!
저들은 무슨 일이 벌어지는지 전혀 모른다.
그래서 모든 것이 흔들리고
세상이 휘청대는 것이다.

6-7 "지극히 높은 나 하나님이 너희 재판관 하나하나를
나의 대리자로 임명했다.
그러나 너희는 맡은 임무를 저버리더니
이제 지위를 빼앗기고 체포되기까지 하는구나."

8 오 하나님, 저들에게 응분의 벌을 내리소서!
온 세상이 주님의 손안에 있습니다!

아삽의 시

83

1-5 하나님, 나를 외면하지 마소서.
오 하나님, 내 말을 묵살하지 마소서.

주님의 원수들이 왁자지껄 떠들어 대고
하나님을 미워하는 자들이 흥청거립니다.
주님의 백성을 죽이려 모의하고
주님의 소중한 이들을 그 손에서 빼앗으려 음모를 꾸밉니다.
저들은 말합니다. "이 민족을 땅에서 쓸어버리고
이스라엘의 이름을 책에서 지워 버리자."
급기야 저들은 머리를 맞대고
주님을 제거할 흉계까지 꾸밉니다.

6-8 에돔과 이스마엘 사람들
모압과 하갈 사람들
그발과 암몬과 아말렉
블레셋과 두로 사람들,
거기다 앗시리아까지 합세하여
롯 일당에게 힘을 보탭니다.

9-12 주께서 미디안에게 하신 것처럼
기손 시내에서 시스라와 야빈에게 하신 것처럼, 저들을 치소서.
그들은 엔돌에서 최후를 맞이하고
정원의 거름이 되고 말았습니다.
오렙과 스엡에게 하신 것처럼 저들의 대장들을 베시고,
세바와 살문나에게 하신 것처럼 저들의 제후들을 멸하소서.
저들은 허풍을 칩니다. "다 가로채겠다.
하나님의 정원을 빼앗을 테다."

13-18 나의 하나님, 저들이라면 지긋지긋합니다!
저들을 날려 버리소서!
저들은 황무지에서 구르는 풀 뭉치,
불타 버린 땅에 남은 숯 토막일 뿐입니다.
저들을 두려워 떨게 만드시고
가쁜 숨을 내쉬며 하나님을 애타게 부르게 하소서.
저들을 진퇴유곡에 빠뜨리셔서
꼼짝없이 갇혀 있게 하소서.
그제야 저들이 알 것입니다. 주님의 이름이 하나님,
세상에 한분뿐인 지극히 높으신 하나님이심을.

고라의 시

84

[1-2] 만군의 하나님, 주님의 집이 어찌 그리 아름다운지요!
내가 전부터 이런 곳에 살고 싶었고,
주님의 집에 방 한 칸 마련하여
살아 계신 하나님께 기쁨의 노래 불러 드릴 날을 꿈꿔 왔습니다.

[3-4] 주님의 집에는 새들도 숨을 곳과 피난처를 얻습니다.
참새와 제비가 그곳에 둥지를 틀고
알을 낳아 새끼를 치며,
우리가 예배드리는 곳에서 지저귑니다.
만군의 하나님! 우리의 왕이신 하나님!
그곳에 살며 노래하는 이들은 얼마나 행복한지요!

[5-7] 주께서 거처로 삼으신 모든 이들은 참으로 행복합니다.
그들의 삶은 주께서 거니시는 길이 됩니다.
그들은 외딴 골짜기를 걸어도 시내를 만나고,
시원한 샘물과 빗물 가득한 물웅덩이를 발견합니다!
하나님께서 거니시는 이 길은 산을 휘돌아 오르고
마지막 모퉁이를 돌아 마침내 시온에 이릅니다!
하나님이 훤히 보이는 그곳!

[8-9] 만군의 하나님, 귀를 기울이소서.
오 야곱의 하나님, 귀를 열어 내 기도를 들어주소서!
우리의 방패를 보소서. 햇빛을 받아 반짝입니다.
우리의 얼굴을 보소서. 은혜로이 기름부으셔서 빛이 납니다.

[10-12] 주님의 집, 이 아름다운 예배처소에서 보내는 하루가
그리스 해변에서 보내는 천 날보다 낫습니다.
내가 죄의 궁궐에 손님으로 초대받느니,
차라리 내 하나님의 집 바닥을 닦겠습니다.
하나님은 햇빛으로 가득하신 주권자,
은사와 영광을 후히 베푸시는 분,
자기 길동무에게 인색하지 않은 분이십니다.
만군의 하나님이 함께하시니, 가는 길 내내 순탄합니다.

고라의 시

85

[1-3] 하나님, 주께서 주님의 선한 땅에 환한 얼굴빛 비추셨습니다!
야곱에게 좋은 시절을 되돌려 주셨습니다!

주님의 백성에게서 죄의 구름 걷어 내시고
그 죄 보이지 않게 멀리 치우셨습니다.
죄로 인한 노여움 철회하시고
맹렬한 진노를 가라앉히셨습니다.

4-7 우리 구원의 하나님, 전과 같이 우리를 도우소서.
우리에게 품으신 원한을 이제 거두어 주소서.
영원토록 그러지는 않으시겠지요?
언제까지 찌푸린 얼굴로 노여워하시겠습니까?
우리를 새롭게 출발하게 하시고, 부활의 생명으로 살게 하소서.
그러면 주님의 백성이 웃으며 노래할 것입니다!
하나님, 주께서 우리를 얼마나 사랑하시는지 보여주소서!
우리에게 절실한 구원을 베풀어 주소서!

8-9 주께서 뭐라고 말씀하실지 어서 듣고 싶습니다.
하나님께서 자기 백성에게
몹시 아끼시는 거룩한 백성에게
다시는 바보처럼 살지 않게 하시려고, 행복을 선언하실 것입니다.
보이는가, 주님을 경외하는 이들에게 그분의 구원이 얼마나 가까운지?
우리 거하는 이 땅은 주님의 영광이 깃드는 곳!

10-13 사랑과 진실이 거리에서 만나고
정의로운 삶과 온전한 삶이 얼싸안고 입 맞추네!
진실이 땅에서 파릇파릇 싹트고
정의가 하늘에서 쏟아지네!
그렇다! 하나님께서 선함과 아름다움을 내리시니,
우리 땅이 넉넉함과 축복으로 응답하네.
정의로운 삶이 주님 앞을 걸어 나가며
그분 가시는 길을 깨끗게 하리라.

86

다윗의 시

1-7 하나님, 내게 귀를 기울이시고 응답하소서.
불쌍하고 딱한 인생입니다!
나를 지켜 주소서. 이 정도면 잘 살아오지 않았는지요?
주님의 종을 도우소서. 내가 주님만을 의지합니다!
주님은 나의 하나님이시니, 내게 긍휼을 베푸소서.
내가 아침부터 밤까지 주님을 의지합니다.
주님의 종에게 복된 삶을 주소서.

주님의 손에 이 몸을 맡겨 드립니다!
주님은 선하시며 기꺼이 용서하시는 분,
도움을 구하는 모든 이들에게 관대하기로 이름 높으신 분.
하나님, 내 기도에 주의를 기울이소서.
고개를 돌리셔서, 도움을 구하는 나의 부르짖음을 들어주소서.
주께서 응답해 주실 줄 확신하기에
내가 고난에 처할 때마다 주께 부르짖습니다.

8-10 오 주님, 신들 가운데 주님과 같은 신이 없고
주님의 행하신 일들과 견줄 만한 것도 없습니다.
오 주님, 주께서 지으신 모든 민족이 와서
주께 경배합니다.
주님의 아름다우심을 드러내고,
주님의 위대하심과
주께서 행하신 놀라운 일들을 자랑합니다.
하나님, 주님은 오직 한분, 주님과 같은 분 없습니다!

11-17 하나님, 나를 가르쳐 똑바로 걷게 하소서.
내가 주님의 참된 길을 따르겠습니다.
내 마음과 정신을 하나로 모아 주소서.
온전한 마음으로 즐거이 경외하며 예배하겠습니다.
사랑하는 주님, 진심으로 주께 감사드리니
주께서 행하신 일들을 내가 결코 숨긴 적이 없습니다.
주님은 언제나 나를 선대하신 분. 놀라워라, 그 사랑!
큰 어려움에서 나를 구해 내셨습니다!
하나님, 불량배들이 고개를 쳐듭니다!
불한당 무리가 나를 노립니다.
저들은 주님을 조금도 개의치 않는 자들입니다.
오 하나님, 주님은 친절하시고 다정하신 분,
좀처럼 노하지 않으시고 사랑이 무한하시며
절대 포기하지 않으시는 분.
나를 눈여겨보셔서 친절을 베푸시고
주님의 종에게 살아갈 힘을 주소서.
주님의 사랑하는 자녀를 구원해 주소서!
나를 얼마나 사랑하시는지 나타내 보여주소서.
그러면 나를 미워하는 불량배들이
멈춰 서서 벌린 입을 다물지 못할 것입니다.
주 하나님께서, 부드럽고 강하게

나를 다시 일으켜 세우시기 때문입니다.

고라의 시

87 [1-3] 거룩한 산 위에 시온을 세우셨으니
오, 하나님은 참으로 그분의 집을 사랑하신다네!
야곱의 집들을 모두 합한 것보다
더욱 사랑하신다네!
오, 하나님의 도성이여!
모두가 네 이야기를 하는구나!

[4] 나를 잘 아는 저들의 이름을 하나하나 불러 본다.
이집트와 바빌론,
블레셋,
두로와 구스도 함께.
저들을 두고 이런 말이 떠돈다.
"이 사람은 여기서 다시 태어났다!"

[5] 시온을 두고는 이런 말이 나돈다.
"남자와 여자, 이 사람 저 사람 모두
그 품에서 다시 태어났다!"

[6] 하나님께서 저들의 이름을 명부에 기록하신다.
"이 사람, 이 사람, 그리고 이 사람이
바로 여기서 다시 태어났다."

[7] 노래하는 사람과 춤추는 자들도 시온을 두고 이렇게 말한다.
"나의 모든 근원이 시온 안에 있다!"

고라 자손 헤만의 기도

88 [1-9] 하나님, 내가 기대할 것은 주님뿐입니다.
내가 주님 앞에 무릎 꿇고 밤을 지새웁니다.
주님의 구원 계획에 나를 넣어 주시고,
내가 처한 곤경에 주목하소서.
어려움이라면 당할 만큼 당했고,
나 이제 저승의 문턱에 이르렀습니다.
사람들은 나를 실패자로 여기고
흔해 빠진 사고 희생자, 가망 없는 자로 분류합니다.
이미 죽은 자처럼 버림받아

주검 더미에 던져진 또 하나의 시체요,
묘비도 없이
흔적도 없이 사라질 존재일 뿐입니다.
주께서 나를 나락에 떨어뜨리시고
칠흑 같은 심연으로 밀어 넣으셨습니다.
내가 주님의 격노에 정신을 잃고,
파도처럼 밀려오는 주님의 분노에 사정없이 부서졌습니다.
친구들이 나를 미워하게 하시고
나를 끔찍한 존재로 여기게 만드셨습니다.
미로에 갇힌 이 몸 탈출구를 찾지 못한 채
고통과 좌절의 눈물로 눈까지 멀고 말았습니다.

9-12 **하나님**, 종일토록 주께 부르짖고, 또 부르짖습니다.
이렇게 두 손 모아 쥐고 도움을 구합니다.
죽은 자들이 살아서 주님의 기적을 보겠습니까?
유령들이 찬양대에 끼어 주님을 찬양하겠습니까?
주님의 사랑이 임한다 한들 무덤에서 무엇이 달라지겠습니까?
주님의 신실한 임재를 지옥의 통로에서 누가 알아보겠습니까?
주님의 놀라운 이적들을 어둠 속에서 누가 보겠습니까?
주님의 의로운 길을 망각의 땅에서 누가 주목하겠습니까?

13-18 **하나님**, 물러서지 않고 목청껏 도움을 구합니다.
내가 아침마다 기도하고 새벽마다 무릎 꿇습니다.
하나님, 어찌하여 못 들은 체하십니까?
어찌하여 그렇게 모습을 감추십니까?
어려서부터 고통을 겪고
주님 주시는 가장 심한 고통을 겪은 이 몸, 이제는 지쳤습니다.
들불 같은 주님의 노여움이 내 인생 내내 타올라,
이 몸, 시퍼렇게 멍든 채 죽어 가고 있습니다.
주께서 나를 사방에서 맹렬히 치시고
거반 죽을 때까지 재난을 퍼부으셨습니다.
사랑하는 사람과 이웃이 똑같이 나를 버리게 하셨으니,
내게 남은 벗은 오직 어둠뿐입니다.

에단의 기도

89

1-4 **하나님**, 주님의 사랑 내 노래가 되니, 내가 노래하렵니다!
주님의 신실하심을 모든 이들에게 영원토록 전하렵니다.
멈추지 않겠습니다, 주님의 사랑 이야기를.

주께서 우주를 어떻게 조성하시고
그 속의 모든 것을 어떻게 보증하셨는지를.
주님의 사랑은 언제나 우리 삶의 토대였고
주님의 성실하심은 세상을 덮는 지붕이었습니다.
전에 주께서도 이렇게 말씀하셨습니다.
"나는 내가 택한 지도자와 언약을 맺고
나의 종 다윗에게 맹세했다.
'네 후손은 누구나 생명을 보장받을 것이다.
네 통치권이 바위처럼 견고하여 오래도록 지속되게 할 것이다.'"

5-18 **하나님**! 온 우주가 주님의 이적을 찬양하게 하시고
거룩한 천사들의 찬양대가 주님의 성실을 찬송하게 하소서!
하늘과 땅, 여기저기 구석구석 살펴보소서.
하나님 같은 분이 없음이 명백히 드러납니다.
거룩한 천사들이 주님 앞에서 심히 두려워 떱니다.
하나님께서 모든 이들 위에 큰 위엄 보이며 나타나십니다.
만군의 **하나님**, 그 무엇에도 능하고 성실하시니
주님 같은 분, 또 어디에 있겠습니까?
주께서는 오만한 대양이 분수를 알게 하시고
사납게 날뛰는 파도를 잠잠케 하십니다.
저 늙은 마녀 이집트를 모욕하시고
손사래로 주님의 원수들을 내쫓으셨습니다.
우주도 주님의 것, 그 안의 만물도 다 주님의 것,
원자부터 대천사에 이르기까지 모두가 주님의 것입니다.
주께서 북극과 남극을 배치하시니
다볼 산과 헤르몬 산이 주께 이중창을 부릅니다.
우람찬 팔과 강철 같은 손을 지니셨으니
주님을 우습게 보는 자 하나 없습니다!
공평과 정의는 주님 통치권의 뿌리.
사랑과 진실은 그 열매.
찬양의 비밀을 알고
하나님의 찬란한 얼굴 앞에 나와 외치는 백성은 복이 있습니다.
기쁨에 겨워 온종일 춤을 추니,
주께서 누구신지, 무슨 일을 행하시는지 알고
그저 잠잠할 수 없는 까닭입니다!
주님의 그 아름다움, 우리 안에 사무칩니다.
주께서 우리를 너무나 잘 대해 주셨습니다!
마치 구름 위를 걷는 것만 같습니다!

우리의 전 존재, 우리가 가진 모든 것이 하나님의 것입니다.
우리의 왕이시며, 이스라엘의 거룩하신 하나님!

19-37 오래전 주께서 환상 가운데 나타나셔서,
주님이 사랑하시는 충성스러운 이들에게 말씀하셨습니다.
"내가 한 영웅에게 왕관을 씌웠다.
고르고 고른 최고의 사람,
나의 종 다윗을 찾아내어
그의 머리에 거룩한 기름을 부어 주었다.
내 손이 항상 그를 붙들고
힘들 때나 좋을 때나, 변함없이 그와 함께할 것이다.
어떤 원수도 그를 이기지 못하고
어떤 악당도 그를 해치지 못할 것이다.
그를 대적하는 자, 내가 제거하고
그를 미워하는 자, 내가 쫓아낼 것이다.
내가 영원토록 그와 함께하며, 길이길이 사랑할 것이다.
내가 그를 높이리니, 그가 만방에 우뚝 솟을 것이다.
내가 그의 한 손에 대양을, 다른 한 손에 강을 맡겼으니
그가 '오 나의 아버지, 나의 하나님, 내 구원의 반석이시여!' 하고 외칠 것이다.
내가 그를 구별하여 왕조를 열게 했으니
세상 그 어떤 왕보다 뛰어난 왕이 되게 할 것이다.
나의 사랑으로 영원히 그를 보호하고
엄숙히 약속한 대로 모든 것을 성실히 이행할 것이다.
그의 자손들이 이어지게 하고
그의 통치를 승인할 것이다.
그러나 그의 자손이 내 말을 따르지 않거나
내가 제시하는 길을 걷지 않으면,
나의 규례에 침을 뱉고
내가 정해 준 규정을 찢어 버리면,
내가 반역의 오물을 그들의 얼굴에 문지르며
죄값을 물을 것이다.
그러나 그들을 내치고 버리거나
그들과 의절하지는 않을 것이다.
내가 내 거룩한 약속을 철회할 것 같으냐?
한번 내뱉은 말을 무를 것 같으냐?
나는 이미 약속을 했다. 이것은 온전하고 거룩한 약속이다.
내가 다윗에게 거짓말을 하겠느냐?
그의 자손이 영원토록 이어지고

그의 통치권이 태양같이 분명할 것이니,
달의 주기처럼 믿음직하며
날씨만큼 분명하게 설 것이다."

38-51 **그러나 하나님**, 주께서는
친히 기름부으신 자에게 진노하셔서
우리를 두고 떠나셨습니다.
주님의 종에게 하신 약속을 파기하시고
그의 왕관을 진흙 속에 처박아 짓밟으셨습니다.
그의 나라를 철저히 파괴하시고
그의 도성을 돌무더기로 만드셨습니다.
도성은 지나가는 낯선 자들의 약탈로 텅 비었고
모든 이웃의 조롱거리가 되었습니다.
주께서 그의 원수들에게 축제를 선언하시니
그들이 있는 힘을 다해 즐깁니다.
노하신 주께서 전투중에 그를 대적하셨고
그의 편이 되어 싸우기를 거부하셨습니다.
그에게서 광채를 앗아 가시고 용사인 그를 욕보이셨습니다.
왕의 명예가 땅바닥에 처박히게 하셨습니다.
그의 생애에서 최고의 시절을 빼앗으시고
그를 무능하고 몰락한 허깨비로 남게 하셨습니다.
하나님, 언제까지 우리를 버려두시렵니까?
영원히 떠나셨습니까? 두고두고 진노를 발하시렵니까?
내 슬픔을 기억하소서. 인생이 얼마나 짧은지를 기억하소서.
고작 이렇게 하시려고 사람을 지으셨습니까?
우리는 조만간 죽음을 볼 것입니다. 모두가 그러합니다.
저승에는 빠져나갈 뒷문이 없습니다.
사랑 많기로 유명하신 주님,
그 사랑 지금 어디에 있습니까?
다윗에게 하신 약속은 어찌 되었습니까?
사랑하는 주님, 주님의 종을 살펴보소서.
하나님, 나는 모든 민족의 놀림거리가 되었습니다.
주님의 원수들이 주께서 친히 기름부으신 자를 따라다니며
조롱합니다.

하나님, 영원히 찬양을 받으소서!
그렇습니다. 참으로 그렇습니다.

하나님의 사람 모세의 기도

90

1-2 하나님, 주님은 대대로 우리의 안식처이셨습니다.
오래전 산들이 생겨나기 전부터,
주께서 땅을 지으시기 전부터.
"아주 오랜 옛적"부터 "주님의 나라가 임할" 때까지, 주님은 하나님이십니다.

3-11 우리를 흙으로 돌려보내지 마소서.
"네 근원으로 돌아가라" 말씀하지 마소서.
참으소서! 주께서는 세상의 모든 시간을 쥐고 계십니다.
천 년이나 하루나 주께는 매한가지입니다.
주께는 우리가 아련한 한순간의 꿈에 불과한지요?
해 뜰 때 멋들어지게 돋아났다가
속절없이 베이고 마는 풀잎에 불과한지요?
감당할 수 없는 주님의 진노에
우리는 옴짝달싹할 수 없습니다.
주께서는 우리의 모든 죄를 놓치지 않으시고
어릴 적부터 저지른 악행을 주님의 책에 낱낱이 기록하셨습니다.
우리가 기억하는 것은 잔뜩 찌푸린 주님의 얼굴뿐입니다.
우리가 받을 대가가 그것이 전부인지요?
우리 수명은 칠십 남짓
(운이 좋으면 팔십입니다).
그렇게 살아서 내놓을 것이 무엇이겠습니까? 고통뿐입니다.
수고와 고통과 묘비 하나가 전부입니다.
누가 그러한 진노를, 주님을 두려워하는 자들에게 터뜨리시는
그 노여움을 이해할 수 있겠습니까?

12-17 오! 우리에게 제대로 사는 법을 일러 주소서!
지혜롭게 잘사는 법을 가르쳐 주소서!
하나님, 돌아오소서. 언제까지 기다려야 합니까?
이제는 주님의 종들을 온유하게 대해 주소서.
새벽에 깨어 주님의 사랑에 놀라게 하소서.
그러면 우리가 종일토록 기뻐 뛰며 춤추겠습니다.
지금까지 힘든 나날을 주신 만큼, 이제 좋은 날도 주소서.
불행이라면 평생 동안 충분히 겪었습니다.
주님의 종들에게 드러내 주소서, 주님의 능하신 모습을.
주님의 자녀들을 다스리시고 그들에게 복 주시는 모습을.
주 우리 하나님, 은혜를 베푸셔서
우리가 하는 일이 잘되게 하소서.

오, 그렇게 해주소서. 우리가 하는 일이 틀림없게 해주소서!

91 1-13 지극히 높으신 하나님 앞에 앉은 그대,
전능하신 분의 그늘 아래서 밤을 보내는 그대,
이렇게 아뢰어라. "하나님, 주님은 나의 피난처이십니다.
내가 주님을 신뢰하니 안전합니다!"
그렇다. 그분께서는 너를 함정에서 구하시고
치명적인 위험에서 지켜 주신다.
거대한 팔을 뻗어 너를 보호하신다.
그 팔 아래서 너는 더없이 안전하리라.
그분의 팔이 모든 불행을 막아 내신다.
아무것도 두려워하지 마라. 밤에 다니는 사나운 늑대,
낮에 날아드는 화살,
어둠 속을 배회하는 질병,
한낮에 일어나는 재난도.
많은 사람들이 도처에서 죽어 나가고
파리 떼처럼 우수수 떨어져도,
네게는 어떤 불행도 미치지 못하리라.
오히려 멀쩡한 상태로 먼발치에서 상황을 지켜보고
악인들이 주검으로 변해 가는 것을 바라볼 것이다.
하나님께서 너의 피난처가 되어 주시고
지극히 높으신 하나님께서 너의 안식처가 되어 주시니,
불행이 네 가까이 가지 못하고
재해가 네 집에 들이닥치지 못할 것이다.
그분이 천사들에게 명령하여
네가 어디로 가든지 지키게 하실 것이다.
네가 넘어지려고 할 때마다 그들이 잡아 줄 것이다.
그들의 임무는 너를 보호하는 것.
너는 아무 해도 입지 않고 사자와 뱀 사이를 누비며,
젊은 사자와 뱀을 걷어차 내쫓을 것이다.

14-16 **하나님**께서 말씀하신다. "네가 필사적으로 내게 매달리면
내가 온갖 곤경에서 너를 구해 주리라.
네가 오직 나만 알고 신뢰하면
내가 너를 지극한 사랑으로 보살피리라.
나를 불러라. 내가 응답하겠고, 네가 고난당할 때 너와 함께하며
너를 구해 내어 잔치를 베풀어 주리라.

네가 장수하여
오래도록 구원의 생수를 마시게 하리라!"

안식일에 부르는 노래

92

1-3 **하나님**, 주께 감사드리며 지극히 높으신 하나님을
찬송하는 일, 얼마나 아름다운지요!
새벽마다 주님의 사랑을 선포하고
거문고와 하프,
장엄한 현악기 소리에 맞춰
주님의 성실하심을 밤새 노래합니다.

4-9 **하나님**, 주께서 나를 복되게 하셨으니
주께서 행하신 일을 보고 내가 기뻐 소리칩니다.
하나님, 주께서 행하신 일, 참으로 놀랍습니다!
주님의 생각은 참으로 깊습니다!
우둔한 자들은 주님의 일을 알지 못합니다.
어리석은 자들은 결코 그것을 깨닫지 못합니다.
악인들이 잡초처럼 일어나고
악한 남녀가 세상을 차지해도,
주께서 그들을 베어 넘어뜨리시고
단번에 끝장내십니다.
하나님, 주님은 지극히 높고 영원하신 분이십니다.
하나님, 주님의 원수들을 보소서!
주님의 원수들을 보소서. 모두 망했습니다!
악의 하수인들이 바람결에 모두 흩어졌습니다!

10-14 그러나 주께서는 나를 돌진하는 들소처럼 강하게 하시고
축제 행렬로 영예롭게 해주셨습니다.
나를 책잡는 자들이 쓰러지던 모습,
나를 비방하는 자들이 도망치던 모습, 지금도 눈에 선합니다.
주께서 하신 약속의 음성, 내 귀에 가득합니다.
"선한 이들은 종려나무처럼 번성하고
레바논의 백향목처럼 우뚝 솟으리라.
내가 그들을 **하나님**의 안뜰에 옮겨 심었으니
하나님 앞에서 크게 자라리라.
늙어서도 늘 푸르며 진액이 넘치리라."

15 이것은 **하나님**의 정직하심을 보여주는 확실한 증거!

그분은 나의 산, 크고 거룩한 산!

93

1-2 **하나님**은 위엄을 두르시고 다스리시는 왕.
하나님은 위엄을 두르시고 능력을 떨치시는 분.

세계는 굳건히 서서 흔들림이 없고
주님의 보좌는 한결같이 견고하니, 주님은 영원하신 분!

3-4 **하나님**, 바다에 폭풍이 일어납니다.
폭풍이 사납게 으르댑니다.
폭풍에 우레 같은 파도가 일렁입니다.

사나운 폭풍보다 강하시고
폭풍이 일으킨 파도보다 강력하신 **하나님**,
엄위로우신 **하나님**이 높은 하늘에서 다스리십니다.

5 주님의 말씀은 그대로 이루어집니다. 늘 그러했습니다.
하나님, 아름다움과 거룩함이 주님의 궁전에 법도로 자리 잡으니,
마지막 때까지 그러할 것입니다.

94

1-2 **하나님**, 악을 끝장내소서.
복수하시는 하나님, 주님의 진면목을 드러내소서!
세상의 심판자이신 하나님, 일어나소서.
거만한 자들을 엄벌에 처하소서.

3-4 **하나님**, 악인이 사람을 죽이고도 무사하다니
언제까지 이런 상황을 허락하시렵니까?
저들이 거드름 피우고 으스대며
자신들의 범행을 자랑스레 떠벌립니다!

5-7 **하나님**, 저들이 주님의 백성을 짓밟고
주님의 소중한 백성을 착취하고 학대합니다.
누구든지 거치적거리면 제거하고
쓸모가 없어지면 살해합니다.
저들은 말합니다. "**하나님**은 보지 않아.
야곱의 하나님은 점심 드시러 가셨어."

8-11 바보 천치들아, 다시 생각해 보아라.
너희는 언제 철이 들려느냐?
귀를 지으신 분께서 듣지 못하시겠느냐?
눈을 만드신 분께서 보지 못하시겠느냐?
민족들을 훈련시키는 분께서 벌하지 않으시겠느냐?
아담의 스승께서 모르실 것 같으냐?
하나님은 다 알고 계신다.
너희 어리석음을 아시고
너희 천박함도 알고 계신다.

12-15 **하나님**, 주께서 가르치시는 남자,
주께서 말씀으로 지도하시는 여자는 참으로 복됩니다.
악인을 수용할 감옥이 지어지는 동안 악이 소란을 떨어도,
저들을 평온으로 감싸 주시기 때문입니다.
하나님께서는 주님의 백성을 떠나지 않으시고
소중한 백성을 버리지 않으실 것입니다.
안심하여라. 정의가 제 길을 가고
마음 착한 이들 모두가 그 길을 따르리니.

16-19 누가 나를 위해 악인들에게 맞섰으며,
누가 내 편이 되어 악당에게 맞섰는가?
하나님이 아니셨으면
나는 살아남지 못했으리라.
"내가 미끄러져 넘어집니다" 말하는 순간,
주 **하나님**의 사랑이 나를 든든히 붙들었습니다.
내가 마음이 상하여 어쩔 줄 몰라 할 때,
주께서 나를 달래시고 위로해 주셨습니다.

20-23 악한이 주님과 어울릴 수 있겠으며,
말썽꾼이 주님의 편이 되려고 하겠습니까?
저들이 몰려가 선한 이들을 습격하고
무죄한 이들의 등 뒤에서 흉계를 꾸몄지만
하나님은 나의 은신처,
나의 숲 속 산장이 되어 주셨다.
저들의 악행을 저들에게 되돌리시고
저들을 쓸어버리셨다.
우리 **하나님**께서 저들을 영원히 쫓아내셨다.

95

1-2 다 와서, 하나님께 큰소리로 노래 부르자.
우리를 구원하신 반석을 향해 환호성을 올려 드리자!
찬송을 부르며 그분 앞에 나아가자.
서까래가 들썩이도록 소리 높여 외치자!

3-5 하나님은 가장 높으신 분,
모든 신들보다 높으신 왕.
한 손으로는 깊은 굴과 동굴을,
다른 한 손으로는 높은 산들을 붙들고 계신 분.
그분께서 대양을 지으시고 그분의 소유 삼으셨다!
땅도 친히 조각하셨다!

6-7 다 와서, 경배드리자. 그분께 절하고
우리를 지으신 하나님 앞에 무릎 꿇자!
그분은 우리 하나님,
우리는 그분이 기르시는 백성, 그분이 먹이시는 양 떼.

7-11 모든 것 내려놓고 그분 말씀에 귀를 기울여라.
"쓰디쓴 반역의 때처럼,
광야 시험의 그날처럼 못 들은 체하지 마라.
그때에 너희 조상은 나를 시험했다.
사십 년 동안 그들 가운데서 일한 나를 보고도
거듭거듭 내 인내심을 시험했다.
나는 진노했다. 더 이상 참을 수 없었다!
'저들은 단 오 분도 하나님인 나에게 마음을 둘 수 없단 말인가?
저들은 내 길로 가지 않기로 작정한 것인가?'
내가 노하여, 폭탄선언을 했다.
'저들은 목적지에 이르지 못할 것이다.
정착하여 안식하지 못할 것이다.'"

96

1-2 새 노래로 하나님께 노래하여라!
땅과 거기 사는 모든 이들아, 노래하여라!
하나님께 노래하며 예배하여라!

2-3 바다 이 끝에서 저 끝까지 그분의 승리를 큰소리로 외쳐라.
패배자들에게 전하여라, 그분의 영광을!
모든 이들에게 전하여라, 그분의 기적을!

4-5 하나님은 위대하시니, 수천 번 찬양을 받아 마땅하신 분.
지극히 아름다운 그분 앞에서 신들은 싸구려 모조품,
이방인의 신들은 너덜거리는 누더기일 뿐.

5-6 하나님께서 하늘을 지으셨으니
그분에게서 왕의 광채가 뻗어 나오고,
그 권능의 아름다움, 비할 데 없도다.

7 하나님께 환호성을 올려라!
모두 큰소리로 외쳐라!
그 아름다움, 그 권능 앞에 두려워 떨어라.

8-9 예물을 드리며 찬양하여라.
아름다우신 하나님께 몸을 굽혀라.
무릎 꿇고 모두 다 경배하여라!

10 이 소식 널리 알려라. "하나님께서 다스리신다!
세상을 든든한 기초 위에 놓으시고
모든 이들을 공명정대하게 대하신다."

11 들어라, 하늘이 전하는 이 소식을.
함께하는 땅의 소리와
연이어 들리는 바다의 열광적인 박수소리를.

12 광야야, 기뻐 뛰어라.
동물들아, 와서 춤추어라.
숲의 모든 나무를 찬양대로 세워라.

13 하나님이 오실 때 그분 앞에서 화려한 공연을 펼쳐라.
그분께서 오시면 세상 모든 일을 바로잡으시리라.
모든 것 바로잡으시고, 모든 이들을 공정히 대하시리라.

97

1 하나님께서 다스리신다. 큰소리로 외쳐라!
대륙들아, 섬들아, 어서 찬양하여라!

2 흰 구름과 먹구름이 그분을 둘러싸고,
공평과 정의 위에서 그분의 통치가 이루어진다.

3 불이 주님 앞에서 환히 빛나니
험준한 바위산 꼭대기에서 타오른다.

4 그분의 번개가 번쩍 세상을 비추니,
깜짝 놀란 땅이 두려워 떤다.

5 산들이 **하나님**을 보고는
땅의 주님 앞에서 밀초처럼 녹아내린다.

6 하늘이 선포한다, **하나님**께서 모든 일을 바로잡으실 것임을.
그대로 되는 것을 모두가 보리니, 참으로 영광스럽구나!

7-8 깎아 만든 신을 섬기는 모든 자들, 후회하리라.
누더기 신들을 자랑으로 여긴 것을!

너희 모든 신들아, 무릎 꿇고 주님께 경배하여라!
시온아, 귀 기울여 듣고 마음을 다잡아라!

시온의 딸들아, 열창하여라.
하나님께서 모두 이루셨다. 모든 일을 바로잡으셨다.

9 **하나님**, 주께서는 온 우주의 **하나님**,
그 어떤 신들보다도 지극히 높으신 분이십니다.

10 **하나님**께서 악을 미워하는 모든 이들을 사랑하시고
그분을 사랑하는 이들을 보호하시며,
악인의 손아귀에서 그들을 빼내 주신다.

11 하나님 백성의 영혼에는 빛의 씨앗이,
착한 마음 밭에는 기쁨의 씨앗이 뿌려진다.

12 하나님의 백성들아, **하나님**을 소리 높여 찬양하여라.
우리 거룩하신 하나님께 감사드려라!

98

1 새 노래로 **하나님**께 노래하여라.
그분께서 수많은 기적들로 세상을 만드셨다.

소매를 걷어붙이시고
모든 일을 바로잡으셨다.

2 **하나님**께서 역사에 길이 남을 구원을 베푸시고
그분의 권능을 온 세상에 나타내셨다.

3 그분께서 잊지 않으시고 우리를 사랑해 주셨다.
그분이 아끼시는 이스라엘에게, 지치지 않는 사랑을 베푸셨다.

온 세상이 주목한다.
보아라, 하나님의 구원 역사를!

4 모두 다, **하나님**을 소리 높여 찬양하여라!
마음껏 노래하여라! 연주에 맞춰 노래하여라!

5 관현악단을 이루어 **하나님**께 연주하여라.
일백 명의 합창단도 함께하여라.

6 트럼펫과 큰 트롬본도 연주하여라.
세상을 가득 채우도록, 왕이신 **하나님**께 찬양하여라.

7 바다와 그 속에 사는 물고기야, 박수갈채를 보내어라.
땅에 사는 모든 생물들도 참여하여라.

8 대양의 파도야, 환호성을 올려라.
산들아, 화음으로 대미를 장식하여라.

9 **하나님**께 찬사를 드려라. 그분께서 오신다.
세상을 바로잡으러 오신다.

그분께서 온 세상을 올곧게 하시고
땅과 거기 사는 모든 이들을 바르게 하시리라.

99

1-3 **하나님**께서 다스리신다. 모두 깨어 있어라!
천사들 사이의 보좌에서 다스리시니, 주목하여라!
하나님이 시온에 위엄차게 나타나신다.
온갖 유명인사들 위로 영광스럽게 우뚝 서신다.

주님의 아름다우심, 놀랍고 놀랍습니다. 모든 이들이 주님을 찬양하게 하소서!
거룩하시다. 참으로 거룩하시다.

4-5 강하신 왕, 정의를 사랑하시는 분,
주께서 세상을 공명정대하게 밝히시고
야곱 안에 기초를 놓으시니,
정의와 공의의 주춧돌을 놓으셨습니다.
하나님 우리 하나님께 경의를 표하여라. 그분의 통치에 머리를 숙여라!
거룩하시다. 참으로 거룩하시다.

6-9 모세와 아론은 그분의 제사장,
사무엘은 그분께 기도하는 이들 가운데 한 사람.
그들이 **하나님**께 기도하니 그분께서 응답하셨다.
구름기둥에서 말씀하셨다.
그들이 그분의 말씀을 따르고, 그분의 법도를 모두 지켰다.
그러자 **하나님** 우리 하나님께서 그들에게 응답하셨다.
(그러나 주님, 저들의 죄는 너그럽게 넘기지 않으셨습니다.)
지극히 높으신 **하나님**, 우리 하나님을 높여 드려라.
그분의 거룩한 산에서 경배하여라.
거룩하시다. **하나님** 우리 하나님은 참으로 거룩하시다.

감사의 시

100

1-2 모두 일어나 **하나님**께 박수갈채를!
웃음을 한 아름 안고
노래하며 그분 앞으로 나아가라.

3 너희는 알아 두어라, 주께서 **하나님**이심을.
우리가 그분을 만든 것이 아니요, 그분께서 우리를 지으셨다.
우리는 그분의 백성, 그분이 보살피시는 양 떼.

4 그분의 성문에 들어갈 때 잊어서는 안될 말, "감사합니다!"
마음을 편히 하고, 찬양을 드려라.
그분께 감사드려라. 그분께 경배하여라.

5 **하나님**은 한없이 아름다우신 분,
넘치도록 사랑을 베푸시는 분,
언제나, 영원토록 성실하신 분.

다윗의 시

101

1-8 나의 주제가는 하나님의 사랑과 정의.
하나님, 내가 주님을 위해 그 노래를 부릅니다.
올바르게 사는 길을 따라갑니다.
주님, 얼마나 더 있어야 나타나시렵니까?
내가 최선을 다해 올바른 길을 추구하고
집에서도 그러하니, 그것이 참으로 중요하기 때문입니다.
타락한 자들과 저급한 일,
거들떠보지 않습니다.
가나안산 신들을 물리치고
더러운 것을 멀리합니다.
마음이 비뚤어진 자들과 거리를 두고,
흉계를 꾸미는 자들과 손잡지 않습니다.
이웃을 헐뜯는 험담꾼에게
재갈을 물리고,
거만한 자를
두고 보지 않습니다.
세상의 소금 같은 이들을 눈여겨보리니,
그들이야말로 내가 함께 일하고 싶은 사람들입니다.
좁지만 바른 길을 걷는 사람,
내가 가까이하고 싶은 이들입니다.
거짓말을 일삼는 자는 나와 함께하지 못하리니,
거짓말쟁이들을 내가 참지 못하기 때문입니다.
내가 모든 악인들을 가축처럼 몰아
나라 밖으로 쫓아냈습니다.
악행을 업으로 삼는 자들을
하나님의 도성에서 모조리 추방했습니다.

삶이 산산조각 난 사람이 하나님께 어려운 형편을 토로하는 기도

102

1-2 하나님, 들으소서! 내 기도를 들어주소서.
괴로워 부르짖는 소리에 귀 기울여 주소서.
주님을 간절히 필요로 할 때
나를 못 본 체하지 마소서.
귀 기울이소서! 이렇게 부르짖으니, 도와주소서!
서두르소서. 한시가 급합니다!

3-11 야윌 대로 야윈 이 몸,
온몸이 불덩이 같습니다.

건강할 때의 모습은 찾아볼 수 없고
불치병으로 거반 죽은 목숨이 되었습니다.
이를 악물어 턱이 아프고
뼈와 가죽만 남았습니다.
나는 사막의 말똥가리처럼
폐허의 까마귀처럼 되었습니다.
도랑에 빠진 참새처럼
잠 못 이루고 처량하게 주절거립니다.
온종일 내 원수들이 나를 비웃고
주변 사람들은 저주를 쏟아 냅니다.
저들이 가져오는 음식은 재를 섞은 볶음밥!
내가 마시는 물은 내 눈물샘에서 길어 올린 것입니다.
이 모든 것이 주님의 진노 때문이며,
주께서 나를 쓸어 담아 내던지신 까닭입니다.
나에게는 아무것도 남아 있지 않습니다.
나는 길바닥에서 쓸려 없어질 마른 잡초일 뿐.

12-17 그러나 하나님, 주께서는 여전히 통치하시고
언제나, 영원토록 다스리십니다.
주께서 보좌에서 일어나 시온을 도우시리니
긍휼히 여기실 때가 되었기 때문입니다.
오, 주님의 종들이 이 도성에 쌓인 돌무더기를 애지중지하고
그 먼지를 보며 가슴 아파 웁니다!
이방 민족들이 자세를 바로 하고
주님의 영광을 보며 주님의 이름을 경배할 것입니다.
하나님께서 시온을 다시 세우시고
모든 영광 가운데 나타나셔서
불쌍한 이들의 기도를 들어주실 때에,
주께서는 그들의 기도를 내치지 않으실 것입니다.

18-22 다음 세대를 위해 이 일을 기록하여
아직 태어나지 않은 백성이 하나님을 찬양하게 하여라.
"하나님께서 드높은 성소에서 굽어보시고,
하늘에서 땅을 살펴보셨다.
사형수들의 신음소리를 들으시고
감방 문을 열어 주셨다."
이 이야기가 시온에 전해질 수 있게 기록하여
하나님을 찬양하는 소리가 예루살렘 거리에 울려 퍼지게 하여라.

백성과 통치자들이 그분을 섬기러 모이는 곳이면
어디서나 울려 퍼지게 하여라.

23-28 **하나님**께서 강한 능력으로 나를 무릎 꿇게 하시고
한창때의 나를 꺾으셨으므로,
내가 기도드렸다. "오, 부디 나를 죽이지 마소서.
주님의 햇수는 대대로 무궁합니다!
주께서는 오래전에 땅의 기초를 놓으시고
친히 하늘을 지으셨습니다.
그것들이 다 사라지고 한 벌의 낡은 옷처럼 닳아 없어진다고 해도
주님은 변함없이 계실 것입니다.
그것들은 해어진 외투처럼 버려지겠지만
주님은 세월이 흘러도 늘 새로우십니다.
주님의 종들의 자녀는 살기 좋은 곳을 얻고
그들의 자손도 주님과 함께 편안히 살게 될 것입니다."

다윗의 시

103

1-2 내 영혼아, **하나님**을 찬양하여라.
머리부터 발끝까지, 그분의 거룩하신 이름을 찬양하여라!
오 내 영혼아, **하나님**을 찬양하고
그분께서 주신 복을 하나도 잊지 마라!

3-5 주께서 네 모든 죄 용서하시고
네 모든 병 고쳐 주신다.
너를 파멸에서 건지시고, 네 생명 구원하신다!
사랑과 긍휼로 네게 관을 씌워 주신다, 낙원의 화관을.
너를 친절과 영원한 아름다움으로 감싸시고
네 젊음을 새롭게 하시니, 언제나 그분 앞에서 청춘이리라.

6-18 **하나님**은 모든 일을 공의롭게 행하시고
피해자들을 다시 일으켜 세우신다.
그분께서 어떻게 일하시는지 모세에게 보여주시고
그분의 계획을 온 이스라엘에 알리셨다.
하나님은 한없이 자비롭고 은혜로우시며
쉽사리 노하지 않으시고 사랑이 풍성하시다.
두고두고 꾸짖지 아니하시며
노를 오래 품지 않으신다.
우리 죄를 그대로 묻지 않으시고

우리가 잘못한 대로 다 갚지 않으신다.
하늘이 땅에서 드높은 것처럼
하나님의 사랑은 그분을 경외하는 이들에게 확고하다.
해 뜨는 곳이 해 지는 곳에서 아주 먼 것처럼
우리를 우리 죄에서 멀리 떼어 놓으셨다.
부모가 자식을 가엾게 여기듯
하나님께서도 그분을 경외하는 이들을 가엾게 여기신다.
우리를 속속들이 아시고
우리가 진흙으로 지어졌음을 기억하시는 분.
인생의 날수가 그리 길지 않으니,
들꽃처럼 싹터 꽃을 피워도
폭풍에 순식간에 꺾여
우리의 존재를 알릴 흔적조차 남지 않는다.
그러나 하나님의 사랑은 한결같고
그분을 경외하는 모든 이들 곁에 영원히 머무른다.
그들과 그 자손들이 하나님과 맺은 언약을 지키고
그분의 말씀 잊지 않고 따를 때
하나님께서 모든 일을 바로잡아 주신다.

19-22 하나님은 하늘에 보좌를 두시고,
우리 모두를 다스리신다. 그분은 왕이시다!
너희 천사들아, 하나님을 찬양하여라.
그분께서 부르시면 언제든지 달려가
그 말씀 듣고 신속히 실행에 옮겨라.
너희 천사 부대야, 하나님을 찬양하여라.
정신 바짝 차리고 그분의 뜻에 복종하여라.
모든 피조물들아, 어디에 있든지 하나님을 찬양하여라.
하나님께 지음받은 만물들과 모든 이들아, 그분을 찬양하여라.

오 내 영혼아, 하나님을 찬양하여라!

104

1-14 내 영혼아, 하나님을 찬양하여라!
하나님 나의 하나님, 주님은 참으로 위대하십니다!
아름답고 멋지게 차려입으시고
햇빛을 두르시니,
온 하늘을 펼쳐 주님의 천막이 되게 하셨습니다.

깊은 바다 위에 주님의 궁궐 세우시고
구름으로 병거를 만드시며 바람 날개를 타고 다니셨습니다.
바람을 심부름꾼으로 삼으시고
불과 화염을 대사로 임명하셨습니다.
확고한 기초 위에 땅을 놓으셔서
영원토록 흔들리지 않게 하셨습니다.
땅을 대양으로 덮으시고
산들을 깊은 물로 덮으셨습니다.
주께서 호령하시니 물이 달아나고
주님의 천둥소리에 줄행랑을 쳤습니다.
주께서 지정하신 자리로
산들이 솟아오르고, 골짜기들이 벌어졌습니다.
땅과 바다 사이에 경계를 정하여
다시는 땅이 잠기지 않게 하셨습니다.
샘이 솟고 강을 이루게 하셔서
언덕과 언덕 사이로 흐르게 하셨습니다.
이제 모든 들짐승이 마음껏 마시고
야생나귀들도 갈증을 풉니다.
강기슭을 따라 새들이 둥지를 틀고
까마귀들이 우짖습니다.
주께서 하늘 수조에서 물을 끌어와 산에 대시니,
땅이 풍부한 물을 공급받습니다.
주께서 가축들을 위해 풀이 나게 하시고
밭 가는 짐승들을 위해 건초용 풀이 자라게 하십니다.

14-23 참으로 그렇습니다. 주께서는 땅에서 알곡을 내시고
포도주로 사람들을 행복하게 하십니다.
그들의 얼굴에 건강이 넘치게 하시고
풍족히 먹여 배부르게 하십니다.
하나님의 나무들이 물을 충분히 공급받으니
친히 심으신 레바논 백향목입니다.
거기에 새들이 깃듭니다.
나무 꼭대기에 둥지 튼 황새를 보십시오.
산양들이 절벽을 타고
오소리들은 바위 사이에 은신합니다.
달은 계절의 진로를 기억하고
해는 낮을 지배합니다.
어두워져 밤이 되면

숲의 온갖 생물들이 나옵니다.
젊은 사자들이 먹잇감을 찾아 으르렁대며
하나님께 저녁거리 구하다가,
해가 뜨면 제 굴로 물러가서
늘어지게 눕습니다.
그 사이 사람들은 일하러 가고
저녁까지 분주하게 몸을 움직입니다.

24-30 **하나님**, 참으로 멋진 세상입니다!
주님 곁에 두신 지혜로 그 모든 것을 만드시고
주님의 아름다운 것들로 땅이 가득 차게 하셨습니다.
오, 보소서. 깊고 넓은 바다에
정어리와 상어와 연어,
셀 수 없이 많은 물고기들이 헤엄쳐 다닙니다.
배들이 바다를 가르며 달리고
주께서 아끼시는 용 리워야단이 그 속에서 뛰어놉니다.
모든 생물들이 제때 먹이 주시기를 바라며
주님을 바라봅니다.
주께서 오시면 그들이 모여들고
주께서 손을 펴시면 그들이 받아먹습니다.
그러다가 주께서 등을 돌리시면
그들은 금세 죽고 맙니다.
주님의 영을 거두시면 그들은 죽어
본래의 진흙 상태로 돌아갑니다.
주께서 영을 보내시면 그들의 생명이 활짝 피어납니다.
온 땅이 만개한 생명으로 가득해집니다.

31-32 **하나님**의 영광, 영원히 이어지게 하소서!
친히 만드신 것, **하나님**의 기쁨 되소서!
주께서 땅을 한 번 굽어보시니 지진이 일어나고
손가락으로 산을 가리키시니 화산이 분출한다.

33-35 오, 내 평생 **하나님**께 노래하리라.
나 사는 동안 나의 하나님을 찬양하리라!
오, 내 노래 주께서 기뻐하시기를.
하나님께 노래하는 것, 얼마나 기쁜 일인가.
그러나 죄인들은 이 땅에서 없애 주소서.
사악한 자들이 더 이상 붙어 있지 못하게 하소서.

오 내 영혼아, **하나님**을 찬양하여라!

105

1-6 할렐루야!

하나님께 감사드려라! 그 이름 부르며 기도하여라!
만나는 모든 이들에게 그분이 행하신 일을 알려라!
그분 위해 노래하여라. 힘차게 찬양하여라.
그분의 기적들을 음악에 실어라!
하나님을 찾는 너희들아, 그 거룩하신 이름에
할렐루야로 경의를 표하여라. 행복하게 살아라!
눈을 열어 **하나님**을 찾고, 주님의 일을 주목하여라.
그분 임재의 징후들을 주시하여라.
그분께서 행하신 세상의 놀라운 일들,
많은 기적과 친히 내리신 판결들을 기억하여라.
그분의 종 아브라함의 자손들아,
오, 그분께서 택하신 야곱의 자녀들아.

7-15 그분은 바로 **하나님** 우리 하나님,
온 세상을 다스리시는 분.
친히 맺으신 언약을 잊지 않고 기억하시니,
천 대에 이르도록 한결같이 그 약속 지키신다.
그것은 아브라함과 맺으신 언약,
이삭에게 하신 맹세,
야곱에게 세우신 법도,
이스라엘과 맺으신 영원한 언약.
그 내용은 이러하다. "내가 너희에게 가나안 땅을 주겠다.
이 산지는 내가 너희에게 물려주는 유산이다."
그들이 보잘것없는 무리
한 줌에 불과한 나그네로
이 나라에서 저 나라로 떠돌며
정처 없이 헤맬 때,
주께서 아무도 그들을 학대하지 못하게 하시고
그들에게 손대지 말라, 왕들에게 말씀하셨다.
"내가 기름부은 이들을 건드리지 말고
내 예언자들의 머리카락 한 올도 다치게 하지 마라."

16-22 이후 그분께서 땅에 기근을 불러들이시고

마지막 밀 이삭까지 꺾으셨다.
그러나 한 사람을 앞서 보내셨으니,
종으로 팔려 간 요셉이었다.
사람들이 무자비한 족쇄를 그의 발목에 채우고
쇠틀을 그의 목에 채웠다.
그러다 하나님의 말씀이 마침내 바로에게 임하고
하나님께서 약속을 확증해 주셨다.
왕을 보내어 그를 석방시키시니,
바로가 요셉을 자유의 몸이 되게 하였다.
바로는 요셉을 왕궁의 책임자로 임명하고
모든 국무를 맡겼다.
신하들을 직접 가르치게 하고
왕의 고문들을 훈련시켜 지혜를 얻게 했다.

23-42 그때에 이스라엘이 이집트로 들어가고
야곱이 함의 땅으로 이주했다.
하나님께서 그분의 백성에게 많은 아기들을 허락하시니,
이내 그들의 수가 불어나 그 대적들을 불안하게 했다.
주께서 이집트 사람들이 그분의 백성을 미워하게 하시니
그들이 하나님의 종들을 학대하고 기만했다.
그때에 주께서 자기 종 모세와
친히 택하신 아론을 보내시니,
두 사람은 저 영적 황무지에서 이적들을,
함의 땅에서 기적들을 일으켰다.
하나님께서 "어둠!" 하고 말씀하시자 세상이 어두워졌고,
이집트 사람들은 아무것도 볼 수 없었다.
그분께서 그들의 물을 모두 피로 바꾸시니
그들의 물고기가 다 죽었다.
개구리 떼가 온 땅에 들끓게 하시고
왕의 침실에까지 뛰어들게 하셨다.
주께서 말씀하시자 파리 떼가 모여들었고
이가 온 땅을 덮쳤다.
비 대신 우박을 내리시고
번개로 저들의 땅을 치시니,
그들의 포도나무와 무화과나무가 모두 상하고
그들의 숲에 있는 나무들이 산산조각 났다.
말씀 한 마디로 메뚜기 떼를 불러들이시니,
수백만 마리 메뚜기 군대가 몰려와

온 나라의 풀이란 풀은 모조리 먹어 치우고
땅의 산물을 말끔히 해치웠다.
주께서 그 땅의 모든 맏아들,
그들의 첫 소생들을 치셨다.
이스라엘은 전리품을 가득 안고 그 땅을 나왔다.
주님의 지파 가운데 어느 누구도 비틀거리지 않았다.
이집트 사람들은 그들을 죽을 만치 두려워한 나머지,
그들이 떠나는 것을 기뻐했다.
하나님께서 낮에는 구름을 펼쳐 그들을 시원하게 해주셨고
밤에는 불로 그들의 길을 밝혀 주셨다.
그들이 기도하자 메추라기를 몰아다 주시고
하늘의 빵으로 그들을 배부르게 먹이셨다.
반석을 열어서 물을 흘려보내시니,
사막에 강물이 흐르듯 생수가 쏟아졌다.
이 모두가 주께서 자신의 언약,
그분의 종 아브라함에게 하신 약속을 기억하셨기 때문이다.

43-45 이것을 기억하여라!
주께서 그분의 백성을 이끌어 내시고 기뻐 노래하게 하셨다.
친히 택하신 백성이 심장이 터지도록 노래하며 행진했다!
그들이 들어간 땅을 선물로 주시고
민족들의 부를 그들이 거머쥐게 하셨으니,
주께서 말씀하신 모든 것을 그들이 행하고
직접 주신 그분의 법도를 따르게 하시려는 것이었다.

할렐루야!

106

1-3 할렐루야!
하나님께 감사하여라!
그분은 선하시고, 그분의 사랑 영원하다.
하나님께서 능력으로 행하신 일을 누가 다 알릴 수 있으며,
그분을 찬양하는 소리 누가 다 옮길 수 있으랴?
옳은 일을 행하는 그대는 복된 남자,
정의가 몸에 밴 그대는 복된 여자.

4-5 하나님, 주님의 백성을 기뻐하실 때 나를 기억하시고
그들을 구원하실 때 나도 구원해 주소서.

주께서 택하신 이들이 잘되는 것을 보며
나도 주님 나라의 기쁨을 함께 기뻐하기 원합니다.
주님의 자랑과 기쁨이 되는 이들의 찬양에 동참하고 싶습니다!

6-12 조상들처럼 우리도 많은 죄를 지었고
빗나갔으며, 많은 이들에게 해를 끼쳤습니다.
우리 조상들이 이집트를 떠난 후에
주님의 이적들을 당연하게 여기고
주님의 크고 놀라우신 사랑을 잊고 말았습니다.
지극히 높으신 하나님께 거역하다가
홍해를 건너지 못할 뻔했습니다.
그러나 주께서 그곳에서 그들을 구원하셨습니다.
주께서 놀라운 권능을 나타내셨다!
홍해를 꾸짖어 물이 그 자리에서 마르게 하시니,
그들이 바다를 거침없이 행진했다!
아무도 발이 젖지 않았다!
주께서 고된 노예살이에서 그들을 구원하시고
원수의 손아귀에서 그들을 풀어 주셨다.
물이 그들을 뒤쫓던 압제자들을 휩쓸어
한 사람도 살아남지 못했다.
그제야 그들은 하나님의 말씀이 참됨을 믿고
찬양의 노래를 크게 불렀다.

13-18 그러나 그들은 금세 모든 것을 잊었고
주께서 할 일을 말씀하실 때까지 기다리지 않았다.
사막에서 자기만족을 얻는 데만 마음 쓰고
줄기차게 요구하면서, 주님을 노엽게 했다.
주님은 그들이 요구하는 대로 다 주셨지만,
그들의 마음 또한 무기력하게 하셨다.
진영에서 몇 사람이 모세를 시기하고
하나님의 거룩한 제사장 아론까지 시기하던 어느 날,
땅이 입을 벌려 다단을 삼키고
아비람 일당을 묻어 버렸다.
또 거기서 불이 타올라 그 반역자 무리를
모두 살라 버렸다.

19-22 그들은 호렙에서 금속으로 송아지 형상을 부어 만들고
자기들이 만든 그 상에 경배했다.

하나님의 영광을 싸구려 조각품, 풀이나 뜯는 황소상과 바꿔 버렸다!
그들은 자신들을 구원하신 하나님을 잊어버렸다.
이집트에서 모든 일을 역전시키신 분,
함의 땅에서 연출하신 그분의 수많은 기적들,
홍해에서 펼치신 멋진 역사를.

23-27 하나님은 더 이상 참지 못하시고
그들을 제거하기로 마음먹으셨다.
친히 택하신 모세만 아니었다면 그리하셨으리라.
그러나 모세가 몸을 던져 하나님의 진노를 돌리고
그들의 전멸을 막았다.
그들은 복 받은 그 땅을 계속 거절하면서
하나님의 약속을 믿지 않았다.
자신들의 생활수준에 대해 불평하면서
하나님의 음성을 들으려 하지 않았다.
이에 크게 노하신 하나님께서 맹세하셨다.
그들을 사막에서 거꾸러지게 하고
그들의 자손을 여기저기에 흩어지게 하며,
온 땅 사방으로 쫓겨 다니게 하시겠다고.

28-31 또 그들은 바알브올과 죽이 맞아
장례 잔치에 참석하여 우상에게 바친 음식을 먹었다.
그 행위로 하나님을 진노케 하여
그들의 진영 가운데 전염병이 퍼졌다.
그때 비느하스가 일어나 그들을 행동으로 변호하자,
전염병이 그쳤다.
이 일은 비느하스의 의로 인정되었으니,
그의 후손들이 결코 잊지 않을 것이다.

32-33 그들은 므리바 샘에서 다시 하나님을 진노케 했고,
이번에는 모세까지 그들의 악행에 말려들었다.
그들이 또다시 하나님께 거역하자
모세가 자제력을 잃고 폭발하고 만 것이다.

34-39 그들은 하나님의 명령대로
이방 문화를 없애기는커녕,
오히려 이방인들과 혼인하고
이내 그들과 똑같이 되고 말았다.

그들의 우상에 경배하다가
그 우상의 덫에 걸리고 말았다.
아들과 딸들을
악신의 제단에 제물로 바치느라,
젖먹이의 목을 따고
여자아이와 남자아이를 살해했다.
그들의 젖먹이를 가나안 신들에게 바치니
그 젖먹이의 피가 그 땅을 더럽혔다.
어찌나 고약하게 살았던지, 높은 하늘에까지 악취가 진동했다.
그들은 창녀처럼 살았다.

40-43 **하나님**께서 노하시니 그 노가 들불처럼 타올라
그 백성을 그저 보고 있을 수가 없으셨다.
그들을 이방인들에게 넘기시고
그들을 미워하는 자들에게 지배받게 하셨다.
원수들은 그들의 삶을 고통스럽게 했고,
그들은 학대에 시달렸다.
하나님께서 몇 번이고 그들을 구해 주셨지만, 교훈을 얻지 못한 채
결국 자신들의 죄악 때문에 무너지고 말았다.

44-46 그러나 하나님께서 그들의 곤경을 보시고
도움을 구하는 그들의 부르짖음을 들으셨다.
그들과 맺으신 언약을 기억하시고
한없는 사랑으로 그들의 손을 잡아 주셨다.
그들을 사로잡아 간 자들이 보고 깜짝 놀랄 정도로
그들에게 긍휼을 베푸셨다.

47 **하나님** 우리 하나님, 우리를 구원하소서!
포로로 잡혀간 우리들을 모아 다시 돌아가게 하소서.
주님의 거룩한 이름에 감사하고
주님을 찬양하는 기쁨에 참여하게 하소서!

하나님, 이스라엘의 하나님을 찬양하여라!
지금, 그리고 영원토록 찬양하여라!
오, 모든 백성은 아멘으로 화답하여라!
할렐루야!

107

[1-3] 오, **하나님**께 감사하여라. 그분은 참으로 선하신 분!
그분의 사랑 끝이 없다.
하나님께 자유를 얻은 모든 이들아, 세상에 전하여라!
주께서 너희를 어떻게 압제에서 구해 내셨는지,
세계 곳곳에서, 사방에서, 오대양에서
너희를 어떻게 모아들이셨는지 알려라.

[4-9] 너희 중 일부가 여러 해 동안 사막에서 헤맸으나
살기 좋은 곳을 찾지 못했다.
굶주림에 거반 죽고 갈증에 목이 타
비틀대며 쓰러지기 직전이었다.
그때에 절박한 상태에서 **하나님**께 부르짖자,
그분께서 때맞춰 너희를 구해 주셨다.
너희의 발을 멋진 길에 들여놓으시고
살기 좋은 곳에 곧장 이르게 하셨다.
하나님께 감사하여라. 놀라운 사랑 베푸시고
사랑하는 자녀에게 기적 같은 자비를 베푸셨다.
바싹 마른 목구멍에 물을 흠뻑 부어 주시고,
굶주려 허기진 이들에게 먹을 것을 넉넉히 주셨다.

[10-16] 너희 중 일부가 어두운 감방에 갇히고
사정없이 감금된 것은,
너희가 하나님 말씀을 거역하고
지극히 높으신 하나님의 훈계를 저버린 탓이었다.
가혹한 판결에 너희 마음은 무거워지고
도와줄 사람 하나 보이지 않았다.
그때에 절박한 상태에서 **하나님**께 부르짖자,
그분께서 때맞춰 너희를 구해 주셨다.
어둡고 캄캄한 감방에서 너희를 끌어내셨다.
감옥문을 부수어 여시고 너희를 이끌어 내셨다.
하나님께 감사하여라. 놀라운 사랑 베푸시고
사랑하는 자녀에게 기적 같은 자비를 베푸셨다.
육중한 감옥문을 박살내시고
쇠창살을 성냥개비처럼 부러뜨리셨다!

[17-22] 너희 중 일부가 병에 걸린 것은 너희가 잘못 살고
너희 몸이 너희 죄의 영향을 받았기 때문이다.
너희는 음식을 보는 것마저 싫어하여

차라리 죽는 게 낫다고 여길 만큼 비참했다.
그때에 절박한 상태에서 **하나님**께 부르짖자,
그분께서 때맞춰 너희를 구해 주셨다.
말씀으로 너희를 고치시고
죽음의 절벽에서 너희를 구해 내셨다.
하나님께 감사하여라. 놀라운 사랑 베푸시고
사랑하는 자녀에게 기적 같은 자비를 베푸셨다.
감사의 제물 드리고 그분이 행하신 일을
세상에 전하여라. 그것을 크게 노래하여라!

23-32 너희 중 일부는 큰 배를 타고 출항했다.
머나먼 항구에서 장사하려고 바다로 나갔다.
바다에서 너희는 보았다. **하나님**께서 일하시는 광경을,
그분께서 얼마나 놀랍게 대양을 다루시는지를.
말씀 한 마디로 바람을 일으키시니
바다 폭풍이 일어나고 산더미 같은 파도가 치솟았다!
너희는 하늘 높이 솟아올랐다가 바다 밑바닥까지 떨어졌다.
심장이 내려앉아 말문이 막혔다.
너희는 팽이처럼 빙글빙글 돌고 술 취한 사람처럼 비틀거렸다.
정신이 하나도 없었다.
그때에 절박한 상태에서 **하나님**께 부르짖자,
그분께서 때맞춰 너희를 구해 주셨다.
바람을 진정시켜 작은 속삭임이 되게 하시고
큰 파도에 재갈을 물리셨다.
폭풍이 잠잠해지자 너희는 크게 기뻐했고
그분께서 너희를 항구로 안전하게 인도하셨다.
하나님께 감사하여라. 놀라운 사랑 베푸시고
사랑하는 자녀에게 기적 같은 자비를 베푸셨다.
백성이 모일 때 소리 높여 찬양하고
장로들이 모일 때 할렐루야를 외쳐라!

33-41 **하나님**께서 강을 황무지로
샘을 햇볕에 바짝 마른 흙밭으로 바꾸셨다.
향기로운 과수원을 소금 습지로 바꾸셨으니,
그것은 거기 사는 사람들의 악함 때문이었다.
그러다 그분께서 황무지를 맑은 저수지로,
건조한 땅을 물이 솟는 샘으로 바꾸셨다.
굶주린 이들을 데려오셔서 자리 잡게 하시니,

그들이 그곳으로 이사했다. 참으로 살기 좋은 곳이었다!
그들이 밭에 씨를 뿌리고 포도원을 일구어
풍작을 이루었다.
하나님이 복을 내리시니 그들이 크게 번성하고,
그들의 가축 떼도 주는 법이 없었다.
하나님이 제후들을 경멸하시며 내쫓으시니
학대와 악행과 고난이 줄어들었다.
그분께서 가난한 이들에게 안심하고 살 곳을 마련해 주시고
그 가족들을 양 떼처럼 살뜰히 보살펴 주셨다.

42-43 선한 이들이 이것을 보고 기뻐하고
악한 자들은 말문이 막혀 하던 일을 멈추었다.
너희가 참으로 지혜로우면 이 일을 되새기고
하나님의 깊은 사랑에 감사하게 되리라.

다윗의 기도

108

1-2 하나님, 준비가 끝났습니다.
머리부터 발끝까지 단단히 준비했습니다.
이제 선율에 맞춰 주님을 노래하렵니다.
"깨어나라, 내 영혼아!
깨어나라, 하프야, 거문고야!
깨어나라, 너 잠꾸러기 태양아!"

3-6 하나님, 내가 거리에서 소리 높여 주께 감사드리고
도시에서, 시골에서 주님을 찬양합니다.
주님의 사랑, 깊을수록 더 높이 이르고
모든 구름, 주님의 성실 드러내며 나부낍니다.
오 하나님, 하늘 높이 날아오르소서!
주님의 영광으로 온 땅을 덮으소서!
주께서 지극히 사랑하시는 백성을 위하여
손을 뻗어 나를 도우소서. 지금 바로 응답하소서!

7-9 그때 하나님께서 거룩한 광채 속에서 말씀하셨습니다.
"내가 기쁨에 겨워
세겜을 선사하고
숙곳 골짜기를 선물로 주리라.
길르앗이 내 호주머니 속에 있고
므낫세도 그러하다.

에브라임은 나의 헬멧,
유다는 나의 망치.
모압은 세탁용 양동이,
내가 모압을 쓰러뜨려 바닥 걸레로 삼으리라.
에돔에게 침을 뱉고
블레셋 전역에 불벼락을 퍼부으리라."

10-11 누가 나를 치열한 싸움터로 데려가며,
누가 에돔에 이르는 길을 알려 주겠습니까?
하나님, 주께서 우리를 버리신 것은 아니겠지요?
우리 군대와 함께 나아가기를 거절하신 것은 아니겠지요?

12-13 우리를 도우셔서 이 힘든 임무 완수하게 하소서.
사람의 도움은 아무 쓸데가 없습니다.
하나님을 힘입어 우리가 최선을 다하리니,
주께서 적군을 완전히 때려눕히실 것이다.

다윗의 기도

109

1-5 나의 하나님, 내 찬양의 기도를
못 들은 체 마소서.
거짓말쟁이들이 나에게 욕설을 퍼붓고
거짓된 혀로 나를 개 떼처럼 잡으려 합니다.
크게 짖어 대며 적의를 드러내고
까닭 없이 내 뒤꿈치를 뭅니다!
내가 그들을 사랑했건만 그들은 나를 비방하고
내 기도를 죄악으로 취급합니다.
그들은 나의 선을 악으로 갚고
나의 사랑을 미움으로 갚습니다.

6-20 악인을 보내셔서, 나를 고소한 법관을 고소하게 하소서.
사탄을 급파하셔서 그를 기소하게 하소서.
그가 유죄 판결을 받게 하시고
그가 드리는 기도는 모두 죄가 되게 하소서.
그의 수명을 줄이시고
그의 일자리를 다른 사람에게 주소서.
그의 자식은 고아가 되게 하시고
그의 아내는 미망인의 상복을 입게 하소서.
그 자식들이 거리에서 구걸하는 신세가 되고

제 집에서 내쫓겨 노숙하게 하소서.
은행이 재산을 차압하여 다 털어가고
모르는 자들이 독수리처럼 덮쳐 남은 것 하나 없게 하소서.
주위에 그를 도와줄 자 없게 하시고
고아가 된 자식들의 처지를 살피는 자도 없게 하소서.
그의 족보가 끊어져
아무도 그의 이름을 기억하지 못하게 하소서.
그 아비의 죄악 기념비를 세우시고
그 어미의 이름도 거기에 기록되게 하소서.
그들의 죄는 하나님 앞에 영구히 기록되지만
그들은 완전히 잊히게 하소서.
그런 대접을 받아 마땅합니다. 그가 친절을 베풀기는커녕
고통받는 이들과 상심한 이들을 죽도록 괴롭힌 까닭입니다.
그가 저주하기를 몹시 좋아했으니
그 저주가 그에게 빗발치듯 내리게 하시고,
축복하기를 싫어했으니
축복이 그를 피해 멀리 달아나게 하소서.
그는 저주를 근사한 옷처럼 갖춰 입고,
저주를 마시고 저주에 흠뻑 젖었습니다.
그에게 저주의 옷을 선물하셔서
한 주 내내 그 옷만 걸치게 하소서!
나를 잡으려는 자들이 받을 것은 바로 이것,
하나님이 산사태처럼 쏟으시는 응분의 대가.

21-25 오 하나님, 나의 주님, 직접 나서 주소서.
주께서 능히 할 수 있으니, 나를 위해 기적을 일으키소서!
주님의 사랑 지극히 크시니 나를 여기서 건져 주소서!
나는 속수무책이요, 내 삶은 황폐합니다.
나는 스러져 소멸해 가고,
내 청춘도 가버려 겉늙었습니다.
굶주림으로 쇠약해져 일어설 힘도 없습니다.
내 몸은 뼈와 가죽만 남았습니다.
사람들이 내게 저속한 농담을 던집니다.
그들은 나를 보고 고개를 절레절레 흔듭니다.

26-29 하나님 나의 하나님, 나를 도우소서. 부디 나를 도우소서.
주님의 놀라우신 사랑으로 나를 구원하소서.
그들이 알게 하소서. 주님의 손이 이곳에 계심을,

주 **하나님**께서 일하고 계심을.
그들이 제멋대로 저주하게 내버려 두시고
주님은 내게 복을 내려 주소서.
그들이 일어설 때 군중의 야유를 받게 하시고
주님의 종인 나에게는 갈채가 따르게 하소서.
나를 고발하는 자들에게 수치로 더러워진 옷을 입히소서.
낡아서 내다 버린 굴욕적인 누더기를 입히소서.

30-31 내 입에 **하나님**께 드리는 멋진 찬양 가득하고
내가 군중에 둘러싸여 그분께 할렐루야 노래하리라.
주께서는 늘 가련한 이들의 편이 되시고
불의한 법관에게서 목숨을 구해 주신다.

다윗의 기도

110

1-3 내 주께 내리신 **하나님** 말씀.
"내가 네 원수들을 네 발판으로 삼을 때까지
너는 여기 내 보좌 곁에 앉아 있어라."
시온의 **하나님**께서 주께 강력한 왕권을 만들어 주셨으니,
원수들이 에워싸도 이제 다스리소서, 주님!
주님의 위대한 승전 날에,
거룩한 갑옷 입고 찬란히 빛나는 주께로
주님의 백성이 기쁘게 모여들 것입니다,
상쾌한 새벽녘에 생기 가득한 청년처럼
주께 나아갈 것입니다.

4-7 **하나님**께서 말씀하셨으니 돌이키지 않으실 것입니다.
왕께서는 영원한 제사장, 멜기세덱 제사장.
주께서 왕의 곁에 서서
무시무시한 진노로 왕들을 짓밟으시고,
뭇 나라들을 재판하여
대대적으로 유죄 판결을 내리시며,
드넓은 땅을 가로지르며 반대 세력을 짓밟으실 것입니다.
왕을 세우시는 분께서 왕을 즉위시키시니,
참되신 왕께서 머리를 높이 들고 다스리실 것입니다.

111

1-10 할렐루야!
내 모든 것으로 **하나님**께 감사하리라.

선한 이들이 모이는 곳마다, 그 회중 가운데서.
하나님이 행하신 일, 참으로 위대하니
평생토록 연구하고 끝없이 즐거워하리라!
장엄하고 아름다운 그분의 솜씨,
그분의 관대하심 다함이 없다.
하나님의 기적은 그분의 기념비.
그분은 은혜의 하나님, 사랑의 하나님.
그분을 경외하는 이들에게 양식을 주시고
오래전 하신 약속 잊지 않고 지키셨다.
말씀대로 하실 수 있음을 자기 백성에게 입증하시고,
뭇 민족들을 큰 접시에 담아 선물로 주셨다!
진실과 정의는 그분의 작품.
그 모든 것 영원토록 존속하니,
시대에 뒤지거나 쇠퇴하지 않으며, 결코 녹스는 법이 없다.
그분께서 지으시고 행하시는 것, 모두 진실하고 참되다.
자기 백성을 위하여 몸값을 지불하시고
친히 맺으신 언약을 영원히 지키셨다.
참으로 인격적이고 거룩하신 주님, 우리의 흠모받으시기에 합당하신 분.
선한 삶의 시작은 하나님을 경외하는 것,
그리하면 하나님의 복을 알게 되리라.
주께 드리는 할렐루야, 영원하리라!

112

1-10 할렐루야!
하나님을 경외하고,
그분의 계명을 기뻐하며 소중히 여기는 이들은 복이 있다.
그 자녀들은 땅에서 강건하고,
올곧은 이들의 가정도 그러하니, 참으로 복이 있다!
그들의 집에는 재물이 넘쳐
아무리 베풀어도 축나지 않는다.
선한 이들에게는 어둠 뚫고 해가 떠올라
하나님의 은혜와 긍휼과 정의를 비춘다!
선한 이들은 아낌없이 베풀고 넉넉히 꾸어 주니,
넘어지거나 비틀대는 일 없고
좋은 평판이 확고하여 사라지지 않는다.
소문과 험담에도 흔들리지 않고
순종의 마음으로 하나님을 신뢰한다.
마음이 군세어 흐트러짐 없으며

늘 즐거워하며 원수들 사이에 있어도 편안하다.
그들은 불쌍한 이들에게 아낌없이 베풀고
너그러운 나눔은 길이길이 이어진다.
그 삶이여, 영예롭고 아름답구나!
악인은 이것을 보고 노발대발하며
엄포를 늘어놓지만, 결국 말문이 막히고 만다.
악인들의 꿈은 무위로 돌아가고 헛되이 사라질 뿐이다.

113

1-3 할렐루야!
하나님을 섬기는 너희들아, 하나님을 찬양하여라!
그분의 이름을 선포하여라, 그것이 바로 찬양이다!
하나님을 기억하여라, 그것이 바로 복이다.
오늘도 내일도 언제까지나 기억하여라.
동에서 서까지, 새벽부터 해 질 때까지,
너희 모두 찬양을 하나님께 올려 드려라!

4-9 하나님은 그 무엇이나 그 누구보다 높으시고,
하늘에 보이는 그 어떤 것보다 밝게 빛나신다.
누가 하나님, 우리 하나님과 견줄 수 있으랴?
더없이 위엄 있게 좌정하시고
드넓은 하늘과 땅을 굽어보신다.
가련한 이를 오물 더미에서 건져 내시고
버림받아 불쌍한 이를 쓰레기 더미에서 구해 내신다.
귀빈들 사이에 그들을 앉히시고
가장 똑똑하고 뛰어난 자들 가운데 영예의 자리를 마련해 주신다.
아이 없는 부부가 부모가 되게 하시고
여러 자녀를 기르는 기쁨을 주신다.
할렐루야!

114

1-8 이스라엘이 이집트를 떠날 때,
야곱의 집안이 저 야만족을 두고 떠나올 때,
유다는 하나님께 거룩한 땅이 되고
이스라엘은 그분께서 거룩하게 다스리시는 영토가 되었다.
바다는 그들을 보고 반대쪽으로 달아나고
요단 강은 몸을 돌려 도망쳤으며,
장난기가 동한 산들이 숫양처럼 뛰놀고

언덕들도 어린양처럼 들떠 뛰었다.
바다야, 네가 달아나다니, 무슨 일이냐?
요단 강아, 네가 몸을 돌려 도망치다니, 어찌 된 일이냐?
산들아, 너희는 어찌하여 숫양처럼 뛰놀았느냐?
언덕들아, 너희는 어찌하여 어린양처럼 들떠 뛰었느냐?
땅이여, 두려워 떨어라! 네 주님 앞,
야곱의 하나님 앞에서!
주께서 반석을 시원한 못으로,
바위를 맑은 샘물로 바꾸셨다.

115

1-2 하나님, 우리를 위해서가 아니라,
주님의 이름을 위해 주님의 영광 드러내소서.
주님의 자비로우신 사랑을 위해 그리하소서.
주님의 성실하심으로 인하여 그렇게 하소서.
이방 민족들이 "저들의 하나님이 어디에 있느냐?" 하고
말하지 못하게 하소서.

3-8 우리 하나님은 하늘에 계셔서
원하시는 일이면 무엇이든 이루신다.
저들의 우상은 금속과 나무,
지하 작업장에서 손으로 만든 것.
새긴 입이라 말하지 못하고
그린 눈이라 보지 못한다.
주석 입힌 귀라 듣지 못하고
부어 만든 코라 냄새 맡지 못한다.
손은 움켜쥐지 못하고, 발은 걷거나 달리지 못하며
목구멍은 소리 내지 못한다.
이런 것을 만든 자들, 그와 똑같이 되고
그들이 의지하는 우상들과 똑같은 처지가 되었다.

9-11 그러나 너 이스라엘아, 하나님을 신뢰하여라!
그분은 너를 도우시는 분, 너를 다스리시는 분!
아론의 집안이여, 하나님을 신뢰하여라!
그분은 너희를 도우시는 분, 너희를 다스리시는 분!
하나님을 경외하는 너희여, 하나님을 신뢰하여라!
그분은 너희를 도우시는 분, 너희를 다스리시는 분!

12-16 오 하나님, 우리를 기억하셔서 복을 내려 주소서.
이스라엘 집안과 아론 집안에 복을 내려 주소서.
하나님을 경외하는 모든 이들에게 복을 내리시고
못난 자나 잘난 자 모두에게 복을 내려 주소서.
오, 하나님께서 너희 집안을 일으키시고
너희를 번성시키시며, 너희 자손의 수를 늘려 주시기를.
너희는 하나님께 복을 받으리라,
하늘과 땅을 지으신 하나님께.
하늘의 하늘은 하나님의 것,
그분께서 맡기신 땅은 우리의 것.

17-18 죽은 사람은 하나님을 찬양할 수 없고
땅에 묻힌 자는 한 마디도 말할 수 없다.
그러나 우리는 하나님을 찬양하리라.
지금도 찬양하고, 늘 찬양하리라!
할렐루야!

116

1-6 하나님께서 내 말을 들으시고
자비를 구하는 내 간구를 들어주셨으니,
내가 그분을 사랑하는도다.
주님 앞에 나아와 내 사정 털어놓을 때,
귀를 기울여 들어주셨다.
죽음이 나를 정면으로 노려보고
저승이 내 뒤를 바싹 쫓을 때,
막다른 길에 이른 나, 어디로 갈지 몰라
하나님을 부르며 도움을 구했다.
"하나님, 간구합니다!
이 목숨을 구해 주소서!"
하나님은 은혜로우신 분, 모든 일을 바로잡아 주시는 분,
긍휼이 많으신 분.
의지할 데 없는 이들을 편들어 주시고
어찌할 바 모르는 나를 구원해 주셨다.

7-8 내가 속으로 말했다. "이제 마음 편히 쉬어라.
하나님께서 네게 복을 쏟아부으셨으니.
내 영혼아, 하나님이 너를 죽음에서 구하셨다.
내 눈아, 하나님이 너를 눈물에서 건지셨다.

내 발아, 하나님이 너를 넘어지지 않게 하셨다."

9-11 내가 **하나님** 앞에서 힘껏 걸으며
산 자들의 땅에서 살아가리라!
괴로움을 당하고
견디기 힘든 불행을 겪으면서,
인간에 대한 기대마저 무너져
"사람들은 다 거짓말쟁이에 사기꾼이다" 하면서도
나, 믿음을 굳게 지켰다.

12-19 **하나님**께서 내게 부어 주신 복을
무엇으로 갚을 수 있으랴?
내가 구원의 잔을 높이 들리라. **하나님**을 위하여 건배!
내가 **하나님**의 이름으로 기도하리라.
하나님께 약속한 대로,
그분의 백성과 함께 모두 이행하리라.
그들이 죽음의 문턱에 이를 때
하나님께서 자기를 사랑하는 이들을 맞아 주신다.
오 **하나님**, 주님의 충직한 종이 여기 있습니다.
주께서 일하셔서
이 몸, 자유케 되었습니다!
내가 주께 감사제를 드리며
하나님의 이름으로 기도합니다.
하나님께 약속한 대로,
그분의 백성과 함께 모두 이행하리라.
예배하는 자리에서, **하나님**의 집에서,
하나님의 도성, 예루살렘에서.
할렐루야!

117

1-2 모두 **하나님**을 찬양하여라!
모든 백성들아, 박수 치며 **하나님**을 찬송하여라!
그분의 사랑 우리 삶을 사로잡았으니,
하나님의 신실하심 영원하도다.
할렐루야!

118

1-4 **하나님**께 감사하여라. 그분은 선하시고
그분의 사랑 끝이 없다.
이스라엘아, 세상을 향해 말하여라.
"그분의 사랑 끝이 없다."
너 아론 집안아, 세상을 향해 말하여라.
"그분의 사랑 끝이 없다."
하나님을 경외하는 너희도 함께 말하여라.
"그분의 사랑 끝이 없다."

5-16 내가 고난을 당해 **하나님**을 불렀더니
탁 트인 곳에 계신 그분께서 응답하셨다.
하나님께서 내 편이시니 나는 두렵지 않다.
누가 감히 나를 건드리랴?
하나님께서 철통같이 보호하시니,
내가 원수들을 파리처럼 털어 버린다.
하나님께 몸을 피하는 것이
사람을 신뢰하는 것보다 훨씬 낫고,
하나님께 몸을 피하는 것이
유명인사들을 신뢰하는 것보다 훨씬 낫다.
야만족이 나를 에워쌌으나
내가 **하나님**의 이름으로 그들의 얼굴을 땅바닥에 처박았다.
빠져나갈 길 없이 나를 둘러쌌지만
내가 **하나님**의 이름으로 그들의 얼굴을 땅바닥에 처박았다.
벌 떼처럼, 대초원의 들불처럼 나를 에워쌌지만
내가 **하나님**의 이름으로 그들의 얼굴을 땅바닥에 처박았다.
나, 낭떠러지 끝에서 떨어질 뻔했으나
하나님께서 손을 뻗어 나를 붙들어 주셨다.
하나님은 나의 힘, 나의 노래,
나의 구원이시라.
구원받은 이들의 진영에서 울려 퍼지는
환호소리 들어라, 승리의 노래 들어라.
"**하나님**의 손이 전세를 역전시켰다!
승리를 거둔 **하나님**의 손이 공중에 번쩍 들렸다!
하나님의 손이 전세를 역전시켰다!"

17-20 나는 죽지 않았다. 나는 살았다!
이제 **하나님**께서 행하신 일을 세상에 알리리라.
하나님께서 나를 시험하시고 거세게 몰아세우셨지만,

죽음에 넘기지는 않으셨다.
성문을 활짝 열어라, 정의의 문을!
내가 그 문으로 곧장 걸어 들어가 **하나님**께 감사하리라!
이 성전 문은 **하나님**의 것이니,
승리자들이 들어가 찬양을 드린다.

21-25 나에게 응답하신 주님, 감사합니다.
주님은 참으로 나의 구원이 되셨습니다!
석공들이 흠 있는 것으로 여겨 내버린 돌이
이제 머릿돌이 되었다!
이것은 **하나님**께서 행하신 일,
눈을 씻고 보아도 신기할 따름이다!
이날은 **하나님**께서 행하신 날,
함께 기념하고 축제를 벌이세!
지금 구원하소서. **하나님**, 지금 구원하소서!
오 **하나님**, 자유롭고 충만한 삶을 주소서!

26-29 **하나님** 이름으로 들어오는 너희는 복이 있다.
우리가 **하나님**의 집에서 너희를 축복하노라!
하나님은 주님이시니,
우리를 빛 속에 잠기게 하셨다.
성소를 화환으로 꾸미고
형형색색의 깃발을 제단 위에 걸어라!
주님은 나의 하나님이시니, 주께 감사드립니다.
오 나의 하나님, 주님을 소리 높여 찬양합니다.
하나님께 감사하여라. 그분은 참으로 선하시고
그분의 사랑 끝이 없다!

119

1-8 정도를 벗어나지 않고
하나님이 알려 주신 길을 한결같이 걷는 사람은 복이 있다.
하나님의 지시를 따르고
최선을 다해 그분을 찾는 사람은 복이 있다.
그렇다. 이런 사람은 곁길로 새지 않고
주께서 내신 길을 똑바로 걸어간다.
하나님, 주께서는 바른 삶의 길을 정하시고
우리가 그 길을 따라 살기를 원하십니다.
오, 주께서 정해 주신 길을 따라

흔들림 없이 걸어갔더라면,
주님의 교훈에 미치지 못하여
내 삶을 후회할 일은 없었을 것을.
진심으로 따끔하게 말씀해 주시고
주님의 의로운 길을 본받게 하시니 감사드립니다.
주께서 말씀하신 대로 행하겠으니
나를 버리고 떠나지 마소서.

9-16 어떻게 해야 젊은이가 깨끗하게 살 수 있습니까?
주님의 말씀의 지도를 꼼꼼히 살피고 따라가는 것입니다.
내가 일편단심 주님만 따라가리니,
주께서 세우신 길 위의 표지판을 놓치지 않게 하소서.
내 마음의 금고에 주님의 약속들을 예치해 놓았으니
내가 죄를 지어 파산하지 않기 위해서입니다.
하나님, 찬양을 받으소서.
지혜롭게 사는 길을 가르쳐 주소서.
주님의 입에서 나오는 모든 교훈을
내 입술로 되풀이하겠습니다.
내가 막대한 부를 축적하는 것보다
주께서 일러 주시는 삶의 교훈을 훨씬 더 즐거워합니다.
주께서 주신 지혜를 작은 조각까지 곱씹고
주께서 행하신 일을 주의 깊게 살핍니다.
주께서 인생에 대해 하신 말씀, 빠짐없이 음미하고
한 마디도 잊지 않겠습니다.

17-24 나를 너그럽게 대해 주소서. 내가 충실한 삶을 살며
주님의 길에서 잠시도 눈을 떼지 않겠습니다.
내 눈을 열어 주셔서
주님의 놀라운 기적을 보게 하소서.
나는 이 땅에서 나그네에 불과하니
분명한 지침을 내려 주소서.
내 영혼은 허기지고 굶주렸습니다!
영양가 높은 주님의 계명들을 갈망합니다.
자기의 지식을 자랑하면서도
주님의 말씀을 무시하는 자들을 꾸짖으소서!
그들이 나를 놀리거나 욕보이지 못하게 하소서.

내가 주님의 말씀만 주의 깊게 실천합니다.
못된 이웃들이 나를 몹시 헐뜯어도
나는 주님의 지혜로운 훈계를 가슴 깊이 되새깁니다.
그렇습니다. 주님의 인생 교훈이 내게 기쁨이 되니
내가 좋은 이웃의 말처럼 귀담아듣습니다!

25-32 끔찍합니다. 이보다 더 비참할 수 있겠습니까?
나를 다시 일으켜 주소서. 주께서 약속하신 것, 기억하시는지요?
내 사정을 말씀드리자 주께서 응답해 주셨으니,
주님의 깊은 지혜로 나를 가르쳐 주소서.
그 내용을 속속들이 이해하게 도우셔서
주님의 놀라운 기적을 묵상하게 하소서.
이 서글픈 인생은 무너져 가는 헛간에 불과하니,
주님의 말씀으로 나를 다시 지어 주소서.
길 아닌 길은 막으시고,
주님의 분명한 계시로 은혜를 베풀어 주소서.
내가 목적지가 분명한 참된 길을 택하고
굽이마다, 모퉁이마다 주님의 도로 표지판을 세웁니다.
주께서 하신 모든 말씀 붙들고 하나도 놓지 않으니,
하나님, 나를 버리지 마소서!
나에게 방법을 알려 주시면
주께서 나를 위해 펼쳐 놓으신 길로 달려가겠습니다.

33-40 하나님, 내게 인생의 교훈을 가르치셔서
내가 그 길을 끝까지 따라가게 하소서.
내게 통찰력을 주셔서 주님의 말씀대로 행하게 하시고,
내 모든 삶이 오랜 순종의 길이 되게 하소서.
주님의 계명의 길로 나를 인도하소서.
쭉 뻗은 그 길을 가는 것이 참으로 좋습니다!
탐욕 가득한 보화가 아니라
지혜로운 주님의 말씀을 사랑하게 하소서.
헛된 것들에서 눈길을 돌리게 하시고
먼 순례 길을 가는 내게 힘을 주소서.
주님을 경외하는 모든 사람에게 하신 약속,
그 약속의 말씀 내게도 이루어 주소서.
나를 비난하는 자들의 거친 말들을 면하게 하소서.

그러나 주께서 하시는 말씀은 언제나 좋습니다.
내가 주님의 교훈을 얼마나 사모하는지 보소서.
주님의 의로운 길을 따라가는 내 삶을 지켜 주소서!

41-48 **하나님**, 주께서 약속하신 대로
주님의 사랑과 구원으로 내 삶을 빚으소서.
그러면 내가 주님의 말씀을 신뢰함으로
비웃음을 견딜 수 있겠습니다.
내가 주님의 계명들을 의지하니
내게서 결단코 진리를 거두지 마소서.
오, 주께서 내게 알려 주신 것, 목숨을 다해 지키겠습니다,
이제도 지키고, 앞으로도 길이길이 지키겠습니다.
탁 트인 곳을 성큼성큼 걸으며
주님의 진리와 주님의 지혜를 찾겠습니다.
그래서 내가 발견한 것을 세상에 전하며
사람들 앞에서 부끄러워하지 않고 담대히 외치겠습니다.
내가 주님의 계명을 소중히 간직합니다.
얼마나 사랑하는지, 주님의 계명에 흠뻑 빠져듭니다.

49-56 주님의 종인 내게 하신 말씀을 기억하소서.
그 말씀을 내가 죽기 살기로 붙듭니다!
고난당할 때 그 말씀이 나를 붙들고
주님의 약속이 내 원기를 회복시켜 줍니다.
거만한 자들이 나를 무참히 조롱하여도
주님의 계시에서 조금도 벗어나지 않습니다.
오래전에 경계표로 주신 주님의 말씀을 확인하니,
내가 제대로 가고 있음을 알겠습니다.
그러나 주님의 지시를 무시하는 악인들을 보면
주체할 수 없이 분노가 끓어오릅니다.
주님의 가르침에 곡조를 붙이고
이 순례 길을 걸으며 노래합니다.
오 **하나님**, 밤새도록 주님의 이름을 묵상하며
주님의 계시를 보화인 듯 마음에 새깁니다.
여전히 내 가는 길에 비웃음이 빗발치니
내가 주님의 말씀과 교훈대로 살기 때문입니다.

57-64 **하나님**, 주께서 나를 만족케 하셨으니
주님의 말씀대로 다 행하겠습니다.
진심으로 간구하니, 환한 얼굴빛 비추시고
약속하신 대로 내게 은혜를 베풀어 주소서.
주님의 길을 오랫동안 유심히 살펴보고
주께서 표시해 주신 방향으로 발길을 돌렸습니다.
내가 지체하지 않고 일어나
서둘러 주님의 명령을 따랐습니다.
악인들이 나를 에워싸 빠져나갈 길이 없었으나
나를 위해 세우신 주님의 계획을 한시도 잊지 않았습니다.
내가 한밤중에 일어나 주께 감사드립니다!
주님의 판단이 너무나 옳고 참되어, 아침까지 기다릴 수 없습니다!
나는 주님을 경외하는 모든 이들의 벗,
주님의 규례대로 사는 이들의 길동무입니다.
하나님, 주님의 사랑이 땅에 가득합니다!
주님의 교훈대로 살도록 나를 가르치소서.

65-72 **하나님**, 주님의 종을 선대해 주소서.
주님의 말씀대로 잘 보살펴 주소서.
주님의 방식을 좇아 살기로 단단히 마음먹었으니,
건전한 상식으로 나를 가르치소서.
주님의 책망을 받아들이기 전, 나 이리저리 방황했지만
이제는 주님의 말씀에 보조를 맞춥니다.
주님은 선하시며 선의 근원이시니,
그 선하심으로 나를 가르치소서.
악인들이 나를 두고 거짓말을 퍼뜨려도
나는 주님 말씀에 주의를 기울입니다.
저들의 말은 비곗덩어리처럼 역겹지만
주님의 계시는 나를 춤추게 합니다.
나의 고난이 변하여 최선의 결과를 냈으니
내가 주님의 고난 교과서로 배우게 되었기 때문입니다.
나에게는 주님의 입에서 나오는 진리가
금광에서 찾은 금맥보다 더욱 귀합니다.

73-80 주께서 두 손으로 나를 빚어 만드셨으니,
주님의 말씀을 이해하도록 내게 지혜를 불어넣으소서.
내가 주님의 말씀을 기다리고 사모하는 모습을 보고
주님을 경외하는 이들이 용기를 얻고 기뻐합니다.
하나님, 주님의 판단이 옳다는 것을 이제 알겠습니다.
무엇이 참되고 옳은지 주님의 시험을 통해 내가 배웠습니다.
오, 주께서 약속하신 대로 나를 사랑해 주소서.
바로 지금, 나를 꼭 붙들어 주소서!
나를 위로해 주소서. 그러면 내가 참으로 살겠습니다.
주님의 계시, 그 곡조에 맞춰 춤을 추겠습니다.
사기꾼의 달변이 거짓으로 드러나게 하소서.
저들이 나를 속이려 했으나
나는 주님의 교훈에 마음을 고정했습니다.
주님을 경외하는 이들이 내게로 와서
주님의 지혜로운 인도하심의 증거를 보게 하소서.
내 몸과 영혼이 온전하고 거룩하게 하셔서
내가 언제나 머리를 높이 들고 걸을 수 있게 하소서.

81-88 내가 주님의 구원을 간절히 바라다 병이 들었습니다.
주님이 주시는 희망의 말씀을 기다립니다.
주님의 약속이 이루어질 징조를 찾느라 내 눈이 피곤합니다.
주님의 위로를 언제까지 기다려야 합니까?
눈에 연기가 들어왔는지, 눈이 아른거리고 눈물이 납니다.
나는 주님의 가르침에서 한시도 눈을 떼지 않습니다.
이 상황을 얼마나 더 견뎌야 합니까?
얼마나 더 참아야 나를 괴롭히는 자들을 심판하시겠습니까?
교만한 자들은 하나님과 그 길을 알지 못하면서
나를 끌어내려고 합니다.
주께서 명령하시는 것은 무엇이나 틀림없지만,
저들은 거짓말로 나를 괴롭힙니다. 도와주소서!
저들은 그칠 줄 모르고 나를 몰아붙이지만
내가 변함없이 주님의 교훈을 굳게 붙듭니다.
주님의 모든 말씀에 즉각 순종할 수 있도록
주님의 크신 사랑으로 나를 회복시켜 주소서.

89-96 하나님, 주님의 말씀은 하늘만큼 영원하고

굳건하게 그 자리를 지킵니다.
주님의 진리는 유행처럼 흘러가는 법이 없고,
해 뜰 때의 땅만큼이나 늘 새롭습니다.
주님의 말씀과 진리는 언제나 믿을 만하니
주께서 땅의 기초를 놓으신 것처럼, 그렇게 정하셨습니다.
주님의 계시가 내게 큰 기쁨이 되지 않았다면
고난이 닥쳤을 때 나는 포기하고 말았을 것입니다.
주께서 슬기로운 말씀으로 내 생명을 구하셨으니,
내가 주님의 교훈을 결코 잊지 않겠습니다.
나를 구원하소서! 나는 주님의 것입니다.
내가 두루 살피며 주님의 지혜로운 말씀을 찾습니다.
악인들이 매복한 채 나를 죽이려 하지만
내 마음은 온통 나를 위해 세우신 그 계획을 향합니다.
인간에게 속한 모든 것에는 한계가 있지만
주님의 계명을 담기에는 저 깊고 깊은 바다도 부족합니다!

97-104 오, 내가 주님의 모든 계시를 얼마나 사랑하는지요!
온종일 그것을 귀히 여겨 되새깁니다.
주님의 계명이 나를 원수들보다 돋보이게 하니,
주님의 계명은 시대에 뒤지는 법이 없습니다.
주님의 교훈을 숙고하고 내 것으로 삼았기에
내가 스승들보다 명석해졌습니다.
주님의 말씀대로 행했을 뿐인데,
내가 연로한 현자들보다 지혜롭게 되었습니다.
내가 발밑을 조심하여 악의 도랑과 패인 곳을 피하니
평생토록 주님의 말씀을 지키기 위함입니다.
주께서 정해 주신 길에서 내가 벗어나지 않으니
참으로 좋은 길을 내게 주셨기 때문입니다.
주님의 말씀이 어찌나 귀하고 맛있는지,
산해진미가 부럽지 않습니다.
주님의 가르침으로 인생을 이해하게 되었으니,
내가 거짓선동을 미워합니다.

105-112 주님의 말씀, 나의 갈 바를 보여주고,
그 말씀, 내 어두운 길에 한 줄기 빛을 비춥니다.
이제껏 내가 주님의 의로운 규례대로 성심껏 살아왔고

앞으로도 그 삶에서 결코 돌이키지 않겠습니다.
하나님, 내 모든 것이 산산조각 났으니,
주님의 말씀으로 나를 온전히 짜 맞추어 주소서.
하나님, 주님의 순전한 말씀으로 나를 꾸미시고,
내게 주님의 거룩한 법도를 가르쳐 주소서.
세상 떠날 날이 아주 가까이 다가왔으나
나는 주님의 계시를 잊지 않습니다.
악인들이 나를 끌어내려고 기를 쓰지만
나는 주님의 길에서 한 발자국도 벗어나지 않습니다.
주님의 인생 교과서를 물려받았으니, 그것은 영원토록 내 것!
실로 멋진 선물입니다. 그것이 있어 나는 참으로 행복합니다!
주님 말씀대로 행하는 일에 내가 온 마음을 기울이니,
늘 그래 왔고 앞으로도 그러할 것입니다.

113-120 나는 겉 다르고 속 다른 자를 미워하지만
주님의 명쾌한 계시는 사랑합니다.
주님은 나의 은밀한 피난처이시니,
내가 바라는 것은, 주님의 말씀이 나를 새롭게 하는 것입니다.
악인들아, 내 인생에서 사라져라.
나는 내 하나님의 계명을 지킬 것이다.
약속하신 대로 내 편이 되어 주소서. 내가 확실히 살 것입니다.
주님, 나의 원대한 소망을 저버리지 마소서.
주님이 내 곁에 계시면 나는 아무 문제 없습니다.
주께서 정해 주신 삶에 충실하겠습니다.
주님의 가르침에서 멀어진 자들의 가면을 모조리 벗기소서.
예사로이 행하는 저들의 우상숭배가 극에 달했습니다.
주께서 세상의 악인들을 쓰레기 더미처럼 버리시니,
나는 주님의 모든 말씀을 즐거이 받듭니다.
내가 주님 앞에서 두려워 떱니다.
주님의 놀라우신 판결 앞에서 나는 할 말을 잃었습니다.

121-128 내가 정의와 공의를 지지하였으니,
나를 억압자들의 손에 넘기지 마소서.
선하신 하나님, 주님의 종을 편들어 주시고
오만한 자들이 괴롭히지 못하게 하소서.
모든 것 바로잡아 주신다는 주님 약속 기다리다 지쳐서

더 이상 눈조차 뜨지 못할 지경이 되었습니다.
주님의 인자하심에 따라 나를 대해 주시고,
주님의 인생 교과서로 나를 가르치소서.
나는 주님의 종입니다.
주님의 가르침을 알 수 있도록 나를 깨우쳐 주소서.
하나님, 저들이 주님의 계시를 어지럽혔으니,
이제 나서실 때가 되었습니다!
참된 것만 말씀하시는 하나님, 내가 주님의 계명을 금보다도
보석보다도 사랑합니다.
참된 것만 말씀하시는 하나님, 내가 주님의 모든 말씀 귀히 여기고
모든 거짓된 굽은 길을 미워합니다.

129-136 내게 주시는 주님의 말씀은 모두 기적의 말씀,
어찌 내가 따르지 않겠습니까?
주님의 말씀 활짝 펼쳐 빛을 내시고
평범한 사람들도 그 의미를 깨닫게 하소서.
무엇보다 주님의 계명을 원하기에,
내가 입을 벌리고 갈망합니다.
주님을 사모하는 이들에게 늘 하시는 것처럼
나에게 눈길을 돌리시고 그윽이 바라보소서.
주님 약속의 말씀으로 내 발걸음 굳게 세우셔서
어떤 악도 나를 이기지 못하게 하소서.
악인들의 손아귀에서 나를 구하시고
주님의 길을 따라 살게 하소서.
환한 얼굴빛 종에게 비추시고,
내게 바르게 사는 길을 가르쳐 주소서.
주님의 책에 기록된 대로 사는 자 없으니
내 눈에서 눈물이 하염없이 흘러내립니다!

137-144 하나님, 주님은 공의로우시고 옳은 일만 하십니다.
주님의 판단은 정곡을 찌릅니다.
주님 앞에서 언제나 신실하게 사는 법을
주님은 우리에게 제대로 가르쳐 주십니다.
내 원수들이 주님의 계명을 끊임없이 무시하니
내가 그 모습에 무너질 뻔했습니다.
주님의 약속은 숱한 시험을 통과했기에

주님의 종인 이 몸, 그것을 지극히 사랑합니다.
나는 어리고 별 볼 일 없는 사람이지만
주께서 하신 말씀만은 잊지 않습니다.
주님의 의는 영원토록 옳으며
주님의 계시는 오직 하나뿐인 진리입니다.
큰 고난이 나를 덮쳤으나
주님의 계명이 줄곧 나의 기쁨이 되었습니다.
주께서 말씀해 주신 삶의 방식은 늘 옳으니,
내가 그 길을 깨우쳐 충만하게 살도록 도우소서.

145-152 내가 목청껏 부르짖습니다.
"하나님, 응답하소서! 주님의 말씀대로 다 행하겠습니다."
내가 주께 외쳤습니다. "나를 구원하소서.
내가 주님의 모든 규례를 지키겠습니다."
해 돋기 전에 일어나
도움을 구하며 부르짖고, 주께서 말씀해 주시기를 기다립니다.
밤새도록 잠 못 이루고 기도하면서,
주님의 약속을 곰곰이 되새깁니다.
주님의 사랑으로 내 간구를 들어주소서.
하나님, 주님의 정의로 나를 살려 주소서.
나를 노리는 자들이 가까이 왔습니다.
주께서 계시하신 진리에서 멀리 벗어난 자들입니다.
그러나 하나님, 주께서는 누구보다 나와 가까이 계시며
주님의 판단은 모두 진실합니다.
주께서 영원히 지속될 말씀의 증거를 세우셨으니
나는 그 증거를 전부터 알고 있었습니다.

153-160 내 고난을 살피시고 나를 도우소서.
내가 주님의 계시를 한시도 잊은 적이 없습니다.
내 편이 되셔서 나를 곤경에서 건져 주소서.
주께서 약속하신 대로, 내 삶을 회복시켜 주소서.
'구원'은 악인들에게 정체 모를 단어에 불과하니
주님의 사전에서 찾아본 적이 없기 때문입니다.
하나님, 주님의 자비는 수십억 명을 품을 만큼 무궁하니,
주님의 규례에 따라 나를 살려 주소서.
나를 대적하는 자들이 셀 수 없이 많으나

나는 주님의 가르침에서 조금도 벗어나지 않습니다.
나는 도중에 포기하는 자들을 보고 진저리 쳤습니다.
그들은 아무렇지도 않게 주님의 약속을 저버립니다!
내가 주님의 말씀을 얼마나 사랑하는지 눈여겨보시고,
주님의 사랑으로 나의 남은 날을 늘려 주소서.
주님의 말씀은 모두 진리이며,
주님의 의로운 판결은 영원합니다.

161-168 정치인들이 나를 사정없이 비방해도
내가 두려워하는 것은 주님의 말씀뿐, 흔들리지 않습니다.
돈벼락을 맞은 사람처럼
나는 주님의 말씀으로 황홀합니다.
내가 거짓말은 견딜 수 없이 미워하지만
주님의 계시는 너무나 사랑합니다.
하루에도 일곱 번씩, 하던 일을 멈추고 소리 높여 찬양하니,
주께서 모든 일을 바로잡으시기 때문입니다.
주님의 계시를 사랑하는 이들에게는 모든 것이 안성맞춤,
어둠 속에서도 넘어지는 법이 없습니다.
하나님, 내가 주님의 구원을 간절히 기다리며
주께서 말씀하신 대로 살아갑니다.
내 영혼이 주님의 가르침을 잘 간수하여 빠짐없이 지킵니다.
오, 내가 그것을 얼마나 사랑하는지요!
내가 주님의 규례를 따르고 주님의 교훈을 지키니,
내 인생은 주님 앞에 펼쳐진 한 권의 책입니다.

169-176 하나님, 나의 부르짖음이 곧장 주님 앞에 이르게 하소서.
오직 주님의 말씀에서 나오는 통찰력을 내게 주소서.
제발 나의 간구에 주목하시고
주께서 약속하신 말씀대로 나를 구해 주소서.
주께서 내게 인생의 진리를 가르치시니,
내 입술에서 찬양이 폭포처럼 흘러나옵니다!
주님의 약속이 내 목청에서 울려 나오는 것은,
주께서 주신 모든 명령이 옳기 때문입니다.
내가 주님의 교훈에 따라 살기로 했으니
손을 내미셔서 나를 굳건히 붙잡아 주소서.
하나님, 내가 주님의 구원을 애타게 기다립니다.

주님의 모습을 드러내실 때가 얼마나 좋은지요!
내 영혼 생기 있게 하셔서 주님을 찬양하게 하시고
주님의 규례로 내 영혼 강건하게 하소서.
내가 길 잃은 양처럼 헤맬 때, 나를 찾으소서!
내가 주님의 그 음성을 알아들을 것입니다.

순례자의 노래

120

1-2 곤경에 처한 이 몸, 하나님께 부르짖네.
간절히 응답을 구하네.
"**하나님**, 구해 주소서!
만면에 미소를 띠고 입술에 침도 바르지 않은 채 거짓말을 해대는
저들에게서 나를 구하소서!"

3-4 너희, 얼굴에 철판을 깐 사기꾼들아,
앞으로 무슨 일이 닥칠지 알기나 하느냐?
날카로운 화살촉과 뜨거운 숯덩이가
너희가 받을 상이다.

5-7 메섹에 사는 내 신세
게달에 눌러앉은 지긋지긋한 내 신세,
쌈박질 좋아하는 이웃 사이에서 평생을
이리저리 부대끼며 사는구나.
나는 평화를 바라건만, 악수를 청하면
무턱대고 싸움을 걸어 오는 저들!

순례자의 노래

121

1-2 눈을 들어 산을 보네.
산이 내게 힘이 되어 줄까?
아니, 내 힘은 오직 **하나님**,
하늘과 땅과 산을 만드신 그분.

3-4 그분께서 너를 붙드신다.
너의 보호자인 하나님은 잠드시는 법이 없다.
결코 없다! 이스라엘의 보호자는
졸거나 주무시는 법이 없다.

5-6 **하나님**은 너의 보호자,
네 오른편에서 너를 지키시니,

햇빛을 막아 주시고
달빛을 가려 주신다.

7-8 하나님께서 모든 악에서 너를 지키시고
네 생명을 지키신다.
너의 떠나는 길과 돌아오는 길을 지켜 주신다.
지금도 지키시며 앞으로도 영원히 지켜 주신다.

다윗이 지은 순례자의 노래

122

1-2 사람들이 "하나님의 집으로 가세!" 할 때,
내 마음 기뻐 뛰었네.
마침내 당도했네. 아, 예루살렘,
예루살렘 성 안에 들어왔도다!

3-5 예루살렘, 견고한 성,
예배를 위해 지어진 도성!
모든 지파들이 올라오는 도시,
하나님의 지파들이 모두 올라와 예배하며
하나님의 이름에 감사드리는 곳.
이스라엘의 진면목이 나타나는 바로 이곳에
의로운 판결을 내리는 보좌가 놓였네.
저 유명한 다윗의 보좌가.

6-9 예루살렘의 평화를 위해 기도하여라!
예루살렘을 사랑하는 이들이여, 모두 흥하여라!
이 안의 벗들이여, 가까이들 지내라!
바깥의 적들이여, 저만치 물렀거라!
내 가족과 친구들을 거듭 축복하며 말하노니,
평화를 누리기를!
내 너희를 위해 최선을 다하리라.
우리 하나님의 이 집을 위하여.

순례자의 노래

123

1-4 하늘에 계시는 하나님, 주님을 바라봅니다.
도움을 바라며 주님을 앙망합니다.
주인의 명령을 기다리는 종처럼,
마님의 시중을 드는 하녀처럼,
우리, 한시도 눈을 떼지 않고 숨죽여 기다립니다.

주님의 자비의 말씀을 기다립니다.
하나님, 자비를 베풀어 주소서!
오랜 세월을 우리가
배부른 자들에게 죽도록 걷어차이고
잔인한 자들의 악독한 발길질을 견뎠습니다.

다윗이 지은 순례자의 노래

124

1-5 이스라엘아, 한목소리로 크게 노래하자!
하나님께서 우리 편이 되어 주시지 않았다면,
하나님께서 우리 편이 되어 주시지 않았다면,
모두가 우리를 대적하던 그때,
격분한 그들에게
산 채로 먹혔으리라.
성난 홍수에 휩쓸리고
격류에 휘말렸으리라.
그 사나운 물결에
목숨을 잃고 말았으리라.

6 오, **하나님**을 찬양하여라!
우리를 버리고 떠나지 않으시고,
으르렁거리는 개 떼 속의 무력한 토끼 신세로
내버려 두지 않으셨다.

7 우리, 그들의 송곳니를 피하고
그들의 올가미에서 벗어났다. 새처럼 자유를 얻었다.
그들의 손아귀에서 벗어난 우리,
비상하는 새처럼 자유롭다.

8 **하나님**의 강력한 이름은 우리의 도움,
하늘과 땅을 지으신 **하나님**이라네.

순례자의 노래

125

1-5 **하나님**을 신뢰하는 이들,
시온 산과 같다네.
결코 흔들리지 않고
언제든 기댈 수 있는 견고한 바위산.
산들이 예루살렘을 둘러싸듯,
하나님께서 자기 백성을 둘러싸시네.

지금껏, 또 언제까지나.
악인의 주먹질에
의인이 제 몫을 빼앗기거나
폭력으로 내몰리는 일
결코 없으리라.
하나님, 주님의 선한 백성,
마음이 올곧은 이들을 선대해 주소서!
타락한 자들은 **하나님**께서 잡아들이시리라.
구제불능인 자들과 한곳에 몰아넣으시리라.
이스라엘에게 평화가 있기를!

순례자의 노래

126

1-3 꿈인가 생시인가 했지. 붙잡혀 갔던 이들을
하나님께서 다시 시온으로 데려오셨을 때.
우리, 웃음을 터뜨렸네. 노래를 불렀네.
너무 좋아 믿을 수 없어 했지.
우리는 뭇 민족들의 화젯거리였네.
"저들의 **하나님**, 참으로 놀랍군!"
그렇고말고, 우리 **하나님**은 정말 놀라우신 분.
우리는 그분의 행복한 백성.

4-6 **하나님**, 다시금 그렇게 해주소서!
가뭄에 찌든 우리 삶에 단비를 내려 주소서.
절망 가운데 곡식을 심은 이들,
환호성을 올리며 추수하게 하소서.
무거운 마음을 지고 떠났던 이들,
한 아름 복을 안고 웃으며 돌아오게 하소서.

솔로몬이 지은 순례자의 노래

127

1-2 **하나님**이 지어 올리시지 않으면
집 짓는 자들이야 기껏 판잣집이나 지을 뿐.
하나님이 성을 지켜 주시지 않으면
파수꾼이야 밤에 있으나 없으나 매한가지.
아침 일찍 일어나 밤늦게 잠자리에 들며
노심초사 뼈 빠지게 일해 봐야 모두 헛수고.
알아 두어라. 그분께서는 사랑하는 이들에게
쉼 주시길 좋아하는 분이시다.

[3-5] 알아 두어라. 자녀는 **하나님**이 주시는 최상의 선물,
태의 열매는 그분이 후히 내리시는 유산이다.
젊고 건강한 시절에 낳은 자녀는
전사의 손에 들린 화살과 같다.
오, 화살통에 자녀들이 가득한 부모는
얼마나 복된지!
원수들은 너희 상대가 되지 못하고,
너희에게 초전 박살나리라.

순례자의 노래

128

[1-2] **하나님**을 경외하는 모든 이여, 얼마나 복된가!
쭉 뻗은 그분의 대로를 걸으며 얼마나 행복한가!
수고를 다했으니 모든 것은 당연히 네 몫이다.
복을 한껏 누려라! 행복을 마음껏 즐겨라!

[3-4] 포도나무가 포도 열매를 맺듯 네 아내가 자녀를 낳을 것이요,
네 가정은 우거진 포도밭 같을 것이다.
식탁에 둘러앉은 네 자녀들은
올리브나무 가지 새싹처럼 푸르고 싱싱하리라.
두렵고 떨리는 마음으로 선하신 하나님 앞에 서라.
오, 복되도다, **하나님**을 경외하는 이여!

[5-6] 예루살렘에서 행복을 누려라,
평생토록.
손자손녀를 보며 행복을 누려라.
이스라엘에게 평화가 있기를!

순례자의 노래

129

[1-4] "저들은 어렸을 적부터 날 괴롭혀 왔지."
이스라엘의 말이다.
"저들은 어렸을 적부터 날 괴롭혀 왔지만,
결코 날 쓰러뜨리지는 못했지.
저들의 농부들이 내 등을 쟁기질해
긴 고랑을 파 놓았지만,
하나님께서 좌시하지 않으셨고
우리 편이 되어 주셨지.
하나님께서 저 악한 농부들의 쟁기를
산산조각내 버리셨지."

[5-8] 오, 시온을 미워하는 자들이 모두
바닥에 고꾸라져 설설 기게 되기를.
얄팍한 땅 위에 돋은 풀처럼
추수 전에 시들어 버리기를.
일꾼들이 수확하기 전에,
추수하는 이들이 거두어들이기 전에.
이웃들이 "엄청난 수확이군, 축하하네!
하나님의 이름으로 축복하네!"
하며 떠들 일 없게.

순례자의 노래

130

[1-2] **하나님**, 도와주소서. 이 몸, 바닥 모를 수렁에
빠져들고 있습니다!
주님, 도움을 구하며 부르짖으니 들어주소서!
귀를 기울이소서! 귀를 열어 들어주소서!
자비를 구하며 부르짖사오니 들어주소서.

[3-4] **하나님**, 사람의 과오를 주께서 일일이 책망하시면
살아남을 자 누구이겠습니까?
그러나 주님은 용서가 몸에 밴 분이시니,
주께서 경배받으시는 까닭입니다.

[5-6] 기도로 살아온 인생, 내가 **하나님**께 기도드리며
그분의 말씀과 그분이 행하실 일을 기다린다네.
나의 주 하나님께만 의지한 이 몸,
아침이 올 때까지 기다리고, 앙망하네.
아침이 올 때까지 기다리고, 앙망하네.

[7-8] 오 이스라엘아, **하나님**을 기다리고 앙망하여라.
하나님이 오시면, 사랑이 오고,
하나님이 오시면, 풍성한 구원이 임한다.
참으로 그렇다. 그분께서 이스라엘을 구속하실 것이요,
죄에 팔려 포로 되었던 이스라엘을 다시 찾으시리라.

순례자의 노래

131

[1] **하나님**, 나는 대장이 되려고 애쓰지 않습니다.
으뜸이 되고 싶지도 않습니다.
남의 일에 참견하지 않았고

거창하고 허황된 꿈을 꾸지도 않았습니다.

2 나는 발을 땅에 디디고
마음을 고요히 다잡으며 살았습니다.
엄마 품에 안긴 아기가 만족하듯
내 영혼 만족합니다.

3 이스라엘아, **하나님**을 기다려라. 희망을 품고 기다려라.
희망을 가져라! 언제나 희망을 품어라!

순례자의 노래

132

1-5 오 **하나님**, 다윗을 기억하소서,
그의 노고를 기억하소서!
그가 **하나님**께 약속한 일을 기억하소서.
야곱의 강하신 하나님께 그가 맹세했습니다.
"나, 집에 가지 않겠습니다.
잠자리에 들지 않겠습니다.
잠도 자지 않고
쉬지도 않겠습니다.
야곱의 강하신 **하나님**께
집을 마련해 드리기 전까지는."

6-7 기억하소서, 우리가 그 소식을 에브라다에서 처음 접하고
야알 초원에서 자세히 듣던 날을.
우리는 소리쳤습니다. "헌당식에 참석하자!
하나님께서 그분의 발판 삼으신 곳으로 가 그분께 경배드리자!"

8-10 일어나소서, **하나님**, 주님의 새 안식처에 드소서.
주님의 강력한 언약궤와 함께 드소서.
주님의 제사장들로 정의를 갖추어 입게 하시고
주님을 경배하는 이들로 이 기도를 읊게 하소서.
"주님의 종 다윗을 높여 주소서.
주께서 기름 부어 세우신 이를 외면하지 마소서."

11-18 **하나님**께서 다윗에게 이렇게 약속하셨다.
결코 취소하지 않으실 약속이다.
"네 아들들 가운데 하나를
네 왕좌에 앉게 해주겠다.

네 자손이 내 언약에 충실하고
내 가르침을 따르는 한,
대가 끊이지 않으리라.
네 왕좌에 앉을 아들이 언제나 있으리라.
그렇다. 나 하나님이 시온을 택했다.
내 제단을 둘 곳으로 이곳을 택했다.
언제나 여기가 내 집이 될 것이다.
내가 이곳을 택했고, 영원토록 여기 있을 것이다.
이곳을 찾는 순례자들에게 복을 소낙비처럼 쏟아부어 줄 것이며
허기져 도착하는 이들에게 밥상을 차려 줄 것이다.
내 제사장들에게 구원의 옷을 입혀 줄 것이며
거룩한 백성들로 가슴 벅차 노래 부르게 할 것이다!
오, 내가 다윗을 위해 이곳을 빛나는 곳으로 만들리라!
내 기름부음 받은 자를 위해 이곳을 빛으로 가득 채우리라!
그의 원수들에게는 더러운 넝마를 입히고
그의 왕관은 찬란히 빛을 발하게 하리라."

다윗이 지은 순례자의 노래

133

1-3 얼마나 멋진가, 얼마나 아름다운가,
형제자매들이 어울려 지내는 모습!
아론의 머리에 부은 값진 기름이
머리와 수염을 타고,
그의 수염을 타고,
그의 제사장 예복 깃을 타고 흘러내리는 모습 같구나.
헤르몬 산의 이슬이
시온의 비탈길을 따라 흘러내리는 모습 같구나.
그렇다. 그곳이 하나님께서 복을 내리시고
영생을 베푸시는 현장이다.

순례자의 노래

134

1-3 와서 하나님을 찬양하여라,
너희 모든 하나님의 종들아!
하나님의 집에서 밤새도록 일하는 너희 하나님의 제사장들아,
성소를 향해 손을 들고 찬양하여라.
하나님을 찬양하여라.
그리하여 하늘과 땅을 지으신 하나님,
시온의 하나님께서 너희에게 복을 주시기를!

135

1-4 할렐루야!
하나님의 이름을 찬양하여라.
하나님께서 행하신 일을 찬양하여라.
하나님의 성전에서 일하고
우리 하나님의 거룩한 뜰에서 섬기는 너희 모든 제사장들아,
하나님은 참으로 선하시니 "할렐루야!"를 외쳐라.
그분의 아름다운 이름을 찬송하여라.
하나님께서 야곱을 택하시고
이스라엘을 그분의 소중한 보물로 삼으셨다.

5-12 다른 모든 신들보다 높으신
우리 주 **하나님**의 위대하심을 내가 증언하노라.
그분은 언제 어디서, 어떤 방식으로든
마음에 원하시는 대로 행하신다.
날씨를 만드시고 구름과 우레를,
번개와 비를, 북풍을 만들어 내신다.
그분께서 사람에서 짐승에 이르기까지
이집트의 맏이들을 모두 치셨다.
이집트가 자세를 고쳐 주목하게 하시고
바로와 그 신하들에게 이적을 나타내 보이셨다.
그렇다. 주께서 큰 민족들을 쓰러뜨리시고
강한 왕들을 죽이셨다.
아모리 왕 시혼과 바산 왕 옥을 죽이시고
가나안의 왕들을 모조리 죽이셨다!
그런 다음 그들의 땅을 이스라엘에게 넘기셔서
그분의 백성이 좋은 땅을 선물로 받게 하셨다.

13-18 **하나님**, 주님의 이름은 영원하고
주께서는 결코 쇠하지 않으십니다.
하나님은 그분의 백성을 편드시고
그들의 손을 잡아 주신다.
이방 나라들의 신들은 시시한 모조품,
시장에 급히 팔려고 만든 가짜 신들.
조각한 입이어서 말하지 못하고
그린 눈이어서 보지 못하며
새긴 귀여서 듣지 못하니,
죽은 나무때기, 차디찬 금속일 뿐!
그런 신을 만들고 의지하는 자들은

그것들과 똑같이 되고 말리라.

19-21 이스라엘 가문아, **하나님**을 찬양하여라!
아론 가문아, **하나님**을 찬양하여라!
레위 가문아, **하나님**을 찬양하여라!
하나님을 경외하는 너희들아, **하나님**을 찬양하여라!
오, 예루살렘에 처음부터 거하신
시온의 **하나님**, 찬양을 받으소서!
할렐루야!

136

1-3 하나님께 감사하여라! 마땅히 감사드려야 할 분.
그분의 사랑 끝이 없다.
모든 신들의 하나님께 감사하여라.
그분의 사랑 끝이 없다.
모든 주인들의 주께 감사하여라.
그분의 사랑 끝이 없다.

4-22 기적을 일으키시는 하나님께 감사하여라.
그분의 사랑 끝이 없다.
능숙한 솜씨로 우주를 만드신 하나님이시니
그분의 사랑 끝이 없다.
대양의 기초 위에 땅을 펼쳐 놓으신 하나님이시니
그분의 사랑 끝이 없다.
하늘을 빛으로 채우신 하나님이시니
그분의 사랑 끝이 없다.
해를 만드셔서 낮을 보살피게 하셨으니
그분의 사랑 끝이 없다.
달과 별들을 밤의 수호자로 삼으셨으니
그분의 사랑 끝이 없다.
이집트의 맏이들을 치신 하나님이시니
그분의 사랑 끝이 없다.
이집트의 압제에서 이스라엘을 구해 내셨으니
그분의 사랑 끝이 없다.
강한 손으로 이스라엘을 돌보셨으니
그분의 사랑 끝이 없다.
홍해를 두 쪽으로 가르셨으니
그분의 사랑 끝이 없다.

이스라엘을 이끌어 홍해 한가운데를 지나게 하셨으니
그분의 사랑 끝이 없다.
바로와 그의 군대를 바다에 처넣으셨으니
그분의 사랑 끝이 없다.
그분의 백성이 광야를 지나게 하신 하나님이시니
그분의 사랑 끝이 없다.
좌우의 큰 왕국들을 꺾으셨으니
그분의 사랑 끝이 없다.
이름난 왕들을 치셨으니
그분의 사랑 끝이 없다.
아모리 왕 시혼을 치셨으니
그분의 사랑 끝이 없다.
바산 왕 옥을 치셨으니
그분의 사랑 끝이 없다.
그들의 땅을 전리품으로 나누어 주셨으니
그분의 사랑 끝이 없다.
그 땅을 이스라엘에게 넘겨주셨으니
그분의 사랑 끝이 없다.

23-26 우리가 비천할 때 우리를 기억하신 하나님이시니
그분의 사랑 끝이 없다.
우리가 짓밟힐 때 우리를 구해 내셨으니
그분의 사랑 끝이 없다.
궁핍한 모든 이들을 제때에 보살피시니
그분의 사랑 끝이 없다.
이 모든 일을 행하신 하나님께 감사하여라!
그분의 사랑 끝이 없다!

137

1-3 우리, 바빌론 강변 곳곳에 앉아
울고 또 울었네.
시온에서 행복하게 보낸 옛 시절을 떠올렸지.
사시나무 옆에 쌓아 두었네,
연주소리 들리지 않는 우리 하프들을.
우리를 포로로 잡은 자들이 빈정대고 조롱하며
그곳에서 노래를 청했네.
"멋진 시온 노래 한 곡 뽑아 봐라!"

4-6 아, 우리가 어찌 **하나님**의 노래를
이 불모지에서 부를 수 있으랴?
예루살렘아, 내가 너를 잊는다면
내 손가락이 낙엽처럼 말라비틀어지리라.
오 사랑스러운 예루살렘아,
내가 너를 기억하지 않는다면
내 너를 가장 소중한 것으로 여기지 않는다면
내 혀가 부어오르고 새까맣게 타 버리리라.

7-9 **하나님**, 저 에돔 족속들을 기억하시고
폐허가 된 예루살렘을 기억하소서.
그날 저들은 큰소리로 말했습니다.
"부숴 버려, 가루가 되도록 박살내 버려!"
너희 바빌론 족속들아, 파괴자들아!
너희가 우리에게 한 그대로 너희에게 되갚는 자는
누구든지 상을 받으리라.
그렇다, 너희 젖먹이들을 잡아다가
그 머리통을 바위에 메어치는 자는 상을 받으리라!

다윗의 시

138

1-3 주께 감사합니다!
내 안의 모든 것이 외칩니다. "감사합니다!"
내가 감사의 노래 부를 때 천사들이 귀 기울여 듣습니다.
주님의 거룩한 성전을 향해 무릎 꿇고 경배하며
다시 고백합니다. "감사합니다!"
주님의 사랑에 감사하고
주님의 성실하심에 감사합니다.
더없이 거룩합니다, 주님의 이름.
더없이 거룩합니다, 주님의 말씀.
내가 부르짖자 주께서 나서시고,
내 삶을 크고 힘차게 해주셨습니다.

4-6 **하나님**, 주께서 하시는 말씀을 듣고서
온 세상 왕들이 주께 고백할 것입니다. "감사합니다."
그들이 주께서 행하신 일들을 노래할 것입니다.
"참으로 크시다, **하나님**의 영광!"
하나님은 높이 계셔도 이 낮은 아래를 굽어보시고,
멀리 계셔도 우리의 모든 일을 아시기 때문입니다.

7-8 내가 극심한 고난의 길을 걸을 때
분노와 혼란 속에 있는 나를 살려 주소서.
한 손으로는
내 원수를 치시고,
다른 손으로는 나를 구원하소서.
하나님, 내 안에서 시작하신 일을 매듭지어 주소서.
주님의 사랑 영원하니, 나를 포기하지 마소서.

다윗의 시

139

1-6 **하나님**, 내 삶을 샅샅이 살피시고
모든 사실을 직접 알아보소서.
나는 주님 앞에 활짝 펼쳐진 책이니,
멀리서도 주께서는 내 생각을 다 아십니다.
주께서는 내가 떠날 때와 돌아올 때를 아시니,
내가 주님의 시야를 벗어나지 않습니다.
내가 운을 떼기도 전에
주께서는 내가 하려는 말을 모두 아십니다.
내가 뒤돌아보아도 주님은 거기 계시고
앞을 내다보아도 주께서는 거기 계십니다.
어느 곳에 가든 주께서 함께하시니, 내 마음 든든합니다.
이 모든 것이 내게는 너무나 크고 놀라워
다 헤아릴 수가 없습니다!

7-12 내가 주님의 영을 피해 어디로 가며
주님의 눈을 피해 어디로 가겠습니까?
내가 하늘로 올라가면 거기에 계시고
지하에 숨어도 거기에 주님이 계십니다!
내가 새벽 날개를 타고
머나먼 서쪽 수평선으로 날아갈지라도
주께서 금세 나를 찾아내시니,
주님은 거기서도 기다리고 계십니다!
내가 속으로 "오, 그분은 어둠 속에서도 나를 알아보시는구나!
내가 밤중에도 빛 속에 잠겨 있구나!" 고백합니다.
참으로 그렇습니다. 주께는 어둠도 어둠이 아니니,
밤과 낮, 어둠과 빛이 매한가지입니다.

13-16 오 그렇습니다. 주께서 내 속과 겉을 빚으시고
모태에서 나를 지으셨습니다.

내 몸과 영혼을 경이롭게 지으신 높으신 하나님,
숨 막히도록 멋지신 주께 감사드립니다!
그 솜씨 너무 놀라워,
내가 주님을 마음 깊이 경배합니다!
주께서는 나를 속속들이 아시며
내 몸속의 뼈 마디마디까지 아십니다.
주께서는 정확히 아십니다.
내가 어떻게 지어졌는지,
아무것도 아니던 내가 어떻게 이처럼 근사한 형상으로 빚어졌는지를.
책을 펼쳐 보시듯, 주께서는 내가 잉태되고 태어나기까지
내 자라는 모습을 지켜보셨습니다.
내 생의 모든 시기가 주님 앞에 펼쳐졌습니다.
태어나 하루를 살기도 전에,
이미 내 삶의 모든 날들이 예비되어 있었습니다.

17-22 주님의 생각들, 너무나 귀하고, 너무나 뛰어납니다!
하나님, 나는 도무지 이해하지 못하겠습니다!
그 수가 바다의 모래알보다 많아서
헤아릴 엄두가 나지 않습니다.
오, 아침에 나를 일으켜 주시고, 내내 주님과 함께 살게 하소서!
하나님, 죄악을 영원히 없애 주소서!
꺼져라, 너희 살인자들아!
하나님, 주님을 얕잡아 보는 자들이
싸구려 가짜 신들에게 홀딱 반했습니다.
보소서, 하나님. 주님을 미워하는 자들을 내가 얼마나 미워하는지.
보소서, 저 사악한 교만을 내가 얼마나 역겨워하는지.
극심하게 그것을 미워합니다.
주님의 원수들이 곧 나의 원수들입니다!

23-24 오 하나님, 내 삶을 샅샅이 살피시고
나에 대해 모든 것을 캐 보소서.
나를 심문하고 시험하셔서
내가 어떤 사람인지 분명히 파악하소서.
내가 잘못한 일이 있는지 직접 살피시고
나를 영원한 생명의 길로 인도하소서.

다윗의 시

140

1-5 하나님, 악이 득세하는 이곳에서 나를 구하소서.
사악한 자들에게서 나를 보호하소서.
저들은 죄로 이어지는 길만 끊임없이 생각해 내고,
전쟁놀이만 도모하며 세월을 보냅니다.
신랄한 말로 남을 미워하고 상처 입히며,
사람을 불구로 만들고 죽이는 독설을 쏟아 냅니다.
하나님, 이 악인들의 손아귀에서 나를 지키소서.
사악한 자들에게서 나를 보호하소서.
제 잘난 맛에 도취된 자들,
나를 쓰러뜨리기로 작정하고 방법을 모의합니다.
악한들이 나를 잡으려 덫을 만들고
내게 죄를 씌우려 안간힘을 씁니다.

6-8 내가 주께 기도했습니다. "하나님, 주는 나의 하나님이십니다!
하나님, 귀를 기울이소서! 자비를 베푸소서!
강한 구원자이신 나의 주 하나님,
싸움이 벌어질 때 나를 보호하소서!
하나님, 악인들이 멋대로 하지 못하게 막으소서.
저들에게 한 치의 틈도 주지 마소서!"

9-11 나를 에워싼 말썽꾼들,
저들의 독설이 저들을 삼키게 하소서.
저들 위에 지옥 불을 쌓아 올리시고
저들을 빙하의 갈라진 틈에 산 채로 묻으소서!
저 떠버리들의 말이
홀대받게 하시고,
저 무뢰한들을 악마가 쫓아가
넘어뜨리게 하소서!

12-13 나는 압니다. 주 하나님이 피해자의 편에 서시고
불쌍한 이들의 권리에 관심을 두고 계심을,
의인들이 주께 마음 깊이 감사하고
선인들이 주님 앞에서 안전하리라는 것을.

다윗의 시

141

1-2 하나님, 가까이 오소서. 어서 오소서!
주님의 귀 활짝 여셔서, 내 소리를 들어주소서!

내 기도를 주께 피어오르는 향으로 여겨 주소서.
들어 올린 두 손은 나의 저녁기도입니다.

3-7 하나님, 내 입에 파수꾼을 세우시고
내 입술 문에 보초를 세우소서.
악은 꿈도 꾸지 않게 하시고
생각 없이 악한 무리와 어울리지 않게 하소서.
못된 짓만 골라서 하는 저들이
감언이설로 나를 꾀지 못하게 하소서!
의로운 이가 나를 바로잡게 하시고
친절한 사람이 나를 꾸짖게 하소서.
죄가 내 머리에 기름붓지 못하게 하소서.
내가 저들의 악행을 고발하며 주께 힘껏 기도합니다!
오, 저들의 우두머리들이 높은 암벽에서 떠밀려
죄값을 치르게 하소서.
큰 망치에 맞아 가루가 되어 버린 바위처럼
저들의 뼈가 지옥 입구에 흩어지게 하소서.

8-10 그러나 사랑하는 주 하나님,
나는 오직 주님만을 바라봅니다.
죽기 살기로 주께 달려왔으니,
나를 보살펴 주소서.
저들의 흉계에서 나를 지키소서.
저들의 악한 속임수에서 나를 보호하소서.
악인들은 고꾸라지게 하시고
나는 상처 하나 없이 지나가게 하소서.

다윗이 굴에 있을 때 드린 기도

142

1-2 내가 소리 높여 하나님께 부르짖네.
큰소리로 하나님께 자비를 구하네.
그분 앞에 내 모든 억울함을 털어놓고
내 고통을 낱낱이 아뢰네.

3-7 "내가 절망에 빠져 낙심할 때
주께서는 내 심정을 아십니다.
내가 처한 위험,
내가 다니는 길에 숨겨 놓은 저들의 덫을 아십니다.
오른쪽을 살피시고 왼쪽도 살펴보소서.

무슨 일이 벌어지는지 아무도 관심이 없습니다!
곤경에 처했는데 출구도 없고,
홀로 남겨져 희망마저 잃어버렸습니다.
하나님, 내가 이렇게 부르짖습니다.
'주님은 나의 마지막 기회, 내 삶의 유일한 희망!'
오 제발, 귀를 기울이소서.
이렇게 바닥까지 떨어진 적은 없습니다.
나를 뒤쫓는 자들에게서 나를 구하소서.
나는 저들의 상대가 되지 않습니다.
이 지하 감옥에서 나를 빼내 주시고
사람들 앞에서 내가 주께 감사하게 하소서.
주님의 백성이 나를 빙 둘러쌀 때
주께서 내게 복을 소낙비처럼 쏟아부으실 것입니다!"

다윗의 시

143

1-2 **하나님**, 나의 기도를 들어주소서.
나의 간구에 주의를 기울이소서.
주님은 응답을 잘하시기로 이름난 분이시니, 내게 응답하소서!
내게 꼭 필요한 일을 해주소서.
그러나 주님의 법정으로 끌고 가지는 마소서.
산 자는 누구도 거기서 무죄 판결을 받을 수 없습니다.

3-6 원수가 뒤쫓아 와서,
나를 걷어차고 짓밟아 거반 죽게 되었습니다.
나를 어두운 구덩이에 던지고
시체처럼 지하 감옥에 처넣었습니다.
이 몸, 그곳에 앉아 절망할 때
내 기운이 쇠하고 내 마음은 납덩이처럼 무거웠습니다.
옛 시절을 떠올리며
주께서 행하신 모든 일을 곰곰이 되새겨 보았습니다.
사막이 비를 갈망하듯이 내가 주님을 갈망하며
주님 향해 두 손을 높이 들었습니다.

7-10 **하나님**, 속히 응답하소서!
어찌할 바를 모르겠습니다.
외면하지 마소서. 모른 체하지 마소서!
주께 버림받으면 나는 완전히 죽습니다.
아침마다 주님의 사랑스러운 음성으로 나를 깨워 주시면

내가 밤마다 주님을 신뢰하며 잠자리에 들겠습니다.
어느 길로 가야 할지 알려 주소서.
내가 귀를 세우고 모든 시선 주께 돌리니
하나님, 원수들로부터 나를 구원하소서.
주님만이 나의 희망이십니다!
주님은 나의 하나님이시니
주님이 기뻐하시는 삶 살도록 가르쳐 주소서.
주님의 복된 영으로 나를 이끄시고
탁 트이고 평탄한 초원으로 데려가 주소서.

11-12 하나님, 주님의 명성을 위해서라도, 나를 살려 주소서!
주님의 정의로 나를 이 고난에서 건지소서!
주님의 크신 사랑으로 내 원수들을 쳐부수소서.
나를 괴롭히는 자들을 깨끗이 쓸어버리소서.
이 몸, 주님의 종인 까닭입니다.

다윗의 시

144

1-2 나의 산이신 하나님을 찬양하여라.
주님은 당당히 잘 싸우도록 나를 훈련시키시는 분.
내가 딛고 선 반석,
내가 거하는 성채,
나를 구해 주시는 기사,
내가 필사적으로 피할 높은 바위산,
내 원수들을 쓰러뜨리시는 분.

3-4 하나님, 어찌하여 우리를 보살펴 주십니까?
어찌하여 우리에게 그토록 마음을 쓰십니까?
우리는 한낱 입김에 불과하고,
모닥불 속 그림자와 같습니다.

5-8 하나님, 하늘에서 내려오셔서
산 한가운데 있는 분화구에 불을 붙이소서.
주님의 번개를 사방으로 집어던지시고,
주님의 화살을 이리저리 쏘소서.
하늘에서 바다까지 손을 뻗으셔서,
증오의 바다,
저 야만족의 손아귀에서 나를 끌어내소서.
새빨간 거짓말을 내뱉는 저들,

앞에서 악수하면서도
뒤돌아서면 등을 찌릅니다.

9-10 오 하나님, 내가 새 노래를 주께 불러 드립니다.
열두 줄 기타로 연주하겠습니다.
왕을 구원하신 하나님,
주님의 종 다윗을 구해 내신 하나님께 바치는 노래입니다.

11 원수의 칼에서 나를 구하소서.
저 야만인들의 손아귀에서 나를 꺼내 주소서.
새빨간 거짓말을 내뱉는 저들,
앞에서 악수하면서도
뒤돌아서면 등을 찌릅니다.

12-14 한창때인 우리 아들들을
무성한 상수리나무 같게 하시고,
우리 딸들은 들판에 핀 들꽃처럼
맵시 좋고 생기 있게 하소서.
창고에는 수확물이 가득 차게 하시고
들판에는 거대한 양 떼로 차게 하소서.
침략을 당하거나 포로로 끌려가는 일 없게 하시고
거리에서 범죄가 사라지게 하소서.

15 이 모든 것을 누리는 백성은 복이 있다.
하나님을 자기 하나님으로 모시는 백성은 복이 있다.

다윗의 찬양

145

1 오, 왕이신 나의 하나님, 찬양으로 주님을 높여 드립니다!
영원토록 주님의 이름을 찬송합니다.

2 날마다 주님을 찬양하고
지금부터 영원까지 찬송합니다.

3 하나님은 위대하시니, 찬양을 아무리 드려도 부족하신 분.
그분의 위대하심 끝이 없다.

4 대를 이어 주께서 행하신 일을 경외하고
세대마다 주님의 위업을 전합니다.

5 모두가 주님의 아름다움과 위엄을 이야기하고
나는 주님의 기적들에 곡을 붙입니다.

6 주께서 행하신 놀라운 일들 대서특필되고
나는 주님의 위대하심 낱낱이 책에 기록합니다.

7 주님의 선하심, 그 명성이 온 나라에 자자하고
주님의 의로우심, 모든 사람 입에 오르내립니다.

8 **하나님**은 자비로우시고 은혜로우신 분,
노하기를 더디 하시고 사랑이 충만하신 분.

9 **하나님**은 누구에게나 좋으신 분,
행하시는 일마다 은혜가 넘친다.

10-11 **하나님**, 온 우주와 피조물들이 주께 박수갈채를 보내고
주님의 거룩한 백성이 주님을 찬양합니다.

그들이 주님 통치의 영광을 이야기하고
주님의 위엄을 선포합니다.

12 주님의 권능을 영원토록 세상에 알리고
주님의 나라의 찬란한 영광을 알립니다.

13 주님의 나라는 영원한 나라,
주님의 통치는 중단되는 일이 없습니다.

하나님은 언제나 말씀하신 대로 행하시고
모든 일을 은혜롭게 하신다.

14 **하나님**은 불행한 이들을 도우시고
삶을 포기하려는 이들에게 새 출발을 허락하신다.

15 모든 눈이 앙망하며 주님을 바라볼 때
주님은 그들에게 때맞춰 먹을 것을 주십니다.

16 주님은 지극히 너그러우셔서
모든 피조물에게 아낌없이 은혜를 베푸십니다.

[17] **하나님**이 행하시는 일은 무엇이나 옳고
그분의 모든 일은 사랑으로 이루어진다.

[18] **하나님**은 기도하는 모든 이들에게 귀 기울이시고
기도하는 모든 이들과 진심으로 함께하신다.

[19] 그분을 경외하는 이들에게 가장 좋은 것 행하시고
그들이 부르짖을 때 귀 기울여 듣고 구원해 주신다.

[20] **하나님**은 그분을 사랑하는 이들의 곁을 지키시지만,
그분을 사랑하지 않는 자들은 모두 끝장내신다.

[21] 내 입이 끊임없이 **하나님**을 찬양하니,
살아 있는 모든 것은 그분을 찬양하고
그 거룩하신 이름을 찬양하여라. 지금부터 영원까지!

146

[1-2] 할렐루야!
오 내 영혼아, **하나님**을 찬양하여라!
내 평생 **하나님**을 찬양하며
내 사는 동안 내 하나님께 노래 부르리라.

[3-9] 너희 삶을 전문가들의 손에 맡기지 마라.
저들은 삶도 구원도 전혀 모르는 자들이다.
한낱 인간에 불과하니 알 도리가 없다.
저들이 죽으면 저들의 계획들도 함께 사라진다.
대신, 야곱의 하나님에게서 도움을 받고
하나님께 너희 소망을 두어라. 참 행복을 알게 되리라!
하나님께서는 하늘과 땅
바다와 그 속의 모든 물고기를 지으신 분,
말씀하신 대로 어김없이 행하시고
학대받는 이들을 변호하시며
굶주린 이들에게 먹을 것을 주시는 분,
하나님은 갇힌 이들을 풀어 주시고
눈먼 이들에게 시력을 주시며
넘어진 이들을 일으켜 세우시는 분,
하나님은 선한 이들을 사랑하시고 나그네들을 보호하시며,
고아와 과부들의 편이 되어 주시고

악인들을 간단히 처치하시는 분.

10 **하나님**께서 언제나 다스리신다.
시온의 하나님은 영원하신 **하나님**이시다!
할렐루야!

147

1 할렐루야!
우리 하나님을 찬양하는 것이 얼마나 좋은가.
그분을 찬양하는 것이 얼마나 아름답고 합당한가!

2-6 **하나님**은 예루살렘을 다시 세우시는 분,
이스라엘의 흩어진 포로들을 다시 모으시는 분,
마음 상한 이들을 고치시고
그들의 상처를 싸매 주시는 분,
별들을 세시고
그 하나하나에 이름을 붙이시는 분.
우리 주님은 위대하시고 그 힘이 무한하시니,
그분의 지식과 행하신 일들, 결코 헤아리지 못하리.
하나님은 넘어진 이들을 다시 일으키시고
악인들을 시궁창에 처박으신다.

7-11 **하나님**께 감사 찬양을 드려라.
네 악기로 그분 앞에서 연주하여라.
하늘을 구름으로 채우시고
땅을 위해 비를 마련하시며,
풀로 산을 푸르게 하시고
가축과 까마귀들에게 먹이를 주시는 분.
그분은 힘센 준마에 감동하지 않으시고
근육질을 대수롭게 여기지 않으신다.
하나님을 경외하는 이들만이 **하나님**의 주목을 받고
그분의 권능에 의지할 수 있다.

12-18 예루살렘아, **하나님**께 경배하여라!
시온아, 네 하나님을 찬양하여라!
주께서 네 성을 안전하게 지키시고
그 안에 있는 네 자녀들에게 복을 내리셨다.
네가 사는 땅에 평화를 허락하시고

네 식탁에 가장 좋은 빵을 차려 주신다.
온 땅에 약속의 말씀을 주시니
그 말씀 빠르고 확실하게 전해지는구나!
눈을 양털처럼 뿌리시고
서리를 재처럼 흩으시며
우박을 모이처럼 흩뿌리시니
그 추위를 견딜 자 누구랴?
다시 명령을 내리시니 모든 것이 녹고,
추위를 향해 입김을 내뿜으시니, 갑자기 봄이로구나!

19-20 그분은 야곱에게 같은 방식으로 말씀하시고
이스라엘에게도 합당한 말씀을 주신다.
다른 민족에게는 이같이 하신 적 없으니,
그들은 그 같은 계명들을 들어 본 적도 없다.
할렐루야!

148

1-5 할렐루야!
하늘에서 하나님을 찬양하여라.
산꼭대기에서 그분을 찬양하여라.
그분의 모든 천사들아, 주님을 찬양하여라.
그분의 모든 전사들아, 주님을 찬양하여라.
해와 달아, 주님을 찬양하여라.
새벽별들아, 주님을 찬양하여라.
드높은 하늘아, 주님을 찬양하여라.
하늘의 비구름아, 주님을 찬양하여라.
찬양하여라. 오, 하나님의 이름을 찬양하여라.
주께서 말씀하시자, 그들이 생겨났다!

6 그분께서 그들을 알맞은 자리에
영원토록 있게 하시고,
명령을 내리시자
그대로 되었다!

7-12 땅에서 하나님을 찬양하여라.
너희 바다의 용들아, 헤아릴 수 없이 깊은 대양아,
불과 우박, 눈과 얼음아,
그분의 명령에 복종하는 폭풍들아,

산과 언덕들아,
사과 과수원들과 백향목 숲들아,
들짐승과 가축 떼들아,
뱀과 날짐승들아,
세상의 왕들과 모든 인종들아,
지도자들과 유력자들아,
청춘남녀들아,
너희 노인과 아이들아.

13-14 **하나님**의 이름을 찬양하여라.
찬양 받기에 합당한 유일한 이름이시다.
그분의 광채, 하늘과 땅에 있는 그 무엇보다 빛나고,
그분께서 세우신 기념비, 곧 하나님의 백성이로다!

하나님을 사랑하는 모든 이들아, 찬양하여라!
이스라엘의 자녀들, **하나님**의 가까운 친구들아!
할렐루야!

149

1-4 할렐루야!
새 노래로 **하나님**께 노래하여라.
그분을 사랑하는 모든 이들과 함께 그분을 찬양하여라.
이스라엘 모든 백성들아, 너희의 주권자이신 창조주를 찬양하여라.
시온의 아들딸들아, 너희 왕으로 인해 기뻐 뛰어라.
춤추며 그분의 이름을 찬양하고
밴드를 울려 음악을 연주하여라!
하나님은 자기 백성을 기뻐하시고
평범한 이들을 구원의 화환으로 꾸며 주신다!

5-9 주님을 참으로 사랑하는 이들아, 소리치며 찬양하여라.
어디에 있든지 노래 불러라.
소리 높여 하나님을 찬양하여라.
칼을 휘둘러 열정적으로 칼춤을 추어라.
이것은 하나님께 거역하는 민족들을 향한 복수의 경고,
임박한 징벌의 신호다.
저들의 왕들은 사슬에 묶여 감옥으로 끌려가고,
지도자들은 영원히 감옥에 갇히며,
저들에 대한 엄정한 심판이 시행될 것이다.

그러나 하나님을 사랑하는 이들은 모두 영광의 자리에 앉으리라!
할렐루야!

150

1-6 할렐루야!
하나님의 거룩한 예배처소에서 그분을 찬양하여라.
탁 트인 하늘 아래서 그분을 찬양하여라.
권능을 떨치신 그분을 찬양하여라.
크고 위대하신 그분을 찬양하여라.
힘찬 트럼펫 소리로 그분을 찬양하여라.
부드러운 현악기로 그분을 찬양하여라.
캐스터네츠와 춤으로 그분을 찬양하여라.
작은북과 플루트로 그분을 찬양하여라.
심벌즈와 큰북으로 그분을 찬양하여라.
바이올린과 기타로 그분을 찬양하여라.
살아 숨 쉬는 모든 것들아, **하나님**을 찬양하여라!
할렐루야!

많은 사람들은 성경에 주로 천국 가는 방법, 즉 하나님과 올바른 관계를 맺고 영혼의 구원을 받는 법이 적혀 있는 줄 안다. 물론 그런 내용도 있지만 그것이 전부는 아니다. 성경은 이 세상에서의 삶, 곧 올바르고 건전하게 사는 일에도 똑같이 관심을 갖는다. 성경의 일차적 관심사가 천국이고 이 세상은 거기 딸린 군더더기인 것이 아니다. 예수께서는 "하늘에서처럼 땅에서도 가장 선한 것을 행하소서"라고 기도할 것을 명하셨다.

"지혜"는 "하늘에서처럼 땅에서도 가장 선한 일을 행하는" 일상의 삶을 가리키는 성경적 용어다. 지혜는 우리가 어떤 상황에 처하든지 그 안에서 잘 살아가는 삶의 기술이다. 지혜는 정보나 지식과는 사실상 아무 관련이 없고, 학위도 지혜를 보증하지 못한다. 지혜가 우리에게 도덕적으로 큰 영향을 끼치는 것은 사실이지만, 우리가 도덕적 진흙탕에 빠지지 않도록 막아 주는 것이 지혜의 일차적 관심사는 아니다. 잠언 4:18-19은 "올곧게 사는 이들의 길은 환히 빛나서 그들이 오래 살수록 더 밝게 빛나지만, 못된 자들의 길은 점점 더 어두워져서 지나가다가 아무것도 보지 못해 바닥에 고꾸라진다"고 말한다.

지혜에 힘입을 때 우리는 부모를 공경하고, 자녀를 양육하고, 재정을 관리하고, 성생활을 영위하고, 일터에 나가고, 리더십을 발휘하고, 바른 말을 쓰고, 친구들을 친절하게 대하고, 건강하게 먹고 마시고, 마음을 다스려 내적 평안을 누리고, 타인들과 사이좋게 지내 평화에 보탬이 되는 일을 잘 감당할 수 있게 된다. 성경에는 이 모든 일 가운데 하나님을 어떻게 생각하고 하나님께 어떻게 반응하는가, 이것이 가장 중요하다는 주장이 담겨 있다.

온 마음으로 **하나님**을 신뢰하고
무슨 일이든 네 멋대로 이해하려 들지 마라.
무슨 일을 하든, 어디로 가든, **하나님**의 음성에 귀 기울여라.
그분께서 네 길을 바르게 인도하실 것이다.
다 아는 체하지 마라.
하나님께로 달려가라! 악을 피해 도망쳐라!
그러면 네 몸에 건강미가 넘칠 것이고
네 뼈 마디마디가 생명력으로 약동할 것이다!

네 모든 소유로 **하나님**께 영광을 돌리고
첫 열매와 가장 좋은 것을 그분께 드려라.
그러면 네 창고가 가득 차고
통에 포도주가 넘쳐흐를 것이다.
친구여, **하나님**의 징계를 억울하게 여기지 말고
그분의 자애로운 꾸지람을 언짢게 여기지 마라.
하나님은 사랑하는 자녀를 꾸짖으신다.
자식이 잘되기를 바라는 아버지의 마음이다(잠 3:5-12).

일상생활 속 그 어떤 문제도 하나님보다 우선할 수 없다.

잠언은 성경의 다른 어떤 책보다 이 부분에 집중하고 있다. '지금 여기'에 대한 성경의 관심은 수천 쪽에 이르는 성경 곳곳에 실린 이야기와 율법, 기도, 설교에 드러나 있다. 그 가운데 잠언은 우리가 일상에서 끊임없이 하나님께 순종할 수 있도록 도와주는 매혹적인 이미지와 경구들의 정수를 뽑아 놓은 책이다.

잠언

솔로몬의 잠언
삶의 지침서

1 [1-6] 이것은 이스라엘의 왕이요 다윗의 아들인
솔로몬의 지혜로운 말이다.
어떻게 해야 바르게 잘살 수 있는지 가르치고
인생의 의미가 무엇이며 어디로 흘러가는지 알리려고 기록한 말이다.
이것은 옳고 정의롭고 공평한 것이 무엇인지 알리고
세상의 이치를 모르는 이들을 가르치고
젊은이들이 현실을 파악하게 해줄
삶의 지침서다.
경험 많은 이들도 얻을 것이 있고
노련한 이들도 한두 가지 배울 것이 있을 것이다.
깊이 음미할 만한 새로운 지혜와
현인들의 슬기가 이 안에 있다.

하나님으로 시작하여라

[7] **하나님**으로 시작하여라. 지식의 첫걸음은 하나님께 엎드리는 것이다.
어리석은 자들만이 지혜와 지식을 업신여긴다.

[8-19] 친구여, 아버지의 말씀에 귀를 기울여라.
어머니의 무릎에서 배운 것을 잊지 마라.
부모의 훈계를 머리에 쓴 화관처럼
손가락에 낀 반지처럼 간직하여라.

친구여, 나쁜 무리가 꾀더라도
따라가지 마라.
그들은 말하리라. "나가서 소란을 일으키자.
누구든 닥치는 대로 두들겨 패고 가진 것을 빼앗자.
그들을 빈털터리로 만들어
죽을 날만 기다리게 하자.
빼앗은 귀중품들을 차에 한가득 싣고
집으로 가져가게 될 거다.
같이 가자. 다시없는 기회가 될 거야!
물건은 모두 똑같이 나누게 될 거다!"
친구여, 그들을 두 번 돌아보지도 말고
한순간이라도 그들의 말을 귀담아듣지 마라.
그들은 비참한 최후를 향해 질주하고
손에 넣은 모든 것을 망치려고 내달린다.
사람들이 빤히 쳐다보는 곳에서
은행을 터는 사람이 없건만,
그들이 하는 짓이 꼭 그 꼴이다.
제 무덤을 파는 격이다.
손에 잡히는 대로 다 움켜쥘 때, 바로 이런 일이 벌어진다.
가진 것이 많아질수록, 점점 더 초라한 사람이 된다.

지혜의 외침

20-21 지혜가 거리로 나가 외친다.
시내 한복판에서 연설을 한다.
도로 한가운데 자리를 잡고
혼잡한 모퉁이에서 소리친다.

22-24 "얼간이들아! 언제까지 무지의 진창에서 뒹굴려느냐?
빈정대는 자들아! 언제까지 빈정거림만 늘어놓으려느냐?
천치들아! 언제까지 배움을 거부하려느냐?
돌아서라! 내가 너희 삶을 바로잡아 주겠다.
보아라! 내 영을 너희에게 쏟아부을 준비가 되었다.
내가 아는 것을 다 알려 줄 준비가 되었다.
너희는 내가 불렀는데도 귀를 막았고
손을 내밀었는데도 본체만체했다.

25-28 너희가 내 충고를 비웃고
내 훈계를 우습게 여기니

내가 어떻게 너희 말을 진지하게 들을 수 있겠느냐?
내가 너희에게 당한 대로 갚아 주어 너희 곤경을 농담거리로 삼으리라!
재난이 일어나
너희 삶이 산산조각나 버리면 어찌하려느냐?
재앙이 닥쳐
돌무더기에 잿더미만 남으면 어찌하려느냐?
그때 너희는 내가 필요하여 큰소리로 나를 부를 것이다.
그러나 나는 대답하지 않을 것이다.
너희가 아무리 애타게 나를 찾아도 나를 만나지 못할 것이다.

29-33 너희가 지식을 싫어하고
하나님 경외할 줄을 모르고
내 충고를 받아들이지 않고
가르침을 주겠다는 내 제안을 모두 무시하더니
네 스스로 무덤을 팠구나. 이제 거기 누워라.
네 뜻대로 하더니, 이제 만족하느냐?
이 얼간이, 천치들아, 무슨 일이 벌어졌는지 모르겠느냐?
내 말을 무시하는 것은 죽는 길이고, 자기도취는 자살행위다.
먼저 내 말에 귀를 기울여라. 그리고 긴장을 풀어라.
그러고 나서 마음을 놓아도 좋다. 그때부터는 내가 너희를 지켜 줄 것이니."

지혜가 주는 유익

2

1-5 친구여, 내가 하는 말을 마음에 새겨라.
내 훈계를 받아들여 목숨 걸고 지켜라.
지혜의 세계에 귀를 쫑긋 세우고
분별 있게 살기로 결심하여라.
그렇다. 무엇보다 통찰력을 추구하고
그것을 얻기까지 결코 만족하지 않는다면,
금을 캐는 채굴업자와
보물찾기에 나선 탐험가처럼 그것을 찾는다면,
어느새 하나님을 경외하고
하나님 아는 지식을 얻게 될 것이다.

6-8 하나님은 지혜를 값없이 주시고
지식과 명철을 숨기시지 않는 분이시기에 그렇다.
그분은 제대로 사는 이들에게 상식의 보고가 되시고
꾸밈없고 성실한 이들의 보호자가 되어 주신다.
정직하게 사는 모든 이들을 주시하시고

그분께 충성하고 헌신하는 자들을 특별히 보살피신다.

9-15 그러면 너는 참되고 공평한 것을 가려내고
모든 좋은 길을 찾아낼 수 있을 것이다!
지혜가 네 절친한 벗이 되고
지식은 유쾌한 동행자가 될 것이다.
건전한 상식이 앞서 나가 위험을 찾아내고
통찰력이 너를 빈틈없이 지켜 줄 것이다.
네가 잘못된 길로 접어들지 않도록,
길을 잃어
어디가 어딘지 모르는 자들의
엉터리 길안내를 따르지 않게
지켜 줄 것이다.
저들은 놀이하듯 악을 저지르고
못된 짓을 기념해 잔치를 연다.
그들이 다니는 길은 죄다 막다른 골목,
여기저기 둘러봐야 출구 없는 미로일 뿐이다.

16-19 지혜로운 벗들이,
번드르르한 말로 유혹하는 여자에게서 너를 구해 줄 것이다.
그 여자는 여러 해 전에 결혼한 남편에 대한 신의를 저버리고
하나님 앞에서 맺은 혼인서약을 까마득히 잊은 자다.
그런 생활의 결말은 뻔하다.
걸음을 뗄 때마다 지옥에 가까워질 뿐이다.
그 여자와 어울리는 사람은 돌이키지 못하고
참된 삶으로 이어지는 길에 발을 들여놓지 못한다.

20-22 그러니 선한 이들과 어울리고
신뢰할 만한 길을 걸어라.
올곧게 행하는 사람, 정직한 이들은
이 땅에 자리 잡고 오래오래 살겠지만,
부도덕한 자들, 부정직한 자들은
목숨을 잃고 영원히 사라질 것이다.

다 아는 체하지 마라

3 1-2 친구여, 내 모든 가르침을 잊지 말고
내 계명을 마음에 새겨라.
그러면 네가 오래오래 살고

부족함 없이 잘살게 될 것이다.

3-4 사랑과 성실을 굳게 붙잡고,
그것을 네 목에 걸어라. 그 머리글자를 마음에 새겨라.
그러면 하나님과 사람에게서
잘산다는 평판을 얻게 될 것이다.

5-12 온 마음으로 하나님을 신뢰하고
무슨 일이든 네 멋대로 이해하려 들지 마라.
무슨 일을 하든, 어디로 가든, 하나님의 음성에 귀 기울여라.
그분께서 네 길을 바르게 인도하실 것이다.
다 아는 체하지 마라.
하나님께로 달려가라! 악을 피해 도망쳐라!
그러면 네 몸에 건강미가 넘칠 것이고
네 뼈 마디마디가 생명력으로 약동할 것이다!
네 모든 소유로 하나님께 영광을 돌리고
첫 열매와 가장 좋은 것을 그분께 드려라.
그러면 네 창고가 가득 차고
통에 포도주가 넘쳐흐를 것이다.
친구여, 하나님의 징계를 억울하게 여기지 말고
그분의 자애로운 꾸지람을 언짢게 여기지 마라.
하나님은 사랑하는 자녀를 꾸짖으신다.
자식이 잘되기를 바라는 아버지의 마음이다.

지혜의 가치

13-18 지혜를 만나고
통찰력과 친구가 되는 사람은 복이 있다.
지혜는 은행에 저축한 돈보다 훨씬 값지고
지혜와 맺은 우정은 고액연봉보다 낫다.
지혜의 가치는 온갖 화려한 장신구보다 낫고
네가 바라는 그 어떤 것보다 귀하다.
지혜는 한 손으로 장수를 베풀고
다른 손으로 상을 준다.
지혜의 방식은 훌륭하고
지혜의 세상살이는 놀라우리만치 완전하다.
지혜는 그것을 붙잡는 이들에게 참으로 생명의 나무가 된다.
지혜를 단단히 붙들어라. 그러면 복을 받을 것이다.

19-20 하나님은 지혜로 땅을 만드셨고
통찰력을 발휘해 하늘을 들어 올리셨다.
지혜와 통찰력은 강과 샘을 언제 솟게 하고 밤하늘의 이슬을
언제 내리게 할지 적절한 때를 안다.

외면하지 마라

21-26 친구여, 명료한 사고와 건전한 상식을 목숨 걸고 지켜
잠시라도 놓치지 마라.
그러면 네 영혼이 생기를 띨 것이다.
너는 건강과 매력을 유지할 것이다.
안전하게 다닐 것이며,
지치지 않고 발이 걸려 넘어지지도 않을 것이다.
오후에 염려 없이 낮잠을 자고
밤에도 단잠을 자게 될 것이다.
경고가 날아들고 놀랄 일이 생기고
세상 멸망이 임박했다는 예언이 있어도, 두려워할 필요가 없다.
하나님께서 네 곁에 함께하시며
너를 안전하게 지켜 주실 것이기 때문이다.

27-29 도움이 필요한 사람이 있거든 그를 외면하지 마라.
그에게는 네 손이 하나님의 손이다.
지갑에 돈이 있는데도
이웃에게 "다음에 오게" 하고 말하지 마라.
"내일 주겠네" 하고 말하지도 마라.
너를 믿고 마음 놓고 사는 이웃에게
해 끼칠 궁리를 하지 마라.

30-32 사사건건 시비조로
싸울 거리를 찾아다니지 마라.
힘으로 밀어붙이며 사는 사람이 되지 마라.
왜 불량배 노릇을 하려느냐?
너는 "왜 안되는데?" 하고 말하지만,
하나님은 심사가 뒤틀린 자들을 참지 못하신다.
그분은 올곧은 이들을 존중하신다.

33-35 하나님은 악한 자들의 집에는 저주를 내리시지만
의로운 이들의 집에는 복을 내려 주신다.
그분은 시건방진 회의론자들을 냉대하시고

형편이 어려운 사람을 곁에서 도우신다.
지혜롭게 살면 명예를 상으로 받고
어리석게 살면 수치를 상으로 받는다.

지혜와 명철을 구하여라

4 1-2 친구여, 아버지의 훈계를 잘 들어라.
자세를 바로 하고 주의해서 들어라.
그러면 살아갈 방도를 알게 될 것이다.
너희에게 유익한 교훈을
한 귀로 듣고 한 귀로 흘려버리지 마라.

3-9 내가 아버지 무릎에서 자라는 아이였을 때
어머니의 자랑거리이자 기쁨이었을 때,
아버지는 나를 앉혀 놓고 반복해서 말씀하셨다.
"이 가르침을 마음에 새기고 내 말대로 행하여라. 그리하면 네가 살 것이다!
모든 것을 팔아 지혜를 사거라. 명철을 찾아 나서라.
내 말을 한 마디도 잊지 말고, 거기서 한 치도 벗어나지 마라.
지혜를 외면하지 마라. 그것이 네 목숨을 지켜 줄 것이다.
지혜를 사랑하여라. 그것이 너를 돌봐 줄 것이다.
무엇보다 먼저 지혜를 얻어라!
명철을 무엇보다 귀하게 여기고 그것을 구하여라!
지혜를 껴안으라. 분명히 말하지만, 절대 후회하지 않을 것이다.
지혜를 절대 놓아 보내지 마라. 지혜 덕분에 네가 영광스럽게 살게 될 것이다.
지혜가 네 삶에 우아한 관을 씌우고
너의 하루하루를 아름답게 장식해 줄 것이다."

악한 길로 접어들지 마라

10-15 친구여, 내 훈계를 받아들여라.
그러면 네가 오래 살 것이다.
나는 지혜로 가는 길을 정확히 안내하고
올바른 길로 가는 지도를 그린다.
나는 네가 막다른 골목에 이르거나
길을 잘못 들어 시간을 허비하기를 바라지 않는다.
유익한 교훈을 놓치지 말고 꼭 붙들어라.
그대로 잘 행하여라. 네 목숨이 거기에 달렸다!
악한 길로 접어들지 말고
아예 발도 들여놓지 마라.
그 길에서 멀찍이 떨어져

비켜 가거라.

16-17 악인들은 문제를 일으키지 않으면
마음이 편치 않고,
남을 못살게 굴지 않으면
밤에 잠을 못 잔다.
사악함은 그들의 음식이고
폭력은 그들이 고르고 고른 약이다.

18-19 올곧게 사는 이들의 길은 환히 빛나서
그들이 오래 살수록 더 밝게 빛나지만,
못된 자들의 길은 점점 더 어두워져서
지나가다가 아무것도 보지 못해 바닥에 고꾸라진다.

내 메시지를 외워라

20-22 친구여, 내 말을 잘 듣고
내 목소리에 귀를 기울여라.
내 메시지를 항상 잘 보이는 곳에 두고
거기에 집중하여라! 힘써 외워라!
이 말을 깨닫는 사람은 참으로 제대로 살고
몸과 영혼이 건강해질 것이다.

23-27 두 눈을 부릅뜨고 네 마음을 지켜라.
마음은 생명의 근원이다.
한 입으로 두말하지 말고
경솔한 농담, 악의 없는 거짓말, 잡담을 피하여라.
똑바로 앞만 쳐다보고
온갖 엉뚱한 것들에는 눈길도 주지 마라.
조심조심 걸어라.
그러면 네 앞길이 평탄하게 펼쳐질 것이다.
오른쪽으로나 왼쪽으로나 한눈팔지 말고
악으로부터 멀리 떨어져라.

네 아내를 즐거워하여라

5 1-2 친구여, 내 지혜에 주목하고
내 생각을 명심해서 들어라.
그러면 네가 건전한 판단력을 얻고
곤경에 빠지지 않게 될 것이다.

3-6 유혹하는 여자의 입술은 너무나 달콤하고
그 나긋나긋한 말은 너무나 감미롭다.
그러나 머지않아 그 여자는 네 입속의 자갈이 될 것이다.
네 창자를 아프게 하고, 네 심장에 상처를 입힐 것이다.
그 여자는 환락의 꽃길을 따라 춤추며 죽음으로 내려가고
지옥으로 가는 그 길을 너와 함께할 것이다.
그 여자는 참된 삶을 전혀 알지 못하니
자기가 누구인지, 어디로 가는지도 모른다.

7-14 그러니 친구여, 내 말을 잘 듣고
가벼이 여기지 마라.
그런 여자를 멀리하고
그 근처에 얼씬도 하지 마라.
네 멋진 인생을 허비하지 마라.
냉혹한 자들 사이에서 귀중한 인생을 낭비하지 마라.
어찌 낯선 자들에게 속아 넘어가려 하느냐?
네 인생에 관심도 없는 자들에게 이용당하려 하느냐?
너는 후회 가득한 인생을 마감하며
죄와 뼈만 남긴 채
이렇게 말하고 싶지 않을 것이다.
"아, 어쩌자고 내가 그분들의 말을 따르지 않았던가?
어쩌자고 절제된 삶을 거절했던가?
어쩌자고 스승의 가르침을 귀담아듣지 않고
가볍게 여겼던가?
내 인생이 망가지고 말았구나!
내놓을 만한 복된 것이 하나도 없구나!"

15-16 이런 격언을 아느냐? "네 빗물통의 물을 마시고
네 샘에서 솟아난 우물물을 길어 올려라."
맞는 말이다. 그렇지 않으면 어느 날 집에 돌아와
빈 물통과 오염된 우물을 보게 될 것이다.

17-20 네 샘물은 너 혼자만의 것이니,
낯선 자들과 나누지 마라.
맑은 물이 흐르는 네 샘을 복되게 하여라!
젊은 시절에 너와 결혼한 아내를 즐거워하여라!
천사처럼 사랑스럽고 장미처럼 아리따운 여인이니
언제까지고 아내의 육체에서 기쁨을 얻어라.

아내의 사랑을 결코 당연하게 여기지 마라!
어찌하여 아내와의 깊은 친밀함을 버리고
난잡하고 낯선 창녀에게서 싸구려 쾌락을 얻으려 하느냐?

21-23 명심하여라. 하나님은 네가 하는 일을 하나도 놓치지 않으시고
네 모든 발걸음을 아신다.
죄를 지으면 그 그림자가 너를 덮칠 것이고
너는 어둠 속에서 고꾸라질 것이다.
무절제하게 살면 죽음을 상으로 받고,
어리석은 결정을 내리면 막다른 길에 빠져 옴짝달싹 못하게 될 것이다.

6 1-5 친구여, 네가 이웃의 보증을 서거나
낯선 자와의 거래에 꼼짝없이 말려들었다면,
겉옷이라도 벗어 주겠다고 충동적으로 약속했다가
이제 바깥 추운 데서 와들와들 떠는 신세가 되었다면,
친구여, 한시도 허비하지 말고 궁지에서 벗어나라.
너는 그 사람의 손아귀에 사로잡혔다!
침통한 얼굴로 찾아가 절박한 사정을 호소하여라.
허비할 시간이 없으니
지체하지 마라.
사슴이 사냥꾼의 손에서 벗어나듯 달아나라.
새가 덫을 놓는 자의 손에서 벗어나듯 날아가라!

개미에게서 배워라

6-11 게으르고 어리석은 자여, 개미를 보아라.
개미를 자세히 지켜보고 한 수 배워라.
아무도 할 일을 일러 주지 않지만,
개미는 여름내 먹이를 마련하고
추수철에 양식을 비축한다.
너는 언제까지 하는 일 없이 빈둥거리려느냐?
언제 잠자리에서 일어나려느냐?
"여기서도 자고, 저기서도 자자. 여기서도 하루 쉬고, 저기서도 하루 쉬자.
편히 앉아 느긋하게 쉬자"하면 무슨 일이 닥치는지 아느냐?
바랄 것은 단 하나, 찢어지게 가난한 생활뿐이다.
가난이 네 영원한 식객이 된다!

12-15 쓰레기 같은 인간과 악당들은

한 입으로 두말한다.
서로 눈짓을 교환하며 발을 질질 끌면서
지킬 마음도 없는 거짓 약속을 일삼는다.
그들의 사악한 마음은 끊임없이 고약한 일을 꾸미고
언제나 말썽을 일으킨다.
머지않아 그들에게 재앙이 닥치면
완전히 파멸하고 망해서 회복되지 못하리라.

하나님이 미워하시는 일곱 가지

16-19 여기 **하나님**이 미워하시는 여섯 가지가 있고,
그분이 몹시 싫어하시는 한 가지가 더 있다.

거만한 눈
거짓말하는 혀
죄 없는 사람을 살해하는 손
흉계를 꾸미는 마음
악한 길로 급히 달려가는 발
거짓 증언하는 증인의 입
집안에서 분쟁을 일으키는 자.

부도덕에 대한 경고

20-23 착한 친구여, 아버지의 유익한 훈계를 따르고
어머니의 가르침에서 벗어나지 마라.
그것을 머리에서 발끝까지 휘감고
스카프처럼 목에 둘러라.
네가 어디로 가든지 그것이 너를 안내하고
어디서 자든지 너를 지켜 주며,
잠에서 깨면 다음에 할 일을 알려 줄 것이다.
건전한 훈계는 횃불이고
유익한 가르침은 빛이다.
도덕적 훈계는 생명의 길이다.

24-35 그것이 네가 방탕한 여인들에게 빠지지 않고
유혹하는 여자의 호리는 말에 넘어가지 않게 지켜 줄 것이다.
그런 여자의 아름다움을 탐내지 말고
욕정어린 눈길에 홀리지 마라.
빵 한 덩이로 매춘부와 한 시간을 보낼 수 있지만
방탕한 여자는 너를 산 채로 삼킬 수 있다.

무릎 위에서 불을 지피는데
바지가 타지 않을 도리가 있느냐?
활활 타는 숯불 위를 맨발로 걷는데
물집이 생기지 않을 재간이 있겠느냐?
이웃의 아내와 잠자리를 같이하는 사람의 처지가 이와 같다.
그는 대가를 치르게 될 것이다. 어떤 핑계도 통하지 않을 것이다.
배고픔은
도둑질의 구실이 될 수 없다.
훔치다 걸리면 전 재산이 들더라도
훔친 것을 갚아야 한다.
간통은 정신 나간 짓이다.
영혼을 파괴하고 자기를 망가뜨리는 짓이다.
코피가 나고 눈은 멍들고
체면이 땅에 떨어진 네 모습을 생각해 보아라.
배신당한 남편은 질투에 사로잡혀 분노를 터뜨릴 것이다.
복수하겠다고 날뛰면서 조금도 사정을 봐주지 않을 것이다.
무슨 말을 해도, 어떤 보상을 해도 소용이 없다.
뇌물도 설득도 통하지 않을 것이다.

유혹하는 여자에게서 벗어나라

7

1-5 친구여, 내 말을 따르고
내 신중한 가르침을 간직하여라.
내 말대로 행하면 잘살게 될 것이다.
내 가르침은 네 시력만큼 귀하니 잘 지켜라!
그것을 네 손바닥에 적고
심장의 두 심실에 새겨라.
누이를 대하듯 지혜에게 말을 걸고
동무를 대하듯 통찰력을 대하여라.
그것이 유혹하는 여자를 막아 주고
달콤한 말로 나긋나긋 호리는 여자에게서 벗어나게 할 것이다.

6-12 나는 우리 집 창가에서
덧문 사이로 내다보았다.
무심한 군중 사이로
정신 나간 젊은이 하나가 보였다.
그는 그 여자가 사는 거리 모퉁이에 이르더니
그 집으로 가는 길로 접어들었다.
저녁이 깊어 땅거미가 내리고

어둠이 짙어져 밤이 되었다.
바로 그때, 한 여자가 그에게 다가왔다.
그 여자는 유혹하는 옷차림을 하고서 그를 기다리고 있었다.
뻔뻔하고 자신만만한 그 여자는
차분하게 집에 붙어 있지 못하고 늘 돌아다녔다.
거리를 다니고 시장을 다니고
시내의 골목이란 골목을 모두 누볐다.

13-20 그 여자는 그를 부둥켜안고 입 맞추더니
대담하게 그의 팔을 붙잡고 말했다.
"잔치에 필요한 물건을 다 마련해 놓았어요.
오늘 나는 제물을 바쳤고 서원한 것을 모두 이행했어요.
그래서 당신 얼굴이라도 볼 수 있을까 싶어
나왔는데, 여기 계셨군요!
내 침대에는 새로 산 깔끔한 요와
외국에서 들여온 화려한 이불을 깔아 놓았어요.
향수를 뿌려 놓아
좋은 향기가 가득해요.
자, 어서 가서 밤새 사랑을 나누어요.
황홀한 밤이 될 거예요!
남편은 집에 없어요. 출장을 갔거든요.
한 달 뒤에나 돌아올 거예요."

21-23 젊은이는 그 여자의 달콤한 말에 홀려 버렸다.
어느새 여자 꽁무니를 뒤좇는데,
그 모습이 도살장으로 끌려가는 송아지 같았다.
숨어 있던 사냥꾼의 유인에 걸려들어 화살을 맞은 수사슴이요,
하늘과 작별인사도 못한 채
무작정 그물로 날아드는 새 같았다.

24-27 친구여, 내 말을 명심하고
단단히 새겨들어라.
그런 여자와 놀아나지 마라.
그 집 근처에는 얼씬도 마라.
그 여자에게 홀려 희생된 사람이 셀 수 없이 많다.
그 여자는 가엾은 남자들을 수없이 죽였다.
그 여자는 지옥으로 가는 길 중간에 살면서,
네 몫의 수의와 관을 마련한다.

지혜가 큰소리로 외친다

8
1-11 지혜가 부르는 소리가 들리느냐?
통찰력의 외침이 들리느냐?
가장 번화한 교차로
중심가에 자리 잡고 서 있구나.
교통량이 가장 많은
도시의 광장에서 외치는구나!
"거리에 나온 너희에게,
너희 모두에게 말한다!
잘 들어라, 미련한 자들아. 건전한 상식을 배워라!
어리석은 자들아, 처신을 똑바로 하여라!
제대로 사는 법, 최상의 모습으로 사는 법을 일러 줄 테니
한 마디도 놓치지 마라.
내 입은 진실만 씹고 맛보고 즐긴다.
악의 맛은 참을 수가 없다!
내 입에는 참되고 바른 말만 있다.
왜곡되거나 비뚤어진 말은 한 마디도 없다.
마음을 열고 들으면 내 말이 참되다는 것을 알게 될 것이다.
진실을 받아들일 준비가 된 사람은 단번에 알아볼 것이다.
돈보다 나의 생생한 훈계를 택하고
벌이가 좋은 직업보다 하나님을 아는 지식을 택하여라.
지혜는 온갖 화려한 장신구보다 낫고
너희가 바라는 그 어떤 것보다 귀하다.

12-21 나는 지혜다. 분별이 나의 옆집에 살고
지식과 신중함이 같은 동네에 산다.
하나님을 경외하는 것은 악을 미워하는 것이다.
나는 악이 드러나는 여러 방식, 곧 교만과 오만과 거짓된 말을
지독히 싫어한다.
유익한 조언과 건전한 상식은 나의 주특기.
나는 통찰력인 동시에 그것을 실천할 수 있는 힘이다.
내 도움으로 지도자들이 다스리고
입법자들이 공정한 법을 제정한다.
내 도움으로 통치자들이 통치하고
적법한 권한을 행사한다.
나는 나를 사랑하는 자들을 사랑하며
나를 찾는 이를 만나 준다.
부와 영광이 나와 함께하고

명예와 명성이 나와 동행한다.
내가 주는 이득은 고액연봉보다 더 값지다.
내게서 얻을 수 있는 수익은 상상을 초월한다.
너희는 의의 길에서 나를 만날 수 있다. 내가 다니는 길이다.
나는 정의의 대로 한복판에서
나를 사랑하는 이들에게 생명을 나누어 준다.
두 팔에 한가득 생명을 안겨 준다!

22-31 하나님은 모든 일에 앞서
주권적으로 나를 만드셨다. 나는 하나님의 첫 작품, 근본 작품이다.
나는 오래전,
땅이 시작되기도 전에 생겨났다.
바다가 생겨나기 전, 샘과 강과 호수가 생겨나기 전에
세상에 등장했다.
산들이 조각되고 언덕들이 모양을 갖추기 전에
나는 이미 태어나 존재하고 있었다.
하나님께서 지평선을 활짝 펼치시고
토양과 날씨의 세세한 부분까지 챙기시며,
하늘을 든든히 제자리에 두시기 오래전에
내가 거기 있었다.
그분이 바다 둘레에 경계를 정하시고
광대한 하늘을 조성하시며
바다의 샘들을 만드셨을 때,
그분이 바다에 경계선을 그으시고
'진입금지' 푯말을 세우신 다음
땅의 기초를 놓으셨을 때,
나는 그분과 함께 있으면서 모든 것이 제자리를 잡게 했다.
나는 날마다 거기 있으면서 기쁨의 손뼉을 치고
그분과 함께 있는 것을 즐거워했다.
사물들, 생물들과 함께
인간 가족의 탄생을 기쁨으로 축하했다.

32-36 그러니 친구들이여, 잘 들어라.
내 길을 따르는 이들은 가장 복된 자들이다.
절제된 생활에 주목하고 지혜롭게 살아라.
네 소중한 인생을 허비하지 마라.
내 말을 듣는 이,
아침마다 깨어나 나를 맞이하는 이,

하루 일과를 시작하는 내게 정신을 바짝 차리고 반응하는 이는 복이 있다.
나를 만나는 이는 참 생명을 얻고
하나님의 기뻐하심을 얻는다.
그러나 나를 무시하는 자는 자기 영혼을 해친다.
나를 거절하면 죽음과 불장난을 하게 된다."

지혜가 잔치를 연다

9 1-6 지혜가 일곱 기둥을 깎아 세워
집을 짓고 가구를 들였다.
잔치 음식을 준비했다. 양고기를 굽고
포도주를 따르고 은식기와 꽃으로 식탁을 차렸다.
여종들은 물러가게 한 다음
직접 시내로 가 눈에 잘 띄는 곳에 서서
그의 목소리를 듣는 모든 사람을 초대한다.
"사는 게 혼란스럽냐? 뭐가 어떻게 돌아가는지 모르겠느냐?
나와 함께 가자. 함께 만찬을 들자!
갓 구운 빵, 구운 양고기, 고르고 고른 포도주로
근사한 식탁을 차려 놓았다.
무기력한 혼란을 떨치고 생명의 길,
의미 있는 삶의 길을 걸어가라."

❧

7-12 오만하게 빈정대는 자를 타이르면 뺨을 맞고
못된 행동을 지적하면 정강이를 걷어차일 것이다.
그러니 비웃는 자에게 시간을 낭비하지 마라.
수고의 대가로 욕만 먹게 될 것이다.
그러나 인생을 귀하게 여기는 사람을 꾸짖는 것은 다르다.
그들은 그 보답으로 너를 사랑할 것이다.
지혜로운 사람들에게만 훈계를 해라. 그들이 더 지혜로워질 것이다.
네가 아는 바를 선한 사람들에게 말해 주어라. 그들이 유익을 얻을 것이다.
삶의 진수는 **하나님**을 경외하는 것에서 시작된다.
인생에 대한 통찰력은 거룩하신 하나님을 아는 데서 나온다.
지혜를 통해 인생에 깊이가 더해지고
성숙한 나날이 펼쳐진다.
지혜롭게 살면 지혜가 네 삶에 스며들 것이다.
삶을 무시하면 삶 또한 너를 무시할 것이다.

매춘부도 큰소리로 외친다

13-18 이번에는 뻔뻔하고 머리가 텅 빈 경박한 여자,
매춘부가 등장하는구나.
그 여자는 시내 중심가에 있는
자기 집 문 앞에 앉아
제 길 가는 사람들에게
큰소리로 외친다.
"사는 게 혼란스러운가요? 뭐가 어떻게 돌아가는지 모르겠어요?
나와 함께 달아나요. 좋은 시간 보내게 해줄게요!
아무도 모를 거예요. 최고의 시간을 안겨 줄게요."
그러나 사람들은 모른다. 그 여자의 벽장에 해골이 가득한 것을.
그 여자를 찾아간 자들이 모두 지옥에 떨어졌다는 것을.

솔로몬의 잠언
정직한 삶은 영원히 남는다

10

1 지혜로운 아들은 아버지를 흐뭇하게 하지만
어리석은 아들은 어머니를 슬프게 한다.

2 부정하게 모은 재산은 쓸모가 없지만
정직한 삶은 영원히 남는다.

3 **하나님**은 정직한 사람을 굶기지 않으시고
악인의 탐욕을 물리치신다.

4 게으르면 가난해지고
부지런하면 부유해진다.

5 해가 떠 있을 때 건초를 말리는 것은 영리한 일이지만
추수철에 낚시하러 가는 것은 어리석은 일이다.

6 선하고 정직하게 사는 자는 복을 부르지만
악인의 입은 독설이 가득한 어두운 동굴이다.

7 선하고 정직하게 살면 칭찬을 받고 기억되지만
사악하게 살면 썩은 내만 남는다.

8 마음이 지혜로운 이는 명령을 따르지만
머리가 텅 빈 자는 어려움을 겪는다.

[9] 정직하면 당당하고 근심 없이 살지만
구린 짓은 언젠가 드러나기 마련이다.

[10] 시선을 피하는 것은 문제가 생길 조짐이다.
마음을 열고 얼굴을 마주 보아야 평화가 찾아온다.

[11] 선한 사람의 입은 생명을 주는 깊은 우물이지만
악한 사람의 입은 독설이 가득한 어두운 동굴이다.

[12] 미움은 싸움을 일으키지만
사랑은 다툼을 덮어 준다.

[13] 통찰력 있는 사람의 입술에는 지혜가 있지만
시야가 좁은 사람은 따귀를 맞아야 정신을 차린다.

[14] 지혜로운 사람이 쌓은 지식은 참된 보물이지만
다 아는 체하는 사람의 말은 쓰레기일 뿐이다.

절제된 삶은 생명에 이르는 길이다

[15] 부자의 재산은 그의 견고한 성이지만
궁핍한 자의 가난은 그를 망하게 한다.

[16] 선한 사람은 활기 넘치는 삶을 보상으로 받지만
악한 사람에게 남는 것은 죄뿐이다.

[17] 절제된 삶은 생명에 이르는 길이고
책망을 무시하면 영원히 길을 잃게 된다.

[18] 거짓말쟁이들은 미움을 쌓고
미련한 자들은 대놓고 험담을 퍼뜨린다.

[19] 말이 많을수록 진실은 적어진다.
지혜로운 사람은 말을 가려서 한다.

[20] 선한 사람의 말은 기다려서 들어 볼 만하지만
악한 사람의 지껄임은 아무 쓸모가 없다.

[21] 선한 사람의 말은 많은 이들에게 진수성찬이 되지만

말만 많은 사람은 허전한 마음을 주체하지 못하고 죽는다.

하나님을 경외하면 오래 산다

22 사람은 **하나님**의 복으로 부자가 되지만
사람이 하는 일은 하나님께 보탬이 될 수 없다.

23 머리가 빈 사람은 못된 짓이 재미있다고 생각하지만
생각이 있는 사람은 지혜를 소중히 여긴다.

24 악한 사람의 악몽은 현실이 되고
선한 사람은 바라는 것을 얻는다.

25 폭풍이 지나가면 악한 사람에게는 남는 것이 없지만
선한 사람은 반석 같은 기초 위에 굳건히 서서 꿈쩍도 하지 않는다.

26 게으른 직원은 고용주에게 골칫거리니
이에 식초 같고, 눈에 연기 같다.

27 **하나님**을 경외하면 오래 살지만
악하게 살면 얼마 살지 못한다.

28 선한 사람의 희망은 이루어지지만
악한 사람의 야망은 무너진다.

29 **하나님**은 올바로 사는 이에게 든든한 버팀목이 되시지만
비열한 행위는 두고 보지 않으신다.

30 선한 사람은 오래 살고 흔들리지 않지만
악한 사람은 오늘 살아 있어도 내일이면 사라지고 없다.

31 선한 사람의 입은 지혜가 솟아나는 맑은 샘이지만
악한 사람의 더러운 입은 고인 늪이다.

32 선한 사람의 말은 공기를 맑게 하지만
악한 사람의 말은 공기를 오염시킨다.

11

[1] 하나님은 시장에서 속이는 짓을 미워하시고
공정한 거래를 좋아하신다.

[2] 거만한 사람은 꼴사납게 고꾸라지지만
겸손한 사람은 굳건히 선다.

[3] 정직하고 청렴한 사람은 길을 잃지 않지만
사기꾼은 속임수를 쓰다가 망한다.

[4] 죽을 상황 앞에서는 두툼한 지폐다발도 아무 소용 없지만
원칙을 지키고 살면 최악의 상황이라도 감당할 수 있다.

[5] 바르게 살면 앞길이 평탄하지만
악하게 살면 인생이 고단하다.

[6] 훌륭한 인격은 최고의 보험이지만
사기꾼은 자기의 악한 탐욕에 걸려 넘어진다.

[7] 악인이 죽으면 그것으로 끝이다.
희망도 사라지고 더 이상 아무것도 없다.

[8] 착한 사람은 큰 어려움에서 건짐을 받지만
나쁜 사람은 그리로 곧장 달려간다.

[9] 하나님을 저버린 사람은 함부로 혀를 놀려 이웃을 해치지만
하나님을 경외하는 사람은 상식을 발휘해 자신을 보호한다.

[10] 착한 사람이 잘되면 온 마을이 환호하고
나쁜 사람이 잘못되면 온 마을이 축하한다.

[11] 바르게 사는 사람이 축복하는 도시는 번성하지만
악담은 그곳을 금세 유령도시로 만든다.

[12] 냉혹한 사람은 비열한 비방을 일삼지만
분별력 있는 사람은 신중하게 입을 다문다.

[13] 험담하며 돌아다니는 사람에게는 비밀을 털어놓을 수 없지만
진실한 사람은 비밀을 누설하지 않는다.

[14] 제대로 이끌어 주지 않으면 사람들이 길을 잃지만
지혜로운 충고를 따를수록 성공할 확률은 높아진다.

[15] 모르는 사람들과 거래하면 속기 마련이지만
냉철함을 잃지 않으면 경솔한 거래를 피한다.

[16] 너그럽고 품위 있는 여자는 존경을 받지만
거칠고 난폭한 남자가 얻는 것은 약탈품뿐이다.

[17] 남을 친절히 대하면 자기도 잘되지만
남을 모질게 대하면 자기도 다친다.

[18] 악행의 대가는 부도수표지만
선행에는 확실한 보상이 따른다.

[19] 하나님께 충성하는 공동체와 한편이 되어 살든지
사악한 망상을 좇다가 죽든지, 하나를 택하여라.

[20] **하나님**은 사기꾼들을 참지 못하시지만
진실한 이들은 너무나 좋아하신다.

[21] 악인들은 벌을 면치 못하고
하나님께 충성하는 사람들은 승리를 거둔다.

[22] 머리가 빈 여자의 아름다운 얼굴은
돼지코에 금고리 격이다.

[23] 선한 사람의 소원은 가장 좋은 방식으로 이루어지지만
악한 사람의 야망은 분노와 좌절로 끝난다.

[24] 관대한 사람의 세상은 점점 넓어지지만
인색한 사람의 세상은 갈수록 좁아진다.

[25] 남을 축복하는 이는 자기도 풍성히 복을 받고
남을 돕는 이는 자기도 도움을 받는다.

[26] 남에게 불공정한 거래를 강요하는 자에게 저주를!
공정하고 정직하게 거래하는 모든 이에게 축복을!

27 선을 추구하는 이는 기쁨을 얻지만
악을 배우는 자는 불행해진다.

28 재산에 목매는 삶은 죽은 나뭇등걸과 같고
하나님 닮은 삶은 무성한 나무와 같다.

29 자기 가족을 착취하거나 학대하는 자의 손에 남는 것은 한 줌 바람뿐.
상식의 소리를 들어 보아라. 그런 삶이 얼마나 어리석은지.

30 착한 삶은 열매 맺는 나무이지만
난폭한 삶은 영혼을 파괴한다.

31 착한 사람도 간신히 관문을 통과한다면
나쁜 사람에게는 무엇이 기다리겠느냐!

12

배움을 사랑하면

1 배움을 사랑하면 그에 따라오는 훈계도 사랑할 것이다.
책망을 거부하는 것은 어리석은 일이다!

2 선한 사람은 하나님의 기뻐하심을 누리고
흉계를 꾸미는 자들과 어울리지 않는다.

3 늪에는 단단히 발 디딜 데가 없지만
하나님께 뿌리내리면 굳건히 선다.

4 마음이 따뜻한 아내는 남편을 기운 나게 하지만
마음이 차가운 여자는 뼛속의 암과 같다.

5 원칙에 충실한 이들의 생각은 정의에 보탬이 되지만
타락한 자들의 음모는 결국 와해된다.

6 사악한 자들의 말은 사람을 죽이지만
올바른 이들의 말은 사람을 살린다.

7 악한 사람들은 뿔뿔이 흩어져 흔적도 없게 되지만
선한 사람들은 함께 뭉친다.

8 이치에 닿게 말하는 사람은 존경을 받지만

멍청이들은 멸시를 받는다.

9 평범하게 생계를 꾸리며 사는 것이
대단한 인물 행세를 하다가 굶어 죽는 것보다 낫다.

10 착한 사람들은 기르는 짐승을 잘 돌보지만
나쁜 사람들은 "잘 대해 준다"며 집짐승을 발로 차고 학대한다.

11 일터에 계속 남아 있으면 양식이 끊어지지 않지만
어리석은 자는 일시적 기분과 몽상을 좇는다.

12 악인들이 세운 것은 끝내 폐허가 되지만
의인들의 뿌리는 많은 생명의 열매를 맺는다.

지혜로운 사람은 충고를 받아들인다

13 나쁜 사람들은 험담으로 곤경에 처하지만
착한 사람들은 대화를 나눔으로 곤경에서 벗어난다.

14 말을 잘하면 만족을 얻고
일을 잘하면 보상이 따른다.

15 미련한 사람은 고집을 부리며 제멋대로 행동하지만
지혜로운 사람은 충고를 받아들인다.

16 어리석은 사람은 참을 줄 모르고 금세 울화통을 터뜨리지만
신중한 사람은 모욕을 당해도 가만히 떨쳐 버린다.

17 선한 사람은 진실한 증언으로 의혹을 일소하지만
거짓말쟁이는 속임수로 연막을 친다.

18 무분별한 말은 난도질로 상처를 주지만
지혜로운 사람의 말은 상처를 아물게 한다.

19 진실은 길이 남고
거짓은 오늘 있다가도 내일이면 사라진다.

20 흉계를 꾸미는 자는 흉계 때문에 비뚤어지고
평화를 도모하는 이는 그로 인해 기쁨을 얻는다.

21 선한 사람은 해를 입지 않지만
악한 사람에게는 재앙이 끊이지 않는다.

22 하나님은 거짓말쟁이를 용납하지 않으시고
자기 말을 지키는 이는 사랑하신다.

23 신중한 사람들은 지식을 과시하지 않지만
말 많은 바보들은 제 어리석음을 광고하고 다닌다.

24 부지런한 이들은 일을 하며 자유를 만끽하지만
게으른 자들은 일의 압박을 받는다.

25 걱정은 우리를 짓누르지만
격려의 말은 기운을 돋우어 준다.

26 선한 사람은 불행을 당해도 일어서지만
악하게 살면 재앙을 자초한다.

27 게으른 사람은 되는 일이 없지만
일찍 일어나는 사람은 일을 끝낸다.

28 선한 사람은 생명으로 직행하지만
죄의 길을 따라가는 사람은 지옥으로 직행한다.

지혜로운 이와 동행하여라

13 1 똑똑한 아이는 부모의 말에 귀 기울이지만
어리석은 아이는 제멋대로 한다.

2 선한 사람은 유익한 대화를 좋아하지만
불량배들은 평생 우격다짐으로 밀어붙이고 살아간다.

3 신중한 말은 신중한 생활에 도움이 되지만
경솔한 말은 모든 것을 망가뜨릴 수 있다.

4 게으른 사람은 바라는 것이 많아도 이루는 것은 없고
역동적인 사람은 목표를 이룬다.

5 착한 사람은 거짓말을 싫어하지만

나쁜 사람은 아무 소리나 토해 낸다.

[6] 하나님께 충성하면 가는 길이 순조롭지만
죄는 악인을 궁지에 빠뜨린다.

[7] 허식과 허세의 삶은 공허하지만
소박하고 담백한 삶은 충만하다.

[8] 부자는 재산 때문에 고소를 당할 수 있지만
가난한 사람은 그럴 염려가 없다.

[9] 선한 사람의 삶은 불이 환히 켜진 거리지만
악한 사람의 삶은 어두운 뒷골목이다.

[10] 무엇이든 아는 체하는 거만한 사람은 불화를 일으키지만
지혜로운 사람은 친구의 충고에 귀를 기울인다.

[11] 쉽게 얻은 것은 쉽게 잃지만
꾸준히 근면하게 살면 좋은 결실을 맺는다.

[12] 실망스러운 일이 이어지면 상심하게 되지만
갑자기 좋은 기회가 찾아와 인생이 역전될 수도 있다.

[13] 하나님 말씀을 무시하면 고통을 겪게 되고
하나님의 계명을 귀히 여기면 부유하게 될 것이다.

[14] 지혜로운 이의 가르침이 생명의 샘이니
죽음에 오염된 우물물은 더 이상 마시지 마라.

[15] 바르게 생각하면 품위 있게 살게 되지만
거짓말쟁이의 인생길은 험난하다.

[16] 양식 있는 사람은 건전한 판단을 내리지만
바보들은 방방곡곡에 어리석음을 뿌리고 다닌다.

[17] 무책임한 보도는 상황을 혼란스럽게 만들지만
믿을 만한 기자는 치유를 가져다주는 존재다.

18 훈계를 거절하면 거리에 나앉는 신세가 되고
책망을 받아들이면 존경받으며 살게 될 것이다.

19 마음의 길을 따라가는 영혼은 잘되지만
악에 몰두하는 미련한 자는 영혼이 어떻게 되든 상관하지 않는다.

20 지혜로운 이와 동행하면 지혜롭게 되고
미련한 자와 어울리면 인생을 망친다.

21 죄인은 재앙에 걸려 넘어지지만
하나님의 충성스러운 이들은 행복하게 산다.

22 선한 삶은 자손 대대로 이어지지만
부정하게 얻은 재산은 결국 선한 이들의 몫이 된다.

23 가난한 사람은 은행에 농장을 빼앗기고
고약한 변호사에게 입던 옷까지 털린다.

24 아이를 꾸짖지 않는 것은 사랑하지 않는 것이니
사랑하거든 자녀를 훈육하여라.

25 선을 바라면 큰 만족이 찾아오지만
악인의 배는 채워질 줄 모른다.

지혜가 주는 유익

14

1 지혜는 아름다운 집을 세우지만
미련함이 와서 그 집을 철저히 무너뜨린다.

2 정직한 삶은 하나님께 영광이 되고
타락한 삶은 하나님을 모욕한다.

3 경솔한 말은 비웃음을 사고
지혜로운 말은 존경을 부른다.

4 소가 없으면 소출도 없으니
힘센 황소가 쟁기를 끌어야 풍성한 수확이 있다.

5 진실한 증인은 거짓말을 하지 않지만

거짓 증인은 거짓말로 먹고산다.

6 빈정거리는 자들은 여기저기 샅샅이 뒤져도 지혜를 찾지 못하지만
마음이 열린 이들은 문 앞에서 지혜를 발견한다.

7 미련한 자들의 무리에서 빨리 빠져나와라.
공연히 시간을 허비하고 입만 아프다.

8 지혜로운 이는 지혜 덕분에 인생이 순조롭지만
미련한 자는 미련함 때문에 궁지에 빠진다.

9 어리석은 자는 옳고 그름을 따지는 것을 우습게 여기지만
도덕적인 삶이야말로 은혜를 입은 삶이다.

10 어려움을 당한 친구들을 못 본 체하는 자는
그들의 좋은 일을 축하하는 자리에서 따돌림을 당할 것이다.

11 악한 짓을 일삼는 삶은 허물어져 가는 오두막이지만
거룩한 삶은 하늘로 우뚝 솟은 대성당을 쌓아 올린다.

12-13 괜찮아 보이는 생활방식이라도
다시 들여다보면 지옥으로 직행하는 길이다.
잘 지내는 것처럼 보여도
그들의 모든 웃음은 결국 비탄으로 바뀐다.

14 비열한 자는 비열함을 돌려받고
은혜를 베푸는 자는 은혜를 돌려받는다.

15 어수룩한 사람은 듣는 말을 다 믿지만
신중한 사람은 무슨 말이든 면밀히 살피고 따져 본다.

16 지혜로운 사람은 행동을 조심하고 악을 피하지만
어리석은 사람은 고집불통에 무모하기까지 하다.

17 성미 급한 자들은 나중에 후회할 일을 하고
냉담한 자들은 나중에 냉대를 받는다.

18 어리석은 몽상가는 망상의 세계에서 살고

지혜로운 현실주의자는 발을 땅에 붙이고 산다.

19 결국에는 악이 선에게 공물을 바치고
악인이 하나님의 충성스러운 이들을 떠받들 것이다.

20 불운한 패자는 모두가 피하지만
승자는 모두가 좋아한다.

21 어려움에 처한 이웃을 모른 체하는 것은 범죄행위다.
가난한 사람들을 돕는 것은 실로 복된 일이다!

22 음모를 꾸미는 사람은 실패하고
사려 깊은 사람은 사랑과 신뢰를 얻는 것이 당연하지 않느냐?

23 수고한 다음에야 이득이 생기는 법,
말만 해서는 식탁에 올릴 음식이 생기지 않는다.

24 지혜로운 이는 지혜를 쌓지만
어리석은 자는 날이 갈수록 미련해진다.

25 진실한 증인은 여러 사람을 구하지만
거짓말을 퍼뜨리는 자는 여러 사람을 해친다.

26 하나님을 경외하면 자신감이 쌓이고
자녀들도 안전한 세상에서 살게 된다.

27 하나님을 경외함은 생수의 샘이며
독이 든 우물물을 마시는 일을 막아 준다.

28 훌륭한 지도자에게는 충성스럽게 따르는 이들이 있지만
따르는 이 없이는 지도력도 부질없다.

29 좀처럼 성을 내지 않는 사람은 지혜가 깊어지지만
성미가 급한 사람은 어리석음이 쌓인다.

30 정신이 건강하면 몸도 튼튼하지만
감정을 주체하지 못하면 뼈가 썩는다.

31 힘없는 이를 착취하는 것은 너를 만드신 분을 모욕하는 일이고
가난한 이를 친절히 대하는 것은 하나님을 공경하는 일이다.

32 나쁜 사람은 제 악함 때문에 버림을 받지만
착한 사람은 선행으로 인해 안심하고 살 만한 곳을 얻는다.

33 지혜는 슬기로운 마음에 머물지만
어리석은 자에게는 인사도 받지 못한다.

34 하나님을 찾으면 나라가 강해지지만
하나님을 피하면 백성이 약해진다.

35 부지런히 일하면 열렬한 칭찬을 받지만
하는 둥 마는 둥 일하면 호된 질책을 받는다.

하나님은 단 하나도 놓치지 않으신다

15 1 부드러운 대답은 화를 가라앉히지만
가시 돋친 혀는 분노의 불을 지핀다.

2 지혜로운 이에게서는 지식이 샘물처럼 흘러나오지만
어리석은 자는 당찮은 소리가 줄줄 새는 수도꼭지와 같다.

3 **하나님**은 단 하나도 놓치시는 법이 없어
선인과 악인을 똑같이 살피신다.

4 친절한 말은 상처를 낫게 하고 회복을 돕지만
잔인한 말은 마음을 난도질하고 상하게 한다.

5 도덕에 무지한 자는 어른의 말을 듣지 않지만
건전한 판단력을 갖춘 사람은 책망을 기꺼이 받아들인다.

6 하나님께 충성하는 삶은 번성하지만
헛되이 보내는 인생은 이내 파산한다.

7 통찰력 있는 말은 지식을 전파하지만
어리석은 자는 속 빈 깡통이다.

8 **하나님**은 허울뿐인 종교행위를 참지 못하시지만

진실한 기도는 기뻐하신다.

9 **하나님**은 인생을 헛되이 보내는 자를 싫어하시고
결승선을 향해 힘껏 달려가는 이들을 사랑하신다.

10 하나님의 길을 떠나는 자들은 곤경에 처하고
하나님의 법규를 싫어하는 자들은 막다른 길에 이른다.

11 지옥도 속속들이 살피시는 **하나님**께서
사람의 마음을 읽지 못하시겠느냐?

12 똑똑한 체하는 사람은 남의 말 듣기를 싫어하고
지혜로운 사람들과 어울리지 않는다.

13 마음이 즐거우면 미소가 피어나지만
마음이 슬프면 하루를 버티기도 힘들다.

14 현명한 사람은 늘 더 많은 진리를 이해하고 싶어 하지만
미련한 사람은 일시적인 유행과 욕망에 만족한다.

15 마음이 괴로우면 삶이 괴롭지만
마음이 즐거우면 하루 종일 노래가 떠나지 않는다.

16 **하나님**을 경외하며 소박하게 사는 것이
골칫거리 가득한 부자로 사는 것보다 낫다.

17 사랑하며 빵조각을 나눠 먹는 것이
미워하며 최상급 소갈비를 뜯는 것보다 낫다.

18 불같은 성미는 싸움을 일으키지만
차분하고 침착한 성품은 싸움을 막아 준다.

19 게으른 사람의 길은 가시덤불로 뒤덮이지만
부지런한 사람의 길은 평탄하다.

20 똑똑한 아이는 부모의 자랑이지만
게으른 학생은 부모의 망신거리다.

21 머리가 빈 사람은 인생을 장난으로 여기지만
지각 있는 사람은 인생의 의미를 알고 잘 살아간다.

22 유익한 충고를 거부하면 계획이 실패할 것이고
유익한 조언을 받아들이면 계획이 성공할 것이다.

23 마음에 맞는 대화는 참으로 즐겁다!
제때 나온 알맞은 말은 더없이 아름답다!

24 바른 생각을 하는 이의 인생은 하늘로 가는 오르막길이다.
지옥으로 가는 내리막길과는 정반대 방향이다.

25 **하나님**은 오만한 자의 허세를 깨뜨리시고
설 자리가 없는 이들과 함께하신다.

26 **하나님**은 악한 계략을 참지 못하시지만
품위 있고 아름다운 말은 돋보이게 하신다.

27 탐욕스럽게 움켜쥐는 사람은 공동체를 파괴하지만
착취하지 않는 사람은 자기도 살고 남도 살린다.

28 하나님께 충성하는 이들은 기도하고 답변을 내놓지만
악인의 입은 욕설을 쏟아 내는 하수구다.

29 **하나님**은 악인을 멀리하시지만
하나님께 충성하는 자들의 기도에 귀 기울이신다.

30 마음이 즐거우면 눈이 반짝이고
좋은 소식을 들으면 몸에 힘이 넘친다.

31 잘살고 싶으면 유익한 훈계를 귀담아들어라.
지혜로운 이들에게 귀빈 대접을 받을 것이다.

32 제멋대로, 제 뜻대로 행하는 삶은 보잘것없지만
하나님의 뜻에 순종하는 삶은 드넓게 펼쳐진다.

33 **하나님**을 경외함은 삶의 진수를 가르치는 학교이니
먼저 겸손을 배우고 나중에 영광을 경험하게 된다.

16

성패는 하나님께 달렸다

[1] 사람이 정교한 계획을 세우지만
그 성패는 **하나님**께 달렸다.

[2] 사람은 겉모습만으로 만족하지만
하나님은 진실로 선한 것을 찾으신다.

[3] **하나님**을 네 일의 책임자로 모셔라.
그러면 계획한 일이 이루어질 것이다.

[4] **하나님**은 모든 것을 나름의 자리와 목적에 맞게 만드셨으니
악인은 바로 심판을 위해 지으셨다.

[5] **하나님**은 오만과 허세를 참지 못하시니
건방진 자들이 제 분수를 알게 하실 것이다.

[6] 사랑과 진실은 죄를 몰아내고
하나님을 경외함은 악을 멀리하게 해준다.

[7] **하나님**께서 네 삶을 인정해 주시면
원수들도 너와 악수하게 될 것이다.

[8] 바르게 살며 가난한 것이
부정하게 살며 부유한 것보다 훨씬 낫다.

[9] 우리는 원하는 삶의 길을 계획하지만
그 계획대로 살 수 있게 하시는 분은 오직 **하나님**뿐이다.

[10] 훌륭한 지도자는 사람들의 마음을 움직이며
그릇된 방향으로 이끌거나 착취하지 않는다.

[11] **하나님**은 일터에서의 정직함을 중요하게 여기시니
네 일이 바로 **하나님**의 일이다.

[12] 훌륭한 지도자는 모든 악행을 싫어한다.
건강한 지도력은 도덕적 토대에서 나온다.

[13] 훌륭한 지도자는 정직한 말을 권장하고

진실을 말하는 조언자를 아낀다.

14 난폭한 지도자는 사람들을 상하게 하니
그를 가까이하지 않는 것이 현명하다.

15 온화한 지도자는 사람들에게 활기를 주니
그와 같은 사람은 봄비 같고 봄볕 같다.

16 지혜가 돈보다 값지니 지혜를 얻어라.
소득을 얻는 것보다 통찰력을 얻는 것이 낫다.

17 바르게 사는 길은 악과 만나지 않으니
조심해서 걸어가면 목숨을 건진다.

18 교만하면 파멸하고
자만심이 클수록 호되게 추락한다.

19 부자와 유명인들 사이에서 기분 내며 사는 것보다
가난한 이들 사이에서 겸손하게 사는 것이 낫다.

20 인생을 진지하게 생각하면 손해를 보지 않고
하나님을 신뢰하면 일이 잘 풀린다.

21 지혜로운 사람은 통찰력으로 유명해지고
품위 있는 말은 평판을 높인다.

22 참된 지성은 맑은 샘이다.
미련한 자는 진땀을 흘리며 생고생을 한다.

23 지혜로운 이들은 사리에 밝아서
말을 할 때마다 명성이 높아진다.

24 부드러운 말은 꿀송이 같아서
영혼에 달고 몸도 금세 활력을 얻는다.

25 문제가 없어 보이는 일이라도 다시 들여다보아라.
지옥으로 인도하는 길일 수도 있다.

[26] 식욕은 사람이 열심히 일하게 만들고
허기는 고된 일도 마다하지 않게 한다.

[27] 비열한 사람들은 비열한 험담을 퍼뜨리니
그들의 말은 쓰라리고 아프다.

[28] 말썽꾼들이 싸움을 일으키고
헐뜯는 말이 친구 사이를 갈라놓는다.

[29] 냉혹한 출세주의자는 친구를 배반하고
필요하면 친할머니라도 배신한다.

[30] 교활한 눈빛은 악한 의도를 드러내고
앙다문 입은 말썽을 일으킬 신호다.

[31] 백발은 하나님께 충성한 인생이 받는
상이요 훈장이다.

[32] 온화함이 완력보다 낫고
자제력이 정치권력보다 낫다.

[33] 의견도 내고 투표도 하여라.
그러나 결정은 **하나님**께서 하신다.

17

하나님은 우리 삶에서 귀한 것을 가려내신다

[1] 빵과 물로 만족하고 평화롭게 사는 것이
잔칫상을 차려 놓고 다투는 것보다 낫다.

[2] 지혜로운 종은 주인의 버릇없는 아이를 맡고
가문의 일원으로 존중을 받는다.

[3] 도가니가 은을, 선광용 냄비가 사금을 가려내듯
하나님은 우리 삶에서 귀한 것을 가려내신다.

[4] 악인들은 악의적인 대화를 즐기고
거짓말쟁이는 추잡한 험담에 귀를 기울인다.

[5] 가난한 사람을 조롱하는 것은 그를 창조하신 분을 모욕하는 일이고

남의 불행을 고소해하는 것은 처벌받아야 할 죄다.

6 노인은 손주 덕에 고개를 들고
자식은 부모로 인해 자랑스럽게 된다.

7 사람들은 어리석은 자의 입에서 달변을 기대하지 않고
지도자의 입에서 거짓말을 기대하지도 않는다.

8 선물은 귀한 보석과도 같아서
어느 방향에서 보아도 아름다움이 빛을 발한다.

9 불쾌한 일을 눈감아 주면 우정이 돈독해지지만
모욕에 집착하면 친구를 잃는다.

10 미련한 사람의 머리를 쥐어박는 것보다
분별 있는 사람을 조용히 꾸짖는 것이 더 효과가 있다.

11 말썽거리만 찾아다니는 범죄자들은
머지않아 궁지에 몰리게 될 것이다!

12 어리석은 일에 골몰하는 미련한 사람을 만나느니
새끼 잃은 암곰을 만나는 것이 낫다.

13 선을 악으로 갚는 자들은
그 악을 되돌려 받게 될 것이다.

14 다툼의 시작은 댐에 물이 새는 것과 같으니
싸움이 일어나기 전에 그만두어라.

15 나쁜 사람을 두둔하는 것과 착한 사람을 헐뜯는 것 모두
하나님께서 몹시 싫어하시는 일이다.

16 어찌 된 일인가? 미련한 자들이 지혜를 사러 다니는구나!
지혜를 보아도 알아보지 못할 텐데!

17 친구는 비가 오나 눈이 오나 서로를 한결같이 아끼고
가족은 어떤 어려움이 닥쳐도 똘똘 뭉친다.

18 공짜로 무엇을 얻으려 하거나
갚지도 못할 거액의 청구서를 늘리는 것은 어리석은 일이다.

19 죄를 사랑하면 곤경과 결혼하고
담을 쌓아 올리면 도둑이 찾아온다.

20 동기가 악하면 끝이 좋을 수 없고
겉 다르고 속 다른 말은 큰 곤경을 부른다.

21 미련한 자식을 둔 부모는 불행하고
멍청이의 부모는 낙이 없다.

22 활달한 기질은 건강에 좋지만
우울한 생각은 사람을 녹초로 만든다.

23 악인은 몰래 뇌물을 받고
정의를 경멸한다.

24 통찰력 있는 이는 제 앞뜰에서 지혜를 얻고
미련한 자는 지혜가 곁에 있는데도 사방팔방 기웃거린다.

25 어리석고 못돼 먹은 자식은 아버지의 큰 근심이고
어머니의 쓰라린 고통이다.

26 선행을 처벌하거나
선량한 시민에게 죄를 뒤집어씌우는 일은 옳지 않다.

27 많이 아는 자는 말수가 적고
슬기로운 이는 침묵을 지킨다.

28 바보라도 침묵하면 지혜롭게 보인다.
입만 다물고 있어도 똑똑해 보인다.

말은 사람을 죽이기도 하고 살리기도 한다

18 1 자신만 챙기는 이기주의자들은
공공의 유익에 침을 뱉는다.

2 미련한 자는 사려 깊은 대화에 관심이 없고

입에서 나오는 대로 마구 지껄인다.

3 악에는 수치가 뒤따르고
생명을 멸시하는 일에는 치욕이 뒤따른다.

4 많은 말은 범람하는 강물처럼 세차게 흘러가지만
깊은 지혜는 용천수처럼 위로 솟구친다.

5 범죄자를 너그럽게 봐주는 일이나
무고한 사람을 벌하는 일은 옳지 않다.

6 미련한 자의 말은 싸움을 일으키니
그 입에 재갈을 물리는 것이 은혜를 베푸는 일이다

7 미련한 자는 허풍을 떨다 망하고
자기가 뱉은 말이 자기 영혼을 짓누른다.

8 험담에 귀 기울이는 것은 싸구려 사탕을 먹는 것과 같다.
그런 쓰레기를 정녕 뱃속에 넣고 싶으냐?

9 부주의한 습관과 엉성한 일처리는
파괴행위만큼이나 나쁘다.

10 하나님의 이름은 대피소이니
선한 사람이 그리로 달려가면 안전하다.

11 부자들은 재산이 자기를 지켜 준다고 생각하고서
그 뒤에 숨으면 안전할 줄 안다.

12 교만하면 추락하지만
겸손하면 명예가 뒤따른다.

13 다 듣기도 전에 대답하는 것은
어리석고 무례한 일이다.

14 정신이 건강해야 역경을 이겨 내는데,
정신이 꺾이면 무슨 일을 할 수 있겠는가?

15 지혜로운 이들은 늘 배우고
신선한 통찰에 귀를 기울인다.

16 선물은 사람의 관심을 끌어
높은 사람의 주목을 얻게 한다.

17 법정에 선 증인의 말이 옳은 듯해도
반대신문이 시작되면 사정이 달라진다!

18 결정하기 어려운 사안을 만나면
제비라도 뽑아야 한다.

19 부탁을 들어주면 영원한 친구를 얻게 된다.
그 결속을 끊을 만한 것은 없다.

20 과일이 배를 채워 주듯 말은 마음을 만족케 하고
좋은 말은 풍성한 수확 같은 만족을 준다.

21 말은 사람을 죽이기도 하고 살리기도 하니,
독으로 쓸지 열매로 삼을지 선택하여라.

22 좋은 배우자를 찾은 자는 복된 삶을 찾은 자요
하나님의 은혜를 입은 자다!

23 가난한 이는 간곡한 말로 청하고
부유한 자는 호통치며 대답한다.

24 친구는 있다가도 없고 없다가도 있지만
진실한 벗은 가족처럼 곁을 지킨다.

훈계를 귀담아듣지 않으면

19 1 가난해도 정직하게 사는 것이
믿어 주는 사람 없는 부자가 되는 것보다 낫다.

2 지식 없는 열심은 무가치하고
서두르면 무리가 따른다.

3 자기가 어리석어 제 삶을 망쳐 놓고는

어째서 하나님을 탓하는가?

4 부유한 사람에게는 파리가 꿀에 꼬이듯 친구가 모이지만
가난한 사람은 역병처럼 기피대상이 된다.

5 위증은 처벌을 면치 못한다.
거짓말쟁이를 그냥 놓아 보내겠느냐?

6 너그럽게 베푸는 이 주위에는 사람이 많고
자선가에게는 모두가 친구다.

7 주머니 사정이 나빠지면 가족도 피하고
절친한 친구도 외면한다.
네가 오는 것을 보고 눈길을 돌린다.
눈이 멀어짐은 마음이 멀어졌다는 뜻이다.

8 지혜로운 마음을 키우면 자신을 사랑하게 되고
냉철한 사고를 유지하면 훌륭한 삶을 얻을 것이다.

9 거짓말을 하는 자는 붙잡히고
헛소문을 퍼뜨리는 자는 파멸한다.

10 미련한 자가 호강하며 사는 것도 마땅하지 않은데
하물며 종업원이 사장에게 명령하는 것이랴?

11 똑똑한 사람은 입을 다물 줄 알고
통이 커서 용서하고 잊는다.

12 성질 나쁜 지도자는 미친개와 같고
인품 좋은 지도자는 상쾌한 아침이슬 같다.

13 어리석은 자식은 부모의 피를 말리고
바가지 긁는 배우자는 물이 새는 수도꼭지와 같다.

14 집과 토지는 부모에게서 물려받지만
마음이 맞는 배우자는 하나님께서 주신다.

15 빈둥거리는 자의 삶은 무너지고

게으름뱅이는 배를 곯는다.

16 계명을 지켜 목숨을 부지하여라.
경솔함은 사람을 죽인다.

17 가난한 이에게 자비를 베푸는 것은 **하나님**께 꾸어 드리는 일이니
하나님께서 넘치도록 갚아 주신다.

18 기회가 있을 때 자녀를 훈계하여라.
제멋대로 하게 내버려 두는 것은 그들을 망하게 하는 일이다.

19 성난 사람은 제 스스로 뒷감당을 하게 하여라.
괜히 끼어들었다가는 상황만 악화시킨다.

20 유익한 훈계에 귀를 기울이고 질책을 받아들여라.
그것이 지혜롭게 잘사는 길이다.

21 사람들은 계속 머리를 짜내 계획하고 선택하지만
오직 **하나님**의 뜻만이 이루어질 것이다.

22 돈을 벌고 싶은 마음은 인지상정이지만
거짓말쟁이가 되는 것보다는 가난뱅이로 사는 것이 낫다.

23 **하나님**을 경외하는 것은 생명 그 자체이며, 온전하고 평온한 삶이다.
이런 사람에게는 뜻밖의 불미스러운 사태가 닥치지 않는다.

24 어떤 자들은 포크로 파이를 찍고도
너무나 게을러 입으로 가져갈 생각을 안 한다.

25 거만한 자에게 벌을 주어 본보기로 삼아라.
혹시 아느냐? 누군가 교훈을 얻게 될지.

26 부모에게 폭언을 퍼붓는 자식은
집안의 수치다.

27 아이야, 훈계를 무시하고 네 멋대로 탈선하면
어찌할 수 없는 상황에 처하게 될 것이다.

[28] 원칙 없는 증인은 정의를 훼손하고
악인의 입은 악의를 토해 낸다.

[29] 불경한 자는 고생을 해야 경외심을 배우고
미련한 자는 따귀를 맞아야 주의를 집중한다.

20

[1] 포도주를 마시면 비열해지고, 맥주를 마시면 싸움질을 한다.
술에 취해 비틀대는 모습은 그다지 유쾌한 광경이 아니다.

[2] 성미 급한 지도자는 미친개와 같아서
그를 거스르면 불같이 화를 낸다.

[3] 훌륭한 인품을 지닌 사람은 싸움을 피하지만
바보는 틈만 나면 싸움을 건다.

[4] 봄에 씨를 뿌리지 않는 게으른 농부는
가을에 수확할 것이 없다.

[5] 무엇이 옳은지 아는 것은 마음속 깊은 물과 같고
지혜로운 사람은 내면에서 그 샘물을 길어 올린다.

[6] 충실하고 다정한 사람이 많다는데,
대체 어디를 가야 그런 사람을 찾을 수 있을까?

[7] 하나님께 충성하여 정직하게 살면
후손의 삶이 훨씬 수월해진다.

[8-9] 자기 일을 잘 알고 성심껏 행하는 지도자는
허울뿐인 천박한 자와
늘 부지런하고 정직하여
신뢰할 만한 사람이 누구인지 날카롭게 살핀다.

[10] 가격표 바꿔치기와 비용 부풀리기,
이것은 모두 **하나님**이 미워하시는 짓이다.

[11] 젊은이의 동기가 정직한지는
그 행위로 드러난다.

12 듣는 귀와 보는 눈은
우리가 하나님께 받은 기본 장비다!

13 잠을 너무 좋아하면 가난하게 살지만
깨어 있으면 먹을거리가 생긴다.

14 물건을 살 때는 트집을 잡고 선심 쓰는 체하지만
산 다음에는 좋은 물건 싸게 샀다고 자랑한다.

15 아름다운 지식의 잔을 드는 것이
금과 보석으로 치장하는 것보다 낫다.

16 낯선 자에게 꾸어 줄 때는 반드시 담보물을 잡아라.
떠돌이의 물품을 담보로 잡을 때는 경계를 늦추지 마라.

17 훔친 빵은 달지만
그 입에는 조만간 자갈이 가득 찰 것이다.

18 조언을 듣고 계획을 세우고
최대한 도움을 받아 실행에 옮겨라.

19 험담꾼은 비밀을 지키지 않으니
입이 가벼운 사람 앞에서 속내를 털어놓지 마라.

20 부모를 저주하는 자식은
빛이 사라진 어둠 속에서 살게 된다.

사람의 발걸음은 하나님께 달렸다

21 처음에 크게 성공한다고 해서
끝까지 잘된다는 보장은 없다.

22 "가만두지 않겠다!"고 말하지 마라.
하나님을 기다려라. 그분이 갚아 주실 것이다.

23 하나님은 시장에서 속이는 일을 미워하시고
조작된 저울에 격노하신다.

24 사람의 발걸음은 하나님께 달렸으니

우리가 어디로 갈지 어찌 알겠느냐?

25 충동적인 서원은 덫과 같아서
나중에 가면 벗어나기를 바라게 된다.

26 지혜로운 지도자는 찬찬히 살핀 뒤
반역자들과 멍청이들을 말끔히 쓸어버린다.

27 **하나님**은 사람의 주인이시니
사람의 겉과 속을 다 들여다보고 살피신다.

28 사랑과 진실은 훌륭한 지도자의 덕목이고
정직과 자비는 튼튼한 지도력의 바탕이다.

29 젊음은 힘으로 칭찬받지만
노년은 백발로 영예를 얻는다.

30 체벌을 하려면 제대로 해야 악이 없어진다.
처벌은 사람의 깊은 곳까지 파고들기 때문이다.

하나님은 우리의 동기를 살피신다

21 1 훌륭한 지도력은 **하나님**이 조절하시는 수로와 같다.
그분의 목적에 따라 물길을 돌리신다.

2 우리는 겉만 살펴서 자신의 행동을 정당화하지만
하나님은 그 안의 동기를 살피신다.

3 하나님 앞에서 깨끗하게 살고 이웃에게 정의롭게 행하는 것,
하나님은 이 두 가지를 종교 의식보다 훨씬 중요하게 보신다.

4 오만과 교만은 악인의 두드러진 특징이며
명백한 죄악이다.

5 주도면밀하게 계획하면 결국 앞서 나가지만
서두르고 조급하면 멀찍이 뒤처진다.

6 거짓과 속임수로 정상에 오른 자는
부질없는 높은 자리 하나 얻고 죽음으로 내몰린다!

7 악인은 가진 것으로 남을 도울 줄 모르니
약탈한 재산에 깔려 생매장을 당한다.

8 동기가 불순하면 인생이 꼬이고
동기가 순수하면 곧은 길이 펼쳐진다.

최선을 다하고 최악의 상황에 대비하여라

9 대저택에서 바가지 긁는 배우자와 함께 사는 것보다
다 쓰러져 가는 오두막에서 홀로 사는 것이 낫다.

10 악인은 늘 범죄를 생각하고
친구와 이웃의 아픔을 헤아리지 못한다.

11 어리석은 자는 갖은 고생을 통해 배우고
지혜로운 이는 훈계를 경청하며 배운다.

12 하나님께 충성하는 사람은 악인을 꿰뚫어 보고
그들의 악한 계획을 무너뜨린다.

13 가난한 사람의 부르짖음에 귀를 막으면
네가 부르짖을 때 아무도 듣지 않고 대답하지도 않을 것이다.

14 조용히 건넨 선물은 화난 사람을 진정시키고
진심어린 선물은 거센 분노를 가라앉힌다.

15 정의가 승리할 때 착한 사람들은 기뻐하지만
악을 도모하는 사람들은 두려워 떤다.

16 곧고 좁은 길에서 떠난 사람은
죽은 자들과 함께 머물게 될 것이다.

17 스릴을 맛보는 데 중독되었는가? 얼마나 공허한 인생인지!
쾌락을 좇아 살면 만족을 모르게 된다.

18 나쁜 사람이 착한 사람을 해치려고 꾸민 음모는
결국 부메랑이 되어 음모를 꾸민 자를 쓰러뜨린다.

19 화 잘 내고 성질 급한 배우자와 사느니

광야에서 천막 치고 혼자 사는 것이 낫다.

20 지혜로운 사람은 집에 보물을 두고 안전하게 지키지만
어리석은 사람은 뒤뜰에 벼룩시장을 열고 보물을 다 팔아 버린다.

21 의와 자비를 추구하는 사람은
생명 자체, 영광스러운 생명을 얻는다!

22 무장 군인들이 지키는 도성에 현인 하나가 들어가자
그들이 믿었던 방어시설이 허물어졌다!

23 말을 조심하고 입을 다물라.
많은 재난을 면하게 될 것이다.

24 경솔한 자, 건방진 자, 불경한 자,
모두 자제할 줄 모르는 성급한 사람들이다.

25 게으른 사람은 집에만 가만히 있다가
끝내 굶어 죽는다.

26 죄인들은 못 가진 것을 갖기를 원하지만
하나님께 신실한 사람은 가진 것을 내어준다.

27 악인의 종교 의식은 추악하다.
성공을 위해 그것을 이용하면 더 추해진다.

28 거짓말하는 증인은 신뢰를 받지 못하지만
진실을 말하는 사람은 존경을 받는다.

29 부도덕한 사람들은 툭하면 허세를 부리지만
정직한 사람들은 발걸음이 당당하다.

30 제아무리 영리하고 기발한 구상으로 온갖 꾀를 내어도
하나님을 이기지는 못한다.

31 최선을 다하고 최악의 상황에 대비하여라.
그리고 승리를 안겨 주실 하나님을 신뢰하여라.

22

1 좋은 평판이 벼락부자가 되는 것보다 낫고
넓은 도량이 은행에 쌓인 돈보다 낫다.

2 부유한 사람과 가난한 사람은 동등한 존재다.
하나님께서 그들 모두를 지으셨다!

3 신중한 자는 문제를 미리 알고 피하지만
어리석은 자는 되는 대로 살다가 호되게 당한다.

4 온유하고 **하나님**을 경외하는 사람은
재산과 영예와 만족스러운 삶을 보상으로 받는다.

5 마음이 비뚤어진 자는 곳곳이 파인 진창투성이 위험한 도로를 다닌다.
그 길로는 얼씬도 하지 않는 것이 좋다.

6 자녀에게 올바른 길을 알려 주어라.
나이가 들어서도 길을 잃지 않을 것이다.

7 가난한 사람은 부유한 자의 지배를 받으니
돈을 꾸어 그들의 종이 되지 마라.

8 죄를 뿌리는 자는 잡초를 거둬들이고
분노에 차서 식식대며 위협해도 얻는 것이 없다.

9 너그럽게 베푸는 손은 복을 받을 것이니
가난한 이에게 빵을 나누어 주기 때문이다.

10 말썽꾼을 쫓아내야 사태가 진정되고
다툼과 불평에서 벗어날 수 있다.

11 **하나님**은 마음이 깨끗하고 말씨가 좋은 사람을 사랑하신다.
훌륭한 지도자 또한 그와의 사귐을 기뻐한다.

12 **하나님**은 지식을 열렬히 지키시지만
속임수에는 전혀 관여하지 않으신다.

13 게으름뱅이는 이렇게 말한다. "바깥에 사자가 있다!
지금 나가면 산 채로 먹힐 것이다!"

[14] 창녀의 입은 바닥 모를 구덩이다.
하나님과 사이가 틀어지면 그 구덩이에 떨어지게 된다.

[15] 젊은이는 어리석은 일과 일시적 유행에 빠지기 쉽다.
강인한 훈련을 통해서만 거기서 벗어날 수 있다.

[16] 가난한 사람을 착취하거나 부자에게 아양을 떠는 자는
결국 그로 인해 가난해질 뿐이다.

현인들의 서른 가지 교훈

[17-21] 내 지혜를 귀담아듣고
내가 가르치는 교훈을 마음에 새겨라.
그 내용을 달게 여겨 깊이 간직하면,
네 입으로도 그것을 거침없이 말하게 될 것이다.
하나님을 신뢰하는 것을 네 기초로 삼게 하고자
바로 여기 그 내용을 펼쳐 보인다.
내가 검증된 삶의 지침,
훌륭한 원칙 서른 가지를 알려 주겠다.
내 말을 믿어라. 이 유효한 진리들이
너를 보낸 사람들에게
대답할 수 있게 해줄 것이다.

1

[22-23] 가난을 이유로 가난한 이들을 짓밟지 말고
지위를 이용해 약자를 억압하지 마라.
하나님께서 그들을 지키러 오시리니,
네가 빼앗은 목숨을 네게서 빼앗아, 그들에게 돌려주실 것이다.

2

[24-25] 화내는 사람들과 어울리지 말고
성미 급한 자들과 함께 다니지 마라.
고약한 성미는 전염성이 강하니
영향을 받지 않도록 조심하여라.

3

[26-27] 무지개 끝에서 금단지 찾는 요행수를 바라지 말고
행운을 잡겠다고 집을 담보로 잡히지 마라.
빚을 청산해야 할 때가 오면

몸에 걸친 옷 하나 간신히 건질 것이다.

4

28 오래전 선조들이 세워 놓은
토지 경계표를 몰래 옮기지 마라.

5

29 일을 잘하는 사람들을 눈여겨보아라.
노련한 일꾼들은 찾는 사람이 많고 칭찬을 받는다.
그들은 누구에게도 밀리지 않는다.

6

23 1-3 유력 인사와 바깥에서 저녁식사를 하게 되거든
예의 바르게 처신하여라.
게걸스럽게 먹거나
음식을 입에 넣은 채 말하지 마라.
과식하지 말고
식욕을 다스려라.

7

4-5 부자가 되겠다고 자신을 혹사하지 마라.
자제하여라!
돈은 눈 깜짝할 사이에 사라지고,
재산은 날개를 퍼덕여
저 멀리 황야로 달아나 버린다.

8

6-8 구두쇠에게 식사 대접을 받지 말고
특별한 대접을 기대하지도 마라.
그는 자기에게는 물론 너에게도 인색할 테니,
말로는 "먹게! 마시게!" 하여도 마음은 그렇지 않다.
그 인색한 접대에 그의 가식을 깨닫고 나면
네 속이 뒤집어질 것이다.

9

9 미련한 자들에게 조리 있게 말하려고 애쓰지 마라.
그들은 네 말을 놀림감으로 삼을 뿐이다.

10

10-11 토지 경계표를 몰래 옮기지 말고
고아들을 속여 재산을 빼앗지 마라.
그들에게는 강력한 구원자가 계셔서
그들을 도와주실 것이기 때문이다.

11

12 엄정한 교훈을 받아들이고
검증된 지식에 귀를 기울여라.

12

13-14 아이를 꾸짖기를 두려워 마라.
매질한다고 죽지 않는다.
매를 제대로 대면 죽음보다도 못한 상태에서
아이를 구해 낼 수 있다.

13

15-16 아이야, 네가 지혜로워지면
부모인 내가 얼마나 기쁘겠느냐.
네 입에서 흘러나오는 아름다운 진리 가락에 맞춰
내가 노래하고 춤을 출 것이다.

14

17-18 하나님께 반역하는 경솔한 자들을 조금도 부러워 말고
하나님을 경외하는 일에 전심을 다하여라.
그 일에 네 미래가 있다.
하나님을 경외하면 네 삶 가득 가치 있는 것들로 채워질 것이다.

15

19-21 아이야, 잘 듣고 지혜를 얻어라.
인생의 방향을 잘 잡아라.
술을 많이 마셔 취하는 일이 없게 하고
음식을 많이 먹어 뚱뚱해지는 일이 없게 하여라.
술꾼과 대식가는 빈민굴로 떨어지고
인사불성이 되어 누더기를 걸치게 된다.

16

[22-25] 너를 길러 준 아버지의 말씀을 경청하고
어머니가 나이 들어도 무시하지 마라.
진리를 사되 사랑이나 돈과 바꾸지 마라.
지혜와 교육과 통찰력을 사라.
부모는 자식이 잘되면 기뻐하고
지혜로운 자녀가 자랑스러운 부모가 된다.
그러니 아버지를 행복하게 해드리고
어머니를 뿌듯하게 해드려라!

17

[26] 아이야, 각별히 유의해서 들어라.
제발 내가 가르치는 대로 하여라.

[27-28] 창녀는 바닥 모를 구덩이다.
문란한 여자에게 끌려가면 심각한 곤경에 빠져 꼼짝달싹 못할 수 있다.
그런 여자는 네 전 재산을 노리고 너를 받아들이니,
도둑 떼보다 더 악랄하다.

18

[29-35] 늘 우울해하는 자가 누구냐?
청승맞게 구는 자가 누구냐?
까닭 없이 폭행을 당하는 자가 누구냐?
눈이 흐릿하고 핏발이 선 자가 누구냐?
술병을 쥐고 밤을 보내는 자들,
음주가 본업인 자들이다.
술을 생각할 때는 상표나
향이나 깊은 맛이 아니라
마신 후에 남는 숙취, 곧 극심한 두통과
느글거리는 뱃속을 생각하여라.
사물이 둘로 보이고
혀가 꼬부라지고
비틀거리며 속이 메슥거리는 것이 정말 좋으냐?
"놈들이 때렸지만 하나도 안 아팠지.
날 쳤지만, 아무 느낌도 없었어.
술이 깨고 나면
또 한 잔 들이켜야지!" 하고 말하게 될 것이다.

19

24

1-2 나쁜 사람을 부러워 말고
그 근처에는 얼씬도 하지 마라.
그는 소란을 일으킬 생각만 하고
말썽을 일으킬 이야기만 한다.

20

3-4 지혜가 있어야 집을 짓고
명철이 있어야 집을 튼튼한 기초 위에 세운다.
지식이 있어야 고급가구와 멋진 휘장으로
방을 꾸밀 수 있다.

21

5-6 지혜로운 것이 힘센 것보다 낫고
지성이 언제나 완력보다 낫다.
전쟁의 핵심은 전략이니
승리하려면 유익한 조언이 많이 필요하다.

22

7 어리석은 자는 지혜로운 대화를 전혀 이해하지 못하고
진지한 토론 자리에서 어찌할 바를 모른다.

23

8-9 악행만 꾸미는 자는
조만간 깡패두목이라는 평판을 얻는다.
미련한 자는 죄를 꾀하고
빈정거리는 자는 아름다운 것까지 모독한다.

24

10 위기에 처했다고 낙담한다면
처음부터 별 볼 일 없는 사람이었다는 뜻이다.

25

11-12 죽어 가는 이들을 구하여라.
주저 말고 뛰어들어 도우라.
"이봐, 내가 상관할 일이 아니네" 하고 말하면
그것으로 책임을 면할 줄 아느냐?

너를 면밀히 지켜보시는 분이 계시다.
그분께는 섣부른 변명이 통하지 않는다.

26

13-14 아이야, 꿀은 네 몸에 좋은 것이니 먹어라.
네 입에서 녹는 단것도 먹어라.
지식과 지혜도
네 영혼에 그와 같이 좋으니 섭취하여라.
그것을 얻으면 네 미래가 보장되고
네 희망이 견고한 반석 위에 놓이리라.

27

15-16 선한 사람의 삶을 방해하지 말고
그를 이기려 들지 마라.
아무리 쓰러뜨려도
하나님께 충성하는 사람은 오래 넘어져 있지 않고
다시 일어나며,
악한 사람은 넘어져 영영 일어나지 못하기 때문이다.

28

17-18 네 원수가 넘어질 때 웃지 말고
그가 쓰러질 때 기뻐하지 마라.
하나님께서 크게 불쾌하게 여겨
그의 곤경을 불쌍히 보실 것이다.

29

19-20 자랑꾼들 때문에 괴로워하지 말고
악인들처럼 성공하기를 바라지 마라.
그들에게는 미래가 없으며
막다른 길로 내달리고 있다.

30

21-22 아이야, 하나님을 경외하고 지도자들을 존경하여라.
저항하거나 반항하지 마라.
반항하는 자의 인생은 느닷없이 뒤죽박죽이 될 수 있고
그런 일이 언제 어떻게 벌어질지 아무도 모른다.

현인들의 또 다른 교훈

[23] 불의에 동의하는 것은
잘못된 일, 대단히 잘못된 일이다.

[24-25] 악인의 죄를 덮어 주는 자는
역사책에서 냉정한 평가를 받지만,
악인의 죄를 폭로하는 이는
감사의 인사와 보상을 받는다.

[26] 정직한 답변은
따스한 포옹 같다.

[27] 먼저 밭에 씨를 뿌리고
그 다음에 곡간을 지어라.

[28-29] 이웃의 등 뒤에서 그 사람 이야기를 하지 마라.
부디 비방과 험담을 그쳐라.
"네가 내게 한 대로 갚아 주마.
네놈이 한 일에 대가를 치르게 해주마!" 하고 말하지 마라.

[30-34] 어느 날 늙은 게으름뱅이의 밭과
어느 얼간이의 포도밭을 지나치며 보니,
잡초는 웃자랐고
엉겅퀴가 무성하며 울타리는 모조리 부서져 있었다.
나는 그 모습을 오랫동안 쳐다보면서, 내가 본 것에 대해 생각했다.
밭이 내게 설교를 하고 있었고 나는 귀를 기울였다.
"여기서도 자고, 저기서도 자자. 여기서도 하루 쉬고, 저기서도 하루 쉬자.
편히 앉아 느긋하게 쉬자 하면 무슨 일이 닥치는지 아느냐?
바랄 것은 단 하나, 찢어지게 가난한 생활뿐이다.
가난이 네 영원한 식객이 되고 말 것이다!"

추가된 솔로몬의 잠언

25

[1] 이것도 솔로몬의 잠언으로,
유다 왕 히스기야의 율법학자들이 수집한 것이다.

[2] 하나님은 일을 숨기는 것을 기뻐하시지만
과학자들은 일을 밝혀내는 것을 기뻐한다.

3 훌륭한 지도자의 이해력은
수평선과 대양처럼 넓고도 깊다.

4-5 은에서 불순물을 제거해야
은세공사가 품질 좋은 잔을 만들 수 있다.
악인을 지도부에서 제거해야
지도부의 권위가 신뢰를 얻고 하나님께 영광이 된다.

6-7 무리해서 세간의 주목을 끌지 말고
우격다짐으로 높은 자리에 올라가지 마라.
높은 자리에서 강등되는 모욕을 당하느니
낮은 자리에서 높은 자리로 승진하는 것이 낫다.

8 성급히 결론짓지 마라. 네가 방금 본 것에는
반드시 무슨 곡절이 있을 것이다.

9-10 말다툼을 하다 홧김에
남의 비밀을 들추어내지 마라.
말은 돌고 돌기 마련인지라
아무도 너를 믿지 않게 될 것이다.

11-12 제때 나온 알맞은 말은
맞춤 제작한 보석 같고,
지혜로운 친구의 때맞춘 책망은
네 손가락에 낀 금반지 같다.

13 말한 대로 행하는 믿음직한 친구는
찌는 듯한 더위에 마시는 냉수처럼 상쾌하기 그지없다!

14 말만 거창하게 하고 아무것도 내놓지 않는 사람은
뭉게뭉게 피어오를 뿐 비를 내리지 않는 구름과 같다.

15 끈기 있는 설득은 무관심을 깨뜨리고
부드러운 말은 견고한 요새를 무너뜨린다.

16-17 사탕 한 상자를 받더라도 한 번에 다 먹지 마라.
초콜릿을 너무 많이 먹으면 탈이 나는 법이다.
친구가 생기거든 너무 자주 찾아가서 밉보이지 마라.

시도 때도 없이 찾아가면 친구가 네게 진저리를 칠 것이다.

18 법정이나 거리에서 이웃에게 불리한
거짓말을 하는 사람은 요주의 인물이다.

19 곤경에 처했을 때 배신자를 믿는 것은
치주염이 있는 상태로 이를 악무는 것과 같다.

20 마음이 무거운 자 앞에서 밝은 노래를 부르는 것은
상처에 소금을 뿌리는 것과 같다.

21-22 네 원수가 굶주리고 있는 것을 보면 가서 점심을 사 주고
그가 목말라하면 음료수를 가져다주어라.
그는 네 관대함에 깜짝 놀랄 테고
하나님께서 너를 돌봐 주실 것이다.

23 북풍이 험악한 날씨를 몰고 오듯
헐뜯는 혀는 험악한 얼굴을 부른다.

24 대저택에서 바가지 긁는 배우자와 함께 사는 것보다
다 쓰러져 가는 오두막에서 홀로 사는 것이 낫다.

25 오랫동안 연락이 끊어졌던 친구가 보내온 편지는
지치고 목마를 때 마시는 냉수와 같다.

26 나쁜 사람에게 굴복하는 착한 사람은
흐려진 샘과 같고, 오염된 우물과 같다.

27 단것을 배부르게 먹는 것은 지혜롭지 못하고
영예를 지나치게 쌓는 것은 본인에게 좋지 않다.

28 자제력이 없는 사람은
문과 창이 다 떨어져 나간 집과 같다.

미련한 자는 어리석은 짓을 되풀이한다

26

1 미련한 자를 존경하는 것은
여름철에 눈을, 수확기에 비를 달라고 비는 것과 같다.

[2] 까닭 없는 저주는 겁낼 것 없으니
참새가 날아가는 것, 제비가 날아드는 것에 불과하다.

[3] 경주마에게는 채찍이, 요트에는 키 손잡이가,
미련한 자의 등에는 매가 필요하다!

[4] 미련한 자의 어리석은 말에 응대하지 마라.
너도 똑같은 사람으로 보일 따름이다.

[5] 미련한 자에게는 간결한 말로 대꾸해 주어라.
그래야 그가 자만하지 않는다.

[6] 미련한 자를 시켜 소식을 전하면
낭패를 당한다.

[7] 미련한 자가 읊어 대는 잠언은
불어 터진 면발처럼 축 늘어진다.

[8] 미련한 자를 명예로운 자리에 앉히는 것은
대리석 기둥에 흙벽돌을 올리는 것과 같다.

[9] 얼간이에게 잠언을 읊으라고 청하는 것은
주정뱅이의 손에 외과용 수술 칼을 들려 주는 것과 같다.

[10] 미련한 자나 주정뱅이를 고용하면
제 발등을 찍게 된다.

[11] 개가 토한 것을 도로 먹듯
미련한 자는 어리석은 짓을 되풀이한다.

[12] 자기가 똑똑한 줄 아는 사람이 보이느냐?
그런 사람보다는 차라리 미련한 자에게 희망이 있다.

[13] 게으름뱅이는 "바깥은 위험해!
거리에 호랑이가 어슬렁거려!"라고 말하고
이불을 뒤집어쓴다.

[14] 게으름뱅이는 문짝이 돌쩌귀를 따라 돌듯

잠자리에 누워 뒹굴기만 한다.

15 의욕이 없는 게으름뱅이는 포크로 파이를 찍고도
너무나 게을러 입 속에 넣지 않는다.

16 몽상가는 자기가 최고인 줄 안다.
자기가 대학의 교수진보다 더 똑똑하다고 생각한다.

17 나와 상관없는 싸움에 참견하는 것은
미친개의 두 귀를 움켜잡는 일과 같다.

18-19 남을 의도적으로 속이고도 아무렇지도 않은 듯
"일부러 그런 거 아니야. 장난 삼아 그런 거지" 하고 말하는 사람은,
연기 나는 모닥불을 내버려 두고 떠나는
부주의한 야영자보다도 못하다.

20 장작이 떨어지면 불이 꺼지고
험담이 그치면 싸움도 잦아든다.

21 논쟁에서 다투기 좋아하는 사람은
불에 끼얹은 등유와 같다.

22 험담을 귀담아듣는 것은 싸구려 사탕을 먹는 일과 같다.
그런 쓰레기를 뱃속에 넣고 싶으냐?

23 악한 마음에서 나오는 듣기 좋은 말은
갈라진 질그릇 위에 바른 유약과 같다.

24-26 네 원수가 절친한 벗처럼 너와 악수하고 인사를 하지만
속으로는 너를 해칠 음모를 꾸민다.
그가 듣기 좋은 말을 하더라도 믿지 마라.
그는 네 것을 빼앗을 기회만 노리고 있다.
그가 제아무리 교묘하게 악의를 감추어도
결국 공공연히 드러나게 될 것이다.

27 악의는 역효과만 내고
앙심은 부메랑이 되어 돌아온다.

28 거짓말쟁이는 상대를 미워하고
아첨꾼은 신뢰를 파괴한다.

너는 내일 일을 모른다

27 1 내일 할 일을 성급하게 알리지 마라.
내일 무슨 일이 있을지 전혀 모르지 않느냐.

2 남이 너를 칭찬하게는 하여도
네 입으로 너를 칭찬하지는 마라.

3 미련한 자를 참고 견디는 일에 비하면,
통나무를 어깨에 진 채
바위를 들어 올리는 것쯤은
아무것도 아니다.

4 분노가 사람을 폭발하게 하고 격분이 우리를 삼킨다지만
질투 앞에서 살아남을 자가 누구인가?

5 표현하지 않는 칭찬보다는
말로 하는 책망이 낫다.

6 사랑하는 사람에게 받은 상처는 그만한 가치가 있지만
원수의 입맞춤은 사람을 다치게 한다.

7 배부르게 먹은 뒤에는 후식을 거절하지만
굶주리면 말 한 마리라도 먹어 치울 수 있다.

8 정착하지 않고 여기저기 떠돌아다니는 사람은
둥지 없이 떠도는 새와 같다.

9 로션과 향수가 감각에 기쁨을 주듯
끈끈한 우정은 영혼을 상쾌하게 한다.

10 네 친구나 부모의 친구를 저버리고
힘들 때 친척 집으로 달려가지 마라.
가까운 친구가
먼 친척보다 낫다.

[11] 아이야, 지혜를 깨우쳐 나를 행복하게 해다오.
그러면 앞으로 무슨 일이 닥치더라도 나는 동요하지 않을 것이다.

[12] 신중한 자는 문제를 미리 알고 피하지만
어리석은 자는 되는 대로 행하다가 호되게 당한다.

[13] 낯선 자에게 꾸어 줄 때는 반드시 담보물을 잡아라.
떠돌이의 물품을 담보로 잡을 때는 경계를 늦추지 마라.

[14] 이른 아침에 친구를 깨우며
"정신 차리고 일어나!" 하고 소리치면
축복이 아니라 듣기 싫은
저주로 들릴 것이다.

[15-16] 바가지 긁는 배우자는
똑똑똑 물이 새는 수도꼭지와 같다.
잠글 수도 없고
거기서 벗어날 수도 없다.

얼굴은 마음을 비춘다

[17] 철이 철을 날카롭게 하듯
친구가 친구를 날카롭게 한다.

[18] 과수원을 돌보면 열매를 얻고
고용주를 존중하면 네가 존중을 받는다.

[19] 물이 얼굴을 비추듯
얼굴은 마음을 비춘다.

[20] 지옥의 식욕은 채워지지 않고
탐욕은 그칠 줄 모른다.

[21] 은금의 순도는
불에 넣어 보면 알 수 있고,
사람의 순수함은
조금만 이름이 나면 알 수 있다.

[22] 미련한 자는 아무리 찧어도

그 미련함이 벗겨지지 않는다.

[23-27] 양을 세세히 살피고
가축 떼를 정성껏 보살펴라.
(그것들을 당연하게 여기지 마라.
알다시피 재산은 늘 있는 것이 아니다.)
곡식이 무르익으면
수확물을 창고에 들여라.
양털로 스웨터를 짜고
염소를 내다 팔아 수입을 얻어라.
우유와 고기가 가득하니
너의 집 식구가 겨울을 날 수 있을 것이다.

하나님의 법을 사랑하면

28

[1] 악인은 쫓는 사람이 없어도
가책을 느끼고 불안해 달아날 준비를 하지만,
정직한 사람은 느긋하고 당당하며 사자처럼 담대하다.

[2] 나라가 혼란에 빠지면
다들 나라를 안정시킬 계획을 내놓지만,
상황을 바로잡으려면
진정한 이해력을 갖춘 지도자가 있어야 한다.

[3] 가난한 이를 압제하는 악인은
우박을 동반해 수확물을 쓰러뜨리는 폭풍과 같다.

[4] 하나님의 법을 저버리면 악행을 얼마든지 받아들이게 되지만
하나님의 법을 사랑하면 그 법을 지키고자 필사적으로 싸운다.

[5] 악인은 정의를 이해하지 못하지만
하나님을 찾는 사람은 정의를 속속들이 안다.

[6] 가난해도 곧은 길을 걷는 것이
부유하면서 굽은 길을 걷는 것보다 낫다.

[7] 하나님의 법을 실천하면 지혜롭다는 평판을 얻고
제멋대로 된 무리와 어울리면 가문의 수치가 된다.

[8] 속임수와 강탈로
원하는 만큼 부자가 된다 해도,
결국에는 가난한 이들의 친구가 와서
그 모두를 그들에게 되돌려 줄 것이다.

[9] 하나님은 그분의 말씀을 듣지 않는 자의 기도를
싫어하신다.

[10] 선한 사람을 그릇된 길로 이끄는 자는
끝이 좋지 못하나,
선을 행하면 보상을 받을 것이다.

[11] 부자는 자기가 모든 것을 안다고 생각하지만
가난한 사람들은 그 속을 꿰뚫어 본다.

[12] 착한 사람이 승진하면 모든 면에서 좋지만
나쁜 사람이 책임자가 되거든 조심하여라!

[13] 죄는 눈가림으로 넘어갈 수 없다.
죄를 인정하고 버려야 불쌍히 여김을 받는다.

[14] 인정 많은 사람은 복을 받고 살지만
몰인정한 사람은 고달프게 산다.

[15] 사자가 으르렁대고 곰이 달려든다.
가난한 사람들 위에 군림하는 악인이 이와 같다.

[16] 통찰력 없는 지도자들 사이에는 권력 남용이 넘쳐나지만
부패를 미워하는 사람의 미래는 밝다.

[17] 살인자는 죄책감에 시달리다
죽을 운명이다. 그를 도울 길이 없다.

[18] 바른 길을 걸으며 제대로 살면 구원을 받지만
바른 길에서 벗어난 삶은 결국 죽음에 이른다.

[19] 과수원을 일구면 먹을 것이 넉넉해지지만
놀고 즐기면 빈 접시만 남는다.

20 마음을 다해 꾸준히 일하면 성과를 올리지만
속히 부자가 되려고 하다가는 사기를 치게 된다.

21 한쪽만 편드는 것은 언제나 나쁜 일이다.
별것 아닌 것처럼 보이는 방식으로 큰 해를 끼칠 수 있다.

22 부자가 되는 데만 눈이 팔린 구두쇠는
자기가 결국 무일푼이 될 줄을 모른다.

23 알랑대며 아첨하는 사람보다 진지하게 꾸짖는 사람이
나중에 고맙다는 말을 듣는다.

24 아버지와 어머니의 것을 훔치고도
"그게 뭐 어때서?"라고 말하는 자는
해적만도 못하다.

25 욕심 많은 사람은 하는 일마다 말썽이지만
하나님을 신뢰하면 행복이 찾아온다.

26 모든 것을 안다고 생각하는 자는 정말로 미련하다.
남에게 지혜를 배우는 사람이 끝까지 살아남는다.

27 가난한 사람에게 너그럽게 베풀면 굶주리지 않지만
그들의 어려움을 못 본 체하면 저주의 세례가 쏟아질 것이다.

28 부패한 자들이 세력을 잡으면 선한 사람들은 지하로 숨지만
악인들이 쫓겨나면 안심하고 다시 나올 수 있다.

29

1 훈계를 싫어하고
갈수록 고집을 부리는 자들에게는
인생이 무너지고 파멸하는 날이 닥칠 것이다.
하지만 그때는 이미 늦어 그들을 도울 길이 없다.

2 선한 사람이 다스리면 모두가 기뻐하지만
통치자가 악하면 모두가 신음한다.

3 지혜를 사랑하면 부모를 기쁘게 하지만

창녀와 눈이 맞아 달아나면 부모의 신뢰를 저버리게 된다.

4 건전한 판단력을 갖춘 지도자는 안정을 제공하지만
착취하는 지도자가 지나간 자리에는 폐허만 남는다.

5 아첨하는 이웃은 못된 일을 꾀한다.
아마도 너를 이용할 계략을 꾸미고 있을 것이다.

6 악한 사람은 자신이 파 놓은 함정에 빠지고
선한 사람은 다른 길로 달아나 위험에서 벗어난 것을 기뻐한다.

7 인정 많은 사람은 가난한 사람의 처지를 알지만
몰인정한 사람은 전혀 모른다.

8 빈정거리는 자들은 도시를 온통 들쑤셔 놓지만
현인들은 모든 이들의 마음을 달랜다.

9 미련한 자와 꼬인 문제를 해결하려는 현인은
그 수고로 인해 조롱과 비아냥거림을 듣는다.

10 살인자는 정직한 사람을 미워하지만
양심적인 사람은 정직한 사람을 격려한다.

11 미련한 자는 제멋대로 지껄이지만
현인은 곰곰이 생각한다.

12 사장이 악의적인 험담에 귀를 기울이면
모든 직원이 악해진다.

13 가난한 사람과 그를 학대하는 자 사이에도 공통점은 있다.
둘 다 앞을 볼 수 있다는 것. 그들의 시력은 하나님의 선물이다!

14 목소리를 내지 못하는 가난한 이들을 공평하게 대할 때
지도력이 권위를 얻고 존경을 받는다.

15 현명한 훈계는 지혜를 주지만
버릇없이 자란 사춘기 청년은 부모를 난처하게 만든다.

16 타락한 자들이 권력을 잡으면 범죄가 활개를 치지만
결국에는 의인이 그들의 몰락을 지켜보게 된다.

17 자녀들을 훈계하여라.
그들과 같이 사는 것이 기쁜 일이 될 것이기 때문이다.
훈계로 자녀를 키운 것을 흐뭇하게 여기게 될 것이다.

18 하나님이 행하시는 일을 보지 못하는 백성은
서로 뒤엉켜 고꾸라지고 말지만,
하나님의 계시에 주목하는 백성은
큰 복을 받는다.

19 일꾼들이 규칙을 지키게 하려면 말만으로는 안된다.
그들은 한 귀로 듣고 한 귀로 흘려버리기 때문이다.

20 생각 없이 말하는 자들을 보라.
바보라도 그들보다는 사정이 나을 것이다.

21 사람들이 너를 하찮게 여기도록 하면
나중에는 아예 없는 사람 취급할 것이다.

22 화를 잘 내는 자는 갖가지 불화를 일으키고
무절제한 자는 말썽을 일으킨다.

23 교만하면 꼴사납게 고꾸라지고
겸손하면 존경을 받는다.

24 무법자와 친구가 되는 것은
자기 자신과 원수가 되는 일이다.
법정에서 피해자들의 호소에 귀를 막는 겁쟁이가 된다면
그들이 울부짖으며 토해 내는 저주가
네게도 쏟아질 것이다.

25 사람의 평가를 두려워하면 옴짝달싹 못하게 되지만
하나님을 신뢰하면 그 길에서 벗어날 수 있다.

26 다들 지도자의 도움을 받으려 하지만
우리에게 정의를 베푸실 분은 하나님뿐이다.

27 선한 사람은 계획적인 악행을 참지 못하지만
악한 사람은 빼어난 선행을 견디지 못한다.

야게의 아들 아굴의 어록

30

1-2 회의론자가 선언했다. "하나님은 없어!
없다고! 내가 원하는 것이면 난 무엇이든 할 수 있어!
나는 사람보다는 짐승에 가깝지.
인간의 지성 따위와는 거리가 멀어.

3-4 나는 '지혜'에 낙제점을 받았다.
거룩한 신이 있다는 증거가 보이지 않는다.
누가 그의 모습을 본 적 있는가?
누군가 하늘로 올라가 세상을 장악하던가?
그가 바람을 제어하던가?
땅에 내릴 비를 양동이에 모으던가?
땅 끝까지 소유권 표시를 하던가?
그의 이름을 말해 다오. 그 아들들의 이름을 알려 다오.
자, 어서 말해 다오!"

5-6 믿는 자가 대답했다. "하나님의 약속은 모두 참되고
당신께로 달려가 도움을 구하는 모든 이들을 지켜 주신다.
그러니 그분의 생각을 어림짐작하지 마라.
그분이 너를 꾸짖으시고 네 거짓말을 드러내실 것이다."

7-9 그런 다음 그는 이렇게 기도했다. "하나님, 제가 죽기 전에
두 가지를 간구하오니, 물리치지 마십시오.
제 입술에서 거짓말을 쫓아내시고
제 앞에서 거짓말쟁이들을 쫓아내 주십시오.
더도 덜도 말고
생활에 필요한 만큼의 양식을 주십시오.
제가 너무 배부르면, 제 힘으로 그렇게 된 줄 알고서
'하나님? 누가 그분이 필요하대?' 하고 말할 것입니다.
또한 제가 가난하면, 도둑질을 하여
하나님의 이름을 욕되게 할까 두렵습니다."

⁂

10 직장 동료들을 뒤에서
헐뜯지 마라.

그들은 네가 음흉한 사람이라고 비난할 테고
그 말은 사실이 될 것이다!

11 아버지를 저주하지 말고
어머니를 축복하기를 게을리하지 마라.

12 몇 주 동안 목욕을 안 했다면
자기 모습이 봐줄 만할 것이라고 생각하지 마라.

13 잘난 체하지 말고
남보다 낫다고 생각하지 마라.

14 무자비하고 잔인한 늑대처럼
탐욕을 부리지 마라.
그들은 가난한 이들에게 달려들어 마음껏 뜯어먹고
빈곤한 이들을 갈가리 찢어서 내버린다.

15-16 거머리에게 쌍둥이 딸이 있으니
그 이름은 "줘"와 "더 줘"이다.

배부른 줄 모르는 것 네 가지

세상에는 만족을 모르는 것이 셋,
아니, "충분합니다. 감사합니다!" 하고 말하는 법이 없는 것이 넷 있다.

지옥
아기 못 낳는 태
바싹 마른 땅
산불.

17 아버지를 멸시하고
어머니를 업신여기는 눈은,
야생 독수리가 뽑아내고
새끼 독수리가 먹어 버린다.

이상한 것 네 가지

18-19 놀라운 것이 셋,
아니, 내가 이해할 수 없는 것이 넷 있다.

독수리가 하늘 높이 나는 법
뱀이 바위 위를 기어 다니는 법
배가 바다를 항해하는 법
사춘기 청소년이 멋대로 구는 이유.

[20] 매춘부가 일하는 방식도 이해할 수 없기는 마찬가지다.
손님과 잠자리를 같이하고 나서
목욕을 하고는
이렇게 묻는다. "다음 차례는 누구?"

참을 수 없는 것 네 가지

[21-23] 세상이 도저히 감당할 수 없는 것이 셋,
세상의 기초를 뒤흔드는 것이 넷 있다.

수위가 사장이 되는 것
미련한 자가 부자가 되는 것
창녀가 '올해의 여성'으로 뽑히는 것
애인이 정숙한 아내의 자리를 대신하는 것.

작으면서도 경이로운 것 네 가지

[24-28] 작으면서도
너무나 지혜로운 생물이 넷 있다.

연약하지만
겨울을 나기 위해 먹이를 모아들이는 개미
힘은 없지만
바위에 든든한 집을 마련하는 다람쥐
우두머리 없는 곤충이지만
군대처럼 들판을 쑥대밭으로 만드는 메뚜기
붙잡기 쉽지만
경비대의 삼엄한 경계를 뚫고 왕궁을 몰래 드나드는 도마뱀.

고귀한 것 네 가지

[29-31] 위엄 있고 고귀한 것이 셋,
행동거지가 인상 깊은 것이 넷 있다.

어떤 것 앞에서도 물러서지 않는 백수의 왕 사자

당당하고 의젓하게 걷는 수탉
숫염소
위풍당당한 행렬 속에 있는 국가원수.

⁂

32-33 네가 모욕하는 말과 무례한 몸짓으로
남의 이목을 끄는 어리석은 짓을 했다면,
누군가가 네 코피를 터뜨려도 놀라지 마라.
우유를 저으면 버터가 되듯
화를 부추기면 주먹다짐을 하게 된다.

르무엘 왕의 어록

31

1 르무엘 왕의 어록
곧 그의 어머니가 그에게 남긴 훌륭한 교훈이다.

2-3 "내 아들아, 무엇을 생각하느냐!
내가 낳은 아이야! 내가 하나님께 바친 아들아!
재산을 노리는 여자들,
지도자를 파멸시키는 문란한 여자들에게 네 힘을 쏟지 마라.

4-7 지도자에게는 포도주를 마시고 맥주를 들이키며
바보짓을 할 여유가 없다.
그랬다가는 곤드레만드레 취해 옳고 그름을 분간하지 못하게 되어,
지도자를 믿고 의지하는 백성이 다치게 된다.
포도주와 맥주는 산송장이나 다름없는
말기 환자의 고통을 가라앉히고
통증을 완화시키는
진정제로만 써라.

8-9 자기 사정을 알릴 힘이 없는 사람들,
어렵고 힘든 이들의 권리를 대변하여라.
정의를 대변하여라!
가난한 이들과 궁핍한 이들을 대변하여라!"

훌륭한 아내에게 바치는 찬가

10-31 훌륭한 아내는 찾기 어려울뿐더러
다이아몬드보다 더 가치가 있다.
남편은 아내를 전폭적으로 신뢰하고

그 신뢰에 대해 후회할 일은 생기지 않는다.
아내는 남편에게 악의를 품지 않고
평생 그를 너그럽게 대한다.
최상품 털실과 무명실을 찾아
시장을 누비고,
뜨개질과 바느질을 좋아한다.
아내의 모습은 먼 지역으로 항해하여
이국적이고 진기한 상품들을 가져오는 무역선을 연상시킨다.
동트기 전에 일어나 가족을 위해
아침식사를 준비하고, 하루 일과를 계획한다.
밭을 잘 골라 구입한 뒤
아껴 둔 돈으로 정원을 일군다.
아침부터 일할 채비를 하고
소매를 걷어붙이고 열심히 움직인다.
자기 일의 가치를 알기에
서둘러 하루 일과를 마치는 법이 없다.
집안에 필요한 여러 일들을 능숙하게 해내고
게으름을 피우지 않는다.
어려운 사람을 보면 재빨리 돕고
가엾은 이를 모르는 체하지 않는다.
가족의 겨울옷을 미리 수선해 놓아
눈이 와도 걱정이 없다.
자신의 옷은
화려한 아마포와 비단으로 손수 지어 입는다.
남편은 시의 원로들과 함께 심의하며
크게 존경을 받는다.
아내는 겉옷을 만들어 팔고
손수 짠 스웨터를 옷가게에 가져간다.
아내의 옷은 질이 좋고 우아하다.
또한 아내는 언제나 미소를 머금고 내일을 맞이한다.
말할 때는 귀담아들을 말만 하고
늘 친절한 어조를 유지한다.
집안 사람 모두를 늘 살펴
각자 부지런히 자기 일을 해내도록 돕는다.
자녀들이 어머니를 존경하고 축복하니
남편도 합세하여 이렇게 칭송한다.
“훌륭한 일을 한 여인들이 많지만
당신은 그 누구보다 뛰어나구려!”

매력이 사람을 현혹하고 아름다움은 금세 사라지지만,
하나님을 경외하며 사는 여인은
칭송과 칭찬을 받는다.
마땅히 받아야 할 찬사를 아내에게 돌려라!
아내의 인생을 칭찬으로 꾸며 주어라!

동물들은 생긴 대로 살면서도 만족해하는 것 같다. 그러나 인간들은 다르다. 지금 모습보다 나아지거나 달라질 방법을 끊임없이 모색한다. 신나는 일 없나 시골 구석구석을 다니기도 하고, 의미를 찾아 영혼을 살피기도 하며, 쾌락을 얻으려고 세상을 떠돌기도 한다. 이것도 해보고 저것도 해본다. 그런데 우리가 흔히 시도해 보는 것들은 정해져 있다. 돈, 섹스, 권력, 모험, 지식 등이다.

그 모두가 처음에는 하나같이 대단해 보인다! 그러나 지나고 보면 다 별것 없다. 우리는 더한층 노력하고 애써 보지만, 그럴수록 건지는 것은 오히려 적어질 뿐이다. 어떤 이들은 일찌감치 포기하고 단조로운 삶에 만족하며 살아간다. 또 어떤 이들은 아예 배울 생각도 없는 듯 평생 이 일 저 일을 전전하며 차츰 인간다움을 상실한 채, 죽을 무렵이 되어서는 인간이라 말하기 어려울 정도의 존재가 되어 버린다.

전도서는 이런 허무함의 경험을 증언하는, 어쩌면 세상에서 가장 유명한 책이 아닐까 싶다. 이 책의 신랄한 재치와 더없는 솔직함은 우리의 시선을 사로잡고 주목을 끈다. 사람들은 이 책의 이러한 특성에 주목한다. 정말 그럴 수밖에 없다! 종교인, 비종교인, 신자, 비신자 할 것 없이 다들 주목한다. 그들 중에는 성경에 이와 같은 내용이 들어 있음을 알고 놀라는 사람도 적지 않다.

그러나 전도서가 성경에 들어 있는 이유, 반드시 들어 있어야 하는 이유는 인생에서 자신의 힘으로 뭔가를 이루어 보려는 사람들의 갖가지 헛된 시도를 멈추게 하려는 데 있다. 그래야 우리가 하나님께 온전히 관심을 기울이고, 하나님이 누구신지, 그분이 우리를 어떤 값진 존재로 만들려고 하시는지에 집중할 수 있기 때문이다. 전도서는 하나님에 대해 그다지 많이 말하지 않는다. 전도자는 그 일을 성경의 나머지 65권에 맡긴다. 그리고 우리 스스로는 우리 삶의 의미를 찾고 그것을 완성할 능력이 전혀 없다는 사실을 드러낸다.

[탐구자가 말한다.] 연기다. 한낱 연기다!
모든 것이 연기일 뿐 아무것도 아니다.
한평생 일했건만,
한평생 뼈 빠지게 일했건만 무슨 성과가 있는가?
한 세대가 가고 다음 세대가 와도
변하는 것은 없다. 예부터 있던 지구는

여느 때와 다를 바 없이 돌아간다.
해는 떴다가 지고
다시 떴다가 지기를 되풀이한다.
바람은 남쪽으로 불다가 북쪽으로 불고
돌고 돌며 다시 돈다.
이리 불고 저리 불며 늘 변덕스럽다.
모든 강이 바다로 흘러들지만
바다는 가득 차지 않는다.
강물은 옛날부터 흐르던 곳으로 흐르고
처음으로 돌아와 모든 것을 다시 시작한다.
모든 것이 따분하다. 극도로 따분하다.
아무도 그 의미를 찾지 못한다.
눈에도 따분하고
귀에도 따분하다.
이미 있던 것이 다시 있을 것이고
이미 벌어진 일이 다시 벌어질 것이다.
이 세상에 새로운 것은 없다.
해마다 다시 보아도 전에 있던 것이 있을 뿐이다.
누군가 "이봐, 이거 새로운 거야" 하고 법석을 떨어도
흥분하지 마라. 전부터 듣던 이야기일 뿐이다.
아무도 어제 있었던 일을 기억하지 않는다.
그렇다면 내일 벌어질 일은 어떨까?
내일 일도 아무도 기억하지 않을 테니
기억되기를 바라지 마라(전 1:2-11).

우리는 자신의 방법과 뜻에 따라 인간답게 살아 보려고 아등바등 애쓴다. 그러하기에 전도서를 반드시 읽어야 한다. 전도서는 생활방식을 바꾸어 삶의 해답을 찾아보려는 생각을 깨끗이 쓸어버리고, 예수 그리스도 안에서 자신을 계시하신 하나님을 맞이하도록 준비하게 한다. 전도서는 세례 요한과 같다. 식사가 아니라 목욕에 해당하고, 영양공급이 아니라 청결이자 회개이며 씻음이다. 전도서는 망상과 감상, 우상숭배적인 생각과 감정의 찌꺼기들을 말끔히 벗겨낸다. 또한 우리 힘으로 우리 식대로 살 수 있을 것이라는 온갖 오만과 무지한 태도를 까발리고 버리게 만든다.

지혜로운 이의 말은 우리에게 제대로 살라고 촉구한다.
그 말은 잘 박힌 못처럼 인생을 붙들어 준다.
그것은 한분 목자이신 하나님의 말씀이기도 하다.

친구여, 이 밖의 것에 대해서는 너무 무리해서 연구하지 마라. 책을 출판하는 일은 끝이 없고, 공부만 하다 보면 지쳐서 공부밖에 못하는 사람이 된다. 나는 할 말을 다했고 결론은 이것이다.

하나님을 경외하여라.
그분이 명하시는 대로 행하여라.

이것이 전부다. 결국 하나님은 우리가 하

는 모든 일을 환히 드러내시고, 감추어진 의도에 따라 그것의 선함과 악함을 판단하실 것이다(전 12:11-14).

전도서는 마음에 드는 목표를 세우고 그것을 열심히 추구하면 멋진 삶을 열매로 거둘 수 있을 것이라는 순진한 낙관주의에 도전장을 내민다. 우리 주위를 맴돌면서 화려하게 유혹하는 온갖 제안들, 모든 것을 약속하지만 결코 그 약속을 지키지 않는 제안들이 저자의 냉철한 회의주의와 참신한 반박 앞에서 그 실체를 분명하게 드러낸다. 그렇게 정리가 되고 나면 비로소 우리는 참된 실재이신 하나님을 맞을 준비가 된다.

["에클레시아스테스"(Ecclesiastes)는 흔히 "설교자"나 "선생"으로 번역되는 그리스어다. 그러나 이 책의 저자는 역사를 통해 드러난 인간의 근본을 자신의 경험에 비추어 제시하는 글쓰기 방식을 사용하고 있기에, 나는 이 단어를 "탐구자"(the Quester)로 번역했다(「개역개정판」 성경은 "전도자"로 번역했다).]

전도서

모든 것이 헛되다

1 [1] 다윗의 아들이자 예루살렘 탐구자의 말이다.

[2-11] [탐구자가 말한다.] 연기다. 한낱 연기다!
모든 것이 연기일 뿐 아무것도 아니다.
한평생 일했건만,
한평생 뼈 빠지게 일했건만 무슨 성과가 있는가?
한 세대가 가고 다음 세대가 와도
변하는 것은 없다. 예부터 있던 지구는
여느 때와 다를 바 없이 돌아간다.
해는 떴다가 지고
다시 떴다가 지기를 되풀이한다.
바람은 남쪽으로 불다가 북쪽으로 불고
돌고 돌며 다시 돈다.
이리 불고 저리 불며 늘 변덕스럽다.
모든 강이 바다로 흘러들지만
바다는 가득 차지 않는다.
강물은 옛날부터 흐르던 곳으로 흐르고
처음으로 돌아와 모든 것을 다시 시작한다.
모든 것이 따분하다. 극도로 따분하다.
아무도 그 의미를 찾지 못한다.
눈에도 따분하고
귀에도 따분하다.

이미 있던 것이 다시 있을 것이고
이미 벌어진 일이 다시 벌어질 것이다.
이 세상에 새로운 것은 없다.
해마다 다시 보아도 전에 있던 것이 있을 뿐이다.
누군가 "이봐, 이거 새로운 거야" 하고 법석을 떨어도
흥분하지 마라. 전부터 듣던 이야기일 뿐이다.
아무도 어제 있었던 일을 기억하지 않는다.
그렇다면 내일 벌어질 일은 어떨까?
내일 일도 아무도 기억하지 않을 테니
기억되기를 바라지 마라.

지혜도 헛되다

12-14 내 이름을 **'탐구자'**라고 해두자. 나는 예루살렘에서 이스라엘을 다스리는
왕이었다. 나는 모든 일을 신중하게 살피고, 이 땅에서 벌어지는 온갖 일을 샅
샅이 조사했다. 그러나 분명히 말하지만, 쓸 만한 내용은 많지 않았다. 하나님
은 세상을 그렇게 만만하게 만들어 놓지 않으셨다. 내가 모든 것을 살펴보니,
다 연기에 불과했다. 연기요, 허공에 침 뱉기였다.

15 인생은 펴지지 않는 타래송곳,
더할 수 없는 뺄셈이다.

16-17 나는 스스로에게 말했다. "나는 내 이전에 예루살렘에 살던 어느 누구보다
도 아는 것이 많고 지혜롭다. 나는 지혜와 지식을 쌓았다." 그러나 결국 내가 내
린 결론은 지혜와 지식이 부질없고 어리석은 일이라는 것, 허공에 침 뱉기에 불
과하다는 것이다.

18 많이 배우면 걱정도 많고
많이 알수록 고통도 늘어난다.

즐거움도 한낱 연기다

2 1-3 나는 스스로에게 말했다. "한번 해보자. 실험 삼아 쾌락을 누리고 즐
거운 시간을 보내자!" 그러나 거기에 남은 것은 아무것도 없었다. 한낱
연기뿐이었다.

재미 넘치는 삶을 어떻게 생각하느냐고? 미친 짓이다! 어리석은 짓이다!
행복 추구는 어떠냐고? 그것이 누구에게 필요하단 말인가?
나는 술 한 병과
동원할 수 있는 모든 지혜의 도움을 받아

인생의 부조리를 꿰뚫어 보기 위해
내 수준에서 최선을 다했다.
나는 인간이 이 세상을 사는 동안 어떤 유용한 일을
할 수 있는지 알고 싶었다.

4-8 나는 여러 큰일을 했다.
가옥을 여러 채 짓고
포도원을 일구고
정원과 공원을 설계하고
그 안에 온갖 과일나무를 심고
저수지를 만들어
나무들이 자라는 숲에 물을 댔다.
남녀 종들을 사들였고
그들이 자녀를 낳아 종의 수가 늘어났다.
나는 내 이전에 예루살렘에 살던
어느 누구보다도 많은 소 떼와 양 떼를 손에 넣었다.
은과 금
여러 나라의 왕들이 바친 보물을 모았고
노래를 즐기려고 가수들을 모았고
모든 즐거움 중에서도 가장 강렬한 즐거움을 얻고자
관능적인 여자들을 곁에 많이 두었다.

9-10 오, 얼마나 번창했던가! 나는 예루살렘에서 통치했던 그 어떤 선왕보다 압도
적으로 우위에 있었다. 더욱이, 나는 명석한 두뇌를 갖고 있었다. 내가 원하는
것은 다 가졌고, 나 자신에게 어떤 것도 금하지 않았다. 모든 충동에 굴복했고
다 받아들였다. 내가 벌인 모든 일에서 그지없는 즐거움을 맛보았다. 그것은 고
된 하루 일과 끝에 스스로에게 주는 보상이었다!

11 그 다음, 나는 내가 이룬 모든 일, 모든 땀방울과 노고를 찬찬히 들여다보았
다. 그러나 연기밖에 보이지 않았다. 연기요, 허공에 침 뱉기였다. 그 모든 일에
는 아무 의미도 없었다. 아무 의미도.
12-14 그 다음, 나는 똑똑한 것과 어리석은 것을 골똘히 살폈다. 왕이 된 다음에
무슨 할 일이 있겠냐고? 왕 노릇은 힘들다. 할 수 있는 일을 할 뿐이지만, 빛이
어둠보다 낫듯 어리석은 것보다는 똑똑한 것이 낫다. 똑똑한 사람은 자기가 어
디로 가는지 알고 어리석은 자는 어둠 속을 더듬는다. 하지만 결국에는 둘 다
매한가지다. 모두가 같은 운명을 맞이한다. 그렇지 않은가.
15-16 내 운명이 미련한 자의 운명과 같다는 사실을 깨달았을 때, 나는 이렇게 물
을 수밖에 없었다. "그럼 뭐하러 애써 지혜로워지려는 거지?" 모두 연기에 불

과하다. 똑똑한 자와 어리석은 자가 모두 시야에서 사라진다. 하루 이틀 지나면
둘 다 잊히고 만다. 그렇다. 똑똑한 자든 어리석은 자든 모두 죽는다. 그것이 세
상의 이치다.
17 나는 사는 것이 싫다. 내가 볼 때, 세상에서 하는 일은 하나같이 밑지는 장사
다. 모두 연기요, 허공에 침 뱉기다.

수고도 한낱 연기다

18-19 내가 이 세상에서 성취하고 쌓아 올린 모든 것이 싫어졌다. 저세상에 갈 때
그것을 가져갈 수 없고, 내 뒤에 올 사람에게 물려주어야 한다. 내가 골똘하게
생각하고 수고하여 이 땅에서 이룬 결과물을, 자격이 있을지 없을지 모르는 누
군가가 차지할 것이다. 이 또한 연기일 뿐이다.
20-23 그래서 나는 하던 일을 그만두었고, 이 세상에서 바랄 수 있는 모든 것에 대
한 기대를 접었다. 수고해서 얻은 모든 것을 손가락 하나 까딱하지 않은 누군가
에게 넘겨줘야 한다면, 뼈 빠지게 일하는 것이 무슨 소용이란 말인가? 한낱 연
기일 뿐이다. 처음부터 끝까지 밑지는 장사다. 힘들게 일하는 인생에서 얻는 것
이 무엇이겠는가? 동틀 녘부터 해질 녘까지 고통과 슬픔이 이어진다. 하룻밤도
편히 쉬지 못한다. 모든 것이 한낱 연기일 뿐이다.
24-26 즐거운 시간을 보내며 최대한 잘 지내는 것, 이것이 바로 우리가 인생에서
할 수 있는 최선이다. 내가 볼 때, 그것이 하나님의 인생에 정해 주신 운명이다.
잘 먹든지 못 먹든지, 하나님께 달렸다. 하나님이 아끼시는 이들은 지혜와 지식
과 기쁨을 얻지만, 죄인들은 힘들게 일하는 인생을 살다가 결국에는 하나님이
아끼시는 이들에게 모은 것을 모두 넘겨준다. 모두가 한낱 연기요, 허공에 침
뱉기일 뿐이다.

모든 것에는 알맞은 때가 있다

3 1 어떤 일이든 적절한 때가 있고, 세상 모든 것에 알맞은 때가 있다.

2-8 태어날 때가 있고 죽을 때가 있다.
심을 때가 있고 수확할 때가 있다.
죽일 때가 있고 치료할 때가 있다.
파괴할 때가 있고 건설할 때가 있다.
울어야 할 때가 있고 웃어야 할 때가 있다.
탄식할 때가 있고 환호할 때가 있다.
사랑을 나눌 때가 있고 멀리할 때가 있다.
껴안을 때가 있고 떨어질 때가 있다.
찾을 때가 있고 포기할 때가 있다.
붙잡을 때가 있고 놓아 보낼 때가 있다.
찢을 때가 있고 꿰맬 때가 있다.

입을 다물 때가 있고 큰소리로 말할 때가 있다.
사랑할 때가 있고 미워할 때가 있다.
전쟁을 벌일 때가 있고 화친을 할 때가 있다.

9-13 하지만 누가 무슨 일을 한들 결국 달라질 게 있을까? 하나님이 우리에게 맡
기신 일을 자세히 살펴보니, 대부분 바쁜 일로 수고하는 기색이 역력했다. 참으
로 하나님은 모든 것을 제때에 그 자체로 아름답게 만드셨다. 하지만 그분은 우
리를 무지 가운데 두셨고, 그래서 하나님이 무슨 일을 하시는지, 오시는지 가시
는지 알 수 없다. 나는 살아가면서 좋은 시간을 보내고 여러 좋은 것들을 누리
는 것보다 나은 것이 없다는 결론을 내리게 되었다. 그렇다. 먹고, 마시고, 자기
일에 최선을 다하여라. 그것이 하나님의 선물이다.
14 내가 내린 또 하나의 결론은, 하나님이 행하시는 모든 일은 항상 그대로 이루
어진다는 것이다. 거기에 무엇을 보탤 수도, 뺄 수도 없다. 하나님이 그렇게 정
하셨고 그것으로 끝이다. 이것은 질문을 그치고 거룩한 두려움으로 하나님을
예배하라는 뜻이다.

15 전에 있던 것이 지금 있고
지금 있는 것이 장차 있을 것이다.
하나님이 하시는 일은 늘 이와 같다.

16-18 나는 세상에서 일어나는 일들도 자세히 살펴보았다. 그랬더니 재판하는 곳,
의로움이 있어야 할 자리가 심히 부패해 있었다! 나는 이렇게 생각했다. "하나
님이 친히 의인과 악인을 심판하실 것이다." 모든 일, 모든 행위에는 합당한 때
가 있다. 그 무엇도 그 때를 피해 갈 수 없다. 나는 또 인간에 관해 이렇게 생각
했다. "하나님은 우리를 시험하시고, 우리가 짐승에 불과함을 드러내신다."
19-22 인간과 짐승의 결국은 같다. 인간도 죽고, 짐승도 죽는다. 모두가 같은 공기
를 호흡한다. 그러니 인간이라고 해서 나을 것이 전혀 없다. 모든 것이 연기다.
우리 모두 결국 같은 장소에 이른다. 모두 먼지로부터 와서 먼지로 끝난다. 인
간의 영이 하늘로 올라가는지, 짐승의 영이 땅으로 내려가는지, 누구도 확실히
알지 못한다. 그래서 나는 우리가 하는 일을 즐겁게 감당하는 것이 최고라는 결
론을 내렸다. 그것이 우리의 몫이다. 인생에 그 외의 다른 것이 있을까?

폭력, 수고, 친구

4 1-3 또 나는 이 세상에서 이루어지는 온갖 잔인무도한 폭력을 보았다. 피
해자들이 눈물을 흘리는데 그들을 위로할 자가 없었다. 압제자들의 무지
막지한 손아귀에서 그들을 구해 낼 자가 없었다. 지금 살아 있는 자들보다 이미
죽은 자들의 처지가 더 낫다는 생각이 들었다. 그러나 아직 세상에 태어나지 않
아 이 땅에서 벌어지는 몹쓸 일을 본 적이 없는 사람이 가장 운이 좋다.

4 나는 온갖 노력과 야심이 시기심에서 나온다는 것도 알게 되었다. 얼마나 허
무한 일인가! 이 역시 연기요, 허공에 침 뱉기일 뿐이다.

5 어리석은 자는 편안히 앉아 느긋하게 쉬니
그의 게으름은 서서히 이루어지는 자살행위다.

6 가진 것이 한 줌밖에 없어도 편히 쉴 수 있는 사람이
두 손 가득 쥐고도 걱정에 찌들어 일하는 사람보다 낫다.
그렇게 일해도 결국에는 허공에 침 뱉는 것과 같기 때문이다.

7-8 나는 허무를 향해 가는 또 한 줄기의 연기를 보았다. 자녀도 가족도 친구도
없이, 밤늦도록 집요하게 일만 하는 외톨이다. 그는 더 많이 가지려는 탐욕에
사로잡혀 있을 뿐, 결코 이렇게 묻지 않는다. "왜 나는 즐기지도 못한 채 이렇게
열심히 일하는 걸까?" 그의 일은 연기다. 결국에는 아무것도 남지 않는다.

9-10 혼자 일하는 것보다 파트너가 있는 편이 낫다.
일도 나누고, 재산도 나누라.
한 사람이 쓰러지면 나머지 사람이 도울 수 있지만
도와줄 사람이 없으면 고달프기 짝이 없다!

11 둘이 한 침대에 누우면 따뜻하지만
혼자서는 밤새 떨어야 한다.

12 혼자서는 무방비 상태이지만
친구와 함께라면 그 어떤 것에도 맞설 수 있다.
친구를 하나 더 만들 수 있는가?
세 겹 줄은 쉽게 끊어지지 않는다.

13-16 가난해도 지혜로운 젊은이가 나이가 많으면서도 사리분별 못하는 어리석은
왕보다 낫다. 나는 이런 젊은이가 아무것도 없이 빈털터리로 시작했다가 부자
가 되는 것을 보았다. 이 젊은이가 왕위를 잇자 모든 사람이 열렬히 그의 다스
림에 따랐다. 그러나 열기는 금세 가라앉았고 백성의 무리는 곧 흥미를 잃었다.
이것 또한 연기에 불과하지 않은가? 허공에 침 뱉기가 아닌가?

하나님을 경외하여라

5 1 하나님의 집에 들어갈 때는 발걸음을 조심하여라.
그분께 배우겠다는 겸손한 마음을 품어라. 그것이 생각 없이 제물을

바쳐서, 유익은커녕 해만 끼치는 것보다 훨씬 낫다.

2 함부로 입을 놀리거나 생각 없이 말하지 마라.
하나님이 듣고 싶어 하실 말을 어림짐작하여 성급하게 늘어놓지 마라.
네가 아니라 하나님께 주도권이 있으니, 너는 말을 적게 할수록 좋다.

3 과로하면 숙면을 취하지 못하고
말이 많으면 바보처럼 보인다.

4-5 무엇인가 하겠다고 하나님께 약속했으면 즉시 행하여라.
하나님은 함부로 말하는 어리석은 사람을 좋아하지 않으신다. 서원을 했으면
지켜라.
서원을 하고도 지키지 않느니 애초에 서원하지 않는 편이 훨씬 낫다.

6 입을 잘못 놀려 영락없는 죄인이 되는 일이 없게 하여라.
나중에 가서 "죄송해요. 그런 뜻이 아니었어요" 하고 말해 본들
그냥 넘어갈 수 없을 것이다.
어쩌자고 하나님의 진노를 사며 화를 자초하는가?

7 그러나 온갖 망상과 환상과 공허한 말에 휘둘리지 않게 해줄
반석 같은 기초가 있다. 그것은 하나님을 경외하는 것이다!

재물 또한 연기일 뿐이다

8-9 가난한 이들이 학대를 당하고 정의와 공의가 유린되는 광경을 도처에서 보더
라도 너무 안타까워하지 마라. 착취는 하급 관리들 사이에 널리 퍼져 있고, 한
도 끝도 없어서 어찌할 도리가 없다. 그러나 대지는 누구도 속이지 않는다. 악
한 왕도 밭에서 나는 곡식을 먹는다.

10 돈을 사랑하는 자는 돈으로 만족하는 법이 없고
재산을 사랑하는 자는 아무리 큰돈을 벌어도 만족하지 못한다. 재물 또한 연
기일 뿐이다.

11 네가 부정이득을 얻을수록 그것을 노리는 자도 많아진다.
환한 대낮에 가진 것을 털리는 일이 과연 재미가 있겠는가?

12 저녁식사로 콩을 먹든 불고기를 먹든
열심히 정직하게 일하면 밤잠이 달콤하다.
그러나 부자는 배가 불러 불면증에 시달린다.

[13-17] 나는 이런 불운한 일도 보았다.
어떤 사람이 분에 넘치도록 재산을 쌓다가
한 번의 잘못된 거래로 전 재산을 날렸다.
자식이 있었지만 한 푼도 남겨 주지 못했다.
어머니의 태에서 맨몸으로 나왔는데,
올 때와 똑같이 맨몸으로 세상을 떠나게 되었다.
맨몸으로 왔다가 맨몸으로 떠나다니, 참으로 안타까운 일이다.
얻는 것이 결국 연기뿐이라면 열심히 일할 이유가 무엇인가?
어둠 속에서 보내는 비참한 세월을 위해 일하는가?

[18-20] 세상이 돌아가는 모양을 살핀 후에, 나는 가장 잘사는 방법이 무엇인지 결론을 내렸다. 자기 몸 간수 잘하고, 즐거운 시간을 보내고, 하나님이 생명을 허락하시는 동안 자신이 맡은 일을 최대한 잘 감당하는 것이다. 그것이 전부다. 그것이 사람이 받을 몫이다. 물론 우리는 하나님이 주시는 바, 자신의 본분과 그것을 누릴 능력을 최대한 활용하여 주어진 상황을 받아들이고 즐거운 마음으로 일해야 한다. 이것이 하나님의 선물이다! 하나님은 바로 지금, 우리에게 기쁨을 나누어 주신다. 우리가 얼마나 오래 살지 걱정하는 것은 부질없는 일이다.

6

[1-2] 나는 이 세상에서 벌어지는 일을 오랫동안 열심히 살펴보았다. 분명히 말하지만, 상황이 좋지 않다. 사람들도 그것을 느낀다. 하나님은 돈과 재물과 명예 등 어떤 사람들이 바라고 꿈꾸는 모든 것을 그들에게 쏟아부어 주시고는, 정작 그것을 누리지 못하게 하신다. 엉뚱한 사람이 와서 그 모든 것을 즐긴다. 재물을 얻는 것 역시 연기 같은 일이다. 우리에게 남는 것이 없다.
[3-5] 자녀를 수십 명 낳고 오래오래 살다가 성대한 장례식으로 마지막을 장식한 부부가 있다. 그러나 그들이 살아 있는 동안 인생을 즐기지 못했다면, 차라리 사산아의 처지가 더 낫다고 할 수 있다. 그 아이는 제대로 모습을 갖추기도 전에 어둠 속으로 사라졌고, 이름도 얻지 못했다. 아무것도 보지 못했고 알지도 못했지만, 그 아이가 살아 있는 어떤 사람보다 형편이 낫다.
[6] 사람이 천 년을 산들, 아니 이천 년을 산다 한들, 삶의 즐거움도 누리지 못한다면 무슨 의미가 있겠는가? 마침내는 다들 같은 곳으로 가지 않는가?

[7] 우리는 식욕을 채우고자 일하지만,
우리 영혼은 그동안 굶주림에 허덕인다.

[8-9] 그러면 지혜로운 이가 어리석은 자보다 나은 것이 무엇이고, 근근이 살아가는 가난뱅이보다 나은 것이 무엇인가? 무엇이든 당장 손에 닿는 것을 붙들어라. 시간이 가면 더 좋은 것이 나올 것이라 생각하지 마라. 그 모두가 연기요, 허공

에 침 뱉기일 뿐이다.

[10] 무슨 일이든 생길 일이 생기는 것이다. 그 일의 운명은 정해져 있다.
운명에 따질 수는 없다.

[11-12] 말이 많아질수록 공중에 연기만 늘어난다. 그렇게 해서 누군가의 형편이 조
금이라도 나아졌는가? 연기와 그림자처럼 초라하게 사는 우리에게 무엇이 최선
인지 누가 알겠는가? 우리 생애의 다음 장을 누가 알려 주겠는가?

지혜로운 이와 어리석은 자

7

[1] 좋은 평판이 두둑한 은행계좌보다 낫고
태어난 날보다 죽는 날이 더 의미심장하다.

[2] 잔치보다 장례식에서 더 많은 것을 배운다.
결국에는 우리도 장례식으로 인생을 마무리할 테니,
그곳에 가면 무엇인가 발견하게 될 것이다.

[3] 우는 것이 웃는 것보다 낫다.
얼굴은 얼룩져도 마음은 깨끗이 씻어 준다.

[4] 지혜로운 이는 아픔과 슬픔에 몰두하지만
어리석은 자는 즐거움과 놀이로 인생을 낭비한다.

[5] 어리석은 자들의 노래와 춤보다
지혜로운 이의 책망에서 얻는 것이 더 많다.

[6] 어리석은 자들의 키득거림은 가마솥 밑에서 타는
잔가지 소리 같고, 흩어져 없어질 연기 같다.

[7] 잔인한 학대는 지혜로운 사람의 총기를 앗아 가고
아무리 용감한 사람이라도 무너뜨린다.

[8] 시작보다 끝이 낫다.
돋보이는 것보다 끈질긴 것이 낫다.

[9] 성급하게 화를 내지 마라.
분노는 부메랑이 되어 돌아온다. 머리에 난 혹으로 어리석은 자를 알아볼 수
있다.

[10] "좋은 시절 어디 갔나?" 하고 자꾸만 묻지 마라.
지혜로운 사람은 그런 질문을 하지 않는다.

[11-12] 지혜도 좋지만 돈까지 있으면 더 좋다.
특히 살아 있는 동안에 둘 다 얻으면 더 좋다.
지혜와 부, 이 둘은 이중 보호장치와 같다!
게다가 지혜를 얻는 자는 활력까지 덤으로 얻는다.

[13] 하나님께서 행하시는 일을 잘 들여다보아라.
창조주가 구부려 놓으시고 비뚤비뚤하게 해놓으신 것을
누가 곧게 펼 수 있겠는가?

[14] 좋은 날에는 즐겁게 보내고
나쁜 날에는 양심을 살펴보아라.
하나님은 두 날을 다 마련해 놓으셨으니,
어떤 것도 당연하게 여기지 않게 하시려는 것이다.

[15-17] 짧고 헛된 인생을 살면서 나는 다 보았다. 착한 사람이 착한 일을 하다가 쓰
러지기도 하고, 나쁜 사람이 그지없이 악한 일을 하면서 오래 살기도 한다. 그
러니 착하게 살려고 너무 무리하지 말고, 너무 지혜롭게 되지도 마라. 그래 봤
자 아무것도 얻지 못한다. 그러나 못되게 살아서 일부러 위험한 길을 택하지는
마라. 쓸데없이 명을 재촉할 까닭이 무엇인가?
[18] 이것도 잡고 저것도 놓치지 않는 것이 제일이다. 하나님을 경외하는 사람은
현실의 한 부분만 붙들지 않고, 모든 면을 책임감 있게 아우른다.

[19] 지혜는 지혜로운 한 사람에게
성을 지키는 열 명의 힘센 자보다 더 큰 힘을 준다.

[20] 이 세상에는 완전히 선한 사람,
완벽하게 순수하고 죄 없는 사람이 하나도 없다.

[21-22] 남의 대화를 엿듣지 마라.
너에 대한 듣고 싶지 않은 험담이라도 나오면 어쩌려는가?
너도 몇 번 그래 본 적 있지 않은가? 면전에서 못 할 말을
당사자가 없는 자리에서는 하지 않았는가?

[23-25] 나는 지혜를 구하고자 모든 것을 시험해 보았다. 지혜롭게 되고자 했지만,
지혜는 내가 닿기에는 너무 멀었고 내가 헤아리기에는 너무 깊었다! 지혜를 온

전히 찾아낸 사람이 있을까? 나는 온 힘을 다해 집중하여 지혜, 곧 인생의 의미
를 연구하고 살피고 구했다. 악과 우둔함, 어리석음과 광기가 무엇인지도 알고
싶었다.

26-29 그리하여 한 가지를 발견했다. 남자를 유혹해 마음대로 할 계략을 꾸미는
여자는 감당 못할 존재라는 사실이다. 운 좋은 사람은 그런 여자를 피하지만,
우둔한 자는 붙잡히고 만다. 이것은 경험으로 알게 된 것이요, 인생의 의미를
탐구하다 알게 된 바를 종합한 내용이다. 그러나 내가 찾던 지혜는 발견하지 못
했다. 지혜롭다고 할 만한 사람은 천 명 중에서 한 명도 찾아내지 못했다. 하지
만 답답함 속에서 나는 한 줄기 깨달음을 얻었다. 하나님은 사람을 참되고 올바
르게 만드셨지만, 우리가 상황을 엉망진창으로 만들었다는 사실이다.

8

1 지혜롭게 되어
인생의 의미를 해석할 줄 아는 것만큼 좋은 일은 없다.
지혜는 사람의 눈을 빛나게 해주고
말과 행실을 부드럽게 해준다.

누구도 바람을 제어할 수 없다

2-7 엄숙히 복종을 맹세했으니 너는 왕의 명령대로 행하여라. 네가 받은 명령에
대해 미리 염려하여 넘겨짚지 말고, 맡겨진 임무가 싫어하는 것이라는 이유로
발을 빼지 마라. 너는 네가 아니라 왕의 뜻을 섬기고 있다. 왕이 결정권을 갖고
있다. 누구도 감히 왕에게 "뭐하시는 겁니까?" 하고 말할 수 없다. 명령을 수행
해서 손해 볼 일이 없고, 지혜로운 사람은 신속하고 정확하게 명령을 수행한다.
모든 일에는 알맞은 때와 알맞은 방법이 있는데, 불행히도 우리는 대부분 그것
을 놓치고 만다. 무슨 일이 생길지, 언제 그런 일이 일어날지 아무도 모른다. 누
가 우리에게 그것을 말해 주겠는가?

8 누구도 바람을 제어하거나 상자에 가둘 수 없다.
누구도 죽을 날을 정할 수 없다.
누구도 당장에 전투를 중단시킬 수 없다.
누구도 악을 통해 구원받을 수 없다.

9 이것은 내가 이 세상에서 벌어지는 모든 일을 이해하려고 노력하던 중에 목격
한 것이다. 이것이 바로 서로에게 상처를 입힐 힘을 갖고 있는 세상이 돌아가는
방식이다.

착한 사람과 나쁜 사람

10 나는 악인들이 예를 갖추어 거룩한 땅에 묻히는 것을 보았다. 사람들은 장례

식을 마치고 성내로 돌아와서 온갖 미사여구를 동원해 그들을 칭송했다. 악인
들이 악행을 저지른 바로 그 현장에서! 이것 또한 연기다. 참으로 그렇다.
11 악행을 벌하는 판결이 나오기까지 참으로 오랜 시간이 걸리기 때문에, 일반
대중은 살인죄를 짓고도 벌을 면할 수 있다고 생각한다.
12-13 사람이 백 번이나 죄를 짓고 그때마다 처벌을 피해 빠져나간다 해서, 그의
삶이 훌륭하다고 말할 수 없다. 훌륭한 삶은 하나님을 경외하여 그분 앞에서 경
건하게 사는 사람의 몫이다. 악인은 "훌륭한" 삶을 경험하지 못한다고 나는 굳
게 믿는다. 그가 아무리 많은 날을 살아도, 그 삶은 그림자처럼 맥없고 칙칙할
뿐이다. 그는 하나님을 경외하지 않기 때문이다.

14 늘 벌어지지만 이치에 맞지 않는 일이 있다. 착한 사람이 벌을 받고, 나쁜 사
람이 상을 받는 것이다. 분명히 말하지만, 이것은 이치에 맞지 않는 일이다. 한
낱 연기에 불과하다.
15 그래서 나는 적극적으로 나서서 최대한 즐거운 시간을 갖는 것에 대찬성이
다. 사람들이 이 세상에서 기대할 수 있는 유일한 선은, 잘 먹고 잘 마시고 즐거
운 시간을 갖는 것이다. 이것이 하나님이 지상에서 허락하신 짧은 세월 동안 우
리가 벌이는 생존투쟁에 대한 보상이다.

16-17 이 세상에서 벌어지는 모든 일을 살펴 지혜를 얻기로 마음먹었을 때, 내가
깨달은 것이 또 있다. 눈 한 번 깜빡이지 않고 밤낮으로 눈을 부릅뜨고 지켜보
아도, 하나님이 이 세상에서 행하시는 일의 의미를 알아낼 수 없다는 사실이다.
아무리 열심히 찾아도 이해할 수 없을 것이다. 제아무리 똑똑한 사람이라도 제
대로 파악할 수 없을 것이다.

모든 일은 하나님의 손안에 있다

9 1-3 나는 이 모든 것을 눈여겨보고 하나하나 숙고했다. 그리고 선한 사람
과 지혜로운 사람, 그들이 하는 모든 일이 하나님의 손안에 있다는 것을
알게 되었다. 그러나 그들은 자신들이 사랑을 받고 있는지 미움을 받고 있는지
모른다.
있을 수 없는 일이 일어나고 있다. 의인과 악인, 착한 사람과 악한 사람, 괜찮은
사람과 비열한 사람, 예배를 드리는 자와 드리지 않는 자, 맹세하는 자와 맹세
하지 않는 자 모두가 같은 운명이다. 이렇게 모두가 한 운명으로 도매금으로 처
리된다니, 터무니없는 일이요 답답한 세상사 중에서도 최악이다. 많은 사람들
이 악에 집착하는 것을 이상하게 볼 이유가 무엇인가? 사람들이 여기저기서 미
쳐 날뛰는 것을 이상하게 여길 까닭이 무엇인가? 삶은 죽음으로 이어진다. 그것
이 전부다.

4-6 그래도 산 사람에게는 희망이 있다. 흔히 하는 말로, 살아 있는 개가 죽은 사
자보다 낫다. 산 자는 하다못해 자기가 죽을 거라는 사실이라도 안다. 그러나
죽은 자는 아무것도 모르고 아무것도 얻지 못한다. 그들은 아무도 기억하지 않
는 논외의 대상이다. 그들의 사랑, 미움, 심지어 꿈마저 사라진 지 오래다. 이
세상에서 그들의 흔적은 전혀 남아 있지 않다.

7-10 생명을 붙잡아라! 신나게 빵을 먹고
힘차게 포도주를 마셔라.
그렇다. 네가 기뻐할 때 하나님도 기뻐하신다!
아침마다 축제옷을 입어라.
깃발과 스카프를 아끼지 마라.
네 위태로운 인생에서
사랑하는 배우자와 함께하는 하루하루를 즐거라.
하루하루가 하나님의 선물이다. 그것이 생존이라는 노고의
대가로 받는 전부다.
하루하루를 최대한 잘 사용하여라!
무슨 일이 닥치든지 꽉 붙잡고 감당하여라. 성심성의껏!
지금이 네가 그 일을 감당할 수 있는 마지막 기회, 유일한 기회일 수도 있다.
너는 죽은 자들이 있는 곳으로 날마다 가고 있으며
그곳에는 할 일도, 생각할 거리도 없기 때문이다.

11 나는 다시 한번 주위를 돌아보았고 이 세상의 모습을 깨달았다.

빠르다고 경주에서 늘 이기는 것도 아니고
힘세다고 싸움에서 이기는 것도 아니다.
지혜롭다고 만족을 얻는 것도 아니고
똑똑하다고 부자가 되는 것도 아니며
학식이 높다고 품위가 있는 것도 아니다.
그리고, 조만간 우리 모두에게 불행이 닥친다.

12 누구도 불행을 내다볼 수 없다.
물고기가 무자비한 그물에 걸리고 새가 올무에 걸리듯,
사람도 갑작스럽고 몹쓸 사고에
꼼짝없이 걸려든다.

지혜가 완력보다 낫다

13-15 지혜가 이 세상에서 어떤 대접을 받는지 지켜보던 어느 날, 정신을 바짝 차

리고 주목하게 된 한 사건이 있었다. 사람이 얼마 살지 않는 조그만 성읍에 힘
센 왕이 쳐들어왔다. 그는 성을 둘러 참호를 파고 공격 태세를 갖추었다. 그러
나 작은 성읍에는 가난하지만 지혜로운 사람이 있었고, 그가 지혜를 발휘하여
그 성읍을 구해 냈다. 그런데 사람들은 이내 그를 잊어버렸다. (따지고 보면 그는
가난한 사람에 불과했다.)
16 가난하지만 지혜로웠던 그 사람이 무시를 당하고 곧 잊히기는 했지만, 그래
도 나는 여전히 지혜가 완력보다 낫다고 믿는다.

17 지혜로운 이의 조용한 말이
어리석은 자들의 왕이 내지르는 호통보다 실속 있다.

18 지혜가 핵탄두보다 낫지만
성질머리 못된 한 사람이 좋은 땅을 망칠 수 있다.

10

1 향수에 죽은 파리가 있으면 그 안에서 악취가 나듯,
작은 어리석음 때문에 많은 지혜가 썩어 버린다.

2 지혜로운 생각은 올바른 생활로 나타나고
어리석은 생각은 잘못된 생활로 나타난다.

3 바보는 길을 걸을 때도 방향감각이 없어서,
그 걷는 모습만으로도 "여기 또 바보가 간다!"는 사실을 드러낸다.

4 통치자가 네게 화를 내더라도 당황하지 마라.
침착한 대처는 격렬한 분노를 가라앉힌다.

5-7 내가 세상에서 통치자를 탓해야 할
몹쓸 일을 보았다.
미숙한 자에게 고위직이 주어지고
성숙한 이는 하위직을 맡은 것이다.
능력이 입증되지도 않은 신출내기가 갑자기 출세해 위세를 떨치고
경험이 풍부한 노련가는 해임된 것이다.

8 조심하여라. 네가 놓은 덫에 네가 걸릴 수 있다.
주의하여라. 네 공범자가 너를 배반할 수 있다.

[9] 안전이 제일이다. 석재를 떠내는 사람은 석재를 떠내다 다칠 수 있다.
정신을 바짝 차려라. 나무를 베는 사람은 나무를 베다 다치기 십상이다.

[10] 잊지 마라. 도끼날이 무딜수록 일은 더 고되다.
머리를 써라. 머리를 많이 쓰면 쓸수록 힘쓸 일이 적어진다.

[11] 주술을 걸기도 전에 뱀에게 물린다면
뱀 주술사를 부르러 보내는 일이 무슨 소용 있겠는가?

[12-13] 지혜로운 이의 말은 호감을 산다.
어리석은 자는 말로 신세를 망친다.
그는 허튼소리로 시작해
광기와 해악으로 마무리한다.

[14] 어리석은 자는 말이 너무 많아
제가 무슨 말을 하는지도 모르고 지껄인다.

[15] 어리석은 자는 무난한 하루 일에도 녹초가 되어
성읍으로 돌아가는 길도 찾지 못한다.

[16-17] 어린 풋내기가 왕인 나라,
대신들이 밤새 잔치판을 벌이는 나라는 불행하다.
원숙한 이가 왕인 나라,
대신들이 점잖게 처신하고
술에 취해 어리석은 짓을 하지 않는 나라는 행복하다.

[18] 무능한 남자의 오두막은 허물어지고
게으른 여자의 집은 지붕에 비가 샌다.

[19] 빵이 있는 곳에 웃음이 있고
포도주는 인생에 생기를 더한다.
그러나 세상을 굴러가게 하는 것은 돈이다.

[20] 작은 목소리라도 네 지도자를 헐뜯지 마라.
아무도 없는 자기 집에서라도 윗사람을 욕하지 마라.

함부로 뱉은 말은 누군가 엿듣고 퍼뜨리기 마련이다.
네 험담의 부스러기를 작은 새들이 사방팔방 전한다.

11

[1] 너그럽게 베풀어라. 자선활동에 투자하여라.
자선은 크게 남는 장사다.

[2] 재산을 쌓아 두지 말고 주위에 나누어 주어라.
남에게 고마운 사람이 되어라. 오늘 밤이 마지막 시간이 될 수도 있다.

[3-4] 구름에 물기가 가득 차면 비가 내린다.
바람이 불어 나무가 쓰러지면, 나무는 그 자리에 그대로 있다.
거기 앉아서 바람만 살피지 마라. 네 할 일을 하여라.
구름만 빤히 쳐다보지 마라. 네 인생을 살아라.

[5] 임신한 여인의 뱃속에서 벌어지는
생명의 신비를 이해할 수 없듯,
하나님이 행하시는 모든 일 안에서 벌어지는
신비 역시 이해할 수 없다.

[6] 아침에 일하러 나가면
저녁까지 시계도 보지 말고 네 일에 전념하여라.
네 일이 결국 어떻게 풀릴지는
미리 알 도리가 없다.

[7-8] 오, 한낮의 빛은 얼마나 달콤한가!
햇살을 받으며 사는 것, 얼마나 멋진 일인가!
아무리 오래 산다 해도, 하루를 당연하게 여기지 마라.
빛으로 가득한 매시간을 즐거워하되,
앞으로 어두운 날이 많이 있을 것과
장래의 일들이 대부분 연기에 불과함을 기억하여라.

네 젊음을 잘 선용하여라

[9] 젊은이여, 네 젊음을 잘 선용하여라.
네 젊은 힘을 즐거워하여라.
네 마음이 원하는 대로 따라가 보아라.
좋아 보이는 것이 있거든 그것도 추구해 보아라.

그러나 네가 알아야 할 것이 있다. 모든 일이 다 괜찮은 것은 아니며,
네가 추구한 모든 일을 하나님 앞에서 남김없이 해명해야 한다는 사실이다.

10 한곳에 매이지 말고 자유롭게 생각하며 살아라.
젊음은 영원하지 않다.
연기처럼 금세 사라져 버린다.

12 1-2 네가 아직 젊을 때,
네 창조주께 영광을 돌리고 그분을 즐거워하여라.
세월의 무게에 못 이겨 기력이 쇠하기 전,
눈이 침침해져 세상이 부옇게 보이기 전,
겨울철에 난롯가를 떠나지 못하게 되기 전에.

3-5 늙으면 몸이 말을 듣지 않는다.
힘줄은 늘어지고, 쥐는 힘은 약해지며, 관절은 뻣뻣해진다.
세상에는 땅거미가 깔린다.
마음대로 드나들 수 없게 된다. 세상이 멈추어 선다.
가족들의 소리는 희미해진다.
새소리에 잠이 깨고
산을 오르는 것은 옛일이 되며
내리막길을 걷는 일마저 겁이 난다.
머리털은 사과 꽃처럼 희어져,
성냥개비처럼 부러질 듯 힘없는 몸을 장식할 뿐이다.
그렇다. 너는 영원한 안식으로 가는 길에 거의 이르렀고,
친구들은 네 장례 계획을 세운다.

6-7 근사했던 삶이 조만간 마무리된다.
값지고 아름다운 인생이 끝난다.
몸은 그 출처였던 땅으로 되돌아가고,
영은 그것을 불어넣으신 하나님께 되돌아간다.

8 모두가 연기다. 연기일 뿐이다.
탐구자는 모든 것이 연기라고 말한다.

결론

9-10 **탐구자**는 지혜로웠고 다른 사람들에게 지식을 가르쳤다. 그는 많은 잠언을
따져 보고 검토하고 정리했다. 탐구자는 옳은 말을 찾아 알기 쉬운 진리로 기록

하려고 최선을 다했다.

[11] 지혜로운 이의 말은 우리에게 제대로 살라고 촉구한다.
그 말은 잘 박힌 못처럼 인생을 붙들어 준다.
그것은 한분 목자이신 하나님의 말씀이기도 하다.

[12-13] 친구여, 이 밖의 것에 대해서는 너무 무리해서 연구하지 마라. 책을 출판하는 일은 끝이 없고, 공부만 하다 보면 지쳐서 공부밖에 못하는 사람이 된다. 나는 할 말을 다했고 결론은 이것이다.

하나님을 경외하여라.
그분이 명하시는 대로 행하여라.

[14] 이것이 전부다. 결국 하나님은 우리가 하는 모든 일을 환히 드러내시고, 감추어진 의도에 따라 그것의 선함과 악함을 판단하실 것이다.

아가를 조금만 읽어 보면 두 가지가 눈에 들어온다. 절묘한 사랑 노래와 노골적인 성애 표현이다. 다시 말해, 아가는 부부애와 성관계를 연결시키고 있다. 이것은 대단히 중요하고 성경적인 연결 관계다. 어떤 이들은 사랑을 이야기할 때 성관계를 배제하려 하고, 그렇게 하면 사랑이 더 거룩해진다고 생각한다. 반면 성관계를 생각할 때 사랑을 전혀 고려하지 않는 자들도 있다. 세상은 사랑 없는 성관계가 판을 치는 곳이다. 그런 세상을 향해 아가서는 결혼과 헌신적 사랑이 온전한 통일체를 이룬다는 기독교의 가르침을 선포한다.

아가는 남자와 여자가 육체적, 감정적, 영적으로 사랑하며 살아가도록 창조되었음을 설득력 있게 증언한다. 성경은 처음부터 "사람이 혼자 있는 것이 좋지 않다"고 기록하고 있다. 아가는 서로 다른 두 인격체가 이루는 사랑의 연합을 노래함으로써 창세기의 그 대목을 상세히 설명한다. 서로 다른 모습 속에서도 하나가 되는 모습이 그려진다.

[여자] 나의 사랑하는 연인은 건강미가 넘치지.
혈색이 좋고 빛이 난단다!
그이는 수많은 사람 중에 으뜸,
그와 같은 이는 하나도 없단다!……
그이의 모든 것이 속속들이 나를
기쁘게 하고 짜릿하게 하지! (아 5:10, 16)

[남자] 이 같은 여인은 세상에 없네.
전에도 없었고, 앞으로도 없으리.
비할 바 없이 아름다운 여인,
나의 비둘기는 완벽 그 자체라네.
(아 6:8-9)

창세기를 통해 우리는 결혼이 기쁨과 삶을 서로 나누기 위해 만들어진 제도임을 배운다. 아가를 읽으면 우리 모두가 추구해야 할 목표와 이상이 무엇인지 알게 된다. 우리는 정말 사랑할 줄 모르는 사람들이지만, 아가가 노래하는 황홀감과 충족감을 보면서, 우리가 창조된 목적이자 하나님이 우리에게 주기 원하시는 것이 사랑하고 사랑받는 일임을 알게 된다.

사랑은 위험과 죽음에도 굴하지 않는 것,
그 열정은 지옥의 공포를 비웃는답니다.
사랑의 불은 어떤 것에도 꺼지지 않아,

제 앞에 있는 모든 것을 쓸어버린답니다.
홍수도 사랑을 익사시키지 못하고
억수 같은 비도 사랑을 꺼뜨리지 못합니다.
사랑은 팔 수도 살 수도 없는 것,
시장에서 구할 수도 없는 것(아 8:6-7).

그리스도인들은 아가를 부부 간의 친밀감, 자기 백성을 향한 하나님의 깊은 사랑, 신랑 되신 그리스도의 교회를 향한 사랑, 주님을 향한 그리스도인의 사랑 등 여러 차원으로 읽는다. 온 세상에 있는 하나님의 모든 사랑과, 하나님을 사랑하고 그분의 사랑을 받는 이들의 모든 반응이 아가라는 프리즘 안에 한데 모였다가 각기 고유한 색깔로 다시 나누어진다.

아가

1 [1] 노래 중의 노래, 솔로몬의 노래다!

여자

2-3 입 맞춰 주세요. 당신의 입술로 내 입술 덮어 주세요!
그래요, 당신의 사랑은 포도주보다 달콤하고
당신이 바른 향유보다 더 향기로워요.
당신의 이름을 부를 때면 초원의 냇물 흘러가는 소리가 들려와요.
그러니 다들 당신의 이름 말하기를 좋아할 수밖에요!

4 나를 데려가 주세요! 우리 함께 도망쳐요!
나의 왕, 나의 연인이여, 우리끼리 몰래 떠나요!
우리 축하하고 노래하며
멋진 사랑의 음악을 연주해요.
그래요! 당신의 사랑은 최상품 포도주보다 달콤하니까요.
다들 당신을 사랑해요. 당연한 일이지요! 아무렴요!

5-6 오, 예루살렘 아가씨들아,
나 비록 가뭇하지만 우아하단다.
게달 사막의 천막처럼 까맣게 탔지만
솔로몬 성전의 휘장처럼 더없이 부드럽단다.
내가 가무잡잡하다고 깔보지 마라.
따가운 햇볕에 그을렸을 뿐이니.
내 오라버니들이 나를 조롱하며 밭에서 일하게 했단다.

땅의 작물을 가꾸느라
내 얼굴을 가꿀 시간이 없었지.

7 임이여, 너무나 사랑하오니
어디에서 일하시는지 알려 주세요.
어디에서 양 떼를 돌보시는지
한낮에는 어디에서 양 떼를 쉬게 하시는지 알려 주세요.
어찌하여 나는 임의 부드러운 보살핌을 받지 못하고
홀로 남아 있어야 하나요?

남자

8 여인들 가운데 가장 사랑스러운 그대,
나를 찾지 못해도 괜찮아요. 그대의 양 떼 곁에 머물러요.
그대의 양 떼를 데리고 아름다운 목장으로 가서
이웃 양치기들과 함께 있어요.

9-11 그대를 보노라면
잘 손질되어 매끈한 바로의 암말이 떠올라요.
늘어뜨린 귀걸이는 그대의 우아한 볼 선과 어우러지고
보석 목걸이를 건 그대의 목선은 아름답게 빛나지요.
나 그대에게 금과 은으로 장신구를 만들어 주려 해요.
그대의 아름다움이 더 돋보이고 두드러질 거예요.

여자

12-14 나의 왕, 나의 연인께서 내 곁에 누우실 때
나의 향기가 방 안을 가득 채웠네.
내 젖가슴 사이에서 쉬던 그이의 머리,
내 연인의 머리는 감미로운 몰약 주머니였네.
내 연인은 엔게디 들판에서 날 위해 꺾어 만든
야생화 꽃다발이라네.

남자

15 오, 나의 사랑! 그대는 정녕 아리땁군요!
그대의 두 눈은 비둘기같이 아름다워요!

여자

16-17 사랑하는 나의 연인, 너무나 잘생기신 분!
우리가 함께 누울 잠자리는 숲 속에 있어요.

지붕은 우거진 백향목 가지,
우리를 둘러싼 벽은 향기롭고 푸르른 잣나무.

2

[1] 나는 샤론 평원에서 꺾은 한 송이 들꽃,
골짜기 연못에서 따낸 한 송이 연꽃.

남자

[2] 마을 아가씨들 사이에 있는 그대는
수초 가득한 늪에 핀 한 송이 연꽃이지요.

여자

[3-4] 살구나무가 숲속에서 돋보이듯이,
나의 연인은 마을 젊은이들 사이에서 단연 빼어납니다.
내가 원하는 것은 그이의 그늘에 앉아
그이의 달콤한 사랑을 맛보고 음미하는 것뿐.
그이는 나를 집으로 데려가 잔칫상을 베풉니다.
그러나 그이의 눈이 포식한 것은 바로 나.

[5-6] 오! 기운을 차리게 먹을 것을 주세요. 어서!
살구, 건포도, 무엇이든 좋아요. 사랑에 겨워 정신이 혼미해져요!
그이의 왼손, 내 머리를 받치고
그이의 오른팔, 내 허리를 휘감네!

[7] 오, 예루살렘 아가씨들아, 노루를 두고
그래, 들사슴을 두고 그대들에게 경고한다.
때가 무르익기 전, 준비되기 전에는
사랑에 불을 지르지 마라. 사랑이 달아오르게 하지 마라.

[8-10] 보셔요! 들어 보셔요! 내 연인이어요!
그이가 오는 모습이 보이나요?
산을 뛰어오르고
언덕을 뛰어넘잖아요.
내 연인은 노루처럼 우아하고
젊은 수사슴처럼 늠름하답니다.
보셔요, 그이가 문 앞에 서서 까치발을 하고 있어요.
귀를 세우고 눈을 크게 뜬 것이 당장이라도 들어올 기세!
내 연인이 도착하여

나에게 말을 거네요!

남자

10-14 나의 사랑하는 이여, 일어나요.
어여쁘고 아리따운 나의 연인이여, 이리 나와요!
주위를 둘러봐요. 겨울이 갔어요.
겨울비도 그쳤어요!
여기저기 봄꽃이 만발하고
온 세상이 합창대가 되어 노래하고 있어요!
봄 휘파람새가 고운 화음으로
숲을 가득 채워요.
화사한 자줏빛을 뽐내며 향기를 내뿜는 라일락,
만발한 꽃이 향기로운 체리나무를 봐요.
오, 사랑하는 이여, 일어나요.
어여쁘고 아리따운 나의 연인이여, 이리 나와요!
수줍음 많고 얌전한 나의 비둘기여,
숨어 있지 말고 밖으로 나와요!
얼굴 좀 보여줘요.
목소리 좀 들려줘요.
그대 목소리는 내 마음을 진정시키고
그대 얼굴은 내 마음을 황홀케 해요.

여자

15 그러시다면 여우 떼를,
먹이를 찾아 헤매는 저 여우 떼를 막아 주셔요.
녀석들은 꽃이 만발한 정원에 난입하려고
호시탐탐 노린답니다.

16-17 나의 그이는 나의 것, 나는 그이의 것.
그이는 밤마다 우리의 정원을 거닐며
꽃들을 보고 즐거워한답니다.
새벽이 빛을 내뿜고 밤이 물러갈 때까지.

사랑하는 연인이여, 내게 오셔요.
노루처럼 오셔요.
기쁨의 산 위,
야생 수사슴처럼 어서 뛰어오셔요!

3 [1-4] 잠자리에서 마음 졸이고 밤새 잠 못 이루며
나의 연인을 그리워했네.
그이를 간절히 원했건만, 그이가 없어 가슴 아팠네.
그래서 일어나 성 안을 헤매며
거리와 뒷골목을 샅샅이 뒤졌네.
나의 연인을 더없이 간절히 원했네!
하지만 그이를 찾아내지 못했네.
어두운 성을 순찰하던 야경꾼들이
나를 보았네.
"사랑하는 사람을 놓쳐 버렸어요. 혹시 못 보셨나요?" 나는 물었네.
그들을 지나치자마자 그이를 만났네,
놓쳐 버렸던 내 연인을.
나 그이를 얼싸안았네. 꼭 껴안았네.
그이와 함께 집으로 돌아가,
화롯가에 자리 잡을 때까지 얼싸안은 팔을 풀지 않았네.

[5] 오, 예루살렘 아가씨들아, 노루를 두고
그래, 들사슴을 두고 그대들에게 경고한다.
때가 무르익기 전, 준비되기 전에는
사랑에 불을 지르지 마라. 사랑이 달아오르게 하지 마라.

[6-10] 먼지구름 일으키며,
달콤한 냄새와
알싸한 향기를 공중 가득 풍기며
사막에서 다가오는 저것은 무엇인가?
보아라! 솔로몬의 가마로구나.
이스라엘의 가장 뛰어난 용사들 중에서 뽑힌
예순 명이 메고 호위하는구나.
모두 빈틈없이 무장한 용사들,
전투를 위해 훈련된 전사들,
만반의 준비를 갖추었구나.
가마는 전에 솔로몬 왕의 지시로 만든 것.
나뭇결 고운 레바논 백향목으로 지은 것.
뼈대는 은으로 세우고 지붕은 금으로 덮었네.
자줏빛 천으로 등받이를 싸고
무두질한 가죽으로 내부를 둘렀네.

[11] 예루살렘 아가씨들아, 와서 보아라.

오, 시온 아가씨들아, 놓치지 마라!
혼례식에 맞추어 예복을 입고 화관을 쓰신 분,
기쁨에 겨워 가슴이 터질 것 같은
나의 왕, 나의 연인을!

남자

4 1-5 나의 사랑, 너무나 아리따워요.
아름다운 그대, 머리카락에 가려진 두 눈이 비둘기 같아요.
그대의 머리카락,
멀리서 햇빛 받으며 언덕 아래로 내리닫는 염소 떼처럼
찰랑거리며 반짝여요.
아낌없는 환한 미소,
그대의 마음을 보여주네요. 힘 있고 정갈한 미소예요.
진홍색 보석 같은 그대의 입술,
우아하고 매혹적인 그대의 입매.
너울에 가린 부드러운 두 볼은 광채를 발하고,
눈길을 사로잡는 부드럽고 유연한 목선,
다들 쳐다보고 감탄하며 흠모하지요!
그대의 두 젖가슴은 한 쌍의 새끼사슴 같고
처음 핀 봄꽃 사이에서 풀을 뜯는 쌍둥이 노루 같아요.

6-7 그대의 몸, 그 멋지고 우아한 곡선,
부드럽고도 특별한 윤곽이
나를 부르니, 내가 가네.
새벽이 빛을 내뿜고 밤이 물러갈 때까지, 그대 곁에 머무르네.
머리부터 발끝까지 아름다운 그대, 내 사랑.
그 아름다움, 무엇과도 비교할 수 없고, 흠 하나 없네.

8-15 나의 신부여, 나와 함께 레바논에서 나갑시다.
레바논을 떠납시다.
그대의 산속 은신처를 버리고
그대가 칩거하는 광야,
그대가 사자와 어울려 사는 곳,
표범이 지켜 주는 곳을 떠납시다.
사랑하는 이여, 그대가 내 마음을 사로잡았어요.
그대가 나를 보는 순간, 난 사랑에 빠졌어요.
그대의 눈길 한 번에 속절없이 사랑에 빠졌어요!
사랑하는 이여, 그대의 사랑이 얼마나 아름다운지요!

그대의 사랑은 희귀한 고급 포도주보다 달콤하고,
그대의 향기는 고르고 고른 향료보다 특별해요.
내 사랑, 그대와의 입맞춤은 꿀처럼 달고,
그대 입에서 흘러나오는 한 마디 한 마디는 최고의 진미랍니다.
그대의 옷에서 들판의 싱그러움과
고산 지대의 신선한 내음이 풍겨요.
나의 연인, 나의 벗이여, 그대는 비밀의 정원,
나에게만 열려 있는 맑은 샘.
나의 연인, 그대는 낙원,
즙 많은 과일이 주렁주렁 열린 과수원.
잘 익은 살구와 복숭아
오렌지와 배
개암나무와 육계나무
향이 나는 온갖 나무들,
박하와 라벤더
향기로운 온갖 허브가 그대 안에 있어요.
그대는 정원의 샘,
레바논 산맥에서 흘러내린 샘물이
퐁퐁 솟구쳐요.

여자

16 북풍아, 일어라.
남풍아, 움직여라!
나의 정원으로 불어와
향기를 퍼뜨려 다오.

오, 나의 연인이 그이의 정원으로 드시게 하여라!
잘 익어 맛깔스러운 과일을 따 드시게 하여라.

남자

5 1 나의 사랑하는 벗, 최고의 연인이여! 나는 내 정원으로 가서
달콤한 향기를 들이마셨어요.
과일과 꿀을 먹고
과즙과 포도주를 마셨어요.

벗들아, 나와 함께 즐기자!
잔을 들어 건배하자. "삶을 위하여! 사랑을 위하여!"

여자

[2] 나는 깊이 잠들었지만, 꿈속에서는 완전히 깨어 있었어요.
쉿, 들어 보셔요! 나의 연인이 문 두드리며 부르는 소리를!

남자

"들어가게 해줘요, 나의 반려자, 가장 아끼는 벗이여!
나의 비둘기, 완벽한 연인이여!
밤안개와 이슬에 흠뻑 젖어
오한이 드는군요."

여자

[3] "나는 잠옷을 입고 있는데, 옷을 다시 차려입으란 건가요?
몸을 씻고 잠자리에 들었는데, 다시 흙을 묻히란 건가요?"

[4-7] 그러나 나의 연인은 도무지 물러서지 않았네.
그이가 문을 두드리면 두드릴수록, 나는 더욱 흥분되었네.
나의 연인에게 문을 열어 주고
그이를 다정히 맞이하려 잠자리에서 일어났네.
그이를 간절히 바라고 기대하며
문고리를 돌렸네.
그러나 문을 열고 보니, 그이는 가고 없었네.
내 사랑하는 임이 기다리다 지쳐 떠났네.
내 마음이 무너졌네. 오, 내 가슴이 찢어졌네!
달려 나가 그이를 찾았지만,
그이의 모습 어디서도 보이지 않았네.
어둠 속에 대고 불러 보아도 대답이 없었네.
성을 순찰하던 야경꾼들이
나를 보았네.
그들은 나를 때려 상처를 입히고
내 옷을 벗겨 갔네,
성 안을 지켜야 할 그들이 강도짓을 했네.

[8] 예루살렘 아가씨들아, 간절히 부탁한다.
나의 연인을 만나거든 전해 다오.
내가 그이를 원한다고,
그이를 너무 사랑하여 크게 상심했다고.

합창

9 아름다운 아가씨야, 그대의 연인이 뭐가 그리 대단하냐?
그 사람 무엇이 그리 특별하기에 우리의 도움을 구하느냐?

여자

10-16 나의 사랑하는 연인은 건강미가 넘치지.
혈색이 좋고 빛이 난단다!
그이는 수많은 사람 중에 으뜸,
그와 같은 이는 하나도 없단다!
나의 소중한 그이는 티 없이 순수하고,
어깨에 흘러내린 고수머리는 까마귀처럼 검고 윤이 난단다.
그이의 두 눈은 비둘기같이 부드럽고 반짝이지.
가득 찬 우물처럼 깊어서 그윽한 뜻이 담겨 있지.
그이의 얼굴은 강인한 인상을 주고, 수염은 현인의 기운 풍기며
따뜻한 목소리는 나를 안심시킨단다.
불끈 솟아오른 멋진 근육은
근사하고 아름답지.
그이의 몸은 조각가의 작품,
상아처럼 단단하고 매끈하단다.
백향목처럼 훤칠하고
태산같이 듬직하여 흔들림이 없고,
나무와 돌처럼 자연의 내음 가득하단다.
그이의 말은 말로 하는 키스, 그이의 키스는 키스로 하는 말.
그이의 모든 것이 속속들이 나를
기쁘게 하고 짜릿하게 하지!

예루살렘 아가씨들아,
이 사람이 바로 나의 연인, 나의 임이란다.

합창

6 1 아리따운 여인아,
그대의 임은 어디로 갔느냐?
도대체 그는 어디에 있느냐?
우리가 그를 찾는 일을 도와줄까?

여자

2-3 신경 쓰지 마라. 나의 연인은 이미 자기 정원으로 가서
꽃을 구경하고 있으니.

손으로 쓰다듬으며 그 색깔과 모양 음미하고 있단다.
나는 내 연인의 것, 내 연인은 나의 것.
그이는 달콤한 향내 나는 꽃을 애무하고 있단다.

남자

4-7 나의 사랑하는 벗, 나의 연인이여,
그대는 기쁨의 도시 디르사처럼 아름답고
꿈의 도시 예루살렘처럼 사랑스러워요.
그 매혹적인 모습이 황홀해요.
얼마나 아리따운지, 내가 어찌할 바를 모르겠어요.
이런 아름다움은 처음이에요! 감당할 수 없어요.
그대의 머리카락,
멀리서 햇빛 받으며 언덕 아래로 내리닫는 염소 떼처럼
찰랑거리며 반짝여요.
아낌없는 환한 미소,
그대의 마음을 보여주네요. 힘 있고 정갈한 미소예요.
너울에 가린 부드러운 두 볼,
광채를 발하네요.

8-9 이 같은 여인은 세상에 없네.
전에도 없었고, 앞으로도 없으리.
비할 바 없이 아름다운 여인,
나의 비둘기는 완벽 그 자체라네.
그녀가 태어나던 날,
어머니가 기뻐하며 요람에 누이던 그날만큼, 순수하고 순결하다네.
지나던 사람들이 그녀를 보면
한결같이 환호하며 감탄한다네.
모든 아버지와 어머니, 이웃과 친구들이
그녀를 축복하고 칭송한다네.

10 "이 같은 여인을 본 적 있는가?
새벽처럼 신선하고, 달처럼 어여쁘며, 해처럼 빛나는 여인,
은하수 흐르는 밤하늘처럼 매혹적인 여인을."

11-12 어느 날 나는 과수원을 거닐었네.
봄이 왔나 보려고,
꽃망울이 터지는지 보려고,
때가 무르익었기를 기대하며 거닐었네.

그런데 당신 생각에
나도 모르게 그만 마음을 빼앗겼네!

13 춤을 춰요, 사랑하는 술람미 아가씨, 천사 같은 공주여!
춤을 춰요, 그대의 우아한 모습 보며 우리 눈이 호사하도록!
모두 술람미 아가씨의 춤을 보고 싶어 해요.
사랑과 평화의 춤, 승리의 춤을.

7

1-9 신발을 신은 그대의 두 발, 맵시 있고 우아하네.
그대의 움직임, 여왕과도 같고
나긋하고 우아한 손발,
예술가의 작품 같네.
그대의 몸은
포도주 가득한 성배.
부드러운 황갈색 피부는
산들바람 닿은 밀밭.
그대의 두 젖가슴은 한 쌍의 새끼사슴,
쌍둥이 노루.
그대의 목은 둥글고 날씬하게 깎아 낸 상아.
그대의 두 눈은 신비를 머금은 빛의 우물.
오, 비할 데 없는 여인이여!
그대가 나타나면 그 모습 바라보고
모두 눈을 떼지 못한다네.
나, 그대를 보면 떠오르네.
높은 산맥을 볼 때처럼 정상에 오르고 싶은 욕구,
그 꿈틀대는 갈망이.
이제 다른 여인은 눈에 들어오지 않네!
사랑하는 연인, 친밀한 반려자여,
그대의 아름다움 안팎으로 완벽해요.
그대는 야자나무처럼 크고 유연하며,
그 풍만한 젖가슴은 달콤한 야자송이 같아요.
나는 말한답니다. "저 야자나무에 오르리라!
저 야자송이를 애무하리라!"
그래요! 나에게 그대의 두 젖가슴은
달콤한 과일송이.
그대의 숨결은 신선한 박하처럼 맑고 시원하고,
그대의 혀와 입술은 최고급 포도주 같아요.

9-12 그래요, 당신의 것도 그러하답니다. 내 연인의 입맞춤,
그이의 입술에서 나의 입술로 흘러듭니다.
나는 내 연인의 것.
나는 그이가 원하는 전부. 나는 그이의 온 세상!
사랑하는 연인이여, 오셔요.
우리 함께 시골길을 걸어요.
길가 여관에서 묵고
일찍 일어나 새소리를 들어요.
흐드러지게 핀 들꽃,
흰 꽃 피는 검은 딸기 덤불,
층층이 꽃 피어
늘어선 과일나무들을 찾아보아요.
거기서 나를 당신에게 드리겠어요.
내 사랑을 당신의 사랑 앞에 바치겠어요!

13 사랑의 열매가 향기로 우리를 감싸고
다산의 기운이 우리를 에워쌉니다.
오로지 내 사랑, 당신만을 위하여 간직하고 아껴 둔
햇과일과 절인 과일을 드셔요.

8

1-2 당신이 내 어머니의 젖을 함께 빨던
나의 쌍둥이 오라버니였다면,
거리에서 뛰놀며
남들이 보는 앞에서 입 맞추어도
별나게 생각하는 사람 없으련만.
내 어머니가 나를 기르시던 집으로
임의 손을 잡고 데려가련만.
임은 나의 포도주를 마시고
내 볼에 입 맞추겠지.

3-4 상상해 보아라! 그이의 왼손이 내 머리를 받치고
그이의 오른팔이 내 허리를 껴안는 모습을!
오, 예루살렘 아가씨들아, 그대들에게 경고한다.
때가 무르익기 전, 준비되기 전에는
사랑에 불을 지르지 마라. 사랑이 달아오르게 하지 마라.

합창

5 연인과 팔짱을 끼고
들판에서 올라오는 저 여인은 누구인가?

남자

나는 살구나무 아래에서 그대를 보고,
그대를 깨워 사랑을 나누었지요.
그 나무 아래에서 그대의 어머니가 진통을 시작했고
바로 그 나무 아래에서 그대를 낳았지요.

여자

6-8 내 목걸이를 당신 목에 걸고,
내 가락지를 당신 손가락에 끼워 주셔요.
사랑은 위험과 죽음에도 굴하지 않는 것,
그 열정은 지옥의 공포를 비웃는답니다.
사랑의 불은 어떤 것에도 꺼지지 않아,
제 앞에 있는 모든 것을 쓸어버린답니다.
홍수도 사랑을 익사시키지 못하고
억수 같은 비도 사랑을 꺼뜨리지 못합니다.
사랑은 팔 수도 살 수도 없는 것,
시장에서 구할 수도 없는 것.
내 오라버니들이 나를 걱정하여 이렇게 말하곤 했답니다.

8-9 "우리의 어린 누이는 젖가슴이 없다네.
사내들이 구혼이라도 하는 날이면,
우리의 어린 누이를 어찌해야 하나?
그 애는 처녀고 연약하니
우리가 지켜 주어야지.
저들이 그 애를 성벽으로 여기면, 그 위에 철조망을 쳐야지.
저들이 그 애를 문으로 여기면, 우리가 방어벽을 쳐야지."

10 사랑하는 오라버니들, 나는 성벽으로 둘러싸인 처녀이지만
내 젖가슴은 풍만하답니다.
내 연인이 나를 보면
이내 만족할 거예요.

남자

11-12 솔로몬 왕은 기름지고 비옥한 땅에 있는 넓은 포도원을 갖고 있다네.

왕은 일꾼들을 고용해 땅을 일구게 하고
사람들은 많은 돈을 내고 거기서 포도를 기른다네.
하지만 나의 포도원은 오롯이 나의 소유,
나 혼자만의 것이라네.
왕이시여, 왕의 거대한 포도원을 차지하십시오!
왕의 욕심 많은 손님들과 함께 얼마든지 차지하십시오!

13 오, 정원의 아가씨여,
나의 벗들이 나와 함께 귀 기울이고 있어요.
그대의 목소리를 나에게 들려주어요!

여자

14 사랑하는 연인이여, 나에게 달려오셔요.
노루처럼 오셔요.
향내 그윽한 이 산으로
야생 수사슴처럼 뛰어오셔요.

수백 년에 걸친 기간 동안 히브리 민족은 예언자들을 놀랍도록 많이 배출해 냈다. 그들은 하나님의 실재를 제시하는 일에 탁월한 능력과 솜씨를 보여주었다. 하나님에 대한 온갖 판타지와 거짓말에 속아 살던 공동체와 민족들에게 그들은 참 하나님의 명령과 약속과 임재를 전해 주었다.

정도의 차이가 있을 뿐 우리는 누구나 하나님을 믿고 있다. 그러나 우리 대부분은 어떻게든 하나님을 우리 삶의 주변 자리에 묶어 두려 하고, 그것이 여의치 않을 경우, 하나님을 각자의 편의대로 축소시켜 대하려 한다. 그런 우리에게, 하나님은 중심이 되시며 결코 무대 뒤에서 우리가 불러 주기를 기다리는 존재가 아니라고 목소리 높이는 이들이 바로 예언자들이다. 이사야는 우리에게 하나님이 "놀라우신 조언자", "전능하신 하나님", "영원하신 아버지", "온전케 하시는 왕"(사 9:6)이라는 사실을 깨닫게 하며, 예레미야는 "**하나님**은 참되시다. 살아 계신 하나님은 영원한 왕이시다"(렘 10:10)라고 말한다. 다니엘은 그분을 "비밀들을 계시해 주시는 분"(단 2:29)이라고 부르고, 요나는 하나님이 "지극히 은혜로우시며 자비로우신 분", "웬만해서는 노하지 않으시고, 사랑이 차고 넘치며, 벌을 내리려고 했다가도 툭하면 용서해 주시는 분"(욘 4:2)이라 표현하고 있다. 나훔은 독자들에게, "**하나님**을 가벼이 여기지 마라"(나 1:2)고 말하며, 하박국은 하나님이 "영원부터 계신 분", "거룩하신 하나님", "반석이신 하나님"(합 1:12)이라는 것을 상기시킨다. 예언자들은 우리가 상상하는 대로가 아니라, 하나님이 스스로 계시해 주신 대로 그분을 알고 대해야 한다고 역설한다.

그들은 사람들을 일깨워 그들의 삶 가운데 주권적으로 역사하시는 하나님을 볼 수 있게 해주었다. 그들은 고함치며 울었고, 꾸짖고 쓰다듬었으며, 도전과 위로를 주었다. 투박하게 말할 때나 공교히 말할 때나 그 안에는 늘 힘과 상상력이 있었다.

⁂

이들 예언자 중 열여섯 사람이, 말한 바를 글로 남겼다. 그들은 '문서 예언자들'(writing prophets)이라 불리는데, 이사야서에서 말라기까지가 그들이 남긴 문서들이다. 하나님 앞에서 신실하게 순종하며 사는 길을 찾는 이들에게 이 열여섯 명의 히브리 예언자들은 없어서는 안될 길잡이들이다. 하나님의 길은 이 세상의 길—전제, 가치, 일하는 방식—과 다르기 때문이다. 그 둘은 결코 같지 않다.

예언자들은 우리의 상상력을 정화시켜 준다. 어떻게 살고, 무엇을 위해 살아야 하는지에 대해 그동안 세상이 우리에게 심어 놓은 생각들을 일소해 준다. 미가는 다음과 같이 말한다.

> 그분께서는 이미 말씀해 주셨다. 사람이
> 어떻게 살아야 하는지,
> **하나님**께서 찾으시는 것이 무엇인지 분
> 명히 말씀해 주셨다.
> 간단하다. 이웃에게 공의를 행하고,
> 자비를 베풀고 사랑에 충실하며,
> 자신을 중심에 두지 말고
> 하나님을 중심에 모시면 된다(미 6:8).

성령 하나님께서는 예언자들을 도구로 사용해 당신의 백성을 주변 문화와 떨어뜨려 놓으시고, 세상이 주는 칭찬과 보상을 과감히 저버리고 순전한 믿음과 순종과 예배의 길로 돌아가게 해주신다. 예언자들은 이 세상의 길과 복음의 길을 구분하고, 늘 하나님의 현존에 깨어 있게 하는 이들이다.

❦

예언서를 몇 페이지 읽지 않아도 우리는 예언자들이 결코 편한 상대가 아니라는 것을 금세 알아차린다. 예언자들은 인기 있는 이들이 아니었다. 그들은 스타의 위치에 있지 않았다. 늘 주변 사람들의 심기를 불편하게 하고, 그들의 비위를 거스르는 이들이었다. 수세기가 지났음에도, 그들은 여전히 우리에게 편하지 않은 인물들이다. 우리가 그들을 부담스러워하는 것은 당연하다. 그들은 사람의 감정을 잘 도닥거려 주지 못하기 때문이다. 요즘 말로 '관계 기술'이 모자란 이들이다. 우리는 우리 문제를 잘 이해해 주는, 포스터나 텔레비전 화면에 멋진 모습으로 등장하는 지도자들—특히 종교 지도자들—을 원한다.

그렇다. 한마디로 말해, 예언자들은 우리 취향에 맞지 않다.

"어느 정도 하나님을 위한 자리를 염두에 두며" 산다는 자들, 그렇게 하나님을 자기 삶에 "끼워 맞추는" 데 익숙한 자들은 예언자들을 받아들이기 어려워한다. 그래서 쉽게 무시해 버리고 만다. 왜냐하면 예언자들이 말하는 하나님은 우리 삶에 끼워 맞추기에는 너무 큰 존재이기 때문이다. 예언자들의 하나님과 의미 있는 관계를 맺고 싶다면, 우리 자신을 그분께 맞추어야 한다. 이사야는 이것을 우리에게 상기시킨다.

> "나는 너희가 생각하는 방식으로 생각하
> 지 않는다.
> 나는 너희가 일하는 방식으로 일하지 않
> 는다."
> **하나님**의 포고다.
> "하늘이 땅보다 높은 것처럼
> 내가 일하는 방식은 너희의 방식을 초월

하며,

내가 생각하는 방식은 너희의 방식을 뛰어넘는다"(사 55:8-9).

예언자들은 "합리적"이지 않다. 우리의 상식적 판단을 거스른다. 그들은 전혀 싹싹하지 않으며, 도무지 우리와 타협점을 찾으려 하지 않는다. 그저 막무가내로 우리를 우리 예상과 이해를 뛰어넘는 거대한 실재 속으로 밀어 넣을 뿐이다. 우리를 어마어마한 신비 속에 풍덩 빠뜨려 넣고 만다.

그들의 메시지와 환상은, 우리가 실재로부터 우리 자신을 보호하기 위해 쳐 놓은 온갖 허상을 모조리 꿰뚫고 들어온다. 인간에게는 진실을 부인하고 자신을 기만하는 탁월한 능력이 있다. 우리는 죄의 결과를 감수하는 능력을 스스로 거세하여, 심판을 직시할 수도, 진실을 받아들일 수도 없는 상태에 이른다. 이런 때에 예언자들이 나선다. 그들은 우리를 도와 하나님께서 열어주시는 새로운 삶을 알아보게 하고, 그 안으로 들어가게 한다. 하나님을 향한 소망이 가져다주는 새로운 삶 속으로 말이다. 예레미야는 이렇게 말한다. "**하나님**의 말씀이다. ……'나는 내가 할 일을 안다. 그 일을 계획한 이가 바로 나다. 나는 너희를 돌보기 위해 계획을 세웠다. 너희를 포기하려는 계획이 아니라, 너희가 꿈꾸는 내일을 주려는 계획이다'"(렘 29:10-11). 또한 미가는 그 본보기를 보여준다. "그러나 나는, 희망을 버리지 않을 것이다. 나는 **하나님**께서 행하실 일을 기다릴 것이다. 모든 것을 바로잡으시고, 내게 귀 기울여 주실 것을 기대하며 살 것이다"(미 7:7).

예언자들은 하나님을 설명하지 않는다. 대신 그들은 편협한 사고와 좀스런 종교생활에 틀어박혀 있던 우리를 흔들어, 경이와 순종과 경배가 약동하는 탁 트인 공간으로 나오게 해준다. 먼저 예언자들을 이해할 수 있어야 받아들이겠다고 고집부리는 자들은 결코 그러한 경험에 도달하지 못한다.

❧

기본적으로, 예언자들이 행한 일은 두 가지다. 먼저, 현실로 닥친 최악의 상황을 하나님의 심판으로 받아들이게 해주었다. 단순한 종교적 재앙이나 사회적 재난이 아닌, 하나님의 심판으로서 말이다. 최악의 상황으로만 보았던 것을 하나님의 심판으로 볼 줄 알게 되면, 이제 우리는 그것을 부인하거나 회피하지 않고 받아들일 수 있게 된다. 왜냐하면 하나님은 우리를 구원하시려는 선의를 가진 분이시기 때문이다. 따라서 심판은—물론 일부러 기다릴 사람은 없겠지만—우리에게 일어날 수 있는 최악의 일이 아니다. 아니, 사실은 최선의 상황이다. 하나님께서 하시는 모든 일은 결국 세상과 우리를 바로잡아 주시려는 것이기 때문이다.

그 다음으로 예언자들이 한 일은, 기진맥진해 쓰러진 자들이 일어나서 하나님이 열어 주실 미래를 향해 다시 걸어가도록 용기를 북돋은 것이었다. 예언자들은 포로생활과 죽음과 수치와 죄라는 총체적 파멸 한가운데서 다시금 희망의 횃불을 들었고, 하나님께서 어느 시대 어느 곳에서나 하고 계신 새로운 구원의 역사에 사람들을 동참시켰다. 하나님은 이사야를 통해 말씀하셨다.

"내 백성아, 주목하여라.
민족들아, 내게 귀 기울여라.
내게서 계시가 흘러나오고,
나의 결정들이 세상을 밝혀 준다.
나의 구원이 빠르게 달려오며,
나의 구원하는 일이 제때에 이루어진다.
내가 민족들에게 정의를 베풀 것이다.
먼 섬들도 나를 바라보며,
내 구원의 능력에 희망을 둘 것이다.
하늘을 올려다보며,
네 발아래 있는 땅을 깊이 생각하여라.
하늘은 연기처럼 사라질 것이며,
땅은 작업복처럼 해어질 것이다.
사람들은 하루살이처럼 죽어 나가겠지만
나의 구원은 다함이 없으며,
세상을 바로잡는 나의 일은 결코 쇠하지 않을 것이다"(사 51:4-6).

❦

살면서 우리가 아주 일찍부터 갖게 되는 나쁜 습관이 있는데, 사물이나 사람을 성(聖)과 속(俗)으로 이분하는 것이다. 우리는 직업생활, 시간관리, 오락, 정치, 사회생활 등을 '속된 일'로 여기고, 우리에게 얼마간 재량권이 있는 영역이라고 생각한다. 반면 예배와 성경, 천국과 지옥, 교회와 기도 같은 것들은 '성스러운 일'이며, 하나님의 영역이라고 여긴다. 우리는 이런 이원론적 생각에 입각해 각자의 삶에서 하나님을 위해 일정한 자리를 내어 드리며 살고 있다고 생각한다. 겉보기에는 하나님을 높이는 것 같지만, 이것은 사실 하나님을 일정한 자리에 한정시키고 그 밖의 모든 것은 우리 멋대로 하겠다는 속셈에 지나지 않는다.

예언자들은 이런 시도를 절대 용납하지 않는다. 그들은 모든 일—절대적으로 모든 일—이 성스러운 영역 안에 있다고 역설한다. 하나님은 우리 삶의 전 영역을 다스릴 권한을 가지신 분이다. 이른바 사적 영역이라는 우리의 감정과 가정생활을 비롯해, 돈을 벌고 쓰는 방식, 채택하는 정치형태, 전쟁, 재난, 우리가 해를 입히는 사람, 도움을 주는 사람 등 그 어떤 것도 하나님께서 무시하시거나, 그분의 통치영역을 벗어나 있거나, 그분의 목적과 무관한 것은 없다. 그분은 "거룩, 거룩, 거룩"하신 분이다.

예언자들은 우리가 하나님을 피할 수 없게 만든다. 그들은 하나님을 전면적으로 받아들이라고 촉구한다. 예언자에게 하나님은, 바로 이웃에 사는 사람보다 더 분명한 실재이시다.

이사야에게 말이란, 참된 것과 아름다운 것과 선한 것을 만들어 내는 물감이요 멜로디요 조각칼이라 할 수 있다. 경우에 따라서는, 죄와 악과 반역을 부서뜨리는 망치요 창이요 메스가 되기도 한다. 이사야는 그저 정보만을 전달한 예언자가 아니다. 그는 비전을 창조하고 계시를 전하고 믿음을 세워 준 사람이다. 그는 실로 근본적 의미에서의 시인, 곧 장인이다. 하나님의 현존을 우리 피부에 와 닿게 하기 때문이다. 이사야는 히브리 민족이 낳은 최고의 예언자요 시인이다.

믿음으로 사는 이들, 하나님의 말씀으로 빚어지고자 늘 자신을 드려 거룩을 추구하며 사는 이들에게, 이사야는 실로 우뚝 솟은 산이다. 그렇다, 거룩. 이사야서에서 볼 수 있는 가장 특징적인 하나님의 호칭은 다름 아닌 "거룩하신 분"이다. 이 광대한 책은 고대 이스라엘 백성에게 전해진 메시지 모음집으로, 읽는 이들을 거룩하신 분의 현존과 역사(役事) 속에 빠뜨린다. "만군의 하나님께서 정의를 행하심으로, 산이 되실 것이다. 거룩하신 하나님께서 의를 행하심으로, '거룩'이 무엇인지 보여주실 것이다"(사 5:16).

이사야의 말은 '거룩'에 대한 우리 생각을 바꾸어 놓는다. 지금까지 거룩이 그저 경건한 말, 별다른 감흥 없는 민숭민숭한 말에 지나지 않았다면, 이사야의 설교는 그 단어를 불덩이 같은 그 무엇으로 바꾸어 놓는다. 거룩은 우리가 삶에서 가져 볼 수 있는 가장 매혹적이고 가장 강렬한 체험이다. 그저 겉핥기식 삶이 아닌, 삶의 진수를 있는 그대로 맛보는 것, 그것이 바로 거룩이다. 우리는 하나님이 직접 행하고 계신 일들 속으로 뛰어들게 된다. 그저 그 일들에 대해 입으로 떠들거나 책으로 읽는 것이 아니라는 말이다. 거룩은 거기 들어오는 자들을 완전히 녹여서 새로운 존재로 만들어 내는 용광로다. 그래서,

"누가 이 불폭풍에서 살아남을 수 있으랴? 누가 이 대숙청을 모면할 수 있으랴?" 하고 묻는다.

답은 간단하다.
의롭게 살면서
진실을 말하며,
사람을 착취하는 일을 혐오하고
뇌물을 거절하여라.

폭력을 거부하고
악한 유흥을 피하여라.
이것이 너의 삶의 질을 높이는 길이다!
안전하고 안정된 삶을 사는 길,
넉넉하고 만족스러운 삶을 사는 길이다.
(사33:14-16)

'거룩, 거룩, 거룩'은 장식용으로 수놓은 레이스가 아니다. 그것은 혁명의 깃발이다. 진정한 혁명이다.

이사야서는 실로 광범위한 책이다. 이 지구 행성에서 하나님의 백성으로 살아가는 일에 포함된 거의 모든 것을 다루고 있다. 이사야는 하나님께서 우리의 지극히 일상적이고 때로 실망스러운 경험을 들어, 창조와 구원과 희망의 일들을 이루시는 과정을 보여준다. 이것이 바로 이 책의 특징이다. 이 방대한 파노라마가 펼쳐지는 광경을 보며 우리는 깨닫는다. 이 세상과 우리 인생에, 하나님이 사용하실 수 없는 것은 아무것도 없다는 사실을 말이다. 하나님께서는 존재하는 모든 것과 모든 사람을 당신의 일을 위한 재료로 사용하시며, 우리가 엉망진창으로 만들어 놓은 삶을 다시 고쳐 사용하신다.

"두고 보아라. 너를 푸대접했던 자들,
천대받게 될 것이다.
실패자가 될 것이다.
너를 대적하던 자들,
빈털터리가 될 것이다.
아무것도 보여줄 것 없는 신세가 될 것이다.
네가 옛 적들을 찾아보려고 해도
찾지 못하리라.
너의 옛 원수들, 흔적조차 남지 않을 것이다.
기억하는 자 하나 없으리라.
그렇다. 나 너의 하나님이,
너를 꽉 붙잡고, 결코 놓지 않기 때문이다.
내가 네게 말한다. '겁먹지 마라.
내가 여기 있다. 내가 너를 도우리라.'"
(사41:11-13)

'교향곡'은 단순성과 복잡성이 절묘하게 어우러진 이사야서의 특징을 묘사할 때 많은 사람들이 즐겨 쓰는 표현이다. 이사야서의 중심 주제는 뚜렷하다. '하나님이 이루시는 구원', 바로 이것이다. 이사야서는 '구원 교향곡'이다(이사야라는 이름 자체가 "하나님이 구원하신다"라는 뜻이다). 이 웅장한 교향곡에는 작품 전체에 걸쳐 반복되고 발전되는 주된 주제 셋이 있으니, 바로 '심판'과 '위로'와 '희망'이다. 이 세 가지 주제는 거의 모든 장에서 발견되는데, 하나하나가 하나님의 구원역사를 힘 있게 펼쳐 놓은 세 '악장'의 주제이기도 하다. 다시 말해 이사야서는 '심판의 메시지'(1-39장), '위로의 메시지'(40-55장), 그리고 '희망의 메시지'(56-66장)로 이루어져 있다.

이사야

심판의 메시지
예배 시늉만 내는 너희여

1 [1] 아모스의 아들 이사야가 유다 왕 웃시야, 요담, 아하스, 히스기야의 재
위기간에 유다와 예루살렘에 대해 본 환상이다.

2-4 하늘아 땅아, 너희 배심원들아,
하나님의 진술에 귀를 기울여라.
"내게 자식들이 있다. 애지중지 키운 자식들이다.
그런데 그들이 내게 등을 돌렸다.
소도 제 주인을 알아보고
노새도 제게 먹이 주는 손을 알아보는 법이건만,
이스라엘은 그렇지 못하다.
내 백성은 도무지 알지 못한다.
아, 이 무슨 꼴인가! 죄에 눌려 비틀비틀하며
하나님의 길에서 탈선한 낙오자들,
사악한 무뢰배,
야만스런 패거리다.
내 백성이 저희의 하나님인 나를 떠났고,
'이스라엘의 거룩한 이'인 내게 등을 돌렸다.
뒤도 돌아보지 않고 떠나가 버렸다.

5-9 한사코 고집부리는 너희,
내가 무엇을 할 수 있겠느냐?

자기 머리로 계속 벽을 들이박고
온몸으로 나를 거스르는 너희,
머리끝에서 발끝까지,
어디 성한 곳 하나 없다.
온몸이 상처와 멍, 고름 흐르는 종기로 뒤덮였는데,
치료도 받지 못하고, 씻지도 못하고, 붕대도 감지 못했다.
너희 땅은 황폐해졌고,
너희 성읍들은 불타 버렸다.
온 땅이 너희 눈앞에서 이방인들에게 짓밟혀,
미개인들에게 결딴나 버렸다.
딸 시온이 버림을 받았다.
막다른 골목의 다 쓰러져 가는 폐가처럼,
인적 없는 곳의 초라한 판잣집처럼,
쥐들도 다 떠난 침몰하는 배처럼 되고 말았다.
만군의 **하나님**께서 얼마라도 생존자들을 남겨 두시지 않았더라면,
우리는 그야말로 소돔처럼 폐허가 되고, 고모라처럼 망했을 것이다.

10 너희, 소돔을 좇아가는 지도자들아,
내 **메시지**에 귀를 기울여라.
너희, 고모라를 좇아가는 지도자들아,
하나님의 계시를 받아들여라."

11-12 **하나님**께서 물으신다.
"이 정신없이 널려 있는 제물은 다 무엇이냐?
번제물, 숫양, 포동포동한 송아지들,
나는 이미 질리도록 먹었다.
황소, 어린양, 염소들의 피도 지겹다.
대체 어디서 배워 먹은 짓들이냐?
누가 내 앞에서 이리저리 뛰어다니고, 이 짓 저 짓 벌이며
예배장소에서 이렇듯 소란을 피우라고 가르치더냐?

13-17 예배 시늉 놀이, 이제 그만 집어치워라.
같잖은 경건 놀음, 더 이상 참아 줄 수가 없다.
달마다 열리는 회합, 주마다 돌아오는 안식일, 갖가지 특별 모임,
모임, 모임, 모임, 더는 못 참겠다!
이런저런 목적의 집회들, 나는 싫다!
정말 신물이 난다!
죄는 죄대로 지으면서

경건, 경건, 경건을 떠벌이는 너희가 지겹다.
이제 너희가 기도 쇼를 벌여도,
나는 외면할 것이다.
아무리 오래, 아무리 크게, 아무리 자주 기도해도
나는 듣지 않을 것이다.
왜 그런지 아느냐?
너희가 사람을 찢어발겼기 때문이다. 너희 손에 피가 흥건하다.
집에 가서 씻어라.
너희 행실을 씻어라.
너희 삶에서 악행을 깨끗이 씻어 내어
내 눈에 보이지 않게 하여라.
바르지 못한 일에 대해서는 '아니요'라고 말하여라.
선한 일을 배워 행하여라.
정의를 위해 일하여라.
낙오자들을 도와주어라.
집 없는 이들을 대변해 주어라.
힘없는 자들을 변호해 주어라."

18-20 **하나님의 메시지다.**
"여기 와 앉아라. 한번 끝까지 따져 보자.
너희 죄가 피처럼 붉으냐?
눈처럼 새하얘질 것이다.
너희 죄가 주홍빛처럼 붉으냐?
양털처럼 하얘질 것이다.
너희가 순종하고자 하면,
왕처럼 잔치를 즐기게 될 것이다.
그러나 완고하게 고집을 부린다면,
너희는 개처럼 죽게 될 것이다."
그렇다. **하나님**의 말씀이다.

하나님을 떠나간 자들

21-23 오! 믿어지느냐? 순결했던 성읍이
창녀가 되었다!
전에는 정의 빼면 시체였던 그녀,
서로 좋은 이웃으로 살았던 자들이,
이제는 서로가
서로의 목을 노린다.
너희 돈은 위조지폐고,

너희 포도주는 물 탄 가짜다.
너희 지도자들은
사기꾼과 내통하는 변절자들이다.
그들은 가장 높은 값을 부르는 자들에게 자신을 팔아넘기며,
뭐든지 닥치는 대로 집어삼킨다.
그들은 집 없는 이들을 대변하는 법이 없고,
힘없는 자들을 변호해 주는 법도 없다.

24-31 그러므로, 주 곧 만군의 **하나님**,
'이스라엘의 전능하신 분'의 포고다.
"이제, 나를 대적하던 자들을 가만두지 않겠다!
내 원수들에게 보복하겠다.
귀싸대기를 갈겨서라도
너의 삶에서 쓰레기를 치우고, 너를 깨끗이 청소해 주겠다.
처음으로 되돌아가,
네 가운데 정직한 재판관과 현명한 조언자들이 서게 하겠다.
그러면 너는 새 이름을 갖게 될 것이다.
'백성을 바르게 대하는 성읍', '참 푸른 성읍'이라 불릴 것이다."
하나님의 바른 길이 시온을 다시 바로 세워 줄 것이다.
하나님의 올바른 조처가 회개한 백성을 회복시킬 것이다.
그러나 반역자와 **하나님**을 배신한 자들은 끝장날 것이다.
하나님을 저버린 자들은 막다른 골목에 몰릴 것이다.
"저 상수리나무 숲 산당에서 농탕질을 벌인 너희,
최신 유행하는 신과 여신의 동산을 찾아다니며
얼빠진 짓거리를 벌인 너희는,
천하제일의 얼간이로 판명날 것이다.
결국
잎이 다 떨어진 상수리나무처럼 되고 말 것이다.
물이 말라
시들어 죽은 정원처럼 되고 말 것이다.
강한 자가 죽은 나무껍질, 죽은 잔가지에 불과하고,
그가 벌이는 일이란 화재나 일으키는 불쏘시개일 뿐임이 드러날 것이며,
그 화재로, 그와 그의 모든 일이,
재와 연기만 남긴 채 사라질 것이다."

하나님의 산에 오르자

2

1-5 유다와 예루살렘에 관해 이사야가 받은 메시지다.

하나님의 집이 서 있는 산이
모든 산 위로 우뚝 솟은,
으뜸 산이 될 날이 오고 있다.
모든 민족이 그리로 모여들고,
사방에서 사람들이 찾아올 것이다.
그들이 말하리라.
"자, 하나님의 산에 함께 오르자.
야곱의 하나님의 집으로 가자.
그분이 우리에게 그분의 길을 보여주실 것이다.
그러면 우리, 가야 할 길을 알게 될 것이다."
시온에서 계시가 흘러나온다.
하나님의 메시지가 예루살렘에서 나온다.
그분이 민족들 사이의 일을 공정하게 처리하시고,
뭇 백성 사이의 일을 바로잡아 주시리라.
사람들은 칼을 쳐서 삽을 만들고,
창을 쳐서 괭이를 만들 것이다.
민족과 민족이 더 이상 싸움을 벌이지 않고,
전쟁이 사라질 것이다.
야곱 가문아,
이제 하나님의 빛 가운데 살자.

6-9 하나님, 주께서 주의 가문 야곱을 버리신 것은
그들이 거짓 종교로,
블레셋 마술과 이방 요술로,
주체 못할 재물들로,
온갖 물건들로,
무수한 기계와 도구들로,
온갖 종류, 온갖 크기의 신들로 꽉 차 있기 때문입니다.
저들은 자기 손으로 신을 만들어서 그 앞에 경배합니다.
시궁창에 얼굴을 처박은 타락한 종족입니다.
그들에게 신경 쓰지 마십시오! 용서하실 만한 가치가 없는 자들입니다!

콧대 높았던 자들, 콧대가 납작해질 것이다

10 언덕으로 내빼라.
동굴로 숨어들어라.
무시무시한 하나님을 피해,
눈부신 그분의 임재를 피해 숨어라.

11-17 목에 힘주고 다니던 자들, 목이 꺾일 것이다.
콧대 높았던 자들, 콧대가 꺾일 것이다.
우리가 말하는 그날에,
오직 **하나님**만이 우뚝 서시리라.
그날, 만군의 **하나님**께서
모든 허세 부리는 것들,
모든 뽐내는 것들과 맞서신다.
높이 솟은 거목들,
거대한 밤나무와 맞서신다.
킬리만자로와 안나푸르나,
알프스 산맥, 안데스 산맥과 맞서신다.
하늘 높은 줄 모르는 마천루와 맞서시며,
웅장한 오벨리스크와 신상들과 맞서신다.
대양을 항해하는 큰 배들과 맞서시며,
우아한 호화 범선과 맞서신다.
허풍 가득한 자들, 결국 바람이 빠질 것이다.
콧대 높았던 자들, 콧대가 납작해질 것이다.
우리가 말하는 그날에,
오직 **하나님**만이 우뚝 서시리라.

18 신처럼 보이게 하려고 꾸민
막대기와 돌멩이들이
죄다 영구히 사라질 것이다.

19 절벽동굴 속으로 기어올라라.
무슨 구멍이든 보이는 대로 찾아 들어라.
무시무시한 **하나님**을 피해,
눈부신 그분의 임재를 피해 숨어라.
하나님께서 땅 위에 우뚝 서시며,
무섭도록 높이 서시는 그날에.

20-21 그날이 오면,
사람들은 신처럼 보이게 하려고
금과 은으로 꾸며 경배하던
막대기와 돌멩이들을
아무 하수구나 도랑에
던져 버리고서,
바위굴이나

절벽에 난 구멍을 찾아 도망칠 것이다.
무시무시한 **하나님**을 피해,
그분의 눈부신 임재를 피해 숨을 것이다.
하나님께서 땅 위에 우뚝 서시며,
무섭도록 높이 서시는 그날에.

22 인간에 불과한 존재들에게 아첨하는 짓을 그만두어라.
그들은 자아와 허풍으로 가득할 뿐,
별 볼 일 없는 존재인 것을 모른단 말이냐?

다 쓰러져 가는 예루살렘

3

1-7 만군의 주 **하나님**께서,
예루살렘과 유다에서
빵과 물을 시작으로
모든 생필품이
동나게 하신다.
경찰과 치안,
재판관과 법정,
목사와 교사,
지휘관과 장군,
의사와 간호사,
심지어 수리공이나 잡기에 능한 자들까지 모두 사라지게 하신다.
그분께서 말씀하신다.
"이제 내가 철부지 꼬마들이 성읍을 맡도록 할 것이다.
어린아이들이 명령권자가 되게 하겠다.
사람들은 서로 목을 노리고
서로 등 뒤에 칼을 꽂을 것이다.
이웃과 이웃, 젊은이와 늙은이,
무지렁이와 명망가들이 서로 맞설 것이다.
한 사람이 자기 형제를 붙들고 말할 것이다.
'너는 그래도 머리가 좀 되잖아.
뭔가 해봐!
이 진창에서 우리를 구해 줘!'
그러면 그가 말할 것이다. '무슨 소리! 나도 갈팡질팡하는데!
내게 책임을 맡길 생각 마.'

8-9 예루살렘이 다 쓰러져 가고 있다.
유다가 망하기 직전이다.

사람들이 하는 모든 말과 행동이
다 하나님과 어긋난다.
내 뺨을 후려치는 격이다.
썩을 대로 썩어 철면피가 된 그들,
타락한 소돔처럼 오히려 자신의 죄를 과시한다.
그들의 영혼에 영원히 화가 있으리라!
이제, 그들은 스스로 뿌린 씨를 거둘 때다.

10-11 의인들에게 전하여라.
그들의 선한 삶은 보상받을 것이다.
그러나 악인들에게는 화가 있을 것이다! 재앙이 닥치리라!
그들이 행한 그대로 되돌려 받을 것이다.

12 주먹만한 꼬마 아이들에게 내 백성이 당한다.
우스꽝스런 여자아이들이 내 백성을 괴롭힌다.
내 사랑하는 백성들아! 네 지도자들은 지금 너를 막다른 골목으로 데려가고 있다.
가봐야 소용없는 길로 보내고 있다."

하나님께서 백성을 재판하시다

13-15 하나님께서 법정에 입장하신다.
자기 백성을 재판하러 자리에 앉으신다.
명령을 내리셔서,
자기 백성의 지도자들을 끌어다가 피고석에 앉히신다.
"너희가 이 나라를 결딴냈다.
너희 집 안에는, 가난한 이들에게서 도적질한 것들로 꽉 차 있다.
내 백성을 짓밟고
가난한 이들의 얼굴을 흙바닥에 처박다니, 있을 수 있는 일이냐?"
만군의 주 하나님의 말씀이다.

16-17 하나님께서 말씀하신다. "시온의 여자들,
하이힐을 신고 우쭐거리며 다닌다.
싸구려 보석을 주렁주렁 걸친 채
머리카락 흩날리며,
엉덩이를 흔들며
거리의 남자들에게 추파 던지며 돌아다닌다."
그 시온의 여자들을, 주님은 모두
대머리로 만드실 작정이다.
경멸받는 대머리 여자들이 되게 하실 작정이다.

주께서 그렇게 하실 것이다.

18-23 주께서 그들이 걸친 싸구려 노리개들을 다 벗기실 날이 오고 있다. 대롱대롱 매달린 귀걸이, 발찌, 팔찌, 빗, 거울, 실크 스카프, 다이아몬드 브로치, 진주 목걸이, 손가락 반지, 발가락 반지, 최신 유행 모자, 외국 향수, 최음제, 가운, 망토, 그리고 세계 최고의 직물과 디자인이라는 것을 모두 벗기실 것이다.

24 호리는 향수 냄새가 아니라,
이 여자들에게서 배추 썩는 냄새가 날 것이다.
멋지게 늘어진 가운이 아니라,
누더기를 걸치게 될 것이다.
폼 나는 머리가 아니라,
꾀죄죄한 머리를 하게 될 것이다.
애교점 대신
상처딱지와 흉터를 갖게 될 것이다.

25-26 너희 최고 전사들이 죽임당하고,
군인들이 전쟁터에서 쓰러질 것이다.
시온으로 들어가는 입구가
사람들의 애곡소리로 뒤덮일 것이다.
상실의 무게를 이기지 못해 엎어진 도성,
슬픔에 눌려 무릎 꿇은 도성이 될 것이다.

4 1 그날에 여자 일곱이
남자 하나에게 떼로 덮치면서 말할 것이다.
"우리 몸은 우리가 알아서 돌보겠소.
우리 먹을 음식과 옷은 우리가 알아서 해결하겠소.
다만 우리에게 아이를 갖게 해주오. 우리를 임신시켜 주오.
그래서 우리에게 살아갈 이유가 있게 해주오!"

하나님의 가지

2-4 그날에 '하나님의 가지'가 움터 나오리라. 싱싱하고 푸르게 움터 나오리라. 이스라엘의 살아남은 자들이 자기 나라의 산물을 다시금 자랑거리로 삼고, 오, 그들이 다시 머리를 들게 되리라! 시온에 남겨진 자들, 예루살렘의 버림받고 거절당한 자들 모두가, 거룩한—살아 있고 소중한—이들이라 불리게 되리라. 하나님께서 시온의 여인들을 목욕시켜 주시고, 피로 물든 성읍에서 폭력과 잔인함을 씻어 내시며, 불폭풍 심판으로 깨끗하게 해주시리라.

5-6 하나님께서 옛적의 구름기둥과 불기둥으로 시온 산과 거기 모인 모든 자들
앞에 밤낮 영광스럽게 임하실 것이다. 그 거대한 보호의 임재가, 그들에게 불볕
을 피할 그늘, 폭우를 피해 숨을 곳이 되어 주리라.

최상품 포도를 기대했건만

5 1-2 내가 사랑하는 분에게, 노래 하나 지어 불러 드리려 하네.
그분의 포도원에 대한 사랑 노래를.
사랑하는 그분에게 포도원이 하나 있었다네.
좋은 땅의 아름다운 포도원이었지.
그분은 땅을 일구고 잡초를 뽑아내어,
최상품 포도나무를 심었다네.
망대를 세우고, 포도주 짜는 곳도 만들었지.
자랑할 만한 포도원이었다네.
그러나 최상품 포도 수확을 기대했건만,
그 모든 수고 끝에 열린 것은 돌포도였다네.

3-4 "너희 예루살렘과 유다에 사는 자들아,
이제 내가 하는 말을 잘 들어라.
나와 내 포도원 사이의 일을
한번 판단해 보아라.
내가 내 포도원을 위해 할 수 있었으면서도 하지 않은 일이
어디 하나라도 있었느냐?
좋은 포도를 기대했는데
쓴 포도만을 수확한 것은 어째서란 말이냐?

5-6 좋다. 이제 내가 내 포도원을 어떻게 할지
너희에게 말해 주겠다.
나는 그 울타리를 허물고
그곳을 폐허로 만들 것이다.
그 문을 부서뜨려
마구 짓밟히게 할 것이다.
그곳을 잡초 밭, 버려진 땅,
엉겅퀴와 가시만 무성한 곳이 되게 할 것이다.
내가 구름을 향해
'다시는 저 포도원에 비를 내리지 말라!'고 명령을 내릴 것이다."

7 너희는 알아들었느냐? 만군의 하나님의 포도원은
바로 이스라엘 나라다.

그분이 그토록 자랑스러워했던 그 정원은
바로 유다의 모든 자들이다.
그분은 정의를 수확하기를 바라셨지만,
보이는 것이라곤 서로 죽이는 모습뿐이었다.
의를 거두기를 바라셨지만,
들리는 것이라곤 희생자들의 애통소리뿐이었다.

이스라엘에 대한 재앙

8-10 집들을 있는 대로 사들이고
땅을 독차지하는 너희에게 화가 있으리라.
너희는 이전 주인들을 다 쫓아내고서,
출입금지 팻말을 붙여 놓고
나라 전체를 장악했다.
모두를 집 없고 땅 없는 이들로 만들어 버린다.
나는 만군의 **하나님**께서 말씀하시는 소리를 들었다.
"으리으리한 집들, 다 텅텅 비게 될 것이다.
호화롭던 사유지들, 다 폐허가 될 것이다.
만 평이나 되는 포도원에서 고작 포도주 1리터가 나고,
열 말이나 되는 씨에서 겨우 곡식 한 말밖에 나지 않을 것이다."

11-17 아침 일찍 일어나서
아침밥도 먹기 전에 술잔을 들고,
밤이 새도록
코가 삐뚤어져라 마셔 대는 자들에게 화가 있으리라.
그들은 술자리에
하프와 플루트와 충분한 포도주에는 마음 쓰면서도
하나님의 일,
그분이 하시는 일에는 아무 관심이 없다.
내 백성이 포로가 된 것은 바로 이 때문이다.
그들의 무지 때문이다.
거물들이 굶어 죽고
서민들은 목말라 죽을 것이다.
식욕이 커질 대로 커진 스올이,
닥치는 대로 사람들을 집어삼킬 것이다!
거물들, 서민들 할 것 없이 모두가
그 식도를 따라 굴러떨어질 것이다. 주정뱅이는 더 말할 것도 없다.
밑바닥 인생들이나
지체 높은 자들이나 매한가지다.

기세등등하던 자들이
구멍 난 방광처럼 쪼그라들 것이다.
그러나 만군의 하나님께서 정의를 행하심으로,
산이 되실 것이다.
거룩하신 하나님께서 의를 행하심으로,
'거룩'이 무엇인지 보여주실 것이다.
그러고 나면 어린양들이
마치 제 땅인 양 그곳에서 풀을 뜯고,
아이들과 송아지들이
제 집인 듯 그 폐허에서 편하게 살 것이다.

18-19 거짓말로 악을 팔고
죄를 한 트럭씩 시장에 내다 파는 너희,
"하나님은 대체 뭐하고 계시나?
우리가 볼 수 있게 좀 움직여 보시라고 해봐.
'이스라엘의 거룩하신 분'이라는 그가 대체
뭘 하시려는지 알고 싶다"고 말하는 너희에게 화가 있으리라.

20 악을 선이라
선을 악이라 부르고,
빛을 어둠으로
어둠을 빛으로 대체하며,
단 것을 쓴 것으로
쓴 것을 단 것으로 바꾸는 너희에게 화가 있으리라!

21-23 스스로를 똑똑하고
대단하다고 여기는 너희에게 화가 있으리라!
너희가 잘하는 것이라곤 술 마시는 일이 전부다.
술 마시기 대회 챔피언 트로피나 모으는 너희,
범죄자에게서 뇌물을 받아먹고서는
죄 없는 이들의 권리를 짓밟는다.

24 그러나 그들, 무사하지 못하리라. 불에 나무가 그루터기까지 타 버리고
마른 풀이 연기가 되어 사라지듯,
그들의 영혼이 쭈그러지고
그들이 이룬 것들도 다 허물어져 먼지가 될 것이다.
그들이 만군의 하나님의 계시를 거부했고,
'이스라엘의 거룩하신 분'에게

아무 관심도 없었기 때문이다.

25-30 그러므로 하나님께서 당신의 백성을 향해 불같이 노하시고,
손을 들어 그들을 때려눕히셨다.
그들의 시체가 거리에 쌓일 때,
산들이 몸을 떨었다.
그러나 그분의 진노는 아직 풀리지 않았고,
또다시 치시려고 주먹을 높이 들고 계신다.
그분께서 깃발을 들어 먼 나라에 신호를 보내신다.
휘파람을 불어 땅 끝의 민족들을 불러들이신다.
그러자 저기, 그들이 온다.
달려온다!
굼뜬 자, 비틀거리는 자,
조는 자, 꾸물거리는 자 하나 없다.
군복에 허리띠를 동이고
광이 나는 군화는 끈이 질끈 매여 있다.
그들의 화살은 날카롭고,
활의 줄이 팽팽하게 당겨 있다.
말발굽에 편자가 박혀 있고,
전차바퀴는 기름칠 되어 있다.
새끼 사자 떼같이 으르렁거리며,
귀청이 떨어져라 포효하는 젊은 사자 떼처럼 달려와,
먹이를 잡아채서는 끌고 간다.
누구도 구해 주지 못한다!
그날에, 그들은 포효하고, 포효하고, 또 포효할 것이다.
대양의 파도소리같이 포효할 것이다.
그 땅을 샅샅이 살펴보아라.
어둠과 고통 말고는 아무것도 보이지 않으리라.
하늘의 모든 빛을
구름이 덮어 꺼뜨릴 것이다.

거룩하시다, 거룩하시다, 거룩하시다!

6 1-8 웃시야 왕이 죽은 해에, 나는 주께서 지극히 높은 보좌 위에 앉아 계시고 그분의 긴 옷자락이 성전을 가득 채우고 있는 모습을 보았다. 그분 위로 천사 스랍들이 머물러 있는데, 저마다 여섯 개의 날개를 달고 있었다. 둘로는 자기 얼굴을, 둘로는 자기 발을 가리고, 두 날개로 날면서, 서로를 향해 이렇게 외치며 화답하고 있었다.

거룩하시다, 거룩하시다, 거룩하시다, 만군의 **하나님**.
그분의 빛나는 영광, 온 땅에 가득하도다.

천사들의 소리에 바닥 전체가 흔들리더니, 성전 안에 연기가 가득해졌다. 내가 말했다.

"재앙이다! 재앙의 날이다!
이제 나는 죽은 목숨이다!
나는 이제껏 하나같이 더러운 말을 일삼았다.
하나님을 모독하기까지 했다!
나와 함께 살아가는 자들도 마찬가지다.
다 썩어 빠진 말들, 불경스런 말들을 쏟아 놓았다.
그런데 내가 여기서 하나님을 대면하다니!
왕이신 만군의 **하나님**을!"

그때 천사 스랍들 가운데 하나가 내게 날아왔다. 제단에서 타고 있는 숯 하나를 부집게로 집어 들더니, 그 숯을 내 입에 대며 말했다.

"보아라. 이 숯이 네 입술에 닿았으니,
네 죄과가 사라지고
네 죄가 씻겨졌다."
그때 내게 주의 음성이 들렸다.
"내가 누구를 보낼까?
누가 우리를 위해 갈까?"
내가 소리쳐 말했다.
"제가 가겠습니다.
저를 보내 주소서!"

⁂

9-10 그분께서 말씀하셨다. "가서 이 백성에게 전하여라.

'귀를 쫑긋하고 들어도, 알아먹지 못하리라.
뚫어져라 쳐다보아도, 알아보지 못하리라.'
이 백성을, 손가락으로 귀를 틀어막고 눈가리개로 눈을 가린
바보천치로 만들어라.
아무것도 보지 못하고,
아무 말도 듣지 못하도록.
뭐가 뭔지 도무지 깨닫지 못하고,

그래서 돌이켜 고침받지 못하도록."

11-13 소스라치게 놀라 내가 말했다.
"그런데 주님, 언제까지 그렇게 하시렵니까?"
그분께서 말씀하셨다. "성읍들이 텅 비어
사람 하나 남지 않게 될 때까지,
집들이 텅 비어
구석구석 황무지가 될 때까지,
나 **하나님**이 사람들을 모조리 멀리 쫓아내어,
땅이 완전히 텅 빌 때까지다.
설령 십분의 일 정도가 살아남는다 해도,
그들에게 다시금 참화가 덮칠 것이다.
이 나라는 나무들이 다 잘려 나간
소나무 숲, 상수리나무 숲 같을 것이다.
그루터기들만 남은 거대한 그루터기 밭이 될 것이다.
그러나 그 그루터기 안에는 거룩한 씨가 담겨 있다."

한 처녀가 아들을 낳을 것이다

7 1-2 웃시야의 손자요 요담의 아들인 아하스가 유다의 왕으로 있던 때에,
아람 왕 르신과 르말리야의 아들인 이스라엘 왕 베가가 예루살렘을 공격
했으나 성공하지 못했다. 아람과 에브라임(이스라엘)이 동맹을 맺었다는 사실이
다윗 왕실에 전해지자, 아하스와 백성은 크게 동요했다. 그들은 사시나무 떨듯
떨었다.
3-6 그러자 **하나님**께서 이사야에게 말씀하셨다. "가서 아하스를 만나라. 네 아들
스알야숩(남은 자가 돌아오리라)을 함께 데리고 가거라. 성의 남쪽 공중 빨래터로
가는 길인 윗저수지의 수로 끝에서 그를 만나 이렇게 전하여라. 내 말을 듣고
진정하여라. 두려워하지 마라. 다 탄 막대기에 불과한 그 둘, 아람의 르신과 르
말리야의 아들을 두려워할 이유가 없다. 큰소리치지만, 그들은 아무것도 아니
다. 아람이 에브라임의 르말리야의 아들과 더불어 너를 해칠 계략을 꾸몄다. '가
서 유다를 치자. 결딴내서 우리 것으로 삼고, 다브엘의 아들을 꼭두각시 왕으로
세우자'며 둘이 공모했다."

7-9 그러나 주 **하나님**께서 말씀하신다.

"결코 그렇게 되지 않을 것이다.
아람의 수도는 다마스쿠스고,
다마스쿠스의 왕, 르신은 그저 인간에 불과하기 때문이다.
에브라임도 육십오 년이 지나기 전에,

나라가 망해 돌무더기밖에 남지 않을 것이다.
에브라임의 수도는 사마리아고,
사마리아의 왕은 고작 르말리야의 아들에 불과하다.
너희가 믿음 안에 굳게 서지 않으면,
도무지 제대로 서지 못할 것이다."

✤

10-11 **하나님**께서 아하스에게 다시 이렇게 말씀하셨다. "네 **하나님**에게 표징을
구하여라. 무엇이든 구하여라. 통 크게 구하여라. 하늘의 달이라도 구하여라!"
12 그러나 아하스가 말했다. "아닙니다. 나는 **하나님**께 그런 요구를 하지 않을
것입니다!"
13-17 이사야가 그에게 말했다. "다윗 왕실이여, 잘 들으십시오! 그대들은 소심과
위선에 불과한 경건으로 사람들을 지치게 만들고, 그것으로도 모자라서 이제는
하나님까지 지치게 만들고 있습니다. 그러니 주께서 친히 그대들에게 표징 하
나를 주실 것입니다. 두고 보십시오. 처녀인 한 소녀가 잉태하게 될 것입니다.
그녀는 아들을 낳고 그의 이름을 임마누엘(하나님이 우리와 함께 계신다)이라 할 것
입니다. 그 아이가 열두 살이 되어 도덕적 판단을 할 수 있을 때가 되면, 전쟁의
위협이 끝나 있을 것입니다. 그러니 마음을 놓으십시오. 그대들을 그토록 근심
케 하는 저 두 왕은 그때쯤 사라져 없어지게 될 것입니다. 그러나 이 경고도 함
께 들으십시오. **하나님**께서는 왕과 백성과 이 왕실에, 에브라임이 유다를 떠나
나라가 두 동강 났던 그때 이래로 가장 혹독한 심판을 내리실 것입니다. 앗시리
아의 왕이 올 것입니다!"

18-19 그때가 되면, **하나님**께서 이집트 나일 강 원류의 파리 떼를 부르시고, 앗시
리아 땅의 벌 떼를 불러오실 것이다. 그것들이 와서 이 나라 구석구석까지 쓸어
버릴 것이다. 무엇으로도 그것들을 막을 수 없을 것이다.
20 또 그때가 되면, 주께서 유프라테스 강 저편에서 빌려 온 면도칼—앗시리아
의 왕을 말한다!—을 가지고서 너희 머리와 음부의 털을 다 밀어 버리실 것이
다. 너희는 발가벗겨져 수치와 치욕을 당하게 되리라. 그분께서 너희 수염을 다
밀어 버리실 것이다.
21-22 그때, 살아남은 자들은 소 한 마리, 양 두 마리만 있어도 자신을 행운아로
여길 것이다. 적어도 우유는 많을 테니 말이다! 그 땅에 남은 자들은 극히 간소
한 음식—버터와 꿀—만으로 사는 법을 배워야 할 것이다.
23-25 그것이 다가 아니다. 좋은 포도원들이 지천이던—수천 개도 넘었던 수억 가
치의 포도원들!—이 나라가 조그만 잡초 밭으로 바뀔 것이다. 어디를 보아도 잡
초와 가시덤불밖에 없으리라! 아무짝에도 쓸모없는 잡초 밭이, 토끼 사냥 때나
소용 있을지 모르겠다. 소와 양들만이 먹을 것을 찾아 이리저리 헤매고 다니겠
지만, 잡초뿐인 그 땅, 예전의 비옥하고 잘 가꿔진 과수원과 들판은 흔적조차

찾을 수 없을 것이다.

❧

8 [1] 하나님께서 내게 말씀하셨다. "커다란 종이 한 장을 가져다가 지워지지 않는 잉크로 이렇게 적어라. '이는 마헬-살랄-하스-바스(노략-빨리 온다-약탈-서둘러 온다)의 것이다.'"

2-3 나는 정직한 사람 둘, 곧 제사장 우리야와 여베레기야의 아들 스가랴를 그 문서의 증인으로 세웠다. 그런 다음에 여예언자인 내 아내가 있는 집으로 돌아갔다. 그녀가 아이를 가졌고, 아들을 낳았다.

3-4 하나님께서 내게 말씀하셨다. "아기의 이름을 '마헬-살랄-하스-바스'라고 지어라. 그 아기가 아빠와 엄마를 부를 줄 알기 전에, 앗시리아 왕이 다마스쿠스의 재물과 사마리아의 재산을 모두 약탈해 갈 것이다."

❧

5-8 하나님께서 내게 다시 말씀하셨다.

"이 백성이
고요한 실로아 물에 등을 돌리고
르신과 르말리야의 아들을 바라보며
흥분해 있으니,
내가 나서서
유프라테스의 거친 홍수를 톡톡히 맛보게 해주겠다.
앗시리아 왕과 그의 위력이
홍수처럼 강둑을 터뜨리고
유다로 넘쳐흘러와,
눈앞에서 모든 것을 다 쓸어버릴 것이다.
물이 너희 목까지 차오르리라.
오 임마누엘이여, 미친 듯이 날뛰는 그 강물,
거대한 날개처럼 너희 온 땅을 뒤덮을 것이다."

❧

9-10 그러나 너희 압제자들아, 사태를 직시하고 너희 가슴을 쥐어뜯어라.
먼 나라든 가까운 나라든, 모두 잘 들어라.
최악을 각오하고 너희 가슴을 쥐어뜯어라.
그렇다. 진정 최악을 각오하고 너희 가슴을 쥐어뜯어라!
너희 생각대로 이런저런 일을 도모해 보아라. 다 헛일일 뿐이다.
이런저런 말을 떠들어 보아라. 다 헛말일 뿐이다.
모든 말, 모든 일 뒤에 남는 것은

결국 임마누엘—하나님이 우리와 함께 계신다—일 테니.

하나님을 두려워하라

11-15 **하나님**께서 내게 강하게 말씀하셨다. 두 손으로 나를 움켜잡으시고는, 이
백성을 따라가지 말라고 경고하셨다. 그분께서 말씀하셨다.

"이 백성을 따라 하지 마라.
그들은 늘 누군가 자신을 해칠 음모를 꾸미고 있다고 생각하며,
두려워 떤다.
그들이 두려워하는 것을 두려워하지 마라.
그들이 염려하는 것을 염려하지 마라.
염려하려거든, 거룩하신 분을 염려하여라.
만군의 **하나님**을 두려워하여라.
거룩하신 분은 너희의 은신처가 되기도 하시지만,
너희 길을 막는 암석,
고집 센 이스라엘 두 집안의 가는 길을 막아서는 바위,
예루살렘 시민의 출입을 막는
철조망이 될 수도 있다.
많은 자들이 뛰어가다 그 바위와 부딪쳐
뼈가 아스러지고,
그 철조망에 걸려
헤어 나오지 못할 것이다."

⁂

16-18 이 증언을 잘 받아들이고
이 가르침을 잘 간직하여, 내 제자들에게 전하여라.
나는 **하나님**을 기다릴 것이다.
자신을 숨기고 계신 그분을 기다리며, 그분께 소망을 둘 것이다.
나는 이 소망을 지키며 여기 있을 것이다.
하나님께서 내게 주신 자녀들과 더불어.
그들은 이스라엘을 향한 표징이다.
시온 산에 거하시는 만군의 **하나님**께서 주시는 경고의 표징,
소망의 표징이다.

19-22 사람들이 너희에게 "점쟁이들을 한번 찾아가 보지 그래.
영매들에게 물어보지 그래.
영계에 들어가서
죽은 자들과 접촉해 보는 것이 어때?"라고 말하면,

이렇게 대답하여라. "아니, 우리는 성경을 연구할 것이다."
다른 길을 시도해 보는 자는 결국 아무 데도 이르지 못할 것이다.
막다른 골목이 기다릴 뿐이다!
좌절하고 절박한 그들
이것저것 시도해 보지만,
아무 효과가 없으면 화가 치밀어 올라,
처음에는 이 신, 다음에는 저 신에게 욕을 퍼붓는다.
이 길, 저 길 기웃거리고
위를 보았다, 아래를 보았다, 옆을 보았다 하지만,
결국 아무것도 보지 못한다.
막다른 골목, 텅 빈 굴,
공허한 흑암에 처할 뿐이다.

우리를 위해 한 아이가 태어났다

9 [1] 그러나 고난 가운데 있던 자들은 이제 어둠에서 벗어날 것이다. 전에 주께서 스불론 땅과 납달리 땅을 불명예 가운데 두셨지만, 이제 그 지역 전체를, 곧 바다 따라 난 길과 요단 강 건너 국제적인 성읍 갈릴리를 영광스럽게 만드실 때가 오고 있다.

2-7 어둠 속을 헤매던 백성이
큰 빛을 보았다.
짙은 그늘이 드리운 땅에 살던 자들 위로
빛! 구름 사이를 뚫고 햇살이 비추었다!
주께서 그 나라를 다시 사람들로 북적이게 하시고
그들의 기쁨을 넓혀 주셨습니다.
오, 주 앞에서 그들이 얼마나 즐거워하는지요!
축제의 기쁨!
풍성한 선물과 따뜻한 인사를 나누는
큰 축일의 기쁨.
압제자들의 학대와 독재자들의 잔인함,
채찍질, 몽둥이질, 욕설들이
다 사라졌다. 이제 끝났다. 이 구원은,
전에 기드온이 미디안 족속을 꺾었던 승리만큼 놀라운 구원이로다.
침략 군대의 군화들,
무고한 피로 얼룩진 겉옷들이
한 무더기로 쌓여 불살라질 것이다.
며칠 동안 타오를 것이다!
이는, 우리를 위해 한 아이가 태어났기 때문이다!

그 아들을 우리에게 선물로 주셨기 때문이다!
이제 그가
세계를 통치할 것이다.
그의 이름은 '놀라우신 조언자'
'전능하신 하나님'
'영원하신 아버지'
'온전케 하시는 왕'이라 불리리라!
그분의 통치권, 점점 커지고
그분의 온전하심, 끝이 없으리라.
그분은 역사적인 다윗 보좌에 앉으셔서
약속된 왕국을 다스리시고,
그 왕국 굳게 세우셔서
세세토록 다스리실 것이다.
공정함과 올바름으로
이제부터 영원까지, 다스리시리라.
만군의 하나님의 열심이
이 모든 일을 이루실 것이다.

하나님께서 이스라엘을 벌하신다

8-10 주께서 야곱을 벌하시겠다는 메시지를 보내셨다.
그 메시지는 이스라엘 집 문 앞에 도달했고,
모든 백성, 에브라임과 사마리아의 시민들 모두가
그것을 들었다.
그러나 교만하고 오만한 떼거리인 그들,
그 메시지를 묵살하며 말했다.
"뭐, 상황이 그렇게 나쁜 것은 아니다.
우리는 뭐든지 대처할 수 있으니.
건물이 무너지면
더 크고 좋게 다시 지으면 되고,
나무들이 쓰러지면
다시 더 좋은 나무를 심으면 된다."

11-12 그래서 하나님께서 적들을 자극해 그들을 치게 하셨다.
원수들을 부추겨 그들을 공격하게 하셨다.
동쪽으로는 아람 사람들을, 서쪽으로는 블레셋 사람들을 일으키셨다.
그들이 이스라엘을 요절냈다.
그럼에도 아직 그분의 노는 풀리지 않으셨고,
다시 그들을 치시려고 높이 주먹을 쳐들고 계신다.

13-17 그런데도 이 백성은 자기들을 치는 분에게 무관심하다.
만군의 **하나님**을 찾지 않는다.
그래서 **하나님**께서는 이스라엘의 머리와 꼬리를,
그 종려가지와 갈대를 잘라내 버리셨다. 같은 날 한꺼번에.
그 머리는 우두머리 장로들이고,
그 꼬리는 거짓말하는 예언자들이다.
백성을 이끌어야 할 그들이
백성을 도리어 막다른 골목으로 끌고 들어갔으니,
지도자를 따랐던 이들이
길을 잃고 갈팡질팡한다.
주께서 젊은이들에게 흥미를 잃으시고,
그들의 고아와 과부들을 불쌍히 여기지 않으시는 것은 그래서다.
그들 모두 사악하고 악독하며,
더럽고 아둔한 말들을 떠벌린다.
그럼에도 아직 그분의 노는 풀리지 않으셨고,
다시 그들을 치시려고 높이 주먹을 쳐들고 계신다.

18-21 그들의 악독한 삶, 걷잡을 수 없는 불과 같다.
나무와 수풀, 잡초와 목초,
뭐든지 닥치는 대로 태워 버려,
온 하늘을 연기 자욱하게 만드는 불과 같다.
그 불에 만군의 **하나님**께서 불로 응답하셨다.
나라 전체에 불을 놓으셔서,
사람들 모두 불이 되게,
욕망 가운데 서로가 서로를 삼키는 불이 되게 하셨다.
만족을 모르는 그 욕망,
그들은 주위에 사람과 물건을 쌓아 놓고 게걸스럽게 집어삼킨다.
그래도 여전히 허기에 시달린다. 심지어 그들의 아이들도
그들의 탐욕스런 허기에서 안전하지 못하다.
므낫세가 에브라임을 먹어 치우고, 에브라임이 므낫세를 먹어 치웠으며,
그 둘이 유다를 해치려고 패를 지었다.
그럼에도 아직 그분의 노는 풀리지 않으셨고,
다시 그들을 치시려고 높이 주먹을 쳐들고 계신다.

악을 합법화하는 너희

10

1-4 악을 합법화하고,
희생자를 양산하는 법을 제정하는 너희에게 화가 있으리라.

가난한 이들을 비참하게 만들고
내 빈궁한 백성에게서 존엄을 앗아 가며,
힘없는 과부들을 이용하고
집 없는 아이들을 착취하는 법을 만들다니.
심판 날, 너희가 무슨 할 말이 있을까?
청천벽력처럼 임할 그 운명의 날에,
누가 너희를 도울 수 있겠느냐?
돈이 있다 한들 무슨 소용이 있겠느냐?
그때 너희는, 짐짝 취급받는 죄수나,
거리의 시체들 사이에 끼인 비참한 신세가 될 텐데.
그럼에도 아직, 이 모든 일로 그분의 노가 풀리지 않으셨고,
다시 그들을 치시려고 높이 주먹을 쳐들고 계신다.

앗시리아에게 화가 있으리라!

5-11 "앗시리아에게 화가 있으리라. 그는 내 진노의 무기요,
그의 손에 들린 곤봉은 바로 나의 진노다!
내가 그를 보내어 사악한 민족을 치며,
나를 노하게 만든 백성을 친다.
나는 그들을 모조리 노략질하고 약탈하여,
그 얼굴을 진창에 처박아 버리라고 명령한다.
그런데 앗시리아는 딴 속셈을 품는다.
속으로 딴생각을 한다.
그는 닥치는 대로 나라들을
짓밟아 멸망시키는 일에 광분해 있다.
앗시리아가 말한다. '내 지휘관은 다 왕들이 아니냐?
뭐든 제 맘대로 할 수 있는 자들이다.
나는 갈그미스뿐 아니라 갈로도 꺾지 않았느냐?
아르밧과 하맛도 멸망시켰고, 다마스쿠스처럼 사마리아도 뭉개 버렸다.
나는 예루살렘과 사마리아의 신들보다 훨씬 대단해 보이는
신들로 가득했던 나라들도 다 쓸어버렸다.
그러니, 예루살렘을 멸망시키려는 나를 막을 자 누구랴?
사마리아와 그 신-우상들을 모조리 쓰러뜨린 나인데.'"

12-13 주께서 시온 산과 예루살렘에 관한 일을 다 마치시면, 이렇게 말씀하실 것
이다. "이제 앗시리아 차례다. 나는 앗시리아 왕의 오만과 허풍을 벌할 것이다.
그는 거들먹거리며 목에 힘을 잔뜩 주고 이렇게 말한다.

13-14 '나는 이 모든 일을 혼자 힘으로 이루었다.

나보다 뛰어난 자 누구랴.
나는 나라들의 경계를 허물었다.
밀고 들어가서, 원하는 것은 뭐든지 취했다.
황소처럼 돌진해 들어가,
왕들을 보좌에서 다 끌어내렸다.
그들이 쌓아 놓은 보물들을 다 내 손아귀에 넣었다.
아이가 새 둥우리에서 새알을 꺼내듯 손쉽게 차지했다.
농부가 닭장에서 달걀을 꺼내 모으듯
온 세상을 내 바구니 안에 거두어들였다.
그런데도 날개를 푸덕이거나 꽥꽥 울어 대기는커녕
찍소리조차 내는 놈 하나 없었다.'"

15-19 도끼가 도끼질하는 자를 대신할 수 있느냐?
톱이 톱질하는 자 대신 주인공으로 나설 수 있느냐?
마치 삽이 스스로 인부를 부려서 도랑을 팠다는 식이구나!
마치 망치가 스스로 목수를 부려서 못을 박았다는 식이구나!
그래서다. 주 만군의 **하나님**께서 질병을 보내어
그 건장한 앗시리아 전사들을 쇠약하게 만드실 것이다.
하나님의 빛나는 영광 아래
한 맹렬한 불이 터져 나올 것이다.
'이스라엘의 빛이신 분'이 큰불이 되시고,
'거룩하신 분'이 불폭풍이 되실 것이다.
그리하여 하루 만에, 앗시리아 가시덤불을
하나도 남김없이 새까맣게 태워 버리실 것이다.
하나님께서 장대한 나무들과 우거진 과수원을 파괴하실 것이다.
앗시리아는 병든 환자처럼
몸도 영혼도 허약해져 쓰러질 것이다.
남은 나무들의 숫자를
아이가 두 손의 손가락으로도 셀 수 있을 것이다.

20-23 또한 그날에는, 이스라엘의 남은 자들, 야곱의 소수 생존자들이 더 이상 난폭한 압제자 앗시리아에게 매혹당하지 않을 것이다. 그들은 **하나님**, '거룩하신 분'을 의지할 것이다. 진정으로 의지할 것이다. 소수의 남은 자들—야곱의 남은 자들—이 전능하신 하나님께 돌아올 것이다. 너 이스라엘이 한때는 바다의 모래처럼 그 수가 많았지만, 그날에는 오직 소수만이 흩어졌던 곳에서 돌아올 것이다. 파괴 명령이 내려졌다. 이것은 의로 충만한 명령이다. 주 만군의 **하나님**께서, 온 세상에 걸쳐 시작하신 일을 여기서 끝마치실 것이기 때문이다.

[24-27] 그러므로 주 만군의 하나님께서 말씀하신다. "시온에 사는 내 사랑하고 사
랑하는 백성들아, 앗시리아 사람들이 너를 곤봉으로 때릴 때, 전에 이집트 사람
들이 그랬던 것처럼 너를 몽둥이로 위협할 때, 무서워하지 마라. 잠시 잠깐 뒤
면 너에 대한 나의 진노가 풀리겠고, 내가 나의 진노를 그들에게 돌려 그들을 파
멸시킬 것이다. 나 만군의 하나님이 아홉 가닥 채찍을 들고 그들을 쫓을 것이다.
기드온이 오렙 바위에서 미디안 사람들을 쓰러뜨렸듯이, 모세가 이집트를 발칵
뒤집어 놓았듯이, 그들을 아주 끝장내 버릴 것이다. 그날, 너의 등을 타고 있던
앗시리아 사람들이 끌어내려지고, 너의 목에서 종의 멍에가 벗겨질 것이다."

[27-32] 앗시리아가 오고 있다. 림몬으로부터 올라와
아얏에 이르고,
미그론을 통과해
믹마스에서 야영을 한다.
험한 길을 지나온 그들,
밤에 게바에 진을 쳤다.
라마가 겁에 질려 떤다.
사울의 고향 기브아가 줄행랑을 놓는다.
갈림의 딸아, 도와 달라고 소리쳐라!
라이사야, 그 외침을 들어라!
아나돗아, 뭐든 해보아라!
맛메나가 산속으로 내빼고,
게빔 주민들은 공포에 질려 도망간다.
적군이 놉에 이르렀다. 거의 코앞이다!
성읍이 보이자, 그들이 사랑하는 딸 시온 산,
예루살렘 언덕 위에서, 주먹을 휘두른다.

[33-34] 그러나 두고 보아라. 주 만군의 하나님께서
당신의 도끼를 휘둘러 그 가지들을 쳐내시며,
커다란 나무들을 베어 쓰러뜨리시고,
행진해 오는 그 높다란 나무들을 모조리 쓰러뜨리신다.
그분의 도끼가 그 나무들을 이쑤시개로 만들어 버릴 것이며,
레바논 같은 군대는 불쏘시개로 전락할 것이다.

이새의 그루터기에서 새싹이 나며

11

[1-5] 이새의 그루터기에서 한 푸른 새싹이 나며,
그 뿌리에서 한 가지가 움터 나오리라.
생명을 주는 하나님의 영,

곧 지혜와 깨달음을 주는 영,
방향을 잡아 주고 힘을 부어 주는 영,
지식과 **하나님**을 경외하는 마음을 불어넣어 주는 영이, 그 위에 머물리라.
하나님을 경외하는 것이
그의 기쁨과 즐거움이 될 것이다.
그는 겉모습으로 판단하지 않으며,
풍문에 따라 판결을 내리지 않을 것이다.
궁핍한 이들을 위해 의롭게 재판하고,
땅 위의 가난한 이들을 위해 정의롭게 판결할 것이다.
모두 옷깃을 여미고 그의 말을 주목하여 듣게 되리라.
그의 입에서 나오는 숨만으로도 악한 자들이 거꾸러질 것이다.
매일 아침 그는 튼튼한 작업복과 신발을 갖추고 나와,
이 땅에 의와 신실함을 세우는 일을 할 것이다.

6-9 이리와 어린양이 함께 뛰놀며,
표범과 새끼 염소가 같이 잘 것이다.
송아지와 사자가 같은 여물통에서 먹고,
어린아이가 그들을 기를 것이다.
암소와 곰이 목초지에서 함께 풀을 뜯고
새끼들도 서로 어울려 지내며,
사자가 소처럼 짚을 먹을 것이다.
젖 먹는 아이가 방울뱀 소굴 위를 기어 다니고,
걸음마하는 아이가 독사 굴에 손을 넣으며 놀리라.
나의 거룩한 산에서는
어떤 짐승이나 사람도 남을 해치거나 죽이는 일이 없을 것이다.
온 땅에 하나님을 아는 산 지식,
대양처럼 깊고, 대양처럼 넓은
산 지식으로 차고 넘치리라.

10 그날이 오면, 이새의 뿌리가 높이 세워져, 만백성을 집결시키는 깃발로 설 것
이다. 모든 민족이 그에게 나아오고, 그의 본부가 영광스럽게 되리라.
11 또한 그날이 오면, 주께서 다시 한번 손을 뻗으셔서, 흩어졌던 자기 백성 중에
남은 자들을 데려오실 것이다. 앗시리아, 이집트, 바드로스, 에티오피아, 엘람,
시날, 하맛, 바다 섬들에서 그들을 다시 데려오실 것이다.

12-16 그분은 모든 민족이 볼 수 있게 깃발을 높이 드시고
흩뿌려진 이스라엘 유랑민들을 불러 모으시며,

뿔뿔이 흩어진 유다 난민 모두를
땅의 사방과 칠대양에서 이끌어 오실 것이다.
에브라임의 질투가 풀리고,
유다의 적개심이 사라지리라.
에브라임은 더 이상 유다를 질투해 맞서지 않으며,
유다는 더 이상 에브라임을 증오해 맞서지 않을 것이다!
그들은 피를 나눈 형제로 하나 되어, 서쪽으로 블레셋 사람들을 덮치고,
동맹군을 이뤄 동쪽의 민족들을 약탈하며,
에돔과 모압을 공격할 것이다.
암몬 사람들도 그들과 같은 처지가 될 것이다.
하나님께서 다시 한번 이집트의 홍해를 말리셔서,
쉽게 건널 수 있는 길을 내실 것이다.
거대한 강 유프라테스에
거센 바람을 내려보내셔서,
그 강을 일곱 개의 실개울로 만들어 버리실 것이다.
발을 적시지 않고 건널 수 있는 실개울로!
마침내, 대로가 열릴 것이다.
하나님의 백성 중에 남은 자들이 앗시리아에서 쉽게 나올 수 있는 대로,
과거 이스라엘이 이집트에서 행군해 나올 때와 같은
그런 대로가 열릴 것이다.

나의 힘, 나의 노래

12

1 그날에 너는 이렇게 말할 것이다.
"하나님, 주께 감사드립니다.
주께서 노하셨으나
주의 진노는 영원하지 않았습니다.
주께서 노를 거두시고
제게 오셔서, 위로해 주셨습니다.

2 그렇습니다. 참으로 하나님은 나의 구원이십니다.
내가 주를 믿고 두려워하지 않겠습니다.
하나님께서—진정 하나님께서!—나의 힘이시요 나의 노래이시며,
무엇보다, 나의 구원이십니다!"

3-4 너희는 구원의 우물에서
기쁨 가득 물을 길어 올릴 것이다.
그러면서 말하리라.
"하나님께 감사드려라.

그분의 이름 소리 높여 외쳐라.
무엇이든 그분께 구하여라!
민족들에게 외쳐라. 그분이 하신 일을 들려주어라.
그분의 높은 명성, 그 소식을 전하여라!

5-6 **하나님**께 찬양을 드려라. 그분이 이 모든 일을 이루셨다!
온 땅에 그분이 하신 일을 알려라!
오 시온아, 지붕이 떠나갈 듯 외쳐라! 심장이 터지도록 크게 불러라!
한없이 위대하신 이가 너희 가운데 계시니,
그분은 '이스라엘의 거룩하신 분'이시다."

바빌론은 끝났다!

13

1 아모스의 아들 이사야가 본, 바빌론에 대한 메시지다.

2-3 "탁 트인 언덕 위에 깃발을 높이 올려라.
크게 소리쳐라. 그들로 주목하게 하고,
구령을 붙여 대형을 갖추게 하여라.
그들을 지휘해 권력의 핵심부로 쳐들어가라.
내가 특수부대를 맡고
돌격대를 소집했다.
내 진노의 심판을 수행하는 그들,
긍지와 열의가 끓어오른다."

4-5 산들 위에서 우르르 천둥소리가 울려 퍼진다.
큰 무리의 폭도들이 내는 소리 같다.
그 소리는 전쟁하러 모인 왕국과
나라들이 일으킨 소란이다.
만군의 **하나님**께서 당신의 군대를 소집하시고
전투대형을 갖추게 하신다.
먼 곳에서 오는 그들,
밀물처럼 밀어닥쳐 땅을 뒤덮는다.
하나님이 오고 계신다. 당신의 진노의 병기 들고서,
이 나라를 결딴내러 오신다.

6-8 통곡하여라! **하나님**의 심판 날이 가까이 왔다.
전능하신 하나님이 오실 날이, 눈사태처럼 밀어닥친다!
모두 공포에 질려 심신이 얼어붙고
신경이 쇠약해져 히스테리를 부리며,

해산하는 여인처럼
고통으로 몸부림친다.
무서워 떠는 그들, 누구를 보든지,
악몽을 보는 듯하리라.

9-16 "잘 보아라. 하나님의 심판의 날이 온다.
이는 무자비한 날, 진노와 격분의 날,
땅을 황폐하게 만들고
모든 죄인을 쓸어버리는 날.
하늘의 별들, 그 거대한 별들의 행렬이
블랙홀에 지나지 않게 될 것이다.
해는 그저 검은 원반이 되고,
달도 있으나 마나 한 것이 되리라.
내가 이 땅의 악을 완전히 멈춰 세우고,
악한 자들의 사악한 행위를 뿌리째 뽑아 버릴 것이다.
허풍 치며 뻐기던 자들의 입에 재갈을 물리면, 그들, 찍소리도 못 내리라.
거드름 피우며 활보하던 폭군들, 다 자빠트려 땅바닥에 얼굴을 처박게 만들 것이다.
교만한 인류, 지상에서 종적을 감출 것이다.
내가, 인간을 가물에 콩 나듯 하게 만들리라.
그렇다. 만군의 하나님의 진노 아래
그 맹렬한 진노의 심판 날에,
하늘도 흔들리고
땅도 뿌리까지 떨릴 것이다.
사냥꾼에 쫓기는 사슴처럼,
목자 없이 길 잃은 양처럼,
사람들이 소수의 동류들과 떼를 지어
임시변통할 피난처로 도망쳐 갈 것이다.
그렇게 뛰다가 넘어지는 자들, 가련하다. 그들은 그 자리에서 죽임을 당할 것이다.
목이 잘리고, 배가 찢겨 터지리라.
부모가 보는 앞에서
아기들이 바위에 메어쳐지고,
집들이 약탈당하며,
아내들이 겁탈당할 것이다.

17-22 이제 잘 보아라.
내가 메대를 자극해 바빌론을 치게 할 것이다.

뇌물로도 막을 수 없는 무자비,
무엇으로도 누그러뜨릴 수 없는 잔인함의 대명사인 메대 사람들.
그들은 젊은이들을 죄다 몰살시키고,
갓난아기들도 발로 걷어차며 놀다가 죽이는 자들이다.
가장 찬란했던 왕국,
갈대아 사람들의 자랑이요 기쁨이던 바벨론.
하나님이 끝장내신 소돔과 고모라처럼,
결국 연기와 악취만 남기고 사라질 것이다.
누구도 거기 살지 않게 되리라.
세대가 지나고 또 지나도, 유령마을로 남을 것이다.
유목민, 베두인 사람들도 거기에는 천막을 치지 않을 것이다.
목자들도 피해서 멀리 돌아갈 것이다.
이름 모를 들짐승이나 찾아와서,
밤마다 빈집들을 섬뜩한 괴성으로 채울 것이다.
스컹크들이 집으로 삼고,
무시무시한 귀신들이 출몰할 것이다.
하이에나의 괴성이 피를 얼어붙게 하고,
늑대의 울부짖음이 몸을 오싹하게 만들 것이다.

바벨론은 이제 망했다.
끝이 멀지 않았다."

14

1-2 그러나 야곱은 다르다. 하나님께서 야곱에게 자비를 베푸시리라.
그분이 다시 한번 이스라엘을 택하실 것이다. 그들을 고향 땅에 자
리 잡고 살게 하실 것이다. 이방인들이 야곱에게 매혹되어 운명을 같이하기 원
할 것이다. 그들이 타향살이하던 곳의 여러 민족들이 고향으로 돌아가는 이스
라엘을 도우며, 이스라엘은 그들을 남종과 여종으로 삼을 것이다. 하나님의 나
라에서 그들을 종으로 취할 것이며, 과거 자신들을 사로잡았던 자들을 사로잡
고, 자신들을 압제하던 자들 위에 군림하며 살 것이다.
3-4 하나님께서 너희를 압제와 고생과 혹독한 종살이에서 풀어 주시는 날, 너희
는 이런 풍자노래로 바벨론 왕을 조롱하며 재미있어 할 것이다.

바벨론아, 이제 너는 아무것도 아니다

4-6 믿어지느냐? 폭군이 사라졌다!
폭정이 끝났다!
만인을 짓밟던 악인의 통치를,
그 악당의 권력을

하나님께서 깨부수셨다.
그칠 줄 모르는 빗발 같은 잔혹함으로,
고문과 박해로 점철된
폭력과 광포로 통치하던 그를.

7-10 이제 끝났다. 온 땅에 안식이 깃든다.
노래가 터져 나온다! 지붕이 들썩이도록!
폰데로사 소나무들이 행복해하며,
거대한 레바논 백향목들이 안도의 한숨을 내쉬며 말한다.
"네가 망했으니,
이제 우리를 베어 쓰러뜨릴 자 없다."
지하의 망자들이
너를 맞이할 준비로 부산하다.
그들, 유령 같은 망자들,
모두 한때는 땅에서 이름 날렸던 자들이다.
나라의 왕이었다가 땅에 묻힌 그들,
모두 보좌에서 일어나,
잘 준비된 연설로
너를 죽음으로 초대한다.
"자, 이제 너도 우리처럼 아무것도 아닌 존재가 되었다!
죽은 우리와 더불어 여기서 집처럼 편히 지내거라!"

11 바빌론아, 너의 화려한 행렬과 멋진 음악이 너를 데려갈 곳은
결국 여기다.
땅 밑 독방,
구더기들을 침대 삼아 눕고
스멀스멀 기어다니는 벌레들을 이불로 덮는 곳이다.

12 오 바빌론아, 이 무슨 몰락이란 말이냐!
샛별이었던 너! 새벽의 아들이었던 너!
지하 진흙뻘에 얼굴이 처박히다니,
나라들을 쓰러뜨리던 일로 이름 높았던 네가!

13-14 너, 속으로 중얼거렸지.
"나, 하늘로 올라가리라.
하나님의 별들 위로 내 보좌를 높이겠다.
신성한 자폰 산에서 열리는
천사들의 회합을 내가 주재하겠다.

나, 구름 꼭대기로 올라가리라.
우주의 왕 자리를 내가 차지하겠다!"

15-17 그러나 성공했느냐?
아니다. 위로 올라가기는커녕, 너는 밑으로 밑으로 추락했다.
저 아래, 지하의 망자들에게로
그 깊은 구렁 속으로.
너를 보는 자들, 생각에 잠겨 중얼거린다.
"아니 정녕 이 자가
한때 세상과 나라들을 공포에 떨게 하고,
땅을 황폐케 하고,
성읍들을 멸망시키고,
죄수들을 산송장으로 만든, 바로 그 자란 말인가?"

18-20 왕들은 보통 품위 있게 장사된다.
덕을 기리는 송가와 더불어 무덤에 안장된다.
그러나 너는 매장되지 못하고,
길거리 개나 고양이처럼 시궁창에 버려져
썩어 문드러지는 시신들,
살해되고 유기된 가련한 시체들에 둘러싸였다.
네 시신은 더럽혀지고 사지가 절단되었다.
네 장례를 치러 줄 나라는 없다.
너는 네 땅을 폐허로 만들었고
대학살을 유산으로 남겼다.
네 악한 삶의 소산,
이름도 붙여지지 않으리라. 그저 잊혀질 뿐!

21 악인의 아들들을 죽일 장소를 마련하고
그 가문의 대를 끊어 버려라.
그들이 땅 한 평이라도 차지하거나
그들의 성읍들로 세상의 얼굴에 먹칠하는 것, 있을 수 없는 일이다!

22-23 만군의 하나님의 포고다. "내가 바빌론과 맞서겠다. 바빌론이라는 이름과
그 생존자들, 자녀와 후손들을 앗아 갈 것이다." 하나님의 포고다. "그곳을 쓸모
없는 늪지대로 만들고, 고슴도치들에게 주어 버리겠다. 아주 싹 쓸어버릴 것이
다." 만군의 하나님의 포고다.

24-27 만군의 하나님께서 말씀하신다.

"내 계획 그대로,
이뤄질 것이다.
내 청사진 그대로,
일이 성사될 것이다.
내 땅을 침범한 앗시리아를 내가 바스러뜨리고
내 산에서 그를 바닥에 짓이길 것이다.
내가 사람을 잡아 종으로 삼던 그의 일을 중단시켜,
억압에 눌린 이들의 허리를 펴게 할 것이다."
이것이
온 땅을 향해 세우신 계획이다.
이 계획을 이룰 손,
온 나라들을 향해 뻗어 있다.
만군의 하나님께서 계획하셨다.
누가 막을 수 있겠느냐?
그분께서 손을 뻗으셨다.
누가 막을 수 있겠느냐?

28-31 아하스가 죽은 해에, 이 메시지가 임했다.

잠깐! 블레셋 사람들아, 너는
잔인한 압제자가 쓰러졌다고 좋아할 때가 아니다.
단말마 비명 속에 죽는 그 뱀에게서 더 독한 뱀이 튀어나오고,
거기에서 또 더 독한 뱀이 튀어나올 것이다.
가난한 이들은 염려할 것 없다.
궁핍한 이들은 재난을 면할 것이다.
그러나 너희 블레셋 사람들은 기근에 던져지고,
굶어 죽지 않은 자들은 하나님이 쳐서 죽이실 것이다.
교만한 성읍아, 통곡하고 울부짖어라!
블레셋아, 공포에 떨며 바닥에 납작 엎드려라!
북쪽 지평선에서, 연기가 피어오른다.
성읍들이 불탄다. 사납고 날랜 파괴자가 지나간 자국이다.

32 궁금해 하는 이방인들에게
뭐라고 답하겠느냐?
"하나님께서 시온을 굳건히 세우셨다.

궁핍과 곤경에 처한 이들이 그곳을 피난처로 삼는다"고 말해 주어라.

모압 전역에 울려 퍼지는 울음소리

15

1-4 모압에 대한 메시지다.

모압 마을, 알이 폐허가 되었다.
야간공격으로 잿더미로 변했다.
모압 마을, 길이 폐허가 되었다.
야간공격으로 잿더미로 변했다.
디본 마을이 언덕 위 자기 예배실로 올라간다.
거기서 울기 위해 올라간다.
느보와 메드바를 보며
모압이 슬피 울며 통곡한다.
다들 머리를 밀고
수염을 깎는다.
그들, 상복을 입고 거리로 쏟아져 나와,
지붕 위로 올라가거나 마을 광장에 모인다.
모두 울음을 터뜨리며
비탄에 잠긴다.
헤스본과 엘르알레의 그칠 줄 모르는 큰 울음소리,
멀리 야하스까지 들린다.
모압이 흐느끼고, 슬픔을 이기지 못해 몸을 떤다.
모압의 영혼이 떤다.

5-9 오, 가련하기 짝이 없는 모압이여!
피난민의 행렬이 소알까지,
에글랏슬리시야까지 이어진다.
루힛 비탈길을 오르며 그들이 슬피 운다.
모든 것을 잃은 그들, 호로나임으로 가는 길에서 서럽게 운다.
니므림의 샘들이 다 말라 버렸다.
풀이 시들고 싹도 막혀, 아무것도 자라지 않는다.
그들, 가진 물건 전부를
등에 지고 떠난다.
버드나무 개울 건너
안전한 곳을 찾으려고 안간힘을 쓴다.
모압 전역에,
가슴 저미는 울음소리가 울려 퍼진다.
창자가 끊어지는 듯한 애곡소리, 에글라임에까지 들리고

가슴이 찢어지는 듯한 애곡소리, 브엘엘림에까지 들린다.
디본의 둑 위로 피가 흘러넘치는데,
하나님께서 디본을 위해 더 큰 재앙을 마련하셨다.
사자다. 도망치는 자들을 끝장내고
남은 자들 모두를 해치울 사자다.

모압이 한탄할 것이다

16

1-4 모압이 말한다. "어서 서둘러
예루살렘 지도자들에게 어린양을 조공으로 바쳐라.
셀라에서 광야를 거쳐 예루살렘으로 가지고 가라. 그들의 환심을 사라.
모압의 성읍과 백성들,
어쩔 줄 몰라 한다.
부화되어 나오자마자 둥지를 잃은 새들,
아르논 강 둑 위에서
건너지 못할 강을 바라보며
날개만 퍼덕거리는 새들 같구나.
'우리, 어떻게 해요?
제발, 우리를 좀 도와주세요!
우리를 보호해 주세요.
우리를 숨겨 주세요!
모압에서 나오는 피난민들에게
은신처를 마련해 주세요.
대학살을 피해 도망 오는 자들에게
안전한 처소가 되어 주세요.'"

4-5 유다가 대답한다. "이 일이 모두 끝나면,
폭군이 쓰러지고
학살이 중단되고
잔인한 일들이 흔적조차 남지 않을 때가 되면,
숭엄한 다윗 전통을 따르는 새 정권,
인애의 정권이 세워질 것이다.
네가 의지할 수 있는 한 통치자가
그 정권의 수장이 될 것이다.
그는 정의를 향한 열정으로 가득한 통치자,
세상을 바로잡으려는 열의로 충만한 통치자다."

6-12 우리는 익히 들었다. 모두가 들었다!

모압의 교만에 대해.
온 세상이 다 아는 그 거만과 오만 방자와
허풍에 대해.
그러니, 이제 모압이 자신의 달라진 처지를 한탄하게 내버려 두어라.
이웃들이 번갈아 부르는 거짓 애가를 듣게 하여라!
이 무슨 수치인가! 이 얼마나 끔찍한 일인가!
그 좋았던 과일빵과 길하레셋 사탕을 더 이상 맛볼 수 없다니!
울창하던 헤스본의 밭들이 황폐해지고,
기름지던 십마의 포도원들이 모두 황무지로 변했다!
한때는 야스엘과
사막 바로 코앞에까지 뻗어 가,
눈 닿는 곳 어디에서나
풍성한 수확을 안겨 주던
그 유명했던 포도덩굴을,
외적들이 다 밟아 뭉개고 찢어발겼다.
나도 통곡하련다. 야스엘과 함께 통곡하고,
십마 포도원을 위해 통곡하련다.
그렇다. 헤스본과 엘르알레여,
너의 눈물에 내 눈물을 섞으련다!
추수 때의 즐거운 환호가 영영 사라졌다.
노래와 축제 대신 쥐 죽은 듯 정적뿐이다.
과수원에 떠들썩한 웃음소리 들리지 않고,
포도원에 신나는 노동요가 더는 들리지 않는다.
들판에서 일하는 자들의 흥겨운 노랫소리 대신에
정적, 죽음 같은 정적, 숨 막히는 정적뿐이다.
모압을 보면 내 심금 울리고,
가련한 길하레셋을 생각하면 내 동정심이 솟는다.
모압은 터벅터벅 산당에 올라가 기도하지만,
시간과 정력을 낭비할 뿐이다.
그 성소에 들어가 구원해 달라고 기도해 봐야
소용없다. 아무 일도 일어나지 않는다.

13-14 이는 전에 **하나님**께서 모압에 대해 주셨던 **메시지**다. **하나님**께서 이제 다
시 주신 **메시지**는 이러하다. "삼 년 안에, 징집된 병사의 복무기간보다 짧은 그
시간 안에, 대단했던 모압이 자취도 없이 사라질 것이다. 허풍 가득한 호화로운
풍선이 한순간에 터져 버리고, 사람들로 들끓던 그곳에는 몇몇 부랑자들만 발
을 질질 끌며 구걸을 다닐 것이다."

다마스쿠스: 먼지 더미, 돌무더기가 되리라

17

1-3 다마스쿠스에 대한 메시지다.

"잘 보아라. 다마스쿠스는 이제 도성이 아니라
먼지 더미, 돌무더기가 되리라!
성읍들은 텅텅 비고
양과 염소들이 들어와,
주인인 듯 떡하니 자리를 차지할 것이다.
실제로 그렇게 될 것이다!
에브라임에 요새가 있었던 흔적,
다마스쿠스에 정부가 있었던 자취, 눈을 씻고 찾아도 찾을 수 없다.
아람에 남은 것이 얼마나 되겠느냐고?
이스라엘과 마찬가지다. 별로 없을 것이다."
만군의 하나님의 포고다.

4-6 "야곱의 눈부신 찬란함이 빛을 잃고
살찐 몸이 뼈만 앙상해질 날이 오고 있다.
나라 전체가 텅 빌 것이다. 추수가 끝난 들판처럼,
무엇 하나 남은 것이 없을 것이다.
추수 후 르바임 골짜기에 남은
몇 개의 보리 줄기 같거나,
나무 꼭대기에 달려 사람의 손길을 피한
두세 개의 익은 올리브 열매 같거나,
과수원에서 과일 따는 자들의 손 닿지 않은
네다섯 개의 사과 같을 것이다."
이스라엘의 하나님의 포고다.

7-8 그렇다. 사람들이 '그들을 지으신 분'을 주목하게 될 날, '이스라엘의 거룩하
신 분'을 주목하게 될 날이 오고 있다. 전에는 대단하다 여겼던 자기 작품들—제
단, 기념물, 의식, 가내수공품 종교—에 대한 흥미를 모두 잃고 말 것이다.

9 그렇다. 그들이 요새 성읍들을 버리고 도망칠 날이 오고 있다. 이스라엘이 쳐
들어왔을 때 히위 사람과 아모리 사람이 버리고 도망갔던 바로 그 성읍들을! 나
라가 텅 빌 것이다. 전부 황폐해질 것이다.

10-11 이유를 알겠느냐? 네가 너의 구원이신 하나님을 잊었고,
너의 반석이요 피난처이신 분을 기억하지 않았기 때문이다.
그러니, 네가 아무리 종교에 열심을 낸다 하더라도,

네 풍요의 신들을 구슬려 뜻대로 하게 하려고
온갖 종류의 관목과 목초와 나무들을 심고
그것들을 잘 가꾸어
싹과 봉오리와 꽃을 활짝 피운다 하더라도,
네게는 아무 수확이 없을 것이다. 거둬들이는 것이라고는
그저 비통과 고통, 끝없는 고통뿐일 것이다.

12-13 오! 천둥이 울린다! 군중이 일으키는 천둥소리!
요란한 파도소리 같은 천둥소리!
나라들이 포효한다.
거대한 폭포처럼 포효한다.
고막을 터뜨릴 듯 포효한다!
그러나 하나님께서는 말씀 한 마디로 그들을 잠잠케 하시고,
훅 불어 날리실 것이다.
죽은 잎사귀처럼, 떨어진 엉겅퀴 잎처럼.

14 잠자리에 들 시각, 공포가 대기를 가득 채운다.
그러나 아침에 일어나 보니, 다 사라져 버렸다. 흔적도 찾을 수 없다!
바로 우리를 멸망시키려는 자들에게 일어날 일,
우리 목숨을 노리는 자들이 맞을 운명이다.

에티오피아: 강력하고 무자비한 자들

18 1-2 에티오피아 강 너머,
파리와 모기들의 땅에 화가 있으리라.
강 따라 바다 건너,
세계 방방곡곡에 사신들을 배에 태워 보내는 땅.

발 빠른 사신들아, 가거라.
키 크고 잘생긴 그들에게.
강줄기 여러 갈래로 나뉘어 흐르는 땅에 사는
강력하고 무자비한 민족,
어디서나 우러름 받는 그들에게 가거라.

3 모든 곳, 모든 자들,
땅의 모든 주민들아,
산에 깃발이 나부끼는 모습이 보이거든, 잘 보아라!
나팔 부는 소리가 들리거든, 잘 들어라!

4-6 하나님께서 내게 이렇게 말씀하셨기 때문이다.

"나는 아무 말 없이,
그저 여기 나 있는 곳에서 지켜보고만 있을 것이다.
따뜻한 햇살처럼 고요히,
추수 때의 이슬처럼 조용히."
그러다가 추수 직전,
꽃철이 지나 포도가 영글 무렵이 되면,
그분이 오셔서 새로 난 가지들을 다 잘라 내고,
자라난 가지들을 가차 없이 쳐내실 것이다.
그것들, 바닥에 버려져
새와 짐승들 꼴이 될 것이다.
새들이 먹고 여름을 지내고,
짐승들이 먹고 겨울을 지내는 먹이가 될 것이다.

7 그때에 만군의 하나님께 공물이 바쳐지리라.
키 크고 잘생긴 민족,
한때 어디서나 우러름 받던 그들,
강력하고 무자비하던 그들이
강줄기 여러 갈래로 나뉘어 흐르는 그 땅에서
시온 산, 하나님의 처소로 공물을 가져올 것이다.

이집트: 무정부 상태, 대혼란, 살육!

19

1 이집트에 대한 메시지다.

잘 보아라! 하나님이 빠른 구름을 타고서
이집트를 향해 가신다!
이집트의 신들, 그 우상들이 벌벌 떤다.
이집트 사람들이 공포에 질려 몸이 굳는다.

2-4 하나님께서 말씀하신다. "내가 이집트 사람들끼리 치고받으며 싸우게 하겠다.
형제들끼리 서로, 이웃들끼리 서로,
성읍과 성읍이, 나라와 나라가.
그곳은 무정부 상태가 되고, 대혼란과 살육이 벌어질 것이다!
내가 이집트 사람들의 혼을 빼놓을 것이며,
그들은 도무지 갈피를 잡지 못할 것이다.
그들이 답을 구하러 자기들의 신들, 그 우상들에게 달려갈 것이다.
응답이 절실한 그들, 혼령을 불러내는 의식을 거행할 것이다.

그러나 나는 이집트 사람들을
잔인하기 그지없는 폭군에게 넘겨,
야비하고 무자비한 왕의 통치를 받게 할 것이다."
주 만군의 하나님의 포고다.

5-10 나일 강이 말라 버릴 것이다.
강바닥까지 햇볕에 바싹 말라붙을 것이다.
운하에는 물이 고여 썩은 냄새가 풍기고,
나일 강에 닿는 개울들도 모조리 말라 버릴 것이다.
강가 식물들이 다 썩어 문드러지고
강둑은 딱딱하게 굳어지리라.
강바닥도 굳어 반질반질해지고
강가의 풀들도 말라비틀어져, 바람에 날려 사라질 것이다.
고기 잡는 어부들,
이제 고기잡이는 끝이라고 한탄할 것이다.
직물 짜는 자들, 일감이 떨어질 것이다.
아마포, 무명, 양털로 천을 짜는 모든 자들,
할 일 없어 빈둥거리며 풀이 죽어 지낼 것이다.
생계를 위해 일해야 하는 모든 자들, 아무 할 일이 없어질 것이다.

11-15 소안의 제후들은 멍청이들이고,
바로의 참모들은 얼간이들이다.
어떻게 너희가 바로에게
"저를 믿으십시오. 저는 일이 어떻게 돌아가는지 알고 있습니다.
저는 고대 이집트의 지혜를 계승한 현인입니다"라고 말할 수 있단 말이냐?
너의 이집트에 현인은 단 한 사람도 없다.
있다면, 그가 너에게
만군의 하나님께서 이집트에 대해 갖고 계신 생각을 일러 주었으리라.
실상은 소안의 제후들은 다 멍청이들이고,
멤피스의 제후들은 다 저능아들이다.
네가 사회의 기둥이라 치켜세웠던 자들,
그들이 이집트를 그릇된 길로, 막다른 골목으로 이끌었다.
하나님께서 그들의 머리를 뒤죽박죽으로 만드셨다.
이집트는 자기가 게워낸 토사물에, 스스로 미끄러져 자빠진 꼴이 되었다.
이집트는 희망이 없다. 어찌해 볼 수 있는 상황은 이미 지났다.
늙어 비실대는 노쇠한 얼간이다.

16-17 그날이 오면, 이집트 사람들은 극도로 흥분한 여학생들처럼 되어, 만군의
하나님께서 행동하실 기미가 조금이라도 보이면 마구 비명을 질러댈 것이다.
미약한 유다가 그들에게 공포의 대상이 되리라! '유다'라는 말만 들어도 공포에
질릴 것이다. 그 이름을 들을 때마다, 이집트를 치시려는 만군의 **하나님**의 계획
이 떠올라 두려움에 사로잡힐 것이다.
18 그날이 오면, 이집트의 여러 성읍들이 믿음의 언어를 배우고 만군의 **하나님**
을 따르겠노라 약속할 것이다. 이 성읍들 가운데 하나는 '태양의 성읍'이라는 영
예로운 이름을 갖게 될 것이다.
19-22 그날이 오면, 이집트 중심부에 **하나님**을 예배하는 처소가 자리하고, 국경에
는 **하나님**께 바쳐진 기념물이 들어서, 만군의 **하나님**께서 그동안 이집트 사람
들을 어떻게 도우셨는지 증거하게 될 것이다. 그들이 압제자들로 인해 **하나님**께
기도하고 부르짖으면, 그분께서 도움의 손길을 내미실 것이다. 그들을 지키고
보살펴 줄 구원자를 보내 주실 것이다. **하나님**께서 이집트 사람들에게 자신을
숨김없이 드러내실 그날에, 그들이 그분을 알게 되리라. 희생 제물과 번제물을
가져와 그분을 진심으로 예배하게 되리라. 그들이 하나님 앞에서 서약하고 그
서약을 지킬 것이다. **하나님**께서 이집트에게 상처를 입히고 치시겠지만, 그 후
에는 고쳐 주실 것이다. 이집트가 **하나님**께 돌아오고, **하나님**은 그들의 기도를
들으시고 그들을 치료해 주실 것이다. 머리끝부터 발끝까지 낫게 하실 것이다.
23 그날이 오면, 이집트에서 앗시리아까지 이어지는 대로가 열릴 것이다. 앗시
리아 사람들이 이집트에서, 이집트 사람들이 앗시리아에서 마음껏 활보하며 다
닐 것이다. 더 이상 적수가 아닌 그들, 이집트 사람들과 앗시리아 사람들이 함
께 예배를 드릴 것이다!
24-25 그날이 오면, 이스라엘은 이집트와 앗시리아와 어깨를 나란히 하고, 세상의
중심에서 복을 함께 나눌 것이다. 이스라엘에게 복 주신 만군의 **하나님**께서 그
들 모두에게 넘치는 복을 내리실 것이다. "복되어라 이집트여, 나의 백성이여!
복되어라 앗시리아여, 내 손의 작품이여! 복되어라 이스라엘이여, 나의 소유여!"

벌거벗은 예언자의 표징

20

1-2 앗시리아 왕 사르곤이 보낸 야전 사령관이 아스돗을 공격하여 점
령했던 그해, **하나님**께서 아모스의 아들 이사야에게 말씀하셨다.
"가서, 네 옷과 신발을 벗어 던져라." 이사야는 그렇게 했고, 알몸과 맨발로 다
녔다.
3-6 그 후 **하나님**께서 말씀하셨다. "내 종 이사야는 이집트와 에티오피아에 대한
경고의 표징으로 삼 년 동안 알몸과 맨발로 다녔다. 이제 그것이 그대로 이루어
져, 앗시리아 왕이 쳐들어와 이집트와 에티오피아 사람들을 포로로 잡아갈 것
이다. 젊은이나 늙은이 할 것 없이, 모두 알몸과 맨발로 끌려가며 조롱거리가
될 것이다. 엉덩이를 드러낸 채 줄을 지어 끌려가는 이집트 사람들의 모습을 생
각해 보아라! 에티오피아에 희망을 걸었던 자들, 이집트에게 도움을 기대했던

자들, 다 혼란에 빠질 것이다. 바닷가에 사는 자들은 이렇게 말하리라. '저들을 봐라! 알몸으로, 맨발로 끌려가는 저 포로들을! 저들이 우리의 희망이라 여겼는데. 우리를 앗시리아 왕에게서 구해 주리라 믿었는데. 이제 우리는 어떻게 하지? 어떻게 여기서 빠져나가지?'"

21

1-4 바닷가 사막에 대한 메시지다.

거센 폭풍우가 네겝 사막,
공포 가득한 그곳을 거쳐 돌진해 올 때,
한 준엄한 환상이 내게 임했다.
배신자가 배신당하고, 약탈자가 약탈당하는 환상이다.
공격하여라, 엘람아!
포위하여라, 메대야!
페르시아 사람들아, 공격하여라!
공격하여라, 바빌론을!
내가 모든 비탄과 신음을
끝장내리라.
이 소식으로 인해 나는 고통으로 몸을 구부렸다.
해산하는 여인처럼 고통스럽게 몸을 비틀었다.
들리는 소리로 정신이 아득해지고,
보이는 광경으로 맥이 탁 풀렸다.
어안이 벙벙해지고
공포에 사로잡힌 나,
느긋한 저녁 시간을 바랐건만,
다가온 것은 악몽이었다.

5 향연이 베풀어지는 자리,
손님들이 기대어 앉아 호사와 안락을 누리며
먹고 마시며 즐기고 있는데,
갑자기 소리가 들린다. "제후들아, 무기를 들어라! 전투가 벌어졌다!"

6-9 주께서 내게 말씀하셨다. "가서, 파수꾼을 세워라.
그에게 관측한 것을 보고하게 하여라.
전투대형을 갖춘 말과 마차들,
나귀와 낙타 행렬을 보거든,
땅바닥에 귀를 대고
작은 속삭임, 풍문 하나까지 귀담아들으라고 말해 두어라."

바로 그때, 파수꾼이 소리쳤다.
"주님, 저는 온종일을 매일같이,
밤을 새워 가며
제 자리를 지키며 보초를 섭니다!
저는 몰려오는 그들,
전투대형을 갖춘 말과 마차들을 지켜보았습니다.
그들이 큰소리로 알리는 전쟁 소식을 들었습니다.
'바빌론이 쓰러졌다! 쓰러졌다!
그 귀한 신-우상들,
다 바닥에 메쳐져 산산조각 나버렸다.'"

10 사랑하는 이스라엘아, 너희가 그동안 많은 일을 겪었다.
맷돌에 넣어져 으깨졌다.
이제 내가 이스라엘의 하나님,
만군의 하나님께 들은 기쁜 소식을 너희에게 전한다.

❦

11-12 에돔에 대한 메시지다.

에돔의 세일 산에서
한 음성이 나에게 울려 퍼진다.
"야간 파수꾼이여! 동이 트려면 얼마나 남았느냐?
이 밤이 얼마나 남았느냐?"
야간 파수꾼이 소리쳐 대답한다.
"아침이 오고 있다.
그러나 아직은 밤이다.
다시 물어도 내 대답은 같다."

❦

13-15 아라비아에 대한 메시지다.

너희 드단의 대상들아,
너희는 사막 불모지에 천막을 치고 야영해야 할 것이다.
목마른 자들에게 물을 갖다 주어라.
도망자들에게 빵을 대접해 주어라.
데마에 사는 너희여,
너희가 잘하는 사막의 환대를 보여주어라.
사막이 전쟁의 공포를 피해 도망쳐 나오는

피난민들로 넘쳐난다.

16-17 주께서 내게 말씀하셨다. "기다려라. 일 년 안에—내가 약정하노라!—사막의 불한당인 게달의 오만과 잔인함이 끝장날 것이다. 게달 불량배들, 살아남을 자가 많지 않을 것이다." 이스라엘의 **하나님**의 말씀이다.

예루살렘에 대한 경고

22

1-3 '환상 골짜기'에 대한 **메시지다**.

지금 무엇을 하고 있느냐?
이 시끄러운 파티소리는 무엇이냐?
길거리에 환호소리, 박수소리 요란하고
성읍 전체가 축제로 들썩이는구나!
존경할 만한 용감한 군인,
자랑스러운 전쟁 영웅 하나 없는 너희다.
너희 지도자들은 모두
칼 한번 휘두르지 못하고 붙잡힌 겁쟁이들이다.
너희는 싸움터에서 줄행랑치다 붙잡힌
겁쟁이들의 나라다.

4-8 그 소란 중에 내가 말했다. "나를 혼자 내버려 두어라.
홀로 슬피 울게 놔두어라.
다 잘될 것이라는 말, 내게는 하지 마라.
이 백성은 망할 것이다. 잘되지 않을 것이다."
주 만군의 **하나님**께서
떼 지어 몰려든 사람들로 요란해질 날이 이르게 하실 것이다.
'환상 골짜기'에서 서로 밀치며 우르르 도망치는 소리,
성벽 허물어뜨리는 소리,
산을 향해 "공격! 공격!"을 외치고 아우성치는 소리로 요란할 날을.
옛 원수들, 엘람과 기르가 빈틈없이 무장하고,
무기와 전차와 기병부대를 갖추고 쳐들어온다.
네 아름다운 골짜기들이 전쟁소리로,
이리저리 돌진하는 전차와 기병들 소리로 요란하다.
하나님께서 유다를 무방비 상태로 내버려 두셨다.

8-11 그날, 너희는 방어진을 점검하고 '숲 병기고'의 무기들을 검열했다. 성벽의
약한 지점을 찾아 보수했다. 너희는 '아랫못'에 물을 충분히 저장해 두었다. 예
루살렘의 모든 집을 조사하여, 어떤 집은 허물고 그 벽돌을 성벽에 덧대어 튼튼

하게 만들었다. 물을 충분히 확보하기 위해 커다란 수조도 만들었다.
너희는 이것저것을 살피고 둘러보았다. 그러나 너희는 이 성읍을 너희에게 주셨던 분을 바라보지 않았다. 이 성읍에 관해 오래전부터 계획을 세우셨던 그분께는 단 한 번도 자문을 구하지 않았다.

12-13 그날, 주 만군의 **하나님**께서
소리쳐 이르셨다.
눈물로 회개하는 시간을 가지라고,
잿빛 옷을 입고 비가를 부르라고.
그런데 너희는 지금 무엇을 하고 있느냐? 너희는 파티를 열었다!
먹고 마시고, 길거리에서 춤판을 벌였다!
소와 양을 잡고, 엄청난 잔치를 열었다.
술판, 고기판을 벌였다.
"오늘을 즐기자! 먹고 마시자!
내일이면 죽을 테니!"

14 만군의 **하나님**께서 내게 이 천박함에 대한 그분의 평결을 속삭여 일러 주셨다. "너희는 죽는 날까지 이 악한 행위에 대한 대가를 치르게 될 것이다." 주 만군의 **하나님**의 말씀이다.

셉나에게 경고하시다

15-19 주 만군의 **하나님**께서 말씀하셨다. "오라, 궁중업무 총책임자인 셉나에게 가서 이렇게 전하여라. 이것이 대체 무슨 짓이냐? 외부인에 지나지 않는 네가 마치 주인인 양 행세하고 있다. 보란 듯이 제 무덤을 크고 화려하게 만들어 놓고는 거물처럼 굴고 있다. **하나님**이 너를 덮쳐 가진 것을 다 빼앗고, 너를 개들에게 던져 버릴 것이다. 네 머리채를 잡아 공중에서 빙글빙글 돌렸다가 놓아 버릴 것이다. 그러면 너는 공처럼 날아가 시야에서 사라지리라. 아무도 모르는 곳까지 날아가 떨어져서, 거기서 죽을 것이다. 그동안 네가 네 무덤 속에 쌓아 둔 것들도 다 사라질 것이다. 너는 네 주인의 집을 수치스럽게 했다! 너는 이제 해고다. 아, 속이 시원하다!

20-24 그날이 오면, 나는 너 셉나를 교체할 것이다. 힐기야의 아들인 내 종 엘리아김을 불러 그에게 네 의복을 입혀 줄 것이다. 그에게 네 띠를 매어 주고, 네 권력을 넘겨줄 것이다. 그는 예루살렘과 유다 정권의 아버지 같은 지도자가 될 것이다. 나는 그에게 다윗 유산의 열쇠를 줄 것이다. 그가 장악하고서, 어떤 문이라도 열고 어떤 문이라도 닫을 것이다. 단단한 벽 속에 못을 박아 넣듯 내가 그를 박아 넣을 것이다. 그는 다윗 전통을 굳게 지킬 것이다. 모두가 그에게 매달릴 것이다. 다윗 후손의 운명뿐 아니라, 컵이나 나이프같이 그 집안의 세세한

것까지도 그를 의지하게 되리라."
25 만군의 하나님께서 말씀하신다. "그 다음에, 그 못이 느슨해져 단단한 벽에서
떨어져 나올 날이 올 것이다. 그날에, 못에 매달려 있던 것들 전부가 떨어져 부
서질 것이다." 이것이 앞으로 일어날 일이다. 하나님의 말씀이다.

두로와 시돈에 대한 경고

23

1-4 다시스의 배들아, 슬피 울어라.
강력했던 너희 항구들, 모두 잿더미가 되었다!
키프로스에서 돌아오는 배들,
그 몰락을 목도했다.
바닷가에 사는 너희 시돈의 상인들아,
입을 다물어라.
큰 바다를 항해하면서
물건을 사고팔며,
시홀에서 생산된 밀들,
나일 강변에서 자란 밀들로 너희는 돈을 벌어들였지.
다국적 곡물 중개상을 하던 너희여!
시돈아, 이제 부끄러운 줄 알고 고개를 숙여라.
그 바다, 정력 넘치던 해양이 소리 높여 말한다.
"나는 산고를 겪어 본 적도, 아기를 낳아 본 적도,
아이를 키워 본 적도 없다.
생명을 주어 본 적도, 생명을 위해 일해 본 적도 없다.
그저 숫자들, 생명 없는 숫자들, 이윤과 손실 액수나 세어 왔을 뿐."

5 두로에 대한 소식이 이집트에 전해지면,
통곡소리! 그 가슴 쥐어뜯는 소리 들리리라!

6-12 바닷가에 사는 너희여, 다시스에 가보아라.
가서 잘 살펴보고 통곡하여라. 눈물바다를 이루어라!
이것이 너희가 기억하는, 정력과 활력 넘치던 그 성읍이 맞느냐?
활발하고 북적거리던 유서 깊은 성읍,
전 세계로 뻗어나가
물건을 사고팔던 그 성읍이 맞느냐?
세계시장을 주름잡던 두로,
그 두로의 멸망 배후에 누가 있는지 아느냐?
두로의 상인들, 그 세계의 거물들이었다.
두로의 거래상들, 큰손들이었다.
만군의 하나님께서 추락을 명하셨다.

오만의 추한 이면을 드러내시려고,
부풀린 명성을 땅에 떨어뜨리시려고 그리하셨다.
아, 다시스의 배들아, 배를 돌려 귀향하여라.
이 항구에는 선착장이 남아 있지 않다.
하나님께서 바다와 상인들에게 손을 뻗어
그 바다 왕국들을 혼란에 빠뜨리셨다.
하나님께서 그 바닷가 성읍들,
상업 중심지의 파괴를 명하셨다.
하나님께서 말씀하셨다. "이곳은 이제 내세울 것 하나 없이 되었다.
시돈은 파산했고 다 빼앗겼다.
키프로스에서 새 출발을 하고 싶다고?
꿈도 꾸지 마라. 거기서도 너희는 되는 일이 없을 것이다."

13 바빌론이 어떻게 되었는지 보아라. 남은 것 하나 없이 다 멸망했다. 앗시리아
가 그곳을 사막으로, 들개와 들고양이들의 은신처로 만들어 버렸다. 거대한 포
위 공격 무기들로 건물들을 모조리 무너뜨렸다. 그곳에는 돌무더기만 남았다.

14 다시스의 배들아, 통곡하여라.
강력했던 너희 항구들, 다 잿더미가 되었다!

15-16 앞으로 왕들의 평균 수명인 칠십 년 동안, 두로는 잊혀질 것이다. 그 칠십
년이 차면 재기하겠지만, 그것은 한물간 창녀의 재기일 뿐, 두로는 이런 노랫말
속의 주인공 같을 것이다.

"잊혀진 창녀여,
하프를 들고 성읍을 돌아다녀 보아라.
전에 부르던 노래, 자주 부르던 노래들을 불러 보아라.
행여 누군가 기억해 주는 사람이 있을지도 모르니."

17-18 칠십 년이 차면 하나님께서 두로를 돌아보실 것이다. 그녀는 전에 하던 무
역일, 매춘과 같은 그 일로 돌아가 가장 높은 가격을 부르는 자에게 자신을 팔
것이다. 화대만 주면 누구와 무슨 짓이라도 할 것이다. 땅의 모든 나라와 난잡
한 거래를 벌일 것이다. 그러나 그녀가 받은 돈 전부는 하나님께 넘겨질 것이
다. 제 몫으로 저축하지 못할 것이다. 그녀가 벌어들이는 이윤 전부는, 하나님
을 알고 하나님을 섬기는 백성에게 풍부한 음식과 최고의 옷을 마련해 주는 일
에 쓰일 것이다.

하나님께서 땅을 벌하시리라

24

1-3 위험이 코앞에 닥쳤다! 하나님께서 땅을 초토화하고
잿더미로 만드실 것이다.
전부를 뿌리째 뒤엎고
모두를 갈팡질팡하게 만드실 것이다.
제사장도 백성도,
소유주도 노동자도,
이름 있는 자도 이름 없는 자도,
사는 자도 파는 자도,
재력가도 가난뱅이도,
가진 자도 못 가진 자도.
땅의 모습이 달표면처럼 되리라.
완전히 황폐해지리라.
그 까닭을 아느냐? 하나님께서 그렇게 말씀하시기 때문이다.
그분이 명령을 내리셨기 때문이다.

4 땅이 황량해지고 잿빛이 되리라.
세상은 정적과 슬픔만이 감돌고,
하늘과 땅이 생기와 빛을 잃으리라.

5-13 땅이 거기 사는 사람들로 인해 더럽혀졌다.
법을 깨뜨리고,
질서를 교란시키며,
신성하고 영원한 언약을 범하는 자들로 더럽혀졌다.
그로 인한 저주가, 마치 암처럼
땅을 초토화시키고 있다.
사람들은 신성한 것을 짓밟은 죄값을 치르고 있다.
그들의 수가 점점 줄어 없어진다. 하나씩 죽어 나간다.
포도주도 없고 포도농장도 없고,
노래도, 노래하는 자도 없다.
소고 치며 웃는 소리가 사라지고
잔칫집의 떠들썩한 소리도 사라졌으며,
수금 켜며 웃는 소리도 사라졌다.
축배를 드는 파티, 더 이상 열리지 않는다.
술꾼조차도 고개를 젓는 역겨운 술만 남았다.
혼돈에 빠진 성읍들, 사람이 도무지 살 수 없는 곳이다. 무정부상태다.
집들은 전부 문에 못질을 하여 폐가로 변했다.
포도주를 찾아 헤매는 사람들, 길거리에서 소요를 일으키지만

좋았던 시절은 영영 가 버렸다.
이 낡은 세상에 더는 남은 기쁨이 없다.
성읍은 죽고 버려져,
잔해 더미만 남았다.
이것이 이 땅에 임할 미래다.
이것이 모든 나라에 닥칠 운명이다.
다 털려 올리브 하나 남지 않은 올리브나무,
다 털려 포도알 하나 남지 않은 포도나무처럼 될 것이다.

14-16 그러나 즐거운 노래를 터뜨릴 자들도 있다.
그들, 서쪽에서 하나님의 장엄을 소리쳐 노래하리라.
그렇다. 동쪽에서 하나님의 영광이 높아지리라.
바다의 모든 섬이
하나님의 명성을,
이스라엘의 하나님의 명성을 널리 퍼뜨릴 것이다.
사방 칠대양에서 이런 노랫소리 들려오리라.
"의로우신 분께 찬양을 드리세!"

16-20 그러나 나는 말했다. "누구에게는 좋은 일이 있을지 모르겠지만,
지금 내 눈에 보이는 것은 파멸, 파멸, 더 큰 파멸뿐이다."
모든 사람이 서로의 목을 노리고 있다.
그렇다. 모두들 다른 사람의 목을 노리고 있다.
어디를 가나
공포와 구렁과 올가미 천지다.
공포를 피해 달아나면,
구렁에 빠진다.
구렁에서 기어올라오면,
올가미에 걸린다.
혼돈이 하늘에서 쏟아져 내린다.
땅의 기초가 허물어진다.
땅이 산산조각으로 깨어진다.
땅이 갈기갈기 찢어진다.
땅이 흔들린다.
땅이 술 취한 자처럼 비틀거리며,
폭풍 속의 판잣집처럼 요동한다.
쌓이고 쌓인 죄들, 이제 감당할 수 없는 무게가 되었다.
무너져 내린다. 다시는 서지 못할 것이다.

21-23 바로 그날에, 하나님께서
하늘의 반역 세력과
땅의 반역한 왕들을 불러내 혼쭐내실 것이다.
그들을 붙잡아 죄수처럼 감옥에 가두실 것이다.
짐승을 우리에 가두듯 감옥에 처넣으시고,
형을 선고하여 중노동을 시키실 것이다.
달이 창피해서 어깨를 움츠릴 것이다.
해가 부끄러워 슬그머니 숨을 것이다.
만군의 **하나님**이 즉위하셔서,
시온 산과 예루살렘에서부터 통치하실 것이기 때문이다.
모든 지도자 앞에서
당신의 찬란한 영광을 나타내실 것이기 때문이다.

하나님의 손이 이 산 위에 머무신다

25

1-5 **하나님**, 주는 나의 하나님이십니다.
내가 주를 높이 기립니다. 주를 찬양합니다.
주께서 놀라운 기적들을 행하셨고,
치밀하게 세우신 계획들, 견실하고 확실히 실행하셨습니다.
주께서 성읍을 돌무더기로 만드시고,
강력했던 성읍을 잿더미로 만드셨습니다.
그 원수 '큰 도성'은 이제 도성도 아니고,
앞으로도 그럴 것입니다.
이를 목도하게 될 초강대국들이 주를 높이고,
잔혹한 압제자들도 주를 경외하며 몸을 굽힙니다.
그들은 주께서 가난한 이들을 돌보시는 광경을 보게 될 것입니다.
곤궁에 처한 가련한 이들을 돌보시되
궂은 날에는 따뜻하고 마른 보금자리를,
무더운 날에는 서늘한 쉼터를 마련해 주심을 알게 될 것입니다.
잔혹한 압제자들은 겨울의 눈보라와 같고,
사악한 이방인들은 사막의 정오와 같습니다.
그러나 주께서는 폭풍우를 피할 피난처,
뙤약볕을 피할 그늘이 되어 주시며,
그 큰소리치는 악당들의 입을 막아 버리십니다.

6-8 여기 이 산 위에서, 만군의 **하나님**이
온 세상 만민을 위한 향연을 베푸실 것이다.
최상급 음식과 최고급 포도주가 나오는 향연,
일곱 코스의 일품요리와 고급 디저트가 나오는 향연을 베푸실 것이다.

또 여기 이 산 위에서, **하나님**은
만민 위에 드리웠던 파멸의 장막,
모든 민족 위에 드리웠던 파멸의 그림자를 걷어 내실 것이다.
그렇다. 그분께서 죽음을 영원히 추방하실 것이다.
하나님께서 모든 얼굴에서 눈물을 닦아 주시며,
자기 백성의 수치를, 어디서든,
흔적도 없게 하시리라.
그렇다! **하나님**께서 그렇게 말씀하신다!

9-10 그때가 되면, 사람들이 말하리라.
"보아라! 우리 하나님이시다!
우리가 기다렸던 분, 마침내 오셔서 우리를 구원해 주셨다!
이분이시다. 우리가 기다려 왔던 **하나님**!
함께 기뻐하자. 그분의 구원을 기뻐하며 노래하자.
하나님의 손이 이 산에 머무신다!"

10-12 모압 사람들, 그들은 쓰레기 취급을 당하리라.
시궁창에 처박히리라.
물에 빠져 허우적거리는 자처럼
자맥질해도,
결국 하수구 구정물 속으로 가라앉을 것이다.
그들의 교만이 그들을 아래로 가라앉히고,
그들의 유명했던 요새들, 다 무너져 폐허가 되리라.
강력했던 성벽들, 다 허물어져 먼지 더미가 될 것이다.

삶의 경계를 넓히신 하나님

26

1-6 그때에, 이런 노래가
유다 나라에서 불리리라.
우리에게는 강력한 도성이 있네.
구원의 도성, 구원으로 세워진 도성.
성문을 활짝 열어 젖혀라.
선한 이들, 참된 이들이 들어올 수 있도록.
주께 일편단심인 이들,
주께서 온전히 지켜 주시며,
그들은 두 발로 굳게 선다네.
그들의 태도 한결같고 절대 물러서지 않는다.
하나님을 의지하여라. 굳게 의지하여라.
주 **하나님**만이 참으로 믿을 만한 분이시다.

지체 있고 권세 높은 자들,
그분이 높은 데서 다 떨어뜨리셨다.
언덕 위의 도성,
습지를 메우는 흙더미가 되게 하셨다.
착취당하고 소외된 백성,
땅을 되찾고 거기서 삶을 재건한다.

7-10 바르게 사는 이들의 길은 평탄합니다.
높은 것을 낮추고 낮은 것을 높이시는 분이 그 길을 닦아 주십니다.
하나님, 우리는 서두르지 않습니다. 우리는
주의 결정들이 푯말로 붙어 있는 길을 느긋하게 걷습니다.
주님 자신과 주께서 행하신 일이
우리가 원하는 전부입니다.
밤새도록 내 영혼이 주를 갈망합니다.
마음 깊은 곳에서 내 영이 주를 열망합니다.
주의 결정들이 마침내 드러나는 날,
모두가 바른 삶을 배울 것입니다.
악인들은 드러난 은혜를 보면서도
도무지 배우지 못합니다.
바른 삶의 땅에서도 끝까지 잘못된 삶을 고집합니다.
눈멀어 **하나님**의 광채를 보지 못합니다.

11-15 **하나님**, 주께서 주의 손을 높이 드십니다.
그러나 그들은 보지 못합니다.
그들의 눈을 열어 주의 일을 보게 하시고,
주의 백성을 향한 주의 열정 넘치는 사랑을 보게 해주십시오.
그들로 부끄러움을 당하게 해주십시오. 그들이 있는 곳에 불을 놓아,
모두가 주의 원수인 그들을 주목하게 해주십시오.
하나님, 우리가 평화롭고 온전한 삶을 살 수 있게 해주십시오.
우리가 성취한 일은 모두 주께서 우리를 위해 행하신 일들입니다.
오 **하나님**, 우리 하나님, 지금껏 여러 주인들의 지배를 받아 왔지만
우리의 참 주인은 오직 주님이십니다.
죽은 자들은 말하지 못하고
유령들은 걷지 못합니다.
주께서 "이제 그만!" 하시며,
그들을 책에서 지워 버리셨기 때문입니다.
그러나 산 자들은 주께서 더 크게 하십니다.
더 풍성한 생명을 주시고, 더 많은 영광을 보여주시며,

삶의 경계가 더 커지도록 넓혀 주십니다!

16-18 오 하나님, 그들이 환난에 처했을 때 주께 도움을 구했습니다.
주의 징계가 너무 무거워
그들은 한 마디의 기도조차 하기 어려웠습니다.
마치 해산이 임박하여,
고통 가운데 몸을 비틀며
비명을 지르는 여인 같았습니다.
오 하나님, 우리가 그러했습니다. 주 때문이었습니다.
우리는 늘 그런 임신부였습니다.
산고로 몸을 비틀었지만 아이를 낳지 못했습니다.
바람만 낳았을 뿐입니다.
우리의 산고는 아무것도 낳지 못했습니다.
어떤 생명도 생산하지 못했습니다.
우리는 세상을 구원하지 못했습니다.

19 그러나, 너희 죽은 자들이 살아날 것이다.
너희 시신이 두 발로 일어설 것이다.
죽어 묻혔던 너희 모두,
깨어나라! 노래하여라!
주의 이슬은
첫 햇살 머금은 아침 이슬이니,
생명으로 들끓는 땅,
죽은 자들을 내어놓는다.

20-21 오라, 나의 백성들아, 집에 가서
문을 닫고 그 안에 숨어라.
잠시 피해 있어라.
진노의 벌이 지나갈 때까지.
하나님께서 분명 땅 위 사람들의 죄를 벌하시려고
그분의 처소에서 나오실 것이다.
그날에, 땅이 직접 핏자국을 드러내어
살해된 사람들이 묻힌 곳을 알려 줄 것이다.

27

1 그때에 하나님께서 당신의 칼,
무자비하고 강력한 칼을 빼셔서,
달아나는 뱀 리워야단,

몸부림치며 도망가는 뱀 리워야단을 벌하실 것이다.
그분께서 바다에 사는 그 옛 용을
죽이실 것이다.

2-5 "그때에, 한 아름다운 포도원이 나타나리라.
노래가 절로 나올 만큼 아름다운 포도원!
나 하나님이 그 포도원을 가꾸고
물을 대어,
누구도 해를 끼치지 못하도록
늘 보살펴 준다.
나는 노를 발하지 않는다. 다만 마음 써 줄 뿐.
엉겅퀴와 가시덤불이 돋아난다고 해도,
내가 그것들을 뽑아
불에 태울 것이다.
그 포도나무가 안전하고자 하거든, 내게 꼭 붙어 있게 하여라.
나와 더불어 건강히 잘살고자 하거든, 나를 찾게 하여라.
온전한 삶을 살고자 하거든, 내게 꼭 붙어 있게 하여라."

6 야곱이 뿌리를 내리게 될 날,
이스라엘이 꽃을 피우고 새 가지를 내며,
그 열매로 온 세상을 가득 채울 날이 오고 있다.

7-11 야곱을 친 자들을 때려눕히신 것처럼
하나님께서 야곱을 바닥에 때려눕히신 적이 있느냐? 아니, 없다.
야곱을 죽인 자들이 죽임당한 것처럼
야곱이 죽임을 당한 적이 있느냐? 아니, 없다.
그분은 이스라엘에게 가혹하셨다. 유랑은 혹독한 형벌이었다.
그분께서 맹렬한 돌풍으로 그들을 멀리 불어 날리셨다.
그러나 기쁜 소식이 있으니, 이러한 일들을 통해
야곱의 죄가 사라졌다.
야곱의 죄가 제거되었다는 증거가 이렇게 나타날 것이다.
그분께서 이방 제단들을 허무실 것이다.
돌 하나도 돌 위에 남기지 않고 다 허물어뜨리시고,
그 돌을 으깨어 가루가 되게 하실 것이다.
음란한 종교 산당들도 모조리 없애실 것이다.
대단하던 위용, 이제 흔적도 없다.
이제 그곳에는 아무도 살지 않는다. 사람이 살 수 있는 곳이 못 된다.
짐승들이나 이리저리 다니며,

풀을 뜯고 누워 잘 뿐이다.
그곳은 땔감 얻기에는 나쁘지 않은 곳이다.
마른 잔가지와 죽은 가지들이 지천에 널렸다.
하나님에 대해 무지한 자들이 남기는 흔적이란 이런 것이다.
그렇다. 이스라엘을 만드신 하나님께서
그들과 절교하실 것이다.
그들을 지으신 분께서 그들에게 등을 돌리실 것이다.

12-13 그때에 하나님께서
유프라테스 강에서부터 이집트 시내에 이르기까지 타작 일을 하시리라.
너희 이스라엘 백성은
알곡처럼 한 알 한 알 거둬질 것이다.
바로 그때에 거대한 나팔소리가 울려 퍼질 것이다.
앗시리아의 유랑민을 고향으로 부르는 소리,
이집트의 난민들을 고향으로 맞아들이는 소리다.
그들이 와서, 거룩한 산 예루살렘에서 하나님을 경배할 것이다.

에브라임에 대한 경고

28

1-4 화가 있으리라, 몰골 사납고 초라한
에브라임의 거만한 주정꾼들,
잘나가던 과거를 엉성하게 흉내 내면서 비틀거리는
술배 나온 주정뱅이들.
잘 보아라. 하나님께서 누군가를 선발하셨다.
그들을 때려눕힐 거칠고 힘센 누군가를.
우박폭풍과 허리케인처럼, 순식간에 밀려드는 홍수처럼,
그가 한 손으로 그들을 들어 바닥에 메어칠 것이다.
이스라엘 머리 위의 파티 모자 같은 사마리아가
한 방에 나가 떨어질 것이다.
개에게 던져진 한 조각 고기보다
더 빨리 눈앞에서 사라지고 말 것이다.

5-6 그때에, 만군의 하나님께서 친히
자기 백성의 남은 자들에게, 머리 위에 얹힌 아름다운 면류관이 되실 것이다.
인도하고 결정하는 이들에게는 정의의 활력과 통찰을,
지키고 보호하는 이들에게는 힘과 용맹을 주실 것이다.

7-8 제사장과 예언자들까지 술에 취해 비틀거린다.
갈지자걸음으로 걷다가 이내 나자빠진다.

코가 삐뚤어지도록 포도주와 위스키를 마신 그들,
앞도 제대로 못 보면서 헛소리를 지껄인다.
식탁마다 구토물 범벅이다.
아예 그 속에서 뒹굴며 산다.

9-10 "그래? 대체 네가 뭔데 우리를 가르치려 드느냐?
대체 네가 뭔데 우리에게 어른 행세냐?
우리가 젖먹이도 아닌데,
왜 애한테 말하듯이
'이거, 이거, 이거, 이거,
저거, 저거, 저거, 저거,
착하지, 우리 꼬마'라고 말하느냐?"

11-12 그러나 너는 바로 그런 식으로 말을 듣게 될 것이다.
하나님께서는 이 백성에게
젖먹이에게 말하듯, 한 음절씩 끊어서 말씀하실 것이다.
이방 압제자들의 입을 통해 그렇게 하실 것이다.
그분이 전에 말씀하셨다. "지금은 쉴 때고, 여기가 쉴 곳이다. 지친 사람들이 쉼
을 얻을 때다.
여기에 너희 짐을 내려놓아라."
그러나 그들은 들으려 하지 않는다.

13 그러므로 **하나님**께서 다시 기초로 돌아가,
젖먹이에게 말하듯, 한 음절씩 끊어서 말씀하실 것이다.
"이거, 이거, 이거, 이거,
저거, 저거, 저거, 저거,
착하지, 우리 꼬마."
그러면 그들은 걸음마를 배우는 아이처럼 일어나 걷다가 넘어지고,
멍이 들어 당황하며, 길을 잃고 말 것이다.

14-15 너희, 조롱하는 자들아, 예루살렘에서 이 백성을 다스리는 자들아,
이제 **하나님**의 **메시지**에 귀 기울여라.
너희는 말한다. "우리는 좋은 생명보험을 들어 두었다.
손해 보는 일이 없도록 만반의 준비를 해두었다.
어떤 불상사가 일어나더라도 우리는 괜찮다. 다 대비해 두었다.
전문가의 조언대로 다 해두었다. 우리는 안전하다."

16-17 그러나 주 **하나님**께서 말씀하신다.

"잘 보아라. 나는 시온에 초석을 하나 놓을 것이다.
네모반듯하고 확고부동한 초석이다.
그 돌이 뜻하는 바는 이렇다.
'믿고 의지하는 자 흔들리지 않는다.'
나는 정의를 줄자 삼고,
의를 다림줄 삼아 건축할 것이다.
거짓말로 지어진 판잣집은 우박폭풍에 무너지고,
남은 조각은 폭우에 다 쓸려 갈 것이다.

18-22 그러면 너희는, 애지중지하던 생명보험 증권이
한낱 종잇조각에 불과하다는 것을 알게 되리라.
죽음을 막아 보겠다고 세운 그 모든 면밀한 대책들은
그저 착각과 거짓의 꾸러미일 뿐이었다.
재난이 닥쳐오면,
너희는 아스러진다.
아침에도 재난, 밤에도 재난.
재난이란 재난이 다 너희를 덮친다."
재난에 대한 소문을 듣기만 해도
너희는 공포에 질려 몸이 움츠러든다.
한숨 돌릴 수 있는 곳,
몸을 숨길 수 있는 곳은 어디에도 없을 것이다.
격노하신 하나님께서 벌떡 일어서시리라.
오래전 브라심 산에서와 같이,
또 기브온 골짜기에서 블레셋 사람을 치셨던 때처럼.
이번에는 너희가 표적이다.
믿기 어렵겠지만, 사실이다.
너희에게 예상치 못한 일이 닥쳐온다.
그러니, 정신 차려라. 비웃지 마라.
비웃다가는 더 심한 일을 겪는다.
나는 파괴 명령이 내려지는 소리를 들었다.
만군의 하나님께서 내리시는 명령, 전 세계적 재난을 명하시는 소리를 들었다.

23-26 이제 내 말에 귀 기울여라.
최대한 주목해 들어라.
쟁기질하는 농부가 쟁기질만 계속하더냐?
혹은, 써레질만 계속하더냐?
땅을 고르고 나면 파종하지 않더냐?

소회향 씨, 대회향 씨를 뿌리지 않더냐?
밭에 밀과 보리를 심고,
가장자리에는 귀리를 심지 않더냐?
그들은 무슨 일을 언제 해야 할지를 정확히 안다.
그들의 하나님께서 그들에게 가르쳐 주신 것이다.

27-29 그리고 추수 때가 되면, 섬세한 허브와 향신료들,
소회향과 대회향을 조심스레 다룬다.
밀을 탈곡하고 맷돌질할 때도, 알맞은 정도가 있다.
농부는 각각의 곡식을 어떻게 다뤄야 하는지 안다.
만군의 하나님에게서 배웠기 때문이다.
일을 언제, 어떻게, 어디서 해야 하는지 너무도 잘 아시는 그분에게서
배웠기 때문이다.

예루살렘의 운명

29

1-4 너에게 화가 있으리라. 아리엘아, 아리엘아,
다윗이 진을 쳤던 성읍아!
해가 지나고 또 지나고
축제 절기가 돌고 돌아도,
나는 예루살렘을 봐주지 않을 것이다.
그 신음소리가 계속될 것이다.
예루살렘은 내게 아리엘이다.
다윗처럼, 내가 진 치고 너를 치겠다.
포위하고 토성을 쌓고,
무기와 장치들을 동원해 공략하겠다.
너는 땅바닥에 메쳐져,
흙먼지를 뒤집어쓴 채 웅얼거릴 것이다.
흙바닥에서 나는 네 목소리가 마치 유령의 중얼거림 같을 것이다.
흙더미 속에서 들려오는 속삭임 같을 것이다.

5-8 그러나 두들겨 맞아 가루가 될 운명은 너의 원수들이다.
그 폭도들, 겨처럼 바람에 날려가 버릴 것이다.
갑자기, 난데없이,
만군의 하나님께서 찾아오실 것이기 때문이다.
천둥과 지진과 거대한 굉음,
허리케인과 토네이도와 번쩍이는 번개를 동반하고 오실 것이다.
그러면 아리엘과 전쟁중이던 그 원수의 무리,
그를 괴롭히고 들볶고 못살게 굴던 그 폭도들,

결국 하룻밤 악몽에 지나지 않은 존재가 되고 말 것이다.
굶주린 사람이 자면서 스테이크 먹는 꿈을 꾸더라도
깨어나면 여전히 배가 고픈 것처럼,
목마른 여인이 자면서 아이스티 마시는 꿈을 꾸더라도
깨어나면 여전히 목이 마른 것처럼,
시온 산을 상대로 전쟁을 벌인 그 나라들, 그 폭도들은
깨어나면 자기들은 화살 하나 쏘지 못했다는 것을,
목숨 하나 없애지 못했다는 것을 알게 될 것이다.

9-10 마취제를 먹어라. 아무것도 느끼지 못하게.
스스로 장님이 되어라. 아무것도 보지 못하게.
포도주 없이도 술에 취하고
위스키 없이도 정신을 잃으리라.
하나님께서 너희를 깊고 깊은 잠 속으로 던져 넣으셨고,
분별하는 일을 해야 할 예언자들을 잠들게 하셨으며,
멀리 보아야 할 선견자들을 잠들게 하셨다.

너희는 모든 일을 뒤집어서 생각한다!

11-12 우리가 본 이것은 봉인된 봉투 속에 들어 있는 편지 같은 것이다. 너희가 글
을 읽을 줄 아는 사람에게 그것을 건네며 "읽어 보라"고 하면, 그는 "못합니다.
봉투가 봉인되어 있습니다" 하고 말할 것이다. 또 너희가 글을 읽을 줄 모르는
사람에게 그것을 주면서 "읽어 보라"고 하면, 그는 "나는 글을 읽을 줄 모릅니
다" 하고 말할 것이다.

13-14 주께서 말씀하셨다.

"이 백성이 입바른 말을 거창하게 떠벌리지만,
그들의 마음은 딴 데 있다.
겉으로는 나를 경배하는 듯해도,
진심은 그렇지 않다.
그러므로 내가 나서서 그들을 놀라게 하겠다.
깜짝 놀라 소스라치게 만들겠다.
만사를 통달했다고 여긴 현자들이
알고 보니 바보였다는 사실이 폭로될 것이다.
모르는 것이 없다고 여긴 똑똑한 자들이
실은 아무것도 모른다는 사실이 드러날 것이다."

15-16 너희에게 화가 있으리라! 스스로 우위에 있다고 여기는 너희,
너희는 하나님을 밖으로 내보내고 몰래 일을 꾸민다.
만사를 모두 꿰고 있는 것처럼 장래 일을 계획하고,
은밀하게 활동하며 정체를 숨긴다.
너희는 모든 일을 뒤집어서 생각한다!
옹기장이를 진흙 덩어리처럼 취급한다.
책이 저자를 두고
"그는 한 글자도 적지 않았다"고 말할 수 있느냐?
음식이 요리한 여인을 두고
"그 여자는 아무것도 하지 않았다"고 말할 수 있느냐?

17-21 때가 되면, 너희가 모르는 사이에,
전혀 너희 힘을 빌리지 않고,
황무지였던 레바논이 울창한 동산으로 변모되며,
갈멜 산에 다시 숲이 우거질 것이다.
그때가 되면, 귀먹은 자들이
한 글자도 놓치지 않고 기록된 모든 말씀을 들을 수 있게 되리라.
평생을 암흑 속에서 보냈던 눈먼 자들이
눈을 떠서 보게 되리라.
사회에서 버림받은 자들이 하나님 안에서 웃고 춤추며,
밑바닥 인생이던 자들이 '이스라엘의 거룩하신 분'을 소리쳐 찬양하리라.
이제 거리에서 깡패들이 사라졌기 때문이다.
냉소와 조롱을 일삼던 자들도 멸종되리라.
기회만 있으면 사람을 해코지하고 우롱하던 자들,
이름조차 기억되지 않으리라.
법정을 더럽힌 자들,
가난한 이들에게 사기 친 자들,
죄 없는 이들에게 죄를 뒤집어씌운 자들, 모두 사라지리라.

22-24 이것은 야곱 가문을 향한 하나님의 메시지다.
아브라함을 속량하신 바로 그 하나님께서 말씀하신다.
"야곱이 수치 가운데 고개를 숙이고,
기다림에 지쳐 수척해지고 창백해지는 일은 더 이상 없을 것이다.
이제 그가 자손을 보게 될 것이기 때문이다.
내가 그에게 많은 자녀들을 선물로 줄 것이다.
그리고 그 자손들은,
거룩한 삶을 살면서 나를 높일 것이다.
거룩한 예배로 야곱의 거룩한 분을 높이고,

이스라엘의 하나님을 경외하며 섬길 것이다.
방황하던 자들이 다시 제정신을 차리고,
불평하고 투덜대던 자들이 감사를 배우게 될 것이다."

반역하는 자들에 대한 경고

30

1-5 "반역하는 자녀들아, 화가 있으리라!"
하나님의 포고다.
"너희가 세우는 계획, 나와 상관없다.
너희가 하는 거래, 내 뜻과 무관하다.
너희는 그저 죄에 죄를 더하며,
계속 높이 쌓아 갈 뿐이다.
내게는 묻지도 않고
이집트로 도망쳐 내려가서,
바로에게 보호를 요청할 생각을 한다.
이집트가 피난처가 되어 주리라 기대한다.
글쎄, 바로가 잘도 보호해 주겠구나!
이집트가 잘도 피난처가 되어 주겠구나!
북쪽으로 소안까지, 남쪽으로 하네스까지
전략적으로 관료들을 배치해 놓은 그들,
대단해 보이는 것이 사실이다.
그러나 사실 그들은 아무것도 아니다.
어리석게도 그들을 믿는 자,
결국 자신의 어리석음만 드러낼 뿐이다.
그들은 겉만 번지르르하고 속은 텅 빈,
깡통일 뿐이다."

6-7 이집트로 내려가는 길에서 만나게 될
네겝의 짐승들에 대한 말씀이다.
사자와 독사가 도사리고 있는
위험천만한 길인데도,
너희는 그리로 가려고 한다. 너희 소유 전부를 질질 끌고서,
나귀와 낙타에 뇌물을 잔뜩 짊어지운 채.
아니, 빈 깡통에 불과한 나라에게서
무슨 보호를 구하겠다는 것이냐?
이집트는 겉은 번지르르하나 속은 텅 비었다.
나는 그녀를 '이빨 빠진 용'이라 부른다.

8-11 그러니, 이제 가서 이 사실을 전부 기록하여라.

책에 적어 두어
그것을 보고,
오는 세대들이 교훈을 얻게 하여라.
지금 이 세대는 반역자 세대,
거짓을 일삼는 백성이다.
하나님께서 하시는 말씀은 한 마디도
귀 기울여 듣지 않는다.
그들은 영적 지도자들에게 말한다.
"제발, 이제 현실과 동떨어진 이야기는 그만하시오."
그들은 설교자들에게 말한다.
"그런 실용성 없는 이야기는 집어치우세요. 다 시간 낭비일 뿐입니다.
기분 좋아지는 이야기나 해주시지요.
구식 종교 이야기는 따분하단 말입니다.
우리에게는 전혀 와 닿지 않으니.
'이스라엘의 거룩하신 분' 이야기는 이제 집어치우세요. 듣기 곤혹스럽네요."

12-14 그래서다. '이스라엘의 거룩하신 분'께서 말씀하신다.
"너희가 그처럼 이 메시지를 업신여기고
불의에 기댄 삶,
거짓에 기초한 삶을 선호한다면,
너희의 어그러진 삶은
부실공사로 높이 세운 벽과 같이
서서히 기울고 변형되다가,
어느 날 손쓸 겨를도 없이 무너져 내릴 것이다.
옹기그릇이 부서지듯 산산조각 나서,
알아볼 수도, 수리할 수도 없는 부스러기 더미가 되고 말 것이다.
아무짝에도 쓸모없어,
빗자루에 쓸려 쓰레기통에 던져질 것이다."

포기하지 않으시는 하나님

15-17 '이스라엘의 거룩하신 분', 주 하나님께서
엄숙히 조언하신다.
"구원을 얻고자 하면, 내게 돌아와야 한다.
자기 힘으로 구원을 도모하는 어리석은 노력을 그쳐야 한다.
너희 힘은, 잠잠히 자신을 가라앉히고
온전히 나를 의지하는 데 있다.
그러나 너희는 지금껏
그렇게 하기를 거부해 왔다.

너희는 말했다. '아무것도 하지 않겠습니다! 우리는 말을 타고 날래게 도망갈
겁니다!'
그래, 날래게 도망갈 것이다! 그리 멀리 가지는 못하겠지만!
너희는 말했다. '우리는 빠른 말을 타고 갈 겁니다!'
너희 생각에, 너희를 추격하는 자들은 늙은 말을 타고 올 것 같으냐?
아서라. 공격자 한 명 앞에서 너희 천 명이 뿔뿔이 흩어질 것이다.
적군 다섯 앞에서 너희 전부가 줄행랑을 놓을 것이다.
너희는 모든 것을 잃을 것이다.
언덕 위의, 깃발 잃은 깃대,
길가의, 표지가 찢겨 나간 표지판 같을 것이다."

18 그러나 **하나님**께서는 포기하지 않으셨다. 너희에게 은혜를 베푸시려고 기다
리며 준비하고 계신다.
너희에게 자비를 보이시려고 힘을 비축하고 계신다.
때가 되면 **하나님**께서 전부를 바로잡으실 것이다. 그렇다, 전부를.
그분을 기다리며 준비하는 자들은 행운아들이다.

19-22 오, 그렇다. 시온의 백성들아, 예루살렘 시민들아, 너희 눈물의 시간이 끝났
다. 이제 도움을 구하며 부르짖어라. 은혜를 얻을 것이다. 풍성히 얻을 것이다.
그분께서 듣자마자 응답해 주실 것이다. 고난의 시기에 너희를 지켜 주신 것처
럼, 너의 스승을 지켜 주셔서 네 가운데 있게 하실 것이다. 너의 스승은 네 가까
이서 본연의 일을 하여, 네가 좌로나 우로 치우칠 때 "옳은 길은 이쪽이다. 이
길로 가라"고 말하며, 바로잡아 줄 것이다. 너는 값비싼 최신 우상들을 다 찢어
발길 것이다. 전부 쓰레기통에 처넣으며 "속 시원하다!" 하고 말할 것이다.
23-26 네가 씨를 뿌리면 하나님께서 비를 내려 주실 것이다. 너의 곡물은 왕성하
게 자라고, 너의 가축 떼는 들판을 뒤덮을 것이다. 전쟁과 지진은 잊혀진 과거
사가 될 것이요, 짐을 운반하고 땅을 가는 너의 소와 나귀들은 산과 언덕에서
콸콸 쏟아지는 시내 옆에서 배불리 꼴을 먹을 것이다. 더욱이, 그날 **하나님**께서
는 징벌의 시간에 그분의 백성이 받은 상처를 친히 치료해 주실 것이며, 달빛은
태양빛처럼 빛나고, 태양빛은 일주일치 햇빛이 한꺼번에 쏟아지듯, 온 땅에 가
득하리라.

27-28 보아라. 저 멀리
하나님께서 오고 계신다!
그분의 모습이 보인다.
불타는 진노로 어마어마한 연기를 내뿜으신다.
그분의 입에서 말씀이 흘러나온다.

태우고 고발하는 말씀이다!
급류와 홍수 같은 말씀으로,
그분이 모든 사람을 말씀의 소용돌이 속으로 휩쓸어 가신다.
파멸의 체로 민족들을 흔드시고,
막다른 골목으로 그들을 몰고 가실 것이다.

29-33 그러나 너희는 노래하리라.
밤새 거룩한 축제일을 지키며 노래하리라!
너희 마음속에서 노래가 터져 나오리라.
하나님의 산으로 향할 때,
'이스라엘의 반석'께 행진하며 나아갈 때 부는
피리소리 같은 음악이 흘러나오리라.
하나님께서 장엄한 천둥으로 외치시고,
내리치시는 팔을 나타내 보이시리라.
불같은 진노의 화염이 소나기처럼 쏟아지리라.
홍수가, 폭풍이, 우박이 있으리라!
그렇다. **하나님**의 천둥, 그 곤봉을 맞고
앗시리아가 몸을 움츠릴 것이다.
하나님께서 소고와 수금소리에 맞추어,
곤봉을 내리치실 것이다.
두 주먹을 불끈 쥐시고
그들과 전면전을 벌이실 것이다.
도벳의 맹렬한 불,
앗시리아 왕을 위해 준비된 불이다.
도벳의 널따랗고 깊은 화로,
잘 타는 땔감들로 빼곡히 채워져 있다.
하나님이 내쉬는 숨이, 마치 유황불 강처럼 흘러들어가,
불을 붙인다.

31

1-3 군마의 힘을 믿고
병력 수를 의지하고
전차와 기병 수에 자신만만하여,
이집트로 내달리는 자들에게 화가 있으리라.
그들은 '이스라엘의 거룩하신 분'에게 눈길 한번 주지 않는다.
하나님께 기도 한번 하지 않는다.
그러나 그분은, 절대 무시해서는 안될 분,
무엇을 해야 할지를 잘 아시는, 한없이 지혜로우신 하나님이다.

그분은 재앙을 자유자재로 내리시고,
말씀하신 바를 행하시는 하나님이다.
잘못을 행하는 자들을 막으시고,
당신의 일을 방해하는 행악자들을 치시는 분이다.
이집트 사람들은 죽을 인생들일 뿐, 하나님이 아니다.
그들의 군마는 고깃덩어리일 뿐, 영이 아니다.
하나님께서 신호를 내리시면, 돕는 자나 도움을 받는 자나
매한가지로 땅에 쓰러져 흙으로 덮일 뿐이다.

4-5 **하나님**께서 내게 이렇게 말씀하셨다.

"먹이를 잡아 물어뜯고 있는 사자,
목자들이 몰려와 쫓아내려고 해도
조금도 당황하지 않는
그 짐승의 왕처럼,
그렇게 만군의 **하나님**이 내려와
시온 산에서 싸움을, 그 언덕에서 전쟁을 벌일 것이다.
공중을 맴도는 거대한 독수리처럼,
만군의 **하나님**이 예루살렘을 보호해 줄 것이다.
내가 보호하고 건져 줄 것이다.
그렇다. 내가 맴돌아 감싸고 구해 줄 것이다."

6-7 사랑하는 이스라엘아, 회개하여라. 너희가 무참하게 버린 분께 다시 돌아오
너라. 너희가 돌아오는 날, 너희 죄악된 손이 금속과 나무로 만든 우상들을 모
조리 내던져 버릴 것이다. 한 사람도 빠짐없이 그러하리라.

8-9 "앗시리아 사람들이, 쓰러져 죽을 것이다.
칼에 찔려 죽겠지만, 병사가 찌르는 칼이 아니다.
칼을 맞아 쓰러지겠지만, 죽을 인생이 휘두르는 칼이 아니다.
앗시리아 사람들이 그 칼을 피해 도망치고,
그 장정들은 종이 될 것이다.
바위처럼 강했던 백성이 공포에 질려 산산조각 나고,
지도자들도 미친 듯이 도망쳐 뿔뿔이 흩어질 것이다."
앗시리아에 대한 **하나님**의 포고다.
그분의 불이 시온에서 타오르며,
그분의 화로가 예루살렘에서 뜨겁게 달아오른다.

의로운 통치를 펼치실 왕

32 [1-8] 그러나 보아라! 한 왕이 의로운 통치를 펼치고,
그의 신하들이 정의를 수행하리라.
한 사람 한 사람 모두, 거센 바람을 막아 주는 피난처,
폭풍우를 피할 은신처가 되어 줄 것이다.
한 사람 한 사람 모두, 바싹 마른 땅을 적셔 주는 시원한 물줄기,
사막에서 그늘을 드리우는 커다란 바윗돌이 될 것이다.
눈을 드는 자 누구나 보게 되고,
귀를 기울이는 자 누구나 듣게 되리라.
충동적이던 자들이 바른 판단을 내리고,
혀가 굳었던 자들이 유창한 언변을 구사하게 되리라.
더 이상 어리석은 자가 유명인사가 되는 일은 없으며,
간교한 자가 명성을 얻는 일도 없을 것이다.
해코지하는 일에 아무리 뛰어나도,
그는 어리석은 자일 뿐이다.
많은 이들의 인생을 망치고
하나님에 대해 거짓말을 늘어놓는 그들,
집 없이 굶주린 이들에게 등을 돌리고
거리에서 목말라 죽어 가는 이들을 외면한다.
간교한 자요, 음험한 도둑이다.
죄와 부끄러운 짓에 재간이 있는 그들,
사기와 거짓말로 가난한 이들을 착취하고
짓밟힌 가난한 이들의 호소를 외면한다.
그러나 고귀한 이들은 고귀한 계획을 세우며,
고귀한 일을 위해 일어선다.

[9-14] 나태한 여인들아, 일어나라!
내 말에 귀 기울여라!
나태하기 짝이 없는 여인들아,
이제부터 내가 하는 말을 귀담아들어라.
앞으로 일 년이 조금 지나면,
더 이상 나태하게 지낼 수 없는 날이 닥칠 것이다.
포도농사가 망하고,
나무에 열매가 맺히지 않을 것이다.
너희 나태한 여인들아, 몸을 떨어라.
너희 철없는 여인들아, 사태의 심각성을 깨달아라!
너희 비싼 옷과 장신구들을 다 벗어 던져라.

상복을 꺼내 입어라.
망한 밭농사와 포도농사를 보며
정직한 눈물을 흘려라.
엉겅퀴와 가시덤불밖에 자라지 않는
내 백성의 동산과 농장들을 보며, 눈물을 흘려라.
울어라. 진정으로 울어라. 행복했던 가정들이 더는 행복하지 않고,
즐거웠던 성읍들이 더는 즐겁지 않으리라.
왕궁은 폐가가 되고,
붐비던 성읍은 무덤처럼 고요하며,
들짐승들이
텅 빈 동산과 공원들을 차지해,
제집처럼 뛰어다닌다.

15-20 그렇다, 눈물을 흘리며 슬피 울어라.
위로부터 그 영이 우리에게 부어져,
황무하던 곳이 비옥해지고
비옥한 땅이 숲이 될 때까지, 슬피 울어라.
황무하던 곳에 정의가 들어와 살고,
비옥해진 땅에 의가 머물며 살 것이다.
의가 있는 곳에 평화가 있고,
의가 맺는 열매는 평온한 삶과 다함없는 신뢰다.
나의 백성은 안전한 집과 평온한 동산에서
평화롭게 살 것이다.
너희가 자랑하던 숲은 다 베어질 것이고,
너희 힘을 과시하던 도성은 초토화될 것이다.
그러나 너희는 물이 넉넉한 밭과 동산을 일구고,
가축들을 자유롭게 풀어 기르며,
복된 삶을 누릴 것이다.

고통 중에 도움을 구하는 기도

33

1 파괴당한 적 없는 파괴자여,
네게 화가 있으리라.
배반당한 적 없는 배반자여,
네게 화가 있으리라.
너의 파괴하는 일이 끝나면,
네 차례가 될 것이다. 네가 파괴당할 것이다!
너의 배반하는 일이 끝나면,
네 차례가 될 것이다. 네가 배반당할 것이다!

2-4 **하나님**, 우리를 자애롭게 대해 주십시오. 주님은 우리의 유일한 희망이십니다.
아침이 되면 가장 먼저, 우리를 위해 오십시오!
어려움이 닥치면, 곧장 우리를 도와주십시오!
주께서 천둥 속에서 말씀하시자, 모두가 달아났습니다.
주께서 모습을 나타내시자, 민족들이 흩어졌습니다.
주의 백성이 기분전환을 위해 밖으로 나갔다가,
적들이 두고 간 물품을 거둬들이니 들판이 말끔해집니다.

5-6 **하나님**께서 더없이 높임을 받으셨다. 그분의 처소가 든든히 섰다.
시온에 정의와 의가 차고 넘친다.
하나님께서 너의 시대를 안정되고 견고하게 지키신다.
구원과 지혜와 지식이 흘러넘친다.
시온의 가장 귀중한 보배는, 바로 '**하나님**을 경외하는 것'이다.

7-9 그러나 보아라! 들어라!
억센 남자들이 대놓고 운다.
협상을 벌이던 외교관들이 비통의 눈물을 흘린다.
도로가 텅 비었다.
거리에 다니는 사람 하나 없다.
평화조약이 깨어지고,
그 규정들이 무시되고,
거기에 서명한 자들은 욕설을 듣는다.
우리가 발 딛고 선 땅이 애곡하며,
레바논의 산들이 고개를 숙인다.
꽃이 만발하던 샤론이 잡초로 뒤덮인 도랑이 되었다.
바산과 갈멜의 숲에는 잎이 모조리 떨어진 가지뿐이다.

10-12 "이제 내가 나설 것이다." **하나님**께서 말씀하신다.
"지금부터는 내가 맡을 것이다.
내가 링에 올랐다. 내 주먹맛을 보아라.
너희에게는 아무것도 없다.
겨를 잉태하여 지푸라기를 낳을 뿐이다.
허풍으로 배불리다가 자멸할 뿐이다.
너희는 비료나 연료로밖에는 아무짝에도 쓸모없다.
흙이니 흙으로 돌아갈 뿐, 그 시기는 빠를수록 좋다.

13-14 먼 곳에 살고 있다면,
내가 한 일을 전해 들어라.

가까이 살고 있다면,
내가 한 일을 주목해 보아라.
시온의 죄인들이 겁에 질려 있다. 당연하다.
사악한 자들, 어찌할 바를 몰라 허둥댄다.
'누가 이 불폭풍에서 살아남을 수 있으랴?
누가 이 대숙청을 모면할 수 있으랴?' 하고 묻는다."

15-16 답은 간단하다.
의롭게 살면서
진실을 말하며,
사람을 착취하는 일을 혐오하고
뇌물을 거절하여라.
폭력을 거부하고
악한 유흥을 피하여라.
이것이 너의 삶의 질을 높이는 길이다!
안전하고 안정된 삶을 사는 길,
넉넉하고 만족스러운 삶을 사는 길이다.

결정권자는 하나님이시다

17-19 오, 네가 왕을 뵙게 되리라. 그 장엄한 모습을 보게 되리라!
드넓은 영토를 조망하리라.
마음속으로 옛적 두려움을 떠올리며 말하리라.
"우리에게 형을 선고하고 재산을 몰수하던
그 앗시리아 조사관은 지금 어떻게 되었지?
우리에게 세금을 부과하던 그 자는?
그 사기꾼 환전상은 어떻게 되었지?"
사라졌다! 눈앞에서 영원히! 그들의 오만,
이제 바닥에 남은 빛바랜 오물자국일 뿐이다!
이제 더 이상 알 수 없는 외국어를 들으며 살 필요가 없다.
알 수 없는 소리를 더 이상 들을 필요가 없다.

20-22 시온만 바라보면 된다. 보겠느냐?
예배가 축제로 변하는 그곳!
예루살렘으로 너의 눈을 호강시켜 주어라.
평온하고 영원한 거처,
더는 말뚝을 옮기며 다닐 필요가 없고,
더는 헝겊을 기워 만든 천막에서 살 필요가 없다.
장엄하신 하나님께서 친히,

우리의 처소가 되어 주신다.
넓은 강과 시내가 흐르는 그 나라,
침입하는 배와 약탈하는 해적을 강이 막아 준다.
그 나라에서는 **하나님**이 결정권자이시고, **하나님**이 우리의 왕이시기 때문이다.
하나님이 다스리시며 우리를 안전히 지켜 주신다.

23 아! 너의 돛들이 갈기갈기 찢기고
돛대는 흔들거리며,
선착장에서는 물이 샌다.
전리품은 누구든 마음껏 가져간다. 누구나 자유롭게.
힘이 약한 자도 힘이 센 자도, 내부인도 외부인도.

24 시온에서는 누구도 "아프다"고 말할 자 없으리라.
무엇보다도, 그들은 모두 죄를 용서받고 살 것이다.

민족들에 대한 심판

34

1 민족들아, 가까이 다가오너라.
백성들아, 잘 들어라. 주목하여라!
땅아, 너도 들어라. 네 안에 있는 모든 것도 함께.
세상아, 너도 들어라. 네게서 나는 모든 것도 함께.

2-4 이유는 이렇다. **하나님**께서 노하셨다.
모든 민족에게 진노하셨다.
그들의 무기와 군대에 불같이 노하셔서,
이제 그들을 땅에서 쓸어 없애 버리실 참이다.
산처럼 쌓인 시체들은
한여름 도시 쓰레기 더미처럼 썩은내를 풍기고,
산에서 흘러 내려오는 그들의 피가
봄날 눈 녹은 물처럼 시내를 이룬다.
너무 익어 떨어져 썩은 과일처럼,
별들이 하늘에서 떨어진다.
하늘이 담요처럼 둘둘 말려
벽장에 처박힌다.
별들의 군대가 모두 오그라져,
가을날 잎과 열매처럼 땅에 떨어져 썩는다!

5-7 "땅과 하늘에 대한 일을 마치고 나면,
나는 에돔을 손볼 것이다.

에돔, 내가 완전히 멸망시키기로 작정한 그 민족을
짓누를 것이다."
하나님의 칼이 피에 주렸다.
살찐 고깃덩어리에,
어린양과 염소 피에,
숫양의 기름진 콩팥에 주렸다.
그렇다. **하나님**께서 수도 보스라에서, 희생 제사를 벌이기로 작정하셨다.
에돔 전 지역을 도살장으로 만드실 것이다.
대대적인 도살이다. 들짐승도
가축도 매한가지로 도살된다.
나라 전체가 피에 절여지고,
온 땅에 기름이 흐를 것이다.

8-15 이는 **하나님**께서 정하신 보복의 때,
시온의 원한을 갚아 주시는 해다.
에돔의 강은 오염물질로 뒤덮여 제대로 흐르지 못할 것이요,
땅도 폐기물의 독이 쌓여 척박해지리라.
나라 전체가
연기와 냄새가 진동하는 쓰레기 더미가 될 것이다.
불이 밤낮으로 타오르고,
그 끝없는 연기로 하늘마저 검게 변할 것이다.
여러 세대가 지나도 여전히 황폐한 곳으로 남을 것이다.
더는 그 나라를 여행할 사람이 없으리라!
독수리와 스컹크들이 휘젓고 다니고,
부엉이와 까마귀들이 거기에 거처를 잡을 것이다.
하나님께서 그 지으신 것들을 뒤집으시니, '혼돈'으로 되돌아가리라!
그분이 다산의 복을 거두시리니, '공허'로 되돌아가리라!
백성을 이끌 지도자 하나 없으리라.
그래서 '나라 아닌 곳'이라 불릴 것이다.
왕과 제후들이 할 일 하나 없는
그런 나라가 될 것이다.
엉겅퀴가 득세하여 성들을 뒤덮을 것이며,
잡초와 가시덤불이 숲을 장악할 것이다.
들개들이 그 폐허를 배회하고,
타조들이 그곳을 주름잡을 것이다.
들고양이와 하이에나들이 함께 어울려 사냥하고,
귀신과 마귀들이 밤새 춤판을 벌일 것이다.
사악하고 게걸스런 밤귀신 릴리스가,

거기 자리 잡고 살 것이다.
썩은 고기를 뜯어 먹는 새들이 새끼를 치는 곳,
불길한 악이 횡행하는 곳이 될 것이다.

16-17 **하나님**의 책을 구해 읽어 보아라.
새끼 치는 이 악은,
그 어느 것 하나 그냥 사라지지 않는다.
그 모두는 **하나님**께서 친히 명령하신 바다.
그분의 영이 그것을 움직여 활동하게 하셨다.
하나님께서 그들이 있을 곳을 지정하시고,
그들의 운명을 세세히 정해 주셨다.
이는 영원히 지속될 일이다.
세대가 지나고 또 지나도, 계속 반복될 일이다.

거룩한 길

35

1-2 광야와 사막이 즐거이 노래하고,
불모였던 땅이 기뻐하며 꽃을 피우리라.
봄꽃이 만발하는 듯하니,
노래와 빛깔의 합주로다.
레바논의 걸출한 영광,
눈부신 갈멜, 황홀한 샤론을 선물로 주셨도다.
찬란하게 빛나는 **하나님**의 영광,
눈부신 위엄과 장엄이 충만하게 나타나는도다.

3-4 맥 풀린 손에 힘을 불어넣고,
약해진 무릎에 힘을 돋우어라.
두려워하는 자들에게 전하여라.
"용기를 가져라! 기운을 내라!
하나님께서 오고 계신다.
모든 것을 바로 세우시려고,
모든 잘못된 것을 바로잡으시려고, 여기로 오고 계신다.
그분께서 오고 계신다! 너희를 구원하시려!"

5-7 보지 못하던 눈이 열리고,
듣지 못하던 귀가 들을 것이다.
절던 자들이 사슴처럼 뛰고,
목소리 잃었던 자들이 소리 높여 노래할 것이다.
광야에 샘물이 터지고,

사막에 시냇물이 흐를 것이다.
뜨거운 모래밭이 시원한 오아시스로 변하고,
바싹 말랐던 땅에 물이 흘러넘칠 것이다.
비천한 승냥이도 마음껏 물을 마시고,
불모였던 땅에 초목이 무성해질 것이다.

8-10 큰길이 열릴 것이다.
야만스러운 자, 반역하는 자는
'거룩한 길'이라 불리는
그 길에 들어가지 못한다.
오직 **하나님**의 백성을 위한 길,
바보라도 길 잃어버릴 염려 없고
사자나 위험한 들짐승이 없으며,
어떤 위험이나 위협도 없는 길.
오직 속량받은 사람만이 그 길을 걷게 되리라.
하나님께서 몸값을 치러 주신 백성,
그 길을 걸어 돌아올 것이다.
사라지지 않는 후광, 그 기쁨을 두르고서
노래하며 시온으로 돌아올 것이다.
고향은 기쁨과 즐거움을 선사하며 그들을 환영하고,
모든 슬픔과 한숨은 뒷걸음쳐 사라질 것이다.

산헤립이 예루살렘을 공격하다

36 1-3 히스기야 왕 십사년에, 앗시리아 왕 산헤립이 유다의 모든 요새
성읍을 공격하여 점령했다. 앗시리아 왕은 랍사게라 불리는 부하 장
군에게 큰 군대를 주고, 라기스에서 예루살렘의 히스기야 왕에게 보냈다. 그 장
군은 공중 빨래터로 가는 길가 윗저수지 수로까지 와서 걸음을 멈추었다. 그를
맞으러 세 사람이 나왔는데, 그들은 왕궁을 책임지고 있는 힐기야의 아들 엘리
아김과 서기관 셉나와 궁중 사관 아삽의 아들 요아였다.
4-7 랍사게가 그들에게 말했다. "히스기야에게 가서 위대한 앗시리아 왕의 말씀
을 전하여라. '너는 대체 뭘 믿고 나와 맞서는 것이냐? 너의 행동은 허세일 뿐
이다. 고작 말 몇 마디로 내 무기를 상대하겠다는 것이냐? 대체 뭘 믿고 나에게
맞서 반항하느냐? 이집트를 믿는 것이냐? 웃기지 마라. 이집트는 고무지팡이
다. 이집트에 기대어 보아라. 앞으로 푹 고꾸라지고 말 것이다. 이집트 왕 바로
에게 기대는 자는 다 그렇게 될 것이다. 혹 "우리는 우리 **하나님**을 의지한다"고
말할 참이라면, 너무 늦지 않았느냐? 히스기야는 "누구나 이 제단에서만 예배
해야 한다"며 다른 예배처들을 모조리 없애 버리지 않았더냐?'
8-9 이치에 맞게 생각해라. 현실을 직시하여라. 내 주인, 앗시리아 왕께서 네게

말 이천 마리를 내주신다 한들, 네게 그 말들에 태울 기병이나 있느냐? 없지 않
느냐! 형편없는 이집트 전차와 기병들이나 의지하는 네가, 내 주인의 최하급 지
휘관인들 상대할 수 있을 것 같으냐?
10 게다가, 너희는 내가 **하나님**의 축복도 없이 이 땅을 멸하러 이렇게 먼 길을 왔
으리라 생각하느냐? 다름 아닌 너희 **하나님**께서 내게 이 땅과 전쟁을 벌여 멸
하라고 말씀하셨다."
11 엘리아김과 셉나와 요아가 랍사게에게 대답했다. "우리가 아람 말을 알아들
으니, 제발 아람 말로 말씀해 주십시오. 말소리가 들릴 만큼 가까운 곳까지 백
성이 나와서 듣고 있으니, 히브리 말로 말하지 말아 주십시오."
12 그러자 랍사게가 대답했다. "내 주인께서 너희 주인과 너희에게만 이 메시지
를 전하라고 나를 보냈다고 생각하느냐? 지금 목숨이 위태로운 쪽은 바로 저들
이다. 머지않아 자기 똥을 먹고 자기 오줌을 마시게 될 저들 말이다."
13-15 그러더니 랍사게가 일어나, 모두가 알아들을 수 있는 히브리 말로 크게 외
쳐 말했다. "위대한 앗시리아 왕의 메시지를 들어라! 히스기야의 거짓말을 듣지
마라. 그는 '**하나님**께서 우리를 구원하실 것이다. 그분을 의지하여라. **하나님**께
서는 결코 앗시리아 왕이 이 성읍을 멸하도록 놔두시지 않을 것이다'라고 설교
조로 말하지만, 그의 말에 귀 기울이지 마라. 그는 너희를 구원할 수 없다.
16-20 히스기야의 말을 듣지 말고 앗시리아 왕의 제안을 들어라. '나와 평화조약
을 맺자. 와서 내 편이 되어라. 그러면 너희 모두 넓은 땅과 풍부한 물을 제공받
고 잘살게 될 것이다. 살림살이가 훨씬 나아질 것이다. 나는 너희를 광활한 장
소에 풀어 줄 것이고, 너희 모두는 비옥하고 기름진 땅을 넘치도록 받을 것이
다.' 히스기야의 거짓말을 믿고 오판하지 않도록 하여라. '**하나님**께서 우리를 구
원하실 것이다'라고 하는데, 과연 그런 적이 있었느냐? 역사상 앗시리아 왕과
싸워 이긴 신이 있었더냐? 주위를 둘러보아라. 하맛과 아르밧의 신들은 어디
있느냐? 스발와임의 신들은 어디 있느냐? 신들이 사마리아를 위해 무엇을 했
더냐? 내 손에서 자기 나라를 구한 신이 하나라도 있으면 어디 이름을 대보아
라. 그런데 어찌하여 너희는 **하나님**이 내 손에서 예루살렘을 구원할 수 있으리
라고 생각하느냐?'"
21 그 세 사람은 침묵했다. 왕이 이미 "그에게 아무 대답도 하지 말라"고 명령했
기 때문에 아무 말도 하지 않았다.
22 왕궁 관리 힐기야의 아들 엘리아김과 서기관 셉나와 궁중 사관 아삽의 아들
요아는 절망하여 옷을 찢고 돌아가서, 랍사게의 말을 히스기야에게 보고했다.

히스기야가 이사야에게 묻다

37 1-2 이 보고를 들은 히스기야 왕도, 옷을 찢고 회개의 굵은 마대 베옷
을 입고서 **하나님**의 성소에 들어갔다. 그러고는 왕궁 관리 엘리아김
과 서기관 셉나와 원로 제사장들을 아모스의 아들 예언자 이사야에게 보냈는
데, 그들도 모두 회개의 베옷을 입었다.

3-4 그들이 이사야에게 말했다. "히스기야 왕의 말씀입니다. '오늘은 참담한 날입
니다. 위기가 닥쳤습니다. 지금 우리는, 아기 낳을 때가 되었는데 출산할 힘이
없는 여인 같습니다! 당신의 **하나님**께서는 랍사게가 한 말을 들으셨겠지요? 살
아 계신 하나님을 모독하려고 앗시리아 왕이 보낸 그 자의 말 말입니다. 당신의
하나님께서는 결코 가만있지 않으시겠지요? 이사야여, 우리를 위해 기도해 주
십시오. 이곳에 남아, 요새를 지키고 있는 우리를 위해 기도해 주십시오!'"
5-7 그때 히스기야 왕의 신하들이 이사야에게 와서 이렇게 말하니, 이사야가 대
답했다. "당신들의 주인에게 이렇게 전하십시오. '**하나님**의 **메시지**다. 네가 들은
말, 앗시리아 왕의 종들이 나를 조롱하며 했던 그 말에 동요할 것 없다. 내가 친
히 그를 처리할 것이다. 그가 나쁜 소식을 듣고 그 일을 처리하러 자기 나라로 황
급히 돌아가게 만들 것이다. 그는 거기서 살해될 것이다. 비명횡사할 것이다.'"

8 랍사게가 떠나, 립나와 전쟁하고 있는 앗시리아 왕에게 갔다. (왕이 라기스를 떠
났다는 소식을 들었기 때문이다.)
9-13 바로 그때, 앗시리아 왕이 에티오피아 왕 디르하가가 자신을 치러 진군해 오
고 있다는 첩보를 듣게 되었다.
그는 즉시 히스기야에게 사신들을 보내어 이런 메시지를 전하게 했다. "너는 순
진하게 믿는다만, 네 **하나님**에게 속지 마라. 예루살렘은 앗시리아 왕에게 무너
지지 않을 것이라는 거짓 약속에 휘둘리지 마라. 머리를 좀 굴려 보아라! 앗시
리아 왕이 모든 나라에게 한 일을 둘러보란 말이다. 하나씩 줄줄이 짓밟히고 말
았다! 그런데 너라고 피할 수 있을 것 같으냐? 그 나라들, 내 선왕들이 멸망시
킨 나라들—고산, 하란, 레셉, 들라살에 있는 에덴 민족—중에 대체 어느 나라,
어느 신이 자기 백성을 구했단 말이냐? 주위를 둘러보아라. 하맛 왕, 아르밧
왕, 스발와임 성읍의 왕, 헤나 왕, 이와 왕, 그들은 지금 모두 어디에 있느냐?"
14 히스기야가 사신들에게서 편지를 받아 읽었다. 그러고는 **하나님**의 성소에 들
어가 **하나님** 앞에 편지를 펼쳐 놓았다.
15-20 히스기야가 **하나님**께 기도했다. "그룹 천사들 위에 앉아 계신 만군의 **하나
님**, 주님은 하나님, 오직 한분이신 하나님, 세상 모든 나라를 다스리시는 하나
님이십니다. 주님은 하늘과 땅을 지으신 분입니다. 오 **하나님**, 귀 기울여 들어
주십시오. 오 **하나님**, 눈여겨보십시오. 산헤립이 보내온 저 말, 살아 계신 하나
님을 모욕하는 저 말을 들어 보십시오. 오 **하나님**, 과연 그의 말대로 앗시리아
왕들은 모든 나라, 모든 강토를 초토화시켰습니다. 그 나라의 신들을 쓰레기통
에 처넣고 불살랐습니다. 하지만 대단한 업적이 못되는 것은, 본래 그것들은 신
이 아니기 때문입니다. 모두 작업장에서 만들어진 신, 나무를 자르거나 돌을 조
각해 만든 신들에 불과하기 때문입니다. 신이 아닌 것들이 최후를 맞은 것일 뿐
입니다! 그러니 **하나님**, 오, 우리 하나님, 속히 나서 주십시오. 그의 손에서 우
리를 구원해 주십시오. 그리하여 땅 위의 모든 나라가 주께서, 오직 주님만이

하나님이신 것을 알게 해주십시오."

21-25 그때 아모스의 아들 이사야가 히스기야에게 사람을 보내어 말을 전했다.
"하나님 이스라엘의 하나님의 메시지입니다. '네가 앗시리아 왕 산헤립의 일로
내게 기도했으니, 나 하나님이 너에게 대답한다.

산헤립아, 처녀 딸 시온에게
너 따위는 안중에도 없다. 그저 멸시뿐이다.
딸 예루살렘은
네게 침을 뱉고 홱 가버린다.

너는, 여러 해에 걸쳐
네가 누구를 조롱하고 욕했는지 아느냐?
여러 해에 걸쳐
누구를 우습게 여기고
모욕했는지 아느냐?
바로, "이스라엘의 거룩한 이"다!
너는 네 종들을 통해 주를 조롱했다.
그리고 자랑했다. "나는 전차부대로
가장 높은 산꼭대기까지 올라갔고,
레바논의 가장 깊은 곳까지 들어가,
그 거대한 백향목들,
그 멋진 잣나무들을 다 베어 넘어뜨렸다.
나는 산 위 가장 높은 곳을 정복했고,
숲 속 가장 깊은 곳을 탐험했다.
나는 우물을 파서
실컷 마셨다.
내가 발로 한번 걷어차자,
이집트의 유명한 강들이 모두 말라 버렸다."

26-27 너는 듣지 못했느냐?
그 모든 일 뒤에 내가 있었다는 소식을?
이는 오래전부터 내가 세운 계획이었고
이제 실행에 옮기고 있는 것뿐이다.
나는 너를 도구로 사용해서,
강력했던 성읍들을 무너뜨려 잔해 더미로 만들었고,
그곳의 주민들을 절망과

당혹과 혼란 속에 빠뜨려서,
그들을 가뭄 만난 식물처럼 축 처지게,
시든 묘목처럼 지지러지게 만들었다.

28-29 나는 우쭐대는 네 허세와
왔다갔다 하며 네가 벌이는 일들과,
나에 대해 갖고 있는 불끈하는 네 마음을 잘 알고 있다.
나에 대한 너의 사나운 분노,
계속해서 내 귀에 들리는 너의 날뛰는 그 오만 때문에,
내가 네 코에 갈고리를 꿰고,
네 입에 재갈을 물릴 참이다.
누가 주인인지 네게 보여주겠다. 내가 너를
네가 왔던 곳으로 되돌려 보낼 것이다.

30-32 그리고 히스기야야, 이것은 네게 주는 확실한 표징이다. 올해의 수확은 땅
에 떨어진 것들이나 줍는 정도로 보잘것없고, 내년도 별로 다르지 않을 것이다.
그러나 삼 년째가 되면 씨 뿌려 거두고, 파종하고 추수하는 농사일이 정상을 되
찾을 것이다. 유다의 남은 백성이 뿌리를 내려 새 출발할 것이다. 예루살렘에
남은 백성이 다시 움직일 것이다. 시온 산의 살아남은 자들이 다시 일어설 것이
다. 만군의 하나님의 열심이 이 모든 일을 이룰 것이다.'"

33-35 "마지막으로, 앗시리아 왕에 대한 하나님의 말씀입니다.

'걱정할 것 없다. 그는 이 성에 들어오지 못하고,
이리로 화살 하나도 쏘지 못할 것이다.
공격축대를 쌓기는커녕
방패 한번 휘두르지 못할 것이다.
그는 자기가 왔던 길로 되돌아가게 되리라.
이 성에는 한 발자국도 들이지 못할 것이다.
하나님의 포고다.
이 성은 내가 내 손으로 지켜
구원할 것이다.
나 자신을 위해,
또 나의 다윗 왕조를 위해.'"

36-38 그러고 나서, 하나님의 천사가 내려와 앗시리아 진영을 쳤다. 그러자 앗시
리아 사람 185,000명이 죽었다. 동이 틀 무렵, 그들 모두가 죽어 있었다. 주검

뿐인 군대가 된 것이다! 앗시리아 왕 산헤립은 거기서 재빨리 빠져나와 니느웨
로 돌아갔다. 그가 자기의 신 니스록의 신전에서 예배하고 있을 때, 그의 아들
아드람멜렉과 사레셀이 그를 죽이고 아라랏 땅으로 도망쳤다. 그의 아들 에살
핫돈이 뒤를 이어 왕이 되었다.

히스기야의 병이 회복되다

38 [1] 그때, 히스기야가 병이 들었다. 죽을병이었다. 아모스의 아들 예언
자 이사야가 그에게 문병을 와서 말했다. "**하나님**께서 말씀하십니
다. '네가 하는 일과 집안일을 정리하여라. 이제 너는 죽을 것이다. 낫지 못할 것
이다.'"
2-3 그러자 히스기야는 이사야를 등지고 벽을 향해 돌아서서 **하나님**께 기도했다.
"**하나님**, 간구하옵기는, 제가 지금까지 어떻게 살아왔는지 기억해 주십시오. 저
는 주님 앞에서 신실했고, 제 마음을 온전히 주께 드렸습니다. 주님은 제가 어
떻게 살았는지, 무슨 선을 행했는지 잘 알고 계십니다." 히스기야는 기도하며
울었다. 흐느껴 울었다.
4-6 그러자 **하나님**께서 이사야에게 말씀하셨다. "가서 히스기야에게 말하여라.
나 **하나님**, 네 조상 다윗의 하나님이 그에게 메시지를 주셨다고 전하여라. '내가
네 기도를 듣고 네 눈물을 보았다. 나는 이렇게 할 것이다. 네 수명에 십오 년을
더해 주겠다. 또한 너와 이 도성을 앗시리아 왕의 손에서 구하고, 이 성을 내 손
으로 지켜 줄 것이다.
7-8 네게 줄 표징은 이것이다. 나 **하나님**은 약속한 바를 틀림없이 시행한다는 것
을 확증해 주는 표징이다. 잘 보아라. 지는 해를 따라 아하스의 해시계 위 그림
자가 길어질 것이다. 그때 내가 그 그림자를 십 도 뒤로 돌릴 것이다.'" 정말 그
렇게 되었다. 지는 해의 그림자가 그 시계 위에서 십 도 뒤로 물러났다.

9-15 이는 유다의 히스기야 왕이 병에서 회복되고 난 다음에 쓴 글이다.

생의 한창때에
떠나야 하다니.
남은 시간이 얼마든
다만 죽음의 대기실에서 보낼 뿐이네.
더는 산 자들의 땅에서
하나님을 뵙지 못하고,
이웃을 만나지 못하며,
더 이상 친구들과도 어깨동무하지 못하네.
내가 들어와 사는 이 몸,
바닥에 쓰러져 야영자의 천막처럼 거두어진다.

베 짜는 사람처럼, 나도 융단 말듯 내 생을 둘둘 말아 버렸네.
하나님이 베틀에서 나를 잘라 내시고는
날이 저물자, 바닥에 떨어진 부스러기들을 쓸어버리신다.
나, 동틀 때까지 울며 도움을 청하지만,
사자가 달려들듯, 하나님은 나를 두들겨 패시고
가차 없이 나를 끝장내신다네.
내가 화를 당한 암탉처럼 꽥꽥 울고
비둘기처럼 구슬피 울며,
눈이 빠지도록 도움을 찾았다네.
"주님, 곤경에 처했습니다! 여기서 저를 건져 주십시오!"
하지만 무슨 소용 있으랴? 하나님께서 친히 말씀하시고,
그분이 내게 행하시는 일인데.
번민과 괴로움에
잠을 이룰 수 없네.

16-19 오 주님, 인생이 처한 자리는 이런 것입니다.
그런데, 이런 처지에서도 제 영혼이 아직 살아 있습니다.
생명을 새로 받아 온전히 회복되었습니다!
이 고난을 겪은 것이
제게는 유익이었습니다.
이 고난 속에서도, 주님은 제 생명선을 꼭 잡아 주셨습니다.
제가 멸망 속으로 굴러떨어지지 않도록 보호하셨습니다.
제 죄들을 놓아 버리시고,
주의 등 뒤로 던져 버리셨습니다. 얼마나 후련한지요!
죽은 자들은 주께 감사하지 못하고,
무덤에서는 주를 찬양하는 찬송이 울려 나오지 못합니다.
땅 밑에 묻힌 자들은
주의 신실하심을 증언하지 못합니다.
지금의 나처럼,
오직 산 자만이 주께 감사할 수 있습니다.
부모가 자녀에게
주의 신실하심을 일러줍니다.

20 하나님께서 나를 건지고 건지시리니,
수금과 비파 뜯으며
우리 노래하리라.
평생토록 하나님의 성소에서 노래하고 노래하리라.

21-22 이사야가 말했다. "무화과로 습포를 만들어 왕의 종기 위에 얹으면 왕께서
나을 것입니다."
히스기야가 말했다. "내가 **하나님**의 성소에 다시 들어가도 좋다는 것을 말해 주
는 표징은 무엇입니까?"

바빌론의 사신을 맞이하는 히스기야

39 [1] 얼마 후에, 바빌론의 발라단의 아들 므로닥발라단 왕이 히스기야
에게 사신들을 보내어 인사하며 선물을 전했다. 히스기야가 병들었
다가 나았다는 소식을 들었던 것이다.
2 히스기야는 그 사신들을 반갑게 맞이했다. 그는 그들에게 왕궁 내부를 구경시
켜 주면서, 자기가 가진 보물—은, 금, 향료, 진귀한 기름, 무기들—전부를 자랑
삼아 보이며 우쭐거렸다. 자기 왕궁이나 나라 안에 있는 것 가운데 히스기야가
그들에게 보여주지 않은 것은 하나도 없었다.
3 나중에 예언자 이사야가 나타나 히스기야에게 물었다. "그 사람들은 누구입니
까? 무슨 말을 하였습니까? 어디서 온 자들입니까?"
히스기야가 말했다. "그들은 멀리 바빌론에서 왔습니다."
4 "그들이 왕궁에서 무엇을 보았습니까?"
"모든 것을 보았습니다." 히스기야가 말했다. "내가 창고 문을 활짝 열었더니,
그들이 다 보고서 감동을 받았습니다."
5-7 그러자 이사야가 히스기야에게 말했다. "이제 만군의 **하나님**께서 주시는 이
메시지를 들으십시오. '경고한다. 이 왕궁 안에 있는 모든 것, 네 조상이 쌓아 놓
은 모든 것이 바빌론으로 옮겨질 날이 올 것이다.' **하나님**께서 또 말씀하십니다.
'아무것도 남지 않을 것이다. 아무것도. 네 소유물뿐 아니라 네 아들들도 그러할
것이다. 네 아들들 가운데 얼마는 포로로 끌려가, 바빌론 왕궁의 내시가 될 것
이다.'"
8 히스기야가 이사야에게 대답했다. "**하나님**께서 그렇게 말씀하셨다면, 당연히
그렇게 되어야 할 것입니다." 그러나 그는 속으로 "분명 내 평생에는 나쁜 일이
일어나지 않을 테니, 내가 사는 동안에는 평안과 안정을 누릴 것이다" 하고 생
각했다.

위로의 메시지
하나님이 오고 계시니 준비하여라

40 [1-2] "위로하여라. 오, 내 백성을 위로하여라."
너희 하나님께서 말씀하신다.
"부드럽고 다정한 말로,
그러나 분명한 말로 예루살렘에 전하여라.
이제 형을 다 살았다고,
이제 죄가 해결되었다고, 용서받았다고!

예루살렘은 벌을 충분히 받았다. 지나치도록 받았다.
이제 끝났다. 모두 끝났다."

3-5 광야에 울리는 천둥소리다!
"하나님이 오고 계시니 준비하여라!
길을 내어라. 곧고 평탄한 길을 내어라.
우리 하나님께 걸맞은 대로를 내어라.
골짜기는 돋우고,
언덕은 평평하게 골라라.
거친 길을 평탄하게 하고,
돌들도 말끔히 치워라.
그러면 하나님의 찬란한 영광이 비치리니,
모두가 그것을 보게 되리라.
그렇다. 하나님께서 말씀하신 그대로 되리라."

6-8 한 소리가 말한다. "외쳐라!"
내가 말했다. "뭐라고 외쳐야 합니까?"

"이 사람들은 풀에 지나지 않고,
그들의 아름다움은 들꽃처럼 덧없다.
하나님께서 한 번 훅 부시면,
풀은 마르고 들꽃은 시든다.
이 백성은 그저 풀에 불과하지 않느냐?
그렇다. 풀은 마르고 들꽃은 시들지만,
우리 하나님의 말씀은 영원토록 굳건히 설 것이다."

9-11 시온아, 높은 산에 올라라.
너는 기쁜 소식을 전하는 자다.
예루살렘아, 목청을 돋우어라. 크게 외쳐라.
너는 낭보를 전하는 자다.
크고 분명한 소리로 전하여라. 소심하게 굴지 마라!
유다의 성읍들을 향해 말하여라.
"보아라! 너희 하나님이시다!"
그분을 보아라! 하나님 우리 주께서 맹위를 떨치시며,
행동 태세를 갖추고 오신다.
원수들에게는 보복하시되,
그분을 사랑하는 이들에게는 상을 내려 주실 것이다.
목자처럼 자기 양 떼를 돌보아 주시리라.

어린양들을 친히 두 팔로 감싸
품에 안으시고,
젖먹이는 어미 양들을 푸른 초장으로 이끄시리라.

비교할 수 없는 하나님

12-17 자기 두 손으로
대양을 퍼 올리거나
자기 장뼘으로 하늘의 크기를 재 본 사람,
자기 바구니에 온 땅의 티끌을 담고
산과 언덕의 무게를 재 본 사람이 있겠느냐?
하나님께 그분이 하실 일을 일러 드리거나
일을 가르쳐 드린 사람이 있겠느냐?
그분이 조언을 구하실 전문가나
정의를 배우실 학교가 있겠느냐?
그분께 지식을 전해 주거나
세상 돌아가는 이치를 알려 준 신이 있겠느냐?
보아라. 뭇 민족들은 그저 두레박 안의 물 한 방울,
창문에 묻은 때 한 점에 지나지 않는다.
그분이 마루에서 먼지를 닦아 내듯,
섬들을 싹 쓸어버리시는 것을 보아라!
레바논의 모든 나무를 모아도,
저 거대한 숲 속 짐승 전부를 다 모아도,
그분을 예배하는 데 필요한 땔감과 제물로 부족하리라.
모든 민족을 합쳐도 그분 앞에서는 없는 것이나 마찬가지다.
아니, 없는 것만도 못하다. 오히려 손해만 끼친다.

18-20 그러니, 하나님을 누구와 견주겠으며
무엇에 비기겠느냐?
우상 신들에? 웃기는 소리다!
우상들은 작업실에서 만들어진 제품이다. 청동으로 본을 떠서
얇게 금을 입히고,
가는 은사슬로 장식을 한다.
누구는 올리브나무처럼 썩지 않는 좋은 나무를 고르고
목수를 불러 만들기도 하는데,
그 우상이 기울어져 넘어지는 일이 없도록 받침대에 특별히 신경을 쓴다.

21-24 주목해서 보지 않았단 말이냐?
귀 기울여 듣지 않았단 말이냐?

이는 너희가 평생 들어 온 이야기가 아니더냐?
만물의 기초가 무엇인지 모른단 말이냐?
하나님께서는 땅 위 높은 곳에 앉아 계신다.
거기서는 사람들이 개미 떼처럼 보인다.
그분은 휘장을 펴듯,
거주할 천막을 치듯, 하늘을 쭉 펴신다.
제후들이 무슨 말을 하거나 무슨 일을 벌여도, 괘념치 않으신다.
땅의 통치자들, 그분은 없는 셈 친다.
제후와 통치자들, 별것 아니다.
싹만 텄을 뿐 제대로 뿌리를 내리지 못한 씨앗 같아서,
하나님께서 훅 부시면 시들어 버린다.
지푸라기처럼 바람에 날아간다.

25-26 "그러니, 나와 같은 자 누구랴?
누구를 나와 견주겠느냐?" '거룩하신 분'께서 말씀하신다.
밤하늘을 올려다보아라.
그 모든 것을 누가 만들었느냐?
매일 밤 별들의 행진을 지휘하는 이,
그 하나하나의 이름을 빠짐없이 부르며
더없는 위엄과 능력으로
점호를 실시하는 이, 누구냐?

27-31 오, 야곱아, 왜 불평하느냐?
이스라엘아, 왜 투덜대느냐?
어찌하여 "하나님께서 나를 잊으셨다.
내게 무슨 일이 있는지 관심도 없으시다"고 말하느냐?
그렇게도 모른단 말이냐? 그렇게도 알아듣지 못한단 말이냐?
하나님은 왔다갔다 하시는 분이 아니다. 하나님은 언제나 너희와 함께하시는 분이다.
그분은 우리 눈에 보이는 모든 것, 상상할 수 있는 모든 것을 지으신 창조자이시다.
그분은 지치지도, 피곤해 하지도 않으신다.
모든 것을 속속들이 다 아신다.
그분은 지친 자들에게 기운을 북돋우시고,
나가떨어진 자들에게 새 힘을 불어넣어 주신다.
청년들도 지쳐 나가떨어지고,
한창때의 젊은이들도 비틀거리다 쓰러지지만,
하나님을 바라보는 이들은 새 힘을 얻는다.

그들은 독수리처럼 날개를 펼쳐 높이 날아오르며,
아무리 뛰어도 지칠 줄 모르고,
아무리 걸어도 피곤치 않다.

네가 하찮은 벌레처럼 느껴지느냐?

41

[1] "먼 바다 섬들아, 진정하여라. 조용히 들어 보아라!
모두 앉아 쉬면서, 기운을 차려라.
내 주위로 모여라. 네 마음속 생각을 털어놓아라.
무엇이 옳은지 함께 판단해 보자.

[2-3] 이 일을 진행하는 이,
동방에서 그 정복자를 일으켜 오게 한 이가 누구냐?
그를 뽑아 일을 맡기고,
민족들을 한데 몰아넣어,
그로 하여금 왕들을 짓밟게 한 이가 누구냐?
그가 출발해 달리고 있다.
민족들을 빻아 가루로 만들고 있다.
그가 지나간 자리에는 재와 먼지뿐이다.
그들을 쫓아가 해치우는 그는 다치는 일이 없고,
발이 거의 땅에 닿지도 않는다.

[4] 누구냐? 이런 일을 일으킨 이가 누구냐?
만사를 시작케 하는 이가 누구냐?
나다. 하나님이다. 무대에 가장 먼저 등장하는 이는 언제나 나다.
또 가장 늦게까지 남아 있는 이도 바로 나다.

[5-7] 먼 바다 섬들이 보고는 겁에 질린다.
땅끝 나라들이 뒤흔들린다.
공포에 떨며 서로 한데 모인다.
암흑 속에서 서로
없는 말 지어내며 위로해 주려 한다.
우상 제작자들,
초과근무까지 하며 신상품을 찍어 내고
서로 '좋네!' '디자인 끝내주는데!' 하고 말한다.
우상이 기울어져 쓰러지지 않도록
받침대에 단단히 못을 박아 넣으면서.

[8-10] 그러나 너, 이스라엘아, 너는 내 종이다.

너는 야곱이다. 내가 고르고 고른 자다.
나의 좋은 친구 아브라함의 자손이다.
나는 세상 전역에서 너를 끌어모으고,
땅의 어둔 구석구석에서 너를 불러내며 말했다.
'너는 나의 종, 내 옆에서 나를 섬기는 종이다.
내가 너를 뽑았으며, 너를 내친 적이 없다.'
겁먹지 마라. 내가 너와 함께하고 있다.
두려워할 것 없다. 내가 너의 하나님이니
내가 네게 힘을 줄 것이다. 너를 도와주리라.
내가 너를 붙들어 줄 것이다. 꽉 붙잡아 주리라.

11-13 두고 보아라. 너를 푸대접했던 자들,
천대받게 될 것이다.
실패자가 될 것이다.
너를 대적하던 자들,
빈털터리가 될 것이다.
아무것도 보여줄 것 없는 신세가 될 것이다.
네가 옛 적들을 찾아보려고 해도
찾지 못하리라.
너의 옛 원수들, 흔적조차 남지 않을 것이다.
기억하는 자 하나 없으리라.
그렇다. 나 너의 **하나님**이,
너를 꽉 붙잡고, 결코 놓지 않기 때문이다.
내가 네게 말한다. '겁먹지 마라.
내가 여기 있다. 내가 너를 도우리라.'

14-16 야곱아, 네가 하찮은 벌레처럼 느껴지느냐?
염려할 것 없다.
이스라엘아, 네가 보잘것없는 곤충처럼 느껴지느냐?
내가 너를 도울 것이다.
나 **하나님**이 장담한다.
나는 값을 치르고 너를 다시 산 하나님, '이스라엘의 거룩한 이'다.
내가 너를 벌레에서 써레가 되게,
곤충에서 철이 되게 할 것이다.
너는 날카로운 날을 가진 써레가 되어 산들을 갈아 없애고,
굳은 언덕들을 옥토 밭으로 바꾸어 놓을 것이다.
너는 거친 땅을 온갖 풍상에,
햇빛과 바람과 비에, 시달리게 만들 것이다.

그러나 너는 '이스라엘의 거룩한 이' 안에서
자신감 넘치고 원기 왕성하며,
기상이 원대해지리라!

17-20 가난하고 집 없는 자들이 간절히 물을 찾는다.
갈증으로 혀가 타지만 물이 없다.
그러나 내가 있다. 그들을 위해 내가 있다.
나 이스라엘의 하나님이, 그들을 계속 목마르게 내버려 두지 않을 것이다.
그들을 위해 메말랐던 언덕에서 강물이 터지고,
골짜기 가운데서 샘물이 터져 나게 할 것이다.
바싹 말랐던 황무지를 시원한 못으로,
메마른 사막을 물이 철철 넘쳐흐르는 시내로 바꿀 것이다.
나무 한 그루 없던 황야에 붉은 백향목과
아카시아나무, 도금양나무, 올리브나무를 심을 것이다.
사막에 잣나무를 심고,
상수리나무와 소나무가 우거지게 할 것이다.
모두가 보게 되리라. 못 볼 수가 없다.
명백한 증거가 되리라.
나 **하나님**이 친히 이뤄 낸 일.
반박할 수 없는 증거가 되리라.
그렇다. 이는 '이스라엘의 거룩한 이'가 창조하고 서명까지 한 일이다."

21-24 **하나님**께서 말씀하신다. "너의 신들을 위해 변론을 시작해 보아라.
증거를 제시해 보아라." '야곱의 왕'이신 이가 말씀하신다.
"너의 우상들을 변호하기 위해 논증을 제시하여 보아라.
근거를 대 보아라.
우리가 판단할 수 있도록,
우리 앞에 사실을 내놓아 보아라.
네 신들에게 이렇게 물어보아라.
'그대들이 정말 신이라면, 지나간 일들의 의미를 설명해 주시오.
못하겠소? 그러면, 앞으로 일어날 일들에 대해 말해 보시오.
그것도 못하겠소?
그러면, 뭐라도 해보시오. 무슨 일이든!
좋은 일이든 나쁜 일이든, 아무거나 해보시오.
도대체 그대들은 우리에게 해를 끼치거나 도움을 줄 수 있는 존재요?
우리가 두려워해야 할 필요가 있는 존재요?'
그들, 아무 말도 못한다. 아무것도 아니기 때문이다.
가짜 신들, 우상 신들, 어릿광대 신들이기 때문이다.

25-29 나 하나님이, 북쪽에서 누군가를 일으켜 이리로 오게 했다.
내가 동쪽에서 그의 이름을 불러 뽑았다.
토기장이가 진흙을 밟아 이기듯,
그가 통치자들을 바닥에 짓이길 것이다.
네게 한번 물어보자. 이런 일이 있을 것을 미리 알았던 자가 있느냐?
우리에게 먼저 말해 주어,
'과연 그의 말이 옳았다!'고 말하게 한 자가 있느냐?
이 일은 누구도 언급한 바 없다. 누구도 예고한 바 없다.
너 역시 찍소리도 낸 적 없다.
그러나 나는 시온에게 이 일을 미리 알려 주었다.
내가 예루살렘에 낭보를 알리는 자를 보냈다.
그러나 여기 둘러보니,
무슨 일이 벌어지고 있는지 아는 사람이 아무도 없다.
물어봐도, 누구 하나 진상을 말하지 못한다.
여기에는 아무것도 없다. 전부 연기와 헛바람뿐이다.
가짜 신들, 텅 빈 신들, 우상 신들뿐이다."

하나님의 종이 모든 일을 바로잡으리라

42

1-4 "나의 종을 유심히 보아라.
내가 전적으로 지지하는 종이다.
그는 내가 택한 사람이며,
나는 그가 더없이 마음에 든다.
나는 그를 온통 내 영으로, 내 생명으로 감싸 주었다.
그가 민족들 사이에서 모든 일을 바로잡을 것이다.
그는 일장연설이나 화려한 행사로
자기 일을 과시하지 않을 것이다.
그는 다치고 상한 이들을 무시하거나
미천하고 보잘것없는 자들에게 무관심하지 않으며,
분명하고 단호하게 모든 일을 바로잡아 줄 것이다.
그는 자기 일을 마칠 때까지 지쳐 주저앉는 법이 없고,
땅 위의 모든 일을 바로잡기까지 멈추지 않을 것이다.
먼 바다 섬들까지,
그의 가르침을 고대할 것이다."

5-9 우주를 창조하시고, 하늘을 펴셨으며,
땅과 거기 자라는 모든 것을 펼치신 분,
땅에 사는 사람들에게 당신의 생명 불어넣어,
그 생명으로 그들을 살게 하시는

하나님의 메시지다.
"나는 **하나님**이다. 의롭게 살라고 내가 너를 불렀다.
내가 너를 책임지고 안전히 지켰다.
너를 내 백성 가운데 세워 그들과 나를 잇고,
너로 하여금 민족들을 비추는 등대로 삼아,
밝고 탁 트인 곳으로 사람들을 인도하는 일을 시작했다.
눈먼 사람의 눈을 뜨게 하고,
감옥에 갇힌 자들을 풀어 주며,
어두운 감방을 텅텅 비우는 일을 시작했다.
나는 **하나님**이다. 이것이 나의 이름이다.
나는 내 영광을 남에게 빌려 주지 않으며,
우상 신들을 인정해 주지 않는다.
기억하여라. 예전에 예고했던 심판들, 모두 이루어졌다.
이제 나는 새로운 구원을 예고한다.
그 일이 엄습하기 전에,
너희에게 미리 일러 준다."

10-16 **하나님**께 새 노래를 불러라!
온 세상에 찬양의 노래 울려 퍼지게 하여라!
바다와 그 속의 고기들이
환호성을 지르게 하여라.
모든 먼 섬들도 따라하게 하여라.
광야와 장막들이 소리 높여 노래하고
게달의 유목민들도 따라 하게 하여라.
셀라의 주민들이 찬양대를 만들어
산꼭대기에서 노래하게 하여라.
하나님의 영광이 울려 퍼지게 하여라.
그분을 찬양하는 소리가 대양을 가로질러 메아리치게 하여라.
하나님께서 작정하고 나서신다.
행동에 들어가실 태세다.
"내가 왔다." 그분께서 큰소리로 알리신다.
적들을 단번에 장악하신다.
"내가 오랫동안 침묵을 지켜 왔다.
뒤로 물러나 이를 악물고 있었다.
그러나 이제야, 터뜨린다.
해산하는 여인처럼 크게 소리친다.
산들을 벌거숭이로 만들고
들꽃들을 말려 죽이고

강들을 말라붙게 하며,
호수들을 개펄이 되게 한다.
그러나 길을 알지 못하는 자들,
향방을 알지 못하는 자들은 내가 손을 잡아 주리라.
낯선 곳을 지나는 그들을 위해
친히 내가 길 안내자가 되어 줄 것이다.
어느 길로 가야 하는지 곁에서 일러 주고,
도랑에 빠지지 않게 도와주리라.
그들을 위해 그렇게 할 것이다.
그들 옆에 꼭 붙어, 한시도 떠나지 않으리라."

17 그러나 우상에 투자했던 자들은
이제 파산이다. 끝장이다.

이스라엘이 깨닫지 못한다

18-25 주목하여라! 귀가 멀었느냐?
눈을 떠라! 눈이 멀었느냐?
너희는 나의 종이다. 그런데 보고 있지 않구나!
너희는 내가 보내는 사자다. 그런데 듣고 있지 않구나!
내가 믿었던 백성이, 하나님의 종들이
장님이다. 작심하고 눈을 감아 버린 장님이다!
너희는 많은 것을 보았으나, 제대로 본 것은 아무것도 없다.
전부 다 들었으나, 제대로 들은 것은 아무것도 없다.
하나님께서는 선한 마음으로
자신의 계시를 아낌없이 나누시기로 작정하셨다.
그런데 얻어맞고 윽박지름당하며 살아온 이 백성,
다락, 구석에 갇혀
피해의식에 젖은 채
자기 상처나 핥고 있다.
거기, 누구 듣고 있는 자 없느냐?
지금 벌어지는 일을 주목하는 자 없느냐?
너희는 야곱을 흉악범의 손에 넘기고,
이스라엘에 강도를 풀어 활보하게 한 이가 누구라고 생각하느냐?
하나님이 아니시더냐? 우리는 이 하나님께 죄를 범했다.
그분이 명령하신 것을 행하지 않았고,
그분이 말씀하신 바를 듣지 않았다.
이 모든 일 뒤에는 하나님의 진노가,
하나님의 심판하시는 능력이 있지 않더냐?

그런데, 자기 세상 전부가 무너졌는데, 그들은 여전히 깨닫지 못했다.
자기 삶이 폐허가 되었는데도, 그들은 여전히 마음에 새기지 않는다.

43

1-4 그러나 이제, **하나님**의 메시지를 들어라.
애초에 너, 야곱을 만드신 **하나님**,
너, 이스라엘을 시작하신 분의 말씀이다.
"두려워하지 마라. 내가 너를 속량했다.
내가 네 이름을 불렀다. 너는 내 것이다.
네가 길을 잃고 갈팡질팡할 때, 내가 함께할 것이다.
네가 물에 빠져 허우적거릴 때, 가라앉게 내버려 두지 않을 것이다.
사면초가에 처해도,
그것이 네게 막다른 골목이 되지 않으리라.
나는 **하나님**, 곧 너의 하나님,
'이스라엘의 거룩한 이', 너의 구원자이기 때문이다.
나는 어마어마한 값을 치르고 너를 샀다. 너를 얻으려고
이집트를 다, 귀중한 구스와 스바도 같이, 내놓았다!
너는 내게 그만큼 소중하다!
내가 너를 그만큼 사랑한다!
너를 얻기 위해서라면 나는 온 세상도 팔 수 있다.
창조세계와 너를 맞바꿀 수도 있다.

5-7 그러니 두려워하지 마라. 내가 너와 함께한다.
너의 흩어진 자녀들을 내가 다시 불러 모을 것이다.
동쪽과 서쪽에서 그들을 끌어모을 것이다.
내가 북쪽과 남쪽으로 명령을 보낼 것이다.
'그들을 다시 보내라.
먼 땅에 있는 내 아들들,
먼 곳에 있는 내 딸들을 돌려보내라.
내가 되돌려 받고자 한다. 내 이름을 지니고 있는 사람 모두.
내 영광을 위해 창조한 이들,
친히 내가 하나하나 빚어 만든 그들,
한 사람도 빠짐없이, 다 돌려보내라.'"

8-13 눈먼 자들과 귀먹은 자들을 불러 준비하게 하여라.
(눈은 멀쩡한데) 눈먼 자들,
(귀는 멀쩡한데) 귀먹은 자들 말이다.

다른 민족들도 나와서 준비하게 하여라.
그들이 무슨 말을 할지,
벌어진 일에 대해 무슨 설명을 내놓을지 보자.
그들로 하여금 노련한 증인들을 내세워
변론하게 해보아라.
자기들 말이 옳다는 것을 설득해 보게 하여라.
"그러나 내 증인은 너희다." **하나님**의 포고다.
"너희는 나의 종이다. 나를 알고 신뢰하라고,
내가 존재한다는 것과 내가 어떤 존재인지를 깨달아 알라고,
내 손으로 직접 고른 나의 종이다.
나 이전부터 존재한 신이나,
나 이후에도 존재할 신 같은 것은 없다.
그렇다. 내가 **하나님**이다.
존재하는 유일한 구원자다.
내가 말했고, 내가 구원했으며,
건방진 신들이 설치기 훨씬 이전의 일들을 너희에게 일러 주었다.
너희도 알고 있다. 너희가 내 증인이고,
내 증거물이라는 사실을." **하나님**의 포고다.
"그렇다. 내가 하나님이다.
언제나 그랬고,
언제까지나 그럴 것이다.
내게서 무엇을 앗아 갈 자 아무도 없다.
내가 만든 것을 누가 없앨 수 있겠느냐?"

너희는 나를 거들떠보지도 않았다

14-15 **하나님**, 너희 속량자,
'이스라엘의 거룩하신 분'께서 말씀하신다.
"내가 너를 위해 바빌론으로 행군해 갈 것이다.
바빌론 사람들에게 보복할 것이다.
야단법석을 떨던 그들,
통곡하게 되리라.
나는 **하나님**, 너희의 거룩한 이,
이스라엘의 창조자, 너희의 왕이다."

16-21 **하나님**께서 말씀하신다.
대양 가운데 길을 내시고
거센 물결 사이로 길을 뚫으시는 하나님,
말과 전차와 군대를 소환하시면

다 쓰러져 일어나지 못하고
촛불처럼 꺼져 버리고 마는, 그 하나님께서 말씀하신다.
"지금까지 있었던 일들은 잊어라.
지나간 역사에 연연하지 마라.
다만, 깨어 있어라. 현재에 깨어 있어라.
이제 나는 전혀 새로운 일을 행할 것이다.
이미 시작되었다! 보이지 않느냐?
여기를 보아라! 내가 사막 가운데 길을 내고,
황무지에 강을 낼 것이다.
들짐승들이, 이리와 독수리들이
'감사합니다!' 하고 외칠 것이다.
내가 사막에 물을 가져오고
바싹 마른 땅에 강이 흐르게 하여,
나의 택한 백성이 그 물을 마시게 하기 때문이다.
그들은 나를 위해 특별히 만든 백성,
나를 찬양하라고 특별히 지은 백성이다.

22-24 그런데 야곱아, 너는 나를 거들떠보지도 않았다.
이스라엘아, 너는 빨리도 나에게 싫증을 냈다.
너는 양을 제물로 바치는 일도 하지 않으려 했다.
희생 제물을 바치는 일에도 전혀 관심이 없었다.
나는 너에게 많은 것을 요구하지 않았다.
값비싼 선물도 기대하지 않았다.
그런데 너는 최소한의 성의도 보이지 않았다.
내게 참으로 인색했다. 구두쇠처럼 굴었다.
그런데 네가 죄를 짓는 일에는 인색하지 않았다.
죄 앞에서는 손이 너무도 컸다. 나는 이제 지쳤다.

25 그러나 나는, 그렇다,
너의 죄를 처리해 주는 이다. 그것이 내가 하는 일이다.
나는 너의 죄 목록을 보관하지 않고 있다.

26-28 그러니, 내게 맞서 변론을 해보아라. 공개토론을 해보자.
너의 주장을 펼쳐 보아라. 네가 옳다는 것을 증명해 보아라.
너의 처음 조상이 범죄행위를 시작했고,
그 후로 모두가 동참했다.
그것이 내가 성전 지도자들의 자격을 박탈하고,
야곱을 버리며, 이스라엘을 불신할 수밖에 없었던 이유다."

44

나 같은 반석은 없다

1-5 "그러나 사랑하는 종 야곱아,
내가 친히 뽑은 너, 이스라엘아, 이제 들어라.
너를 만든 **하나님**이 네게 말한다.
모태에서 너를 빚은 그 하나님이 너를 도우려 한다.
사랑하는 종 야곱아,
내가 택한 여수룬아, 두려워하지 마라.
내가 메말랐던 땅에 물을 쏟아붓고,
바싹 말랐던 땅에 시내가 흐르게 할 것이다.
네 자손에게 나의 영을 부어 주며,
네 자녀들에게 나의 복을 부어 주리라.
그들이 초원의 풀처럼,
시냇가의 버들처럼 쑥쑥 자랄 것이다.
누구는 '나는 **하나님**의 것이다' 말하고,
누구는 자기 이름을 야곱이라 할 것이다.
또 누군가는 자기 손에 '이 몸은 **하나님**의 것'이라 쓰고 다니며
이스라엘이라 불리기를 자랑스러워할 것이다."

6-8 **하나님**, 이스라엘의 왕,
너희를 속량한 자, 만군의 **하나님**께서 말씀하신다.
"나는 시작이요 끝이며, 그 사이의 모든 것이다.
나는 존재하는 유일한 하나님이다.
나와 견줄 자 누구냐?
한번 나서 보아라. 어디, 자격이 되는지 보자.
처음부터 앞으로 될 일을 예고한 이가 나 말고 또 누가 있느냐?
있다면, 한번 말해 보아라. 이제 무슨 일이 있겠느냐? 누가 말해 보겠느냐?
두려워하지 마라. 염려하지 마라.
내가 너희에게 늘 알리지 않았더냐? 무슨 일인지 말해 주지 않았더냐?
너희는 나의 증인들이다.
너희가 나 말고 다른 하나님을 만나 본 적 있느냐?
나 같은 반석은 없다. 내가 아는 한, 없다."

어리석은 우상숭배자들

9-11 우상을 만드는 자들은 모두 허망한 존재에 불과하다. 그들이 땀 흘려 만들어
내는 것은 아무 쓸모가 없다. 시시한 장난감 신들, 그것들은 아무것도 못 보고
아무것도 모른다. 그저 해괴망측할 뿐이다! 아무것도 하지 못하는 신들, 신이라
고 할 수도 없는 것들을 만들어 내는 자 누구냐? 부끄러워 얼굴을 들지 못하는
저 꼴을 보아라. 자기들이 만든 우상들이 기대를 저버리자, 창피해서 슬금슬금

꽁무니를 빼는 저 모습을 보아라. 그들을 이곳 광장에 데리고 나와 세워라. 그들에게 하나님의 실재를 대면시켜라.

12 대장장이가 자기 우상을 만든다. 그의 대장간에서, 모루 위에 올려놓고 망치로 탕탕 두들겨 만들어 낸다. 참 고된 일이다! 허기지고 목말라 지친 모습으로 그는 일을 마친다.

13-17 목수가 자기 우상을 만들 계획을 세우고 나무토막 위에 도면을 그린다. 끌질을 하고 대패질을 해서 사람 모양을 만든다. 근사한 미남, 미녀 모양으로 만들어 예배당에 갖다 두려는 것이다. 우선 백향목을 베어 오거나, 소나무나 상수리나무를 고르고, 그것이 숲 속에서 비를 맞고 잘 클 때까지 기다린다. 나무가 다 자라면 그는 그것을 두 가지 용도로 쓴다. 일부는 집을 데우거나 빵 굽는 데 필요한 땔감으로 쓰고, 남는 것으로 자기가 숭배할 신을 만든다. 잘 깎아 신의 모양을 만든 다음 그것 앞에서 기도하려는 것이다. 먼저 그는 나무의 반을 가져와 방을 덥히고 불을 피워 고기를 굽는다. 배불리 먹은 다음, 배를 두드리며 따뜻한 불가에 기대어 앉아 말한다. "아, 이런 게 사는 맛이지." 그 다음에 그는 남은 나무를 가지고 자기 취향에 따라 우상을 디자인한다. 마음 내킬 때 편하게 예배할 수 있도록 간편하고 편리한 우상을 만든다. 그러고 나서 필요할 때마다 그것 앞에서 기도한다. "나를 구원해 주십시오. 당신은 나의 신입니다."

18-19 이 얼마나 바보 같은 짓이냐? 눈이 있어도 보지 못하고 머리가 있어도 생각하지 못하는구나. 아니, 그들에게는 이런 생각이 들지 않더란 말이냐? "내가 이 나무의 반으로 불을 피웠다. 그것으로 빵을 구웠고, 고기를 구웠고, 배불리 먹었다. 그리고 나머지 반으로 우상을 만들었다. 이런 혐오스런 우상을, 아니, 나무 막대기에 불과한 것 앞에서 내가 기도하고 있다니!"

20 허상에 미혹된 자들은 현실감각을 잃어버린 나머지, 자기가 무슨 짓을 하고 있는지 도무지 깨닫지 못한다. 손에 들고 있는 나무 막대기 우상을 보며 "이 무슨 미친 짓인가" 하고 말하지 못한다.

21-22 "오, 야곱아, 이것들을 기억하여라.
이스라엘아, 네가 내 종이라는 사실을 엄숙히 받아들여라.
내가 너를 만들었다. 너를 빚어 내었다. 너는 나의 종이다.
오, 이스라엘아, 나는 결코 너를 잊을 수 없다.
내가 너의 모든 죄를 청산해 주었다.
말끔히 없애 주었다.
내게 돌아오너라, 돌아오너라.
내가 너를 속량했다."

23 높은 하늘아, 노래하여라!
하나님께서 이를 이루셨다.

깊은 땅아, 소리쳐라!
너희 산들아, 노래하여라!
상수리나무, 소나무, 백향목들아, 숲 속에서 합창하여라!
하나님께서 야곱을 속량하셨다.
이스라엘에 하나님의 영광이 나타났다.

24 하나님, 너의 구원자,
네 어머니의 태에서 너의 생명을 빚어 내신 분께서 말씀하신다.
"나는 하나님이다. 내가 존재하는 모든 것을 만들었다.
너의 도움 전혀 없이 내가 하늘을 펼치고
땅을 펼쳤다."

25-28 그분께서 마술사들을 우스꽝스럽게 만드시고
점쟁이들을 가소로운 자들로 만들어 버리신다.
전문가들을 시시하게 만드시고
첨단 지식을 바보 같은 소리로 만들어 버리신다.
그러나 당신 종이 하는 말은 뒷받침해 주시며
당신이 보낸 사자의 조언은 확증해 주신다.
그분께서 예루살렘에게 "사람들이 네게 들어와 살 것이다" 말씀하시고
유다의 성읍들에게 "너희는 다시 재건될 것이다" 말씀하시며,
폐허 더미들에게 "내가 너희를 다시 일으켜 세우리라" 말씀하신다.
그분께서 대양에게 "말라 버려라.
내가 강들을 말려 버릴 것이다" 말씀하신다.
그분께서 고레스에게 "내 목자여,
내가 원하는 일 모두를 네가 해낼 것이다" 말씀하신다.
예루살렘에게 "재건될 것이다" 말씀하시고,
성전에게 "다시 세워지리라" 말씀하신다.

하나님께서 고레스를 세우시다

45

1-7 하나님께서 당신의 기름부음 받은 자,
고레스에게 주시는 메시지다.
민족들을 길들이고
그 왕들의 간담을 서늘케 하라고
하나님이 친히 그를 붙잡아 세우시며,
전권과 재량을 주시며 말씀하셨다.
"내가 네 앞서 가며,
길을 낼 것이다.
단단한 성문들을 부서뜨리고

굳센 자물쇠를 깨뜨리며, 굳게 잠긴 출입문을 박살내겠다.
내가 너를 보물이 묻혀 있는 곳,
보석이 숨겨 있는 은닉처로 안내하겠다.
그렇게, 너를 지명하여 불러낸 이가 바로 나 **하나님**,
이스라엘의 하나님임을 확증해 주겠다.
내가 너를 뽑고, 너를 지명하고 불러내어
이 특권을 맡긴 것은,
바로 내 사랑하는 종 야곱,
내가 택한 이스라엘 때문이다.
너는 나를 알지도 못한다!
나는 **하나님**, 존재하는 유일한 하나님이다.
나 외에 다른 신은 없다.
내가 나를 알지도 못하는 너를
무장시켜 이 일을 맡긴 것은,
동쪽에서 서쪽에 이르기까지 모든 사람으로 하여금
나 외에 다른 신이 없다는 것을 알게 하려는 것이다.
나는 **하나님**, 존재하는 유일한 하나님이다.
나는 빛을 만들고, 어둠을 창조하며,
조화를 만들고, 불화를 창조한다.
나 **하나님**이 이 모든 일을 이룬다.

8-10 열려라, 하늘아, 비를 내려라.
구름들아, 나의 의를 쏟아부어라!
땅아, 다 내놓아라. 구원을 꽃피게 하여라.
의로운 삶을 싹트게 하여라.
나 **하나님**이 이 모든 일을 일으키리라.
그러나 자신의 창조자와 맞서 싸우는 자들에게는 화가 있으리라.
그들은 토기장이에게 맞서는 토기와 같다!
진흙이 토기장이에게
'이게 뭡니까? 정말 형편없는 솜씨군요!' 하고 대드는 법이 있느냐?
정자가 그 주인에게
'누구 허락을 받아 날 가지고 아기를 만듭니까?' 하거나
태아가 엄마에게
'왜 뱃속에 날 가두는 거예요?' 하고 말할 수 있느냐?"

11-13 **하나님**, 이스라엘의 거룩하신 분, 이스라엘의 창조자께서 말씀하신다.
"내가 누구를 만드는지, 무엇을 만드는지, 너희가 왈가왈부하느냐?
내가 무엇을 할 수 있고, 무엇을 할 수 없는지, 너희가 따지려 드느냐?

내가 땅을 만들었고,
거기에 살 사람들을 창조했다.
내가 하늘을 직접 만들었고,
별들의 움직임을 지도했다.
그런 내가 이제 고레스를 일으켰다.
그 앞에 레드 카펫을 깔아 주었다.
그가 내 성읍을 건설할 것이다.
그가 내 유랑민들을 고향으로 데리고 올 것이다.
내가 이 일을 위해 보수를 주고 그를 고용하지 않았다.
다만 그에게 명령을 내렸다.
나 만군의 **하나님**이."

⁂

14 **하나님**께서 말씀하신다.

"이집트의 일꾼들, 에티오피아의 상인들,
훤칠한 스바 사람들이 모두
너에게 올 것이다. 모두 너의 것이 될 것이다.
사슬에 묶인 채 고분고분하게 너를 따르고,
공손하게 두 손 모아 네 앞에서 기도하며 말하리라.
'놀랍습니다! 하나님이 당신과 함께하십니다!
다른 신은 없습니다.'"

15-17 분명, 주님은 배후에서 일하시는 하나님,
이스라엘의 하나님, 구원자 하나님이십니다.
그들은 모두 부끄러움을 당하여,
얼굴을 들지 못하게 될 것입니다.
우상을 만드는 자들, 일을 잃고 갈팡질팡하며
어쩔 줄 몰라 할 것입니다.
그러나 **하나님**, 이스라엘 백성은 주가 구원해 주셨습니다.
주께서 영원한 구원을 베풀어 주셨습니다.
그들은 수치를 당하지 않고,
갈팡질팡하는 일도 없을 것입니다.

18-24 **하나님**은 하늘을 창조하신 분.
기억하여라. 그분은 하나님이시다.
그분이 땅을 만드셨고,
태초에 땅의 기초를 세우셨다.

그분은 땅을 텅 빈 곳이 되게 하시려고
그런 수고를 들이신 것이 아니라,
생명이 살 수 있는 곳이 되게 하시려고 땅을 만드셨다.

이 하나님께서 말씀하신다.

"나는 하나님이다.
오직 나만이 그렇다.
나는 혼잣말을 중얼거리거나
웅얼대며 말하는 이가 아니다.
나는 야곱에게
'나를 공허 속에서, 어두운 무(無)에서 찾으라'고 말해 본 적이 없다.
나는 하나님이다. 나는 공공연하게 일하고
옳은 것을 말하며, 모든 일을 바로잡아 준다.
그러니 너희 모든 피난민, 버림받은 자들아,
함께 모여서, 오너라.
그들, 참으로 아둔하기 짝이 없다.
나무토막 신들을 지고 다니며,
죽은 막대기에다 도움을 청하는 자들 말이다.
네 생각을 말해 보아라. 증거를 보아라.
머리를 써 보아라. 변론을 해보아라.
지금 일어나고 있는 이 일을 이미 오래전에 네게 일러 준 이가 누구냐?
네가 사태를 이해하도록 도운 이가 누구냐?
바로 나, 하나님이 아니냐?
나일 수밖에 없다. 내가 유일한 하나님이기 때문이다.
모든 일을 바로잡고
도움을 베풀 수 있는 하나님은 오직 나밖에 없다.
그러니 어디에 사는 누구든지,
모두 내게 돌아와 도움을 받아라. 구원을 받아라!
나는 하나님이다.
유일무이한 하나님이다.
내가 나의 이름으로 약속한다.
내 입에서 나오는 모든 말은 그대로 이루어진다.
나는 내 말을 도로 담는 법이 없다.
결국 모두가 내 앞에 무릎 꿇게 될 것이다.
결국 모두가 나에 대해 이렇게 말하게 될 것이다.
'그렇습니다! 구원과 능력은 하나님께 있습니다!'"

24-25 그분께 맞서 사납게 날뛰던 자들
다 그분 앞에 서게 되고,
그 불신으로 인해 부끄러움을 당하게 될 것이다.
그러나 이스라엘과 연결된 자들은 모두,
하나님 안에서 힘과 찬양과 복이 넘치는 삶을 누리게 되리라!

바빌론 신들의 몰락

46

1-2 벨 신이 쓰러진다. 느보 신이 고꾸라진다.
그 나무토막 신들이 노새 등에 실려,
가련한 노새 등에 실려
끌려간다.
짐을 지어 주기는커녕, 과중한 짐만 되어,
포로로 끌려간다.

3-4 "야곱 가문아, 이스라엘 가문의 남은 자들아,
내 말에 귀 기울여라.
나는, 너희가 태어난 날부터 지금까지
너희를 내 등에 업고 다녔다.
너희가 늙어도 나는 계속 너희를 업고 다닐 것이다.
늙어 머리가 희끗희끗해져도 너희를 지고 다닐 것이다.
지금까지 그렇게 해왔고, 앞으로도 그럴 것이다.
내 등에 너희를 업고 다닐 것이다. 너희를 구원해 줄 것이다.

5-7 그러니, 나를 누구와 비교하겠느냐? 비교할 수 없는 나를!
나를 무엇에 견주는 것은 곧 나를 격하시키는 일이 아니냐?
돈 많은 자들이 장인을 고용해
신상을 만들게 한다.
제작을 마친 기술공이 신상을 배달해 주면
그들은 그 앞에 무릎 꿇고 절한다!
그것을 지고 다니며 종교행렬을 벌이고는
집에 가져가 선반 위에 둔다.
그것은 놓인 그 자리에 밤낮으로
꼼짝 않고 그대로 앉아 있다.
그것에 무슨 말이든 해보아라. 결코 대꾸하는 법이 없다.
물론, 무슨 일을 하는 법도 없다!

8-11 잘 생각하여라. 숙고하여라.
반역자들아, 명심하여라. 이것은 심각한 일이다.

너희 역사를 기억하여라.
그 다사다난했던 시간을 기억하여라.
나는 하나님이다. 너희에게 유일한 하나님이었고, 앞으로도 그럴 것이다.
비교할 수 없고 대체할 수 없는 하나님이다.
맨 처음부터 나는
끝이 어떻게 될 것인지 너희에게 알려 주었고,
앞으로 일어날 일을 늘 일러 주었다.
'이는 내가 오래전부터 벌여 온 일,
나는 내가 계획한 일을 그대로 이룰 것이다'라고 너희에게 확신시켰고,
동쪽 먼 나라에서 그 독수리를 불러왔다.
나의 일을 돕는 자로 고레스를 택했다.
내가 말했으니, 내가 틀림없이 이룰 것이다.
내가 계획한 일이니, 이미 된 것이나 다름없다.

12-13 이제 내게 귀 기울여라,
돕기 어려운 고집불통들아.
나는 당장이라도 너희를 도울 준비가 되어 있다.
구원은 장기계획이 아니다.
구원은 지체 없이 온다.
나는 이미 시온에 구원을,
이스라엘에 영광을 일으키고 있다."

파티는 끝났다

47

1-3 "너, 처녀 딸 바빌론아,
네 높은 말에서 내려와 먼지 더미 위에 앉아라.
딸 갈대아야,
이제 네가 앉을 보좌는 없다. 바닥에나 앉아라.
이제는 누구도 너를 매력적이라,
매혹적이라 부르지 않는다. 현실을 받아들여라.
일자리를 찾아라. 무슨 일이든.
하수도나 화장실 청소 같은 일이라도 찾아보아라.
드레스와 스카프는 전당포에 맡기고
작업복으로 갈아입어라. 파티는 끝났다.
너는 알몸으로 거리에서
저급한 조롱을 당하리라.
보복의 때가 왔다. 내가 보복을 행하리라.
누구도 빠져나갈 수 없다."

4-13 우리의 속량자,
그 이름이 만군의 하나님이신, '이스라엘의 거룩하신 분'께서 말씀하신다.
"딸 갈대아야,
입 다물고 비켜서라.
이제 너는 더 이상
'만국의 으뜸'이라 불리지 않을 것이다.
나는 내 백성에게 질렸고,
내 자손에게 넌더리가 났다.
그래서 그들을 네게 넘겨주었다.
그런데 너는 전혀 동정심이 없었다.
너는 나이 든 노인들까지도
무자비한 중노동을 시켰다.
너는 '내가 최고야.
나는 만인의 영원한 연인'이라고 말했다.
너는 어떤 것도 진지하게 받아들이지 않고, 어떤 것도 마음에 새기지 않았다.
내일을 생각하지 않고 하루하루를 살았다.
그러니 방탕한 여인아, 이제부터라도 생각을 가져라.
너는 세상의 중심인 양 굴면서
속으로 '내가 최고다. 나 말고 누가 있나.
나는 과부가 될 일도, 자녀를 잃을 일도 없다'고 으스댄다.
그러나 그 두 가지 일이 동시에 네게 닥칠 것이다.
한날에, 느닷없이,
너는 남편과 자식을 잃게 될 것이다.
그 많은 마력과 매력을 갖고도, 속절없이 모두를 잃게 될 것이다.
너는 '누가 보랴' 하며
대담하고 속편하게, 악하게 살았다.
스스로 똑똑하다고, 모르는 것이 없노라 여겼다.
대단한 망상이다!
속으로 '내가 최고다. 나 말고 누가 있나'며 으스대던 너에게,
파멸이 임한다.
네 매력으로 막지 못한다.
재난이 들이닥친다.
네 마력으로도 쫓아내지 못한다.
대재앙이, 대대적인 재난이 돌연히 닥친다.
너는 그저 망연자실할 뿐이다!
그러나 포기하지 마라. 네 커다란 마법 창고에
아직 시도해 보지 않은 무엇이 남아 있을지 모르니.
하루 이틀 해온 일이 아닐 테니,

분명 무엇 하나는 통하는 것이 있지 않겠느냐?
온갖 시도를 해보느라 이제 지쳤다는 것을 안다만,
그래도 포기하지 마라.
점성가들, 별을 뚫어져라 쳐다보는 자들을 불러 보아라.
이런 일에 능한 자들이니 뭔가 대책을 내놓지 않겠느냐!

14-15 그러나 가망이 없구나.
지푸라기라도 잡으려 한다만,
그것마저 맹렬한 불에 타고 있다.
너의 '전문가들', 그 불구덩이 안에 갇힌 채, 나오지 못한다.
그 불은 고깃국이나 끓이고,
추위나 녹이는 불이 아니다!
평생 너와 한통속이었던 네 친구와 동료들,
그 마술사와 마법사들이 처할 운명이 바로 이러하다.
그들, 어찌할 바를 몰라 자기들끼리 부딪힌다.
너를 도울 수 있는 형편이 아니다."

하나님께서 새 일을 약속하시다

48

1-11 "야곱 가문아, 이스라엘이라는 이름으로 불리는 너희여,
이제 귀 기울여 들어라.
너희를 유다의 허리에서 시작케 한 이가 누구냐?
너희는 하나님의 이름으로 맹세하고
이스라엘의 하나님께 기도한다만,
그것이 진심이냐?
맹세한 대로 실천하느냐?
너희는 스스로를 거룩한 도성의 시민이라 주장한다.
이스라엘의 하나님,
그 이름이 만군의 하나님이신 분을 의지하는 것처럼 군다.
지금까지 나는 오랫동안 너희와 함께해 왔다.
내가 무슨 일을 할지 미리 너희에게 일러 주었고,
그 일을 행했으며, 실제로 일이 이루어졌다.
너희는 마음이 완고하고 얼굴에 철판을 깐
고집불통들이다. 나는 그 사실을 잘 알고 있다.
그래서 일이 일어나기 전에 먼저
무슨 일이 있을지 너희에게 미리 알려 준 것이다.
그러니 너희는 이제 와서
'이는 내 신-우상이 한 일이다',
'내가 제일 좋아하는 조각신상이 명령한 일이다'라고 말할 수 없다.

너희는 모든 증거를 보았다.
너희 눈과 귀로 직접 확인했다.
그런데 왜 그렇게 잠자코 있느냐?
그러나 이것은 시작일 뿐이다.
너희에게 말해 줄 일들이 아직 많이 남아 있다.
너희가 전혀 들어 보지 못한 일들이다.
같은 바탕에 무늬만 새로워진 것이 아니라
전적으로 새로운 일,
너희가 짐작도 못하고 꿈도 꾸지 못한 일이다.
듣고서 '익히 알고 있던 내용'이라고 말할 수 없는 일이다.
그동안 너희는 내 말을 귀담아듣지 않았다.
늘 나를 무시해 왔다.
변덕이 죽 끓듯 한 너희는,
타고난 반역자들이었다.
그러나 나는 선한 마음으로
내가 나인 이유로,
그동안 노를 참으면서 분을 터뜨리지 않았다.
나는 너희에게서 손을 떼지 않는다.
내가 한 일을 보느냐?
나는 너희를 정련시켜 왔다. 불로 그렇게 했다.
은처럼 시련의 용광로 속에서 시험했다.
내가 하는 일의 근거는 바로 나다. 내가 나인 이유로 그 일을 한다.
내게는 지켜야 할 명성이 있다.
나는 그 누구에게도 주연 자리를 내주지 않는다.

12-13 야곱아, 들어라. 이스라엘아, 들어라.
나는 네게 이름을 지어 준 바로 그다!
내가 그다.
내가 모든 일을 시작했고, 내가 결말지을 것이다.
땅은 내가 만든 작품이다.
하늘도 내가 만들었다. 이쪽 끝에서 저쪽 끝까지.
내가 말하면, 그들은 벌떡 일어나 귀를 기울인다.

14-16 모두 모여서 들어 보아라.
신들 가운데 이 소식을 너희에게 전해 준 이가 있더냐?
나 하나님이 그 사람 고레스를 사랑하며,
그를 통해 바빌론을 향한 나의 뜻을 펼칠 것이다.
그렇다. 내가 말했다. 내가 그를 불러냈다.

내가 그를 이곳으로 데려왔다. 그는 성공할 것이다.
가까이 다가와 귀 기울여 들어라.
나는 그동안 너희에게 무엇을 숨긴 적이 없다.
나는 늘 너희와 함께했다."

백성을 인도하시는 하나님

16-19 이제, 주 **하나님**께서 나를 보내셨고 그분의 영도 함께 보내시며
메시지를 전하신다. 너의 속량자,
이스라엘의 거룩하신 분 **하나님**께서 말씀하신다.
"나는 **하나님**, 너의 하나님이다.
나는 네게 의롭고 복된 삶을 가르치며,
네가 해야 할 일과 가야 할 길을 보여주는 이다.
네가 그동안 내 말을 귀 기울여 들었더라면,
네 삶은 풍성한 강물처럼 넘실거리고
축복이 파도처럼 밀려들었을 것이다.
자녀와 손자손녀를 비롯한
자손들이 모래알처럼 많아졌을 것이다.
대가 끊어지거나
나와의 관계가 끊어질 위험은 없었을 것이다."

20 바빌론에서 나오너라! 바빌론 사람들에게서 도망쳐라!
소식을 알려라. 외쳐라.
세상에, 온 세상에 알려라.
"**하나님**께서 그분의 사랑하는 종 야곱을 속량하셨다!"고 전하여라.

21 그분의 인도로 광야를 지날 때, 그들은 목마르지 않았다.
그분이 바위에서 물이 쏟아져 나오게 하셨다.
그분이 바위를 쪼개시니, 물이 솟구쳐 나왔다.

22 **하나님**께서 말씀하신다. "악인에게는 평화가 없다."

내가 너를 통해 빛을 발하리라

49

1-3 먼 바다 섬들아, 들어라.
먼 나라 백성들아, 주목하여라.
하나님께서는 내가 태어난 날부터 내게 일을 주셨고,
내가 세상에 들어오자마자 내게 이름을 지어 주셨다.
칼처럼 베고 창처럼 꿰뚫는 언변을 내게 주셨으며,
당신 손으로 늘 나를 지켜 주셨다.

나를 당신의 곧은 화살로 삼으시고
당신의 화살통 속에 숨기셨다.
그분이 내게 말씀하셨다. "너는 내 사랑하는 종,
이스라엘이다. 내가 너를 통해 빛을 발하리라."

4 그러나 내가 말했다. "내가 한 일은 다 헛수고였다.
평생을 애썼지만 내놓을 만한 것은 하나도 없다.
그러나, 최종판단은 **하나님**께 맡기련다.
그분의 판결을 기다릴 것이다."

5-6 **하나님**께서 말씀하신다.
그분께서 내가 태어난 순간부터 나를 붙잡아
당신의 종으로 삼으시고,
야곱을 당신께로 다시 데려와
이스라엘을 재결합시키는 일을 맡기셨다.
하나님 앞에서 이 얼마나 영광스런 일인가!
하나님은 나의 힘이시다!
그분께서 말씀하신다. "이제 야곱 지파들을 회복하고,
이스라엘의 길 잃은 자들을 한데 모으는 일은,
나의 종에게 오히려 가벼운 일이다.
너로 하여금 모든 민족을 위한 빛으로 세워,
나의 구원을 '전 세계'에 퍼뜨릴 것이다!"

7 **하나님**, 이스라엘의 속량자, 이스라엘의 거룩하신 분께서
남들에게 멸시받는 자들, 민족들에게 발길질당하는 자들,
지배층에 종살이하는 자들에게 말씀하신다.
"너를 보면 왕과 제후들이 자리에서 일어날 것이며,
땅에 엎드려 경의를 표할 것이다.
신실하게 약속을 지킨 **하나님**,
너를 택한 '이스라엘의 거룩한 이' 때문이다."

8-12 **하나님**께서 말씀하신다.

"때가 되면, 내가 너희에게 응답할 것이다.
승리를 거둘 때가 되면 너희를 도울 것이다.
너희를 빚어 내고 너희를 들어서 내 일을 행할 것이다.
사람들을 다시 내게로 연결시키고,
땅의 질서를 바로잡으며,

폐허가 된 땅에서 다시 새 삶을 시작하게 할 것이다.
감옥에 갇힌 자들에게 '나오너라. 이제 너희는 자유의 몸이다!'라고 말하고,
무서워 몸을 웅크리는 자들에게
'이제 괜찮다. 안전하다'고 일러 주리라.
그들, 돌아오는 길 내내 먹을 것이 부족하지 않겠고,
언덕마다 소풍을 즐길 것이다.
누구도 주리지 않고, 누구도 목마르지 않으며,
볕을 피할 그늘과 바람을 피해 쉴 곳을 얻으리라.
나, 자비한 이가 그들의 길 안내자가 되어,
그들을 가장 좋은 샘으로 인도할 것이기 때문이다.
내가 나의 모든 산이 길이 되게 하고,
그것들을 대로로 바꾸어 놓을 것이다.
보아라. 저기 먼 나라에서 오는 자들,
저기 북쪽에서 오는 자들,
저기 서쪽에서 몰려오는 자들,
저기 나일 강을 따라 내려오는 자들!"

13 하늘들아, 지붕이 떠나갈 듯 소리 질러라!
땅들아, 죽은 자들도 깨울 듯 크게 외쳐라!
산들아, 환호성을 올려라!
하나님께서 당신의 백성을 위로해 주셨다.
이리저리 두들겨 맞은 백성을 어루만지며 돌보아 주셨다.

14 그런데 시온은 말한다.
"글쎄, 나는 잘 모르겠는데. **하나님**은 나를 버리셨어.
나의 주님은 내가 존재한다는 사실조차 잊으셨어."

15-18 "어찌 어머니가 자기 품속의 젖먹이를 잊을 수 있으며,
자기가 낳은 아기를 버릴 수 있겠느냐?
설령 그럴 수 있다 해도,
나는 결코 너를 잊지 않을 것이다.
보아라, 내가 내 손바닥에 네 이름을 새겨 두었다.
나는 네가 다시 세우는 그 성벽들에서, 결코 눈을 떼지 않을 것이다.
너를 세우는 자들은 너를 무너뜨린 자들보다 더 신속하다.
파괴자들은 영원히 사라졌다.
위를 올려다보아라. 주위를 둘러보아라. 눈을 크게 뜨고 보아라!
보이느냐? 네게 몰려오고 있는 저들이?"
하나님의 포고다. "살아 있는 나 **하나님**을 두고 맹세하는데,

너는 저들을 보석처럼 몸에 두르리라.
저들로 신부처럼 몸을 치장하리라.

19-21 폐허가 된 네 땅에 대해 묻느냐?
살육이 자행된 그 황폐한 땅에 대해 묻느냐?
그 땅은 도저히 주체 못할 만큼 많은 사람들로 북적거릴 것이다!
야만스런 원수들, 기억에도 남지 않으리라.
유랑시절에 태어난 자녀들이 네게,
'여기는 너무 비좁아요. 더 넓은 장소가 필요해요'라고 할 것이다.
그때 너는 혼잣말로,
'아, 이 많은 아이들이 어디에서 왔는가?
다 잃고 아무 가진 것 없던 빈털터리 유랑민이었던 나인데,
누가 이 아이들을 길러 주었나?
이 아이들, 어떻게 여기 있게 되었나?' 할 것이다."

22-23 주 **하나님**께서 말씀하신다.

"보아라! 내가 민족들에게 신호를 내린다.
내 백성을 소환하려고 깃발을 쳐든다.
이곳으로 그들이 오리라. 여자들은 어린 아들을 품에 안고,
남자들은 어린 딸을 목말 태우고 올 것이다.
왕들이 너의 유모가 될 것이요,
공주들이 너의 보모가 될 것이다.
그들이 자원하여 네 허드렛일을 할 것이다.
네 마루를 닦고 네 빨래를 해줄 것이다.
그러면 너는, 내가 **하나님**이라는 것을 알게 되리라.
나에게 희망을 두는 자는 결코 후회하는 법이 없다."

24-26 거인에게 빼앗긴 것을 되찾아 올 수 있겠느냐?
폭군의 손에서 포로들을 빼내 올 수 있겠느냐?
그러나 **하나님**께서 말씀하신다. "거인이 약탈품을 움켜쥐고
폭군이 내 백성을 죄수로 붙잡고 있어도,
내가 네 편에 서서
너를 위해 싸워 네 자녀들을 구해 줄 것이다.
그러면 네 원수들은 미쳐서 발악하며
자기들끼리 죽이다 멸망하리라.
그러면 모두가 알게 되리라. 나 **하나님**이,
나 '야곱의 전능자'가 너를 구원하였음을."

누구, 하나님을 경외하는 자 있느냐?

50

1-3 하나님께서 말씀하신다.

"내가 너희 어머니를 쫓아냈느냐?
그 사실을 증명하는 이혼증서를 제시할 수 있느냐?
내가 너희를 팔아 넘겼느냐?
그 영수증을 제시할 수 있느냐?
너희는 당연히, 하지 못한다.
너희가 이 지경에 처한 것은 너희 죄 때문이다.
너희가 타국살이를 하게 된 것은 너희 잘못 때문이다.
내가 문을 두드렸을 때 왜 아무도 나오지 않았느냐?
내가 불렀을 때 왜 아무도 응답하지 않았느냐?
너희는 내가 돕는 법을 잊기라도 했다고 생각하느냐?
이제는 노쇠해 구원할 힘이 없다고 생각하느냐?
내 힘은 여전하다.
전에 했던 일을 뒤집어 버릴 수도 있을 만큼 여전하다.
지금 나는 말 한 마디로 바다를 말릴 수 있고
강을 모래사막으로 바꿀 수 있으며,
물고기들을 전부 뭍으로 올려
악취를 풍기며 말라 죽게 할 수도 있고,
하늘의 빛들을 모조리 끄고
커튼을 드리워, 하늘을 덮어 버릴 수도 있다."

4-9 주 하나님께서 내게
학자의 혀를 주셔서,
지친 사람들에게 힘을 불어넣게 하셨다.
그분이 아침마다 나를 깨우시고
나의 귀를 열어 주셔서, 명을 받드는 자처럼
주의 말씀을 듣고 순종하게 하셨다.
주 하나님께서 내 귀를 열어 주셨으니,
내가 도로 잠들거나
이불을 뒤집어쓰지 않았다.
나는 명을 따랐고,
매를 맞아도 견뎠으며,
수염이 뽑힐 때도 가만히 있었다.
사람들이 조롱해도 숨지 않았고,
내 얼굴에 침을 뱉을 때도 피하지 않았다.

주 하나님께서 언제나 함께 계셔 나를 도우시니,
내가 수치를 당하지 않는다.
결코 후회 없으리라 확신하기에,
내가 얼굴을 굳게 한다.
나의 옹호자께서 여기 나와 함께 계시니,
분명한 입장을 취해 보자!
누가 감히 나를 고소하겠느냐?
어디 한번 해보라고 하여라!
보아라! 주 하나님이 여기 계신다.
누가 감히 나를 정죄하겠느냐?
보아라! 나를 고소하는 자들은 누더기들이다.
좀에게 먹힐 자들이다!

10-11 누구, 하나님을 경외하는 자 있느냐?
그분의 종의 음성에 진정으로 귀 기울이는 자 있느냐?
어디로 가는지도 모르고 가는 자여,
어둠 속을 헤매는 자여,
여기 길이 있다. 하나님을 신뢰하여라.
너희 하나님을 의지하여라!
너희가 계속 말썽을 피우고
불장난을 하면,
결국 어떻게 될지 두고 보아라.
불을 피우고, 사람들을 충동질하고, 불꽃을 키워 보아라.
내가 서서 가만히 지켜만 보고 있으리라 생각지 마라.
나는 너희를 그 불구덩이 속으로 밀어 넣을 것이다.

이제 고통이 끝나고

51

1-3 "의를 따르며 하나님 찾는 일에 매진하는 너희여,
내게 귀 기울여라.
너희가 떨어져 나온 그 바위에 대해,
너희가 캐내어진 채석장에 대해 깊이 생각하여라.
너희 조상 아브라함,
너희를 낳아 준 사라에 대해 깊이 생각하여라.
생각해 보아라! 내가 불렀을 때 그는 혼자였지만,
내가 축복하자, 수많은 자손이 생겼다.
이와 같이, 나 하나님이 시온도 위로해 주리라.
그 폐허들을 어루만져 줄 것이다.

죽은 땅을 에덴으로,
황무지를 **하나님**의 동산으로 변화시킬 것이다.
열매와 웃음 가득한 곳,
감사와 찬양이 가득한 곳으로 바꾸어 놓을 것이다.

4-6 내 백성아, 주목하여라.
민족들아, 내게 귀 기울여라.
내게서 계시가 흘러나오고,
나의 결정들이 세상을 밝혀 준다.
나의 구원이 빠르게 달려오며,
나의 구원하는 일이 제때에 이루어진다.
내가 민족들에게 정의를 베풀 것이다.
먼 섬들도 나를 바라보며,
내 구원의 능력에 희망을 둘 것이다.
하늘을 올려다보며,
네 발아래 있는 땅을 깊이 생각하여라.
하늘은 연기처럼 사라질 것이며,
땅은 작업복처럼 해어질 것이다.
사람들은 하루살이처럼 죽어 나가겠지만
나의 구원은 다함이 없으며,
세상을 바로잡는 나의 일은 결코 쇠하지 않을 것이다.

7-8 자, 들어라, 옳고 그름을 구분하며
나의 가르침을 마음속에 담고 사는 너희여.
모욕당하는 일에 개의치 말며, 조롱 앞에서
의기소침하지 마라.
그 모욕과 조롱 고리타분하며,
공허한 소리에 지나지 않는다.
그러나 세상을 바로잡는 나의 일은 계속된다.
나의 구원은 끝없이 진행된다."

9-11 깨어나십시오. 깨어나십시오. **하나님**, 맹위를 떨치십시오!
오래전, 그 옛날처럼 깨어나십시오.
그때 주께서는 라합을 완전히 제압하시고,
옛 용, 혼돈을 단칼에 해치우지 않으셨습니까?
주께서는 그 바다,
깊고도 강력한 물을 말려 버리시고
대양의 바닥에 길을 내셔서,

속량받은 자들이 그리로 건너가게 하지 않으셨습니까?
바로 그렇게, **하나님**께서 속량하신 자들이 이제 돌아올 것입니다.
환호성을 외치며 시온으로 돌아올 것입니다.
영원한 기쁨이 화환처럼 그들의 머리를 두르고,
모두가 넘치는 희열에 도취될 것입니다.
탄식과 신음은 흔적도 없이 사라질 것입니다.

12-16 "나, 나는 너희를 위로하는 이다.
그런데 너희는 대체 무엇을, 누구를 두려워하느냐?
죽을 목숨에 불과한 인간들을?
흙먼지로 돌아갈 가련한 인생들을?
너희는 나를 잊었구나. 너희를 만들고
하늘을 펴서 땅의 기초를 놓은 나, **하나님**을 잊고서는,
자기가 세상을 쥐고 흔든다고 착각하는
성질 사나운 폭군 앞에서,
사시나무 떨듯 떨고 있구나.
그러나 그가 무엇을 할 수 있을 것 같으냐?
너희가 생각지도 못한 사이에, 희생자들은 풀려나 자유의 몸이 될 것이다.
그들은 죽지 않고
주리지도 않을 것이다.
나는 바다를 뒤흔들고 파도를 일으키는,
만군의 **하나님**, 바로 너의 하나님이기 때문이다.
내가 네게 한 마디 한 마디 말을 가르치고
친히 돌보아 주리라.
나는 하늘을 펴고
땅에 단단한 기초를 놓고서,
'환영한다, 내 백성아!' 하며 시온을 맞이할 것이다."

17-20 그러니 깨어나라! 눈 비비고 잠에서 깨어나라!
예루살렘아, 일어나 서라!
너는 **하나님**이 주신 잔,
그 진노의 독주를 마셨다.
마지막 한 방울까지 남김없이 마시고 나서
비틀거리다 쓰러졌다.
그런데 너를 집에 데려다 주는 자가 없다.
친구들이나 자녀들 중에도
너를 부축해서 침대에 눕혀 주는 자 없다.
너는 화에 화를 당했으나,

누구, 네게 마음을 써 주는 자 있느냐?
폭행과 구타를 당하고, 굶주림과 죽음이 코앞에 있건만,
누구, 너를 위로해 주는 자 있느냐?
너의 아들과 딸들은 기절한 토끼들마냥
제정신을 잃고 길거리에 쓰러졌다.
하나님의 진노, 네 하나님의 진노의 독주를 마시고
쓰러져 잠을 자고 있다.

21-23 그러니 잘 들어라, 너,
포도주를 마신 것도 아닌데
숙취로 머리가 빠개질 듯 아픈 자여.
너의 주님, 너의 **하나님**께서 네게 하실 말씀이 있으시다.
너의 하나님께서 자기 백성의 사정을 들어주셨다.
"보아라. 네가 비틀거리도록 마시게 했던 그 술을 이제 내가 거둔다.
이제 너는 더 이상 내 진노의 술잔을 마시지 않으리라!
나는 그 잔을 네 압제자들에게 보냈다.
'바닥에 엎드려! 우리가 밟고 지나가겠다'고 네게 명령하던 자들에게.
그 명령에 따를 수밖에 없었던 너는,
바닥에 납작 엎드려 먼지처럼 짓밟혔다."

하나님께서 예루살렘을 속량하시다

52

1-2 깨어나라, 깨어나라! 시온아, 너의 신발 끈을 동여매라!
예루살렘, 거룩한 성읍아, 너의 가장 좋은 옷을 꺼내 입어라!
하나님께 무관심하던 자들, 다 가려내었다.
다시는 나타나지 못할 것이다.
포로로 잡혔던 예루살렘아, 먼지를 털고 일어서라!
포로로 잡혔던 딸 시온아, 사슬을 벗어던져라!

3 **하나님**께서 말씀하신다. "너희가 값없이 팔려 갔으니, 이제 값없이 속량될 것
이다."
4-6 주 **하나님**께서 다시 말씀하신다. "전에 내 백성은 이집트로 가 그 땅에서 이
방인으로 살았다. 후에는 앗시리아가 그들을 억압했다. 그런데 지금 내가 보는
이것은 또 무엇이냐?" **하나님**의 포고다. "내 백성이 또다시 아무 이유 없이 끌
려갔다. 폭군들이 길길이 날뛰고, 내 이름은 매일같이 모욕당한다. 이제 내 백
성에게 내가 누구인지, 내가 어떤 존재인지 알릴 때가 되었다. 그렇다. 내가 할
말이 있다. 내가 여기 있다!"

7-10 얼마나 아름다운가,

기쁜 소식을 들고 산을 넘는 이의 발이여!
모든 것이 잘되었다 전하고,
좋은 세상이 열렸다 선포한다. 구원을 선언하면서
시온에게 "이제 하나님이 통치하신다!" 일러 준다.
저 목소리들! 들어 보아라!
너의 정찰병들이 외치는 소리, 우레와 같은 소리,
환희 가득한 합창소리다.
그들이 본다.
하나님께서 시온으로 돌아오시는 광경을 똑똑히 본다.
노래를 터뜨려라! 예루살렘의 폐허들아, 노래를 꽃피워라.
"하나님께서 자기 백성을 위로해 주셨다!
그분이 예루살렘을 속량하셨다!"
하나님께서 당신의 소매를 걷어붙이셨다.
그분의 거룩한 팔, 그 억센 팔뚝을 모든 민족이 보게 되리라.
땅의 이쪽 끝에서 저쪽 끝까지, 모두가 보게 되리라.
그분께서 일하시는 광경, 그분께서 당신의 구원을 이루시는 광경을 보게 되리라.

11-12 여기서 나가라! 여기서 나가라! 이곳을 떠나라!
뒤돌아보지 마라. 약탈로 너를 더럽히지 마라.
그냥 떠나라. 깨끗이 떠나라.
하나님의 거룩한 기물을 나르는 예배 행렬이니, 스스로를 정결케 하여라.
서두를 것 없다.
너희는 도망치는 길이 아니니!
하나님께서 앞장서 너희를 이끌어 주시리라.
이스라엘의 하나님께서 너희 뒤도 맡아 지켜 주시리라.

우리의 고통을 짊어지셨네

13-15 "나의 종을 보아라! 활짝 피어난 모습,
우뚝 솟은 군계일학이다!
시작은 그렇지 못했다.
처음에는 모두가 질겁했다.
알아볼 수 없을 만큼 망가진 흉한 그 얼굴,
사람의 모습이 아니었다.
이제 온 세상 모든 민족들이 놀라고 두려워하리라.
왕들이 그를 보고, 충격에 입을 다물지 못하리라.
들어 보지도 못한 일을 목도하고,
생각지도 못한 일을 눈앞에서 보게 될 것이기 때문이다."

53 [1] 우리가 듣고 본 이 일을 믿은 자 있었느냐?
하나님의 구원하시는 능력이 이런 것일 줄 상상이라도 해본
자 있었느냐?

[2-6] 하나님 앞에서 자라난 그 종,
바싹 마른 땅에 심긴 앙상한 묘목, 왜소한 초목 같았다.
아무 볼품없고
보잘것없었다.
멸시받고 무시당하며,
고난을 아는 사람, 고통을 몸소 겪은 사람이었다.
그를 보면 사람들은 고개를 돌렸다.
우리는 그를 멸시했고, 벌레 취급했다.
그러나 그는, 질고를 짊어지고 가는 사람이었다.
우리의 고통, 우리의 추함, 우리의 모든 잘못을.
우리는 그가 제 잘못 때문에 저렇게 되었다고,
자기 잘못 때문에 하나님께 벌을 받는 것이라고 생각했다.
그러나 실은, 우리의 죄 때문이었다.
그가 찢기고, 깨지고, 밟힌 것은, 우리의 죄 때문이었다!
그가 벌을 받아들였기에 우리가 온전해졌고,
그가 입은 상처를 통해 우리가 치유를 받았다.
우리는 길 잃고 방황하는 양들같이
다 제멋대로 제 갈 길로 갔지만,
하나님은 우리의 모든 죄, 모든 잘못을
그에게 지우셨다. 그에게.

[7-9] 두들겨 맞고 고문을 당했어도,
그는 아무 말이 없었다.
도살장에 끌려가는 어린양처럼,
털 깎이는 어미 양처럼,
잠잠히 있었다.
정의가 죽고, 그가 붙들려 갔건만,
진상을 알았던 자 있느냐?
자기 안위는 조금도 돌보지 않았던, 그가 죽었다.
피투성이가 되도록 얻어맞았다. 내 백성의 죄를 위해.
누구도 해코지하지 않고
어떤 거짓도 말한 적 없는데도,
그는 악인들과 함께 묻혔고,
어느 부자와 함께 무덤에 뉘였다.

10 그러나 그를 그렇게 고통으로 짓누른 것은,
하나님께서 뜻하신 바였다.
그로 하여금 자신을 속죄 제물로 내어주어
거기서 나오는 생명, 그 끝없는 생명을 누리게 하시려는 계획이었다.
하나님의 계획은 그를 통해 온전하게 이루어지리라.

11-12 그 극심한 영혼의 산고 끝에,
그는 자신이 해낸 값진 일을 보며 기뻐하게 되리라.
나의 이 의로운 종이 겪은 일을 통해
의로운 이들이 많이 생겨나게 되리라.
그가 그들의 죄 짐을 대신 짊어지기 때문이다.
그러므로 내가 그에게 넘치는 상을 베풀리라.
최고의 것, 최고의 영예를 주리라.
그가 죽음과 맞서 뒤로 물러나지 않았고,
가장 낮은 이들과 기꺼이 친구가 되었기 때문이다.
그는 많은 사람들의 죄를 자기 어깨에 짊어졌고,
모든 문제아를 위해 발 벗고 나서 주었다.

54

하나님의 영원한 사랑

1-6 "아이를 가져 본 적 없는 불임의 여인아, 노래 불러라.
너, 아이 낳아 보지 못한 여인아, 목청 높여 불러라!
결국에는 네가, 아이 있는 모든 여인보다
더 많은 아이를 갖게 되리라." **하나님**의 말씀이다!
"너의 장막 터를 더 넓게 잡아라!
장막을 넓혀라. 더 넓게 펼쳐라! 생각의 폭을 넓혀라!
줄을 기다랗게 늘이고
말뚝을 깊이 박아라.
가족이 늘어
더 넓은 공간이 필요하게 되리라.
너는 뭇 민족들을 차지하게 될 것이다.
버려진 성읍이 다시 주민들로 북적이게 될 것이다.
두려워하지 마라. 다시는 쩔쩔맬 일 없으리니.
주저하지 마라. 다시는 벽에 부딪힐 일 없으리니.
네 젊었을 적 당한 수치들, 다 잊을 것이다.
과부였을 적 받은 모욕들, 기억에서 모두 사라질 것이다.
너를 지은 이가, 이제 너의 신랑이기 때문이다.
그 이름, 만군의 **하나님**!
너를 속량한 이는 '이스라엘의 거룩한 이'

온 땅의 하나님이다.
버림받은 아내 같았던 너, 비탄에 빠진 폐인이었던 너를
나 하나님이 다시 맞아들였다.
너는 젊어서 결혼했다가
버림받은 여인 같았다." 너의 하나님의 말씀이다.

7-8 너의 속량자 하나님께서 말씀하신다.

"내가 너를 버렸다만, 잠시였다.
이제 말할 수 없이 큰 연민으로 너를 다시 데려온다.
나의 노가 폭발하여 네게 등을 돌렸다만,
잠시였다.
이제 나는 너를 품에 안고 돌보아 준다.
나의 사랑은 무궁하기 때문이다.

9-10 이 유랑은 나에게 이전 노아 때와 같다.
그때 내가, 다시는 노아의 홍수가
땅을 범람하지 않으리라 약속했다.
이제 내가 더 이상 진노하지 않고,
더는 너를 혼내지 않으리라 약속한다.
설령 산들이 너를 떠난다 해도
언덕들이 산산조각 난다 해도
나의 사랑은 결코 너를 떠나지 않을 것이며,
나의 굳은 평화의 언약은 결코 깨지지 않을 것이기 때문이다."
너를 가엾게 여기시는 하나님의 말씀이다.

11-17 "풍파에 시달려도 동정하는 자 없던 도성아,
이제 내가 터키석으로 너를 재건하려 한다.
청보석으로 기초를 놓고,
홍옥으로 망루를 세우며,
성문은 보석으로
성벽은 보옥으로 지을 것이다.
네 자녀들에게 하나님이 직접 선생이 되어 줄 것이다.
이 이상의 멘토가 어디 있겠느냐!
너는 의에 기초해 굳게 세워지리라.
고난은 이제 멀리 물러갔다. 두려워할 것 전혀 없다!
폭압도 멀리 물러갔다. 네 근처에 얼씬거리지도 않을 것이다!
설령 누가 너를 공격한다 해도,

결코 내가 그들을 보냈다고는 생각지 마라.
공격받는다 해도
아무 일 없을 것이다.
내가 대장장이를 창조했고,
그가 용광로에 불을 붙여
살상 무기를 만들어 낸다.
나는 파괴자도 창조했다.
그러나 너를 해할 수 있는 무기는 누구도 만들지 못한다.
누구든지 너를 고소하는 자는
거짓말쟁이로 판정받고 패소할 것이다.
하나님의 종들은 이 일들을 기대해도 좋다.
나는 모든 일이 협력하여 결국 최선이 되게 할 것이다."
하나님의 포고다.

너희 목마른 자들아

55

1-5 "거기! 목마른 자들아,
모두 물로 나아오너라!
무일푼이냐?
상관없으니 오너라. 와서 사 먹어라!
와서, 너희 마실 것을 사라. 포도주와 젖을 사라.
돈 없이 사라. 모든 것이 무료다!
어째서 너희는 아무 영양가 없는 것들에 돈을 낭비하며,
힘들게 번 돈을 불량식품에 허비하느냐?
내 말을 들어라. 귀담아들어라. 가장 좋은 것만 먹고,
최고의 먹거리로만 배를 채워라.
주목하여라. 이제 가까이 다가와서
생명을 주는 나의 말, 생명을 길러 내는 나의 말에 귀 기울여라.
내가 너희와 영원히 굳은 언약을 맺으려 한다.
전에 다윗과 맺은 언약과 같은, 확실하고 굳건하며 영속적인 사랑의 언약을 맺으려 한다.
나는 그를 민족들에게 보내는 증인으로 세웠고,
그를 민족들의 지배자요 지도자로 만들었다.
이제는 너희를 그렇게 만들려고 한다.
너희는 한 번도 들어 보지 못한 민족을 불러 모을 것이며,
너희를 알지 못하는 민족들이 다 너희에게 달려올 것이다.
나, 너희 하나님 때문이다.
'이스라엘의 거룩하신 이'가 너희를 높여 주었기 때문이다."

6-7 가까이 계실 때 하나님을 찾아라.
옆에 계실 때 그분께 기도하여라.
불의한 자들은 불의한 생활방식을 버리고
악한 자들은 악한 사고방식을 버려라.
그리고 하나님께 돌아오너라. 그분은 자비하시다.
우리 하나님께로 돌아오너라. 그분은 아낌없이 용서를 베푸신다.

8-11 "나는 너희가 생각하는 방식으로 생각하지 않는다.
나는 너희가 일하는 방식으로 일하지 않는다."
하나님의 포고다.
"하늘이 땅보다 높은 것처럼
내가 일하는 방식은 너희의 방식을 초월하며,
내가 생각하는 방식은 너희의 방식을 뛰어넘는다.
하늘에서 내리는 비와 눈이
땅을 적시고
만물을 자라고 꽃피우게 하며,
농부들에게 씨를 주고
굶주린 자들에게 먹을 것을 주고 난 다음에야 하늘로 돌아가듯이,
나의 입에서 나오는 말들도
결코 빈손으로 돌아가지 않는다.
나의 말들은 내가 계획한 일을 이루며,
내가 맡긴 임무를 완수한다.

12-13 그러므로 너희는 기쁨 가운데 나아가,
온전한 삶으로 인도받을 것이다.
산과 언덕들이 앞장서 행진하며
노래를 터뜨릴 것이다.
숲 속 나무들도 모두 환호성을 올리며
그 행진에 동참할 것이다.
엉겅퀴 대신에 거목들이 들어서고,
가시덤불 대신에 장중한 소나무들이 들어서서,
나 하나님을 기리는 기념물이 될 것이다.
하나님을 보여주는, 생생하고 영속적인 증거가 될 것이다."

56

희망의 메시지
구원이 코앞에 다가왔다

1-3 하나님의 메시지다.

"너희는 바르게 살아라.
구원이 코앞에 다가왔으니,
옳은 일을 행하되 바르게 하여라.
이제, 세상을 바로잡는 나의 일이 펼쳐질 것이기 때문이다.
얼마나 복된가, 이 일에 뛰어드는 자들.
이 일을 환영하고
안식일을 지켜 그날을 더럽히지 않으며,
늘 자신을 살펴 어떤 악도 저지르지 않는 사람들!
하나님을 따르기로 한 이방인들이
'나는 **하나님**의 이등 백성일 뿐
진짜 백성은 아니다'라고 말하는 일이 없게 하여라.
몸이 불편한 자들이,
'나는 폐물일 뿐
진짜 백성은 못된다'고 생각하는 일이 없게 하여라."

4-5 **하나님**께서 이렇게 말씀하시기 때문이다.

"몸에 장애가 있지만 내 안식일을 지키고
내가 기뻐하는 일을 행하며
나의 언약을 굳게 붙드는 자들은,
내가 내 집과 내 성읍에서
높은 자리를 차지하게 할 것이다.
아들과 딸보다도 더 높은 자리에 앉게 할 것이다.
취소되지 않는
영원한 영예를 수여할 것이다.

6-8 나를 따르기로 한 이방인들,
나를 위해 일하고 내 이름을 사랑하여
나의 종이 되고자 하는 자들,
안식일을 지켜 그날을 더럽히지 않으며
나의 언약을 굳게 붙드는 자들은 누구든지,
내가 나의 거룩한 산으로 데려가
내 기도의 집에서 기쁨을 선사할 것이다.
그들도 나의 백성 유다 사람들과 똑같이
나의 제단에 번제와 희생 제물을 바치며, 마음껏 예배하게 되리라.
그렇다. 나를 예배하는 집은
만민을 위한 기도의 집으로 알려질 것이다."
이스라엘 유랑민을 모아들이시는

주 **하나님**의 포고다.
"내가 다른 사람들도 모아들여,
이미 모아들인 자들과 함께 있게 할 것이다."

9-12 흉포한 짐승들을 부르신다. 이리 달려오너라.
와서, 저 짐승 같은 야만인들을 잡아먹어라!
이스라엘의 파수꾼이라는 자들이 다 눈멀었다. 모조리 눈멀었다.
그들은 지금 무슨 일이 일어나고 있는지 모른다.
짖을 줄도 모르는 개들,
백일몽이나 꾸는 게을러빠진 개들이다.
그런데 먹는 데는 아주 밝은 주린 개들,
먹어도 먹어도 만족을 모르는 게걸들린 개들이다.
이스라엘의 목자들이 바로 그들이다!
아무 생각 없고 아무 개념도 없다.
다들 자기 생각뿐이며,
가질 만한 것은 무엇이든 차지하려고 혈안이다.
"오너라." 그들이 말한다. "잔치를 벌이자.
나가서 마시자!"
다음 날도 마찬가지다.
"즐기자!"

지치지도 않고 새 종교를 찾아다니는 너희

57

1-2 그러는 사이 의인들은 하나씩 죽어 나가는데,
아무도 거들떠보지 않는다.
하나님을 경외하는 이들이 하나씩 세상을 떠나는데,
아무도 주목하지 않는다.
그 의인들, 비참함에서 벗어나
마침내 안식을 누린다.
고귀한 삶을 살았던 그들,
마침내 평화를 누린다.

3-10 "그러나 너희 마녀의 자식들아, 이리 오너라!
창녀의 아들들아, 매춘부의 딸들아.
대체 너희가 지금 누구를 비웃고
조롱하며 놀린단 말이냐?
너희가 얼마나 비참한 신세가 될지 알기나 하느냐?

이 반역의 종족, 사기꾼 세대여.
어디든 구석만 있으면 들어가 색욕을 불태우고
내키는 대로 간통을 저지르는 너희다.
굴속이든 바위틈이든,
적당한 곳을 골라 제 자식을 죽이는 너희다.
너는 강가에서 돌을 옮겨 와
음란한 종교 산당을 세운다.
그렇게 너의 운명을 택했다.
너의 예배가 네 운명을 결정한다.
너는 높은 산에 올라
그 더러운 섹스교, 죽음교를 실천했다.
문을 닫아걸고서
너의 애지중지하는 신과 여신들을 불러 모았다.
나를 저버린 채, 밖으로 나돌며 옷을 훌렁 벗고
침상을 예배장소로 삼았다.
신성하다는 창녀들과 침상에 올라
그 벗은 몸뚱이들을 숭배하며
탐닉했다.
너는 네가 받들어 섬기는 신에게 기름을 바르고
네 몸에 향수를 뿌린다.
최신 유행 종교를 물색하러 사절을 보낸다.
지옥에도 갔다 오게 한다.
끝없이 새로운 것, 색다른 것을 시도해 보느라 자신을 허비하면서도,
너는 그것이 허비인 줄도 모른다.
최신 유행을 좇는 힘은 늘 남아돌아서,
지치지도 않고 새 종교를 찾아다닌다.

11-13 대체 누가 너를 꼬드겨 이런 터무니없는 짓을 하게 했느냐?
나를 잊게 만들고,
나를 알았다는 사실조차 잊게 만들었느냐?
고함도 지르지 않고 가만있으니
너는 내가 존재하지도 않는다고 생각하는 것이냐?
내가 너의 의로운 종교 행위들을 하나하나 다 파헤쳐,
그것이 얼마나 엉터리인지 폭로하겠다.
가거라. 가서, 네가 모아 둔 우상들에게 도와 달라고 부르짖어 봐라.
그것들, 바람 한번 불면 다 날아가 버린다.
연기에 지나지 않는 것들이기 때문이다.

그러나 누구든지 내게 달려와 도움을 청하는 자는
땅을 상속받을 것이며,
나의 거룩한 산을 소유하게 되리라!"

14 어디선가 음성이 들려온다. "건설하여라, 건설하여라! 길을 만들어라!
길을 닦아라. 내 백성이 걸어올 길에서
바위들을 치워라."

15-21 영원 안에 사시며
그 이름이 '거룩'이신 분,
지극히 높으신 하나님의 메시지다.
"나는 높고 거룩한 곳에 살지만,
또한 기운 잃고 풀죽은 자들과 함께한다.
그들 속에 새로운 영을 불어넣고,
그들을 다시 일으켜 세운다.
나는 끝없이 사람들을 법정에 세우거나,
끊임없이 노하지 않는다.
그렇게 하면, 그들이 용기를 잃고 말 것이고,
내가 창조한 영혼들이 지쳐 주저앉고 말기 때문이다.
나는 노했었다. 이스라엘의 죄로 인해, 몹시 노했었다.
고집스럽게 제멋대로 가는 그들을,
내가 심하게 쳤고, 노하여 등을 돌렸다.
그러나 뒤돌아 그들이 어떻게 지내는지 보면서,
그들을 치유하고 이끌어 주기로, 그들을 위로해 주기로 마음먹었다.
나는 애통하는 그들에게 새로운 언어, 찬양의 언어를 안겨 주련다.
먼 곳에 있는 자들에게도, 가까운 곳에 있는 자들에게도 평화가 있으리라." 하나님께서 말씀하신다.
"그렇다. 내가 그들을 치유해 줄 것이다.
그러나 악한 자들은
폭풍에 요동치는 바다와 같아서,
그 파도가 오물과 진창을 마구 솟구쳐 올린다."
하나님께서 말씀하신다. "악인에게는 평화가 없다."

하나님께서 기뻐하시는 금식

58

1-3 "외쳐라! 목이 터지도록 외쳐라!
조금도 주저하지 마라. 나팔을 불듯 크게 외쳐라!
내 백성의 문제가 무엇인지 말해 주어라.

내 가문 야곱에게 그들의 죄를 들이대어라!
그들은 예배하느라 바쁘다. 늘 바쁘다.
나에 대해 공부하는 것도 무척이나 좋아한다.
겉모습만 보면, 가히 의인들의 나라다.
율법을 지키고 하나님을 높이는 자들 같다.
그들은 내게 '무엇이 옳은 일입니까?'라고 물으며,
나를 자기들 편에 세우기를 좋아한다.
그러면서도 불평한다.
'우리가 이렇게 금식하는데 왜 알아주지 않으십니까?
우리가 이렇게 자신을 낮추는데 왜 거들떠보지도 않으십니까?'

3-5 좋다. 이유를 말해 주겠다.

금식일을 지킨다지만 결국 너희가 추구하는 것은 이윤이다.
너희는 너희 일꾼들을 혹사시킨다.
금식하면서 말다툼과 싸움질을 벌인다.
금식하면서 야비한 주먹을 휘두른다.
그런 금식으로는,
너희 기도는 땅에서 한 치도 올라가지 못한다.
너희는 내가 찾는 금식이 그런 것이라고 생각하느냐?
겸손을 과시하려는 금식?
짐짓 경건한 척 근엄한 표정을 짓고
칙칙한 옷을 입고 무게 잡고 돌아다니는 그런 것?
너희는 그런 것을 금식이라고 말하느냐?
나 하나님이 기뻐하는 금식일이라고 말하느냐?

6-9 내가 찾는 금식은 이런 것이다.
불의의 사슬을 끊어 주고,
일터에서 착취를 없애며,
압제받는 자를 풀어 주고,
빚을 청산해 주는 것이다.
또, 내가 너에게서 보고 싶은 모습은 이런 것이다.
굶주린 자들과 음식을 나누고,
집 없고 가난한 자들을 집에 초대하며,
헐벗어 추위에 떠는 자들에게 옷을 주고,
혈육을 외면하지 않고 도와주는 모습이다.
이런 일을 행하여라. 그러면 빛이 쏟아져 들어와,
너의 삶이 순식간에 달라질 것이다.

너의 의가 네 앞서 길을 닦을 것이요,
영광의 **하나님**이 너의 길을 지켜 주실 것이다.
네가 기도할 때 **하나님**이 응답하실 것이다.
네가 도와 달라고 부르짖으면, 내가 '여기 있다' 하고 대답할 것이다.

9-12 만일 네가 불공정한 관행을 없애고,
남을 공연히 비난하는 일
남의 허물을 들추는 일을 그친다면,
또, 네가 굶주린 자들에게 아낌없이 베풀고
밑바닥 사람들을 위해 일하기 시작한다면,
네 삶이 어둠을 뚫고 빛나기 시작할 것이다.
그늘졌던 네 삶에 햇빛이 가득해지리라.
내가 가야 할 네 길을 항상 일러 줄 것이다.
황량하기 그지없는 곳에서도 네 삶은 풍성할 것이며,
내가 너의 근육을 강인하게, 너의 뼈를 튼튼하게 만들어 줄 것이다.
너는 물이 넉넉한 동산,
물이 마르지 않는 샘터 같을 것이다.
너는 허물어졌던 삶의 조각들로 삶을 재건하고,
과거에서 출발해 다시 기초를 세울 것이다.
너는 무엇이든 수리해 내는 자,
오래된 폐허를 복구하고 재건하고 쇄신하는 자,
세상을 다시 살 만한 곳으로 만들어 내는 자로 알려질 것이다.

13-14 만일 네가 안식일에 스스로 조심하고
내 거룩한 날을 이용해 이득을 챙기려 들지 않으면,
네가 안식일을 기쁜 날로 여기고
하나님의 거룩한 날을 즐겁게 보내면,
네가 그날을 귀히 여겨
평일과 똑같이 돈 벌려고 이리저리 뛰어다니지 않으면,
너는 마음껏 **하나님**을 누리게 될 것이다!
내가 너를 높이 뛰게 하며, 높이 날게 할 것이다.
내가 너의 조상 야곱의 유산으로 축제를 벌이게 해줄 것이다."
그렇다! **하나님**의 말씀이다!

빛을 갈망하나 어둠 속에서 비틀거리는 우리

59

1-8 보아라! 들어라!
하나님의 팔은 잘리지 않았다. 여전히 구원하실 수 있다.
하나님의 귀도 막히지 않았다. 여전히 들으실 수 있다.

하나님 편에는 아무 문제가 없다. 문제는 너희에게 있다.
너희의 비뚤어진 삶이 너희와 하나님 사이를 갈라놓았다.
그 사이에 죄가 있기에, 그분이 듣지 않으시는 것이다.
너희 손은 피로 흥건하고,
손가락에서는 죄가 뚝뚝 떨어진다.
너희 입술은 거짓으로 얼룩졌고,
너희 혀는 추잡한 말들로 부풀어 있다.
바른 소리 하는 자 아무도 없고,
공정하게 일을 처리하는 자 아무도 없다.
그들은 헛된 망상을 믿으며, 거짓을 말한다.
그들은 악을 잉태하고 죄를 출산한다.
그들은 뱀 알을 품으며 거미줄을 짠다.
그 알은 먹으면 죽고 깨뜨리면 뱀이 나온다!
그 거미줄로는 옷을 만들지 못한다.
거미줄로 만들어진 옷을 어떻게 입겠는가!
그들은 악독을 짜는 자들,
폭력을 부화시키는 자들이다.
그들은 악행을 두고 서로 경쟁을 벌이며,
살인자의 대장 자리를 놓고 서로 다툰다.
늘 악을 계획하고 모의하며, 늘 악을 생각하고 호흡한다.
그들이 지나간 자리는 줄줄이 인생 파탄이다.
그들은 평화에 대해 아무것도 알지 못한다.
정의에 대해서는 말할 것도 없다.
그들은 길을 비트는 자들이다.
그 길을 따라가는 가련한 자들은 평화에서 멀어질 뿐이다!

9-11 이처럼 우리는 공평과 거리가 멀고,
의로운 삶 근처에도 가보지 못했다.
우리는 빛을 갈망하나 어둠 속으로 가라앉고,
광명을 갈망하나 밤새 흑암 속에서 비틀거린다.
눈먼 자들처럼 벽에 손을 대고 걸으며,
어둠 속에서 더듬거린다.
밝은 대낮에도 허우적거리는 우리,
마치 죽은 자들이 걷는 것 같다.
신음하는 우리, 곰보다 나을 게 없고,
구슬피 우는 우리, 비둘기와 다를 바 없다.
우리는 정의를 갈망하지만, 기미도 보이지 않는다.
구원을 갈망하지만, 낌새도 없다.

12-15 하나님, 우리의 잘못들이 주 앞에 쌓여 있습니다.
우리의 죄들이 일어나 우리를 고발합니다.
우리의 잘못들이 우리를 노려보고 있습니다.
우리는 스스로 행한 일을 너무도 잘 알고 있습니다.
우리는 하나님을 따르지 않았습니다.
하나님을 조롱하고 부인했습니다.
뜬소문을 퍼뜨리며 사람들을 들쑤셨고,
거짓을 품고 다니며 악독을 내뱉었습니다.
정의는 만신창이가 되었고,
의는 구석으로 팽개쳐졌습니다.
진실은 거리에서 비틀거리고,
정직은 종적을 감추었으며,
선한 행실은 실종되었습니다.
악을 멀리하는 이가 구타와 강탈을 당합니다.

15-19 **하나님**께서 보시니, 악이 점점 득세하는데
정의는 흔적도 찾을 수 없었다.
그분은 당신의 눈을 의심하셨다. 아무리 둘러보아도
누구 하나 이 끔찍한 상황을 바로잡으려는 자가 없었기 때문이다.
그래서 그분이 친히 일어나셨다. 당신 자신의 의를 힘입어,
몸소 구원의 과업을 떠맡으셨다.
그분께서 의를 옷처럼 입으셨다.
의를 갑옷처럼 입으시고,
구원을 투구처럼 쓰셨다.
심판을 철갑처럼 두르시고,
열정을 망토처럼 걸치셨다.
그분께서 모두가 그 소행대로 보응을 받게 하실 것이다.
당신의 원수들에게 불같은 노로 응분의 벌을 내리실 것이다.
먼 곳의 섬들도 빠짐없이 대가를 치르게 될 것이다.
서쪽 사람들이 **하나님**의 이름을 두려워하고,
동쪽 사람들도 **하나님**의 영광을 두려워하게 될 것이다.
그분께서 홍수 때의 강물처럼,
하나님의 바람에 휘몰리는 격류처럼 등장하실 것이기 때문이다.

20 "내가 시온에 당도할 것이다.
자기 죄에서 떠난 야곱의 자손들에게 속량자로 올 것이다."
하나님의 포고다.

[21] **하나님**께서 말씀하신다. "자, 내가 그들과 맺는 언약은 이러하다. 내가 네 위
에 둔 나의 영과 선포하라고 준 나의 말들이, 너와 네 자녀와 네 자손들의 입에
서 떠나지 않을 것이다. 너는 언제까지나 이 말들을 반복하게 될 것이다." **하나
님**의 명령이다.

예루살렘이 받을 영광

60

[1-7] "예루살렘아, 일어나라!
깨어나, 해를 맞아라.
하나님의 빛나는 영광이 너를 위해 솟아올랐다.
온 땅이 어둠에 싸였고
온 백성이 깊은 어둠 속에 잠겼으나,
네 위로 **하나님**이 떠오르시고,
그분의 새벽빛 영광이 동터 올랐다.
민족들이 너의 빛을 향해,
왕들이 너의 찬란한 광명 앞으로 나아올 것이다.
위를 올려다보아라! 주위를 둘러보아라!
그들이 너에게 몰려오는 광경을 보아라.
너의 아들들이 먼 곳에서 돌아오며,
너의 딸들이 유모의 품에 안겨서 온다.
그 모습을 보며, 너는 미소 가득 함박웃음을 지으리라.
너의 가슴이 벅차오르리라. 터질 듯 벅차오르리라!
바닷길로 귀향해 오는 저 유랑민들,
뭇 민족들에게서 거두어들인 풍성한 수확이로다!
눈 닿는 곳까지 이어지는 저 낙타와 대상들의 행렬을 보아라.
미디안과 에바 유목민들의 쌩쌩한 낙타들이
금과 유향을 잔뜩 지고서,
하나님을 찬양하며
남쪽 스바로부터 쏟아져 들어온다.
뿐만 아니다. 게달과 느바욧의 유목민들이 무수한 가축 떼를 몰고 온다.
내가 내 영광스런 성전을 광채로 둘러쌀 때
내 제단에 바쳐질 합당한 예물들이다.

[8-22] 저기 멀리 보이는 것이 무엇이냐?
지평선을 덮는 구름처럼, 하늘을 뒤덮는 비둘기 떼처럼 오는 저것은.
바로, 먼 섬에서 오는 배들이다.
그 유명한 다시스의 배들이,
먼 곳에서 너의 자녀들을 태우고 온다.
금은보화를 가득 싣고

너의 하나님, '이스라엘의 거룩한 이'의 보호를 받으며 온다.
그의 광채에 둘러싸여 온다.
이방인들이 너의 성벽을 재건하고,
그 왕들이 예배를 인도하는 네 일을 도울 것이다.
내가 노하여 너를 심하게 쳤지만,
이제는 너를 어루만져 주련다.
너의 예루살렘 성문들은 늘 열려 있어,
밤낮으로 개방되리라!
그리로 뭇 민족들이 가져오는 재물을 받을 것이다.
각 나라의 왕들이 직접 가져올 것이다!
재물을 바치지 않는 민족이나 나라는 멸망할 것이다.
그런 민족은 초토화될 것이다.
레바논의 우람한 나무들,
잣나무, 상수리나무, 소나무들을 가져와
내 성소를 장려하게 단장할 것이다.
내 발을 놓은 그곳을 내가 영광스럽게 만들리라.
너를 압제했던 자들의 후손들이
굽실거리며 네게 나아오고,
너를 깔보던 자들이
네 앞에서 머리를 조아릴 것이다.
그들은 너를 '하나님의 성읍'이라,
'이스라엘의 거룩하신 분의 시온'이라 부를 것이다.
얼마 전까지만 해도 너는 아무도 거들떠보지 않는,
멸시받는 피난민이었다.
그러나 이제 내가 너를 일으켜 세웠으니,
대대로 우뚝 서 있을 너의 모습, 모두가 기쁘게 우러르리라!
네가 민족들의 젖을 빨고
그 왕족들의 젖을 빨게 되는 날,
나 하나님이 너의 구원자이고,
너의 속량자이며, '야곱의 용사'임을 알게 되리라.
나는 너에게 최고의 것만 줄 것이다. 너절한 것이나 받던 시절은 끝났다!
구리 대신 금을, 철 대신 은을,
나무 대신 구리를, 돌 대신 철을 줄 것이다.
나는 평화가 너의 나라 최고경영자가 되게 하겠고,
의가 너의 상관이 되게 하겠다.
너의 땅에 더 이상 범죄 뉴스가 없을 것이며,
강도질도, 파괴 행위도 사라지리라.
너는 네 중심가를 '구원의 길'이라 이름 붙이고,

마을 한가운데에 '찬양 공원'을 조성할 것이다.
너는 낮의 해와
밤의 달빛이 필요 없을 것이다.
하나님이 너의 영원한 빛이 되고,
너의 하나님이 너를 광명으로 둘러쌀 것이다.
너의 해는 지는 법이 없겠고,
너의 달도 기우는 법이 없을 것이다.
내가 너의 영원한 빛이 될 것이다.
너의 암울했던 시절은 이제 지났다.
네 백성 모두가 영원히 그들 차지인 땅에서
의롭고 풍성한 삶을 누릴 것이다.
그들은 내가 내 영광을 보여주기 위해,
내 손으로 직접 심은 푸른 새싹이다.
꼬마 부족이 거인 부족이 될 것이며,
약골들이 모여 강력한 민족을 이룰 것이다.
나는 **하나님**이다.
때가 되면, 내가 그렇게 만들 것이다."

기쁜 구원의 소식

61

1-7 **하나님**께서 내게 기름을 부어 주시니,
주 **하나님**의 영이 내게 임하셨다.
주께서 나를 보내어 가난한 이들에게 복된 소식을 전하고,
마음 상한 자들을 치유하며,
포로 된 이들에게 자유를,
감옥에 갇힌 이들에게 사면을 선포하게 하셨다.
하나님께서 나를 보내어 당신의 은혜의 해가 임했고,
우리의 모든 원수를 섬멸하셨음을 선언하며,
슬퍼하는 이들을 위로하게 하셨다.
시온에서 슬퍼하는 이들의 사정을 돌아보게 하시고,
그들에게 재 대신 꽃다발을,
슬픈 소식 대신 기쁜 소식을 안겨 주게 하셔서,
시들했던 그들의 마음에 찬양의 꽃을 피우게 하셨다.
그들의 이름을 '의의 참나무'로 고쳐 불러라.
그들은 **하나님**께서 당신의 영광을 보이시기 위해 심은 나무다.
그들은 오래된 폐허를 재건할 것이며,
그 잔해 위에 새로운 성읍을 일으켜 세울 것이다.
그들은 무너진 성읍에서,
그 잿더미로부터 다시 시작할 것이다.

너희는 외부인을 고용해 너희의 가축을 치게 하고,
이방인을 고용해 너희의 밭일을 하게 할 것이다.
너희는 '하나님의 제사장들'이라 불려지고,
하나님의 사역자로 높임을 받게 될 것이다.
너희는 뭇 민족들이 내어주는 부를 향유하고,
그들의 영광을 누리게 될 것이다.
지금까지 너희는 갑절로 고난을 받아 왔고
너희의 몫 이상으로 수치를 당했으니,
이제 그 땅에서 갑절로 유산을 받을 것이며
너희의 기쁨은 영원히 지속될 것이다.

8-9 "나 하나님은 공정한 거래를 사랑하고
도둑질과 범죄를 미워하니,
나는 너희가 받아야 할 삯을 제때에 충분히 지불할 것이며
너희와 영원한 언약을 맺을 것이다.
너희 자손들은 온 세상에 이름을 날리게 될 것이다.
이방 나라 사람들은 너희 자녀들을
내가 축복해 준 자들로
단번에 알아볼 것이다."

10-11 나, 하나님 안에서 기뻐 노래하리라.
내 영혼 깊은 곳에서 찬양이 터져 나온다!
그분께서 나를 예복을 입은 신랑같이
보석 박힌 관을 쓴 신부같이
구원의 옷을 입히시고,
의를 겉옷처럼 두르게 하셨다.
봄이 오면 들꽃이 만발하고
꽃동산이 펼쳐지듯,
주 하나님께서 의를 활짝 꽃피우시고
민족들 앞에 찬양을 펼쳐 보이시리라.

보아라, 너의 구원자가 오신다!

62

1-5 시온의 의가 해처럼 빛날 때까지,
나는 가만히 입 다물고 있을 수 없다.
예루살렘의 구원이 불꽃처럼 타오르기까지,
나는 그저 잠자코 있을 수 없다.
이방 나라들이 너의 의를 볼 것이고,
세계 지도자들이 너의 영광을 보게 될 것이다.

너는 **하나님**께서 친히 불러 주시는,
전혀 새로운 이름을 얻을 것이다.
너는 **하나님**의 손바닥에 놓인 휘황찬란한 왕관,
하나님의 손에 들린 보석 박힌 금잔이 되리라.
더 이상 너를 '버림받은 자'라 부르지 않고,
너의 나라도 더 이상 '폐허'로 불리지 않을 것이다.
너는 '헵시바'(나의 기쁨)라 불리고,
너의 나라는 '뿔라'(결혼한 여자)라 불릴 것이다.
하나님께서 너를 기뻐하시고,
네 땅은 결혼 축하연이 벌어지는 곳 같을 것이기 때문이다.
젊은 신랑이 처녀 신부와 결혼하듯
너를 지으신 분께서 너와 결혼하실 것이며,
신랑이 자기 신부를 좋아하듯
너의 하나님이 너를 좋아하실 것이기 때문이다.

6-7 예루살렘아, 내가 너의 성벽 위에 파수꾼을 세웠다.
그들이 밤낮으로 그 자리를 지키고 기도하며 부르짖어,
하나님께 약속을 상기시켜 드릴 것이다.
말씀하신 바를 행하실 때까지,
예루살렘을 평화의 성읍으로 높이실 때까지,
그분을 쉬시지 못하게 할 것이다.

8-9 **하나님**께서 맹세하셨다.
엄숙히 맹세하셨다.
"다시는 너의 양식 창고가
원수들에게 털리는 일이 없게 할 것이다.
다시는 네가 수고해 만든 포도주를
이방인들이 마셔 버리는 일이 없게 할 것이다.
그렇다. 식량을 재배하는 농부가 그 식량을 먹으며
하나님을 찬양할 것이다.
포도주를 만드는 자들이 나의 거룩한 안뜰에서
그 포도주를 마실 것이다."

10-12 성문 밖으로 나가라. 서둘러라!
돌아올 백성을 위해 길을 내어라.
큰길을 닦아라. 공사를 시작하여라!
자갈들을 치우고
깃발을 높이 들어, 모든 백성에게 신호를 보내라!

그렇다! 하나님께서 세계만방에 선포하셨다.
"딸 시온에게 말하여라. '보아라! 너의 구원자가 오신다.
말씀하신 일을 행하시려고,
약속하신 바를 이루시려고 그분이 오신다.'"
시온은 새 이름으로 불릴 것이다.
'거룩한 백성', '하나님이 속량하신 자',
'찾아낸 바 된 자', '버림받지 않은 성읍'이라 불릴 것이다.

하나님의 구원의 날

63

1 파수꾼이 힘껏 외친다.
"거기, 붉게 물든 옷을 입고
에돔과 보스라에서 나오는 당신은 누구신가요?
그처럼 빛나는 차림을 하고
원기왕성하게 전진해 오시는 당신, 그 이름을 말씀해 주십시오!"

"나다. 옳은 말을 하는 나,
구원할 힘을 가진 나다!"

2 "그런데 의복이 왜 그렇게 붉은가요?
포도주 틀을 밟고 나온 것처럼, 왜 그렇게 옷이 붉게 물들었나요?"

3-6 "나 혼자서 포도주 틀을 밟았다.
나를 도와주는 자 아무도 없었다.
나는 노하여 포도를 밟았다.
진노하여 그 백성을 짓밟았다.
그들의 피가 내게 튀었다.
내 옷은 피로 완전히 젖었다.
내가 보복하기로 작정한 때,
속량을 행할 때가 이르렀기 때문이다.
나를 도와줄 사람이 있는지 둘러보았지만,
아무도 없었다.
믿을 수 없었다.
누구 하나 자원하여 나서는 자가 없었다.
그래서 나는 혼자서 그 일을 했다.
나의 노를 힘입어 했다.
노하여 그 백성을 짓밟았고,
진노하며 그들을 밟아 뭉갰다.
그들의 피로 땅을 흠뻑 적셨다."

[7-9] 내가 열거해 보겠다. 하나님의 자애로운 업적을,
하나님이 행하신 찬양받으실 일들을,
하나님께서 주신 풍성한 선물들을.
이스라엘 가문에 베푸신 크신 인애,
그 넉넉한 긍휼과
넘치는 사랑을.
그분께서 "정녕 이들은 나의 백성이다.
나를 배신하지 않을 자녀들이다"라고 말씀하시고,
그들의 구원자가 되어 주셨다.
그들이 고난을 당할 때,
당신도 친히 함께 고난을 겪으셨다.
누구를 대신 보내 그들을 돕게 하지 않으시고,
그분이 직접 나서서 도와주셨다.
당신의 사랑과 동정에 이끌려
그들을 속량해 주셨다.
그분은 그들을 건지시고 아주 오랜 세월,
그들을 안고 가 주셨다.

[10] 그런데 그들은 그분께 등을 돌렸다.
그분의 성령을 슬프시게 했다.
그래서 그분도 그들에게 등을 돌리셨고,
그들의 적이 되어 몸소 그들과 싸우셨다.

[11-14] 그러자 그들은 옛 시절을 떠올렸다.
하나님의 종, 모세의 때를.
"당신의 양 떼의 목자들을
바다에서 올라오게 하신 그분, 지금 어디에 계시는가?
그들 속에 당신의 성령을 두신 분,
지금 무엇을 하고 계시는가?
모세의 오른팔에 당신의 팔을 올려
그들 앞에서 물을 가르신 분,
그를 대대로 유명하게 만드셨으며,
그들을 이끌어 진흙뻘 심연을,
굳은 평지를 디디는 말들처럼 통과하게 하신 그분은 누구신가?
초장으로 인도되는 가축 떼처럼,
하나님의 영이 그들에게 안식을 주셨다."

[14-19] 주께서는 그렇게 주의 백성들을 인도하셨습니다!

그렇게 주의 이름이 널리 알려졌습니다!
하늘에서 우리를 굽어 살펴 주십시오!
주의 거룩하고 장대한 집 창문 밖으로 내려다봐 주십시오!
주님의 그 열정,
주님의 그 높으신 권능의 역사들, 이제 어디로 갔습니까?
주님의 진심어린 동정과 자비하심, 이제 어디에 있습니까?
어찌하여 물러서 계십니까?
주님은 우리 아버지이십니다.
아브라함과 이스라엘은 오래전에 죽었습니다.
그들은 우리를 전혀 알아보지 못합니다.
그러나 주님은 우리의 살아 계신 아버지이십니다!
영원 전부터 이름 높으신 우리의 속량자이십니다.
하나님, 어찌하여 우리가 주의 길을 떠나 방황하게 하셨습니까?
왜 우리를 냉담하고 완고한 자들로 만드셔서,
더 이상 주를 경외하지 않고 예배하지도 않게 하셨습니까?
주의 종들을 돌아보아 주십시오.
주님은 우리의 주인이십니다! 우리는 주의 소유입니다!
주의 거룩한 백성이 주의 거룩한 곳을 잠시 차지했으나,
이제 그곳은 우리의 원수들에게 완전히 파괴되었습니다.
오래전부터 주님은 우리에게 눈길 한번 주지 않으셨습니다.
마치 우리를 전혀 모르시는 분 같습니다.

64

1-7 오, 주께서 하늘을 찢고 내려오신다면!
산들이 주님 앞에서 오들오들 떨 것입니다.
숲에 불이 붙듯,
물이 불에 끓듯 할 것입니다.
주를 대면한 주의 적들, 공포에 휩싸이고,
민족들은 사시나무 떨듯 떨 것입니다!
전에 주께서는 우리가 감히 생각지 못한 놀라운 일들을 행하셨습니다.
이곳에 내려오셔서, 산들이 주님 앞에서 오들오들 떨게 만드셨습니다.
당신을 기다리는 자들을 위해 역사하시는
주님과 같은 신은,
시간이 시작된 이래
누구도 상상하지 못했고,
어떤 귀도 듣지 못했으며, 어떤 눈도 보지 못했습니다.
주께서는 의로운 일을 기쁘게 행하는 이들,
주의 길을 기억하고 따르는 이들을 만나 주시는 분입니다.

그러나 주께서는 우리에게 얼마나 노하셨던지요!
우리는 죄를 지었고, 너무 오랫동안 죄를 고집했습니다!
이런 우리에게, 희망이 있는지요? 이런 우리가, 구원받을 수 있겠는지요?
우리는 모두 죄에 감염된 자들, 죄에 오염된 자들입니다.
최선을 다한 노력도 때 묻은 누더기에 불과합니다.
우리는 가을 낙엽처럼 말랐습니다.
죄로 말라 버린 우리, 바람에 날려 갑니다.
주께 기도하는 자,
주께 이르려고 애쓰는 자, 아무도 없습니다.
주께서 우리에게 등을 돌리시고,
우리를 우리 죄 속에 내버려 두셨기 때문입니다.

8-12 그럼에도 하나님, 주님은 여전히 우리 아버지이십니다.
우리는 진흙, 주님은 우리의 토기장이십니다.
우리는 다 주의 작품입니다.
오 하나님, 너무 노하지는 말아 주십시오.
우리 잘못을 영원히 기록해 두지는 말아 주십시오.
부디 우리가, 지금도 주의 백성인 것을 기억해 주십시오.
주의 거룩한 성읍들이 유령마을로 변했습니다.
시온은 유령마을이 되었고,
예루살렘은 잡초밭이 되었습니다.
우리 조상들이 주를 향한 찬양으로 가득 채웠던
거룩하고 아름다운 성전은
불타서 잿더미가 되었고,
우리의 아름다운 공원과 동산들도 다 폐허가 되었습니다.
하나님,
이러한데도 보고만 계실 작정이십니까?
아무 말씀도 하지 않으시렵니까?
이제는 충분히, 우리를 오랫동안 비참하게 내버려 두지 않으셨습니까?

심판과 구원

65

1-7 "애써 청하지 않는 자들에게도
나는 기꺼이 응하려 했다.
애써 찾지 않는 자들도
나는 기꺼이 만나 주려 했다.
내가 늘 '여기 있다. 바로 여기 있다'고 말해 주던 민족,
그들이 나를 무시했다.
내가 날마다 손을 내밀어 주던 백성,

그들이 내게 등을 돌리고
그릇된 길로 갔다.
제멋대로 하기를 고집했다.
그들은 내 마음을 상하게 하고
날마다 내 앞에서 무례하게 굴면서,
자기 부엌에서 만든 종교,
잡탕 종교를 만들어 낸다.
그들은 죽은 자들의 메시지를 듣겠다며
무덤 속에서 밤을 지새우고,
금지된 음식을 먹으며
마법의 약물을 들이킨다.
그러고는 '물렀거라.
내게 가까이 오지 마라. 이 몸은 너희보다 거룩하다'고 말한다.
이런 자들, 내 속을 뒤집는다.
그들이 내는 악취를 나는 참을 수가 없다.
이것을 보아라! 여기,
그들의 죄가 전부 기록되어 있는 목록을 내가 들고 있다.
나는 더 이상 참지 않을 것이다.
그들로 하여금 값을 치르게 할 것이다.
그들 자신의 죄와,
거기에 더해
그들 부모의 죄에 대해서도." **하나님**께서 말씀하신다.
"그런 신성모독을 자행하고
언덕 위 산당들에서 나를 모독한 그들이기에,
그 결과를 맛보게 하겠다.
그들이 저지른 행위에 대한 대가를 톡톡히 치르게 할 것이다."

❦

8-10 **하나님**의 메시지다.
"그러나 사과 하나가 썩었다고 사과 농사 전부를 망친 것은 아니며,
여전히 좋은 사과들도 많이 남아 있다.
이스라엘 안에서 내게 순종하는 자들은 내가 보존해 줄 것이다.
나는 이 나라 전체를 멸망시키지는 않을 것이다.
야곱으로부터 나의 참 자녀를 데리고 나올 것이며,
나의 산들을 상속받을 자들을 유다에서 데리고 나올 것이다.
나의 택함을 받은 자들이 그 땅을 상속받을 것이며,
나의 종들이 거기 들어가 살 것이다.
서쪽의 울창한 샤론 골짜기는

양 떼를 위한 초장이 되고,
동쪽의 아골 골짜기는
가축을 방목하는 곳이 될 것이다.
힘써 내게 나아오는 자들, 힘써 나를 원하는 자들,
진심으로 나를 찾는 백성들이 이것을 누리게 되리라."

11-12 "그러나 너희 **하나님**인 나를 버리고
거룩한 산을 잊은 너희,
행운의 여신을 위해 상을 차리고
운명의 남신을 위해 술 파티를 여는 너희는,
결국, 너희가 구한 것을 얻을 것이다. 너희 운명이 이루어질 것이다.
너희 숙명인 죽음을 맞게 되리라.
내가 초대했지만 너희가 나를 무시했고,
내가 말을 건넸지만 너희가 나를 외면했기 때문이다.
너희는 내가 악으로 지목한 바로 그 일들을 했고,
내가 미워하는 짓만 골라서 행했다."

13-16 그러므로, 주 **하나님**께서 주시는 **메시지다**.

"나의 종들은 먹겠지만
너희는 굶주릴 것이다.
나의 종들은 마시겠지만
너희는 목마를 것이다.
나의 종들은 기뻐 환호하겠지만
너희는 부끄러워 머리를 숙일 것이다.
나의 종들은 마음이 즐거워 웃겠지만
너희는 마음이 아파 울 것이다.
그렇다. 영혼이 찢겨 울부짖을 것이다.
너희는 내가 택한 백성들이
악담할 때 쓰는 이름으로나 남을 것이다.
나 **하나님**이 너희를 죽음에게 넘기겠고,
나의 종들에게는 새 이름을 줄 것이다.
그러면 땅에서 복을 구하는 자는 누구나
나의 신실한 이름으로 복을 구할 것이며,
땅에서 맹세하는 자는 누구나
나의 신실한 이름으로 맹세할 것이다.
내가 지난날의 괴로움을 되새기지 않고 잊었으며,

눈앞에서 깨끗이 지워 버렸기 때문이다."

새 하늘과 새 땅

17-25 "보아라.
내가 새 하늘과 새 땅을 창조할 것이다.
이전의 괴로움과 혼돈과 고통은,
모두 옛적 일이 되어 잊혀질 것이다.
기뻐하며 앞을 보아라.
내가 창조할 것을 내다보아라.
나는 예루살렘을 순전한 기쁨이 되게 창조할 것이요,
나의 백성이 청정한 즐거움이 되게 창조할 것이다.
나는 예루살렘을 보며 기뻐하겠고,
내 백성을 보며 즐거워할 것이다.
그 성읍에서는 더 이상 우는 소리나
울부짖는 소리가 들리지 않으며,
갓난아기들이 죽거나
노인들이 천수를 누리지 못하는 일이 없으리라.
백세수가 흔한 일이 되고,
그에 못 미치면 비정상으로 여겨질 것이다.
그들은 집을 짓고,
거기 들어가 살 것이다.
밭을 경작하여,
거기서 기른 것을 먹을 것이다.
그들이 지은 집을
다른 사람이 차지하는 일이 없겠고,
그들이 경작해 얻은 수확을
적이 빼앗아 가는 일도 없을 것이다.
나의 백성은 나무처럼 장수하고,
나의 택한 자들은 자기 일에서 만족을 누리며 살 것이다.
일하고도 아무 소득을 얻지 못하거나,
자녀를 잃는 불상사도 없을 것이다.
그들이 하나님께 복을 받았고,
그들의 자녀와 자손도 하나님께 복을 받았기 때문이다.
그들이 외쳐 부르기 전에, 내가 응답할 것이다.
그들이 말을 다 끝내기도 전에, 내가 알아들을 것이다.
이리와 어린양이 풀밭에서 함께 풀을 뜯고,
사자와 황소가 구유에서 여물을 먹을 것이다.
그러나 뱀은 흙을 파먹고 살 것이다!

나의 거룩한 산에서는,
동물이나 사람이 서로 해치고 죽이는 일이 없을 것이다." **하나님**의 말씀이다.

하나님께 드릴 산 예배

66

1-2 **하나님**의 메시지다.
"하늘은 나의 보좌요,
땅은 나의 발 받침대다.
그러니 너희가 나를 위해 무슨 집을 짓겠다는 것이냐?
나를 위해 무슨 휴양처를 만들겠다는 말이냐?
만물을 만든 이가 나다! 만물의 주인이 나다!"
하나님의 포고다.
"그러나 내가 찾는 것이 있다.
나는 순수하고 소박한 사람,
내 말에 떨며 응답하는 사람을 찾는다.

3-4 너희의 예배는,
죄짓는 행위나 다름없다.
황소를 잡아 바치는 너희 희생 제사,
이웃을 살해하는 짓과 다름없다.
너희의 예물 봉헌,
제단에 돼지 피를 마구 뿌리는 짓과 다름없다.
너희의 기념물 봉헌,
우상을 칭송하는 짓과 다름없다.
너희 예배는, 너희 자신을 섬기는 예배다.
자기중심적인 예배를 드리며 즐거워하는 너희여, 이제 역겹다!
나는, 너희가 하는 일이 얼마나 어처구니없는지 폭로하고,
너희가 가장 두려워하던 일이 너희에게 들이닥치게 하겠다.
내가 너희를 초대했지만 너희가 나를 무시했고,
내가 너희에게 말을 건넸지만 너희가 나를 외면했기 때문이다.
너희는 내가 악으로 지목한 바로 그 일들을 했고,
내가 미워하는 짓만 골라서 행했다."

5 그러나 **하나님**의 말씀에 떨며 응답하는 너희여,
그분이 너희에게 하시는 말씀을 들어라.
"나로 인해 너희가
친족들의 미움을 받고 쫓겨난다.
그들은 '어디 **하나님**의 영광을 보여줘 봐라!

하나님이 그렇게 위대한 분이라면,
우리는 지금 왜 행복하지 못한 거지?' 하며 너희를 조롱한다.
그러나 결국 부끄러움을 당할 자들은
그들이다."

⁂

6 성읍에서 우르릉대는 천둥소리가 들려온다!
성전에서 한 음성이 울려 나온다!
당신의 적들에게 심판을 내리시는
하나님의 음성이다.

7-9 "진통이 오기도 전에
아기를 낳았다.
산고를 겪기도 전에
아들을 낳았다.
이런 일을 들어본 적이 있느냐?
이런 일을 본 사람이 있느냐?
하루 만에 나라가 태어날 수 있느냐?
눈 깜짝할 사이에 민족이 태어날 수 있느냐?
그러나 시온은,
산고 없이 아이들을 낳았다!
모태를 여는 내가,
아기를 낳게 해주지 않겠느냐?
아기를 낳게 해주는 내가,
모태를 닫아 버리겠느냐?

10-11 예루살렘아, 기뻐하여라.
그녀를 사랑하는 모든 자들아, 즐거워하여라!
그녀를 생각하며 눈물 흘렸던 너희여,
이제 함께 즐거이 노래 불러라.
갓 태어난 너희여,
그녀의 젖가슴에서 마음껏 젖을 빨아라.
그 풍족한 젖을 실컷 빨며
마음껏 즐거워하여라."

12-13 하나님의 메시지다.

"나는 견고한 평안이 강물처럼,

민족들의 영광이 홍수처럼, 그녀에게 쏟아져 들어가게 할 것이다.
너희는 그녀의 젖을 빨고
그녀의 품에 안길 것이며,
그녀의 무릎 위에서 놀 것이다.
어머니가 제 자식을 위로하듯,
내가 너희를 위로해 줄 것이다.
예루살렘에서 너희가 위로를 얻을 것이다."

14-16 너희는 이 모든 것을 보고 기쁨으로 충만하리라.
사기가 충천하리라.
하나님께서 너희 편에 서시며,
당신의 원수들을 대적하시는 모습이 명백하기 때문이다.
하나님께서 들불처럼 오시고,
그분의 병거가 회오리바람같이 들이닥친다.
그분이 불같이 노를 터뜨리시며,
맹렬한 화염같이 꾸짖으시며 오신다.
하나님께서 불로 심판을 내리시고,
모든 인류에게 사형선고를 내리신다.
많은 자들이, 오, 너무도 많은 자들이
하나님께로부터 사형선고를 받는다.

17 "신성한 숲에 들어가 부정한 입교의식을 치르고, 돼지와 쥐를 먹는 부정한 식
사의식에 참여하는 자들은, 다 같이 먹다가 다 같이 죽을 것이다." **하나님**의 포
고다.

18-21 "나는 그들의 행위와 생각을 전부 알고 있다. 내가 가서 모두를, 언어가 다른 모든 민족을 불러 모을 것이다. 그들이 와서 나의 영광을 볼 것이다. 나는 세계의 중심 예루살렘에 본부를 설치하고, 심판에서 살아남은 자들을 세계 각지로 보낼 것이다. 스페인과 아프리카, 터키와 그리스를 비롯해, 내 이름을 들어 본 적 없고 내가 행한 일과 나에 대해 전혀 알지 못하는 먼 섬들에게까지 보낼 것이다. 내가 그들을 선교사로 보내어, 민족들 가운데서 나의 영광을 선포하게 할 것이다. 그들은 오래전에 잃었던 너희 형제자매들을 세계 각지로부터 데리고 돌아올 것이다. 돌아와서, **하나님**께 산 예배를 드리며 그들을 바칠 것이다. 그들을 말과 수레와 마차에 태워, 노새와 낙타에 태워, 나의 거룩한 산 예루살렘으로 곧장 데려올 것이다." **하나님**께서 말씀하신다. "그들은 이스라엘 사람들이 **하나님**의 성전에서 제의 그릇에 예물을 담아 바치듯, 그들을 내게 바칠 것이다. 나는 그들 가운데서 일부를 제사장과 레위인으로 세울 것이다." **하나님**께서 말씀하신다.

22-23 "내가 지을 새 하늘과 새 땅이
내 앞에서 굳건히 서듯이,
너희 자녀들과 너희 명성도
바로 그렇게, 굳건히 설 것이다."
하나님의 포고다.
"달마다, 주마다,
모든 사람이 내게 나아와 예배할 것이다." **하나님**께서 말씀하신다.

24 "그리고 밖으로 나가서,
나를 대적하고 반역했던 자들이 결국 어떻게 되었는지 보게 될 것이다.
그 시체들을 보게 될 것이다!
끝없이 구더기들에 파먹히고,
땔감이 되어 끝없이 불에 타는 모습.
그 광경을 보고 그 악취를 맡은 사람은 누구나,
구역질을 할 것이다."

예레미야의 삶과 그가 쓴 책은 둘로 나뉠 수 없는 하나다. 그는 살았던 대로 썼고, 쓴 대로 살았다. 그의 삶과 책 사이에는 불일치가 전혀 없다. 어떤 이들은, 삶보다 글이 낫다. 또 어떤 이들은, 글보다 삶이 낫다. 그러나 예레미야는 글과 삶이 동일하다.

이 사실은 매우 중요하다. 어려운 시기를 맞은 많은 사람들이 그 안에서 어떻게 생각하고 어떻게 기도하며 어떻게 그 시기를 헤쳐 나갈지에 관해 도움을 얻고자 할 때, 가장 많이 찾는 예언자가 예레미야이기 때문이다. 그가 정말 도움을 줄 수 있는 사람이라는 확신을 받고 싶다면, 이 책에서 그것을 확인할 수 있다.

우리는 격변의 시대를 살고 있다. 바야흐로 21세기를 살아가고 있는 지금, 엄밀히 말해 이 시대를 전에 없던 시대라고 할 수는 없다. 분명 과거에도 오늘날과 같은 격변의 시대가 있었다. 급변하는 세상의 속도에 모두가 현기증을 느꼈던 시대 말이다. 하지만 상황과 규모가 어떠하든지, 모든 난세에는 특별한 마음의 태도가 필요하다.

예레미야의 험난했던 인생살이는 히브리 역사상 가장 험난했던 시기 중 하나와 겹친다. 그는 주전 587년에, 예루살렘이 함락되고 유다가 바빌론에 포로로 붙잡혀 가는 것을 직접 목도했다. 일어날 수 있는 최악의 상황이 모두 일어났던 시기였다. 예레미야는 이 험악한 소용돌이 한가운데서 끝까지 견디어 냈다. 기도하고 설교하면서, 고초당하고 맞서 싸우면서, 글을 쓰고 믿음을 지키면서 말이다. 그는 외부에서 오는 폭풍 같은 공격과 내면에서 치솟는 불같은 의심에 시달려야 했다. 피로와 의심과 조롱은 몸과 마음과 감정을 극한까지 내몰았다. 그러나 그는 이 모든 것과 고투하며 자신을 둘러싼 모든 것을 장엄하게 글로 담아냈다.

하나님, 주께서 저를 이렇게 만드셨으니, 저는 따를 수밖에 없습니다.
저는 주님을 이길 수 없습니다.
이제 저는 공개적인 놀림감이 되었습니다.
모든 자들이 저를 놀려댑니다.
저는 입을 열 때마다
"살인이다! 강탈이다!" 하고 외칩니다.
그런데 **하나님**의 경고의 말씀을 그렇게
외쳐서 제가 얻는 것은
모욕과 멸시가 전부입니다.
그러나 "이제 그만!
더 이상은 **하나님**의 **메시지**를 전하지 않

으리라!" 하고 마음먹으면,
말씀이 제 뱃속에서 불처럼 타오르며
뼛속까지 태웁니다.
참아 보려고 했지만, 이제 지쳤습니다.
더는 견딜 수 없습니다!
제 등 뒤에서 수군대는 소리가 들려옵니다.
"저기, '사면초가' 운운했던 자다. 저 자를 잡아라! 신고하여라!"
전에 친구였던 자들이, 지금은 제가 바닥에 고꾸라지기만을 기다립니다.
"뭐든지 하나만 걸려 봐라. 영원히 없애 줄 테니!"

그러나 하나님, 실로 맹렬한 전사이신 주께서 제 편이십니다.
저를 쫓는 자들은 모두 대자로 쭉 뻗게 될 것입니다.
어릿광대처럼 제 발에 걸려 넘어져 땅에 뒹굴며,
우스꽝스런 장면을 연출할 것입니다.

오, 만군의 하나님, 누구도 주님을 우롱하지 못합니다.
주께서는 모든 자를, 모든 것을 꿰뚫어 보십니다.
저는 그들이 행한 그대로 되갚음 받는 것을 보고 싶습니다.
주께 제 송사를 맡겨 드립니다.

하나님께 노래 불러라! 하나님을 찬양하여라!

그분은 악인들의 손아귀에서 약자를 건지시는 분이다(렘 20:7-13).

여러분이 믿고 의지하던 모든 것이 산산조각 나버리는 상황을 맞게 된다면 어떠하겠는가? 때때로 우리는 하나님께 기대했던 것과 정반대되는 상황을 개인적으로나 공동체적으로 경험하게 된다. 그럴 때 우리는 그 재난을 통해, 그동안 상상했거나 바라던 하나님이 아닌 진짜 하나님을 만나고 그 과정에서 근본적으로 달라지는가? 아니면, 하나님을 헌신짝 버리듯 내버리게 되는가? 그것도 아니라면, 거기에서 더 무너져 이미 붕괴된 신념체계나 환상을 놓지 않으려고 한사코 고집을 부리는가?

격변의 시대를 사는 사람은, 앞서 그것을 경험한 이들에게서 도움을 얻고자 한다. 그들이 어떤 일을 겪었는지, 어떻게 그것을 견뎌 냈는지 배우고 싶어 한다. 은혜에 힘입어 격변의 시기를 견디고 살아남은 이를 찾을 때면, 흔히 사람들은 예레미야를 떠올린다. 그리고 참되고 정직하며 하나님의 길을 보여주는 그를 길동무 삼아, 그와 함께 고통의 시간을 건넌다. 예레미야를 통해 우리는, 어떤 상황에도 하나님은 "나는 너를 사랑하지 않은 적이 없고, 앞으로도 그럴 것이다"(렘 31:3)라고 말씀하시는 분임을 알고 평안할 수 있다.

예레미야

부서뜨리고 다시 시작하여라

1 [1-4] 베냐민 땅 아나돗의 제사장 가문 힐기야의 아들 예레미야의 메시지다.
아모스의 아들 요시야가 유다를 다스린 지 십삼 년째 되던 해에 하나님
의 메시지가 그에게 임했다. 그 메시지는 요시야의 아들 여호야김이 유다의 왕
으로 있던 동안 계속 임했고, 요시야의 아들 시드기야 십일년, 곧 예루살렘이
포로로 잡혀가게 된 해의 다섯째 달이 되기까지 계속해서 임했다. 하나님께서
말씀하셨다.

5 "너를 모태에서 빚기 전부터
나는 이미 너를 알고 있었다.
네가 태어나 햇빛을 보기 전부터
이미 너에 대한 거룩한 계획을 세워 두었다.
나는 너를 뭇 민족에게 보낼
예언자로 세우려는 뜻을 품었다."

6 그러나 내가 말했다. "주 하나님! 저를 보십시오.
저는 아직 아무것도 모르는 어린아이에 불과합니다!"

7-8 하나님께서 내게 말씀하셨다. "어린아이에 불과하다니,
그런 소리 하지 마라.
너는 내가 가라고 하는 곳에 가면 된다.
내가 말하라고 하는 것을 말하면 된다.
전혀 두려워할 것 없다.

내가 바로 곁에서 너를 지켜 줄 것이다."
하나님의 포고다.

9-10 **하나님**께서 손을 내밀어 내 입에 대고 말씀하셨다.
"보아라! 내가 방금 너의 입속에 나의 말을 넣어 주었다.
내가 손수 넣어 주었다!
내가 한 일을 보고 있느냐?
나는 네가 뭇 민족과 통치자들에게 가서 해야 할 일을 주었다.
오늘은 너에게 기념비적인 날이다!
네가 해야 할 일은 뽑아 허물어뜨리고,
찢고 부서뜨리고,
그러고 나서
다시 시작하는 것이다.
다시 세우고 심는 일이다."

11-12 **하나님**의 메시지가 내게 임했다. "예레미야야, 지금 무엇이 보이느냐?"
내가 말했다. "지팡이가 하나 보입니다. 그것이 전부입니다."
그러자 **하나님**께서 말씀하셨다. "잘 보았다! 내가 너의 지팡이가 되어 줄 것이다.
내가 네게 주는 말들이 다 이루어지게 할 것이다."

13-15 **하나님**의 메시지가 다시 임했다. "이제 무엇이 보이느냐?"
내가 말했다. "끓는 솥이 하나 보이는데, 이쪽으로 기울어져 곧 쏟아질 것 같습니다."
그러자 **하나님**께서 말씀하셨다. "북방에서 재앙이 쏟아져
이 땅에 사는 모든 백성에게 들이닥칠 것이다.
잘 지켜보아라. 이제 내가 북방에서 왕들을 모두 불러낼 것이다."
하나님의 포고다.

15-16 "그들이 내려와서
예루살렘 성문과
성벽 코앞에,
유다의 모든 마을 코앞에 진을 칠 것이다.
내가 유다 백성에게 심판을 선언할 것이다.
그들이 나를 저버렸기 때문이다. 이 얼마나 천인공노할 일인가!
그들은 다른 신들에게 잘 보이려고 제물을 갖다 바쳤고,
자기들이 잘라 만든 막대기와 색칠해 만든 돌들을 신으로 섬겼다.

17 그러나 너는, 옷을 챙겨 입고 일어나 일을 시작하여라!

일어나서 네가 해야 할 말을 하여라. 내가 전하라는 말을 그대로 전하여라.
인정사정 봐주지 말고 주먹을 날려라.
그렇지 않으면 내가 너를 경기장 바깥으로 빼 버릴 것이다.

18-19 내가 너를 무장시킬 테니 너는 주의하여 서 있거라.
내가 너를 난공불락의 성으로,
꿈쩍도 않는 강철 기둥으로,
견고한 철벽으로 만들어 세울 것이다.
너는 이 시대의 문화와
유다의 왕과 제후들과
제사장과 지역 고관들에게 맞서는,
일인 방어 요새다.
그들이 덤벼들겠으나,
네게 흠집 하나 내지 못할 것이다.
내가 너를 철두철미하게 엄호해 줄 것이다."
하나님의 포고다.

하나님의 거룩한 특선품이었던 이스라엘

2

1-3 **하나님**의 **메시지**가 이같이 내게 임했다.

"거리로 나가 예루살렘을 향해 외쳐라.
'**하나님**의 **메시지**다!
나는 네가 젊은 시절에 바친 충성을 기억한다.
신혼 같았던 우리의 사랑을 기억한다.
그 광야 시절, 너는 내 곁을 지켰고
그 고생길에도 내 곁을 떠나지 않았다.
이스라엘은 **하나님**의 거룩한 특선품이자
특상품이었다.
감히 그녀에게 손대는 자는 누구든지
곧 후회하게 되었다!'"
하나님의 포고다.

4-6 야곱의 집이여, **하나님**의 **메시지**를 들어라!
너희, 이스라엘의 집이여!
하나님의 **메시지**다. "도대체 내가 무엇을 잘못했기에
너희 조상은 나를 버리고,
거품에 불과한 우상과 붙어살다가

자기들도 거품이 되고 말았단 말이냐?
그들은 한 번도 이렇게 물은 적이 없다. '하나님은 어디 계신가?
우리를 이집트에서 구해 주시고
그 메마른 사막과 죽음의 골짜기,
아무도 살아 나오지 못하는 땅,
사람이 살 수 없는 잔혹한 땅을 지나던
그 험악하고 다사다난했던 광야 세월 동안,
한결같이 우리를 보살펴 주신 그 하나님은?'

7-8 나는 너희를 비옥한 땅으로 인도하여
싱싱한 과일을 따 먹게 했다.
그런데 너희는 내 땅에 난입해 들어와서 그 땅을 더럽혔다.
내가 아끼는 땅을 쓰레기장으로 만들고 오염시켰다.
제사장이라는 자들은 '하나님은 어디 계신가?' 하고 물을 생각도 하지 않았다.
종교 전문가라는 자들은 나에 대해서 아는 바가 전혀 없었다.
통치자들은 내게 도전했고,
예언자들은 바알 신을 전하면서,
허망한 꿈과 우둔한 계획에 지나지 않는 우상을 좇았다.

9-11 그래서 이제 내가 너희를 고발한다."
하나님의 포고다.
"너희와 너희 자녀와 너희 자손들을 고발한다.
주위를 한번 둘러보아라. 이런 일을 본 적이 있느냐?
배를 타고 서쪽 섬들에 가 보아라.
게달 광야에도 가 보아라.
잘 살펴보아라. 이런 일이 전에도 있었더냐?
자기 신을, 신 발꿈치에도 닿지 못하는 것들과 바꾼 나라가 있는지 말이다.
그러나 나의 백성은 나의 영광을,
허망한 꿈과 우둔한 계획에 지나지 않는 우상과 바꾸어 버렸다.

12-13 하늘아, 충격적인 이 일을 보아라!
믿을 수 없는 이 일을 보아라. 어떻게 이런 일이 있을 수 있느냐!"
하나님의 포고다.
"내 백성은 이중의 죄를 범했다.
그들은 나를 버렸다.
그들은 생수가 솟는 샘인 나를 버리고, 대신 땅에 물웅덩이를 팠다.
물이 새는 물웅덩이, 하수구나 다를 바 없는 물웅덩이를 팠다.

[14-17] 이스라엘은
지체 높은 가문에 태어난 귀한 종이 아니더냐?
그런데 어쩌다가 사자들이 으르렁거리며 서로 차지하려고 달려드는
한 점의 고기 신세가 되고 말았단 말인가?
이제 겨우 뼈다귀 몇 개만 남았구나.
마을들은 쑥대밭, 폐허가 되었다.
멤피스와 다바네스에서 온 이집트 사람들이
너의 두개골을 박살내었다.
왜 이런 일이 일어났다고 생각하느냐?
이는 네가 하나님을,
바른길로 인도하려던 네 하나님을 저버렸기 때문이 아니냐?

[18-19] 이제 와서 이집트로 도망간다 한들 무엇을 얻을 수 있겠느냐?
시원한 나일 강 물 한 잔 정도일 것이다.
앗시리아로 도망간다 한들 무엇을 얻을 수 있겠느냐?
청량한 유프라테스 강 물 한 잔 정도일 것이다.
너는 악행의 대가로 실컷 두들겨 맞을 것이다.
불충의 값을 톡톡히 치를 것이다.
네가 무슨 짓을 했는지, 그 쓰디쓴 결말이 무엇인지 똑똑히 보아라.
어떠냐. 너의 하나님을 저버린 것이 잘한 일 같으냐?"
만군의 주 **하나님**의 포고다.

이방 신들에 중독된 이스라엘

[20-22] "너는 오래전에 고삐를 풀고 뛰쳐나갔다.
굴레를 다 벗어던져 버렸다.
'더 이상 섬기지 않을 테다!' 말하고
떠나서는,
음란한 종교 산당을 만날 때마다 한 곳도 그냥 지나치지 않고 들어가
싸구려 창녀처럼 몸을 팔았다.
너는 내가 최고의 종자를 구해다 심은
최고급 포도나무였다.
그런데 지금 네 모습이 어떤지 보아라.
엉망으로 자라 비뚤어진 네 모습, 도저히 포도나무로 봐줄 수 없는 꼴이다.
초강력 세제로 빨아 보아라.
생살이 벗겨지도록 북북 문질러 씻어 보아라.
그래도 네 죄의 때는 빠지지 않을 것이다.
너를 쳐다보는 일조차 내게는 고역이다!"
주 **하나님**의 포고다.

23-24 "감히 네가 '나는 죄로 내 자신을 더럽힌 적이 없습니다.
음란한 신 바알들을 찾아다닌 적이 없습니다'라고 말하느냐!
네가 골짜기에 남긴 자국을 보아라.
사막 모래 위의 흔적은 어떻게 설명하겠느냐.
발정 나 이리 뛰고 저리 뛴 낙타 자국,
몸이 달아 헐떡거리며 돌아다니던
들나귀 자국 말이다.
색욕이 발동해 이리저리 날뛰는 짐승은
누구도 말릴 수 없다!

25 진정하여라. 제발 숨 좀 돌려라. 뭐가 그리 급하냐?
왜 그렇게 몸을 망가뜨리느냐? 대체 무엇을 그렇게 좇는 것이냐?
그러나 너는 말한다. '어쩔 수 없습니다.
이방 신들에 중독되어, 멈출 수가 없습니다.'"

26-28 "도둑이 붙잡히고 나서 원통해하듯,
이스라엘 백성이 원통해한다.
왕, 제후,
제사장, 예언자들과 함께 포로로 붙잡히고 나서야 원통해한다.
그들은 나무에다 대고 '나의 아버지!' 하고,
돌을 집어들고서는 '나의 어머니! 나를 낳아 주신 어머니!' 한다.
그들은 내게 늘 뒤통수만 보여주었다.
한 번도 내게 얼굴을 보여준 적이 없다.
그런데도 상황이 안 좋아지면 거리낌 없이 달려와서는,
'손 좀 써 주세요! 우리를 구원해 주세요!' 하고 소리 지른다.
어째서 네가 그렇게도 좋아하는 신들, 네 손으로 만든 그 신들에게 가지 않느냐?
그들을 깨워라. 재앙에서 구해 달라고 하여라.
유다야, 너에게는 주체할 수 없을 정도로
많은 신들이 있지 않느냐."

유다를 심판할 것이다

29-30 "독립을 주장하며 내게서 떠나가다니,
내가 대체 너희에게 무엇을 잘못했느냐?"
하나님의 포고다.
"내가 너희 자녀를 훈련시키려 애썼지만, 시간 낭비였다.
그들은 나를 거들떠보지도 않았다. 내 훈육을 무시했다.

또한 너희는 하나님의 사자들을 제거했다.
그들을 먼지 취급하며 깨끗이 쓸어버렸다.

31-32 오, 이 세대여!
내가 너희에게 말하지 않았느냐? 경고하지 않았느냐?
이스라엘아, 내가 너희를 실망시켰더냐?
어찌하여 나를 막다른 골목 취급하느냐?
어찌하여 나의 백성이 나를 버리고 '아, 속 시원하다!
이제부터 우리는 자유다' 한단 말이냐?
여인이 자기 보석을 잊는 법이 있느냐?
신부가 면사포 쓰는 것을 잊는 법이 있느냐?
그런데 내 백성은 나를 잊었다.
날이 지나고 또 지나도 거들떠보지도 않았다."

33-35 "최대한 즐기며 살겠다더니
정말 출발부터 대단했다.
너는 죄를 가르치는 학교를 세우고
대학원 과정까지 개설해 악을 가르쳤다!
그리고 이제 졸업생들이 배출되고 있다.
멋진 학사모와 가운을 착용한 자들.
그러나 그들의 몸에는 무고한 희생자들의 피가 묻어 있다!
그 피가 너에게 유죄 선고를 내린다.
지금의 위치에 오르기 위해 너는 수많은 사람들을 해치고 짓밟았다.
그런데도 뻔뻔한 얼굴로 말한다. '나는 아무 잘못이 없다.
어디, 하나님이 신경 쓰시더냐? 그분이 내게 벌을 내리신 적이 있더냐?'
그러나 보아라. 심판이 오고 있다.
'나는 아무 잘못이 없다'고 말하는 바로 너를 향해 오고 있다.

36-37 너는 한 가지 죄를 도모하다 실패하면
아무렇지 않게 또 다른 죄를 도모한다. 그렇지 않느냐?
그러나 기억하여라. 앗시리아가 그랬던 것처럼
이집트도 너희를 내팽개치고 말 것이다.
너는 가슴을 쥐어뜯으며
거기서 나오게 될 것이다.
나 하나님은 네가 의지하는 모든 자들의 리스트를 갖고 있다.
너는 그 누구에게서든 손톱만큼의 도움도 얻지 못할 것이다."

음란한 종교에 사로잡힌 너희

3

[1] 하나님의 메시지가 이같이 내게 임했다.

"어떤 남자의 아내가
그를 버리고 떠나
다른 남자와 결혼하면,
본남편이 아무 일 없었다는 듯 그녀를 다시 받아 줄 수 있겠느냐?
이는 땅 전체가 들고 일어날 일이 아니냐?
네가 한 짓이 바로 이와 같다.
너는 이 신 저 신 쫓아다니며 매춘부 짓을 했다.
그래 놓고서, 이제 아무 일도 없었다는 듯 돌아오고 싶어 한다."
하나님의 포고다.

2-5 "언덕들을 둘러보아라.
네가 섹스 행각을 벌이지 않은 곳이 어디 한 군데라도 있느냐?
너는 사슴을 쫓는 사냥꾼처럼 야외에 텐트를 쳐 놓고
여러 신들에게 구애했다.
거리의 매춘부처럼
이 신 저 신 붙잡고 호객행위를 했다.
그래서 비가 그친 것이다.
더 이상 하늘에서 비가 내리지 않는 것은 그 때문이다!
그래도 너는 전혀 당황하는 빛이 없다. 매춘부처럼 뻔뻔한 너는
마치 아무 잘못이 없다는 듯 행동한다.
그러면서 뻔뻔스럽게 외친다. '나의 아버지!
제가 어렸을 때 주님은 저를 돌보아 주셨습니다. 왜 지금은 아닌가요?
쉬지 않고 계속 화만 내시렵니까?'
툭하면 네가 하는 말이다. 그러나 너는 쉬지 않고 계속 죄를 짓는다."

네 하나님을 무시하는 너희여

6-10 요시야 왕이 다스릴 때에 하나님께서 내게 말씀하셨다. "너는 변덕쟁이 이
스라엘이 언덕마다, 숲마다 찾아다니며 매춘 행위를 벌여 온 것을 보았을 것이
다. 나는 그녀가 할 만큼 한 다음에는 돌아오리라 여겼지만, 그렇지 않았다. 그
녀의 동생, 배신자 유다는 언니가 하는 짓을 지켜보았다. 내가 그 행실 나쁜 변
덕쟁이 이스라엘을 이혼장을 들려 쫓아낸 것도 지켜보았다. 그러나 배신자 유
다는 전혀 동요하지 않았다. 오히려 밖으로 나가 더 과감하게 매춘 행위를 벌였
다. 그녀는 저급하고 음란한 종교를 오락물과 유흥거리로 삼으면서, 닥치는 대
로 정신 나간 짓과 불경한 짓을 벌였고, 나라 전체에 썩은 내가 진동하게 만들
었다. 이 모든 일을 벌이면서 배신자 유다는 이따금 시늉만 했을 뿐, 내게 눈길

한번 주지 않았다." 하나님의 포고다.

11-12 하나님께서 내게 말씀하셨다. "변덕쟁이 이스라엘이 배신자 유다보다는 훨
씬 낫다. 가서 이 메시지를 전하여라. 북쪽 이스라엘에게 이렇게 말하여라.

12-15 '변덕쟁이 이스라엘아, 돌아오너라.
나는 네게 벌주기를 주저하고 있다.
무슨 일이 있어도 너를 사랑하기로 굳게 마음먹었다.
나는 노했지만, 나의 노는 영원하지 않다.
그저 너의 죄를 시인하기만 하여라.
네가 감히 하나님을 무시했던 것,
나의 말에 귀를 막은 채
외간 남자들을 음란한 종교 숲에 끌어들여,
내키는 대로 난잡한 짓을 벌인 것을 시인하여라.'"
하나님의 포고다.
"방황하는 자녀들아, 돌아오너라!"
하나님의 포고다.
"그렇다. 내가 너희의 참된 남편이다.
내가 너희를 한 사람씩 뽑을 것이다.
성읍마다 한 사람씩, 지역마다 두 사람을 뽑아
너희를 시온으로 데려올 것이다.
그리고 내 뜻대로 다스리는 선한 목자 같은 통치자들을
너희에게 보내 주리라.
그들이 명철과 지혜로 너희를 다스릴 것이다."

16 하나님의 포고다. "너희는 이 땅에서 수가 늘고 번성할 것이다. 그때가 되면,
누구도 '아, 좋았던 옛날이여! 언약궤가 있던 시절이여!'라고 말하지 못할 것이
다. '좋았던 옛날'이라는 말조차 떠오르지 않을 것이다. 궤가 있던 시절, 좋았던
옛 시절은 지나간 과거가 될 것이다.
17 이제, 예루살렘이 새로운 궤가 되고, 하나님의 보좌가 될 것이다. 이방 민족
들이 악한 길에서 떠나, 예루살렘에 모여 하나님을 높이게 될 것이다.
18 그때, 유다와 이스라엘 집안이 하나가 될 것이다. 그들은 손을 맞잡고 북방 나
라를 떠나, 내가 너희 조상에게 유산으로 준 땅으로 올 것이다."

19-20 "너희가 내게 돌아오면 이런 말을 해주리라 생각했었다.
'좋다! 너희를 다시 가족으로 받아 주겠다.
너희에게 최고로 좋은 땅,
뭇 민족들이 부러워 죽을 땅을 주겠다.'

나는 너희가 '사랑하는 아버지!' 하며 내게 와서,
다시는 나를 떠나지 않는 모습을 그렸었다.
그러나 어이없게도, 남편을 배신하고 떠난 여인처럼
너희, 이스라엘 가문 전체가 나를 배신했다."
하나님의 포고다.

21-22 언덕에서 사람들의 소리가 들려온다.
이스라엘이 울부짖는 소리다.
허송한 세월을 두고,
자기 하나님을 까맣게 잊고 살아온 시간을 두고 한탄하는 소리다.
"방황하는 자녀들아, 돌아오너라!
내가 너희 방랑벽을 고쳐 주겠다!"

22-25 "우리가 여기 왔습니다! 주께 돌아왔습니다.
우리의 참 **하나님**이신 주께 돌아왔습니다!
저 유행하는 종교는 전부 저급한 사기에 지나지 않았습니다.
대중에게 최신 신을 팔아먹는 수작에 불과했습니다.
우리가 돌아왔습니다! 우리의 참 **하나님**이신 주께,
이스라엘의 구원이신 주께 돌아왔습니다.
그 사기꾼 신이 우리를 탈탈 털어 갔고, 우리한테서
우리 조상이 남겨 준 것을 전부 빼앗아 갔습니다.
속아 넘어간 우리는 우리의 유산을,
하나님의 축복인 양 떼와 소 떼, 하나님의 선물인 자녀들을 잃고 말았습니다.
우리가 뿌린 씨를 우리가 거두고 있습니다.
지금 우리는 수치 가운데 바닥을 기고 있습니다.
이 모두는, 우리가 **하나님**께 범죄했기 때문입니다.
우리와 우리 부모가 다 범죄했습니다.
우리는 첫걸음마 때부터, 첫말이 터질 때부터 이미,
하나님의 음성에 불순종하는 반역자들이었습니다."

4

1-2 "이스라엘아, 네가 돌아오려거든,
진심으로 내게 돌이켜야 한다.
지니고 있던 역겨운 것들을 모두 없애 버리고,
더 이상 나를 떠나 방황하는 일이 없어야 한다.
그러면 너는 '**하나님**께서 살아 계심을 두고 맹세하는데'라는 말로
진실과 정의와 공의를 도모할 수 있게 될 것이다.

그리하여 뭇 민족들이 더불어 축복을 받게 될 것이며,
이스라엘을 우러러보게 될 것이다."

❧

3-4 **하나님**께서
유다와 예루살렘의 백성에게 주시는 **메시지다**.
"너희 묵은 밭을 갈아라.
그러나 그 땅에 잡초를 심지는 마라!
그렇다. 너희는 하나님 앞에서 너희 삶에 할례를 행해야 한다.
너희, 유다와 예루살렘 백성들아,
너희 묵은 마음을 갈아라.
너희에게 나의 진노의 불이 떨어지지 않도록 하여라.
그 불은 한번 붙으면 꺼지지 않는다.
그 불을 키우는 것은
너희의 사악한 행실이다."

침략자들이 들이닥친다

5-8 "유다에 경보를 울려라.
예루살렘에 뉴스를 전하여라.
'온 땅에 숫양 뿔나팔을 불어라!' 하고 말하여라.
소리 질러라. 확성기에 대고 외쳐라!
'어서 움직여라!
살고 싶거든 피난처로 달아나라!'
시온이 보도록 경보 봉화를 피워 올려라.
'잠시도 지체하지 마라! 꼼지락댈 시간이 없다!'
북쪽에서 재앙이 내려온다. 내가 보낸 재앙이다!
그 재앙이 도착하면, 지축이 흔들릴 것이다.
사자가 튀어나와 달려들듯 침략자들이 들이닥친다.
민족들을 갈기갈기 찢어발기며,
너의 땅을 잿더미로 만들고,
너의 성읍들을 폐허로 만들 것이다.
검은 상복을 꺼내 입어라.
울며 통곡하여라.
하나님의 진노가 쇠망치처럼
우리 머리에 가해졌기 때문이다."

9 **하나님**의 포고다.
"이런 일이 일어나면

왕과 제후들은 겁에 질릴 것이다.
제사장과 예언자들도 당황하여 혼비백산할 것이다."

10 그때 내가 말했다. "오, 주 하나님!
주께서 이 백성을, 이 예루살렘을 속이셨습니다.
주께서 '괜찮다. 염려 말라'며 그들을 안심시키신 바로 그 순간에,
칼이 그들 목에 닿았습니다."

11-12 그때가 되면, 이 백성과 이 예루살렘은
이같이 분명한 말을 듣게 될 것이다.
"북방의 사막 초원지대에서
약탈자들이 휩쓸려 오고 있다.
좋을 것 하나 없는 바람, 거센 바람이다.
내가 이 바람을 명하여 불렀다.
내가 나의 백성에게
폭풍 심판을 선언한다."

너의 심장까지 파고드는 악한 삶

13-14 그들을 보아라! 두터운 먹구름 같다.
그들의 병거가 회오리바람같이 질주해 온다.
그들의 군마는 독수리보다도 빠르다!
어쩌면 좋으냐! 이제 우리는 끝장이다!
예루살렘아! 너의 삶에서 악을 깨끗이 씻어 내라.
그래야 구원받을 수 있다.
도대체 언제까지
속에 음험한 악의를 품고 있을 작정이냐?

15-17 이것은 무엇이냐? 단에서 오는 사자인가?
에브라임 언덕에서 오는 흉한 소식이로구나!
사람들에게 알려라.
예루살렘 전역에 그 소식을 전하여라.
"먼 곳에서 침략자들이 들이닥친다.
유다 성읍들을 치겠다고 함성을 질러 댄다.
뼈다귀를 향해 달려드는 개처럼, 그들이 유다를 덮칠 것이다.
왜 그런지 아느냐? 유다가 내게 반역했기 때문이다."
하나님의 포고다.

[18] "이는 모두
네가 초래한 것이다.
그 쓰라린 맛은 네 악한 삶에서 비롯된 것이다.
그것이 네 심장까지 파고들 것이다."

[19-21] 나, 배가 뒤틀려 허리를 펼 수 없다.
불꼬챙이가 창자를 찌르는 듯하다.
오장육부가 갈기갈기 찢기는 것 같은 고통이,
한 순간도 멈추지 않는다.
전쟁을 알리는 숫양 뿔나팔소리가
내 귀를 떠나지 않는다.
재앙이 꼬리에 꼬리를 물고 이어져,
나라 전체가 잿더미가 되었다!
한순간에 내 집이 허물어졌다.
눈 깜짝할 사이에 벽이 무너져 내렸다.
저 경보 봉화를 얼마나 더 보아야 하느냐?
저 경보소리를 얼마나 더 들어야 하느냐?

악의 전문가들

[22] "어리석기 짝이 없는, 내 백성이여!
저들은 내가 누구인지 전혀 모른다.
모두 얼간이,
얼뜨기, 멍청이들이다!
악에는 전문가들이지만
선에는 저능아들이다."

[23-26] 내가 땅을 보니,
다시 창세전의 혼돈과 공허 상태로 돌아가 있었다.
하늘을 보니,
하늘에 별이 하나도 보이지 않았다.
산들을 보니,
산들이 사시나무처럼 떨고 있고,
언덕들도 모두
바람에 마구 흔들리고 있었다.
또 보니, 어찌 된 일인가! 사람이 한 사람도 보이지 않고,
하늘에는 새 한 마리 보이지 않았다.
어떻게 이럴 수 있는가! 동산과 과수원이 다 황무지로 변했다.

모든 성읍이 유령마을이 되었다.
이 모두는 다 **하나님** 때문이다.
하나님의 불타는 진노 때문이다.

27-28 그렇다. 이에 대해 **하나님**께서 말씀하신다.

"나라 전체가 폐허가 될 것이다.
그러나 완전히 망하지는 않을 것이다.
땅이 통곡하고
하늘이 애곡할 것이다.
나는 한번 말하면, 되물리지 않는다.
한번 결정하면, 마음을 바꾸지 않는다."

29 누군가 외친다. "기병과 활 쏘는 자들이다!"
그러자 모두 피신처로 달음질친다.
도랑 속으로 숨어들고,
동굴 속으로 기어오른다.
마을이 텅 비고,
어디에서도 개미 새끼 하나 볼 수 없다.

30-31 그런데 너는, 지금 무엇을 하느냐?
파티복을 차려입고,
보석으로 몸치장을 하고,
립스틱과 볼연지에 마스카라까지!
그런 꽃단장, 다 헛일이다.
너는 누구도 꾀지 못할 것이기 때문이다. 그들은 너를 죽이려고 혈안이 되어 있다!
지금 들리는 이 소리는 무엇인가? 산고 중인 여인의 고통소리,
첫째 아이를 낳고 있는 여인의 비명소리다.
숨을 헐떡이며 도움을 청하는
딸 시온의 울음소리다.
"제발, 도와주세요! 살려주세요!
살인자들이 들이닥쳤어요!"

하늘 높이 쌓인 이 백성의 죄

5

1-2 "예루살렘 거리를 순찰해 보아라.
주위를 둘러보아라. 잘 살펴보아라.
중심가를 샅샅이 뒤져 보아라.
옳은 일을 하는 사람,

참되게 살고자 애쓰는 사람,
어디 하나라도 찾을 수 있는지 보아라.
그런 사람은 내가 용서해 주겠다."
하나님의 포고다.
"그렇지 않고서 '**하나님**께서 살아 계심을 두고 맹세하는데' 운운하며 말만 하는 자들은,
거짓말쟁이에 지나지 않는다."

3-6 그러나 주 **하나님**은
진실을 찾으시는 분이 아니십니까?
주께서 그들을 치셨는데도, 그들은 정신 차리지 않았습니다.
주께서 그들을 연단하셨는데도, 그들은 훈육을 거부했습니다.
바윗돌보다 고집 센 그들,
도무지 바뀌려 하지 않았습니다.
그래서 저는 속으로 생각했습니다. "좋다.
저들은 그저 가난뱅이에 무지렁이 민초일 뿐이다.
하나님에 대해 제대로 배우지 못했고,
기도하는 곳에도 나가지 않는 자들이다.
그러니 이제, 지체 높은 가문의 사람들을 찾아
그들과 이야기해 봐야겠다.
그들이라면 이 일이 무엇인지,
하나님께서 어떻게 하실지 알고 있을 것이다.
사태를 파악하고 있을 것이다."
그러나 그들도 다르지 않았습니다!
그들 역시 제멋대로 빗나가는 반역자들이었습니다!
산속의 사자나 들의 늑대,
길가를 배회하는 표범처럼,
침략자들이 곧 달려들어 우리를 죽일 태세입니다.
거리는 더 이상 안전하지 않습니다.
왜 그렇습니까? 이 백성들의 죄가 하늘 높이 쌓였기 때문입니다.
그들의 반역 행위가 셀 수조차 없는 지경이 되었기 때문입니다.

7-9 "왜 내가 너를 더 참아 주어야 하느냐?
네 자녀들은 나를 버리고 떠나,
신도 아닌 것들에게 가서
그들과 어울렸다.
내가 그들의 간절한 필요를 해결해 주었건만, 그들은 나를 버리고
'신성하다'는 창녀들을 찾아가,

음란한 산당에서 광란의 파티를 벌였다!
훤칠하고 정력 넘치는 수말 같은 그들,
이웃의 아내를 탐하며 씩씩거리고 힝힝거린다.
이런데도, 내가 그저 팔짱만 끼고 보고 있어야 하느냐?"
하나님의 포고다.
"그런 자들,
내가 단단히 손보아야 하지 않겠느냐?"

하나님께서 백성을 버리시다

10-11 "포도원에 가서, 늘어선 포도나무들을 찍어 쪼개라.
그러나 전부 그렇게 하지는 말고, 몇 그루는 남겨 두어라.
그 포도나무에서 자라난 가지들을 쳐내 버려라!
그것들은 하나님과 무관하다!
그들 유다와 이스라엘은,
거듭하여 나를 배신했다."
하나님의 포고다.

12-13 "그들은 하나님에 대한 거짓말을 퍼뜨렸다.
그들은 말했다. '하나님은 신경 쓸 것 없다.
우리에게는 나쁜 일이 일어나지 않을 것이다.
기근도 전쟁도 없을 것이다.
예언자들은 말쟁이일 뿐이다.
터무니없는 말이나 늘어놓는다.'"

14 그러므로, 만군의 하나님께서 내게 이렇게 말씀하셨다.

"그런 말을 한 그들,
이제 그 말을 취소하게 될 것이다.
잘 보아라! 내가 너의 입에
나의 말을, 곧 불을 넣어 준다.
이 백성은 불쏘시개 더미며,
불타 잿더미가 될 것이다.

15-17 이스라엘의 집이여, 주목하여라!
내가 먼 곳에서 한 민족을 데려와 너희를 치게 할 것이다."
하나님의 포고다.
"견실한 민족이자
유구한 역사를 가진 민족,

너와 다른 말을 하는 민족이다.
너는 그들의 말을 한 마디도 알아듣지 못할 것이다.
그들이 활을 겨누면, 너는 죽은 목숨이나 다름없다.
그들은 진짜 전사들이다!
그들이 너를 집과 고향에서 몰아내고,
네 곡식과 자녀를 빼앗아 갈 것이다.
네 양 떼와 소 떼를 다 먹어 치우고,
네 포도나무와 무화과나무를 발가벗길 것이다.
네가 안전하다고 굳게 믿는 요새들이,
그들의 한 방에 모두 초토화될 것이다!"

18-19 하나님의 포고다. "비참하기 이를 데 없는 지경에 처하겠지만, 그러나 완
전히 망하지는 않을 것이다. '왜 우리 하나님께서 우리에게 이런 일을 행하십니
까?'라고 사람들이 묻거든, 이렇게 일러 주어라. '행한 그대로 당하는 것이다.
너희가 나를 떠나 너희 나라에서 이방 신들을 섬겼으니, 이제 너희가 그들 나라
에서 이방인들을 섬겨야 한다.'

20-25 야곱 집에 이렇게 전하여라.
잘 들어라.
유다에 이런 공문을 내걸어라.
눈이 있어도 보지 못하고
귀가 있어도 듣지 못하는 너희,
아둔한 바보들아,
어찌 나를 높일 줄 모르느냐?
어찌 나를 경외할 줄 모른단 말이냐?
내가 해안선을 그어
대양을 나누었고,
모래사장에 선을 그어
물이 넘어오지 못하게 했다.
물결이 넘실대나 범람하지 못하고,
세찬 파도도 이내 부서지고 만다.
그런데, 이 백성을 보아라!
고삐 풀려 날뛰는 망아지 같다.
그들은 '우리 하나님,
봄과 가을에 비를 주시고
계절을 일정하게 순환시키시며
해마다 추수를 허락하시는 하나님,
우리를 위해 만사를 원활하게 하시는 그 하나님을

우리 삶으로 어떻게 높여 드릴까?' 생각해 본 적 없다.
당연한 일이다! 너희의 악한 행실이 너희 눈을 가렸기 때문이다.
너희에게서 나의 축복이 먼 것은 너희 죄 때문이다.

26-29 사악한 자들,
사냥하는 파렴치한들이 내 백성 안에 들어와 있다.
그들이 무고한 사람들을 잡으려 덫을 놓으니,
무죄한 이들이 덫에 걸린다.
잡은 새들로 가득한 사냥꾼의 자루처럼,
그들의 집은 부정하게 취한 이득으로 가득하다.
거만하고 권세 있고 부자인 그들,
피둥피둥 살이 쪄 기름기가 흐른다.
그들에게 양심이란 없다.
옳고 그름에 전혀 개의치 않는다.
대의를 지지하는 일도, 누군가를 지켜 주는 일도 없다.
고아들을 이리 떼에게 내어주고 가난한 이들을 착취한다.
이런데도 너희는 내가 그저 잠자코 있으리라고 생각하느냐?"
하나님의 포고다.
"내가 그들을
크게 손봐 주지 않을 수 있겠느냐?"

30-31 "말이 나오지 않는다! 구역질만 일어난다!
이 나라가 대체 어찌 된 것인가?
예언자들이 거짓을 전파하고
제사장들은 그들의 조수 노릇을 한다.
게다가 내 백성은 이 상황을 즐기고 있다. 완전히 그들 세상이다!
그러나 그 세상이 곧 끝날 텐데, 너희는 어찌하려느냐?"

거짓 가득한 도성

6 1-5 "베냐민의 자녀들아, 살려거든 달아나라!
예루살렘에서 도망쳐라, 당장!
나팔소리 마을에서 숫양 뿔나팔을 크게 불어라.
봉화연기 마을에서 연기를 피워 올려라.
북방에서 재앙이 쏟아져 내려온다.
무시무시한 공포가 닥친다!
나는 사랑하는 딸 시온을
아름다운 목초지라 불렀다.

그러나 이제 북쪽의 '목자들'이 그녀를 발견하고,
군대를 몰고 와서
사방에 진을 친다
어디서 풀을 뜯어 먹을까 모의한다.
그러다가 외친다. '공격 준비! 전투 준비!
전원 무장하라! 정오에 쳐들어간다!
너무 늦었나? 날이 벌써 저문다고?
땅거미가 내린다고?
좋다. 어쨌든 준비하라! 밤에 공격해 들어갈 것이다.
그녀의 방어 요새를 초토화시켜 버리자.'"

6-8 만군의 **하나님**께서 명령을 내리셨다.

"그녀의 나무들을 베어 쓰러뜨려라.
포위 공격 축대를 쌓아서 예루살렘,
야만이 가득하고
폭력이 들끓는 그 도성을 쳐라.
멈추지 않고 솟아나는 샘처럼,
그녀에게서는 끊임없이 악이 솟아나온다.
거리마다 '폭력이다! 강간이다!' 외치는 소리가 들려오고,
곳곳마다 희생자들이 땅바닥에 쓰러져 피 흘리며 신음한다.
예루살렘아, 너는 위험에 처했다.
나는 너를 더 이상 참을 수가 없다.
이제 너는 전멸을 앞두고 있다.
유령마을이 되기 직전이다."

9 만군의 **하나님**께서 명령하신다.

"이제 시간이 되었다! 포도를 따거라. 심판을 행하여라.
이스라엘에 남아 있는 것들을 모조리 수거하여라.
그 포도나무들에게 다시 가서,
포도알 하나 남기지 말고 모조리 따거라."

귀 기울여 들을 자 있는가?

10-11 "내가 할 말이 있다. 누구, 귀 기울여 들을 자 있는가?
내가 붙일 경고문이 있다. 누구, 주목하여 볼 자 있는가?
희망이 없구나! 그들의 귀는 밀로 봉해졌다.
전부 귀머거리에, 눈뜬장님이다.

절망적이다! 그들은 하나님의 말에 아예 귀를 닫아 버렸다.
그들은 내가 하는 말을 듣기 싫어한다.
그러나 내 속에서 하나님의 진노가 부글부글 끓어오른다.
더 이상 품고 있을 수 없다.

11-12 그러니 이 분노를 거리의 아이들에게 쏟아부어라.
젊은 무리에게 쏟아부어라.
누구도 예외가 없다. 남편과 아내가 잡혀가고,
노인과 죽을 날이 얼마 안 남은 병자도 끌려갈 것이다.
모두 집을 빼앗길 것이다.
가졌던 전부를 잃고, 사랑하는 자들도 잃을 것이다.
내가 신호를 내려
이 나라에 살고 있는 모든 자를 칠 것이다."
하나님의 포고다.

13-15 "다들 부정한 이득을 취하는 데 혈안이다.
지위 높은 자나 낮은 자나 마찬가지다.
예언자든 제사장이든, 누구 할 것 없이 모두가
말을 비틀고 진실을 조작한다.
내 백성이 망가졌다. 아주 결딴나 버렸다!
그런데도 그들은 반창고나 붙여 주면서,
'별일 아니다. 괜찮다'고 말한다.
그러나 절대 괜찮지 않다!
무도한 짓을 자행하는 그들,
부끄러움을 느낄 것 같으냐?
그렇지 않다. 그들은 부끄러움을 모른다.
얼굴 붉힐 줄을 모른다.
그들에게는 희망이 없다. 바닥에 메쳐진 그들,
일어설 가망이 없다.
내가 보기에,
그들은 끝났다."
하나님께서 말씀하셨다.

하나님의 길에서 떠난 유다 백성

16-20 다시 하나님의 메시지다.

"갈림길에 서서 둘러보아라.
옛길, 이미 검증된 길이 어느 방향인지 묻고,

그 길로 가거라.
너희 영혼이 살 수 있는 바른 길을 찾아라.
그러나 그들은 말했다.
'아니, 우리는 그 길로 가지 않을 것이다.'
나는 그들을 위해 파수꾼을 세우고
그들에게 경보를 울리게 했다.
그러나 이 백성은 말했다. '잘못된 경보다.
우리와 상관없다.'
그래서 이제 나는 뭇 민족들을 증인으로 부를 참이다.
'증인들아, 이제 저들에게 무슨 일이 일어나는지 잘 보아라!
땅아, 주목하여라!
이 공문을 똑똑히 보아라.'
이제 내가 이 백성에게 재앙을 내릴 것이다.
감히 나를 상대로 벌인 게임이 어떻게 끝나는지 알게 할 것이다.
그들은 나의 말을 하나도 듣지 않았다.
나의 가르침을 멸시했다.
너희가 스바에서 들여오는 향과
이국에서 가져오는 진귀한 향료 같은 것들을 내가 좋아할 것 같으냐?
너희가 바치는 번제물, 나는 전혀 즐겁지 않다.
너희가 행하는 종교 의식들, 내게는 아무 의미가 없다."

21 그러니 이제 똑똑히 들어라. 너희가 살아온 길에 대한 **하나님**의 선고다.

"잘 보아라! 나는 너희가 가는 그 길에
걸림돌과 장벽을 놓을 것이다.
너희는 그것들과 부딪혀 길 위에 나동그라질 것이다.
부모와 자식, 이웃과 친구들이,
모두 같은 운명을 맞을 것이다."

22-23 **하나님**의 선고다. 똑똑히 들어라.

"잘 보아라! 북방에서 한 침략자가 내려온다.
먼 곳에서 강력한 민족이 쳐들어온다.
사악하고 무자비한 그들,
완전무장에
전투대형을 갖추고,
바다폭풍소리 같은 굉음을 내며,
군마를 타고 너를 치러 온다.

사랑하는 딸, 시온을 치러 온다!"

24-25 그 소식을 들은 우리,
맥이 탁 풀렸습니다.
두려움에 온몸이 마비되었습니다.
공포에 목이 졸려 숨 쉴 수조차 없습니다.
절대 문 밖에 나가지 마라!
집을 나서지 마라!
죽음이 삼킬 것을 찾아 돌아다니고 있다.
도처에 위험이 도사리고 있다!

26 "사랑하는 딸 시온아, 상복을 꺼내 입어라.
얼굴에 검게 재를 바르고,
슬피 울어라.
하나밖에 없는 자식을 잃은 사람처럼 통곡하여라.
카운트다운이 시작된다.
육, 오, 사, 삼……
공포가 들이닥친다!"

27-30 하나님께서 내게 이 임무를 맡기셨다.

"내가 너를 내 백성의 심사관으로 삼아,
그들의 삶을 심사하고 무게를 달아 보게 했다.
하나같이 얼간이며 고집불통인 데다가
속속들이 썩어빠진 그들,
고열의 용광로 속에 넣어도
모양이 변하지 않고 그대로다.
제련하려고 아무리 애써도 소용이 없다.
어떻게 해도 그들 안의 악을 빼낼 수가 없다.
사람들은 그들을 포기하고,
그들의 하나님이 버린 '폐석'이라 부를 것이다."

예레미야의 성전 설교

7

1-2 예레미야에게 임한 하나님의 메시지다. "하나님의 성전 문에 서서 이
메시지를 전하여라.
2-3 '들어라, 하나님을 예배하러 이 문으로 들어오는 너희 모든 유다 백성들아.
만군의 하나님, 이스라엘의 하나님께서 너희에게 말씀하신다.

[3-7] 너희 행위를—사는 방식과 하는 일을—깨끗게 하여라. 그래야 내가 이 성전
을 내 집으로 여기고, 너희와 함께 지낼 수 있다. 이곳에서 전하는 거짓말을 터
럭만큼도 믿지 마라. "이곳은 **하나님**의 성전이다, **하나님**의 성전이다, **하나님**의
성전이다!" 이 말은 거짓이며 터무니없는 소리다! 너희가 행실을(사는 방식과 하
는 일을) 깨끗게 하고, 사는 방식과 이웃을 대하는 방식을 대대적으로 고치며, 빈
민과 고아와 과부들을 착취하던 일을 멈추고, 이곳에서 무죄한 자들을 이용하
거나 이 성전에 숨어 다른 신들을 섬기며 너희 영혼을 파괴하는 짓을 그만둘 때
에야 비로소, 내가 너희 이웃이 되어 너희와 함께 살 것이다. 그때가 되어야, 내
가 너희 조상들에게 준 이 나라는 내가 항상 머무는 집, 나의 성전이 될 것이다.
[8-11] 아무 생각이 없구나! 너희는 너희 지도자들이 던져 주는 거짓말을 잘도 받아
삼키고 있다! 생각해 보아라! 너희는 그렇게 강탈하고 살인하고 이웃의 아내와
간통하고 입만 열면 거짓말하며 우상숭배와 최신 유행 종교를 좇아다니면서,
이 성전, 나를 예배하는 곳으로 구별된 이곳에 들어와 "우리는 안전하다!" 말할
수 있다고 생각하느냐? 밖에서 아무리 극악한 짓을 벌였어도 이 장소에만 들어
오면 아무 문제가 없다고 생각하느냐? 여기가 그런 범죄자 소굴이더냐? 너희
는 나를 예배하는 곳으로 구별된 이 성전을, 그런 곳으로 바꾸어도 된다고 생각
하느냐? 그렇다면 생각을 다시 하여라. 내가 보고 있다. 무슨 일이 벌어지고 있
는지 내가 똑똑히 보고 있다.'" **하나님**의 포고다!
[12] "'전에 실로에 있던 그 장소, 전에 내가 내 백성을 만나던 그곳을 찾아가 보아
라. 그곳이 지금 어떻게 폐허가 되었는지, 나의 백성 이스라엘이 악한 길로 갈
때에, 내가 그곳을 어떻게 만들었는지 잘 보아라.
[13-15] 내가 거듭거듭 너희를 따로 불러 엄중히 경고했건만, 너희는 듣지 않고 가
던 길을 고집했다. 회개를 촉구했건만, 달라지지 않았다. 그러므로, 이제 나는
나를 예배하는 곳으로 구별된 이 성전, 너희가 무슨 일이 있어도 너희를 안전하
게 지켜 주리라 믿고 있는 이곳, 내가 너희 조상과 너희에게 선물로 주었던 이
장소에, 전에 내가 실로에서 했던 것과 같은 일을 일으키겠다. 전에 실로 주위
에 살던 너희 옛 친척과 지금은 사라진 북방 왕국, 너희 동족 이스라엘 백성에
게 했던 것처럼, 너희도 싹 쓸어버릴 것이다.'
[16-18] 너 예레미야야, 이 백성을 위해 기도하느라 네 시간을 낭비할 것 없다. 그들
을 위해 간청하지 마라. 그들 일로 나에게 조르지 마라. 나는 듣지 않을 것이다.
그들이 유다 마을과 예루살렘 거리에서 하는 짓이 보이지 않느냐? 그들은 자식
들에게 땔감을 주워 오게 하여, 아버지는 불을 피우고 어머니는 '하늘의 여왕'에
게 바칠 빵을 굽는다! 그것으로도 모자라, 아무 신에게나 술을 부어 바치며 내
마음에 상처를 입힌다."
[19] **하나님**의 포고다! "과연 그들이 내게 상처를 입히는 것이겠느냐? 사실은 그
들 자신에게 상처를 입히면서, 자신의 수치를 드러내고 자신을 우스꽝스럽게
만들고 있지 않느냐?
[20] 주 **하나님**이 말한다. '나의 불같은 노가 이 나라와 그 안에 있는 모든 것—사

람과 동물, 들의 나무와 동산의 식물—위에 임할 것이다. 무엇으로도 끌 수 없
는 맹렬한 불이다.'

21-23 만군의 **하나님**, 이스라엘의 하나님의 **메시지다**. '그래, 계속 그렇게 하여라!
너희 번제물에다 희생 제물까지, 너희나 실컷 먹어라. 분명히 말하는데, 나는
그것을 원치 않는다! 내가 너희 조상을 이집트에서 구해 낼 때, 나는 그들에게
내가 그런 번제물과 희생 제물을 원한다고 말한 적이 없다. 나는 이렇게 명령했
다. "나에게 순종하여라. 내가 이르는 대로 행하여라. 그러면 나는 너희 하나님
이 되고, 너희는 나의 백성이 될 것이다. 내가 너희에게 이르는 대로 살아라. 내
가 명령하는 바를 행하여라. 그러면 너희가 잘될 것이다."

24-26 그러나 그들이 들었느냐? 한 마디도 듣지 않았다. 그들은 그저 마음 내키는
대로 행했고, 악한 충동에 충실히 따르면서 날이 갈수록 악해졌다. 너희 조상들
이 이집트 땅을 떠난 날부터 지금까지, 나는 쉬지 않고 나의 종, 예언자들을 보
냈다. 그런데 그 백성이 들었느냐? 한 번도 듣지 않았다. 노새처럼 고집불통이
며, 조상보다 더 완악한 그들이다!'

27-28 그들에게 가서 내 말을 전하되, 그들이 귀 기울여 들으리라고는 기대하지
마라. 그들에게 소리쳐 외쳐라. 그러나 대답을 기대하지는 마라. 다만 그들에게
전하여라. '너희는 하나님께 순종하지 않았고, 그분의 훈계를 모조리 거부한 민
족이다. 진실이 사라졌다. 너희 입에서 흔적도 없이 사라졌다.

29 그러니 너의 머리를 밀어라.
민둥산에 올라가 슬피 울어라.
하나님께서 떠나셨기 때문이다.
그분을 노하게 만든 이 세대에 등을 돌리셨다.'"

30-31 **하나님**의 포고다. "유다 백성은 내가 지켜보고 있는데도 버젓이 악을 저질
렀다. 다른 곳도 아니고 나를 높여야 할 성전 안에 추악한 신상을 세워, 나를 의
도적으로 모욕했다. 그들은 벤힌놈 골짜기 전역에 장소를 골라 도벳 제단을 세
우고, 아기들을 불살라 바쳤다. 자기 아들딸들을 산 채로 불태웠다. 나와 나의
명령 전부를 참람하게 왜곡했다."

32-34 **하나님**의 포고다! "그러나 이제 도벳과 벤힌놈은 그 이름으로 불리지 않게
되리라. 사람들은 그곳을 '살육의 골짜기'라 부를 것이다. 더 이상 묻을 데가 없
어 도벳에 시체들이 높이 쌓일 것이다! 노천에 버려진 시체들은 그곳을 활보하
는 까마귀와 늑대의 밥이 되리라. 내가 유다 마을과 예루살렘 거리에서 미소와
웃음이 완전히 사라지게 만들 것이다. 결혼을 축하하는 노랫소리, 여흥을 즐기
는 소리가 사라지고, 죽음 같은 정적만이 흐를 것이다."

8 1-2 하나님의 포고다. "그때가 이르면, 나는 사람들이 유다 왕들의 뼈, 제
후와 제사장과 예언자들의 뼈, 일반 백성들의 뼈를 다 파헤쳐, 그것들이
하늘의 해와 달과 별들을 올려다보며 숭배하는 무리들 앞에 널브러지게 만들
것이다. 오랜 세월 동안 하늘의 신들에 심취하고 '행운의 별들'을 헌신적으로 따
랐던 그들이다. 그 뼈들은 노천에 흩뿌려진 채 버려지고, 비료와 거름이 되어
땅에 스며들 것이다.
3 남은 모든 자들, 곧 악한 세대 중에 불행하게도, 그때까지 목숨이 붙어 있는
자들은, 저주받은 장소를 여기저기 떠돌며 차라리 죽기를 바랄 것이다." 만군의
하나님의 포고다.

그들에게는 희망이 없다

4-7 "그들에게 가서, 하나님의 메시지를 전하여라.

'사람은 넘어지면 다시 일어서지 않느냐?
잘못 들어선 길이면 멈추고 돌아서지 않느냐?
그런데 어째서 이 백성은 길을 거꾸로 가면서도
계속 그 길을 고집하느냐? 거꾸로 된 그 길을!
그들은 한사코 거짓된 것을 따라가려 하고,
방향을 바꾸기를 거절한다.
내가 유심히 귀를 기울여 보아도,
전혀 들리지 않는다.
자책하는 소리,
"이런 길을 가다니" 하는 후회의 소리 하나 없다.
그들은 그저 그 길을 계속 갈 뿐이다. 맹목적으로 가다가,
멍청하게 벽에 머리를 찧는다.
겨울을 준비하는 두루미는
언제 남쪽으로 이동해야 하는지 안다.
울새, 휘파람새, 파랑새는
언제 다시 돌아와야 하는지 안다.
그러나 내 백성은 어떤가. 그들은 아무것도 모른다.
하나님과 그분의 법에 대해서는 낫 놓고 기역 자도 모른다.

8-9 "우리는 다 안다. 영광스럽게도 우리는
하나님의 계시를 소유한 자들이다"라니, 어떻게 그런 말을 할 수 있느냐?
지금 너희 상태를 보아라. 거짓된 것에 사로잡혀 있다.
너희 종교 전문가들에게 사기당한 것이다!
"다 안다"는 그들, 실상이 폭로될 것이요
정체가 탄로 날 것이다.

그들을 보아라! 정말 다 안다. 하나님의 말씀만 빼놓고 모든 것을 안다.
그런데 그런 것을 과연 "안다"고 말할 수 있겠느냐?

10-12 다 안다는 그들을 내가 어떻게 할지 말해 주겠다.
그들은 아내를 잃고 집을 잃을 것이다.
내가 그렇게 만들 것이다.
다들 부정한 이득을 취하는 데 혈안이다.
지위 높은 자나 낮은 자나 마찬가지다.
예언자든 제사장이든, 누구 할 것 없이 모두가
말을 비틀고 진실을 조작한다.
내 사랑하는 딸, 내 백성이 망가졌다. 아주 결딴나 버렸다!
그런데도 그들은 반창고나 붙여 주면서,
"별일 아니다. 괜찮다"고 말한다.
그러나 절대 괜찮지 않다!
무도한 짓을 자행하는 그들,
부끄러움을 느낄 것 같으냐?
그렇지 않다. 그들은 부끄러움을 모른다.
얼굴 붉힐 줄을 모른다.
그들에게는 희망이 없다. 바닥에 메쳐진 그들,
일어설 가망이 없다.
내가 보기에,
그들은 끝났다.'" 하나님께서 말씀하셨다.

13 하나님의 포고다.
"행여 건질 것이 있을까 해서 나가 보았지만,
아무것도 찾지 못했다.
포도 하나, 무화과 하나 얻지 못했고
시든 이파리 몇 개가 전부였다.
나는 그들에게 주었던 것 전부를
다시 회수할 것이다."

14-16 그러니 여기 이렇게 가만히 앉아서 뭘 하겠느냐?
전열을 갖추자.
그 큰 도성으로 가서 싸우자.
거기에서 싸우다 죽자.
우리에게는 이미 하나님의 최후통첩이 내려졌다.
우리는 나가 싸워도 죽고, 싸우지 않더라도 결국 죽을 것이다.

그분께 지은 죄로 인해 우리는 이미 끝장났다.
우리는 사태가 호전되고 역전되리라 기대했지만,
결국 그렇게 되지 않았다.
치유를 바라며 기다렸지만,
결국 모습을 드러낸 것은 공포였다!
북쪽 단에서
말발굽소리가 들려온다.
거센 콧소리를 내며 말들이 질주해 오는 소리다.
땅이 흔들리고 떨린다.
그들이 이 나라를 통째로 삼킬 것이다.
마을과 사람들이 전쟁의 먹이가 되어 사라질 것이다.

17 "그것이 전부가 아니다. 나는 너희 안에
독사도 풀어 놓을 것이다.
무슨 수로도 길들일 수 없는 뱀들,
너희를 모조리 물어 죽일 것이다."
하나님의 포고다!

예언자의 탄식

18-22 나는 비탄에 잠겼다.
가슴이 찢어질 듯 아프다.
들어 보아라! 귀 기울여 들어 보아라! 온 나라에 울려 퍼지는
내 사랑하는 백성의 울음소리를.
하나님께서 더 이상 시온에 계시지 않는가?
왕이신 그분께서 영영 떠나셨는가?
대체 저들이 내 앞에서 장난감 신들,
그 우스꽝스러운 수입 우상들을 자랑하는 까닭이 무엇이냐?
수확이 끝나고 여름도 지나갔지만,
우리는 아무것도 달라진 것이 없다.
우리는 여전히 구조를 기다리고 있다.
내 사랑하는 백성이 상했고, 내 마음도 상했다.
나는 비탄에 잠겨, 슬피 운다.
길르앗에 상처를 치료하는 약이 없단 말이냐?
그곳에 의사가 없단 말이냐?
내 사랑하는 백성을 치료하고 구원하기 위해
할 수 있는 일이 어째서 하나도 없단 말이냐?

9 1-2 내 머리가 물 가득한 우물이었으면,
내 눈이 눈물의 샘이었으면 좋으련만.
그러면, 내 사랑하는 백성에게 닥친 재앙을 가슴 아파하며
밤낮으로 울 수 있을 텐데.
때로는 광야나 숲 속에
오두막집 하나 있었으면 할 때가 있다.
내 백성을 멀리 떠나
그들이 보이지 않는 곳에서 살고 싶다.
저 불충하고 무책임한 떼거리,
저 변절자 무리를 보지 않고 살고 싶다.

3-6 "활이 화살을 쏘듯
그들은 혀로 거짓말을 쏘아 댄다.
강력한 거짓말쟁이 군대요,
진실과 철천지원수다.
나를 알지 못하는 그들,
악에 악을 쌓아 간다."
하나님의 포고다.
"오랜 이웃이라도 경계하여라.
친할머니도 믿지 마라!
옛 사기꾼 야곱처럼,
그들은 자기 형제도 속이고 이용한다.
친구들끼리
악독한 헛소문을 퍼뜨린다.
이웃에게 사기치고
진실을 감춘다.
거짓말로 혀를 단련시킨 그들,
이제는 진실을 말하고 싶어도 할 수 없다.
그들은 잘못 위에 잘못을, 거짓 위에 거짓을 쌓을 뿐
나를 알려고 하지 않는다."
하나님의 포고다.

7-9 그러므로, 만군의 하나님께서 말씀하신다.

"보아라! 내가 그들을 녹여
그 본색을 드러내 보일 것이다.
이렇게 사악한 백성에게

내가 달리 무엇을 할 수 있겠느냐?
그들의 혀는 독화살이다!
끔찍한 거짓말이 입에서 끝없이 흘러나온다.
이웃에게 미소를 지으며,
'좋은 아침입니다! 어떻게 지내십니까?' 하고 인사를 나누지만,
속으로는 서로를 없앨 궁리만 한다.
이런데도 내가 그저 팔짱만 낀 채 보고 있어야 하느냐?"
하나님의 포고다.
"그런 자들,
내가 단단히 손봐 주어야 하지 않겠느냐?

10-11 잃어버린 초원을 생각하며 비가를 부른다.
사라진 목초지를 그리며 애가를 부른다.
그 땅들, 이제는 위험하고 황량한 황무지일 뿐이다.
양 떼 소리, 소 떼 소리가 더는 들리지 않는다.
새와 들짐승도 모두 사라졌다.
살아 꿈틀거리는 것, 살아 소리 내는 것이 하나도 없다.
나는 예루살렘을 돌무더기로 만들 것이다.
승냥이나 어슬렁거리며 다니는 곳이 되게 할 것이다.
나는 유다 성읍들을 전부 폐허로 전락시킬 것이다.
아무도 살지 않는 폐허로!"

❦

12 내가 물었다. "우리에게 진상을 알려 줄 현자는 없는가? **하나님**께 내막을 전
해 듣고 우리에게 알려 줄 자 어디 없는가?
나라가 이토록 황폐해진 까닭이 무엇인가?
어찌하여 인적 하나 없는 황무지가 되어 버렸는가?"

13-15 **하나님**의 대답이다. "그것은 그들이 나의 가르침을 분명히 알고도 등을 돌
렸기 때문이다. 그들은 내 말을 하나도 귀담아듣지 않았고, 내가 지시하는 삶을
한사코 거절했다. 그들은 자기들 원하는 대로 살면서, 그 조상이 그랬던 것처
럼, 모든 소원을 들어준다는 바알 신을 섬겼다." 이것이 그들이 망한 이유다. 만
군의 **하나님**께서 말씀하신다.

"나는 그들에게 돼지 똥오줌을 먹일 것이다.
그들에게 독을 주어 마시게 할 것이다.
16 그러고는 그들 모두를 저 먼 곳, 아무도 들어 보지 못한 이방 민족들 사이로
흩어 버리고, 죽음이 그들을 끝까지 추격하여 쓸어버리게 할 것이다."

[17-19] 만군의 **하나님의 메시지다.**

"우리가 곤경에 처했으니, 도움을 청하여라.
슬픔을 달래 줄 노래꾼들을 불러라.
서둘러 오게 하여라.
와서, 우리가 상실과 비탄을 드러내고
눈물을 흘리며 울 수 있도록,
눈물의 노래를 부를 수 있도록 돕게 하여라.
귀 기울여라!
시온에서 흘러나오는 강물 같은 눈물소리에 귀 기울여라.
'우리는 망한 백성,
수치를 당한 백성이로다!
우리는 고향에서 쫓겨난 백성,
자기 땅을 떠나야 하는 백성이로다!'"

[20-21] 애곡하는 여인들아! 오, **하나님의 메시지**를 들어라!
너희 귀를 열어, 그분이 하시는 말씀을 받아라.
너희 딸들에게 장송곡을 가르치고,
너희 친구들에게 비가를 가르쳐라.
죽음이 창문을 넘어,
우리 안방까지 침입해 들어왔다.
놀이터에서 놀던 아이들이 쓰러져 죽고,
광장에서 뛰던 청년들이 고꾸라진다.

[22] 소리 높여 전하여라! "**하나님의 메시지다.**

'어디를 가나 사람의 시체가 즐비하다.
들판에 널린 양과 염소의 똥처럼,
추수 때 바닥에 버려져 썩는 곡식 단처럼
마구 널브러져 있다.'"

[23-24] **하나님의 메시지다.**

"지혜 있는 자들은 자기 지혜를 자랑하지 마라.
영웅들은 자기 공적을 자랑하지 마라.
부유한 자들은 자기 부를 자랑하지 마라.

자랑을 하려거든,
내 뜻을 알고 나를 아는 것, 오직 그것만을 자랑하여라.
나는 **하나님**, 신실한 사랑으로 일하는 이다.
바른 일을 하며, 만사를 바로잡는 이며,
그런 일을 행하는 자들을 기뻐하는 이다.
이것이 너희가 나를 알아보는 표지다."
하나님의 포고다.

❦

25-26 **하나님**의 포고다! "깨어 있어라! 머지않아 나는, 겉만 꾸미고 속은 텅 빈 자
들을 직접 손봐 줄 것이다. 이집트, 유다, 에돔, 암몬, 모압이 그들이다. 모두 종
교 연기에 능한 민족들, 이스라엘도 다를 바 없다."

거짓 신과 참된 신

10

1-5 이스라엘의 집이여, **하나님**께서 너희에게 보내시는 **메시지**를 들
어라. 주의 깊게 들어라.

"저 이방 민족들을 본받지 마라.
그들의 현란한 마력에 현혹되지 마라.
그들의 종교는
허상에 불과하다.
우상은 목공이 도끼로 나무를 찍어 만든 것에 지나지 않는다.
그들은 그것에 이것저것 장식을 붙이고,
넘어지지 않도록 망치와 못으로 고정한다.
그것은 배추밭에 서 있는 허수아비와 같다. 말 한 마디 못한다!
그것은 사람들이 운반해 주어야 하는 죽은 나무토막에 불과하다. 제 발로 다니
지도 못한다!
그런 물건에 현혹되지 마라.
아무짝에도 쓸모없는 무용지물일 뿐이다."

6-9 오 **하나님**, 주님은 그런 것과 비교할 수 없는 분입니다.
주님은 경이롭도록 위대하신 분, 그 이름이 더없이 높으신 분입니다.
만민의 왕이신 주님을 누가 감히 두려워하지 않을 수 있겠습니까?
주님만이 경배받기에 합당하신 분입니다!
저기, 먼 사방의 여러 민족들을 보십시오.
그들 중 가장 뛰어난 자들이 만든 가장 뛰어난 것도
도저히 주님과 견줄 수 없습니다.
아둔하기 짝이 없는 그들, 나무 막대기를 줄지어 세우지만

모두 헛것들일 뿐입니다.
다시스에서 들여온 은박과
우바스에서 들여온 금박,
청색과 자주색 옷감으로 제 아무리 예쁘게 꾸며도
그저 나무 막대기에 불과합니다.

10 그러나 하나님은 참되시다.
살아 계신 하나님은 영원한 왕이시다.
그분이 노하시면 땅이 흔들린다.
그렇다, 이방 민족들이 몸을 떤다.

11-15 "그들에게 전하여라. '하늘과 땅을 지은 적 없는 신들,
아무것도 지은 적 없는 막대기 신들은,
결국 하늘과 땅 사이에서,
아무것도 아닌 것이 되어 나뒹굴 것이다.'"
그러나 하나님은 능력으로 땅을 지으시고,
지혜로 세상을 빚어 내셨다.
우주는 그분의 작품이다.
그분께서 천둥소리를 내시면, 비가 쏟아진다.
구름을 피워 올리시고,
번개로 폭풍을 두르시며,
당신의 창고에서 바람을 꺼내 날려 발진시키신다.
막대기 신을 숭배하는 자들, 참으로 어처구니없는 얼간이들이다!
자기 손으로 만든 신들로 수치를 당하여 쩔쩔맨다!
그 신들은 모두 가짜요, 죽은 막대기일 뿐이다.
말라 죽은 나무를 두고 신이라니, 어이가 없다.
심판의 불이 닥치면, 모두 재가 되고 말 것들이다.

16 그러나 '야곱의 분깃'이신 분은 참되시다.
그분은 온 우주를 지으신 분,
이스라엘을 특별히 주목하시는 분.
그분의 이름이 무엇인가? 만군의 하나님이시다!

17-18 공격자들에게 포위된 너희여,
짐보따리를 꼭 움켜쥐어라.
하나님께서 경고하셨다. "주목하여라!
나는 여기 사는 자들 전부를 쫓아낼 것이다!

지금 당장. 그렇다, 지금 당장이다!
내가 그들을 벼랑 끝까지 몰아붙이고
압살시킬 것이다."

❦

19-20 이런 재앙의 날이 오다니!
나는 치명상을 입었다.
"오, 내가 어찌
이를 감당할 수 있으리라 여겼단 말인가?"
내 집이 무너졌다.
지붕이 허물어졌다.
자녀들이 사라졌다.
다시는 그들을 보지 못할 것이다.
남아서 재건을 시작할 수 있는 사람,
새롭게 시작할 수 있는 사람, 하나도 남지 않았다!

21 이는 다 우리 지도자들이 어리석었기 때문이다.
그들은 하나님께 길을 묻지 않았다.
그래서 모든 일이 틀어졌고,
백성은 사방으로 흩어졌다.

22 자, 들어 보아라! 무엇인가 다가오고 있다!
북쪽 국경 지대에서 큰 소요가 일어나고 있다!
이제 유다 마을들은 박살나서,
들짐승이나 돌아다니는 곳으로 전락하고 말 것이다!

23-25 하나님, 저는 압니다. 죽을 인생들인 저희는
인생의 주인이 될 수 없다는 것을,
그럴 만한 능력이
저희에게 없다는 것을.
그러니 하나님, 저희를 바로잡아 주십시오.
주께서 보시기에 최선의 길로 인도해 주십시오.
노를 참아 주십시오. 주께서 노를 발하시면 저희는 끝장입니다.
주님의 노를,
저 이방 민족들 위에 내려 주십시오.
그들은 주님을 인정하지 않으며,
주께 기도하지 않는 자들입니다.
야곱을 씹어 먹은 자들입니다.

그렇습니다. 정말로 그를 통째로,
사람과 땅을 모두
씹어 삼킨 자들입니다.

하나님의 언약의 말씀

11 [1] **하나님**께서 예레미야에게 주신 **메시지**다.
[2-4] "유다 백성과 예루살렘 주민들에게 전하여라. 그들에게 이렇게
일러라. '이는 **하나님**의 **메시지**, 곧 너희를 향한 이스라엘의 하나님의 **메시지**
다. 이 언약의 조건을 따르지 않는 자는 누구든지 저주 아래에 놓인다. 그 조건
은 분명하다. 내가 너희 조상을 이집트, 그 고통의 용광로에서 구해 냈을 때 이
미 명백히 말한 바다.
[4-5] 내가 하는 말에 순종하여라. 나의 명령을 지켜라. 너희가 순종하면 계약이 성
사된다. 너희는 나의 백성이 되고 나는 너희의 하나님이 될 것이다. 이것이 내
가 너희 조상에게 한 약속, 곧 비옥하고 기름진 땅을 주겠다고 한 그 약속을 시
행할 조건이다. 그리고 너희가 알듯이, 나는 약속대로 행했다.'"
내가 대답했다. "**하나님**, 참으로 그렇습니다."
[6-8] **하나님**께서 이어 말씀하셨다. "유다 성읍과 예루살렘 거리에 나가서 이렇게
전하여라. '이 언약의 조건을 기억하고 즉시 준행하여라! 너희 조상을 이집트에
서 구해 냈을 때, 이미 나는 그들에게 경고했다. 경고하기를 한시도 멈추지 않
았다. 아침부터 밤까지 "나에게 순종하여라!" 하고 경고했다. 그러나 그들은 순
종하지 않았다. 그들은 나를 무시했다. 그들은 자기 마음 내키는 대로 살았다.
그래서 결국 내가 이렇게 나섰다. 나의 경고에도 불구하고 그들이 한사코 무시
해 온 그 언약에 제시된 벌이, 마침내 시행되도록 명한 것이다.'"
[9-10] **하나님**께서 말씀하셨다. "지금 유다 백성과 예루살렘 주민들이 모반을 꾀하
고 있다. 조상의 죄를 재현하려는 모의다. 내게 불순종하고 다른 신들을 좇으며
예배하던 죄 말이다. 이스라엘과 유다가 손을 맞잡고 이 일을 벌이고 있다. 그
들의 조상과 내가 맺은 언약을 함부로 깨뜨리고 있다.
[11-13] 그래, 너희 하나님이 이 일에 대해 할 말이 있다. 보아라! 이제 내가 너희에
게 화가 닥치게 할 것이다. 누구도 빠져나오지 못한다. 너희가 도와 달라고 소
리쳐 울겠지만, 나는 듣지 않을 것이다. 유다와 예루살렘의 백성들이 지금껏 제
사를 지내 온 그 신들에게 달려가서 기도해도 아무 소용이 없을 것이다. 유다
야, 너희 안에는 마을 수만큼이나 많은 신들이 있다! 예루살렘의 골목마다 음란
하고 무능한 신 바알을 위한 제단들이 빼곡하다!
[14] 예레미야야, 너는 이 백성을 위해, 한 마디도 기도하지 마라! 한 마디도 간청
하지 마라. 위기가 닥치면 으레 하는 그 기도에 나는 절대 귀 기울이지 않을 것
이다."

아나돗 사람들이 예레미야를 죽이려 하다

15-16 "무엇하는 것이냐? 나의 사랑하는 자들이
화를 피할 궁리에 골몰하고 있다니. 그것도 예배 드리는 집에서!
너의 생각에, 이런저런 맹세와 종교 행위를 남발하면
닥쳐오는 재앙에서 구원받을 수 있을 것 같으냐?
종교적인 모양새에 더 신경을 쓰면
화를 면할 수 있다고 생각하느냐?
한때 나는 너를
우람한 상수리나무, 장대하고 영광스런 나무라 불렀다.
그러나 네가 박살나는 데에는
천둥 한 번, 번개 한 번이면 충분할 것이다.

17 그래, 나다. 너희를 심었던 나 만군의 **하나님**이 너희에게 재앙을 선고했다.
이유를 묻느냐? 그것은 너희 삶 자체가 재앙을 부르는 삶이기 때문이다. 한심
한 신 바알에게 이스라엘과 유다가 줄기차게 바친 숭배와 봉헌들, 그것이 나를
노하게 했다."

18-19 **하나님**께서 지금 벌어지고 있는 일을 제게 말씀해 주셨습니다.
그래서 제가 알게 되었습니다.
하나님, 주께서 제 눈을 열어 그들의 악한 계략을 보게 하셨습니다.
저는 무슨 일이 일어나고 있는지 전혀 몰랐습니다. 아무것도 모른 채
도살장으로 끌려가는 어린양 같았습니다!
그들이 저를 두고 무슨 꿍꿍이를 하는지 몰랐고,
제 뒤에서 무슨 모의를 꾸미는지도 알지 못했습니다.
"저 설교자를 없애 버리자.
그러면 설교가 중단될 것이다!
그를 영원히 없애 버리자.
기억에서 완전히 사라지게 만들자."

20 내가 말했다. "만군의 **하나님**,
주님은 공정한 재판관이십니다.
주님은 사람의 행위와 동기를
속속들이 아십니다.
저는 그들의 정체가 폭로되어 수치를 당하는 꼴을 보고 싶습니다!
주님은 제가 어떤 사람인지 샅샅이 아십니다. 부디 제 오명을 씻어 주십시오."

21-23 그러자 **하나님**께서 응답하시며 큰소리로 말씀하셨다. "너를 살해하려는 아

나돗 사람들, '우리에게 하나님의 이름으로 설교하지 마라. 계속 그렇게 나오면 너를 죽여 버릴 테다' 하고 말하는 그들을 내가 어떻게 다룰지 말해 주겠다. 그렇다. 만군의 하나님이 말한다. 보아라! 나는 그들에게 책임을 물을 것이다. 그들의 젊은이들이 전쟁터에서 쓰러져 죽고, 아이들은 굶어 죽을 것이다. 아무도 살아남지 못하리라. 아무도. 내가 재앙을 몰고서 아나돗 사람들을 찾아갈 것이다. 그날은 대재앙의 날이 되리라!"

예레미야의 질문에 답하시다

12

1-4 오 하나님, 주님은 의로우신 분, 모든 일을 바로잡으시는 분입니다.
이에 대해서는 이의가 없습니다. 그런데 제게 질문이 있습니다.
어째서 나쁜 인간들이 잘되고,
사기꾼들이 성공하여 잘사는 것입니까?
주께서 그들을 심으셨고, 그들은 뿌리를 잘 내렸습니다.
그들은 번창했고, 열매를 많이 맺었습니다.
그들은 마치 주님이 오랜 친구나 되는 듯 떠들지만,
실은 주님에 대해 아무 관심도 없는 자들입니다.
그런데 주님은 저에 대해서는 안팎을 속속들이 꿰뚫어 보십니다.
저만은 무엇 하나도 그냥 넘어가시지 않습니다!
그들이 자신의 삶에 대해 대가를 치르게 해주십시오.
도살되는 양처럼, 그들의 생명으로 대가를 치르게 해주십시오.
그들의 사악함 때문에,
온 나라가 암울해졌고 농장은 폐허가 되었습니다.
이를 얼마나 더 보고 있어야 합니까?
짐승과 새들도 죽어 나가고 있습니다.
하나님께 무관심한 그들,
하나님도 자신들에게 무관심할 거라고 생각하는 그들 때문에 말입니다.

5-6 "예레미야야, 네가 사람들과의 경주에서도 이렇게 피곤해하면,
앞으로 말들과는 어떻게 경주하겠느냐?
평온한 시절에도 정신을 가누지 못하면,
앞으로 고난이, 홍수 때의 요단 강처럼
물밀듯 닥쳐올 때는 어떻게 하려느냐?
지금 너와 가장 가까운 친형제와 사촌들이
너를 해치려 작당하고 있다.
그들은 너를 잡으려고 혈안이다. 어떤 일도 서슴지 않을 것이다.
그들을 믿지 마라. 특히 미소를 띠고 접근할 때는 더욱 조심하여라."

⚜

7-11 "나는 이스라엘 집을 버리고,
내 사랑하는 백성을 버리고 떠날 참이다.
내 사랑하는 자들을
그 원수들의 손에 넘겨주려고 한다.
백성이, 내 사랑하는 백성이,
내게 숲 속에서 으르렁거리는 사자처럼 굴었다.
나를 향해 으르렁거리며 이빨을 드러냈다.
나는 더는 봐줄 수 없다.
어찌 내가 아끼는 자가 허영에 들뜬 공작새가 되었느냐?
내 백성은 지금 독수리의 공격을 받는 처지가 아니더냐?
좋다. 굶주린 채 먹이를 찾아 헤매는 짐승들을 다 불러라.
와서 배터지게 먹게 하여라!
닥치는 대로 먹어 삼키는 이방의 목자들이 와서
내 들판을 짓밟고 싹쓸이할 것이다
내가 정성껏 가꾼 아름다운 들판을,
빈 깡통과 엉겅퀴만 있는 공터로 바꾸어 놓을 것이다.
이 땅을, 쓰레기들만 나뒹구는 곳,
황무한 땅, 통곡하는 땅으로 만들어 놓을 것이다.
나라 전체가 황무지가 되어도,
아무도 마음 쓰는 자 없을 것이다."

⚜

12-13 "야만인들이 쳐들어와
언덕과 평원을 덮치고,
하나님의 심판의 칼이
땅 이 끝에서 저 끝까지 유린할 것이다.
살아 있는 것은 무엇 하나 안전하지 못하리라.
밀을 심어도 잡초만 거두고,
무슨 일을 해도 성과가 없을 것이다.
초라한 수확을 보며 가슴을 쥐어뜯게 되리라.
이 모두가, 하나님의 불같은 진노의 결과다!"

⚜

14-17 하나님의 메시지다. "내가 이스라엘에게 유산으로 준 땅을 유린한 나쁜 이웃들, 내가 그들을 땅에서 뽑아낼 것이다. 그리고 그 지역에서 유다를 데리고 나오겠다. 그 나쁜 이웃들을 뽑아내고 난 뒤에, 마음을 누그러뜨려 그들을 다시

그들의 땅으로, 그들의 고향으로, 그들의 가족농장으로 되돌려 보낼 것이다. 전
에 내 백성으로 하여금 바알 신에게 기도하게 만든 그들이지만, 성심으로 나의
길을 따르고 내게 기도하면, 만사가 잘 풀릴 것이다. 그러나 내 말에 귀 기울이
지 않을 때는, 그들의 땅에서 뿌리째 뽑아내어 바로 폐기처분할 것이다. 완전히
끝장내 버릴 것이다!" **하나님**의 포고다.

두 가지 상징

13

1-2 **하나님**께서 내게 말씀하셨다. "가서 모시 바지를 사서 입어라. 다
른 옷으로 갈아입지 말고 빨지도 마라." 나는 **하나님**께서 지시하신
대로 바지를 사서 입었다.
3-5 그러자 **하나님**께서 말씀하셨다. "네가 산 바지를 가지고 브랏으로 가서 그것
을 바위틈에 숨겨 두어라." 나는 **하나님**께서 말씀하신 대로 그 바지를 브랏에
숨겼다.
6-7 꽤 시간이 지난 다음에, **하나님**께서 내게 말씀하셨다. "브랏에 다시 가서, 전
에 내가 숨겨 두라고 한 그 모시 바지를 가져오너라." 나는 브랏으로 가서 전에
숨겨 두었던 장소에서 바지를 다시 꺼냈다. 그런데 그 바지는 썩어 문드러져 폐
물이 되어 있었다.
8-11 **하나님**께서 설명해 주셨다. "내가 바로 이렇게 유다의 교만과 예루살렘의
큰 교만을 없앨 것이다. 나의 말을 듣지 않고 제멋대로 살면서, 온갖 우상들을
섬기고 예배하는 저 사악한 군상들을 모조리 멸할 것이다. 그들이 그 낡은 바지
만큼 썩었다는 사실이 드러날 것이다. 바지가 사람의 몸을 보호해 주듯이, 나는
지금껏 온 이스라엘의 가문을 보호하고 돌보아 주었다." **하나님**의 포고다. "그
들이 나의 백성이라는 것, 내가 온 세상에 내보이며 자랑할 내 백성이라는 사실
을 모든 사람들에게 보이기 위해서였다. 그러나 그들은 내 말을 한 마디도 따르
지 않았다.

12 그들에게 이렇게 전하여라. '**하나님** 이스라엘의 하나님께서 친히 주시는 메시
지다. 무릇 포도주 병은 포도주로 가득해야 한다.'
그러면 그들이 말할 것이다. '물론이오. 우리도 알고 있소. 포도주 병은 포도주
로 가득해야 하오!'
13-14 그러면 너는 이렇게 대답하여라. '**하나님**께서 이렇게 말씀하신다. 잘 보아
라. 나는 이 나라에 사는 모든 자를—다윗 보좌에 앉아 다스리는 왕과 제사장과
예언자와 예루살렘 주민 모두를—포도주로 가득 채워 취하게 만들 것이다. 그
런 다음에, 그들 곧 포도주로 가득한 병들을 박살낼 것이다. 오래된 것이든 새
것이든, 가리지 않을 것이다. 그 무엇도 나를 막지 못할 것이다. 눈곱만큼의 동
정이나 자비나 긍휼도 베풀지 않을 것이다. 그 술 취한 병들, 최후의 하나까지
모조리 박살날 것이다!'"

너희 길을 고집하지 마라

15-17 그때 내가 말했다. 들어라. 귀 기울여 들어라. 너희 길을 고집하지 마라!
이는 다름 아니라 **하나님**의 **메시지다.**
하나님 앞에서 너희 삶이 빛나게 하여라.
그렇지 않으면, 그분이 빛들을 모두 꺼 버리실 것이다.
너희는 어두운 산길을 걷다가
넘어지고 말 것이다.
늘 있을 것이라고 여겨 온 빛이 꺼져 버리면
온 세상은 암흑천지가 될 것이다.
백성들아, 너희가 그래도 귀 기울여 듣지 않으면,
나는 홀로 떠나서 너희를 위해 울 것이다.
너희의 그 고집스런 오만 때문에 울 것이다.
비통한 눈물이, 쓰라린 눈물이
내 눈에서 강처럼 흘러내릴 것이다.
하나님의 양들이 결국 포로가 되고 말 것이기 때문이다.

18-19 왕과 왕후에게 이렇게 전하여라.
"너희 높은 자리에서 내려오너라.
너희의 눈부신 왕관은
너희 머리에서 벗겨져 내릴 것이다."
네겝의 마을들이 포위될 것이며,
모두가 붙잡혀 갈 것이다.
유다 전체가 포로로 끌려가고,
온 나라가 망각 속으로 끌려 들어갈 것이다.

20-22 예루살렘아, 보아라!
북쪽에서 적들이 쳐들어오고 있다!
너의 백성들,
네가 애지중지하던 양 떼들, 어찌될 것인가?
네가 지금껏 우러러보고 아첨 떨던 자들이
너를 깔볼 때,
너의 기분이 어떨 것 같으냐? 너는 생각지도 못했을 것이다.
깜짝 놀랄 것이다! 해산하는 여인과 같은 고통을 느낄 것이다!
너는
"아니, 어떻게 된 거지? 왜 내가 이런 일을 당해야 하지?" 하겠지만,
대답은 간단하다. 네 죄,

너의 엄청난 죄 때문이다.
네 죄가 너의 삶을 위험에 빠뜨렸고,
네 죄가 너를 고통 가운데 몸부림치게 만든 것이다.

23 아프리카인이 피부색을 바꿀 수 있겠느냐?
표범이 얼룩무늬를 없앨 수 있겠느냐?
이토록 오랫동안 악에 물든 네가,
과연 선을 행할 수 있겠느냐?

24-27 "내가 이 백성을
바람에 날리는 나뭇잎처럼 불어서 날려 버릴 것이다.
이 일이 곧 네게 닥치리라.
내가 이 일을 정확히 시행하리라."
하나님의 포고다.
"이는 네가 나를 잊고,
바알이라는, 터무니없는 거짓 신을 따랐기 때문이다.
그렇다. 내가 너의 옷을 찢어발기고,
온 세상이 보는 앞에서 너의 치부를 드러내어 수치를 당하게 할 것이다.
이 신, 저 신을 찾아다니던 너의 강박증,
이 남신, 저 여신과 놀아나던 너의 더러움이 폭로될 것이다.
어제는 언덕의 이 신, 오늘은 들판의 저 신,
너는 날마다 다른 신들과 놀아나고 있다.
오 예루살렘아, 이 얼마나 역겨운 삶이냐!
너는 아무 가망이 없다!"

극심한 가뭄

14

1-6 계속되는 가뭄에 대해 예레미야에게 임한 하나님의 메시지다.

"유다가 슬피 운다.
성읍마다 통곡한다.
백성이 땅바닥에 주저앉아 애곡하고,
예루살렘의 호곡소리가 하늘을 찌른다.
부유한 자들이 물을 구해 오라고 종들을 보낸다.
그들이 우물에 가보지만, 우물은 바싹 말랐다.
그들은 빈 그릇을 들고 돌아온다.
가슴을 쥐어뜯으며, 고개를 떨어뜨린 채 돌아온다.
모든 농사가 중지되었다.
비는 한 방울도 내리지 않는다.

망연자실한 농부들이
가슴을 쥐어뜯으며 고개를 떨어뜨린다.
먹을 풀이 없는 암사슴은
들판에 새끼를 내버린다.
흐려진 눈으로
피골이 상접한 채 죽어 간다."

7-9 저희에게 죄가 있음을 압니다. 잘못 살아왔음을 압니다.
그러나 하나님, 주의 이름을 생각하셔서 선처해 주십시오!
저희는 거듭거듭 주님을 배반했습니다.
부인할 수 없는 사실입니다. 저희가 주께 범죄했습니다.
주께서는 이스라엘의 희망이십니다! 저희의 유일한 희망이십니다!
고난당하는 이스라엘이 기댈 마지막 소망이십니다!
어찌하여 주께서 오늘은 여기, 내일은 저기, 구경이나 다니는
관광객처럼 행세하십니까?
어찌하여 주님은 위기 앞에서 어쩔 줄 몰라하는 사람처럼
그저 멀찍이 서서 보고만 계십니까?
하나님, 주께서는 여기에 계십니다. 지금 여기에 저희와 함께 계십니다!
주님은 저희가 누구인지 아십니다. 주께서 저희에게 이름을 주셨습니다!
부디 저희를 이 궁지 속에 내버려 두지 마십시오.

10 그러자 하나님께서 이 백성에 대해 말씀하셨다.

"그들은 자기들이 어디로 가는지 아무 고민도 하지 않은 채,
그저 이 길 저 길로 방황하기를 좋아하는 자들이다.
그러니 내가 그들의 죄를 지적하고 그 죄를 벌한 다음에,
그들과 완전히 절교할 생각이다."

거짓 설교자

11-12 하나님께서 내게 말씀하셨다. "이 백성이 잘되게 해달라고 기도하지 마라.
그들이 식사를 거르며 기도한다 해도, 나는 그들의 말을 절대 듣지 않을 것이
다. 그들이 갑절로 기도하고 온갖 종류의 가축과 곡물을 헌물로 가져온다 해도,
나는 그것들을 받지 않을 것이다. 나는 전쟁과 기근과 질병으로 그들을 끝장내
버릴 것이다."
13 내가 말했다. "그러나 주 하나님! 설교자들은 늘 그들에게, 만사가 잘될 것이
라고, 전쟁도 없고 기근도 없을 것이니, 아무 걱정도 하지 말라고 말합니다."
14 그러자 하나님께서 말씀하셨다. "그 설교자들은 거짓말쟁이들이다. 그들은
자기들의 거짓을 위장하려고 내 이름을 이용했을 뿐이다. 나는 그들에게 명령

을 내린 적이 없으며, 그들과 이야기하지도 않는다. 그들의 설교는 순전히 망상
이요, 거짓말이요, 헛소리에 불과하다.
15-16 그들에 대한 나의 판결은 이러하다. 나는 내 이름을 사칭하여 설교하는 그
들을 보낸 적이 없다. '전쟁과 기근은 결코 없을 것이다'라고 설교하는 그들은,
모두 전쟁과 기근으로 죽게 될 것이다. 그리고 그들의 설교를 들은 자들도 전쟁
과 기근의 희생자가 되어, 땅에 묻히지도 못하고 예루살렘 거리에 내버려질 것
이다. 그들과 그들의 아내, 그들의 자녀들도 같은 운명을 맞으리라. 장례조차
치르지 못하게 될 것이다! 나는 반드시 그들이 저지른 악행에 대해 응분의 대가
를 치르게 할 것이다.

17-18 예레미야야, 그때 너는 그들을 향해 이렇게 전하여라.

'내 눈에서 눈물이 흘러내린다.
밤낮으로 눈물이 그치지 않는다.
내 사랑하는 백성이 참혹하게 두들겨 맞아
치명적인 상처를 입었다.
나는 들판에 나가 보고 경악했다.
그곳은 널브러진 시신들로 가득한 학살의 현장이었다.
도성에 들어가 보고 또 한번 경악했다.
그 안에는 굶어 죽는 자들 천지였다.
그런데 설교자와 제사장들은
아무 일도 없다는 듯 제 할 일만 하고 있구나!'"

19-22 하나님, 유다를 완전히 버리셨습니까?
이제 더는 시온을 참아 주실 수 없습니까?
어찌하여 저희에게 이렇게 하셨습니까?
어찌하여 저희를 거의 죽기까지 내리치셨습니까?
저희는 평화를 바랐지만,
좋은 일은 하나도 일어나지 않습니다.
저희는 치유를 바랐지만,
배만 걷어차였을 뿐입니다.
오 하나님, 저희가 정말 잘못 살았습니다.
저희 조상들이 정말 잘못했음을 인정합니다.
저희가 범죄했습니다. 그들도 범죄했습니다.
저희 모두가 주께 범죄했습니다!
주님의 명예가 위태롭게 되었습니다! 그러니 저희를 포기하지 말아 주십시오!
주님의 영광스런 성전을 버리지 마십시오!
주님의 언약을 기억하시고,

우리의 믿음을 저버리지 말아 주십시오!
저 이방 민족들의 우상이 과연 비를 일으킬 수 있겠습니까?
하늘이 저절로 비를 내려 땅을 적실 수 있겠습니까?
아닙니다. 그런 일을 하시는 분은, 오직 주 **하나님**뿐이십니다.
그러므로 저희는 주님을 바라고 기다립니다.
모든 것을 만드시고,
모든 일을 행하시는 분은, 오직 주님이십니다.

15 [1-2] 그때 **하나님**께서 내게 말씀하셨다. "예레미야야, 모세와 사무엘
이 여기 내 앞에 서서 간청한다 해도, 나는 이 백성에 대한 마음을 바
꾸지 않을 것이다. 여기서 그들을 데리고 나가거라. 그들에게 어서 사라져 버리
라고 말하여라! 그들이 '그러면 우리는 어디로 가야 합니까?' 물으면, **하나님**께
서 이렇게 말씀하신다고 전하여라.

'죽기로 결정된 자는, 가서 죽어라.
전쟁터에서 죽기로 결정된 자는, 나가 싸우다 죽어라.
굶어 죽기로 결정된 자는, 굶어 죽어라.
포로로 잡혀가기로 결정된 자는, 포로로 잡혀가라!'

[3-4] 나는 네 가지 벌을 내리기로 결정했다. 그들은 전쟁터에서 죽을 것이며, 개들
이 그 시체들을 물어뜯다가 버릴 것이다. 그러면 독수리들이 나머지를 말끔히
발라 먹고, 하이에나들이 남은 뼈를 갉아먹을 것이다. 온 세상이 보고 경악할,
실로 끔찍한 광경이 벌어질 것이다. 이 모든 재앙은, 히스기야의 아들 므낫세가
예루살렘에서 저지른 죄 때문이다.

[5] 예루살렘아, 너를 동정해 줄 자가 있을 것 같으냐?
너를 위해 눈물을 흘려 줄 자가 있을 것 같으냐?
'대체 어떻게 된 일인가?' 하고
묻기라도 할 자가 있을 것 같으냐?"

[6-9] **하나님**의 포고다. "네가 나를 버렸다. 기억하느냐?
네가 내게 등을 돌리고 떠나갔다.
그러니 이제 내가 너를 붙잡아 세게 내려칠 것이다.
너를 봐주는 일에도 이제 지쳤다.
내가 너를 사방으로 던져,
바람에 날리는 나뭇잎처럼 흩어지게 만들었다.
네가 가진 전부를 잃어버리게 만들었다.

너는 그 무엇으로도 바뀌지 않았기 때문이다.
나는 너희 과부들의 수가
바닷가 모래알보다 더 많아지게 했다.
정오에, 어머니들이
전쟁터에서 죽은 아들의 소식을 듣게 될 것이다.
그 처참한 죽음의 소식에,
어머니들은 격통을 느끼며 주저앉을 것이다.
일곱 아들을 둔 어머니는,
숨을 헐떡거리며 땅바닥에 쓰러질 것이다.
한창때의 자식들을 다 잃었기 때문이다.
정오지만 그녀의 해는 이미 졌다!
나는 살아남은 자들도 모두 잡아들여
적들에게 죽임을 당하게 할 것이다."
하나님의 포고다.

예레미야의 탄식과 주님의 응답

10-11 불운한 어머니, 저 같은 아들을 두시다니요.
온 나라를 고발해야 하는 불행한 임무를 받은 저를요!
저는 누구도 해코지한 적이 없는데,
다들 저를 잡으려고 혈안입니다.
그러나 **하나님**은 아십니다. 제가 어떻게든 그들을 도우려 했고,
그들의 적들을 대적하며, 그들을 위해 기도한 것을 아십니다.
저는 늘 그들 편이었고, 재앙을 피하게 하려고 애썼습니다.
제가 얼마나 노력했는지 하나님은 아십니다!

12-14 "오 이스라엘아, 오 유다야, 너희가 과연
북쪽에서 내려오는 저 무시무시한 파괴자와 맞설 수 있겠느냐?
나는 너희가 가진 전부를 다른 자들에게 공짜로 나눠 주어,
너희의 죄를 벌할 것이다.
나는 너희를 먼 객지로 보내어
적들의 종이 되어 살게 할 것이다.
나의 진노가 맹렬히 타오르는 불,
뜨거운 심판의 불이 되어, 너희를 삼킬 것이다."

15-18 **하나님**, 주께서는 저를 아십니다!
제가 무슨 일을 하고 있는지 기억해 주십시오!

저를 비방하는 자들에 맞서 제 편이 되어 주십시오.
그들이 저를 파멸시키려고 할 때 막아 주십시오.
제가 어떤 학대를 당하고 있는지 보아 주십시오!
주의 말씀이 나타나자, 저는 그것들을 받아먹었습니다.
통째로 삼켰습니다. 얼마나 만족스러웠던지요!
오 하나님, 만군의 하나님,
제가 주의 것임이 얼마나 기쁜지요!
저는 웃고 떠들며 즐기는 저들 무리에
한 번도 섞인 적이 없습니다.
저는 다만 주께서 이끄시는 대로 저의 길을 갔습니다.
주께서 저를 분으로 가득 채우셨고, 그들의 죄를 볼 때마다
제 안에서 분이 끓어올랐습니다.
그러나 이 떠나지 않는 고통은 왜입니까?
어찌하여 이 상처는 나아질 가망 없이 점점 심해져만 가는지요?
하나님, 주님은 그저 신기루입니다.
멀리서 보면 아름다운 오아시스지만, 실제로는 아무것도 아닙니다!

⁂

19-21 하나님께서 내게 이렇게 대답하셨다.

"그 말을 거두어라. 그러면 내가 너를 다시 맞아들여,
내 앞에 우뚝 서게 하겠다.
말을 참되고 바르게 하여라. 천박한 푸념이 되지 않게 하여라.
그래야, 너는 나를 대변하여 말하는 자가 될 수 있다.
그들에게 맞추느라 말을 바꾸지 말고,
너의 말이 그들을 바꾸게 하여라.
나는 너를 누구도 무너뜨리지 못할 강철벽,
두꺼운 강철로 만들어진 벽이 되게 할 것이다.
그들이 너를 공격한다 해도, 네게 흠집 하나 내지 못할 것이다.
내가 너의 편에 서서, 너를 지키며 구원해 줄 것이기 때문이다."
하나님의 포고다.
"내가 너를 사악한 자들의 손아귀에서 건질 것이다.
무자비한 자들의 수중에서 빼낼 것이다."

임박한 재앙

16

1 내게 임한 하나님의 메시지다.
2-4 "예레미야야, 너는 결혼하지 마라. 이 땅에서 가정을 꾸리지 마
라. 내가 이 나라에서 태어날 모든 아이, 그들을 낳을 모든 어머니, 아버지들에

게 죽음을 선고했다. 죽음이 전염병처럼 만연하리라. 죽어도 애곡해 주는 자,
매장해 주는 자 없이 바깥에 배설물처럼 버려져 악취를 풍기며 썩어 갈 것이다.
칼에 죽고 굶주려 죽은 그들의 시신은, 썩은 고기를 뜯어 먹는 까마귀와 잡종
개들의 먹이가 될 것이다!"
5-7 **하나님**께서 계속 말씀하셨다. "초상집에 가지 마라. 장례식에 가지 마라. 위
로해 주지도 마라. 나는 이 백성에게 아예 관심을 끊었다." **하나님**의 포고다.
"더 이상 신실한 사랑을 하지 않을 것이며, 자비를 베풀지 않을 것이다. 이름 있
는 자들과 미천한 자들이 모두 죽을 것이다. 그들을 위해 곡하거나 묻어 줄 사
람이 없을 것이다. 장례식도 없고 그들을 돌아보는 자도 없으며, 관심을 갖는
자도 없으리라. '안됐다'고 말해 주는 자도 없고, 그들 부모에게 차 한 잔 대접하
는 자도 없을 것이다.
8 어디에서 축하잔치가 벌어져도 그것을 즐기러 가지 마라."
9 만군의 **하나님**, 이스라엘의 하나님께서 말씀하신다. "잘 보아라! 내가 이 땅에
서 미소와 웃음을 모조리 추방할 것이다. 결혼 축하잔치도 찾아볼 수 없으리라.
네가 살아 있는 동안에, 너의 눈앞에 이 일이 일어날 것이다.
10-13 네가 이런 말을 이 백성에게 전하면 그들이 물을 것이다. '**하나님**께서 왜 그
렇게 말씀하시겠는가? 무엇 때문에 우리를 그런 재앙으로 위협하시겠는가? 우
리가 범죄자인가? 우리가 **하나님**께 대체 무얼 잘못했기에, 우리를 그런 식으로
대하신단 말인가?' 그러면 그들에게 이렇게 대답하여라. '그것은 너희 조상들이
나를 저버리고 내게서 아주 떠났기 때문이다. 그들은 우상에 홀딱 빠져 그것들
을 숭배하고 따르면서, 나를 무시하고 내가 하는 말은 한 마디도 듣지 않았다.
그런데 너희는 그들보다 더하다! 가서 거울을 들여다보아라. 너희 모두는 그저
내키는 대로 살면서, 나를 바라보기를 거절했다. 그래서 내가 너희를 없애 버리
려고 한다. 너희를 이 땅에서 쫓아내고, 낯선 먼 나라에 던져 버릴 것이다. 거기
서라면 너희가 애지중지하는 우상들을 마음껏 숭배할 수 있을 것이다. 안심하
여라. 내가 더는 너희를 귀찮게 하지 않을 테니.'"

14-15 "그런데 이것 역시 기억하여라. 누구도 '이스라엘을 이집트에서 구해 내신
하나님께서 살아 계심을 두고 맹세하는데'라고 말하지 않을 때가 올 것이다. 그
때 사람들은 '이스라엘을 북쪽 땅에서 다시 데려오신 하나님, 그들을 흩으셨던
곳에서 다시 데려오신 **하나님**께서 살아 계심을 두고 맹세하는데'라고 말할 것이
다. 그렇다. 나는 처음 그들의 조상에게 주었던 땅으로 그들을 다시 데리고 올
것이다."

16-17 "이제, 다음에 일어날 일에 주목하여라. 나는 많은 어부들을 불러 모을 것이
다." **하나님**의 포고다! "그들이 나가서 내 백성을 물고기 잡듯 잡아들여 심판할

것이다. 또 내가 많은 사냥꾼들을 보낼 것이다. 그들이 나가서, 모든 산과 언덕
과 동굴들을 샅샅이 뒤져 내 백성을 찾아낼 것이다. 내가 그들의 일거수일투족
을 주시할 것이다. 그들 가운데 누구 하나도 놓치지 않고, 그들의 죄 가운데 무
엇 하나도 놓치지 않을 것이다.
18 나는 어느 것 하나도 그냥 넘어가지 않을 것이다. 그들은 자신의 악행에 대해
두 배로 값을 치르게 될 것이다. 그들은 역겨운 우상들로 자기 삶을 더럽혔고,
악취 나는 쓰레기 우상들을 사방에 흩뿌려 이 땅을 엉망진창으로 만들었다."

19-20 환난이 닥칠 때, **하나님**은 내게 힘과 요새와
안전한 피난처가 되어 주신다.
하나님을 모르던 이방 민족들이
사방에서 모여들어 말할 것이다.
"저희 조상들은 거짓과,
쓸데없는 헛것을 믿고 살았습니다."
인생이 어찌 신을 만들어 낼 수 있겠느냐?
그들이 만들어 낸 것은 우상일 뿐이다!

21 "잘 보아라. 내가 이제 이 아둔한 백성을 가르칠 것이다.
지금 당장 시작할 것이다. 그들에게
내가 누구인지, 무슨 일을 행하는지 가르칠 것이다.
내 이름—**하나님**, 곧 '스스로 있는 자'—의 의미를 가르쳐 알게 할 것이다."

유다의 죄와 벌

17

1-2 "유다의 죄가
철필로,
금강석 촉이 달린 철필로 새겨져 있다.
화강암 같은 그들의 마음판에도 새겨져 있고,
그들의 제단 돌 귀퉁이에도 새겨져 있다.
죄의 증거는 명명백백하다.
수풀이 우거진 곳마다,
웬만한 언덕마다 서 있는,
음란한 종교 제단과 산당이 그것들이다.

3-4 나는 너의 산들을 가판대 삼아
네가 가진 전부를 팔아 치울 것이다.
너의 것 전부가,
나라 전역에서 저지른 죄에 대한 배상물로 사용될 것이다.
너는 선물로 받은 땅,

내가 너에게 상속물로 준 땅을 잃게 될 것이다.
내가 너를 낯선 먼 땅에서
적들의 종이 되어 살게 할 것이다.
나의 노는 맹렬히 타오르는 불,
누구도 끌 수 없는 불이다."

❦

5-6 하나님의 메시지다.

"사람을 의지하고
자기 근력을 믿으며,
하나님을 짐스럽게 여기는 자는
저주를 받으리라.
그는 뿌리가 잘려 굴러다니는
엉겅퀴와 같다.
그는 아무것도 자라지 못하는 땅에서
뿌리 없이, 방향 없이 살아간다.

7-8 그러나 나 하나님을 의지하는 자,
언제나 하나님을 붙드는 자는 복이 있다.
그들은 에덴에 심긴 나무 같아서,
강가에 깊이 뿌리를 내린다.
폭염을 만나도 걱정할 것 없고,
잎사귀 하나 떨어지지 않는다.
가뭄에도 끄떡없고,
철 따라 신선한 열매를 맺는다."

❦

9-10 "사람의 마음이란 형편없이 시커멓고 기만적이어서,
아무도 풀 수 없는 퍼즐 같다.
그러나 나 하나님은 사람의 마음을 탐색하고,
그 생각을 살핀다.
나는 사람의 중심과
사태의 근원을 꿰뚫는다.
나는 사람의 겉모습이 아니라,
그 실상을 본다."

❦

11 사기 쳐 돈을 모은 자들은,
마치 속임수를 써서 다른 새의 둥지에
자기 알을 누이는 자고새와 같다.
알들이 부화하면, 사기는 폭로된다.
이 얼마나 얼간이 같은 짓인가!

12-13 주의 성소는 처음부터 높이 자리 잡았습니다.
지극히 높은 영광의 보좌여!
오 하나님, 주님은 이스라엘의 희망이십니다.
주님을 등지는 자들은 바보입니다.
생수의 근원이신 하나님을 버리는 자들은,
결국 아무 열매 없는 인생으로
허무하게 죽고 말 것입니다!

14-18 하나님, 다시 세워 주십시오.
저를 다시 일으켜 세워 주십시오.
주님은 저의 찬양이십니다!
그들이 제게 하는 소리를 들어 보십시오.
"그래, '하나님의 말씀'이란 게 대체 어디 있지?
우리 눈으로 볼 수 있게 해줘 보시지!"
그래도 저는 재앙의 날을 청하지 않았습니다.
환난이 닥치는 것을 바라지 않았습니다.
주께서는 제가 한 말을 다 아십니다.
주님 앞에는 모든 것이 공개되어 있기 때문입니다.
이제 더는 제게 괴로움을 주지 마십시오.
부디 한숨 돌릴 수 있게 해주십시오!
제가 아니라, 이제 저를 괴롭히는 자들이 괴롭힘을 당하게 하십시오.
제가 아니라, 그들이 수치를 당하게 하십시오.
그들에게 재앙의 날을 내려 주십시오.
쾅 하고 벼락을 내려 주십시오!

안식일을 거룩하게 지켜라

19-20 내게 임한 하나님의 메시지다. "가서, 유다의 왕들이 출입하는 '백성의 문'
에서 시작해 예루살렘 모든 문 앞에 서서, 사람들에게 이렇게 전하여라. '너희
유다의 왕들아, 들어라. 하나님의 메시지에 귀 기울여라. 이 문으로 출입하는
너희 모든 백성들아, 너희도 들어라!

21-23 이는 하나님의 메시지다. 살고 싶거든, 안식일에 평일처럼 물건을 이리저리
운반하고 다니면서 그날을 더럽히지 않도록 주의하여라. 안식일을 이용해 평일
처럼 장사하지 마라. 내가 너희 조상에게 명령했듯이, 안식일을 거룩하게 지켜
라. 너희가 잘 알듯이, 그들은 그 명령을 따르지 않았다. 그들은 내 말에 주목하
지 않았고, 나의 인도와 지도를 거절하며 장사를 계속했다.
24-26 그러나 이제 내가 이르는 말을 귀담아들어라. 너희 일을 하느라, 이리저리
바쁘게 돌아다니며 안식일을 더럽히던 것을 멈추어라. 안식일에 평일처럼 장사
하던 것을 멈추고 그날을 거룩하게 지켜라. 그러면 다윗의 보좌를 이어받은 왕
들과 그 신하들이, 계속해서 말과 마차를 타고 이 문을 출입하게 될 것이다. 유
다의 백성과 예루살렘의 주민들도 계속 이 문으로 다니게 될 것이다. 예루살렘
이 늘 사람들로 북적거릴 것이다. 유다 너머 사방에서, 베냐민 지방에서, 예루
살렘 교외에서, 작은 언덕과 산과 사막들로부터 사람들이 몰려올 것이다. 그들
이 온갖 종류의 예물—짐승과 곡식과 향료와 감사 예물—을 들고 하나님의 성
소에 들어와 경배를 드릴 것이다.
27 그러나 너희가 내 말을 거역하고 안식일을 거룩하게 지키지 않으면, 안식일
을 이용해 자기 사업을 하던 것과 분주하게 도성 문을 드나들며 자기 일을 하던
것을 그치지 않으면, 그때는 내가 이 문을 모두 불태우고 무너뜨릴 것이다. 아
니, 궁전과 도성 전체를 불태우고 허물어 버릴 것이다. 그 무엇으로도 끌 수 없
는 불로 그렇게 할 것이다!"

토기장이의 비유

18

1-2 하나님께서 예레미야에게 말씀하셨다. "당장 일어나 토기장이의
집으로 가거라! 거기 도착하면 네게 할 말을 일러 주겠다."
3-4 나는 토기장이 집에 갔고, 마침 토기장이가 물레를 돌리며 일하고 있었다. 그
런데 가만히 보니, 토기장이는 자기가 만든 그릇이 마음에 들지 않으면 처음부
터 다시 시작해, 그 진흙으로 다른 그릇을 만들었다.
5-10 그때 하나님의 메시지가 내게 임했다. "이스라엘 백성들아, 내가 이 토기장
이처럼 너희에게 할 수 없겠느냐?" 하나님의 포고다! "이 토기장이를 잘 보아
라. 나는 그가 자기 진흙을 다루는 방식으로 너희 이스라엘 백성을 다룬다. 나
는 언제라도 어느 백성이나 어느 나라든 뿌리째 뽑아 버리기로 결정할 수 있다.
그러나 그들이 악행을 회개하면, 나는 생각을 바꾸어 그들과 다시 시작할 수 있
다. 또 나는 언제든지, 어느 백성이나 어느 나라든 다시 심기로 결정할 수 있다.
그러나 그들이 내게 협력하지 않고 내 말을 듣지 않으면, 생각을 바꾸어 그들에
대한 계획을 취소해 버릴 것이다.
11 그러니, 유다 백성과 예루살렘 주민들에게 나의 이 메시지를 전하여라. '조심
하여라! 지금 나는 너희에게 내릴 재앙을 준비하고 있다. 너희를 칠 계획을 세
우고 있다. 재앙에 이르는 그 길에서 돌아서라. 바른 길로 가라.'
12 하지만 그들은 이렇게 말할 것이다. '아니, 왜? 어째서 우리가 그래야 하지?

우리는 지금껏 살아온 대로 살 거야. 재앙이야 오든 말든.'"

⁂

[13-17] 하나님의 메시지다.

"주위에 물어보아라.
이방 민족들을 조사해 보아라.
이런 일을 누가 들어 본 적 있더냐?
처녀 이스라엘이 매춘부가 되다니!
레바논 산 정상에서 눈이 사라지는 것을 본 적 있느냐?
그 산에서 흘러나오는 강물이 마르는 것을 본 적 있느냐?
그런데 내 백성은 나를 버리고 떠나서,
터무니없는 거짓 우상을 숭배하는 자들이 되어 버렸다.
그들은 바른 길,
예로부터 잘 닦인 그 길을 벗어나
넝쿨이 마구 엉킨 덤불 속을
헤치며 간다.
결국 그들의 땅은 엉망이 될 것이며
비웃음거리로 전락할 것이다.
그곳을 지나는 여행자들은
머리를 절레절레 흔들 것이다.
가을 강풍이 나뭇잎들을 흩어 버리듯이,
내가 내 백성을 적들 앞에서 흩어 버릴 것이다.
그 재앙의 날, 그들은 내 얼굴을 전혀 보지 못한 채,
그들을 등지고 떠나는 내 뒷모습만 보게 될 것이다."

⁂

[18] 백성 가운데 어떤 자들이 말했다. "예레미야를 없앨 묘안을 짜내 보자. 우리
에게는 엄연히 율법을 가르쳐 주는 제사장과 조언을 해주는 현인들과 하나님의
말씀을 전해 주는 예언자들이 있다. 그러니 어떻게든 그의 평판을 떨어뜨려, 모
두들 그가 하는 말에 더 이상 신경 쓰지 않게 하자."

[19-23] 내가 하나님께 말씀드렸다.

"하나님, 제 말을 들어주십시오!
저의 적들이 하는 말을 들어 보십시오.
선을 악으로 갚아도 되는 것입니까?
그들이 제게 그렇게 하려고 합니다. 저를 죽여 없앨 계획을 세웠습니다!

제가 늘 주님 앞에서
그들을 대변하고,
주님의 노를 풀어 드리려고 애썼던 것을 기억하십니까?
그러나 이제는 됐습니다! 이제, 그들의 자녀들이 굶어 죽게 해주십시오!
그들이 전쟁에서 떼죽음을 당하게 해주십시오!
그들의 아내가 자식과 남편을 잃고 과부가 되게 해주십시오.
그들의 친구가 죽고, 그들의 거만한 젊은이들이 살해당하게 해주십시오.
약탈자들이 들이닥친다는 소식에,
그들의 집에서 공포에 질린 울음소리가 새어 나오게 해주십시오!
그들은 저를 잡아 족치려고 혈안입니다.
이미 제 목을 조르고 있습니다!
그러나 **하나님**, 주님은 알고 계십니다.
그들이 저를 죽이기로 작정했음을, 주님은 알고 계십니다.
그들의 범죄를 봐주지 마십시오.
죄 하나도 그냥 넘어가지 마십시오!
주님 앞에서 그들을 한 묶음으로 돌돌 말아서,
불같은 진노를 발하시고, 주의 무쇠 몽둥이로 내리쳐 주십시오!"

박살난 질그릇

19

1-2 **하나님**께서 내게 말씀하셨다. "가서 질그릇을 하나 사거라. 그러
고 나서 백성 중에 지도자와 지도급 제사장들 몇 명을 데리고 '질그
릇 조각의 문' 바로 앞에 있는 벤힌놈 골짜기로 가거라. 거기서 내가 네게 이르
는 말을 전하여라.
3-5 이렇게 말하여라. '너희 유다 왕들과 예루살렘 백성들아, **하나님**의 말씀을 들
어라! 이는 만군의 **하나님**, 이스라엘의 하나님의 메시지다. 내가 이곳에 재앙
을 쏟을 것이다. 들리느냐? 재앙이 쏟아져 내린다. 그들이 나를 등지고 떠나서,
그들과 그들 부모와 유다의 옛 왕들이 들어 본 적도 없는 낯선 신들을 예배하면
서, 이곳을 남의 나라처럼 만들어 버렸기 때문이다. 재앙이 쏟아져 내린다. 그
들이 우상 바알의 제단을 세우고, 거기에 그들의 친자식들을 산 채로 불살라 제
물로 바쳤기 때문이다. 이는 내가 명한 적 없는, 아니, 생각조차 해본 적 없는
끔찍한 일이다!'"
6-9 **하나님**의 포고다! "'그러므로 값을 치를 날이 곧 온다. 이곳의 이름은 도벳
이나 벤힌놈 골짜기가 아닌, 대학살 평지로 바뀔 것이다. 나는 유다와 예루살렘
이 이곳에 대해 세운 모든 계획을 무효로 돌리고, 그들이 여기서 적들에게 떼죽
음을 당하게 할 것이다. 나는 그들의 시체를 쌓아 올려 까마귀와 들개의 먹이가
되게 할 것이다. 이 도성을 잔혹의 대명사로 만들어, 이 부근을 지나는 모든 사
람이 그 잔혹함에 말을 잃게 할 것이다. 사람이 사람을 잡아먹을 것이다. 원수
들에게 포위된 채 극한으로 몰리면, 그들은 인간성을 잃고 친자식도 잡아먹을

것이다! 그렇다. 가족도 친구도 가리지 않고, 닥치는 대로 잡아먹을 것이다.'
10-13 이 말을 다 전한 뒤에, 네가 데려온 사람들 앞에서 그 질그릇을 박살내라.
그리고 말하여라. '만군의 **하나님**께서 말씀하신다. 사람이 질그릇을 아주 못쓰
게 산산조각 내듯이, 내가 이 백성과 이 도성을 아주 박살낼 것이다. 더 이상 자
리가 남지 않을 때까지, 이곳 도벳에 시체를 묻게 될 것이다. 도성 전체가 도벳
처럼 되리라. 백성과 왕이 이 도성을 별 신 숭배 성전으로 만들어 버렸기 때문
이다. 도성 전체가 도벳 땅처럼, 썩는 냄새 진동하는 열린 무덤이 될 것이다.'"
14-15 그 후 예레미야는 **하나님**이 말씀을 전하라고 보낸 도벳에서 돌아와, **하나님**
의 성전 뜰에 서서 백성에게 말했다. "너희를 향한 만군의 **하나님**의 메시지다.
'경고한다! 내가 곧 이 도성과 주변 마을들에 대해 선언했던 재앙을 내릴 것이
다. 그들은 자기 길을 고집하며 돌이키려 하지 않는다. 그들은 내 말을 한 마디
도 들으려 하지 않는다.'"

제사장 바스훌과 충돌하다

20 1-5 임멜의 아들 제사장 바스훌은 **하나님**의 성전에서 지도급 제사장
이었다. 그는 예레미야가 하는 이 설교를 듣고 예언자 예레미야를
채찍질했다. 그러고 나서 그를 **하나님**의 성전 위쪽 '베냐민 문' 옆 창고에 가두
었다. 다음 날 바스훌이 와서 그를 풀어 주자, 예레미야가 그에게 말했다. "**하나
님**께서 당신에게 새 이름을 지어 주셨소. 이제 당신 이름은 바스훌이 아니라 '사
면초가'요. **하나님**께서 이렇게 말씀하셨소. '이제 너는 네 자신과 주변 사람들
모두에게 위험한 존재다. 네 친구들은 모두 전쟁터에 끌려가, 네가 지켜보는 앞
에서 죽임을 당할 것이다. 그뿐 아니라, 나는 유다 백성 전부를 바빌론 왕에게
넘겨주어, 그가 원하는 대로 하게 내버려 둘 것이다. 바빌론 왕은 그들을 포로
로 끌고 가서 마음 내키는 대로 죽일 것이다. 왕궁 보물 보관소에 있는 보물은
물론이고, 이 도성 안에 있는 것들 중 조금이라도 값나가는 것은 내가 무엇이든
원수에게 넘겨줄 것이다. 그들이 그 모든 재산과 소유물을 싹쓸이하여 바빌론
으로 가져갈 것이다.
6 그리고 바스훌, 너와 네 가족은 모두 포로로 끌려갈 것이다. 그렇다. 너는 바
빌론에 포로로 잡혀가, 거기서 죽어 묻힐 것이다. 네 거짓 설교를 듣고 동조하
던 자들도 모두 그렇게 될 것이다.'"

❦

7-10 **하나님**, 주께서 저를 이렇게 만드셨으니, 저는 따를 수밖에 없습니다.
저는 주님을 이길 수 없습니다.
이제 저는 공개적인 놀림감이 되었습니다.
모든 자들이 저를 놀려댑니다.
저는 입을 열 때마다
"살인이다! 강탈이다!" 하고 외칩니다.

그런데 하나님의 경고의 말씀을 그렇게 외쳐서 제가 얻는 것은
모욕과 멸시가 전부입니다.
그러나 "이제 그만!
더 이상은 하나님의 메시지를 전하지 않으리라!" 하고 마음먹으면,
말씀이 제 뱃속에서 불처럼 타오르며
뼛속까지 태웁니다.
참아 보려고 했지만, 이제 지쳤습니다.
더는 견딜 수 없습니다!
제 등 뒤에서 수군대는 소리가 들려옵니다.
"저기, '사면초가' 운운했던 자다. 저 자를 잡아라! 신고하여라!"
전에 친구였던 자들이, 지금은 제가 바닥에 고꾸라지기만을 기다립니다.
"뭐든지 하나만 걸려 봐라. 영원히 없애 줄 테니!"

11 그러나 하나님, 실로 맹렬한 전사이신 주께서 제 편이십니다.
저를 쫓는 자들은 모두 대자로 쭉 뻗게 될 것입니다.
어릿광대처럼 제 발에 걸려 넘어져 땅에 뒹굴며,
우스꽝스런 장면을 연출할 것입니다.

12 오, 만군의 하나님, 누구도 주님을 우롱하지 못합니다.
주께서는 모든 자를, 모든 것을 꿰뚫어 보십니다.
저는 그들이 행한 그대로 되갚음 받는 것을 보고 싶습니다.
주께 제 송사를 맡겨 드립니다.

13 하나님께 노래 불러라! 하나님을 찬양하여라!
그분은 악인들의 손아귀에서 약자를 건지시는 분이다.

14-18 내가 태어난 날이여,
저주 받아라!
내 어머니가 나를 임신한 날이여,
그날도 저주 받아라!
내 아버지에게
"당신 아들이 태어났소" 하고
(그를 몹시도 기쁘게 했을)
소식을 전한 그도 저주 받아라.
출생의 소식이 없던 것이 되고,
기록에서 지워져 버렸으면 좋겠구나.
그 소식을 전한 자는,

자기가 전한 그 흉보에 죽을 때까지 시달림 받으리라.
그는 내가 태어나기 전에 나를 죽였어야 했다.
내 모태가 내 무덤이 되고,
내 어머니는
평생 죽은 아기를 태 안에 둔 채 살아갔어야 했다.
오, 대체 무슨 이유로 내가 그 태에서 나왔단 말인가?
고난과 눈물로 얼룩진 삶,
앞으로도 마찬가지일 이 삶.

예루살렘의 멸망 예고

21

1-2 시드기야 왕이 말기야의 아들 바스훌과 마아세야의 아들 제사장
스바냐를 예레미야에게 보냈을 때, 그에게 임한 **하나님**의 **메시지**다.
그들이 와서 말했다. "바빌론 왕 느부갓네살이 우리를 치려고 전쟁을 일으켰소.
우리를 위해 **하나님**께 기도해 주시오. 그분께 도움을 청해 주시오. 어쩌면 **하나
님**께서 옛날처럼 기적을 일으켜서 그를 물리쳐 주실지 모르니 말이오."
3-7 그러나 예레미야가 말했다. "시드기야 왕에게 이렇게 전하시오. '이스라엘의
하나님이 네게 이르는 **메시지**다. 너희 군대는 이제 없는 셈 쳐라. 병사들의 사
기가 꺾이고, 가진 무기들도 무용지물이 될 것이다. 나는 너희가 지금 힘겹게
대항해 싸우는 바빌론 왕과 갈대아 사람들을 친히 이 도성 안으로 이끌고 들어
올 것이다. 내가 그들 편이 되어서 너희와 맞서 싸울 것이다. 불같은 진노로 전
력을 다해 싸울 것이다. 이 도성에 사는 모든 사람과 짐승들을 무서운 전염병으
로 싹 쓸어버릴 것이다. 그런 후에 나는 유다 왕 시드기야와 그의 신하들, 아직
병들어 죽지 않고, 칼에 맞아 죽지 않고, 굶어 죽지 않은 생존자들 전부를 바빌
론 왕 느부갓네살에게 넘겨줄 것이다. 그렇다. 그들을 죽이러 온 적들에게 내가
친히 넘겨줄 것이다. 적들이 그들을 무자비하게 죽일 것이다.'
8-10 또 백성 전체에게 이렇게 말하시오. '너희를 향한 **하나님**의 **메시지**다. 잘 들
어라. 내가 너희에게 선택권을 준다. 살고자 하느냐, 아니면 죽고자 하느냐? 이
도성에 남는 사람은 누구나 죽을 것이다. 칼에 맞아 죽든지, 굶어 죽든지, 병에
걸려 죽든지 할 것이다. 그러나 여기를 나가서 이 도성을 포위하고 있는 갈대아
사람들에게 항복하는 자는, 다 살 것이다. 모든 것을 빼앗기겠으나 목숨만은 부
지할 것이다. 나는 기필코 이 도성을 멸망시킬 것이다. 나는 그만큼 크게 노했
다! **하나님**의 포고다. 내가 이곳을 바빌론 왕에게 넘겨줄 것이며, 그가 모든 것
을 불태워 잿더미로 만들 것이다.'"

⚜

11-14 "유다 왕실에 말한다. **하나님**의 **메시지**에 귀 기울여라!
다윗 집안이여, 들어라. 너희를 향한 **하나님**의 **메시지**다.
'아침마다 새롭게 정의를 다짐하며 하루를 시작하여라.

착취당하는 자들을 구해 주어라.
그렇게 하여, 나의 진노의 불을 피하여라.
그 불은 한번 붙으면, 그 무엇으로도 끌 수 없기 때문이다.
그런데 너희는 내 진노에 불을 지피는
악한 무리다.
내가 너희를 적대시한다는 것을 모르느냐?
그래, 내가 너희를 대적한다.
너희는 모든 준비를 갖추어
안전하다고 생각한다.
"누가 우리를 손댈 수 있겠는가?
누가 우리 파티를 망칠 수 있겠는가?" 한다.
내가 그렇게 할 수 있다! 내가 그렇게 할 것이다!
내가 너희 악한 무리를 벌할 것이다.
무엇으로도 끌 수 없는 맹렬한 불을 일으켜서,
보이는 것 전부를 태워 재로 만들 것이다.'"

이 왕궁은 폐허가 될 것이다

22 1-3 하나님의 명령이다. "왕궁에 가서 이 메시지를 전하여라. '다윗 보
좌에 앉은 유다 왕아, 하나님의 말씀에 귀 기울여라. 왕과 신하들, 그
리고 이 왕궁 문을 출입하는 백성들 모두 들어라. 이는 하나님의 메시지다. 너희
의 정의를 돌아보아라. 사람 사이의 일을 공정하게 다루어라. 착취당하는 자들
을 구해 주어라. 빈민과 고아와 과부들을 착취하지 마라. 살인행위를 멈춰라!
4-5 너희가 이 명령에 순종하면, 그때는 다윗 왕가의 왕들이 끊이지 않고 말과 병
거를 타고 이 왕궁 문을 드나들게 될 것이다. 그들의 신하와 유다 주민들도 그
러할 것이다. 그러나 너희가 이 명령에 순종하지 않으면, 맹세컨대—하나님의
포고다!—이 왕궁은 폐허가 되고 말 것이다.'"

6-7 유다 왕궁에 대한 하나님의 선고다.

"내가 너를 좋아하여
길르앗의 아름다운 언덕과
레바논의 산 정상같이 여겼으나,
이제, 맹세코 너를 황무지로,
텅 빈 유령마을로 바꾸어 놓을 것이다.
커다란 쇠망치와 무시무시한 몽둥이를 가진
파괴자들을 고용하여,
온 나라를 늘씬하게 두들겨 패고

다 불태워 버릴 것이다.

8-9 각처에서 온 여행자들이 이 땅을 지나며 물을 것이다. '무슨 이유로 **하나님**께
서 그 대단하던 도성을 이렇게 만드셨는가?' 그들은 이런 대답을 듣게 될 것이
다. '그들이 자기 **하나님**과의 언약을 저버리고, 다른 신들을 따르며 숭배했기 때
문이다.'"

살룸과 여호야김에 대한 예언

10 죽은 왕 요시야를 두고 울지 마라.
눈물을 낭비할 필요 없다.
대신에, 포로로 잡혀간 그의 아들을 위해 울어라.
그가 영원히 떠났으니 말이다.
그는 다시 고향 땅을 밟지 못할 것이다.
11-12 아버지 요시야를 이어 유다의 왕이 된 살룸에 대해 **하나님**께서 이렇게 말씀
하신다. "그는 이곳을 영원히 떠났다. 그는 그들에게 붙잡혀 가, 그 땅에서 죽을
것이다. 다시는 고향 땅을 밟지 못할 것이다."

13-17 "백성들을 들볶아 자기 왕궁을 짓고,
사람들을 해쳐 가며 좋은 집을 짓고,
일꾼들을 속이고
정당한 품삯을 주지 않는 자,
'널찍한 방과 화려한 창문을 갖춘
멋진 집을 지어 살아야겠다.
값비싸고 진귀한 원목과
최신 유행 장식품을 수입해 들여와야겠다'고 말하는 자에게 화가 있으리라.
그래, 화려한 왕궁을 짓는 일이
왕의 본분이더냐?
네 아버지는 성공한 왕이었다. 그렇지 않느냐?
그는 옳은 일을 행하고 백성을 공정하게 대하여,
모든 일에 형통했다.
그가 억압받는 자들을 보살펴 주었고,
유다가 잘살게 되었다.
이런 것이 나를 안다는 말의 의미가 아니겠느냐?"
하나님의 포고다!
"그러나 너는 눈멀었고 머리도 텅 비었다.
오로지 자기 생각밖에 할 줄 모르며,
힘없는 자들을 이용하고,

힘으로 눌러 약자들을 괴롭힌다."

18-19 유다 왕 요시야의 아들 여호야김에 대한 하나님의 판결이다.
"이 자에게 화가 있으리라!
아무도 그를 위해
'가련한 형제여!' 하고 울어 주지 않는다.
아무도 그를 위해
'가련한 폐하!' 하고 울어 주지 않는다.
그들은 죽은 노새에게 하듯 그의 장례를 치르고,
성문 밖으로 끌어다가 쓰레기처럼 던져 버릴 것이다."

예루살렘에 대한 탄식

20-23 "예루살렘아, 너는 레바논 산 정상에 올라, 거기서 울어라.
바산의 산에 올라, 거기서 통곡하여라.
아바림 산등성에 올라, 거기서 애곡하여라.
너는 스스로의 삶을 완전히 망가뜨렸다.
네가 잘나갈 때 나는 네게 경고했다.
그러나 너는 '그런 이야기, 관심 없습니다' 하고 말했다.
너는 처음부터 그런 식이었다.
내 말을 한 마디도 듣지 않았다.
네 지도자들이 전부 바람에 휩쓸려 가고,
네 친구들도 다 포로로 잡혀갔으며,
너도 네 악행으로 수치를 당하고,
시궁창에 처박힐 것이다.
너는 큰 도성에 산다며 우쭐대고
으뜸가는 산이나 되는 듯이 함부로 굴었다!
그러나 머지않아 고통 가운데 사지를 비틀게 되리라.
해산하는 여인의 진통보다 더 심한 고통을 겪게 되리라."

24-26 **하나님**의 포고다. "살아 있는 나 하나님을 두고 맹세하는데, 너 유다 왕 여
호야김의 아들 여호야긴아, 네가 내 오른손에 낀 옥새 반지라 해도 내가 너를
빼내어, 너를 죽이려고 작정한 자들, 곧 바빌론의 느부갓네살 왕과 갈대아 사람
들에게 넘겨줄 것이다. 그 다음에는, 너와 네 어머니를 고향 땅에서 멀리 떨어
진 낯선 나라로 던져 버릴 것이다. 너희 둘 다 거기서 죽을 것이다.
27 너희는 죽을 때까지 고향을 그리워하겠지만, 다시는 고향 땅을 밟지 못할 것
이다."

28-30 여호야긴은 물 새는 양동이,
아무짝에도 쓸모없는 폐물인가?
그렇지 않다면 왜 버려졌겠는가? 어찌하여 자식들과 함께
낯선 땅에 버려졌겠는가?
오 땅이여, 땅이여, 땅이여,
하나님의 **메시지**에 귀 기울여라!
하나님의 선고다.
"그를 자식 없는 사람인 셈 치고 포기하여라.
그는 사람 구실을 하지 못할 것이다.
그에게서 대가 끊기고,
그가 마지막 왕이 될 것이다."

의로운 다윗 가지

23 1-4 "내 양 떼를 도살하고 흩어 버린 목자들아, 화가 있으리라!" **하
나님**의 포고다. "내 백성을 그릇된 길로 인도한 목자들에게 나 **하나
님**, 이스라엘의 하나님이 말한다. '너희는 내 양 떼를 흩어 버렸다. 너희가 그들
을 몰아냈다. 너희는 그들을 지켜보지 않았다. 그런데 아느냐? 나는 그런 너희
를 지켜보고 있다. 너희 범죄 행위를 하나도 빠뜨리지 않고 지켜보고 있다. 이
제 내가 나서서, 내 양들 가운데 남은 양들을 불러 모을 것이다. 내가 쫓아 보냈
던 그 땅에서 다시 불러 모아, 고향 땅으로 데려올 것이다. 그들은 회복되고 번
성할 것이다. 그들을 보살필 목자를 내가 친히 세워 줄 것이다. 그들은 더 이상
공포와 두려움 속에서 살지 않을 것이다. 잃었던 양들이 다시 모일 것이다!' **하
나님**의 포고다."

5-6 "그날이 오고 있다." **하나님**의 포고다.
"내가 진정으로 의로운 다윗 가지를 일으켜 세울 날이 오고 있다.
그는 정의롭게 통치를 펼칠 것이며,
정의를 세워 사람들을 하나 되게 하리라.
그의 시대가 이르면, 유다는 다시금 안전한 곳이 되고
이스라엘은 평안을 누리리라.
사람들은 그를,
'모든 일을 바로잡아 주시는 **하나님**'이라 부를 것이다."

7-8 **하나님**의 포고다. "보아라. 그날이 오면, 사람들은 더 이상 '이스라엘을 이집
트에서 구해 내신 **하나님**의 살아 계심을 두고' 맹세하지 않을 것이다. 대신에
'이스라엘 자손을 북쪽 땅과, 그들을 쫓아 보낸 곳에서 다시 데려오신 **하나님**의
살아 계심을 두고' 맹세할 것이며, 그들이 비옥한 자기 땅에서 살 것이다."

9 머리가 어지럽고,
팔다리에 힘이 풀린다.
사물이 둘로 보일 만큼,
술에 취한 주정뱅이처럼 비틀거린다.
이 모든 것은 **하나님** 때문이다.
그분의 거룩한 말씀 때문이다.

10-12 거짓 예언자들에 대한 **하나님**의 말씀이다.

"믿어지느냐? 나라가 온통 간음하는 자들,
부정하고 문란한 우상숭배자들 천지다!
그들이 저주의 화근이다.
그들로 인해 땅이 황무지가 되었다.
그들의 부정이
나라 전체를 시궁창으로 바꾸어 놓았다.
예언자와 제사장들이 신성모독의 앞잡이들이다.
그들은 하나님인 나와 아무 상관이 없다.
그들은 심지어 내 성전까지도
더러운 범죄로 도배했다." **하나님**의 포고다.
"그들, 무사하지 못할 것이다.
어둔 곳으로 기울어진
미끄러운 길에서 구르다가,
칠흑 같은 어둠 속으로 굴러떨어지리라.
나는 그들이 반드시 죄의 대가를 치르게 할 것이다.
재앙의 해가 닥칠 것이다." **하나님**의 포고다.

13-14 "나는 사마리아 전역에서 예언자들이 벌이는
얼간이짓을 보았다. 충격적이었다!
그들은 바알 우상의 이름으로 설교하며
내 백성을 큰 혼란에 빠뜨렸다.
그런데 예루살렘 예언자들은 그보다 더 심하다. 끔찍할 정도다!
섹스에 중독되고 거짓을 따라 사는 그들,
악의 문화를 장려하고 있으면서
반성은 찾아볼 길 없다.
그들은 옛 소돔의 가련한 자들,
옛 고모라의 타락한 자들 못지않게 악하다."

[15] 그러므로 만군의 **하나님**께서 그 예언자들에 대해 주시는 **메시지**다.

"내가 그들에게 구더기 가득한 고기를 먹이고,
후식으로 독약을 주어 마시게 할 것이다.
그 예루살렘 예언자들이, 이 모든 문제의 배후다.
그들이 이 나라를 오염시키는 악의 원인이다."

[16-17] 만군의 **하나님**의 **메시지**다.

"그 예언자들의 설교에 귀 기울이지 마라.
다 헛소리다. 새빨간 거짓말이다.
모두 지어낸 말이다.
내게서 나온 것은 한 마디도 없다.
그들은 하나님에 대해 무감각한 회중을 앞에 두고
'모든 일이 잘될 것'이라고 말한다.
잘못된 길을 고집하는 백성들을 향해
'나쁜 일은 절대 없을 것'이라고 설교한다.

[18-20] 그 예언자들 중에
나 **하나님**을 만나려고 애쓰는 자,
내가 하는 말을 들으려고 진정으로 애쓰는 자,
내 말을 듣고, 그대로 살아 내려는 자가 한 사람이라도 있느냐?
보아라! **하나님**의 회오리바람이 닥칠 것이다.
폭풍 같은 나의 회오리바람이,
그 사악한 자들의 머리를 팽이처럼 돌려 버릴 것이다!
내가 다 쓸어버리고
내 일을 마친 뒤에야,
비로소 하나님의 맹렬한 진노가 가라앉을 것이다.
그때 너희는,
내 일이 완수되었음을 보게 될 것이다.

[21-22] 내가 그 예언자들을 보낸 적이 없는데도,
그들은 제멋대로 달려 나갔다.
내가 그들에게 말한 적이 없는데도,
그들은 제멋대로 말을 전했다.
정말 그들이 차분히 앉아 나를 만나고자 애썼다면,
그들은 내 백성에게 내 **메시지**를 전해 주었을 것이다.

내 백성을 바른 길로 되돌리고,
악한 길에서 건져 내었을 것이다."

23-24 **하나님**의 포고다. "내가 가까이에만 있는 하나님이냐?
멀리 있는 하나님은 아니냐?
내가 볼 수 없는 곳에
사람이 숨는 것이 가능하냐?"
하나님의 포고다.
"나는 보이든 보이지 않든,
어디에나 있지 않느냐?"
하나님의 포고다.

25-27 "나는 내 이름을 팔아 거짓으로 설교하는 그 예언자들이 뭐라고 말하는지
잘 안다. 그들은 '내가 이런 꿈을 꾸었다! 내가 이런 꿈을 꾸었다!' 하고 떠든다.
내가 얼마나 더 참아야 하느냐? 그렇게 거짓말을 전하고 거창한 망상을 토해
내는 그 예언자들이 눈곱만큼이라도 나를 생각하겠느냐? 그들은 서로 꿈을 교
환하고 망상을 바꿔 먹으면서, 내 백성을 미혹케 하여 나를 잊게 만든다. 우상
바알에게 미혹되었던 그들의 조상처럼 말이다.

28-29 꿈이나 꾸는 너희 예언자들,
계속 그렇게 얼빠진 꿈 이야기나 하고 다녀라.
그러나 나의 메시지를 받은 예언자들은
충실하고 성실하게 그것을 전하여라.
알곡과 쭉정이가 서로 무슨 상관이 있느냐?
하나님의 포고 같은 것이 또 어디 있으랴!
나의 **메시지**는 불같지 않느냐?" **하나님**의 포고다.
"바위를 깨부수는 거대한 쇠망치 같지 않느냐?

30-31 서로 얻어 들은 것으로 설교하는 그 예언자들을 내가 대적하겠다. 그렇다.
내가 대적할 것이다. 그들은 자기들이 지어낸 말을 설교라 한다.

32 오, 그렇다. 몽상에 불과한 거짓말을 전하고, 그것을 나라 전역에 퍼뜨리며,
저속하고 무모한 말로 내 백성의 삶을 파멸시키는 예언자들을 내가 대적할 것
이다.
나는 그들을 보낸 적이 없으며, 그들 중 누구에게도 권한을 부여한 적이 없다.
그들은 이 백성에게 아무 도움도 되지 않는, 백해무익한 존재들이다!" **하나님**의

포고다.
33 "예언자나 제사장이나 그 누구든지 '**하나님**께서 왜 이렇게 말씀하시는 거요?
대체 뭐가 문제요?' 하고 묻거든, 그에게 이렇게 말해 주어라. '너다. 바로 네가
문제다. 그리고 나는 너를 없애 버릴 것이다.'" **하나님**의 포고다.
34 "예언자와 제사장들을 포함해 입만 열면 '**하나님**의 **메시지다**! **하나님**의 **메시
지다**!' 하며 떠들고 다니는 자들, 내가 그들과 그 가족들을 벌할 것이다.
35-36 **하나님**이 뭐라고 말씀하는지 안다고 주장할 것이 아니라, '이 일에 있어 **하
나님**의 뜻이 무엇일까' 하고 서로 물어보아라. 다 안다는 듯 '하나님께서 내게
이렇게 말씀하셨다. 이렇게도 말씀하셨다' 말하지 마라. 나는 그런 소리를 더 이
상 듣고 싶지 않다. 오직 내가 권한을 부여한 자만이 나를 대변할 수 있다. 그렇
지 않은 모든 자는 나의 **메시지**, 곧 살아 있는 만군의 **하나님**의 **메시지**를 왜곡
하는 자다.
37-38 너희는 예언자들에게 '**하나님**께서 당신에게 어떻게 대답하셨소? 그분이 당
신에게 뭐라고 말씀하셨소?' 하고 물을 수 있다. 그러나 너희는 답을 아는 척 가
장하지 말고, 그렇게 말하지도 마라. 다시 말한다. '하나님께서 내게 이렇게 말
씀하셨다. 이렇게도 말씀하셨다' 하는 식으로 말하는 것을 멈추어라.
39-40 귀담아듣고 있느냐? 그렇게 하지 않으면, 내가 너희를 들어 올려 바닥에 내
팽개칠 생각이다. 내가 너희와 너희 조상에게 준 이 도성 전체가 함께 널브러질
것이다. 내가 너희를 대적할 것이다. 그냥 넘어가지 않을 것이다. 너희는 수치
를 당하여 역사의 무대에서 사라질 것이다."

무화과 두 바구니

24

1-2 **하나님**께서 내게 **하나님**의 성전 앞에 놓인 무화과 두 바구니를 보
여주셨다. 바빌론의 느부갓네살 왕이 예루살렘에 있던 유다 왕 여호
야김의 아들 여호야긴과 유다의 지도자와 장인과 숙련공을 바빌론으로 끌고 간
뒤에 있었던 일이다. 한 바구니 안에는 먹음직스럽게 잘 익은 최상품 무화과가
들어 있었고, 다른 바구니에는 도저히 먹을 수 없을 정도로 썩어 버린 무화과가
들어 있었다.
3 **하나님**께서 내게 말씀하셨다. "예레미야야, 무엇이 보이느냐?"
"무화과입니다." 내가 말했다. "최상품 무화과와, 먹을 수 없을 정도로 썩어 버
린 무화과입니다."
4-6 그러자 **하나님**께서 내게 말씀하셨다. "이스라엘의 **하나님**의 **메시지다**. 내가
멀리 바빌론 사람들의 땅으로 보낸 포로들은 최상품 무화과와 같다. 나는 그들
이 거기서 좋은 대우를 받게 할 것이다. 그들을 잘 보살펴 다시 이 땅으로 데려
올 것이다. 나는 그들을 세우고, 허물지 않을 것이다. 내가 그들을 심고, 뽑지
않을 것이다.
7 내가 그들에게 나 **하나님**을 아는 마음을 주어, 그들은 내 백성이 되고 나는 그

들의 하나님이 될 것이다. 그들은 전심으로 내게 돌아올 것이다.
8-10 그러나 유다 왕 시드기야는 너무 썩어 먹을 수 없는 무화과와 같다. 나는 그
와 그의 신하들을 썩은 무화과처럼 취급할 것이다. 이곳에 남은 생존자들과 이
집트로 내려간 자들도 마찬가지다. 나는 온 세상이 그들을 역겨워하게 만들 것
이다. 그들은 혐오감을 주는 유랑자들이 될 것이며, 내가 쫓아 보낸 곳마다 사
람들이 그들의 이름을 욕으로 사용할 것이다. 나는 그들이 전쟁과 기아와 염병
으로 떼죽음을 당하게 하고, 내가 그들과 그들 조상에게 주었던 땅에서 완전히
사라지게 만들 것이다."

바빌론 왕의 지배를 받으리라

25

1 유다 백성에 대해 예레미야에게 임한 메시지다. 때는 유다 왕 요시
야의 아들 여호야김 사년, 곧 바빌론 느부갓네살 왕 원년이었다.
2 예언자가 유다의 모든 백성과 예루살렘 모든 주민에게 이 메시지를 전했다.
3 "유다 왕 아몬의 아들 요시야 십삼년부터 오늘에 이르기까지—이십삼 년 동안!
—내게 하나님의 말씀이 임했고, 나는 이른 아침부터 밤늦게까지 매일 그것을
너희에게 전했다. 그런데 너희는 그 말을 한 마디도 귀 기울여 듣지 않았다!
4-6 하나님께서는 나뿐 아니라 끈질긴 예언자들을 쉼 없이 보내셨지만, 너희는
전혀 귀 기울이지 않았다. 예언자들은 너희에게 말했다. '돌아서라. 지금 당장,
한 사람도 빠짐없이! 너희 길과 악한 행실에서 돌아서라. 하나님이 너희와 너희
조상에게 준 땅, 너희에게 영원히 주려고 한 그 땅에서 살고 싶으면 돌아서라.
유행하는 신들을 좇지 말고, 우상들을 추종하여 숭배하지 마라. 신을 만들어 파
는 사업을 벌여 나를 격노케 하지 마라. 위험하기 그지없는 불장난을 그쳐라!
7 그런데도 너희는 전혀 귀 기울여 듣지 않았고, 그래서 나는 진노했다. 너희가
벌여 온 신 장사가 마침내 너희에게 화를 불러왔다.'
8-11 이제 만군의 하나님의 선고를 들어라. '너희가 내 말에 귀 기울이기를 계속
거절했으니, 이제 내가 나서겠다. 나는 내 종 바빌론 왕 느부갓네살을 시켜 북
방에서 군대를 일으키게 하고 그들을 이곳으로 데려와서, 이 땅과 그 백성과
주변 나라들을 모조리 치게 할 것이다. 내가 전부 진멸해 버릴 것이다. 역사상
가장 참혹한 일이 벌어질 것이다. 기쁨의 소리란 소리는 모조리 걷어낼 것이다.
노랫소리, 웃음소리, 결혼 축하연소리, 일꾼들의 흥겨운 소리, 등불을 켜고 저
녁식사를 즐기는 소리가 모두 사라질 것이다. 땅 전체가 거대한 황무지가 될 것
이다. 그 나라들은 칠십 년 동안 바빌론 왕의 지배를 받을 것이다.
12-14 칠십 년이 다 차면, 나는 바빌론 왕과 바빌론 나라의 죄를 물어 벌할 것이
다. 이번에는 그들이 황무지가 될 것이다. 나는 그 나라에 행하겠다고 말한 모
든 일을 이룰 것이다. 이 책에 기록된 모든 일, 예레미야가 그 사악한 민족들을
대적해 말했던 모든 일을 내가 낱낱이 이행할 것이다. 많은 민족과 대왕들이 바
빌론 사람을 종으로 삼을 것이며, 그들이 다른 사람들에게 했던 그대로 되갚아
줄 것이다. 그들은 결코 무사하지 못할 것이다.' 하나님의 포고다."

15-16 이스라엘의 하나님께서 내게 주신 메시지다. "내가 너에게 건네는 이 진노
의 포도주 잔을 받아라. 내가 너를 모든 민족에게 보낼 때에, 그들이 이 잔을 마
시게 하여라. 그들이 마시고 취할 것이다. 내가 그들 가운데 풀어 놓을 대학살
때문에 정신을 잃고 헛소리를 지껄이며 비틀거릴 것이다."
17-26 나는 하나님의 손에서 그 잔을 받아, 그분께서 나를 보내신 모든 민족에게
마시게 했다.

예루살렘과 유다의 마을과 그들의 왕과 고관들이 마시자, 모두 거대한 황무지로 변해 버렸다. 실로 끔찍하고 저주스런 광경이었다. 이것이 지금 그들의 모습이다.

이집트의 바로 왕과 그의 신하와 고관과 백성들, 그리고 그들과 섞여 사는 모든 외국인,

우스의 모든 왕,

아스글론과 가사와 에그론 출신 블레셋 사람의 모든 왕과 아스돗에 남아 있는 주민들,

에돔과 모압과 암몬 백성,

두로와 시돈과 바다 건너 해안 지방의 모든 왕,

드단과 데마와 부스와 사막 언저리의 유목민들,

아라비아의 모든 왕과 사막에서 옮겨 다니는 여러 베두인 족장과 추장들,

시므리와 엘람과 메대 사람의 모든 왕,

북쪽 나라의 모든 왕,

지구 위의 모든 왕국,

마지막으로 세삭(곧 바빌론)의 왕이 그 잔을 마시게 될 것이다.

27 "그들에게 전하여라. '만군의 하나님, 이스라엘의 하나님께서 내리시는 명령
이다. 너희는 마시고 취하고 토하여라. 앞으로 자빠져 일어나지 마라. 너희에게
대학살이 예정되어 있다.'
28 그들 중 누구라도 네게서 잔을 받아 마시기를 거절하는 자가 있으면, 이렇게
전하여라. '만군의 하나님께서 네게 마시라고 명령하셨다. 그러니 마셔라!
29 최악의 시간이 닥쳐올 것이다! 내가 나의 것으로 삼았던 이 도성에 대재앙을
내리기 시작했다. 빠져나갈 생각은 아예 마라. 너희는 결코 빠져나가지 못할 것
이다. 이것은 칼이다. 온 세계의 모든 사람을 내리치는 칼이다!'" 만군의 하나님
의 포고다.

30-31 "예레미야야, 이 모든 말을 전하여라. 이 메시지 전부를 그들에게 전하여라.

'하나님께서 높은 하늘에서 사자처럼 포효하시니,
그분의 거룩한 거처에서 우르릉 천둥소리가 울려 나온다.

당신의 백성을 향해 귀청을 찢을 듯 고함을 치신다.
가을걷이 일꾼들의 환성소리 같은 고함이다.
그 거대한 소리가 온 땅에 울려 퍼진다.
모든 곳, 모든 자들에게 들린다.
하나님께서 사악한 민족들을 고발하신다.
그분이 온 인류를 심판하실 것이다.
악인들이 받게 될 선고는 명백하다.
모두 칼에 맞아 죽을 것이다.'" 하나님의 포고다.

⁂

32 만군의 하나님의 메시지다.

"최악의 시간이 닥쳐온다! 대재앙의 날이다!
재앙이 이 민족에서 저 민족으로 퍼져 나가리라.
온 땅을 휩쓸어 버릴
거대한 폭풍이 일어나리라."

⁂

33 그날에, 하나님의 심판을 받아 쓰러진 자들의 시체가 땅의 이쪽 끝에서 저쪽 끝까지 널브러질 것이다. 그들을 위해 우는 자 없고, 땅에 묻어 줄 자도 없으리라. 거름 똥처럼 땅에 그대로 방치될 것이다.

⁂

34-38 목자들아, 슬피 울어라! 도와 달라고 부르짖어라!
양 떼의 주인들아, 땅바닥에 엎드려라!
시간이 다 되었다. 도살장에 끌려가는
숫양 같은 너희가, 이제 그 차례다.
지도자들은 빠져나가지 못한다.
목자들도 도망가지 못한다.
들리느냐? 살려 달라고 지도자들이 울부짖는 소리,
양 떼의 목자들이 통곡하는 소리!
아름다웠던 그들의 목장을 하나님께서 황무지로 바꾸어 놓으실 것이다.
평화로웠던 양 우리에는,
하나님의 진노로 죽음 같은 정적만 흐르게 될 것이다.
느닷없이 달려드는 사자처럼,
하나님께서 불시에 나타나시리라.
그분의 진노로 온 나라가 갈기갈기 찢기고,
땅은 폐허가 될 것이다.

예레미야의 성전 설교

26

[1] 유다 왕 요시야의 아들 여호야김이 나라를 다스리기 시작할 무렵,
하나님의 **메시지**가 예레미야에게 임했다.

[2-3] "**하나님**의 **메시지**다. 너는 **하나님**의 성전 뜰에 서서, 유다 전역에서 **하나님**을 예배하러 오는 백성에게 전하여라. 내가 이르는 말을 남김없이 전하여라. 한 마디도 빼지 마라. 행여 그들이 듣고 악한 삶에서 돌이킬지 어찌 알겠느냐. 그러면 나는 그들의 악행을 벌하기 위해 계획한 재앙을 다시 생각해 볼 것이다.

[4-6] 그들에게 전하여라. '**하나님**의 **메시지**다. 너희가 내게 귀 기울이기를 거부하고, 내가 분명하게 계시한 가르침을 따라 살기를 거부하고, 내가 끊임없이 보내는 나의 종과 예언자들의 말에 귀 기울이기를 계속 거부하면—한 번도 귀 기울인 적 없는 너희는 앞으로도 그럴 것이다!—나는 이 성전을 실로처럼 폐허로 만들 것이다. 이 도성을 온 세상의 조롱과 저주가 되게 할 것이다.'"

[7-9] 예레미야가 **하나님**의 성전에서 이 **메시지**를 전하자, 그곳에 있던 모든 제사장과 예언자와 백성들이 들었다. 예레미야가 하나님이 이르신 모든 말씀을 남김없이 전하고 설교를 마치자, 제사장과 예언자와 백성들이 그를 붙잡고 소리쳤다. "너는 사형감이다! 감히 **하나님**의 이름을 들먹이며 이 성전이 실로처럼 폐허가 될 거라고 말하느냐? 이 도성 사람들이 다 전멸한다고?"
성전 안에 있던 백성 모두가 폭도처럼 예레미야에게 달려들었다.

[10] 유다 왕궁의 고관들이 이 일을 전해 들었다. 그들은 즉시 왕궁을 떠나 **하나님**의 성전에 와서 진상을 조사했다. 그리고 **하나님**의 성전 '새 대문' 어귀에서 현장 공판을 열었다.

[11] 먼저 예언자와 제사장들이 입을 열어 고관과 백성들을 향해 말했다. "이 자를 사형에 처하십시오! 그는 죽어 마땅합니다! 여러분이 들은 것처럼, 그는 이 도성을 저주하는 설교를 했습니다."

[12-13] 이번에는 예레미야가 군중이 보는 앞에서 고관들을 향해 말했다. "**하나님**이 나를 보내셔서, 여러분이 전해 들은 그 말씀 모두를 이 성전과 도성을 향해 전하라고 하셨습니다. 그러니 이제 응답하십시오! 여러분의 삶을 바꾸고, 행위를 바꾸십시오. **하나님**의 **메시지**에 귀 기울이고 순종하십시오. 그렇게 되면, **하나님**께서 내리겠다고 하신 재앙을 다시 생각하겠다고 말씀하십니다.

[14-15] 내 몸은 여러분의 손에 달려 있습니다. 여러분 마음대로 하십시오. 그러나 이것만은 분명히 알아 두십시오. 만일 여러분이 나를 죽인다면 그것은 죄 없는 자를 죽이는 일이고, 여러분과 이 도성과 이곳 백성 모두가 그 일에 대해 책임을 져야 할 것입니다. 나는 단 한 마디도 내 생각을 말하지 않았습니다. **하나님**께서 나를 보내셨고, 내게 해야 할 말을 일러 주셨습니다. 여러분은 예레미야가 아니라 **하나님**께서 하시는 말씀을 들은 것입니다."

[16] 그러자 고관들이 백성 앞에서 제사장과 예언자들에게 판결을 내렸다. "석방

하시오. 이 사람에게는 사형당할 만한 죄가 없소. 그는 우리 하나님의 권위에 기대어 말한 것이오."

17-18 그러자 존경받는 지도자들 가운데 몇몇이 일어나 군중을 향해 말했다. "유다 왕 히스기야가 다스릴 때에, 모레셋 사람 미가가 유다 백성을 향해 이런 설교를 한 적이 있습니다. '너희를 향한 만군의 하나님의 메시지다.

바로 너희 같은 자들 때문에
시온은 다시 밭으로 돌아가고,
예루살렘은 결국 돌무더기가 될 것이다.
산 위에는 성전 대신,
몇 그루 잡목만 서 있게 될 것이다.'

19 이런 설교를 했다고 히스기야 왕이나 유다 백성이 그 모레셋 사람 미가를 죽였습니까? 아닙니다. 오히려 히스기야는 그를 높이면서 하나님께 자비를 베풀어 달라고 기도하지 않았습니까? 그러자 하나님께서는 내리시겠다고 하신 재앙을 취소해 주시지 않았습니까?
그러니 여러분, 자칫하면 우리가 끔찍한 재앙을 불러들일 수 있습니다."

20-23 (전에 하나님의 이름으로 유사한 설교를 했던 사람으로, 기럇여아림 사람 스마야의 아들 우리야가 있었다. 그도 예레미야처럼 이 도성과 나라를 대적하는 설교를 했다. 그의 설교를 들은 여호야김 왕과 그의 고관들은 그를 죽이기로 작정했다. 목숨이 위태로워지자, 우리야는 이집트로 도망가 숨었다. 여호야김 왕이 악볼의 아들 엘라단에게 수색대를 딸려 보내 그를 추적하게 했다. 그들이 이집트에서 우리야를 찾아내어 왕 앞으로 데려왔다. 왕은 그를 죽이라고 명령했다. 그들은 그의 시신을 쓰레기 버리듯 도성 바깥에 던져 버렸다.
24 그러나 예레미야는 사반의 아들 아히감이 나서서 그의 편을 들어주었기에, 군중의 손에 죽는 것을 면할 수 있었다.)

거짓 예언자들과 싸우는 예레미야

27

1-4 유다 왕 요시야의 아들 시드기야 재위 초기에, 하나님께서 예레미야에게 메시지를 주셨다. "너는 마구와 멍에를 만들어 목에 메어라. 에돔과 모압과 암몬과 두로와 시돈의 왕들에게 전갈을 보내라. 유다 왕 시드기야를 만나러 예루살렘에 온 그들의 사신들을 통해 보내라. 그들에게, 가서 이 명령을 주인에게 전하라고 일러라. '만군의 하나님, 이스라엘의 하나님의 메시지다. 너희 주인에게 이렇게 전하여라.
5-8 나는 땅과 사람과 세상 모든 짐승을 만든 이다. 나는 누구의 도움 없이 혼자서 그 일을 했으며, 내가 만든 것을 누구든지 내가 원하는 자에게 주어 맡긴다.

현재 나는 그 땅 전체를 나의 종 바빌론 왕 느부갓네살에게 맡겼다. 나는 들짐
승들도 그에게 복종하게 했다. 민족들 모두가 그를 섬기고, 이후에는 그의 아들
과 그의 손자를 섬기게 될 것이다. 그러고 나면 그의 때가 다하여 세상이 뒤집
힐 것이다. 그때 바빌론은 패자가 되어 종으로 전락할 것이다. 그러나 그 전까
지는, 모든 나라와 왕국이 바빌론 왕 느부갓네살에게 굴복하고 바빌론 왕의 멍
에를 받아들여 그것을 메어야 한다. 그렇게 하지 않는 민족은 내가 전쟁과 기근
과 염병으로 벌을 주어, 결국 내가 원하는 곳으로 끌고 갈 것이다.
9-11 그러니 장래 일을 안다고 주장하며 너희더러 바빌론 왕에게 항복하지 말라
고 말하는 자들, 곧 너희 예언자와 영매와 점쟁이들의 말에 절대 귀 기울이지
마라. 그들은 뻔뻔한 거짓말을 늘어놓을 뿐이며, 너희가 그 말을 듣다가는 고향
땅을 떠나 멀리 포로로 잡혀가게 될 것이다. 내가 직접 너희를 너희 땅에서 쫓
아 보낼 것이다. 그것이 너희의 최후가 될 것이다. 그러나 바빌론 왕의 멍에를
받아들이고 그가 시키는 대로 따르는 민족은, 계속해서 자기 땅에서 생업을 돌
보며 살 수 있게 할 것이다.'"
12-15 나는 유다 왕 시드기야에게도 같은 메시지를 전했다. "바빌론 왕의 멍에를 메
십시오. 그와 그의 백성을 섬기십시오. 부디 목숨을 부지하십시오! 굳이 칼에 맞
아 죽고, 굶어 죽고, 병들어 죽는 길을 택할 까닭이 무엇입니까? **하나님**께서는 바
빌론 쪽에 붙지 않는 모든 민족이 그렇게 될 것이라고 경고하십니다. 바빌론 왕에
게 복종하지 말라고 전하는 예언자들의 말을 듣지 마십시오. 그것은 거짓말입니
다. 거짓 설교입니다. 이에 대한 **하나님**의 말씀은 이렇습니다. '나는 그 예언자들
을 보낸 적이 없는데도, 그들은 내가 자기들을 보냈다고 주장하며 거짓 설교를 일
삼는다. 너희가 그들의 말을 듣고 따른다면, 나는 너희를 이 땅에서 쫓아낼 것이
다. 그것이 너희와 거짓말하는 예언자들의 최후가 될 것이다.'"
16-22 마지막으로 나는 제사장과 백성 전체를 향해 말했다. "**하나님**의 **메시지**입
니다. 여러분에게 계속 '우리를 믿어라. 탈취당한 **하나님**의 성전 기구들이 이
제 곧 바빌론에서 되돌아올 것이다' 하고 말하는 예언자들의 설교에 귀 기울이
지 마십시오. 거짓말입니다. 그들의 말을 듣지 마십시오. 바빌론 왕에게 무릎을
꿇고 목숨을 부지하십시오. 이 도성의 멸망과 폐허를 불러올 일을 왜 한단 말입
니까? 그들이 진짜 예언자들이고 **하나님**의 **메시지**를 받는 자들이라면, 마땅히
만군의 **하나님** 앞에 나아가, 아직 **하나님**의 성전과 왕궁과 예루살렘에 남아 있
는 기구들이 바빌론에 빼앗기지 않게 해달라고 기도해야 할 것입니다. 만군의
하나님께서 아직 남아 있는 성전 기구들—바빌론의 느부갓네살 왕이 여호야김
의 아들 여호야긴과 유다와 예루살렘의 모든 지도자들을 포로로 잡아 바빌론으
로 끌고 갈 때 가져가지 않고 남겨 놓은 기둥과 대형 청동대야, 받침대, 기타 여
러 그릇과 잔들—에 대해 이미 말씀하신 바가 있지 않습니까? 그분은 **하나님**의
성전과 왕궁과 예루살렘에 남아 있는 기구들마저 결국 모두 바빌론으로 옮겨질
것이며, **하나님**께서 '이제 내가 그것들을 다시 제자리에 돌려놓을 것이다' 하실
때까지 거기 있게 되리라고 말씀하셨습니다."

28

1-2 그 후 같은 해에(시드기야 왕 사년 다섯째 달이었다), 기브온 출신 예언
자이자 앗술의 아들인 하나냐가 **하나님**의 성전에 모인 제사장들과
모든 백성 앞에서 예레미야와 맞섰다. 하나냐가 말했다.
2-4 "만군의 **하나님**, 이스라엘의 하나님께서 직접 주시는 **메시지**다. '내가 분명코
바빌론 왕의 멍에를 부서뜨릴 것이다. 두 해가 지나기 전에 내가 **하나님**의 성전
기구 전부와 바빌론 느부갓네살 왕이 약탈해 간 것들 전부를 이곳에 다시 돌려
놓을 것이다. 또한 유다 왕 여호야김의 아들 여호야긴과 함께 바빌론으로 잡혀
간 포로 전부를 다시 데려올 것이다.' **하나님**의 포고다. '그렇다. 내가 바빌론 왕
의 멍에를 부서뜨릴 것이다. 너희는 더 이상 그에게 매이지 않을 것이다.'"
5-9 그러자 예언자 예레미야가 그날 **하나님**의 성전에 있던 제사장들과 모든 백
성 앞에서 예언자 하나냐를 향해 일어났다. 예언자 예레미야가 말했다. "놀랍
소! 그것이 사실이었으면 정말 좋겠소. 하나님께서 성전 기구들과 포로로 잡혀
간 이들을 다 바빌론에서 데려오셔서 당신의 설교를 입증해 주셨으면 정말 좋
겠소. 하지만 내 말을 들으시오. 내가 당신과 여기 있는 모든 백성에게 하는 말
을 잘 들으시오. 옛 예언자들, 우리 이전 시대의 예언자들은 많은 나라와 왕국
을 향해 심판의 메시지를 전했소. 전쟁과 재앙과 기근이 닥칠 것이라 경고했소.
그러나 모든 일이 잘 될 것이니 걱정할 필요가 전혀 없다고 설교하는 예언자는
드물었소. 그것은 몹시 이례적인 경우요. 그러니 우리는 두고 볼 것이오. 당신
이 말한 대로 일이 진행된다면, 우리는 당신을 **하나님**께서 보내신 예언자로 알
것이오."
10-11 그러자 하나냐가 예레미야의 어깨에서 멍에를 잡아채 부숴 버렸다. 그러고
는 백성들을 향해 말했다. "**하나님**의 **메시지**요. '내가 바로 이렇게 바빌론 왕의
멍에를 부서뜨릴 것이며, 이 년 내에 모든 민족의 목에서 그의 멍에를 풀어 줄
것이다.'"
예레미야가 그 자리를 떠났다.
12-14 하나냐가 예레미야의 멍에를 풀어 부서뜨리고 나서 얼마 후에, **하나님**께서
예레미야에게 **메시지**를 주셨다. "하나냐에게 다시 가서 전하여라. '**하나님**의 **메
시지**다. 네가 나무 멍에를 부서뜨렸다만, 이제 네게는 쇠 멍에가 씌워졌다. 이
스라엘의 하나님인 만군의 **하나님**의 **메시지**다. 내가 이 민족 모두에게 쇠 멍에
를 씌웠다. 그들 모두 바빌론 느부갓네살 왕에게 매여서, 그가 시키는 대로 하
게 될 것이다. 나는 들짐승도 다 그에게 복종하게 만들 것이다.'"
15-16 예언자 예레미야가 예언자 하나냐에게 말했다. "이보시오, 하나냐! **하나님**
께서는 당신을 보내신 적이 없소. 그런데도 당신은 온 나라를 속여 당신의 거짓
말에 넘어가게 했소! 그러니 **하나님**께서 당신에게 말씀하시오. '내가 너를 보냈
다고 주장하느냐? 좋다. 내가 너를 이 땅에 발붙이지 못하도록 보내 버리겠다!
감히 **하나님**을 거역하도록 선동했으니, 올해가 가기 전에 네가 죽을 것이다.'"
17 예언자 하나냐는 그해 일곱째 달에 죽었다.

포로에게 보낸 편지

29

1-2 이것은 예루살렘에 있던 예언자 예레미야가 포로로 잡혀간 사람
들 중에 살아남은 장로와 제사장과 예언자들, 또 여호야긴 왕과 그
의 모후와 관료와 모든 기술자와 장인들을 비롯해, 느부갓네살이 포로로 잡아
바빌론으로 끌고 간 모든 사람들에게 써 보낸 편지다.
3 이 편지는 유다 왕 시드기야가 바빌론 왕 느부갓네살에게 보낸 사반의 아들 엘
라사와 힐기야의 아들 그마랴 편에 전달했는데, 편지의 내용은 이러하다.

4 만군의 **하나님**, 이스라엘의 하나님의 메시지다. 내가 예루살렘에서 바빌론
으로 잡혀가게 한 모든 포로에게 말한다.
5 "너희는 거기서 집을 짓고 정착해 살아라.
과수원을 만들고, 그 나라에서 자라는 것들을 먹어라.
6 결혼해서 아이를 낳아라. 너희 자녀들도 결혼시키고 아이를 낳게 하여 그 나
라에서 번성하여라. 수가 줄지 않게 하여라.
7 그곳을 고향 삼아 지내고 그 나라를 위해 일하여라.
그리고 바빌론의 번창을 위해 기도하여라. 바빌론이 잘되는 것이 너희에게도
좋은 일로 여겨라."
8-9 그렇다. 믿기지 않겠지만, 이것이 만군의 **하나님**, 이스라엘의 하나님의 메
시지다. "너희 주변에 널리고 널린, 이른바 설교자와 박사들의 거짓말에 속아
넘어가지 마라. 듣기 좋으라고 하는 그들의 이야기에 관심을 보이지 마라. 모
두 꾸며 낸 이야기에 불과하다. 그들은 거짓 설교를 일삼는 사기꾼 집단이다.
내가 자기들을 보냈다고 우긴다만, 나는 그들을 보낸 적이 없다. 전혀 근거
없는 소리다." **하나님**의 포고다!
10-11 이에 대한 **하나님**의 말씀이다. "하루도 모자라지 않게 바빌론에서 칠십
년이 다 채워지면, 내가 너희 앞에 나타나서 약속한 대로 너희를 돌보고 너희
를 고향으로 데려갈 것이다. 나는 내가 할 일을 안다. 그 일을 계획한 이가 바
로 나다. 나는 너희를 돌보기 위해 계획을 세웠다. 너희를 포기하려는 계획이
아니라, 너희가 꿈꾸는 내일을 주려는 계획이다.
12 너희가 나를 부르고, 내게 와서 기도하면, 내가 들어줄 것이다.
13-14 너희가 나를 찾아오면, 내가 만나 줄 것이다.
그렇다. 너희가 진지하게 나를 찾고 무엇보다 간절히 나를 원하면, 나는 결코
너희를 실망시키지 않을 것이다." **하나님**의 포고다.
"내가 너희를 위해 상황을 뒤집을 것이다. 내가 너희를 쫓아 보낸 모든 나라
에서 다시 너희를 이끌어 낼 것이다." **하나님**의 포고다. "포로로 끌려가게 했
던 곳에서 다시 너희를 찾아 데려올 것이다. 반드시 그렇게 할 것이다.
15-19 그러나 지금 너희는 자칭 '바빌론 전문가'라는 신식 예언자들에게 붙어,
그들을 '**하나님**이 우리를 위해 보내신 예언자들'이라고 부르며 따르고 있다.
하나님은 그 일부터 바로잡을 것이다. 지금 다윗 보좌에 앉아 있는 왕과, 너

희와 함께 포로로 잡혀 오지 않고 예루살렘에 남은 백성 앞에 고난이 기다리
고 있다. 만군의 **하나님**이 말한다. 잘 보아라! 재앙이 오고 있다. 전쟁과 기근
과 질병이다! 그들은 썩은 사과들이다. 전쟁과 기근과 질병을 통해 내가 그들
을 그 나라에서 모조리 치워 버릴 것이다. 온 세상이 그 악취에 코를 막고, 끔
찍한 광경에 눈을 돌릴 것이다. 그들은 빈민굴에 갇혀 사는 신세가 될 것이
다. 그들은 내가 보낸 나의 종들이 쉼 없이 다급하게 전한 말들, 곧 예언자들
을 통해 내가 한 말들에 조금도 귀 기울이지 않았다." **하나님**의 포고다.
20-23 "내가 예루살렘에서 바빌론으로 보낸 너희 포로들아, 너희에게 주는 **하나
님의 메시지**에 귀 기울여라. 골라야의 아들 아합과 마아세야의 아들 시드기
야에 대한 말이다. 내 이름으로 거짓 설교를 하는 그 '바빌론 전문가들'을, 내
가 바빌론 왕 느부갓네살에게 넘겨줄 것이다. 그리고 바빌론 왕은 그들을 너
희가 보는 앞에서 죽일 것이다. 유다에서 잡혀 온 포로들은 이후 남을 저주할
때 그 처형식에서 본 광경을 들어 말하리라. '바빌론 왕이 시드기야와 아합을
불사른 것처럼 **하나님**께서 너를 불에 바싹 태워 죽이시기를!' 섹스에 미친 짐
승이자 예언자를 사칭한 그 자들은 마땅히 받아야 할 벌을 받을 것이다. 그들
은 손에 닿는 모든 여자들을—심지어 이웃의 아내들도—침실로 끌어들였고,
나의 **메시지**라며 거짓을 설교했다. 나는 그들을 보낸 적이 없다. 그들은 나와
무관하다." **하나님**의 포고다.
"그들은 결코 무사하지 못할 것이다. 내가 그 모든 악행을 목격했다."

24-26 느헬람 사람 스마야에 대한 하나님의 **메시지**다. "만군의 **하나님**, 이스라엘
의 하나님이 말한다. 너는 예루살렘의 백성과 마아세야의 아들 제사장 스바냐
와 그 동료 제사장들에게 네 멋대로 편지를 써서 보냈다. 그 편지에서 너는 스
바냐에게 이렇게 말했다. '**하나님**께서는 당신을 제사장 여호야다를 대신할 제사
장으로 세우셨소. 그리고 **하나님**의 성전 일과 예언자 행세를 하는 미치광이들
을 잡아 가두는 일을 맡기셨소.
27-28 그런데 어째서 예언자를 자처하며 돌아다니는 저 아나돗 사람 예레미야를
가두어 그의 입에 재갈을 물리지 않는 거요? 그는 바빌론에 있는 우리에게, 이
포로생활은 아주 오래갈 것이니 이곳에 집을 짓고 고향 삼아 살며, 과수원을 만
들고 바빌론의 요리를 배우라고 편지를 써 보내기까지 했소.'"

29 제사장 스바냐가 이 편지를 예언자 예레미야에게 읽어 주었다.

30-32 그때 **하나님**께서 예레미야에게 말씀하셨다. "이 **메시지**를 바빌론 포로들에
게 전하여라. **하나님**이 느헬람 사람 스마야에 대해 한 말을 그들에게 전하여라.
스마야는 거짓을 설교하고 있다. 나는 그를 보낸 일이 없다. 그는 거짓말로 너희
를 속이고 있다. 그래서 나 **하나님**이 선고를 내린다. 나는 느헬람 사람 스마야와

그의 가족을 벌할 것이다. 그는 재산 전부와 가족 모두를 잃게 될 것이다. 그의 가문 중에는 살아남아서 내가 장차 내 백성에게 가져올 좋은 날을 볼 자가 없을 것이다. 이는 그가 나를 거슬러 반역을 꾀했기 때문이다." **하나님**의 포고다.

이스라엘아, 절망하지 마라

30

[1-2] **하나님**께서 예레미야에게 주신 메시지다. "이스라엘의 **하나님**의 메시지다. '내가 네게 이르는 말 전부를 책에 적어라.
[3] 보아라. 내가 내 백성, 이스라엘과 유다를 위해 모든 상황을 뒤집을 날이 다가오고 있다. 나 **하나님**이 말한다. 나는 그들의 조상에게 주었던 땅으로 그들을 다시 데려올 것이다. 그들이 다시 그 땅을 차지하게 될 것이다.'"
[4] **하나님**께서 이스라엘과 유다에게 하신 말씀은 이러하다.

[5-7] "**하나님**의 메시지다.

'비명소리가 들린다.
평화가 산산조각이 났다.
주위에 물어보아라! 주변을 둘러보아라!
아니, 남자도 해산하느냐?
아니라면, 남자들이 왜 저렇게
해산하는 여인처럼 잔뜩 찌푸리고
백지장처럼 창백한 얼굴로
자기 배를 움켜잡고 있단 말이냐?
전무후무한
흑암의 날이다!
야곱에게 닥친 환난의 때다.
그러나 야곱은 살아남을 것이다.

[8-9] 내가 그 흑암 속으로 찾아갈 것이다.
그들의 목에서 멍에를 벗겨 부수고,
그들을 마구에서 풀어 주리라.
그들은 더 이상 이방인들의 종으로 부역하지 않을 것이다!
그들은 자기들의 **하나님**을 섬기고,
내가 그들을 위해 세울 다윗 왕을 섬기게 되리라.

[10-11] 그러니 야곱아, 사랑하는 종아, 두려워하지 마라.
이스라엘아, 절망하지 마라.
고개를 들어 위를 보아라! 내가 너를 먼 타향살이에서 구원하고,
포로로 잡혀갔던 네 자녀들을 되찾아 줄 것이다.

야곱이 돌아와,
안전하고 평안하며 복된 삶을 누리리라.
내가 너와 함께하고, 너를 구원해 줄 것이다.
내가 너를 쫓아내어 여러 민족들로 흩어 버렸지만,
그 이방 민족들을 모조리 끝장낼 것이다.
그러나 너는 끝장내지 않을 것이다.
너를 벌하기는 하겠지만, 공정한 벌로 다스릴 것이다.
그저 손바닥 때리는 정도로 넘어가지는 않을 것이다.'

12-15 **하나님의 메시지다.**

'너는 만신창이,
죽은 목숨이다.
다들 너를 내팽개쳤다.
너는 가망이 없다.
네가 잘나갈 때 어울리던 친구들은
뒤도 돌아보지도 않고 너를 등지고 떠났다.
너를 이렇게 때려눕힌 이는 바로 나다.
이처럼 네게 결코 잊지 못할 벌을 내린 것은,
너의 죄가 극악하고
네가 지은 죄의 목록이 끝도 없기 때문이다.
그러니, 상처를 핥으며 자기연민에 빠져 있을 필요 없다.
너는 받아 마땅한 벌을 받은 것이다. 실은 더 많이 받아야 마땅하다.
너의 죄가 극악하고
네가 지은 죄의 목록이 끝도 없어,
내가 네게 이런 벌을 내렸다.

16-17 너를 해치는 자는 누구든지 해를 당하리라.
너의 적들은 종이 될 것이다.
너를 약탈한 자들이 약탈을 당하고,
너를 탈취한 자들이 탈취를 당할 것이다.
너에게는, 내가 너를 찾아와 치유해 주리라.
불치의 병을 치유해 줄 것이다.
모두가 가망 없다고,
아무짝에도 쓸모없는 시온이라며
내팽개쳤던 너를 고쳐 주리라.'

18-21 **다시, 하나님의 메시지다.**

'내가 야곱을 위해 사태를 역전시켜 줄 것이다.
그를 가엾게 여겨 장막을 재건해 줄 것이다.
마을이 다시 옛 토대 위에 재건될 것이다.
다시 웅장한 저택이 세워질 것이다.
집집마다 감사가 창문 밖으로 흘러넘치고,
웃음이 문 밖으로 흘러나오리라.
갈수록 형편이 나아질 것이다.
암울했던 시절은 이제 지나갔다.
그들은 번성하고 번창할 것이다.
멸시받던 시절은 이제 지나갔다.
그들은 다시 아이를 낳고 싶어 하며,
내가 자랑스럽게 여길 공동체를 이룰 것이다.
그들을 해치는 자는 내가 누구든지 벌할 것이다.
그들 안에서 다스릴 자가 나올 것이다.
그들 중에 지도자가 나오고,
그들을 통치할 자가 나올 것이다.
나는 그가 언제라도 내 앞에 나올 수 있게 허락할 것이다.
누가 감히 목숨을 걸고, 초대도 없이
내 앞에 나올 수 있겠느냐?' 하나님의 포고다.

22 '그렇다. 너희는 나의 백성이 되고,
나는 너희의 하나님이 될 것이다.'"

23-24 보아라! 하나님의 폭풍이 터져 나온다.
그분의 폭풍 같은 진노가
회오리바람이 되어, 사악한 자들의 머리를 날려 버린다!
다 쓸어버리고,
시작하신 일을 모두 끝낸 다음에야,
하나님의 맹렬한 진노가 누그러진다.
그 일이 끝나면,
너희는 그 일이 완수되었음을 보게 될 것이다.

31 1 하나님의 포고다. "그 일이 이루어지면,
정오의 태양만큼이나 분명해지리라.
나는 이스라엘 모든 남녀와 아이들의 하나님이 되고,
그들은 나의 친 백성이 될 것이다."

[2-6] **하나님**께서 이렇게 말씀하신다.

"그들, 살육에서 살아남은 백성이
사막에서 은혜를 찾아냈다.
쉴 곳을 찾아다니다 마침내 이스라엘이,
그들을 찾아오신 하나님을 만났다!"
하나님이 그들에게 말씀하셨다. "나는 너를 사랑하지 않은 적이 없고,
앞으로도 그럴 것이다.
사랑을 기대하여라. 더 많이 기대하여라!
사랑하는 처녀 이스라엘아,
내가 너와 다시 시작할 것이다. 너를 다시 일으켜 주리라.
다시 탬버린을 들고 춤추며,
너는 노래하게 될 것이다.
예전처럼
사마리아 언덕에 포도원을 만들고,
느긋이 앉아 그 열매를 즐길 것이다.
오, 그 수확이 너에게 기쁨을 선사하리라!
에브라임의 언덕 꼭대기에서 파수꾼들이
이렇게 소리쳐 부를 날이 오고 있다.
'일어나라! 시온으로 가자.
우리 **하나님**을 만나러 가자!'"

[7] 그렇다. **하나님**께서 그렇게 말씀하신다.

"야곱을 향해 목이 터져라 환호성을 질러라!
그 일등 민족에게 희소식을 전하여라!
환호성을 올려라! 찬송을 불러라. 선포하여라.
'**하나님**께서 당신의 백성을 구원하셨다.
이스라엘의 알맹이를 남겨 주셨다.'

[8] 이제 장차 일어날 일을 잘 보아라.

내가 내 백성을
북방 나라에서 다시 데려오고,
땅끝에서 모아들일 것이다.

눈먼 자들,
다리 절고 절뚝거리는 자들,
임신한 여인들,
산고가 시작된 임산부까지도 모아,
그 거대한 무리를, 다 데려올 것이다!

9 그들을 보아라! 기쁨의 눈물을 흘리며 올 것이다.
내가 친히 그들의 손을 잡고 길잡이가 되어 주리라.
물이 흐르는 시냇가로,
평탄하게 잘 닦인 길로 인도해 주리라.
그렇다. 나는 이스라엘의 아버지이고
에브라임은 나의 맏아들이기 때문이다!

10-14 뭇 민족들아, 들어라! 하나님의 메시지다!
세계만방에 이를 널리 알려라!
그들에게 전하여라. '이스라엘을 흩어 버리신 분께서
다시 그들을 모으실 것이다.
자기 양 떼를 보살피는 목자같이,
이제부터 그들을 보살펴 주실 것이다.'
나 하나님이 야곱의 몸값을 다 치르고,
그를 불한당 바빌론의 손아귀에서 건져 낼 것이다.
백성이 시온의 비탈길을 오르며 기쁨의 환성을 지를 것이며,
하나님이 주는 풍성한 밀과 포도주와 기름과
양 떼와 소 떼로,
그 얼굴이 기쁨으로 빛날 것이다.
그들의 삶은 물 댄 동산 같을 것이며,
다시는 메마르지 않을 것이다.
젊은 여인들이 덩실덩실 춤을 추고,
젊은이와 노인들도 따라 출 것이다.
내가 그들의 눈물을 웃음으로 바꾸고,
그들에게 위로를 쏟아부을 것이다. 슬픔을 기쁨으로 바꾸리라.
내가 제사장들이 하루 세끼 푸짐한 식사를 하게 하고,
내 백성의 형편을 넉넉하게 만들어 줄 것이다." 하나님의 포고다.

15-17 하나님의 메시지다.

"들어 보아라! 라마에서 통곡소리가 들린다.

목 놓아 슬피 우는 소리다.
라헬이 자식을 잃고 우는 소리,
위로받기를 마다하고 우는 소리다.
그녀의 자식들, 다 가 버렸다.
멀리 포로로 잡혀가 버렸다."
그러나 **하나님**께서 말씀하신다. "그칠 줄 모르는 통곡, 이제 그쳐라.
네 눈물을 거두어라.
이제 네 비탄의 삯을 받아라." **하나님**의 포고다.
"네 자식들이 다시 집으로 돌아올 것이다!
그러니, 희망을 가져라." **하나님**의 포고다.

18-19 "내가 에브라임이 참회하는 소리를 들었다.
그렇다. 그가 이렇게 말하는 것을 분명히 들었다.
'주께서 저를 길들이셨습니다.
야생마 같던 저를 꺾으시고 안장을 지우셨습니다.
이제 고분고분해진 저를 사용해 주십시오.
주님은 저의 **하나님**이십니다.
제멋대로 날뛰던 지난 세월을 뉘우칩니다.
주께 길들여진 나,
제멋대로 굴었던 지난 과거를 부끄러워합니다.
부끄러워 가슴을 칩니다.
이 부끄러움을 씻을 수 있겠는지요?'

20 오! 에브라임은 내 사랑하는 아들,
내 기뻐하는 자식이다!
그의 이름을 부르기만 해도,
나는 그가 보고 싶어 가슴이 탄다!
사무치게 그를 외쳐 부른다.
애틋한 심정으로 그를 기다린다." **하나님**의 포고다.

21-22 "집으로 돌아오는 길에 이정표를 세워라.
좋은 지도를 구하고,
도로 상태를 점검하여라.
네가 끌려갔던 길이 돌아오는 길이다.
사랑하는 처녀 이스라엘아, 돌아오너라.
네 고향 마을로 돌아오너라.
그동안 네 마음이 얼마나 변덕스러웠느냐?
요동치는 마음을 다잡기까지 얼마나 오래 걸렸느냐?

하나님께서 이 땅에 새로운 것을 창조하실 것이다.
변화시키시는 **하나님**을 맞아들이는 변화된 여인을!"

❦

23-24 이스라엘의 만군의 **하나님**의 **메시지**다. "내가 만사를 완전히 바꾸어 내 백
성을 다시 데려오면, 거리마다 '**하나님**께서 당신을 축복하시기를!', '오 참된 집
이여!', '오 거룩한 산이여!' 같은 옛 시절의 말들이 다시 들릴 것이다. 성읍에서
나 시골에서나, 유다의 모든 백성이 서로 사이좋게 지낼 것이다.

25 내가 너희 지친 몸을 회복시켜 줄 것이다.
너희 지친 영혼에 다시 활력을 불어넣을 것이다."

26 그때에 내가 잠에서 깨어나, 주위를 둘러보았다. 꿀 같은 단잠이었다!

❦

27-28 **하나님**의 포고다. "준비하여라. 농부가 씨를 뿌리듯, 내가 이스라엘과 유다
에 사람의 씨와 짐승의 씨를 뿌릴 날이 오고 있다. 전에는 가차 없이 뽑고 허물
어뜨리고 찢고 부숴뜨렸지만, 이제는 다시 시작하는 그들 곁에서 내가 세워 주
고 심어 줄 것이다.
29 그날이 오면 이런 옛말은 사라지리라.

부모가 덜 익은 사과를 먹더니,
자식들이 배탈이 났다.

30 아니다. 이제 사람은 자기가 지은 죄에 대해서만 대가를 치르게 될 것이다. 네
가 덜 익은 사과를 먹으면, 너만 탈이 날 것이다."

새 언약

31-32 "그렇다. 내가 이스라엘과 유다와 전혀 새로운 언약을 맺을 날이 오고 있
다. 이는 전에 내가 그들의 조상을 이집트 땅에서 인도해 나올 때 그들과 맺은
언약과 다르다. 주인인 내가 약속을 이행했는데도 그들은 그 언약을 깨뜨려 버
렸다." **하나님**의 포고다.
33-34 "그날에 내가 이스라엘과 맺을 전혀 새로운 언약은 이것이다. 내가 나의 법
을 그들 속에 넣어 주겠고—마음판에 새길 것이다!—그들의 하나님이 되어 줄
것이다. 그리고 그들은 나의 백성이 될 것이다. 그들은 **하나님**에 대해 가르치
는 학교를 더 이상 세울 필요가 없으리라. 둔한 자든 영리한 자든, 이해가 빠른
자든 느린 자든, 그들은 직접 나를 알게 될 것이기 때문이다. 내가 그들의 과거
를 모두 청산해 줄 것이다. 나는 그들이 죄를 지었다는 사실조차 잊어버릴 것이

다!" 하나님의 포고다.

[35] 해로 낮을 밝히시고 달과 별들로 밤을 밝히시며,
대양을 뒤흔들어 큰 물결을 일으키시는,
그 이름 만군의 하나님의 메시지다.

[36] "이 우주의 질서가 무너져
내 앞에서 다시 혼돈 속으로 빠져드는 일이 없는 한,
이스라엘 민족이 허물어져
내 앞에서 사라지는 일은 없을 것이다." 하나님의 포고다.

[37] 하나님의 메시지다.

"누가 막대기로 하늘을 측량하거나
땅을 밑바닥까지 파 들어갈 수 있다면 모를까,
이스라엘이 저지른 역겨운 죄 때문에
내가 그들을 버리는 일은 없을 것이다." 하나님의 포고다.

[38-40] "보아라. 하나님의 도성이 재건될 날이 다가온다. 하나넬 요새부터 '모퉁이
문'에 이르기까지, 전체가 재건될 것이다." 하나님의 포고다. "완성된 도성은 서
쪽으로 가렙 언덕까지 뻗고, 거기서 돌아 고아까지 이를 것이다. 불탄 시체 더
미가 쌓인 남쪽 골짜기 전역—죽음의 골짜기!—과 북쪽 '말 문'에서 동쪽 기드
론 시내까지 펼쳐진 계단 모양의 들판 전체가 나를 위한 거룩한 곳으로 구별될
것이다.
이 도성이 다시는 허물어지거나 파괴되지 않을 것이다."

예레미야가 아나돗의 밭을 사다

32

[1-5] 유다 왕 시드기야 십년에 예레미야가 하나님께 받은 메시지다. 느
부갓네살 십팔년이 되던 해다. 이때에 바빌론 왕의 군대가 예루살렘
을 포위했다. 예레미야는 왕궁 감옥에 갇혀 있었다. 유다 왕 시드기야가 그를
잡아 가두며 말했다. "당신은 '하나님께서 말씀하신다. 내가 네게 경고한다. 내
가 이 도성을 바빌론 왕에게 넘겨주고 그의 차지가 되게 할 것이다. 유다 왕 시
드기야도 이 도성과 함께 갈대아 사람들에게 넘겨질 것이다. 그는 바빌론 왕 앞
에 끌려갈 것이며, 그 앞에서 응당한 처벌을 받아야 할 것이다. 그는 바빌론으
로 끌려가서, 내가 다시 찾을 때까지 거기 머물게 될 것이다. 하나님의 포고다.
원한다면, 바빌론 사람들에게 맞서 싸워 보아라. 그래 봐야 아무 소용없을 것이

다' 하고 설교했소. 어떻게 감히 그런 설교를 한단 말이오?"
6-7 예레미야가 말했다. "하나님의 메시지가 내게 임했습니다. '준비하여라! 너
의 숙부 살룸의 아들 하나멜이 너를 보러 오는 중이다. 그가 와서 "아나돗에 있
는 내 밭을 사십시오. 그 밭을 살 수 있는 법적 권한이 당신에게 있습니다" 할
것이다.'
8 그런데 하나님께서 말씀하신 대로, 정말 나의 사촌 하나멜이 감옥에 있는 나
를 찾아와서 말했습니다. '베냐민 영역 아나돗에 있는 내 밭을 사십시오. 그것을
가문의 재산으로 소유할 법적 권한이 당신에게 있으니, 그 밭을 사서 차지하십
시오.'
나는 그것이 하나님의 메시지라는 것을 알았습니다.
9-12 그래서 사촌 하나멜의 소유였던 그 밭을 샀습니다. 나는 그에게 은 열일곱
세겔을 지불했습니다. 그리고 필요한 절차를 모두 밟았습니다. 증인들 앞에서
매매계약서를 작성하고 봉인했으며, 저울에 돈의 무게를 달았습니다. 그러고
나서 구매증서들—계약 내용과 조건이 적힌 봉인된 문서와 봉인되지 않은 문서
—을 마세야의 손자요 네리야의 아들인 바룩에게 주었습니다. 나는 내 사촌 하
나멜과 증서에 서명한 증인들이 지켜보는 앞에서 이 모든 일을 행했고, 그날 감
옥에 있던 유다 사람들도 이 일을 지켜보았습니다.
13-15 그 다음에, 나는 그들 모두가 보는 앞에서 바룩에게 말했습니다. '이는 만군
의 하나님, 이스라엘의 하나님께서 내리시는 명령이다. 이 문서들을—봉인된
문서와 봉인되지 않은 문서 둘 다—가져다가 옹기그릇 안에 안전하게 넣어 두
어라. 만군의 하나님, 이스라엘의 하나님께서 말씀하신다. "이제 사람들이 정상
적인 생활을 되찾을 것이다. 집과 밭과 포도원을 사는 일이 다시 시작될 것이다."'
16-19 네리야의 아들 바룩에게 그 증서들을 넘겨준 다음, 나는 하나님께 기도했습
니다. '사랑하는 하나님, 나의 주님, 주께서는 크신 능력으로—한 번의 손짓만으
로!—땅과 하늘을 창조하셨습니다. 주께는 불가능이란 없습니다. 주님은 천 대
에 이르기까지 한결같은 사랑을 보여주십니다. 그러나 주님은 부모가 지은 죄
의 결과를 자녀가 지고 살게도 하십니다. 크고 능하신 하나님, 그 이름 만군의
하나님, 확고한 목적을 세우시며 뜻하신 바를 반드시 이루어 내시는 주께서는
사람이 행하는 모든 일을 보십니다. 그들이 살아온 길과 행한 일에 따라 합당하
게 다루십니다.
20-23 주께서는 이집트에서 표징과 기적을 행하셨고, 바로 이 순간까지도 여기 이
스라엘과 다른 모든 곳에서 그 같은 일을 행하고 계십니다. 주께서는 스스로 이
름을 떨치셨으며, 그 명예는 결코 실추되는 법이 없습니다. 주께서는 표징과 기
적들로, 한 번의 손짓만으로 주의 백성을 이집트에서 구해 내셨습니다. 강력한
구원의 일을 행하셨습니다! 주께서는 조상들에게 엄숙히 약속하신 대로, 그들
에게 기름지고 비옥한 이 땅을 주셨습니다. 그러나 그들이 땅을 차지하게 되자,
주의 말씀 듣기를 거부했습니다. 그들은 주께서 명하신 일들을 지켜 행하지 않
았습니다. 주께서 그들에게 이르시는 말씀을 한 마디도 듣지 않았습니다. 그래

서 주님은 그들에게 이 재앙을 내리셨습니다.
24-25 오, 이 도성을 점령하려고 저들이 세운 포위 공격용 축대들을 보십시오. 살
육과 기아와 질병이 우리 코앞에 닥쳤습니다. 바빌론 사람들이 공격해 옵니다!
주의 말씀이 이제 이루어지고 있습니다. 눈앞에서 매일 벌어지고 있습니다! 그
러나 주 **하나님**, 주께서는 바빌론 사람들에게 도성이 넘어갈 것이 확실한 상황
에서 제게 또 말씀하셨습니다. 그 밭을 현금을 주고 사라고, 반드시 증인들을
세워 두라고 말씀하셨습니다.'"

26-30 **하나님**의 **메시지**가 다시 예레미야에게 임했다. "깨어 있어라! 나는 **하나님**
이다. 살아 있는 모든 것의 하나님이다. 내가 할 수 없는 일이 무엇이겠느냐?
그러니 **하나님**의 **메시지**에 귀 기울여라. 내가 분명히 이 도성을 바빌론 사람들
과 바빌론 왕 느부갓네살에게 넘겨줄 것이다. 그가 이 도성을 점령할 것이다.
갈대아 사람들이 쳐들어와 이 도성을 불태울 것이다. 지붕 위에서 바알에게 제
물을 바치고 수도 없이 많은 우상숭배로 나를 격노케 한 자들의 집이 모두 불탈
것이다. 그들이 나를 노하게 한 것이 이번이 처음은 아니다. 이스라엘과 유다
백성은 이미 오래전부터 그렇게 해왔다. 내가 혐오하는 악을 행하여 나를 진노
케 했다." **하나님**의 포고다.
31-35 "이 성읍은 처음 건설된 날부터 나를 진노케 했고, 나는 참을 만큼 참았다.
그러나 이제는 그것을 멸하려고 한다. 이스라엘과 유다 백성의 사악한 삶을 더
는 봐줄 수 없다. 왕, 지도자, 제사장, 설교자, 시골사람, 성읍사람 할 것 없이
다들 의도적으로 내 진노를 돋운다. 그들에게 사는 길을 가르치려고 그토록 애
썼건만, 그들은 내게 등을 돌렸다. 내 얼굴도 보지 않는다! 그들은 귀 기울여 듣
지 않고 가르침 받기를 거절했다. 그들은 나를 높이려고 세운 성전 안에 역겨운
신상과 여신상들을 두기까지 했다. 극악무도한 신성모독이다! 그들은 힌놈 골
짜기에 바알 산당을 세우고, 거기서 자식들을 몰록 신에게 불살라 바치며—내가
상상조차 해본 적 없는 악이다!—온 나라를 죄악의 소굴로 만들어 버렸다."

36 "너희는 '이 도성이 살육과 기근과 염병을 겪고 바빌론 왕의 손에 넘어갈 것이
다' 하고 말하는데, 나 이스라엘의 **하나님**이 이 도성에 주는 **메시지**를 들어라.
37-40 두고 보아라! 내가 격노하여 그들을 여러 나라로 쫓아내겠지만, 언젠가 다
시 모아들일 것이다. 그렇다. 그들을 다시 이곳으로 데려와서 평화롭게 살게 할
것이다. 그들은 나의 백성이 되고, 나는 그들의 하나님이 될 것이다. 그들이 한
마음으로 나를 높이게 하여, 그들뿐 아니라 그 후손들도 복된 삶을 살게 할 것
이다. 내가 그들과 영원한 언약을 맺어, 어떤 일이 있더라도 그들 곁을 지키며
그들을 보호할 것이다. 나는 그들이 한마음과 한 뜻으로 나를 늘 존귀히 여기게
하여, 내게 등을 돌릴 생각조차 못하게 만들 것이다.

41 내가 참으로 그들을 기뻐하리라! 참으로 기꺼이 좋은 것을 그들에게 베풀리
라! 내가 온 마음을 다해 그들을 이 나라에 심을 것이며, 이곳에서 그들을 지키
리라!'
42-44 그렇다. 이는 **하나님**의 **메시지**다. '내가 분명히 이 백성에게 엄청난 재앙
을 내리겠지만, 놀라운 번영도 가져올 것이다. 내가 약속한다. 이 나라에서 밭
을 사고파는 일이 재개될 것이다. 너희가 바빌론 사람들에게 짓밟혀, 영영 사람
이 살 수 없는 황무지가 될 것이라고 생각하는 이 나라에서 말이다. 그렇다. 사
람들이 다시 농장을 살 것이다. 구매증서를 작성하고, 문서를 봉인하고, 합당한
증인들을 세우며, 법적인 절차를 따라 살 것이다. 바로 여기 베냐민 영토에서,
예루살렘 주변에서, 유다와 산간지역 주변에서, 세벨라와 네겝에서 말이다. 너
희가 잃은 모든 것을 내가 회복시킬 것이다.' **하나님**의 포고다."

예루살렘과 유다의 회복에 대한 약속

33

1 예레미야가 아직 감옥에 갇혀 있을 때, **하나님**께서 두 번째 **메시지**
를 그에게 주셨다.
2-3 "**하나님**, 땅을 만들되 생명체가 살기에 알맞고 든든한 곳으로 세운 이, 온 세
상에 **하나님**으로 알려진 이의 **메시지**다. 나를 불러라. 내가 응답할 것이다. 너
스스로는 결코 깨닫지 못할 경이롭고 놀라운 것들을 너에게 말해 줄 것이다.
4-5 **하나님** 이스라엘의 하나님이, 이 성읍에서 일어나고 있는 일에 대해 말한다.
백성의 집과 왕의 집들이 무너졌고, 전쟁의 피해를 입었으며, 갈대아 사람들이
학살을 저질렀고, 거리에는 나의 불같은 진노로 인해 죽은 자들의 시체가 널브러
져 있다. 내 속을 뒤집어 놓은 악행 때문에 이 성읍에서 이 모든 일이 벌어졌다.
6-9 그러나 이제 다시 보아라. 내가 이 성읍을 안팎으로 치료하여 완전히 새롭게
세울 것이다. 그들에게 온전한 삶, 복이 넘치는 삶을 보여줄 것이다. 유다와 예
루살렘이 잃었던 모든 것을 되찾고, 모든 것을 처음처럼 다시 세울 것이다. 그
들이 내게 지은 죄의 얼룩을 깨끗이 씻어 주고, 내가 그들이 행한 잘못과 반역
을 모두 용서해 줄 것이다. 그리하여 세상 모든 나라가 예루살렘으로 인해 내게
기쁨과 찬양과 영광을 돌릴 것이다. 내가 이 성읍에 베풀 온갖 좋은 일을 만민
이 전해 들을 것이다. 내가 이 성읍에 쏟아부을 복을 보며 그들 모두가 경외심
을 품게 될 것이다.
10-11 그렇다. **하나님**의 **메시지**다. 너희는 이곳, 유다의 텅 빈 마을과 예루살렘의
황폐한 거리를 보며 '황무지다. 살 수 없는 곳이다. 들개도 살 수 없다' 할 것이
다. 그러나 이곳에 웃음소리, 축제소리, 결혼 축하연소리가 들리게 될 날이 오
리라. 그날이 오면, 사람들이 **하나님**의 성전에 감사의 제물을 바치며 큰소리로
외칠 것이다. '만군의 **하나님**께 감사하여라. 그분은 선하시다! 그분의 사랑은
다함이 없다.' 내가 이 땅이 잃은 모든 것을 회복시켜 주리라. 모든 것을 새롭게
하리라. 나 **하나님**의 말이다.
12-13 만군의 **하나님**이 말한다. '머지않아 들개도 살 수 없을 만큼 황폐해질 이곳

이지만, 장차 목자들이 자기 양 떼를 보살피는 초장이 될 것이다. 사방에서―세벨라와 네겝 주변의 산들에서, 베냐민 영토 전역에서, 예루살렘과 유다 주변에서―양 떼를 보게 되리라. 목자들이 양 한 마리 한 마리를 세심하게 보살필 것이다.' 나 **하나님**의 말이다."

하나님의 언약

14-18 "**하나님**의 포고다. 두고 보아라. 내가 이스라엘과 유다 가문에게 한 약속을 이룰 날이 올 것이다. 그날이 오면, 나는 '다윗 나무'에서 새롭고 참된 한 가지가 돋아나게 할 것이다. 그가 이 나라를 정직하고 공평하게 다스릴 것이다. 그가 모든 일을 바로잡을 것이다. 그날이 오면, 유다가 평안을 누리고 예루살렘이 안전한 곳이 되리라. 사람들은 그 성읍을 두고 '**하나님**께서 우리를 위해 만사를 바로잡으셨다'고 말할 것이다. 나 **하나님**이 분명히 말하건대, 이스라엘 백성을 통치할 다윗 후손이 끊어지지 않을 것이다. 번제와 곡식 제물과 희생 제물을 바쳐 나를 높일 레위 지파 제사장들도 끊어지지 않을 것이다."

19-22 예레미야에게 임한 **하나님**의 메시지다. "**하나님**이 말한다. 내가 낮과 밤과 맺은 언약이 깨어져 낮과 밤이 무질서해지고, 언제 밤이 되고 언제 낮이 될지 알 수 없는 일이 벌어지지 않는 한, 내가 나의 종 다윗과 맺은 언약이 깨지거나 그의 후손이 더 이상 통치하지 못하게 될 일은 결코 없을 것이다. 나를 섬기는 레위 지파 제사장들의 경우도 마찬가지다. 하늘의 별들을 다 셀 수 없고 바닷가 모래알을 다 헤아릴 수 없듯이, 너희는 나의 종 다윗의 후손과 나를 섬기는 레위인의 수를 다 셀 수 없을 것이다."

23-24 예레미야에게 임한 **하나님**의 메시지다. "너는 들어 보았느냐? '**하나님**께서 전에 택하신 두 가문, 곧 이스라엘과 유다를 이제 내쳐 버리셨다'는 소문을. 너는 보았느냐? 내 백성이 멸시를 받고 별 볼 일 없는 자들이라고 무시당하는 모습을.

25-26 자, **하나님**의 응답이다. '내가 낮과 밤과 맺은 언약이 건재하고, 하늘과 땅이 내가 정한 대로 움직이는 한, 내가 야곱과 나의 종 다윗의 후손을 내치거나 다윗의 후손 중에 아브라함과 이삭과 야곱의 후손을 다스릴 자들을 세우던 것을 그치는 일은 결코 없을 것이다. 나는 그들이 잃은 것 전부를 되찾게 해줄 것이다. 그들에게 자비를 베풀 것이다. 이것이 나의 최종 결정이다.'"

시드기야 왕에 대한 예언

34

1 바빌론 느부갓네살 왕이 그의 군대와 동맹군과 소집 가능한 병력을 총동원하여 예루살렘과 그 주변 성읍들을 전면적으로 공격해 왔

을 때, 예레미야에게 임한 **하나님**의 **메시지**다.

2-3 "나 **하나님**, 이스라엘의 하나님이 말한다. 너는 유다 왕 시드기야에게 가서 이렇게 전하여라. '**하나님**의 **메시지**다. 내 말을 잘 들어라. 내가 이제 이 도성을 바빌론 왕에게 넘겨줄 텐데, 그로 인해 이 도성이 잿더미가 될 것이다. 빠져나갈 생각은 아예 마라. 너는 붙잡혀서 그의 죄수가 될 것이다. 너는 바빌론 왕을 직접 대면하고 바빌론으로 끌려갈 것이다.

4-5 유다 왕 시드기야야, **하나님**의 **메시지**를 끝까지 들어라. 네가 살해되는 일은 없을 것이다. 너는 평화롭게 죽을 것이다. 사람들은 너의 조상과 선왕들에게 한 것처럼, 너의 장례도 잘 치러 줄 것이다. "왕이시여, 왕이시여!" 하며 예법에 따라 너의 죽음을 애도할 것이다. 이것은 엄숙한 약속이다. **하나님**의 포고다.'"

6-7 예언자 예레미야가 예루살렘의 유다 왕 시드기야에게 이 **메시지**를 전했다. 한 자도 빠뜨리지 않고 그대로 전했다. 그때 바빌론 왕은 예루살렘과 유다의 남은 성읍을 향해 맹공격을 퍼붓고 있었다. 그때까지 함락되지 않고 남은 유다의 요새는 라기스와 아세가, 두 곳뿐이었다.

8-10 **하나님**께서 예레미야에게 **메시지**를 전하셨다. 시드기야 왕이 남녀 히브리 종을 해방시켜 주겠다는 언약을 예루살렘 백성과 맺은 다음이었다. 유다에서는 누구도 동족 유다 사람을 종으로 소유해서는 안된다는 것이 언약의 내용이었다. 그 언약에 서명한 모든 지도자와 백성은 그들이 종으로 부리던 남종과 여종 모두를 해방시켜 주었다.

11 그러나 얼마 지나지 않아 그들은 그 언약을 어기고, 전에 부리던 자들을 강제로 끌고 가 다시 종으로 삼았다.

12-14 그때 **하나님**께서 예레미야에게 **메시지**를 주셨다. "**하나님** 이스라엘의 하나님이 말한다. 나는 이집트에서 종으로 있던 너희 조상을 구해 주고 그들과 언약을 맺었다. 그때 내가 분명히 말했다. '네 동족 히브리 사람이 어쩔 수 없이 자신을 팔아 너의 종이 되더라도, 일곱 해째에는 그를 해방시켜 주어야 한다. 그가 여섯 해 동안 너를 섬겼으면, 이후에는 그를 자유롭게 풀어 주어야 한다.' 그러나 너희 조상은 내 말을 완전히 무시했다.

15-16 그렇다면 너희는 어떠했느냐? 처음에는 너희가 바른 길로 돌아섰고 바른 일을 행했다. 형제자매들에게 자유를 선언했다. 그것도 내 성전에서, 엄숙한 언약을 통해 공식적으로 그렇게 했다. 그러나 너희는 금세 돌변하여 너희가 했던 약속을 깨뜨렸다. 나와의 언약을 우습게 여겨, 얼마 전에 풀어 주었던 그들을 다시 종으로 삼았다. 그들을 강제로 다시 종이 되게 했다.

17-20 그러므로 나 **하나님**이 말한다. 너희는 내 말에 순종하지 않았다. 너희 형제자매들을 풀어 주지 않았다. 그러니 이번에는 내가 너희를 풀어 주겠다. **하나님**의 포고다. 너희를 전쟁과 염병과 기근이 판치는 도살장에 풀어 주겠다. 너희를 공포의 주인공으로 만들겠다. 너희 모습을 보고 온 세상 사람이 무서워 떨 것이

다. 나는 내 언약을 어긴 자들, 송아지를 두 토막으로 가르고 그 사이로 걸어가는 언약 의식으로 엄숙히 맹세한 언약을 이행하지 않은 자들, 그날 두 토막 난 송아지 사이로 걸어갔던 유다와 예루살렘의 지도자, 왕궁 관리, 제사장과 나머지 백성 모두를, 그들의 목숨을 노리는 적들에게 넘겨줄 것이다. 독수리와 들개가 그들의 시체를 먹어 치울 것이다.

21-22 유다 왕 시드기야와 그의 고관들도, 그들의 목숨을 노리는 적들에게 넘겨줄 것이다. 바빌론 왕의 군대가 잠시 물러가겠지만, 곧 다시 올 것이다. 내가 명령을 내려 그들을 다시 이 도성으로 불러올 것이기 때문이다. 그들이 쳐들어와 이 땅을 점령하고 모두 불태워 잿더미로 만들 것이다. 유다 주변의 성읍들도 같은 운명을 맞을 것이다. 그 성읍들도 사람이 살 수 없는 곳, 텅 빈 곳으로 만들 것이다." **하나님**의 포고다.

레갑 사람들

35

1 십 년 전 요시야의 아들 여호야김이 이스라엘의 왕으로 다스리던 때에, 예레미야가 **하나님**께 받은 메시지다.

2 "레갑 공동체를 찾아가거라. 그들에게 **하나님**의 성전 어느 방에서 만나자고 전하고, 그 방에서 그들에게 포도주를 대접하여라."

3-4 나는 그 길로 가서 하바시냐의 손자요 예레미야의 아들인 야아사냐와 그의 형제와 아들들—레갑 공동체 전체—을 만나, 그들을 **하나님**의 성전 안, 하난의 회합실로 데리고 들어갔다. 하난은 익다랴의 아들로 하나님의 사람이다. 그 방은 성전 관리들의 회합실 바로 옆이었고, 살룸의 아들이자 성전 일을 맡고 있는 마아세야의 방 바로 위였다.

5 거기서 내가 레갑 집안 사람들 앞에 포도주가 담긴 잔과 주전자를 내놓으며 권했다. "드시지요!"

6-7 그러나 그들은 마시려 하지 않았다. "우리는 포도주를 마시지 않습니다." 그들이 말했다. "우리 조상 레갑의 아들 요나답이 이르기를, '너희와 너희 자식들은 절대 포도주를 마시지 마라. 집을 짓거나, 밭이나 동산이나 포도원을 경작하며 정착생활을 해서도 안된다. 재산을 소유하지 마라. 유랑민처럼 장막을 치고 살아라. 그러면 너희 유랑생활이 복되고 번창할 것이다'라고 했습니다.

8-10 우리는 그렇게 해왔습니다. 레갑의 아들 요나답이 명령한 대로 따랐습니다. 우리와 우리 아내와 우리 아들과 딸들은 포도주를 전혀 마시지 않습니다. 우리는 집을 짓지도, 포도원이나 밭이나 동산을 소유하지도 않습니다. 우리는 유랑민들처럼 장막을 치고 삽니다. 우리는 우리 조상 요나답의 말씀에 순종했고, 그가 명령한 모든 것을 지켰습니다.

11 그런데 바빌론 왕 느부갓네살이 우리 땅에 쳐들어왔을 때, 우리는 '갈대아 군대와 아람 군대를 피해 예루살렘으로 가자. 안전한 장소를 찾아가자'고 의견을 모았습니다. 그래서 지금 우리가 여기 예루살렘에 살고 있는 것입니다."

12-15 그때 **하나님**께서 예레미야에게 **메시지**를 주셨다. "나 만군의 **하나님**, 이스
라엘의 하나님이 말한다. 너는 유다 사람과 예루살렘 주민에게 가서 내 말을 전
하여라. '어째서 너희는 교훈을 얻으려 하지 않느냐? 어째서 내 말을 따르지 않
느냐?' **하나님**의 포고다. '레갑의 아들 요나답이 자손들에게 내린 명령은 그야
말로 철두철미하게 준행되었다. 요나답은 그들에게 포도주를 마시지 말라고 했
고, 그들은 오늘까지 한 방울의 포도주도 입에 대지 않았다. 그들은 조상이 내
린 명령을 존중하여 순종했다. 그런데 너희는 어떠냐! 너희 주의를 끌고자 내가
그토록 수고하였는데도, 너희는 계속 나를 무시했다. 나는 거듭거듭 너희에게
예언자들을 보냈다. 나의 종인 그들은 이른 아침부터 밤늦게까지 너희에게 외쳤
다. 삶을 바꾸고 악한 과거에서 돌이켜 옳은 일을 행하며, 다른 신들을 좇아가지
말고, 내가 너희 조상에게 준 이 나라에 정착해 신실하게 살아가라고 말했다.
15-16 그런데 내게 돌아온 것이 무엇이냐? 귀를 틀어막은 너희의 모습뿐이다. 레
갑의 아들 요나답의 자손들은 조상이 내린 명령을 그토록 철두철미하게 따랐는
데, 내 백성은 나를 무시한다.'
17 그러므로 앞으로 이렇게 될 것이다. 만군의 **하나님**, 이스라엘의 하나님이 말
한다. '내가 유다와 예루살렘의 모든 백성에게 재앙을 내릴 것이다. 이미 경고한
그 재앙이 임할 것이다. 내가 말할 때에 너희가 귀를 막았고, 내가 부를 때에 너
희가 등을 돌렸기 때문이다.'"
18-19 그러고 나서, 예레미야가 레갑 공동체를 향해 말했다. "만군의 **하나님**, 이
스라엘의 하나님께서 너희에게 이르시는 말씀이다. '너희는 너희 조상 요나답이
너희에게 이른 대로 행했고, 그의 명령에 순종했으며, 그의 지시를 철저히 따랐
다. 그러므로 나 만군의 **하나님**, 이스라엘의 하나님이 내리는 이 **메시지**를 받아
라. 레갑의 아들 요나답의 자손 가운데서 나를 섬길 사람이 끊어지지 않으리라!
언제까지나!'"

바룩이 성전에서 두루마리를 낭독하다

36

1 유다 왕 요시야의 아들 여호야김 사년에, **하나님**께서 예레미야에
게 **메시지**를 주셨다.
2 "두루마리를 구해서, 요시야 때부터 오늘에 이르기까지 내가 이스라엘과 유다
와 다른 모든 민족에 대해 네게 말한 내용을 전부 적어라.
3 행여 유다 공동체가 알아들을지도 모른다. 내가 내리려는 재앙을 그들이 마침내
깨닫고 악한 삶에서 떠나면, 내가 그들의 고집과 죄를 용서하게 될지도 모른다."
4 예레미야는 네리야의 아들 바룩을 불렀다. 바룩은 **하나님**께서 예레미야에게
하신 모든 말씀을 예레미야가 불러 주는 대로 두루마리에 받아 적었다.
5-6 그런 다음에 예레미야가 바룩에게 말했다. "나는 감시받는 몸이어서 **하나님**
의 성전에 갈 수 없으니, 나를 대신하여 그대가 가야 하오. 성전에 들어가서, 내
가 불러 주는 대로 받아 적은 이 말씀 전부를 그대가 낭독하여 들려주시오. 모
두가 그대의 말을 들을 수 있는 금식일을 기다렸다가 낭독하시오. 유다의 여러

성읍에서 온 모든 사람이 이 말씀을 듣게 하시오.
7 그들이 기도하기 시작하면, **하나님**께서 그들의 기도를 들어주실지 모르오. 그
들이 악한 길에서 돌이킬지 모르오. 이는 참으로 중대한 문제요. **하나님**께서 얼
마나 노하셨는지 그들에게 분명히 알리시니 말이오!"
8 네리야의 아들 바룩은 예언자 예레미야가 지시한 대로, 하나님의 성전으로 가
서 그가 두루마리에 적은 **하나님**의 **메시지**를 읽었다.

9 때는 유다 왕 요시야의 아들 여호야김 오년 십이월이었다. 예루살렘 주민과
유다 성읍에서 온 사람들 모두가 예루살렘에 모여 **하나님** 앞에서 금식하고 있
었다.
10 바룩이 두루마리를 가지고 성전에 들어가 사람들 앞에서 예레미야의 말을 낭
독했다. 낭독한 곳은 서기관 사반의 아들 그마랴의 회합실이었는데, 그 방은 **하**
나님의 성전 '새 대문' 어귀의 위 뜰에 있었다. 모든 사람이 그의 말을 잘 들을
수 있었다.
11-12 그마랴의 아들 미가야가 두루마리에 기록된 **하나님**의 **메시지**를 듣고서는,
즉시 왕궁에 있는 서기관의 방으로 갔다. 마침 고관들이 거기 모여 회의를 하고
있었다. 서기관 엘리사마와 스마야의 아들 들라야와 악볼의 아들 엘라단과 사
반의 아들 그마랴와 하나냐의 아들 시드기야 등 모든 고관이 그곳에 있었다.
13 미가야는 바룩이 낭독한 내용을 들은 대로 보고했고, 고관들은 귀 기울여 들
었다.
14 그들은 즉시 구시의 증손이요 셀레먀의 손자요 느다냐의 아들인 여후디를 바
룩에게 보내어, "그대가 백성에게 읽어 준 두루마리를 가져오시오" 하고 명령했
다. 그래서 바룩이 그 두루마리를 가지고 그들에게 갔다.
15 고관들은 그에게 "거기 앉아서, 그 두루마리를 우리에게 낭독해 주시오" 하고
말했다. 바룩은 그들에게 낭독하여 들려주었다.
16 그 모든 말씀을 들은 그들은 몹시 당황했다. 그들은 서로 말을 주고받더니,
"우리가 이것을 왕에게 전부 보고해야겠소" 하고 말했다.
17 그들이 바룩에게 청했다. "말해 주시오. 어떻게 이 모든 말씀을 적게 된 것이
오? 예레미야의 말을 받아 적은 것이오?"
18 바룩이 말했다. "그렇습니다. 그의 입에서 나오는 대로 한 자 한 자 펜과 잉크
로 받아 적었습니다."
19 고관들이 바룩에게 말했다. "당신은 여길 떠나야 하오. 가서, 예레미야와 같
이 숨어 지내시오. 당신들이 어디 있는지 누구도 알아서는 안되오!"
20-21 고관들이 그 두루마리를 서기관 엘리사마의 집무실에 보관하여 두고 왕궁
뜰로 가서 왕에게 보고했다. 왕은 여후디를 보내어 그 두루마리를 가져오게 했
다. 여후디가 서기관 엘리사마의 집무실에서 그것을 가져다가, 왕과 왕을 보좌
하는 고관들 앞에서 낭독했다.
22-23 때는 십이월이었다. 왕은 겨울 별관에서 화롯불 앞에 앉아 있었다. 여후디

가 서너 문단을 읽자, 왕은 자기 주머니칼을 꺼내 그 부분을 두루마리에서 오려
내고 불 속에 던져 버렸다. 이런 식으로 왕은 두루마리 전부를 불에 넣고 태워
버렸다.
24-26 왕과 신하들 모두, 낭독되는 메시지를 듣고 일말의 가책도 느끼지 않았다.
엘라단과 들라야와 그마랴가 두루마리를 태우지 말도록 간청했으나, 왕은 전혀
듣지 않았다. 오히려 왕은, 왕자 여라므엘과 아스리엘의 아들 스라야와 압디엘
의 아들 셀레먀에게 명령하여, 예언자 예레미야와 그의 서기관 바룩을 잡아 오
게 했다. 그러나 **하나님**께서 그들을 숨기셨다.

❖

27-28 예레미야가 불러 주는 대로 바룩이 받아 적은 두루마리를 왕이 불태운 뒤
에, **하나님**께서 예레미야에게 **메시지**를 주셨다. "빈 두루마리를 구해다가, 유다
왕 여호야김이 태워 없앤 처음 두루마리에 적힌 내용을 전부 다시 적어라.
29 그리고 유다 왕 여호야김에게 이 메시지를 보내라. '**하나님**이 말한다. 너는
"바빌론 왕이 와서 이 땅을 파괴하고 이 땅의 모든 것을 전멸시킬 것이라니, 말
이 되는 소린가?" 하면서 감히 두루마리를 불태웠다.
30-31 좋다. **하나님**이 유다 왕 여호야김에게 뭐라고 할지 알고 싶으냐? 들어라.
그의 자손 중에 어느 누구도 다윗 보좌에 앉지 못할 것이다. 그의 시체가 길거
리에 내던져져 낮에는 불볕을, 밤에는 칼바람을 받을 것이다. 내가 여호야김과
그의 자녀와 그의 고관들의 파렴치한 죄를 물어 모두 벌할 것이다. 그동안 경고
했던 재앙, 그들이 믿지 않았던 대재앙을 그들과 예루살렘 모든 주민에게 내릴
것이다.'"
32 예레미야가 다른 두루마리를 가져다가 네리야의 아들 서기관 바룩에게 주었
다. 바룩은 예레미야가 불러 주는 대로, 유다 왕 여호야김이 불태워 없애 버린
내용 전부를 다시 적었다. 어느 정도 추가된 부분이 있었으나 내용은 전과 비슷
했다.

꼭두각시 왕 시드기야

37 1-2 바빌론 왕 느부갓네살이 세운 꼭두각시 왕 요시야의 아들 시드기
야가 여호야김의 아들 여호야긴을 대신하여 유다를 통치하고 있었
다. 그런데 왕과 신하와 백성은 **하나님**께서 예언자 예레미야에게 주신 **메시지**
에 조금도 주의를 기울이지 않았다.
3 어느 날 시드기야 왕이 셀레먀의 아들 여후갈과 마아세야의 아들 제사장 스바
냐를 예언자 예레미야에게 보내어 말했다. "우리를 위해서 우리의 주님이신 **하
나님**께 기도해 주시오. 열심을 다해 기도해 주시오!"
4-5 그때는 예레미야가 백성 가운데 자유롭게 드나들며 활동하던 때로, 아직 감
옥에 갇히기 전이었고, 바로의 군대가 이집트를 출발해 진군해 오고 있었다. 예
루살렘을 포위하고 있던 갈대아 사람들이 이집트 군대가 오고 있다는 소식을

듣고 예루살렘에서 물러갔다.
6-10 그때 하나님께서 예언자 예레미야에게 메시지를 주셨다. "이스라엘의 하나님
이 말한다. 너는 내게 자문을 구하려고 너희를 보낸 유다 왕에게 이 메시지를 전
하여라. '잘 들어라. 너희를 도우러 바로의 군대가 오고 있다만, 그들은 오래 머
물지 않을 것이다. 그들은 여기 도착하자마자 곧 떠나 이집트로 돌아갈 것이다.
그러면 바빌론 사람들이 돌아와 공격을 재개하고, 이 도성을 점령하여 불태울 것
이다. 나 하나님이 너희에게 말한다. 서로 안심시키려고 "바빌론 사람들은 며칠
내로 떠날 것이다" 말하며 스스로를 속이지 마라. 내가 너희에게 말하는데, 그들
은 떠나지 않을 것이다. 설령 너희가 갈대아 공격부대를 모두 격퇴시켜 그들 진
영에 부상병들만 남더라도, 그들이 일어나 이 도성을 불태워 버릴 것이다.'"

11-13 갈대아 군대가 예루살렘에서 물러갔을 때, 예레미야가 개인적 일을 처리
하러 예루살렘을 떠나 베냐민 영토로 건너갔다. 그가 '베냐민 성문'에 이르렀을
때, 거기 수문장이던 하나냐의 손자요 셀레먀의 아들인 이리야가 예언자 예레
미야를 붙잡고 고발하며 말했다. "당신은 지금 갈대아 사람들에게 투항하러 가
고 있소!"
14-16 "그렇지 않소." 예레미야가 항변했다. "갈대아 사람들에게 투항하다니, 생
각도 해본 적 없소."
그러나 이리야는 그 말을 듣지 않았다. 그는 예레미야를 체포해 경비대로 끌고
갔다. 경비대는 몹시 격분하여, 예레미야를 때린 다음 서기관 요나단의 집 감옥
에 가두었다. (그들은 그 집을 감옥으로 사용하고 있었다.) 그렇게 해서 예레미야는 물
웅덩이를 개조한 지하 감옥에 들어가 오랫동안 갇혀 있었다.
17 나중에 시드기야 왕이 사람을 시켜 예레미야를 데려왔다. 왕이 그에게 은밀
히 물었다. "하나님께서 주신 메시지가 있소?"
"물론입니다. 있습니다." 예레미야가 말했다. "왕께서는 바빌론 왕의 손에 넘겨
질 것입니다."
18-20 예레미야가 계속해서 시드기야 왕에게 말했다. "왕께서는 도대체 무슨 이
유로 저를 감옥에 가두신 것입니까? 제가 왕과 왕의 신하들, 그리고 백성에게
죄를 지은 것이 있습니까? 말씀해 보십시오. 바빌론 왕이 왕과 이 땅을 치러 오
는 일은 결단코 없을 것이라고 설교하던 왕의 예언자들은 지금 다 어디에 있습
니까? 내 주인인 왕이시여, 부디 제 말에 귀 기울여 주십시오! 부디 저를 서기
관 요나단의 집 지하 감옥 속으로 다시 보내지 말아 주십시오. 거기 가면 저는
죽습니다!"
21 시드기야 왕은 명령을 내려 예레미야를 왕궁 경비대 뜰에 두었다. 거기서 예레
미야는, 도성에 빵이 동날 때까지 '빵 굽는 자들의 골목'에서 매일 빵을 한 덩어리
씩 배급받았다. 이렇게 해서 예레미야는 왕궁 경비대 뜰에서 지내게 되었다.

예레미야가 웅덩이에 갇히다

38 [1] 예레미야가 온 백성에게 전하는 말을, 맛단의 아들 스바댜와 바스
훌의 아들 그다랴와 셀레먀의 아들 유갈과 말기야의 아들 바스훌이
들었다.
[2] "**하나님**의 메시지다. '이 성읍에 머무는 자는 누구든지 죽임을 당할 것이다.
칼에 찔려 죽거나, 굶어 죽거나, 병들어 죽을 것이다. 그러나 바빌론 사람들에
게 투항하면 목숨을 부지할 것이다.'
[3] **하나님**의 분명한 말씀이다. '이 도성은 반드시 바빌론 왕의 군대에게 멸망당할
것이다. 그에게 점령당할 것이다.'"
[4] 신하들이 왕에게 말했다. "부디, 이 자를 죽이십시오. 그가 살아 있어서는 안
됩니다! 그가 계속 저런 말들을 퍼뜨려서, 아직 도성에 남아 있는 군인과 온 백
성의 사기를 떨어뜨리고 있습니다. 이 자는 이 백성이 잘 되기를 바라지 않습니
다. 그는 우리를 망하게 하려는 자입니다!"
[5] 시드기야 왕이 말했다. "그대들 생각이 그렇다면 뜻대로 하시오. 내가 무슨 힘
이 있다고 그대들에게 반대하겠소."
[6] 그래서 그들이 예레미야를 붙잡아 왕궁 경비대 뜰에 있는 왕자 말기야의 집 물
웅덩이에 빠뜨렸다. 그들은 그를 밧줄에 묶어 내려보냈다. 웅덩이 안에는 물 대
신 진흙뿐이었다. 예레미야는 진흙 속에 빠졌다.
[7-9] 왕궁 관리였던 에티오피아 사람 에벳멜렉은, 사람들이 예레미야를 물웅덩이
속으로 내동댕이쳤다는 소식을 들었다. 그때 왕은 '베냐민 문'에서 나랏일을 보
고 있었는데, 에벳멜렉이 왕궁을 나와 왕에게 달려가 말했다. "내 주인인 왕이
시여, 저 자들이 큰 범죄를 저질렀습니다. 예언자 예레미야를 굶겨 죽이려고 그
를 물웅덩이 속에 던져 넣었습니다. 그는 죽은 목숨이나 다름없습니다. 지금 도
성에는 빵 한 조각 남아 있지 않습니다."
[10] 왕은 에티오피아 사람 에벳멜렉에게 명령을 내렸다. "사람 세 명을 데리고 가
서, 예언자 예레미야가 죽기 전에 어서 물웅덩이에서 꺼내어라."
[11-12] 에벳멜렉이 사람 세 명을 구해 왕궁 의복창고로 가서, 해진 옷 조각 얼마를
얻어 하나로 묶고 밧줄과 함께 물웅덩이 안에 있는 예레미야에게 내려보냈다.
에티오피아 사람 에벳멜렉이 아래에 있는 예레미야를 부르며 말했다. "양쪽 겨
드랑이와 밧줄 사이에 이 해진 옷 조각들을 끼워 넣으십시오."
예레미야가 그의 말을 따랐다.
[13] 그들이 밧줄을 당겨 예레미야를 물웅덩이 밖으로 꺼냈다. 그러나 그는 계속
왕궁 경비대 뜰에 감금되었다.
[14] 후에, 시드기야 왕이 예언자 예레미야를 하나님의 성전 셋째 입구로 불렀다.
왕이 예레미야에게 말했다. "그대에게 물을 것이 있소. 내게 아무것도 숨기지
마시오."
[15] 예레미야가 말했다. "제가 사실대로 말씀드리면, 왕께서는 저를 죽이실 것입
니다. 제가 무슨 말을 하든지, 왕께서는 귀 기울여 듣지 않으실 것입니다."

[16] 시드기야가 그 자리에서 예레미야에게 은밀히 맹세하며 말했다. "우리에게
생명을 주시는 **하나님**께서 살아 계심을 두고 맹세하는데, 나는 결코 그대를 죽
이거나 그대의 목숨을 노리는 자들에게 넘겨주지 않을 것이오."
[17-18] 예레미야가 시드기야에게 말했다. "만군의 **하나님**, 이스라엘의 하나님의
메시지입니다. '만일 네가 바빌론 왕의 장군들에게 투항하면, 너도 살고 이 도성
도 불타지 않을 것이다. 너의 가문은 살아남을 것이다. 그러나 네가 바빌론 왕
의 장군들에게 투항하지 않으면, 이 도성은 갈대아 사람들의 수중에 들어가 모
조리 불타 없어질 것이다. 그들의 손에서 빠져나올 수 있을 것이라는 생각은 꿈
에도 하지 마라.'"
[19] 시드기야 왕이 예레미야에게 말했다. "그러나 나는 갈대아 사람들에게 먼저
투항한 유다 사람들이 두렵소. 그들이 나를 손에 넣으면, 나를 매우 거칠게 다
룰 테니 말이오."
[20-22] 예레미야가 그를 안심시켰다. "그들의 수중에 떨어지는 일은 없을 것입니
다. 부디, **하나님**의 음성에 순종하십시오. 저는 지금 왕을 위해, 왕께서 목숨을
부지하실 수 있게 하려고 이 말씀을 드립니다. 왕께서 투항을 거부할 때 어떤
일이 있을지 **하나님**께서 제게 보여주셨습니다. 상상해 보십시오. 유다 왕의 왕
궁에 남은 여인들 모두가 바빌론 왕의 신하들에게 끌려갑니다. 그들은 끌려가
며 이렇게 말합니다.

'그들이 네게 거짓말을 했다.
친구라고 믿었던 자들이 너를 속였다.
이제 진창에 빠져 옴짝달싹 못하는 네 꼴이라니.
네 친구라는 자들, 지금 모두 어디에 있느냐?'

[23] 왕의 아내와 자식들 모두가 갈대아 사람들에게 넘겨질 것입니다. 그들의 손
에서 빠져나올 수 있으리라 생각하지 마십시오. 왕께서는 바빌론 왕에게 붙잡
힐 것이며, 그가 이 도성을 불태워 허물어 버릴 것입니다."
[24-26] 시드기야가 예레미야에게 말했다. "오늘 우리가 나눈 대화는 비밀로 하는
것이 그대를 위해 좋을 것이오. 고관들이 이 일을 눈치채면, 바로 달려와 말할
것이오. '왕과 무슨 얘기를 했는지 털어놓으시오. 남김없이 자백하면 목숨은 살
려주겠소.' 만일 그런 일이 생기면, 그들에게 이렇게 말하시오. '나는 다만 왕께
나를 요나단의 집 지하 감옥으로 다시 보내지 말아 달라고 간청드렸을 뿐이오.'"
[27] 과연 고관들이 예레미야를 찾아와 물었고, 그는 왕이 지시한 대로 대답했다.
그들은 결국 그냥 돌아갔다. 그 대화를 엿들은 자는 아무도 없었다.
[28] 예레미야는 예루살렘이 점령당하는 날까지 왕궁 경비대 뜰에서 지냈다.

예루살렘이 함락되다

39

1-2 유다의 시드기야 왕 구년 열째 달에, 바빌론의 느부갓네살 왕이 그의 전 병력을 이끌고 와서 예루살렘을 포위했다. 시드기야 십일년 넷째 달 구일에, 마침내 성벽이 뚫렸다.

3 바빌론 왕의 고관들이 성 안으로 모두 들어가 '중앙 대문'에 자리를 잡고 통치 위원회를 꾸렸다. 그들은 심마갈의 네르갈사레셀, 랍사리스 사람 느부사스반, 랍막 사람 네르갈사레셀, 그 밖의 여러 바빌론 왕의 고관들이었다.

4-7 유다 왕 시드기야와 남은 군사들이 그 모습을 보고 도망쳤다. 그들은 야반도주하여, 왕의 동산에 난 길을 따라 두 성벽 사이의 문을 통과하고 광야 쪽 요단 골짜기를 향해 갔다. 바빌론 군대가 그들을 추격해 여리고 광야에서 시드기야를 붙잡았다. 그들이 시드기야를 하맛 지방 리블라에 있는 바빌론 느부갓네살 왕 앞으로 끌고 갔다. 리블라에서 바빌론 왕은 시드기야가 보는 앞에서 그의 아들들을 다 죽이고, 유다의 귀족들도 모두 죽였다. 시드기야가 그 학살을 모두 목격하게 한 뒤에, 느부갓네살은 그의 눈을 멀게 했다. 그 후에 그를 사슬에 묶어 바빌론으로 끌고 갔다.

8-10 바빌론 사람들은 왕궁과 성전과 백성들의 집에 불을 질러 허물어 버렸다. 예루살렘 성벽들도 모두 무너뜨렸다. 경호대장 느부사라단이 도성 안에 남은 자들을 붙잡아서, 투항한 자들과 함께 바빌론으로 끌고 갔다. 아무 가진 것 없는 소수의 가난한 무리는 굳이 데려가지 않았다. 그들을 유다 땅에 남겨 두어, 포도원과 밭을 일구며 생계를 꾸려 가게 했다.

*

11-12 바빌론의 느부갓네살 왕이 예레미야에 대하여 경호대장 느부사라단에게 특별 명령을 내렸다. "그를 데려다가 잘 보살펴 주어라. 절대로 그가 해를 당하지 않게 하고, 무엇을 원하든지 다 해주어라."

13-14 경호대장 느부사라단은 랍사리스 사람 느부사스반과 랍막 사람 네르갈사레셀과 그 밖의 바빌론 왕의 모든 고관들과 함께 왕궁 경비대 뜰로 사람을 보내어, 예레미야를 데려다가 사반의 손자요 아히감의 아들인 그다랴에게 맡겨 집으로 돌아갈 수 있게 해주었다. 그렇게 해서 예레미야는 백성과 더불어 살게 되었다.

*

15-18 전에 예레미야가 왕궁 경비대 뜰에 구금되어 있을 때, 하나님의 메시지가 그에게 임했다. "가서 에티오피아 사람 에벳멜렉에게 전하여라. '만군의 하나님, 이스라엘의 하나님이 말한다. 잘 들어라. 내가 전에 말했던 그 일을 이제 이 도성에 행하려 한다. 이는 흉보다. 너는 이 일을 직접 목격하게 되겠지만, 재앙의 날에 내가 너를 건져 줄 것이다. 너는 네가 두려워하는 그들의 손에 넘겨지지 않을 것이다. 그렇다. 내가 반드시 너를 구해 줄 것이다. 너는 죽임을 당하지

않을 것이다. 털끝 하나 다치지 않고 무사할 것이다. 네가 나를 신뢰했기 때문
이다." **하나님**의 포고다.

40

1 경호대장 느부사라단이 라마에서 예레미야를 풀어 준 뒤에 **하나님**
의 **메시지**가 그에게 임했다. 느부사라단이 예레미야에게 왔을 때,
그는 예루살렘과 유다의 다른 포로들과 함께 사슬에 묶여 바빌론으로 끌려가는
중이었다.
2-3 경호대장이 예레미야를 지목하여 불러 말했다. "그대의 **하나님**께서 이곳에
재앙을 선포하시더니, 과연 **하나님**께서 경고한 대로 행하셨소. 이는 그대들이
하나님 앞에서 죄를 짓고, 그분의 말씀을 따르지 않았기 때문이오. 그대들 모두
가 이렇게 고통을 겪는 것은 바로 그 때문이오.
4-5 그러나 예레미야여, 오늘 내가 그대를 풀어 주고 그대의 손에서 사슬을 벗겨
주겠소. 나와 함께 바빌론으로 가고 싶다면 그렇게 합시다. 내가 그대를 돌보아
주겠소. 그러나 바빌론으로 가는 것을 원치 않는다 해도 괜찮소. 보시오, 그대
앞에 온 땅이 펼쳐져 있소. 그대가 원하는 대로 하시오. 어디든 그대가 원하는
곳으로 가서 사시오. 고향 땅에 머물기를 원한다면, 사반의 손자요 아히감의 아
들인 그다랴에게 돌아가시오. 바빌론 왕께서 그를 유다의 도성 총독으로 삼으
셨소. 그와 함께, 그대의 백성과 더불어 사시오. 어디든 원하는 곳으로 가시오.
당신의 결정에 달렸소."
경호대장은 길에서 먹을 음식과 작별 선물을 들려 주며 그를 떠나보냈다.
6 예레미야는 미스바에 있는 아히감의 아들 그다랴에게 가서, 그와 함께 그 땅
에 남겨진 백성들과 함께 살았다.

유다 총독 그다랴

7-8 바빌론 왕이 아히감의 아들 그다랴를 이 땅의 총독으로 임명하고 바빌론에
포로로 끌려가지 않은 극빈자들과 그들의 자녀들을 그에게 맡겼다는 소식을 듣
자, 들판에 숨어 있던 군지휘관과 부하들이 미스바로 와서 그다랴를 만났다. 그
들은 느다냐의 아들 이스마엘, 가레아의 두 아들 요하난과 요나단, 단후멧의 아
들 스라야, 느도바 부족 에배의 아들들, 마아가 사람의 아들 여사냐, 그리고 그
들의 부하들이다.
9 사반의 손자요 아히감의 아들인 그다랴가 그들에게 약속했다. "그대들은 갈대
아 관리들을 두려워하지 않아도 되오. 여기, 이 땅에 머물러 살면서 바빌론 왕
을 섬기시오. 그러면 모든 일이 다 잘될 것이오.
10 나는 여기 미스바에 머물면서, 갈대아 사람들이 오면 그들 앞에서 그대들을
변호하겠소. 그대들은 땅을 돌보는 일을 맡아 주시오. 포도주를 만들고 여름 과
실을 수확하고 올리브기름을 짜는 일을 맡으시오. 그것들을 도기 그릇에 넣어
잘 저장하고, 어느 성읍이든 그대들이 차지한 곳에 정착해 사시오."

11-12 모압과 암몬과 에돔과 여러 나라로 피신했던 유다 사람들도 바빌론 왕이 유다에 소수의 생존자들을 남겨 두고, 사반의 손자요 아히감의 아들인 그다랴를 총독으로 세웠다는 소식을 들었다. 그들 모두 흩어졌던 곳에서 다시 유다로 돌아오기 시작했다. 그들은 유다 땅 미스바의 그다랴에게 와서 일을 시작했고, 막대한 양의 포도주와 여름 과실을 거두어들였다.

❦

13-14 어느 날 가레아의 아들 요하난과 오지에 숨어 있던 군지휘관들이 미스바에 있는 그다랴를 찾아와 말했다. "아니, 모르신단 말입니까? 암몬 왕 바알리스가 총독님의 목숨을 빼앗으려고 느다냐의 아들 이스마엘을 보냈습니다." 그러나 아히감의 아들 그다랴는 그들의 말을 믿지 않았다.

15 가레아의 아들 요하난은 미스바에서 그다랴를 은밀히 만나 말했다. "제가 가서 느다냐의 아들 이스마엘을 죽이도록 허락해 주십시오. 아무도 모르게 해치우겠습니다. 그 자가 총독님을 죽이고 이 나라를 큰 혼란에 빠뜨리려는 것을 그냥 보고만 있을 수는 없습니다. 총독께서 돌보시는 백성이 다 흩어지고 유다의 남은 자들마저 모두 망할 텐데, 그저 가만히 있을 수는 없지 않습니까?"

16 그러나 아히감의 아들 그다랴는 가레아의 아들 요하난에게 말했다. "그래서는 안되오. 이것은 명령이오. 그대는 이스마엘에 대해 헛소문을 퍼뜨리고 있구려."

41

1-3 일곱째 달에, 엘리사마의 손자요 느다냐의 아들인 이스마엘이 도착했다. 그는 왕족이며 왕의 대신이기도 했다. 그가 부하 열 명을 데리고 미스바에 있는 아히감의 아들 그다랴를 찾아왔다. 그들이 같이 식사를 하는데, 이스마엘과 그가 데리고 온 열 명의 부하들이 갑자기 일어나서 그다랴를 때려눕히고, 바빌론 왕이 그 땅의 총독으로 임명한 그를 죽였다. 또 이스마엘은 그다랴와 함께 미스바에 있던 유다 사람들을 모조리 죽이고, 거기 주둔하고 있던 갈대아 병사들까지 죽였다.

4-5 그다랴가 살해된 다음 날—아직 아무도 그 사실을 몰랐다—수염을 깎고 옷을 찢고 몸에 상처를 낸 사람들 여든 명이 세겜과 실로와 사마리아에서 왔다. 그들은 곡식 제물과 향료를 들고 예루살렘 성전에 예배하러 가는 순례자들이었다.

6 느다냐의 아들 이스마엘이 미스바에서 나와, 보라는 듯이 울며 그들을 영접했다. 그는 그들에게 인사를 건넨 다음, 안으로 초대했다. "들어오셔서 아히감의 아들 그다랴를 만나시지요."

7-8 그러나 순례자들이 도성 안으로 들어선 순간, 느다냐의 아들 이스마엘과 그의 심복들이 그들을 무참히 죽여 시신을 물웅덩이 속에 던져 버렸다. 그런데 그들 가운데 열 사람은 기지를 발휘해 그 상황을 모면했다. 그들은 이렇게 말하며 이스마엘과 흥정을 벌였다. "우리를 죽이지 마시오. 우리 밭에는 밀과 보리와 올리브기름과 꿀을 숨겨 놓은 비밀 창고가 있소." 그러자 이스마엘이 그들을 죽

이지 않고 살려 두었다.
9 이스마엘이 시신들을 물웅덩이에 던진 것은 그다랴 시해 사건을 은폐하기 위
해서였다. 그 물웅덩이는 아사 왕이 이스라엘 왕 바아사의 공격에 맞서 싸울 때
만들어졌는데, 느다냐의 아들 이스마엘은 그 웅덩이를 시신으로 가득 채웠다.
10 그러고 나서 이스마엘은 왕의 딸들을 비롯해 미스바의 모든 사람들, 경호대장
인 느부사라단이 아히감의 아들 그다랴에게 맡긴 모든 사람들을 죄수로 삼았다.
느다냐의 아들 이스마엘은 그들을 포박해 끌고 가서 암몬 땅에 넘기려고 했다.
11-12 가레아의 아들 요하난과 그와 같이 있던 군지휘관들이 느다냐의 아들 이스
마엘이 저지른 극악무도한 일을 전해 들었다. 그들은 즉시 느다냐의 아들 이스마
엘을 잡으러 출동했다. 그들은 기브온에 있는 큰 못 근처에서 그와 맞닥뜨렸다.
13-15 이스마엘에게 잡혀 미스바에서 끌려온 이들은 가레아의 아들 요하난과 지
휘관들을 보고 그들의 눈을 의심했다. 그들은 기뻐 어쩔 줄 몰랐다! 그들은 가
레아의 아들 요하난의 주위로 모여 고향 쪽으로 다시 길을 잡았다. 그러나 느다
냐의 아들 이스마엘은 요하난을 피해 달아났고, 부하 여덟 명과 함께 암몬 땅으
로 넘어갔다.
16 가레아의 아들 요하난과 군지휘관들은, 느다냐의 아들 이스마엘이 아히감의
아들 그다랴를 살해하고 미스바에서 잡아온 사람들—남자와 여자와 아이와 내
시들—모두를 기브온에서 데려왔다.
17-18 그들은 갈대아 사람들을 피하기 위해 즉시 이집트를 향해 떠났다가, 도중
에 베들레헴 근처 게룻김함에서 쉬었다. 그들은 바빌론 왕이 그 지방 총독으로
임명한 아히감의 아들 그다랴를 느다냐의 아들 이스마엘이 살해한 일로 갈대아
사람들이 어떤 보복을 할지 몰라 두려워했다.

백성이 예레미야에게 기도를 부탁하다

42 1-3 가레아의 아들 요하난과 호사야의 아들 여사냐를 비롯한 모든
군지휘관이, 낮은 자에서 높은 자에 이르는 온 백성을 이끌고 예언
자 예레미야를 찾아와 말했다. "간청이 있습니다. 부디 들어주십시오. 우리 남
은 자들을 위해 당신의 **하나님**께 기도해 주십시오. 보시다시피, 우리는 이렇게
적은 수만 살아남았습니다! 당신의 **하나님**께서 우리가 어디로 가며 무엇을 해
야 할지 알려 주시도록 기도해 주십시오."
4 예언자 예레미야가 말했다. "잘 알아들었습니다. 여러분의 간청대로, 내가 여
러분의 **하나님**께 기도하겠습니다. **하나님**께서 무슨 말씀을 하시든지, 그대로
전해 드리겠습니다. 아무것도 숨기지 않고 다 알려 드리겠습니다."
5-6 그들이 예레미야에게 말했다. "참되고 신실한 증인이신 **하나님** 앞에서 맹세
합니다. 우리는 **하나님**께서 당신을 통해 우리에게 하시는 말씀을 따르겠습니
다. 그 내용이 좋든지 싫든지, 모두 따르겠습니다. 우리 **하나님**께서 무슨 말씀
을 하시든지 순종하겠습니다. 우리를 믿어 주십시오. 우리는 반드시 그렇게 할
것입니다."

7-8 열흘 후에, **하나님**의 **메시지**가 예레미야에게 임했다. 그가 가레아의 아들 요
하난과 모든 군지휘관과 지위고하를 막론한 온 백성을 한자리에 불러 모았다.
9-12 예레미야가 말했다. "이스라엘의 하나님의 **메시지**입니다. 여러분이 나를 보
내 여러분의 간구를 전해 달라고 간청했는데, 그분께서 말씀하십니다. '너희가
이 땅에 머물며 살기로 각오하면, 내가 너희를 세워 줄 것이다. 너희를 허물어
뜨리지 않을 것이다. 너희를 심되, 잡초처럼 뽑아 버리지 않을 것이다. 내가 재
앙을 내렸지만 내가 너희를 불쌍히 여기니, 너희는 바빌론 왕을 두려워하지 않
아도 된다. 그럴 필요가 없다. 내가 너희 편이며, 그가 어떻게 하든지 내가 너희
를 구하고 건져 줄 것이기 때문이다. 내가 너희에게 자비를 쏟아부을 것이다.
바빌론 왕은 너희에게 자비를 베풀 것이다! 너희가 고향 땅으로 돌아가도록 허
락해 줄 것이다.
13-17 그러니 "우리는 이곳에 머물 생각이 전혀 없습니다"라는 말은 하지 마라.
너희 **하나님**의 명령에 순종하기를 거부하지 마라. "아닙니다! 우리는 평화로운
이집트로 달아날 것입니다. 전쟁도, 적의 공격도 없고 먹을 것이 풍부한 그곳으
로 가겠습니다." 너희가 이렇게 말하고 유다의 남은 자들이 그 길로 내려가고
자 한다면, 무슨 일이 있을지 **하나님**의 **메시지**에 귀 기울여라. 만군의 **하나님**이
말한다. 만일 너희가 이집트로 가서 그곳을 고향 삼아 살 작정이라면, 명심하여
라. 너희가 두려워하던 전쟁이 이집트에서 너희를 덮치고, 너희가 두려워하던
기근이 이집트에서 너희를 괴롭힐 것이다. 너희는 그 땅에서 죽을 것이다! 이집
트를 고향 삼아 살려고 작정한 자들은 거기서 최후의 한 사람까지 모두 칼에 맞
아 죽거나, 굶어 죽거나, 병들어 죽을 것이다. 한 사람도 살아남지 못할 것이다!
내가 너희에게 내리는 재앙은 누구도 피해 가지 못한다.
18 만군의 **하나님**, 이스라엘의 하나님의 **메시지**다. 내가 분노와 진노로 예루살렘
주민들을 쓸어버렸듯이, 이집트에서도 같은 일을 행할 것이다. 너희는 악담과
욕설과 조롱과 조소의 대상이 될 것이고, 다시는 고향 땅을 볼 수 없을 것이다.'
19-20 유다의 남은 여러분, **하나님**께서는 여러분에게 '이집트로 돌아가지 말라'고
분명히 말씀하셨습니다. 더없이 분명히 말씀하셨습니다. 이 자리에서 여러분에
게 경고합니다. 여러분은 지금 헛된 꿈을 꾸고 있습니다. 여러분은 치명적인 실
수를 범하려고 합니다.
여러분은 나를 여러분의 **하나님**께 보내며, '우리를 위해 우리 **하나님**께 기도해
주십시오. **하나님**께서 하시는 모든 말씀을 전해 주십시오. 무슨 말씀을 하시든
지 따르겠습니다' 하고 말하지 않았습니까?
21-22 이제 내가 여러분에게 알려드렸습니다. 그분의 말씀을 전부 전했습니다. 그
런데 여러분은 여러분의 **하나님**께서 나를 보내어 여러분에게 하신 말씀에, 단
한 마디도 순종하지 않았습니다. 이제 나는 여러분 앞에 무슨 일이 놓여 있는지
말하겠습니다. 여러분은 이제 가서 살려고 하는 그 꿈의 나라에서 칼에 맞아 죽
고, 굶어 죽고, 병들어 죽을 것입니다."

예레미야가 이집트로 끌려가다

43

1-3 예레미야가 **하나님**께서 모든 백성에게 전하라고 하신 **메시지** 곧
모든 말씀 전하기를 마치자, 호사야의 아들 아사랴와 가레아의 아들
요하난이 잘난 체하는 자들을 등에 업고서 예레미야에게 말했다. "거짓말이오!
우리 **하나님**께서 이집트로 가서 살지 말라는 메시지를 당신더러 전하라고 하
셨을 리 없소. 이 일의 배후에 네리야의 아들 바룩이 있는 거요. 그 자가 당신을
부추겨 우리를 대적하게 한 거요. 바빌론 사람들의 계략에 말려든 그 자 때문
에, 우리는 그들 손에 죽거나 바빌론으로 끌려가게 될 거요."
4 가레아의 아들 요하난과 군지휘관들 그리고 백성들까지도 유다 땅에 머물러
살라는 **하나님**의 **메시지**에 순종하지 않았다.
5-7 가레아의 아들 요하난과 군지휘관들은 사방으로 흩어졌다가 다시 돌아온 유
다의 남은 자들 전부와, 모든 남자와 여자와 아이들과 왕의 딸들, 경호대장 느
부사라단이 사반의 손자요 아히감의 아들인 그다랴에게 맡긴 자들, 예언자 예
레미야와 네리야의 아들 바룩까지 데리고서 이집트 땅으로 들어갔다. 그들은
하나님의 **메시지**를 정면으로 거부했다. 그리고 도성 다바네스에 도착했다.
8-9 다바네스에 있을 때, **하나님**의 말씀이 예레미야에게 임했다. "큰 돌 몇 개를
들고 가서, 다바네스에 있는 바로의 전용 건물로 이어지는 포장도로 부근에 진
흙으로 그것들을 묻어라. 반드시 유다 사람들 몇몇이 지켜보는 앞에서 그렇게
하여라.
10-13 그러고 나서 그들을 향해 전하여라. '만군의 **하나님**께서 말씀하신다. 두고
보아라! 내가 사람을 보내어 바빌론 왕 느부갓네살—그는 내가 부리는 종이다!
—을 이리로 불러올 것이다. 그가 와서 내가 여기 묻은 이 돌들 위에 자기 보좌
를 세우고, 그 위로 천막을 칠 것이다. 그가 와서 이집트를 결딴내고, 모두를 각
자 주어진 운명대로 다룰 것이다. 죽을 자는 죽을 것이고, 끌려갈 자는 끌려갈
것이며, 학살당할 자는 학살을 당할 것이다. 그가 이집트 신전에 불을 놓을 것이
다. 그 안에 있는 신들은 불태우거나 전리품으로 가져갈 것이다. 목동이 자기 옷
에서 이를 털어 내듯이, 그가 이집트를 이 잡듯 털어 버릴 것이다. 그러고는 아
무 제지도 받지 않고 떠나갈 것이다. 그는 이집트 '태양의 집'에 있는 신성한 오
벨리스크를 박살내고, 이집트 신전들을 땔감 삼아 거대한 불을 피울 것이다.'"

이집트 땅의 유다 사람에게 하신 말씀

44

1-6 이집트 땅에 사는 모든 유다 사람, 곧 믹돌과 다바네스와 놉과 바
드로스 땅에 정착해 사는 자들을 두고 예레미야에게 임한 **메시지**다.
"만군의 **하나님**, 이스라엘의 하나님이 말한다. 너희는 내가 예루살렘과 유다 성
읍에 내린 끔찍한 재앙을 두 눈으로 똑똑히 보았다. 그곳이 지금 어떻게 되었느
냐? 잿더미뿐인 폐허, 유령마을이 되었다. 이는 그들이 악한 길을 따르고 유행
하는 신들—그들도 너희도, 너희 조상도 알지 못하는 우상들—을 좇으며, 그것
들에 제물을 바치고 예배하여 나를 진노케 했기 때문이다. 나는 아침부터 밤늦

게까지 날마다 너희 곁을 떠나지 않고, 내 종 예언자들을 너희에게 보내어 간청했다. '제발, 그만두어라. 내가 너무나 혐오하는 짓, 역겨운 우상숭배를 그만두어라.' 그러나 어떠했느냐. 누구 하나 귀 기울여 듣거나 악에서 돌이켜 우상숭배를 그친 자가 있더냐? 한 사람도 없다. 그래서 나는 유다 성읍과 예루살렘 거리에 나의 불같은 진노를 쏟아부어, 잿더미 폐허로 만들어 버렸다. 지금도 그곳은 잿더미뿐인 폐허 그대로다.

7-8 만군의 **하나님**, 이스라엘의 하나님의 **메시지**다. 어찌하여 너희는 너희 자신을—남자나 여자나 아이나 아기들 모두—생명의 길에서 끊어 내고, 스스로를 고립시켜 너희 삶을 파멸시키려는 것이냐? 왜 살기 위해 들어온 이집트 땅에서 우상들에게 제물을 불살라 바치며 나를 진노케 하느냐? 그것은 너희 자신을 파괴하는 일이며, 땅의 모든 민족에게 너희 자신을 저주의 표본으로, 조롱의 대상으로 내세우는 일이다.

9-11 너희는 너희 조상이 저지르던 악행과, 유다 왕과 왕비들이 저지른 악행을 잊었단 말이냐? 너희 자신과 너희 아내의 악행, 유다 땅과 이스라엘 거리에서 벌이던 악행을 벌써 다 잊었단 말이냐? 오늘까지도 너희 중에는 일말의 양심의 가책을 느끼는 자가 없다. 최소한의 경외심이라도 보이는 자, 내가 말한 대로 살려는 자, 내가 너희와 너희 조상에게 분명하게 제시한 가르침대로 살려는 자가 하나도 없다! 그러므로 만군의 **하나님**이 내리는 포고다.

11-14 각오하여라! 내가 너희에게 재앙을 내려, 유다와 관련된 자들을 모두 없애 버리기로 결정했다. 유다의 남은 자들, 이집트에 가서 살기로 결정한 그들 모두를 내가 잡아다가 끝장내 버릴 것이다. 그들 모두 이집트에서 칼에 맞아 죽거나, 굶어 죽을 것이다. 이름 있는 사람이든 이름 없는 사람이든, 다 같은 운명에 처할 것이다. 신분이 높은 자든 낮은 자든, 모두 살해당하거나 굶어 죽을 것이다. 너희는 결국 악담과 욕설과 조롱과 조소거리가 될 것이다. 내가 전에 예루살렘 거주민들에게 내렸던 처방을 이집트에 거주하는 그들에게도 내릴 것이다. 학살과 기근과 염병이 바로 그것이다. 용케 살아서 유다를 빠져나와 이집트로 도망친 자들 가운데, 그들이 그토록 그리워하는 유다로 돌아갈 자는 소수에 불과할 것이다. 몇몇 도망자들을 제외하면 누구도 돌아가지 못할 것이다."

15-18 자기 아내들이 우상에게 제물을 불살라 바치고 있다는 것을 알고 있던 남자들이 큰 무리의 여자들과 합세하여, 이집트의 바드로스에 사는 거의 모든 자들과 함께 예레미야를 찾아와 말했다. "우리는 당신이 **하나님**의 **메시지**라며 전하는 말에 전혀 개의치 않겠소. 우리는 '하늘 여왕님'께 제물을 불살라 바치고 술 제물을 부어 바치는 일을 계속할 거요. 예전에 좋았던 시절에 우리 조상과 왕과 고관들이 유다 성읍과 예루살렘 거리에서 하던 그 전통을 지킬 것이오. 그 시절에 우리는 유복했소. 먹을 것도 많았고, 살림살이도 넉넉했고, 불운한 일도 없었소. 그러나 '하늘 여왕님'께 제물을 불살라 바치고 술 제물을 부어 바치는 일을 그만둔 뒤로 모든 것이 엉망이 되었소. 그 후로 우리가 얻은 것이라고는 학살과 기근뿐이오."

19 그러자 여자들이 맞장구를 쳤다. "맞습니다! 우리는 '하늘 여왕님'께 제물을
불살라 바치고 술 제물을 부어 바치는 일을 계속할 겁니다. 우리 남편들도 응원
해 주지 않습니까? 남편들은 우리가 여신 과자를 만들고 여신께 술 제물을 부
어 바치는 것을 좋아합니다."

20-23 예레미야는 거만하게 대답하는 그들 모두와 맞서 목청을 높여 말했다. "여
러분과 여러분의 부모들, 여러분의 왕과 고관과 일반 백성 모두가 유다 성읍과
예루살렘 거리에서 바쳤던 그 제사를 **하나님**께서 보시지 않았겠습니까? 물론,
그분은 주목하여 보셨습니다. 그래서 더는 참으실 수가 없었습니다. 여러분의
악한 행실과 역겨운 행위들을 더는 참아 주실 수가 없었던 것입니다. 그리하여
여러분의 땅이 황무지와 폐허와 으스스한 유령마을이 되었고, 지금도 그곳은
그 상태로 있습니다. 여러분에게 이 재앙이 닥친 것은, 제물을 불살라 바치는
제사를 그만두지 않았기 때문입니다. 여러분이 **하나님**께 죄를 지었기 때문입니
다! 여러분은 그분의 말씀에 순종하기를 거부했고, 그분의 가르침대로 살지 않
았으며, 언약의 조건들을 무시했습니다."
24-25 예레미야가 이번에는 특별히 여자들을 향해 말을 이었다. "이집트에 살고
있는 유다 백성 여러분, 들으십시오. 부디 **하나님**의 말씀에 귀 기울이십시오.
만군의 **하나님**, 이스라엘의 하나님께서 말씀하십니다. '너희, 여자들아! 과연
말한 대로 행했구나. 너희는 말했다. "우리는 '하늘 여왕님'께 제물을 불살라 바
치고 술 제물을 부어 바치기로 한 서약을 계속해서 지킬 겁니다. 누구도 우리를
막을 수 없습니다!"
25-27 좋다. 계속 그렇게 해보아라. 너희 서약을 지킬 테면 지켜 보아라. 그러나
하나님이 유다를 떠나 이집트에 사는 너희 모두에게 하는 말도 귀담아들어라.
하나님이 말한다! 내가 나의 큰 이름과 나의 전부를 걸고 맹세하는데, 이후로는
이집트 전역에서 서약할 때 "주 **하나님**께서 살아 계심을 두고 맹세하는데"라며
내 이름을 부르지 못할 것이다. 내가 너희를 위해 재앙을 준비했다. 이제 너희
는 죽은 목숨이나 다름없다.
27-28 이집트에 사는 유다 사람들은 대학살과 기근으로 전멸할 것이다. 살아서 이
집트를 빠져나가 유다로 돌아갈 사람은 극소수에 불과할 것이다. 유다를 떠나
이집트에 살려고 온 불쌍한 무리들은, 그때가 되어서야 모든 일의 최종 결정권
이 누구에게 있는지 깨닫게 될 것이다.
29-30 내가 증거를 보여주리라. 바로 이곳에 벌을 내려, 나의 재앙 선포가 빈말이
아니라는 것을 보여주겠다. 재앙의 표징이 있을 것이니 두고 보아라. 나는 느부
갓네살에게 유다 왕 시드기야를 넘겨준 것처럼, 이집트 왕 바로 호브라를 그의
목숨을 노리는 원수에게 넘겨줄 것이다.'"

하나님께서 바룩에게 구원을 약속하시다

45

1 여호야김 사년 어느 날에, 바룩이 예레미야의 말을 받아 적고 있을
때 예언자 예레미야가 그에게 말했다.
2-3 "바룩, **하나님** 이스라엘의 하나님께서 그대에게 하시는 말씀이오. 그대는 '이
무슨 고생인가! **하나님**께서 나를 첩첩산중으로 가게 하시는구나. 끝이 보이지
않는 이 길, 이제 지쳤다' 말하지만,
4-5 **하나님**께서는 이렇게 말씀하시오. '주위를 둘러보아라. 내가 지었던 것을 내
가 허물고, 내가 심었던 것을 내가 뽑아 버릴 것이다. 어디에서든—세상 전역
에서!—나는 그렇게 할 것이다. 그러므로 스스로 거창한 계획을 세울 생각은 마
라. 상황이 호전되기 전에 악화일로를 걸을 것이다. 그러나 걱정하지 마라. 이
모든 일 가운데 내가 너를 끝까지 지켜 살아남게 할 것이다.'"

이집트에 내리신 예언

46

1 이방 민족들에 대해 **하나님**께서 예언자 예레미야를 통해 주신 메
시지다.
2-5 유다 왕 여호야김 사년에, 유프라테스 강 근처 갈그미스에 진을 쳤다가 바빌
론 왕 느부갓네살에게 패배한 이집트와 이집트 왕 바로 느고의 군대를 향한 메
시지다.

"'전투 준비!
출격이다!
말에 마구를 채워라!
안장을 얹고 올라타라!
전열을 갖추어라! 투구를 쓰고,
창날을 갈고, 완전무장하여라!'
그런데, 이 무슨 광경인가?
모두 겁에 질려 제정신이 아니다!
대열에서 이탈하여 줄행랑을 친다.
그들의 용사들, 공황 상태다.
이리 뛰고 저리 뛰고,
이리로 우르르, 저리로 우르르.
대혼란, 엉망진창이다. 사방이 적이다!"
하나님의 포고다.

6 "제아무리 발 빨라도 도망치지 못한다.
제아무리 힘세어도 달아나지 못한다.
저 북쪽 나라, 유프라테스 강가에서
비틀거리다 쓰러진다.

7-9 범람하는 나일 강 같은 저것이 무엇이냐?
격류 같은 저것은?
이집트다. 범람하는 나일 강 같고,
격류 같은 그 자가
말한다. '내가 세상을 다 차지하리라.
모든 도성과 민족을 싹쓸이하리라.'
군마들아, 달려라!
병거들아, 질주하여라!
방패를 들고 구스와 붓에서 온 용사들아,
루드에서 온 활잡이들아,
진격하여라!

10 그러나 어쩌랴. 오늘은 너희 날이 아니다.
오늘은 주의 날, 나 만군의 **하나님**의 날,
내가 적들을 끝장내 버리는 날,
나의 칼이 적들을 결딴내고
나의 칼이 복수를 행하는 날이다.
저 북방 대국,
강력한 유프라테스 강가에서
나 주 만군의 **하나님**이
그들을 제물로 잡을 것이다. 거대한 희생 제사가 되리라!

11-12 오, 처녀 딸 이집트야,
길르앗 산지로 올라가, 약제 유향을 구해 보아라.
그러나 백약이 무효일 것이다.
너의 고통을 치유할 수 있는 것은 아무것도 없다.
온 세상이 너의 신음소리를 들으리라.
너의 울음소리가 온 땅에 울려 퍼지리라.
용사들이 쓰러지고, 겹겹이 쌓여
무더기를 이루리라."

13 바빌론 왕 느부갓네살이 이집트를 치러 길을 나섰을 때, **하나님**께서 예언자 예레미야에게 주신 메시지다.

14 "이집트에 알려라. 믹돌에 위험을 알려라.
놉과 다바네스에 경보를 발하여라.
'일어나라! 전투 준비를 갖추어라!
전쟁이다!'

15-19 너의 황소 신 아피스가 왜 달아나겠느냐고?
하나님께서 쫓아 버리실 것이기 때문이다.
너의 오합지졸 군대가 박살나리라.
병사들이 다들 수군거린다.
'어서 여기를 빠져나가자.
고향으로 달아나 목숨을 부지하자.'
고향으로 돌아간 그들은, 바로를
'떠버리 불운아'라고 부르리라.
살아 있는 나 하나님을 두고 맹세한다."
그 이름이 만군의 하나님인 왕의 포고다.
"정복자가 올 것이다. 산들 위로 우뚝 솟은 다볼 산 같고,
바닷가에 불쑥 솟은 갈멜 같은 자가 올 것이다!
그러니 너희, 이집트의 응석받이 딸들아,
유배길을 위해 행장을 꾸려라.
곧 멤피스가 초토화되어,
잡초만 무성한 폐허로 변할 것이다.

20-21 정말 안됐구나, 이집트, 그 어여쁜 암송아지가
북녘에서 몰려오는 쇠파리 떼의 공격을 받다니!
자기를 보호하려고
살진 송아지들 같은 용병들을 고용했지만,
목숨이 위태로워지자 그들은 다 내뺀다.
하나같이 겁쟁이인 그들,
험한 길을 만나면
쉬운 길로 달아나 버린다.

22-24 적군이 대거 침입해 오면,
이집트는 뱀처럼 미끄러져 내뺄 것이다.
벌목꾼처럼
도끼를 휘두르며 몰려온 그들이
나라를 초토화시킬 것이다" 하나님의 포고다.
"그 무엇도, 그 누구도 성치 못하리라.
침략자들은 수를 헤아릴 수 없는
메뚜기 떼 같으리라.
딸 이집트를, 북쪽에서 온 파괴자들이
강탈하고 겁탈하리라."

25-26 만군의 하나님, 이스라엘의 하나님께서 말씀하신다. "내가 테에베의 신 아

몬과, 이집트와 그 나라의 신과 왕들, 또 바로와 그를 믿는 모든 자들에게 재앙을 내릴 테니 잘 보아라. 내가 그들의 목숨을 노리는 자들, 곧 느부갓네살과 그의 군대의 손에 그들을 넘겨줄 것이다. 이집트는 천 년 전으로 돌아가리라. 그러나 언젠가는 그 땅에 다시 사람들이 살게 될 것이다." 하나님의 포고다.

❧

27-28 "나의 종 야곱아, 그러나 너는 두려워할 것 없다.
이스라엘아, 너는 걱정할 것 없다.
고개를 들어라! 내가 그 먼 나라에서 너를 구해 줄 것이다.
유랑의 땅에서 네 자녀를 데리고 나올 것이다.
야곱의 삶은 다시 정상을 되찾을 것이다.
안전과 평안을 누리며 만사가 순조로울 것이다.
그렇다. 나의 종 야곱아, 너는 두려워할 것이 전혀 없다.
마음 놓아라. 내가 너의 편이다.
내가 너를 내쫓아 여러 사악한 민족들 사이로 흩어 버렸지만,
이제 그 민족들을 내가 끝장낼 것이다.
그러나 너는 망하지 않으리라.
아직 내게 할 일이 남아 있다.
나는 너를 공정하게 벌할 것이다.
그렇다. 너는 아직 내게 끝나지 않았다."

블레셋 사람들에게 닥칠 재앙

47

1-5 바로가 가사를 치기 직전, 하나님께서 블레셋 사람들에 대해 예언
자 예레미야에게 주신 메시지다. 하나님께서 이렇게 말씀하신다.

"각오하여라! 북녘에서 물이 불어
범람하는 강물이 되리라.
그 격류가 땅을 덮쳐
도성과 주민을 휩쓸어 버릴 것이다.
공포에 질려 사람들이 비명을 지르고,
집집마다 통곡소리 들리리라.
군마들의 말발굽소리,
병거들의 요란한 바퀴소리가 지축을 흔들리라.
공포에 질린 아버지들은 손이 굳어
자기 아기를 붙잡지도 못하리라.
블레셋 사람들이 심판을 받아 모조리 멸망하는 날이다.
두로와 시돈이 도움을 얻을 가망은 아예 사라졌다.
하나님께서 블레셋 사람들과

크레타 섬에서 살아 나온 자들을 전부 쓸어버릴 것이다.
가사가 머리를 깎이고
아스글론이 말을 잃는다.
기진맥진한 너희,
자맥질을 얼마나 더 할 수 있겠느냐?

6 오, 하나님의 칼이여,
언제까지 이렇게 하려는가?
다시 칼집에 들어가 다오.
이제 충분하지 않은가? 멈출 수 없는가?

7 어떻게 멈출 수 있겠느냐?
나 하나님이 명령을 내렸는데.
아스글론과 해변지역을 전부 베어 없애라고
내가 명령을 내렸는데."

모압의 멸망

48

1-10 만군의 하나님, 이스라엘의 하나님께서 모압에 대해 주신 메시지다.

"느보에게 재앙이 닥쳤다! 초토화되었다!
기랴다임이 치욕과 패배를 겪고,
철통 요새들이 모래성처럼 허물어졌다.
모압의 영광이 끝났다. 이제 재와 먼지뿐이다.
음모자들이 헤스본의 파멸을 도모한다.
'자, 모압을 아예 지도에서 없애 버리자.'
이어지는 살육을 겪으며
'똥 묻은 화상' 디몬이 목 놓아 통곡한다.
들어 보아라! 호로나임에서 들려오는 울부짖음을.
'참화다! 대재앙이다!'
모압이 박살날 것이다.
그 울부짖는 소리가 소알까지 또렷이 들려온다.
루힛의 오르막길을 오르며
사람들이 슬피 운다.
호로나임에서 내려오는 길도
다 빼앗기고, 유린당한 자들의 울음소리로 가득하다.
오, 살고 싶거든 도망쳐라! 어서 여기를 빠져나가라!
광야로 나가 어떻게든 살아남아라!

너희는 두꺼운 성벽과 든든한 재물을 믿었다.
그러나 어쩌랴? 이제 그런 것들은 너희에게 전혀 도움이 되지 못한다.
너희의 위대한 신 그모스가 질질 끌려갈 것이며,
그의 제사장과 감독자들도 같은 신세가 되리라.
파괴자의 손에 도성이 모조리 허물어지리라.
단 한 곳도 온전하지 못할 것이다.
골짜기 밭들이 황폐해질 것이요,
고원 목장들도 파괴될 것이다. 내가 말한 대로 모두 이루어지리라.
모압 땅 전역에 소금을 뿌려라.
다시는 생명이 자라지 못하게 하여라.
성읍들이 모두 유령마을이 될 것이다.
다시는 사람이 살지 못하리라.
하나님의 이름으로 하는 일을 정성껏 하지 않는 자,
심판의 칼을 마지못해 휘두르는 자는 저주를 받으리라.

11-17 꾸벅꾸벅 조는 강아지처럼
늘 팔자 좋았던 모압이다.
생계를 위해 일해야 했던 적 없고,
어려움을 겪어 본 적 없고,
어른이 되어야 했던 적 없으며,
땀 흘려 일해 본 적도 없다.
그러나 이제 다 지나간 이야기다.
내가 이제 그를 중노동에 처할 것이다.
그러면 그는 냉엄한 현실을 깨닫게 되리라.
그의 환상이 박살날 것이다.
과거 이스라엘이 자신들이 우러르던 베델의 송아지 신들 때문에 수치를 당했듯이,
모압도 그모스 신 때문에 수치를 당할 것이다.
너희 말이, '우리는 억세다.
이 세상 누구든지 때려눕힐 수 있다'고 하지만,
그런 말을 앞으로 얼마나 더 할 수 있을 것 같으냐?
모압의 파멸은 이미 시작되었다.
모압의 최고 젊은 용사들이 죽어 나자빠지고 있다."
그 이름 만군의 하나님인
왕의 포고다.
"그렇다. 모압의 파멸이 초읽기에 들어갔고,
재앙이 활시위를 떠나 과녁을 향해 날아가고 있다.
모압의 친구와 이웃들이여,
그가 얼마나 유명했는지 아는 모든 자들이여, 모압을 위해 울어라.

애곡하며 말하여라. '그 막강하던 왕의 홀이 이쑤시개처럼 부러지고 말았구나!
그 화려하던 지휘봉이!'

18-20 디본의 방자한 미녀들아, 이제 그 높은 자리에서 내려오너라.
개똥밭에 나앉아라.
모압을 파괴할 자가 와서 너희를 칠 것이다.
안전하다는 너희 가옥들을 그가 다 부수어 버릴 것이다.
아로엘의 방자한 여인들아,
길거리에 나가 서서,
피난민들에게 물어보아라.
'무슨 일입니까? 왜 도망을 갑니까?'
모압은 그저 수치스런 과거로, 폐허로 남을 것이다.
통곡하여라. 눈이 빠지도록 울어라!
아르논 강을 따라 비보를 전하여라.
온 세상에 모압의 멸망을 알려라.

21-24 고원의 도성들 위로 나의 심판이 임하리라. 홀론과 야사와 메바앗에, 디본
과 느보와 벳디불라다임에, 기랴다임과 벳가물과 벳므온에, 그리욧과 보스라와
모압 땅 원근 각처 모든 성읍에.

25 모압이 힘의 근원을 잃었다.
모압의 팔이 부러졌다." 하나님의 포고다.

26-27 "모압이 술독에 빠지게 하여라. 내 진노의 포도주를 마시고 취하여 사방에
토하며, 그 위를 뒹굴게 하여라. 이리저리 비틀거리다 자빠지는 주정꾼 모압,
온 세상의 웃음거리다. 모압아, 이제까지 이스라엘을 야비하게 놀리던 네가 아
니냐? 친구를 잘못 만나 고생하는 그들을 보고, 혀를 쯧쯧 차고 수군덕대며 비
웃던 네가 아니냐?

28 모압에서 자란 너희여, 떠나라!
너희 마을을 떠나 절벽 틈에 거처를 잡아라.
강 협곡 높은 곳에 둥지를 틀고 사는
비둘기처럼 살아 보아라.

29-33 모압의 오만은 다들 들어 익히 아는 바다.
그 전설적인 교만,
젠체하며 으스대고 거들먹거리던,
구역질 나는 그의 오만함 말이다."

하나님의 포고다. "나는 모압의 큰소리가
그저 허풍이요, 그의 거드름은 허세에 불과함을 알고 있다.
하지만 내가 모압을 위해 울어 주리라.
그렇다. 내가 모압 백성을 위해 애곡할 것이다.
길헤레스 백성을 위해서도 애곡하리라.
내가 십마의 포도나무들을 위해 울겠고,
야스엘과 같이 울어 줄 것이다.
지금까지는 포도나무들이 사해까지
그 덩굴이 야스엘까지 뻗어 나갔지만,
잔인한 약탈자가 나타나
너희 여름 과일과 다 익은 포도를 싹쓸이할 것이다.
번창했던 모압에서
노래와 웃음이 사라지리라.
그렇다. 내가 술틀을 닫아 버리고,
수확하는 자들의 환호성을 중단시킬 것이다.

34 헤스본과 엘르알레가 울부짖겠고, 그 소리가 야하스까지 들릴 것이다. 소알
에서부터 호로나임과 에글랏셀리시야에 이르기까지, 모두가 그 소리를 듣게 되
리라. 니므림의 샘들도 다 말라 버릴 것이다."
35 하나님의 포고다. "내가 모압의 높은 곳에 올라가, 신들에게 제물을 불살라
바치던 일을 멈추게 할 것이다.
36 바람에 실려 오는 부드러운 피리소리처럼, 내 마음이 모압과 길헤레스 사람
들을 위해 슬피 운다. 그들은 모든 것을 잃었다. 남은 것이 하나도 없다.

37 어디를 가나 탄식의 몸짓들이다.
머리를 밀고, 수염을 깎고,
손에 상처를 내 피를 흘리며,
옷을 찢는 광경들이다.

38 모압의 집집마다, 모압의 거리마다 슬피 우는 소리가 들린다. 아무도 좋아하
지 않는 옹기그릇같이, 내가 모압을 부수어 버릴 것이다." 하나님의 포고다.

39 "모압이 멸망했다!
수치를 당해 얼굴을 가리는 모압!
조롱거리가 된 모압!
실로 처참한 모압!"

40-42 모압을 향한 하나님의 평결이다. 과연 그렇다!

"보아라! 독수리가 날개를 펼치고
모압을 내리 덮칠 태세다.
적이 성읍들을 점령하고
요새들을 탈취한다.
용사들이 해산하는 여인처럼
고통으로 몸을 웅크리며, 싸울 엄두를 내지 못한다.
모압에는 아무것도 남지 않으리라. 아무것도.
나를 거슬러 오만하고 방자하게 굴었기 때문이다.

43-44 모압아, 네가 나와 맞서 얻을 것은
공포와 함정과 올가미뿐이다." 하나님의 포고다.
"공포를 피해 도망치다가
함정에 빠질 것이다.
함정에서 올라오면
올가미에 걸릴 것이다.
이것이 재앙의 날,
내가 모압에 대해 정해 둔 예정표다." 하나님의 포고다.

45-47 "헤스본 변두리에
피난민들이 기진하여 주저앉으리라.
헤스본에서 불꽃이 치솟고,
시혼의 수도에 불폭풍이 닥쳐온다.
불이 모압의 눈썹을 태우고,
허풍선이들의 두개골을 그슬려 버릴 것이다.
모압아, 이것이 네 앞에 놓인 전부다!
그모스를 숭배하는 너, 결국 망하여 죽을 것이다!
너의 아들들은 짐짝처럼 수용소로 실려 가고,
너의 딸들은 짐승처럼 포로로 끌려갈 것이다.
그러나 훗날, 내가 모압의 만사를 바로잡을 날이 올 것이다.

지금으로서는, 이것이 모압에 떨어질 심판이다."

암몬이 받을 심판

49 1-6 암몬 백성에 대한 하나님의 메시지다.

"이스라엘에게 자식이 없더냐?

유산을 상속할 자가 하나도 없더냐?
어찌하여 몰렉 신이 갓의 땅을 차지하고,
그의 추종자들이 그 성읍에 들어가 살고 있느냐?
그러나 오래가지 않을 것이다."
하나님의 포고다.
"내가 보낸 적군의 함성소리로,
암몬의 큰 도성 랍바가 귀를 틀어막을 날이 올 것이다.
암몬은 폐허 더미가 되고,
성읍들은 잿더미가 되리라.
그때 이스라엘이 자신의 침략자들을 발로 걷어차 내쫓을 것이다.
나 **하나님**의 말이다. 반드시 그렇게 될 것이다.
헤스본아, 통곡하여라. 아이 성이 멸망했다.
랍바의 성읍들아, 가슴을 쥐어뜯어라!
애곡의 옷을 걸치고, 눈물로 강을 이루어라.
이리 뛰고 저리 뛰며 발작을 일으켜라!
너희의 신 몰렉이 포로로 질질 끌려갈 것이며,
그의 제사장과 관리인들도 그렇게 될 것이다.
한때의 위세를 아직도 자랑하느냐?
이제 너는 아무짝에도 쓸모없는 퇴물에 불과하다.
화려했던 과거를 그리며 향수에나 젖어 사는 너,
아직도 '누가 나를 건드리랴' 하며, 공상에 빠져 있다니.
정신 차려라. 내가 너를 사방에서 공포와 직면하게 만들 것이다."
주 만군의 **하나님**의 말이다.
"너는 허둥지둥 달아나다가 흩어져,
다시는 모이지 못할 것이다.
그러나 장차 내가 암몬의 일을 바로잡아 줄 날이 올 것이다."
하나님의 포고다.

에돔이 받을 심판

7-11 에돔에 대한 만군의 **하나님**의 메시지다.

"그 유명한 데만에 현인이 한 사람도 없단 말이냐?
현실을 똑바로 볼 자가 하나도 없더냐?
그들의 지혜가 다 썩어 문드러졌느냐?
살고 싶거든 도망쳐라! 속히 달아나라!
드단에 사는 너희여,
몸을 숨길 곳을 찾아라!
내가 에서에게 재앙을 내릴 것이다.

이제 빚을 청산할 시간이다.
사람들이 밭에서 곡식을 거두어들일 때
이삭 정도는 남겨 둔다. 그렇지 않느냐?
집에 도둑이 들어도
원하는 것만 가져간다. 그렇지 않느냐?
그러나 나는 에서를 완전히 발가벗길 참이다.
구석구석 샅샅이 뒤져 다 찾아낼 것이다.
그의 자녀, 친척, 이웃을 비롯해
그와 관계된 모든 것을 멸할 것이다.
살아남아 네 고아들을 거두어 줄 자,
네 과부들을 보살펴 줄 자가
하나도 없으리라."

12-13 진실로 그렇다. **하나님**께서 말씀하신다. "들어 보아라. 마실 이유가 없어도
하나님의 진노의 잔을 마실 수밖에 없는 사람들이 있다. 그런데 네가 어떻게 그
잔을 피할 수 있겠느냐? 너는 결코 피하지 못한다. 너는 그 잔을 마시게 될 것이
다. 그렇다. 한 방울도 남기지 않고 다 마시게 될 것이다." **하나님**의 포고다. "또
너의 수도 보스라에 대해 말하면, 나의 전부를 걸고 맹세하는데, 그 도성은 잿더
미와 쓰레기뿐인 역겨운 장소가 될 것이다. 거기 딸린 성읍들도 다 마찬가지다."

14 내가 방금 **하나님**께로부터 들은 최신 소식이다.
그분이 뭇 민족들에게 특사를 보내어 말씀하셨다.
"군대를 소집하여라. 에돔을 쳐라.
무장을 갖추어라! 출정하여라!

15-16 아, 에돔이여, 내가 너를 민족들 가운데 말석으로 추락시켜,
바닥에서 이리 치이고 저리 치이게 만들 것이다.
너는 스스로 대단한 줄 안다.
역사의 무대 위를 으스대며 활보한다.
난공불락의 높은 바위 요새에 살면서,
산의 정상이라도 되는 것처럼 군다.
높은 곳에 둥지를 튼 독수리인 양,
세상이 다 네 발아래로 보이느냐?
두고 봐라. 너는 추락할 것이다.
내가 너를 바닥으로 곤두박질치게 만들 것이다." **하나님**의 포고다.

17-18 "에돔은 오물로 전락하리라. 악취 풍기는 역겨운 오물, 세상을 놀라게 하는
흉물이 되리라. 소돔과 고모라와 그 이웃들처럼, 에돔도 역사의 시궁창에 처박

힐 것이다." 하나님의 말씀이다.

"아무도 거기 살지 않을 것이며,
누구도 거기 머물지 않으리라.

19 잘 보아라. 먹이를 찾아
요단 강가 깊은 숲에서
푸른 목장으로 뛰어나오는 사자처럼,
내가 에돔에게 달려들어 덮칠 것이다.
아무거나 먹이로 골라잡을 것이다. 누가 나를 막을 수 있으랴?
에돔의 목자들은 나를 어찌하지 못한다."

20-22 그러니, 하나님께서 에돔에 대해 세우신 계획, 데만 주민에 대한 계획에 귀
기울여라.

"믿기지 않겠지만, 어린 것들이
—새끼 양과 새끼 염소들도—끌려갈 것이다.
믿기지 않겠지만, 모두들 그저
충격 가운데 무력하게 지켜볼 수밖에 없을 것이다.
그 울음소리에 땅이 요동하고,
그 울부짖는 소리, 멀리 홍해까지 들릴 것이다.
보아라! 하늘 높이 날던 독수리가
날개를 펼치고 보스라를 내리 덮친다.
산고 중인 여인처럼 용사들이
몸을 비틀며, 싸울 엄두를 내지 못하리라."

다마스쿠스가 받을 심판

23-27 다마스쿠스에 대한 메시지다.

"비보를 듣고
하맛과 아르밧이 충격에 휩싸일 것이다.
겁에 질려 간이 콩알만 해지고,
걱정근심에 안절부절 못하리라.
다마스쿠스의 얼굴에서 핏기가 가실 것이다.
달아나다가
발작을 일으켜 쓰러지고,
해산하는 여인처럼 아무것도 할 수 없으리라.
한때 유명하던 도성이, 한때 잘나가던 그 도성이,

전부를 잃고 모두에게 버림받은 외톨이가 되었다!
총명한 젊은이들이 거리에서 죽어 나가고,
용감한 전사들도 온데간데없다."
만군의 **하나님**의 포고다.
"그날에, 내가 다마스쿠스의 성벽에 불을 질러
벤하닷의 요새를 전부 태워 버릴 것이다."

게달과 하솔이 받을 심판

28-33 바빌론 왕 느부갓네살의 공격을 받은 게달과 하솔 민족들에 대한 **하나님**의
메시지다.

"일어나라! 게달을 공격하여라!
저 동방 베두인 유목민들을 약탈하여라.
담요와 살림살이를 탈취하여라.
낙타를 빼앗아라.
'재앙이다! 죽음이다! 파멸이다!
사방이 위험천지다!' 하고 고함을 쳐 그들의 혼을 빼 놓아라.
오, 하솔에서 온 유목민들아,
살고 싶으면 어서 달아나라." **하나님**의 포고다.
"숨을 곳을 찾아라.
바빌론 왕 느부갓네살이
너희를 쓸어버리고,
야멸치게 몰아붙일 계획을 세웠다.
'그들을 뒤쫓아라.' 그가 말한다. '사막에서 태평하게,
문도 잠그지 않고
자기들끼리 살아가는 저들,
저 팔자 좋은 유목민들을 추격하여라.'
그들의 낙타, 거저먹기다.
그들의 소 떼와 양 떼, 가져가는 사람이 임자다.
내가 사막 가장자리에 사는 힘없는 유목민들을
사방으로 흩어 버릴 것이다.
내가 사방에서 공포가 들이닥치게 할 것이다.
그들은 무엇에 얻어맞는지도 알지 못하리라." **하나님**의 포고다.
"승냥이들이 하솔의 진영을 차지할 것이다.
그 땅에는 바람과 모래만 남으리라.
아무도 거기 살지 않고,
누구도 거기 머물지 않으리라."

엘람이 받을 심판

[34-39] 유다 왕 시드기야가 다스리기 시작할 무렵, 엘람을 두고 예언자 예레미야에
게 임한 **하나님**의 **메시지**다. 만군의 **하나님**께서 말씀하신다.

"지켜보아라! 내가 엘람의 주력 무기인 활을
내 무릎 위에서 꺾어 버리리라.
그러고는 사방, 땅의 네 귀퉁이에서
바람을 일으켜 엘람에게 불어닥치게 할 것이다.
내가 엘람 사람들을 사방으로 날려 보내
만방에 흩어 버리고, 거류민으로 살아가게 할 것이다.
그들은 목숨을 노리는 적들 사이에서
늘 공포와 두려움에 떨며 살게 될 것이다.
내가 그들에게 재앙을,
나의 진노로 타오르는 재앙을 내리리라.
내가 도살견을 풀어 그들을 쫓게 하여
아무도 살아남지 못하게 할 것이다.
그런 후에 엘람의 왕과 그 심복들을 내던져 버리고,
엘람에 나의 보좌를 세울 것이다.
그러나 장차 내가 엘람을 위해
모든 일을 바로잡을 날이 올 것이다." **하나님**의 포고다.

바빌론이 받을 심판

50

[1-3] 바빌론, 곧 갈대아 사람들의 땅에 대해 **하나님**께서 예언자 예레미
야를 통해 주신 **메시지**다.

"만민에게 알려라! 선포하여라!
천하에 공표하고 만방에 전하여라.
바빌론이 함락되었고, 벨 신이 수치를 당해 고개를 들지 못한다.
마르둑 신이 사기꾼으로 드러났다.
모든 우상이 수치를 당해 쭈뼛쭈뼛거리고,
장난감 신들이 저급한 사기꾼들로 드러났다.
북방에서 한 민족이 쳐들어와,
도성들을 모두 폐허로 만들어 버릴 것이다.
모든 생명이—짐승도 사람도—끊어져,
소리 하나, 동작 하나, 호흡 하나 찾을 수 없을 것이다."

[4-5] **하나님**의 포고다. "그날이 오고 그때가 이르면,
이스라엘 백성이 돌아오고,

그들과 더불어 유다 백성들도 돌아올 것이다.
울면서 걸어와, 그들의 **하나님**인 나를 찾을 것이다.
시온으로 가는 길을 묻고,
시온을 향해 길을 떠나리라.
그들이 와서는, 결코 잊을 수 없을 영원한 언약에 묶여
하나님 곁에 늘 꼭 붙어 있으리라.

6-7 나의 백성은 길 잃은 양 떼였다.
목자들이 그들을 잘못 이끌어서,
산속에 버리고 떠났다.
그들은 산으로, 언덕으로 헤매고 다녔다.
집으로 돌아가는 길을 잃고,
집에 대한 기억도 잃었다.
그들과 마주친 자들은 모두 그들을 착취했다.
적들은 전혀 양심의 가책을 느끼지 않았다.
그들은 말했다. '공평하지 않소? **하나님**을 등진 자들이니 말이오.
그들은 자신들의 참된 목장이신 분, 조상 대대로 소망이었던 분을 저버렸소.'

8-10 그러나 이제, 어서 빨리 바빌론을 탈출하여라.
바빌론에서 빠져나가라.
네 길을 가라. 좋은 목양견들이 앞장을 서겠지만, 그들을 따라가지 마라.
너희가 앞장서 가라!
내가 지금 일으키는 일이 보이느냐?
바빌론을 칠 민족들을 규합하고 있다.
그들이 북녘에서 쳐들어와,
바빌론을 정복할 것이다.
오, 그들은 싸움에 능한 군대다.
빈손으로 돌아가는 법이 없는 자들이다.
바빌론은 무르익은 열매다!
모두들 배 터지게 따먹을 것이다!" **하나님**의 포고다.

11-16 "바빌론 사람들아, 너희는 지금까지 참 좋은 시절을 보냈다. 그렇지 않느냐?
내 백성을 착취하고 이용하면서, 그동안 잘 먹고 잘살았다.
너희는 푸른 초원을 까불며 뛰어다니는 송아지 같았고,
넓은 들판을 마구 달리며 즐기는 야생마 같았다!
그러나 너희는 너희 어머니의 자랑이 되지 못하리라.
너희를 낳아 준 여인의 기쁨이 되지 못하리라.
지금 너희 꼴을 보아라! 아무 볼 것 없는 민족!

잡석과 쓰레기와 잡초뿐인 곳!
나의 거룩한 진노로 생명이 사라지고,
죽음과 공허뿐인 사막이 되었다.
바빌론을 지나는 자들은 그 몰락을 목격하고,
놀라서 말을 잊고 고개를 절레절레 흔들 것이다.
다 함께 바빌론에게 달려들어라! 꼼짝 못하게 만들어라!
있는 힘을 다해 두들겨 패라.
젖 먹던 힘까지 다 써라. 완전히 때려눕혀라.
바빌론은 죄인이다. 오, 내게 얼마나 큰 죄를 지었던가!
사방을 에워싸고 함성을 질러라.
바빌론은 싸울 의지를 다 잃었다.
방어진이 허물어졌고,
성벽들이 무너져 내렸다.
작전명 '하나님의 복수'를 수행하여라.
복수를 퍼부어라!
그가 행한 대로 갚아 주어라.
똑같이 해주어라!
농장들을 파괴하고, 농부들을 죽이고,
밭을 못쓰게 만들고, 곳간을 털어라.
포로로 잡혀와 있는 너희는,
이 파멸의 폭풍을 피해 어떻게든 빠져나가라.
속히 고국으로 도망쳐라."

17 "이스라엘은
사자들에게 쫓겨 흩어진 양 떼다.
앗시리아 왕이 처음 시작한
이 살육을,
바빌론 왕 느부갓네살이 완수하여
뼈까지 다 갉아먹었다."

18-20 그러나 이제, 만군의 하나님,
이스라엘의 하나님께서 말씀하신다.
"자 보아라! 내가 바빌론 왕과 그의 땅에 재앙을 내릴 것이다.
앗시리아 왕에게 내렸던 것과 똑같은 재앙을 내리리라.
그러나 이스라엘은 비옥한 목초지로 다시 데려올 것이다.
그가 갈멜과 바산의 언덕에서 풀을 뜯고,
에브라임 비탈길과 길르앗에서

마음껏 먹을 것이다."
하나님의 포고다. "그날이 오고 그때가 이르면,
이스라엘의 허물을 찾아 구석구석 뒤져도, 아무것도 찾지 못할 것이다.
유다의 죄를 찾아 샅샅이 살펴도, 하나도 발견하지 못할 것이다.
내가 구원한 그들은 과거를 청산하고 새 출발하게 될 것이다."

21 "반역자들의 땅 므라다임을 공격하여라!
파멸의 나라 브곳을 습격하여라!
그들을 추격하여라. 모조리 쓸어버려라." 하나님의 포고다.
"이는 내 명령이다. 내가 이르는 대로 하여라.

22-24 전쟁의 함성소리가
지축을 흔든다!
망치였던 자가
두들겨 맞아 박살이 났다.
바빌론이
형체를 알아볼 수 없을 정도로 얻어터졌다.
내가 올가미를 놓았으니, 네가 걸려들었다.
오, 바빌론이여, 억센 올가미에 걸려
옴짝달싹 못하고 당하기만 했다!
네가 하나님께 맞선 대가다.

25-28 나 하나님이 나의 병기고 문을 열고,
진노의 무기들을 꺼내 들었다.
주 만군의 하나님이
바빌론에서 할 일이 있다.
사방에서 그를 덮쳐라!
그 곡창지대로 쳐들어가라!
그를 장작더미에 올려 불태워라.
아무것도 남기지 마라! 아무도 살려 두지 마라!
그 불량아들을 다 잡아 죽여라.
모조리 파멸시켜라!
파멸! 그렇다. 파멸의 날이다!
이제 그들의 명이 다했다.
놀라지 마라.
바빌론을 탈출한 자들, 거기서 도망쳐 나온 자들이
시온에 나타나 하나님의 보복 소식을 전하리라.

하나님의 성전을 위한 복수였다고.

29-30 바빌론을 칠 병력을 소집하여라.
활을 쏠 수 있는 자는 다 불러 모아라!
올가미를 죄어라!
빠져나갈 구멍을 남기지 마라!
받은 그대로 돌려주고,
당한 그대로 똑같이 갚아 주어라!
그는 오만했다. 감히 **하나님**,
'이스라엘의 거룩한 이' 앞에서 방자하게 굴었다.
이제 그 대가를 치른다. 젊은이들이 죽어 길거리에 나뒹굴고,
용사들은 죽어 간데없다." **하나님**의 포고다.

31-32 "이제 알겠느냐? 교만의 화신이여, 내가 너의 적이다!"
주 만군의 **하나님**의 포고다.
"너의 때가 되었다.
그렇다. 파멸의 날이 이르렀다.
교만의 화신이 고꾸라질 것이다.
아무도 붙잡아 일으켜 주지 않으리라.
내가 그의 성읍들에 불을 놓을 것이다.
그 불이 들불처럼 퍼져 온 나라에 번지리라."

33-34 만군의 **하나님**께서 연이어 말씀하신다.

"이스라엘 백성이 두들겨 맞았고,
유다 백성도 그렇다.
압제자들이 억센 손아귀로 꽉 잡고
그들을 놓아주지 않는다.
그러나 강한 구원자가 있으니,
바로 만군의 **하나님**이다.
그렇다. 내가 그들 편에 설 것이다.
내가 가서 그들을 구조하고,
내가 그들의 땅을 진정시켜 주리라.
그러나 바빌론 백성은 내가 손볼 것이다."

35-40 **하나님**의 포고다. "바빌론에 전면전이 벌어졌다.
백성도, 지도자도, 현인도 다 쓸어버리는 총력전이다!

잘난 체하던 자들이 모두 얼간이가 되는 전쟁이다!
용사들을 모조리 겁쟁이로 바꾸어 놓는 전쟁이다!
사람을 죽이는 용병들을 어처구니없는 겁쟁이로 만드는 전쟁이다!
창고들을 결딴내는 전쟁이다. 다 털렸다!
상수원을 결딴내는 전쟁이다. 바싹 말라 버렸다!
미친 가짜 신들, 요귀들의 땅!
이제 바빌론은 승냥이나 전갈,
야행 올빼미나 흡혈박쥐들만 출몰하는 곳이 될 것이다.
누구도 다시는 거기 살지 않고,
죽음의 악취만을 풍기는 땅이 될 것이다.
내가 없애 버린 도성들,
소돔과 고모라와 이웃 성읍과 같은 운명을 맞으리라." **하나님**의 포고다.
"누구도 다시는 거기 살지 않고,
그 땅에서 숨 쉬며 살아갈 사람이 다시는 없을 것이다."

⁂

41-43 "이제, 잘 보아라! 북방에서 사람들이
인산인해를 이루며 쏟아져 내려온다.
먼 곳에서
왕들이 떼를 지어 몰려온다.
살인병기를 휘두르는 그들,
무자비하고 잔인한 야만인들이다.
대양의 파도처럼 거칠게 노호하며
사나운 말을 모는 그들,
전투태세를 갖추고 당장
너 바빌론을 치려고 몰려온다!
바빌론 왕이 그들이 오는 소리를 듣는다.
그의 얼굴이 백지장처럼 하얗게 되고, 사지의 맥이 탁 풀린다.
공포에 질린 왕은
산고 중인 여인처럼 몸을 비틀며, 싸울 엄두를 내지 못한다.

44 이제, 잘 보아라. 먹이를 찾아
요단 강가 깊은 숲에서
푸른 목장으로 뛰어나오는 사자처럼,
내가 달려들어 덮칠 것이다.
아무거나 먹이로 골라잡을 것이다. 누가 나를 막을 수 있으랴?
이른바 목자라는 자들, 다들 나를 어찌하지 못한다."

45-46 그러니, 하나님께서 바빌론에 대해 세우신 계획, 갈대아 사람들에 대한 계획에 귀 기울여라.

믿기지 않겠지만, 어리고 약한 것들,
새끼 양과 새끼 염소들도 끌려갈 것이다.
믿기지 않겠지만, 모두들 충격으로
그저 무력하게 지켜볼 수밖에 없을 것이다.
"바빌론이 함락되었다!"는 함성소리에
땅이 요동치니,
세계만방에 그 소식이 전해질 것이다.

폭풍 페르시아

51

1-5 하나님의 말씀이 아직 남았다.

"잘 보아라. 내가 바빌론을 칠
무시무시한 폭풍을 일으킬 것이다.
'폭풍 페르시아'가
그 사악한 땅에 사는 주민 모두를 덮칠 것이다.
내가 바빌론을 짓밟을 부대를 보내어,
그들이 그곳을 완전히 쓸어버릴 것이다.
그들이 일을 마치면, 그 땅에는 더 이상
가질 만한 것, 볼만한 것이 하나도 남지 않으리라.
그들은 하나도 그냥 놔두지 않을 것이다.
진멸의 날이다!
모두 닥치는 대로 아무것이나 집어 들고 싸울 것이다.
수단과 방법을 가리지 않는 싸움이다.
그들은 그 무엇도 아끼지 않고, 그 누구도 살려 두지 않을 것이다.
모조리 멸망시키리라. 끝장을 내리라!
바빌론 전역이 부상자들로 뒤덮이고,
거리마다 시체들이 쌓일 것이다.
이스라엘과 유다를 과부라 여겼다면
오산이다.
그들의 하나님, 만군의 하나님인 내가 이렇게 살아서 건재하다.
비록 그 땅을
이스라엘의 거룩하신 하나님을 거스르는 죄로 가득 채운 그들이지만,
나는 여전히 그들에게 묶인 몸이다."

6-8 속히 바빌론에서 빠져나오너라.

살고 싶거든 달아나라! 목숨을 부지하여라!
우물쩍거리다, 그에게 죄값을 물리는 나의 복수에
너까지 목숨을 잃게 되는 일이 없게 하여라.
바빌론은 내 손에 들린 화려한 금잔이었다.
거기 가득 담긴 나의 진노의 포도주가,
온 세상을 취하게 만들었다.
뭇 민족이 그 포도주를 들이켰고,
모두 제정신을 잃었다.
이제, 바빌론 자신이 인사불성이 되도록 취해,
비틀거리다 쓰러진다. 비극이다!
향유를 구해다 상처에 발라 주어라.
어쩌면 나을지도 모르니."

⁂

9 "우리는 최선을 다했지만, 그를 도울 수 없었다.
바빌론은 나을 가망이 없다.
그가 제 운명의 길을 가게 내버려 두어라.
고향으로 돌아가라.
그에게 곧 어마어마한 심판이 떨어질 것이다.
하늘을 찌를 듯한 기념비적인 보복이 행해질 것이다.

10 **하나님**께서 우리를 위해 모든 일을 바로잡아 주셨다.
오라! 시온으로 돌아가서,
이 기쁜 소식을 전하자.
우리 **하나님**께서 모든 일을 바로잡으시기 위해 행하신 일을 전하자.

11-13 화살촉을 갈아라!
화살통을 채워라!
하나님께서 메대 왕들을 선동하여
전쟁광들로 만드셨다. '바빌론을 없애 버리자!'
하나님께서 출정길에 오르셨다.
당신의 성전을 위한 복수전을 벌이려 하신다.
공격신호를 올리고 바빌론 성벽을 쳐라.
경계병을 세워라.
병력을 증원하여라.
병사들을 매복시켜라.
하나님께서 당신의 계획을 이행하시리라.
바빌론에게 하시겠다던 일을 행하시리라.

풍족한 물과
풍족한 재물을 가진 너,
그러나 이제 너는 끝이다.
너는 죽은 목숨이다."

⚜

14 만군의 **하나님**께서 엄숙히 맹세하셨다.
"내가 이곳을 적군들로 들끓게 하리라.
그들이 메뚜기 떼처럼 이곳을 뒤덮고,
너를 고꾸라뜨려 개선가를 부를 것이다."

⚜

15-19 그분께서 능력으로 땅을 지으시고,
지혜로 세상을 빚어 내셨다.
우주는 그분의 작품이다.
그분이 천둥소리를 내시면, 비가 쏟아진다.
구름을 피워 올리시고,
번개로 폭풍을 두르시며,
당신의 창고에서 바람을 꺼내 날려 발진시키신다.
막대기 신을 숭배하는 자들, 참으로 어처구니없는 얼간이들이다!
자기 손으로 만든 신들로 수치를 당하여 쩔쩔맨다!
그 신들은 모두 가짜요, 죽은 막대기일 뿐이다.
말라 죽은 나무를 두고 신이라니, 어이가 없다.
그것들은 연기에 불과하다.
바람과 함께 사라지고 만다.
그러나 '야곱의 분깃'이신 분은 참되시다.
그분은 온 우주를 지으신 분,
이스라엘을 특별히 주목하시는 분이다.
그분의 이름이 무엇인가? 만군의 **하나님**이시다!

바빌론은 하나님의 망치다

20-23 하나님께서 말씀하신다. "너 바빌론은 나의 망치다.
나의 병기다.
내가 너를 들어 사악한 민족을 쳐부수고,
뭇 왕국을 박살낼 것이다.
내가 너를 들어 말과 기병을 쳐부수고,
병거와 전사를 쳐부술 것이다.
내가 너를 들어 남자와 여자를 쳐부수고,

노인과 아이를 쳐부술 것이다.
내가 너를 들어 청년 남녀를 쳐부수고,
목자와 양을 쳐부술 것이다.
내가 너를 들어 농부와 겨릿소를 쳐부수고,
고관과 대신을 쳐부술 것이다.

24 유다 사람들아, 너희 두 눈으로 똑똑히 보게 되리라. 내가 바빌론과 갈대아 사
람들이 시온에서 저지른 모든 악행을 그들에게 그대로 되갚아 주는 것을." **하나
님**의 포고다.

25-26 "너 바빌론아, 온 세상을 황폐하게 만든
'파괴자 산'아, 나는 너의 적이다.
내가 팔을 뻗어 너를 내 손으로 붙잡고,
산이던 너를 짓뭉개 버릴 것이다.
너를 자갈밭으로 만들어 버리리라.
이제 더는 네게서 모퉁잇돌을 얻거나,
주춧돌을 떠낼 수 없을 것이다!
자갈밖에는 아무것도 남지 않으리라." **하나님**의 포고다.

27-28 "온 땅에 신호를 올려라.
민족들을 향해 숫양 뿔나팔을 불어라.
바빌론을 치는 거룩한 일을 위해 민족들을 구별하여라.
신성한 이 일에 왕국들을 불러들여라.
아라랏과 민니와 아스그나스를 징집하여라.
바빌론을 칠 사령관을 임명하고,
메뚜기 떼처럼 많은 군마들을 불러 모아라!
바빌론을 치는 이 거룩한 일을 위해 민족들을,
메대의 왕과 그의 지도자들과 백성을 구별하여라.

29-33 땅이 공포에 떨고, 고통으로 몸을 비튼다.
바빌론을 치려는 내 계획,
그 나라를 아무도 살 수 없는
황무지로 바꾸어 놓겠다는 내 계획에, 소스라치게 놀란다.
바빌론 용사들이 싸우다 말고
폐허와 동굴 속으로 숨는다.
싸우지도 않고 포기해 버리는 그들,
알고 보니 계집애처럼 소심한 겁쟁이들이다.

바빌론의 집들이 화염에 휩싸이고,
성문들이 돌쩌귀에서 뜯겨져 나간다.
보고자들이 연이어 헐떡이며 달려와서,
바빌론 왕에게
도성의 함락 소식을 전한다.
강나루도 모두 점령되었다.
늪지대까지 불에 타들어 간다.
용사들이 이리 뛰고 저리 뛰며 달아난다.
나, 만군의 **하나님**이 말한 대로다.
'딸 바빌론은 타작 시기의
타작마당이다.
머지않아, 수확이 시작되면
가라지가 바람에 날릴 것이다!'"

34-37 "바빌론 왕 느부갓네살이
내 백성을 질겅질겅 씹고 뼈를 뱉어 내었다.
그릇을 깨끗이 비운 뒤 의자를 뒤로 빼고 앉아
트림을 했다. 게걸스런 엄청난 트림을.
숙녀 시온이 말한다.
'내가 당한 만행을 바빌론도 당하게 하소서!'
예루살렘도 말한다.
'내가 흘린 피의 값을 갈대아 사람들에게 물리소서!'
그때, 나 **하나님**이 나서서 말한다.
'내가 너의 편이며, 너를 위해 싸운다.
내가 너의 원수를 갚아 주겠다. 너를 위해 복수해 주겠다.
내가 그의 강을 다 말리고, 그의 샘을 다 막아 버릴 것이다.
바빌론은 폐허 더미가 될 것이며,
들개와 들고양이들이 먹이를 찾아 배회하는 곳,
쓰레기 투기장,
황폐한 유령마을이 될 것이다.'"

38-40 "바빌론 사람들은 먹이를 두고 으르렁거리는,
게걸스런 사자와 그 새끼들 같다.
내가 그들에게 세 끼니 제대로 챙기고, 잔칫상을 차려 주리라.
그들은 실컷 마시고 취해 쓰러질 것이다.
코가 비뚤어지게 취해서, 잠이 들 것이다. 계속 잠만 잘 것이다.

그러고는 다시 깨어나지 못하리라." 하나님의 포고다.
"내가 그 '사자들'을,
어린양, 숫양, 숫염소들처럼 도살장으로 끌고 가리라.
다시는 그들 소식을 듣지 못하리라."

41-48 "바빌론은 이제 끝났다.
온 땅의 자랑거리였던 그가 아주 바닥에 고꾸라졌다.
처참히 몰락한 바빌론,
시궁창에 처박혔다!
밀어닥친 적군들의 파도에 난타당해
대혼란에 빠져들었다.
마을에서는 썩는 냄새가 진동하고,
땅은 텅 비어 황량하다.
이제는 성읍 안에 아무도 살지 않는다.
사람들이 그곳을 피해 멀찍이 돌아간다.
바빌론의 탐욕스런 벨 신에게 내가 재앙을 내릴 것이다.
그가 꿀꺽 삼킨 것들을 다 토해 내도록 만들겠다.
더 이상 바빌론의 놀라운 볼거리들을 보려고
사람들이 줄지어 찾아오는 일은 없을 것이다.
이제 바빌론에는 볼거리들이 남아 있지 않다.
나의 백성이여, 살고 싶다면 도망쳐라!
뛰어라. 뒤를 돌아다보지 마라!
속히 그곳에서 빠져나와라.
하나님의 진노의 불이 떨어지는 그곳을 탈출하여라.
희망을 잃지 마라. 아무리 흉흉한 소문이 들려오더라도
결코 포기하지 마라.
이 해에는 이런 폭행 소문,
저 해에는 저런 전쟁 소문이 나돌 것이다.
나를 신뢰하여라. 내가
바빌론 우상들의 콧대를 꺾어 놓을 날이 오고 있다.
내가 그 나라의 역겨운 사기 행각을 드러내고,
나라 전역이 시체로 뒤덮이도록 할 것이다.
앙갚음해 줄 군대가 북방에서 내려와
바빌론을 덮치는 날,
하늘과 땅, 천사와 사람들이
승리축하 파티를 열 것이다." 하나님의 포고다!

49-50 “바빌론은 반드시 망한다.
이스라엘의 전사자들에 대한 보상이다.
바빌론 사람들이 살육될 것이다.
그들이 저지른 참혹한 살인 행각 때문이다.
그러나 참혹한 죽음을 모면한 너희 포로들아,
떠나라! 어서 빨리!
붙잡혀 간 먼 곳에서도 언제나 **하나님**을 기억하여라.
예루살렘을 늘 마음에 간직하고 살아라.”

51 너무나 오랜 세월, 수치와 조롱과 학대를 당하며 살아온 우리,
우리가 누군지조차 거의 잊었다!
마음을 추스를 수조차 없다.
우리의 옛 성소, **하나님**의 집이 이방인들에게 짓밟혔다.

52-53 “그래, 내가 안다. 그러니 나를 신뢰하여라.”
하나님의 포고다.
“내가 그 우상들에게 재앙을 내릴 날이 오고 있다.
온 땅이 신음하는 부상자들 천지가 될 것이다.
설령 바빌론이 달까지 사다리를 놓고 올라가서
사다리를 걷어 아무도 올라오지 못하게 할지라도,
그래도 나를 막지는 못할 것이다.
나의 보복을 이행할 자들이 거기까지 따라 올라가리라.”
하나님의 포고다.

54-56 이제 들어라! 들리느냐? 바빌론에서 들려오는 울부짖음이!
갈대아에서 들려오는 섬뜩한 울음소리가!
하나님께서 철퇴를 들고 바빌론으로 가실 것이다.
그의 마지막 신음이 들려온다.
죽음이 요란한 파도소리를 내고,
죽음이 거대한 폭포수소리를 낸다.
보복을 행할 파괴자들이 바빌론으로 쳐들어간다.
바빌론의 용사들이 사로잡히고, 그 병기들은 고철이 되리라.
실로, **하나님**은 평등을 이루어 내시는 분.
모두가 정당한 보응을 받게 되리라.

57 “내가 그들 모두를 취하게 만들 것이다.
왕자도, 현인도, 고관도, 용사도.

코가 비뚤어지게 취해서 잠들 것이다. 그들은 계속 잠만 잘 것이다.
그러고는 다시 깨어나지 못하리라." 왕이신 분의 포고다.
그분의 이름이 무엇인가? 바로, 만군의 **하나님**이시다!

58 만군의 **하나님**께서 말씀하신다.

"바빌론의 성벽, 그 거대한 벽들이
허물어지리라!
성문, 그 육중한 문들이
불타 없어지리라!
그런 헛된 삶,
열심히 살수록 더 초라해진다.
그런 야망,
재만 남길 뿐이다."

59 마세야의 손자요 네리야의 아들인 스라야가 유다 왕 시드기야와 함께 바빌론
으로 갔을 때, 예언자 예레미야가 그에게 할 일을 일러 주었다. 때는 시드기야
사년이었다. 스라야는 여행 관련 업무 책임자였다.
60-62 예레미야가 바빌론에 닥칠 모든 재앙을 작은 책자에 기록한 뒤, 스라야에게
말했다. "바빌론에 이르면, 이것을 사람들 앞에서 낭독하십시오. '오 **하나님**, 주
께서 말씀하시기를, 이곳을 멸망시켜 인간이든 짐승이든 아무도 살 수 없는 영
원한 불모의 땅으로 만들겠다고 하셨습니다' 하고 읽어 주십시오.
63-64 읽기를 마치면, 그 책자에 돌을 매달아 유프라테스 강에 던지고, 그것이 가
라앉는 모습을 보면서 이렇게 말하십시오. '내가 내린 재앙을 당한 뒤에, 바빌론
이 저렇게 바닥으로 가라앉아 다시는 떠오르지 못할 것이다.'"

예루살렘의 멸망

52

1 시드기야가 왕이 되었을 때 그의 나이 스물한 살이었다. 그는 예루
살렘에서 십일 년 동안 다스렸다. 그의 어머니는 립나 출신 예레미
야의 딸 하무달이다.
2 **하나님**께서 보시기에, 시드기야 역시 악한 왕 여호야김을 그대로 베껴 놓은
자에 지나지 않았다.
3-5 예루살렘과 유다가 맞게 된 모든 파멸의 근원에는 **하나님**의 진노가 있었다.
하나님께서 심판의 행위로 그들에게 등을 돌리신 것이다.
시드기야가 바빌론 왕에게 반역했다. 느부갓네살은 모든 군대를 이끌고 예루살
렘으로 향했다. 그는 진을 치고 성 둘레에 토성을 쌓아 성을 봉쇄했다. 그는 시
드기야 구년 열째 달에 예루살렘에 도착했고, 성은 열아홉 달 동안(시드기야 십일

년까지) 포위되어 있었다.
6-8 시드기야 십일년 넷째 달 구일이 되자, 기근이 너무 심해져 성 안에 빵 부스
러기 하나 남지 않았다. 그때에 바빌론이 성벽을 뚫고 쳐들어왔다. 그것을 본
유다의 모든 군대는 야음을 틈타 성벽 통로(왕의 동산 위쪽에 있는 두 성벽 사이의 문)
로 도망쳤다. 그들은 바빌론 군사들의 전선을 몰래 뚫고 나가, 아라바 골짜기
길을 지나 요단 강으로 향했다. 바빌론 군사들이 총력을 다해 추격하여 여리고
평원에서 그들을 따라잡았다. 그러나 시드기야의 군대는 이미 흩어져 도망친
뒤였다.
9-11 바빌론 군사들이 시드기야를 사로잡아 하맛 땅 리블라에 있는 바빌론 왕에
게 끌고 가자, 왕은 그 자리에서 그를 재판하고 선고를 내렸다. 바빌론 왕은 시
드기야가 보는 앞에서 그의 아들들을 죽였다. 아들들의 즉결 처형을 마지막으
로, 그는 더 이상 앞을 볼 수 없었다. 바빌론 군사들이 그의 눈을 멀게 했기 때
문이다. 그러고 나서 바빌론 왕은 유다의 지휘관들을 모두 죽였다. 시드기야는
사슬에 단단히 묶여 바빌론으로 끌려갔다. 바빌론 왕이 그를 감옥에 가두었고,
그는 죽을 때까지 거기서 나오지 못했다.
12-16 바빌론 왕 느부갓네살 십구년 다섯째 달 칠일에, 바빌론 왕의 수석 부관인
느부사라단이 예루살렘에 도착했다. 그는 하나님의 성전과 왕궁과 성까지 모
두 불태워 없앴다. 그리고 자기가 데려온 바빌론 군대를 투입하여 성벽을 허물
었다. 마지막으로, 전에 바빌론 왕에게 투항했던 사람들을 포함해서 예루살렘
성에 남아 있던 사람들을 모두 포로로 잡아 바빌론으로 끌고 갔다. 그는 가난한
농부 일부만을 남겨서 포도원과 밭을 관리하게 했다.
17-19 바빌론 사람들은 하나님의 성전 안에 있는 청동기둥과 청동세면대와 커다
란 청동대야(바다)를 깨뜨려 바빌론으로 가져갔다. 또 예배용 청동기구들과 성전
예배에 쓰이는 금과 은으로 만든 향로와 뿌리는 대접들도 가져갔다. 왕의 부관
은 귀금속 조각이라면 하나도 빠뜨리지 않고 눈에 띄는 대로 다 가져갔다.
20-23 솔로몬이 하나님의 성전을 위해 만든 두 기둥과 바다와 바다를 떠받치는 열
두 청동황소와 열 개의 세면대에서 뜯은 청동의 양은 어마어마해서 무게를 달
수조차 없었다! 각 기둥의 높이가 8.1미터였고, 둘레가 5.4미터였다. 기둥들은
속이 비었고, 청동의 두께는 3센티미터가 조금 못 되었다. 각 기둥에는 청동 석
류와 금줄세공으로 장식한 2.25미터 높이의 기둥머리가 얹혀 있었다. 일정한
간격으로 아흔여섯 개의 석류가 보였는데, 보이지 않는 부분까지 더하면 하나
의 기둥에 백 개의 석류가 달려 있었다.
24-27 왕의 부관은 특별한 포로들을 많이 데려갔다. 대제사장 스라야, 부제사장
스바냐, 성전 관리 세 명, 남아 있던 군 최고지휘관, 성에 남아 있던 왕의 고문
일곱 명, 군 최고 모병지휘관, 그리고 성에 남아 있던 백성 중에 지위가 높은 사
람 예순 명이었다. 왕의 부관 느부사라단은 그들을 모두 리블라에 있는 바빌론
왕에게 끌고 갔다. 바빌론 왕은 그곳 하맛 땅 리블라에서 그들 무리를 처참하게
죽였다.

유다 사람들은 자기 땅을 잃고 포로로 끌려갔다.

⁂

28 느부갓네살 칠년에, 3,023명의 유다 사람들이 포로로 잡혀갔다.
29 느부갓네살 십팔년에, 832명의 예루살렘 주민들이 잡혀갔다.
30 느부갓네살 이십삼년에, 745명의 유다 백성이 왕의 부관 느부사라단에 의해
잡혀갔다.
이렇게 해서, 총 4,600명이 포로로 잡혀갔다.

⁂

31-34 유다의 여호야긴 왕이 포로로 있은 지 삼십칠 년째 되던 해에, 에윌므로닥
이 바빌론의 왕이 되어 여호야긴을 감옥에서 풀어 주었다. 석방은 열두째 달 이
십오일에 있었다. 왕은 그에게 극진한 호의를 베풀어, 바빌론에 억류되었던 다
른 어떤 포로들보다 그를 높이 대우했다. 여호야긴은 죄수복을 벗고 그날부터
왕과 함께 식사를 했다. 왕은 그가 남은 여생 동안 편히 살도록 필요한 것들을
모두 마련해 주었다.

예레미야 애가 | 머리말

예레미야 애가는 고통에 대한 성경의 압축적이고 절절한 증언이다. 고통은 거대하고도 피할 수 없는 인간 조건이다. 인간으로 산다는 것은 곧 고통을 겪으며 산다는 의미다. 누구도 예외일 수 없다. 인간의 상황에 깊이 뿌리내린 성경이, 고통에 대한 증언을 광범위하게 내놓는 것은 놀라운 일이 아니다.

히브리 역사의 중추를 이루는 두 사건은 바로 '출애굽'과 '바빌론 포로생활'이다. 출애굽은 자유를 선사받은 구원 이야기, 결정적 구원 이야기다. (주전 1200년경) 하나님께서 당신의 백성을 이집트 종살이에서 구해 주셨다. 이는 해방인 동시에, 춤과 노래가 뒤따르는 환희의 경험이다. 반면에, 바빌론 포로생활은 엄청난 고통이 수반된 심판 이야기, 결정적 심판 이야기다. (주전 587년 예루살렘이 멸망하고) 하나님의 백성이 바빌론에 종으로 끌려갔다. 이는 비극이며 통곡이 따르는 참혹한 경험이다. 이 두 사건, 출애굽과 바빌론 유배는, 구원이 가져오는 기쁨으로부터 심판에 따르는 고통에 이르기까지, 하나님의 백성이 겪는 광범위한 경험들의 좌표를 정해 주는 두 개의 축이라고 할 수 있다.

바빌론 포로생활을 배경으로 하는 이 책 예레미야 애가는, 상실과 고통을 다루는 형식과 어휘를 신앙 공동체에 제공한다. 비극의 시작인 예루살렘 멸망 사건은 열왕기하 25장과 예레미야 52장에 기록되어 있다. 예루살렘 멸망에서 시작하여 그 후 70년간 이어진 포로생활의 고통은 과장과 묘사가 불가능할 정도다. 예레미야 애가 1:7에는 이렇게 표현되어 있다. "예루살렘이 그날을 떠올린다. 자신의 전부를 잃은 그날을. 그녀의 백성이 적군의 손에 넘어간 그날, 아무도 그녀를 돕지 못했다. 적들이 보며 웃었다. 망연자실해 하는 그녀를 비웃었다." 모든 것을 잃었고, 모두가 죽어 갔다. 훼파된 예루살렘 거리에서 '식인'과 '신성모독'이 횡행했다. 잔혹한 어린이 살해는 인간의 가치가 땅에 떨어졌음을 보여주는 만행이었고, 광포한 제사장 집단 살해는 신성의 가치가 땅에 떨어졌음을 보여주는 만행이었다. 몸과 영혼, 개인과 국가에 일어날 수 있는 최악의 상황이 모두 일어났다. 가히, 고통의 극한이었다. 그리고 그 고통은 지금도 세계 도처에서 계속되고 있다. 대형 참사로든, 혹은 개인적 아픔으로든.

예레미야 애가는 고통에 대한 설명이나, 고통을 제거해 주는 프로그램을 제시하지 않는다. 다만, 성경과 한목소리를 내면서, 하나님께서 우리 고통 속에 친히 들어오시며 고통받는 우리와 함께하신다고 증언한다. 그럼으로써 우리 고통에 존엄을 부여한다.

하나님의 신실한 사랑은 다함이 없고,
그분의 자애로운 사랑은 마르는 법이 없다.
그 사랑은 아침마다 다시 새롭게 창조된다.
주의 신실하심이 어찌 그리도 크신지!
(거듭 말하노니) 나, 하나님을 붙들리라.
그분은 내가 가진 전부이시다.

열정을 품고 기다리는 사람,
열심으로 찾는 이는 하나님께서 반드시 선대하신다.
잠잠히 소망하며,
하나님의 도우심을 잠잠히 바라는 그 사람은 복되다.
젊은 시절 고난을 겪고
끝까지 견디는 이, 그 사람은 복되다.

삶이 힘겹고 짐이 무거울 때,
홀로 있어라. 침묵 속으로 들어가라.
바닥에 엎드려 기도하여라. 캐묻지 마라.
다만, 나타날 소망을 기다려라.
고난으로부터 달아나지 마라. 정면으로 맞서라.
우리에게 최악의 상황이란 없다.

왜 그런가! 주님은
한번 가면 영영 돌아오지 않는 분이 아니시기 때문이다.
그분은 엄하시나, 또한 자애로우시다.
그분의 신실한 사랑은 무궁무진하여, 동나는 법이 없다.
그분은 우리에게 고난을 주시고
난관에 봉착케 하는 것을, 즐거워하지 않으신다(애 3:22-33).

예레미야 애가

비천한 신세!

1 [1] 오……
사람들로 들끓던 도성이 이제 텅 비었다.
과부가 되었다. 뭇 민족 가운데 으뜸이던 도성,
여왕 같던 그녀가 부엌데기로 전락했다.

[2] 매일 밤 베개를 적시며 울다 잠이 든다.
그녀의 애인들, 누구 하나 남아서 그녀의 손을 잡아 주는 자 없다.
친구들도 모두 등을 돌리고 떠났다.

[3] 수년간 고통과 노역에 시달렸던 유다, 결국 포로로 잡혀갔다.
뭇 민족 가운데 떠돌며, 편히 다리 뻗고 쉴 곳 없이,
모두에게 쫓기며, 오도 가도 못하는 신세가 되었다.

[4] 시온의 길이 슬피 운다. 명절이 와도 찾아오는 순례자 하나 없다.
성문이 있던 자리는 폐허가 되었고, 제사장들은 절망에 빠졌으며,
처녀들은 슬픔에 잠겨 지낸다. 아, 쓰라린 비운이여.

[5] 과거 적이었던 자들이 이제 그녀의 주인이 되었다. 그들은 승승장구한다.
하나님께서 그녀를 때려눕히셨기 때문이다.
반역을 일삼던 그녀를 벌하신 것이다.
그녀의 자녀들마저 적들에게 포로로 잡혀 끌려갔다.

6 아름다웠던 딸 시온의 미모는 이제 온데간데없다.
제후들도 먹을 것을 찾아 헤매다,
사냥꾼에게 쫓겨 기진맥진한 사슴 같다.

7 예루살렘이 그날을 떠올린다. 자신의 전부를 잃은 그날을.
그녀의 백성이 적군의 손에 넘어간 그날, 아무도 그녀를 돕지 못했다.
적들이 보며 웃었다. 망연자실해 하는 그녀를 비웃었다.

8 이 세상 제일가는 죄인이던 예루살렘, 이제 세상 모두에게 버림받았다.
곁에서 칭송하던 자들, 그녀의 실체를 보고서 모두 경멸을 퍼붓는다.
부끄러움을 당해 신음하는 그녀, 비참하기 그지없다.

9 내키는 대로 살았던 그녀, 내일을 생각하는 법 없던 그녀가
보기 좋게 몰락했다. 그 손을 잡아 주는 자 아무도 없다.
"오 **하나님**, 제가 당하는 고통을 보아 주십시오! 저 잔인한 원수들이
으스대는 꼴을 보십시오!"

10 원수가 손을 뻗어 그녀의 소중한 것 전부를 빼앗아 갑니다.
그녀의 눈앞에서 이방인들, 주께서 출입을 금지시킨 자들이
성소에까지 난입해 공회를 유린합니다.

11 모두들 먹을 것이 없어 신음하는 저들, 살아남기 위해
자신이 가장 아끼던 보물을 빵 한 조각과 바꿉니다.
"오 **하나님**, 저를 살펴 주십시오! 바닥을 기는 이 비천한 몸을!

12 지나가는 이들이여, 내 모습 좀 보시오! 이런 것을 본 적 있소?
내가 겪는 참혹한 고통, 그분이 내게 하신 일,
하나님께서 진노 가운데 내게 행하신 이 같은 일을 본 적이 있소?

13 그분이 나를 번개로 내리치시고, 머리끝부터 발끝까지 꼬챙이에 꿴 다음,
내 주위 사방에 덫을 놓으셔서, 옴짝달싹 못하게 하셨다.
그분께서 나의 모든 것을 앗아 가셨다. 진저리 나는 삶만 남았을 뿐.

14 그분께서 내 죄들을 엮어 동아줄을 만드시고,
그것으로 나를 얽어매고 멍에를 씌우셨다.
이 몸은 무자비한 감독관에게 들볶이는 신세가 되었다.

15 주께서 나의 최고 용사들을 한데 불러 모으시고,

흉악한 자들을 시켜 꽃다운 목숨들을 다 꺾어 버리셨다.
주께서 아리따운 처녀 유다를 사정없이 짓밟아 버리셨다.

16 그리하여 내가 운다. 눈에서 눈물이 강물처럼 흘러나오지만,
둘러보아도 내 영혼을 위로해 줄 자 아무도 없다.
나의 자녀들은 개죽음을 당하고, 나의 원수는 승승장구한다."

17 시온이 도와 달라고 부르짖었으나, 누구 하나 나서서 도와주지 않았다.
하나님께서 야곱의 적들에게 명령을 내리시고 그를 포위하게 하셨다.
그러나 아무도 예루살렘을 돕겠다고 나서지 않았다.

18 "**하나님**이 옳으시다. 잘못한 것은 나다.
모두들, 내 말을 들어라! 내게 닥친 이 일을 보아라!
나의 꽃다운 젊은이들이 모조리 포로로 잡혀갔다!

19 친구들을 불렀지만, 그들이 다들 등을 돌렸다.
제사장과 지도자들도 제 살길 찾기에 바쁘고,
살아남고자 몸부림치나 결국 성공하지 못한다.

20 오 **하나님**, 제가 겪는 이 고난을 살펴 주십시오! 반역을 일삼던 지난날을 생
각하니, 속이 뒤틀리고 심장이 터질 듯합니다.
거리마다 학살이 자행되고, 집집마다 사람들이 굶어 죽습니다.

21 오, 저의 신음소리에 귀 기울여 주십시오. 제게 귀 기울이는 사람, 마음 써 주
는 사람 아무도 없습니다.
적들이 주께서 제게 내리신 고난을 듣고 환호성을 올렸습니다.
심판의 날이 이르게 하십시오! 그들도 저와 같은 일을 당하게 해주십시오!

22 그들의 악한 삶을 들여다보시고, 벌을 내려 주십시오!
저의 죄를 물으시며, 주께서 제게 하신 일을 저들에게도 행해 주십시오.
고통에 짓눌려 신음하는 제 몸과 마음, 더 이상 감당할 수가 없습니다."

하나님께서 성전을 버리고 떠나시다

2 1 오……
주께서 딸 시온을 하늘에서 떨어뜨리시고,
이스라엘의 영광스런 도성을 땅바닥에 내치시며,
가장 아끼시던 것을 진노 가운데 쓰레기처럼 내다 버리셨다.

[2] 주께서 망설임 없이 이스라엘을 단번에 삼켜 버리셨다.
불같이 노하셔서, 유다의 방어진들을 박살내시고,
나라의 왕과 제후들을 혹독하게 다루셨다.

[3] 불같이 노하셔서, 이스라엘을 바닥에 때려눕히시고,
그 팔을 부러뜨리셨다. 그녀의 적 앞에서 그녀에게 등을 돌리시고,
사방을 태우며 다가오는 들불처럼 야곱을 몰아붙이셨다.

[4] 원수를 대하듯, 우리에게 활을 겨누고 칼을 빼어 드셨으며,
우리의 자랑이요 기쁨이던 젊은이들을 죽이셨다.
그분의 불같은 진노가, 시온의 집들을 잿더미로 만들어 버렸다.

[5] 주께서 우리를 원수처럼 다루셨다. 이스라엘을 삼키셨다.
방어 요새들을 질겅질겅 씹어서 뱉어 버리셨다.
딸 유다가 통곡하고 신음하게 하셨다.

[6] 그분께서 옛 밀회장소를 갈아엎으시고, 아끼시던 회합장소를 폐허로 만드셨다.
하나님께서 시온에서 절기와 안식일을 기억조차 나지 않게 모조리 없애셨고,
노하시며 왕과 제사장도 다 내쳐 버리셨다.

[7] 하나님께서 당신의 제단과 거룩한 성전을 버리고 떠나실 때,
요새들을 원수의 손에 넘기셨다.
마치 절기라도 된 것처럼, 원수들이 하나님의 성전에서 환호성을 올렸다!

[8] 하나님께서 딸 시온의 성벽을 허물어뜨리기로 작정하셨다.
당신의 작업반을 소집하시고 일에 착수하셨다.
성벽은 완전히 허물어졌다! 돌들이 통곡한다!

[9] 그녀의 성문과 쇠 빗장들, 돌무더기에 파묻혀 모두 사라졌다.
왕과 제후들이 모두 포로로 끌려갔다. 갈 길을 지시해 줄 자 더 이상 없다.
예언자들도 있으나 마나다. 하나님에게서 아무것도 보지도 못하고 듣지도 못한다.

[10] 딸 시온의 장로들, 망연자실한 채 땅바닥에 주저앉았다.
머리에 흙을 뿌리고 거친 베옷을 입었다.
예루살렘의 젊은 처녀들이 얼굴에 먼지를 뒤집어쓰고 있다.

[11] 내 눈은 눈물로 멀어 버렸고, 내 위가 뒤틀린다.
내 백성의 비운에, 내 애간장이 녹아내린다.

아기와 아이들이 사방에서 까무러친다.

12 엄마를 부르며 "배고파! 목말라!" 하다가,
길에서 죽어 가는 부상병처럼 숨을 헐떡거리다,
엄마 무릎 위에서 숨을 거둔다.

13 사랑하는 예루살렘아, 내 어찌 너의 고난을 다 헤아릴 수 있으랴?
사랑하는 시온아, 내 무슨 말로 너를 위로할 수 있겠는가?
누가 너를 회복시켜 줄 수 있으랴? 끔찍한 파멸을 당한 너를.

14 예언자들이 달콤한 말로 너를 꾀었다.
네 죄를 지적해 회개로 이끌었어야 했건만,
그들의 설교는 전부 기만적인, 거짓몽상이었다.

15 지나가는 자들이 경악하며, 제 눈을 의심한다.
예루살렘을 보고 눈을 비비며, 머리를 절레절레 흔든다.
정녕 이곳이 '가장 아름다운 곳', '가장 살기 좋은 곳'으로 알려졌던
그 도성이란 말인가?

16 너의 적들이 입을 헤벌리고
히죽거리며 말한다. "이제 저들은 우리 차지다!
우리가 기다려 왔던 순간이다! 바로 이거다!"

17 하나님께서 전부터 말씀하신 일을 하나하나 행동에 옮기셨다.
하겠다고 하신 일을 마침내 행하셨다. 그곳을 허물어뜨리셨다.
적들이 너를 짓밟게 만드시고, 그들이 세계 챔피언이라고 선언하셨다!

18 참회하는 시온아, 마음을 찢으며 주께 울부짖어라.
밤낮으로 눈물을 강물처럼 흘려라.
쉼 없이 울어라. 한시도 눈물이 그치지 않게 하여라!

19 매일 밤 야경이 시작되면, 일어나 기도하며 부르짖어라.
주님 얼굴 앞에 네 마음을 쏟아부어라.
너의 손을 높이 들어라. 길거리에서 굶어 죽어 가는
네 아이들을 살려 달라고 빌어라.

20 "하나님, 우리를 보살펴 주십시오. 생각해 주십시오. 주께서 사람을 이렇게
대하신 적이 있었습니까?

여인이 자기 아기를, 자신이 기른 아이를 잡아먹어야 하겠습니까?
제사장과 예언자들이 주님의 성소 안에서 살해당해야 하겠습니까?

21 아이와 노인들이 거리 시궁창에 처박히고,
젊은이들이 꽃다운 나이에 목숨을 잃었습니다.
주께서 노하셔서 그들을 참혹하게 죽이시고,
그들을 무자비하게 베어 쓰러뜨리셨습니다.

22 주께서 잔치에 친구들을 부르듯 사람들을 불러 우리를 급습하게 하셔서,
하나님의 진노의 날, 그 중대한 날에, 누구도 빠져나가지 못하게 하셨습니다.
제가 사랑으로 기른 자녀들이 모두 죽었습니다. 다 죽어 없습니다."

하나님께서 나를 깊은 흑암 속에 가두시다

3 1-3 내가, 고난을 맛보았다.
하나님의 진노의 매질을 당했다.
그분이 내 손을 잡아,
칠흑 같은 어둠 속에 밀어 넣으셨다.
아니, 당신 손등으로 나를 후려치셨다.
거듭거듭 후려치셨다.

4-6 나를 막대기처럼
뼈만 앙상하게 만드신 다음, 뼈마저 부러뜨리셨다.
나를 사방에서 포위하시고는,
고난과 고생을 들이부으셨다.
나를 관 속에 갇힌 시체처럼
깊은 흑암 속에 가두셨다.

7-9 나로 결코 빠져나오지 못하게 하신다.
내 손을 묶으시고 내 발에 족쇄를 채우신다.
아무리 부르짖으며 도움을 청해도
내 기도를 자물쇠로 잠그시고, 열쇠마저 없애 버리신다.
떠내 온 돌로 내 길을 막으신다.
나를 사지로 몰아넣으신다.

10-12 그분은 나를 노리며 뒤를 쫓는 곰,
숨어 있다 별안간 달려드는 사자이시다.
나를 쓰러뜨려 길 바깥으로 끌고 가서는 나를 찢어발기시니,
나는 모조리 다 뜯겼다.

그분이 활과 화살을 꺼내
나를 과녁으로 삼으셨다.

13-15 화살통에서 활을 꺼내
내 배를 쏘셨다.
모두가 나를 비웃었다.
조롱하는 노래를 부르며 나를 희롱했다.
그분은 썩어 악취 나는 음식을 내 목구멍에 밀어 넣으시고,
고약한 음료를 잔뜩 마시게 하셨다.

16-18 그분이 내 얼굴을 자갈에 갈아 버리셨다.
나를 진창에 처박으셨다.
나는 삶을 아주 포기해 버렸다.
희망을 영영 잊고 말았다.
나는 속으로 중얼거렸다. "그래, 이제 모든 게 끝이다.
하나님을 믿어 봐야 헛일이다."

하나님의 도움을 바라는 자, 복되다

19-21 이 고난, 이 엄청난 상실,
내가 삼킨 독과 그 쓰라린 맛을, 나는 결코 잊지 못하리라.
전부를 생생하게 기억한다. 오, 얼마나 생생히 기억하는지,
나락에 떨어진 그때의 심정을.
그러나 내가 기억하는 또 한 가지가 있으니,
나, 그것을 기억하며, 희망을 붙든다.

22-24 **하나님**의 신실한 사랑은 다함이 없고,
그분의 자애로운 사랑은 마르는 법이 없다.
그 사랑은 아침마다 다시 새롭게 창조된다.
주의 신실하심이 어찌 그리도 크신지!
(거듭 말하노니) 나, **하나님**을 붙들리라.
그분은 내가 가진 전부이시다.

25-27 열정을 품고 기다리는 사람,
열심으로 찾는 이는 **하나님**께서 반드시 선대하신다.
잠잠히 소망하며,
하나님의 도우심을 잠잠히 바라는 그 사람은 복되다.
젊은 시절 고난을 겪고
끝까지 견디는 이, 그 사람은 복되다.

28-30 삶이 힘겹고 짐이 무거울 때,
홀로 있어라. 침묵 속으로 들어가라.
바닥에 엎드려 기도하여라. 캐묻지 마라.
다만, 나타날 소망을 기다려라.
고난으로부터 달아나지 마라. 정면으로 맞서라.
우리에게 최악의 상황이란 없다.

31-33 왜 그런가! 주님은
한번 가면 영영 돌아오지 않는 분이 아니시기 때문이다.
그분은 엄하시나, 또한 자애로우시다.
그분의 신실한 사랑은 무궁무진하여, 동나는 법이 없다.
그분은 우리에게 고난을 주시고
난관에 봉착케 하는 것을, 즐거워하지 않으신다.

34-36 불운한 죄수들을
발아래 짓밟는 일,
높으신 하나님의 법정에서
무고한 이들의 억울함을 풀어 주지 않는 일,
증거를 조작하는 일,
주님은 이런 일들을 결코 좌시하지 않으신다.

37-39 말씀으로 명하시고 그 일을 이루시는 분 누구시냐?
그런 명령을 내리시는 분은 바로 주님이시다.
좋은 일도 힘든 일도,
지극히 높으신 하나님의 명령으로 나타나지 않느냐?
어찌하여 생명을 선물로 받은 사람이
자신의 죄 때문에 벌 받는 것을 불평하느냐?

40-42 우리의 삶을 돌이켜 보고
하나님 앞에서 다시 바르게 세우자.
우리가 마음을 다하여 손을 높이 들고,
하늘에 계신 하나님께 기도하자.
"우리는 반역했고 마음대로 행동했습니다.
주께서는 그런 우리를 용서하지 않으셨습니다.

43-45 주님은 마침내 우리에게 진노를 발하셨습니다.
우리를 뒤쫓아 오셔서, 사정없이 쓰러뜨리셨습니다.
당신을 두꺼운 구름으로 감싸시고,

어떤 기도도 뚫고 들어오지 못하게 하셨습니다.
우리를 더러운 구정물인 양,
뭇 민족들 뒷마당에 내다 버리셨습니다.

46-48 적들이 우리에게 욕을 하고,
조롱과 악담을 퍼붓습니다.
사는 곳이 지옥이 되었고,
달리 갈 곳도 없습니다.
사랑하는 내 백성의 파멸을 보며,
내 눈에서 눈물이 강물처럼 쏟아져 내립니다.

49-51 내 눈에서 눈물이 흘러내립니다.
끊임없이 눈물을 쏟아내는 샘이 되어,
하나님, 높은 곳에 계신 주께서
굽어살펴 주시기를 기다립니다.
도성의 젊은 여인들이 겪은 일을 생각하면,
나의 가슴이 고통으로 찢어집니다.

52-54 까닭 없이 나를 대적하는 자들이
새를 사냥하듯 나를 쫓았습니다.
나를 구덩이에 던져 넣고는,
돌을 퍼부었습니다.
비가 내렸고 구덩이에 물이 차올랐습니다.
물이 머리 위까지 차오르자, '나는 이제 죽었구나' 하고 생각했습니다.

55-57 오 **하나님**, 제가 주의 이름을 불렀습니다.
구렁 밑바닥에서 소리쳐 불렀습니다.
'귀를 막지 마십시오! 여기서 꺼내 주십시오! 저를 건져 주십시오!'
그러자, 주께서 들으셨습니다.
제가 소리쳐 부르자 주께서 가까이 오셨고,
말씀해 주셨습니다. '염려하지 마라.'

58-60 주님, 주께서 제 편이 되어 주셨습니다.
제 목숨을 건져 주셨습니다!
하나님, 제가 겪은 부당한 일들을 주께서 보셨습니다.
법정에서 저의 원통함을 풀어 주십시오!
그렇습니다. 저를 해치려는 자들의
야비한 계략과 음모를 주께서 보셨습니다.

61-63 **하나님**, 저를 파멸시키려는 자들의
험담과 흉계를 주께서 들으셨습니다.
저의 원수인 저들, 끊임없이 음흉한 일을 꾸밉니다.
하루도 거르지 않고 악을 꾀합니다.
저들을 보십시오! 앉으나 서나,
졸렬한 조롱의 노래로 저를 비웃습니다.

64-66 **하나님**, 저들이 죄의 대가를 치르게 해주십시오.
응분의 보응을 받게 해주십시오.
저들의 야비한 가슴을 찢어발기소서, 비참히 찢기게 하소서!
저들의 눈을 저주해 주십시오!
불같은 진노로 저들을 추격하셔서,
주님의 하늘 아래 흔적도 없이 진멸해 주십시오!"

발가벗겨진 채 깨어나리라

4 1 오……
황금이 오물 취급을 받고,
순금이 쓰레기처럼 버려지다니.
진귀한 보석이 길거리에 나뒹굴고,
보석이 시궁창에 처박혀 널브러지다니.

2 전에는 금보다 더 귀한 대접을 받던
시온의 백성이,
이제는 옹기장이가 손으로 만든 싸구려 질그릇,
흔해 빠진 국그릇 밥그릇 취급을 당한다.

3 승냥이들도 제 새끼를 돌보고
젖을 주어 먹게 하건만,
내 백성은 광야의 타조들처럼
제 아기들에게도 잔인하구나.

4 아기들이 마실 것이 없어
혀가 입천장에 달라붙는다.
어린아이들이 빵을 달라고 애원해도
부스러기 하나 주는 자가 없다.

5 최고급 요리를 즐기던 자들이
먹을 것을 찾아 거리를 헤매고,

최신유행 옷을 걸치던 자들이
입을 것이 없어 쓰레기 더미를 뒤진다.

6 내 사랑하는 백성의 죄악은
소돔의 죄보다 더 악하다.
그 도성은 한순간에 멸망했고,
아무도 막지 못했다.

7 화려하고 고귀했던 귀족들,
전에는 혈기왕성했지.
건장하고 혈색 좋았으며
수염도 조각 같았다.

8 그러나 지금은 꺼무스름해져,
거리에서 아무도 알아보지 못한다.
몸은 막대기처럼 마르고,
피부는 낡은 가죽처럼 메말랐다.

9 굶어 죽기보다는
전쟁터에서 죽는 편이 낫다.
먹을 것이 없어 서서히 아사하기보다는
싸우다 부상을 입고 전사하는 편이 낫다.

10 자애로웠던 여인들이
자기 아이들을 삶아 먹었다.
내 사랑하는 백성이 패망했을 때,
성읍에 남은 유일한 음식이 그것이었다.

11 하나님께서 당신의 노를 크게 터트리시고,
불같은 진노를 퍼부으셨다.
시온에 불을 놓으셔서
잿더미로 만드셨다.

12 땅의 왕들, 자기 눈을 의심했다.
예루살렘의 오랜 적들이
보무도 당당하게 성문을 통과해 들어가는 모습을 보고,
만국의 통치자들이 경악했다.

[13] 이는 다 그녀의 예언자들이 지은 죄 때문이다.
그녀의 제사장들이 저지른 악 때문이다.
그들은 선량하고 순진한 백성을 착취했고,
그들의 목숨을 빼앗았다.

[14] 그 예언자와 제사장들, 이제 눈먼 자들처럼 거리를 헤매고 다닌다.
추잡하게 살아 더러워지고 때 묻은 그들,
헛되게 살아 황폐해진 그들,
넝마를 걸친 채, 지칠 대로 지친 모습이다.

[15] 사람들이 그들을 보고 고함을 지른다. "냉큼 꺼져라, 이 추악한 늙은이들아!
얼른 사라져라, 염병 같은 놈들아!"
성읍을 떠나야 하는 그들, 갈 곳 없이 떠돈다.
아무도 그들을 받아 주지 않는다.
고향에서 쫓겨났듯,
어딜 가나 쫓겨난다.

[16] **하나님**께서 직접 그들을 흩어 버리셨다.
더는 그들을 돌보아 주지 않으신다.
제사장들과 관계를 끊어 버리셨다.
장로들에게 관심을 꺼 버리셨다.

[17] 우리는 눈이 빠져라
도움이 오기를 기다리고 기다렸지만, 헛일이었다.
망루를 높이 세우고
도움이 나타나기를 기다렸지만, 허사였다.

[18] 추적자들이 우리를 잡으러 다녔다.
안심하고 거리를 나다닐 수 없었다.
우리의 끝이 바짝 다가왔고, 우리의 날수가 다 찼다.
우리는 죽은 목숨이었다.

[19] 그들은 하늘의 독수리보다 빠르게 우리 뒤를 쫓아와서는,
산에서 우리를 몰아붙이고, 사막에 매복하여 있다가 습격했다.

[20] 우리 생명의 호흡이요 **하나님**의 기름부음 받은 자인 우리 왕이,
그들이 파 놓은 함정에 빠져 버렸다.
우리는 그의 보호 아래 살 거라고 늘 말했지만,

헛말이 되었다.

21 오 에돔아, 어디 한번 실컷 좋아해 보아라!
우스에서 마음껏 즐겨 보아라!
머지않아 곧 너도 이 잔을 마시게 될 테니.
하나님의 진노를 마시는 것이 어떤 일인지,
하나님의 진노를 마시고 취했다가
발가벗겨진 채 깨는 것이 어떤 일인지, 너도 곧 알게 되리라.

22 시온아, 너는 다 받았다. 받아야 할 벌을 모두 받았다.
너는 다시 사로잡혀 가지 않으리라.
그러나 에돔아, 너의 차례가 오고 있다.
그분께서 너의 악행을 벌하시고, 너의 죄를 만천하에 드러내시리라.

하나님, 우리를 주께로 돌이켜 주십시오

5

1-22 "**하나님**, 우리가 겪은 이 모든 일을 기억해 주십시오.
우리가 처한 이 곤경, 이 암울한 역사를 눈여겨보아 주십시오.
우리의 소중한 땅이 외인들에게 넘어갔습니다.
우리의 집들이 이방인들에게 넘어갔습니다.
우리는 아버지 없는 고아나 다름없고,
우리 어머니는 과부나 다름없습니다.
우리는 물도 사서 마셔야 하고,
장작도 돈 주고 사야 합니다.
종에 지나지 않는 우리,
쉼 없이 들볶이며 시달립니다.
먹을 것을 얻기 위해
앗시리아와 이집트에 스스로 몸을 팔았습니다.
우리 조상들이 죄를 지었고, 그들이 사라진 지금,
그 죄의 대가를 우리가 치르고 있습니다.
우리 종이었던 자들이, 우리 위에 군림하고 있습니다.
그들의 손아귀에서 벗어날 방도가 없습니다.
우리는 음식을 구하러
강도가 들끓는 사막을 목숨을 걸고 건너다닙니다.
우리 피부는 아궁이처럼 검게 그을렸고,
제대로 먹지 못하여, 낡은 가죽처럼 바싹 말랐습니다.
우리의 아내들이 시온의 거리에서,
우리의 처녀들이 유다 성읍에서 겁탈을 당합니다.
원수들이 우리 고관들을 목매달아 죽였고,

우리 장로들에게 모욕을 주었습니다.
건장한 사나이들에게 여자 일을 시키고,
어린 남자아이들에게 장정의 일을 시켰습니다.
성문에 가 보아도 현명한 장로들을 만날 수 없고,
젊은이들의 음악소리도 더는 들리지 않습니다.
우리 마음속에서 기쁨이 모조리 사라졌습니다.
춤은 통곡으로 바뀌었습니다.
우리 머리에서 영광의 면류관이 벗겨지고 땅으로 떨어졌습니다.
아! 우리가 어쩌자고 죄를 지었단 말인가!
이 모든 일로 우리의 가슴이 찢어집니다.
눈물이 앞을 가립니다.
허물어지고 황폐해진 시온 산에는,
이제 승냥이들이나 어슬렁거립니다.
하나님, 그러나 주께서는 지금도 왕이십니다.
주의 보좌는 여전히 그대로이며 영원합니다.
그런데 어찌하여 우리를 잊고 계십니까?
어찌하여 우리를 저버리고 계십니까?
하나님, 우리를 주께로 돌이켜 주십시오. 우리는 돌아갈 준비가 되었습니다.
우리에게 새 출발을 허락해 주십시오.
그동안 주님은 너무도 잔인하게 우리를 내치셨습니다.
실로 우리에게, 크게 노하셨습니다."

하늘이 무너져 내리는 것 같은 재난을 만나면 사람들은 다양한 반응을 보인다. 가장 흔한 두 가지는, 부정(denial)과 절망(despair)이다. 부정은 닥쳐온 재난을 인정하지 않고 거부하는 것이다. 눈을 감고 아예 보려고 하지 않거나 시선을 딴 곳으로 돌려 버린다. 괜찮을 것이라고 스스로 다독거리며 하루하루 살아간다. 기분전환거리나 거짓말이나 환상 속으로 도피한다. 반면에, 절망은 닥쳐온 재난 앞에서 마비되어 마치 세상의 종말이라도 온 듯 반응하는 것이다. 그냥 주저앉아 이제 내 인생은 끝났다고 결론짓는다. 생명이 사라져 잿빛이 되어 버린 세상에 대해 눈을 감아 버린다.

성경 저자들 가운데, 에스겔은 재난을 만난 이들의 스승이다. 닥쳐온 재난, 곧 주전 6세기 바빌론의 침공 앞에서 이스라엘이 보인 주된 반응은 부정이었다. 에스겔이 보니, 하나님의 백성은 그들에게 닥친 현실을 한사코 거부하며 '부정'하고 있었다. (지금 우리와 얼마나 유사한가!) 그런가 하면, '절망'에 빠져 당장 눈앞에 보이는 것 말고는 아무것도 보려 하지 않는 사람들도 있었다.

그러나 에스겔은 보았다. 백성들이 보지 못했던 것을, 혹은 보지 않으려고 했던 것을 보았다. 그는 그 재난 가운데 일하고 계신 하나님을 보았고, 무시무시한 생물들(겔 1장), 먹을 수 있는 책(겔 2장), 되살아난 뼈들(겔 37:1-14)과 같은 이미지를 사용해, 그분의 일하심을 때로는 굵직굵직하게, 때로는 세밀하게 그려 냈다. '부정'하는 쪽을 택한 자들은 재난을 재난으로 인정하기를 거부했다. 있을 수 없는 일이라는 반응이었다. 하나님께서 그런 끔찍한 일을 그들에게 허락하셨을 리가 없다는 것이었다. 그러나 에스겔은 보여주었다. 재앙이 실제로 닥쳤다는 것, 하지만 하나님께서 그 재앙 속에서 일하고 계시며, 그 재난을 주권적으로 사용하고 계신다는 것을 보여주었다. 그 어떤 상황에서도 우리는 하나님을 붙들 수 있음을 보여주었다.

'절망'을 선택한 자들은, 눈앞의 참혹한 광경에 압도되어 삶 자체와 살아갈 이유에 대해 눈을 감아 버렸다. 나라와 성전과 자유와 수많은 목숨을 잃었고, 앞으로도 계속 잃게 될 그들에게 무슨 삶의 의미가 있겠느냐는 것이었다. 그러나 에스겔은 그 폐허와 잔해 더미 위에서 일하셨던 하나님과, 그 재난을 주권적으로 사용하여 그분의 백성을 새롭게 창조해 나가실 하나님을 그들에게 보여주었다.

"너희를 향한 주 하나님의 메시지다. 그렇다. 나는 너희를 먼 나라로 쫓았고 이국땅으로 흩어 버렸다. 그러면서도 너희가 가 있는 나라에서 너희에게 임시 성소를 마련해 주었다. 장차 나는 너희가 흩어져 살고 있는 나라와 땅에서 너희를 다시 모으고, 이스라엘 땅을 너희에게 줄 것이다. 너희는 집에 돌아와 청소를 하면서, 혐오스런 신상과 역겨운 우상들을 모두 내다 버릴 것이다. 내가 너희에게 새 마음을 줄 것이다. 너희 안에 새 영을 둘 것이다. 돌 같던 너희 심장을 도려내고, 붉은 피가 도는 튼튼한 심장을 넣어 줄 것이다. 그러면 너희가 나의 율례를 따르고, 성심으로 나의 명령을 따르며 살게 될 것이다. 너희는 나의 백성이 되고, 나는 너희의 하나님이 될 것이다!"(겔 11:16-20)

부정과 절망은 하나님의 백성이 그 정체성을 잃게 만드는 위험 요소였다. 그러나 결국 그들은 그 위기를 극복해 냈다. 재난의 세월 끝에 그들은 활력 넘치는 하나님의 백성이 되어 있었다. 그리고 그것은 많은 부분, 에스겔 덕분이었다.

에스겔

하나님의 보좌

1 [1] 내 나이 서른 살이던 해에, 나는 포로로 잡혀 온 사람들과 함께 그발 강
가에서 살고 있었다. 그해 넷째 달 오일에, 하늘이 열리고 내게 하나님의
환상이 보였다.
2-3 (바빌론 땅 그발 강둑에서 부시의 아들 에스겔 제사장에게 하나님의 말씀이 임한 시기
는, 여호야긴 왕이 포로로 잡혀 온 지 오 년째 되는 달 오일이었다. 그날 하나님의 손이 그
에게 임했다.)

4-9 내가 보니, 북쪽에서 거대한 모래 폭풍이 불어오는데, 번갯불이 번쩍이는 거
대한 구름이 있었다. 그 구름은 청동빛으로 빛나는 거대한 불의 덩어리였다. 불
안쪽에는 생물 같아 보이는 네 형상이 움직이고 있었다. 각각 사람의 형상을 하
고 있었으나, 저마다 얼굴이 넷이고 날개도 넷이었다. 다리는 기둥처럼 튼튼하
고 곧게 뻗었으나, 발에는 송아지처럼 굽이 있었고, 청동빛 불꽃이 그 위로 일
렁였다. 사면의 날개 밑으로는 사람 손이 있었다. 네 생물 모두 얼굴과 날개가
있었고, 날개들이 서로 맞닿아 있었다. 그들은 어느 쪽으로도 몸을 돌리지 않은
채 곧장 앞으로 나아갔다.
10-12 그들의 얼굴 모습은 이러했다. 앞쪽은 사람 얼굴이고, 오른쪽은 사자 얼굴
이며, 왼쪽은 황소 얼굴이고, 뒤쪽은 독수리 얼굴이었다. 이것이 그들의 얼굴
모양이었다. 그들의 날개는 쭉 펼쳐져 있었는데, 한 쌍의 날개는 끝이 옆 생물
에 닿아 있었고, 다른 쌍의 날개는 각자의 몸을 가리고 있었다. 각 생물은 앞으
로 곧게 나아갔다. 영이 이끄는 대로 따라갔다. 앞으로 나아갈 뿐 몸을 돌리는
법이 없었다.

13-14 네 생물은 맹렬히 타는 불, 혹은 활활 타오르는 횃불 같은 모습이었다. 불의
혀가 그 생물들 사이를 세차게 오갔으며, 그 불에서 번개가 터져 나왔다. 그 생
물들은 이리 번쩍 저리 번쩍 번개처럼 움직였다.
15-16 네 생물을 가만히 살펴보니, 바퀴처럼 보이는 물체가 네 얼굴을 가진 그 생
물들 각각의 옆 바닥에 있었다. 바퀴들의 생김새를 보니 모양이 모두 같았고,
햇빛을 받은 다이아몬드처럼 번쩍거렸다. 회전의처럼 바퀴 안에 또 바퀴가 들
어 있는 것 같은 모습이었다.
17-21 그 바퀴들은 사방 어디로 가든지, 방향을 바꾸지 않고 곧게 나아갔다. 그 테
두리의 크기는 어마어마했는데, 눈으로 둘러싸여 있었다. 네 생물이 앞으로 나
아가면 바퀴들도 나아갔다. 네 생물이 위로 떠오르면, 바퀴들도 위로 떠올랐다.
생물들은 영이 가는 곳을 따라 움직였고, 바퀴들도 그들 곁에 꼭 붙어서 함께
움직였다. 네 생물의 영이 바퀴들 안에 들어 있었기 때문이다. 생물들이 나아가
면 바퀴들도 나아갔고, 생물들이 멈추어 서면 바퀴들도 멈추어 섰다. 또 생물들
이 위로 떠오르면, 바퀴들도 위로 떠올랐다. 네 생물의 영이 바퀴들 안에 들어
있었기 때문이다.
22-24 네 생물의 머리 위로 둥근 천장 같은 것이 펼쳐져 있었는데, 세공 유리같이
반짝이며 그들 머리 위를 창공처럼 덮고 있었다. 그 둥근 천장 아래에서 그들은
한 쌍의 날개는 옆 생물을 향해 펼치고, 다른 쌍의 날개로는 자기 몸을 덮고 있
었다. 그들이 움직일 때 날개 치는 소리가 들려왔다. 거대한 폭포소리 같기도
하고 강하신 하나님의 음성 같기도 했으며, 전쟁터에서 들리는 함성 같기도 했
다. 멈추어 설 때는 네 생물이 날개를 접었다.
25-28 그들이 날개를 접고 멈추어 섰을 때, 그들의 머리 위 둥근 천장 위쪽에서 음
성이 들려왔다. 둥근 천장 위에는 보좌처럼 보이는 것이 있었는데, 청보석 같은
청옥빛이었고, 그 보좌 위로 사람처럼 보이는 형상이 우뚝 솟아 있었다. 허리
위쪽은 광을 낸 청동 같은 모습이었고, 허리 아래쪽은 타오르는 불꽃 같은 모습
이었다. 사방이 휘황찬란하게 빛났다! 마치 비 온 날 하늘에 무지개가 떠오른
모습 같았다. 바로 **하나님**의 영광이었다!
그 모든 광경을 본 나는, 무릎을 꿇고 얼굴을 땅에 대고 엎드렸다. 그때 한 음성
이 내게 들려왔다.

⁂

2

1 "사람의 아들아, 일어서라. 내가 너에게 할 말이 있다."
2 그 음성이 들려온 순간, 그분의 영이 내 안에 들어와 나를 일으켜 세우
셨다. 그분이 내게 말씀하셨고, 내가 들었다.
3-7 "사람의 아들아, 내가 너를 이스라엘 가문에 보낸다. 역사상 가장 반역이 심
한 그 민족에게 말이다. 그들과 그 조상은 오늘날까지 반역만을 일삼아 왔다.
완악한 그들에게 내가 너를 보낸다. 죄로 완악해진 그 백성에게 말이다. 그들에
게 '이는 주 **하나님**의 메시지다' 하고 말하여라. 반역하는 그 족속이 듣지 않더

라도 상관없다. 어쨌거나 그들은 예언자가 왔었다는 사실만큼은 알게 될 것이다. 사람의 아들아, 그들을 두려워하지 말고 그들이 무슨 말을 하든지 겁먹지 마라. 그들 가운데 살다 보면 가시밭길을 걷고 전갈이 나오는 침대에서 자는 것 같겠지만, 그래도 두려워하지 마라. 그들의 험악한 말이나 험상궂은 표정을 무서워하지 마라. 그들은 반역하는 족속이다. 네가 할 일은 그들에게 내 말을 전하는 것이다. 그들이 듣든지 말든지, 네가 상관할 바가 아니다. 그들은 완악한 반역자들이다.

8 사람의 아들아, 다만 너도 그 반역자들처럼 반역하는 자가 되지 않도록 주의하여라. 입을 열어라. 그리고 내가 주는 이것을 받아먹어라."

9-10 내가 보니 그분의 손이 내게 뻗어 있는데, 그 손 위에 두루마리 책이 놓여 있었다. 그분이 그 두루마리를 펴 보이셨는데, 탄식과 비탄과 재앙이 앞뒤로 적혀 있었다.

이 백성에게 경고하여라

3 1 그분이 내게 말씀하셨다. "사람의 아들아, 이것을 먹어라. 이 책을 먹고 가서, 이스라엘 가문에게 알려 주어라."

2-3 내가 입을 벌리자, 그분이 그 두루마리를 먹여 주시며 말씀하셨다. "사람의 아들아, 내가 주는 이 책을 먹어라. 배불리 먹어라!"
나는 그것을 먹었다. 맛이 참 좋았다. 꿀맛 같았다.

4-6 그러자 그분이 내게 말씀하셨다. "사람의 아들아, 이스라엘 가문에게 가서 나의 메시지를 전하여라. 보아라. 나는 지금 너를, 발음조차 배우기 힘든 외국어로 말하는 민족에게 보내는 것이 아니다. 차라리 그런 민족이라면, 귀를 쫑긋 세우고 네 말에 귀를 기울일 것이다.

7-9 그러나 이스라엘 가문은 그렇지 않다. 그들은 너의 말을 듣지 않을 것이다. 그들은 나의 말을 듣기 싫어하기 때문이다. 내가 말했듯이, 그들은 완악한 자들, 죄로 완악해진 자들이다. 그러나 내가 너를 그들 못지않게 완강하게 만들겠다. 내가 네 얼굴을 바위처럼 굳세게, 화강암보다 더 굳세게 만들 것이다. 그들에게 겁먹지 마라. 그 반역자 무리들을 두려워하지 마라."

10-11 그런 다음 그분이 말씀하셨다. "사람의 아들아, 내가 주는 이 모든 말을 네 안에 받아들여라. 귀 기울여 듣고 순종하여 네 것으로 삼아라. 이제 가거라. 그 포로들에게, 너의 백성에게 가서 전하여라. 그들에게 '이는 주 **하나님**의 메시지다' 하고 말하여라. 그들이 듣든지 말든지, 너는 전해야 할 말을 전하여라."

12-13 그때 하나님의 영이 나를 위로 들어 올리셨다. 내 뒤에서 큰 소란이 일어나는 소리가 들려왔다. "성소에 계신 **하나님**의 영광을 찬양하여라!" 네 생물이 서로 날개를 부딪치고 바퀴들이 회전하면서 큰 지진이 일어나는 소리가 들렸다.

14-15 하나님의 영이 나를 들어서 멀리 데려가셨다. 나는 괴롭고 화가 났다. 나는 가고 싶지 않았다. 그러나 **하나님**께서 나를 단단히 붙드셨다. 나는 포로로 잡혀 온 사람들이 살고 있던 델아빕 그발 강가에 도착했다. 그곳에서 망연자실한 채

칠 일 동안 앉아 있었다.
[16] 칠 일이 지나자, **하나님**께서 내게 이 메시지를 주셨다.
[17-19] "사람의 아들아, 나는 너를 이스라엘 가문의 파수꾼으로 세웠다. 너는 내가
하는 말을 듣고, 그때마다 나를 대신해서 그들에게 경고해야 한다. 내가 악인들
에게 '너희는 곧 죽으리라'고 말했는데, 네가 경고해 주지 않으면 그들은 그대
로 죽고 말 것이다. 그러면 이는 네 잘못이 될 것이다. 내가 너에게 책임을 물을
것이다. 그러나 네가 경고했는데도 계속 그들이 죄를 고집하면, 그들은 그들 죄
때문에 죽을 것이지만 너는 죽지 않을 것이다. 너는 목숨을 보존할 것이다.
[20-21] 또한 의인들이라도, 내가 그들 앞에 둔 어려움을 만났을 때 의로운 삶을 버
리고 악의 편에 서면, 그들 역시 죽을 것이다. 네가 그들에게 경고해 주지 않으
면 그들은 그들 죄 때문에 죽을 것이며, 그들이 지금껏 행한 모든 의로운 일이
허사가 되고 말 것이다. 나는 네게 책임을 물을 것이다. 그러나 네가 그 의인들
에게 죄짓지 말라고 경고하여 그들이 네 말을 들으면, 그들은 경고를 받아들였
으니 살게 될 것이다. 너도 목숨을 보존할 것이다."
[22] **하나님**께서 내 어깨를 꽉 붙잡으시고 말씀하셨다. "일어나 들로 가거라. 내가
너와 이야기를 나누고 싶다."
[23] 나는 일어나서 들로 나갔다. 믿을 수 없는 광경이 눈앞에 펼쳐졌다. **하나님**의
영광이었다! 바로 그곳에! 내가 그발 강에서 보았던 것과 같은 영광이었다. 나
는 얼굴을 땅에 대고 엎드렸다.
[24-26] 그때 하나님의 영이 내 속에 들어와 나를 일으켜 세우시고 말씀하셨다. "집
에 들어가 문을 닫아라." 이어 기이한 말씀이 임했다. "사람의 아들아, 너는 손
과 발이 묶인 채 집에서 나오지 못하게 될 것이다. 내가 네 혀를 입천장에 달라
붙게 하여, 네가 말을 못하게 만들 것이다. 너는 반역자들의 잘못을 지적할 수
없게 될 것이다.
[27] 그러나 때가 이르면 내가 네 혀를 풀어 줄 테니, 그때 너는 '주 **하나님**께서 이
렇게 말씀하신다' 하고 말하게 될 것이다. 그때부터는 모든 것이 전적으로 그들
에게 달렸다. 그들이 듣고자 하면 들을 것이고, 듣지 않고자 하면 듣지 않을 것
이다. 그들은 반역자들이기 때문이다!"

예루살렘이 포위될 것이다

4 [1-3] "사람의 아들아, 이제 벽돌을 하나 가져다가 네 앞에 놓고, 그 위에 예
루살렘 도성을 그려 넣어라. 그리고 군대가 그 벽돌을 포위한 모습으로
모형을 만들어라. 축대를 쌓고, 보루를 쌓고, 진을 치고, 성벽 부수는 무기를 성
둘레에 놓아라. 또 철판을 가져다가, 너와 그 도성 사이에 철벽을 세워라. 그리
고 그 모형을 마주하고 서라. 도성은 포위되었고 너는 공격자다. 이는 이스라엘
가문에게 보여주는 표징이다.
[4-5] 그런 다음, 네 왼쪽 옆구리를 바닥에 대고 옆으로 누워, 이스라엘 가문의 죄
를 네 몸에 얹어라. 너는 옆으로 누워 있는 날수만큼 그들의 죄를 짊어져라. 네

가 그들의 죄를 짊어질 날수는 그들의 죄의 햇수에 상응하는 390이다. 너는
390일 동안 이스라엘 가문의 죄를 짊어져야 할 것이다.
6-7 이 일을 마친 다음에, 너는 몸을 돌려서 오른쪽 옆구리를 바닥에 대고 옆으로
누워, 유다 가문의 죄를 짊어져라. 이번에는 그렇게 사십 일 동안을 누워 있어
야 한다. 그들의 죄의 햇수에 상응하는 날수로, 일 년을 하루씩 계산한 것이다.
너는 포위된 예루살렘을 똑바로 응시하여라. 그리고 소매를 걷어 올리고 손짓
을 해가며, 그 도성에 대한 심판을 선포하여라.
8 내가 너를 줄로 꽁꽁 묶어, 포위 공격 날수를 다 채우기 전까지는 움직이거나
몸을 돌리지 못하게 할 것이다.
9-12 이제 너는 밀과 보리, 콩과 팥, 조와 귀리를 가져다가 한 그릇에 담고 넓적
하게 빵을 하나 만들어라. 이는 네가 옆으로 누워 있는 390일 동안 먹을 식량이
다. 너는 그것을 매일 220그램씩 달아 시간을 정해 놓고 먹어라. 물은 0.5리터
씩 달아 시간을 정해 놓고 마셔라. 머핀을 먹는 식으로 그 빵을 먹어라. 모두가
너를 볼 수 있는 곳에서 그 머핀을 굽되, 사람 똥을 말린 것으로 불을 피워라."
13 **하나님**께서 말씀하셨다. "이는 이스라엘 백성이 당하게 될 일이다. 내가 그들
을 여러 이방 민족들에게로 흩어 버리면, 그들은 거기서 거룩한 백성이 결코 먹
어서는 안될 음식을 먹게 될 것이다."
14 내가 말했다. "주 나의 **하나님**, 그럴 수 없습니다! 저는 지금껏 그런 음식으
로 제 자신을 더럽힌 적이 없습니다. 어려서부터 저는, 죽은 채 발견된 것이든
들짐승에게 찢긴 것이든, 율법이 금하는 것은 그 어떤 것도 입에 대지 않았습니
다. 금지된 음식은 조금도 입에 넣지 않았습니다."
15 그분이 말씀하셨다. "좋다. 그렇다면 사람 똥 대신 소똥으로 빵을 구워라."
16-17 그러고 나서 다시 말씀하셨다. "사람의 아들아, 나는 예루살렘에서 음식이
완전히 동나게 만들 것이다. 사람들은 끼니 때마다 빵을 달아 먹으면서 다음 끼
니 걱정을 하고, 마실 물을 찾아 헤맬 것이다. 온 천하에 기근이 들며, 사람들이
뼈만 앙상한 서로의 모습을 보며 고개를 절레절레 흔들 것이다. 이것이 바로 그
들이 저지른 죄의 결과다."

질투하시는 하나님

5 1-2 "사람의 아들아, 이제 날카로운 칼을 가져다가 그것을 면도날 삼아 네
머리카락과 수염을 깎아라. 그 다음, 저울을 이용해 그것들을 삼등분하
여라. 포위 기간이 끝나면, 그 털의 삼분의 일을 도성 안에서 태우고, 삼분의 일
은 칼로 잘게 썰어 도성 주변에 뿌려라. 마지막 삼분의 일은 바람에 날려 버려
라. 그러면 내가 칼을 들고 그것들을 쫓아가겠다.
3-4 너는 그 털을 조금 가져다가 주머니에 넣어라. 그중 얼마를 불 속에 던져 넣
고 태워라. 거기서 불이 나와 온 이스라엘 가문으로 번질 것이다.
5-6 주 **하나님**이 말한다. 이것은 예루살렘 이야기다. 나는 그 도성을 세상의 중
심에 세우고, 모든 민족을 그 주변에 두었다. 그런데도 예루살렘은 나의 율법과

규례를 거부했다. 주변 민족들보다 훨씬 더 심하게—악질적으로!—반역을 일삼
고, 나의 인도를 거절하고, 나의 지도를 무시했다.
7 그러므로, 주 **하나님**이 말한다. 너희는 주변 민족들보다 더 완악하게 나의 인
도를 거절했고, 나의 지도를 무시했다. 너희는 주변 민족들 수준으로 추락했다.
8-10 그러므로, 주 **하나님**이 말한다. 내가 너희와 맞설 것이다. 그렇다. 내가 너
희 예루살렘을 대적할 것이다. 모든 민족이 보는 앞에서 너희에게 벌을 내릴 것
이다. 역겨운 우상을 숭배한 너희 가운데, 내가 지금껏 한 번도 해보지 않았고
앞으로 다시는 하지 않을 일을 일으킬 것이다. 가족이 서로를 잡아먹을 것이다.
부모가 자식을 잡아먹고, 자식이 부모를 잡아먹을 것이다! 실로 중한 벌이다.
그리고 남은 자들은 모두 바람에 날려 버릴 것이다.
11-12 그러므로, 살아 있는 나 하나님을 두고 맹세하는데—주 **하나님**의 포고다—
추잡한 짓과 역겨운 우상들로 나의 성소를 더럽힌 너희를 내가 반드시 뽑아 버
릴 것이다. 너희에게 털끝만큼의 동정도 베풀지 않으리라. 너희 백성의 삼분의
일은 도성 안에서 전염병에 걸려 죽거나 굶어 죽고, 또 삼분의 일은 도성 밖에
서 칼에 맞아 죽을 것이며, 나머지 삼분의 일은 사방에 흩어져 살인자들에게 쫓
길 것이다.
13 그제야 비로소 나의 분이 가라앉고 나의 노가 풀리리라. 그때 너희는 내 말이
진담이었음을 알게 될 것이다. 나는 질투하는 하나님이요, 너희가 결코 함부로
대할 수 없는 이임을 알게 될 것이다.
14-15 나의 일을 모두 마치면, 너는 폐허 더미로 변할 것이다. 지나가는 민족들이
보며 야비한 농담을 지껄일 것이다. 나의 모진 벌과 혹독한 징계가 끝나면 너는
조롱거리와 웃음거리로 전락하고, 주변 민족들은 너에 대해 이야기하며 무서워
떨 것이다. 나 **하나님**의 말이다.
16-17 나는 너희에게 살인적 기근의 화살을 쏠 것이다. 너희를 죽이려고 쏘는 화
살이다. 기근을 점점 악화시켜 식량이 동나게 만들 것이다. 기근은 연이어 찾아
오리라. 그런 다음에는 들짐승을 보내 너희 자녀들을 앗아 갈 것이다. 그리고
전염병과 살육과 죽음을 보낼 것이다! 나 **하나님**의 말이다."

하나님께서 우상숭배를 심판하시다

6 1-7 그때 **하나님**의 말씀이 내게 임했다. "사람의 아들아, 이제 몸을 돌려
이스라엘의 산들을 마주 보고, 그것들에게 내릴 심판을 전하여라. '이스
라엘의 산들아, 주 **하나님**의 **메시지**를 들어라. 주 **하나님**께서 산과 언덕에게,
계곡과 골짜기에게 말씀하신다. 나는 너희가 신성하게 여기는 산당을 없애 버
릴 것이다. 너희의 제단을 허물고, 태양신 기둥들을 무너뜨리며, 우상들에게 절
하는 너희 백성을 죽일 것이다. 내가 이스라엘 백성의 시체를 너희 우상들 앞에
쌓아 놓고, 그 뼈를 산당 주변에 흩뿌릴 것이다. 너희가 살았던 모든 곳과 성읍
들이 폐허가 될 것이며, 이방 산당들이 파괴될 것이다. 제단들이 부서지고 우상
들이 박살나며, 맞춤 제작된 태양신 기둥들이 모두 무너지고, 시체들이 사방에

널브러질 것이다! 그제야 너희는 내가 **하나님**인 줄 알게 될 것이다.
8-10 그러나 나는 소수의 사람들을 살려 여러 이방 땅과 민족들 가운데 흩어져 살
게 할 것이다. 그들은 전쟁포로로 잡혀간 낯선 나라에서 나를 기억할 것이다.
그들은 자신들의 반역과 탐욕스런 욕망을 좇아서 행한 우상숭배에 내가 얼마나
몸서리쳤는지 깨닫게 될 것이다. 자신들이 걸어온 악한 길과 하나님이 역겨워
한 그 삶을 역겨워하게 될 것이다. 그들은 내가 **하나님**인 줄 알게 되고, 그들을
심판하겠다고 했던 나의 말이 허풍이 아니었음을 알게 될 것이다.
11-14 주 **하나님**이 말한다. 너는 손뼉을 치고 발을 구르며 "아니, 이럴 수가!" 하
고 소리쳐라. 이스라엘에 만연한 역겨운 악행들을 보며 소리쳐라. 그들은 칼에
맞아 죽고, 굶어 죽고, 전염병에 걸려 죽을 것이다. 사방이 죽음 천지가 될 것이
다. 사람들의 목숨이 파리 목숨 같아지리라. 먼 곳에서 쓰러져 죽고, 가까운 곳
에서도 쓰러져 죽고, 도성에 남은 자들은 굶어 죽으리라. 이유를 묻느냐? 내가
노했기 때문이다. 불같이 노했기 때문이다. 황량한 언덕과 우거진 숲에 자리한
음란한 종교 산당들의 폐허와, 그들이 음란한 의식을 행하던 모든 곳 주위에 백
성의 시체가 널브러져 뒹굴리라. 그들은 그 광경을 보고 그제야 내가 **하나님**인
줄 알게 될 것이다. 내가 그들을 내 손으로 짓누르고 그들의 땅을 황폐하게 만
들 것이다. 광야 이 끝에서 리블라에 이르는 지역 전부를 황무지로 바꿔 놓을
것이다. 그제야 그들은 내가 **하나님**인 줄 알게 될 것이다!'"

끝이 가까이 왔다

7 1-4 **하나님**의 말씀이 내게 임했다. "너 사람의 아들아, 주 **하나님**이 이스
라엘 땅에 대해 주는 **메시지**다.

끝이다.
모두, 끝장이다.
다 끝났다. 너희는 이제 끝이다.
내가 너희를 향해 진노를 발했다.
너희가 살아온 길에 대해 유죄 선고를 내렸다.
너희가 저지른 역겨운 행위들의 대가를 치르게 하겠다.
너희를 봐주지도 않으며,
너희를 동정하지도 않을 것이다.
너희가 살아온 길의 대가를 치르게 할 것이다.
너희가 저지른 역겨운 행위들이 네 뒤통수를 칠 것이다.
그제야 너희는 내가 **하나님**인 줄 알게 될 것이다.

5-9 나, 주 **하나님**이 말한다.
재앙이다! 연이은 재앙이다! 보아라, 또 온다!
끝이다.

끝이 오고 있다.
거의 이르렀다. 보아라, 저기 온다!
이 땅에 사는 사람들아, 이것이 너희의 운명이다.
시간이 되었다.
공격 개시 시간이다.
더 이상 망설이거나,
시간을 끌지 않을 것이다.
이제 내가 너희에게 나의 진노를 쏟아붓고,
나의 노를 퍼부을 것이다.
너희가 살아온 길에 대해 유죄 선고를 내리고,
너희의 역겨운 행위들의 대가를 치르게 할 것이다.
너희를 봐주지도 않으며,
너희를 동정하지도 않을 것이다.
너희가 살아온 길의 대가를 치르게 할 것이다.
너희가 저지른 역겨운 행위들이 네 뒤통수를 칠 것이다.
그때 너희는
너희를 친 이가, 바로 나 하나님인 줄 알게 될 것이다.

10-13 심판의 날이다!
파멸이 임했다.
커다란 홀을 쥐고 위세를 부리며
도를 넘어 오만하게 굴던 그들,
폭력을 행사하며
악한 홀을 휘두르던 자들이었다.
그러나 그들, 이제 아무것도 아니다.
완전히 거덜 날 것이다.
시간이 다 되었다.
카운트다운이 시작된다. 오, 사, 삼, 이…….
물건을 사는 자들이여, 자만할 것 없다.
물건을 파는 자들이여, 근심할 것 없다.
진노의 심판이 세상을 완전히 뒤집어 놓았다.
이제 사고파는 일이 토대부터 무너져 내렸다.
다시는 회복되지 않으리라.
경기가 좋아지리라는 희망은 품지 마라.
나라 전체가 죄로 인해 파산할 것이다.
다시는 일어서지 못할 것이다.

14-16 전쟁 나팔이 울린다.

'전투 준비!'
그러나 아무도 싸우러 나가지 않는다.
나의 노가 그들을 마비시켰다!
밖으로 나온 자들은 길거리에서 죽임당하고,
집에 돌아간 자들은 굶어 죽거나 병들어 죽는다.
그도 아니면, 벌판에서 칼에 맞아 죽고,
성읍에서 병들어 죽거나 굶주려 죽는다.
살아남은 자들은 산으로 달아난다.
골짜기에 숨어 비둘기처럼 구슬피 운다.
각자 자신의 죄를 생각하며
슬피 운다.

17-18 모두 손에 맥이 풀리고
무릎의 힘이 빠진다.
거친 베옷을 걸친 그들,
머리를 완전히 밀고
수치심으로 얼굴을 들지 못한 채 머리만 굴리는,
초라하고 비참한 신세다.

19-27 그들, 자기 돈을 시궁창에 갖다 버린다.
어렵사리 벌어들인 현금이 오물 같은 악취를 풍긴다.
심판의 날, 그들은 돈으로
아무것도 살 수 없음을 깨닫는다.
그들은 돈에 걸려 넘어져
죄의 나락으로 떨어졌다.
보석을 주렁주렁 걸치고 으스대던 그들,
화려한 장신구로 천박한 우상을 꾸미던 그들.
내가 그 역겨운 우상들을 악취 나는 오물로 만들 것이다.
그 신성한 오물들을 내다 버릴 것이다.
이방인들이 그것을 거저 주워 갈 것이요,
불경한 자들이 거기에 침을 뱉고 농담을 지껄일 것이다.
난폭한 이방인들이 난입하여
나의 소중한 성전과 백성을
유린하고 더럽힐 때,
도성에 범죄와 폭력이 들끓고
피비린내 나는 학살이 벌어질 때,
나는 내 얼굴을 돌려, 모른 체할 것이다.
인간쓰레기들이 쳐들어와,

내 백성의 집을 차지하게 할 것이다.
지체 높고 권세 있는 자들이
자랑과 오만을 멈추게 하고,
그들의 신성한 장소에
신성한 것이 하나도 남지 않게 만들 것이다.
재앙이 내려온다. 그들은 평화를 찾지만,
평화는 종적을 감추었다.
재난이 꼬리에 꼬리를 물고 들이닥치고,
흉흉한 소문이 연이어 들려온다.
대체 무슨 영문인지 말해 줄 예언자를 찾지만,
사태를 파악하는 자 아무도 없다.
제사장도 짐작조차 하지 못한다.
장로들이 할 말을 모른다.
왕은 절망 가운데 고개를 떨어뜨리고,
제후는 망연자실 넋을 잃는다.
백성들은 사지가 굳는다.
공포에 사로잡혀 꼼짝도 하지 못한다.
내가 그들의 실체를 드러내고
그들 식대로 심판하리라.
그들은 내가 **하나님**인 줄 알게 될 것이다."

예루살렘의 우상숭배

8 1-4 여섯째 해 여섯째 달 오일에, 내가 집에서 유다 지도자들과 모임을 가
지며 앉아 있는데, 나의 주 **하나님**의 손이 나를 사로잡는 일이 일어났다.
나는 보았고, 보고서 몹시 놀랐다. 내가 본 것은 사람처럼 보이는 형상이었다.
허리 아래는 불 같고, 허리 위는 광채 나는 청동 같았다. 그분이 손처럼 보이는
것을 내미셔서 내 머리카락을 움켜쥐셨다. 하나님께서 환상을 보여주시는 중
에, 하나님의 영이 나를 공중으로 높이 들어 올려, 예루살렘 성전 안뜰 북문 입
구로 옮기셨다. 하나님을 몹시 노하게 한 음란한 여신상이 세워져 있는 곳이었
다. 내 바로 앞에 이스라엘의 하나님의 영광이 있었다. 전에 들에 나가서 보았
던 환상과 똑같았다.
5 그분이 내게 말씀하셨다. "사람의 아들아, 북쪽을 보아라." 북쪽을 보니, 바로
북문 입구쪽으로, 하나님을 몹시 노하게 한 음란한 여신 아세라의 제단이 모습
을 드러냈다.
6 그분이 또 말씀하셨다. "사람의 아들아, 그들이 지금 무엇을 하고 있는지 보이
느냐? 입에 담기조차 역겨운 짓을, 그것도 바로 이곳 성전에서 저지르고 있다!
이것만으로도 나는, 여기 내 성전에 도저히 머물 수가 없다. 그러나 너는 더 심
한 것을 보게 될 것이다."

⚜

7 그분이 나를 성전 뜰로 들어가는 문으로 데려가셨다. 내가 보니, 벽에 갈라지
는 구멍이 있었다.
8 그분이 말씀하셨다. "사람의 아들아, 그 벽을 파서 뚫어라."
내가 벽을 파서 뚫으니 어떤 문이 나타났다.
9 그분이 말씀하셨다. "이제 그 문으로 들어가서, 그들이 벌이는 역겨운 짓을 한
번 보아라."
10-11 내가 들어가서 보니, 사방의 벽이 온갖 파충류와 짐승, 괴물 그림으로 도배
가 되어 있었다. 나는 내 눈을 의심했다. 그것은 이스라엘이 숭배하는 이집트
신들의 그림이었다. 그 방 가운데 이스라엘 지도자 일흔 명이 모여 있었는데,
그 한가운데에 사반의 아들 야아사냐가 서 있었다. 저마다 손에 든 향로에서 향
의 연기가 구름처럼 올라가고 있었다.
12 그분이 말씀하셨다. "사람의 아들아, 장로들이 이 어두운 방, 자기가 좋아하
는 신의 그림 앞에 서서 무슨 짓을 하고 있는지 보이느냐? 그들은 이렇게 중얼
거린다. '**하나님**은 우리를 보시지 않는다. **하나님**께서 이 나라를 버리셨다.'"
13 그분이 또 말씀하셨다. "너는 더 심한 것을 보게 될 것이다."

⚜

14-15 그분이 나를 **하나님**의 성전 북문 입구로 데려가셨다. 그곳에는 여인들이 앉
아서, 바빌론 다산의 신 담무스를 위해 슬피 울고 있었다. 그분이 말씀하셨다.
"사람의 아들아, 볼 만큼 보았다고 생각하느냐? 아니다. 너는 더 심한 것을 보
게 될 것이다."

⚜

16 마지막으로, 그분이 나를 **하나님**의 성전 안뜰로 데려가셨다. 거기 현관과 제
단 사이에 스물다섯 명가량의 사람들이 모여 있었다. 그들은 **하나님**의 성전을
등지고 서 있었다. 동쪽을 바라보고 태양에게 절하며 경배하고 있었다.
17-18 그분이 말씀하셨다. "사람의 아들아, 잘 보았느냐? 유다는 입에 담기조차
역겨운 이런 짓을 벌이고 있다. 이것으로도 모자라 나라를 폭력으로 가득 채우
고, 거기에 더해 온갖 역겨운 짓으로 나의 진노를 더하게 한다. 그렇다. 그들이
불러들인 하나님의 진노가 이제 그들에게 쏟아졌다! 더 이상 자비는 없다. 그들
이 아무리 소리를 질러 대도, 나는 듣지 않을 것이다."

예루살렘을 향해 진노를 쏟으시다

9

1 그때 나는 그분이 큰소리로 외치는 소리를 들었다. "사형 집행인들아,
오너라! 너희 살인병기들을 들고 오너라."
2 그러자 여섯 사람이 북쪽으로 향하는 윗문 길로 내려왔는데, 각자 자신의 살

인병기를 들고 있었다. 그들 사이로 모시옷을 입은 한 사람이 있었는데, 어깨에
필묵통을 메고 있었다. 그들이 들어와 청동제단 옆에 섰다.
3-4 이스라엘의 하나님의 영광이 그때까지 머물던 그룹 천사들 위로 떠올라 성전
문지방으로 자리를 옮겨 갔다. 그분이 모시옷을 입고 필묵통을 멘 사람을 부르
셨다. "예루살렘의 거리를 돌아다니면서, 그곳에서 일어나는 역겨운 짓들 때문
에 괴로워하는 모든 사람의 이마에 표를 해놓아라."
5-6 나는 그분이 사형 집행인들에게 연이어 하시는 말씀을 들었다. "너희는 저
사람의 뒤를 따라 도성을 다니면서 죽여라. 누구도 불쌍히 여기거나 가엾게 여
기지 마라. 노인과 여자들도 죽이고, 젊은이들도 죽이고, 엄마와 아이들도 죽
여라. 그러나 이마에 표가 있는 사람은 손대서는 안된다. 내 성전에서부터 일을
시작하여라."
그들은 성전 앞에 있는 지도자들부터 죽이기 시작했다.
7-8 그분이 사형 집행인들에게 이르셨다. "너희는 성전을 더럽혀라. 시체들로 뒤
덮어라. 그리고 밖으로 나가 살육을 계속하여라." 그들은 밖으로 나가 도성을
쳤다.
대학살이 진행되는 동안, 나는 홀로 남겨졌다. 나는 얼굴을 땅에 대고 엎드려
기도했다. "오, 주 나의 하나님! 예루살렘에 이렇듯 주의 진노를 쏟아부으셔서,
이스라엘에 남은 자들을 다 죽이실 작정입니까?"
9-10 그분이 말씀하셨다. "이스라엘과 유다의 죄악이 참으로 크다. 땅이 온통 살
인 천지고, 도성이 불법으로 가득하다. 모두가, '하나님께서 나라를 버리셨다.
우리가 무슨 일을 하든지 보시지 않는다'고 말한다. 그것이 무슨 말이냐? 나는
똑똑히 보고 있다. 나는 그들 누구도 불쌍히 여기지 않을 것이다. 그들은 자기
죄의 대가를 치르게 될 것이다."
11 바로 그때, 모시옷을 입고 필묵통을 메고 있던 사람이 돌아와서 보고했다.
"주께서 이르신 대로 다 행했습니다."

영광이 성전을 떠나다

10

1 그 다음 내가 보니, 그룹 천사들의 머리 위에 있는 둥근 천장 위로
청옥처럼 빛나는 보좌의 형상 같은 것이 솟아 있었다!
2-5 하나님께서 모시옷을 입은 사람에게 말씀하셨다. "그룹 천사들 밑에 있는 저
바퀴들 사이로 들어가 숯불을 두 손 가득 움켜쥔 다음, 이 도성 위에 뿌려라."
나는 그 사람이 들어가는 모습을 지켜보았다. 그가 들어갈 때 그룹들은 성전 남
쪽에 서 있었고, 안뜰에는 구름이 가득 피어올랐다. 그때 하나님의 영광이 그룹
들 위로 떠올라 성전 문지방으로 자리를 옮겨 갔고, 성전에 구름이 가득 차면서
뜰과 성전이 하나님의 영광으로 빛나고, 그분의 임재로 가득 찼다. 그리고 소리
가 들렸다! 그룹들이 날개 치는 소리였다. 그 소리가 바깥뜰에까지 들리는데,
마치 강하신 하나님의 천둥소리 같았다.
6-8 하나님께서 모시옷을 입은 사람에게 "저 바퀴들 사이, 그룹들 사이에서 불을

집어내라" 하고 명령하시자, 그가 안으로 들어가서 바퀴 옆에 섰다. 그룹들 가운데 하나가 불 속으로 손을 뻗어 숯불 얼마를 집어내어 모시옷을 입은 사람의 손에 얹어 주니, 그가 숯불을 받아서 밖으로 나왔다. 그룹들의 날개 밑에는 사람 손처럼 보이는 것이 있었다.

9-13 그 후에 나는 그룹 옆에 하나씩 있는 네 바퀴를 보았다. 광채 나는 그 바퀴들은 햇빛을 받아 반짝거리는 다이아몬드 같았다. 네 바퀴의 생김새가 비슷해서, 바퀴 안에 다른 바퀴가 들어 있는 것처럼 보였다. 그룹들이 움직일 때 바퀴도 네 방향으로 자유롭게 움직였는데, 늘 곧게만 나아갔다. 그룹들이 어디로 가든지, 바퀴들도 그리로 곧게 나아갔다. 그룹들의 등과 손과 날개는 눈으로 가득했다. 바퀴들 역시 눈으로 가득했다. 그 바퀴들의 이름은 '바퀴들 안의 바퀴들'이었다.

14 그룹들은 각각 네 개의 얼굴을 갖고 있었다. 첫째는 천사의 얼굴, 둘째는 사람의 얼굴, 셋째는 사자의 얼굴, 넷째는 독수리의 얼굴이었다.

15-17 그때 그룹들이 위로 떠올랐다. 그들은 내가 그발 강에서 보았던 바로 그 생물들이었다. 그룹들이 움직이면, 그들 옆의 바퀴들도 함께 움직였다. 그룹들이 날개를 펴고 지면에서 떠오르면, 바퀴들도 그들 곁에 바짝 붙어 따라 움직였다. 그룹들이 멈추어 서면, 바퀴들도 멈추어 섰다. 그룹들이 치솟으면 바퀴들도 치솟았는데, 이는 그 생물들의 영이 바퀴들 안에도 있었기 때문이다.

18-19 그때 **하나님**의 영광이 성전 입구를 떠나 그룹 위를 맴돌았다. 그룹들이 날개를 펼치고 지면에서 떠오르자, 바퀴들도 그들 곁에 바짝 붙어 따라갔다. 그들은 성전 동문 입구에서 멈추어 섰다. 이스라엘의 하나님의 영광이 그들 위에 있었다.

20-22 그들은 내가 전에 그발 강에서 본 그 생물들이었고, 이스라엘의 하나님 아래에 있었다. 나는 그들을 바로 알아보았다. 그들은 각기 얼굴이 넷이고 날개도 넷이었다. 그들의 날개 아래에는 사람의 손처럼 보이는 것이 있었다. 그 얼굴은 내가 그발 강에서 보았던 모습 그대로였다. 그들은 각기 앞으로 곧게 나아갔다.

새 마음과 새 영

11

1 그때 하나님의 영이 나를 들어 올리셔서, 성전 동쪽 문으로 데리고 가셨다. 그 문에는 스물다섯 사람이 서 있었다. 나는 그들 사이에 지도자인 앗술의 아들 야아사냐와 브나야의 아들 블라댜가 있는 것을 보았다.

2-3 **하나님**께서 말씀하셨다. "사람의 아들아, 저들은 이 도성의 죄를 도안하고 악을 기획한 자들이다. 저들은 말한다. '우리는 못할 일이 없다. 우리가 최고다. 고깃국 그릇 속에 든 특등심이다.'

4 사람의 아들아, 저들과 맞서라. 저들을 대적하여 말씀을 전하여라."

5-6 그때 **하나님**의 영이 내게 임하여 할 말을 일러 주셨다. "**하나님**께서 이렇게 말씀하신다. '이스라엘아, 멋진 연설이기는 하다만 나는 너희가 품은 생각을 잘 알고 있다. 너희는 이 도성에서 수많은 자들을 살해했다. 거리마다 시체 더미가

높이 쌓여 있다.'
7-12 그러므로 주 **하나님**께서 말씀하신다. '너희가 거리마다 쌓아 놓은 시체들이
바로 고기요, 이 도성은 가마솥이다. 그런데 너희는 이 가마솥 속에도 들어 있
지 않다! 내가 너희를 밖으로 던져 버릴 것이다! 너희가 두려워하는 전쟁이 닥
치리라. 내가 전쟁을 일으켜 너희를 칠 것이다. 너희를 이 도성 밖으로 던져 버
리고 이방인들에게 넘겨주어, 혹독한 벌을 받게 할 것이다. 너희는 전쟁터에서
살해당할 것이다. 내가 이스라엘의 국경에서 너희를 심판할 것이다. 그때 너희
는 내가 **하나님**인 줄 알게 될 것이다. 이 도성은 너희에게 가마솥이 되지 않을
것이며, 너희 또한 그 속에 든 특등심이 되지 못할 것이다. 천만의 말씀이다. 내
가 이스라엘의 국경에서 너희를 심판할 것이며, 그제야 너희는 내가 **하나님**인
줄 알게 될 것이다. 이는 너희가 나의 율례와 규례를 따르지 않았기 때문이다.
너희는 나의 길을 따르는 대신에, 주변 민족들의 규례를 따랐고, 그들의 수준으
로 추락했다.'"
13 내가 말씀을 전하고 있는 중에 브나야의 아들 블라댜가 죽었다. 나는 얼굴을
땅에 대고 엎드려 큰소리로 기도했다. "주 **하나님**! 이스라엘에 남은 자들 전부
를 모두 없애 버리시렵니까?"
14-15 **하나님**이 응답하셨다. "사람의 아들아, 예루살렘 주민이 네 혈육, 곧 너와
같이 포로로 잡혀 온 이스라엘 백성 전체를 두고 이렇게 말한다. '그들은 먼 나
라에 가 있어 **하나님**과 멀리 떨어졌다. 이제 이 땅은 우리 차지다.'
16-20 그러므로 그들에게 이렇게 전하여라. '너희를 향한 주 **하나님**의 메시지다.
그렇다. 나는 너희를 먼 나라로 쫓았고 이국땅으로 흩어 버렸다. 그러면서도 너
희가 가 있는 나라에서 너희에게 임시 성소를 마련해 주었다. 장차 나는 너희가
흩어져 살고 있는 나라와 땅에서 너희를 다시 모으고, 이스라엘 땅을 너희에게
줄 것이다. 너희는 집에 돌아와 청소를 하면서, 혐오스런 신상과 역겨운 우상들
을 모두 내다 버릴 것이다. 내가 너희에게 새 마음을 줄 것이다. 너희 안에 새 영
을 둘 것이다. 돌 같던 너희 심장을 도려내고, 붉은 피가 도는 튼튼한 심장을 넣
어 줄 것이다. 그러면 너희가 나의 율례를 따르고, 성심으로 나의 명령을 따르며
살게 될 것이다. 너희는 나의 백성이 되고, 나는 너희의 하나님이 될 것이다!
21 그러나 고집을 부리며 여전히 흉측한 신상과 역겨운 우상들에 집착하는 자들
은 사정이 다를 것이다! 그런 자들은 행한 그대로 갚아 줄 것이다.' 주 **하나님**의
포고다."
22-23 그때 그룹들이 날개를 펼쳤는데, 바퀴들이 그들 곁에 있고 이스라엘의 하
나님의 영광이 그들 위에 머물고 있었다. **하나님**의 영광이 도성 안에서 떠올라,
도성 동쪽 산 위에 머물렀다.

❦

24-25 그때 하나님의 영이 환상 중에 나를 붙잡아, 바빌론에 포로로 잡혀 온 사람
들의 무리 속으로 다시 들어 옮기셨다. 그 후에 그 환상이 나를 떠났다. 나는 하

나님께서 보여주신 모든 내용을 포로로 잡혀 온 사람들에게 말해 주었다.

포로가 될 것을 상징으로 보여주다

12

1-6 **하나님의 메시지**가 내게 임했다. "사람의 아들아, 너는 지금 반역
하는 백성 가운데 살고 있다. 그들은 눈이 있어도 보려고 하지 않고,
귀가 있어도 들으려 하지 않는다. 그들은 전부 반역자들이다. 그러므로 사람
의 아들아, 너는 포로 행장을 꾸려 대낮에 모두가 보는 앞에서 길을 떠나라. 포
로로 잡혀가는 사람처럼 떠나라. 그러면 반역자들인 그들이 지금의 상황을 깨
닫게 될지도 모른다. 그들이 지켜보는 앞에서 포로로 잡혀가는 사람처럼 생필
품 행장을 꾸려서, 저녁 무렵에 길을 떠나라. 그들이 보는 앞에서 성벽에 구멍
을 뚫고 네 짐 꾸러미를 그리로 내보내라. 사람들이 다 보는 앞에서 그 짐을 어
깨에 메고 밤길을 떠나라. 너는 얼굴을 가려, 다시는 못 볼 것에 네 시선이 가지
않게 하여라. 나는 너를 이스라엘 가문에 보여주는 표징으로 삼을 것이다."
7 나는 그분이 명령하시는 대로 했다. 내 물건을 한데 모아서 모두가 잘 볼 수 있
도록 길거리에 내다 놓고, 포로로 잡혀가는 사람처럼 그것을 한 묶음으로 꾸렸
다. 그리고 해가 저물녘에 내 손으로 성벽에 구멍을 내었다. 어둠이 내릴 무렵,
나는 사람들이 지켜보는 앞에서 어깨에 짐을 짊어지고 길을 떠났다.
8-10 다음 날 아침에 **하나님**께서 내게 말씀하셨다. "사람의 아들아, 반역자 이스
라엘의 무리 중에 '대체 지금 뭐하는 거요?' 하고 누가 네게 묻거든, 그들에게
말하여라. '주 **하나님**께서 말씀하신다. 이는 예루살렘의 왕 시드기야에 관한 **메
시지**다. 이는 또한 이스라엘 백성 전체에 관한 메시지이기도 하다.'
11 그들에게 말하여라. '나는 지금 너희를 위해 그림을 그리고 있다. 내가 지금
하는 이 일을, 이스라엘의 모든 백성이 하게 될 것이다. 그들 모두가 포로로 잡
혀 끌려갈 것이다.'
12-15 시드기야 왕은 어두운 밤에 자기 짐 꾸러미를 어깨에 짊어지고 떠날 것이
다. 그는 성벽에 구멍을 뚫고, 다시는 못 볼 땅을 보지 않으려고 얼굴을 가릴 것
이다. 그러나 나는 그가 붙잡혀 바빌론으로 끌려가게 만들 것이다. 그는 눈이
멀어, 그 땅을 보지도 못하고 살다가 거기서 죽을 것이다. 내가 그의 탈출을 도
운 자들과 그의 군대를 사방으로 흩어 버릴 것이며, 많은 자들이 전장에서 죽을
것이다. 내가 사람들을 여러 나라로 흩어 버릴 것이며, 그때에야 그들은 내가
하나님인 줄 알게 될 것이다.
16 나는 그들 가운데 얼마를 살려 두어 살육과 굶주림과 죽을병을 피하게 하고,
이방 나라에서 그들의 추하고 역겨운 과거 행위들을 고백하면서 살게 할 것이
다. 그들은 내가 **하나님**인 줄 알게 될 것이다."

⁂

17-20 **하나님**의 **메시지**가 내게 임했다. "사람의 아들아, 너는 벌벌 떨며 음식을 먹
고, 두려워하며 물을 마셔라. 이 땅의 백성에게, 예루살렘과 이스라엘에 사는

모두에게 **하나님**의 **메시지**를 전하여라. '너희는 벌벌 떨며 음식을 먹고, 겁에 질린 채 물을 마시게 될 것이다. 이 땅을 폭행으로 뒤덮은 일에 대한 벌로, 너희 땅이 황폐해질 것이기 때문이다. 모든 성읍과 마을이 텅텅 비고, 밭들도 황무지가 될 것이다. 그제야 너희는 내가 **하나님**인 줄 알게 될 것이다.'"

❦

21-22 **하나님**의 **메시지**가 내게 임했다. "사람의 아들아, 이스라엘 땅에 '세상은 늘 그대로다. 예언자들의 경고는 공연한 헛소리에 불과하다'는 말이 돌고 있다니, 어찌 된 일이냐?

23-25 그들에게 말하여라. '주 **하나님**께서 말씀하신다. 이 말은 곧 종적을 감추게 될 것이다!'

그들에게 말하여라. '시간이 다 되었다. 이제 곧 모든 경고가 실현될 것이다. 거짓 경보와 안일한 설교는 더 이상 이스라엘에 발붙일 수 없다. 나 **하나님**이 나서서 말할 것이다. 내가 말하면, 그대로 이루어진다. 어떤 말이든 지체 없이 이루어진다. 너희 반역자들아, 나는 내가 말하는 것을 곧 이룰 것이다!' 주 **하나님**의 포고다."

❦

26-28 **하나님**의 **메시지**가 내게 임했다. "사람의 아들아, '그 예언자의 경고는 먼 훗날에 대한 것이다', '그는 먼 장래에 대해 말하는 것이다'라는 말이 들리느냐? 이스라엘에게 말하여라. '주 **하나님**께서 말씀하신다. "나의 말은 무엇이든 지체 없이 이루어진다. 내가 말하는 것은 그대로 이루어진다."' 주 **하나님**의 포고다."

거짓 예언자들

13

1-2 **하나님**의 **메시지**가 내게 임했다. "사람의 아들아, 제 머리로 무언가를 지어내고 그것을 일컬어 '예언'이라고 떠드는 이스라엘 예언자들을 대적하여 말씀을 전하여라.

2-6 그들에게 진짜 예언의 말씀을 전해 주어라. 너는 이렇게 말하여라. '**하나님**의 **메시지**를 들어라! 주 **하나님**께서 제멋대로 떠드는 무지몽매한 예언자들에게 재앙을 선언하신다! 이스라엘아, 너희 예언자들은 먹이를 찾아 폐허를 배회하는 여우와 같다. 그들은 도성 방어벽을 보수하는 일에 손가락 하나 까딱하지 않으며, **하나님**의 심판 날을 맞는 이스라엘을 도우려는 생각이 전혀 없는 자들이다. 그들이 하는 일이란, 듣기 좋은 말로 망상을 심어 주고 거짓을 설교하는 것이 전부다. 그들은 입만 열면 '**하나님**께서 말씀하시기를' 하고 되뇌이지만, 나 **하나님**은 그들에게 눈길 한번 준 적이 없다. 그런데도 그들은 자신들의 말이 이루어지기를 기다린다.

7-9 너희는 순전히 잠꼬대 같은 소리를 지껄이고 있지 않느냐? 내가 너희에게 말

한 적이 없는데도 '하나님께서 말씀하시기를' 운운하는 너희 설교는 새빨간 거짓말이 아니고 무엇이냐? 이제 기억하여라. 주 하나님의 메시지다. 하나님이 준 환상 대신에 제멋대로 본 망상을 퍼뜨리고, 설교를 이용해 거짓을 말하는 예언자들을 내가 철천지원수로 여길 것이다. 그들을 내 백성의 공회에서 추방시키고, 이스라엘 명부에서 이름을 빼며, 이스라엘 땅에 출입하지 못하게 할 것이다. 그제야 너희는 내가 주 하나님인 줄 알게 될 것이다.

10-12 그들은 내 백성을 속였다. 상황을 무시하고 '다 괜찮다. 아무 문제없다'고 말했다. 그들은 사람들이 담을 세우면, 뒤에 서 있다가 그 담에 회칠하는 자들이다. 회칠하는 자들에게 말하여라. '폭우가 내리고 우박이 쏟아지고 폭풍이 휩쓸어 담이 무너지면, 보기 좋으라고 처바른 그 회칠이 대체 무슨 소용이 있겠느냐?'

13-14 앞으로 일어날 일이 바로 그와 같다. 나 주 하나님이 말한다. '나는 내 진노의 폭풍을 일으킬 것이다. 분노의 우박을 억수같이 쏟아부을 것이다. 너희가 회칠한 그 담을 내가 쓰러뜨리리라. 완전히 무너뜨려 기초만 덩그러니 남게 할 것이다. 그것이 무너져 내리는 날, 너희도 다 같이 망하여 죽을 것이다. 그제야 너희는 내가 하나님인 줄 알게 될 것이다.

15-16 내가 그 담과, 거기에 회칠한 자들에게 나의 진노를 쏟아부을 것이다. 그들에게 말하리라. "담이 무너졌구나. 공들여 회칠을 했는데 헛수고였구나." 내 경고를 무시하고 다 괜찮다며, 예루살렘에게 제멋대로 자기 환상을 전한 이스라엘의 예언자들에게, 내가 그렇게 말할 것이다. 주 하나님의 포고다.'

17-19 사람의 아들아, 자기 멋대로 말을 지어내는 여예언자들을 대적하여라. 그들과 맞서라. 마법의 팔찌나 이 사람 저 사람 구미에 맞는 머리 너울을 만들어 영혼을 덫에 걸리게 하는 그 여자들에게 '화가 있으리라' 말하여라. 또 이렇게 말하여라. '너희가 내 백성의 영혼을 죽이려 하느냐? 부와 인기를 얻겠다고 사람의 영혼을 이용하느냐? 너희는 성공을 위해 내 백성 앞에서 나를 욕되게 했고, 사람들의 호감을 얻기 위해 나를 이용했다. 죽어서는 안될 영혼들을 죽였고, 살아서는 안될 영혼들을 살려 주었다. 너희는 속기 좋아하는 백성을 속여 넘겼다.'

20-21 하나님이 말한다. '나는 영혼을 사냥하는 데 사용하는 네 모든 도구와 기술을 그냥 두지 않을 것이다. 너희 손에서 그것들을 빼앗을 것이다. 너희가 사로잡으려 했던 영혼들을 내가 풀어 줄 것이다. 너희 마술 팔찌와 너울을 갈기갈기 찢어 버리고, 너희의 마수에서 내 백성을 건져 내어, 그들이 더 이상 희생되지 않게 할 것이다. 그제야 너희는 내가 하나님인 줄 알게 될 것이다.

22-23 이제 너희는 끝장이다. 너희는 선량하고 순진무구한 이들을 거짓말로 속여 혼돈과 혼란에 빠뜨렸다. 사람들이 악을 저지르도록 거들고, 그들이 내게 돌아와 구원받을 생각을 아예 하지 못하게 만들었다. 그러나 망상을 팔고, 거짓을 설교하던 짓은 이제 끝이다. 내가 내 백성을 너희의 마수에서 건져 낼 것이다. 그제야 너희는 내가 하나님인 줄 알게 될 것이다.'"

마음속에 우상을 들여놓은 사람들아

14

1-5 이스라엘의 지도자 몇 사람이 다가와서 내 앞에 앉았다. **하나님**의 **메시지**가 내게 임했다. "사람의 아들아, 이 백성은 마음속에 우상을 들여놓았다. 자신을 파멸시킬 악독을 품고 산다. 그런 자들의 기도에 내가 왜 마음을 써야 하느냐? 그러니 그들에게 말하여라. '주 **하나님**의 **메시지**다. 마음속에 우상을 들여놓고 자신을 파멸시킬 악독을 품고 살면서, 뻔뻔스럽게 예언자를 찾아오는 이스라엘 사람들아, 모두 주목하여라. 잡다한 우상들을 질질 끌며 나오는 그들에게, 나 **하나님**이 직접 나서서 대답하겠다. 나는 이스라엘 족속의 마음, 나를 떠나 우상들에게 간 그들의 마음을 손볼 것이다.'

6-8 그러므로, 이스라엘 족속에게 말하여라. '주 **하나님**께서 말씀하신다. 회개하여라! 너희 우상들에게서 돌아서라. 역겹기 그지없는 짓들에서 돌아서라. 이스라엘에 사는 거류민과 이스라엘 족속 모두에게—내게 등을 돌리고 우상을 품고 사는 자들과, 자신을 파멸시킬 악독을 삶의 중심에 들여놓고 살면서 뻔뻔스럽게도 예언자를 찾아와 내게 묻는 모든 자들에게—나 **하나님**이 직접 나서서 대답하겠다. 나는 그들을 정면으로 대적하여 본때를 보여주고 그들을 없애 버릴 것이다. 그제야 너희는 내가 **하나님**인 줄 알게 될 것이다.

9-11 만일 어떤 예언자가 우상숭배자들에게 현혹되어 그들이 듣고 싶어 하는 거짓을 말하면, 그로 인해 나 **하나님**이 비난을 받게 된다. 그는 그 책임을 면치 못할 것이다. 나는 그의 목덜미를 잡아 밖으로 내칠 것이다. 그 예언자나 그를 찾아가는 자들이나, 모두 유죄 판결을 받을 것이다. 이는 이스라엘 족속이 다시는 내 길에서 벗어나서 헤매거나 반역죄로 자신을 더럽히지 않고, 내가 그들의 하나님이듯 그들이 나의 백성이 되게 하려는 것이다. 주 **하나님**의 포고다.'"

❦

12-14 **하나님**의 **메시지**가 내게 임했다. "사람의 아들아, 어떤 나라가 나를 반역하고 죄를 지어, 내가 손을 펴서 기근으로 그 나라의 양식이 동나게 하고 사람과 짐승 모두를 쓸어버린다고 하자. 그럴 경우에, 노아와 다니엘과 욥이—그 훌륭한 세 사람이—살아 있다고 해도, 그들은 그 나라에 사는 자들에게 아무 도움이 되지 못할 것이다. 그 세 사람의 의는 그들 셋의 목숨만 구할 수 있을 뿐이다." 주 **하나님**의 포고다.

15-16 "내가 들짐승을 풀어 그 나라를 활보하게 만들어, 모든 사람이 떠나고 나라 전체가 황무지가 되어 아무도 거기 들어가지 못한다고 하자. 살아 있는 나 하나님을 두고 맹세하는데, 그때 그 세 사람이 살아 있다고 해도, 오직 그들 셋만 구원받을 것이다. 그들의 아들과 딸들도 구원받지 못하고, 나라는 황무지가 될 것이다.

17-18 내가 그 나라에 전쟁을 일으켜 '살육 개시!' 하고 명령을 내려서 사람과 짐승을 다 죽게 만든다고 하자. 살아 있는 나 하나님을 두고 맹세하는데, 그때 그 세 사람이 살아 있다고 해도, 오직 그들 셋만 구원받을 뿐 아들과 딸들은 구원

받지 못할 것이다.
19-20 내가 그 나라에 몹쓸 전염병을 보내고 살인적인 진노를 쏟아서 사람과 짐
승을 다 죽게 만든다고 하자. 살아 있는 나 하나님을 두고 맹세하는데, 그때 노
아와 다니엘과 욥이 살아 있다고 해도, 아들이나 딸 하나라도 더 구원받지 못할
것이다. 오직 그들 셋만 자신의 의로 말미암아 구원받을 것이다."
21-23 주 **하나님**께서 말씀하신다. "이것은 그림이다. 내가 네 가지 재앙—전쟁과
기근과 들짐승과 전염병—으로 예루살렘을 심판하여 사람과 짐승을 모두 죽일
때 일어날 일이다. 그러나 보아라! 믿기지 않겠지만, 살아남을 자들이 있을 것
이다. 그들의 아들과 딸들 가운데 얼마가 구원을 받을 것이다. 그들이 살아서
너희에게 오고 너희가 그들의 구원을 목도하게 될 때에, 너희는 구원받은 그들
이 어떻게 살았는지 직접 확인하게 될 것이다. 그러면 너희는 내가 예루살렘에
내린 혹독한 심판이 진실로 마땅한 것이요, 반드시 필요한 일이었음을 알게 될
것이다. 그렇다. 그들이 어떻게 살아왔는지 자세히 알게 되면, 너희 마음도 풀
릴 것이다. 너희는 내가 예루살렘에서 행한 모든 일이 공연한 일이 아니었음을
알게 될 것이다." 주 **하나님**의 포고다.

땔감으로나 쓰일 예루살렘

15

1-3 **하나님**의 메시지가 내게 임했다. "사람의 아들아, 포도나무와 그
가지가 숲에 널린 다른 나무보다 무엇이 나으냐? 포도나무로 무엇
을 만들 수 있겠느냐? 물건을 걸어 둘 못 하나라도 만들 수 있겠느냐?
4 기껏해야 땔감으로나 쓰일 뿐이다. 불에 던져 넣었다가 다시 꺼낸 그 나무 쪼
가리를 보아라. 양쪽 끝은 타서 없어지고, 가운데 부분은 시커멓게 그을렸다.
그것을 무엇에 쓰겠느냐?
5 아무 쓸데가 없다. 성했을 때도 쓸모가 없었는데, 반쯤 타 버린 것을 대체 무
엇에 쓰겠느냐?
6-8 그러므로 주 **하나님**의 메시지다. 나는 숲의 나무 중에서 포도나무를 골라 땔
감으로 쓰는 것처럼 예루살렘 주민을 다룰 것이다. 내가 그들을 철천지원수로
여길 것이다. 전에 한번 불에 그을렸던 그들이지만, 그 불이 다시 한번 그들을
사를 것이다. 내가 그들을 대적하는 날에, 너희는 내가 **하나님**인 줄 알게 될 것
이다. 내가 이 나라를 황무지로 바꿔 놓을 것이다. 그들이 내게 반역했기 때문
이다." 주 **하나님**의 포고다.

미모에 취해 자만한 예루살렘

16

1-3 **하나님**의 메시지가 내게 임했다. "사람의 아들아, 예루살렘이 벌
인 어이없는 행각을 깨우쳐 주어라. 이렇게 말하여라. '예루살렘을
향한 주 **하나님**의 메시지다. 너는 가나안 사람들 사이에서 태어나고 자랐다. 네
아버지는 아모리 사람이고, 네 어머니는 헷 사람이다.
4-5 네가 태어난 날, 아무도 네 탯줄을 잘라 주지 않았고, 아무도 너를 목욕시켜

주지 않았다. 그날에 아무도 네 몸을 소금으로 문질러 주지 않았고, 아무도 너
를 포대기로 감싸 주지 않았다. 너를 돌봐 준 사람이 아무도 없었다. 너를 따뜻
이 보살펴 준 사람이 아무도 없었다. 너는 씻지 못한 더러운 모습 그대로 빈터
에 버려졌다. 너는 버림받은 신생아였다.
6-7 바로 그때, 내가 그곳을 지나다가 비참하기 그지없는 핏덩어리인 너를 보았
다. 그렇다. 위험하고 불결한 곳에 누워 있는 너를 보며 내가 말했다. "살아라!
들판의 초목처럼 자라라!" 그러자 나의 말대로, 너는 자랐다. 키가 자라고, 가슴
봉긋하여 긴 머리 휘날리는 성숙한 여인이 되었다. 그러나 너는 여전히 벌거벗
은 채로 있었다.
8-14 내가 다시 지나다가 너를 보니, 너는 이제 사랑할 나이, 연인을 만날 나이가
되었다. 나는 너를 거두어 보살피고 옷을 입혀 주었다. 너를 보호해 주었다. 네
게 사랑을 약속하고 너와 혼인 언약을 맺었다. 나 주 하나님이 네게 서약했다.
너는 내 것이 되었다. 내가 너를 목욕시켜 네 몸의 해묵은 핏자국을 씻겨 주고,
향기로운 기름을 발라 주었다. 네게 화려한 가운을 입히고 발에는 가죽신을 신
겼다. 네게 모시옷과 값비싼 옷감으로 만든 최고급 옷을 입혀 주었다. 나는 너
를 보석으로 아름답게 꾸몄다. 네 손목에 팔찌를 끼워 주고, 목걸이와 취옥 반
지와 청보석 귀걸이와 다이아몬드 관으로 장식했다. 너는 모든 진귀하고 아름
다운 것들을 받아 누렸다. 우아한 옷을 걸치고 꿀과 기름이 곁들여진 산해진미
를 즐겼다. 너는 정말이지 대단했다. 너는 여왕이었다! 세계에 이름을 알린 너
는 내 장신구로 단장한 완벽한 미인, 전설적인 미인이 되었다. 주 하나님의 포
고다.
15-16 그러나 너는 네 미모에 취해 자만해지면서, 결국 길거리의 아무 남자나 붙
들고 침실로 가는, 흔해 빠진 창녀가 되었다. 너는 네 좋은 옷들로 장막을 만들
고, 그곳에서 몸을 팔았다. 결단코 있어서는 안될 일이었다.'"

병든 영혼아!

17-19 "'너는 내가 준 진귀한 보석과 금과 은을 가져다가 네 창녀집을 꾸밀 외설
조각상을 만들었다. 최고급 비단과 무명으로 네 침대를 장식하고, 거기에 나의
향유를 바르고 향을 뿌렸다. 너는 내가 마련해 준 산해진미를—허브와 양념을
곁들인 신선한 빵과 과일을—가져다가 네 창녀집의 별식으로 내놓았다. 네가
그렇게 했다. 주 하나님의 말이다.
20-21 너는 네가 낳은 아들딸들, 나의 자녀인 그 아이들을 죽여 우상에게 제물로
바쳤다. 창녀가 된 것만으로는 충분치 않았더냐? 너는 살인까지 저질렀다. 나
의 자녀들을 죽여 우상에게 제물로 바쳤다.
22 입에 담을 수조차 없는 역겨운 짓과 창녀짓을 벌여 온 그 세월 동안, 너는 단
한 번도 네 유아기 때를 돌아본 적이 없었다. 벌거벗은 핏덩이 적 시절을 기억
하지 않았다.
23-24 이 모든 악행으로도 모자라서, 너는 성읍 광장마다 보란 듯이 창녀집을 세

웠다. 화가 임하리라! 네게 화가 있으리라. 주 **하나님**의 말이다! 너는 붐비는 교
차로마다 보란 듯이 창녀집을 차렸고, 지나가는 아무에게나 두 다리를 벌려 음
란한 음부를 보였다.
25-27 급기야 너는 국제적으로 창녀짓을 했다. 이집트 사람들과 간통하고, 그들
을 찾아다니며 광란의 섹스판을 벌였다. 네 방탕의 정도가 심해질수록, 나의 진
노도 커져 갔다. 결국 나는 일어나 네 지경을 축소하고 너를 적들에게 넘겨주어
물어 뜯기게 했다. 너는 아느냐? 네 방탕한 생활은 블레셋 여자들이 보고 경악
할 정도였다.
28-29 너는 만족을 모르는 음욕 때문에 앗시리아 사람들과도 간통했다. 그러나 여
전히 만족할 줄 몰랐다. 너는 바빌론 사람들, 그 장사치 나라와도 간통했지만,
여전히 만족할 줄 몰랐다.
30-31 병든 영혼아! 이런 짓들을 벌인 너, 가히 창녀 중의 창녀다! 붐비는 교차로
마다 보란 듯이 창녀집을 짓고, 동네마다 창녀촌을 세웠다. 그런데 너는 보통
창녀들과 달리 화대를 받지 않았다.
32-34 바람난 여자들은 보통 정부(情夫)에게 선물을 받는다. 남자가 창녀에게 화대
를 지불하는 것이 일반적이다. 그런데 너는 오히려 정부에게 돈을 건넨다! 너는
사방에서 남자들을 돈 주고 사서 네 침실로 데려온다! 섹스의 대가로 돈을 받는
보통 창녀들과 정반대다. 그들의 호의에 감사하며 돈을 지불한다! 너는 매춘 일
마저 변질시켜 놓았다!
35-38 그러므로, 창녀야, **하나님**의 **메시지**를 잘 들어라. 나 주 **하나님**이 말한다.
문란하기 이를 데 없는 너는 아무 앞에서나 옷을 벗어 네 치부를 자랑하듯 드러
내고, 음란한 우상들을 숭배하며, 아이들을 죽여 그것들에게 바쳤다. 그러므로
내가 네 정부들을 모두 불러 모으리라. 네가 쾌락을 위해 이용했던 모든 자들,
네가 좋아했던 자들과 네가 혐오했던 자들을 다 모을 것이다. 내가 그들을 법정
에 모아 구경꾼들처럼 너를 둘러싸게 할 것이다. 그리고 벌건 대낮에, 그들 보
는 앞에서 내가 너를 발가벗길 것이다. 그러면 그들이 네 진상을 보게 되리라.
나는 간통죄와 살인죄를 물어 네게 벌을 선고할 것이다. 너에게 내 진노의 맛을
보여줄 것이다!
39-41 내가 네 정부들을 다 모으고 그들에게 너를 넘겨줄 것이다. 그들이 네 뻔뻔
스런 창녀집과 음란한 산당들을 다 허물어 버릴 것이다. 네 옷을 찢고 네 보석
을 빼앗아 너를 발가벗길 것이다. 그러고는 군중을 불러 모을 것이다. 모인 군
중이 네게 돌을 던지며 너를 칼로 난도질할 것이다. 그들이 네 집을 불태울 것
이다. 모든 여자들이 지켜보는 앞에서 엄중한 심판이 있으리라!
41-42 내가 너의 창녀짓을 완전히 끝장낼 것이다. 돈을 주고 남자들을 침실로 끌
어들이는 일은 더 이상 할 수 없다! 그제야 나의 진노가 풀리고 질투가 가라앉
을 것이다.
43 네가 어렸을 적 일을 기억하지 않고 이런 짓들로 나를 노하게 했으니, 그 방
종의 대가를 톡톡히 치르게 할 것이다. 역겨운 짓에 방탕까지 더해졌으니, 네가

치러야 할 값이 얼마나 크겠느냐?
44-45 속담을 즐겨 사용하는 자라면 "그 어머니에 그 딸"이라고 말할 것이다. 너
는 남편과 자식들에게 싫증 내던 네 어머니의 딸이다. 또 너는 남편과 자식들에
게 싫증 내던 네 자매 중 하나다. 네 어머니는 헷 사람이며, 아버지는 아모리 사
람이다.
46-48 네 언니는 사마리아다. 그녀는 딸들과 함께 네 북쪽에 살았다. 네 동생은 소
돔이며, 딸들과 네 남쪽에 살았다. 너도 그들과 똑같이 살지 않았느냐? 그들처
럼 차마 입에 담을 수 없는 역겨운 짓들을 벌이지 않았느냐? 오히려, 너는 그들
을 따라잡고 추월했다! 살아 있는 나 하나님을 두고 맹세하며 말한다! 주 **하나
님**의 포고다. 너와 네 딸들이 한 짓들에 비하면 네 동생 소돔과 그 딸들의 소행
은 새 발의 피다.
49-50 네 동생 소돔은 자기 딸들과 함께 온갖 사치를 부리며 살았다. 오만했고, 탐
욕스러웠으며, 게을렀다. 그들은 압제받는 자와 가난한 이들을 돕지 않았다. 거
들먹거렸고 추잡했다. 그들이 결국 어떻게 되었는지 너는 잘 알 것이다. 내가
그들을 아주 없애 버렸다.
51-52 그리고 사마리아. 사마리아의 죄는 네 반만큼도 되지 않는다. 네 역겨운 행
위들은 그녀를 훨씬 능가한다. 아니, 네 소행에 비하면 네 두 자매는 선량해 보
일 정도다! 정말 그렇다. 너에 비하면 네 자매들은 실로 성인군자들이다. 네 죄
가 얼마나 그들을 능가하는지, 그들이 의인으로 보일 지경이다. 부끄럽지 않느
냐? 네가 안고 살아야 할 수치다. 역사에 길이 남을 명성이 아니냐. 네 자매들
의 죄를 능가하다니!
53-58 그러나 나는 소돔과 그 딸들, 사마리아와 그 딸들의 운명을 뒤집을 것이다.
그리고—잘 들어라—그들과 더불어 네 운명도 그러할 것이다! 어쨌거나 너는
네 수치를 안고 살아야 할 것이다. 네 수치를 마주하고 받아들임으로, 네 두 자
매에게 얼마간 위안을 줄 것이다. 네 자매들, 소돔과 그 딸들과 사마리아와 그
딸들은 옛 모습으로 돌아갈 것이요, 너 역시 그러할 것이다. 네가 거들먹거리면
서 오만방자하게 동생 소돔을 깔보았던 시절을 기억하느냐? 그때는 네 악행들
이 폭로되기 전이었다. 그러나 이제 네가 멸시의 대상이 되었다. 너는 에돔 여
자와 블레셋 여자와 주변 모든 자들에게 경멸을 받는 신세가 되었다. 그러나 너
는 이 현실을 직시해야 하고, 네 추악한 과거의 수치를 받아들여야 한다. 주 **하
나님**의 포고다.
59-63 주 **하나님**이 말한다. 네가 내 맹세를 하찮게 여기고 나와의 언약을 깨뜨렸
으니, 나는 네가 행한 대로 갚아 줄 것이다. 그러나 나는 너와 어렸을 적 맺었던
언약을 기억할 것이며, 너와 영원히 지속될 언약을 맺을 것이다. 너는 후회스
러운 네 과거를 기억할 것이며, 네가 너의 두 자매, 언니와 동생을 다시 맞이하
게 되는 날, 참으로 참회하게 될 것이다. 내가 그들을 네 딸들로 줄 것이다. 그
러나 그들이 네 언약에 참여하게 되는 것은 아니다. 나는 너와 맺은 언약을 굳
게 세울 것이고, 그제야 너는 내가 **하나님**인 줄 알게 되리라. 너는 네 과거를 기

억하고 그 수치를 마주하겠지만, 내가 너를 위해 속죄를 행하고 네 모든 소행에 도 불구하고 모든 것을 바로잡아 줄 것이다. 그날 너는 차마 입을 열지 못할 것이다.'" 주 **하나님**의 포고다.

독수리와 포도나무 비유

17

1-6 **하나님**의 메시지가 내게 임했다. "사람의 아들아, 이스라엘 족속을 위해 수수께끼를 하나 내어라. 그들에게 이야기를 들려주어라. '주 **하나님**께서 말씀하신다.

큰 날개와 기다란 깃털을 가진
커다란 독수리 한 마리가,
화려한 빛깔의 날개를 활짝 펴고
레바논에 날아왔다.
독수리는 어느 백향목 꼭대기를 꺾고
그 가장 위쪽 순을 잘라서,
그것을 무역상들의 땅에 가져가
어느 상인들의 도성에 내려놓았다.
그리고 그 땅에서 난 순을 하나 따서,
강둑에 버드나무를 심듯
넉넉한 물가 비옥한 땅에 심었다.
순에 싹이 돋고 가지가 무성해져,
땅에 낮게 퍼지는 포도나무가 되었다.
그 포도나무 가지들이 독수리를 향해 뻗어 올라갔고,
뿌리는 땅속 깊숙이 뻗어 내렸다.
덩굴이 쭉쭉 뻗고
가지는 쑥쑥 자라났다.

7-8 큰 날개와 무성한 깃털을 가진
또 다른 커다란 독수리가 있었다.
그런데 이 포도나무가
멀리 있는 그 독수리로부터
물을 얻으려고,
심겨졌던 땅에서
그를 향해 뿌리를 뻗고,
가지들도 그를 향해 뻗어 갔다.
이 포도나무를 넉넉한 물가 비옥한 땅에 심은 것은,
가지를 내고 열매를 맺어
귀한 포도나무가 되게 하려는 것이었다.

9-10 주 **하나님**이 말한다.
그 포도나무가 과연 잘 자라겠느냐?
그 독수리가 뿌리째 뽑아 버려,
열매는 썩고
가지도 다 시들어
말라 죽은 포도나무가 되지 않겠느냐?
그런 포도나무를 뽑아 버리는 데는
힘이 많이 들지 않고, 손도 많이 필요 없다.
설령 다른 곳으로 옮겨 심는다 한들,
과연 잘 자라겠느냐?
뜨거운 동풍이 불어오면
시들어 버리지 않겠느냐?
심겨진 곳에서 말라 버려,
멀리 날려 가지 않겠느냐?'"

❦

11-12 **하나님**의 메시지가 내게 임했다. "저 반역자 족속에게 말하여라. '알아들었
느냐? 이 이야기가 무엇을 뜻하는지 알겠느냐?'
12-14 그들에게 말하여라. '바빌론 왕이 예루살렘에 와서 왕과 지도자들을 바빌론
으로 끌고 갔다. 그가 왕족 중에 하나를 데려다 언약을 맺고, 그에게 충성을 맹
세하게 했다. 바빌론 왕은 고위급 인사 전부를 포로로 붙잡아 갔는데, 그것은
이 나라를 무력한—허튼 생각을 할 수 없는—상태로 만들어, 언약을 지켜야만
살 수 있게 하려는 것이었다.
15 그런데 그가 반역을 했고, 이집트에 사절을 보내 군마와 대군을 청했다. 이 일
이 성공할 수 있으리라고 보느냐? 이렇게 하고도 너희가 무사할 것 같으냐? 언
약을 깨뜨리고도 벌을 면할 수 있겠느냐?
16-18 살아 있는 나 하나님을 두고 맹세하는데, 충성서약과 언약을 깨뜨린 왕은
그 나라 바빌론에서 죽을 것이다. 바빌론이 도성을 포위 공격하고 그 안의 모든
사람을 처죽일 때, 바로는 큰 대군을 갖고도 그 왕을 돕기 위해 손가락 하나 까
딱하지 않을 것이다. 이것은 그가 엄숙히 맹세한 바를 어기고 언약을 깨뜨리면
서 이 같은 일을 서슴지 않았기 때문이다. 그 왕은 절대 무사하지 못할 것이다.
19-21 그러므로, 주 **하나님**이 말한다. 살아 있는 나 하나님을 두고 맹세하는데, 나
의 맹세를 업신여기고 나의 언약을 깨뜨린 그 왕은 대가를 톡톡히 치를 것이다.
내가 추격대를 보내어 그를 붙잡으리라. 그를 바빌론으로 데려가 재판할 것이
다. 그의 정예병과 나머지 병사들 전부가 전장에서 죽을 것이고, 살아남은 자들
은 사방으로 흩어질 것이다. 그제야 너희는 나 **하나님**이 말한 것을 알게 될 것
이다.
22-24 주 **하나님**이 말한다. 내가 친히 높다란 백향목 끝에서 어린 가지 하나를 꺾

어다가, 높이 솟은 산, 이스라엘의 높은 산에 심을 것이다. 그것이 자라서 가지를 뻗고 열매를 맺어, 장대한 백향목이 될 것이다. 온갖 새들이 거기 깃들어 살게 될 것이다. 그 가지 그늘에 둥지를 틀 것이다. 나 **하나님**이, 높은 나무는 낮추고 낮은 나무는 높이며, 푸른 나무는 시들게 하고 마른 나무에 푸른 가지가 싹터 나오게 하는 줄, 들의 모든 나무가 알게 될 것이다. 나 **하나님**이 말했으니, 그것을 이룰 것이다.'"

각자 걸어온 길대로 심판하리라

18

1-2 나에게 임한 **하나님**의 메시지다. "어찌 된 영문이냐. 나라에 이런 말이 돌다니.

부모가 덜 익은 사과를 먹더니,
자식들이 배탈이 났다.

3-4 살아 있는 나 하나님을 두고 맹세하는데, 이스라엘에 더 이상 이 말이 돌지 않
을 것이다. 남자나 여자, 아이나 부모, 자식 할 것 없이, 모든 영혼은 다 내 것이
다. 너희는 너희 자신의 죄로 죽는 것이지, 다른 사람의 죄로 죽는 것이 아니다.
5-9 정의롭고 올바르게 사는 의인이 있다고 하자. 그는,

이방 산당에 바쳐진 음식을 먹지 않고
이스라엘의 인기 높은 우상들을 숭배하지 않고
이웃의 배우자를 유혹하지 않고
함부로 성관계를 갖지 않고
누구도 학대하지 않고
담보물로 재산을 늘리지 않고
도적질하지 않고
주리는 이들에게 기꺼이 먹을 것을 주고
헐벗은 이들에게 입을 것 주기를 거절하지 않고
가난한 이들을 착취하지 않고
충동과 탐욕에 따라 살지 않고
사람을 차별하지 않고
나의 율례를 지키고
나의 규례를 높이며, 신실하게 그것을 따른다.
이처럼 올바르게 사는 사람은
참되고 충만한 삶을 살 것이다.
주 **하나님**의 포고다.

10-13 그런데, 이 사람에게 폭력을 휘두르고 살인을 자행하며 부모와 다르게 사는

자식이 있다고 하자. 그는,

이방 산당에 바쳐진 음식을 먹고
이웃의 배우자를 유혹하고
약자를 학대하고
도적질하고
담보물로 재산을 늘리고
우상을 숭배하고
역겨운 짓을 벌이고
가난한 이들을 착취한다.

이런 사람이 살 수 있을 것 같으냐? 천만의 말씀이다! 이런 추잡한 짓을 벌이는 자는 마땅히 죽을 것이다. 자신의 잘못으로 죽을 것이다.

14-17 그런데 이 사람에게도 자식이 있어, 자기 부모의 죄를 보면서 자랐다고 하자. 그런데 그는 부모처럼 살지 않는다. 그는,

이방 산당에 바쳐진 음식을 먹지 않고
이스라엘의 인기 높은 우상들을 숭배하지 않고
이웃의 배우자를 유혹하지 않고
누구도 학대하지 않고
돈을 꾸어 주기를 거절하지 않고
도적질하지 않고
주리는 이들에게 기꺼이 먹을 것을 주고
헐벗은 이들에게 입을 것 주기를 거절하지 않고
충동과 탐욕에 따라 살지 않고
가난한 이들을 착취하지 않는다.
그는 나의 말을 준행한다.
그는 나의 규례를 이행하며, 나의 율례를 따라 산다.

17-18 이런 사람은 그의 부모가 죄를 지었다고 해서 죽지 않는다. 그는 참되고 복된 삶을 살 것이다. 그러나 그의 부모는 자기 소행으로 인해 죽을 것이다. 그는,

약자를 압제하고
형제자매에게 강도짓을 하고
공동체에 큰 해를 끼치는 죄를 지었기 때문이다.

19-20 너희는 '부모의 죄값을 자식이 함께 치르는 것이 아닙니까?' 하고 묻는다만,

무슨 소리냐?
명백하지 않느냐? 그 자식은 공정하고 옳은 일을 했다. 힘써 정당하고 옳은 일을 한 그 자식은, 그로 인해 살 것이다. 바르고 행복하게 살아갈 것이다. 누가 죄를 지으면, 죄지은 그 사람이 죽는다. 자식은 부모의 죄값을 함께 치르지 않으며, 부모 역시 자식의 죄값을 함께 치르지 않는다. 네가 올바른 삶을 살면, 그 공로는 네게 돌아간다. 네가 악한 삶을 살면, 그 죄값 역시 네게 돌아간다.
21-23 그러나 악인이라도 죄짓던 삶에서 돌이켜 나의 율례를 지키고 정의와 공의로 살면, 그는 살 것이다. 참으로 살 것이다. 그는 죽지 않으리라. 그가 저지른 악행의 목록을 내가 삭제해 버릴 것이다. 그는 살 것이다. 생각해 보아라. 내가 악인이 죽는 것을 기뻐하겠느냐? 나의 기쁨은 그들이 돌이켜서, 더 이상 잘못을 저지르지 않고 바르게 사는 것, 참된 삶을 사는 것이 아니겠느냐?
24 반대로, 선하게 살던 사람이 바른 삶을 버리고 악인이 저지르는 온갖 추하고 역겨운 짓을 따라하는 경우도 마찬가지다. 이 사람이 살겠느냐? 나는 그가 행한 선행의 목록을 삭제해 버릴 것이다. 그는 자신의 반역과 그 쌓인 죄로 죽을 것이다.
25-28 이를 두고 너희가 '공정하지 않다! 하나님이 공정하시지 않다!'고 말하느냐? 이스라엘아, 잘 들어라. 내가 공정하지 않다고 보느냐? 공정하지 않은 쪽은 너희다! 선인이라도 선한 삶을 버리고 죄짓기 시작하면, 그는 그로 인해 죽을 것이다. 자기 죄로 죽는 것이다. 마찬가지로, 악인이라도 악한 삶에서 돌이켜 선하고 공명정대하게 살기 시작하면, 그는 자기 생명을 구할 것이다. 지금껏 자신이 저지른 모든 잘못을 직시하고 그것들과 단호히 결별하면, 그는 살 것이다. 참으로 살 것이다. 그는 죽지 않을 것이다.
29 그런데 이스라엘은 계속 '공정하지 않다! 하나님이 공정하시지 않다'며 징징거린다.
이스라엘아, 나더러 공정하지 않다고 하느냐? 공정하지 않은 쪽은 너희다.
30-32 이스라엘아, 요지는 이것이다. 나는 너희 각 사람이 걸어온 길대로 심판할 것이다. 그러니 돌이켜라! 반역 행위에서 돌이켜, 죄로 인해 나락에 떨어지는 일이 없게 하여라. 과거를 청산하여라! 부디 반역을 그쳐라. 마음을 새롭게 하여라! 영을 새롭게 하여라! 이스라엘아, 왜 죽고자 하느냐? 나는 누구의 죽음도 기뻐하지 않는다. 주 **하나님**의 포고다.
과거를 깨끗이 청산하여라! 그리고 살아라!"

애가

19

1-4 이스라엘의 제후들을 위한 애가를 불러라.

네 어머니는,
사자들 중에서도 실로 대단한 암사자였다!
젊은 사자 떼 가운데 몸을 웅크리고 살면서

새끼들을 크게 키웠다.
새끼들 중 하나가 자라서,
사나운 젊은 사자가 되었다.
그가 사냥하는 법을 배워,
사람을 잡아먹었다.
민족들이 경계했고,
덫을 놓아 그를 잡았다.
그들이 그를 갈고리로 꿰어
이집트로 끌고 갔다.

5-9 자신에게 운이 없다고,
새끼가 돌아올 가망이 없다고 생각한 암사자는,
다른 새끼를 골라
힘센 젊은 사자로 키웠다.
그는 다른 사자들과 어울려 먹이를 찾아다니는,
사나운 젊은 사자가 되었다.
그가 사냥하는 법을 배워,
사람을 잡아먹었다.
그는 사람들의 방어망을 뚫고 활보했으며,
그들의 도성을 폐허로 만들었다.
그가 포효하면
온 나라가 겁을 집어먹었다.
민족들이 합세하여 그를 사냥하러 나섰다.
모두가 그 사냥에 동참했다.
그들이 덫을 놓아
그를 포획했다.
그들은 그에게 나무 마구를 채워
바빌론 왕에게 데려갔다.
이제 더는 들리지 않는다.
이스라엘의 평화롭던 산들의 정적을 깨뜨리던 그 포효소리!

10-14 여기 또 다른 이야기가 있다.
네 어머니는 흐르는 강물 옆에 심긴,
포도원의 포도나무 같았다.
물이 넉넉하여
가지는 무성했고, 포도 열매 또한 풍성했다.
가지가 어찌나 튼튼하던지,
깎아서 제왕의 홀로 사용할 만했다.

포도나무는 하늘 높이 쑥쑥 자랐고,
쭉쭉 뻗은 가지들은
멀리서도 보일 정도로 무성했다.
그런데 분노의 손길이 그 나무를 잡고 뽑아
땅바닥에 내동댕이쳤다.
뜨거운 동풍이 불어오니 나무가 오그라지고
열매도 모두 떨어졌다.
튼튼했던 가지들은 다 말라서,
불쏘시개로밖에 쓸 수 없는 것이 되고 말았다.
이제 광야에 꽂힌 나무 막대기,
불모의 땅에 박힌 나무토막에 불과해,
그것은 불을 지필 때나
광야에 모닥불을 피울 때 쓸모 있을 뿐이다.
제왕의 홀로 사용할 만하던 그 튼튼한 가지들,
이제 흔적조차 없어졌다!

(이것이 애가로 불리는 슬픈 노래의 가사다.)

너희가 탐닉하던 것들을 모두 없애라

20

1 일곱째 해 다섯째 달 십일에, 이스라엘의 지도자 몇 사람이 나를
찾아와 하나님의 인도를 구했다. 그들이 내 앞에 앉았다.
2-3 그때 하나님의 메시지가 내게 임했다. "사람의 아들아, 이스라엘 지도자들과
이야기하고, 그들에게 전하여라. '주 하나님께서 말씀하신다. "너희가 내게 물
으려고 왔느냐? 살아 있는 나 하나님을 두고 맹세하는데, 나는 너희가 묻는 것
을 허락하지 않겠다. 주 하나님의 포고다."'
4-5 사람의 아들아, 오히려 네가 그들에게 책임을 물어야 하지 않겠느냐? 그들의
조상이 저지른 모든 역겨운 짓을 그들의 코앞에 들이대라. 그들에게, 주 하나님
께서 이렇게 말씀하신다고 전하여라.
5-6 '내가 이스라엘을 택한 날에, 나는 이집트 땅에서 그들에게 나 자신을 계시했
다. 그때 나는 손을 들어 엄숙히 맹세하며, 야곱 백성에게 말했다. "나는 하나
님, 곧 너의 하나님이다." 나의 손을 들어 엄숙히 맹세한 그날에, 나는 그들을
이집트 땅에서 이끌어 내어 내가 그들을 위해 택한 젖과 꿀이 흐르는 땅, 참으
로 보석 같은 땅으로 데려가 주겠다고 약속했다.
7 그때 나는 그들에게 말했다. "지금까지 너희가 탐닉하던 혐오스런 것들을 모
두 없애라. 이집트 우상들로 너희를 더럽히지 마라. 오직 나만이 하나님, 곧 너
희의 하나님이다."
8-10 그러나 그들은 내게 반역했고, 도무지 내 말을 들으려 하지 않았다. 그 누구
도 혐오스런 것들을 없애지 않았다. 모두가 제 목숨이나 되는 듯 이집트 우상들

을 애지중지했다. 당장에 이집트에서 나의 진노를 그들에게 쏟아부을까 생각했
지만, 나는 마음을 고쳐먹었다. 나는 내 감정이 아니라 내가 누구인지에 입각해
서 행동했다. 이는 내가 그들을 둘러싼 민족들에게서, 모독이 아니라 공경을 얻
고자 함이었다. 그 민족들은 내가 이집트에서 내 백성을 이끌어 내겠다고 약속
하면서, 나 자신을 그들에게 계시하는 것을 보았기 때문이다. 나는 이스라엘을
이집트에서 데리고 나와 사막으로 인도했다.
11-12 나는 그들에게 삶의 규례를 정해 주었고, 내 앞에서 복된 순종의 삶을 사는
법을 보여주었다. 나는 그들에게 매주 지켜야 할 나의 거룩한 휴식, 나의 안식
일을 정해 주었다. 이는 나 **하나님**이 그들을 거룩하게 하는 일에 관심이 있음을
보여주는, 그들과 나 사이의 징표였다.
13-17 그러나 이스라엘은 광야에서 내게 반역했다. 그들은 나의 율례를 따르지 않
았고, 복된 순종의 삶을 살라고 내가 정해 준 규례를 무시했다. 그들은 나의 거
룩한 안식일도 철저히 더럽혔다. 나는 당장에 광야에서 그들에게 나의 진노를
쏟아부을까 생각했지만, 마음을 고쳐먹었다. 나는 내 감정이 아니라 내가 누구
인지에 입각해서 행동했다. 이는 내가 그들을 이끌어 내는 것을 본 민족들에게
서, 모독이 아니라 공경을 얻고자 함이었다. 그러나 나는 그 광야에서 내 손을
들어 엄숙히 맹세하기를, 내가 그들을 위해 골라 놓은 젖과 꿀이 흐르는 땅, 보
석 같은 땅으로 절대 그들을 데려가지 않겠다고 다짐했다. 내가 이렇게 나의 약
속을 파기한 것은, 순종의 삶을 살라고 내가 준 규례를 그들이 멸시하고 나의
율례를 따르지 않았으며, 더 나아가 나의 거룩한 안식일을 더럽혔기 때문이다.
그들은 우상을 따라가는 것을 더 좋아했다. 하지만 나는 그들의 행위대로 다 갚
지 않았다. 광야에서 그들을 다 쓸어버리지 않았고, 멸절시키지 않았다.
18-20 그 후 나는 광야에서 그들의 자녀들에게 말했다. "너희 부모들처럼 하지 마
라. 그들의 행습을 좇지 마라. 너희는 그들의 우상들로 너희를 더럽히지 마라.
내가 바로 **하나님**, 너희의 하나님이다. 나의 율례를 지키고 나의 규례를 따라
살아라. 나는 **하나님** 곧 너희의 하나님이니, 나와 너희 사이의 징표와도 같은
나의 안식일을 거룩한 휴일로 지켜라."
21-22 그러나 그 자녀들도 내게 반역했다. 그들은 나의 율례를 따르지 않았고, 바
르고 복된 삶을 살라고 준 나의 규례를 지키지 않았으며, 나의 안식일을 더럽혔
다. 나는 당장에 광야에서 그들에게 나의 진노를 쏟아부을까 생각했지만, 마음
을 고쳐먹었다. 나는 내 감정이 아니라 내가 누구인지에 입각해서 행동했다. 이
는 내가 그들을 이끌어 낸 것을 본 민족들에게서, 모독이 아니라 공경을 얻고자
함이었다.
23-26 그러나 나는 그 광야에서 내 손을 들어 엄숙히 맹세하기를, 나의 규례를 지
키지 않고 나의 율례를 따라 살지 않은 그들을 온 세상에 흩어 버리고 사방으로
쫓아 버리리라 다짐했다. 그들은 나의 안식일을 더럽혔고, 조상이 빠져 살았던
우상들에 여전히 빠져 있었다. 악하게 살기로 작정한 그들이었기에, 나는 그들
에게 선을 낳지 못하는 율례와 생명을 낳지 못하는 규례를 주었다. 나는 그들을

내쳤다. 더러운 시궁창에 처박힌 그들은, 맏이를 불살라 제물로 바치는 사악한 일까지 저질렀다. 그 소름끼치는 일 이후에 그들은 내가 **하나님**인 줄 깨달았어야 했다.'
27-29 그러므로, 사람의 아들아, 이스라엘에게 말하여라. 그들에게 **하나님**이 이렇게 말한다고 전하여라. '너희 조상은 그런 짓을 하고도 부족하여 나를 반역하고 모욕하기까지 했다. 내가 일찍이 그들에게 주겠다고 엄숙히 약속한 땅으로 그들을 인도했더니, 그들은 음란한 종교 산당이 서 있는 언덕이나 신전 창녀들이 있는 숲만 보면 그리로 달려갔고, 이교의 온갖 풍습을 받아들였다. 나는 그들에게 말했다. "그래, 너는 어느 언덕을 찾아가느냐?"' (지금도 그런 언덕을 '매춘 언덕'이라 부른다.)
30-31 그러므로, 이스라엘에게 전하여라. '주 **하나님**의 **메시지**다. 너희는 너희 조상이 걷던 길을 그대로 답습하며 삶을 더럽히고 있다. 그들의 추한 짓을 따라하며 너희도 창녀가 되었다. 너희는 자녀를 불살라 제물로 바치면서—오늘까지도!—너희 우상들처럼 부정한 존재가 되었다.
이스라엘아, 그러니 내가 너희의 묻는 것을 받아 줄 것 같으냐? 살아 있는 나 하나님을 두고 맹세하는데, 나 주 **하나님**은 너희가 묻는 것을 허락하지 않을 것이다!
32 너희 은밀한 생각대로 되지는 않을 것이다. 너희는 속으로 생각하기를, "우리도 다른 민족들처럼 될 것이다. 우리 마음대로 다룰 수 있는 신들을 만들어 예배할 것이다" 한다.
33-35 살아 있는 나 하나님을 두고 맹세한다. 주 **하나님**의 말이다. 그럴 일은 결단코 없을 것이다! 무시무시한 위력과 폭풍 진노 중에, 내가 너희를 다스리는 왕으로 등극하리라! 무시무시한 위력과 폭풍 진노 중에, 내가 너희를 여러 민족에게서 데리고 나오고, 흩어져 살던 나라들에서 거두어 모을 것이다. 내가 너희를 민족들의 광야로 데려가고 법정으로 끌고 가서, 직접 대면하여 심판할 것이다.
36-38 이집트 광야에서 내가 너희 조상을 대면하여 심판했듯이, 내가 너희를 대면하여 심판할 것이다. 너희가 도착하면 내가 너희를 샅샅이 조사하고 언약의 끈으로 포박할 것이다. 반역자와 배신자를 가려낼 것이다. 내가 그들을 포로 상태에서 벗어나게 하겠지만, 이스라엘로 다시 데려오지는 않을 것이다.
그제야 너희는 내가 **하나님**인 줄 알게 될 것이다.

39-43 너희 이스라엘 백성들아, 너희를 향한 **하나님**의 **메시지**다. 우상들을 섬길 테면, 계속 섬겨 보아라! 그러나 후에 너희는 생각을 다시 하게 될 것이다. 이교 예물과 우상들로 내 얼굴에 먹칠하던 짓을 그만두게 될 것이다. 나 주 **하나님**이 나의 거룩한 산, 이스라엘의 드높은 산에 서서 너희 이스라엘 온 백성을 향하여, 나를 경배하라고 말할 것이기 때문이다. 내가 두 팔을 활짝 펴고 너희를 받아 줄 것이다. 내가 너희에게 최고의 예물과 헌물을, 거룩한 제사를 요구할 것이다. 무엇보다도 너희가 흩어져 살던 땅과 나라들에서 내가 다시 너희를 데려오는 날에, 나는 너희 자신을 으뜸가는 예물로 받아 줄 것이다. 나는 온 세상

이 보는 앞에서, 내가 거룩한 이임을 나타내 보일 것이다. 내가 너희를 이스라
엘 땅, 곧 내가 너희 조상에게 주겠다고 엄숙히 손을 들어 약속한 땅으로 다시
들이는 날, 너희는 내가 **하나님**인 줄 알게 될 것이다. 그날 거기서, 너희는 지난
행위와 자신을 더럽히며 살아온 지난 길을 떠올리며 스스로를 혐오하게 될 것
이다.
44 그러나 사랑하는 이스라엘아, 나는 나의 감정이 아니라 내가 누구인지에 입
각해서 너희의 악한 삶, 너희의 부정한 과거를 처리할 것이다. 그날에, 너희는
내가 **하나님**인 줄 알게 될 것이다. 주 **하나님**의 포고다.'"

45-46 **하나님**의 **메시지**가 내게 임했다. "사람의 아들아, 얼굴을 남쪽으로 돌려라.
남쪽을 향해 **메시지**의 포문을 열어라. 남쪽 황무지 숲을 대적하며 예언하여라.
47-48 남쪽 숲을 향해 말하여라. '**하나님**의 **메시지**를 들어라! 주 **하나님**께서 말씀
하신다. 내가 네 안에 불을 놓으리라. 죽은 나무든 산 나무든, 모든 나무를 태워
버릴 불이다. 누구도 끄지 못할 불이다. 남쪽부터 북쪽까지, 나라 전역이 숯검
정으로 뒤덮일 것이다. 그 불은 나 **하나님**이 일으켰으며, 결코 꺼지지 않을 것
임을 모두가 알게 될 것이다.'"
49 내가 말했다. "오 **하나님**, 모두 저를 두고 '이야기를 지어내는 자'라고 합니다."

하나님의 칼

21

1-5 **하나님**의 **메시지**가 내게 임했다. "사람의 아들아, 이제 얼굴을 예
루살렘으로 향하고, 성소를 향해 **메시지**의 포문을 열어라. 이스라엘
땅을 대적하며 예언하여라. '**하나님**의 **메시지**다. 내가 너를 대적한다. 내 칼을
칼집에서 꺼내어 악인과 의인을 모두 쳐죽일 것이다. 선인이든 악인이든 가리
지 않을 것이니, 남쪽에서 북쪽까지 모든 사람이 나의 칼을 받을 것이다! 내가
작정하고 칼을 꺼내 들었음을 모두가 알게 될 것이다.'
6 그러니 사람의 아들아, 탄식하여라! 괴로워하며 몸을 구부려라! 사람들 앞에
서 소란을 피워라!
7 사람들이 '무엇 때문에 이렇게 탄식하며 난리를 피우는 거요?' 하고 물으면,
너는 이렇게 말하여라. '곧 전해질 소식 때문이다. 그 소식이 당도하면 모두 질
겁해 숨이 막히고, 심장이 얼어붙고, 무릎이 후들후들 떨릴 것이다. 그 소식이
오고 있다. 아무도 막을 수 없다. 주 **하나님**의 포고다.'"

⁂

8-10 **하나님**의 **메시지**가 내게 임했다. "사람의 아들아, 그들에게 예언을 전하여
라. '주께서 말씀하시기를,

칼이다, 칼!
날카롭게 번쩍이는 칼,

살육을 위해 날을 세우고
번갯빛이 나도록 광을 냈다.

나의 자녀여, 너는 나무 막대기 우상을 숭배하면서
유다의 홀을 멸시했다.

11 그 칼, 쥐고 휘두르라고
광을 낸 칼이다.
살인자에게 주어 휘두르게 하려고
갈고 닦은 칼이다.'

12 사람의 아들아, 비명을 지르며 통곡하여라.
그 칼이 내 백성을 친다!
이스라엘의 제후들과 나의 백성이
그 칼에 맞는다!
가슴을 쥐어뜯어라!
머리칼을 잡아 뜯어라!

13 '시험은 오게 마련이건만,
어찌하여 너는 훈육을 멸시했느냐?
이는 피할 수 없는 시험이다.
주 하나님의 포고다.'

14-17 그러니, 사람의 아들아, 예언하여라!
손뼉을 쳐서, 사람들의 주목을 끌어라.
그 칼이 한 차례, 또 한 차례, 그리고 또 한 차례
그들을 내리칠 것이라고 알려 주어라.
그것은 살육하는 칼,
학살하는 칼,
무자비한 칼,
아무도 피할 수 없는 칼이다.
사람들이 오른쪽과 왼쪽으로 고꾸라지며,
도미노처럼 픽픽 쓰러진다.
내가 도성의 성문마다
도살용 칼을 세워 놓으리라.
그 예리한 칼이
이리 번쩍 저리 번쩍하며
오른쪽에서 베고 왼쪽에서 찌르며,

마구 도륙할 것이다!
그런 다음 내가 손뼉을 쳐,
나의 진노가 풀렸음을 알리리라.
나 **하나님**이 말한다."

⚜

18-22 **하나님**의 **메시지**가 내게 임했다. "사람의 아들아, 바빌론 왕의 칼이 올 두
길을 정해 표를 하여라. 두 길은 같은 장소에서 출발하게 하여라. 각 길마다 시
작 지점에 푯말을 세워라. 한 푯말에는 암몬 사람들의 랍바로 가는 길이라 적
고, 다른 푯말에는 유다와 요새 예루살렘으로 가는 길이라 적어라. 그 두 길이
갈리는 지점에 바빌론 왕이 서서, 어느 길로 가야 할지 점을 쳐 결정할 것이다.
제비를 뽑거나, 우상 앞에서 주사위를 던지거나, 염소의 간을 살펴볼 것이다.
그가 오른손을 펴면, 이런 점괘가 나올 것이다. '예루살렘으로 가라!' 그리하여
그가 출정길에 오를 것이다. 성벽 부수는 무기를 들고서 살기등등한 함성을 지
를 것이다. 공격용 축대를 쌓고 성문을 때려 부술 것이다.
23 맹세하던 유다 지도자들에게는 이것이 거짓 점괘로 보이겠지만, 바빌론 왕이
와서 그들의 죄를 상기시키고 그들을 붙잡아 갈 것이다.
24 그러므로 주 **하나님**이 말한다. '너희 죄가 만천하에 공개되고 죄상이 낱낱이
드러난 이상, 너희는 붙잡혀 가고야 말 것이다.
25-27 시드기야야, 이스라엘의 극악무도한 왕아, 시간이 다 되었다. 이제 죄값을
치를 때다. **하나님**이 말한다. 네 머리에서 왕관을 벗어 던져라. 이제, 잔치는 끝
났다. 바닥을 기던 자들이 올라설 것이요, 높은 자리에 앉았던 자들이 바닥으로
거꾸러질 것이다. 파멸, 파멸, 파멸이다! 내가 전부 파멸시켜 폐허로 만들 것이
다. 그곳은 정당한 권리를 가진 자가 올 때까지 계속 폐허로 남아 있을 것이다.
그 사람이 오면, 내가 그곳을 그에게 넘겨줄 것이다.'
28-32 그러나 사람의 아들아, 네가 할 일은 예언하는 것이다. 그들에게 전하여라.
'이는 주 **하나님**께서 암몬 사람과 그들의 비열한 조롱을 대적하며 주시는 **메시**
지다.

칼이다!
도살하는 칼이 뽑혔다!
면도날처럼 날카롭고
번갯빛처럼 번쩍거린다.
그 칼에 관해 암몬에 거짓 선전이 나돌고 있으나
죄값을 치르는 날,
그 칼이 암몬 사람의 목을 칠 것이다.
네 칼은 다시 칼집에 넣어라! 내가 너를 네 고향 땅에서,
네가 자란 땅에서 심판하리라.

내가 네게 나의 진노를 쏟아붓고,
뜨거운 분노로 씩씩거리며 네 목을 조일 것이다.
내가 너를, 사람을 능숙하게 고문하는
짐승 같은 자들에게 넘겨주리라.
너는 땔감이 될 것이다.
네 땅은 시체로 뒤덮이고,
너는 흔적조차 없이 사라져, 그대로 잊혀질 것이다.
나 **하나님**이 말한다.'"

피의 도성 예루살렘

22

1-5 **하나님**의 **메시지**가 내게 임했다. "사람의 아들아, 피비린내 진동
하는 저 도성을 심판하려느냐? 네가 심판하겠느냐? 그렇게 하여라!
그 성읍 사람들이 저지른 역겨운 짓을 그들 코앞에 들이대어라. 그들에게 전하
여라. '주 **하나님**께서 말씀하신다. 뼛속까지 살인자인 도성아, 너는 매를 벌었
다. 우상에 빠진 도성아, 너는 스스로 부정해졌다. 손에 피를 묻히며 죄를 쌓았
고, 우상을 만들어 자신을 더럽혔다. 스스로 명을 재촉한 너, 내가 너를 뭇 민족
의 놀림거리, 온 세상의 웃음거리로 만들리라. 먼 나라든 가까운 나라든, 모두
가 너를 추악하고 혼란스럽기로 이름난 곳이라 부르며 비웃을 것이다.
6-12 네 지도자들, 이스라엘 제후들은 서로 앞다투어 죄짓는 자들이다. 그리고 너
는 부모를 업신여기고 외인을 억압하며, 고아와 과부를 학대한다. 너는 나의 거
룩한 기물을 아무렇게나 다루며 나의 안식일을 더럽힌다. 네 백성은 거짓말을
퍼뜨리고 손에 피를 묻히며, 언덕 위 음란한 산당에 떼로 몰려가 간음을 일삼는
다. 근친상간이 도처에 널렸다. 남자는 여자의 준비 여부나 의사와 상관없이 완
력으로 성관계를 가진다. 성문화가 거의 무정부상태다. 상대를 가리지 않는다.
이웃도, 며느리도, 여동생도 범한다. 청부살인이 횡행하고, 고리대금이 만연하
며, 강탈이 다반사다.
너는 나를 잊었다. 주 **하나님**의 포고다.
13-14 자, 보아라! 내가 손뼉을 쳐서, 모두가 네 게걸스러운 탐욕과 짐승 같은 잔
악함을 주목하게 했다. 과연 네가 버틸 수 있겠느냐? 내가 너를 손보기 시작하
면, 네가 과연 감당할 수 있겠느냐?
14-16 나 **하나님**이 말하였으니, 내가 끝장내겠다. 내가 너를 사방으로 던져 버리
겠다. 온 세상에 흩어 버릴 것이다. 네 추잡한 삶을 끝장낼 것이다. 너는 민족들
이 보는 앞에서, 스스로 오물을 뒤집어쓸 것이다. 그제야 너는 내가 **하나님**인
줄 알게 될 것이다.'"
17-22 **하나님**의 **메시지**가 내게 임했다. "사람의 아들아, 이스라엘 백성은 내게 찌
꺼기다. 용광로 안에서 구리와 주석과 철과 납을 정련하고 남은 쓰레기, 무가치
한 찌꺼기 더미다. 그러므로 그들에게 말하여라. '주 **하나님**이 말한다. 무가치
한 찌꺼기가 되어 버린 너희에게 이제 통보한다. 내가 너희를 예루살렘에 한데

모으리라. 사람들이 은과 구리와 철과 납과 주석을 용광로 안에 모아 놓고 불을 뿜어 녹이듯이, 내가 나의 진노로 너희를 모아 녹일 것이다. 나의 진노의 불을 뿜어 너희를 용광로 안에서 녹여 버릴 것이다. 은이 녹듯 너희가 녹을 것이다. 그제야 비로소, 너희는 나 **하나님**이 나의 진노를 너희에게 퍼부었음을 깨닫게 될 것이다.'"

23-25 **하나님**의 **메시지**가 내게 임했다. "사람의 아들아, 유다에게 말하여라. '너는
나의 진노로 인하여 비 한 방울 내리지 않는 땅이다. 눈이 벌겋게 충혈된 네 지
도자들은, 으르렁거리며 달려들어 닥치는 대로 물어뜯고 죽이는 사자 떼와 같
다. 강탈을 일삼는 그들이 휩쓸고 간 자리에 무수한 과부들이 남았다.
26-29 네 제사장들은 나의 법을 어기고, 나의 거룩한 기물을 더럽혔다. 그들은 거
룩한 것과 속된 것을 구별하지 못한다. 그들은 백성들이 옳고 그름을 구별하지
못하게 만든다. 나의 거룩한 안식일을 업신여기고, 나를 자기들 수준으로 끌어
내리며 모독한다. 네 정치인들은 먹이만 있으면 달려들어 물어뜯고 삼키는 이
리 떼와 같다. 네 설교자들은 특별한 비전과 계시를 받은 체하며 정치인들의 뒤
치다꺼리를 도맡는다. **하나님**이 말하지 않았는데도, "주 **하나님**께서 이렇게 말
씀하셨다" 하며 설교한다. 강탈이 횡행하고 강도짓이 만연하며, 가난하고 빈궁
한 이들이 학대를 당하며, 외국인들이 호소도 못한 채 부당하게 쫓겨난다.'
30-31 나는 이 모든 일에 맞서서 도성의 성벽을 보수하고 무너진 성벽의 틈에 서
서, 내가 이 땅을 멸망시키지 못하게 막아 줄 누군가를 찾았다. 그러나 그런 자
는 없었다. 그런 자를 한 사람도 찾지 못했다. 그러므로 나는 그들에게 나의 진
노를 쏟아부을 것이다. 나의 뜨거운 분노로 그들을 바싹 태우고, 그들이 저지른
그 모든 행위의 대가를 치르게 할 것이다. 주 **하나님**의 포고다."

욕정에 사로잡힌 두 음녀

23

1-4 **하나님**의 **메시지**가 내게 임했다. "사람의 아들아, 두 여인이 있었
다. 그들은 한 어머니에게서 났다. 그들은 어려서부터 이집트에서
창녀일을 했다. 사내들이 그들의 유방을 애무하고, 그들의 어린 젖가슴을 만지
작거렸다. 그들의 이름은 언니가 오홀라요, 동생은 오홀리바다. 그들은 내 딸들
이었고, 각기 아들딸을 낳았다.
오홀라는 사마리아고, 오홀리바는 예루살렘이다.
5-8 오홀라는 내 슬하에 있을 때부터 창녀짓을 하고 다녔다. 그녀는 앗시리아 사
람들에게 욕정을 품었다. 푸른 제복을 말쑥이 차려입은 지휘관들, 특사와 총독
들, 멋진 말을 탄 젊은 미남자들에게 말이다. 오홀라의 욕정은 제어불능이었다.
그녀는 앗시리아 엘리트들과 음행하고, 그들이 섬기는 우상으로 자신을 더럽혔
다. 오홀라는 지칠 줄 몰랐다. 어렸을 적 이집트에서 시작한 창녀짓을 줄기차게
계속하며 사내들과 잠자리를 같이했고, 사내들은 그녀의 젖가슴을 가지고 놀며
정욕을 쏟아 냈다.

9-10 그래서 나는 그녀가 그토록 탐하는 앗시리아 사람들에게 그녀를 내주었다.
그랬더니 그들이 그녀의 옷을 찢어 벗기고, 그녀의 자식들을 빼앗아 갔다. 그리
고 결국 모욕을 주며 그녀를 죽였다. 이제 그녀는 여자들 사이에서 '수치'라는
이름으로 불린다. 그녀에게 떨어진 역사의 심판이다.
11-18 그녀의 동생 오홀리바는 그 일을 다 지켜보았으면서도, 언니보다 더 심하게
욕정을 좇으며 창녀짓을 일삼았다. 그녀도 앗시리아 사람들에게 욕정을 품었
다. 특사와 총독들, 말쑥한 제복을 입고 멋진 말에 올라탄 지휘관들, 곧 앗시리
아의 엘리트들을 향해 그렇게 했다. 그녀도 언니만큼이나 더러워질 대로 더러
워졌다. 두 여자 모두 같은 길을 간 것이다. 그러나 오홀리바는 언니를 능가했
다. 그녀는 허리에 화려한 띠를 두르고 머리에 멋진 관을 쓴, 바빌론 사람들의
모습이 새겨진 적색 벽부조를 보더니, 중요한 인물 같은 그 모습에 반해 욕정을
누르지 못하고 바빌론으로 초대장을 보냈다. 바빌론 사람들이 한걸음에 달려와
서 그녀와 간음하며 안팎으로 더럽혔다. 그들이 그녀를 철저히 더럽힌 뒤에야,
그녀의 마음이 그들에게서 멀어졌다. 오홀리바는 아예 드러내 놓고 음행을 하
며, 치부를 온 세상에 드러내 보였다.
18-21 나는 그녀의 언니에게 그랬던 것처럼 그녀에게도 등을 돌렸다. 그러나 그녀
는 개의치 않았다. 그녀는 전보다 더 심하게 창녀짓을 일삼았다. 어린 시절 이
집트에서 막 창녀생활을 시작했을 때를 생각하며 더 추잡하고 저속하고 난폭한
남자들—욕정에 사로잡힌 종마들—과 욕정을 불태우고 싶어 했다. 그녀는 이집
트에서 남자들이 자기의 어린 젖가슴을 애무하던 시절을 그리워했다.
22-27 '그러므로, 오홀리바야, 주 **하나님**의 메시지다. 내가 너의 옛 정부들, 네가
싫증 냈던 그들을 충동질하여 너를 치게 하겠다. 바빌론 사람과 모든 갈대아 사
람, 브곳과 소아와 고아 사람, 모든 앗시리아 사람—젊은 미남자들, 특사와 총
독들, 엘리트 고관과 유명인사들—이 사방에서 너를 치러 올 것이다. 모두 멋지
고 혈기왕성한 말을 타고 올 것이다. 완전무장한 그들이 전차와 병력을 이끌고
북쪽에서 밀고 내려올 것이다. 내가 그들에게 심판의 임무를 맡기겠다. 그들이
자신들의 법에 따라 너를 처단할 것이다. 그들이 맹렬한 공격을 퍼부을 때 나
도 가차 없이 너를 대적할 것이다. 그들은 네 사지를 절단하고, 네 귀와 코를 잘
라 내고, 무차별적으로 학살할 것이다. 그들이 네 아들딸을 종으로 붙잡아 가고
남은 자들을 불태울 것이다. 네 옷을 찢어 벗기고, 네 장신구들을 빼앗아 갈 것
이다. 나는 네 음란한 생활, 이집트에서 시작한 창녀생활에 종지부를 찍을 것이
다. 너는 더 이상 창녀짓을 꿈꾸지 않고, 더는 이집트 생활을 추억하지 않을 것
이다.
28-30 주 **하나님**의 메시지다. 나는 너를 네가 증오하는 자들에게, 네가 퇴짜 놓은
자들에게 넘겨줄 것이다. 그들이 너를 증오하여 너를 발가벗기고, 음행하던 네
몸뚱이를 백주 대낮에 공개적으로 전시할 것이다. 너의 음란한 짓이 만방에 폭
로되리라. 네 욕정이 너를 이 지경으로 이끌었다. 너는 이방 민족들과 바람을
피웠고, 그들이 섬기는 우상으로 스스로를 더럽혔다.

31-34 너는 네 언니를 그대로 따라했으니, 네 언니가 마셨던 잔도 받아야 할 것이다.

이는 주 하나님의 메시지다.

너는 네 언니의 잔을 마시게 되리라.
협곡처럼 깊고 대양처럼 넓은 그 잔을
남김없이 비우고,
따돌림과 조롱을 당할 것이다.
너는 취해 비틀거리다 자빠질 것이다.
네가 눈물 흘리며 마시게 될 거대한 그 공포의 잔은,
네 언니 사마리아가 마신 잔이다.
너는 그 잔을 깨끗이 비우고,
산산조각 내어, 조각까지 씹어 먹으리라.
그리고 마침내 네 젖가슴을 쥐어뜯으리라.
내가 말했다.
주 하나님의 포고다.

35 그러므로 주 하나님이 말한다. 네가 나를 아주 잊고서 등 뒤로 밀쳐놓았으니,
이제 너는 네 행위의 대가를 치러야 한다. 음란에 빠져 창녀짓을 저지른 값을
치러야 한다.'"

36-39 그때 하나님께서 내게 말씀하셨다. "사람의 아들아, 오홀라와 오홀리바를
심판하지 않겠느냐? 간음에서 살인에 이르기까지, 그들이 지금껏 저지른 모든
역겨운 짓을 그들 앞에 들이대어라. 그들은 우상과 간통하고, 내 자녀인 그들의
아들딸을 제물로 잡아 우상의 상에 올리기까지 했다! 거기에 더하여, 그들은 나
의 거룩한 성소를 더럽히고 나의 거룩한 안식일을 범했다. 제 자식을 우상에게
제물로 바치던 날, 그들은 나의 성소에 침범해 들어와 그곳을 더럽혔다. 그것이
바로 그들이 한 짓이다. 나의 집에서!
40-42 그뿐 아니라, 그들은 먼 곳까지 특사를 보내 사내들을 초청했다. 두 자매는
좋다고 달려온 그 사내들을 맞으려고, 몸을 씻고 화장하고 야한 속옷을 입었다.
그들은 향과 기름으로—나의 향과 기름으로—단장한 호화로운 침대에 몸을 기
대고 누웠다! 술 취한 어중이떠중이들이 몰려와서, 다투어 가며 두 자매의 팔에
팔찌를 끼우고 머리에 관을 씌웠다.
43-44 내가 '그 두 자매는 이제 퇴물이다!' 하고 말해 주어도, 그들은 막무가내였
다. 창녀를 찾아 헤매는 자들처럼, 밤낮을 가리지 않고 두 자매의 문을 두드렸
다. 그들은 그렇게 오홀라와 오홀리바, 그 한물간 창녀들을 이용했다.
45 의로운 자들이 그들에게 심판을 선언하고, 간음죄와 살인죄를 물어 실형을
선고할 것이다. 그렇다. 간음과 살인이 그들이 평생 해온 짓이다.

[46-47] **하나님**이 말한다. 폭도를 모아 그들을 덮치게 하여라. 공포와 약탈이 일어
나리라! 폭도가 그들을 돌로 치고 난도질하게 하여라. 그들의 아들딸들을 다 죽
이고, 집을 불태워라!
[48-49] 내가 이 나라에서 음란을 끝장내고, 모든 여자들이 너희를 보고 경각심을
갖게 할 것이다. 욕정에 사로잡힌 너, 그 값을 치를 것이다. 우상과 난잡한 짓을
벌인 너, 그 대가를 톡톡히 치를 것이다. 그제야 너는 내가 주 **하나님**인 줄 알게
될 것이다."

오물로 뒤범벅된 이스라엘

24

[1-5] 아홉째 해 열째 달 십일에, **하나님**의 메시지가 내게 임했다. "사
람의 아들아, 오늘 날짜를 기록해 두어라. 바로 오늘 예루살렘이 바
빌론 왕에게 포위되었다. 그 반역자 무리에게 이야기를 하나 들려주어라.

'솥을 걸고
물을 가득 부어라.
고깃덩이를 집어넣어라.
최상등급 고기—허리와 가슴부위—로 하여라.
양 떼에서 가장 좋은 놈들을 골라
최상급 뼈를 넣어라.
솥 밑에 장작을 쌓아라.
불을 지펴
국을 펄펄 끓여라.

[6] 주 **하나님**이 말한다.

살인의 도성이여,
벗겨낼 수 없을 만큼 두껍게
찌끼와 오물이 낀 솥이여, 화가 있으리라!
고기를 한 점 한 점 다 꺼내어 솥을 비워라.
그것들을 누가 물어 가든 신경 쓸 것 없다.

[7-8] 도성 전체가
살해당한 자들의 피로 물들어 있다.
길거리 돌들마다 피가 흥건하나,
닦아내려는 사람이 없다.
모두가 보는 대로에 흐르는 피,
나의 진노를 불러일으킨다.
나의 보복을 불러들인다.

9-12 그러므로, 주 **하나님**이 말한다.

살인의 도성에 화가 있으리라!
나도 장작을 쌓겠다.
나무를 많이 넣고
불을 지펴서
고기를 푹 삶고, 양념도 곁들인 뒤에 국물은 쏟아 버리고,
뼈들은 태워 버리겠다.
빈 솥을 숯불 위에 올려놓고
놋쇠가 빨갛게 달아오르도록 달구어,
병균을 죽이고
오염물을 모두 태워 버리겠다.
하지만 소용없다. 너무 늦었다.
그러기에는 오물이 너무 두껍다.

13-14 두꺼운 껍질이 되어 버린 오물은 바로 너의 음행이다. 내가 너를 깨끗이 닦
아 주려고 했지만, 너는 그것을 거부했다. 내 진노가 가라앉을 때까지 나는 너
를 닦아 주지 않을 것이다. 나 **하나님**이 말했으니, 그대로 이룰 것이다. 지체하
지 않을 것이다. 내 자비는 이제 동이 났다. 내 마음이 바뀔 일은 없을 것이다.
너는 네가 초래한 일을 겪을 것이다. 주 **하나님**의 포고다.'"

에스겔의 아내가 죽다

15-17 **하나님**의 메시지가 내게 임했다. "사람의 아들아, 내가 네게서 삶의 즐거움
을 앗아 가련다. 큰 불행이 네게 닥칠 것이다. 그러나 부디 눈물을 보이지 마라.
슬픔을 속으로 삼켜라. 사람 앞에서 울지 마라. 평소처럼 옷을 입고 나가서 네
일을 보아라. 통상적인 장례 의식도 치르지 마라."
18 아침에 내가 사람들에게 이 말씀을 전했는데, 그날 저녁에 내 아내가 죽었다.
다음 날 아침 나는 지시받은 대로 행했다.
19 사람들이 내게 와서 물었다. "아니, 왜 이렇게 하십니까? 대체, 이 일의 의미
가 무엇입니까?"
20-21 그래서 내가 말했다. "**하나님**께서 내게 이렇게 말씀하셨습니다. '이스라엘
가문에 전하여라. 이는 주 **하나님**의 말이다. 내가 나의 성소이자 너희의 자랑인
난공불락의 요새를 더럽힐 것이다. 너희 삶의 즐거움이요 최고 행복인 그곳을
더럽힐 것이다. 너희가 그곳에 두고 온 자식들 모두가 죽임을 당할 것이다.
22-24 그때 너희는 에스겔이 한 그대로 하게 될 것이다. 너희는 통상적인 장례 의
식도 치르지 못하고, 평소처럼 옷을 입고 나가서 너희 일을 해야 할 것이다. 눈
물도 흘리지 못한 채, 죄로 병든 너희끼리 탄식소리나 내게 될 것이다. 에스겔
이 너희의 표징이다. 너희는 그가 했던 대로 하게 될 것이다.

이런 일이 일어날 때, 너희는 내가 주 **하나님**인 줄 알게 될 것이다.'

25-27 너 사람의 아들아, 내가 그들의 피난처요 큰 기쁨, 삶의 즐거움이자 최고 행복이던 그 자녀들을 앗아 갈 그날에, 생존자 한 사람이 네게 와서 그 도성에서 벌어진 일을 일러 줄 것이다. 그때 너는 닫혔던 입이 열려 그 생존자와 이야기하게 될 것이다. 네가 그들에게 표징이 될 것이고, 그제야 그들은 내가 **하나님**인 줄 알게 될 것이다."

심판

25

1-5 **하나님**의 **메시지**가 내게 임했다.
"사람의 아들아, 암몬이 있는 쪽으로 얼굴을 돌리고 그 백성을 대적하여 말씀을 전하여라. '주 **하나님**의 **메시지**에 귀 기울여라. 이는 **하나님**의 말씀이다. 나의 성소가 더럽혀지고 유다 땅이 쑥대밭이 되어 이스라엘 백성이 포로로 잡혀갈 때, 너희는 환호성을 올렸다. 그러므로 내가 너를 동방의 민족에게 넘겨주겠다. 그들이 네 땅에 들어와 자기 소유처럼 누비고 다니면서, 네 음식을 모두 먹어 치우고 네 우유를 다 마셔 버릴 것이다. 내가 너의 수도 랍바를 낙타 목장으로, 너의 마을 전부를 가축 우리로 바꾸어 놓을 것이다. 그제야 너희는 내가 **하나님**인 줄 알게 될 것이다.
6-7 주 **하나님**이 말한다. 너는 박수 치고 환호하며 이스라엘을 향해 비열한 경멸을 퍼부었다. 그러므로, 내가 나서서 너를 민족들 앞에 약탈물로 내놓겠다. 누구든지 먼저 오는 자가 너를 차지할 것이다. 내가 민족들의 명단에서 네 이름을 지워 버릴 것이다. 너는 아주 망하고 나서야 내가 **하나님**인 줄 알게 될 것이다.'"

⁂

8-11 "주 **하나님**이 말한다. 모압이 말하기를 '봐라, 유다도 별것 아니다'라고 한다. 그러므로, 내가 모압의 옆구리를 뚫어 버릴 것이다. 자랑하던 국경 성읍들, 곧 벳여시못과 바알므온과 기랴다임을 적의 공격에 노출시키겠다. 내가 모압과 암몬을 한 뭉텅이로 엮어 동방의 민족에게 넘겨줄 것이다. 암몬은 영영 사라지고, 모압은 혹독한 벌을 받을 것이다. 그제야 그들은 내가 **하나님**인 줄 알게 될 것이다."

⁂

12-14 "주 **하나님**이 말한다. 에돔은 유다 백성에게 지나친 복수심을 품고 앙갚음하는 죄를 지었다. 나 주 **하나님**이 에돔을 대적하여 많은 사람과 짐승들을 죽일 것이다. 내가 그 땅을 초토화시켜, 데만에서 드단까지 시체들이 즐비하게 할 것이다. 내가 내 백성 이스라엘을 들어, 에돔에게 복수할 것이다. 나의 진노를 힘입고 이스라엘이 보복을 행할 때에, 에돔은 이것이 나의 보복임을 깨닫게 될 것

이다. 주 하나님의 포고다."

15-17 "주 하나님이 말한다. 블레셋 사람들은 지독한 앙심—오랜 세월 쌓이고 쌓
인 원한!—을 품고 유다를 멸망시키려고 온갖 악랄한 수단을 썼다. 그러므로 나
주 하나님이 블레셋 사람들을 대적해 치고, 그렛 사람을 비롯해 바닷가의 남은
자들 전부를 베어서 쓰러뜨릴 것이다. 거대한 복수극과 함께 무시무시한 응징이
있을 것이다! 내가 보복을 행하는 날, 그들은 내가 하나님인 줄 알게 될 것이다."

두로가 받을 심판

26 1-2 열한째 해 어느 달 첫째 날에, 하나님의 메시지가 내게 임했다. "사
람의 아들아, 두로가 예루살렘 소식을 듣고 환호성을 올리며 말했다.

'잘되었다! 길목 상권을 잡고 있던 도성이 박살났다!
이제 그가 하던 사업은 모두 내 차지다.
그가 망했으니,
이제 내가 흥하리라.'

3-6 그러므로, 주 하나님이 말한다.

'두로야, 내가 너를 치겠다.
해변에 밀어닥치는 파도처럼,
뭇 민족들이 네게 밀어닥치게 하겠다.
그들이 두로의 성벽을 박살내고,
그 성읍들을 허물어뜨릴 것이다.
내가 그 흙을 다 쓸어 내어
맨바위만 드러나게 할 것이다.
너는 바다 가운데 떠 있는 바위섬이 되어,
그물이나 펴서 말리는 곳이 되리라.
그렇다. 이것이 나의 말이다.' 주 하나님의 포고다.
'두로는 아무 민족이나 와서 거저 집어 가는, 약탈물이 될 것이다!
그의 주변 성읍들도 도살을 당하리라.
그제야 그들은 내가 하나님인 줄 알게 될 것이다.'

7-14 주 하나님이 말한다. 보아라! 내가 북쪽에서 왕 중의 왕인 바빌론 왕 느부갓
네살을 데려와, 두로를 치겠다. 그가 전차와 기마와 기병, 엄청난 대군을 이끌
고 올 것이다. 그가 네 주변 성읍들을 모조리 처치하고 너를 포위할 것이다. 네
성벽 주위로 축대를 쌓고, 방패로 숲을 이루어 행진해 올 것이다! 네 성벽을 쇠

망치로 때려 부수고 철제 무기로 네 탑들을 박살낼 것이다. 지축을 뒤흔드는 말
발굽소리와 함께 군마들이 전차를 끌고 성 안으로 쏟아져 들어오면, 너는 그것
들이 일으키는 먼지를 뒤집어쓸 것이다. 지진 같은 군대다! 도성은 충격의 도
가니가 되리라! 놀란 말들이 거리로 뛰쳐나와 이리저리 날뛸 것이다. 네 백성은
도살당하고, 네 거대한 기둥들은 성냥개비처럼 부러져 나뒹굴 것이다. 침략자
들이 네 재산을 노략하고 네 물건을 모두 약탈한다! 그들이 네 저택을 때려 부
수고, 깨진 석재와 목재를 바닷속으로 던져 버릴 것이다. 너의 잔치, 너의 유명
한 파티들은 영영 사라질 것이다. 노래도 사라지고, 악기소리도 사라지리라. 내
가 너를 바위뿐인 섬으로 만들어, 그물이나 펴서 말리는 곳이 되게 할 것이다.
네가 다시는 재건되지 못할 것이다. 나 **하나님**의 말이다. 주 **하나님**의 포고다.

15 이는 두로를 향한 주 **하나님**의 **메시지**다. 네가 무너져 내리는 소리에, 네가 다
쳐 내는 신음소리에, 네가 학살당하는 광경에, 바다 섬들이 어찌 떨지 않겠느냐?
16-18 해변 전역에서, 왕들이 보좌에서 내려와 왕복과 화려한 옷을 벗어 던지고,
공포를 옷처럼 입은 채 떨 것이다. 땅바닥에 주저앉아, 네 모습을 보고 경악하
며 몸을 바르르 떨 것이다. 네 죽음을 두고 애가를 지어 부를 것이다.

'가라앉았구나! 온 바다에 이름을 떨치던 도성이,
바다 밑바닥까지 가라앉았구나!
바다의 패권을 쥐고,
모두를 휘어잡아
벌벌 떨게 만들던
너와 네 백성이었는데.
이제 네 침몰소리에
섬들이 몸을 떨고,
네 추락의 여파로
바다 섬들이 흔들린다.'

19-21 주 **하나님**의 **메시지**다. '내가 너를 황폐하고 텅 빈 도성과 유령마을로 만들
고, 거대한 심연을 끌어올려 너를 뒤덮을 그날에, 너를 아주 오래전에 죽은 자
들의 무덤으로 내려보낼 것이다. 너는 그 오래된 폐허 속 무덤에서, 죽은 자들
과 같이 살게 될 것이다. 네가 다시는 산 자들의 땅을 보지 못하리라. 내가 너를
죽음의 공포 속에 밀어 넣고, 그것이 너의 끝이 되게 할 것이다. 사람들이 수색
대를 보내 너를 찾아보아도, 끝내 찾지 못할 것이다. 주 **하나님**의 포고다.'"

두로에 대한 애가

27

1-9 **하나님**의 **메시지**가 내게 임했다. "너 사람의 아들아, 두로를 두고
크게 애가를 불러라. 바다의 관문이요, 먼 섬들에 이르기까지 세계

를 누볐던 상인 두로에게 전하여라. '주 하나님께서 말씀하신다.

두로야, 너는 뻐긴다,
"나는 완벽한 배다. 위용 있고 아름답다"고.
대양을 주름잡던 너는
정말이지 아름다웠고, 완벽하게 건조된 배였다.
네 선체는
헐몬 산의 로뎀나무로,
네 돛대는
레바논의 백향목으로 만들었다.
네 노는
바산의 튼튼한 상수리나무로,
네 갑판은
키프로스 섬에서 가져온 잣나무에 상아를 박아 만들었다.
네 돛과 기는
화려한 자수가 놓인 이집트산 모시로,
네 자주색 갑판차일 역시
키프로스 섬에서 가져온 천으로 만들었다.
시돈과 아르왓 사람들이 네 노를 저었다.
두로야, 네 선원들은 경험 많은 뱃사람들이었다.
배 안의 목수들은
비블로스 출신의 노련한 뱃사람들이었다.
바다의 모든 배와 선원들이
너와 교역하기 위해 네 주위로 몰려들었다.

10-11 너의 군대는
페르시아, 룻, 붓 출신 군인들로 이루어졌다.
멋진 제복을 입은 정예군이었다.
그들이 네 명성을 만방에 드높였다!
네 도성 치안은
아르왓, 헬렉, 감맛 출신 용병들이 맡았다.
그들이 도성 성벽에 걸어 놓은 멋진 방패들은,
실로 네 아름다움의 정점이었다.

12 다시스는 네 많은 재물을 보고서 너와 거래했다. 그들은 은과 철과 주석과 납
을 주고 네 상품들을 가져갔다.
13 그리스와 두발과 메섹도 너와 거래했다. 그들은 종과 청동을 주고 네 상품들
을 가져갔다.

14 벳도갈마도 마필과 군마와 노새를 주고 네 상품들을 가져갔다.
15 로단 백성도 너와 거래했다. 뭇 섬들도 상아와 흑단을 가지고 와서 너와 교역
했다.
16 에돔도 네 상품들을 보고서 너와 거래했다. 그들은 마노와 자주색 옷감과 수
놓은 천과 가는 모시와 산호와 홍옥을 가지고 와서 너와 교역했다.
17 유다와 이스라엘도 너와 거래했다. 그들은 최고급 밀과 기장과 꿀과 기름과
향유를 주고 네 상품들을 가져갔다.
18 다마스쿠스도 네 창고에 가득한 재화에 반해서, 헬본의 포도주와 자하르의
양털을 가지고 와서 너와 거래했다.
19 우잘 출신 단 사람들과 그리스인들도, 정련한 쇠와 계피와 향신료를 가지고
와서 너와 거래했다.
20 드단도 안장에 까는 담요를 가지고 와서 너와 거래했다.
21 아라비아와 게달의 모든 베두인 족장들도, 새끼양과 숫양과 염소를 가지고
와서 너와 교역했다.
22 남 아라비아의 스바와 라아마 출신 무역상들도, 최고급 향신료와 귀금속과
금을 가지고 와서 너와 거래했다.
23-24 앗시리아와 메대 동쪽의 하란과 간네와 에덴도, 우아한 천과 물들인 옷감과
정교한 양탄자를 가지고 와서 네 시장에서 팔며 너와 교역했다.
25 다시스의 큰 배들이 네 수입품과 수출품을 부지런히 실어 날랐다. 오, 바닷길
을 종횡무진하며 막대한 사업을 벌이던 네가 아니던가!

26-32 네 선원들이 힘차게 노를 저어,
너를 큰 바다로 데려간다.
그때 동쪽에서 폭풍이 불어와
바다 한가운데서 네 배를 산산조각 내버렸다.
전부 가라앉는다. 네 귀중한 물품과 상품들,
선원과 승무원들, 배의 목수와 군사들 모두
바다 밑바닥으로 가라앉는다.
대침몰이다.
선원들의 울부짖는 소리가
해안까지 울려 퍼진다.
다들 배를 버린다.
베테랑 선원들은 뭍을 향해 헤엄친다.
침몰하는 너를 보며, 모두가 통곡하여 울부짖는다.
함께 비가를 부른다.
얼굴을 재로 문지르고
머리를 밀고
거친 베옷을 입은 채,

대성통곡한다.
목 놓아 애가를 부른다.
"바다에 두로 같은 자 또 누가 있으랴!"

33-36 상품을 싣고 바다를 종횡무진하던 너는,
뭇 민족에게 만족을 안겨 주었다.
세상 방방곡곡을 다니며 무역을 벌이면서
지상의 왕들을 부자로 만들어 주었다.
그러나 풍파로 파선된 너
바다 밑바닥까지 가라앉았고,
네가 사고팔던 모든 것도
너와 함께 바다 밑바닥까지 가라앉았다.
그 광경에 바닷가 모든 주민이 공포에 떤다.
왕들의 머리털이 곤두서고
그들의 얼굴이 잔뜩 일그러진다!
온 세상의 상인들이
두 손을 들고 혀를 내두른다.
어떻게 이런 끔찍한 일이!
오, 어떻게 이런 일이!'"

돈이 많아지자 거만해졌다

28 1-5 하나님의 메시지가 내게 임했다. "사람의 아들아, 두로의 통치자
에게 전하여라. '주 하나님께서 말씀하신다.

마음이 교만한 너,
돌아다니면서 말한다. "나는 신이다.
하나님의 보좌에 앉아
온 바다를 지배하노라."
신이라니, 가당치 않다.
너는 사람일 뿐이다.
신이 되려고 애쓴다만,
그저 사람에 지나지 않는다.
보아라. 너는 네 자신이 다니엘보다 명민하다고 여긴다.
풀지 못할 수수께끼가 없다고 생각한다.
너는 총명하여
세계적인 부자가 되었다.
너는 네 창고에
금과 은을 잔뜩 쌓았다.

너는 좋은 머리를 굴려
사업에 성공했고, 떼돈을 벌었다.
그러나 돈이 많아지자 너는 거만해졌다.
콧대가 높아졌다. 어찌나 높아졌는지, 하늘을 찌를 정도다!

6-11 그러므로, 주 하나님이 말한다.

신처럼 행동하며
신이 된 것처럼 행세하는 너에게,
내가 분명히 경고한다. 내가 이방 사람과
민족들 중에 가장 악독한 자들을 불러 너를 덮치게 할 것이다.
그들이 칼을 뽑아서
모르는 것이 없다던 너의 명성을 땅에 떨어뜨릴 것이다.
신이라 자처하던
너의 허풍을 까발릴 것이다.
네 스스로 올랐던 상석에서 너를 끌어내려
깊은 바닷속에 처넣을 것이다.
너를 죽이러 온 자들 앞에서도
"무엄하다! 나는 신이다" 하고 주장하겠느냐?
그들에게 너는 그저 인간일 뿐이다.
너는 그 이방 사람들의 손에
개죽음을 당할 것이다.
내가 그렇게 말했기 때문이다.
주 하나님의 포고다.'"

11-19 하나님의 메시지가 내게 임했다. "사람의 아들아, 두로 왕을 위해 크게 애가
를 불러라. 그에게 주 하나님의 메시지를 전하여라.

너는 전부를 가진 자였다.
너는 하나님의 동산, 에덴에 있었다.
너는 휘황찬란한 옷을 둘렀다.
온갖 보석이 달린 예복이었다.
홍옥수, 감람석, 월장석,
녹주석, 얼룩 마노, 벽옥,
청보석, 터키석, 취옥이
세공한 금테에 매달려 있었다.
네가 창조된 그날,
너를 위해 준비된 예복이었다.

너는 기름부음 받은 그룹이었다.
내가 너를 하나님의 산에 두었다.
너는 불타는 돌들 사이를
위풍당당하게 거닐었다.
너는 창조된 날부터
완벽 그 자체였다. 그런데
이후에 네게 결함이—악이!—발견되었다.
사고파는 일을 많이 하면서
너는 난폭해졌고, 죄를 지었다!
내 눈 밖에 난 너를 내가 하나님의 산에서 내쳤다.
내가 너를, 기름부음 받은 천사—그룹인 너를 밖으로 내쫓아,
더는 불타는 보석들 사이를 거닐지 못하게 했다!
너는 네 아름다움 때문에 거만해졌다.
너는 지혜를,
세상 영예를 얻는 수단으로 전락시켰다.
내가 너를 바닥에 내동댕이치고
왕들이 보는 앞에서 너를 때려눕혀,
네가 뻗음으로 그들의 조롱거리가 되게 했다.
너는 죄를 짓고, 짓고, 또 지으면서
부정한 방식으로 사업을 벌였고,
너의 거룩한 예배 처소를 더럽혔다.
그래서 내가 네 주위와 네 한가운데에 불을 놓았다.
그 불이 너를 살라 버렸다. 내가 너를 잿더미로 만들어 버렸다.
이제 누구라도 너를 볼 때
보이는 것이라고는
바닥에 나뒹구는 재뿐이다.
전에 너를 알았던 자들 모두가
두 손을 들고 혀를 내두른다.
'어떻게 이런 일이!
어떻게 이런 일이!'"

❦

20-23 하나님의 메시지가 내게 임했다. "사람의 아들아, 시돈과 맞서라. 그곳을
대적하여 말씀을 전하여라. '주 하나님의 메시지다.

보아라! 시돈아, 내가 너를 대적한다.
내가 네 가운데서 나의 진면목을 드러낼 것이다.'
내가 모든 일을 바로잡고

나의 거룩한 임재를 나타내는 날,
그들은 내가 하나님인 줄 알게 될 것이다.
내가 명령을 내려 그곳에 전염병이 나돌게 하고,
거리마다 살인과 폭력이 난무하게 할 것이다.
사방에서 적군이 쳐들어오면,
사람들이 오른쪽, 왼쪽으로 나가떨어지리라.
그제야 그들은 내 말이 빈말이 아님을,
내가 하나님인 줄 알게 될 것이다.

24 이스라엘은
그들을 멸시하며 천대하는 자들,
그 가시와 엉겅퀴 같은 이웃들을 더 이상 참고 견딜 필요가 없으리라.
그들도 내가 하나님인 줄 알게 될 것이다."

25-26 주 하나님께서 말씀하신다. "내가 이스라엘을 흩어져 살던 민족들로부터
모으고, 모든 민족 앞에 나의 거룩을 드러내 보이는 날에, 그들이 자기 땅, 곧
내가 나의 종 야곱에게 준 땅에서 살게 될 것이다. 거기서 그들이 안전하게 살
것이다. 집을 짓고 포도밭을 가꾸며 안전하게 살 것이다. 내가 그들을 멸시하고
천대하던 이웃들에게 심판을 내릴 것이다. 그제야 그들은 내가 하나님인 줄 알
게 될 것이다."

이집트가 받을 심판

29

1-6 열째 해 열째 달 십이일에, 하나님의 메시지가 내게 임했다. "사람
의 아들아, 이집트 왕 바로와 정면으로 맞서라. 그와 모든 이집트 사
람을 대적하여 말씀을 전하여라. 그들에게 말하여라. '주 하나님께서 말씀하신다.

이집트 왕 바로야, 조심하여라.
너, 나일 강에 축 늘어져 어슬렁대며,
"나일 강은 내 것이다.
내가 만들었다"고 떠드는
늙은 용아,
너는 내 원수다.
내가 네 턱을 갈고리로 꿸 것이다.
나일 강의 물고기들이 다 네 비늘에 달라붙게 만들 것이다.
내가 너를 나일 강에서 끌어 올릴 때,
네 비늘에 붙어 있는 물고기들도 같이 따라오리라.
네 비늘에 붙어 있는 나일 강 물고기들도 같이
사막으로 끌고 가겠다.

너는 거기 허허벌판에 내동댕이쳐진 채 내리쬐는 태양 아래 썩어 가며,
들짐승과 공중 나는 새들의 먹이가 될 것이다.
이집트에 사는 모두가
내가 **하나님**인 줄 알게 될 것이다.

6-9 이스라엘에게 너는 갈대 지팡이에 불과했다. 그들이 잡으면 부서져 손에 상
처를 입혔고, 그들이 기대면 부러져 그들을 나자빠지게 했다. 주 **하나님**의 **메시**
지다. 내가 전쟁으로 너를 칠 것이다. 사람이든 짐승이든 모두 없애고, 나라를
텅 빈 광야로 만들 것이다. 사람들은 그제야 내가 **하나님**인 줄 알게 될 것이다.
9-11 네가 "나일 강은 내 것이다. 내가 만들었다"고 떠들었으니, 내가 너와 네 강
들을 대적한다. 내가 북쪽으로는 믹돌로부터 남쪽으로는 수에네와 에티오피아
국경선에 이르기까지, 이집트 전 지역을 텅 빈 황무지로 바꾸어 놓으리라. 사람
하나 보이지 않고, 지나다니는 짐승 하나 없을 것이다. 그곳은 사십 년 동안, 텅
빈 사막으로 있을 것이다.
12 내가 이집트를 황무한 땅 중에서도 가장 황무한 땅으로 만들 것이다. 사십 년
동안 그 도성은 황폐한 곳 중에서도 가장 황폐한 곳으로 남을 것이다. 내가 이
집트 사람들을 사방으로 흩어 버리고, 여기저기 포로로 잡혀가게 할 것이다.
13-16 주 **하나님**이 말한다. 그러나 이것이 그의 최후는 아니다. 사십 년이 지나면,
내가 그 흩어졌던 곳에서 다시 이집트 사람들을 모을 것이다. 이집트를 회복시
킬 것이다. 나는 오래전 그가 시작되었던 곳, 바드로스로 그를 다시 데리고 갈
것이다. 거기서 그는 처음부터 다시 시작할 것이다. 그러나 계속 바닥을 기기만
할 뿐, 날아 비상하지는 못할 것이다. 다시는 강대국이 되지 못하고, 다시는 이
스라엘이 의지하고 싶어 할 만한 나라가 되지 못한 채, 이제 이스라엘에게 이집
트는 과거의 죄를 기억하게 하는 나라로만 존재할 것이다. 그제야 이집트는 내
가 주 **하나님**인 줄 알게 될 것이다.'"

17-18 스물일곱째 해 첫째 달 첫째 날에, **하나님**의 **메시지**가 내게 임했다. "사람의
아들아, 바빌론 왕 느부갓네살이 두로를 치느라 군대의 힘을 다 소진했다. 그들
은 뼈가 휘도록 고생했으나 소득이 없었다.
19-20 그러므로, 주 **하나님**이 말한다. '내가 바빌론 왕 느부갓네살에게 이집트를
내주려 한다. 그가 이집트의 재물을 노략질하고 그곳을 싹쓸이할 것이다. 그 약
탈물로 군대에게 보수를 지급할 것이다. 그는 여러 해를 보수도 없이 나를 위해
일해 왔다. 내가 그에게 주는 보수는 이집트다. 주 **하나님**의 포고다.
21 그때에 내가 이스라엘에 새 희망을 일으킬 것이다. 해방의 날이 도래할 것이
다! 내가 너 에스겔에게 담대하고 확신에 찬 말을 주어, 외치게 할 것이다. 그제
야 그들은 내가 **하나님**인 줄 알게 될 것이다.'"

이집트의 거만을 끝장내리라

30 [1-5] 주 하나님께서 내게 말씀하셨다. "사람의 아들아, 선포하여라. 그들에게 주 하나님의 메시지를 전하여라. 통곡하여라.

'재앙의 날이다!'
때가 되었다!
하나님의 큰 심판 날이 닥쳐왔다.
짙은 먹구름이 몰려온다.
뭇 민족에게 재앙이 임하는 날이다.
이집트에 죽음이 비 오듯 쏟아지리라.
이집트 사람들이 살육되고
재산을 빼앗기며
기둥뿌리까지 뽑혀 나가는 광경을 보면서,
에티오피아는 공포에 휩싸일 것이다.
에티오피아와 붓과 룻과 아라비아와 리비아와
이집트의 오랜 동맹국들 모두가,
이집트와 함께 쓰러질 것이다.

[6-8] '나 하나님이 말한다.

이집트의 동맹국들이 쓰러지고,
거만하던 이집트의 힘이 꺾일 것이다.
북쪽 믹돌에서부터 남쪽 수에네에 이르기까지
이집트 전역에서 대학살이 벌어질 것이다!
주 하나님의 포고다.
이집트는 황폐해질 대로 황폐해지고,
도성들이 다 쑥대밭이 될 것이다.
내가 이집트에 불을 질러 잿더미로 만들고
그 우방국들을 때려눕히는 날,
그제야 그들은 내가 하나님인 줄 알게 될 것이다.

[9] 그 일이 일어나는 날, 내가 배로 사신을 보내어 만사태평인 에티오피아 사람들에게 경보를 발령할 것이다. 그들이 겁을 집어먹을 것이다. 이집트가 망했다! 심판이 다가온다!

[10-12] 주 하나님이 말한다.
내가 이집트의 거만을 끝장내리라.
바빌론 왕 느부갓네살을 이용해 그렇게 할 것이다.

그와 그의 군대, 잔인하기로 으뜸가는 민족을 이용해
이집트를 짓부술 것이다.
그들이 칼을 휘둘러
이집트 전역을 시체로 뒤덮을 것이다.
내가 나일 강을 말려 버리고
그 땅을 악당들에게 팔아넘길 것이다.
거기 들어갈 외국인을 고용해
온 나라를 결딴내고 거덜 낼 것이다.
나 **하나님**의 말이다.

13-19 주 **하나님**이 말한다.

내가 모든 우상을 박살내리라.
멤피스에 있는 거대한 신상들을 모조리 쓰러뜨릴 것이다.
이집트 왕은 영원히 사라지고,
그 자리에 내가 공포를 앉힐 것이다. 이집트 전체가 공포에 휩싸일 것이다!
내가 바드로스를 쑥대밭으로,
소안을 잿더미로 만들고, 테베에 벌을 내릴 것이다.
이집트의 요새 펠루시움에 나의 진노를 쏟고,
거드름 피우던 테베를 때려눕힐 것이다.
내가 이집트에 불을 지를 것이다.
펠루시움이 고통으로 몸부림치고,
테베가 결딴나며,
멤피스가 유린당하리라.
아웬과 비베셋의 젊은 용사들이 쓰러지고
도성 주민들이 포로로 붙잡혀 갈 것이다.
다바네스가 흑암에 휩싸일 그날,
내가 이집트를 박살내고
그 권세를 꺾어,
오만한 압제를 끝장낼 것이다!
그가 먼지 구름을 피우며 사라질 것이며,
그의 도성 주민들이 포로로 사로잡혀 가리라.
내가 그렇게 벌할 그날에,
그제야 이집트는 내가 **하나님**인 줄 알게 될 것이다.'"

20 열한째 해 첫째 달 칠일에, **하나님**의 메시지가 내게 임했다.
21 "사람의 아들아, 내가 이집트 왕 바로의 팔을 부러뜨렸다. 그런데 보아라! 그

팔은 아직 부러진 채 그대로다. 부목도 대지 못해 뼈가 붙지 않았고, 그래서 칼
을 들 수도 없다.
22-26 그러므로, 주 **하나님**이 말한다. 내가 이집트 왕 바로를 원수로 여겨, 그의
다른 팔마저 부러뜨릴 것이다. 양팔을 모두 분질러 놓을 것이다! 그가 다시는
칼을 휘두르지 못하리라. 내가 이집트 사람들을 온 세상에 흩어 버리겠다. 바
빌론 왕의 팔은 강하게 하여 내 칼을 그의 손에 쥐어 주겠지만, 바로의 팔은 부
러뜨릴 것이다. 그가 치명상을 입은 사람처럼 신음할 것이다. 바빌론 왕의 팔은
나날이 강해지고, 바로의 팔에서는 힘이 빠져나가리라. 내가 바빌론 왕의 손에
내 칼을 쥐어 주면, 이집트 사람들은 그제야 내가 **하나님**인 줄 알게 될 것이다.
바빌론 왕이 칼을 뽑아 이집트를 향해 휘두를 것이며, 내가 이집트 사람들을 온
세상에 흩을 것이다. 그제야 그들은 내가 **하나님**인 줄 알게 될 것이다."

레바논의 백향목 같았던 이집트

31 1-9 열한째 해 셋째 달 첫째 날에, **하나님**의 메시지가 내게 임했다. "사
람의 아들아, 이집트 왕 바로, 허세 부리는 그 늙은이에게 전하여라.

'천하를 호령하는 너,
너는 네 실상이 무엇인지 아느냐?
보아라! 앗시리아는 거목이었다. 레바논의 백향목만큼 거대했고,
아름다운 가지는 서늘한 그늘을 드리웠다.
구름을 뚫을 듯,
하늘을 찌를 듯, 높이 솟은 나무였다.
마실 물이 넘쳤던 그 나무,
태곳적 심연이 그를 높이 키워 주었다.
그 심연이
나무가 심겨진 곳 주위로
강을 두르고,
숲 속 모든 나무에 물줄기가 뻗어 가게 해주었다.
실로 거대했던 그 나무는,
숲 속 다른 모든 나무를 압도했다.
굵고 기다란 가지들이 쭉쭉 뻗어 나갔고,
뿌리는 땅속 깊은 곳까지 파고들어 물을 빨아들였다.
공중 나는 모든 새들이
그 가지에 둥지를 틀고,
모든 들짐승들이
그 가지 밑에 새끼를 낳았다.
강대한 민족들이 다
그 그늘 아래 모여 살았다.

참으로 위풍당당한 나무였다.
그 가지들이 얼마나 멀리까지 뻗었던가!
그 뿌리들은 얼마나 깊은 곳까지 파고들어 물을 빨아들였던가!
하나님의 동산에 있는 백향목도 그것에 견줄 수는 없었다.
그 어떤 소나무도 그것에 비길 수 없었다.
우람한 상수리나무들도 그 옆에서는
키 낮은 관목일 뿐이었다.
하나님의 동산에 있는 어떤 나무도
그처럼 아름답지는 않았다.
내가 그처럼 아름답게 만들었다.
예술품 같은 가지와 잎을 만드니,
에덴의 모든 나무,
하나님의 동산에 있는 모든 나무가 그를 부러워했다.'"

10-13 그러므로, 주 **하나님**께서 말씀하신다. "'그런데 그가 구름을 뚫고 하늘 높
이 솟더니, 자신의 높은 키를 뽐내며 으스댔다. 나는 그를 세계적으로 이름 높
은 한 통치자에게 넘겨주어, 그 악의 대가를 치르게 했다. 나는 그를 용인할 수
없었다. 믿을 수 없을 만큼 무자비한 민족들이 그를 사정없이 찍어 쓰러뜨렸다.
부러진 가지들이 골짜기 전역에 흩어졌고, 잎이 무성한 가지들로 시내와 강이
막혔다. 그늘이 사라지자, 모두가 떠났다. 그는 이제 쓰러진 통나무에 불과할
뿐이다. 죽은 통나무에는 새들이나 잠시 앉았다 가거나, 들짐승이 그 아래에 굴
을 파고 살 뿐이다.
14 이것이 거목이라 불리는 민족들이 맞을 최후다. 땅의 나무들이 심연에서 물
을 빨아들이고 자라, 구름을 뚫고 하늘 높이 솟는 일은 더 이상 없을 것이다. 그
것들 앞에는 죽음이 예정되어 있다. 흙에서 흙으로 돌아가는 인생처럼, 다시 땅
으로 돌아갈 뿐이다.
15-17 주 **하나님**의 **메시지**다. 그 거목의 장례식 날에, 내가 그 심연을 통곡 속에
빠뜨렸다. 흐르는 강들을 막고, 대양들을 정지시켰으며, 레바논 산을 암흑으로
감싸 버렸다. 숲의 모든 나무가 혼절해 쓰러졌다. 그 나무가 바닥에 쓰러질 때,
나는 온 세상이 그 충격에 떨게 했다. 그 나무를 지하에 던져, 이미 죽어 묻힌
다른 나무들과 함께 있게 했다. 에덴의 모든 나무와 물가에 심겨진 레바논의 으
뜸 나무들—이미 그 나무와 함께 지하에 내려가 있던 나무들—과, 그 그늘에서
살았던 모든 자들과 죽임당한 모든 자들이 그것을 보며 위안을 얻었다.
18 에덴의 모든 나무 가운데서 너의 장려함에 비길 만한 것이 있더냐? 그러나
너는 이제 찍혀 쓰러지고, 에덴의 나무들과 함께 지하로 떨어질 것이다. 이미
죽어 거기 쌓여 있는 다른 통나무들처럼, 할례 받지 못하고 죽은 다른 자들과
같이 될 것이다.
이는 허세 부리는 늙은이, 바로를 두고 하는 말이다.

주 하나님의 포고다.'"

용과 같았던 이집트의 죽음

32

1-2 열두째 해 열두째 달 첫째 날에, 하나님의 메시지가 내게 임했다.
"사람의 아들아, 이집트 왕 바로를 두고 애가를 불러라. 그에게 말하
여라.

'너는 네 자신을, 만방을 휘젓고 다니는
젊은 사자라고 생각하지만,
너는 코를 씩씩거리며 사방으로 몸을 뒤틀며 다니는,
바닷속의 용 같다.

3-10 주 하나님이 말한다.

내가 너를 향해 나의 그물을 던질 참이다.
많은 민족들이 이 일에 동참하리라.
나의 예인망으로 너를 잡아 올릴 것이다.
그러고 나서 너를 빈 들판
땅바닥에다 내동댕이치고,
까마귀와 독수리를 불러
푸짐한 썩은 고기 파티를 벌이게 할 것이다.
내가 세상 전역에서 들짐승을 불러
네 창자를 배불리 먹게 할 것이다.
이 산 저 산에 네 살점을 떨어뜨리고
골짜기마다 네 뼈들을 흩뿌릴 것이다.
온 땅이, 산꼭대기까지
네 피로 흠뻑 젖고,
모든 도랑과 수로에 네 피가 흘러넘칠 것이다.
내가 너를 지워 없애는 날,
하늘에 휘장을 쳐서
별들을 가릴 것이다.
구름으로 해를 뒤덮고
달빛을 꺼 버릴 것이다.
네 위의 하늘 광채도 모두 꺼 버려,
네 땅을 암흑에 빠트릴 것이다.
주 하나님의 포고다.
내가 너로 낯설고 먼 나라로 포로로 잡혀가게 하는 날,
내가 온 세상의 사람들을 흔들어 놓을 것이다.

그들이 너를 보고 충격에 빠지고,
왕들이 보고 바들바들 떨리라.
내가 칼을 흔들면,
그들의 몸도 벌벌 떨 것이다.
네가 고꾸라지는 날, 그들은
"나도 저렇게 될 수 있다!"고 생각하며 벌벌 떨 것이다.

11-15 주 **하나님**이 말한다.

바빌론 왕의 칼이
너를 치러 오는 중이다.
내가 용사들의 칼을 이용해
너의 교만을 쓰러뜨리겠다.
가장 잔인한 민족을 이용해
이집트를 바닥에 고꾸라뜨리고,
그 허세와 건방을 박살낼 것이다.
강가에서 풀을 뜯는 가축들을 모조리
내가 쳐죽이리라.
다시는 사람의 발이나 동물의 뿔이
물을 휘저어 흐리게 하는 일이 없을 것이다.
내가 그 샘물과 시냇물을 깨끗게 하고,
그 강을 맑고 유유히 흐르게 할 것이다.
주 **하나님**의 포고다.
내가 이집트를 다시 광야로 돌려놓고
그 풍부한 생산물을 완전히 거덜 내고
거기 사는 모든 자를 쳐죽이면,
그제야 그들이 내가 **하나님**인 줄 알게 될 것이다.'

16 이것은 애가다. 불러라.
뭇 민족의 딸들아, 이 애가를 불러라.
이집트와, 그 거드름의 죽음을 두고 애가를 불러라."
주 **하나님**의 포고다.

17-19 열두째 해 첫째 달 십오일에, **하나님**의 메시지가 내게 임했다.

"사람의 아들아, 거드름 피우는 이집트를 보며 한탄하여라.
그를 제 갈 길로 보내라.
이집트와

그의 딸들, 그 오만한 민족들을
지하로 속히 보내라.
죽은 자가 묻혀 있는 나라로 내려보내면서,
말하여라. '너는 네가 높다고, 힘 있다고 생각하느냐?
지하로 꺼져라! 그 부정한 무덤 속 이교도들과 함께 거기 누워 있어라!'

20-21 그는 전쟁터에서 살해된 자들과 함께 지하로 떨어질 것이다. 칼이 뽑혔다.
저 허세 부리던 자를 끌고 가서 없애라! 지하에 가면, 죽어 묻힌 자들 중에 유명
인사와 부하들이 그들을 반겨 주리라. '이교 무덤에 온 것을 환영하오! 전쟁 희
생자 대열에 합류하시오!'
22-23 그곳에는 앗시리아와 그 무리가 묻혀 있고, 온 나라가 공동묘지를 이루고
있다. 앗시리아의 무덤은 지하에서도 가장 깊은 곳에 있다. 사방에 무덤을 이루
고 있는 그들은 모두 전쟁터에서 살해된 자들로, 한때는 산 자들의 땅에 공포를
일으키던 자들이다.
24-25 교만하기 짝이 없던 엘람이 거기 있다. 공동묘지를 이루고 있다. 모두 전쟁
터에서 살해된 자들로, 죽은 자들과 함께 이교 무덤에 내던져졌다. 한때는 산
자들의 땅에 공포를 일으키던 자들이지만, 지금은 무덤 속에서 다른 자들과 함
께 자기 수치를 뒤집어쓰고 있다. 엘람은 이제 허세 부리다가 죽은 자들이 모인
번화가다. 전쟁터에서 도살된 자들의 이교 무덤이 장관을 이루고 있다. 한때 산
자들의 땅에 공포를 일으키던 그들이지만, 지금은 땅속 깊은 곳에서 다른 자들
과 함께 자기 수치를 뒤집어쓰고 있다. 그들은 전쟁터에서 칼에 맞아 죽은 자들
을 위해 따로 마련된 구역에 있다.
26-27 교만하기 짝이 없던 메섹과 두발이 거기 있다. 할례 받지 못한 자들이 모인
부정한 구역에서 공동묘지를 이루고 있는데, 전쟁터에서 도살된 자들과 함께
거기 내던져졌다. 산 자들의 땅에 공포를 일으키던 자들에게 주어진 응분의 대
가다. 이제 그들은 땅속 깊은 곳에서 다른 자들과 함께 자기 수치를 뒤집어쓰고
있다. 그들은 칼에 맞아 죽은 자들을 위해 따로 마련된 구역에서, 다른 영웅들
과 떨어져 있다. 갑옷을 갖춰 입고 칼로 머리를 괴고, 방패로 뼈를 가린 모습으
로 무덤에 들어온 고대의 거물 장수들, 산 자들의 땅에 공포를 퍼뜨리던 그 영
웅들과 떨어져 있다.
28 그리고 너 이집트는 다른 모든 이교도들과 함께, 칼에 맞아 죽은 자들의 구역
에 있는 이교 무덤에 내던져질 것이다.
29 에돔이, 그의 왕과 제후들과 함께 거기 있다. 위세를 떨치던 자였지만, 지하
로 내려가는 다른 자들과 함께 이교 무덤에 내던져졌다.
30 북방의 제후들이 모두 거기에 있다. 시돈 사람들도 거기에 다 와 있다. 모두가
—잔인하고 포악하던 그들이 얼마나 큰 공포를 퍼뜨렸던가!—자기 수치를 들고
지하로 내려와, 전쟁터에서 살해된 자들과 함께 부정한 지역에 내던져졌다. 땅
속 깊은 곳으로 내려간 다른 자들과 함께 자기 수치를 뒤집어쓰고 있다.

[31] 바로는 그들 모두를 만나게 될 것이다. 허세 부리는 그 늙은이, 거기서 동무들
을 만나고 반가워하리라. 바로와 도살당한 그의 군대가 그곳에 있을 것이다. 주
하나님의 포고다.
[32] 내가 그를 이용해 산 자들의 땅에 공포를 퍼뜨렸고, 이제 칼에 맞아 죽은 자들
과 함께 그를 이교 지역에 내다 버릴 것이다. 바로와 그가 자랑하던 것들 전부
를 던져 버릴 것이다. 주 **하나님**의 포고다."

에스겔을 파수꾼으로 세우시다

33 [1-5] **하나님**의 메시지가 내게 임했다. "사람의 아들아, 네 백성에게 전
하여라. 그들에게 말하여라. '내가 이 땅에 전쟁을 일으키려 하고, 백
성이 그들 중 한 사람을 골라 파수꾼을 세웠다고 하자. 그 파수꾼이 전쟁이 들
이닥치는 것을 보고 나팔을 불어 백성에게 경고해 주었는데도, 누가 그 소리를
무시하고 있다가 닥쳐온 전쟁에 목숨을 잃었으면, 이는 그 사람의 잘못이다. 경
고를 들었으면서도 무시했으니, 그 사람의 잘못이다. 만일 그가 듣고 따랐으면,
그는 목숨을 구했을 것이다.
[6] 그런데 전쟁이 들이닥치는 것을 보고도 그 파수꾼이 나팔을 불지 않아 그 전쟁
에서 누가 목숨을 잃었다고 하자. 그때는 경고를 받지 못해 죽은 그 죄인이 흘
린 피에 대해, 내가 그 파수꾼에게 책임을 물을 것이다.'
[7-9] 너 사람의 아들아, 네가 바로 그 파수꾼이다. 내가 너를 이스라엘을 위한 파
수꾼으로 세웠다. 너는 내 메시지를 들을 때 그 즉시 사람들에게 경고하여라.
만일 내가 악인들에게 '악인이여, 너는 지금 죽음으로 직행하는 중이다!' 하고
말하는데, 네가 목소리를 높여 악한 길에서 돌이키라고 그들에게 경고하지 않
거나 그들이 경고를 듣지 못한 채 자신의 죄 때문에 죽으면, 나는 그들이 흘린
피에 대해 네게 책임을 물을 것이다. 그러나 네가 그 악인들에게 악한 길에서
돌이키라고 경고했는데도 그들이 따르지 않으면, 그들은 자신의 죄 때문에 죽
을 것이고 너는 목숨을 보존할 것이다.

[10] 사람의 아들아, 이스라엘에게 전하여라. 그들에게 말하여라. '너는 "우리의
반역과 죄악이 우리를 짓누르고 있다. 우리는 기진하여 쓰러질 지경이다. 이 상
태로 우리가 어떻게 살아갈 수 있을까?"라고 말했다.'
[11] 그들에게 전하여라. '살아 있는 나 하나님을 두고 맹세하는데, 나는 악인이 죽
는 것을 기뻐하지 않는다. 나는 악인이 악한 길에서 돌이켜 살기를 바란다. 너
희 삶의 방향을 바꾸어라! 악한 길을 떠나 그 반대 길로 가거라! 이스라엘아, 어
찌하여 죽으려고 하느냐?'

[12-13] 사람의 아들아, 아직 더 남았다. 네 백성에게 전하여라. '의인이라도 반역의
길로 가기로 선택하면 과거의 의가 그를 구원해 주지 못한다. 악인이라도 반역
의 길에서 돌이키고자 하면 과거의 악이 그를 막지 못할 것이다. 의인이라도 죄

의 길을 택해 가면 목숨 부지하기를 기대할 수 없다. 내가 의인들에게 "살 것이
다!"라고 말하는 것이 사실이지만, 그렇더라도 그들이 과거의 선행을 믿고 악행
을 저지를 경우, 그 선행은 아무 소용이 없다. 그들은 자기 악한 행실로 인해 죽
을 것이다.
14-16 반대로, 내가 악인에게 "너는 악하게 살았으니 이제 죽을 것이다" 하고 말
했어도, 그가 죄를 회개하고 의롭고 바르게 살기 시작하면—가련한 자들에게
인정을 베풀고, 탈취한 것들을 돌려주고, 이웃을 해하지 않고 늘 사람을 살리는
길을 찾아 살면—그는 반드시 살 것이다. 그는 죽지 않을 것이다. 그의 죄가 하
나도 기록에 남지 않을 것이다. 그는 옳은 일을 행하며 복된 삶을 살 것이다. 반
드시 살 것이다.
17-19 네 백성은 "주가 공정하시지 않다"고 말하지만, 공정하지 않게 행동해 온
쪽은 바로 그들이다. 의인들이 의로운 삶을 버리고 죄에 빠져들면, 그들은 그로
인해 죽을 것이다. 그러나 악인이라도 악에서 돌이켜 바르고 의롭게 살기 시작
하면, 그는 살 것이다.
20 너희는 여전히 "주가 공정하시지 않다"고 말하고 있다. 이스라엘아, 두고 보
아라. 나는 너희 각 사람을 저마다 살아온 길에 따라 심판할 것이다.'"

⁂

21 우리가 포로로 잡혀 온 지 열두째 해가 되는 열째 달 오일에, 예루살렘에서 살
아 나온 한 사람이 내게 와서 말했다. "도성이 함락되었습니다."
22 살아 나온 그 사람이 도착하기 전날 저녁에, **하나님**의 손이 내게 임하여 닫힌
말문을 열어 주셨다. 아침이 되어 그가 도착할 즈음, 나는 전처럼 다시 말을 할
수 있게 되었다.
23-24 **하나님**의 **메시지**가 내게 임했다. "사람의 아들아, 이스라엘의 저 폐허더미
에 사는 자들이 이렇게 말한다. '아브라함은 혼자서도 이 땅 전부를 소유했다.
그런데 우리는 이렇게 다수니, 우리 소유권은 더욱 확실하다.'
25-26 그러니 그들에게 전하여라. '주 **하나님**께서 말씀하신다. 너희는 고기를 피
째 먹고, 우상을 숭배하고, 살인을 일삼는다. 그런데 어떻게 너희가 이 땅의 소
유자가 되기를 기대한단 말이냐? 너희는 칼을 의지하고 역겨운 짓을 벌이며,
무분별하게 아무하고 아무 때나 성관계를 갖는다. 그러고도 너희가 이 땅의 소
유자가 되기를 기대한단 말이냐?'
27-28 에스겔아, 그들에게 전하여라. '주 **하나님**의 **메시지**다. 살아 있는 나 하나님
을 두고 맹세하는데, 폐허에 사는 생존자들이 모두 살해될 것이다. 들판에 나가
있는 자들도 모두 들짐승에게 잡아먹힐 것이다. 산성과 동굴에 숨어 있는 자들
은 전부 전염병에 걸려 죽을 것이다. 내가 그 나라 전체를 허허벌판으로 만들어
놓을 것이다. 그 거만과 오만을 아주 끝장내리라! 이스라엘의 산들은 황폐하고
위험하기 짝이 없는 곳이 되어, 누구도 감히 그곳을 지나다니지 않을 것이다.'
29 그들이 저지른 모든 역겨운 짓 때문에 내가 그 나라를 황폐한 땅으로 만들 그

날이 되어서야, 그들은 내가 **하나님**인 줄 알게 될 것이다.
30-32 사람의 아들아, 너는 장안의 화젯거리다. 네 백성은 길에서나 집 앞에서 사
람을 만나면, '어디, **하나님**께서 새로 말씀하신 것이 있나 들어 보러 가자' 한다.
군중이 우르르 몰려와 네 앞에 앉는다. 그들은 네 말을 청해 듣는다. 그러나 그
대로 행하지는 않는다. 네 앞에서는 입에 발린 찬사를 늘어놓지만, 그들의 관심
은 오로지 돈과 성공이다. 그들에게 너는 그저 오락거리다. 악기를 켜며 구슬픈
사랑 타령이나 하는 딴따라일 뿐이다. 그들은 네 말 듣는 것을 좋아하지만, 그
뿐이다.
33 그러나 이 모든 일이 이루어지면—이제 곧 이루어지리라!—그들은 저희 가운
데 예언자가 있었다는 사실을 깨닫게 될 것이다."

이스라엘의 목자들

34

1-6 **하나님**의 메시지가 내게 임했다. "사람의 아들아, 이스라엘의 목
자들, 그 지도자들을 대적하여 예언하여라. 그렇다. 예언을 선포하
여라! 그 목자들에게 전하여라. '주 **하나님**께서 말씀하신다. 자기 배나 채우는
너희 이스라엘의 목자들에게 화가 있으리라! 목자는 양 떼를 먹이는 자들이 아
니냐? 그런데 너희는 양젖을 짜 마시고 양털로 옷을 지어 입고 양고기를 먹으
면서, 양 떼는 먹이지 않는다. 너희는 약한 양들이 튼튼해지도록 돌보지도 않
고, 아픈 양들을 치료하거나 상처 입은 양들을 싸매 주지도 않으며, 딴 길로 들
어선 양들을 데려오거나 잃어버린 양들을 찾아 나서지도 않는다. 너희는 그들
을 괴롭히기나 할 뿐이다. 그들은 지금 목자가 없어 사방에 흩어져 있다. 뿔뿔
이 흩어져 이리 떼의 손쉬운 사냥감이 되었다. 양 떼가—내 양들이!—산과 들에
흩어져 위험천만한 지경에 처해 있다. 나의 양 떼가 온 세상에 흩어졌는데도,
그들을 돌봐 주는 자 하나 없다!
7-9 그러므로, 목자들아, **하나님**의 메시지를 똑똑히 들어라. 살아 있는 나 하나님
을 두고 맹세하는데—주 **하나님**의 포고다—내 양 떼가 이리 떼의 손쉬운 사냥
감이 되어 버린 것은, 너희 목자들이 그들을 내팽개치고 너희 배만 불렸기 때문
이다. **하나님**이 말한다. 똑똑히 들어라.
10 두고 보아라! 내가 목자들을 불시에 덮쳐 내 양 떼를 되찾을 것이다. 내 양 떼
의 목자였던 그들, 이제는 해고다. 제 배만 불리는 목자는 필요 없다! 내가 그들
의 탐욕으로부터 내 양 떼를 구하리라. 더 이상 그들이 내 양 떼를 먹어 치우지
못하게 할 것이다!
11-16 주 **하나님**이 말한다. 이제부터는, 내가 친히 그들의 목자가 되어 주겠다. 내
가 그들을 돌볼 것이다. 뿔뿔이 흩어진 양 떼를 찾아 나서는 목자처럼, 내가 나
의 양 떼를 찾아 나설 것이다. 폭풍우를 만나 흩어진 그들을 내가 구해 낼 것이
다. 다른 민족의 땅과 타국으로 흩어진 그들을 모아서, 다시 고향 땅으로 데려
올 것이다. 내가 이스라엘 산의 시냇가에서 그들과 그 동족을 먹일 것이다. 그
들을 이스라엘의 푸른 목장으로 인도하여 한가로이 풀을 뜯게 하고, 이스라엘

산들의 기름진 목장에서 꼴을 먹게 할 것이다. 내가 친히 내 양 떼의 목자가 될
것이다. 그들이 마음 편히 쉬게 할 것이다. 내가 잃어버린 양들을 찾아 나설 것
이다. 딴 길로 들어선 양들을 데려오고 상처 입은 양들을 싸매 주며, 약한 양들
을 튼튼하게 하고 힘센 양들은 잘 감시하여, 그들이 착취당하지 않게 할 것이다.
17-19 너희, 내 사랑하는 양 떼야, 내가 나설 것이다. 내가 나서서 양과 양 사이,
숫양과 숫염소 사이의 시비를 가려 줄 것이다. 어째서 너희는 좋은 목장에서 풀
을 뜯는 일에 만족하지 못하고, 그곳을 다 차지하려고 드느냐? 어째서 맑은 시
냇물을 마시는 것으로 만족하지 못하고, 발로 물을 휘저어 흙탕물을 만들어 놓
느냐? 어째서 나의 나머지 양들이 너희가 짓밟아 놓은 풀을 뜯고 너희가 흙탕
친 물을 마셔야 한단 말이냐?
20-22 그러므로, 주 **하나님**이 말한다. 내가 직접 나서서, 살찐 양과 비쩍 마른 양
들 사이의 일을 바로잡아 줄 것이다. 너희는 어깨와 궁둥이로 서로를 밀치고 약
한 짐승들을 너희 뿔로 들이받아, 그들을 언덕 사방으로 흩어 버린다. 내가 와
서 내 사랑하는 양 떼를 구하고, 그들이 더 이상 이리저리 채이지 않게 할 것이
다. 내가 나서서 양과 양 사이의 모든 일을 바로잡아 줄 것이다.
23-24 내가 그들 위에 한 목자를 세울 것이다. 바로, 나의 종 다윗이다. 그가 그들
을 먹이고, 그들의 목자가 될 것이다. 그리고 나 **하나님**이 그들의 하나님이 되
고, 나의 종 다윗이 그들의 왕이 될 것이다. 나 **하나님**의 말이다.
25-27 내가 그들과 평화의 언약을 맺을 것이다. 내가 그 나라에서 사나운 맹수들
을 내쫓아, 내 양 떼가 들판에서 평안히 지내며 숲 속에서도 안심하고 잠들 수
있게 할 것이다. 내가 그들과 내 언덕 주변 모든 것에 복이 있게 하리라. 때를
따라 비를 넉넉히 내려 주리라. 억수같이 복을 퍼부어 주리라! 과수원의 나무들
이 과실을 맺고 땅은 소산을 내며, 그들은 그 땅에서 만족과 평안을 누리며 살
리라. 내가 그들을 묶은 종의 사슬을 끊고 그들을 종으로 부리던 자들에게서 구
해 낼 것이다. 그제야 그들은 내가 **하나님**인 줄 알게 될 것이다.
28-29 그들이 다시는 다른 민족에게 착취당하거나 맹수들의 먹이가 되지 않으며,
안전과 자유를 누리며 살게 될 것이다. 내가 그들에게 비옥한 동산을 주어, 푸
성귀가 풍성하게 자라게 할 것이다. 더 이상 주린 배를 움켜쥐며 살거나, 다른
민족에게 조롱당하는 일이 없을 것이다.
30-31 그제야 그들은 나 **하나님**이 그들의 하나님임을, 내가 그들과 함께하고 있음
을, 그들 이스라엘이 나의 백성임을 분명히 알게 될 것이다. 주 **하나님**의 포고다.

너희는 나의 사랑하는 양 떼,
내 목장의 양 떼, 내 사람들이다.
그리고 나는 너희 하나님이다.
주 **하나님**의 포고다.'"

에돔이 받을 심판

35
1-4 **하나님**의 **메시지**가 내게 임했다. "사람의 아들아, 세일 산과 맞서
라. 그것을 대적하여 예언을 선포하여라! 그들에게 전하여라. '주 하
나님께서 말씀하신다.

세일 산아, 내가 너를 불시에 덮쳐,
내가 나서서 너를 쑥대밭으로 만들어 놓겠다.
네 성읍들을 돌무더기 황무지로 바꾸어 놓겠다.
너는 폐허만 남기고 사라질 것이다.
그제야 너는 내가 **하나님**인 줄 알게 될 것이다.

5-9 내가 이렇게 하는 것은, 네가 이스라엘을 향해 품고 있는 해묵은 악한 감정
때문이다. 너는 그들이 벌을 받아 바닥에 쓰러져 있는 모습을 빤히 보면서도,
악랄하게 그들을 공격했다. 그러므로, 살아 있는 나 하나님을 두고 맹세하는데,
내가 너를 피범벅이 되게 할 것이다. 피를 그렇게 좋아하는 너이니, 피바람이
네 뒤를 쫓을 것이다. 내가 세일 산을 무너뜨려 돌무더기가 되게 하면, 그곳은
아무도 오가는 사람이 없는 땅이 될 것이다! 내가 네 산들을 시체로 덮어 버릴
것이다. 살해된 시신들이 네 언덕을 뒤덮고, 네 골짜기와 도랑들을 가득 채우리
라. 내가 너를 폐허로, 네 모든 성읍을 유령마을—사람이 전혀 없는 곳—로 만
들 것이며, 그제야 너희는 내가 **하나님**인 줄 알게 될 것이다.
10-13 너는 (하나님이 지켜보고 듣고 있는데도) 감히 이렇게 말했다. "저 두 민족, 저 두
나라는 이제 내 것이다. 내 차지가 될 것이다." 내가 네가 품었던 것과 같은 불
타는 증오와 격노로 너를 칠 것이다. 내가 심판을 내릴 때에, 지금 내 말이 진심
이라는 것을 똑똑히 알게 될 것이다. "그들은 길에서 죽어 뻗은 짐승이다. 우리
가 가져다가 먹을 것이다" 했던 네 말을, 이스라엘의 산들을 가리켜 네가 퍼부
었던 야비한 폭언들을, 나 **하나님**이 모두 듣고 있었음을 깨닫게 될 것이다. 너
희는 거들먹거리고 허세를 부리면서 겁도 없이 나를 모욕했다. 내가 다 들었다.
14-15 주 **하나님**의 선고다. 온 땅이 환호하는 중에, 내가 너를 결딴낼 것이다. 이
스라엘의 유산이 결딴나는 것을 보면서 어깨춤을 추던 너였다. 이제 너도 똑같
은 일을 당하게 될 것이다. 네가 결딴나고, 세일 산이—그렇다. 에돔 땅 전역이
—결딴날 것이다. 그제야 그들은 내가 **하나님**인 줄 알게 될 것이다!'"

이스라엘이 받을 복

36
1-5 "사람의 아들아, 이스라엘의 산들을 향해 예언을 선포하여라. '이
스라엘의 산들아, **하나님**의 **메시지**에 귀 기울여라. 주 **하나님**이 말
한다. 원수들이 너희에게 떼로 달려들어 "저 유구한 역사의 언덕들, 이제 다 우
리 차지다!" 하면서 좋아했다. 여기, 주 **하나님**의 이름으로 선포하는 예언이 있
다. 민족들이 사방에서 너희를 덮쳐 갈가리 찢어 약탈해 가고, 너희는 조롱과

놀림거리가 되었다. 그러므로 이스라엘의 산들아, 주 **하나님**의 **메시지**를 잘 들어라. 산과 언덕에게, 도랑과 골짜기에게, 쑥대밭이 되어 버린 땅과 모두 뜯긴 채 주변 민족에게 조롱당하는 텅 빈 성읍들에게 이르는 말이다. 그러므로, 주 **하나님**이 말한다. 이제 내가 다른 민족들을 향해 불같은 진노를 터뜨릴 것이다. 그중에서도 특별히, 광포하고 오만하기 이를 데 없이 내 땅을 빼앗아 차지한 에돔을 향해 그리할 것이다.'

6-7 그러므로 이스라엘 땅을 향해 예언을 선포하여라. 산과 언덕에게, 도랑과 골
짜기에게 말씀을 전하여라. '주 **하나님**의 **메시지**다. 잘 보아라! 잘 들어라! 내가
노했다. 내 마음이 탄다. 내가 이렇게 말하는 것은, 그동안 너희가 여러 민족들
에게 모욕을 당했기 때문이다. 그러므로, 나 주 **하나님**이 말한다. 내가 엄숙히
맹세하는데, 다음 차례는 너희 주변 민족들이다. 그들이 모욕을 당할 것이다.
8-12 그러나 너희 이스라엘의 산들아, 너희는 새롭게 꽃피우리라. 내 백성 이스라
엘을 위해 가지를 뻗고 열매를 맺으리라. 내 백성이 고향으로 돌아오리라! 자,
보아라. 내가 돌아왔다. 내가 너희 편에 섰다. 사람들이 전처럼 너희를 경작하
고 씨를 뿌릴 것이다! 내가 온 이스라엘에 인구가 불어나게 하여, 성읍마다 사
람들이 넘치고 폐허를 재건하게 할 것이다. 내가 이곳을 생명—사람과 짐승—
이 약동하는 곳으로 만들 것이다. 나라 전역에 생명이 차오르고 넘쳐흐르게 하
리라! 너희 성읍과 마을들이 옛날처럼 다시 사람들로 붐빌 것이다. 내가 이전
어느 때보다도 너희를 선대할 것이다. 너희는 내가 **하나님**인 줄 알게 될 것이
다. 내가 너희 산들 위에 사람들을—내 백성 이스라엘을!—두어 너희를 돌보게
하고, 너희가 그들의 유산이 되게 할 것이다. 다시는 너희가 그들에게 가혹하고
혹독한 땅이 되는 일이 없게 할 것이다.
13-15 주 **하나님**이 말한다. 너희는 사람을 집어삼키는 땅, 아이를 잉태하지 못하
게 하는 땅으로 악명 높지만, 이제 내가 너희에게 말한다. 너희가 사람을 집어
삼키거나 아이를 잉태하지 못하게 하는 일은 다시 없을 것이다. 주 **하나님**의 포
고다. 내가 다시는 이방인들이 너희를 조롱하거나 뭇 민족들이 너희를 얕잡아
보게 놔두지 않을 것이다. 너희는 더 이상 아이를 잉태하지 못하게 하는 땅이
되지 않을 것이다. 주 **하나님**의 포고다.'"

16-21 **하나님**의 **메시지**가 내게 임했다. "사람의 아들아, 이스라엘 백성은 자기 땅
에 살 때 더러운 행위로 그 땅을 부정하게 만들었다. 내가 그들에게 나의 진노
를 쏟은 것은 그들이 그 땅에 부정한 피를 쏟았기 때문이다. 마구잡이로 사람을
죽이고 더러운 우상을 숭배하여 나라를 부정하게 만든 그들에게, 나는 분노가
치밀어 올랐다. 그래서 그들을 발로 차서 내쫓아 여러 나라에 포로로 잡혀가게
했다. 그들이 살아온 삶대로 심판했다. 그들은 어디를 가든지 내 이름에 먹칠을
했다. 사람들이 말했다. '저 자들은 **하나님**의 백성인데, 하나님의 땅에서 쫓겨
났다.' 어느 나라에 들어가든지, 이스라엘 백성은 거기서 내 거룩한 이름에 먹칠
을 하여 나를 괴롭게 만들었다.

22-23 그러므로, 이스라엘에게 전하여라. '주 **하나님**의 메시지다. 이스라엘아, 내
가 이렇게 하려는 것은 너희를 위해서가 아니라 나를 위해서다. 너희가 가는 곳
마다 먹칠해 놓은 나의 거룩한 이름을 위한 일이다. 내가 나의 크고 거룩한 이름
을 만방에 떨쳐 보일 것이다. 뭇 나라에서 땅에 떨어져 버린 내 이름, 너희가 가
는 곳마다 더럽혔던 내 이름을 말이다. 내가 너희를 통해 뭇 민족 앞에서 나의
거룩을 나타내 보이는 날에, 비로소 그들은 내가 **하나님**인 줄 알게 될 것이다.
24-28 내가 하려는 일은 이것이다. 내가 너희를 그 나라들에서 데리고 나오고, 너
희를 사방에서 모아다가 너희 고향 땅으로 데려가겠다. 내가 정결한 물을 부어
너희를 깨끗이 씻겨 줄 것이다. 너희에게 새 마음을 주고, 너희 안에 새 영을 넣
어 줄 것이다. 내가 너희 안에서 돌로 된 마음을 도려내고, 자기 뜻 대신 하나님
의 뜻을 좇는 마음을 불어넣을 것이다. 너희 안에 나의 영을 불어넣어, 내가 말
하는 대로 너희가 행하고, 내가 명령하는 대로 살 수 있게 할 것이다. 너희는 내
가 너희 조상에게 준 땅에서 다시 살게 되리라. 너희는 나의 백성이 되고, 나는
너희의 하나님이 되리라!
29-30 나는 너희를 그 역겨운 더러움에서 건져 낼 것이다. 내가 직접 밭에 명령을
내려 풍작을 이루게 할 것이다. 더 이상 기근을 보내지 않으며, 너희 과일농사
와 밭농사가 번창하게 할 것이다. 앞으로는 기근 때문에 다른 민족들에게 모욕
을 당하는 일이 없을 것이다.
31 너희는, 끔찍한 지난 삶을—그 악하고 부끄러운 일들—돌이켜 보며, 너희가
그동안 얼마나 역겨운 짓을 일삼아 왔는지 깨닫게 될 것이다. 너희 자신을 한없
이 역겨워하리라.
32 똑똑히 알아 두어라! 내가 이렇게 하는 것은 너희를 위해서가 아니다. 부끄러
운 줄 알아라. 이스라엘아, 너희가 모든 것을 얼마나 엉망진창으로 만들어 왔는
지 아느냐!
33-36 주 **하나님**의 메시지다. 내가 너희의 더러운 삶을 깨끗이 씻겨 줄 그날에, 너
희 도성들도 다시 사람이 살 만한 곳으로 만들 것이다. 폐허가 재건되고 버려
진 땅이 다시 경작될 것이다. 그 땅은 더 이상 잡초와 가시뿐인 불모지로 보이
지 않을 것이다. 사람들이 그 땅을 보고 탄성을 지르리라. "아, 쑥대밭이었던 곳
이 에덴 동산으로 바뀌었구나! 허물어져 망각 속에 묻혔던 도성들이 이처럼 번
성한 곳이 되다니!" 그때, 너희 주변에 남아 있는 민족들은, 나 **하나님**이 무너진
곳을 다시 일으켜 세우고 텅 빈 불모지에 생명을 심는 이인 줄 알게 될 것이다.
나 **하나님**이 말했으니, 내가 이룰 것이다.
37-38 주 **하나님**의 메시지다. 내가 다시 한번 이스라엘의 청을 들어주려고 한다.
내가 그들의 수를 양 떼처럼 불어나게 할 것이다. 예루살렘이 축제 기간에 제물
로 바치려고 가져온 양 떼로 붐비듯이, 허물어진 도성들이 사람들로 붐빌 것이
다. 그제야 그들은 내가 **하나님**인 줄 알게 될 것이다.'"

마른 뼈들이 살아나다

37 1-2 **하나님**께서 나를 잡아채셨다. **하나님**의 영이 나를 위로 들어 올리
시더니, 뼈들이 널브러져 있는 넓은 벌판 한가운데에 내려놓으셨다.
그분이 나를 데리고 그 뼈들 사이를 두루 다니셨다. 뼈가 얼마나 많던지, 벌판
전역이 뼈로 뒤덮여 있었다. 햇볕에 바싹 말라 희어진 뼈들이었다.
3 그분이 내게 말씀하셨다. "사람의 아들아, 이 뼈들이 살 수 있겠느냐?"
내가 대답했다. "주 **하나님**, 오직 주만이 아십니다."
4 그분이 내게 말씀하셨다. "저 뼈들을 향해 예언을 선포하여라. '마른 뼈들아,
하나님의 **메시지**를 들어라!'"
5-6 주 **하나님**께서 그 마른 뼈들에게 이르셨다. "자, 보아라. 내가 너희에게 생명
의 숨을 불어넣겠고, 너희가 살아날 것이다. 내가 너희에게 힘줄을 붙이고, 너
희 뼈에 살을 입히고, 너희를 살갗으로 덮고, 너희 안에 생명을 불어넣겠다. 그
러면 너희가 살아나서, 내가 **하나님**인 줄 알게 될 것이다!"
7-8 그래서 나는 명령받은 대로 예언을 선포했다. 그러자 무슨 소리가 들리기 시
작했다. 바스락바스락하는 소리였다! 뼈들이 움직이더니, 뼈와 뼈가 서로 붙기
시작했다. 계속 지켜보니, 그 뼈들에 힘줄이 붙고, 근육이 오르며, 그 위로 살갗
이 덮였다. 그러나 그들 안에 아직 생기는 없었다.
9 그분이 내게 말씀하셨다. "생기에게 말씀을 선포하여라. 사람의 아들아, 예언
을 선포하여라. 생기에게 일러라. '주 **하나님**께서 말씀하신다. 생기여, 오라. 사
방에서 불어와, 저 살해당한 몸들에게 생명을 불어넣어라!'"
10 내가 명령받은 대로 말씀을 선포하자, 생기가 그들 속에 들어갔고, 그들이 살
아났다! 그들이 제 발로 일어서는데, 엄청나게 큰 군대였다.
11 그때 하나님께서 내게 말씀하셨다. "사람의 아들아, 이 뼈들은 온 이스라엘
집안이다. 그들이 하는 말을 들어 보아라. '우리 뼈가 말랐다. 우리 희망이 사라
졌다. 남은 것이 아무것도 없다.'
12-14 그러므로, 예언을 선포하여라. 그들에게 전하여라. '주 **하나님**이 말한다. 나
의 백성들아, 내가 너희 무덤을 파헤치고 너희를 꺼내어 살려 주겠다! 곧장 너
희를 이스라엘 땅으로 데려가 주겠다. 내가 무덤을 파헤치고 내 백성인 너희를
꺼내는 날, 너희는 내가 **하나님**인 줄 알게 될 것이다. 내가 너희 안에 나의 생명
을 불어넣으면, 너희가 살아나리라. 내가 너희를 너희 땅으로 데려갈 때에, 너
희는 내가 **하나님**인 줄 알게 될 것이다. 내가 말했으니, 내가 이룰 것이다. **하나
님**의 포고다.'"

15-17 **하나님**의 **메시지**가 내게 임했다. "너 사람의 아들아, 막대기를 가져다가 그
위에 이렇게 써라. '유다와 그의 이스라엘 동료들.' 그 다음 다른 막대기를 가져다
가 그 위에 이렇게 써라. '에브라임의 막대기인 요셉과 그의 모든 이스라엘 동료
들.' 그런 다음 그 두 막대기를 하나로 묶어 네 손에서 한 막대기가 되게 하여라.

[18-19] 네 백성이 네게 '지금 무얼 하는 겁니까?' 하고 묻거든, 그들에게 전하여라.
'주 **하나님**이 말한다. 나를 잘 보아라! 내가 에브라임 손에 있는 요셉 막대기,
곧 그와 연결된 이스라엘 지파들의 막대기와 유다 막대기를 연결하여 그 둘을
한 막대기로 만들 것이다. 그 둘이 내 손에서 하나의 막대기가 될 것이다.'
[20-24] 또 너는, 네가 글을 새겨 넣은 그 막대기들을 가져다가 사람들이 잘 볼 수
있게 높이 쳐들고 그들에게 말하여라. '주 **하나님**이 말한다. 나를 잘 보아라! 나
는 이스라엘 백성이 포로로 붙잡혀 간 땅에서 그들을 데리고 나올 것이다. 내가
그들을 사방에서 모아다가 다시 고향으로 데리고 올 것이다. 그들이 그 땅, 이
스라엘의 산에서 한 민족을 이루어 살게 하고, 그들 모두를 다스릴 한 왕을 그
들에게 줄 것이다. 다시는 그들이 두 민족, 두 왕국으로 나뉘는 일이 없을 것이
다. 다시는 우상숭배와 추악하고 역겨운 짓과 반역 행위로 자기 삶을 더럽히는
일이 없을 것이다. 내가 그들을 죄로 물든 소굴에서 구해 주리라. 그들을 깨끗
이 씻겨 주리라. 그들은 나의 백성이 되고, 나는 그들의 하나님이 될 것이다! 나
의 종 다윗이 그들을 다스리는 왕이 되고, 그들 모두가 한 목자 아래서 살게 될
것이다.
[24-27] 그들은 나의 규례를 따르고 나의 율례를 지킬 것이다. 그들은 내가 나의 종
야곱에게 준 땅, 그들의 조상이 살던 땅에서 살 것이다. 그들과 그들의 후손들
이 거기서 영원히 살고, 나의 종 다윗이 영원히 그들의 왕이 될 것이다. 내가 그
들과 평화의 언약을 맺을 것이다. 이는 만물을 존속시키는 언약이요, 영원한 언
약이다. 내가 그들을 굳건히 지켜 주고, 나의 거룩한 예배 처소가 영원히 그들
삶의 중심에 자리 잡게 할 것이다. 내가 거기서 그들과 함께 살 것이다. 내가 그
들의 하나님이 되고, 그들은 나의 백성이 될 것이다!
[28] 나의 거룩한 예배 처소가 영원히 그들 삶의 중심에 세워질 때, 뭇 민족은 나
하나님이 이스라엘을 거룩하게 하는 이인 줄 알게 될 것이다.'"

곡을 통해 나의 거룩을 나타내리라

38

[1-6] **하나님**의 메시지가 내게 임했다. "사람의 아들아, 마곡 땅에서
온, 메섹과 두발의 우두머리 곡과 맞서라. 그를 대적하여 예언을 전
하여라. '주 **하나님**께서 말씀하신다. 곡아, 경고한다. 메섹과 두발의 우두머리
인 너를 내가 대적한다. 내가 너를 돌려세우고 네 턱에 갈고리를 꿰어, 너와 네
모든 군대와 네 말과 군장—큰 방패, 작은 방패, 칼—을 갖춘 기병들과 완전 무
장한 전사들을 모조리 끌어내 올 것이다! 페르시아와 구스와 붓이 무기를 들고
너와 함께 진군할 것이며, 고멜과 그 군대와 북방에서 온 벳도갈마와 그의 군대
도 동참할 것이다. 많은 민족들이 너와 함께하리라!
[7-9] 너는 불려 나온 모든 무리와 함께 전투태세를 갖추어라. 만반의 준비를 갖추
고 명령을 기다려라. 오랜 시간 후에, 네게 명령이 떨어질 것이다. 먼 미래에,
너는 전쟁의 참화를 딛고 일어선 나라에 이르게 될 것이다. 여러 민족의 땅에서
모여든 사람들이 거기, 오랫동안 폐허로 남아 있던 이스라엘의 산들에 모여 살

고 있을 것이다. 여러 나라에 흩어져 살다 돌아온 그들이, 거기서 안전하고 평
안히 살고 있을 것이다. 너와 모든 군대는 폭풍처럼 일어나서, 구름 떼처럼 그
땅에 몰려들어 그곳을 뒤덮을 것이다.
10-12 주 **하나님**의 메시지다. 그날이 오면, 너는 이런저런 궁리를 하다가 흉악한
계략을 꾸밀 것이다. 너는 말할 것이다. "저 무방비 상태의 나라에 쳐들어가자.
성벽도 세우지 않고 문도 잠그지 않은 채 태평하게 살아가는 저들을 덮쳐서 물
건을 약탈하자. 포로로 잡혀갔다가 돌아온 저들, 잿더미에서 일어선 저 나라에
쳐들어가서, 세상의 중심부에 자리를 잡고 나날이 번창하는 저들의 경제를 다
털어 오자."
13 돈벌이에 혈안인 무역상 스바와 드단과 다시스가 네게 말할 것이다. "약탈할
새 땅을 찾았군! 손쉽게 부자가 되려고 군대를 데려왔군!"'
14-16 그러므로, 사람의 아들아, 예언을 선포하여라! 곡에게 전하여라. '주 **하나님**
의 메시지다. 내 백성 이스라엘이 견고하게 세워지면, 네가 그때 오겠느냐? 폭
도 군단을 이끌고 먼 북방에서 내려오겠느냐? 질주하는 말을 타고 밀물처럼 땅
을 뒤덮고 구름 떼처럼 나라를 뒤덮으며, 내 백성 이스라엘에게 쳐들어오겠느
냐? 때가 이르면, 내가 너를 풀어 내 땅을 치게 할 것이다. 이는 뭇 민족이 보는
앞에서 내가 너 곡을 통해 나의 거룩을 만방에 나타내고, 그들이 나를 알아보게
하려는 것이다.
17-22 주 **하나님**의 메시지다. 여러 해 전에, 내가 나의 종 이스라엘의 예언자들을
통해 말한 것이 바로 너를 두고 한 말이 아니냐? 여러 해에 걸쳐 그들은, 장차
내가 너를 불러 이스라엘을 칠 것이라고 예언했다. 곡아, 날이 이르면 네가 이
스라엘 땅을 칠 것이다. 주 **하나님**의 포고다. 나의 불같은 진노가 터져 나오리
라. 불타는 질투에 사로잡힌 내가 네게 말한다. 그날 이스라엘 땅을 뒤흔들 지
진이 있을 것이다. 물고기와 새와 들짐승과—개미와 딱정벌레까지!—모든 사
람이 내 앞에서 떨 것이다. 산이 허물어지고 해안 땅이 꺼질 것이다. 그날, 내가
전면전을 명하여 너 곡을 칠 것이다. 주 **하나님**의 포고다. 이스라엘의 산들에서
곡이 곡을 쳐죽일 것이다. 내가 곡을 심판의 홍수에 잠기게 하겠다. 전염병과
대학살이 일어나고, 폭우와 우박과 용암이 너와 네 폭도 군대와 사람들에게 쏟
아질 것이다.
23 내가 나의 위엄과 거룩을 네게 보일 것이다. 내가 온 세상에 나를 알릴 것이
다. 그제야 너는 내가 **하나님**인 줄 알게 될 것이다.'"

침략자 곡의 멸망

39

1-5 "사람의 아들아, 곡을 대적하여 예언을 선포하여라. '주 **하나님**의
메시지다. 메섹과 두발의 우두머리 곡아, 내가 너를 대적한다. 내가
너를 돌려세우고 이끌어내겠다. 너를 먼 북방에서 이스라엘의 산지로 끌고 내
려오겠다. 그런 다음 내가 네 왼손의 활을 쳐 떨어뜨리고, 네 오른손의 화살을
쳐 떨어뜨릴 것이다. 이스라엘의 산지에서, 너와 네 모든 군단과 너와 함께한

모든 자들이 죽임당할 것이다. 내가 너를 시체 뜯어 먹는 새와 짐승들에게 먹이
로 던져 줄 것이다. 너는 넓은 들판에서 살해될 것이다. 내가 말했다. 주 **하나님**
의 포고다.'
6 내가 마곡과 안전하게만 보이는 먼 섬들에도 불을 놓을 것이다. 그제야 그들
은 내가 **하나님**인 줄 알게 될 것이다.
7 내가 내 백성 이스라엘 가운데 내 거룩한 이름을 드러낼 것이다. 내가 다시는
내 거룩한 이름이 진창에 처박히게 놔두지 않을 것이다. 그제야 뭇 민족은 나
하나님이 이스라엘의 거룩한 이인 줄 알게 될 것이다.
8 그렇게 될 것이다! 그렇다. 그렇게 될 것이다! 내가 네게 말한 그날에 그 일이
일어날 것이다.
9-10 사람들이 이스라엘 도성 밖으로 나와서, 크고 작은 방패, 활과 화살, 곤봉과
창을 쌓아 놓고 그 위에 불을 지펴, 거대한 화톳불을 피울 것이다. 그 불은 일곱
해 동안 계속 타리라. 사람들은 땔감을 구하러 숲에 들어갈 필요가 없을 것이
다. 연료로 쓸 무기들이 쌓이고 쌓였기 때문이다. 그들은 자신을 발가벗기던 자
들을 발가벗기고, 자신을 빈털터리로 만들던 자들을 빈털터리로 만들 것이다.
주 **하나님**의 포고다.
11 그날에, 내가 이스라엘 안에 곡을 묻을 매장지를 정할 것이다. 바다 동쪽 '여행
자들의 휴식처'에 곡과 그의 폭도 군대를 묻을 것인데, 그 거대한 묘지로 인해 여
행자들이 지나던 길이 막힐 것이다. 사람들은 그곳을 '곡의 폭도'라 부를 것이다.
12-16 땅을 정결하게 하기 위해 이스라엘이 그 시체들을 다 묻는 데만 일곱 달이
걸릴 것이다. 온 백성이 나와서 그 일을 거들 것이다. 그 일이 끝나고 내 임무를
마치면, 그날은 온 백성의 축제일이 될 것이다. 정결 매장 작업을 전담할 사람
들이 고용되고, 그들이 나라 전역을 다니며 썩어 가는 부정한 시체들을 찾아낼
것이다. 일곱 달이 끝날 즈음에는, 대대적인 마지막 수색작업이 있을 것이다.
뼈 하나라도 발견되면 그 장소에 막대기로 표를 하고, 매장인들이 그것을 가져
다가 집단 매장지인 '곡의 폭도'(근처 성읍은 '폭도 마을' 하모나라고 불린다)에 묻을 것
이다. 그렇게 해서 그들은 땅을 정결케 할 것이다.
17-20 사람의 아들아, 주 **하나님**이 말한다. 새들을 불러라! 들짐승들을 불러라!
소리 높여 외쳐라. '모여서 오너라. 내가 이스라엘의 산지 위에서 너희를 위해
희생 제물 잔치를 열 것이다. 너희는 고기를 먹고 피를 마실 것이다. 기라성 같
은 영웅들의 몸을 뜯을 것이요, 이름 높은 왕들의 피를 마실 것이다. 숫양과 어
린양, 염소와 황소, 바산의 가장 좋은 육축들을 먹어 치울 것이다. 너희는 내가
베풀 그 희생 제물 잔치에서 배부를 때까지 기름진 살을 먹고 취할 때까지 피를
마실 것이다. 내가 너희를 위해 차릴 그 상에서, 말과 기병, 영웅과 온갖 용사들
이 배불리 먹을 것이다.' 주 **하나님**의 포고다.
21-24 내가 민족들에게 나의 영광을 나타내 보일 것이니, 그들 모두가 내 손으로
심판을 행하는 모습을 목도하리라. 그날 이후로 이스라엘은 내가 그들의 **하나**
님인 줄 알게 될 것이다. 그리고 이스라엘이 포로로 잡혀간 것은 그들의 죄 때

문이었음을 뭇 민족이 알게 될 것이다. 이스라엘은 내게 반역했고, 그래서 나는
그들에게 등을 돌렸다. 내가 그들을 그들의 원수에게 넘겨주었고, 그들은 모두
죽임을 당했다. 나는 죄에 물든 삶을 산 더러운 그들에게 응분의 벌을 내렸다.
나는 등을 돌려 그들을 외면했다.
25-29 그러나 이제 나는 사로잡혀 간 야곱을 다시 부르고, 이스라엘의 모든 백성
을 가엾이 여기며, 내 거룩한 이름을 위해 열심을 낼 것이다. 이스라엘이 그들
의 땅에서 아무 두려움 없이 안전하고 평안히 살게 되는 날에, 마침내 나를 배
반했던 부끄러운 기억이 사라지리라. 그들을 낯선 땅에서 다시 데려오고 원수
의 영토에서 모은 다음, 나는 모든 민족이 지켜보는 앞에서 그들을 사용해 나
의 거룩을 나타내 보이리라. 그제야 그들은 내가 그들의 **하나님**인 줄 확실히 알
게 될 것이다. 나는 그들을 포로로 잡혀가게 했지만, 한 사람도 남김없이 다시
그들의 땅으로 모을 것이기 때문이다. 나는 이스라엘에 나의 영을 부어 내 생명
으로 충만케 하고, 다시는 그들에게 등을 돌리지 않을 것이다. 얼굴을 마주하여
그들을 볼 것이다. 주 **하나님**의 포고다."

환상 중에 본 성전

40

1-3 우리가 포로로 잡혀 온 지 이십오 년째 되는 해—도성이 함락된
지 십사 년째 되는 해—첫째 달 십일에, **하나님**께서 나를 사로잡아
이곳으로 데려오셨다. 거룩한 환상 중에 그분이 나를 이스라엘 땅으로 데려오
셔서, 높은 산 위에 내려놓으셨다. 남쪽을 보니, 거기에 도성처럼 보이는 건물
들이 있었다. 그분이 나를 그곳으로 데려가셨고, 거기서 나는 구릿빛 피부를 가
진 한 사람을 만났다. 그는 아마 줄과 측량 장대를 들고 건물 입구에 서 있었다.
4 그가 내게 말했다. "사람의 아들아, 잘 보고 들어라. 이제부터 내가 네게 보여
줄 모든 것에 주목하여라. 이 일을 위해 내가 너를 이곳으로 데려왔다. 너는 본
것을 모두 이스라엘에게 말해 주어라."

⁂

5 먼저, 성전 복합건물을 둘러싸고 있는 담이 보였다. 그 사람의 손에 측량하는 장
대가 들려 있었는데, 길이가 3.18미터였다. 그가 담을 측량하니 두께가 3.18미
터, 높이도 3.18미터였다.

⁂

6-7 그가 동쪽으로 난 문으로 들어가 일곱 계단을 밟고 위로 올라가서 바깥쪽 문
간의 깊이를 재니, 3.18미터였다. 문간 회랑 옆으로 문간방들이 있었는데, 가로
와 세로가 각각 3.18미터인 정사각형의 방이었고, 2.25미터 두께의 벽으로 분
리되어 있었다. 그 안쪽 문간은 성전 뜰로 들어가는 현관으로 이어졌는데, 깊이
가 3.18미터였다.
8-9 또 그가 문의 안쪽 현관을 재니, 깊이가 3.6미터이고, 측면 기둥들의 두께는

0.9미터였다. 그 현관은 성전 뜰 쪽으로 나 있었다.
10 이 동문 안쪽에는 각 면마다 세 개씩 문간방이 있었다. 방의 크기는 모두 같았
고, 동일한 모양과 크기의 벽들로 분리되어 있었다.
11 그가 문 바깥쪽 입구를 재니, 너비가 4.5미터, 깊이는 5.85미터였다.
12 각 문간방 앞에는 45센티미터 높이의 낮은 벽이 있었다. 그 문간방들은 가로
와 세로가 각각 3.18미터로 정사각형 모양이었다.
13 또 그가 한쪽 끝 문간방 지붕 모서리에서 다른 쪽 끝 문간방 지붕 모서리까지
재니, 그 사이의 거리가 11.25미터였다.
14 또 그가 문의 안쪽 벽들을 재니, 뜰로 이어지는 현관까지 거리가 27미터였다.
15 그 문의 입구에서 현관 끝까지의 거리는 22.5미터였다.
16 또 문 안쪽 문간방들과 그 사이의 벽에는 사방으로 돌아가며 좁은 창들이 나
있었다. 현관도 마찬가지였다. 창들은 모두 안쪽으로 나 있었다. 문간방 사이의
벽기둥들은 종려나무로 장식되어 있었다.

⚘

17-19 그런 다음 그가 나를 바깥뜰로 데리고 갔다. 그곳에는 뜰의 문들을 연결해 주는 포장된 보도를 따라, 서른 개의 방들이 줄지어 있었다. 그 보도의 길이는 문간의 길이와 같았고, 문간을 따라 옆으로 쭉 이어져 있었다. 그 보도는 바깥뜰로 가는 길이었다. 그가 문간 입구 정면에서부터 안뜰 입구까지의 거리를 재니, 45미터였다.

⚘

19-23 그런 다음 그가 나를 북쪽으로 데리고 갔다. 보니, 또 다른 문이 북쪽으로 나 있었고, 바깥뜰이 거기서 끝났다. 그가 그 문의 길이와 너비를 재었다. 문의 양쪽으로 세 개씩 문간방이 있었는데, 그 벽기둥이나 현관이 앞서 말한 문의 크기와 같았다. 길이가 26.5미터, 너비가 13.25미터였다. 창과 종려나무들도 동쪽 문의 것과 크기가 같았다. 일곱 계단을 밟아 문으로 올라가 보니, 현관이 안쪽으로 나 있었다. 동문의 경우처럼, 북문 맞은편에도 안뜰로 들어가는 문이 있었다. 두 문 사이 거리는 53미터였다.
24-27 그런 다음 그가 나를 남쪽의 남문으로 데리고 갔다. 그가 그 문의 벽기둥과 현관을 재니, 크기가 다른 문들과 같았다. 창이 달린 현관도 앞에서 본 다른 문들과 크기가 같았다. 일곱 계단을 밟아 문으로 올라가는데, 현관이 바깥뜰 쪽으로 나 있고, 양편의 벽기둥이 종려나무로 장식되어 있었다. 남문 맞은편에도 안뜰로 들어가는 문이 남쪽으로 나 있었다. 그가 뜰을 가로질러 두 문 사이의 거리를 재니, 53미터였다.

⚘

28-31 또 그가 나를 남쪽 문을 통해 안뜰로 데리고 갔다. 그가 그 문을 재니, 바깥

쪽 문들과 크기가 같았다. 문간방, 연결 벽, 현관의 크기가 모두 똑같았다. 그
문과 현관에는 사방으로 돌아가며 창이 나 있었고, 길이가 26.5미터, 너비가
13.25미터였다. 안뜰로 들어가는 문은 모두 13.25미터 길이에 2.65미터 너비
였다. 각 현관은 바깥뜰 쪽으로 나 있었다. 그 벽기둥 위에는 종려나무 모양이
새겨져 있고, 문으로 올라가는 여덟 계단이 있었다.
32-34 그런 다음 그가 나를 안뜰의 동쪽으로 데리고 가서, 거기에 있는 문을 재니,
그 크기가 다른 문들과 같았다. 문간방, 연결 벽, 현관의 크기가 모두 같았다.
그 문과 현관 양쪽에도 사방으로 돌아가며 창이 나 있었다. 재어 보니, 길이가
26.5미터, 너비가 13.25미터였다. 현관은 바깥뜰 쪽으로 나 있었고, 양편 벽기
둥 위에는 종려나무가 새겨져 있었다. 또 여덟 계단이 있었다.
35-37 또 그가 나를 북쪽으로 난 문으로 데리고 가서 그 크기를 재니, 마찬가지로
다른 문들과 같은 치수였다. 문간방과 연결 벽과 창문 달린 현관이 있었고, 길
이가 26.5미터, 너비가 13.25미터였다. 현관은 바깥뜰 쪽으로 나 있었고, 양편
벽기둥 위에는 종려나무가 새겨져 있었다. 마찬가지로 올라가는 여덟 계단이
있었다.

❦

38-43 그 문의 현관 옆에 문이 달린 방이 하나 있었는데, 그 방은 번제물을 씻는
곳이었다. 방 양쪽에 상이 두 개씩 놓여 있었고, 그 위에서 번제, 속죄제, 속건
제에 쓸 짐승을 잡았다. 현관의 바깥쪽에도 양 벽쪽으로 상이 두 개씩 놓여 있
었다. 이렇게 안쪽에 네 개, 바깥쪽에 네 개, 모두 여덟 개의 상이 있었고, 거기
서 제물로 바칠 짐승을 잡았다. 번제물을 바칠 때 쓰는 네 개의 상들은 모두 가
로와 세로가 79.5센티미터인 정사각형 모양에 높이는 53센티미터였다. 제물로
바칠 짐승을 잡는 기구와 제사를 드릴 때 쓰는 그 밖의 기구들이 그 위에 놓여
있었고, 벽에는 8센티미터 길이의 갈고리들이 걸려 있었다. 그 상들은 제물로
바칠 짐승을 올려놓는 곳이었다.

❦

44-46 안쪽 문과 안뜰이 이어지는 지점에 방이 두 개 있었다. 하나는 북쪽 문에 있
으면서 남쪽으로 나 있었고, 다른 하나는 남쪽 문에 있으면서 북쪽으로 나 있었
다. 그 사람이 내게 말했다. "남쪽으로 나 있는 이 방은 성전을 책임지는 제사장
들을 위한 방이다. 그리고 북쪽으로 나 있는 저 방은 제단을 책임지는 제사장들
의 방이다. 그들은 사독의 자손으로, 레위의 자손 중에서도 **하나님**께 가까이 나
아가 그분을 섬기도록 허락받은 제사장들이다."
47 그가 또 안뜰을 재니, 가로와 세로가 53미터인 정사각형 모양이었다. 제단은
성전 앞에 놓여 있었다.

48-49 그가 나를 성전 현관으로 데리고 가서 현관의 벽기둥들을 재니, 양편 모두 높이가 2.65미터였다. 성전 문으로 들어가는 입구는 너비가 6.3미터이고, 연결 벽들의 두께는 1.35미터였다. 현관 자체는 너비가 10.6미터이고, 깊이는 6.36미터였다. 현관 어귀에는 열 개의 계단이 있었고, 벽기둥 옆으로 다른 기둥들이 서 있었다.

41

1-2 그가 나를 성전으로 데리고 가서 양편의 벽기둥을 재니, 그 두께가 각각 3.18미터였다. 입구의 너비는 5.3미터였다. 양 벽은 두께가 각각 2.65미터였다.
또 그가 성전 안 성소를 재니, 길이가 21.2미터, 너비가 10.6미터였다.
3-4 그가 더 들어가서 성소 입구의 두 벽기둥을 재니, 그 두께가 각각 1.06미터였다. 입구 자체 너비는 3.18미터이고, 입구 벽의 두께는 3.71미터였다. 그가 성소 끝에 자리한 지성소를 재니, 가로와 세로가 10.6미터인 정사각형이었다. 그가 내게 "이곳이 지성소다" 하고 일러 주었다.
5-7 그가 성전 벽을 재니, 두께가 3.18미터였다. 성전을 둘러싸며 곁방들이 자리하고 있었는데, 너비가 각각 2.12미터였다. 이 곁방들은 삼층으로 이루어져 있었고, 각 층마다 서른 개의 방이 있었다. 그 곁방들을 지탱해 주는 들보가 성전 주위로 둘러 있었는데, 성전 벽에 붙어 있지 않고 자체로 독립되어 있었다. 성전을 둘러싼 곁방은 위층으로 올라갈수록 더 넓었다. 아래층에는 중간층을 거쳐 맨 위층으로 올라가는 계단이 있었다.
8-11 내가 자세히 보니, 성전 둘레를 3.18미터 두께의 단이 둘러싸고 있었는데, 그것이 곁방들의 기초였다. 곁방들의 외벽은 두께가 2.65미터였다. 성전 곁방들과 제사장의 방들 사이에 너비가 10.6미터인 빈 터가 있었고, 그 빈 터가 성전을 둘러싸고 있었다. 그 빈 터에서 곁방들로 들어가는 입구가 둘 있었는데, 하나는 북쪽 면에 다른 하나는 남쪽 면에 있었다. 성전을 빙 두르는 빈 터의 너비는 2.65미터였다.
12 서쪽 방향으로 서서 성전 뜰을 바라보고 있는 건물이 있었는데, 너비는 37.1미터, 벽의 두께는 2.65미터였다. 벽과 건물의 길이는 47.7미터였다.
13-14 그가 성전을 재어 보니, 길이가 53미터였다. 성전 뜰과 그 앞의 건물과 벽을 합한 길이도 53미터였다. 또 성전의 전면과 동쪽으로 난 빈 터의 너비도 각각 53미터였다.
15-18 그가 성전의 뒤뜰을 바라보고 있는 건물의 길이를 재니, 양쪽의 다락을 포함해 53미터였다. 성소와 지성소와 뒤뜰로 나 있는 현관에 나무판자를 대 놓았는데, 삼면으로 창틀과 문틀을 달았고, 바닥부터 창까지 벽에 판자를 대 놓았다. 지성소로 들어가는 바깥쪽 입구와 지성소와 성소를 나누는 벽들 사방에 그

룹과 종려나무 모양이 일정한 간격으로 교차하며 새겨져 있었다.
18-20 그룹의 얼굴은 각기 두 개였다. 사람 얼굴은 오른쪽 종려나무를 바라보고
있었고, 사자 얼굴은 왼쪽 종려나무를 바라보고 있었다. 그 모양이 성전 전체에
새겨져 있었는데, 성소 벽 바닥부터 문 높이까지 새겨져 있었다.
21-22 성소에는 직사각형 모양의 문틀이 있었다. 지성소 앞에는 나무로 만든 제단
처럼 보이는 무언가가 있었는데, 1.59미터 높이에 가로와 세로가 각각 1.06미
터인 정사각형 모양이었다. 모서리며 받침대며 옆면이 모두 나무로 되어 있었
다. 그 사람이 내게 말했다. "이것은 하나님 앞에 놓는 상이다."
23-26 성소와 지성소 모두 겹문이 달려 있었다. 문마다 문짝이 두 개씩 있고, 각
문짝마다 돌쩌귀가 두 개씩 달려 있었다. 두 개의 문짝은 안쪽으로, 다른 두 개
는 바깥쪽으로 열리게 되어 있었다. 성소의 문에는 그룹과 종려나무가 새겨져
있었다. 바깥 현관 앞에는 나무로 만든 차양이 있었다. 현관 양편에는 종려나무
모양이 번갈아 가며 새겨진 좁은 창들이 있었다.

42 1-9 그 사람이 나를 북쪽 바깥뜰로 이끌고 나가서, 빈 터 앞에 있는
방들과 북쪽을 바라보고 있는 건물로 데려갔다. 북향 건물은 길이
가 53미터이고, 너비가 26.5미터였다. 안뜰과 바깥뜰 가장자리의 포장된 보도
를 가르는 10.6미터를 사이에 두고 방들이 나란히 삼층으로 올려져 있었다. 안
쪽 방들 앞으로 복도가 있었는데, 그 너비가 5.3미터, 길이가 53미터였다. 입구
는 북쪽으로 나 있었다. 건물 삼층 방들은 일이층 방들보다 좁았지만 회랑은 더
넓었다. 이 방들에는 바깥뜰에 있는 것 같은 기둥들이 없어서, 삼층 방이 일이
층 방들보다 작았다. 바깥뜰에는 그 방들과 나란히 바깥담이 둘러 있었다. 방들
앞에 세워진 그 담의 길이는 26.5미터였다. 바깥뜰 쪽 방들의 길이는 26.5미터
이고, 성소 가장 가까이에 있는 방들의 길이는 53미터였다. 일층 방들은 입구가
동쪽으로 나 있었는데, 바깥뜰에서 그리로 들어오게 되어 있었다.
10-12 남쪽 면에도 뜰의 바깥담을 따라 성전 뜰을 마주하고 있는 방들이 있었고,
그 앞으로 보도가 깔려 있었다. 북쪽 면의 방들과 똑같은 모습이었고—출구와
치수가 같았다—복도로 이어지는 입구는 동쪽으로 나 있었으며, 방들로 들어가
는 문들도 북쪽에 있는 것들과 같았다. 남쪽 건물의 모양새는 북쪽과 거울에 비
친 듯 똑같았다.
13-14 그가 내게 말했다. "빈 터 옆의 북쪽 방과 남쪽 방들은 거룩한 방들로, 하나
님 앞에 나아오는 제사장들이 거룩한 봉헌물을 먹는 곳이다. 제사장은 거룩한
제물, 곧 곡식 제물, 속죄 제물, 속건 제물을 그 방에 놓아둔다. 그 방들은 구별
된 방들이요 거룩한 공간이다. 제사장들은 성소에 들어가 섬김의 일을 할 때 바
깥뜰에 나와 백성과 섞여서는 안된다. 그 일을 할 때 입었던 신성한 의복을 벗
고 평상복으로 갈아입은 다음에야 그렇게 할 수 있다."
15-16 성전 내부를 재는 일을 마치자, 그는 나를 동쪽 문 밖으로 데리고 나가 성전

의 바깥쪽을 재었다. 측량 장대로 그가 동쪽 면을 재니, 265미터였다.
17 북쪽 면을 재니, 265미터였다.
18 남쪽 면을 재니, 265미터였다.
19 마지막으로, 그가 서쪽 면으로 가서 그곳을 재니, 265미터였다.
20 그가 잰 사방의 벽은 모두 265미터였다. 그 벽들을 사이에 두고 거룩한 곳과
속된 곳이 구별되었다.

하나님의 영광이 나타나다

43 1-3 그 사람이 나를 동쪽 문으로 데리고 갔다. 오! 이스라엘 하나님의
찬란한 영광이 큰 물소리와 함께 동쪽에서 밀려들었고, 그 찬란한
영광의 광채에 땅이 환히 빛났다. 이는 그분께서 도성을 멸망시키러 오셨을 때
내가 보았던 것과 같은 모습이었다. 또 전에 그발 강가에서 본 것과도 같은 광
경이었다. 이번에도 나는 얼굴을 땅에 대고 엎드렸다.
4-5 하나님의 찬란한 영광이 동쪽 문을 통해 성전 안으로 쏟아져 들어왔다. 그 영
이 나를 일으켜 세우고 나를 안뜰로 데리고 갔는데, 내가 보니 성전에 하나님의
찬란한 영광이 가득했다!

6-9 그 사람이 내 곁에 서 있는데, 성전 안쪽에서 누군가가 나를 향해 말하는 소
리가 들려왔다. "사람의 아들아, 이곳은 내 보좌가 있는 곳, 내 발을 놓는 곳이
다. 내가 이스라엘 백성과 영원히 살 곳이다. 다시는 이스라엘 백성과 왕들이
창녀짓을 하거나 길가에 산당을 세우고 우상으로 내 거룩한 이름에 먹칠을 하
는 일이 없을 것이다. 그들은 나를 예배하는 처소 바로 옆에서, 얇은 담 하나를
사이에 둔 채 우상숭배 산당들을 세우고, 더러운 의식으로 내 거룩한 이름을 진
창에 처박았다. 그러니 내가 어찌 진노 가운데 그들을 멸하지 않을 수 있었겠느
냐? 이제 창녀짓을 그치고, 그들의 왕들이 들여온 악취 나는 우상들을 모두 없
애게 하여라. 그러면 내가 그들이 사는 곳으로 옮겨 가서 영원히 그들과 함께할
것이다.
10-11 사람의 아들아, 이스라엘 백성에게 이 성전에 관한 모든 것을 말해 주어라.
그들은 지금껏 살아온 방종한 삶에 대해 스스로 경악하게 될 것이다. 이스라엘
백성이 이 성전 배치도를 면밀히 살펴보게 하여라. 그들이 가던 길을 멈추게 될
것이다. 성전 전체 도면—입구와 출구, 비율, 규정과 법도—을 다 보여주어라.
그들이 볼 수 있도록 그림을 그려 주어 도안과 그 의미를 이해하게 하고, 그 취
지대로 살 수 있게 하여라.
12 이것이 성전의 법이다. 성전이 산 정상에서 빛을 발하면, 그 주변 전체가 거룩
한 땅이 된다. 그렇다. 이것이 성전의 법, 곧 성전의 의미다."

13-14 "(길이가 53센티미터인) 긴 자로 잰 제단의 치수는 이러하다. 밑받침 물받이는

길이가 53센티미터, 너비가 53센티미터이며, 테두리에는 10.6센티미터의 턱이
있다.
14-15 제단의 높이는 밑받침부터 첫째 선반까지 1.06미터이며, 너비는 53센티미
터다. 첫째 선반부터 둘째 선반까지의 높이는 2.12미터, 너비는 53센티미터다.
그 위에는 2.12미터 높이의 제단 화덕이 있다. 화덕 위로 솟은 네 개의 뿔은 높
이가 53센티미터다.
16-17 제단 맨 위에 있는 화로는 가로와 세로가 각각 6.36미터인 정사각형이다.
윗선반도 각 면이 7.42미터로 정사각형이며, 테두리의 턱은 26.5센티미터, 물
받이는 너비가 53센티미터다.
제단의 계단은 동쪽으로 나 있다."

18 그 사람이 또 내게 말했다. "사람의 아들아, 주 **하나님**께서 말씀하신다. '제단
에서 행할 규례, 번제물을 바치고 그 위에 피를 뿌리는 규례는 이러하다.
19-21 속죄 제물로 수송아지 한 마리를 제사장에게 가져오되, 내 앞에 나와서 나
를 섬기는 사독 가문 출신 레위인 제사장들이 가져오게 하여라. 소의 피를 가져
다가 제단 맨 윗선반 네 귀퉁이에 솟아 있는 네 뿔과 테두리 턱에 발라라. 이것
은 제단을 정결하게 하고 거기서 희생 제물을 드릴 수 있게 하려는 것이다. 그
런 다음 속죄 제물로 바친 수송아지를 가져다가 성소 바깥마당, 지정된 장소에
서 불태워라.
22-24 이튿날에는, 흠 없는 숫염소 한 마리를 속죄 제물로 바쳐라. 수송아지를 바
칠 때와 똑같은 방법으로 제단을 정결하게 하여라. 정결 의식을 마치면, 흠 없
는 수송아지 한 마리와 양 떼 가운데서 흠 없는 숫양 한 마리를 골라 바쳐라. 그
것들을 **하나님** 앞에 바칠 때는, 그 위에 소금을 뿌려 **하나님**께 번제물로 바쳐야
한다.
25-26 너는 칠 일 동안 매일 염소 한 마리를 속죄 제물로 마련하고, 수송아지 한
마리와 양 떼 가운데서 흠 없는 숫양 한 마리를 마련해 놓아라. 칠 일 동안 제사
장들은 제단을 정결하게 하면서, 준비해야 한다. 이것이 제단을 봉헌하는 방식
이다.
27 칠 일에 걸친 봉헌을 마치면, 팔 일째 되는 날부터는 제사장들이 너희의 번제
물과 화목 제물을 바칠 것이다. 그러면 내가 너희를 즐거이, 기쁘게 받아들일
것이다! 주 **하나님**의 포고다.'"

성소 규례

44
1 그 사람이 나를 다시 동쪽으로 난 성소 바깥 문으로 데리고 갔다.
그런데 그 문이 닫혀 있었다.
2-3 **하나님**께서 내게 말씀하셨다. "이 문은 닫혔고, 언제까지나 닫혀 있을 것이
다. 누구도 이 문을 통해 들어갈 수 없다. **하나님**, 이스라엘의 하나님이 이 문으
로 들어갔기 때문이다. 이 문은 영원히 닫혀 있을 것이다. 오직 왕만이 왕의 자

격으로 거기 앉아 하나님 앞에서 먹을 수 있다. 그는 현관을 통해 이 문 안에 들
어왔다가, 다시 그 길로 나가야 한다."
4 그 사람이 나를 이끌어 북쪽 문을 통해 성전 앞으로 데리고 갔다. 내가 보니,
하나님의 찬란한 영광이 하나님의 성전에 가득 차 있었다! 나는 얼굴을 땅에 대
고 엎드려 경배했다.
5 하나님께서 내게 말씀하셨다. "사람의 아들아, 너는 정신 차려 눈여겨보고 귀
담아들어라. 내가 이 하나님의 성전의 규례와 법규에 대해 네게 이르는 모든 말
과, 성전과 성소 출입구에 대해 이르는 지침에 주목하여라.
6-9 저 반역자들, 곧 이스라엘 가문에게 전하여라. '주 하나님의 메시지다. 이스라
엘아, 추악하고 역겨운 짓을 이제 그쳐라. 너희는 마음과 육체에 할례 받지 않은
불경하고 완악한 이방 사람들을 내 성소에 끌어들였고, 내게 희생 제물로 바친
것들을 그들이 먹도록 내놓았다. 너희는 추악하고 역겨운 짓을 서슴지 않았으
며, 신의를 저버리고 나와 맺은 엄숙한 언약을 깨뜨렸다. 너희는 나의 거룩한 기
물들을 돌보지 않았고, 나의 성소에 대한 경외심이 전혀 없는 이방인들을 고용
하여 그 일을 떠맡겼다. 마음이나 육체에 할례를 받지 않은 불경하고 완고한 이
방인들은, 이스라엘 사람들과 함께 살고 있어도 내 성소에 들어올 수 없다.'
10-14 온 이스라엘이 우상을 좇아가자, 거기에 편승하여 나를 버리고 떠난 레위인
들은, 그 모든 잘못의 대가를 치르게 될 것이다. 이제부터 그들은 성소에서 머
슴 일만 하게 될 것이다. 문지기 일이나 성전 허드렛일을 맡아서, 백성이 가져
오는 희생 제물을 잡아 주고 그들을 섬기는 일을 하게 될 것이다. 우상들의 제
사장 노릇을 하며 내 백성 이스라엘을 걸려 넘어지게 한 그들이니, 내가 반드시
그들을 벌하기로 맹세했다. 주 하나님의 포고다. 그렇다. 그들은 자신들이 저
지른 일의 대가를 치를 것이다. 이제 그들은 제사장직에서 해고되었다. 더 이상
내 앞에 나아와 내 거룩한 기물들을 돌보는 일을 하지 못한다. 거룩한 곳에 더
이상 들어가지 못한다! 그들은 추악하고 역겨웠던 삶의 부끄러움을 짊어지고
살아야 한다. 이제부터는 청소와 심부름이 그들의 일이다. 그것이 전부다.
15-16 그러나 모두가 나를 등지고 떠났을 때도 신실하게 나의 성소를 지키고 돌보
았던 사독의 자손 레위인 제사장들은, 내 앞에 나아와 나를 섬길 것이다. 그들
은 엄숙하게 희생 제물을 바치는 제사장의 일을 수행할 것이다. 주 하나님의 포
고다. 그들만이 내 성소에 들어올 수 있다. 그들만이 내 상에 가까이 와서 내 일
을 도우며 나를 섬길 수 있다.
17-19 그들이 안뜰 문에 들어올 때는, 반드시 모시옷을 입어야 한다. 안뜰 문이나
성전 안에서 섬길 때 양털로 만든 옷을 입어서는 안된다. 머리에는 모시 관을
쓰고 속에는 모시 속옷을 입어야 한다. 땀이 나게 하는 것은 어떤 것도 입어서
는 안된다. 백성이 모여 있는 바깥뜰로 나갈 때는, 안에서 섬길 때 입은 옷을 벗
어서 거룩한 방에 두고 평상복으로 갈아입은 다음에 나가야 한다. 잘못된 옷차
림으로 그들이 수행하는 거룩한 일의 격을 떨어뜨리지 않게 해야 한다.
20 그들은 머리를 밀어서도 안되고 머리카락이 덥수룩하게 놔두어서도 안되며,

늘 단정하게 깎아야 한다.
[21] 어떤 제사장이든지, 일할 때 술에 취해 있으면 안된다. 안뜰에 있을 때는 포도
주를 입에 대지 못한다.
[22] 제사장은 과부나 이혼한 여자와 결혼해서는 안된다. 그러나 이스라엘 처녀나
제사장의 아내였다가 과부가 된 여인과는 결혼할 수 있다.
[23] 제사장이 할 일은 내 백성이 거룩한 것과 일상적인 것, 부정한 것과 정결한 것
을 분별하도록 가르쳐 보이는 것이다.
[24] 의견 대립이 일어나면, 제사장들이 나서서 중재해야 한다. 나의 판결과 법규와
율례에 입각해서 판단을 내려야 한다. 그들은 나의 명령대로 백성들이 정해진 축
제일을 엄수하고, 나의 안식일을 거룩히 지키도록 할 책임을 맡은 자들이다.
[25-27] 제사장은 시체에 가까이 다가가 자신을 부정하게 해서는 안된다. 그러나 죽
은 자가 그의 부친이나 모친, 아들이나 딸, 형제나 미혼 자매일 경우에는 시체
에 가까이 다가갈 수 있다. 그러나 그는 정결 의식을 치른 후에도 칠 일을 더 기
다려야 한다. 다시 성소에서 제사장 직무를 수행하기 위해 성소 안뜰로 돌아갈
때는, 먼저 자신을 위해 속죄 제물을 바쳐야 한다. 주 **하나님**의 포고다.
[28-30] 제사장들의 땅 소유에 대해 말하면, 내가 바로 그들의 유산이다. 그들에게
는 이스라엘의 어떤 땅도 주어서는 안된다. 내가 그들의 땅이며 내가 그들의 유
산이다. 그들은 곡식 제물과 속죄 제물과 속건 제물에서 양식을 얻을 것이다.
이스라엘 사람들이 예배를 위해 **하나님**께 바친 것들은 모두 그들의 몫이다. 사
람들이 기른 것 중에 가장 좋은 것과 모든 특별 선물도 제사장들의 몫이다. 하
나님께 예배하며 바친 모든 것이 그들의 몫이다. 먼저 그들을 섬겨라. 너희 소
유 중에 가장 좋은 것으로 그들을 섬겨라. 그러면 너희 집이 복을 받을 것이다.
[31] 제사장은 길이나 들에서 죽은 짐승들 중에, 사람의 통상적 음식이 아닌 고기
는 새든지 짐승이든지 먹어서는 안된다."

하나님을 위한 거룩한 공간

45

[1-4] "땅 유산을 나눌 때, 너희는 땅의 일부를 **하나님**을 위한 거룩한 공
간으로 따로 떼어 놓아야 한다. 길이는 11.25킬로미터, 너비는 9킬로
미터가 되게 하여라. 그 땅 전체가 거룩한 공간이다. 이 직사각형 구역 안에서,
성소를 위해 가로와 세로가 각각 225미터인 정사각형 땅을 떼어 놓고, 그 주변
사방으로 22.5미터를 재어 완충지대를 두어라. 이 거룩한 보호구역 안에, 길이
11.25킬로미터, 너비 4.5킬로미터 되는 구역을 정해 표를 하여라. 성소와 지성
소가 거기 위치할 것이다. 이곳은 성소에서 예배를 인도하며 **하나님**을 섬기는
제사장들의 거주구역이다. 그들의 집이 거기에 늘어설 것이다.
[5] 거룩한 보호구역 북쪽으로, 길이 11.25킬로미터, 너비 4.5킬로미터 되는 지역
을 떼어 놓아라. 그곳은 성소에서 예배 관련 직무를 맡는 레위인들의 마을을 위
한 땅이다.
[6] 거룩한 보호구역 남쪽으로는 길이 11.25킬로미터, 너비 2.25킬로미터 되는

지역을 재어 도성에 속한 땅으로 떼어 놓아라. 그 땅은 이스라엘 모든 가문이 공동으로 소유하는 지역이다.

7-8 중심부의 거룩한 정사각형 땅에서 동쪽과 서쪽으로 각각 11.25킬로미터까지는 왕의 몫이다. 이 땅은 동쪽으로는 요단까지, 서쪽으로는 지중해까지 이르는 지역으로, 이스라엘 왕의 소유다. 나의 왕들은 더 이상 내 백성을 못살게 괴롭히거나 짓밟지 않을 것이며, 각 지파에게 분배된 땅을 존중할 것이다.

9-12 이는 주 **하나님**의 메시지다. '이스라엘의 왕들아, 그동안 나는 참을 만큼 참았다. 내 백성을 못살게 굴고 착취하는 일을 그쳐라. 이제는 자세를 바꾸어 정의와 공의를 행하여라. 정직한 눈금, 곧 정직한 저울과 정직한 자를 사용하여라. 한 말은 언제나 18리터여야 한다. 한 되는 언제나 1.8리터여야 한다. 둘 모두의 기본 단위는 리터다. 너희 돈도 정직해야 한다. 위조지폐는 안될 말이다!'"

제사 규례

13-15 "'너희가 바쳐야 할 제물은 이러하다. 너희 밀의 육십분의 일, 보리의 육십분의 일, 기름의 백분의 일, 그리고 이스라엘의 비옥한 초장에서 자라는 양들 200마리당 1마리씩이다. 이것들은 백성을 위해 드리는 속죄제의 곡식 제물, 번제물, 화목 제물로 사용될 것이다. 주 **하나님**의 포고다.

16-17 이 땅 모든 사람이 이스라엘 왕이 관장하는 이 특별 봉헌에 참여해야 한다. 거룩한 축제일과 매달 초하루와 안식일, 곧 이스라엘 백성이 지켜야 할 모든 축제일에 바칠 번제물과 곡식 제물과 부어 드리는 제물을 마련하는 일은 왕의 몫이다. 이스라엘 백성을 위한 속죄제에 바칠 속죄 제물, 곡식 제물, 번제물, 화목 제물을 마련하는 일은 그의 책임이다.

18-20 이는 주 **하나님**의 메시지다. 첫째 달 첫째 날에는, 흠 없는 수송아지 한 마리를 골라다가 성소를 정결하게 하여라. 제사장은 그 속죄 제물의 피를 가져다가 성전의 문기둥과 제단의 선반 네 모서리와 안뜰 문 입구에 발라야 한다. 그 달 칠일에도, 모르고 죄를 지은 자들을 위해 그와 같이 다시 한번 행하여라. 이렇게 성전을 위해 속죄하여라.

21 첫째 달 십사일에, 너희는 유월절을 지켜야 한다. 칠 일 동안 이어지는 이 축제기간에는 누룩을 넣지 않은 빵을 먹어야 한다.

22-23 유월절 날에, 왕은 자신과 온 나라 백성을 위해 송아지 한 마리를 속죄 제물로 바쳐야 한다. 칠 일의 축제기간 동안, 그는 날마다 흠 없는 수송아지 일곱 마리와 숫양 일곱 마리를 **하나님**께 번제물로 바치고, 날마다 숫염소 한 마리도 바쳐야 한다.

24 왕은 수송아지 한 마리와 숫양 한 마리를 바칠 때마다, 20리터 상당의 곡식 제물과 4리터 상당의 기름도 함께 바쳐야 한다.

25 일곱째 달 십오일과 칠 일간의 축제기간에도, 그는 날마다 속죄 제물과 번제물과 곡식 제물과 기름을 전과 동일하게 바쳐야 한다.'"

46

[1-3] "'주 하나님의 메시지다. 안뜰 동쪽 문은 일하는 엿새 동안 닫아
두되, 안식일에는 열어야 한다. 그 문은 매달 초하루에도 열어야 한
다. 왕은 그 문으로 들어와서 벽기둥 곁에 설 것이며, 그가 거기 현관에서 예배
하는 동안 제사장들이 그의 번제물과 화목 제물을 바쳐야 한다. 그가 떠난 후에
도, 그 문은 저녁때까지 닫지 말아야 한다. 안식일과 매달 초하루에는, 백성이
그 문 바깥 입구에 모여 하나님을 예배해야 한다.
[4-5] 안식일에 왕이 하나님께 바칠 번제물은, 흠 없는 어린양 여섯 마리와 흠 없는
숫양 한 마리다. 숫양과 함께 곡식 제물 20리터와 기름 4리터를 바치고, 각 어
린양에는 소량의 곡식을 곁들여야 한다.
[6-7] 매달 초하루, 왕은 수송아지 한 마리와 어린양 여섯 마리와 숫양 한 마리를 흠
없는 것들로 바쳐야 한다. 숫양과 수송아지를 바칠 때는 각각 곡식 제물 20리터
와 기름 4리터를 곁들이고, 각 어린양에는 소량의 곡식 제물을 곁들여야 한다.
[8] 들어올 때 왕은 문 입구의 현관을 통해 들어와야 하고, 나갈 때도 그 길로 나가
야 한다.
[9-10] 그러나 정한 축제일에 이 땅의 백성이 하나님께 예배하러 올 때는 북쪽 문을
통해 들어온 자는 남쪽 문으로 나가고, 남쪽 문을 통해 들어온 자는 북쪽 문으
로 나가야 한다. 들어온 문으로 되돌아 나가서는 안되며, 반대 문을 통해 나가
야 한다. 백성들이 들어오고 나갈 때, 왕도 그들과 함께 섞여서 들어오고 나가
야 한다.
[11] 축제일과 정한 축일에 바칠 곡식 제물의 양은 20리터이며, 수송아지와 숫양
에는 기름 4리터를, 각 어린양에는 소량의 곡식을 곁들여야 한다.
[12] 왕이 자원하여 하나님께 번제물이나 화목 제물을 가져올 때는, 그에게 동쪽
문을 열어 주어야 한다. 그는 안식일에 하듯이 자기의 번제물이나 화목 제물을
바칠 것이며, 그런 다음 떠나야 한다. 그가 밖으로 나간 다음에는 문을 닫아야
한다.
[13-15] 매일 아침, 너희는 하나님께 바칠 번제물로 일 년 된 흠 없는 어린양 한 마
리를 가지고 와야 한다. 또 매일 아침, 곡식 제물로 곡식 약 4리터에 1.25리터
의 기름을 부어 가지고 와야 한다. 이와 같이 하나님께 곡식 제물을 바치는 것
은 반드시 지켜야 할 율례다. 어린양과 곡식 제물과 기름을 번제물로 바치는 일
은 날마다 행해야 할 의식이다.
[16-18] 주 하나님의 메시지다. 만일 왕이 자기 아들 중 하나에게 유산을 떼어서 주
면, 그것은 대대로 그 가문의 소유가 된다. 그러나 왕이 어떤 종에게 자기 유산
을 떼어서 선물로 주면, 그것은 해방의 해(희년)까지만 그 종의 소유가 되고, 그
후에는 다시 왕에게 되돌아간다. 왕의 유산은 오직 그의 아들들의 것이며, 대
대로 그 가문이 소유한다. 왕은 백성 가운데 누구의 유산도 빼앗아서는 안되며,
그들의 땅 소유권을 빼앗아서도 안된다. 그는 오직 자기 재산을 떼어서 아들들

에게 줄 수 있다. 내 백성 누구도 자기 땅에서 내쫓기는 일이 있어서는 안된다.'"

19-20 그런 다음 그 사람이 나를 데리고 북쪽 문을 통해 제사장들의 거룩한 방으
로 가서, 서쪽에 있는 뒷방 하나를 보여주었다. 그가 말했다. "여기는 제사장들
이 속건 제물과 속죄 제물을 삶고 곡식 제물을 굽는 부엌이다. 바깥뜰에서 거룩
한 그 일들을 하다가는 준비가 안된 백성을 위험에 빠뜨리게 할 수 있으니, 이
곳에서 제물을 준비해야 한다."
21-23 그가 다시 나를 이끌고 바깥뜰로 가서, 그 뜰의 네 모퉁이를 보여주었다. 내
가 보니, 모퉁이마다 뜰이 있었다. 바깥뜰 네 모퉁이마다 각각 길이 18미터, 너
비 13.5미터 되는 작은 뜰이 있었고, 크기는 모두 같았다. 그 뜰의 안쪽 벽에 돌
로 만든 선반이 있었고, 그 선반 밑으로 요리용 화덕이 놓여 있었다.
24 그가 일러 주었다. "여기는 성전에서 섬기는 자들이 백성의 희생 제물을 삶는
부엌이다."

성전에서 흘러나오는 물

47

1-2 그가 다시 나를 성전 입구로 데리고 갔다. 내가 보니, 성전 현관
아래쪽에서 물이 쏟아져 나와 동쪽으로(성전은 동쪽을 향하고 있다) 흘러
가고 있었다. 물은 성전 남쪽 면, 제단 남쪽에서 쏟아져 나오고 있었다. 그가 나
를 데리고 북쪽 문으로 나가서, 밖을 돌아 동쪽 문으로 데리고 갔다. 물이 성전
남쪽 샘 아래에서 용솟음쳐 흘러나왔다.
3-5 그가 줄자를 가지고 동쪽으로 450미터를 재면서 갔고, 나는 발목까지 차오르
는 물을 헤치며 따라갔다. 그가 다시 450미터를 재면서 갔고, 나는 무릎까지 차
오르는 물을 헤치며 따라갔다. 그가 다시 450미터를 재면서 갔고, 나는 허리까
지 차오르는 물을 헤치며 따라갔다. 그가 다시 450미터를 재면서 갔는데, 이제
는 물이 내 키보다 높아져 헤엄을 쳐야 했다. 물은 강물처럼 높았고 도저히 헤
치며 걸어갈 수 없었다.
6-7 그가 말했다. "사람의 아들아, 잘 보았느냐?"
그런 다음 그가 나를 다시 강가로 데리고 갔다. 강가에 앉아서 보니, 강가 양편
으로 많은 나무들이 늘어서 있었다.
8-10 그가 내게 말했다. "이 물은 동쪽으로 흘러서 아라바로 내려갔다가, 물들이
고여 있는 바다로 들어간다. 이 물이 바다로 흘러들어 가면, 그 바닷물은 새로
워진다. 이 강물이 흘러들어 가는 곳은 어디든지 생명이—엄청난 물고기 떼가—
가득하게 되는데, 그것은 이 강물이 바다의 짠물을 단물로 바꿔 놓기 때문이다.
이 강물이 흘러들어 가는 곳에는 생명이 차오른다. 엔게디에서 북쪽 에네글라
임에 이르기까지, 어부들이 어깨를 나란히 하고 서서 해안선을 따라 그물을 내
릴 것이다. 그 바다에는 지중해처럼, 온갖 종류의 물고기들이 가득할 것이다.
11 그 늪과 습지들은 새로워지지 않고, 계속 짠물로 남아 있을 것이다.
12 그러나 그 강가 양편으로는 온갖 종류의 과일 나무들이 자라며, 그 잎이 시들

지 않고, 열매도 끊이지 않을 것이다. 나무들은 때마다 신선한 열매를 맺을 것인
데, 성소에서 나온 강물이 그 나무들에게 흘러가기 때문이다. 그 열매는 양식이
되고 그 잎은 약재가 될 것이다."

땅의 경계선과 분배

13-14 주 하나님의 메시지다. "다음은 이스라엘 열두 지파가 유산으로 나누어 가
질 땅의 경계선이다. 요셉은 두 몫을 가질 것이다. 나머지 지파들은 땅을 똑같
이 나누어야 한다. 나는 너희 조상에게 이 땅을 주기로 엄숙히 맹세했다. 이 땅
이 너희 유산이 될 것이라고 내가 맹세했다.
15-17 이 땅의 경계선은 다음과 같다.
북쪽 경계선은 큰 바다 지중해에서 시작해 헤들론 길을 따라, 하맛 어귀와 스닷
과 브로다, 다마스쿠스와 하맛 사이의 시브라임, 더 나아가 하우란과 접한 하셀
핫디곤까지 이른다. 이렇게 북쪽 경계선은 지중해에서 하살에논까지 이어지는
데, 그 위로 다마스쿠스와 하맛 지역과 접경하고 있다. 이것이 북쪽 경계선이다.
18 동쪽 경계선은 다마스쿠스와 하우란 사이에서 시작해 길르앗과 이스라엘 땅
사이의 경계인 요단 강을 따라 아래로 가다가, 멀리 동쪽 바다 다말까지 이른
다. 이것이 동쪽 경계선이다.
19 남쪽 경계선은 다말에서 시작해 서쪽으로 므리봇가데스 샘을 지나 이집트 시
내를 따라가다가, 큰 바다 지중해까지 이른다. 이것이 남쪽 경계선이다.
20 서쪽 경계선은 큰 바다 지중해를 따라 북쪽으로 가다가, 동쪽 하맛 어귀로 접
어드는 지점까지 이른다. 이것이 서쪽 경계선이다.
21-23 너희는 이 땅을 이스라엘 열두 지파별로 나누어라. 너희 유산으로 나누어
가지되, 너희 가운데 자녀를 낳고 사는 거류민들에게도 몫이 돌아가게 하여라.
그들도 너희처럼 이 땅에서 태어난 사람들로 대우해 주어라. 그들도 이스라엘
지파와 함께 유산을 얻게 하여라. 모든 거류민이 각자 사는 지역에서 자기 유산
을 받게 하여라. 주 하나님의 포고다."

각 지파의 몫과 거룩한 땅

48

1 "지파들은 이러하다.
단. 북쪽 경계선에서 시작해, 헤들론 길을 따라 하맛 어귀와 하살에
논까지, 곧 다마스쿠스 영토와 하맛을 북쪽으로 두고 동쪽에서 서쪽까지가 그
들이 받을 몫이다.
2 아셀. 단 경계에 닿아 있는 동쪽에서 서쪽까지가 그들이 받을 몫이다.
3 납달리. 아셀 경계에 닿아 있는 동쪽에서 서쪽까지가 그들이 받을 몫이다.
4 므낫세. 납달리 경계에 닿아 있는 동쪽에서 서쪽까지가 그들이 받을 몫이다.
5 에브라임. 므낫세 경계에 닿아 있는 동쪽에서 서쪽까지가 그들이 받을 몫이다.
6 르우벤. 에브라임 경계에 닿아 있는 동쪽에서 서쪽까지가 그들이 받을 몫이다.
7 유다. 르우벤 경계에 닿아 있는 동쪽에서 서쪽까지가 그들이 받을 몫이다.

8-9 유다 경계에 닿아 있는 동쪽에서 서쪽까지는 구별된 지역으로, 너희는 그 땅
을 거룩한 곳으로 따로 떼어 놓아야 한다. 가로와 세로가 11.25킬로미터인 정
사각형 지역의 중심에 성소가 자리 잡는다. 너희는 길이 11.25킬로미터, 너비
4.5킬로미터 되는 구역을 **하나님**을 위해 따로 구별해야 한다.
10-12 그 지역은 이렇게 나뉜다. 북쪽과 남쪽으로 길이 11.25킬로미터, 동쪽과 서
쪽으로 너비 4.5킬로미터 되는 구역은 제사장들의 몫이다. **하나님**의 성소가 그
중심에 자리한다. 이것은 거룩하게 구별된 제사장들인 사독의 자손들을 위한
구역으로, 그들은 레위인들과 달리, 이스라엘이 그릇 행했을 때도 바른 길에서
벗어나지 않고 한결같이 나를 섬겼다. 이것은 그들이 받는 특별 선물이요, 이
땅이 주는 선물이며, 지극히 거룩한 땅으로, 레위인들의 구역과 닿아 있는 지역
이다.
13-14 레위인들의 구역도 제사장들의 구역과 같은 크기로, 길이가 11.25킬로미
터, 너비가 4.5킬로미터다. 이 구역의 땅은 단 한 평도 팔거나 거래할 수 없다.
이 땅은 가장 좋은 구역이며, 무엇보다 **하나님**께 거룩한 곳이다.
15-19 '거룩한 정사각형'의 나머지—길이 11.25킬로미터, 너비 2.25킬로미터 되
는—구역은 평범한 용도로 사용된다. 도성과 건물들을 세우고, 도시를 중심으
로 주위에 빈 터를 둔다. 도성의 북쪽과 남쪽과 동쪽과 서쪽 면의 길이는 각각
약 2.25킬로미터다. 112.5미터 너비의 초장이 도성을 사방으로 둘러싼다. 거룩
한 제사장 구역과 붙어 있는 나머지 땅, 곧 도성의 동서로 각각 4.5킬로미터에
해당하는 땅은 농지로 사용하여, 도성에 필요한 식량을 마련한다. 이스라엘 모
든 지파에서 온 일꾼들이 거기서 땅을 경작할 것이다.
20 거룩한 목적을 위해 구별된 이 특별지역은, 가로와 세로가 11.25킬로미터인
정사각형의 땅으로, '거룩한 정사각형'이다. 도성을 위해 구별된 구역도 여기에
포함된다.
21-22 이 땅의 나머지, 곧 11.25킬로미터 길이의 '거룩한 정사각형' 구역에서 동
쪽으로 요단 강, 서쪽으로 지중해까지는 왕에게 속한 땅이다. 왕의 땅은 북쪽과
남쪽의 지파들이 받는 몫들 사이에 끼어 있으며, 성전을 중심에 둔 '거룩한 정사
각형' 구역에서 동쪽과 서쪽으로 뻗어 있다. 레위인들을 위해 구별된 땅과 도성
을 위해 구별된 땅이 왕에게 할당된 영토 한가운데 자리한다. '거룩한 정사각형'
구역은 동쪽과 서쪽으로 왕의 땅에 접해 있으며, 북쪽과 남쪽으로는 각각 유다
영토와 베냐민 영토에 접해 있다.

23 나머지 지파들은 이러하다.
베냐민. 동쪽 경계선부터 서쪽 경계선까지가 그들이 받을 몫이다.
24 시므온. 베냐민 경계에 닿아 있는 동쪽에서 서쪽까지가 그들이 받을 몫이다.
25 잇사갈. 시므온 경계에 닿아 있는 동쪽에서 서쪽까지가 그들이 받을 몫이다.
26 스불론. 잇사갈 경계에 닿아 있는 동쪽에서 서쪽까지가 그들이 받을 몫이다.
27 갓. 스불론 경계에 닿아 있는 동쪽에서 서쪽까지가 그들이 받을 몫이다.

[28] 갓의 남쪽 경계선은 남쪽 다말에서 시작해 므리바가데스 샘에 이르고, 이집
트 시내를 따라 큰 바다 지중해까지 이른다.
[29] 이것이 이스라엘 지파들이 그들의 유산으로 나눌 땅, 그들이 받을 몫이다."
주 **하나님**의 포고다.

⁂

[30-31] "그 도성의 문들은 다음과 같다. 도성 북쪽 면은 길이가 2킬로미터이며, 문
이 셋 있다(도성의 문들은 이스라엘 지파의 이름을 따서 부른다). 르우벤 문, 유다 문,
레위 문.
[32] 동쪽 면도 2킬로미터이며, 문이 셋이다. 요셉 문, 베냐민 문, 단 문.
[33] 남쪽 면도 2킬로미터이며, 문이 셋이다. 시므온 문, 잇사갈 문, 스불론 문.
[34] 서쪽 면도 2킬로미터이며, 문이 셋이다. 갓 문, 아셀 문, 납달리 문.
[35] 도성 사면의 합은 8킬로미터다.

이 도성의 이름은 이제부터 **여호와 삼마**로 불릴 것이다.

하나님께서 여기 계신다."

다니엘서에 담긴 여러 이미지들은 2천 년이 넘는 세월 동안 하나님의 백성의 삶 속에 깊숙이 침투하여, 주권자 하나님을 향한 순종과 신뢰를 북돋는 역할을 해왔다.

일상의 압박과 스트레스 가운데서 하나님께 순종하고 역사의 거대한 격류 속에서 하나님의 길을 신뢰하기란 늘 어려운 일이지만, 고난과 박해의 시기에는 특히 그러하다. 살아남으려면 하나님 따위는 잊고 당대 문화에 순응하라는 압박 앞에서, 하나님께 순종하는 길을 택하기란 결코 쉬운 일이 아니다. 크고 힘센 것을 숭배하는 시대에 하나님을 신뢰하면서 사는 것 역시 쉬운 일이 아니다.

다니엘서가 쓰인 시대가 바로 그러했다. 시류를 거슬러 하나님께 순종하고 철저하게 하나님을 신뢰하도록 용기를 북돋는 목소리는 거의 들리지 않았다. 그러나 다니엘서의 이야기와 환상들은, 당시 사회가 주지 못했고 줄 수 없었던 것을 하나님의 백성에게 공급해 주었다. 세기를 거듭하는 동안, 다니엘서는 가슴 벅차게 하나님께 순종하고 꿋꿋하게 하나님을 신뢰하게 만들어 주었다.

"하나님의 이름을
영원무궁토록 찬양하여라.
그분은 모든 것을 아시며, 그분이 모든 일을 행하신다.
계절이 바뀌게 하시고, 역사를 주관하신다.
왕들을 세우시고, 왕들을 폐하신다.
총명을 주시고, 통찰을 주신다.
심오한 것을 파헤치시고, 비밀을 드러내신다.
어둠을 꿰뚫어 보시고, 빛을 쏟아내신다!"
(단 2:20-22)

다니엘서는 이야기 부분과 환상 부분—여섯 개의 이야기(1-6장)와 네 개의 환상(7-12장)—이 비슷한 비율로 나뉘어 있다. 이야기 부분에는, 역경 속에서도 하나님께 신실하게 순종하는 영혼들이 등장한다. 환상 부분에서는, 하나님은 안중에도 없이 사는 민족들에게까지 미치는 그분의 주권적 다스림이 파노라마처럼 펼쳐진다. 다니엘서는 영혼에 관한 여섯 이야기와, 하나님의 주권을 알리는 네 가지 환상으로 이루어져 있다고 말할 수 있다.

믿음과 생존을 다룬 여섯 이야기는, 우리

가 하루하루 믿음을 지키며 끝까지 살아가도록 용기를 북돋아 준다. 우리 중에 하나님께 충성하기에 좋은 환경에서 살거나, 희생적 제자도의 가치를 높이 평가해 주는 사람들 속에 사는 이는 거의 없을 것이다. 우리는 거의 매일같이, 유익과 이득을 위해 현실에 순응할 것인가, 아니면 주께 충성을 다할 것인가를 두고 힘겨운 선택의 기로에 선다. 이 이야기들은 우리가 매일 마주하는 이 선택에 무엇이 달려 있는지 똑바로 직시하게 한다.

역사 속에서 일하시는 하나님의 구원 역사(役事)에 관한 다니엘서의 네 가지 환상은, 하나님을 가릴 만큼 어지러운 세계사의 소용돌이 한가운데서도 늘 하나님께 희망을 두고 살아가라고 용기를 북돋운다. 이 환상들은 의도적으로 난해하게 쓰인(묵시적인) 글이므로 이해하기가 쉽지 않고, 종종 열띤 연구와 해석의 대상이 되어 왔다. 이 책을 처음 읽는 독자들은, 여러 생경한 상징과 이미지들을 통해 이 책이 결국 증언하려고 하는 역사적 진실 하나에 집중하는 편이 좋을 듯하다. 뉴스 매체가 쏟아내는 여러 사건들에 가려지기 쉬운 거대한 진실, 그것은 바로 '하나님께서 역사의 주관자'라는 사실이다.

오만한 통치자와 민족들이 일으키는 소음과 소란들, 그 모든 과시와 허세를 우리는 역사라 부르고 그런 것들로 인해 지금도 고통을 겪고 있지만, 우리 하나님께서는 그 모든 소용돌이 속에서도 아무 요동 없이 당신의 주권을 힘 있게 펼쳐 나가고 계신다. 우리는 결국 그분이 모든 것과 모든 사람을 당신의 통치 아래 두실 것을 믿는다. 다니엘서에서, 심지어 힘 있는 통치자인 느부갓네살 왕조차도 자신보다 더 대단한 힘이 있다는 것을 인정하게 되었다. 그는 하나님에 대해서 이렇게 이야기한다.

"그분의 주권적 통치는 영원하고,
그분의 나라는 결코 쇠하지 않는다.
이 지상의 것들은 아무것도 아니며,
하나님의 천상의 군대가 모든 것을 지탱한다.
그분이 하시는 일 아무도 막을 자 없으며,
그분의 통치에 이의를 제기할 자 아무도 없다.……

그분이 하시는 일은 모두 참되고,
그 일을 다 바르게 행하신다.
그분은 교만한 자를
겸손하게 만드는 법을 아신다."
(단 4:34-35, 37)

우리 중에 어떤 이들은 영혼 문제에 집중하기를 좋아하고, 또 어떤 이들은 역사의 큰 이슈들에 관해 다루기를 좋아한다. 다니엘서는 그 모든 것, 곧 개인적인 것과 정치적인 것, 현재 일과 장래 일, 영혼 문제와 사회 문제 모두를 하나로 담아낸 중요한 기록들 중 하나다.

다니엘

바빌론 왕궁의 유다 출신 젊은이들

1 [1-2] 유다 왕 여호야김이 다스린 지 삼 년째 되던 해에, 바빌론 왕 느부갓네
살이 예루살렘에 전쟁을 선포하고 도성을 포위했다. 주께서 유다 왕 여
호야김과 하나님의 성전 비품 일부를 느부갓네살의 손에 넘기셨다. 그는 왕을
포로로 잡아가면서 비품들도 함께 챙겨 고대 시날 땅인 바빌론으로 가지고 갔
고, 그것들을 신전 보물창고에 넣어 두었다.
3-5 왕이 환관장 아스부나스에게 말하여, 이스라엘의 왕족이나 귀족 출신 젊은이
들 가운데 신체가 건강하고 용모가 준수하며, 머리가 좋고 교양이 있으며, 장차
나라의 지도급 인사가 될 만한 재목—최고 인재!—을 골라 바빌론의 언어와 주
술과 점술을 가르치게 했다. 또 왕은 그들의 식단을 왕실 식단과 똑같이 짜도
록—매일 최고의 음식과 최고의 포도주를 상에 올리도록—지시를 내렸다. 그들
은 삼 년 동안 교육을 받은 뒤 왕궁 고위직에 임명될 예정이었다.
6-7 뽑힌 자들 가운데 유다 출신 젊은이 넷이 있었으니, 그들은 다니엘과 하나냐
와 미사엘과 아사랴였다. 환관장은 그들에게 바빌론식 이름을 지어 주었는데,
다니엘은 벨드사살, 하나냐는 사드락, 미사엘은 메삭, 아사랴는 아벳느고였다.
8-10 그런데 다니엘은 왕의 음식과 왕의 포도주로 자신을 더럽히지 않겠다고 마
음먹고, 환관장에게 왕실 음식을 먹지 않게 해달라고 청했다. 하나님의 은혜로
다니엘은 환관장의 총애를 받고 있었지만, 환관장은 다니엘에게 경고했다. "내
주인이신 왕께서 어떻게 하실지 두렵네. 왕께서 친히 이 식단을 정해 주셨는데,
만일 그대들의 건강이 다른 젊은이들만 못하다고 보시면, 분명 내 목을 베실 것
이네!"
11-13 그러나 다니엘은 환관장 밑에서 다니엘과 하나냐와 미사엘과 아사랴를 돌
보는 일을 맡은 감독관을 찾아가 호소했다. "부탁드립니다. 열흘 동안만 우리가

채소와 물만 먹고 지낼 수 있게 해주십시오. 그런 다음에, 왕실 음식을 먹는 다
른 젊은이들과 우리를 비교해 보시고, 그때 나타난 결과를 가지고 결정을 내려
주십시오."
14-16 감독관이 그렇게 하기로 동의하고, 열흘 동안 그들에게 채소와 물만 주었
다. 열흘이 지나서 보니, 그들은 왕실 음식을 먹은 다른 젊은이들보다 더 건강
하고 원기 왕성해 보였다. 그래서 감독관은 계속 그들에게 왕실 음식과 음료를
먹이지 않았고, 대신 채소만 주어 먹게 했다.
17-19 하나님께서 이 네 젊은이들이 높은 학식과 함께 모든 일에 뛰어난 식견을
갖게 해주셨다. 거기다, 다니엘은 온갖 환상과 꿈을 해석하는 재능까지 받았다.
왕이 정한 훈련기간이 끝나자, 환관장은 그들을 느부갓네살 앞으로 데려갔다.
그들과 이야기해 본 왕은, 그들이 다른 모든 젊은이보다 월등하다는 것을 알아
보았다. 누구도 다니엘과 하나냐와 미사엘과 아사랴에 필적하지 못했다.
19-20 그래서 그들은 왕을 모시는 자리에 오르게 되었다. 왕은 학문에 대해서나
세상일에 대해 그들에게 자문을 구했고, 그때마다 그들이 그의 나라 모든 마술
사와 주술사를 합친 것보다 열 배는 낫다는 것을 깨닫게 되었다.
21 다니엘은 고레스 왕 일년까지 계속 왕을 모시는 자리에 있었다.

느부갓네살 왕의 꿈

2 1-3 느부갓네살 왕은 왕위에 오른 지 이 년째 되는 해부터 꿈을 꾸기 시작
했다. 그는 그 꿈에 몹시 시달렸다. 그는 잠을 이룰 수가 없어, 꿈을 해석
하려고 바빌론의 모든 마술사, 주술사, 마법사, 점성가를 불러들였다. 그들이
와서 왕 앞에 서자, 그가 그들에게 말했다. "내가 꿈을 꾸었는데, 도무지 떨쳐
버릴 수가 없구나. 그 꿈이 무슨 뜻인지 알아야만 잠을 이룰 수 있겠다."
4 점성가들이 아람 말로 아뢰었다. "왕이시여, 만수무강하시기를 빕니다! 저희
에게 그 꿈을 들려주시면 뜻을 해석해 드리겠습니다."
5-6 왕이 점성가들에게 대답했다. "내가 칙령을 내린다. 너희는 내게 그 꿈의 내
용과 뜻을 모두 말해 주어야 한다. 그렇지 못할 경우, 너희를 능지처참하고 너
희 집을 다 허물어 버리겠다. 너희가 내게 그 꿈의 내용과 뜻을 모두 말해 주면,
내가 너희에게 후한 상과 큰 영예를 내릴 것이다. 그러니 그 꿈의 내용이 무엇
이고 그 뜻이 무엇인지 내게 말해 보아라."
7 그들이 대답했다. "아뢰옵기 황공하오나 그 꿈을 저희에게 말씀해 주소서. 그
리하면 저희가 그 뜻을 해석해 드리겠습니다."
8-9 왕이 대답했다. "나는 너희 속셈이 무엇인지 안다. 너희는 그저 시간을 벌려
는 수작이다. 너희는 지금 궁지에 몰려 있다는 것을 알고 있다. 내 꿈을 말해 주
지 못하면 큰일이 난다는 것을 알고서 그러는 것이다. 너희 속이 어떤지 훤하
다. 너희는 내 마음이 바뀌기를 기다리면서, 그럴듯한 이야기로 대충 얼버무리
려는 것이다. 어림없다! 먼저 내게 그 꿈의 내용을 말하여라. 그러면 내가 너희
해몽이 허풍이 아니라 믿을 만한 것인 줄 알겠다."

10-11 점성가들이 말했다. "왕께서 요구하시는 대로 할 수 있는 사람은 이 세상 어
디에도 없습니다. 일찍이 어떤 위대한 왕이나 군주도 마술사나 주술사나 점성
가에게 이런 요구를 한 적이 없습니다. 왕께서 물으시는 것은 신이나 여신이 알
려 주지 않는 한, 답을 알기는 불가능합니다. 그런데 신들은 우리 같은 인간들
과 어울리려 하지 않습니다."
12-13 이 말에 왕이 폭발했다. 평정을 잃은 그는 바빌론의 현인들을 모조리 잡아
죽이라고 명령을 내렸다. 사형집행 영장이 발부되었고, 다니엘과 그의 동료들
도 명단에 포함되었다. 그들도 처형 대상이 된 것이다.
14-15 왕궁 경비대장 아리옥이 처형집행 일정을 잡고 있는데, 다니엘이 기지를 발
휘해 그를 은밀히 만나서 물었다. "아니, 느닷없이 이 무슨 일입니까?"
15-16 아리옥이 자초지종을 말해 주자, 다니엘은 왕에게 가서 시간을 조금만 주면
자신이 그 꿈을 해석해 드리겠다고 말했다.
17-18 그 후에 다니엘이 집으로 돌아가, 동료인 하나냐와 미사엘과 아사랴에게 사
정을 알렸다. 그는 그들에게 하늘의 하나님이 자비를 베푸셔서 이 비밀을 풀 수
있게 해주시고, 그들 네 사람이 바빌론 현인들과 함께 죽지 않게 해주시도록 기
도를 부탁했다.

꿈 해석: 다섯 왕국 이야기

19-23 그날 밤 환상 중에 다니엘이 그 비밀에 대한 답을 얻었다. 다니엘이 하늘의
하나님을 찬양하며 고백했다.

"하나님의 이름을
영원무궁토록 찬양하여라.
그분은 모든 것을 아시며, 그분이 모든 일을 행하신다.
계절이 바뀌게 하시고, 역사를 주관하신다.
왕들을 세우시고, 왕들을 폐하신다.
총명을 주시고, 통찰을 주신다.
심오한 것을 파헤치시고, 비밀을 드러내신다.
어둠을 꿰뚫어 보시고, 빛을 쏟아내신다!
내 조상의 하나님, 모든 감사와 찬양을 주께 올려드립니다!
주께서 지금까지 저를 지혜롭고 굳세게 해주셨습니다.
또 이제 우리가 청한 것을 보여주셨습니다.
왕이 물은 비밀을 풀어 주셨습니다."

24 다니엘은 사형집행을 맡은 아리옥에게 돌아가서 말했다. "사형집행을 중단하
십시오! 나를 왕께 데려가 주시면, 내가 왕의 꿈을 해석해 드리겠습니다."
25 아리옥은 한시도 지체하지 않았다. 그는 다니엘을 데리고 왕에게 달려가서
말했다. "유다 포로 중에서 왕의 꿈을 해석할 사람을 찾았습니다!"

26 왕이 다니엘(바빌론 이름은 벨드사살)에게 물었다. "정말 내 꿈이 무엇이고 그 뜻
이 무엇인지 말할 수 있겠느냐?"
27-28 다니엘이 왕에게 대답했다. "왕께서 물으신 비밀은 그 누구도—현인이나 주
술사나 마술사나 점성가나 인간 그 누구도—밝혀낼 수 없는 것입니다. 그러나
하늘에는 그 어떤 비밀도 밝히시는 하나님이 계시고, 그분께서 이것을 밝혀 주
셨습니다. 느부갓네살 왕께 장차 일어날 일들을 미리 알려 주시려는 것입니다.
왕께서 침상에 누워 계실 때 꾸셨던 꿈, 왕의 머릿속을 꽉 채웠던 환상은 이것
입니다.
29-30 왕이시여, 왕께서 침상에 누워 계실 때에 장래에 대한 여러 생각이 왕께 몰
려들었습니다. 비밀들을 계시해 주시는 분께서 앞으로 일어날 일들을 왕께 보
여주신 것입니다. 그러나 그 뜻이 무엇인지는 제게 드러내 보여주셨습니다. 이
것은 제가 이 나라에서 가장 총명해서가 아니라, 그 뜻을 알려 드려 왕께서 그
꿈을 이해하실 수 있게 하시려는 것입니다.
31-36 왕이시여, 왕께서는 거대한 신상이 왕 앞에 서 있는 것을 보셨습니다. 그것
은 어마어마하고 무시무시한 모습이었습니다. 신상의 머리는 순금이고, 가슴
과 팔은 은이며, 배와 둔부는 청동이고, 다리는 쇠이며, 발은 쇠와 도기가 섞인
혼합물이었습니다. 왕께서 그 신상을 보고 계시는 동안, 보이지 않는 손이 떠낸
돌 하나가 날아들어서 그 신상을 치고 쇠와 도기로 된 발을 부서뜨렸습니다. 그
러자 그 신상 전체가 산산조각 났습니다. 쇠도 타일도 청동도 은도 금도, 모두
박살났습니다. 무더운 여름날 공터에서 이리저리 뒹굴다 사라지는 휴지조각같
이 되고 말았습니다. 그러나 그 신상을 친 돌은 거대한 산이 되어 땅 위에 우뚝
섰습니다. 이것이 왕께서 꾸신 꿈입니다.
36-40 이제 저희가 왕을 위해 그 꿈의 뜻을 해석해 드리겠습니다. 왕이시여, 왕께
서는 지상에서 가장 강력한 군주이십니다. 하늘의 하나님께서 왕께 통치권과
권세와 힘과 영광을 주셨습니다. 그분이 온 세상 사람과 짐승과 새를 모두 왕의
손에 맡기셨습니다. 왕께서 바로 우두머리이시며, 금으로 된 머리이십니다. 하
지만 후에 왕의 나라보다 못한 나라가 일어나서 왕의 통치를 넘겨받을 것입니
다. 그 다음에 일어날 세 번째 나라는 청동 나라인데, 그 나라가 천하를 지배할
것입니다. 그 후 네 번째로 쇠같이 강한 나라가 일어날 것인데, 쇠가 모든 것을
부수고 박살내어 가루로 만들어 버리듯이, 그 나라가 앞선 나라들을 모조리 쳐
부술 것입니다.
41-43 그러나 쇠로 된 다리가 발과 발가락에 이르러서는 도기와 쇠가 섞인 혼합물
이 되고 말듯이, 그 나라는 결국 쇠가 일부 섞인 잡종 나라로 쇠락하고 말 것입
니다. 그 발의 발가락이 일부는 도기고 일부는 쇠이듯이, 그 나라는 깨지지 않
는 부분과 쉽게 깨지는 부분이 한데 뒤섞여 있는데, 쇠와 점토가 서로 결합하지
못하는 것처럼 그 나라도 하나로 결속되지 못할 것입니다.
44-45 이 나라들이 나타나고 사라지는 동안 하늘의 하나님께서는 한 나라를 세워
가실 것인데, 그 나라는 결코 무너지지 않을 나라요 어떤 나라의 지배도 받지

않을 나라입니다. 그 나라는 마침내 다른 나라와 충돌해 그 나라들을 모조리 쳐 부수고 영원히 우뚝 설 것입니다. 그 나라는 보이지 않는 손이 산에서 떠낸 돌, 쇠와 청동과 도기와 은과 금을 다 쳐부순 그 돌과 같을 것입니다.
위대하신 하나님께서 왕께 장차 일어날 일들을 알려 주신 것입니다. 그것은 분명 이런 꿈이고, 이런 뜻입니다."

46-47 다니엘이 말을 마치자, 느부갓네살 왕이 경외감에 사로잡혀 다니엘 앞에 엎드렸다. 그는 다니엘을 높이는 희생 제물을 바치고 향을 피울 것을 명령했다. 그가 다니엘에게 말했다. "그대의 하나님은 참으로 모든 신을 뛰어넘는 신이시요, 모든 왕 위에 군림하는 군주이시다. 그대가 이 비밀을 밝힌 것을 보니, 그분은 그 어떤 비밀도 밝혀내시는 분임이 틀림없다."

48-49 왕은 다니엘을 나라의 높은 자리에 앉히고 큰 상을 내렸으며, 그를 바빌론 전 지역을 관할하는 통치자와 바빌론의 모든 현인을 거느리는 우두머리로 삼았다. 다니엘의 요청에 따라 왕은 사드락과 메삭과 아벳느고를 바빌론 전역에 관리로 내보냈고, 다니엘은 왕실 본부를 관할했다.

세 젊은이가 화덕에서 살아 나오다

3 1-3 느부갓네살 왕이 높이 27미터, 두께 2.7미터나 되는 금 신상을 만들어 바빌론 지방 두라 평야에 세웠다. 그러고는 그 지방 모든 주요 인사들—어느 정도 지위가 있는 모든 사람—에게 신상 봉헌식에 참석하라고 명령을 내렸다. 주요 인사들이 모두 봉헌식에 와서 느부갓네살이 세운 신상 앞에 자리를 잡았다.

4-6 그때 전령이 큰소리로 외쳤다. "모두 주목하시오! 종족과 피부색과 신념에 상관없이 모두들 들으시오! 악단이 연주를 시작하여 트럼펫과 트롬본, 튜바와 바리톤, 드럼과 심벌즈 소리가 들리면, 모두들 무릎을 꿇고 느부갓네살 왕께서 세우신 이 금 신상 앞에 절을 하시오. 무릎 꿇고 절하지 않는 자는, 누구든지 불이 활활 타오르는 화덕 속에 즉시 던져질 것이오."

7 바빌론의 악기들이 총망라된 큰 악단이 연주를 시작하자, 모든 사람이—종족과 피부색과 신념에 상관없이—무릎 꿇고 느부갓네살 왕이 세운 금 신상 앞에 절했다.

8-12 그때, 바빌론의 점성가 몇 사람이 나서서 유다 사람들을 고발했다. 그들이 느부갓네살 왕에게 말했다. "왕이시여, 만수무강하시기를 빕니다! 왕이시여, 왕께서 엄히 명하시기를, 큰 악단이 연주를 시작하면 모두 무릎 꿇고 금 신상 앞에 절해야 하며, 무릎 꿇고 절하지 않는 자는 누구든지 불이 활활 타오르는 화덕 속에 던져질 것이라 하셨습니다. 그런데 여기 어떤 유다 사람들이 있습니다. 그들은 바로 왕께서 바빌론 지방의 높은 관직에 앉히신 사드락과 메삭과 아벳느고입니다. 왕이시여, 그들이 왕을 업신여겨, 왕의 신들에게 경의를 표하지 않고 왕께서 세우신 금 신상에 절하지도 않습니다."

13-15 격분한 느부갓네살 왕은 사드락과 메삭과 아벳느고를 데려오라고 명령했

다. 그들이 당도하자, 느부갓네살이 물었다. "사드락과 메삭과 아벳느고야, 너희
가 나의 신들에게 경의를 표하지 않고, 내가 세운 금 신상에도 절하기를 거부한
다는 것이 사실이냐? 내가 너희에게 한 번 더 기회를 주겠다. 지금부터라도 큰
악단이 연주하는 소리가 들리면 무릎을 꿇고 내가 세운 신상에 절하여라. 만일
절하지 않으면, 너희의 갈 길은 오직 하나다. 너희는 불이 활활 타오르는 화덕
속에 던져질 것이다. 어느 신이 너희를 내 손아귀에서 구해 낼 수 있겠느냐?"
16-18 사드락과 메삭과 아벳느고가 느부갓네살 왕에게 대답했다. "왕께서 그렇게
말씀하셔도, 저희는 달라질 것이 없습니다. 왕께서 저희를 불 속에 던지신다고
해도, 저희가 섬기는 하나님은 왕의 불타는 화덕에서, 아니 그보다 더한 불구덩
이에서도 능히 저희를 구하실 수 있습니다. 그분이 그렇게 하지 않으신다고 해
도, 왕이시여, 저희에게 달라질 것은 아무것도 없습니다. 저희는 왕의 신들을
섬기지 않을 것이며, 왕께서 세우신 금 신상에 절하지도 않을 것입니다."
19-23 느부갓네살은 노하여 얼굴이 일그러지면서 사드락과 메삭과 아벳느고의 말
을 도중에 끊었다. 그가 명령을 내려, 평소 때보다 일곱 배나 더 뜨겁게 화덕의
불을 지피게 했다. 그러고는 군사 중 몇몇 힘센 장정에게, 그들의 손발을 묶고
활활 타오르는 화덕 속에 던져 넣으라고 명령했다. 사드락과 메삭과 아벳느고
는 관복을 입은 그대로 손과 발이 묶인 채, 활활 타오르는 화덕 속에 던져졌다.
왕이 너무나 급하게 재촉한 데다 화덕이 너무 뜨거워서, 사드락과 메삭과 아벳
느고를 화덕에 던져 넣던 자들도 거기서 나오는 화염 때문에 목숨을 잃고 말았
다. 순식간에 맹렬한 불이 사드락과 메삭과 아벳느고를 휩쌌다.
24 그때, 느부갓네살 왕이 소스라치게 놀라며 자리에서 벌떡 일어나 말했다. "우
리가 손발을 묶어 불 속에 던져 넣은 사람은 셋이 아니더냐?"
"그러합니다, 왕이시여." 그들이 말했다.
25 왕이 말을 이었다. "그런데 보아라! 내 눈에는 지금 네 사람이 보인다. 그리고
그들은 아무 해도 입지 않고 불 속을 자유자재로 걸어 다니고 있다! 저 네 번째
사람은 꼭 신의 아들 모습 같구나!"
26 느부갓네살은 불이 활활 타오르는 화덕 어귀 가까이 가서 그들을 불렀다. "높
으신 하나님의 종, 사드락과 메삭과 아벳느고야, 이리 나오너라!"
그러자 사드락과 메삭과 아벳느고가 불 가운데서 걸어 나왔다.
27 모든 주요 인사와 각료, 왕의 자문관들이 몰려가 그들을 자세히 살펴보니, 그
세 사람은 아예 불에 닿지도 않은 것 같았다. 머리털 하나 그슬리지 않았고, 옷
에도 자국이 전혀 없었으며, 불에 탄 냄새조차 나지 않았다!
28 느부갓네살이 말했다. "사드락과 메삭과 아벳느고의 하나님을 찬양하여라!
그가 천사를 보내어 자기를 신뢰한 종들을 구하셨다! 이들은 왕명을 어기고 목
숨을 내놓으면서까지, 다른 신을 섬기고 경배하기를 거부했다.
29 그러니 내가 칙령을 내린다. 이제부터 사드락과 메삭과 아벳느고의 하나님에
대해 감히 함부로 말하는 자는, 종족과 피부색과 신념에 상관없이, 어느 곳의
누구든지 사지를 찢고 그 집을 허물어 버릴 것이다. 일찍이 그 어떤 신도 사람

을 이렇게 구해 낸 적이 없었다."
30 왕은 사드락과 메삭과 아벳느고를 바빌론 지방에서 더 높은 직위에 앉혔다.

느부갓네살 왕의 두 번째 꿈

4 1-2 느부갓네살 왕은 종족과 피부색과 신념이 다른 천하 만민에게 조서를
내렸다. "모두에게 평화와 번영이 있기를 바란다! 나는 높으신 하나님이
내게 베푸신 은혜로운 기적을 영광으로 생각하여, 이를 백성에게 알리고자 한다.

3 그분의 기적은 실로 엄청나고,
그분의 이적은 놀랍기 그지없다.
그분의 나라는 영원하고,
그분의 통치는 대대로 이어진다.

4-7 나 느부갓네살은 왕궁에서 아무 걱정 없이 지내고 있었다. 그런데 어느 날 침
상에 드러누워 있다가 무시무시한 꿈을 꾸게 되었다. 소름 끼치는 악몽이었다.
그 꿈의 뜻을 알기 위해 나는 바빌론의 현인들을 모두 데려오게 했다. 그들—마
술사, 주술사, 점성가, 무당—이 다 모이자, 나는 내가 꾼 꿈을 들려주었다. 그
러나 내게 그 꿈의 뜻을 설명할 수 있는 자가 아무도 없었다.
8 그 후에 다니엘이 나타났는데, 내 신의 이름을 따라 바빌론 이름으로 벨드사
살이라고 하는 그는, 거룩한 신의 영으로 충만한 사람이었다. 나는 내가 꾼 꿈
을 그에게 이야기해 주었다.
9 내가 말했다. '마술사들의 우두머리인 벨드사살아, 나는 네가 거룩한 신의 영
으로 충만한 사람이라는 것을 알며, 네가 풀지 못할 비밀은 없다는 것도 알고
있다. 내가 꾼 꿈을 잘 듣고 그 뜻을 해석해 보아라.
10-12 침상에 드러누워 있다가 내가 보게 된 것은 이러하다. 세상의 중심에 커다
란 나무 한 그루가 높이 솟아 있었다. 그 나무는 내 앞에서 거대하고 튼튼한 나
무로 자라났다. 나무 꼭대기가 하늘에 닿아, 땅끝 네 귀퉁이에서도 보일 정도였
다. 잎사귀는 아름답고 열매는 풍성했다. 모든 사람이 먹고도 남을 만했다! 들
짐승들이 그 그늘 밑에서 쉬고 새들도 그 가지에 둥지를 틀었으며, 모든 생명체
가 그 나무에서 양식과 보금자리를 얻었다.
13-15 침상에 드러누워 있을 때 나는 이런 것도 보았다. 한 거룩한 파수꾼이 하늘
에서 내려와 이렇게 외쳤다.

저 나무를 찍어 쓰러뜨리고, 가지들을 잘라 내라.
잎을 떨어 버리고, 열매를 흩어 버려라.
그 그늘 밑에 사는 짐승들을 몰아내고,
그 가지에 깃든 새들을 소리쳐서 쫓아내라.
그러나 그 그루터기와 뿌리는

쇠사슬과 청동사슬로 동여 무성한 풀밭 땅속에 남겨 두어라.

15-16 그가 하늘에서 내리는 이슬을 맞고
풀 뜯는 들짐승들과 섞여 살게 하여라.
그가 제정신을 잃고
대신 짐승의 마음을 얻어,
일곱 시절을
계속 그렇게 지내게 하여라.

17 천사들이 이 칙령을 전하고
거룩한 파수꾼이 이 판결을 알리는 것은,
높으신 하나님께서 인간 나라들을 다스리고 계심을
살아 있는 모든 자가 알게 하려는 것이다.
그분께서 모든 나라의 일을 뜻하신 대로 주관하시고,
패배자를 일으켜 영도자로 세우신다.

18 이것이 나 느부갓네살 왕이 꾼 꿈이다. 벨드사살아, 이제 네 차례다. 내게 그
뜻을 설명해 보아라. 바빌론의 현인들은 누구도 갈피를 잡지 못했지만, 너라면
분명히 할 수 있을 것이다. 너는 거룩한 신의 영으로 충만한 사람이다.'"

다니엘의 꿈 해석

19 바빌론 이름으로 벨드사살이라고 하는 다니엘은 처음에 몹시 당황했다. 몰려
드는 여러 가지 생각에 간담이 서늘해졌다.
왕이 말했다. "벨드사살아, 진정하여라. 그 꿈이 무슨 뜻이든지 겁내지 말고 말
하여라."
벨드사살이 말했다. "저의 주인이시여, 이 꿈이 왕의 원수들에 대한 것이고, 그
뜻이 왕의 원수들에게 해당하는 것이라면 얼마나 좋겠습니까.
20-22 왕께서 보신 나무, 곧 그 꼭대기가 하늘에 닿고 세상의 네 귀퉁이에서 보일
정도로 거대하고 튼튼하게 자란 나무, 잎이 무성하고 모두가 먹고 남을 만큼 열
매가 풍성한 나무, 들짐승들이 깃들고 새들이 둥지를 트는 그 나무는, 바로 왕
이십니다.
왕께서는 크고 강대해지셨습니다. 왕의 위엄은 하늘에 닿았고, 왕의 주권적 통
치는 세상 끝까지 이르렀습니다.
23-25 그런데 하늘에서 거룩한 천사가 내려와서, '저 나무를 찍어 쓰러뜨리고 없
애 버려라. 그루터기와 뿌리는 쇠사슬과 청동사슬로 동여 무성한 풀밭 땅속에
남겨 두어라. 그가 하늘에서 내리는 이슬을 맞으며 풀 뜯는 들짐승들과 섞여 일
곱 시절을 지내게 하여라' 하고 명령했습니다. 왕이시여, 그것은 왕을 가리킨 명
령입니다. 높으신 하나님께서 저의 주인이신 왕께 형벌을 선고하셨다는 뜻입니

다. 왕께서는 인간사회에서 쫓겨나 들짐승들과 섞여 살면서, 소처럼 풀을 뜯고
하늘에서 내리는 이슬을 맞으며 살게 되실 것입니다. 그렇게 계속해서 일곱 시
절을 지내시면서, 왕께서는 마침내 높으신 하나님께서 인간 나라들을 다스리시
고, 그분께서 모든 나라의 일을 주관하신다는 사실을 깨닫게 되실 것입니다.
26 나무 그루터기와 뿌리를 남겨 두라는 명령은, 하나님께서 세상의 모든 일을
주관하시는 분이라는 사실을 왕께서 깨달으신 후에야, 왕의 나라가 왕께 되돌
아갈 것임을 뜻합니다.
27 그러니 왕이시여, 저의 조언을 받아 주십시오. 왕의 죄를 끊으시고, 이제부터
다른 사람들을 위해 살아가십시오. 악한 삶에서 돌이켜, 억눌리고 짓밟히는 자
들을 보살펴 주십시오. 그리하면 왕께서는 복된 삶을 이어 가실 것입니다."

느부갓네살 왕이 하나님을 찬양하다

28-30 이 모든 일이 느부갓네살 왕에게 그대로 일어났다. 열두 달 후에, 왕이 바빌
론 왕궁의 옥상을 거닐다가 이렇게 으스댔다. "보아라! 내가 세운 이 위대한 바
빌론을! 내 영예와 영광에 어울리는 이 왕궁을!"
31-32 이 말이 그의 입 밖으로 나오자마자 하늘에서 음성이 들려왔다. "느부갓네
살 왕아, 네게 내리는 판결이다. 너는 네 나라를 빼앗길 것이다. 너는 인간사회
에서 쫓겨나 들짐승들과 섞여 살면서 소처럼 풀을 뜯어 먹게 될 것이다. 너는
일곱 시절 동안 이 형벌을 지고 살면서, 높으신 하나님께서 인간 나라들을 다스
리시며, 그분께서 택하신 자에게 나라를 주어 맡기신다는 사실을 깨닫게 될 것
이다."
33 그 말이 즉시 이루어졌다. 느부갓네살은 인간사회에서 쫓겨나 소처럼 풀을
뜯어 먹고, 하늘에서 내리는 이슬을 맞으며 살았다. 머리카락은 독수리의 깃털
처럼 자랐고, 손톱은 매의 발톱처럼 자랐다.

⁂

34-35 "칠 년이 찼을 때, 나 느부갓네살은 하늘을 올려다보았다. 나는 제정신을 되
찾았고, 높으신 하나님을 찬양하고 영원하신 분께 감사하며 영광을 돌렸다.

그분의 주권적 통치는 영원하고,
그분의 나라는 결코 쇠하지 않는다.
이 지상의 것들은 아무것도 아니며,
하나님의 천상의 군대가 모든 것을 지탱한다.
그분이 하시는 일 아무도 막을 자 없으며,
그분의 통치에 이의를 제기할 자 아무도 없다.

36-37 내가 제정신을 되찾자 위엄과 영화가 회복되었고, 내 나라를 다시 빛내게
되었으며, 유력자들이 다시 나를 찾아왔다. 내 나라의 왕으로 다시 세워지면서,

나는 이전보다 더 강해졌다. 그래서 내가 이렇게 노래한다. 나 느부갓네살이 하늘의 왕께 찬양을 드린다.

그분이 하시는 일은 모두 참되고,
그 일을 다 바르게 행하신다.
그분은 교만한 자를
겸손하게 만드는 법을 아신다."

벨사살 왕의 운명

5 1-4 벨사살 왕이 천 명의 귀족을 불러 큰 잔치를 베풀었다. 흥청망청 마셔
대는 술잔치였다. 잔뜩 취한 벨사살은, 아버지 느부갓네살이 예루살렘에
있는 하나님의 성전에서 탈취해 온 금잔과 은잔을 가져오라고 명령했다. 그 잔
에다 술을 부어 귀족들과 왕비와 후궁들과 함께 마시려는 것이었다. 금잔과 은
잔을 가져오자, 왕은 귀족들과 왕비와 후궁들과 함께 거기에 술을 담아 마셨다.
그들은 잔뜩 취해서, 금과 은, 청동과 쇠, 나무와 돌 등으로 만든 그들의 여러
신들을 찬양했다.
5-7 바로 그때, 갑자기 사람의 손가락이 나타나더니, 불빛이 비치는 왕궁의 흰 석
회벽 위에 글을 쓰기 시작했다. 몸도 없이 손가락만 나타나 글을 쓰는 광경을
본 왕은 그 얼굴빛이 창백해지더니, 겁에 질려 제정신이 아니었다. 다리에 힘이
빠지는 듯 그는 무릎을 후들후들 떨었다. 그는 주술사와 점성가와 점쟁이들을
다 불러오라고 소리 질렀다. 바빌론의 점성가들이 모이자 왕이 말했다. "누구든
지 벽에 쓰인 저 글을 읽고 내게 그 뜻을 말하는 자는 영예와 부—자주색 옷과
금목걸이—를 얻을 것이며, 내가 그를 이 나라에서 셋째 가는 통치자로 삼을 것
이다."
8-9 한 사람씩 차례대로 시도해 보았으나, 그들은 도무지 그 뜻을 알 수 없었다.
벽에 쓰인 글을 읽지도 못했고, 왕에게 뜻을 해석해 주지도 못했다. 왕의 두려
움은 점점 더 커졌고, 급기야는 얼굴에서 핏기가 완전히 가셨다. 귀족들도 안절
부절못했다.
10-12 왕과 귀족들의 비명을 듣고 왕비가 연회장으로 왔다. 그녀가 말했다. "왕이
시여, 만수무강하시기를 빕니다. 너무 당황하지 마시고 진정하소서. 왕의 나라
에 거룩한 신의 영으로 충만한 자가 있습니다. 왕의 아버지께서 다스리실 때에,
탁월한 지성과 영적인 지혜로 이름 높았던 인물입니다. 그가 얼마나 대단했던
지, 왕의 아버지 느부갓네살 왕은 그를 모든 마술사와 주술사와 점성가와 점쟁
이들의 우두머리로 삼으셨습니다. 그 같은 인물이 없었습니다. 그는 무엇이든
할 수 있었습니다. 꿈을 해석하고 비밀을 밝히며 수수께끼를 풀었습니다. 그의
이름은 다니엘인데, 왕의 아버지께 하사받은 이름은 벨드사살입니다. 다니엘을
불러오게 하십시오. 이것이 무슨 일인지, 그가 왕께 말해 줄 수 있을 것입니다."
13-16 그리하여 다니엘이 불려 왔다. 왕이 그에게 물었다. "그대가 내 아버지께서

유다에서 붙잡아 온 포로 중 하나인 다니엘이오? 그대는 거룩한 영으로 충만하
고, 지극히 명철하며, 더없이 지혜롭다고 들었소. 내가 현인과 주술사들을 불러
들여 벽에 쓰인 저 글을 읽고 그 뜻을 해석하도록 했으나, 그들은 단어 하나, 음
절 하나도 풀어내지 못했소. 하지만 그대는 꿈을 해석해 내고 비밀을 풀 수 있
다고 들었소. 그러니, 저 글을 읽고 그 뜻을 내게 해석해 주시오. 그렇게 해준다
면 그대는 부와 영예—자주색 옷과 금목걸이—를 얻고, 이 나라에서 셋째 가는
통치자가 될 것이오."
17 다니엘이 왕에게 대답했다. "그 선물들은 거두어 주십시오. 다른 사람에게 주
셔도 좋습니다. 그렇게 하시더라도, 저는 왕께 저 글을 읽어 드리고 그 뜻을 말
씀드리겠습니다.
18-21 왕이시여, 들으십시오! 높으신 하나님께서는 왕의 아버지 느부갓네살에게
큰 나라와 높은 영예를 주셨습니다. 하나님께서 그의 이름을 높여 주셨으므로,
종족과 피부색과 신념에 상관없이, 천하 만민이 그를 두려워했습니다. 부친께
서는 마음 내키는 대로 사람을 죽이기도 하고, 살리기도 하셨습니다. 또한 기분
내키는 대로 사람을 높은 자리에 앉히기도 하고, 바닥에 깔아뭉개기도 하셨습
니다. 부친의 마음이 우쭐해지고 교만해지자, 하나님께서는 그를 높은 자리에
서 내치시고 높았던 명예를 땅에 떨어뜨리셨습니다. 그는 제정신을 잃은 채 인
간사회에서 쫓겨나 들짐승처럼 사셨습니다. 소처럼 풀을 뜯고 하늘에서 내리는
이슬을 맞고 사시다가, 마침내 깨달아야 할 바를 깨달으셨습니다. 그것은 높으
신 하나님께서 인간 나라들을 다스리시고, 그분이 택하신 자에게 나라를 주어
맡기신다는 사실입니다.
22-23 그런데 느부갓네살의 아들인 왕께서는 이를 다 아시면서도, 부친 못지않게
오만하십니다. 보십시오. 왕께서는 감히 하늘의 주께 도전하셨습니다! 왕께서
는 그분의 성전에서 가져온 신성한 잔들을 왕의 술자리에 가져오게 해서, 왕의
귀족들과 왕비와 후궁들과 함께 거기에 술을 담아 마셨습니다. 그 신성한 잔을
은과 금, 청동과 쇠, 나무와 돌로 만든 왕의 신들—보지도, 듣지도, 지각하지도
못하는 신들—을 위해 축배용으로 사용하셨습니다. 왕의 생사를 손에 쥐고 계
신 살아 계신 하나님을 능멸하셨습니다.
24-26 그러므로 하나님께서 손을 보내셔서, 벽에 저 글을 쓰게 하신 것입니다. 쓰
인 글은 이렇습니다. **메네, 데겔, 베레스**. 이 단어들의 뜻은 이렇습니다.
메네. 하나님께서 왕의 통치 날수를 세어 보시니, 수가 맞지 않았다.
27 데겔. 왕을 저울에 달아 보시니, 무게가 모자랐다.
28 베레스. 왕의 나라가 쪼개져 메대와 페르시아의 손에 넘어갔다."

29 벨사살은 약속을 이행했다. 그는 다니엘에게 자주색 옷을 입혔고, 그의 목에 커
다란 금목걸이를 걸어 주었으며, 그를 그 나라에서 셋째 가는 통치자로 삼았다.
30-31 바로 그날 밤에, 바빌론 왕 벨사살이 살해되었고, 메대 사람 다리오가 왕위

를 이어받았다. 그때 다리오의 나이는 예순두 살이었다.

사자 굴 속의 다니엘

6 1-3 다리오는 나라를 재정비했다. 지방 장관 백이십 명을 세우고, 나라 전
역을 나누어 두루 관리하게 했다. 그들 위로 총리 세 사람을 세웠는데,
다니엘이 그들 가운데 하나였다. 총리는 지방 장관들의 보고를 받았고, 왕을 위
해 나라의 질서를 바로잡는 일을 맡았다. 그런데 다니엘이 영적 능력과 지적 능
력에서 다른 총리들과 비교가 되지 않을 만큼 월등했으므로, 왕은 나랏일 전부
를 그에게 맡기려고 했다.
4-5 다른 총리와 지방 장관들이 모여 다니엘의 허물과 치부를 찾아내 그를 공격
하려 했지만, 그들은 아무것도 찾아낼 수 없었다. 다니엘은 더할 나위 없이 올
바르고 신실한 사람이었다. 태만이나 과실의 증거도 전혀 찾을 수 없었다. 마침
내 그들은 찾는 것을 포기하고 나서 이같이 말했다. "이 다니엘이라는 자는 종
교 문제로 트집을 잡지 않고서는 도저히 흠집을 낼 수 없다."
6-7 총리와 지방 장관들은 머리를 맞대고 음모를 꾸민 뒤, 왕에게 가서 말했다.
"다리오 왕이시여, 만수무강하시기를 빕니다! 왕의 총리와 지방 장관과 고위관
료들이 회합을 갖고, 왕께서 이런 칙령을 내리셔야 한다고 의견을 모았습니다.

> 앞으로 삼십 일 동안 왕 외에 다른 어떤 신이나 인간에게 기도를 올려서는 안
> 된다. 이를 따르지 않는 자는 누구든지 사자 굴에 던져질 것이다.

8 왕이시여, 이 칙령을 내리셔서, 모든 메대와 페르시아의 다른 법처럼 철회가
불가능하도록 하시기 바랍니다."
9 다리오 왕은 칙령이 담긴 조서에 서명했다.
10 다니엘은 왕이 서명한 조서가 공표된 것을 알았지만, 늘 하던 대로 기도했다.
그의 집 위층에 예루살렘 방향으로 난 창문이 있었는데, 그는 거기서 하루 세
번씩 무릎을 꿇고 그의 하나님께 기도하며, 감사와 찬양을 올려 드렸다.
11-12 음모를 꾸민 자들이 몰려와서, 다니엘이 하나님께 기도하며 도움을 구하는
모습을 지켜보았다. 그들은 곧장 왕에게 달려가, 그가 서명한 칙령을 상기시키
며 말했다. "왕께서는 앞으로 삼십 일 동안 누구도 왕 외에 다른 신이나 인간에
게 기도를 올려서는 안된다고 하지 않으셨습니까? 그렇게 하다가 적발되는 자
는 누구든지 사자 굴 속에 던져질 것이라고 하지 않으셨습니까?"
왕이 말했다. "물론이오. 메대와 페르시아의 법처럼, 그것은 철회가 불가능한
명령이오."
13 그러자 그들이 말했다. "왕이시여, 유다 포로 중에 다니엘이라는 자가 왕을 무
시하고 왕의 칙령을 어겼습니다. 그가 하루에 세 번씩 기도를 드리고 있습니다."
14 이 말을 들은 왕은 크게 당황하면서, 자기 때문에 곤경에 빠진 다니엘을 구하
려고 몹시 애를 썼다. 그가 하루 종일 백방으로 노력했다.

[15] 그러나 음모를 꾸민 자들이 다시 와서 말했다. "왕이시여, 왕의 칙령은 결코
철회될 수 없다는 것이 메대와 페르시아의 법임을 기억해 주시기 바랍니다."
[16] 왕은 결국 포기하고, 다니엘을 붙잡아다 사자 굴 속에 던져 넣으라고 명령했
다. 왕이 다니엘에게 말했다. "충성을 다한 그대의 하나님이 그대를 구해 주실
것이오."
[17] 사람들이 석판을 가져와 굴 입구를 막았다. 왕은 그의 인장 반지와 모든 귀족
들의 인장 반지로 굴 입구를 봉인하여, 아무도 다니엘을 구해 줄 수 없게 했다.
[18] 그 후 왕이 왕궁으로 돌아갔다. 그는 저녁상을 물렸다. 잠도 이루지 못했다.
아무것도 먹지 않고 뜬눈으로 밤을 새웠다.
[19-20] 동이 트자마자 왕은 즉시 사자 굴로 달려갔다. 굴 가까이 이르자, 그는 초조
한 마음으로 소리쳐 불렀다. "살아 계신 하나님의 종 다니엘이여, 충성을 다한
그대의 하나님이 그대를 사자들에게서 구해 주셨소?"
[21-22] 다니엘이 말했다. "왕이시여, 만수무강하시기를 빕니다! 저의 하나님께서
천사를 보내시고 사자들의 입을 막으셔서, 사자들이 저를 해치지 못하게 하셨
습니다. 하나님 앞에서, 그리고 왕 앞에서 제가 결백하다는 사실이 입증되었습
니다. 저는 결코 왕을 해하려고 한 적이 없습니다."
[23] 이 말을 들은 왕은 몹시 기뻤다. 그는 다니엘을 굴에서 끌어 올리라고 명령했
다. 다니엘이 올라왔는데, 그에게는 상처 자국 하나 없었다. 그가 자기 하나님
을 신뢰했기 때문이다.
[24] 왕은 다니엘을 밀고한 음모자와 그 처자식들을 사자 굴에 던져 넣으라고 명령
했다. 그들이 굴 밑바닥에 닿기도 전에 사자들이 달려들어, 그들을 물어뜯고 갈
기갈기 찢어 버렸다.
[25-27] 다리오 왕은 종족과 피부색과 신념에 상관없이, 그 땅의 모든 백성에게 이
같이 공포했다.

그대들에게 평화가 있기를, 평화가 넘치기를 바란다!
내가 칙령을 내리노니, 내 나라에 사는 모든 백성은 다니엘의 하나님을 예배
하고 경외해야 한다.
그분은 살아 계신 하나님이시요, 영원히 다스리신다. 그분의 나라는 쇠하지
않는다.
그분의 통치는 영원하다.
그분은 구원자이시며 구조자이시다.
그분은 하늘과 땅에서 실로 놀라운 기적을 행하시는 분이다.
그분이 다니엘을 사자들의 입에서 구해 주셨다.

[28] 이때부터 다니엘은 다리오의 남은 통치 기간과, 뒤이어 페르시아 사람 고레
스의 통치 기간 동안 선대를 받으며 지냈다.

네 마리 짐승 환상

7

[1] 바빌론 왕 벨사살 일년에, 다니엘이 꿈을 꾸었다. 침상에 누워 자다가
본 환상에 그는 혼비백산했다. 그것은 악몽이었다. 그는 그 꿈을 글로 적
었다.
[2-3] "그날 밤 꿈에서, 나는 하늘의 네 바람이 바다에 휘몰아치고 거대한 폭풍을
일으키는 것을 보았다. 그러자 바다에서 서로 다르게 생긴 거대한 짐승 네 마리
가 올라왔다.
[4] 첫째 짐승은 사자같이 생겼고, 독수리의 날개를 가지고 있었다. 내가 지켜보
고 있는 사이 짐승의 날개가 뽑히더니, 몸이 펴져 사람처럼 두 발로 서게 되고
사람의 마음까지 지니게 되었다.
[5] 그 다음 본 두 번째 짐승은 곰처럼 생겼고, 이리저리 휘청거리며 서 있었는데,
입에 갈빗대 세 개를 물고 있었다. 누군가가 그에게 말했다. '덮쳐라! 삼켜라!
배가 터지도록 먹어라!'
[6] 그 다음 또 다른 짐승을 보았는데, 이번에는 표범처럼 생긴 짐승이었다. 짐승
의 등에 새의 날개가 네 개 달려 있고 머리도 네 개인데, 그가 통치권을 부여받
았다.
[7] 그 후, 네 번째 짐승이 내 꿈에 나타났다. 그 짐승은 정말 소름끼칠 정도로 무
시무시했다. 커다란 쇠이빨을 가지고 있어서, 먹이를 우두둑 씹어 꿀꺽 삼켰으
며, 남은 것은 모조리 짓밟아 뭉갰다. 그 짐승은 다른 짐승들과 달랐다. 뿔이 열
개나 달린 진짜 괴물이었다.
[8] 내가 그 뿔들을 주시하며 그 의미하는 바를 생각하고 있는데, 뿔 하나가 또 돋
아났다. 자그마한 뿔이었다. 본래 있던 뿔 중에 세 개가 뽑혀 나가면서 새로 돋
아난 뿔에 자리를 내주었다. 자그마한 그 뿔 안에는 사람의 눈이 여러 개 있고
커다란 입까지 있어서, 거만하게 떠들어 댔다.
[9-10] 내가 그것들을 지켜보고 있는데,

보좌들이 놓이고
옛적부터 계시는 분이 앉아 계셨다.
그분의 옷은 눈처럼 희고,
그분의 머리카락은 양털같이 희었다.
그분의 보좌는 불꽃처럼 타올랐고,
그 바퀴들은 활활 타는 불길 같았다.
그 보좌로부터
불의 강이 쏟아져 나왔다.
그분을 시중드는 자가 수천이고,
그분을 모시고 서 있는 자가 수만이었다.
법정이 열리고,
책들이 펼쳐졌다.

11-13 내가 지켜보는데, 그 자그마한 뿔이 계속 거만하게 떠들어 대고 있었다. 그때, 내 눈앞에서 그 괴물이 살해되어 활활 타오르는 불 속에 던져졌다. 다른 짐승들은 얼마 동안 연명했으나 실제로는 죽은 목숨이었고, 통치력도 잃었다. 이어 꿈에서,

13-14 나는 인자처럼 보이는 어떤 이가,
회오리 구름을 타고 오는 광경을 보았다.
그가 옛적부터 계시는 분께 이르러
그분 앞으로 인도되었고,
통치권을—왕의 위엄과 영광을—부여받았다.
이제, 종족과 피부색과 신념에 상관없이, 만민이 그를 섬길 것이다.
그의 통치, 영원하고 끝이 없으리라.
그의 권세, 무궁하여 변치 않으리라.

15-16 그러나 나 다니엘은 혼란스러웠다. 꿈에서 본 환상들로 마음이 복잡했다. 그래서 거기 서 있는 이들 중 하나에게 가까이 가서, 내가 본 것이 무슨 뜻인지 물었다. 그러자 그가 내게 그 꿈을 해석해 주었다.

17-18 그가 말했다. '그 거대한 짐승 네 마리는 앞으로 지상에 나타날 네 나라를 뜻한다. 그러나 결국 높으신 하나님의 거룩한 백성이 나라를 얻을 것이며, 영원히—그렇다, 영원무궁히—그 나라를 차지하게 될 것이다.'

19-22 그러나 나는 더 알고 싶었다. 그 넷째 짐승이 무엇인지 궁금했다. 그 짐승은 다른 짐승들과 많이 달랐고, 쇠이빨과 청동발톱을 가진 무시무시한 괴물이었으며, 먹이를 갈기갈기 찢어 삼키고 남은 것들은 바닥에 짓이겼다. 나는 그 짐승 머리에 난 열 뿔과, 본래 있던 뿔 세 개를 제치고 돋아난 뿔에 대해서도 알고 싶었다. 새로 난 뿔에는 눈들이 달려 있었다. 큰 입은 오만하게 떠들어 댔으며, 다른 뿔들을 압도했다. 나는 그 뿔이 하나님의 거룩한 백성과 전쟁을 벌여 그들을 이기는 광경을 지켜보았다. 그러나 그때에 옛적부터 계시는 분이 개입하셔서, 높으신 하나님의 백성을 위해 모든 일을 바로잡아 주셨다. 마침내, 하나님의 거룩한 백성이 나라를 차지했다.

23-25 거기 옆에 서 있는 이가 이어서 말했다. '넷째 짐승은 지상에 나타날 넷째 나라다. 그것은 앞선 세 나라들과 다를 것인데, 닥치는 대로 씹어 먹고 뱉어 내는, 그야말로 괴물 나라가 될 것이다. 그 열 뿔은 그 나라에 차례대로 등장할 열 왕이다. 그 후에 또 다른 왕이 등장할 것인데, 그는 이전 왕들과 다를 것이다. 먼저 그는 앞의 세 왕부터 제거할 것이다. 그런 다음 높으신 하나님을 모독하고 높으신 하나님을 따르는 이들을 핍박하면서, 거룩한 예배와 윤리적 법도를 아주 없애 버리려고 할 것이다. 하나님의 거룩한 백성은 한 때와 두 때와 반 때 동안 그의 핍박을 받을 것이다.

26-27 그러나 법정이 열리면, 그 뿔은 권세를 빼앗기고 멸절될 것이다. 그러면 통

치권과 권능과 하늘 아래 모든 나라의 영광이 높으신 하나님의 백성에게 넘어
갈 것이다. 그들의 통치는 영원히 이어질 것이다. 모든 통치자들이 그들을 섬기
고 복종할 것이다.'
28 이렇게 끝났다. 나 다니엘은 유령을 본 사람처럼 큰 충격을 받았다. 그러나 나
는 이 모든 것을 혼자서 마음속에 간직해 두었다."

숫양과 숫염소 환상

8 1 "벨사살 왕 삼년에, 또 다른 환상이 나 다니엘에게 임했다. 그것은 두
번째 환상이었다.
2-4 그 환상에서 보니, 나는 엘람 지방의 수도 수사에 있는 을래 수로에 서 있었
다. 주위를 둘러본 나는, 수로 입구에 숫양 한 마리가 서 있는 것을 보고 깜짝
놀랐다. 그 숫양에게는 커다란 두 뿔이 있었는데, 하나가 다른 하나보다 컸고
더 큰 쪽이 나중에 난 뿔이었다. 내가 지켜보는 사이, 그 숫양이 마구 달려, 처
음에는 서쪽, 그 다음에는 북쪽, 그 다음에는 남쪽을 향하여 들이받았다. 어떤
짐승도 그와 맞설 수 없었다. 그는 제멋대로 날뛰면서, 자기가 짐승들의 왕이라
도 되는 듯 거들먹거렸다.
5-7 내가 그 모습을 지켜보며 그것이 의미하는 바를 생각하고 있는데, 이마 한가
운데 거대한 뿔 달린 숫염소 한 마리가 서쪽에서 올라오더니, 발이 땅에 닿지
않을 정도로 온 땅을 종횡무진하며 뛰어다녔다. 그 숫염소가 수로 입구에 있던
두 뿔 달린 숫양에게 가까이 가서, 마구 성을 내며 그것을 들이받았다. 숫염소
는 불같이 성을 내며 숫양을 들이받아 두 뿔을 부러뜨려 버렸다. 그 숫양은 숫
염소의 상대가 되지 못했다. 숫염소가 숫양을 바닥에 쓰러뜨리고 마구 짓밟았
지만, 누구도 숫양을 구해 줄 수 없었다.
8-12 그러자 숫염소의 덩치가 엄청나게 커졌다. 숫염소의 힘이 최고조에 이르자,
거대한 뿔이 부러져 나가더니 그 자리에 큰 뿔 네 개가 동서남북 사방을 가리키
며 돋아났다. 그런 다음, 그 큰 뿔들 가운데 하나에서 또 다른 뿔이 돋아 나왔
다. 처음에는 작았지만 곧 엄청난 크기로 자라면서, 남쪽과 동쪽과 아름다운 팔
레스타인 땅을 향해 뻗어 나갔다. 그 뿔은 별들 곧 천상 군대에 미칠 만큼 높아
지더니, 별 가운데 얼마를 땅에 떨어뜨리고는 마구 짓밟았다. 그것은 심지어 천
상 군대의 통수권자이신 하나님의 권세에까지 도전했다! 또 그것은 매일 드리
는 예배를 폐하고 성소를 더럽히기까지 했다. 하나님의 거룩한 백성도 매일 드
리는 예배와 같은 운명에 처했다. 그것은 그들의 죄에 대한 심판이었다. 그 뿔
이 하나님의 진리를 내동댕이쳤다. 그것은 의기양양하게 모든 물건과 모든 사
람을 제 손아귀에 넣었다.
13 그런 다음 나는 거룩한 두 천사가 나누는 이야기를 엿듣게 되었다. 한 천사가
물었다. '우리가 보는 이 일, 곧 매일 드리는 예배가 폐지되고 죄로 인해 참혹한
심판을 받으며, 하나님의 거룩한 백성과 성소가 유린되는 일이 언제까지 계속
될 것인가?'

[14] 다른 천사가 대답했다. '저녁과 아침으로 2,300번의 희생제가 드려진 다음에
야 성소가 다시 세워질 것이다.'"

❦

[15] "나 다니엘이 이 환상을 보고 그 뜻을 깨달으려고 애쓰는데, 갑자기 내 앞에
사람처럼 생긴 어떤 이가 서 있었다.
[16-17] 그때, 을래 수로 옆쪽에서 어떤 사람이 큰소리로 외쳤다. '가브리엘아, 그에
게 말해 주어라. 이 환상을 설명해 주어라.' 그러자 그가 내게 다가왔다. 그 순간
나는 겁에 질려 얼굴을 땅에 대고 엎드렸다.
[17-18] 그가 말했다. '이 환상은 세상 끝에 관한 것이다.' 그가 입을 열어 말하자마
자, 나는 기절하여 땅바닥에 얼굴을 댄 채 쓰러졌다. 그러나 그가 나를 잡아 일
으켜 세웠다.
[19] 그가 이어서 말했다. '장차 세상이 끝나고 진노의 심판 날이 닥칠 때에, 무슨
일이 있을지 네게 말하려고 한다.
[20-22] 네가 본 두 뿔 가진 숫양은 메대와 페르시아의 두 왕을 나타낸다. 그리고 그
숫염소는 그리스 사람들의 나라를 나타낸다. 그 이마의 거대한 뿔은 그리스의
첫째 왕이다. 그것이 부러져 나간 뒤에 새로 돋아난 네 뿔은 첫째 왕 이후에 등
장할 네 왕이다. 그들의 권세는 앞선 왕만 못할 것이다.

[23-26] 그들의 나라가 식어 가고
반역이 달아오를 때,
한 왕이 등장할 것이다.
그는 철면피에다 권모술수의 화신이다.
그의 권세는 나날이 커지고 또 커질 것이다.
그는 허풍을 떨면서 의기양양하게,
무엇이든 제멋대로이며,
영웅과 거룩한 이들을 사정없이 해치울 것이다.
그는 갖은 음모와 계략으로 죄를 짓고,
엄청난 성공을 거둘 것이다!
자신을 천하무적이라 여기며,
거치적거리는 자들을 모조리 없애 버릴 것이다.
그러나 그는 만왕의 왕이신 분에게까지 대적하다가,
결국 박살이 나고 말 것이다.
그를 부순 것은 사람의 손이 아니다.
저녁과 아침의 2,300번의 희생제에 대한 이 환상은,
틀림없으며 기밀사항이다.
너 혼자 비밀로 잘 간직하여라.
이는 먼 훗날에 대한 것이다.'"

27 "나 다니엘은 정신이 없어서, 여러 날 동안 기운을 차리지 못했다. 이후 내 자신을 추스려 다시 왕을 보필했다. 그러나 이 환상으로 내 마음은 여전히 혼란스러웠다. 나는 그 뜻을 이해하지 못했다."

다니엘의 기도

9

1-4 "메대 출신으로 아하수에로의 아들인 다리오가 바빌론 땅을 다스리는 왕이 되었다. 그의 통치 첫해에, 나 다니엘은 성경을 읽으면서 예언자 예레미야에게 주어진 **하나님**의 말씀, 곧 예루살렘이 폐허로 있어야 할 햇수가 칠십 년이라는 것을 곰곰이 생각했다. 나는 응답을 들으려고 주 하나님께 나아갔다. 거친 베옷을 걸치고 금식하며, 잿더미 위에 무릎을 꿇고 간절히 기도했다. 나는 내 **하나님** 앞에 마음을 쏟고 영혼을 토해 냈다.

4-8 '오 주님, 위대하고 존귀하신 하나님, 주께서는 주의 언약을 한결같이 지키시며, 주를 사랑하여 주의 말씀을 지키는 자들을 결단코 버리지 않으십니다. 그러나 우리는 죄라는 죄는 다 짓고 살아왔습니다. 악행을 일삼고 반역하면서, 주께서 밝히 보여주신 길을 이리저리 피해 다녔습니다. 우리 왕과 지도자와 조상과 땅의 모든 백성에게 주의 말씀을 전해 주던, 주의 종 예언자들의 말에도 귀를 막았습니다. 주께서는 언제나 의로우시건만, 우리가 보여드리는 것은 죄와 수치뿐입니다. 우리 모두가 그러합니다. 유다 백성도, 예루살렘 주민도, 고향 땅의 이스라엘도, 주께 반역한 탓에 여러 곳으로 내쫓긴 이스라엘도 그러합니다. **하나님**, 우리 모두가—왕과 지도자, 우리 조상들도—온 세상의 웃음거리가 되고 말았습니다. 당연한 일입니다. 우리는 죄인이기 때문입니다.

9-12 우리 하나님이신 주의 자비만이 우리의 유일한 희망입니다. 우리는 아무 권리도 주장할 수 없는 반역자들이기 때문입니다. 주께서는 우리에게 살길을 일러 주시고, 주의 종인 예언자들을 통해 분명한 가르침을 주셨습니다. 그럼에도 우리는 주의 말씀에 귀 기울이지 않았습니다. 온 이스라엘이 주의 말씀을 업신여겼습니다. 우리는 주의 교훈을 무시했으며, 그저 제멋대로 살았습니다. 그리고 이제 그 대가를 치르고 있습니다. 하나님의 종 모세에게 주신 계시에 명백히 적혀 있는 준엄한 저주가, 지금 우리 가운데 실행되고 있습니다. 주를 거역했던 죄의 값입니다. 주께서는 우리와 우리 통치자들에게 행하시겠다고 말씀하신 일을 마침내 시행하셨습니다. 이토록 참혹한 재앙을, 일찍이 없었던 최악의 재앙을 우리에게 내리셨습니다. 예루살렘에 내리셨습니다!

13-14 모세에게 주신 하나님의 계시에 적혀 있는 그대로, 그야말로 모든 것을 쓸어버리는 재앙이었습니다. 아무것도 남지 않았습니다. 주께서는 이 재앙이 하나도 남김없이 우리에게 내리도록 하실 수밖에 없었습니다. 우리는 한사코 죄를 고집하면서 주를 무시하고, 주의 경고를 망각했기 때문입니다. 우리 하나님이신 주께서 우리에게 행하신 일은 전적으로 옳습니다. 감히 주를 업신여기기

만 했던 우리였기 때문입니다.
15-17 하지만 주님, 주께서는 우리의 하나님이십니다. 주께서는 큰 능력을 떨쳐
보이시며 주의 백성을 이집트 땅에서 건져 내신 분입니다. 이 일은 아직도 뭇
사람들의 입에 오르내리고 있습니다! 우리는 우리가 죄인이고 악하게 살아온
것도 압니다. 그러나 주께서는 언제나 모든 일을 바로잡으시고 사람을 바로 세
우시는 일을 행하는 분이시니, 제발 이제도 그렇게 해주십시오. 주의 도성, 주
의 거룩한 산, 예루살렘 위에 부어진 진노를 거두어 주십시오. 모든 것은 우리
잘못이며, 우리와 우리 조상의 죄 때문이라는 것을 잘 압니다. 지금 우리는 주
변 민족들의 웃음거리가 되었습니다. 이웃 나라의 멸시를 받고 있습니다. 그러
니 하나님, 주의 종이 전심으로 드리는 이 기도를 들어주십시오. 폐허가 된 주
의 성소에 자비를 베풀어 주십시오. 우리를 위해서가 아니라, 주님이 어떤 분이
신지를 나타내 보이시기 위해서라도 그렇게 해주십시오.
18 하나님, 우리에게 귀를 기울여 주십시오. 잿더미가 된 도성, 주의 이름으로
불리는 이 도성을 보살펴 주십시오. 우리는 주님의 응답을 받을 자격이 없음을
잘 압니다. 그러므로 주의 자비에 호소합니다. 우리에게 남은 마지막 희망은 이
기도뿐입니다.

19 주님, 들어주십시오!
주님, 용서하여 주십시오!
주님, 우리를 굽어살피시고, 행하여 주십시오!
주님, 지체하지 마십시오!
주의 이름으로 불리는 주의 도성과 주의 백성의 일은
곧 주님의 일이기도 합니다!'"

가브리엘이 환상을 설명하다

20-21 "내가 나의 하나님 앞에서 내 죄와 내 백성 이스라엘의 죄를 아뢰고, 내 하
나님의 거룩한 산을 위해 마음을 쏟아 간절히 기도하고 있는데, 기도에 몰두해
있던 저녁예배 시간 무렵, 이전 환상에서 봤던 사람 모습의 가브리엘이 새처럼
날아서 내게 다가왔다.
22-23 그가 내 앞에 서서 말했다. '다니엘아, 너에게 깨달음을 주려고 내가 왔다.
네가 기도를 시작하자마자 응답이 내렸고, 나는 그 응답을 네게 전해 주려고 왔
다. 네가 참으로 큰 사랑을 받고 있구나! 그러니 이 응답을 잘 들어라. 계시의
분명한 뜻에 귀를 기울여라.
24 네 백성과 네 거룩한 도성의 반역을 제압하고, 죄를 멈추게 하고, 범죄를 쓸어
내고, 모든 일을 영원히 바로잡으며, 예언자가 본 것을 확증하고, 지성소에 기
름을 붓는 데 일흔 이레의 기간이 정해졌다.
25-26 너는 다음의 사실을 반드시 깨닫고 알아야 한다. 예루살렘을 재건하라는 말
씀이 내리는 때부터 기름부음 받은 지도자가 오기까지, 일곱 이레가 지날 것이

다. 재건 기간은 길을 닦고 못을 두르는 일까지 포함해서 예순두 이레가 걸릴 것인데, 힘겨운 시간이 될 것이다. 예순두 이레 후에, 기름부음 받은 지도자가 살해될 것이다. 그의 최후다. 새로 오는 지도자의 군대가 도성과 성소를 폐허로 만들 것이다. 홍수에 휘말리듯 도성이 종말을 맞을 것이다. 마지막까지 전쟁이 휘몰아쳐서 그 땅이 전부 황폐하게 될 것이다.

27 그런 다음 한 이레 동안 그는 많은 자들과 강력한 동맹을 맺을 것인데, 그 이
레의 반이 지날 즈음, 그가 예배와 기도를 그 땅에서 추방할 것이다. 예배장소
에는 신성을 모독하는 역겹고 흉측한 우상이 세워지겠고, 신성을 모독한 자가
마지막을 맞을 때까지 그곳에 서 있을 것이다.'"

티그리스 강 가에서 본 환상

10

1 페르시아의 고레스 왕 삼년에, 바빌론 이름으로 벨드사살이라고
하는 다니엘이 한 메시지를 깨달았다. 그것은 큰 전쟁에 대한 진상
을 알려 주는 메시지였다. 그는 계시를 받아 그 메시지의 뜻을 깨달았다.
2-3 "그때에, 나 다니엘은 예루살렘을 위해 세 주간 애곡하는 시간을 갖고 있었
다. 나는 간단한 음식만 먹었고, 조미료나 고기나 포도주는 입에 대지 않았다.
세 주가 지나기 전에는 목욕도 하지 않고 면도도 하지 않았다.
4-6 첫째 달 이십사일에, 나는 큰 강 티그리스 강 둑에 서 있었는데, 거기서 위를
올려다보고 깜짝 놀랐다. 허리에 순금 허리띠를 매고 모시옷을 입은 어떤 이가
거기에 있었다! 그의 몸은 보석 조각처럼 단단하고 반짝였으며, 얼굴은 빛났고
눈은 횃불처럼 이글거렸다. 팔과 발은 청동처럼 광채가 났고, 깊이 울리는 음성
은 거대한 합창소리 같았다.
7-8 그 광경을 나 다니엘 혼자서만 보았다. 같이 있던 다른 사람들은 그 광경을
보지 못했는데도 두려움에 사로잡혀 모두 도망쳐 숨었다. 사람들이 모두 떠나
홀로 남겨진 나는, 무릎이 후들후들 떨리고 얼굴에 핏기도 가셨다.
9-10 그때 그의 음성이 들려왔다. 그가 말하는 소리에 나는 정신을 잃은 채 얼굴
을 땅바닥에 대고 쓰러졌다. 그러자 어떤 손이 나를 어루만지더니, 내 손과 무
릎이 땅에 닿도록 일으켰다.
11 그가 말했다. '뛰어난 자 다니엘아, 귀 기울여 나의 메시지를 들어라. 일어서
라. 곧게 서라. 네게 이 소식을 전해 주려고 내가 보냄을 받았다.'
그의 말을 듣고 내가 일어섰으나, 여전히 떨고 있었다.
12-14 '다니엘아, 진정하여라.' 그가 계속해서 말했다. '두려워하지 마라. 네가 이
일을 깨달으려고 네 자신을 낮춘 순간부터, 하나님은 네 기도를 들으셨다. 그
리고 내가 너에게 왔다. 페르시아 왕국의 천사장이 내 길을 가로막아 시간이 세
주나 지체되었지만, 가장 높은 천사장 가운데 하나인 미가엘이 나서서 나를 도
와주었다. 나는 그를 페르시아 왕국의 왕과 함께 있게 놔두고 떠나왔다. 마침내
네 백성에게 일어날 일을 네게 보이기 위해 이렇게 온 것이다. 이 환상은 장차
있을 일에 대한 것이다.'

15-17 그가 말을 하는 동안, 나는 땅만 보며 아무 말도 하지 못했다. 그때 갑자기
사람 손 같은 것이 내 입술을 어루만졌다. 그러자 내 입이 열리고 그에게 말을
하기 시작했다. '주여, 저는 주를 보고서 두려움에 사로잡혔습니다. 무릎이 후
들후들 떨리고 움직일 수조차 없습니다. 사지가 굳고 숨을 쉬기조차 어려운데,
미천한 종인 제가 어떻게 감히 주와 이야기할 수 있겠습니까?'
18-19 그러자 사람 모습의 그가 다시 한번 나를 어루만지며 힘을 북돋아 주었다.
그가 말했다. '친구여, 두려워하지 마라. 평안하여라. 다 잘될 것이다. 용기를
가져라. 힘을 내라.'
그가 말을 할 때에, 내 속에서 용기가 솟아올랐다. 내가 말했다. '이제 말씀하십
시오. 주께서 제게 용기를 불어넣어 주셨습니다.'
20-21 그가 말했다. '너는 내가 왜 네게 왔는지 아느냐? 이제 나는 돌아가서 페르
시아의 천사장과 싸워야 한다. 내가 그를 물리치면 그리스의 천사장이 올 것이
다. 그러나 나는 그 전에 먼저, 진리의 책에 기록된 것을 네게 말해 주려고 한
다. 그 싸움에서 나를 도울 수 있는 이는 너희 천사장 미가엘밖에 없다.'"

11

1 "'나 역시, 메대 사람 다리오 일년부터 있는 힘을 다해 그를 도왔
다.'"

남쪽 왕과 북쪽 왕이 싸우리라

2 "'이제 내가 이 일의 진상을 말해 주겠다. 페르시아에 세 왕이 더 등장하겠고,
그 다음 넷째 왕은 그들 모두보다 더 큰 부를 얻을 것이다. 그는 재물이 쌓인 만
큼 힘도 커졌다 여기고, 그리스 나라 전체를 상대로 전쟁을 일으킬 것이다.
3-4 그때 한 강력한 왕이 나타나서 거대한 영토를 차지하고, 세상을 좌지우지할
것이다. 그러나 전부를 장악한 듯 보였던 권력의 정점에서, 그의 나라는 동서남
북 사방 넷으로 나뉠 것이다. 그의 상속자들은 아무것도 얻지 못하고, 그의 왕
위도 계승하지 못할 것이다. 다른 자들이 그것을 놓고 쟁탈전을 벌여 나눠 가질
것이다.
5-6 그 후 남쪽 왕이 강해지겠으나, 그의 제후들 중 하나가 그보다 강력해지면서
더 큰 영토를 다스리게 될 것이다. 수년 후에, 남쪽 왕과 북쪽 왕은 협정을 맺
고 평화 조약을 굳건히 하기 위해 남쪽 왕의 딸과 북쪽 왕이 결혼을 하게 될 것
이다. 그러나 그녀의 영향력은 약화되고, 그녀의 아이도 살아남지 못할 것이다.
그녀와 그녀의 종들, 그녀의 아이와 그녀의 남편 모두 배신당하고 말 것이다.
6-9 그 얼마 후에, 왕족 출신의 한 사람이 나타나서 권력을 잡을 것이다. 그가 자
기 군대를 이끌고 북쪽 왕의 요새에 쳐들어가 대승을 거둘 것이다. 그는 그 나
라의 양철 신상과 그것에 딸린 금은 장신구들을 모조리 수레에 싣고 이집트로
가져갈 것이다. 후에 전력을 회복한 북쪽 왕이 남쪽 왕의 지역으로 쳐들어가겠
지만, 성공하지 못할 것이다. 그는 결국 퇴각하고 말 것이다.

10 그러나 이후, 그의 아들들이 대군을 일으켜 남쪽 요새로 물밀듯이 쳐들어갈
것이다.
11-13 격분한 남쪽 왕이 전장에 나가 북쪽 왕과 그의 대군과 싸워 대승을 거둘 것
이다. 들판에 널린 시체들이 다 치워지기도 전에, 피에 광분한 그는 더 나아가
수만 명을 죽이는 대학살을 자행할 것이다. 그러나 그의 승리는 오래가지 못할
것이다. 처음보다 더 큰 군대를 규합한 북쪽 왕이, 엄청난 군사와 물자를 동원
해 수년 후에 다시 쳐들어올 것이기 때문이다.
14 그때에, 많은 사람들이 일어나 남쪽 왕을 치러 나갈 것이다. 너희 백성 중에서
도 성미 급한 자들이 꿈에 도취해 그 대열에 합류하겠지만, 소란만 일으키다가
말 것이다.
15-17 북쪽 왕이 와서, 공격용 축대를 쌓고 요새화된 도성을 함락시킬 것이다. 남
쪽 군대는 무너질 것이다. 이름 높던 정예부대도 그의 공격을 당해내지 못할 것
이다. 북쪽 왕은 그 땅을 다 차지하게 된 것처럼 의기양양하게 들어올 것이다.
그는 아름다운 지역, 팔레스타인을 점령하고 그곳에 주둔할 것이다. 그리고 하
나도 빼지 않고 모조리 장악해 갈 것이다. 그는 남쪽 왕을 완전히 파멸시키려고
거짓 평화 조약을 맺고, 심지어 자기 딸을 남쪽 왕과 결혼시키기도 할 것이다.
그러나 그 계략은 결국 성공하지 못하고 수포로 돌아갈 것이다.
18-19 후에, 그가 해안 지역으로 관심을 돌려 많은 사람들을 포로로 잡겠지만, 마
침내 한 장군이 나타나 그의 행패를 끝장낼 것이다. 북쪽 왕의 행패는 그 자신
에게로 돌아갈 것이다! 그는 자기 나라로 돌아가서 군대를 추스르겠지만, 이미
한풀 꺾인 뒤여서 금세 잊혀지고 말 것이다.
20 그의 뒤를 이을 자는 별 볼 일 없는 위인으로, 처음부터 통치력과 명성과 권위
가 형편없을 것이다. 그는 오래가지 못할 것이다. 싸움 한번 제대로 해보지 못
하고 조용히 역사의 무대에서 사라질 것이다.
21-24 그의 뒤를 이을 자는 실격자 취급을 받고 무시당하며 출셋길이 막혔던 인물
로, 난데없이 등장해 모든 사람을 깜짝 놀라게 하면서 나라를 손아귀에 넣을 것
이다. 그는 불도저처럼 밀어붙여 원수들을 모조리 깔아뭉개고, 심지어는 그와
동맹을 맺고 왕위에 오른 왕까지 짓뭉개 버릴 것이다. 휴전협정을 맺어 놓고도
서슴지 않고 위반하며, 몇몇 심복과 일을 도모해 마침내 전권을 장악할 것이다.
그는 비옥한 지방들을 골라 내키는 대로 침공할 것이다. 닥치는 대로 빼앗고 추
종자들과 함께 사치와 향락을 일삼는 그의 행패는, 그의 가까운 조상이나 먼 조
상 모두를 능가할 것이다.
24-26 그는 요새 도성들을 칠 계획을 세우지만, 결국 근시안적인 계획이었음이 드
러날 것이다. 또 그는 남쪽 왕을 치려고 대군을 모아 전의를 불태울 것인데, 남
쪽 왕도 이에 응해 자기 군대를—더 큰 대군을—모으고 싸울 태세를 갖출 것이
다. 그러나 그 기세는 오래가지 못할 것이다. 내부 배신자의 악한 음모에 휘말
려 그의 왕실이 벌집을 쑤셔 놓은 것처럼 될 것이기 때문이다. 남쪽 왕의 군대
는 박살이 나고, 전장은 시체로 뒤덮일 것이다.

[27]그 두 왕은 서로 음흉한 계략을 품고 협상 자리에 앉아서 거짓말을 주고받을
것이다. 그러나 그 거짓투성이 조약으로 얻는 것은 아무것도 없을 것이다. 이것
이 끝이 아니다. 이야기가 끝나려면 아직 멀었다.
28 북쪽 왕은 노획물을 가득 싣고 자기 나라로 돌아가는 귀국길에, 거룩한 언약
을 깨뜨리겠다는 생각을 할 것이다.
29-32 일 년 후에, 그는 다시 남쪽을 침공해 올 것이다. 그러나 두 번째 침공은 첫
번째 침공에 훨씬 못 미칠 것이다. 로마 배들이 당도하면, 그는 꽁무니를 빼고
그의 나라로 달아날 것이다. 그러나 귀국길에 그는, 거룩한 언약에 대해 분이
가득하게 될 것이다. 그는 거룩한 언약을 배신한 자들의 뒤를 봐주며 그들을 우
대할 것이다. 그의 경호부대원들이 성소와 성채에 난입해 그곳을 더럽힐 것이
다. 그들은 매일 드리는 예배를 폐하고, 신성모독적이고 역겨운 우상을 그곳에
세울 것이다. 북쪽 왕은 거룩한 언약을 배신한 자들을 감언이설로 꾀어 매수할
것이다. 그러나 용기를 내어 하나님께 충성을 다하는 이들은 완강히 저항할 것
이다.
33-35 심지가 곧은 이들은 스스로 모범을 보여, 사람들에게 옳고 그름을 가르칠
것이다. 그들은 한 시절 동안 극심한 시련을 겪을 것이다. 어떤 자들은 살해되
고, 어떤 자들은 화형을 당할 것이며, 어떤 자들은 포로로 끌려가고, 어떤 자들
은 약탈을 당할 것이다. 극심한 시련 중에 그들은 약간의 도움을 얻겠지만, 충
분하지는 않을 것이다. 도움을 주는 자들도 마지못해 도와줄 것이다. 심지가 곧
고 충성스런 이들은 이 시련을 통해 단련되고 씻기며 정화될 것인데, 이야기가
끝나려면 아직 멀었기 때문이다.
36-39 한편, 북쪽 왕은 계속 제멋대로 날뛸 것이다. 그는 자신이 모든 신보다 더
위대하다며 스스로를 높일 것이다. 그는 신들의 신이신 하나님에게까지 도전
하며 으스댈 것이다. 얼마 동안은—진노의 심판의 때가 다 찰 때까지—그가 무
사할 것이다. 포고된 것은 반드시 시행되어야 하기 때문이다. 그는 자기 조상의
신들도 전혀 존중하지 않을 것이다. 여자들 사이에서 가장 인기 높은 신 아도니
스에 대해서도 그러할 것이다. 그는 모든 신과 여신을 업신여기면서, 자신이 그
들보다 더 위대하다고 뻐길 것이다. 심지어 그는 거룩한 이들의 하나님까지도
업신여길 것인데, 하나님께서 경배받으시는 장소에 누구도 들어 보지 못한 우
상을 들여놓고, 그것을 금은보석으로 화려하게 장식할 것이다. 그는 낯선 신의
깃발을 높이 들고 주요 요새들을 공략할 것이며, 그 신을 섬기기로 한 자들을
권력의 요직에 앉히고 땅을 하사할 것이다.
40-45 이 이야기의 마지막은 이러하다. 남쪽 왕이 그와 맞서겠고, 북쪽 왕이 폭풍
처럼 그를 덮칠 것이다. 전차부대와 기병부대와 대함대를 몰고 모든 것을 휩쓸
며 내려올 것이다. 그가 아름다운 땅을 공격하고, 그 앞에서 사람들이 추풍낙엽
처럼 쓰러질 것이다. 에돔과 모압과 몇몇 암몬 사람만이 화를 면할 것이다. 그
는 손을 뻗어 이 나라 저 나라를 집어삼킬 것이다. 이집트도 예외가 되지는 못
한다. 그는 이집트의 금은보화를 모조리 긁어모을 것이다. 리비아 사람과 에티

오피아 사람들도 그에게 동조할 것이다. 그러나 그때 북쪽과 동쪽에서 불안한 소문이 들려와 그는 겁에 질릴 것이다. 그가 크게 노하여 사태를 진압하러 달려가지만, 지중해 바다와 거룩한 산 사이에 진—그 왕의 천막!—을 치는 순간, 그는 마지막을 맞게 될 것이다. 누구도 그를 도울 수 없으리라!'"

마지막 때

12 1-2 "'바로 그때, 위대한 천사장이자 네 백성의 수호자인 미가엘이 나
설 것이다. 그리고, 세상이 만들어진 이래 최악의 환란이 임할 것이
다. 그러나 네 백성, 그 책에 기록되어 있는 이들은 한 사람도 빠지지 않고 그
환란에서 구원을 받을 것이다. 오래전에 죽어 묻힌 많은 자들이 깨어나서, 어떤
자들은 영원한 생명을 얻고 어떤 자들은 영원한 수치를 겪게 될 것이다.
3 지혜롭게 산 사람들은 총총한 밤하늘의 별처럼 밝게 빛날 것이다. 사람들을
바른 길로 인도하여 살린 사람들은 별처럼 영원히 빛날 것이다.
4 다니엘아, 이 말씀은 기밀사항이다. 너만 보고 들었으니, 이것을 비밀로 간직
해라. 마지막 때까지 이 책을 봉인해 두어라. 그때까지 많은 사람들이 이 내용
을 알아내려고 이리저리 뛰어다닐 것이다.'"

5-6 "나 다니엘이 이 모든 말씀을 곱씹고 있을 때, 두 인물이 나타났다. 한 사람
은 강 이쪽 언덕에, 다른 한 사람은 저쪽 언덕에 서 있었다. 그들 중 한 사람이,
모시옷을 입고 강물 위쪽에 서 있는 셋째 사람에게 물었다. '이 놀라운 이야기는
언제 끝이 납니까?'
7 모시옷을 입고 강물 위쪽에 서 있는 사람이, 하늘을 향해 두 손을 들었다. 그
는 영원하신 분을 두고 엄숙히 맹세하면서, 이 이야기는 한 때와 두 때와 반 때
동안 이어지다가, 거룩한 백성을 압제하는 자가 패망할 때 완성된다고 말했다.
8 명확히 듣기는 했지만, 나는 그 뜻을 이해하지 못했다. 그래서 물었다. '주님,
제게 그 뜻을 알려 주시겠습니까?'
9-10 '다니엘아, 너는 그저 네 할 일을 계속하여라.' 그가 말했다. '이 메시지는 마
지막이 될 때까지, 마지막이 올 때까지 기밀사항으로 봉인되어 있을 것이다. 많
은 사람이 깨끗이 씻겨져 새사람이 될 것이다. 그러나 악한 사람은 무슨 일이
벌어지는지도 모른 채 계속 악을 저지를 것이다. 지혜 있게 사는 사람들은 그
되어지는 일을 깨닫게 될 것이다.'"

11 "매일 드리는 예배가 성전에서 사라지고, 그 자리에 역겹고 흉측한 우상이 세
워지는 때로부터 1,290일이 흐를 것이다.
12 1,335일 동안 인내하며 견디는 사람들은 진실로 복되다.
13 그러니 네가 어떻게 해야겠느냐? 불안해하거나 염려하지 말고, 네 할 일을

해나가라. 마음을 편히 가져라. 모든 일이 끝날 때, 너는 일어나서 상급을 받을 것이다."

사랑 이야기가 홍수를 이루는 세상이다. 하지만 대개는 거짓이다. 실은 사랑 이야기가 아니라 욕정과 섹스 판타지, 지배욕에 대한 이야기일 뿐이다. 우리는 요람에서부터 사랑에 대한 거짓말들을 듣고 자란다.

그런 거짓말들은 우리의 인간관계—남자와 여자, 부모와 자녀, 친구와 친구 사이—에 혼란을 가져올 뿐 아니라 더 나아가, 우리가 하나님과 맺는 관계에도 혼란을 가져온다. 모든 현실 위에 태산처럼 우뚝 솟아 있는 거대한 실재는 바로 하나님은 사랑이시라는 사실, 곧 하나님이 이 세상을 사랑하신다는 사실이다. 이 사랑은 우리가 매일같이 마주하고 다루는 현실의 작은 일 하나하나에까지 모두 스며들어 있다.

그런데 사랑에 대한 거짓말들에 속아 지성과 상상력이 제 기능을 잃은 사람은, 우리 삶을 이루는 근원적 요소인 이 사랑을—'사랑'이라는 명사와 '사랑하다'라는 동사를—제대로 이해할 수 없게 된다. 삶의 근본 방향을 잡아 주는 말이어야 할 "하나님은 사랑이시다"에, 세상의 참모습을 가리고 왜곡시키는 온갖 문화적 낙서들이 덧칠되어 있다면, 우리는 삶을 참되게 사는 일에 크게 진보할 수가 없다. 참되게 살기 위해서는 사랑에 대해 참되게 말하는 이야기들이 필요하다.

호세아는 사랑의 예언자다. 하지만 우리가 상상하거나 공상하는 그런 사랑이 아니다. 예언자 호세아는, 당신의 백성을 향한 하나님의 사랑의 비유(parable)다. 다시 말해, 호세아는 하나님께서 계시하시고 행하신 사랑을 비유로 보여주는 삶을 산 것이다. 우리는 이 이야기에 놀란다. 예언자가 매춘부와 결혼해 자녀를 낳으라는 명령을 받는 이야기이니 말이다. 그러나 이 이야기의 메시지는 우리를 더욱 놀라게 한다. 그것은 하나님이 바로 이러한 방식으로 우리를 사랑하신다는 것이다. 하나님은 우리의 상태가 최악일 때 우리를 찾아오시고, 우리를 얻기까지 끊임없이 구애하시고, 참된 사랑을 몰랐던 우리를 마침내 사랑의 사람들로 변화시키신다. 그분은 말씀하신다.

"내가 그들의 방자함을 고쳐 주고,
그들을 아낌없이 사랑하리라. 이제 나의 노가 다 풀렸다.
내가 이스라엘과 다시 시작할 것이다.
그는 봄철의 백합화처럼 활짝 피어나리라.

상수리나무처럼 깊이 뿌리 내리고,
거대한 숲을 이루리라!
그는 거목처럼 장려해질 것이다.
백향목 숲 같은 향기를 낼 것이다!
그의 곁에 있는 자들도 그로 인해 복을 받아,
황금들판처럼 번성하리라.
모두가 그들에 대해 이야기꽃을 피우며,
그들을 두고 하나님의 으뜸가는 자녀라 칭송할 것이다.
에브라임은 이제 가짜 신들과의 관계를 끝냈다.
이제부터 그에게 해답과 만족을 주는 이는 바로 나다.
나는 풍요로운 과일나무와 같다.
네게 필요한 모든 것이 내 안에 다 있다"(호 14:4-8).

이 이야기와 이 안의 언어들을 마음으로 받아들일 때, 우리는 하나님에 대해 전보다 훨씬 더 정확히 알게 된다. 그때에야 비로소 우리는, 우리를 사랑하시는 하나님을 대하는 일과 우리를 사랑하지 않는 이웃을 사랑하는 일에 있어, 그동안 우리를 무능하게 만들어 온 온갖 왜곡된—감상적이고 신경증적인—형태의 사랑들로부터 치유받기 시작한다.

호세아

1 [1] 브에리의 아들 호세아에게 임한 하나님의 메시지다. 이는 유다 왕 웃시
야, 요담, 아하스, 히스기야의 통치기간 중에 그에게 임했다. 이 시기는
요아스의 아들 여로보암이 이스라엘의 왕으로 다스리던 때이기도 하다.

나라 전체가 사창가가 되었다

[2] 하나님께서 호세아에게 하신 첫 말씀은 이러하다.

"너는 창녀 하나를 만나 그녀와 결혼하여라.
그리고 그 창녀에게서 자식을 낳아라.
이 나라 전체가 사창가가 되어 버렸기 때문이다. 나라 전체가
나 하나님에게 부정을 저지른 창녀들의 소굴이 되어 버렸다."

[3] 호세아는 그렇게 했다. 그는 디블라임의 딸 고멜을 택했다. 고멜은 임신하여
호세아의 아들을 낳았다.
[4-5] 그러자 하나님께서 호세아에게 말씀하셨다.

"그의 이름을 이스르엘이라고 하여라. 머지않아 나는 이스라엘 백성이
이스르엘에서 저지른 대학살에 대해 대가를 치르게 할 것이기 때문이다.
나는 그렇게 해서 이스라엘 왕국과 셈을 끝낼 것이다.
값을 치를 날이 다가오고 있다! 내가 이스르엘 골짜기에서
이스라엘의 활과 화살들을 다 부서뜨리고, 그것들을 땔감으로 삼을 것이다."

[6-7] 고멜이 다시 임신했다. 이번에 그녀는 딸을 낳았다. 하나님께서 호세아에게
말씀하셨다.

"그 아이의 이름은 '자비를 못 얻음'이라고 하여라.
나는 이제 이스라엘이라는 말만 들어도 신물이 나기 때문이다.
내 자비는 동이 났다. 이제 더 이상의 용서는 없다.
하지만 유다는 다르다. 그들에게는 계속 자비를 베풀 참이다.
내가 그들을 구원할 것이다. 그들이 구원받는 것은
그들의 군비나 군대, 말과 사람의 힘 때문이 아니라,
오직 그들의 하나님 때문이다."

[8-9] '자비를 못 얻음'이 젖을 떼자, 고멜은 다시 임신하여 아들을 낳았다. 하나님
께서 말씀하셨다.

"그 아이의 이름을 '아무것도 아닌 자'라고 하여라.
너희는 내게 아무것도 아닌 자들이 되었고,
나 하나님도 너희에게 아무것도 아닌 하나님이 되었기 때문이다.

[10-11] 그러나 장차 이스라엘은 인구가 폭발적으로 늘어, 그 수가 바닷가의 모래알
같이 될 것이다. 전에 '아무것도 아닌 자'라고 불렸던 바로 그곳에서, 그들은 '하
나님의 귀한 자'로 불리게 될 것이다. 유다의 모든 자들과 이스라엘의 모든 자들
이 한 백성이 되어 함께 모일 것이다. 그들은 한 사람을 그들의 지도자로 세울
것이다. 그 무엇도 그들을 막을 수 없으리라! 그들은 이스르엘에서 위대한 날을
맞을 것이다!"

2

[1] "너희 형제들의 이름을 '하나님의 귀한 자'로 고쳐 불러라.
너희 자매들의 이름을 '자비를 얻은 자'로 고쳐 불러라."

이제 파티는 끝났다

[2-13] "너희 어머니를 법정으로 끌어내라. 그녀를 고발하여라!
그녀는 더 이상 내 아내가 아니고,
나는 더 이상 그녀의 남편이 아니다.
그녀에게 창녀처럼 입고 다니지 말라고,
가슴을 전시하고 다니지 말라고 전하여라.
그녀가 내 말을 따르지 않으면, 나는 그녀의 옷을 다 빼앗고,
갓 태어난 아기처럼 완전히 발가벗길 것이다.

그녀의 피부를 바싹 마른 가죽처럼 만들고,
그녀의 몸을 황량한 불모지와
사막에 쌓여 있는 뼈 무더기처럼 되게 할 것이다.
하나같이 사창가에서 태어난 그녀의 자식들도
나는 다 저버릴 것이다.
사실을 똑바로 보아라. 너희 어머니는 창녀였고,
사생아들을 낳았다.
그녀는 말한다. '나는 내 애인들을 찾아갈 거예요!
그들은 내게 포도주를 건네고 만찬을 베풀어 줄 거예요.
옷을 입혀 주고, 어루만지며,
향수를 뿌려 치장해 줄 거예요!'
그러나 나는 그녀를 꼼짝 못하게 만들 것이다.
그녀를 엉겅퀴 밭에 던지고,
막다른 뒷골목에 내다 버릴 것이다.
그녀는 애인들을 사냥하러 나서겠지만
하나도 건지지 못할 것이다.
위를 보나 아래를 보나
하나도 낚지 못할 것이다. 그제야 그녀는 말하리라.
'남편에게, 내 첫 남자였던 그에게 돌아가야겠어요.
이렇게 사는 것보다는 그때가 훨씬 나았으니까.'
그녀는 몰랐다. 그동안 그녀에게 포도주를 건네고,
만찬을 베풀며, 아름답게 단장시킨 이가
다름 아닌 나였다는 것을.
그녀가 광란의 바알 파티에서 허비해 버린
그 세련된 옷과 보석들을 건넨 이가
다름 아닌 나였다는 사실을 말이다.
나는 곧 그녀를 재판에 불러낼 것이다. 포도주도, 만찬도 이제 끝이다!
실크 속옷도 가운도 다 지난 이야기다.
나는 그녀의 음부가 노출되게 만들 것이며,
그녀 곁에서 하룻밤 애인 행세하던 자들도 그녀를 돕지 못할 것이다.
이제 파티는 끝났다. 내가 다 멈추게 할 것이다.
광란의 주말, 성스러움과 거리가 먼 축제일을 모두 멈추게 할 것이다.
그녀가 '화대 받아 산 것들!'이라고 자랑하던
사치스런 정원과 화려한 분수들을 내가 다 부서뜨릴 것이다.
그것들은 들개나 들고양이가 와서 먹을 것을 찾는
쓰레기 더미가 될 것이다.
나는 난잡한 종교에 탐닉한 그녀가 대가를 치르게 할 것이다.
육욕을 좇는 바알 숭배,

그에 따르기 마련인 그 모든 난잡한 성생활,
나는 안중에도 없이,
한껏 꾸미고 남자들을 쫓아다닌 일에 대한 대가 말이다."
하나님의 메시지다!

백성을 향한 하나님의 사랑

14-15 "이제, 내가 하려는 일은 이것이다.
나는 처음부터 다시 시작하려고 한다.
그녀를 다시 광야로 데려갈 것이다.
우리가 첫 데이트를 했던 곳으로.
나는 거기서 그녀에게 구애하며,
장미 꽃다발을 선물할 것이다.
'비탄의 골짜기'를 '희망의 땅'으로 바꾸어 놓을 것이다.
그러면 그녀는 어린 소녀였을 적 그랬던 것처럼,
막 이집트에서 나왔을 적 그랬던 것처럼, 나를 대할 것이다."

16-20 계속 이어지는 하나님의 메시지다.
"그때는 네가 나를 '서방님!' 하고 부를 것이다.
다시는 나를 '주인님'이라 부르지 않을 것이다.
나는 비누로 너의 입을 깨끗이 씻기고,
입가에 묻은 더러운 거짓 신들의 이름을 말끔히 지워,
다시는 네가 그 이름들을 속삭이지 않게 할 것이다.
또, 너와 들짐승과 새와 파충류들 사이에
평화조약을 체결하고,
모든 전쟁 무기를 모조리 없앨 것이다.
생각해 보아라! 짐승과 악당들로부터 괴롭힘 당하지 않는 삶을!
나는 너와 결혼해 영원히 같이 살 것이다. 영원히!
나는 사랑과 애정을 가지고, 너와 정식으로 결혼할 것이다.
그렇다. 내가 너와 결혼하고 너를 떠나지 않을 것이며,
네가 떠나도록 내버려 두지도 않을 것이다.
너는 참으로 내가 하나님인 것을 알게 될 것이다."

21-23 "바로 그날에, 내가 응답할 것이다." 이는 하나님의 메시지다.
"나는 하늘에 응답하고 하늘은 땅에 응답할 것이며,
땅은 곡식과 포도주와 올리브기름에 응답하고,
그것들 모두는 이스르엘에 응답할 것이다.

나는 그녀를 좋은 땅에 심어,
'자비를 못 얻음'에게 자비를 베풀 것이다.
'아무것도 아닌 자'에게 '너는 이제 내게 귀한 자'라고 말해 주고,
그는 내게 '주는 내 하나님이십니다!' 하고 말할 것이다."

때가 되면 그들이 돌아오리라

3 [1] 또 **하나님**께서 내게 명령하셨다. "처음부터 다시 시작하여라. 네 아내를 다시 사랑하여라.
지금도 최근에 사귄 남자와 침실에 누워 있는 네 아내,
너를 속이는 네 아내를 말이다.
하나님인 내가 이스라엘 백성을 사랑하듯, 그녀를 사랑하여라.
마음 내키는 대로 온갖 신들과 놀아나는 그들을
내가 여전히 사랑하듯 말이다."

2-3 나는 그렇게 했다. 그녀를 되찾기 위해 큰돈을 지불했다.
종 하나를 살 수 있는 돈을 들였다.
나는 그녀에게 말했다. "이제부터 당신은 나와 같이 살 것이오.
몸을 파는 일, 여러 남자들과 놀아나는 일은 이제 끝이오.
당신은 나와 같이 살고, 나는 당신과 같이 살 것이오."

4-5 이스라엘 백성은 오랜 시간을
안전과 보호 없이,
종교와 위로 없이,
경건과 기도 없이 살게 될 것이다.
그러나 때가 되면, 그들은 돌아올 것이다. 이 이스라엘 백성은
그들의 **하나님**과 그들의 다윗 왕을 찾아서 돌아올 것이다.
연단받은 그들이 돌아와서 **하나님**을 경외하며 살 것이다.
그분이 주시는 온갖 좋은 선물을 받아 누리면서,
그분의 사랑 이야기의 결말을 맞을 준비를 할 것이다.

신실한 자 아무도 없다

4 1-3 모든 이스라엘 사람들아, 주목하여라! **하나님의 메시지다!**
하나님께서 백성 모두를 고발하신다.
"신실한 자 아무도 없다. 사랑하는 자 아무도 없다.
하나님에 대해 초보적인 지식이라도 가진 자 아무도 없다.
악담과 거짓말과 살해, 도둑질과 문란한 성생활,
무정부 상태, 끊임없는 살인들!

이 모든 일 때문에 땅이 울고,
땅의 모든 것이 비탄에 빠졌다.
들의 짐승과 나는 새들,
심지어 바다의 물고기까지도 기운을 잃고, 생기를 잃었다."

⁂

4:10 "그러나 비난할 대상을 찾지 마라.
손가락질할 생각 마라!
너, 제사장인 네가 바로 피고다.
너는 벌건 대낮에 비틀거리며 다닌다.
너를 따라 예언자들도 밤새도록 비틀거린다.
네 어머니도 다를 게 없다.
내 백성이 파멸한 것은
그들이 무엇이 옳고 참된 것인지 모르기 때문이다.
네가 지식에 등을 돌렸기에,
나도 너희 제사장들에게 등을 돌렸다.
네가 하나님의 계시를 알려고 하지 않으니,
나도 더 이상 네 자녀들을 알려고 하지 않는다.
제사장들은 그들의 수만큼이나 많은 죄를 짓는다.
그들은 자신의 영광을 팔아 수치를 샀다.
그들은 내 백성의 죄를 마구 먹어대고,
최신 유행하는 악을 범하는 일에 누구보다 빠르다.
그 결과가 이것이다. 누가 제사장이고 누가 일반 백성인지
구분할 수 없다.
나는 그들 모두가 죄의 대가를 치르게 하여,
그들이 살아온 잘못된 삶의 결과를 맛보게 할 것이다.
그들은 먹어도 여전히 배가 고프고,
섹스를 해도 만족을 느끼지 못할 것이다.
창녀와 놀아나려고 그들이
나, 곧 그들의 하나님을 저버렸다."

종교를 나들이로 여기는 너희여

11-14 "포도주에 취해
내 백성이 인사불성이 되었다.
그들은 죽은 나무에게 묻는가 하면,
막대기에게 대답을 기대한다.
섹스에 취해 집으로 돌아가는 길도 잊어버리고,
하나님을 대신해 자기 음부를 숭배한다.

그들은 산꼭대기에서 예배를 보며,
종교를 나들이 정도로 여긴다.
팔다리를 늘어지게 쭉 뻗고
언덕 위 상수리나무와 느릅나무 아래에 눕는다.
너희가 모르는 사이에 딸들이 창녀가 되고,
아들의 아내들이 여러 남자와 잠자리러 다닌다.
그러나 나는 몸 파는 너희 딸이나
간음하는 너희 며느리들의 뒤를 쫓지 않을 것이다.
내가 뒤쫓는 자는 그 창녀들과 놀아나는 사내들,
그 성스럽다는 사창가에서 예배하는 자들이다.
창녀들 때문에 인생을 파멸시키는 어리석은 백성이여!"

15-19 "이스라엘아, 너는 네 삶을 스스로 파멸시켰다.
유다도 같이 끌고 내려갈 생각은 마라!
길갈의 음란한 산당에 가지 말며,
죄의 도시 베델에 가지 마라.
하나님의 이름을 망령되이 부르거나,
'하나님이 너희에게 복 주신다'는 실없는 소리를 하고 다니지 마라.
이스라엘은 노새처럼 완고하다.
그러니 어떻게 하나님이 어린양을 치듯
그를 드넓은 초장으로 인도하실 수 있겠느냐?
에브라임은 우상에 중독되었다.
그대로 내버려 두어라.
술이 바닥나면,
하는 일이라곤 섹스, 섹스, 또 섹스다.
낯짝 두꺼운 그들은, 그 지저분한 방탕을
얼마나 사랑하는가!
회오리바람이 그들을 손아귀에 움켜쥐고 있고,
그들의 섹스 숭배는 결국 그들을 성 불구자로 만들어 놓는다."

하나님을 보아도 알아보지 못한다

5 1-2 "제사장들아, 귀 기울여 들어라!
이스라엘 백성들아, 주목하여라!
왕족들아, 다들 잘 들어라!
너희는 나라의 정의를 책임진 자들이다.
그러나 너희가 한 일이 무엇이냐?
미스바에서 백성들을 착취하고

다볼에서 그들을 벗겨 먹으며,
싯딤에서 그들을 희생 제물 삼았다.
내가 너희를 한 무더기로 벌하리라.

3-4 나는 너희, 에브라임을 속속들이 잘 알고 있다.
그렇다. 이스라엘아, 나는 너희를 꿰뚫어 보고 있다!
에브라임아, 너는 음란한 종교에 푹 빠졌다.
이스라엘 전체가 뿌리까지 썩었다.
그들은 오고 싶어도 하나님에게 돌아오지 못할 것이다.
그들의 악한 삶이 나쁜 습관이 되어 버렸기 때문이다.
그들은 내쉬는 숨까지도 창녀의 숨이다.
그들은 나 **하나님**을 보아도 알아보지 못할 것이다.

5-7 집채만 한 오만으로 잔뜩 부풀어 오른 그들,
세상 앞에 망신거리다.
그들, 이스라엘, 에브라임, 유다가 한 무더기로
비틀대며 죄의 도시를 누빈다.
설령 그들이 똑바로 살 결심을 하고
다시 한번 **하나님**을 찾아 나선다 해도,
그들은 이미 때가 늦었다는 사실을 알게 될 것이다.
나 **하나님**은 그들을 떠난 지 이미 오래다.
그들은 너무 오랫동안 나를 농락했다.
그들은 온 나라를 사생아들로 가득 채웠다.
메뚜기 재앙이 덮쳐,
그들의 포도밭을 황무지로 만들어 버릴 것이다.

8-9 기브아에서 숫양 뿔나팔을,
라마에서 군대나팔을 불어라!
'죄의 도시'에 적군의 침입을 알려라!
베냐민이 겁을 집어먹고 사색이 되게 하여라!
에브라임은 황폐해져,
쑥대밭이 될 것이다.
나는 이스라엘 지파들에게 그들의 실상을
가감 없이 말해 주겠다.

10 이스라엘의 통치자들은 자기 백성을 속이는
사기꾼이고 도둑놈들이다.
그래서 나는 노한다. 크게 노한다.

그들은 뼛속까지 사무치도록 내 진노를 느끼게 되리라.

11-12 잔혹한 에브라임은 이제 잔혹한 일을 당할 것이다.
자기가 준 대로 받을 것이다!
그는 헛된 길을 한사코
고집했다.
그러므로 나는 에브라임에게 고름이며,
유다 집에는 썩은 오물이다.

13 에브라임이 제 몸 병든 것을 깨닫고,
유다가 고름 흐르는 제 상처를 보았다.
에브라임은 앗시리아로 달려가,
그 대왕에게 도움을 청했다.
그러나 그는 너희를 고쳐 줄 수 없다.
그는 고름이 흐르는 너희의 상처를 치료해 줄 수 없다.

14-15 나는 에브라임에게 달려드는 큰곰,
유다에게 달려드는 어미 곰이다.
내가 그들을 갈기갈기 찢어 버릴 것이다. 그렇다. 내가 그렇게 할 것이다!
누구도 나를 막을 수 없다.
내가 그들을 끌고 갈 것이며,
누구도 그들을 도와줄 수 없다.
그런 다음 나는 내가 있던 곳으로 되돌아가,
그들이 제정신을 차릴 때까지 기다릴 것이다.
그들이 밑바닥까지 내려가면,
어쩌면 나를 찾을지도 모르니."

내가 너를 어찌해야겠느냐?

6 1-3 "이제 우리가 하나님께 돌아가자.
주께서 우리를 상하게 하셨으나, 이제 치료해 주실 것이다.
우리를 아프게 치셨지만,
다시 일으켜 주실 것이다.
우리가 이틀 내에 회복되고,
사흘째에는, 주께서 우리를 완전히 새롭게 해주실 것이다.
생기 넘치는 우리가 제 발로 서서,
그분의 얼굴을 마주 볼 수 있으리라.
우리가 하나님을 알자.
힘써 하나님을 알자.

날마다 새벽이 어김없이 오듯,
그분께서도 날마다 어김없이 오신다.
땅을 새롭게 하는 봄비처럼,
그분이 우리를 찾아오신다."

❦

4-7 "에브라임아, 내가 너를 어떻게 해야겠느냐?
유다야, 내가 너를 어떻게 하면 좋겠느냐?
너희의 사랑 고백은
아침안개처럼, 새벽이슬처럼 덧없다.
그래서 내가 예언자들을 보내어 너희를 흔들어 깨우고,
그들이 네 뼛속까지 파고드는 내 말을 전한다.
빛처럼 번득이는 내 심판에,
너희가 깨어 있게 하려는 것이다.
내가 찾는 것은 너희의 변함없는 사랑이지, 더 많은 종교가 아니다.
내가 원하는 것은 너희가 하나님을 아는 것이지, 더 많은 기도회에 나가는 것이 아니다.
너희는 언약을 깨뜨렸다. 아담처럼!
너희는 나와의 신의를 깨뜨렸다. 은혜를 모르는 비열한 인간처럼!

8-9 길르앗은 '죄의 도시'가 되었다.
거리마다 피가 흐른다.
전에는 도둑들이 행인을 강탈하더니,
이제는 제사장 무리가
세겜으로 여행중인 예배자들을 습격한다.
그들에게 신성한 것이란 없다.

10 나는 이스라엘 나라에서 실로 충격적인 광경을 보았다.
에브라임이 종교 매음굴에서 예배하는 모습,
이스라엘이 그와 함께 그곳 진창에서 뒹굴고 있는 모습이 그것이다.

11 유다야, 네 잘못도 저들 못지않다.
너 역시 이제 뿌린 대로 거둘 때가 되었다."

하나님의 경고에도 그분을 무시하는 이스라엘

7 1-2 "내가 이스라엘에게 다시 시작할 기회를 줄 때마다,
그의 더러운 전과를 말소해 줄 때마다,
에브라임은 금세 새로운 죄들로 전과를 쌓았고,

사마리아는 굵직한 반역죄를 더했다.
두 얼굴을 한 그들, 한 입으로 두말하는 그들,
너희를 속여 먹고, 벗겨 먹는다.
내가 모든 범죄를 기록하고 있다는 것을
그들은 생각도 못한다.
머리부터 발끝까지 지저분한 죄를 뒤집어쓰고 있는 그들,
나는 그들의 본색을, 그들이 하는 짓을 다 보고 있다.

3-7 그들은 사악한 곡예로 왕을 즐겁게 하고,
재주 좋은 거짓말로 제후들의 비위를 맞춘다.
색욕으로 달아오른 그들,
뜨겁게 달궈진 화덕 같다.
반죽된 가루가 빵이 될 때까지
계속 달궈져 있는 화덕.
왕실 축제일이 되면, 제후들은
포도주와 격앙된 군중들의 우롱에 취한다.
빨갛게 달아오르는 난로처럼
그들은 욕망으로 달아오른다.
밤새도록 쌓인 욕망은
아침에 불이 붙어, 게걸스럽게 널름거리는 불꽃이 된다.
흉악한 그들, 화산처럼 폭발하여
그들의 통치자들을 태워 재로 만든다.
그렇게 왕들이 하나씩 죽어 나가는데,
아무도 나에게 관심 갖지 않는다.

8-10 에브라임은 이방인과 뒤섞여, 자기 자신을 잃어버렸다.
에브라임은 팔푼이다.
낯선 자들이 자기를 다 빨아먹는데도
눈치채지 못한다.
제 머리가 백발이 되었는데도
알아차리지 못한다.
오만이 집채만큼 부풀어 오른 이스라엘,
세상 앞에 망신거리다.
하나님은 안중에도 없이 떠도는 이스라엘,
그 모든 경고에도, 여전히 하나님을 무시하고 다닌다.

11-16 에브라임은 새대가리다.
아둔하고 미련하기 짝이 없다.

처음에는 이집트에 붙어서 짹짹거리더니,
다음에는 앗시리아에게 팔랑거리며 날아간다.
나는 그물을 던져 그들을 잡아들일 것이다.
그들의 날개를 잘라 버릴 것이다.
혼쭐을 내 줄 것이다!
집을 뛰쳐나간 그들, 화가 있으리라!
내게 도전한 그들, 큰일을 맞으리라!
내게 밥 먹듯이 거짓말하는 그들을
내가 도와주어야 하는가?
내게 마음을 쏟아 기도하고 부르짖는 대신에
그들은 창녀들과 어울려 침대에서 소리를 질러 대고,
음란한 광란의 종교 파티에서 피가 흥건하게 놀면서도
정작 나에게는 등을 돌렸다.
그들에게 똑똑한 머리와 건장한 신체를 주었건만,
내게 돌아온 것은 무엇인가? 사악한 음모뿐이다!
그들은 바람개비처럼 이리저리 돌지만,
내 쪽으로는 돌지 않는다.
그들의 통치자들은 칼에 베이고, 살해될 것이다.
조롱과 신성모독의 대가다.
그들의 최후는?
세상 모든 사람의 조롱거리가 되는 것이다."

죄짓기용 제단이라니!

8 1-3 "나팔을 불어라! 경보를 울려라!
독수리 떼가 하나님의 백성 위를 선회하고 있다.
나와의 언약을 깨뜨리고,
나의 계시에 도전한 그들을 노리고 있다.
이스라엘은 '나의 하나님! 우리는 주를 아는 백성입니다!' 하고
부르짖겠지만,
그들의 행동은 전혀 딴판이다.
이스라엘은 복된 것을 다 잃을 것이며,
원수가 그들을 잡으러 올 것이다.

4-10 그들은 왕들을 세우면서, 내게 묻지도 않는다.
제후들을 세우면서, 내가 그 일에 관여하지 못하게 한다.
대신에, 그들은 은과 금으로 여러 우상을 만든다.
그들을 파멸시킬 우상들을.
사마리아야, 금송아지 신상을 쓰레기통에 던져라!

그 쓰레기 때문에 내 노가 끓어오른다.
도대체 언제가 되어야 바로잡히겠느냐?
너희 이스라엘은!
그것은 사람이 조각한 물건이다.
하나님이 아니다.
그 사마리아 송아지,
부러져 산산조각이 날 것이다.
그들을 보아라! 헛바람을 심는 그들,
결국 광풍을 수확하게 될 것이다.
쭉정이인 밀은
밀가루를 생산하지 못한다.
설령 만들어 낸다 해도,
남들이 다 먹어 치울 것이다.
이스라엘은 통째로 먹혔다가 내뱉어졌다.
이방인들에게 그들은 쓰레기다.
그들은 앗시리아로 쪼르르 달려갔다.
미련한 들나귀들도 자기 종족을 떠나지 않거늘,
어찌하여 미련한 나귀 에브라임은 밖으로 나돌며 돈 주고 정부를 산단 말인가.
이방인에게 몸을 파는 그들,
이제 내가 한곳에 모으고 대적할 것이다.
그들은 곧 죄의 대가를 치르게 될 것이다.
대왕의 압제 아래 놓인 삶이 무엇인지 깨닫게 될 것이다.

11-14 에브라임은 제단들을 많이 세우고는,
죄짓는 데 사용한다.
믿어지느냐? 죄짓기용 제단이라니!
내가 그들을 위해 나의 계시를 상세히 적어 놓았는데도
그들은 글을 읽을 줄 모르는 체한다.
그들은 내게 희생 제물을 바치고
그 고기로 잔치를 벌인다.
나 하나님은 조금도 기쁘지 않다!
아주 지긋지긋하다. 그들의 죄를 낱낱이 기억해 둘 것이다.
그 죄를 벌하여,
그들을 다시 이집트로 돌려보낼 것이다.
이스라엘은 자기 창조자를 잊었고,
그저 궁궐 짓는 일로 분주했다.
유다는 요새 세우는 일에만 몰두했다.
내가 그 도성에 불을 보내어,

그 요새들을 불태워 버릴 것이다."

더러운 영적 공기에 오염된 너희 영혼

9 1-6 이스라엘아, 광란의 파티로 너희 삶을 허비하지 마라.
이교도들과의 파티로 너희 삶을 탕진하지 마라.
너는 틈만 나면 너희 하나님을 저버리면서
거리의 음란한 종교 파티에 끼어들어,
닥치는 대로 창녀처럼 네 자신을 판다.
그 파티 음식은 아무리 먹어도 너희 배를 채워 주지 못하고,
결국 전보다 더 허기질 것이다.
이런 식이라면 머지않아 너희는 **하나님**의 땅에서 살지 못하게 될 것이다.
너희 가운데 어떤 자들은 이집트에서 파산하고,
어떤 자들은 앗시리아에서 환멸을 맛보게 될 것이다.
너희는 이집트와 앗시리아에서 피난민 신세가 되어,
하나님을 예배할 기회도 얻지 못할 것이다.
배급받는 빵과 물로 겨우 연명하지만,
너희 영혼은 더러운 영적 공기에 오염될 것이다.
하나님의 나라에서 추방된 너희는
하나님에 주릴 것이다.
너희는 옛 거룩한 날들을 그리워하게 될까?
하나님의 축제일들을 그리워하게 될까?
조심하여라! 용케 작은 재난을 피해 간다고 해도,
결국 너는 이집트의 불구덩이 속으로 들어가게 될 것이다.
이집트는 너희에게 저승사자가 될 것이다!
잡초 밭에서 근근이 목숨을 부지하는 너희에게
은으로 만든 신이 무슨 도움이 되겠느냐?

7-9 시간이 다 되었다. 재앙이 문턱까지 와 있다.
빚을 청산해야 할 날이다!
이스라엘이 이렇게 고함쳤느냐? "저 예언자는 미쳤다!
'영의 사람'은커녕 미치광이일 뿐이다!"라고 고함쳤느냐?
다시 생각하여라. 너희가 지금 큰 곤경에 처한 것은
너희의 큰 죄 때문이다.
그 예언자는 지금 하나님의 명을 받아 일하며,
에브라임을 보살피고 있다.
그러나 모두가 그에게 딴죽을 걸려고 하니,
그는 모든 곳에서, 심지어 하나님의 집에서도 미움을 받는다.

백성은 갈수록 질이 나빠지고,
오래전 기브아에서 있었던 범죄,
차마 입에 담기도 역겨운 그것에 버금가는 죄를 짓는다.
하나님께서 그들의 죄를 모두 기록해 두고 계시니,
그들로 죄의 대가를 치르게 하실 것이다.

돼지가 오물에 빠지듯 죄에 빠졌다

10-13 "오래전 내가 이스라엘을 처음 만났을 때,
마치 사막에서 포도송이를 만난 것 같았다.
내가 너희 조상을 발견했을 때,
마치 열매 맺는 무화과나무를 처음 발견한 것 같았다.
그러나 이방 산당 바알브올에 이르자,
그들은 돼지가 오물에 빠지듯 죄에 빠졌고,
새로 알게 된 친구들과 함께 진창을 뒹굴었다.
이제 에브라임은 검정 새 떼처럼 변덕스럽고 산만하다.
아름다움은 간곳없고, 허둥지둥 떠들어 댈 뿐이다.
정신없고 시끄러우며, 불감증에 불임까지.
아무것도 내세울 것이 없다. 수태도, 출산도 하지 못한다.
설령 아기를 낳는다 해도, 나는 그들에게
부모 자격이 없다고 선언하고 아이들을 빼앗아 갈 것이다!
그렇다. 내가 등 돌리고 떠나면,
암흑의 날이 임하리라!
내가 보니 에브라임은 자녀들이 미쳐 날뛰는 것을 방관하고 있구나.
차라리 그들을 잡아다가 당장 죽이는 편이 나으련만!"

14 하나님, 그들에게 주십시오! 그들에게,
메마른 자궁과 말라붙은 젖가슴을 주십시오.

15-16 "길갈의 이방 산당에서 그들의 악이 모두 드러났다.
오, 그곳에 있는 자들을 내가 얼마나 혐오하는지!
그처럼 악한 짓을 저지른 그들,
내 땅에서 내쫓을 것이다.
더 이상 그들에게 사랑을 허비하지 않을 것이다.
그들의 지도자들은 반항하는 청소년 같다.
에브라임은 큰 타격을 입었다.
이제 뿌리가 시들어, 열매를 맺지 못한다.
설령 기적적으로 아이를 가진다 해도,
귀여운 아기들은 살아남지 못할 것이다. 내가 반드시 그렇게 할 것이다!"

[17] 나의 하나님이 그들에게서 손을 떼셨다.
도무지 들으려 하지 않는 그들,
이방 민족들 사이에서 이리저리 떠돌며,
방랑하는 처지가 될 것이다.

너는 네 힘을 믿었다

10 [1-2] 이스라엘은 한때 푸르게 우거진 포도나무였고,
풍성한 열매를 맺었다.
그러나 수확이 풍성해지자,
그만큼 예배가 난잡해졌다.
돈이 많아지자,
자기들 형상대로 우상을 만드는 일에 돈을 쏟아부었다.
다들 환한 미소를 짓고 다니지만, 순전히 거짓이다.
범죄와 다름없는 미소다.
하나님께서 그들이 예배하는 산당들을 허물어뜨리시고,
그 우상들을 가루로 만들어 버리실 것이다.

[3-4] 그들은 이렇게 말하며 다닌다.
"왕이 왜 필요한가?
하나님도 개의치 않는 우리들인데.
그런 우리가 왕이라고 신경 쓸까?
대체 왕이 무슨 소용인가?"
그들은 큰소리치며
거짓말을 밥 먹듯 하고,
뒷거래를 일삼는다.
하지만 그 거창한 말들은
결국 허풍과 쓸데없는 잡소리에 지나지 않았다.

[5-6] 사마리아 사람들이 '죄의 도시'로 몰려가서
금송아지 신을 숭배한다.
흥행사격인 제사장들의 안내를 받아
밖으로 나가서, 소리를 질러 대고 날뛴다.
송아지 신을 가운데 두고 잔뜩 폼을 잡지만,
그것이 얼마나 거짓되고 부끄러운 일인지 깨닫지 못한다.
그들은 금송아지를 앗시리아로 가져가서,
대왕에게 선물로 바칠 계획까지 세운다.
그렇게 에브라임은 스스로를 웃음거리로 만들고,
그 우스꽝스런 우상들로 이스라엘을 욕보인다.

7-8 사마리아는 이제 흘러간 역사다. 그 왕은
강물 위를 떠내려가는 죽은 가지다.
이스라엘이 즐겨 찾으며 죄짓던 곳들이
모두 무너져 내리리라.
엉겅퀴와 잡초들이
그 허물어진 제단을 장식할 것이다.
그러면 그들은 산들을 향해 이렇게 말할 것이다. "우리를 덮어 다오!"
또 언덕들을 향해 이렇게 말할 것이다. "우리 위에 무너져 다오!"

9-10 너의 죄는 기브아에서 처음 시작되었다.
오래전의, 차마 입에 담을 수 없는 충격적인 죄.
너는 계속 그 죄를 고집해 왔지만,
이제 기브아에서 그 끝을 볼 것이다.
모든 죄를 끝장내는 전쟁을 통해 그렇게 될 것이다.
내가 그들로 하여금 교훈을 얻게 할 것이다.
나라들이 패를 지어 그들을 칠 때,
그들은 기브아에 기브아를 더한 만큼의
쓴맛을 보게 될 것이다.

11-15 에브라임은 곡식 밟기를 좋아하던
잘 훈련된 암송아지였다.
지나가다 그녀의 튼실하고 매끄러운 목을 본 나는,
에브라임에게 멍에를 씌우고
들에서 부리고자 했다.
유다는 밭을 갈게 하고, 야곱은 써레질을 시키려 했다.
의를 심어,
사랑을 거두기를 원했다.
자, 준비된 땅을 갈자.
하나님과 더불어 땅을 갈자.
마침내 의가 무르익어 수확할 때가 되면
그분이 오실 것이니.
그러나 너희는 악한 길을 갈았고,
악의 곡물을 수확했으며, 거짓의 야채를 먹었다.
너는 네 힘을 믿었으며,
무기와 사람의 힘을 자랑했다.
전쟁이 네 백성 가운데 화산처럼 터져서,
너의 방어진들이 모조리 쑥대밭이 되고 말 것이다.
승리한 살만 왕이

벳아벨 성을 쑥대밭으로 만들고,
엄마와 아기들을
바위에 메어치던 때처럼 될 것이다.
이것이 바로 너희, 하나님의 백성이라는 너희 앞에 놓인 일이다.
이것이 모두 너희가 저지른 전대미문의 악 때문이다.
어느 날 아침, 너희가 자리에서 일어나 보면,
이스라엘이, 왕과 왕국도 사라져 버린 것을 보게 될 것이다.

내가 어찌 너를 단념하겠느냐?

11

1-9 "이스라엘이 어린아이였을 적, 나는 그를 사랑했다.
'내 아들아!' 하고 큰소리로 그를 불러냈다. 이집트에서 불러냈다.
그러나 다른 자들이 부르자,
그는 나를 버리고 가 버렸다.
그는 인기 좋은 음란한 신들을 숭배하고,
갖고 놀기 좋은 신들로 종교 놀음을 벌였다.
그래도 나는 그의 곁을 떠나지 않았다. 에브라임의 길을 인도해 주었다.
압제받던 그를 구해 주었다.
그러나 그는 나의 도움을 전혀 인정하지 않았다.
내가 그의 유모차를 밀어 주고,
아기처럼 번쩍 들어 뺨을 부비고,
허리 굽혀 젖을 주던 일을 알아주지 않았다.
이제 그는 다시 이집트로 돌아가고 싶어 한다.
앗시리아한테 가고 싶어 한다.
내게 돌아올 생각은 하지 않는다!
그래서 도성들이 위험한 곳이 되었다.
살인사건이 급증하고, 개선의 노력은 번번이 무산되었다.
내 백성은 나를 저버리는 일에 필사적이다.
바알 신에게 달려가 도와 달라고 기도하지만,
그 신은 손가락 하나 까딱하지 않는다.
그러나 에브라임아, 내가 어찌 너를 단념하겠느냐?
이스라엘아, 내가 어찌 너를 단념하겠느냐?
내가 어찌 너를 아드마처럼 망하도록 놔두며,
가련한 스보임처럼 황폐해지도록 내버려 둘 수 있겠느냐?
나는 그런 생각을 하는 것조차 견딜 수 없다.
내 온몸이 거부한다.
아무리 노여워도 나는 그렇게 하지는 않을 것이다.
에브라임을 멸망시키지 않을 것이다.
왜 그러겠느냐? 나는 하나님이지 사람이 아니기 때문이다.

나는 '거룩한 하나님'이며, 지금 여기, 너희 가운데 있다.

10-12 내 백성이 마침내 **하나님**을 따르게 될 것이다.
내가 포효하리라.
사자처럼!
그러면 놀란 내 자녀들이 서쪽에서 뛰어오리라.
그들이 놀란 새들처럼 이집트에서 나오고,
겁먹은 비둘기들처럼 앗시리아에서 나오리라.
내가 그들을 다시 고향집으로 데려갈 것이다."
하나님의 말씀이다!

영혼을 파멸시키는 거짓말들

에브라임은 입만 열면 거짓말이다.
이스라엘이 하는 말은 한 마디도 믿을 수 없다.
유다도 나을 것이 없다. 그도,
값싼 신들에 중독되었다.

12

1-5 신에 대한 환상에 사로잡힌 에브라임은
환영과 망상을 좇는다.
그는 쉼 없이 거짓말을 해댄다.
영혼을 파멸시키는 거짓말들을.
에브라임도 유다도 앗시리아와 뒷거래를 하고
이집트에게 잘 보이려 애쓴다.
하나님께서 이스라엘을 고발하신다.
야곱의 자녀들이 벌을 받으러 법정에 끌려 나온다.
'발뒤꿈치' 야곱이 모태에서 형을 눌러 이겼다.
장성한 다음에는, **하나님**과도 대결하여 이기려고 했다.
그러나 **하나님**은 꺾이지 않으시는 분,
하나님께서 그를 꺾으셨다.
무릎 꿇은 야곱은
울며 기도했다.
하나님은 베델에서 그를 만나셨고,
그곳에서 그와 말씀을 나누셨다.
하나님은 만군의 하나님,
자신을 계시해 주신 **하나님**, 자신을 알려 주신 **하나님**이시다.

6 너희는 무엇을 기다리느냐? 너희 하나님께로 돌아오너라!
사랑과 정의에 헌신하여라!
너희 하나님을 기다려라.
그분을 단념하지 마라. 결단코!

7-8 장사치들이 대대적으로 사기를 치고,
사람들을 속이려 혈안이 되었다!
에브라임이 뻐기며 말한다. "봐라, 이제 나는 부자다!
나는 성공했다!
게다가 내가 과거의 흔적을 얼마나 잘 감추었는지,
사기의 흔적, 죄의 자국을 절대 찾지 못할 것이다!"

9-11 "그러나 속단하지 마라! 나는 하나님, 너희 하나님이다!
너희가 이집트에 살던 시절부터 나는 너희 하나님이었다!
내가 다시 너희로 장막생활을 하게 만들 것이다.
광야에서 예배하던 때로 되돌려 보낼 것이다.
나는 예언자들을 통해
진실을 말하고,
예언자들을 들어 진실을 이야기한다.
길르앗에 만연한 종교 스캔들과
길갈에 유행하는 속 빈 종교를 폭로하고,
그들의 예배장소가 실은
악취 진동하는 쓰레기장임을 드러내 보인다."

12-14 너희는 너희 조상 야곱의 삶을 되풀이할 참이냐?
그는 죄를 짓고 아람으로 도망쳤고,
출세를 위해 영혼까지 팔았으며,
배신과 사기로 성공했다.
너희가 진정 누구인지를 말해 주는 자는 하나님이 보내신 예언자들이다.
그들은 너희를 이집트에서 인도해 냈고, 신실한 목자로 너희를 섬겼다.
그러나 에브라임은 끊임없이 죄를 짓고,
변명의 여지없이 하나님을 모독했다.
이제 그는 자신이 걸어온 멸망의 길에 대한 대가를 치러야 한다.
그가 행한 그대로 그의 주께서 되갚아 주실 것이다.

사람의 입맛에 맞춰 주는 종교

13 1-3 전에 하나님은 에브라임,
곧 이스라엘에게 끔찍한 선고를 내리신 적이 있다.

추잡하고 음란한 바알 종교에 빠졌던 그들은,
붙잡혀서 유죄 선고를 받았다. 그들은 죽었다!
그런데 이제 그들은 또다시 죄 비즈니스를 열고,
자기들 용도에 맞게 신상들을 제조한다.
사람의 입맛에 맞춰 주는 종교다. 알아서 척척 해주는 전문가들이 있어,
너희가 신에 대해 원하는 것은 무엇이든 내놓는다.
믿어지느냐? 그들은 죽은 신에게 살아 있는 아기를 제물로 바친다.
살아 있는 아기를 죽이고는 금송아지에게 입을 맞춘다!
속이 텅텅 빈 남자들, 생기가 다 빠져 버린 여자들,
이런 자들에게 남는 것이란 없다.
길거리에서 바람에 나뒹구는 폐지 조각 같고,
세찬 바람에 몰려가는 연기 같다.

4-6 "지금도 나는 너희 **하나님**이다.
너희를 이집트에서 구원해 낸 그 하나님이다.
너희가 아는 유일한 참 하나님이며,
구원을 베푸는 유일무이한 하나님이다.
너희가 광야에서 고생할 때,
아무 가진 것 없던 그 시절, 내가 너희를 돌봐 주었다.
너희를 보살피고, 너희 필요를 살펴서,
너희에게 필요한 모든 것을 베풀어 주었다.
그런데 너희는 버릇이 없어졌다. 더 이상 내가 필요 없다고 여겼다.
나를 잊어버렸다.

7-12 내가 그들에게 달려들 것이다. 사자처럼,
숲 속을 활보하는 표범처럼.
새끼를 빼앗긴 암곰처럼 그들에게 달려들어,
그들의 오장육부를 찢어 놓을 것이다.
늑대들이 그들을 먹어 치우고,
까마귀들이 그들의 뼈를 말끔히 발라 먹을 것이다.
이스라엘아, 내가 너를 쓸어버리겠다.
누가 나를 막아 세울 수 있겠느냐?
너희를 구원해 주리라 철석같이 믿었던 그 왕은 지금 어디에 있느냐?
네가 그렇게 간절히 원했던 지방 수령들, 지금 다 어디에 있느냐?
'왕을 주십시오! 지도자를 주십시오!' 하면서
나를 다그쳐 얻어 낸 네 통치자들, 다들 어디에 있느냐?
오래전 내가 너에게 왕을 준 것은 사실이지만,
내가 흔쾌히 한 일은 아니었다.

이제 넌더리가 나서, 그를 치워 버렸다.
나는 너의 배신 행위들을 일일이 기록해 두었다.
에브라임의 죄는 모두 문서화되어 안전한 곳에 보관되어 있다.

13-15 진통이 시작되고 아기가 나올 시간이 되어도,
아둔한 에브라임은 태를 열고 나올 줄 몰랐다.
생명으로 나오는 길이 열렸음에도,
그는 나오지 않았다.
내가 나서서 그들을 끌어내어 살려야 할까?
가만두면 죽을 것이 분명한데 끄집어내 주어야 할까?
사망아, 누가 너를 두려워하느냐?
무덤아, 누가 너의 위협을 신경 쓰느냐?
마침내 내가 슬픔을 폐지시키고,
비탄을 추방시키리라.
에브라임, 그 문제아가
아무리 망나니짓을 해도, 결국 그렇게 되리라.

15-16 하나님의 광풍이 오고 있다.
노호하며 사막에서 오고 있다.
광풍이 온 나라를 휩쓸어,
폐허와 잔해만 남길 것이다.
도성은 약탈당할 것이며,
애지중지하던 물건들은 다 사라질 것이다.
사마리아가 자기 하나님께 맞서 반역했으니
이제 그 대가를 치러야 하리라.
그의 백성은 죽임을 당하고, 아기들은 바위에 메어침을 당하며,
임신한 여인들은 배가 찢길 것이다."

돌아오너라! 너의 하나님께 돌아오너라!

14

1-3 오, 이스라엘아, 돌아오너라! 너의 하나님께 돌아오너라!
너는 거꾸러졌지만, 아주 끝장난 것은 아니다.
참회를 준비해
하나님께 돌아오너라.
그분께 기도하여라. "우리 죄를 없애 주시고,
우리 참회를 받아 주십시오.
우리의 회개 기도를,
속죄물로 받아 주십시오.
앗시리아는 우리를 구원하지 못합니다.

군마들은 우리를 원하는 곳으로 데려다 주지 못합니다.
다시는 우리 손으로 만든 것들에게,
'우리 신이여' 하고 말하지 않겠습니다.
주님은 우리의 마지막 희망이십니다.
고아를 불쌍히 여기시는 분은 주님밖에 없지 않습니까?"

4-8 "내가 그들의 방자함을 고쳐 주고,
그들을 아낌없이 사랑하리라. 이제 나의 노가 다 풀렸다.
내가 이스라엘과 다시 시작할 것이다.
그는 봄철의 백합화처럼 활짝 피어나리라.
상수리나무처럼 깊이 뿌리 내리고,
거대한 숲을 이루리라!
그는 거목처럼 장려해질 것이다.
백향목 숲 같은 향기를 낼 것이다!
그의 곁에 있는 자들도 그로 인해 복을 받아,
황금들판처럼 번성하리라.
모두가 그들에 대해 이야기꽃을 피우며,
그들을 두고 하나님의 으뜸가는 자녀라 칭송할 것이다.
에브라임은 이제 가짜 신들과의 관계를 끝냈다.
이제부터 그에게 해답과 만족을 주는 이는 바로 나다.
나는 풍요로운 과일나무와 같다.
네게 필요한 모든 것이 내 안에 다 있다."

9 참으로 잘살고자 한다면,
이 사실을 분명히 알아두어라.
정말 좋은 것을 찾고 싶다면,
이 사실을 철두철미하게 새겨라.
하나님의 길은, 너희를 그 원하는 곳으로 데려다 준다.
의롭게 사는 자들은 그 길을 평탄하게 걷지만,
그릇되게 사는 자들은 늘 비틀거리다 넘어지고 만다.

재난이 닥치면 하나님에 대한 이해가 흔들린다. 돌연한 발병이나 죽음, 국가적 재앙, 사회적 대혼란, 개인적 상실, 전염병, 홍수나 가뭄에 의한 참사를 만나면, 평소 하나님에 대해 아무 생각 없이 살던 사람도 단번에 신학자가 된다. 그리고 다음과 같은 풍문이 떠돈다. "하나님은 없다", "하나님께서 진노하셨다", "하나님께서 나를 미워하신다", "하나님은 무능하시다", "그동안 많이 참으신 하나님이 이제 폭발하셨다."

예언자의 직무는 바로 이런 재앙의 순간에 일어나서, 하나님이 어떤 분이시며 어떤 일을 하시는지 사람들에게 명확히 밝히는 것이다. 좋은 예언자, 다시 말해 진정한 예언자는 그 재난을, 사람들을 죄에서 해방시키고 하나님 앞에서 자유롭게 살 수 있게 하는 방편으로 삼는다. 그런 의미에서 요엘은 훌륭한 예언자다. 그는 이스라엘에게 닥친 한 사건을 가지고, 그들이 지금껏 단 하루도 하나님과 상관없이 살아온 날이 없었음을 각인시키는 전거로 활용했다. 우리의 삶은 늘 하나님과 관련이 있다.

요엘이 전거로 사용한 사건은 이스라엘에 닥친 끔찍한 메뚜기 재앙으로, 모든 농작물이 완전히 초토화된 엄청난 규모의 재난이었다. 요엘은 이것을 적군의 대대적인 침공 사태에 비유했다.

> 메뚜기 군대는 마치 말들과 같다.
> 질주하는 말들의 군대.
> 그것이 내는 소리는 산등성이를 울리는
> 천둥소리 같고,
> 풀과 잡목을 태워 버리는
> 마른번개소리 같으며,
> 피에 주리고 기세등등한
> 무적 군대의 고함소리 같기도 하다.
> 사람들은 그 군대를 보기만 해도
> 겁에 질려, 얼굴이 백지장이 된다.
> (욜 2:4-6)

다른 종류의 재앙이었더라도, 요엘은 마찬가지로 유용하게 활용했을 것이다. 그는 그 재앙을 커다란 스크린에 투사해, 사람들이 그들 가운데 계시는 하나님을 뚜렷이 볼 수 있게 해주었다. 그런 다음 그 초점을 더욱 확장시켜, 그 안에 '모든' 사람과 '모든' 것을 포함시켰다. 실로 이 세상 전체를 하나님의 선고가 행해지는 '판결 골짜기' 속으로 밀어 넣은 것이다. 하나님의 백성들은 이 잊을 수 없는 그림을 오래도록 기억하며, 매일의 결정들이 초래하는 영원한 결과에 대해 경각심을 갖고 하루하루를 살았다.

어떤 의미에서, 재앙은 우리 삶에 새로운 사태를 유발시키는 것이 아니라, 쳇바퀴처럼 돌아가는 바쁜 일상과 자기몰두에 묻혀서 보이지 않던 진실, 곧 우리 삶의 도덕적·영적 차원을 우리 눈앞에서 드러나게 해준다. 우리는 진실을 마주하게 된다. 우리가 살면서 내렸던 모든 결정들—어떻게 말하고 행동할지, 사람들을 어떻게 대할지, 하나님의 명령에 어떻게 순종할지 등—이 하나님의 심판의 빛 안에서 적나라한 실상을 드러내게 된다.

일상적인 생활에서는, 옳고 그름의 문제나 그것에 관한 우리의 결정이 가지런히 정리되고 명확하게 정의된 모습으로 드러날 때가 드물다. 요엘의 예언자적 설교는, 우리의 일상을 흔드는 크고 작은 모든 일들이 궁극적으로 하나님과 연결되어 있음을 밝힌다. 동시에, 하나님은 언제나 우리에게 새로운 기회를 주시고, 믿음과 순종의 삶을 새롭게 시작할 수 있게 해주시는 분임을 깨닫게 한다.

아직 늦지 않았다.
여기, **하나님**께서 친히 주시는 **메시지**가 있다!

"내게 돌아오너라! 진심으로 돌아오너라!
오되, 금식하고 울며, 너희 죄를 슬퍼하며 오너라!"

너희 삶을 고쳐라. 너희 옷만 바꾸지 말고.
하나님께, 너희 하나님께 돌아오너라.
하나님은 은혜로우시며 자비로우신 분이기 때문이다.
그분은 심호흡을 하시며 많이 참아 주신다.
이토록 오래 참으시고 넘치게 사랑하시는 하나님은,
언제든 재난을 취소할 준비가 되어 있으시다.
누가 알겠는가? 어쩌면 그분께서 당장 그렇게 해주실지,
어쩌면 뜻을 돌이켜 동정을 베풀어 주실지.
하실 말씀, 하실 일을 다 하신 다음에,
어쩌면 **하나님**께서 차고 넘치도록 복을 부어 주실지!(욜 2:12-14)

요엘서는 임종 전, 아직 하나님의 영광을 위해 살 수 있는 시간과 장소가 남아 있을 때, 우리로 하여금 '임종의 참회'를 할 수 있도록 이끄는 책이다.

요엘

현실을 직시하여라. 그리고 슬피 울어라!

1 [1-3] 브두엘의 아들 요엘에게 임한 하나님의 메시지다.

나라의 원로들아, 주목하여라!
모든 자들, 어디 사는 누구든지 귀 기울여라!
너희는 이런 일을 들어 본 적 있느냐?
전에도 이런 일이 일어난 적 있더냐?
너희는 이것을 너희 자녀들에게 들려주고
자녀들은 또 그들의 자녀들에게,
그 자녀들은 또 그들의 자녀들에게 이것을 들려주어,
이 메시지가 사라져 없어지지 않게 하여라.

[4] 씹어 대는 메뚜기 떼가 남긴 것을,
뜯어 대는 메뚜기 떼가 와서 다 먹어 버렸다.
뜯어 대는 메뚜기 떼가 남긴 것을,
삼켜 대는 메뚜기 떼가 와서 다 먹어 버렸다.
삼켜 대는 메뚜기 떼가 남긴 것을,
우적대는 메뚜기 떼가 와서 다 먹어 치워 버렸다.

[5-7] 너희 취한 자들아, 술에서 깨어나라!
현실을 직시하여라. 그리고 슬피 울어라!
이제 술은 다 떨어졌고,
마시고 싶어도 남은 술이 없다.

내 나라가 침략당하고 있다.
수를 헤아릴 수 없고, 누구도 당해내지 못하는 군대가 밀려 들어온다.
사자 이빨,
호랑이 송곳니를 가진
그 군대는 내 포도밭을 황폐케 하고
내 과수원을 벌거벗겼으며,
온 나라를 쑥대밭으로 만들어 놓았다.
마치 달 표면처럼 황량하다.

8-10 약혼자를 잃고서 상복을 입은
젊은 처녀처럼 울어라.
곡식도 포도도 없어,
하나님의 성소에서
예배가 중단되었다.
제사장들이 쩔쩔매고,
하나님의 사역자들이 어쩔 줄 몰라한다.
밭이 메말랐고,
땅이 애곡한다.
밀밭도 죽었고,
포도밭도 말라붙었다. 올리브기름도 구할 수 없다.

11-12 땅 파는 농부들아, 절망하여라!
포도 재배자들아, 가슴을 쥐어뜯어라!
밀과 보리가 사라진 것을 슬퍼하여라.
작물들이 다 죽었다.
포도밭이 말라 버렸고,
무화과나무도 시들어 버렸다.
석류도, 대추야자도, 사과나무도
다 말라 죽었다! 그리고 사람들의 마음속에 있던
기쁨도 마르고, 시들어 버렸다.

쥐 죽은 듯 고요한 예배처

13-14 너희 제사장들아,
예복을 입고 함께 통곡하여라.
백성의 예배를 인도하는 너희들,
그들의 비탄도 인도하여라.
너희, 내 하나님의 종들아,
거친 베옷을 입고 밤을 지새워라.

예배하는 곳이 쥐 죽은 듯 고요하다.
봉헌도 없고, 기도도 없고, 아무것도 없다.
거룩한 금식을 선포하여라. 특별 집회를 소집하여라.
지도자들을 다 불러 모아라.
이 땅의 백성들을 다 모아라.
그들로 **하나님**의 성소에 들어와, **하나님**께 간절히 기도하게 하여라.

15-18 그날이 왔다! 재앙의 날이다!
하나님의 심판 날이 이르렀다.
강하신 하나님께서 임하셨다.
실로 큰일이 닥쳤다!
식탁 위에 놓이던 음식은 그저 옛이야기며,
하나님의 성소에 흐르던 기쁨과 노래도 옛이야기가 되었다.
밭의 씨들이 다 말라 죽고,
창고가 텅텅 비어 폐가가 되었다.
곡식 저장고들도 빈 채 버려졌다.
작물이 모두 죽었으니, 그런 건물은 이제 필요가 없다!
농장의 동물들도 신음한다. 오, 그들의 비참한 신음소리!
가축들이 먹을 것을 찾지 못해,
떼 지어 이리저리 헤매고 다닌다.
양들도 먹을 것이 없다.

19-20 **하나님**! 기도합니다. 주께 부르짖습니다!
들판이 타들어 가고,
나라 전체가 먼지 구덩이로 변해 갑니다.
숲과 초원도 걷잡을 수 없이 불타고 있습니다.
목말라 죽어 가는 들짐승들,
마실 것을 찾아 주를 바라봅니다.
샘과 시냇물이 다 말라 버렸고,
나라 전체가 바싹 타들어 갑니다.

메뚜기 군대

2 1-3 시온에서 숫양 뿔나팔을 불어라!
내 거룩한 산에서 경보나팔을 불어라!
온 나라를 흔들어 깨워라!
하나님의 심판이 다가오고 있다. 그날이 임박했다!
암흑의 날이다! 재앙의 날이다!
환한 언저리 하나 없는 먹구름이 몰려온다!

산을 타고 넘어오는 새벽빛같이,
거대한 군대가 쳐들어온다.
이런 일은 전에도 없었고
앞으로도 없을 것이다.
이 군대는 마른번개가 앞장서 모든 것을 태우고
지나간 자리는 불이 모든 것을 핥아 버린다.
그들이 이르기 전에는 에덴 동산 같았던 이 나라가,
그들이 떠난 뒤에는 죽음의 골짜기로 변했다.
무사한 것이 하나도 없다.

4-6 메뚜기 군대는 마치 말들과 같다.
질주하는 말들의 군대.
그것이 내는 소리는 산등성이를 울리는
천둥소리 같고,
풀과 잡목을 태워 버리는
마른번개소리 같으며,
피에 주리고 기세등등한
무적 군대의 고함소리 같기도 하다.
사람들은 그 군대를 보기만 해도
겁에 질려, 얼굴이 백지장이 된다.

7-11 그 침략자들이 공습해 온다.
바리케이드를 넘어온다. 그 무엇으로도 그들을 막을 수 없다.
그 군인들, 각자 명령받은 대로 행한다.
잘 훈련되어, 한 치의 흐트러짐도 없는 그들이다.
서로 방해하는 일 없이,
각자 자신의 임무를 알아내 척척 수행한다.
아무 겁 없고, 아무 두려움 없으며,
확고부동하고, 거침이 없다.
그들은 도성을 초토화시키고
방어벽을 기어오르며,
집들을 약탈하고,
문들을 부수며, 창문들을 박살낸다.
그들이 지진처럼 와서,
토네이도처럼 휩쓸어 버린다.
해와 달이 불 꺼지듯 꺼지고,
별들도 캄캄해진다.
자기 군대를 호령하시듯,

하나님께서 천둥으로 고함치신다.
그 군대의 규모를 보라!
그분의 명령을 따르는 그들의 기세를 보라!
하나님의 심판 날, 크고 두려운 날,
누가 살아남을 수 있으랴?

너희 삶을 고쳐라

12 그러나 들어라. 아직 늦지 않았다.
여기, **하나님**께서 친히 주시는 **메시지**가 있다!
"내게 돌아오너라! 진심으로 돌아오너라!
오되, 금식하고 울며, 너희 죄를 슬퍼하며 오너라!"

13-14 너희 삶을 고쳐라. 너희 옷만 바꾸지 말고.
하나님께, 너희 하나님께 돌아오너라.
하나님은 은혜로우시며 자비로우신 분이기 때문이다.
그분은 심호흡을 하시며 많이 참아 주신다.
이토록 오래 참으시고 넘치게 사랑하시는 하나님은,
언제든 재난을 취소할 준비가 되어 있으시다.
누가 알겠는가? 어쩌면 그분께서 당장 그렇게 해주실지,
어쩌면 뜻을 돌이켜 동정을 베풀어 주실지.
하실 말씀, 하실 일을 다 하신 다음에,
어쩌면 **하나님**께서 차고 넘치도록 복을 부어 주실지!

15-17 시온에서 숫양 뿔나팔을 불어라!
회개의 날, 금식의 날을 선포하여라.
대회를 소집하고, 모두 모이게 하여라.
모인 자들을 거룩하게 구별하여라.
장로들을 오게 하며,
아이들과 젖 먹는 아기들도 오게 하고,
신혼부부들도 오게 하여라.
신방에서 나와, 그 자리에 참여하게 하여라.
성소 현관과 제단 사이에서,
제사장들, **하나님**의 종들은 울며 회개하여라.
중보의 기도를 드려라. "**하나님**, 주의 백성에게 자비를 베풀어 주십시오!
주의 분깃인 그들이 조롱거리가 되지 않게 해주십시오.
이방인들이 쳐들어와 그들 위에 군림하면서
'저들의 하나님은 어디 있느냐?' 하며 비웃지 못하게 해주십시오."

18-20 그러자, **하나님**께서 당신의 땅을 되찾으시기 위해 행동에 나섰다.
그분께서 자기 백성을 불쌍히 여기셨다.
하나님께서 응답하셨고, 당신의 백성에게 말씀하셨다.
"보아라, 들어라. 내가 선물을 보내리라.
곡물과 포도주와 올리브기름을 보낼 것이다.
금식은 끝났다. 이제 마음껏 먹어라!
더 이상 너희가
이방인들에게 멸시받게 놔두지 않을 것이다.
북방에서 내려올 마지막 적을 내가 저지해 주겠고,
그들을 황무지에 던져 버릴 것이다.
그들 가운데 절반은 사해에서,
나머지 절반은 지중해에서 최후를 맞을 것이다.
거기서 그들이 썩어, 천지에 악취가 진동할 것이다.
큰 적일수록 큰 악취를 풍길 것이다."

다시 열매 맺는 나무들

21-24 땅아, 두려워 마라! 즐거워하며 경축하여라!
하나님께서 큰일을 행하셨다.
들짐승들아, 두려워 마라!
들과 초장이 다시금 푸르러진다.
나무들이 다시 열매를 맺는다.
무화과나무도 포도나무도 다 풍작이다!
시온의 자녀들아, 경축하여라!
너희 **하나님** 안에서 즐거워하여라!
그분께서 너희에게 한 스승을 주셔서
바르게 사는 길을 너희에게 가르쳐 주실 것이다.
전처럼, 하늘에서 내리는 비와 같은 말씀들로
너희 영혼을 새롭게 하고 살지게 해주실 것이다.
너희 몸이 먹을 음식 또한 넘쳐 나리라. 창고에는 곡식이 가득하고,
통에는 포도주와 올리브기름이 흘러넘치리라.

25-27 "메뚜기 떼에 휩쓸린 세월을 내가 보상해 주겠다.
야만적이고 치명적이며
흉포하고 흉물스런 메뚜기 떼,
그 거대한 침략군을

내가 너희에게 보냈다.
그러나 이제 너희는 좋은 음식으로 배부를 것이다.
너희 **하나님**께 찬양이 흘러넘치리라.
너희를 급습하여 놀라게 한 하나님을 향해.
다시는 내 백성이 멸시당하는 일이 없으리라.
너희는 분명히 알게 될 것이다.
내가 이스라엘 한복판에서 너희와 함께 있다는 것을,
내가 **하나님**, 바로 너희 **하나님**이라는 것을,
오직 한분 참 하나님이라는 것을.
다시는 내 백성이 멸시당하는 일이 없을 것이다."

내 영을 부어 줄 것이다

28-32 "그러나 이것은 시작일 뿐이다.

나는 모든 부류의 사람들에게
내 영을 부어 줄 것이다.
너희 아들들이 예언하고,
너희 딸들도 예언할 것이다.
너희 노인들은 꿈을 꾸고,
너희 젊은이들은 환상을 볼 것이다.
내가 종들에게, 남종과 여종 모두에게
내 영을 부어 줄 것이다.
내가 위로는 하늘에 놀라운 일을 일으키고,
아래로는 땅에 징조를 일으킬 것이다.
피와 불과 연기의 소용돌이가 있을 것이며,
해는 잿빛이 되고 달은 핏빛이 될 것이다.
하나님의 심판 날,
어마어마하고 무시무시한 그날이 이르기 전에 이 일들이 일어나리라.
누구든지 '**하나님**, 구원해 주십시오!' 하고 외치는 자는
구원을 받을 것이다.
시온 산에서, 또 예루살렘에서
많은 이들이 구원을 받을 것이다.
하나님께서 말씀하신 그대로 이루어질 것이다.
살아남은 이들 중에는
하나님의 부름을 받는 사람들도 있을 것이다."

하나님께서 민족들을 심판하시다

3 1-3 "그렇다. 그때에,
내가 유다와 예루살렘을 회복시킬 그때에,
모든 이방 나라들을 모아
심판의 골짜기로 데려가리라.
그들 모두를 재판에 부치고,
그들이 내 백성 이스라엘에게 한 일을 심판하리라.
그들은 내 백성을 이방 세계로 흩어 버렸고
내 땅을 약탈했다.
그들은 내 백성을 두고 제비를 뽑았으며
물건처럼 사고팔았다.
그들은 남자아이를 팔아 창녀를 샀고,
여자아이를 팔아 포도주를 사서 마셨다."

4-8 "너희 두로와 시돈과 블레셋아,
무엇을 하겠다는 것이냐?
너희가 지금 나에게
보복을 하겠다는 것이냐?
그렇다면 그만두어라.
나는 그 일이 네게 부메랑이 되어 돌아가게 할 것이다.
너희는 내 것을 약탈했다. 내게서 은과 금을 빼앗았으며,
귀중한 것들을 모조리 훔쳐서, 그것으로 너희 신전을 꾸몄다.
너희는 유다와 예루살렘 사람들을
머나먼 땅 그리스 사람들에게 종으로 팔아넘겼다.
너희가 저지른 일 그대로 내가 너희에게 되갚아 줄 것이다.
내가 너희 아이들을 이웃 나라에 종으로 팔아넘길 것이다.
그러면 그들이 너희 아이들을 머나먼 땅 스바 사람들에게 팔아넘길
것이다."
하나님의 선고다.

9-11 사악한 민족들에게 이렇게 소리쳐라.
전투를 준비하라!
병사들을 준비시켜라!
무기를 들고 전진하라!
너의 삽을 쳐서 칼을 만들고,
너의 괭이를 쳐서 창을 만들어라.

병약한 자도 가슴을 펴고 말하여라.
"나는 강한 용사다."
이방인들아, 서둘러라! 어디에 있든지, 빨리 서둘러라!
대오를 갖추어라.
준비하고 있어라.
하나님에게 박살날 준비를!

12 이방 나라들이
심판의 골짜기에 모이게 하여라.
거기서 내가 자리 잡고 앉아
사방의 모든 민족에게 심판을 내릴 것이다.

13 "낫을 들어라.
이제 추수할 때다.
포도주 틀이 가득 찼으니,
포도를 짓밟아라.
포도주 통에
최상급 악이 흘러넘친다.

14 혼란과 소동의 소용돌이에 휩싸인
판결 골짜기!
하나님의 심판 날이
판결 골짜기에 이르렀다.

15-17 하늘이 검게 변하고,
해와 달이 어두워지며, 별빛이 꺼진다.
하나님이 시온에서 포효하시고, 예루살렘에서 고함치신다.
땅과 하늘이 공포에 떤다.
그러나 **하나님**은 안전한 피난처,
이스라엘 자녀들의 견고한 아지트다.
그때 너희는 확실히 알게 되리라.
내가 너희 **하나님**이며,
나의 거룩한 산,
시온에 살고 있음을.
예루살렘은 거룩한 도성이 되고,
'불가침 지역'이라는 푯말이 그 앞에 나붙을 것이다."

젖이 언덕에 넘쳐흘러 강을 이루리라

18-21 "놀라운 날이다!
포도주가 산에 넘쳐흘러 시내를 이루고,
젖이 언덕에 넘쳐흘러 강을 이루며,
생수가 유다의 구석구석에 흘러넘치리라.
하나님의 성소에서 샘물이 흘러나와
모든 공원과 정원에 물을 댄다!
그러나 이집트는 망하여 잡초뿐인 공터가 되고,
에돔은 황량한 불모지가 될 것이다.
모두 그들이 유다 백성에게 저지른 잔인무도한 짓과,
힘없고 죄 없는 이들에게 행한 흉악한 일들과 살인죄 때문이다.
그러나 유다는 사람들로 북적대고,
예루살렘은 언제까지나 사람 사는 곳이 될 것이다.
내가 아직 용서하지 않은 죄들도 다 용서해 주리라."
하나님께서 시온에 들어오셔서, 거기서 영원히 사신다.

다른 어떤 방식보다도 종교를 명분으로 해서 더 많은 착취와 학대가 행해진다. 섹스나 돈이나 권력도, 악의 원천으로서의 종교에 필적하지 못한다. 종교는 그동안 인류에게 알려진 것 중 가장 위험한 힘이다. 어떤 사람이(혹은 정부나 종교나 기관 등이) 하나님께서 어떤 명분이나 사업을 자신에게 명했거나 허가했다고 확신하게 되면, 그는 그 일을 이루기 위해 수단 방법을 가리지 않게 된다. 세계적으로, 종교에 기반을 둔 증오와 살인과 압제의 역사는 가히 현기증을 일으킬 정도다. 이에 대해 무언가 행동을 취한 사람들의 선두에는, 바로 성경의 예언자들이 있다.

성경의 예언자들은, 종교가 정직하고 겸손하고 자비로운 제 모습을 잃지 않도록 역사상 가장 강력하고 효과적으로 목소리를 높였고, 지금도 높이고 있다. 불의를 잡아내는 선수들인 예언자들은, 특히 종교의 탈을 쓴 불의를 기가 막히게 잘 잡아낸다. 그들의 레이더망을 벗어날 길은 없다. 위선을 꿰뚫어 보는 명수로서, 종교로 치장한 위선을 여지없이 들추어낸다. 예언자들은 직위나 권력이나 권위에 눌리는 법이 없다. 수나 규모나 화려한 외양 따위에 속지도 않는다.

예언자들은 사람이 하나님에 대해 하는 말이나, 하나님을 위해 무엇을 한다는 것에는 별 관심이 없다. 다만 하나님께 귀를 기울여 듣고, 들은 말씀에 비추어 인간의 모든 말과 행동을 철두철미하게 따져 볼 뿐이다. 이러한 예언자들 중에서도 타의 추종을 불허하는 이가 바로 아모스다. 그는 짓밟히는 가난한 자들의 대변자요, 하나님의 이름을 도용해 자기들의 죄를 정당화하는 힘 있는 부자들의 고발자였다.

사람들은 이런 이야기를 듣기 싫어한다.
진실은 인기가 없는 법이다.
그러나 적나라하게 드러난 진실이 여기 있다.
너희는 가난한 이들을 악랄하게 짓밟고
그들에게서 빵을 빼앗는다.
그러므로 너희는 결코 너희가 건축한 화려한 집에
들어가 살지 못할 것이다.
너희는 결코 너희가 재배한 값비싼 포도주를
마시지 못할 것이다.
나는 너희 위법이 어느 정도인지,
너희 죄가 얼마나 중대한지 정확히 알고

있다. 참으로 섬뜩하다!
너희는 의롭게 사는 이들을 괴롭히고
이리저리 뇌물을 받아 가며 가난한 이들
을 바닥에 내친다.

정의는 패하고 악이 판치는 세상이다.
정직한 이들이 손을 놓아 버린다.
저항하고 꾸짖어 봐야 소용없고,
힘만 허비할 뿐이다.

악을 따르지 말고 선을 추구하여라.
그래서 살아라!
너희는 **하나님**, 곧 만군의 하나님이
너희의 절친한 친구인 것처럼 말한다.
좋다. 그 말대로 살아라.
그러면 정말로 그렇게 될 것이다.

악을 미워하고 선을 사랑하며,
사람들 앞에서 그것을 실천하여라.
그러면 **하나님**, 곧 만군의 하나님께서
너희 남은 자들을 눈여겨 보시고, 은혜를
베풀어 주실지 모른다(암 5:10-15).

우리 가운데 이 문제에서 안심해도 좋은 사람은 없다. 하나님께 기도하고 경배하는 그리스도인은, 우리처럼 하나님께 기도하고 경배하는 이들을 동무로 사귈 필요가 있으며, 무엇보다 성경의 예언자들을 깊이 알고 지낼 필요가 있다. 우리 자신의 종교가 제 잇속만 챙기는 행위로 변질되지 않으려면, 우리의 모든 언행을 예언자들의 불꽃같은 눈에 비추어 점검해야 한다. 예언자가 분명히 밝혀 놓은 정의를 중요하게 여기지 않는 신앙생활은 우리를 오히려 더 나쁜 인간으로 만들 뿐이요, 하나님의 길에서 멀어지게 만들 뿐이다.

아모스

1 [1] 드고아에서 양 치던 목자 아모스가 이스라엘에 대해 받은 메시지다. 웃
시야가 유다를 다스리고 요아스의 아들 여로보암 2세가 이스라엘의 왕이
던 시기, 곧 대지진이 있기 이 년 전에, 이 메시지가 환상 가운데 그에게 임했다.

이스라엘 이웃 나라에 내리실 심판

[2] 메시지는 이러하다.

하나님께서 시온에서 포효하시고,
예루살렘에서 고함치신다!
청천벽력 같은 그 소리에 양 치는 목자의 초장이 시들고,
갈멜 산 꼭대기가 벌벌 떤다.

[3-5] 하나님의 메시지다.

"다마스쿠스가 서너 가지 큰 죄를 저질렀으니,
내가 더는 그를 참아 주지 않을 것이다.
그는 길르앗을 사정없이 때려눕혔다.
쇠망치, 나무망치로 무자비하게 두들겨 팼다.
그래서다. 나는 하사엘의 왕궁에 불을 놓고,
벤하닷의 요새들을 태워 버릴 것이다.
다마스쿠스의 성문들을 박살낼 것이며,
죄의 골짜기에 사는 범죄자 왕,
낙원 왕궁에서 호령하는 그 악독한 우두머리를 쫓아낼 것이다.

그 땅의 백성들은
그들이 본래 살던 곳, 기르로 돌려보낼 것이다."
하나님의 포고다.

6-8 **하나님**의 메시지다.

"가사가 서너 가지 큰 죄를 저질렀으니,
내가 더는 그를 참아 주지 않을 것이다.
그는 주민 전부를 몰아내서는,
그들을 에돔에 팔아 버렸다.
그래서다. 나는 가사의 성벽을 불태워 허물고,
그의 요새들을 모조리 태워 버릴 것이다.
내가 범죄자 왕을 아스돗에서,
그 악독한 우두머리를 아스글론에서 쫓아낼 것이다.
내가 손을 들어 에그론을 칠 것이며,
블레셋 사람들을 하나도 남김없이 모두 죽일 것이다."
하나님의 포고다.

9-10 **하나님**의 메시지다.

"두로가 서너 가지 큰 죄를 저질렀으니,
내가 더는 그를 참아 주지 않을 것이다.
그는 주민 전부를 에돔에 넘기고,
자기 친족들과 맺은 조약을 깨뜨려 버렸다.
그래서다. 나는 두로의 성벽을 불태워 허물고,
그의 요새들을 모조리 태워 버릴 것이다."

11-12 **하나님**의 메시지다.

"에돔이 서너 가지 큰 죄를 저질렀으니,
내가 더는 그를 참아 주지 않을 것이다.
그는 자기 형제를 사냥감 쫓듯 쫓아서 살해한다.
무자비하고 무정하다.
분을 품고서 밤낮으로 미쳐 날뛰며,
야비하기 이를 데 없다.
그래서다. 나는 그의 수도 데만을 불태워 허물고,
보스라의 요새들을 태워 버릴 것이다."

13-15 **하나님**의 메시지다.

"암몬이 서너 가지 큰 죄를 저질렀으니,
내가 더는 그를 참아 주지 않을 것이다.
땅을 더 차지하겠다고,
그는 임신한 길르앗 여인들의 배를 갈랐다.
그래서다. 나는 그의 수도 랍바의 성벽을 불태워 허물고,
그의 요새들을 태워 버릴 것이다.
전쟁이 고함친다! 으르렁댄다!
회오리바람과 함께 닥치는 대로 쓸어 간다!
왕이 포로로 붙잡혀 갔고,
그의 제후들도 그 뒤를 따른다."
하나님의 포고다.

2

1-3 **하나님**의 메시지다.

"모압이 서너 가지 큰 죄를 저질렀으니,
내가 더는 그를 참아 주지 않을 것이다.
그는 에돔 왕의 시신을
불에 태워 모독했다.
그래서다. 나는 모압을 불태워 허물고,
그리욧의 요새들도 태워 버릴 것이다.
모압은 고함소리 중에,
전쟁나팔소리와 함께 망할 것이다.
내가 그 왕을 왕좌에서 끌어내리고,
그의 제후들도 다 죽일 것이다."
하나님의 포고다.

4-5 **하나님**의 메시지다.

"유다가 서너 가지 큰 죄를 저질렀으니,
내가 더는 그를 참아 주지 않을 것이다.
그들은 **하나님**의 계시를 거절했고,
내 명령 따르기를 거부했다.
그러면서도 그들은 오래된 거짓말,
그들의 조상을 막다른 골목으로 내몬 거짓말은 잘도 집어삼킨다.
그래서다. 나는 유다를 불태워 허물고,

예루살렘의 요새들을 다 태워 버릴 것이다."

이스라엘에 내리신 하나님의 심판

6-8 하나님의 메시지다.

"이스라엘이 서너 가지 큰 죄를 저질렀으니,
내가 더는 그를 참아 주지 않을 것이다.
그들은 사람을 사고판다.
그들에게 사람은 그저 물건일 뿐이다. 돈벌이 수단이다.
신발 한 켤레를 갖겠다고 가난한 사람을 팔아 버린다.
그들은 자기 할머니도 팔아 치우는 자들이다!
돈 없는 자들을 바닥에 메치고,
불운한 자들을 수렁으로 떠민다.
형이고 아우고 할 것 없이 다들 '신성한 매춘부'와 동침하며,
내 거룩한 이름을 더럽힌다.
그들이 가난한 이들로부터 강탈한 물건이
이방 신의 산당에 수북이 쌓여 있다.
그들은 그곳에 둘러앉아
사기 쳐 빼앗은 포도주를 들이킨다.

9-11 그러나 나는, 나는 언제나 너희 편이었다.
나는 너희와 맞서던 아모리 사람들을 멸했다.
큰 백향목처럼 키가 크고,
굵은 상수리나무처럼 억센 그들을 멸했다.
내가 그들을 꼭대기에서부터
뿌리 끝까지 멸했다.
그렇다. 나는 너희를 이집트에서 건져 내고,
너희의 사십 년 광야 길을 안전하게 인도해 주었다.
그리고 나는 너희가 아모리 사람들의 땅을
식은 죽 먹듯 차지하게 했다.
나는 너희 젊은이들 중에서 예언자들을 길러 냈고,
으뜸가는 젊은이들을 구별하여 거룩을 훈련시켰다.
그렇지 않은가, 이스라엘이여!"
하나님의 포고다.

12-13 "그런데 너희는 훈련받는 젊은이들이 탈선하게 만들고,
젊은 예언자들에게는 '예언을 그만두라!'고 말했다.
나는 도저히 너희를 두고 볼 수 없다.

참을 만큼 참아서 터지기 일보 직전이다.
용량을 초과하여 짐을 실은 마차처럼,
나는 지금 삐걱거리며 신음소리를 내고 있다.

14-15 내가 행동에 들어가면, 너희는 어찌할 작정이냐?
제아무리 빨리 달아나도 너희는 내게서 도망치지 못한다.
힘센 자들의 힘도 소용없다.
전사들도 소용없다.
활 잘 쏘는 자들도 소용없다.
잘 달리는 자들도 소용없다.
전차를 모는 자들도 소용없다.
너희 가운데 최고로 용감한 전사라 해도
아무 소용 없다.
그저 걸음아 나 살려라 하고, 옷도 챙겨 입지 못한 채 내뺄 것이다."
하나님의 포고다.

하나님의 말씀을 받은 예언자

3 1 이스라엘아, 귀 기울여 들어라. **하나님**께서 너희를 심문하신다. 너희
모두와, 그분이 이집트에서 건져 주신 모든 족속에게 말씀하신다. 모두,
귀 기울여 들어라!

2 "지상의 모든 족속 중에서
내가 특별히 너희를 골라내었다.
지금 내가 너희 모든 죄에 대해 심문하는 것은
너희가 받은 이 특별한 부름 때문이다."

3-7 두 사람이 손을 잡고 걷고 있으면,
둘이 같은 곳으로 가고 있다는 말이 아니냐?
사자가 숲 속에서 포효하고 있으면,
먹이를 움켜쥐었다는 말이 아니냐?
젊은 사자가 만족하여 으르렁거리고 있으면,
저녁거리를 잡았다는 말이 아니냐?
새가 바닥에 떨어졌으면,
돌에 맞았다는 말이 아니냐?
덫이 탁 하고 닫혔으면,
무언가 덫에 걸렸다는 말이 아니냐?
마을에 경보가 울리면,
주민들이 놀라는 것은 당연하지 않겠느냐?

재앙이 도성을 휩쓸고 있으면,
그 뒤에는 **하나님**이 계신 것이 아니겠느냐?
그렇다. **하나님**, 곧 주께서 무슨 일을 하실 때
당신의 예언자들에게 미리 그 모든 것을 말씀해 주시지 않고서는 무슨 일을 하시는 법이 없다.

8 사자가 포효하는데
누가 겁먹지 않을 수 있겠느냐?
하나님께서 말씀하시는데
어떤 예언자가 입을 다물고 있을 수 있겠느냐?

9-11 앗시리아의 요새들에게 알려라.
이집트의 요새들에게 알려라.
그들에게 전하여라. "사마리아의 산 위에 모여,
유심히 아래를 내려다보아라.
잔인과 공포가 얼마나 들끓고 있는지를!
그들은 올바른 일을 하나도 할 줄 모른다. 그럴 마음도 없다."
하나님께서 말씀하셨다.
"그들은 폭력과 어둠을 쌓아 왔다."
이는 **하나님**의 말씀이다. "그러므로 적이 그 나라를 포위할 것이며,
너를 무력화시키고 너의 요새를 약탈할 것이다."

12 **하나님**의 메시지다.

"사자에게서 어린양을 구하려던 목자가
겨우 두 다리와 귀 조각 정도나 건져 내듯이,
사마리아에 사는 이스라엘 사람들 중에도
소수만 건짐을 받을 것이다.
겨우 낡은 의자 몇 개,
부러진 탁자다리 정도만 남을 것이다.

13-15 야곱 가문에 대한 고발이다. 귀 기울여 듣고 증언하여라."
이는 하나님, 곧 만군의 **하나님**의 말씀이다!
"주목하여라! 그날 나는 이스라엘이 자기 죄에 대해 대가를 치르게 할 것이다.
베델에 악한 제단들을 세운 것에 대해 대가를 치르게 할 것이다.
뿔 달린 제단들은 뿔이 전부 잘려 나가고
산산조각 날 것이다.

내가 겨울 궁궐을 허물고,
여름 궁궐을—화려한 건물들을 모조리 다—박살낼 것이다.
사치스런 집들,
호사스런 저택들, 다 허물어질 것이다."
하나님의 포고다.

너희는 하나님께 굶주리지 않았다

4

1 "사마리아 언덕에서 풀을 뜯는 너희 바산의 암소들아,
귀 기울여 들어라.
가난한 이들에게 비열하고
밑바닥 사람들에게 잔인한 여자들!
게을러빠지고 제멋대로인 너희는 남편에게 요구한다.
'시원한 술 한 잔 갖다 주세요!'

2-3 잘 들어라. 나 **하나님**이 나의 거룩을 두고 맹세한다!
조심하여라. 심판의 날이 다가오고 있다!
그들이 너희를 밧줄로 묶어 끌고 가면서,
뒤처지는 자들은 몽둥이로 다스릴 것이다.
그들은 너희를 한 줄로 꿰어
훼파된 성벽들 밖으로 끌고 가서,
저승으로 던져 넣을 것이다."
하나님의 포고다.

4-5 "너희는 베델로 가서 죄를 지어라!
길갈로 가서도 죄를 지어라!
제물을 가져와 아침마다 예배를 드려라.
사흘마다 십일조를 바쳐라.
흠 없는 제물을 불살라 바치며 감사제를 드려라.
자원 제물을 바치면서 큰소리로 알려라!
이런 것이 바로 너희 이스라엘 사람들이 좋아하는
종교 쇼다."
하나님의 포고다.

6 "너희는 알고 있지 않느냐? 바로 내가 너희 식료품실과 곳간을
텅 비게 만들었고,
너희를 주리고 궁핍하게 만들었다는 것을.
그래도 너희는 나에게 굶주리지 않았다. 너희는 계속해서 나를 무시했다."
하나님의 포고다.

7-8 "그렇다. 바로 내가 추수 전 세 달 동안
비를 내리지 않았다.
어떤 마을에는 비를 내리고
어떤 마을에는 비를 내리지 않았다.
어떤 들판에는 비를 내리고
어떤 들판에는 비를 내리지 않아 농작물이 말라 죽게 했다.
사람들이 마실 물을 찾아 미친 듯 이 마을 저 마을을 헤맸으나,
목마름을 해결할 수 없었다.
그래도 너희는 여전히 나에게 목말라하지 않았다.
그저 나를 무시할 뿐이었다."
하나님의 포고다.

9 "나는 너희 작물들을 쳐서 병들게 하고
너희 과수원과 농장들을 말라 죽게 했다.
메뚜기들이 너희 올리브나무와 무화과나무를 다 먹어 치웠지만,
그래도 너희는 계속 나를 무시했다."
하나님의 포고다.

10 "나는 전에 이집트에서 일어난 기근이 너희를 찾아오게 했고,
너희 뛰어난 젊은이들과 최상급 말들을 죽였다.
진영 안에 어찌나 썩는 냄새가 진동하는지,
너희는 코를 막고 다녔을 정도다.
그런데도 너희는 여전히 내게 주목하지 않았다.
계속 나를 무시할 뿐이었다."
하나님의 포고다.

11 "나는 지진과 불로 너희를 쳤고,
소돔과 고모라처럼 너희를 황폐하게 만들었다.
너희는 불 속에서 꺼낸
타는 막대기 같았다.
그래도 너희는 나를 바라보지 않았다.
여전히 나를 무시하기만 했다."
하나님의 포고다.

12 "이스라엘아, 이 모든 일을 내가 했고,
바로 내가 그렇게 하기로 작정했다.
오 이스라엘아, 시간이 다 되었다!
이제 너의 하나님을 만날 준비를 하여라!"

[13] 여기 오신 분이 누구신지 보아라. 산을 만드신 분! 바람을 지으신 분이다!
아담이 나기 전에 모든 계획을 세우시고,
어둠 속에서 새벽이 동트게 하시듯,
무에서 유를 만들어 내시며,
높고 높은 산등성이를 타고 넘으시는 분이다.
그분의 이름은 **하나님**, 곧 만군의 하나님이시다.

나를 찾아라, 그래서 살아라

5 [1] 이스라엘 가문아, 귀 기울여 들어라.
내가 힘주어 전하는 메시지, 이 비극적 경고에 귀 기울여라.

[2] "처녀 이스라엘이 바닥에 고꾸라졌다.
그녀는 다시 일어서지 못할 것이다.
바닥에 계속 고꾸라져 있다.
부축해 일으켜 주는 자 아무도 없다."

[3] 이것은 메시지, 곧 **하나님**의 말씀이다.

"천 명이 행진하며 나갔던 도성은
결국 백 명만 남게 되고,
백 명이 행진하며 나갔던 도성은
결국 열 명만 남게 될 것이다. 오, 이스라엘 가문이여!"

[4-5] 이스라엘 가문을 향한 **하나님**의 메시지다.

"나를 찾아라. 그래서 살아라.
베델의 산당 주위를 기웃거리지 말고,
길갈에 가보겠다고 시간 낭비하지 마라.
공연히 브엘세바로 내려갈 것도 없다.
길갈은 오늘 있다가 내일이면 사라지고 말 것이며,
베델은 그저 빈껍데기에 불과하다."

[6] 그러니, **하나님**을 찾아라. 그래서 살아라!
너희는 잿더미와 폐허뿐인 채
너희 생을 마감하고 싶지는 않을 것이다.
하나님께서 불을 내리시면,
그 불을 끌 수 있는 자는 아무도 없기 때문이다.

7-9 정의에 초를 치고,
의를 짓밟아 누더기로 만드는 너희에게 화가 있으리라.
너희가 사는 곳이 어떤 곳인지 알기나 하느냐?
너희는, 하나님이 별들을 흩뿌려 놓으신 우주,
하나님이 아침마다 깨우시고
밤마다 잠들게 하시는 세상에 살고 있다.
하나님은 대양에서 물을 퍼내어,
땅에 마실 물을 주신다.
하나님, 곧 계시된 하나님께서 이 모든 일을 행하신다.
손쉽게 만들어 내신 것처럼, 그분은 손쉽게 이 모든 것을 멸하실 수도 있다.
이 거대한 경이를, 그분은 단숨에 폐허가 되게 하실 수도 있다.

10-12 사람들은 이런 이야기를 듣기 싫어한다.
진실은 인기가 없는 법이다.
그러나 적나라하게 드러난 진실이 여기 있다.
너희는 가난한 이들을 악랄하게 짓밟고
그들에게서 빵을 빼앗는다.
그러므로 너희는 결코 너희가 건축한 화려한 집에
들어가 살지 못할 것이다.
너희는 결코 너희가 재배한 값비싼 포도주를
마시지 못할 것이다.
나는 너희 위법이 어느 정도인지,
너희 죄가 얼마나 중대한지 정확히 알고 있다. 참으로 섬뜩하다!
너희는 의롭게 사는 이들을 괴롭히고
이리저리 뇌물을 받아 가며 가난한 이들을 바닥에 내친다.

13 정의는 패하고 악이 판치는 세상이다.
정직한 이들이 손을 놓아 버린다.
저항하고 꾸짖어 봐야 소용없고,
힘만 허비할 뿐이다.

14 악을 따르지 말고 선을 추구하여라.
그래서 살아라!
너희는 **하나님**, 곧 만군의 하나님이
너희의 절친한 친구인 것처럼 말한다.
좋다. 그 말대로 살아라.
그러면 정말로 그렇게 될 것이다.

15 악을 미워하고 선을 사랑하며,
사람들 앞에서 그것을 실천하여라.
그러면 **하나님**, 곧 만군의 하나님께서
너희 남은 자들을 눈여겨 보시고, 은혜를 베풀어 주실지 모른다.

16-17 다시, 나의 주님의 메시지다. **하나님**, 곧 만군의 하나님께서 말씀하신다.

"거리로 나가 통곡하여라!
가게와 상점마다 곡하는 소리로 넘쳐나게 하여라!
소리 내어 울부짖어라. '저는 안됩니다! 우리는 안됩니다! 이대로는 안됩니다!'
하고 외쳐라.
관공서도 상점도 공장도 일터도 모두 문을 닫고,
사람들을 다 통곡에 동원시켜라.
너희에게 가는 날, 나는 그 소리가 크고 분명하게 들리기를 원한다."
하나님의 포고다.

냉엄한 현실을 대면하여라

18-20 **하나님**의 심판 날이 오기를 바라는 너희 모두에게 화가 있으리라!
어떻게 너희는 **하나님** 뵙기를, 그분이 오시기를 바랄 수 있느냐?
하나님이 오신다는 소식은, 너희에게 낭보가 아니라 흉보가 될 것이다.
그날은 최고의 날이 아니라, 최악의 날이 될 것이다.
그날은, 어떤 사람이 사자를 피해 도망치다가
곰 아가리 속으로 뛰어드는 것과 같다.
하루 종일 힘들게 일하고 집에 돌아온 여자가
이웃에게 강간당하는 것과 같다.
하나님께서 오시는 날, 그날은 우리가 환상이 아니라 냉엄한 현실,
잿빛 현실을 대면하는 날이다.

21-24 "나는 너희 종교 행사들을 도저히 참을 수 없다.
너희 집회와 성회는 이제 신물이 난다.
너희가 벌이는 종교 프로젝트들,
너희가 내거는 허영에 찬 슬로건과 목표에 진절머리가 난다.
너희의 기금 모금 계획,
홍보 활동과 이미지 연출도 지긋지긋하다.
너희 자아나 만족시키는 시끄러운 음악들은, 나는 이제 들을 만큼 들었다.
너희가 나를 향해 노래한 적이 언제더냐?
내가 바라는 것이 무엇인지 알고 있느냐?
내가 바라는 것은 정의다. 큰 바다 같은 정의!

내가 바라는 것은 공평이다. 강 같은 공평!
이것이 바로 내가 바라는 것, 내가 바라는 전부다.

25-27 사랑하는 이스라엘 가문아, 광야에서 지낸 사십 년 동안, 너희는 내가 명
한 제물과 헌물로 나를 신실하게 예배하지 않았더냐? 그런 너희가 어찌하여 그
럴듯한 조각상을 만들어 너희 지배자라 부르고, 싸구려 별 신상들을 이리저리
메고 다니는 지경이 되었느냐? 너희가 그것들을 그토록 사랑하니, 내가 너희
를 다마스쿠스 너머 먼 곳까지 붙잡혀 가게 하는 날, 그것들을 챙겨 가져가려무
나." 하나님, 곧 만군의 하나님의 메시지다.

하루하루 즐기는 데만 관심 있는 자들

6 1-2 시온에 거하니 만사형통하고,
사마리아 산에 사니 만사태평하다고 믿는 너희에게 화가 있으리라.
너희는 너희가 최고인 것처럼,
너희 사는 곳이 지상 최고의 장소인 양 말한다.
글쎄다, 잠에서 깨어나 주위를 둘러보아라. 어깨에 힘을 빼라.
갈레를 보아라.
대도시 하맛에 가보아라.
블레셋 사람들이 사는 가드를 둘러보아라.
어떠냐, 주제파악이 좀 되지 않느냐?
그 도성들에 비하면, 너희는 별 볼 일 없지 않느냐?

3-6 재앙을 향해 돌진하는 너희에게 화가 있으리라!
대재난이 목전에 다가왔다!
사치하며 사는 자들,
다른 사람을 종처럼 부리려는 자들에게 화가 있으리라!
그저 자신의 오늘만 즐길 뿐,
다른 사람의 내일에 대해서는 무관심한 자들에게 화가 있으리라!
인생을 자신만의 파티로 여기는,
바람둥이 남녀들에게 화가 있으리라!
고생 없이 안락한 생활에 중독된 자들,
남이 부러워하고, 폼 나는 인생에 집착하는 자들에게 화가 있으리라!
그들은 나라가 망해 가는데도
더없이 무관심했다.

7 그러나 정말로 다가오고 있는 일은 이렇다.
그들은 줄지어 낯선 타향으로 끌려갈 것이다.
넝마 차림의 비참한 무리가 되어,

그들은 애처로이 울며 조국을 떠날 것이다.

너희는 정의를 난장판으로 만들었다

8 주 하나님께서 맹세하셨다. 그분은 하신 말씀을 엄숙히 지키신다.
만군의 하나님께서 말씀하신다.

"나는 야곱의 오만을 미워하며,
그의 요새들을 경멸한다.
나는 그 도성과
거기 사는 모두를 다 적들에게 넘겨 버릴 것이다."

9-10 어떤 집에 열 사람이 있었는데, 모두 죽었다. 한 친척이 시신을 묻어 주려고
왔다가, 한 사람이 살아서 곳간에 숨어 있는 것을 보았다. 그가 묻는다. "당신
말고 또 있습니까?" 생존자는 이렇게 대답한다. "아니요, 없습니다. 여기서는
말을 그만합시다! 이렇게 더럽혀진 곳에서 하나님의 이름을 들먹이며 인사를
나눌 순 없지 않습니까."

11 주목하여라. 하나님께서 명령을 내리신다.
그분이 큰 집들을 조각내시고,
작은 집들을 가루로 만들어 버리실 것이다.

12-13 너희는 자갈밭에서 경마대회를 여느냐?
소를 부려 바다로 가느냐?
그러면 말들은 불구가 되고,
소는 익사할 것이다.
너희는 정의를 난장판으로 만들고,
의를 퉁퉁 부은 시체로 만들었다.
시시한 업적들에 허풍을 떨고
힘없는 자들을 두들겨 패면서,
의기양양하게 "내가 한 일을 보라!"고 떠벌리면서 말이다.

14 "그래, 너희 이스라엘 사람들아, 즐길 수 있을 때 마음껏 즐겨라.
내가 한 이방 군대를 일으켰으니, 그들이 곧 너희를 치러 갈 것이다."
이는 너희 하나님, 곧 만군의 하나님의 말씀이다.
"그들이 너희를 완전히 요절낼 것이다.
너희는 한 군데도 성한 곳이 없게 될 것이다."

첫째 환상: 메뚜기 재앙

7 [1-2] 나의 주 **하나님**께서 내게 이런 환상을 보여주셨다. 그분께서 거대한
메뚜기 군대를 준비하셨는데, 왕에게 바치는 첫 번째 수확이 끝나고 두
번째 뿌린 씨가 막 싹을 내는 때였다. 그 메뚜기들은 푸른빛이 도는 것이면 무
엇이든 다 먹어 치웠다. 이파리 하나 남기지 않았다.
내가 소리쳤다. "**하나님**, 나의 주님! 용서해 주십시오. 그리하시면 야곱이 어떻
게 되겠습니까? 미약하기 그지없는 존재입니다."
3 **하나님**께서 뜻을 돌이키셨다.
"이 일은 일어나지 않을 것이다." 그분이 말씀하셨다.

둘째 환상: 불폭풍

4 **하나님**께서 내게 이런 환상을 보여주셨다. 오! **하나님**, 나의 주 **하나님**께서 불
폭풍을 불러일으키셨다. 그 불폭풍은 대양을 불살라 버렸다. 약속의 땅도 불살
라 버렸다.
5 내가 말했다. "**하나님**, 나의 주님! 부디, 멈추어 주십시오. 이렇게 간구합니다!
그리하시면 야곱이 어떻게 되겠습니까? 미약하기 그지없는 존재입니다."
6 **하나님**께서 뜻을 돌이키셨다.
"좋다. 이 일도 일어나지 않을 것이다." **하나님**, 나의 주께서 말씀하셨다.

셋째 환상: 다림줄

7 **하나님**께서 내게 이런 환상을 보여주셨다. 나의 주께서 손에 다림줄을 들고
어느 벽 뒤에 서 계셨다.
8-9 **하나님**께서 내게 말씀하셨다. "아모스야, 무엇이 보이느냐?"
내가 말했다. "다림줄이 보입니다."
그러자 나의 주께서 말씀하셨다. "내가 한 일을 보아라. 내가 내 백성 이스라엘
한가운데에 다림줄을 드리워 놓았다. 나는 더 이상 그들을 봐주지 않을 것이다.
이제 끝이다!

이삭의 음란한 종교 산당이 허물어지고,
이스라엘의 사악한 산당들이 산산조각 날 것이다.
내가 여로보암 왕가에 맞서 내 칼을 들 것이다."

10 베델 산당의 제사장인 아마샤가 이스라엘의 왕 여로보암에게 사람을 보냈다.
"아모스가 왕을 제거할 음모를 꾸미고 있습니다. 그는 이스라엘 한복판에서 일
을 벌이고 있습니다. 그의 말이 나라를 무너뜨리고 말 것이니, 그의 입을 막아
야 합니다. 왕께서는 아모스가 뭐라 말하고 다니는지 아십니까?

11 '여로보암은 살해될 것이고,

이스라엘은 포로로 사로잡힐 것이다' 하고 말합니다."

12-13 그러고 난 후 아마샤는 아모스를 찾아가 맞섰다. "선견자 양반, 이곳을 떠나시오! 당신의 고향인 유다로 돌아가, 거기서 눌러 사시오! 설교는 거기서나 하고, 여기 베델에서는 더 이상 설교하지 마시오! 다시는 이곳에 코빼기도 보이지 마시오! 여기는 왕의 예배당, 왕족 산당이란 말이오."

14-15 그러나 아모스가 아마샤의 말을 되받았다. "나는 설교자로 자처한 적이 없고, 설교자가 되겠다고 생각해 본 적도 없소. 나는 가축을 기르고 나뭇가지나 치며 살았을 뿐인데, 어느 날 **하나님**께서 나를 농장에서 불러내시고 '내 백성 이스라엘에게 가서 설교하라'고 말씀하셨소.

16-17 그러니 **하나님**의 말씀을 잘 들으시오. 당신은 내게 '이스라엘에게 설교하지 마라. 이삭 가문에 대해 적대적인 말을 하지 마라' 하지만, **하나님**께서는 당신에게 이렇게 말씀하시오.

네 아내는 동네 창녀가 되고,
네 자녀는 살해될 것이다.
네 땅은 경매에 붙여지고,
너는 집을 잃고 친구도 없이 살다가 죽을 것이다.
이스라엘은 포로로 끌려가 유랑민이 될 것이다. 고향을 떠나 멀리."

넷째 환상: 신선한 과일 한 바구니

8

1 나의 주 **하나님**께서 보여주신 환상이다. 그분이 내게 신선한 과일 한 바구니를 보여주시며 말씀하셨다.

2 "아모스야, 무엇이 보이느냐?"
내가 말했다. "잘 익은 신선한 과일 한 바구니가 보입니다."
하나님께서 말씀하셨다. "맞다. 나는 이제 내 백성 이스라엘과 관계를 끝내련다. 더 이상 우리 사이에 아무 문제도 없는 척하지 않을 것이다.

3 그날이 오면, 왕실 소속 가수들이 슬피 울며 통곡할 것이다."
내 주 **하나님**께서 말씀하셨다.
"사방천지에 시체들이 흩뿌려질 것이다.
쉿! 입을 다물어라!"

4-6 너희, 힘없는 이들을 짓밟는 자들아,
가난한 이들을 하찮게 여기는 자들아, 귀 기울여 들어라!
"놀러 나가고 싶은데
월급날이 왜 이리 멀까?
나가서 즐기고 싶은데

주말이 왜 이리 멀까?" 하면서,
베푸는 것 없이 늘 받아 내려고만 하고
정직하게 땀 흘려 일하지 않는 너희,
너희는 가난한 이들을 착취하고 이용하다가도,
이용 가치가 사라지면 주저 없이 버린다.

7-8 야곱의 오만을 대적하시는 하나님께서 맹세하여 말씀하신다.
"내가 그들의 죄를 하나도 남김없이 다 추적하고 있다."
하나님의 맹세가 땅의 기초를 흔들고,
세상 전체를 갈기갈기 찢어 놓을 것이다.
하나님의 맹세가 강물처럼 불어나,
집과 땅을 휩쓸어 삼킬 것이다.
잦아들고 나면,
뒤에는 진흙뻘만이 남을 것이다.

9-10 "심판 날이 임할 것이다!"
하나님, 나의 주님의 말씀이다.
"내가 정오에 태양을 꺼버릴 것이다.
벌건 대낮에 땅이 암흑천지가 되리라.
내가 너희 파티를 장례식이 되게 할 것이며,
너희가 부르는 노래를 장송곡이 되게 할 것이다.
모두가 누더기 옷을 걸치고,
움푹 들어간 눈에 대머리가 되어 걸어 다닐 것이다.
너희에게 일어날 수 있는 최악의 일을 상상해 보아라.
너희의 외아들이 살해당한다면 어떨까.
심판 날을 짐작하게 하는 힌트다.
사실 그날은, 그것보다 훨씬 끔찍할 것이다.

11-12 그렇다. 심판 날이 다가오고 있다!"
이는 나의 주 하나님의 말씀이다.
"내가 나라 전체에 기근을 보낼 것이다.
음식이나 물이 아니라, 나의 말씀이 부족해서 생긴 기근이다.
사람들이 이리저리
동서남북으로 헤매고 다닐 것이다.
하나님의 말씀을 듣겠다며 어디든 가서, 아무 말에나 귀 기울이겠지만,
아무리 애써도 결국 듣지 못할 것이다.

13-14 심판 날에,

사랑스런 젊은 여자들이 말씀에 주려 허덕이고,
씩씩한 젊은 남자들이 하나님에 주려 허덕일 것이다.
죄와 섹스를 숭배하는 사마리아의 이방 산당에서
'단의 신을 두고 맹세한다!',
'브엘세바 여신의 축복을 빈다!'고 말하는 자들도 같은 처지가 되리라.
그들의 삶이 산산조각 나서,
다시는 추스르지 못할 것이다."

다섯째 환상: 산당의 붕괴와 민족 전멸

9 1-4 나는 나의 주께서 그 산당의 제단 옆에 서 계신 것을 보았다. 그분께서
말씀하셨다.

"산당 기둥머리를 쳐서,
바닥이 흔들리게 하여라.
사람들 머리 위로 지붕이 떨어질 것이다.
살아남는 자들은 내가 다 죽일 것이다.
누구도 피하지 못한다.
누구도 도망가지 못한다.
땅속으로 기어들어가도,
내가 그들을 찾아내 끌고 올 것이다.
별 있는 데까지 올라가도
내가 그들을 찾아내 끌어내릴 것이다.
갈멜 산 꼭대기에 몸을 숨겨도,
내가 그들을 찾아내 데려올 것이다.
바다 밑바닥까지 잠수해 들어가도,
내가 용을 보내 그들을 삼켜 올릴 것이다.
적군에게 산 채로 포로로 잡혀가도,
내가 칼을 보내 그들을 죽일 것이다.
나는 마음을 정했다.
그들을 해하고, 돕지 않을 것이다."

5-6 나의 주, 만군의 하나님께서
땅에 손을 대신다. 살짝 건드렸을 뿐인데, 땅이 진동한다.
온 세상이 초상집이 된다.
홍수 때 이집트의 거대한 나일 강처럼,
땅이 불어 올랐다가 잦아든다.
하나님께서 하늘 높이 탑이 치솟게 하시고
바위처럼 굳센 땅에 기초를 놓으셔서,

당신의 궁전을 세우신다.
바닷물을 불러올려,
땅 위에 쏟으신다.
하나님, 너의 하나님께서 이 모든 일을 행하신다.

[7-8] "너희 이스라엘 사람들아, 너희가 저기 먼 곳의 구스 사람들보다 조금이라도 나은 줄 아느냐?" **하나님**의 포고다.
"내가 모든 민족의 운명에 다 관여한다는 것을 모르느냐? 이스라엘을 이집트에서 건져 주었듯이, 나는 블레셋 사람을 갑돌에서, 아람 사람을 기르에서 구해 주었다. 나 주 **하나님**이 너희를 주시하고 있다. 죄의 왕국인 너희를 조만간 지면에서 쓸어 버릴 것이다. 그러나 야곱 가문을 완전히 멸하지는 않으리라." **하나님**의 포고다.

[9-10] "내가 여기서 명령을 내린다. 나는 이스라엘을 체 속에 던져 넣고 모든 민족 앞에서 심하게 흔들어, 죄와 죄인들을 모조리 걸러 낼 것이다. 진짜 알곡은 하나도 잃어버리지 않겠지만, 죄인들은 모조리 걸러 낼 것이다. '우리 생애에 나쁜 일은 일어나지 않는다. 나쁜 일의 조짐도 없을 거야' 하고 말하는 죄인들을 다 걸러 낼 것이다."

다윗의 집을 다시 일으켜 세울 것이다

[11-12] "그러나 심판 날에, 나는 허물어진 다윗의 집을 다시 일으켜 세울 것이다. 지붕에 난 구멍을 수리하고, 깨진 창문을 새 것으로 바꿀 것이다. 다윗의 백성은 다시금 강해져서, 적국 에돔에 남은 자들과 나의 주권적 심판 아래 있는 모든 자를 차지하게 될 것이다." **하나님**의 포고다. 그분께서 이 일을 행하실 것이다.
[13-15] "정말 그렇다. 이제 얼마 남지 않았다." **하나님**의 포고다.
"이 일은 정신이 없을 만큼 숨 가쁘게 일어날 것이다. 하나가 끝나면 곧 다음 일이 벌어져, 너희가 따라잡지 못할 정도로 많은 일들이 연이어 일어날 것이다. 너희 눈이 미치는 모든 곳에, 복이 쏟아지리라! 산과 언덕 위에서 포도주가 흘러나오듯, 복들이 흘러넘칠 것이다. 내 백성 이스라엘을 위해 내가 모든 것을 바로잡을 것이다.

그들이 파괴된 도성을 재건하고,
포도밭을 가꾸어 좋은 포도주를 마시며,
정원을 가꾸어 신선한 채소를 먹을 것이다.
내가 그들을 그들이 살아갈 땅에 심어,
내가 그들에게 준 땅에서 다시는 뿌리 뽑히지 않게 할 것이다."

하나님, 너의 하나님께서 그렇게 말씀하신다.

오바댜 | 머리말

성경의 어느 한 부분을 읽을 때에는 전체 맥락에 비추어 읽어야 한다. 단역에 불과해 보이는 오바댜에게도 분명한 자기 자리가 있다. 성경 안의 인물이든 성경 밖의 인물이든, 사실 모두가 중요하다. 오바댜가 맡은 임무는 에돔에 대한 하나님의 심판의 말씀을 전하는 것이었다.

성경은 첫 무대에서 쌍둥이 형제 야곱과 에서 이야기를 들려준다(창 25-36장). 그들은 모태에서 나올 때부터 서로 다투었다. 야곱은 이스라엘 백성의 조상이 되었고, 에서는 에돔 백성의 조상이 되었다. 이스라엘은 주로 요단 강과 사해의 서쪽에 자리 잡았고, 에돔은 남동쪽에 자리 잡았다. 이웃하는 그 두 민족은 늘 사이가 좋지 않았고, 오랜 전쟁과 반목의 세월을 보냈다. 이스라엘이 패망하고—주전 721년 먼저 북이스라엘이 앗시리아에게, 주전 586년 남유다가 바빌론에게—포로로 붙잡혀 가자, 에돔은 피를 나눈 친족이 당하는 참사를 강 건너 불구경하듯 지켜보며 한껏 고소해했다. 그러나 하나님은, 기뻐하지 않으셨다.

"사악한 외적들이 예루살렘을 공습하여
약탈하는데도,
그저 수수방관했다.
너도 그들 못지않게 악질이다.
자기 형제가 얻어맞고 있는데 고소해하다니,
그래서는 안되었다.
유다의 아들들이 진창에 처박히는 것을 보고 깔깔 웃다니,
그래서는 안되었다.
고생하고 있는 그들에게 큰소리를 해대다니,
그래서는 안되었다.
삶이 파탄 난 그들을 되레 이용하다니,
그래서는 안되었다.……

모든 사악한 민족들을 심판하실
하나님의 날이 가까이 왔다.
네가 행한 그대로 네게도 이루어질 것이다.
네가 행한 일이 부메랑이 되어
네 머리를 칠 것이다"(옵 11-12, 15절).

언뜻 보기에 오바댜의 짧고 굵은 예언은, 에돔이 하나님의 선민에게 저지른 잔인한 불의에 대한 맹렬한 고발장 같다. 에돔은 악당이고, 하나님의 언약 백성은 희생자라

는 식으로 말이다.

그러나 예언의 마지막에 등장하는 문장은, 수세기에 걸친 증오와 반목과 독설을 박차고 나오는 커다란 진일보(進一步)다. 수세기에 걸쳐 에돔에게 괴롭힘을 당해 온 이스라엘에게 돌연 계시된 내용은, 장차 그들이 부당한 처지에서 벗어나 오랜 원수인 에돔 사람들을 통치하는 위치에 오르게 된다는 것이었다. 그러나 이스라엘의 몫은 받은 대로 갚아 주는 앙갚음이 아니었다. 그들이 할 일은 폭력의 악순환을 이어 가는 것이 아니라, 받은 통치권으로 하나님의 정의를 시행하는 것이었다. 그들은 자신을 새로운 맥락—하나님 나라—으로 바라보고, 새로운 소명—하나님의 통치를 나타내는 일—을 깨닫는다. 미미하기는 하지만(스물한 절 가운데 한 절!), 이것은 분명 서광이다(이것이 마지막 문구다!).

시온 산의 구원받은 남은 자들이
에서의 산에 들어가,
정의롭고 공정하게 다스릴 것이다.
하나님 나라를 높이는 통치를 펼칠 것이다(옵 21절).

마지막 심판 날의 핵심은, 보복과 독설이 아니다. 오바댜의 예언 말미에는 정의의 서광이 있을 뿐이지만, 그 서광은 점점 커져 마침내 빛의 나라를 이룰 것이고, 그 나라에서 모든 민족이 영원한 하늘 보좌에서 임하는 정의로운 심판을 받게 될 것이다.

오바댜

하나님께서 에돔을 심판하시다

1 오바댜가 전하는 메시지,
주 하나님께서 에돔을 향해 하시는 말씀이다.
우리는 이 소식을 하나님께 직접 들었다.
사악한 민족들에게 보냄받은 한 특사를 통해 들었다.

"일어나 전투태세를 갖춰라.
에돔과 전쟁을 벌일 준비를 하여라!"

2-4 "에돔아, 귀 기울여 들어라.
내가 너를 보잘것없는 자로 만들려 한다.
사악한 민족들 중에 가장 멸시받는 보잘것없는 민족으로 만들려 한다.
너는 네가 대단한 자인 것처럼 굴었다.
산의 우두머리인 양 높은 바위 위에 앉아서, 마음속으로
'나를 건들 자 누구랴. 내게 손댈 자 누구랴!' 하고 생각했다.
그러나 이제 생각을 바꾸어라. 네가 독수리처럼
높디높은 절벽 위에 보금자리를 잡더라도,
아니, 별들 사이에 둥지를 틀더라도,
내가 너를 땅으로 끌어내릴 것이다."
하나님의 확실한 말씀이다.

5-14 "도둑이 들면

집이 몽땅 털리지 않느냐?
밤길에 강도를 만나면
가진 것을 다 털리지 않느냐?
에서는 그렇게 하나씩 빼앗겨,
지갑과 호주머니를 다 털릴 것이다.
너의 옛 파트너들이 너를 궁지로 몰고,
너의 옛 친구들이 너를 대놓고 속여 먹을 것이다.
너의 옛 술친구들이 네 등에 칼을 꽂을 것이다.
너의 세상이 무너지리라. 주먹이 어디서 날아오는지도 모를 것이다.
그러니 놀라지 마라." 이는 **하나님**의 확실한 말씀이다!
"내가 에돔에서 현인들을 다 쓸어버리고,
에서의 산에서 유명한 현자들을 모조리 없애 버릴 날이 올 것이다.
데만아, 너의 위대한 영웅들이 너를 버리고 도망칠 것이다.
에서의 산에 남아 있는 자 아무도 없으리라.
네가 네 형제 야곱에게 행한 잔학한 일들이
낱낱이 역사에 기록되었다.
그 일로 너는 모두에게 멸시를 받을 것이다.
역사에 설 자리를 잃을 것이다.
그날, 너는 팔짱을 낀 채 그저 보고만 있었다.
낯선 자들이 네 형제의 군대를 붙잡아 끌고 가는데도,
사악한 외적들이 예루살렘을 공습하여 약탈하는데도,
그저 수수방관했다.
너도 그들 못지않게 악질이다.
자기 형제가 얻어맞고 있는데 고소해하다니,
그래서는 안되었다.
유다의 아들들이 진창에 처박히는 것을 보고 깔깔 웃다니,
그래서는 안되었다.
고생하고 있는 그들에게 큰소리를 해대다니,
그래서는 안되었다.
삶이 파탄 난 그들을 되레 이용하다니,
그래서는 안되었다.
그들의 고난, 그들의 비참한 모습을 보며 웃고 떠들다니,
다른 민족들은 몰라도 너만큼은 그래서는 안되었다.
얻어맞아 바닥에 쓰러진 그들의 옷을 벗겨 가다니,
그래서는 안되었다.
길 끝에서 기다리고 섰다가 피난민의 길을 막지 말았어야 했다.
모든 것을 잃고 목숨만 건진 무력한 생존자들에게 등을 돌리다니,
그래서는 안되었다."

이스라엘의 승리

15-18 "모든 사악한 민족들을 심판하실
하나님의 날이 가까이 왔다.
네가 행한 그대로 네게도 이루어질 것이다.
네가 행한 일이 부메랑이 되어
네 머리를 칠 것이다.
너희가 내 거룩한 산에서 파티를 벌인 것처럼,
모든 사악한 민족들이 하나님의 진노를 마시게 될 것이다.
마시고 마시고 또 마시고,
그렇게 마시다 꼬꾸라질 것이다.
그러나 시온 산은 다르다. 그곳에는 쉼이 있다!
그곳은 안전하고 거룩한 장소!
강탈자들에게 모든 것을 빼앗긴 야곱 가문이
제 것을 다시 찾을 것이다.
그날 야곱 가문은 불이 되고,
요셉 가문은 맹렬한 화염이 될 것이며,
에서 가문은 밀짚이 될 것이다.
에서는 화염에 휩싸여 연기로 사라질 것이다.
잿더미만 남을 것이다."
하나님께서 그렇게 된다고, 분명히 말씀하셨다.

19-21 남방에서 온 자들이 에서의 산을 차지할 것이다.
산기슭에서 올라온 자들이 블레셋 사람들을 괴멸시킬 것이다.
그들이 에브라임과 사마리아의 농장을 차지하고,
베냐민이 길르앗을 차지할 것이다.
그 전에, 이스라엘 포로들이 돌아오고,
사르밧 북쪽에 이르기까지 가나안 땅을 차지할 것이다.
저 먼 북서쪽 스바랏에서 예루살렘 포로들이 돌아와
남쪽 도성들을 차지할 것이다.
시온 산의 구원받은 남은 자들이
에서의 산에 들어가,
정의롭고 공정하게 다스릴 것이다.
하나님 나라를 높이는 통치를 펼칠 것이다.

15 "모든 사악한 민족들을 심판하실
하나님의 날이 가까이 왔다.
네가 행한 그대로 네게도 이루어질 것이다.
네가 행한 일이 부메랑이 되어
네 머리를 칠 것이다.
너희가 내 거룩한 산에서 파티를 벌인 것처럼,
모든 사악한 민족들이 하나님의 진노를 마시게 될 것이다.
마시고 마시고 또 마시고,
그렇게 마시다 고꾸라질 것이다.
그러나 시온 산은 다르다. 그곳에는 쉼이 있다!
그곳은 안전하고 거룩한 장소!
강탈자들에게 모든 것을 빼앗긴 야곱 가문이
제 것을 다시 찾을 것이다.
그날 야곱 가문은 불이 되고,
요셉 가문은 맹렬한 화염이 될 것이며,
에서 가문은 짚이 될 것이다.
에서는 화염에 휩싸여 연기로 사라질 것이다.
잿더미만 남을 것이다.
하나님께서 그렇게 된다고 분명히 말씀하셨다.

19 남방에서 온 사람들이 에서의 산을 차지할 것이다.
산기슭에서 올라온 사람들이 블레셋 사람들을 파멸시킬 것이다.
그들이 에브라임과 사마리아의 농장을 차지하고,
베냐민이 길르앗을 차지할 것이다.
전에 이스라엘 포로들이 돌아와
시돈 북쪽에 이르기까지 가나안 땅을 차지할 것이다.
저 멀리 북서쪽 스바랏에서 예루살렘 포로들이 돌아와
남쪽 네겝 성읍들을 차지할 것이다.
시온 산의 구원받은 남은 자들이
에서의 산에 들어가,
정의롭고 공정하게 다스릴 것이다.
하나님 나라를 높이는 통치를 펼칠 것이다!"

요나를 모르는 사람은 없다. 성경을 한 번도 읽어 보지 않은 사람도 '고래' 운운하며 우스갯소리를 할 만큼 그를 알고 있다. 그 정도로 요나 이야기는 우리에게 친숙하다. 요나 이야기에는 재미있는 측면이 있다. 기를 쓰고 하나님에게서 달아나려고 애쓰지만, 좌충우돌하며 결국 뜻을 이루지 못하는 요나의 모습은 우스운 익살극의 한 장면 같다. 요나서 1:3에는 이런 장면이 등장한다. "요나는 일어나서, **하나님**을 피해 다른 방향인 다시스로 달아났다.……**하나님**에게서 최대한 멀리 달아나려는 것이었다."

그러나 재미있는 이야기가 시시한 이야기라는 뜻은 결코 아니다. 사실 이것은 매우 심각한 이야기다. 미소 짓거나, 때로는 웃어 가며 요나서를 읽어 내려가다 보면, 어느새 하나님과 안전거리를 유지하기 위해 우리가 세워 놓은 경계들이 풀어지면서 꼼짝없이 하나님의 뜻과 명령을 마주하게 되는 경험을 하게 된다. 예외 없이 모두가 그렇다.

이야기는 성경이 '하나님 이야기' 안에서 우리 자신을 발견하도록 돕는 대표적 방식이다. 성경 이야기는 우리를 만드시고 구원하시는 하나님의 이야기다. 진리에 대한 추상적 진술들과는 달리, 이야기는 독자의 옆구리를 꾹꾹 찔러 그 이야기 속에 뛰어드는 참여자로 만든다. 우리는 어느 순간 무대 위에 올라가 있다. 처음에는 구경꾼이나 비평가로 시작했더라도 탁월한 이야기(성경은 참으로 탁월한 이야기다!)를 만나면, 어느새 이야기를 듣는 사람에서 이야기 안의 사람으로 바뀐다.

요나 이야기가 믿음의 삶을 격려하는 이야기로 오랫동안 사랑받아 온 것은, 그가 지고하고 위대한 영웅이 아니기 때문이다. 요나는 우리 자신과 동일시하기 어려운 존재가 아니다. 요나는 그리 대단한 일을 한 것이 없다. 그는 우리가 우러러보아야 할 이상적 인물이 아니라, 어리석은 우리와 별반 다르지 않은 인물로 그려지고 있다. 한마디로, 그는 우리 수준의 사람이다. 요나는 심지어 바른 일을 할 때도(결국 니느웨에서 말씀을 전하기는 하지만) 잘못을 저지른다(하나님께 화를 낸다). 그러나 하나님께서는 처음부터 끝까지 그런 요나의 어리석음을 재료 삼아 일하시고, 결국 당신의 목적을 이루어 내신다. 우리 모두에게 성경의 요나 같은 친구가 한두 사람쯤은 꼭 있어야 한다.

요나

요나가 하나님을 피해 달아나다

1 1-2 오래전 어느 날, 하나님의 말씀이 아밋대의 아들 요나에게 임했다.
"일어나 큰 도시 니느웨로 가거라! 가서 그들에게 말씀을 전하여라. 그들
의 악행을 내가 더 이상 두고 볼 수 없다."
3 그러나 요나는 일어나서, 하나님을 피해 다른 방향인 다시스로 달아났다. 욥
바 항으로 내려간 그는, 다시스로 가는 배를 발견했다. 그는 뱃삯을 지불하고
다시스로 가는 사람들과 함께 배에 올랐다. 하나님에게서 최대한 멀리 달아나
려는 것이었다.
4-6 하나님께서 바다에 거대한 폭풍을 보내셨다. 집채만 한 파도가 일어났다.
배가 당장이라도 산산조각 날 것 같았다. 선원들은 공포에 사로잡혀, 저마다 모
시는 신들에게 필사적으로 도움을 청하며 소리를 질러 댔다. 그들은 배의 무게
를 줄이기 위해 배에 실었던 물건 전부를 바다에 던졌다. 그 와중에, 요나는 배
밑창에 내려가 잠을 자고 있었다. 그는 아주 깊이 잠들어 있었다. 선장이 그에
게 와서 말했다. "아니, 지금 뭐하는 거요? 잠을 자고 있다니! 일어나서, 당신의
신에게 기도하시오! 어쩌면 당신의 신이 우리가 처한 곤경을 보고 우리를 구해
줄지도 모르잖소."
7 그러자 선원들끼리 말했다. "한번, 진상을 파헤쳐 봅시다. 이 배에 탄 사람들
중에 누가 이 재앙을 불러왔는지 제비를 뽑아 알아보는 게 어떻겠소."
그들이 제비를 뽑으니, 요나가 걸렸다.
8 그들이 요나에게 다그쳐 물었다. "어서 털어놓으시오. 대체 무엇 때문에 이 재
앙이 일어난 거요? 당신은 뭐하는 사람이며, 어디서 왔소? 어느 나라, 어느 가
문 출신이오?"
9 요나가 대답했다. "나는 히브리 사람입니다. 바다와 육지를 창조하신 하늘의

하나님을 예배하는 사람이오."
[10] 그 말에 흠칫 놀란 선원들은 겁에 질려 말했다. "대체 당신이 무슨 일을 저지
른 거요?" 요나가 이야기를 들려주자, 선원들은 그가 **하나님**을 피해 달아나는
중이라는 사실을 알게 되었다.
[11] 그들이 말했다. "이 폭풍을 가라앉히려면 우리가 어떻게 해야 되겠소?" 바다
가 거칠게 날뛰고 있었다.
[12] 요나가 말했다. "나를 들어 바다에 던지시오. 그러면 폭풍이 멈출 겁니다. 모
두 내 잘못 때문이오. 내가 이 폭풍의 원인이니, 나를 없애면 폭풍도 사라질 것
이오."
[13] 그러나 그것은 안될 말이었다. 그들은 어떻게든 해변으로 노를 저어 돌아가
려고 애썼다. 하지만 배는 한 치도 더 나아가지 못했다. 폭풍은 점점 더 거칠고
광포해졌다.
[14] 그러자 그들은 **하나님**께 기도했다. "오 **하나님**! 이 자가 살아온 삶 때문에 우
리를 죽이지 말아 주십시오. 이 자를 죽인다고 해서 우리를 벌하지 말아 주십시
오. 주는 **하나님**이시니, 주께서 가장 좋게 여기시는 대로 행해 주십시오."
[15] 그들은 요나를 들어 배 밖으로 던졌다. 그러자 즉시 바다가 잠잠해졌다.
[16] 선원들은 큰 충격을 받았다. 그들은 바다에 대한 두려움 대신 **하나님**을 향한
경외심에 사로잡혔다. 그들은 **하나님**께 경배했고, 제물을 바치고 서약을 했다.
[17] 그때 **하나님**이 한 거대한 물고기를 보내시니, 그것이 요나를 집어삼켰다. 요
나는 사흘 낮과 밤을 그 물고기 뱃속에 있었다.

요나가 회개하고 살아나다

2 [1-9] 그러자 요나는 물고기 뱃속에서 그의 하나님께 기도했다.
그가 아뢰었다.

"심한 고통 속에서 **하나님**께 기도드렸더니,
그분이 내 기도를 들으셨습니다.
무덤의 뱃속에서 '도와주십시오!' 외쳤더니,
주께서 나의 부르짖음을 들으셨습니다.
주께서 나를 대양 깊은 곳에,
물 가득한 무덤 속에 던지셨습니다.
대양의 파도와 물결이
내게 부딪쳐 왔습니다.
나는 말했습니다. '내가 내던져졌습니다.
주의 시야 밖으로 내던져졌습니다.
다시는 눈을 들어
주의 거룩한 성전을 보지 못할 것입니다.'
대양이 나의 멱살을 잡았습니다.

태곳적 심연이 나를 꽉 움켜쥐었습니다.
산들의 뿌리가 놓인 해저에서
해초들이 내 머리를 휘감았습니다.
나는 사람의 몸이 닿을 수 있는 가장 깊은 곳까지 내려갔습니다.
내 뒤에서 문들이 쾅 소리를 내며 아주 닫혀 버린 듯했습니다.
그러나 하나님, 나의 하나님!
주께서 나를 그 무덤에서 끌어올려 살리셨습니다.
내 목숨이 사그라져 갈 때에
내가 하나님을 기억했고,
나의 기도가 주께 이르렀으며,
주의 거룩한 성전에까지 닿았습니다.
헛된 신들, 가짜 신들을 예배하는 것은
유일하신 참 사랑을 등지는 것입니다.
나는 주님을, 오직 하나님을 예배하며,
소리쳐 감사드리겠습니다!
그리고 주 앞에서 약속한 것을 이행할 것입니다!
구원은 하나님께만 있습니다!"

10 하나님께서 그 물고기에게 말씀하시니, 물고기가 요나를 해변에 뱉어 냈다.

요나가 니느웨로 가다

3 1-2 그런 다음, 하나님께서 요나에게 다시 한번 말씀하셨다. "일어나 큰
도시 니느웨로 가거라! 가서 그들에게 말씀을 전하여라. 나는 그들의 악
행을 더 이상 두고 볼 수 없다."
3 이번에는 요나가 하나님의 명령에 순종하여, 니느웨를 향해 즉시 출발했다.
니느웨는 가로질러 지나가는 데만 꼬박 사흘이 걸리는 아주 큰 도성이었다.
4 요나는 그 도성에 들어가서 하룻길을 걸으며 말씀을 전했다. "사십 일만 지나
면 니느웨는 쑥대밭이 될 것이다."
5 니느웨 사람들이 듣고 하나님의 말씀을 믿었다. 그들은 도성 전체에 금식을
선포하고, 자신들의 회개를 나타내 보이기 위해 베옷으로 갈아입었다. 부자도
가난한 자도, 이름 있는 자도 이름 없는 자도, 지도자도 백성들도 모두들 그렇
게 했다.
6-9 이 소식이 니느웨의 왕에게 전해지니, 그도 왕좌에서 일어나 왕복을 벗은 뒤
에 베옷으로 갈아입고 잿더미 위에 앉았다. 그러고는 니느웨 전역에 다음과 같
은 공문을 발표했다. "누구든지 물 한 모금이라도 마시거나 밥 한 술이라도 입
에 대서는 안된다! 남자든 여자든 짐승이든—너희 양 떼와 소 떼를 포함해—모
두 마찬가지다! 사람이든 짐승이든 모두 베옷을 입고, 하나님께 살려 달라고 부
르짖어라. 모두 악한 생활에서 돌이키고, 손을 더럽히는 강포한 길에서 떠나야

한다. 누가 알겠는가? 행여 하나님이 뜻을 돌이키셔서, 우리에 대한 생각을 바
꾸실지! 우리에게 노하기를 그치시고 우리를 살려 주실지!"
10 하나님께서 그들이 악한 길에서 돌이키는 것을 보시고, 그들에 대한 생각을
정말로 바꾸셨다. 그들에게 행하겠다고 말씀하신 일을 행하지 않으셨다.

내, 이럴 줄 알았습니다

4 1-2 요나는 화가 치밀어 올랐다. 그는 분을 터뜨리며 **하나님**께 소리를 질
러 댔다. "**하나님**! 내, 이럴 줄 알았습니다. 고국에 있을 때부터 이렇게
될 줄 알았습니다! 그래서 내가 다시스로 도망치려고 했던 것입니다! 주님은 지
극히 은혜로우시며 자비로우신 분이라는 것을, 웬만해서는 노하지 않으시고,
사랑이 차고 넘치며, 벌을 내리려고 했다가도 툭하면 용서해 주시는 분이라는
것을, 내가 진작부터 알고 있었습니다!
3 그러니 **하나님**, 저들을 죽이지 않으실 거라면, 나를 죽여 주십시오! 차라리 죽
는 게 낫겠습니다!"
4 **하나님**께서 말씀하셨다. "대체 무엇 때문에 화를 내는 것이냐?"
5 그러자 요나가 자리에서 일어났다. 그는 씩씩거리며 도성 동쪽으로 나가 앉았
다. 그는 잎이 많은 나뭇가지를 꺾어 임시로 햇빛가리개를 만들고, 그 그늘 밑
에 앉아서 도성에 무슨 일이 일어나는지 지켜보았다.
6 **하나님**께서 넓은 잎사귀를 가진 나무 하나가 땅에서 솟아 나오게 하셨다. 그
나무가 요나 머리 위로 자라서 그를 시원하게 덮어 주니, 그의 화가 누그러지고
기분도 한결 나아졌다. 그는 그 그늘을 즐겼다. 다시 살맛이 났다.
7-8 그러나 하나님께서 벌레를 한 마리 보내셨다. 그 벌레가 다음 날 새벽까지 그
그늘나무를 갉아 구멍을 내자, 나무는 시들어 버렸다. 해가 솟았고, 하나님께서
푹푹 찌는 뜨거운 동풍을 보내셨다. 해가 요나의 머리 위에 내리쬐니, 그의 정
신이 혼미해지기 시작했다. 그는 죽고 싶다며 기도했다. "차라리 죽는 게 낫겠
습니다!"
9 그러자 하나님께서 요나에게 말씀하셨다. "네가 이 그늘나무를 가지고 화를
내는 것이 옳으냐?"
요나가 대답했다. "옳다마다요! 그것 때문에 화가 나서 죽겠습니다!"
10-11 **하나님**께서 말씀하셨다. "그래, 네가 아무 수고한 것도 없는 그 나무에 대
해, 네 마음이 하룻밤 사이에 즐거움에서 분노로 바뀌었단 말이냐? 그 나무는
네가 심지 않았고 물 한번 준 적 없으며, 그저 어느 날 밤에 자랐다가 다음 날 밤
에 죽었을 뿐이다. 그렇다면, 아직 옳고 그름을 분별하지 못하는 철부지 같은
자들이 십이만 명이나 되고, 아무 죄 없는 동물들이 가득한 이 큰 도성 니느웨
에 대해, 내가 내 마음을 분노에서 즐거움으로 바꾸지 못할 까닭이 무엇이란 말
이냐?"

예언자는 말을 사용하여 세상을 재창조하는 사람이다. 세상 만물은—하늘과 땅, 남자와 여자, 들짐승과 날짐승 할 것 없이 모두—본래 하나님의 말씀으로 창조되었다. 예언자는, 폐허가 된 세상의 도덕적 황폐와 영적 무질서를 목도하고, 인간의 불순종과 불신이 허물어뜨린 것을 다시금 말로 재건하는 사람이다. 예언자는 하나님께로부터 말하는 법을 배운 이들이다. 그들의 말은 하나님께 뿌리를 둔 말, 하나님을 힘입은 말, 하나님의 열정이 서린 말이다. 그 말이 우리 공동체의 언어로 표현되면, 우리는 하나님께 불려 가 그분 앞에 서게 된다. 인간의 죄가 만들어 놓은 엉망진창 속에 들어오셔서 견책하고 회복시키시는 하나님 앞에 서게 된다.

> **하나님**께서 말씀하신다. "그 중대한 날이 오면,
> 나는 상처받고 집 잃은 모든 자들,
> 내게 맞고 쫓겨난 모든 자들을 다시 불러 모을 것이다.
> 찌그러졌던 그들을 엘리트 집단으로 변모시킬 것이다.
> 오래 길 잃은 그들을 강한 민족으로 만들고,
> **하나님**이 통치하고 있음을 나타내 보이는 전시품으로 삼을 것이다.
> 이제부터 영원까지,
> 내가 시온 산에서 그들을 다스리고 있음을 알릴 것이다"(미 4:6-7).

가만 놔두면 우리는 하나님을 늘 어떤 대상으로 바꾸어 놓는다. 우리가 다룰 수 있는 무엇, 내 이익을 위해 이용할 수 있는 어떤 것—어떤 감정이나 사상이나 이미지 등—으로 바꾼다. 예언자는 이런 행태에 코웃음을 친다. 그들은 우리를 가르쳐 하나님의 임재와 음성에 반응하도록 한다.

미가는 주전 8세기에 혜성같이 등장하여 예언자로 활동하고 문서를 남긴 기라성 같은 '문서 예언자' 4인방(다른 셋은 이사야, 호세아, 아모스)의 마지막 멤버였다. 사람들을 일깨워 하나님의 임재와 그분의 음성에 반응하게 했던 동료 예언자들처럼, 그 역시 은유의 귀재였다. 다시 말해, 미가는 언어를 우리가 볼 수 있고, 만질 수 있고, 냄새 맡을 수 있고, 들을 수 있고, 맛볼 수 있는 어떤 것을 규정하거나 밝히는 도구로만 사용하지 않았다. 그는 언어를 사용해 우리를 하

나님이 현존하시는 세계 안으로 밀어 넣었다. 그분의 임재를 경험한다는 것은, 우리의 감각 경험이 가리킬 뿐 잡아내지는 못하는, 보다 더 큰 세계 속으로 들어간다는 의미다. 그곳에는 사랑과 자비, 정의와 믿음, 죄와 악 같은 실재가 있고, 무엇보다 하나님이 계신다.

주와 비길 신이 어디에 있습니까?
우리의 죄과를 말끔히 없애 주시고
사랑하는 백성의 지난 죄들을 씻겨 주시며,
못본 것으로, 못들은 것으로 해주십니다.
주께서는 노를 오래 품지 않으십니다.
자비가 주의 전공이며, 주께서 가장 좋아하시는 일이기 때문입니다.
긍휼이 우리를 향해 진군해 오고 있습니다.
주께서 우리 허물을 짓밟으시고,
우리 죄들을
대양 밑바닥에 가라앉혀 주실 것입니다.
우리 조상 야곱에게 하신 약속을 이루어 주시며,
우리 큰 조상 아브라함에게 베푸셨던 긍휼을
우리에게도 변함없이 베풀어 주실 것입니다.
오래전, 우리 조상에게 약속하셨던 모든 것을
다 이루어 주실 것입니다(미 7:18-20).

말씀으로 일깨워지는 실재야말로 이 세상 모든 의미 있는 행위의 대부분이 일어나는 자리다. "그저 말일 뿐"인 것은 없다.

미가

1 [1] 모레셋 사람 미가에게 임한 하나님의 메시지다. 사마리아와 예루살렘
에서 벌어질 일들에 대한 것으로, 때는 유다 왕 요담과 아하스와 히스기
야가 다스리던 시대였다.

사마리아와 예루살렘을 애도하다

2 백성들아, 너희는 들어라.
땅과 그 위에 있는 모든 자들아, 들어라.
주 하나님께서 너희와 맞서 증인으로 나서신다.
주께서 성전에서 나오신다.

3-5 보아라. 하나님께서 오신다! 처소에서 나오신다!
내려오셔서, 산과 언덕 사이를 활보하신다.
산들이 그분 발아래 으깨지고,
골짜기들이 쪼개진다.
바위산이 자갈더미가 되고,
강 골짜기는 체에 물 빠지듯 허물어진다.
이 모든 것이 야곱의 죄 때문이다.
이스라엘 가문의 잘못 때문이다.
"야곱이 대체 무슨 죄를 지었기에?" 하고 너희가 묻느냐?
사마리아를 보아라. 명백하지 않느냐?
유다의 음란한 종교 산당들을 보아라.
예루살렘이 무죄하더냐?

6-7 "내가 사마리아를 돌무더기로 만들고,
쓰레기만 어지러이 나뒹구는 공터로 만들 것이다.
그 무너진 건물의 잔해를 골짜기에 갖다 버려,
기초가 다 드러나게 할 것이다.
조각하고 주조해서 만든 남신과 여신들,
모두 땔감이나 고철로 팔려 나갈 것이다.
신성하다는 다산의 숲이
다 불타 쓰러지고,
신으로 숭배하던 막대기와 돌들도
모두 박살날 것이다.
그것들은 다 그녀가 매춘으로 벌어들인 것들이다.
창녀가 화대로 번 것의 결국은 이러할 것이다."

8-9 이것이 내가 슬피 울며 통곡하는 이유다.
내가 누더기를 걸치고 맨발로 다니고,
이리 떼처럼 짖어 대며,
밤에도 부엉이처럼 울어 댄다.
하나님이 벌을 내리셔서,
유다가 나을 길 없는 상처를 입었다.
심판이 성문을 통과해 들어왔다.
예루살렘이 고발당했다.

10-16 '떠버리 성'에서 이 일에 대해 떠들지 마라.
눈물만 낭비할 뿐이다.
'먼지 성'에 가서는
먼지구덩이에서나 뒹굴어라.
'경보 성'에도
경보가 울렸다.
'탈출 성'의 시민들도
결코 살아 나오지 못할 것이다.
'최후 생존 성'아, 슬피 울어라.
생존자 하나 없을 것이니.
'쓴 성'의 주민들,
달콤한 평화를 기다리지만 다 헛된 것이다.

하나님의 혹독한 심판이 임하여
'평화 성'에 들이닥쳤다.
'전차 성'에 사는 너희,
전차를 타고 모두 내뺀다.
너희는 시온의 딸들을 꾀어
하나님 대신 전차를 믿게 만들었다.
이스라엘도 같은 죄를 지었는데,
너희가 출발점이었다.
'작별 성'에 가서
작별 선물이나 주어라.
'신기루 성'이 손짓했다만,
이스라엘 왕들에게 실망만 주었다.
'상속 성'이
상속을 잃어버리고 말았다.
'영광 성'이
영광의 끝을 보고 말았다.
귀중한 마을을 잃어버린 너희,
통곡하며 머리를 밀어라.
거위알처럼 머리를 밀어라. 모두 다 사로잡혀 갔다.
다시 돌아오지 못할 것이다.

하나님은 참을 만큼 참으셨다

2

1-5 악을 꾀하는 자들,
잠자리에서도 범죄를 꿈꾸는 자들에게 화 있으리라!
동이 트면 그들은
자리에서 벌떡 일어나, 왕성한 정력으로 계획했던 일을 실행에 옮긴다.
탐나는 밭을 손아귀에 넣고,
탐나는 집을 빼앗는다.
이웃과 그 가족을 못살게 굴고,
사람들을 이용해 먹을 궁리만 한다.
하나님은 참을 만큼 참으셨다. 그분께서 말씀하신다.
"내게 계획이 있다.
이 잡종번식하는 악은 결국 재난을 부를 것이다!
너희는 이제 죽은 목숨이다.
달아나지 못한다.
심판의 날이 왔다.
너희를 조롱하는 노래가 지어져 퍼지고,
너희 자신은 서러운 노래를 부르게 되리라.

'망했다.
집과 땅은 모두 경매에 넘어가고,
다 빼앗기고 아무것도 남지 않았다!
최고가를 부르는 입찰자에게 모두 팔려 넘어갔다'"
너희 편이 되어 줄 자 아무도 없으리라.
하나님과 그분의 배심원들 앞에서, 너희를 변호해 줄 자 아무도 없으리라.

❧

6-7 설교자들이 "설교하지 말라"고 말한다.
"그런 설교 하지 마라.
우리에게 그런 나쁜 일이 일어날 리 없다.
어떻게 야곱 가문에게 그런 소리를 하느냐?
하나님이 화를 터뜨리신다니?
그분이 그러실 분이냐?
그분은 선량한 사람들 편이 아니시더냐?
그분은 스스로 돕는 자들을 도우시는 분이 아니시더냐?"

❧

8-11 "'선량한 사람들'이라니!
내 백성의 원수인 너희가 말이냐?
너희는 저녁 산책을 나온 무고한 자들을 상대로
강도짓을 한다.
무장하지 않은 민간인을 약탈하는 군인들처럼
그들에게서 옷을 노략질한다.
민가에서 여인들을 쫓아내고,
그 아이들을
폭력과 악의 희생 제물로 삼는다.
여기서 나가라, 너희 떼거리여.
여기는 너희 있을 곳이 아니다!
너희는 이곳을 오염시켰고,
이제 너희가 오염되었다. 몰락했다!
너희는, 미소 띤 얼굴과 기름칠한 혀를 가진 자가 나타나서,
아침부터 밤까지 거짓말을 늘어놓으며
'당신이 원하는 모든 것,
더 많은 돈과 최고의 포도주를
하나님에게서 얻어 낼 수 있는 법을 설교해 주겠다'고 하면,
너희는 그 자리에서 그를 설교자로 고용한다!"

12-13 "야곱아, 내가 다 불러 모을 것이다.
나는 모두를 되찾기 원한다. 이스라엘의 남은 자들을,
내가 그들을 한곳에 모을 것이다.
우리의 양들처럼, 축사의 소들처럼
그들이 떼 지어 집으로 돌아오리라!
그리고 나 하나님이, 그들을 가두었던 모든 것을 허물고
탁 트인 곳에 풀어 줄 것이다.
그들은 그들의 왕을 따라갈 것이다.
내가 앞장서서 그들을 이끌 것이다."

선을 미워하고 악을 사랑하는 너희

3

1-3 그때에 내가 말했다.

"야곱의 지도자들아, 이스라엘의 지도자들아, 들어라.
너희는 정의에 대해 눈곱만큼이라도 아느냐?
선을 미워하고 악을 사랑하는 너희,
너희 직무설명서에는 과연 정의 항목이 있기라도 한 것이냐?
너희는 산 채로 내 백성의 가죽을 벗기고,
그 뼈에서 살을 발라 낸다.
너희는 그 뼈를 바수고 살을 썰어서,
그릇에 던져 넣고 국을 끓여 먹는다."

4 그러나 때가 오고 있다. 그때, 그 지도자들이
울며불며 하나님께 도움을 청하겠지만, 그분은 듣지 않으실 것이다.
그들이 자행해 온 악 때문에,
그분께서 얼굴을 돌리실 것이다.

5-7 예언자들을 향한 하나님의 메시지다.
내 백성을 속이는 설교자들에게 하시는 말씀이다.
"사례금을 두둑이 받고 배불리 대접받을 때면,
예언자들은 이렇게 설교한다.
'인생은 아름답도다! 모두에게 평화가 있기를!'
그러나 사례금을 받지 못하거나 인기를 끌지 못하면,
그들의 설교는 '하나님이 복 주시기를'에서 '하나님의 저주가 있기를'로 돌변한다.
그러므로, 너희는 눈이 멀 것이다. 눈멀어 아무것도 보지 못하게 될 것이다.

짙은 어둠 속에 살면서 아무것도 알 수 없으리라.
그 예언자들에게는 이미 해가 졌다.
그들의 날은 이미 저물었다. 이제부터는 밤이 계속될 것이다.
비전을 제시한다는 자들, 모두 혼란에 빠지고,
전문가라는 자들, 당황하여 허둥댈 것이다.
하나님에 대해 아무것도 모른다는 사실을 애써 감추면서,
그저 명성 뒤에 숨어 궁색한 변명만 늘어놓을 것이다."

8 그러나 나, **하나님**의 능력으로 가득해지고
하나님의 정의의 영, 능력의 영으로 가득해진 나는,
야곱의 죄악과 이스라엘의 죄와
맞설 준비가 되었다.

9-12 야곱의 지도자들과
이스라엘의 지도자들은
정의를 멸시한다.
바른 삶을 뒤틀고 비튼다.
그들은 사람을 죽여 시온을 세우고,
죄악을 저질러 예루살렘을 키운다.
재판관들은 가장 비싼 값을 부르는 자들에게 판결을 팔고,
제사장들은 돈으로 가르침을 상품처럼 판매한다.
예언자들은 높은 사례금을 받고 설교하면서,
겉으로는
하나님을 의지하는 시늉을 하며 말한다.
"**하나님**은 우리 편이시다.
재난을 당하지 않도록 우리를 지켜 주실 것이다."
바로 너희 같은 자들 때문에
시온은 다시 밭으로 돌아가고,
예루살렘은 결국 돌무더기가 될 것이다.
산 위에는 성전 대신,
몇 그루 잡목만 서 있게 될 것이다.

하나님께서 이루실 평화

4 1-4 그러나 해야 할 말과 해야 할 일이 모두 끝나고 나면,
산 위에는 **하나님**의 성전이 설 것이다.
굳건히 서서, 주변 언덕들 위로 높이 솟아
모든 산을 다스리게 되리라.

사람들이 그리로 흘러들고,
많은 민족들이 그리로 향하며 말할 것이다.
"가자, **하나님**의 산에 오르자.
야곱의 하나님의 성전으로 올라가자.
그분께서 우리에게 살 길을 가르쳐 주실 것이니,
우리는 하나님의 길을 배울 것이다."
시온에서 참된 가르침이 나오고,
예루살렘에서 **하나님**의 계시가 나오리라.
그분께서 여러 민족 가운데 정의를 세우시고,
먼 곳에서 일어나는 분쟁도 해결해 주실 것이다.
그들은 칼을 팔아 삽을 마련하고,
창을 팔아 갈퀴와 괭이를 마련할 것이다.
민족들은 싸움을 그치고,
서로를 죽이는 법을 연마하던 것도 그칠 것이다.
사람마다 자신의 나무 그늘 아래 앉아 지내고,
여인들도 안심하며 자신의 정원을 가꿀 것이다.
이는 만군의 **하나님**의 말씀이니,
그분께서 말씀하신 것을 반드시 행하신다.

5 다른 민족들은
마음대로 신들을 골라잡아 살겠지만,
우리는 **하나님**을 높이며 살고,
우리 하나님께 영원히 충성을 다할 것이다.

6-7 **하나님**께서 말씀하신다. "그 중대한 날이 오면,
나는 상처받고 집 잃은 모든 자들,
내게 맞고 쫓겨난 모든 자들을 다시 불러 모을 것이다.
찌그러졌던 그들을 엘리트 집단으로 변모시킬 것이다.
오래 길 잃은 그들을 강한 민족으로 만들고,
하나님이 통치하고 있음을 나타내 보이는 전시품으로 삼을 것이다.
이제부터 영원까지,
내가 시온 산에서 그들을 다스리고 있음을 알릴 것이다.

8 그리고 너, 예루살렘 주위를 배회하며
초라한 판자촌에서 근근이 살아가는 너는,
네 과거의 영광이 회복될 것이다.
예루살렘의 딸이 왕국의 중심이 될 것이다."

9-10 그런데 왜 멸망의 날처럼 울부짖느냐?
지금도 너에게는 왕이 있지 않느냐?
아마도 그가 자기 일을 제대로 하고 있지 않는가 보구나.
네가 출산중인 여인처럼 몹시 두려워하는구나.
딸 예루살렘아, 계속 몸을 비틀고 비명을 질러라.
사실 지금 너는 출산중인 여인과 같다.
너는 머지않아 성을 떠나서,
벌판에서 지내야 할 것이다.
그 다음 바빌론에 도착하여,
예루살렘에서 잃었던 것을 그곳에서 찾게 될 것이다.
하나님께서 다시 네게 새 삶을 주시고,
네 원수들의 손아귀에서 건져 주실 것이다.

11-12 그러나 지금은, 그들이 떼를 지어 너를 치고 있다.
이방 민족들이 말하기를,
"그녀가 쓰러지면 발로 걷어차라! 그녀를 짓밟아라!
시온이 땅바닥을 기는 꼴을 보고 싶다" 한다.
저 신성모독자들은 하나님이 지금 무슨 생각을 하시는지,
무슨 일을 하고 계시는지 모른다.
하나님께서 지금 그분의 백성을 만들어 내시고,
그분의 밀을 타작 중이시며,
그분의 금을 정련하고 계신다는 사실을 그들은 모른다.

13 딸 시온아, 발로 서라!
타작을 받아 쭉정이를 털어 버리고,
정련을 받아 불순물을 빼어 버려라.
나는 지금 너를 아무도 범할 수 없는 민족으로,
사악한 민족들을 쳐부수는 하나님의 불전차로 다시 만드는 중이다.
너는 그들의 전리품을 하나님께 성물로 드릴 것이며,
그들의 재물을 온 땅의 주께 바칠 것이다.

목자처럼 이스라엘을 다스릴 지도자

5 1 그러나 딸아, 지금은 희생당할 준비, 최악의 상황을 맞을 준비를 하여라!
우리를 포위한 저들은,
이스라엘의 왕을 욕보일 것이고,
동네북처럼 그를 두들겨 팰 것이다.

2-4 그러나 너 다윗의 고향 베들레헴아,
작은 마을인 네게서
지도자가 나올 것이다.
이스라엘을 목자처럼 다스릴 지도자가 나올 것이다.
그는 벼락출세해 지도자 행세를 하는 자가 아니라,
뿌리 깊은 명문가 출신이다.
그때까지 이스라엘은 남의 집에 맡겨지겠으나,
마침내 진통이 끝나고 아이가 태어날 것이다.
그러면 흩어졌던 형제들이 고향으로,
이스라엘 집으로 돌아올 것이다.
그 지도자는 우뚝 서서 **하나님**의 힘을 덧입고,
계시된 **하나님**의 위엄으로, 목자와 같은 통치를 펼칠 것이다.
모든 사람이 집에서 안전하고 즐겁게 지내며,
온 세상이 그를 존경하리라.
세상에 평화를 가져오는 그를!

5-6 행여 깡패 같은 앗시리아 사람이 쳐들어와서
우리 강토를 짓밟더라도, 걱정할 것 없다.
그들이 제 분수를 깨닫고 짐을 싸서 돌아가게 만들어,
우리가 그들을 장악할 것이다.
우리 목자이신 그분의 통치가 사방으로 뻗어 가,
앗시리아까지, 니므롯 같은 다른 이방 나라에까지 이를 것이다.
우리 목자이시며 통치자이신 그분께서
우리의 오랜 원수와 새로운 적들을 막으시고,
우리 강토를 침략하고 유린하는 모든 세력으로부터 우리를 구원하실
것이다.

7 정선되고 정화된 야곱 무리는
민족들 가운데 우뚝 솟은 존재가 되리라.
하나님께서 내려 주시는 이슬 같은 존재가 되리라.
여름철 내리는 소낙비와 같아서,
사람이 예측하지 못하며,
어림잡거나 어찌할 수 없는 존재가 되리라.

8-9 그렇다. 정선되고 정화된 야곱 무리는
민족들 가운데 우뚝 솟은 존재가 되리라.
짐승의 제왕,
양 떼 속을 활보하는 젊은 사자 같을 것이다.

닥치는 대로 잡아먹는 너를
막아설 자 아무도 없겠고,
승리를 거두고 의기양양해진 네 앞에는
더 이상 맞설 적이 없으리라!

❧

10-15 "그날이 오고 있다."
하나님의 포고다.
"전쟁이 그칠 날, 전쟁이 사라질 날이 오고 있다.
내가 너희 군마들을 도살하고 너희 전차들을 부술 것이다.
너희 진영과 요새들을
허물어뜨릴 것이다.
종교와 흑마술을 거래하는 암시장을
없앨 것이다.
너희가 조각하고 주조한 신들을 박살내고,
남근 모양의 기둥들을 잘라낼 것이다.
세상을 제멋대로 주무르고,
자기 일과 자기가 만든 것을 경배하던 행위는 이제 끝이다.
나는 너희가 숭배하던 '섹스와 권력' 산당을 뿌리 뽑고,
하나님과 맞서던 것들을 모조리 멸망시킬 것이다.
치솟는 진노를 발하여,
내 말에 귀 기울이지 않은 사악한 민족들을 모조리 쓸어버릴 것이다."

하나님께서 이스라엘의 죄를 밝히시다

6 1-2 이제 귀 기울여라. 하나님의 말씀에 귀 기울여라.

"법정에 출두하여라.
고소할 일이 있거든, 산들에게 말하여라.
언덕들에게 진술하여라.
산들아, 이제, 하나님의 진술을 들어 보아라.
땅아, 배심원 땅아, 들어 보아라.
내가 내 백성을 고소한다.
이스라엘을 고소한다.

3-5 사랑하는 백성들아, 내가 너희에게 무엇을 잘못했느냐?
내가 너희를 괴롭혔느냐? 너희를 지치게 했느냐? 대답해 보아라!
나는 이집트에서 고생하던 너희를 건져 주었다.
종살이하던 너희를 큰 값을 치르고 구해 주었다.

너희 길을 인도하라고 모세를 보냈고,
아론과 미리암까지 함께 보냈다!
모압의 발락 왕이 어떤 계략을 꾸몄는지,
브올의 아들 발람이 어떻게 그것을 맞받아쳤는지 떠올려 보아라.
싯딤에서부터 길갈에 이르기까지의 일들을 떠올려 보아라.
그 모든 **하나님**의 구원 이야기를 다시 되살려 보아라."

6-7 어떻게 해야 내가 **하나님** 앞에 나아가
높으신 그분께 합당한 경의를 표할 수 있을까?
제물을 한 아름 바치고,
일 년 된 송아지를 그 위에 얹어 바치면 될까?
수천 마리의 숫양, 수천 통의 올리브기름을 바치면
하나님께서 감동하실까?
맏아들을, 금쪽같은 아기를 희생 제물로 바치면
그분께서 마음을 움직여 내 죄를 없애 주실까?

8 아니다. 그분께서는 이미 말씀해 주셨다. 사람이 어떻게 살아야 하는지,
하나님께서 찾으시는 것이 무엇인지 분명히 말씀해 주셨다.
간단하다. 이웃에게 공의를 행하고,
자비를 베풀고 사랑에 충실하며,
자신을 중심에 두지 말고
하나님을 중심에 모시면 된다.

9 주목하여라! **하나님**께서 도성을 향해 소리 높이신다!
귀 기울여 듣는 게 좋을 것이다.
그러니 너희 모두 들어라!
중대한 일이다.

10-16 "너희는 내가, 속이고 빼앗아 부자가 된 너희를
그냥 좌시하리라고 생각했느냐?
너희의 부정한 거래와 더러운 계략을
그냥 참아 줄 것이라고 생각했느냐?
허세와 거짓말로 내 백성을 등쳐 먹는
광포한 부자들, 이제 넌더리가 난다.
나는 참을 만큼 참았다. 이제 너희는 끝났다.
마지막 한 푼까지, 너희 죄의 대가를 톡톡히 치르게 되리라.

아무리 많이 가져도, 결코 채워지지 않을 것이다.
배도 허기지고, 마음도 허기질 것이다.
아무리 애써도, 결국 내세울 것 하나 없게 될 것이다.
삶도 파산하고 영혼도 황폐해지리라.
잔디를 심어도
잔디밭을 얻지 못하리라.
잼을 만들어도
빵에 바르지 못하리라.
사과를 짜도
사과주스를 마시지 못하리라.
너희는 너희 왕, 오므리를 본받아 살았다.
아합 가문 사람들의 퇴폐적인 삶을 따랐다.
그들의 유행을 종처럼 좇았으니,
내가 이제 너희를 파산시킬 것이다.
너희의 인생은 조롱거리와 재미없는 농담거리로 전락할 것이다.
무가치하고 거짓된 인생이었다고 비웃음을 살 것이다."

이스라엘의 부패

7 1-6 나, 슬픔에 휩싸였다!
절망의 늪에 빠졌다!
지금 내 모습은 마치, 수프나 샌드위치나 샐러드를 만들기 위해
밭에 양배추와 당근과 옥수수를 찾으러 나갔다가,
아무것도 얻지 못하고 빈손으로 돌아온 사람 같다.
반듯한 사람, 하나도 찾아볼 수 없다.
바르게 사는 사람, 씨가 말랐다.
거리에는 모두, 서로 잡아먹고
잡아먹히는 짐승들뿐이다.
모두, 악행의 전문가들이다.
지도자들은 타락해, 뇌물을 요구한다.
힘 있고 돈 있는 자들은
어떻게든 원하는 것을 차지하고야 만다.
가장 좋다는 것이 엉겅퀴다.
가장 낫다는 것이 잡초들이다.
그러나, 더 이상은 아니다. 이제 시험 기간이 왔다.
망신을 당하고 꽁무니를 빼는 저 꼴을 보아라!
이웃을 믿지 마라.
친구라도 비밀을 털어놓지 마라.
말조심하여라.

아내에게도 마찬가지다.
이웃과 가족이 해체되고 있다.
가까운 자, 아들과 딸과 친척일수록,
더 사이가 나쁘다.
가족이 원수다.

7 그러나 나는, 희망을 버리지 않을 것이다.
나는 하나님께서 행하실 일을 기다릴 것이다.
모든 것을 바로잡으시고,
내게 귀 기울여 주실 것을 기대하며 살 것이다.

날개를 활짝 펼칠 날

8-10 원수들아, 내 앞에서 뻐기지 마라.
내 비록 넘어졌지만, 아주 끝난 것은 아니다.
지금은 어두운 곳에 처했으나
하나님께서 내 빛이시다.
나는 하나님의 진노와 벌을 받아들일 수 있다.
받아 마땅하기 때문이다. 죄를 지었기 때문이다.
그러나 이 벌은 영원하지 않다. 그분은 내 편이시며,
마침내 여기서 나를 꺼내 주실 것이다.
환히 불을 밝혀 주시고, 내게 당신의 길을 보여주실 것이다.
그날에, 나는 전체 그림을 보면서 그분이 옳았다는 것을 깨닫게 되리라.
내 원수도 그것을 깨달아,
망신과 수치를 당하게 될 것이다!
"그래, 너의 하나님은 지금 어디 있느냐?"고
나를 놀려대던 원수가,
시궁창에 처박혀 뒹구는 꼴을
내 두 눈으로 똑똑히 보게 될 것이다.

11-13 오, 그날이 온다! 네 성을 재건할 날이,
네가 기지개를 펴고 날개를 활짝 펼칠 날이 온다!
그날, 흩어졌던 자들이 돌아오리라.
동쪽으로는 앗시리아로, 서쪽으로는 이집트로,
바다 건너, 산들 너머로 뿔뿔이 흩어졌던 자들,
떨어져 있던 고향친구와 가족들이 모두 돌아온다.
그러나 다른 사람들의 운명은 역전되리라.

그들이 사는 곳은 폐허가 되리라.
그들이 살아온 방식, 그들이 저지른 일들 때문이다.

14-17 오 **하나님**, 주의 백성을 주의 지팡이로 목양하여 주십시오.
주께서 사랑하시는 귀한 양 떼의 길을 인도하여 주십시오.
낙원 한가운데 있는 숲에서
오직 주의 백성으로 하여금,
옛적 길르앗의 푸른 초원에서처럼,
바산의 무성한 초원에서처럼 풀을 뜯으며 살게 해주십시오.
저희가 이집트에서 나왔을 때처럼
기적과 이적을 다시 일으켜 주십시오.
저 사악한 민족들이 제 분수를 알게 해주십시오.
오만한 그들, 굴욕을 당하여 말을 잃고 정신도 잃게 해주십시오.
뱀과 땅벌레처럼 땅을 기고
바위 밑구멍에서 기어 나왔다가,
우리 **하나님**과 직면하게 해주십시오.
그리하여, 거룩한 두려움과 떨림에 사로잡히게 해주십시오.

18-20 주와 비길 신이 어디에 있습니까?
우리의 죄과를 말끔히 없애 주시고
사랑하는 백성의 지난 죄들을 씻겨 주시며,
못 본 것으로, 못 들은 것으로 해주십니다.
주께서는 노를 오래 품지 않으십니다.
자비가 주의 전공이며, 주께서 가장 좋아하시는 일이기 때문입니다.
긍휼이 우리를 향해 진군해 오고 있습니다.
주께서 우리 허물을 짓밟으시고,
우리 죄들을
대양 밑바닥에 가라앉혀 주실 것입니다.
우리 조상 야곱에게 하신 약속을 이루어 주시며,
우리 큰 조상 아브라함에게 베푸셨던 긍휼을
우리에게도 변함없이 베풀어 주실 것입니다.
오래전, 우리 조상에게 약속하셨던 모든 것을
다 이루어 주실 것입니다.

역사의 무대는 드넓다. 때때로 이 무대에 거물들이 등장해 거들먹거리고, 무력과 재력을 휘두르며 위협과 겁박을 일삼는다. 그들은 자신이 무대의 중심에 있다고 생각하지만, 사실은 다르다. 그들은 무대 중앙 근처에도 가지 못했다. 그들이 큰 소란을 일으키고 사람들의 이목을 끄는 것은 사실이며, 상당한 주목과 찬탄을 얻어 낼 때도 있다. 세계 열강들, 강력한 군대들, 유력한 인사들이 바로 그들이다. 세계 뉴스의 일면을 장식하는 존재는 언제나 그런 초강대국 몇몇 나라와 그 통치자들이다. 그들 가운데 몇몇은 공원 벤치 등에 새겨 넣은 이름을 오늘까지 남기고 있기도 하다. 하지만 그것들은 불멸을 얻어 보겠다는 부질없는—실로 가련한—시도였을 뿐이다.

허장성세 부리는 자들이 일으키는 소동에 시선을 빼앗기게 되면, 무대 중앙에서 지금 진행되고 있는 일—하나님께서 하고 계신 일—을 보지 못할 위험이 있다. 하나님께서 일하시는 방식에는 특징이 있다. 그분은 대개 조용히 일하시고, 기도를 통해 일하신다. 시인 조지 메리디스(George Meredith)가 읊은 대로, "마음을 쪼개며 보도블록을 밀고 올라오는 보이지 않는 힘들, 조용한 사람들과 나무들 안에 숨어 있는 힘들"이 있는 것이다. 그러나 우리가 요란스럽고 커다란 것에만 반응하도록 길들여진다면, 우리는 하나님의 말씀과 그분의 일하심을 놓치고 말 것이다. 하지만,

> **하나님**을 가벼이 여기지 마라.
> 그분은 너희가 만만히 대할 수 있는 분이 아니시다.
> 그분은 원수들에게 보복하신다.
> 맹렬한 노를 발하시며 적들에 맞서 일어나신다.
> **하나님**은 버럭 화를 내시는 분이 아니시다.
> 강한 분이지만 오래 참으신다.
> 그러나 누구든 그분 앞에서 얼렁뚱땅 넘어갈 수 없다.
> 누구든 대가를 치르고야 만다(나 1:2-3).

때때로 하나님께서는 어떤 이들에게 이런 위세 부리는 인물과 민족과 운동들의 귀추를 유심히 살펴보는 임무를 맡기셔서, 나머지 사람들이 그런 것에 쏟던 관심을 끊고 역사의 주인이신 하나님께로 시선을 돌리게 하신다. 주전 7세기 나훔이 바로 그런 임무

를 맡았다. 그 당시는 앗시리아로 인해 온 세상이 공포에 떨던 시절이었다. 나훔이 예언의 말씀을 전했을 당시, 앗시리아(수도는 니느웨였다)는 실로 천하무적으로만 보였다. 앗시리아 없는 세상은 상상도 할 수 없었다. 나훔의 임무는 그런 자유로운 세상에 대한 상상을 가능하게 해주는 것이었다. 하나님의 백성이 앗시리아 공포증에서 벗어나, 주권자 하나님을 믿고 그분께 기도할 수 있게 해주는 것이었다. 나훔의 설교, 성령이 주신 비유, 하나님의 논리는 한껏 부풀려진 앗시리아의 실체를 드러내고 니느웨의 소란을 정리해 줌으로써, 이스라엘로 하여금 앗시리아의 위세가 실은 허세에 지나지 않는다는 사실을 보게 해주었다. 이제 그들은 상황의 본질에 주목할 수 있었다. 나훔은 이렇게 선포한다.

니느웨에 내리시는 하나님의 명령이다.

"너는 이제 끝장이다.
니느웨는 끝났다.
내가 너의 신전을 모조리 부술 것이다.
네 신과 여신들을 쓰레기통에 처넣을 것이다.
나는 지금 너의 무덤을 파는 중이다. 비석 없는 무덤을.
이제 너는 없는 것이나 마찬가지다. 아니, 그보다 못하다."……

"앗시리아야, 나는 네 원수다."
만군의 하나님께서 말씀하신다.
"내가 네 전차들을 불태울 것이다. 잿더미로 만들 것이다.
'사자 나라'가 이제 송장들로 뒤덮이리라.
전쟁 사업은 이제 끝났다. 네가 할 일은 더 이상 없다.
전쟁을 보도할 일도 더 이상 없고,
승리를 선언할 일도 더 이상 없다.
너의 전쟁 사업은 이제 영원히 끝났다."
(나 1:14; 2:13)

예언자 나훔은 니느웨, 곧 앗시리아에 임할 재앙이라는 단 하나의 메시지만을 전했기에, 자칫 그를 니느웨를 증오한 사람 정도로 오해하기 쉽다. 그러나 나훔은 더 큰 그림을 보며 말씀을 전하고 그 내용을 기록하기에, 적들의 죄 못지않게 이스라엘의 죄 역시 혹독한 고발을 당하고 있다. 나훔의 취지는 적국에 대해 종교적 증오심을 조장하는 것이 아니다. 그는 다만 이렇게 말하고 있다. "원수 앗시리아를 우러러보지도 말고 두려워하지도 마라. 저 자들도 우리와 똑같은 기준으로 심판을 받게 될 것이니."

나훔

하나님을 가벼이 여기지 마라

1 [1] 엘고스 사람 나훔이, 니느웨에 대해 하나님께서 보여주신 것을 기록한 보고서다.

2-6 **하나님**을 가벼이 여기지 마라.
그분은 너희가 만만히 대할 수 있는 분이 아니시다.
그분은 원수들에게 보복하신다.
맹렬한 노를 발하시며 적들에 맞서 일어나신다.
하나님은 버럭 화를 내시는 분이 아니시다.
강한 분이지만 오래 참으신다.
그러나 누구든 그분 앞에서 얼렁뚱땅 넘어갈 수 없다.
누구든 대가를 치르고야 만다.
토네이도와 허리케인은
그분의 발자취고,
폭풍 구름들은
그분께서 발을 터실 때 이는 먼지다.
그분께서 바다에 고함을 치시면, 바다가 마른다.
강들이 말라 버린다.
바산과 갈멜의 산들이 떨고,
레바논의 과수원들이 오그라든다.
산들이 뿌리째 흔들리고,
언덕들이 녹아 개펄이 된다.
하나님이 두려워 땅이 몸을 떤다.

온 세상이 겁에 질린다.
이 불길 같은 진노에 대항할 자 누구랴?
이 맹렬한 격노를 견딜 자 누구랴?
그분의 진노는 용암처럼 쏟아지고,
그분의 격노는 돌을 바스러뜨린다.

7-10 **하나님**은 선하시다.
힘겨울 때 피난처가 되어 주신다.
도움을 구하는 자 누구든,
딱한 사정에 처한 자 모두를
기꺼이 맞아 주신다.
그러나 사람들이 도피처로 삼는 곳은
모조리 쓸어버리신다.
누구도 하나님을 피해 도망칠 수 없다.
하나님을 거슬러 꾀를 쓰느라 왜 시간을 낭비하느냐?
그런 계략은 무엇이든 끝장나고 만다.
말썽을 피우는 자들, 두 번 다시 기회는 없다.
기름을 흠뻑 먹인
마른장작 더미처럼,
활활 타서 재가 될 것이다.

11 **하나님**께 맞서려는 악한 음모들이, 니느웨에
개미 떼처럼 바글거린다.
유혹과 배신,
온갖 거짓말들을 지어내는 원산지다.

12-13 이에 대해 **하나님**께서 하시는 말씀을 들어라.
"너, 지금 세상 꼭대기에 있다만
곧 바닥으로 고꾸라져,
모든 박수와 갈채를 잃어버릴 것이다.

유다야, 지금까지 내가 너를 괴롭게 했지만,
이제부터는 달라질 것이다.
네 목에서 멍에를 끌러 주고
그것을 쪼개어 불태워 버릴 것이다.
너를 속박했던 끈을
풀어 줄 것이다."

14 니느웨에 내리시는 **하나님**의 명령이다.

"너는 이제 끝장이다.
니느웨는 끝났다.
내가 너의 신전을 모조리 부술 것이다.
네 신과 여신들을 쓰레기통에 처넣을 것이다.
나는 지금 너의 무덤을 파는 중이다. 비석 없는 무덤을.
이제 너는 없는 것이나 마찬가지다. 아니, 그보다 못하다."

15 보아라! 전령이 기쁜 소식을 들고 온다.
산을 넘어 소식을 전한다. 평화가 왔다!
축제일이다! 유다여, 잔치를 벌여라!
하나님을 예배하고 그분께 다시 헌신하여라!
그 원수, 이제 걱정할 필요가 없다.
그는 끝장났으니, 마음 놓아라.

니느웨는 망한다

2 1 무시무시한 파괴자가 오고 있다!
경비병들아, 군수품을 챙겨라.
정신 바짝 차리고
전투태세를 갖춰라.

2 **하나님**께서 야곱의 자존심,
이스라엘의 자존심을 회복시켜 주셨다.
이스라엘은 힘든 시절을 넘어왔다.
지옥을 경험하고 돌아왔다.

3-12 햇빛에 번쩍거리는 무기들,
눈부신 전투복 차림의 군인들,
당장이라도 돌격할 태세를 갖춘
번쩍번쩍 광이 나는 전차들,
하늘을 찌를 듯한 창들의 숲이
지평선 위로 무시무시한 모습을 드러낸다.
전차들이 거리로 쏟아져 들어와
광장을 가득 메운다.

햇빛 아래 횃불같이 타오르고,
번개처럼 이리저리 번쩍인다.
앗시리아 왕이 부하들을 소집하지만,
다들 비틀거리다 자빠진다.
공격을 막기 위해 성벽으로 달려가 보지만,
이미 너무 늦었다.
병사들이 성문을 뚫고 쏟아져 들어오고,
왕궁이 허물어진다.
곧 끝장난다.
니느웨가 발가벗겨졌다. 니느웨가 멸망했다.
여종과 남종들이 비둘기처럼 흐느껴 울고,
가슴을 치며 통곡한다.
니느웨는
마개가 열린 물통이다.
고함소리 들려온다. "어떻게든 막아라! 어떻게든 막아라!"
하지만 이미 늦었다. 니느웨는 곧 빈 통이 된다. 텅 빈 통.
다른 고함소리 들려온다. "은을 털어라!
금을 털어라!
노다지다!
원하는 대로 다 꺼내가라!"
망했다! 저주받아 망했다! 아주 폐허가 되었다!
가슴은 철렁 내려앉고
다리에 힘이 풀린다.
속이 뒤집히고
얼굴은 새하얗게 질린다.
명성 높던 맹수 앗시리아의 사자에게,
그 새끼들에게,
이 무슨 일이란 말이냐?
적수가 없이
느긋하게 새끼들을 품던 맹수,
그 수사자와 암사자에게 이 무슨 일이란 말이냐?
사냥을 나가면 어김없이
갓 잡은 신선한 먹이를 물고 와서 암사자와 새끼들을 먹이던
그 수사자에게,
피가 뚝뚝 떨어지는 고기들을 쌓아 놓고
축제를 벌이던 그 사자 굴에, 이 무슨 일이란 말이냐?

13 “앗시리아야, 나는 네 원수다.”
만군의 **하나님**께서 말씀하신다.
“내가 네 전차들을 불태울 것이다. 잿더미로 만들 것이다.
‘사자 나라’가 이제 송장들로 뒤덮이리라.
전쟁 사업은 이제 끝났다. 네가 할 일은 더 이상 없다.
전쟁을 보도할 일도 더 이상 없고,
승리를 선언할 일도 더 이상 없다.
너의 전쟁 사업은 이제 영원히 끝났다.”

3 1-4 ‘살인자 성’이여, 너는 망할 것이다.
거짓말이 가득하고, 약탈물이 쌓이고, 폭력에 중독된 성이여!
나팔소리 울리고 바퀴소리 요란하다.
말들이 날뛰고 전차들이 비틀거린다.
칼과 창을 휘두르며
기수들이 질주한다.
거리에 시체들이 나뒹굴어
땔감처럼 쌓이고,
하수구와 골목마다 송장들이 쌓여
모든 길이 막힐 지경이다!
그리고 창녀들! 끝없는 창녀들!
치명적 매력의 창녀 도성이여,
너는 악한 주문으로 민족들을 유혹해 파멸시키는
마녀다.

5-7 “창녀 니느웨야, 나는 네 원수다.
나 만군의 **하나님**이 너를 대적한다!
세상을 호리는 너의 그 비단옷을 벗겨
온 세상 앞에서 발가벗길 것이다.
모든 민족이 네 적나라한 실체를 보게 할 것이다.
네 정체가 무엇이며 무슨 짓을 해왔는지 보게 할 것이다.
네게 개똥을 퍼부은 다음,
모두가 볼 수 있게 전시대에 올려놓고 이렇게 써붙일 것이다.
‘창녀 전시 중.’
너를 보는 자들이 모두 역겨워하며 말할 것이다.
‘니느웨, 저 돼지우리,
저렇게 더러울 줄이야.

두 번 다시 쳐다보기도 싫다. 추하다, 추해!'"

8-13 네가 이집트의 테베보다 강하냐?
나일 강 옆에 자리하여,
거대한 강이 보호벽과 방어벽이 되어 준다며,
천하무적이라며 뻐기던 테베 말이다.
남쪽은 에티오피아가,
북쪽은 이집트가 그를 도와 경계를 서 주었고,
언제든 나서서 도와줄
힘센 친구들, 붓과 리비아가 있었다.
하지만 테베가 어떻게 되었느냐?
성 주민 전체가 끌려가 난민이 되었다.
대낮에 대로에서
아기들이 길바닥에 메쳐져 죽고,
고관들이 경매에 부쳐져 팔려 갔으며,
유명인사들이 사슬에 묶여 끌려갔다.
니느웨야, 알아 두어라. 너도 그렇게 될 것이다.
어디에 부딪히는지도 모른 채
이리저리 비틀거리며, 누울 곳을 찾는 취객처럼 될 것이다.
너의 요새는 복숭아나무 같다.
익을 대로 익어 수확만 기다리는 복숭아.
나무를 살짝만 흔들어도,
배고파 쩍 벌린 입속으로 우수수 떨어진다.
현실을 똑바로 보아라. 네 전사들은 힘없는 겁쟁이들이다.
그들은 봉에 지나지 않는다.
네 국경은 틈이 벌어진 문이다.
적들이 들어오는 것은 식은 죽 먹기다. 무슨 수로 그들을 막겠느냐?

❦

14-15 포위에 대비해 물을 비축하여라.
방어망을 강화하여라.
기초를 다져라. 진흙을 가져다가
벽돌을 만들어라.
하지만 안됐구나. 너무 늦었다.
원수가 놓은 불이 너를 사를 것이다.
원수가 휘두르는 칼이 너를 갈기갈기 찢어 놓을 것이다.
너는 메뚜기 떼에게 뜯기듯 물어뜯길 것이다.

15-17 그렇다. 메뚜기 떼에 당하는 것, 네게 합당한 운명이다.
너 자신이 바로 메뚜기 재앙이기 때문이다.
상점과 상인들을 끝없이 늘려 온 너,
사는 자와 파는 자의 수가 하늘의 별들보다 많다!
메뚜기 떼 재앙이다. 온 지역을 깡그리 털어먹은 다음
날아가 버리는 메뚜기 떼다.
네 관료들이 메뚜기들이고,
네 브로커와 은행가도 메뚜기들이다.
처음에는 너를 위해 봉사한다며
만면에 웃음을 띠고 선심을 쓰지만,
후에, 뭔가 묻거나 불평할 것이 있어 찾아가면,
그들은 종적도 찾을 수 없다.

18-19 앗시리아의 왕아!
목자가 되어 백성을 돌보라고 네가 세운 지도자들은
지금 딴짓을 하느라 정신없다.
그들은 책임을 다하고 있지 않다.
네 백성이 뿔뿔이 흩어져 길을 잃고 헤매는데,
아무도 보살펴 주지 않는다.
너는 돌아올 수 없는 강을 건넜다.
네가 입은 상처는 치명적이다.
네 운명에 대한 이야기를 듣게 되면,
온 세상이 박수를 치며 환호할 것이다.
네 흉악은
세상 구석구석까지 마수를 뻗쳤다.
그 악에 고통을 받지 않은 사람이 없다.

믿음의 삶은 당혹스러울 정도로 예측 불허인 모험의 여정이다. 다음에 무슨 일이 닥칠지 알지 못하며, 예상대로 일이 성사되는 경우는 많지 않다. 흔히 우리는, 자신이 하나님의 택함과 사랑을 받는 자이므로 하나님께 특별대우를 받을 것이라 여긴다. 자연스러운 기대이기는 하다. 그분을 따르는 제자가 되었으니 이제 막다른 골목을 만나거나, 진창길로 접어들거나, 목적지가 다른 여행자들에게서 끔찍한 일을 당하는 일 따위는 없을 것이라 기대한다. 이해 못할 바는 아니다. 그러나 하나님을 따르는 제자들이라고 해서 인생길에서 특별대접을 받는 것은 아니다. 이 사실은 늘 우리를 놀라게 한다. 그런데 더욱 놀라운 사실은, 그러한 순간에 우리의 길동무가 되어 주는 이들을 '성경' 속에서 만날 수 있다는 것이다.

그 반가운 길동무 중 하나가 바로 예언자 하박국이다. 예언자들이 하는 일의 대부분은 '우리'에게 하나님의 말씀을 전해 주는 것이다. 그들은 우리에게 하나님의 심판과 구원, 도전과 위로의 말씀을 들으라고 촉구하는 설교자들이다. 그들은 우리가 하나님을 마음대로 상상하지 못하도록, 진짜 하나님을 알려 준다. 하나님의 말씀에 귀 기울이라고 외치는 예언자들은 세련된 완곡어법을 사용하는 자들이 아니라, 가히 우리 면상에 주먹을 날리는 식으로 설교하는 이들이다. 그러나 하박국은 우리의 말을 '하나님'께 해주는 예언자다. 그는 도무지 이해하기 힘든 일 앞에서 우리가 느끼는 당혹감과 하나님에 대한 실망감을 서슴지 않고 하나님께 털어놓는다. 그는 하나님께 우리 말에 귀 기울여 주실 것을 요구한다. 그것도 예언자답게 정색을 하고 단호한 말투로 말이다.

하나님, 얼마나 더 외쳐야
저를 도와주시렵니까?
"사람 살려! 살인이다! 경찰!" 하며
얼마나 더 소리 질러야 저를 구하러 오시렵니까?
어찌하여 날이면 날마다 악을 목격하고,
고난과 맞닥뜨리게 하십니까?
혼란과 폭력이,
싸움과 다툼이 도처에서 터져 나옵니다.
법과 질서는 땅에 떨어졌고,
정의는 농담거리가 되었습니다.
악인이 의인을 맥 못 추게 하고
정의를 거꾸로 뒤집습니다(합 1:1-4).

하박국을 자극시켰던 것은 주전 7세기의 국제 정세였다. 그는 하나님께서 강력한 바빌론 군대를 들어서 하나님의 백성을 심판하실 예정인 것을 알게 되었다. 아니, 하나님을 모르는 이방 민족을 들어 하나님을 섬기는 경건한 민족을 벌하시겠다니! 하박국은 도저히 이해할 수 없어서, 즉시 하나님께 따졌다. 하나님께서 당신의 일을 제대로 하고 계신 것 같지 않다는 자신의 생각을 있는 그대로 털어놓았다. 그날 이후, 단 하루도 거르지 않고 누군가는 하박국처럼 당혹감에 사로잡혀 다음과 같은 말을 내뱉었다. "하나님, 도무지 이해가 되지 않습니다!"

그러나 우리의 길동무 예언자 하박국은 더 나아가, 보다 중요한 일을 행한다. 그는 기다린다. 그리고 귀 기울여 듣는다. 그렇게 기다리고 듣는 가운데, 그리고 그 내용으로 기도하는 가운데, 어느새 그는 하나님의 주권이라는 보다 큰 세상을 발견하고, 그 세상의 주민으로 살아가게 된다. 그 자리에서 비로소 그는, 하나님을 믿는 삶, 하나님을 한결같이 신뢰하는 삶이야말로 충만한 삶이요 유일하고 참된 삶임을 마침내 깨닫게 된다.

하나님, 주님에 대해 전하는 조상들의 말을 듣고,
놀라서 무릎을 꿇습니다.
그들에게 하신 일을 오늘 우리에게도 행해 주십시오.
그들을 위해 역사하신 것처럼, 오늘 우리를 위해서도 역사해 주십시오.
심판하실지라도,
자비를 잊지 말아 주십시오. 주께서는 분명 그렇게 하실 것입니다.……

체리나무에 꽃이 피지 않고
딸기가 익지 않아도,
사과가 다 벌레 먹고
밀농사가 흉작이어도,
양 우리에 양이 없고
외양간에 소가 없어도,
나, **하나님**께 즐거운 찬송 부르리라.
나의 구원자 하나님 앞에서 즐겁게 뛰어 놀리라.
나, **하나님**의 통치와 승리를 믿고
용기를 얻어 기운을 차리네.
사슴처럼 뛰어다니는 나,
산 정상에 오른 듯한 기분이라네!
(합 3:1-2, 17-19)

하박국은 우리와 출발점이 같았다. 그 역시 우리처럼 혼란에 빠져 있었고 불평했으며, 심지어 하나님을 고발하기도 했다. 그러나 그는 그 자리에 머물지 않았다. 그는 더 나아갔다. 결국 그는, 하나님을 사랑하는 자들에게는 삶 속의 모든 것들이 협력하여 선을 이루어 내는, 그런 세상에 도달하게 되었다. 우리를 길동무로 데리고서 말이다.

하박국

1

1-4 하나님께서 하박국에게 알려 주신 문제다.

하나님, 얼마나 더 외쳐야
저를 도와주시렵니까?
"사람 살려! 살인이다! 경찰!" 하며
얼마나 더 소리 질러야 저를 구하러 오시렵니까?
어찌하여 날이면 날마다 악을 목격하고,
고난과 맞닥뜨리게 하십니까?
혼란과 폭력이,
싸움과 다툼이 도처에서 터져 나옵니다.
법과 질서는 땅에 떨어졌고,
정의는 농담거리가 되었습니다.
악인이 의인을 맥 못 추게 하고
정의를 거꾸로 뒤집습니다.

너희를 벌하려 바빌론을 일으킬 것이다

5-11 "너희 주변의 사악한 민족들을 둘러보아라.
잘 살펴보아라. 충격 받지 않도록 마음 단단히 먹어라.
너희가 믿기 어려워할 일이
이제 곧 일어날 것이다.
내가 너희를 벌하려 바빌론 사람들을 일으킬 것이다.
흉악하고 잔악한 바빌론 사람들,
천하를 정복하고

뭇 민족들을 좌지우지하는 바빌론,
제멋대로가 법인
그 무시무시하고 가공할 자들 말이다.
그들의 말은 바람처럼 빠르게 뛰고,
피에 주린 늑대처럼 달려든다.
별안간 튀어나와
질풍노도같이 습격해 온다.
그들은 썩은 고기 위를 빙빙 돌다
내려와 덮치는 독수리들 같다.
그들은 살인광이다. 살인에 미쳤다.
그들은 사람을 쥐 잡듯 잡는다.
그들은 왕들에게 모욕을 주고
장군들을 놀림감으로 삼는다.
요새들도 우습게 여겨,
식은 죽 먹기로 허물어 버린다.
그들은 바람처럼 너희를 휩쓸고 지나갈 것이다.
죄로 인해 뻔뻔해진 그들, 그들에게는 힘이 곧 신이다."

어찌하여 침묵하고 계십니까?

12-13 하나님, 주께서는 영원부터 계신 분이 아니십니까?
거룩하신 하나님, 우리가 이대로 죽는 것은 아니겠지요?
하나님, 정말 주의 심판을 수행할 도구로 바빌론 사람들을 택하셨습니까?
반석이신 하나님, 설마 그들에게 징계의 일을 맡기신 것은 아니겠지요?
아니, 진담이실 리가 없습니다!
주님은 악을 묵과하시는 분이 아니십니다!
그렇다면, 무슨 일이라도 하셔야 하지 않습니까?
어찌하여 침묵하고 계십니까?
극악무도함이 판을 치고, 악인들이 의인들을 집어삼키는데도,
주님은 마냥 보고만 계십니다!

14-16 사람들을 그저
바닷속 물고기 떼 취급하고 계십니다.
방향도 모르고 목적지도 없이,
그저 갈팡질팡 헤엄쳐 다니는 물고기들 말입니다.
그런데 악한 바빌론 사람이 와서 낚시질을 해댑니다.
사정없이 잡아들입니다.
잡을 수 있을 만큼 잡아서 바구니를 가득 채웁니다.

낚시가 잘된 날이라고, 그의 기분은 최고가 됩니다!
그는 자기 낚싯대를 찬양하며,
낚시 도구들을 제단 위에 올려놓고 절을 합니다!
그는 그렇게 유쾌한 하루를 보내고는,
돌아가서 밤에 실컷 먹고 즐깁니다!

17 이 일을 계속 허용하시렵니까?
이 바빌론 낚시꾼이
주말에 물고기를 잡듯,
사람을 잡아 죽이는 상황을 계속 허용하실 생각입니까?

2 1 이런 내 질문에 하나님께서는 뭐라고 대답하실까?
나는 마음의 준비를 단단히 하고서,
망루에 올라 지평선을 살펴보련다.
하나님께서 무슨 말씀을 하실지,
내 불평에 뭐라고 대답하실지
기다려 보련다.

자아 충만, 텅 빈 영혼

2-3 그러자 하나님께서 대답해 주셨다. "이것을 기록하여라.
지금 네 눈에 보이는 것을 기록하여라.
뛰어가는 사람도 읽을 수 있도록
커다랗고 두꺼운 글자로 써라.
이 환상, 이 메시지는
앞으로 올 일을 가리키는 증언이다.
이 일은 빨리 당도하고 싶어, 지금 뛰어오는 중이다.
거짓말이 아니다.
더디 오는 것처럼 보여도, 기다려라.
지금 오는 중이다. 제때에 도착할 것이다."

4 "그를 보아라. 자만심으로 한껏 부풀어 오른 그,
자아로 가득하다만 영혼은 텅 비었다.
그러나 하나님 앞에서 충실하고 한결같은 믿음으로
바르게 서 있는 자는,
온전히 살아 있다. 진정 살아 있다.

5-6 잘 알아 두어라. 돈은 사람을 속인다.
거만한 부자들, 오래가지 못한다.
무덤이 송장에 주려 있듯,
그들은 재물에 주려 있다.
죽음처럼 그들도 늘 더 많이 삼키려 하지만,
얻는 것이라곤 시체뿐이다.
그들은 죽은 민족들로 가득한 공동묘지,
송장으로 가득한 묘지다.
이런 자들, 두 번 다시 쳐다보지 마라.
곧 온 세상의 비웃음거리가 될 것이다.

6-8 '너는 네 자신을 뭐라 생각하느냐?
훔치고 강탈해 부자가 된 너 말이다.
그 짓을 네가
얼마나 더 오래 할 수 있을 것 같으냐?'
네게 해를 입은 자들이 깨어 일어나,
네게 받은 대로 갚아 줄 날이 멀지 않았다.
이 민족 저 민족을 약탈해 온 너,
이제 네 차례다.
살아남은 모든 자들이 너를 약탈하려고,
네가 저지른 살인과 학살을 그대로 갚아 주려고 혈안이 되어 있다.

9-11 너는 네 자신을 뭐라 생각하느냐?
닥치는 대로 빼앗아 차지하는 너,
정상에 앉아 있으니, 재앙이 미칠 수 없을 거라고 생각하느냐?
마음 푹 놓고 즐기고 있느냐?
천만에, 너는 네 집의 파멸을 자초했다.
다른 사람을 파멸시킴으로 네 자신의 파멸을 불렀다.
네 토대를 스스로 침식시켰고,
네 영혼을 스스로 부식시켰다.
네 집의 벽돌들이 고함치며 너를 고발할 것이다.
그 목조 뼈대들이 증인으로 나설 것이다.

12-14 너는 네 자신을 뭐라 생각하느냐?
살인으로 성읍을 세우고, 범죄로 도성을 세우는 너,
만군의 하나님이
그런 일은 결국 잿더미가 되게 한다는 사실을 모르느냐?
네가 그 일에 힘을 쏟을수록

점점 더 하찮은 존재가 되게 한다는 사실을 모르느냐?
그러나 물이 바다를 덮음같이,
온 땅에 **하나님**의 영광을 깨달아 아는 지식이 가득하리라.

15-17 너는 네 자신을 뭐라 생각하느냐?
이웃을 불러 술 파티를 벌이고,
술을 잔뜩 먹여
광란의 섹스 파티로 끌어들이는 너,
즐거운 시간을 보냈다고 생각하겠지만,
틀렸다! 너는 망신을 당한 것이다.
네가 줄곧 마신 것은,
하나님의 진노의 잔이다.
자리에서 일어나면 숙취로 머리가 쑤실 것이다.
네가 레바논에 휘두른 폭력,
네가 자행한 동물 학살,
네가 저지른 살인과 상해,
많은 곳에서 일삼은 폭행이,
가시지 않은 숙취가 되어 너를 괴롭힐 것이다.

18-19 대체 정교한 조각품 신을 만들어 무엇하려느냐?
거짓말밖에 할 줄 모르는
화려한 주물생산품 신을 만들어 무엇하려느냐?
말도 할 줄 모르는 신들을 제작해서
뭘 하자는 것이냐?
너는 네 자신을 뭐라 생각하느냐?
너는 나무 막대기에다 대고 '깨어나라' 외치고,
말 못하는 돌멩이를 향해 '일어나라' 외친다.
그것들이 대체 무엇을 가르쳐 줄 수 있느냐?
그것들은 순전히 거죽뿐이다.
속은 텅 비었다.

20 그러나 보아라! **하나님**은 그의 거룩한 성전에 있다!
모두 조용히 하여라. 거룩한 침묵을 지켜라. 귀 기울여 들어라!"

하박국의 기도

3 1-2 합주에 맞춘, 예언자 하박국의 기도다.

하나님, 주님에 대해 전하는 조상들의 말을 듣고,

놀라서 무릎을 꿇습니다.
그들에게 하신 일을 오늘 우리에게도 행해 주십시오.
그들을 위해 역사하신 것처럼, 오늘 우리를 위해서도 역사해 주십시오.
심판하실지라도,
자비를 잊지 말아 주십시오. 주께서는 분명 그렇게 하실 것입니다.

3-7 하나님께서 다시 길을 나서신다.
옛 구원의 길을 되밟아 오신다.
데만을 지나 남쪽에서 올라오신다.
거룩하신 분께서 바란 산에서 오신다.
하늘이 그분의 광휘로 번쩍이고,
그분을 찬양하는 소리가 땅을 울린다.
새벽빛 같은 그분의 빛이 구름처럼 몰려와 뒤덮고,
두 줄기 빛이 그분의 손에서 뿜어 나온다.
그분 손에 깃든 저 힘이 보이느냐!
그분 앞서 재앙이 행진해 오고,
역병이 그분 발꿈치를 따라온다!
그분이 멈추시면 땅이 흔들리고,
주위를 둘러보시면 민족들이 몸을 떤다.
태곳적부터 있던 산들이 산산조각 나고,
옛적부터 있던 언덕들이 바람 빠진 풍선처럼 푹 꺼진다.
하나님께서 걸어오시는 길은
가장 오래된 산과 언덕들보다 더 오래되었다.
내가 보니, 모두가 근심에 빠졌고 공포에 사로잡혔다.
옛 광야의 적들, 구산과 미디안이
그분의 눈에 띄지 않기만을 바라며, 잔뜩 겁에 질려 있다.

8-16 **하나님**, 강을 보고 그리 노하십니까?
오랜 강에게 노하십니까?
말과 전차로 구원을 행하셨을 때,
주께서는 바다에게 격노하셨습니까?
주께서는 주의 활시위를 당기시고
화살을 퍼부으셨습니다.
강을 들어 땅을 쪼개셨습니다.
다가올 일을 보면서,
산들은 몸을 비틀며 고통스러워했습니다.

홍수가 들이닥치고,
대양이 노호하여 집채만 한 파도가 일어났습니다.
해와 달이 흠칫 놀랐습니다.
주의 번쩍이는 활이 그들을 멈춰 세웠고,
주의 번개 같은 창이 그들을 꿰찔렀습니다.
노한 주께서 땅을 짓밟으셨고,
격노한 주께서 사악한 민족들을 내리밟으셨습니다.
주의 백성을 구원하려,
특별히 선택한 백성을 구원하려, 주께서 일어나셨습니다.
주님은 사악한 왕을
혼쭐나도록 패 주시고,
머리끝부터 발끝까지
그를 홀딱 발가벗기셨으며,
잘린 머리를 그의 창에 꽂으시고서
그의 군대를 날려 버리셨습니다.
사방으로 흩어진 그들,
결국 상어 밥이 되었습니다!
주께서는 주의 말을 타고 바닷속을 질주하시고,
파도를 타고 달리셨습니다.
그 소리를 들을 때 내 배가 떨렸고,
입술이 떨려 말을 더듬었습니다.
다리에 힘이 풀려,
비틀거리다 자빠졌습니다.
저는 물러나 앉아 기다립니다.
우리를 공격하는 자들에게 닥칠 운명의 날을 기다립니다.

⁂

17-19 체리나무에 꽃이 피지 않고
딸기가 익지 않아도,
사과가 다 벌레 먹고
밀농사가 흉작이어도,
양 우리에 양이 없고
외양간에 소가 없어도,
나, **하나님**께 즐거운 찬송 부르리라.
나의 구원자 하나님 앞에서 즐겁게 뛰어놀리라.
나, **하나님**의 통치와 승리를 믿고
용기를 얻어 기운을 차리네.
사슴처럼 뛰어다니는 나,

산 정상에 오른 듯한 기분이라네!

(합주에 맞춰 회중이 부르는 노래)

우리는 자신에게 하나님을 이용할 권리는 주면서도 우리의 인간관계는 건드리지 않는 종교를 찾는다. 우리는 사람들—남자와 여자와 아이들—과의 관계에서 염증을 느낄 때면, 찾아가서 위로와 영감을 얻을 수 있는 하나님을 원한다. 우리는 전쟁 같은 세상살이에서 우리의 칼날을 벼려 주는 하나님을 원한다.

하나님께 줄을 대면서도, 사람들과의 관계는 우리 좋을 대로 하도록 내버려 두는 종교를 원하는 성향은 그 뿌리가 매우 깊다. 인류 역사에서 가장 장려되고 가장 잘 팔린 종교는 언제나 이런 유였다. 지금도 이런 종교가 가장 장사가 잘된다. 성경의 예언자들은 바로 이런 종교를 뿌리 뽑으려 했다. 그들은 이 일을 위해 죽기 살기로 싸웠다. 하나님은 스바냐를 통해 이렇게 말씀하셨다.

"속 편하게 앉아서
자기만 편히 즐기는 살찌고 게으른 자들,
'**하나님**은 아무 일도 하지 않으신다. 좋은 일도, 나쁜 일도 하지 않으신다.
그분은 참견도 하지 않으신다. 우리도 그렇다'고 말하는 자들을 벌할 것이다."
(습 1:12)

견실한 영적 삶은 하나님과 사람들 사이의 관계에 뿌리를 내린다. 그러기에 자칫 우리는 영적인 삶을 하나님과 나 사이의 개인적인 그 무엇으로 오해하기 쉽다. 기도와 노래, 위안과 영감을 주는 영적 독서, 마음이 통하는 사람들과 함께 드리는 예배 등의 어떤 사적인 것. 그러나 이런 식의 생각에 계속 머물 경우 자칫 우리는, 내가 싫은 사람과 나를 싫어하는 사람을 대하는 방식은 하나님과 전혀 상관없는 문제라고 생각할 수 있다.

예언자들은 이런 생각을 하는 우리에게 일갈한다. "그렇지 않다. 당신이 하는 모든 행동, 모든 생각, 모든 느낌이 하나님과 관련이 있다. 당신의 모든 인간관계가 하나님과 관련되어 있다." 우리는 모든 것이 상관관계를 맺고 있는 세상에 살고 있으며, 그 관계들 안에서 어떤 결과가 생겨난다. 그리고 그 결과들은 하나님에게서 최종 마무리된다. 이것을 가리키는 성경의 용어가 바로 최후의 심판 날이다. 스바냐는 그의 말을 듣는 사람들을 향해 이날을 준비할 것을 간절히 선포한다.

하나님을 찾아라,

하나님의 정의로 살아가는 너희, 은밀히
단련받은 너희여.
하나님의 바른 길을 추구하여라. 평온하
고 올바른 삶을 추구하여라.
하나님의 진노의 날에, 행여 화를 면할지
모른다(습 2:3).

이 최종 결산의 날은, 아무리 자주 아무리 많이 강조해도 지나치지 않다. 스바냐는 모든 예언자와 한목소리로, 우리를 향해 그 중대성과 긴급성을 외치고 있다.

스바냐

심판의 날

1 [1] 스바냐에게 임한 하나님의 메시지다. 스바냐는 구시의 아들이고, 구시
는 그다랴의 아들, 그다랴는 아마랴의 아들, 아마랴는 히스기야의 아들
이다. 이것은 유다 왕, 아몬의 아들 요시야가 다스릴 때 임한 메시지다.

2 "내가 땅을 말끔히 청소하리라.
먼지 하나 남기지 않으리라." 하나님의 포고다.

3 "사람도 동물도,
새와 물고기도,
죄를 일으키는 것은 무엇이든!
없애 버릴 것이다!"

4-6 "유다부터 시작할 것이다.
예루살렘 거주민들부터 시작할 것이다.
내가 거기서,
음란한 바알 산당과 그 사제들을 흔적도 없이 쓸어버릴 것이다.
밤에 지붕 위로 살금살금 기어올라가
별 신과 여신들에게 절하는 자들을 없애 버릴 것이다.
하나님을 경배하면서도
다른 왕과 신들에게 절하는 자들, 그들도 없애 버릴 것이다.
하나님을 완전히 내다 버리고,

하나님 생각이나 기도 한번 하지 않는 자들은 말할 것도 없다."

⚜

7-13 "이제 입을 다물어라!
주 **하나님**인 내 앞에서 경건하게 침묵하여라!
시간이 되었다. 나의 심판 날이 다가왔다.
거룩한 날이 정해지고, 초대받은 손님들도 거룩하게 구별되었다.
그 거룩한 날, **하나님**의 심판 날,
내가 지도자와 왕의 아들들을 벌할 것이다.
이방의 남녀 제사장들처럼 차려입고 다니는 자들,
이교의 기도와 행습을 들여오는 자들을 내가 벌할 것이다.
또 이교의 미신들을 수입해 들여오는 자들,
거룩한 장소를 지옥구덩이로 만들어 놓는 자들을 내가 벌할 것이다.
심판 날이다!" **하나님**의 포고다!
"도성의 '물고기 문'에서 두려움에 떠는 울음소리가 들린다.
'둘째 구역'에서 공포에 질린 울음소리가 들린다.
언덕에서 와르르 무너져 내리는 굉음소리가 들린다!
거리에서 장사하는 사람들아, 통곡하여라!
돈벌이는 끝났다. 돈의 신은 죽었다.
심판 날,
나는 예루살렘의 모든 구석과 복도를 샅샅이 훑을 것이다.
속 편하게 앉아서
자기만 편히 즐기는 살찌고 게으른 자들,
'**하나님**은 아무 일도 하지 않으신다. 좋은 일도, 나쁜 일도 하지 않으신다.
그분은 참견도 하지 않으신다. 우리도 그렇다'고 말하는 자들을 벌할 것이다.
그러나 기다려 보아라. 그들은 가진 것 전부를 잃게 되리라.
돈도 집도 땅도, 다 잃을 것이다.
집을 지어 올려도, 거기 들어가 살지 못할 것이다.
포도원을 만들어도, 거기서 나는 포도를 맛보지 못할 것이다."

대낮에 흑암이 드리우는 날

14-18 "**하나님**의 큰 심판 날이 코앞에 닥쳤다.
카운트다운이 시작된다. 칠, 육, 오, 사…….
내 심판 날은 비탄에 젖은 통곡의 날이다.
억센 사내들도 도와 달라고 비명을 지른다.
그날은 빚을 갚는 날이다. 내 노를 치르는 날이다.
비통과 격통의 날,
재난과 파멸의 날,

대낮에 흑암이 드리우는 날,
폭풍구름과 먹구름의 날,
소름끼치는 전쟁의 함성이 들리는 날이다.
요새들이 함락되고
방어진이 허물어진다.
그들은 무엇에 얻어맞았는지도 모를 것이다.
장님처럼 더듬거리며 다닐 것이다.
그들은 **하나님**을 거스른 죄인이다!
그들의 피는 구정물처럼 버려지고,
그들의 내장은 찌끼처럼 밟힐 것이다.
돈을 써서 빠져나갈 생각은 아예 마라.
너희 돈은 아무 쓸모없다.
이날은 **하나님**의 심판 날, 나의 진노의 날이다!
너희 죄로 인해 나의 노가 활활 타오른다.
그것은 썩은 세상을 태우는 불,
썩어 가는 인간들을 끝장내는 들불이다."

하나님을 찾아라!

2 1-2 그러니 함께 모여라. 전열을 정비하여라!
너희는 뭐가 필요한지도 모르는 민족이다.
폭풍 속의 나뭇잎처럼 날아가기 전에,
하나님의 진노의 심판이
너희를 쓸어버리기 전에,
그 격렬한 진노가
전력으로 너희에게 떨어지기 전에,
어서 모여라.

3 **하나님**을 찾아라,
하나님의 정의로 살아가는 너희, 은밀히 단련받은 너희여.
하나님의 바른 길을 추구하여라. 평온하고 올바른 삶을 추구하여라.
하나님의 진노의 날에, 행여 화를 면할지 모른다.

이스라엘 이웃 나라들이 받을 심판

4-5 가사가 으스러질 것이다.
아스돗은 정오가 되기 전에 모두 쫓겨나고,
에그론은 뿌리째 뽑힐 것이다.
바닷가 사람들,

그렛의 뱃사람들이 재앙을 맞으리라!
너희, 블레셋 땅 가나안에 정착한 너희에게
하나님의 말씀은 나쁜 소식이다.
"너희는 망하기로 정해졌다.
살아남을 자 없을 것이다!"

❦

6-7 뱃사람들의 땅이
목초지가 되고,
목동과 양들의 땅이 될 것이다.
유다 가문 중에 남은 자들이 그것을 차지하여
날마다 바다 옆 땅에서 양을 치고,
저녁이 되면 아스글론에 있는 집으로 돌아가 잠잘 것이다.
그들의 **하나님**께서 그들을 돌봐 주시리라.
그분께서 모든 것을 전처럼 좋게 만들어 주시리라.

❦

8-12 "내가 모압의 그 악독한 조롱소리,
암몬이 내뱉은 비웃음소리를 들었다.
그들이 잔인한 말로 내 백성을 깔아뭉개고,
이스라엘의 국경에서 으스댔다.
그러므로, 나 살아 있는 하나님이 스스로 맹세하여 말한다."
만군의 **하나님**,
곧 이스라엘의 하나님께서 말씀하신다.
"모압은 소돔처럼 망하고,
암몬은 고모라처럼 유령도시가 되리라.
모압은 돌밭이 되고, 암몬은 불모의 땅,
영원한 황무지가 될 것이다.
내 백성 가운데 남은 자들이 그들을 끝장내고,
그들을 뿌리째 뽑아 없애 버릴 것이다.
이것은 그들의 거만과,
만군의 **하나님**의 백성을
조롱하고 비웃은 것의 대가다.
하나님이 무시무시한 모습으로, 거룩한 공포로 나타날 것이다.
땅에서 만들어진 모든 신은 다 찌그러지고 박살나, 바람에 날려 가리라.
마침내 먼 곳과 가까운 곳의 모든 자들이,
저마다 땅에 엎드려 주를 경배하리라.
에티오피아 사람들아,

너희도 마찬가지로 죽을 것이다. 내가 그렇게 할 것이다."

13-15 그런 다음, 하나님께서 북쪽으로 손을 뻗쳐
앗시리아를 멸하실 것이다.
니느웨를 황폐화시킬 것이며,
사막처럼 마르고 황무한 곳으로 만드실 것이다.
니느웨는 유령도시,
들짐승들이 출몰하는 곳이 되어,
너구리와 늑대들이
그 폐허 위에 누워 잘 것이다.
창문에서 부엉이들이 울고, 문간에서 갈까마귀들이 깍깍댈 것이다.
그 목조 장식품들은 새들이 앉는 홰로 쓰일 것이다.
잘나가던 도성,
"내가 일등이다!
내가 최고다!" 하고 뻐기던
화려한 도성이,
어찌하여 버림받은 땅,
들짐승의 소굴이 되어 버렸단 말인가?
지나가는 자들, 관심도 갖지 않는다.
그저 고개를 절레절레 흔들 뿐이다.

시궁창이 된 도성

3 1-5 반역의 도성,
압제자들의 본거지, '시궁창 도성'에 재앙이 닥친다!
충고를 받아들이려 하지 않고
잘못을 고치려 하지 않으며,
하나님을 신뢰하지 않고
자기 신에게 가까이 갈 생각도 하지 않는 도성!
그곳의 지도자들은
탐욕스런 사자요,
재판장들은 아침마다
사냥감을 찾아 어슬렁대는 탐욕스런 이리 떼다.
그녀의 예언자들은 이득을 찾아 달려든다.
그들은 기회주의자들, 믿을 수 없는 자들이다.
제사장들은 성소를 더럽힌다.
그들은 하나님의 법을 도구 삼아 영혼을 불구로 만들어 죽인다.
그 가운데 계시는 하나님은 언제나 의로우신 분,

악이 범접치 못하는 분이시다.
아침마다 정의를 베푸시고,
저녁까지 힘차게 그 일을 행하신다.
그러나 악한 인간들,
양심도, 수치심도 없는 자들은 끝까지 악을 고집한다.

6 "그래서 내가 사악한 민족들을 잘라내 버리고,
그 방어진들을 허물어뜨렸다.
그 길에 돌무더기를 가득 쌓아,
아무도 다니지 못하게 만들었다.
그 도성들은 폐허 더미가 되었고,
사람이 살 수 없는 곳, 살지 않는 곳이 되었다.

7 나는 이렇게 생각했다. '이제는 그녀가 나를 존중하겠지.
내 충고와 훈계를 받아들이고
어려움에서 벗어날 길,
내가 내릴 벌을 피할 길을 찾아 나서겠지.'
그러나 그녀는 아무 변화가 없다. 아침 일찍 일어나서
또다시, 하던 짓을 계속 한다."

8 **하나님**의 포고다.
"좋다. 정녕 원하는 것이라면, 그렇게 살아라.
네가 법정에 설 날이 다가온다.
그러나 내가 법정에 증거를 들고 갈 테니 명심하여라.
내가 모든 민족, 모든 나라를
법정으로 불러들여,
내 맹렬한 노를 맛보게 해줄 것이다.
나의 열심은 불이다.
땅을 정화하고 정련하는 불이다."

하나님이 이스라엘의 왕이시다

9-13 "그러나 마지막에는, 내가 이 백성의 처지를 바꾸어 주리라.
그들에게 오염되지 않은 순전한 언어를 주어,
그들은 그 말로 예배 중에 **하나님**을 부르며
하나 되어 힘써 나를 섬길 것이다.
에티오피아 강 너머에서 그들이 돌아올 것이다.
기도하며 올 것이다.

흩어지고 잡혀갔던 내 백성 모두가,
예배 때 드릴 예물을 가지고 고향으로 돌아올 것이다.
너희는 더 이상
과거의 죄를 부끄러워하지 않아도 되리라.
내가 너의 오만한 지도자들을 모두 제거해 버리겠다.
그들이 내 거룩한 언덕에서
경건을 가장하여 거만을 떠는 일은 더 이상 없을 것이다!
내가 네 가운데 알짜배기들을 남겨 두리니,
그들은 심령이 가난한 이들,
이스라엘 중에 남은 자들, 진정한 이스라엘이다.
그들이 **하나님** 안에 거할 것이다.
그 알짜배기 거룩한 이들은
악을 행치 않을 것이다.
거짓말하지 않고,
아첨하거나 유혹하는 말도 하지 않을 것이다.
자기 처지에 만족하며,
아무 염려 없이 평화롭게 살 것이다."

14-15 그러니 딸 시온아, 노래하여라!
이스라엘아, 서까래가 들썩이게 환호성을 올려라!
딸 예루살렘아,
기뻐하여라! 경축하여라!
너를 대적하시던 **하나님**께서 당신의 심판을 뒤집으시고
네 원수들이 꽁무니를 빼도록 만드셨다.
지금부터는, **하나님**께서
이스라엘의 왕이시다.
다시는
악을 두려워할 필요가 없다!

하나님께서 너와 함께 계신다

16-17 예루살렘은 이런 말을 듣게 될 것이다.
"두려워 마라.
사랑하는 시온아,
낙심하지 마라.
너의 **하나님**께서 너와 함께 계신다.
그분은 너를 구원하시는 힘센 전사이시다.
되찾은 너로 말미암아 기뻐하시며,

너를 잠잠히 사랑하시고,
너를 보고 노래하며 즐거워하신다."

18-20 "포로생활 중에 쌓인 슬픔들,
다 사라질 것이다.
나, 너의 하나님이 너를 위해 두려움과 슬픔을 없애 주리라.
네가 충분히 짐을 졌다.
나는 네 삶을 비참하게 만들던 모든 자들도 제거할 것이다.
저는 자들의 발을 고치고,
집 없이 떠돌던 자들을 집으로 데려올 것이다.
미움을 받던 나라에서
그들이 공경을 받을 것이다.
심판 날에,
내가 너희를 고향으로 돌아가게 할 것이다. 거대한 가족 상봉이 있으리라!
온 세상에서 너희가
이름을 떨치고 높임을 받을 것이다.
너희 눈으로 보게 되리라.
고통스럽게 이별한 자들이 재회하는 광경을!"
이것은 하나님의 약속이다.

예배를 드리는 장소는 중요하다. 그러나 예배에 있어서 건물 자체가 중요한 것은 아니다. 도시 한가운데 웅장한 고딕 대성당이 서 있다고 해서, 그 도시가 예배를 중심으로 돌아간다는 의미는 아니다. 들판 언저리에 판자를 엮어 허름하게 지은 예배당이라고 해서, 반드시 작업복 차림의 겸손한 성인들이 모인다는 보장도 없다.

수세기에 걸쳐 하나님의 이름으로 벌어진 온갖 건축 프로젝트들—광야 성막, 부흥회 텐트, 고딕 대성당, 노변 채플, 회당, 성전, 집회소, 가두 선교관, 카타콤 등—을 돌이켜 볼 때, 건물과 그곳에 모이는 사람들의 믿음과 삶 사이에 필연적인 연관관계가 있는 것 같지는 않다.

그래서 흔히 우리는 건물 문제를 아예 무시해 버리면서 "예배당 건물은 중요하지 않다. 어떤 사람들이 모여 예배 드리는지가 중요하다"거나, "나는 대자연의 성당에서 하나님을 예배하고 싶다"고 말한다. 이런 선언 뒤에는 "우주를 만드신 하나님은 사람의 손으로 만든 예배당에 계시지 않는다"는 성경 구절이 따라붙는다. 이것은 토론에 쐐기를 박는 발언이다. 하나님은 건물 안에 계시지 않는다. 논의 끝. 우리는 자주 이렇게 말한다.

그러면 우리는 학개를 어떻게 보아야 할까? 학개는 우리가 '예언자'라고 높여 부르는 (우리가 경청해야 할) 사람이다. 하나님께서 학개를 보내시자, 총독과 대제사장도 "그를 주목했다. 그의 말에 귀 기울임으로써 하나님을 높였다"(학 1:12). 그런데 그가 세 달 반 동안 맡아 수행했던 임무는, 하나님의 백성을 격려하여 하나님의 성전을 재건하는 일이었다(그것도 불과 칠십여 년 전에 하나님의 명령에 의해 파괴된 성전을). 학개 2:1-5에서는 이렇게 말한다.

> **하나님**의 말씀이 예언자 학개를 통해 임했다. "'……스룹바벨아, 일을 시작하여라!' **하나님**의 말이다.
> '여호사닥의 아들 대제사장 여호수아야, 일을 시작하여라!
> 너희 모든 백성들아, 일을 시작하여라!' **하나님**의 말이다.
> '그렇다. 내가 너희와 함께하니, 일을 시작하여라!' 만군의 **하나님**이 말한다!
> '……나는 지금도 너희 가운데 살아 숨 쉬고 있다. 겁내지 마라. 뒤로 물러나지 마라.'"

회개와 구원을 설교했던 위대한 예언자들과 비교하면, 학개의 메시지는 그리 '영적'으로 들리지 않는 것이 사실이다. 그러나 하나님의 경륜에 따라 우리에게 맡겨진 일을 두고 영적 등급을 매기는 것은 지혜로운 태도가 아니다. 우리는 천사가 아니다. 우리는 몸을 둘 공간이 필요한 존재다. 비범한 신앙도 그것이 펼쳐지는 무대는 평범한 세상이며, 우리는 물질—벽돌과 진흙, 판자와 못—을 통해 평범한 세상에 발을 딛고 뿌리를 내리며 살아간다. 때로는 예배당 건물을 수리하는 일이 예배당에서 기도하는 일 못지않은 순종의 행위가 될 수 있다. 학개는 우리가 그 때를 놓치지 않게 해준다.

학개

성전을 재건하여라

1 [1] 페르시아 다리오 왕 이년 여섯째 달 첫째 날에, 예언자 학개가 스알디
엘의 아들 유다 총독 스룹바벨과 여호사닥의 아들 대제사장 여호수아에
게 하나님의 메시지를 전했다.

[2] 만군의 하나님의 메시지다. "이 백성이 시간만 끌고 있다. 그러면서 하는 말이
지금은 내 성전, 하나님의 성전을 재건할 때가 아니라고 한다."
[3-4] 곧이어, 하나님께서 더 많은 말씀을 주셨고 학개가 받아서 말했다. "하나님
의 집, 하나님의 성전이 무너져 있는 이때에, 너희 자신은 멋진 새 집을 짓고 산
단 말이냐?"
[5-6] 그리고 잠시 후에, 만군의 하나님께서 다시 말씀하셨다.

"너희 삶을 유심히 들여다보아라.
그리고 곰곰이 생각해 보아라.
너희는 그동안 많은 돈을 썼지만,
지금 보여줄 것이 많지 않다.
그릇을 가득 채웠지만,
너희는 배불러 본 적이 없다.
마시고 또 마셔 댔지만,
너희는 늘 목마르다.
여러 벌의 옷을 껴입었지만,
너희는 따뜻하지 않다.
너희를 위해 일하는 자들,

그들이 그 일로 무엇을 얻었느냐?
그리 많지 않다.
녹슬어 구멍 난 양동이, 그것이 전부다.

7 그래서 만군의 **하나님**이 말한다.

너희 삶을 유심히 들여다보아라.
그리고 곰곰이 생각해 보아라."

8-9 **하나님**께서 말씀하셨다.

"내가 너희에게 원하는 일이 있다.
작은 산에 올라가 나무를 베어 오너라.
그것을 가지고 내려와 성전을 재건하여라.
나를 위해 그 일을 하여라. 나를 높여라.
너희는 너희 자신을 위해 큰 야망을 품었지만,
결국 얻은 것은 아무것도 없다.
너희가 내 성전에 가져온 시시한 것들,
아무것도 아닌 그것들을 내가 훅어 버렸다.

9-11 이유가 무엇인지 묻느냐? (기억하여라. 이는 만군의 **하나님**의 메시지다.) 내 집이
무너졌는데도, 너희는 너희 집 돌보는 일로만 바빴다. 그것이 이유다. 너희의
인색함 때문이다. 그래서 내가 여름 가뭄을 보내어 너희가 보잘것없는 수확을
얻게 했다. 구두쇠 같은 너희의 인색함 때문에 내가 밭과 언덕을 마르게 했고,
정원과 과수원을 죽였으며, 식물과 과실을 시들게 했다. 이 땅에서는 그 무엇
도—사람도, 동물도, 곡식도—번창하지 못할 것이다."

12 그러자 스알디엘의 아들 스룹바벨 총독과 여호사닥의 아들 여호수아 대제사
장과 모든 백성이, 그들의 **하나님**의 음성에 귀를 기울였다. 정말로 귀 기울여
들었다. **하나님**께서 그들에게 예언자 학개를 보내시자, 그들이 그를 주목했다.
그의 말에 귀 기울임으로써 **하나님**을 높였다.
13 **하나님**의 특사 학개는 백성에게 **하나님**의 메시지를 전했다. "내가 너희와 함
께한다!" **하나님**의 말씀이다.
14-15 이렇게 하여 **하나님**께서 스룹바벨, 여호수아, 그리고 모든 백성을 움직이셔
서, 그들이 만군의 **하나님**의 성전 일에 착수하게 하셨다. 이 일은 다리오 왕 이
년 여섯째 달 이십사일에 일어났다.

2 [1-3] 일곱째 달 이십일일에, **하나님**의 말씀이 예언자 학개를 통해 임했다.
"스알디엘의 아들 스룹바벨 총독과 여호사닥의 아들 여호수아 대제사장
과 모든 백성에게 전하여라. '너희 중에 예전 성전, 그 찬란했던 성전을 본 사람
이 있느냐? 그렇다면, 지금 너희가 보는 것은 어떠냐? 보잘것없지 않느냐?
[4-5] 그러니 스룹바벨아, 일을 시작하여라!' **하나님**의 말이다.
'여호사닥의 아들 대제사장 여호수아야, 일을 시작하여라!
너희 모든 백성들아, 일을 시작하여라!' **하나님**의 말이다.
'그렇다. 내가 너희와 함께하니, 일을 시작하여라!' 만군의 **하나님**이 말한다! '너
희가 이집트를 떠날 때 나와 맺은 언약을 실행하여라. 나는 지금도 너희 가운데
살아 숨 쉬고 있다. 겁내지 마라. 뒤로 물러나지 마라.'
[6-7] 만군의 **하나님**이 말한다. '내가 너희 모르게 하늘과 땅, 바다와 들판을 뒤흔
들어 놓겠다. 그리고 사악한 민족들을 모조리 흔들어 무너뜨릴 것이다. 그들이
재물을 한가득 가지고 너희에게 올 것이다. 내가 이 성전을 빛나는 것들로 가득
채울 것이다.' 만군의 **하나님**의 말이다.

[8] '은도 나의 것이요
금도 나의 것이다.'
만군의 **하나님**의 포고다.

[9] '이 성전은 시작할 때보다 마칠 때가 더 좋을 것이다. 처음도 영광스러웠으나,
마지막은 훨씬 더 영광스러울 것이다. 내가 온전함과 거룩을 나눠 주는 장소가
될 것이다.' 만군의 **하나님**의 포고다."

❦

[10-12] (역시, 다리오 왕 이년) 아홉째 달 이십사일에, **하나님**의 **메시지**가 학개에게 임
했다. "만군의 **하나님**이 말한다. 제사장들에게 이렇게 묻고 판단해 보라고 해
라. 어떤 사람이 신성한 고기, 곧 제사 때 제단에 바쳐진 구별된 고기 한 조각을
주머니에 넣고 다니다가, 그 주머니가 빵이나 국이나 포도주나 기름에 닿았다
고 하자. 그러면 접촉만으로 그 음식이 거룩해지느냐?"
제사장들이 말했다. "아닙니다."
[13] 그러자 학개가 말했다. "그렇다면, 시체를 만져 더러워진 사람은 어떠하냐?
그가 음식을 만지면, 그것이 부정해지느냐?"
제사장들이 말했다. "네, 부정해집니다."
[14] 그러자 학개가 말했다. "'그래서 이 백성이 부정해지고, 이 민족이 부정해진
것이다. 그들이 하는 모든 일이 부정해졌다. 그들이 나를 위해 하는 모든 일이
부정해졌다.' **하나님**의 말씀이다.
[15-17] '과거를 돌아보아라. 너희가 내 성전 재건을 시작하여 첫 기초를 놓기 전까
지, 사정이 어떠했느냐? 너희 밭의 수확이 그렇게 더디고 양이 적었던 까닭은,

너희가 **하나님**의 성전 재건 일에 그토록 굼뜨고 뭉그적대었기 때문이 아니냐?
너희는 곡물과 포도주를 예전의 반밖에 거두지 못했다. 나는 너희를 가뭄과 병
충과 우박으로 쳤고, 너희가 하는 모든 일이 타격을 받았다. 그러나 너희는 당
황하는 빛이 없었다. 여전히 나를 무시했다.' **하나님**의 포고다.
18-19 '오늘, 아홉째 달 이십사일부터는 앞을 내다보아라. 성전 재건이 시작된 오
늘부터 앞을 내다보아라. 지금까지 너희 밭에서 난 것들—포도나무, 무화과나
무, 석류나무, 올리브나무—중에 열매가 풍성하게 달린 것이 하나라도 있었느
냐? 그러나 오늘부터는 복을 기대해도 좋다.'"

20-21 아홉째 달 이십사일, 기억할 만한 이날에, **하나님의 메시지**가 두 번째로 학
개에게 임했다. "유다 총독 스룹바벨에게 전하여라.
21-23 '내가 모든 것을 뒤흔들어 놓을 것이다. 모든 것을 뒤집어서 처음부터 다시
시작하게 할 것이다. 정부를 전복시키고, 강대국들을 멸할 것이며, 무기와 병기
들을 없애고, 군대를 혼란에 빠뜨려 저희끼리 서로 죽이게 만들 것이다.' 이것은
하나님의 메시지다. '그날에 내가 너, 스알디엘의 아들 스룹바벨을 내 종으로 삼
을 것이다. 내 주권과 권위를 보이는 징표, 나의 인장으로 쓸 것이다. 내가 밭을
살펴보고, 너를 이 일의 일꾼으로 택했다.'" 만군의 **하나님의 메시지**다.

스가랴는 동시대인인 학개와 더불어 유다 백성이 파괴된 성전을 재건하도록 독려하는 일을 맡았던 예언자다. 그들의 설교는 개인적 문제에 빠져 있던 유다 백성을 일으켜, 하나님의 백성으로서 공동의 과업에 힘을 모으게 했다. 두 예언자는 팀을 이루어 그 과업의 성취를 이끌어 냈다.

그러나 스가랴가 한 일은 그 이상이었다. 왜냐하면 당시 백성들이 직면한 문제는 무너진 성전과 도성만이 아니었기 때문이다. 하나님의 백성으로서의 정체성이 무너져 버린 상태였고, 한 세기 동안을 이리 채이고 저리 채이면서 조롱과 멸시, 배신과 학대를 당해 온 그들이었다. 한때는 자긍심 높던 백성으로서, 아브라함, 모세, 사무엘, 다윗, 이사야 등 기라성 같은 위인들과 영광스런 역사를 자랑했지만, 오랜 굴욕의 세월을 보내면서 과거의 유산을 모두 잃고, 하나님의 백성이라는 존엄한 정체성마저 잃어버릴 위험에 처해 있었다.

스가랴는 오랜 포로생활이 허물어뜨린 그 존엄한 정체성을 회복시키는 일에 중심 역할을 감당했던 예언자다. 그의 환상과 메시지는, 하나님의 백성의 상상력에 새로운 활력을 불어넣었다. 그 환상들은 하나님의 백성에게 주권자이신 하나님의 모습을 뚜렷이 각인시켰고, 유다 백성들이 오랜 오욕과 굴욕의 세월을 이겨 낼 수 있게 하는 힘이 되었다.

만군의 **하나님**의 메시지다.
"너희 조상들이 나를 노하게 했을 때, 나는 너희를 벌주기로 작정했고 그 뜻을 굽히지 않았다. 그때와 마찬가지로, 이제 나는 예루살렘과 유다 나라에 복을 주기로 작정했다. 두려워하지 마라. 진실만을 말하여라. 개인적인 일에서나 법정에서나 옳은 일을 행하여라. 술수를 부려 다른 사람을 착취하지 마라. 거짓된 일이나 거짓된 말을 하지 마라. 나는 그런 것들을 미워한다. 너희는 순박하고 정직하게 살아라. 이것이 내가 너희에게 원하는 일이다." **하나님**의 포고다(슥 8:14-17).

또한 새로운 믿음의 어휘로 이루어진 그의 메시지는, 그들의 삶 속에서 일하시는 하나님의 장기적인 계획이 반드시 이루어질 것임을 믿게 했다.

만군의 **하나님**이 친히 나서서,

그분의 양 떼, 유다 백성을 돌보아 주신다.
그분께서 그들의 영을 소생시켜 주시고,
하나님이 그들 편임을 자랑스러이 여기게 하시리라.
하나님께서 그들을 들어 당신의 재건 사역에 쓰실 것이다.
그들을 주초와 기둥으로,
도구와 기구들로,
재건 사역의 감독자로 쓰시니,
그들은 자랑스러운 일꾼 군대가 될 것이다.
당당하고 일사불란하게, 씩씩하고 힘있게,
늪과 진창을 서슴없이 통과해 행진한다.
하나님께서 그들과 함께하시니, 그들을 꺾을 자 아무도 없으리라(슥 10:3-5).

하지만 그것이 다가 아니다. 여러 차원에서 작용하는 스가랴의 수수께끼 같은 환상들과 시적 이미지가 가득한 그의 메시지는, 타임캡슐처럼 지금도 하나님의 백성의 삶에 영향을 끼치고 있다. 그리하여 하나님과 그분의 뜻을 말해 줄 언어가 부재한 이 세상 속에서, 하나님이 당신의 목적을 이루어 가시는 도구로 쓰시는 그분의 백성들에게, 지금도 계속해서 지혜와 소망과 확신을 제공해 준다.

그날이 오면, 추운 밤이 사라지리라! 밤이 아예 모습을 감추리라! 낮이 계속될 그날이—언제일지는 **하나님**만이 아신다—오고 있다. 저녁때가 되어도 새로운 아침이 동터 오른다.
그날이 오면, 예루살렘에서 새로운 강이 흘러나와, 반은 동쪽 바다로 반은 서쪽 바다로 흐르리라! 여름과 겨울 일 년 내내, 그렇게 흐를 것이다!
그날이 오면, **하나님**께서 온 세상의 왕, 오직 한분 **하나님**이 되시리라!(슥 14:6-9)

스가랴

1

1-4 다리오 왕 이년 여덟째 달에, **하나님**의 **메시지**가 잇도의 손자요 베레
갸의 아들인 예언자 스가랴에게 임했다. "나 **하나님**은 너희 조상들에게
몹시 노했었다. 그러니 만군의 **하나님**의 이 **메시지**를 백성에게 전하여라. '내게
돌아오너라. 그러면 내가 너희에게 돌아가리라. 너희 부모들을 닮지 마라. 일찍
이 예언자들이 그들에게 외쳤다. "만군의 **하나님**의 **메시지**다. 너희 악한 삶에서
떠나라. 너희 악한 행실을 그만두어라." 그러나 그들은 내 말을 모두 무시했고,
한사코 듣지 않았다.'
5-6 너희 조상들은 지금 어디에 있느냐? 죽어서 땅에 묻혔다. 그들에게 설교했
던 예언자들은 어디에 있느냐? 그들도 죽어 묻혔다. 그러나 내 종 예언자들이
선포했던 **메시지**는 죽지 않았다. **메시지**는 너희 조상들에게 들어가 제 역할을
해냈다. 그렇지 않느냐? **메시지**는 그들을 일깨웠고, 그들은 이렇게 말하며 돌
아왔다. '그분은 말씀하신 대로, 아주 분명하게 행하셨습니다. 우리는 빠져나갈
수 없었습니다.'"

첫째 환상: 네 명의 기수

7 다리오 왕 이년 열한째 달 이십사일에, **하나님**의 **메시지**가 잇도의 손자요 베
레갸의 아들인 예언자 스가랴에게 임했다.
8 어느 날 밤 내가 보니, 한 사람이 붉은 말을 타고 있었다. 그는 자작나무 숲 속
그늘에 있었다. 그의 뒤에는 말이 더 있었다. 붉은 말 한 마리와 밤색 말 한 마
리와 흰 말 한 마리였다.
9 내가 말했다. "주여, 이 말들이 지금 여기서 무엇을 하고 있습니까? 이것은 무
슨 의미입니까?"
전령 천사가 말했다. "내가 보여주마."

[10] 그러자 자작나무 숲의 기수가 목소리를 높여 말했다. "이들은 **하나님**께서 땅
위의 일을 조사하라고 보내신 기수들이다."
[11] 그들이 자작나무 숲에서 **하나님**의 천사에게 자기들이 보고 온 것을 보고했
다. "저희가 온 땅을 두루 살펴보았는데, 다 좋습니다. 모두 제대로 돌아가고 있
습니다."
[12] **하나님**의 천사가 보고를 드렸다. "만군의 **하나님**, 예루살렘과 유다의 도성에
대해 언제까지 노하시렵니까? 언제쯤 진노를 누그러뜨리시렵니까? 칠십 년이
면 충분한 세월이지 않습니까?"
[13-15] **하나님**께서 좋은 위로의 말씀으로 전령 천사를 안심시켜 주셨다. 그러자 전
령 천사가 나를 향해 말했다. "그들에게 전하여라. 만군의 **하나님**께서 이렇게
말씀하셨다고 일러 주어라. **하나님**의 메시지다. '내가 예루살렘과 시온을 많이
아낀다. 그들을 진정으로 나의 것으로 여긴다. 그러나 온 세상을 다 가진 것처
럼 살고 있는 저 사악한 민족들에 대해서는 진노가 머리끝까지 치민다. 전에는
다소 화가 나는 정도였는데, 이제는 그들이 도를 넘었다. 나는 이제 행동에 나
서려고 한다.

[16-17] 내가 예루살렘에 돌아왔다. 이번에는 동정의 마음을 품고 돌아왔다.'
하나님께서 말씀하신다.
'나는 내 성전이 반드시 재건되도록 할 것이다.'
만군의 **하나님**의 포고다!
'재건 공사는 이미 시작되었다.'
다시 한번 전하여라. 만군의 **하나님**의 포고다.
'나의 도성들이 다시 번성하고,
하나님이 다시 시온을 위로할 것이다.
예루살렘이 다시 나의 총애를 받게 되리라.'"

둘째 환상: 네 뿔과 네 대장장이

[18] 고개를 들어 보니, 놀라운 또 다른 환상이 보였다. 네 뿔이 있었다!
[19] 내가 전령 천사에게 물었다. "이것은 무슨 의미입니까?"
그가 말했다. "이것은 유다와 이스라엘과 예루살렘을 멀리 흩어 버린 권세들이다."
[20] 그때 **하나님**께서 그 환상에서 네 대장장이를 더 보여주셨다.
[21] 내가 물었다. "이것은 무슨 뜻입니까?"
그가 말했다. "유다를 흩어 버리고 희망을 모두 꺾은 그 뿔들과 싸우려고 온 대
장장이들이다. 그들이, 유다를 사방으로 흩어 버린 사악한 민족들의 뿔을 꺾어
버릴 것이다."

셋째 환상: 줄자를 가진 사람

2 1-5 나는 고개를 들어 보고 놀랐다.
어떤 사람이 손에 줄자를 들고 서 있었다.
내가 말했다. "무엇을 하려는 것입니까?"
그가 말했다. "나는 지금 예루살렘의
너비와 길이를 측량하러 가는 중이다."
밖으로 나가던 전령 천사는 바로 그때,
안으로 들어오는 다른 천사를 만나 말했다.
"뛰어가라! 가서 측량사에게 말하여라. '예루살렘 성벽이 터질 것이다.
사람과 짐승들로 꽉 차 벽이 터져 버릴 것이다.
그러나 내가 예루살렘과 함께할 것이다.' **하나님**의 포고다. '성벽 없는 예루살렘
에게 불 성벽이 되어 주고, 그 안에서 빛이 되어 주리라.'"

❦

6-7 "일어서라! 거기서 나오너라. 지금 당장!" **하나님**께서 말씀하신다.
"너희가 멀리 끌려간 그곳에서 돌아오너라."
하나님의 포고다. "내가 너희를 사방으로 흩었지만,
이제 시온아, 바빌론에서 나오너라. 지금 당장!"

❦

8-9 만군의 **하나님**, 곧 내게 사명을 주어 여기까지 오게 하신 영광의 하나님께서,
너희를 발가벗기고 집을 빼앗은 사악한 민족들에 대해 이렇게 말씀하셨다. "너
희를 때리는 자는 곧 나를 때리는 자다. 그들은 나를 때려 코피를 내고 눈을 시
퍼렇게 멍들게 만든다. 때가 되면, 내가 신호를 내릴 것이다. 그러면 그들은 발
가벗겨질 것이다. 자기 종들의 손에 붙들려 내동댕이쳐질 것이다." 그러면 너희
는 만군의 **하나님**께서 내게 이 사명을 주셨다는 것을 분명히 알게 되리라.

❦

10 "소리쳐 외쳐라, 경축하여라, 시온의 딸아!
내가 간다. 내가 네 이웃으로 이사를 갈 것이다!"
하나님의 포고다.

❦

11-12 그때가 되면 많은 이방 민족들이 **하나님** 편에 설 것이다. ("그들은 내 가족이
되리라! 내가 그들의 집에서 살리라!") 그러면 너희는 분명히 알게 될 것이다. 만군의
하나님께서 내게 사명을 주어 여기 보내셨다는 것을. 그날, **하나님**께서 거룩한
성지에서 그분의 유산인 유다를 되찾으실 것이다. 예루살렘은 다시 그분의 특
별한 도성이 될 것이다.

13 모두들, 조용히 하여라! 쉿! 하나님 앞에서 침묵하여라. 그분의 거룩한 집에
서 무슨 일이 일어나고 있다. 그분이 움직이고 계신다!

넷째 환상: 하나님의 천사 앞에 선 여호수아

3 1-2 전령 천사가 내게 대제사장 여호수아를 보여주었다. 그가 하나님의 천
사 앞에 서 있는데, 고발자가 나타나 그를 고발했다. 그러자 하나님께서
고발자에게 말씀하셨다. "고발자야, 나 하나님이 너를 책망한다. 내가 너는 책
망하지만, 예루살렘은 택한다. 놀랐느냐? 모든 것이 불타서 재가 되겠지만, 내
가 예루살렘은 거기서 끄집어낸다!"
3-4 천사 앞에 서 있던 여호수아는 더러운 옷을 입고 있었다. 천사가 시중드는 자
들에게 말했다. "그의 더러운 옷을 벗겨 주어라." 그런 다음 그는 여호수아에게
말했다. "보아라. 내가 너의 죄를 벗겨 주고, 깨끗한 옷을 입혀 주었다."
5 내가 소리 높여 말했다. "그의 머리에 깨끗한 새 관을 씌워 주시면 어떻겠습니
까?" 그러자 그들이 여호수아의 머리에 깨끗한 새 관을 씌워 주었다. 그렇게 그
에게 새 옷 입히는 일을 모두 마쳤다. 하나님의 천사는 그 과정을 모두 지켜보
았다.
6-7 그러고 난 뒤 하나님의 천사가 여호수아에게 명령을 내렸다. "만군의 하나님
께서 내리시는 명령이다. '만일 내가 이르는 대로 살고 계속 나를 섬기며 순종하
면, 너는 결정권을 가지고 여기 일을 감독하게 될 것이다. 여기 서서 나를 수종
드는 자들 모두가 너를 받들어 섬길 것이다.
8-9 대제사장 여호수아야, 명심하여라. 여기서 너와 함께 일하는 네 동료들도 명
심해야 한다! 자, 이제 내가 "가지"라고 부르는 내 종을 소개해 주겠다. 내가 지
금 여호수아 앞에 두는, 일곱 눈을 가진 돌을 유심히 보아라.' 만군의 하나님의
포고다. '내가 그 위에 이런 문구를 새겨 넣을 것이다. "내가 이 땅의 모든 더러
운 죄를 하루 만에 벗겨 주리라."
10 그때가 오면, 서로 모두가 사이좋게 지낼 것이다. 서로의 집을 오가며, 친구
처럼 친하게 지낼 것이다.'"

다섯째 환상: 순금 등잔대와 두 올리브나무

4 1 전령 천사가 다시 나를 불러 주목하게 했다. 마치 깊은 잠에서 깨어난
듯했다.
2-3 그가 말했다. "무엇이 보이느냐?"
내가 대답했다. "윗부분에 그릇이 달린 순금 등잔대가 하나 보입니다. 그 그릇
에 일곱 개의 등잔이 붙어 있는데, 각 등잔이 그릇과 관으로 연결되어 있습니
다. 그리고 그릇 양편으로 올리브나무가 한 그루씩 서 있습니다."
4 내가 물었다. "이것은 무슨 의미입니까?"

5-7 전령 천사가 말했다. "모르겠느냐?"
내가 말했다. "모르겠습니다."
그러자 그가 말했다. "스룹바벨에게 주시는 **하나님**의 메시지다. '이것은 네가
힘으로 몰아붙일 수 있는 일이 아니다. 오직 내 영으로만 되는 일이다.' 만군의
하나님께서 말씀하신다. '그러니 큰 산아, 네가 무엇이냐? 스룹바벨 옆에서 너
는 모래성에 지나지 않는다. 그는 성전의 머릿돌을 놓을 것이며, 그날 크나큰
함성이 울리리라.'"
8-10 그 후, **하나님**의 말씀이 내게 임했다. "스룹바벨이 성전 건축을 시작했고 그
가 그 일을 완성할 것이다. 그날 온 백성이 만군의 **하나님**께서 너희에게 말씀을
주셨음을 확실히 알게 될 것이다. 미약한 출발이라고 이날을 경멸하는 자가 있
느냐? 스룹바벨이 마지막 돌을 놓는 날에 감히 그를 비웃는 자 없을 것이다!"
전령 천사가 앞의 환상을 다시 보이며 말했다. "일곱 등잔은 탐조등처럼 세상의
어두운 구석구석을 탐색하는 **하나님**의 눈이다."
11-12 "그러면 등잔대 양쪽의 두 올리브나무는 무엇입니까?" 내가 물었다. "그것
은 무엇을 의미합니까? 또 등잔에 기름을 흘려보내는 올리브나무의 두 가지는
무엇을 의미합니까?"
13 전령 천사가 말했다. "깨닫지 못하겠느냐?"
내가 말했다. "모르겠습니다."
14 그가 말했다. "그것은 온 땅의 주인이신 분 옆에 서서 온 세상에 금 등잔 기름
을 공급해 주는 두 사람이다."

여섯째 환상: 날아가는 책

5 1 다시 고개를 들어 보니—놀랍게도!—날개를 단 책이 보였다! 날아가는
책이었다!
2 전령 천사가 내게 말했다. "지금은 무엇이 보이느냐?"
내가 말했다. "날아가는 거대한 책 한 권이 보입니다. 길이가 9미터, 너비가 4.5미
터나 됩니다!"
3-4 그가 내게 말했다. "이 책은 온 세상 모든 도둑과 거짓말쟁이들에게 내려지
는 판결이다. 책의 처음 절반은 도둑에 관한 내용이고, 나머지 절반은 거짓말쟁
이에 관한 내용이다. 내가 이것을 보냈다." 만군의 **하나님**의 포고다. "이 판결이
모든 도둑과 거짓말쟁이의 집에 빠짐없이 날아들 것이다. 집 하나하나에 내려
앉아 기둥과 돌을 허물어뜨릴 것이다."

일곱째 환상: 양동이 속의 여인

5 전령 천사가 나타나서 말했다. "위를 보아라. 무엇이 보이는지 말해 보아라."
6 내가 말했다. "대체 저것이 무엇입니까?"
그가 말했다. "모든 곳, 모든 자의 죄를 담고 어디론가 가는 양동이다."
7 그때 납으로 만들어진 양동이 뚜껑이 열리고, 한 여자가 그 속에 앉아 있는 모

습이 보였다!
8 그가 말했다. "이 여자는 '악독'이다." 밖으로 나오려는 그녀를 그가 다시 양동
이 속으로 밀어 넣고는, 납 뚜껑을 단단히 고정시켰다.
9 그 다음 내가 위를 보니, 놀랍게도 여자 둘이 날아가는 광경이 보였다. 날개를
활짝 펼친 그들이, 큰 양동이를 공중으로 들고 올라갔다.
10 내가 전령 천사에게 말했다. "저들이 저 큰 양동이를 어디로 가져가는 겁니까?"
11 그가 말했다. "동쪽 시날 땅으로 가는 중이다. 거기서 그들은 창고를 하나 지
어, 거기에 양동이를 보관할 것이다."

여덟째 환상: 네 대의 전차

6 1 다시 고개를 들어 보니, 또 다른 기이한 광경이 보였다! 두 산 사이로
전차 네 대가 돌진해 오고 있었다. 두 산은 청동으로 되어 있었다.
2-3 첫째 전차는 붉은 말들이 끌고 있고, 둘째 전차는 검은 말들이, 셋째 전차는 흰
말들이, 그리고 넷째 전차는 얼룩말들이 끌고 있었다. 말들은 모두 힘이 셌다.
4 내가 전령 천사에게 물었다. "이것은 무슨 의미입니까?"
5-7 그가 대답했다. "이들은 하늘의 네 바람으로, 온 땅의 주인이신 주님이 보내
셨다. 검은 말들은 북쪽을 향하고, 바로 그 뒤를 흰 말들이 따른다. 얼룩말들은
남쪽을 향한다." 힘센 말들은 온 땅을 순찰하러 가고 싶어 발을 구르며 흥분했
다. 전령 천사가 명령을 내렸다. "가라! 온 땅을 조사하여라!" 그러자 그들이 사
방으로 달려 나갔다.
8 천사가 나를 불러 말했다. "저들을 보아라! 북쪽으로 가는 말들이, 나의 영을
나르고 있다. 고요하고 견고하다. 북쪽으로 가는 말들에게서는 더 이상 문제가
없을 것이다."

왕관을 여호수아의 머리에 씌워라

9-12 그런 다음, **하나님**의 **메시지**가 내게 임했다. "바빌론으로 사로잡혀 갔던 헬
대와 도비야와 여다야에게 예물을 걷어라. 그들이 방금 이곳에 도착했다. 지금
스바냐의 아들 요시야의 집에 있으니, 그들에게서 은과 금을 거두어 그것으로
왕관을 만들어라. 왕관 하나는 여호사닥의 아들 대제사장 여호수아의 머리에
씌우고, 그에게 이 메시지를 전하여라.
12-13 '만군의 **하나님**의 **메시지다**. 정신 바짝 차려라. 여기 "가지"라는 이름을 가
진 사람이 있다. 그가 지금 있는 곳에서 가지처럼 뻗어 나와 **하나님**의 성전을
지을 것이다. 그렇다. 그가 바로 **하나님**의 성전을 지을 사람이다. 또한 왕좌에
앉아 왕의 역할을 맡아서 통치할 것이다. 왕좌에 앉은 제사장이 될 것이다! 그
는 왕과 제사장이 조화롭게 공존할 수 있음을 보여줄 것이다.'
14 다른 왕관은 왕권의 상징으로, **하나님**의 성전 안에 두어라. 헬렘과 도비야와
여다야, 그리고 스바냐의 아들 헨이 그것을 관리할 것이다.
15 먼 곳에서 사람들이 와서 천막을 치고 **하나님**의 성전 짓는 일을 도울 것이다.

이 일은 만군의 하나님께서 너희에게 말씀하셨다는 확증이 되어 줄 것이다. 이 모든 일은 너희가 온 마음으로 너희 하나님의 목소리에 응답하고 순종할 때 이루어진다."

너희가 정말 나를 위해 금식했느냐?

7 [1] 다리오 왕 사년 아홉째 달 사일에, 하나님의 메시지가 다시 스가랴에게 임했다.

2-3 베델 성읍이 사레셀과 레겜멜렉이 이끄는 대표단을 보내어 하나님의 축복을 구하고, 만군의 하나님의 성전 제사장과 예언자들과 의논하게 했다. 그들은 이렇게 물었다. "예루살렘 멸망 칠십 주기인 금년 팔월에도, 늘 해오던 것처럼 애곡과 금식을 위한 날을 하루 정해서 지켜야 합니까?"

4-6 그러자 만군의 하나님께서 내게 메시지를 주셔서, 그들 곧 백성 전체와 제사장들에게 전하게 하셨다. "너희는 과거 칠십 년 동안 다섯째 달과 일곱째 달에 금식의 날을 정하여 지켜 왔다. 그런데 너희가 정말 나를 위해 그 일을 했느냐? 축제일들을 지킨 것이 정말 나를 위한 일이었느냐? 아니었다. 나는 사람에게 관심이 있는데, 너희는 종교에 관심이 있다.

7-10 이 일에 대해 너희에게 새로 해줄 말은 없다. 예루살렘이 사람들로 북적이는 번창한 도성이었을 때, 그 주변에 있던 네겝과 스불라까지 사람들로 가득했을 때, 이미 예언자들이 내 메시지를 전하지 않았느냐? [이는 하나님께서 스가랴에게 주신 메시지다.] 그렇다. 지금도 메시지는 동일하다. 만군의 하나님이 그때도 말했고 지금도 말한다.

'서로 정의롭게 대하여라.
너희 이웃을 사랑하여라.
서로 자비를 베풀어라.
과부들, 고아들, 나그네들, 가난한 이들을 착취하지 마라.
서로 음모와 계략을 꾸미지 마라. 그것은 악이다.'

11-13 그러나 어떠했느냐? 너희 조상들이 그 말씀을 들었느냐? 그렇지 않다. 그들은 이를 악물고 반항했다. 귀를 닫았다. 그들은 하나님의 계시에 마음을 굳게 닫았고, 이전 예언자들이 만군의 하나님의 명령을 받아 전했던 성령충만한 설교에 대해 마음을 굳게 닫았다. 그래서 하나님께서 노하셨다. 정말로 노하셨다. 그분이 그들에게 명확히 전하신 말씀을 그들은 한 마디도 듣지 않았다.

13-14 [이는 만군의 하나님의 말씀이다.] 그들이 내 말을 듣지 않는다면, 나도 그들의 말을 듣지 않겠다. 내가 그들을 사방으로 흩어 버렸다. 그들은 나그네 신세가 되어 타지를 떠돌았다. '약속의 땅'은 잡초와 깡통과 엉겅퀴만 무성한 공터가 되었다. 생명의 흔적조차 찾을 수 없었다. 그들은 꿈의 땅을 황무지로 바꾸어 놓았다."

내가 예루살렘으로 돌아왔다

8 1-2 만군의 하나님께서 이 메시지를 주셨다.

만군의 하나님의 메시지다.

"시온을 향한 내 마음이 뜨겁다!
시온을 생각하면 분노가 치민다. 그것은 내 문제이기 때문이다!"

하나님의 메시지다.

3 "내가 시온으로 돌아왔다.
내가 예루살렘으로 다시 돌아왔다.
예루살렘은 이제 새 이름으로 불리리라.
'진리의 도성',
'만군의 하나님의 산', '거룩의 산'으로 불리리라."

4-5 만군의 하나님의 메시지다.
"노인들이 예루살렘에 돌아와서 거리의 벤치에 앉아 이야기꽃을 피우고, 지팡이를 짚고 안전하게 나들이할 것이다. 노인들이 살기 좋은 도성이 될 것이다. 도성의 광장은 웃고 떠들며 뛰노는 아이들로 가득할 것이다. 아이들이 자라기 좋은 도성이 될 것이다."

6 만군의 하나님의 메시지다.
"고향으로 돌아오는 일과, 소수의 생존자들이 하나님의 성전을 재건하는 일이 너무나 큰일로 여겨지느냐? 그러나 내게 너무 큰일이 있겠느냐? 그렇지 않다. 일의 성사를 결정하는 이는 나다."

7-8 만군의 하나님의 메시지다.
"내가 동쪽 나라와 서쪽 나라에서 내 백성을 거둬들일 것이다. 그들을 다시 예루살렘으로 데려올 것이다. 그들은 내 백성이 되고, 나는 그들의 하나님이 될 것이다. 내가 그들 곁을 지키고, 옳은 길로 인도할 것이다."

9-10 만군의 하나님의 메시지다.

"내가 예언자들을 통해 하는 말에 귀 기울이는 너희여, 이 말의 의미를 분명히 알고 굳게 붙들어라. 만군의 **하나님**의 성전이 다시 세워졌다. 성전이 재건되는 중이다. 우리는 어려운 시기를 지났다. 전에 너희는 쥐꼬리만 한 돈을 벌기 위해 일했고, 그것도 운이 좋아야 손에 쥘 수 있었다. 거리가 위험해, 늘 경계하며 다녀야 했다. 내가 세상을 전쟁터로 만들었기 때문이다.

11-12 그러나 이제 상황이 변했다. 이제 나는 살아남은 자들 편에 설 것이다.

파종과 수확이 다시 시작되고,
포도나무들이 포도열매를 맺을 것이다.
동산에 초목이 우거지고,
이슬과 비로 모든 것이 푸르러질 것이다.

12-13 살아남은 자들은 살아가는 데 필요한 것 전부를—그 이상을—얻을 것이다. 너희 유다와 이스라엘 백성들아, 지금까지는 너희가 저주받은 백성 취급을 받았지만, 이제 내가 너희를 구원할 것이다. 이제부터 너희는 복 받은 백성이 될 것이다. 두려워하지 마라. 내가 지금 일하고 있음을 굳게 믿어라."

14-17 만군의 **하나님**의 메시지다.
"너희 조상들이 나를 노하게 했을 때, 나는 너희를 벌주기로 작정했고 그 뜻을 굽히지 않았다. 그때와 마찬가지로, 이제 나는 예루살렘과 유다 나라에 복을 주기로 작정했다. 두려워하지 마라. 진실만을 말하여라. 개인적인 일에서나 법정에서나 옳은 일을 행하여라. 술수를 부려 다른 사람을 착취하지 마라. 거짓된 일이나 거짓된 말을 하지 마라. 나는 그런 것들을 미워한다. 너희는 순박하고 정직하게 살아라. 이것이 내가 너희에게 원하는 일이다." **하나님**의 포고다.

애도의 날이 축제의 날로 바뀌리라

18-19 만군의 **하나님**의 메시지가 다시 내게 임했다.
"넷째, 다섯째, 일곱째, 열째 달에 지키던 애도의 날이, 유다를 위한 축제의 날로 바뀌리라. 그날은 경축일이 될 것이다. 진리를 맞아들여라! 평화를 사랑하여라!"

20-21 만군의 **하나님**의 메시지다.
"무슨 일인지 알아보려고 각지에서 사람들이, 지도자들이 몰려오리라. 그들이 서로 의논하며 말할 것이다. '이 일에 동참해야 하지 않겠는가? **하나님**의 복을 받는 일에 우리도 동참해야 하지 않겠는가? 만군의 **하나님**께 기도해야 하지 않겠는가? 망설일 이유가 무엇인가? 가자!'
22 많은 민족들과 힘 있는 나라들이, 만군의 **하나님**이 주는 복을 얻고자 예루살렘에 몰려들 것이다."

[23] 만군의 **하나님**의 메시지다.
"그때에, 서로 언어가 다른 열 사람이, 유다 사람 하나의 옷소매를 붙들고 말할 것이다. '우리도 당신과 같이 가게 해주시오. 하나님께서 당신과 함께하신다는 말을 우리가 들었다오.'"

온 세상이 하나님을 바라본다

9

[1-6] 전쟁에 대한 경고.

하나님의 메시지가 다마스쿠스에 임하리라.
하드락의 나라에 도전장을 보내리라.
온 세상이 **하나님**을 바라본다.
이스라엘뿐 아니라,
경계를 맞대고 있는 하맛과
스스로 똑똑하다고 여기는 두로와 시돈도 그분을 바라본다.
두로는 제법 큰 왕국을 이루었다.
은도 땔감처럼 많이 쌓았고,
금도 건초 더미처럼 높이 쌓았다.
그러나 하나님께서는 그를 확실히 망하게 하실 것이다.
재산 전부를 대양에 처넣으시고,
남은 것들은 큰 불을 놓아 태워 버리실 것이다.
그 광경을 본 아스글론은 잔뜩 겁을 먹고 혼이 나갈 것이고,
가사는 비통해하며 가슴을 쥐어뜯을 것이다.
에그론은 막다른 골목과 맞닥뜨리리라.
가사의 왕이 죽을 것이다.
아스글론은 텅 비고,
한 악인이 아스돗을 장악할 것이다.

[6-8] "내가 오만한 블레셋 사람들의 코를 납작하게 만들 것이다.
그 피 묻은 노획물을 뱉게 만들어,
악한 짓을 멈추게 할 것이다."
남은 것들은 모두 하나님의 것이 될 것이다. 살아남은 백성은
유다에서 한 가족을 이룰 것이다.
그러나 에그론 같은 적들은 여부스 사람들의 전철을 밟아,
역사의 쓰레기통 속에 처박히리라.
"내가 내 나라에 진영을 세우고
침략자들로부터 지켜 주리라.

누구도 다시는 내 백성을 해치지 못할 것이다.
내가 언제나 그들을 지켜 줄 것이다."

나귀 타고 오시는 겸손한 왕

9-10 "딸 시온아, 환호성을 올려라!
딸 예루살렘아, 환성을 올려라!
네 왕이 오고 계신다!
모든 것을 바로잡으시는 선한 왕,
새끼 나귀 타고 오시는 겸손한 왕이시다.
내가 전쟁을 끝냈다. 에브라임에 전차들이 사라졌고,
예루살렘에 군마들이 사라졌다.
칼과 창, 활과 화살들도 사라지고 없다.
그분께서 민족들에게 평화를 가져오신다.
사방 온 세상, 칠대양에 이르기까지,
평화로운 통치를 펼치시리라.

11-13 내가, 너와 맺은 피의 언약을 기억하고
절망의 감옥에 갇힌 너를 풀어 주리라.
죄수들아, 집으로 돌아오너라! 희망을 한 아름 안고서!
바로 오늘, 내가 너에게 두 배의 복을 약속한다.
너는 잃었던 모든 것을 두 배로 되돌려 받게 될 것이다!
유다는 이제 내 무기, 내가 당기는 활이다.
에브라임은 활시위에 메긴 화살로 쓸 것이다.
시온아, 내가 네 아들들을 깨워,
그리스야, 내가 네 아들들을 칠 것이다.
이제부터는
사람들이 내 칼이다."

14-17 그때 **하나님**이 나타나셔서,
번개처럼 화살을 쏘실 것이다!
주 **하나님**께서 나팔을 부시고,
회오리바람을 일으키며 진군하신다.
만군의 **하나님**께서 그들을 보호해 주시리라.
전면전을 벌이시리라.
모든 전쟁을 끝내는 전쟁,
총력전을.
마침내 그들의 **하나님**이 이기시고, 그들을 구해 주시리라.
그들은 유순한 양 같은 존재가 되고,

왕관에 박힌 오색찬란한
보석 같은 존재가 되리라.
그날에, 그들이 반짝이리라! 빛을 발하리라!
젊은 남자들이 원기 왕성해지고, 젊은 여자들은 사랑스러우리라!

하나님께서 구원을 약속하시다

10

1 봄비가 내릴 때니,
하나님께 비를 내려 달라고 기도하여라.
비를 만들어 내시는 분,
봄 폭풍우를 만들어 내시는 분,
밀과 보리를 기르시는 분께.

2-3 "가게에서 파는 신들이 횡설수설 떠든다.
종교 전문가들도 헛소리나 지껄인다.
거들먹거리는 그들,
내뱉는 말이라곤 허풍뿐이다.
백성들이 길 잃은 양 떼처럼 방황한다.
목자 없는 가련한 양들처럼 길을 잃고 헤맨다.
목자라는 자들에게 내 노가 폭발한다.
숫염소만도 못한 자들, 내가 그들을 염소 다루듯 하리라."

3-5 만군의 **하나님**이 친히 나서서,
그분의 양 떼, 유다 백성을 돌보아 주신다.
그분께서 그들의 영을 소생시켜 주시고,
하나님이 그들 편임을 자랑스러이 여기게 하시리라.
하나님께서 그들을 들어 당신의 재건 사역에 쓰실 것이다.
그들을 주초와 기둥으로,
도구와 기구들로,
재건 사역의 감독자로 쓰시니,
그들은 자랑스러운 일꾼 군대가 될 것이다.
당당하고 일사불란하게, 씩씩하고 힘 있게,
늪과 진창을 서슴없이 통과해 행진한다.
하나님께서 그들과 함께하시니, 그들을 꺾을 자 아무도 없으리라.

6-12 "내가 유다 백성을 강하게 만들 것이다.
내가 요셉 백성을 구원하고,

그들의 고통을 아는 나, 그들을 새롭게 하리라.
모든 과거를 씻고 새 출발하게 하리라.
이유를 묻느냐? 나는 그들의 하나님이기 때문이다.
그들에게 필요한 일을 내가 해줄 것이다.
에브라임 백성은 만방에 이름을 떨치고,
그들의 삶은 기쁨으로 차오를 것이다.
오, 그들의 자녀들도,
하나님의 복을 만끽하게 되리라!
내가 휘파람을 불면, 그들이 내게로 뛰어오리라.
내가 그들을 자유롭게 풀어 주었으니, 오, 그들이 번성하리라!
비록 내가 그들을 사방으로 흩어 보냈지만,
이제 그들이, 그 먼 곳에서 나를 기억할 것이다.
이야기를 간직하여 자녀들에게 전해 주고,
때가 이르면 그들이 돌아올 것이다.
내가 그들을 이집트 서쪽에서 데려오겠고,
앗시리아 동쪽에서 그들을 몰아올 것이다.
내가 그들을 기름진 길르앗으로,
숲이 우거진 레바논으로 다시 데려올 것이다.
온 땅이,
귀향의 무리로 가득하리라.
험한 바다를 뚫고, 성난 파도를 가볍게 타고 그들이 돌아올 것이다.
사나웠던 강들이 실개울로 변할 것이다.
화려했던 앗시리아는 발가벗겨지고,
악당 이집트는 사기꾼으로 드러날 것이다.
그러나 내 백성은, 나 하나님의 힘으로 강해질 것이다!
그러면 그들은 능히 내 길을 걸어갈 것이다." 하나님께서 그렇게 말씀하신다!

11 1-4 오만한 레바논아, 이민자들을 위해 네 국경을 열어라!
너의 보초 서던 나무들이 불에 탈 것이다.
우람한 소나무들아, 통곡하여라! 자매인 백향목들아, 애곡하여라!
너의 하늘 높이 솟았던 나무들이 이제 땔감이 되었다.
바산의 상수리나무들아, 통곡하여라!
너의 울창하던 숲이 이제 그루터기 밭이 되었다.
목자들의 통곡소리를 듣느냐?
그들은 가진 모든 것을 잃었다.
사자들의 포효소리가 들리느냐?
대단하던 요단의 정글이 이제 황무지가 되었다.

사로잡혀 갔다가 돌아오는 이들을 위해 자리를 마련하여라!

거짓 목자

4-5 **하나님**께서 내게 명령하셨다. "곧 도살될 처지의 양들을 위해 목자가 되어 주
어라. 양을 사들일 자들은 손쉽게 돈을 벌기 위해 그들을 도살할 것이다. 그러고
도 아무 문제없다. 양을 파는 자들은 이렇게 말한다. '운도 좋지! 하나님께서 내
편이시다! 나는 부자가 되었다!' 그들의 목자들도 양에게 전혀 관심이 없다."
6 **하나님**의 포고다. "이제 나는 이 땅의 백성들에게서 아주 손을 떼어 버릴 작정
이다. 지금부터 그들은 철저히 혼자 힘으로 살아야 한다. 이전투구, 적자생존,
약육강식의 세상이 펼쳐지리라. 내게 도움을 구할 생각은 마라."
7-8 그래서 나는 돈밖에 모르는 악덕 주인들에게 가서 그 양들을 넘겨받아, 도살
당할 처지에 있던 양들을 돌보았다. 나는 양을 치는 막대기 두 개를 가져다가,
하나에는 '사랑스러움'이라 하고 다른 하나에는 '화합'이라고 이름을 써넣었다.
그러고는 그 양들을 돌보았다. 한 달도 못 되어 나는 부패한 목자들을 내쫓아
버렸다. 더 이상 봐줄 수 없었기 때문이다. 그들도 나를 견디지 못했다.
9 그 후 나는 양들에게도 지쳐서 이렇게 말했다. "너희에게 지쳤다. 더 이상 너
희를 돌보지 않겠다. 이제 죽든지 살든지, 너희가 알아서 해라. 공격을 당해도
할 수 없다. 살아남는 것들은 서로 잡아먹어라."
10-11 그러고 나서 나는 '사랑스러움'이라 이름 붙인 막대기를 무릎 위에서 부러
뜨렸다. 내가 모든 백성과 맺었던 아름다운 언약을 깨뜨린 것이다. 막대기와 언
약이 한번에 깨졌다. 탐욕스런 주인들은 내 행동을 보고, 배후에 **하나님**이 계시
다는 사실을 알아차렸다.
12 내가 그들에게 "내게 적절한 삯을 알아서 쳐 달라"고 말했다. 그들은 삯으로
은 삼십 개를 내게 주었는데, 모욕적일 만큼 적은 액수였다.
13 **하나님**께서 내게 말씀하셨다. "그 돈을 자선 헌금함 속에 던져 넣어라." 내가
한 일에 대해 그들이 쳐준 값이 고작 그 정도였다! 나는 은 삼십 개를 가져다가
하나님의 성전에 있는 자선 헌금함 속에 던져 넣었다.
14 그러고는 '화합'이라는 이름의 다른 막대기를 가져다가 무릎 위에서 부러뜨렸
다. 유다와 이스라엘 사이의 화합을 깨뜨린 것이다.
15-16 그때 **하나님**께서 말씀하셨다. "아둔한 목자처럼 옷을 차려입어라. 내가 이
땅에 바로 그런 목자 하나를 세우려고 한다. 희생자들에게 무심하고 길 잃은 자
들을 낮추어 보며, 상처 입은 자들을 멸시하고 양식 있는 시민들을 우습게 여기
는 그런 목자 말이다. 그가 목자 일을 하는 것은 단 하나, 양 떼를 이용하고 못
살게 굴어 제 잇속을 챙길 생각 때문이다.

17 너, 아무짝에도 쓸모없는 목자야,
양 떼를 방치하고 나 몰라라 하는 네게 화가 있으리라!
네 팔이 저주를 받으리라!

네 오른쪽 눈이 저주를 받으리라!
네 팔은 힘이 빠져 무용지물이 되고,
네 오른쪽 눈은 멀어 한 치 앞도 보지 못하게 될 것이다."

예루살렘의 구원

12

1-2 전쟁에 대한 경고.
이스라엘을 향한 **하나님**의 메시지, **하나님**의 포고다. 하늘을 공간에 펼쳐 놓으
시고, 땅을 굳건한 기초 위에 놓으시며, 인간에게 자기 생명을 불어넣어 주신
바로 그 **하나님**께서 말씀하신다. "잘 보아라. 이제 나는 예루살렘을 한 잔의 독
한 술이 되게 할 것이다. 유다와 예루살렘을 포위한 자들은, 그 술에 취해 인사
불성이 되어 비틀거릴 것이다.
3 그 큰 날에, 나는 예루살렘이 모두의 길을 막아서는 거대한 돌이 되게 할 것이
다. 그 돌을 들어 옮기려는 자들은 다 부서져 내릴 것이다. 모든 이방 민족이 힘
을 모아 그 돌을 없애고 싶어 할 것이다."
4-5 **하나님**께서 말씀하신다. "그 큰 날에, 내가 모든 군마와 기수를 공황 상태에
빠뜨려 미치게 할 것이다. 그러나 유다는 언제나 내가 보살필 것이다. 적의 말
들을 눈멀게 하는 순간에도 그들을 지킬 것이다. 그러면 유다의 가문들이 깨닫
고 이렇게 말하리라. '우리 지도자들이, 그들의 하나님 만군의 **하나님**의 능력을
덧입어 저토록 강해졌다.'
6 그 큰 날에, 내가 유다 가문을 바싹 마른 숲 속의 불붙은 성냥과 같은 존재, 건
초 가득한 헛간 속의 타오르는 횃불과 같은 존재가 되게 할 것이다. 그들은 보
이는 모든 것을 불사를 것이다. 오른편에 있는 사람부터 왼편에 있는 사람까지,
모두 불사를 것이다. 예루살렘은 이주해 오는 사람, 귀향하는 사람들로 북적일
것이다.
7-8 나 **하나님**은, 유다의 평범한 가정들을 회복시키는 일부터 시작할 것이다. 유
다 평민들이 맞을 영광이 다윗 가문과 예루살렘 지도자들의 영광 못지않을 것
이다. 그 큰 날에, 나는 예루살렘에 사는 모든 자들을 돌볼 것이다. 가장 낮고
약한 사람도 다윗처럼 영광스러워질 것이다. 다윗 가문은 백성을 인도하는 **하
나님**의 천사 같은 존재가 될 것이다.
9 그 큰 날에, 나는 그동안 예루살렘을 대적한 모든 이방 민족들을 없애 버릴 것
이다.
10-14 그런 다음, 다윗 가문과 예루살렘 주민에게 은총과 기도의 영을 부어 줄 것
이다. 그러면 그들이, 나 곧 그들에게 처참히 상처 입은 이를 알아보리라. 그들에
게 찔린 창 자국을 알아보리라! 그들은 슬피 울 것이다. 참으로 슬피 울 것이다!
맏이를 잃은 부모가 슬피 우는 것처럼, 울며 통곡할 것이다. 그날 예루살렘에서
일어날 큰 통곡은, 므깃도 벌판 하다드 림몬의 통곡만큼이나 비통할 것이다.

모두가 눈물 흘리며 슬피 울 것이다.
땅과 땅 위의 모든 자들이.
다윗 가문이 울고,
그 가문의 여인들도 울고.
나단 가문이 울고,
그 가문의 여인들도 울고.
레위 가문이 울고,
그 가문의 여인들도 울고.
시므이 가문이 울고,
그 가문의 여인들도 울고.
나머지 모든 가문이 울고,
그 가문들의 여인들도 울리라."

죄를 씻어 주리라

13 [1] "그 큰 날에, 한 샘이 열려 다윗 가문과 예루살렘 모든 지도자의 죄
를 씻어 주며, 그들의 때 묻고 더러운 삶을 깨끗이 씻어 주리라.
2-3 만군의 **하나님**께서 말씀하신다. "그 큰 날에, 내가 가게에 전시된 신들을 모
조리 없애고, 그들의 이름이 영영 잊혀지게 할 것이다. 사람들은 그런 신들이
있었다는 사실조차도 잊게 되리라. 그날 나는 병든 말로 세상을 오염시키던 예
언자들을 없애 버릴 것이다. 만일 그때도 누가 병든 말로 오염을 퍼뜨리는 짓을
계속하면, 그의 부모가 나서서, '이제 그만! 너는 이제 끝났다! **하나님**에 대한
네 거짓말이 모두를 위험에 빠뜨린다'고 말하며, **하나님**에 대해 거짓 예언하는
그를, 그 자리에서 칼로 찔러 죽일 것이다. 그의 부모가 그 일을 할 것이다!
4-6 그 큰 날에, 거짓말을 일삼던 예언자들은 사람들 앞에서 까발려져 수치를 당
할 것이다. 그들은 '환상' 운운하며 사람들을 속였던 일을 후회하게 되리라. 예
언자 의상을 차려입고 예언자 행세를 하던 일도 끝장날 것이다. 그들은 그런 일
을 들어 본 적도 없다는 듯 시치미를 뗄 것이다. '내가 예언자였다고? 천만에.
난 그저 농부일 뿐이오. 농장에서 자랐다오.' 그때 누가 '그러면 당신 눈은 어디
서 멍들었소?' 하고 물으면, 이렇게 말할 것이다. '친구 집 문에 부딪혔다오.'"

7-9 "칼아, 움직여 내 목자를 쳐라!
내 가까운 동료인 그를 쳐라!"
만군의 **하나님**의 포고다.
"그 목자를 죽여라! 양 떼를 흩어라!
그 양들도 내가 내 손등으로 치리라!"
하나님의 포고다.
"온 나라의 삼분의 이가 황폐해지고,

삼분의 일만 남을 것이다.
살아남은 삼분의 일은 정련하는 불 속에 내가 던져 넣을 것이다.
그들을 은을 정련하듯 정련하고,
금을 제련하듯 제련할 것이다.
그러면 그들이 내 이름을 부르며 기도할 것이다.
내가 친히 그들에게 대답해 주리라.
내가 '오, 내 백성이여' 하고 말하면,
그들은 '하나님, 나의 하나님!' 하고 말하리라."

그날이 오고 있다

14

1-2 주목하여라. 하나님의 심판 날이 오고 있다.
"높이 쌓인 약탈품을 적들이 나누어 가질 것이다.
내가 이방 민족들 전부를 불러
예루살렘을 침탈하게 할 것이다.
집들이 약탈당하고,
여자들이 강간당할 것이다.
도성 사람의 절반이 사로잡혀 가,
반만 남게 될 것이다."

3-5 그 후 하나님이 전진해 오셔서 이방 민족들과 싸움을—거대한 전쟁을!—벌이
실 것이다. 바로 그날에, 그분께서 예루살렘을 마주보고 동쪽 올리브 산에 우뚝
서실 것이다. 올리브 산 한가운데가 갈라져서, 동서로 뻗은 넓은 골짜기가 만들
어질 것이다. 그 산의 절반은 북쪽으로 옮겨 가고, 나머지 절반은 남쪽으로 옮
겨 갈 것이다. 그때 너희는 살기 위해 아셀까지 뻗은 골짜기 아래로 달음질쳐
도망갈 것이다. 전에 유다 왕 웃시야 시절에 있었던 대지진 날처럼, 너희가 살
고자 달음박질할 것이다. 그때 내 하나님께서 모든 거룩한 천사들을 이끌고 당
도하실 것이다.
6-7 그날이 오면, 추운 밤이 사라지리라! 밤이 아예 모습을 감추리라! 낮이 계속
될 그날이—언제일지는 하나님만이 아신다—오고 있다. 저녁때가 되어도 새로
운 아침이 동터 오른다.
8 그날이 오면, 예루살렘에서 새로운 강이 흘러나와, 반은 동쪽 바다로 반은 서
쪽 바다로 흐르리라! 여름과 겨울 일 년 내내, 그렇게 흐를 것이다!
9 그날이 오면, 하나님께서 온 세상의 왕, 오직 한분 하나님이 되시리라!

❧

10-11 예루살렘 주위로 드넓은 땅이 펼쳐질 것이다. 북쪽으로 게바, 남쪽으로는
림몬까지. 그 중앙에 예루살렘이 우뚝 솟고, 우람한 문들—'베냐민 문'에서 '첫
문'과 '모퉁이 문', '하나넬 망대'와 왕실 포도원에 이르기까지—이 사람들로 가

득한 도성을 둘러쌀 것이다. 다시는 예루살렘이 멸망당하는 일이 없을 것이다.
그 도성은 안전할 것이다.
12-14 그러나 예루살렘을 공격한 자들은 **하나님**께서 끔찍한 재앙으로 치실 것이
다. 걸어 다니는 자들의 몸에서 살이 썩어 떨어져 나갈 것이다. 눈동자가 썩어
눈구멍에서 빠져나오고, 혀도 입안에서 썩을 것이다. 사람들이 선 채로 죽어 갈
것이다! 광기와 절망이 그들을 휩쓸리라. 같은 편 군인들끼리 싸우고 죽이며,
거룩한 공포에 휩싸일 것이다! 그때 유다도 그 소동을 틈타 돌진할 것이다!
14-15 그 민족들에게서 빼앗은 보물들—금, 은, 최신 유행상품들—이 높이 쌓일
것이다. 재앙은 짐승들—말, 노새, 낙타, 나귀들—에게도 닥칠 것이다. 적진의
살아 있는 모든 것이 재앙을 맞을 것이다.

16-19 예루살렘을 대적하던 이방 민족들 중에 살아남은 생존자들은, 해마다 예루
살렘으로 가서, 왕이신 만군의 **하나님**을 예배하고 초막절을 지킬 것이다. 해마
다 그들 중에 누구라도 왕이신 만군의 **하나님**을 예배하러 예루살렘 순례길에
오르지 않으면, 그의 땅에는 비가 내리지 않을 것이다. 이집트 사람들이 순례길
에 올라 하나님을 예배하지 않으면, 그들에게도 비가 내리지 않을 것이다. 초막
절을 지키러 올라오지 않는 민족에게는 재앙이 닥칠 것이다. 이집트나 그 어느
민족도, 초막절을 경축하러 순례길에 오르지 않으면 벌을 받을 것이다.
20-21 그날, 그 큰 날에, 모든 말방울에 '**하나님**께 거룩'이라는 글귀가 새겨지고,
하나님의 성전 안에 있는 모든 그릇이 제단 위 잔과 접시처럼 거룩해질 것이다.
예루살렘과 유다의 부엌에 있는 모든 그릇과 냄비들도 만군의 **하나님** 앞에서
거룩해질 것이다. 음식과 희생 제물을 마련하여 예배하러 오는 자들이 그 그릇
들을 사용할 것이다. 그 큰 날에, 만군의 **하나님**의 성전에서 사고파는 일이 사
라질 것이다.

인생 대부분이 위기의 시간인 것은 아니다. 다행스러운 일이 아닐 수 없다. 인생에서 고통과 상실, 혼란이나 어려움이 쉴 새 없이 이어지는 삶을 감당할 수 있는 사람은 많지 않다. 그러나 위기의 시간이 갖는 가치는 소중하다. 위기의 시간에는 모든 것이, 정말 모든 것이 중대한 의미를 갖게 된다. 그야말로 생사가 갈리는 시간이기 때문이다. 말 한마디, 행동 하나도 예사로울 수 없다. 그런 시간에는 언제나 하나님이, 하나님과 우리의 관계가 핵심 사안으로 떠오른다.

그러나 평범한 시기, 흔히 하는 말로 "별일 없이 사는" 때는, 하나님에 대한 관심이 삶의 언저리로 밀려나고 우리는 자신에게 몰두한 채 살아간다. 그런 시기에 종교는 "신에 대해 질문하는 일" 정도로 축소되어, 하나님에 대해 의문을 제기하거나 불평을 늘어놓거나 할 뿐이다. 예배는 기분전환용일 뿐이며, 우리는 하나님의 뜻을 물을 생각 없이 (결혼 같은) 개인적 일을 결정해 버리고, 일상의 모든 일을 하나님과는 아무 상관없다는 듯 처리하며 하루하루를 살아간다.

말라기의 예언은 바로 그러한 상태를 정조준한다. 말라기는 위기를 알아차리지 못하는 우리를 위해 새로운 위기를 만들어 낸다. 그는 우리가 우리 일에만 집중하고 있을 때 하나님의 위기에 눈뜨게 한다. 그는 우리로 하여금 늘 마음의 허리를 동이고 하나님께 귀를 기울이며 살아가게 한다. 지금 우리에게 오고 계신 하나님을 기대하고 맞이하며, 그분께 늘 응답할 태세를 갖추고 살아가게 한다.

하나님께서 말씀하신다. "너희는 내게 무례하고 거친 말을 했다.
너희가 묻는다. '언제 우리가 그렇게 했습니까?'
너희는 이렇게 말했다. '하나님을 섬겨 봐야 득 될 게 없다. 대체 얻는 것이 무엇이란 말인가? 그분의 말씀대로 행하고 만군의 **하나님** 앞에서 엄숙하고 침울하게 살았는데, 달라진 게 뭐지? 하지만 자기 인생을 제 마음대로 사는 자들은 행운아다. 법이란 법은 모두 어기며 살아도 잘만 산다. 하나님의 한계를 시험하는데도, 그들은 별 탈 없이 잘산다.'"
그때, **하나님**을 높이며 살아온 사람들이 한자리에 모여 이야기를 나누었다. **하나님**께서 그들을 보시며 그들의 말을 귀 기울여 들으셨다. 하나님 앞에 한 책이 펼쳐지고 그 모임이 기록되었다. 하나님을 경외하는 자들, 하나님의 이름을 높인 자들의 이름이 다 기록되었다.
만군의 하나님께서 말씀하셨다. "그들은 내 사람들이다. 모두 내 사람들이다. 내가 행동에 나설 때 그들은 특별대우를 받을 것이다. 부모가 자신을 높이는 자녀를 아끼고 품어 주듯이, 내가 그들을 그렇게 대해 줄 것이다. 다시 한번, 너희는 바른 일을 하는 사람과 그렇지 않은 사람, 하나님을 섬기는 사람과 그렇지 않은 사람의 운명이 얼마나 다른지 보게 될 것이다"(말 3:13-18).

말라기는 구약성경의 대미를 장식한다. 그는 메시지의 마지막 몇 문장에서, 모세와 엘리야라는 두 거인을 우리 앞에 불러 세운다. 하나님께서 과거에 행하신 일과 말씀에 뿌리박고 살아가게 해주는 모세, 그리고 하나님께서 앞으로 하실 일에 깨어 있게 해주는 엘리야.

"내가 내 종 모세를 통해 주었던 계시, 온 이스라엘을 위해 호렙에서 명령으로 주었던 계시, 바른 삶을 위한 그 모든 규례를 기억하고 지켜라.
그러나 동시에 앞을 내다보며 살아라. 내가 하나님의 큰 날—결정적 심판의 날—을 위해 예언자 엘리야를 보내어 길을 닦게 할 것이다. 그는 부모의 마음을 돌려 자녀를 돌보게 하고, 자녀의 마음을 돌려 부모를 공경하게 할 것이다. 만일 그들이 그것을 거절하면, 내가 와서 그 땅을 저주 아래 둘 것이다"(말 4:4-6).

우리를 위대한 모세와 불같은 엘리야 앞에 불러 세움으로써, 말라기는 '하나님과 영혼' 문제를 대수롭지 않게 여기던 우리를 정신이 번쩍 들게 한다.

말라기

거짓 예배는 이제 그만!

1 [1] **메시지**, 곧 말라기를 통해 이스라엘에게 주신 **하나님**의 말씀이다.
[2-3] **하나님**께서 말씀하셨다. "내가 너희를 사랑한다."
너희가 대답했다. "정말 그렇습니까? 주께서 어떻게 저희를 사랑하셨는데요?"
"역사를 보아라"(하나님의 대답이다). "내가 너 야곱을 에서와 얼마나 다르게 대해
왔는지 보아라. 나는 야곱을 사랑했고 에서는 미워했다. 나는 머리인 양 우쭐대
던 에서를 꼬리가 되게 만들었고, 그의 나라 전체를 유령도시로 만들었다."
[4] 에돔(에서)은, "우리가 쓰러졌지만 아무렇지도 않게 다시 일어설 수 있다"고 말
한다. 그러나 만군의 **하나님**께서 이렇게 말씀하신다. "그래 한번 해보아라. 과
연 그럴 수 있는지 보자. 내가 때려눕히면 다시 일어서지 못한다. 너희를 보고
사람들이 '악의 땅!', '**하나님**께 저주받은 족속!'이라고 말하리라.
[5] 그렇다. 잘 보아라. 그러면 내가 얼마나 충실하게 너희를 사랑해 왔는지 깨닫
게 될 것이다. 너희는 더 큰 것을 바라며 이렇게 말할 것이다. '이스라엘의 경계
를 넘어서까지, **하나님**의 이름이 더욱 높아지기를!'"

⁂

[6] "아들은 자기 아버지를 높이고, 일꾼은 자기 주인을 높이는 법이 아니냐? 그
런데 내가 너희 아버지인데도, 너희는 과연 나를 높이느냐? 내가 너희 주인인
데도, 너희는 과연 나를 존중하느냐?" 만군의 **하나님**께서 너희를 질책하신다.
"너희 제사장들이 나를 멸시한다!
너희는 말한다. '그럴 리가요! 저희가 어떻게 주님을 멸시한단 말씀입니까?'
너희의 조악하고 천박한 예배로 나를 멸시한다.
너희가 묻는다. '멸시하다니, 무슨 말씀이십니까? 대체 어떻게 멸시한다는 말씀

인가요?'
[7-8] 너희는, '**하나님**의 제단은 더 이상 중요하지 않다. **하나님**을 예배하는 일은 더
이상 최우선적인 과제가 아니다'라고 말한다. 이것이 나를 멸시하는 일이 아니
고 무엇이냐? 또 너희는 예배 때 보잘것없는 짐승을 가져와서 제물로 바친다.
너희 자신도 갖고 싶어 하지 않을, 눈멀고 병들고 다리 저는 짐승들을 가져온다.
이것이 멸시가 아니면 무엇이냐? 너희 상관을 그런 식으로 속이려고 해보아라.
너희에게 무엇이 돌아오겠느냐?" 만군의 하나님께서 너희에게 물으신다.
[9] "무릎 꿇고, 내게 은혜를 베풀어 달라고 기도하여라. 너희 제사장들은 모두를
구렁에 빠뜨렸다. 이런 짓을 해놓고도 내가 너희 말을 들어주리라고 생각하느
냐?" 만군의 **하나님**께서 너희에게 물으신다.
[10] "아예 성전 문을 닫아 걸어 버리는 것이 어떻겠느냐? 그러면 누구도 성전에
서 아둔하고 천치 같은 예배를 드리며 종교놀음을 하지 못할 테니 말이다. 나는
기쁘지 않다. 만군의 **하나님**은 하나도 기쁘지 않다. 너희의 거짓 예배 따위는
원하지 않는다!"

너희는 나를 모독한다

[11] "나는 온 세상에서 높임을 받는다. 세상 도처에, 나를 예배할 줄 아는 자들,
자기에게 가장 귀한 것을 바치며 나를 높이는 자들이 있다. 그들은 세상 곳곳에
서 말한다. '만군의 **하나님**이 가장 높으시다!'
[12-13] 너희만 예외다. 너희는 나를 높이기는커녕 모독한다. 너희는 '예배가 뭐 그
리 중요한가, 예배에 무엇을 가져오는지가 그렇게도 중요한가?'라고 말하고,
'예배는 지루하다. 내게 아무 도움이 되지 않는다'는 말로 나를 모독한다. 너희
는 고개를 뻣뻣이 세우고, 나 만군의 **하나님** 앞에서 잘난 체한다! 또 너희는 내
게 싸구려나 폐품, 쓰레기 같은 것들을 바친다. 내가 그런 것들을 받으리라고
생각하느냐? 나 **하나님**이 말한다!
[14] 나를 위해 뭔가 큰일—값진 희생제—을 할 것처럼 잔뜩 폼을 잡다가, 결국은
하잘것없는 것만 가져오는 자에게 저주가 있을 것이다! 나는 위대한 왕이요, 세
상 도처에서 높임을 받는 만군의 **하나님**이다. 결단코 그런 일을 두고 보지 않을
것이다!"

하나님의 거룩을 더럽히는 일

2 [1-3] "제사장들아, 너희에 대한 기소장이다! 너희가 순종하며 귀 기울여 듣
지 않고, 나 만군의 **하나님**을 높이며 예배하지 않으면, 내가 너희를 저주
아래 둘 것이다. 내가 너희의 모든 복을 저주로 바꿀 것이다. 이미 저주가 시작
되었다. 너희는 나를 높이는 일에 별 관심이 없기 때문이다. 그렇다. 그 저주는
너희 자손들에게까지 미칠 것이다. 내가 너희 얼굴에 악취 나는 쓰레기를, 너희
축제에서 나오는 쓰레기를 바를 것이다. 너희에게 곧 닥칠 일이다!
[4-6] 그렇게 하면 너희가 정신을 차릴 것이다. 레위 제사장들과 맺은 언약, 곧 만

군의 **하나님**의 언약에 새로운 생명을 불어넣기 위해 내가 너희를 기소한다는
것을 깨닫게 될 것이다. 내가 레위와 언약을 맺은 것은 그에게 생명과 평화를
주기 위해서였다. 나는 그와 맺은 언약을 지켰고, 그는 나를 높였다. 그는 경외
심을 품고 내 앞에 섰다. 진리를 가르쳤으며, 거짓을 말하지 않았다. 평화와 의
를 실천하며 나와 동행했다. 그는 많은 사람을 수렁에서 건지고, 바른 길로 이
끌었다.
7-9 제사장의 일은 진리를 가르치는 것이다. 사람들에게 길을 안내하는 것이다.
제사장은 만군의 **하나님**의 특사다. 그런데 너희 제사장들은 제사장의 일을 저
버렸다. 도리어 많은 사람들의 삶을 망쳐 놓았다. 너희는 제사장 레위의 언약
을 쓰레기로 만들었다. 만군의 **하나님**이 말한다. 그래서 내가 이렇게 너희의 실
상을 만천하에 폭로한다. 이제 모두가 너희를 역겨워하고 피해 간다. 너희가 내
말을 듣지 않고, 내 계시를 참되고 치우침 없이 가르치지 않기 때문이다."
10 우리는 모두 한 아버지에게서 나지 않았느냐? 모두 같은 하나님에 의해 창조
되지 않았느냐? 그런데 어째서 우리는 서로 잘 지내지 못하는 것일까? 어째서
우리를 하나로 묶어 주는, 조상들의 언약을 더럽히고 있는가?
11-12 유다는 **하나님**을 속였다. 신뢰를 저버리는 역겨운 일이 이스라엘과 예루살
렘에서 벌어졌다. 유다는 이방 신들을 예배하는 여자들과 사랑에 빠져 도망갔
고, **하나님**의 거룩을 더럽혔다. 그들에게 **하나님**의 저주가 있을 것이다! 그들을
집에서 내쫓아라! 그들은 공동체 일원이 될 자격이 없다. 만군의 **하나님**께 아무
리 많은 제물을 들고 온다고 해도 소용없다.
13-15 유다의 두 번째 죄는, 너희 예배장소를 우는 소리와 불평하는 소리로 가득
채운 것이다. 그들이 원하는 것을 **하나님**에게서 얻지 못했기 때문이다. 너희는
그 이유를 알고 있느냐? 너희가 너희 어린 신부를 맞으며 결혼 서약을 했을 때
하나님께서 거기 증인으로 계셨는데도, 너희가 그 서약을 깨 버렸기 때문이다.
너희는 서약 맺은 동반자, 언약 맺은 아내와의 약속을 깨뜨렸다. 결혼은, 너희
가 아닌 **하나님**의 작품이다. 그 세부사항 하나하나에까지 그분의 영이 깃들어
있다. 그분이 결혼에서 원하시는 것이 무엇인지 아느냐? 다름 아닌, 하나님의
자녀가 되는 것이다. 그러니 너희는 부부 간의 도리를 잘 지키며 살아야 한다.
너희 배우자를 속여서는 안된다.
16 "나는 이혼을 미워한다." 만군의 **하나님**, 이스라엘의 **하나님**께서 말씀하신다.
"나는 결혼으로 맺어진 '한 몸'이 찢어지는 것을 싫어한다." 그러니 늘 너희 자
신을 살펴라. 경계를 늦추지 마라. 속이지 마라.
17 너희가 하는 말은 하나같이 **하나님**을 괴롭힌다.
"우리가 어떻게 그분을 괴롭힙니까?" 하고 너희가 묻는다.
바로 이런 말로 **하나님**을 괴롭힌다. "**하나님**은 죄인도, 죄도 다 사랑하신다. **하
나님**은 뭐든지 사랑하신다." "심판이라고? **하나님**은 너무 좋으신 분이어서 심
판 같은 것은 하지 않으신다."

3 1 "보아라! 나를 위해 길을 닦으라고, 내가 특사를 보낼 것이다. 너희가
찾던 지도자가 불시에 자기 성전에 들어설 것이다. 그렇다. 그가 바로 너
희가 기다리던, 언약의 특사다. 보아라! 그가 오고 있다!" 만군의 **하나님**의 메
시지다.

2-4 그러나 그가 올 때 과연 누가 견뎌 낼 수 있을까? 그가 나타날 때 과연 누가
살아남을 수 있을까?

그는 용광로 속의 맹렬한 불 같다. 그는 가장 강력한 세정제 같다. 그는 금과 은을 정련하고 더러운 옷을 깨끗이 빨듯이, 레위 제사장들을 정련하고 깨끗게 할 것이다. 그리하여 마침내 그들을 **하나님**께 합당한 자들, 의의 제물을 바치기에 합당한 자들로 만들어 낼 것이다. 그때에야 비로소 유다와 예루살렘은, 오래전처럼 **하나님**께 합한 존재, 기쁨을 드리는 존재가 될 것이다."

⁂

5 "그렇다. 내가 심판을 들고 너희를 찾아가는 중이다. 나는 마술 부리는 자들, 간음하는 자들, 거짓말하는 자들, 일꾼을 착취하는 자들, 과부와 고아들을 이용하는 자들, 집 없는 이들을 박대하는 자들, 곧 나를 높이지 않는 자들의 죄를 드러낼 증거를 내놓겠다. 그들이 꼼짝 못하도록." 만군의 **하나님**의 **메시지다.**

십일조

6-7 "나는 **하나님**이다. 그렇다. 언제나 **하나님**이다. 나는 변하지 않는다. 내가 변하지 않기에, 너 야곱의 자손이 지금까지 멸망하지 않은 것이다. 너희는 오랜 세월 동안 내 명령을 무시했다. 내가 너희에게 이르는 일을 하나도 행하지 않았다. 내게 돌아오너라. 내가 너희에게 돌아갈 수 있도록." 만군의 **하나님**께서 말씀하신다.

"너희가 묻는다. '저희가 어떻게 돌아가야 합니까?'

8-11 정직한 일부터 시작하여라. 정직한 자들은 하나님의 것을 훔치지 않는다. 그
러나 너희는 날마다 내 것을 훔친다.

너희가 묻는다. '저희가 어떻게 주님의 것을 훔쳤단 말씀인가요?'

십일조와 헌물이다! 지금 너희가—너희 모두가—저주 아래 있는 것은, 너희가 내 것을 훔쳤기 때문이다. 너희의 온전한 십일조를 성전 보물 보관소로 가져와서, 내 성전 곳간이 넉넉해지게 하여라. 이 일을 가지고 나를 한번 시험해 보아라. 내가 너희에게 하늘을 열어 주는지 않는지, 너희가 감히 꿈도 꾸지 못한 복들을 너희에게 쏟아부어 주는지 않는지. 내가 약탈자들을 막고, 너희 밭과 정원들을 보호해 줄 것이다." 만군의 **하나님**의 **메시지다.**

12 "너희는 '가장 행복한 나라'로 손꼽힐 것이다. 은총이 넘치는 나라에서 살게
될 것이다." 만군의 **하나님**의 말씀이다.

하나님을 높이며 살아온 사람들

13 **하나님**께서 말씀하신다. "너희는 내게 무례하고 거친 말을 했다.
너희가 묻는다. '언제 우리가 그렇게 했습니까?'

14-15 너희는 이렇게 말했다. '하나님을 섬겨 봐야 득 될 게 없다. 대체 얻는 것이 무엇이란 말인가? 그분의 말씀대로 행하고 만군의 **하나님** 앞에서 엄숙하고 침울하게 살았는데, 달라진 게 뭐지? 하지만 자기 인생을 제 마음대로 사는 자들은 행운아다. 법이란 법은 모두 어기며 살아도 잘만 산다. 하나님의 한계를 시험하는데도, 그들은 별 탈 없이 잘산다.'"

16 그때, **하나님**을 높이며 살아온 사람들이 한자리에 모여 이야기를 나누었다. **하나님**께서 그들을 보시며 그들의 말을 귀 기울여 들으셨다. 하나님 앞에 한 책이 펼쳐지고 그 모임이 기록되었다. **하나님**을 경외하는 자들, **하나님**의 이름을 높인 자들의 이름이 다 기록되었다.

17-18 만군의 **하나님**께서 말씀하셨다. "그들은 내 사람들이다. 모두 내 사람들이다. 내가 행동에 나설 때 그들은 특별대우를 받을 것이다. 부모가 자신을 높이는 자녀를 아끼고 품어 주듯이, 내가 그들을 그렇게 대해 줄 것이다. 다시 한번, 너희는 바른 일을 하는 사람과 그렇지 않은 사람, 하나님을 섬기는 사람과 그렇지 않은 사람의 운명이 얼마나 다른지 보게 될 것이다."

의의 태양이 떠오르리라

4

1-3 "두고 보아라. 그날이 오고 있다. 산불처럼 맹렬한 그날이. 악을 행하는 거만한 자들은 모두 땔감처럼 태워져 부서질 것이다. 오직 그을린 흙과 재만 남으리라. 그들에게는 암흑의 날이 될 것이다. 그러나 너희는 기대하여라! 내 이름을 높이는 이들에게는 의의 태양이 떠오를 것이다. 거기에서 치유의 빛이 흘러나올 것이다. 너희는 기운 펄펄한 망아지처럼 에너지가 넘치고, 악한 자들을 밟게 될 것이다. 그날에, 그들은 너희에게 밟혀 재처럼 뒹굴 것이다." 만군의 **하나님**께서 말씀하신다.

4 "내가 내 종 모세를 통해 주었던 계시, 온 이스라엘을 위해 호렙에서 명령으로 주었던 계시, 바른 삶을 위한 그 모든 규례를 기억하고 지켜라.

5-6 그러나 동시에 앞을 내다보며 살아라. 내가 **하나님**의 큰 날—결정적 심판의 날—을 위해 예언자 엘리야를 보내어 길을 닦게 할 것이다. 그는 부모의 마음을 돌려 자녀를 돌보게 하고, 자녀의 마음을 돌려 부모를 공경하게 할 것이다. 만일 그들이 그것을 거절하면, 내가 와서 그 땅을 저주 아래 둘 것이다."

The MESSAGE

신약전서

예수께서 오심으로 새 시대가 열렸다. 하나님께서 친히 역사 속으로 들어오셔서, 그분이 우리 편이시며 우리를 구원하시기 위해서라면 못하실 일이 없음을 분명히 보이셨다. 그 모든 일이 예수의 삶과 죽음과 부활로 드러나고 이루어졌다. 그때나 지금이나, 이것은 웬만해서는 믿기 어려운 이야기다. 너무 좋아서 믿기지 않는 이야기다. 예수의 제자 가운데 한 사람인 요한은, 그가 쓴 첫 번째 편지의 도입부에서 그런 상황을 이렇게 요약하고 있다.

> 우리는 첫날부터 거기 있으면서, 그 모든 것을 받아들였습니다. 우리는 그 모든 것을 두 귀로 듣고, 두 눈으로 보고, 두 손으로 확인했습니다. **생명의 말씀**이 우리 눈앞에 나타나셨습니다. 우리는 그것을 똑똑히 보았습니다! 이제 우리가 목격한 것을 여러분에게 과장 없이 있는 그대로 말씀드리겠습니다. 너무나 놀랍게도, 하나님 자신의 무한하신 생명이 우리 앞에 모습을 드러냈습니다. 우리가 그것을 보고 듣고서 이제 여러분에게 전하는 것은, 우리와 더불어 여러분도 아버지와 그분의 아들이신 예수 그리스도와의 사귐을 경험하게 하려는 것입니다. 우리가 이 편지를 쓰는 목적은, 여러분도 이 사귐을 누리게 하려는 것입니다. 그러면 여러분의 기쁨으로 인해 우리의 기쁨이 두 배가 될 테니까요!(요일 1:1-4)

사람들은 하나둘씩 그 이야기를 믿었다. 예수께서 그들 가운데서 그들을 위해 살아 계신 하나님이심을 믿었다. 곧이어 그들은 예수께서 그들 안에서도 살아 계심을 깨달았다. 자신들이 살고 있는 세상이 온통 하나님께서 다스리시는 세상임을 알고, 그들은 깜짝 놀랐다. 만물의 시작과 끝이 그분께 있었던 것이다. 실제로 요한은 그의 환상 속에서 예수께서 다음과 같이 말씀하시는 것을 들었다. "나는 처음이며 마지막, 최초이며 최종, 시작이며 끝이다"(계 22:13). 그렇다면 모든 것, 글자 그대로 모든 것을 다시 조정하고 다시 그려 내고 다시 생각해야 했다.

그들은 그 일에 아주 신바람이 났다. 그들은 예수의 이야기를 전했고, 그분의 가르침을 기억하기 쉽게 정리했다. 편지를 썼다. 노래를 불렀다. 기도를 드렸다. 그들 가운데 한 명은 거룩한 환상을 바탕으로 독특한 시를 썼다. 명확한 책임자가 있었던 것도 아니다. 모든 것이 자발적으로 이루어졌고, 얼핏 보기에는 아무렇게나 되는 일 같았다. 세월이 50년쯤 흘러서 그 글들이 한데 모아졌고, 예수를 따르는 이들은 그것을 하나로 묶어 "신약성경"이라고 불렀다.

목격담, 개인적인 편지, 환상의 시. 이렇게 세 종류의 글이 모아져, 한 권의 책이 되었다. 이야기 다섯 마당, 편지 스물한 통, 시 한 편.

이렇게 쓰고 읽고 모으고 정리하는 과정이 겉보기에는 아무런 책임자도 없이 이루어진 것 같았다. 하지만 그 기록을 읽으면서 삶이 변화되고 만들어져 가던 초기 그리스도인들은 책임자가 계시다는 확신에 이르렀다. 그 모든 일의 배후와 중심에 하나님의 성령이 계셨던 것이다. 그들이 뒤돌아보고 깨달은 것이지만, 그 모든 일은 전혀 임의로 되거나 아무렇게나 된 일이 아니었다. 단어 하나하나까지 서로 맞아들어 갔고, 각자 따로 된 문서들이 모두 정교하게 조화를 이루었다. 우연은 조금도 없었고, 어쩌다 그렇게 된 일도 아니었다. 그들은 담대하게 그 기록된 글을 "하나님의 말씀"이라고 부르며, 거기에 자신의 삶을 걸었다. 그 글에 자신의 삶을 다스릴 권위가 있음을 받아들였던 것이다. 바울은 그의 제자 디모데에게 보낸 편지에서 이렇게 말했다.

> 그리스도 예수를 믿는 믿음으로 말미암아 구원에 이르는 길을 보여주는 것은, 오직 기록된 하나님의 말씀 외에는 없습니다. 성경의 모든 부분에는 하나님의 숨결이 깃들어 있어 모든 면에서 유익합니다. 우리에게 진리를 보여주고, 우리의 반역을 드러내며, 우리의 실수를 바로잡아 주고, 우리를 훈련시켜 하나님의 방식대로 살게 합니다. 우리는 말씀을 통해 온전해지며, 하나님께서 우리를 위해 마련하신 일을 이루어 가게 됩니다(딤후 3:15-17).

그 후로, 이 글을 읽은 사람들은 대부분 비슷한 믿음을 가졌다.

이 기록의 두드러진 특징은, 당시 길거리에서 쓰던 언어와 놀이터와 시장의 말투로 되어 있다는 것이다. 그리스어를 쓰던 당시 세계에는, 두 등급의 언어가 있었다. 공식 언어와 비공식 언어였다. 공식 언어는 철학과 역사, 정부 법령과 서사시를 쓸 때 사용했다. 누군가 자리에 앉아 짐짓 후대에 남길 글을 쓰는 것이라면, 당연히 박식한 어휘와 정확한 어법을 살려 공식 언어로 기록했다. 그러나 사야 할 물건의 목록이나 가족 간의 편지, 청구서나 영수증 같은 일상적인 글이라면, 길거리에서 쓰는 평범하고 비공식적인 일상어로 썼다.

신약성경 전체에 사용된 언어가 바로 그 언어다. 여기에 난색을 표하는 사람들이 있다. 거룩하신 하나님과 거룩한 것들을 담을 언어라면, 마땅히 고상하고 장중하고 격식에 맞아야 한다는 생각 때문이다. 그러나 예수를 한 번만 잘 보면, 그런 억측은 사라진다. 그분은 현실적인 이야기를 즐겨 하셨고, 평범한 사람들과 스스럼없이 어울리셨다. 예수는 있는 그대로의 우리 삶으로 내려오신 하나님이시지, 우리의 삶을 가지고 하나님께로 올라가신 분이 아니다. 우리가 그분께 인정받기 위해 안간힘을 쓰기를 바라시는 분이 아니다. 요한의 말대로 예수는 "우리가 사는 곳에" 오셔서, 우리 가운데 한 사람이 되신 분이다(요 1:14). 바울은 그의 편지에서 예수에 대해 다음과 같이 말한다.

> 그분은 하나님과 동등한 지위셨으나 스스로를 높이지 않으셨고, 그 지위의 이익을 고집하지도 않으셨습니다. 조금도 고집하지 않으셨습니다! 때가 되자, 그분은 하나님과 동등한 특권을 버리고 종의 지위를 취하셔서, 사람이 되셨습니다! 그분은 사람이 되셔서, 사람으로 사셨습니다. 그것은 믿을 수 없을 만큼 자신을 낮추는 과정이었습니다. 그분은 특권을 주장하지 않으셨습니다. 오히려 사심 없이 순종하며 사셨고, 사심 없이 순종하며 죽으셨습니다. 그것도 가장 참혹하게 십자가에서 죽으셨습니다(빌 2:5-8).

그래서 예수를 따르는 사람들은 전도할 때나 설교할 때나 번역할 때나 가르칠 때나, 메시지—"복된 소식"—를 자기가 살고 있는 현장의 언어로 표현하려고 언제나 최선을 다했다. 메시지를 바로 이해하려면 언어를 바로 써야 한다. 완벽함을 열망하는 우리의 바람에 어울리는 세련된 언어가 아니라, 생각지도 못한 곳에서 하나님의 임재와 활동을 드러내 주는 투박하고 다듬어지지 않는 언어라야 한다. 하나님 생각 없이 평범하고 너저분한 삶에 몰두해 있을 때, 우리를 확 덮치는 그런 언어여야 한다.

오늘의 언어로 된 이 『메시지』는, 요즘 사람들이 쓰는 참신하고 이해하기 쉬운 말에 맞춘 것이다. 이 언어는, 우리가 쇼핑하고 친구들과 이야기하고 세상사를 걱정하고 자녀들에게 식탁 예절을 가르칠 때 사용하는 언어와 똑같은 언어다. 그 목표는, 그리스어를 축자적으로 직역하는 것이 아니라, 말투와 억양과 사건과 개념을 우리가 실제로 생각하고 말하는 식으로 바꾸는 것이다.

이 『메시지』 작업을 하면서 새삼 깨달았지만, 이 일은 내가 목사로서 평생 해온 바로 그 일이다. 35년 동안 나는 목사로서 성경 원어와 일상의 언어라는 두 언어 사이에 서서, 적절한 단어와 숙어를 찾아내는 번역자 노릇을 했다. 내가 섬기는 사람들이 이 세상에서—하나님께서 예수를 통해 아주 단호하고 확실하게 말씀하신 이 세상에서—길을 찾아 잘 살아갈 수 있도록 말이다. 나는 늘 성경 본문을 사람들의 현실에 맞게 오늘의 언어로 표현할 길을 궁리하면서, 강단과 부엌, 병원과 식당, 주차장과 공원에서 그 일을 했다.

예수의 이야기는 예수로 시작하지 않는다. 하나님은 이미 오래전부터 일해 오셨다. 예수의 일은 구원이며, 그것은 아주 오래된 일이다. 창세전부터 시작되어 면면이 이어져 온 모든 주제와 기운과 운동이 결집되어, 최종 모습으로 드러난 것이 곧 예수다.

마태는 한 지방에서 벌어진 예수의 이야기를 세계 역사의 정황 안에 배치하면서 신약성경의 문을 연다. 예수의 탄생과 삶과 죽음과 부활에 관한 그의 기록을 읽노라면, 우리는 앞서 일어난 모든 일과 연결 지어 그것을 볼 수밖에 없다. 실제로 예수의 탄생에 관한 기록만 해도, 마태는 독자들에게 메시아가 오심으로 구약의 두 예언이 성취되었음을 상기시키고 있다.

> 잘 보아라, 처녀가 임신하여 아들을 낳을 것이며
> 그 이름을 임마누엘이라 할 것이다!
> (임마누엘은 히브리 말로 '하나님이 우리와 함께 하신다'는 뜻이다.) (마 1:23; 사 7:14 인용)

> 유대 땅 베들레헴아,
> 너는 더 이상 뒤만 따르지 않을 것이다.
> 네게서 지도자가 나와
> 내 백성 이스라엘을 목자처럼 다스릴 것이다(마 2:5-6; 미 5:2 인용).

"성취된다"는 말은 마태가 유독 많이 쓰는 동사다. 어떤 일이 벌어지는 것은 "말씀이 성취되기 위해서"다. 예수는 독특하지만 유별난 분은 아니시다.

더 나아가, 마태가 이야기하는 방식을 보면, 우리 이전에 일어난 모든 일이 예수 안에서 완성될 뿐 아니라 우리도 예수 안에서 완성된다는 것을 알 수 있다. 매일 아침 잠에서 깰 때마다 우리는 이미 시작된 일, 오랫동안 진행되어 온 일 한가운데 있다. 우리의 족보와 우리가 살고 있는 지역이 그러하고, 역사와 문화와 우주 그리고 하나님 이야기가 그렇다. 이 이야기 속에서 우리는 우연의 산물도 아니고 군더더기처럼 불필요한 존재도 아니다. 이 이야기 속에서 우리는 우리 인생의 방향을 발견하고, 우리 삶에 대한 설명과 확신까지 찾게 된다.

마태는 종합적인 정황을 내놓는다. 하나님의 모든 창조와 구원이 예수 안에서 완성되고, 우리 삶의 모든 부분—일, 가정, 친구, 추억, 꿈—이 예수 안에서 완성되는 것을 우리는 그 속에서 보게 된다. 예수께서는 "내가 하나님의 율법이든 예언자든, 성경을 폐지하러 왔다고 생각하지 마라. 내가 온 것은 폐지하려는 것이 아니라 오히려 완성하려는 것이다. 나는 그 모든 것을 거대한 하나의 파노라마 속에 아우를 것이다"라고 말씀하셨다(마 5:17). 이러한 정황이 없으면, 우리는 자칫 예수를 신문에 나는 일상사와는 동떨어진 분으로 여길 수 있다. 그것은 사실과 전혀 동떨어진, 매우 위험스러운 일이다.

마태복음

1 [1] 아브라함의 자손이며 다윗의 자손인 예수 그리스도의 족보다.

2-6 아브라함은 이삭을 낳았고
이삭은 야곱을 낳았고
야곱은 유다와 그 형제들을 낳았고
유다는 베레스와 세라를 낳았고(그들의 어머니는 다말이었다)
베레스는 헤스론을 낳았고
헤스론은 람을 낳았고
람은 아미나답을 낳았고
아미나답은 나손을 낳았고
나손은 살몬을 낳았고
살몬은 보아스를 낳았고(그의 어머니는 라합이었다)
보아스는 오벳을 낳았고(룻이 그의 어머니였다)
오벳은 이새를 낳았고
이새는 다윗을 낳았고
다윗은 왕이 되었다.

6-11 다윗은 솔로몬을 낳았고(우리야의 아내가 그의 어머니였다)
솔로몬은 르호보암을 낳았고
르호보암은 아비야를 낳았고
아비야는 아사를 낳았고
아사는 여호사밧을 낳았고
여호사밧은 요람을 낳았고

요람은 웃시야를 낳았고
웃시야는 요담을 낳았고
요담은 아하스를 낳았고
아하스는 히스기야를 낳았고
히스기야는 므낫세를 낳았고
므낫세는 아몬을 낳았고
아몬은 요시야를 낳았고
요시야는 여호야긴과 그 형제들을 낳았고
그 무렵에 백성이 바빌론에 포로로 잡혀갔다.

12-16 바빌론으로 잡혀간 뒤에
여호야긴은 스알디엘을 낳았고
스알디엘은 스룹바벨을 낳았고
스룹바벨은 아비훗을 낳았고
아비훗은 엘리아김을 낳았고
엘리아김은 아소르를 낳았고
아소르는 사독을 낳았고
사독은 아킴을 낳았고
아킴은 엘리웃을 낳았고
엘리웃은 엘르아살을 낳았고
엘르아살은 맛단을 낳았고
맛단은 야곱을 낳았고
야곱은 마리아의 남편인 요셉을 낳았고
마리아는
그리스도라 하는 예수를 낳았다.

17 아브라함부터 다윗까지 열네 대,
다윗부터 바빌론으로 잡혀갈 때까지 열네 대,
바빌론으로 잡혀간 뒤로 그리스도까지 열네 대였다.

예수의 탄생

18-19 예수께서 태어나신 경위는 이렇다. 그분의 어머니 마리아는 요셉과 약혼한
사이였다. 그들이 결혼하기 전에, 요셉은 마리아가 임신한 사실을 알게 되었다.
(성령으로 된 일이었으나 요셉은 그 사실을 몰랐다.) 요셉은 마음이 상했지만 점잖은 사
람인지라, 마리아에게 욕이 되지 않게 조용히 문제를 매듭지을 참이었다.
20-23 방도를 찾던 중에 요셉이 꿈을 꾸었다. 꿈속에서 하나님의 천사가 말했다.
"다윗의 자손 요셉아, 주저하지 말고 결혼하여라. 마리아의 임신은 성령으로 된
것이다. 하나님의 성령이 잉태하게 하신 것이다. 마리아가 아들을 낳을 것이니,

그 이름을 예수—'하나님이 구원하신다'—라고 지어라. 그가 자기 백성을 그 죄
에서 구원하실 것이다." 이로써 예언자가 잉태한 설교가 드디어 성취되었다.

잘 보아라, 처녀가 임신하여 아들을 낳을 것이며
그 이름을 임마누엘이라 할 것이다!
(임마누엘은 히브리 말로 '하나님이 우리와 함께하신다'는 뜻이다.)

24-25 요셉은 잠에서 깼다. 그는 하나님의 천사가 꿈에 지시한 대로 마리아와 결
혼했다. 그러나 그는 마리아가 아기를 낳을 때까지는 잠자리를 같이하지 않았
다. 그는 아기의 이름을 예수라고 지었다.

동방에서 온 학자들

2 1-2 예수께서 유대 땅 베들레헴 마을에서 태어나시자—당시는 헤롯이 왕
으로 있을 때였다—동방에서 학자들이 예루살렘을 찾아왔다. 그들이 물
었다. "새로 태어난 유대인의 왕에게 예를 갖추려면 어디로 가야 합니까? 우리
는 동쪽 하늘에서 그의 탄생을 알리는 별을 보았습니다. 그래서 그에게 경배하
려고 순례를 왔습니다."
3-4 그들의 질문을 전해 들은 헤롯은 잔뜩 겁이 났다. 헤롯만이 아니라 온 예루살
렘이 발칵 뒤집혔다. 헤롯은 한시도 지체하지 않고 그 도시에 있는 대제사장과
종교 학자들을 다 모아 놓고 물었다. "메시아가 태어날 곳이 어디요?"
5-6 그들이 말했다. "유대 땅 베들레헴입니다. 예언자 미가가 분명히 기록했습니다.

유대 땅 베들레헴아,
너는 더 이상 뒤만 따르지 않을 것이다.
네게서 지도자가 나와
내 백성 이스라엘을 목자처럼 다스릴 것이다."

7-8 그러자 헤롯은 동방의 학자들을 은밀히 따로 만났다. 그는 자기도 그들처럼
열성인 척하면서, 탄생을 알리는 별이 나타난 정확한 때를 자세히 캐물었다. 그
러고는 그들에게 베들레헴에 관한 예언을 일러 주면서 말했다. "가서 무슨 수를
써서라도 그 아기를 찾으시오. 찾거든 곧바로 나한테 알리시오. 나도 즉시 가서
경배하리다."
9-10 그들은 왕의 지시를 듣고 길을 떠났다. 그때, 별이 다시 나타났다. 동쪽 하늘
에서 보았던 바로 그 별이었다. 별은 그들을 앞장서 가다가 아기 있는 곳 위에
머물렀다. 그들은 기뻐서 어쩔 줄을 몰랐다. 제때에 제자리에 도착한 것이다!
11 그들은 집에 들어가, 어머니 마리아의 품에 안긴 아기를 보았다. 그러고는 감
격에 겨워 무릎을 꿇고 아기에게 경배한 뒤에, 곧 짐을 풀어서 황금과 유향과
몰약을 선물로 드렸다.

12 꿈에 그들은 헤롯에게 돌아가지 말라는 지시를 받았다. 그래서 그들은 다른
길을 찾아서 몰래 그 지방을 빠져나가, 자기 나라로 돌아갔다.

13 학자들이 떠난 뒤에, 하나님의 천사가 다시 요셉의 꿈에 나타나 지시했다.
"일어나거라. 아기와 그 어머니를 데리고 이집트로 피신하여라. 따로 지시가 있
을 때까지 거기 있어라. 헤롯이 아기를 찾아 죽이려고 한다."
14-15 요셉은 순종했다. 그는 일어나, 밤을 틈타 아기와 그 어머니를 데리고 떠났
다. 동틀 무렵에 마을을 벗어나 제법 멀리까지 가 있었다. 그들은 헤롯이 죽을
때까지 이집트에서 살았다. 이집트에서 나그네로 살아간 이 일은 "내가 내 아들
을 이집트에서 불러냈다"고 한 호세아의 설교를 성취한 것이다.
16-18 헤롯은 학자들이 자기를 속인 것을 알고 노발대발했다. 그는 베들레헴과 그
부근에 사는 두 살 이하의 사내아이들을 모조리 죽이라고 명령했다. (그 나이는
그가 동방의 학자들한테서 들은 정보를 바탕으로 정한 것이다.) 그리하여 예레미야의 설
교가 성취되었다.

라마에 소리가 들리니
슬픔에 겨운 울음소리다.
라헬이 자식을 잃고 우는 소리,
위로받기를 마다하고 우는 소리다.
죽어서 묻힌 자식들,
이제는 가고 없구나.

19-20 나중에 헤롯이 죽자, 하나님의 천사가 이집트에 있는 요셉의 꿈에 나타났
다. "일어나 아기와 그 어머니를 데리고 이스라엘로 돌아가거라. 아기를 죽이려
던 자들이 다 죽었다."
21-23 요셉은 순종했다. 그는 일어나, 아기와 그 어머니를 데리고 이스라엘로 다
시 들어갔다. 그러나 아켈라오가 그 아버지 헤롯의 뒤를 이어 유대의 왕이 되었
다는 말을 듣고, 요셉은 그곳으로 가기를 두려워했다. 마침 요셉은 꿈에 갈릴리
로 가라는 지시를 받았다. 그곳에 도착한 요셉은 나사렛 마을에 정착했다. 이로
인해 "그는 나사렛 사람이라 할 것이다"라고 한 예언의 말씀이 성취되었다.

광야에서 외치는 소리

3 1-2 예수께서 갈릴리에 살고 계실 때, "세례자"라 하는 요한이 유대 광야
에서 말씀을 전하고 있었다. 그의 메시지는 주변 광야만큼이나 간결하고
꾸밈이 없었다. "너희 삶을 고쳐라. 하나님 나라가 여기 있다."
3 요한과 그의 메시지는 이사야의 예언으로 권위가 인정되었다.

광야에 울리는 천둥소리다!
하나님이 오고 계시니 준비하여라!
길을 내어라. 곧고 평탄한 길을 내어라!

4-6 요한은 낙타털로 된 옷을 입고 허리에 가죽띠를 둘렀다. 그리고 메뚜기와 야
생꿀을 먹고 살았다. 그가 하는 일을 듣고 보려고 예루살렘과 유대와 요단 강
지역에서 사람들이 쏟아져 나왔다. 죄를 고백하러 온 사람들은, 그곳 요단 강에
서 세례를 받고 삶을 고치기로 결단했다.
7-10 세례가 점차 인기를 얻다 보니 많은 바리새인과 사두개인들도 세례를 체험
하러 모습을 드러냈는데, 이를 안 요한은 버럭 소리를 질렀다. "뱀의 자식들아!
이 강가에 슬그머니 내려와서 무엇을 하는 거냐? 너희의 뱀가죽에 물을 좀 묻
힌다고 뭐가 달라질 것 같으냐? 바꿔야 할 것은, 너희 겉가죽이 아니라 너희 삶
이다! 아브라함을 조상으로 내세우면 다 통할 것이라고 생각하지 마라. 아브라
함의 자손인 것과는 아무 상관도 없는 일이다. 흔해 빠진 것이 아브라함의 자손
이다. 중요한 것은 너희 삶이다. 너희 삶은 푸르게 꽃피고 있느냐? 말라죽은 가
지라면 땔감이 되고 말 것이다.
11-12 내가 이 강에서 세례를 주는 것은, 너희의 옛 삶을 바꾸어 천국의 삶을 준
비시키려는 것이다. 하지만 진짜는 이제부터다. 이 드라마의 주인공은 너희 안
에 천국의 삶을, 너희 안에 불을, 너희 안에 성령을 발화시켜, 너희를 완전히 바
꾸어 놓으실 것이다. 그분께 비하면 나는 잔심부름꾼에 지나지 않는다. 그분은
집을 깨끗이 하실 것이다. 너희 삶을 대대적으로 정리하실 것이다. 그분은 참된
것은 모두 하나님 앞 제자리에 두시고, 거짓된 것은 모두 끄집어내어 쓰레기와
함께 태워 버리실 것이다."

13-14 그때, 예수께서 갈릴리로부터 요단 강에 오셔서 모습을 나타내셨다. 예수께
서 요한에게 세례를 받으려고 하시자 요한이 말렸다. "세례를 받아야 할 사람은
당신이 아니라 접니다!"
15 그러나 예수께서는 단호하셨다. "내 말대로 하여라. 오랜 세월 동안 이어져
온 하나님의 바로잡는 역사(役事)가 바로 지금, 이 세례 속에서 하나로 모아지고
있다." 그래서 요한은 말씀대로 했다.
16-17 예수께서 세례를 받고 물에서 올라오시는 순간, 하늘이 열리고 하나님의 영
이 비둘기같이 내려와 그분 위에 머무는 것을 보셨다. 성령과 더불어 한 음성이
들려왔다. "이는 내가 사랑으로 선택하고 구별한 내 아들, 내 삶의 기쁨이다."

시험을 받으시다

4 1-3 그 후에 예수께서 성령께 이끌려 광야로 가셔서 시험을 받으셨다. 그
곳에는 마귀가 대기하고 있었다. 예수께서는 밤낮으로 사십 일 동안 금

식하며 시험에 대비하셨다. 그러다 보니 허기가 극에 달했고, 마귀는 첫 번째
시험에 그 점을 이용했다. "너는 하나님의 아들이니, 이 돌들한테 말해서 빵 덩
이가 되게 해보아라."
4 예수께서 신명기를 인용해 답하셨다. "사람이 빵으로만 사는 것이 아니다. 하
나님의 입에서 나오는 끊임없는 말씀이 있어야 한다."
5-6 두 번째 시험으로, 마귀는 예수를 거룩한 도성으로 데려가 성전 꼭대기에 앉
혀 놓고 말했다. "너는 하나님의 아들이니, 뛰어내려 보아라." 마귀는 시편 91편
을 인용해 예수를 몰아세웠다. "그분께서 천사들을 시켜 너를 보호하게 하셨다.
천사들이 너를 받아서 발가락 하나 돌에 채이지 않게 할 것이다."
7 예수께서 신명기의 다른 구절을 인용해 응수하셨다. "주 너의 하나님을 시험
하지 마라."
8-9 세 번째 시험으로, 마귀는 예수를 거대한 산 정상으로 데려갔다. 마귀는 선심
이라도 쓰듯, 지상의 모든 나라와 대단한 영광을 두루 가리켜 보였다. 그러고는
말했다. "전부 네 것이다. 무릎 꿇고 내게 경배하기만 하면 다 네 것이다."
10 예수께서 딱 잘라 거절하셨다. "사탄아, 물러가라!" 그리고 세 번째로 신명기
를 인용해 쐐기를 박으셨다. "주 너의 하나님, 오직 그분만을 경배하여라. 일편
단심으로 그분을 섬겨라."
11 시험은 끝나고 마귀는 떠났다. 대신에 천사들이 와서 예수의 시중을 들었다.

사람들을 가르치고 고치시다

12-17 예수께서 요한이 체포되었다는 말을 들으시고, 갈릴리로 돌아가셨다. 예수
께서는 고향 나사렛을 떠나, 스불론과 납달리 기슭에 자리한 호숫가 마을 가버
나움으로 가셨다. 이로써 이사야의 설교가 성취되었다.

스불론과 납달리 땅,
요단 강 건너편 바다로 가는 길,
이방 사람들의 중심지인 갈릴리,
평생 어둠 속에 앉아 있던 백성이
큰 빛을 보았고,
칠흑같이 어두운, 죽음의 땅에 앉았던 그들이
해 돋는 것을 보았다.

이사야의 이 예언 설교는, 예수께서 말씀을 전하기 시작하신 순간에 갈릴리에
서 성취되었다. 그분은 요한의 마지막 말을 이어받으셨다. "너희 삶을 고쳐라.
하나님 나라가 여기 있다."
18-20 예수께서 갈릴리 호숫가를 걸어가시다가 두 형제, 곧 (나중에 베드로가 된) 시
몬과 안드레를 보셨다. 그들은 호수에 그물을 던져 고기를 잡고 있었다. 고기잡
이는 그들의 평소 직업이었다. 예수께서 그들에게 말씀하셨다. "나와 함께 가

자. 내가 너희를 새로운 어부가 되게 하겠다. 잉어와 가물치 대신에 사람을 낚
는 법을 가르쳐 주겠다." 그들은 아무것도 묻지 않고, 그대로 그물을 놓아두고
그분을 따라갔다.
21-22 호숫가를 좀 더 가다가 그들은 다른 두 형제, 곧 세베대의 아들 야고보와 요
한을 만났다. 두 형제는 아버지 세베대와 함께 배에 앉아서 그물을 손질하고 있
었다. 예수께서는 그들에게도 똑같이 제안하셨고, 그들 역시 배와 자기 아버지
를 버려두고 곧바로 그분을 따라갔다.
23-25 예수께서 거기서부터 온 갈릴리를 두루 다니셨다. 예수께서는 회당을 집회
장소로 삼아 사람들에게 하나님의 진리를 가르치셨다. 하나님 나라가 그분의
주제였다. 바로 지금, 그들이 하나님의 선하신 통치 아래 있다는 것이었다! 또
한 예수께서는 질병과 잘못된 생활로 고통받는 사람들을 고쳐 주셨다. 로마의
지배를 받던 시리아 전 지역에 소문이 퍼졌다. 사람들은 정신 질환, 정서 질환,
신체 질환 할 것 없이 아픈 사람이면 누구나 데려왔다. 예수께서는 그들 한 사
람 한 사람을 고쳐 주셨다. 점점 더 많은 사람들이 모여들었고, 그 행렬은 끝이
없었다. 갈릴리에서 온 사람들 외에도 호수 건너편 '데가볼리'(열 성읍)에서 사람
들이 무리 지어 왔다. 예루살렘과 유대에서 온 사람들도 있었고, 요단 강 건너
편에서 온 사람들도 있었다.

너희는 복이 있다

5 1-2 예수께서 자신의 사역으로 인해 큰 무리가 몰려드는 것을 보시고, 산
에 올라가셨다. 예수께 배우고, 그분께 인생을 건 사람들도 함께 올라갔
다. 조용한 곳에 이르자, 예수께서 자리에 앉으셔서 산행에 함께한 사람들을 가
르치셨다. 예수께서 하신 말씀은 이렇다.
3 "벼랑 끝에 서 있는 너희는 복이 있다. 너희가 작아질수록 하나님과 그분의 다
스림은 커진다.
4 가장 소중한 것을 잃었다고 느끼는 너희는 복이 있다. 그때에야 너희는 가장
소중한 분의 품에 안길 수 있다.
5 더도 말고 덜도 말고 자신의 모습 그대로 만족하는 너희는 복이 있다. 그때 너
희는 돈으로 살 수 없는 모든 것의 당당한 주인이 된다.
6 하나님께 입맛이 당기는 너희는 복이 있다. 그분은 너희 평생에 맛볼 최고의
음식이요 음료다.
7 남을 돌보는 너희는 복이 있다. 그렇게 정성 들여 돌보는 순간에 너희도 돌봄
을 받는다.
8 내면세계, 곧 마음과 생각이 올바른 너희는 복이 있다. 그때에야 너희는 바깥
세상에서 하나님을 볼 수 있다.
9 경쟁하거나 다투는 대신에 협력하는 모습을 보여주는 너희는 복이 있다. 그때
너희는 진정 자신이 누구이며, 하나님의 집에서 자신의 자리가 어디인지 알게
된다.

[10] 하나님께 헌신했기 때문에 박해를 받는 너희는 복이 있다. 그 박해로 인해 너
희는 하나님 나라에 더 깊이 들어가게 된다.
[11-12] 그뿐 아니다. 사람들이 내 평판을 떨어뜨리려고 너희를 깔보거나 내쫓거
나 너희에 대해 거짓을 말할 때마다, 너희는 복을 받은 줄로 알아라. 그들이 그
렇게 하는 이유는, 진리가 너무 가까이 있어서 그들이 불편을 느끼기 때문이다.
그런 일이 일어날 때 너희는 기뻐해도 좋다. 아예 만세를 불러도 좋다! 그들은
싫어하겠지만, 나는 좋아하니 말이다! 온 천국이 박수를 보낼 것이다. 또한 너
희만 그런 일을 당하는 것이 아님을 알아라. 내 예언자와 증인들은 언제나 그런
고생을 했다."

소금과 빛

[13] "너희가 여기 있는 이유를 말해 주겠다. 너희는 소금을 쳐서 이 땅에 하나님
맛을 드러내라고 여기 있는 것이다. 너희가 짠맛을 잃으면, 사람들이 어떻게 경
건의 맛을 알겠느냐? 너희가 쓸모 없어지면 결국 쓰레기통에 버려질 것이다.
[14-16] 이렇게 말할 수도 있다. 너희는 빛이 되어 세상에 하나님의 빛깔을 드러내
라고 여기 있는 것이다. 하나님은 감추어 둘 비밀이 아니다. 우리는 이 비밀을
훤히 드러낼 것이다. 산 위에 있는 도시만큼 훤히 드러낼 것이다. 내가 너희에
게 등불을 들고 있게 한다면, 설마 너희는 내가 너희를 통 속에 숨겨 두리라고
는 생각하지 않을 것이다. 나는 너희를 단 위에 둘 것이다. 내가 너희를 언덕 위
에, 등불 놓는 단 위에 두었으니 빛을 비추어라! 너희에게 오는 손님을 기쁘게
맞아들여라. 후하게 베풀며 살아라. 너희가 다른 사람들에게 마음을 열면, 그들
도 너희에게 자극을 받아 하나님께, 하늘에 계신 자비로우신 아버지께 마음을
열게 될 것이다."

하나님 율법의 완성

[17-18] "내가 하나님의 율법이든 예언자든, 성경을 폐지하러 왔다고 생각하지 마
라. 내가 온 것은 폐지하려는 것이 아니라 오히려 완성하려는 것이다. 나는 그
모든 것을 거대한 하나의 파노라마 속에 아우를 것이다. 하나님의 율법은 하늘
의 별과 너희가 발을 딛고 있는 땅보다 더 현실적이며 영속적이다. 별들이 다
불타 버리고 땅이 닳아 없어진 뒤에도, 하나님의 율법은 살아서 역사할 것이다.
[19-20] 하나님의 율법에서 가장 작은 항목이라도 하찮게 여긴다면, 너희 스스로를
하찮게 여기는 꼴밖에 되지 않는다. 그러나 그 율법을 진지하게 대하고 다른 사
람들에게 그 길을 보여주면, 너희는 천국에서 영광을 얻을 것이다. 옳게 사는
문제에서 너희가 바리새인들보다 훨씬 낫지 않으면, 천국에 들어갈 생각은 아
예 하지 말아야 한다."

말이 사람을 죽인다

[21-22] "너희는 옛 사람들에게 주어진 '살인하지 말라'는 계명을 잘 알고 있다. 내

가 너희에게 말한다. 누구든지 형제나 자매에게 화만 내도 살인을 범한 것이다. 무심코 형제를 '바보!'라고 부르면 너희는 법정으로 끌려갈 수 있다. 생각 없이 자매에게 '멍청이!'라고 소리치면 지옥불이 너희 코앞에 있다. 가장 단순한 진실은, 말이 사람을 죽인다는 것이다.

23-24 이런 문제에서 나는 너희가 이렇게 행동하기를 바란다. 네가 예배당에 들어가서 헌금을 드리려는데 갑자기 어떤 친구가 너에게 원한을 품고 있는 것이 생각나거든, 헌금을 내려놓고 즉시 나가 그 친구에게 가서 화해하여라. 반드시 그렇게 하고 난 뒤에, 돌아와 하나님과의 일을 마무리하여라.

25-26 또는 네가 길거리에 있는데 옛 원수가 다가와 말을 건다고 하자. 한시도 지체하지 말고, 네가 먼저 나서서 그 사람과 화해하여라. 그의 이력을 보건대, 그 사람이 선수를 치게 두면 너는 결국 법정에 서게 될 것이고 어쩌면 감옥에 갈지도 모른다. 그렇게 되면, 너는 엄청난 벌금을 물지 않고는 거기서 나오지 못할 것이다."

간음과 이혼

27-28 "너희는 '남의 배우자와 동침하지 말라'는 계명도 아주 잘 알고 있다. 그러나 단순히 동침하지 않는다고 해서 너희의 덕을 지켰다고 생각하지 마라. 너희 마음은 너희 몸보다 훨씬 빨리 정욕으로 더럽혀질 수 있다. 아무도 모를 것 같은 곁눈질도 너희를 더럽힌다.

29-30 이 일이 실제로 쉬울 것이라고 생각하지 마라. 네가 도덕적으로 순결한 삶을 살고 싶다면, 너는 이렇게 해야 한다. 네 오른쪽 눈이 음흉하게 곁눈질하는 것을 알아차리는 순간에, 너는 그 눈을 멀게 해야 한다. 한 눈으로 살 것인지 아니면 도덕적 쓰레기 더미에 내던져질 것인지 너는 정해야 한다. 또 남을 해치려고 네 오른손을 드는 순간에, 너는 그 손을 잘라 버려야 한다. 네 존재 전체가 영원히 쓰레기 더미에 버려지느니 차라리 피 묻은 몸뚱이로 사는 것이 낫다.

31-32 성경에 '누구든지 아내와 이혼하는 자는 아내에게 이혼 증서와 법적 권리를 주고 합법적으로 하라'고 한 말을 기억하느냐? 너희 중에는 이 규정을 자신의 이기심과 변덕스러운 마음을 포장하는 구실로 이용하거나, 합법적이라는 이유만으로 옳은 척하는 사람이 너무 많다. 제발 가식은 그만두어라. 아내와 이혼하면, 너희는 아내를 간음하게 만든 책임이 있다(아내가 문란한 성생활로 이미 그렇게 되지 않은 이상 말이다). 또 그렇게 이혼한 여인과 결혼하면, 너희도 자동으로 간음하는 자가 된다. 법을 구실 삼아 도덕적 타락을 미화할 수 없다."

마음에 없는 말을 하지 마라

33-37 "그리고 마음에 없는 말은 아예 하지 마라. 이 권고는 우리 전통에 깊숙이 박혀 있다. '기도해 주겠다'고 말하고는 기도하지 않거나, 마음에도 없으면서 '하나님이 함께하시기를 빈다'고 하며 경건한 말로 연막을 치면, 상황이 더 악화될 뿐이다. 종교적 장식을 멋지게 단다고 해서 너희 말이 진실해지는 것은 아니

다. 너희 말을 거룩하게 할수록 그 말의 진실성은 떨어진다. 그러면 '그렇다', 아니면 '아니다'라고만 하여라. 자기 뜻을 관철하려고 말을 조작하다가는 잘못된 길로 빠진다."

원수를 사랑하여라

38-42 "다시 생각해 봐야 할 옛말이 또 있다. '눈에는 눈, 이에는 이'라는 말이다. 그렇게 해서 문제가 해결되겠느냐? 내가 하고 싶은 말은 이것이다. 절대로 되받아치지 마라. 누가 너를 치거든, 그 자리에 서서 맞아라. 누가 너를 법정으로 끌고 가서 네 셔츠를 달라고 소송하거든, 네 가장 좋은 외투까지 잘 포장해 선물로 주어라. 그리고 누가 너를 억울하게 이용하거든, 종의 삶을 연습하는 기회로 삼아라. 똑같이 갚아 주는 것은 이제 그만하여라. 너그럽게 살아라.

43-47 너희는 옛 율법에 기록된 '친구를 사랑하라'는 말과, 기록에는 없지만 '원수를 미워하라'는 말을 잘 알고 있다. 나는 거기에 이의를 제기한다. 나는 너희에게 원수를 사랑하라고 말하겠다. 원수가 어떻게 하든지, 너희는 최선의 모습을 보여라. 누가 너희를 힘들게 하거든, 그 사람을 위해 기도하여라. 그러면 너희는 너희의 참된 자아, 하나님이 만드신 자아를 찾게 될 것이다. 하나님도 그렇게 하신다. 그분은 착한 사람이든 악한 사람이든 친절한 사람이든 비열한 사람이든 상관없이, 모두에게 가장 좋은 것, 해의 온기와 비의 양분을 주신다. 너희가 사랑할 만한 사람만 사랑하는 것이 고작이라면 상급을 바랄 수 있겠느냐? 그것은 누구나 하는 일이다. 너희가 만일 너희에게 인사하는 사람에게만 겨우 인사한다면, 상급을 바랄 수 있겠느냐? 그것은 죄인도 흔히 하는 일이다.

48 한마디로 내 말은, 성숙한 사람이 되라는 것이다. 너희는 천국 백성이다. 그러니 천국 백성답게 살아라. 하나님이 주신 너희 신분에 합당하게 살아라. 하나님께서 너희에게 하시는 것처럼, 너희도 다른 사람들을 대할 때 너그럽고 인자하게 살아라."

소리내지 말고 은밀히 도와주어라

6

1 "너희가 선한 일을 하려고 할 때에 그것이 연극이 되지 않도록 특히 조심하여라. 그것이 멋진 연극이 될 수 있을지는 몰라도, 너희를 지으신 하나님은 박수를 보내지 않으실 것이다.

2-4 남을 위해 무슨 일을 할 때에는 너희 자신이 주목받지 않도록 하여라. 분명 너희도 내가 '연극배우'라고 부르는 이들의 행동을 보았을 것이다. 그들은 기도회며 큰 길을 무대로 알고는, 누군가 자기를 보고 있으면 긍휼을 베풀고 사람들 앞에서 연극을 한다. 물론 그들은 박수를 받지만, 그것이 전부다. 너희는 남을 도울 때에 자신이 어떻게 보일지 생각하지 마라. 그냥 소리내지 말고 은밀히 도와주어라. 사랑으로 너희를 잉태하신 너희 하나님도 무대 뒤에서 일하시고, 너희를 은밀히 도와주신다."

단순하게 기도하여라

5 "또 너희가 하나님 앞에 나아갈 때도 연극을 하지 마라. 그렇게 하는 사람들은
다 스타가 되기를 꿈꾸며 기도할 때마다 쇼를 일삼는다! 하나님께서 극장 객석
에 앉아 계시다는 말이냐?
6 너희는 이렇게 하여라. 하나님 앞에서 연극하고 싶은 유혹이 들지 않도록, 조
용하고 한적한 곳을 찾아라. 할 수 있는 한 단순하고 솔직하게 그 자리에 있어
라. 그러면 초점이 너희에게서 하나님께로 옮겨지고, 그분의 은혜가 느껴지기
시작할 것이다.
7-13 세상에는 이른바 기도의 용사들이 가득하나, 그들은 기도를 모른다. 그들은
공식과 프로그램과 비결을 잔뜩 가지고서, 너희가 바라는 것을 하나님에게서
얻어 내는 방법들을 퍼뜨리고 있다. 그 허튼소리에 속지 마라. 너희가 상대하는
분은 너희 아버지이시며, 그분은 너희에게 무엇이 필요한지 너희보다 더 잘 아
신다. 이토록 너희를 사랑하시는 하나님 앞에서, 그저 단순하게 기도하면 된다.
너희는 이렇게 기도하여라.

하늘에 계신 우리 아버지,
  아버지가 어떤 분이신지 드러내소서.
세상을 바로잡아 주시고
하늘에서처럼 땅에서도
  가장 선한 것을 행하소서.
든든한 세 끼 식사로 우리가 살아가게 하소서.
아버지께 용서받은 우리가 다른 사람들을 용서하게 하소서.
  우리를 우리 자신에게서와, 마귀에게서 안전하게 지켜 주소서.
아버지께는 그럴 권한이 있습니다!
  원하시면 무엇이든 하실 수 있습니다!
영광으로 빛나시는 아버지!
  예, 정말 그렇습니다.

14-15 기도에는 하나님이 하시는 일과 너희가 하는 일이 연결되어 있다. 예를 들
어, 너희가 다른 사람들을 용서하지 않고는 하나님의 용서를 받을 수 없다. 너
희가 자기 몫을 다하지 않으면, 하나님께서 너희에게 주실 몫을 너희 스스로 차
단하는 셈이 된다.
16-18 하나님께 더 집중하려고 식욕을 절제하는 훈련을 할 때에는 요란하게 하지
마라. 그렇게 하면 조금은 유명해질지 모르나, 거룩한 사람으로 변화될 수는 없
다. 너희가 내면의 훈련에 들어가려거든, 겉으로는 평소처럼 행동하여라. 머리
를 감아 단정하게 빗고, 양치질을 하고, 세수를 하여라. 관심을 끌려는 수법은
하나님께는 필요 없다. 그분은 너희가 하고 있는 일을 그냥 지나치지 않으시고,
두둑이 보상해 주신다."

19-21 "보물을 여기 땅에 쌓아 두지 마라. 여기에 두면 좀먹고 녹슬고, 심한 경우
에는 도둑까지 맞는다. 보물은 하늘에 차곡차곡 쌓아 두어라. 거기는 좀이나
녹, 도둑도 없는 안전한 곳이다. 너희는 너희 보물이 있는 곳에 가장 있고 싶어
할 텐데, 결국 그렇게 될 것이다. 그것이 당연하지 않겠느냐?
22-23 너희 눈은 너희 몸의 창문이다. 네가 경이와 믿음으로 눈을 크게 뜨면, 네
몸은 빛으로 가득해진다. 네가 탐욕과 불신으로 곁눈질하고 살면, 네 몸은 음습
한 지하실이 된다. 네 창에 블라인드를 치면, 네 삶은 얼마나 어두워지겠느냐!
24 너희는 한꺼번에 두 신(神)을 예배할 수 없다. 결국 한 신은 사랑하고 다른 신
은 미워하게 될 것이다. 한 쪽을 사모하면 다른 쪽은 업신여기게 마련이다. 너
희는 하나님과 돈을 둘 다 예배할 수 없다.
25-26 너희가 하나님께만 예배하는 삶을 살기로 결심하면, 식사 때 식탁에 무엇이
오르고 옷장에 있는 옷들이 유행에 맞는지 따위로 안달하며 설치지 않게 된다.
너희 삶은 뱃속에 넣는 음식이 전부가 아니며, 너희의 겉모습도 몸에 걸치는 옷
이 전부가 아니다. 새들을 보아라. 얽매일 것 없이 자유롭고, 업무에 속박되지
않으며, 하나님이 돌보시니 염려가 없다. 그분께 너희는 새들보다 훨씬 더 중요
하다.
27-29 거울 앞에서 설친다고 해서 키가 단 1센티미터라도 커진 사람이 있더냐?
유행을 따르느라 버린 돈과 시간이 그토록 많지만, 그렇다고 크게 달라지는 것
같더냐? 옷을 볼 것이 아니라 들판에 나가 들꽃을 보아라. 들꽃은 절대로 치장
하거나 옷을 사들이는 법이 없지만, 너희는 여태 그런 색깔이나 디자인을 본 적
이 있느냐? 이 나라의 남녀 베스트드레서 열 명이라도 그 옆에 서면 초라해 보
인다.
30-33 아무도 보아 주지 않는 들꽃의 겉모습에도 그토록 정성을 들이시는데, 하물
며 하나님께서 너희를 돌보시고 자랑스러워하시며, 너희를 위해 최선을 다하시
지 않겠느냐? 나는 지금 너희로 여유를 갖게 하려는 것이며, 손에 넣는 데 온통
정신을 빼앗기지 않게 해서, 베푸시는 하나님께 반응하도록 하려는 것이다. 하
나님과 그분의 일하시는 방식을 모르는 사람은 그런 일로 안달하지만, 너희는
하나님을 알고 그분의 일하시는 방식도 안다. 너희는 하나님이 실체가 되시고,
하나님이 주도하시며, 하나님이 공급하시는 삶에 흠뻑 젖어 살아라. 뭔가 놓칠
까 봐 걱정하지 마라. 너희 매일의 삶에 필요한 것은 모두 채워 주실 것이다.
34 하나님께서 바로 지금 하고 계신 일에 온전히 집중하여라. 내일 있을지 없을
지도 모르는 일로 동요하지 마라. 어떠한 어려운 일이 닥쳐도 막상 그때가 되면
하나님께서 감당할 힘을 주실 것이다."

간단한 행동 지침

7 1-5 "사람들의 흠을 들추어내거나, 실패를 꼬집거나, 잘못을 비난하지 마
라. 너희도 똑같은 대우를 받고 싶지 않거든 말이다. 비판하는 마음은 부

메랑이 되어 너희에게 되돌아올 것이다. 네 이웃의 얼굴에 묻은 얼룩은 보면서,
자칫 네 얼굴의 추한 비웃음은 그냥 지나치기 쉽다. 네 얼굴이 멸시로 일그러져
있는데, 어떻게 뻔뻔스럽게 '내가 네 얼굴을 씻어 주겠다'고 말하겠느냐? 이 또
한 동네방네에 쇼를 하겠다는 사고방식이며, 자기 역할에 충실하기보다는 남보
다 거룩한 척 연기를 하는 것이다. 네 얼굴의 추한 비웃음부터 닦아 내라. 그러
면 네 이웃에게 수건을 건네줄 만한 사람이 될지도 모른다.
6 거룩한 것으로 장난치지 마라. 농담과 바보짓은 하나님께 영광이 되지 않는
다. 거룩한 신비를 한갓 슬로건으로 격하시키지 마라. 시대를 따라가려다가, 너
희는 오히려 약아져서 불경스러운 사태를 부를 뿐이다.
7-11 하나님과 흥정하지 마라. 솔직하게 말씀드려라. 필요한 것을 구하여라. 우리
는 쫓고 쫓기는 게임이나 숨바꼭질을 하고 있는 것이 아니다. 너희 아이가 빵을
달라고 하는데, 톱밥을 주면서 아이를 속이겠느냐? 아이가 생선을 달라고 하는
데, 살아 있는 뱀을 접시에 담아 아이에게 겁을 주겠느냐? 너희가 아무리 악해
도 그런 생각은 하지 않을 것이다. 너희도 자기 자식에게는 최소한의 예의를 지
킨다. 그렇다면, 너희를 사랑으로 잉태하신 하나님은 그보다 훨씬 낫지 않으시
겠느냐?
12 여기, 간단하지만 유용한 행동 지침이 있다. 사람들이 너희에게 무엇을 해주
면 좋겠는지 자문해 보아라. 그리고 너희가 먼저 그들에게 그것을 해주어라. 하
나님의 율법과 예언자들의 설교를 다 합한 결론이 이것이다."

아버지의 뜻대로 행하여라

13-14 "하나님께 이르는 지름길을 찾지 마라. 세상에는 여가 시간을 활용하는 것
만으로도 성공하는 인생에 이를 수 있다고 말하는, 쉽고도 확실한 공식들이 넘
쳐난다. 대다수 사람들이 그런 말에 속겠지만, 너희는 속지 마라. 생명, 곧 하나
님께 이르는 길은 정신을 바짝 차려야 갈 수 있는 힘든 길이다.
15-20 억지로 진실한 표정을 지으며 헤프게 웃어 대는 거짓 설교자들을 조심하여
라. 그들은 이래저래 너희를 벗겨 먹으려는 수가 많다. 카리스마에 감동할 것이
아니라 성품을 보아라. 중요한 것은, 설교자들의 말이 아니라 그들의 됨됨이다.
참된 지도자는 절대로 너희 감정이나 지갑을 착취하지 않는다. 썩은 사과가 열
린 병든 나무는 찍혀서 불살라질 것이다.
21-23 암호를 정확히 안다고 해서, 예컨대 '주님, 주님' 한다고 해서 너희가 나 있
는 곳 어디든지 올 수 있는 것은 아니다. 정말 필요한 것은, 진지한 순종이다.
내 아버지의 뜻대로 행하는 것이다. 벌써부터 내 눈에 훤히 보인다. 최후 심판
날에 많은 사람들이 거들먹거리며 내게 와서 이렇게 말할 것이다. '주님, 우리는
메시지를 전했고, 귀신을 혼내 줬으며, 하나님이 후원해 주신 우리 사업은 모든
사람들의 입에 오르내렸습니다.' 그때 내가 뭐라고 말할지 아느냐? '이미 때는
늦었다. 너희가 한 일이라고는 나를 이용해 유력자가 된 것뿐이다. 너희에게는
나를 감동시키는 구석이 하나도 없다. 여기서 나가거라.'

24-25 내가 너희에게 하는 이 말은, 너희 삶에 덧붙이는 장식이나 너희 생활수준
을 높여 주는 리모델링 같은 것이 아니다. 내 말은 주춧돌과도 같아서, 너희는
내 말 위에 인생을 지어야 한다. 너희가 내 말을 너희 삶으로 실천하면, 너희는
든든한 바위 위에 집을 지은 현명한 목수와 같다. 비가 퍼붓고 강물이 넘치고
돌풍이 쳐도, 그 집은 끄떡없다. 바위 위에 꼿꼿이 서 있다.
26-27 그러나 너희가 내 말을 성경공부 때만 사용하고 삶으로 실천하지 않으면,
너희는 모래사장에 집을 지은 미련한 목수와 같다. 폭풍이 몰아치고 파도가 거
세지자, 그 집은 맥없이 무너지고 말았다."
28-29 예수께서 말씀을 마치시자, 무리에게서 박수가 터져 나왔다. 그들은 한 번
도 이런 가르침을 들어 본 적이 없었다. 예수께서 자기가 말한 그대로 살고 있
음이 분명했는데, 이는 그들의 종교 교사들과는 아주 대조적이었다! 이것이야
말로 그들이 여태까지 들어 본 것 중 최고의 가르침이었다.

그가 우리의 질병을 짊어지셨다

8 1-2 무리의 환호소리가 아직도 귀에 쟁쟁한데, 예수께서 산에서 내려오셨
다. 그때 한 나병환자가 다가와 예수 앞에 무릎을 꿇고 간청했다. "주님,
원하시면 제 몸을 고쳐 주실 수 있습니다."
3-4 예수께서 손을 내밀어 그에게 대며 말씀하셨다. "내가 원한다. 깨끗하게 되
어라." 그러자 그 즉시 나병의 모든 증상이 깨끗이 사라졌다. 예수께서 말씀하
셨다. "온 동네에 말하고 다니지 마라. 하나님께 합당한 감사의 표시를 가지고
제사장에게 가서 네 나은 몸을 조용히 보여라. 네 말이 아니라, 깨끗해져서 감
사하는 네 삶이 내가 한 일을 증거할 것이다."
5-6 예수께서 가버나움 마을에 들어가시자, 로마군 지휘관 하나가 당황한 표정으
로 다가와 말했다. "주님, 저의 종이 병들었습니다. 걷지도 못하고 고통이 심합
니다."
7 예수께서 말씀하셨다. "내가 가서 고쳐 주겠다."
8-9 그러자 지휘관은 이렇게 말했다. "아닙니다. 그렇게 수고하실 것 없습니다.
그저 명령만 내리시면 저의 종이 낫겠습니다. 저도 명령을 받기도 하고 내리기
도 하는 사람입니다. 제가 한 병사에게 '가라'고 하면 가고, 다른 병사에게 '오라'
고 하면 옵니다. 그리고 저의 종에게 '이것을 하라'고 하면 합니다."
10-12 예수께서 크게 놀라시며 말씀하셨다. "하나님을 알고 그분이 일하시는 방
식을 훤히 알아야 마땅한 이스라엘 백성 중에서도, 이렇게 단순한 믿음은 아직
보지 못했다. 이 사람은 머잖아 사방에서 모여들 많은 이방인들의 선봉이다. 그
들은 동쪽에서 흘러들고 서쪽에서 쏟아져 들어와 아브라함, 이삭, 야곱과 함께
하나님 나라의 잔칫상에 앉을 것이다. 믿음 안에서 자랐으나 믿음이 없는 사람
들은 무시당하고 은혜에서 소외된 자들이 되어, 이게 어찌 된 일인지 의아해 할
것이다."
13 예수께서 지휘관을 보시며 말씀하셨다. "가거라. 네가 믿은 그대로 되었다."

그 순간에 그의 종이 나았다.
14-15 일행은 베드로의 집 앞에 와 있었다. 예수께서 그 집에 들어가시니, 베드로의 장모가 몸져누웠는데 열이 불덩이 같았다. 예수께서 그녀의 손을 만지자 열이 떨어졌다. 그녀는 곧 기운을 차리고 일어나 그분을 위해 저녁을 준비했다.
16-17 그날 저녁, 사람들이 귀신 들려 괴로워하는 많은 사람들을 예수께 데려왔다. 예수께서는 마음에 고통당하는 사람들을 구해 주셨고, 몸이 아픈 사람들을 고쳐 주셨다. 예수께서 이사야의 유명한 설교를 성취하신 것이다.

그가 우리의 아픔을 당하셨고
우리의 질병을 짊어지셨다.

네 본분은 삶이지 죽음이 아니다

18-19 예수께서 호기심에 찬 무리가 점점 늘어나는 것을 보시고, 제자들에게 그곳을 벗어나 호수 건너편으로 가자고 말씀하셨다. 그들이 떠나려는데, 한 종교 학자가 자기도 함께 가도 되는지 물었다. 그는 "어디든지 주님과 함께 가겠습니다" 하고 말했다.
20 예수께서 잘라 말씀하셨다. "고생할 각오가 되어 있느냐? 너도 알다시피, 우리가 묵는 곳은 일류 호텔이 아니다."
21 예수를 따르던 또 다른 사람이 말했다. "주님, 부디 며칠 말미를 주십시오. 아버지 장례를 치러야 합니다."
22 예수께서 거절하셨다. "중요한 일이 먼저다. 네 본분은 삶이지 죽음이 아니다. 나를 따라오너라. 생명을 좇아라."

23-25 그러고 나서 예수께서 배에 오르셨고, 제자들도 그분과 함께 있었다. 그러던 중에 풍랑이 무섭게 몰아쳤다. 파도가 배 안으로 들이치는데, 예수께서는 곤히 주무시고 계셨다! 제자들이 다급하게 그분을 깨웠다. "주님, 우리를 구해 주십시오! 이러다가 빠져 죽겠습니다!"
26 예수께서 그들을 꾸짖으셨다. "어째서 너희는 이토록 용기 없는 겁쟁이란 말이냐?" 그러더니 일어나셔서 바람에게 잠잠하라, 바다에게 잔잔하라 명령하셨다. "잠잠하여라!" 바다는 고요한 호수처럼 되었다.
27 제자들은 깜짝 놀라서 눈을 비볐다. "이게 어찌 된 일인가? 바람과 바다가 그분의 명령에 복종하다니!"

귀신 들린 두 사람

28-31 가다라 지방에 내린 일행은 미친 사람 둘과 마주쳤다. 그들은 묘지에서 나왔는데, 두 사람 모두 귀신의 피해자였다. 그들이 너무 오랫동안 그 지역을 공포에 몰아넣었던 터라, 그 길로 다니는 것을 모두가 위험하게 생각했다. 그들이

예수를 보더니 소리질렀다. "무슨 일로 우리를 힘들게 합니까? 당신은 하나님
의 아들입니다! 당신은 아직 여기에 올 때가 아닙니다!" 저만치 멀리서 돼지 떼
가 땅을 파헤치며 먹을 것을 찾고 있었다. 악한 귀신들이 예수께 애걸했다. "우
리를 이 사람들한테서 내쫓으시려거든, 돼지들 속에 들어가 살게 해주십시오!"
32-34 예수께서 말씀하셨다. "좋다. 여기서 나가거라!" 그러자 돼지들이 미쳐서,
우르르 벼랑으로 몰려가더니 바다에 빠져 죽었다. 돼지를 치던 사람들이 혼비백
산하여 달아났다. 그들은 미친 사람들과 돼지 떼에게 벌어진 일을 마을 사람 모
두에게 말했다. 그 이야기를 들은 사람들은 돼지 떼가 익사한 것에 화가 났다.
그들은 무리 지어 와서는, 예수께 그곳을 떠나 다시는 오지 말라고 당부했다.

의사가 필요한 사람이 누구냐

9 1-3 예수와 제자들은 다시 배를 타고 바다를 건너 예수의 고향으로 갔다.
그들이 배에서 내리기가 무섭게, 사람들이 중풍병자 한 사람을 들것에
실어 데려와서 그들 앞에 내려놓았다. 그들의 담대한 믿음에 감동하신 예수께
서 중풍병자에게 말씀하셨다. "기운을 내어라, 아들아. 내가 네 죄를 용서한다."
그러자 몇몇 종교 학자들이 수군거렸다. "아니, 저것은 신성모독이다!"
4-8 예수께서 그들의 생각을 아시고 말씀하셨다. "왜 이리 수군수군 말이 많으
냐? '내가 네 죄를 용서한다'고 말하는 것과 '일어나 걸어가라'고 말하는 것 중에
어느 쪽이 더 쉽겠느냐? 내가 인자인 것과, 내가 어느 쪽이든 행할 권한이 있다
는 것을 분명히 보여주겠다." 이 말을 하시고 예수께서 중풍병자에게 말씀하셨
다. "일어나거라. 네 자리를 들고 집으로 가거라." 그 사람은 그대로 했다. 무리
는 두려움에 사로잡혔고, 하나님이 예수께 권한을 주셔서 자기들 가운데서 그
렇게 일하신 것을 기뻐했다.
9 예수께서 지나시던 길에, 한 사람이 세금을 걷는 일에 여념이 없는 것을 보셨
다. 그의 이름은 마태였다. 예수께서 말씀하셨다. "나와 함께 가자." 마태는 일
어나 그분을 따라갔다.
10-11 나중에 예수께서 자신을 가까이 따르는 이들과 함께 마태의 집에서 저녁을
드실 때에, 평판이 좋지 않은 인물들이 많이 와서 한데 어울렸다. 예수께서 그
런 사람들과 어울리는 것을 본 바리새인들은 발끈하여 예수를 따르는 이들을
비난했다. "사기꾼과 쓰레기 같은 인간들과 가까이 지내다니, 당신네 선생의 이
런 행동이 무슨 본이 되겠소?"
12-13 예수께서 들으시고 반박하셨다. "의사가 필요한 사람이 누구냐? 건강한 사
람이냐, 병든 사람이냐? 가서 '내가 원하는 것은 자비이지 종교 행위가 아니다'
라는 성경 말씀이 무슨 뜻인지 헤아려 보아라. 내가 여기 있는 것은 소외된 사람
들을 초청하려는 것이지, 영향력 있는 사람들의 비위나 맞추려는 것이 아니다."

하나님 나라가 임했다

14 얼마 후에 요한을 따르는 이들이 와서 물었다. "우리와 바리새인들은 금식으

로 몸과 영혼을 엄격히 훈련하는데, 선생님을 따르는 이들은 왜 그렇게 하지 않
습니까?"
15 예수께서 그들에게 말씀하셨다. "즐거운 결혼식 중에는 빵과 포도주를 아끼
지 않고 실컷 먹는다. 나중에 허리띠를 졸라맬 일이 있을지 모르지만, 지금은
아니다. 정겨운 축하의 모닥불에 찬물을 끼얹는 사람은 없다. 하나님 나라가 임
한다는 것은 바로 이런 것이다!"
16-17 예수께서 계속해서 말씀하셨다. "멀쩡한 스카프를 잘라서 낡은 작업복에 대
고 깁는 사람은 없다. 서로 어울리는 천을 찾게 마련이다. 그리고 금이 간 병에
는 포도주를 담지 않는 법이다."

손가락 하나만 대어도

18-19 예수께서 이 말씀을 마치시자, 한 지방 관리가 나와서 정중히 절하며 말했
다. "제 딸이 방금 죽었습니다. 오셔서 손을 대 주시면 그 아이가 살겠습니다."
예수께서 일어나 그와 함께 가시자, 제자들이 뒤를 따랐다.
20-22 바로 그때에, 십이 년 동안 혈루증을 앓아 온 한 여자가 뒤에서 슬그머니 다
가가 예수의 옷을 살짝 만졌다. '이분의 옷에 손가락 하나만 대어도 내가 낫겠
다'고 생각한 것이다. 예수께서 돌아서서 여자를 보셨다. 그리고 이렇게 다독여
주셨다. "안심하여라, 딸아. 너는 믿음의 모험을 했고, 이제 병이 나았다." 그때
부터 여자의 몸이 다 나았다.
23-26 어느새 그들은 지방 관리의 집에 도착해, 이야깃거리를 잦는 입방아꾼들과
음식을 나르는 이웃들 사이를 헤치고 지나갔다. 예수께서 불쑥 말씀하셨다. "모
두 비켜라! 이 소녀는 죽지 않았다. 자고 있다." 그들은 저가 알지도 못하면서
저런 말을 한다고 했다. 예수께서 무리를 내보내시고 안에 들어가셔서, 소녀의
손을 잡고 일으켜 세우셨다. 소녀를 살리신 것이다. 곧 소문이 그 지방에 두루
퍼졌다.

믿음대로 되어라

27-28 예수께서 그 집을 떠나시자, 눈먼 사람 둘이 따라오며 소리를 질렀다. "다
윗의 자손이여, 불쌍히 여겨 주십시오! 우리를 불쌍히 여겨 주십시오!" 예수께
서 집에 들어가시자, 눈먼 그들도 따라 들어갔다. 예수께서 그들에게 말씀하셨
다. "너희는 정말 내가 이 일을 할 수 있다고 믿느냐?" 그들이 말했다. "그렇습
니다, 주님!"
29-31 예수께서 그들의 눈을 만지시며 말씀하셨다. "너희 믿음대로 되어라." 그러
자 그 말씀대로 그들이 앞을 보게 되었다. 예수께서 엄하게 주의를 주셨다. "이
일이 어떻게 일어났는지 아무에게도 알리지 마라." 그러나 그들은 문을 나서기
가 무섭게, 만나는 사람마다 그 일에 대해 떠들어 대기 시작했다.
32-33 눈먼 사람들이 나가자마자, 사람들이 악한 귀신이 들려 말 못하는 사람을
예수께 데려왔다. 예수께서 괴롭히는 악한 귀신을 쫓아내시자, 그 사람은 마치

평생 말을 해온 사람처럼 즉시 말문이 술술 트였다. 사람들이 일어나서 박수갈
채를 보냈다. "여태까지 이스라엘에 이런 일은 없었다!"
34 바리새인들은 흥분해 중얼거렸다. "속임수다. 속임수에 불과하다. 아마 마귀
와 짜고 한 일일 것이다."
35-38 그 후에 예수께서 모든 성읍과 마을을 두루 다니셨다. 그분은 회당 곳곳에
서 가르치시고, 천국 소식을 알리시고, 병든 사람과 상한 심령들을 고쳐 주셨
다. 목자 없는 양처럼 정처 없이 헤매고 있는 무리를 바라보시는 그분의 마음이
무너져 내렸다. 예수께서 제자들에게 말씀하셨다. "추수할 것이 이토록 많은데,
일꾼은 얼마나 적은지! 추수할 일손을 달라고 무릎을 꿇고 기도하여라!"

열두 명의 추수할 일꾼

10 1-4 그 기도는 곧 응답되었다. 예수께서 자기를 따르는 사람들 가운
데 열두 명을 불러 무르익은 밭으로 보내셨다. 그분은 그들에게 악
한 귀신을 쫓아내는 능력과, 상한 심령들을 자상하게 돌보는 능력을 주셨다. 예
수께서 보내신 열두 명의 이름은 이렇다.

시몬(사람들은 그를 베드로, 곧 '바위'라고 불렀다)
그의 동생 안드레
세베대의 아들 야고보
그의 동생 요한
빌립
바돌로매
도마
세금 징수원 마태
알패오의 아들 야고보
다대오
가나안 사람 시몬
가룟 유다(나중에 그분에게 등을 돌린 자다).

5-8 예수께서 열두 명의 추수할 일꾼을 보내시며 이렇게 당부하셨다.
"믿지 않는 자들을 회심시키려고 먼 곳부터 다니지 마라. 공공연한 적과 거창하
게 싸우려 들지도 마라. 바로 여기 가까이 있는 잃어버린 사람들, 혼란에 빠진
사람들한테 가거라. 그들에게 하나님 나라가 여기 있다고 말하여라. 병든 사람
들에게 건강을 되찾아 주고, 죽은 사람들을 다시 살려 주어라. 버림받은 사람들
을 만져 주어라. 귀신을 쫓아내어라. 너희가 후한 대접을 받았으니, 너희도 후
하게 살아라.
9-10 시작하기 전에 모금행사를 벌여야겠다고 생각하지 마라. 너희에게는 많은
준비가 필요 없다. 너희 자신을 준비하여라. 하루 세 끼 먹을 것만 있어도 너희

는 이 일을 계속할 수 있다. 짐을 가볍게 하고 다녀라.
11 어떤 성읍이나 마을에 들어가거든, 굳이 고급 여관에 묵지 마라. 수수한 사람
들이 사는 적당한 곳을 찾아가 떠날 때까지 그곳으로 만족하여라.
12-15 문을 두드릴 때는 정중히 인사하여라. 그들이 너희를 맞아들이거든 예의 바
르게 이야기를 나누어라. 너희를 맞아들이지 않거든 조용히 떠나라. 소란 피울
것 없다. 무시해 버리고 너희의 길을 가면 된다. 심판 날에 그들은 틀림없이 크
게 후회하겠지만, 그것은 지금 너희가 신경 쓸 일이 아니다.
16 늘 정신을 바짝 차려라. 내가 너희에게 맡기는 일은 위험한 일이다. 너희는 이
리 떼 속을 달려가는 양과 같으니, 너희에게 시선이 쏠리지 않게 하여라. 뱀처
럼 영리하고 비둘기처럼 순수하여라.
17-20 세상을 몰라서는 안된다. 어떤 사람들은 너희의 동기를 비난할 것이고, 어
떤 사람들은 너희의 평판을 더럽힐 것이다. 단지 나를 믿는다는 이유만으로 그
렇게 할 것이다. 그들이 너희를 법정으로 끌고 가더라도 당황하지 마라. 그들은
자기도 모르게, 너희와 나에게 호의를 베푼 것이다. 너희에게 천국 소식을 전할
무대를 만들어 준 것이다! 그때 무엇을 말할지, 어떻게 말할지 걱정하지 마라.
꼭 맞는 말이 떠오를 것이다. 너희 아버지의 영이 필요한 말을 주실 것이다.
21-23 너희가 전하려는 분이, 자기들 기분이나 맞춰 주는 어떤 우상이 아니라 살
아 계신 하나님임을 알게 된다면, 사람들은 너희를 대적할 것이다. 심지어 너희
가족들도 그럴 것이다. 큰 사랑을 선포했는데 그처럼 큰 미움을 맛보게 되니,
얼마나 어처구니없는 일이냐! 그러나 포기하지 마라. 굴복하지 마라. 마지막에
가면 그 가치를 알게 될 것이다. 이런 일이 벌어질 때 너희가 구할 것은, 성공이
아니라 생존이다. 살아남는 자가 되어라! 더 이상 어쩔 수 없는 상황에 이르기
전에, 인자가 올 것이다.
24-25 학생이 선생보다 더 나은 책상을 쓸 수 없다. 사원이 사장보다 돈을 더 벌지
못한다. 너희는 내 학생이요 내 추수할 일꾼이니, 나와 똑같은 대접을 받거든
만족하여라. 아예 기뻐하여라. 그들이 주인인 나를 '똥 묻은 화상'이라고 부르는
데, 일꾼들이야 더 무엇을 바라겠느냐?
26-27 겁먹지 마라. 언젠가는 모든 것이 밝혀져 모든 사람이 일의 진실을 알게 될
것이다. 그러니 드러내 놓고 진리를 말하기를 주저하지 마라.
28 괴롭히는 자들이 허세를 부리며 위협한다고 해서 침묵해서는 안된다. 그들이
너희 존재의 중심인 너희 영혼에 할 수 있는 일이란 아무것도 없다. 너희는 너
희 삶 전체—몸과 영혼—를 그 손에 붙잡고 계시는 하나님만 두려워하면 된다."

내 편에 서라

29-31 "애완용 카나리아의 값이 얼마더냐? 푼돈이 아니냐? 그러나 하나님은 그
새에게 일어나는 일을, 너희가 신경 쓰는 것보다 더 신경 쓰신다. 그분께서 너
희에게는 더 정성을 쏟으신다. 세세한 것까지 일일이 돌보시며, 심지어 너희의
머리카락까지 다 세신다! 그러니 괴롭히는 자들의 이런저런 말에 겁먹지 마라.

너희는 카나리아 수백만 마리보다 더 귀하다.
32-33 세상의 여론에 맞서 내 편을 들어라. 그러면 나도 하늘에 계신 내 아버지 앞
에서 너희 편을 들 것이다. 너희가 겁이 나서 달아난다면, 내가 너희를 감싸 줄
것 같으냐?
34-37 내가 삶을 편안하게 해주려고 왔다고 생각하지 마라. 나는 갈라서게 하려고
왔다. 아들과 아버지, 딸과 어머니, 며느리와 시어머니 사이를 분명하게 갈라서
게 하려고 왔다. 가족 간의 편안한 인연을 갈라놓아서, 너희로 하여금 하나님을
위해 자유롭게 되게 하려고 왔다. 좋은 뜻을 가진 너희 가족이 최악의 원수가
될 수 있다. 나보다 자기 아버지나 어머니를 더 좋아하는 사람은 내게 합당하지
않다. 나보다 아들이나 딸을 더 좋아하는 사람은 내게 합당하지 않다.
38-39 물불을 안 가리고 끝까지 나와 함께 가지 않는 사람은, 내게 합당하지 않다.
너희의 일차 관심사가 자신을 챙기는 것이라면, 너희는 절대로 자신을 얻지 못
할 것이다. 그러나 너희 자신을 잊어버리고 나를 바라보면, 너희 자신과 나 둘
모두를 얻을 것이다.
40-42 이 추수하는 일에 우리는 긴밀히 얽혀 있다. 누구든지 너희가 하는 일을 받
아들이는 사람은, 너희를 보낸 나를 받아들이는 것이다. 누구든지 내가 하는 일
을 받아들이는 사람은, 나를 보내신 내 아버지를 받아들이는 것이다. 하나님의
심부름꾼을 받아들이는 것은 하나님의 심부름꾼이 되는 것이나 마찬가지다. 누
군가의 도움을 받아들이는 것은 누군가에게 도움을 베푸는 것이나 다름없다. 내
가 너희를 부른 일은 큰 일이지만, 주눅 들 것 없다. 작게 시작하는 것이 최선의
방법이다. 이를테면, 목마른 사람에게 냉수 한 잔을 주어라. 베풀거나 받는 지극
히 작은 일로 너희는 참된 제자가 된다. 너희는 단 하나도 잃지 않을 것이다."

세례자 요한

11

1 예수께서 열두 제자에게 이렇게 당부하시고 나서, 계속해서 여러
동네에서 가르치고 전도하셨다.
2-3 한편, 요한은 감옥에 갇혀 있었다. 그는 예수께서 하고 계신 일을 전해 듣고
는, 자기 제자들을 보내어 물었다. "우리가 기다려 온 분이 선생님입니까, 아니
면 아직도 기다려야 합니까?"
4-6 예수께서 그들에게 말씀하셨다. "가서 지금 벌어지고 있는 일을 요한에게 말
하여라.

눈먼 사람이 보고
저는 사람이 걷고
나병환자가 깨끗해지고
귀먹은 사람이 듣고
죽은 사람이 살아나며,
이 땅의 불쌍한 사람들이 하나님께서 자기들 편임을 깨닫는다.

이것이 너희가 기대하던 것이냐? 그렇다면 너희야말로 가장 복된 사람인 줄 알
아라!"
7-10 요한의 제자들이 보고하러 떠나자, 예수께서 무리에게 요한에 대해 말씀하
셨다. "그를 보러 광야로 나갈 때에 너희는 무엇을 기대했더냐? 주말을 쉬러 나
온 사람이더냐? 아닐 것이다. 그럼 무엇이냐? 멋진 양복을 차려입은 교주더
냐? 광야에서는 어림도 없다. 그럼 무엇이냐? 예언자냐? 맞다, 예언자다! 너희
평생에 최고의 예언자일 것이다. 그는 예언자 말라기가 '내가 내 예언자를 앞서
보내어 네 길을 평탄하게 만들 것이다'라고 말한 그 예언자다.
11-14 지금 무슨 일이 벌어지고 있는지 내가 말해 주겠다. 역사상 어느 누구도 세
례자 요한보다 나은 사람이 없다. 그러나 그가 너희에게 준비시킨 천국에서는
가장 낮은 사람이라도 요한보다 앞선다. 오랫동안 사람들은 스스로 하나님 나
라에 들어가려고 애써 왔다. 그러나 예언자들의 책과 하나님의 율법을 자세히
읽어 보면 알겠지만, 그 모든 것이 요한에서 절정에 이르고, 요한과 협력하여
천국의 메시아를 위한 길을 예비하고 있다. 이렇게 보면, 요한은 너희 모두가
어서 와서 메시아를 소개해 주기를 고대했던 그 엘리야가 맞다.
15 내 말을 듣고 있느냐? 정말로 듣고 있느냐?
16-19 이 세대 사람들을 어떻게 설명할 수 있을까? 그들은 '우리는 더 놀고 이야
기하고 싶은데 엄마 아빠는 늘 피곤하고 바쁘다고 해요' 하고 불평을 늘어놓는
아이와 같다. 요한이 와서 금식하니 사람들은 그가 미쳤다고 했다. 내가 와서
실컷 먹으니 사람들은 내가 술고래며, 인간쓰레기들의 친구라고 했다. 본래 여
론조사는 믿을 만한 것이 못되지 않더냐? 음식 맛은 먹어 보아야 안다."

자연스런 은혜의 리듬을 배워라

20 그 후에 예수께서 자신이 가장 열심히 일하셨으나 사람들의 반응이 가장 적었
던 여러 도시들을 호되게 책망하셨다. 그곳 사람들이 무관심하게 제 갈 길로 가
버렸던 것이다.
21-24 "고라신아, 너에게 화가 있을 것이다! 벳새다야, 너에게 화가 있을 것이다!
두로와 시돈이 너희가 본 엄청난 기적의 절반만 보았어도, 당장 무릎을 꿇었을
것이다. 심판 날에 그들은 너희에 비하면 가벼운 벌로 끝날 것이다. 가버나움
아! 네가 잔뜩 점잔을 뺀다만 결국은 지옥에 떨어질 것이다. 소돔 사람들도 너
처럼 기회가 있었다면, 그 도시가 지금까지 남아 있었을 것이다. 심판 날에 그
들은 너희에 비하면 가벼운 벌로 끝날 것이다."
25-26 갑자기 예수께서 기도하셨다. "하늘과 땅의 주인이신 아버지, 감사합니다.
아버지께서는 아버지의 길을 똑똑하고 다 아는 체하는 사람들에게는 숨기시고,
평범한 사람들에게는 분명히 밝히셨습니다. 그렇습니다, 아버지. 아버지께서는
이렇게 일하시는 것을 좋아하십니다."
27 예수께서 다시 사람들에게 말씀하시되, 이번에는 부드럽게 말씀하셨다. "아
버지께서 이 모든 것을 내게 행하고 말하라고 맡겨 주셨다. 이것은 아버지와 아

들이 서로를 잘 아는 친밀한 관계에서 비롯되는, 부자간의 독특한 일이다. 아무
도 아버지가 아는 것처럼 아들을 아는 이가 없고, 아들이 아는 것처럼 아버지를
아는 이도 없다. 하지만 나는 이것을 나 혼자만 누릴 생각이 없다. 누구든지 들
을 마음만 있으면, 나는 차근차근 가르쳐 줄 준비가 되어 있다.
28-30 너희는 피곤하고 지쳤느냐? 종교생활에 탈진했느냐? 나에게 오너라. 나와
함께 길을 나서면 너희 삶은 회복될 것이다. 내가 너희에게 제대로 쉬는 법을
가르쳐 주겠다. 나와 함께 걷고 나와 함께 일하여라. 내가 어떻게 하는지 잘 보
아라. 자연스런 은혜의 리듬을 배워라. 나는 너희에게 무겁거나 맞지 않는 짐을
지우지 않는다. 나와 함께 있으면 자유롭고 가볍게 사는 법을 배울 것이다."

안식일의 주인

12

1-2 어느 안식일에, 예수께서 제자들과 함께 곡식이 무르익은 밭 사
이를 거닐고 계셨다. 제자들이 배가 고파 곡식 이삭을 따서 씹어 먹
었다. 바리새인들이 그 일을 예수께 일러바쳤다. "당신의 제자들이 안식일 규정
을 어기고 있습니다!"
3-5 예수께서 말씀하셨다. "정말이냐? 너희는 다윗과 그 동료들이 배고플 때에
한 일을 읽어 보지 못했느냐? 그들이 성소에 들어가서, 제사장들 외에는 아무
도 먹지 못하게 되어 있는, 제단에서 갓 물려낸 빵을 먹지 않았느냐? 또 너희는
성전에서 직무를 수행중인 제사장들이 매번 안식일 규정을 어기는데도 죄가 되
지 않는다는 것을, 하나님의 율법에서 읽어 보지 못했느냐?
6-8 여기에는 종교 이상으로 훨씬 많은 문제가 걸려 있다. 너희가 만일 '나는 경
직된 의식(儀式)보다 유연한 마음을 더 원한다'고 한 성경 말씀의 뜻을 조금이라
도 안다면, 사소한 일로 이렇게 트집 잡지는 않을 것이다. 인자는 안식일의 종
이 아니라 주인이다."
9-10 예수께서 밭을 떠나 그들의 회당에 들어가셨다. 거기에 한쪽 손이 오그라든
사람이 있었다. 그들은 예수께 "안식일에 병을 고치는 것이 율법에 맞습니까?"
하고 물었다. 예수를 함정에 빠뜨리려고 했던 것이다.
11-14 예수께서 대답하셨다. "여기에 혹시 자신의 어린양 한 마리가 골짜기에 떨
어졌는데, 안식일이라고 해서 그 어린양을 끌어내지 않을 사람이 있느냐? 하
물며 인간에게 친절을 베푸는 것이 짐승에게 친절을 베푸는 것만큼이나 율법에
맞지 않겠느냐!" 그러고 나서 예수께서 그 사람에게 말씀하셨다. "네 손을 내밀
어라." 그가 손을 내밀자, 그 손이 다 나았다. 바리새인들은 발끈해 나가서는,
예수를 파멸시킬 방도를 흥분하며 이야기했다.

내가 택한 나의 종

15-21 예수께서 사람들이 자기를 붙잡으려는 것을 아시고 다른 데로 가셨다. 많은
사람들이 따라왔고, 예수께서는 그들을 다 고쳐 주셨다. 또 그들에게 소문을 내
지 말라고 당부하셨다. 이사야가 기록한 대로 하신 것이다.

내가 신중히 택한 종을 잘 보아라.
나는 그를 한없이 사랑하며 기뻐한다.
내가 내 영을 그 위에 두었으니
그가 모든 나라에 정의를 선포할 것이다.
그러나 그는 소리지르거나 목소리를 높이지 않으며
길가에서 소란을 피우지 않을 것이다.
그는 누구의 감정도 짓밟지 않으며
너희를 궁지에 몰아넣지도 않을 것이다.
어느새 그의 정의가 승리할 것이며,
아득히 먼 곳의 믿지 않는 사람들까지도,
들려오는 그의 이름만 듣고도 희망을 품게 될 것이다.

중립지대는 없다

22-23 그 후에 사람들이 귀신 들려 눈멀고 귀먹은 불쌍한 사람을, 예수 앞에 데려
왔다. 예수께서 그를 고쳐 시력과 청력을 되찾아 주셨다. 그것을 본 사람들이
감동했다. "이 사람은 다윗의 자손이 틀림없다!"
24 그러나 바리새인들은 그 보고를 듣고서 빈정대며 말했다. "마술이다. 소맷자
락에서 마귀의 속임수를 끄집어낸 것이다."
25-27 예수께서 그들의 비방에 맞섰다. "같은 사람에게 서로 상반되는 판결을 내
리는 재판관은 자기 말을 무효로 하는 것이다. 늘 싸움질하는 가정은 무너지게
마련이다. 사탄이 사탄을 쫓아내면, 어느 사탄이 남아나겠느냐? 너희가 나를
마귀라고 욕하며 마귀 쫓아내는 마귀라 부른다면, 너희의 귀신 쫓아내는 자들
에게도 똑같은 욕이 되지 않겠느냐?
28-29 그러나 내가 하나님의 능력으로 악한 귀신들을 내쫓는 것이라면, 하나님 나
라가 확실히 여기 있는 것이다. 환한 대낮에 시퍼렇게 눈을 뜬 건장한 사내의
집에 들어가서 그 살림을 가지고 달아나려면, 먼저 그 사람을 묶어야 하지 않겠
느냐? 그를 묶으면 집을 깨끗이 털 수 있다.
30 이것은 전쟁이며, 중립지대는 없다. 내 편이 아니라면, 너희는 내 적이다. 돕
지 않으면 방해하는 것이다.
31-32 용서받지 못할 말이나 행동은 없다. 그러나 너희가 고의로 하나님의 영을
끝까지 비방하면, 너희를 용서하시는 바로 그분을 물리치는 것이 된다. 너희가
어떤 오해로 인자를 거부하면, 성령께서 너희를 용서하실 수 있다. 그러나 성령
을 거부하면, 너희는 자신이 걸터앉은 나뭇가지를 톱으로 잘라 내는 것이고, 용
서하시는 그분과의 모든 관계를 너희 자신의 사악함으로 끊어 버리는 것이다.
33 건강한 나무를 키우면, 건강한 열매를 거둔다. 병든 나무를 키우면, 벌레 먹
은 열매를 거둔다. 열매를 보면 나무를 알 수 있다.
34-37 너희 생각은 뱀 구덩이와 같다! 너희 생각이 그렇게 더러운데, 어떻게 너희
말이 온전할 수 있겠느냐? 너희 말에 의미를 부여해 주는 것은, 사전이 아니라

너희 마음이다. 선한 사람은 철마다 선한 행실과 선한 말의 열매를 맺는다. 악한 사람은 과수원의 마름병과 같다. 내가 너희에게 말한다. 이 부주의한 말 한 마디 한 마디가 되돌아와서 너희를 괴롭힐 것이다. 결산의 날이 올 것이다. 말에는 막강한 힘이 있다. 말에 신중을 기하여라. 말이 너희를 구원할 수도 있고, 너희를 저주할 수도 있다."

요나의 증거

38 나중에 종교 학자와 바리새인 몇 사람이 예수를 찾아왔다. "선생님, 당신의
신임장을 보고 싶습니다. 하나님이 함께하시는 일이라는 확실한 증거를 보여주
십시오. 기적이라도 보여주시지요."
39-40 예수께서 말씀하셨다. "너희가 증거를 찾고 있으나 엉뚱한 증거를 찾고 있
다. 너희는 너희의 호기심을 만족시켜 주고, 기적에 대한 너희의 욕망을 채워
줄 무언가를 바란다. 그러나 너희가 얻게 될 유일한 증거는, 증거처럼 여겨지지
않는 요나의 증거뿐이다. 사흘 밤낮을 물고기 뱃속에 있었던 요나처럼, 인자도
사흘 밤낮을 깊은 무덤 속에서 지낼 것이다.
41-42 심판 날에, 니느웨 사람들이 일어나 이 세대를 정죄할 증거를 내놓을 것이
다. 요나가 설교할 때, 그들이 자신들의 삶을 고쳤기 때문이다. 요나보다 더 큰
설교자가 여기 있는데도, 너희는 증거를 따지고 있다. 심판 날에, 시바 여왕이
앞에 나와서 이 세대를 정죄할 증거를 제시할 것이다. 여왕이 지혜로운 솔로몬
의 말을 들으려고 먼 땅 끝에서부터 찾아왔기 때문이다. 솔로몬의 지혜보다 더
큰 지혜가 바로 너희 앞에 있는데도, 너희는 증거 운운하며 억지를 부리고 있다.
43-45 사람에게서 쫓겨난 더러운 악한 귀신은 광야를 이리저리 떠돌며 자기가 들
어갈 만한 오아시스, 곧 순진한 영혼을 찾아다닌다. 아무도 찾지 못하면, 귀신
은 '내가 전에 있던 소굴로 돌아가자' 하고 말한다. 돌아가 보니, 그 사람은 흠
하나 없이 깨끗한데, 텅 비어 있다. 그래서 악한 귀신은 달려가서 자기보다 더
악한 귀신을 일곱이나 끌어 모아서는, 다 함께 그 사람 안에 들어가 난장판을
벌인다. 결국 그 사람의 상태는 깨끗함을 받지 않았던 처음보다 훨씬 나빠진다.
바로 이 세대가 그렇다. 너희 생각에는 너희가 삶의 쓰레기를 치워 내고 하나님
앞에 준비된 것 같을지 모르나, 너희는 내 나라의 메시지를 순순히 받아들이지
않았다. 이제 온갖 마귀가 다시 들어오고 있다."

순종이 피보다 진하다

46-47 예수께서 아직 무리에게 말씀하고 있는데, 그분의 어머니와 형제들이 나타
났다. 그들은 밖에서 예수께 말을 전하려고 했다. 누군가 예수께 말씀드렸다.
"선생님의 어머니와 형제들이 이야기하려고 밖에 있습니다."
48-50 예수께서 직접 답하지 않고 이렇게 말씀하셨다. "내 어머니와 형제들이 누
구라고 생각하느냐?" 그러고는 제자들을 향해 손을 내미셨다. "잘 보아라. 이
들이 내 어머니요 형제들이다. 순종이 피보다 진하다. 내 하늘 아버지의 뜻에

순종하는 사람이 내 형제요 자매요 어머니다."

씨 뿌리는 농부 이야기

13 [1-3] 같은 날 예수께서 집에서 나가 해변에 앉으셨다. 순식간에 바닷
가를 따라 무리가 모여들어, 예수께서 할 수 없이 배에 오르셨다. 예
수께서 배를 설교단 삼아 회중에게 여러 이야기를 들려주셨다.
[3-8] "너희는 어떻게 생각하느냐? 어떤 농부가 씨를 뿌렸다. 씨를 뿌리는데, 더러
는 길 위에 떨어져서, 새들이 먹어 버렸다. 더러는 자갈밭에 떨어져서, 금세 싹
이 났으나 뿌리를 내리지 못해, 해가 나자 곧 시들어 버렸다. 더러는 잡초밭에
떨어져서, 싹이 났으나 잡초가 짓눌러 버렸다. 더러는 좋은 땅에 떨어져서, 농
부가 생각지도 못한 큰 결실을 맺었다.
[9] 너희는 듣고 있느냐? 정말로 듣고 있느냐?"

왜 이야기인가

[10] 제자들이 다가와서 물었다. "왜 이야기로 말씀하십니까?"
[11-15] 예수께서 대답하셨다. "너희에게는 하나님 나라를 아는 깨달음이 주어졌
다. 너희는 하나님 나라가 어떻게 되어 가는지 안다. 그러나 이 선물, 이 깨달음
은 누구한테나 있는 것이 아니다. 어떤 사람에게는 주어지지 않았다. 누구든지
준비된 마음이 있으면 언제라도 깨달음과 이해가 막힘 없이 흐른다. 그러나 준
비된 마음이 없으면, 깨달음은 흔적도 없이 금세 사라진다. 내가 이야기로 말하
는 것은 그런 이유에서다. 마음을 준비시키고, 마음을 열어 깨닫도록 주의를 환
기시키려는 것이다. 현재 상태로는 그들은 세상 끝날까지 쳐다보아도 보지 못
하고, 지칠 때까지 들어도 깨닫지 못한다. 내가 이사야의 예언을 굳이 반복해서
말할 필요가 있겠느냐?

너희 귀가 열렸으나 하나도 듣지 못하고
눈을 떴으나 하나도 보지 못한다.
이 사람들은 머리가 꽉 막혔다!
그들은 듣지 않으려고
손가락으로 귀를 틀어막는다.
보지 않으려고,
나와 얼굴을 맞대지 않으려고,
내 치유를 받지 않으려고,
두 눈을 질끈 감는다.

[16-17] 그러나 너희는 하나님이 복 주신 눈, 곧 보는 눈이 있다! 하나님이 복 주신
귀, 곧 듣는 귀가 있다! 예언자와 겸손하게 믿는 이들을 비롯해 많은 사람들이,
너희가 지금 보는 것을 보고 너희가 지금 듣는 것을 들을 수만 있었다면 그 무

었도 마다하지 않았을 텐데, 그럴 기회가 없었다."

씨 뿌리는 농부 이야기의 의미

18-19 "농부가 씨를 뿌리는 이 이야기에서 배워라. 누구든지 천국 소식을 듣고도
받아들이지 않으면, 마음에 뿌려졌으나 겉에 그대로 남아 있는 그 들은 것을 악
한 자가 와서 낚아채 간다. 이것이 농부가 길 위에 뿌린 씨다.
20-21 자갈밭에 떨어진 씨는, 듣는 즉시 뜨겁게 반응하는 사람이다. 하지만 성품
의 토양이 없다 보니, 감정이 식거나 어려움이 닥치면 아무 쓸모가 없게 되고
만다.
22 잡초밭에 떨어진 씨는, 천국 소식을 듣기는 듣지만 세상 모든 것을 갖고 싶고 더
얻으려는 염려와 망상의 잡초 때문에 숨이 막혀서, 아무 소득이 없는 사람이다.
23 좋은 땅에 떨어진 씨는, 그 소식을 듣고 받아들여서 생각지도 못한 큰 결실을
맺는 사람이다."

24-26 예수께서 또 다른 이야기를 들려주셨다. "하나님 나라는 자기 밭에 좋은 씨
를 심은 농부와 같다. 그날 밤, 품꾼들이 자는 동안에 그의 원수가 밀밭 사이사
이에 엉겅퀴를 뿌리고는 동트기 전에 자취를 감췄다. 푸른 싹이 처음 나고 낟알
이 영글려고 할 때에 엉겅퀴도 함께 나왔다.
27 일꾼들이 농부에게 와서 말했다. '주인님, 좋은 씨만 가려서 심지 않았습니
까? 이 엉겅퀴는 어디서 왔습니까?'
28 주인은 '원수가 그랬구나' 하고 대답했다.
일꾼들은 '엉겅퀴를 뽑을까요?' 하고 물었다.
29-30 주인이 말했다. '아니다. 엉겅퀴를 뽑다가 밀까지 뽑아 버리겠다. 그냥 추수
때까지 같이 자라게 두어라. 그때에 내가 추수하는 사람들에게 엉겅퀴는 뽑아
따로 묶어 불사르고, 밀은 거두어 곳간에 넣으라고 하겠다.'"
31-32 또 다른 이야기다. "하나님 나라는 농부가 심은 솔씨 하나와 같다. 솔씨는
씨로서는 아주 작지만, 세월이 가면 독수리들이 그 안에 둥지를 틀 만큼 큰 나
무로 자란다."
33 또 다른 이야기다. "하나님 나라는 여자가 보리빵 수십 개를 만들려고 반죽에
넣은 누룩과 같다. 기다리고 있으면 반죽이 부풀어 오른다."
34-35 그날 예수께서는 이야기만 하셨다. 오후 내내 이야기 시간이었다. 그분이
이야기로 말씀하신 것은 예언의 성취였다.

내가 입을 열어 이야기하겠다.
세상 첫날부터 숨겨진 것들을
내가 드러내겠다.

36 예수께서 회중을 돌려보내시고 집에 들어가셨다. 제자들이 들어와서 말했다.
"밭의 엉겅퀴 이야기를 설명해 주십시오."

37-39 그래서 예수께서 설명해 주셨다. "좋은 씨를 뿌리는 농부는 인자다. 밭은 세상이고, 좋은 씨는 천국 백성이다. 엉겅퀴는 마귀의 백성이고, 엉겅퀴를 뿌리는 원수는 마귀다. 추수 때는 시대의 끝이고, 역사의 끝이다. 추수하는 일꾼들은 천사들이다.

40-43 엉겅퀴를 묶어서 불사르는 장면은 마지막 막에 나온다. 인자가 천사들을 보내어 자기 나라에서 엉겅퀴를 뽑아 쓰레기장에 던지면, 그것으로 끝이다. 그들은 높은 하늘에 대고 불평하겠지만, 아무도 귀 기울이지 않을 것이다. 그러나 거룩하게 무르익은 삶들은 성숙하게 자라서, 자기 아버지의 나라를 아름답게 꾸밀 것이다.

너희는 듣고 있느냐? 정말로 듣고 있느냐?

44 하나님 나라는 오래도록 밭에 감추어져 있다가 그 곁을 지나가던 사람이 우연히 찾아낸 보물과 같다. 찾아낸 사람은 기뻐 어쩔 줄 몰라서 '이게 웬 횡재냐!' 하며 전 재산을 팔아 그 밭을 산다.

45-46 하나님 나라는 최고의 진주를 찾아다니는 보석상과 같다. 흠 없는 진주를 만나면, 그는 즉시 모든 것을 팔아 그 진주를 산다.

47-50 하나님 나라는 바다에 던져 온갖 물고기를 잡는 그물과 같다. 그물이 가득 차면, 해변가로 끌어다가 좋은 물고기는 골라서 통에 담고 먹지 못할 것은 버린다. 역사에 막이 내릴 때도 그럴 것이다. 천사들이 와서 쓸모없는 물고기들은 추려 내서 쓰레기통에 버릴 것이다. 엄청난 불평이 있겠지만, 전혀 소용없을 것이다."

51 예수께서 물으셨다. "이제 이 모든 것을 알 것 같으냐?"
그들은 "예" 하고 대답했다.

52 예수께서 말씀하셨다. "너희가 보다시피, 하나님 나라의 훈련을 잘 받은 학생은 마치 편의점 주인과 같다. 무엇이든 필요한 것이면, 신상품이든 재고든 꼭 필요한 때에 척척 찾아낸다."

53-57 이 이야기를 다 마치시고, 예수께서 그곳을 떠나 고향으로 돌아가셔서 그곳 회당에서 설교하셨다. 예수께서는 모든 사람의 감탄을 자아낼 정도로 대단하셨다. 사람들은 말했다. "이 사람이 이렇게 훌륭한 사람인지 미처 몰랐다! 어떻게 이런 지혜와 이런 능력을 갖게 되었을까?" 그러나 한편으로 그들은 언제 그랬느냐는 듯이, 어느새 그분을 깎아내리고 있었다. "우리는 이 사람을 어려서부터 알았다. 그는 목수의 아들이다. 그의 어머니 마리아를 우리가 알고, 그의 동생 야고보와 요셉과 시몬과 유다를 안다. 그의 누이들도 다 여기 살고 있다. 도대체 그는 자기가 누구라고 저러는 것인가?" 그들은 아주 언짢게 생각했다.

58 그러나 예수께서는 "예언자는 자기 고향과 가족에게 대단치 않게 여겨지는 법이다"라고 말씀하셨다. 그들의 적대감과 무관심 때문에 예수께서는 거기서

기적을 많이 행하지 않으셨다.

요한의 죽음

14 [1-2] 그 즈음에, 지역 통치자인 헤롯이 예수에 관한 소문을 들었다. 그
는 신하들에게 말했다. "죽은 세례자 요한이 다시 살아난 것이 틀림
없다. 그래서 그 사람이 능히 기적을 행하는 것이다!"
3-5 전에 헤롯은 자기 동생 빌립의 아내인 헤로디아를 달래려고, 요한을 체포하
여 사슬에 채워서 감옥에 가두었다. 요한은 헤롯과 헤로디아의 관계가 "불륜"이
라고 말해 헤롯을 자극했다. 헤롯은 그를 죽이고 싶었으나, 요한을 하나님의 예
언자로 우러르는 사람들이 하도 많아서 두려웠다.
6-12 그러나 그의 생일잔치 때 기회가 왔다. 헤로디아의 딸이 손님들을 위해 춤을
추어 여흥을 돋우었다. 헤롯의 마음이 녹아 버렸다. 술김에 흥분한 그는, 딸에
게 원하는 것이면 무엇이든 주겠다고 맹세했다. 이미 어머니의 지시를 받은 딸
은 준비가 되어 있었다. "세례자 요한의 머리를 쟁반에 담아 주세요." 왕은 한순
간 정신이 번쩍 들었다. 그러나 그는 손님들에게 체면을 잃고 싶지 않아서, 그
대로 했다. 요한의 목을 베어 쟁반에 담아 소녀에게 주라고 명한 것이다. 딸은
그것을 가져다가 자기 어머니에게 주었다. 나중에 요한의 제자들이 시신을 거
두어 엄숙히 장례를 치르고는, 예수께 알렸다.

너희가 먹을 것을 주어라

13-14 예수께서 그 소식을 들으시고는, 배를 타고 빠져나가 혼자 외딴 곳으로 가
셨다. 그러나 허사였다. 그분을 본 사람이 있어서 금세 소문이 퍼졌다. 곧 인근
여러 마을에서 많은 사람들이 걸어서 호수를 돌아 그분이 계신 곳으로 왔다. 사
람들이 오는 것을 보자, 그분은 못내 불쌍한 마음이 들어 아픈 사람들을 고쳐
주셨다.
15 저녁 무렵에 제자들이 예수께 다가와 말했다. "여기는 시골이고 시간도 늦었
습니다. 사람들을 돌려보내 마을에 가서 저녁을 먹게 해야겠습니다."
16 그러나 예수께서 말씀하셨다. "보낼 것 없다. 너희가 저녁을 주어라."
17 그들이 말했다. "우리에게 있는 것이라고는 빵 다섯 개와 물고기 두 마리뿐입
니다."
18-21 예수께서 말씀하셨다. "이리 가져오너라." 그분은 사람들을 풀밭에 앉히셨
다. 그러고는 빵 다섯 개와 물고기 두 마리를 손에 들고 하늘을 우러러 기도하
시고 축복하신 다음, 빵을 떼어 제자들에게 주셨다. 제자들은 다시 무리에게 음
식을 주었다. 그들 모두가 배불리 먹었다. 남은 것을 거두니 열두 바구니가 되
었다. 먹은 사람들이 오천 명쯤 되었다.

물 위를 걸어오시다

22-23 식사가 끝나자, 예수께서 제자들을 재촉하여 배를 타고 먼저 건너편으로 가

게 하시고, 그동안에 사람들을 돌려보내셨다. 무리가 흩어지자, 예수께서 산에
올라가 혼자 기도하셨다. 그분은 밤늦도록 거기 혼자 계셨다.
24-26 한편, 배는 이미 바다 멀리까지 나갔는데, 맞바람이 치면서 파도가 배를 세
차게 때렸다. 새벽 네 시쯤에, 예수께서 물 위를 걸어 제자들 쪽으로 오셨다. 그
들은 무서워서 꼼짝도 못했다. "유령이다!" 그들은 겁에 질려 소리쳤다.
27 그러나 예수께서 얼른 그들을 안심시키셨다. "안심하여라, 나다. 두려워 마라."
28 베드로가 갑자기 담대해져서 말했다. "주님, 정말 주님이시거든 제게 물 위로
걸어오라고 명하십시오."
29-30 예수께서 말씀하셨다. "오너라."
베드로는 배에서 뛰어내려, 물 위를 걸어서 예수께로 갔다. 그러나 발밑에 거세
게 이는 파도를 내려다보는 순간, 베드로는 용기를 잃고 물에 빠져들기 시작했
다. 베드로는 "주님, 저를 구해 주십시오!" 하고 소리쳤다.
31 예수께서 지체하지 않으셨다. 손을 내밀어 그의 손을 잡으셨다. 그리고 말씀
하셨다. "용기 없는 사람아, 어찌 된 것이냐?"
32-33 두 사람이 배에 오르자, 바람이 가라앉았다. 배 안에서 이 모든 것을 지켜보
던 제자들이 예수께 경배하며 말했다. "이제 됐습니다! 주님은 하나님의 아들이
틀림없습니다!"
34-36 돌아온 그들은 게네사렛에 배를 댔다. 사람들이 예수께서 오신 것을 알아채
고는, 근방에 두루 알려서 모든 병자들을 불러 모았다. 병자들은 그분의 옷자락
을 만지게 해달라고 청했다. 그분을 만진 사람은 누구나 병이 나았다.

참으로 너희를 더럽히는 것

15

1-2 그 후에, 예루살렘에서 바리새인과 종교 학자들이 예수께 와서
흠을 잡았다. "당신의 제자들은 왜 제멋대로 규정을 어깁니까?"
3-9 예수께서 바로 되받으셨다. "그러는 너희는 어째서 너희 규정을 빌미 삼아 제
멋대로 하나님의 계명을 어기느냐? 하나님은 분명히 '너희 부모를 공경하라' 하
시고 또 '누구든지 부모를 욕하는 사람은 반드시 죽여야 한다'고 말씀하셨다. 그
러나 너희는 부모에게 드려야 할 것이 있어도 부모 대신에 '하나님께 예물로 바
쳤습니다' 말하면서, 그 계명을 회피하고 있다. 그것이 어떻게 부모를 공경하는
것이라고 하겠느냐? 너희는 너희 규정으로 하나님의 계명을 무효로 만들고 있
다. 이 사기꾼들아! 너희 같은 사기꾼들에 대해 이사야가 정곡을 찔러 잘 말했다.

이 백성이 입바른 말을 거창하게 떠벌리지만,
그들의 마음은 딴 데 있다.
겉으로는 나를 경배하는 듯해도,
진심은 그렇지 않다.
무엇이든 자기네 구미에 맞는 가르침을 위해
내 이름을 팔고 있을 뿐이다."

10-11 예수께서 무리를 불러 놓고 말씀하셨다. "잘 듣고 마음에 새겨 두어라. 너희
삶을 더럽히는 것은 너희가 입으로 삼키는 것이 아니라, 너희 입에서 토해 내는
것이다."
12 나중에 제자들이 와서 예수께 말했다. "바리새인들이 주님 말씀을 듣고는 얼
마나 못마땅해 하는지 아십니까?"
13-14 예수께서 무시해 버렸다. "하늘에 계신 내 아버지가 심지 않으신 나무는 다
뿌리째 뽑힐 것이다. 내버려 두어라. 그들은 눈먼 사람을 인도하는 눈먼 사람이
다. 눈먼 사람이 눈먼 사람을 인도하면, 둘 다 구덩이에 빠지는 법이다."
15 베드로가 말했다. "잘 모르겠습니다. 쉽게 말씀해 주십시오."
16-20 예수께서 대답하셨다. "너희도 모르느냐? 우둔해지기로 작정이라도 한 것
이냐? 무엇이든지 입으로 삼키는 것은 장으로 들어가서 결국 배설되는 것을 알
지 못하느냐? 하지만 입에서 나오는 것은 마음에서 비롯된 것이다. 우리가 토
해 내는 악한 논쟁과 살인과 간음과 음란과 도둑질과 거짓말과 악담이 모두 마
음에서 나온다. 바로 이런 것들이 너희를 더럽힌다. 어떤 음식을 먹고 안 먹고,
손을 씻고 안 씻고는 전혀 상관없는 일이다."

병든 사람들을 고쳐 주시다

21-22 예수께서 거기에서 떠나 두로와 시돈으로 가셨다. 그들이 도착하기가 무섭
게 그 지방에 사는 가나안 여자가 다가와 간청했다. "다윗의 자손이신 주님, 불
쌍히 여겨 주십시오! 제 딸이 악한 귀신에 들려 몹시 괴로워하고 있습니다."
23 예수께서 여자의 말을 무시하셨다. 제자들이 다가와 불평했다. "여자가 우리
를 귀찮게 합니다. 어떻게 좀 해주십시오. 성가셔 죽겠습니다."
24 예수께서 거절하시며, 그들에게 말씀하셨다. "나는 이스라엘의 잃어버린 양
을 대하는 것만으로도 바쁘다."
25 그러자 여자가 다시 예수께 와서 무릎을 꿇고 애원했다. "주님, 저를 도와주
십시오."
26 예수께서 말씀하셨다. "자녀들의 입에서 빵을 빼앗아 개들에게 던져 주는 것
은 옳지 않다."
27 여자가 재빨리 받았다. "옳습니다, 주님. 하지만 구걸하는 개들도 주인의 상
에서 떨어지는 부스러기를 먹습니다."
28 예수께서 뜻을 굽히셨다. "여자야, 네 믿음이 남다르다. 네 소원대로 되었다!"
그 즉시 여자의 딸이 나았다.
29-31 예수께서 돌아오셔서, 갈릴리 호숫가를 걸어 산에 올라가셨다. 거기에 자리
를 정하시고 사람들을 맞을 채비를 하셨다. 수많은 사람들이 중풍병자와 눈먼
사람과 다리를 저는 사람과 말 못하는 사람과 그 밖에 도움이 필요한 사람들을,
예수께서 어떻게 하시나 보려고 그분 발 앞에 데려왔다. 예수께서 그들을 고쳐
주셨다. 사람들은 말 못하던 사람이 말하고, 다리를 저는 사람이 건강해지고, 중
풍병자가 걸어 다니고, 눈먼 사람이 사방을 둘러보는 것을 보면서 놀라워했다.

그들은 하나님께서 자기들 가운데 생생히 살아 계심을 모든 사람에게 알렸다.

32 그러나 예수께서는 다 끝내신 것이 아니었다. 예수께서 제자들을 불러 말씀하셨다. "이 사람들을 보니 내 마음이 아프구나. 이들이 사흘이나 나와 함께 있었는데, 이제 먹을 것이 없다. 배고픈 채로 가다가는 길에서 쓰러질지도 모르니 차마 보내지 못하겠다."

33 제자들이 말했다. "하지만 여기는 허허벌판인데 끼니가 될 만한 음식을 어디서 구하겠습니까?"

34-39 예수께서 물으셨다. "너희에게 빵이 얼마나 있느냐?"

"빵 일곱 개와 물고기 몇 마리가 있습니다." 그들이 말했다. 그러자 예수께서 사람들을 앉게 하셨다. 예수께서는 빵 일곱 개와 물고기를 손에 들고 감사를 드리신 후에, 사람들에게 나누어 주셨다. 모두가 먹되, 원하는 만큼 실컷 먹었다. 남은 것을 거두니 큰 것으로 일곱 바구니나 되었다. 사천 명이 넘는 사람들이 배부르게 먹었다. 예수께서 그들을 보내시고 나서, 배에 올라 마가단 지방으로 건너가셨다.

나쁜 누룩을 주의하여라

16

1-4 바리새인과 사두개인들이 또다시 예수께 달라붙어, 자신을 입증해 보이라고 몰아세웠다. 예수께서 그들에게 말씀하셨다. "너희 속담에 '저녁 하늘이 붉으면 날씨가 좋고, 아침 하늘이 붉으면 날씨가 궂다'고 했다. 너희가 날씨는 쉽게 내다보면서, 어째서 시대의 표적은 읽을 줄 모르느냐? 악하고 음란한 세대가 항상 표적과 기적을 구한다. 너희가 얻을 표적은 요나의 표적뿐이다." 그러고서 그분은 발길을 돌려 떠나셨다.

5-6 호수 건너편으로 가는 길에, 제자들이 깜빡 잊고 빵을 가져오지 않은 것을 알았다. 마침 예수께서 그들에게 "바리새인과 사두개인의 누룩을 각별히 주의하여라" 하고 말씀하셨다.

7-12 제자들은 예수께서 빵을 잊어버린 것을 꾸짖으시는 줄 알고 수군거리며 대책을 논의했다. 예수께서 그들이 하는 일을 아시고 말씀하셨다. "어째서 빵을 잊어버린 것을 가지고 이렇게 걱정스레 수군거리느냐? 믿음이 적은 사람들아! 아직도 알아듣지 못하겠느냐? 빵 다섯 개로 오천 명이 먹고 거둔 조각이 몇 바구니며, 빵 일곱 개로 사천 명이 먹고 거둔 나머지가 몇 바구니였느냐? 빵이 문제가 아니라는 것을 아직도 모르겠느냐? 문제는 누룩, 바리새인과 사두개인의 누룩이다." 그때서야 그들은 알아들었다. 예수께서는 먹을 것이 아니라 가르침, 곧 바리새인과 사두개인의 가르침을 걱정하셨던 것이다.

주님은 메시아이십니다

13 예수께서 빌립보의 가이사랴에 있는 마을에 이르러 제자들에게 물으셨다.

"사람들이 인자를 누구라 하더냐?"
14 제자들이 대답했다. "세례자 요한이라고 하는 사람들도 있고, 엘리야라고 하
는 사람들도 있고, 예레미야나 다른 예언자 가운데 한 사람이라고 하는 사람들
도 있습니다."
15 예수께서 곧바로 물으셨다. "그러면 너희는 어떠냐? 너희는 나를 누구라고
하느냐?"
16 시몬 베드로가 말했다. "주님은 살아 계신 하나님의 아들이시며 그리스도, 곧
메시아이십니다."
17-18 예수께서 대답하셨다. "요나의 아들 시몬아, 너는 하나님의 복을 받았다!
너의 그 대답은 책이나 교사들한테서 나온 것이 아니다. 하늘에 계신 내 아버지
하나님께서 친히 네게, 참으로 내가 누구인지 그 비밀을 알려 주셨다. 이제 네
가 누구인지, 참으로 네가 누구인지 내가 알려 주겠다. 너는 베드로, 곧 바위다.
이 바위 위에 내가 내 교회를 세울 것이다. 그 교회는 지옥의 문들조차도 막아
서지 못할 만큼, 그 세력이 널리 뻗칠 것이다.
19 그것이 다가 아니다. 너는 어떤 문이라도 여는 열쇠를 받아서, 하나님 나라에
아무 제약 없이 자유롭게 드나들게 될 것이다. 하늘과 땅, 땅과 하늘 사이에 더
이상 장벽이 없을 것이다. 땅에서 '예'는 하늘에서도 '예'이고, 땅에서 '아니요'는
하늘에서도 '아니요'이다."
20 예수께서는 제자들에게 비밀을 지킬 것을 엄히 명하셨다. 그리고 그분이 메
시아이심을 아무에게도 말하지 않겠다는 다짐을 그들에게서 받으셨다.

결정은 내가 한다

21-22 예수께서 이제 자신이 예루살렘으로 가서 종교 지도자들의 손에 처참한 고
난을 받아 죽임을 당하고, 사흘째 되는 날에 다시 살아나야 할 것을 제자들에게
밝히 말씀하셨다. 베드로가 그분을 붙들고 항의했다. "절대 안됩니다, 주님! 절
대로 있을 수 없는 일입니다!"
23 그러나 예수께서는 꿈쩍도 않으셨다. "베드로야, 썩 비켜라. 사탄아, 물러가
라. 너는 하나님이 어떻게 일하시는지 조금도 모른다."
24-26 그러고 나서 예수께서 다시 제자들에게 말씀하셨다. "누구든지 나와 함께
가려면 내가 가는 길을 따라야 한다. 결정은 내가 한다. 너희가 하는 것이 아니
다. 고난을 피해 달아나지 말고, 오히려 고난을 끌어안아라. 나를 따라오너라.
그러면 내가 방법을 일러 주겠다. 자기 스스로 세우려는 노력에는 아무 희망이
없다. 자기를 희생하는 것이야말로 너희 자신, 곧 너희의 참된 자아를 찾는 길
이며, 나의 길이다. 원하는 것을 다 얻고도 참된 자기 자신을 잃으면 무슨 유익
이 있겠느냐? 너희 목숨을 무엇과 바꾸겠느냐?
27-28 너희 힘으로 일을 벌이겠다고 그렇게 서두르지 마라. 순식간에 인자가 아버
지의 모든 영광에 싸여 천사의 무리를 거느리고 올 것이다. 그때 너희는 받아야
할 모든 것을 선물로 받게 될 것이다. 이것은 믿을 수 없는 훗날의 이야기가 아

니다. 여기 서 있는 너희 가운데 그런 일이 일어나는 것을 볼 사람들도 있다. 그
들은 천국의 영광 가운데 있는 인자를 볼 것이다."

영광 가운데 계신 예수

17

1-3 엿새 후에, 그들 가운데 세 사람이 그 영광을 보았다. 예수께서
베드로와 야고보와 요한 형제를 데리고 높은 산에 올라가셨다. 그
들 눈앞에서 그분의 모습이 완전히 변했다. 그분의 얼굴에서 햇빛이 쏟아져 나
왔고, 그분의 옷은 빛으로 충만했다. 문득 그들은 모세와 엘리야도 거기에 함께
있어 그분과 깊은 대화를 나누고 있는 것을 알았다.
4 베드로가 불쑥 끼어들었다. "주님, 지금은 중대한 순간입니다! 제가 이곳 산
위에 기념비 셋을 세우면 어떻겠습니까? 하나는 주님을 위해, 하나는 모세를
위해, 하나는 엘리야를 위해서 말입니다."
5 그가 이렇게 말을 하고 있는데, 빛처럼 환한 구름이 그들을 덮더니 구름 속 깊
은 데서 한 음성이 들려왔다. "이는 내가 사랑으로 구별한 내 아들, 내 기쁨의
근원이다. 그의 말을 들어라."
6-8 그 소리를 들은 제자들은 너무나 두려워서, 얼굴을 땅에 대고 납작 엎드렸다.
예수께서 가까이 오셔서 그들에게 손을 대셨다. "두려워 마라." 그들이 눈을 떠
서 사방을 둘러보니, 오직 예수밖에 보이지 않았다.
9 산을 내려오면서, 예수께서 그들에게 비밀을 지킬 것을 엄히 명하셨다. "너희
가 본 것을 한 마디도 말하지 마라. 그러나 인자가 죽은 자들 가운데서 살아난
뒤에는 말해도 좋다."
10 중간에 제자들이 물었다. "종교 학자들은 왜 엘리야가 먼저 와야 한다고 말합
니까?"
11-13 예수께서 대답하셨다. "엘리야가 와서 모든 것을 준비한다. 내가 너희에게
말하지만, 엘리야가 이미 왔으나 사람들이 그를 보고도 알아보지 못했다. 사람
들이 그를 업신여겼고, 사람들이 인자도 똑같이 업신여길 것이다." 그제야 제자
들은 예수께서 내내 세례자 요한을 두고 하신 말씀임을 깨달았다.

깨알만한 믿음만 있어도

14-16 그들이 산 밑으로 내려오니, 사람들이 떼를 지어 기다리고 있었다. 그들이
다가가자, 한 남자가 무리 중에서 나와 무릎을 꿇고 간청했다. "주님, 제 아들을
불쌍히 여겨 주십시오. 아들이 정신을 잃고 발작을 일으키며, 몹시 고통스러워
하고 있습니다. 자주 불 속에 뛰어들기도 하고, 어떤 때는 물 속에 뛰어들기도
합니다. 주님의 제자들에게 데리고 왔지만, 그들은 속수무책입니다."
17-18 예수께서 말씀하셨다. "하나님도 모르고 삶에 중심도 없는 세대여! 내가 같
은 말을 몇 번이나 해야 하느냐? 얼마나 더 참아야 하느냐? 아이를 이리 데려
오너라." 예수께서 괴롭히는 귀신에게 나가라고 명하셨다. 그러자 귀신이 나갔
다. 그때부터 아이가 멀쩡해졌다.

19 제자들이 예수와 따로 있게 되었을 때 물었다. "왜 저희는 쫓아내지 못했습
니까?"
20 "너희가 아직 하나님을 진지하게 대하지 않아서 그렇다." 예수께서 말씀하셨
다. "여기 단순한 진리가 있다. 곧 너희에게 깨알만한 믿음만 있어도 너희가 이
산더러 '움직여라!' 하면 산이 움직일 것이다. 너희가 감당하지 못할 일은 아무
것도 없다."
22-23 그들이 갈릴리에 다시 모였을 때, 예수께서 말씀하셨다. "인자는 하나님과
관계하기를 원치 않는 사람들한테 넘겨질 것이다. 그들이 인자를 죽일 것이고,
인자는 사흘 후에 다시 살아날 것이다." 제자들은 몹시 두려워했다.

⁂

24 그들이 가버나움에 이르자, 세금 징수원들이 베드로에게 와서 물었다. "당신
네 선생님은 세금을 냅니까?"
25 베드로가 말했다. "물론입니다."
베드로가 집에 들어가자, 예수께서 먼저 물으셨다. "시몬아, 네 생각은 어떠냐?
왕이 세금을 거두면 누가 세금을 내느냐? 왕의 자녀들이냐, 백성이냐?"
26-27 그가 대답했다. "백성입니다."
그러자 예수께서 말씀하셨다. "그럼 자녀들은 면제받는 것이 아니냐? 하지만
저들을 공연히 건드릴 것 없으니, 너는 호수에 가서 낚시를 던져 처음 무는 고
기를 잡아 올려라. 고기의 입을 열면 동전 하나가 나올 것이다. 그것을 가져다
가 세금 징수원들한테 주어라. 너와 내 몫으로 충분할 것이다."

하나님 나라에서 가장 큰 사람

18 1 그때에 제자들이 예수께 와서 물었다. "하나님 나라에서는 누가 최
고 서열에 오릅니까?"
2-5 예수께서 그 대답으로, 어린아이 하나를 불러다가 방 한가운데 세우고 말씀
하셨다. "내가 단호하게 말한다. 처음으로 돌아가서 어린아이처럼 다시 시작하
지 않는 한, 너희는 천국에 들어가는 것은 고사하고 천국을 보지도 못할 것이
다. 누구든지 이 아이처럼 꾸밈없이 순진해지면, 하나님 나라에서 높은 서열에
들 것이다. 또한 너희가 나를 생각해서 어린아이 같은 사람을 받아들이면, 곧
나를 받아들이는 것과 같다.
6-7 그러나 너희가 그들을 괴롭히고 못살게 굴거나 그들의 순진한 믿음을 이용하
면, 너희는 곧 후회하게 될 것이다. 그럴 바에는 차라리 너희 목에 맷돌을 달고
호수 한복판에 빠지는 편이 낫다. 이 어린아이처럼 하나님을 믿는 사람들을 괴
롭히는 세상에 화가 있을 것이다! 그러잖아도 괴로움을 피할 수 없는데, 너희까
지 더 힘들게 할 필요는 없다. 만일 그렇게 한다면, 그날이야말로 너희 최후의
날이다.
8-9 네 손이나 발이 하나님께 방해가 되거든, 찍어 내버려라. 손이나 발이 없더라

도 살아 있는 것이, 두 손과 두 발을 보란 듯이 가지고서 영원히 불타는 용광로
속에 있는 것보다 낫다. 또 네 눈이 너를 하나님에게서 멀어지게 하거든, 뽑아
내버려라. 한 눈으로 살아 있는 것이, 지옥불 속에서 2.0 시력을 발휘하는 것보
다 낫다.
10 너희는 이 어린아이처럼 믿는 사람들 중에 단 한 명이라도 업신여기지 않도록
조심하여라. 그들의 천사들이 하늘에서 항상 내 아버지와 대면하고 있음을 너
희도 알지 않느냐?"

잃어버린 양 한 마리

12-14 "이렇게도 생각해 보아라. 어떤 사람에게 양 백 마리가 있는데 그중 하나가
길을 잃으면, 아흔아홉 마리를 두고 그 한 마리를 찾아 나서지 않겠느냐? 그러
다가 찾으면, 제자리에 있던 아흔아홉 마리보다 그 한 마리를 더 애지중지하지
않겠느냐? 하늘에 계신 너희 아버지의 심정도 이와 같다. 그분은 이 순진하게
믿는 사람들 중에 한 사람이라도 잃는 것을 원치 않으신다.
15-17 함께 믿는 동료가 너에게 상처를 주거든, 가서 그에게 말하여 둘 사이에서
해결하여라. 그가 들으면, 너는 친구를 얻는 것이다. 그가 듣지 않거든, 다른 한
두 사람을 데리고 가서 다시 말해 보아라. 증인이 있으면 일이 공정해질 것이
다. 그래도 그가 듣지 않거든, 교회에 말하여라. 교회의 말도 듣지 않거든, 너는
처음부터 다시 시작해야 할 것이다. 그에게 회개의 필요성을 지적하고, 하나님
의 용서하시는 사랑을 다시 베풀어야 한다.
18-20 무엇보다 진지하게 알아야 할 것이 있다. 땅에서 '예'는 하늘에서도 '예'이
고, 땅에서 '아니요'는 하늘에서도 '아니요'이다. 너희가 서로에게 하는 말은 영
원하다. 내가 진심으로 말한다. 너희 가운데 두 사람이 땅에서 어떤 일로 함께
모여서 기도하면, 하늘에 계신 내 아버지께서 행동을 취하실 것이다. 또한 너희
중에 두세 사람이 나 때문에 모이면, 나도 반드시 거기에 함께 있는 줄 알아라."

용서 이야기

21 그때 베드로가 용기를 내어 물었다. "주님, 제게 상처를 주는 형제나 자매를
몇 번이나 용서해야 합니까? 일곱 번이면 되겠습니까?"
22 예수께서 대답하셨다. "일곱 번이라! 어림도 없다. 일곱 번을 일흔 번이라도
그렇게 하여라.
23-25 하나님 나라는 종들의 빚을 정산하기로 한 어떤 왕과 같다. 정산이 시작되
자, 빚이 십억 원이나 되는 한 종이 왕 앞에 불려 왔다. 그는 빚을 갚을 수 없었
으므로, 왕은 그 사람과 처자식과 살림을 몽땅 노예시장에 경매로 내다 팔라고
명했다.
26-27 그 가련한 사람은 왕의 발 앞에 엎드려 애원했다. '조금만 시간을 주시면 다
갚겠습니다.' 애걸하는 그 모습이 딱했던 왕은, 빚을 탕감하고 그를 풀어 주었다.
28 그 종이 밖으로 나가자마자, 자기한테 십만 원을 빚진 동료 종과 마주쳤다. 그

는 동료의 멱살을 잡고는 '당장 갚으라!'고 닦달했다.
29-31 그 가련한 사람은 엎드려 애원했다. '조금만 시간을 주면 다 갚겠네.' 그러나
그는 끄떡도 하지 않았다. 그는 동료를 잡아다가, 빚을 갚을 때까지 감옥에 가
두었다. 이 모든 일을 지켜본 다른 종들이 이를 괘씸히 여겨 왕에게 낱낱이 아
뢰었다.
32-35 왕은 그 사람을 불러서 말했다. '이 악한 종아! 네가 나에게 자비를 구하기
에 나는 네 빚을 전부 탕감해 주었다. 그러면 너도 자비를 구하는 네 동료 종에
게 자비를 베풀어야 마땅하지 않느냐?' 왕은 불같이 노하여, 그가 빚을 다 갚을
때까지 그를 엄하게 다루었다. 너희 각 사람이 자비를 구하는 사람을 조건 없이
용서하지 않으면, 하늘에 계신 내 아버지께서도 너희 각 사람에게 똑같이 하실
것이다."

이혼과 간음

19

1-2 예수께서 이 가르침을 마치시고, 갈릴리를 떠나 요단 강 건너편
유대 지방으로 지나가셨다. 그곳에서 큰 무리가 따라오자, 예수께서
그들을 고쳐 주셨다.
3 하루는 바리새인들이 그분을 귀찮게 했다. "무엇이든 이유만 있으면 남자가
아내와 이혼하는 것이 율법에 맞습니까?"
4-6 예수께서 대답하셨다. "너희는 창조주께서 본래 남자와 여자를 서로를 위해
지어 주신 것을 성경에서 읽어 보지 못했느냐? 그러므로 남자는 부모를 떠나
아내와 굳게 맺어져 한 몸이 된다. 더 이상 둘이 아니라 한 몸이다. 남자와 여자
의 이 유기적인 연합은 하나님께서 창조하신 것이다. 그러니 누구도 그들을 갈
라놓아서 그분의 작품을 모독해서는 안된다."
7 그들이 반박하며 쏘아붙였다. "그렇다면 모세는 왜 이혼 증서와 이혼 절차에
대한 지침을 주었습니까?"
8-9 예수께서 말씀하셨다. "모세는 너희의 사악한 마음을 염려해서 이혼을 규정
했지만, 그것이 하나님의 처음 계획은 아니다. 너희는 처음 계획을 따라야 한
다. 만일 너희가 정숙한 아내와 이혼하고 다른 여자와 결혼하면, 너희는 간음죄
를 짓는 것이다. 다만 배우자가 간음을 저지른 경우는 예외다."
10 예수의 제자들이 이의를 달았다. "그것이 결혼의 조건이라면 우리는 막막합
니다. 어쩌자고 결혼을 하겠습니까?"
11-12 예수께서 말씀하셨다. "누구나 다 결혼생활을 할 만큼 성숙한 것은 아니다.
결혼해서 살려면 어느 정도 자질과 은혜가 필요하다. 결혼은 모든 사람을 위한
것이 아니다. 나면서부터 결혼에 일절 관심이 없는 사람도 있다. 청혼을 받지
않거나 청혼에 응하지 않는 사람도 있다. 그런가 하면, 하나님 나라를 위해 결
혼하지 않기로 결심하는 사람도 있다. 그러나 너희가 성숙하여 결혼의 큰 뜻에
이를 수 있겠거든, 그렇게 하여라."

부자와 하나님 나라

13-15 하루는 사람들이 예수께서 손을 얹어 기도해 주시기를 바라며, 그분께 아이들을 데려왔다. 하지만 제자들이 그들을 쫓아냈다. 그러자 예수께서 끼어드셨다. "아이들을 그냥 두어라. 나한테 오는 것을 막지 마라. 하나님 나라는 이 아이들과 같은 사람들로 이루어진다." 예수께서 아이들에게 손을 얹어 기도해 주신 뒤에 떠나셨다.
16 또 하루는 어떤 사람이 예수를 막아서며 물었다. "선생님, 제가 무슨 선행을 해야 영원한 생명을 얻겠습니까?"
17 예수께서 말씀하셨다. "어째서 나에게 선한 것이 무엇인지 묻느냐? 선하신 분은 하나님 한분뿐이시다. 하나님의 생명에 들어가고 싶거든, 그분의 말씀대로 행하여라."
18-19 그 사람이 물었다. "구체적으로 어느 말씀입니까?"
예수께서 말씀하셨다. "살인하지 마라, 간음하지 마라, 도둑질하지 마라, 거짓말하지 마라, 네 부모를 공경하라, 그리고 네 자신을 사랑하듯이 네 이웃을 사랑하라."
20 그 젊은이가 말했다. "제가 그것들은 다 지켰습니다. 무엇을 더 해야 하겠습니까?"
21 예수께서 대답하셨다. "네게 있는 것 전부를 드리려거든, 가서 네 재산을 팔아서 가난한 사람들에게 다 주어라. 그러면 네 모든 부가 하늘에 있게 될 것이다. 그런 다음 와서 나를 따라라."
22 그것은 그 젊은이가 전혀 예상치 못한 말씀이었다. 그는 기운이 쭉 빠져 예수를 떠나갔다. 그는 많은 것을 움켜쥐고 있어서, 차마 그것을 놓을 수 없었다.
23-24 그가 떠나가는 모습을 보며, 예수께서 제자들에게 말씀하셨다. "부자가 하나님 나라에 들어가는 것이 얼마나 어려운지 아느냐? 내가 너희에게 말한다. 부자가 하나님 나라에 들어가는 것보다, 낙타를 급히 몰아 바늘귀를 통과하는 것이 더 쉽다."
25 제자들이 망연자실했다. "그러면 어느 누가 가망이 있겠습니까?"
26 예수께서 그들을 유심히 바라보며 말씀하셨다. "너희 힘으로 해낼 수 있다고 생각하면 전혀 가망이 없다. 그러나 하나님께서 하실 수 있다고 믿으면 얼마든지 가능한 일이다."
27 그러자 베드로가 맞장구를 쳤다. "우리는 모든 것을 버리고 주님을 따랐습니다. 그래서 우리가 무엇을 얻겠습니까?"
28-30 예수께서 대답하셨다. "그렇다. 너희는 나를 따랐다. 세상이 재창조되고 인자가 영광 가운데 다스릴 때, 나를 따르던 너희도 이스라엘 열두 지파를 시작으로 함께 다스릴 것이다. 너희뿐 아니라 누구든지 나 때문에 집이나 가족이나 땅이나 그 무엇이든 희생하는 사람은, 그 모든 것을 백 배로 돌려받을 것이다. 영원한 생명을 덤으로 받을 것은 말할 것도 없다. 이것은 위대한 반전이다. 먼저였으나 나중 되고, 나중이었으나 먼저 될 사람이 많을 것이다."

위대한 반전

20 1-2 "하나님 나라는 아침 일찍 자기 포도원에서 일할 일꾼들을 고용
하러 나간 재산 관리인과 같다. 일꾼들은 일당 오만 원에 합의하고
일하러 갔다.
3-5 얼마 후 아홉 시쯤에, 관리인은 동네 공터에서 일없이 어슬렁거리고 있는 다
른 사람들을 보았다. 그는 그들에게 자기 포도원에 가서 일하라고 하면서, 품삯
을 상당히 쳐 주겠다고 했다. 그들은 일하러 갔다.
5-6 관리인은 정오에도, 그리고 세 시에도 똑같이 그렇게 했다. 다섯 시에 다시
나가 보니, 아직도 서성이는 사람들이 있었다. 그가 말했다. '당신들은 왜 하루
종일 하는 일 없이 서성거리고 있소?'
7 그들이 말했다. '아무도 우리를 써 주지 않아서 그렇습니다.'
관리인은 그들에게 자기 포도원에 가서 일하라고 했다.
8 드디어 하루 일이 끝나자, 포도원 주인이 작업반장에게 지시했다. '일꾼들을
불러서 품삯을 주어라. 나중에 고용한 사람부터 시작해서 먼저 온 사람까지 그
렇게 하여라.'
9-12 다섯 시에 고용된 사람들이 와서 각각 오만 원씩 받았다. 먼저 고용된 사람
들이 그것을 보고는, 자기들은 훨씬 더 받을 줄로 알았다. 그러나 그들도 똑같
이 오만 원씩 받았다. 오만 원을 쥐고서 그들은 화가 나서 관리인에게 투덜거렸
다. '마지막에 온 일꾼들은 고작 한 시간밖에 일하지 않았는데도, 하루 종일 땡
볕에서 고생한 우리와 똑같이 대우했습니다.'
13-15 관리인은 모두를 대신해서 말한 그 일꾼에게 대답했다. '친구여, 나는 부당
하게 하지 않았소. 우리는 품삯을 오만 원에 합의하지 않았소? 그러니 받아 가
시오. 나는 맨 나중에 온 사람들에게도 당신들과 똑같이 주기로 정했소. 내 돈
으로 내 마음대로 할 수도 없단 말이오? 내가 후하다고 해서 당신들이 인색해
지려는 것이오?'
16 여기에 다시 한번 위대한 반전이 있다. 먼저였으나 나중 되고, 나중이었으나
먼저 될 사람이 많을 것이다."

이 잔을 마실 수 있느냐

17-19 예수께서 예루살렘을 향해 한참을 가시다가, 열두 제자를 길가로 따로 불러
말씀하셨다. "내 말을 잘 들어라. 우리는 지금 예루살렘으로 올라가는 길이다.
그곳에 가면, 인자는 종교 지도자와 학자들에게 넘겨질 것이다. 그들은 인자에
게 사형을 선고할 것이다. 그리고 인자를 로마 사람들에게 넘겨주어, 조롱하고
고문하고 십자가에 못 박을 것이다. 그러나 사흘째 되는 날에, 인자는 다시 살
아날 것이다."
20 그때에 세베대의 아들들의 어머니가 두 아들과 함께 와서, 예수 앞에 무릎을
꿇고 청했다.
21 "무엇을 원하느냐?" 예수께서 물으셨다.

그 여인이 말했다. "제 두 아들에게 주님 나라에서 최고 영광의 자리를 주십시
오. 하나는 주님 오른편에, 하나는 주님 왼편에 두시겠다고 약속해 주십시오."
22 예수께서 대답하셨다. "너희는 너희가 무엇을 구하는지 모른다." 그러고는 야
고보와 요한에게 말씀하셨다. "내가 마시려는 잔을 너희가 마실 수 있겠느냐?"
그들이 말했다. "물론입니다. 왜 못 마시겠습니까?"
23 예수께서 말씀하셨다. "생각해 보니, 너희는 과연 내 잔을 마실 것이다. 그러
나 영광의 자리를 주는 것은, 내 소관이 아니다. 내 아버지께서 하시는 일이다."
24-28 다른 열 제자가 이 대화를 듣고는 분통을 터뜨렸다. 두 형제에게 아주 정나
미가 떨어졌다. 예수께서 그들을 불러 놓고 바로잡아 주셨다. "하나님을 모르는
통치자들이 얼마나 위세를 부리며, 작은 권력에 얼마나 빨리 취하는지 너희는
보았다. 너희는 그래서는 안된다. 누구든지 크고자 하면 섬기는 사람이 되어야
한다. 너희 가운데 누구든지 첫째가 되고자 하면, 먼저 종이 되어야 한다. 인자
가 한 일이 바로 그것이다. 인자는 섬김을 받으러 온 것이 아니라, 섬기러 왔다.
포로로 사로잡힌 많은 사람들을 살리기 위해 자기 목숨을 내어주려고 왔다."

29-31 그들이 여리고를 떠나려는데, 큰 무리가 따라왔다. 그때 길가에 앉아 있던 눈
먼 두 사람과 마주쳤다. 두 사람은 예수께서 지나가신다는 말을 듣고는 갑자기 소
리쳤다. "주님, 우리를 불쌍히 여겨 주십시오! 다윗의 자손이여, 불쌍히 여겨 주
십시오!" 무리가 그들을 조용히 시키려고 했으나, 그들은 더 크게 소리쳤다. "주
님, 우리를 불쌍히 여겨 주십시오! 다윗의 자손이여, 불쌍히 여겨 주십시오!"
32 예수께서 걸음을 멈추시고 그들을 부르셨다. "내게 무엇을 원하느냐?"
33 그들이 말했다. "주님, 눈을 뜨기 원합니다. 보기 원합니다!"
34 예수께서 몹시 측은한 마음에, 그들의 눈을 만져 주셨다. 그들은 그 즉시 시력
을 되찾았고, 행렬에 함께했다.

예루살렘 입성

21 1-3 일행이 예루살렘 가까이 와서 올리브 산 벳바게에 이르렀을 때,
예수께서 두 제자를 보내시며 지시하셨다. "맞은편 마을로 가거라.
거기에 나귀가 매여 있고 새끼도 함께 있을 것이다. 줄을 풀어서 내게로 끌고
오너라. 왜 그러느냐고 누가 묻거든, '주님께서 필요로 하십니다!' 하여라. 그러
면 보내 줄 것이다."
4-5 이것은 일찍이 예언자가 다음과 같이 그려 낸 이야기의 전말이다.

시온의 딸에게 말하여라.
"보아라, 너의 왕이 오시는데
의연하게 준비된 모습으로
나귀를 타셨으니,

어린 나귀, 곧 짐 나르는 짐승의 새끼다."

6-9 제자들이 가서 예수께서 시키신 대로 했다. 그들이 나귀와 나귀 새끼를 끌어
와서 그 위에 자기 옷을 펼치자, 예수께서 올라타셨다. 무리 가운데 있던 대부
분의 사람들이 길 위에 자기 옷을 펼쳐 놓고 그분을 왕으로 맞이했다. 다른 사
람들은 나뭇가지를 꺾어다가 길에다 깔며, 그분을 환영했다. 무리가 앞서가고
뒤따르면서 일제히 소리쳤다. "다윗의 자손께 호산나!" "복되다, 하나님의 이름
으로 오시는 이여!" "하늘 가장 높은 곳에서, 호산나!"
10 예수께서 예루살렘에 들어가시자, 도시 전체가 동요했다. 사람들이 들떠서
물었다. "무슨 일이오? 이 사람이 누굽니까?"
11 행렬의 무리가 대답했다. "갈릴리 나사렛에서 나신 예언자 예수이십니다."

성전을 깨끗하게 하시다

12-14 예수께서 곧바로 성전으로 가셔서, 상점을 차려 놓고 사고파는 사람들을 모
두 쫓아내셨다. 고리대금업자들의 가판대와 비둘기 상인들의 진열대도 뒤엎으
셨다. 예수께서 다음 말씀을 인용하셨다.

내 집은 기도하는 집이라고 일컬어졌다.
그런데 너희는 그곳을 도둑의 소굴로 만들어 버렸다.

그제야 눈먼 사람과 다리를 저는 사람들이 들어설 자리가 생겼다. 그들이 예수
께 오니, 예수께서 그들을 고쳐 주셨다.
15-16 종교 지도자들은 예수께서 하시는 엄청난 일들을 보고, 또 성전에서 내달리
며 "다윗의 자손께 호산나!" 하고 외치는 아이들의 소리를 듣고는 발끈하여 예
수께 따졌다. "이 아이들이 뭐라고 말하는지 듣고 있소?"
예수께서 말씀하셨다. "물론 듣고 있다. 너희는 '내가 아이들과 아기들의 입에
서 나오는 말로 찬양의 집을 꾸미겠다'고 하신 말씀을 읽어 보지 못하였느냐?"
17 예수께서 진저리를 내시며, 돌아서서 그 도성을 떠나셨다. 베다니로 가셔서,
그곳에서 밤을 지내셨다.

말라 버린 무화과나무

18-20 이튿날 아침 일찍 다시 그 도성으로 가시는데, 예수께서 배가 고프셨다. 예
수께서 길가에 있는 무화과나무 한 그루를 보시고, 무화과로 아침 끼니를 때울
까 하여 가까이 다가가셨다. 나무 옆에 가서 보니, 무화과 잎사귀밖에 없었다.
예수께서 "이제부터 이 나무에 영원히 무화과가 열리지 않을 것이다!" 하고 말
씀하셨다. 그 즉시 무화과나무가 마른 막대기처럼 말라 버렸다. 이것을 본 제자
들이 눈을 비비며 말했다. "우리가 본 것이 정말인가? 방금 전까지도 잎이 무성
한 나무였는데, 금세 마른 막대기가 되다니!"

21-22 예수께서 차분히 말씀하셨다. "그렇다. 너희가 이 천국의 삶을 품고 하나님
을 의심하지 않으면, 너희도 내가 무화과나무에 한 것처럼 작은 일들을 행하고,
또한 큰 장애물까지 극복하게 될 것이다. 예컨대, 너희가 이 산더러 '가서 호수
에 뛰어들어라' 하고 말하면, 산이 뛰어들 것이다. 너희가 믿음으로 기도하고 하
나님을 붙들기만 하면, 작은 일에서 큰 일까지 모든 일이 다 그렇게 될 것이다."

누구에게서 온 권한인가

23 이후에 예수께서 다시 성전에서 가르치고 계셨다. 대제사장과 백성의 지도자
들이 다가와서 따졌다. "당신의 신임장을 보여주시오. 누구의 권한으로 여기서
가르치는 겁니까?"
24-25 예수께서 대답하셨다. "먼저 한 가지 묻겠다. 너희가 내 물음에 답하면 나도
너희 물음에 답하겠다. 요한의 세례에 관한 것인데, 그것이 누구에게서 온 권한
이냐? 하늘이냐, 사람이냐?"
25-27 그들은 자기들이 궁지에 몰린 것을 알아차리고는, 뒤로 물러나와 모여서 수
군거렸다. "하늘이라고 하면 왜 요한을 믿지 않았느냐고 물을 것이고, 사람이라
고 하면 온 백성이 요한을 예언자로 떠받드니 우리가 백성 앞에서 몹시 난처해
진다." 그들은 이번은 예수께 양보하기로 했다. "우리는 모르오." 그들이 대답
했다.
예수께서 말씀하셨다. "그렇다면 나도 너희의 물음에 대답하지 않겠다."

두 아들 이야기

28 "이 이야기를 듣고 너희 생각을 말해 보아라. 어떤 사람에게 두 아들이 있었
다. 그가 큰아들한테 가서 말했다. '얘야, 오늘 포도원에 가서 일하여라.'
29 아들은 '싫습니다' 하고 대답했다. 그러나 나중에 생각을 고쳐먹고 포도원으
로 갔다.
30 아버지가 작은아들에게도 똑같이 명했다. 그 아들이, 대답은 '그럼요, 가고 말
고요' 해놓고 실제로는 가지 않았다.
31-32 두 아들 가운데 아버지가 하라는 대로 한 사람은 누구냐?"
그들이 말했다. "큰아들입니다."
예수께서 말씀하셨다. "맞다. 내가 너희에게 말한다. 사기꾼과 매춘부들이 너희
보다 먼저 하나님 나라에 들어갈 것이다. 요한이 와서 너희에게 바른 길을 보여주
었다. 너희는 그에게 코웃음을 쳤으나, 사기꾼과 매춘부들은 그를 믿었다. 그들
의 달라진 삶을 보았으면서도, 너희는 도무지 그를 믿고 달라질 생각이 없었다."

욕심 가득한 소작농들 이야기

33-34 "여기 다른 이야기가 있다. 잘 들어라. 어떤 부자 농부가 포도원을 세웠다.
그는 포도원에 울타리를 치고 포도즙 짜는 틀을 파고 망대를 세운 다음에, 소작
농들에게 맡기고 먼 길을 떠났다. 포도를 수확할 때가 되자, 그는 수익을 거두

려고 자기 종들을 보냈다.
35-37 소작농들은 종 하나를 잡아서 마구 때렸고, 다른 종은 죽였고, 또 다른 종을
돌로 쳤으나, 그는 겨우 도망쳤다. 주인은 다시 종들을 더 많이 보냈다. 그들도
똑같은 대우를 받았다. 주인은 속수무책이었다. 그는 자기 아들을 보내기로 했
다. '저들이 내 아들만큼은 존중하겠지' 하고 생각했던 것이다.
38-39 그러나 아들이 오는 것을 본 소작농들은, 욕심이 가득하여 두 손을 비볐다.
'이 자는 상속자다! 그를 죽이고 우리가 재산을 다 차지하자.' 그들은 그 아들을
잡아서 밖으로 내쫓고는, 죽여 버렸다.
40 자, 포도원 주인이 먼 길에서 돌아오면, 이 소작농들에게 어떻게 할 것 같으냐?"
41 "그 못된 일당을 죽일 것입니다. 죽어 마땅한 자들입니다." 그들이 대답했다.
"그리고 포도원은 제때에 수익을 바칠 만한 소작농들한테 맡길 것입니다."
42-44 예수께서 말씀하셨다. "맞다. 너희가 성경을 직접 읽어 보면 알 것이다.

석공들이 내버린 돌이
이제 모퉁잇돌이 되었다.
이것은 하나님께서 행하신 일,
눈을 씻고 보아도 신기할 따름이다!

너희한테도 똑같다. 하나님 나라를 너희에게서 빼앗아, 그 나라의 삶을 살아갈
사람들한테 넘겨줄 것이다. 누구든지 이 돌에 걸려 넘어지는 사람은 부서질 것
이요, 이 돌이 그 사람 위에 떨어지면 그는 완전히 가루가 될 것이다."
45-46 종교 지도자들은 이 이야기를 듣고서, 그것이 자기들을 두고 한 말임을 알
았다. 그들은 예수를 체포해 감옥에 가두고 싶었으나, 여론이 두려워 참았다.
대부분의 사람들이 예수를 하나님의 예언자로 알았던 것이다.

결혼잔치 이야기

22

1-3 예수께서 이야기를 더 들려주시면서 대답하셨다. "하나님 나라는
자기 아들을 위해 결혼잔치를 베푼 어떤 왕과 같다. 왕은 종들을 보
내 초대받은 손님들을 모두 부르게 했다. 그런데 손님들이 오려고 하지 않았다!
4 왕은 다시 종들을 보내며, 손님들에게 이렇게 말하라고 지시했다. '식탁에 진
수성찬을 차려 놓았으니, 오셔서 드시기만 하면 됩니다. 잔치에 오십시오!'
5-7 그러나 사람들은 무시하고 가 버렸다. 한 사람은 밭에 김매러 갔고, 또 다른
사람은 가게에 일하러 갔다. 딱히 할 일도 없었던 나머지는, 그 심부름꾼들을
두들겨 패서 죽였다. 왕은 격노하여 군인들을 보내서, 그 살인자들을 죽이고 도
시를 쓸어버렸다.
8-10 그러고 나서 왕이 종들에게 말했다. '결혼잔치는 다 준비되었는데 손님이 없
구나. 내가 초대했던 사람들은 자격이 없다. 시내에서 가장 번잡한 거리로 나
가, 아무나 만나는 대로 잔치에 초대하여라.' 종들은 거리로 나가 착한 사람, 못

된 사람 할 것 없이 아무나 보이는 대로 사람들을 모아 왔다. 드디어 자리가 다
차서, 잔치가 시작되었다.
11-13 왕이 들어와 장내를 둘러보니, 예복을 입지 않은 사람이 눈에 띄었다. 왕이
그에게 말했다. '친구여, 감히 어떻게 그런 모습으로 여기에 들어왔느냐!' 그 사
람은 아무 말도 못했다. 그러자 왕이 종들에게 명했다. '이 사람을 여기서 당장
끌어내라. 묶어서 지옥으로 보내라. 절대로 다시 오지 못하게 하여라.'
14 '초대받은 사람은 많지만, 오는 사람은 얼마 되지 않는다'는 내 말이 바로 이
런 뜻이다."

황제의 것, 하나님의 것

15-17 그때에 바리새인들이 예수로 하여금 뭔가 불리한 발언을 하게 해서 그를 올
무에 걸리게 할 방도를 의논했다. 그들은 자기네 제자들을 헤롯의 당원 몇 사람
과 함께 보내어 물었다. "선생님, 우리가 알기로 당신은 진실하고, 하나님의 도
를 정확히 가르치고, 여론에 개의치 않으며, 배우는 사람들의 비위를 맞추지 않
습니다. 그러니 우리한테 솔직히 말해 주십시오. 황제에게 세금을 내는 것이 옳
습니까, 옳지 않습니까?"
18-19 예수께서 그들이 수작을 부리고 있음을 아시고 말씀하셨다. "왜 나를 속이
려고 드느냐? 왜 나를 함정에 빠뜨리려고 하느냐? 너희에게 동전이 있느냐?
내게 보여라." 그들이 그분께 은화 하나를 건넸다.
20 "여기 새겨진 얼굴이 누구의 얼굴이냐? 그리고 이 위에 있는 것이 누구 이름
이냐?"
21 그들이 말했다. "황제입니다."
"그렇다면 황제의 것은 황제에게 주고, 하나님의 것은 하나님께 드려라."
22 바리새인들은 말문이 막혔다. 그들은 고개를 절레절레 흔들며 가 버렸다.

부활에 관한 가르침

23-28 같은 날, 부활의 가능성을 일절 부인하는 사두개파 사람들이 예수께 다가와
서 물었다. "선생님, 모세는 말하기를, 남자가 자식 없이 죽으면 그 동생이 형수
와 결혼해서 자식을 낳아 줄 의무가 있다고 했습니다. 여기 일곱 형제의 사례가
있습니다. 맏이가 결혼했는데, 자식 없이 죽어서 그 아내가 동생에게 넘어갔습
니다. 둘째도 자식 없이 죽었고, 셋째부터 일곱째까지 다 그러했습니다. 마지막
에는 여자도 죽었습니다. 우리의 질문은 이것입니다. 이 여자는 일곱 형제 모두
의 아내였는데, 부활 때에는 누구의 아내가 됩니까?"
29-33 예수께서 대답하셨다. "너희는 두 가지를 크게 잘못 생각하고 있다. 너희는
성경을 모르고, 하나님께서 일하시는 방식을 모른다. 부활 때에는 결혼할 일이
없다. 그때 사람들은 천사들처럼 되어서, 하나님과 최고의 기쁨과 친밀감을 나
눌 것이다. 그리고 죽은 사람의 부활 여부를 둘러싼 너희 추측에 관한 것인데,
너희는 성경도 읽지 않느냐? 하나님께서는 분명히 현재 시제로 '나는 아브라함

의 하나님, 이삭의 하나님, 야곱의 하나님이다'라고 말씀하셨다. '이었다'라고 말씀하지 않으셨다. 살아 계신 하나님은, 자신을 죽은 자의 하나님이 아니라 산 자의 하나님으로 정의하신다." 이 대화를 듣던 무리가 깊은 감동을 받았다.

가장 중요한 계명

34-36 예수께서 사두개인들을 압도하셨다는 말을 들은 바리새인들이, 힘을 모아 공격에 나섰다. 그중에 한 종교 학자가 대표로 나서서, 그분을 무안하게 할 만하다고 여긴 질문을 던졌다. "선생님, 하나님의 율법에서 어느 계명이 가장 중요합니까?"

37-40 예수께서 말씀하셨다. "'네 열정과 간구와 지성을 다해 주 너의 하나님을 사랑하라.' 이것이 가장 중요하고, 으뜸가는 계명이다. 그리고 그 옆에 나란히 두어야 할 두 번째 계명이 있다. '네 자신을 사랑하는 것같이 다른 사람을 사랑하라.' 이 두 계명은 쐐기못과 같다. 하나님의 율법과 예언서의 모든 것이 이 두 계명에 달려 있다."

그리스도가 다윗의 자손인가

41-42 바리새인들이 다시 모이자, 이번에는 예수께서 시험하는 질문으로 그들의 허를 찌르셨다. "너희는 그리스도를 어떻게 생각하느냐? 그가 누구의 자손이냐?" 그들이 "다윗의 자손입니다" 하고 말했다.

43-45 예수께서 되받으셨다. "그리스도가 다윗의 자손이라면, 다윗이 영감을 받아서 그리스도를 자신의 '주님'이라고 부른 사실을 너희는 어떻게 설명하겠느냐?

> 하나님께서 내 주님께 말씀하셨다.
> "내가 네 원수들을 네 발판으로 삼을 때까지
> 너는 여기 내 오른편에 앉아 있어라."

다윗이 그를 '주님'이라고 부르는데, 그가 어떻게 동시에 다윗의 자손이 될 수 있느냐?"

46 문자주의자인 그들은 거기서 막혔다. 그들은 남들이 보는 변론에서 또다시 체면을 잃기 싫어, 아예 질문하는 것을 그만두었다.

종교의 패션쇼

23

1-3 이제 예수께서 제자들과 그 곁에 함께 모인 무리를 보시며 말씀하셨다. "종교 학자와 바리새인들은 하나님의 율법에 관해서라면 유능한 교사들이다. 모세에 관한 그들의 가르침을 따른다면 너희는 잘못될 일이 없을 것이다. 그러나 그들을 따르는 것은 조심하여라. 그들이 말은 잘하지만, 그 말대로 살지는 않는다. 그들은 그것을 마음에 새겨 행동으로 옮기지 않는다. 모두 겉만 번지르르한 가식이다.

[4-7] 그들은 하나님의 율법을 하나님의 잔칫상에서 먹고 마시는 양식과 음료로 제시하지 않고 규칙 다발로 묶어서는, 마치 말이나 소에게 하듯 너희에게 잔뜩 짐을 지운다. 그들은 너희가 그 짐을 지고 비틀거리는 모습을 보면서 즐거워하는 것 같고, 손가락 하나라도 까딱하여 도와줄 생각은 하지 않는다. 그들의 삶은 끝없는 패션쇼다. 오늘은 수놓은 기도 숄을 두르고, 내일은 현란한 기도를 올린다. 그들은 교회 식사 때 상석에 앉고 가장 중요한 자리를 차지하며, 사람들의 치켜세우는 말에 우쭐하면서 명예학위를 받고 '박사님'과 '목사님'으로 불리기를 좋아한다.

[8-10] 너희는 사람들에게 그런 대접을 받지 않도록 하여라. 사람들이 너희를 우러러보지 말게 하여라. 너희 모두에게 스승은 한분이시며, 너희는 다 동급생이다. 사람들을 너희 삶의 전문가로 여긴 나머지, 그들이 시키는 대로 하지 마라. 그 권위는 하나님의 몫으로 남겨 두고, 그분이 명하시는 대로 하여라. 어느 누구도 '아버지'로 불려서는 안된다. 너희 아버지는 오직 한분이시며, 그분은 하늘에 계신다. 또 사람들의 술책에 넘어가 그들의 지도자가 되지 마라. 너희에게나 그들에게나 인생의 스승은 오직 한분, 그리스도뿐이시다.

[11-12] 돋보이고 싶으냐? 그러면 내려서서, 종이 되어라. 목에 너무 힘을 주면, 결국 숨이 턱에 차서 쓰러지고 만다. 그러나 너희가 너희 있는 모습 그대로를 기꺼이 인정하면, 너희 삶은 더욱 가치 있게 될 것이다."

사기꾼들아!

[13] "나는 이제 너희라면 지긋지긋하다! 너희 종교 학자들아, 바리새인들아, 사기꾼들아! 너희는 도무지 구제 불능이구나! 너희 삶은 하나님 나라의 길을 막는 장애물이다. 너희도 들어가지 않으면서, 다른 누구도 들어가지 못하게 하는구나.

[15] 너희 종교 학자들아, 바리새인들아, 사기꾼들아! 너희는 도무지 구제 불능이구나! 너희는 회심자 하나를 얻으려고 세상을 반 바퀴나 돌다가 일단 얻으면, 그를 너희 복제품으로 만들어서 갑절로 저주받게 하는구나.

[16-22] 너희는 도무지 구제 불능이구나! 얼마나 교만하고 미련하냐! 너희는 '새끼손가락 걸고 약속하면 아무것도 아니지만 성경책에 손을 얹고 맹세하면 중요하다'고 말한다. 이 무슨 무식한 소리냐! 성경책 가죽이 네 손의 살가죽보다 더 중요하단 말이냐? 또 '악수하면서 약속하면 아무것도 아니지만, 하나님을 증인 삼아 손을 들면 중요하다'는 말 같지도 않은 말은 어떠냐? 이런 하찮은 것이나 따지고 있으니 얼마나 우스우냐! 악수를 하든 손을 들든, 무엇이 다르단 말이냐? 약속은 약속이다. 예배당 안에서 하든 밖에서 하든, 무엇이 다르단 말이냐? 약속은 약속이다. 하나님은 언제나 그 자리에 계셔서, 너희를 지켜보시며 너희에게 책임을 물으신다.

[23-24] 너희 종교 학자들아, 바리새인들아, 사기꾼들아! 너희는 도무지 구제 불능이구나! 너희는 꼼꼼히 장부를 적어 가며 동전 하나까지 십일조를 내지만, 하나님 율법의 알맹이인 공평과 긍휼과 헌신과 같은 절대적인 기초는 이래도 그만

저래도 그만, 안중에도 없다. 정성스런 장부 정리도 좋다만, 기초는 반드시 필요하다. 처음부터 끝까지 다 틀려먹은 인생 이야기를 쓰면서 시시콜콜 맞춤법과 구두점을 따지고 있으니, 너희 꼴이 얼마나 우스운지 알기나 하느냐?
25-26 너희 종교 학자들아, 바리새인들아, 사기꾼들아! 너희는 도무지 구제 불능이구나! 너희는 햇빛에 반짝이도록 컵과 그릇의 겉에 광을 내지만, 그 속에는 너희의 탐욕과 탐심이 득실거린다. 미련한 바리새인들아! 속을 깨끗이 닦아라. 그래야 반짝이는 겉도 의미 있을 것이다.
27-28 너희 종교 학자들아, 바리새인들아, 사기꾼들아! 너희는 도무지 구제 불능이구나! 너희는 잘 가꾼 묘지처럼 잔디도 가지런하고 꽃도 화사하다만, 2미터 아래 땅속에는 온통 썩어 가는 뼈와 벌레가 파먹은 살뿐이다. 사람들은 너희를 보며 거룩한 사람인 줄 알지만, 속을 들여다보면 너희는 완전히 사기꾼이다.
29-32 너희 종교 학자들아, 바리새인들아, 사기꾼들아! 너희는 도무지 구제 불능이구나! 너희는 예언자들을 위해 화강암 무덤을 쌓고, 성인들을 위해 대리석 기념비를 세운다. 그러고는 만일 너희가 너희 조상들의 시대에 살았더라면, 손에 피를 묻히지 않았을 것이라고 말한다. 말이 지나치다! 너희도 그 살인자들과 근본이 똑같다. 그래서 죽은 사람들의 수가 날마다 늘어나는 것이다.
33-34 뱀들아! 비열한 뱀들아! 너희가 여기서 벗어날 수 있을 것 같으냐? 벌을 받지 않아도 될 성 싶으냐? 바로 너희 같은 사람들 때문에 내가 예언자와 지혜로운 길잡이와 학자들을 대대로 보냈건만, 너희는 대대로 그들을 업신여기고 폭력배들을 보내 그들을 구박하며 쫓아낸다.
35-36 너희가 아무리 발버둥쳐도 여기서 빠져나갈 수 없다. 선한 사람 아벨의 피에서부터 기도중에 너희에게 죽임을 당한 바라갸의 아들 사가랴의 피까지, 이 땅에 흘린 의로운 피 한 방울 한 방울이 다 너희 책임이다. 내가 너희에게 말한다. 이 모두가 너희에게, 너희 세대에게 돌아갈 것이다.
37-39 예루살렘아! 예루살렘아! 예언자들을 죽인 너희여! 하나님의 소식을 가져온 이들을 죽인 너희여! 암탉이 제 새끼를 날개 아래 모으듯이 내가 너희 자녀를 애써 품으려 했건만, 너희가 거절한 적이 얼마나 많으냐? 이제 너희는 황폐할 대로 황폐해져서 한갓 유령 도시가 되고 말았다. 무슨 말을 더 하겠느냐? 내가 곧 여기를 떠나겠다는 이 말뿐이다. 다음번에 나를 볼 때에 너희는 '오, 하나님의 복되신 분! 그가 하나님의 통치를 가지고 오셨다!' 하고 말하게 될 것이다."

사이비 종말론자들

24

1-2 예수께서 성전을 떠나셨다. 예수께서 가시는데, 제자들이 성전 건물이 얼마나 장관인지 가리켜 보였다. 그러자 예수께서 말씀하셨다. "너희가 고작 이 모든 규모에 감동하느냐? 사실을 말하면, 저 성전의 돌 하나하나가 결국 잔해 더미가 되고 말 것이다."
3 나중에 예수께서 올리브 산에 앉으셨을 때에 제자들이 다가와 물었다. "우리에게 말씀해 주십시오. 그런 일이 언제 일어나겠습니까? 주님이 오실 때에 어

떤 징조가 있겠습니까?"
4-8 예수께서 말씀하셨다. "사이비 종말론자들을 조심하여라. 많은 지도자들이
정체를 숨기고 나타나서, '내가 그리스도다, 메시아다' 하고 주장할 것이다. 그
들이 많은 사람들을 현혹할 것이다. 전쟁 소식을 듣거나 전쟁이 일어나리라는
소문을 듣거든, 당황하지 말고 침착하여라. 그것은 역사에 늘 반복되는 일일
뿐, 아직 종말의 징조는 아니다. 나라와 나라가 싸우고 통치자와 통치자가 싸우
는 일이 계속될 것이다. 곳곳마다 기근과 지진이 있을 것이다. 그러나 이것은
앞으로 닥칠 일에 비하면 아무것도 아니다.
9-10 사람들이 너희를 이리 떼에게 던져 죽일 것이며, 내 이름을 전한다는 이유로
모두가 너희를 미워할 것이다. 거기다 세상이 살벌해져서, 모두가 서로 물고 뜯
으며 미워할 것이다.
11-12 그 혼란을 틈타 거짓 설교자들이 나와서 많은 사람들을 속일 것이다. 걷잡
을 수 없이 퍼져 나가는 악이 또 다른 많은 사람들을 파멸에 빠뜨려서, 사랑은
간 곳 없고 잿더미만 남을 것이다.
13-14 그대로 견뎌라. 그것이 하나님께서 바라시는 일이다. 끝까지 견뎌라. 그러
면 너희는 절대 후회하지 않을 것이고, 결국 구원을 받을 것이다. 그 모든 시간
동안 복된 소식, 곧 천국의 메시지가 온 세상에 전파되고, 나라마다 증인이 파견
될 것이다. 그러고 나서야 끝이 올 것이다."

큰 환난의 날

15-20 "그러나 거룩한 것을 더럽히는 괴물이 성전 성소에 세워진 것을 보거든, 얼
른 달아나거라. 예언자 다니엘이 이것을 말했다. 너희가 다니엘서를 읽으면, 내
가 무슨 말을 하는지 알 것이다. 그때에 너희가 유대에 살고 있거든, 산으로 달아
나거라. 마당에서 일하고 있거든, 무엇을 가지러 집으로 돌아가지 마라. 밭에 나
가 있거든, 겉옷을 가지러 돌아가지 마라. 특히 임신부와 젖 먹이는 어머니들이
힘들 것이다. 이 일이 겨울이나 안식일에 일어나지 않기를 바라고 기도하여라.
21-22 이렇게 큰 환난은, 이 세상 전에도 없었고 앞으로도 없을 것이다. 이 환난의
날들을 갈 데까지 가게 둔다면, 아무도 견딜 수 없을 것이다. 그러나 하나님께
서 택하신 백성을 위해 환난을 덜어 주실 것이다."

그날과 그때는 아무도 모른다

23-25 "누가 너희를 막아서서 '메시아가 여기 있다!' 소리치거나, '그분이 저기 있
다!'고 가리켜도 속지 마라. 가짜 메시아와 거짓 설교자들이 곳곳에서 출현할
것이다. 그들은 대단한 이력과 현란한 업적으로, 알 만한 사람들의 눈까지 속일
것이다. 그러나 내가 너희에게 충분히 경고했다.
26-28 그러니 사람들이 말하기를, '시골로 달려가자. 그분이 오신다!' 하거나 '서
둘러 시내로 가자. 그분이 오신다!'고 해도 거들떠보지 마라. 너희가 보러 간다
고 해서 인자의 오심을 볼 수 있는 것이 아니다. 인자는 번개처럼 눈 깜짝할 순

간에 너희에게 오신다! 사람들이 떼를 지어 모여드는 것을 볼 때마다, 너희는
썩어 가는 시체 위에 날아와 빙빙 맴도는 독수리를 생각하여라. 그 무리를 끌어
모으는 것이 살아 계신 인자가 아님을 얼마든지 확신해도 좋다.
29 그 괴로운 시간들이 지나면,

해는 어두워지고
달은 흐려지고
별들은 하늘에서 떨어지고
우주의 세력들은 떨 것이다.

30-31 그때에야, 인자가 올 것이다! 인자가 오는 것이 온 하늘에 가득하여, 보지
못할 사람이 아무도 없을 것이다. 준비되지 못한 온 세상 사람들, 영광과 권능
바깥에 있는 사람들은, 하늘에서 빛을 발하는 인자를 보며 크게 통곡할 것이다.
바로 그 순간에, 인자는 울려 퍼지는 나팔소리와 함께 천사들을 보내어, 하나님
께서 택하신 사람들을 이 끝에서 저 끝까지 사방에서 불러들일 것이다.
32-35 무화과나무에서 교훈을 얻어라. 싹이 나서 초록빛이 살짝만 내비쳐도, 너희
는 여름이 가까이 다가온 줄 안다. 너희도 마찬가지다. 이 모든 일을 보거든 인
자가 문 앞에 온 줄 알아라. 이것은 가볍게 여길 일이 아니다. 내가 지금 하는
말은, 어느 훗날의 세대에게만 주는 말이 아니라 너희 모두에게도 주는 말이다.
이런 일들이 다 일어나지 않고서는, 이 시대가 끝나지 않는다. 하늘과 땅은 닳
아 없어져도, 내 말은 닳아 없어지지 않을 것이다.
36 그렇다면 정확한 날짜와 시간은 언제인가? 그것은 아무도 모른다. 하늘의 천
사들도 모르고, 아들인 나도 모른다. 오직 아버지만 아신다.
37-39 인자가 오는 것도 노아의 때와 같을 것이다. 대홍수 전에, 노아가 방주에 오
르던 그날까지도 사람들은 모두 평소처럼 지내며 시시덕거리고 즐겼다. 홍수가
나서 모든 것을 쓸어버릴 때까지, 그들은 아무것도 몰랐다.
39-44 인자가 오는 것도 그와 같을 것이다. 두 남자가 밭에서 일하는데, 한 사람
은 데려가고 다른 한 사람은 남겨질 것이다. 두 여자가 맷돌을 갈고 있는데, 한
사람은 데려가고 다른 한 사람은 남겨질 것이다. 그러니 정신 차리고 깨어 있어
라. 너희 주님께서 어느 날에 오실지 모른다. 그러나 너희는 반드시 알아 두어
라. 만일 집주인이 밤 몇 시에 도둑이 들지 미리 알았다면, 개들을 데리고 있다
가 침입을 막았을 것이다. 너희도 그렇게 대비하고 있어라. 인자가 언제 나타날
지 너희는 모른다.
45-47 주방을 책임질 자격을 갖춘 사람이 누구냐? 날마다 제때에 일꾼들에게 음
식을 내는, 주인이 믿을 만한 사람이다. 주인이 불시에 들이닥쳐도 늘 제 본분
을 다하고 있는 사람이다. 내가 너희에게 말한다. 그런 사람은 하나님께 복 받
은 사람이다. 머잖아 주인이 온 집안을 그 사람에게 맡길 것이다.
48-51 그러나 그 사람이 자기밖에 모른 채, 주인이 나가자마자 제멋대로 하고 일

꾼들을 학대하고 친구들을 데려다가 술판을 벌인다면, 생각지도 못한 때에 주
인이 나타나서 그를 엄벌에 처할 것이다. 그는 결국 위선자들과 함께 쓰레기 더
미에 나앉아, 바깥 추운 데서 떨며 이를 덜덜거릴 것이다."

열 처녀 이야기

25

1-5 "하나님 나라는 등잔을 들고 신랑을 맞으러 나간 열 처녀와 같다.
다섯은 미련하고 다섯은 똑똑했다. 미련한 처녀들은 여분의 기름 없
이 등잔만 가져갔다. 똑똑한 처녀들은 등잔에 넣을 기름을 병에 담아 가져갔다.
예정된 시간에 신랑이 오지 않자, 그들은 모두 잠이 들었다.
6 한밤중에 누군가 소리쳤다. '그가 왔다! 신랑이 왔다! 나가서 그를 맞아라!'
7-8 열 처녀는 일어나 등잔을 준비했다. 미련한 처녀들이 똑똑한 처녀들에게 말
했다. '우리 등잔이 꺼지려고 하니 기름을 좀 빌려다오.'
9 똑똑한 처녀들이 대답했다. '다 같이 쓰기에는 부족할 것 같으니, 가서 사거라.'
10 미련한 처녀들이 기름을 사러 나갔다. 그런데 그 사이에 신랑이 온 것이다. 신
랑을 맞으려고 그곳에 있던 사람들은 모두 결혼잔치에 들어갔고, 문이 잠겼다.
11 한참 후에 미련한 처녀들이 와서 문을 두드리며 말했다. '주님, 우리가 왔습니
다. 들여보내 주십시오.'
12 그가 대답했다. '너희가 나를 아느냐? 나는 너희를 모른다.'
13 그러니 깨어 있어라. 그가 언제 올지 모른다."

투자금 이야기

14-18 "천국은 또 장시간 여행을 떠나는 어떤 사람과 같다. 그는 종들을 한데 불러
서 책임을 맡겼다. 그는 각자의 능력에 따라 한 종에게는 오천만 원을, 다른 종
에게는 이천만 원을, 세 번째 종에게는 천만 원을 주고 떠났다. 첫 번째 종은 즉
시 가서 일하여 주인의 투자금을 두 배로 늘렸다. 두 번째 종도 똑같이 했다. 그
러나 천만 원을 받은 종은 구덩이를 파고 그 속에 주인의 돈을 잘 묻어 두었다.
19-21 오래 자리를 비운 끝에, 세 종의 주인이 돌아와서 그들과 계산을 했다. 오천
만 원을 받은 종은 투자금을 어떻게 두 배로 늘렸는지 주인에게 설명했다. 주인
이 그를 칭찬했다. '수고했다! 일을 잘했구나! 지금부터 내 동업자가 되어라.'
22-23 이천만 원을 받은 종도 주인의 투자금을 어떻게 두 배로 늘렸는지 설명했
다. 주인이 그를 칭찬했다. '수고했다! 일을 잘했구나! 지금부터 내 동업자가 되
어라.'
24-25 천만 원을 받은 종이 말했다. '주인님, 제가 알기로 당신은 기준이 높고 경
거망동을 싫어하며 최선을 요구하고 실수를 용납하지 않습니다. 저는 당신을
실망시킬까 봐 두려워서, 숨겨 두기 적당한 곳을 찾아 돈을 잘 보관했습니다.
여기, 일 원 한푼 축내지 않고 고스란히 가져왔습니다.'
26-27 주인은 격노했다. '그것은 비참하게 사는 길이다! 그렇게 조심조심 살다니
한심하다! 내가 최선을 요구하는 줄 안다면서, 어째서 너는 최소한에도 못 미치

는 행동을 했느냐? 적어도 그 돈을 은행에라도 맡겼더라면, 내가 약간의 이자
라도 받았을 게 아니냐.
28-30 천만 원을 빼앗아서, 모험을 가장 많이 한 사람에게 주어라. 그리고 위험한
상황을 피해 안전에만 급급한 이 사람을 내쫓아라. 칠흑 같은 어둠 속에 던져라.'"

양과 염소

31-33 "인자가 마침내 아름다운 광채를 발하며 모든 천사들과 함께 올 때에, 그는
자기 영광의 보좌에 앉을 것이다. 모든 나라가 그 앞에 늘어설 그때에, 그는 마
치 목자가 양과 염소를 구분하여 양은 자기 오른편에, 염소는 자기 왼편에 두는
것처럼 사람들을 구분할 것이다.
34-36 그때 왕이 자기 오른편에 있는 사람들에게 말할 것이다. '내 아버지께 복 받
은 사람들아, 들어오너라! 이 나라에서 너희가 받을 것을 받아라. 창세 이후로
너희를 위해 준비된 것이다. 그 이유는 이렇다.

내가 배고플 때 너희가 내게 먹을 것을 주었고
내가 목마를 때 너희가 내게 마실 것을 주었고
내가 집이 없을 때 너희가 내게 방을 내주었고
내가 떨고 있을 때 너희가 내게 옷을 주었고
내가 병들었을 때 너희가 내게 문병을 왔고
내가 감옥에 갇혔을 때 너희가 내게 면회를 왔다.'

37-40 그러면 그 양들이 말할 것이다. '주님, 무슨 말씀이십니까? 언제 우리가 주
님이 배고프신 것을 보고 먹을 것을 드렸고, 목마르신 것을 보고 마실 것을 드
렸습니까? 언제 우리가 주님이 아프시거나 감옥에 갇히신 것을 보고 가 뵈었습
니까?' 그러면 왕이 말할 것이다. '내가 중대한 진리를 말한다. 너희가 무시당하
거나 남이 알아주지 않는 사람한테 그런 일 하나라도 하면, 너희는 바로 나한테
한 것이다.'
41-43 이어서 왕이 자기 왼편에 있는 염소들을 보고 말할 것이다. '이 무익한 염소
들아, 나가거라! 너희는 지옥불 말고는 아무짝에도 쓸모가 없다. 그 이유를 묻
는다면 이렇다.

내가 배고플 때 너희가 내게 먹을 것을 주지 않았고
내가 목마를 때 너희가 내게 마실 것을 주지 않았고
내가 집이 없을 때 너희가 내게 잠자리를 내주지 않았고
내가 떨고 있을 때 너희가 내게 옷을 주지 않았고
내가 병들고 감옥에 갇혔을 때 너희가 내게 와 보지 않았다.'

44 그러면 그 염소들이 말할 것이다. '주님, 무슨 말씀이십니까? 언제 우리가 주

님이 배고프시거나, 목마르시거나, 집이 없으시거나, 떨고 계시거나, 병드셨거
나, 감옥에 계신 것을 보고 도와드리지 않았습니까?'
45 왕이 그들에게 대답할 것이다. '내가 중대한 진리를 말한다. 너희가 무시당하
거나 남이 알아주지 않는 사람한테—그게 바로 나였다—그런 일 하나라도 하지
않으면, 너희는 바로 나한테 하지 않은 것이다.'
46 염소들은 영원한 멸망으로, 양들은 영원한 상급으로 나아가게 될 것이다."

값비싼 향유를 부은 여인

26 1-2 예수께서 이 말씀을 마치시고, 제자들에게 말씀하셨다. "이제 이
틀 후면 유월절이다. 그때, 인자가 배반당하고 넘겨져 십자가에 못
박힐 것이다."
3-5 그 순간에, 대제사장과 종교 지도자들 무리가 가야바라 하는 대제사장의 집
무실에 모여, 예수를 몰래 잡아 죽이려는 음모를 꾸미고 있었다. 그들은 "괜히
폭동이 나는 것은 싫다"고 말하며, 유월절 기간에는 그 일을 하지 않기로 뜻을
모았다.
6-9 예수께서 나병환자 시몬의 손님으로 베다니에 계실 때, 어떤 여자가 다가와
서 저녁을 드시는 그분께 아주 값비싼 향유 한 병을 부었다. 제자들이 그것을
보고 발끈했다. "저렇게 한심한 일을 하다니! 이것을 큰돈을 받고 팔아서 그 돈
을 가난한 사람들에게 줄 수도 있었을 텐데."
10-13 예수께서 사태를 알아차리고 끼어드셨다. "너희는 어째서 이 여자를 괴롭게
하느냐? 이 여자는 지금 나한테 말할 수 없이 소중한 일을 한 것이다. 가난한
사람들은 평생 동안 너희와 함께 있겠지만, 나는 그렇지 않다. 이 여자가 내 몸
에 향유를 부은 것은, 내게 기름을 부어 내 장례를 준비한 것이다. 내가 분명히
말한다. 온 세상에 메시지가 전파되는 곳마다, 지금 이 여자가 한 일도 기억되고
기려질 것이다."
14-16 그때 열두 제자 가운데 하나인 가룟 유다라는 자가, 대제사장 무리에게 가
서 말했다. "그를 당신들에게 넘겨주면 얼마나 주겠소?" 그들은 은화 서른 개에
합의했다. 그때부터 유다는 예수를 넘겨줄 적당한 기회를 노렸다.

인자를 배반할 자

17 무교절 첫날, 제자들이 예수께 와서 말했다. "우리가 어디에서 유월절 식사를
준비하기 원하십니까?"
18-19 예수께서 말씀하셨다. "시내로 들어가 한 남자한테 가서, '선생님께서 내 때
가 다 되었으니 나와 내 제자들이 네 집에서 유월절 식사를 지키고자 한다'고 말
하여라. 제자들은 정확히 예수께서 지시하신 대로 유월절 식사를 준비했다.
20-21 해가 진 후에, 예수와 열두 제자가 식탁에 둘러앉았다. 식사중에 예수께서
말씀하셨다. "괴롭지만 너희에게 중요한 말을 해야겠다. 너희 가운데 한 사람
이, 음모를 꾸미는 세력에게 나를 넘겨줄 것이다."

22 그들이 소스라치게 놀라서, 한 사람씩 돌아가며 묻기 시작했다. "저는 아니겠
지요, 주님?"
23-24 예수께서 대답하셨다. "나를 넘겨줄 사람은 날마다 나와 함께 먹는 사람이
고, 식탁에서 내게 음식을 건네주는 사람이다. 인자가 배반당하는 것이 성경에
기록되어 있으니, 이것이 전혀 뜻밖의 일은 아니다. 그러나 인자를 배반하여 넘
겨줄 그 사람은, 이 일을 하느니 차라리 태어나지 않았으면 좋았을 것이다!"
25 그때, 이미 배반자로 돌아선 유다가 말했다. "랍비님, 저는 아니겠지요?"
예수께서 말씀하셨다. "유다야, 나를 속일 생각은 마라."

이것은 내 몸과 내 피다

26-29 식사중에 예수께서 빵을 들어 축복하시고, 떼어서 제자들에게 주셨다.

받아서, 먹어라.
이것은 내 몸이다.

또 잔을 들어 하나님께 감사하신 후에, 그들에게 주셨다.

너희 모두 이것을 마셔라.
이것은 내 피다.
죄를 용서하려고 많은 사람들을 위해 붓는
하나님의 새 언약이다.

"내 아버지의 나라에서 너희와 함께 마실 새날까지, 내가 이 잔으로 다시는 포
도주를 마시지 않을 것이다."
30 그들은 찬송을 부르고 곧장 올리브 산으로 갔다.

겟세마네 동산에서 기도하시다

31-32 그때 예수께서 제자들에게 말씀하셨다. "이 밤이 다하기 전에, 내게 벌어지
는 일 때문에 너희가 넘어지고 말 것이다. 성경은 이렇게 말한다.

내가 목자를 치리니
양들이 허둥지둥 흩어질 것이다.

그러나 내가 살아난 뒤에는, 너희 목자인 내가 너희보다 먼저 앞장서 갈릴리로
갈 것이다."
33 베드로가 불쑥 끼어들었다. "주님 때문에 다른 사람들이 다 넘어진다 해도,
저는 그러지 않겠습니다."
34 예수께서 말씀하셨다. "너무 자신하지 마라. 바로 오늘밤, 수탉이 새벽을 알

리기 전에, 네가 나를 세 번 부인할 것이다."
35 베드로가 우겼다. "주님과 함께 죽는 한이 있어도, 절대로 주님을 부인하지
않겠습니다." 다른 제자들도 모두 똑같이 말했다.
36-38 그러고 나서, 예수께서 그들과 함께 겟세마네라는 동산으로 가서 제자들에
게 말씀하셨다. "내가 저기 가서 기도하는 동안에 너희는 여기 있어라." 베드로
와 세베대의 두 아들을 데리고 가시면서, 예수께서는 심히 괴로워 슬픔에 잠겼
다. 예수께서 말씀하셨다. "이 슬픔이 내 생명을 꺾어 버리는구나. 여기서 나와
함께 깨어 있어라."
39 예수께서 조금 더 나아가, 얼굴을 땅에 대고 기도하셨다. "내 아버지, 다른 길
이 있거든 나를 여기서 벗어나게 해주십시오. 그러나 내가 원하는 대로 하지 마
시고, 아버지께서 원하시는 대로 행하십시오. 아버지, 아버지께서 원하시는 것
이 무엇입니까?"
40-41 예수께서 돌아와 보니, 제자들이 곤히 잠들어 있었다. 예수께서 베드로에
게 말씀하셨다. "단 한 시간도 나와 함께 견딜 수 없더냐? 깨어 있어라. 위험에
처한 줄도 모른 채 유혹에 빠지는 일이 없도록 기도하여라. 너는 하나님 안에서
무엇이든 열심히 할 각오가 되어 있다만, 한편으로는 난롯가에 잠든 늙은 개처
럼 나른하구나."
42 예수께서 두 번째로 그들을 떠나서, 다시 기도하셨다. "내 아버지, 이 잔을 마
지막 한 방울까지 마시는 것 외에 다른 길이 없다면, 나는 각오가 되어 있습니
다. 아버지 방법대로 하십시오."
43-44 예수께서 돌아와 보니, 이번에도 제자들이 곤히 잠들어 있었다. 도저히 눈
이 떠지지 않았던 것이다. 예수께서 이번에는 그들을 자도록 두시고 세 번째로
가서 기도하시되, 똑같은 말씀으로 마지막으로 한 번 더 기도하셨다.
45-46 예수께서 돌아와 말씀하셨다. "밤새도록 자려느냐? 내 때가 되었다. 인자
가 죄인들의 손에 넘어간다. 일어나거라! 가자! 나를 배반할 자가 왔다."

예수께서 잡히시다

47-49 예수의 입에서 그 말이 채 떨어지기가 무섭게, (열두 제자 가운데 하나인) 유다
가 나타났다. 그 곁에는 대제사장과 종교 지도자들이 보낸 무리가 칼과 몽둥이
를 들고 함께 있었다. 배반자는 그들과 암호를 짜 두었다. "내가 입 맞추는 사람
이 바로 그 자니, 그를 잡으시오." 그는 곧장 예수께 가서 "랍비님, 안녕하십니
까?" 하고 인사하며 그분께 입을 맞추었다.
50-51 예수께서 말씀하셨다. "친구여, 이 무슨 짓이냐?"
그러자 무리가 달려들어 그분을 붙잡아 거칠게 다루었다. 예수와 함께 있던 사
람들 가운데 하나가, 칼을 뽑아 휘둘러서 대제사장의 종의 귀를 잘라 버렸다.
52-54 예수께서 말씀하셨다. "그 칼을 도로 꽂아라. 칼을 쓰는 자는 다 칼로 망하
는 법이다. 내가 당장이라도 내 아버지께 청하여서, 전투태세를 갖춘 천사 열두
중대를 여기로 오게 할 수 있다는 것을 너희는 모르느냐? 하지만 내가 그렇게

하면, 이런 일이 일어나야 한다고 한 성경 말씀이 어떻게 이루어지겠느냐?"
55-56 그런 다음 예수께서 무리에게 말씀하셨다. "내가 위험한 범죄자라도 되는
것처럼 칼과 몽둥이로 나를 잡으러 오다니, 이게 무슨 짓이냐? 내가 날마다 성
전에 앉아서 가르쳤지만, 너희는 내게 손 하나 대지 않았다. 너희가 이렇게 한
것은, 예언자의 글을 확증하고 성취하기 위해서다."
그때 제자들이 모두 황급히 달아났다.

유대 의회 앞에 서시다

57-58 예수를 잡은 무리가 그분을 대제사장 가야바 앞으로 끌고 갔다. 거기에 종
교 학자와 지도자들이 모여 있었다. 그들이 대제사장의 안뜰에 이를 때까지 베
드로는 안전한 거리를 두고 뒤따라갔다. 그는 하인들 틈에 슬며시 섞여서, 일이
어떻게 되는지 지켜보았다.
59-60 대제사장들은 예수께 사형을 선고하기 위해, 유대 의회와 공모해 그분을 고
발할 죄목을 꾸며 내려고 했다. 그러나 많은 사람들이 나서서 줄줄이 거짓 증언
을 내놓는데도, 믿을 만한 것이 하나도 없었다.
60-61 마침내 두 사람이 나와서 이렇게 고발했다. "그는 '내가 하나님의 성전을 헐
고 사흘 만에 다시 지을 수 있다'고 했습니다."
62 대제사장이 일어서서 말했다. "이 증언에 대해 너는 뭐라고 말하겠느냐?"
63 예수께서 침묵하셨다.
그러자 대제사장이 말했다. "내가 살아 계신 하나님의 권세로 너에게 명한다.
네가 하나님의 아들, 메시아인지 말하여라."
64 예수께서 짧게 말씀하셨다. "네가 그렇게 말했다. 그러나 그것이 전부가 아니
다. 조만간 네 눈으로 직접 보게 될 것이다.

> 전능하신 분의 오른편에 앉은 인자가
> 하늘 구름을 타고 올 것이다."

65-66 그 말에 대제사장이 흥분해서, 자기 옷을 찢으며 소리쳤다. "이 자가 하나님
을 모독했소! 그를 고발할 증인이 무슨 필요가 있겠소? 그가 하나님을 모독하
는 것을 여러분이 다 들었소! 여러분은 이 신성모독을 그냥 두고 볼 셈이오?"
그들이 일제히 말했다. "사형입니다! 그 정도라면 사형선고가 마땅합니다."
67-68 그러자 사람들이 예수의 얼굴에 침을 뱉고, 그분을 주먹으로 쳤다. 그들은
그분을 때리면서 조롱했다. "예언해 봐라, 메시아야. 이번에 너를 친 사람이 누
구냐?"

베드로가 예수를 부인하다

69 그동안, 베드로는 안뜰에 앉아 있었다. 한 여종이 그에게 다가와서 말했다.
"당신도 갈릴리 사람 예수와 함께 있지 않았나요?"

70 그곳에 있는 모든 사람 앞에서 베드로는 부인했다. "당신이 무슨 말을 하는지
모르겠소."
71 그가 문 쪽으로 가니, 또 다른 사람이 옆에 있는 사람들에게 말했다. "이 사람
도 나사렛 예수와 함께 있었소."
72 베드로는 다시 한번 부인하며 맹세까지 더했다. "맹세하지만, 나는 그 사람을
본 적도 없소."
73 잠시 후에, 몇몇 구경꾼들이 베드로에게 다가왔다. "너도 그들 가운데 하나가
틀림없다. 네 사투리를 보면 안다."
74-75 그러자 베드로는 너무 두려워서 저주하며 말했다. "나는 그 사람을 모르오!"
바로 그때, 수탉이 울었다. 베드로는 "수탉이 울기 전에 네가 나를 세 번 부인할
것이다"라고 하신 예수의 말씀이 생각났다. 그는 밖으로 나가서, 하염없이 흐느
껴 울고 또 울었다.

유다의 자살

27

1-2 동틀 무렵, 모든 대제사장과 종교 지도자들이 모여서 예수를 죽
일 모의를 마무리 지었다. 그들은 예수를 결박해서 총독 빌라도에게
끌고 갔다.
3-4 예수를 배반한 유다는, 그분에게 유죄 판결이 내려진 것을 알았다. 양심의 가
책을 이길 수 없었던 그는, 은화 서른 개를 대제사장들에게 돌려주며 말했다.
"내가 죄를 지었소. 내가 죄 없는 사람을 배반했소."
그러나 그들이 말했다. "우리가 알 바 아니다. 그것은 너의 문제다!"
5 유다는 은화를 성전 안에 던지고 떠났다. 그는 밖으로 나가서 목을 매어 죽었다.
6-10 대제사장들이 은화를 집어들었으나, 그것을 어떻게 처리해야 할지 막막했
다. "살인의 대가로 받은 이 돈을 성전에 헌금으로 바치는 것은 옳지 않소." 그
들은 그 돈으로 '토기장이의 밭'을 사서 노숙자의 묘지로 쓰기로 결정했다. 그래
서 그 밭에 '살인의 밭'이라는 이름이 붙었고, 지금까지도 그렇게 불리고 있다.
그리하여 예레미야의 말이 현실이 되었다.

그들이 은화 서른 개,
이스라엘 자손이 값을 매긴 이의 몸값을 받아서
그것으로 토기장이의 밭을 샀다.

그들은 자신들도 모르게 하나님의 지시에 정확히 따랐던 것이다.

빌라도에게 사형선고를 받으시다

11 예수께서 총독 앞에 서자, 총독이 물었다. "네가 유대인의 왕이냐?"
예수께서 말씀하셨다. "네가 그렇게 말하면 그렇다."
12-14 그러나 대제사장과 종교 지도자들이 맹렬하게 고발을 퍼부을 때, 예수께서

는 아무 말씀도 없으셨다. 빌라도가 예수께 물었다. "저 긴 고발 목록이 들리느냐? 뭐라고 말해야 하지 않겠느냐?" 예수께서는 침묵을 지킬 뿐, 그 입으로 한 마디 말도 하지 않으셨다. 그것은 총독에게 아주 깊은 인상을 남겼다.

15-18 명절 중에는 무리가 지명하는 죄수 하나를 총독이 사면해 주는 오랜 관례가 있었다. 때마침 예수 바라바라 하는 악명 높은 죄수가 감옥에 수감되어 있었다. 빌라도가 무리 앞에서 말했다. "여러분은 내가 어떤 죄수를 놓아주기를 원하오? 예수 바라바요? 아니면 그리스도라 하는 예수요?" 빌라도는 그들이 예수를 자기에게 넘긴 것이 순전히 악의에서 비롯된 일임을 알고 있었다.

19 재판이 아직 진행중일 때, 빌라도의 아내가 말을 전해 왔다. "이 고귀한 사람을 재판하는 일에 상관하지 마세요. 내가 그 사람 꿈으로 밤새 뒤숭숭했습니다."

20 한편, 대제사장과 종교 지도자들은 무리를 부추겨 바라바의 사면과 예수의 처형을 요구하도록 했다.

21 총독이 물었다. "여러분은 내가 두 사람 가운데서 누구를 놓아주기를 원하오?"
그들이 말했다. "바라바요!"

22 "그럼, 그리스도라 하는 예수는 내가 어떻게 하면 되겠소?"
그들이 일제히 소리쳤다. "십자가에 못 박으시오!"

23 그가 따졌다. "무슨 죄목 때문이오?"
그러나 그들은 더 크게 소리쳤다. "십자가에 못 박으시오!"

24 빌라도는 아무 성과도 없이 자칫 폭동이 나려는 것을 보고, 대야에 물을 가져다가 무리가 다 보는 앞에서 손을 씻으며 말했다. "나는 이 사람의 죽음에 대한 책임에서 손을 떼겠소. 지금부터는 여러분 소관이오. 여러분이 재판관이고 배심원이오."

25 무리가 대답했다. "우리가 책임지겠소. 우리 자손들이 책임지겠소."

26 빌라도는 바라바를 사면해 주었다. 그러나 예수는 채찍질한 뒤에, 십자가에 못 박도록 넘겨주었다.

십자가에 못 박히시다

27-31 총독 수하의 병사들이 예수를 총독 관저로 데리고 들어가서, 부대 전체를 모아 놓고 희희덕거렸다. 그들은 예수의 옷을 벗기고 빨간색 긴 겉옷을 입혔다. 그리고 가시나무로 엮은 왕관을 그분 머리에 씌웠다. 그들은 그분의 권위를 인정한답시고 오른손에 홀처럼 막대기를 쥐어 주었다. 그러고는, 그분 앞에 무릎을 꿇고서 예를 갖추는 시늉을 하며 조롱했다. "유대인의 왕, 만세!" 그들이 말했다. "만세!" 또 그들은 예수께 침을 뱉고 막대기로 그분의 머리를 때렸다. 실컷 즐기고 나서, 그들은 겉옷을 벗기고 다시 그분의 옷을 입혔다. 그런 다음, 십자가에 못 박으려고 끌고 나갔다.

32-34 가는 길에 그들은 시몬이라는 구레네 사람을 만나, 그에게 예수의 십자가를 지게 했다. '해골 언덕'이라 하는 골고다에 이르자, 그들은 (포도주와 몰약을 섞어서 만든) 가벼운 진통제를 예수께 주었다. 그러나 예수께서 맛보시고는 마시려 하

지 않으셨다.

35-40 병사들은 예수를 십자가에 못 박고서 그분이 죽기를 기다리는 동안, 그분의 옷가지를 나눠 가지려고 주사위를 던지며 시간을 보냈다. 그분의 머리 위에는 '이 사람은 유대인의 왕 예수다'라고 쓴 팻말이 붙어 있었다. 예수와 함께 죄수 두 사람도 십자가에 달렸는데, 하나는 그분 오른쪽에, 다른 하나는 왼쪽에 달렸다. 길을 가던 사람들은 슬픈 척 고개를 저으며 예수를 조롱했다. "성전을 헐고 사흘 만에 다시 짓겠다고 으스대던 네가 아니냐. 그러니 실력을 보여 봐라! 네 자신을 구원해 보라고! 네가 정말 하나님의 아들이면 그 십자가에서 내려와 봐라!"

41-44 바로 그 자리에서, 대제사장들도 종교 학자와 지도자와 나머지 사람들과 어울려 신나게 그분을 비웃었다. "그가 다른 사람은 구원하더니 자기는 구원하지 못하는군! 이스라엘의 왕이라고? 그럼 그 십자가에서 내려와 보시지. 그러면 우리가 다 믿을 텐데! 하나님을 철석같이 믿더니만, 어디 하나님이 이제 자기 아들을 구해 주시나 보자. 그야 하나님이 원하셔야 되겠지만! 이 자는 자칭 하나님의 아들이 아니었나?" 예수와 함께 십자가에 못 박힌 두 죄수까지도 조롱에 가세했다.

45-46 정오부터 세 시까지, 온 땅이 어두워졌다. 오후 중반쯤에, 예수께서 깊은 데서부터 신음하며 큰소리로 부르짖으셨다. "엘리, 엘리, 라마 사박다니?" 이 말은 "나의 하나님, 나의 하나님, 어찌하여 나를 버리셨습니까?"라는 뜻이다.

47-49 곁에서 그 말을 들은 몇몇 사람들이 "이 사람이 엘리야를 부른다" 하고 말했다. 그 가운데 한 사람이 달려가서, 솜뭉치를 신 포도주에 적셔서, 장대에 달아 올려 그분께 마시게 했다. 다른 사람들은 "그렇게 서두를 것 없다. 엘리야가 와서 그를 구해 주나 보자" 하고 놀려 댔다.

50 그러나 예수께서 다시 한번 크게 소리지르시고 숨을 거두셨다.

51-53 그 순간, 성전의 휘장이 위에서부터 아래까지 둘로 찢어졌다. 지진이 일어나서 바위들이 갈라져 산산조각 났다. 그뿐 아니라 무덤들이 열리면서, 무덤 속에 자고 있던 많은 믿는 이들의 몸이 살아났다. (예수께서 부활하신 후에, 그들은 무덤을 떠나 거룩한 도성에 들어가서 많은 사람들에게 나타나 보였다.)

54 경비대장과 그와 함께 있던 사람들은, 지진과 그 밖에 일어난 일을 보고는 몹시 두려웠다. 그들은 말했다. "이 사람은 하나님의 아들이 틀림없다!"

55-56 또한 많은 여자들이 멀리서 지켜보고 있었는데, 그들은 예수를 섬기려고 갈릴리에서부터 그분을 따라온 사람들이었다. 그들 가운데는 막달라 마리아, 야고보와 요셉의 어머니 마리아, 세베대의 두 아들의 어머니도 있었다.

무덤에 묻히시다

57-61 그날 오후 늦게, 예수의 제자인 아리마대 출신의 한 부자가 왔다. 그의 이름은 요셉이었다. 그는 빌라도에게 가서 예수의 시신을 거두게 해달라고 청했다. 빌라도는 그의 청을 들어주었다. 요셉은 시신을 가져다가 깨끗한 세마포에 싸서, 최근에 바위를 깎아서 만든 자신의 새 무덤에 모셔 두고, 큰 돌을 굴려 입

구를 막고 나서 그곳을 떠났다. 그러나 막달라 마리아와 다른 마리아는 남아서,
무덤이 잘 보이는 곳에 앉아 있었다.
62-64 해가 진 후에, 대제사장과 바리새인들이 빌라도에게 면회를 청했다. 그들은
말했다. "총독님, 저 거짓말쟁이가 살아 있을 적에 '내가 사흘 후에 다시 살아날
것이다' 하던 말이 이제야 생각났습니다. 사흘째 되는 날까지 무덤을 봉인해야
되겠습니다. 그의 제자들이 와서 시체를 훔쳐 가서는, '그가 죽은 자들 가운데
서 살아났다'고 하면서 떠들고 다닐 가능성이 높습니다. 그렇게 되면 우리의 처
지가 전보다 더 곤란해집니다. 나중 속임수가 처음 속임수보다 더 해를 끼칠 수
있습니다."
65-66 빌라도가 그들에게 말했다. "당신들에게 경비대가 있을 것 아니오. 가서 힘
껏 지키도록 하시오." 그들은 나가서 돌을 봉인하고, 경비병을 세워 무덤을 단
단히 지켰다.

그분은 다시 살아나셨다

28

1-4 안식일이 지나고 새로운 한 주의 먼동이 틀 무렵, 막달라 마리아
와 다른 마리아가 무덤을 지키려고 갔다. 그때 갑자기 발밑에서 땅
이 흔들리고 진동하더니, 하나님의 천사가 하늘에서 내려와 그들이 서 있는 곳
으로 왔다. 천사가 돌을 굴려 내고 그 위에 앉았다. 그에게서 번개 같은 빛이 번
쩍였고, 그의 옷은 눈처럼 하얗게 빛났다. 무덤을 지키던 경비병들은 너무 두려
웠다. 어찌나 무서웠던지 꿈쩍도 하지 못했다.
5-6 천사가 여자들에게 말했다. "조금도 두려워할 것 없다. 너희가 십자가에 못
박히신 예수를 찾는 줄을 내가 안다. 그분은 여기 계시지 않는다. 그분은 말씀
하신 대로 다시 살아나셨다. 와서 그분을 모셔 두었던 곳을 보아라.
7 자, 어서 가서 제자들에게 말하여라. '그분께서 죽은 자들 가운데서 살아나셨
다. 그분께서 너희보다 먼저 갈릴리로 가실 것이다. 너희는 거기서 그분을 뵐
것이다' 하고 말하여라. 이것이 내가 전하는 소식이다."
8-10 여자들은 크게 놀라고 기쁨에 겨워, 한시도 지체하지 않고 무덤을 떠났다.
그들은 제자들에게 전하려고 달려갔다. 그때 예수께서 그들을 만나셔서, 그들
을 멈추어 세우고 말씀하셨다. "잘 있었느냐?" 여자들은 무릎을 꿇고 그분의 발
을 붙잡고 경배했다. 예수께서 말씀하셨다. "너희가 있는 힘을 다해 나를 붙잡
고 있구나! 그렇게 무서워하지 마라. 가서, 내 형제들에게 갈릴리로 가라고 하
여라. 거기서 내가 그들을 만나겠다고 전하여라."
11-15 한편, 경비병들이 뿔뿔이 흩어졌으나, 그 가운데 몇 사람이 도성으로 들어
가서 일어난 일을 대제사장들에게 전했다. 그들은 종교 지도자 회의를 소집해
대책을 마련했다. 그들은 거액의 돈을 병사들에게 주면서, "밤에 그의 제자들
이 와서 우리가 잠든 사이에 시체를 훔쳐 갔다"고 말하도록 매수했다. 그러고는
"너희가 근무중에 잤다는 말이 혹시 총독에게 들어가더라도 우리가 문책을 면
하게 해주겠다"며 그들을 안심시켰다. 병사들은 뇌물을 받고서 그들이 시킨 대

로 했다. 유대 최고의회에서 날조해 낸 그 이야기가, 지금까지도 나돌고 있다.

16-17 한편, 갈릴리로 떠난 열한 제자는, 예수께서 다시 만날 장소로 정해 주신 산
으로 향했다. 예수를 뵙는 순간에, 그들은 그분께 경배했다. 그러나 경배하기를
망설이며, 그분께 자신의 인생을 완전히 걸어야 할지 확신하지 못하는 사람들
도 있었다.
18-20 이에 아랑곳하지 않고, 예수께서 곧바로 이렇게 지시하셨다. "하나님께서
내게 주신 권세와 명령으로 너희에게 이 일을 맡긴다. 너희는 세상으로 두루 나
가서 만나는 모든 사람마다 이 생명의 길로 훈련시키고, 아버지와 아들과 성령
의 이름으로 그들에게 세례를 주어 표를 삼아라. 그리고 내가 너희에게 명령한
모든 것을 삶으로 살아가도록 가르쳐라. 너희가 이 일을 하는 동안에, 이 시대
가 끝날 때까지 날마다 하루도 빠짐없이, 내가 너희와 함께 있을 것이다."

마가는 시간을 허비하지 않고 곧장 본론으로 들어간다. 도입은 한 문장으로 끝내고 ("예수 그리스도의 복된 소식, 곧 메시지는……여기서부터 시작된다"), 처음부터 끝까지 한 번도 곁길로 벗어나지 않는다. 세상을 보고 경험하는 방식을 근본적으로 바꾸어 놓는 사건이 벌어졌으니, 마가는 어서 그것을 말해 주고 싶은 것이다. 그의 글에는 거의 모든 문장에 숨 가쁜 흥분의 기운이 묻어난다. 메시지를 빨리 받을수록 우리한테 좋은 것이다. 그것은 믿을 수 없을 만큼 좋은 메시지인 까닭이다. 그 메시지란 하나님이 여기 계시며, 그분이 우리 편이시라는 것이다. 심지어 마가는 그분께서 우리를 '가족'이라 부르신다고 말한다.

> 예수께서 그 전갈을 받을 때에 무리에 둘러싸여 있었다. "선생님의 어머니와 동생들이 밖에서 찾고 있습니다." 예수께서 대답하셨다. "내 어머니와 형제들이 누구라고 생각하느냐?" 그러고는 둘러앉은 사람들을 일일이 쳐다보며 말씀하셨다. "내 어머니와 형제들이 여기, 바로 너희 앞에 있다. 순종이 피보다 진하다. 하나님의 뜻에 순종하는 사람이 내 형제요 자매요 어머니다"(막 3:32-35).

하나님이 존재하신다는 발표만으로는 굳이 뉴스라 할 것도 없다. 거의 모든 세기의 거의 모든 사람이 하나님이나 신들의 존재를 믿었다. 사실 고금을 통틀어 인류 전체는 의식주, 쾌락, 일, 가정 할 것 없이 다른 모든 관심사를 다 합한 것보다도 신이라는 문제에 더 많은 주의와 관심을 기울였다고 해도 과언이 아니다.

그런데 그 하나님이 바로 지금 여기 계시고, 우리 편이시며, 우리에게 가장 도움이 필요한 쪽으로 우리를 적극 돕고자 하신다. 이것이야말로 뉴스감이다. 하나님에 대한 믿음이 흔한 만큼이나 그 주제를 둘러싼 어림짐작과 뜬소문도 엄청나게 많고, 그 결과 미신과 불안과 착취가 판을 치고 있기 때문이다. 그래서 당연히 마가는 예수의 탄생과 삶과 죽음과 부활, 곧 하나님의 진리를 우리에게 계시해 주는 사건들을 통해 무슨 일이 벌어졌는지 서둘러 말해 준다. 우리가 망상이 아니라 현실 속에 살 수 있도록 말이다. 하나님이 우리를 구원하시는 일에 열심이시라는 것, 이것이야말로 이 세상에서 가장 실제적인 문제이기에, 마가는 우리가 그

것을 모른 채 소중한 인생을 단 일 분이라도
허비하기를 원치 않는 것이다.

마가복음

세례자 요한의 선포

1

1-3 예수 그리스도의 복된 소식, 곧 메시지는 정확히 예언자 이사야의 책
에 나온 대로 여기서부터 시작된다.

잘 보아라. 내가 네 앞에 내 설교자를 보낸다.
그가 네 길을 평탄하게 할 것이다.
광야에서 외치는 소리여!
하나님 오심을 준비하여라!
길을 평탄하고 곧게 하여라!

4-6 세례자 요한이 광야에 나타나서, 삶을 고쳐 죄 용서를 받는 세례를 선포했다.
유대와 예루살렘으로부터 사람들이 떼를 지어 그에게 와서 죄를 고백하고, 요
단 강에서 그에게 세례를 받고 삶을 고치기로 결단했다. 요한은 낙타털로 된 옷
을 입고 허리에 가죽띠를 둘렀다. 그리고 메뚜기와 야생꿀을 먹었다.
7-8 요한은 이렇게 전했다. "진짜는 이제부터다. 이 드라마의 주인공은 너희의
삶을 바꾸어 놓으실 것이다. 그분께 비하면 나는 잔심부름꾼에 지나지 않는다.
나는 너희의 옛 삶을 바꾸어 천국의 삶을 준비시키려고 이 강에서 세례를 주고
있다. 그러나 그분의 세례, 성령의 거룩한 세례는 너희를 완전히 바꾸어 놓을
것이다."
9-11 그때, 예수께서 갈릴리 나사렛에서 오셔서 요단 강에서 요한에게 세례를 받
으셨다. 물에서 올라오시는 순간, 예수께서는 하늘이 열리고 하나님의 영이 비
둘기같이 그분 위에 내려오는 것을 보셨다. 성령과 더불어 한 음성이 들려왔다.
"너는 내가 사랑으로 선택하고 구별한 내 아들, 내 삶의 전부다."

12-13 동일한 성령께서 즉시 예수를 광야로 몰아내셨다. 예수께서는 광야에서 사
십 일을 밤낮으로 사탄에게 시험을 받으셨다. 들짐승들이 그분과 함께 있었고,
천사들이 그분을 도왔다.
14-15 요한이 체포된 뒤에, 예수께서 갈릴리에 가셔서 하나님의 메시지를 전파하
셨다. "때가 다 되었다! 하나님 나라가 여기 있다. 너희 삶을 고치고 메시지를
믿어라."
16-18 예수께서 갈릴리 호숫가를 지나시다가, 시몬과 그의 동생 안드레가 그물을
던지는 것을 보셨다. 고기잡이는 그들의 평소 직업이었다. 예수께서 그들에게
말씀하셨다. "나와 함께 가자. 내가 너희를 새로운 어부가 되게 하겠다. 잉어와
가물치 대신에 사람을 낚는 법을 가르쳐 주겠다." 그들은 아무것도 묻지 않고,
그물을 놓아두고 그분을 따라갔다.
19-20 예수께서 호숫가를 십여 미터쯤 더 가시다가, 세베대의 아들인 야고보와 요
한 형제를 보셨다. 그들은 배에서 그물을 손질하고 있었다. 예수께서 곧바로 그
들에게도 똑같이 제안하셨고, 그들은 즉시 아버지 세베대와 배와 품꾼들을 버려
두고 그분을 따라갔다.

확신에 찬 가르침

21-22 그들은 가버나움에 들어갔다. 안식일이 돌아오자, 예수께서 지체하지 않고
회당으로 가셨다. 예수께서는 거기서 가르치며 하루를 보내셨다. 사람들은 종
교 학자들처럼 궤변과 인용을 늘어놓지 않는, 아주 솔직하고 확신에 찬 그분의
가르침에 놀랐다.
23-24 예수께서 아직 회당에 있는데, 정신이 이상한 사람이 난데없이 끼어들어 소
리를 질렀다. "나사렛 사람 예수여! 무슨 일로 우리한테 왔습니까? 나는 당신이
무슨 일을 하려는지 압니다! 당신은 하나님의 거룩한 분이시며, 우리를 멸하러
왔습니다!"
25-26 예수께서 그의 입을 막으셨다. "조용히 하고 그에게서 나오너라!" 괴롭히던
귀신이 그 사람에게 경련을 일으키고는, 큰소리로 대들면서 나갔다.
27-28 거기 있던 사람들 모두가 믿기지 않는다는 듯 신기해 하며 웅성거렸다. "이게
어찌 된 일인가? 이 사람이 더러운 귀신들의 입을 막고 내쫓다니! 말한 대로 이루
어지는 새로운 가르침인가?" 이 소식이 빠르게 퍼져서 온 갈릴리에 알려졌다.
29-31 회당에서 나온 그들은, 야고보와 요한과 함께 곧바로 시몬과 안드레의 집으
로 갔다. 시몬의 장모가 몸져누워 있었는데, 열이 불덩이 같았다. 그들이 예수
께 알렸다. 예수께서 그녀에게 가서 손을 잡아 일으키셨다. 그러자 열이 곧 떨
어졌고, 그녀는 일행의 저녁을 준비했다.
32-34 그날 저녁 해가 저물자, 사람들이 병자와 귀신 들려 괴로워하는 사람들을
예수께 데려와서, 온 동네가 문전성시를 이루었다! 예수께서 그들의 병든 몸과
고통당하는 심령을 고쳐 주셨다. 귀신들이 그분의 참 정체를 알았으므로, 예수

께서는 그들이 한 마디도 하지 못하게 하셨다.

나병환자를 깨끗하게 하시다

35-37 날이 밝기 한참 전에, 예수께서 일어나셔서 한적한 곳으로 기도하러 가셨
다. 시몬과 그 일행이 그분을 찾으러 갔다. 예수를 만나자 그들이 말했다. "사람
들이 다 주님을 찾고 있습니다."
38-39 예수께서 말씀하셨다. "다른 마을로 가자. 내가 거기서도 전도해야 하겠다.
나는 이 일을 하러 왔다." 예수께서는 갈릴리 온 회당을 다니시며, 전도하고 귀
신을 쫓아내셨다.
40 한 나병환자가 그분께 와서, 무릎을 꿇고 간청했다. "원하시면 저를 깨끗하게
하실 수 있습니다."
41-45 못내 측은한 마음이 든 예수께서, 손을 내밀어 그에게 대며 말씀하셨다. "내
가 원한다. 깨끗하게 되어라." 그러자 그 즉시 나병이 깨끗이 사라졌고, 그의 살
갗은 보드랍고 온전해졌다. 예수께서 그를 보내시며 엄히 명하셨다. "누구에게
도 아무 말 하지 마라. 깨끗하게 되었으니 모세가 정한 예물을 가지고 제사장에
게 가서 네 몸을 보여라. 그러면 네가 나은 것이 사람들에게 입증될 것이다." 그
러나 그 사람은 모퉁이를 돌아서자마자, 만나는 사람마다 그 일을 이야기하여
온 동네에 소문을 퍼뜨렸다. 그래서 예수께서 더 이상 시내에 자유로이 드나들
지 못하고 외딴 곳에 머무셨다. 그러나 사람들은 온 사방에서 그분을 찾아왔다.

중풍병자를 고치시다

2 1-5 며칠 후에 예수께서 가버나움에 돌아오시자, 그분이 집에 계신다는 소
문이 퍼졌다. 무리가 문 앞을 꽉 메워서 아무도 드나들 수 없었다. 예수
께서는 말씀을 가르치고 계셨다. 사람들이 한 중풍병자를 네 사람에게 들려서
예수께 데려왔다. 사람이 많아서 안으로 들어갈 수가 없자, 그들은 지붕을 뜯어
내고 중풍병자를 들것에 달아 내렸다. 그들의 담대한 믿음에 감동하신 예수께
서 중풍병자에게 말씀하셨다. "아들아, 내가 네 죄를 용서한다."
6-7 거기 앉아 있던 몇몇 종교 학자들이 자기들끼리 수군거리며 말했다. "저렇게
말하면 안되지! 저것은 신성모독이다! 오직 하나님만이 죄를 용서하실 수 있다."
8-12 예수께서 그들의 생각을 곧바로 아시고 말씀하셨다. "너희는 어찌 그리 의심
이 많으냐? 중풍병자에게 '내가 네 죄를 용서한다'고 말하는 것과 '일어나 네 들
것을 들고 걸어가라'고 말하는 것 중에 어느 쪽이 더 쉽겠느냐? 내가 인자인 것
과, 내가 어느 쪽이든 행할 권한이 있다는 것을 분명히 보여주겠다." (그러고는 중
풍병자를 바라보시며 이렇게 말씀하셨다.) "일어나거라. 네 들것을 들고 집으로 가거
라." 그 사람은 그 말씀대로 일어나서, 들것을 가지고 모두가 보는 앞에서 걸어
나갔다. 사람들은 도무지 믿기지 않아 자신들의 눈을 비볐다. 그러고 나서 하나
님을 찬송하며 말했다. "우리 평생에 이런 일은 처음 본다!"

의사가 필요한 사람이 누구냐

13-14 예수께서 다시 호숫가를 걸으셨다. 무리가 다시 그분께 왔고, 예수께서는
그들을 가르치셨다. 예수께서 거니시다가, 알패오의 아들 레위가 자기 일터에
서 세금을 걷고 있는 것을 보셨다. 예수께서 말씀하셨다. "나와 함께 가자." 그
는 따라갔다.
15-16 나중에 예수와 그 제자들이 평판이 좋지 않은 무리와 함께 집에서 저녁을
먹고 있었다. 보기에는 아닐 것 같지만, 그들 가운데 적지 않은 사람들이 이미
그분을 따르고 있었다. 종교 학자와 바리새인들은 예수께서 그런 무리와 어울
리는 것을 보고, 그분의 제자들에게 따졌다. "쓰레기 같은 인간들과 친하게 지
내다니, 이게 무슨 본이 되겠소?"
17 예수께서 들으시고 반박하셨다. "의사가 필요한 사람이 누구냐? 건강한 사람
이냐, 병든 사람이냐? 내가 여기 있는 것은 영적으로 건강한 사람을 초청하려
는 것이 아니라, 죄로 병든 사람을 초청하려는 것이다."

잔치인가, 금식인가

18 요한의 제자들과 바리새인의 제자들은 금식하는 습관이 있었다. 몇몇 사람들
이 예수께 와서 따졌다. "요한을 따르는 이들과 바리새인들은 금식 훈련을 하는
데, 당신을 따르는 이들은 왜 그렇게 하지 않습니까?"
19-20 예수께서 말씀하셨다. "즐거운 결혼식 중에는 빵과 포도주를 아끼지 않고
실컷 먹는다. 나중에 허리띠를 졸라맬 일이 있을지 모르지만, 지금은 아니다. 신
랑신부와 함께 있는 동안에는 즐겁게 보내는 법이다. 정겨운 축하의 모닥불에
찬물을 끼얹는 사람은 없다. 하나님 나라가 임한다는 것은 바로 이런 것이다!"
21-22 예수께서 계속해서 말씀하셨다. "멀쩡한 스카프를 잘라서 낡은 작업복에 대
고 깁는 사람은 없다. 서로 어울리는 천을 찾게 마련이다. 그리고 금이 간 병에
는 포도주를 담지 않는 법이다."
23-24 어느 안식일에 예수께서 곡식이 무르익은 밭 사이를 걷고 계셨다. 제자들이
길을 가다가 곡식 이삭을 땄다. 바리새인들이 그 일로 예수께 말했다. "보십시
오, 당신의 제자들이 안식일 규정을 어기고 있습니다!"
25-28 예수께서 말씀하셨다. "너희는 다윗이 배고플 때에 자기와 함께한 동료들
과 한 일을 읽어 보지 못했느냐? 그가 성소에 들어가 대제사장 아비아달이 보
는 앞에서 제단에서 갓 물려 낸 빵, 곧 제사장들 외에는 아무도 먹지 못하게 되
어 있는 거룩한 빵을 먹고 자기 동료들에게도 주지 않았느냐?" 이어서 예수께
서 말씀하셨다. "우리를 위해 안식일이 만들어진 것이지, 안식일을 위해 우리가
만들어진 것은 아니다. 인자는 안식일의 종이 아니라 주인이다!"

안식일에 선을 행하는 것

3 1-3 예수께서 다시 회당에 들어가시니, 거기에 한쪽 손이 오그라든 사람이
있었다. 바리새인들은 혹시나 안식일 위반으로 예수를 잡을까 하여, 그

사람을 고쳐 주나 보려고 그분을 주시했다. 예수께서 손이 오그라든 사람에게
말씀하셨다. "우리가 잘 볼 수 있도록 여기 서거라."
4 예수께서 이번에는 사람들에게 말씀하셨다. "어떤 행동이 안식일에 가장 합당
하냐? 선을 행하는 것이냐, 악을 행하는 것이냐? 사람을 돕는 것이냐, 무력한
상태로 버려두는 것이냐?" 아무도 말이 없었다.
5-6 예수께서는 그들의 비정한 종교에 노하여, 그들의 눈을 하나씩 쳐다보셨다.
그러고는 그 사람에게 말씀하셨다. "네 손을 내밀어라." 그가 손을 내밀자, 그
손이 새 손과 같이 되었다! 바리새인들은 서둘러 그곳을 빠져나가, 어떻게 하면
헤롯의 당원들과 합세하여 그분을 파멸시킬 것인지 흥분하며 이야기했다.

열두 사도

7-10 예수께서 그곳을 피해 제자들과 함께 바닷가로 떠나가셨다. 그러나 갈릴리
에서 큰 무리가 따라왔고, 유대와 예루살렘과 이두매와 요단 강 건너편과 두로
와 시돈 근방에서도 큰 무리가 따라왔다. 그들은 말로만 전해 듣던 것을 직접
눈으로 보려고 왔다. 예수께서는 무리에게 밟히지 않도록, 제자들에게 배를 준
비하게 하셨다. 예수께서 지금까지 많은 사람들을 고쳐 주셨으므로, 온전치 못
한 사람은 서로 밀고 당기며 그분께 다가가서 그분을 만지려고 했다.
11-12 악한 귀신들이 그분을 알아보고는 엎드려 부르짖었다. "당신은 하나님의 아
들입니다!" 그러나 예수께서는 그 말을 받아들이지 않으셨다. 그들의 입을 다물
게 하여, 자신의 정체를 사람들에게 알리지 못하게 막으셨다.
13-19 예수께서 산에 올라가셔서 자신이 원하는 사람들을 초청하셨다. 그들이 함
께 올라갔다. 예수께서 열두 명을 정하시고, 그들을 사도로 임명하셨다. 그분의
계획은 그들로 자신과 함께 있게 하고, 그들을 보내 말씀을 선포하게 하며, 그
들에게 귀신을 쫓아내는 권세를 주시려는 것이었다. 그 열두 명은 다음과 같다.

시몬(나중에 예수께서 그에게 베드로, 곧 '바위'라는 이름을 지어 주셨다)
세베대의 아들 야고보
야고보의 동생 요한(예수께서 세베대의 두 아들에게는 '천둥의 아들'을 뜻하는 보아너게
라는 별명을 붙여 주셨다)
안드레
빌립
바돌로매
마태
도마
알패오의 아들 야고보
다대오
가나안 사람 시몬
가룟 유다(그분을 배반한 자다).

성령을 모독하는 죄

20-21 예수께서 집에 오시자, 여느 때처럼 무리가 모여들었다. 예수께 이것저것 해달라고 청하는 사람들이 많아서, 그분은 식사할 겨를조차 없었다. 예수의 친구들이 상황을 듣고서, 필요하다면 억지로라도 그분을 구해 내려고 왔다. 그들은 그분이 제정신을 잃어 가는 것은 아닌지 의심했다.

22-27 예루살렘에서 종교 학자들이 내려와서, 예수가 마술을 부리고 마귀의 속임수를 써서 그 능력으로 사람들의 이목을 끌고 있다는 소문을 퍼뜨렸다. 예수께서 그들의 비방에 이런 이야기로 맞섰다. "마귀를 보내 마귀를 잡고 사탄을 이용해 사탄을 없앤다는 것이 말이 되느냐? 늘 싸움질하는 가정은 무너지게 마련이다. 사탄이 사탄과 싸우고 있으면, 사탄은 이내 남아나지 못할 것이다. 환한 대낮에 시퍼렇게 눈을 뜬 건장한 사내의 집에 들어가서 그 살림을 가지고 달아나려면, 먼저 그 사람을 묶어야 하지 않겠느냐? 그를 묶으면, 집을 깨끗이 털 수 있다.

28-30 잘 들어라. 내가 너희에게 경고한다. 용서받지 못할 말이나 행동은 없다. 그러나 너희가 하나님의 성령을 끝까지 비방하면, 너희를 용서하시는 바로 그분을 물리치는 것이 된다. 그것은 너희 자신이 걸터앉은 나뭇가지를 톱으로 잘라내는 것이며, 용서하시는 그분과의 모든 관계를 너희 자신의 사악함으로 끊어버리는 것이다." 예수께서 이렇게 경고하신 것은, 그들이 그분을 악한 자와 한패로 몰았기 때문이다.

순종이 피보다 진하다

31-32 그때에 예수의 어머니와 동생들이 나타났다. 그들은 밖에 서서, 그분과 잠시 할 말이 있다는 전갈을 보냈다. 예수께서 그 전갈을 받을 때에 무리에 둘러싸여 있었다. "선생님의 어머니와 동생들이 밖에서 찾고 있습니다."

33-35 예수께서 대답하셨다. "내 어머니와 형제들이 누구라고 생각하느냐?" 그러고는 둘러앉은 사람들을 일일이 쳐다보며 말씀하셨다. "내 어머니와 형제들이 여기, 바로 너희 앞에 있다. 순종이 피보다 진하다. 하나님의 뜻에 순종하는 사람이 내 형제요 자매요 어머니다."

씨 뿌리는 농부 이야기

4 1-2 예수께서 다시 바닷가에서 가르치셨다. 무리가 인산인해를 이루고 있어서, 예수께서는 해안에서 좀 떨어진 배에 오르셔야 했다. 사람들이 물가로 몰려와서 배를 설교단으로 삼으신 것이다. 예수께서 많은 이야기로 가르치셨다.

3-8 "들어라. 너희는 어떻게 생각하느냐? 어떤 농부가 씨를 뿌렸다. 씨를 뿌리는데, 더러는 길 위에 떨어져서, 새들이 먹어 버렸다. 더러는 자갈밭에 떨어져서, 금세 싹이 났으나 뿌리를 내리지 못해, 해가 뜨자 곧 시들어 버렸다. 더러는 잡초밭에 떨어져서, 싹이 났으나 잡초 틈새에 짓눌려 아무 소득이 없었다. 더러는

좋은 땅에 떨어져서, 무성하게 자라 농부가 생각지도 못한 큰 결실을 맺었다.
9 너희는 듣고 있느냐? 정말로 듣고 있느냐?"
10-12 예수께서 따로 계실 때, 그분 곁에 있던 사람들이 열두 제자와 함께 그 이야
기에 대해 물었다. 예수께서 그들에게 말씀하셨다. "너희에게는 하나님 나라를
아는 깨달음이 주어졌다. 너희는 하나님 나라가 어떻게 되어 가는지 안다. 그
러나 아직 볼 줄 모르는 사람들에게는 모든 것을 이야기로 풀어 나간다. 마음을
준비시키고, 마음을 열어 깨닫도록 주의를 환기시키려는 것이다. 그들은,

눈을 떴으나 하나도 보지 못하고
귀가 열렸으나 한 마디도 알아듣지 못하며
돌아서지도 않고 용서받기도 거부한다."

13 예수께서 계속해서 말씀하셨다. "이 이야기가 어떻게 되어 가는지 알겠느냐?
내가 하는 모든 이야기는 이렇게 이루어진다.
14-15 농부가 말씀을 뿌린다. 어떤 사람은 딱딱한 길바닥에 떨어진 씨와 같다. 말
씀을 듣자마자, 사탄이 그 속에 뿌려진 것을 낚아채 간다.
16-17 또 어떤 사람은 자갈밭에 떨어진 씨와 같다. 그는 처음 말씀을 들을 때는 아
주 뜨겁게 반응한다. 하지만 성품의 토양이 얕다 보니, 감정이 식거나 어려움이
닥치면 아무 쓸모 없게 되고 만다.
18-19 잡초밭에 떨어진 씨는, 천국 소식을 듣기는 듣지만 해야 할 온갖 일과 갖고
싶은 것에 대한 염려로 짓눌려 있는 사람을 가리킨다. 스트레스에 숨이 막혀서
들은 것조차도 아무 소득이 없다.
20 그러나 좋은 땅에 뿌려진 씨는, 말씀을 듣고 품어서 생각지도 못한 큰 결실을
맺는 사람을 가리킨다."

받는 것보다 주는 것이 더 낫다

21-22 예수께서 계속해서 말씀하셨다. "집에 등잔을 가져와서 통 속이나 침대 밑
에 두는 사람이 있느냐? 탁자나 선반 위에 두지 않느냐? 우리는 비밀을 감추어
두지 않고, 오히려 말할 것이다. 숨기지 않고, 오히려 밝히 드러낼 것이다.
23 너희는 듣고 있느냐? 정말로 듣고 있느냐?
24-25 내가 하는 말을 잘 들어라. 세상에서 너희 힘으로 잘될 수 있다는 약삭빠른
충고를 조심하여라. 받는 것보다 주는 것이 더 낫다. 베풂은 베풂을 낳는다. 인
색하면 가난해진다."

많은 이야기로 말씀하시다

26-29 예수께서 또 말씀하셨다. "하나님 나라는 어떤 사람이 밭에 씨를 뿌리고는
잊어버린 채 잠자리에 든 것과 같다. 씨는 싹이 터서 자라나는데, 그는 어떻게
된 일인지 모른다. 그의 도움 없이 땅이 다 알아서 한다. 처음에는 푸른 줄기를

내고, 다음에는 꽃봉오리를 내고, 그 다음에는 익은 곡식이다. 곡식이 완전히
영글면 거둔다. 추수할 때가 된 것이다!
30-32 하나님 나라를 어떻게 묘사할 수 있을까? 어떤 이야기가 좋을까? 하나님 나
라는 솔씨 하나와 같다. 솔씨는 땅에 떨어질 때 씨로서는 아주 작지만, 일단 심
으면 가지가 무성한 큰 나무로 자란다. 독수리들이 그 안에 둥지를 틀 정도다."
33-34 예수께서는 이처럼 많은 이야기로 메시지를 전해 주시면서, 그들의 경험과
성숙도에 맞게 이야기를 들려주셨다. 예수께서 이야기 없이는 말씀하지 않으셨
다. 그리고 제자들과 따로 있을 때에 모든 것을 다시 설명해 주셨다. 혼란스러
운 것을 정리하시고, 얽힌 것은 풀어 주셨다.

바람과 바다를 잠잠케 하시다

35-38 그날 늦게 예수께서 제자들에게 말씀하셨다. "저편으로 건너가자." 제자들
은 그분을 배에 계신 그대로 모시고 갔다. 다른 배들도 따라갔다. 그때에 큰 풍
랑이 일어났다. 파도가 배 안으로 들이쳐서, 배가 가라앉으려고 했다. 예수께서
는 배 뒤쪽에서 베개를 베고 주무시고 계셨다! 제자들이 그분을 깨우며 말했다.
"선생님, 우리가 빠져 죽게 되었는데 아무렇지도 않습니까?"
39-40 잠에서 깬 예수께서 바람에게 조용하라고 하시고, 바다에게 "고요하여라!
잠잠하여라!" 하고 말씀하셨다. 바람이 숨을 멎고, 바다는 호수처럼 고요해졌
다. 예수께서 제자들을 꾸짖으셨다. "어째서 너희는 이토록 겁이 많으냐? 그렇
게도 믿음이 없느냐?"
41 그들은 놀라고 두려워서, 어쩔 줄을 몰라했다. "도대체 이분은 누구신가? 바
람과 바다도 마음대로 부리시다니!"

거라사의 귀신 들린 사람

5 1-5 그들은 바다 건너편 거라사 사람들의 지방에 이르렀다. 예수께서 배에
서 내리시자, 묘지에서 어떤 미친 사람이 그분께 나아왔다. 그는 거기 무
덤 사이에서 살았다. 아무도 그를 잡아 둘 수 없었다. 사슬을 채울 수도, 결박할
수도 없었다. 사람들이 여러 번 사슬과 밧줄로 묶었지만, 그때마다 그는 사슬을
부서뜨리고 밧줄을 끊어 버렸다. 아무리 힘센 사람도 그를 꺾을 수 없었다. 그
는 밤낮으로 무덤과 산을 어슬렁거리면서, 고함을 지르고 뾰족한 돌로 제 몸을
마구 상하게 했다.
6-8 그가 멀찍이서 예수를 보고 달려와, 그분 앞에 경배하며 엎드렸다. 그러고는
고함지르며 따졌다. "지극히 높으신 하나님의 아들 예수여, 무슨 일로 내게 간
섭합니까? 제발, 나를 괴롭게 하지 마십시오!" (예수께서 이미 그 악한 귀신에게 "나
오너라! 그 사람에게서 나오너라!" 하고 명령하신 뒤였다.)
9-10 예수께서 그에게 물으셨다. "네 이름이 무엇이냐?"
그가 대답했다. "내 이름은 패거리입니다. 난동을 부리는 패거리입니다." 그는
자기를 그 지방에서 내쫓지 말아 달라고 예수께 애원했다.

11-13 마침 근처 언덕에서 큰 돼지 떼가 땅을 파헤치며 먹을 것을 찾고 있었다. 귀
신들이 예수께 애걸했다. "우리를 돼지에게 보내셔서 그 속에서 살게 해주십시
오." 예수께서 그렇게 하라고 말씀하셨다. 그러나 돼지 떼의 형편은 그 사람의
형편보다 더 나빠졌다. 돼지들이 미쳐서 벼랑으로 우르르 몰려가더니, 바다에
빠져 죽은 것이다.
14-15 돼지를 치던 사람들이 혼비백산하여 도망쳐서, 시내와 마을에 그 이야기를
전했다. 다들 어찌 된 일인지 보고 싶어 했다. 사람들이 예수께 다가와서 보니,
미친 사람이 단정한 옷차림과 멀쩡한 정신으로 앉아 있었다. 그는 더 이상 걸어
다니는 정신병원이 아니었다.
16-17 그 일을 처음부터 목격한 사람들이 귀신 들린 사람과 돼지 떼에게 벌어진
일을 그들에게 말해 주었다. 그들은 처음에는 두려워하다가 나중에는 언짢아
했다. 돼지들이 익사한 것 때문에 기분이 상했던 것이다. 그들은 예수께 그곳을
떠나 다시는 오지 말라고 당부했다.
18-20 예수께서 배에 오르실 때에, 귀신한테서 놓인 그 사람이 자기도 함께 가게
해달라고 간청했으나 그분은 허락하지 않으셨다. 예수께서 말씀하셨다. "네 집,
네 가족한테 가거라. 주께서 무엇을 하셨고, 어떻게 너를 불쌍히 여기셨는지 그
들에게 이야기하여라." 그 사람은 돌아가서, 예수께서 자기에게 행하신 일을
'데가볼리'(열 성읍) 근방에 전하기 시작했다. 그는 동네의 화젯거리였다.

손가락 하나만 대어도

21-24 예수께서 배를 타고 건너가시자, 큰 무리가 바닷가에서 그분을 맞이했다.
회당 지도자 가운데 야이로라는 사람이 왔다. 그는 예수를 보고는, 무릎을 꿇고
정신없이 애원했다. "제 사랑하는 딸이 죽음의 문턱에 있습니다. 병이 나아서
살 수 있도록, 오셔서 손을 얹어 주십시오." 예수께서 그와 함께 가시는데, 온
무리가 따라가며 그분을 밀고 당겼다.
25-29 십이 년 동안 혈루증으로 고생한 한 여자가 예수의 소문을 들었다. 여자는
많은 의사들에게 치료를 받았으나, 형편없는 치료로 돈만 날리고 상태가 이전
보다 더 나빠졌다. 여자는 뒤에서 슬그머니 다가가 예수의 옷을 만졌다. '이분의
옷에 손가락 하나만 대어도 내가 낫겠다'고 생각한 것이다. 여자가 손을 대는 순
간에 흐르던 피가 멈추었다. 여자는 변화를 느낄 수 있었고, 자신의 병이 깨끗
이 나은 것을 알았다.
30 그 순간, 예수께서 자신에게서 기운이 나간 것을 아시고, 무리에게 돌아서서
물으셨다. "누가 내 옷에 손을 대었느냐?"
31 제자들이 말했다. "무슨 말씀이신지요? 무리가 이렇게 밀고 당기는데 '누가 내
게 손을 대었느냐?'고 물으시다니요. 손을 댄 사람이 수십 명은 될 것입니다!"
32-33 그러나 예수께서는 누가 그렇게 했는지 보려고 계속 둘러보며 물으셨다. 자
기가 한 일을 알고 있던 그 여자는, 두려워 떨며 앞으로 나아갔다. 여자는 그분
앞에 무릎을 꿇고 자초지종을 이야기했다.

34 예수께서 여자에게 말씀하셨다. "딸아, 너는 믿음의 모험을 했고 이제 온전해
졌다. 잘 살아라. 병이 나았으니 복되게 살아라!"

⁂

35 예수께서 아직 말씀하시는 중에, 회당장의 집에서 사람들이 와서 회당장에게
말했다. "따님이 죽었습니다. 선생님을 더 괴롭게 해드릴 일이 있겠습니까?"
36 예수께서 그들이 하는 말을 들으시고 그 회당장에게 말씀하셨다. "그들의 말
을 듣지 말고, 나만 신뢰하여라."
37-40 예수께서는 베드로, 야고보, 요한 외에는 아무도 따라오지 못하게 하셨다.
회당장의 집에 들어선 그들은, 이야깃거리를 찾는 입방아꾼들과 음식을 나르는
이웃 사이를 헤치고 지나갔다. 예수께서 불쑥 말씀하셨다. "어째서 이렇게 너도
나도 울고불고 말이 많으냐? 이 아이는 죽은 것이 아니라 자고 있다." 사람들은
저가 알지도 못하면서 저런 말을 한다고 비웃었다.
40-43 예수께서 그들을 다 내보내신 뒤에, 아이 부모와 자기 동료들만 데리고 아
이 방으로 들어가셨다. 예수께서 소녀의 손을 꼭 잡고 말씀하셨다. "달리다 굼."
이는 '소녀야, 일어나라'라는 뜻이다. 그러자 소녀가 일어나서 걸어 다녔다! 소
녀의 나이는 열두 살이었다. 그들은 모두 기뻐서 어쩔 줄 몰라했다. 예수께서는
그 방에서 일어난 일을 아무에게도 알리지 말라고 그들에게 엄히 명하셨다. 그
리고 "아이에게 먹을 것을 주어라" 하고 말씀하셨다.

고향에서 배척받으시다

6 1-2 예수께서 그곳을 떠나 자기 고향으로 돌아가셨다. 제자들도 함께 갔
다. 안식일에 예수께서 회당에서 설교하셨다. 예수께서는 모든 사람의
감탄을 자아낼 정도로 대단하셨다. 사람들이 말했다. "이 사람이 이렇게 훌륭한
사람인지 미처 몰랐다! 어떻게 이렇게 갑자기 지혜로워지고, 이런 능력을 갖게
되었을까?"
3 그러나 한편으로 그들은 언제 그랬느냐는 듯이, 어느새 그분을 깎아내리고 있
었다. "이 사람은 목수요 마리아의 아들에 불과하다. 우리는 그를 어려서부터
알았다. 그의 동생 야고보와 요셉과 유다와 시몬 그리고 그의 누이들도 우리가
안다. 도대체 그는 자기가 누구라고 저러는 것인가?" 그들은 예수에 대해 조금
아는 것에 걸려 넘어졌던 것이다. 그들은 거기서 더 이상 나아가지 못했다.
4-6 예수께서 그들에게 말씀하셨다. "예언자는 자기 고향, 자기 친척, 자기가 어
려서 놀던 길목에서는 별로 존경을 받지 못하는 법이다." 예수께서는 거기서 많
은 일을 행하실 수 없었다. 몇몇 병자들에게 손을 얹어 고쳐 주신 것이 전부였
다. 그들의 완고함을 예수께서도 어찌할 수 없었다. 그래서 예수께서는 그곳을
떠나, 다른 마을을 다니시며 가르치셨다.

열두 제자를 파송하시다

7-8 예수께서 열두 제자를 부르셔서, 둘씩 짝을 지어 내보내시며, 그들에게 악한
세력을 물리치는 권세와 능력을 주셨다. 예수께서는 그들을 보내시며 이런 지
침을 주셨다.
8-9 "이 일에 별도의 준비가 필요하다고 생각하지 마라. 먼저 너희 자신을 준비
하여라. 특별히 돈을 모금할 것도 없다. 간소하게 하여라.
10 고급 여관도 안된다. 적당한 곳을 찾아가 떠날 때까지 그곳으로 만족하여라.
11 사람들이 너희를 맞아들이지 않고 너희 말을 듣지 않거든, 조용히 나오너라.
소란 피울 것 없다. 무시해 버리고 너희의 길을 가면 된다."
12-13 곧 제자들은 길을 나섰다. 그들은 삶이 근본적으로 달라질 수 있음을 기쁜
마음으로 긴박하게 전했다. 가는 곳마다 귀신을 쫓아냈다. 병자들의 몸에 기름
을 발라 건강을 되찾게 해주고, 그들의 심령을 고쳐 주었다.

요한의 죽음

14 예수의 이름이 만인의 입에 오르내리고 있을 그 즈음에, 헤롯 왕도 그 모든 소
식을 들었다. 그가 말했다. "죽은 세례자 요한이 다시 살아난 것이 틀림없다. 그
래서 그 사람이 능히 기적을 행하는 것이다!"
15 다른 사람들이 말했다. "아닙니다. 그는 엘리야입니다."
또 다른 사람들이 말했다. "그는 예언자입니다. 옛 예언자들 가운데 한 사람과
같습니다."
16 그러나 헤롯은 굽히지 않았다. "틀림없이 요한이다. 내가 그의 목을 베었는
데, 이제 그가 다시 살아난 것이다."
17-20 헤롯은 자기 동생 빌립의 아내였던 헤로디아의 잔소리에 못 이겨, 요한의
체포를 명하고, 그에게 사슬을 채워 감옥에 가두었던 자다. 요한은 헤롯과 헤로
디아의 관계가 "불륜"이라고 말해 헤롯을 자극했다. 헤로디아는 증오에 사무쳐
서 요한을 죽이고 싶었으나, 헤롯이 요한을 두려워하여 감히 그렇게 하지 못했
다. 요한이 거룩한 사람이라고 굳게 믿고 있던 헤롯은, 그를 특별 대우했다. 헤
롯은 요한의 말을 들을 때마다 양심에 가책을 받아 괴로워하면서도, 그를 멀리
할 수 없었다. 요한에게는 헤롯을 계속 잡아끄는 어떤 힘이 있었다.
21-22 그러나 끝내 불길한 날이 왔다. 헤롯이 갈릴리의 모든 고관과 귀족들을 초
대해 생일잔치를 벌인 날이었다. 헤로디아의 딸이 연회장에 들어와서 손님들을
위해 춤을 추었다. 헤롯과 손님들은 감탄했다.
22-23 왕이 소녀에게 말했다. "내게 무엇이든 청하거라. 네가 원하는 것이면 무엇
이든 주마." 그는 흥분하여 계속했다. "맹세하는데, 네가 말만 하면 내 나라를
너와 반반씩이라도 나누겠다!"
24 그 딸은 어머니에게 돌아가서 말했다. "무엇을 청할까요?"
"세례자 요한의 머리를 달라고 하거라."
25 딸은 급히 왕에게 달려가서 말했다. "지금 당장, 세례자 요한의 머리를 쟁반

에 담아 주십시오!"
26-29 왕은 한순간 정신이 번쩍 들었다. 그러나 그는 손님들에게 체면을 잃고 싶
지 않아서, 잠자코 소녀의 소원을 들어주었다. 왕은 사형 집행관을 감옥으로 보
내 요한의 머리를 가져오라고 명했다. 그가 가서 요한의 목을 베어 쟁반에 담아
와서 소녀에게 주었고, 소녀는 그것을 다시 자기 어머니에게 주었다. 요한의 제
자들이 이 일을 듣고 와서, 그 시신을 거두어다가 무덤에 안장했다.

너희가 먹을 것을 주어라

30-31 사도들이 다시 예수께 모여서, 그동안 자기들이 행하고 가르친 일을 모두
보고했다. 예수께서 말씀하셨다. "따로 어디 가서 잠깐 쉬도록 하자." 그만큼 오
가는 사람들의 발길이 끊이지 않았고, 그들은 음식 먹을 겨를조차 없었다.
32-34 그래서 그들은 배를 타고 따로 한적한 곳으로 떠났다. 그들이 가는 것을 본
사람이 있어서 금세 소문이 퍼졌다. 인근 마을에서 사람들이 도보로 달려와서,
그들보다 먼저 그곳에 도착했다. 예수께서 도착해 큰 무리를 보셨다. 목자 없는
양 같은 그들을 보시니, 그분 마음이 찢어지는 것 같았다. 예수께서는 곧바로
그들을 가르치기 시작하셨다.
35-36 어느새 저녁이 되었다. 시간이 많이 흘렀다고 생각한 제자들이 말씀 사이에
끼어들었다. "여기는 허허벌판이고 시간도 많이 늦었습니다. 이제 기도하시고
사람들을 보내어 저녁이라도 먹게 해야겠습니다."
37 예수께서 말씀하셨다. "너희가 이들의 저녁을 마련하여라."
그들이 대답했다. "진심이십니까? 가서 이들의 저녁거리에 큰돈을 쓰라는 말씀
이신지요?"
38 그러나 그분의 말씀은 진심이었다. "너희에게 빵이 몇 개나 있는지 알아보아라."
오래 걸릴 것도 없었다. "다섯 개입니다." 그들이 말했다. "그리고 물고기가 두
마리 있습니다."
39-44 예수께서 그들 모두를 오십 명, 백 명씩 무리 지어 앉게 하셨다. 그 모습이
마치 푸른 초장에 펼쳐진, 들꽃으로 엮은 조각보 이불 같았다! 예수께서 빵 다
섯 개와 물고기 두 마리를 손에 들고, 고개 들어 하늘을 우러러 감사기도를 드
리시고 축복하신 다음, 빵을 떼어 제자들에게 주셨고, 제자들은 다시 그것을 사
람들에게 나눠 주었다. 예수께서는 물고기를 가지고 똑같이 하셨다. 사람들 모
두가 배불리 먹었다. 제자들이 남은 것을 거두니 열두 바구니나 되었다. 저녁을
먹은 사람들이 오천 명이 넘었다.

바다 위를 걸어오시다

45-46 식사가 끝나자, 예수께서 제자들을 재촉하여 배를 타고 먼저 건너편 벳새다
로 가게 하시고, 그동안에 무리를 돌려보내셨다. 사람들을 보내신 뒤에, 예수께
서는 산에 올라가 기도하셨다.
47-49 밤늦게 배는 이미 바다 멀리까지 나갔는데, 예수께서는 아직 뭍에 혼자 계

셨다. 맞바람을 맞아 노를 젓느라 고생하는 제자들의 모습이 보였다. 새벽 네 시쯤에, 예수께서 바다 위를 걸어 그들 쪽으로 가셨다. 예수께서 바로 그들 옆을 지나려고 하셨다. 그러나 제자들은 바다 위를 걸어오시는 예수를 보고서 유령인 줄 알고, 무서워 꼼짝도 못한 채 비명을 질렀다.

50-52 예수께서 얼른 그들을 안심시키셨다. "안심하여라! 나다. 두려워 마라." 예수께서 배에 오르자마자, 바람이 가라앉았다. 제자들은 너무 놀라서, 이게 무슨 일인가 싶어 고개를 저었다. 그들은 예수께서 저녁식사 때 하신 일을 미처 깨닫지 못하고 있었다. 그 무엇도 아직 그들의 마음속까지 파고들지 못했던 것이다.

53-56 그들은 게네사렛에 배를 댔다. 그들이 배에서 내리자, 순식간에 소문이 퍼졌다. 사람들이 이리저리 내달리며, 들것에 병자들을 메고 예수가 계시는 곳으로 데려왔다. 마을이나 시내나 촌 네거리마다 그분이 가시는 곳이면 어디든지, 사람들이 병자들을 데리고 나와서 그분의 옷자락을 만지게 해달라고 간청했다. 그것이 전부였다. 그분을 만진 사람은 누구나 병이 나았다.

참으로 너희를 더럽히는 것

7

1-4 바리새인들이 예루살렘에서 온 몇몇 종교 학자들과 함께 예수의 주위에 모였다. 그들은 예수의 제자 몇이 식사 전에 씻는 정결예식을 소홀히 하는 것을 보았다. 바리새인을 비롯한 유대인들은 의식상 손 씻는 시늉을 하지 않고는 절대 식사를 하지 않았다. 시장에서 돌아왔을 때에는 특히 더욱 문질러 씻었다(컵과 냄비와 접시를 닦는 것은 말할 것도 없었다).

5 바리새인과 종교 학자들이 물었다. "어째서 당신의 제자들은 규정을 우습게 알고, 손도 씻지 않고 식탁에 앉는 겁니까?"

6-8 예수께서 대답하셨다. "너희 같은 사기꾼들에 대해 이사야가 정곡을 찔러서 말했다.

이 백성이 입바른 말을 거창하게 떠벌리지만,
그들의 마음은 딴 데 있다.
겉으로는 나를 경배하는 듯해도,
진심은 그렇지 않다.
무엇이든 자기네 구미에 맞는 가르침을 위해
내 이름을 팔고 있을 뿐이다.
하나님의 계명은 버린 채
최신 유행을 좇기에 바쁘다."

9-13 예수께서 계속해서 말씀하셨다. "그래, 잘도 하는구나. 너희는 종교의 유행을 따르는 데 거추장스럽지 않도록 하나님의 계명을 저버리고 있다! 모세는 '너희 부모를 공경하라'고 했고 또 '누구든지 부모를 욕하는 사람은 반드시 죽여야 한다'고 했다. 그러나 너희는 부모에게 드려야 할 것이 있어도 부모 대신에 '하

나님께 예물로 바쳤습니다' 말하면서, 그 계명을 회피하고 있다. 아버지나 어머니에 대한 의무를 그렇게 모면하고 있는 것이다. 너희는 하나님의 말씀을 지워 버리고 그 자리에 아무것이나 원하는 대로 써 넣는다. 너희는 이 같은 일을 다반사로 한다."

14-15 예수께서 다시 무리를 불러 놓고 말씀하셨다. "잘 듣고 마음에 새겨 두어라. 너희 삶을 더럽히는 것은 너희가 입으로 삼키는 것이 아니라, 너희 입에서 토해 내는 것이다. 그것이야말로 정말 더러운 것이다."

17 예수께서 무리와 헤어져 집에 돌아오셨을 때에 제자들이 말했다. "잘 모르겠습니다. 쉽게 말씀해 주십시오."

18-19 예수께서 말씀하셨다. "너희가 우둔해지기로 작정이라도 한 것이냐? 너희가 입으로 삼키는 것이 너희를 더럽힐 수 없다는 것을 모르느냐? 그것은 너희 마음으로 들어가지 않고 위로 들어가서 장을 지나 결국 변기의 물과 함께 내려간다." (이것으로 음식에 대한 논란은 무의미해졌다. 예수께서는 모든 음식을 먹어도 좋다고 하신 것이다.)

20-23 예수께서 계속해서 말씀하셨다. "사람 속에서 나오는 것이 사람을 더럽히는 법이다. 음란, 정욕, 도둑질, 살인, 간음, 탐욕, 부정부패, 속임수, 방탕, 비열한 눈빛, 중상모략, 교만, 미련함. 이 모두가 마음에서 토해 내는 것이다. 너희를 더럽히는 근원은 바로 거기다."

24-26 예수께서 거기에서 두로 지방으로 떠나셨다. 그분은 아무도 못 본 줄 알고 그곳의 한 집에 들어가셨으나, 사람들의 이목을 피할 수 없었다. 예수께서 안에 들기가 무섭게, 고통당하는 딸을 둔 한 여자가 그분이 그곳에 계시다는 말을 듣고 찾아왔다. 여자는 예수의 발 앞에 무릎을 꿇고는 도와 달라고 애원했다. 그 여자는 수로보니게 출신의 그리스 사람이었다. 여자는 예수께 자기 딸을 고쳐 달라고 간청했다.

27 예수께서 말씀하셨다. "줄을 서서 차례를 기다려라. 자녀들을 먼저 먹이는 법이다. 그리고 남는 것이 있으면 개들의 차지다."

28 여자가 말했다. "지당하신 말씀입니다, 주님. 하지만 상 밑의 개들도 자녀들이 흘리는 부스러기는 먹지 않습니까?"

29-30 예수께서 감동하셨다. "네 말이 맞다! 가거라! 네 딸이 더 이상 고통당하지 않게 되었다. 괴롭히던 귀신이 떠나갔다." 여자가 집에 가 보니, 딸이 침대에 편히 누웠고 고통이 아주 사라져 버렸다.

31-35 예수께서 다시 두로 지방을 떠나서, 시돈을 지나 갈릴리 호수로 돌아와서 데가볼리 지방으로 건너가셨다. 어떤 사람들이 듣지도 말하지도 못하는 사람을 예수께 데려와, 손을 얹어 고쳐 주시기를 청했다. 예수께서 그 사람을 따로 데리고 저만치 가셔서, 그의 귀에 손가락을 넣고 그의 혀에 침을 묻히셨다. 그러고는 하늘을 우러러 기도하시고 깊이 탄식하며 명하셨다. "에바다! 열려라!" 그

러자 그대로 되었다. 그 사람의 귀는 이제 똑똑히 들렸고 말도 분명해졌다. 순
식간의 일이었다.
36-37 예수께서 그들에게 입단속을 시켰으나, 그럴수록 그들은 흥분하여 더욱 퍼
뜨리고 다녔다. "전부 그분이 하신 일인데, 대단한 일이다. 그분은 듣지 못하는
사람도 듣게 하시고, 말하지 못하는 사람도 말하게 하신다."

사천 명을 배불리 먹이시다

8 1-3 그 즈음에 예수께서 배고픈 무리 앞에 다시 서게 되셨다. 예수께서 제
자들을 불러 말씀하셨다. "이 무리를 보니 내 마음이 몹시 아프구나. 이
들이 사흘이나 나와 함께 있었는데, 이제 먹을 것이 없다. 배고픈 채로 돌려보
내면 가다가 지쳐 쓰러질 것이다. 이 가운데는 멀리서 온 사람들도 있다."
4 제자들이 대답했다. "저희가 어떻게 하면 좋겠습니까? 여기 광야에서 어떻게
음식을 살 수 있겠습니까?"
5 예수께서 물으셨다. "너희에게 빵이 얼마나 있느냐?"
"일곱 개입니다." 그들이 말했다.
6-10 그러자 예수께서 무리를 바닥에 앉게 하셨다. 예수께서 감사를 드리신 후에,
빵 일곱 개를 조금씩 떼어 제자들에게 주셨고, 제자들은 그것을 무리에게 나누
어 주었다. 마침 거기에 물고기도 몇 마리 있었다. 또 예수께서 물고기를 가지
고 감사를 드리신 후에, 제자들을 시켜 사람들에게 나누어 주게 하셨다. 사람들
은 배불리 먹었다. 남은 것을 거두니 일곱 자루였다. 식사한 사람이 족히 사천
명이 넘었다. 그때에야 예수께서 사람들을 집으로 보내셨다. 예수 자신은 제자
들과 함께 곧바로 배로 가서 달마누다로 떠나셨다.
11-12 그들이 도착하자, 바리새인들이 나와서 예수께 바짝 달라붙었다. 그러고는
자신을 입증해 보이라고 그분을 괴롭히며 궁지로 몰아세웠다. 예수께서 노하여
말씀하셨다. "어찌하여 이 세대는 기적과 같은 증거를 찾아서 난리들이냐? 내가
이것만 분명히 말해 두겠다. 너희는 꿈에라도 증거를 받을 생각은 하지 마라."

더럽게 하는 누룩을 주의하여라

13-15 예수께서 그들을 떠나서 다시 배에 올라 건너편으로 향하셨다. 그런데 제자
들이 점심 싸 오는 것을 잊어버렸다. 빵 한 덩이 외에는 배 안에 빵 부스러기 하
나 없었다. 예수께서 경고하셨다. "단단히 조심하여라. 바리새인과 헤롯 당원의
더럽게 하는 누룩을 각별히 주의하여라."
16-19 그러자 제자들은 깜빡 잊고 빵을 가져오지 않은 것을 두고서 서로 책임을
따졌다. 예수께서 들으시고 말씀하셨다. "빵을 잊어버렸다고 이 소란이냐? 내
말뜻을 못 알아듣겠느냐? 그렇게도 모르겠느냐? 내가 빵 다섯 개를 떼어서 오
천 명을 먹인 일을 잊었느냐? 남은 것을 너희가 몇 바구니나 거두었느냐?"
그들이 말했다. "열두 바구니입니다."
20 "빵 일곱 개로 사천 명을 먹이고 남은 것은 몇 자루나 되었더냐?"

"일곱 자루입니다."
21 예수께서 말씀하셨다. "아직도 모르겠느냐?"
22-23 그들이 벳새다에 도착했다. 어떤 사람들이 시력을 잃은 한 사람을 예수께
데려와서, 손을 대어 고쳐 주시기를 청했다. 예수께서 그의 손을 잡고 마을 밖
으로 데리고 나가셨다. 그리고 그 사람의 눈에 침을 묻히고 그에게 손을 얹으시
며 물으셨다. "무엇이 보이느냐?"
24-26 그가 고개를 들었다. "사람들이 보입니다. 마치 나무가 걸어가는 것 같습니
다." 예수께서 그의 눈에 다시 손을 얹으셨다. 그 사람은 이리저리 보더니 시력
이 완전히 회복된 것을 알았다. 모든 것이 2.0 시력으로, 밝히 보였던 것이다.
예수께서 그를 곧장 집으로 돌려보내시며 말씀하셨다. "마을로 들어가지 마라."

주님은 메시아이십니다

27 예수와 제자들이 빌립보의 가이사랴 근방에 있는 마을들로 향했다. 걸어가면
서, 예수께서 물으셨다. "사람들이 나를 누구라고 하더냐?"
28 그들이 말했다. "세례자 요한이라고 하는 사람들도 있고, 엘리야라고 하는 사
람들도 있고, 예언자 가운데 한 사람이라고 하는 사람들도 있습니다."
29 그러자 예수께서 물으셨다. "그러면 너희는 나를 누구라고 말하겠느냐? 내가
누구냐?"
베드로가 대답했다. "주님은 그리스도, 곧 메시아이십니다."
30-32 예수께서는 그것을 비밀로 하되, 아무에게도 입 밖에 내지 말라고 경계하셨
다. 그러고는 그들에게 다음 일을 설명하기 시작하셨다. "이제부터 인자는 처참
한 고난을 받고, 장로와 대제사장과 종교 학자들에게 재판에서 유죄를 선고받
아 죽임을 당하고, 사흘 후에 다시 살아나야 한다." 예수께서는 이 말씀을 그들
이 놓치지 않도록 쉽고 분명하게 말씀해 주셨다.
32-33 그러나 베드로가 예수를 붙들고 항의했다. 예수께서는 어떻게 받아들여야
할지 몰라서 머뭇거리고 있는 제자들을 돌아보시고, 베드로를 꾸짖으셨다. "베
드로야, 썩 비켜라! 사탄아, 물러가라! 너는 하나님이 어떻게 일하시는지 조금
도 모른다."
34-37 예수께서 제자들과 함께 무리를 옆에 불러 놓고 말씀하셨다. "누구든지 나
와 함께 가려면 내가 가는 길을 따라야 한다. 결정은 내가 한다. 너희가 하는 것
이 아니다. 고난을 피해 달아나지 말고, 오히려 고난을 끌어안아라. 나를 따라
오너라. 그러면 내가 방법을 일러 주겠다. 자기 스스로 세우려는 노력에는 아무
희망이 없다. 자기를 희생하는 것이야말로 너희 자신, 곧 너희의 참된 자아를
구원하는 길이며, 나의 길이다. 원하는 것을 다 얻고도 참된 자기 자신을 잃으
면 무슨 유익이 있겠느냐? 너희 목숨을 무엇과 바꾸겠느냐?
38 너희 가운데 누구든지 변덕스럽고 중심 없는 친구들과 사귀면서 나와 너희를
인도하는 내 방식을 부끄러워하면, 인자도 아버지 하나님의 모든 영광에 싸여
거룩한 천사들을 거느리고 올 때, 그를 더 부끄럽게 여길 줄로 알아라."

9 [1] 예수께서 이렇게 쐐기를 박으셨다. "이것은 믿을 수 없는 훗날의 이야
기가 아니다. 여기 서 있는 너희 가운데 그렇게 되는 것을 볼 사람들도
있다. 그들은 하나님 나라가 위엄 있게 임하는 것을 볼 것이다."

영광 가운데 계신 예수

2-4 엿새 후에, 그들 가운데 세 사람이 정말 그것을 보았다. 예수께서 베드로와
야고보와 요한을 데리고 높은 산에 올라가셨다. 그리고 그들 눈앞에서 그분의
모습이 완전히 변했다. 그분의 옷은 아무리 표백해도 더 하얘질 수 없을 만큼
반짝반짝 빛났다. 엘리야와 모세가 함께 나타나서, 예수와 깊은 대화를 나누고
있었다.
5-6 베드로가 끼어들었다. "랍비님, 지금은 중대한 순간입니다! 기념비 셋을 세
우는 것이 어떻겠습니까? 하나는 주님을 위해, 하나는 모세를 위해, 하나는 엘
리야를 위해서 말입니다." 일행과 마찬가지로, 눈앞의 광경에 놀란 베드로가 무
심코 내뱉은 말이었다.
7 바로 그때 빛처럼 환한 구름이 그들을 덮더니, 구름 속 깊은 데서 한 음성이 들
려왔다. "이는 내가 사랑으로 구별한 내 아들이다. 그의 말을 들어라."
8 잠시 후에 제자들이 눈을 비비며 주변을 둘러보니, 오직 예수밖에 보이지 않
았다.
9-10 산을 내려오면서, 예수께서 그들에게 비밀을 지킬 것을 엄히 명하셨다. "너
희가 본 것을 아무에게도 말하지 마라. 그러나 인자가 죽은 자들 가운데서 살아
난 뒤에는 말해도 좋다." 그들은 "죽은 자들 가운데서 살아난다"는 것이 도대체
무슨 말인지 몰라 고개를 갸우뚱거렸다.
11 중간에 제자들이 물었다. "종교 학자들은 왜 엘리야가 먼저 와야 한다고 말합
니까?"
12-13 예수께서 대답하셨다. "과연 엘리야가 먼저 와서, 인자가 올 때를 위해 모
든 것을 준비한다. 사람들이 이 엘리야를 업신여겼고, 사람들이 인자도 똑같이
업신여길 것이다. 인자는 성경에 기록된 대로, 심한 고난과 천대와 멸시를 받을
것이다."

기도가 아니고는 할 수 없다

14-16 그들이 산을 내려와 다른 제자들에게 돌아오니, 주위에 큰 무리가 보이고
종교 학자들이 제자들에게 따져 묻고 있었다. 예수를 보자마자, 무리 가운데 반
가운 기운이 일었다. 사람들이 달려와서 그분을 맞이했다. 예수께서 물으셨다.
"무슨 일이냐? 왜 이렇게 소란스러우냐?"
17-18 무리 가운데 한 남자가 대답했다. "선생님, 귀신 때문에 말을 못하는 제 아
들을 선생님께 데려왔습니다. 귀신이 사로잡을 때마다 아이가 바닥에 거꾸러
져, 입에 거품을 물고 이를 갈면서 막대기처럼 굳어집니다. 선생님의 제자들에
게 구해 주기를 바라고 말했지만, 그들은 하지 못했습니다."

19-20 예수께서 말씀하셨다. "하나님을 모르는 이 세대여! 내가 같은 말을 몇 번
이나 해야 하느냐? 얼마나 더 참아야 하느냐? 아이를 이리 데려오너라." 그들
이 아이를 데려왔다. 귀신이 예수를 보고 아이에게 발작을 일으키게 하니, 아이
는 입에 거품을 물고 바닥에서 몸을 뒤틀었다.
21-22 예수께서 아이의 아버지에게 물으셨다. "이렇게 된 지 얼마나 되었느냐?"
"어려서부터 그랬습니다. 귀신이 아이를 죽이려고 불 속이나 강물에 던진 것이
몇 번인지 모릅니다. 만일 하실 수 있거든, 무엇이든 해주십시오. 불쌍히 여기
셔서 저희를 도와주십시오!"
23 예수께서 말씀하셨다. "만일이라니? 믿는 사람에게 만일이란 없다. 모든 것
이 가능하다."
24 그분의 입에서 말이 떨어지기가 무섭게, 아이의 아버지가 부르짖었다. "제가
믿습니다. 의심하지 않도록 도와주십시오!"
25-27 무리가 속속 모여드는 것을 보시고, 예수께서 악한 귀신에게 명령하셨다.
"벙어리에 귀머거리 귀신아, 내가 네게 명한다. 아이에게서 나와 다시는 얼씬거
리지 마라!" 귀신은 고함을 지르고 마구 몸부림치면서 나갔다. 아이는 송장처럼
핏기가 없어졌다. 그러자 사람들이 "아이가 죽었다"고 말하기 시작했다. 그러나
예수께서 아이의 손을 잡아 일으키시자, 아이가 일어섰다.
28 집에 돌아온 뒤에, 제자들이 예수를 붙들고 물었다. "왜 저희는 귀신을 쫓아
내지 못했습니까?"
29 예수께서 대답하셨다. "이런 귀신은 기도가 아니고는 쫓아낼 수 없다."
30-32 그들은 거기를 떠나서 갈릴리를 지나갔다. 예수께서는 제자들을 가르치고
싶으셔서, 아무에게도 일행의 행방을 알리지 않으셨다. 예수께서 그들에게 말
씀하셨다. "인자는 하나님과 관계하기를 원치 않는 사람들한테 넘겨질 것이다.
그들이 인자를 죽일 것이다. 죽은 지 사흘 후에 인자는 다시 살아날 것이다." 제
자들은 무슨 말씀인지 몰랐으나, 묻기도 두려웠다.

하나님 나라에서 가장 큰 사람

33 그들이 가버나움으로 갔다. 예수께서 집에 계실 때에 제자들에게 물으셨다.
"너희가 길에서 토론하던 것이 무엇이냐?"
34 불안한 침묵만 흘렀다. 그들은 자기들 가운데서 누가 가장 큰 사람인지를 두
고 서로 입씨름을 벌였던 것이다.
35 예수께서 자리에 앉아 열두 제자에게 말씀하셨다. "너희가 첫자리를 원하느
냐? 그렇다면 끝자리로 가거라. 모든 사람의 종이 되어라."
36-37 예수께서 방 한가운데 어린아이 하나를 세우시고, 아이를 품에 안으며 말
씀하셨다. "누구든지 이 어린아이들 가운데 하나를 나처럼 품으면 곧 나를 품는
것이고, 또 나를 훨씬 넘어서서 나를 보내신 하나님을 품는 것이다."

38 요한이 입을 열었다. "선생님, 어떤 사람이 주님 이름으로 귀신을 쫓아내는 것을 보고 우리가 막았습니다. 그가 우리에게 속한 사람이 아니어서 그렇게 했습니다."

39-41 예수께서 기뻐하지 않으셨다. "그를 막지 마라. 내 이름으로 선하고 능력 있는 일을 하고서 바로 나를 깎아내릴 사람은 없다. 그가 적이 아니라면, 곧 우리 편이다. 누구든지 내 이름으로 너희에게 물 한 잔만 주어도 그는 우리 편이다. 하나님이 반드시 알아주실 것이다.

42 그러나 너희가 어린아이처럼 순진하게 믿는 이들 중에 하나를 괴롭히고 못살게 굴거나 그들의 믿음을 이용하면, 너희는 곧 후회하게 될 것이다. 차라리 너희 목에 맷돌을 달고 호수 한복판에 뛰어드는 편이 낫다.

43-48 네 손이나 발이 하나님께 방해가 되거든, 찍어 내버려라. 손이나 발이 없더라도 살아 있는 것이, 두 손과 두 발을 보란 듯이 가지고서 영원히 불타는 용광로 속에 있는 것보다 낫다. 또 네 눈이 너를 하나님에게서 멀어지게 하거든, 뽑아 내버려라. 한 눈으로 살아 있는 것이, 지옥불 속에서 2.0 시력을 발휘하는 것보다 낫다.

49-50 머지않아 모든 사람이 제련의 불 속을 지나겠지만, 너희는 영원한 불꽃으로부터 보호받고 보존될 것이다. 너희는 스스로 보존하는 자가 되어라. 평화를 지키는 자가 되어라."

이혼과 간음

10

1-2 예수께서 거기에서 떠나 요단 강 건너편 유대 지방으로 가셨다. 매번 그러듯이 무리가 따라왔고, 예수께서는 늘 하시던 대로 그들을 가르치셨다. 바리새인들이 예수를 괴롭힐 요량으로 다가와서 물었다. "남자가 아내와 이혼하는 것이 율법에 맞습니까?"

3 예수께서 말씀하셨다. "모세가 뭐라고 명령했느냐?"

4 그들이 대답했다. "모세는 이혼 증서를 써 주고 아내와 이혼해도 된다고 허락했습니다."

5-9 예수께서 말씀하셨다. "모세는 단지 너희의 사악한 마음을 염려해서 그 명령을 기록한 것이다. 처음 창조 때부터 하나님께서는 남자와 여자를 지어 함께 있게 하셨다. 그래서 남자는 부모를 떠나 여자와 결혼하여 한 몸이 된다. 더 이상 둘이 아니라, 새롭게 연합하여 한 몸을 이루는 것이다. 남자와 여자의 이 유기적인 연합은 하나님께서 창조하신 것이다. 그러니 누구도 그들을 갈라놓아서 그분의 작품을 모독해서는 안된다."

10-12 집에 돌아와서, 제자들이 다시 그 이야기를 꺼냈다. 예수께서 그들에게 단도직입적으로 말씀하셨다. "다른 여자와 결혼하려고 자기 아내와 이혼하는 남자는 아내에게 간음하는 것이다. 또한 다른 남자와 결혼하려고 자기 남편과 이혼하는 여자도 남편에게 간음하는 것이다."

13-16 사람들이 예수께서 만져 주시기를 바라며, 그분께 아이들을 데려왔다. 하지
만 제자들이 그들을 쫓아냈다. 예수께서 노하시며 제자들에게 말씀하셨다. "이
아이들을 쫓아내지 마라. 절대로 아이들과 나 사이에 끼어서 방해하지 마라. 천
국의 삶에는 이 아이들이 중심에 있다. 명심하여라. 너희가 하나님 나라를 아이
처럼 단순하게 받아들이지 않으면, 절대로 그 나라에 들어갈 수 없다." 그러고
나서 예수께서 아이들을 품에 안으시고, 손을 얹어 축복하셨다.

부자와 하나님 나라

17 예수께서 길을 나서는데, 한 사람이 달려와서 정중하게 그분을 맞으며 물었
다. "선하신 선생님, 제가 무엇을 해야 영원한 생명을 얻겠습니까?"
18-19 예수께서 말씀하셨다. "어째서 나를 선하다고 하느냐? 오직 하나님 한분
외에는 선하신 분이 없다. 계명에 '살인하지 마라, 간음하지 마라, 도둑질하지
마라, 거짓말하지 마라, 속이지 마라, 네 부모를 공경하라' 하지 않았더냐."
20 그가 말했다. "선생님, 그 계명들은 제가 어려서부터 다 지켰습니다!"
21 예수께서 그의 눈을 주목하여 보시더니, 그를 사랑스럽게 여기셨다! 예수께
서 말씀하셨다. "하나 남은 것이 있다. 가서 네가 가진 것을 다 팔아서 가난한
사람들에게 주어라. 그러면 네 모든 부가 하늘에 쌓아 두는 부가 될 것이다. 그
런 다음 와서 나를 따라라."
22 그 사람의 얼굴이 어두워졌다. 그가 전혀 예상치 못했던 말이어서, 그는 무거
운 마음으로 예수를 떠나갔다. 그는 많은 것을 움켜쥐고 있었고, 그것을 놓을
마음이 없었다.
23-25 예수께서 제자들을 보며 말씀하셨다. "많이 가진 사람이 하나님 나라에 들
어가는 것이 얼마나 어려운지 아느냐?" 제자들은 들으면서도 그 말이 믿어지지
않았다. 예수께서 계속해서 말씀하셨다. "얼마나 어려운지 너희는 상상도 못할
것이다. 내가 말하는데, 부자가 하나님 나라에 들어가는 것보다, 낙타가 바늘귀
로 지나가는 것이 더 쉽다."
26 그 말에 제자들이 크게 당황했다. "그러면 어느 누가 가망이 있겠습니까?" 그
들이 물었다.
27 예수께서 잘라 말씀하셨다. "너희 힘으로 해낼 수 있다고 생각하면 전혀 가망
이 없다. 그러나 하나님께 맡기면 얼마든지 가능한 일이다."
28 베드로가 다른 시각에서 이야기를 꺼냈다. "우리는 모든 것을 버리고 주님을
따랐습니다."
29-31 예수께서 말씀하셨다. "내 말을 명심하여라. 나와 메시지 때문에 집과 형제
자매와 부모와 자식과 땅과 그 어떤 것을 희생하고서 손해 볼 사람은 아무도 없
다. 그들은 그 모두를 받되, 여러 배로 돌려받을 것이다. 다만, 어려움도 함께 받
을 것이다. 영원한 생명도 덤으로 받을 것이다! 다시 한번 말한다. 이것은 위대한

반전이다. 먼저였으나 나중 되고, 나중이었으나 먼저 될 사람이 많을 것이다."
32-34 다시 그들은 예루살렘으로 향했다. 예수께서 앞장서셨고, 제자들은 적잖이 당황스럽고 두려운 마음으로 그분을 따르고 있었다. 예수께서 열두 제자를 데려다가 이후에 있을 일을 되풀이해서 말씀하셨다. "내 말을 잘 들어라. 우리는 지금 예루살렘으로 올라가는 길이다. 그곳에 가면, 인자는 종교 지도자와 학자들에게 넘겨질 것이다. 그들은 인자에게 사형을 선고할 것이다. 그리고 인자를 로마 사람들에게 넘겨주어, 조롱하고 침 뱉고 고문하고 죽일 것이다. 그러나 사흘 후에 인자는 다시 살아날 것이다."

인자는 섬기러 왔다

35 세베대의 두 아들인 야고보와 요한이 예수께 다가왔다. "선생님, 우리에게 꼭 해주셨으면 하는 일이 있습니다."
36 "무엇이냐? 내가 할 만한 일인지 보자."
37 그들이 말했다. "주님께서 영광을 받으실 때 우리에게도 최고 영광의 자리를 주셔서, 하나는 주님 오른편에, 하나는 주님 왼편에 있게 해주십시오."
38 예수께서 말씀하셨다. "너희는 너희가 무엇을 구하는지 모른다. 너희는 내가 마시는 잔을 마시고 내가 받을 세례를 받을 수 있겠느냐?"
39-40 그들이 말했다. "물론입니다. 왜 못하겠습니까?"
예수께서 말씀하셨다. "생각해 보니, 너희는 과연 내가 마시는 잔을 마시고, 내가 받을 세례를 받을 것이다. 그러나 영광의 자리를 주는 것은, 내 소관이 아니다. 그것과 관련해서는 다른 조치가 있을 것이다."
41-45 다른 열 제자가 이 대화를 듣고, 야고보와 요한에게 분통을 터뜨렸다. 예수께서 그들을 불러 놓고 바로잡아 주셨다. "하나님을 모르는 통치자들이 얼마나 위세를 부리는지, 사람들이 작은 권력이라도 얻으면 거기에 얼마나 빨리 취하는지 너희는 보았다. 너희는 그래서는 안된다. 누구든지 크고자 하면 섬기는 사람이 되어야 한다. 너희 가운데 누구든지 첫째가 되고자 하면, 먼저 종이 되어야 한다. 인자가 한 일이 바로 그것이다. 인자는 섬김을 받으러 온 것이 아니라, 섬기러 왔다. 포로로 사로잡힌 많은 사람들을 살리기 위해 자기 목숨을 내어주려고 왔다."

⁂

46-48 그들은 여리고에서 얼마 동안 머물렀다. 제자들과 사람들의 행렬이 뒤따르고 예수께서 그곳을 떠나시려는데, 디매오의 아들인 바디매오라는 눈먼 거지가 길가에 앉아 있었다. 그는 나사렛 예수가 지나간다는 말을 듣고는, 소리치기 시작했다. "다윗의 자손이신 예수여! 불쌍히 여겨 주십시오. 저를 불쌍히 여겨 주십시오!" 많은 사람들이 그를 조용히 시키려고 했으나, 그는 더 크게 소리쳤다. "다윗의 자손이여! 불쌍히 여겨 주십시오. 저를 불쌍히 여겨 주십시오!"
49-50 예수께서 가던 길을 멈추셨다. "그를 불러 오너라."

그들이 그를 불렀다. "오늘 운이 좋은 줄 알아라! 일어나거라! 예수께서 너를 부르신다!" 그는 겉옷을 버려두고 즉시 일어나서 예수께 갔다.
51 예수께서 말씀하셨다. "내가 어떻게 해주면 좋겠느냐?"
눈먼 사내가 말했다. "랍비님, 보기 원합니다."
52 "가거라." 예수께서 말씀하셨다. "네 믿음이 너를 구원했고 낫게 했다."
바로 그 순간에, 그는 시력을 되찾았고 그 길로 예수를 따랐다.

예루살렘 입성

11 1-3 일행이 예루살렘 가까이 와서 올리브 산 벳바게와 베다니에 이르렀을 때, 예수께서 두 제자를 보내시며 지시하셨다. "맞은편 마을로 가거라. 들어가서 보면, 아직 아무도 타 보지 않은 나귀 새끼가 줄에 매여 있을 것이다. 줄을 풀어서 끌고 오너라. '왜 그러시오?' 하고 누가 묻거든, '주님께서 필요로 하십니다. 곧 돌려보내겠습니다' 하고 말하여라."
4-7 그들은 가서 길모퉁이 문간에 매여 있는 나귀를 보고는 묶어 놓은 줄을 풀었다. 거기 서 있던 사람들 중 몇 사람이 말했다. "그 나귀 새끼의 줄은 왜 푸는 것이오?" 제자들이 예수께서 지시하신 대로 대답하자, 그들은 간섭하지 않았다. 제자들이 나귀 새끼를 예수께로 끌고 와서 그 위에 겉옷을 펴자, 예수께서 올라타셨다.
8-10 사람들이 예수를 열렬히 환영했다. 길 위에 자기 겉옷을 펴는 사람도 있었고, 들에서 베어 온 풀을 까는 사람도 있었다. 그들은 앞에서 걷고 뒤에서 따르며 소리쳤다.

호산나!
복되다, 하나님의 이름으로 오시는 이여!
복되다, 장차 올 우리 조상 다윗의 나라여!
하늘 가장 높은 곳에서, 호산나!

11 예수께서 예루살렘에 이르러, 곧 성전에 들어가셨다. 예수께서는 성전을 둘러보시며, 모든 것을 마음에 두셨다. 그러나 이미 시간이 늦어, 열두 제자와 함께 베다니로 돌아가셨다.

저주받은 무화과나무

12-14 이튿날 그들이 베다니를 나설 때에 예수께서 배가 고프셨다. 그분은 저만치 떨어진 곳에 있는 잎이 무성한 무화과나무 한 그루를 보셨다. 예수께서 혹시 아침 끼니가 될 만한 것이 있을까 하여 다가가셨지만, 무화과 잎사귀밖에 없었다. (아직 무화과 철이 아니었다.) 예수께서 나무에게 말씀하셨다. "다시는 아무도 네게서 열매를 먹지 못할 것이다!" 제자들도 그 말을 들었다.
15-17 그들이 예루살렘에 도착했다. 예수께서 즉시 성전에 들어가셔서, 거기에 상

점을 차려 놓고 사고파는 사람들을 모두 쫓아내셨다. 환전상들의 가판대와 비둘기 상인들의 진열대도 뒤엎으셨다. 예수께서는 아무도 바구니를 들고 성전 안을 지나다니지 못하게 하셨다. 그러고 나서 다음 말씀을 인용해, 그들을 가르치셨다.

내 집은 만민을 위한 기도하는 집이라고 일컬어졌다.
그런데 너희는 그곳을 도둑의 소굴로 바꾸어 놓았다.

18 대제사장과 종교 학자들이 이 말을 듣고서 그분을 제거할 방도를 모의했다.
그들은 온 무리가 그분의 가르침에 푹 빠져 있는 것을 보고 당황했다.
19 저녁때에 예수와 제자들이 도성을 나섰다.
20-21 아침에 그들이 길을 가다 보니, 무화과나무가 마른 막대기처럼 말라붙어 있었다. 베드로가 그 전날 있었던 일이 생각나서 예수께 말했다. "랍비님, 보십시오. 주님이 저주하신 무화과나무가 말라 비틀어졌습니다!"
22-25 예수께서 차분히 말씀하셨다. "하나님의 생명을 품어라. 정말로 품어라. 그러면 너희가 감당할 수 없을 만큼 힘든 일은 하나도 없을 것이다. 예컨대, 얼버무리거나 망설일 것 없이 이 산더러 '가서 호수에 뛰어들어라' 하고 말하면, 그대로 이루어질 것이다. 그래서 내가 너희더러 작은 일부터 큰 일까지, 모든 일에 기도하라고 강권하는 것이다. 하나님의 생명을 품을 때에, 너희는 거기에 모든 것을 포함시켜라. 그러면 너희는 하나님의 것을 다 받을 것이다. 그리고 기도할 때는 구하는 것이 전부가 아님을 기억하여라. 누구에게 서운한 것이 있거든 용서하여라. 그때에야 하늘에 계신 너희 아버지께서도 너희 죄를 깨끗이 용서할 마음이 드실 것이다."

누구에게서 온 권한인가

27-28 그 후에 그들이 다시 예루살렘에 들어가서 성전 안을 걷고 있는데, 대제사장과 종교 학자와 지도자들이 다가와서 따졌다. "당신의 신임장을 보여주시오. 누구의 권한으로 이렇게 말하고 행동하는 겁니까?"
29-30 예수께서 대답하셨다. "먼저 한 가지 묻겠다. 내 물음에 답하면 나도 내 신임장을 보여주겠다. 요한의 세례에 관한 것인데, 그것이 누구에게서 온 권한이냐? 하늘이냐, 사람이냐? 말해 보아라."
31-33 그들은 자기들이 궁지에 몰린 것을 알아차리고는, 뒤로 물러나와 모여서 수군거렸다. "하늘이라고 하면 왜 요한을 믿지 않았느냐고 물을 것이고, 사람이라고 하면 온 백성이 요한을 예언자로 떠받드니 우리가 백성 앞에서 몹시 난처해진다." 그들은 이번은 예수께 양보하기로 했다. "우리는 모르오." 그들이 말했다. 예수께서 대답하셨다. "그렇다면 나도 너희 물음에 대답하지 않겠다."

욕심 가득한 소작농들 이야기

12

1-2 예수께서 그들에게 여러 이야기를 들려주기 시작하셨다. "어떤
사람이 포도원을 세웠다. 그는 포도원에 울타리를 치고 포도즙 짜는
틀을 파고 망대를 세운 다음에, 소작농들에게 맡기고 먼 길을 떠났다. 수확할
때가 되자, 그는 수익을 거두려고 소작농들에게 종 한 사람을 보냈다.
3-5 소작농들은 그를 잡아서 마구 때려 빈손으로 돌려보냈다. 주인이 다른 종을
보내자, 그들은 그를 골탕 먹이고 모욕을 주었다. 주인이 또 다른 종을 보내자,
그들은 그를 죽여 버렸다. 주인은 계속해서 많은 종들을 보냈으나, 소작농들은
그들을 때리기도 하고 죽이기도 했다.
6 결국은 한 사람밖에 남지 않았다. 사랑하는 아들이었다. 포도원 주인은 최후
방책으로 아들을 보내며, '저들이 내 아들만큼은 존중하겠지' 하고 생각했다.
7-8 그러나 소작농들은 오히려 이것을 기회로 삼았다. 그들은 욕심이 가득하여
두 손을 비비며 말했다. '이 자는 상속자다! 그를 죽이고 우리가 재산을 다 차지
하자.' 그들은 그 아들을 잡아 죽여서 울타리 밖으로 내던졌다.
9-11 너희 생각에는 포도원 주인이 어떻게 할 것 같으냐? 맞다. 그가 와서 그들을
다 없애 버릴 것이다. 그리고 포도원 관리는 다른 사람들에게 맡길 것이다. 너
희가 성경을 직접 읽어 보아라.

석공들이 내버린 돌이
이제 모퉁잇돌이 되었다!
이것은 하나님께서 행하신 일,
눈을 씻고 보아도 신기할 따름이다!"

12 대제사장과 종교 학자와 지도자들은 당장 예수를 잡고 싶었으나, 여론이 두
려워 참았다. 그들은 그 이야기가 자기들을 두고 한 것임을 알았다. 그들은 서
둘러 그 자리를 떠났다.

황제의 것, 하나님의 것

13-14 그들은 예수를 그들의 올무에 걸리게 하려고 바리새인과 헤롯의 당원 몇을
그분께 보냈다. 뭔가 책잡힐 만한 발언을 하게 해서 그분을 잡을 심산이었다.
그들이 다가와서 말했다. "선생님, 우리가 알기로 당신은 진실하고, 여론에 개
의치 않으며, 배우는 사람들의 비위를 맞추지 않고, 하나님의 도를 정확히 가르
칩니다. 그러니 우리한테 말해 주십시오. 황제에게 세금을 내는 것이 법에 맞습
니까, 맞지 않습니까?"
15-16 예수께서 그 질문이 계략임을 아시고 말씀하셨다. "왜 나를 속이려고 드느
냐? 동전을 가져다가 내게 보여라." 그들이 예수께 동전을 건넸다.
"여기 새겨진 얼굴이 누구 얼굴이냐? 그리고 이 위에 있는 것이 누구 이름이냐?"
그들이 말했다. "황제입니다."

[17] 예수께서 말씀하셨다. "황제의 것은 황제에게 주고, 하나님의 것은 하나님께 드려라."

그들은 말문이 막혀 입이 떡 벌어졌다.

부활에 관한 가르침

[18-23] 부활의 가능성을 일절 부인하는 사두개파 사람 몇이 예수께 다가와서 물었다. "선생님, 모세는 기록하기를, 남자가 자식 없이 아내를 두고 죽으면 그 동생이 형수와 결혼해서 자식을 낳아 줄 의무가 있다고 했습니다. 한번은 일곱 형제가 있었습니다. 맏이가 결혼했는데, 자식 없이 죽었습니다. 둘째가 형수와 결혼했으나, 역시 자식 없이 죽었습니다. 셋째도 그러했습니다. 일곱 형제가 다 차례대로 그렇게 했으나, 자식이 없었습니다. 마지막에는 여자도 죽었습니다. 일곱 형제가 모두 그 여자의 남편이었습니다. 그들이 부활 때에 다시 살아나면, 그 여자는 누구의 아내가 됩니까?"

[24-27] 예수께서 말씀하셨다. "너희는 크게 잘못 생각하고 있다. 첫째로, 너희는 성경을 모른다. 둘째로, 너희는 하나님께서 일하시는 방식을 모른다. 죽은 사람이 살아난 뒤에는 결혼할 일이 없다. 그때 사람들은 천사들처럼 되어서, 하나님과 최고의 기쁨과 친밀감을 나눌 것이다. 그리고 죽은 사람이 다시 살아나는지에 대해서인데, 너희는 성경도 읽지 않느냐? 하나님께서는 떨기나무에서 모세에게 '나는 아브라함의 하나님, 이삭의 하나님, 야곱의 하나님이다'라고 말씀하셨다. '이었다'라고 말씀하지 않으셨다. 살아 계신 하나님은 죽은 자의 하나님이 아니라, 산 자의 하나님이시다. 너희가 몰라도 한참 모르고 있다."

가장 중요한 계명

[28] 종교 학자 한 사람이 다가왔다. 그는 질문과 대답이 열띠게 오가는 것을 듣고, 또 예수께서 예리하게 답하시는 것을 보고 이렇게 질문했다. "모든 계명 가운데서 가장 중요한 계명이 무엇입니까?"

[29-31] 예수께서 말씀하셨다. "가장 중요한 계명은 이것이다. '이스라엘아, 들어라. 주 너의 하나님은 한분이시니, 네 열정과 간구와 지성과 힘을 다해 주 너의 하나님을 사랑하라.' 둘째는 이것이다. '네 자신을 사랑하는 것같이 다른 사람을 사랑하라.' 이것에 견줄 만한 다른 계명은 없다."

[32-33] 종교 학자가 말했다. "선생님, 훌륭한 답입니다! 하나님은 한분이시고 다른 이가 없다는 말씀은 아주 명쾌하고 정확합니다. 그리고 열정과 지성과 힘을 다해 그분을 사랑하는 것과, 자기 자신을 사랑하는 것같이 다른 사람을 사랑하는 것은, 모든 제물과 희생을 다 합한 것보다도 낫습니다!"

[34] 예수께서 그의 남다른 통찰력을 보고 말씀하셨다. "네가 하나님 나라 문턱에까지 와 있다."

그 후로는 아무도 그분께 묻는 사람이 없었다.

35-37 예수께서 성전에서 가르치시던 중에 물으셨다. "어째서 종교 학자들은 메시
아가 다윗의 자손이라고 하느냐? 우리가 다 아는 것처럼, 다윗은 성령의 감동
을 받아 이렇게 말했다.

하나님께서 내 주님께 말씀하셨다.
"내가 네 원수들을 네 발아래에 둘 때까지
너는 여기 내 오른편에 앉아 있어라."

다윗이 여기서 메시아를 '내 주님'이라고 부르는데, 메시아가 어떻게 다윗의 '자
손'이 될 수 있느냐?"
큰 무리가 즐거이 그 말씀을 들었다.
38-40 예수께서 계속 가르치셨다. "종교 학자들을 조심하여라. 그들은 가운을 입
고 다니며, 사람들의 치켜세우는 말에 우쭐하고, 중요한 자리를 차지하면서 교
회의 모든 행사에서 상석에 앉기를 좋아한다. 언제나 그들은 연약하고 무력한
사람들을 착취한다. 그들의 기도가 길어질수록, 그들의 상태는 더 나빠진다. 마
지막에 그들은 그 값을 치르게 될 것이다."
41-44 예수께서 헌금함 맞은편에 앉으셔서, 사람들이 헌금함에 돈 넣는 것을 보고
계셨다. 많은 부자들이 큰돈을 바치고 있었다. 그때 한 가난한 과부가 다가와서
작은 동전 두 개를 넣었다. 겨우 동전 두 개였다. 예수께서 제자들을 불러 놓고
말씀하셨다. "과연, 이 가난한 과부가 헌금함에 넣은 것이 다른 사람들이 넣은
것을 다 합한 것보다 크다. 다른 사람들은 아깝지 않을 만큼 헌금했지만, 이 여
자는 자기 형편보다 넘치도록 드렸다. 자신의 전부를 드린 것이다."

사이비 종말론자들

13 1 예수께서 성전을 떠나시는데, 제자 가운데 한 사람이 말했다. "선
생님, 저 석조물과 건물들을 보십시오!"
2 예수께서 말씀하셨다. "네가 이 웅장한 건축물에 감동하느냐? 저 건물의 돌
하나하나가, 결국 잔해 더미가 되고 말 것이다."
3-4 이후에 예수께서 성전이 한눈에 내려다보이는 올리브 산에 앉으셨을 때, 베
드로와 야고보와 요한과 안드레가 그분께 따로 다가와 물었다. "말씀해 주십시
오. 그런 일이 언제 일어나겠습니까? 때가 막바지에 이를 때에 우리에게 어떤
징조가 있겠습니까?"
5-8 예수께서 입을 여셨다. "사이비 종말론자들을 조심하여라. 많은 지도자들이
정체를 숨기고 나타나서, '내가 그다'라고 주장할 것이다. 그들이 많은 사람들을
현혹할 것이다. 전쟁 소식을 듣거나 전쟁이 일어나리라는 소문을 듣거든, 당황
하지 말고 침착하여라. 그것은 역사에 늘 반복되는 일일 뿐, 아직 종말의 징조

는 아니다. 나라와 나라가 싸우고 통치자와 통치자가 싸우는 일이 계속될 것이
다. 곳곳마다 지진이 있을 것이다. 기근도 있을 것이다. 그러나 이것은 앞으로
닥칠 일에 비하면 아무것도 아니다.
9-10 또 조심하여라! 사람들이 너희를 법정으로 끌고 갈 것이다. 세상이 살벌해져
서, 내 이름을 전한다는 이유로, 모두가 너희를 물고 뜯을 것이다. 너희는 진리의
파수병으로 그 자리에 있는 것이다. 메시지가 온 세상에 두루 전파되어야 한다.
11 그들이 너희를 배반하여 법정으로 데려가거든, 너희는 무슨 말을 할지 염려
하지 마라. 그때가 오거든, 너희 심중에 있는 것을 말하여라. 성령께서 너희 안
에서 너희를 통해 친히 증거하실 것이다.
12-13 형제가 형제를 죽이고, 아버지가 자녀를 죽이고, 자녀가 부모를 죽일 것이
다. 나 때문에 너희를 미워할 사람이 누구인지 아무도 모른다.
그대로 견뎌라. 그것이 너희가 해야 할 일이다. 끝까지 견뎌라. 그러면 너희는
절대 후회하지 않을 것이고, 결국 구원을 얻을 것이다."

큰 환난의 날

14-18 "그러나 거룩한 것을 더럽히는 괴물이 절대 있어서는 안될 곳에 세워진 것
을 보거든, 얼른 달아나거라. 너희 읽을 수 있는 사람들은 내 말이 무슨 말인지
깨달아라. 그때에 너희가 유대에 살고 있거든, 산으로 달아나거라. 마당에서 일
하고 있거든, 무엇을 가지러 집으로 돌아가지 마라. 밭에 나가 있거든, 겉옷을
가지러 돌아가지 마라. 특히 임신부와 젖 먹이는 어머니들이 힘들 것이다. 이
일이 한겨울에 일어나지 않기를 바라고 기도하여라.
19-20 그때는 괴로운 날이 될 것이다. 하나님께서 세상을 지으신 때로부터 지금까
지 이런 일이 없었고, 앞으로도 다시는 없을 것이다. 하나님께서 이 환난의 날들
을 갈 데까지 가게 두신다면, 아무도 견딜 수 없을 것이다. 그러나 하나님의 택
하신 백성, 그분께서 친히 택하신 이들을 위해 그분은 이미 손을 써 놓으셨다."

그날과 그때는 아무도 모른다

21-23 "누가 너희를 막아서서 '메시아가 여기 있다!' 소리치거나 '저기 그분이 있
다!' 가리켜도 속지 마라. 가짜 메시아와 거짓 설교자들이 곳곳에서 출현할 것
이다. 그들은 대단한 이력과 현란한 업적으로, 알 만한 사람들의 눈까지 속일
것이다. 그러니 조심하여라. 내가 너희에게 충분히 경고했다.
24-25 그 괴로운 시간들이 지나면,

해는 어두워지고
달은 흐려지고
별들은 하늘에서 떨어지고
우주의 세력들은 떨 것이다.

26-27 그때에야 사람들은 인자가 위엄 있게 오는 것을 볼 것이다. 인자가 오는 것
이 온 하늘에 가득하여, 보지 못할 사람이 아무도 없을 것이다! 인자가 천사들
을 보내어, 택하신 사람들을 이 끝에서 저 끝까지 사방에서 불러들일 것이다.
28-31 무화과나무에서 교훈을 얻어라. 싹이 나서 초록빛이 살짝만 내비쳐도, 너희
는 여름이 가까이 다가온 줄 안다. 너희도 마찬가지다. 이 모든 일을 보거든 인
자가 문 앞에 온 줄 알아라. 이것은 가볍게 여길 일이 아니다. 내가 지금 하는
말은, 어느 훗날의 세대에게만 주는 말이 아니라 이 세대에게도 주는 말이다.
이 일들은 반드시 이루어진다. 하늘과 땅은 닳아 없어져도, 내 말은 닳아 없어
지지 않을 것이다.
32-37 그렇다면 정확한 날짜와 시간은 언제인가? 그것은 아무도 모른다. 하늘의
천사들도 모르고, 아들인 나도 모른다. 오직 아버지만 아신다. 너희는 시간표
를 모르니 각별히 조심하여라. 이것은 마치 어떤 사람이 집을 떠나 다른 지방으
로 가면서, 종들에게 권한을 주어 각각 임무를 맡기고, 문지기에게 보초를 서라
고 명하는 것과 같다. 그러니 깨어서 너희 자리를 지켜라. 집주인이 언제 돌아
올지, 저녁일지 한밤중일지, 새벽일지 아침일지 너희는 모른다. 그가 예고 없이
나타날 때에, 너희가 근무중에 잠자는 일이 없게 하여라. 내가 너희에게 말하고
또 모든 사람에게 말한다. 너희 자리를 지켜라. 깨어 있어라."

값비싼 향유를 부은 여인

14 1-2 여드레 동안의 유월절과 무교절이 시작되기 이틀 전이었다. 대제
사장과 종교 학자들은 예수를 몰래 잡아 죽일 방도를 찾고 있었다.
그들은 "괜히 군중의 소요가 일어나는 것은 싫다"고 말하면서, 유월절 기간에는
그 일을 하지 않기로 뜻을 모았다.
3-5 예수께서 나병환자 시몬의 손님으로 베다니에 계셨다. 예수께서 저녁을 들
고 있는데, 어떤 여자가 아주 값비싼 향유 한 병을 가지고 다가왔다. 여자는 병
을 따서 향유를 그분의 머리에 부었다. 몇몇 손님들이 발끈해서 자기들끼리 말
했다. "저렇게 한심한 일을 하다니! 완전히 낭비다! 이 향유를 일 년치 임금보다
더 많이 받고 팔아서 가난한 사람들에게 줄 수도 있었을 텐데." 그들은 화가 치
밀어서 당장이라도 여자에게 분통을 터뜨릴 태세였다.
6-9 그러나 예수께서 말씀하셨다. "가만두어라. 너희는 어째서 이 여자를 괴롭게
하느냐? 이 여자는 지금 나한테 말할 수 없이 소중한 일을 한 것이다. 가난한
사람들은 평생 동안 너희와 함께 있을 것이다. 너희는 언제라도 마음 내키면 그
들에게 뭔가 해줄 수 있다. 그러나 내게는 그렇지 않다. 이 여자는 기회 있을 때
에 자기가 할 수 있는 일을 한 것이다. 내 몸에 미리 기름을 부어 내 장례를 준비
한 것이다. 내가 분명히 말한다. 온 세상에 메시지가 전파되는 곳마다, 지금 이
여자가 한 일도 알려져 칭송받을 것이다."
10-11 열두 제자 가운데 하나인 가룟 유다가 예수를 배반할 작정으로 대제사장 무
리에게 갔다. 그들은 자기들의 귀를 의심했고, 그에게 두둑한 보상을 약속했다.

그때부터 유다는 예수를 넘겨줄 적당한 기회를 노렸다.

인자를 배반할 자

12 무교절 첫날, 곧 유월절 희생을 준비하는 날에 제자들이 예수께 물었다. "우
리가 어디로 가서 주님이 드실 유월절 식사를 준비하면 좋겠습니까?"
13-15 예수께서 제자 두 사람에게 지시하셨다. "시내로 들어가거라. 그러면 물 한
동이를 지고 가는 사람을 만날 것이다. 그를 따라가거라. 그가 어느 집으로 들
어가든지 그 집 주인에게 '선생님께서, 제자들과 함께 유월절 식사를 할 방이 어
디 있느냐고 물어보십니다' 하고 말하여라. 그가 너희에게 이미 청소를 마친 넓
은 다락방을 보여줄 것이다. 거기서 우리를 위해 식사를 준비하여라."
16 제자들이 떠나 시내에 가 보니, 모든 것이 예수께서 말씀하신 그대로였다. 그
들은 유월절 식사를 준비했다.
17-18 해가 진 후에, 예수께서 열두 제자를 데리고 오셨다. 그들이 식탁에 앉아 저
녁을 먹고 있는데, 예수께서 말씀하셨다. "괴롭지만 너희에게 중요한 말을 해야
겠다. 지금 나와 함께 먹고 있는 너희 가운데 한 사람이, 음모를 꾸미는 세력에
게 나를 넘겨줄 것이다."
19 그들이 소스라치게 놀라서, 한 사람씩 돌아가며 묻기 시작했다. "저는 아니겠
지요?"
20-21 예수께서 말씀하셨다. "열두 명 가운데 한 사람, 곧 나와 같은 그릇에서 함
께 먹는 사람이 그다. 인자가 배반당하는 것이 성경에 기록되어 있으니, 이것이
전혀 뜻밖의 일은 아니다. 그러나 인자를 배반하여 넘겨줄 그 사람은, 이 일을
하느니 차라리 태어나지 않았으면 좋았을 것이다!"

이것은 내 몸과 내 피다

22 식사중에 예수께서 빵을 들어 축복하시고, 떼어서 그들에게 주시며 말씀하셨다.

받아라. 이것은 내 몸이다.

23-24 또 잔을 들어 하나님께 감사하신 후에 그들에게 주셨고, 그들은 다 그 잔을
돌려 마셨다. 예수께서 말씀하셨다.

이것은 내 피다.
많은 사람들을 위해 붓는
하나님의 새 언약이다.

25 "하나님 나라에서 마실 새날까지, 내가 다시는 포도주를 마시지 않을 것이다."
26 그들은 찬송을 부르고 곧장 올리브 산으로 갔다.

27-28 예수께서 제자들에게 말씀하셨다. "너희 모두 세상이 무너지는 듯한 심정이
들 텐데, 그것이 나 때문이라고 생각할 것이다. 성경은 이렇게 말한다.

내가 목자를 치리니
양들이 허둥지둥댈 것이다.

그러나 내가 다시 살아난 뒤에는, 너희보다 앞장서 갈릴리로 갈 것이다."
29 베드로가 불쑥 말했다. "모든 것이 무너지고 모두가 주님을 부끄러워하더라
도, 저는 그러지 않겠습니다."
30 예수께서 말씀하셨다. "너무 자신하지 마라. 오늘 바로 이 밤, 수탉이 두 번
울기 전에 네가 나를 세 번 부인할 것이다."
31 베드로가 거세게 반발했다. "주님과 함께 죽는 한이 있더라도, 절대로 주님을
부인하지 않겠습니다." 다른 제자들도 모두 똑같이 말했다.

겟세마네에서 기도하시다

32-34 그들이 겟세마네라는 곳에 이르렀다. 예수께서 제자들에게 말씀하셨다.
"내가 기도하는 동안에 너희는 여기 앉아 있어라." 예수께서 베드로와 야고보와
요한을 데리고 가셨다. 예수께서 두려움과 깊은 근심에 빠지셨다. 예수께서 그
들에게 말씀하셨다. "지금 나는 괴로워 죽을 것 같다. 여기서 나와 함께 깨어 있
어라."
35-36 예수께서 조금 더 나아가 땅에 엎드리셔서, 피할 길을 위해 기도하셨다. "아
빠, 아버지, 아버지께서는 나를 여기서 벗어나게 하실 수 있습니다. 이 잔을 내
게서 거두어 주십시오. 그러나 내가 원하는 대로 하지 마시고, 아버지께서 원하
시는 대로 행하십시오. 아버지께서 원하시는 것이 무엇입니까?"
37-38 예수께서 돌아와 보니, 제자들이 곤히 잠들어 있었다. 예수께서 베드로에게
말씀하셨다. "시몬아, 네가 자다니, 어찌 내게 이럴 수 있느냐? 단 한 시간도 나
와 함께 견딜 수 없더냐? 깨어 있어라. 자신도 모르게 위험지대에 들어서는 일
이 없도록 기도하여라. 세상을 몰라서는 안된다. 너는 하나님 안에서 무엇이든
열심히 할 각오가 되어 있다만, 한편으로는 난롯가에 잠든 늙은 개처럼 나른하
구나."
39-40 예수께서 다시 가서 똑같은 기도를 드리셨다. 예수께서 돌아와 보니, 이번
에도 제자들이 곤히 잠들어 있었다. 도저히 눈이 떠지지 않았던 것이다. 그들은
무슨 말로 변명해야 할지 몰랐다.
41-42 예수께서 세 번째로 돌아와 말씀하셨다. "밤새도록 자려느냐? 아니다. 잠
은 충분히 잤다. 때가 되었다. 인자가 죄인들의 손에 팔린다. 일어나거라! 가자!
나를 배반할 자가 왔다."

무리에게 잡히시다

43-47 예수의 입에서 그 말이 떨어지자마자, 열두 제자 가운데 하나인 유다가 나
타났다. 그 곁에는 대제사장과 종교 학자와 지도자들이 보낸 폭력배가 칼과 몽
둥이를 들고 함께 있었다. 배반자는 그들과 암호를 짜 두었다. "내가 입 맞추는
사람이 바로 그 자니, 그를 잡으시오. 절대 도망치지 못하게 하시오." 그는 곧장
예수께 가서 "랍비님!" 하고 그분께 입을 맞추었다. 그러자 무리가 그분을 붙잡
아 거칠게 다루었다. 거기 서 있던 사람들 가운데 하나가, 칼을 뽑아 휘둘러서
대제사장의 종의 귀를 잘라 버렸다.
48-50 예수께서 그들에게 말씀하셨다. "내가 위험한 범죄자라도 되는 것처럼 칼과
몽둥이로 나를 잡으러 오다니, 이게 무슨 짓이냐? 내가 날마다 성전에 앉아서
가르쳤지만, 너희는 내게 손 하나 대지 않았다. 사실 너희가 한 일은, 예언자의
글을 확증하는 것이다." 제자들은 모두 황급히 달아났다.
51-52 한 청년이 예수를 따라가고 있었다. 그는 홑이불 하나만 몸에 걸치고 있었
다. 사람들이 그를 붙잡았으나, 그는 홑이불을 버려둔 채 벌거벗은 몸으로 급히
달아났다.

유대 의회 앞에 서시다

53-54 그들이 예수를 대제사장에게 끌고 갔다. 거기에 대제사장과 종교 지도자와
학자들이 함께 모여 있었다. 그들이 대제사장의 안뜰에 이를 때까지 베드로는
안전한 거리를 두고 뒤따라갔다. 거기서 그는 하인들 틈에 섞여서 불을 쬐었다.
55-59 대제사장들은 유대 의회와 공모해 예수께 사형을 선고할 만한 불리한 증거
를 찾았지만, 하나도 찾지 못했다. 많은 사람들이 자청하여 거짓 죄목을 댔으
나, 서로 맞지 않아 무효가 되고 말았다. 그 가운데 몇몇 사람들이 일어나서 이
런 거짓말을 했다. "우리가 이 자의 말을 들었는데, '힘들게 지은 이 성전을 헐
고, 손 하나 대지 않고도 성전을 사흘 만에 짓겠다'고 했습니다." 그러나 그들조
차도 증언이 서로 일치하지 않았다.
60-61 이때 대제사장이 일어서서 예수께 물었다. "이 증언에 대해 너는 뭐라고 말
하겠느냐?" 예수께서 침묵하셨다. 아무 말씀도 하지 않으셨다.
대제사장이 다시 나서서 이번에는 이렇게 물었다. "네가 찬양받으실 분의 아들
메시아냐?"
62 예수께서 말씀하셨다. "그렇다. 내가 그다. 너희 눈으로 직접 보게 될 것이다.

전능하신 분의 오른편에
앉은 인자가
하늘 구름을 타고 올 것이다."

63-64 대제사장이 흥분해서, 자기 옷을 찢으며 소리쳤다. "여러분은 이 말을 들었
소? 이러고도 우리에게 무슨 증인이 더 필요하겠소? 그가 하나님을 모독하는

것을 여러분이 들었소! 여러분은 이 신성모독을 그냥 두고 볼 셈이오?"
그들은 일제히 예수를 정죄했다. 사형선고가 내려졌다.
65 그들 가운데 몇 사람이 예수께 침을 뱉었다. 그들은 예수의 눈을 가린 채 그분
을 치면서 말했다. "너를 친 사람이 누구냐? 알아맞혀 봐라!" 경비병들은 그분
을 주먹과 손바닥으로 때리면서 끌고 갔다.

베드로가 예수를 부인하다

66-67 이 모든 일이 벌어지는 동안, 베드로는 안뜰 아래쪽에 있었다. 대제사장의
여종 하나가 들어와서, 불을 쬐고 있는 베드로를 유심히 뜯어보며 말했다. "당
신도 나사렛 예수와 함께 있지 않았나요?"
68 베드로가 부인했다. "당신이 무슨 말을 하는지 모르겠소." 그는 문간으로 나
갔다. 그때에 수탉이 울었다.
69-70 여종이 그를 알아보고는, 옆에 둘러선 사람들에게 말하기 시작했다. "이 사
람도 그들과 한패예요." 베드로는 다시 부인했다.
잠시 후, 곁에 있던 사람들이 다시 그 말을 꺼냈다. "당신도 그들 가운데 하나가
틀림없소. 갈릴리 사람이라는 표시가 당신 온몸에 새겨져 있소."
71-72 베드로는 너무 두려워서 저주하며 말했다. "나는 당신들이 말하는 그 사람
을 본 적도 없소." 바로 그때, 두 번째로 수탉이 울었다. 베드로는 "수탉이 두 번
울기 전에 네가 나를 세 번 부인할 것이다"라고 하신 예수의 말씀이 생각났다.
그는 그대로 주저앉아 울었다.

빌라도에게 사형선고를 받으시다

15 1 동틀 무렵, 대제사장들이 종교 지도자와 학자들과 더불어 유대 의
회 전체와 모임을 가졌다. 그들은 예수를 단단히 결박한 뒤, 데리고
나가서 빌라도에게 넘겼다.
2-3 빌라도가 예수께 물었다. "네가 유대인의 왕이냐?"
예수께서 대답하셨다. "네가 그렇게 말하면 그렇다." 대제사장들은 줄줄이 고발
을 늘어놓았다.
4-5 빌라도가 다시 물었다. "아무 대답도 하지 않겠느냐? 고발의 목록이 제법 길
다." 그분은 아무 말이 없으셨다. 그것은 빌라도에게 아주 깊은 인상을 남겼다.
6-10 명절이 되면 백성이 요구하는 죄수 하나를 풀어 주는 관례가 있었다. 바라바
라 하는 죄수가 있었는데, 그는 로마에 대항하는 반란 중에 살인을 저지른 선동
자들과 함께 감금되어 있었다. 무리가 다가와서 죄수를 풀어 달라는 탄원을 올
리려고 할 즈음에, 빌라도는 이미 그들이 할 말을 예상하고 있었다. "여러분은
내가 유대인의 왕을 풀어 주기를 원하오?" 빌라도는 대제사장들이 예수를 자기
에게 넘긴 것이 순전히 악의에서 비롯된 일임을 알고 있었다.
11-12 대제사장들은 바라바를 풀어 달라고 하도록, 이미 무리를 선동해 두었다.
빌라도가 되받았다. "당신들이 유대인의 왕이라고 하는 이 사람을 내가 어찌하

면 되겠소?"
13 그들이 소리를 질렀다. "십자가에 못 박으시오!"
14 빌라도가 따졌다. "그러나 무슨 죄목 때문이오?"
그들은 더 크게 소리질렀다. "십자가에 못 박으시오!"
15 빌라도는 무리의 뜻을 들어주었다. 바라바를 석방하고, 예수는 채찍질하여
십자가에 못 박도록 넘겨주었다.
16-20 병사들이 예수를 (브라이도리온이라 하는) 관저로 데리고 들어가서, 부대 전체
를 불러 모았다. 그들은 예수께 자주색 옷을 입히고, 가시나무로 엮은 왕관을
그분 머리에 씌웠다. 그리고 예수를 조롱하기 시작했다. "유대인의 왕, 만세!"
그들은 몽둥이로 그분의 머리를 때리고, 침을 뱉고, 무릎을 꿇고서 그분께 경배
하는 시늉을 했다. 실컷 즐기고 난 그들은, 예수의 자주색 망토를 벗기고 다시
그분의 옷을 입혔다. 그런 다음, 예수를 십자가에 못 박으려고 끌고 나갔다.

십자가에 못 박히시다

21 알렉산더와 루포의 아버지인 구레네 사람 시몬이, 마침 일을 마치고 그 길을
지나고 있었다. 병사들이 그에게 예수의 십자가를 지게 했다.
22-24 병사들은 예수를 '해골 언덕'이라는 뜻의 골고다로 데려갔다. 그들은 (포도주
와 몰약을 섞어서 만든) 가벼운 진통제를 예수께 주었으나, 그분은 마시려고 하지
않으셨다. 곧 그들이 예수를 십자가에 못 박았다. 그들은 예수의 옷가지를 나눠
가지며 누구 몫이 되나 보려고 주사위를 던졌다.
25-30 병사들은 오전 아홉 시에 예수를 십자가에 못 박았다. '유대인의 왕'이라고
쓰여진 그분의 죄목이 십자가에 적혀 있었다. 예수와 함께 죄수 두 사람도 십자
가에 달렸는데, 하나는 그분 오른쪽에, 다른 하나는 그분 왼쪽에 달렸다. 길을
가던 사람들은 슬픈 척 고개를 저으며 예수를 조롱했다. "성전을 헐고 사흘 만
에 다시 짓겠다고 으스대던 네가 아니냐. 그러니 실력을 보여 봐라! 네 자신을
구원해 보라고! 네가 정말 하나님의 아들이면 그 십자가에서 내려와 봐라!"
31-32 바로 그 자리에서, 대제사장들도 종교 학자와 나머지 사람들과 어울려 신나
게 그분을 비웃었다. "그가 다른 사람은 구원하더니 자기는 구원하지 못하는군!
메시아라고? 이스라엘의 왕이라고? 그럼 그 십자가에서 내려와 보시지. 그러
면 우리가 다 믿을 텐데!" 예수와 함께 십자가에 못 박힌 사람들까지도 조롱에
가세했다.
33-34 정오에 하늘이 칠흑같이 어두워졌다. 어둠은 이후 세 시간 동안 계속되었
다. 세 시에 예수께서 깊은 데서부터 신음하며 큰소리로 부르짖으셨다. "엘로
이, 엘로이, 라마 사박다니?" 이 말은 '나의 하나님, 나의 하나님, 어찌하여 나
를 버리셨습니까?'라는 뜻이다.
35-36 곁에서 그 말을 들은 몇몇 사람들이 "들어 보아라. 이 사람이 엘리야를 부른
다" 하고 말했다. 누군가가 솜뭉치를 신 포도주에 적셔서, 장대에 달아 올려 예
수께 주면서 말했다. "엘리야가 와서 그를 내려 주나 보자."

[37-39] 그러나 예수께서 크게 소리지르시고 숨을 거두셨다. 그 순간, 성전의 휘장
한가운데가 찢어졌다. 그분 앞에서 보초를 서고 있던 로마군 지휘관이 그분의
숨이 멎은 것을 보고 말했다. "이 사람은 하나님의 아들이 틀림없다!"

무덤에 묻히시다

[40-41] 여자들이 멀리서 지켜보고 있었는데, 그중에는 막달라 마리아, 작은 야고보
와 요세의 어머니 마리아 그리고 살로메도 있었다. 이 여자들은 예수께서 갈릴
리에 계실 때 그분을 따르며 섬겼고, 그분과 함께 예루살렘까지 올라온 사람들
이다.
[42-45] 그날은 예비일(곧 안식일 전날)인데, 오후 늦게 유대 의회의 명망 높은 의원인
아리마대 사람 요셉이 왔다. 그는 하나님 나라를 바라보면서, 그 나라를 손꼽아
기다리며 사는 사람이었다. 그는 용기를 내어 빌라도에게 가서, 예수의 시신을
거두게 해달라고 청했다. 빌라도는 예수가 그렇게 금세 죽을 수 있는지 의아해
하면서, 지휘관을 불러 그가 정말로 죽었는지 확인하게 했다. 지휘관의 확인을
받고서, 빌라도는 요셉에게 예수의 시신을 내주었다.
[46-47] 세마포 수의를 사 둔 요셉은, 예수를 십자가에서 내려 수의에 쌌다. 그런 뒤
에 바위를 깎아서 만든 무덤에 그분을 모셔 두고, 큰 돌을 굴려서 입구를 막았
다. 막달라 마리아와 요세의 어머니 마리아가 장례 치르는 것을 지켜보았다.

그분은 다시 살아나셨다

16

[1-3] 안식일이 지나자, 막달라 마리아와 야고보의 어머니 마리아와 살
로메는 예수께 바르려고 향료를 샀다. 일요일 이른 새벽 해 뜰 무
렵에, 그들은 무덤으로 갔다. 그들은 "누가 우리를 위해 무덤에서 돌을 굴려 줄
까?" 하고 서로 걱정하며 말했다.
[4-5] 그들이 문득 고개를 드니 돌—아주 큰 돌이었다—이 이미 굴려져 있었다. 그
들은 곧바로 안으로 들어갔다. 한 청년이 흰옷 차림으로 오른쪽에 앉아 있는 것
이 보였다. 그들은 몹시 당황하여 놀랐다.
[6-7] 그가 말했다. "두려워 마라. 너희가 나사렛 예수, 십자가에 못 박히신 그분을
찾는 줄을 안다. 그분은 다시 살아나셨다. 그분은 더 이상 여기 계시지 않는다.
너희 눈으로 보는 것처럼 이곳은 비어 있다. 자, 어서 가거라. 그분께서 너희보
다 먼저 갈릴리로 가신다고 제자들과 베드로에게 말하여라. 그분이 전에 말씀
하신 대로, 너희는 거기서 그분을 뵐 것이다."
[8] 그들은 얼른 밖으로 나왔다. 현기증이 날 정도로 정신이 없었고, 너무 놀라서
아무한테도 말하지 못했다.
[9-11] [예수께서 죽은 자들 가운데서 살아나신 뒤 일요일 이른 아침에, 막달라 마리아에게 나
타나셨다. 마리아는 예수께서 전에 일곱 귀신에게서 구해 준 사람이다. 마리아는 예수와 함
께하던 사람들이 슬퍼하며 울고 있는 곳으로 가서 말했다. 그들은 살아 계신 그분을 분명히
뵈었다는 마리아의 말을 듣고도 믿지 않았다.

12-13 나중에 그들 가운데 두 사람이 시골길을 걸어가고 있는데, 예수께서 다른 모습으로 그
들에게 나타나셨다. 그들이 돌아가서 나머지 사람들에게 말했으나, 역시 믿지 않았다.
14-16 그 후에, 열한 제자가 저녁을 먹고 있는데 예수께서 나타나셔서, 그분이 살아나신 것을
본 사람들의 말을 믿지 않은 제자들의 불신앙을 아주 엄하게 꾸짖으셨다. 그리고 말씀하셨
다. "세상 속으로 들어가거라. 어디든지 가서, 하나님의 복된 소식인 **메시지**를 모두에게 알려
라. 누구든지 믿고 세례를 받으면 구원을 받고, 누구든지 믿지 않으면 정죄를 받을 것이다.
17-18 믿는 사람들에게 따를 표적 몇 가지는 이렇다. 그들은 내 이름으로 귀신을 쫓아내고,
새로운 방언으로 말하고, 손으로 뱀을 집고, 독을 마셔도 상하지 않으며, 병자에게 손을 얹
어 낫게 할 것이다."
19-20 간략하게 말씀하신 뒤에, 주 예수께서 하늘로 들려 올라가셔서, 하나님 옆 영광의 자
리에 앉으셨다. 제자들은 어디든지 가서 **메시지**를 전했다. 주님이 친히 그들과 함께 일하시
며, 명백한 증거로 **메시지**를 확증해 주셨다.]

* 괄호 안의 마가복음 16장 9-20절은 후기 사본들에만 들어 있다.

우리 대부분은 자기 혼자만 겉도는 것처럼 느낄 때가 많다. 다른 사람들은 아주 당당하고 자신감 넘치고 소속감도 분명해 보이는데, 나는 따로 밀려나 어울리지 못하는 바깥 사람 같다.

이런 경우에 우리가 취하는 방법은, 따로 우리의 모임을 만들거나 우리를 받아줄 모임을 찾아가는 것이다. 그 모임에서만은, 나는 소속되어 있고 다른 사람들은 바깥에 있다. 사람들은 정치, 경제, 사회, 문화 등 다양한 분야에서 공식, 비공식으로 모인다. 그러한 모임의 한 가지 공통점은 배제의 원칙이다. 선택받은 일부 사람 외에 나머지 사람들을 배제함으로써 모임의 정체성과 가치를 획득하는 것이다. 우리는 '소속감'이라는 달콤함을 맛보기 위해 다른 사람들을 배제하고 밀어낸다. 하지만 그 과정에서, 우리의 현실은 축소되고 삶은 협소해진다. 끔찍한 대가가 아닐 수 없다.

종교라는 미명하에 이런 대가를 치를 때보다 더 비참한 경우도 없다. 그런데 놀랍게도, 종교는 오랜 역사 속에서 바로 그런 일을 해왔다. 하나님의 크나큰 신비를 그럴듯한 모임 규정 정도로 축소해 버렸고, 거대한 인간 공동체를 멤버십 수준으로 격하해 온 것이다. 그러나 하나님께 바깥 사람, 소외된 사람이란 없다. 예수께서는 "잃어버린 자를 찾아 회복시키려고 왔다"고 말씀하셨다(눅 19:10).

누가는 바깥 사람, 소외된 사람을 가장 강력하게 옹호한 사람이다. 그 자신이 바깥 사람이었던—전부 유대인으로 구성된 신약성경 기자들 가운데 유일한 이방인이었던—누가는, 당대의 기성 종교가 흔히 바깥 사람으로 취급하며 소외시키던 사람들—여자들, 평범한 노동자들(목자), 다른 인종의 사람들(사마리아 사람), 가난한 사람들—을 예수께서 어떻게 끌어안아 안으로 포함시켜 주시는지를 보여준다. 예수께서는 종교가 인간의 모임으로 전락하는 것을 묵인하지 않으시는 분이다. 우리 또한 안에 들어갈 희망 하나 없이 바깥에서 기웃거리며 삶을 들여다본 적이 있다. (그런 기분을 느껴 보지 않은 사람이 우리 가운데 누가 있겠는가!) 그러나 누가가 전하는 이야기를 듣다 보면, 이제 문이 활짝 열렸고 하나님이 예수 안에서 우리를 만나시며 안아 주신다는 사실을 깨닫게 된다. 예수께서는 이렇게 말씀하셨다. "구하여라, 그러면 받을 것이다. 찾아라, 그러면 발견할 것이다. 두드려라, 그러면 문이 열릴 것이다"(눅 11:9).

누가복음

1

1-4 자신들의 삶으로 이 말씀을 섬겼던 최초의 목격자들이 전해 준 보고를
바탕으로, 우리 가운데 일어난 성경과 역사의 놀라운 추수 이야기를 정
리하려고 손을 댄 사람들이 아주 많았습니다. 이야기의 발단부터 시작해 모든
보고를 아주 자세히 살펴본 나도, 데오빌로 각하를 위해 모든 것을 상세하게 기
록하기로 했습니다. 이로써 각하께서는 그동안 배운 것이 믿을 만한 것임을 확
실히 알게 될 것입니다.

천사가 요한의 출생을 알리다

5-7 유대 왕 헤롯이 다스리던 때에, 아비야 반열에서 직무를 맡은 제사장이 있었
다. 그의 이름은 사가랴였다. 그의 아내는 아론의 후손으로, 이름은 엘리사벳이
었다. 이들 부부는 주의하여 계명의 도를 지키고, 하나님 앞에서 깨끗한 양심을
품고서 바르게 살았다. 그러나 엘리사벳이 임신을 할 수 없어 그들에게는 자식
이 없었고, 이미 나이도 많았다.
8-12 마침 사가랴가 자기 차례가 되어 하나님 앞에서 제사장 직무를 수행하고 있
었는데, 그가 하나님의 성소에 들어가 분향하는 일을 맡게 되었다. 그것은 평생
한 번 오는 일이었다. 분향 시간에 회중은 성전 바깥에 모여 기도하고 있었다.
그때 하나님의 천사가 예고도 없이 성소의 분향단 오른쪽에 나타났다. 사가랴
는 두려워서 그 자리에 얼어붙었다.
13-15 천사가 그를 안심시켰다. "사가랴야, 두려워 마라. 하나님께서 네 기도를
들으셨다. 네 아내 엘리사벳이 아들을 낳을 것이다. 너는 그 이름을 요한이라고
하여라. 너는 기뻐서 사슴처럼 뛸 것이며, 너뿐만 아니라 많은 사람들이 그의
출생을 즐거워할 것이다. 그는 하나님께 큰 인물이 될 것이다.
15-17 그는 포도주와 맥주를 마시지 않을 것이며, 모태에서 나오는 순간부터 성령

으로 충만할 것이다. 그는 이스라엘의 많은 아들딸들을 하나님께로 돌아오게 할 것이다. 그는 엘리야의 방식과 능력으로 하나님의 오심을 알리고, 자녀를 향한 부모의 마음을 녹이며, 완고한 회의론자들의 마음에 뜨거운 깨달음의 불이 타오르게 할 것이다. 그는 백성으로 하여금 하나님을 맞을 준비를 하게 할 것이다."

18 사가랴가 천사에게 말했다. "그 말씀을 믿으라는 말입니까? 나는 늙은 사람이고 내 아내도 늙었습니다."

19-20 그러자 천사가 말했다. "나는 하나님의 파수꾼 가브리엘이다. 나는 너에게 이 기쁜 소식을 전해 주려고 특별히 보내심을 받았다. 그런데 네가 내 말을 믿지 않으니, 네 아들이 태어나는 날까지 너는 말을 하지 못할 것이다. 내가 너에게 한 말은, 하나님의 때가 되면 그대로 다 이루어질 것이다."

21-22 한편, 사가랴를 기다리던 회중은 그가 성소 안에 왜 그렇게 오래 있는지 이상하게 여기며 조바심을 냈다. 사가랴가 밖으로 나와 말을 하지 못하자, 그들은 그가 환상을 본 줄 알았다. 사가랴는 계속해서 말을 하지 못한 채, 손짓으로 사람들에게 뜻을 전해야 했다.

23-25 제사장 직무 기간이 끝나자, 사가랴는 집으로 돌아갔다. 얼마 후에 그의 아내 엘리사벳이 임신했다. 그녀는 아이를 갖게 된 것을 기뻐하며 다섯 달 동안을 홀로 떨어져 지냈다. 그녀는 "하나님께서 나의 딱한 처지를 이렇게 보상해 주시는구나!"라고 말했다.

처녀가 임신하여 아들을 낳을 것이다

26-28 엘리사벳이 임신한 지 여섯 달이 되었을 때, 하나님께서 천사 가브리엘을 갈릴리 나사렛 동네에 다윗의 자손인 남자와 약혼한 한 처녀에게 보내셨다. 남자의 이름은 요셉이고, 처녀의 이름은 마리아였다. 가브리엘이 들어가서, 마리아에게 인사했다.

잘 있었느냐!
너는 하나님의 아름다움으로,
안과 밖이 다 아름답구나!
하나님께서 너와 함께하신다.

29-33 마리아는 크게 동요하며, 그 인사에 감춰진 뜻이 무엇인지 궁금히 여겼다. 천사가 그녀를 안심시켰다. "마리아야, 조금도 두려워할 것 없다. 하나님께서 너에게 주시는 놀라운 선물이 있다. 네가 임신하여 아들을 낳을 것이니, 그 이름을 예수라고 하여라.

그는 크게 되어
'지극히 높으신 분의 아들'이라 불릴 것이다.
주 하나님께서 그에게

그의 조상 다윗의 왕위를 주실 것이다.
그는 영원히 야곱의 집을 다스리고
그의 나라는 영원무궁할 것이다."

34 마리아가 천사에게 말했다. "하지만 어떻게 그럴 수 있습니까? 나는 남자와
잠자리를 같이한 적이 없습니다."
35 천사가 대답했다.

성령께서 네게 임하셔서
지극히 높으신 분의 능력이 네 위에 머물 것이다.
그러므로 네가 낳을 아기는
거룩하신 분, 하나님의 아들이라 불릴 것이다.

36-38 "너는 네 사촌 엘리사벳이 늙은 나이에 아이를 가진 것을 알고 있느냐? 모
두가 아이를 가질 수 없다고 하던 그녀가, 임신한 지 여섯 달이 되었다! 보아라,
하나님께는 불가능한 일이 없다."
마리아가 말했다.

이제야 모두 알겠습니다.
나는 섬길 준비가 된 주님의 여종입니다.
당신의 말씀대로
내게 이루어지기를 원합니다.

천사가 그녀를 떠나갔다.

여자 가운데 참으로 복된 자

39-45 마리아는 잠시도 지체하지 않았다. 그녀는 일어나 유대 산지의 한 동네로
가서, 곧장 사가랴의 집을 찾아가 엘리사벳에게 문안했다. 엘리사벳이 마리아
의 인사를 받을 때에, 그녀의 뱃속에서 아기가 뛰놀았다. 엘리사벳은 성령이 충
만하여 뜨겁게 노래했다.

그대는 여자 가운데 참으로 복되고,
그 뱃속의 아기도 복되다!
내 주님의 어머니가 나를 찾아오다니
이 큰 복이 어찌 된 일인가!
그대의 문안하는 소리가
내 귀에 들리는 순간,
내 뱃속의 아기가

마냥 기뻐서 어린양처럼 뛰어놀았다.
하나님께서 하신 말씀을 믿고,
그 말씀대로 다 이루어질 것을 믿은 여자는 복되다!

46-55 마리아가 말했다.

하나님이 들려주신 복된 소식으로 내 마음 터질 듯하니,
내 구주 되신 하나님의 노래로 기뻐 춤추리라.
하나님이 나를 주목하심으로, 무슨 일이 일어났는지 보라.
나는 이 땅에서 가장 복된 여자다!
하나님이 내게 행하신 일, 영원토록 잊지 않으리.
다른 모든 것과 구별되시는 하나님, 그 이름 거룩하시다.
그 앞에 두려워 떠는 이들에게
그의 자비 물밀 듯 밀려오네.
그가 팔을 뻗어 능력을 보이셨고
거만스레 허세부리는 자들을 흩으셨다.
오만한 폭군들을 내리치시고
고통당한 이들을 진창에서 건져 내셨다.
가난하고 굶주린 사람들이 잔칫상에 앉으니
야멸친 부자들이 냉대를 당했다.
기억하셔서, 풍성한 자비 드높이 쌓으시며
택하신 자녀 이스라엘을 품으셨다.
아브라함으로 시작해 지금까지,
약속하신 대로, 그의 자비가 정확히 이루어졌다.

56 마리아는 석 달 동안 엘리사벳과 함께 있다가 자기 집으로 돌아갔다.

요한의 출생

57-58 출산일이 되어 엘리사벳이 아들을 낳았다. 이웃과 친척들은 하나님께서 그
녀에게 베푸신 큰 자비를 보고 함께 즐거워했다.
59-60 여드레째 되는 날, 그들이 아기에게 할례를 행하러 와서, 그 아버지의 이름
을 따서 아기의 이름을 사가랴로 지으려고 했다. 그러나 엘리사벳이 끼어들었
다. "아닙니다. 이 아이의 이름은 요한이라고 해야 합니다."
61-62 그들이 말했다. "하지만 당신네 집안에는 그런 이름을 가진 사람이 아무도
없지 않습니까?" 그들은 사가랴에게 손짓하여, 아이에게 어떤 이름을 지어 주
려고 하는지 물었다.
63-64 사가랴가 서판을 달라고 하더니 이렇게 썼다. "아이의 이름은 요한이라고
해야 합니다." 사람들이 모두 깜짝 놀랐다. 놀랄 일은 그것만이 아니었다. 어느

새 사가랴의 입이 열리고 혀가 풀어지더니, 말을 하면서 하나님을 찬양하는 것
이었다!
65-66 깊은 경외심이 이웃을 덮었고, 유대 온 산지 사람들이 온통 그 이야기뿐이
었다. 이야기를 들은 사람들은 모두 그 일을 마음에 새기며 놀라워했다. "이 아
이가 장차 어떤 사람이 될까? 하나님께서 이 일에 함께하신 것이 분명하다."
67-79 사가랴가 성령이 충만하여 이렇게 예언했다.

이스라엘의 주 하나님을 찬양하여라.
그가 오셔서 그 백성을 자유케 하셨다.
그가 구원의 능력을 우리 삶의 중심에,
그의 종 다윗의 집에 두셨으니,
그의 거룩한 예언자들을 통해
오래전 약속하신 말씀 그대로
우리를 원수들과
우리를 미워하는 모든 손에서 건지셨다.
우리 조상에게 자비를 베푸셔서
말씀하신 것을 기억하고 행하셨으니,
곧 우리 조상 아브라함에게 맹세하신 대로
적진에서 우리를 구하셨다.
우리로 하여금 세상 걱정 없이 그분을 예배하며,
사는 날 동안 그분 앞에 거룩하게 하셨다.

'지극히 높으신 분의 예언자'인 내 아기여,
너는 주님 앞서 가서 그의 길을 예비하고
그의 백성에게 구원과
죄 용서의 소식을 전해 줄 것이다.
하나님의 자비로우신 마음,
하나님의 해돋음 우리에게 임하셔서
어둠 속,
죽음의 그늘에 앉아 있는 이들을 비추고,
우리의 길을 한 걸음씩 밝혀
평화의 길로 인도할 것이다.

80 아이는 자라며 심령이 굳세어졌다. 그는 예언자로 이스라엘에 등장하기까지
광야에서 살았다.

예수의 탄생

2

[1-5] 그 무렵, 아우구스투스 황제가 명령을 내려 제국 전역에 인구조사를
실시하도록 했다. 이것은 구레뇨가 시리아 총독일 때 실시한 첫 인구조
사였다. 모든 사람이 자기 조상의 고향으로 가서 조사를 받아야 했다. 요셉도
인구조사를 받으러 갈릴리 나사렛 마을에서 다윗의 동네인 유대 베들레헴으로
올라갔다. 그는 다윗의 자손이었으므로, 그곳으로 가야 했다. 요셉은 약혼녀 마
리아와 함께 갔는데, 그녀는 임신중이었다.
[6-7] 그들이 거기 머무는 동안 출산할 때가 되었다. 마리아는 첫 아들을 낳았다.
여관에 방이 없어서, 그녀는 아기를 포대기에 싸서 구유에 뉘었다.

목자들이 예수 탄생의 소식을 듣다

[8-12] 근처 들에서 목자들이 밤을 새며 양 떼를 지키고 있었다. 그때 갑자기, 하나
님의 천사가 그들 가운데 서고, 하나님의 영광이 그들 주위를 두루 비추었다.
목자들은 두려워 떨었다. 천사가 말했다. "두려워 마라. 내가 여기 온 것은, 온
세상 모든 사람을 위한 놀랍고 기쁜 사건을 알려 주기 위해서다. 방금 다윗의
동네에 구주가 나셨으니, 그는 메시아요 주님이시다. 너희는 가서 포대기에 싸
여 구유에 뉘어 있는 아기를 찾아라."
[13-14] 어느새 어마어마한 천사 합창대가 나타나서, 그 천사와 더불어 하나님을 찬
양했다.

높은 하늘에서는 하나님께 영광,
땅에서는 그분을 기쁘시게 하는 모든 사람에게 평화.

[15-18] 천사 합창대가 하늘로 물러가자, 목자들이 서로 의논했다. "어서 베들레헴
으로 가서, 하나님이 우리에게 계시해 주신 것을 우리 눈으로 직접 보자." 그들
은 그곳을 떠나 한달음에 달려가서, 마리아와 요셉과 구유에 누워 있는 아기를
찾아냈다. 목자들은 두 눈으로 직접 보고 믿었다. 그들은 만나는 모든 사람에게
천사들이 그 아기에 대해 해준 말을 전했다. 목자들의 이야기를 들은 사람들은
모두 깊은 감동을 받았다.
[19-20] 마리아는 이 모든 것을 마음 깊이 간직해 두었다. 목자들은 보고 들은 모든
것으로 인해 하나님께 영광과 찬송을 돌려 드리며, 벅찬 가슴으로 돌아갔다. 정
확히 자기들이 들은 그대로 되었던 것이다.

아기 예수의 정결예식

[21] 여드레째에 할례를 행할 날이 되어, 아기의 이름을 예수라고 지었다. 이는 아
기가 잉태되기 전에 천사가 전해 준 이름이었다.
[22-24] 모세의 규정에 따라 정결예식을 치를 날이 되자, 마리아와 요셉은 아기를
데리고 예루살렘으로 올라갔다. "어머니의 태에서 처음 난 남자는 누구나 하나

님께 거룩한 제물이 되어야 한다"고 규정한 하나님의 율법에 따라, 아기를 하나
님께 바치려는 것이었다. 또한 하나님의 율법에 정한 대로 "산비둘기 한 쌍이나
집비둘기 새끼 두 마리"를 희생 제물로 드리려는 것이었다.
25-32 당시 예루살렘에 시므온이라는 사람이 있었는데, 그는 이스라엘이 구원받
기를 바라고 기도하며 살아온 선한 사람이었다. 성령께서 그 사람 위에 머물러
계셨다. 일찍이 성령께서 그가 죽기 전에 하나님의 메시아를 볼 것이라고 그에
게 일러 주셨다. 시므온은 성령께 이끌려 성전으로 들어갔다. 마침, 아기 예수
의 부모가 율법에 규정한 예식을 행하려고 아기를 데려왔다. 시므온은 아기를
품에 안고 하나님을 찬양했다.

하나님, 이제 이 종을 놓아주시되
약속하신 대로 저를 평안히 놓아주셨습니다.
제 눈으로 주님의 구원을 보았고,
모든 사람이 볼 수 있도록 밝히 드러났습니다.
이는 이방 나라들에 하나님을 계시하는 빛이요,
주님의 백성 이스라엘에게는 영광입니다.

33-35 예수의 부모는 이 말에 놀라서 아무 말도 하지 못했다. 시므온이 그들을 축
복하면서, 어머니 마리아에게 말했다.

이 아기는 이스라엘 가운데
많은 사람들의 실패와 회복의 표이자
오해와 반대를 받을 인물,
당신의 마음을 칼로 찌를 고통입니다.
그러나 그 거부는 오히려 그들의 가면을 벗겨 내어,
마침내 하나님께서 그들의 실체를 드러내실 것입니다.

36-38 아셀 지파 바누엘의 딸인 예언자 안나도 거기에 있었다. 안나는 나이가 아
주 많았다. 그녀는 결혼하고 칠 년 만에 혼자된 이후로 여든네 살이 되도록 과
부로 살았다. 안나는 성전 경내를 떠나지 않고, 금식하고 기도하며 밤낮으로 하
나님께 예배를 드렸다. 시므온이 기도하고 있는 바로 그때에, 안나가 나타나 하
나님께 찬송을 드리면서, 예루살렘의 해방을 간절히 기다리는 모든 사람에게
이 아기에 대해 이야기해 주었다.
39-40 마리아와 요셉은 하나님의 율법에 규정된 일을 다 마치고, 갈릴리에 있는
자기 동네 나사렛으로 돌아왔다. 거기서 아이는 튼튼하고 지혜롭게 자랐다. 하
나님의 은혜가 그 아이 위에 머물러 있었다.

성전에서 아이 예수를 찾다

41-45 해마다 유월절이 되면, 예수의 부모는 예루살렘으로 순례길을 떠났다. 예수
가 열두 살 되던 해에, 그들은 늘 하던 대로 유월절을 지키러 올라갔다. 절기가
끝나 집으로 돌아갈 때에, 아이 예수는 예루살렘에 남아 있었지만 부모는 그 사
실을 몰랐다. 그들은 순례자의 무리 어딘가에 아이가 있겠거니 생각하고, 꼬박
하룻길을 가서야 친척과 이웃 가운데서 아이 예수를 찾기 시작했다. 하지만 아
이가 보이지 않자, 그들은 아이를 찾으려고 예루살렘으로 되돌아갔다.
46-48 이튿날 예수의 부모는 성전에서 아이를 찾았다. 아이는 선생들 틈에 앉아서
그들이 하는 말을 듣기도 하고 질문하기도 했다. 선생들은 아이의 예리한 답변
에 감탄하며 다들 아이에게 사로잡혀 있었다. 그러나 부모는 감탄하지 않았다.
그들은 화가 나서 마음이 상해 있었다.
어머니가 말했다. "얘야, 왜 이렇게 했느냐? 네 아버지와 내가 너를 찾느라 정
신이 없었다."
49-50 아이가 말했다. "왜 저를 찾으셨습니까? 제가 여기 있으면서, 제 아버지의
일을 해야 할 줄을 모르셨습니까?" 그러나 부모는 아이가 무슨 말을 하는지 깨
닫지 못했다.
51-52 아이는 부모와 함께 나사렛으로 돌아와, 부모에게 순종하며 살았다. 아이의
어머니는 이 일을 마음 깊이 간직해 두었다. 예수는 하나님과 사람들의 축복을
받으며, 몸과 마음이 자라며 장성해 갔다.

삶을 고치는 세례

3 1-6 디베료 황제가 다스린 지 십오 년째 되는 해, 곧 본디오 빌라도가 유대
총독으로 있고, 헤롯이 갈릴리를 다스리고, 그 동생 빌립이 이두래와 드
라고닛을 다스리고, 루사니아가 아빌레네를 다스리고, 안나스와 가야바가 대제
사장으로 있을 때에, 사가랴의 아들 요한이 광야에 있다가 하나님의 메시지를
받았다. 그는 요단 강 주변 지역을 두루 다니며, 삶을 고쳐 죄 용서를 받는 세례
를 선포했다. 그것은 예언자 이사야의 글에 기록된 대로였다.

광야에서 외치는 소리여!
하나님 오심을 준비하여라!
길을 평탄하고 곧게 하여라!
패인 곳이 메워지고
솟은 곳이 평평해지며
우회로는 곧은 길이 되고
흙길은 포장될 것이다.
모든 사람이 거기서
하나님의 구원 행렬을 볼 것이다.

7-9 세례가 인기 있는 일이 되다 보니, 사람들이 무리 지어 세례를 받으러 나왔
다. 요한은 그들에게 버럭 소리를 질렀다. "뱀의 자식들아! 이 강가에 슬그머니
내려와서 무엇을 하는 거냐? 너희의 뱀가죽에 물을 좀 묻힌다고 하나님의 심판
을 비켜갈 것 같으냐? 바꿔야 할 것은, 너희 겉가죽이 아니라 너희 삶이다! 아
브라함을 조상으로 내세우면 다 통할 것이라고 생각하지 마라. 아브라함의 자
손인 것과는 아무 상관도 없는 일이다. 흔해 빠진 것이 아브라함의 자손이다.
하나님께서 원하시면 돌들로도 아브라함의 자손을 만드실 수 있다. 중요한 것
은 너희 삶이다. 너희 삶은 푸르게 꽃피고 있느냐? 말라죽은 가지라면 땔감이
되고 말 것이다."
10 무리가 요한에게 물었다. "그러면 우리가 어떻게 해야 합니까?"
11 요한이 말했다. "옷이 두 벌 있거든 한 벌은 나누어 주어라. 음식도 똑같이 그
렇게 하여라."
12 세금 징수원들도 세례를 받으러 와서 말했다. "선생님, 우리는 어떻게 해야
합니까?"
13 요한이 그들에게 말했다. "더 이상 착취하지 마라. 법에 정한 만큼만 세금을
거둬라."
14 군인들도 그에게 물었다. "우리는 어떻게 해야 합니까?"
요한이 그들에게 말했다. "억지로 빼앗거나 협박하지 마라. 너희가 받는 봉급으
로 만족하여라."
15 어느새 사람들의 관심이 고조되고 있었다. 그들은 모두 '이 요한이 혹시 메시
아가 아닐까?' 하고 궁금해 하기 시작했다.
16-17 그러자 요한이 끼어들었다. "나는 이 강에서 세례를 주고 있다. 이 드라마의
주인공은 너희 안에 천국의 삶과 불과 성령을 발화시켜, 너희를 완전히 바꾸어
놓으실 것이다. 그분께 비하면 나는 잔심부름꾼에 지나지 않는다. 그분은 집을
깨끗이 하실 것이다. 너희 삶을 대대적으로 정리하실 것이다. 그분은 참된 것은
모두 하나님 앞 제자리에 두시고, 거짓된 것은 모두 끄집어내어 쓰레기와 함께
태워 버리실 것이다."
18-20 그 밖에도 많은 말을 들려주었는데, 사람들에게 힘이 되는 말, 용기를 북돋
아 주는 말이었다. 메시지였다! 그러나 자기 동생 빌립의 아내 헤로디아의 일로
요한에게 책망을 받고 마음이 찔렸던 통치자 헤롯은, 자신의 수많은 악한 행동
에 한 가지 악행을 더했다. 요한을 감옥에 가둔 것이다.
21-22 사람들이 모두 세례를 받은 뒤에 예수께서 세례를 받으셨다. 예수께서 기도
하실 때에, 하늘이 열리고 성령이 비둘기같이 그분 위에 내려오셨다. 성령과 더
불어 한 음성이 들려왔다. "너는 내가 사랑으로 선택하고 구별한 내 아들, 내 삶
의 전부다."

아담의 아들, 하나님의 아들

23-38 예수께서 공생애를 시작하실 때 나이가 서른 살쯤 되셨다. 그분은 (사람들이

알기로는) 요셉의 아들이셨고,

요셉은 헬리의 아들
헬리는 맛닷의 아들
맛닷은 레위의 아들
레위는 멜기의 아들
멜기는 얀나의 아들
얀나는 요셉의 아들
요셉은 맛다디아의 아들
맛다디아는 아모스의 아들
아모스는 나훔의 아들
나훔은 에슬리의 아들
에슬리는 낙개의 아들
낙개는 마앗의 아들
마앗은 맛다디아의 아들
맛다디아는 서머인의 아들
서머인은 요섹의 아들
요섹은 요다의 아들
요다는 요아난의 아들
요아난은 레사의 아들
레사는 스룹바벨의 아들
스룹바벨은 스알디엘의 아들
스알디엘은 네리의 아들
네리는 멜기의 아들
멜기는 앗디의 아들
앗디는 고삼의 아들
고삼은 엘마담의 아들
엘마담은 에르의 아들
에르는 예수의 아들
예수는 엘리에서의 아들
엘리에서는 요림의 아들
요림은 맛닷의 아들
맛닷은 레위의 아들
레위는 시므온의 아들
시므온은 유다의 아들
유다는 요셉의 아들
요셉은 요남의 아들
요남은 엘리아김의 아들

엘리아김은 멜레아의 아들
멜레아는 멘나의 아들
멘나는 맛다다의 아들
맛다다는 나단의 아들
나단은 다윗의 아들
다윗은 이새의 아들
이새는 오벳의 아들
오벳은 보아스의 아들
보아스는 살몬의 아들
살몬은 나손의 아들
나손은 아미나답의 아들
아미나답은 아드민의 아들
아드민은 아니의 아들
아니는 헤스론의 아들
헤스론은 베레스의 아들
베레스는 유다의 아들
유다는 야곱의 아들
야곱은 이삭의 아들
이삭은 아브라함의 아들
아브라함은 데라의 아들
데라는 나홀의 아들
나홀은 스룩의 아들
스룩은 르우의 아들
르우는 벨렉의 아들
벨렉은 헤버의 아들
헤버는 살라의 아들
살라는 가이난의 아들
가이난은 아박삿의 아들
아박삿은 셈의 아들
셈은 노아의 아들
노아는 레멕의 아들
레멕은 므두셀라의 아들
므두셀라는 에녹의 아들
에녹은 야렛의 아들
야렛은 마할랄렐의 아들
마할랄렐은 가이난의 아들
가이난은 에노스의 아들
에노스는 셋의 아들

셋은 아담의 아들
아담은 하나님의 아들이었다.

마귀에게 시험 받으시다

4 [1-2] 예수께서 성령이 충만하여, 요단 강을 떠나 성령께 이끌려 광야로 가
셨다. 예수께서 광야에서 사십 일을 밤낮으로 마귀에게 시험을 받으셨
다. 그동안 예수께서 아무것도 드시지 않았고, 그 기간이 다 되니 예수께서 배
가 고프셨다.
3 마귀는 그분의 배고픔을 이용해 첫 번째 시험을 내놓았다. "너는 하나님의 아
들이니, 이 돌한테 명하여 빵 덩이가 되게 해보아라."
4 예수께서 신명기를 인용해 답하셨다. "사람이 빵으로만 사는 것이 아니다."
5-7 두 번째 시험으로, 마귀는 그분을 이끌고 높은 데로 올라가서 지상의 모든 나
라를 한꺼번에 펼쳐 보였다. 그런 다음 마귀가 말했다. "너를 즐겁게 해줄 이 모
든 영광이 다 네 것이다. 이 모든 것이 내 손에 있으니, 누구든지 내가 원하는
자에게 넘겨줄 수 있다. 내게 경배하기만 하면 다 네 것이다."
8 예수께서 다시 한번 신명기 말씀으로 쐐기를 박으셨다. "주 너의 하나님, 오직
그분만을 경배하여라. 일편단심으로 그분을 섬겨라."
9-11 세 번째 시험으로, 마귀는 그분을 예루살렘으로 데려가서 성전 꼭대기에 세
워 놓고 말했다. "네가 하나님의 아들이면 뛰어내려 보아라. '그분께서 천사들
을 시켜 너를 보호하고 지키게 하셨다. 천사들이 너를 받아서 발가락 하나 돌에
채이지 않게 할 것이다'라고 성경에 기록되지 않았느냐?"
12 예수께서 대답하셨다. "그렇다. 하지만 '주 너의 하나님을 시험하지 말라'고도
기록되어 있다."
13 그것으로 시험이 끝났다. 마귀는 잠시 물러갔고, 숨어서 다음 기회를 노렸다.

눌린 사람들을 자유케 하시다

14-15 예수께서 성령의 능력을 입고 갈릴리로 돌아오셨다. 예수께서 오셨다는 소
식이 그 지방에 두루 퍼졌다. 예수께서 회당에서 가르치시자, 모든 사람이 환호
하고 즐거워했다.
16-21 예수께서 자기가 자란 동네인 나사렛에 가셨다. 안식일에 그분은 늘 하시던
대로 회당으로 가셨다. 예수께서 성경을 낭독하려고 서시자, 누군가가 그분께
예언자 이사야의 두루마리를 건넸다. 예수께서 두루마리를 펴서, 다음과 같이
기록된 곳을 찾으셨다.

하나님의 영이 내게 임하시니
그가 나를 택하여,
가난한 이들에게 복된 소식의 메시지를 전하게 하셨다.
나를 보내셔서, 감옥에 갇힌 이들에게 사면을,

눈먼 이들에게 다시 보게 됨을 선포하고,
눌리고 지친 이들을 자유케 하여,
"지금은 하나님이 일하시는 해!"라고 선포하게 하셨다.

예수께서 두루마리를 말아 그 맡은 사람에게 돌려주시고, 자리에 앉으셨다. 회
당 안의 시선이 일제히 그분께 모아졌다. 그러자 예수께서 이렇게 말문을 여셨
다. "방금 너희가 들은 성경 말씀이 역사가 되었다. 이 성경 말씀이 바로 지금,
이 자리에서 이루어졌다."
22 예수께서 어찌나 말씀을 잘하시는지, 보고 듣던 사람들이 모두 놀랐다. 그러
나 한편으로는 이렇게 말했다. "이 사람은 우리가 어려서부터 알던 요셉의 아들
이 아닌가?"
23-27 예수께서 대답하셨다. "너희는 '의사야, 가서 네 병이나 고쳐라' 하는 속담을
인용해서 '네가 가버나움에서 한 일이 있다던데, 그것을 여기 네 고향에서도 해
보아라' 할 것이다. 하지만 내가 너희에게 해줄 말이 있다. 예언자는 자기 고향에
서 환영받지 못하는 법이다. 엘리야 시대에 삼 년 반 동안 가뭄이 들어 기근으로
땅이 황폐해졌을 때에 이스라엘에 과부가 많았으나, 시돈의 사렙다에 사는 과부
에게만 엘리야가 보냄을 받지 않았느냐? 또 예언자 엘리사 시대에 이스라엘에
나병환자가 많았으나, 깨끗함을 받은 사람은 시리아 사람 나아만뿐이었다."
28-30 회당 안에 있던 사람들 모두가 그 말에 화가 났다. 그들은 예수를 내몰아 동
네 밖으로 쫓아낸 다음, 동네 끝에 있는 벼랑으로 끌고 가서 그를 밀쳐 죽이려
고 했다. 그러나 예수께서 그들에게서 벗어나 자기 길을 가셨다.
31-32 예수께서 갈릴리의 한 마을 가버나움으로 내려가셔서, 안식일에 사람들을
가르치셨다. 그들이 놀라며 감동을 받았다. 그분의 가르침은 그들이 늘 듣던 모
호한 궤변이나 인용문과는 달리, 아주 솔직하고 확신에 차서 권위가 있었다.
33-34 그날 회당에 귀신 들려 고통당하는 사람이 있었다. 그가 소리를 질렀다.
"아! 나사렛 사람 예수여! 무슨 일로 우리한테 왔습니까? 나는 당신이 무슨 일
을 하려는지 압니다. 당신은 하나님의 거룩한 분이시며, 우리를 멸하러 왔습
니다!"
35 예수께서 그의 입을 막으셨다. "조용히 하고, 그에게서 나오너라!" 귀신은 모
든 사람이 보는 앞에서 그 사람을 쓰러뜨리고 떠나갔다. 귀신은 그 사람에게 상
처는 입히지 않았다.
36-37 그러자 모든 사람이 크게 놀라서, 서로 수군거렸다. "이게 어찌 된 일인가?
이 사람은 말한 대로 이루어지게 하는 사람인가? 이 사람이 나가라고 명령하면
귀신도 떠나는가?" 마을 전체가 온통 예수 이야기뿐이었다.

병든 사람들을 고쳐 주시다

38-39 예수께서 회당을 떠나 시몬의 집으로 가셨다. 시몬의 장모가 고열에 시달리
고 있었다. 사람들이 예수께 그녀를 위해 뭔가를 해주시기를 구했다. 예수께서

곁에서 지켜보시다가, 열병이 떠나라고 명령하자 열병이 떠났다. 그 장모가 곧
일어나 일행의 저녁을 준비했다.
40-41 해가 저물자, 사람들이 여러 병을 앓고 있는 사람들을 예수께 데리고 왔다.
예수께서는 한 사람 한 사람에게 손을 얹어 고쳐 주셨다. 귀신들이 떼를 지어
떠나가며 소리를 질렀다. "하나님의 아들이여! 당신은 하나님의 아들입니다!"
귀신들이 그분이 메시아임을 훤히 알고 있었으므로, 예수께서는 그들의 입을
막아 한 마디도 하지 못하게 하셨다.
42-44 이튿날, 예수께서 한적한 곳으로 가셨다. 그러나 무리가 찾아 나섰고, 그분
을 만나자 떠나가지 못하게 그분께 매달렸다. 예수께서 그들에게 말씀하셨다.
"내가 다른 마을들에서도 하나님 나라의 메시지를 전해야 한다. 바로 그 일을
하라고 하나님께서 나를 보내셨다. 너희는 그것을 알지 못하느냐?" 예수께서는
갈릴리 여러 회당에서 계속해서 말씀을 전하셨다.

깊은 물로 나가서 그물을 내려라

5 1-3 한번은 예수께서 게네사렛 호숫가에 서 있는데, 무리가 하나님의 말
씀을 더 잘 들으려고 그분께로 몰려들었다. 예수께서 배 두 척이 묶여 있
는 것을 보셨다. 어부들이 막 배에서 내려 그물을 씻고 있었다. 예수께서 시몬
의 배에 올라타셔서, 배를 해안에서 조금 떨어지게 띄우라고 부탁하셨다. 예수
께서 그 배에 앉으셔서, 배를 설교단 삼아 무리를 가르치셨다.
4 가르치기를 마치시고 나서, 예수께서 시몬에게 말씀하셨다. "깊은 물로 나가
서 그물을 내려 고기를 잡아라."
5-7 시몬이 말했다. "주님, 우리가 밤새도록 열심히 고기를 잡았지만 피라미 한
마리 잡지 못했습니다. 하지만 주님께서 그렇게 말씀하시니, 그물을 내리겠습
니다." 말을 마치자마자, 그물에 더 이상 담을 수 없을 정도로 많은 고기가 가득
잡혔다. 그들은 다른 배에 있는 동료들에게, 와서 도와 달라고 손짓했다. 두 배
에 고기가 가득 차서, 배가 가라앉을 지경이었다.
8-10 이것을 본 시몬 베드로가 예수 앞에 무릎을 꿇었다. "주님, 떠나 주십시오.
저는 죄인이어서 이 거룩함을 감당할 수 없습니다. 저를 내버려 두십시오." 잡
은 고기를 끌어올리자, 시몬과 그 곁에 있던 사람들이 모두 두려움에 사로잡혔
다. 시몬의 동료인 세베대의 두 아들 야고보와 요한도 마찬가지였다.
10-11 예수께서 시몬에게 말씀하셨다. "두려워할 것 없다. 이제부터 너는 사람을
낚게 될 것이다." 그들은 배를 해안으로 끌어올린 뒤에, 그물과 모든 것을 배와
함께 버려두고 그분을 따라갔다.

변화된 삶으로 초청하시다

12 어느 마을에 온몸에 나병이 걸린 사람이 있었다. 그가 예수를 보고 그분 앞에
엎드려 간청했다. "원하시면 저를 깨끗하게 하실 수 있습니다."
13 예수께서 손을 내밀어 그에게 대시며 말씀하셨다. "내가 원한다. 깨끗하게 되

어라." 그러자 즉시 그의 살갗이 보드라워지고, 나병이 깨끗이 사라졌다.
14-16 예수께서 그에게 말씀하셨다. "온 동네에 말하고 다니지 마라. 모세가 명한 대로, 예물을 가지고 제사장에게 가서 네 나은 몸을 조용히 보여라. 네 말이 아니라, 깨끗해져서 순종하는 네 삶이 내가 한 일을 증거할 것이다." 그러나 그 사람은 그 일을 자기 혼자에게만 담아 둘 수 없었다. 소문이 곧 퍼져 나갔다. 어느새 큰 무리가 말씀도 듣고 병도 고치려고 모여들었다. 예수께서는 할 수 있는 한 자주 외딴 곳으로 물러나 기도하셨다.
17 하루는 예수께서 가르치시는데, 바리새인과 종교 교사들이 둘러앉아 있었다. 그들은 갈릴리와 유대의 모든 마을과, 멀리 예루살렘에서 온 사람들이었다. 하나님의 치유 능력이 예수께 임했다.
18-20 사람들이 중풍병자 한 사람을 들것에 실어서 데려왔다. 그들은 집 안으로 들어가 예수 앞에 그를 데려다 놓을 방법을 찾고 있었다. 무리 때문에 길을 찾을 수 없자, 그들은 지붕으로 올라가 기왓장을 뜯어 내고 무리 가운데 계신 예수 바로 앞에 그 사람을 달아 내렸다. 그들의 담대한 믿음에 감동하신 예수께서 말씀하셨다. "친구여, 내가 네 죄를 용서한다."
21 그러자 종교 학자와 바리새인들이 웅성대기 시작했다. "저 사람은 자기를 누구라고 생각하는 것인가? 저것은 신성모독이다! 오직 하나님만이 죄를 용서하실 수 있다."
22-26 예수께서 그들의 생각을 정확히 아시고 말씀하셨다. "왜 이리 수군수군 말이 많으냐? '내가 네 죄를 용서한다'고 말하는 것과 '일어나 걸어가라'고 말하는 것 중에 어느 쪽이 더 쉽겠느냐? 내가 인자인 것과, 내가 어느 쪽이든 행할 권한이 있다는 것을 분명히 보여주겠다." 예수께서 중풍병자에게 직접 말씀하셨다. "일어나거라. 네 자리를 들고 집으로 가거라." 그 사람은 한순간도 지체하지 않고 그대로 했다. 일어나 담요를 들고서, 하나님께 영광을 돌리며 집으로 갔다. 사람들은 도무지 믿기지 않아 자신들의 눈을 비볐다. 그러고 나서 그들도 하나님께 영광을 돌렸다. 그들이 두려움에 차서 말했다. "우리 평생에 이런 일은 처음 본다!"
27-28 이 일 후에 예수께서 밖으로 나가서, 레위라는 사람이 자기 일터에서 세금을 걷고 있는 것을 보셨다. 예수께서 말씀하셨다. "나와 함께 가자." 그는 예수를 따라갔다. 모든 것을 버려두고 그분과 동행한 것이다.
29-30 레위는 예수를 위해 자기 집에서 성대한 저녁식사를 베풀었다. 세금 징수원들과 그 밖에도 평판이 좋지 않은 인물들이 저녁식사 손님으로 와 있었다. 바리새인과 종교 학자들이 속이 잔뜩 뒤틀려서 그분의 제자들에게 다가왔다. "당신네 선생이 사기꾼과 죄인들과 함께 먹고 마시다니, 이게 대체 어찌 된 일이오?"
31-32 예수께서 그 말을 들으시고 분명하게 말씀하셨다. "의사가 필요한 사람이 누구냐? 건강한 사람이냐, 병든 사람이냐? 내가 여기 있는 것은, 영향력 있는 사람이 아니라, 소외된 사람을 초청하려는 것이다. 변화된 삶, 곧 안과 밖이 모두 변화된 삶으로 그들을 초청하려는 것이다."

33 그들이 예수께 물었다. "요한의 제자들은 금식하고 기도하는 것으로 잘 알려져 있습니다. 바리새인들도 그렇습니다. 그런데 당신은 잔치에서 보내는 시간이 대부분인 것 같은데, 어찌 된 일입니까?"
34-35 예수께서 말씀하셨다. "즐거운 결혼식 중에는 빵과 포도주를 아끼지 않고 실컷 먹는다. 나중에 허리띠를 졸라맬 일이 있을지 모르지만, 지금은 아니다. 신랑신부와 함께 있는 동안에는 즐겁게 보내는 법이다. 금식은 신랑이 가고 없을 때 시작해도 된다. 정겨운 축하의 모닥불에 찬물을 끼얹는 사람은 없다. 하나님 나라가 임한다는 것은 바로 이런 것이다!
36-39 멀쩡한 스카프를 잘라서 낡은 작업복에 대고 깁는 사람은 없다. 서로 어울리는 천을 찾게 마련이다. 낡고 금이 간 병에는 포도주를 담지 않는 법이다. 새로 담근 포도주는 단단하고 깨끗한 병에 담는다. 그리고 잘 묵은 고급 포도주를 맛본 사람은 덜 묵은 포도주를 찾지 않는다."

안식일의 주인

6 1-2 어느 안식일에 예수께서 곡식이 무르익은 밭 사이를 걷고 계셨다. 제자들이 곡식 이삭을 따서, 손으로 껍질을 벗겨 먹었다. 몇몇 바리새인들이 말했다. "당신들은 어찌하여 안식일 규정을 어기고 이런 일을 하는 거요?"
3-4 예수께서 제자들 편에 서셨다. "너희는 다윗과 그 동료들이 배고플 때에 한 일을 읽어 보지 못했느냐? 그가 성소에 들어가서, 제사장들 외에는 아무도 먹지 못하게 되어 있는, 제단에서 갓 물려낸 빵을 먹지 않았느냐? 그는 그 빵을 자기 동료들에게도 주었다."
5 예수께서 말씀하셨다. "인자는 안식일의 종이 아니라 주인이다."
6-8 또 다른 안식일에 예수께서 회당에 들어가 가르치셨다. 거기에 한쪽 손이 오그라든 사람이 있었다. 종교 학자와 바리새인들은 혹시나 안식일 위반으로 예수를 잡을까 하여, 그 사람을 고쳐 주나 보려고 그분을 주시했다. 예수께서 그들의 속셈을 아시고 손이 오그라든 사람에게 말씀하셨다. "일어나서 여기 우리 앞에 서거라." 그가 일어나 섰다.
9 예수께서 그들에게 말씀하셨다. "너희에게 묻겠다. 어떤 행동이 안식일에 가장 합당하냐? 선을 행하는 것이냐, 악을 행하는 것이냐? 사람을 돕는 것이냐, 무력한 상태로 버려두는 것이냐?"
10-11 예수께서 그들을 둘러보시며, 각 사람의 눈을 쳐다보셨다. 그러고는 그 사람에게 말씀하셨다. "네 손을 내밀어라." 그가 손을 내밀자, 그 손이 새 손과 같이 되었다! 그들은 화가 잔뜩 나서, 어떻게 하면 예수께 보복할 수 있을지를 모의하기 시작했다.

열두 사도를 임명하시다

12-16 그 즈음에 예수께서 기도하러 산에 올라가셔서, 밤새도록 하나님 앞에 기도하셨다. 이튿날 예수께서 제자들을 부르시고, 그들 가운데서 다음 열두 명을 정

하셔서 사도로 임명하셨다.

예수께서 베드로라는 이름을 지어 주신 시몬
그의 동생 안드레
야고보
요한
빌립
바돌로매
마태
도마
알패오의 아들 야고보
열심당원이라 하는 시몬
야고보의 아들 유다
그분을 배반한 가룟 유다.

너희는 복이 있다

17-21 예수께서 그들과 함께 산에서 내려와 평지에 서시자, 제자들이 그분 주위에 둘러섰고, 곧이어 유대와 예루살렘과 심지어 해안 지방인 두로와 시돈에서 온 큰 무리도 모여들었다. 그들은 그분께 말씀도 듣고 병도 고치려고 온 것이었다. 악한 귀신에 시달리던 사람들이 고침을 받았다. 모든 사람이 예수께 손을 대려고 했다. 예수에게서 아주 강한 능력이 나와서, 수많은 사람들이 나았기 때문이다! 예수께서 이렇게 말씀하셨다.

모든 것을 다 잃은 너희는 복이 있다.
그때에야 너희는 하나님 나라를 찾게 될 것이다.

굶주림에 지친 너희는 복이 있다.
그때에야 너희는 메시아의 음식을 먹을 준비가 된 것이다.

하염없이 눈물 흘리는 너희는 복이 있다.
아침이 되면 기쁨을 맞게 될 것이다.

22-23 "누군가 너희를 깎아내리거나 내쫓을 때마다, 누군가 내 평판을 떨어뜨리려고 너희 이름을 더럽히거나 비방할 때마다, 너희는 복을 받은 줄 알아라. 그들이 그렇게 하는 이유는, 진리가 너무 가까이 있어서 그들이 불편을 느끼기 때문이다. 그런 일이 일어날 때 너희는 기뻐해도 좋다. 아예 어린양처럼 뛰어놀아도 좋다! 그들은 싫어하겠지만, 나는 좋아하니 말이다! 온 천국이 박수를 보낼 것이다. 또한 너희만 그런 일을 당한 것이 아님을 알아라. 내 설교자와 증인들은

언제나 그런 대우를 받았다."

너희 삶을 거저 주어라

24 그러나 너희가 다 갖춘 줄로 생각하면 화가 있다.
너희 가진 것에서 더 얻을 것이 없을 것이다.

25 자기 자신으로 만족하면 화가 있다.
너희 자아는 오랜 만족을 주지 못할 것이다.

삶이 온통 재미와 놀이인 줄 알면 화가 있다.
고난이 기다리고 있고, 그 고난이 너희에게도 닥칠 것이다.

26 "다른 사람을 치켜세우는 말과 비위를 맞추는 행동으로, 사람에게 인정을 받으려고 하면 화가 있다. 사람의 인정을 받는다고 해서 진리의 편에 있는 것은 아니다. 얼마나 많은 악당 설교자들이 너희 조상의 인정을 받았는지 생각해 보아라! 너희가 할 일은, 진실하게 사는 것이지 인기를 얻는 것이 아니다.
27-30 진실을 맞아들일 준비가 된 너희에게 내가 말한다. 너희 원수를 사랑하여라. 원수가 어떻게 하든지, 너희는 최선의 모습을 보여라. 누가 너희를 힘들게 하거든, 그 사람을 위해 기도하여라. 누가 네 빰을 치거든, 그 자리에 서서 맞아라. 누가 네 셔츠를 움켜쥐거든, 네 가장 좋은 외투까지 잘 포장해 선물로 주어라. 누가 너를 억울하게 이용하거든, 종의 삶을 연습하는 기회로 삼아라. 똑같이 갚아 주는 것은 이제 그만하여라. 너그럽게 살아라.
31-34 여기, 간단하고 유용한 행동 지침이 있다. 사람들이 너희에게 무엇을 해주면 좋겠는지 자문해 보아라. 그리고 너희가 먼저 그들에게 그것을 해주어라. 너희가 사랑할 만한 사람만 사랑하면 칭찬을 바랄 수 있겠느냐? 그것은 죄인도 늘 하는 일이다. 너희가 너희를 돕는 사람만 돕는다면 상급을 바랄 수 있겠느냐? 그것은 죄인도 흔히 하는 일이다. 너희가 받을 것을 바라고 베푼다면 그것을 베풂이라 할 수 있겠느냐? 아주 인색한 전당포 주인도 그 정도는 한다.
35-36 내가 너희에게 말한다. 너희 원수를 사랑하여라. 보상을 바라지 말고 돕고 베풀어라. 내가 장담한다. 절대로 후회하는 일은 없을 것이다. 우리가 최악의 상태에 있을 때에도 하나님께서 우리를 향해 너그럽고 인자하신 것처럼, 너희도 하나님이 주신 너희 신분에 합당하게 살아라. 우리 아버지께서 친절하시니, 너희도 친절하여라.
37-38 사람들의 흠을 들추어내거나, 실패를 꼬집거나, 잘못을 비난하지 마라. 너희도 똑같은 대우를 받고 싶지 않거든 말이다. 의기소침해 있는 사람을 정죄하지 마라. 그 가혹한 태도는 부메랑이 되어 너희에게 되돌아올 것이다. 사람들을 너그럽게 대하여라. 그러면 삶이 한결 여유로워질 것이다. 너희 삶을 거저 주어라. 그러면 삶을 돌려받게 될 것이다. 돌려받는 정도가 아니라 축복까지 덤으로

받게 될 것이다. 받는 것보다 주는 것이 더 낫다. 베풂은 베풂을 낳는다."
39-40 예수께서 속담을 들어 말씀하셨다. "'눈먼 사람이 눈먼 사람을 인도할 수 있느냐?' 둘 다 구덩이에 빠지지 않겠느냐? 제자가 스승을 가르칠 수 없는 법이다. 핵심은, 너희가 누구를 선생으로 모시고 따를지 신중히 선택하라는 말이다.
41-42 네 이웃의 얼굴에 묻은 얼룩은 보면서, 자칫 네 얼굴의 추한 비웃음은 그냥 지나치기 쉽다. 네 얼굴이 멸시로 일그러져 있는데, 어떻게 뻔뻔스럽게 '내가 네 얼굴을 씻어 주겠다'고 말하겠느냐? 이는 '내가 너보다 잘 안다'는 사고방식이며, 자기 몫을 살기보다는 남보다 거룩한 척 연기를 하는 것이다. 네 얼굴의 추한 비웃음부터 닦아 내라. 그러면 네 이웃에게 수건을 건네줄 만한 사람이 될지도 모른다."

말씀을 삶으로 실천하여라

43-45 "건강한 나무에서 벌레 먹은 사과를 딸 수 없고, 병든 나무에서 좋은 사과를 딸 수 없다. 사과의 건강을 보면 나무의 건강을 알 수 있다. 먼저 너희는 생명을 주는 삶에서부터 시작해야 한다. 중요한 것은, 너희 말과 행동이 아니라 너희 됨됨이다. 참된 말과 행동은 너희의 참된 존재에서 흘러넘치는 것이다.
46-47 너희는 내게 예의를 갖춰 '예, 선생님', '옳습니다, 선생님' 하면서도, 어째서 내가 명하는 것은 하나도 행하지 않느냐? 내가 너희에게 하는 이 말은, 너희 삶에 덧붙이는 장식이나 너희 생활수준을 높여 주는 리모델링 같은 것이 아니다. 내 말은 주춧돌과도 같아서, 너희는 내 말 위에 인생을 지어야 한다.
48-49 너희가 내 말을 너희 삶으로 실천하면, 너희는 땅을 깊이 파서 반석 위에 집의 기초를 놓은 현명한 목수와 같다. 강둑이 터져 강물이 들이쳐도 그 집은 꿈쩍도 하지 않는다. 오래가도록 지어진 집이기 때문이다. 그러나 너희가 내 말을 성경공부 때만 사용하고 삶으로 실천하지 않으면, 너희는 주춧돌을 생략하고 집을 지은 미련한 목수와 같다. 강물이 불어 집에 들이치자, 그 집은 맥없이 무너지고 말았다. 완전히 유실되고 말았다."

자기 백성의 필요를 돌보아 주신다!

7 1-5 예수께서 사람들에게 말씀을 마치시고, 가버나움으로 가셨다. 그곳에 있는 어떤 로마군 지휘관의 종이 죽어가고 있었다. 지휘관은 그 종을 무척 귀히 여겼으므로 그를 잃고 싶지 않았다. 예수께서 돌아오셨다는 말을 들은 지휘관은, 유대인 공동체 지도자들을 예수께 보내어, 오셔서 자기 종을 고쳐 달라고 청했다. 그들은 예수께 가서 그렇게 해주실 것을 간절히 구했다. "이 사람은 선생님께서 요청을 들어주셔도 좋은 사람입니다. 그는 우리 민족을 사랑하여 우리에게 회당까지 지어 주었습니다."
6-8 예수께서 그들과 함께 가셨다. 그 집에 도착하려면 아직 한참을 더 가야 하는데, 지휘관이 보낸 친구들이 와서 예수께 말을 전했다. "주님, 이렇게 수고하실 것 없습니다. 주님이 아시듯이, 저는 그리 선한 사람이 못됩니다. 주님이 저희

집에 오시면 제가 당황스럽고, 제가 주님 앞에 직접 나서기도 그렇습니다. 그저
명령만 내리시면 저의 종이 낫겠습니다. 저도 명령을 받기도 하고 내리기도 하
는 사람입니다. 제가 한 병사에게 '가라'고 하면 가고, 다른 병사에게 '오라'고 하
면 옵니다. 그리고 저의 종에게 '이것을 하라'고 하면 합니다."
9-10 예수께서 크게 놀라시며, 동행한 무리에게 말씀하셨다. "하나님을 알고 그
분이 일하시는 방식을 훤히 알아야 마땅한 이스라엘 백성 중에서도, 이렇게 단
순한 믿음은 아직 보지 못했다." 말을 전하러 온 사람들이 집에 돌아가 보니, 종
이 다 나아 있었다.
11-15 얼마 후에, 예수께서 나인이라는 마을로 가셨다. 제자들과 꽤 많은 무리가
그분과 함께 있었다. 그들이 마을 어귀에 다다랐을 때 장례 행렬과 마주쳤다.
한 여자의 외아들을 묻으러 가는 행렬이었다. 죽은 아들의 어머니는 과부였다.
예수께서 그 여자를 보시고 가슴이 미어지셨다. 예수께서 그 여자에게 "울지 마
라" 하고 말씀하셨다. 그러고는 가까이 다가가 관에 손을 대자, 관을 메고 가던
사람들이 걸음을 멈췄다. 예수께서 말씀하셨다. "청년아, 내가 네게 말한다. 일
어나라." 그러자 죽었던 아들이 일어나 앉아 말을 하기 시작했다. 예수께서 그
아들을 어머니에게 돌려주셨다.
16-17 모든 사람은 자신들이 지금 거룩한 신비의 자리에 있으며, 하나님께서 그들
가운데서 일하고 계심을 깨닫고는 조용히 경배했다. 그러고는 떠들썩하게 감사
하며, 서로 큰소리로 외쳤다. "하나님이 돌아오셔서, 자기 백성의 필요를 돌보
아 주신다!" 예수의 소문이 온 지역에 두루 퍼졌다.

세례자 요한

18-19 요한의 제자들이 이 모든 일을 요한에게 알렸다. 요한은 제자 가운데 두 사
람을 주님께 보내어 물었다. "우리가 기다려 온 분이 선생님이십니까, 아니면
아직도 기다려야 합니까?"
20 두 사람이 예수 앞에 와서 말했다. "세례자 요한이 우리를 선생님께 보내어
'우리가 기다려 온 분이 선생님이십니까, 아니면 아직도 기다려야 합니까?' 하
고 물어보라고 했습니다."
21-23 예수께서는 몇 시간에 걸쳐, 질병과 고통과 악한 귀신으로 시달리는 많은
사람들을 고쳐 주시고, 눈먼 많은 사람들의 눈을 뜨게 해주셨다. "가서 방금 너
희가 보고 들은 것을 요한에게 알려라.

눈먼 사람이 보고
저는 사람이 걷고
나병환자가 깨끗해지고
귀먹은 사람이 듣고
죽은 사람이 살아나며,
이 땅의 불쌍한 사람들에게

하나님의 환대와 구원이 베풀어지고 있다.

이것이 너희가 기대하던 것이냐? 그렇다면 너희야말로 복된 줄 알아라!"
24-27 요한이 보낸 사람들이 떠나자, 예수께서 요한에 대해 무리에게 더 말씀하셨
다. "그를 보러 광야로 나갈 때에 너희는 무엇을 기대했더냐? 주말을 쉬러 나온
사람이더냐? 아닐 것이다. 그럼 무엇이냐? 멋진 양복을 차려입은 교주더냐?
광야에서는 어림도 없다. 그럼 무엇이냐? 하나님의 메시지를 전하는 사람이
냐? 맞다, 하나님의 심부름꾼이다! 너희 평생에 최고의 하나님 심부름꾼일 것
이다. 그는 예언자 말라기가 말한 그 심부름꾼이다.

내가 내 심부름꾼을 앞서 보내어
네 길을 평탄하게 만들 것이다.

28-30 내가 너희에게 최대한 알기 쉽게 설명하겠다. 역사상 어느 누구도 세례자
요한보다 나은 사람은 없다. 그러나 그가 너희에게 준비시킨 천국에서는 가장
낮은 사람이라도 요한보다 앞선다. 요한의 말을 듣고 그에게 세례를 받아, 천국
에 들어온 평범하고 평판이 좋지 않은 사람들이 가장 분명한 증거다. 바리새인
과 종교 관리들은 그런 세례를 거들떠보지도 않았고, 자기보다 못한 사람들에
게 자기 자리를 내줄 마음도 없었다.
31-35 이 세대 사람들을 어떻게 설명할 수 있을까? 그들은 '우리는 더 놀고 이야
기하고 싶은데 엄마 아빠는 늘 피곤하고 바쁘다고 해요' 하고 불평을 늘어놓는
아이와 같다. 세례자 요한이 와서 금식하니 너희는 그가 미쳤다고 했다. 인자가
와서 실컷 먹으니 너희는 인자가 술고래라고 했다. 본래 여론조사는 믿을 만한
것이 못되지 않더냐? 음식 맛은 먹어 보아야 안다."

그분 발에 향유를 바른 여인

36-39 바리새인 가운데 한 사람이 예수를 식사에 초대했다. 예수께서 그 바리새
인의 집에 가셔서 저녁식탁에 앉으셨다. 마침 그 동네에 창녀인 한 여자가 있었
는데, 예수께서 바리새인의 집에 손님으로 와 계신다는 소식을 듣고는, 아주 값
비싼 향유 한 병을 가지고 왔다. 그 여자는 그분의 발치에 서서 울며, 그분 발에
눈물을 쏟았다. 그리고 자기 머리카락을 풀어 그분의 발을 닦고, 그 발에 입을
맞추고 향유를 발랐다. 예수를 초대한 바리새인이 그것을 보고는, "이 사람이
만일 내가 생각한 대로 예언자라면, 자기의 비위를 맞추는 이 여자가 어떤 부류
인지 알았을 텐데" 하고 혼잣말을 했다.
40 예수께서 그에게 말씀하셨다. "시몬아, 내가 너에게 할 말이 있다."
"말씀하십시오."
41-42 "두 사람이 은행가한테 빚을 졌다. 한 사람은 은화 오백을 빚졌고, 다른 한
사람은 오십을 빚졌다. 그런데 두 사람 다 갚을 수 없는 처지인 것을 알고는, 은

행가가 두 사람의 빚을 없는 것으로 해주었다. 그렇다면 두 사람 중에 누가 더
감사하겠느냐?"
43-47 시몬이 대답했다. "그야 더 많이 탕감받은 사람이겠지요."
"맞다." 예수께서 말씀하셨다. 그리고 여자 쪽을 바라보시며 계속해서 시몬에
게 말씀하셨다. "이 여자가 보이느냐? 내가 네 집에 왔을 때 너는 내게 발 씻을
물도 내주지 않았으나, 이 여자는 내 발에 눈물을 쏟고 자기 머리카락으로 닦았
다. 너는 내게 인사도 하지 않았으나, 이 여자는 내가 도착한 때부터 내 발에 입
맞추기를 그치지 않았다. 너는 기분을 상쾌하게 할 만한 것 하나 내놓지 않았으
나, 이 여자는 향유로 내 발의 피로를 덜어 주었다. 감동적이지 않느냐? 이 여
자는 아주 많은 죄를 용서받았다. 그래서 많이 감사한 것이다. 용서가 적으면
감사도 적은 법이다."
48 그러고 나서 예수께서 여자에게 말씀하셨다. "내가 네 죄를 용서한다."
49 그러자 식탁에 있던 손님들이 그분이 듣지 않는 데서 말했다. "자기가 누구라
고 죄를 용서한단 말인가!"
50 예수께서 그들을 무시하고 여자에게 말씀하셨다. "네 믿음이 너를 구원했다.
평안히 가거라."

8 1-3 예수께서 계획하신 대로, 마을마다 다니시며 하나님 나라를 전하시고,
메시지를 퍼뜨리셨다. 열두 제자가 그분과 함께했다. 일행 중에는 여러
악한 귀신의 괴롭힘과 질병에서 나은 여자들도 있었다. 일곱 귀신이 나간 막달
라라 하는 마리아와 헤롯의 관리인 구사의 아내 요안나와 수산나가 있었고, 그
외에도 많은 여자들이 자신들의 재물을 넉넉히 들여서 일행을 섬겼다.

씨 뿌리는 농부 이야기

4-8 그들이 이 마을 저 마을을 다니는데, 많은 사람들이 합류해서 함께 다녔다.
예수께서 그들에게 이 이야기로 말씀하셨다. "농부가 밭에 나가서 씨를 뿌렸다.
더러는 길 위에 떨어져서, 발에 밟히고 새들이 먹어 버렸다. 다른 씨는 자갈밭
에 떨어져서, 싹이 났으나 뿌리가 튼튼하지 못해 이내 시들어 버렸다. 다른 씨
는 잡초밭에 떨어져서, 씨와 함께 잡초가 자라 싹을 짓눌러 버렸다. 다른 씨는
비옥한 땅에 떨어져서, 풍작을 이루었다.
너희는 듣고 있느냐? 정말로 듣고 있느냐?"
9 제자들이 물었다. "왜 이 이야기를 말씀해 주셨습니까?"
10 예수께서 말씀하셨다. "너희에게는 하나님 나라를 아는 깨달음이 주어졌다.
너희는 하나님 나라가 어떻게 되어 가는지 안다. 다른 사람들에게는 이야기가
필요하다. 그러나 그들 가운데 일부는 이야기를 듣고도 깨닫지 못할 것이다.

그들은 눈을 떴으나 하나도 보지 못하고

귀가 열렸으나 하나도 듣지 못한다.

11-12 이 이야기는 그런 사람들 가운데 일부에 관한 것이다. 씨는 하나님의 말씀
이다. 길 위에 떨어진 씨는, 말씀을 듣지만 듣자마자 마귀가 그 말씀을 낚아채
가서, 믿어 구원을 얻지 못하는 사람이다.
13 자갈밭에 떨어진 씨는, 열성적으로 듣지만 그 열성에 깊이가 없는 사람이다.
그 열성은 또 한번의 유행일 뿐, 어려움이 닥치는 순간에 사라져 버린다.
14 잡초밭에 떨어진 씨는, 말씀을 듣지만 세상 사는 일로 내일을 염려하면서 돈
벌고 즐기느라, 씨가 자리 잡지 못해 아무 소득이 없는 사람이다.
15 그러나 좋은 땅에 떨어진 씨는, 무슨 일이 있어도 말씀을 붙잡고 견디면서, 추
수 때까지 변치 않는 선한 마음을 가진 사람이다."

들은 것을 전하지 않는 인색한 사람

16-18 "등불을 켜서 통으로 덮어 두거나 침대 밑에 두는 사람은 아무도 없다. 오히
려 단 위에 올려 두어, 방에 들어오는 사람들이 앞을 볼 수 있도록 한다. 우리는
비밀을 감추어 두지 않고, 오히려 말할 것이다. 숨기지 않고, 오히려 모든 것을
밝히 드러낼 것이다. 그러니 너희는 들은 것을 전하지 않는 인색한 사람이 되지
않도록 조심하여라. 베풂은 베풂을 낳는다. 인색하면 가난해진다."
19-20 예수의 어머니와 형제들이 왔으나 무리 때문에 그분께 가까이 갈 수 없었
다. 그분께 전갈이 왔다. "선생님의 어머니와 형제들이 선생님을 만나려고 밖에
서 있습니다."
21 예수께서 대답하셨다. "하나님의 말씀을 듣고 행하는 사람이 나의 어머니요
나의 형제다. 순종이 피보다 진하다."
22-24 하루는 예수와 제자들이 배에 올랐다. 예수께서 "호수를 건너가자"고 말씀
하셨고, 그들은 떠났다. 항해는 순탄했다. 예수께서는 잠이 드셨다. 그런데 갑
자기 호수에 사나운 풍랑이 몰아쳤다. 물이 들이쳐서 배가 뒤집힐 지경이었다.
제자들이 예수를 깨웠다. "주님, 주님, 우리가 빠져 죽겠습니다!"
예수께서 일어나셔서, 바람에게 "잠잠하여라!" 하시고, 파도에게 "잔잔하여라!"
명령하셨다. 그러자 호수가 이전처럼 고요해졌다.
25 예수께서 제자들에게 말씀하셨다. "왜 나를 신뢰하지 못하느냐?"
그들은 너무도 두려워서 어찌할 바를 모른 채, 겨우 입을 열었다. "도대체 이분
은 누구신가? 이분의 명령에 바람과 파도도 복종하다니!"

거라사의 귀신 들린 사람

26-29 그들은 배를 타고 갈릴리 바로 맞은편에 있는 거라사 사람들의 지방으로 갔
다. 예수께서 뭍에 내리시자, 그 동네 사람 하나가 그분과 마주쳤다. 그는 귀신
들에게 피해를 당하며 살아왔는데, 오랫동안 옷도 입지 않고 집을 떠나 묘지에
서 살았다. 그가 예수를 보더니 소리를 지르고, 그분 앞에 엎드려 고함쳤다. "무

슨 일로 내게 간섭합니까? 지극히 높으신 하나님의 아들 예수여, 제발 나를 괴
롭게 하지 마십시오!" (그 사람이 이렇게 말한 것은, 예수께서 이미 더러운 귀신에게 그 사
람한테서 나오라고 명령하셨기 때문이었다.) 귀신이 여러 번 그 사람에게 경련을 일으
키게 했기 때문에, 사람들이 그를 사슬과 족쇄에 채워 늘 감시했지만, 귀신 때
문에 미칠 때면 그는 그 결박을 끊어 버리곤 했다.
30-31 예수께서 그에게 물으셨다. "네 이름이 무엇이냐?"
"패거리입니다. 내 이름은 패거리입니다." 그가 이렇게 말한 것은, 그가 많은 귀
신들에 들렸기 때문이었다. 귀신들은 자기들을 지옥으로 보내지 말아 달라고
예수께 애원했다.
32-33 마침 근처 언덕에서 큰 돼지 떼가 땅을 파헤치며 먹을 것을 찾고 있었다. 귀
신들은 자기들을 돼지들 속으로 들어가게 해달라고 예수께 애걸했다. 예수께서
그렇게 하라고 말씀하셨다. 그러나 돼지 떼의 형편은 그 사람의 형편보다 더 나빠
졌다. 돼지들이 미쳐서 벼랑으로 우르르 몰려가더니, 호수에 빠져 죽은 것이다.
34-36 돼지를 치던 사람들이 혼비백산하여 도망쳐서, 시내와 마을에 그 이야기를
전했다. 사람들이 어찌 된 일인지 보려고 나왔다. 그들이 예수께 다가와서 보
니, 귀신 들렸던 사내가 단정한 옷차림과 멀쩡한 정신으로 예수의 발 앞에 앉아
있었다. 거룩한 순간이었다. 잠시지만 그들에게 호기심보다 경외심이 앞섰다.
그때, 그 일을 처음부터 목격한 사람들이 귀신 들린 사람이 어떻게 구원받았는
지 이야기해 주었다.
37-39 그 후에, 거라사 지방에서 온 많은 사람들이 예수께 그곳을 떠나 달라고 요
청했다. 그들은 너무 엄청나고 갑작스러운 변화가 두려웠기 때문이다. 예수께
서는 다시 배를 타고 떠나셨다. 귀신한테 놓인 사람이 자기도 함께 가게 해달라
고 간청했으나, 예수께서는 그를 돌려보내며 말씀하셨다. "집으로 가서, 하나님
께서 네게 행하신 일을 전부 말하여라." 그는 돌아가서, 예수께서 자기에게 행
하신 모든 일을 온 동네에 전했다.

믿음의 모험

40-42 예수께서 오시자, 무리가 그분을 반겼다. 그들 모두가 거기서 예수를 기다리
고 있었다. 그때 야이로라는 사람이 예수께 다가왔다. 회당장인 그는, 예수의 발
앞에 엎드려 자기 집에 가 주시기를 애원했다. 열두 살 난 그의 외동딸이 죽어가
고 있었기 때문이다. 예수께서 밀고 당기는 무리를 헤치며 그와 함께 가셨다.
43-45 그날 무리 가운데 십이 년 동안 혈루증으로 고생한 여자가 있었다. 그 여자
는 가지고 있던 돈을 의사한테 전부 썼으나 어느 누구도 그녀에게 도움이 되지
못했다. 여자는 뒤에서 슬그머니 다가가 예수의 옷자락을 만졌다. 그 순간에 출
혈이 멈추었다. 예수께서 말씀하셨다. "누가 내게 손을 대었느냐?"
아무도 나서지 않자, 베드로가 말했다. "주님, 수많은 사람들이 우리를 에워싸
고 있습니다. 손을 댄 사람이 수십 명은 될 것입니다!"
46 예수께서는 그냥 지나치지 않으셨다. "내게 손을 댄 사람이 있다. 내게서 능

력이 빠져나간 것을 내가 안다."
47 더 이상 숨길 수 없게 된 여자는, 떨며 그분 앞에 무릎을 꿇었다. 여자는 자신
이 왜 그분께 손을 댔으며, 그 순간 어떻게 병이 나았는지 사람들이 다 보는 앞
에서 털어놓았다.
48 예수께서 말씀하셨다. "딸아, 너는 나를 신뢰하는 믿음의 모험을 했고, 이제
다 나아서 온전해졌다. 잘 살아라. 복되게 살아라!"
49 예수께서 아직 말씀하시는 중에, 회당장의 집에서 사람이 와서 회당장에게
말했다. "따님이 죽었습니다. 이제 선생님을 괴롭게 해드릴 일이 없습니다."
50-51 예수께서 그 말을 들으시고 말씀하셨다. "당황하지 마라. 나만 신뢰하여라.
그러면 다 잘될 것이다." 집으로 들어가며, 예수께서는 베드로와 요한과 야고보
그리고 아이의 부모 외에는 아무도 들어오지 못하게 하셨다.
52-53 사람들이 모두 아이 때문에 울며불며 슬퍼하고 있었다. 예수께서 말씀하셨
다. "울지 마라. 이 아이는 죽은 것이 아니라 자고 있다." 사람들은 아이가 죽은
것을 알고 있었으므로, 그분을 비웃었다.
54-56 예수께서 아이의 손을 붙잡고 외치셨다. "내 사랑하는 아이야, 일어나라."
아이는 곧바로 일어나서, 다시 숨을 쉬었다! 예수께서 아이에게 먹을 것을 주
라고 말씀하셨다. 아이의 부모는 기뻐서 어쩔 줄 몰라했다. 예수께서는 이 일을
알리지 말라고 그들에게 엄히 명하셨다. "이 방에서 일어난 일을 아무에게도 말
하지 마라."

열두 제자를 파송하시다

9 1-5 예수께서 열두 제자를 부르셔서, 그들에게 모든 귀신을 다루고 병을
고치는 권세와 능력을 주셨다. 예수께서 하나님 나라의 소식을 전하고
병자를 고치는 일을 제자들에게 맡기셨다. 예수께서 말씀하셨다. "잔뜩 준비하
지 마라. 간소하게 하여라. 너희 자신을 준비하여라. 고급 여관도 안된다. 적당
한 곳을 찾아가 떠날 때까지 그곳으로 만족하여라. 사람들이 너희를 맞아들이
지 않거든, 그 마을을 떠나거라. 소란 피울 것 없다. 무시해 버리고 너희의 길을
가면 된다."
6 제자들은 위임을 받고서 길을 나섰다. 그들은 이 마을 저 마을로 다니면서 하
나님의 최신 소식, 곧 메시지를 전했고, 가는 곳마다 사람들을 고쳐 주었다.
7-9 통치자 헤롯은, 이런 일들이 진행된다는 이야기를 듣고서 어떻게 받아들여야
할지 몰랐다. 요한이 죽은 자들 가운데서 살아났다고 말하는 사람들도 있고, 엘
리야가 나타났다고 말하는 사람들도 있고, 또 옛 예언자가 출현했다고 말하는
사람들도 있었다. 헤롯은 말했다. "하지만 요한은 내가 목을 베어 죽였다. 그런
데 계속해서 내 귀에 이야기가 들려오는 이 사람은 누구냐?" 궁금한 마음에 헤
롯은 예수가 활동하는 모습을 볼 기회를 노렸다.
10-11 사도들이 돌아와서 자기들이 한 일을 보고했다. 예수께서는 그들만 따로 데
리고 벳새다라 하는 마을 근처로 가셨다. 그러나 무리가 눈치를 채고 따라왔다.

예수께서는 그들을 너그럽게 맞아 주셨고, 하나님 나라에 대해 말씀해 주셨다.
또한 치유가 필요한 사람들을 고쳐 주셨다.

너희가 먹을 것을 주어라

12 날이 저물자, 열두 제자가 말했다. "무리를 보내서, 근처 농가나 마을에서 하룻
밤 묵을 곳과 먹을 것을 구하게 해야겠습니다. 여기는 인적 없는 외딴 곳입니다."
13-14 "너희가 그들에게 먹을 것을 주어라." 예수께서 말씀하셨다.
제자들이 말했다. "우리에게 있는 것을 다 긁어모았지만, 빵 다섯 개와 물고기
두 마리뿐입니다. 저희가 직접 읍내에 가서 모두가 먹을 만큼 음식을 사 오지
않는 한, 그것이 전부입니다." (모인 사람의 수가 오천 명이 넘었다.)
14-17 예수께서 곧바로 제자들에게 말씀하셨다. "사람들을 오십여 명씩 무리 지어
앉게 하여라." 제자들은 말씀대로 했고, 곧 모두가 자리에 앉았다. 예수께서 빵
다섯 개와 물고기 두 마리를 손에 들고 하늘을 우러러 감사기도를 드리고 축복
하신 다음, 빵과 물고기를 떼어, 제자들에게 주시며 사람들에게 나눠 주게 하셨
다. 사람들이 모두 배불리 먹고 나서 남은 것을 거두니 열두 바구니가 되었다.

주님은 메시아이십니다

18 한번은 예수께서 따로 떨어져서 홀로 기도하시는데, 제자들이 가까이에 있었
다. 예수께서 물으셨다. "무리가 나에 대해 뭐라고 말하더냐? 나를 누구라고 하
더냐?"
19 제자들이 말했다. "세례자 요한이라고 합니다. 엘리야라고 하는 사람들도 있
고, 옛 예언자 가운데 한 사람이 돌아왔다고 하는 사람들도 있습니다."
20-21 그러자 예수께서 물으셨다. "그러면 너희는 나를 누구라고 말하겠느냐? 내
가 누구냐?"
베드로가 대답했다. "하나님의 메시아이십니다." 그러자 예수께서 그것을 비밀
로 하라고 제자들에게 경계하셨다. 베드로가 한 말을 아무에게도 이야기하지
말라고 말씀하셨다.
22 예수께서 계속해서 말씀하셨다. "이제부터 인자는 처참한 고난을 받고, 종교
지도자와 대제사장과 종교 학자들에게 재판에서 유죄를 선고받아 죽임을 당하
고, 사흘째 되는 날에 다시 살아나야 한다."
23-27 이어서 예수께서 그들에게 예상되는 일을 말씀해 주셨다. "누구든지 나와
함께 가려면 내가 가는 길을 따라야 한다. 결정은 내가 한다. 너희가 하는 것이
아니다. 고난을 피해 달아나지 말고, 오히려 고난을 끌어안아라. 나를 따라오너
라. 그러면 내가 방법을 일러 주겠다. 자기 스스로 세우려는 노력에는 아무 희
망이 없다. 자기를 희생하는 것이야말로 너희 자신, 곧 너희의 참된 자아를 찾
는 길이며, 나의 길이다. 원하는 것을 다 얻고도 참된 자기 자신을 잃으면 무슨
유익이 있겠느냐? 너희 가운데 누구든지 나와 너희를 인도하는 내 방식을 부끄
러워하면, 인자도 모든 영광에 싸여 아버지와 거룩한 천사들과 함께 올 때, 그

를 더 부끄럽게 여길 줄로 알아라. 이것은 믿을 수 없는 훗날의 이야기가 아니
다. 잘 알아 두어라. 여기 서 있는 사람들 가운데 그런 일이 일어나는 것을 볼
사람들도 있다. 그들은 자기 눈으로 하나님 나라를 볼 것이다."

영광 가운데 계신 예수

28-31 그 말씀을 하시고 여드레쯤 지나서, 예수께서 베드로와 요한과 야고보를 데
리고 기도하러 산에 올라가셨다. 기도하는 중에, 그분의 얼굴 모습이 변하고 그
분의 옷이 눈부시게 하얘졌다. 동시에 두 사람이 거기서 예수와 이야기하고 있
었다. 알고 보니 그들은 모세와 엘리야였다. 그들의 모습이 몹시 영광스러웠다!
그들은 예수께서 예루살렘에서 이루실 일, 곧 그분의 떠나심에 대해 이야기를
나누었다.
32-33 한편, 베드로와 그 일행은 잠에 취해 있었다. 그들이 깨어 눈을 비비며 보
니, 예수께서 영광 가운데 계시고 그 곁에 두 사람이 서 있는 것이 보였다. 모세
와 엘리야가 떠난 뒤에 베드로가 예수께 말했다. "주님, 지금은 중대한 순간입
니다! 기념비 셋을 세우는 것이 어떻겠습니까? 하나는 주님을 위해, 하나는 모
세를 위해, 하나는 엘리야를 위해서 말입니다." 이것은 베드로가 무심코 내뱉은
말이었다.
34-35 베드로가 이렇게 말을 하고 있는데, 빛처럼 환한 구름이 그들을 덮었다. 구
름 속에 묻히자, 그들은 하나님을 깊이 느끼게 되었다. 그때 구름 속에서 한 음
성이 들려왔다. "이는 내 아들, 내가 택한 자다! 그의 말을 들어라."
36 그 음성이 사라지자, 그곳에 예수만 홀로 계셨다. 그들은 한동안 할 말을 잃은
채로 있었다. 그들은 자기들이 본 것을, 그때에는 아무에게도 말하지 않았다.

37-40 이튿날 그들이 산에서 내려오니, 큰 무리가 그들을 맞이했다. 무리 가운데
한 사람이 외쳤다. "부탁입니다, 선생님. 제 아들 좀 봐 주십시오. 하나뿐인 제
자식입니다. 귀신이 아이를 사로잡을 때마다, 아이는 갑자기 비명을 지르고 경
련을 일으키며 입에 거품을 뭅니다. 귀신은 아이를 때려서 검푸른 멍이 들게 해
놓고서야 떠납니다. 제가 아이를 구해 달라고 선생님의 제자들에게 부탁했으
나, 그들은 하지 못했습니다."
41 예수께서 말씀하셨다. "하나님도 모르고 삶에 중심도 없는 세대여! 내가 같은
말을 몇 번이나 해야 하느냐? 얼마나 더 참아야 하느냐? 네 아들을 이리 데려
오너라."
42-43 아이가 나아오자, 귀신은 아이를 바닥에 내동댕이치고 경련을 일으키게 했
다. 예수께서 더러운 귀신에게 나가라고 명하시고, 아이를 고쳐서 그 아버지에
게 돌려주셨다. 사람들이 모두 고개를 끄덕이며, 하나님의 위대하심과 그분의
크신 위엄에 놀라워했다.

43-44 사람들이 둘러서서 그분이 하시는 모든 일을 보고 감탄하고 있는데, 예수께
서 제자들에게 말씀하셨다. "이제 내가 하는 말 하나하나를 마음에 두고 곰곰이
되새겨 보아라. 인자는 사람들의 손에 넘어갈 것이다."
45 제자들은 예수께서 하시는 말씀을 알아듣지 못했다. 마치 예수께서 외국어로
말씀하셔서, 그들이 전혀 감을 잡지 못하는 것 같았다. 당황한 그들은 그 말씀
이 무슨 뜻인지 예수께 묻지도 못했다.
46-48 제자들은 그들 가운데 누가 가장 유명해질지, 말다툼을 벌이기 시작했다.
예수께서 그것이 그들에게 아주 중요한 문제인 것을 아시고, 어린아이 하나를
곁으로 데려와 말씀하셨다. "누구든지 이 아이를 나로 여기고 받아들이는 사람
은, 곧 나를 받아들이는 것이다. 또한 누구든지 나를 받아들이는 사람은, 나를
보내신 분을 받아들이는 것이다. 이와 같이 내세울 때가 아니라 받아들일 때 큰
사람이 된다. 중요한 것은 눈에 보이는 크기가 아니라, 너희의 영이다."
49 요한이 당당히 말했다. "주님, 어떤 사람이 주님 이름으로 귀신을 쫓아내는
것을 보고 우리가 막았습니다. 그가 우리에게 속한 사람이 아니어서 그렇게 했
습니다."
50 예수께서 말씀하셨다. "그를 막지 마라. 그가 적이 아니라면, 곧 우리 편이다."
51-54 승천하실 때가 가까워 오자, 예수께서 마음을 단단히 먹고 용기를 내어 예
루살렘을 향해 길을 떠나셨다. 예수께서 심부름꾼들을 앞서 보내셨다. 그들은
그분을 맞을 곳을 준비하려고 사마리아의 어느 마을로 갔다. 그러나 그분의 행
선지가 예루살렘이라는 것을 안 사마리아 사람들은 그분을 맞아들이지 않았다.
제자인 야고보와 요한이 그 이야기를 듣고 말했다. "주님, 우리가 하늘에서 번
갯불을 내려오게 해서 저들을 태워 버릴까요?"
55-56 예수께서 그들을 꾸짖으셨다. "옳지 않다!" 그들은 다른 마을로 발걸음을
옮겼다.
57 길을 가고 있는데, 어떤 사람이 자기도 함께 가도 되는지 물었다. 그는 "어디
든지 주님과 함께 가겠습니다" 하고 말했다.
58 예수께서 잘라 말씀하셨다. "고생할 각오가 되어 있느냐? 너도 알다시피, 우
리가 묵는 곳은 일류 호텔이 아니다."
예수께서 또 다른 사람에게 말씀하셨다. "나를 따라오너라."
59 그가 말했다. "그렇게 하겠습니다. 하지만 며칠 말미를 주십시오. 아버지 장
례 준비를 해야 합니다."
60 예수께서 거절하셨다. "중요한 일이 먼저다. 네 본분은 삶이지 죽음이 아니
다. 삶은 긴박하다. 하나님 나라를 알려라."
61 그때 또 다른 사람이 말했다. "주님, 저는 주님을 따라갈 준비가 되었습니다.
하지만 먼저 집에 정리할 일이 있으니 허락해 주십시오."
62 예수께서 말씀하셨다. "머뭇거리지 마라. 뒤돌아보지도 마라. 하나님 나라를
내일로 미룰 수는 없다. 오늘 기회를 잡아라."

이리 떼 가운데 있는 어린양

10

1-2 그 후에 주님께서 일흔 명을 뽑으시고, 앞으로 그분이 가시려는
모든 성읍과 지역으로 그들을 둘씩 짝지어 보내셨다. 예수께서 그들
에게 당부하셨다.
"추수할 것이 이토록 많은데, 추수할 일손은 얼마나 적은가! 그러니 추수할 일
손을 보내 달라고 추수의 하나님께 무릎 꿇고 기도하여라.
3 가거라! 그러나 조심하여라. 이것은 위험한 일이다. 너희는 이리 떼 가운데 있
는 어린양들 같다.
4 짐을 가볍게 하고 다녀라. 빗과 칫솔이면 된다. 그 이상은 필요 없다.
길에서 만나는 모든 사람과 노닥거리거나 잡담하지 마라.
5-6 어느 집에 들어가든지, 그 가족에게 '평화를 빕니다' 하고 인사하여라. 그들
이 너희의 인사를 받아들이면, 그곳에 머물러도 좋다. 그러나 받아들이지 않거
든, 인사를 거두고 나오너라. 억지로 하지 마라.
7 한 집에 머물면서 거기서 주는 음식을 먹어라. 일꾼이 든든한 세 끼 식사를 하
는 것이 마땅하다. 동네에서 음식 솜씨가 좋은 사람을 찾아서 이 집 저 집 옮겨
다니지 마라.
8-9 어느 성읍에 들어갔는데 너희를 받아들이거든, 그들이 차려 주는 것을 먹고,
병든 사람은 누구나 고쳐 주며, '하나님 나라가 바로 너희 문 앞에 있다!'고 말하
여라.
10-12 어느 성읍에 들어갔는데 너희를 받아들이지 않거든, 거리로 나가서 이렇게
말하여라. '우리가 너희한테서 얻은 것이라고는 우리 발의 먼지뿐이다. 이제 그
것마저 돌려주겠다. 너희는 하나님 나라가 바로 너희 문 앞에 있었다는 것을 알
고 있느냐?' 심판 날에 차라리 소돔이 너희를 거부한 성읍보다 나을 것이다.
13-14 고라신아, 화가 있을 것이다! 벳새다야, 화가 있을 것이다! 너희에게 주어
진 기회의 절반만 두로와 시돈에게 주어졌어도, 그들은 오래전에 무릎 꿇고 회
개하며 자비를 구했을 것이다. 심판 날에 두로와 시돈이 너희보다 견디기 쉬울
것이다.
15 가버나움아! 네가 하늘까지 높아질 것 같으냐? 다시 생각하여라. 너는 지옥
으로 굴러 떨어질 것이다.
16 너희 말을 듣는 사람은, 곧 내 말을 듣는 것이다. 너희를 거부하는 사람은, 곧
나를 거부하는 것이다. 그리고 나를 거부하는 것은, 나를 보내신 하나님을 거부
하는 것이나 마찬가지다."
17 일흔 명이 의기양양해서 돌아왔다. "주님, 귀신들조차 주님의 명령대로 따랐
습니다."
18-20 예수께서 말씀하셨다. "나도 안다. 사탄이 하늘에서 번갯불처럼 떨어지는
것을 내가 보았다. 내가 너희에게 무엇을 주었는지 알겠느냐? 너희는 뱀과 전
갈을 밟고 걸어도 무사히 지날 것이며, 원수의 공격에도 보호받을 것이다. 아무
도 너희를 건드릴 자가 없을 것이다. 그러나 위대한 승리는 악을 다스리는 너희

의 권세에 있지 않고, 너희를 다스리시는 하나님의 권세와 너희와 함께하시는
그분의 임재에 있다. 너희가 하나님을 위해 하는 일이 아니라 하나님께서 너희
를 위해 하시는 일, 바로 그것이 너희가 기뻐해야 할 제목이다."
21 그때에, 예수께서 성령으로 한없이 기뻐하셨다. "하늘과 땅의 주인이신 아버
지, 이것을 다 아는 체하는 사람들에게 숨기시고 천진난만한 초보자들에게 보
여주시니 감사합니다. 그렇습니다, 아버지. 아버지께서는 이렇게 하기를 기뻐
하셨습니다.
22 나는 아버지에게서 이 모든 것을 받았습니다! 오직 아버지만이 아들이 누구
인지 아시며, 오직 아들만이 아버지가 누구신지 압니다. 아들은 자기가 원하는
사람 누구에게나 아버지를 소개할 수 있습니다."
23-24 그러고 나서 예수께서 제자들에게 따로 은밀히 말씀하셨다. "너희가 지금
보고 있는 것을 보는 눈은 복이 있다! 많은 예언자와 왕들이 너희가 지금 보는
것을 보고 너희가 지금 듣는 것을 들을 수만 있었다면, 자신의 오른팔이라도 내
놓았을 것이다. 하지만 그들은 희미하게라도 보지 못했고, 속삭이는 소리조차
듣지 못했다."

강도 만난 사람의 이웃

25 그때에 어떤 종교 학자가 일어나 예수를 시험하는 질문을 던졌다. "선생님,
제가 무엇을 해야 영원한 생명을 얻겠습니까?"
26 예수께서 대답하셨다. "하나님의 율법에 어떻게 기록되어 있느냐? 너는 그것
을 어떻게 해석하느냐?"
27 그가 말했다. "'네 열정과 간구와 힘과 지성을 다해 주 너의 하나님을 사랑하
라' 하였고, 또 '네 자신을 사랑하는 것같이 네 이웃을 사랑하라' 하였습니다."
28 "잘 대답했다." 예수께서 말씀하셨다. "그것을 행하여라. 그러면 네가 살 것
이다."
29 그는 빠져나갈 길을 찾으면서 물었다. "그러면 선생님은 이웃을 어떻게 정의
하겠습니까?"
30-32 예수께서 그 대답으로 이야기를 하나 들려주셨다. "어떤 사람이 예루살렘에
서 여리고로 가고 있는데, 도중에 강도들의 습격을 받았다. 강도들은 그의 옷을
빼앗고 때려 거의 죽게 해놓고는, 버려두고 가 버렸다. 다행히, 제사장이 같은
길로 내려가고 있었다. 그러나 그는 다친 사람을 보고는 방향을 바꿔 다른 쪽으
로 비켜 갔다. 이어서 경건한 레위 사람이 나타났다. 그 역시 부상당한 사람을
피해 갔다.
33-35 그 길을 가던 어떤 사마리아 사람이 그 사람에게 다가왔다. 사마리아 사람
은 그 사람의 처지를 보고는 가엾은 마음이 들었다. 그는 상처를 소독하고 붕대
를 감아 응급조치를 한 뒤에, 그를 자기 나귀에 태워 여관으로 데려가 편히 쉬
게 해주었다. 아침에 그는 은화 두 개를 꺼내 여관 주인에게 주면서 말했다. '이
사람을 잘 돌봐 주십시오. 비용이 더 들면 내 앞으로 계산해 두십시오. 내가 돌

아오는 길에 갚겠습니다.'
[36] 네 생각은 어떠냐? 세 사람 가운데 누가 강도 만난 사람의 이웃이 되었겠느냐?"
[37] 종교 학자가 대답했다. "친절을 베푼 사람입니다."
예수께서 말씀하셨다. "너도 가서 똑같이 하여라."

마르다와 마리아

38-40 계속해서 길을 가다가, 예수께서 한 마을에 들어가셨다. 마르다라는 여자가 그분을 맞아 편히 쉬도록 모셨다. 그녀에게 마리아라는 동생이 있었는데, 마리아는 주님 앞에 앉아 그분의 말씀을 경청하고 있었다. 그러나 마르다는 해야 할 온갖 부엌일로 마음이 분주했다. 얼마 후에, 마르다가 그들의 이야기를 끊고 끼어들었다. "주님, 제 동생이 부엌일을 저한테만 떠넘기고 있는데, 그냥 두십니까? 저를 좀 거들어 주라고 동생에게 말씀해 주십시오."
41-42 주님께서 말씀하셨다. "마르다야, 사랑하는 마르다야, 네가 지나치게 염려하여 아무것도 아닌 일로 흥분하고 있구나. 마리아는 가장 중요한 한 가지 일을 택했다. 그러니 마리아는 그것을 빼앗기지 않을 것이다."

필요한 것을 솔직하게 구하여라

11

[1] 하루는 예수께서 한 곳에서 기도하고 계셨다. 예수께서 기도를 마치자, 제자들 가운데 한 사람이 말했다. "주님, 요한이 자기 제자들에게 한 것처럼 저희에게도 기도를 가르쳐 주십시오."
2-4 그러자 예수께서 말씀하셨다. "너희는 기도할 때 이렇게 하여라.

아버지,
아버지가 어떤 분이신지 드러내소서.
세상을 바로잡아 주소서.
든든한 세 끼 식사로 우리가 살아가게 하소서.
아버지께 용서받은 우리가 다른 사람들을 용서하게 하소서.
우리를 우리 자신에게서와, 마귀에게서 안전하게 지켜 주소서."

5-6 예수께서 말씀하셨다. "너희가 한밤중에 친구에게 가서 이렇게 말하면 어떻게 될지 상상해 보아라. '친구여, 내게 빵 세 덩이를 빌려 주게. 옛 친구가 여행을 하다가 방금 찾아왔는데, 내 수중에 아무것도 없네.'
[7] 친구가 침대에서 대답했다. '귀찮게 굴지 말게. 문도 닫혔고 아이들도 다 자려고 누웠다네. 그러니 내가 일어나 자네에게 아무것도 줄 수가 없네.'
[8] 그러나 내가 너희에게 말한다. 비록 그가 친구라는 이유로는 일어나지 않더라도, 너희가 물러서지 않고 그 자리에 서서 계속 문을 두드려 이웃들을 다 깨운다면, 그가 일어나서 무엇이든 필요한 것을 줄 것이다.
[9] 내가 하려는 말은 이것이다.

구하여라, 그러면 받을 것이다.
찾아라, 그러면 발견할 것이다.
두드려라, 그러면 문이 열릴 것이다.

10-13 하나님과 흥정하지 마라. 솔직하게 말씀드려라. 필요한 것을 구하여라. 우리는 쫓고 쫓기는 게임이나 숨바꼭질을 하고 있는 것이 아니다. 너희 어린 아들이 생선을 달라고 하는데, 살아 있는 뱀을 접시에 담아 아이를 무섭게 하겠느냐? 너희 어린 딸이 계란을 달라고 하는데, 거미를 주며 아이를 속이겠느냐? 너희가 아무리 악해도 그런 생각은 하지 않을 것이다. 너희도 자기 자식에게는 최소한의 예의를 지킨다. 그렇다면, 너희를 사랑으로 잉태하신 아버지께서 너희가 구할 때 성령을 주시지 않겠느냐?"

중립지대는 없다

14-16 예수께서 어떤 사람을 말 못하게 하는 귀신에게서 구해 주셨다. 귀신이 떠나가자, 그 사람이 쉴 새 없이 말하는 것을 보고 무리가 깜짝 놀랐다. 그러나 그들 가운데 더러는 빈정대며 말했다. "마술이다. 소맷자락에서 마귀의 속임수를 끄집어낸 것이다." 또 어떤 사람은 미심쩍은 태도를 보이면서도, 그분이 굉장한 기적으로 자신을 입증해 주기를 바라며 서성댔다.
17-20 예수께서 그들의 생각을 아시고 말씀하셨다. "장기간 내전을 벌이는 나라는 황폐해진다. 늘 싸움질하는 가정은 무너지게 마련이다. 사탄이 사탄을 없애면, 어느 사탄이 남아나겠느냐? 너희는 내가 귀신들의 왕인 마귀와 한패가 되어 귀신을 쫓아낸다고 비난한다. 그러나 너희가 나를 마귀라고 욕하며 마귀 쫓아내는 마귀라고 부른다면, 너희의 귀신 쫓아내는 자들에게도 똑같은 욕이 되지 않겠느냐? 그러나 내가 하나님의 손가락으로 귀신들을 몰아내는 것이라면, 하나님 나라가 확실히 여기 있는 것이다.
21-22 강한 사람이 완전 무장하고 자기 집 마당에 지키고 서 있으면, 그의 재산은 끄떡없이 안전하다. 그러나 더 강한 사람이 더 강한 무기를 들고 오면 어찌 되겠느냐? 그는 자기 수법에 자기가 당하고 말 것이다. 그가 그토록 믿었던 무기고는 탈취당하고, 귀한 재물은 약탈당한다.
23 이것은 전쟁이며, 중립지대는 없다. 내 편이 아니라면, 너희는 내 적이다. 돕지 않으면 방해하는 것이다.
24-26 사람에게서 쫓겨난 더러운 귀신은 광야를 이리저리 떠돌며 자기가 들어갈 만한 오아시스, 곧 순진한 영혼을 찾아다닌다. 아무도 찾지 못하면, 귀신은 '내가 전에 있던 소굴로 돌아가자' 하고 말한다. 돌아가 보니, 그 사람 안은 쓸고 닦아 깨끗한데, 텅 비어 있다. 그래서 귀신은 달려가서 자기보다 더 더러운 귀신을 일곱이나 끌어 모아서는, 다 함께 그 사람 안에 들어가 난장판을 벌인다. 결국 그 사람의 상태는 깨끗함을 받지 않았던 처음보다 훨씬 나빠진다."
27 예수께서 이 말씀을 하고 있는데, 웅성거리는 무리 가운데서 어떤 여자가 목

소리 높여 말했다. "선생님을 밴 태와 선생님을 먹인 가슴은 복이 있습니다!"
28 예수께서 덧붙이셨다. "하나님의 말씀을 듣고 자기 삶으로 그 말씀을 지키는
사람이 훨씬 더 복이 있다!"

요나의 증거

29-30 무리가 점점 늘어나자, 예수께서 화제를 바꾸셨다. "이 시대의 풍조가 다 잘
못되었다. 사람마다 증거를 찾고 있으나 엉뚱한 증거를 찾고 있다. 너희는 너희
의 호기심을 만족시켜 주고, 기적에 대한 너희의 욕망을 채워 줄 무언가를 찾고
있다. 그러나 너희가 얻게 될 유일한 증거는, 요나가 니느웨 사람들에게 준 증
거뿐이다. 그것은 전혀 증거처럼 보이지 않는다. 인자와 이 시대는 요나와 니느
웨 같다.
32, 31 심판 날에 니느웨 사람들이 일어나 이 세대를 정죄할 증거를 내놓을 것이
다. 요나가 설교할 때, 그들이 자신들의 삶을 고쳤기 때문이다. 요나보다 더 큰
설교자가 여기 있는데도, 너희는 증거를 따지고 있다. 심판 날에, 시바 여왕이
앞에 나와서 이 세대를 정죄할 증거를 제시할 것이다. 여왕이 지혜로운 솔로몬
의 말을 들으려고 먼 땅 끝에서부터 찾아왔기 때문이다. 솔로몬의 지혜보다 더
큰 지혜가 바로 너희 앞에 있는데도, 너희는 증거 운운하며 억지를 부리고 있다.
33-36 등불을 켜서 서랍 속에 숨겨 두는 사람은 아무도 없다. 등불은 단 위에 둔
다. 그래야 방에 들어오는 사람들이 그 빛 덕분에 자신이 어디로 가는지 보고
다닐 수 있다. 네 눈은 네 온몸을 밝혀 주는 등불이다. 네가 경이와 믿음으로 눈
을 크게 뜨고 살면, 네 몸은 빛으로 가득해진다. 네가 탐욕과 불신으로 곁눈질
하고 살면, 네 몸은 음습한 지하실이 된다. 네 몸이 곰팡내 나고 어둠침침하게
되지 않으려면, 눈을 뜨고 살면서 네 등불이 계속 타오르게 하여라. 빛이 가장
잘 드는 네 방처럼, 네 삶에도 늘 빛이 잘 들게 하여라."

사기꾼들아!

37-41 예수께서 이 말씀을 마치자, 바리새인 하나가 그분을 저녁식사에 초대했다.
예수께서 그의 집에 들어가 식탁 앞에 앉으셨다. 바리새인은 예수께서 식사 전
에 손을 씻지 않는 것을 보고 기분이 언짢았다. 그러자 주님께서 그에게 말씀하
셨다. "너희 바리새인들이 햇빛에 반짝일 정도로 컵과 접시 겉에 광을 내는 것
을 나는 알고 있다. 그러나 나는 너희 속에 탐욕과 은밀한 악이 득실거리는 것
도 알고 있다. 미련한 바리새인들아! 겉을 지으신 분께서 속도 지으시지 않았느
냐? 너희 주머니와 너희 마음 둘 다를 뒤집어서 가난한 사람들에게 후히 베풀
어라. 그러면 너희의 그릇과 손뿐 아니라, 너희의 삶도 깨끗해질 것이다.
42 나는 이제 너희라면 지긋지긋하다! 너희 바리새인들아! 사기꾼들아! 너희는
도무지 구제 불능이구나! 너희는 꼼꼼히 장부를 적어 가며 동전 하나에까지 십
일조를 내지만, 정의와 하나님의 사랑 같은 기본적인 것에서는 용케도 빠져나
갈 길을 찾아낸다. 정성스런 장부 정리도 좋지만, 기본은 반드시 해야 하는 것

이다.
43-44 너희 바리새인들아! 사기꾼들아! 너희는 도무지 구제 불능이구나! 너희는
교회 식사 때 상석에 앉는 것을 좋아하고, 사람들의 화려한 칭찬에 우쭐하는 것
을 좋아한다. 사기꾼들아! 너희는 꼭 묘지 표지가 없는 무덤과 같다. 사람들은
깔끔하게 정리된 잔디를 밟고 다니지만, 그 2미터 아래 땅 속은 온통 썩고 부패
한 것을 알 턱이 없다."
45 종교 학자 가운데 한 사람이 말했다. "선생님, 그렇게 말하면 우리에게까지
모욕이 된다는 것을 아는지요?"
46 예수께서 말씀하셨다. "그렇다. 이보다 더 노골적으로 말할 수도 있다. 너희
종교 학자들아! 너희는 도무지 구제 불능이구나! 너희는 사람들에게 온갖 규칙
과 규정의 짐을 잔뜩 지워서 그야말로 등골이 휘어지게 하면서, 도와주려고 손
가락 하나 까딱하지 않는다.
47-51 너희는 도무지 구제 불능이구나! 너희는 너희 조상들이 죽인 예언자들을 위
해 무덤을 쌓는다. 그러나 너희가 쌓는 무덤은 살해당한 예언자들을 기념하는
것이 아니라, 오히려 살인자인 너희 조상들을 기념하는 것이다. 그래서 하나님
의 지혜도 말하기를, '내가 그들에게 예언자와 사도들을 보내겠지만, 그들이 이
들을 죽이고 쫓아낼 것이다'라고 한 것이다. 이것은 아벨의 피에서부터 제단과
성소 사이에서 죽임당한 사가랴의 피까지, 땅이 시작된 이래로 지금까지 흘린
모든 의로운 피가 다 너희 책임이라는 뜻이다. 그렇다. 그것이 이 세대의 계산
서에 올라 있으니 이 세대가 갚아야 할 것이다.
52 너희 종교 학자들아! 너희는 도무지 구제 불능이구나! 너희는 지식의 열쇠를
가지고 있지만, 문을 열지 않고 오히려 잠가 버렸다. 너희 자신도 들어가려 하
지 않고, 다른 사람도 들어가지 못하게 한다."
53-54 예수께서 식탁을 떠나시자마자, 종교 학자와 바리새인들이 격분했다. 그들
은 어떻게 그분의 입에서 나오는 말로 그분을 함정에 빠뜨릴까 모의하며, 그분
이 하신 말씀을 하나하나 따져 보았다.

더러운 누룩을 주의하여라

12 1-3 어느새 무리가 수천 명으로 엄청나게 늘어나, 서로 발에 밟힐 지
경이 되었다. 그러나 예수의 일차적인 관심은 제자들에게 있었다.
예수께서 제자들에게 말씀하셨다. "바리새인들의 누룩, 바리새인들의 겉치레에
더럽혀지지 않도록 주의하여라. 너희는 자신의 참 자아를 영원히 감춰 둘 수 없
다. 머잖아 본 모습이 드러나게 되어 있다. 너희는 종교의 가면 뒤에 영원히 숨
을 수 없다. 머잖아 가면이 벗겨지고 진짜 얼굴이 드러날 것이다. 너희가 은밀
한 데서는 이렇게 속삭이고, 사람들 앞에서는 그와 정반대로 전할 수 없다. 너
희가 속삭이며 한 말을 온 동네에 대고 다시 말할 날이 올 것이다.
4-5 나의 사랑하는 친구인 너희에게 말한다. 종교 불량배들이 허세를 부리며 위
협한다고 해서 침묵하거나 진실함을 잃어서는 안된다. 물론 그들이 너희를 죽

일 수는 있겠지만, 그 후에 너희를 어찌할 수 있겠느냐? 그들이 너희 존재의 중
심인 너희 영혼에 할 수 있는 일이란 아무것도 없다. 너희는 너희 삶 전체—몸
과 영혼—를 그 손에 붙잡고 계시는 하나님만 두려워하면 된다.
6-7 애완용 카나리아 두세 마리의 값이 얼마더냐? 푼돈이 아니냐? 그러나 하나
님은 한 마리라도 절대 그냥 지나치지 않으신다. 그분께서 너희에게는 더 정성
을 쏟으신다. 세세한 것까지 일일이 돌보시며, 심지어 너희의 머리카락까지 다
세신다! 그러니 괴롭히는 자들의 이런저런 말에 겁먹지 마라. 너희는 카나리아
수백만 마리보다 더 귀하다.
8-9 너희는 사람들 앞에서 내 편을 들어라. 그러면 인자도 하나님의 모든 천사들
앞에서 너희 편을 들 것이다. 그러나 너희가 나를 모른 척한다면, 내가 하나님
의 천사들 앞에서 너희를 변호해 줄 것 같으냐?
10 너희가 오해나 무지로 인해 인자를 비방하면, 그것은 그냥 넘어갈 수 있다. 그
러나 성령을 겨냥해 고의로 하나님을 공격하면, 그것은 그냥 넘어갈 수 없다.
11-12 사람들이 너희를 회당이나 즉결재판소의 재판관 앞으로 끌고 가더라도, 너
희는 자신을 변호할 일로—무엇을 어떻게 말해야 할지—걱정하지 마라. 꼭 맞는
말이 떠오를 것이다. 때가 되면 성령께서 꼭 맞는 말을 너희에게 주실 것이다."

어리석은 부자 이야기

13 무리 가운데 누군가 말했다. "선생님, 제 형에게 명하여 집안의 유산을 제게
공평하게 떼어 주라고 말씀해 주십시오."
14 예수께서 대답하셨다. "이 사람아, 어떻게 내 일이 너희의 재판관이나 중재자
가 되는 것이겠느냐?"
15 예수께서 사람들에게 말씀하셨다. "조심하여라! 털끝만한 탐심에도 빠져들지
않도록 너희 자신을 지켜라. 너희의 소유가 많더라도, 그 소유가 너희의 삶을
규정해 주지 않는다."
16-19 그 후에 예수께서 그들에게 이런 이야기를 들려주셨다. "어느 부자의 농사
가 풍년이 들었다. 그가 혼잣말로 말했다. '어쩌지? 이 수확물을 두기에 내 창고
가 좁구나.' 그러다가 이렇게 말했다. '이렇게 하자. 창고를 헐고 더 크게 짓자.
그리고 내 곡식과 재산을 다 모아들이고 내 자신에게 이렇게 말해야겠다. "잘했
다! 너는 크게 성공했으니 이제 은퇴해도 좋다. 편안히 네 인생을 즐겨라!"'
20 바로 그때에 하나님께서 나타나 말씀하셨다. '어리석은 사람아! 오늘밤 너는
죽는다. 그러면 창고에 가득한 네 재산은 누구 것이 되겠느냐?'
21 너희의 창고를 하나님이 아니라 너희의 자아로 채우면 바로 이렇게 된다."

하나님께서 일하시는 방식

22-24 예수께서 같은 주제로 제자들에게 더 말씀하셨다. "너희는 식사 때 식탁에
무엇이 오르고 옷장에 있는 옷들이 유행에 맞는지 따위로 안달하며 설치지 마
라. 너희 내면의 삶은 뱃속에 넣는 음식이 전부가 아니며, 너희의 겉모습도 몸

에 걸치는 옷이 전부가 아니다. 까마귀를 보아라. 얽매일 것 없이 자유롭고, 업
무에 속박되지 않으며, 하나님이 돌보시니 염려가 없다. 너희는 그 까마귀보다
훨씬 더 중요하다.
25-28 거울 앞에서 설친다고 해서 키가 1센티미터라도 커진 사람이 있더냐? 그래
봐야 소용없는 일인데, 왜 야단법석을 떠느냐? 들판에 나가 들꽃을 보아라. 들
꽃은 외모 때문에 안달복달하는 법이 없지만, 너희는 여태 그런 색깔이나 디자
인을 본 적이 있느냐? 이 나라의 남녀 베스트드레서 열 명이라도 그 꽃 옆에 서
면 초라해 보인다. 아무도 보아 주지 않는 들꽃에도 그토록 정성을 들이시는데,
하물며 하나님께서 너희를 돌보시고 자랑스러워하시며, 너희를 위해 최선을 다
하시지 않겠느냐?
29-32 나는 지금 너희로 여유를 갖게 하려는 것이며, 손에 넣는 데 온통 정신을 빼
앗기지 않게 해서, 베푸시는 하나님께 반응하도록 하려는 것이다. 하나님과 그
분의 일하시는 방식을 모르는 사람은 그런 일로 안달하지만, 너희는 하나님을
알고 그분의 일하시는 방식도 안다. 너희는 하나님이 실체가 되시고, 하나님이
주도하시며, 하나님이 공급하시는 삶에 흠뻑 젖어 살아라. 너희 매일의 삶에 필
요한 것을 하나님께서 모두 채워 주실 것이다. 뭔가 놓칠까 봐 걱정하지 마라.
너희는 내가 가장 사랑하는 친구다! 아버지께서 너희에게 그 나라를 주시기 원
하신다.
33-34 후하게 베풀어라. 가난한 사람들에게 베풀어라. 파산하지 않는 은행, 강도
가 침입할 수 없고 횡령의 위험이 없는 하늘 은행, 신뢰할 수 있는 은행과 거래
하여라. 너희는 너희 보물이 있는 곳에 가장 있고 싶어 할 텐데, 결국 그렇게 될
것이다. 그것이 당연하지 않겠느냐?"

깨어 있는 사람은 복되다

35-38 "늘 옷을 입고 있고, 불을 밝혀 두어라! 너희는 주인이 신혼여행에서 돌아
오기를 기다리며, 주인이 도착해 문을 두드리면 열어 주기 위해 깨어서 준비하
고 있는 종들처럼 되어라. 주인이 왔을 때 깨어서 일하고 있는 종들은 복되다!
주인이 앞치마를 두르고 그들을 식탁에 앉게 해서, 식사를 대접하며 그들과 결
혼잔치를 함께할 것이다. 주인이 밤 몇 시에 오든 상관없이, 깨어 있는 그들은
복되다!
39-40 집 주인이 어느 밤에 도둑이 드는지 알았더라면, 문도 잠그지 않은 채 밤늦
도록 집을 비우지 않았을 것이다. 그러니 너희는 흐트러지거나 긴장을 늦추지
마라. 너희가 예상하지 못한 때에 인자가 올 것이다."
41 베드로가 말했다. "주님, 이 이야기는 우리에게 하시는 것입니까, 아니면 모
든 사람에게 하시는 것입니까?"
42-46 주님께서 말씀하셨다. "너희에게 묻겠다. 주인이 자기 일꾼들을 맡겨서 그
일꾼들을 제때에 잘 먹이게 할 만큼 사리가 밝고 믿을 만한 관리인이 누구냐?
주인이 나타날 때 자기 본분을 다하고 있는 사람은 복된 사람이다. 그러나 관리

=가복음 12-13

인이 '주인이 더디 온다' 생각하고는, 일꾼들을 학대하고 친구들을 불러 모아 파
티를 벌여 술에 취한다면, 생각지도 못한 때에 주인이 돌아와서, 그를 호되게
매질하고 부엌으로 돌려보내 감자껍질을 벗기게 할 것이다.
47-48 주인이 무엇을 원하는지 알고도 무시하거나, 건방지게 자기 마음대로 하는
종은 흠씬 두들겨 맞을 것이다. 그러나 알지 못해서 일을 제대로 못한 종은 회
초리 몇 대로 그칠 것이다. 선물이 크면 책임도 그만큼 큰 법이다. 더 큰 선물에
는 더 큰 책임이 따른다."

나는 이 땅에 불을 지르러 왔다

49-53 "나는 이 땅에 불을 지르러 왔다. 바로 지금 이 땅이 활활 불타고 있다면 얼
마나 좋겠는가! 나는 모든 것을 바꾸고 모든 것을 제대로 뒤집으려고 왔다. 이
일을 이루기를 내가 얼마나 기다렸던가! 너희는 내가 모든 것을 순탄하고 무난
하게 만들려고 온 줄 아느냐? 아니다. 나는 분열과 대립을 일으키러 왔다! 이제
부터는 한 집에 다섯 식구가 있으면,

세 사람이 두 사람과 맞서고
두 사람이 세 사람과 맞서고
아버지가 아들과 맞서고
아들이 아버지와 맞서고
어머니가 딸과 맞서고
딸이 어머니와 맞서고
시어머니가 며느리와 맞서고
며느리가 시어머니와 맞설 것이다."

54-56 예수께서 무리를 향해 말씀하셨다. "구름이 서쪽에서 오는 것을 보면 너희
는 '큰비가 오겠다'고 하는데, 그 말이 맞다. 또 바람이 남쪽에서 불면 '오늘은
덥겠다'고 하는데, 그 말도 맞다. 사기꾼들아! 너희가 날씨의 변화는 읽을 줄 알
면서, 지금 우리에게 임한 하나님의 계절의 변화는 왜 읽을 줄 모르느냐.
57-59 너희가 반드시 천재가 되어야만 이런 것을 알 수 있는 것은 아니다. 그저 사
리분별만 제대로 해도 된다. 가령, 법정으로 끌려갈 때 너희는 너희를 고소한
자와 도중에 타협하기로 결심할 것이다. 사건이 재판관에게까지 가면, 감옥에
갇히고 한 푼도 남김없이 벌금을 다 내야 할 것을 너희가 알기 때문이다. 내가
너희에게 요구하는 것은 바로 그런 결심이다."

열매 맺지 못하는 나무 이야기

13 1-5 그때에 몇몇 사람들이 와서, 빌라도가 예배드리던 갈릴리 사람들
을 죽여서 그 피를 제단 제물의 피에 섞은 일을 예수께 전했다. 예수
께서 대답하셨다. "너희는 이 살해당한 갈릴리 사람들이 다른 모든 갈릴리 사람

보다 더 나쁜 죄인들이라고 생각하느냐? 전혀 그렇지 않다. 하나님께 돌아오지
않으면 너희도 죽을 것이다. 또한 며칠 전 실로암 탑이 무너져 덮치는 바람에
거기에 깔려 죽은 열여덟 명의 예루살렘 사람들이, 다른 모든 예루살렘 사람들
보다 더 나쁜 줄 아느냐? 전혀 그렇지 않다. 하나님께 돌아오지 않으면 너희도
죽을 것이다."
6-7 예수께서 이런 이야기를 들려주셨다. "어떤 사람이 앞마당에 사과나무를 심
었다. 그가 그 나무에 사과가 있을까 해서 다가가 보니, 하나도 없었다. 그가 정
원사에게 말했다. '어찌 된 일이냐? 이제까지 내가 삼 년이나 이 나무에 와서 사
과를 찾았지만 하나도 얻지 못했다. 찍어 버려라! 무엇 때문에 좋은 땅을 더 버
리겠느냐?'
8-9 정원사가 말했다. '일 년만 더 관심을 기울여 보겠습니다. 제가 그 둘레를 파
고 거름을 주겠습니다. 내년에는 열매를 맺을지 모릅니다. 그렇지 않거든, 그때
찍어 버리십시오.'"

안식일에 병을 고치시다

10-13 예수께서 안식일에 한 회당에서 가르치고 계셨다. 거기에 관절염으로 몸이
뒤틀리고 등이 굽어서 고개조차 들 수 없는 한 여자가 있었다. 여자는 십팔 년
째 그 병을 앓고 있었다. 예수께서 그 여자를 보시고 가까이 부르셨다. "여자여,
네가 자유케 되었다!" 예수께서 여자에게 손을 얹자, 여자는 당장 꼿꼿하게 서
서 하나님께 영광을 돌렸다.
14 예수께서 안식일에 병을 고친 것 때문에 몹시 화가 난 회당장이 회중에게 말
했다. "일하는 날로 정해진 날이 엿새나 됩니다. 치료받고 싶거든 그중 한 날에
오시오. 그러나 일곱째 날 안식일에는 안됩니다."
15-16 그러자 예수께서 쏘아붙이셨다. "너희 사기꾼들아! 너희도 안식일에 자기
소나 나귀를 풀어서 외양간에서 끌고 나가 물을 먹이는 것을 아무렇지 않게 생
각한다. 그런데 내가 사탄에게 십팔 년이나 매여 있던 이 아브라함의 딸을 풀어
주고 그 외양간에서 끌어낸 것이 어째서 문제라는 말이냐?"
17 예수께서 그렇게 말씀하시자, 비난하던 자들이 말문이 막혀 얼굴을 붉히며
떠나갔다. 회중은 기뻐하며 그분께 갈채를 보냈다.

하나님께 이르는 길

18-19 그 후에 예수께서 말씀하셨다. "하나님 나라를 어떻게 묘사할 수 있을까?
어떤 이야기가 좋을까? 하나님 나라는 어떤 사람이 자기 앞마당에 심는 솔씨
하나와 같다. 솔씨는 독수리들이 그 안에 둥지를 틀 만큼 가지가 무성한 큰 나
무로 자란다."
20-21 예수께서 다시 말씀하셨다. "하나님 나라를 어떻게 묘사할 수 있을까? 하
나님 나라는 여자가 빵 세 덩이를 만들려고 반죽에 넣는 누룩과 같다. 기다리고
있으면 반죽이 부푼다."

[22] 예수께서 계속해서 각 성읍과 마을로 다니며 가르치셨으나, 시종일관 예루살
렘을 향해 가고 계셨다.
[23-25] 어떤 구경꾼이 말했다. "주님, 구원받을 사람이 적습니까?"
예수께서 말씀하셨다. "많고 적고는 너희가 상관할 일이 아니다. 너희는 하나님
과 함께하는 삶에 전념하여라. 생명, 곧 하나님께 이르는 길은 정신을 바짝 차
려야만 갈 수 있는 힘든 길이다. 너희 가운데는 평생 동안 그 근처를 맴돌았다
는 이유만으로 하나님의 구원 잔치에 앉을 줄로 생각할 사람이 많이 있다. 어느
날 너희가 안에 들어가고 싶어 문을 쾅쾅 두드리겠지만, 문은 잠겨 있고 주인은
이렇게 말할 것이다. '미안하지만, 너희는 내 손님 명단에 없다.'
[26-27] 너희는 '우리는 평생 주님을 알았습니다!' 하고 따지겠지만, 주인은 단호히
너희 말을 자를 것이다. '너희는 안다고 하지만, 그것은 아는 것이 아니다. 너희
는 나에 대해 조금도 모른다.'
[28-30] 그때 너희는 은혜에서 소외된 자가 되어 바깥 추운 데 있을 것이다. 너희는
아브라함과 이삭과 야곱과 모든 예언자들이 하나님 나라로 행진해 들어가는 것
을 볼 것이다. 너희는 동서남북 사방에서 사람들이 흘러들어와서, 하나님 나라
식탁에 앉는 것을 볼 것이다. 그러는 동안 너희는 바깥에서 안을 들여다보며,
이것이 어찌 된 일인지 의아해 할 것이다. 이것은 위대한 반전이다. 맨 뒤에 서
있던 사람이 앞으로 오고, 먼저였던 사람이 결국 나중 될 것이다."

[31] 바로 그때에 몇몇 바리새인들이 다가와서 말했다. "얼른 피하십시오! 헤롯이
선생님을 찾아 죽이려고 합니다!"
[32-35] 예수께서 말씀하셨다. "지금은 내가 시간이 없다고 그 여우에게 전하여라.
오늘과 내일은 내가 귀신을 쫓아내고 병든 사람들을 고치느라 바쁘고, 사흘째
에는 일을 마무리할 것이다. 그뿐 아니다. 예언자가 예루살렘 밖에서 불운한 최
후를 맞는 것은 합당하지 않다.

예루살렘아, 예루살렘아, 예언자들을 죽이고
하나님의 심부름꾼들을 학대하는 너희여!
암탉이 제 새끼를 날개 아래 안전히 품듯이
내가 너희 자녀들을
간절히 모으려고 했으나
너희는 거부하고 돌아섰다!
이제는 너무 늦었다.
너희가 '복되다,
하나님의 이름으로 오시는 이여' 하고
말하는 그날까지,
너희가 다시는 나를 보지 못할 것이다."

14

1-3 한번은 예수께서 바리새인의 최고 지도자들 가운데 한 사람과 안
식일 식사를 하러 가셨는데, 손님들이 모두 그분을 주시하며 일거수
일투족을 살폈다. 바로 그분 앞에 관절 마디가 심하게 부은 사람이 있었다. 예
수께서 그 자리에 있는 종교 학자와 바리새인들에게 물으셨다. "안식일에 병을
고쳐도 되느냐, 안되느냐?"
4-6 그들은 묵묵부답이었다. 예수께서 그 사람을 데려다가 고쳐 주시고, 돌려보
내셨다. 그러고 나서 말씀하셨다. "여기 있는 사람 가운데 자기 자식이나 가축
이 우물에 빠졌는데 당장 달려가서 끌어내지 않고, 안식일이냐 아니냐를 따질
사람이 있느냐?" 그들은 대답할 말이 없었다.

소외된 사람들을 초대하여라

7-9 예수께서 식탁에 둘러앉은 손님들에게 계속해서 이야기해 주셨다. 사람들이
저마다 밀치고 상석에 앉으려는 것을 보시고, 예수께서 말씀하셨다. "누가 너를
저녁식사에 초대하거든, 상석에 앉지 마라. 주인이 너보다 더 중요한 사람을 초
대했을 수도 있다. 그런 경우에, 주인이 와서 모든 사람 앞에서 큰소리로 '당신
은 자리를 잘못 잡았소. 상석은 이 사람의 자리요' 할 것이다. 그러면 너는 부끄
러워 얼굴을 붉히며, 마지막 남은 맨 끝자리로 가야 할 것이다.
10-11 저녁식사에 초대를 받거든, 맨 끝자리에 앉아라. 그러면 너를 초대한 사람
이 와서 '친구여, 앞으로 나오시오' 하고 반드시 말할 것이다. 그 일이, 저녁식
사에 온 손님들에게 화젯거리가 될 것이다! 내가 말한다. 너희가 거만한 태도로
다니면, 결국 코가 납작해지고 말 것이다. 그러나 너희가 너희 있는 모습을 그
대로 인정하면, 자기 자신보다 큰 존재가 될 것이다."
12-14 예수께서 자기를 초대한 사람에게 말씀하셨다. "다음번에 네가 저녁식사를
베풀거든, 네 친구와 가족과 잘사는 이웃들, 곧 호의를 갚을 사람들만 초대하지
마라. 한 번도 초대받지 못하는 사람들, 가난한 지역에 사는 소외된 사람들을
초대하여라. 그러면 네 자신이 복되고 또한 복을 경험하게 될 것이다. 그들은
호의에 보답할 수 없겠지만, 하나님의 사람들이 부활할 때 그 호의에 대한 보답
이 있을 것이다. 반드시 있을 것이다!"

초대받은 손님 이야기

15 그 말에 손님 가운데 한 사람이 응답했다. "하나님 나라에서 저녁 만찬을 먹
게 되는 사람은 정말 복이 있습니다!"
16-17 예수께서 그 말을 이어받으셨다. "그렇다. 어떤 사람이 성대한 저녁 파티를
열어 많은 사람을 초대했다. 식사 시간이 되자, 그는 초대받은 손님들에게 종을
보내 말했다. '오십시오. 음식이 다 준비되었습니다.'
18 그러나 초대받은 사람들이 한 명씩 핑계를 대며 거절하기 시작했다. 한 사람
은 '나는 땅을 좀 샀는데, 가서 둘러봐야겠다. 미안하다고 전해라' 하고 말했다.
19 또 한 사람은 '나는 방금 소 다섯 쌍을 샀는데, 꼭 가서 부려 봐야겠다. 미안하

다고 전해라' 하고 말했다.
[20] 또 한 사람은 '나는 신혼이라, 집에 있는 아내에게 가 봐야 한다' 하고 말했다.
[21] 종이 돌아와서 주인에게 사정을 보고했다. 주인은 격분해서 종에게 말했다.
'어서, 시내의 큰길과 골목길로 나가거라. 가서 제대로 된 식사가 필요한 사람들, 소외된 사람과 노숙자와 불쌍한 사람들을 눈에 띄는 대로 모아서 이리로 데려오너라.'
[22] 종이 다시 보고했다. '주인님, 명령하신 대로 했는데도 여전히 자리가 남습니다.'
[23-24] 주인이 말했다. '그렇다면 길거리로 가서, 아무나 만나는 대로 데려 오너라. 나는 내 집이 가득 차기를 원한다! 내가 너희에게 말한다. 처음에 초대받은 사람들 가운데는, 아무도 내 저녁 파티에서 먹지 못할 것이다.'"

비용을 계산해 보아라

[25-27] 하루는 많은 무리가 예수와 함께 걷고 있는데, 예수께서 돌아서서 그들에게 말씀하셨다. "누구든지 내게 오려는 사람은, 아버지와 어머니, 배우자와 자녀, 형제자매 그리고 자기 자신까지 내려놓지 않고서는 내 제자가 될 수 없다. 누구든지 자기 십자가를 지고 내 뒤를 따라오지 않는 사람은 내 제자가 될 수 없다.
[28-30] 새 집을 지을 계획이라면, 집을 다 지을 수 있을지 비용을 계산해 보지 않을 사람이 누가 있겠느냐? 기초만 놓았는데 돈이 다 떨어졌다면, 너희는 아주 어리석은 사람으로 보일 것이다. 지나가는 사람마다 '이 사람이 끝내지도 못할 일을 벌였구나' 하고 손가락질하며 너희를 비웃을 것이다.
[31-32] 또 너희는 병사 일만 명으로 병사 이만 명을 가진 왕을 당해 낼 수 있을지 판단해 보지도 않고 전쟁에 나가는 왕을 상상할 수 있겠느냐? 만일 당해 낼 수 없다고 판단하면, 밀사를 보내 휴전을 맺지 않겠느냐?
[33] 간단히 말하겠다. 계획이든 사람이든, 너희에게 가장 소중한 것과 기꺼이 작별할 각오가 없으면, 너희는 내 제자가 될 수 없다.
[34] 소금은 좋은 것이다. 그러나 소금이 맛을 잃으면 아무 데도 쓸모없는 무용지물이 되고 만다.
너희는 듣고 있느냐? 정말로 듣고 있느냐?"

잃어버린 양 한 마리

15

[1-3] 평판이 좋지 않은 많은 사람들이 예수 주변에 머물며, 그분의 말씀을 열심히 듣고 있었다. 바리새인과 종교 학자들은 이것이 전혀 달갑지 않았다. 그들은 화가 나서 투덜거렸다. "이 사람이 죄인들을 받아들이고 함께 식사하며, 그들을 오랜 친구처럼 대한다." 그들이 불평하자 예수께서 다음 이야기를 들려주셨다.
[4-7] "너희 가운데 한 사람에게 양 백 마리가 있는데, 한 마리를 잃어버렸다고 하자. 너희라면 아흔아홉 마리를 들판에 두고서 잃어버린 양 한 마리를 찾아다니지 않겠느냐? 그러다가 찾으면, 너희는 그 양을 어깨에 메고 즐거워하며 집에

돌아와서는, 친구와 이웃들을 불러 이렇게 말할 것이다. '나와 함께 축하합시
다. 내가 잃어버린 양을 찾았습니다!' 내가 분명히 말한다. 구원이 필요하지 않
은 아흔아홉 명의 선한 사람보다, 구원받은 죄인 한 사람의 생명으로 인해 천국
에는 더 큰 기쁨이 있다."

잃어버린 동전 하나

8-10 "어떤 여자에게 동전 열 개가 있었는데, 하나를 잃어버렸다. 그렇다면 그 여
자가 그 동전 하나를 찾을 때까지, 불을 켜고 집을 뒤지며 구석구석 살피지 않
겠느냐? 그러다가 찾으면, 틀림없이 친구와 이웃들을 불러 이렇게 말할 것이
다. '나와 함께 축하합시다. 내가 잃어버린 동전을 찾았습니다!' 내가 분명히 말
한다. 잃어버린 한 영혼이 하나님께 돌아오면, 그때마다 하나님의 천사들이 바
로 그와 같이 파티를 벌이며 축하한다."

잃어버린 아들 이야기

11-12 예수께서 말씀하셨다. "어떤 사람에게 두 아들이 있었다. 둘째 아들이 아버
지에게 말했다. '아버지, 제가 받을 유산을 지금 당장 주십시오.'
12-16 아버지는 재산을 두 아들의 몫으로 나누었다. 얼마 지나지 않아, 둘째 아들
은 짐을 싸서 먼 나라로 떠났다. 거기서 그는, 제멋대로 방탕하게 살면서 가지
고 있던 재산을 다 날려 버렸다. 돈이 다 떨어졌다. 그때에 그 나라 전역에 심한
기근이 들었고, 그는 구차한 형편에 처하게 되었다. 그는 그 나라에 사는 한 사
람에게 일감을 얻어, 들판에 나가 돼지 치는 일을 하게 되었다. 그는 배가 너무
고파서 돼지 구정물 속의 옥수수 속대라도 먹고 싶었지만, 그것마저 주는 사람
이 없었다.
17-20 그제야 정신을 차린 그가 말했다. '내 아버지 밑에서 일하는 일꾼들도 식탁
에 앉아 하루 세 끼를 먹는데, 나는 여기서 굶어 죽는구나. 아버지께 돌아가야
겠다. 가서 아버지, 제가 하나님께 죄를 짓고 아버지 앞에 죄를 지었습니다. 저
는 아버지의 아들이라 불릴 자격도 없으니, 저를 품꾼으로 받아 주십시오 하고
말씀드리자.' 그는 바로 일어나서 아버지가 있는 집으로 갔다.
20-21 그가 아직 멀리 있는데, 아버지가 그를 보았다. 아버지는 뛰는 가슴으로 달
려나가, 아들을 끌어안고 입을 맞추었다. 아들이 말했다. '아버지, 저는 하나님
께 죄를 짓고 아버지 앞에 죄를 지었습니다. 저는 다시 아버지의 아들이라 불릴
자격이 없습니다.'
22-24 그러나 아버지는 그의 말을 듣지 않았다. 아버지는 종들을 불렀다. '어서 깨
끗한 옷 한 벌을 가져다가 이 아들에게 입혀라. 손가락에 집안 반지를 끼우고
발에 신발을 신겨라. 그리고 좋은 사료로 키운 암소를 잡아다가 구워라. 잔치를
벌여야겠다! 흥겹게 즐겨야겠다! 내 아들이 여기 있다. 죽은 줄 알았는데, 이렇
게 살아 있다! 잃어버린 줄 알았는데, 이렇게 찾았다!' 그들은 흥겹게 즐기기 시
작했다.

25-27 그 일이 있는 동안에 맏아들은 밭에 나가 있었다. 그가 하루 일을 끝내고 들
어오는데, 집 가까이 이르자 음악소리와 춤추는 소리가 들렸다. 그는 종을 불러
서 무슨 일인지 물었다. '동생 분이 집에 돌아왔습니다. 그가 무사히 집에 돌아
왔다고 주인 어른께서 잔치를 열라고 명하셨습니다. 쇠고기 파티입니다' 하고
종이 말해 주었다.
28-30 맏아들은 분하고 언짢아서, 저만치 물러나 집에 들어가려고 하지 않았다.
아버지가 나와서 그와 이야기하려 했으나, 그는 들으려고 하지 않았다. 아들이
말했다. '제가 집에 남아서 한시도 속을 썩이지 않고 아버지를 모신 것이 몇 년
째입니까? 그런데도 아버지는 저와 제 친구들을 위해 잔치 한 번 열어 주신 적
이 없습니다. 그런데 아버지의 돈을 창녀들에게 다 날리고 나타난 저 아들에게
는 성대한 잔치를 베풀어 주시다니요!'
31-32 아버지가 말했다. '아들아, 네가 모르는 것이 있다. 너는 늘 나와 함께 있으
니 내 것이 다 네 것이다. 그러나 지금은 흥겨운 때고, 마땅히 기뻐할 때다. 네
동생은 죽었다가 살아났고, 잃었다가 다시 찾았다!'"

부정직한 관리인 이야기

16
1-2 예수께서 제자들에게 말씀하셨다. "어떤 부자에게 관리인이 있었
다. 관리인이 직위를 남용해서 사사로운 지출이 크게 늘고 있다는
보고가 주인에게 들어갔다. 그래서 주인은 그를 불러들여 말했다. '너에 대해 들
려오는 이야기가 어찌 된 것이냐? 너를 해고하겠다. 내가 네 장부를 철저히 감
사해 볼 것이다.'
3-4 그러자 관리인은 속으로 말했다. '관리인 일을 잃었으니 이제 어쩌지? 막노
동을 하자니 힘이 없고, 구걸을 하자니 자존심이 상하고……. 그렇지, 좋은 수
가 있다. 이렇게 하자……. 그러면 내가 거리에 나앉더라도, 사람들이 나를 자
기 집에 들여 줄 것이다.'
5 관리인은 곧장 행동으로 옮겼다. 그는 자기 주인에게 빚진 사람들을 한 사람
씩 불렀다. 처음 온 사람에게 관리인이 말했다. '내 주인에게 진 빚이 얼마요?'
6 그가 대답했다. '올리브기름 백 통입니다.'
관리인이 말했다. '지금 당장 여기 앉아서 당신 서류에 오십이라고 쓰시오.'
7 다음 사람에게 말했다. '당신은 무슨 빚을 졌소?'
그가 대답했다. '밀 백 부대입니다.'
그가 말했다. '당신 서류를 가져다가 팔십이라고 쓰시오.'
8-9 자, 여기에 놀라운 소식이 있다. 주인은 이 부정직한 관리인을 칭찬했다. 왜
그랬겠느냐? 그가 제 앞가림을 할 줄 알았기 때문이다. 세상 물정에 밝은 사람
들이, 이 점에 있어서는 법을 잘 지키는 시민들보다 영리하다. 그들은 늘 빈틈
이 없고, 온갖 수단을 꾀하며, 수완을 발휘해서 살아남는다. 나는 너희도 그런
식으로, 옳은 것을 위해 영리해지기를 바란다. 모든 역경을 생존을 위한 창조적
인 자극제로 삼고, 가장 본질적인 것에 너희 관심을 집중하여라. 그러면 너희

는, 선한 행동에 만족하면서 그저 그렇게 사는 것이 아니라, 참으로 살게 될 것이다."

하나님은 내면을 보신다

10-13 예수께서 계속해서 말씀하셨다.

너희가 작은 일에 정직하면
큰 일에도 정직할 것이다.
너희가 작은 일을 속이면
큰 일도 속일 것이다.
너희가 작은 일에 정직하지 못하면
누가 너희에게 가게를 맡기겠느냐?
두 명의 사장을 위해 일하는 직원은 없다.
하나는 미워하고 하나는 사랑하거나,
하나는 떠받들고 하나는 얕보게 된다.
너희가 하나님과 은행, 둘 다를 섬길 수는 없다.

14-18 돈을 밝히는 무리인 바리새인들이 이 말씀을 들었다. 그들은 눈을 부라리
며, 그분을 현실을 모르는 대책 없는 사람으로 치부해 버렸다. 그러자 예수께서
그들에게 말씀하셨다. "너희는 다른 사람들 앞에 자신을 그럴듯하게 보이는 데
는 달인이다. 그러나 하나님은 겉모습이 아니라 내면을 보신다.

이 사회가 보고 대단하다고 이르는 것을
하나님은 꿰뚫어 보시고 터무니없다 하신다.
하나님의 율법과 예언자는 요한에서 절정을 이루었다.
이제 하나님 나라의 기쁜 소식이 전파된다.
이것은 모든 사람의 마음을 끄는 초대다.
하나님의 율법이 한 글자라도 닳아 없어지기 전에
먼저 하늘이 풀어지고 땅이 녹아내릴 것이다.
이혼법 규정을 구실 삼아
정욕을 덮으려는 것은 간음이다.
결혼법 규정을 구실 삼아
정욕을 덮으려는 것도 간음이다."

부자와 나사로

19-21 "어떤 부자가 있었는데, 그는 최신 유행하는 값비싼 옷을 입고 과시적으로
돈을 쓰면서 하루하루를 허비했다. 나사로라는 가난한 사람이 그의 집 문 앞에
버려져 있었는데, 온몸이 종기투성이었다. 부자의 식탁에서 떨어지는 부스러기

로 끼니를 때우는 것이 그 인생의 소원이었다. 그에게 다가와서 그 몸에 난 종
기를 핥는 개들이 그의 가장 가까운 친구였다.
22-24 그러다가 이 가난한 사람이 죽었고, 천사들에게 이끌려 아브라함의 품에 안
겼다. 부자도 죽어서 땅에 묻혔다. 지옥에서 고통받던 부자가, 눈을 들어 멀리
있는 아브라함과 그 품에 안긴 나사로를 보았다. 그가 외쳤다. '아버지 아브라함
이여, 불쌍히 여기시고, 자비를 베풀어 주십시오! 나사로를 보내서 그 손가락에
물을 찍어 제 혀를 시원하게 해주십시오. 제가 이 불 속에서 몹시 괴롭습니다.'
25-26 그러자 아브라함이 말했다. '얘야, 너는 사는 동안에 좋은 것을 받았고 나사
로는 나쁜 것을 받았다는 사실을 기억하여라. 여기는 그렇지 않다. 여기서는 그
가 위로를 받고 너는 고통을 받는다. 게다가, 너희와 우리 사이에 큰 수렁이 있
어서, 우리 쪽에서 너희에게 가고 싶어도 갈 수 없고 너희 쪽에서도 아무도 우
리에게 건너올 수 없다.'
27-28 부자가 말했다. '그러면 아버지, 부탁이 있습니다. 다섯 형제가 있는 내 아
버지 집으로 나사로를 보내 주십시오. 그가 그들에게 진실을 알리고 경고해서,
그들만큼은 이 고통의 자리에 오지 않도록 해주십시오.'
29 아브라함이 대답했다. '그들에게는 진실을 말해 줄 모세와 예언자들이 있다.
그들한테 들으면 된다.'
30 그가 말했다. '저도 압니다, 아버지 아브라함이여. 하지만 그들은 듣지 않습니
다. 죽은 자들 가운데서 누군가 일어나 그들에게 간다면, 그들도 자신들의 행실
을 고칠 것입니다.'
31 아브라함이 대답했다. '그들이 모세와 예언자들의 말을 듣지 않는다면, 죽은
자들 가운데서 살아난 사람도 그들을 설득할 수 없을 것이다.'"

깨알만한 믿음만 있어도

17 1-2 예수께서 제자들에게 말씀하셨다. "힘든 시련과 유혹이 오게 마
련이지만, 누구든지 그것을 초래하는 자는 불행하다! 이 사랑스런
어린아이들 가운데 하나를 괴롭히느니, 차라리 맷돌을 목에 두르고 깊은 바다
를 헤엄치는 편이 낫다!
3-4 조심하여라. 네 친구가 잘못하는 것을 보거든, 바로잡아 주어라. 그가 네 지
적에 응하거든, 용서하여라. 설령 너에게 하루에 일곱 번 되풀이해서 잘못하더
라도, 그가 일곱 번 '미안하네. 다시는 그러지 않겠네' 하거든 용서하여라."
5 사도들이 주님께 다가와서 말했다. "우리에게 더 큰 믿음을 주십시오."
6 그러자 주님께서 말씀하셨다. "너희에게 필요한 것은 더 큰 믿음이 아니다. 더
큰 믿음도 없고 더 작은 믿음도 없다. 너희에게 낟알 하나만한 믿음, 깨알만한
믿음만 있어도, 너희가 이 뽕나무더러 '가서 호수에 뛰어들어라' 하고 말할 수
있다. 너희가 말하면 그렇게 될 것이다.
7-10 너희 가운데 누가 종이 있는데, 그 종이 밭을 갈거나 양을 치고 나서 들어왔
다고 해보자. 너희라면 그의 겉옷을 받아 주고 식탁을 차려 주며 그에게 '앉아서

먹어라' 하겠느냐? 오히려 '저녁을 준비하여라. 옷을 갈아입고 내가 커피를 다
마실 때까지 식탁에서 시중들어라. 그런 다음에 부엌에 가서 저녁을 먹어라' 하
지 않겠느냐? 종이 당연히 해야 할 일을 했다고 특별히 감사를 받더냐? 너희도
마찬가지다. 너희는 당연히 해야 할 일을 끝내고 나서 '일을 마쳤습니다. 명령하
신 대로 우리가 했습니다' 하고 말하여라."
11-13 예수께서 예루살렘으로 가시는 길에, 마침 사마리아와 갈릴리 경계를 넘어
가셨다. 예수께서 한 마을에 들어가시다가, 나병환자 열 명을 만나셨다. 그들은
거리를 두고 서서 목소리를 높여 외쳤다. "주 예수여, 우리를 불쌍히 여겨 주십
시오."
14-16 예수께서 그들을 유심히 보시며 말씀하셨다. "제사장들에게 가서 너희 몸을
보여라."
그들은 갔고, 가는 길에 그 몸이 깨끗해졌다. 그들 가운데 한 사람이 자기가 나
은 것을 알고는, 하나님께 소리 높여 감사하고 영광을 돌리며 가던 길을 되돌아
왔다. 어떻게 다 감사해야 할지 몰랐던 그는, 예수의 발 앞에 무릎을 꿇었다. 그
는 사마리아 사람이었다.
17-19 예수께서 말씀하셨다. "열 사람이 낫지 않았느냐? 아홉 사람은 어디 있느
냐? 돌아와서 하나님께 영광을 돌린 사람이 이 이방인 말고는 아무도 없느냐?"
예수께서 그에게 말씀하셨다. "일어나, 가거라. 네 믿음이 너를 낫게 하고 너를
구원했다."

인자는 갑작스럽게 온다

20-21 바리새인들이 하나님 나라가 언제 오는지 따져 묻자, 예수께서 대답하셨
다. "하나님 나라는 너희가 달력을 보고 날짜를 세고 있다고 해서 오는 것이 아
니다. 누가 '여기를 보아라!' 하거나 '저기 있다!' 한다고 해서 오는 것도 아니다.
이유가 무엇이겠느냐? 하나님 나라는 이미 너희 가운데 있기 때문이다."
22-24 예수께서 계속해서 제자들에게 말씀하셨다. "너희가 인자의 날들 중에 단
하루라도 보고 싶어 애타게 사모할 때가 오겠으나, 보지 못할 것이다. 사람들이
너희에게 '저기를 보아라!' 하거나 '여기를 보아라!' 할 것이다. 그런 허튼 말에
절대 속지 마라. 너희가 보러 나간다고 해서 인자가 오는 것을 볼 수 있는 것은
아니다. 인자는 올 때가 되면 온다.
24-25 번개가 한 번만 쳐도 온 하늘이 환해지지 않느냐? 인자의 날도 그럴 것이
다. 그러나 먼저 인자가 많은 고난을 당하고, 이 시대 사람들에게 버림받아야
한다.
26-27 인자의 때도 노아의 때와 똑같을 것이다. 노아가 방주에 오르던 그날까지
도, 사람들은 모두 평소처럼 지내며 시시덕거리고 즐겼다. 홍수가 나서 모든 것
을 쓸어버릴 때까지, 그들은 아무런 낌새도 채지 못했다.
28-30 롯의 때도 마찬가지였다. 롯이 소돔에서 나오고 화염이 폭풍처럼 쏟아져 모
든 것을 바싹 태우던 그날까지도, 사람들은 평소대로 시시덕거리고 즐겼다. 인

자가 나타나는 때도 그처럼 갑작스럽고 전면적일 것이다.
31-33 그날이 올 때에 너희가 마당에서 일하고 있거든, 무엇을 가지러 집으로 들어가지 마라. 밭에 나가 있거든, 겉옷을 가지러 돌아가지 마라. 롯의 아내가 어떻게 되었는지 기억하여라! 너희가 너희의 목숨을 붙잡고 매달리면 목숨을 잃겠지만, 그 목숨을 놓으면 하나님의 목숨을 얻을 것이다.
34-35 그날에 두 남자가 한 배에서 고기를 잡다가, 한 사람은 데려가고 다른 한 사람은 남겨질 것이다. 두 여자가 한 부엌에서 일하다가, 한 사람은 데려가고 다른 한 사람은 남겨질 것이다."
37 제자들이 이 모든 말씀을 받아들이려는 마음에서 말했다. "주님, 어디에서 그런 일이 있겠습니까?"
예수께서 그들에게 말씀하셨다. "독수리들이 맴도는 곳을 잘 보아라. 독수리들이 먼저 시체를 찾아낼 것이다. 그 일은 내 주검 주위에서 시작될 것이다."

끈질긴 과부 이야기

18

1-3 예수께서 그들에게 끈질기게 기도하고 절대 포기하지 말아야 할 것을 가르치려고 이야기를 들려주셨다. 예수께서 말씀하셨다. "어떤 도시에 하나님을 전혀 의식하지 않고 사람들도 안중에 없는 재판관이 있었다. 그 도시에 사는 한 과부가 계속해서 그를 찾아왔다. '내 권리가 침해받고 있으니 나를 보호해 주십시오!'
4-5 재판관은 그 과부를 거들떠보지도 않았다. 그러나 과부가 계속해서 찾아오자 재판관은 이렇게 혼잣말을 했다. '나는 하나님이 어떻게 생각하는지 전혀 관심도 없고, 사람들의 생각은 더 말할 것도 없다. 그런데 이 과부가 끝까지 나를 귀찮게 할 텐데, 뭔가 조치를 취해서 이 여자가 정당한 대우를 받도록 해주는 편이 차라리 낫겠다. 그러지 않으면, 이 여자의 집요한 펀치에 내가 시퍼렇게 멍이 들고 말겠다.'"
6-8 주님께서 말씀하셨다. "너희는 이 불의한 재판관이 하는 말을 들었느냐? 그렇다면 너희는, 도움을 구하며 끊임없이 부르짖는 택하신 백성을 위해 하나님이 개입하셔서 정의를 이루어 주시리라고 왜 생각지 않느냐? 하나님이 자기 백성의 권리를 지켜 주시지 않겠느냐? 내가 보장한다. 하나님이 반드시 그렇게 해주실 것이다. 그분은 질질 끌지 않으실 것이다. 그러나 인자가 다시 올 때에 그처럼 끈질긴 믿음을 이 땅에서 얼마나 찾을 수 있겠느냐?"

세금 징수원과 바리새인의 기도

9-12 자신의 도덕적 행위에 흡족해 하며 자만심에 빠져서 보통 사람들을 업신여기는 사람들에게, 예수께서 다음 이야기를 들려주셨다. "두 사람이 기도하러 성전에 올라갔다. 한 사람은 바리새인이고, 다른 한 사람은 세금 징수원이었다. 바리새인은 자세를 잡고 이렇게 기도했다. '오 하나님, 내가 다른 사람과 같지 않으니 감사합니다. 강도나 사기꾼이나 간음하는 자나, 행여 이 세금 징수원과

도 같지 않으니 감사합니다. 나는 일주일에 두 번 금식하고 모든 수입의 십일조
를 드립니다.'
13 한편, 후미진 곳에 구부정하게 웅크려서 두 손으로 얼굴을 감싸고 있던 세금
징수원은, 감히 고개도 들지 못한 채 말했다. '하나님, 불쌍히 여겨 주십시오. 이
죄인을 용서해 주십시오.'"
14 예수께서 설명을 덧붙이셨다. "하나님과 바른 관계가 되어 집으로 돌아간 사
람은, 다름 아닌 세금 징수원이다. 너희가 고개를 쳐들고 거만하게 다니면, 결
국 코가 납작해지고 말 것이다. 그러나 너희가 자신의 모습을 있는 그대로 인정
하면, 너희는 자기 자신보다 큰 존재가 될 것이다."

15-17 사람들이 예수께서 만져 주시기를 바라며, 그분께 아이들을 데려왔다. 제자
들이 그것을 보고는 그들을 쫓아냈다. 그러자 예수께서 그들을 다시 부르셨다.
"이 아이들을 그냥 두어라. 아이들과 나 사이에 끼어들지 마라. 이 아이들은 천
국의 자랑이며 기쁨이다. 명심하여라. 너희가 하나님 나라를 아이처럼 단순하
게 받아들이지 않으면, 절대로 그 나라에 들어갈 수 없다."

부자와 하나님 나라

18 하루는 한 지방 관리가 예수께 물었다. "선하신 선생님, 제가 무엇을 해야 영
원한 생명에 들어갈 자격을 얻겠습니까?"
19-20 예수께서 말씀하셨다. "어째서 나를 선하다고 하느냐? 오직 하나님 한분
외에는 선하신 분이 없다. 계명에 '간음하지 마라, 살인하지 마라, 도둑질하지
마라, 거짓말하지 마라, 네 부모를 공경하라' 하지 않았더냐?"
21 그가 말했다. "선생님, 제가 기억하기로는, 그 계명들은 제가 다 지켰습니다."
22 예수께서 그 말을 들으시고 말씀하셨다. "그렇다면 남은 일은 하나뿐이다. 네
가 가진 것을 다 팔아서 가난한 사람들에게 거저 주어라. 그러면 네가 하늘의
부를 갖게 될 것이다. 그런 다음 와서 나를 따라라."
23 그것은 그 관리가 전혀 예상치 못한 말이었다. 큰 부자인 그는 몹시 근심했
다. 그는 많은 것을 움켜쥐고 있었고, 그것을 놓을 마음이 없었다.
24-25 예수께서 그의 반응을 보시고 말씀하셨다. "많이 가진 사람이 하나님 나라
에 들어가는 것이 얼마나 어려운지 아느냐? 부자가 하나님 나라에 들어가는 것
보다, 낙타가 바늘귀로 지나가는 것이 더 쉽다."
26 다른 사람들이 물었다. "그러면 어느 누가 가망이 있겠습니까?"
27 예수께서 말씀하셨다. "너희 힘으로 해낼 수 있다고 생각하면 전혀 가망이 없
다. 그러나 하나님께서 하실 수 있다고 믿으면 얼마든지 가능한 일이다."
28 베드로가 이야기의 주도권을 다시 잡으려고 이렇게 말했다. "우리는 가진 것
을 다 버리고 주님을 따랐습니다. 그렇지 않습니까?"
29-30 예수께서 말씀하셨다. "그렇다. 너희는 절대 후회하지 않을 것이다. 집과

배우자와 형제자매와 부모와 자식과 그 무엇을 희생하고서 손해 볼 사람은 아
무도 없다. 너희 평생에 그 모든 것을 여러 배로 돌려받을 것이다. 영원한 생명
도 덤으로 받을 것이다!"

눈먼 사람을 고치시다

31-34 그 후에 예수께서 열두 제자를 따로 한쪽으로 데리고 가셔서 말씀하셨다.
"잘 들어라. 우리는 지금 예루살렘으로 올라가는 길이다. 인자에 대해 예언서에
기록된 것이 모두 이루어질 것이다. 사람들이 인자를 로마 사람들에게 넘겨주
어, 조롱하고 놀리고 침 뱉을 것이다. 그리고 인자를 고문한 뒤에 죽일 것이다.
그러나 사흘 후에 인자는 다시 살아날 것이다." 하지만 제자들은 깨닫지 못했
고, 예수께서 무슨 말을 하시는지 전혀 감을 잡지 못했다.
35-37 예수께서 여리고 외곽에 이르셨다. 한 눈먼 사람이 길가에 앉아서 구걸하고
있었다. 그는 무리가 술렁이는 소리를 듣고, 무슨 일인지 물었다. 사람들이 그
에게 말했다. "나사렛 예수께서 지나가신다."
38 그러자 그가 갑자기 소리쳤다. "예수여! 다윗의 자손이여! 불쌍히 여겨 주십
시오. 저를 불쌍히 여겨 주십시오!"
39 앞서 가던 사람들이 그에게 조용하라고 했으나, 그는 오히려 더 크게 소리쳤
다. "다윗의 자손이여! 불쌍히 여겨 주십시오. 저를 불쌍히 여겨 주십시오!"
40 예수께서 걸음을 멈추시고 그를 데려오라고 말씀하셨다. 그가 가까이 오자,
예수께서 물으셨다. "내게 무엇을 원하느냐?"
41 그가 말했다. "주님, 다시 보기 원합니다."
42-43 예수께서 말씀하셨다. "다시 보아라! 네 믿음이 너를 구원했고 낫게 했다!"
그는 즉시 고침을 받았다. 그가 고개를 들어서 보니, 앞이 보였다. 그는 하나님
께 영광을 돌리며 예수를 따라갔다. 길가에 있는 사람들도 모두 합류하여, 큰소
리로 하나님을 찬양했다.

삭개오

19 1-4 예수께서 여리고에 들어가 걷고 계셨다. 삭개오라는 사람이 거기
에 있었는데, 그는 세금 징수원의 우두머리이자 상당한 부자였다.
그는 예수를 보고 싶은 마음이 간절했으나, 무리 때문에 시야가 가렸다. 키가
작아서 사람들 너머로 볼 수가 없었다. 그는 예수께서 지나가실 때 보려고 먼저
달려가 뽕나무에 올라갔다.
5-7 예수께서 나무 밑에 오셔서, 올려다보며 말씀하셨다. "삭개오야, 어서 내려
오너라. 오늘은 내가 네 집에서 묵어야겠다." 삭개오는 자신의 행운이 도저히
믿기지 않았다. 그는 나무에서 내려와, 기쁜 마음으로 예수를 자기 집에 모셨
다. 그 일을 본 사람들이 하나같이 분개하며 투덜거렸다. "저분이 무슨 일로 이
사기꾼 같은 사람을 가까이하는가?"
8 삭개오는 놀라서 그냥 그 자리에 서 있었다. 그가 더듬거리며 사죄했다. "주

님, 제 수입의 절반을 가난한 사람들에게 거저 주겠습니다. 그리고 제가 남을
속인 일이 있으면, 그 피해액을 네 배로 보상하겠습니다."
9-10 예수께서 말씀하셨다. "오늘은 이 집에 구원이 임한 날이다! 여기 아브라함
의 자손 삭개오가 있다! 인자는 잃어버린 자를 찾아 회복시키려고 왔다."

투자금 이야기

11 그들이 말씀에 집중하고 있을 때, 예수께서 다음 이야기를 들려주셨다. 그렇
게 하신 것은, 사람들이 예루살렘 가까이 이르면서, 하나님 나라가 금방이라도
나타날 것 같은 기대감으로 고조되어 있었기 때문이다.
12-13 "왕가의 자손인 사람이 있었는데, 그는 자신의 통치권을 위임받기 위해 멀
리 본국까지 다녀와야 했다. 그는 먼저 종 열 명을 한곳에 불러 모아 각 사람에
게 돈을 얼마씩 주면서, '내가 돌아올 때까지 이 돈을 잘 운용하여라' 하고 지시
했다.
14 그런데 그곳 사람들은 그를 미워했다. 그래서 그들은 그의 통치에 반대하는
탄원서를 작성하여 사절단에게 들려서 보냈다. '우리는 이 사람이 우리를 다스
리는 것을 원치 않습니다.'
15 통치권을 위임받고 돌아온 그는, 돈을 맡겼던 종 열 명을 불러, 그들이 돈을
어떻게 운용했는지 알아보았다.
16 첫 번째 종이 말했다. '주인님, 주인님의 돈을 두 배로 늘렸습니다.'
17 그가 말했다. '착한 종아! 잘했다! 네가 이 작은 일을 믿음직스럽게 해냈으니,
내가 너를 열 성읍을 다스리는 자로 삼겠다.'
18 두 번째 종이 말했다. '주인님, 주인님의 돈으로 절반의 수익을 남겼습니다.'
19 그가 말했다. '내가 네게 다섯 성읍을 맡기겠다.'
20-21 다음 종이 말했다. '주인님, 여기 주인님의 돈을 안전하게 가져왔습니다. 저
는 그 돈을 지하실에 숨겨 두었습니다. 솔직히 말씀드리면, 저는 두려웠습니다.
제가 알기로, 주인님은 기준이 높고 적당히 하는 것을 싫어하며, 어리석은 짓을
용서하지 않으십니다.'
22-23 그가 말했다. '네 말대로 나는 어리석은 짓을 용서하지 않는다. 그런데 너는
어리석은 짓을 했구나! 왜 너는 그 돈을 안전한 곳에라도 투자하지 않았느냐?
그랬더라면 조금이라도 이득을 보았을 것이다.'
24 그가 거기 서 있는 사람들에게 말했다. '이 자의 돈을 빼앗아 내 돈을 두 배로
늘린 종에게 주어라.'
25 그들이 말했다. '하지만 주인님, 그 사람은 이미 두 배를 가지고 있습니
다…….'
26 그가 말했다. '내 말이 그 말이다. 너희가 목숨을 걸면 상상도 못할 만큼 많이
받게 된다. 그러나 안전에 급급하면 빈털터리가 되고 만다.
27 나의 통치에 반대하는 탄원을 했던 이 원수들을 여기서 끌어내어라. 다시는
여기서 그들의 얼굴을 보고 싶지 않다.'"

예루살렘 입성

28-31 이 말씀을 하시고 나서, 예수께서 곧장 예루살렘으로 향하셨다. 올리브 산
에 있는 벳바게와 베다니에 이르렀을 때, 예수께서 두 제자를 보내시며 지시하
셨다. "맞은편 마을로 가거라. 들어가서 보면, 아직 아무도 타 보지 않은 나귀
새끼가 줄에 매여 있을 것이다. 줄을 풀어서 끌고 오너라. '왜 그러시오?' 하고
누가 묻거든, '이 나귀의 주님께서 필요로 하십니다' 하여라."
32-33 두 제자가 가서 보니 예수께서 말씀하신 그대로였다. 그들이 나귀 새끼의 줄
을 풀고 있는데, 나귀의 주인들이 말했다. "그 나귀 새끼의 줄은 왜 푸는 것이오?"
34 제자들이 말했다. "이 나귀의 주님께서 필요로 하십니다."
35-36 제자들이 나귀 새끼를 예수께로 끌고 와서, 그 위에 자기 겉옷을 펴고 그분
을 태웠다. 예수께서 나귀에 오르시자, 사람들이 길 위에 자기 겉옷을 펼치며
그분을 대대적으로 환영했다.
37-38 올리브 산이 내리막길로 접어드는 등성이에서, 제자의 온 무리가 그들이 목
격한 놀라운 일들로 인해 열광적으로 찬양을 터뜨렸다.

복되다, 하나님의 이름으로
오시는 왕이여!
하늘에는 모든 것이 형통!
가장 높은 곳에는 영광!

39 무리 가운데 몇몇 바리새인들이 예수께 말했다. "선생님, 당신의 제자들을 단
속하십시오."
40 그러자 예수께서 말씀하셨다. "이들이 잠잠하면, 돌들이 대신 소리쳐 찬양할
것이다."
41-44 도시가 눈에 들어오자, 예수께서 그 도시를 보고 우셨다. "네게 유익한 모든
것을 오늘 네가 알았더라면 좋았을 텐데! 그러나 이제 너무 늦었다. 앞으로 네
원수들이 포병대를 몰고 와서 너를 포위하고 사방에서 치고 들어올 것이다. 그
들이 너와 네 아이들을 바닥에 메어칠 것이다. 돌 하나도 그대로 남지 않을 것
이다. 이 모두가, 너를 직접 찾아오신 하나님을 네가 알아보지도 않고 맞아들이
지도 않았기 때문이다."
45-46 예수께서 성전에 들어가셔서, 거기에 상점을 차려 놓고 온갖 잡다한 것을
파는 사람들을 모두 쫓아내셨다. 예수께서 말씀하셨다. "성경에 이렇게 기록되
었다.

내 집은 기도하는 집이다.
그런데 너희는 그곳을 종교 시장으로 바꾸어 놓았다."

47-48 그때부터 예수께서 날마다 성전에서 가르치셨다. 대제사장과 종교 학자와

백성의 지도자들은 예수를 제거할 방법을 찾으려고 혈안이 되어 있었다. 그러
나 그분의 말씀을 한 마디라도 놓칠세라 경청하는 백성 때문에 그들도 어찌할
수 없었다.

20 1-2 하루는 예수께서 성전에서 백성을 가르치며, 메시지를 선포하고 계
셨다. 대제사장과 종교 학자와 지도자들이 그분께 맞서며 따졌다. "당
신의 신임장을 보여주시오. 누구의 권한으로 이렇게 말하고 행동하는 겁니까?"
3-4 예수께서 대답하셨다. "먼저 한 가지 묻겠다. 요한의 세례에 관한 것인데, 그
것이 누구에게서 온 권한이냐? 하늘이냐, 사람이냐?"
5-7 그들은 자기들이 궁지에 몰린 것을 알아차리고는, 뒤로 물러나와 모여서 수
군거렸다. "하늘이라고 하면 왜 요한을 믿지 않았느냐고 물을 것이고, 사람이라
고 하면 요한을 하나님의 예언자로 굳게 믿고 있는 백성이 우리를 갈기갈기 찢
어 놓을 것이다." 그들은 이번은 예수께 양보하기로 하고, 자신들은 모른다고
말했다.
8 예수께서 말씀하셨다. "그렇다면 나도 너희의 물음에 대답하지 않겠다."

못된 소작농들 이야기

9-12 예수께서 백성에게 또 다른 이야기를 들려주셨다. "어떤 사람이 포도원을 세
우고, 그 포도원을 소작농들에게 맡기고 먼 길을 떠났다. 그는 오랜 시간 동안
떠나 있다가, 때가 되자 수확하려고 소작농들에게 종을 한 사람 보냈다. 그러나
소작농들은 그 종을 마구 때려 빈손으로 돌려보냈다. 주인이 다시 한번 다른 종
을 보내자, 소작농들은 그 종도 멍이 들도록 때려 빈손으로 돌려보냈다. 주인이
세 번째로 종을 보내자, 소작농들은 그 종을 머리부터 발끝까지 두들겨 패서 길
거리에 내다 버렸다.
13 그러자 포도원 주인이 말했다. '이렇게 해야겠다. 내 사랑하는 아들을 보내자.
저들이 내 아들만큼은 존중하겠지.'
14-15 그러나 아들이 오는 것을 본 소작농들은 재빨리 머리를 맞대고 의논했다.
'지금이 기회다. 이 자는 상속자다! 그를 죽이고 우리가 재산을 다 차지하자.' 그
들은 그 아들을 죽여서 울타리 밖으로 내던졌다.
15-16 너희 생각에는 포도원 주인이 어떻게 할 것 같으냐? 맞다. 그가 와서 그들
을 다 없애 버릴 것이다. 그리고 포도원 관리는 다른 사람들에게 맡길 것이다."
듣고 있던 사람들이 말했다. "아닙니다! 그렇게 하면 안됩니다!"
17-18 그러나 예수께서는 물러서지 않으셨다. "그렇다면 너희는 이 말씀이 왜 기
록되었다고 생각하느냐?

석공들이 내버린 돌이
이제 모퉁잇돌이 되었다!

누구든지 이 돌 위에 걸려 넘어지는 사람은 그 몸의 뼈가 다 부러질 것이요, 이
돌이 그 사람 위에 떨어지면 그는 완전히 가루가 될 것이다."
19 종교 학자와 대제사장들은 당장 예수를 잡고 싶었으나, 여론이 두려웠다. 그
들은 그분의 이야기가 자기들을 두고 한 것임을 알았다.

황제의 것, 하나님의 것

20-22 예수를 잡을 기회를 노리던 그들은, 정탐꾼들을 보내어 짐짓 정당한 질문을
던지는 사람인 양 행세하게 했다. 그들은 그분을 속여서 율법에 저촉될 만한 발
언을 하게 만들 속셈이었다. 그래서 예수께 물었다. "선생님, 우리가 알기로 당
신은 솔직하고 정직하게 가르치며, 아무에게도 비위를 맞추지 않고, 하나님의
도를 정확히 가르칩니다. 그러니 우리한테 말해 주십시오. 황제에게 세금을 내
는 것이 법에 맞습니까, 맞지 않습니까?"
23-24 예수께서 그들의 의도를 아시고 이렇게 말씀하셨다. "동전 하나를 내게 보
여라. 여기 새겨진 얼굴이 누구 얼굴이냐? 그리고 뭐라고 써 있느냐?"
25 "황제입니다." 그들이 말했다.
예수께서 말씀하셨다. "그렇다면 황제의 것은 황제에게 주고, 하나님의 것은 하
나님께 드려라."
26 아무리 애를 써 보아도, 그들은 예수께 죄를 뒤집어 씌울 만한 발언을 유도해
낼 수 없었다. 그분의 대답은 그들의 허를 찔렀고, 그들의 말문을 막아 버렸다.

부활에 관한 가르침

27-33 부활의 가능성을 일절 부인하는 유대교 분파인 사두개파 사람 몇이 다가와
서 물었다. "선생님, 모세는 기록하기를, 남자가 자식 없이 아내를 두고 죽으면
그 동생이 형수와 결혼해서 자식을 낳아 줄 의무가 있다고 했습니다. 한번은 일
곱 형제가 있었습니다. 맏이가 결혼했는데, 자식 없이 죽었습니다. 둘째가 형수
와 결혼했으나 죽었고, 셋째도 그러했습니다. 일곱 형제가 다 차례대로 그렇게
했으나, 자식이 없었습니다. 마지막에는 여자도 죽었습니다. 그렇다면, 부활 때
에 그 여자는 누구의 아내가 됩니까? 일곱 형제가 다 그 여자와 결혼했습니다."
34-38 예수께서 말씀하셨다. "이 땅에서는 결혼이 중대한 관심사지만 저 세상에서
는 그렇지 않다. 죽은 사람들의 부활에 참여하는 사람들에게 결혼은 더 이상 관
심사가 못된다. 죽음도 마찬가지다. 너희야 믿지 않겠지만, 그들에게는 더 나은
관심사가 있다. 그때에는 하나님과 최고의 기쁨과 친밀감을 나눌 것이다. 모세
도 불붙은 떨기나무 앞에서 부활에 관해 외치기를, '아브라함의 하나님, 이삭의
하나님, 야곱의 하나님!'이라고 했다. 하나님은 죽은 자의 하나님이 아니라, 산
자의 하나님이시다. 그분께는 모두가 살아 있다."
39-40 몇몇 종교 학자들이 말했다. "선생님, 훌륭한 답입니다!" 한동안 아무도 그
분께 묻는 사람이 없었다.

41-44 그 후에 예수께서 그들에게 물으셨다. "어째서 사람들이 메시아를 다윗의
자손이라고 하느냐? 다윗은 시편에 분명히 말했다.

하나님께서 내 주님께 말씀하셨다.
"내가 네 원수들을 네 발아래에 둘 때까지
너는 여기 내 오른편에 앉아 있어라."

다윗이 여기서 메시아를 '내 주님'이라고 부르는데, 메시아가 어떻게 다윗의 자
손이 될 수 있느냐?"
45-47 모든 사람이 듣는 가운데, 예수께서 제자들에게 말씀하셨다. "종교 학자들
을 조심하여라. 그들은 가운을 입고 다니며, 사람들의 치켜세우는 말에 우쭐하
고, 중요한 자리를 차지하면서 교회의 모든 행사에서 상석에 앉기를 좋아한다.
언제나 그들은 연약하고 무력한 사람들을 착취한다. 그들의 기도가 길어질수
록, 그들의 상태는 더 나빠진다. 마지막에 그들은 그 값을 치르게 될 것이다."

21 1-4 예수께서 눈을 들어 부자들이 헌금함에 헌금 넣는 것을 보셨다.
그 후에 한 가난한 과부가 동전 두 개를 헌금함에 넣는 것을 보셨다.
예수께서 말씀하셨다. "과연, 이 과부가 오늘 가장 많은 헌금을 드렸다. 다른 사
람들은 아깝지 않을 만큼 헌금했지만, 이 여자는 자기 형편보다 넘치도록 드렸
다. 자신의 전부를 드린 것이다."

사이비 종말론자들을 조심하여라

5-6 하루는 사람들이 모여서 성전에 대해 이야기하고 있었다. 그들은 성전이 정
말 아름답고 성전의 석조물과 기념 헌물들이 수려하다고 말했다. 예수께서 말
씀하셨다. "너희가 그토록 감탄하는 이 모든 것, 이 성전의 돌 하나하나가 결국
잔해 더미가 되고 말 것이다."
7 그들이 예수께 물었다. "선생님, 그런 일이 언제 일어나겠습니까? 그런 일이
일어나려고 할 때 우리에게 어떤 징조가 있겠습니까?"
8-9 예수께서 말씀하셨다. "사이비 종말론자들을 조심하여라. 많은 지도자들이
정체를 숨기고 나타나서, '내가 그다'라고 하거나 또는 '종말이 가까이 왔다'고
주장할 것이다. 그런 말에 절대 속지 마라. 전쟁과 폭동의 소문이 들리거든, 당
황하지 말고 침착하여라. 그것은 역사에 늘 반복되는 일일 뿐, 아직 종말의 징
조는 아니다."
10-11 예수께서 계속 말씀하셨다. "나라와 나라가 싸우고 통치자와 통치자가 싸우
는 일이 계속될 것이다. 곳곳마다 큰 지진이 있을 것이다. 기근도 있을 것이다.

너희는 이따금 하늘이 무너지는 것 같을 것이다.
12-15 그러나 이런 일이 일어나기 전에, 사람들이 너희를 체포하고 박해하며 법정과 감옥으로 끌고 갈 것이다. 세상이 살벌해져서, 내 이름을 전한다는 이유로, 모두가 너희를 물어 뜯을 것이다. 너희는 결국 증인석에 서서 증언을 하도록 요구받을 것이다. 너희는 그 일로 걱정하지 않겠다고 지금 결심하여라. 내가 너희에게 말과 지혜를 줄 것이니, 너희를 고소하는 자들 모두가 맞서도 너희 말을 이기지 못할 것이다.
16-19 심지어, 부모와 형제와 친척과 친구들마저 너희를 넘겨줄 것이다. 너희 가운데 일부는 죽임을 당할 것이다. 나 때문에 너희를 미워할 사람이 누구인지 아무도 모른다. 그렇더라도 너희 몸과 영혼의 사소한 모든 것까지—심지어 너희의 머리카락까지도—내가 보살핀다. 너희는 아무것도 잃지 않을 것이다. 그대로 견뎌라. 그것이 너희가 해야 할 일이다. 끝까지 견뎌라. 그러면 너희는 절대 후회하지 않을 것이고, 결국 구원을 받을 것이다."

징벌의 날

20-24 "군대가 예루살렘을 둘러 진 친 것을 보거든, 너희는 예루살렘의 멸망이 가까운 줄 알아라. 그때에 너희가 유대에 살고 있거든, 산으로 달아나거라. 도시에 있거든, 빨리 빠져나가거라. 밭에 나가 있거든, 겉옷을 가지러 집으로 가지 마라. 그날은 징벌의 날이다. 그날에 대해 기록된 것이 다 이루어질 것이다. 특히 임신부와 젖 먹이는 어머니들이 힘들 것이다. 끔찍한 고통, 맹렬한 진노다! 사람 목숨이 파리 목숨이 될 것이다. 사람들이 감옥으로 끌려갈 것이다. 나라들이 그 맡은 일을 끝내기까지 예루살렘은 이방인들의 발에 짓밟힐 것이다.
25-26 마치 지옥이 온통 풀려난 것처럼 보일 것이다. 해와 달과 별과 땅과 바다가 요란하여, 온 세상 모든 사람이 공포에 질릴 것이다. 파멸의 위협 앞에서 사람들의 숨이 막히고, 권력자들은 두려워 떨 것이다.
27-28 그때에야—그때에야!—사람들이 인자가 성대하게 환영받으며 오는 모습을 보게 될 것이다. 영광스러운 환영일 것이다! 이 모든 일이 벌어지기 시작하거든, 일어서거라. 고개를 들고 당당히 서거라. 구원이 가까이 온 것이다!"
29-33 예수께서 이야기를 들려주셨다. "무화과나무를 보아라. 다른 나무도 다 마찬가지다. 잎이 나기 시작하면, 너희는 한 번만 보아도 여름이 가까이 다가온 줄 안다. 이 일도 마찬가지다. 이런 일이 일어나는 것을 보거든, 하나님 나라가 가까이 온 줄 알아라. 이것은 가볍게 여길 일이 아니다. 내가 지금 하는 말은, 어느 훗날의 세대에게만 주는 말이 아니라 이 세대에게도 주는 말이다. 이 일들은 반드시 이루어진다. 하늘과 땅은 닳아 없어져도, 내 말은 닳아 없어지지 않을 것이다.
34-36 너희는 조심하여라. 너희의 예민한 기대감이 파티와 음주와 쇼핑 때문에 무뎌지지 않게 하여라. 그렇지 않으면, 그날이 불시에 너희를 덮치고, 덫과 같이 갑자기 너희를 잡을 것이다. 그날은, 모든 곳에서 모든 사람에게 동시에 임할

것이다. 그러니, 너희는 무엇을 하든, 방심하지 마라. 닥쳐올 모든 일을 끝까지
견뎌 내고, 마침내 인자 앞에 설 힘과 분별력을 얻도록 끊임없이 기도하여라."
37-38 예수께서는 낮이면 성전에서 가르치시고, 밤이면 나가서 올리브 산에서 지
내셨다. 모든 백성이 새벽같이 일어나 성전으로 가서, 그분의 말씀을 들었다.

유월절 식사

22 1-2 유월절이라고 하는 무교절이 다가왔다. 대제사장과 종교 학자들
은 예수를 없앨 방도를 찾고 있었으나, 백성이 두려운 나머지 자신
들의 행동을 숨길 방법도 함께 찾고 있었다.
3-6 그때에, 사탄이 열두 제자 가운데 하나인 가룟 유다에게 들어갔다. 그는 다른
제자들을 떠나 대제사장들과 성전 경비대에게 가서, 예수를 넘길 방법을 함께
의논했다. 그들은 자신들의 행운이 믿기지 않았고, 그에게 두둑이 보상하기로
약속했다. 유다는 그들과 약속을 하고서, 그때부터 무리의 눈을 피해 예수를 넘
길 방도를 찾기 시작했다.
7-8 유월절 양을 잡는 무교절이 되었다. 예수께서 베드로와 요한을 보내며 말씀
하셨다. "가서 우리가 함께 먹을 수 있도록 유월절을 준비하여라."
9 그들이 말했다. "우리가 어디에다 준비하기 원하십니까?"
10-12 예수께서 말씀하셨다. "시내로 들어가면서 주의하여 잘 보아라. 그러면 물
한 동이를 지고 가는 사람을 만날 것이다. 그를 따라 집으로 가서, 집 주인에게
'선생님께서, 제자들과 함께 유월절 식사를 할 방이 어디 있느냐고 물어보십니
다' 하고 말하여라. 그가 너희에게 이미 청소를 마친 넓은 다락방을 보여줄 것이
다. 거기서 식사를 준비하여라."
13 제자들이 가 보니, 모든 것이 예수께서 말씀하신 그대로였다. 그들은 유월절
식사를 준비했다.
14-16 시간이 되자, 예수께서 자리에 앉으시고 모든 사도가 함께 앉았다. 예수께
서 말씀하셨다. "내가 고난의 때에 들어가기 전에, 너희와 이 유월절 식사를 함
께하기를 얼마나 기다렸는지 너희는 모를 것이다. 우리가 하나님 나라에서 다
함께 먹기까지는, 이것이 내가 먹는 마지막 유월절 식사다."
17-18 예수께서 잔을 들어 축복하시고 말씀하셨다. "이 잔을 받아 돌아가면서 나
누어 마셔라. 하나님 나라가 올 때까지, 내가 다시는 포도주를 마시지 않을 것
이다."
19 예수께서 빵을 들어 축복하시고, 떼어서 그들에게 주시며 말씀하셨다. "이 빵
은 너희를 위해 주는 내 몸이다. 나를 기념하여 이 빵을 먹어라."
20 저녁식사 후에 예수께서 잔을 가지고 똑같이 하시며 말씀하셨다. "이 잔은 너
희를 위해 붓는, 내 피로 쓴 새 언약이다.
21-22 나를 배반할 사람의 손이 지금 이 식탁 위에 있는 것을 너희는 아느냐? 인
자는 이미 정해진 길을 가는 것이니, 이것이 전혀 뜻밖의 일은 아니다. 그러나
인자를 배반하여 넘겨줄 그 사람에게는, 오늘이 파멸의 날이다!"

[23] 그들은 그런 일을 할 자가 누구인지 궁금해서, 서로 의심하며 묻기 시작했다.

고난에 대비하여라

[24-26] 제자들이 자기들 가운데 누가 가장 크게 될지를 두고 말다툼을 벌였다. 그
러자 예수께서 개입하셨다. "왕들은 위세 부리기를 좋아하고, 권세 가진 사람들
은 거창한 호칭 달기를 좋아한다. 너희는 그래서는 안된다. 너희 가운데 선배는
후배처럼 되고, 지도자는 종의 역할을 맡아라.
[27-30] 저녁식사를 하는 사람과 시중드는 사람 가운데, 너희는 어느 쪽이 되고 싶
으냐? 너희라면 시중 받으면서 식사를 하고 싶지 않겠느냐? 그러나 나는 너희
가운데서 섬기는 자리에 있었다. 너희는 크고 작은 시련 중에도 끝까지 나에게
충실했다. 이제 나는, 내 아버지께서 내게 주신 왕의 권세를 너희에게 준다. 그
리하여 너희는 내 나라에서 내 식탁에 앉아 먹고 마시며, 하나님 백성의 회중
가운데서 책임을 감당할 힘을 얻게 될 것이다.
[31-32] 시몬아, 방심하지 마라. 사탄이 밀에서 겨를 가려내듯이, 너희 모두를 내게
서 떼어 놓으려고 안간힘을 썼다. 시몬아, 네가 굴복하거나 지쳐 쓰러지지 않도
록 내가 특히 너를 위해 기도했다. 네가 시험의 시기를 다 통과하거든, 네 동료
들이 새 출발을 할 수 있도록 도와주어라."
[33] 베드로가 말했다. "주님, 주님과 함께라면 저는 무엇이든지 할 각오가 되어
있습니다. 주님을 위해서라면 감옥에라도 가겠습니다. 주님을 위해 죽기까지
하겠습니다!"
[34] 예수께서 말씀하셨다. "베드로야, 안됐지만 네게 이 말을 해야겠다. 수탉이
울기 전에, 네가 나를 모른다고 세 번 부인할 것이다."
[35] 예수께서 말씀하셨다. "내가 너희를 보내면서, 꼭 필요한 것만 가지고 가볍게
다니라고 했을 때에, 너희에게 문제가 없었느냐?"
그들이 말했다. "물론입니다. 아무 문제없이 잘 지냈습니다."
[36-37] 예수께서 말씀하셨다. "이번에는 다르다. 고난에 대비하여라. 힘든 시기가
닥쳐올 테니, 필요한 것을 챙겨라. 너희 겉옷을 전당 잡혀서 칼을 구하여라. '그
는 범죄자들과 한 무리로 여겨졌다'고 기록된 성경 말씀의 최종 의미는 나에게
서 완성된다. 나에 대해 기록된 모든 것이 이제 결말로 다가가고 있다."
[38] 제자들이 말했다. "보십시오, 주님. 칼 두 자루가 있습니다!"
그러자 예수께서 말씀하셨다. "그만하면 됐다. 칼 이야기는 그만하자!"

올리브 산에서 잡히시다

[39-40] 예수께서 거기를 떠나, 전에 자주 다니시던 올리브 산으로 가셨다. 제자들
이 그분을 따라갔다. 그곳에 이르자, 예수께서 말씀하셨다. "유혹에 넘어가지
않도록 기도하여라."
[41-44] 예수께서 그들을 떠나 돌을 던져 닿을 만한 거리에 가셨다. 거기서 무릎을
꿇고 기도하셨다. "아버지, 이 잔을 내게서 거두어 주십시오. 그러나 내가 원하

는 대로 하지 마시고, 아버지께서 원하시는 대로 행하십시오. 아버지께서 원하
시는 것이 무엇입니까?" 그때 하늘에서 천사가 나타나 그분 곁에 서서 힘을 북
돋아 주었다. 예수께서 계속해서 더욱 간절히 기도하셨다. 예수의 얼굴에서 쏟
아지는 땀방울이 마치 핏방울 같았다.
45-46 예수께서 기도를 마치고 일어나셔서 제자들에게 돌아와 보니, 그들이 슬픔
에 잠겨 잠들어 있었다. 예수께서 말씀하셨다. "너희가 무슨 일로 자고 있느냐?
일어나거라. 유혹에 넘어가지 않도록 기도하여라."
47-48 예수께서 그 말씀을 하시자마자, 한 무리가 열두 제자 가운데 하나인 유다
를 앞세우고 나타났다. 유다가 예수께 입 맞추려고 곧장 그분께 다가왔다. 예수
께서 말씀하셨다. "유다야, 네가 입맞춤으로 인자를 팔려고 하느냐?"
49-50 예수와 함께 있던 이들이 사태를 보고 말했다. "주님, 우리가 싸울까요?"
그들 가운데 한 사람이 대제사장의 종에게 칼을 휘둘러 그의 오른쪽 귀를 잘라
버렸다.
51 예수께서 말씀하셨다. "그냥 두어라." 그러고는 종의 귀를 만져 낫게 해주셨다.
52-53 예수께서 거기에 온 사람들, 곧 대제사장과 성전 경비대와 종교 지도자들에
게 말씀하셨다. "내가 위험한 범죄자라도 되는 것처럼 칼과 몽둥이로 내게 덤벼
들다니, 이게 무슨 짓이냐? 내가 날마다 성전에서 너희와 함께 있었지만, 너희
는 내게 손 하나 대지 않았다. 그러나 이제 너희 뜻대로 하여라. 지금은 어두운
밤이요, 어두운 시간이다."

베드로가 예수를 부인하다

54-56 그들이 예수를 체포해서, 대제사장의 집으로 끌고 갔다. 베드로는 안전한
거리를 두고 뒤따라갔다. 사람들이 안뜰 한가운데서 불을 피우고 둘러앉아 불
을 쬐고 있었다. 불가에 앉아 있던 여종 하나가 베드로를 알아보았다. 그리고
다시 유심히 보더니 말했다. "이 사람도 저 자와 함께 있었어요!"
57 베드로가 부인했다. "여자여, 나는 그를 알지도 못하오."
58 조금 있다가, 다른 사람이 베드로를 알아보고 말했다. "너도 저들과 한패다."
그러나 베드로는 잡아뗐다. "이 사람아, 나는 아니라고."
59 한 시간쯤 후에, 또 다른 사람이 아주 단호하게 말했다. "이 사람은 저 자와
함께 있었던 것이 틀림없소. 갈릴리 사람이라는 표시가 이 사람의 온몸에 새겨
져 있소."
60-62 베드로가 말했다. "이보시오. 나는 당신이 무슨 말을 하는지 모르겠소." 바
로 그때, 베드로가 마지막 말을 끝마치기 전에 수탉이 울었다. 그때에, 주님께
서 고개를 돌려 베드로를 바라보셨다. 베드로는 "수탉이 울기 전에, 네가 나를
세 번 부인할 것이다"라고 하신 주님의 말씀이 생각났다. 그는 밖으로 나가서,
하염없이 흐느껴 울고 또 울었다.

조롱을 당하시다

63-65 예수를 맡은 자들이 그분을 마구 때리며 조롱하기 시작했다. 그들은 예수께
눈가리개를 씌우고 놀렸다. "이번에 너를 친 사람이 누구냐?" 그들은 그분을 가
지고 신나게 놀았다.
66-67 아침이 되자, 백성의 종교 지도자와 대제사장과 종교 학자들이 다 모여서
예수를 최고의회 앞으로 끌고 갔다. 그들이 말했다. "네가 메시아냐?"
67-69 예수께서 대답하셨다. "내가 그렇다고 해도 너희는 나를 믿지 않을 것이다.
내가 너희 질문이 무슨 뜻이냐고 물어도 너희는 대답하지 않을 것이다. 내가 할
말은 이것이다. 이제 후로는, 인자가 하나님의 오른편, 권능의 자리에 앉게 될
것이다."
70 그들이 일제히 말했다. "그러면 네가 하나님의 아들이라고 한 주장을 스스로
인정하는 것이냐?"
"그 말을 계속하는 사람은 너희다." 예수께서 말씀하셨다.
71 그러자 그들이 마음을 정했다. "우리에게 무슨 증거가 더 필요하겠소? 우리가
들은 것처럼, 이 자는 자기 입으로 하나님의 아들이라고 말한 것이나 다름없소."

빌라도에게 사형선고를 받으시다

23 1-2 그 후에 그들 모두가 예수를 빌라도에게 끌고 가서 고발하기 시작
했다. 그들은 말했다. "우리가 보니, 이 사람은 우리의 법과 질서를
허물고, 황제께 세금 바치는 것을 방해하고, 스스로 메시아 왕이라고 말했습니
다."
3 빌라도가 예수께 물었다. "네가 유대인의 왕이라는 이 말이 사실이냐?"
예수께서 대답하셨다. "그것은 내 말이 아니라, 네 말이다."
4 빌라도는 대제사장들과 함께한 무리에게 말했다. "나는 아무 잘못도 못 찾겠
소. 내가 보기에 이 자는 죄가 없는 인물 같소."
5 그러나 그들은 맹렬했다. "그 사람은 갈릴리에서부터 시작해서, 이제는 온 유
대 곳곳에서 평화를 어지럽히고, 자신의 가르침으로 백성 가운데 불안을 조장
하고 있습니다. 그는 평화를 위협하는 인물입니다."
6-7 빌라도가 그 말을 듣고 물었다. "그러니까, 이 사람이 갈릴리 사람이란 말이
오?" 빌라도는 예수가 본래 헤롯의 관할이라는 것을 알고는, 헤롯에게 책임을
떠넘겼다. 마침 헤롯은 며칠간 예루살렘에 와 있었다.
8-10 헤롯은 예수가 나타나자 기뻐했다. 그는 오래전부터 예수를 보고 싶어 했고,
그분에 대한 이야기를 귀가 닳도록 들어 왔다. 그는 예수가 무슨 대단한 일을
행하는 것을 보고 싶어 했다. 헤롯은 예수께 질문을 퍼부었으나, 예수께서는 대
답이 없으셨다. 한 마디도 하지 않으셨다. 그러나 대제사장과 종교 학자들은 곁
에 서서 저마다 한 마디씩 신랄하고 격한 소리로 그분을 고발했다.
11-12 헤롯은 크게 기분이 상해 예수를 자극했다. 헤롯의 병사들도 합세해서 조
롱하고 비아냥거렸다. 그러고는 공들여 만든 왕의 복장을 그분께 입혀서 빌라

도에게 돌려보냈다. 전에는 생전 가까이하지 않던 헤롯과 빌라도가 그날은 둘
도 없는 사이가 되었다.
13-16 빌라도가 대제사장과 통치자와 다른 사람들을 불러들여 놓고 말했다. "여
러분은 이 사람이 평화를 어지럽힌다고 해서 나에게 데려왔소. 내가 여러분 모
두가 보는 앞에서 그를 심문해 보았으나, 여러분의 고발을 뒷받침할 만한 것을
하나도 찾지 못했소. 헤롯 왕도 혐의를 찾지 못해 이렇게 무혐의로 돌려보냈소.
이 사람은 죽을 만한 일은 고사하고 아무 잘못도 없는 것이 분명하오. 그러니
조심하라고 경고해서 이 사람을 풀어 주겠소."
18-20 그러자, 무리가 격해졌다. "그 자를 죽이시오! 우리에게 바라바를 주시오!"
(바라바는 그 도시에서 폭동을 일으키고 살인을 저지른 죄로 감옥에 갇혀 있었다.) 그럼에도
빌라도는 예수를 놓아주고 싶어서, 다시 분명히 말했다.
21 그러나 그들은 계속 소리쳤다. "십자가에 못 박으시오! 그 자를 십자가에 못
박으시오!"
22 빌라도가 세 번째로 나섰다. "그러나 무슨 죄목 때문이오? 나는 이 사람한테
서 죽일 만한 죄를 찾지 못했소. 조심하라고 경고해서 이 사람을 풀어 주겠소."
23-25 그러나 무리는 고함을 치면서, 예수를 십자가에 못 박으라고 막무가내로 우
겼다. 결국 그들의 고함소리가 빌라도의 말문을 막았다. 빌라도는 잠자코 그들
의 뜻을 들어주었다. 그는 폭동과 살인죄로 감옥에 갇혀 있던 사람을 풀어 주
고, 예수를 그들에게 넘겨주어 그들이 원하는 대로 하게 했다.

십자가에 못 박히시다

26-31 그들이 예수를 끌고 가다가, 마침 시골에서 올라오던 구레네 사람 시몬에
게 십자가를 지워 예수의 뒤를 따르게 했다. 큰 무리가 뒤를 따랐고, 여자들도
함께 따라가면서 슬피 울었다. 예수께서 여자들을 돌아보며 말씀하셨다. "예루
살렘의 딸들아, 나를 위해 울지 마라. 너희와 너희 자녀들을 위해 울어라. 사람
들이 이렇게 말할 날이 올 것이다. '임신하지 못하는 여자는 복되다! 아이를 낳
아 보지 못한 태는 복되다! 젖을 먹인 적 없는 가슴은 복되다!' 그때에 사람들이
산에다 대고 '우리 위로 무너져 내려라!' 하고, 언덕에다 대고 '우리를 덮어 버려
라!' 하고 외칠 것이다. 사람들이 살아 있는 푸른 나무에도 그렇게 하는데, 말라
버린 나무에는 어떻게 할지 상상이 되느냐?"
32 다른 죄수 두 사람도 사형을 받으러 예수와 함께 끌려갔다.
33 해골 언덕이라는 곳에 이르러, 그들이 예수를 십자가에 못 박았다. 두 죄수도
하나는 그분 오른쪽에, 다른 하나는 왼쪽에 못 박았다.
34-35 예수께서 기도하셨다. "아버지, 이 사람들을 용서해 주십시오. 이 사람들은
자기들이 무슨 일을 하는지 모릅니다."
그들은 주사위를 던져 예수의 옷을 나눠 가졌다. 사람들이 거기 서서 예수를 구
경했고, 주모자들도 비웃으며 말했다. "저가 다른 사람들은 구원했는데, 자기
자신도 구원하는지 보자! 하나님의 메시아라고? 선택받은 자라고? 아하!"

36-37 병사들도 다가와 예수를 조롱하고 비웃었다. 그들은 신 포도주로 그분께 건배를 제안했다. "유대인의 왕이여! 너나 구원해 보아라!"

38 예수의 머리 위에는 '이 사람은 유대인의 왕'이라고 쓴 팻말이 붙어 있었다.

39 함께 달린 죄수 가운데 한 사람도 그분을 저주했다. "너는 대단한 메시아가 아니냐! 너를 구원해 보아라! 우리를 구원해 보라고!"

40-41 그러나 다른 죄수가 그의 말을 막았다. "너는 하나님이 두렵지도 않느냐? 이분은 너와 똑같은 일을 당하고 있다. 우리야 처벌받는 것이 마땅하지만, 이분은 그렇지 않다. 이분은 이런 처벌을 받을 만한 일을 하신 적이 없다."

42 그러고 나서 그가 말했다. "예수님, 당신의 나라에 들어가실 때에 저를 기억해 주십시오."

43 예수께서 말씀하셨다. "걱정하지 마라. 내가 그렇게 하겠다. 오늘 네가 나와 함께 낙원에 있을 것이다."

44-46 어느덧 정오가 되었다. 온 땅이 어두워졌고, 그 어둠은 이후 세 시간 동안 계속되었다. 칠흑 같은 어둠이었다. 성전의 휘장 한가운데가 찢어졌다. 예수께서 큰소리로 부르짖으셨다. "아버지, 내 생명을 아버지 손에 맡깁니다!" 그 말을 하시고 예수께서 숨을 거두셨다.

47 그 자리에 있던 지휘관이 일어난 일을 보고, 하나님께 영광을 돌렸다. "이 사람은 죄 없는 사람이었다! 선하고 죄 없는 사람이었다!"

48-49 그 광경을 구경하려고 모인 사람들도, 실제로 일어난 일을 보고는 모두 비탄에 잠긴 채 집으로 돌아갔다. 예수를 잘 아는 사람들과 갈릴리에서부터 그분을 따라온 여자들은, 숙연한 마음으로 멀찍이 서서 지켜보았다.

50-54 유대 최고의회 의원으로 요셉이라는 사람이 있었는데, 그는 마음이 선하고 성품이 어진 사람이었다. 그는 의회의 계획과 행동에 찬성하지 않았다. 유대인 동네 아리마대가 고향인 그는, 하나님 나라를 간절히 기다리며 살아온 사람이었다. 그가 빌라도에게 가서 예수의 시신을 거두게 해달라고 청했다. 요셉은 그분을 십자가에서 내려 세마포 수의에 싸서, 아직 아무도 사용한 적이 없는, 바위를 깎아서 만든 무덤에 그분을 모셔 두었다. 그날은 안식일 전날이었고, 안식일이 막 시작될 무렵이었다.

55-56 갈릴리에서부터 예수를 늘 따라다닌 여자들이 뒤따라가서 예수의 시신을 모셔 둔 무덤을 보았다. 그러고는 돌아가서 장례용 향료와 향유를 준비했다. 그들은 계명대로 안식일에 조용히 쉬었다.

그분은 다시 살아나셨다

24

1-3 일요일 새벽에, 여자들은 미리 준비해 두었던 장례용 향료를 가지고 무덤으로 갔다. 그들은 무덤 입구를 막은 돌이 옮겨져 있는 것을 발견하고, 안으로 들어갔다. 그런데 안에 들어가 보니, 주 예수의 시신이 보

이지 않았다.
4-8 그들은 어찌 된 영문인지 몰라 당황했다. 그때 온몸에 광채가 나는 두 사람이
갑자기 나타나, 그들 곁에 섰다. 여자들은 두려워서 엎드려 경배했다. 그들이
말했다. "어째서 너희는 살아 계신 분을 무덤에서 찾고 있느냐? 그분은 여기 계
시지 않고, 다시 살아나셨다. 너희가 갈릴리에 있을 때에, 그분께서 자기가 죄
인들에게 넘겨져 십자가에서 죽임을 당하고, 사흘 후에 살아나야 한다고 말씀
하신 것을 기억하느냐?" 그때서야 여자들은 예수의 말씀이 생각났다.
9-11 그들은 무덤에서 돌아와, 이 모든 소식을 열한 제자와 나머지 사람들에게 전
했다. 막달라 마리아와 요안나와 야고보의 어머니 마리아와 함께 있던 다른 여
자들이 사도들에게 계속 이야기했으나, 사도들은 그들의 말을 한 마디도 믿지
않았다. 그들은 여자들이 지어낸 말이라고 생각했다.
12 그러나 베드로는 벌떡 일어나 무덤으로 달려갔다. 그가 몸을 구부려 안을 들
여다보니, 보이는 것이라고는 수의가 전부였다. 그는 이상하게 여겨 고개를 저
으며 돌아갔다.

엠마오 가는 길

13-16 바로 그날에, 그들 가운데 두 사람이 예루살렘에서 11킬로미터쯤 떨어진 엠
마오라는 마을로 걸어가고 있었다. 그들은 그동안 일어난 모든 일을 되돌아보며
깊은 대화를 나누고 있었다. 그들이 한참 묻고 말하는 중에, 예수께서 다가오셔
서 그들과 함께 걸으셨다. 그러나 그들은 그분이 누구신지 알아보지 못했다.
17-18 예수께서 물으셨다. "당신들은 길을 가면서 무슨 이야기를 그토록 열심히
합니까?"
그들은 가장 친한 벗을 잃은 듯한 침통한 얼굴로 그 자리에 멈춰 섰다. 그중에
글로바라는 사람이 말했다. "지난 며칠 동안 있었던 일을 예루살렘에서 당신 혼
자만 모른단 말입니까?"
19-24 예수께서 말씀하셨다. "무슨 일이 있었습니까?"
그들이 말했다. "나사렛 예수께 일어난 일입니다. 그분은 하시는 일과 말에 능
력이 있고, 하나님과 온 백성에게 축복받은 하나님의 사람이자 예언자셨지요.
그런데 대제사장과 지도자들이 그분을 넘겨주어서, 사형선고를 받게 하고, 십
자가에 못 박았습니다. 우리는 그분이야말로 이스라엘을 구원하실 분이라는 희
망을 품고 있었습니다. 그 일이 있은 지 벌써 사흘째입니다. 그런데 지금 우리
가운데 몇몇 여자들이 우리를 완전히 혼란에 빠뜨렸습니다. 오늘 아침 일찍 그
들이 무덤에 갔는데, 그분의 시신을 찾을 수 없었다고 합니다. 그들이 돌아와
서 하는 말이, 자기들이 천사들의 환상을 보았는데, 천사들이 예수께서 살아 계
시다고 했다는 겁니다. 우리의 친구들 가운데 몇 사람이 무덤에 가서 확인해 보
니, 여자들 말대로 무덤이 비어 있었지만 예수를 보지는 못했습니다."
25-27 그러자 예수께서 말씀하셨다. "당신들은 머리가 둔하고 마음이 무딘 사람
들이군요! 어째서 당신들은 예언자들이 말한 모든 것을 단순히 믿지 못합니까?

당신들은 이런 일이 일어나야 한다는 것과, 메시아가 고난을 겪고서 자기 영광
에 들어가야 한다는 것을 알지 못합니까?" 그러고 나서 예수께서는 모세의 책
들로 시작해 예언서를 전부 살피시면서, 자신을 언급한 성경 구절들을 모두 짚
어 주셨다.
28-31 그들은 자신들이 가려던 마을 어귀에 도착했다. 예수께서 계속 가시려는 듯
하자 그들이 간청했다. "우리와 머물며 함께 저녁을 드십시오. 날이 저물어 저
녁이 되었습니다." 그래서 예수께서 그들과 함께 들어가셨다. 예수께서 그들과
함께 식탁에 앉으셔서 빵을 들어 축복하시고, 떼어서 그들에게 주셨다. 그 순
간, 그들의 눈이 열렸다. 깜짝 놀라 눈이 휘둥그레진 그들이 예수를 알아보았
다. 그러나 그 순간, 예수께서 사라지셨다.
32 그들이 서로 말을 주고받았다. "그분이 길에서 우리와 대화하며 성경을 풀어
주실 때, 우리 마음이 뜨거워지지 않았습니까?"

제자들 앞에 나타나시다

33-34 그들은 한시도 지체하지 않고, 일어나서 곧장 예루살렘으로 돌아갔다. 가
보니, 열한 제자와 친구들이 함께 모여 이야기하고 있었다. "사실이다! 주님께
서 살아나셨다. 시몬이 주님을 보았다!"
35 이어서 그 두 사람도 길에서 있었던 일과, 예수께서 빵을 떼실 때에 자기들이
그분을 알아본 일을 모두 이야기했다.
36-41 그들이 이런 이야기를 하고 있는데, 예수께서 그들 앞에 나타나 말씀하셨
다. "너희에게 평안이 있기를!" 그들은 자기들이 유령을 보고 있는 줄 알고 잔뜩
겁을 먹었다. 예수께서 그들에게 말씀하셨다. "당황하지 마라. 그리고 이 모든
의심에 휩쓸리지도 마라. 내 손을 보고 내 발을 보아라. 정말로 나다. 나를 만져
보아라. 머리부터 발끝까지 나를 잘 보아라. 유령은 이런 근육과 뼈가 없다." 이
렇게 말씀하시며, 그들에게 자신의 손과 발을 보여주셨다. 그들은 자기 눈으로
보면서도 여전히 믿을 수가 없었다. 너무 좋아서 믿기지 않았다.
41-43 예수께서 물으셨다. "여기에 먹을 것이 좀 있느냐?" 그들은 요리해 둔 생선
한 토막을 그분께 드렸다. 예수께서는 그것을 받아 그들이 보는 앞에서 드셨다.

너희는 증인이다

44 예수께서 말씀하셨다. "내가 너희와 함께 있을 때에, 나에 대해 기록한 모세
의 율법과 예언서와 시편의 모든 것이 이루어져야 한다고 말했다."
45-49 예수께서는 계속해서 그들이 하나님의 말씀을 깨닫도록 이해력을 넓혀 주
시고, 성경을 어떻게 읽어야 하는지 설명해 주셨다. 그분께서 말씀하셨다. "너
희가 아는 것처럼 이렇게 기록되어 있다. 메시아가 고난을 겪고, 사흘째 되는
날에 죽은 자들 가운데서 살아나며, 죄 용서를 통한 전적인 삶의 변화가—이곳
예루살렘에서부터 시작해 모든 민족에게까지—그분의 이름으로 선포될 것이다!
너희는 그것을 보고 들은 첫 증인들이다. 이제 이 다음부터가 매우 중요하다!

내 아버지께서 약속하신 것을 내가 너희에게 보내 주겠다. 너희는 그분이 오셔
서 위로부터 오는 능력을 입을 때까지 이 성에 머물러 있어라."
50-51 예수께서 그들을 데리고 성에서 나가 베다니로 가셨다. 예수께서 손을 들어
그들을 축복하시고, 그들을 떠나 하늘로 들려 올라가셨다.
52-53 그들은 무릎을 꿇고 그분께 경배하고, 터질 듯한 기쁨을 안고 예루살렘으로
돌아왔다. 그들은 하나님을 찬양하면서 모든 시간을 성전에서 보냈다!

요한복음 | 머리말

성경의 첫 책인 창세기에서, 하나님은 말씀으로 창조세계를 존재하게 하시는 분으로 소개된다. 하나님께서 말씀하시면, 그 말씀대로 하늘과 땅, 바다와 강, 나무와 풀, 새와 물고기, 동물과 사람이 생겨난다. 보이는 모든 것과 보이지 않는 모든 것이, 하나님께서 하신 말씀으로 존재하게 된다.

요한은 창세기의 여는 말과 유사하게 하려는 의도에서, 말씀으로 구원을 이루시는 분으로 하나님을 소개한다. "처음에 그 말씀이 계셨다. 그 말씀은 하나님과 함께 계셨고, 하나님도 그 말씀과 함께 계셨다. 그 말씀이 곧 하나님이셨다. 그 말씀은 첫날부터 하나님을 위해 준비된 말씀이었다"(요 1:1-2). 이번에는 하나님의 말씀이 예수의 인격 속에서 사람의 모습을 입고 역사 속으로 들어온다. 예수께서 말씀하시면, 그 말씀대로 용서와 심판, 치유와 깨달음, 자비와 은혜, 기쁨과 사랑, 자유와 부활이 생겨난다. 망가지고 타락한 모든 것과 죄악되고 병든 모든 것이, 하나님께서 하신 말씀으로 구원을 얻는다.

왜냐하면 첫 창조 이후에 어디선가 일이 잘못되었고(창세기는 그 이야기도 전한다), 그것을 바로잡는 일이 절실히 필요해졌기 때문이다. 바로잡는 일 역시 말씀하심으로 이루어졌다. 구원하시는 하나님의 말씀이 예수의 인격 속에서 나타난 것이다. 이 이야기에서, 예수는 하나님의 말씀을 선포하시는 분 정도가 아니다. 그분 자신이 곧 하나님의 말씀이시다.

우리는 이 말씀과 사귀면서 우리의 말이 예상보다 훨씬 중요하다는 것을 깨닫게 된다. 예를 들어, "내가 믿습니다"라고 말하는 것이 삶과 죽음을 가르는 표지가 된다. 요한은 "이것을 기록한 이유는, 예수께서 메시아이시며 하나님의 아들이심을 여러분으로 믿게 하고, 그 믿음을 통해 예수께서 친히 계시해 주신 참되고 영원한 생명을 얻게 하려는 것이다"라고 말한다(요 20:30-31). 예수와 대화할 때 우리의 말에 품위와 무게가 실린다. 그것은 예수께서 구원을 해답으로 강요하시지 않기 때문이다. 그분은 편안한 대화, 친밀하고 인격적인 관계, 자비로운 반응, 뜨거운 기도, 그리고—이 모든 것을 아우르는—희생적인 죽음을 통해, 구원을 선포하고 존재하게 하신다. 우리는 그 같은 말씀을 무심하게 지나칠 수 없다.

요한복음

그 말씀이 살과 피가 되어

1 [1-2] 처음에 그 말씀이 계셨다.
그 말씀은 하나님과 함께 계셨고,
하나님도 그 말씀과 함께 계셨다.
그 말씀이 곧 하나님이셨다.
그 말씀은 첫날부터 하나님을 위해 준비된 말씀이었다.

[3-5] 모든 것이 그분을 통해 창조되었다.
그분 없이 창조된 것은
단 하나도 없었다.
존재할 수 있도록 한 것은 바로 생명이었으니,
그 생명은 삶을 유지하는 빛이었다.
그 생명 빛이 어둠을 뚫고 타올랐으니,
어둠은 그 빛을 끌 수 없었다.

[6-8] 일찍이 한 사람이 있었다. 그의 이름은 요한이었다. 그는 그 생명 빛에 이르
는 길을 가리켜 보이라고 하나님께서 보내신 사람이었다. 그가 온 것은, 어디를
보고 누구를 믿어야 할지를 모든 사람에게 보여주기 위해서였다. 요한 자신은
그 빛이 아니었다. 그는 그 빛에 이르는 길을 보여주려고 온 사람이었다.

[9-13] 그 생명 빛은 참된 빛이었다.
그분은 생명에 들어가는 사람 누구나
그 빛 속으로 데려가신다.

그분이 세상에 계셨고
세상이 그분을 통해 존재했지만
세상은 그분을 알아보지 못했다.
그분이 자기 백성에게 오셨지만
그들은 그분을 원치 않았다.
그러나 그분을 원했던 이들,
그분이 스스로 말씀하신 그분이며
말씀하신 대로 행하실 분이라고 믿은 이들은 누구나,
그들의 참된 자아,
곧 하나님의 자녀가 되게 해주셨다.
이들은 피로 난 자도 아니고
육체로 난 자도 아니며
성관계로 난 자도 아닌
하나님에게서 난 사람들이다.

14 그 말씀이 살과 피가 되어
우리가 사는 곳에 오셨다.
우리는 그 영광을 두 눈으로 보았다.
단 하나뿐인 그 영광은
아버지 같고, 아들 같아서
안팎으로 두루 충만하고
처음부터 끝까지 참된 영광이었다.

15 요한은 그분을 가리켜 외쳤다. "이분이 바로 그분이시다! 내가 전에 내 뒤에 오
시지만, 사실은 나보다 앞서 계신 분이라고 말한 것은, 바로 이분을 두고 한 말이
다. 그분은 언제나 나보다 먼저 계신 분, 늘 먼저 말씀하신 분이기 때문이다."

16-18 우리 모두는 그분의 충만한 은혜,
끊임없이 베푸시는 선물에 의지해 살아간다.
우리가 기본적인 것은 모세에게서 받았지만,
이 풍성한 주고받음,
이 끝없는 앎과 깨달음,
이 모든 것은 메시아 예수를 통해 받았다.
이제까지 하나님을 본 사람,
어렴풋하게라도 그분을 본 사람은 없었다.
아버지의 심장에 계신 분,
단 하나뿐인 하나님의 모습이신 그분께서
하나님을 대낮처럼 분명하게 드러내 보이셨다.

광야에서 외치는 소리

19-20 예루살렘의 유대인들이 제사장과 관리들을 요한에게 보내어 그가 누구인지
물어보았을 때, 요한은 아무것도 숨기지 않았다. 그는 그 질문을 얼버무려 넘기
지 않고, 사실 그대로 말했다. "나는 메시아가 아니다."
21 그들이 다그쳐 물었다. "그렇다면 누구란 말이오? 엘리야요?"
"아니다."
"예언자요?"
"아니다."
22 그들은 화를 내며 말했다. "그렇다면 누구란 말이오? 우리를 보낸 이들에게
전해 줄 답변이 필요하오. 무엇이라도 좋으니, 당신 자신에 대해 좀 알려 주시오."
23 "나는 '하나님을 위해 길을 곧게 하라'고 광야에서 외치는 소리다. 나는 예언
자 이사야가 선포한 일을 행하는 것이다."
24-25 요한에게 질문한 사람들은 바리새인들이 보낸 이들이었다. 이제 그들은 자
신들이 궁금해 하던 질문을 던졌다. "당신이 메시아도 아니고 엘리야도 아니고
예언자도 아니라면, 세례는 왜 주는 겁니까?"
26-27 요한이 대답했다. "나는 물로 세례를 줄 뿐이다. 그러나 너희 가운데 너희가
알아보지 못하는 한분이 서 계신다. 그분은 내 뒤에 오시지만, 내 다음가는 분
이 아니시다. 나는 그분의 겉옷을 들고 있을 자격조차 없는 사람이다."
28 이것은 요한이 세례를 주던 요단 강 건너편 베다니에서 나눈 대화였다.

하나님을 계시하시는 분

29-31 이튿날, 요한은 예수께서 자기에게 오시는 것을 보고 큰소리로 말했다. "이
분이 하나님의 유월절 어린양이시다! 세상 죄를 용서하시는 분이다! 내가 전에
'내 뒤에 오시지만, 사실은 나보다 앞서 계신 분'이라고 말한 이가 바로 이분이
다. 나는 이분이 누구신지 전혀 알지 못했다. 내가 아는 것은, 이분이 하나님을
계시하시는 분이심을 알아보도록 이스라엘을 준비시키는 것이 내 임무라는 것
뿐이었다. 그래서 내가 여기에 와서 물로 세례를 주는 것이다. 너희를 말끔히
씻기고 너희 삶에서 죄를 씻어 내어, 너희로 하여금 하나님과 함께 새 출발을
하게 하려는 것이다."
32-34 요한은 자신의 증언을 이 말로 매듭지었다. "나는 성령께서 비둘기처럼 하
늘에서 내려와 이분 안에 편히 머무시는 것을 보았다. 다시 말하지만, 내가 이
분에 대해 아는 것은, 물로 세례를 주라고 내게 권한을 주신 분께서 '너는 성령
이 내려와 한분 위에 머무는 것을 보게 될 텐데, 바로 그가 성령으로 세례를 줄
것이다'라고 말씀하신 것뿐이었다. 나는 정확하게 그 일이 일어나는 것을 보았
고, 그래서 너희에게 말하는 것이다. 이분이 하나님의 아들이신 것에는 조금도
의심의 여지가 없다."

와서 직접 보아라

35-36 이튿날 요한이 두 제자와 함께 자기 일터에 있다가, 예수께서 근처를 지나
가시는 것을 보고 말했다. "하나님의 유월절 어린양이시다."
37-38 두 제자는 요한의 말을 듣고 예수를 따라갔다. 예수께서 고개를 돌려 그들
을 보시고 말씀하셨다. "무엇을 찾느냐?"
그들이 말했다. "랍비님, 어디에 묵고 계십니까?" (랍비는 '선생'이라는 뜻이다.)
39 예수께서 대답하셨다. "와서 직접 보아라."
그들은 가서 예수께서 지내시는 곳을 보았고, 그날을 그분과 함께 지냈다. 늦은
오후에 일어난 일이었다.
40-42 요한의 증언을 듣고 예수를 따라간 두 사람 중 하나는, 시몬 베드로의 동생
안드레였다. 그가 예수께서 지내시는 곳을 확인하고 나서 맨 먼저 한 일은, 자
기 형 시몬을 찾아가 "우리가 메시아를 만났다"고 알린 것이었다. (메시아는 곧 그
리스도다.) 그는 즉시 시몬을 예수께로 인도했다.
예수께서 시몬을 쳐다보시고 말씀하셨다. "너는 요한의 아들 시몬이 아니냐?
이제부터 네 이름은 게바다." (게바는 베드로, 곧 '바위'라는 뜻이다.)
43-44 이튿날 예수께서 갈릴리에 가기로 하셨다. 예수께서 갈릴리에 도착해 빌립
과 마주치셨다. 예수께서 말씀하셨다. "가자. 나를 따라오너라." (빌립의 고향은
벳세다였다. 그곳은 안드레와 베드로의 고향이기도 했다.)
45-46 빌립이 가서 나다나엘을 만나 이렇게 말했다. "모세가 율법에 기록하고 예
언자들이 전해 준 그분을, 우리가 만났습니다. 그분은 요셉의 아들 예수라는 분
인데, 나사렛에서 오셨어요!" 나다나엘이 말했다. "나사렛이라고요? 설마 농담
이겠지요."
그러나 빌립은 이렇게 말했다. "와서 직접 보세요."
47 예수께서 나다나엘이 오는 것을 보시고 말씀하셨다. "저 사람은 참된 이스라
엘 사람이다. 그에게는 거짓된 구석이 하나도 없다."
48 나다나엘이 말했다. "어떻게 그런 생각을 하셨습니까? 저를 모르시지 않습니까?"
예수께서 대답하셨다. "빌립이 너를 이곳으로 부르기 오래전에, 네가 무화과나
무 아래 있는 것을 보았다."
49 나다나엘이 큰소리로 말했다. "랍비님! 선생님은 하나님의 아들이시며, 이스
라엘의 왕이십니다!"
50-51 예수께서 말씀하셨다. "네가 무화과나무 아래 앉아 있는 것을 내가 보았다
고 해서 믿는 것이냐? 그것은 아무것도 아니다! 이 일이 끝나기 전에, 너희는
하늘이 열리고 하나님의 천사들이 인자 위에 오르내리는 것을 보게 될 것이다."

물로 포도주를 만드시다

2

1-3 사흘 후에 갈릴리 가나 마을에서 결혼식이 있었다. 예수의 어머니가
그곳에 있었고, 예수와 제자들도 거기에 손님으로 있었다. 결혼잔치에
포도주가 떨어져 가자, 예수의 어머니가 예수께 말했다. "포도주가 거의 바닥났

구나."
[4] 예수께서 말씀하셨다. "어머니, 그것이 어머니와 내가 관여할 일입니까? 지금
은 나의 때가 아닙니다. 재촉하지 마십시오."
[5] 예수의 어머니가 지체 없이 종들에게 말했다. "그가 시키는 대로 무엇이든 하
여라."
[6-7] 거기에는 유대인들이 정결예식에 쓰는 물 항아리가 여섯 개 놓여 있었다. 항
아리는 각각 75에서 110리터 정도가 들어가는 크기였다. 예수께서 종들에게 지
시하셨다. "항아리에 물을 가득 채워라." 그러자 그들은 항아리가 넘치도록 물
을 가득 채웠다.
[8] 예수께서 "이제 주전자에 가득 담아 잔치를 맡은 자에게 가져다주어라" 하고
말씀하셨다. 종들은 그대로 했다.
[9-10] 잔치를 맡은 자가 물이 변하여 된 포도주를 맛보고서, 큰소리로 신랑을 불러
말했다. (그는 방금 무슨 일이 일어났는지 몰랐지만, 종들은 알고 있었다.) "내가 알기로
는, 누구나 처음에 가장 맛좋은 포도주를 내놓다가 손님들이 잔뜩 마신 뒤에는
싸구려를 내놓는데, 그대는 지금까지 가장 좋은 포도주를 남겨 두었구려!"
[11] 갈릴리 가나에서 행하신 이 일은 예수께서 보여주신 첫 번째 표적이었고, 처음
으로 자신의 영광을 나타내신 것이었다. 그분의 제자들이 예수를 믿게 되었다.
[12] 이 일이 있고 나서, 예수께서는 어머니와 형제와 제자들과 함께 가버나움으
로 내려가 며칠을 지내셨다.

성전을 깨끗하게 하시다

[13-14] 유대인들이 매년 봄에 지키는 유월절이 막 시작될 무렵, 예수께서 예루살렘
으로 올라가셨다. 예수께서는 성전이 소와 양과 비둘기를 파는 사람들로 북적
대는 것을 보셨다. 고리대금업자들도 거기서 마음껏 활개를 치고 있었다.
[15-17] 예수께서 가죽 끈으로 채찍을 만들어서 그들을 성전에서 쫓아내셨다. 양과
소를 몰아내고, 동전을 사방으로 흩어 버리시며, 고리대금업자들의 가판대를 뒤
엎으셨다. 예수께서 비둘기 상인들에게 이렇게 말씀하셨다. "여기에서 너희 물
건을 치워라! 내 아버지 집을 쇼핑몰로 만드는 짓은 그만두어라!" 그 순간, 제자
들은 "당신의 집을 향한 열심이 나를 삼킵니다"라고 한 성경 말씀을 기억했다.
[18-19] 그러나 유대인들은 불쾌한 마음에 이렇게 물었다. "당신이 하는 이 일이 옳
다고 입증해 줄 신임장을 제시할 수 있겠소?" 예수께서 대답하셨다. "이 성전을
헐어라. 그러면 내가 사흘 만에 다시 짓겠다."
[20-22] 그들은 분개하며 말했다. "이 성전을 짓는 데 사십육 년이 걸렸는데, 당신이
사흘 만에 다시 짓겠다는 거요?" 그러나 예수께서 성전이라고 하신 것은, 자신
의 몸을 두고 하신 말씀이었다. 나중에 예수께서 죽은 자들 가운데서 살아나신
뒤에야, 제자들은 그분이 그렇게 말씀하신 것을 기억해 냈다. 그때에야 제자들
은 비로소 올바른 결론을 내릴 수 있었다. 성경에 기록된 말씀과 예수께서 하신
말씀을 모두 믿게 된 것이다.

23-25 예수께서 예루살렘에 계시는 유월절 기간 동안, 많은 사람들이 그분이 나타
내시는 표적을 보았다. 그리고 그 표적이 하나님을 가리킨다는 것을 알고는, 자
신들의 삶을 예수께 맡겼다. 그러나 예수께서는 자신의 삶을 그들에게 맡기지
않으셨다. 예수께서는 그들을 속속들이 아셨고, 그들이 신뢰할 수 없는 사람들
인 것도 알고 계셨다. 예수께서는 아무런 도움 없이도 그들을 훤히 꿰뚫어 보고
계셨던 것이다.

니고데모와의 대화

3 1-2 바리새파 사람 가운데 니고데모라는 사람이 있었다. 그는 유대인들 사
이에서 유력한 지도자였다. 하루는 그가 밤늦게 예수를 찾아와서 말했
다. "랍비님, 우리 모두는 선생님이 하나님께로부터 직접 오신 분이라는 것을
알고 있습니다. 하나님이 관여하지 않으시면, 아무도 선생님이 하시는 일, 곧
하나님을 가리켜 보이고 하나님을 계시하는 일을 할 수 없습니다."
3 예수께서 말씀하셨다. "네 말이 정말 맞다. 내가 하는 말을 믿어라. 사람이 위
로부터 태어나지 않으면, 내가 가리키는 하나님 나라를 볼 수 없다."
4 니고데모가 말했다. "이미 태어나서 다 자란 사람이 어떻게 다시 태어날 수 있
겠습니까? 어머니 배에 들어가서 다시 태어날 수는 없습니다. '위로부터 태어난
다'고 하신 말씀이 도대체 무슨 뜻입니까?"
5-6 예수께서 말씀하셨다. "너는 귀 기울여 듣지 않는구나. 다시 말해 주겠다. 사
람은 누구나 근본적인 창조 과정을 거쳐야 한다. '태초에 수면 위를 운행하시던
성령'을 통한 창조, 보이는 세계를 움직이는 보이지 않는 세계, 새로운 생명으로
들어가게 이끄는 세례, 이 과정들이 없으면 하나님 나라에 들어갈 수 없다. 아
기를 예로 들어 설명하겠다. 태어난 아기는 다만 네가 볼 수 있고 만질 수 있는
몸만 가지고 있을 뿐이다. 그러나 그 몸 안에 형성되는 인격은 네가 절대 볼 수
도 없고 만질 수도 없는 것—성령—으로 빚어져 살아 있는 영이 되는 것이다. 바
로 이러한 과정을 말하는 것이다.
7-8 그러니 너는 '위로부터 태어나야 한다'는 말, 곧 이 세상의 가치로부터 떠나
야 한다는 내 말에 놀라지 마라. 너는 바람이 부는 방향을 예측할 수 없다는 것
을 잘 알 것이다. 너는 나무 사이를 스치는 바람의 소리는 듣지만, 그 바람이 어
디서 와서 어디로 가는지는 모른다. 하나님의 바람, 곧 하나님의 영을 힘입어
'위로부터 태어난' 사람도 다 그와 같다."
9 니고데모가 물었다. "그 말이 무슨 뜻입니까? 어떻게 그런 일이 일어날 수 있
습니까?"
10-12 예수께서 대답하셨다. "너는 이스라엘의 존경받는 선생이면서, 이런 기본
적인 것도 모르느냐? 잘 들어라. 진리를 있는 그대로 일러 주겠다. 나는 경험으
로 아는 것만 말한다. 나는 내 두 눈으로 본 것만 증언한다. 얻어들은 말이나 전
해 들은 말은 하나도 없다. 그러나 너는 증거를 직면해서 받아들이기는커녕 이
런저런 질문으로 꾸물거리고 있구나. 손바닥 보듯 뻔한 사실을 말해도 네가 믿

지 않는데, 네가 보지 못하는 하나님의 일을 내가 말해 봐야 무슨 소용이 있겠느냐?

13-15 하나님 앞에서 내려온 이, 곧 인자밖에는 아무도 하나님 앞으로 올라간 이가 없다. 모세가 광야에서 뱀을 들어 백성에게 보고 믿게 한 것과 마찬가지로, 인자도 들려야 한다. 그러면 그를 바라보는 사람, 그를 믿고 기다리는 사람마다 참된 생명, 영원한 생명을 얻게 될 것이다.

16-18 하나님께서 이 세상을 얼마나 사랑하셨는지, 그분은 하나뿐인 아들을 우리에게 주셨다. 그것은 아무도 멸망하지 않고, 그를 믿는 사람은 누구나 온전하고 영원한 생명을 얻게 하시려는 것이다. 하나님께서 고통을 무릅쓰고 자기 아들을 보내신 것은, 세상을 정죄하고 손가락질해서 세상이 얼마나 악한지 일러 주시려는 것이 아니다. 아들이 온 것은, 세상을 구원하고 다시 바로잡으려는 것이다. 누구든지 아들을 신뢰하는 사람은 죄를 용서받지만, 아들을 신뢰하지 않는 사람은 이미 오래전에 사형선고를 받았으면서도 그것을 모르는 사람이다. 하나뿐인 하나님의 아들을 알고도 그가 믿지 않았기 때문이다.

19-21 너희가 처한 위기 상황은 이러하다. 빛이신 하나님께서 세상 안으로 들어오셨지만, 사람들은 어둠을 찾아 달아났다. 그들이 어둠을 찾아 달아난 것은, 하나님을 기쁘시게 해드리는 일에 관심이 없었기 때문이다. 악행을 일삼고 부정과 망상에 사로잡힌 사람은 누구나 빛이신 하나님을 싫어해서, 그 빛에 가까이 가려고 하지 않는다. 자기 행위가 드러날까 괴롭고 두렵기 때문이다. 그러나 진리와 실체 안에서 일하고 살아가는 사람은 빛이신 하나님을 맞아들인다. 그것은 자기 행위가 하나님의 일을 위한 것이었음을 드러내려는 것이다."

그분 앞서 준비하는 사람

22-26 이 대화를 마치고, 예수께서 제자들과 함께 유대로 가셔서 그들과 함께 휴식을 취하셨다. 예수께서는 세례도 주셨다. 같은 때에 요한은 살렘 근처에 있는 애논에서 세례를 주고 있었는데, 애논은 물이 풍부한 곳이었다. 이때는 아직 요한이 감옥에 갇히기 전이었다. 요한의 제자들이 세례의 본질을 두고 유대 지도자들과 논쟁을 벌였다. 제자들이 요한에게 가서 말했다. "랍비님, 요단 강 건너편에서 선생님과 함께 있던 분을 아시지요? 선생님께서 증언하고 인정해 주신 분 말입니다. 그분이 이제는 우리와 경쟁하고 있습니다. 그분도 세례를 주고 있는데, 사람들이 우리에게로 오지 않고 다 그분에게로 갑니다."

27-29 요한이 대답했다. "사람이 하늘의 도움 없이는 성공할 수 없다. (나는 지금 영원한 성공을 말하는 것이다.) 나는 메시아가 아니다. 나는 그분보다 앞서 보냄받아서 그분을 준비하는 사람에 불과하다. 내가 이것을 공개적으로 말할 때에 너희도 그 자리에 나와 함께 있었다. 신부를 얻는 이는 당연히 신랑이다. 그리고 들러리가 되어 신랑 곁에서 그가 하는 말을 모두 듣는 신랑의 친구는 참으로 행복하다. 내가 바로 그 사람이다. 이제 결혼식이 끝나고 행복한 결혼생활이 시작될 것을 잘 아는 신랑의 친구가 어떻게 질투할 수 있겠느냐?

29-30 그래서 내 잔이 넘쳐흐르는 것이다. 지금은 그분이 중앙무대로 나오시고,
나는 가장자리로 비켜나야 할 순간이다.
31-33 위로부터 오시는 그분이야말로 하나님께서 보내신 다른 어떤 심부름꾼보다
뛰어나신 분이다. 땅에서 난 자는 땅에 매여서 땅의 언어로 말하지만, 하늘에서
나신 분은 우리와 차원이 다르다. 그분은 하늘에서 직접 보고 들은 것을 증거로
제시하신다. 하지만 아무도 그 같은 사실에 관심을 두지 않는다. 그러나 그 증
거를 면밀히 살펴보는 사람은, 하나님이 곧 진리라는 사실에 자기 목숨을 걸게
된다.
34-36 하나님께서 보내신 그분은 하나님의 말씀을 전한다. 하나님께서 성령을 조
금씩 나누어 주신다고 생각하지 마라. 아버지는 아들을 한량없이 사랑하신다.
아버지는 아들에게 모든 것을 맡기셔서, 아들로 하여금 그 선물을 아낌없이 나
눠 주게 하셨다. 그래서 아들을 받아들이고 신뢰하는 사람은 누구나 그 모든
것, 곧 온전하고 영원한 생명에 참여하게 된다! 어둠 속에 있어 아들을 신뢰하
지 않고 외면하는 사람이 생명을 보지 못하는 것도 그 때문이다. 그가 하나님에
대해 경험하는 것이라고는 온통 어둠, 지독한 어둠뿐이다."

우물가의 여인

4 1-3 예수께서 바리새인들이 자신과 요한이 세례를 준 횟수를 세고 있다는
것을 아셨다. (실제로 세례를 준 것은 예수가 아니라 그분의 제자들이었다.) 바리
새인들은 예수가 앞섰다고 점수를 발표하여, 그분과 요한이 경쟁하는 것으로 사
람들의 눈에 보이게 했다. 그래서 예수께서 유대를 떠나 다시 갈릴리로 가셨다.
4-6 갈릴리로 가려면, 사마리아를 가로질러 가야 했다. 예수께서 사마리아의 수
가라 하는 마을에 이르셨다. 수가는 야곱이 자기 아들 요셉에게 준 땅과 맞닿아
있었는데, 야곱의 우물이 아직 거기 있었다. 여행으로 지친 예수께서 우물가에
앉으셨다. 때는 정오 무렵이었다.
7-8 한 사마리아 여자가 물을 길으러 나왔다. 예수께서 그 여자에게 말씀하셨다.
"나에게 물 한 모금 줄 수 있겠느냐?" (제자들은 점심거리를 사러 마을에 가고 없었다.)
9 사마리아 여자가 당황해 하며 물었다. "당신은 유대인이면서 어떻게 사마리아
여자인 나에게 물을 달라고 하십니까?" (당시에 유대인들은 사마리아 사람들과 절대로
말을 나누려 하지 않았다.)
10 예수께서 대답하셨다. "네가 하나님의 후하심을 알고 내가 누구인지 알았더
라면 내게 마실 물을 달라고 했을 것이고, 나는 네게 시원한 생수를 주었을 것
이다."
11-12 그러자 여자가 말했다. "선생님, 선생님께는 물 긷는 두레박도 없고, 또 이
우물은 깊습니다. 그런데 어떻게 생수를 주시겠다는 말입니까? 선생님이 우리
조상 야곱보다 더 뛰어난 분이라는 말입니까? 그는 이 우물을 파서, 자신은 물
론이고 자기 아들들과 가축들까지 이 물에서 마시게 했고, 우리에게 물려주기
까지 했습니다."

13-14 예수께서 말씀하셨다. "이 물을 마시는 사람은 누구나 다시 목마를 것이다.
그러나 내가 주는 물을 마시는 사람은 다시는 목마르지 않을 것이다. 내가 주는
물은, 그 사람 속에서 솟구쳐 오르는 영원한 생명의 샘이 될 것이다."
15 여자가 말했다. "선생님, 내게 그 물을 주셔서 내가 다시는 목마르지 않게 해
주시고, 이 우물을 다시 찾는 일이 없게 해주십시오!"
16 예수께서 말씀하셨다. "가서 네 남편을 불러서 다시 오너라."
17-18 "나는 남편이 없습니다" 하고 여자가 대답했다.
"'남편이 없다'고 한 네 말이 맞다. 너는 남편이 다섯이나 있었고, 지금 함께 사
는 남자도 네 남편이 아니다. 그러니 네 말이 맞다."
19-20 "이제 보니 선생님은 예언자이십니다! 그렇다면 이것을 좀 말해 주십시오.
우리 조상들은 이 산에서 하나님께 예배드렸습니다. 하지만 선생님 같은 유대
인들은 예루살렘이 유일한 예배 장소라고 주장합니다. 그렇지요?"
21-23 "여자여, 내 말을 믿어라. 너희 사마리아 사람들이 이 산도 아니고 예루살
렘도 아닌 곳에서 아버지께 예배드릴 때가 온다. 너희는 어둠 속에서 확신 없는
예배를 드리지만, 우리 유대인들은 밝은 대낮에 확신에 가득 찬 예배를 드린다.
하나님의 구원의 길은 유대인들을 통해 열린다. 그러나 너희가 어떤 이름으로
불리고 어디서 예배드리는지는 중요하지 않게 될 때가 온다. 사실은 그때가 이
미 왔다.
23-24 하나님 앞에서 중요한 것은, 너희가 어떤 사람이며 어떻게 사느냐 하는 것
이다. 너희가 드리는 예배는, 너희 영으로 진리를 추구하는 예배여야 한다. 아
버지께서는 바로 그런 사람, 곧 그분 앞에 단순하고 정직하게 있는 모습 그대로
예배드리는 사람들을 찾으신다. 하나님은 순전한 존재 그 자체, 곧 영이시다.
그러므로 하나님께 예배드리는 사람은, 자신의 존재와 자신의 영과 자신의 참
된 마음으로 예배드려야 한다."
25 여자가 말했다. "그것은 잘 모르겠습니다만, 메시아가 오신다는 것은 압니다.
그분이 오시면, 이 모든 것의 전말을 알게 되겠지요."
26 예수께서 말씀하셨다. "내가 바로 그다. 너는 더 이상 기다리거나 찾지 않아
도 된다."
27 바로 그때 제자들이 돌아왔다. 제자들은 크게 놀랐다. 예수께서 그런 여자와
이야기를 나누리라고는 생각지도 못했기 때문이다. 제자들 가운데 아무도 자신
의 생각을 말하지 않았지만, 그들의 얼굴에 다 드러나 있었다.
28-30 여자는 눈치를 채고 자리를 떴다. 어찌나 당황했던지 물동이까지 두고 갔
다. 여자는 마을로 돌아가서 사람들에게 말했다. "내가 한 일을 다 알고 있는 사
람이 있습니다. 와 보세요. 그분은 나를 속속들이 아십니다. 혹시 그분이 메시
아가 아닐까요?" 그래서 그들은 예수를 직접 보러 나갔다.

추수할 때가 되었다

31 그 사이에, 제자들이 예수께 음식을 권했다. "랍비님, 드십시오. 안 드시겠습

니까?"
32 예수께서 제자들에게 말씀하셨다. "나에게는 너희가 알지 못하는 음식이 있다."
33 제자들은 "누가 그분께 먹을 것을 가져다 드리기라도 한 걸까?" 하고 어리둥절해 했다.
34-35 예수께서 말씀하셨다. "나를 살게 하는 음식은, 나를 보내신 분의 뜻을 행하고 그분이 시작하신 일을 마무리 짓는 것이다. 지금 너희가 주위를 둘러본다면, 넉 달쯤 지나야 추수할 때가 되겠다고 말하지 않겠느냐? 내가 너희에게 말한다. 눈을 떠서 눈앞에 무엇이 있는지 똑똑히 보아라. 이 사마리아 밭들은 곡식이 무르익었다. 추수할 때가 된 것이다!
36-38 추수하는 사람은 기다리는 법이 없다. 그는 자기 삯을 받고, 영원한 생명을 위해 무르익은 곡식을 거두어들인다. 이제 씨 뿌리는 사람과 추수하는 사람이 서로 어깨동무를 하고 기뻐하게 되었구나. '한 사람은 씨를 뿌리고, 다른 사람은 거두어들인다'는 말이 과연 맞는 말이다. 나는 너희가 일구지 않은 밭으로 너희를 보내 추수하게 했다. 너희는 손가락 하나 보탠 것 없이, 다른 사람들이 오랫동안 힘써 일궈 놓은 밭에 걸어 들어간 것이다."
39-42 마을에서 온 많은 사마리아 사람들이 예수께 자신의 삶을 맡겼다. "그분은 내가 한 일을 다 아십니다. 나를 속속들이 아십니다!"라고 말한 여자의 증언 때문이었다. 그들은 예수께 좀 더 머물러 주기를 청했고, 예수께서는 이틀을 더 머무셨다. 더 많은 사람들이 예수의 말씀을 듣고 자신의 삶을 그분께 의탁했다. 사람들이 여자에게 말했다. "이제 우리는 당신의 말 때문에 믿는 것이 아니오. 우리가 직접 듣고, 확실히 알게 되었소. 그분은 세상의 구주이십니다."

43-45 이틀 후에 예수께서 갈릴리로 떠나셨다. 예수께서는 예언자가 자기가 자란 곳에서는 존경받지 못한다는 것을 경험으로 잘 알고 계셨다. 예수께서 갈릴리에 도착하셨을 때, 갈릴리 사람들이 그분을 반겼다. 그러나 그것은 그들이 유월절 기간 동안 예수께서 예루살렘에서 행하신 일에 감동을 받았기 때문이지, 그분이 누구시며 장차 무슨 일을 하시려는지 정말로 알았기 때문은 아니었다.
46-48 예수께서 전에 물로 포도주를 만드셨던 갈릴리 가나로 다시 가셨다. 한편, 가버나움에 왕실 관리 한 사람이 있었는데, 그의 아들이 병을 앓고 있었다. 그는 예수께서 유대를 떠나 갈릴리로 오셨다는 소식을 듣고서 그분을 찾아가, 가버나움으로 내려가서 죽기 직전에 있는 자기 아들을 고쳐 달라고 그분께 간절히 청했다. 예수께서 그의 말을 피하시며 이렇게 말씀하셨다. "기적을 보고 압도되지 않으면 너희는 믿으려 하지 않는다."
49 그러나 그 관리는 물러서지 않았다. "함께 가 주십시오! 제 아들의 생사가 달린 일입니다."
50-51 예수께서는 그저 "집으로 가거라. 네 아들이 살아났다"고만 대답하셨다.
그 사람은 예수께서 하신 말씀을 그대로 믿고 집으로 향했다. 그가 돌아가고 있

는데, 종들이 중간에서 그를 붙잡고는 소식을 전했다. "아드님이 살아났습니
다!"
52-53 그 사람이 자기 아들이 언제 낫기 시작했는지를 묻자, 종들이 대답했다.
"어제 오후 한 시쯤에 열이 내렸습니다." 그 아버지는 그때가 바로, 예수께서
"네 아들이 살아났다"고 말씀하신 때라는 것을 알았다.
53-54 그 일로 결론이 났다. 그 관리뿐 아니라 온 가족이 다 믿게 된 것이다. 이것
은 예수께서 유대를 떠나 갈릴리로 오신 뒤에 보여주신 두 번째 표적이다.

삼십팔 년 된 병자를 고치시다

5 1-6 곧이어 또 다른 명절이 다가오자 예수께서 다시 예루살렘으로 가셨다.
예루살렘의 양의 문 근처에 히브리 말로 베데스다라 하는 연못이 있었
고, 그 연못에 회랑 다섯 채가 딸려 있었다. 그 회랑에는 눈먼 사람, 다리를 저
는 사람, 중풍병자같이 몸이 아픈 사람들이 수백 명 있었다. 거기에 삼십팔 년
동안 앓고 있던 한 남자가 있었다. 예수께서 그가 연못가에 누워 있는 것을 보
시고, 또 그가 그곳에 얼마나 오래 있었는지를 아시고 말씀하셨다. "네가 낫기
를 원하느냐?"
7 그 남자가 말했다. "선생님, 물이 움직일 때 저를 연못에 넣어 줄 사람이 없습
니다. 제가 연못에 닿을 즈음이면, 이미 다른 사람이 들어가 있습니다."
8-9 예수께서 말씀하셨다. "일어나서 네 자리를 들고 걸어가거라." 그러자 그가
곧바로 나았다. 그는 자기 자리를 들고 걸어갔다.
9-10 마침 그날은 안식일이었다. 유대인들이 그 나은 사람을 막아서며 말했다.
"오늘은 안식일이오. 자리를 들고 다녀서는 안되오. 그것은 규정을 위반하는 일
이오."
11 그러자 그가 그들에게 말했다. "나를 낫게 해준 분이 내게 자리를 들고 걸어
가라고 말씀하셨소."
12-13 그들이 물었다. "당신에게 자리를 들고 걸어가라고 한 사람이 누구요?" 그
러나 그 나은 사람은 그분이 누구인지 알지 못했다. 예수께서 어느새 무리 속으
로 몸을 숨기셨기 때문이었다.
14 얼마 후에 예수께서 성전에서 그 사람을 만나자 이렇게 말씀하셨다. "아주 좋
아 보이는구나! 너는 건강해졌다! 죄짓는 삶으로 되돌아가지 마라. 만일 되돌아
가면, 더 심한 일이 일어날 수 있다."
15-16 그 사람이 돌아가서, 자기를 낫게 해준 이가 예수라고 유대인들에게 말했
다. 그러자 유대인들은 예수께서 안식일에 그 같은 일을 했다는 이유로 그분을
잡으려고 했다.
17 그러나 예수께서는 스스로를 변호하시며 이렇게 말씀하셨다. "내 아버지께서
안식일에도 쉬지 않고 일하신다. 그러니 나도 일한다."
18 그 말에 유대인들이 격분했다. 이제 그들은 예수를 공개적으로 공격하는 것
에 머물지 않고, 그분을 죽이려고 했다. 예수께서 안식일을 어겼을 뿐 아니라,

하나님을 자기 아버지라고 부르면서 하나님과 자신을 동등한 자리에 두었기 때문이다.

오직 아버지의 말씀대로

19-20 그래서 예수께서 자신에 대해 길게 설명하셨다. "내가 너희에게 사실 그대로 말하겠다. 아들은 무슨 일이든지 자기 마음대로 하지 않고 아버지에게서 본 대로만 한다. 아버지께서 하시는 일을 아들도 한다. 아버지는 아들을 사랑하셔서, 자신이 하는 모든 일에 아들도 참여하게 하신다.

20-23 그러나 너희가 본 것은 일부에 지나지 않는다. 아버지께서 죽은 사람들을 다시 살리시고 생명을 창조하시는 것처럼, 아들도 그 일을 하기 때문이다. 아들은 자기가 택한 사람 누구에게나 생명을 준다. 아들과 아버지는 그 누구도 내쫓지 않는다. 아버지는 심판할 모든 권한을 아들에게 넘겨주셔서, 아들도 아버지와 똑같이 영광을 받게 하셨다. 아들에게 영광을 돌리지 않는 사람은 아버지께도 영광을 돌리지 않는 것이다. 아들을 영광의 자리에 앉히신 것이 아버지의 결정이기 때문이다.

24 너희가 반드시 귀 기울여 들어야 할 말이 있다. 누구든지 지금 내가 하는 말을 믿고 나에게 책임을 맡기신 아버지와 한편에 서는 사람은, 지금 이 순간 참되고 영원한 생명을 얻고 더 이상 정죄받지 않는다. 그는 죽은 사람의 세계에서 산 사람의 세계로 과감히 옮겨 온 것이다.

25-27 너희가 반드시 알아 두어야 할 것이 있다. 죽은 자들이 하나님 아들의 음성을 듣고 살아날 때가 왔다. 지금이 바로 그때다! 아버지 안에 생명이 있는 것처럼, 아버지께서는 아들 안에도 생명을 주셨다. 또한 아버지께서는, 그가 인자이기 때문에 그에게 심판의 문제를 결정하고 시행할 권한을 주셨다.

28-29 이 모든 말에 그렇게 놀랄 것 없다. 죽어서 땅에 묻힌 모든 사람들이 그의 음성을 들을 때가 온다. 바른 길을 따라서 산 사람들은 부활 생명으로 들어가고, 그릇된 길을 따라서 산 사람들은 부활 심판으로 들어갈 것이다.

30-33 나는 단 하나도 내 마음대로 할 수 없다. 나는 먼저 귀 기울여 듣고, 그런 다음 결정할 뿐이다. 너희는 내 결정을 신뢰해도 좋다. 내가 내 마음대로 하지 않고, 오직 지시받은 대로 하기 때문이다. 내가 내 자신을 위해 말한다면, 그 증언은 헛될 뿐 아니라 나의 이익을 위한 것이 되고 말 것이다. 그러나 나를 증언해 주시는 분은 따로 계신다. 그분은 모든 증인 가운데 가장 믿을 만한 증인이시다. 게다가, 너희 모두는 요한을 보았고 그의 말을 들었다. 그가 나에 관해 전문적이고 믿을 만한 증언을 해주지 않았느냐?

34-38 그러나 내가 너희의 지지를 얻으려고 하거나 한낱 사람의 증언에 호소하려는 것은 아니다. 내가 이렇게 말하는 것은, 너희로 구원을 얻게 하려는 것이다. 요한은 밝게 타오르는 횃불이었고, 너희는 한동안 그의 밝은 빛 속에서 기쁘게 춤을 추었다. 그러나 참으로 나를 증거하는 증언, 요한의 증언보다 훨씬 뛰어난 증언이 있다. 아버지께서 나에게 이루라고 맡겨 주신 일이 바로 그것이다. 내가

이루려고 하는 이 일이 아버지께서 실제로 나를 보내셨다는 것을 증언해 준다. 또한 나를 보내신 아버지께서도 나를 증언해 주셨다. 그러나 너희는 이 점을 놓치고 말았다. 너희는 그분의 음성을 들은 적도 없고, 그분의 모습을 뵌 적도 없다. 너희의 기억 속에 그분의 메시지가 하나도 남아 있지 않은 것은, 너희가 그분의 심부름꾼을 진정으로 받아들이지 않았기 때문이다."

39-40 "너희는 영원한 생명을 얻을 수 있으리라는 생각에 늘 성경에 파묻혀 지낸
다. 그러나 너희는 나무를 보느라 숲을 놓치고 있다. 이 성경 전체가 나에 관해 기록된 것이다! 그런데 내가 너희 앞에 이렇게 서 있는데도, 너희는 생명을 원한다고 하면서 정작 나에게서 그 생명을 받으려고 하지 않는다.
41-44 나는 사람들의 인정을 받는 데는 관심이 없다. 왜 그런지 아느냐? 내가 너
희와 너희 무리를 잘 알기 때문이다. 나는 너희의 행사 일정에 사랑이 없다는 것을, 무엇보다 하나님의 사랑이 없다는 것을 안다. 내가 내 아버지의 권한을 가지고 왔으나, 너희는 나를 쫓아내거나 피하기만 한다. 만일 다른 누군가가 으스대며 왔다면, 너희는 두 팔 벌려 그를 맞았을 것이다. 너희가 서로 자리다툼을 벌이고, 경쟁자들보다 상석에 앉으려 하고, 하나님을 무시하는 데 시간을 다 허비하면서, 어떻게 하나님과 함께하는 곳에 이르기를 기대하느냐?
45-47 그러나 내가 내 아버지 앞에서 너희를 고발할 것이라고는 생각하지 마라.
너희를 고발할 이는 너희가 그토록 의지하는 모세다. 너희가 모세의 말을 진실로 믿었더라면 나를 믿었을 것이다. 그가 기록한 것이 나를 두고 한 것이기 때문이다. 너희가 그의 기록도 진정으로 받아들이지 않는데, 어떻게 내 말을 진정으로 받아들일 것이라고 기대할 수 있겠느냐?"

보리빵 다섯 개와 물고기 두 마리

6 1-4 이 일 후에, 예수께서 갈릴리(디베랴라고도 하는) 바다 건너편으로 가셨
다. 큰 무리가 그분을 따라갔다. 그것은 그들이 예수께서 병자들에게 행하신 기적을 보고 거기에 매료되었기 때문이었다. 건너편에 이르자 예수께서 언덕에 올라가 앉으셨고, 제자들은 그분 주위에 둘러앉았다. 마침 유대인들이 해마다 지키는 유월절이 다가오고 있었다.
5-6 예수께서 눈을 들어 큰 무리가 와 있는 것을 보시고, 빌립에게 말씀하셨다.
"우리가 어디에서 빵을 사서 이 사람들을 먹일 수 있겠느냐?" 이렇게 말씀하신 것은 빌립의 믿음을 자라게 하기 위해서였다. 예수께서는 자신이 할 일을 이미 알고 계셨다.
7 빌립이 대답했다. "각 사람에게 빵 한 조각이라도 돌아가게 하려면 은화 이백
개로도 모자라겠습니다."
8-9 제자들 가운데 한 사람인 시몬 베드로의 동생 안드레가 말했다. "여기 한 아
이가 보리빵 다섯 개와 물고기 두 마리를 가지고 있습니다. 하지만 이 많은 사

람들을 먹이기에는 턱없이 부족한 양입니다."
10-11 예수께서 말씀하셨다. "사람들을 앉게 하여라." 그곳에는 푸른 풀밭이 멋
진 카펫처럼 깔려 있었다. 사람들이 자리를 잡고 앉으니 오천 명 정도 되었다.
예수께서 빵을 들어 감사를 드리고, 앉아 있는 사람들에게 나눠 주셨다. 그리고
물고기를 가지고도 그와 같이 하셨다. 모두가 원하는 만큼 실컷 먹었다.
12-13 사람들이 배불리 먹고 나자, 예수께서 제자들에게 말씀하셨다. "버리는 것
이 없도록 남은 것을 다 모아라." 제자들이 모으고 보니, 보리빵 다섯 개로 먹고
남은 것이 커다란 열두 바구니에 가득 찼다.
14-15 사람들은 예수께서 행하신 이 일로 인해 하나님께서 자기들 가운데서 일하
고 계심을 알았다. 그들은 말했다. "이분은 분명 그 예언자다. 하나님의 예언자
가 바로 이곳 갈릴리에 오신 것이다!" 예수께서는 열광한 그들이 자기를 붙들어
다가 왕으로 삼으려는 것을 아시고, 그 자리를 빠져나와 다시 산으로 올라가서
혼자 계셨다.
16-21 저녁때가 되자, 제자들이 바닷가로 내려가 배를 타고 바다 건너편 가버나
움으로 향했다. 날이 아주 저물었는데, 예수께서는 아직 돌아오지 않으셨다. 큰
바람이 불어 바다에 거센 물결이 일었다. 제자들이 4, 5킬로미터쯤 갔을 때, 예
수께서 바다 위를 걸어 배 가까이 다가오시는 모습이 보였다. 제자들이 소스라
치게 놀라자, 예수께서 그들을 안심시키며 말씀하셨다. "나다. 괜찮으니 두려워
마라." 그러자 제자들이 예수를 배 안으로 모셨다. 어느새 그들은 자신들이 가
려고 했던 지점에 정확히 이르렀다.
22-24 이튿날, 뒤에 남은 무리는 배가 한 척밖에 없던 것과, 예수께서 그 배에 제
자들과 함께 타지 않으신 것을 알았다. 그분을 두고 제자들만 떠나는 것을 그들
이 보았기 때문이다. 그때에 디베랴에서 온 배들이 주님께서 축복하고 빵을 먹
여 주신 곳 근처에 정박해 있었다. 무리는 예수께서 그곳을 떠나 돌아오시지 않
을 것을 알고는, 디베랴에서 온 배들로 몰려가 올라타고서 예수를 찾아 가버나
움으로 향했다.
25 그들이 바다 건너편에서 그분을 다시 뵙고는 말했다. "랍비님, 언제 여기로
오셨습니까?"
26 예수께서 대답하셨다. "너희가 나를 찾아온 것은, 내가 하는 일에서 하나님을
보았기 때문이 아니라, 오히려 내가 너희를 배부르게 해주었기 때문이다. 그것
도 내가 값없이 먹여 주었기 때문이다."

생명의 빵

27 "너희는 그렇게 썩어 없어질 음식을 얻으려고 힘을 허비하지 마라. 너희와 함
께 있을 음식, 너희의 영원한 생명을 살지게 하는 음식, 인자가 주는 음식을 위해
일하여라. 인자와 인자가 하는 일은 하나님 아버지께서 끝까지 보증해 주신다."
28 그러자 그들이 말했다. "우리가 하나님의 일에 참여하려면 무엇을 해야 합니까?"
29 예수께서 말씀하셨다. "하나님께서 보내신 이에게 너희 삶을 걸어라. 그렇게

너희 자신을 걸 때에야 하나님의 일에 참여할 수 있다."
30-31 그들이 애매한 말로 빗겨 갔다. "선생님이 누구시며 어떤 일을 하시려는지
알 수 있도록, 단서가 될 만한 것을 보여주시면 어떻겠습니까? 그러면 우리가
알아보고 나서 우리 삶을 걸겠습니다. 선생님이 무슨 일을 하실 수 있는지 보여
주십시오. 모세는 광야에서 우리 조상들에게 빵을 먹게 해주었습니다. 성경에
도 '그가 그들에게 하늘에서 내려온 빵을 먹게 해주었다'고 기록되어 있습니다."
32-33 예수께서 대답하셨다. "그 성경 말씀의 진정한 의미는 이렇다. 모세가 너희
에게 하늘에서 내려온 빵을 주었다는 것이 아니라, 지금 이 순간에 내 아버지께
서 너희에게 하늘에서 내려온 빵, 곧 참된 빵을 주신다는 뜻이다. 하나님의 빵
은 하늘에서 내려와 세상에 생명을 준다."
34 그들이 그 말씀을 듣고 반색하며 말했다. "주님, 그 빵을 지금부터 영원토록
우리에게 주십시오!"
35-38 예수께서 말씀하셨다. "내가 바로 그 생명의 빵이다. 나와 한편에 서는 사
람은 더 이상 굶주리지도 않고 목마르지도 않을 것이다. 내가 이것을 너희에게
분명히 말한 것은, 너희가 내가 하는 일을 보았으면서도 참으로 나를 믿지 않기
때문이다. 아버지께서 내게 주시는 사람은 결국 다 내게로 달려올 것이다. 그가
나와 함께하면, 내가 그를 붙잡고 놓지 않을 것이다. 내가 하늘에서 내려온 것
은, 일시적인 내 기분대로 하려는 것이 아니라, 나를 보내신 분의 뜻을 이루려
는 것이다.
39-40 나를 보내신 분의 뜻을 간단히 말하면 이렇다. 아버지께서 내게 맡기신 모
든 일을 하나도 빠짐없이 이루고, 마지막 날에 만물과 모든 사람을 바르고 온전
하게 회복시키는 것이다. 아들을 보고서 그와 그가 하는 일을 신뢰하며 그와 한
편에 서는 사람은, 누구든지 참된 생명, 영원한 생명을 얻는다. 이것이 내 아버
지께서 원하시는 것이다. 마지막 날에 그들을 일으켜 세워 살리고 온전하게 하
는 것이 나의 일이다."
41-42 예수께서 "내가 하늘에서 내려온 빵이다"라고 말씀하신 것 때문에, 유대인
들이 그분을 두고 말다툼을 벌였다. "이 사람은 요셉의 아들이 아닌가? 우리가
그의 아버지도 알고, 그의 어머니도 알지 않는가? 그런데 어떻게 그가 '나는 하
늘에서 내려왔다'고 말하며, 그 말을 믿어 주기를 바란단 말인가?"
43-46 예수께서 말씀하셨다. "나를 두고 너희끼리 논쟁하지 마라. 이 세상의 책임
자는 너희가 아니다. 나를 보내신 아버지가 책임자이시다. 아버지께서는 사람
들을 내게로 이끌어 주신다. 너희가 내게 올 수 있는 방법은 오직 그 길뿐이다.
그때에야 비로소 나는 사람들을 회복시키고 일으켜 세워, 마지막 날을 준비하
게 한다. 예언자들이 '그때가 되면 그들 모두가 하나님께 직접 가르침을 받을 것
이다'라고 한 것은 이 일을 두고 한 말이다. 누구든지 시간을 내서 아버지의 말
씀을 듣는 사람, 정말로 귀 기울여 듣고 배우는 사람은, 나에게로 와서 직접 가
르침을 받는다. 자신의 두 눈으로 보고, 자신의 두 귀로 듣는다. 그것은 내가 아
버지께로부터 직접 가르침을 받기 때문이다. 아버지와 함께 있는 이 외에는 아

무도 아버지를 본 사람이 없다. 그런데 너희는 나를 볼 수 있다.
47-51 이제 내가 너희에게 가장 중요하고 참된 진리를 말해 주겠다. 누구든지 나
를 믿는 사람은 참된 생명, 영원한 생명을 얻는다. 나는 생명의 빵이다. 너희 조
상들은 광야에서 만나라는 빵을 먹고도 죽었다. 그러나 지금 여기에 너희와 함
께 있는 빵은 정말로 하늘에서 내려온 빵이다. 누구든지 이 빵을 먹는 사람은
결코 죽지 않을 것이다. 나는 하늘에서 내려온 빵, 생명의 빵이다! 누구든지 이
빵을 먹는 사람은 영원히 살 것이다. 내가 세상에 줄 빵, 세상으로 하여금 먹고
살게 할 빵은 나 자신, 곧 내 살과 피다."
52 이 말을 들은 유대인들이 서로 말다툼을 벌였다. "이 사람이 어떻게 자기 살
을 먹을 수 있게 내어준다는 말인가?"
53-58 그러나 예수께서는 조금도 물러서지 않으셨다. "너희가 살과 피, 곧 인자의
살과 피를 먹고 마실 때에야 비로소 너희가 생명을 얻는다. 이 살과 피를 왕성하
게 먹고 마시는 사람은 영원한 생명을 얻고, 마지막 날을 맞을 준비가 다 된 것
이다. 내 살은 참된 음식이고, 내 피는 참된 음료다. 너희는 내 살을 먹고 내 피
를 마심으로 내 안에 들어오고, 나는 너희 안에 들어간다. 온전히 살아 계신 아
버지께서 나를 이 세상에 보내셨다. 내가 그분으로 말미암아 사는 것같이, 나를
먹는 사람도 나로 말미암아 살 것이다. 나는 하늘에서 내려온 빵이다. 너희 조상
들은 빵을 먹고도 죽었지만, 누구든지 이 빵을 먹는 사람은 영원히 살 것이다."
59 이것은 예수께서 가버나움 회당에서 가르칠 때에 하신 말씀이다.

예수께 인생을 건 사람들

60 예수의 제자들 가운데 많은 사람들이 이 말씀을 듣고 말했다. "이 가르침은
너무 어려워 받아들이기가 힘들다."
61-65 예수께서 제자들이 이 말씀을 두고 힘들어 하는 것을 아시고 말씀하셨다.
"내 말이 그렇게도 혼란스러우냐? 인자가 원래 있던 곳으로 올라가는 것을 보
게 되면 어찌하겠느냐? 성령만이 생명을 만들어 낼 수 있다. 육신의 근육과 의
지력으로는 아무것도 일어나게 할 수 없다. 내가 너희에게 전하는 모든 말은 성
령의 말이며, 생명을 만들어 내는 말이다. 그러나 너희 가운데 이 말에 저항하
고, 이 말에 관여하지 않으려는 사람들이 있다." (예수께서는 자신에게 인생을 걸지
않을 사람들이 있다는 것을 처음부터 알고 계셨다. 또한 자신을 배반할 자가 누구인지도 알고
계셨다.) 예수께서 계속 말씀하셨다. "그래서 내가 전에, 자기 힘으로는 아무도
내게 올 수 없다고 너희에게 말한 것이다. 너희는 아버지께서 주시는 선물로만
내게 올 수 있다."
66-67 이 일 후에 제자들 가운데 많은 사람들이 떠나갔다. 그들은 더 이상 그분과
관련되기를 원치 않았다. 그러자 예수께서 열두 제자에게도 기회를 주셨다. "너
희도 떠나가려느냐?"
68-69 베드로가 대답했다. "주님, 참된 생명, 영원한 생명의 말씀이 주님께 있는
데, 저희가 누구에게 가겠습니까? 저희는 이미 주님이 하나님의 거룩하신 분임

을 확신하며 주님께 인생을 걸었습니다."
70-71 예수께서 대답하셨다. "내가 너희 열둘을 직접 뽑지 않았느냐? 그러나 너
희 가운데 한 사람은 마귀다!" 이는 예수께서 시몬 가룟의 아들 유다를 두고 말
씀하신 것이다. 열두 제자 가운데 한 사람인 이 자는, 그때 이미 예수를 배반할
준비를 하고 있었다.

7 1-2 그 후에 예수께서 갈릴리에서 일하고 계셨다. 유대인들이 예수를 죽일
기회를 노리고 있었으므로, 그분께서는 유대에서 돌아다니기를 원치 않
으셨다. 유대인들이 매년 지키는 명절인 초막절이 다가오고 있었다.
3-5 예수의 형제들이 그분께 말했다. "여기를 떠나 명절을 지키러 올라가서, 형
님의 제자들도 형님이 하는 일을 잘 보게 하는 것이 어떻겠습니까? 공개적으로
알려지기를 바라는 사람치고 은밀히 일하는 경우는 없습니다. 형님이 지금 하
고 있는 일을 계속하실 마음이면, 밖으로 나가서 세상에 드러내십시오." 예수의
형제들이 그분을 몰아붙인 것은, 그들도 아직 그분을 믿지 않았기 때문이다.
6-8 예수께서 그들에게 대답하셨다. "다그치지 마라. 지금은 나의 때가 아니다.
지금은 너희의 때다. 항상 너희의 때다. 너희는 아무것도 잃을 것이 없다. 세상
이 너희에게는 반대하지 않지만, 나에게는 반기를 들고 일어선다. 세상이 나를
대적하는 것은 내가 세상의 겉모습 뒤에 감춰진 악을 폭로하기 때문이다. 너희
는 어서 명절을 지키러 올라가거라. 나를 기다릴 것 없다. 나는 준비되지 않았
다. 지금은 내 때가 아니다."
9-11 예수께서는 이렇게 말씀하시고 갈릴리에 남아 계셨다. 그러나 가족들이 명
절을 지키러 올라간 뒤에, 예수께서도 올라가셨다. 하지만 사람들의 이목을 끌
지 않으려고 조심하며 피해 계셨다. 유대인들은 이미 그분을 찾아다니며 "그 사
람이 어디 있는가?" 하고 묻고 다녔다.
12-13 예수를 두고 무리 가운데 다투는 말이 떠돌았다. "그분은 선한 사람이오"라
고 말하는 사람들도 있었고, "그렇지 않소. 그는 사기꾼일 뿐이오"라고 말하는
사람들도 있었다. 이런 이야기는 위협적인 유대 지도자들 때문에 조심스럽게
수군거림으로만 떠돌았다.

성전에서 가르치시다

14-15 명절이 이미 중반을 지날 무렵, 예수께서 성전에 나타나 가르치셨다. 유대
인들은 깊은 인상을 받았으나 당혹스러웠다. "저 사람은 교육받은 것도 아닌데,
어떻게 저토록 아는 것이 많을까?"
16-19 예수께서 말씀하셨다. "이 가르침은 내가 지어낸 것이 아니다. 나의 가르침
은 나를 보내신 분에게서 온다. 그분의 뜻을 행하는 사람은 누구나 이 가르침을
시험해 보고, 그것이 하나님에게서 왔는지 아니면 내가 지어낸 것인지 알 수 있
다. 말을 지어내는 사람은 자기를 좋게 보이려고 하지만, 자기를 보내신 분께

영광을 돌리려는 사람은 사실을 있는 그대로 전할 뿐 진실을 조작하지 않는다. 너희에게 하나님의 율법을 전해 준 이는 모세가 아니냐? 하지만 너희 가운데는 그 율법대로 살려고 하는 사람이 하나도 없다. 그러면서 너희는 왜 나를 죽이려고 하느냐?"

20 무리가 말했다. "당신은 미쳤소! 누가 당신을 죽이려 한단 말이오? 당신은 귀신 들렸소."

21-24 예수께서 말씀하셨다. "몇 달 전에 내가 기적을 한 가지 행한 것을 가지고, 너희는 지금도 둘러서서 화를 내며 내가 하려는 일을 이상하게 여긴다. 모세가 할례를 규정했고—원래 할례는 모세에게서 온 것이 아니라 그의 조상에게서 온 것이다—그래서 너희는 안식일에도 할례를 주며 몸의 일부를 처리한다. 너희는 모세의 율법 가운데 단 한 조항을 지키기 위해 그렇게 한다. 그런데 너희는 어찌하여 내가 안식일에 한 사람의 온몸을 건강하게 해주었다는 이유로 내게 화를 내느냐? 트집 잡지 마라. 너희 머리와 가슴으로 무엇이 옳은지 분별하고, 무엇이 정말로 옳은지를 따져 보아라."

25-27 그때 몇몇 예루살렘 사람들이 말했다. "그들이 죽이려고 하는 사람이 이 사람이 아닌가요? 이 사람이 여기에서 공공연히 다니며 자기 마음대로 말하고 있는데, 아무도 제지하는 사람이 없습니다. 혹시 통치자들도 이 사람이 메시아라고 생각하는 것은 아닐까요? 우리는 이 사람이 어디에서 왔는지 압니다. 하지만 메시아는 어디에서 오는지, 아무도 모르게 오실 겁니다."

28-29 성전에서 가르치던 예수께서 그 말에 자극을 받아 큰소리로 외치셨다. "그렇다. 너희는 나를 알고 내가 어디에서 왔는지 안다고 생각하지만, 나는 너희가 생각하는 데서 오지 않았다. 또한 나 스스로 일을 시작한 것도 아니다. 나의 참된 근원은 나를 보내신 분이다. 너희는 그분을 조금도 알지 못한다. 나는 그분께로부터 왔다. 그래서 나는 그분을 안다. 그분께서 나를 이곳에 보내셨기 때문이다."

30-31 그들은 예수를 체포할 방법을 찾으면서도 그분께 손을 대지는 못했다. 아직 하나님의 때가 되지 않았기 때문이다. 무리 가운데서 많은 사람들이 믿음으로 그분께 자신을 드리며 이렇게 말했다. "메시아가 오신다고 해도, 이보다 설득력 있는 증거를 내놓으시겠는가?"

32-34 이처럼 선동적인 기운이 무리 사이에 흐르는 것을 보고 놀란 바리새인들이, 대제사장들과 한패가 되어 예수를 체포하라고 경비병들을 보냈다. 예수께서 그들을 물리치며 말씀하셨다. "나는 잠깐 동안만 너희와 함께 있다가, 나를 보내신 분께로 간다. 너희가 나를 찾으려고 해도 찾지 못할 것이다. 내가 있는 곳에 너희는 올 수 없다."

35-36 유대인들이 머리를 맞대고 수군거렸다. "저가 어디로 가는데, 우리가 저를 찾지 못할 것이라고 하는 겁니까? 그리스 땅으로 가서 유대인들을 가르치려는 것일까요? '너희가 나를 찾으려고 해도 찾지 못할 것이다'는 말이나 '내가 있는 곳에 너희는 올 수 없다'는 말이 무슨 뜻일까요?"

37-39 명절의 절정인 마지막 날에, 예수께서 입장을 분명히 하시고서 큰소리로 말
씀하셨다. "누구든지 목마른 사람은 내게 와서 마셔라. 누구든지 나를 믿는 사
람은 성경에서 말한 것같이, 그 깊은 곳에서 생수의 강이 넘쳐흐를 것이다." (이
것은 그분을 믿는 사람들이 받게 될 성령을 두고 하신 말씀이다. 예수께서 아직 영광을 받지
않으셨으므로, 성령이 아직 사람들에게 오시지 않았다.)
40-44 이 말씀을 들은 무리 가운데 "이분은 그 예언자가 틀림없다"고 말하는 사람
들도 있었고, "저분이야말로 메시아이시다!"라고 말하는 사람들도 있었다. 그
러나 "메시아가 갈릴리에서 나오겠는가? 성경에는 메시아가 다윗의 혈통을 따
라 다윗의 동네인 베들레헴에서 나온다고 하지 않았던가?"라고 말하는 이들도
있었다. 그렇게 무리 사이에 예수를 두고 의견이 갈렸다. 예수를 체포하려는 사
람들도 있었으나, 아무도 그분께 손을 대지는 못했다.
45 그때 성전 경비병들이 돌아와서 보고하자, 대제사장과 바리새인들은 "왜 그
를 데려오지 않았느냐?"고 따져 물었다.
46 경비병들이 대답했다. "그가 어떻게 말하는지 들어 보셨습니까? 우리는 여태
껏 그 사람처럼 말하는 사람을 본 적이 없습니다."
47-49 바리새인들이 말했다. "너희도 저 천하기 짝이 없는 무리처럼 미혹된 것이
냐? 지도자나 바리새인들 가운데서 그를 믿는 사람을 보았느냐? 그에게 미혹
된 자라고는 하나님의 율법을 모르는 저 무리뿐이다."
50-51 전에 예수를 찾아왔던 사람으로 지도자이자 바리새인인 니고데모가 나서서
말했다. "먼저 당사자의 말을 들어 보고 그가 무슨 일을 하는지 알아보고 나서
사람의 죄를 판결하는 것이 우리 율법에 맞지 않습니까?"
52-53 그러나 그들이 그의 말을 가로막으며 말했다. "당신도 그 갈릴리 사람을 선
전하는 거요? 성경에서 증거를 살펴보시오. 갈릴리에서 예언자가 단 한 명이라
도 나왔는지 살펴보란 말이오."
그러고는 모두 집으로 돌아갔다.

간음하다가 잡혀 온 여인

8 1-2 예수께서 올리브 산으로 가로질러 가셨다가, 곧이어 성전으로 돌아오
셨다. 사람들이 떼를 지어 그분께 몰려왔고, 예수께서는 자리에 앉아 그
들을 가르치셨다.
3-6 종교 학자와 바리새인들이 간음하다가 붙잡힌 한 여자를 끌고 왔다. 그들은
모든 사람이 잘 볼 수 있도록 여자를 세워 놓고 말했다. "선생님, 이 여자가 간
음하다가 현장에서 잡혔습니다. 모세는 율법에서 이런 자들을 돌로 치라고 명
령했습니다. 선생님은 뭐라고 하겠습니까?" 그들은 예수를 함정에 빠뜨려, 뭔
가 책잡을 만한 발언을 하도록 유도했다.
6-8 예수께서 몸을 굽혀 손가락으로 땅에다 뭔가를 쓰셨다. 그들은 계속해서 그
분을 다그쳤다. 예수께서 몸을 펴고 일어나 말씀하셨다. "너희 가운데 죄 없는
사람이 먼저 돌로 쳐라." 그런 다음, 다시 몸을 굽혀 땅에다 뭔가를 더 쓰셨다.

[9-10] 사람들이 이 말을 듣고는, 가장 나이 많은 사람부터 시작해 하나 둘씩 자리
를 떴다. 그 여자만 홀로 남자, 예수께서 일어서서 여자에게 말씀하셨다. "여자
여, 사람들이 어디 있느냐? 너를 정죄하는 사람이 아무도 없느냐?"
[11] "아무도 없습니다, 주님."
"나도 너를 정죄하지 않겠다." 예수께서 말씀하셨다. "네 갈 길을 가거라. 이제
부터는 죄를 짓지 마라."

세상의 빛

[12] 예수께서 다시 사람들에게 말씀하셨다. "나는 세상의 빛이다. 나를 따르는 사
람은 아무도 어둠 속에서 넘어지지 않는다. 나는 그에게 빛을 풍성히 주어 그
속에서 살게 한다."
[13] 바리새인들이 이의를 제기했다. "우리가 들은 것은 당신 말이 전부요. 우리는
당신의 말보다 더한 것이 필요하오."
[14-18] 예수께서 대답하셨다. "너희가 들은 것이 내 말뿐이라니, 너희 말이 맞다.
그러나 너희는 내 말이 참되다는 것을 믿고 의지해도 좋다. 나는 내가 어디에서
왔고 어디로 가는지 알지만, 너희는 내가 어디에서 와서 어디로 가는지 알지 못
한다. 너희는 너희가 보고 만질 수 있는 것에 근거해서 판단하지만, 나는 그런
식으로 판단하지 않는다. 설령 내가 판단하더라도, 내가 하는 판단은 참되다.
그것은 내가 좁은 경험에 근거해서 판단하지 않고 나를 보내신 크신 아버지 안
에서, 그분과 함께 판단하기 때문이다. 이것으로, 두 증인의 증언은 믿어도 된
다고 한 하나님의 율법의 요건이 충족된 것이다. 너희가 들은 내 말이 그러하
다. 나도 너희에게 말하고, 나를 보내신 아버지께서도 너희에게 말씀하시기 때
문이다."
[19] 그들이 말했다. "당신의 아버지라는 분이 어디 있소?"
예수께서 말씀하셨다. "너희가 나를 보면서도 나를 알지 못하는데, 어찌 아버지
를 알기 바라느냐? 너희가 나를 알았더라면, 아버지도 알았을 것이다."
[20] 이것은 예수께서 성전 헌금함 근처에서 가르치며 하신 말씀이다. 아무도 그
분을 잡는 사람이 없었다. 아직 그분의 때가 되지 않았기 때문이다.
[21] 예수께서 이전에 말씀한 내용을 다시 말씀하셨다. "나는 이제 곧 떠나고, 너
희는 나를 찾으려고 할 것이다. 하지만 너희는 그렇게 하다가 하나님을 놓치고
죽음이라는 막다른 길로 치닫게 될 것이다. 너희는 나와 함께 갈 수 없다."
[22] 유대인들이 말했다. "그렇다면, 이 사람이 자살하겠다는 말인가? '너희는 나
와 함께 갈 수 없다'는 말이 그런 뜻인가?"
[23-24] 예수께서 말씀하셨다. "너희는 이 세상에 매여 있지만, 나는 너희가 볼 수
있는 세상 그 너머의 세상과 연결되어 있다. 너희는 눈으로 보고 손으로 만지
는 육신의 차원에서 살고 있지만, 나는 다른 차원에서 살고 있다. 바로 이런 이
유로, 내가 너희에게 '너희는 하나님을 놓치고 있다'고 말한 것이다. 너희는 죽
음이라는 막다른 길에 있다. 내가 누구인지 말하는데도 너희가 믿지 않으면, 너

희는 죄로 인해 죽음이라는 막다른 길에 있는 것이다. 너희는 지금 너희 삶에서
하나님을 놓치고 있다."
25-26 그들이 예수께 말했다. "도대체 당신은 누구요?"
예수께서 말씀하셨다. "내가 처음부터 말한 그대로다. 나는 너희에 대해 할 말
도 많고, 심판할 것도 많다. 그러나 나에게 말과 행동을 명령하신 분의 참되심
을 너희가 인정하지 않으면, 아무 소용이 없다. 너희는 내가 아니라 나를 보내
신 분을 문제 삼고 있는 것이다."
27-29 그들은 여전히 예수께서 아버지를 두고 하신 말씀을 알아듣지도, 깨닫지도
못했다. 예수께서 다시 말씀하셨다. "너희는 인자를 들어 올리고 나서야 내가
누구인지 알게 될 것이다. 내가 이 말을 지어낸 것이 아니라, 아버지께서 가르
쳐 주신 대로 말한다는 것을 알게 될 것이다. 나를 보내신 분이 나와 함께 계신
다. 그분은 나를 버려두지 않으신다. 그분을 기쁘시게 해드리는 것이 나에게 얼
마나 큰 기쁨이 되는지, 그분은 잘 아신다."
30 예수께서 이렇게 말씀하시자, 많은 사람들이 믿기로 작정했다.

진리가 너희를 자유롭게 할 것이다

31-32 그러자 예수께서 자기를 믿겠다고 한 유대인들을 향해 말씀하셨다. "너희
가 내 말을 붙들고 내 말대로 살아가면, 너희는 진정한 내 제자가 된다. 그러면
너희는 진리를 직접 경험하게 될 것이고, 진리가 너희를 자유롭게 할 것이다."
33 그들이 놀라서 말했다. "하지만 우리는 아브라함의 자손입니다. 우리는 누구
의 종이 되어 본 적이 없습니다. 그런데 어째서 당신은 '진리가 너희를 자유롭게
할 것이다'라고 말하는 것입니까?"
34-38 예수께서 말씀하셨다. "내가 너희에게 진지하게 말한다. 죄의 삶을 선택하
는 사람은 누구나 막다른 골목에 갇힌 것이며, 그런 사람은 사실상 종이나 다름
없다. 종은 뜨내기여서 마음대로 드나들지 못하지만, 아들은 지위가 확고해서
마음대로 드나든다. 그러므로 아들이 너희를 자유롭게 하면, 너희는 완전히 자
유롭게 될 것이다. 나도 너희가 아브라함의 자손인 줄은 안다. 그러나 나는 너
희가 나를 죽이려 한다는 것도 알고 있다. 그것은 나의 메시지가 너희 둔한 머
리에 속속들이 스며들지 않았기 때문이다. 나는 아버지와 사귀면서 본 것을 말
하는데, 너희는 단지 너희 아버지에게서 들은 것을 계속 행한다."
39-41 그들이 분개했다. "우리 아버지는 아브라함이오!"
예수께서 말씀하셨다. "너희가 아브라함의 자손이라면, 아브라함이 한 일을 너
희도 했을 것이다. 그러나 너희는 지금, 하나님께로부터 직접 들은 진리를 너희
에게 전해 준 나를 죽이려고 한다! 아브라함은 그런 일을 하지 않았다. 너희는
너희 아버지의 일을 고집스럽게 되풀이하고 있다."
그들이 말했다. "우리는 사생아가 아니오. 우리에게는 적법한 아버지이신 유일
하신 하나님이 계시오."
42-47 예수께서 말씀하셨다. "하나님이 너희 아버지라면, 너희가 나를 사랑했을

것이다. 내가 하나님께로부터 나서 이 세상에 왔기 때문이다. 나는 내 뜻대로 온 것이 아니다. 아버지께서 나를 보내셔서 온 것이다. 어째서 너희는 내 말을 한 마디도 알아듣지 못하느냐? 그것은 너희가 내 말을 감당할 수 없기 때문이다. 너희는 너희 아버지인 마귀에게서 났고, 너희가 하려는 일은 온통 그를 기쁘게 하는 것뿐이다. 마귀는 처음부터 살인자였다. 그가 진리를 견디지 못하는 것은, 그 속에 진리가 조금도 없기 때문이다. 그 거짓말쟁이는 말할 때마다 자기 본성에 따라 말을 만들어 내고, 그 거짓말로 온 세상을 가득 채운다. 내가 와서 너희에게 명백하게 진리를 말해도, 너희는 나와 관계하려고 하지 않는다. 너희 가운데 내가 그릇된 말이나 죄악된 행동을 하나라도 했다고 입증할 수 있는 사람이 있느냐? 내가 진리를 말하는데도, 너희는 어째서 나를 믿지 않느냐? 하나님과 한편에 있는 사람은 누구나 하나님의 말씀을 듣는다. 너희가 듣지 않는 것은, 하나님과 한편에 있지 않기 때문이다."

나는 아브라함이 있기 전부터 있었다

48 그러자 유대인들이 말했다. "당신의 말로 모든 것이 분명해졌소. 우리가 당신
을 사마리아 사람이라 하고, 미치고 귀신 들렸다고 한 것이 처음부터 옳았소!"
49-51 예수께서 말씀하셨다. "나는 미친 것이 아니다. 나는 다만 내 아버지를 영화
롭게 하고 있는데, 너희는 나를 모욕하고 있다. 나는 내 자신을 위해서는 아무
것도 구하지 않는다. 그러나 여기에 영광스럽고 큰 일을 계획하시고 그 일을 하
기로 작정하신 분이 계시는데, 그분은 하나님이시다. 내가 아주 확신 있게 말한
다. 너희가 내 말대로 행하면 결코 죽음을 대면하지 않을 것이다."
52-53 이때 유대인들이 말했다. "당신이 미쳤다는 것을 이제 알겠소. 아브라함도
죽었고 예언자들도 죽었소. 그런데도 당신은 '내 말대로 행하면 결코 죽음을 대
면하지도, 맛보지도 않을 것이다'라고 말하다니, 당신이 아브라함보다 크다는
말이오? 아브라함도 죽었고, 예언자들도 죽었소! 당신은 자신이 누구라고 생각
하는 거요?"
54-56 예수께서 말씀하셨다. "내가 사람들의 이목을 내 자신에게로 끌려고 한다
면, 그것은 헛된 일로 끝나고 말 것이다. 그러나 내 아버지, 곧 너희가 너희 아
버지라고 부르는 분께서, 이 순간에 나를 영광의 자리에 두셨다. 너희는 그분을
알아보지 못했으나, 나는 그분을 알아보았다. 내가 겸손한 척하며 무슨 일인지
모르겠다고 말하면, 나도 너희와 같은 거짓말쟁이가 되고 말 것이다. 그러나 나
는 알고 있고, 그분의 말씀대로 행하고 있다. 너희 조상 아브라함은 희열에 찬
믿음으로 역사의 뒤안길을 굽어보면서 나의 날이 오는 것을 보았다. 그는 그날
을 보고 크게 기뻐했다."
57 유대인들이 말했다. "당신이 쉰 살도 되지 않았는데, 아브라함이 당신을 보았
다는 말이오?"
58 예수께서 말씀하셨다. "나를 믿어라. 나는 아브라함이 있기 오래전부터 스스
로 있다."

59 그 말에 그들이 폭발하고 말았다. 그들은 돌을 들어 그분을 치려고 했다. 그러
나 예수께서는 어느새 성전을 빠져나와 사라지셨다.

참으로 눈먼 사람

9 1-2 예수께서 길을 가시다가, 태어날 때부터 눈먼 사람을 보셨다. 제자들
이 물었다. "랍비님, 이 사람이 눈먼 사람으로 태어난 것이 누구의 죄 때
문입니까? 이 사람 때문입니까, 이 사람의 부모 때문입니까?"
3-5 예수께서 말씀하셨다. "탓할 사람을 찾으려고 하니, 너희의 질문이 잘못되었
다. 이 일에 그런 식의 인과관계는 없다. 차라리 너희는 하나님께서 어떤 일을
하시는지를 주목해 보아라. 우리는 나를 이 세상에 보내신 분을 위해 해가 비치
는 동안 활기차게 일해야 한다. 밤이 되면, 일할 시간이 끝난다. 내가 이 세상에
있는 동안은 빛이 풍성하다. 나는 세상의 빛이다."
6-7 예수께서 이렇게 말씀하시고, 흙에 침을 뱉어 그것으로 반죽을 이겨서 눈먼
사람의 눈에 바르고 말씀하셨다. "실로암 연못에 가서 씻어라." (실로암은 '보냄을
받았다'는 뜻이다.) 그 사람이 가서 씻고 앞을 보게 되었다.
8 이내 마을이 소란해졌다. 그 사람의 친척과, 여러 해 동안 그가 구걸하는 모습
을 보아 온 사람들이 말했다. "이 사람은 우리가 알던 사람, 여기 앉아서 구걸하
던 그 사람이 아닙니까?"
9 "그 사람이 맞아요!" 하고 다른 사람들이 말했다.
그러나 "같은 사람이 아니오. 그와 닮은 사람일 뿐입니다" 하고 말하는 사람들
도 있었다.
그 사람이 말했다. "납니다. 내가 바로 그 사람입니다."
10 그들이 말했다. "당신이 어떻게 눈을 뜨게 되었소?"
11 "예수라는 분이 진흙을 이겨서 내 눈에 바르고는, 내게 실로암에 가서 씻으라
고 말했습니다. 나는 그분이 말한 대로 했습니다. 눈을 씻었더니, 이렇게 보게
되었습니다."
12 "그 사람이 어디 있소?"
"모르겠습니다."
13-15 그들은 그 사람을 바리새인들에게 데려갔다. 예수께서 진흙을 이겨 그의 눈
을 고쳐 주신 날은 안식일이었다. 바리새인들은 그 사람이 어떻게 보게 되었는
지 엄히 따져 물었다. 그 사람이 대답했다. "그분이 내 눈에 진흙 반죽을 발라
주셔서, 내가 씻었습니다. 그랬더니 이렇게 보게 되었습니다."
16 몇몇 바리새인들이 말했다. "그 자는 하나님에게서 온 사람이 아닌 게 틀림없
소. 안식일을 지키지 않으니 말이오."
그러자 다른 이들이 반박했다. "그렇다면 악한 사람이 어떻게 하나님을 드러내
는 이런 기적을 행할 수 있겠소?" 그들 사이에 의견이 갈렸다.
17 그들이 다시 눈먼 사람에게 가서 말했다. "당신이 잘 알 테니, 말해 보시오.
그가 당신의 눈을 뜨게 해주었소. 당신은 그 사람에 대해 뭐라고 말하겠소?"

그 사람이 대답했다. "그분은 예언자이십니다."
18-19 유대인들은 그 말을 믿지 않았다. 또한 그가 처음부터 눈먼 사람이었다는
것도 믿지 않았다. 그래서 그들은 눈이 밝아져 보게 된 그 사람의 부모를 불러
다가 물었다. "이 사람이 눈먼 자로 태어났다는 당신네 아들이오? 그렇다면 그
가 지금은 어떻게 앞을 보게 된 것이오?"
20-23 그의 부모가 대답했다. "그가 우리 아들이라는 것과 그가 눈이 멀어서 태어
난 것은 우리가 압니다. 하지만 그가 어떻게 해서 보게 되었고, 누가 그의 눈을
뜨게 해주었는지는 전혀 모르겠습니다. 그에게 물어보시지요. 그도 다 자란 어
른이니 자기가 직접 말할 겁니다." (그의 부모가 이렇게 말한 것은 유대 지도자들이 두
려웠기 때문이다. 그들은 '예수가 메시아다'라는 입장을 취하는 사람은 누구나 회당에서 내쫓
기로 이미 결정해 놓은 상태였다. 그래서 그의 부모가 "그에게 물어보시지요. 그도 다 자란 어
른입니다"라고 말한 것이다.)
24 그들은 눈이 멀었던 사람을 다시 불러다가 말했다. "하나님께 영광을 돌리시오.
우리가 알기로, 그 자는 사기꾼이오."
25 그 사람이 대답했다. "그 일이라면, 나는 어느 쪽도 아는 것이 없습니다. 그러나
한 가지 확실히 아는 것은, 내가 눈이 멀었는데, 이제는 볼 수 있다는 사실입니다."
26 그들이 말했다. "그 자가 당신에게 무슨 짓을 했소? 어떻게 당신의 눈을 뜨게
해준 것이오?"
27 "내가 여러분에게 거듭 말했는데도, 여러분은 듣지 않았습니다. 그런데 왜 다
시 들으려고 하십니까? 여러분도 그분의 제자가 되려는 것입니까?"
28-29 그 말에 그들이 마구 호통을 쳤다. "당신은 그 자의 제자인지 모르겠으나,
우리는 모세의 제자요. 우리는 하나님께서 모세에게 말씀하셨다는 것은 확실히
알지만, 이 자가 어디에서 왔는지는 모르오."
30-33 그 사람이 대답했다. "참 놀라운 일입니다! 여러분은 그분에 대해 아는 게
없다고 하지만, 그분이 내 눈을 뜨게 해준 것은 틀림없는 사실입니다! 모두가
알다시피, 하나님은 죄인들의 말대로 하시는 분이 아니라, 누구든지 경건하게
살면서 그분 뜻대로 행하는 사람의 말에 귀를 기울이시는 분입니다. 누군가가
날 때부터 눈먼 사람의 눈을 뜨게 해주었다는 이야기를 나는 들어 본 적이 없습
니다. 그분이 하나님에게서 오시지 않았다면 아무 일도 못하셨을 것입니다."
34 그들이 말했다. "먼지만도 못한 주제에, 어디서 감히 그런 투로 말하느냐!"
그러고 나서 그 사람을 거리로 내쫓았다.
35 그들이 그 사람을 내쫓았다는 말을 예수께서 들으시고, 그를 찾아가 만나셨
다. 예수께서 그 사람에게 물으셨다. "네가 인자를 믿느냐?"
36 그 사람이 말했다. "선생님, 그분이 누구신지 제게 일러 주십시오. 제가 그분
을 믿겠습니다."
37 예수께서 말씀하셨다. "네가 지금 인자를 보고 있다. 내 음성을 알아듣지 못
하겠느냐?"
38 그 사람은 "주님, 제가 믿습니다" 하며 예수께 경배했다.

39 그러자 예수께서 말씀하셨다. "내가 이 세상에 온 것은, 모든 것을 대낮같이 환
하게 드러내서 분명히 하려는 것이다. 모든 것을 선명히 구별해서, 보지 못하는
사람들은 보게 하고, 잘 본다고 하는 사람들은 눈먼 자로 폭로하려는 것이다."
40 몇몇 바리새인들이 그분의 말씀을 듣고 말했다. "결국 우리가 눈먼 자라는 말
이오?"
41 예수께서 말씀하셨다. "너희가 정말로 눈이 멀었더라면 차라리 허물이 없었
을 것이다. 그러나 너희가 모든 것을 잘 본다고 하니, 너희는 모든 허물과 잘못
에 대해 책임을 져야 할 것이다."

그분은 양들의 이름을 부르신다

10 1-5 "할 수 있는 한 분명히 말하겠다. 양의 우리에 들어갈 때, 문으로
들어가지 않고 울타리를 넘거나 뚫고 들어가는 사람은, 딴 속셈이
있는 양 도둑이다! 목자는 곧바로 문으로 간다. 문지기는 목자에게 문을 열어
주고, 양들은 그의 음성을 알아듣는다. 목자는 자기 양들의 이름을 하나하나 불
러 밖으로 데리고 나간다. 양들을 모두 데리고 나가면, 목자는 앞장서 가고 양
들은 그를 따라간다. 양들이 목자의 음성을 잘 알기 때문이다. 양들은 낯선 사
람의 음성은 따르지 않고, 오히려 뿔뿔이 흩어진다. 낯선 자의 목소리에는 익숙
하지 않기 때문이다."
6-10 예수께서 이토록 쉽게 이야기해 주셨으나, 그들은 그분이 무슨 말씀을 하시
는지 전혀 깨닫지 못했다. 그래서 예수께서 다시 말씀하셨다. "그렇다면 분명
히 말하겠다. 나는 양들이 드나드는 문이다. 다른 사람들은 모두 못된 일을 꾸
민다. 그들은 하나같이 양 도둑이다. 양들은 그들의 말을 듣지 않는다. 나는 문
이다. 나를 통해 들어오는 사람은 누구나 보살핌을 받고 마음껏 드나들며 풀밭
을 찾게 될 것이다. 도둑은 오직 훔치고 죽이고 멸망시키려고 올 뿐이다. 내가
온 것은 양들로 참되고 영원한 생명을 얻게 하고, 그들이 꿈꾸던 것보다 더 나
은 삶을 얻게 하려는 것이다.
11-13 나는 선한 목자다. 선한 목자는 자기보다 양들을 먼저 생각해서, 필요하다
면 자기를 희생하기까지 한다. 삯꾼은 참된 목자가 아니다. 삯꾼은 양들을 하찮
게 여긴다. 이리가 오는 것을 보면 양들을 버리고 급히 달아난다. 그러면 양들
은 이리에게 잡아먹히거나 뿔뿔이 흩어지고 만다. 삯꾼이 관심을 기울이는 것
은 돈밖에 없다. 삯꾼은 양들을 소중히 여기지 않는다.
14-18 나는 선한 목자다. 나는 내 양들을 알고, 내 양들도 나를 안다. 아버지께서
나를 아시고, 내가 아버지를 아는 것과 같다. 나는 내 자신보다 양들을 먼저 생
각해서, 필요하다면 내 목숨까지 내어준다. 너희는 이 우리에 있는 양들 말고도
다른 양들도 있다는 것을 알아야 한다. 나는 그 양들도 모아서 데려와야 한다.
그들도 내 목소리를 알아듣고, 한 목자 아래서 한 양 떼가 될 것이다. 아버지께
서 나를 사랑하신다. 그것은 내가 목숨을 기꺼이 버리기 때문이다. 또한 나는
목숨을 다시 얻을 자유도 있다. 아무도 내게서 목숨을 앗아 가지 못한다. 나는

내 자유의지로 내 목숨을 버린다. 나는 목숨을 버릴 권한도 있고, 다시 얻을 권
한도 있다. 나는 이 권한을 내 아버지에게서 직접 받았다."
19-21 이 말씀 때문에 유대인들 사이에 또다시 의견이 갈렸다. 그들 중 많은 사람
들이 말했다. "그는 미치광이오. 완전히 제정신이 아닙니다. 무엇 때문에 그의
말을 듣고 있는 거요?" 그러나 다른 사람들은 그렇게 생각하지 않았다. "이것은
미친 사람의 말이 아니오. 미치광이가 눈먼 사람의 눈을 뜨게 할 수 있겠소?"

22-24 바로 그 즈음에, 사람들이 예루살렘에서 하누카(성전 봉헌절)를 지키고 있었
다. 때는 겨울이었다. 예수께서 성전 안에 있는 솔로몬 회랑을 거닐고 계셨다.
유대인들이 그분을 에워싸며 말했다. "당신은 언제까지 우리로 추측만 하게 만
들 작정이오? 당신이 메시아라면, 속 시원하게 말해 보시오."
25-30 예수께서 대답하셨다. "내가 말했지만 너희는 믿지 않는다. 내가 행한 모든
일은 내 아버지께서 인정해 주신 것이며, 그것은 말보다 더 분명한 증거다. 너
희가 나를 믿지 않는 것은, 내 양이 아니기 때문이다. 내 양들은 내 목소리를 알
아듣는다. 나는 내 양들을 알고, 내 양들은 나를 따른다. 나는 그들에게 참되고
영원한 생명을 준다. 그들에게는 파괴자의 손길이 결코 닿지 못할 것이다. 아
무도 그들을 내 손에서 빼앗아 갈 수 없다. 그들을 내게 맡기신 아버지는 파괴
자나 도둑보다 훨씬 크신 분이다. 아무도 그들을 내 아버지에게서 빼앗아 갈 수
없다. 나와 아버지는 한마음 한뜻이다."
31-32 유대인들이 또다시 돌을 집어 들고 예수를 치려고 했다. 예수께서 말씀하셨
다. "나는 아버지께로부터 온 많은 선한 일을 너희에게 선물로 주었다. 너희는
그 가운데 무엇 때문에 나를 돌로 치려고 하느냐?"
33 유대인들이 말했다. "우리가 당신을 돌로 치려는 것은 당신이 행한 선한 일
때문이 아니라, 당신 스스로를 하나님이라 일컫는 신성모독죄 때문이오."
34-38 예수께서 말씀하셨다. "나는 영감으로 기록된 너희 성경을 인용했을 뿐이
다. 그 말씀에서 하나님은 '내가 너희에게 말한다. 너희는 신(神)이다'라고 하셨
다. 하나님께서 너희 조상을 '신'이라 부르셨다. 성경은 거짓을 말하지 않는다.
그런데 왜 너희는 내가 하나님의 아들이라고 말했다는 이유만으로, 아버지께서
거룩하게 구별해서 이 세상에 보내신 유일한 존재인 나에게 '하나님을 모독하는
자! 하나님을 모독하는 자!'라고 소리 지르는 것이냐? 내가 만일 내 아버지의
일을 행하지 않는다면, 나를 믿지 않아도 좋다. 그러나 내가 아버지의 일을 행
하고 있다면, 내가 내 자신에 대해 하는 말은 잠시 제쳐두고, 바로 너희 눈앞에
일어나는 일만이라도 증거로 받아들여라. 그러면 너희는 이 모든 일을 한번에
깨닫게 될 것이다. 우리가 같은 일을 하고 있을 뿐 아니라 같다는 것—아버지와
아들이라는 것—을 알게 될 것이다. 아버지가 내 안에 계시고, 내가 아버지 안
에 있다."
39-42 그들이 이번에도 예수를 잡으려고 했지만, 그분은 그들의 손을 빠져나가

셨다. 예수께서는 다시 요단 강 건너편, 요한이 처음 세례를 주던 곳으로 가셔서 거기에 머무셨다. 많은 사람들이 그곳으로 예수를 따라왔다. 그들이 말했다. "요한은 기적을 하나도 행하지 못했지만, 그가 이분을 두고 한 말은 모두 사실이었다." 그때 거기서 많은 사람들이 예수를 믿었다.

나사로야, 나오너라!

11 1-3 어떤 사람이 병이 들었다. 그는 마리아와 그 자매 마르다가 사는 마을 베다니의 나사로였다. 이 마리아는 주님의 발에 향유를 바르고, 자기 머리카락으로 그 발을 닦아 드린 사람이었다. 병이 든 나사로는 그녀의 오라버니였다. 두 자매는 예수께 사람을 보내 소식을 알렸다. "주님, 주님께서 사랑하시는 사람이 깊은 병이 들었습니다."

4 예수께서 그 소식을 듣고 말씀하셨다. "그 병은 죽을병이 아니다. 그것은 하나님의 영광을 드러내는 기회가 될 것이다. 그 일로 하나님의 아들이 영광을 받을 것이다."

5-7 예수께서는 마르다와 그 자매 마리아와 나사로를 사랑하셨다. 그러나 나사로가 아프다는 소식을 듣고도, 그분은 계시던 곳에서 이틀을 더 머무셨다. 이틀 후에, 예수께서 제자들에게 말씀하셨다. "다시 유대로 가자."

8 제자들이 말했다. "랍비님, 그리로 가시면 안됩니다. 유대인들이 선생님을 죽이려고 하는데, 다시 가시다니요?"

9-10 예수께서 대답하셨다. "낮은 열두 시간이 아니냐? 낮에 다니는 사람은 햇빛이 넉넉하기 때문에 넘어지지 않는다. 그러나 밤에 다니는 사람은 자신이 어디로 가는지 볼 수 없기 때문에 넘어진다."

11 이 말씀을 하신 뒤에 예수께서 이렇게 말씀하셨다. "우리 친구 나사로가 잠들었다. 내가 가서 깨워야겠다."

12-13 제자들이 말했다. "주님, 그가 잠들었다면 푹 쉬고 나서 기분 좋게 깰 것입니다." 예수께서는 죽음을 두고 하신 말씀인데, 제자들은 잠시 잠을 잔다는 뜻으로 받아들였다.

14-15 그래서 예수께서 분명하게 밝히셨다. "나사로가 죽었다. 내가 거기에 있지 않은 것이 너희에게는 잘된 일이다. 너희는 이 일로 믿음의 눈을 뜨게 될 것이다. 이제 그에게 가자."

16 바로 그때 '쌍둥이'라고 불리는 도마가 동료들에게 말했다. "갑시다. 우리도 그와 함께 죽는 것이 낫겠습니다."

17-20 예수께서 마침내 베다니에 도착해서 보니, 나사로가 죽은 지 벌써 나흘이 되었다. 베다니는 예루살렘에서 몇 킬로미터밖에 떨어지지 않은 곳이어서, 많은 유대인들이 마르다와 마리아를 찾아와 나사로를 잃은 그들을 위로하고 있었다. 마르다는 예수께서 오신다는 소식을 듣고 그분을 마중하러 나갔고, 마리아는 집에 남아 있었다.

21-22 마르다가 말했다. "주님, 주님께서 여기에 계셨더라면 제 오라버니가 죽지

않았을 것입니다. 그러나 지금이라도 주님이 구하시면, 하나님께서 무엇이든지
들어주실 것을 제가 압니다."
23 예수께서 말씀하셨다. "네 오라버니가 다시 살아날 것이다."
24 마르다가 대답했다. "마지막 날 부활 때에 제 오라버니가 다시 살아날 것을
제가 압니다."
25-26 "마지막 날까지 기다리지 않아도 된다. 지금 이 순간에, 나는 부활이요 생명
이다. 나를 믿는 사람은 죽어도 살고, 누구든지 살아서 나를 믿는 사람은 결코
죽지 않을 것이다. 네가 이것을 믿느냐?"
27 "믿습니다, 주님. 저는 주님이 메시아이시며, 이 세상에 오시는 하나님의 아
들이신 것을 처음부터 믿었습니다."
28 이 말을 한 뒤에, 마르다는 동생 마리아에게 돌아가서 귓속말로 이렇게 말했
다. "선생님이 오셨는데, 너를 찾으시는구나."
29-32 이 말을 들은 마리아는 벌떡 일어나 예수께 달려갔다. 예수께서는 아직 마
을에 들어가지 않으시고, 마르다가 마중 나왔던 곳에 계셨다. 마리아를 위로하
던 유대인 친구들은, 그녀가 달려가는 것을 보고, 그녀가 무덤에 가서 울려는가
생각하고 따라나섰다. 마리아는 예수께서 기다리고 계신 곳에 가서 그분 발 앞
에 엎드렸다. "주님, 주님이 여기에 계시기만 했어도 제 오라버니가 죽지 않았
을 것입니다."
33-34 마리아도, 마리아와 함께 온 유대인들도 울었다. 그 모습을 보시며, 그분 안
에 깊은 분노가 북받쳐 올랐다. 예수께서 말씀하셨다. "그를 어디에 두었느냐?"
34-35 사람들이 말했다. "주님, 와서 보십시오." 예수께서 눈물을 흘리셨다.
36 유대인들이 말했다. "보시오, 저분이 그를 얼마나 깊이 사랑하셨는지!"
37 그들 가운데 또 다른 이들이 말했다. "글쎄요, 저분이 그를 그토록 사랑했다
면, 왜 그가 죽지 않도록 손을 쓰지 않았을까요? 저분은 눈먼 사람의 눈을 뜨게
해준 분이지 않습니까?"
38-39 예수께서 무덤에 이르셨을 때, 그분 안에 다시 분노가 북받쳐 올랐다. 무덤
은 산허리에 있는 소박한 굴인데, 입구가 돌로 막혀 있었다. 예수께서 말씀하셨
다. "돌을 치워라."
죽은 자의 누이인 마르다가 말했다. "주님, 이미 악취가 납니다. 죽은 지 나흘이
되었습니다!"
40 예수께서 마르다의 눈을 들여다보며 말씀하셨다. "네가 믿으면 하나님의 영
광을 볼 것이라고 내가 말하지 않았느냐?"
41-42 그러고는 "어서 돌을 치워라" 하고 다른 사람들에게 명하셨다.
사람들이 돌을 치우자, 예수께서 하늘을 우러러보며 기도하셨다. "아버지, 내
말을 들어주시니 감사합니다. 아버지께서 언제나 들으신다는 것을 내가 압니
다. 그러나 내가 이렇게 말씀드린 것은, 여기 서 있는 이 사람들 때문입니다. 아
버지께서 나를 보내신 것을 저들로 믿게 하려는 것입니다."
43-44 그런 다음에 예수께서 큰소리로 외치셨다. "나사로야, 나오너라!" 그러자

나사로가 나왔다. 머리에서 발끝까지 천으로 감고, 얼굴에는 수건을 덮은 시신의 모습이었다.
예수께서 그들에게 말씀하셨다. "마음대로 움직이게 그를 풀어 주어라."

예수를 죽이려는 모의를 하다

45-48 그 사건은 마리아와 함께 있던 많은 유대인들에게 전환점이 되었다. 그들이 예수께서 하신 일을 보고 그분을 믿게 된 것이다. 그러나 몇몇 사람들이 바리새인들에게 돌아가 예수께서 하신 일을 밀고했다. 대제사장과 바리새인들은 유대 최고의회를 소집했다. "어떻게 하면 좋겠습니까? 이 자가 끊임없이 일을 벌이며, 하나님의 표적을 일으키고 있으니 말입니다. 이대로 두면 조만간 모든 사람이 그를 믿게 될 테고, 그러면 로마 사람들이 와서 얼마 남지 않은 우리의 권력과 특권마저 빼앗고 말 것입니다."
49-52 그러자 그들 가운데서 그해의 대제사장으로 임명된 가야바라는 사람이 말했다. "여러분은 아무것도 모르겠소? 한 사람이 백성을 위해 죽는 것이 민족 전체가 멸망하는 것보다 우리에게 낫다는 것을 알지 못한단 말이오?" 이것은 그가 스스로 한 말이 아니라, 그해의 대제사장으로서 뜻하지 않게 예언한 것이다. 그는 예수께서 민족을 위해서뿐만 아니라 흩어져 나그네의 삶을 살아가는 하나님의 자녀들을 모아서 한 백성으로 만들기 위해 죽으실 것을 예언한 것이다.
53-54 그날부터 그들은 예수를 죽이기로 모의했다. 그래서 예수께서는 더 이상 유대인들 가운데 드러나게 다니지 않으셨다. 그분은 광야에 인접한 에브라임이라는 시골 마을로 물러나서 제자들과 함께 머물러 계셨다.
55-56 유대인의 유월절이 다가오고 있었다. 많은 사람들이 명절 준비를 하려고 시골에서 예루살렘으로 올라갔다. 그들은 예수에 대해 궁금해 했다. 성전에 모여선 사람들 사이에 그분에 대해 많은 이야기가 오갔다. "여러분 생각은 어떻습니까? 그가 명절에 모습을 드러낼 것 같습니까?"
57 한편, 대제사장과 바리새인들은 누구든지 예수에 대한 소문을 듣거든 자신들에게 알리라는 명령을 내려 두었다. 그들은 예수를 붙잡을 만반의 태세를 갖추고 있었다.

그분 발에 향유를 부은 여인

12

1-3 유월절 엿새 전에, 예수께서 베다니로 들어가셨다. 그곳에는 얼마 전에 죽은 자들 가운데서 살아난 나사로가 살고 있었다. 나사로와 그의 누이들이 자신들의 집에서 저녁식사를 하자고 예수를 초대했다. 마르다는 시중 들고, 나사로는 사람들과 함께 식탁에 앉아 있었다. 마리아가 아주 값비싼 향유 한 병을 가지고 들어와서 예수의 발에 붓고, 자기 머리카락으로 그 발을 닦아 드렸다. 향유 냄새가 집 안에 가득했다.
4-6 제자들 가운데 한 사람으로, 이미 그때 예수를 배반할 준비를 하고 있던 가룟 유다가 말했다. "왜 이 향유를 팔아서 그 돈을 가난한 사람들에게 주지 않습니

까? 팔면 은화 삼백은 충분히 받을 텐데." 이렇게 말한 것은, 그가 가난한 사람
들을 생각해서가 아니라 도둑이었기 때문이다. 그는 일행의 공금을 맡고 있었
는데, 그것을 빼돌리기도 했다.
7-8 예수께서 말씀하셨다. "그 여자를 가만두어라. 그 여자는 내 장례식을 내다
보고 예를 표한 것이다. 가난한 사람들은 너희와 항상 함께 있지만, 나는 너희
와 항상 함께 있는 것이 아니다."
9-11 예수께서 다시 마을에 오셨다는 소문이 유대인들 사이에 퍼졌다. 사람들이
예수뿐만 아니라, 죽은 자들 가운데서 살아난 나사로도 보려고 몰려왔다. 대제
사장들은 나사로를 죽이기로 모의했다. 나사로 때문에 많은 유대인들이 예수를
믿었기 때문이다.

예루살렘 입성

12-15 이튿날, 명절을 지키러 와 있던 많은 무리가 예수께서 예루살렘에 들어오신
다는 말을 들었다. 그들은 종려나무 가지를 꺾어 들고 그분을 맞으러 나가서 환
호했다.

호산나!
복되다, 하나님의 이름으로 오시는 이여!
복되다! 이스라엘의 왕이여!

성경에 기록된 대로 예수께서 어린 나귀를 얻어 타셨다.

두려워하지 마라, 딸 시온아.
너의 왕이 오시는 모습을 보아라.
나귀 새끼를 타고 오신다.

16 제자들은 성경의 많은 구절이 성취된 것을 당시에는 알아채지 못했다. 그러
나 예수께서 영화롭게 되신 뒤에, 그들은 그분에 대해 기록된 것과 그분께 일어
난 일이 일치한다는 것을 기억해 냈다.
17-19 예수께서 나사로를 불러 죽은 자들 가운데서 일으키실 때에, 그 자리에 있
던 사람들이 자신들이 목격한 것을 이야기했다. 그들이 얼마 전에 있었던 하나
님의 표적에 대해 소문을 퍼뜨렸기 때문에 환영하는 무리가 더 늘어났던 것이
다. 바리새인들이 그 모습을 보고 체념하듯 말했다. "이제는 통제 불능이오. 온
세상이 저 자의 뒤를 따라 몰려가고 있소."

나를 따라오너라

20-21 명절을 맞아 예배를 드리려고 올라온 그리스 사람들이 있었다. 그들이 갈릴
리 벳새다 출신인 빌립에게 다가가서 말했다. "선생님, 우리가 예수를 뵙고 싶

습니다. 도와주시겠습니까?"
22-23 빌립이 안드레에게 가서 말했다. 안드레와 빌립이 예수께 가서 말씀드리자,
예수께서 대답하셨다. "때가 되었다. 인자가 영광을 받을 때가 왔다.
24-25 잘 들어라. 밀알 하나가 땅에 묻혀 완전히 죽지 않으면, 한 알 그대로 남아
있다. 그러나 밀알 하나가 땅에 묻혀 죽으면, 싹이 나서 몇 배의 열매를 맺는다.
마찬가지로, 누구든지 현재의 목숨에 집착하는 사람은 그 목숨을 잃을 것이다.
그러나 앞뒤를 재지 않는 사랑으로 그 목숨을 버리는 사람은 참되고 영원한 생
명을 얻게 될 것이다.
26 너희 가운데 누구든지 나를 섬기려는 사람은 나를 따라오너라. 나를 섬기는
사람은 내가 있는 곳에 있게 될 것이다. 누구든지 나를 섬기는 사람은 아버지께
서 높여 주시고 상 주실 것이다.
27-28 내 마음은 몹시 흔들리고 있다. 그러니 내가 무슨 말을 하겠느냐? '아버지,
나를 여기에서 벗어나게 해주십시오'라고 말해야 하겠느냐? 아니다. 나는 처음
부터 이것 때문에 온 것이다. 나는 '아버지, 아버지의 영광을 드러내 보이십시
오'라고 말하겠다."
그러자 하늘에서 한 음성이 들려왔다. "내가 이미 영화롭게 했고, 앞으로도 영
화롭게 할 것이다."
29 그 소리를 들은 무리가 말했다. "천둥소리다!"
다른 사람들이 말했다. "천사가 이분께 말한 것이다!"
30-33 예수께서 말씀하셨다. "이 음성은 나를 위해서가 아니라 너희를 위해서 들
려온 것이다. 지금 이 순간에, 세상은 위기에 처해 있다. 이제 이 세상의 통치자
인 사탄이 쫓겨날 것이다. 그리고 내가 이 땅에서 들려 올라갈 때, 나는 모든 사
람을 이끌어서 내 주위로 모을 것이다." 예수께서 이렇게 말씀하신 것은, 자신
이 어떤 죽임을 당할지 보여주시려는 것이었다.
34 무리 가운데 대답하는 소리가 들려왔다. "우리는 하나님의 율법에서 메시아
가 영원히 계신다고 들었습니다. 그런데 선생님은 인자가 들려야 한다고 하시
니, 어째서 그래야 합니까? 선생님이 말씀하신 인자가 누구입니까?"
35-36 예수께서 말씀하셨다. "빛이 너희 가운데 있는 것은 잠시뿐이다. 빛이 너희
가운데 있는 동안 다녀라. 그래서 어둠이 너희를 멸하지 못하게 하여라. 너희가
어둠 속에 다니면, 자신이 어디로 가는지 알지 못한다. 빛이 너희와 함께 있는
동안 그 빛을 믿어라. 그러면 그 빛이 너희 안에 있으면서 너희 삶을 속속들이
비춰 줄 것이다. 너희는 빛의 자녀가 될 것이다."

나를 믿는 사람은 나를 보내신 분을 믿는 것이다

36-40 예수께서 이 모든 것을 말씀하시고 나서 몸을 숨기셨다. 예수께서 이 모든
하나님의 표적을 보여주셨지만, 그들은 받아들이지도 않았고 그분을 신뢰하지
도 않았다. 이 일로 예언자 이사야의 말이 옳다는 것이 확인되었다.

하나님, 우리가 전한 말을 누가 믿었습니까?
하나님께서 팔을 뻗어 행하려고 하시건만, 누가 그것을 알아보았습니까?

처음에 그들은 믿으려 하지 않았고, 나중에는 믿을 수도 없었다. 이 또한 이사야가 말한 것과 같았다.

그들의 눈은 멀었고
그들의 마음은 완고해졌으니,
이는 그들이 눈으로 보고
마음으로 깨달아서,
나 하나님께로 돌아와
내게 고침을 받지 못하게 하려는 것이다.

41 이것은 이사야가 메시아를 통해 폭포수처럼 쏟아지는 하나님의 빛을 스치듯
보고 나서 한 말이었다.
42-43 한편, 지도자들 가운데서도 상당수가 믿었다. 그러나 바리새인들 때문에 자
신들의 믿음을 밖으로 드러내지는 않았는데, 회당에서 쫓겨날까 봐 두려웠기
때문이다. 그들은 위기의 순간에, 하나님의 영광보다는 사람의 인정을 받는 것
에 더 신경을 썼던 것이다.
44-46 예수께서 이 모든 말씀의 결론으로 이렇게 외치셨다. "누구든지 나를 믿는
사람은, 나를 믿는 것이 아니라 나를 보내신 분을 믿는 것이다. 누구든지 나를
보는 사람은, 사실은 나를 보내신 분을 보는 것이다. 나는 이 세상에 온 빛이다.
내가 온 것은 나를 믿는 모든 사람들로 더 이상 어둠 속에 머물지 않게 하려는
것이다.
47-50 만일 누가 내 말을 듣고 진지하게 받아들이지 않는다고 해도, 나는 그를 심
판하지 않는다. 나는 세상을 심판하기 위해 온 것이 아니라 세상을 구원하기 위
해 왔다. 그러나 나를 회피하고 내 말을 받아들이지 않는 사람은 스스로 심판
받기를 선택하는 것이다. 육신이 된 그 말씀, 내가 너희에게 말했을 뿐 아니라
바로 나 자신이기도 한 그 말씀이, 너희의 운명을 결정할 말이다. 그 말씀 가운
데 어느 것도 내 마음대로 지어낸 것이 없다. 나를 보내신 아버지께서 내가 무
엇을 말하고, 어떻게 말해야 하는지를 지시해 주셨다. 나는 아버지의 명령이 어
떤 열매를 맺는지 정확히 안다. 그것은 참되고 영원한 생명이다. 내가 할 말은
이것이 전부다. 아버지께서 내게 말씀하신 것을 나도 너희에게 말한다."

제자들의 발을 씻어 주시다

13 1-2 유월절 직전에, 예수께서는 이 세상을 떠나 아버지께로 가야 할
때가 된 것을 아셨다. 예수께서는 자신의 소중한 동료들을 사랑하시
되, 끝까지 사랑하셨다. 저녁식사 때가 되었다. 이때 이미 마귀는 가룟 사람 시

몬의 아들 유다를 단단히 붙잡고서, 예수를 배반하도록 준비를 마친 상태였다.
3-6 예수께서는 아버지께서 자기에게 모든 것을 맡기셨다는 것과, 자기가 하나님
께로부터 왔다가 하나님께로 돌아갈 것을 아셨다. 예수께서 저녁식탁에서 일어
나 겉옷을 옆에 두시고 수건을 두르셨다. 그런 다음에, 대야에 물을 부어 제자
들의 발을 씻고 수건으로 닦아 주셨다. 예수께서 시몬 베드로에게 이르셨을 때,
베드로가 말했다. "주님, 주님께서 정말 제 발을 씻으실 겁니까?"
7 예수께서 대답하셨다. "내가 하는 일을 네가 지금은 이해하지 못한다. 그러나
나중에는 분명하게 알게 될 것이다."
8 베드로가 고집을 부렸다. "제 발은 절대로 씻지 못합니다!"
예수께서 말씀하셨다. "내가 너를 씻어 주지 않으면, 너는 내가 하는 일과 아무
상관이 없다."
9 베드로가 말했다. "주님! 그렇다면 제 발만 씻지 말고, 제 손도 씻어 주십시오!
제 머리도 씻어 주십시오!"
10-12 예수께서 말씀하셨다. "아침에 목욕을 한 사람은 이제 발만 씻으면 된다. 너
희는 머리부터 발끝까지 깨끗하다. 내 관심사는 위생이 아니라 거룩이라는 것
을 너희는 알아야 한다. 이제 너희는 깨끗하다. 그러나 너희 모두가 깨끗한 것
은 아니다." (예수께서는 누가 자신을 배반할지 알고 계셨다. 그래서 "너희 모두가 깨끗한 것
은 아니다"라고 말씀하신 것이다.) 예수께서 제자들의 발을 씻어 주시고 나서, 겉옷
을 입고 식탁 자기 자리로 돌아가셨다.
12-17 예수께서 말씀하셨다. "내가 너희에게 무슨 일을 했는지 이해하겠느냐? 너
희는 나를 '선생'이라 부르고 '주'라고 부르는데, 맞는 말이다. 내가 정말로 그러
하다. 주이며 선생인 내가 너희의 발을 씻어 주었으니, 이제 너희도 서로 발을
씻어 주어야 한다. 내가 너희에게 모범을 보였으니, 너희도 내가 한 그대로 하
여라. 나는 분명한 것만 말한다. 종이 주인보다 높지 않고, 사원이 사장에게 명
령하지 못한다. 내 말이 무슨 뜻인지 알겠거든 너희도 그대로 행하여라. 복된
삶을 살아라."

그분을 배반할 자

18-20 "지금부터 내가 하는 말은 너희 모두를 두고 하는 말이 아니다. 나는 내가
선택한 사람들을 정확히 안다. 그것은 다음의 성경 말씀을 이루려는 것이다.

내 식탁에서 빵을 먹던 자가
　나를 배반하였습니다.

내가 이 모든 것을 너희에게 미리 말해 두는 것은, 그 일이 일어날 때에 내가 누
구인지를 너희로 믿게 하려는 것이다. 너희는 이것을 바로 알고 있어야 한다.
내가 보내는 사람을 맞아들이면 나를 맞아들이는 것과 같고, 나를 맞아들이면
나를 보내신 분을 맞아들이는 것과 같다."

[21] 예수께서 이 말씀을 하시고 나서, 근심하는 기색으로 그 이유를 말씀하셨다.
"너희 가운데 한 사람이 나를 배반할 것이다."
[22-25] 제자들은 예수께서 도대체 누구를 두고 하신 말씀인지 궁금해서 서로 둘러
보았다. 제자들 가운데 한 사람, 곧 예수께서 깊이 사랑하시는 제자가 그분의
어깨에 머리를 기대고 있었다. 베드로가 그에게 몸짓하여, 예수께서 누구를 두
고 말씀하신 것인지 물어보게 했다. 그래서 가장 가까이 있던 그 제자가 물었
다. "주님, 그가 누구입니까?"
[26-27] 예수께서 말씀하셨다. "내가 이 빵 조각을 적셔서 주는 사람이 바로 그다."
그러고는 빵 조각을 적셔서 가룟 사람 시몬의 아들 유다에게 주셨다. 유다가 그
빵을 받자마자, 사탄이 그에게 들어갔다.
예수께서 말씀하셨다. "네가 하려고 하는 일을 하여라. 어서 마무리 지어라."
[28-29] 저녁식탁에 둘러앉은 사람들 가운데, 왜 예수께서 유다에게 그런 말씀을 하
시는지 아는 사람이 아무도 없었다. 어떤 제자는 유다가 공금을 맡고 있었으므
로 예수께서 그에게 명절에 필요한 것을 사라고 하셨거나, 가난한 사람들에게
뭔가를 주라고 하신 것이려니 생각했다.
[30] 유다는 빵 조각을 받고 그 자리를 떠났다. 밤이었다.

새 계명

[31-32] 유다가 떠나가자, 예수께서 말씀하셨다. "이제 인자가 누구인지 드러났고,
하나님이 어떤 분이신지도 인자 안에서 드러났다. 인자 안에서 하나님이 드러
나시는 순간에, 하나님의 영광이 드러날 것이다. 하나님께서 인자를 영화롭게
하심으로 그분 자신도 영광을 받으실 것이다!
[33] 자녀들아, 내가 너희와 함께 있는 것도 잠시뿐이다. 너희는 나를 찾을 것이
다. 내가 유대인들에게 말한 것처럼 너희에게도 말한다. '내가 가는 곳에 너희는
올 수 없다.'
[34-35] 내가 너희에게 새 계명을 준다. 서로 사랑하여라. 내가 너희를 사랑한 것같
이, 너희도 서로 사랑하여라. 너희가 서로 사랑할 때, 모든 사람이 그 모습을 보
고 너희가 내 제자라는 것을 알게 될 것이다."
[36] 시몬 베드로가 물었다. "주님, 어디로 가십니까?"
예수께서 대답하셨다. "내가 가려는 곳에 네가 지금은 따라올 수 없다. 그러나
나중에는 따라오게 될 것이다."
[37] 베드로가 말했다. "주님, 왜 지금은 따라갈 수 없습니까? 주님을 위해서라면
제 목숨까지도 버리겠습니다!"
[38] "정말이냐? 나를 위해 네 목숨을 버리겠다는 말이냐? 그러나 너는 수탉이 울
기 전에, 나를 세 번 부인할 것이다."

내가 길이요 진리요 생명이다

14 1-4 "너희는 이 일로 당황하지 마라. 너희는 하나님을 믿지 않느냐?
그렇다면 또한 나를 믿어라. 내 아버지 집에는 너희를 위해 예비된
방이 많이 있다. 그렇지 않으면, 내가 너희 방을 마련하러 간다고 말했겠느냐?
내가 가서 너희 방을 마련하면, 다시 와서 너희를 데려다가 내가 사는 곳에 너
희도 같이 살게 하겠다. 너희는 내가 가는 길을 이미 알고 있다."
5 도마가 말했다. "주님, 저희는 주님이 어디로 가시는지 알지 못합니다. 그런데
어떻게 우리가 그 길을 안다고 생각하십니까?"
6-7 예수께서 말씀하셨다. "내가 길이요 진리요 생명이다. 나를 떠나서는 그 누
구도 아버지께 갈 수 없다. 너희가 정말로 나를 안다면, 내 아버지도 알게 될 것
이다. 이제부터 너희는 그분을 아는 것이나 다름없다. 너희는 그분을 뵙기까지
했다!"
8 빌립이 말했다. "주님, 저희에게 아버지를 보여주십시오. 그러면 저희가 만족
하겠습니다."
9-10 "빌립아, 네가 지금까지 나와 함께 지냈으면서 아직도 모르겠느냐? 나를 보
는 것은 곧 아버지를 보는 것이다. 그런데 어떻게 '아버지가 어디 계십니까?' 하
고 묻는 것이냐? 내가 아버지 안에 있고 아버지께서 내 안에 계시다는 것을 너
는 믿지 않는 것이냐? 내가 너희에게 하는 말은 단지 말에 불과한 것이 아니다.
나는 내 뜻대로 말을 지어내지 않는다. 내 안에 계신 아버지께서, 내 말 한 마디
한 마디를 하나님의 일로 정교하게 만들어 내신다.
11-14 내가 아버지 안에 있고, 내 아버지께서 내 안에 계시다고 한 내 말을 믿어
라. 믿지 못하겠거든, 너희 눈으로 본 이 일이라도 믿어라. 나를 신뢰하는 사람
은 내가 하는 일을 할 뿐 아니라 더 큰 일도 하게 될 것이다. 내가 아버지께로 가
서, 내가 한 것과 똑같은 일을 너희도 하게 할 것이기 때문이다. 너희는 기대해
도 좋다. 이제부터 내가 누구이며 내가 무슨 일을 하는지 너희가 믿고 무엇이든
지 구하면, 내가 다 이루어 주겠다. 그리하여 아들 안에서 아버지가 어떤 분이
신지 훤히 드러나게 하겠다. 정말이다. 너희가 무엇이든지 이 방법대로 구하면,
내가 다 이루어 주겠다."

진리의 성령

15-17 "너희가 나를 사랑하면, 내 말대로 행하여 너희의 사랑을 나타내 보여라. 내
가 아버지께 말씀드려, 너희에게 또 다른 친구이신 성령을 보내시게 하겠다. 그
분은 너희와 영원히 함께 계실 것이다. 친구이신 그분은 진리의 성령이시다. 하
나님을 모르는 세상은, 그분을 알아보는 눈도 없고 무엇을 찾아야 할지도 모르
기 때문에 그분을 맞아들이지 못한다. 그러나 너희는 이미 그분을 알고 있다. 그
분이 지금까지 너희와 함께 계셨고, 앞으로도 너희 안에 계실 것이기 때문이다!
18-20 나는 너희를 고아로 버려두지 않겠다. 내가 다시 오겠다. 이제 잠시 후면 세
상은 더 이상 나를 보지 못하겠지만, 너희는 나를 보게 될 것이다. 내가 살아 있

고, 너희도 살아날 것이기 때문이다. 그때가 되면, 너희는 내가 아버지 안에 있
고 너희가 내 안에 있으며, 내가 너희 안에 있음을 확실히 알게 될 것이다.
21 내 계명을 알고 지키는 사람이야말로 나를 사랑하는 사람이다. 나를 사랑하
는 사람은 내 아버지께 사랑을 받을 것이다. 나도 그를 사랑하고 그에게 나를
분명히 드러내 보일 것이다."
22 (가룟 사람이 아닌) 유다가 말했다. "주님, 저희에게는 주님 자신을 드러내시고
세상에는 드러내지 않으시겠다니, 무슨 이유입니까?"
23-24 예수께서 말씀하셨다. "사랑이 없는 세상은 앞을 보지 못하는 세상이기 때
문이다. 누구든지 나를 사랑하는 사람은 내 말을 정성껏 지킬 것이고, 내 아버
지께서 그를 사랑하실 것이다. 아버지와 나는 그와 이웃이 될 것이다! 나를 사
랑하지 않는 것은 곧 내 말을 지키지 않는다는 뜻이다. 너희가 듣고 있는 이 메
시지는 나의 것이 아니라, 나를 보내신 아버지의 메시지다.
25-27 내가 아직 너희와 함께 있는 동안에는 이것들을 말한다. 그러나 아버지께서
나의 요청으로 보내실 친구이신 성령께서, 모든 것을 너희에게 분명히 알려 주
실 것이다. 또한 내가 너희에게 말한 모든 것을 생각나게 해주실 것이다. 나는
너희를 떠나면서 온전한 선물을 주고 간다. 그것은 평화다. 나는 너희가 홀로
남겨지고 버림받고 빼앗겼다는 느낌이 들지 않게 떠날 것이다. 그러니 당황하
지 마라. 불안해하지 마라.
28 너희는 '내가 갔다가 다시 오겠다'고 한 말을 들었다. 너희가 나를 사랑한다
면, 내가 아버지께로 가는 것을 기뻐할 것이다. 아버지는 내 삶의 목표이자 목
적이기 때문이다.
29-31 나는 그 일이 일어나기 전에 너희에게 미리 말했다. 그것은 그 일이 일어날
때, 그 일이 확증되어 나를 믿는 너희 믿음이 깊어지게 하려는 것이다. 이제 나
는 너희와 더 이상의 이야기는 하지 않겠다. 하나님을 모르는 이 세상의 우두머
리가 공격해 오기 때문이다. 하지만 걱정하지 마라. 그는 나를 책잡을 것도 없
고, 그는 내게 아무런 권리도 없다. 내가 아버지를 얼마나 철저히 사랑하는지 세
상이 알게 하려고, 나는 마지막 하나까지도 내 아버지의 지시대로 따르고 있다.
일어나 가자. 여기를 떠날 때가 되었다."

포도나무와 가지

15 1-3 "나는 참 포도나무요 내 아버지는 농부이시다. 내게 붙어 있으면
서 열매를 맺지 않는 가지는 아버지께서 다 쳐내시고, 열매를 맺는
가지는 잘 손질해서 더 많은 열매를 맺게 하신다. 너희는 내가 전한 메시지로
이미 잘 손질되었다.
4 내 안에 살아라. 내가 너희 안에 살듯이, 너희도 내 안에 살아라. 가지가 홀로
열매를 맺을 수 없고 나무에 붙어 있어야 열매를 맺을 수 있듯이, 너희도 내게
붙어 있지 않으면 열매를 맺을 수 없다.
5-8 나는 포도나무요 너희는 가지다. 너희가 내게 붙어 있고 내가 너희에게 붙어

있어서 친밀하고 유기적인 관계를 이루면, 틀림없이 풍성한 수확을 거둘 것이
다. 그러나 내게서 떨어져 있으면, 너희는 아무 열매도 맺을 수 없다. 누구든지
내게서 떨어져 있는 사람은 말라 죽은 가지일 뿐이다. 사람들이 그 가지를 모아
다가 모닥불에 던져 버린다. 그러나 너희가 내 안에 편히 머물고 내 말이 너희
안에 머물면, 너희가 구하는 것은 무엇이든 응답받고 이루어질 것을 확신해도
좋다. 이처럼 너희가 열매를 맺고 내 제자로 성숙해 갈 때, 내 아버지께서 자신
의 모습을 드러내 보이신다.
9-10 내 아버지가 나를 사랑하신 것같이 나도 너희를 사랑했다. 나의 사랑 안에
편히 머물러라. 너희가 내 계명을 지키면, 나의 사랑 안에 편히 머물게 될 것이
다. 나도 내 아버지의 계명을 지켜서 아버지의 사랑 안에 편히 머물렀다.
11-15 내가 이것을 너희에게 말한 것은 한 가지 목적 때문이다. 그것은 나의 기쁨
이 너희 기쁨이 되게 하고, 너희 기쁨이 온전히 성숙하게 하려는 것이다. 내 계
명은 이것이다. 내가 너희를 사랑한 것같이 너희도 서로 사랑하여라. 최선의 사
랑법은 이것이다. 친구를 위해 너희 목숨을 걸어라. 내가 너희에게 명하는 것을
너희가 행하면, 너희는 내 친구가 된다. 나는 너희를 더 이상 종이라고 부르지
않겠다. 종은 주인이 무슨 생각을 하고 무슨 계획을 세우는지 알지 못하기 때문
이다. 그러나 나는 너희를 친구라고 불렀다. 내가 내 아버지께 들은 것을 모두
너희에게 알려 주었기 때문이다.
16 잊지 마라. 너희가 나를 선택한 것이 아니라, 내가 너희를 선택했다. 썩지 않
을 열매를 맺게 하려고 내가 너희를 세상에 두었다. 너희가 열매 맺는 사람으로
서 나와 연결되어 아버지께 구하면, 아버지께서 무엇이든지 너희에게 주실 것
이다.
17 그러나 기억하여라. 핵심 계명은 이것이다. 서로 사랑하여라."

세상이 너희를 미워할 것이다

18-19 "하나님을 모르는 세상이 너희를 미워하거든, 세상이 먼저 나를 미워했다
는 것을 기억하여라. 너희가 세상의 기준대로 살았다면, 세상이 너희를 자기네
사람으로 여겨 사랑했을 것이다. 그러나 내가 너희를 선택해서 세상의 기준대
로 살지 않고 하나님의 기준대로 살게 했으니, 세상이 너희를 미워할 것이다.
20 그런 일이 일어나거든, '종이 주인보다 더 나은 대우를 받지 못한다'고 한 내
말을 기억하여라. 사람들이 나를 때렸으면 틀림없이 너희도 때릴 것이다. 사람
들이 내 말대로 따랐으면 너희 말도 따를 것이다.
21-25 그들은 내게 한 것처럼 너희에게도 이 모든 일을 할 것이다. 그들이 나를 보
내신 분을 알지 못하기 때문이다. 내가 와서 그들에게 이 모든 것을 명백하게
말해 주지 않았다면, 상황이 그렇게까지 나빠지는 않았을 것이다. 그러나 이제
그들은 변명할 여지가 없다. 나를 미워하는 것은 내 아버지를 미워하는 것이나
다름없다. 내가 그들 가운데서 행한 일, 지금까지 아무도 행한 적이 없는 그 일
을 내가 행하지 않았더라면, 그들에게 허물이 없었을 것이다. 그러나 그들은 하

나님의 표적을 보았으면서도 나와 내 아버지를 미워했다. '그들이 정당한 이유 없이 나를 미워했다'고 기록된 성경 말씀이 진리인 것을, 그들 스스로 입증한 셈이다.

26-27 내가 아버지께로부터 너희에게 보낼 친구이신 분, 곧 아버지께로부터 나오는 진리의 성령이 오시면, 그분이 나에 대해 모든 것을 확증해 주실 것이다. 너희가 처음부터 이 일에 나와 함께했으니, 너희도 분명한 증언을 내놓아야 할 것이다."

16 1-4 "내가 너희에게 이것들을 말한 것은, 장차 있을 힘든 때를 대비하게 하려는 것이다. 사람들이 너희를 회당에서 내쫓을 것이다. 심지어 너희를 죽이는 자마다 자기가 하는 일이 하나님을 위한 것이라고 생각할 때가 올 것이다. 그들은 아버지를 제대로 알지 못하기 때문에 그 같은 일을 할 것이다. 내가 너희에게 이것들을 말한 것은 사람들이 너희를 비난할 때 일어날 일을 미리 알려 주어서, 너희로 그때를 대비하게 하려는 것이다."

친구이신 성령께서 오실 것이다

4-7 "내가 이것을 처음부터 말하지 않은 것은 내가 날마다 너희와 함께 있었기 때문이다. 그러나 이제 나는 나를 보내신 분께로 간다. 그런데도 너희 가운데 아무도 '어디로 가십니까?' 하고 내게 묻는 사람이 없었다. 오히려 내 말이 길어질수록 너희는 더욱 슬픔에 잠겼다. 그래서 내가 다시 한번 진실을 말한다. 내가 떠나는 것이 너희에게 더 낫다. 내가 떠나지 않으면, 친구이신 성령이 오시지 않을 것이다. 그러나 내가 가면, 그분을 너희에게 보내 주겠다.

8-11 그분이 오셔서, 죄와 의와 심판에 대해 하나님을 모르는 세상의 관점이 잘못되었다는 것을 드러내실 것이다. 그들의 근본 죄는 나를 믿지 않는 것이고, 의는 그들이 볼 수도 없고 통제할 수도 없는 영역인 나와 아버지가 함께 있는 하늘에서 오는 것이며, 심판은 하나님을 모르는 이 세상 통치자가 재판에 붙여져 유죄 판결을 받으면서 시행된다는 것을, 그분이 너희에게 보이실 것이다.

12-15 내가 너희에게 할 말이 아직 많지만 너희가 지금은 다 감당하지 못한다. 그러나 친구이신 진리의 성령이 오시면, 그분이 너희 손을 잡고 모든 진리 가운데로 인도하실 것이다. 그분은 자신에게 이목을 끌지 않으면서, 장차 일어날 일과 내가 행하고 말한 모든 것의 의미를 너희에게 알려 주실 것이다. 그분은 나를 영화롭게 하실 것이다. 그분이 나에게서 받은 것을 너희에게 전해 줄 것이기 때문이다. 아버지께서 가지고 계신 모든 것이 또한 내 것이다. 그래서 내가 '성령이 나에게서 받은 것을 너희에게 전해 주실 것이다'라고 말한 것이다.

16 잠시 후면 너희가 나를 보지 못할 것이다. 그러나 다시 잠시 후면 너희가 나를 보게 될 것이다."

강물같이 넘쳐흐르는 기쁨

17-18 그 말씀 때문에 제자들 사이에 의문이 일었다. "'잠시 후면 너희가 나를 보지 못할 것이다. 그러나 다시 잠시 후면 너희가 나를 보게 될 것이다'라고 하신 말씀이 무슨 뜻인가? 또 '내가 아버지께로 가기 때문이다'라고 하신 말씀은 무슨 뜻인가? '잠시 후면'이라는 말씀은 무슨 뜻인가? 선생님께서 무슨 말씀을 하시는지 모르겠다."

19-20 그들은 예수께서 무슨 뜻으로 말씀하신 것인지 무척이나 묻고 싶었다. 예수께서 그것을 아시고 말씀하셨다. "'잠시 후면 너희가 나를 보지 못할 것이다. 그러나 다시 잠시 후면 너희가 나를 보게 될 것이다'라고 한 내 말을 두고, 너희가 서로 그 뜻을 알고자 하느냐? 그렇다면 이것을 명심하여라. 너희는 깊은 슬픔에 잠기겠지만, 하나님을 모르는 세상은 파티를 열 것이다. 너희는 슬퍼하고 몹시 슬퍼하겠지만, 너희 슬픔은 기쁨으로 바뀔 것이다.

21-23 여자가 출산할 때에는 고통이 따르고 피할 길도 없다. 그러나 아기가 태어나면 기쁨이 넘친다. 세상에 태어난 새 생명이 고통의 기억을 말끔히 없애 주기 때문이다. 지금 너희가 겪는 슬픔이 그 고통과 같겠지만, 장차 맛볼 기쁨 또한 그 기쁨과 같을 것이다. 내가 너희를 다시 볼 때 너희는 기쁨으로 충만할 것이다. 아무도 너희에게서 그 기쁨을 빼앗아 가지 못할 것이다. 너희는 더 이상 의문을 가득 품지 않게 될 것이다.

23-24 내가 너희에게 바라는 것은 이것이다. 내가 너희에게 계시해 준 것과 일치하면 무엇이든지 아버지께 구하여라. 내 뜻을 따라 내 이름으로 구하여라. 그러면 아버지께서 너희에게 반드시 주실 것이다. 너희 기쁨이 강둑을 넘쳐흐르는 강물 같을 것이다!

25-28 나는 비유로 너희에게 말했다. 머지않아 나는 비유를 버리고 분명한 말로 아버지에 대해 너희에게 말해 줄 것이다. 그때 너희는 내가 너희에게 계시해 준 바로 그 삶과 관련된 것을 아버지께 직접 구할 수 있을 것이다. 내가 계속 너희를 대신해서 아버지께 구하지는 않을 것이다. 그럴 필요가 없다. 너희는 위험을 무릅쓰고 나를 사랑하고 신뢰하는 일에 너희 삶을 걸었고, 내가 아버지께로부터 직접 왔다는 것을 믿었으므로 아버지께서 너희를 친히 사랑하신다. 전에 나는 아버지를 떠나 이 세상에 왔으나 이제는 이 세상을 떠나 아버지께로 간다."

29-30 제자들이 말했다. "드디어 선생님께서 비유로 표현하지 않으시고 명백하고 직설적으로 말씀해 주시는군요. 이제야 저희는 선생님께서 모든 것을 알고 계시며, 모든 것이 선생님 안에서 하나로 모아진다는 것을 알겠습니다. 더 이상 선생님에 대해 의문을 갖지 않아도 되겠습니다. 저희는 선생님이 하나님께로부터 오셨다고 확신합니다."

31-33 예수께서 그들에게 대답하셨다. "너희들이 이제야 믿느냐? 하지만 너희는 곧 달아날 것이다. 너희 목숨을 구하겠다고 나를 버릴 것이다. 그러나 나는 버림받지 않는다. 아버지께서 나와 함께하신다. 내가 너희에게 이 모든 것을 말한 것은, 너희로 나를 신뢰하여 흔들리지 않게 하고 깊은 평화를 누리게 하려는 것

이다. 너희는 하나님을 모르는 이 세상에서 끊임없이 어려움을 겪을 것이다. 그
러나 용기를 내라! 내가 세상을 이겼다."

예수의 기도

17 1-5 예수께서 이 말씀을 하시고 나서 눈을 들어 기도하셨다.

아버지, 때가 되었습니다.
아들의 밝은 빛을 드러내셔서
아들이 아버지의 밝은 빛을 드러내게 해주십시오.
아버지께서는 아들에게 모든 사람을 맡기셔서
아들이 자기에게 맡겨진 모든 사람에게 참되고 영원한 생명을 주게 하셨습니다.
참되고 영원한 생명은
아버지,
곧 유일하신 참 하나님을 알고
아버지께서 보내신 예수 그리스도를 아는 것입니다.
나는 아버지께서 내게 하라고 명하신 일을
하나도 빠뜨리지 않고 완수하여
이 땅에서 아버지를 영화롭게 했습니다.
그러니 아버지, 이번에는 아버지의 빛,
이 세상이 존재하기 전에 내가 아버지 앞에서 누리던
그 빛으로 나를 영화롭게 해주십시오.

6-12 나는 아버지께서 내게 주신 모든 사람에게
아버지의 성품을 자세히 말해 주었습니다.
그들은 본래 아버지의 사람들이었는데,
아버지께서 내게 주셨습니다.
그들은 아버지께서 말씀하신 것을 지금까지 행했습니다.
이제 그들은 모든 의심의 그림자를 넘어,
아버지께서 내게 주신 모든 것이 아버지께로부터 직접 왔다는 것을 알고 있
습니다.
아버지께서 내게 주신 메시지를 내가 그들에게 주었고,
그들은 메시지를 받아들여,
내가 아버지께로부터 왔다는 것을 확신했습니다.
나는 그들을 위해 기도합니다.
하나님을 거부하는 세상을 위해서가 아니라
아버지께서 내게 주신 사람들을 위해 기도합니다.
그들은 당연히 아버지의 사람들이기 때문입니다.

나의 모든 것이 아버지의 것이고, 아버지의 것이 다 내 것입니다.
그리고 내 생명이 그들 안에서 드러나고 있습니다.
나는 더 이상 세상에 모습을 드러내지 않을 것입니다.
그러나 내가 아버지께 돌아가도
그들은 이 세상에 머물러 있을 것입니다.
거룩하신 아버지, 아버지께서 나를 통해 선물로 주신
이 생명을 그들이 추구할 때 그들을 지켜 주셔서,
아버지와 내가 한마음 한뜻인 것처럼
그들도 한마음 한뜻이 되게 해주십시오.
나는 그들과 함께 있는 동안
아버지께서 나를 통해 주신 생명을 추구하게 하려고 그들을 지켰습니다.
잠도 자지 않고 그들을 보호했습니다.
그들 가운데 한 사람도 잃지 않았습니다.
다만 멸망하기로 작정하고 배반한 사람만 예외가 되었습니다.
(그 예외의 사람은 성경의 근거를 입증하기 위해서였습니다.)

❧

13-19 이제 나는 아버지께 돌아갑니다.
내가 세상이 듣는 자리에서 이 말씀을 드리는 것은,
내 사람들로 하여금 내 기쁨이
그들 안에서 충만해지는 것을 경험하게 하려는 것입니다.
내가 그들에게 아버지의 말씀을 주었는데
하나님을 모르는 세상은 그것 때문에 그들을 미워했습니다.
내가 세상의 방식을 따르지 않았듯이
그들도 세상의 방식을 따르지 않았기 때문입니다.
나는 그들을 세상에서 데려가 달라고 구하는 것이 아니라
그들을 악한 자에게서 지켜 달라고 구하는 것입니다.
세상이 나를 규정할 수 없듯이
세상도 그들을 규정할 수 없습니다.
진리로 그들을 거룩하게 구별해 주십시오.
아버지의 말씀은 거룩하게 구별하는 진리입니다.
아버지께서 내게 사명을 주셔서 세상에 보내신 것처럼
나도 그들에게 사명을 주어 세상에 보냅니다.
내가 그들을 위해 나 자신을 거룩하게 구별하는 것은
그들도 진리로 거룩하게 구별되어 자신의 사명을 감당하게 하려는 것입니다.

❧

20-23 나는 그들을 위해서만 아니라

그들 때문에, 그리고 나에 대한 그들의 증언 때문에
나를 믿게 될 이들을 위해서도 기도합니다.
그들 모두 한마음 한뜻이 되고
아버지께서 내 안에 계시고 내가 아버지 안에 있듯이,
그들도 우리와 한마음 한뜻이 되는 것, 이것이 내 기도의 목적입니다.
그래서 아버지께서 참으로 나를 보내셨다는 것을 세상이 믿게 해주십시오.
아버지께서 내게 주신 영광을 나도 그들에게 주었습니다.
이는 내가 그들 안에 있고 아버지께서 내 안에 계시듯이,
그들도 우리처럼 하나가 되어 함께하게 하려는 것입니다.
그들이 이 하나됨 속에서 성장해서
아버지께서 나를 보내셨다는 것을,
아버지께서 나를 사랑하신 것같이 그들도 사랑하셨다는 것을
하나님을 모르는 세상에 증언하게 해주십시오.

❦

24-26 아버지, 나는 아버지께서 내게 주신 사람들이
내가 있는 그곳에 나와 함께 있으면서
내 영광, 곧 세상이 존재하기 오래전부터
아버지께서 나를 사랑하셔서 내게 주신 빛을 보게 되기를 바랍니다.
의로우신 아버지, 세상은 아버지를 알지 못했지만
나는 아버지를 알았고
이 제자들도, 아버지께서 내게 이 사명을 맡겨서 보내신 것을 알고 있습니다.
나는 아버지의 존재를,
아버지께서 어떤 분이시고 무슨 일을 하시는지를
그들에게 알렸고
계속해서 알려 주겠습니다.
그래서 나를 사랑하신 아버지의 사랑이,
내가 그들 안에 있는 것과 똑같이
그들 안에도 있게 될 것입니다.

겟세마네 동산에서 잡히시다

18 1 예수께서 이렇게 기도하시고 나서, 제자들과 함께 기드론 시내 건
너편으로 가셨다. 거기에 동산이 하나 있었다. 예수께서 제자들과
함께 그 안으로 들어가셨다.
2-4 그 동산은 예수와 제자들이 자주 다니던 곳이다. 그분을 배반할 유다도 그곳
을 알고 있었다. 유다는 동산으로 가는 길을 안내했고, 대제사장과 바리새인들
이 보낸 로마 병사와 경비병들이 그 뒤를 따라갔다. 그들은 등불과 횃불과 칼을
들고 동산에 도착했다. 예수께서는 자신에게 닥칠 일을 다 아시고, 앞으로 나아

가 그들을 만나셨다. 예수께서 말씀하셨다. "너희가 누구를 찾느냐?"
그들이 대답했다. "나사렛 사람 예수요."
5-6 예수께서 말씀하셨다. "내가 그다." 병사들이 크게 놀라 뒷걸음질했다. 배반
자 유다가 눈에 띄었다.
7 예수께서 다시 물으셨다. "너희가 누구를 찾느냐?"
그들이 대답했다. "나사렛 사람 예수요."
8-9 예수께서 말씀하셨다. "내가 그라고 너희에게 말했다. 내가 그 사람이다. 너
희가 찾는 사람이 나라면, 이 사람들은 가게 해주어라." (이것으로 "아버지께서 내게
주신 사람들은 하나도 잃지 않았습니다"라고 기도하신 말씀이 이루어졌다.)
10 바로 그때, 시몬 베드로가 차고 있던 칼을 뽑아 대제사장의 종을 쳐서 오른쪽
귀를 잘라 버렸다. 그 종의 이름은 말고였다.
11 예수께서 베드로에게 명하셨다. "그 칼을 도로 꽂아라. 너는 아버지께서 내게
주신 이 잔을 내가 마시지 않으리라고 생각하느냐?"
12-14 그때 대장의 명령을 받은 로마 병사들이 유대 경비병들과 합세하여 예수를
붙잡고 결박했다. 그들은 먼저 가야바의 장인 안나스에게 예수를 끌고 갔다. 가
야바는 그해의 대제사장이었다. 그는 한 사람이 백성을 위해 죽는 것이 낫다고
유대인들에게 충고했던 자다.
15-16 시몬 베드로와 또 다른 제자가 예수를 뒤따라갔다. 그 다른 제자는 대제사
장과 아는 사이여서, 예수를 따라 대제사장의 집 안뜰에 들어갈 수 있었다. 베
드로는 밖에 머물러 있어야 했다. 곧 다른 제자가 나와서 문지기에게 말하고 베
드로를 데리고 들어갔다.
17 문을 지키던 젊은 여자가 베드로에게 말했다. "당신도 저 사람의 제자 가운데
하나가 아닌가요?"
베드로가 말했다. "나는 아니오."
18 날이 추워 종들과 경비병들이 불을 피워 놓고 그 주위에 모여서 불을 쬐고 있
었다. 베드로도 그들과 함께 서서 불을 쬐었다.

대제사장에게 심문 받으시다

19-21 안나스가 예수의 제자들과 가르침에 대해 그분을 심문했다. 예수께서 대답
하셨다. "나는 드러내 놓고 말했다. 나는 언제나 유대인들이 모두 모이는 회당
과 성전에서 가르쳤다. 나는 모든 것을 공개적으로 했다. 은밀히 말한 것은 하
나도 없었다. 그런데 너희는 왜 나를 음모자 대하듯 하느냐? 내 말을 들은 사람
들에게 물어보아라. 내가 무슨 말을 했는지 그들이 잘 안다. 나는 모든 것을 숨
김없이 가르쳤다."
22 예수께서 이렇게 말씀하시자, 그 자리에 서 있던 경비병 하나가 예수의 뺨을
때리며 말했다. "어떻게 네가 대제사장에게 그런 식으로 말하느냐!"
23 예수께서 대답하셨다. "내가 잘못 말한 것이 있다면 증거를 대 보아라. 그러
나 내가 사실 그대로 말했다면, 어찌하여 때리느냐?"

[24] 그러자 안나스는 예수를 결박한 채로 대제사장 가야바에게 보냈다.
[25] 그동안 시몬 베드로는 뒤로 물러나 불가에서 불을 쬐고 있었다. 거기에 있던
다른 사람들이 그에게 말했다. "당신도 저 사람의 제자 가운데 하나가 아니오?"
베드로가 부인했다. "나는 아니오."
[26] 대제사장의 종 가운데 한 사람으로 베드로에게 귀를 잘린 사람의 친척이 말했
다. "당신이 동산에서 저 사람과 함께 있는 것을 내가 본 것 같은데?"
[27] 베드로가 다시 한번 부인했다. 바로 그때, 수탉이 울었다.

빌라도 앞에 서시다

[28-29] 사람들이 예수를 가야바에게서 로마 총독의 관저로 끌고 갔다. 때는 이른
아침이었다. 그들은 유월절 음식을 먹을 자격을 잃고 싶지 않아서 총독 관저로
는 들어가지 않았다. 그래서 빌라도가 그들에게 나와서 말했다. "무슨 죄로 이
사람을 고발하는 것이오?"
[30] 그들이 말했다. "이 사람이 악행을 저지르지 않았다면, 우리가 여기까지 와서
총독님을 귀찮게 하겠습니까?"
[31-32] 빌라도가 말했다. "그를 데려가서, 여러분의 법대로 재판하시오."
유대인들이 말했다. "우리는 사람을 죽일 권한이 없습니다." (이것으로 예수께서
어떻게 죽으실 것인지 가리켜 하신 말씀이 입증되었다.)
[33] 빌라도가 다시 관저로 들어가 예수를 불러냈다. "네가 유대인의 왕이냐?"
[34] 예수께서 대답하셨다. "그 말은 너 스스로 한 말이냐, 아니면 다른 사람들이
나에 대해서 네게 한 말이냐?"
[35] 빌라도가 말했다. "내가 유대인처럼 보이느냐? 네 동족과 대제사장들이 너를
나한테 넘겼다. 네가 무슨 일을 했느냐?"
[36] 예수께서 말씀하셨다. "내 나라는 눈에 보이는 것들로 이루어지지 않는다. 만
일 그랬다면, 나를 따르는 사람들이 싸워서 내가 유대인들의 손에 넘어가지 않
게 했을 것이다. 그러나 나는 그런 왕이 아니다. 나는 세상이 생각하는 그런 왕
이 아니다."
[37] 그러자 빌라도가 말했다. "그래서, 네가 왕이냐, 아니냐?"
예수께서 대답하셨다. "네가 사실을 말했다. 나는 왕이다. 나는 진리를 증언하
려고 이 세상에 왔다. 누구든지 진리에 마음이 있는 사람, 조금이라도 진리에
관심을 갖는 사람은 내 음성을 알아듣는다."
[38-39] 빌라도가 말했다. "진리가 무엇이냐?"
빌라도가 이 말을 한 다음, 다시 유대인들에게 나가서 말했다. "나는 이 사람에
게서 아무 잘못도 찾지 못하겠소. 유월절에는 내가 죄수 한 명을 사면해 주는
관례가 있소. 내가 유대인의 왕이라는 이 자를 놓아주면 어떻겠소?"
[40] 그들이 다시 외쳤다. "이 자가 아니라 바라바를 놓아주시오!" 바라바는 로마
체제에 저항한 유대인이었다.

가시관을 쓰시다

19 1-3 그래서 빌라도는 예수를 데려다가 채찍질하게 했다. 병사들이 가
시나무로 왕관을 엮어 예수의 머리에 씌우고, 자주색 옷을 입혔다.
그런 다음에 그분께 다가가 "유대인의 왕, 만세!" 하고 외쳤다. 그리고 예수께
인사하며 그분의 뺨을 때렸다.
4-5 빌라도가 다시 밖으로 나가서 유대인들에게 말했다. "내가 저 사람을 여러분
앞에 데려오겠소. 그러나 알아주기 바라오. 나는 그에게서 아무 죄도 찾지 못하
겠소." 바로 그때, 예수께서 가시관을 쓰고 자주색 옷을 입고 나오셨다.
빌라도가 말했다. "보시오, 이 사람이오."
6 대제사장과 경비병들이 예수를 보고 미친 듯이 소리쳤다. "십자가에 못 박으
시오! 십자가에 못 박으시오!"
빌라도가 그들에게 말했다. "여러분이 그를 데려가시오. 여러분이 그를 십자가
에 못 박으시오. 나는 그에게서 아무 잘못도 찾지 못하겠소."
7 유대인들이 대답했다. "우리에게는 율법이 있습니다. 그 율법에 따르면, 그는
죽어 마땅합니다. 자기가 하나님의 아들이라고 했기 때문입니다."
8-9 빌라도는 이 말을 듣고 더욱 두려웠다. 그는 다시 관저로 들어가 예수께 말했
다. "네가 어디서 왔느냐?"
예수께서 아무 대답도 하지 않으셨다.
10 빌라도가 말했다. "말하지 않을 작정이냐? 나는 너를 풀어 줄 권한도 있고,
십자가에 못 박을 권한도 있다는 것을 모르느냐?"
11 예수께서 말씀하셨다. "하늘이 네게 주신 권한 말고는, 너는 나에 대해 조금
도 권한이 없다. 그래서 나를 네게 넘겨준 자의 잘못이 훨씬 큰 것이다."
12 빌라도는 이 말을 듣고서 예수를 사면하려고 최선을 다했다. 그러나 유대인
들의 외치는 소리에 그의 말은 묻혀 버리고 말았다. "이 사람을 놓아주면 총독
님은 황제의 친구가 아닙니다. 누구든지 자기가 왕이라고 주장하는 사람은 황
제에게 대항하는 것이나 마찬가지입니다."
13-14 빌라도는 이 말을 듣고서 예수를 데리고 나갔다. 그는 '포장된 뜰'(히브리 말
로 '가바다')이라는 곳의 재판석에 앉았다. 그날은 유월절 예비일이었고, 시간은
낮 열두 시였다. 빌라도가 유대인들에게 말했다. "여기, 여러분의 왕이 있소."
15 그들이 다시 외쳤다. "그를 죽이시오! 죽이시오! 그를 십자가에 못 박으시오!"
빌라도가 말했다. "여러분의 왕을 십자가에 못 박으라는 말이오?"
대제사장들이 대답했다. "우리에게 왕은 황제뿐이오."
16-19 빌라도는 잠자코 그들의 요구를 들어주었다. 그는 예수를 십자가에 못 박도
록 넘겨주었다.

십자가에 못 박히시다

그들이 예수를 끌고 갔다. 예수께서 십자가를 지시고 '해골 언덕'(히브리 말로 '골
고다')이라는 곳으로 가셨다. 거기서 그들은 예수를 십자가에 못 박고, 다른 두

사람도 예수를 가운데 두고 양 옆에 못 박았다. 빌라도가 팻말을 써서 십자가에
달게 했다. 팻말에는 이렇게 쓰여 있었다.

나사렛 사람 예수
유대인의 왕

20-21 예수께서 십자가에 못 박히신 곳은 도성에서 아주 가까운 곳이었기 때문에,
많은 유대인들이 그 팻말을 읽었다. 팻말은 히브리 말과 라틴 말, 그리스 말로
쓰여 있었다. 유대 대제사장들이 이의를 제기하며 빌라도에게 말했다. "'유대인
의 왕'이라고 쓰지 마십시오. '자칭 유대인의 왕'이라고 고쳐 주십시오."
22 빌라도가 말했다. "나는 쓸 것을 썼소."
23-24 로마 병사들이 예수를 십자가에 못 박고 나서, 그분의 옷가지를 가져다가
네 몫으로 나누어 각자 한 몫씩 가졌다. 하지만 그분의 겉옷은 이음매 없이 통
으로 짠 것이었다. 병사들이 서로 말했다. "저 옷은 찢지 말고 제비를 뽑아 누가
차지하나 보자." 이로써 "그들이 내 옷을 나누었고 내 겉옷을 두고 제비를 뽑았
다"고 한 성경 말씀이 확증되었다. (병사들이 성경 말씀을 이룬 것이다!)
24-27 병사들이 자기네 잇속을 챙기는 동안에, 예수의 어머니와 이모와 글로바의
아내 마리아와 막달라 마리아는 십자가 아래에 서 있었다. 예수께서 자기 어머
니와 그 곁에 서 있는 사랑하는 제자를 보시고 어머니에게 말씀하셨다. "여자
여, 이 사람이 어머니의 아들입니다." 그런 다음, 그 제자에게 말씀하셨다. "이
분이 네 어머니이시다." 그 순간부터 그 제자는 그녀를 자기 어머니로 모셨다.
28 예수께서 모든 일이 다 이루어진 것을 아시고, 성경 말씀을 이루시려고 "내가
목마르다" 하고 말씀하셨다.
29-30 그 곁에 신 포도주가 담긴 병이 있었다. 어떤 사람이 솜뭉치를 신 포도주에
적셔서, 창끝에 달아 올려 그분의 입에 갖다 대었다. 예수께서 신 포도주를 드
시고 말씀하셨다. "됐다.……다 이루었다." 예수께서 고개를 숙이고 숨을 거두
셨다.
31-34 그날은 안식일을 준비하는 날이었다. 안식일에는 시체를 십자가에 둘 수 없
었기 때문에, 유대인들은 십자가에 달린 자들의 다리를 꺾어 빨리 죽게 해서 시
체를 내리게 해달라고 빌라도에게 청원했다. (이번 안식일은 일 년 중 가장 거룩하게
지키는 날이었다.) 그래서 병사들이 가서, 예수와 함께 십자가에 못 박힌 첫째 사
람의 다리를 꺾고 또 다른 사람의 다리도 꺾었다. 병사들이 예수께 다가가서 그
분이 이미 숨을 거두신 것을 보고는, 다리를 꺾지 않았다. 병사들 가운데 하나
가 창으로 그분의 옆구리를 찔렀다. 피와 물이 쏟아져 나왔다.
35 이 일은 직접 목격한 사람이 정확히 전한 것이다. 그가 직접 보고 진실을 말한
이유는, 여러분도 믿게 하려는 것이다.
36-37 이 일들로 인해 "그의 뼈가 하나도 꺾이지 않았다"고 한 성경 말씀과, "그들
은 자기들이 찌른 이를 볼 것이다"라고 한 성경 말씀이 확증되었다.

38 이 모든 일이 있고 나서, 아리마대 사람 요셉이 예수의 시신을 거두게 해달라
고 빌라도에게 청했다. (그는 예수의 제자였지만, 유대인들의 위협 때문에 자기가 예수의
제자라는 사실을 비밀로 하고 있었다.) 빌라도가 허락하자, 요셉이 가서 시신을 거두
었다.
39-42 일찍이 밤중에 예수를 찾아왔던 니고데모가, 이번에는 환한 대낮에 몰약과
침향 섞은 것을 33킬로그램쯤 가지고 왔다. 그들은 예수의 시신을 모셔다가 유
대인의 장례 풍습대로 향료를 바르고 고운 베로 쌌다. 예수께서 십자가에 못 박
히신 곳 근처에 동산이 있었다. 그 동산에는 아직 아무도 모신 적이 없는 새 무
덤이 있었다. 그날은 유대인들이 안식일을 준비하는 날이었고 무덤도 가까이
있었으므로, 그들은 거기에 예수를 모셨다.

다시 살아나시다

20

1-2 한 주의 첫날 이른 아침이었다. 아직 어두울 때에, 막달라 마리아
가 무덤에 가서 보니, 무덤을 막고 있던 돌이 입구에서 옮겨져 있었
다. 그녀는 곧장 시몬 베드로와 예수께서 사랑하시는 다른 제자에게 숨 가쁘게
달려가서 말했다. "사람들이 주님을 무덤에서 꺼내 갔어요. 그들이 그분을 어디
에 두었는지 모르겠습니다."
3-10 베드로와 다른 제자가 즉시 무덤을 향해 서로 앞 다투어 달려갔다. 다른 제
자가 베드로를 앞질러 무덤에 먼저 도착했다. 그가 몸을 구부려 안을 들여다보
니 거기에 고운 베가 놓여 있었다. 그러나 그는 안으로 들어가지는 않았다. 시
몬 베드로가 그의 뒤에 도착해서 무덤 안으로 들어가 보니 고운 베가 놓여 있었
다. 그분의 머리를 감쌌던 수건은 고운 베와 함께 있지 않고 따로 가지런하게
개어져 있었다. 그제야 먼저 도착했던 다른 제자도 무덤 안으로 들어가서, 증거
를 보고 믿었다. 그분께서 죽은 자들 가운데서 살아나야 한다는 말씀을 아직 아
무도 깨닫지 못하고 있었다. 그 후에 두 제자는 집으로 돌아갔다.
11-13 그러나 마리아는 무덤 바깥에 서서 울고 있었다. 그녀가 울면서 무릎을 꿇
고 무덤 안을 들여다보니, 흰옷을 입은 두 천사가 거기에 앉아 있었다. 한 천사
는 예수의 시신이 놓여 있던 자리 머리맡에, 다른 천사는 발치에 앉아 있었다.
천사들이 마리아에게 말했다. "여자여, 어찌하여 우느냐?"
13-14 마리아가 말했다. "사람들이 내 주님을 꺼내 갔습니다. 그들이 그분을 어디
에 두었는지 모르겠습니다." 마리아가 이렇게 말하고 나서 뒤로 돌아서니, 예수
께서 거기에 서 계셨다. 그러나 마리아는 그분을 알아보지 못했다.
15 예수께서 마리아에게 말씀하셨다. "여자여, 어찌하여 우느냐? 누구를 찾고
있느냐?"
마리아는 그분이 동산지기인 줄 알고 말했다. "선생님, 선생님이 그분을 모셔
갔으면, 어디에 두었는지 알려 주세요. 내가 그분을 돌보겠습니다."

16 예수께서 "마리아야" 하고 부르셨다.
마리아가 예수께 돌아서며 히브리 말로 "랍오니!" 하고 불렀다. 이는 '선생님!'
이라는 뜻이다.
17 예수께서 말씀하셨다. "나를 계속 붙들고 있지 마라. 내가 아직 아버지께로
올라가지 않았다. 너는 내 형제들에게 가서, '내가 내 아버지이며 너희 아버지이
신 분, 곧 내 하나님이시며 너희 하나님이신 분께로 올라간다'고 전하여라."
18 막달라 마리아가 제자들에게 가서 소식을 전했다. "내가 주님을 뵈었어요!"
마리아는 예수께서 자기에게 말씀하신 모든 것을 그들에게 알렸다.

믿는 자가 되어라

19-20 그날 해질 녘에 제자들이 모였으나, 그들은 유대인들이 무서워 집에 있는
문이란 문은 다 닫아걸고 있었다. 예수께서 들어오셔서, 그들 가운데 서서 말씀
하셨다. "너희에게 평안이 있기를!" 그러고 나서 자기의 두 손과 옆구리를 제자
들에게 보여주셨다.
20-21 제자들은 자기 눈으로 주님을 뵙고는 기쁨을 가누지 못했다. 예수께서 다시
한번 인사하셨다. "너희에게 평안이 있기를! 아버지께서 나를 보내신 것처럼 나
도 너희를 보낸다."
22-23 예수께서 이 말씀을 하시고 나서 숨을 깊이 들이쉬었다가 그들에게 내쉬며
말씀하셨다. "성령을 받아라. 너희가 다른 사람의 죄를 용서하면 그 죄가 영원
히 사라질 것이다. 너희가 죄를 용서하지 않으면 그 죄를 가지고 무엇을 하려느
냐?"
24-25 그러나 열두 제자 가운데 한 사람으로, 간혹 쌍둥이라고 불리는 도마는 예
수께서 오셨을 때 그 자리에 없었다. 다른 제자들이 그에게 말했다. "우리가 주
님을 보았소."
그러나 도마는 이렇게 말했다. "내가 그분 손에 난 못 자국을 보고, 그 못 자국
에 내 손가락을 넣어 보고, 그분의 옆구리에 내 손을 넣어 보지 않고는 그 말을
믿지 않겠소."
26 여드레 후에 제자들이 다시 방에 모여 있었다. 이번에는 도마도 함께 있었다.
예수께서 잠긴 문들을 지나 들어오셔서, 그들 가운데 서서 말씀하셨다. "너희에
게 평안이 있기를!"
27 그런 다음, 예수께서 도마에게 주목하며 말씀하셨다. "네 손가락을 내 손에
대어 보아라. 네 손을 내 옆구리에 넣어 보아라. 의심하는 자가 되지 말고, 믿는
자가 되어라."
28 도마가 말했다. "나의 주님! 나의 하나님!"
29 예수께서 말씀하셨다. "너는 네 두 눈으로 보고 나서야 믿는구나. 보지 않고
도 믿는 사람들에게는 더 큰 복이 기다리고 있다."
30-31 예수께서는 이 책에 기록된 것보다 훨씬 많은 표적을 베푸셔서 하나님을 계
시해 주셨다. 이것을 기록한 이유는, 예수께서 메시아이시며 하나님의 아들이

심을 여러분으로 믿게 하고, 그 믿음을 통해 예수께서 친히 계시해 주신 참되고 영원한 생명을 얻게 하려는 것이다.

다시 고기를 잡으러 간 제자들

21

1-3 그 후에 예수께서 제자들에게 다시 나타나셨는데, 이번에는 디베랴 바다(갈릴리 호수)에서였다. 예수께서 나타나신 경위는 이렇다. 시몬 베드로, (쌍둥이라고도 하는) 도마, 갈릴리 가나 출신의 나다나엘, 세베대의 두 아들, 그리고 다른 두 제자가 함께 있었다. 시몬 베드로가 말했다. "나는 고기 잡으러 가야겠다."

3-4 나머지 사람들도 "우리도 함께 가겠다"고 대답했다. 그들은 나가서 배를 탔다. 그날 밤, 그들은 아무것도 잡지 못했다. 해가 뜰 무렵, 예수께서 바닷가에 서 계셨으나 그들은 그분을 알아보지 못했다.

5 예수께서 그들에게 말씀하셨다. "좋은 아침이구나! 아침거리로 뭘 좀 잡았느냐?"
그들이 대답했다. "못 잡았습니다."

6 예수께서 말씀하셨다. "그물을 배 오른쪽에 던지고 어떻게 되는지 보아라."
그들은 그 말씀대로 했다. 순식간에 수많은 고기가 그물에 걸려들었다. 힘이 달려서 그물을 끌어 올리지 못할 정도였다.

7-9 그때 예수께서 사랑하시는 제자가 베드로에게 말했다. "주님이시다!"
시몬 베드로가 그분이 주님이신 것을 알고는, 일하느라 벗어 놓았던 옷을 급히 챙겨 입고 바다로 뛰어들었다. 다른 제자들은 배를 탄 채로 고기가 가득 든 그물을 끌고 나왔다. 그들은 육지에서 90미터 정도밖에 떨어지지 않은 곳에 나가 있었다. 그들이 배에서 내리고 보니, 숯불이 지펴져 있고 그 위에 물고기와 빵이 익고 있었다.

10-11 예수께서 말씀하셨다. "너희가 방금 잡은 물고기를 몇 마리 가져오너라."
시몬 베드로가 다른 제자들과 힘을 합쳐 그물을 바닷가로 끌어올렸는데, 큰 물고기가 153마리나 되었다! 그렇게 많은 물고기가 들었는데도 그물이 찢어지지 않았다.

12 예수께서 말씀하셨다. "아침식사가 준비됐다." 제자들 가운데 "당신은 누구십니까?" 하고 감히 묻는 사람이 없었다. 그들은 그분이 주님이신 것을 알고 있었다.

13-14 예수께서 빵을 들어 그들에게 주시고, 물고기도 그들에게 주셨다. 예수께서 죽은 자들 가운데서 살아나신 뒤에, 제자들에게 살아 있는 모습을 보이신 것은 이번이 세 번째였다.

네가 나를 사랑하느냐

15 아침식사 후에, 예수께서 시몬 베드로에게 말씀하셨다. "요한의 아들 시몬아, 네가 이 사람들보다 나를 더 사랑하느냐?"
"예, 주님, 제가 주님을 사랑하는 줄을 주님이 아십니다."

예수께서 말씀하셨다. "내 어린양들을 먹여라."
16 그런 다음, 예수께서 두 번째로 물으셨다. "요한의 아들 시몬아, 네가 나를 사
랑하느냐?"
"예, 주님, 제가 주님을 사랑하는 줄을 주님이 아십니다."
예수께서 말씀하셨다. "내 양들을 돌보아라."
17-19 예수께서 세 번째로 물으셨다. "요한의 아들 시몬아, 네가 나를 사랑하느냐?"
예수께서 "네가 나를 사랑하느냐?" 하고 세 번째 물으시니, 베드로는 근심이 되
었다. "주님, 주님은 모르시는 것이 없습니다. 제가 주님을 사랑하는 줄을 주님
께서 틀림없이 아십니다."
예수께서 말씀하셨다. "내 양들을 먹여라. 이제 너에게 진실을 알려 주겠다. 네
가 젊었을 때는 네 스스로 옷을 입고 어디든지 원하는 곳으로 다녔다. 그러나
네가 나이 들어서는 두 팔을 벌려야 할 것이다. 다른 사람이 네게 옷을 입히고,
네가 원하지 않는 곳으로 너를 데려갈 것이다." 예수께서 이렇게 말씀하신 것
은, 베드로가 어떤 죽음으로 하나님을 영화롭게 할 것인지를 암시하신 것이다.
이 말씀을 하시고, 예수께서 이렇게 명하셨다. "나를 따라오너라."
20-21 베드로가 고개를 돌려 보니, 예수께서 사랑하시는 제자가 바로 뒤에서 따라
오고 있었다. 베드로가 그를 보고 예수께 물었다. "주님, 이 사람은 어떻게 되겠
습니까?"
22-23 예수께서 말씀하셨다. "내가 다시 올 때까지 그를 살려 두고자 하더라도 그
것이 너와 무슨 상관이 있느냐? 너는 나를 따라오너라." 그래서 그 제자가 죽지
않을 것이라는 소문이 형제들 사이에 퍼진 것이다. 그러나 예수께서 하신 말씀
은 그런 뜻이 아니었다. 예수께서는 그저 "내가 다시 올 때까지 그를 살려 두고
자 하더라도 그것이 너와 무슨 상관이 있느냐?"라고 말씀하셨을 뿐이다.
24 이 모든 일을 목격하고 기록한 사람이 바로 그 제자다. 우리 모두는 그의 증언
이 믿을 만하고 정확하다는 것을 알고 있다.
25 이 밖에도 예수께서는 아주 많은 일을 행하셨다. 그것을 하나도 빠뜨리지 않
고 낱낱이 기록한다면, 그 기록한 책을 다 담아 두기에는 이 세상도 비좁을 것
이다.

예수의 이야기는 정말 감동적이다. 우리 가운데 오신 하나님, 우리가 알아들을 수 있는 언어로 말씀하시는 하나님, 우리를 치료하시고 돕고 구원하시기 위해 활동하시는 하나님! 그러다 보니 자칫, 감동만 받고 거기서 끝날 위험이 있다. 이 이야기의 극적인 차원들을 서서히 (또는 갑자기) 깨닫기 시작하면서, 우리는 열광하는 구경꾼이 되어 거기에 안주하기 쉽다. 예수의 팬이 되어서 감탄사를 연발하고, 기분 좋을 때 그분을 본받으려고 하는 정도에 만족할 뿐이다.

예수의 구경꾼이 되거나 메시지의 팬이 되지 않도록 하는 것, 이것이 누가의 과제다. 예수의 삶을 기록한 네 명의 저자 가운데 누가만이, 다음 세대를 살아가는 사도들과 제자들의 이야기를 계속해서 들려준다. 놀라운 사실은, 본질적으로 같은 이야기가 여기서도 이어진다는 점이다. 누가는 거의 쉬지 않고, 펜을 잉크에 찍을 겨를도 없이, 이야기를 이어 나간다. 같은 문체, 같은 어휘를 가지고 이야기를 써 나간다.

예수의 이야기는 예수에서 끝나지 않는다. 그 이야기는 그분을 믿는 사람들의 삶에서 계속된다. 초자연적인 역사도 예수에게서 멈추지 않는다. 예수께서는 제자들에게 "너희가 받을 것은 성령이다. 성령이 너희에게 오시면, 너희는 예루살렘과 온 유대와 사마리아와 세상 끝까지 가서 내 증인이 될 것이다"라고 말씀하신다(행 1:8). 그리고 책의 중간쯤에 우리는 "이 구원의 메시지는 그 지역 곳곳으로 들불처럼 퍼져나갔다"라는 내용을 접하게 된다(행 13:49). 예수께서 하나님의 구경꾼이 아니셨듯이, 그리스도인들도 예수의 구경꾼이 아니었음을 누가는 분명히 밝힌다. 그들은 하나님이 행하시는 역사 안에 있었고, 하나님은 그들 안에서 일하셨으며, 그들 안에 살아 계셨다. 그것은 하나님께서 당연히 우리 안에서도 그렇게 하심을 의미한다.

사도행전

성령을 약속하시다

1 1-5 친애하는 데오빌로 각하께. 이 책 첫 권에서 나는, 예수께서 성령으로 말미암아 친히 택하신 사도들에게 작별을 고하시고 하늘로 들려 올라가신 날까지, 그분이 행하시고 가르치신 모든 것을 기록했습니다. 예수께서는 죽으신 후에, 사십 일에 걸쳐 여러 다른 상황에서 사도들에게 살아 계신 모습으로 나타나셨습니다. 얼굴을 대면한 여러 번의 만남에서, 그분은 그들에게 하나님 나라에 관한 일들을 말씀해 주셨습니다. 만나서 함께 식사를 하면서, 사도들에게 절대로 예루살렘을 떠나지 말라고 하시며 이렇게 이르셨습니다. "아버지께서 약속하신 것, 곧 너희가 내게서 들은 약속을 기다려야 한다. 요한은 물로 세례를 주었지만, 너희는 성령으로 세례를 받을 것이다. 이제 곧 받을 것이다."

6 마지막으로 함께 있을 때에 사도들이 물었다. "주님, 이스라엘에 나라를 회복하실 때가 지금입니까?"

7-8 예수께서 그들에게 말씀하셨다. "때는 너희가 알 수 없다. 때를 정하는 것은 아버지의 몫이다. 너희가 받을 것은 성령이다. 성령이 너희에게 오시면, 너희는 예루살렘과 온 유대와 사마리아와 세상 끝까지 가서 내 증인이 될 것이다."

9-11 이것이 그분의 마지막 말씀이었다. 예수께서는 사도들이 보는 가운데 들려 올라가 구름 속으로 사라지셨다. 그들은 빈 하늘을 바라보며 거기 서 있었다. 그때 갑자기 흰옷을 입은 두 사람이 나타났다. 그들이 말했다. "너희 갈릴리 사람들아! 왜 여기 서서 빈 하늘만 쳐다보고 있느냐? 너희 가운데서 하늘로 들려 올라가신 이 예수는 떠나신 그대로 틀림없이, 영광 중에 오실 것이다."

예루살렘으로 돌아가다

12-13 사도들이 올리브 산이라는 곳을 떠나 예루살렘으로 돌아갔다. 1킬로미터가

채 안되는 길이었다. 그들은 모임 장소로 사용하던 다락방으로 갔다.

베드로
요한
야고보
안드레
빌립
도마
바돌로매
마태
알패오의 아들 야고보
열심당원 시몬
야고보의 아들 유다.

14 이들은 끝까지 이 길을 가기로 뜻을 모으고, 온전히 하나가 되어 기도했다. 그
중에는 여자들도 있었다. 예수의 어머니 마리아와, 예수의 동생들도 함께 있었다.

유다를 대신할 자

15-17 그때에 베드로가 일행 가운데서 일어나 말했다. 방 안에는 백이십 명쯤 있
었다. "친구 여러분, 오래전에 성령께서 다윗을 통해, 예수를 체포한 자들의 길
잡이가 된 유다에 대해 말씀하셨습니다. 그 성경 말씀은 성취되어야 했고, 이제
성취되었습니다. 유다는 우리 가운데 한 사람으로 이 사역의 한 부분을 맡았었
습니다.
18-20 여러분도 알다시피, 그는 뇌물로 받은 악한 돈으로 조그마한 농지를 샀는
데, 거기서 배가 터지고 창자가 쏟아져 나오는 비참한 최후를 맞았습니다. 이는
예루살렘 사람이면 누구나 아는 일입니다. 사람들은 그곳을 '살인의 밭'이라고
합니다. 정확히 시편에 기록된 그대로입니다.

그의 농지가 흉흉하게 되어
아무도 거기 살지 못하게 하소서.

또한 나중에 기록된 그대로입니다.

그의 자리를 다른 사람이 대신하게 하소서.

21-22 이제 유다를 대신할 사람을 세워야 합니다. 후임자는 예수께서 요한에게 세
례를 받으시던 때부터 승천하신 날까지 우리와 함께 있었고, 우리와 함께 그분
의 부활의 증인으로 지목된 사람들 중에서 나와야 합니다."

23-26 그들은 두 사람을 추천했다. 일명 유스도라 하는 요셉 바사바와 맛디아였
다. 그들은 기도했다. "오 하나님, 하나님께서는 우리 각 사람을 속속들이 아십
니다. 유다가 제 갈 길을 가려고 버린 이 사역과 지도자의 자리를 대신할 사람
으로, 하나님께서 이 두 사람 중에 누구를 택하셨는지 보여주십시오." 그들은
제비를 뽑았다. 맛디아가 뽑혀서 열두 사도 중에 들게 되었다.

강한 바람 같은 소리

2 1-4 오순절이 되었을 때, 그들이 다 함께 한곳에 있었다. 난데없이 맹렬한
기세의 강한 바람 같은 소리가 났으나, 그 소리가 어디서 나는지 아무도
알 수 없었다. 그 소리가 온 건물을 가득 채웠다. 그러더니, 성령께서 들불처럼
무리 사이로 퍼졌고, 그들은 성령께서 시키시는 대로 여러 다른 언어로 말하기
시작했다.
5-11 마침 그때에 예루살렘에는 많은 유대인들이 머물고 있었다. 그들은 세계 각
지에서 모인 경건한 순례자들이었다. 그들이 그 소리를 듣고 서둘러 달려왔다.
그런데 그들은 각자의 모국어로 들려오는 소리를 듣고 크게 놀랐다. 도무지 무
슨 일인지 영문을 알 수 없어, 그들은 이렇게 되뇌었다. "이들은 다 갈릴리 사람
들이 아닌가? 그런데 이들이 하는 말이 우리 각 사람의 모국어로 들리니 어찌
된 일인가?

바대 사람, 메대 사람, 엘람 사람.
메소포타미아, 유대, 갑바도기아,
본도와 아시아, 브루기아와 밤빌리아,
이집트, 구레네에 속한 리비아 여러 지역에서 온 방문객들.
로마에서 이주해 온 유대인과 개종자들.
크레타 사람과 아라비아 사람들까지!

이들이 우리 언어로 하나님의 능하신 일들을 말하고 있지 않은가!"
12 그들은 머리가 혼란스러워 갈피를 잡을 수 없었다. 당황해서 "도대체 이게 무
슨 일이지?" 하는 말을 서로 주고받았다.
13 그런가 하면 "이 사람들이 싸구려 술에 취했다"고 놀리는 사람들도 있었다.

베드로의 설교

14-21 바로 그때에 다른 열한 사도의 지지를 받은 베드로가 일어나 무척 긴박한
어조로 말했다. "유대인 동포 여러분과 예루살렘을 방문중인 모든 여러분, 잘
듣고 이 이야기를 바로 아시기 바랍니다. 이 사람들은 여러분 가운데 일부가 생
각하는 것처럼 술에 취한 것이 아닙니다. 이제 겨우 아침 아홉 시인데 취할 시
간이나 있었겠습니까? 이것은 예언자 요엘이 장차 일어날 것이라고 알려 준 일
입니다.

하나님께서 말씀하신다. "마지막 때에
내가 모든 사람에게
내 영을 부어 줄 것이다.
너희 아들들은 예언할 것이며
너희 딸들도 예언할 것이다.
너희 청년들은 환상을 볼 것이며
너희 노인들은 꿈을 꿀 것이다.
그때가 이르면
나를 섬기는 남종과 여종에게
내 영을 부어 줄 것이니,
그들은 예언할 것이다.
내가 위로 하늘에 이적과
아래로 땅에 표적을 베풀 것이니,
피와 불과 소용돌이치는 연기,
주의 날,
무섭고 기이한 그날이 오기 전에,
해가 어두워지고 달이 핏빛으로 붉어질 것이다.
누구든지 나 하나님에게 구해 달라고 부르짖는 자는
구원을 얻을 것이다."

22-28 이스라엘 동포 여러분, 이 말을 잘 들으십시오. 나사렛 예수는 하나님께 온
전히 인정받으신 분이셨습니다. 하나님께서 그분을 통해 행하신 기적과 이적과
표적들은 여러분이 이미 다 알고 있습니다. 이 예수께서 하나님의 주도면밀하
신 계획에 따라, 법을 제멋대로 주무르는 사람들에게 배반당하시고 여러분에게
넘겨졌습니다. 여러분은 그분을 십자가에 못 박아 죽였습니다. 하지만 하나님
께서 죽음의 밧줄을 푸시고 그분을 다시 살리셨습니다. 죽음은 그분의 상대가
되지 못했습니다. 다윗이 이 모든 것을 말했습니다.

내가 항상 내 앞에 계신 하나님을 뵈었다.
그분이 내 곁에 계시니, 그 무엇도 나를 흔들 수 없다.
내 속에서 온통 기쁨과 희열이 넘쳐,
나는 소망의 땅에 내 거처를 정했다.
주님은 절대로 나를 음부에 버리지 않으실 것이므로,
나는 죽음의 악취조차 맡지 않을 것이다.
주님께서 내 발을 생명 길에 두셨고
주님의 얼굴은 온 사방에 햇빛 같은 기쁨으로 빛난다.

29-36 사랑하는 친구 여러분, 여러분에게 더없이 솔직히 말하겠습니다. 우리 조

상 다윗이 죽어서 묻혔고, 그 무덤이 오늘도 분명히 우리 눈앞에 있습니다. 그러나 예언자이기도 했던 그는, 자신의 한 후손이 나라를 다스릴 것이라고 하신 하나님의 엄숙한 맹세를 알고서, 먼 장래를 내다보며 메시아의 부활을 앞서 말했습니다. '음부에 내려가지 않고 죽음의 악취를 맡지 않을 것이다'라는 말이 바로 그것입니다. 이 예수를 하나님께서 다시 살리셨습니다. 여기 있는 우리가 다 그 일의 증인입니다. 그 후에 예수께서 하나님 오른편 높은 곳에 올려져 아버지께서 약속하신 성령을 받으시고, 그 받으신 성령을 우리에게 부어 주셨습니다. 여러분은 지금 그 일을 보고 듣고 있습니다. 그래서 다윗은 자기가 직접 하늘로 올라가지 않았지만, 이렇게 말했습니다.

하나님께서 내 주님께 말씀하셨다. "내가 네 원수들을
네 발판으로 삼을 때까지 너는 내 오른편에 앉아 있어라."

그러니, 온 이스라엘 여러분, 이것을 아십시오. 여러분이 십자가에서 죽인 이 예수를, 하나님께서 주와 메시아로 삼으셨습니다. 더 이상 의심할 여지가 없습니다."
37 듣고 있던 사람들이 마음속 깊이 찔려서 베드로와 다른 사도들에게 물었다.
"형제 여러분! 형제 여러분! 그러면 우리가 이제 어떻게 해야 합니까?"
38-39 베드로가 말했다. "삶을 고치십시오. 하나님께로 돌아와서, 여러분 각자가
예수 그리스도의 이름으로 세례를 받으십시오. 그러면 여러분의 죄가 용서받습니다. 성령을 선물로 받으십시오. 이 약속은 여러분과 여러분의 자녀들은 물론이고 멀리 있는 모든 사람들까지, 우리 주 하나님께서 부르시는 사람이면 누구에게나 해당됩니다."
40 그는 이렇게 한참을 더 말하며, 그들에게 간절히 권했다. "이 병들고 무감각
한 문화에서 빠져나오십시오! 여러분이 할 수 있을 때에 어서 나오십시오."
41-42 그날 약 삼천 명이 그 말을 믿어서, 세례를 받고 등록했다. 그들은 사도들의
가르침과 공동생활과 공동식사와 기도에 자신들의 삶을 드렸다.

⁂

43-45 주위에 있던 사람들 모두가, 사도들을 통해 이루어진 모든 이적과 표적을
보고 두려워했다! 믿는 사람들 모두가 무엇이든 공유하면서, 멋진 화합을 이루고 살았다. 그들은 자신들이 가진 것은 무엇이든 팔아 공동 자원으로 이용하면서, 각 사람의 필요를 채웠다.
46-47 성전에서 예배를 드리고 나서, 집에서 식사하고 하나님을 찬양하는 것이 그
들의 하루 일과였다. 식사 때마다 즐거움이 넘쳐흐르는 축제였다. 사람들은 그 모습을 좋게 보았다. 하나님께서 구원받은 사람들을 더하셔서 날마다 그들의 수가 늘어났다.

3 1-5 하루는 오후 세 시에, 베드로와 요한이 기도하러 성전에 들어가고 있
었다. 마침 그때에 사람들이 나면서부터 걷지 못하던 사람을 메고 왔다.
그는 날마다 '아름다운 문'이라는 성전 문에 앉아, 성전에 들어가는 사람들에게
구걸하던 사람이었다. 그는 베드로와 요한이 성전에 들어가려는 것을 보고 구
걸을 했다. 베드로와 그 옆에 있던 요한이 그의 눈을 똑바로 쳐다보며 말했다.
"여기를 보시오." 그러자 그는 그들에게서 뭔가 얻을 줄로 생각하고 고개를 들
었다.
6-8 베드로가 말했다. "나는 동전 한 푼 가진 것이 없지만, 내게 있는 것을 당신
에게 주겠소. 나사렛 예수 그리스도의 이름으로 걸으시오!" 베드로가 그 사람의
오른손을 잡아 일으키자, 즉시 그의 발과 발목에 힘이 생겼다. 그는 펄쩍 뛰듯
이 일어나 걸었다.
8-10 그 사람은 베드로와 요한과 함께 성전으로 들어가서, 이리저리 걷고 춤추며
하나님을 찬양했다. 그곳에 있던 사람들 모두가 그가 걸어 다니며 하나님을 찬
양하는 것을 보았다. 그들은 그가 성전의 아름다운 문에 앉아 구걸하던 사람인
것을 알아보고는, 깜짝 놀라 눈을 비볐다. 눈으로 보면서도 도저히 믿기지 않았
던 것이다.
11 그 사람은 기뻐서 어쩔 줄 몰라 하며 베드로와 요한을 끌어안았다. 모든 사람
이 그 모습을 직접 보려고 그들이 있는 솔로몬 회랑으로 달려왔다.

하나님께로 돌아서라

12-16 사람들이 모인 것을 보고, 베드로가 그들에게 말했다.
"이스라엘 여러분, 이 일에 왜 이렇게 크게 놀라십니까? 이 사람이 걷게 된 것
이 마치 우리 능력이나 경건함 때문인 것처럼, 왜 우리를 쳐다보는 것입니까?
아브라함과 이삭과 야곱의 하나님, 곧 우리 조상의 하나님께서 그 아들 예수를
영화롭게 하셨습니다. 빌라도가 죄 없다고 한 그분을 여러분은 거절했습니다.
여러분은 거룩하고 의로우신 분을 거절하고, 그 대신에 살인자를 놓아 달라고
했습니다. 그러나 여러분이 생명의 주인 되신 분을 죽이자마자, 하나님은 죽은
자들 가운데서 그분을 살리셨습니다. 우리가 그 증인들입니다. 예수의 이름을
믿는 믿음이 이 사람을 일으켜 세운 것입니다. 이 사람의 상태는 여러분이 잘
알지 않습니까? 그렇습니다. 바로 믿음, 오직 믿음이 여러분 눈앞에서 이 사람
을 완전히 낫게 한 것입니다.
17-18 친구 여러분, 예수를 죽일 때 여러분은 자신이 무슨 일을 하는지 몰랐습니
다. 여러분의 지도자들도 그러했습니다. 그러나 모든 예언자의 설교를 통해 메
시아가 죽임당할 것을 처음부터 말씀하신 하나님께서는, 여러분이 무슨 일을
하는지 정확히 아셨고, 그 일을 사용해서 그분의 계획을 이루셨습니다.
19-23 이제 여러분의 행실을 고칠 때입니다! 하나님께로 돌아서십시오. 그리하면
그분께서 여러분의 죄를 씻어 주시고, 축복의 소나기를 쏟아부어 여러분을 새롭
게 하시며, 여러분을 위해 예비하신 메시아 예수를 보내 주실 것입니다. 하나님

께서 거룩한 옛 예언자들의 설교를 통해 말씀하신 대로, 예수는 만물의 질서가 다시 회복될 때까지 하늘에 계셔서 보이지 않을 것입니다. 한 예로, 모세는 이렇게 말했습니다. '너희 하나님께서 너희를 위해, 너희 동족 가운데서 나와 같은 한 예언자를 일으켜 세우실 것이다. 너희는 그가 하는 말을 다 들어라. 그 예언자의 말을 듣지 않는 사람은 하나도 남김없이 그 백성 가운데서 멸망할 것이다.'

24-26 사무엘부터 시작해 그 뒤를 이은 예언자들도 모두 같은 이야기를 전했고, 이날이 올 것을 힘주어 말했습니다. 여러분은 이 예언자들의 후손이며, 또 하나님께서 여러분의 조상과 맺으신 그 언약의 후손입니다. 하나님께서 아브라함에게 주신 언약의 말씀이 무엇입니까? '이 땅의 모든 민족이 네 후손으로 말미암아 복을 받을 것이다.' 그러나 여러분이 맨 먼저입니다. 하나님께서는 여러분 한 사람 한 사람이 그 악한 길에서 돌이키면 여러분에게 복을 주시려고, 그 아들을 일으켜 세우시고 여러분에게 보내신 것입니다."

숨길 것이 없다

4 1-4 베드로와 요한이 사람들에게 말하는 동안, 제사장들과 성전 경비대장과 사두개인들이 다가왔다. 그들은 이 신출내기 사도들이 사람들을 가르치는 것과, 죽은 자의 부활이 예수께 일어났다고 선포하는 것에 분개했다. 그들은 사도들을 체포해 다음날 아침까지 감옥에 가두었다. 이미 늦은 저녁이기 때문이었다. 그러나 그들의 이야기를 들은 사람들 가운데 이미 메시지를 믿은 사람들이 많았다. 그 수가 대략 오천 명쯤 되었다!

5-7 이튿날 예루살렘에 회의가 소집되었다. 통치자, 종교 지도자, 종교 학자, 대제사장 안나스, 가야바, 요한, 알렉산더 등 주요 인물들이 다 모였다. 그들은 베드로와 요한을 한가운데 세워 놓고 따져 물었다. "누가 너희에게 이런 일을 맡기더냐? 도대체 무엇 때문에 이런 일을 하느냐?"

8-12 그 말에 베드로가 성령이 충만하여 거침없이 말했다. "백성의 통치자와 지도자 여러분, 오늘 우리가 병자를 고친 일로 재판에 회부되어 심문을 받는 것이라면, 나는 더없이 솔직히 말하겠습니다. 우리는 하나도 숨길 것이 없습니다. 여러분이 십자가에서 죽였으나 하나님께서 죽은 자들 가운데서 다시 살리신 나사렛 예수 그리스도, 그분의 이름으로 이 사람이 건강하고 온전한 모습으로 여러분 앞에 서 있습니다. '너희 석공들이 내버린 돌이 이제 모퉁잇돌이 되었다'는 말씀은, 예수를 두고 하신 말씀입니다. 구원받을 다른 길은 없습니다. 오직 예수의 이름 외에는, 구원받을 수 있는 다른 이름을 우리에게 주신 적이 없고 앞으로도 없을 것입니다."

13-14 베드로와 요한이 어찌나 당당하고 자신 있게 서 있던지, 그들은 두 사람에게서 눈을 뗄 수 없었다! 그 두 사람이 성경 훈련이나 정식 교육을 받지 못한 평신도인 것을 알고, 그들은 더욱 놀랐다. 그들은 그 두 사람이 예수와 함께 다녔다는 것을 알았지만, 그들 앞에 꼿꼿이 서 있는—고침받은!—그 사람을 보고서는, 뭐라고 반박할 말을 찾을 수 없었다!

15-17 그들은 방도를 짜내기 위해 베드로와 요한을 밖으로 내보내고 나서 서로 의
논했다. "이들을 어떻게 하면 좋겠습니까? 기적이 일어났고, 그 배후에 저들이
있다는 것이 이미 온 시내에 알려졌습니다. 우리도 부인할 길이 없습니다. 더
이상 일이 커지지 않도록 저들을 위협해서 입을 막읍시다. 다시는 누구한테도
예수의 이름을 말하지 못하도록 말입니다."
18-20 그들은 베드로와 요한을 다시 불러서, 어떠한 경우에도 예수의 이름으로 말
하거나 가르치지 말라고 경고했다. 그러자 그들이 바로 되받았다. "하나님의 말
씀보다 여러분의 말을 듣는 것이 하나님 보시기에 옳은 일인지 여러분이 판단
하십시오. 우리의 입장은 분명합니다. 우리는 우리가 보고 들은 것을 말하지 않
을 수 없습니다."
21-22 종교 지도자들은 그들을 다시 위협한 뒤에, 결국 풀어 주었다. 그들을 감옥
에 가두어 둘 만한 죄목을 찾지 못했던 것이다. 만일 가두어 두었다면, 백성이
가만있지 않았을 것이다. 백성은 이번 일로 모두 하나님을 찬양하고 있었다. 이
기적으로 병이 나은 사람은 마흔 살이 넘었다.

한마음 한뜻으로

23-26 베드로와 요한은 풀려나자마자, 동료들에게 가서 대제사장과 종교 지도자
들이 한 말을 전했다. 보고를 전해 들은 사람들은, 놀랍도록 하나가 되어 소리
높여 기도했다. "강하신 하나님, 주님께서는 하늘과 땅과 바다와 그 안에 있는
모든 것을 지으셨습니다. 주님께서는 주님의 종이자 우리의 조상인 다윗의 입
을 통해 성령으로 이렇게 말씀하셨습니다.

뭇 나라들아, 웬 소란이냐?
뭇 민족들아, 웬 흉계냐?
땅의 두목들이 권력투쟁을 벌이고
권력자들이 모여 정상회담을 여니,
하나님을 부정하며 메시아께 대드는 자들이다!

27-28 과연 그들이 모였습니다. 헤롯과 본디오 빌라도와 나라들과 민족들과 이스
라엘까지! 바로 이 도성에 모였습니다. 주님의 거룩하신 아들 예수, 주님께서
메시아로 삼으신 그분을 해치려고 모의했습니다. 주님께서 오래전부터 계획하
신 일들을 이루려고 모였습니다.
29-30 이제 그들이 또 시작합니다! 그들의 위협을 살피시고 주님의 종들에게 두려
워하지 않는 담대함을 주셔서, 주님의 메시지를 전하게 해주십시오. 주님의 손
을 우리에게 내미셔서, 주님의 거룩하신 종 예수의 이름으로 치유와 기적과 이
적이 일어나게 해주십시오."
31 그들이 기도하고 있는데, 그 모인 곳이 흔들리고 진동했다. 그들은 모두 성령
으로 충만해져서, 두려움 없이 계속해서 하나님의 말씀을 전했다.

32-33 믿는 사람들이 하나로—한마음 한뜻으로—연합했다! 그들은 자기 재산에 대
한 소유권을 주장하지 않았다. "이건 내 것이니, 당신이 가질 수 없소"라고 말하
는 사람이 아무도 없었다. 그들은 모든 것을 공유했다. 사도들은 주 예수의 부
활을 강력하게 증거했고, 그들 모두에게 은혜가 머물렀다.
34-35 그리하여 그들 가운데 궁핍한 사람이 단 한 명도 없었다. 밭이나 집이 있는
사람들은 그것을 팔아서, 그 판 돈을 사도들에게 가져와 헌금했다. 사도들은 각
사람의 필요에 따라 그 돈을 나누어 주었다.
36-37 키프로스 태생의 레위 사람으로, 사도들이 바나바('위로의 아들'이라는 뜻)라고
부르던 요셉도 자기 소유의 밭을 팔아서, 그 돈을 가져다가 사도들에게 헌금했다.

아나니아와 삽비라

5 1-2 그러나 아나니아라는 사람이 자기 아내 삽비라와 공모하여 땅을 판 돈
의 일부를 몰래 자기 몫으로 챙겨 두고는, 나머지를 사도들에게 가져와
헌금했다.
3-4 베드로가 말했다. "아나니아야, 네가 어찌하여 사탄에게 넘어가 성령께 거짓
말하고 땅값의 일부를 몰래 떼어 두었느냐? 그 땅은 팔기 전에도 네 것이었고
판 뒤에도 네 것이어서, 그 돈을 네 마음대로 할 수 있었다. 그런데 네가 무슨
생각으로 이런 속임수를 썼느냐? 너는 사람에게 거짓말한 것이 아니라 하나님
께 거짓말한 것이다."
5-6 아나니아가 그 말을 듣고는 쓰러져 죽었다. 이 소식을 들은 사람들이 모두 하
나님을 두려워했다. 젊은 사람들이 곧바로 그 시체를 싸서, 메고 나가서 묻었다.
7-8 세 시간이 못 되어서, 그의 아내가 무슨 일이 있었는지 전혀 모른 채 들어왔
다. 베드로가 말했다. "너희가 땅을 팔고 받은 돈이 이것이냐?"
"예, 그 돈입니다." 삽비라가 말했다.
9-10 베드로가 대답했다. "너희가 공모하여 주님의 영을 대적하다니 이 무슨 일
이냐? 네 남편을 묻고 온 사람들이 집 앞에 있으니, 다음은 네 차례다." 그의 입
에서 말이 떨어지기가 무섭게 삽비라도 쓰러져 죽었다. 젊은 사람들이 돌아와
보니 그 여자의 시체가 있었다. 그들은 시신을 메고 나가서 남편 곁에 묻었다.
11 이즈음에 이 일을 들은 온 교회는 물론 모든 사람들 안에 하나님께 대한 깊은
경외심이 생겼다. 하나님을 함부로 대해서는 안된다는 것을 알게 된 것이다.

모두가 정기적으로 모이다

12-16 사도들이 하는 일을 통해, 백성 가운데 하나님의 표적이 크게 나타나고 놀
라운 일이 많이 이루어졌다. 그들은 모두 하나가 되어 솔로몬의 이름을 붙인 성
전 회랑에 정기적으로 모였다. 백성이 그들을 크게 칭찬했으나, 그들 모임에 합
류하기를 꺼리는 사람들도 있었다. 한편, 주님을 믿는 사람들은 남녀 할 것 없
이 도처에서 더 늘어났다. 심지어 그들은 병자들을 메고서 길거리로 나와 들것
과 이부자리에 눕혀 놓고는, 지나가는 베드로의 그림자에라도 닿기를 바랐다.

예루살렘 인근의 여러 마을에서 사람들이 아픈 사람과 귀신 들린 사람들을 데리고 몰려나왔다. 그들 모두가 나았다.

사람보다 하나님께 순종하는 것

17-20 대제사장과 그의 편에 선 사람들, 주로 사두개파 사람들이 이 모든 일에 단
단히 화가 나서 행동에 돌입했다. 그들은 사도들을 체포해 시내 감옥에 가두었
다. 그러나 밤중에 하나님의 천사가 감옥 문을 열고 그들을 이끌어 냈다. 천사
가 말했다. "성전으로 가서 당당히 서거라. 이 생명에 대해 말해야 할 모든 것을
사람들에게 다 전하여라."
그들은 즉시 순종하여, 새벽녘에 성전으로 들어가 계속해서 가르쳤다.
21-23 한편, 대제사장과 그의 동료들은 이스라엘의 최고의회를 소집한 뒤에, 감옥
에 사람을 보내 죄수들을 데려오게 했다. 경비대가 감옥에 가 보니, 그 안에는
아무도 없었다. 그들이 돌아와서 보고했다. "감옥은 철통같이 잠겨서 문마다 간
수들이 지키고 있었지만, 안에 들어가 보니 한 사람도 없었습니다."
24 성전 경비대장과 대제사장들은 당황했다. "이게 도대체 어떻게 된 일이냐?"
25-26 그때에 누군가가 나타나서 말했다. "감옥에 가두어 두었던 사람들이 다시
성전에서 사람들을 가르치고 있는 것을 알고 계십니까?" 경비대장이 부하들과
함께 가서 사도들을 붙잡았다. 그러나 백성이 폭동을 일으켜 대항할까 두려워
서, 그들을 조심스럽게 다루었다.
27-28 그들은 사도들을 데려다가 다시 최고의회 앞에 세웠다. 대제사장이 말했다.
"우리가 너희에게 예수의 이름으로 가르치지 말라고 엄히 명령하지 않았더냐?
그런데 너희는 너희 가르침으로 예루살렘을 가득 채우고는, 그 사람의 죽음을
기어이 우리 탓으로 돌리려 하고 있다."
29-32 베드로와 사도들이 대답했다. "사람보다 하나님께 순종하는 것이 당연합니
다. 여러분이 십자가에 매달아 죽인 그 예수를, 우리 조상의 하나님께서 다시
살리셨습니다. 그 하나님께서 이스라엘에게 변화된 삶과 죄 용서의 선물을 주
시려고, 예수를 왕과 구주로 삼아 그분 오른편 높은 곳에 두셨습니다. 우리는
이 일의 증인들입니다. 하나님이 그분께 순종하는 이들에게 주시는 성령께서
도, 이 모든 일을 확증해 주십니다."
33-37 그들은 이 말을 듣고 격분하여, 그 자리에서 당장 사도들을 죽이려고 했다.
그러자 최고의회 의원인 가말리엘이라는 바리새인이 자리에서 일어섰다. 하나
님의 율법을 가르치는 교사로 모든 사람의 존경을 받고 있던 그는, 잠시 사도들
을 밖으로 내보내고 나서 이렇게 말했다. "동료 여러분, 이들을 대할 때 조심하
십시오. 얼마 전 드다가 대단한 사람인 양 행세하다가 잠깐 유명해져서, 사백
명 정도를 끌어 모은 일이 있습니다. 그러나 그가 죽임을 당하자 추종자들도 흩
어지고, 결국 흐지부지되고 말았습니다. 그 일이 있고 나서 얼마 후 인구조사
때에는, 갈릴리 사람 유다가 나타나서 세력을 불렸으나 그 역시 용두사미로 끝
났고, 그를 따르던 사람들도 뿔뿔이 흩어지고 말았습니다.

38-39 그래서 하는 말입니다. 이 사람들에게서 손을 떼십시오! 그냥 내버려 두세
요. 만일 이 계획이나 일이 순전히 인간에게서 난 것이라면, 산산이 무너지고
말 것입니다. 하지만 하나님에게서 난 것이라면, 여러분이 어떻게 해도 소용없
습니다. 괜히 하나님을 대적하는 자가 되지 마십시오!"
40-42 그 말이 설득력이 있었다. 그들은 사도들을 다시 불러들여 호되게 매질한
다음, 예수의 이름으로 말하지 말라고 경고하여 그들을 쫓아냈다. 사도들은 예
수의 이름 때문에 치욕당하는 영예를 얻은 것을 크게 기뻐하며 의회에서 나왔
다. 그들은 날마다 잠시도 쉬지 않고, 예수가 그리스도이심을 성전과 집에서 가
르치고 전했다.

하나님의 말씀이 크게 번성하다

6 1-4 그때에 제자들의 수가 급격하게 늘어나면서, 그리스 말을 하는 신자들
이 히브리 말을 하는 신자들에 대해 섭섭하게 여기는 마음이 커졌다. 매
일 양식을 배급받을 때 자기네 과부들이 차별을 받고 있기 때문이었다. 그래서
열두 사도는 제자 회의를 소집하여 제자들에게 말했다. "우리가 하나님 말씀을
전하고 가르치는 책임을 저버린 채 가난한 사람들을 돌보는 것은 옳지 못합니
다. 그러니 여러분, 여러분 가운데서 모두에게 신임을 얻고, 성령 충만하여 분
별력 있는 사람 일곱을 뽑으십시오. 그러면 우리는 이 일을 그들에게 맡기겠습
니다. 대신에 우리는, 우리가 맡은 본분인 기도하고 하나님 말씀을 전하는 일에
전념하겠습니다."
5-6 회중이 그 생각을 아주 좋게 여겼다. 그들은 다음 일곱 사람을 뽑았다.

믿음과 성령이 충만한 사람, 스데반
빌립
브로고로
니가노르
디몬
바메나
안디옥 출신의 개종자, 니골라.

회중은 그들을 사도들에게 보였다. 사도들은 기도하고 안수하여 그들에게 일을
위임했다.
7 하나님의 말씀이 크게 번성했다. 예루살렘에 있는 제자들의 수가 어마어마하
게 늘고, 이 믿음을 따르게 된 제사장들도 많이 생겨났다.

❦

8-10 스데반은 하나님의 은혜와 능력이 차고 넘쳐서, 백성 가운데 놀라운 일들을
행했다. 그것은 하나님이 그들 가운데 계신다는 틀림없는 표적이었다. 그때 회

당에서 온 몇몇 사람들이 그를 반대하고 나서서 변론으로 그를 누르려고 했다. 그 무리는 종이었다가 자유인이 된 구레네 사람, 알렉산드리아 사람, 길리기아와 아시아 출신의 사람들로 이루어져 있었다. 그러나 스데반이 말하자, 그들은 그의 지혜와 영적 기개를 당해 내지 못했다.
11 그래서 그들은 몰래 사람들을 매수해 거짓말을 퍼뜨렸다. "이 사람이 모세와 하나님을 저주하는 것을 우리가 들었습니다."
12-14 그 말이 백성과 종교 지도자와 종교 학자들의 마음을 휘저어 놓았다. 그들은 스데반을 잡아서 최고의회 앞으로 끌고 갔다. 그리고 자신들이 매수한 증인들을 앞세워 이렇게 증언했다. "이 사람은 쉬지 않고 이 거룩한 곳과 하나님의 율법을 욕하고 있습니다. 심지어 우리는, 나사렛 예수가 이곳을 무너뜨릴 것이며 또한 모세가 우리에게 준 관습을 다 내버릴 것이라고 그가 말하는 것도 들었습니다."
15 최고의회에 앉아 있던 모든 사람이 스데반을 쳐다보았다. 그들은 그에게서 눈을 뗄 수가 없었다. 그의 얼굴이 천사의 얼굴 같았다!

성령 충만한 스데반

7
1 그때 대제사장이 말했다. "네 자신을 변호할 말이 있느냐?"
2-3 스데반이 대답했다. "친구 여러분, 아버지와 형제 여러분, 우리 조상 아브라함이 하란으로 이주하기 전 아직 메소포타미아에 있을 때에, 영광의 하나님이 그에게 나타나서 말씀하셨습니다. '네 고향과 가족을 떠나 내가 네게 보여줄 땅으로 가거라.'
4-7 그래서 아브라함은 갈대아 사람들의 땅을 떠나 하란으로 옮겨 갔습니다. 아버지가 죽은 뒤에, 그는 지금 여러분이 살고 있는 이 땅으로 이주해 왔습니다. 그러나 하나님께서는 그에게 아무것도, 발붙일 곳조차 주지 않으셨습니다. 그때에 아브라함에게는 아들이 없었습니다. 그런데도 하나님은, 후에 이 땅을 그와 그의 아들에게 주시겠다고 약속하셨습니다. 하나님은 그의 후손이 낯선 땅으로 이주하여, 거기서 사백 년 동안 종이 되어 가혹한 대우를 받을 것을 그에게 알려 주셨습니다. 그러나 하나님께서는 '내가 개입해서 너희를 종으로 삼은 자들을 처리하고 내 백성을 이끌어 내어, 이곳에서 나를 예배하게 할 것이다' 하고 말씀하셨습니다.
8 그 후에 하나님은 아브라함과 언약을 맺으시고, 할례로 그의 몸에 표를 남기셨습니다. 아브라함은 아들 이삭을 낳고 여드레 만에 그 몸에 할례의 표를 남겼습니다. 이삭이 야곱의 아버지가 되고 야곱이 열두 조상들의 아버지가 되는 동안에, 그들은 저마다 언약의 표를 충실히 전했습니다.
9-10 그러나 그 조상들은 시기심에 불타서, 요셉을 이집트에 노예로 보내 버렸습니다. 그럼에도 불구하고 하나님이 그와 함께 하셔서, 그를 모든 환난에서 구하셨을 뿐 아니라 그를 이집트 왕 바로의 눈에 띄게 하셨습니다. 바로는 요셉에게 크게 감동받아서, 개인적 사무를 비롯해 온 나랏일을 그에게 맡겼습니다.

11-15 그 후에 이집트에서부터 가나안까지 전 지역에 기근이 들어, 사람들의 고생
이 말이 아니었습니다. 배고픈 우리 조상들은 양식을 얻고자 모든 곳을 샅샅이
뒤졌으나 아무것도 찾을 수 없었습니다. 야곱이 이집트에 양식이 있다는 말을
듣고는, 우리 조상들을 보내어 알아보게 했습니다. 소문이 사실임을 확인한 뒤
에, 그들은 양식을 구하려고 이집트로 다시 갔습니다. 그 방문 때, 요셉은 형들
에게 자신의 정체를 밝히고 야곱 일가를 바로에게 소개했습니다. 이어서 요셉
은 아버지 야곱과 일흔다섯 명이나 되는 일가족을 모두 데려오게 했습니다. 그
렇게 해서 야곱 일가가 이집트로 가게 된 것입니다.
15-16 야곱이 죽고, 그 후에 우리 조상들도 죽었습니다. 그들은 세겜으로 옮겨져,
전에 아브라함이 하몰의 자손에게 충분한 값을 치르고 산 무덤에 묻혔습니다.
17-19 하나님께서 아브라함에게 구원을 약속하신 사백 년이 다 되어 갈 무렵, 이
집트에 있던 우리 백성의 수가 크게 늘어났습니다. 이제 요셉에 대해 들어 보지
못한 왕이 이집트를 다스리고 있었습니다. 그는 우리 민족을 무자비하게 착취
했습니다. 갓난아기들을 강제로 버리게 해서, 비바람 속에 비참하게 죽게 했습
니다.
20-22 바로 그러한 때에 모세가 태어났습니다. 그는 무척 준수한 아기였습니다.
부모가 석 달 동안 그 아기를 집 안에 숨겼으나 더 이상 숨길 수 없게 되자, 그를
밖에 내놓았습니다. 그러자 바로의 딸이 그를 구해 내어 자기 아들로 삼아 길렀
습니다. 모세는 이집트 최고 학교에서 교육을 받았습니다. 그는 사상이나 체력
이 모두 대단했습니다.
23-26 마흔 살이 되자, 모세는 자기 동족 히브리 사람들이 어떻게 지내는지 알고
싶어 그들의 형편을 살피러 나갔습니다. 그는 이집트 사람이 히브리 사람 하나
를 괴롭히는 것을 보고는, 끼어들어서 그 이집트 사람을 때려눕히고 싸움에서
진 형제의 원수를 갚았습니다. 그는 히브리 형제들이 자기가 그들 편인 것을 기
뻐할 줄 알았습니다. 나아가 자신을, 그들을 구해 줄 하나님의 도구로 여길 줄
알았습니다. 그러나 그들은 그렇게 생각하지 않았습니다. 이튿날 히브리 사람
둘이 싸우고 있는데, 모세가 다툼을 말리며 그들에게 서로 사이좋게 지내도록
권했습니다. '그대들은 형제 사이인데, 왜 서로 치고 싸우는 것이오?'
27-29 싸움을 시작한 사람이 말했습니다. '누가 당신을 우리 책임자로 세웠소? 어
제 이집트 사람을 죽인 것처럼 나도 죽일 셈이오?' 모세는 그 말을 듣고 소문이
퍼진 것을 알고는, 죽을힘을 다해 도망하여 미디안 땅에서 나그네로 살았습니
다. 나그네로 살면서, 그는 두 아들을 낳았습니다.
30-32 사십 년 후, 시내 산 광야에서 불타는 떨기나무 불꽃으로 가장한 천사가 그
에게 나타났습니다. 모세는 자기 눈을 믿을 수 없어, 자세히 보려고 다가갔습니
다. 그때, 그는 하나님의 음성을 들었습니다. '나는 네 조상, 아브라함과 이삭과
야곱의 하나님이다.' 소스라치게 놀란 모세는, 눈을 감고 고개를 돌렸습니다.
33-34 하나님께서 말씀하셨습니다. '무릎을 꿇고 기도하여라. 네가 있는 곳은 거
룩한 곳, 거룩한 땅이다. 내가 이집트에 있는 내 백성의 괴로움을 보았다. 내가

그들의 신음소리를 들었다. 내가 그들을 도우려고 왔다. 그러니 너는 준비하여
라. 내가 너를 이집트로 다시 보내겠다.'
35-39 이 모세는, 전에 사람들로부터 '누가 당신을 우리 책임자로 세웠소?'라는 말
을 듣고 거부당했던 사람입니다. 이 모세는, 불타는 떨기나무 속에서 천사를 통
해 불꽃을 발하시던 하나님께서 지도자와 구원자로 다시 보내신 사람입니다.
모세는 노예생활에서 백성을 이끌어 냈습니다. 그는 사십 년 동안, 이집트 전역
과 홍해와 광야에서 하나님의 표적과 이적을 베풀고 행했습니다. 이 모세는, 백
성에게 '하나님께서 너희 후손 중에서 나와 같은 예언자 하나를 일으켜 세우실
것이다'라고 말한 사람입니다. 이 모세는, 시내 산에서 말하던 천사와 광야에 모
인 여러분의 조상들 사이에 서서, 그가 받은 생명의 말씀을 가져다가 우리에게
전해 준 사람입니다. 그런데 우리 조상들은 그 말씀이 자신과 무관하다고 생각
했습니다.
39-41 그들은 이집트의 옛 생활방식을 갈망하며 아론에게 불평했습니다. '우리가
보고 따를 수 있는 신을 만들어 주시오. 우리를 인적조차 없는 이곳으로 끌어낸
모세가 어찌 되었는지 누가 알겠소!' 그때 그들은 송아지 우상을 만들고, 그 앞
에 희생 제물을 바치며, 자기들이 대단한 종교 프로그램을 만들어 낸 것처럼 자
축했습니다.
42-43 하나님은 조금도 기뻐하지 않으셨습니다. 그래서 그들이 자기 방식대로 하
게 내버려 두셨습니다. 새롭게 등장하는 모든 신에게 다 예배하게 두고, 그 결
과를 지고 살도록 내버려 두셨습니다. 예언자 아모스는, 그 결과를 이렇게 묘사
했습니다.

오 이스라엘아, 너희가 사십 년 광야 시절 동안
내게 짐승과 곡식 제물을 가져온 적이 있더냐?
전혀 없었다. 너희는 전쟁의 신, 음란의 여신에게
산당을 지어 주느라,
힘을 다해 그들을 예배하느라, 너무 바빴다.
그래서 내가 너희를 바빌론에 포로로 보낸 것이다.

44-47 그 기간 동안 우리 조상들에게는 참된 예배를 드릴 장막 성소가 있었습니
다. 그 장막은 모세가 하나님께서 알려 주신 설계대로 만든 것이었습니다. 하나
님이 그 땅에서 이방인들을 쫓아내실 때에, 그들은 장막을 가지고 여호수아를
따라갔고, 그 장막은 다윗의 때까지도 있었습니다. 다윗은 하나님께 영구적인
예배 장소를 구했고, 결국 솔로몬이 그것을 지었습니다.
48-50 그러나 지극히 높으신 하나님께서 목수와 석공이 만든 건물에 사신다는 뜻
은 아닙니다. 예언자 이사야가 그것을 잘 기록했습니다.

하나님께서 말씀하신다. "하늘은 내 보좌이고

땅은 내 발을 쉬는 곳이다.
그러니 너희가 내게
무슨 집을 지어 주겠느냐?
내가 물러나 쉴 만한 곳이 어디 있느냐?
내 쉴 곳은 이미 지어져 있다. 내가 그곳을 지었다."

51-53 그런데 여러분은 계속해서 웬 고집입니까! 여러분의 마음은 딱딱하게 굳어
있고, 여러분의 귀는 꽉 막혀 있습니다! 성령을 고의로 무시하니, 여러분은 여
러분의 조상들과 다를 바 없습니다. 예언자들 가운데 그 같은 대우를 받지 않은
사람이 일찍이 있었습니까? 여러분의 조상들은, 의로우신 이가 오실 것을 말하
는 사람은 누구든지 죽였습니다. 이제 여러분이 가문의 전통을 잇고 있으니, 여
러분은 모두 배반자이며 살인자입니다. 천사들이 선물 포장까지 해서 하나님의
율법을 전해 주었건만, 여러분은 그것을 함부로 써 버렸습니다!"
54-56 그 말을 듣고 있던 사람들이 난폭해지더니, 야유와 휘파람과 욕설을 퍼붓는
폭도로 변했다. 그러나 성령 충만한 스데반의 눈에는 그것이 보이지 않았다. 하
나님밖에 보이지 않았다. 그는 모든 영광 가운데 계신 하나님과 그 곁에 서 계
신 예수를 보았다. 그가 말했다. "아! 하늘이 활짝 열리고 인자가 하나님 곁에
서 계신 것이 보입니다!"
57-58 폭도의 고함과 야유가 스데반의 목소리를 삼켜 버렸다. 그들은 사정없이 달
려들어 그를 시내 밖으로 끌어내어서, 그에게 돌을 던졌다. 주동자들이 겉옷을
벗어 놓고 사울이라는 청년에게 지키게 했다.
59-60 돌이 비 오듯 쏟아지는데, 스데반이 기도했다. "주 예수여, 내 생명을 받아
주십시오." 그런 다음 무릎을 꿇고, 모두에게 들릴 만큼 큰소리로 기도했다. "주
님, 이 죄를 저들에게 돌리지 마십시오." 이것이 그의 마지막 말이었다. 그리고
그는 숨을 거두었다.
1 사울이 바로 그 자리에 있었다. 그는 살인자들에게 축하의 말을 건넸다.

마술사 시몬

8 1-2 이 일을 계기로 예루살렘 교회에 무서운 박해가 시작되었다. 믿는 사
람들이 모두 유대와 사마리아 전역으로 흩어졌다. 사도들만 빼고는 전부
흩어졌다. 선하고 용감한 사람들이 스데반을 묻고, 엄숙하게 장례를 치러 주었
다. 그날 많은 이들의 눈에 눈물이 마르지 않았다!
3-8 몹시 사나워진 사울은, 교회를 초토화했다. 그는 집집마다 들어가서, 남녀 할
것 없이 모조리 끌어다가 감옥에 넣었다. 본거지를 떠날 수밖에 없게 되자, 예
수를 따르는 모든 이들은 선교사가 되었다. 어디로 흩어지든지, 그들은 예수에
대한 메시지를 전했다. 빌립은 사마리아의 한 성에 내려가, 메시아에 대한 메시
지를 선포했다. 사람들은 그가 하는 말을 듣고 기적을 보았다. 하나님께서 행하
시는 확실한 표적을 보고서, 그들은 그의 말을 한 마디도 놓치지 않았다. 일어

서지도 걷지도 못하던 많은 사람들이 그날 고침을 받았다. 악한 귀신들이 쫓겨
나면서 큰소리로 대들었다. 그 성에 큰 기쁨이 있었다!
9-11 빌립이 오기 전에, 시몬이라는 사람이 그 성에서 마술을 행했다. 그는 유명
한 인물처럼 행세하며 마술로 모든 사마리아 사람들을 현혹했다. 어린아이부터
노인까지, 모두가 그의 말에 복종했다. 모든 사람이 그에게 초능력이 있는 줄
알고, 그를 "위대한 마술사"로 불렀다. 그는 그곳에 있은 지 오래되었고, 누구나
웬만큼은 그를 두려워하고 있었다.
12-13 그러나 빌립이 그 마을에 와서 하나님 나라의 소식을 전하고 예수 그리스도
의 이름을 선포하자, 사람들은 시몬을 잊어버리고 곳곳에서 세례를 받고 믿는
사람이 되었다! 시몬도 믿고 세례를 받았다. 그 순간부터 그는 빌립을 그림자
처럼 쫓아 다녔다. 하나님의 모든 표적과 기적에 매료되어, 그는 도무지 빌립의
곁을 떠나려 하지 않았다.
14-17 예루살렘에 있는 사도들이 사마리아 사람들이 하나님의 메시지를 받아들였
다는 보고를 듣고, 베드로와 요한을 보내 그들이 성령을 받도록 기도하게 했다.
그때까지 그들은 주 예수의 이름으로 세례만 받았을 뿐, 아직 성령께서 그들에
게 오시지 않았다. 그때 사도들이 그들에게 안수하자 그들도 성령을 받았다.
18-19 시몬은 사도들이 안수만으로 성령을 받게 하는 것을 보고는, 흥분하여 돈을
꺼내며 말했다. "당신들의 비밀을 내게 파십시오! 어떻게 했는지 알려 주십시
오! 얼마면 되겠습니까? 부르는 대로 드리겠습니다!"
20-23 베드로가 말했다. "당신은 돈과 함께 망할 것이오! 하나님의 선물을 돈으로
사려 하다니, 이 무슨 터무니없는 짓이오! 흥정을 맺고 뇌물을 바쳐서는 하나님
이 하시는 일에 절대로 참여할 수 없소. 지금 당장, 당신의 행실을 고치시오! 하
나님을 돈벌이에 이용하려고 했던 것을 용서해 달라고 주님께 구하시오. 내가
보니, 이것은 당신의 고질적인 습관이오. 당신한테서 돈을 탐하는 냄새가 진동
하오."
24 시몬이 말했다. "오! 나를 위해 기도해 주십시오! 그런 일이 내게 절대 일어나
지 않도록 주님께 기도해 주십시오!"
25 그 말을 끝으로, 두 사도는 길을 떠나 하나님의 구원 메시지를 계속해서 증거
하고 널리 알렸다. 예루살렘으로 돌아가는 길에도, 지나는 사마리아의 마을마
다 메시지를 전했다.

에티오피아 내시

26-28 그 후에 하나님의 천사가 빌립에게 말했다. "오늘 정오에, 예루살렘에서 가
사로 내려가는 광야 길로 걸어가거라." 그는 서둘러 움직였다. 그는 길을 가던
에티오피아 내시를 만났다. 그 내시는 에티오피아 여왕 간다게의 재무대신으
로, 예루살렘으로 순례를 왔다가 에티오피아로 돌아가는 길이었다. 그는 마차
를 타고 가며 예언자 이사야의 글을 읽고 있었다.
29-30 성령께서 빌립에게 말씀하셨다. "마차에 올라타거라." 빌립은 옆으로 달려

가, 내시가 이사야서를 읽는 소리를 듣고 이렇게 물었다. "읽는 것이 이해가 됩니까?"
31-33 내시가 대답했다. "도와주는 사람이 없는데 어찌 이해가 되겠습니까?" 그러고는 마차 안으로 빌립을 청했다. 그가 읽고 있던 구절은 다음과 같았다.

도살당하러 끌려가는 양처럼
털 깎이는 어린양처럼 잠잠히,
그는 아무 말이 없었다.
공정한 재판도 없이 조롱과 멸시를 당했다.
그가 이 땅에서 격리되었으니
이제 누가 그를 자기 백성으로 여기겠는가?

34-35 내시가 말했다. "말해 주시오. 예언자가 지금 누구 이야기를 하는 것입니
까? 그 자신입니까, 아니면 다른 사람입니까?" 빌립은 그 기회를 놓치지 않고,
그 구절을 본문 삼아 내시에게 예수를 전했다.
36-39 계속해서 길을 가다가, 그들은 냇가에 이르렀다. 내시가 말했다. "여기 물
이 있습니다. 내가 세례를 받지 못할 까닭이 무엇이겠습니까?" 그는 마차를 멈
추게 했다. 두 사람은 물로 내려갔고, 빌립은 그 자리에서 그에게 세례를 주었
다. 그들이 물에서 올라올 때, 하나님의 영이 갑자기 빌립을 데려가셨다. 그 후
로 내시는 빌립을 보지 못했다. 그러나 그는 개의치 않았다. 그는 애초에 얻으
려던 것을 얻었고, 더없이 행복한 마음으로 길을 갈 수 있었다.
40 빌립은 아소도에 나타나 북쪽으로 계속 올라가면서, 그 길을 따라 있는 모든
마을에 메시지를 전했다. 그는 마침내 가이사랴에 도착했다.

눈먼 사울

9 1-2 그동안 사울은 주님의 제자들을 죽이려고 바싹 추적하고 있었다. 그는
대제사장에게 가서 다마스쿠스의 여러 회당에 가져갈 체포 영장을 받았
다. 거기서 이 도(道)를 따르는 사람들을 찾으면, 남녀를 불문하고 체포해서 예
루살렘으로 데려오려는 것이었다.
3-4 그는 길을 떠났다. 그가 다마스쿠스 외곽에 이르렀을 때, 갑자기 눈부시게 환
한 빛 때문에 앞이 잘 보이지 않았다. 그가 바닥에 쓰러졌는데, 한 음성이 들려
왔다. "사울아, 사울아, 왜 나를 해치려고 하느냐?"
5-6 그가 말했다. "주님, 누구십니까?"
"나는 네가 핍박하는 예수다. 너는 일어나 성 안으로 들어가거라. 네가 무엇을
해야 할지 말해 줄 사람이 거기 있다."
7-9 그의 일행은 놀라서 말도 못하고 서 있었다. 그들은 소리는 들었으나 아무도
보지 못했다. 바닥에서 몸을 일으킨 사울은, 자신의 눈이 완전히 먼 것을 알았
다. 일행이 그의 손을 잡고 다마스쿠스로 데리고 들어갔다. 그는 사흘 동안 눈

이 먼 채로 있었다. 그는 아무것도 먹지 못하고, 아무것도 마시지 못했다.
10 다마스쿠스에 아나니아라는 제자가 있었다. 주께서 환상 가운데 그에게 말씀
하셨다. "아나니아야."
"예, 주님!" 그가 대답했다.
11-12 "일어나서 '곧은 길'로 가거라. 유다의 집에서 다소 출신 사람 사울을 찾아
라. 그가 거기서 기도하고 있다. 그가 방금, 아나니아라는 사람이 집에 들어와
서 자기에게 안수하여 다시 보게 하는 꿈을 꾸었다."
13-14 아나니아가 항의했다. "주님, 진심이 아니시겠지요. 모두가 이 사람과 이
사람이 여태까지 행한 끔찍한 일들과, 예루살렘에 있는 주님의 백성에게 저지
른 만행에 대해 말하고 있습니다! 이제 그는, 우리에게도 똑같이 할 수 있는 권
한이 적힌 문서를 대제사장한테서 받아서 여기 나타난 것입니다."
15-16 그러자 주님이 말씀하셨다. "이유를 묻지 말고 가거라! 내가 그를 이방인과
왕과 유대인들 앞에 세울 나의 대리인으로 뽑았다. 이제 나는 장차 그가 당할
일, 곧 이 일에 따르는 혹독한 고난을 그에게 보여줄 것이다."
17-19 아나니아가 그 집을 찾아가서, 눈이 먼 사울에게 안수하고 말했다. "사울 형
제여, 당신이 여기 오는 길에 뵈었던 주님이신 예수께서, 당신이 다시 보고 성
령으로 충만해지도록 나를 보내셨습니다." 그의 입에서 말이 떨어지자마자, 사
울의 눈에서 비늘 같은 것이 떨어졌다. 사울은 다시 보게 되었다! 사울은 일어
나 세례를 받고, 그들과 함께 앉아 음식을 먹고 힘을 얻었다.

사울을 죽이려는 음모

19-21 사울은 다마스쿠스에 있는 형제들과 며칠을 보내며 친해졌다. 그 후 사울은
한시도 허비하지 않고, 곧바로 일을 시작했다. 사울은 여러 회당에서 예수가 하
나님의 아들이심을 전했다. 사람들은 예기치 못한 그의 말에 놀라서, 그를 믿어
야 할지 분간이 서지 않아 이렇게 되뇌었다. "이 사람은 예루살렘에서 믿는 이
들을 파멸시키던 자가 아닌가? 그가 여기에 온 것도 똑같은 일을 하려고 온 것
이 아닌가? 우리를 체포하고 예루살렘 감옥으로 끌고 가서 대제사장들의 판결
을 받게 하려는 것일 텐데?"
22 그러나 그들의 의심에도 불구하고 사울은 한순간도 주춤하지 않았다. 오히려
그는 더욱 힘을 얻어, 반대 세력을 정면 돌파해 갔다. 그는 다마스쿠스의 유대
인들의 의심을 누그러뜨리면서, 예수가 메시아이심을 그들에게 힘써 증명했다.
23-25 긴 시간이 흐른 후에, 몇몇 유대인들이 그를 죽이기로 모의했으나 그 말이
사울의 귀에 들어갔다. 유대인들은 그를 죽이려고 불철주야 성문을 감시하고
있었다. 그러던 어느날 밤에, 제자들이 그를 광주리에 담아 벽으로 달아 내려
탈출시켰다.
26-27 사울은 예루살렘으로 돌아와 제자들의 무리에 들려고 했으나, 모두가 그를
두려워했다. 그들은 사울을 조금도 믿지 않았다. 그때 바나바가 그를 감싸 주었
다. 바나바는 사도들에게 사울을 소개하며 그를 옹호했다. 사울이 다마스쿠스

길에서 어떻게 주님을 만나 그분과 대화했는지, 다마스쿠스 현지에서 어떻게 목숨을 걸고 예수의 이름을 담대히 전했는지 사도들에게 말해 주었다.

28-30 그 후로 사울은 그들 가운데 하나로 받아들여져, 아무 의혹도 사지 않고 예루살렘에 드나들며 제약 없이 주님의 이름으로 전했다. 그러나 그는, 그리스 말을 하는 유대인 무리와 부딪치며 그들과 잇단 논쟁을 벌였다. 그들은 사울을 죽이려는 음모를 꾸몄다. 그러나 그의 동료들이 그 음모를 알고 그를 성 밖으로 빼돌려 가이사랴로 데려갔다. 거기서 그를 배에 태워 다소로 보냈다.

31 그 후에 사태가 진정되고, 교회는 한동안 순항했다. 유대와 사마리아와 갈릴리 등 모든 지역에서 교회가 성장했다. 하나님을 깊이 경외하는 마음이 그들 속에 충만했다. 성령께서 그들과 함께 계셔서 그들에게 힘을 주셨다. 그들은 놀랍도록 번성했다.

다비다

32-35 베드로가 모든 교회를 방문하는 사명을 가지고 길을 떠났다. 여행중에 그는, 룻다에 도착해 그곳에 있는 믿는 사람들을 만났다. 그는 애니아라는 사람과 마주쳤는데, 그 사람은 몸이 마비되어 팔 년째 자리에 누워 있었다. 베드로가 말했다. "애니아야, 예수 그리스도께서 너를 낫게 하신다. 일어나서 자리를 정돈하여라!" 그러자 그가 그대로 했다. 자리에서 벌떡 일어난 것이다. 룻다와 샤론에 사는 모든 사람이 그가 걸어 다니는 것을 보고, 하나님께서 자기들 가운데 살아 역사하신다는 사실에 눈을 뜨게 되었다.

36-37 거기서 조금 떨어진 욥바에 다비다라는 제자가 있었는데, 그 이름은 '도르가'(산양)라는 뜻이다. 그녀의 선행과 구제는 잘 알려져 있었다. 베드로가 그 지역에 있는 동안 그녀가 병이 들어 죽었다. 그녀의 친구들이 장례를 치르려고 시신을 수습해 서늘한 방에 두었다.

38-40 마침 베드로가 인근 룻다를 방문중이라는 말을 들은 몇몇 제자들이, 그에게 두 사람을 보내어 그들이 있는 곳으로 와 줄 수 있는지 물었다. 베드로는 즉시 일어나 그들과 함께 갔다. 그들은 다비다의 시신을 안치해 둔 방으로 그를 안내했다. 대부분 과부인 고인의 옛 친구들이 방 안에서 울고 있었다. 그들은 도르가가 살아 있을 때 만들어 둔 옷가지들을 베드로에게 보여주었다. 베드로가 과부들을 방에서 내보내고 무릎을 꿇고 기도했다. 그리고 시신에 대고 직접 말했다. "다비다야, 일어나라."

40-41 다비다가 눈을 떴다. 그리고 베드로를 보더니, 일어나 앉았다. 그는 다비다의 손을 잡아 일으켰다. 그러고는 믿는 사람들과 과부들을 불러들여, 살아난 그녀를 보여주었다.

42-43 이 일이 욥바 전체에 알려지자, 많은 사람들이 주님을 믿었다. 베드로는 가죽가공업을 하는 시몬의 손님으로 욥바에 오랫동안 머물렀다.

베드로의 환상

10

1-3 가이사랴에 고넬료라는 사람이 살고 있었다. 그는 그곳에 주둔한
이탈리아 경비대의 지휘관이었는데, 선하기 그지없는 사람이었다.
그는 자기 집안 사람들 모두가 하나님 앞에서 예배하며 살도록 이끌었다. 뿐만
아니라 늘 어려운 사람들을 도와주었고, 기도가 몸에 배어 있었다. 하루는 오후
세 시쯤에 그가 환상을 보았다. 하나님의 천사가 옆집 사람만큼이나 생생한 모
습으로 들어와서 말했다. "고넬료야."
4-6 고넬료는 자기가 허깨비를 보는가 싶어, 유심히 쳐다보았다. 그러고는 말했
다. "무슨 일이십니까?"
천사가 말했다. "하나님께서 네 기도와, 이웃을 돌보는 네 행실을 보시고 너를
주목하셨다. 지금부터 이렇게 하여라. 사람들을 욥바로 보내서, 베드로라 하는
시몬을 데려오너라. 그는 바닷가에 있는 가죽가공업자 시몬의 집에 묵고 있다."
7-8 천사가 떠나자, 고넬료는 하인 둘과 경비대의 경건한 병사 하나를 불렀다. 그
는 방금 있었던 일의 자초지종을 자세히 들려주고, 그들을 욥바로 보냈다.
9-13 이튿날 세 사람이 그 성에 이를 무렵, 베드로가 기도하러 발코니로 나갔다.
때는 정오쯤이었다. 베드로는 배가 고파서 점심 생각이 났다. 점심식사가 준비
되는 동안, 그는 비몽사몽간에 하늘이 열리는 것을 보았다. 네 귀퉁이를 줄에
매단 커다란 보자기 같은 것이 땅바닥으로 내려왔다. 온갖 잡다한 짐승이며 파
충류며 새들이 그 안에 있었다. 그러더니 한 음성이 들려왔다. "베드로야, 어서
잡아먹어라."
14 베드로가 말했다. "안됩니다, 주님. 지금까지 저는 부정한 음식은 입에 대 본
적이 없습니다."
15 두 번째로 음성이 들려왔다. "하나님께서 괜찮다고 하시면 괜찮은 것이다."
16 그런 일이 세 번 있고 나서, 보자기가 다시 하늘로 들려 올라갔다.
17-20 베드로가 어리둥절하여 그 모든 것이 무슨 뜻인지 생각하며 앉아 있는데,
고넬료가 보낸 사람들이 시몬의 집 현관에 나타났다. 그들은 베드로라 하는 시
몬이 그 집에 묵고 있는지 안에 대고 물었다. 베드로는 생각에 잠겨 있느라 그
말을 듣지 못했다. 성령께서 그에게 속삭이셨다. "세 사람이 문을 두드리며 너
를 찾고 있다. 내려가서 그들과 함께 가거라. 아무것도 묻지 마라. 내가 보낸 사
람들이다."
21 베드로가 내려가서 그 사람들에게 말했다. "여러분이 찾고 있는 사람이 나인
것 같습니다. 무슨 일입니까?"
22-23 그들이 말했다. "고넬료 지휘관님은 의롭게 행하며 하나님을 경외하는 분
으로 널리 알려져 있습니다. 이 부근에 사는 유대인들 아무한테나 물어보시면
압니다. 그런데 거룩한 천사가 그분께 명하기를, 당신을 찾아서 집으로 모셔다
가 당신의 말을 들으라고 했습니다." 베드로는 그들을 집 안으로 들여 편히 쉬
게 했다.

하나님은 차별하지 않으신다

23-26 이튿날 아침에, 베드로가 일어나 그들과 함께 갔다. 욥바에 있던 그의 동료
몇 사람도 함께 갔다. 그 다음날 그들은 가이사랴로 들어갔다. 고넬료는 그들이
올 것을 기대하며 친척과 가까운 친구들을 불러서 함께 기다리고 있었다. 베드
로가 문에 들어서자, 고넬료가 일어나 그를 맞았다. 그러고는 엎드려 그에게 경
배했다! 베드로가 고넬료를 잡아 일으키며 말했다. "안될 일입니다! 나도 한낱
사람에 불과합니다. 당신과 다를 바 없는 사람일 뿐입니다."
27-29 그들은 말을 주고받으며 집 안으로 들어갔다. 고넬료는 모여 있는 모든 사
람에게 베드로를 소개했다. 베드로가 그들에게 말했다. "여러분도 알다시피, 이
것은 아주 이례적인 일입니다. 유대인들은 절대로 다른 민족 사람들을 찾아가
서 편하게 어울리지 않습니다. 그러나 어느 민족도 다른 민족보다 나을 게 없다
는 것을 하나님이 내게 보여주셨습니다. 그래서 여러분이 나를 부르러 왔을 때
에, 내가 아무것도 묻지 않고 따라온 것입니다. 이제 여러분이 왜 나를 불렀는
지 들어 보고 싶습니다."
30-32 고넬료가 말했다. "나흘 전 이맘때인 오후 세 시쯤에, 내가 집에서 기도하
고 있는데, 갑자기 내 앞에 어떤 사람이 나타나면서 방 안에 빛이 가득했습니
다. 그 사람이 말하기를, '고넬료야, 하나님께서 네가 드리는 매일의 기도와, 이
웃을 돌보는 네 행실을 보시고 너를 주목하셨다. 이제 너는 욥바에 사람을 보
내, 베드로라 하는 시몬을 데려오너라. 그는 바닷가에 있는 가죽가공업자 시몬
의 집에 묵고 있다' 고 했습니다.
33 나는 그 말대로, 당신을 부르러 사람들을 보냈습니다. 고맙게도 당신은 이렇
게 와 주셨습니다. 이제 우리 모두가 하나님 앞에 모여 있습니다. 주님께서 우리
에게 말하라고 당신 마음에 두신 것이면, 무엇이든 들을 준비가 되어 있습니다."
34-36 그분의 복된 소식을 전하는 베드로의 가슴은 터질 듯했다. "이보다 더 확실
한 하나님의 진리는 없습니다. 하나님은 차별하지 않으십니다! 여러분이 누구
이며 어디 출신인지는 하나도 중요하지 않습니다. 여러분이 하나님을 원하고
그분의 말씀대로 행할 각오가 되어 있다면, 문은 열려 있습니다. 그분은, 예수
그리스도로 말미암아 모든 것이 다시 회복되고 있다는 메시지를 이스라엘 자손
에게 보내셨습니다. 이제 그분은, 어느 곳에서든 누구에게나 그 일을 행하고 계
십니다.
37-38 유대에서 있었던 일은 여러분도 이미 알고 있습니다. 그 일은 세례자 요한
이 전적인 삶의 변화를 전한 뒤에 갈릴리에서 시작되었습니다. 그때 예수께서
나사렛에서 오셔서, 하나님께 성령으로 기름부음을 받으셨습니다. 이로써 활동
하실 준비가 되신 것입니다. 그분은 온 나라를 다니시며 사람들을 도우시고, 마
귀에게 짓눌린 모든 사람을 고쳐 주셨습니다. 예수께서 이 모든 일을 하실 수
있었던 것은, 하나님께서 함께하셨기 때문입니다.
39-43 우리는 그 일을 보았습니다. 유대인의 땅과 예루살렘에서 그분이 행하신 모
든 일을 보았습니다. 예루살렘에서 사람들이 그분을 십자가에 매달아 죽였습니

다. 그러나 하나님께서 사흘째 되는 날에 그분을 일으켜 다시 살리시고, 나타내 보이셨습니다. 모든 사람이 그분을 본 것은 아닙니다. 그분이 공개적으로, 누구에게나 드러나신 것은 아닙니다. 하나님께서 미리 신중하게 증인들을 택하셨습니다. 우리가 바로 그 증인들입니다! 그분이 죽은 자들 가운데서 살아나신 뒤에, 그분과 함께 먹고 마신 사람들이 바로 우리입니다. 그분은 이 일을 공개적으로 알리는 일을 우리에게 맡기셨습니다. 하나님께서 산 자와 죽은 자의 심판자로 정하신 이가 바로 예수이심을 엄숙히 증거하는 일을 우리에게 맡기신 것입니다. 그러나 이 일에 우리만 참여한 것은 아닙니다. 그분을 통해 죄를 용서받는다는 우리의 증언은, 모든 예언자의 증언이 뒷받침합니다."

44-46 베드로의 입에서 이 말이 떨어지자마자, 듣고 있던 사람들에게 성령이 임하셨다. 베드로와 함께 온 믿는 유대인들은 믿기지 않았다. 유대인이 아닌 이방인들에게 성령의 선물이 부어지는 것이 도무지 믿기지 않았던 것이다. 그러나 분명한 사실이었다. 그들은 이방인들이 방언으로 말하고, 하나님을 찬양하는 소리를 들었다.

46-48 그러자 베드로가 말했다. "이 벗들에게 물로 세례를 주는 데 이의가 있습니까? 이들도 우리와 똑같은 성령을 받았습니다." 아무런 이의가 없자, 그는 그들에게 명하여 예수 그리스도의 이름으로 세례를 받게 했다.
그들은 베드로에게 며칠 더 묵어 가기를 청했다.

돌파해 들어가시는 하나님

11 1-3 소식이 빠르게 퍼져서, 예루살렘에 있는 지도자와 동료들도 곧 그 이야기를 들었다. 유대인이 아닌 이방인들도 이제 하나님의 메시지를 받아들였다는 소식을 들은 것이다. 베드로가 예루살렘에 돌아오자, 그의 옛 동료 가운데 할례를 중시하는 몇몇 사람들이 그를 나무랐다. "당신이 그 무리와 어깨를 맞대고 금지된 음식을 먹으며 우리 이름에 먹칠을 하다니, 도대체 어찌 된 일입니까?"

4-6 그러자 베드로가 그들에게 처음부터 차근차근 설명했다. "최근에 내가 욥바 성에서 기도하고 있었는데, 비몽사몽간에 환상을 보았습니다. 네 귀퉁이를 줄에 매단 커다란 보자기 같은 것이 하늘에서 내 앞 땅바닥으로 내려왔습니다. 보자기 안에는 가축이며 들짐승이며 파충류며 새들이 가득했습니다. 그야말로 없는 게 없었습니다. 나는 넋을 잃고서, 유심히 보았습니다.

7-10 그때 한 음성이 들려왔습니다. '베드로야, 어서 잡아먹어라.' 나는 말했습니다. '안됩니다, 주님. 지금까지 저는 부정한 음식은 입에 대 본 적이 없습니다.' 그 음성이 다시 들려왔습니다. '하나님께서 괜찮다고 하시면 괜찮은 것이다.' 그런 일이 세 번 있고 나서, 보자기가 다시 하늘로 들려 올라갔습니다.

11-14 바로 그때, 내가 묵고 있던 집에 세 사람이 나타났습니다. 가이사랴에서 나를 데리러 온 사람들이었습니다. 성령께서 내게 아무것도 묻지 말고 그들과 함께 가라고 하셨습니다. 그래서 나와 여섯 동료는, 나를 부른 사람에게 갔습니다

다. 그 사람은, 천사가 옆집 사람만큼이나 생생한 모습으로 자기 집에 와서는
'욥바로 사람을 보내서, 베드로라 하는 시몬을 데려오너라. 그가 너에게 네 생명
뿐 아니라 네가 아끼는 모든 사람의 생명까지도 구원할 말을 해줄 것이다' 하고
말했다고 했습니다.
15-17 그래서 나는 말을 시작했습니다. 그런데 대여섯 문장도 채 말하기 전에 성
령이 그들에게 임하셨는데, 처음 우리에게 임하실 때와 같았습니다. '요한은 물
로 세례를 주었지만, 너희는 성령으로 세례를 받을 것이다' 하신 예수의 말씀이
떠올랐습니다. 그러니 내가 묻겠습니다. 하나님께서 우리가 주 예수 그리스도
를 믿을 때 우리에게 주신 것과 동일한 선물을 그들에게도 주신다면, 내가 어떻
게 하나님을 막을 수 있겠습니까?"
18 그들은 베드로가 전한 말을 다 듣더니, 잠잠해졌다. 그 의미가 마음 깊이 스며
들자, 하나님을 찬양하기 시작했다. "이 일이 정말 일어났다! 하나님께서 다른
나라들로 돌파해 들어가셔서, 그들의 마음을 열어 생명을 주셨다!"
19-21 스데반의 죽음으로 촉발된 박해 때문에 사람들이 멀리 페니키아와 키프로
스와 안디옥까지 갔으나, 그들은 여전히 유대인들과만 말하며 교제하고 있었
다. 그때 키프로스와 구레네 출신으로 안디옥에 와 있던 몇몇 사람들이 그리스
사람들과 말하기 시작하며, 그들에게 주 예수의 메시지를 전했다. 하나님께서
그들이 하는 일을 기뻐하시며, 그들의 일을 인정해 주셨다. 아주 많은 그리스
사람들이 믿고 주님께 돌아왔다.
22-24 예루살렘 교회가 이 소식을 듣고, 바나바를 안디옥에 보내 상황을 알아보게
했다. 바나바는 도착하자마자, 그 모든 일의 배후와 중심에 하나님이 계심을 보
았다. 그는 적극적으로 그들과 함께하면서 그들을 지원했고, 남은 평생을 지금
과 같이 살도록 그들을 권면했다. 바나바는 선한 사람이었으며, 뜨겁고 담대하
게 성령의 길로 행하는 사람이었다. 그 공동체는 주님 안에서 크고 강하게 성장
했다.
25-26 그 후에 바나바는 사울을 찾으러 다소로 갔다. 거기서 사울을 만나, 안디옥
으로 돌아왔다. 그들은 꼬박 일 년 동안 그곳 교회에 머물면서, 많은 사람들을
가르쳤다. 제자들이 처음으로 "그리스도인"이라고 불린 것도 안디옥에서였다.
27-30 거의 같은 시기에, 몇몇 예언자들이 예루살렘에서 안디옥으로 왔다. 그 가
운데 아가보라는 사람이 있었다. 하루는 그가 성령에 이끌려 일어서더니, 조만
간 극심한 기근으로 나라가 황폐해질 것이라고 경고했다. (기근은 결국 글라우디오
황제 재임중에 닥쳤다.) 제자들은 각자 힘닿는 대로, 유대에 있는 동료 그리스도인
들에게 도움이 되는 것은 무엇이든 보내기로 했다. 그들은 그 모은 것을 바나바
와 사울 편에 보내 예루살렘의 지도자들에게 전달하도록 했다.

투옥된 베드로가 풀려나다

12
1-4 바로 그 무렵, 헤롯 왕의 머릿속에 교회 구성원 몇몇을 처단할 생
각이 들었다. 그는 요한의 형제 야고보를 죽였다. 그 일로 인해 유대

인들한테 자신의 인기가 부쩍 높아진 것을 알게 된 헤롯은, 이번에는 베드로를
잡아들여 감옥에 가두고, 사인조 병사 네 개 조로 그를 감시하게 했다. 이 모든
일이 유월절 주간에 일어났다. 헤롯은 유월절이 지난 후에 베드로를 공개 처형
할 작정이었다.
5 베드로가 감옥에서 삼엄한 경비를 받고 있는 동안에, 교회는 그를 위해 더욱
맹렬히 기도했다.
6 드디어 헤롯이 그를 끌어내어 처형할 때가 다가왔다. 그날 밤, 베드로는 양쪽
에 한 명씩 두 병사 틈에 쇠사슬로 묶여 있으면서도, 아기처럼 잘 잤다. 문에는
경비병들이 감시하고 있었다. 헤롯은 빈틈을 보이지 않았다!
7-9 갑자기 한 천사가 베드로 곁에 나타나고, 감옥에 빛이 가득했다. 천사가 베드
로를 흔들어 깨웠다. "서둘러라!" 그의 팔목에서 쇠사슬이 벗겨졌다. 천사가 말
했다. "옷을 입고 신발을 신어라." 베드로는 시키는 대로 했다. 그러자 천사가
말했다. "네 겉옷을 들고 여기서 나가자." 베드로는 따라가면서도, 그가 정말 천
사라고는 믿지 않았다. 그는 자기가 꿈을 꾸고 있다고 생각했다.
10-11 그들은 첫째 경비병을 지나고 둘째 경비병을 지나, 시내로 통하는 철문에
이르렀다. 그들 앞에서 문이 저절로 활짝 열렸다. 어느새 그들은 바람처럼 자
유롭게 거리에 나와 있었다. 첫 교차로에서 천사는 베드로를 두고 자기 길로 갔
다. 그제야 베드로는 그것이 꿈이 아닌 것을 알았다. "이런 일이 정말로 벌어지
다니 믿기지 않는다! 주님이 천사를 보내셔서, 헤롯의 악하고 옹졸한 수작과,
구경거리를 기대하는 유대인 폭도에게서 나를 구해 주셨구나."
12-14 놀라움에 고개를 저으며, 그는 요한 마가의 어머니 마리아의 집으로 갔다.
그 집은 기도하는 동료들로 가득 차 있었다. 그가 마당으로 난 문을 두드리자,
로데라는 젊은 여자가 누구인지 보러 나왔다. 로데는 목소리를 듣고 그가 누구
인지 알았다. 베드로였다! 그녀는 너무 흥분한 나머지 베드로를 길에 세워 두고
문을 열어 주는 것도 잊은 채, 그가 왔다는 사실을 모두에게 알렸다.
15-16 그러나 사람들은 로데의 말을 믿으려 하지 않았다. 그녀와, 그녀의 말을 모
두 무시해 버렸다. 그들은 "네가 미쳤다"고 말했다. 로데는 뜻을 굽히지 않았다.
그래도 그들은 그녀의 말을 믿으려 하지 않았고, "베드로의 천사가 틀림없다"고
말했다. 그동안에 베드로는 계속 바깥에 서서 문을 두드리고 있었다.
16-17 마침내 그들이 문을 열어 베드로를 보았다. 그들은 몹시 흥분했다! 베드로
가 손을 들어 그들을 진정시켰다. 그는 주님께서 어떻게 자기를 감옥에서 빼내
주셨는지 설명한 뒤에, "야고보와 형제들에게 이 일을 알리십시오" 하고 말했
다. 그러고는 그들을 떠나 다른 곳으로 갔다.
18-19 동이 트자, 감옥에서는 난리가 났다. "베드로는 어디 있지? 베드로가 어떻
게 된 거지?" 헤롯이 그를 데려오라고 사람을 보냈다. 그러나 간수들이 그를 데
려오지도 않고 이유도 대지 못하자, 헤롯은 그들을 사형에 처하라고 명령했다.
"저들의 머리를 쳐라!" 유대와 유대인들이 지긋지긋해진 헤롯은, 가이사랴로
휴식을 취하러 갔다.

헤롯의 죽음

20-22 그러나 헤롯의 상황은 악화일로로 치달았다. 두로와 시돈 사람들은 헤롯의 분노를 사고 있었다. 그들은 왕의 오른팔인 블라스도에게 자기들을 옹호해 달라고 청원하는 한편, 사태를 원만하게 해결하기 위해 대표단을 소집했다. 그들은 유대로부터 식량을 공급받고 있었으므로, 마냥 버틸 처지가 못 되었다. 대표단을 만나기로 한 날이 되자, 헤롯은 화려하게 차려입고 보좌에 앉아 잔뜩 허세를 부렸다. 백성은 백성대로 자기 역할을 충실히 했다. "이것은 신의 목소리다! 신의 목소리다!" 하고 소리 높여 그에게 아첨했다.

23 그것이 불행의 시작이었다. 헤롯의 교만을 더는 볼 수 없었던 하나님께서 천사를 보내 그를 치셨다. 헤롯은 어떤 일에도 하나님께 영광을 돌린 적이 없었다. 뼛속까지 부패하고 비루한 헤롯은, 그렇게 쓰러져 죽었다.

24 한편, 하나님의 말씀 사역은 하루가 다르게 크게 성장했다.

25 바나바와 사울은 예루살렘 교회에 구제 헌금을 전달하고 나서, 안디옥으로 돌아왔다. 이번에는 마가라 하는 요한도 데리고 왔다.

바나바와 사울 그리고 만물박사

13

1-2 복되게도 안디옥의 회중에게는 예언자-설교자와 교사들이 많았다.

바나바
니게르라고 하는 시므온
구레네 사람 루기오
통치자 헤롯의 조언자, 마나엔
사울.

하루는 그들이 인도하심을 바라며 금식하고 하나님을 예배하는데, 성령께서 말씀하셨다. "바나바와 사울을 따로 세워 내가 그들에게 명하는 일을 맡겨라."

3 그들은 그 두 사람을 세웠다. 그리고 간절함과 순종하는 마음으로, 금식과 기도 가운데 안수하여 두 사람을 떠나보냈다.

4-5 성령께 새로운 사명을 받아 길을 떠난 바나바와 사울은, 실루기아로 내려가 키프로스로 가는 배에 올랐다. 살라미에 닿자마자, 그들은 가장 먼저, 유대인의 여러 회당에서 하나님의 말씀을 전했다. 그들은 자신들을 도와줄 동료로 요한을 데리고 갔다.

6-7 그들은 섬 전역을 다니다가, 바보에서 유대인 마술사와 마주쳤다. 그는 애를 써서 총독 서기오 바울의 신임을 얻어 낸 사람이었다. 총독은 웬만해서는 협잡꾼에게 넘어가지 않는 똑똑한 사람이었다. 바예수라 하는 그 마술사는, 비뚤어질 대로 비뚤어진 인간이었다.

7-11 바나바와 사울에게서 하나님의 말씀을 직접 듣고 싶었던 총독은, 그들을 불러들였다. 그러나 '만물박사'(그 마술사의 이름을 우리 식으로 풀면 이런 뜻이다)는, 총

독의 주의를 흩뜨려서 믿지 못하게 하려고 애를 썼다. 그러나 성령이 충만한 사
울—곧 바울—이 그의 눈을 똑바로 쳐다보며 말했다. "마귀의 흉내나 내는 허풍
선이야, 너는 사람들을 속여 하나님을 믿지 못하게 하려고 잠도 안 자고 계략을
꾸미는구나. 그러나 이제 네가 하나님과 직접 부딪쳤으니, 네 장난질은 끝났다.
너는 눈이 멀어서 오랫동안 햇빛을 보지 못할 것이다." 그는 곧 어두운 안개 속
에 빠져들어 주변을 더듬거렸다. 사람들에게 자기 손을 잡고 길을 알려 달라고
간청했다.
12 총독은 그 일어난 일을 보고, 주님을 믿었다. 그는 그들이 주님에 대해 하는
말을 듣고 대단한 열의를 보였다.

모든 이방인에게 문이 열리다

13-14 바울 일행은, 바보에서 출항해 밤빌리아의 버가로 항해했다. 거기서 요한이
중도에 포기하고 예루살렘으로 돌아갔다. 나머지 일행은 버가에서 비시디아의
안디옥으로 이동했다.
14-15 안식일에 그들은 회당에 가서 자리에 앉았다. 성경, 곧 하나님의 율법과 예
언서를 읽은 뒤에 회당장이 그들에게 물었다. "형제 여러분, 혹시 격려의 말이
나 전하고 싶은 말이 있습니까?"
16-20 바울이 일어나 잠시 숨을 고르고 나서 말했다. "이스라엘 동포 여러분, 하나
님과 벗이 되신 여러분, 들어 보십시오. 하나님께서는 우리 조상에게 특별한 관
심을 두셔서, 이집트에서 짓밟히던 나그네 된 우리 민족을 일으켜 세우시고, 거
기서 장엄하게 이끌어 내셨습니다. 그분은 황량한 광야에서 사십 년 가까이 그
들을 돌보아 주셨습니다. 그 후에, 앞길을 가로막는 일곱 적국을 쓸어버리시고,
가나안 땅을 그들의 소유로 주셨습니다. 그 기간이 사백오십 년에 달합니다.
20-22 예언자 사무엘 때까지, 하나님은 사사들을 보내셔서 그들을 이끌게 하셨습
니다. 그러나 그들은 왕을 요구했고, 결국 하나님은 베냐민 지파에서 기스의 아
들 사울을 택하여 그들에게 주셨습니다. 사울이 사십 년을 다스린 뒤에, 하나님
은 그를 왕위에서 제하시고, 그 자리에 다윗을 왕으로 세우시며 이렇게 말씀하
셨습니다. '내가 땅을 두루 살펴 이새의 아들 다윗을 찾았다. 그는 내 마음에 합
한 사람, 내가 말하는 것을 그대로 행할 사람이다.'
23-25 약속대로 하나님께서는 다윗의 후손에서 이스라엘을 위한 구주, 곧 예수를
보내셨습니다. 그 전에 요한으로 하여금 그분이 오실 것을 백성에게 경고하게
하셔서, 전적으로 삶을 고치도록 그들을 준비시키셨습니다. 요한은 자기 일을
마무리하면서 이렇게 말했습니다. '너희는 내가 그분인 줄 알았더냐? 아니다.
나는 그분이 아니다. 그러나 너희가 그토록 오랜 세월 동안 기다려 온 그분이
가까이 와 계신다. 그분이 곧 나타나실 것이다. 그리고 나는 곧 사라질 것이다.'
26-29 사랑하는 형제자매 여러분, 아브라함의 자손이요 하나님과 벗이 되신 여러
분, 이 구원의 메시지를 들어야 할 사람은 바로 여러분이었습니다. 예루살렘 시
민과 통치자들은 그분이 누구신지 알아보지 못하고 그분께 사형을 선고했습니

다. 정당한 이유가 없는데도 무조건 빌라도에게 처형을 요구했습니다. 그들은 예언자들이 말한 그대로 행한 것입니다. 그들은 안식일마다 회당에서 예언자들의 글을 읽으면서도, 정작 자신들이 그 예언자들의 각본을 글자 그대로 따르고 있다는 사실을 몰랐습니다.

29-31 예언자들의 말대로 다 행한 뒤에, 그들은 그분을 십자가에서 내려다가 무덤에 두었습니다. 그러나 하나님께서 그분을 죽음에서 다시 살리셨습니다. 그 후에 그분은, 갈릴리 시절부터 그분을 잘 알던 이들에게 여러 곳에서 여러 번에 걸쳐 나타나셨고, 바로 그들이 그분의 살아 계심을 계속해서 증거하고 있습니다. 이것은 논쟁의 여지가 없는 사실입니다.

32-35 오늘 우리도 여러분에게 복된 소식을 가져왔습니다. 그것은 바로, 하나님께서 우리 조상에게 하신 약속이, 그 후손인 우리에게 성취되었다는 메시지입니다! 시편 2편에 정확히 기록된 것처럼, 하나님께서 예수를 살리셨습니다.

내 아들! 내 소중한 아들아!
오늘 내가 너를 기뻐한다!

그분을 죽은 자들 가운데서 살리실 때, 하나님은 영원히 그렇게 하신 것입니다. 그 예수가 썩고 부패한 것으로 다시 돌아가실 일은 없습니다. 그래서 이사야는 '내가 다윗의 약속된 축복을 너희 모두에게 주겠다'고 한 것입니다. 시편 기자도 이렇게 기도했습니다. '주님께서는 주님의 거룩하신 분이 썩고 부패한 것을 다시 보지 않게 하실 것입니다.'

36-39 물론 다윗은 하나님이 맡기신 일을 다 마치고 나서, 오늘까지 긴 세월을 흙과 재가 되어 무덤 속에 있습니다. 그러나 하나님이 살리신 예수는, 흙과 재가 되는 일이 없습니다! 내가 참으로 사랑하는 친구 여러분, 여러분에게 죄 용서의 약속이 주어진 것은, 바로 부활하신 이 예수 때문임을 아시기 바랍니다. 그분은 모세의 율법이 결코 해낼 수 없었던 일을, 믿는 사람들 안에서 모두 성취하십니다. 부활하신 이 예수를 믿는 사람은, 누구나 하나님 앞에서 선하고 의롭고 온전하다고 선포됩니다.

40-41 이것을 가볍게 여기지 마십시오. 다음과 같은 예언자의 설교가 여러분을 묘사한 것이어서는 안될 것입니다.

조심하여라, 비웃는 자들아.
뚫어지게 보아라, 너희의 세상이 산산조각 나는 것을.
내가 바로 너희 눈앞에서 일을 행할 것인데,
그 일이 눈앞에 닥쳐도 너희는 믿지 않을 것이다."

42-43 예배가 끝나자, 바울과 바나바는 다음 안식일에도 설교해 달라는 초청을 받았다. 모임이 끝나자, 아주 많은 유대인과 유대교 개종자들이 바울과 바나바를

따라갔다. 두 사람은 그들과 긴 대화를 나누면서, 그들이 시작한 삶, 곧 하나님
의 은혜와 그 은혜 안에서 사는 삶에 머물러 있으라고 권면했다.
44-45 다음 안식일이 돌아오자, 도시 전체가 하나님의 말씀을 들으려고 모여들었
다. 일부 유대인들이 그 무리를 보고는, 시기심에 휩싸여 바울을 심하게 비난했
다. 그들은 바울의 말을 일일이 반박하며 소란을 피웠다.
46-47 그러나 바울과 바나바는 물러서지 않았다. 그들은 자신들의 입장을 굽히지
않고 이렇게 말했다. "본래 하나님의 말씀은 유대인 여러분에게 먼저 전해지도
록 되어 있었습니다. 그러나 여러분은 그 말씀에 관여할 마음이 전혀 없고, 영
원한 생명에 대해서도 아무 관심과 마음이 없음을 아주 분명히 했습니다. 그래
서 모든 이방인에게 문이 열렸습니다. 우리는 그 문을 통해 나아가면서, 하나님
께서 명령하신 대로 행합니다. 그분께서 이렇게 말씀하셨습니다.

내가 너를 모든 민족의
빛으로 세웠다.
너는 온 땅과 바다 끝까지
구원을 선포할 것이다!"

48-49 이 말을 들은 이방인들은, 자신들이 받은 복이 믿기지 않을 만큼 좋았다. 참
된 생명을 얻도록 정해진 사람들은 모두 하나님을 믿었다. 그들은 그 생명을 받
아들임으로써, 하나님의 말씀을 존귀히 여겼다. 이 구원의 메시지는 그 지역 곳
곳으로 들불처럼 퍼져나갔다.
50-52 일부 유대인들이 그 성의 존경받는 여자들과 지도자급 남자들을 선동해서,
그들의 소중한 생활방식이 곧 훼손될 것이라고 믿게 했다. 그 말에 놀란 그들은
바울과 바나바를 적대하면서 강제로 내쫓았다. 바울과 바나바는 마음에서 그
일을 떨쳐 버리고, 다음 성인 이고니온으로 향했다. 행복한 두 제자는, 기쁨과
성령이 흘러넘쳤다.

14 1-3 바울과 바나바는 이고니온에 도착하여, 늘 하던 대로 유대인 회
당에 가서 메시지를 전했다. 메시지는 유대인과 이방인 양쪽 모두
를 설득시켰다. 그 수가 적지 않았다. 그러나 믿지 않는 유대인들이 바울과 바
나바에 대한 허위 사실을 유포하여, 사람들의 마음에 불신과 의혹의 씨를 뿌렸
다. 두 사도는 거기에 오랫동안 머물면서, 거리낌 없이 드러내놓고 담대히 말했
다. 그들은 하나님의 선물에 관한 확실한 증거를 제시했고, 하나님은 기적과 이
적으로 그들의 사역을 확증해 주셨다.
4-7 그러나 그때 여론이 갈라져, 유대인 편에 서는 사람들도 있고 두 사도 편에
서는 사람들도 있었다. 어느 날, 유대인과 이방인으로 구성된 한 무리가 지도자
들의 지휘하에 자신들을 습격하려는 것을 알게 된 두 사람은, 루가오니아와 루

스드라, 더베와 인근 성으로 급히 피했다. 그들은 거기서도 메시지를 전했다.

신인가, 사람인가

8-10 루스드라에 걷지 못하는 사람이 있었는데, 그는 태어날 때부터 걷지 못해 앉
아서 지냈다. 그 사람이 바울의 말을 듣고 있었다. 바울이 그의 눈을 들여다보고
는, 그가 하나님의 일을 위해 준비되었고, 믿으려고 하는 것을 알았다. 바울은
모두가 들을 수 있게 큰소리로 말했다. "일어서시오!" 그 사람은 순식간에 일어
섰고, 마치 평생 걸어 다닌 사람처럼 걷기도 하고 껑충껑충 뛰기도 했다.
11-13 무리가 바울이 한 일을 보고 흥분해서, 루가오니아 말로 외쳤다. "신들이 내
려오셨다! 이 사람들은 신이다!" 그들은 바나바를 '제우스'라고 부르고 바울을 '헤
르메스'라고 불렀다(바울이 주로 말을 했기 때문이다). 인근 제우스 신당의 제사장이
행렬을 준비했다. 소와 깃발과 사람들이 문 앞에까지 늘어서서 제사를 준비했다.
14-15 바나바와 바울이 마침내 사태를 파악하고는 그들을 말렸다. 그들은 팔을 흔
들어 행렬을 저지하며 외쳤다. "도대체 무엇을 하는 것입니까! 우리는 신이 아
닙니다! 우리도 여러분과 같은 사람입니다. 우리는 여러분에게 메시지를 전하
기 위해 여기에 왔습니다. 신이니 뭐니 하는 어리석은 미신을 버리고, 살아 계
신 하나님을 받아들이도록 여러분에게 권하려고 온 것입니다. 우리가 하나님을
만들 수 없습니다. 하나님께서 인간과 만물, 하늘과 땅과 바다와 그 안에 있는
모든 것을 만드셨습니다.
16-18 우리 앞선 세대에는, 하나님께서 각 나라마다 자기 길을 가게 두셨습니다.
그러나 그때에도 하나님께서는 아무 단서 없이 버려두신 것이 아닙니다. 그분
은 좋은 자연을 만들어 주셨고, 비를 내려 주셨으며, 풍작을 주셨습니다. 여러
분의 배가 부르고 마음이 즐거운 것은, 여러분의 행위로는 누릴 수 없는 하나님
의 선하심에 대한 증거였습니다." 그들이 급히 열변을 토하고 나서야, 그들을
신으로 모시려는 무리의 제사 행위를 겨우 막을 수 있었다.
19-20 그 후에 유대인들 일부가 안디옥과 이고니온에서부터 바나바와 바울을 쫓
아와서, 변덕스러운 무리를 부추겨 그들에게 악감정을 품게 했다. 그 무리가 의
식을 잃을 정도로 바울을 때리고, 성 밖으로 끌고 가 죽도록 내버려 두었다. 그
러나 제자들이 그를 둘러서자, 바울은 의식을 되찾고 일어났다. 그는 다시 성
안으로 들어가서, 이튿날 바나바와 함께 더베로 떠났다.

안디옥으로 돌아오다

21-22 바울과 바나바는 더베에서 메시지를 선포하고 든든한 기둥이 될 제자들을
세운 뒤에, 오던 길로 되돌아가서, 루스드라와 이고니온을 거쳐 안디옥에 이르
렀다. 그들은 제자들의 삶에 힘과 기운을 북돋아 주고, 처음에 믿은 것을 굳게
붙들어 거기서 떠나지 말라고 당부했다. 그것이 쉽지 않으리라는 것을 그들에
게 분명히 말했다. "누구든지 하나님 나라에 지원하는 사람은 반드시 많은 어려
움을 겪어야 합니다."

[23-26] 바울과 바나바는 각 교회의 지도자들을 신중하게 뽑았다. 그들은 금식하고
더욱 간절히 기도를 드리고 나서, 지금까지 자신들의 삶을 의탁했던 주님께 새
로 뽑은 지도자들을 맡겨 드렸다. 두 사람은 비시디아를 지나 밤빌리아로 되돌
아왔고, 버가에서 **메시지**를 전했다. 마침내 그들은 앗달리아에 도착해서, 배를
타고 처음 출발점인 안디옥으로 돌아왔다. 하나님의 은혜로 시작해서, 이제 하
나님의 은혜로 무사히 돌아온 것이다.
[27-28] 그들은 그곳에 도착하자마자, 교회 회중을 모아 놓고 그동안의 여행을 보고
했다. 하나님께서 어떻게 자신들을 사용하셔서 믿음의 문을 활짝 열어 주셨는지,
그래서 어떻게 모든 민족이 교회로 들어올 수 있게 되었는지를 자세히 이야기했
다. 그들은 그곳에 머물면서, 제자들과 오랫동안 여유 있게 교제를 나누었다.

이방인 신자들을 위한 지침

15

[1-2] 얼마 후에 유대인들 몇 사람이 유대에서 내려와, "모세의 방식대
로 할례를 받지 않으면 구원받을 수 없다"면서, 모든 사람이 할례를
받아야 한다고 주장했다. 바울과 바나바가 즉시 일어나서 강력히 항의했다. 교
회는 이 문제를 해결하기 위해 바울과 바나바와 다른 몇 사람을 예루살렘으로
보내, 사도와 지도자들 앞에 이 문제를 내놓기로 했다.
[3] 그들은 전송을 받고 길을 떠나 페니키아와 사마리아를 지나면서, 이방인들에
게도 돌파구가 열렸다는 소식을 만나는 모든 사람에게 전했다. 그 이야기를 들
은 사람들은 모두 굉장한 소식이라며 환호했다!
[4-5] 바울과 바나바가 예루살렘에 이르자, 사도와 지도자들을 비롯해 온 교회가
그들을 따뜻하게 맞아 주었다. 두 사람은 최근 여행중에, 하나님께서 자신들을
사용하셔서 이방인들에게 문을 열어 주신 일을 보고했다. 몇몇 바리새인들이
일어나 자신들의 의견을 밝혔다. 그들은 믿는 사람들이기는 했으나, 바리새인
의 강경 노선을 계속 고수하려는 이들이었다. 그들이 말했다. "이방인 개종자들
에게도 할례를 주어서, 모세의 율법을 지키게 해야 합니다."
[6-9] 사도와 지도자들이 특별 회의를 소집해 이 문제를 깊이 논의했다. 여러 주장
이 끊임없이 오가는 가운데, 열띤 논쟁을 벌였다. 그때 베드로가 자리에서 일어
나 이렇게 말했다. "친구 여러분, 여러분도 잘 알다시피, 하나님께서는 이방인
들도 이 복된 **메시지**를 듣고 받아들이기 원하신다는 것을 일찍부터 아주 분명히
밝히셨습니다. 그것도 전해 들은 말이 아니라, 바로 내가 전하는 말을 직접 듣고
받아들이게 하셨습니다. 우리의 어떤 겉치레에도 속지 않으시고 언제나 사람의
생각을 아시는 하나님께서, 우리에게 주신 것과 똑같은 성령을 그들에게도 주셨
습니다. 그분은 우리를 대하신 것처럼 이방인들을 대하셨습니다. 하나님께서는
그분을 믿고 신뢰하는 이방인들에게 역사하셔서, 먼저 그들이 누구인지 깨닫게
하시고 그 중심에서부터 시작해서 그들의 삶을 깨끗게 하셨습니다.
[10-11] 그런데 어찌하여 지금 여러분은 하나님보다 더한 하나님이 되어서, 우리 조
상을 짓누르고 우리까지 짓누른 규정들을 새로 믿은 이 사람들에게 지우려는

것입니까? 주 예수께서 놀랍고도 너그러운 은혜로 우리를 찾아오셔서 구원해
주신 것처럼, 우리 민족이 아닌 이방인들도 그렇게 구원해 주셨다는 것을 우리
가 믿지 않습니까? 그렇다면 지금 우리가 무엇을 두고 싸우는 것입니까?"
12-13 깊은 침묵이 흘렀다. 아무도 입을 열지 않았다. 그 침묵 가운데 바나바와 바
울은, 자신들의 사역을 통해 하나님께서 다른 민족들 가운데 행하신 기적과 이
적을 사실대로 보고했다. 침묵은 더욱 깊어져, 사람들의 숨소리까지 들릴 정도
였다.
13-18 야고보가 침묵을 깼다. "친구 여러분, 들으십시오. 시므온이 우리에게 전해
준 대로, 하나님께서는 이방 민족들도 품으실 것을 처음부터 분명히 말씀하셨
습니다. 이것은 예언자들의 말과 정확히 일치합니다.

이후에 내가 돌아와
다윗의 무너진 집을 다시 세울 것이다.
내가 모든 조각을 다시 맞추어
새것처럼 보이게 할 것이다.
이방인들도 구하는 자는 찾게 되고,
갈 곳을 얻게 되며,
모든 이방 민족도
내가 하는 일을 알게 될 것이다.

하나님께서 이렇게 말씀하셨고, 이제 그 말씀대로 행하고 계십니다. 이것은 느
닷없이 일어난 일이 아닙니다. 그분은 처음부터 이렇게 하실 것을 알고 계셨습
니다.
19-21 그러니, 내 판단은 이렇습니다. 우리는 주님께로 돌아오는 이방인들에게 불
필요한 짐을 지우지 말아야겠습니다. 우리가 그들에게 편지를 써서 이렇게 말
하는 것이 좋겠습니다. '우상과 관계된 활동에 관여하지 않도록 조심하고, 성생
활과 결혼의 도덕을 지키며, 유대인 그리스도인들에게 거슬리는 음식—이를테
면 피 같은 것—은 내놓지 마십시오.' 이것은 모세가 전한 기본 지혜입니다. 이
것은 우리가 안식일을 지켜 모일 때, 지금까지 어느 도시에서나 수백년 동안 전
하고 지켜 온 것입니다."
22-23 사도와 지도자와 모든 사람들이 거기에 동의했다. 그들은 교회에서 상당히
비중 있는 바사바라는 유다와 실라를 택하고, 바울과 바나바와 함께 그들 편으
로 다음의 편지를 안디옥으로 보냈다.

여러분의 형제인 사도와 지도자들이, 안디옥과 시리아와 길리기아에 있는 우
리 형제들에게 편지합니다.
평안하십니까?
24-27 우리 교회의 몇몇 사람들이, 여러분에게 가서 여러분을 혼란스럽고 당황

스럽게 하는 말을 했다는 소식을 들었습니다. 알아 두십시오. 우리는 그들에
게 아무런 권한도 준 적이 없습니다. 그들은 우리가 보낸 사람들이 아닙니다.
우리는 우리를 대표할 사람들을 뽑아서, 우리의 귀한 형제인 바나바와 바울
과 함께 여러분에게 보내기로 만장일치로 결의했습니다. 우리는 여러분이 신
임할 만한 사람, 곧 유다와 실라를 뽑았습니다. 그들은 우리 주 예수 그리스
도를 위해 몇 번이나 죽음까지도 마다하지 않은 사람들입니다. 우리는 그들
이 여러분을 대면해서 우리가 쓴 내용이 사실임을 확증해 주도록 그들을 보
냅니다.

28-29 성령과 우리는, 꼭 필요한 최소한의 책임 외에는 여러분에게 어떤 무거운
짐도 지워서는 안된다고 생각합니다. 여러분은 우상과 관계된 활동에 관여하
지 않도록 조심하고, 유대인 그리스도인들에게 거슬리는 음식—이를테면 피
같은 것—은 내놓지 말며, 성생활과 결혼의 도덕을 지키십시오.
이런 지침만 따른다면, 우리 사이에는 뜻이 맞고 돈독한 관계가 충분히 유지
될 것입니다. 하나님께서 여러분과 함께하시기를 바랍니다!

바나바와 바울이 갈라서다

30-33 그들은 안디옥으로 떠났다. 그들은 그곳에 도착해서, 교회 회중을 모아 놓
고 편지를 읽어 주었다. 사람들은 크게 안도하고 기뻐했다. 훌륭한 설교자인 유
다와 실라는, 많은 격려와 소망의 말로 새로운 동료들에게 힘을 실어 주었다. 어
느새 돌아갈 때가 되었다. 새로운 동료들 모두가 웃음과 포옹으로 그들을 전송
했고, 유다와 실라는 자신들을 보낸 이들에게 보고하러 가기 위해 길을 떠났다.
35 바울과 바나바는 안디옥에 머물면서, 하나님 말씀을 가르치고 전했다. 그러
나 그들은 혼자가 아니었다. 당시 안디옥에는 가르치고 전하는 사람들이 많이
있었다.
36 며칠 후에 바울이 바나바에게 말했다. "전에 우리가 하나님 말씀을 전하던 각
도시로 돌아가서, 거기 있는 동료들을 방문하고 어떻게 지내는지 알아봅시다."
37-41 바나바는 일명 마가라 하는 요한도 데려가고 싶어 했다. 그러나 바울은 그
와 함께하고 싶지 않았다. 상황이 힘들어지자 밤빌리아에서 그들을 두고 떠났
던 이 중도 포기자를 데려갈 마음이 없었던 것이다. 언성이 높아지더니, 결국
그들은 갈라섰다. 바나바는 마가를 데리고 배편으로 키프로스로 갔다. 바울은
실라를 택해, 주님의 은혜를 구하는 동료들의 인사를 받으며 시리아와 길리기
아로 갔다. 그곳에서 회중에게 힘과 기운을 북돋아 주었다.

바울의 갈 길을 정해 준 꿈

16 1-3 바울은 먼저 더베로 갔다가, 그 후에 루스드라로 갔다. 거기서 그
는, 경건한 유대인 어머니와 그리스 사람인 아버지 사이에서 태어난
디모데라는 제자를 만났다. 루스드라와 이고니온에 있는 형제들은, 디모데가
아주 훌륭한 청년이라고 다들 입을 모아 말했다. 바울은 그를 선교 사역에 영입

하고 싶었다. 그는 그 지역에 사는 유대인들에게 걸림이 되지 않도록, 디모데를 따로 데려다가 먼저 할례를 주었다. 그의 아버지가 그리스 사람이라는 것을 모두가 알고 있었기 때문이다.

4-5 바울 일행은 각 도시를 다니면서, 예루살렘의 사도와 지도자들이 작성한 간단한 지침을 제시해 주었다. 그 지침은 더없이 큰 도움이 되었다. 날마다 회중의 믿음이 더욱 굳건해지고 그 수가 더 많아졌다.

6-8 그들은 브루기아로 갔다가, 갈라디아를 지나갔다. 그들의 계획은 서쪽으로 방향을 잡아 아시아로 가는 것이었으나, 성령께서 그 길을 막으셨다. 그래서 그들은 무시아로 갔다. 거기서 북쪽 비두니아로 가려고 했으나, 예수의 영께서 그쪽으로 가는 것도 허락지 않으셨다. 그래서 그들은 다시 무시아를 지나, 드로아 항으로 내려갔다.

9-10 그날 밤에 바울은 꿈을 꾸었다. 마케도니아 사람 하나가 멀리 해안에 서서 바다 건너 이쪽을 향해 외쳤다. "마케도니아로 건너와서 우리를 도와주십시오!" 그 꿈이 바울의 갈 길을 정해 주었다. 우리는 곧장 마케도니아로 건너갈 준비에 착수했다. 모든 조각이 꼭 들어맞았다. 이제 하나님께서 유럽 사람들에게 복된 소식을 전하라고 우리를 부르셨음을 확신했다.

11-12 드로아 항을 떠나, 사모드라게로 직행했다. 이튿날 '네압볼리'(신도시)에 배를 대고 거기서부터 걸어서 빌립보로 갔다. 빌립보는 마케도니아의 주요 도시이자, 더 중요하게는 로마의 식민지였다. 우리는 거기서 며칠을 묵었다.

13-14 안식일에, 우리는 시내를 벗어나 기도 모임이 있다는 곳으로 강을 따라 내려갔다. 우리는 그곳에 모여 있는 여자들 곁에 자리를 잡고서, 그들과 이야기를 나누었다. 그들 가운데는 값비싼 직물을 파는 루디아라는 여자가 있었다. 루디아는 두아디라 출신의 상인인데, 하나님을 경외하는 여자로 알려져 있었다. 우리의 말을 열심히 듣던 중에, 주님께서 루디아에게 믿는 마음을 주셨다. 그래서 그녀는 믿었다!

15 루디아는 자기 집에 있는 모든 사람과 함께 세례를 받은 뒤에, 우리를 대접하고 싶은 마음에 이렇게 말했다. "내가 이 일에 당신들과 하나이며 참으로 주님을 믿는 줄로 당신들이 확신한다면, 우리 집에 오셔서 머물러 주십시오." 우리는 주저했으나, 그녀는 절대로 우리의 거절을 받아들일 태세가 아니었다.

매 맞고 감옥에 갇히다

16-18 하루는 기도 장소로 가다가, 한 여종과 우연히 마주쳤다. 그 여자는 점을 쳐서 자기 주인들에게 많은 돈을 벌어 주는 점쟁이였다. 그 여자는 바울을 따라다니면서, "이 사람들은 지극히 높으신 하나님을 위해 일하고 있습니다. 여러분을 위해 구원의 길을 놓고 있습니다!" 하고 소리치며 모든 사람의 이목을 우리에게 집중시켰다. 그 여자가 며칠을 그렇게 하자, 바울은 너무도 성가셨다. 그가 돌아서서, 그 여자를 사로잡고 있는 귀신에게 명령했다. "예수 그리스도의 이름으로 명한다. 나오너라! 이 여자에게서 나오너라!" 그러자 그 명령대로 귀신이 떠

나가 버렸다.
19-22 그 여자의 주인들이 자신들의 돈벌이 되는 사업이 순식간에 망한 것을 알고
는, 바울과 실라를 쫓아가서 우격다짐으로 그들을 붙잡아 광장으로 끌고 갔다.
그러자 경비대가 그들을 체포해, 법정으로 끌고 가서 고발했다. "이 자들은 평
화를 어지럽히고 있습니다. 우리 로마 법과 질서를 파괴하는 위험한 유대인 선
동자들입니다." 어느새 무리는 흥분한 폭도로 변해 있었다.
22-24 판사들은 폭도와 한편이 되어서, 바울과 실라의 옷을 찢어 벗기고 그들에게
공개 태형을 명령했다. 그들은 시퍼런 멍이 들도록 그 두 사람을 때린 뒤 감옥
에 가두고, 탈출은 꿈도 꾸지 못하도록 삼엄하게 감시하라고 간수에게 명령했
다. 간수는 명령대로 감시가 가장 삼엄한 감옥에 그 두 사람을 가두고 발에 족
쇄를 채웠다.
25-26 자정쯤에, 바울과 실라가 기도하며 힘차게 하나님을 찬송했다. 다른 죄수들
은 자신의 귀를 의심했다. 그때 난데없이 큰 지진이 일어났다! 감옥이 흔들리며
감옥 문이 모두 열렸고, 죄수들을 묶어 놓은 것들도 다 풀렸다.
27-28 간수가 잠을 자다가 놀라서 깨어 보니, 감옥 문이 다 열려 제멋대로 흔들리
고 있었다. 그는 죄수들이 탈출한 줄 알고, 어차피 자신은 죽은 목숨이라는 생
각에 칼을 뽑아 자살하려고 했다. 그때 바울이 그를 말렸다. "그러지 마시오! 우
리 모두가 여기 그대로 있습니다! 아무도 달아나지 않았습니다!"
29-31 간수는 횃불을 들고 급히 안으로 들어갔다. 그는 부들부들 떨면서, 바울과
실라 앞에 무너지듯 주저앉았다. 그는 그들을 감옥 바깥으로 데리고 나와서 물
었다. "선생님, 내가 어떻게 하면 구원을 얻어 참으로 살 수 있겠습니까?" 그들
이 말했다. "주 예수를 온전히 믿으시오. 그러면 당신이 바라는 참된 삶을 살게
될 것입니다. 당신 집안의 사람들도 모두 마찬가지입니다!"
32-34 그들은 주님에 대한 이야기를 자세히 설명해 주었다. 그 이야기를 할 때 그
의 가족도 모두 함께 있었다. 그날 모두가 꼬박 밤을 새웠다. 간수는 그들이 편
히 쉴 수 있도록 했고, 상처를 싸매 주었다. 그러고 나서, 그와 가족 모두가 세
례를 받았다. 아침까지 기다릴 수 없었던 것이다! 축하의 뜻으로 그는 자기 집
에서 음식을 대접했다. 잊지 못할 밤이었다. 그와 온 가족이 하나님을 믿었다.
집안 모든 사람이 기뻐하며 잔치를 벌였다.
35-36 동이 트자, 법정 판사들이 관리들을 보내어 지시했다. "그 사람들을 풀어 주
어라." 간수가 바울에게 그 말을 전했다. "판사들한테서 지시가 왔는데, 선생님
들은 이제 자유의 몸이 되었습니다. 축하합니다! 평안히 가십시오!"
37 그러나 바울은 꿈쩍하지 않았다. 그가 관리들에게 말했다. "저들은 로마 시민
신분이 확실한 우리를 공개적으로 때리고 감옥에 가두었습니다. 그런데 이제
와서 아무도 모르게 우리를 내보내겠다는 말입니까? 그렇게는 못하겠습니다!
여기서 우리를 내보내려면, 저들이 직접 와서 환한 대낮에 우리를 데리고 나가
야 할 것입니다."
38-40 관리들이 이 말을 보고하자 판사들이 당황했다. 그들은 바울과 실라가 로마

시민인 줄은 전혀 몰랐다. 그들은 급히 와서 사과했다. 그리고 두 사람을 감옥에서부터 직접 호송해 나가면서, 그들에게 그 도시를 떠나 달라고 간청했다. 감옥에서 나온 바울과 실라는, 곧장 루디아의 집으로 가서 동료들을 다시 만났다. 믿음 안에서 그들을 격려하고 길을 떠났다.

데살로니가

17 1-3 그들은 남쪽 길을 택해, 암비볼리와 아볼로니아를 지나 데살로니가로 갔다. 그곳에는 유대인 공동체가 있었다. 바울은 평소 하던 대로 그 시내의 회당으로 가서, 세 번의 안식일 동안 성경을 가지고 말씀을 전했다. 그는 그들이 평생 읽어 온 성경 본문의 뜻을 풀어 주었다. 그들로 하여금 메시아께서 반드시 죽임을 당하고 죽은 자들 가운데서 살아나야 하며—그 밖에 다른 길은 없으며—"지금 여러분에게 소개하는 이 예수가 바로 그 메시아"라는 사실을 깨닫도록 해주었다.

4-5 그들 가운데 일부가 설득되어 바울과 실라에게 합류했다. 그중에는 하나님을 경외하는 그리스 사람들이 아주 많았고, 귀족층 여자들도 여럿 있었다. 그러나 강경파 유대인들은 그들의 개종에 격분했다. 시기심에 휩싸인 그들은 거리의 사나운 불량배들을 끌어 모아, 시내에 공포 분위기를 조성하며 바울과 실라를 추적했다.

5-7 그들은 바울과 실라가 야손의 집에 있는 줄 알고 그곳으로 쳐들어갔다. 거기서 두 사람을 찾지 못하자, 그들은 야손과 그 친구들을 대신 붙잡아 시 원로들 앞으로 끌고 갔다. 그러고는 미친 듯이 소리쳤다. "이들은 세상을 무너뜨리려는 자들입니다. 이제 우리 문 앞에까지 나타나서, 우리가 소중히 여기는 모든 것을 공격하고 있습니다! 예수가 왕이고 황제는 아무것도 아니라고 말하는 이 반역자와 배반자들을 야손이 숨겨 주고 있습니다!"

8-9 시 원로들과 모여든 사람들은 그 말을 듣고 크게 놀랐다. 그들은 고발 내용을 조사하는 한편, 야손과 그 친구들에게서 보석금을 두둑이 받고 그들을 풀어 주었다.

베뢰아

10-12 그날 밤에 형제들이 어둠을 틈타 바울과 실라를 신속히 성읍 밖으로 빼냈다. 그들은 그 둘을 베뢰아로 보냈고, 거기서 두 사람은 다시 유대인 공동체를 만났다. 그곳 사람들은 데살로니가 사람들보다 훨씬 나았다. 그곳의 유대인들은 바울이 전하는 소식을 열정적으로 받아들였고, 그가 하는 말이 성경적 근거가 있는지 알아보려고 날마다 그를 만나 성경을 연구했다. 그들 가운데 많은 이들이 믿는 사람이 되었는데, 그중에는 공동체에서 유력하고 영향력 있는 남녀 그리스 사람들도 많았다.

13-15 그러나 바울이 베뢰아에서 다시 하나님의 말씀을 전하고 있다는 보고가 데살로니가의 강경파 유대인들에게 들어갔다. 그들은 지체하지 않고 대응했다.

거기서도 무리를 모아 소란을 일으킨 것이다. 바울은 형제들의 도움을 받아 그들을 따돌리고서, 배를 타고 바다로 나갔다. 실라와 디모데는 뒤에 남았다. 바울의 피신을 도와준 사람들은 아테네까지 그를 데려가서, 거기에 그를 두고 떠났다. 떠나는 그들 편에 바울은 "되도록 빨리 오라!"는 전갈을 실라와 디모데에게 보냈다.

아테네

16 아테네에서 실라와 디모데를 기다리는 기간이 길어질수록, 바울은 그곳에 우
상이 가득한 것을 보고 큰 분노를 느꼈다! 그 도시는 우상 천지였다.
17-18 그는 그 문제로, 유대인 및 그들과 뜻이 맞는 다른 사람들과 더불어 유대인
회당에서 토론했다. 그리고 날마다 거리에 나가서, 만나는 사람 누구하고나 이
야기를 나누었다. 그런 대화를 통해 그는 에피쿠로스 학파와 스토아 학파 지식
인 몇 사람과도 잘 알게 되었다. 그들 가운데는 "이런 어리석은 사람을 봤나!"
하고 빈정대며 바울의 말을 일축하는 사람들도 있었다. 그러나 바울이 전하는
예수와 부활 이야기에 귀를 기울이며 "당신의 이야기는 신에 관한 새로운 관점
이오. 더 들어 봅시다" 하고 관심을 보이는 사람들도 있었다.
19-21 그 사람들이 함께 모여서, 바울에게 아레오바고 법정에서 공개적으로 설명
해 줄 것을 요청했다. 그곳은 주변이 한결 조용한 곳이었다. 그들이 말했다. "이
이야기는 우리에게 새로운 것이오. 우리는 이 같은 이야기를 한 번도 들어 본
적이 없소. 대체 당신은 어디서 이런 생각을 찾아낸 것이오? 우리가 이해할 수
있도록 설명해 보시오." 아테네 시내는 잡다한 이야기들이 넘쳐나는 곳이었다.
현지인이나 관광객이나 할 것 없이, 항상 사람들이 어슬렁거리며 무엇이든 최
신 뉴스를 기다리는 곳이었다.
22-23 그러자 바울은 아레오바고 법정에 자리를 잡고 서서 설명했다. "내가 보니,
아테네 시민 여러분은 종교를 진지하게 여기는 것이 분명합니다. 나는 며칠 전
이곳에 도착했는데, 오가면서 발견한 그 모든 신당들에 놀랐습니다. '아무도 알
지 못하는 신에게'라고 새겨진 신당도 있더군요. 내가 여기 온 것은 아무도 알지
못했던 그 신을 여러분에게 소개하여, 여러분이 대상을 분명히 알고 예배할 수
있도록 하려는 것입니다.
24-29 세상과 그 안에 있는 모든 것을 만드신 하나님, 하늘과 땅의 주님께서는 여
러분이 주문 제작한 신당에 사시지 않습니다. 또한 자신을 건사하지 못해 옆에
서 시중들어 줄 누군가가 필요하신 분도 아닙니다. 그분이 피조물을 만드셨지,
피조물이 그분을 만든 것이 아닙니다. 그분은 무(無)에서 출발해 온 인류를 지
으셨고, 이 땅을 살 만한 좋은 곳으로 만들어 주셨습니다. 넉넉한 시간과 살 만
한 공간도 주셨습니다. 이는 우리가 어둠 속에서 더듬기만 하는 것이 아니라 실
제로 그분을 만날 수 있도록, 우리가 하나님을 찾을 수 있도록 하시려는 것입니
다. 그분은 우리와 숨바꼭질하시지 않습니다. 그분은 멀리 계시지 않습니다. 그
분은 가까이 계십니다. 우리는 그분 안에서 살고 움직입니다. 그분을 벗어날 수

없습니다! 여러분의 시인들 가운데 누군가가 '우리는 하나님께 지음받은 존재'
라고 잘 말했습니다. 과연 우리가 하나님께 지음받은 존재라면, 우리가 석공을
고용해서 돌을 깎아 우리를 위한 신을 만들겠다는 것은 얼마나 얼토당토않은
생각입니까?
30-31 여러분이 아직 잘 모를 때에는 하나님께서 그냥 지나치셨습니다. 그러나 이
제는 그러한 때가 지났습니다. 알지 못하던 그 신이 여러분에게 알려졌고, 이제
그분은 여러분에게 근본적인 삶의 변화를 요구하십니다. 그분은 온 인류를 심
판하시고 모든 것을 바르게 할 날을 정하셨습니다. 이미 심판자를 지명하시고
그분을 죽은 자들 가운데서 살리셔서, 모든 사람 앞에 확증하셨습니다."
32-34 "죽은 자들 가운데서 살리신다"는 말에, 듣던 사람들이 두 부류로 나누어졌
다. 바울을 비웃고 조롱하며 떠나간 사람들이 있는가 하면, "다시 들어 봅시다.
우리는 더 듣고 싶소" 하고 말하는 사람들도 있었다. 그러나 그날은 그것으로
끝났고 바울도 떠났다. 그날 그 자리에서 확신이 생겨 바울을 떠나지 않은 사람
들도 있었다. 그 가운데는 아레오바고 법정의 판사인 디오누시오와 다마리라는
여자도 있었다.

고린도

18 1-4 아테네 사역이 끝나고, 바울은 고린도로 갔다. 거기서 그는 본도
태생 유대인 아굴라와 그 아내 브리스길라를 만났다. 그들은 글라우
디오 황제가 유대인들에게 내린 대대적인 로마 추방령 때문에 이탈리아로부터
막 도착해 있었다. 바울은 그들의 집에 묵으면서, 그들과 천막 만드는 일을 함
께했다. 그는 안식일마다 회당에 가서 유대인과 그리스 사람 모두에게 예수에
대한 확신을 심어 주려고 최선을 다했다.
5-6 마케도니아에서 실라와 디모데가 오자, 바울은 말씀을 전하고 가르치는 일에
전념할 수 있었다. 그는 예수가 하나님의 메시아라는 사실을 유대인들에게 설
득시키려고 애썼다. 그러나 뜻대로 되지 않았다. 유대인들이 한 일이라고는 사
사건건 논쟁을 일삼고 그의 말을 반박하는 것이 전부였다. 몹시 화가 난 바울은
결국 그들에게 크게 실망해서, 소용없는 일로 여기고 손을 뗐다. 그가 말했다.
"그렇다면 여러분 마음대로 하십시오. 여러분이 뿌린 씨앗은 여러분이 거두게
될 것입니다. 이제부터 나는 다른 민족들을 위해 내 시간을 쓰겠습니다."
7-8 바울은 그곳을 떠나, 유대인의 회당 바로 옆에 사는 디도 유스도의 집으로 갔
다. 그는 하나님을 경외하는 사람이었다. 유대인들을 향한 바울의 수고가 전혀
헛되지는 않았다. 회당장 그리스보가 주님을 믿은 것이다. 그와 함께 그의 온
가족도 믿었다.
8-11 바울의 말을 듣는 중에, 아주 많은 고린도 사람들이 믿고 세례를 받았다. 어
느 날 밤, 주님께서 바울의 꿈에 나타나 말씀하셨다. "계속 밀고 나가거라. 누구
에게든지 겁을 먹거나 침묵해서는 안된다. 무슨 일이 있어도 내가 너와 함께하
니 아무도 너를 해칠 수 없다. 이 도시에 내 편에 서 있는 사람이 얼마나 많은지

너는 모른다." 그 한 마디 말로, 바울은 끝까지 견딜 수 있었다. 그는 그곳에서 일
년 반을 더 머물면서, 고린도 사람들에게 하나님의 말씀을 신실하게 가르쳤다.
12-13 그러나 갈리오가 아가야 총독으로 있을 때, 유대인들이 바울에 반대하는 운
동을 벌여 그를 법정으로 끌고 가 고발했다. "이 자는 율법에 어긋나는 예배 행
위를 하라고 사람들을 현혹하고 있습니다."
14-16 바울이 막 자신을 변호하려고 하는데, 갈리오가 끼어들어 유대인들에게 말
했다. "이것이 범죄 행위와 관련된 문제라면, 내가 기꺼이 여러분의 말을 듣겠
소. 그러나 내게는, 이것이 유대인들이 종교를 두고 벌이는 끝없는 말다툼처럼
들리오. 여러분이 직접 해결하시오. 말도 안되는 이런 문제로 신경 쓰고 싶지
않소." 그러고 나서 갈리오는 그들을 법정에서 내보냈다.
17 그러자 거리에 모여 있던 무리가 신임 회당장 소스데네에게 달려들어, 법정
에서도 다 볼 수 있도록 그를 마구 때렸다. 그러나 갈리오는 손가락 하나 까딱
하지 않았다. 조금도 개의치 않았던 것이다.

에베소

18 바울은 고린도에 조금 더 머물렀다. 그러나 곧 동료들을 떠나야 할 때가 되었
다. 그는 작별인사를 하고, 배에 올라 시리아로 향했다. 브리스길라와 아굴라가
그와 함께했다. 항구 도시 겐그레아에서, 바울은 배에 오르기 전에 자신이 서원
한 대로 머리를 깎았다.
19-21 일행이 에베소에 도착했다. 브리스길라와 아굴라는 배에서 내려 거기에 머
물렀다. 바울도 배에서 잠시 내려, 회당에 가서 유대인들에게 말씀을 전했다.
그들은 그가 더 오래 머물기를 원했으나, 그는 그럴 수 없었다. 작별인사를 한
뒤에, 그는 "하나님의 뜻이면 다시 돌아오겠습니다" 하고 약속했다.
21-22 바울은 에베소를 떠나 가이사랴로 향했다. 그곳에 있는 그리스도인 모임에
서 인사를 나눈 뒤에 안디옥까지 가서 여정을 마쳤다.
23 안디옥의 그리스도인들과 오랜 시간을 함께 보내고 나서, 바울은 다시 갈라
디아와 부르기아로 떠났다. 그는 전에 자신이 왔던 길을 되돌아가면서, 각 성을
차례로 다니며 제자들에게 새로운 마음을 심어 주었다.
24-26 아볼로라는 사람이 에베소에 왔다. 그는 이집트 알렉산드리아 태생의 유대
인이었는데, 유창한 말로 성경 말씀을 힘 있게 전하는 탁월한 웅변가였다. 그는
주님의 도(道)를 잘 교육받았고, 열정으로 불타오르는 사람이었다. 그가 예수에
대해 가르치는 내용은 아주 정확했으나, 그 가르침은 요한의 세례까지밖에 이르
지 못했다. 아볼로가 회당에서 말씀을 힘 있게 전하는 것을 들은 브리스길라와
아굴라는, 그를 따로 데려다가 그가 알지 못하는 나머지 이야기를 들려주었다.
27-28 아볼로가 아가야로 가기로 결정하자, 에베소의 동료들이 그를 축복해 주었
다. 그리고 그곳의 제자들에게, 두 팔 벌려 그를 영접하도록 추천장을 써 주었
다. 과연 그를 기쁘게 맞아들인 보람이 있었다. 하나님의 크신 자비로 믿는 사
람이 된 이들에게 아볼로는 큰 도움이 되었다. 특히 그는 유대인들과의 공개 토

론에 능하여, 예수가 참으로 하나님의 메시아라는 증거를 성경을 근거로 설득
력 있게 제시했다.

19 [1-2] 아볼로가 고린도에 가 있는 동안, 바울은 높은 지역을 거쳐 에베
소에 이르렀다. 거기서 몇몇 제자들을 만난 바울은 먼저 이런 말부
터 꺼냈다. "여러분이 믿을 때에 성령을 받았습니까? 여러분은 하나님을 머리
에만 모셨습니까, 아니면 마음에도 모셨습니까? 그분이 여러분 안에 들어오셨
습니까?"
"성령이라니요? 하나님이 우리 안에 계신다고요? 그런 말은 처음 듣습니다."
3 "그럼 세례는 어떻게 받았습니까?" 바울이 물었다.
"요한의 세례를 받았습니다."
4 "아, 그렇군요." 바울이 말했다. "요한은 자기 뒤에 오실 분을 받아들이도록
사람들을 준비시키기 위해 세례를 베풀었습니다. 그 세례는 과거와는 전혀 다른
삶을 살라는 요청이었습니다. 뒤에 오실 분은, 바로 예수이셨습니다. 여러분이
요한의 세례를 받았다면, 이제 진짜 세례인 예수를 맞을 준비가 된 것입니다."
5-7 그들은 참으로 준비되어 있었다. 그 말을 듣자마자, 그들은 주 예수의 이름으
로 세례를 받았다. 바울이 그들의 머리에 손을 얹자, 성령께서 그들 안으로 들
어오셨다. 그때부터 그들은 방언으로 하나님을 찬송하고, 하나님께서 하신 일
들을 이야기했다. 그날 거기 있던 사람들은 모두 열두 명 정도였다.
8-10 그 후 바울은 곧바로 회당으로 갔다. 그는 석 달 동안 자유로이 회당에 드나
들며, 최선을 다해 하나님 나라의 일을 생생하고 설득력 있게 제시했다. 그러나
그때에, 그들 가운데 일부가 그리스도인의 생활방식에 대해 악한 소문을 퍼뜨
리는 바람에 회중 사이에 저항이 생기기 시작했다. 바울은 제자들을 데리고 그
곳을 떠나, 두란노 학교를 열고 날마다 거기서 강론했다. 그는 이 년 동안 그 일
을 하면서, 아시아에 있는 모든 사람, 유대인뿐 아니라 그리스 사람들까지 주의
메시지를 들을 수 있도록 충분한 기회를 주었다.

난데없이 나타난 마술사들

11-12 하나님께서 바울을 통해 강력하고도 비상한 일들을 행하셨다. 그 소문이 퍼
지자, 사람들은 바울의 살에 닿았던 옷가지, 곧 손수건과 목도리 같은 것을 가져
다가 병자들에게 대기 시작했다. 그것을 대기만 해도 병자들이 깨끗이 나았다.
13-16 귀신을 축출하며 떠돌아다니는 몇몇 유대인들이 마침 시내에 와 있었다. 그
들은 그 모든 일이 바울의 술수려니 생각하고 그 일을 자기들도 한번 해보았다.
그들은 악한 귀신의 피해를 입은 사람들에게 주 예수의 이름을 대면서 말했다.
"내가 바울이 전하는 예수로 너희에게 명한다!" 유대인 대제사장인 스게와의 일
곱 아들도 어떤 사람에게 그렇게 하려고 하자, 악한 귀신들이 이렇게 되받았다.
"내가 예수도 알고 바울도 들어 보았지만, 너희는 누구냐?" 그때 귀신 들린 자

가 포악해지더니, 그들에게 뛰어올라 그들을 마구 때리고 옷을 찢었다. 그들은 옷이 벗겨진 채 피를 흘리면서, 있는 힘을 다해 달아났다.

17-20 곧 이 일이 에베소 전역에 있는 유대인과 그리스 사람들에게 알려졌다. 이 일의 배후와 중심에 하나님이 계시다는 인식이 퍼져 나갔다. 바울에 대한 사람들의 호기심은, 점차 주 예수를 높이는 마음으로 바뀌어 갔다. 그렇게 믿게 된 많은 사람들이 자신의 정체를 밝히고, 은밀히 행하던 마술에서 완전히 손을 뗐다. 온갖 종류의 마술사와 점쟁이들이 마술책과 주술책을 가지고 나타나서, 그것들을 전부 불태워 버렸다. 어떤 사람이 그 값을 계산해 보니, 은화 오만이나 되었다. 이제 에베소에서 주님의 말씀이 최고이자 대세인 것이 분명해졌다.

아데미 여신

21-22 이 모든 일이 있고 나서, 바울은 마케도니아와 아가야로 이동했다. 거기서 그는 예루살렘으로 갈 때가 되었다고 판단했다. 그는 "이제 나는 로마로 갑니다. 내가 로마를 꼭 보아야겠습니다!" 하고 말했다. 그는 자신의 조력자 가운데 디모데와 에라스도 두 사람을 마케도니아로 보내고, 얼마 동안 아시아에 머물면서 남은 일을 마무리했다.

23-26 그러나 그가 떠나기 전에, 이 도(道)를 두고 큰 소동이 벌어졌다. 데메드리오라 하는 은세공인이 아데미 여신의 신당을 제작하는 일을 했는데, 사업이 번창하여 많은 장인을 두고 있었다. 그는 자신이 고용한 사람들과 그 외에 비슷한 일로 고용된 사람들을 모아 놓고 말했다. "여러분, 여러분도 잘 알다시피, 우리는 이 사업으로 그럭저럭 먹고살고 있습니다. 그런데 바울이라는 자가 끼어들어, 손으로 만든 신 따위는 없다고 사람들에게 말하고 다녀 우리 일을 망치고 있습니다. 여기 에베소에서만 아니라, 아시아 전역에서 많은 사람들이 그를 따르고 있습니다.

27 우리 사업만 무너질 위험에 처한 것이 아닙니다. 아데미의 영광스러운 명성도 흔적 없이 허물어질 지경입니다. 그렇게 되면, 저 유명한 아데미 여신의 신전도 틀림없이 잔해 더미가 되고 말 것입니다. 온 세상이 우리의 아데미를 숭배하고 있으니, 이것은 단순히 한 지역만의 문제가 아닙니다."

28-31 그 말에 사람들이 격분했다. 그들은 거리로 뛰쳐나가면서 "에베소 사람들의 위대한 아데미여! 에베소 사람들의 위대한 아데미여!" 하고 소리쳤다. 그들은 온 도시에 소동을 일으키며 경기장으로 우르르 몰려갔다. 가는 길에, 바울의 동료 가운데 가이오와 아리스다고 두 사람도 잡아갔다. 바울도 경기장 안으로 들어가려고 했으나 제자들이 말렸다. 바울과 친분이 있던 그 도시의 유력한 종교 지도자들도 같은 생각이었다. "절대로 저 폭도 곁에 가까이 가서는 안됩니다!"

32-34 사람들이 저마다 이렇게 저렇게 소리치고 있었다. 그들 대부분은 지금 무슨 일이 벌어지고 있는지, 자기가 왜 거기 있는지도 모르고 있었다. 유대인들이 상황을 통제해 보려고 알렉산더를 앞으로 밀자, 여러 파당들이 그를 자기네 편으로 끌어들이려고 아우성이었다. 그러나 그는 그들을 무시하고 엄숙한 손짓으로

폭도를 조용히 시켰다. 하지만 그가 입을 여는 순간에 유대인이라는 사실이 밝혀지자, 그들은 소리를 질러 그의 말을 막아 버렸다. "에베소 사람들의 위대한 아데미여! 에베소 사람들의 위대한 아데미여!" 그들은 두 시간이 넘도록 계속 소리쳤다.

35-37 마침내 에베소 시의 서기가 폭도를 진정시키고 말했다. "시민 여러분, 우리의 사랑하는 도시 에베소가, 영광스러운 아데미와 하늘에서 직접 떨어진 신성한 석상을 지키는 도시인 것을 모르는 사람이 어디 있습니까? 이것은 부인할 수 없는 사실이니, 여러분은 자중하십시오. 이런 행동은 아데미에게 어울리지 않는 행동입니다. 여러분이 여기로 끌고 온 이 사람들은 우리 신전이나 우리 여신에게 해를 끼친 것이 하나도 없습니다.

38-41 그러니 데메드리오와 장인 조합은, 민원이 있거든 법정에 가서 원하는 대로 고발하면 됩니다. 그 밖의 고충이 있거든, 정기 시민회의에 상정해서 해결하도록 하십시오. 오늘 벌어진 일은 변명의 여지가 없습니다. 여러분은 지금 우리 도시를 심각한 위험에 빠뜨리고 있습니다. 로마가 폭도를 곱게 보지 않는다는 사실을 잊지 마십시오." 그렇게 말하고, 그는 사람들을 집으로 돌려보냈다.

마케도니아와 그리스

20

1-2 사태가 진정되자, 바울은 제자들을 불러 모아 에베소에서 선한 일을 지속하도록 격려했다. 그러고 나서, 작별인사를 하고 마케도니아로 떠났다. 그는 그 지역을 여행하며 각 모임을 방문할 때마다 끊임없이 사람들을 격려하여 사기를 높이고, 그들에게 새로운 희망을 불어넣었다.

2-4 그 후에 바울은 그리스로 가서 석 달을 머물렀다. 그가 배를 타고 시리아로 떠나려는데, 유대인들이 그를 해치려는 음모를 꾸몄다. 그래서 그는 다시 마케도니아를 지나는 육로로 길을 바꾸어 그들을 따돌렸다. 그 여정을 함께한 동료들은, 베뢰아 출신 부로의 아들 소바더, 데살로니가 사람 아리스다고와 세군도, 더베 출신 가이오, 디모데, 그리고 서아시아 출신의 두 사람 두기고와 드로비모였다.

5-6 그들이 먼저 가서 드로아에서 우리를 기다렸다. 한편, 우리는 유월절 주간을 빌립보에서 보낸 뒤에 배를 타고 떠났다. 우리는 닷새 만에 다시 드로아에 가서 한 주를 머물렀다.

7-9 일요일에 우리는 모여서 예배를 드리고 주님의 만찬을 기념했다. 바울은 회중에게 강론했다. 우리는 다음날 아침 일찍 떠날 예정이었으나, 바울의 이야기가 밤늦게까지 길게 이어졌다. 우리가 모인 곳은 불을 환하게 밝힌 다락방이었다. 유두고라는 청년이 창을 열고 걸터앉아 있었다. 바울의 이야기가 계속되자, 깊은 잠이 들었던 유두고가 삼층 창문 밖으로 떨어졌다. 사람들이 일으켜 보니, 그가 죽어 있었다.

10-12 바울이 내려가서 그 위에 엎드려 그를 꼭 끌어안고 말했다. "그만들 우시오. 그에게 아직 생명이 있습니다." 그 후에 바울이 일어나서 주의 만찬을 베풀

었다. 그는 새벽까지 믿음의 이야기를 계속해서 전했다! 그런 분위기 속에서 사람들이 떠났다. 바울과 회중은 각자의 길을 갔다. 다시 살아난 유두고를 데리고 가면서, 그들은 모두 생명으로 충만했다.

13-16 한편, 남은 우리는 먼저 배를 타고 앗소로 향했다. 거기서 우리는 바울을 태울 계획이었다. 바울이 앗소까지 걸어가기를 원해서, 미리 일정을 맞추어 둔 것이다. 일은 계획대로 되어, 우리는 앗소에서 그를 만나 배에 태우고 미둘레네로 향했다. 이튿날 우리는 기오 맞은편에 들렀다가, 다음날 사모를 거쳐 밀레도에 이르렀다. 바울은 아시아에서 시간을 지체하지 않으려고 에베소를 지나치기로 했다. 그는 오순절에 맞춰 예루살렘에 도착하려고 서둘렀다.

예루살렘으로

17-21 바울이 밀레도에서 에베소로 사람을 보내 회중의 지도자들을 불렀다. 그들이 도착하자, 바울이 말했다. "여러분도 알다시피, 나는 아시아에 도착한 첫날부터 전적으로 여러분과 함께 지냈습니다. 어떤 상황에서도 목숨을 걸고 주님을 섬겼고, 나를 죽이려는 유대인들의 끝없는 계략을 참아 냈습니다. 나는 어떤 경우에도 인색하게 굴거나 잇속을 챙기지 않았고, 여러분의 삶에 변화를 가져다줄 진리와 격려의 말을 여러분에게 아낌없이 주었습니다. 나는 여러분을 사람들 앞에서나 여러분의 집에서 가르치면서, 유대인에게나 그리스 사람에게나 똑같이 하나님 앞에서 삶을 근본적으로 고치고 우리 주 예수를 철저히 신뢰하도록 당부했습니다.

22-24 그러나 지금, 내 앞에는 또 하나의 긴급한 일이 있습니다. 예루살렘으로 가야 한다는 부담입니다. 거기에 가면 무슨 일이 벌어질지, 나는 전혀 모릅니다. 쉽지 않을 것이 분명합니다. 내 앞에 고난과 투옥이 있을 것을 성령께서 거듭해서 분명히 말씀해 주셨습니다. 그러나 그것이 나에게는 별로 중요하지 않습니다. 나에게 가장 중요한 것은, 하나님께서 시작하신 일을 마치는 것입니다. 주 예수께서 내게 맡기신 사명, 곧 믿을 수 없을 만큼 후히 베푸시는 하나님의 자비를, 내가 만나는 모든 사람에게 알리는 것입니다.

25-27 오늘은 작별의 날입니다. 여러분은 나를 다시는 보지 못할 것입니다. 나도 여러분을 다시는 보지 못할 것입니다. 나는 오랫동안 여러분 사이를 오가며, 이제 막이 오른 하나님 나라를 선포했습니다. 나는 여러분을 위해 최선을 다했습니다. 내 모든 것을 여러분에게 주었으며, 여러분을 향한 하나님의 뜻을 하나도 남김없이 전했습니다.

28 이제 모든 것이 여러분에게 달려 있습니다. 여러분 자신을 위해서나 양 떼인 회중을 위해서나, 긴장을 늦추지 마십시오. 성령께서 이 하나님의 사람들을 여러분에게 맡기셔서, 교회를 지키고 보호하게 하셨습니다. 하나님께서 친히 이들을 위해 죽을 가치가 있다고 여기셨습니다.

29-31 내가 떠나자마자, 흉악한 이리들이 나타나서 이 양들을 맹렬히 공격하리라는 것을 압니다. 여러분의 무리 중에서 나온 자들이, 제자들을 유혹하여 예수

대신에 자기들을 따르게 하려고 왜곡된 이야기를 할 것입니다. 그러니 늘 깨어
경계하십시오. 지난 삼 년 동안 내가 여러분과 함께 끝까지 포기하지 않고 견디
면서, 여러분 한 사람 한 사람에게 내 마음을 쏟았던 것을 잊지 마십시오.
32 이제 나는 여러분을 놀라우신 우리 하나님께 맡겨 드립니다. 하나님의 은혜
로운 말씀이 여러분을 그분이 원하시는 모습으로 만드실 수 있고, 이 거룩한 형
제들의 이 공동체에서 여러분에게 필요한 것을 다 공급해 주실 수 있습니다.
33-35 여러분이 잘 알다시피, 나는 재물이나 유행에는 관심이 없습니다. 나는 내
자신과 또 나와 함께 일하는 사람들의 기본적인 필요를 맨손으로 해결했습니
다. 무슨 일을 하든지, 약한 사람들 편에서 일하고 그들을 이용하지 않아야 한
다는 것을 여러분에게 본으로 보였습니다. '받는 것보다 주는 것이 훨씬 행복하
다'고 하신 우리 주님의 말씀을 늘 기억한다면, 여러분은 이 부분에서 잘못되지
않을 것입니다."
36-38 말을 마치고 나서, 바울은 무릎을 꿇고 기도했다. 그들도 다 무릎을 꿇었다.
하염없이 눈물이 흘렀다. 그들은 바울을 꼭 붙들고서 그를 보내려고 하지 않았
다. 그들은 이제 다시는 그를 보지 못할 것을 알았다. 그렇게 되리라고, 바울이
아주 분명히 말했기 때문이다. 마음이 몹시 아팠으나, 마침내 그들은 용기를 내
어 그를 배까지 배웅했다.

두로와 가이사랴

21

1-4 눈물 어린 작별을 뒤로하고, 우리는 길을 떠났다. 우리는 곧장 고
스로 가서 이튿날 로도에 이르렀고, 그 다음에 바다라에 도착했다.
거기서 페니키아로 직항하는 배를 찾아, 그 배를 타고 출발했다. 시리아로 항로
를 잡고 가는 동안에, 왼쪽으로 키프로스가 시야에 들어왔다가 곧 사라졌다. 마
침내 우리는 두로 항에 정박했다. 짐을 내리는 동안, 우리는 현지에 있는 제자
들을 찾아가 그들과 함께 이레를 지냈다. 그들이 성령을 힘입어 앞일을 내다보
고, 바울에게 "예루살렘으로 가지 말라"는 말을 전했다.
5-6 시간이 다 되자, 그들은 시내에서 부두까지 우리를 바래다주었다. 남녀노소
할 것 없이 모두가 따라왔다. 그 자리가 송별회가 되었다! 바닷가에서 우리는
모두 무릎을 꿇고 기도했다. 또 한 차례 작별인사를 나눈 뒤에, 우리는 배에 오
르고 그들은 집으로 돌아갔다.
7-9 두로에서 돌레마이까지 짧은 항해를 마쳤다. 우리는 그곳의 그리스도인 동료
들을 문안하고 그들과 함께 하루를 지냈다. 아침에 우리는 가이사랴로 가서 "일
곱 사람" 중 하나인 전도자 빌립의 집에 묵었다. 빌립에게는 예언하는 처녀 딸
이 네 명 있었다.
10-11 그곳에 있은 지 며칠이 지난 후에, 아가보라는 예언자가 우리를 보려고 유
대에서 내려왔다. 그는 곧장 바울에게 가더니, 바울의 허리띠를 가져다가 연극
을 하듯 자기 손발을 묶었다. 그러고는 이렇게 말했다. "성령께서 '예루살렘의
유대인들이 이 허리띠의 주인을 이렇게 묶어서, 하나님을 모르는 믿지 않는 자

들에게 넘겨줄 것이다'라고 말씀하십니다."
12-13 그 말을 들은 우리와 그날 거기 있던 모든 사람들이, 바울에게 예루살렘으
로 가겠다는 완강한 고집을 버리라고 간청했다. 그러나 바울은 뜻을 굽히지 않
았다. "왜 이렇게 야단들입니까? 왜 소란을 피워 나를 더 힘들게 합니까? 여러
분은 이 일을 거꾸로 보고 있습니다. 예루살렘에서 중요한 문제는, 나를 체포하
든 죽이든 그들이 나한테 하는 일이 아니라, 나의 순종을 통해 주 예수께서 하
시는 일입니다. 그것을 모르시겠습니까?"
14 그의 결심이 조금도 흔들리지 않는 것을 보고서, 우리는 단념했다. 우리는
"이제 하나님 손에 있습니다. 주님, 주님께서 알아서 해주십시오" 하고 말했다.
15-16 얼마 지나지 않아 우리는 짐을 꾸려 예루살렘을 향해 길을 떠났다. 가이사
랴에서 온 제자들 몇 사람이 우리와 함께 가서, 우리를 나손의 집에 데려다 주
었다. 그는 우리를 따뜻하게 맞아 주었다. 그는 키프로스 태생으로, 초기 제자
들 가운데 한 사람이었다.

예루살렘

17-19 예루살렘에서 동료들이 우리를 보고 반가워하며, 두 팔 벌려 우리를 맞아
주었다. 이튿날 아침, 먼저 우리는 바울을 데리고 가서 야고보를 만났다. 교회
의 지도자들도 다 그 자리에 있었다. 안부와 몇 마디 인사말을 나눈 뒤에, 바울
은 그동안 하나님께서 자신의 사역을 통해 이방인들 가운데 행하신 일을 하나
하나 자세히 이야기해 주었다. 그들은 이야기를 듣고 기뻐하며 하나님께 영광
을 돌렸다.
20-21 그들도 들려줄 이야기가 있었다. "그동안 여기에 무슨 일이 있었는지 보십
시오. 하나님을 경외하는 유대인 수만 명이 예수를 믿게 되었습니다! 그러나 그
들이 모세의 율법을 지키는 데 어느 때보다 열심이다 보니 문제도 있습니다. 유
대인들 사이에서 들리는 말이, 당신이 믿지 않는 이방인들 속에서 살아가는 믿
는 유대인들에게 모세를 가볍게 여겨도 된다고 하면서, 자녀들에게 할례를 주
지 않아도 되고 옛 전통도 지킬 필요가 없다고 가르친다고 합니다. 그러나 그것
은 그들이 전혀 받아들일 수 없는 일입니다.
22-24 당신이 시내에 들어온 것을 그들이 알면 어찌될지 걱정입니다. 곤란한 일이
생길 것입니다. 그러니 이렇게 합시다. 우리 일행 가운데 정결예식을 하기로 서
원했으나 돈이 없어 행하지 못한 네 사람이 있습니다. 당신이 그들의 서원에 참
여해서 그들의 비용을 대 주십시오. 그러면 당신에 대해 떠도는 소문이 사실무
근이며, 당신이 모세의 율법을 철저히 존중한다는 것이 모든 사람 앞에 분명해
질 것입니다.
25 당신에게 이렇게 요청한다고 해서, 믿는 사람이 된 이방인들에 대해 전에 우
리가 합의한 내용을 되돌리는 것은 아닙니다. 우리는 그 편지에 쓴 내용을 계속
해서 굳게 붙들고 있습니다. '우상과 관계된 활동에 관여하지 말고, 유대인 그리
스도인들에게 거슬리는 음식을 내놓지 말며, 성생활과 결혼의 도덕을 지킬 것'

을 말입니다."
[26] 바울은 그들의 제안대로 했다. 그 사람들을 데리고 가서, 그들의 서원에 참여
하고 그들의 비용을 댔다. 이튿날 그는 성전에 가서 그것을 공식화했다. 각 사
람의 정결예식을 위한 제사를 드리고, 그 제사가 끝날 때까지 거기에 머물렀다.

바울이 체포되다

[27-29] 그들의 정결예식에 필요한 이레가 거의 끝나갈 무렵, 에베소 근방에서 온
몇몇 유대인들이 성전에서 바울을 발견했다. 그들은 당장 그곳을 뒤집어 놓았
다. 그들은 바울을 붙잡고 목이 터져라 외치기 시작했다. "도와주시오! 이스라
엘 동포 여러분, 도와주시오! 이 자는 온 세상을 다니면서 우리와 우리 종교와
이 성전을 거슬러 거짓말하는 자입니다. 이제는 그리스 사람들을 여기까지 데
리고 들어와서, 이 거룩한 곳을 더럽혀 놓았습니다." (바울과 에베소 사람 드로비모
가 함께 도성 안을 다니는 것을 보고서, 바울이 그를 성전까지 데려와 구경시켜 주었으리라 짐
작했던 것이다.)
[30] 이내 도시 전체에 소동이 일어났다. 도처에서 사람들이 성전으로 달려와 그
들의 행동에 가세했다. 그들은 바울을 붙잡아서 성전 밖으로 끌어낸 다음, 그가
다시는 거룩한 곳에 접근하지 못하도록 성전 문을 모두 잠갔다.
[31-32] 그들이 바울을 죽이려고 할 때, "폭동입니다! 도시 전체가 들끓고 있습니
다!" 하는 보고가 경비대 지휘관에게 들어갔다. 그 지휘관은 신속히 행동을 취
했다. 그의 병사와 백부장들이 즉시 현장으로 달려갔다. 바울을 때리던 무리가
지휘관과 병사들을 보고서야 행동을 멈췄다.
[33-36] 지휘관이 다가가서 바울을 체포했다. 그는 먼저 바울에게 수갑을 채우라고
명령했고, 그런 다음 그가 누구이며 무슨 일을 했는지 물었다. 지휘관이 무리에
게서 얻은 것은, 저마다 이렇게 저렇게 외치는 고함소리뿐이었다. 광기 어린 무
리의 소리를 분간할 수 없었던 지휘관은, 바울을 군대 병영으로 데려가라고 명
령했다. 그러나 그들이 성전 계단에 이르렀을 때 무리가 난폭해져서, 병사들은
바울을 메고 가야만 했다. 그들이 바울을 메고 가자, 무리가 따라오며 외쳤다.
"죽여라! 저 자를 죽여라!"
[37-38] 그들이 병영에 도착해 들어가려고 할 때, 바울이 지휘관에게 말했다. "한 말
씀 드려도 되겠습니까?"
지휘관이 대답했다. "오, 나는 당신이 그리스 말을 하는 줄 몰랐소. 나는 당신이
얼마 전 여기서 폭동을 일으켰다가, 자신을 따르는 사천여 명과 함께 광야로 잠
적한 그 이집트 사람인 줄 알았소."
[39] 바울이 말했다. "아닙니다. 나는 다소 태생의 유대인입니다. 지금도 그 유력
한 도시의 시민입니다. 간단한 부탁을 하나 드리겠습니다. 내가 저 무리에게 말
할 수 있게 해주십시오."

40 병영 계단에 서 있던 바울이 돌아서서 손을 들어 올렸다. 바울이 말을 시작하
자 무리가 조용해졌다. 그는 히브리 말로 이야기했다.

22

1-2 "사랑하는 내 형제요 아버지이신 여러분, 나에 대해 미리 결론을
내리기 전에, 지금부터 내가 하는 말을 잘 들어 주십시오." 그들은
그가 히브리 말로 말하는 것을 듣고는 더 조용해졌다. 모두가 그의 말을 한 마
디도 놓치지 않으려고 했다.
2-3 그가 말을 이었다. "나는 길리기아의 다소에서 태어난 선량한 유대인입니다.
여기 예루살렘에서 교육받았고, 랍비 가말리엘의 엄격한 지도 아래 우리 종교
의 전통을 철저히 배웠습니다. 그리고 지금 여러분처럼 나도 항상 열정적으로
하나님 편에 있었습니다.
4-5 나는 이 도(道)와 관련된 사람이면 누구나 추적하고 맹렬히 공격해서, 하나님
을 위해 죽일 준비가 되어 있었습니다. 나는 남자든 여자든 가리지 않고, 가는
곳마다 그들을 잡아들여 감옥에 가두었습니다. 대제사장이나 최고의회의 누구
에게나 물어보면 그 사실을 확인할 수 있습니다. 그들 모두가 나를 잘 알고 있
었습니다. 그러다가 나는, 예수를 따르는 이들을 추적하고 체포하려고 우리 형
제들이 있는 다마스쿠스로 떠났습니다. 나는 그들을 예루살렘으로 데려와서 형
을 받게 하는 권한이 부여된 공문서를 가지고 있었습니다.
6-7 정오쯤 다마스쿠스 외곽에 이르렀을 때, 하늘에서 눈부신 빛이 강하게 비쳤
습니다. 나는 바닥에 쓰러졌고 시야가 흐려졌습니다. 그때, 한 음성이 들렸습니
다. '사울아, 사울아, 왜 나를 해치려고 하느냐?'
8-9 나는 '주님, 누구십니까?' 하고 물었습니다.
'나는 네가 핍박하는 나사렛 예수다' 하고 그분이 말씀하셨습니다. 동료들은 그
빛은 보았으나, 그 대화는 듣지 못했습니다.
10-11 그래서 나는 '주님, 이제 제가 어떻게 해야 합니까?' 하고 물었습니다.
그분은 '일어나서 다마스쿠스로 들어가거라. 앞으로 네가 해야 할 일을 말해 줄
사람이 거기에 있다'고 말씀하셨습니다. 그래서 우리는 다마스쿠스로 들어갔습
니다. 내가 처음 계획한 것과는 전혀 다른 모습으로 그 성에 들어간 것입니다.
나는 눈이 멀어 볼 수 없었기 때문에 동료들이 내 손을 잡고 데리고 들어가야
했습니다.
12-13 바로 그때, 아나니아를 만났습니다. 그는 우리의 율법을 잘 지키기로 소문
난 사람입니다. 이것은 다마스쿠스 유대인 공동체가 다 동의하는 사실입니다.
그가 와서 내 어깨에 손을 얹고 '눈을 들어 보시오' 하고 말했습니다. 내가 눈을
들었는데, 어느새 나는 그의 눈을 똑바로 쳐다볼 수 있었습니다. 다시 보게 된
것입니다!
14-16 그러자 그가 말했습니다. '우리 조상의 하나님이 그대를 택하셔서 그분의

활동 계획을 알게 하셨습니다. 그대는 의롭고 죄 없으신 분을 실제로 뵈었고, 그분의 말씀을 들었습니다. 이제 그대는 만나는 모든 사람에게, 그대가 보고 들은 것을 증거하는 핵심 증인이 될 것입니다. 그러니 망설이지 말고, 일어나 세례를 받으십시오. 죄를 깨끗이 씻어 내고, 하나님과 직접 사귀십시오.'

17-18 정말로, 아나니아가 말한 대로 되었습니다. 예루살렘으로 돌아온 뒤에 어느 날, 나는 성전에서 하나님의 임재에 잠겨 기도하다가 그분을 뵈었습니다. 하나님의 의롭고 죄 없으신 분을 뵙고, 그분께서 하시는 말씀을 들었습니다. '서둘러라! 최대한 서둘러 여기를 떠나라. 여기 예루살렘에 있는 유대인들 가운데, 어느 누구도 네가 나에 대해 하는 말을 받아들이지 않을 것이다.'

19-20 처음에는 반대했습니다. '저보다 적합한 사람이 누가 있겠습니까? 제가 주님을 믿는 사람들을 핍박하고 회당에서 마구 때리고 감옥에 가두는 일에 얼마나 열중했는지 모르는 사람이 없습니다. 주님의 증인 스데반이 살해될 때에도, 바로 그 자리에서 제가 살인자들의 겉옷을 들고 그들을 응원했습니다. 그러나 이제 제가 완전히 돌아선 것을 그들이 알고 있습니다. 그러니 제게 무슨 자격이 더 필요하겠습니까?'

21 그러나 그분은 '이유를 묻지 말고 가거라. 내가 너를 멀리 이방인들에게로 보내겠다'고 말씀하셨습니다."

로마 시민인 바울

22-25 모여 있던 사람들이 집중해서 듣다가, 갑자기 소리를 질렀다. "저 자를 죽여라! 버러지 같은 놈이다! 밟아 버려라!" 그들은 주먹을 휘둘렀다. 욕설이 쏟아졌다. 그때 지휘관이 끼어들어, 바울을 병영으로 데려가라고 명령했다. 지휘관도 잔뜩 화가 치밀었다. 그는 이 일의 진상을 규명하기 위해 바울을 고문하고 심문하기로 결심했다. 그가 무슨 일을 저질러서 이런 폭력을 유발했는지 알아내고자 한 것이다. 그들이 그의 사지를 가죽끈으로 묶어 채찍질할 준비를 하는데, 바울이 거기 서 있던 백부장에게 말했다. "공정한 재판도 없이 로마 시민을 고문하다니, 이게 법에 맞는 일입니까?"

26 백부장이 그 말을 듣고, 곧장 지휘관에게 갔다. "도대체 무슨 일을 하신 겁니까? 이 사람은 로마 시민입니다!"

27 지휘관이 돌아와서 심문을 맡았다. "내가 들은 말이 사실이오? 당신이 로마 시민이오?"

바울이 말했다. "분명히 그렇습니다."

28 지휘관은 관심을 보였다. "나는 큰돈을 들여서 시민권을 얻었소. 당신은 얼마나 들었소?"

"전혀 들지 않았습니다." 바울이 말했다. "한 푼도 들지 않았습니다. 나는 태어날 때부터 자유의 몸이었습니다."

29 그것으로 심문은 끝났다. 그 일로 지휘관에게 하나님을 두려워하는 마음이 생겼다. 그는 로마 시민을 결박했고, 하마터면 고문까지 할 뻔했던 것이다!

30 이튿날, 지휘관은 문제의 원인을 규명하고 유대인들의 고발에 배후가 있는지 확실히 알아보기로 작정했다. 그는 바울의 결박을 풀어 주고, 명령을 내려 대제사장들과 최고의회를 소집했다. 그들의 생각을 알아보기 위해서였다. 바울은 안내를 받아 그들 앞에 섰다.

최고의회 앞에 선 바울

23 1-3 바울은 침착하게 의회 의원들을 둘러본 다음, 자신의 견해를 밝혔다. "친구 여러분, 나는 지금 이 순간까지 평생을 하나님 앞에서 깨끗한 양심으로 살아왔습니다." 그 말에 대제사장 아나니아가 격분했다. 그는 옆에 있던 사람들에게 바울의 뺨을 때리라고 명령했다. 그러자 바울이 응수했다. "하나님께서 당신을 치실 것이오! 이 위선자여! 율법대로 나를 심판한다고 거기 앉아 있으면서, 율법을 어기고 나를 치라고 명하는 것입니까!"
4 측근들이 괘씸하게 생각했다. "어떻게 네가 하나님의 대제사장께 함부로 말하느냐!"
5 바울이 놀란 듯이 행동했다. "그가 대제사장인 줄 내가 어찌 알 수 있었겠습니까? 그는 대제사장답게 처신하지 않았습니다. 여러분 말이 맞습니다. 성경에도 '백성의 통치자를 욕하지 말라'고 했습니다. 미안합니다."
6 의회의 일부는 사두개인으로, 일부는 바리새인으로 구성되었다. 그 둘이 서로 얼마나 미워하는지 알고 있던 바울은, 그들의 적대감을 이용하기로 했다. "형제 여러분, 나는 대대로 바리새인 집안에서 태어난 충실한 바리새인입니다. 내가 이 법정에 끌려온 것도, 바리새인으로서의 내 신념인 죽은 사람들의 소망과 부활을 믿었기 때문입니다."
7-9 그가 이렇게 말하자, 의회는 바리새인과 사두개인으로 완전히 갈라져서 뜨거운 논쟁을 벌였다. 사두개인들은 부활이나 천사, 심지어 영의 존재도 부인하는 사람들이었다. 그들은 눈에 보이지 않으면 믿지 않았다. 그러나 바리새인들은 그 모두를 믿었다. 그러다 보니, 큰 언쟁이 벌어진 것이다. 그때에 바리새인 쪽의 종교 학자 몇 사람이 언성을 높이면서 반대편 사두개인들의 말문을 막았다. "우리는 이 사람에게서 아무 잘못도 찾지 못하겠소! 만일 어떤 영이나 천사가 이 사람에게 말한 것이라면, 어찌하겠소? 행여 우리가 하나님을 대적해 싸우는 것이라면, 어찌할 셈이오?"
10 불에 기름을 끼얹은 격이었다. 언쟁이 달아올라 너무 과격해지자, 지휘관은 행여 그들이 바울의 사지를 찢어 죽이지나 않을까 두려웠다. 그는 병사들에게 바울을 거기서 빼내어 병영 안으로 다시 호송해 가라고 명령했다.

바울을 해치려는 음모

11 그날 밤, 주님께서 바울에게 나타나셨다. "괜찮다. 다 잘될 것이다. 지금까지 너는 여기 예루살렘에서 나의 훌륭한 증인이었다. 이제 너는 로마에서 내 증인이 될 것이다!"

12-15 이튿날 유대인들이 바울을 해치려고 음모를 꾸몄다. 그들은 그를 죽이기 전
에는 먹지도 않고 마시지도 않기로 엄숙히 맹세했다. 마흔 명이 넘는 자들이 이
살인 동맹에 맹세하는 의식을 갖고 대제사장과 종교 지도자들을 찾아갔다. "우
리는 바울을 죽이기 전에는 아무것도 먹지도 않고 마시지도 않기로 엄숙히 맹
세했습니다. 다만, 여러분의 도움이 필요합니다. 의회에서 죄목을 더 자세히 조
사하려고 하니 바울을 다시 보내 달라고 지휘관에게 요청하십시오. 나머지는
우리가 알아서 하겠습니다. 그가 여러분 근처에 오기도 전에 우리가 죽여 버리
겠습니다. 여러분은 그 일에 휘말리지 않도록 하겠습니다."
16-17 바울의 외조카가 그들이 매복을 모의하는 이야기를 엿듣고, 즉시 병영으로
가서 바울에게 이 사실을 알렸다. 바울은 백부장 하나를 불러서 말했다. "이 청
년을 지휘관에게 데려가 주십시오. 그가 중요하게 드릴 말씀이 있습니다."
18 백부장이 그를 지휘관에게 데리고 가서 말했다. "죄수 바울이 이 청년을 지휘
관님께 데려가 달라고 했습니다. 긴히 드릴 말씀이 있다고 합니다."
19 지휘관이 그의 팔을 잡고 한쪽으로 데려갔다. "무슨 일이냐? 나한테 할 말이
무엇이냐?"
20-21 바울의 외조카가 말했다. "유대인들이 바울을 해치려고 음모를 꾸몄습니
다. 그들은 그의 죄목을 더 자세히 조사해 보겠다는 구실로 아침 일찍 바울을
의회로 보내 달라고 지휘관님께 부탁할 것입니다. 하지만 그것은 바울을 당신
의 보호에서 빼돌려 살해하려는 속임수입니다. 지금 마흔 명도 넘는 사람들이
숨어서 바울을 기다리고 있습니다. 그들은 바울을 죽이기 전에는 먹지도 않고
마시지도 않기로 맹세했습니다. 그들은 이미 매복을 끝내고 이제 지휘관님께서
그를 보내기만 기다리고 있습니다."
22 지휘관은 "이 일을 아무한테도 입 밖에 내지 마라" 하고 주의를 주어 그를 돌
려보냈다.
23-24 지휘관은 백부장 둘을 불렀다. "가이사랴로 떠날 병사 이백 명을 준비시켜
라. 기병 칠십 명과 보병 이백 명도 함께 오늘 밤 아홉 시까지 행군할 준비를 해
두어라. 바울과 그의 소지품을 실을 노새도 두어 마리 필요할 것이다. 이 사람
을 벨릭스 총독에게 무사히 넘겨야겠다."
25-30 그리고 그는 이렇게 편지를 썼다.

글라우디오 루시아가 벨릭스 총독 각하께.

안녕하십니까!

이 사람은 내가 유대인 무리에게서 구해 낸 자입니다. 그들이 그를 잡아서 죽이려고 할 때, 그가 로마 시민인 것을 알게 되었습니다. 그래서 병사들을 보냈습니다. 그가 무슨 잘못을 저질렀는지 알고 싶어, 그를 그들의 의회 앞에 세웠습니다. 알고 보니 자기들끼리 종교적인 문제로 이견이 있어 말다툼이 격화되었을 뿐, 범죄와는 전혀 거리가 멀었습니다.

그러던 차에, 유대인들이 그를 살해하려는 음모를 꾸민 것을 알게 되었습니

다. 나는 그의 안전을 위해 그를 여기서 급히 빼내는 것이 좋겠다고 판단했습니다. 그래서 그를 각하께 보냅니다. 그를 고발한 무리에게도 이제 그가 각하의 관할하에 있다고 알리겠습니다.

31-33 그날 밤, 병사들은 명령받은 대로 바울을 데리고 안드바드리의 안전한 곳으로 갔다. 이튿날 아침에, 병사들은 기병대의 호송하에 바울을 가이사랴로 보내고 예루살렘 병영으로 돌아갔다. 기병대는 가이사랴에 들어가서 바울과 편지를 총독에게 인계했다.

34-35 편지를 다 읽은 총독은 바울에게 어느 지역 출신인지를 물었고 "길리기아"라는 답을 들었다. 총독은 바울에게 "그대를 고발하는 사람들이 오면 그대의 사건을 처리하겠소" 하고 말했다. 총독은 바울을 헤롯 왕의 공관에 가두어 두라고 명령했다.

자신을 변호하는 바울

24

1-4 닷새 후에, 대제사장 아나니아가 지도자 대표단과 함께 법정 변호인 더둘로를 데리고 도착했다. 그들은 총독에게 바울을 고발하는 소송을 제기했다. 바울이 법정 앞에 불려나오자, 더둘로가 기소 발언을 했다. "벨릭스 각하, 각하의 지혜롭고 너그러운 통치에 우리는 언제 어디서나 감사할 따름입니다. 우리가 이 모든 평화를 누리고 날마다 각하의 개혁으로 득을 보는 것은 오로지 각하 덕분임을 잘 알고 있습니다. 장황한 말로 각하를 피곤하게 하지 않겠습니다. 부디 넓으신 마음으로 제 말을 들어 주십시오. 아주 간략히 아뢰겠습니다.

5-8 우리는 이 사람이 평화를 어지럽히고, 온 세상에 있는 유대인들을 상대로 폭동을 선동하는 것을 여러 번 보았습니다. 그는 나사렛파라고 하는 선동적 분파의 주모자입니다. 그야말로 암적인 존재라 할 수 있습니다. 우리는 그가 우리의 거룩한 성전을 더럽히려고 하는 것을 목격하고는 그를 체포했습니다. 직접 심문해 보시면 이 모든 고발 내용을 확인하실 수 있을 것입니다."

9 유대인들도 이 말에 합세했다. "직접 들어 보십시오! 맞는 말입니다!"

10-13 총독이 몸짓으로 바울에게 이제 그의 차례가 되었음을 알렸다. 바울이 말했다. "총독 각하, 지난 여러 해 동안 총독께서 얼마나 공정하게 우리를 재판하셨는지 압니다. 그래서 나는 총독님 앞에서 나 자신을 변호하게 된 것을 다행으로 여깁니다. 나는 본국에 돌아온 지 겨우 열이틀 되었습니다. 날짜 관계는 쉽게 확인하실 수 있습니다. 나는 오순절에 예루살렘에서 예배를 드리기 위해 일부러 왔고, 도착한 이후로는 줄곧 내 일에만 충실했습니다. 내가 성전에서 논쟁을 벌이거나 거리에서 무리를 선동하는 것을 보았다고 말할 수 있는 사람은 아무도 없습니다. 저들의 고발 내용 중에 증거나 증인으로 입증할 수 있는 것은 단 하나도 없습니다.

14-15 그러나 내가 이것 하나는 기꺼이 인정합니다. 저들이 막다른 길이라고 비방

하는 이 도(道)에 유념하여, 나는 우리 조상이 섬기고 예배한 바로 그 하나님을 섬기고 예배하며, 우리의 성경에 기록된 것을 전부 받아들입니다. 또한 나는, 하나님께서 선한 사람이든 악한 사람이든 죽은 사람들을 다시 살리실 것이라고 소망하고 기대하며 살고 있다는 것도 인정합니다. 만일 이것이 죄가 된다면, 나를 고발한 사람들도 나 못지않게 유죄입니다.

16-19 나는 모든 일에 하나님과 내 이웃들 앞에 깨끗한 양심을 지키려고 최선을 다해 왔습니다. 나는 여러 해 동안 본국을 떠났다가 이제 돌아왔습니다. 떠나 있는 동안에, 나는 가난한 사람들을 위한 헌금을 모아서 성전 예물과 함께 가지고 왔습니다. 바로 그 예물을 드리면서, 성전에서 조용히 기도하고 있는 나를 저들이 본 것입니다. 모여든 무리도 없었고 소란도 없었습니다. 에베소 근방에서 온 몇몇 유대인들이 이 모든 소동을 일으켰습니다. 그런데 보시다시피, 그들은 오늘 이 자리에 없습니다. 그들은 겁쟁이입니다. 너무 겁이 나서, 총독님 앞에서 나를 고발하지 못하는 것입니다.

20-21 그러니 내가 무슨 죄를 짓다가 잡혔는지, 여기 이 사람들에게 물어보십시오. 말재주가 뛰어난 더둘로 뒤에 숨지 말라고 하십시오. 저들이 나에 대해 내세울 수 있는 것은, 내가 의회에서 외친 '내가 이 법정에 끌려온 것은 내가 부활을 믿기 때문입니다!'라는 이 한 문장뿐입니다. 총독께서는 이 말이 형사 사건의 근거가 된다고 보십니까?"

22-23 벨릭스는 주저했다. 그는 보기보다 이 도(道)에 대해 훨씬 많이 알고 있어서, 바로 그 자리에서 사건을 종결지을 수도 있었다. 그러나 정치적으로 가장 좋은 수가 무엇인지 확신하지 못해 시간을 끌었다. "지휘관 루시아가 오면 그대의 사건을 결정짓겠소." 그는 백부장에게 바울을 수감하라고 명령하면서, 한편으로 바울에게 어느 정도 출입의 자유를 허락해 동료들이 그를 돌보는 것을 막지 않았다.

24-26 며칠 후에 벨릭스와 그의 유대인 아내 드루실라가, 바울을 불러다가 예수 그리스도를 믿는 삶에 대해 이야기를 들었다. 바울이 하나님과 그분의 사람들과의 바른 관계, 도덕적으로 훈련된 삶, 다가올 심판을 계속 강조하자, 벨릭스는 마음이 너무 조여 오는 것 같아 불편해서 그를 내보냈다. "오늘은 됐소. 시간이 있을 때 다시 부르겠소." 그는 바울이 자기에게 거액의 뇌물을 바치기를 은근히 바라고 있었다. 그 후에도 이런 대화가 자주 되풀이되었다.

27 그렇게 이 년이 지난 후에, 벨릭스 후임으로 보르기오 베스도가 그 자리에 부임했다. 벨릭스는 유대인들의 환심을 사려고 정의를 무시한 채, 바울을 감옥에 내버려 두었다.

황제에게 상소하다

25

1-3 베스도가 총독의 임무를 수행하기 위해 가이사랴에 도착하고 나서, 사흘 후에 예루살렘으로 올라갔다. 대제사장과 고위 지도자들이 바울에 대한 복수심을 다시 새롭게 다졌다. 그들은 호의를 베풀어 달라고 베스

도에게 요청했다. 그들의 고발에 응해 바울을 예루살렘으로 보내 달라고 한 것
이다. 물론 거짓말이었다. 그들은 예전의 음모를 재개하여 길에 매복해 있다가
그를 죽일 참이었다.
4-5 베스도는 바울의 관할 구역은 가이사랴이며, 자기도 며칠 후에 그리로 돌아
갈 것이라고 대답했다. 그는 "그때 나와 함께 가서 그의 잘못을 마음껏 고발하
시오" 하고 말했다.
6-7 베스도는 여드레 또는 열흘 후에 가이사랴로 돌아갔다. 이튿날 아침에 그는
법정에 앉아 바울을 불러들였다. 바울이 들어서는 순간, 예루살렘에서 내려온
유대인들이 그에게 달려들어 온갖 과격한 고발을 퍼부었다. 그러나 그중에 그
들이 입증할 수 있는 것은 하나도 없었다.
8 이어서 바울이 증언대에 서서 간단히 말했다. "나는 유대인의 종교나 성전이
나 황제에게 아무것도 잘못한 것이 없습니다. 그뿐입니다."
9 그러나 베스도는 유대인들의 환심을 사고 싶어 이렇게 말했다. "그대가 예루
살렘으로 올라가 거기서 재판을 받으면 어떻겠소?"
10-11 바울이 대답했다. "이 순간 나는 황제의 법정에 서 있습니다. 나는 얼마든지
이 자리에 설 권리가 있으며, 앞으로도 계속해서 여기에 서 있을 것입니다. 나
는 유대인들에게 아무것도 잘못한 것이 없으며, 총독께서도 나만큼이나 그 사
실을 잘 아십니다. 만일 내가 범죄를 저질러 사형을 받아 마땅하다면, 기한을
정하십시오. 달게 받겠습니다. 그러나 저들의 고발이 사실무근이라면—그렇다
는 것을 총독께서도 아십니다—아무도 저들의 터무니없는 수작을 따르라고 내
게 강요할 수 없습니다. 여기서 이만큼 시간을 허비한 것으로 충분합니다. 나는
황제에게 상소합니다!"
12 베스도가 참모들과 잠시 이야기를 나눈 뒤에 평결을 내렸다. "그대가 황제에
게 상소했으니, 그대는 황제에게 갈 것이오!"

⁂

13-17 며칠 후, 아그립바 왕과 그의 아내 버니게가, 새로 부임한 베스도를 환영하
려고 가이사랴를 방문했다. 수일 후에 베스도가 아그립바 왕에게 바울 사건을
거론했다. "벨릭스가 두고 간 죄수 하나가 여기 내 관할하에 있습니다. 내가 예
루살렘에 갔을 때 대제사장과 유대인 지도자들이 그를 고발하는 죄목을 잔뜩
대면서, 내게 사형선고를 내려 주기를 바랐습니다. 나는 그들에게 우리 로마 사
람들은 그런 식으로 하지 않는다고 말했습니다. 고발당했다는 이유만으로 사람
을 판결하지 않으며, 반드시 피고에게 원고와 대면해 자신을 변호할 기회를 준
다고 말했습니다. 그래서 그들이 여기로 내려왔을 때, 나는 곧바로 그 사건을
조사했습니다. 법정에 앉아 그 사람을 증언대에 세웠습니다.
18-21 원고들이 사정없이 그를 공격했으나, 그들의 고발은 고작 자기네 종교와
피고가 살아 있다고 주장하는 예수라 하는 죽은 사람에 대한 논쟁이었습니다.
나는 여기 새로 부임한 데다 이런 사건에 관련된 사항도 모르는 터라, 그에게

예루살렘에 가서 재판을 받겠느냐고 물었습니다. 그는 거절하면서 최고법정의 황제 앞에서 재판 받기를 요청했습니다. 그래서 나는 로마에 있는 황제에게 그를 보낼 때까지 다시 수감해 두도록 명령했습니다."

22 아그립바가 말했다. "내가 그 사람을 보고 그의 이야기를 들어 보고 싶습니다." "좋습니다." 베스도가 말했다. "아침에 가장 먼저 불러들일 테니, 직접 들어 보십시오."

23 이튿날에 가이사랴의 주요 인사들이 모두 대연회장에 모였고, 군 고위 장교들도 함께 왔다. 아그립바와 버니게가 성대하고 위엄 있게 입장해 자리를 잡았다. 베스도가 바울을 데려오라고 명령했다.

24-26 베스도가 말했다. "아그립바 왕과 귀빈 여러분, 이 사람을 잘 보십시오. 많은 유대인들이 예루살렘에서 시작해 이제는 여기서도 그를 없애 달라고 나한테 청원했습니다. 그들은 더없이 맹렬하게 그의 처형을 요구했습니다. 내가 조사해 보니, 그는 아무 죄도 짓지 않았다는 판단이 섰습니다. 그는 황제 앞에서 재판 받게 해달라고 요청했고, 나는 그를 로마로 보내기로 승낙했습니다. 하지만 내 주이신 황제께 뭐라고 써야 하겠습니까? 유대인들이 내놓은 고발은 다 허위로 꾸민 것이고, 그 밖에 내가 더 밝혀 낸 것은 하나도 없습니다.

26-27 그래서 이렇게 여러분 앞에, 특별히 아그립바 왕 앞에 그를 데려다 세운 것입니다. 제대로 된 소송에 어울리는 무언가를 건질 수 있을까 해서 말입니다. 죄수로 하여금 재판을 받게 그 먼 길을 보내면서 문서에 죄목 하나 적을 수 없다면 우스운 꼴이 될 것입니다."

아그립바 왕 앞에서 증언하다

26

1-3 아그립바 왕이 바울에게 직접 말했다. "어서, 그대 자신에 대해 말해 보시오."

바울이 증언대에 서서 자신의 이야기를 했다. "아그립바 왕이여, 왕께서 유대인의 풍습과 우리의 모든 집안싸움에 대해 잘 알고 계시니, 다른 누구보다 왕 앞에서 유대인들의 이 모든 고발에 대해 답변하게 되어 다행입니다.

4-8 젊어서부터, 나는 예루살렘의 내 민족들 속에서 살았습니다. 그 도성에서 내가 자라는 것을 지켜본 유대인들은—만일 그들이 위험을 감수할 마음이 있다면 왕께 직접 증언할 수도 있을 것입니다—내가, 우리 종교의 가장 엄격한 분파인 바리새인으로 살았다는 것을 알고 있습니다. 내가 이렇게 유대인들에게 고발당하는 것은, 내가 하나님께서 우리 조상에게 주신 약속—열두 지파가 오랜 세월 동안 밤낮으로 바라보며 살았던 그 소망—을 믿고 진지하게 여기며, 그 약속에 마음과 생명을 바쳤기 때문입니다. 시험을 거쳐 검증된 소망을 내가 굳게 붙잡았기 때문입니다. 이 자리에 서서 재판을 받아야 할 사람은 내가 아니라 저들입니다! 하나님께서 죽은 사람들을 살리신다고 믿는 것이 어떻게 형사 범죄가 성립되는지 나는 도무지 이해가 되지 않습니다.

9-11 솔직히 내가 늘 이런 입장에 서 있었던 것은 아닙니다. 한동안 나는, 있는 힘

껏 나사렛 예수를 대적하는 것이 내 본분인 줄 알았습니다. 나는 대제사장들의 전권을 등에 업고, 도처에서 믿는 이들을 예루살렘 감옥에 처넣었습니다. 나는 그들이 하나님의 백성인 줄 전혀 몰랐습니다! 기회가 올 때마다 그들을 처형하는 데 찬성표를 던졌습니다. 나는 그들의 회당을 짓밟고 들어가서, 그들을 협박하고 예수를 저주하게 했습니다. 나는 그 사람들을 소탕하는 일에 사로잡힌 폭군이었습니다. 그러다가 나는, 예루살렘 바깥에 있는 여러 도시에서도 그 일을 시작했습니다.

12-14 그날도 여느 때처럼 내 활동을 공인해 주는 대제사장들의 문서를 가지고 다마스쿠스로 가고 있는데, 한낮에 하늘에서 햇빛보다 더 밝은 눈부신 빛이 나와 내 동료들에게 쏟아져 내렸습니다. 오 왕이여, 그렇게 환할 수가 없었습니다! 우리는 앞으로 고꾸라졌습니다. 그때 히브리 말로 한 음성이 들렸습니다. '사울아, 사울아, 왜 나를 해치려고 하느냐? 무슨 고집으로 순리를 거스르는 것이냐?'

15-16 나는 '주님, 누구십니까?' 하고 말했습니다.

그 음성이 대답했습니다. '나는 네가 짐승을 추적하듯이 핍박하는 예수다. 그러나 이제 일어나거라. 내가 네게 맡길 일이 있다. 너는 오늘 일어난 일과 내가 앞으로 너에게 보여줄 일에 종과 증인이 될 것이다. 그 일을 위해 내가 너를 선택했다.

17-18 내가 너를 보내는 것은, 이방인들의 눈을 열어 주어 그들로 하여금 어둠과 빛의 차이를 보고 빛을 선택하게 하며, 사탄과 하나님의 차이를 보고 하나님을 선택하게 하려는 것이다. 내가 너를 보내는 것은, 내가 그들의 죄를 용서하고 그들에게 내 가족의 신분을 주려는 것이다. 나를 믿어 참된 삶을 시작하는 사람들 속으로, 그들을 초청하려는 것이다.'

19-20 아그립바 왕이여, 그러니 내가 어찌하겠습니까? 그런 비전을 두고 그냥 물러설 수는 없었습니다! 그 자리에서 나는 순종하며 믿는 자가 되었습니다. 나는 이 삶의 변화—하나님께 전적으로 돌아서는 것과 그것이 매일의 삶에서 갖는 의미—를 그곳 다마스쿠스에서 전하기 시작했습니다. 예루살렘과 인근 지역으로, 거기서 다시 온 세상으로 나아갔습니다.

21-23 그날 유대인들이 성전에서 나를 붙잡아 죽이려고 한 것도, 바로 '온 세상으로 나아간 것' 때문입니다. 저들은 하나님을 자기들한테만 묶어 두려고 합니다. 그러나 하나님께서는 약속하신 대로 내 편에 서 주셨습니다. 내가 지금 이 자리에 서서 하는 말은, 왕이나 어린아이나 할 것 없이 누구든지 들으려고 하는 사람에게 내가 들려준 이야기입니다. 그리고 이 모든 말은, 예언자들과 모세가 그렇게 되리라고 한 것과 정확하게 일치합니다. 그것은, 첫째로 메시아가 반드시 죽어야 하며, 둘째로 그분이 죽은 자들 가운데서 살아나셔서, 하나님을 모르는 사람들과 하나님을 경외하는 사람들 모두에게 하나님의 빛을 비추는 첫 번째 빛이 되리라는 것입니다."

24 베스도에게 이 말은 버거운 것이었다. 그는 큰소리로 말을 잘랐다. "바울, 그대가 미쳤소! 책을 너무 많이 읽고, 허공을 너무 오래 쳐다봤소. 그만 자중하고

현실 세계로 돌아오시오!"

25-27 그러나 바울은 물러서지 않았다. "베스도 총독 각하, 정중히 아룁니다. 나는 미치지 않았습니다. 맑은 정신으로 똑바로 말하는 것입니다. 왕께서는 내가 무슨 말을 하는지 잘 알고 계십니다. 내 이야기 중에 왕께서 제정신이 아니라고 여길 만한 말은 하나도 없었다고 확신합니다. 왕은 오래전부터 이 일을 다 알고 계셨습니다. 이 일은 아무도 모르게 벌어진 일이 아닙니다. 아그립바 왕이여, 예언자들을 믿으시지 않습니까? 대답하지 않으셔도, 믿으시는 줄 내가 압니다."

28 그러자 아그립바 왕이 대답했다. "이대로 더 가다가는 네가 나를 그리스도인으로 만들겠구나!"

29 바울이 결박된 채 말했다. "그것이 내가 기도하는 바입니다. 지금이나 나중이나, 왕뿐 아니라 오늘 여기서 이야기를 듣고 있는 여러분 모두가 나처럼 되기를 바랍니다. 이렇게 결박된 것만 빼고 말입니다!"

30-31 왕과 총독이 버니게와 참모들과 함께 일어나 옆방으로 가서, 지금까지 들은 것을 두고 의논했다. 그들은 금세 바울이 무죄라는 데 뜻을 같이하며 말했다. "이 사람은 사형은 고사하고 감옥에 갇힐 만한 일도 한 적이 없습니다."

32 아그립바 왕이 베스도에게 말했다. "황제 앞에서 재판 받기를 요청하지만 않았어도 지금 당장 석방할 수 있었을 겁니다."

바다에서 풍랑을 만나다

27

1-2 우리가 이탈리아로 항해할 준비를 마치자, 바울과 다른 죄수 몇이 친위대의 일원인 율리오라는 백부장 감독하에 배치되었다. 우리는 아드라뭇데노에서 온 배에 올라탔다. 그 배는 에베소와 서쪽 항구로 향하는 배였다. 데살로니가 출신의 마케도니아 사람 아리스다고가 우리와 동행했다.

3 이튿날 우리는 시돈에 입항했다. 율리오는 바울을 아주 관대하게 대했다. 배에서 내려 그곳 동료들의 환대를 받도록 허락해 주었다.

4-8 다시 뱃길에 오른 우리는, 서쪽에서 불어오는 맞바람 때문에 키프로스 북동 해안을 바람막이 삼아 북쪽으로 항해했다. 그리고 다시 해안을 따라 서쪽으로 향하여 무라 항에 닿았다. 거기서 백부장은 이탈리아로 가는 이집트 선박을 찾아 우리를 그 배에 옮겨 태웠다. 그런데 사나운 날씨를 만나 항로를 유지하기가 불가능했다. 갖은 고생 끝에, 마침내 우리는 크레타 섬 남쪽 해안에 이르러, '아름다운 항구'(이름 그대로였다!)에 닻을 내렸다.

9-10 우리는 이미 시간을 많이 허비했다. 추분이 이미 지났고, 이제부터는 겨우내 폭풍우가 잦은 날씨여서 항해하기에 너무 위험했다. 바울이 경고했다. "지금 바다로 나갔다가는 재난을 당해 짐과 배는 말할 것도 없고 목숨까지 잃을 것입니다!"

12, 11 그러나 그곳은 겨울을 나기에 적합한 항구가 못되었다. 거기서 몇 킬로미터 떨어진 뵈닉스가 더 나았다. 백부장은 바울의 경고를 흘려듣고 선장과 선주의 말을 좇아 다음 항구로 향했다.

13-15 남쪽에서 미풍이 불어오자, 그들은 순항할 줄로 생각해 닻을 올렸다. 그러나
바다에 나가기가 무섭게, 악명 높은 북동풍이 맹렬한 기세로 몰아쳤다. 배는 완
전히 그들의 통제를 벗어나고 말았다. 풍랑 가운데 떠다니는 나뭇잎 신세였다.
16-17 우리는 가우다라는 작은 섬을 바람막이 삼아 간신히 구명보트를 준비하고
돛을 내렸다. 그러나 모래톱에 바위가 많아 섬에 다가갈 수 없었다. 우리는 닻
을 던져 겨우 표류를 막고 바위에 부딪치는 것을 면할 수 있었다.
18-20 이튿날, 다시 물결이 높아진 데다 폭풍우에 배가 큰 손상을 입어, 우리는 배
밖으로 짐을 던졌다. 사흘째 되는 날에는 선원들이 장비와 식료품까지 내던져
배를 좀 더 가볍게 했다. 해와 별을 보지 못한 지 벌써 여러 날이었다. 바람과
파도가 사정없이 우리를 때렸고, 우리는 구조되리라는 희망마저 잃고 말았다.
21-22 식욕도 삶의 의욕도 잃어버린 지 오래될 즈음에, 바울이 우리 가운데 서서
말했다. "여러분, 여러분이 크레타에서 내 말을 들었더라면 이 모든 고생과 시
련을 피할 수 있었을 것입니다. 그러나 지금부터 상황이 호전될 테니, 지난 일에
연연할 것 없습니다. 우리 가운데 단 한 사람도 물에 빠져 죽는 일은 없을 것입
니다. 하지만 배도 무사할 것이라고는 말 못하겠습니다. 배는 파선할 것입니다.
23-26 지난밤에 내가 섬기는 하나님의 천사가, 내 곁에 서서 말했습니다. '바울아,
포기하지 마라. 너는 장차 황제 앞에 설 것이다. 너와 함께 항해하는 사람들도
모두 무사할 것이다.' 그러니 사랑하는 친구 여러분, 용기를 내십시오. 나는 하
나님께서 내게 말씀하신 그대로 행하실 것을 믿습니다. 그러나 우리는 한 섬에
난파될 것입니다."
27-29 열나흘째 되는 날 밤에, 우리는 아드리아 해 어디쯤에서 표류하고 있었다.
자정 무렵에 선원들은 배가 육지 가까이로 다가가고 있음을 직감했다. 수심을
재어 보니 약 40미터였고, 잠시 후에는 약 30미터였다. 그들은 배가 좌초될까
두려워, 닻을 네 개 내리고 어서 햇빛이 나기를 빌었다.
30-32 선원들 가운데 몇 사람이 배에서 탈출하려고 했다. 그들은 뱃머리에서 닻을
더 내리는 척하면서 구명보트를 내렸다. 바울이 그들의 속셈을 꿰뚫어 보고는
백부장과 병사들에게 말했다. "이 선원들이 배에 남아 있지 않으면 우리는 다
빠져죽을 것입니다." 그러자 병사들이 구명보트의 줄을 끊어 그냥 떠내려가게
했다.
33-34 동틀 무렵, 바울이 사람들을 모두 불러 모아 아침식사를 권했다. "우리가 음
식 없이 지낸 지 벌써 열나흘이 되었습니다. 아무도 음식 생각이 없었습니다!
하지만 이제 뭘 좀 먹어야 합니다. 기력이 있어야 구조도 되지 않겠습니까. 여
러분은 상처 하나 입지 않고 여기서 벗어날 것입니다!"
35-38 그는 빵을 떼어 하나님께 감사하고, 모두에게 돌렸다. 다들 실컷 먹었다. 모
두 이백칠십육 명이었다! 사람들이 다 배부르게 먹고, 남은 곡식은 바다에 버려
배를 가볍게 했다.
39-41 날이 밝았으나, 아무도 그 땅이 어디인지 알아보지 못했다. 그때 근사한 해
안이 펼쳐진 만(灣)이 눈에 들어왔다. 그들은 해안가에 배를 대기로 하고, 닻줄

을 자르고 키를 풀고 돛을 올리고 순풍을 받아 해안으로 향했다. 그러나 뜻대로
되지 않았다. 아직도 해안가로부터 꽤 먼데, 배가 암초와 충돌해 부서지기 시작
했다.
42-44 병사들은 죄수들이 헤엄쳐 탈출하지 못하도록 그들을 죽일 작정이었다. 그
러나 백부장이 바울을 구하기 위해 병사들을 막았다. 그는 누구든지 헤엄칠 줄
아는 사람은 물속으로 뛰어들어 헤엄쳐 가고, 나머지 사람들은 나무 조각을 붙
잡으라고 명령했다. 다들 무사히 해안에 닿았다.

28 1-2 인원을 점검해 보니, 모두가 무사했다. 우리가 있는 곳이 몰타 섬
이라는 것을 알았다. 그곳 원주민들이 우리에게 특별히 친절을 베풀
어 주었다. 비가 오고 날이 추워서 우리가 흠뻑 젖자, 그들은 큰 불을 피우고 그
주위에 우리를 모이게 했다.
3-6 바울도 힘껏 거들기 시작했다. 그가 나뭇가지 한 다발을 모아다가 불에 넣자,
불 때문에 깨어난 독사가 그의 손을 물고 놓지 않았다. 원주민들은 바울의 손에
매달린 뱀을 보고, 그가 살인자여서 응분의 벌을 받는 것이라고 단정했다. 바울
은 손을 털어 뱀을 불 속에 떨어 버렸다. 그는 물리기 전과 다름 없이 멀쩡했다.
그들은 그가 급사할 것으로 예상했다가 그런 일이 일어나지 않자, 이번에는 그
가 신이라고 단정했다!
7-9 그 섬의 지역 추장은 보블리오였다. 그는 우리를 손님으로 자기 집에 맞아들
여서, 몸도 녹이고 사흘 동안 편히 묵게 해주었다. 마침 보블리오의 아버지가
고열과 이질로 앓아누워 있었다. 바울이 노인의 방에 들어가서 안수하고 기도
하자, 그의 병이 나았다. 그가 나았다는 소식이 순식간에 퍼졌고, 이내 그 섬의
병든 자들이 와서 고침을 받았다.

로마

10-11 우리는 몰타에서 석 달 동안을 아주 잘 지냈다. 그들은 우리를 극진히 대접
해 주었다. 모든 쓸 것을 채워 주고, 남은 여정에 필요한 장비까지 챙겨 주었다.
그곳 항구에서 겨울을 난 이집트 선박이 이탈리아로 떠날 준비가 되어, 우리도
그 배에 올랐다. 그 배의 머리에는 쌍둥이자리, 곧 '천상의 쌍둥이'가 조각되어
있었다.
12-14 배는 수라구사에 사흘 동안 정박해 있다가, 해안을 따라 레기온으로 올라갔
다. 이틀 후에, 우리는 남풍을 힘입어 나폴리 만에 입항했다. 거기서 우리는 그
리스도인 동료들을 만나 일주일 동안 함께 지냈다.
14-16 그 후에 우리는 로마로 갔다. 로마의 동료들이 우리가 온다는 소식을 듣고
마중을 나왔다. 그 가운데 한 무리는 아피온 광장까지 나왔고, 다른 무리는 '세
막사'라는 곳에서 우리를 맞았다. 짐작하듯이, 그것은 감정을 주체할 수 없는 만
남이었다. 바울은 찬양이 흘러넘쳐, 감사의 기도로 우리를 인도했다. 우리가 로

마에 들어가자, 그들은 바울이 그를 지키는 병사와 함께 개인 숙소에서 생활하
게 해주었다.
17-20 사흘 후에, 바울은 유대인 지도자들을 불러 모아 자기 집에서 모임을 가졌다. 그가 말했다. "예루살렘의 유대인들이 혐의를 날조해 나를 체포했고, 나는 로마 사람들의 손에 수감되었습니다. 분명히 말하지만, 나는 유대인의 율법이나 관습에 어긋나게 행동한 것이 전혀 없습니다. 로마 사람들은 혐의 내용을 조사해 사실무근인 것이 밝혀지자, 나를 풀어 주려고 했습니다. 그러나 유대인들이 맹렬히 반대해서 나는 어쩔 수 없이 황제에게 상소했습니다. 내가 그렇게 한 것은, 그들의 잘못을 고발하거나 로마를 상대로 우리 민족을 곤란에 빠뜨리려는 것이 아닙니다. 그런 문제라면 우리는 이미 겪을 만큼 겪었습니다. 나는 이스라엘을 위해 그렇게 했습니다. 오늘 내가 여러분에게 이 말을 들려주는 것은, 내가 이스라엘의 적이 아니라 이스라엘 편임을 분명히 하려는 것입니다. 내가 여기 잡혀 온 것은, 멸망이 아니라 소망을 위해서입니다."
21-22 그들이 말했다. "우리는 아무한테서도 당신에 대해 경계하는 편지를 받지 못했습니다. 여기에 와서 당신을 나쁘게 말한 사람도 없었습니다. 다만, 우리는 당신의 생각을 더 들어 보고 싶습니다. 그리스도인이라는 이 분파에 대해 우리가 아는 것이라고는, 이 분파를 좋게 말하는 사람이 아무도 없다는 것뿐입니다."
23 그들은 시간을 정했다. 그날이 되자, 그들이 많은 친구들과 함께 바울의 집에 다시 모였다. 바울은 아침부터 저녁까지, 온종일 그들에게 하나님 나라에 관한 모든 것을 설명했다. 그리고 모세와 예언자들이 예수에 대해 기록한 것을 짚어 가며, 그들 모두를 힘써 설득했다.
24-27 그들 가운데 어떤 이들은 그의 말에 설득되었으나, 다른 이들은 한 마디도 믿으려 하지 않았다. 믿지 않는 이들이 서로 시비를 걸며 말다툼을 시작하자, 바울이 끼어들었다. "여러분에게 한 말씀만 더 드리겠습니다. 성령께서 예언자 이사야를 통해 우리 조상에게 말씀하실 때, 그분은 이것을 분명히 알고 계셨습니다.

이 백성에게 가서 이렇게 말하여라.
"너희가 귀로 듣겠으나
한 마디도 듣지 못할 것이요,
눈으로 보겠으나
하나도 보지 못할 것이다.
이 사람들은 머리가 꽉 막혔다!
그들은 듣지 않으려고
손가락으로 귀를 틀어막는다.
보지 않으려고
나와 얼굴을 맞대어 내 치료를 받지 않으려고
두 눈을 질끈 감는다."

28 여러분에게는 이미 기회가 있었습니다. 다음은 이방인들 차례입니다. 내가
장담합니다. 그들은 두 팔 벌려 받아들일 것입니다!"
30-31 이 년 동안 바울은 셋집에서 살았다. 그는 찾아오는 사람 누구나 맞아들였
다. 바울은 긴박한 마음으로 하나님 나라의 일을 모두 전하고, 예수 그리스도에
관해 모든 것을 설명했다. 그의 집 문은 항상 열려 있었다.

바울이 이 편지를 쓰기 약 30여 년 전, 역사를 "그 전"과 "그 후"로 나눠지게 하고 세상을 바꿔 놓은 한 사건이 일어났다. 예수의 삶과 죽음과 부활이 바로 그것인데, 이는 광대한 로마 제국의 한 외딴 귀퉁이, 팔레스타인의 유다 지방에서 일어난 사건이었다. 사람들에게 거의 주목받지 못했던 일, 부산하게 돌아가던 권력의 도시 로마에서는 분명 아무도 거들떠보지 않았을 그런 사건이었다.

이 편지가 로마에 도착했을 때도 극소수의 사람들만이 읽었을 뿐, 힘 있는 사람들은 아무도 읽지 않았다. 로마에는 읽을거리가 많았다. 황제의 칙령, 세련된 시, 정교한 도덕철학 등이 넘쳐났고, 게다가 그 대부분이 수준급이었다. 그러나 얼마 지나지 않아 그런 글들은 결국 다 흙먼지를 뒤집어쓰는 신세가 되고 말았다. 하지만 이 편지는 그렇지 않았다. 로마 사람들에게 보낸 바울의 편지는 그 로마 작가들이 쓴 책들 전부를 다 합쳐 놓은 것보다도 훨씬 더 광범위한 영향을 끼쳤다.

로마에 아무 연고도 없던 한 무명의 로마 시민이 쓴 이 편지가, 그렇게 빠른 시간 내에 최고 영향력의 자리에 올라서게 된 것은 분명 비범한 일이었다. 그러나 우리 스스로 이 편지를 읽어 볼 때 곧 깨닫는 바가 있다. 참으로 범상치 않은 것은 바로 이 편지 자체라는 점이다. 곧 이 편지는, 쓴 이나 읽은 이들이 무명의 사람들이었다고 해서 결코 오랫동안 무명으로 남아 있을 그런 편지가 아니라는 사실 말이다.

로마 사람들에게 보내는 이 편지는 왕성하고 열정적인 사고가 낳은 작품이다. 하나님을 섬기는 일에 징집된 지성의 영광스런 삶이 여기 나타나 있다. 바울은 나사렛 예수의 삶과 죽음과 부활이라는, 탁월한 증언과 경건한 믿음의 대상이 되고 있는 그 사실을 두고서, 그것이 뜻하는 바가 무엇인지에 대해 숙고한다. 예수의 죽음과 부활 안에서 세계 역사의 방향이 달라진 것, 또 그것이 지상의 모든 남자, 여자, 어린이들의 삶에 영원한 영향을 끼치게 된 것은 대체 어째서인가? 바울은 다음과 같이 대답한다.

> 우리를 위해 오신 그리스도의 임재 속에 들어가 사는 사람들은, 늘 먹구름이 드리운 것 같은 암울한 삶을 더 이상 살지 않아도 됩니다. 이제 새로운 힘이 움직이고 있습니다. 그리스도 안에 있는 생명의 성

령이 세찬 바람처럼 불어와서 하늘의 구름을 모조리 걷어 주었습니다. 죄와 죽음이라는 잔혹한 폭군 밑에서 평생을 허덕거려야 했을 여러분을 해방시켜 주었습니다(롬 8:1-2).

하나님께서 대체 무슨 일을 하신 것인가? 바울은 대답하기에 앞서 몇 가지 질문을 덧붙인다.

하나님을 설명할 수 있는 이 누구인가?
그분께 하실 일을 아뢸 수 있을 만큼 똑똑한 이 누구인가?
하나님이 조언을 구하시는 이 누구며
그분께 도움이 된 이 누구인가?

모든 것이 그분에게서 시작하고
그분을 통해 일어나며
그분에게서 마친다.
영원토록 영광! 영원토록 찬양!
(롬 11:34-36)

예수께서 "구원하신다"는 말은 대체 무슨 의미인가?

우리가 너무 약하고 반항적이어서 전혀 준비되어 있지 않았던 그때에, 그분은 자기 자신을 이 희생적 죽음에 내어주셨습니다. 설령 우리가 그렇게 약하지 않았다 하더라도, 우리는 여전히 갈팡질팡했을 것입니다. 우리는 목숨을 바칠 만한 가치가 있다고 여기는 사람을 위해 대신 죽는 것은 이해할 수 있습니다. 또 선하고 고귀한 사람을 보면 우리 안에 그를 위해 기꺼이 희생하고자 하는 마음이 일어난다는 사실도 알고 있습니다. 그러나 하나님은 우리가 그분께 아무 쓸모가 없을 때에 당신의 아들을 희생적 죽음에 내어주심으로, 그렇게 우리를 위해 당신의 사랑을 아낌없이 내놓으셨습니다. 이 희생적 죽음, 이 완성된 희생 제사를 통해 우리는 하나님 앞에 바로 세워졌습니다. 그러므로 이제는 더 이상 하나님과 사이가 멀어질 일은 없습니다. 생각해 보십시오. 우리가 최악이었을 때에도 그분 아들의 희생적 죽음을 통해 우리와 하나님 사이가 친밀하게 되었습니다. 그렇다면 우리가 최선인 지금, 그분의 부활 생명이 우리 삶을 얼마나 드넓고 깊게 하겠습니까!(롬 5:6-10)

이 모든 것 배후에 있는 것은 무엇이며, 또 이 모든 것은 결국 어디를 향해 가는가?

하나님은 처음부터 자신이 하실 일을 분명히 아셨습니다. 처음부터 하나님은 그분을 사랑하는 사람들의 삶을 그분 아들의 삶을 본떠 빚으시려고 결정해 두셨습니다. 그분의 아들은 그분께서 회복시키신 인류의 맨 앞줄에 서 계십니다. 그분을 바라볼 때 우리는, 우리 삶이 본래 어떤 모습이었어야 하는지 깨닫게 됩니다.

하나님은 이처럼 그분의 자녀들이 어떤 모습이어야 하는지를 결정하신 뒤에, 그들의 이름을 불러 주셨습니다. 이름을 부르신 뒤에는, 그들을 그분 앞에 굳게 세워 주셨습니다. 또한 그들을 그렇게 굳게 세워 주신 뒤에는 그들과 끝까지 함께하시며, 그분이 시작하신 일을 영광스럽게 완성시켜 주셨습니다(롬 8:29-30).

이런 것들이 바로 바울의 생각을 이끌었던 질문들이다. 바울은 유연하고 폭넓은 사고를 가진 지성인이었다. 그가 논리와 논증, 시와 상상력, 성경과 기도, 창조와 역사와 경험을 짜 넣어 써내려 간 이 편지는, 기독교 신학의 으뜸작으로 꼽히는 저술이 되었다.

로마서

1 [1] 나 바울은, 사명을 받아 예수 그리스도께 몸 바쳐 일하는 그분의 종이
자, 하나님의 말씀과 하신 일을 선포할 권한을 부여받은 사도입니다. 나
는 로마에 있는 모든 믿는 이들, 곧 하나님의 친구인 여러분에게 이 편지를 씁
니다.
2-7 성경에는 하나님의 아들에 대해 예언자들이 앞서 전한 보고들이 담겨 있습니
다. 역사적으로 보면, 그분은 다윗의 후손이십니다. 또한 고유한 정체성으로 보
면, 그분은 하나님의 아들이신데, 예수께서 죽은 자들 가운데서 부활하심으로
메시아 곧 우리 주님으로 세워지셨을 때, 성령께서 이를 우리에게 보여주셨습니
다. 그분을 통해 우리는 그분의 생명을 풍성한 선물로 받았고, 또 이 생명을 사
람들에게 전하는 긴급한 사명도 받았습니다. 예수를 향한 순종과 신뢰 속으로
뛰어들 때 사람들은 이 생명을 선사받습니다. 여러분이 지금의 여러분인 것은,
바로 예수 그리스도께서 주시는 이 선물과 부르심 때문입니다! 나는 하나님 우
리 아버지와 메시아이신 우리 주 예수의 풍성하심으로 여러분에게 문안합니다.
8-12 나는 여러분 한 사람 한 사람으로 인해 예수를 통해 하나님께 감사드립니다.
이것이 내가 가장 먼저 하고 싶은 말입니다. 어디를 가든지 사람들은 내게 여러
분의 믿음의 삶에 대해 이야기를 들려줍니다. 그런 이야기를 들을 때마다 나는
그분께 감사드립니다. 그리고 그분의 아들에 관한 복된 소식 곧 메시지를 전할
때에, 내가 사랑하여 예배하고 섬기기 원하는 하나님은 아십니다. 내가 기도중
에 여러분을 생각할 때마다—사실은 늘—여러분을 보러 갈 수 있도록 길을 열
어 달라고 그분께 기도한다는 것을 말입니다. 기다림이 길어질수록 간절함도
더 깊어집니다. 여러분이 있는 그곳에 가서 하나님의 선물을 직접 전해 주고,
여러분이 더욱 강건해져 가는 모습을 내 눈으로 직접 볼 수 있기를 내가 얼마나
원하는지요! 하지만 이 과정에서 내가 여러분에게 주려고만 한다고 생각하지

마십시오! 내가 여러분에게 줄 것 못지않게 여러분도 내게 줄 것이 많습니다.
13-15 친구 여러분, 내가 여러분을 방문하지 못한 것을 두고 부디 오해가 없기를
바랍니다. 내가 로마에 가려는 계획을 얼마나 자주 세웠는지 아마 여러분은 상
상도 못할 것입니다. 나는 그동안 다른 많은 이방 성읍과 공동체에서 그랬던 것
처럼, 여러분들 가운데서도 하나님께서 일하시는 모습을 직접 확인하는 즐거움
을 누리고 싶었습니다. 그러나 늘 사정이 생겨 그러지 못했습니다. 누구를 만나
든—문명인이든 미개인이든, 학식이 많은 사람이든 배우지 못한 사람이든, 그
것은 중요하지 않습니다—나는 우리가 얼마나 서로에게 의존하는 존재이며, 서
로에게 책임이 있는 존재인지를 깊이 느끼게 됩니다. 이것이 내가 로마에 있는
여러분에게 어서 가서 하나님의 놀랍도록 복된 소식을 전하려는 이유입니다.
16-17 내가 참으로 자랑스럽게 선포하는 이 소식은, 그분의 능력 가득한 계획에
관한 것입니다. 하나님께서 그분을 신뢰하는 사람이면 누구나, 유대인으로부터
시작해서 모든 사람에 이르기까지 다 구원하신다는 엄청난 메시지입니다. 사람
들을 바로 세워 주시는 하나님의 길은 믿음의 행위 안에서 드러납니다. 이는 성
경이 늘 말해 온 것과도 일치합니다. "하나님을 신뢰함으로 하나님 앞에 바로
세워진 사람은 참으로 살 것이다."

하나님을 무시하는 자들의 끝없는 추락

18-23 그러나 하나님의 노가 화염처럼 터져 나옵니다. 사람들의 불신과 범죄와 거
짓의 행위가 쌓여 가고, 사람들이 애써 진리를 덮으려 하기 때문입니다. 그러나
하나님이 실재하신다는 것은 너무도 분명한 근본 사실입니다. 그저 눈을 떠 보
기만 해도 보이지 않습니까! 하나님이 창조하신 것을 찬찬히 그리고 유심히 바
라보았던 사람들은 언제나, 그 눈으로는 볼 수 없는 것—이를테면, 그분의 영원
한 능력이나 신성의 신비—을 볼 수 있었습니다. 따라서 누구도 변명할 수 없습
니다. 사실을 말하면 이렇습니다. 사람들은 하나님을 너무도 잘 알고 있었지만
그분을 하나님으로 대하지 않았고, 그분을 경배하기를 거부했습니다. 그럼으로
써 그들은 스스로 어리석고 혼란에 빠진 하찮은 존재가 되었고, 결국 삶의 의미
도 방향도 잃고 말았습니다. 그들은 다 아는 것처럼 행세하나, 사실은 삶에 대
해 아무것도 모릅니다. 심지어 그들은 온 세상을 손에 붙들고 계신 하나님의 영
광을, 어느 길거리에서나 살 수 있는 싸구려 조각상들과 바꾸어 버렸을 정도입
니다.
24-25 그래서 하나님께서 이런 뜻의 말씀을 하셨습니다. "너희가 원하는 것이 그
것이라면, 그것을 주겠다." 결국 그들은 머지않아, 안팎으로 온통 오물범벅인
돼지우리의 삶을 살게 되었습니다. 이것은 다 그들이 참 하나님을 거짓 신과 바
꾸었기 때문입니다. 그들을 만드신 하나님—우리가 찬양 드리는 하나님! 우리
에게 복 주시는 하나님!—대신에 자기들이 만든 신을 예배했기 때문입니다.
26-27 상황은 더 나빠져, 그들은 하나님 알기를 거부하면서 곧 사람이 어떠해야
하는지도 잊고 말았습니다. 여자는 여자가 어떠해야 하는지 잊었고, 남자는 남

자가 어떠해야 하는지 잊어버렸습니다. 성적 혼란에 빠져, 그들은 여자가 여자끼리 남자가 남자끼리 서로 학대하고 더럽혔습니다. 사랑 없이 욕정만 가득해서 말입니다. 그리고 그 대가를 치렀습니다. 아, 그 대가가 무엇인지 보십시오. 그들은 하나님과 사랑이 빠져 버린, 불경하고 무정한, 비참한 존재가 되고 말았습니다.

28-32 그들이 하나님 인정하기를 귀찮아하자, 하나님도 그들에게 간섭하기를 그만두시고 제멋대로 살도록 내버려 두셨습니다. 그러자, 그야말로 지옥 판이 벌어졌습니다. 악이 들끓고, 욕망의 아수라장이 벌어지고, 악독한 중상모략이 판을 쳤습니다. 시기와 무자비한 살인과 언쟁과 속임수로, 그들은 이 땅의 삶을 지옥으로 만들어 버렸습니다. 그들을 보십시오. 비열한 정신에, 독기에, 일구이언하며, 하나님을 맹렬히 욕하는 자들입니다. 깡패요, 건달이요, 참을 수 없는 떠버리들입니다! 그들은 삶을 파멸로 이끄는 새로운 길을 끊임없이 만들어 냅니다. 그들은 자기 인생에 방해가 될 때는 부모조차도 저버립니다. 우둔하고, 비열하고, 잔인하고, 냉혹한 자들입니다. 그들이 뭘 몰라서 그러는 것이 아닙니다. 그들은 자기들이 하나님의 얼굴에 침을 뱉고 있다는 사실을 너무도 잘 알고 있습니다. 하지만 그들은 개의치 않습니다. 오히려 가장 나쁜 짓을 가장 잘하는 이들에게 상까지 주고 있습니다!

하나님을 만만히 여기지 말라

2 1-2 그들은 그렇게 어둠 속으로 끝없이 추락하고 있습니다. 그러나 여러분이 그들에게 손가락질할 만한 고상한 위치에 있다고 생각한다면, 생각을 바꾸십시오. 누군가를 비난할 때마다, 여러분은 자신을 정죄하는 것입니다. 여러분도 다르지 않기 때문입니다. 남을 판단하고 비난하는 것은 자신의 죄와 잘못이 발각되는 것을 모면해 보려는 흔한 술책입니다. 그러나 하나님은 그렇게 호락호락하신 분이 아닙니다. 그분은 그 모든 술책을 꿰뚫어 보시며 '그러면 너는 어떤지 보자'고 하십니다.

3-4 혹시 다른 사람을 손가락질하면 여러분이 저지른 모든 잘못에 대해 하나님의 주의를 돌릴 수 있다고 생각했습니까? 하나님의 책망을 면할 수 있다고 생각했습니까? 하나님은 너무나 좋은 분이므로 여러분의 죄를 그냥 눈감아 주실 것이라고 생각했습니까? 그렇다면 처음부터 생각을 완전히 달리 하는 것이 좋습니다. 예, 하나님은 좋은 분이십니다. 그러나 결코 만만한 분은 아니십니다. 하나님이 좋은 분이라는 말은, 우리 손을 꼭 붙잡고서 우리를 근본적인 삶의 변화 속으로 이끌어 주신다는 말입니다.

5-8 얼렁뚱땅 넘어갈 생각은 마십시오. 하나님을 거부하고 회피하는 일은 다 무엇이든 불을 키우는 일입니다. 그 불이 마침내 뜨겁게 활활 타오르를 날, 하나님의 의롭고 불같은 심판의 날이 다가오고 있습니다. 착각하지 마십시오. 여러분은 결국 여러분이 자초한 결과에 직면하게 될 것입니다. 하나님 편에서 일하는 이들에게는 참 생명이, 자기 마음대로 살기를 고집하며 쉽게만 살려는 이들에

게는 불이 찾아올 것입니다!

9-11 하나님의 길을 거부한다면 데일 수밖에 없습니다. 여러분이 어디에서 살았고, 어떤 부모 밑에서 자랐고, 어떤 학교를 다녔는지는 아무 상관이 없습니다. 다만 여러분이 하나님이 행하시는 길을 받아들이고 따르면, 어마어마한 유익이 있을 것입니다. 이 또한 여러분의 출신이나 성장 배경과는 아무 상관이 없습니다. 유대인이라고 해서 하나님께 자동적으로 인정받는 법은 없습니다. 하나님은 여러분에 대한 다른 사람들의 말(혹은 여러분 스스로의 생각)에 전혀 상관치 않으십니다. 그분은 스스로 판단하십니다.

12-13 죄인 줄 모르고 죄를 짓는 경우라면, 하나님은 정상을 참작해 주십니다. 그러나 죄인 줄 잘 알면서도 죄를 짓는다면, 그것은 완전히 다른 이야기입니다. 하나님의 법을 듣기만 하고 그 명령을 행하지 않는다면, 그것은 시간 낭비일 뿐입니다. 하나님이 중요하게 여기시는 것은, 듣는 것이 아니라 행하는 것이기 때문입니다.

14-16 하나님의 법을 전혀 들어 본 적 없는 사람들도 직관을 따라 하나님의 법을 따르는 경우가 있습니다. 그런 그들의 순종은 하나님의 법이 진리임을 확증해 줍니다. 그들은 하나님의 법이 밖에서부터 우리에게 부과된 낯선 것이 아니라, 우리가 창조될 때 우리 안에 새겨진 것임을 보여줍니다. 그들의 내면 깊은 곳에는 하나님이 말씀하시는 '그렇다'와 '아니다'에, 그분의 '옳다'와 '그르다'에 공명하는 무언가가 있습니다. 하나님의 '그렇다'와 '아니다'에 대해 그들이 어떻게 응답했는지는, 하나님께서 모든 남녀들에 대해 최종 심판을 내리시는 그날, 온 천하에 다 공개될 것입니다. 이는 내가 예수 그리스도를 통해 선포하는 하나님의 메시지에 다 들어 있는 이야기입니다.

종교가 우리를 구원하지 못한다

17-24 유대인으로 성장한 이들에게 말합니다. 여러분의 종교가 여러분이 기댈 수 있는 안전한 품이라도 되는 줄 착각하지 마십시오. 하나님의 계시에 정통하다고, 하나님에 관해서라면 최신 교리까지 다 꿰고 있는 최고 전문가라고 목에 힘주고 다니지 마십시오! 특히 스스로 다 갖추었다고 확신하는 여러분, 하나님의 계시된 말씀을 속속들이 다 알기 때문에 어두운 밤길을 헤매면서 하나님에 대해 혼란스러워하는 이들에게 길 안내자가 되어 줄 수 있다고 자처하는 여러분에게 경고해 줄 말이 있습니다. 여러분이 다른 사람들을 인도한다고 하지만, 정작 여러분은 어떻습니까? 나는 지금 정색하고 말합니다. "도둑질하지 말라!"고 설교하는 여러분이 어찌하여 도둑질을 합니까? 얼마나 감쪽같은지요! 간음도 마찬가지입니다. 우상숭배도 마찬가지입니다. 그러면서도 여러분은 하나님과 그분의 법에 대해 온갖 유창한 언변을 늘어놓으며 용케도 잘 빠져나갑니다. 이것은 어제 오늘의 일도 아닙니다. "너희 유대인들 때문에 이방인들에게서 하나님이 욕을 먹는다"는 성경 구절도 있듯이 말입니다.

25-29 할례는 어떻습니까? 여러분이 유대인임을 표시해 주는 그 수술 의식은 좋

은 것입니다. 여러분이 하나님의 율법에 맞게 산다면 그렇습니다. 그러나 여러분이 하나님의 율법을 따라 살지 않는다면, 차라리 할례를 받지 않는 것이 낫습니다. 그 반대도 마찬가지입니다. 할례 받지 않고도 하나님의 길을 따라 사는 이들은 할례 받은 이들 못지않습니다. 사실, 더 낫습니다. 할례는 받지 않았어도 하나님의 율법을 지키는 것이, 할례를 받고도 율법을 지키지 않는 것보다 낫습니다. 칼로 뭔가를 잘라 낸다고 유대인이 되는 것은 아닙니다. 유대인인지 아닌지는, 여러분이 어떤 사람인지에 달린 일입니다. 여러분을 유대인으로 만들어 주는 것은 여러분 마음에 새겨진 하나님의 표시이지, 여러분 피부에 새겨진 칼자국이 아닙니다. 그리고 중요한 것은 하나님께 인정받는 것이지, 율법 전문가들한테 인정받는 것이 아닙니다.

❦

3 1-2 그렇다면 유대인인 것과 아닌 것, 다시 말해 하나님의 길에 대해 훈련 받은 것과 그렇지 못한 것은 무슨 차이가 있을까요? 사실, 큰 차이가 있습니다. 그러나 사람들이 흔히 생각하는 그런 차이는 아닙니다.

2-6 우선, 유대인들에게는 하나님의 계시, 곧 성경을 기록하고 보존할 책임이 맡겨졌습니다. 그 과정에서, 유대인들 중 일부가 자신의 임무를 저버렸던 것은 사실이지만, 하나님은 그들을 저버리지 않으셨습니다. 여러분은 그들이 신실하지 못했다고 해서 하나님도 신실하기를 포기하실 수 있다고 생각합니까? 결코 그럴 수 없습니다! 세상이 다 거짓말을 일삼을 때에도 하나님은 끝까지 당신이 하신 약속을 지키시는 분입니다. 이 말은 틀림없습니다. 성경도 그렇게 말합니다.

주님의 말씀은 변함이 없고 참되십니다.
거부를 당해도 주님은 흔들리시지 않습니다.

그런데 이런 질문이 나올 수 있습니다. '우리의 악한 행위가 오히려 하나님의 의로운 행위를 분명히 드러내고 확증한다면, 그 일로 우리는 오히려 칭찬받아야 하는 것 아닌가?' '우리의 악한 말이 그분의 선한 말씀에 흠집 하나 내지 못한다면, 하나님께서 우리를 다그쳐 우리 말에 책임을 묻는 것은 잘못된 것 아닌가?' 그 질문에 대한 대답은 '아니다'입니다. 결코 그렇지 않습니다! 생각해 보십시오. 하나님께서 바르지 않은 일을 하신다면, 어떻게 그분께서 세상을 바로 세우실 수 있겠습니까?

7-8 그저 심사가 뒤틀려서 이렇게 말할 수도 있습니다. "나의 거짓됨이 하나님의 참되심을 더욱 영광스럽게 드러내 준다면, 왜 내가 비난을 받아야 하는가? 하나님한테 좋은 일을 하는 것인데." 실제로 어떤 이들은 우리가 그렇게 말한다고 말을 퍼뜨리기도 합니다. 그들은 우리가 "악을 더 많이 행할수록 하나님은 선을 더 많이 행하시니, 악을 더 많이 행하자!"고 말하며 다닌다고 주장합니다. 이는 순전히 중상모략인 것을 여러분도 잘 아시리라 믿습니다.

모두가 침몰하는 배에 타고 있다

9-20 그렇다면, 우리의 처지는 어떻습니까? 우리 유대인들이 다른 이들보다 더 운이 좋은 것일까요? 사실, 그렇지 않습니다. 기본적으로 우리는 유대인이든 이방인이든 모두 똑같은 조건에서 출발합니다. 다시 말해, 우리는 다 죄인으로 출발합니다. 이 점에 대해 성경은 더할 나위 없이 분명합니다.

바르게 사는 자 아무도 없다. 단 한 사람도 없다.
사리분별하는 자 아무도 없고, 하나님께 깨어 있는 자 아무도 없다.
다들 잘못된 길로 접어들어,
다들 막다른 길에서 헤매고 있다.
바르게 사는 자 아무도 없다.
그런 사람 단 한 사람도 나는 찾을 수 없다.
그들의 목구멍은 쩍 벌어진 무덤이요,
그 혀는 기름칠한 듯 매끄럽다.
하는 말마다 독이 서렸고
입을 열면 공기를 오염시킨다.
'올해의 죄인'이 되려고 각축전을 벌이며
세상을 온통 비통과 파멸로 어지럽힌다.
사람들과 더불어 사는 법이라고는 기본조차 모르는 그들,
하나님은 안중에도 없다.

그렇다면 분명하지 않습니까? 성경에 기록된 모든 말씀은 다른 사람에 대한 말씀이 아니라 바로 우리에게 하시는 말씀입니다! 성경은 처음부터 우리를 향한 말씀이었습니다. 또한 명백하지 않습니까? 우리는 하나같이 다 죄인이며, 다 함께 한 배를 타고서 가라앉을 수밖에 없는 사람들입니다! 하나님의 계시와 관련 있는 민족이라고 해서 우리가 자동적으로 하나님 앞에 바로 서게 되는 것은 아닙니다. 우리는 다만, 모든 사람의 죄에 우리 역시 연루되어 있다는 사실을 직시하게 될 뿐입니다.

하나님께서 바로 세우십니다

21-24 그런데 우리 시대에 와서 새로운 것이 더해졌습니다. 모세와 예언자들이 그들 시대에 증언했던 일이 실제로 일어난 것입니다. 그들이 증언한 '하나님이 바로 세워 주시는 일'이 이제 우리에게는 '예수께서 바로 세워 주시는 일'로 나타났습니다. 이는 우리만을 위한 것이 아니라, 그분을 믿는 모든 사람을 위한 것입니다. 이 점에서 우리와 그들 사이에 아무런 차이가 없습니다. (우리나 그들이나) 다 죄인으로 오랫동안 비참한 전과를 쌓아 왔고, 하나님께서 뜻하시는 그 영광스런 삶을 살아 낼 능력이 전혀 없다는 것도 입증되었습니다. 그래서 하나님께서 친히 우리를 위해 일해 주셨습니다. 순전히 은혜로, 그분은 우리를 그분

앞에 바로 세워 주셨습니다. 이는 전적으로 그분의 선물입니다. 그분은 우리를 진창에서 건져 주셨고, 우리가 있기를 늘 원하셨던 자리로 우리를 되돌려 주셨습니다. 바로 예수 그리스도를 통해 그 일을 하셨습니다.

25-26 하나님은 세상의 제단 위에 예수님을 희생 제물로 삼으셔서 세상으로 하여금 죄를 면하게 해주셨습니다. 그분께 믿음을 둘 때 우리는 죄를 면하게 됩니다. 하나님은 이 일, 곧 예수의 희생을 통해 세상으로 하여금 그분 앞에서 죄를 면하게 해주신 이 일을 만천하에 드러내셨습니다. 하나님은 그동안 오래 참으신 죄들을 마침내 이렇게 처리해 주신 것입니다. 이는 분명히 드러난 일일 뿐 아니라, 또한 지금 일어나고 있는 일입니다. 이것은 현재 진행중인 역사입니다! 하나님은 모든 것을 바로 세워 주고 계십니다. 또한 우리로 하여금 바로 세워 주시는 그분의 의로우심 안에서 살 수 있게 해주십니다.

27-28 그렇다면, 우리 교만한 유대인들의 옥신각신하는 주장들은 어떻게 되는 것입니까? 무효가 되는 것입니까? 그렇습니다. 무효가 되었습니다. 우리가 알게 된 것은 이것입니다. 우리가 행하는 일에 하나님이 응답하시는 것이 아니라는 것입니다. 사실은, 하나님이 행하시는 일에 우리가 응답하는 것입니다. 마침내 우리는 이 사실을 깨달았습니다. 우리의 삶이 하나님과, 또 다른 모든 사람들과 발맞추어 나가려면, 우리가 그분의 발걸음을 따라가야지, 거만하고 초조한 마음으로 우리가 행진을 이끌려고 해서는 안됩니다.

29-30 그렇다면 하나님에 대해 독점권을 가졌다고 하는 우리 유대인들의 교만한 주장은 또 어떻게 되는 것입니까? 이 또한 무효가 되었습니다. 하나님은 유대인들의 하나님일 뿐 아니라 또한 이방인들의 하나님이기도 합니다. 하나님은 오직 한분이신데, 어찌 그렇지 않을 수 있겠습니까? 하나님은 당신이 하시는 일을 기꺼이 받아들이고 그 속으로 뛰어드는 사람이면 누구나, 다 그분 앞에 바로 세워 주십니다. 우리 종교의 제도를 따르는 이들뿐 아니라, 우리 종교에 대해 들어 본 적 없는 이들도 마찬가지입니다.

31 그런데 우리가, 초점을 우리가 행하는 일에서 하나님이 행하시는 일로 옮긴다는 것은, 하나님의 규례와 법도를 신중히 따르던 삶을 취소한다는 말일까요? 전혀 그렇지 않습니다. 오히려 우리 삶 전체를 제자리에 놓음으로써, 그 삶을 더 굳게 세웁니다.

하나님을 신뢰하십시오

4 1-3 그렇다면 우리 믿음의 첫 조상 아브라함 이야기를 이 새로운 관점에서 보면 어떨까요? 만일 아브라함이 하나님을 위해 이룬 일로 하나님의 인정을 얻어 낸 것이라면, 당연히 그 공로를 인정받았을 것입니다. 그러나 우리에게 전해진 이 이야기의 주인공은 하나님이지 아브라함이 아닙니다. 성경은 우리에게 이렇게 말합니다. "아브라함은 하나님이 그를 위해 하시는 일에 뛰어들었다. 바로 그것이 전환점이 되었다. 그는 자기 힘으로 바로 서려고 애쓰는 대신에, 하나님께서 자신을 바로 세워 주실 것을 신뢰했다."

4-5 만일 여러분이 열심히 해서 어떤 일을 잘 해낸다면, 여러분은 보수를 받을 자
격이 생깁니다. 그때 여러분이 받는 것은 임금이지 선물이 아닙니다. 그러나 여
러분이 그 일을 감당할 수 없어 오직 하나님만이 하실 수 있는 일이라고 인정하
고 그분께서 해주실 것을 신뢰한다면, 바로 그 신뢰가 여러분을 하나님에 의해,
하나님 앞에 바로 세워 줍니다. 이렇게 하나님 앞에 바로 서는 일은, 여러분의
힘으로 아무리 오랫동안 수고하고 애쓴다 해도 결코 해낼 수 없는 일입니다. 이
는 전적으로 그분의 선물입니다.
6-9 이 새로운 관점은 다윗에게서도 확증됩니다. 그는 자신의 공로 하나 없이, 오
직 하나님께서 모든 것을 바로 세워 주실 것을 신뢰하는 사람은 복이 있다고 말
합니다.

그 범죄가 지워지고 지은 죄 말끔히 씻겨진 사람은
복이 있다.
주님께 그 죄를 청산받은 사람은
복이 있다.

혹시 여러분은 이런 복이 우리 종교의 길을 따르는 할례 받은 사람들에게만 선
언된다고 생각합니까? 우리가 따르는 길에 대해 들어 본 적 없는 사람들, 하나
님께 훈련받아 본 적 없는 사람들도 이런 복을 받을 수 있다는 생각은 못해 봤
습니까? 일단 우리 모두가 동의할 수 있는 사실부터 말해 보겠습니다. 아브라
함이 하나님께 합당하다고 선언된 것은, 그가 하나님께서 그를 위해 하시는 일
을 받아들였기 때문입니다.
10-11 그렇다면 생각해 보십시오. 그 선언이 내려진 것은, 그가 할례라는 언약 의
식을 통해 몸에 표시를 받기 전이었습니까, 그 후였습니까? 맞습니다. 표시를
받기 전이었습니다. 그렇다면, 그가 할례를 받은 것은, 하나님께서 그를 당신
앞에 바로 세우시려고 오래전부터 그를 위해 일해 오신 것에 대한 증거이자 확
증의 의미였다는 뜻입니다. 아브라함은 다만 하나님의 이 일을 자신의 온 삶으
로 받아들였던 것입니다.
12 또한 이것은 아브라함이 모든 사람의 조상이라는 뜻이기도 합니다. 다시 말
해, 하나님께 아직 "바깥 사람"인 이들, 하나님의 백성으로 인정받지 못하는 이
른바 "할례 받지 않은" 사람들이라도, 하나님께서 자신들을 위해 하시는 일을
받아들인다면, 아브라함은 그들 모두의 조상도 된다는 것입니다. "하나님에 의
해, 하나님 앞에 바로 서게 된" 사람들이란 바로 이런 사람들을 두고 하는 말입
니다! 물론, 아브라함은 할례라는 종교 의식을 거친 이들의 조상이기도 합니다.
그러나 이는 그들이 행한 그 종교 의식 때문이 아니라, 하나님께서 그들을 위해
행하시는 일을 믿음으로 받아들이는 모험의 삶을 살기로 그들이 결단했기 때문
입니다. 아브라함은 할례의 표시를 받기 오래전부터 바로 이런 삶을 살아온 것
입니다.

13-15 하나님께서 아브라함에게 그 유명한 약속—그와 그의 후손이 땅을 차지하리라—을 주신 것은, 그가 무언가를 이루었거나 이루려고 했기 때문이 아니었습니다. 그 약속이 주어진 것은, 그를 위해 모든 것을 바로 세워 주시겠다는 하나님의 결정에 기초한 것이었습니다. 아브라함은 다만 믿음으로 거기에 뛰어들었을 뿐입니다. 만일 우리가 하나님께 무언가를 얻는 것이 자기가 해야 할 일을 다 마치고 온갖 서류를 다 구비해야만 비로소 가능한 일이라면, 인격적 신뢰가 들어설 여지는 아예 사라지고 약속은 냉혹한 계약으로 바뀌고 맙니다! 그런 것은 거룩한 약속이 아닙니다. 사업상 거래일 뿐입니다. 빈틈없는 변호사가 깨알 같은 글씨로 작성한 계약서는 우리가 얻을 것이 전혀 없을 것이라는 사실만 확인해 줄 뿐입니다. 그러나 애초에 계약이란 없고 약속만이—그것도 하나님의 약속만이—있는 것이라면, 그것은 여러분이 깰 수 있는 것이 아닙니다.

16 바로 이런 이유로 하나님의 약속의 성취는, 전적으로 하나님과 그분의 길을 신뢰하는 것, 하나님과 그분이 하시는 일을 단순히 받아들이는 것에 달려 있습니다. 하나님의 약속은 순전한 선물로 우리에게 옵니다. 바로 이것이 우리 종교적 전통을 따르는 사람들뿐 아니라, 그런 것에 대해 들어 본 적 없는 사람들도 그 약속에 확실히 참여할 수 있는 유일한 길입니다. 아브라함은 우리 모두의 조상이기 때문입니다. 그는 우리 민족의 조상이 아닙니다. 그렇다고 한다면, 그것은 이야기를 거꾸로 읽는 것입니다. 그는 우리 믿음의 조상입니다.

17-18 우리가 아브라함을 "조상"이라고 부르는 것은 그가 거룩한 사람처럼 살아서 하나님의 주목을 받았기 때문이 아닙니다. 하나님께서 보잘것없던 아브라함을 불러 대단한 사람으로 만드셨기 때문입니다. 성경에서 우리가 늘 읽는 말씀, 하나님께서 아브라함에게 하신 말씀이 바로 이것 아닙니까? "내가 너를 많은 민족의 조상으로 세운다." 아브라함은 먼저 "조상"이라고 불렸고, 그런 다음에 조상이 된 것입니다. 그것은 오직 하나님만이 하실 수 있는 일을, 하나님께서 하실 것으로 그가 담대히 신뢰했기 때문입니다. 하나님께서는 죽은 사람들을 살리시고, 말씀으로 무(無)에서 유(有)를 만들어 내시는 분이십니다. 아무 희망이 없었음에도 불구하고, 아브라함은 믿었습니다. 아브라함은 자신의 눈에 보이는 불가능한 것을 근거로 살지 않고, 하나님께서 하시겠다고 말씀하신 약속을 근거로 살기로 결단한 것입니다. 그러므로 그는 허다한 민족의 조상이 되었습니다. 하나님께서 친히 그에게 말씀하셨습니다. "아브라함아, 너는 장차 큰 민족을 이룰 것이다!"

19-25 아브라함은 자신의 무력함에 집중하지 않았습니다. 그는 "소망이 사라졌다. 백 살이나 먹은 이 늙은 몸으로 어떻게 아이를 볼 수 있겠는가" 하고 말하지 않았습니다. 또 사라가 아기를 낳지 못한 수십 년을 헤아리며 체념하지도 않았습니다. 그는 하나님의 약속 주위를 서성거리며 조심스레 의심 어린 질문을 던지지도 않았습니다. 그는 그 약속 안으로 성큼 뛰어들었습니다. 그러고는 굳센 자, 하나님을 위해 준비된 자, 말씀하신 바를 이루실 하나님을 확신하는 자가 되어 나왔습니다. 그래서 이런 말씀이 기록되었습니다. "아브라함은 하나님이

그를 바로 세워 주실 것을 신뢰함으로 하나님께 합당한 사람으로 선언되었다." 그러나 이것은 아브라함에게만 해당되는 이야기가 아닙니다. 이것은 우리 이야기이기도 합니다! 우리가 아무 소망 없는 상황에서도 예수를 살리신 분을 받아들이고 믿을 때, 우리 역시 동일한 말씀을 듣게 됩니다. 희생 제물이 되어 주신 예수께서 우리를 하나님께 합당한 사람으로, 하나님 앞에 바로 세워진 사람으로 만들어 주셨습니다.

인내를 기르라

5

1-2 하나님께서 우리를 위해 늘 하고자 하셨던 일, 곧 그분 앞에 우리를 바
로 세워 주시고, 그분께 합당한 사람으로 만들어 주는 일에 우리는 믿음
으로 뛰어들었습니다. 그러므로 지금 우리는, 우리 주인이신 예수로 말미암아
하나님 앞에서 이를 누리고 있습니다. 그뿐 아닙니다. 하나님을 향해 우리 문을
활짝 열어젖히는 순간, 우리는 그분께서 이미 우리를 향해 문을 활짝 열어 놓고
계셨음을 발견합니다. 우리가 늘 있고자 원했던 그곳에, 마침내 우리가 서 있음
을 알게 됩니다. 우리는 하나님의 은혜와 영광의 그 넓고 탁 트인 공간에서, 고
개 들고 서서 소리 높여 찬양하는 우리 자신을 발견하게 됩니다.
3-5 그뿐 아닙니다. 온갖 환난에 포위되어 있을 때에도 우리는 소리 높여 찬양하
기를 멈추지 않습니다. 환난이 우리 안에 열정 어린 인내를 길러 주고, 그 인내
가 쇠를 연마하듯 우리 인격을 단련시켜 주며, 우리로 하여금 하나님께서 장차
행하실 모든 일에 대해 늘 깨어 있게 해준다는 것을 우리가 알기 때문입니다. 이
같은 희망 속에 늘 깨어 있을 때, 우리는 결코 실망하는 법이 없습니다. 오히려
정반대입니다. 우리가 하나님께서 성령을 통해 우리 삶 속에 아낌없이 쏟아붓고
계신 그 모든 것을 다 담아 내기에는, 아무리 많은 그릇으로도 부족합니다!
6-8 그리스도께서 더없이 알맞은 때에 오셔서 이런 일을 이루십니다. 그분은 우
리가 다 준비되기까지 기다리지 않으셨고, 지금도 그러하십니다. 우리가 너무
약하고 반항적이어서 전혀 준비되어 있지 않았던 그때에, 그분은 자기 자신을
이 희생적 죽음에 내어주셨습니다. 설령 우리가 그렇게 약하지 않았다 하더라
도, 우리는 여전히 갈팡질팡했을 것입니다. 우리는 목숨을 바칠 만한 가치가 있
다고 여기는 사람을 위해 대신 죽는 것은 이해할 수 있습니다. 또 선하고 고귀
한 사람을 보면 우리 안에 그를 위해 기꺼이 희생하고자 하는 마음이 일어난다
는 사실도 알고 있습니다. 그러나 하나님은 우리가 그분께 아무 쓸모가 없을 때
에 당신의 아들을 희생적 죽음에 내어주심으로, 그렇게 우리를 위해 당신의 사
랑을 아낌없이 내놓으셨습니다.
9-11 이 희생적 죽음, 이 완성된 희생 제사를 통해 우리는 하나님 앞에 바로 세워
졌습니다. 그러므로 이제는 더 이상 하나님과 사이가 멀어질 일은 없습니다. 생
각해 보십시오. 우리가 최악이었을 때에도 그분 아들의 희생적 죽음을 통해 우
리와 하나님 사이가 친밀하게 되었습니다. 그렇다면 우리가 최선인 지금, 그분
의 부활 생명이 우리 삶을 얼마나 드넓고 깊게 하겠습니까! 하나님과 친구가 되

는 이 엄청난 선물을 실제로 받아 누리고 있는 우리는, 이제 더 이상 단조로운 산문적 표현에 만족할 수 없습니다. 우리는 노래하고 외칩니다! 메시아 예수를 통해 하나님께 우리의 찬양을 드립니다!

죽음을 부르는 죄, 생명을 주는 선물

12-14 여러분은 아담이 어떻게 우리를 죄와 죽음이라는 딜레마에 처하게 만들었는지 들어서 알고 있을 것입니다. 죄와 죽음으로부터 자유로운 사람은 아무도 없습니다. 죄는 만물과 하나님과의 관계, 또 모든 사람과 하나님과의 관계에 해(害)를 끼쳐 왔지만, 하나님께서 모세를 통해 자세히 상술해 주시기까지는 그 해가 어느 정도인지 분명치 않았습니다. 그처럼 죽음, 곧 우리와 하나님 사이를 갈라놓는 그 거대한 심연은, 아담으로부터 모세에 이르는 시간에도 위세를 떨쳤습니다. 하나님이 주신 특정 명령에 불순종했던 아담과 같은 죄를 짓지 않은 이들도 모두 이러한 생명의 끊어짐, 곧 하나님과의 분리를 경험해야만 했습니다. 그러나 우리를 이런 지경에 빠뜨린 아담은, 또한 우리를 거기서 구원해 주실 분을 앞서 가리키는 존재이기도 합니다.

15-17 그러나 우리를 구출하는 이 선물은, 죽음을 초래하는 그 죄와 비교가 되지 않습니다. 생각해 보십시오! 한 사람의 죄가 수많은 사람들을 하나님과의 분리라는 그 죽음의 심연에 밀어 넣었다고 할 때, 한 사람 예수 그리스도를 통해 쏟아 부어지는 이 하나님의 선물은 우리에게 어떤 것을 가져다줄까요? 죽음을 초래하는 그 죄와 넘치는 생명을 가져오는 이 선물은 서로 비교할 수 없습니다. 그 죄에 대한 평결로는 죽음의 선고가 내려졌지만, 뒤따른 다른 많은 죄들에 대한 평결로는 경이로운 생명 선고가 내려졌습니다. 한 사람의 잘못을 통해 죽음이 위세를 떨쳤다면, 이제 한 사람 예수 그리스도께서 마련해 주신 이 어마어마한 생명의 선물, 이 "모든 것을 바로 세우시는" 장대한 일을 두 팔 벌려 받아들이는 이들 안에서 이 생명이 이루어 낼 가슴 벅찬 회복—우리를 다스리는 생명!—이 어떤 것일지, 여러분은 상상할 수 있겠습니까?

18-19 한마디로 말하면 이렇습니다. 한 사람이 잘못을 범해 우리 모두가 죄와 죽음이라는 곤경에 처하게 된 것처럼, 또 다른 한 사람이 올바른 일을 함으로써 우리 모두가 거기서 벗어날 수 있게 되었습니다. 사실, 우리는 단순히 곤경에서 건져진 것 이상입니다. 그분은 우리를 생명 속으로 이끌어 들이셨습니다! 한 사람이 하나님께 "아니요"라고 말함으로써 많은 사람이 잘못되었고, 한 사람이 하나님께 "예"라고 말함으로써 많은 사람이 바르게 되었습니다.

20-21 일시적인 율법이 죄와 맞서 할 수 있었던 것이라고는 더 많은 율법 위반자들을 만들어 내는 것이 전부였습니다. 그러나 죄는 우리가 은혜라고 부르는 그 전투적 용서에는 도저히 맞수가 되지 못합니다. 죄와 은혜가 맞설 때, 이기는 쪽은 언제나 은혜입니다. 죄가 할 수 있는 일이라고는 죽음으로 우리를 위협하는 것이 전부인데, 이제 그 일도 끝났습니다. 하나님께서 메시아를 통해 모든 것을 다시 바로 세우고 계시기에, 은혜는 우리를 생명의 삶 속으로 이끌어 들입

니다. 끝없는 삶, 다함없는 세상 속으로 말입니다.

그리스도와 함께 죽고 살다

6 1-3 그렇다면, 이제 우리는 어떻게 할까요? 혹시, 하나님이 계속해서 용
서를 베풀어 주시도록 계속해서 죄를 지을까요? 그렇지 않기를 바랍니
다! 죄가 다스리는 나라를 떠난 사람이 어떻게 거기 있는 옛 집에서 계속 살 수
있단 말입니까? 우리는 짐을 꾸려 영원히 그곳을 떠났다는 사실을 모르십니까?
우리가 세례 받을 때 일어난 일이 바로 이것입니다. 물 아래로 들어갔을 때 우
리는 죄라는 옛 나라를 뒤에 남겨 두고 떠난 것입니다. 그 물에서 올라올 때 우
리는 은혜라는 새 나라에 들어간 것입니다. 새로운 땅에서의 새로운 삶 속으로
말입니다!
3-5 우리가 받은 세례의 의미가 바로 이것입니다. 세례는 예수의 삶 속으로 들어
가는 것입니다. 물에 들어갔을 때 우리는 예수처럼 죽어 매장된 것입니다. 물
위로 일으켜졌을 때 우리는 예수처럼 부활한 것입니다. 우리 한 사람 한 사람을
우리 아버지 하나님이 일으켜 세우셔서 빛이 가득한 세상에 들어가게 해주셨
고, 그래서 지금 우리는 은혜가 다스리는 그 새 나라에서 길을 찾아 살게 되었
습니다.
6-11 너무도 분명하지 않습니까? 우리 옛 삶은 그리스도와 함께 십자가에 못 박
혔습니다. 죄의 삶, 그 비참한 삶에 종지부를 찍은 것입니다. 이제 우리는 더 이
상 죄에 이리저리 휘둘리지 않습니다! 우리는 믿습니다. 그리스도의 죽음은 죄
를 정복하는 죽음입니다. 그 죽음에 우리가 들어갔다면, 또한 우리는 그분의 부
활, 곧 생명을 구원하는 그 부활 속으로도 들어갑니다. 우리가 알듯이, 예수께
서 죽은 자들 가운데서 일으켜지신 것은 마지막으로서의 죽음의 끝을 알리는
것이었습니다. 이제 죽음은 끝이 아닙니다. 예수께서 죽으셨을 때 그분은 자신
과 더불어 죄를 끌어내리셨고, 다시 살아나셨을 때 그분은 하나님을 우리에게
내려오시게 하셨습니다. 그러니 이제부터는 이렇게 여기십시오. 이제 죄는 여
러분이 알아듣지도 못하는 사어(死語)로 말할 뿐입니다. 그러나 하나님은 여러
분에게 모국어로 말씀하시며, 여러분은 그 말씀을 한 마디도 놓치지 않습니다.
여러분은 이제 죄에 대해서는 죽었고, 하나님께 대해서는 살았습니다. 예수께
서 그렇게 만드셨습니다.
12-14 다시 말합니다. 이제 여러분은 삶의 길을 정할 때, 죄에게는 단 한 표의 권
한도 허용하지 말아야 합니다. 죄는 거들떠보지도 마십시오. 그런 옛 방식의 삶
이라면 잔심부름도 거절하십시오. 대신 여러분은, 온 마음을 다하고 온 시간을
들여 하나님의 길에 헌신하십시오. 여러분은 죽은 자들 가운데서 일으켜진 사
람임을 기억하십시오! 이제 여러분은 죄가 시키는 대로 살 수 없습니다. 여러분
은 더 이상 그 옛 폭군의 지배 아래 있지 않기 때문입니다. 이제 여러분은 하나
님의 자유 가운데 살고 있습니다.

참된 자유

15-18 그런데, 그 옛 폭군에게서 벗어났다고 해서 우리가 옛날처럼 마음대로 살아도 좋다는 뜻입니까? 하나님의 자유 가운데 자유롭게 되었다고 해서, 이제 무엇이든 내키는 대로 해도 좋다는 것입니까? 그렇지 않습니다. 여러분은 경험을 통해 알 것입니다. 자유로운 행위라지만 실은 자유를 파괴하는 행위들이 있다는 것을 말입니다. 가령, 여러분 자신을 죄에 바쳐 보십시오. 그러면 그것으로 여러분의 자유의 행위는 끝이 납니다. 그러나 여러분 자신을 하나님의 길에 바쳐 보십시오. 그러면 그 자유는 결코 그치는 법이 없습니다. 여러분은 평생을 죄가 시키는 대로 살아왔습니다. 그러나 감사하게도, 이제 여러분은 새로운 주인의 말을 듣기 시작했으며, 그분의 명령은 여러분을 그분의 자유 가운데 가슴 펴고 사는 자유인으로 만들어 줍니다!

19 내가 이처럼 "자유"를 들어 말하는 것은, 쉽게 우리 머릿속에 그림이 그려지기 때문입니다. 어렵지 않게 떠올릴 수 있지 않습니까? 과거에 자기 마음대로—다른 사람이나 하나님은 안중에 두지 않고서—살았을 때, 어떻게 여러분의 삶이 더 나빠지고 오히려 자유에서 멀어져 갔던지를 말입니다. 그러나 이제, 하나님의 자유 가운데 사는 여러분의 삶, 거룩함으로 치유받고 드넓어진 여러분의 삶은 얼마나 다릅니까!

20-21 과거에 하나님을 무시하며 제멋대로 살았을 때, 여러분은 무엇이 바른 생각인지, 무엇이 바른 행동인지는 전혀 신경 쓰지 않고 살았습니다. 그러나 과연 그런 삶을 자유로운 삶이라고 할 수 있습니까? 그런 삶에서 여러분이 얻은 것은 대체 무엇이었나요? 이제 와서 볼 때 자랑스럽게 여길 만한 것은 하나도 없지 않습니까? 그런 삶이 여러분을 마침내 데려간 곳은 어디였나요? 막다른 길뿐이었습니다.

22-23 그러나 더 이상 죄가 시키는 대로 살 필요가 없다는 사실을 알게 된 지금, 하나님의 말씀을 듣고 따르는 즐거움을 알게 된 지금, 여러분, 놀랍지 않습니까? 여러분은 지금 온전한 삶, 치유된 삶, 통합된 삶을 누리고 있습니다. 또한 이 삶은 갈수록 더 풍성해집니다! 죄를 위해 평생 애써 일해 보십시오. 결국 여러분이 받게 될 연금은 죽음이 전부입니다. 그러나 하나님의 선물은, 우리 주 예수께서 전해 주시는 참된 삶, 영원한 삶입니다.

두 길 사이에서 신음하는 삶

7 1-3 친구 여러분, 여러분은 내가 하는 말을 이해하는 데 어려움이 없을 것입니다. 여러분은 율법에 대해서라면 박식한 전문가들이기 때문입니다. 여러분이 잘 알듯이, 율법의 적용과 효력은 살아 있는 사람들에게만 해당됩니다. 가령, 아내는 남편이 살아 있는 동안에는 법적으로 남편에게 묶여 있지만 남편이 죽으면 자유로워집니다. 만일 남편이 살아 있는데도 다른 남자와 산다면, 이는 명백한 간음입니다. 하지만 남편이 죽는다면 그녀는 아무 양심의 거리낌 없이 자유롭게 다른 남자와 결혼할 수 있고, 누구도 이의를 제기할 수 없습

니다.
4-6 친구 여러분, 여러분에게 일어난 일이 바로 이와 같습니다. 그리스도께서 죽
으셨을 때, 그분은 법에 얽매이는 삶 전체를 자신과 더불어 끌어내리시고 그것
을 무덤으로 가져가셨습니다. 여러분으로 하여금 부활 생명과 자유롭게 "결혼"
할 수 있도록, 그래서 하나님을 향한 믿음을 "자녀"로 낳을 수 있도록 하셨습니
다. 우리가 옛 방식대로—다시 말해 우리 마음대로—살았을 때는, 옛 율법 조문
에 포위당한 채 죄에 거의 속수무책이었습니다. 그럴수록 우리는 더욱더 반항
적이 되어 갔습니다. 그런 삶에서 우리가 내놓은 것이라고는 유산(流産)과 사산
(死産)이 전부였습니다. 그러나 더 이상 죄라는 폭압적인 배우자에게 묶여 있지
않고, 그 모든 포악한 규정들과 계약 조항들로부터 자유로워진 우리는, 하나님
의 자유 가운데, 자유롭게 새로운 삶을 살 수 있게 되었습니다.
7 아마 이런 질문이 나올 수 있습니다. "율법 조문이 그렇게 나쁜 것이라면, 죄와
다를 바 없다는 것이군요." 아닙니다. 분명, 그렇지 않습니다. 율법 조문에는 나
름의 정당한 기능이 있습니다. 만약 옳고 그름에 대해 안내해 주는 분명한 지침
이 없었다면, 도덕적 행위는 대부분 어림짐작에 따른 일이 되고 말았을 것입니
다. "탐내지 말라"는 딱 부러지는 명령이 없었다면, 아마도 나는 탐욕을 마치 덕
인 양 꾸며 댔을 것이며, 그러다가 결국 내 삶을 파멸시키고 말았을 것입니다.
8-12 여러분, 기억 못하십니까? 나는 너무도 잘 기억합니다. 율법 조문은 처음 시
작할 때는 대단히 멋진 것이었습니다. 그러나 그 다음 어떻게 되었던가요? 그
명령을 죄가 왜곡하여 유혹이 되게 만들었고, 그래서 결국 "금지된 열매"라는
것이 만들어졌습니다. 율법 조문이 나를 안내해 주는 것이 아니라, 도리어 나를
유혹하는 일에 사용되어 버린 것입니다. 율법 조문이라는 장신구가 붙어 있지
않았을 때는 죄가 그저 따분하고 생기 없어 보였을 뿐, 나는 그것에 별 관심을
기울이지 않았습니다. 그러나 죄가 율법 조문을 가져다가 장신구로 삼고 자신
을 꾸미자, 나는 그것에 속아 넘어가고 말았습니다. 나를 생명으로 안내해야 할
그 명령이, 도리어 나를 넘어뜨리는 일, 나를 곤두박질치게 하는 일에 사용되어
버린 것입니다. 이런 식으로, 죄는 생기가 넘치게 되었으나 나는 완전히 생기를
잃고 말았습니다. 그러나 율법 조문 자체는 하나님께서 상식으로 여기시는 것
으로서, 각 명령은 모두 건전하고 거룩한 권고입니다.
13 나는 여러분의 다음 질문이 무엇인지도 알고 있습니다. "율법을 좋은 것이라
고 하면서, 왜 우리가 그 좋은 것을 의지해서는 안된다는 것인가요? 선도 악처
럼 위험하단 말입니까?" 이번에도 대답은 "그렇지 않다"입니다. 죄가 다만 자
기가 잘하기로 이름난 일을 했을 뿐입니다. 다시 말해, 죄가 선한 것 속에 숨어
들어가 나를 유혹하고 나로 하여금 나 자신을 파멸시키는 일을 하게 만든 것입
니다. 죄는 하나님의 선한 계명 속에 숨어서, 자기 혼자 할 수 있는 것보다 훨씬
더 큰 해악을 끼칠 수 있었습니다.
14-16 이런 반응도 나올 수 있을 것입니다. "하나님의 명령은 다 영적입니다. 하
지만 나는 나 자신이 영적이지 못하다는 것을 압니다. 당신도 같은 경험을 하

지 않나요?" 예, 그렇습니다. 나는 나 자신으로 가득합니다. 정말 나는 오랜 시간을 죄의 감옥에 갇혀 지냈습니다. 내가 내 자신에 대해 이해하지 못하는 것이 있습니다. 나는 늘 결심은 이렇게 하지만 행동은 다르게 합니다. 나 자신이 끔찍히도 경멸하는 행동들을 결국 저지르고 맙니다. 이처럼 나는, 무엇이 최선인지를 알아서 실천에 옮길 수 있는 사람이 못됩니다. 내게는 분명 하나님의 명령이 필요합니다.

17-20 사실, 내게는 명령 이상의 무언가가 필요합니다! 율법을 알면서도 지키지 못하고, 내 속에 있는 죄의 세력이 계속해서 나의 최선의 의도를 좌초시키고 있다면, 분명 내게는 다른 도움이 필요한 것입니다! 지금 내게는 있어야 할 것이 없습니다. 나는 뜻을 품을 수는 있으나, 그 뜻을 행동으로 옮길 수는 없습니다. 나는 선을 행하기로 결심하지만, 실제로는 선을 행하지 않습니다. 나는 악을 행하지 않기로 결심하지만, 결국에는 악을 저지르고 맙니다. 나는 결심하지만, 결심만 하지 행동으로 이어지지 않습니다. 내 내면 깊은 곳에서 무엇인가 잘못된 것입니다. 그래서 나는 매번 패배하고 맙니다.

21-23 이는 너무도 반복적으로 일어나는 일이어서 충분히 예측할 수 있습니다. 내가 선을 행하기로 결심하는 순간, 벌써 죄가 나를 넘어뜨리려고 와 있습니다. 내가 정말 하나님의 명령을 즐거워하지만, 내 안의 모든 것이 그 즐거움에 동참하는 것은 아니라는 사실 또한 분명합니다. 내 안의 다른 부분들이 은밀히 반란을 일으켜서, 가장 예상치 못했던 순간에 나를 장악해 버립니다.

24 내가 할 수 있는 일을 무엇이든 해보았지만, 결국 아무 소용이 없습니다. 나는 벼랑 끝에 서 있습니다. 이런 나를 위해 무엇인가 해줄 수 있는 이 누구 없습니까? 정말 던져야 할 질문은 바로 이런 것이 아닙니까?

25 감사하게도, 답이 있습니다. 바로 예수 그리스도께서 그 같은 일을 하실 수 있고, 또 하신다는 것입니다! 마음과 생각으로는 하나님을 섬기고 싶어 하지만, 죄의 세력에 끌려 전혀 엉뚱한 일을 행하는 우리의 모순 가득한 삶 속에 들어오셔서, 그분은 모든 것을 바로 세우는 일을 행하셨습니다.

성령께서 주시는 그리스도의 생명

8

1-2 메시아이신 예수께서 오심으로, 마침내 이 치명적 딜레마가 해결되었습니다. 우리를 위해 오신 그리스도의 임재 속에 들어가 사는 사람들은, 늘 먹구름이 드리운 것 같은 암울한 삶을 더 이상 살지 않아도 됩니다. 이제 새로운 힘이 움직이고 있습니다. 그리스도 안에 있는 생명의 성령이 세찬 바람처럼 불어와서 하늘의 구름을 모조리 걷어 주었습니다. 죄와 죽음이라는 잔혹한 폭군 밑에서 평생을 허덕거려야 했을 여러분을 해방시켜 주었습니다.

3-4 하나님께서 자신의 아들을 보내셔서 문제의 급소를 찌르셨습니다. 그분은 우리의 문제를 자신과 동떨어진 문제로 취급하지 않으셨습니다. 그분은 아들이신 예수 안에서 친히 인간의 처지를 떠맡으시고, 진창 속에서 씨름하고 있는 인류 안으로 들어오셔서, 문제를 영단번에 바로잡아 주신 것입니다. 그동안 율법 조

문은 이런 일을 해낼 수 없었는데, 균열된 인간 본성으로 인해 그것 역시 허약해졌기 때문입니다.
율법은 언제나 근본적 치유가 아니라, 죄에 대한 미봉책이었을 뿐입니다. 그러나 마침내, 그동안 응할 수 없었던 율법 조문의 요구에 우리가 응할 수 있게 되었습니다. 이는 우리가 한층 더 노력해서가 아니라, 오직 성령께서 우리 안에서 행하고 계신 일을 우리가 받아들임으로써 그렇게 된 것입니다.
5-8 자기 힘으로 할 수 있다고 여기는 사람들은 늘 자신의 도덕적 힘을 재 보는 일에만 몰두할 뿐, 정작 실제 삶에서 그 힘을 발휘하여 일하지는 못합니다. 반면에, 자기 안에 일하고 계신 하나님의 활동을 신뢰하는 사람들은 자기 안에 하나님의 성령이—살아 숨 쉬고 계신 하나님이!—계시다는 사실을 발견하게 됩니다. 자기 자아에 사로잡힌 사람들은 결국 막다른 길에 이를 뿐입니다. 그러나 하나님께 주목하는 사람들은 탁 트이고 드넓은, 자유로운 삶 속으로 이끌려 갑니다. 자기 자아에 집중하는 것과 하나님께 집중하는 것은, 극과 극입니다. 자기 자아에 몰두하는 사람들은 하나님을 무시하고, 결국 하나님보다 자기 자아에 더 많이 몰입하게 됩니다. 그런 사람들은 하나님과, 하나님이 행하시는 일을 무시합니다. 그러나 하나님은 결코 무시당하는 것을 기뻐하시는 분이 아닙니다.
9-11 하나님께서 친히 여러분의 삶 가운데 사시기로 하셨다면, 이제 여러분은 하나님보다 여러분 자신에 대해 더 많이 생각할 수 없습니다. 보이지 않지만 분명히 현존하는 하나님이신 그리스도의 영을 아직 모셔 들이지 않은 사람들은, 지금 우리가 하는 말을 이해하지 못할 것입니다. 그러나 그분을 모셔 들인 여러분, 그분이 안에 사시는 여러분은, 비록 지금도 죄로 인한 한계들을 경험하지만, 하나님의 생명으로 사는 삶을 경험하고 있습니다. 예수를 죽은 자들 가운데서 일으키신 살아 계신 하나님께서 여러분의 삶 속에 들어오신 것입니다. 그렇다면, 그분이 예수 안에서 행하셨던 것과 같은 일을 여러분 안에서도 행하셔서, 여러분을 그분을 향해 살아나게 만드시리라는 것은 너무도 분명하지 않습니까? 하나님께서 여러분 안에 살아 숨 쉬고 계시다면(이것도 예수 안에서처럼 여러분 안에서도 분명한 사실입니다), 여러분은 실로 죽은 삶으로부터 건짐받은 것입니다. 여러분 안에 사시는 그분의 성령으로 말미암아, 여러분의 몸도 그리스도의 몸처럼 살아나게 될 것입니다!
12-14 우리는 자기 힘을 믿고 사는 옛 삶에게는 한 푼도 덕을 본 것이 없습니다. 그런 삶은 우리에게 유익한 것이 전혀 없습니다. 우리가 해야 할 최선은, 그 삶을 땅에 묻고 새로운 삶을 시작하는 것입니다. 하나님의 영이 우리를 손짓해 부르고 계십니다. 해야 할 일들, 가야 할 곳들이 얼마나 많은지요!
15-17 하나님께 받은 이 부활 생명의 삶은 결코 소심하거나 무거운 삶이 아닙니다. 이는 기대 넘치는 모험의 삶, 어린아이처럼 늘 하나님께 "다음은 또 뭐죠, 아빠?"라고 묻는 삶입니다. 하나님의 영이 우리의 영을 만지셔서 우리가 정말 누구인지를 확증해 주십니다. 우리는 하나님이 어떤 분이시고 우리가 누구인지를, 곧 그분은 우리의 아버지이시며 우리는 그분의 자녀라는 것을 알게 됩니다.

뿐만 아니라, 장차 우리에게 주어질 믿을 수 없을 만큼 엄청난 상속에 대해서도 알게 됩니다. 우리는 그리스도께서 경험하시는 것을 그대로 경험합니다. 그러므로 여러분, 지금 우리가 그분과 더불어 힘든 때를 보내고 있다면, 분명 우리는 그분과 더불어 좋은 때도 맞게 될 것입니다!

⚘

18-21 그런 이유로, 나는 현재 우리가 겪고 있는 힘든 때와 장차 우리에게 다가올
좋은 때는 서로 비교조차 할 수 없다고 생각합니다. 이 창조세계 전체는 장차 자신에게 다가올 그 무엇을 손꼽아 기다리고 있습니다. 창조세계 안의 모든 것이 얼마 동안 제어를 당하고 있습니다. 창조세계와 또 모든 창조물들이 다 자신들 앞에 놓인 그 영광스러운 때 안으로 동시에 해방되어 들어갈 준비가 될 때까지, 하나님께서 고삐로 그들을 제어하고 계십니다. 그러는 동안 현재는 기쁨 가득한 기대가 점점 깊어 갑니다.
22-25 우리 주변 어디를 둘러봐도 이 창조세계는, 마치 해산을 앞둔 임신부와 같
습니다. 세상 전체가 겪고 있는 이 고통은, 한마디로 해산의 고통입니다. 우리 주변 세상만 그런 것이 아닙니다. 우리 내면도 마찬가지입니다! 하나님의 영이 우리 내면을 일깨우셔서, 우리 역시 산고를 느끼고 있습니다. 지금 우리는 이 불모의 몸, 불임의 몸이 완전히 구원받기를 열망하고 있습니다. 기다림이 우리를 작아지게 하지 않는 이유가 바로 여기 있습니다. 임신부의 기다림은 임신부를 작아지게 하지 않기 때문입니다. 우리는 그러한 기다림 중에서 오히려 커져갑니다. 물론 우리는, 우리를 커지게 하는 그것을 아직 눈으로 볼 수는 없습니다. 그러나 기다림이 길어질수록 우리는 더욱 커져 가며, 우리의 기대 또한 더욱 기쁨으로 충만해집니다.
26-28 기다리다 지치는 순간에, 하나님의 영이 바로 우리 곁에서 우리를 도우십니
다. 어떻게 또 무엇을 기도해야 할지 몰라도 괜찮습니다. 그분이 우리 안에서, 우리를 위해, 우리의 기도를 하십니다. 할 말을 잃어버린 우리의 탄식, 우리의 아픈 신음소리를 기도로 만들어 주시기 때문입니다. 그분은 우리 자신보다 우리를 훨씬 더 잘 아시고 임신부와 같은 우리 상태를 아셔서, 늘 우리를 하나님 앞에 머물게 하십니다. 그래서 우리는 하나님을 사랑하는 우리 삶 속에 일어나는 모든 일이, 결국에는 선한 것을 이루는 데 쓰인다는 확신을 갖고 살 수 있습니다.
29-30 하나님은 처음부터 자신이 하실 일을 분명히 아셨습니다. 처음부터 하나님
은 그분을 사랑하는 사람들의 삶을 그분 아들의 삶을 본떠 빚으시려고 결정해 두셨습니다. 그분의 아들은 그분께서 회복시키신 인류의 맨 앞줄에 서 계십니다. 그분을 바라볼 때 우리는, 우리 삶이 본래 어떤 모습이었어야 하는지 깨닫게 됩니다. 하나님은 이처럼 그분의 자녀들이 어떤 모습이어야 하는지를 결정하신 뒤에, 그들의 이름을 불러 주셨습니다. 이름을 부르신 뒤에는, 그들을 그분 앞에 굳게 세워 주셨습니다. 또한 그들을 그렇게 굳게 세워 주신 뒤에는 그들과 끝까

지 함께하시며, 그분이 시작하신 일을 영광스럽게 완성시켜 주셨습니다.
31-39 여러분, 어떻습니까? 이처럼 하나님이 우리 편이 되어 주셨는데, 어떻게 우리가 패배할 수 있겠습니까? 아들을 보내셔서 우리 인간의 처지를 껴안으셔서 최악의 일을 감수하기까지 하신 하나님, 그 하나님께서 우리를 위해 자신의 전부를 주저 없이 내놓으셨다면, 그분이 우리를 위해 기꺼이, 아낌없이 하시지 않을 일이 무엇이 있겠습니까? 누가 감히, 하나님께서 택하신 이들을 들먹이며 그분께 시비를 걸 수 있겠습니까? 누가 감히, 그들에게 손가락질할 수 있겠습니까? 우리를 위해 죽으신 분—우리를 위해 다시 살아나신 분!—께서 지금 이 순간에도 하나님 앞에서 우리를 변호하고 계십니다. 그 무엇이, 우리와 우리를 향하신 하나님의 사랑을 갈라놓을 수 있겠습니까? 절대 있을 수 없습니다! 고생도, 난관도, 증오도, 배고픔도, 노숙도, 위협도, 협박도, 심지어 성경에 나오는 최악의 죄들도 마찬가지입니다.

당신을 증오하는 자들은 눈 하나 깜박 않고 우리를 죽입니다.
그들의 손쉬운 표적인 우리는 하나씩 하나씩 처치됩니다.

그 무엇도 우리를 동요시키지 못합니다. 예수께서 우리를 사랑하시기 때문입니다. 나는 절대적으로 확신합니다. 그 무엇도—산 것이든 죽은 것이든, 천사적인 것이든 악마적인 것이든, 현재 것이든 장래 것이든, 높은 것이든 낮은 것이든, 생각할 수 있는 것이든 생각할 수 없는 것이든—절대적으로 그 무엇도, 우리를 하나님의 사랑에서 떼어 놓을 수 없습니다. 우리 주 예수께서 우리를 꼭 품어 안고 계시기 때문입니다.

자기 백성을 부르시는 하나님

9 1-5 내게는 늘 지고 다니는 큰 슬픔이 하나 있습니다. 여러분이 그것을 알아주었으면 합니다. 이는 내 마음 깊은 곳에 자리하는 큰 고통이며, 나는 한 번도 거기서 벗어나 본 적이 없습니다. 이는 결코 과장이 아닙니다. 그리스도와 성령께서 나의 증인이십니다. 바로 이스라엘 백성에 관한 이야기입니다……. 내가 메시아께 저주를 받더라도 그들이 그분께 복을 받을 수 있는 길이 있다면, 나는 조금도 주저하지 않고 그렇게 하겠습니다. 그들은 내 동족입니다. 우리는 더불어 자랐습니다. 그들에게는 없는 것이 없었습니다. 동족, 영광, 언약, 계시, 예배, 약속들. 더욱이 그들은 메시아이신 그리스도께서 태어난 민족이기도 합니다. 그리스도는 모든 것을 다스리는 하나님이시며, 영원히 그러하십니다!
6-9 하나님께서 뭔가 일을 제대로 못하신 것이 아니냐는 생각은 잠시라도 품지 마십시오. 문제의 발단은 많이 거슬러 올라갑니다. 혈통에 따른 이스라엘 사람이라고 해서, 처음부터 다 영에 따른 이스라엘 사람인 것은 아니었습니다. 이스라엘 사람이라는 정체성을 부여해 준 것은 아브라함의 정자(精子)가 아니라, 하

나님의 약속이었습니다. 어떻게 기록되어 있는지 기억하십니까? "네 가문은 이삭을 통해서만 이어질 것이다"라고 되어 있지 않습니까? 다시 말해, 이스라엘 사람이라는 정체성은 결코 성행위를 통해 전달되고 인종적으로 결정되는 것이 아니라, 하나님의 약속에 의해서 결정된다는 뜻입니다. 무슨 약속인지 기억하십니까? "내년 이맘때쯤 내가 다시 올 때에는 사라에게 아들이 있을 것이다"라는 말씀이었습니다.

10-13 그때만 그랬던 것이 아닙니다. 리브가에게도 약속이 주어졌는데, 출생의 순서보다 우선하는 약속이었습니다. 리브가가 우리 모두의 조상인 이삭의 아이를 가졌을 때, 또 그 아이들이 아직 아무것도 모르는—선도 악도 행할 수 없는—태아였을 때, 이미 그녀는 하나님에게서 특별한 보증의 말씀을 들었습니다. 이처럼 하나님께서 하신 일들을 살펴볼 때, 우리가 분명히 알게 되는 것이 있습니다. 그분의 목적은, 우리가 무엇을 하고 안 하고에 달려 있지 않습니다. 그것은 이루어질 수도 있고 안 이루어질 수도 있는 그런 것이 아니라, 그분의 결정에 의해 결정되고 그분의 주도로 확정된 확실한 무엇입니다. 하나님은 리브가에게 "너의 쌍둥이 중에 둘째가 첫째보다 뛰어날 것이다"라고 말씀하셨습니다. 후에 이 말씀은 "나는 야곱을 사랑했고, 에서는 미워했다"는 딱딱한 경구 형태로 등장합니다.

14-18 이것을 두고 우리가 하나님은 불공평하시다고 불평할 수 있을까요? 부디, 성급하게 판단하지 마십시오. 하나님은 모세에게 이렇게 말씀하셨습니다. "자비도 내가 베푸는 것이고, 긍휼도 내가 베푸는 것이다." 다시 말하면, 긍휼은 우리의 동정 어린 심정이나 도덕적 노력에서 비롯되지 않고 하나님의 자비에서 비롯된다는 말씀입니다. 하나님께서 바로에게 하신 말씀도 같은 요지의 말씀입니다. "나는 나의 구원 능력이 펼쳐지는 이 드라마에서 너를 단역으로 쓰려고 골랐다." 이 모든 이야기를 한마디로 하면, 결정권은 처음부터 하나님께 있다는 것입니다. 하나님께서 일을 주도하셨고, 우리는 그 일에서 좋은 역할이든 나쁜 역할이든 우리 역할을 할 뿐입니다.

19 이렇게 이의를 제기하시렵니까? "모든 것을 다 하나님이 결정하시는 것이라면, 어떻게 하나님이 우리에게 책임을 물을 수 있단 말인가? 큰 결정은 이미 다 내려져 있는데, 대체 우리가 할 수 있는 것이 무엇이란 말인가?"

20-33 대체 여러분은 누구이기에 이런 식으로 하나님에 대해 이러쿵저러쿵 할 수 있다고 생각하는 것입니까? 사람이 감히 하나님을 문제 삼을 수 있다고 생각합니까? 진흙이 자기를 빚고 있는 손을 향해 "왜 당신은 나를 이런 모양으로 만들고 있습니까?" 하고 묻는 법은 없습니다. 한 진흙덩이로는 꽃을 담는 병을, 또 다른 진흙덩이로는 콩 조리용 항아리를 만들 수 있는 완전한 권리가 토기장이에게 있는 것이 분명하지 않습니까? 하나님께서 당신의 노여움을 보여줄 목적으로 한 모양의 도기를 특별히 고안하시고, 당신의 영광스런 선을 보여줄 목적으로 또 다른 모양의 도기를 정교히 제작하셨다는 것에, 대체 무슨 문제가 있을 수 있겠습니까? 전자나 후자나 또는 두 경우 모두에 유대 민족이 해당될 때가

있었고, 이는 다른 민족들의 경우도 마찬가지입니다. 호세아가 이를 잘 표현해 줍니다.

> 내가 이름 없는 사람들을 불러 이름 있는 사람들로 만들겠다.
> 내가 사랑받지 못한 사람들을 불러 사랑받는 사람들로 만들겠다.
> 사람들이 "이 하찮은 것들!"이라고 퍼붓던 그곳에서,
> "하나님의 살아 있는 자녀들"이라고 불리게 되리라.

이사야도 이런 사실을 역설합니다.

> 해변의 모래알 하나하나에 다 숫자가 매겨지고
> 그 합한 것에 "하나님이 택하신 사람들"이라는 라벨이 붙더라도
> 그것들은 여전히 숫자에 불과할 뿐, 이름이 아니다.
> 구원은 택하심을 통해 오는 것.
> 하나님은 우리를 수로 세지 않으신다. 그분은 우리를 이름으로 부르신다.
> 산술은 그분의 관심이 아니다.

이사야는 앞날을 정확히 내다보며 이렇게 말했습니다.

> 능하신 우리 하나님께서
> 우리에게 살아 있는 자녀를 유산으로 남겨 주지 않으셨더라면,
> 우리는 유령 마을처럼
> 소돔과 고모라처럼 되고 말았을 것이다.

이것을 모두 종합해 보면 무슨 말입니까? 하나님께서 하고 계신 일에 관심 없어 보였던 사람들이, 실제로는 하나님이 하고 계신 일, 곧 그들의 삶을 바로 세우시는 하나님의 일을 받아들였습니다. 그러나 하나님께서 하고 계신 일에 대해 읽고 이야기하는 일에 그토록 관심 많아 보였던 이스라엘은, 결국 그것을 놓치고 말았습니다. 어떻게 그들이 그것을 놓칠 수 있었던 것일까요? 그들이 하나님을 신뢰하는 대신에, 자기 자신을 앞세웠기 때문입니다. 그들은 자기들이 하고 있는 일에 푹 빠져 있었습니다. 그들은 자신들의 '하나님 프로젝트'에 너무도 푹 빠져 있어서, 그만 바로 눈앞에 계신 하나님을 주목하지 못했습니다. 길 한복판에 우뚝 솟은 거대한 바위 같은 그분을 말입니다. 그들은 그분과 부닥쳤고 큰 대자로 쭉 뻗어 버리고 말았습니다. (이번에도!) 이사야가 은유를 통해 이를 잘 표현해 줍니다.

> 조심하여라! 내가 시온 산으로 가는 길에 큰 돌을 놓아두었다.
> 너희가 피해 돌아갈 수 없는 돌을 두었다.

그런데 그 돌은 바로 나다! 그러므로 너희가 나를 찾고 있다면,
길 가다 내게 걸려 넘어지지 않아야 비로소 나를 만나게 될 것이다.

종교에 빠져 있는 이스라엘

10 1-3 친구 여러분, 참으로 내가 원하는 것은 이스라엘이 가장 선한 것,
곧 구원을 얻는 것입니다. 나는 온 마음으로 그것을 원하며, 늘 그것
을 위해 하나님께 기도드립니다. 나는 하나님에 대한 유대인의 열정이 참 대단
하다는 사실을 기꺼이 인정합니다. 그러나 문제는, 그들의 모든 일이 본말이 전
도되어 있다는 것입니다. 모든 것을 바로 세우는 이 구원의 일은 하나님이 하시
는 사업이며, 그것도 대단히 번창하고 있는 사업이라는 사실을 그들은 깨닫지
못하고 있습니다. 그래서 그들은 길거리 바로 맞은편에 자신들의 구원 판매점
을 차려 놓고서 요란스럽게 자신들의 물건을 팔고 있습니다. 오랜 시간 동안 하
나님을 하나님에 걸맞게 대해 드리지 않고 자기들 멋대로 다루어 온 결과, 이제
그들은 더는 내놓을 것이 없게 되었습니다.
4-10 앞선 계시는, 다만 우리를 준비시키기 위한 것이었습니다. 자신을 신뢰하는
사람들을 위해 모든 것을 바로 세워 주시는 메시아를 맞이할 준비입니다. 모세
가 기록했듯이, 한사코 율법 조문을 이용해 하나님 앞에 바로 서겠다는 자들은,
곧 그렇게 사는—깨알 같은 계약서 조항들에 일일이 얽매여 사는!—것이 결코
쉽지 않다는 사실을 알게 됩니다. 그러나 우리 안에 바른 삶을 형성시켜 주시는
하나님을 신뢰하는 것은 전혀 다른 이야기입니다. 여기서는, 메시아를 모셔 오겠
다고 위험천만하게 하늘까지 올라갈 일도 없고, 또 메시아를 구출하겠다고 위험
천만하게 지옥까지 내려갈 일도 없습니다. 모세가 정확히 뭐라고 말했습니까?

구원하시는 말씀이 바로 여기 있다.
너의 입 속 혀처럼 가까이,
너의 가슴 속 심장처럼 가까이.

이 말씀이란, 우리를 위해 모든 것을 바로 세워 주시며 일하시는 하나님을 받아들이는 믿음의 말씀을 말합니다. 우리가 전하는 메시지의 핵심이 바로 이것입니다. 하나님을 받아들이며 "예수가 나의 주님이시다"라고 말하십시오. 예수를 죽은 자들 가운데서 살려 내실 때 하셨던 일을 지금 우리 안에서도 행하고 계신 하나님의 일을, 마음과 몸을 다해 받아들이십시오. 그렇습니다. 바로 그것입니다. 이는 여러분이 무엇인가 "해내는" 것이 아닙니다. 여러분은 그저 하나님을 소리내어 부를 뿐입니다. 그분께서 여러분을 위해 일하실 것을 신뢰하면서 말입니다. 이것이 바로 구원입니다. 여러분은 전 존재를 기울여, 모든 것을 바로 세워 주시는 하나님을 받아들이며 큰소리로 외칩니다. "하나님께서 그분과 나 사이 모든 것을 바로 세워 주셨다!"
11-13 성경도 우리에게 확신을 심어 줍니다. "마음과 목숨을 다해 하나님을 신뢰

하는 사람들은 결코 후회하는 법이 없다." 이는 우리의 종교적 배경과는 아무 상관이 없는 일입니다. 우리 모두에게 동일하신 하나님께서, 소리쳐 도움을 청하는 모든 사람들에게 믿을 수 없을 만큼 동일하게 풍성히 베풀어 주십니다. "'하나님, 도와주세요!' 하고 외치는 사람은 누구나 도움을 얻습니다."

14-17 하지만, 누구를 신뢰해야 하는지 모른다면 어떻게 도움을 청할 수 있겠습니까? 신뢰할 수 있는 그분에 대해 들어보지 못했다면 어떻게 그분을 신뢰할 수 있겠습니까? 말해 주는 사람이 없다면 어떻게 그분에 대해 전해 들을 수 있겠습니까? 또한 보냄을 받은 사람이 없다면 누가 그분에 대해 말해 주는 일을 하겠습니까? 그러므로 성경은 이렇게 외칩니다.

숨 막히는 저 광경을 보라!
하나님께서 행하신 온갖 좋은 일을 들려주는 사람들의
저 장대한 행렬을!

그러나 모든 사람이 다 말씀을 받아들일 준비, 보고 듣고 행동할 준비가 되어 있는 것은 아닙니다. 이사야도 우리 모두가 다 한 번씩은 던질 법한 질문을 던졌습니다. "하나님, 누가 관심을 보입니까? 이 말씀에 귀 기울이고 믿는 사람이 누가 있습니까?" 중요한 것은 이것입니다. 신뢰할 수 있으려면 먼저 귀 기울여 들어야 합니다. 그러나 귀 기울여 들을 것이 있으려면 먼저 그리스도의 말씀이 전해져야 합니다.

18-21 그러나 이스라엘의 경우는, 지금 일어나고 있는 일에 대해 듣고 깨달을 수 있는 기회가 충분히, 정말 충분히 있지 않았던가요?

전하는 사람들의 목소리가 온 세상에 울려 퍼졌고
그들의 메시지가 땅의 칠대양에까지 미쳤다.

그러므로 중요한 질문은 이것입니다. 왜 이스라엘은 이 메시지에 대한 독점권이 자신에게 없다는 사실을 깨닫지 못했던 것일까요? 다음과 같이 예언한 모세가 바로 보았습니다.

여러분은 하나님께서
여러분이 낮추어 보는 사람들—이방인들!—에게 다가가시는 것을 보게 될 것이고,
질투심에 미칠 것입니다.
여러분은 하나님께서
여러분이 종교적으로 하등하다고 여기는 사람들에게 다가가시는 것을 보게 될 것이고,
울화가 치밀 것입니다.

이사야는 담대하게 하나님의 말씀을 이렇게 전합니다.

나를 찾지도 않던 사람들이
나를 만났고 받아들였다.
나 또한 나에 대해 묻지도 않았던 사람들을
만났고 받아들였다.

그러고는 분명한 고발로 마무리 짓습니다.

날이면 날마다
나는 두 팔 벌려 이스라엘을 불렀건만,
이런 수고에도 내게 돌아온 것은
냉대와 차가운 시선뿐이었다.

충성스런 소수

11 1-2 그렇다면 하나님께서, 이제 이스라엘이라면 넌더리가 나서 그들
과 아예 절교하시려 한다는 말입니까? 그렇지 않습니다. 기억하십
시오. 지금 이런 이야기를 쓰고 있는 나 역시 이스라엘 사람으로서, 베냐민 지
파 출신이며 아브라함의 후손입니다. 이보다 더 확실한 셈족 혈통을 본 적 있습
니까? 우리는 절교 이야기를 하려는 것이 아닙니다. 하나님은 쉽게 이스라엘에
게서 손을 떼어 버리실 수 없습니다. 그동안 이스라엘과 너무 오랫동안 관계를
맺어 오셨고, 투자하신 것이 너무 많습니다.
2-6 이런 이스라엘을 두고 엘리야가 몹시 괴로워하며 기도 가운데 외쳤던 것을
기억하십니까?

하나님, 그들이 주님의 예언자들을 죽였고
주님의 제단을 짓밟았습니다.
저만 홀로 남았는데, 이제 그들이 저의 뒤도 쫓고 있습니다!

하나님의 대답이 무엇이었는지 기억하십니까?

내게는, 아직 무릎 꿇지 않은 칠천 명이 있다.
끝까지 충성을 다하고 있는 칠천 명이 있다.

오늘날도 마찬가지입니다. 지금도 치열한 모습으로 충성을 다하는 소수가 남아 있습니다. 많지 않은 수일 것입니다. 하지만 여러분이 생각하는 것보다는 많은 수일 것입니다. 그들이 그처럼 버티고 있는 것은, 무언가 얻을 것이 있어서가 아닙니다. 그들은 다만 자신을 택해 주신 하나님의 은혜와 목적에 대해 확신하

고 있기 때문입니다. 그들이 그저 눈앞의 사욕만을 생각했더라면, 이미 오래전에 포기하고 물러났을 것입니다.

7-10 결국 어떻게 되었습니까? 이스라엘이 자신의 사욕을 도모하며 자기 힘으로 하나님 앞에 서려고 했을 때, 이스라엘은 성공하지 못했습니다. 하나님께 택함 받은 사람들은, 하나님께서 그들을 통해 그분의 뜻을 도모하시도록 했던 사람들이었습니다. 그들은 그분께 정당성을 인정받았습니다. 사욕을 도모한 이스라엘은 하나님을 향해 바위처럼 굳어 버렸습니다. 여기에 대해 모세와 이사야도 이렇게 평했습니다.

싸움질 좋아하고 자기중심적인 그들에게 넌더리가 나신 하나님은
그들을 눈멀고 귀먹게 하셨고
그들로 그들 자신 안에 갇히게 하셨는데,
그들은 지금까지도 계속 그렇게 갇혀 있다.

다윗도 그런 사람들에 대해 몹시 불편한 마음을 드러냈습니다.

그들이 그렇게 자기 뱃속만 채우며 먹다가 탈이 나 버렸으면,
그렇게 자기 잇속만 차리며 가다가 다리가 부러졌으면 좋겠습니다.
그들이 그렇게 자기만 쳐다보다가 눈이 멀어 버리기를,
그렇게 신(神) 행세를 하다가 궤양에 걸려 버렸으면 좋겠습니다.

이방인의 구원

11-12 이런 질문이 나올 수 있습니다. '그렇다면 이제 그들은 완전히 끝난 것인가? 영원히 나가 버린 것인가?' 답은 분명합니다. 결코 그렇지 않습니다. 아이러니하게도, 그들이 퇴장하면서 열고 나간 문으로 이방인들이 입장할 수 있게 되었습니다. 그런데 여러분도 아시는 것처럼, 지금 유대인들은 자신들이 무언가 좋은 것을 제 발로 차 버리고 나가 버린 것이 아닌가 하는 의구심을 갖기 시작했습니다. 한번 상상해 보십시오. 그들이 나가 버린 것이 온 세상에 걸쳐 이방인들이 하나님 나라로 몰려오는 일을 촉발시켰다면, 그 유대인들이 다시 돌아올 때는 그 효과가 과연 어떠하겠습니까? 그 귀향이 무엇을 가져올지 상상해 보십시오!

13-15 그러나 그들에 대한 이야기는 여기서 그만하려고 합니다. 지금 나의 관심사는 바로 여러분, 곧 이방인들이기 때문입니다. 나는 이방인이라고 하는 여러분에 대해 특별한 사명을 받은 사람입니다. 나는 이 사실을, 나의 동족인 이스라엘 사람들 가운데 있을 때 최대한 자랑하며 강조하곤 합니다. 나는 그들이 지금 스스로 놓치고 있는 것을 깨닫게 되고, 하나님께서 하고 계신 일에 동참하려는 마음을 품게 되기를 바라기 때문입니다. 그들이 떨어져 나간 일로 인해 이처럼 온 세상에 걸쳐 하나되는 일이 시작되었다면, 그들이 다시 돌아올 때는 더 큰

일이 촉발될 것입니다. 엄청난 귀향이 있을 것입니다! 이렇게 유대인들이 저지른 일이, 그들로서는 잘못한 일이었지만 여러분에게는 좋은 일이 되었다면, 그들이 그 일을 바로잡을 때는 과연 어떻게 될지 생각해 보십시오!

16-18 이 모든 일의 배후와 바탕에는 어떤 거룩한 뿌리가 자리 잡고 있습니다. 하나님께서 심으시고 기르시고 계신 뿌리입니다. 근본 뿌리가 거룩한 나무에는 거룩한 열매가 맺힐 수밖에 없습니다. 지금 상황은 이러합니다. 그 나무의 가지 중 얼마는 가지치기를 당하고, 대신에 야생 올리브나무 가지인 여러분이 그 나무에 접붙임을 받은 것입니다. 그러나 여러분이 지금 그 비옥하고 거룩한 뿌리로부터 영양을 공급받고 있다고 해서, 여러분이 그 가지치기 당한 가지들 앞에서 우쭐댈 수는 없습니다. 기억하십시오. 여러분이 그 뿌리에 영양을 공급하고 있는 것이 아니라, 그 뿌리가 여러분에게 영양을 공급하고 있는 것입니다.

19-20 이런 말이 나올 법합니다. '다른 가지들이 가지치기를 당한 것은 나를 접붙이기 위한 것이 아닌가?' 그렇습니다. 하지만 기억하십시오. 그들이 그렇게 가지치기 당한 것은, 그들이 믿음과 헌신을 통해 계속해서 그 뿌리에 연결되어 있지 않고 말라죽어 버렸기 때문입니다. 지금 여러분이 그 나무에 붙어 있는 것은, 다만 여러분이 믿음으로 그 나무에 접붙여졌기 때문입니다. 믿음을 길러 주는 그 뿌리에 연결되어 있기 때문입니다. 그러므로 자만해져서 뽐내는 가지가 되지 마십시오. 여러분이 연하고 푸릇푸릇할 수 있는 것은, 오직 그 뿌리 덕이라는 사실을 늘 겸손 가운데 기억하십시오.

21-22 본래의 가지에 주저 없이 가위를 대신 하나님이시라면, 여러분에게는 어떠하시겠습니까? 그분은 조금도 주저하지 않으실 것입니다. 하나님은 온화하고 인자하신 분이지만, 동시에 가차 없고 엄하신 분이기도 하다는 사실을 반드시 명심하십시오. 그분은 말라죽은 가지에 대해서는 가차 없으시되, 접붙여진 가지에 대해서는 온화하십니다. 그분의 온화하심을 믿고 방자하게 굴 생각은 버리십시오. 여러분이 말라죽은 가지가 되는 순간, 여러분은 가차 없이 내쳐지게 됩니다.

23-24 그러니 여러분은 바닥에 나뒹구는 가지치기 당한 가지들을 보며 우월감에 젖지 않도록 하십시오. 계속 죽은 가지로 남기를 고집하지 않는다면, 그들도 얼마든지 다시 접붙임 받을 수 있습니다. 하나님은 그렇게 하실 수 있습니다. 그분은 기적적인 접붙임을 행하실 수 있는 분입니다. 바깥 야생 나무에서 잘려 나온 가지들인 여러분을 접붙여 내신 그분에게는, 그 나무에 본래 붙어 있던 가지들을 다시 접붙이는 일은 분명 일도 아닐 것입니다. 다만 여러분은, 지금 여러분이 그 나무에 붙어 있다는 사실을 기뻐하며 다른 사람들도 다 잘되기를 바라십시오.

완성된 이스라엘

25-29 친구 여러분, 나는 최대한 분명하게 짚고 넘어가려고 합니다. 이 문제는 결코 단순한 문제가 아닙니다. 현재 상황을 잘못 해석해서, 오만하게도 자칫 여러

분은 왕족이고 저들은 내쳐진 천민인 것처럼 생각할 수 있습니다. 전혀 그렇지 않습니다. 이스라엘이 현재 하나님에 대해 완고해져 있는 것은 일시적인 현상입니다. 그 효과로, 모든 이방인을 향해 문이 열리게 되었고, 그래서 마침내 집이 꽉 차게 될 것입니다. 그러나 이 일이 다 이루어지기 전에, 먼저 이스라엘이 완성되는 일이 있을 것입니다. 이렇게 기록되어 있듯이 말입니다.

한 투사가 시온 산에서 성큼성큼 내려와서는
야곱의 집을 깨끗이 치울 것이다.
내가 내 백성에게 반드시 하고야 말 일이 이것이다.
그들에게서 내가 죄를 제거할 것이다.

메시지의 복된 소식을 듣고 받아들인 여러분의 입장에서 보면, 유대인들이 마치 하나님의 원수처럼 보일 것입니다. 그러나 하나님의 전체 목적이라는 원대한 시각에서 보면, 그들은 여전히 하나님의 가장 오래된 친구입니다. 하나님의 선물과 하나님의 부르심에는 완전한 보증이 붙어 있습니다. 결코 취소되거나 무효가 될 수 없습니다.

30-32 불과 얼마 전까지만 해도 여러분은 하나님께 바깥 사람이었습니다. 그러나 유대인들이 하나님께 등을 돌렸고, 여러분에게는 문이 열렸습니다. 이제 그들이 하나님께 바깥 사람이 된 것입니다. 그런데 여러분에게 문이 활짝 열린 것으로 인해, 그들에게도 다시 들어올 수 있는 길이 열렸습니다. 이렇게 혹은 저렇게, 하나님께서는 우리 모두로 하여금 한 번씩 다 바깥에 처해 보는 경험을 하게 하셨습니다. 이것은 그분께서 친히 문을 여시고, 우리를 다시 안으로 받아들이시기 위해서입니다.

33-36 이 비할 데 없는 하나님의 엄청난 관대하심과 깊고 깊은 지혜! 우리는 결코 다 이해하지 못하며, 다 헤아려 알 수도 없습니다.

하나님을 설명할 수 있는 이 누구인가?
그분께 하실 일을 아뢸 수 있을 만큼 똑똑한 이 누구인가?
하나님이 조언을 구하시는 이 누구며
그분께 도움이 된 이 누구인가?

모든 것이 그분에게서 시작하고
그분을 통해 일어나며
그분에게서 마친다.
영원토록 영광! 영원토록 찬양!
오, 참으로 그러하기를!

하나님께 바쳐진 삶

12

[1-2] 그러므로 나는, 이제 여러분이 이렇게 살기를 바랍니다. 하나님께서 여러분을 도우실 것입니다. 여러분의 매일의 삶, 일상의 삶—자고 먹고 일하고 노는 모든 삶—을 하나님께 헌물로 드리십시오. 하나님께서 여러분을 위해 하시는 일을 받아들이는 것이, 바로 여러분이 그분을 위해 할 수 있는 최선의 일입니다. 문화에 너무 잘 순응하여 아무 생각 없이 동화되어 버리는 일이 없도록 하십시오. 대신에, 여러분은 하나님께 시선을 고정하십시오. 그러면 속에서부터 변화가 일어날 것입니다. 그분께서 여러분에게 바라시는 것을 흔쾌히 인정하고, 조금도 머뭇거리지 말고 거기에 응하십시오. 여러분을 둘러싸고 있는 문화는 늘 여러분을 미숙한 수준으로 끌어 낮추려 하지만, 하나님께서는 언제나 여러분에게서 최선의 것을 이끌어 내시고 여러분 안에 멋진 성숙을 길러 주십니다.

3 하나님께서 주신 것들에 대한 깊은 감사의 마음으로, 여러분에 대해 특별한 사명을 받은 사람으로서 말씀드립니다. 여러분은 순전히 은혜 가운데 살고 있습니다. 여러분이 마치 하나님께 뭔가 좋은 것을 해드리고 있는 것처럼 착각하지 마십시오. 그렇지 않습니다. 실은, 하나님께서 여러분에게 온갖 좋은 것을 가져다주고 계신 것입니다. 우리가 우리 자신을 바르게 알게 되는 것은, 오직 하나님과 또한 그분이 우리를 위해 하고 계신 일에 주목할 때이지, 우리 자신과 또한 우리가 그분을 위해 하는 일에 주목할 때가 아닙니다.

4-6 우리 각자는 사람 몸의 다양한 부분과 같습니다. 각 부분은 전체 몸에게서 의미를 얻습니다. 그 반대는 아닙니다. 지금 우리가 말하는 몸은, 택함받은 사람들로 이루어진 그리스도의 몸을 말합니다. 우리 각자의 의미와 기능은, 우리가 그분 몸의 한 부분으로서 갖는 의미와 기능입니다. 잘려 나간 손가락, 잘려 나간 발가락이라면 무슨 대단한 의미와 기능이 있겠습니까? 우리는 그리스도의 몸 안에서, 빼어난 모양과 탁월한 기능을 부여받은 부분 부분들로 지음받았습니다. 그러므로 우리는 지음받은 본연의 모습대로 살아가야 합니다. 시기심이나 교만한 마음을 품고서 다른 사람들과 자신을 비교해서는 안됩니다. 자기가 아닌 다른 무엇이 되려고 애쓰지 마십시오.

6-8 설교하는 일이라면, 하나님의 메시지만을 전하고 그와 상관없는 내용을 전하지 마십시오. 돕는 일이라면, 도와주기만 하지 월권하지 마십시오. 가르치는 일을 한다면, 여러분이 가르치는 바를 고수하십시오. 격려하고 안내하는 일이라면, 으스대지 않도록 조심하십시오. 책임자 위치에 있다면, 멋대로 권력을 휘두르지 마십시오. 곤란에 빠진 사람들을 원조하는 일에 부름받았다면, 늘 눈을 크게 뜨고 잘 살펴 신속하게 움직이도록 하십시오. 불우한 사람들과 더불어 일하는 사람이라면, 그들 때문에 화를 내거나 우울해지지 않도록 하십시오. 늘 얼굴에 미소를 띠고 일하십시오.

9-10 중심으로부터 사랑하십시오. 사랑하는 척하지 마십시오. 악은 필사적으로
피하십시오. 선은 필사적으로 붙드십시오. 깊이 사랑하는 좋은 친구들이 되십
시오. 기꺼이 서로를 위한 조연이 되어 주십시오.
11-13 지쳐 나가떨어지지 않도록 하십시오. 늘 힘과 열정이 가득한 사람이 되십시
오. 언제든 기쁘게 주님을 섬길 준비를 갖춘 종이 되십시오. 힘든 시기에도 주
저앉지 마십시오. 그럴수록 더욱 열심히 기도하십시오. 도움이 필요한 그리스
도인들을 도우십시오. 정성껏 환대하십시오.
14-16 원수에게도 축복해 주십시오. 결코 악담을 퍼붓거나 하지 마십시오. 친구들
이 행복해 할 때 함께 기뻐해 주십시오. 그들이 슬퍼할 때 함께 울어 주십시오.
서로 잘 지내십시오. 혼자 잘난 척하지 마십시오. 별 볼 일 없는 이들과도 친구
가 되십시오. 대단한 사람인 양 굴지 마십시오.
17-19 되받아치려고 하지 마십시오. 대신, 누구에게서나 아름다운 점을 찾으십시
오. 할 수 있다면 모든 사람과 더불어 사이좋게 지내십시오. 받은 대로 갚아 주
겠다고 고집하지 마십시오. 그것은 여러분이 할 일이 아닙니다. "내가 심판할
것이다, 내가 알아서 할 것이다"라고 하나님께서 말씀하십니다.
20-21 우리의 성경은, 원수가 굶주리고 있는 것을 보면 가서 점심을 사 주고 그가
목말라 하면 음료수를 대접하라고 말하고 있습니다. 여러분이 그런 관대함을
베풀면 원수는 소스라치게 놀랄 것입니다. 악이 여러분을 이기도록 놔두지 마
십시오. 오히려 선을 행함으로써 악을 이겨 내십시오.

그리스도인과 세상 권세

13 1-3 훌륭한 시민이 되십시오. 모든 정부는 다 하나님의 주권 아래 있
습니다. 평화와 질서가 있다면 거기에는 하나님의 질서가 있는 것입
니다. 그러므로 책임성 있는 시민으로 사십시오. 만일 여러분이 국가에 대해 무
책임하다면 여러분은 하나님과의 관계에 있어 무책임한 것이며, 하나님은 여
러분에게 책임을 물으실 것입니다. 정당하게 세워진 권력 기관이라면 여러분이
정당하지 못한 일을 하고 있지 않는 한, 무서워할 이유가 없습니다. 건전한 시
민이라면 아무것도 두려워할 것이 없습니다.
3-5 여러분은 정부와 좋은 관계이기를 원하십니까? 책임 있게 사는 시민이 되십
시오, 그러면 아무 문제가 없을 것입니다. 정부가 하는 일은 여러분에게 득이
될 것입니다. 그러나 만일 여러분이 법을 사방팔방으로 어기고 다닌다면 조심
하십시오. 경찰은 그저 멋으로 있는 것이 아닙니다. 하나님은 질서를 유지하는
일에 관심이 있으시고, 그분은 그 일에 그들을 사용하십니다. 이것이 여러분이
책임 있게 살아야 하는 이유입니다. 단순히 벌을 피하기 위해서가 아니라, 그렇
게 사는 것이 바른 것이기 때문입니다.
6-7 여러분이 세금을 내는 이유도 바로 이것입니다. 질서가 유지되도록 하기 위
해서입니다. 시민으로서 여러분의 의무를 다하십시오. 세금을 내고, 청구서를
지불하고, 지도자들을 존중하십시오.

⚜

8-10 여러분은 서로에 대해 지고 있는 커다란 사랑의 빚 말고는 더는 빚을 지지 마십시오. 여러분이 사람을 사랑하면, 여러분은 율법의 최종 목적을 완성하는 것입니다. 율법 조문은—다른 사람의 배우자와 동침하지 말라, 사람을 죽이지 말라, 자기 소유가 아닌 것에 대해 욕심을 품지 말라 등과 같은 "하지 말라"는—결국 모두 합치면 "다른 사람을 자기 자신처럼 사랑하라"는 것입니다. 여러분이 사랑하고 있다면, 여러분은 결코 잘못할 수 없습니다. 율법 조문에 들어 있는 모든 것을 합치면, 그 합은 바로 사랑입니다.

11-14 그날그날 해야 할 일에 너무 열중해 지친 나머지, 그만 지금이 어떤 때인지 잊고 살아서는 안됩니다. 하나님을 망각하고서 꾸벅꾸벅 졸며 살지 않도록 조심하십시오. 이제 밤이 끝나고 새벽이 밝아 오고 있습니다. 일어나서, 하나님이 하고 계신 일에 눈을 뜨십시오! 이제 하나님께서, 우리가 처음 믿었을 때 시작하신 그 구원 사역에 마무리 손질을 하고 계십니다. 우리는 일 분도 시간을 허비할 수 없습니다. 천박하고 방종한 생활을 하면서, 음탕하고 방탕하게 살면서, 말다툼이나 일삼고 눈에 보이는 것이면 무엇이든 탐내면서, 이 소중한 낮 시간을 허비할 수 없습니다. 잠자리에서 일어나 옷을 차려입으십시오! 꾸물거리지 마십시오. 그리스도를 옷 입고, 당장 일어나십시오!

서로 사이좋게 지내십시오

14 1 여러분과 생각이 다른 동료 신자들을 두 팔 벌려 받아들이십시오. 여러분이 동의할 수 없는 말과 행동을 한다고 해서 그때마다 그들을 질책하지 마십시오. 주장은 강하나 여러분 보기에 믿음이 약한 사람들의 경우도 마찬가지입니다. 그들의 살아온 길이 여러분과 다르다는 사실을 기억하십시오. 그들을 부드럽게 대해 주십시오.

2-4 어떤 사람은 뭔가 아는 바가 있어서, 신자는 식탁에 차려진 것이면 무엇이든 먹을 수 있다는 확신을 갖고 있습니다. 반면에, 또 어떤 사람은 다른 배경을 가졌던 관계로, 신자는 채식만 해야 하는 것은 아닌가 하고 생각할 수도 있습니다. 그러나 두 사람 모두 그리스도의 식탁에 초대받은 손님입니다. 만일 그들이 상대가 무엇을 먹는지, 혹은 무엇을 먹지 않는지를 두고 서로 비난에 열을 올린다면, 이는 참으로 무례하기 그지없는 일이지 않겠습니까? 하나님께서 그 두 사람 모두를 식탁에 초대하셨기 때문입니다. 손님인 여러분에게, 손님 명단에서 누구를 지워 버리거나 하나님의 환대에 간섭할 권한이 있겠습니까? 바로잡아야 할 것과 익혀야 할 예절 등이 있다면, 하나님이 알아서 하실 것입니다. 여러분의 도움 없이도 말입니다.

5 또 어떤 사람은 특정한 날을 거룩한 날로 구별해야 한다고 생각하고, 어떤 사람은 모든 날이 다 똑같다고 생각할 수 있습니다. 양쪽 모두 나름의 이유가 있습니다. 각자 자유롭게 자기 양심의 신념을 따르면 됩니다.

6-9 중요한 것은 이것입니다. 어떤 날을 거룩한 날로 지킨다면, 하나님을 위해 그
렇게 하십시오. 고기를 먹는다면, 하나님의 영광을 위해 그렇게 하고 갈비를 주
신 하나님께 감사드리십시오. 채식주의자라면, 하나님의 영광을 위해 채식을
하고 브로콜리를 주신 하나님께 감사드리십시오. 이런 문제에 있어서 자기 마
음대로 행동해도 괜찮은 사람은 아무도 없습니다. 우리는 서로에게가 아니라,
하나님께 답변할 책임이 있습니다. 우리는 태어나서 죽을 때까지 우리가 행한
모든 것에 대해, 그분이 물으시면 답변할 책임이 있습니다. 예수께서 사시고,
죽으시고, 다시 살아나신 이유가 바로 이것입니다. 삶과 죽음의 전 영역에 걸쳐
우리의 주인이 되셔서, 서로가 서로에게 행하는 소소한 폭정으로부터 우리를
자유롭게 만드시기 위함이었습니다.
10-12 그러므로, 형제를 비판하는 여러분은 지금 무엇을 하는 것입니까? 자매 앞
에서 잘난 척하는 여러분은 지금 무엇을 하는 것입니까? 여러분은 스스로 어리
석은 사람, 아니 그보다 못한 사람이 되고 있을 뿐입니다. 결국 우리 모두는, 다
함께 하나님을 뵐 때에 심판대에 나란히 무릎 꿇게 될 사람들입니다. 여러분이
비판적이고 잘난 척하는 태도를 취한다고 해서, 그 심판대에서 여러분의 자리가
한 치라도 더 높아지는 것은 아닙니다. 성경 말씀을 찾아 직접 읽어 보십시오.

> 하나님이 말씀하신다. "내가 살아 숨 쉬고 있기에
> 결국 모두가 내 앞에 무릎 꿇게 될 것이며,
> 모든 혀가 있는 그대로의 진실을 말하게 될 것이다.
> 내가, 오직 나만이 하나님이라는 진실을!"

그러므로 여러분은 여러분 일에 전념하십시오. 하나님 앞에서 여러분 자신의
삶만으로도 여러분은 이미 할 일이 많습니다.
13-14 남에게 이래라저래라 하던 것을 그만두십시오. 오히려 여러분이 관심 가져
야 할 일은 이것입니다. 쓸데없이 다른 사람의 길에 끼어들어서, 어려운 삶을
더 어렵게 만들지는 않는지 살피는 것입니다. 내가 확신하기로―이는 예수께서
주신 확신입니다!―모든 것이 그 자체로는 거룩한 것입니다. 물론 우리가 그것
을 대하는 방식, 그것에 대해 하는 말들 때문에 그것을 더럽힐 수는 있습니다.
15-16 만일 여러분이 다른 사람이 먹는 것과 먹지 않는 것을 가지고 큰 화젯거리
로 만들어 그들을 혼란에 빠뜨린다면, 여러분은 지금 그들과 사랑의 교제를 나
누는 것이 아닙니다. 그렇지 않습니까? 기억하십시오. 그리스도께서 바로 그들
을 위해 죽으셨습니다. 그런데 여러분은, 고작 먹는 문제로 그들을 지옥에 보내
겠다는 말입니까? 하나님이 축복하신 음식이 영혼을 독살하는 일에 이용되도
록 놔두겠다는 말입니까?
17-18 하나님 나라는, 무엇으로 배를 채우느냐 하는 문제가 결코 아닙니다. 하나
님 나라는, 하나님께서 여러분의 삶으로 무엇을 하시느냐 하는 문제입니다. 그
분은 여러분의 삶을 바로 세우시고, 온전케 하시며, 기쁨으로 완성시키십니다.

여러분이 할 일은 일편단심으로 그리스도를 섬기는 것입니다. 다만 그 일을 하
십시오. 그러면 여러분은 일석이조의 효과를 얻을 것입니다. 여러분은 여러분
위에 계신 하나님을 기쁘시게 해드리면서, 여러분 주변 사람들에게도 여러분의
값어치를 증명해 보일 수 있게 됩니다.

19-21 그러므로 우리는, 서로 사이좋게 지내는 일에 힘을 다하고 뜻을 모아야 합
니다. 격려의 말로 서로 도와주십시오. 흠을 잡아 풀이 죽게 만들지 마십시오.
분명 여러분은 저녁식탁에 무엇이 올라오고 무엇이 올라오지 않는지 하는 문제
때문에, 여러분 가운데 일하고 계신 하나님의 일이 좌초되는 것을 바라지 않을
것입니다. 그렇지 않습니까? 나는 전에도 말한 바 있고 앞으로도 계속 말할 것
입니다. 모든 음식은 다 좋은 것입니다. 하지만 여러분이 그것을 나쁘게 이용한
다면, 다른 사람들을 걸고 넘어뜨리고 때려눕힐 목적으로 이용한다면, 그것은
나쁜 것이 될 수 있습니다. 식사자리에 앉을 때 여러분의 주된 관심은, 여러분
의 뱃속을 채우는 것이 아니라 예수의 생명을 나누는 것이어야 합니다. 그러므
로 함께 식사하는 다른 사람들을 세심하게 배려하고 예의를 지키십시오. 마음
껏 사랑을 나누는 일에 방해되는 것이면, 먹는 것이나 말하는 것이나 그 무엇이
든 하지 마십시오.

22-23 각자 자신과 하나님과의 관계를 가꾸어 나가되, 여러분의 방식을 다른 사람
들에게 강요하지는 마십시오. 만일 여러분의 행위와 신념이 일치한다면, 여러
분은 행복한 사람입니다. 그러나 그렇지 않다면, 여러분이 행하는 바와 여러분
이 믿는 바가 일치하지 않다면—어떤 날은 사람들에게 자신의 의견을 강요하다
가, 어떤 날은 그저 그들을 기쁘게 해주려고만 한다면—그때는 여러분 스스로도
앞뒤가 맞지 않는다는 것을 잘 알 것입니다. 여러분이 사는 방식과 여러분이 믿
는 바가 일치하지 않는 것은 잘못입니다.

15

1-2 우리 가운데 믿음이 강건한 사람들은, 약해서 비틀거리는 사람들
을 보면 다가가 손 내밀어 도와야 합니다. 그저 자기 편한 대로만 살
아서는 안됩니다. 힘은 섬기라고 있는 것이지, 지위를 즐기라고 있는 것이 아닙
니다. 우리는 늘 "어떻게 하면 도움을 줄 수 있을까?" 물으며, 주변 사람들의 유
익을 도모할 필요가 있습니다.

3-6 예수께서 하신 일이 바로 이것입니다. 그분은 사람들의 어려움을 외면한 채
자기 편한 길을 가지 않으셨습니다. 그분은 그들의 어려움 속으로 직접 뛰어드
셔서 그들을 건져 주셨습니다. 성경은 이를 "내가 어려움에 처한 사람들의 어
려움을 짊어졌다"는 말로 표현하고 있습니다. 비록 오래전에 쓰여진 말씀이지
만, 여러분은 그 말씀이 다름 아닌 우리를 위해 쓰여진 말씀임을 확신할 수 있
습니다. 하나님은 성경이 보여주는 하나님의 성품—한결같고 변치 않는 부르심
과 따뜻하고 인격적인 권면—이 또한 우리의 성품이 되기를 원하십니다. 우리
가 늘 그분이 하시는 일에 깨어 있는 사람이 되기를 바라십니다. 미더우시고 한

결같으시며 따뜻하고 인격적이신 하나님께서 여러분 안에 성숙을 길러 주셔서, 예수께서 우리 모두와 그러하시듯, 여러분도 서로 사이좋게 지내기를 바랍니다. 그럴 때 우리는 합창대가 될 것입니다. 우리 소리뿐 아니라 우리 삶이 다 함께 어우러져서, 우리 주 예수의 하나님이시자 아버지이신 분께 우렁찬 찬송을 부르게 될 것입니다!

7-13 그러므로 여러분은, 하나님의 영광을 위해 서로를 두 팔 벌려 받아들이십시오. 예수께서 그렇게 하셨습니다. 이제 여러분이 그렇게 할 차례입니다! 하나님의 목적에 늘 충실하셨던 예수께서, 먼저 유대인들에게 특별히 다가가셔서, 그들의 조상이 받은 옛 약속들을 실현시키셨습니다. 그 결과로, 이방인들이 자비를 경험하고, 하나님께 감사드릴 수 있게 되었습니다. 우리에게 실현될 성경의 그 모든 말씀을 한번 생각해 보십시오!

그때 나는 이방인들과 더불어 찬송 부르리라.
주님의 이름을 향해 노래하리라!

또한

이방인과 유대인 모두가 함께 즐거워하여라!

또한

모든 나라 사람들아, 하나님을 찬양하여라!
모든 피부색, 모든 인종의 사람들아, 마음껏 찬양을 올려라!

이사야도 말했습니다.

우리 조상 이새의 뿌리가
땅을 뚫고 나와 나무만큼 크게 자란다.
어디서나 누구나 보고 소망을 품을 수 있을 만큼 커다란 나무로 자란다!

아! 생생한 소망을 주신 하나님께서 여러분을 기쁨으로 가득 채우시기를, 평화 가득하게 하시기를, 그리하여 여러분의 믿음의 삶이 생명 주시는 성령의 힘으로 가득해져서, 소망이 차고 넘치기를!

14-16 개인적으로 말하면, 나는 여러분과 여러분이 하는 일에 대해 대단히 만족하고 있습니다. 내가 보는 바로는, 여러분은 의욕도 넘치고 훈련도 잘 받았으며 서로에게 안내와 조언을 해주는 일에 있어서도 무척 유능합니다. 그러니 사랑

하는 친구 여러분, 다소 거친 내 말을 비판으로 받아들이지는 말아 주십시오. 이
는 비판이 아닙니다. 나는 다만, 하나님께서 내게 주신 이 특별한 과제를 수행하
는 데 여러분의 도움이 얼마나 절실한지 강조하는 것일 뿐입니다. 하나님의 성
령으로 온전해지고 거룩해진 이방인들로 하여금, 하나님께서 받으실 만한 제물
이 되도록 그들의 영적 필요를 채우는 것이 나의 제사장적 복음 사역입니다.
17-21 지금까지 된 일과 또 지금껏 지켜본 바를 돌이켜 볼 때, 고백컨대, 내 마음
은 무척 흡족합니다. 아니, 예수 안에서 실로 자긍심을 느낀다고 말할 수 있습
니다. 물론 오직 예수 안에서 느끼는 자긍심이지만 말입니다. 나는 내가 겪은
사소한 모험담을 이야기하는 데는 관심이 없습니다. 다만, 내 안에 계신 그리스
도께서 그 놀랍도록 힘 있고 삶을 변화시키는 말씀과 역사(役事)를 통해, 어떻게
이방인들로부터 믿음의 응답을 불러일으키셨는지를 전하고 싶을 뿐입니다. 나
는 예루살렘에서부터 시작해 멀리 그리스 북서 지방에 이르기까지, 두루 다니
며 예수에 대한 메시지를 전해 왔습니다. 이는 전적으로 개척의 일이었습니다.
나는 아직 예수를 알거나 예배해 본 적 없는 곳으로만 그 메시지를 들고 갔습니
다. 내가 따르려고 한 성경 본문은 이것이었습니다.

그분에 대해 들어 보지 못한 사람들
그들이 그분을 보게 될 것이다!
그분에 대해 들어 본 적 없는 사람들
그들이 그 메시지를 받을 것이다!

22-24 바로 이런 이유로, 내가 마침내 여러분을 방문할 계획을 세우기까지 이렇게
오랜 시간이 걸렸던 것입니다. 그러나 이제는 그런 지역에서 해야 할 개척의 일
이 더 이상 없고 또 여러 해에 걸쳐 여러분을 만나 보기를 고대해 왔으므로, 이
제 나는 구체적인 방문 계획을 세우고 있습니다. 나는 스페인으로 가는 길인데,
도중에 여러분에게 들러서 즐거운 시간을 갖고, 또 여러분이 베풀어 주는 하나
님의 복을 가지고 다시 길에 오르게 되기를 기대하고 있습니다.
25-29 나는 그 전에 먼저 예루살렘으로 가서, 거기서 예수를 따르는 사람들에게
구제 헌금을 전달할 것입니다. 북쪽으로는 마케도니아로부터 남쪽으로는 아가
야에 이르기까지, 모든 지역의 그리스 사람들이 예루살렘의 가난한 신자들을
돕기 위해 마음을 모아 헌금했습니다. 그들은 기쁜 마음으로 이 일을 했는데,
이는 그들이 마땅히 해야 하는 일이기도 합니다. 그동안 예루살렘 공동체로부
터 흘러나오는 영적 선물을 풍성히 얻어 누려 온 것을 생각할 때, 그들이 그 공
동체의 가난을 덜어 주기 위해 힘을 다하는 것은 지극히 당연한 일입니다. 이
일을 마치고 나면—이 "열매 광주리"를 직접 전달하고 나면—나는 곧장 스페인
으로 출발할 텐데, 그 길에 로마에 있는 여러분에게 들를 것입니다. 나의 방문
이 그리스도께서 여러분에게 주시는 넘치는 복 가운데 하나가 되었으면 좋겠습

니다.
30-33 사랑하는 친구 여러분, 한 가지 간청이 있습니다. 나를 위해 기도해 주십시
오. 나와 더불어 또 나를 위해, 힘을 다해—하나님 아버지께, 우리 주 예수의 능
력과 성령의 사랑으로—기도해 주십시오. 유대의 믿지 않는 사람들의 사자굴에
서 내가 건짐받도록 기도해 주십시오. 또한 예루살렘 신자들에게 가져가는 나
의 구제 헌금이, 기쁘게 모아졌던 것처럼 또한 기쁘게 받아들여지도록 기도해
주십시오. 하나님의 뜻이라면, 나는 가볍고 기꺼운 마음으로 여러분을 찾아가
만나 볼 수 있을 것입니다. 여러분과의 사귐을 통해 새로운 힘을 얻게 되기를
고대합니다. 하나님의 평화가 여러분 모두와 함께하기를 바랍니다. 아멘!

16

1-2 우리 친구 뵈뵈를 주님 안에서 맞아 주십시오. 우리 그리스도인
들이 잘하기로 유명한 그 넉넉한 환대로 그녀를 맞아 주십시오. 나
는 그녀와 그녀가 하는 일을 진심으로 지지합니다. 그녀는 겐그레아에 있는 교
회의 핵심 대표자들 가운데 한 사람입니다. 그녀가 무엇을 요청하든지 그녀를
잘 도와주십시오. 그녀는 여러분이 해줄 수 있는 최선의 것을 받을 자격이 충분
합니다. 그녀는 지금껏 나를 포함해서 여러 사람들을 도왔습니다.
3-5 예수를 섬기는 일에 나와 손잡고 일해 온 브리스길라와 아굴라에게 안부를
전해 주십시오. 그들은 전에 나를 위해서 자신의 목숨까지 내걸었던 사람들입니
다. 그들에게 감사하는 사람은 나뿐만이 아닙니다. 그들의 집에서 모이는 교회
는 말할 것도 없고, 모든 이방인 신자들 모임도 그들에게 큰 신세를 졌습니다.
나의 사랑하는 친구 에배네도에게 안부를 전해 주십시오. 그는 아시아에서 처
음으로 예수를 따르게 된 사람입니다.
6 마리아에게 안부를 전해 주십시오. 그녀는 정말 대단한 일꾼입니다!
7 나의 친척인 안드로니고와 유니아에게 안부를 전해 주십시오. 우리는 전에 함
께 감옥에 갇힌 적이 있습니다. 그들은 나보다 먼저 예수를 믿어 믿는 이가 된
사람들입니다. 두 사람 모두 탁월한 지도자입니다.
8 하나님 안에서 한가족이며 나의 좋은 친구인 암블리아에게 안부를 전해 주십
시오.
9 그리스도의 일에 있어 나의 동료인 우르바노에게, 그리고 나의 친구 스다구에
게 안부를 전해 주십시오.
10 그리스도를 따르는 일에 있어 믿음직한 역전의 용사인 아벨레에게 안부를 전
해 주십시오.
아리스도불로 가족에게 안부를 전해 주십시오.
11 나의 친척 헤로디온에게 안부를 전해 주십시오.
나깃수 가족으로서 주님께 속해 있는 사람들에게 안부를 전해 주십시오.
12 드루배나와 드루보사에게 안부를 전해 주십시오. 그들은 주님을 섬기는 일에
참으로 근면한 여성들입니다.

그리스도 안에서 사랑하는 친구이자 열심 있는 일꾼인 버시에게 안부를 전해
주십시오.
[13] 루포와 그의 어머니에게 안부를 전해 주십시오. 그는 주님의 탁월한 일꾼입
니다! 그의 어머니는 곧 내게도 어머니이십니다.
[14] 아순그리도와 블레곤과 허메와 바드로바와 허마에게, 또 그들의 가족 모두에
게 안부를 전해 주십시오.
[15] 빌롤로고와 율리아와 네레오와 그의 자매와 올름바에게, 또 그들과 함께 살
며 예수를 따르는 모든 사람들에게 안부를 전해 주십시오.
[16] 거룩한 포옹으로 서로 인사하십시오! 그리스도의 모든 교회가 따뜻한 인사를
건넵니다!
[17-18] 친구 여러분, 마지막으로 조언합니다. 여러분이 배운 가르침 중에서 몇몇
조각과 단편들을 취해서, 그것들을 이용해 문제를 일으키는 자들을 늘 예리한
눈으로 살피십시오. 그런 사람들과는 거리를 두십시오. 그들은 우리 주님이신
그리스도를 위해 살 뜻이 없는 자들입니다. 그들은 다만 무언가를 얻어 낼 목적
으로 이 일에 들어온 것이며, 경건하고 달콤한 말로 순진한 사람들을 속여 먹는
자들입니다.
[19-20] 이런 문제에 여러분이 정직하다는 사실에 대해서는 의심의 여지가 없지만
—내가 얼마나 여러분을 자랑스러워하는지요!—나는 또한 여러분이 똑똑해져
서, "좋은" 것이라도 그것이 정말로 좋은 것인지 분별해 낼 수 있기를 바랍니다.
달콤한 말을 들려주는 악에 대해서는 순진한 사람이 되지 마십시오. 늘 깨어 있
으십시오. 그러면 어느새 평화의 하나님께서 두 발로 사탄을 땅바닥에 짓이겨
주실 것입니다! 늘 예수께서 주시는 최고의 것을 누리십시오!
[21] 우리 쪽에서 건네는 인사가 더 남았습니다. 나의 동역자 디모데와 나의 친척
루기오와 야손과 소시바더가 여러분에게 안부를 전합니다.
[22] 지금 바울의 이 편지를 받아쓰고 있는 나 더디오도 여러분에게 인사드립니다.
[23] 이곳에서 나와 온 교회를 접대하고 있는 가이오도 여러분에게 안부를 전합니다.
도시 재무관인 에라스도와 우리의 좋은 친구 구아도도 안부를 전합니다.
[25-26] 예수 그리스도 안에서 전파된 것처럼, 지금 여러분을 굳세게 세워 주고 계
신 하나님께 우리의 모든 찬양을 드립니다. 이는, 오랫동안 비밀이었으나 이제
성경의 예언 말씀을 통해 마침내 밝히 드러난 비밀입니다. 이제 세상 모든 나라
가 진리를 알고 순종과 믿음 속으로 인도되어 하나님의 명령을 따라 살 수 있게
되었습니다. 이 모든 것은 처음부터 끝까지 모두 하나님이 주도하신 일입니다.
[27] 비할 데 없이 지혜로우신 하나님께만 예수를 통해 우리의 모든 찬양을 올려
드립니다! 아멘!

사람들이 그리스도인이 되는 것과 동시에 훌륭하게 되는 것은 아니다. 그것은 언제나 놀라운 일이다. 그리스도와 그분의 길로 들어섰다고 해서 그 사람이 나무랄 데 없는 예절과 적절한 도덕을 자동적으로 갖추게 되는 것은 아니다.

고대 세계에서 고린도 사람들은 제멋대로 굴고, 독주를 마시고, 성적으로 문란한 무리라는 평판을 받았다. 바울이 메시지를 가지고 고린도에 도착하자, 고린도 사람들 가운데 상당수가 예수를 믿는 신자가 되었지만, 그들은 자신들에게 들러붙은 평판까지 교회 안으로 가지고 들어왔다.

바울은 그들의 목회자 자격으로 1년 6개월을 그들과 함께 보내면서 "복음"의 메시지를 자세히 전하고, 그들이 신자들의 공동체로서 구원과 거룩함의 새 삶을 살려면 어찌해야 하는지를 가르쳤다. 그런 다음 그는 길을 떠나 다른 도시와 다른 교회로 갔다.

그리고 얼마 지나지 않아서 바울은 고린도 교회 식구들 가운데 한 사람으로부터 보고를 받는다. 말하자면, 그의 부재중에 고린도 교회의 사정이 다소 나빠졌다는 것이었다. 또한 그는 고린도 교회로부터 도움을 요청하는 한 통의 편지도 받는다. 파벌 싸움이 격해지고, 도덕이 무너졌으며, 예배가 초자연적인 것에 집착하는 이기적인 수단으로 변질되었다는 것이다. 고린도 사람들이라면 능히 그러고도 남을 일이었다!

바울이 고린도 교우들에게 보낸 첫 번째 편지는 목회적 대응의 고전이나 다름없다. 그의 대응은 다감하고, 확고하고, 명쾌하고, 어긋남이 없다. 바울은 그들이 사태를 혼란스럽게 하기는 했지만, 그들 가운데 계신 하나님, 곧 예수 안에서 자신을 계시하시고 성령 안에 임재하시는 하나님께서 끊임없이 그들 삶의 중심 주제가 되셨다고 확신한다.

> 여러분은 이것이 살길이 아니라는 것을 알지 못합니까? 하나님께 마음을 두지 않은 불의한 자들은 그분의 나라에 들어가지 못할 것입니다. 서로를 이용하고 악용하는 자들, 성(性)을 이용하고 오용하는 자들, 땅을 이용해 먹으면서 땅과 거기에 있는 모든 것을 착취하고 남용하는 자들은 하나님 나라의 시민이 될 자격이 없습니다. 여러분 가운데 상당수는 내가 무엇을 두고 말하는지 경험으로 알 것입니다. 얼마 전까지만 해도 여러분이 그렇

게 살았으니 말입니다. 그러나 그 이후로 여러분은 우리 주님이시며 메시아이신 예수와, 우리 안에 계신 하나님 곧 성령으로 말미암아 깨끗해졌고 새로운 출발을 하게 되었습니다. 법적으로 문제가 없다고 해서 영적으로 적합한 것은 아닙니다. 만일 내가 해도 된다고 생각한 것을 무엇이나 하면서 돌아다녔다면, 나는 변덕의 노예가 되고 말았을 것입니다(고전 6:9-12).

바울은 그들이 그리스도 안에서 형제자매임을 부인하지 않았고, 그들이 나쁜 행실을 보였다고 해서 그들을 내치지도 않았으며, 그들의 무책임한 생활방식에 대해 비난성 잔소리를 늘어놓지도 않는다. 그는 그 모든 문제를 냉철하게 처리하면서, 그들의 손을 잡아끌어 이전의 토대로 되돌린다. 그는 그들을 지도하여, 구원하시는 하나님의 거룩한 사랑을 속속들이 행하게 하고 서로 사랑하게 한다.

사랑은 절대로 사라지지 않습니다. 제아무리 영감 넘치는 말도 언젠가는 사라지고, 방언으로 기도하는 것도 그칠 것입니다. 이해력도 한계에 이르게 될 것입니다. 진리의 한 부분만 아는 우리가 하나님에 대해 말하는 것은 언제나 불완전합니다. 그러나 완전하신 그분이 오시면, 우리의 불완전한 것들을 없애 주실 것입니다. ……그러나 그 완전함에 이르기까지, 우리는 다음 세 가지를 행함으로 완성을 향해 나아가야 합니다. 하나님을 꾸준히 신뢰하십시오. 흔들림 없이 소망하십시오. 아낌없이 사랑하십시오. 이 세 가지 가운데 으뜸은 사랑입니다. 여러분의 생명이 사랑에 달려 있다는 듯이, 온 힘을 다해 사랑의 삶을 추구하십시오(고전13:8-10, 13; 14:1).

고린도전서

1 [1-2] 나 바울은, 하나님의 계획하심에 따라 나의 벗 소스데네와 함께 메시
아이신 예수의 부르심과 보내심을 받았습니다. 나는 고린도에 있는 하나
님의 교회에 속한 여러분, 곧 예수께서 깨끗게 하시고 하나님으로 충만한 삶을
위해 구별된 신자들에게 이 편지를 보냅니다. 또한 나는, 어느 곳에 살든지 예
수께 진심으로 부르짖는 모든 이들에게도 문안합니다. 예수께서는 우리의 주님
도 되시지만 그들의 주님도 되시기 때문입니다!
[3] 하나님 우리 아버지와 주 예수 그리스도께서 주시는 온갖 선물과 은혜가 여러
분의 것이 되기를 바랍니다.
[4-6] 나는 여러분을 생각할 때마다—나는 여러분을 자주 생각합니다!—예수께서
주신 삶, 곧 자원하여 즐거운 마음으로 하나님께 나아가는 여러분의 변화된 삶
에 대해 하나님께 감사를 드립니다. 여러분 안에 일어난 변화는 끝이 없습니다.
그것은 말과 지식을 넘어섭니다. 내가 여러분에게 전해 준 그리스도에 관한 증
거가 참되다는 것이 여러분의 삶을 통해 확실하게 증명되었습니다.
[7-9] 생각해 보십시오. 여러분은 아무것도 필요로 하지 않습니다. 여러분은 전부
를 얻었기 때문입니다. 여러분이 우리 주 예수께서 이 세상의 마지막 무대에 등
장하기를 간절히 기다리며 살아가는 동안, 하나님의 온갖 선물이 바로 여러분
앞에 있습니다. 그뿐만 아니라 예수께서 모든 일을 마무리 지으실 때까지, 하나
님께서 친히 여러분 곁에 계시면서 여러분을 흔들리지 않게 해주시고 가던 길
에서 벗어나지 않게 해주실 것입니다. 여러분을 이끌어 이 영적 모험을 하게 하
신 하나님께서, 자기 아들이시며 우리 주님이신 예수의 생명을 우리와 함께 나
누고 계십니다. 하나님께서는 여러분을 결코 포기하지 않으실 것입니다. 그 점
을 절대 잊지 마십시오.

10 나는 깊이 우려하고 있습니다. 이제 우리 주 예수의 권위를 빌려, 나의 벗인 여러분에게 그것을 말씀드리겠습니다. 절박한 심정으로 말씀드립니다. 서로 사이좋게 지내십시오. 서로 배려하는 법을 익히고, 공동체로 살아가기를 힘쓰십시오.

11-12 내가 이런 말씀을 드리는 것은, 글로에의 가족 가운데 몇 사람이 나의 마음을 몹시도 불안케 하는 소식을 가져왔기 때문입니다. 여러분이 서로 다투고 있다는 것입니다! 내가 들은 것을 그대로 옮기면, 여러분이 너나없이 편을 갈라서 "나는 바울 편이다", "나는 아볼로 편이다", "나는 베드로의 사람이다", "나는 메시아 그룹에 속해 있다"고 말하면서 돌아다닌다고 하더군요.

13-16 여러분에게 묻습니다. 그리스도께서 우리가 저마다 나누어 가지도록 조각조각 갈라지기라도 하셨습니까? 바울이 여러분을 위해 십자가에 달리기라도 했습니까? 여러분 가운데 한 사람이라도 바울의 이름으로 세례를 받은 이가 있습니까? 나는 그리스보와 가이오 외에는 어느 누구에게도 세례를 주지 않았습니다. 여러분의 소식을 듣고, 나는 그들 외에 아무에게도 세례를 주지 않은 것을 다행으로 여겼습니다. 내 이름으로 세례를 받았다고 떠들며 돌아다니는 사람이 하나도 없을 테니까요. (그러고 보니, 스데바나 가족에게도 세례를 준 일이 있군요. 그러나 내 기억으로는 그것이 전부입니다.)

17 하나님께서는 나의 추종자들을 모으라고 나를 보내신 것이 아니라, 그분께서 친히 이루신 일에 관한 메시지를 전하고, 그분의 추종자를 모으라고 나를 보내셨습니다. 그분은 화려한 말솜씨로 메시지를 전하라고 나를 보내신 것이 아닙니다. 그랬더라면, 메시지의 중심에 자리한 강력한 사건—십자가에 달리신 그리스도—이 미련하고 어리석은 몇 마디 말 때문에 하찮은 것이 되고 말았을 것입니다.

18-21 십자가에 달리신 그리스도를 가리키는 메시지가, 멸망하기로 굳게 결심한 사람들에게는 어리석은 것처럼 보이겠지만, 구원의 길에 들어선 사람들에게는 완벽하게 이해될 것입니다. 이것이 하나님께서 일하시는 방식입니다. 그리고 그것은 가장 강력한 방식임이 입증되었습니다. 성경에 이렇게 기록되었습니다.

> 내가 세상의 지혜를 뒤집어엎고
> 전문가라는 자들이 얼마나 정신 나간 사람들인지 폭로하겠다.

이 시대에 지혜로운 자나 교양 있는 자, 참으로 지성을 갖춘 자가 어디 있습니까? 하나님께서 그 모든 것이 얼마나 터무니없는 허세인지 드러내시지 않았습니까? 이 세상은 그 화려한 지혜를 가지고도 하나님을 조금도 알지 못했습니다. 그래서 지혜로우신 하나님께서는 믿는 사람들을 구원의 길로 이끄시기 위해, 이 세상이 어리석다고 여긴 것—무엇보다도, 복음 선포!—을 즐겨 사용하셨습니다.

22-25 유대인들은 기적의 증거를 극성스레 요구하고, 그리스 사람들은 철학적 지혜를 구하지만, 우리는 십자가에 달리신 그리스도만을 전합니다. 유대인들은 그리스도께서 십자가에 달리신 것을 기적에 역행하는 것으로 여기고, 그리스 사람들은 그것을 어리석은 일로 무시해 버립니다. 그러나 하나님께서 친히 한 사람씩 부르신 우리—유대인이든 그리스 사람이든—에게는, 그리스도가 하나님의 궁극적 기적이요 지혜의 결정체입니다. 겉으로 어리석게 보이는 하나님의 지혜와 비교하면, 인간의 지혜는 너무나 보잘것없고 너무나 무력합니다. 인간의 수준에서 강한 것은 하나님의 "약함"과도 견줄 수 없습니다.

26-31 친구 여러분, 여러분이 이 그리스도인의 삶으로 부름받았을 때, 여러분의 모습이 어떠했는지 잘 떠올려 보십시오. 나는 여러분 가운데서 가장 영리하고 뛰어난 사람, 상당한 영향력을 가진 사람, 상류층 집안 출신을 그다지 많이 보지 못했습니다. 하나님께서 "잘났다고 하는 사람들"의 그럴듯한 허세를 폭로하시려고, 홀대받고 착취당하며 학대받는 사람들, 곧 "아무것도 아닌 사람들"을 일부러 택하신 것이 분명하지 않습니까? 그렇다면 여러분 가운데 누구도 하나님 앞에서 스스로 자랑할 수 없다는 것은 분명한 사실입니다. 우리가 그리스도인이 되어 누리는 모든 것—바른 생각, 바른 삶, 깨끗해진 경력, 새로운 출발—은 예수 그리스도를 통해 하나님께로부터 주어진 것입니다. "자랑을 하려거든, 하나님을 자랑하라"는 말씀이 있는 것은 바로 그 때문입니다.

2

1-2 여러분도 기억하시겠지만, 내가 처음으로 여러분에게 가서 하나님이 행하신 놀라운 일을 전할 때, 나는 번지르르한 말이나 최신 철학으로 여러분을 감동시키려고 하지 않았습니다. 오히려 나는 쉽고 분명하게 전하려고 노력했습니다. 처음에는 예수가 누구이신지를 전했고, 그 다음에는 십자가에 달리신 예수가 어떤 일을 하셨는지를 전했습니다.

3-5 나는 그 일을 어떻게 해야 하는지 자신이 없었고, 내가 그 일에 적합하지 않다는 것을 절실히 느꼈습니다. 더 솔직히 말씀드리면, 나는 몹시도 두려웠습니다. 내가 메시지를 전할 때 여러분이나 다른 누구에게 감동을 주지 못한 것은 그 때문입니다. 그러나 메시지는 결국 전해졌습니다. 하나님의 영과 하나님의 능력이 그렇게 한 것입니다. 여러분의 믿음의 삶이, 나나 다른 누구의 지적이고 감정적인 화려한 말솜씨에서 비롯된 반응이 아니라, 하나님의 능력에서 비롯된 반응인 것이 분명해졌습니다.

6-10 물론 우리에게는 하나님의 지혜가 풍성합니다. 여러분이 확고한 영적 토대 위에 서기만 하면, 여러분에게 그 지혜를 넘겨드리겠습니다. 그런데 그 지혜는 대중적인 지혜도 아니고, 고임금의 전문가들이 선호하는 지혜도 아니고, 한두 해가 지나면 시대에 뒤처지고 마는 지혜도 아닙니다. 하나님의 지혜는 그분의 목적 깊은 곳에 비밀하게 감춰진 지혜입니다. 겉만 살피는 사람은 그 지혜를 찾을 수 없습니다. 그 지혜는 최신 소식이 아니라, 가장 오래된 소식입니다. 그 지

혜는, 우리가 등장하기 훨씬 오래전에 하나님께서 그분의 가장 좋은 것을 우리 안에 드러내시려고 정하신 방식입니다. 우리 시대의 전문가들은 그 영원한 계획이 무엇인지 조금도 알지 못했습니다. 만일 알았더라면, 그들은 하나님께서 계획하신 생명의 주님을 십자가에 매달아 죽이지 않았을 것입니다. 다음의 성경 말씀이 있는 것은 그 때문입니다.

어느 누구도 이 같은 것을 보거나 듣지 못했고
　이 같은 것을 상상해 본 적도 없다.
그것은 하나님께서 자기를 사랑하는 이들을 위해 마련해 두신 것이다.

하지만 여러분은 그것을 보고 들었습니다. 이는 하나님께서 그분의 영을 통해 그 모든 일을 여러분 앞에 다 드러내 보이셨기 때문입니다.

10-13 성령께서는 표면에서 떠도는 것에 만족하지 않으시고 하나님의 깊은 곳으로 뛰어드셔서, 하나님이 처음부터 계획하신 것을 드러내십니다. 여러분이 생각하고 계획하고 있는 것을 여러분 자신이 아니면 누가 알겠습니까? 하나님도 마찬가지이십니다. 하나님께서는 자기가 생각하는 것을 아십니다. 또한 그것을 우리에게도 드러내 주십니다. 하나님께서는 우리에게 베푸시는 생명과 구원의 선물을 자세히 알려 주십니다. 우리는 이 세상의 추측과 견해에 의지할 필요가 없습니다. 우리가 이 사실을 아는 것은, 책을 읽거나 학교에 다녀서가 아니라, 하나님께 직접 배웠기 때문입니다. 하나님께서 예수를 통해 우리를 일대일로 가르쳐 주셨습니다. 그와 같은 방식으로, 우리도 그것을 여러분에게 직접 전합니다.

14-16 영에 속하지 않은 사람은, 본질상 하나님의 영의 선물을 받을 수 없습니다. 그에게는 그럴 가능성이 없습니다. 그의 눈에는 그 선물들이 대단히 어리석은 것처럼 보이기 때문입니다. 영을 알 수 있는 통로는 영밖에 없습니다. 하나님의 영과 우리의 영은 막힘없이 서로 통합니다. 우리는 영적으로 살아 있어서, 하나님의 영이 하고 계신 모든 일에 다가갈 수 있습니다. 우리는 영에 속하지 않은 사람들의 판단을 받지 않습니다. "하나님의 영을 아는 사람 누구인가? 하나님께서 하고 계신 일을 아는 사람 누구인가?"라는 이사야의 물음에 답이 주어졌습니다. 바로 그리스도이십니다. 그리고 우리는 그리스도의 영을 가졌습니다.

3 1-4 그러나 친구 여러분, 지금 나는 여러분이 영에 속하지 않은 사람처럼 사람과 하나님께 행하는 것에 몹시 실망하고 있습니다. 여러분은 그리스도와 관련해서, 젖 먹는 것 외에는 아무것도 할 수 없는 어린아이처럼 굴고 있습니다. 여러분이 더 나은 것을 소화하지 못하는 것처럼 보이니, 이제 나는 어린아이를 대하듯 여러분을 양육할 작정입니다. 여러분의 기분을 좋게 하거나 여러분을 돋보이게 해주는 것에만 손을 뻗는다면, 모든 것이 자기 마음대로 될

때에만 만족하는 젖먹이와 여러분이 다를 것이 뭐가 있겠습니까? 여러분 가운데 어떤 사람은 "나는 바울 편이다" 말하고, 또 어떤 사람은 "나는 아볼로를 지지한다"고 말한다니, 여러분은 어린아이처럼 구는 것이 아닌가요?

5-9 여러분은 도대체 바울이 누구라고 생각합니까? 여러분은 아볼로가 누구라고 생각합니까? 우리 두 사람은 모두 종에 불과합니다. 여러분을 섬겨, 우리 주인이신 하나님께 여러분의 삶을 맡기는 법을 배우게 한 종일 따름입니다. 우리 두 사람은 주님께서 맡겨 주신 종의 임무를 수행했을 뿐입니다. 나는 씨를 심었고, 아볼로는 물을 주었습니다. 그러나 하나님께서 여러분을 자라게 하셨습니다. 이 과정에서 가장 중요한 이는 심는 자나 물을 주는 자가 아니라, 자라게 하시는 하나님이십니다. 심는 일과 물을 주는 일은 종들이 약간의 급료를 받고 하는 허드렛일에 불과합니다. 그 일을 가치 있게 해주시는 이는, 우리가 섬기는 하나님이십니다. 여러분은 하나님의 밭이며, 우리는 그 밭에서 일하는 일꾼입니다.

9-15 달리 말하면, 여러분은 하나님의 집입니다. 나는 하나님께서 내게 주신 훌륭한 건축가의 재능을 사용해 설계도를 작성했고, 아볼로는 벽을 쌓아 올리고 있습니다. 그러니 일을 맡은 목수가 그 기초 위에다 각자 신중하게 집을 짓게 하십시오. 기억하십시오! 이미 놓인 기초는 하나뿐입니다. 그 기초는 다름 아닌 예수 그리스도이십니다. 여러분은 각별히 신경 써서 건축 재료를 고르십시오. 그러다 보면, 마침내 준공 검사를 받을 날이 올 것입니다. 여러분이 값싸거나 부실한 재료를 쓴다면 다 드러나고 말 것입니다. 준공 검사는 철저하고 엄격하게 이루어질 것입니다. 어느 것 하나 대충 넘어가는 일이 없을 것입니다. 여러분이 지은 것이 검사를 통과하면 잘된 일입니다. 그러나 검사에 통과하지 못하면, 여러분이 지은 것을 뜯어내고 다시 시작해야 할 것입니다. 여러분은 뜯기지 않고 살아남겠지만, 간신히 살아남을 것입니다.

16-17 여러분이 하나님의 성전이고, 하나님께서 친히 여러분 안에 계신다는 것을 여러분은 알지 못합니까? 여러분도 알다시피, 성전을 파괴한 사람은 누구도 검사를 통과할 수 없습니다. 하나님의 성전은 거룩합니다. 여러분이 그 성전임을 잊지 마십시오.

18-20 여러분 자신을 속이지 마십시오. 시대의 최신 유행을 따르는 것으로 지혜로운 사람이 될 수 있다고 생각하지 마십시오. 하나님의 바보가 되십시오. 그것만이 참된 지혜에 이르는 길입니다. 이 세상이 영리하다고 하는 것을 하나님은 어리석다고 하십니다. 성경에 이렇게 기록되었습니다.

그분은 똑똑한 자들의 얕은 꾀를 폭로하신다.
주님은 모든 것을 안다고 하는 자들의 연막을 꿰뚫어 보신다.

21-23 나는 여러분이 자기 자신을 자랑하거나 다른 누군가를 자랑하는 것을 조금도 듣고 싶지 않습니다. 이미 모든 것이 여러분에게 선물로 주어졌습니다. 바울, 아볼로, 베드로, 세상, 생명, 죽음, 현재, 미래—이 모든 것이 여러분의 것입

니다. 여러분은 하나님과 하나이신 그리스도와 하나가 되는 특권을 받았습니다.

4

1-4 여러분은 우리 지도자들을 무슨 대단한 사람이라도 되는 양 여기지 마
십시오. 우리는 그리스도의 종이지, 그분의 주인이 아닙니다. 우리는 하
나님의 장엄한 비밀들로 여러분을 인도하는 안내인이지, 그 비밀들을 보호하기
위해 배치된 경비원이 아닙니다. 좋은 안내인이 갖추어야 할 덕목은 믿음직스
러움과 정확한 지식입니다. 여러분이 나를 어떻게 생각하든, 사람들이 나를 어
떻게 평가하든, 그것이 내게는 조금도 중요하지 않습니다. 나는 내 자신을 평가
하지 않습니다. 그러한 일로 비교하는 것은 무의미합니다. 나는 여러분의 좋은
안내인이 되기에 어긋날 만한 일을 한 적이 없습니다. 그렇다고 내가 대단하다
는 뜻은 아닙니다. 그런 판단을 내리시는 분은 주님이십니다.
5 그러니 주님을 앞지르지 말고, 모든 증거가 명백히 드러나기 전에는 섣불리
결론을 내리지 마십시오. 주님이 오시면, 그분께서 우리가 생각지 못했던 모든
것—우리 마음속의 동기와 의도, 그리고 기도—을 환히 밝히시고 증거로 제시
하실 것입니다. 그때에야 우리는 저마다 "잘했다" 말씀하시는 하나님의 칭찬을
듣게 될 것입니다.
6 친구 여러분, 내가 지금까지 이 모든 말씀을 아볼로와 나에게 적용해서 설명
한 것은, 여러분이 조심하는 법을 배워서, 모든 사실을 알기도 전에 성급하게
판단하는 일이 없게 하려는 것입니다. 하나님의 관점으로 사태를 보는 것이 중
요합니다. 나는 여러분이 별것도 아닌 소문을 근거로, 평판을 부풀리거나 깎아
내리는 모습을 보고 싶지 않습니다.
7-8 여러분을 정말로 아는 사람, 여러분의 마음을 아는 사람이 누구입니까? 설령
그런 사람이 있다고 해도, 그들이 여러분 안에서 발견해 낸 것 가운데 여러분 자
신의 공로로 삼을 만한 것이 무엇입니까? 여러분이 지니고 있는 것과 여러분의
현재 모습은 모두 하나님께로부터 온 순전한 선물이 아닙니까? 그러니 비교하
고 경쟁하는 것이 무슨 소용이 있겠습니까? 여러분은 이미 필요한 모든 것을 가
졌습니다. 여러분이 감당할 수 있는 것보다 더 많은 것을 하나님에게서 받고 있
습니다. 여러분은 아볼로나 나를 제쳐 둔 채 세상—하나님이 지으신 세상—꼭대
기에 앉아 있군요. 우리도 거기에서, 여러분과 나란히 앉아 봤으면 좋겠습니다!
9-13 내가 보기에, 하나님께서는 메시지를 전하는 우리를 아무도 표를 사려고 하
지 않는 극장의 무대에 올려놓으신 것 같습니다. 교통사고 현장을 구경하듯이,
모든 사람이 우리를 둘러서서 빤히 쳐다보는 것 같습니다. 우리는 메시아 때문
에 환경에 적응하지 못한 사람들입니다. 여러분은 자신이 있을지 모르나, 우리
는 약함과 불확실성 한가운데서 살아갑니다. 여러분은 남들에게 좋은 평판을
받을지 모르나, 우리는 대부분 빙 둘러 싸인 채 발길질을 당합니다. 우리는 식
사할 시간도 넉넉지 않고, 누더기 옷을 입고, 문전박대를 당하고, 어디에서든
허드렛일을 얻어 근근이 생계를 꾸려 갑니다. 남들이 우리를 욕해도, 우리는 그

들을 축복합니다. 남들이 우리를 두고 터무니없는 말을 해도, 우리는 그들에 대해 좋게 말합니다. 우리는 부엌에 버려진 감자 껍질처럼, 이 문화로부터 쓰레기 취급을 받습니다. 앞으로도 그보다 더 나은 대접을 받지 못할 것입니다.

14-16 나는 나무라듯 하는 이웃처럼 여러분의 기분을 상하게 하려고 이 모든 글을 쓰고 있는 것이 아닙니다. 나는 자녀인 여러분에게 아버지 자격으로 이 글을 쓰고 있습니다. 나는 여러분을 사랑하고, 여러분이 버릇없이 자라지 않고 바르게 자라기를 바랍니다. 여러분 주위에는 여러분의 잘못을 서슴없이 말해 주는 사람이 많을 것입니다. 그러나 시간과 수고를 아끼지 않고 여러분이 자라도록 돕는 아버지는 많지 않을 것입니다. 예수께서 내게 하나님의 메시지를 여러분에게 선포할 수 있게 해주셔서, 나는 여러분의 아버지가 되었습니다. 여러분도 알다시피, 나는 내가 직접 행하지 않은 것을 여러분에게 하라고 하지 않습니다.

17 그런 이유로, 나는 먼저 디모데를 여러분에게 보냈습니다. 그는 나의 사랑하는 아들이며 주님께 신실한 사람입니다. 내가 그리스도의 방식과 관련해서 모든 교회에 늘 제시하는 가르침을, 그가 여러분에게 새로이 기억나게 해줄 것입니다.

18-20 여러분 가운데 자만해서, 내 말은 물론이고 어느 누구의 말도 듣지 않는 사람이 더러 있다는 것을 압니다. 그들은 내가 직접 찾아가 얼굴을 마주할 것이라고 생각지 않는 모양입니다. 그러나 하나님께서 원하시면, 나는 여러분이 생각하는 것보다 빨리 여러분을 찾아갈 것입니다. 그래서 우리는 그들이 허세가 가득하다는 것을 확인해 볼 것입니다. 하나님의 도(道)에서 중요한 것은, 단순한 말이 아니라 능력 입은 삶이기 때문입니다.

21 그러니 내가 어떤 준비를 하고 여러분에게 가는 것이 좋겠습니까? 여러분을 통제하는 엄한 교관의 모습이 좋겠습니까? 아니면, 여러분과 속마음을 터놓는 다정한 벗이나 상담자의 모습이 좋겠습니까? 결정은 여러분이 하십시오.

여러분의 몸으로 하나님을 영화롭게 하십시오

5

1-2 또한 나는 여러분 교회의 가족 가운데서 수치스러운 성행위가 행해지고 있다는 소식을 접했습니다. 여러분 남자들 가운데 한 사람이 자기 계모와 잠자리를 같이하고 있다는 것입니다. 그것은 교회 밖에서도 용납되지 않는 일입니다. 그런데도 여러분은 그런 일로 당혹스러워하기는커녕 태연하기만 하더군요. 그 일로 비탄에 젖어야 하지 않겠습니까? 그 일로 무릎을 꿇고 울어야 하지 않겠습니까? 그런 일을 저지른 자와 그 소행에 맞서 어떤 조치를 취해야 하지 않겠습니까?

3-5 나라면 어떻게 할지 여러분에게 알려 드리지요. 내 몸은 그곳에 있지 않지만, 내가 여러분과 함께 그곳에 있다고 여기십시오. 무슨 일이 벌어지고 있는지 내 눈에 훤히 보이기 때문입니다. 분명히 말하건대, 그런 행위는 잘못되었습니다. 그저 외면한 채 그런 행위가 저절로 없어지기를 바라지 마십시오. 우리 주 예수의 권위로 그 문제를 공개적으로 처리하십시오. 공동체의 교우들을 모으십시

오. 나는 영으로 여러분과 함께하고, 우리 주 예수께서는 권능으로 임하실 것입니다. 그 사람의 행위를 공개적으로 조사하십시오. 그에게 자기 행위를 변호하게 하십시오! 그러나 변호하지 못하거든, 그를 쫓아내십시오! 물론 그렇게 하는 것은 그에게 충격적이고, 여러분에게는 당혹스러운 일일 것입니다. 그러나 그를 지옥에 떨어뜨리기보다, 그가 충격을 받고 여러분이 당혹스러움을 겪는 것이 더 낫습니다. 여러분은 그가 다시 일어서서 심판 날에 주님 앞에서 용서받기를 원할 것입니다.

6-8 여러분이 그런 일들을 겪으면서 보인 경망스럽고 무감각한 교만이 나를 괴롭게 합니다. 여러분은 작은 것으로 여기지만, 그 교만은 작은 것이 아닙니다. 누룩은 "작은 것"이지만, 빵 반죽 전체를 아주 빨리 부풀어 오르게 합니다. 그러니 그 "누룩"을 제거하십시오. 우리의 참된 정체성은 한결같고 순수해야지, 나쁜 성분 때문에 부풀려져서는 안됩니다. 우리의 유월절 어린양이신 메시아께서 이미 유월절 식사를 위해 희생되셨으므로, 우리는 누룩을 넣지 않은 유월절 빵이 되었습니다. 그러니 우리는 악독이라는 누룩을 넣어 부풀어 오른 빵이 아니라, 누룩을 넣지 않은 납작한 빵, 곧 단순하고 참되고 꾸밈없는 빵으로 유월절에 참여해야 합니다.

9-13 나는 전에 보낸 편지에서, 성관계가 문란한 사람들과 어울리지 말라고 했습니다. 내 말은 그 같은 짓을 하는 교회 밖의 사람들, 곧 육체노동을 하거나 사무직에 종사하면서 사기를 치는 사람이나 영적인 사기꾼들과 전혀 상종하지 말라는 뜻이 아니었습니다. 그렇게 하려면, 아예 이 세상을 떠나야 할 테니까요! 그러나 내가 지금 말하는 것은, 그리스도인을 자처하는 어떤 친구가 불륜을 저지르거나 사기를 치거나 하나님께 건방지게 굴거나 친구들에게 무례하게 굴거나 술 취하거나 탐욕스럽거나 이기적인데도, 여러분이 아무 일 없는 것처럼 행동해서는 안된다는 것입니다. 여러분은 그런 사람과 어울려서도 안되고, 그런 행위를 용납해서도 안됩니다. 나는 세상 사람들이 행하는 일에 대해서는 책임을 질 것이 없습니다. 그러나 믿는 사람들의 공동체 안에서 이루어진 일에 대해서는 책임을 져야 하지 않겠습니까? 교회 밖에 있는 사람들에게 판결을 내리는 것은 하나님의 몫입니다. 그러나 우리의 형제자매가 가던 길에서 벗어날 때, 필요하다면 그들을 내쫓아 교회를 깨끗게 하는 것은 우리의 몫입니다.

6

1-4 그리고 여러분이 서로를 세상 법정으로 끌고 간다고 하는데, 어떻게 그럴 수 있습니까! 여러분이 부당한 취급을 받았다고 생각하여, 그리스도인의 가족인 교회 안에서 그 문제를 해결하지 않고 하나님의 방식을 전혀 모르는 세상 법정으로 앞장서 가다니, 그것이 말이 됩니까? 이 세상이 예수를 따르는 성도들로 이루어진 법정 앞에 서게 될 날이 다가오고 있습니다. 장차 여러분이 이 세상 운명을 판결하게 되어 있다면, 이처럼 사소한 일은 직접 판결하는 것이 바람직하지 않겠습니까? 우리는 장차 천사들까지 심판하게 될 테니 말입

니다! 여러분이 이 일상적인 사건들을 판결하지 못할 이유가 무엇이겠습니까? 이처럼 불화와 부당한 일이 일어날 때, 어째서 여러분은 다른 면에 있어서는 신뢰하지 않는 세상 사람들에게 그 일을 맡겨 판결을 받으려고 합니까?
5-6 내가 이토록 냉정하게 말하는 것은, 여러분이 벌이고 있는 일이 얼마나 어리석은지 일깨우려는 것입니다. 불화와 다툼이 일어날 때, 여러분 가운데 그 일을 공정하게 판결할 만큼 분별 있는 사람이 하나도 없다는 것이 가능한 일입니까? 믿을 수 없는 일입니다. 여러분이 하나님을 전혀 믿지 않는 사람들 앞으로 서로를 끌고 가다니요! 정의의 하나님을 믿지 않는 그들이 어찌 정의로운 판결을 내리겠습니까?
7-8 이런 법정 다툼은 여러분의 공동체에 흉한 오점이 되고 말 것입니다. 차라리 부당한 취급을 받더라도 그냥 받아들이고 잊어버리는 편이 더 낫지 않겠습니까? 지금 여러분이 벌이고 있는 일은, 더 많은 부당행위와 불의가 일어나도록 기름을 끼얹는 격입니다. 여러분의 영적 공동체에 속한 가족들에게 더 많은 상처를 안겨 줄 뿐입니다.
9-11 여러분은 이것이 살길이 아니라는 것을 알지 못합니까? 하나님께 마음을 두지 않은 불의한 자들은 그분의 나라에 들어가지 못할 것입니다. 서로를 이용하고 악용하는 자들, 성(性)을 이용하고 오용하는 자들, 땅을 이용해 먹으면서 땅과 거기에 있는 모든 것을 착취하고 남용하는 자들은 하나님 나라의 시민이 될 자격이 없습니다. 여러분 가운데 상당수는 내가 무엇을 두고 말하는지 경험으로 알 것입니다. 얼마 전까지만 해도 여러분이 그렇게 살았으니 말입니다. 그러나 그 이후로 여러분은 우리 주님이시며 메시아이신 예수와, 우리 안에 계신 하나님 곧 성령으로 말미암아 깨끗해졌고 새로운 출발을 하게 되었습니다.
12 법적으로 문제가 없다고 해서 영적으로 적합한 것은 아닙니다. 만일 내가 해도 된다고 생각한 것을 무엇이나 하면서 돌아다녔다면, 나는 변덕의 노예가 되고 말았을 것입니다.
13 "처음에는 살기 위해 먹지만, 나중에는 먹기 위해서 산다"는 옛 격언을 아시지요? 어찌 보면, 몸은 덧없는 것이라는 말이 타당한 것처럼 들립니다. 그렇다고 해서 여러분의 몸을 음식으로 가득 채우거나, 여러분의 몸을 섹스에 내맡기는 것이 정당화되는 것은 아닙니다. 주님께서 몸으로 여러분을 영화롭게 하시니, 여러분도 자신의 몸으로 그분을 영화롭게 하십시오!
14-15 하나님께서는 주님의 몸을 무덤에서 일으켜 영화롭게 하셨습니다. 그분은 똑같은 부활의 능력으로 여러분의 몸을 대하실 것입니다. 그때까지, 여러분의 몸이 주님의 몸과 똑같이 존귀하게 지어졌음을 기억하십시오. 여러분은 주님의 몸을 매음굴로 끌고 갈 작정입니까? 나는 여러분이 그러지 않기를 바랍니다.
16-20 섹스에는 살갗과 살갗의 접촉 그 이상의 것이 있습니다. 섹스는 육체적 사실만큼이나 영적인 비밀이 있습니다. 이는 성경에 "두 사람이 한 몸이 될 것이다"라고 기록된 것과 같습니다. 영적으로 주님과 하나가 되려거든, 헌신과 친밀함이 없는 섹스, 우리를 전보다 더 외롭게 하는 섹스, 결코 "한 몸이 될" 수 없는

섹스를 추구하지 마십시오. 성적인 죄는 다른 모든 죄와는 의미가 다릅니다. 성적인 죄는 우리 몸의 거룩함을 더럽히는 죄입니다. 우리 몸은, 하나님께서 주시고 하나님께서 의도하신 사랑을 위해 다른 사람과 "한 몸이 되도록" 지어졌습니다. 여러분은 여러분의 몸이, 성령께서 거하시는 거룩한 곳임을 알지 못합니까? 여러분은 하나님께서 엄청난 대가를 치르고 사신 여러분의 몸을 함부로 굴리면서 제멋대로 살아서는 안된다는 것을 모릅니까? 여러분의 몸은 여러분의 영적인 부분에 속해 있는 소유물이 아닙니다. 그 모든 것의 주인은 하나님이십니다. 그러니 여러분의 몸 안에서, 여러분의 몸을 통해, 사람들이 하나님을 볼 수 있게 하십시오.

결혼과 독신에 관한 지침

7 1 이제, 나는 여러분이 내게 편지하면서 던진 질문에 답하려고 합니다.
첫째, '성관계를 갖는 것이 바람직한 일일까요?'
2-6 물론입니다. 그러나 결혼이라는 확실한 관계 안에서만 그렇습니다. 남자가 아내를 얻고, 여자가 남편을 얻는 것은 좋은 일입니다. 성적인 욕구가 강하다고 하지만, 부부관계는 그 욕구를 다스릴 뿐 아니라 성적 무질서의 세상 속에서 균형 잡히고 만족스러운 성생활을 지켜 줄 만큼 강합니다. 부부의 잠자리는 서로를 위한 자리가 되어야 합니다. 남편은 아내를 만족시키기 위해 힘쓰고, 아내도 남편을 만족시키기 위해 힘써야 합니다. 부부관계는 "자신의 권리를 주장하는" 자리가 아닙니다. 부부관계는 침대 안에서든 침대 밖에서든, 상대방을 섬기겠다는 결단입니다. 성관계의 절제는 부부가 기도나 금식에 전념하기 위해 서로가 동의하는 한에서만 일정 기간 허용될 수 있습니다. 그 기간에만 그렇게 해야 합니다. 정한 기간이 끝난 다음에는, 다시 함께하십시오. 여러분이 부부관계에 대한 기대를 접는 순간, 사탄이 교묘하게 유혹하기 때문입니다. 나는 그 같은 절제의 기간을 가지라고 명하는 것이 아닙니다. 다만, 여러분이 그런 기간을 갖고자 할 때에 필요한 최선의 조언을 제시하는 것뿐입니다.
7 가끔씩 나는 모든 사람이 나처럼 독신이기를 바랍니다. 그것이 여러 생활방식 중에서 보다 단순한 생활방식이기 때문입니다! 그러나 결혼생활과 마찬가지로, 독신생활도 모든 사람에게 맞는 것은 아닙니다. 하나님께서 어떤 사람에게는 독신생활을 선물로 주시고, 어떤 사람에게는 결혼생활을 선물로 주십니다.
8-9 하지만 결혼하지 않은 사람과 과부들에게 말합니다. 내가 그랬던 것처럼, 홀로 지내는 것이 가장 좋을 것입니다. 그러나 욕구와 감정을 다스리지 못하겠거든, 어서 결혼하는 것이 좋습니다. 결혼생활이 수고롭기는 해도, 홀로 살면서 정욕에 시달리는 것보다는 낫습니다.
10-11 이미 결혼한 사람들은 결혼생활을 유지하십시오. 이것은 나의 명령이 아니라 주님의 명령입니다. 남편과 헤어진 여자는, 홀로 지내든가 아니면 돌아가서 남편과 화해하는 것이 좋습니다. 남편도 아내를 버릴 권리는 없습니다.
12-14 여러분 중에는 믿지 않는 사람—그리스도인이 아닌 사람—과 결혼한 이들

이 있는데, 주님은 그들에게 이렇다 할 명령을 주지 않으셨습니다. 그러니 이렇게 하십시오. 믿는 남자에게 믿지 않는 아내가 있고 그 아내가 남편과 같이 살기를 원한다면, 그녀와 함께 사십시오. 믿는 여자에게 믿지 않는 남편이 있고 그 남편이 아내와 같이 살기를 원한다면, 그와 함께 사십시오. 믿지 않는 남편은 자기 아내의 거룩함을 어느 정도 나누어 갖게 되며, 믿지 않는 아내도 자기 남편의 거룩함에 어느 정도 영향을 받게 마련입니다. 그렇지 않으면, 그들의 자녀는 버림받은 상태가 되고 말 것입니다. 그 자녀들도 하나님의 영적인 목적에 포함되어 있습니다.

15-16 그러나 믿지 않는 배우자가 떠나가려고 하면, 떠나가게 내버려 두는 것이 좋습니다. 필사적으로 붙잡을 필요가 없습니다. 하나님께서 우리를 부르신 것은, 할 수 있는 한 평화롭게 살고 최선을 다해 살게 하려는 것입니다. 아내 여러분, 여러분이 이같이 함으로써 남편을 여러분과 하나님께로 돌아오게 할는지도 모릅니다. 남편 여러분, 여러분이 이렇게 함으로써 아내를 여러분과 하나님께로 돌아오게 할는지도 모릅니다.

17 그러니 여러분은 어딘가 다른 곳에 있기를 바라거나, 누군가 다른 사람과 살았으면 하고 바라서는 안됩니다. 여러분이 지금 있는 곳이야 말로, 하나님께서 여러분을 위해 마련해 주신 삶의 자리입니다. 바로 거기에서 살고 순종하고 사랑하고 믿으십시오. 여러분 삶의 가치를 결정하는 것은 하나님이시지, 결혼 여부가 아닙니다. 내가 다른 사람들보다 여러분에게 더 엄하다고 생각지 마십시오. 나는 모든 교회에 똑같이 조언하고 있습니다.

18-19 하나님께 부르심을 받을 때 여러분이 유대인이었습니까? 그렇다면 유대인이라는 증거를 없애려고 하지 마십시오. 하나님의 부르심을 받을 때 여러분이 이방인이었습니까? 그렇다면 유대인이 되려고 하지 마십시오. 유대인인지의 여부가 중요한 것이 아닙니다. 정말 중요한 것은, 하나님의 부르심에 순종하고 그분의 계명을 지키는 것입니다.

20-22 하나님께서 여러분의 이름을 부르실 때 여러분이 있던 바로 그 자리에 머무르십시오. 여러분이 종이었습니까? 종의 신분이 순종이나 믿음에 걸림돌이 되는 것은 아닙니다. 내 말은 여러분이 옴짝달싹 못하게 매여 있으니 벗어날 수 없다는 뜻이 아닙니다. 자유인이 될 기회를 얻게 되거든, 속히 그 기회를 붙잡으십시오. 나는 여러분이 새로운 주인을 모시면, 여러분이 꿈에도 생각지 못했던 놀라운 자유를 경험하게 될 것이라고 말씀드리는 것입니다. 다른 한편으로, 그리스도께서 여러분을 부르실 때 여러분이 자유인이었다면, 여러분은 꿈에도 생각지 못했던 "하나님께 종이 되는" 기쁜 경험을 하게 될 것입니다.

23-24 종이든 자유인이든 간에, 한때 여러분 모두는 죄악된 사회에 볼모로 잡혀 있었습니다. 그때 하나님께서 여러분의 몸값으로 어마어마한 금액을 치르셨습니다. 그러니 여러분은 다른 사람이 시키는 대로 행하던 옛 습관으로 돌아가지 마십시오. 친구 여러분, 여러분이 부름받았던 그 자리에 머무르십시오. 하나님께서 그 자리에 함께 계십니다. 고상한 자세를 견지하고 하나님 곁에 머무르십

시오.

25-28 주님께서 처녀들과 관련해서는 이렇다 할 지침을 주지 않으셨습니다. 그러
나 주님의 크신 자비를 경험하고 줄곧 그분께 충성한 사람으로서 드리는 나의 조언을, 여러분은 신뢰할 수 있을 것입니다. 지금 사방에서 우리에게 가해져 오는 압박이 있으니, 나는 여러분이 현재 상태로 살아가는 것이 가장 좋겠다고 생각합니다. 결혼했습니까? 그렇다면 결혼한 상태로 살아가십시오. 미혼입니까? 그렇다면 미혼인 상태로 살아가십시오. 그러나 여러분이 처녀이든 아니든, 결혼하는 것이 죄는 아닙니다. 내가 말씀드리려는 것은, 이미 우리를 압박하는 일이 많은 이 시대에, 여러분이 결혼하면 더 많은 스트레스를 받게 되리라는 것입니다. 가능하다면, 나는 여러분을 붙잡고 말리고 싶습니다.

29-31 친구 여러분, 나는 시간이 아주 중요하다는 점을 말씀드리고 싶습니다. 낭
비할 시간이 없으니, 여러분의 삶을 쓸데없이 복잡하게 만들지 마십시오. 결혼생활이든, 슬픈 일이나 기쁜 일을 만나든, 무슨 일을 하든지 단순하게 사십시오. 쇼핑 같은 평범한 일을 할 때에도 그렇게 하십시오. 세상이 여러분에게 억지로 떠맡기는 일은, 가급적 삼가십시오. 여러분도 보다시피, 이 세상은 소멸해 가고 있습니다.

32-35 나는 여러분이 할 수 있는 한 복잡한 일에서 벗어나 살아가기를 바랍니다.
미혼이면 여러분은 주님을 기쁘시게 해드리는 일에 마음껏 집중할 수 있습니다. 결혼한 사람은 자잘한 집안일과 배우자를 기쁘게 하는 데 매이게 되고, 신경 써야 할 수많은 요구에 매이게 됩니다. 미혼인 사람은, 결혼한 사람이 서로를 돌보고 부양하기 위해 기울이는 시간과 에너지를 하나님의 온전하고 거룩한 도구가 되는 데 쏟을 수 있습니다. 나는 여러분에게 도움을 주어 그 일을 가급적 용이하게 하려는 것이지, 더 어렵게 하려는 것이 아닙니다. 내가 바라는 것은, 여러분이 주님과 많은 시간을 보내면서 크게 주의를 빼앗기지 않는 생활방식을 발전시켜 가는 것입니다.

36-38 어떤 남자가 여자친구에게 성실을 다하면서도 독신으로 하나님을 섬기겠
다고 결심하여 결혼할 마음이 없다가, 마음이 변해서 그녀와 결혼하기로 결심했다면 어서 결혼하는 것이 좋습니다. 결혼이 죄가 되는 것도 아니고, 일부 사람들이 말하는 것처럼 독신생활보다 "한 단계 낮은" 것도 아닙니다. 그러나 어떤 남자가 하나님을 섬기기 위해 홀로 지내기로 결심했고, 그 결심이 다른 사람들의 강요가 아니라 자신의 확신에 따른 것이라면, 그는 홀로 지내는 것이 좋습니다. 결혼생활은 도덕적으로나 영적으로 바르며, 어느 모로 보나 독신생활보다 낮은 차원의 삶이 전혀 아닙니다. 그러나 앞에서 말씀드린 대로, 나는 우리가 살고 있는 이 시대의 특성 때문에 목회적인 이유로 독신생활을 장려하는 것입니다.

39-40 아내는 남편이 살아 있는 동안 남편과 함께 지내야 합니다. 그러나 남편이
죽으면 자기가 원하는 사람과 결혼할 자유가 있습니다. 물론 그녀는 믿는 사람과 결혼하여 주님의 축복을 받고 싶어 할 것입니다. 지금쯤 여러분은 내 생각을

아시겠지만, 나는 그녀가 독신으로 지내는 편이 더 좋을 것이라고 생각합니다.
주님도 그렇게 생각하실 것입니다.

책임이 따르는 자유

8 1-3 우상에게 바친 고기와 관련해서 여러분은 끊임없이 이런 질문을 합니
다. '우상에게 바친 고기가 차려진 식탁에 앉아야 하나요, 말아야 하나
요?' 종종 우리는 이런 질문에 답하기 위해 알아야 할 모든 것을 알고 있다고 생
각하기 쉽습니다. 그러나 교만한 지성보다는 겸손한 마음이 우리에게 더 많은
도움이 됩니다. 하나님 한분만이 모든 것을 아십니다. 이것을 인정할 때까지 우
리는 제대로 알고 있다고 할 수 없습니다.
4-6 어떤 사람들은 우상이라는 것은 전혀 실체가 없는 것이고 아무것도 아니며,
우리 하나님 한분밖에는 다른 신이 없다고 아주 정확하게 말합니다. 또한 그들
은 아무리 많은 신들의 이름이 불려지고 숭배되어도, 모두 터무니없는 이야기
에 지나지 않는다고 말합니다. 아버지 하나님 한분만이 계실 뿐이며, 만물이 그
분에게서 났고, 그분은 우리가 그분을 위해 살아가기를 바라신다고 아주 정확
하게 말합니다. 그리고 오직 한분 주님—메시아 예수—만이 계시고, 만물이 그
분을 위해 존재하며, 우리도 그분을 위해 존재한다고 말합니다. 옳은 말입니다.
7 엄밀하게 따지자면, 우상에게 바친 고기에는 아무 일도 일어나지 않습니다.
그것은 여느 고기와 똑같습니다. 이것은 나도 알고 여러분도 아는 사실입니다.
그러나 아는 것이 전부가 아닙니다. 아는 것이 전부가 되어 버리면, 몇몇 사람
은 다 아는 자로 자처하며 다른 사람을 아무것도 알지 못하는 자로 여기게 될
것입니다. 참된 앎은 그렇게 무신경한 것이 아닙니다.
이와 관련해서 우리는, 모든 사람의 이해 수준이 똑같지 않다는 것을 알아야 합
니다. 여러분 가운데는 평생 동안 "우상에게 바친 고기"를 먹어 왔고, 그 고기
속에 악한 것이 들어 있어서 여러분 안에서도 악한 것이 될 것이라고 생각하는
사람이 있습니다. 그런 조건 아래서 형성된 상상력과 양심이라면, 하룻밤 사이
에 갑자기 바뀌지는 않을 것입니다.
8-9 그러나 다행히도, 하나님께서는 먹는 음식으로 우리의 등급을 매기지 않으십
니다. 우리가 그릇을 깨끗이 비운다고 칭찬받는 것도 아니고, 다 먹지 못한다고
질책받는 것도 아닙니다. 그러나 하나님께서는, 여러분이 자신의 자유를 부주
의하게 행사한 나머지, 아직 과거의 틀과 생각에서 자유롭지 못한 동료 신자들
을 길에서 벗어나게 할까 봐 마음을 쓰십니다.
10 예를 들어, 여러분이 우상숭배를 위해 차려진 잔치, 곧 우상에게 바친 고기가
주요 요리인 잔치에 참석함으로써 여러분의 자유를 과시한다고 해봅시다. 만일
그 문제로 고민하던 어떤 사람이 평소에 여러분을 지적이고 성숙한 사람으로
여겼는데, 그 잔치에 여러분이 참석하는 모습을 본다면 커다란 위험이 되지 않
겠습니까? 그는 대단히 혼란스러워 할 것입니다. 어쩌면 그는 자기 양심이 하
는 말이 틀렸다고 생각하며 불안해 할지도 모릅니다.

11-13 그리스도께서는 그 사람을 위해서도 자기 목숨을 내어주셨습니다. 그렇다면 여러분은 적어도 그 사람을 위해 그런 잔치에 가지 말아야 하지 않겠습니까? 여러분이 말하는 것처럼, 잔치에 가고 안 가고가 중요한 문제는 아니니까요. 그러나 여러분이 잔치에 간 것이 여러분의 동료에게 심각한 상처를 주고 그를 영원히 망하게 한다면, 그것은 큰 문제가 아닐 수 없습니다! 여러분의 동료에게 상처를 주는 것은 그리스도께 상처를 주는 것입니다. 여기저기서 거리낌 없이 행해지는 식사는, 이 약한 사람들을 희생시켜도 될 만큼 가치 있는 것은 아닙니다. 우상숭배로 더러워진 음식을 먹으러 가는 것이 여러분의 형제자매 가운데 한 사람이라도 걸려 넘어지게 할 우려가 있다면, 절대로 그 자리에 가지 마십시오.

9 1-2 나에게 이런 글을 쓸 권한이 없다고 말하지 마십시오. 나에게는 분명 이렇게 할 자유가 있습니다. 그렇지 않습니까? 내가 수행할 직무를 받지 못했다는 말입니까? 내가 우리 주 예수를 대면하여 이 일을 위임받지 않았다는 말입니까? 내가 주님을 위해 행한 선한 일의 증거가 여러분이지 않습니까? 다른 사람은 내가 위임받은 권한을 인정하지 않더라도, 여러분은 그럴 수 없습니다. 여러분과 함께한 나의 일이 내 권한의 생생한 증거이기 때문입니다!

3-7 나를 비판하는 사람들에게 나는 거리낌 없이 항변합니다. 하나님을 위해 선교사로 임명받은 우리에게는, 그에 걸맞은 편의를 도모할 권리가 있습니다. 우리에게는 우리와 가족을 위해 후원 받을 권리가 있습니다. 여러분은 이 문제와 관련해서, 다른 사도들과 우리 주님의 형제들과 베드로에게는 이의를 제기하지 않는 것 같습니다. 그런데 나에게는 어째서 이의를 제기합니까? 바나바와 나만은 혼자 힘으로 생계를 유지해야 한다는 말입니까? 군인이 자기 힘으로 생계를 유지하며 군복무를 합니까? 정원사가 자기 정원에서 나온 채소를 먹어서는 안 되는 것입니까? 우유 짜는 사람이 통에 담긴 우유를 마시지 말아야 한다는 말입니까?

8-12 나는 화가 나서 언성을 높이는 것이 아닙니다. 이것은 성경의 율법에도 기록되어 있습니다. 모세는 "타작 일을 하는 소의 입에 망을 씌워 낟알을 먹지 못하게 해서는 안된다"고 했습니다. 농장의 동물들을 돌보는 것이 모세의 일차적인 관심사였다고 생각합니까? 여러분은 그의 관심이 우리에게도 미치고 있다고 생각지 않습니까? 당연히 모세의 관심은 우리에게도 미칩니다. 농부가 밭을 갈고 타작하는 것은, 추수할 때에 기대하는 것이 있기 때문입니다. 여러분 가운데 영적인 씨를 뿌린 우리가 여러분에게 한두 끼 식사를 기대한다고 해서, 그것이 지나친 일이겠습니까? 다른 사람들은 여러분에게 그런 식으로 많은 것을 요구하더군요. 그렇다면 이제까지 한 번도 요구한 적 없는 우리는 그럴 권리가 더 있지 않겠습니까?

12-14 우리는 정당하게 요구할 권리를 줄곧 가지고 있었지만, 그렇다고 그 권리를 행사할 마음은 없습니다. 우리는 그리스도의 메시지에 방해가 되거나 그 가치를

떨어뜨리기보다는, 차라리 무슨 일이든지 참기로 결심했습니다. 다만 나는 여러분이 우리의 결심을 이용해 다른 사람들을 속이고, 그들의 정당한 몫을 가로채지나 않을까 염려할 따름입니다. 여러분도 알다시피, 성전에서 일하는 사람은 성전 수입으로 살고, 제단에서 제사를 드리는 사람은 제물로 바쳐진 것을 먹지 않습니까? 주님께서도 같은 취지로 말씀하셨습니다. 메시지를 전하는 사람은 그 메시지를 믿는 사람들의 후원을 받아야 한다고 말입니다.

15-18 그러나 나는 내 자신을 위해 이 권리를 행사한 적이 없으며, 이렇게 편지하는 것도 무엇을 얻으려는 것이 아님을 분명히 하고자 합니다. 나는 누군가에게 나를 불신하거나 나의 동기를 의심할 만한 빌미를 주느니 차라리 죽는 편을 택하겠습니다. 내가 메시지를 선포하는 것은, 그것으로 나의 이익을 취하기 위해서가 아닙니다. 나는 메시지를 전하지 않을 수 없습니다. 만일 내가 메시지를 전하지 않으면, 나는 파멸하고 말 것입니다! 메시지를 전하여 생계를 꾸리는 것이 내 생각이었다면, 나는 약간의 급여라도 기대했을 것입니다. 그러나 메시지를 전하는 것은 내 생각이 아니라 내게 엄숙하게 맡겨진 사명입니다. 그러니 내가 어찌 급여를 기대할 수 있겠습니까? 그렇다면 내가 메시지를 전하여 얻는 것이 있을까요? 사실을 말씀드리면, 얻는 것이 있습니다. 여러분에게 값없이 메시지를 전하는 즐거움이 그것입니다. 그러니 여러분은 나의 경비를 지불하지 않아도 됩니다.

19-23 나는 어느 누구의 요구나 기대에 매이지 않는 자유인이지만, 다양한 부류의 사람들에게 다가가려고 자발적으로 모든 사람—종교인들, 비종교인들, 매우 신중한 도덕가들, 자유분방하게 사는 부도덕한 자들, 실패한 자들, 타락한 자들—의 종이 되었습니다. 나는 그들의 생활방식을 받아들이지는 않았습니다. 나는 그리스도 안에 내 뜻을 두었지만, 그들의 세계로 들어가서 그들의 관점으로 경험하고자 했습니다. 나는 모든 모양의 종이 되어, 만나는 사람들을 하나님께 구원받은 삶으로 인도하고자 애썼습니다. 내가 이 모든 일을 한 것은 메시지 때문이었습니다. 나는 메시지를 두고 이러쿵저러쿵 논하기보다, 다만 메시지에 참여하고 싶었을 따름입니다!

24-25 여러분은 경기장에서 육상선수들이 달리는 모습을 보았을 것입니다. 모든 선수가 달리지만, 상을 받는 선수는 한 명뿐입니다. 여러분도 상을 받을 수 있도록 달려가십시오. 훌륭한 육상선수는 너나없이 열심히 훈련합니다. 그들은 녹슬어 없어질 금메달을 따려고 훈련하지만, 여러분은 영원한 금메달을 따려고 훈련하는 것입니다.

26-27 여러분은 어떤지 모르겠으나, 나는 결승선에 닿으려고 열심히 달리고 있습니다. 나는 내가 가진 모든 것을 그 일에 쏟고 있습니다. 되는 대로 사는 것은 나에게 있을 수 없는 일입니다! 나는 정신을 바짝 차리고 최상의 상태를 유지하고 있습니다. 이는 방심하다가 허를 찔리는 일이 없게 하려는 것입니다. 다른 모든 사람에게 메시지를 전하고 나서, 정작 나 자신은 버림받는 일이 없게 하려는 것입니다.

10

1-5 친구 여러분, 우리의 역사를 떠올려 경계를 삼기 바랍니다. 우리 조상들은 모두 하나님의 섭리로 구름의 인도를 받았고, 기적적으로 바다를 건넜습니다. 모세가 그들을 종의 상태에서 구원으로, 죽음에서 생명으로 이끌 때, 그들은 우리가 세례를 받듯이 물속을 지났습니다. 그들은 모두 같은 음식을 먹고 같은 음료를 마셨습니다. 그것은 하나님께서 날마다 공급해 주신 식사였습니다. 그들은 바위틈에서 솟아나는 물을 마셨습니다. 하나님께서 그들을 위해 마련하신 바위에서 솟아난 물은, 그들이 있는 곳이면 어디에서나 그들과 함께 머물렀습니다. 그 바위는 다름 아닌 그리스도였습니다. 그러나 하나님의 기적과 은혜를 경험한 것이 그들에게는 큰 의미가 없었던 것 같습니다. 광야에서 어려운 시기를 보내는 동안, 그들 대다수가 유혹에 무너지고 말았으니까요. 결국 하나님께서도 그들을 기뻐하지 않으셨습니다.

6-10 똑같은 일이 우리에게도 일어날 수 있습니다. 그러니 우리는 그들처럼 자기 마음대로 하려고 하다가 허를 찔리는 일이 없도록 조심하지 않으면 안됩니다. "백성이 먼저 파티를 벌이고, 그런 다음 춤을 추었다"고 했지만, 우리는 그들처럼 우리의 신앙을 떠들썩한 쇼로 변질시켜서는 안됩니다. 성적으로 문란해서도 안됩니다. 잊지 마십시오. 그들은 성적으로 문란하게 살다가 하루에 23,000명이나 죽었습니다! 우리가 그리스도를 섬겨야지, 그리스도께서 우리를 섬기게 해서는 안됩니다. 그런데도 그들은 그렇게 했고, 결국 하나님께서는 독뱀을 풀어 놓으셨습니다. 우리는 불평하지 않도록 조심해야 합니다. 그들은 불평하다가 멸망했습니다.

11-12 이 모든 것은 "위험!"을 알리는 경고 표지입니다. 이 모든 것이 우리의 역사책에 기록된 것은, 우리로 하여금 그들의 실수를 되풀이하지 않게 하려는 것입니다. 우리의 처지가 그들과 유사합니다. 그들이 처음이라면, 우리는 나중이라고 할 수 있습니다. 우리도 그들처럼 실패할 수 있습니다. 그러니 순진하게 속지도 말고 자만하지도 마십시오. 여러분도 예외가 아닙니다. 여러분도 다른 누구처럼 쉽게 넘어질 수 있습니다. 자신에 대한 신뢰는 버리십시오. 그런 것은 전혀 도움이 되지 않습니다. 오히려 하나님께 대한 신뢰를 기르십시오.

13 여러분의 앞길에 닥치는 시험과 유혹은 다른 사람들이 직면해야 했던 시험과 다르지 않습니다. 다만 여러분이 기억해야 할 것은, 하나님께서 여러분을 포기하지 않으시고, 여러분이 한계 이상으로 내밀리지 않게 하시며, 그 시험을 이기도록 언제나 곁에 계시며 도우신다는 사실입니다.

14 그러니 사랑하는 친구 여러분, 사람들이 하나님을 어떤 대상으로 전락시켜 이용하거나 통제하려는 모습이 보이거든, 할 수 있는 한 속히 그 모임에서 빠져나오십시오.

15-18 이제 나는 성숙한 신자들에게 하듯이 말하겠습니다. 여러분 스스로 결론을 내려 보십시오. 우리가 성찬 때 축복의 잔을 마시는 것은 그리스도의 피, 그리

스도의 참 생명에 참여하는 것이 아닙니까? 마찬가지로, 우리가 빵을 떼어 먹
는 것도 그리스도의 몸, 그리스도의 참 생명에 참여하는 것이 아닙니까? 여럿
인 우리가 하나가 되는 것은 빵이 하나이기 때문입니다. 그리스도가 우리 안에
서 조각조각 나는 것이 아닙니다. 오히려 우리가 그분 안에서 하나가 되는 것입
니다. 우리가 그리스도를 우리의 모습으로 축소시키는 것이 아니라, 오히려 그
리스도가 우리를 그분의 모습으로 끌어올리십니다. 옛 이스라엘에서도 그런 일
이 일어났습니다. 하나님의 제단에 바친 제물을 먹는 사람은 하나님의 활동에
참여한 사람이 되었던 것입니다.
19-22 이제 차이점을 아시겠습니까? 우상에게 바친 제물은 아무것도 아닌 것에
바친 것입니다. 우상이 아무것도 아니기 때문입니다. 그러나 사실 우상은 아무
것도 아닌 것보다 더 심각합니다. 그것은 바로 마귀입니다. 바라건대, 여러분은
스스로를 여러분보다 못한 것으로 떨어뜨리지 마십시오. 여러분은 둘 다 가질
수 없습니다. 여러분이 한 날은 주님과 잔치를 벌이고, 이튿날에는 마귀들과 잔
치를 벌일 수 없습니다. 주님은 그런 것을 참으시는 분이 아닙니다. 주님은 우
리의 전부를 원하십니다. 전부가 아니라면 우리는 아무것도 아닌 것이 됩니다.
그런데도 여러분은 여러분보다 못한 것과 어울리시겠습니까?
23-24 여러분은 한 면만 보고 이렇게 말할지도 모르겠습니다. "뭐든지 괜찮아. 하
나님은 한없이 관대하시고 은혜로우시잖아. 그러니 우리가 무슨 일을 할 때마
다, 그것이 그분의 기준을 통과할지 일일이 따져 보거나 조사하지 않아도 돼"라
고 말입니다. 그러나 무사히 잘 빠져나가는 것이 핵심이 아닙니다. 우리가 제대
로 살아야 하겠지만, 무엇보다 우리가 노력을 기울여야 할 것은, 다른 사람들이
제대로 살도록 돕는 일입니다.
25-28 이것을 행동의 근거로 삼으면, 나머지는 상식선에서 해결됩니다. 예를 들
어, 정육점에서 판매하는 것은 무엇이든 먹어도 됩니다. 정육점에서 파는 고기
마다 우상에게 바친 것인지 아닌지 따질 필요가 없습니다. 결국 땅과 거기서 난
모든 것이 하나님의 것이니까요. 정육점에서 판매하는 양의 다리도 땅에서 난
모든 것에 포함됩니다. 믿지 않는 사람이 초대한 저녁식사에 여러분이 가고 싶
다면, 가서 마음껏 즐기십시오. 여러분 앞에 차려진 음식은 무엇이나 드십시오.
여러분을 초대한 사람에게, 차려진 음식마다 윤리적으로 깨끗한 것인지 일일이
추궁하듯 묻는다면, 그것은 예의에 어긋난 행위이며 바람직한 영성도 아닙니
다. 그러나 여러분을 초대한 사람이 일부러 "이것과 저것은 우상에게 바친 음식
입니다" 하고 말해 주거든, 그 음식은 먹지 않는 것이 좋습니다. 여러분은 그 음
식이 어디에서 왔든 개의치 않겠지만, 여러분을 초대한 사람은 그렇지 않습니
다. 여러분은 그 사람에게 여러분이 예배하는 분에 관해 혼란스런 메시지를 주
어서는 안되기 때문입니다.
29-30 이처럼 특별한 경우가 아니라면, 나는 속 좁은 사람들이 하는 말에 마음 졸
이며 신경 쓰지 않겠습니다. 나는 마음 편히 처신하겠습니다. 마음이 넓으신 주
님께서 어떻게 말씀하셨는지 알기 때문입니다. 내 앞에 차려진 음식을 먹으면

서 식탁에 놓인 것을 두고 하나님께 감사드린다면, 그런 내가 어떻게 남이 하는
말을 두고 마음을 졸이겠습니까? 내가 그 음식에 대해 하나님께 감사드렸고,
하나님께서도 그 음식을 축복해 주셨는데 말입니다!
31-33 그러니 남들이 여러분을 두고 뭐라고 말하든지, 신경 쓰지 말고 마음껏 드
십시오. 결국 여러분이 음식을 먹는 것은, 하나님의 영광을 위한 것이지 사람
들을 기쁘게 하기 위해 먹는 것이 아니기 때문입니다. 무슨 일을 하든지 그렇게
하십시오. 마음을 다하여 자유롭게 하나님의 영광을 위해 하십시오. 그러나 여
러분의 자유를 지각없이 행사하지는 마십시오. 여러분만큼 자유롭지 못한 사람
들의 감정을 상하게 하지 마십시오. 나는 이 모든 문제에서 모든 사람의 기분을
헤아리려고 최선을 다하고 있습니다. 여러분도 그렇게 하기를 바랍니다.

하나님의 영광을 위해

11 1-2 여러분이 나를 기억하고 존중하여, 내가 여러분에게 가르쳐 준
믿음의 전통을 지키고 있다니 내 마음이 참 기쁩니다. 모든 실질적
인 권위는 그리스도께로부터 옵니다.
3-9 부부관계에서 남편의 권위는 그리스도에게서 오고, 아내의 권위는 남편에게
서 온 것입니다. 그리스도의 권위는 하나님의 권위입니다. 그리스도의 권위를
존중하지 않으면서 하나님과 대화하거나 하나님에 대해 말하는 사람이 있다면,
그는 그리스도의 명예를 실추시키는 자입니다. 마찬가지로, 자기 남편의 권위
를 존중하지 않으면서 하나님과 대화하는 아내가 있다면, 그 아내는 자기 남편
의 명예를 실추시키는 것은 물론이고 자기 명예까지 실추시키는 것입니다. 그
것은 머리를 민 여자처럼 보기 흉한 모습입니다. 여자들이 예배중에 머리덮개
를 쓰는 관습은 기본적으로 여기에서 유래한 것입니다. 그러나 남자는 모자를
벗습니다. 남자와 여자는 너무도 빈번하게 머리를 맞대고 충돌하지만, 그 같은
상징적 행위를 통해 자신의 머리를 우리의 머리 되신 하나님께 복종시키는 것
입니다.
10-12 그러나 여기서 남자와 여자의 차이를 너무 확대해서 해석하지는 마십시오.
남자나 여자나 누구든지 혼자 힘으로 살 수 없고, 누가 먼저라고 할 수도 없습
니다. 남자가 하나님의 아름답고 빛나는 형상을 반영하여 먼저 지어진 것이 사
실이지만, 그때 이후로 모든 남자는 여자에게서 나왔습니다! 사실, 모든 것이
하나님께로부터 온 것이니, "누가 먼저냐?"를 따지는 일은 이제 그만둡시다.
13-16 여러분은 이 상징 속에 무언가 강력한 것이 있음을 인정하지 않습니까? 여
자의 아름다운 머리카락은 하나님께 경배하며 기도하는 천사를 생각나게 하고,
경건한 마음으로 모자를 벗은 남자의 머리는 순종하는 가운데 기도하는 모습을
연상시키지 않습니까? 나는 여러분이 이 문제로 논쟁을 벌이지 않기를 바랍니
다. 하나님의 모든 교회는 이런 문제로 논쟁하지 않습니다. 나는 여러분만 예외
인 것처럼 고집 피우지 않기를 바랍니다.
17-19 다음 문제와 관련해서는, 내 마음이 조금도 기쁘지 않습니다. 여러분이 함

께 모일 때, 여러분의 가장 좋은 모습이 아니라 가장 나쁜 모습이 드러나는 것으로 알고 있습니다! 첫째, 여러분이 서로 갈라져 다투고 비난한다는 소식이 들려옵니다. 믿고 싶지 않지만, 그것이 사실이군요. 그 문제에 대해 내가 할 수 있는 최선의 답변은, 조사 과정에서 진실이 드러나고 가려지리라는 것입니다.

20-22 또한 여러분은 예배를 드리러 와서도 서로 갈라진 채 있다고 하더군요. 한 자리에 모여서 주님의 만찬을 나누기는커녕, 오히려 밖에서 많은 음식을 가져와 돼지처럼 먹는다고 하더군요. 그래서 어떤 사람은 따돌림을 당해 아무것도 먹지 못한 채 집으로 돌아가고, 어떤 사람은 걷지 못할 정도로 술에 취해서 실려 가기까지 한다더군요. 믿을 수가 없습니다! 여러분에게 먹고 마실 집이 없습니까? 여러분이 창피한 줄도 모르고 하나님의 교회를 모독하다니, 어찌 된 일입니까? 여러분이 하나님의 가난한 사람을 모욕하다니, 어찌 된 일입니까? 나는 여러분이 창피한 줄도 모른 채 그런 짓을 하리라고는 믿고 싶지 않았습니다. 이제 나는 말없이 두고 보지 않겠습니다.

23-26 주님의 만찬이 어떤 의미가 있고, 그것이 왜 그토록 중요한지를 다시 한번 정확히 말씀드리겠습니다. 이 가르침은 내가 주님께 직접 받아 여러분에게 전한 것입니다. 주 예수께서 배반당하시던 날 밤에, 빵을 들어 감사하신 후에, 떼어 주시며, 이렇게 말씀하셨습니다.

이것은 너희를 위해 찢는 내 몸이다.
이것을 행하여 나를 기억하여라.

저녁식사 후에, 잔을 들어 감사하시며, 이렇게 말씀하셨습니다.

이 잔은 나의 피, 너희와 맺는 새 언약이다.
너희는 이 잔을 마실 때마다 나를 기억하여라.

여러분은 이것을 알아야 합니다. 여러분이 이 빵을 먹고 이 잔을 마실 때마다, 여러분의 말과 행위로 주님의 죽으심을 재현하는 것입니다. 여러분은 주님이 다시 오실 때까지, 이 식사를 계속해서 되풀이해야 합니다. 익숙하다고 해서 주님의 만찬을 얕보아서는 안됩니다.

27-28 누구든지 불손한 마음으로 주님의 빵을 먹거나 주님의 잔을 마시는 사람은, 주님이 죽으실 때 그분께 야유를 보내고 침을 뱉은 군중과 같습니다. 여러분이 주님을 "기념하려고" 하는 것이 그런 것입니까? 여러분의 동기를 살피고 여러분의 마음을 점검한 뒤에, 거룩한 두려움으로 이 식사에 참여하십시오.

29-32 여러분이 주님의 찢어진 몸을 먹고 마신다는 사실에 주의하지 않으면, 여러분은 심각한 결과를 초래하고 말 것입니다. 그래서 여러분 가운데 지금도 무력한 사람과 아픈 사람이 많고, 일찍 죽은 사람이 많은 것입니다. 지금이라도 우리가 이 일을 바로잡지 않으면, 나중에 주님께서 우리를 바로잡으실 것입니다.

지금 주님과 대면하는 것이, 나중에 불 가운데서 대면하는 것보다 낫습니다.
33-34 그러니 친구 여러분, 주님의 만찬에 모일 때는 예의를 갖춰 서로 정중히 대
하십시오. 배가 너무 고파서 음식이 차려지기를 기다리지 못하겠거든, 집에 가
서 요기를 하십시오. 그러나 무슨 일이 있어도 주님의 만찬을, 먹고 마시는 술
판이나 집안싸움으로 변질시켜서는 안됩니다. 주님의 만찬은 영적인 식사, 곧
사랑의 향연입니다.
여러분이 질문한 다른 문제들은, 이 다음에 내가 방문해서 직접 대답하겠습니다.

성령께서 주시는 선물

12 1-3 이제 나는, 하나님의 영이 우리 삶 속에서 활동하시는 다양한 방
식에 대해 이야기하려고 합니다. 이것은 복잡하고 종종 오해를 받
기도 하는 문제지만, 나는 여러분이 반드시 제대로 알아 두기를 바랍니다. 하나
님을 알지 못하던 때에 여러분이 어떠했는지 기억하십니까? 그때 여러분은 가
짜 신에게서 또 다른 가짜 신에게로 끌려다녔습니다. 자신이 무엇을 하는지도
모른 채, 다른 사람이 하는 대로 그저 따랐을 뿐입니다. 이제부터 내가 말씀드
리는 삶은 다릅니다. 하나님께서는 우리가 우리의 지성을 사용해서, 할 수 있
는 한 제대로 이해하려고 애쓰기를 바라십니다. 예컨대, 여러분이 조금만 생각
해 보면, 하나님의 영이 누군가로 하여금 "예수는 저주를 받아라!" 하고 말하게
하지 않는다는 것을 충분히 알 수 있습니다. 또한 성령이 주시는 통찰력 없이는
아무도 "예수는 주님이시다!" 하고 말할 수 없습니다.
4-11 하나님의 다양한 선물은 어디서나 받을 수 있지만, 그 선물은 모두 하나님
의 영에서 비롯됩니다. 하나님이 맡겨 주신 다양한 사역도 어디서나 수행할 수
있지만, 그 사역 역시 하나님의 영에서 비롯됩니다. 하나님의 다양한 능력도 어
디서나 펼쳐지지만, 그 모든 배후에 계신 분은 하나님이십니다. 누구나 할 일을
얻어, 하나님이 어떤 분이신지 알릴 수 있습니다. 누구나 그 일에 참여할 수 있
고, 누구나 유익을 얻을 수 있습니다. 성령께서는 온갖 선물을 온갖 부류의 사
람들에게 나눠 주십니다! 그 다양성이 놀랍습니다.

지혜로운 권면
명료한 이해력
단순한 신뢰
병자를 고치는 능력
기적
선포
영을 분별하는 능력
방언
방언 통역

이 모든 선물의 근원은 같습니다. 한분이신 하나님의 영이 하나씩 나눠 주시는 것들입니다. 누가 언제 무엇을 받게 될지는 그분께서 정하십니다.

12-13 다른 데서 더 찾을 것도 없이, 여러분 자신의 몸을 보면 이런 성령의 선물들이 어떻게 역사하는지 쉽게 알 수 있을 것입니다. 여러분의 몸은 여러 지체—팔과 다리, 여러 기관, 수많은 세포—로 이루어져 있습니다. 일일이 열거할 수 없을 만큼 많은 지체가 있지만, 여러분의 몸은 여전히 하나입니다. 그리스도께서도 그러하십니다. 한분이신 그분의 영으로 말미암아 우리 모두는 불완전하고 조각난 우리 삶에 작별을 고했습니다. 저마다 독립적으로 자기 삶을 책임지던 우리가, 이제는 그리스도께서 모든 일의 최종 결정권을 쥐고 계신 크고 온전한 삶에 참여하게 되었습니다. (이것은 우리가 세례 받을 때 말과 행위로 선언한 내용입니다.) 이제 우리 각 사람은 부활하신 그분 몸의 지체가 되어, 하나의 같은 샘—그분의 영—을 마시고 새 힘을 얻어 살아갑니다. 전에 우리가 신원을 확인하기 위해 사용하던 낡은 꼬리표들—유대인이나 그리스 사람, 종이나 자유인 같은 꼬리표들—이 더 이상 쓸모없게 되었습니다. 우리에게는 보다 크고 보다 포괄적인 것이 필요합니다.

14-18 이 모든 것이 여러분을 하찮은 존재가 아니라, 얼마나 중요한 존재로 만드는지 생각해 보시기 바랍니다. 한 지체가 부풀어 올라 거대한 덩어리가 된다고 해서 몸이 되는 것은 아닙니다. 다르면서도 비슷한 지체들이 가지런히 정돈되어 함께 기능하는 것이 몸입니다. 발이 "나는 반지로 치장한 손처럼 아름답지 못하니 이 몸에 속하지 않은 것 같아" 하고 말한다면, 그것이 말이 되겠습니까? 귀가 "나는 맑고 그윽한 눈처럼 아름답지 않으니 머리의 한 자리를 차지할 자격이 없어" 하고 말한다면, 여러분은 그것을 몸에서 떼어 내버리겠습니까? 온몸이 다 눈이라면, 어떻게 듣겠습니까? 온몸이 다 귀라면, 어떻게 냄새를 맡겠습니까? 그러나 하나님께서, 그분이 원하시는 곳에 각각의 지체를 세심하게 두셨다는 것을 우리는 압니다.

19-24 그러니 여러분이 아무리 중요한 인물이라고 해도, 여러분은 스스로 잘난 체해서는 안됩니다. 나는 여러분이 그 이유도 생각해 보았으면 합니다. 여러분이 그처럼 중요한 것은, 여러분이 몸의 한 지체이기 때문입니다. 눈만 엄청나게 크거나 손만 거인처럼 크다면, 그것은 몸이 아니라 괴물일 것입니다. 우리 몸은 여러 지체로 이루어진 한 몸입니다. 우리 몸의 각 지체는 알맞은 크기로 알맞은 자리에 있습니다. 어떤 지체도 자기 혼자서는 중요하지 않습니다. 눈이 손에게 "꺼져 버려. 나는 네가 필요치 않아" 하고 말하거나, 머리가 발에게 "너는 해고야. 네가 할 일은 없어" 하고 말하는 것을 상상할 수 있겠습니까? 사실, 우리 몸은 정반대의 방식으로 움직입니다. 약한 지체일수록 더 필수적이고 요긴합니다. 예를 들어, 우리는 한쪽 눈이 없어도 살 수 있지만 위가 없으면 살 수 없습니다. 여러분과 관계된 여러분 몸의 지체라면, 눈에 보이거나 가려져 있거나, 강하거나 약하거나 하는 것이 중요하지 않습니다. 여러분은 각각의 지체를 비교하지 않고, 오히려 있는 그대로 존귀하고 소중하게 여길 것입니다. 굳이 편을

든다면, 강한 지체보다는 약한 지체에 더 관심을 기울일 것입니다. 윤기 나는 머리카락과 튼튼한 위장 중에서 하나를 택하라면, 여러분은 튼튼한 위장을 택하지 않겠습니까?

25-26 하나님께서 우리 몸을 설계하신 방식이야말로, 우리가 교회를 이루어 함께 살아가는 삶을 이해하는 데 적합한 모형입니다. 우리가 언급한 지체이든 그렇지 않은 지체이든, 눈에 보이는 지체이든 그렇지 않은 지체이든 간에, 각각의 지체는 저마다 다른 지체를 의지합니다. 한 지체가 아프면, 다른 모든 지체도 그 지체의 아픔과 치료에 동참합니다. 한 지체가 잘되면, 다른 모든 지체도 그 지체의 풍성함을 누립니다.

27-31 여러분은 그리스도의 몸입니다. 그것이 여러분의 참모습입니다! 여러분은 이것을 잊어서는 안됩니다. 여러분 자신을 그 몸의 지체로 인정할 때에야 비로소 여러분이 "지체"인 것이 의미가 있습니다. 하나님께서 그분의 몸이신 교회 안에 세우신 여러 지체 가운데, 여러분이 잘 아는 지체는 다음과 같습니다.

사도
예언자
교사
기적을 행하는 사람
병을 고치는 사람
도와주는 사람
조직하는 사람
방언으로 기도하는 사람

이제 그리스도의 교회가 온전한 하나의 몸이라는 것이 분명하지 않습니까? 한 지체만 비정상적으로 커진 것은 그리스도의 교회가 아닙니다. 사도만 있는 교회, 예언자만 있는 교회, 기적을 행하는 사람만 있는 교회, 병 고치는 사람만 있는 교회, 방언으로 기도하는 사람만 있는 교회, 방언을 통역하는 사람만 있는 교회. 그런 교회는 그리스도의 교회가 아닙니다. 그런데도 여러분 가운데 몇몇 사람은 이른바 "중요한" 지체가 되겠다고 계속 경쟁하더군요.

그러나 나는 이제 여러분에게 훨씬 나은 길을 제시하려고 합니다.

사랑의 길

13

1 내가 사람의 유창한 말과 천사의 황홀한 말을 해도, 사랑하지 않으면, 나는 녹슨 문에서 나는 삐걱거리는 소리에 지나지 않습니다.

2 내가 하나님의 말씀을 힘차게 전하고, 그분의 모든 비밀을 드러내고, 모든 것을 대낮처럼 환히 밝혀도, 또 내가 산에게 "뛰어올라라" 명하면 산이 그대로 뛰어오를 만큼의 믿음을 지니고 있어도, 사랑하지 않으면, 나는 아무것도 아닙니다.

3-7 내가 가진 모든 재산을 가난한 사람들에게 나누어 주고, 순교자처럼 불살라

질 각오를 하더라도, 사랑하지 않으면, 아무 소용이 없습니다. 내가 무엇을 말하고 무엇을 믿고 무슨 일을 하든지, 사랑이 없으면, 나는 파산한 사람이나 다름없습니다.

사랑은 절대로 포기하지 않습니다.
사랑은 자기보다 다른 사람에게 더 마음을 씁니다.
사랑은 자기가 갖지 못한 것을 바라지 않습니다.
사랑은 뽐내지 않으며
자만하지 않으며
다른 사람에게 자신을 강요하지 않으며
"내가 먼저야"라고 말하지 않으며
화내지 않으며
다른 사람의 죄를 꼬치꼬치 따지지 않으며
다른 사람이 비굴하게 굴 때 즐거워하지 않으며
진리가 꽃피는 것을 보고 기뻐하며
무슨 일이든지 참으며
하나님을 늘 신뢰하며
언제나 최선을 구하며
뒷걸음질하지 않으며
끝까지 견딥니다.

8-10 사랑은 절대로 사라지지 않습니다. 제아무리 영감 넘치는 말도 언젠가는 사
라지고, 방언으로 기도하는 것도 그칠 것입니다. 이해력도 한계에 이르게 될 것
입니다. 진리의 한 부분만 아는 우리가 하나님에 대해 말하는 것은 언제나 불완
전합니다. 그러나 완전하신 그분이 오시면, 우리의 불완전한 것들을 없애 주실
것입니다.
11 내가 어머니의 품에 안긴 젖먹이였을 때에는 젖먹이처럼 옹알거렸지만, 다
자라서는 그러한 어린아이 짓을 영원히 버렸습니다.
12 우리는 아직 모든 것을 분명하게 보지 못합니다. 우리는 안개 한가운데서 눈
을 가늘게 뜨고 그 속을 들여다봅니다. 그러나 머지않아 날이 맑게 개고, 태양
이 환히 빛날 것입니다. 그때가 되면, 우리는 모든 것을 볼 것입니다. 하나님께
서 우리를 보시는 것과 같이 모든 것을 또렷하게 보고, 하나님께서 우리를 아시
는 것과 같이 그분을 직접 알게 될 것입니다!
13 그러나 그 완전함에 이르기까지, 우리는 다음 세 가지를 행함으로 완성을 향
해 나아가야 합니다. 하나님을 꾸준히 신뢰하십시오. 흔들림 없이 소망하십시
오. 아낌없이 사랑하십시오. 이 세 가지 가운데 으뜸은 사랑입니다.

기도의 언어

14

1-3 여러분의 생명이 사랑에 달려 있다는 듯이, 온 힘을 다해 사랑의
삶을 추구하십시오. 하나님께서 여러분에게 주시는 선물을 열심히
구하십시오. 무엇보다도 하나님의 진리를 힘써 선포하십시오. 여러분이 자기만
아는 방언으로 하나님을 찬양하면, 하나님은 알아들으시지만 다른 사람들은 알
아듣지 못합니다. 여러분이 하나님과만 사귐을 갖고 있기 때문입니다. 그러나
여러분이 일상의 언어로 하나님의 진리를 선포하면, 여러분은 다른 사람들도
그 진리에 참여하도록 한 것입니다. 그러면 그들도 자라고 튼튼해져서, 여러분
과 함께 그분의 임재를 경험하게 될 것입니다.
4-5 자기만 아는 “기도의 언어”로 기도하는 사람은 거기서 많은 것을 얻겠지만,
하나님의 진리를 누구나 알아들을 수 있는 말로 선포하는 사람은 온 교회를 성
숙시키고 튼튼하게 합니다. 나는 여러분 모두가 기도로 하나님과의 사귐을 발
전시키기를 바랍니다. 하지만 거기서 멈추지는 마십시오. 다른 사람들을 찾아
가서 하나님의 분명한 진리를 선포하십시오. 여러분이 말하는 것을 모든 사람
의 유익을 위해 통역해 주는 사람이 없다면, 비밀한 기도의 언어로 하나님의 임
재를 경험하고 구하기보다는, 모든 사람이 알아들을 수 있는 언어로 하나님을
아는 지식과 그분의 사랑에 접근할 수 있게 하는 것이 더 중요합니다.
6-8 친구 여러분, 생각해 보십시오. 내가 여러분에게 가서 하나님만 알아들으실
수 있는 말로 그분께 비밀히 기도한다면, 여러분에게 무슨 유익이 있겠습니까?
내게 어떤 통찰이나 진리나 선포나 가르침이 있더라도 누구나 알아들을 수 있
는 말로 전하지 않으면, 여러분에게 무슨 도움이 되겠습니까? 가령, 플루트나
하프 같은 악기들이 각각 독특한 음색으로 조화를 이루며 연주되지 않는다면,
우리가 어떻게 선율을 알아듣고 음악을 즐기겠습니까? 나팔소리가 다른 악기
소리와 구분되지 않는다면, 어떻게 전투 개시를 알릴 수 있겠습니까?
9-12 여러분이 아무도 알아듣지 못하게 말한다면, 여러분의 입을 여는 것이 무슨
소용이 있겠습니까? 이 세상에는 수많은 언어가 있고, 그 언어들은 저마다 누
군가에게 뜻을 가지고 있습니다. 그러나 내가 그 언어를 알아듣지 못하면, 그
언어는 내게 유익한 것이 아닙니다. 여러분의 경우도 다르지 않습니다. 여러분
은 하나님이 하시는 일에는 열심히 참여하려고 하면서, 어찌하여 교회 안의 모
든 이들에게 도움이 되는 일에는 주의를 기울이지 않는 것입니까?
13-17 자기만 아는 기도의 언어로 기도할 때는, 그 경험을 혼자서만 간직하지 마
십시오. 다른 사람들을 그러한 사귐으로 이끄는 안목과 능력을 구하십시오. 내
가 방언으로 기도하면, 내 영은 기도하겠지만 내 이성은 하릴없이 놀 것이고,
지성도 그만큼 약화될 것입니다. 그러면 무엇이 해결책이겠습니까? 답은 너무
나 간단합니다. 둘 다 하십시오. 나라면 영적으로 자유롭고 풍성하게 기도하면
서, 동시에 신중하고 주의 깊게 기도하겠습니다. 영으로도 찬양하고, 지성으로
도 찬양하겠습니다. 여러분이 아무도 알아듣지 못하는 기도의 언어로 축복한다
면, 교회에 갓 들어와 무슨 일인지 알지 못하는 사람은 언제 “아멘” 해야 할지

모를 것입니다. 여러분의 축복 기도는 더할 나위 없이 훌륭하겠지만, 여러분은 그 사람을 아주 무시한 것이나 다름없습니다.

18-19 나는 우리에게 방언 기도라는 선물을 주셔서 그분을 찬양하게 하신 하나님께 감사를 드립니다. 그로 인해 우리는 그분과 놀라운 사귐을 갖게 되었습니다. 나는 여러분 가운데 누구보다도 방언 기도를 많이 합니다. 그러나 나는 사람들이 예배하러 모인 교회 안에 있을 때는, 다른 사람들에게 횡설수설로 들릴 일만 마디 말을 하는 것보다, 누구나 알아듣고 배울 수 있는 다섯 마디 말을 하고 싶습니다.

20-25 아주 솔직히 말씀드리면, 나는 여러분이 어린아이처럼 생각하는 것에 화가 납니다. 얼마나 더 있어야 여러분이 자라서 어른스럽게 생각하겠습니까? 어린아이처럼 악에 대해서는 잘 몰라도 괜찮습니다. 그런 경우에는 그저 "안돼" 하고 말할 줄 알면 됩니다. 그러나 무언가에 대해 "예" 하고 말하려면, 그 이상의 것이 필요합니다. 성숙하고 잘 훈련된 지성만이 여러분이 속임수에 빠지지 않도록 지켜 줄 수 있습니다. 하나님께서 성경에 이렇게 말씀하셨습니다.

내가 낯선 방언과
낯선 사람의 입술로
이 백성에게 전해도
그들은 귀 기울여 듣지도 않고 믿지도 않을 것이다.

그러니 아무도 알아듣지 못하는 방언으로 말하는 것이 무슨 소용이 있겠습니까? 그것은 믿는 사람들에게 도움이 되지 않고, 믿지 않는 사람들에게는 구경거리를 제공하여 그저 멍하니 바라보게 할 뿐입니다. 그러나 알아듣기 쉬운 말로 진리를 말하면, 믿는 이들의 마음에 곧바로 다가갈 뿐 아니라 믿지 않는 이들에게도 거슬리지 않습니다. 여러분이 교회에 모여 있고 믿지 않는 사람들도 들어와 있는데, 때마침 여러분이 알아들을 수 없는 방언으로 기도하고 있다면, 그들이 듣다가 여러분이 미쳤다고 생각하고 서둘러 거기서 빠져나가지 않겠습니까? 그러나 믿지 않는 사람들 몇 명이 우연히 교회에 들어왔는데, 여러분이 하나님의 진리를 알아듣기 쉽게 명확히 말하고 있다면, 그들이 여러분의 말을 듣다가 진리를 접하고 자기 마음을 살피게 될 것입니다. 어느새 그들은 하나님 앞에 엎드려, 하나님께서 여러분 가운데 계심을 인정하게 될 것입니다.

26-33 나는 여러분이 이렇게 하면 좋겠습니다. 예배하러 모일 때는, 각자가 전체를 유익하게 할 만한 것을 준비하십시오. 찬송을 부르거나, 가르치거나, 이야기를 해주거나, 기도를 인도하거나, 영적으로 깨달은 것을 나누십시오. 방언으로 기도할 때는 두세 사람까지만 하되, 그것도 여러분의 말을 통역할 사람이 있을 때에만 하십시오. 통역할 사람이 없거든, 하나님과 여러분 사이에서만 하십시오. 모임에서는 두세 사람 정도만 말하고, 나머지는 귀 기울여 듣고 마음에 새기십시오. 한 사람이 독차지하지 말고 차례를 지켜 말하십시오. 그리고 말하는

사람은 각자 기회를 얻어 하나님으로부터 받은 특별한 것을 말하십시오. 그러면 여러분 모두가 서로에게서 배우게 될 것입니다. 말하기로 한 사람은 말하는 방식과 시간까지 책임지십시오. 우리가 바르게 예배하면, 하나님은 우리를 무질서에 빠뜨리지 않으십니다. 하나님은 우리를 조화로 이끄십니다. 이것은 모든 교회에 예외 없이 해당하는 사항입니다.

34-36 아내들은 귀 기울여 들어야 할 시간에 이야기하거나, 집에서 남편에게 물어봐도 될 질문을 던지면서 예배를 혼란스럽게 해서는 안됩니다. 예배 시간에 지켜야 할 예절과 관습은 하나님의 율법이 적혀 있는 성경책이 지도해 줄 것입니다. 아내들은 예배 시간을 이용해 자기가 하고 싶은 말을 하려고 해서는 안됩니다. 여러분—여자든 남자든—은 자신이 옳고 그름을 판단하는 거룩한 예언자라도 된다고 생각하는 것입니까? 모든 것이 여러분을 중심으로 움직인다고 생각하십니까?

37-38 여러분 가운데 어떤 사람이 하나님께로부터 할 말을 받았거나 할 일을 받았다고 생각한다면, 내가 쓴 이 글을 유의해서 보십시오. 이것이 주님이 바라시는 방식입니다. 여러분이 이 규칙들을 따르지 않겠다면, 미안한 말이지만, 하나님께서도 여러분을 쓰시지 않을 것입니다.

39-40 요약해서 세 가지를 말씀드립니다. 하나님의 진리를 전할 때는 진심으로 하십시오. 여러분이 알아듣지 못하는 방언으로 사람들이 기도한다고 해서, 그들에게 가타부타 말하지 마십시오. 무슨 일을 하든지 예의 바르고 사려 깊게 하십시오.

15

부활

1-2 친구 여러분, 여러분과 함께 마지막으로 메시지를 점검해 보겠습니다. 이 메시지는 내가 선포하고 여러분이 자기 것으로 삼은 것입니다. 여러분은 이 메시지 위에 서 있고, 이 메시지로 인해 여러분의 삶은 구원을 받았습니다. (나는 여러분의 믿음이 일시적인 것이 아니라 진실한 것이며, 여러분이 영원토록 이 믿음 안에 있으면서 이 믿음을 굳게 붙잡으리라고 생각합니다.)

3-9 내가 가장 먼저 한 일은, 내 앞에 아주 강력하게 제시된 다음 사실을 여러분 앞에 제시하는 것이었습니다. 성경에 기록된 대로, 메시아께서 우리 죄를 위해 죽으시고 무덤에 묻히시고 사흘째 되는 날에 다시 살아나셔서, 베드로에게 생생히 나타나시고, 가장 가까운 제자들에게 나타나셨습니다. 그 후에 그분께서는 한번에 오백 명이 넘는 제자들에게 나타나셨는데, 그들 가운데 몇 사람은 세상을 떠났지만, 대부분은 지금도 우리 곁에 살아 있습니다. 또한 그분께서 자기를 대변하도록 세우신 야고보와 나머지 사도들에게 나타나셨습니다. 그러고는 마지막으로, 나에게도 생생히 나타나셨습니다. 내가 맨 나중이 된 것은 합당한 일이었습니다. 여러분도 알다시피, 나는 사도들의 반열에 포함될 자격이 없는 사람입니다. 내가 하나님의 교회를 없애 버리는 일에 혈안이 되어 젊은 시절 대부분을 허비했기 때문입니다.

10-11 그러나 하나님께서는 너무나 은혜로우시고 한없이 너그러우셨습니다. 그래서 오늘의 내가 있게 된 것입니다. 나는 그분의 은혜를 헛되게 하지 않을 것입니다. 내가 다른 어느 누구보다 더 많은 일을 하려고 애쓰지 않았습니까? 그렇다고 해도 내가 한 일은 그리 대단한 것이 아니었습니다. 하나님께서 내게 할 일을 주시고 감당할 힘도 주셨기에, 내가 할 수 있었던 것입니다. 그러므로 여러분이 내게서 메시지를 들었든 다른 사람들에게서 들었든 간에, 그것은 같은 메시지입니다. 나나 그들이나 하나님의 진리를 전했고, 여러분은 여러분의 삶을 맡겼습니다.

12-15 이제 나는 여러분에게 의미심장하면서도 어려운 질문을 던지려고 합니다. 여러분은 우리가 선포한 사실—그리스도께서 죽은 자들 가운데서 다시 살아나셨다는 사실—을 믿어서 신자가 된 것인데, 사람들이 부활 같은 것은 없다고 말하도록 내버려 두다니 어찌 된 일입니까? 부활이 없다면, 그리스도께서 살아나는 일도 없었을 것입니다. 그리스도의 부활이 없다면, 우리가 여러분에게 전한 모든 것은 교묘한 속임수가 되고, 여러분이 목숨을 걸고 붙잡은 모든 것도 교묘한 속임수가 되고 말 것입니다. 뿐만 아니라, 부활이 없다면, 우리는 하나님에 대해 뻔뻔한 거짓말을 늘어놓는 죄를 범한 셈이 되고, 하나님께서 그리스도를 다시 살리셨다고 증언한 우리의 진술도 순전히 거짓말이 되고 말 것입니다.

16-20 죽은 자들이 다시 살아나는 일이 없다면, 그리스도께서 다시 살아나는 일도 없었을 것입니다. 그분은 실제로 죽으셨기 때문입니다. 그리고 그리스도께서 다시 살아나지 않으셨다면, 여러분은 지금도 예전처럼 어둠 속에서 길을 잃고 헤매고 있을 것입니다. 그것은 그리스도와 부활을 신뢰하며 죽은 이들에게 훨씬 불행한 일이 되었을 것입니다. 그들은 이미 무덤 속에 누워 있으니 말입니다. 우리가 그리스도에게서 얻는 것이 이 땅에서 잠시 사는 동안 누리는 작은 감동이 전부라면, 우리야말로 정말 가엾은 사람들일 것입니다. 그러나 진실은 이렇습니다. 그리스도께서 다시 살아나셔서, 장차 무덤을 떠날 수많은 사람들의 첫 유산이 되신 것입니다.

21-28 이것과 관련해 적절한 예를 들어 보겠습니다. 처음에 죽음이 한 사람을 통해서 왔고, 부활도 한 사람을 통해서 왔습니다. 아담 안에서 모든 사람이 죽은 것과 같이, 그리스도 안에서 모든 사람이 살아납니다. 그러나 우리는 순서를 기다려야 합니다. 그리스도가 먼저이고, 그 다음은 그리스도께서 다시 오시는 때에 그분과 함께하는 사람들입니다. 그리스도께서 다시 오시는 때는 장중한 완성의 때일 텐데, 그때가 되면 그리스도께서 반대 세력을 부서뜨리고 그의 나라를 하나님 아버지께 넘겨드릴 것입니다. 그분께서는 마지막 원수가 쓰러질 때까지 멈추지 않으실 것입니다. 그 마지막 원수는 다름 아닌 죽음입니다! 시편 기자는 "하나님께서 그들 모두를 낮추시고, 하나님께서 그들 모두를 짓밟으셨다"고 말했습니다. "하나님께서 그들 모두를 짓밟으셨다"고 말할 때, 모든 것을 짓밟으신 분께서 동시에 짓밟힐 수 없다는 것은 자명한 이치입니다. 하나님께서 마침내 만물과 모든 이들을 다스리실 때, 그 아들도 모든 이들의 자리로 내

려가 그들과 함께 서서 하나님의 통치가 미치지 않는 곳이 없음을 증명해 보이실 것입니다. 완벽한 결말이 아닐 수 없습니다!

29 사람들이 죽은 자들을 위해 세례를 받는 이유가 무엇이라고 생각합니까? 죽은 자들의 부활이 없고 하나님의 능력이 무덤 입구에서 그치고 만다면, 그분께서 무덤을 깨끗이 정리하시고 모든 이들을 끌어올려 일어서게 하실 것을 암시하는 행위를 우리가 무엇 때문에 계속한다는 말입니까?

30-33 내가 이토록 위험한 일에 목숨을 거는 이유가 무엇이겠습니까? 나는 살면서 하루도 빠짐없이 죽음과 직면합니다. 여러분은 내가 부활하신 메시아 예수께서 보증해 주신 여러분의 부활과 나의 부활에 대한 확신도 없이 이 일을 하고 있다고 생각합니까? 여러분은 내가 에베소에서 나의 최후가 되지 않기를 바라면서 사나운 짐승들과 싸울 때, 그것이 단지 영웅처럼 행동하려고 한 것에 불과하다고 생각합니까? 결코 그렇지 않습니다! 내가 행하고 말하는 것, 내가 사는 방식을 뒷받침하는 것은 부활, 부활, 언제나 부활입니다. 부활이 없다면, 우리는 "내일이면 죽을 테니 먹고 마시자"고 할 것입니다. 그리고 그것이 전부일 것입니다. 그러나 속지 마십시오. 부활을 반대하는 잡담에 물들지 마십시오. "나쁜 친구가 좋은 행실을 망칩니다."

34 똑바로 생각하십시오. 깨어나 거룩한 삶을 사십시오. 더 이상 부활의 사실에 대해 오락가락하지 마십시오. 지금 같은 시대에 하나님을 알지 못하는 것은 여러분이 부릴 사치가 아닙니다. 이러한 일을 오래도록 방치하다니, 여러분은 창피하지도 않습니까?

35-38 어떤 회의론자는 꼭 이런 질문을 던집니다. '부활이 어떻게 일어나는지 보여주시오. 도표로 보여주고, 그림으로 보여주시오. 도대체 부활한 몸은 어떻게 생겼습니까?' 자세히 살펴보면, 이 질문이 얼마나 어리석은 것인지 알 수 있습니다. 이런 일은 도표로 나타낼 수 없습니다. 우리는 이와 유사한 경험을 정원 일에서 찾아볼 수 있습니다. "죽은 것 같은" 씨를 심었는데, 이내 식물이 무성하게 자랍니다. 눈으로 볼 때 씨앗과 식물은 비슷한 점이 없습니다. 여러분은 토마토 씨를 보고 토마토가 어떻게 생겼을지 헤아릴 수 없습니다. 우리가 흙 속에 심은 것과 거기서 움튼 것은 똑같아 보이지 않습니다. 우리가 땅에 묻는 죽은 몸과 그 몸에서 비롯되는 부활한 몸도 전혀 다른 모습일 것입니다.

39-41 몸의 종류도 놀랄 만큼 다양하다는 것에 주목해 보십시오. 씨앗의 종류가 여러 가지이듯이, 몸의 종류도 여러 가지입니다. 사람의 몸도 있고, 동물의 몸도 있고, 새의 몸도 있고, 물고기의 몸도 있습니다. 저마다 독특한 형태의 몸을 가지고 있습니다. 땅에 있는 다양한 몸뿐만 아니라, 하늘에 있는 해와 달과 별들과 같은 다양한 천체들도 그 아름다움과 밝기가 각기 다르고 다양합니다. 그것을 보는 것만으로도 부활의 영광이 얼마나 다양한지를 어렴풋하게나마 알 수 있습니다. 우리는 부활 이전의 "씨"를 보고 있을 따름입니다. 그러니 부활이라는 "식물"이 어떤 모습일지 누가 상상할 수 있겠습니까?

42-44 죽은 것 같은 씨를 심었는데, 살아 있는 식물을 거둡니다. 이 이미지는 기껏

해야 밑그림 정도에 불과하지만, 부활한 몸의 비밀에 접근하는 데 도움이 될 것입니다. 다만, 다시 살아나면 영원히 살아나 영원히 살게 된다는 것을 마음에 새겨야 합니다! 죽어서 묻힌 몸은 아름답지 않지만, 다시 살아난 몸은 영광스럽습니다. 약한 것을 심었는데, 강한 것이 싹틉니다. 뿌린 씨는 자연의 것인데, 거기서 자란 것은 자연 너머의 것입니다. 씨도 같은 씨이고 몸도 같은 몸이지만, 그것이 육체로 죽어 묻힐 때와 영원한 영의 생명으로 다시 살아날 때, 그 차이는 실로 엄청납니다!

45-49 성경에서 이 순서를 따라가 보겠습니다. 첫 번째 아담은 생명을 얻었고, 마지막 아담은 생명을 주는 영이 되었습니다. 육체의 생명이 먼저 오고, 영적인 생명은 그 다음에 옵니다. 기초는 흙으로부터 단단히 빚어졌지만, 최종 완성은 하늘로부터 옵니다. 첫 번째 사람이 흙에서 난 이래로, 사람들은 땅에 속한 사람이 되었습니다. 두 번째 사람은 하늘에서 났고, 사람들은 이제 하늘에 속한 사람이 될 수 있습니다. 이제껏 우리는 땅에 뿌리를 두고 살아 왔지만, 이제는 하늘에 속하는 것을 목표로 삼아야 합니다.

50 친구 여러분, 내가 강조하고 싶은 것은 이것입니다. 땅에 속한 우리의 삶은 그 본성상 우리를 하나님 나라로 인도해 주지 못합니다. 그 삶의 "자연스런 본성"은 죽음입니다. 그러니 그 삶이 어떻게 마지막에 가서 "자연스럽게" 생명의 나라에 들어갈 수 있겠습니까?

51-57 그러나 나는 여러분에게 나도 다 이해하지 못하는 놀라운 비밀을 알려 드리겠습니다. 우리는 모두 죽지 않고 변화될 것입니다. 여러분이 모든 소리를 잠재울 나팔소리를 듣고 위를 쳐다보며 눈을 깜박이는 순간, 그 일은 끝날 것입니다. 나팔 신호가 하늘로부터 울리면, 죽은 자들이 무덤을 박차고 일어나서 죽음의 힘이 미치지 못하는 곳, 다시는 죽을 일이 없는 곳에 이르게 될 것입니다. 그와 동시에, 우리도 그들과 똑같은 방식으로 모두 변화될 것입니다. 부활 계획표에는 다음과 같은 일이 일어나도록 되어 있습니다. 모든 썩을 것이 썩지 않을 것으로 바뀌고, 죽을 수밖에 없는 것이 죽지 않을 것으로 바뀔 것입니다. 그때가 되면, 다음의 말씀이 이루어질 것입니다.

생명이 죽음을 삼키고 승리를 거두었다!
오 죽음아, 누가 최종 결정권을 쥐었느냐?
오 죽음아, 이제 누가 너를 두려워하겠느냐?

죄가 죽음을 두려운 존재로 만들었고, 율법의 죄책이 죄에게 권세와 파괴력을 주었습니다. 그러나 생명이신 분의 단 한 번의 승리로, 그 세 가지—죄와 죄책과 죽음—가 모두 사라지게 되었습니다. 이 모두가 우리 주 예수 그리스도의 선물입니다. 그러니 하나님께 감사드리십시오.

58 사랑하는 친구 여러분, 우리를 위해 이루어진 이 모든 일을 기억하고, 굳게 서서 흔들리지 마십시오. 주저하지 마십시오. 여러분이 주님을 위해 하는 일이 시

간 낭비나 헛수고가 아님을 확신하여, 주님의 일에 매진하십시오.

여러분을 보러 가겠습니다

16 1-4 여러분이 가난한 그리스도인들을 위해 모으고 있는 구제 헌금과
관련해서, 나는 갈라디아에 있는 여러 교회에 내린 것과 똑같은 지
시를 여러분에게도 내립니다. 여러분 각자 일요일마다 헌금하고, 그것을 잘 보
관하십시오. 할 수 있는 한 후하게 하십시오. 그러면 내가 그리로 갈 때 여러분
은 모든 준비를 마쳐서, 내가 따로 부탁하지 않아도 될 것입니다. 내가 가면, 여
러분이 대표로 세운 사람들에게 편지를 써 주어 권한을 부여하고, 그들을 예루
살렘으로 보내어 여러분의 선물을 전하도록 하겠습니다. 내가 함께 가는 것이
최선이라고 생각하면, 기꺼운 마음으로 그들과 함께 가겠습니다.
5-9 나는 그리스 북부 지역을 거쳐 여러분에게 갈 작정입니다. 오래 머물 계획은
아니지만, 한동안 여러분과 함께 지내며 겨울을 나게 될지도 모르는데, 그래도
되겠습니까? 그런 다음에 여러분은 다음 행선지로 나를 보내 주면 됩니다. 나
는 다른 주요 행선지로 가는 도중에 여러분에게 잠깐 들르려는 것이 아닙니다.
나는 얼마 동안 편안한 마음으로 머물고 싶습니다. 주님께서 허락하시면, 우리
는 그 시간을 갖게 될 것입니다! 지금 나는 이곳 에베소에 머무르고 있습니다.
선한 일을 할 수 있는 큰 문이 이곳에 활짝 열렸으니까요. (물론 저항도 만만치 않습
니다.)
10-11 디모데가 그리로 가거든, 잘 보살펴 주십시오. 그가 여러분 가운데서 마음
편히 지낼 수 있게 해주십시오. 그도 나처럼 주님을 위해 열심히 일하는 사람입
니다. 그를 얕보는 사람이 없게 하십시오. 그리고 얼마 후에, 여러분의 축복과
함께 그를 내게 보내 주십시오. 내가 그를 기다리고 있다고 전해 주십시오. 그
와 함께하던 벗들도 그를 기다리고 있습니다.
12 우리의 벗 아볼로에 관해서 말씀드리면, 나는 그가 여러분을 방문할 수 있게
하려고 최선을 다했습니다. 그러나 아직 그를 설득하지 못했습니다. 지금은 적
절한 때가 아니라고 생각하는 것 같습니다. 그러나 적절한 때가 올 것입니다.
13-14 깨어 있으십시오. 여러분의 믿음을 굳게 붙잡으십시오. 전력을 다하십시오.
확고해지십시오. 쉬지 말고 사랑하십시오.
15-16 친구 여러분, 나의 부탁을 들어주기 바랍니다. 스데바나 가족에게 특별한
관심을 기울여 주십시오. 여러분도 알다시피, 그들은 그리스에서 얻은 첫 번째
회심자들입니다. 회심 이후로 그들은 그리스도인들을 섬기는 일에 헌신해 왔습
니다. 나는 여러분이 이런 사람들을 존중하고 존경하기를 바랍니다. 그들은 바
람직한 일이 무엇이며, 그 일을 어떻게 해야 하는지를 보여주는 동료요 일꾼입
니다.
17-18 나는 스데바나와 브드나도와 아가이고가 나와 함께 있게 되어 얼마나 기쁜
지 모릅니다. 그들이 내가 여러분과 함께하지 못해 아쉬워하는 마음을 어느 정
도 채워 주고 있습니다! 그들이 여러분과 나 사이에 소식을 전해 주어 내 기운

을 북돋아 주었습니다. 이런 사람들이 여러분 가운데 있음을 자랑으로 여기십
시오.
19 이곳 서아시아에 있는 교회들이 여러분에게 안부를 전합니다.
아굴라와 브리스길라, 그리고 그들의 집에 모이는 교회가 안부를 전합니다.
20 이곳에 있는 모든 벗들이 안부를 전합니다.
거룩한 포옹으로 주위에 안부를 전해 주십시오.
21 나 바울이 친필로 안부를 전합니다.
22 누구든지 주님을 사랑하지 않는 사람이 있으면, 그를 내쫓으십시오. 주님을
위한 자리를 마련해 두십시오.
23 우리 주 예수께서 여러분에게 두 팔을 활짝 벌리고 계십니다.
24 나는 메시아이신 예수 안에서 여러분 모두를 사랑합니다.

고린도 교회의 그리스도인들은 그 교회의 설립자인 바울에게 골치 아픈 문제를 안겨 주었다. 그 문제는 바울이 설립한 다른 모든 교회가 안겨 준 것보다 훨씬 심각한 문제였다. 바울이 고린도 교회에서 발생한 한 가지 문제를 바로잡자마자, 곧바로 세 가지 문제가 더 발생했다.

교인이 되면 가장 훌륭한 사람들과 만나서 평탄한 관계와 사귐을 가질 수 있을 것이라고 순진하게 추측하는 사람들이 있다. 그런 사람들은 바울의 고린도 서신을 읽음으로써 이미 처방된 치료법을 접하게 될 것이다. 고린도 사람들은 서로에게는 물론이고 바울에게도 엄청난 골칫거리였지만, 우리에게는 축복의 상징이기도 하다. 그들이야말로 바울의 가장 심오하고 힘찬 저작 가운데 일부를 촉발시킨 장본인들이기 때문이다.

바울이 고린도에 있는 그리스도인들에게 두 번째 편지를 보낼 수밖에 없었던 것은, 그들이 바울의 지도력을 공격했기 때문이다. 첫 번째 편지에서, 바울은 가장 자상하고 호의적으로 말하면서도 에둘러 말하지 않았다. 첫 번째 편지는 하나님의 구원이 어떻게 이루어지고, 그 결과로 어떤 공동체가 생겨나는지를 잘 아는 한 목회자가 확신에 찬 권위를 가지고 쓴 글이다. 바울이 그들에게 써 보낸 글 가운데 적어도 일부는 듣기 민망하고 받아들이기 거북한 내용이었다.

그래서 그들이 바울의 지도력에 반기를 든 것이다. 그들은 바울이 변덕스럽다고 비난하고, 그의 동기를 공격하고, 그의 자격을 의심했다. 바울이 써 보낸 글을 가지고 논쟁하는 것이 아니라, 자신들에게 이래라 저래라 하는 그의 권한을 인정하지 않았던 것이다.

그래서 바울은 자신의 지도력을 변호할 수밖에 없었다.

> 여러분은 명백한 것을 보고 또 보지만, 나무는 보면서 숲은 보지 못하고 있습니다. 여러분은 그리스도 편에 서 있는 사람의 분명한 본보기를 구하면서, 어찌하여 그리도 성급하게 나를 제쳐 놓습니까? 나는 내가 그리스도와 함께 서 있다고 확신합니다. 그러니 나를 믿어 주십시오. 여러분은 그리스도께서 나에게 주신 권위를 내가 과장해서 말한다고 생각할지 모르겠으나, 나는 내 말을 철회할 생

각이 없습니다. 내가 몸을 던져 수고한 것 하나하나는 여러분을 넘어뜨리려는 것이 아니라, 여러분을 일으켜 세우려는 것이기 때문입니다(고후 10:7-8).

그는 첫 번째 편지에서 다루지 못한 몇 가지 지엽적인 문제를 다루고 나서 도전에 맞섰다. 그러면서 믿는 이들의 공동체 안에서 지도력이 갖는 진정한 본질을 면밀히 파헤쳤다. 예컨대, 바울은 고린도 사람들과 "동역자"가 되어 그들과 "함께 힘을 모아 일하면서, 기쁜 마음으로" 그들을 바라보기를 원했다(고후 1:24). 그리고 그는 "하나님을 진심으로 기쁘시게 해드리는 것이 핵심"이라는 것을 알았다(고후 5:9).

지도력은 권한의 행사일 수밖에 없다. 그런 까닭에 지도력은 쉽게 힘을 행사하는 것이 되고 만다. 그러나 힘을 행사하는 순간, 지도력은 지도자와 지도를 받는 사람 모두에게 손해를 입히게 마련이다. 바울은 예수를 배워 가면서, 다른 사람들에게 방해가 되지 않으려 애쓰고, 그들이 자기를 통하지 않고 하나님을 직접 상대할 수 있게 하는 지도력을 익혔다. 그는 자신을 대사로 생각했다.

우리는 그리스도의 대사입니다. 하나님께서는 우리를 쓰셔서, 다툼을 버리고 서로의 관계를 바로잡으시는 하나님의 일에 참여하라고 사람들을 설득하게 하십니다. 이제 우리는 그리스도를 대신해 말씀드립니다. 하나님께서 이미 여러분과 친구가 되셨으니, 여러분도 하나님과 친구가 되십시오(고후 5:20).

부모이든 지도자이든 목사이든 공동체의 장이든 교사이든 관리자이든 어떤 입장에 있든 간에, 지도력을 행사하도록 부름받은 이들은 이 편지를 쓴 바울과 이 편지를 촉발시킨 고린도 교회 교인들에게 감사할 수밖에 없을 것이다.

고린도후서

1

1-2 나 바울은, 하나님께서 친히 계획하신 특별한 임무를 띠고 메시아이신 예수에게서 보내심을 받았습니다. 나는 고린도에 있는 하나님의 교회와 아가야의 모든 믿는 이들에게 이 편지를 씁니다. 우리 아버지와 주 예수 그리스도께서 주시는 온갖 선물과 은혜가 여러분의 것이 되기를 바랍니다! 여러분이 알고 신뢰하는 디모데도 나와 함께 문안합니다.

우리를 건지시는 하나님

3-5 우리 주님이며 메시아이신 예수의 하나님 아버지께 모든 찬양을 드립시다! 모든 자비를 베풀어 주시는 아버지! 모든 위로의 하나님! 그분은 우리가 힘든 시기를 겪을 때 우리 곁에 오시는 분입니다. 또한 그분은 우리가 알아차리기도 전에, 힘든 시기를 겪고 있는 다른 사람 곁으로 우리를 데려가셔서, 그분께서 우리를 위로해 주셨듯이 우리도 그 사람을 위로하도록 힘 주시는 분입니다. 우리가 메시아를 따르다 보면 힘겨운 시기를 많이 겪게 마련이지만, 그분께서 주시는 치유와 위로의 복된 시기에 비하면 그 시기는 아무것도 아닙니다. 우리 역시 그러한 위로를 넘치게 받고 있습니다.

6-7 우리가 예수를 위해 고난을 겪는 것은, 여러분의 치유와 구원을 위한 것입니다. 우리가 잘 대접받고 도움의 손길과 격려의 말을 받는 것도, 여러분의 유익을 위한 것입니다. 그것은 여러분을 격려하여 움츠러들지 않고 앞만 보고 나아가도록 하려는 것입니다. 여러분의 힘든 시기는 우리의 힘든 시기이기도 합니다. 여러분이 복된 시기를 누릴 때와 마찬가지로 힘겨운 시기를 견뎌 내는 모습을 보면서, 우리는 여러분이 잘 해낼 것을 조금도 의심하지 않습니다.

8-11 친구 여러분, 아시아에서 우리에게 이 모든 일이 닥쳤을 때, 얼마나 힘겨운 시기였는지 여러분이 알아주면 좋겠습니다. 그 시기는 우리가 헤쳐 나가리라

고 생각지도 못할 만큼 극심했습니다. 그 시기가 계속되는 동안, 우리는 사형수 가 된 것 같았고 모든 것이 끝난 줄 알았습니다. 그러나 나중에 안 일이지만, 그 일은 무엇보다도 좋은 결과를 가져다주었습니다. 왜냐하면 우리는 우리 자신의 힘이나 지식에 의지해 거기에서 벗어나려 하지 않고, 하나님을 전적으로 신뢰할 수밖에 없었기 때문입니다. 그것은 틀린 생각이 아니었습니다. 그분께서는 죽은 자들을 다시 살리시는 하나님이시니까요! 그분께서는 그렇게 해주셨습니다. 피할 수 없는 죽음에서 우리를 건져 주셨습니다. 하나님께서는 또다시 그렇게 해주실 것입니다. 우리가 구원을 필요로 할 때면 언제든지 우리를 건져 주실 것입니다. 여러분과 여러분의 기도는 그 구조 작업의 일부입니다. 나는 여러분이 그 점에 관해서도 알고 있기를 바랍니다. 나는 우리를 건져 주신 하나님께 찬양을 올려 드리는 여러분의 얼굴을 지금도 볼 수 있습니다. 여러분의 기도가 우리를 구하는 데 그토록 결정적인 역할을 한 것입니다.

12-14 최악의 상황이 지나간 지금, 우리는 양심과 신앙을 더럽히지 않고 이 상황
에서 벗어나게 된 것을 전할 수 있게 되어 무척 기쁩니다. 또한 다시 세상을 대
할 수 있게 되어 기쁘기 그지없습니다. 더 중요한 것은, 우리가 고개를 들고 떳
떳하게 여러분을 대할 수 있게 되었다는 것입니다. 그러나 그것은 우리의 대단
한 능력으로 된 것이 아닙니다. 하나님께서 우리가 무엇에도 굽히지 않고 그분
께만 초점을 맞추게 해주셨기에 가능한 일이었습니다. 이 편지에서 행간을 읽
으려 하거나 숨은 의도를 찾으려고 하지 마십시오. 우리는 여러분이 이미 세세
한 부분을 본 것같이 전체 그림도 알아보기를 바라면서, 이해하기 쉽고 꾸밈없
는 진리를 쓰고 있습니다. 우리 주 예수 앞에 함께 서게 될 때, 여러분이 우리의
자랑거리이듯이, 우리도 여러분의 자랑거리가 되기를 바랍니다.

15-16 처음에 나는 여러분의 환대를 확신했기에, 여러분을 두 차례 방문하기로 계
획했습니다. 마케도니아로 가는 도중에 여러분에게 들렀다가 돌아오는 길에 다
시 들를 작정이었습니다. 그러면 나는 여러분의 환송을 받고 유대로 떠나갈 수
있었을 테니까요. 원래 계획은 그랬습니다.

17-19 그러나 일이 계획대로 되지 않았습니다. 그래서 여러분은 내가 약속을 쉽게
뒤집는다고 생각하며 비난하는 것입니까? 여러분은 내가 한 입으로 두 말을 하
면서, 어떤 때는 쉽게 "예" 하고 다른 때는 쉽게 "아니요" 한다고 생각하십니까?
그렇다면, 여러분이 틀린 것입니다. 하나님께서 자신의 말씀에 신실하시듯이,
나도 나의 말에 신실하려고 애쓰는 사람입니다. 우리가 여러분에게 전한 말씀
은 경솔하게 "예" 하고 말했다가 가차 없이 "아니요" 하고 취소할 수 있는 말이
아닙니다. 어찌 그럴 수 있겠습니까? 실라와 디모데와 내가 여러분에게 하나님
의 아들을 선포했을 때, 여러분은 그것을 "예"도 되고 "아니요"도 되는, 일관성
없는 모호한 것으로 이해했습니까? 우리가 선포한 것은 순수하고 확고한 "예"
가 아니었습니까?

20-22 무엇이든지 하나님께서 약속하신 것에는 예수의 "예"가 찍혀 있습니다. 그
분 안에서 우리가 전하고 기도하는 것도 그러합니다. 우리가 전하고 기도하는

것에는 위대한 "아멘", 하나님의 "예"와 우리의 "예"가 아주 또렷하게 찍혀 있
습니다. 하나님은 우리를 지지하시고, 그리스도 안에서 우리를 믿을 수 있는 사
람으로 만드시며, 우리 안에 그분의 "예"를 새겨 넣으시는 분입니다. 그분은 자
기 영으로 우리에게 영원한 언약을 찍어 주셨습니다. 그분이 완성하고자 하시
는 일을 확실하게 시작하신 것입니다.
23 내가 고린도에 있는 여러분에게 찾아가지 않은 진짜 이유를 들을 준비가 되었
습니까? 하나님을 나의 증인으로 모시고 말하는데, 내가 가지 않은 것은 여러분
의 아픔을 덜어 주기 위해서였습니다. 여러분에게 무관심해서도 아니고, 여러분
을 조종하려고 그런 것도 아니었습니다. 나는 여러분을 배려했을 따름입니다.
24 우리는 여러분이 믿음생활을 어떻게 하고 있는지 감독하는 사람, 의혹을 품고
어깨 너머로 여러분을 보며 흠을 잡는 사람이 아닙니다. 우리는 여러분과 함께
힘을 모아 일하면서, 기쁜 마음으로 여러분을 바라보는 동역자입니다. 나는 여
러분이 우리의 믿음이 아니라, 여러분 자신의 믿음으로 서 있다는 것을 압니다.

2 1-2 그래서 나는, 여러분과 나에게 아픔을 줄 수 있는 또 다른 방문을 자제
하기로 결심한 것입니다. 내가 그저 얼굴을 내밀기만 해도 여러분이 난
처하고 괴로운 입장에 처하게 될 텐데, 여러분이 어찌 나를 위로하고 나의 기운
을 북돋아 주겠습니까?
3-4 그래서 나는 가지 않고 편지를 써 보냈습니다. 나를 기쁘게 해주리라 여겼던
벗들을 낙담시키면서 괴로운 시간을 보내고 싶지 않았기 때문입니다. 그 편지
는 내게 최선인 것이 여러분에게도 최선일 것이라고 확신하고 써 보낸 것입니
다. 결과적으로, 그 편지를 쓰는 것은 몹시 괴로운 일이었습니다. 그 편지는 양
피지에 잉크로 쓴 것이 아니라, 눈물로 쓴 것입니다. 그러나 나는 여러분에게
고통을 주려고 그 편지를 쓴 것이 아닙니다. 그 편지는 내가 여러분을 얼마나
아끼는지—오, 아끼는 것 이상입니다—내가 여러분을 얼마나 사랑하는지, 여러
분이 알아주기를 바라면서 쓴 것입니다!
5-8 여러분의 교회 안에 이 모든 일을 일으킨 장본인, 곧 이 모든 고통을 안겨 준
문제의 인물을 두고 말씀드립니다. 이 일로 상처를 입은 사람은 나 한 사람만 아
니라, 몇몇 사람을 제외한 여러분 모두라는 사실을 알아 두기 바랍니다. 그래서
나는 심하게 책망하지 않으렵니다. 여러분 대다수가 동의하여 그 사람에게 벌을
내렸다니, 그것으로 충분합니다. 이제는 그 사람을 용서하여 스스로 일어서도록
도울 때입니다. 여러분이 그의 죄를 비난하기만 한다면, 그는 죄의식 속에서 숨
이 막혀 죽을 것입니다. 그러나 나는 사랑을 쏟아부을 것을 권고합니다.
9-11 내 편지의 초점은 그 사람을 처벌하는 데 있지 않고, 여러분에게 교회를 건
강하게 하는 책임을 지우려는 데 있었습니다. 그러므로 여러분이 그를 용서하
면, 나도 그를 용서하겠습니다. 내가 개인적인 원한의 목록을 지니고 다닌다고
생각지 마십시오. 그리스도께서 우리와 함께하시고 우리를 인도하시듯이, 나도

용서하는 여러분과 행동을 함께하겠습니다. 어쨌든 우리는, 부지중에라도 사탄
이 더 많은 해를 끼칠 틈을 주지 않을 것입니다. 우리는 사탄의 교활한 책략을
잘 알고 있습니다!

그리스도의 향기

12-14 내가 메시아의 메시지를 선포하려고 드로아에 이르러 보니, 이미 문이 활짝
열려 있었습니다. 하나님께서 문을 열어 두신 것입니다. 나는 그저 그 문을 통
과하기만 하면 되었습니다. 그러나 여러분의 소식을 가지고 나를 기다리고 있
던 디도를 만나지 못해서, 나는 마음을 놓지 못했습니다. 여러분을 걱정한 나
는, 그곳을 떠나 마케도니아로 갔습니다. 디도를 만나 여러분에 관한 든든한 소
식을 듣기 위해서였습니다. 그리고 감사하게도 여러분의 소식을 들었습니다!
14-16 하나님께서는 메시아, 곧 그리스도 안에서 우리를 이리저리 데리고 다니시
면서, 끊임없이 계속되는 개선 행진에 참여시키고 계십니다. 그분은 우리를 통
해 그리스도를 아는 지식을 제시하십니다. 우리가 가는 곳마다 사람들은 고상
한 향기를 들이마십니다. 그리스도로 인해, 우리가 하나님께 달콤한 향기를 피
워 올리면, 구원의 길에 들어선 사람들은 그 향기를 맡고 알아봅니다. 그 향기
는 생명을 드러내는 향기입니다. 그러나 멸망의 길에 들어선 사람들은 우리를
썩은 시체에서 나는 악취처럼 대합니다.
16-17 이것은 엄청난 책임입니다. 이 책임을 떠맡을 역량이 되는 사람이 누구이겠
습니까? 아무도 없을 것입니다. 그러나 적어도 우리는, 하나님의 말씀을 가져다
가 거기에 물을 타서 거리로 나가 값싸게 파는 일은 하지 않습니다. 우리는 그리
스도가 보시는 앞에서 말합니다. 하나님께서 우리의 얼굴을 보고 계십니다. 우
리는 하나님에게서 할 말을 직접 받아서 할 수 있는 한 정직하게 전합니다.

3 1-3 우리가 자화자찬하는 것처럼 들립니까? 신임장을 받았다고 주장하면
서 우리의 권한을 옹호하는 것으로 들립니까? 글쎄요, 그렇지 않습니다.
우리는 여러분에게 내보일 추천서나 여러분에게서 받을 추천서가 필요 없는 사
람입니다. 여러분 자신이야말로 우리가 필요로 하는 추천서의 전부입니다. 여
러분의 참된 삶이야말로 누구나 보고 읽을 수 있는 편지입니다. 그리스도께서
친히 그 편지를 쓰셨습니다. 그 편지는 잉크로 쓰신 것이 아니라, 살아 계신 하
나님의 영으로 쓰신 것입니다. 그 편지는 돌에 새긴 것이 아니라, 사람의 삶에
새긴 것입니다. 그리고 우리는 그 편지를 전하는 사람입니다.
4-6 우리는 이것을 전적으로 확신합니다. 그리스도께서 하나님을 위해 친히 쓰신
여러분이야말로 우리의 추천서입니다. 우리 같으면 이런 추천서를 쓸 생각도
하지 못했을 것입니다. 하나님만이 그러한 추천서를 쓰실 수 있습니다. 그분의
추천서가 우리에게 권한을 주어, 우리가 이렇게 새로운 행동 계획을 실행에 옮
기고 있는 것입니다. 그 계획은 종이에 잉크로 쓴 것도 아니고, 페이지마다 율

법에 관한 각주를 빼곡하게 달아서 여러분의 영을 죽이는 것도 아닙니다. 그 계
획은 성령께서 영에 대고 쓰신 것, 그분의 생명이 우리의 삶에 대고 쓰신 것입
니다!

성령에 의한 의의 통치

7-8 죽음의 통치, 돌판에 새긴 죽음의 헌법인 율법은 멋지게 시작했습니다. 모세
가 율법을 새긴 그 돌판을 전달할 때, (곧 사라지기는 했지만) 그의 얼굴은 대낮같
이 빛났습니다. 이스라엘 백성은 태양을 응시할 수 없는 것처럼, 그의 얼굴을
똑바로 쳐다보지 못했습니다. 그렇다면 살아 계신 영의 통치는 얼마나 더 눈부
시겠습니까?
9-11 율법에 의해 이루어진 정죄의 통치가 인상적이었다면, 성령에 의해 이루어
지는 의의 통치는 얼마나 더 인상적이겠습니까? 옛 통치가 눈부셨다고 하지만,
그것은 이 새 통치와 나란히 서면 완전히 희미해 보일 것입니다. 잠시 있다가
사라지고 말 제도가 깊은 인상을 주었다면, 영원토록 다스릴 이 밝게 빛나는 통
치는 얼마나 더한 인상을 주겠습니까?
12-15 우리를 감격스럽게 하는 그 소망이 있기에, 그 어떤 것도 우리에게 방해가
되지 않습니다. 모세와 달리, 우리는 숨길 것이 전혀 없습니다. 모든 것이 우리
와 함께 환히 드러나 있습니다. 모세는 자기 얼굴에 나타난 영광이 사라져 가는
것을 이스라엘 자손이 알아채지 못하게 하려고 수건을 썼습니다. 그래서 그들
은 알아채지 못했습니다. 그들은 그때에도 알아채지 못했지만, 지금도 알아채
지 못하고 있습니다. 그 수건 뒤에 아무것도 남아 있지 않다는 것을 전혀 알아
채지 못하고 있습니다. 오늘날에도 그들은 그 낡고 힘없는 통치의 선포를 소리
내어 읽고 있지만, 그것을 꿰뚫어 보지는 못합니다. 오직 그리스도만이 수건을
벗기셔서, 그 뒤에 아무것도 없다는 것을 그들로 직접 보게 하실 수 있습니다.
16-18 그러나 그들이 모세처럼 돌아서서 하나님을 마주하면, 하나님께서 그 수건
을 벗겨 주십니다. 그러면 거기서 하나님과 서로 얼굴을 마주보게 됩니다! 그
순간 그들은, 하나님이 율법을 새긴 한 조각 돌판이 아니라, 살아 계셔서 인격
적으로 임재하시는 분이라는 것을 깨닫게 됩니다. 살아 계신 영이신 하나님께
서 임하시면, 우리를 옥죄던 저 낡은 법조문이 쓸모없다는 것을 깨닫게 됩니다.
우리는 그 법조문에서 풀려난 사람들입니다! 우리 모두가 그러합니다! 우리와
하나님 사이를 가로막는 것은 아무것도 없습니다. 우리의 얼굴은 그분의 얼굴
빛으로 환히 빛나고 있습니다. 하나님께서 우리 삶에 들어오시고 우리가 그분
을 닮아 갈 때, 우리는 메시아를 꼭 닮은 형상으로 변화되고 우리 삶은 점점 더
밝아져서 보다 아름다워질 것입니다.

질그릇에 담긴 귀중한 메시지

4

1-2 하나님은 너무도 은혜로우셔서, 그분이 하고 계신 일에 우리를 참여
시키셨습니다. 그러니 이따금 힘겨운 시기를 만나더라도, 우리는 단념하

거나 우리 일을 포기할 마음이 없습니다. 우리는 가면을 쓰고 속이는 짓을 하지 않습니다. 술수를 쓰거나 배후에서 조작하는 짓도 하지 않습니다. 우리는 하나님의 말씀을 마음대로 왜곡하지도 않습니다. 오히려 우리가 행하고 말하는 모든 것을 사람들 앞에 훤히 드러내고 진리를 모두 공개하여, 원하는 사람은 누구든지 보고 하나님 앞에서 스스로 판단할 수 있게 합니다.

3-4 우리의 **메시지**가 누군가의 눈에 보이지 않는다면, 그것은 우리가 감추고 있어서가 아니라, 그들이 잘못된 곳을 보거나 잘못된 길을 가면서 **메시지**에 주의를 기울이지 않기 때문입니다. 그들이 온통 관심을 갖는 것은 유행하는 어둠의 신뿐입니다. 그들은 자신들이 원하는 것을 그 신이 줄 수 있다고 생각합니다. 그들은 자신들이 보지 못하는 진리이신 분을 믿으려 하지 않습니다. 그들은 눈이 아주 멀어서, 그리스도와 더불어 빛나는 **메시지**의 밝은 서광을 보지 못합니다. 그리스도께서는 우리가 장차 얻게 될 하나님의 형상을 가장 분명하게 보여주시는 분입니다.

5-6 기억하십시오. 우리가 전하는 **메시지**는 우리 자신에 관한 것이 아닙니다. 우리는 예수 그리스도를 주님으로 선포하고 있습니다. 현재의 우리는 모두 심부름꾼, 예수께서 보내셔서 여러분에게 달려가는 심부름꾼입니다. 이 일은 하나님께서 "어둠을 밝혀라!" 하고 말씀하신 때부터 시작된 일입니다. 우리가 온통 밝고 아름다우신 그리스도의 얼굴에서 하나님을 보고 깨달은 순간, 우리 삶은 빛으로 차올랐습니다.

7-12 여러분이 우리만 본다면, 여러분은 그 밝은 빛을 놓치고 말 것입니다. 우리는 이 귀중한 **메시지**를 우리 일상의 삶이라는 수수한 질그릇에 담아 가지고 다니기 때문입니다. 그것은 어느 누구도 비할 데 없는 하나님의 능력을 우리의 능력으로 혼동하지 않게 하려는 것입니다. 사실, 그럴 가능성이 많지 않을 것입니다. 여러분도 알다시피, 우리는 볼품없는 사람들이니까요. 우리가 고난에 둘러싸여 난타를 당했지만, 사기를 잃지 않았습니다. 우리가 어찌할 바를 몰라도, 우리가 알기로, 하나님은 어찌해야 하는지 알고 계십니다. 우리가 영적으로 위협을 받았지만, 하나님은 우리 곁을 떠나지 않으셨습니다. 우리가 넘어뜨림을 당했지만, 꺾이지 않았습니다. 사람들은 예수께 한 일—재판과 고문, 조롱과 살해—을 우리에게도 그대로 하고 있습니다. 그러나 예수께서는 그들 가운데서 행하신 일을 우리 안에서도 행하고 계십니다. 그분은 살아 계십니다! 우리의 삶은 예수를 위해 끊임없이 위험을 무릅쓰고 있습니다. 그것은 예수의 생명이 우리 안에서 보다 분명히 드러나게 하려는 것입니다. 우리는 가장 나쁜 일을 겪고 있지만, 여러분은 가장 좋은 상황을 맞고 있습니다!

13-15 우리는 이것을 비밀로 할 수 없습니다. 절대 그럴 수 없습니다. "나는 믿었다. 그래서 말했다"라고 말한 시편 기자처럼, 우리도 우리가 믿는 바를 말합니다. 우리가 믿는 바는, 주 예수를 다시 살리신 분께서 우리를 여러분과 함께 다시 살리시리라는 확신입니다. 이 모든 일은 여러분의 유익과 하나님의 영광을 위한 것입니다. 더욱 많은 은혜가 더욱 많은 사람들에게 퍼져서, 더욱 많은 찬

양이 있게 하려는 것입니다!

16-18 그러므로 우리는 포기하지 않습니다. 어찌 포기할 수 있겠습니까! 겉으로는
우리의 일이 실패로 끝나는 것처럼 보이지만, 안에서는 하나님께서 단 하루도
빠짐없이 은혜를 펼치시며 새로운 생명을 창조하고 계십니다. 현재의 힘겨운
시기는 장차 다가올 복된 시기, 우리를 위해 마련된 성대한 잔치에 비하면 하찮
은 것에 불과합니다. 눈에 보이는 것이 전부가 아닙니다. 지금 우리 눈에 보이
는 것은 오늘 이 자리에 있다가 내일이면 사라지고 말지만, 보이지 않는 것은
영원히 지속될 것입니다.

5 1-5 예컨대, 우리의 몸이 장막처럼 무너져 내리면, 하늘에 있는 부활의 몸
—사람의 손으로 지은 몸이 아니라 하나님께서 지으신 몸—이 대신하
리라는 것을 우리는 압니다. 그때가 되면, 우리는 우리의 장막을 다시 이전하
지 않아도 될 것입니다. 이따금 우리는 장막을 이전하고 싶어 견딜 수 없을 때
가 있습니다. 그럴 때면 우리는 좌절하여 울부짖기도 합니다. 장차 다가올 삶에
비하면, 현재 삶의 조건은 가구 하나 비치되어 있지 않는 오두막에 잠시 체류하
는 것처럼 보입니다. 우리는 그런 삶에 지쳤습니다! 그 이유는 우리가 참된 것,
우리의 참된 집, 우리의 부활한 몸을 어렴풋하게나마 보았기 때문입니다! 하나
님의 영은 우리의 식욕을 돋우셔서, 장차 다가올 것을 맛보게 하십니다. 그분은
우리 마음속에 천국을 조금 넣어 두셔서, 우리가 천국보다 못한 것에 만족하는
일이 없게 하십니다.

6-8 우리는 그 천국을 기대함으로 아주 힘차게 살아갑니다. 여러분은 우리가 고
개를 떨어뜨리거나 꾸물거리는 모습을 볼 수 없을 것입니다. 현재의 답답한 상
황도 우리를 넘어뜨릴 수 없습니다. 그것은 장차 다가올 풍성한 삶의 조건을 상
기시킬 뿐입니다. 우리가 믿지만 아직 눈에 보이지 않는 것, 바로 그것이 우리
를 전진하게 합니다. 여러분은 길에 패인 홈이나 길바닥에 널린 돌멩이들이 우
리를 방해할 것이라고 생각합니까? 때가 되면, 우리는 나그네 삶을 끝내고 본
향으로 돌아갈 채비를 갖추게 될 것입니다.

9-10 그러나 나그네 삶이나 본향으로 돌아가는 것이 핵심은 아닙니다. 하나님을
진심으로 기쁘시게 해드리는 것이 핵심입니다. 어떤 처지에 있더라도, 우리가
하려고 하는 일은 그것입니다. 조만간 우리는 우리의 처지와 관계없이 하나님
을 대면하여 뵙게 될 것입니다. 우리는 그리스도 앞에 나아가, 선한 행위이든
악한 행위이든, 우리가 행한 일의 마땅한 결과를 받게 될 것입니다.

11-14 그 사실이 우리를 깨어 있게 하는 것임을, 여러분은 확신해도 좋습니다. 우
리 모두가 장차 그 심판의 자리에 서게 될 것입니다. 그것을 아는 것은 결코 가
볍게 여길 일이 아닙니다. 그런 이유로, 우리는 만나는 모든 사람을 위해 긴박
하게 일하면서, 그들이 하나님을 대면할 수 있도록 준비시키고 있습니다. 우리
가 이 일을 얼마나 잘하는지는 하나님만이 아시겠지만, 우리가 얼마나 깊고 얼

마나 많이 마음을 쓰는지는 여러분이 알아주었으면 합니다. 우리가 이렇게 말하는 것은, 여러분에게 우리를 내세우려는 것이 아닙니다. 다만, 많은 사람들처럼 여러분 앞에서만 친절하게 대하는 것이 아니라, 여러분과 한편이 되는 것이 여러분의 기분을 좋게 하고, 나아가 여러분을 자랑스럽게 해줄 것이라고 생각했던 것입니다. 내가 미친 사람처럼 행동했다면 하나님을 위해서 그렇게 한 것이고, 내가 지나칠 정도로 신중하게 처신했다면 여러분을 위해서 그렇게 한 것입니다. 그리스도의 사랑이 나를 그 같은 극단으로 치우치게 했습니다. 우리가 하는 모든 일의 처음과 끝을 결정하는 것은, 다름 아닌 그분의 사랑입니다.

그리스도의 대사

14-15 우리 사역의 변치 않는 결심이자 중심은, 한 사람 곧 예수 그리스도께서 우
리 모두를 위해 죽으셨다는 것입니다. 그 사실이 모든 사람으로 하여금 한 배를
타게 합니다. 그분은 모든 사람으로 하여금 그분의 죽음에 들어가게 하셔서, 그
들로 그분의 생명과, 부활의 삶과, 자기 마음대로 살았던 삶보다 훨씬 나은 삶
에 들어가게 하셨습니다.
16-20 우리가 사람을 소유나 외모로 평가하지 않는 것은 그 같은 결심 때문입니
다. 여러분도 알다시피, 우리는 일찍이 메시아를 그런 식으로 잘못 바라보았습
니다. 우리는 더 이상 그분을 그런 식으로 바라보지 않습니다. 이제 우리는 중
심을 봅니다. 우리가 보는 것은, 누구든지 메시아와 연합하면 새로운 출발을 할
수 있고, 새롭게 창조될 수 있다는 것입니다. 옛 삶이 지나가고, 새로운 삶이 싹
트는 것입니다! 보십시오! 이 모든 것은 우리와 가족 관계를 맺으시고, 우리 각
자를 부르셔서 서로 가족 관계를 맺게 하신 하나님께로부터 옵니다. 하나님께
서는 메시아를 통해 이 세상을 그분과 화해시키셨고, 죄를 용서하심으로 이 세
상이 새로운 출발을 하게 하셨습니다. 하나님께서는 그분이 지금 하고 계신 일
을 모든 사람에게 알리는 임무를 우리에게 맡기셨습니다. 우리는 그리스도의
대사입니다. 하나님께서는 우리를 쓰셔서, 다툼을 버리고 서로의 관계를 바로
잡으시는 하나님의 일에 참여하라고 사람들을 설득하게 하십니다. 이제 우리는
그리스도를 대신해 말씀드립니다. 하나님께서 이미 여러분과 친구가 되셨으니,
여러분도 하나님과 친구가 되십시오.
21 어떻게 하면 되느냐고, 여러분은 물을 것입니다. 그리스도 안에 머물기만 하
면 됩니다. 하나님께서는 잘못한 일이 없는 그리스도께 죄를 씌우셔서, 우리로
하여금 하나님과 바른 관계를 맺게 하셨습니다.

하나님이 거하시는 성전

6 1-10 우리는 이 일에 여러분과 함께하는 동료로서 부탁드립니다. 하나님께
서 우리에게 주신 이 놀라운 삶을 조금도 낭비하지 마십시오. 하나님께
서 우리에게 이렇게 말씀하셨습니다.

가장 알맞은 때에, 내가 너의 외치는 소리를 들었다.
네가 나를 필요로 하던 그날에, 내가 너를 도우려고 거기 있었다.

지금이야말로 하나님께서 들으시는 때요, 그분께로부터 도움을 받을 날입니다. 그러니 미루지 마십시오. 여러분은 우리가 하는 모든 일에 의문을 던지다가, 때를 놓쳐 하나님의 일을 그르치는 일이 없게 하십시오. 우리가 하나님의 종이 되어 하는 일은, 세세한 부분에 이르기까지 정당함을 인정받습니다. 우리가 힘겨운 시기와 역경과 곤경 속에서도, 정신을 바짝 차리고 흔들림 없이 우리의 자리를 지키고 있는지, 사람들이 지켜보고 있습니다. 우리는 매를 맞고 투옥되고 습격을 받으면서도, 열심히 일하고 늦게까지 일하고 식사도 거른 채 일합니다. 깨끗한 마음과 맑은 정신과 착실한 손으로 일합니다. 우리는 온유함과 거룩함과 정직한 사랑으로 일합니다. 우리가 진리를 말할 때에도, 하나님께서 자신의 능력을 보이실 때에도 그리합니다. 우리는 최선을 다해 사태를 바로잡을 때도, 칭찬을 받거나 비난을 받거나 비방을 받거나 존경을 받을 때도 그리합니다. 우리는 의심을 받을 때도 있지만, 우리의 말에 정직합니다. 세상이 우리를 무시하지만, 하나님께서는 우리를 인정해 주십니다. 죽었다는 소문이 돌기도 했지만, 우리는 멋지게 살아 있습니다. 우리는 거의 죽을 정도로 맞았지만, 죽지 않았습니다. 우리는 슬픔에 잠겼으나, 항상 커다란 기쁨으로 가득 찼습니다. 우리는 후원에 의지해 살면서도, 많은 사람을 부요하게 합니다. 우리는 가진 것이 없지만, 모든 것을 가진 사람입니다.

11-13 사랑하는 고린도 교우 여러분, 나는 여러분이 이토록 활짝 열려 있는 풍성한 삶에 참여하기를 간절히 바라고 있습니다. 우리가 여러분을 작게 만든 것이 아닙니다. 여러분이 작다고 느끼는 것은 여러분 자신에게서 비롯된 것입니다. 여러분의 삶이 작지 않은데도, 여러분은 작게 살고 있습니다. 나는 할 수 있는 한 알기 쉽게, 애정을 듬뿍 담아서 말씀드립니다. 여러분의 삶을 넓히십시오. 탁 트인 마음으로 대범하게 사십시오!

❦

14-18 하나님을 무시하는 사람들과 연합하지 마십시오. 옳은 것과 그른 것이 어떻게 연합할 수 있겠습니까? 그 둘은 서로 싸울 뿐이지, 절대 연합할 수 없습니다. 빛이 어둠의 절친한 벗이라는 말입니까? 그리스도께서 마귀와 손잡고 거니신다는 말입니까? 믿음과 불신이 손을 잡는다는 말입니까? 어느 누가 이교도의 우상을 하나님의 성전에 갖다 놓을 생각을 하겠습니까? 그러나 우리의 현재 모습이 그러합니다. 우리 각 사람은 하나님이 거하시는 성전입니다. 하나님께서 그것을 이렇게 말씀하셨습니다.

"내가 그들 안으로 들어가 그들 가운데서 살겠다.
나는 그들의 하나님이 되고, 그들은 내 백성이 될 것이다.

그러니 타락과 타협의 행위를 그만두어라.
영원히 그만두어라.
너희를 타락시키는 자들과 어울리지 마라.
나는 너희가 나하고만 있기를 원한다.
나는 너희에게 아버지가 되고
너희는 나에게 아들딸이 될 것이다."
주 하나님의 말씀이다.

7 [1] 사랑하는 친구 여러분, 이와 같이 우리를 이끌어 주는 약속을 받았으니, 안에 있든 밖에 있든, 우리를 더럽히거나 우리의 주의를 흐트리는 것과 관계를 깨끗이 끊어 버립시다. 우리 삶 전체를 하나님을 예배하기에 합당한 성전으로 만듭시다.

하나님께로 이끄는 근심

2-4 우리를 믿어 주십시오. 우리는 한 사람도 해친 적이 없고, 누군가를 이용하거나 속인 적도 없습니다. 내가 여러분의 흠을 잡는다고 생각하지 마십시오. 전에도 말씀드렸지만, 나는 어떤 경우에도 여러분과 줄곧 함께할 것입니다. 사실, 나는 여러분을 크게 신뢰하고 있습니다. 내가 여러분을 얼마나 자랑스러워하는지 여러분이 알았으면 좋겠습니다! 우리의 온갖 수고에도 불구하고, 나는 기쁨이 넘쳐납니다.

5-7 마케도니아에 이르렀을 때, 우리는 편히 쉴 수 없었습니다. 교회 안의 다툼과 우리 마음속의 두려움으로 인해 우리는 계속 초조하고 불안했습니다. 우리는 사태가 어떻게 마무리될지 알 수 없어서 긴장을 늦추지 못했습니다. 그때 풀이 죽은 사람들의 기운을 돋우어 주시는 하나님이 디도를 도착하게 하셔서, 우리의 기운과 마음을 북돋아 주셨습니다. 우리는 그를 보는 것만으로도 기뻤지만, 그에게서 여러분의 소식을 듣고 나서는 정말로 안심이 되었습니다. 여러분이 나에게 얼마나 마음을 쓰는지, 여러분이 나 때문에 얼마나 슬퍼하는지, 여러분이 나를 두고 얼마나 걱정하는지, 그가 소식을 들려주더군요. 나의 걱정이 금세 평안으로 바뀌었답니다!

8-9 나는 내 편지가 여러분을 근심하게 했다는 것을 압니다. 그 당시 나는 마음이 편치 않았지만, 지금은 사태가 어떻게 마무리되었는지 알기에 전혀 후회하지 않습니다. 그 편지가 여러분을 근심하게 했지만, 잠시만 그랬을 것입니다. 지금 내가 기뻐하는 것은, 여러분이 근심했기 때문이 아니라, 여러분이 아픔을 겪으면서도 상황을 호전시켰기 때문입니다. 여러분은 근심하며 하나님에게서 멀어지기는커녕, 도리어 하나님께로 나아갔습니다. 그 결과는 모든 것이 유익이었지, 손해가 아니었습니다.

10 우리를 하나님께로 이끄는 근심은 그런 일을 합니다. 우리의 방향을 바꾸게

하고, 우리를 구원의 길로 되돌아가게 합니다. 그런 아픔에는 결코 후회하는 일이 없습니다. 그러나 근심으로 인해 하나님으로부터 멀어지는 사람은 후회만 하다가, 결국 죽음에 이르게 됩니다.

11-13 하지만 그 아픔이 여러분을 자극하여 하나님께 가까이 가게 했으니 놀랍지 않습니까? 여러분은 더 생생하고, 더 사려 깊고, 더 섬세하고, 더 공손하고, 더 인간답고, 더 열정적이고, 더 책임감 있는 사람이 되었습니다. 어느 모로 보나, 여러분은 이 일로 깨끗한 마음을 갖게 되었습니다. 그것이야말로 내가 편지를 쓸 때 가장 먼저 기대한 사항입니다. 나의 일차적 관심은 해를 끼친 사람이나 해를 입은 사람이 아니라 여러분을 위한 것이었습니다. 여러분이 하나님 앞에서 우리와 맺은 깊고 깊은 관계를 깨닫고 그에 합당한 행동을 하려는 것이었습니다. 결국 그렇게 되었고, 우리는 너무나 기뻤습니다.

13-16 또한 디도가 여러분의 반응을 접하고 느낀 충만한 기쁨을 알게 되었을 때, 우리의 기쁨은 배가 되었습니다. 여러분이 해준 모든 일로 디도가 어떻게 다시 살아나고 새로워졌는지를 보는 것은 놀라운 일이었습니다. 나는 디도에게 여러분을 무척이나 칭찬하면서 혹시라도 나의 말이 거짓이 되면 어쩌나 하고 염려했는데, 여러분은 그 염려를 말끔히 해소해 주었습니다. 내가 조금도 과장하지 않았음이 드러난 것입니다. 디도는 내가 여러분을 두고 한 말이 모두 진실임을 직접 목격했습니다. 그가 여러분의 즉각적인 순종과 점잖고 섬세한 환대를, 두고두고 이야기하고 있으니 말입니다. 그가 그 모든 일에 확실히 감동받은 것이 분명합니다! 나는 더할 나위 없이 기쁩니다. 여러분이 무척 든든하고 자랑스럽습니다.

구제 헌금

8 1-4 친구 여러분, 이제 나는 하나님께서 마케도니아의 여러 교회 가운데서 행하고 계신 놀랍고 은혜로운 방식들에 대해 알려 드리고자 합니다. 극심한 시련이 그 교회 교우들에게 닥쳐서, 그들을 극한 상황으로까지 내몰았습니다. 결국 시련이 그들의 참 모습을 여실히 보여주었습니다. 그들은 지독한 가난에 시달리면서도 믿을 수 없을 만큼 즐거워했습니다. 그들의 곤경이 오히려 뜻밖의 결과를 낳았는데, 곧 순수하고 풍성한 선물들을 흘려보내도록 만들었습니다. 내가 거기 있으면서 직접 그 모습을 보았습니다. 그들은 가난한 그리스도인들을 구제하는 활동에 참여할 특권을 달라고 간청하면서, 자신들이 베풀 수 있는 것이면 무엇이나 베풀고, 자신들이 베풀 수 있는 것 그 이상을 베풀었습니다!

5-7 그것은 순전히 자발적인 활동이었고, 그들 스스로 생각해 낸 아이디어였으며, 우리가 전혀 예상하지 못한 일이었습니다. 설명하면 이렇습니다. 그들은 먼저 자신을 송두리째 하나님께 드리고 우리에게도 맡겼습니다. 구제 헌금은 그들의 삶 속에서 활동하시는 하나님의 뜻으로부터 흘러나온 것이었습니다. 우리는 그 일에 자극받아, 디도에게 청하여 구제 헌금에 여러분의 주의를 환기시키도록 했습니다. 훌륭하게 시작한 일이니 잘 마무리할 수 있게 하라고 말입니다.

여러분은 잘하는 일이 참 많습니다. 하나님을 신뢰하는 일도 잘하고, 말도 똑바르게 하며, 통찰력 있고, 열성적이고, 우리를 사랑하는 일도 잘합니다. 그러니 이제 이 일에도 최선을 다하시기 바랍니다.

8-9 나는 여러분의 의지를 거슬러 명령하려는 것이 아닙니다. 다만 마게도니아 사람들의 열성으로 여러분의 사랑을 자극하여, 여러분에게서 최선을 이끌어 내려는 것입니다. 여러분은 우리 주 예수 그리스도의 관대하심을 잘 알고 있습니다. 그분은 부요하셔서, 그 모든 것을 우리에게 내어주셨습니다. 그분은 단숨에 가난하게 되시고, 우리는 부요하게 되었습니다.

10-20 내 생각은 이렇습니다. 여러분이 지금 당장 할 수 있는 최선의 일은, 여러분이 지난해 시작한 구제 헌금 모으는 일을 마저 끝내서, 여러분의 선한 의도가 퇴색하지 않게 하는 것입니다. 여러분의 마음은 줄곧 바른 자리에 있었습니다. 여러분은 그 일을 마무리 짓는 데 필요한 것을 가지고 있으니, 어서 마무리 지으십시오. 하고자 하는 의사가 분명한 만큼, 여러분이 할 수 있는 일은 하고 할 수 없는 일은 하지 마십시오. 마음 가는 곳에 손이 따르게 마련입니다. 이 일이, 다른 사람들에게는 쉽고 여러분에게는 어려운 일이 아닙니다. 여러분은 항상 그들과 서로 어깨를 같이하고 있습니다. 여러분의 남은 것이 그들의 부족분을 채워 주고, 그들의 남은 것이 여러분의 부족분을 채워 줍니다. 결국, 모두가 균등하게 되는 것입니다. 이는 성경에 기록된 그대로입니다.

가장 많이 거둔 사람도 남은 것이 없었고
가장 적게 거둔 사람도 모자라는 것이 없었다.

내가 여러분을 위해 품은 뜨거운 관심을 디도에게도 똑같이 허락하신 하나님께 감사를 드립니다. 디도는 우리의 생각을 가장 잘 헤아리는 사람입니다. 하지만 여러분에게 가서 이 구제 헌금 거두는 일을 기꺼이 돕기로 한 것은, 순전히 그의 생각입니다. 우리는 그와 함께 동료 한 사람을 보냅니다. 그는 메시지를 선포하는 일로 교회 안에서 대단히 평판이 좋은 사람입니다. 그러나 그에게는 평판 이상의 것이 있습니다. 그는 바위처럼 견고하고 믿음직스럽습니다. 여러 교회가 직접 그를 뽑아 우리와 함께 여행하며 하나님의 선물을 나누는 이 일을 하게 했습니다. 그것은 하나님께 영광을 돌리고, 불미스러운 사건이나 소문이 나지 않도록 모든 주의를 기울이게 하기 위해서입니다.

20-22 우리는 누구에게서도 이 헌금 가운데 단 한 푼이라도 착복한다는 의심을 사고 싶지 않습니다. 우리는 하나님께서 우리에게 내리시는 평판은 물론이고 사람들이 우리에게 내리는 평판도 두려워하면서 조심합니다. 그런 이유로, 우리는 믿을 만한 벗 한 사람을 더 딸려 보냅니다. 그는 자신이 신뢰할 수 있는 사람임을 여러 차례 입증해 보였으며, 처음 사역을 시작한 때는 물론이고 지금도 열정적으로 일하고 있습니다. 그는 여러분에 관한 소식을 많이 들었고, 그 들은 소식으로 인해 기뻐했습니다. 그 정도로 그는 여러분에게 가기를 고대한 사람

입니다.

23-24 디도에 관해서는 두말할 필요가 없습니다. 그와 나는 여러분을 섬기는 이 일에 오랫동안 절친한 동료로 지내 왔습니다. 그와 함께 여행하는 형제들은 여러 교회에서 파견한 대표들이며, 그리스도의 참 자랑거리입니다. 그러니 여러분은 그들에게 여러분의 진면목, 곧 내가 여러 교회에서 큰소리로 자랑해 보인 여러분의 사랑을 보여주십시오. 그들의 눈으로 직접 보게 해주십시오!

9

1-2 가난한 그리스도인들을 위한 구제 헌금과 관련해 편지를 더 쓴다면, 똑같은 말을 되풀이하는 것밖에 되지 않을 것입니다. 나는 여러분이 이 일에 충분히 준비되어 있다는 것을 알고 있습니다. 나는 마케도니아 어디에서나 여러분을 자랑하며 “아가야에서는 지난해부터 이 일에 준비가 되어 있다”고 말해 왔습니다. 지금은 여러분의 열정에 관한 소문이 그들 대다수에게 퍼진 상태입니다.

3-5 이제 내가 형제들을 보내는 것은, 앞서 말한 대로 여러분이 준비되었음을 확인하고, 내가 자랑한 것이 과장된 이야기로 끝나지 않게 하려는 것입니다. 내가 몇몇 마케도니아 사람과 함께 여러분을 불시에 방문하여 여러분이 준비되지 않은 것을 보게 된다면, 우리가 그토록 자신하며 행동한 것 때문에 여러분과 우리 모두가 부끄러워 얼굴을 붉히게 될 것입니다. 내가 이 형제들을 선발대로 뽑은 것은, 그들을 여러분에게 보내어 그곳 상황을 빠짐없이 확인하고, 여러분이 약속한 헌금을 내가 이르기 전에 모두 준비하게 하려는 것입니다. 나는 여러분이 필요한 만큼의 충분한 시간을 두고 여러분 나름대로 헌금을 마련했으면 합니다. 나는 여러분이 억지로 하거나 막판에 허둥대는 것을 바라지 않습니다.

6-7 인색하게 심는 사람은 적은 곡식을 거두고, 아낌없이 심는 사람은 풍성한 곡식을 거둔다는 것을 기억하십시오. 나는 여러분 각자가 충분한 시간을 두고 생각한 다음, 얼마를 낼 것인지 작정하기를 바랍니다. 그렇게 하면 구차한 변명을 늘어놓거나, 마지못해 하는 일이 없게 될 것입니다. 하나님께서는 즐거운 마음으로 베푸는 사람을 기뻐하십니다.

8-11 하나님께서는 온갖 복을 놀라운 방식으로 부어 주실 수 있습니다. 이는 여러분이 꼭 해야 할 일을 하도록 준비시키는 것에 그치지 않고, 무슨 일이든지 넉넉히 할 수 있도록 준비시키시려는 것입니다. 이는 시편 기자가 말한 그대로입니다.

그는 가난한 사람들에게
거침없이, 아낌없이 베푼다.
그가 사는 방식, 그가 베푸는 방식은 참되어서
결코 끝나거나 닳아 없어지지 않는다.

농부에게 먹을거리가 될 씨앗을 주시는 지극히 풍성하신 하나님께서, 여러분에게도 아낌없이 베푸십니다. 하나님께서는 여러분이 베풀 수 있도록 무언가를 주셔서, 그것이 하나님 안에서 튼튼하고, 모든 면에서 풍성하고 충만한 삶으로 자라게 하십니다. 이는 여러분이 모든 면에서 후히 베푸는 사람이 되어, 우리와 더불어 하나님을 찬양하게 하려는 것입니다.

12-15 이 구제 활동을 실행에 옮기는 것은, 가난한 그리스도인들의 부족한 필요를 채워 주는 데 도움이 되는 것은 물론이고, 그 이상의 의미가 있습니다. 그것은 하나님께 드릴 풍성하고 넉넉한 감사를 낳게 합니다. 이 구제 헌금은 여러분을 최선의 상태로 살게 하는 자극제, 여러분이 그리스도의 메시지가 지닌 분명한 뜻에 공개적으로 순종하면서, 하나님께 대한 여러분의 감사를 드러내 보이게 하는 자극제입니다. 여러분은 후한 헌금을 통해 여러분의 궁핍한 형제자매에게는 물론이고, 모든 사람에게도 여러분의 감사를 보여주게 될 것입니다. 그들은 여러분의 삶에 아낌없이 베풀어 주시는 하나님의 은혜에 감동하여, 여러분이 필요로 하는 것이면 무엇이든지 들어주시기를 구하는 간절한 중보기도로 응답할 것입니다. 이 선물을 주시는 하나님께 감사드립니다. 이것을 어찌 말로 다 찬양할 수 있겠습니까!

자신의 사도직을 변호하는 바울

10 1-2 이제부터 말씀드리는 것은 사적이기는 하지만 대단히 절박한 문제입니다. 나는 그리스도의 온유하심과 확고한 영에 힘입어 말합니다. 내가 여러분과 함께 있을 때에는 움츠리고 연약하지만, 여러분과 적당히 떨어져 편지를 쓸 때에는 모질고 요구가 지나치다는 말이 들리는군요. 바라건대, 내가 여러분과 함께 있을 때에도 강경한 입장을 취하지 않게 해주십시오. 나를 가리켜 원칙 없는 기회주의자라고 말하는 자들에게 맞서는 일에, 내가 단 일 분이라도 주저할 것이라고 생각지 마십시오. 그들은 자신들이 한 말을 취소해야 할 것입니다.

3-6 세상은 원칙이 없습니다. 인정사정없는 냉혹한 곳입니다! 세상은 정정당당하게 싸우지 않습니다. 그러나 우리는 그런 식으로 살거나 싸우지 않습니다. 이제까지도 그랬고, 앞으로도 그럴 것입니다. 우리 일에 사용하는 도구는 마케팅이나 시세를 조작하는 데 쓰이는 것이 아닙니다. 우리의 도구는 타락한 문화 전체를 뒤엎는 데 쓰입니다. 우리는 하나님의 강력한 도구를 사용하여 뒤틀린 철학을 분쇄하고, 하나님의 진리를 가로막기 위해 세워진 장벽들을 허물고, 모든 흐트러진 생각과 감정과 충동을 그리스도께서 조성하신 삶의 구조에 맞게 변화시킵니다. 우리의 도구는 모든 방해의 원인을 제거하고, 성숙에 이르는 순종의 삶을 세우는 데 즉시 쓸 수 있도록 준비된 도구입니다.

7-8 여러분은 명백한 것을 보고 또 보지만, 나무는 보면서 숲은 보지 못하고 있습니다. 여러분은 그리스도 편에 서 있는 사람의 분명한 본보기를 구하면서, 어찌하여 그리도 성급하게 나를 제쳐 놓습니까? 나는 내가 그리스도와 함께 서 있

다고 확신합니다. 그러니 나를 믿어 주십시오. 여러분은 그리스도께서 나에게
주신 권위를 내가 과장해서 말한다고 생각할지 모르겠으나, 나는 내 말을 철회
할 생각이 없습니다. 내가 몸을 던져 수고한 것 하나하나는 여러분을 넘어뜨리
려는 것이 아니라, 여러분을 일으켜 세우려는 것이기 때문입니다.
9-11 내가 편지로 여러분을 위협한다는 이 소문은 어찌 된 것입니까? "그의 편지
는 강하고 설득력이 있지만, 그 사람 자신은 나약하고 말도 잘 못한다." 그러한
소문은 면밀히 조사해 보면, 전혀 근거 없다는 것이 밝혀질 것입니다. 우리는
여러분을 떠나서 편지로 쓴 것을, 여러분 곁에 있으면서도 그대로 행하는 사람
입니다. 여러분을 떠나 있든 여러분과 함께 있든, 편지로 쓰든 직접 말로 하든
간에, 우리는 동일한 사람입니다.
12 우리는 우리보다 낫다고 자처하는 사람들 편에 우리를 끼워 넣으려는 것이 아
닙니다. 우리는 그럴 생각이 없습니다. 그러나 비교하고 등급을 매기고 경쟁하
는 자들은, 사실상 핵심을 놓친 것입니다.
13-14 우리는 이 자리에서 터무니없는 주장을 하고 있는 것이 아닙니다. 우리는
하나님께서 우리에게 정해 주신 한계에서 벗어나지 않았습니다. 그 한계가 여
러분에게까지 미쳐, 여러분도 그 안에 포함된다는 사실에는 의문의 여지가 없
습니다. 우리는 다른 누군가의 영역을 침범하려는 것이 아닙니다. 우리가 이미
여러분과 함께 있지 않았습니까? 우리는 그리스도의 **메시지**를 가지고 여러분을
방문한 첫 번째 사람들이지 않습니까? 그런데도 여러분은, 우리가 편지를 보내
거나 직접 방문하는 것이 우리의 한계를 넘어선 것이 아닌가 의문을 품으니 어
찌된 일입니까?
15-18 우리는 다른 이들의 적법한 일에 쓸데없이 참견하거나, 그들의 직무에 간섭
하거나, 그들과 똑같은 혜택을 요구하려는 것이 아닙니다. 다만 우리는, 여러분
의 삶이 믿음 안에서 자라 가면서, 우리가 확장시키고 있는 일에 여러분이 나름
대로 참여하기를 바랄 따름입니다. 우리는 고린도 너머에 있는 지역에 **메시지**를
전할 때에도 하나님께서 정하신 한계를 넘지 않을 것입니다. 우리는 다른 이들
이 이루어 놓은 일을 침범하여 그것을 우리 공로로 삼을 마음이 전혀 없습니다.
"공로를 주장하려거든, 하나님을 위해 주장하십시오." 여러분이 스스로를 내세
우는 것은 하나님의 일에 아무 의미가 없습니다. 하나님께서 여러분을 내세워
주시는 것이 중요합니다.

거짓 종들

11 1-3 여러분은 내가 좀 어리석은 말을 하더라도 참아 주시겠습니까?
부디, 잠시만 참아 주십시오. 내가 여러분을 몹시 걱정하고 있다는
사실이 나를 당황스럽게 합니다. 이것은 내 안에서 타오르는 하나님의 열정이
나 다름없습니다! 나는 여러분을 그리스도와 결혼시키려 했고, 여러분을 순결
한 처녀로 신랑 되시는 그리스도께 소개했습니다. 이제 내가 걱정하는 것은, 하
와가 뱀의 번지르르한 재잘거림에 속아 넘어간 것처럼, 여러분도 유혹을 받아

그리스도를 향한 수수하고 순결한 사랑에서 멀어지고 있다는 점입니다.
4-6 어떤 사람이 나타나서 우리가 전한 것과 상당히 다른 예수—다른 영, 다른
메시지—를 전하는데도, 여러분은 그를 잘도 용납하는 것 같습니다. 이렇게 대단하다는 사도들은 용납하면서, 나처럼 평범한 사람은 용납하지 못하다니 어찌 된 일입니까? 나도 그들보다 못할 것이 없는 사람입니다. 내가 그들처럼 말을 잘하지 못하고, 여러분을 그토록 감동시키는 매끄러운 웅변도 익히지 못한 것은 사실입니다. 그러나 적어도 나는, 입을 열 때마다 내가 무엇을 이야기하고 있는지는 압니다. 우리는 아무것도 감추지 않았습니다. 우리는 여러분에게 모든 것을 털어놓았습니다.
7-12 나는 하나님의 메시지를 여러분에게 전하면서 답례로 아무것도 요구하지 않았고, 여러분에게 폐를 끼치지 않으려고 아무 사례 없이 여러분을 섬겼습니다. 그렇게 하면서 내가 큰 실수라도 범했습니까? 여러분에게 경제적인 부담을 주지 않으려고 다른 교회들이 나의 비용을 대 주었습니다. 내가 여러분과 함께 지내는 동안, 누군가 나를 돕겠다고 거든 적이 한 번도 없습니다. 내게 필요한 것은 늘 마케도니아의 신자들이 공급해 주었습니다. 나는 여러분에게 짐이 되지 않으려고 조심했고, 앞으로도 짐이 되지 않을 테니 여러분은 믿어도 좋습니다. 그리스도를 나의 증인으로 모시고 말하는데, 이것은 내 명예와 관련된 일입니다. 나는 이웃의 판단으로부터 여러분을 보호하기 위해서라도 이 일을 비밀로 해둘 마음이 없습니다. 내가 여러분을 사랑하지 않아서 그런 것이 아닙니다. 내가 여러분을 사랑하는 것은 하나님께서 아십니다. 다만 나는 우리 사이의 일을 공개하여, 숨기는 것이 없게 하려는 것뿐입니다.
12-15 이와 관련해서 나는 내 입장을 바꾸지 않을 작정입니다. 여러분의 돈을 받느니 차라리 죽는 편을 택하겠습니다. 나는 악착같이 돈을 모으면서도 자신들을 특별한 존재로 자처하는 설교자들과 나를 한통속으로 취급할 빌미를 누구에게도 주지 않을 것입니다. 그들은 그리스도의 대리인 행세를 하지만 속속들이 가짜인 가엾은 패거리—거짓 사도들, 거짓 설교자들, 부정직한 일꾼들—입니다. 그렇다고 놀랄 것까지는 없습니다! 사탄은 늘 그런 식으로 활동하고, 빼어난 빛의 천사로 가장하기 때문입니다. 그러므로 사탄의 졸개들이 하나님의 종으로 가장한다고 해서 놀랄 것이 없습니다. 그러나 그들은 그 무엇으로도 성공하지 못할 것이며, 결국에는 그 대가를 치르게 될 것입니다.

여러 번 기나긴 밤을 홀로 지새우고

16-21 출발점으로 다시 돌아가서 말씀드리겠습니다. 내가 다소 어리석은 말을 계속하더라도 나를 비난하지는 말아 주십시오. 비난하려거든, 차라리 나를 어리석은 사람으로 받아들여서, 내가 큰소리 좀 치게 해주십시오. 이러한 말투는 그리스도에게서 배운 것이 아닙니다. 오, 절대로 아닙니다. 그것은 내가 요즘 인기 있는 현란한 설교자들에게서 찾아낸 못된 버릇입니다. 여러분은 재판석에 앉아 이 모든 사기극을 관찰하기 때문에, 예상치 않게 이따금 찾아오는 어리석

은 자들의 비위까지 맞춰 줄 여유가 있는 모양입니다. 사기꾼들이 여러분의 자유를 빼앗고, 여러분을 이용해 먹고, 여러분에게 터무니없는 돈을 청구하고, 여러분을 윽박지르고, 여러분의 뺨까지 때리는데도, 여러분은 그들을 감탄스러울 정도로 참아 줍니다. 나라면 여러분에게 그렇게 할 수 없었을 것입니다. 우리는 그런 짓을 참을 만큼 비위가 강하지 않기 때문입니다.

21-23 여러분이 설교단에서 자기자랑을 늘어놓는 자들에게 감탄을 금치 못하니, 나도 자랑해 보렵니다. (이것은 어리석은 사람, 곧 여러분의 옛 친구가 하는 말이라는 것을 잊지 마십시오.) 그들이 스스로를 일컬어 히브리 사람, 이스라엘 사람, 아브라함의 순수 혈통이라고 자랑합니까? 나도 그들과 동등한 사람입니다. 그들이 그리스도의 종입니까? 나는 더욱 그렇습니다. (내가 이런 말을 하고 있다는 것이 믿기지 않습니다. 이런 식으로 말하는 것은 정신 나간 짓입니다! 그러나 시작했으니, 끝을 보겠습니다.)

23-27 나는 그들보다 더 열심히 일했고, 그들보다 더 자주 투옥되었고, 매도 셀 수 없을 만큼 많이 맞았고, 죽음의 고비도 여러 차례 넘겼습니다. 유대인들에게 매 서른아홉 대를 맞은 것이 다섯 차례, 로마 사람들에게 매질을 당한 것이 세 차례, 돌로 맞은 것이 한 차례입니다. 세 차례나 배가 난파되었고, 망망한 바다에 빠져 꼬박 하루를 보내기도 했습니다. 해마다 고된 여행을 하면서 여러 개의 강을 건너고, 강도들을 피해 다니고, 벗들과도 다투고, 적들과도 싸워야 했습니다. 도시에서도 위험에 처하고, 시골에서도 위험에 처했으며, 태양이 작열하는 사막의 위험과 폭풍이 이는 바다의 위험도 겪었고, 형제로 여겼던 사람들에게 배신도 당했습니다. 단조롭고 고된 일과 중노동을 겪고, 길고 외로운 밤을 여러 차례 지새우고, 식사도 자주 거르고, 추위에 상하고, 헐벗은 채 비바람을 맞기도 했습니다.

28-29 하지만 이 모든 것과 비교조차 할 수 없는 것은 모든 교회로 인해 겪는 곤경과 걱정입니다. 누군가 더 이상 물러설 수 없는 형편에 처하면, 나는 뼛속 깊이 절망을 느낍니다. 누가 속아 넘어가 죄를 지으면, 내 속에서 화가 불같이 타오릅니다.

30-33 굳이 나 자신을 자랑해야 한다면, 나는 내가 당한 굴욕을 자랑하겠습니다. 그 굴욕이 나를 예수처럼 되게 해주기 때문입니다. 영원히 찬양받으실 하나님, 곧 우리 주 예수의 아버지께서 내가 하는 말이 거짓이 아님을 아십니다. 내가 다마스쿠스에 있을 때, 아레다 왕의 총독이 나를 체포하려고 성문에 초병을 배치한 적이 있는데, 내가 성벽에 난 창문으로 기어 나오자, 사람들이 나를 바구니에 담아서 내려 주었고, 나는 필사적으로 도망쳤습니다.

약함에서 오는 강함

12 1-5 여러분 때문에 나는 이런 식으로 말할 수밖에 없습니다. 나는 본의 아니게 이렇게 말하는 것입니다. 이참에, 하나님께서 내게 주신 환상과 계시의 문제도 꺼내는 것이 좋겠습니다. 예를 들어, 나는 십사 년 전에 그리스도께 붙잡혀 황홀경 속에서 지극히 높은 하늘로 끌려 올라간 사람을 알

고 있습니다. 사실, 나는 이 일이 몸을 입은 채 일어났는지, 몸을 떠나서 일어났는지 알지 못합니다. 그것은 하나님만이 아십니다. 내가 알기로, 이 사람은 낙원으로 이끌려 갔는데, 몸을 입고 그렇게 된 것인지, 몸을 떠나서 그렇게 된 것인지, 나로서는 알 길이 없습니다. 하지만 하나님은 아십니다. 그는 거기서 말로 표현할 수 없는 놀라운 말을 들었지만, 그 들은 것을 발설해서는 안되었습니다. 이 사람이 내가 말하려는 그 사람입니다. 그러나 나 자신에 관해서는, 내가 당한 굴욕 외에 아무 말도 하지 않겠습니다.

6 내가 조금이라도 자랑할 마음이 있다면 우스운 꼴을 보이지 않으면서 그렇게 할 수 있고, 그러면서도 알기 쉽게 진리를 내내 말할 수 있을 것입니다. 그러나 나는 여러분을 아끼는 마음으로 그만두겠습니다. 여러분이 길에서 나를 보거나 내가 하는 말을 듣게 되거든, 나를 우연히 마주친 어리석은 사람 그 이상의 존재로 여기는 사람이 아무도 없기를 바랍니다.

7-10 받은 계시들이 엄청나고 또 내가 우쭐거려서는 안되겠기에, 주님께서는 나에게 장애를 선물로 주셔서, 늘 나의 한계들을 절감하도록 하셨습니다. 사탄의 하수인이 나를 넘어뜨리려고 전력을 다했고, 실제로 내 무릎을 꿇게 했습니다. 그래서 내가 교만하게 다닐 위험이 없게 한 것입니다! 처음에 나는 장애를 선물로 여기지 못하고, 그것을 없애 달라고 하나님께 간구했습니다. 세 번이나 그렇게 했는데, 그분께서 이렇게 말씀하셨습니다.

내 은혜가 네게 족하다. 네게 필요한 것은 그것이 전부다.
내 능력은 네 약함 속에서 진가를 드러낸다.

나는 그 말씀을 듣자마자, 이렇게 된 것을 기쁘게 받아들였습니다. 나는 장애에 집착하는 것을 그만두고, 그것을 선물로 여기며 감사하기 시작했습니다. 그것은 그리스도의 능력이 나의 약함 속으로 쇄도해 들어오는 하나의 사건이었습니다. 이제 나는 약점들을 기꺼이 받아들입니다. 나를 낮추어 주는 이 약점들—모욕, 재난, 적대 행위, 불운—을 기쁘게 받아들입니다. 나는 그저 그리스도께 넘겨드릴 따름입니다! 그리하여 나는 약하면 약할수록 점점 더 강하게 됩니다.

11-13 내가 실수를 저질렀습니다! 나는 이와 같이 말하면서 완전히 어리석은 사람이 되고 말았습니다. 그러나 그것은 내 탓만은 아닙니다. 여러분이 나를 부추긴 것입니다. 여러분은 내가 어리석은 말을 하도록 놔두기보다는 나를 지지하고 칭찬해 주었어야 했습니다. 내가 보잘것없고 하찮은 사람이기는 하지만, 여러분을 그토록 매료시킨 저 대단한 "사도들"과 견주어 내가 그들만 못한 사람이 아니라는 것을 여러분도 직접 겪어 보아서 알 것입니다. 내가 여러분과 함께 있으면서 복된 시기와 힘겨운 시기를 보내는 동안, 참 사도를 구별하는 온갖 표적들, 곧 놀라운 일과 이적과 능력의 표적들이 분명하게 나타났습니다. 여러분이

나나 하나님께로부터 다른 교회들에 비해 덜 받은 것이 있습니까? 여러분이 덜 받은 것이 한 가지 있기는 합니다. 바로 내 생활비를 책임지지 않은 것 말입니다. 참 미안하게 되었습니다. 여러분에게서 그 책임을 빼앗은 것을 용서해 주시기 바랍니다.

14-15 지금 나는 여러분을 세 번째로 방문하기 위해 모든 준비를 마친 상태입니다. 그러나 걱정하지 마십시오. 여러분은 특별히 애쓰지 않아도 됩니다. 지난 두 차례의 방문 때와 마찬가지로, 이번에도 여러분을 성가시게 하는 일은 없을 것입니다. 나는 여러분의 소유에는 관심이 없습니다. 여러분 자신에게만 관심이 있을 따름입니다. 자녀가 부모를 돌보는 것이 아니라, 부모가 자녀를 돌보는 것입니다. 여러분을 위해서라면 나는 기꺼이 내 지갑을 비우고, 내 목숨까지도 저당잡히겠습니다. 그러니 내가 여러분을 사랑할수록 여러분의 사랑을 덜 받게 되다니, 어찌 된 일입니까?

16-18 내가 앞에서는 자급하는 척하고 뒤에서는 교묘하게 속여 빼앗았다는 험담이 끊임없이 들리니, 어찌 된 일입니까? 그 증거가 어디에 있습니까? 내가 누군가를 보내서 여러분을 속이거나 여러분의 것을 빼앗은 일이 있습니까? 나는 디도에게 여러분을 방문하라고 권했고, 그와 함께 형제 몇 사람을 보냈습니다. 그들이 여러분을 속여 무언가를 빼앗은 일이 있습니까? 우리가 솔직하지 않거나 정직하지 않았던 적이 있습니까?

19 우리가 여러분을 배심원으로 여겨 줄곧 변명하고 있다고 생각하지 마시기 바랍니다. 여러분은 배심원이 아닙니다. 하나님—그리스도 안에서 계시된 하나님—이 배심원이십니다. 우리는 그분 앞에서 진술하고 있는 것입니다. 우리는 여러분의 성장을 방해하지 않으려고 자비량으로 온갖 수고를 감당했습니다.

20-21 내게는 이런 두려움이 있습니다. 내가 여러분을 방문할 때 여러분이 나를 실망시키지 않을까, 내가 여러분을 실망시키지 않을까, 서로 실망한 나머지 모든 것이 산산조각 나서, 싸움과 시기와 격분과 편가르기와 격한 말과 악한 소문과 자만과 큰 소란이 일어나지 않을까 하는 것입니다. 나는 다시 여러분에게 둘러싸여서 하나님께 창피를 당하고 싶지 않습니다. 또한 나는, 예전과 똑같이 죄짓기를 되풀이하는 저 무리—악과 불륜과 추잡한 행위의 진창 속에서 뒹굴며 헤어나오려고 하지 않는 무리—때문에 뜨거운 눈물을 흘리고 싶지도 않습니다.

그리스도께서 살아 계십니다!

13 1-4 이제 나의 세 번째 방문이 얼마 남지 않았습니다. "사건은 두세 증인이 증거를 제시하고 나서야 명백해진다"고 한 성경 말씀을 기억하십니까? 두 번째 방문에서 나는, 예전과 똑같이 죄짓기를 되풀이하는 자들에게, 내가 다시 가면 그냥 넘어가지 않겠다고 경고한 적이 있습니다. 이제 나는 세 번째 방문을 준비하면서, 멀리 있지만 거듭 경고합니다. 내가 그곳에 갈 때까지 옛 습관을 바꾸지 않는다면, 조심해야 할 것입니다. 그리스도께서 나를 통해 말씀하신다는 증거를 요구해 온 여러분은, 생각보다 많은 증거를 얻게 될 것

입니다. 여러분은 그리스도의 충만한 능력을 얻게 될 것입니다. 얻지 못할 것이라고 생각지 마십시오. 그리스도께서 십자가에 달려 돌아가실 때, 그분은 더없이 약하고 굴욕적이었지만, 지금은 강력하신 하나님의 능력으로 살아 계십니다! 우리도 볼품없어서 여러분 가운데서 굴욕을 당했지만, 이번에 여러분을 대할 때에는 하나님의 능력으로 그리스도 안에서 살아 있을 것입니다.

5-9 여러분 자신을 스스로 점검해 보십시오. 여러분은 자신이 믿음 안에서 흔들림이 없는지 스스로 확인해 보고, 모든 것을 당연한 것으로 여기며 적당히 지내는 일이 없게 하십시오. 여러분 자신을 주기적으로 점검하십시오. 여러분에게 필요한 것은, 예수 그리스도께서 여러분 안에 계신다는 전해 들은 이야기가 아니라, 직접적인 증거입니다. 그 증거가 있는지 시험해 보십시오. 만일 그 시험에 실격했다면, 방법을 강구하십시오. 나는 그 시험에서 우리가 실격자로 드러나지 않기를 바랍니다. 그러나 설령 그렇게 되더라도, 여러분이 아니라 우리가 실격자로 드러나기를 바랍니다. 우리는 여러분 안에서 이 진리가 완성되기를 응원합니다. 이것 외에 우리가 할 수 있는 일은 없습니다.

우리는 우리가 가진 한계를 그저 참고만 있는 것이 아닙니다. 우리는 그 한계를 환영하고, 나아가 그 한계를 넘어설 수 있도록 하나님이 주시는 모든 능력을 환영하며, 결국에는 여러분 안에서 그 한계를 넘어 이루어지는 진리의 승리를 경축할 것입니다. 우리는 여러분의 삶 속에서 모든 것이 온전해지기를 열심히 기도하고 있습니다.

10 여러분에게 이 편지를 써 보내는 것은, 내가 여러분에게 갈 때 이 문제에 대해 다른 말을 하지 않으려는 것입니다. 주님께서 내게 주신 권위는 사람들로 하여금 힘을 내게 하라고 주신 것이지, 그들을 무너뜨리라고 주신 것이 아닙니다. 나는 그 일을 잘 진척시키고 싶을 뿐, 책망이나 징계에 시간을 낭비할 마음이 없습니다.

11-13 친구 여러분, 이것으로 마치겠습니다. 기뻐하십시오. 모든 일이 잘 회복되도록 노력하십시오! 여러분의 영이 생명으로 넘쳐나게 하십시오. 서로 조화롭게 생각하십시오. 상냥하게 대하십시오. 모든 일을 그렇게 하십시오. 그러면 사랑과 평화의 하나님께서 틀림없이 여러분과 함께하실 것입니다. 거룩한 포옹으로 서로 인사하십시오. 이곳에 있는 모든 형제자매가 안부를 전합니다.

14 주 예수 그리스도의 놀라운 은혜와, 하나님의 아낌없는 사랑과, 성령의 친밀한 사귐이, 여러분 모두와 함께하기를 바랍니다.

종교인들이 곧잘 취하는 태도 가운데 하나는, 종교를 다른 사람들을 통제하는 수단으로 변질시켜 그들을 옴짝달싹하지 못하게 하는 것이다. 그러한 종교적 조작과 통제의 역사는 지루할 정도로 오래되었다. 종교를 그런 식으로만 이해하던 사람들이 종교로부터 벗어나는 것을 자유로 여기는 것은 당연한 노릇이다. 그러나 문제는 그 자유의 수명이 짧다는 것이다.

다소의 바울은 예수를 만난 뒤 근본적으로 전혀 다른 존재, 곧 하나님 안에서 자유의 삶을 사는 존재로 변화되어, 저 따분한 역사에 전혀 다른 장(章)을 더하려고 최선을 다하고 있었다. 예수를 만난 바울은 하나님이 사람들을 특정한 방식으로 행동하게 하는 비인격적인 힘이 아니라, 우리를 해방시켜 자유로운 삶을 살게 하는 인격적인 구원자라는 것을 알게 되었다. 하나님은 밖에서 우리를 억누르는 분이 아니라, 안에서 우리를 해방하는 분이셨다.

그것은 영광스러운 경험이었다. 바울은 자기가 만나는 사람들 누구에게나 이 자유로운 삶을 소개하고, 그 삶으로 사람들을 초대하기 시작했다. 초기에 바울은 로마 제국의 갈라디아 지역을 몇 차례 여행하면서 여러 교회를 세웠다. 그리고 몇 년 후에, 바울은 예전에 자신이 속해 있던 종파의 종교 지도자들이 그 교회들을 찾아다니면서 바울의 견해와 권위에 이의를 제기하고, 옛 방식을 다시 소개하고, 자유를 사랑하는 그리스도인들을 종교 규칙과 규정이라는 울타리에 가두고 있다는 소식을 들었다.

바울이 노발대발한 것은 당연한 일이었다. 그는 옛날 방식의 옹호자들이 강압적인 종교 수단을 소개하고, 그리스도인들을 위협하여 예수 안에 있는 자유로운 삶을 포기하게 한 것에 분노했다. 또한 그는 그러한 위협에 넘어간 그리스도인들에게도 분노했다. 그는 자신의 생각을 말하는 것에 조금의 거리낌도 없었다.

여러분은 이 어리석은 짓을 계속하렵니까? 정신 나간 사람만이 하나님께서 시작하신 일을 자신의 힘으로 성취할 수 있다고 생각합니다. 여러분은 그 일을 시작할 만큼 슬기롭거나 강하지도 못하면서, 어찌 그 일을 성취할 수 있다고 생각합니까? 여러분이 그토록 고통스러운 학습 과정을 거친 것이 다 허사였다는 말입니까? 아직 완전히 허사가 되어 버린 것은

아닙니다만, 계속 이런 식이라면 분명 허사가 되고 말 것입니다!(갈 3:2-4)

바울은 갈라디아에 있는 여러 교회에 편지를 보내어 그 교회들이—그리고 우리가—처음 가졌던 자유를 회복하도록 돕는다.

자유롭게 살되, 하나님의 영이 이끌고 북돋아 주시는 대로 사십시오. 그러면 여러분은 이기심이라는 욕망에 휘둘리지 않게 될 것입니다.……성령이 이끄시는 삶을 선택하여, 율법이 지배하는 변덕스런 욕망의 삶에서 빠져나오십시오(갈 5:16-18).

또한 그의 편지는, 하나님께서 선물로 주시는 자유의 본질이 무엇인지 우리에게 가르친다. 그것은 정말로 필요한 지침이라고 하지 않을 수 없다. 자유는 미묘하고 민감한 선물이라서 자칫 오해되거나 악용될 수 있기 때문이다.

갈라디아서

1

1-5 나 바울과 이곳에 있는 믿음의 동료들은, 갈라디아에 있는 여러 교회에 문안합니다. 내가 이렇게 편지를 보낼 수 있는 권한은, 사람들의 합의나 윗사람들의 임명에서 온 것이 아닙니다. 그것은 메시아 예수와 그분을 죽은 자들 가운데서 살리신 아버지 하나님께 직접 받은 것입니다. 나는 하나님께로부터 임명받은 사람입니다. 그러므로 나는 다음과 같은 말로 여러분에게 문안합니다. 은혜와 평화가 여러분에게 있기를 바랍니다! 우리는 이 말이 무엇을 의미하는지 잘 압니다. 예수 그리스도께서 우리 죄를 대속하기 위해 자기 몸을 제물로 바치시고, 우리가 사는 이 악한 세상에서 우리를 건져 주셨기 때문입니다. 우리 모두가 이 구원을 경험하는 것, 그것이 바로 하나님의 계획입니다. 하나님께 영광이 영원무궁토록 있기를 바랍니다! 참으로 그렇게 되기를!

다른 메시지는 없습니다

6-9 나는 여러분의 변덕이 믿기지 않습니다. 그리스도의 은혜로 여러분을 불러 주신 그분을 그렇게도 쉽게 배반하고 다른 메시지를 받아들이다니요! 여러분도 알다시피, 그것은 사소한 차이 정도가 아닙니다. 그것은 완전히 다른 메시지, 이질적인 메시지, 메시지라고 할 수도 없는 것, 하나님에 관한 거짓말이기 때문입니다. 이처럼 여러분 사이에서 동요를 일으키는 자들이 그리스도의 메시지를 왜곡하고 있습니다. 단도직입적으로 말하겠습니다. 우리 가운데 어떤 사람이, 심지어 하늘에서 온 천사일지라도, 우리가 처음 전한 메시지와 다른 것을 전한다면, 그는 저주를 받아 마땅합니다. 전에 말씀드렸고 이제 다시 말씀드리지만, 아무리 유명하고 자격이 대단한 사람이라도 여러분이 처음 받은 메시지와 다른 것을 전하는 사람이 있다면, 그는 저주를 받아 마땅합니다.

10-12 내가 이처럼 강경하게 말하는 것이 사람들을 조종하려는 것이겠습니까? 혹

은 하나님의 환심을 사려는 것이겠습니까? 아니면 대중의 박수를 얻으려는 것이겠습니까? 대중의 인기를 얻는 것이 나의 목표라면, 나는 그리스도의 종이 되려고 애쓰지 않을 것입니다. 이것을 알아야 합니다. 친구 여러분, 아주 단호하게 말씀드립니다. 내가 여러분에게 전한 이 위대한 **메시지**는 그저 인간의 낙관론이 아닙니다. 그것은 내가 전통으로 물려받은 것도 아니고, 어떤 학파로부터 배운 것도 아닙니다. 나는 그것을 하나님께로부터 직접 받았습니다. 나는 그 **메시지**를 예수 그리스도께로부터 직접 받았습니다.

13-16 여러분은 내가 전에 유대인의 방식대로 살 때 어떻게 행동했었는지 이야기
를 들었을 것입니다. 그 당시 나는 하나님의 교회를 박해하는 일에 전력을 다했
습니다. 나는 하나님의 교회를 철저히 파괴하려고 했습니다. 내 조상의 전통을
지키는 일에 어찌나 열성을 다했던지, 그 면에서 나는 내 동료들보다 훨씬 앞서
있었습니다. 그러나 그때에도 하나님은 나를 향한 계획을 가지고 계셨습니다.
내가 아직 모태에 있을 때, 그분은 너그럽게도 나를 택하시고 불러 주셨습니다!
그분은 내게 개입하시고 자기 아들을 나타내 보이셔서, 나로 하여금 기쁜 마음
으로 그 아들을 이방인들에게 알리게 하셨습니다.

16-20 나는 부르심을 받자마자—내 주위의 누구와도 상의하지 않고, 나보다 먼
저 사도가 된 사람들과 의논하러 예루살렘으로 올라가지도 않고—곧장 아라비
아로 갔습니다. 그리고 얼마 후 다마스쿠스로 되돌아갔고, 삼 년 후에 베드로와
함께 내가 전하는 이야기를 서로 비교해 보려고 예루살렘으로 올라갔습니다.
내가 예루살렘에 머문 기간은 고작 보름 정도였으나, 거기서 지낸 시간은 정말
대단했습니다. 나는 우리 주님의 동생 야고보만 만났을 뿐 다른 사도들은 구경
도 못했습니다. (내가 여러분에게 하는 이 말은 절대로 거짓말이 아닙니다.)

21-24 그 후에 나는 시리아와 길리기아에서 사역을 시작했습니다. 그렇게 시간을
보내며 활동한 뒤에도, 나는 유대에 있는 그리스도의 교회들에 얼굴이 알려지
지 않았습니다. 그저 "전에 우리를 박해하던 사람이 이제는 자기가 없애 버리려
던 그 메시지를 전하고 있다"는 소문만 떠돌 뿐이었습니다. 그들이 나에 대해
보인 반응은, 나로 인해 하나님을 알아보고 그분을 경배한 것이었습니다!

내 중심은 더 이상 내가 아닙니다

2

1-5 첫 번째 방문이 있고 십사 년이 지나서, 바나바와 나는 디도를 데리고
예루살렘으로 올라갔습니다. 내가 예루살렘으로 간 것은, 내가 계시받은
것을 그들에게 분명히 설명하기 위해서였습니다. 그때 나는 이방인들에게 무엇
을 전했는지 그들에게 정확하게 설명했고, 교회에서 존경받는 지도자들에게도
따로 설명했습니다. 그것은 우리의 일이, 유대인과 이방인 사이의 관계 문제로
인해 오명을 얻게 되거나, 공공연한 쟁점이 되는 것을 막기 위해서였습니다. 그
러지 않으면, 자칫 여러 해에 걸쳐 이루어진 나의 활동이 훼손되고, 현재 진행
되고 있는 나의 사역이 위험에 처할 수도 있었기 때문입니다. 유대인이 아닌 디
도가 할례를 강요받지 않았다는 사실에 유념하십시오. 우리가 협의하고 있는

중에 그리스도인인 척하는 첩자들이 침투한 일이 있었습니다. 그들은 참된 그리스도인들이 어떤 자유를 누리는지 엿보려고 슬그머니 끼어든 자들이었습니다. 그들의 저의는 우리를 꾀어 자신들의 종으로 삼으려는 것이었습니다. 그러나 우리는 그들을 거들떠보지도 않았습니다. 여러분을 위해 메시지의 진리를 지키기로 결심했기 때문이었습니다.

6-10 교회 안에서 중요 인사로 여겨지는 사람들이 어떤 평판을 받든, 나는 아무 관심이 없습니다. 하나님은 사람의 겉모습에 감동하지 않으시며, 나 또한 그러합니다. 그 지도자들은 내가 줄곧 전한 메시지에 어떤 것도 덧붙이지 못했습니다. 하나님께서 베드로가 유대인들에게 전한 것과 똑같은 메시지를 내게 맡겨 주셔서 이방인들에게 전하게 하셨다는 사실이 조만간 드러났습니다. 교회의 기둥인 야고보와 베드로와 요한은 하나님께서 나를 부르셨음을 알고서, 나와 바나바에게 손을 내밀어 악수하고, 우리에게는 이방인들을 상대로 하는 사역을 맡기고, 자신들은 계속해서 유대인들에게 나아가기로 했습니다. 그들이 우리에게 한 가지 당부한 것은, 가난한 사람들을 기억해 달라는 것이었습니다. 그것은 내가 이미 열심히 하고 있던 일이었습니다.

11-13 그 후에 베드로가 안디옥에 왔을 때, 나는 그와 정면으로 맞선 적이 있습니다. 그가 분명하게 잘못한 일이 있었기 때문입니다. 이야기는 이렇습니다. 베드로는 야고보가 보낸 몇몇 사람들이 오기 전만 해도, 식사 때마다 이방인들과 함께 식사를 했습니다. 그러나 예루살렘에서 보수적인 사람들이 오자, 그는 슬그머니 뒤로 물러나, 할 수 있는 한 이방인 동료들과 거리를 두었습니다. 그는 할례라는 옛 방식을 강요해 온 유대 보수파를 두려워했던 것입니다. 안타깝게도, 안디옥 교회에 있던 나머지 유대인들도 그런 위선에 동조했고, 바나바까지도 그런 수작에 휩쓸리고 말았습니다.

14 나는 그들이 메시지를 따라 한결같이 바른 길을 걷지 않는 것을 보고, 그들 모두가 보는 앞에서 베드로에게 이렇게 말했습니다. "당신은 예루살렘에서 파견된 감시인들이 보지 않을 때는 유대인이면서도 이방인처럼 살더니, 이제는 예루살렘에서 온 당신의 옛 동료들에게 좋은 인상을 주려고 이방인에게 유대인의 관습을 강요하는군요. 도대체 무슨 권한으로 그렇게 하는 것입니까?"

15-16 우리가 유대인이기는 하지만 "죄인인 이방인"보다 태생적으로 우월한 것은 아니라는 것을 우리는 압니다. 우리는 율법을 지킴으로써 하나님과 올바른 관계가 되는 것이 아니라, 오직 예수 그리스도를 직접 믿음으로써 하나님과 올바른 관계가 되는 것임을 잘 알고 있습니다. 어떻게 압니까? 우리가 그것을 시험해 보았기 때문입니다. 우리는 이 세상에서 가장 훌륭한 율법 체계를 가지고 있습니다! 그러나 우리는 누구도 자기 개선을 통해서는 하나님을 기쁘시게 해드릴 수 없음을 깨닫고, 예수를 메시아로 믿었습니다. 자기 힘으로 선한 사람이 되려고 애쓰기보다는, 메시아를 믿음으로 하나님과 올바른 관계에 들어가게 되었습니다.

17-18 혹시 우리가 아직 완전한 사람이 아니라는 것을 눈치 챘습니까? (그리 놀랄

일도 아닙니다.) 나처럼 그리스도를 통해 하나님과 바른 관계를 맺으려는 사람들
이 덕을 완전히 갖추지 못했다는 이유로, 그리스도는 죄의 방조자임에 틀림없
다고 비난하시렵니까? 그런 비난은 섣부른 것입니다. 내가 "자기 힘으로 선한
사람이 되려고" 한다면, 그것은 전에 헐어 버린 낡은 헛간을 다시 세우는 셈이
되고, 사기꾼처럼 행동하는 꼴이 되고 말 것입니다.
19-21 실제로 일어난 일을 말하자면 이렇습니다. 나는 율법을 지키려고 애쓰고 하
나님을 기쁘시게 해드리려고 고심했지만, 뜻대로 되지 않았습니다. 그래서 나
는 "율법의 사람"이 되기를 포기했습니다. 그것은 "하나님의 사람"이 되기 위해
서였습니다. 그리스도의 삶이 내게 방법을 일러 주었고, 그렇게 살도록 해주었
습니다. 나는 그리스도와 나를 완전히 동일시했습니다. 정말로 나는 그리스도
와 함께 십자가에 못 박혔습니다. 이제 내 자아는 더 이상 내 중심이 아닙니다.
나는 더 이상 여러분에게 의롭게 보이거나 여러분에게서 좋은 평판을 얻고 싶
은 마음이 없습니다. 나는 더 이상 하나님께 좋은 평가를 얻어야 한다는 강박관
념이 없습니다. 그리스도께서 내 안에서 살고 계십니다. 여러분이 보는 내 삶은
"나의 것"이 아니라, 나를 사랑하시고 나를 위해 자기 목숨을 내어주신 하나님
의 아들을 믿는 믿음으로 살아가는 삶입니다. 나는 이 삶을 저버리지 않을 것입
니다.
21 내가 율법을 준수하거나 사람을 기쁘게 하는 종교로 되돌아간다면, 그것은
하나님과의 관계에서 인격적으로 누리는 자유를 송두리째 포기하는 일이 되지
않겠습니까? 나는 그렇게 하지 않을 것입니다. 나는 하나님의 은혜를 거부하지
않을 것입니다. 하나님과의 생생한 관계가 율법을 지킴으로 이루어지는 것이라
면, 그리스도는 헛되이 죽으신 것이 됩니다.

율법이 아닌 그리스도를 믿는 믿음

3 1 정신 나간 갈라디아 사람들이여! 누가 여러분을 홀렸습니까? 여러분은
분별력을 잃었습니까? 십자가에 달리신 예수를 삶의 중심에 놓지 않고
있음이 분명하니, 여러분은 제정신이 아닌 것이 틀림없습니다. 십자가에 달리
신 그분의 모습이 여러분의 눈에 선할 텐데, 어찌 그럴 수 있습니까?
2-4 여러분에게 한 가지 묻겠습니다. 여러분의 새 삶이 어떻게 시작되었습니까?
하나님을 기쁘시게 해드리기 위해 죽도록 노력함으로써 시작되었습니까? 아
니면 여러분이 받은 하나님의 메시지에 응답함으로써 시작되었습니까? 여러분
은 이 어리석은 짓을 계속하렵니까? 정신 나간 사람만이 하나님께서 시작하신
일을 자신의 힘으로 성취할 수 있다고 생각합니다. 여러분은 그 일을 시작할 만
큼 슬기롭거나 강하지도 못하면서, 어찌 그 일을 성취할 수 있다고 생각합니까?
여러분이 그토록 고통스러운 학습 과정을 거친 것이 다 허사였다는 말입니까?
아직 완전히 허사가 되어 버린 것은 아닙니다만, 계속 이런 식이라면 분명 허사
가 되고 말 것입니다!
5-6 대답해 보십시오. 하나님께서 여러분에게 자신의 임재, 곧 성령을 아낌없이

주셔서 여러분 스스로는 결코 할 수 없는 일을 하게 하신 것이, 여러분의 부단
한 도덕적 열심 때문입니까, 아니면 여러분 안에서 그 모든 일을 행하시는 그분
을 믿어서입니까? 이 모든 일이 여러분에게서 일어난 것은 아브라함의 경우와
같지 않습니까? 그는 하나님을 믿었고, 그 믿음의 행위가 하나님과 올바른 관
계를 유지하는 삶으로 변화된 것입니다.

7-8 (율법을 신뢰하는 사람들이 아니라!) 그리스도를 신뢰하는 사람들이야말로 아브라
함처럼 믿음의 자녀인 것이 분명하지 않습니까? 또한 성경에는, 하나님께서 이
방인과도 믿음에 근거하여 올바른 관계를 맺으실 것이라는 사실이 이미 기록되
어 있습니다. 성경은 아브라함에게 "모든 민족이 네 안에서 복을 받을 것이다"
라고 약속하면서, 그 사실을 미리 내다보았습니다.

9-10 그러므로 이제 믿음으로 사는 이들은 믿음으로 살았던 아브라함과 함께 복
을 받습니다. 이것은 결코 새로운 가르침이 아닙니다! 그리고 이것은 하나님을
의지하지 않고 스스로의 힘으로 살려고 하는 사람은, 누구든지 실패할 수밖에
없음을 의미합니다. 성경은 이렇게 뒷받침합니다. "율법 책에 기록된 모든 조항
가운데 하나라도 행하지 않는 자는 심한 저주를 받게 된다."

11-12 그 같은 도덕적 요구조항을 온전히 지킬 수 없다는 것은 분명합니다. 그러
므로 그런 식으로는 누구도 하나님과 바른 관계를 유지할 수 없습니다. 하나님
과 바른 관계를 맺고 사는 사람은, 하나님께서 마련해 주시는 일을 받아들임으
로써 그런 삶을 살아갑니다. 하나님을 위해 무언가를 하는 것과, 하나님이 해주
시는 일 속으로 들어가는 것은 분명히 다릅니다. 예언자 하박국이 옳았습니다.
"하나님을 믿는 사람은, 하나님께서 바로잡아 주신다. 그것만이 참된 삶이다."
율법 준수는 믿음으로 사는 삶으로 자연스럽게 나아가기는 커녕, 더 많은 율법
준수로 이어지게 마련입니다. 그것은 성경에 기록되어 있는 사실이기도 합니
다. "이와 같은 일(율법 준수)을 하는 사람은 그 일로 살 것이다."

13-14 그리스도께서는 실패할 수밖에 없는, 저주받은 우리 삶을 온전히 자기 것으
로 삼으심으로, 그 삶에서 우리를 건져 주셨습니다. 여러분은 "나무에 달린 자
는 모두 저주를 받은 자다"라는 성경 말씀을 기억하실 것입니다. 예수께서 십자
가에 못 박히실 때 바로 그런 일이 일어났습니다. 그분은 저주를 받은 자가 되
셨고, 동시에 그 저주를 푸셨습니다. 그 일로 모든 장애물이 사라져, 이제 우리
는 아브라함의 복이 지금도 계속되고 있으며, 그 복이 이방인에게도 유효하다
는 사실을 알게 되었습니다. 우리는 너나 할 것 없이 믿음으로—아브라함이 받았
던 것과 똑같은 방식으로—하나님의 생명, 곧 성령을 받을 수 있게 되었습니다.

15-18 친구 여러분, 내가 말씀드리는 자유의 삶에 대해 일상생활로부터 한 가지
예를 들어 보겠습니다. 어떤 사람이 유언장을 법 절차에 따라 작성해 놓으면,
아무도 그것을 무효로 하거나 거기에 무언가를 덧붙일 수 없습니다. 이제 약속
이 아브라함과 그의 후손에게 주어졌습니다. 여러분도 알다시피, 성경은 마치

일반인 모두를 가리키는 것처럼 "후손들에게"라고 말하지 않고, 법률 문서에서 쓰는 신중한 용어로 "네 후손에게"라고 말합니다(여기서 '후손'을 뜻하는 명사는 단수로 쓰였습니다). 그 후손은 다름 아닌 그리스도를 가리킵니다. 내가 말하려는 것은 이렇습니다. 하나님께서 일찍이 적법하게 확정하신 유언을, 430년 후에 덧붙여진 부록이 그 유언의 약속을 무효로 하여 파기할 수 없습니다. 절대로 그럴 수 없습니다. 부록에 명시된 계명들과 규정들은, 유언에 약속된 유산과는 아무 관계가 없습니다.

18-20 그렇다면 율법, 곧 부록의 취지는 무엇일까요? 율법은 아브라함에게 주신 처음 약속에 덧붙여진 것으로, 사려 깊은 배려였습니다. 율법의 의의는 (후손이신) 그리스도께서 오셔서 약속을 물려받으시고, 그 약속을 우리에게 나눠 주실 때까지 죄인들을 구원의 길에 붙잡아 두는 데 있습니다. 이 율법이 하나님과의 직접적인 만남의 결과가 아니라는 점은 분명합니다. 그것은 천사들을 통해 중개자인 모세의 손을 거쳐 제정되었습니다. 그런데 시내 산에서처럼 중개자가 있다면, 사람들이 하나님과 직접 교제하는 것은 아니지 않습니까? 믿음으로 받는, 복에 관한 첫 약속은 하나님이 직접 주신 것입니다.

21-22 그렇다면 율법은 약속과 반대되는 것, 곧 우리를 향하신 하나님의 뜻과 반대되는 것일까요? 결코 그렇지 않습니다. 율법의 취지는, 우리 스스로는 하나님과 올바른 관계를 맺을 수 없음을 모든 사람에게 분명히 알리는 것입니다. 하나님께서 자신의 약속을 성취하실 때까지 믿음으로 기다림으로써만 얻을 수 있는 것을, 우리 스스로의 노력으로 얻겠다고 종교 체계를 고안해 내는 것이 얼마나 쓸데없는 짓인지 드러내 보이는 데 있습니다. 율법을 준수해서 우리 안에 생명을 창조할 능력이 있었다면, 우리는 벌써 생명을 얻고도 남았을 것입니다.

23-24 우리가 충분히 성숙해져서 살아 계신 하나님께 믿음으로 흔쾌히 응답하기까지, 우리는 모세의 율법에 세심하게 둘러싸여 보호받을 수밖에 없었습니다. 율법은 여러분이 잘 아는, 그리스의 가정교사와 같습니다. 아이들을 학교까지 바래다주고, 아이들이 위험에 빠지거나 산만해지지 않도록 지켜 주고, 목적지까지 안천하게 도착하도록 도와주는 가정교사 말입니다.

25-27 그러나 이제 여러분은 여러분의 목적지에 이르렀습니다. 여러분은 그리스도를 믿음으로, 하나님과 직접 사귀게 되었습니다. 여러분이 그리스도 안에서 받은 세례는 새 출발을 할 수 있도록 깨끗해지는 것에서 끝나지 않습니다. 세례는 또한 성숙한 신앙의 옷을 입는 것을 의미합니다. 그 옷은 다름 아닌 그리스도의 생명, 곧 하나님께서 처음 하신 약속의 성취입니다.

그리스도 안에는 차별이 없다

28-29 그리스도의 집안에는 유대인이나 이방인이나, 자유인이나 종이나, 남자나 여자나 차별이 없습니다. 우리 사이에서 여러분은 모두 평등합니다. 다시 말해, 우리는 다 함께 예수 그리스도와 관계를 맺고 있는 사람들입니다. 또한 여러분은 그리스도와 한가족이니, 바로 여러분이 아브라함의 "후손"이며, 언약의 약속

에 따른 상속자입니다.

4 1-3 이 말이 무슨 뜻인지 말씀드리겠습니다. 상속자가 미성년일 때는 종보다 나을 것이 없습니다. 그는 법적으로는 모든 유산의 주인이지만, 아버지가 정해 놓은 자유의 때까지는 가정교사나 유산 관리인의 지배를 받아야 합니다. 우리도 마찬가지입니다. 우리도 어릴 때에는 유치한 교훈(이 세상의 가정교사와 유산 관리인)에 둘러싸여 종처럼 명령을 받았습니다. 스스로 행동을 결정할 권한이 없었습니다.

4-7 그러나 정하신 때가 차자, 아버지 하나님은 자기 아들을 보내셔서 우리와 마찬가지로 여자에게서 태어나게 하시고 율법의 제약을 받게 하셨습니다. 그것은 율법에 사로잡힌 우리와 같은 사람들을 건지시기 위해서였습니다. 그 결과로, 우리는 자유인이 되어 정당한 상속자의 권리를 누릴 수 있게 되었습니다. 이제 여러분은, 하나님의 자녀로 완전히 입양되었다고 자신 있게 말할 수 있습니다. 하나님께서 자기 아들의 영을 우리의 삶에 보내셔서 "아빠! 아버지!"라 부르도록 하셨으니 말입니다. 하나님과 친밀한 대화를 나눌 수 있는 특권을 가졌으니, 여러분은 이제 종이 아니라 자녀입니다. 그리고 자녀이면, 유산을 완전히 물려받을 수 있는 상속자이기도 합니다.

8-11 전에 여러분이 하나님을 개인적으로 알지 못하던 때에는 신성과는 아무 상관이 없는 신들에게 종 노릇했지만, 이제는 진짜 하나님을 알게 되었습니다. 아니, 하나님께서 여러분을 알아 주셨습니다. 그러니 어찌 다시 종이호랑이들에게 굽실거릴 수 있겠습니까? 그런데도 여러분은 특정한 날과 절기와 해와 관련된, 모든 전통과 금기와 미신을 두려워하며 꼼꼼히 지키더군요. 여러분과 함께 있으면서 기울인 나의 모든 수고가 연기처럼 사라질까 두려울 따름입니다!

12-13 사랑하는 친구 여러분, 내가 여러분과 함께 있을 때에 여러분의 입장에 서려고 노력했던 것처럼, 여러분도 나의 입장에 서려고 노력해 주십시오. 그때 여러분은 참으로 다감하고 친절했습니다. 여러분은 개인적으로 나에게 함부로 하지 않았습니다. 여러분도 잘 알다시피, 내가 여러분에게 메시지를 전하게 된 것은, 내 육체가 병들었기 때문이었습니다. 육체가 병들어 여행을 계속할 수 없게 되었고, 나는 여행을 멈추고 여러분과 함께 있지 않으면 안되었습니다. 내가 여러분에게 메시지를 전하게 된 것은 바로 그 때문입니다.

14-16 아픈 손님을 맞이하는 것만큼 골치 아픈 일도 없을 것입니다. 그런데도 여러분은 하나님의 천사를 대하듯 나를 대했습니다. 여러분은 마치 예수께서 친히 여러분을 방문하시기라도 한 것처럼, 나를 대하면서 예수를 대하듯 했습니다. 그런데 여러분은 그런 사실을 까마득히 잊었습니까? 그 당시 여러분이 느꼈던 그 만족은 다 어떻게 된 것입니까? 그때 여러분 가운데는 할 수만 있다면 내게 자기 눈을 빼 주려고 한 이들도 있었습니다. 그 정도로 나를 생각한 여러분이었습니다! 그런데 이제는 내가 여러분에게 진리를 말했다고 해서 갑자기

여러분의 원수가 되었다는 말입니까? 도무지 믿기지 않습니다.
17 저 이단 교사들이 여러분에게 장광설을 늘어놓으면서 아첨을 떨고 있지만, 그들은 더러운 동기에서 그렇게 하는 것입니다. 그들은 하나님께서 은혜로이 열어 놓으신 자유의 세계를 보지 못하도록 여러분의 눈을 가려서, 자신들을 중요 인물로 돋보이게 하고 여러분으로 하여금 자신들에게서 승인과 지도를 구하게 하려는 것입니다.

18-20 선을 열심히 행하는 것은, 내가 여러분과 함께 있을 때뿐만 아니라 언제든지 좋은 일입니다. 내가 여러분과 함께 있을 때에는 나라는 사람과 내가 전한 메시지에 관심을 기울이더니, 이제는 내가 여러분을 떠났다고 관심을 기울이지 않는 것인가요? 여러분은 내가 얼마나 절절한 심정인지 아십니까? 이 심정은 그리스도의 생명이 여러분의 삶 속에서 드러날 때까지 계속 이어질 것입니다. 나는 지금 산고를 겪는 어머니와 같은 심정입니다. 오, 여러분과 함께 있다면 좋겠습니다. 그렇다면 이렇게 좌절감에서 터져 나온 냉담한 편지 형식의 글을 보내지 않아도 되었을 테니까요.
21-31 율법에 흠뻑 빠진 여러분, 내게 말해 보십시오. 여러분은 율법을 자세히 살펴보았습니까? 기억하겠지만, 아브라함에게는 두 아들이 있었습니다. 하나는 여종의 아들이고, 다른 하나는 자유인 여인의 아들입니다. 여종의 아들은 인간적인 묵인 아래 태어났고, 자유인 여인의 아들은 하나님의 약속으로 태어났습니다. 이것은 지금 우리가 다루고 있는 주제를 잘 설명해 줍니다. 그 두 출생 방식은 하나님과 관계를 맺는 두 가지 방식을 가리킵니다. 그중 하나는 아라비아의 시내 산에서 생겨난 방식입니다. 그것은 지금도 예루살렘에서 계속되고 있는 것과 일치하는 삶, 곧 끊임없이 종을 만들어 내는 종의 삶입니다. 바로 하갈의 방식입니다. 반면에, 우리 눈에 보이지 않는 예루살렘 곧 자유로운 예루살렘이 있는데, 그 예루살렘이 바로 우리의 어머니입니다. 이는 다름 아닌 사라의 방식입니다. 이사야가 기록한 것을 기억해 보십시오.

즐거워하여라, 아이를 낳지 못하는 여인아!
환성을 올려라, 산고를 겪어 보지 못한 여인아!
아이를 낳지 못하던 여인의 자녀가
선택받은 여인의 자녀보다 훨씬 많기 때문이다.

친구 여러분, 여러분은 이삭과 같은 약속의 자녀라는 것이 분명하지 않습니까? 하갈과 사라의 시대에는, 부정한 묵인 아래 태어난 아이 이스마엘이, 신실한 약속으로—성령의 능력으로—태어난 아이 이삭을 괴롭혔습니다. 여러분이 지금 예루살렘 출신의 이단자들에게 괴롭힘을 받는 것은 바로 그런 일의 되풀이라는 점이 분명하지 않습니까? 우리가 어찌해야 하는지 성경은 이렇게 말하고 있습니다. "여종과 그 아들을 내쫓아라. 종의 아들은 자유인 아들과 함께 상속을 받을 수 없기 때문이다." 그렇다면 분명하지 않습니까? 우리는 여종의 자녀가 아니라, 자유인 여인의 자녀입니다.

그리스도인의 자유

5 1 그리스도께서 우리를 해방시켜 자유로운 삶을 살게 해주셨습니다. 그러니 굳게 서십시오! 그 누구도 다시 여러분에게 종의 멍에를 씌우지 못하게 하십시오!

2-3 나는 단호하게 말씀드립니다. 여러분 가운데 누군가가 할례를 받고 여타의 율법 체계에 굴복하는 순간, 그리스도께서 애써 쟁취하신 자유라는 선물은 사라지고 맙니다. 거듭해서 경고합니다. 할례의 방식을 받아들이는 사람은, 그리스도 안에서 이루어지는 자유로운 삶의 유익을 율법이라는 종의 삶의 의무로 바꾸는 자입니다.

4-6 나는 여러분이 의도한 것이라고는 생각하지 않지만, 그런 일이 실제로 일어나고 있습니다. 여러분이 종교활동에 기대어 살려고 하는 순간, 여러분은 그리스도에게서 떨어져 나간 것이며, 은혜에서 떨어져 나간 것입니다. 그러나 우리는 성령과의 만족스러운 사귐을 애타게 기다리고 있습니다. 그리스도 안에서는 종교적 의무를 성실히 준수하거나 무시하거나 아무 차이가 없기 때문입니다. 중요한 것은 그보다 훨씬 내적인 것입니다. 그것은 다름 아닌 사랑으로 표현되는 믿음입니다.

7-10 여러분은 아주 잘 달리고 있었습니다! 그런데 누가 여러분의 길에 끼어들어, 여러분을 참된 복종의 길에서 멀어지게 했습니까? 그러한 탈선은, 애초에 여러분을 경주로 불러 주신 분께로부터 온 것이 아닙니다. 이 말을 그저 한 귀로 듣고 흘려보내지 마십시오. 여러분도 알다시피, 약간의 누룩이 순식간에 반죽 전체를 부풀어 오르게 합니다. 주님은 내 마음 깊은 곳에 여러분이 변절하지 않을 것이라는 확신을 주셨습니다. 그러나 누구든지 여러분을 흔드는 자는, 하나님의 심판을 받게 될 것입니다.

11-12 내가 (다마스쿠스 길에 들어서기 전에 그랬듯이) 지금도 계속해서 할례의 방식을 전하고 있다는 소문은 터무니없는 것입니다. 만일 그렇다면, 왜 내가 지금도 박해를 받겠습니까? 내가 그 낡은 메시지를 전하면서 이따금 십자가를 언급한다면, 아무도 기분 상하지 않을 것입니다. 그처럼 물에 물 탄 듯한 메시지는 아무도 상관하지 않습니다. 할례에 집착하여 여러분을 선동하는 자들은 아예 끝까지 가서 거세하는 편이 좋겠습니다!

13-15 하나님께서 여러분을 자유로운 삶으로 부르셨다는 것은 틀림없는 사실입니다. 그러나 여러분은 그 자유를 방탕한 삶을 위한 구실로 삼지 마십시오. 여러분의 자유를 망치지 마십시오. 오히려 여러분의 자유를 사랑 안에서 서로 섬기는 일에 사용하십시오. 그것이야말로 자유가 자라는 길입니다. 우리가 하나님 말씀에 대해 아는 모든 것을 한 문장으로 요약하면, "네 자신을 사랑하듯이 다

른 사람을 사랑하라"는 것입니다. 이것이야말로 참된 자유의 행위입니다. 여러 분이 서로 물어뜯고 할퀴면, 얼마 못 가서 서로가 파멸할 것이니 조심하십시오. 만일 그렇게 된다면, 여러분의 값진 자유가 설 자리가 어디에 있겠습니까?

16-18 내가 드리는 조언은 이러합니다. 자유롭게 살되, 하나님의 영이 이끌고 북돋아 주시는 대로 사십시오. 그러면 여러분은 이기심이라는 욕망에 휘둘리지 않게 될 것입니다. 우리 안에는 죄스러운 이기심이 자리하고 있는데, 그것은 자유로운 영을 거스릅니다. 자유로운 영은 이기심과 양립할 수 없습니다. 그 두 가지 생활방식은 정반대입니다. 여러분은 그날그날 기분에 따라서, 어떤 때는 이렇게 살고 어떤 때는 저렇게 살 수 없습니다. 성령이 이끄시는 삶을 선택하여, 율법이 지배하는 변덕스런 욕망의 삶에서 빠져나오십시오.

⚜

19-21 여러분이 항상 자기 마음대로 살려고 할 때 여러분의 삶이 어떻게 될지는 아주 분명합니다. 사랑 없이 되풀이되는 값싼 섹스, 악취를 풍기며 쌓이는 정신과 감정의 쓰레기, 과도하게 집착하지만 기쁨 없는 행복, 껍데기 우상들, 마술쇼 같은 종교, 편집증적 외로움, 살벌한 경쟁, 모든 것을 집어삼키지만 결코 만족할 줄 모르는 욕망, 잔인한 기질, 사랑할 줄도 모르고 사랑받을 줄도 모르는 무력감, 찢겨진 가정과 찢어진 삶, 편협한 마음과 왜곡된 추구, 모든 이를 경쟁자로 여기는 악한 습관, 통제되지도 않고 통제할 수도 없는 중독, 이름뿐인 꼴사나운 공동체 등이 그것입니다. 더 열거할 수도 있지만 그만하겠습니다.
여러분도 알다시피, 내가 여러분에게 경고한 것이 이번이 처음은 아닙니다. 여러분이 자신의 자유를 그런 식으로 사용하면, 여러분은 하나님 나라를 상속받지 못할 것입니다.

22-23 그러나 우리가 하나님의 방법대로 살면 어떤 일이 일어날까요? 과수원에 과일이 풍성히 맺히는 것처럼, 하나님께서 우리의 삶에 여러 가지 선물—다른 사람들에 대한 호의, 풍성한 삶, 고요함 같은 것들—을 풍성히 주실 것입니다. 또한 우리는 끝까지 견디는 마음과, 긍휼히 여기는 마음과, 사물과 사람들 속에 기본적인 거룩함이 스며들어 있다는 확신을 갖게 될 것입니다. 우리는 충성스럽게 헌신하고, 우리가 살아가는 방식을 강요하지 않으며, 우리의 에너지를 슬기롭게 모으고 관리할 수 있을 것입니다.

23-24 율법주의는 이와 같은 삶을 자라게 하는 데 아무 도움이 되지 않습니다. 그저 방해만 될 뿐입니다. 그리스도께 속한 사람들에게는, 자기 마음대로 사는 삶이나 남들이 필요하다고 말하는 것에 부화뇌동하는 삶이 영원히 끝났습니다. 그들은 그런 삶을 십자가에 못 박았습니다.

25-26 이것이 우리가 선택한 삶, 곧 성령의 인도를 받는 삶이니, 그 삶을 그저 머릿속 사상이나 마음속 감정으로 여기지 말고, 그 삶에 담긴 뜻을 우리 삶 구석구석에 힘써 적용하십시오. 마치 우리 가운데 누구는 더 낫고 누구는 모자라기라도 한 것처럼 비교하지 말아야 한다는 뜻입니다. 우리에게는 살면서 해야 할

훨씬 흥미로운 일들이 많습니다. 우리는 저마다 하나님의 독특한 작품입니다.

십자가만 자랑하는 삶

6 1-3 친구 여러분, 창조적으로 사십시오! 누군가가 죄에 빠지거든 너그러
운 마음으로 그를 바로잡아 주고, 여러분 자신을 위해 비판의 말을 아끼
십시오. 여러분도 하루가 가기 전에 용서가 필요하게 될지 모르기 때문입니다.
눌린 사람들에게 몸을 굽혀 손을 내미십시오. 그들의 짐을 나누어 짐으로써, 그
리스도의 법을 완성하십시오. 자신이 너무 잘나서 그런 일을 할 수 없다고 생각
한다면, 여러분은 대단한 착각에 빠진 것입니다.
4-5 여러분 자신이 어떤 사람이며 여러분에게 맡겨진 일이 무엇인지 조심스럽게
살핀 다음에, 그 일에 몰두하십시오. 우쭐대지 마십시오. 남과 비교하지 마십시
오. 여러분은 저마다 창조적으로 최선의 삶을 살아야 할 책임이 있습니다.
6 여러분이 스스로 설 수 있을 만큼 성숙해진 것은 훈련을 받았기 때문인데, 여
러분은 여러분을 훈련시킨 사람들과 넉넉한 마음으로 삶을 공유해야 합니다.
여러분이 소유한 것이든 경험한 것이든, 온갖 좋은 것을 함께 나누어야 합니다.
7-8 착각하지 마십시오. 어느 누구도 하나님을 속일 수 없습니다. 사람은 심은 대
로 거두게 마련입니다. 다른 사람의 사정은 아랑곳하지 않고—하나님을 무시하
고!—이기심을 심는 사람은 잡초를 거둘 것입니다. 그런 사람은 자기만을 위해
살면서 온통 잡초만 키워 낼 것입니다! 그러나 하나님께 대한 응답으로 심고,
그것을 키우는 일을 하나님의 영에게 맡기는 사람은 참된 삶, 곧 영생이라는 알
곡을 거둘 것입니다.
9-10 그러니 선을 행하되 지치지 마십시오. 포기하거나 중단하지 않으면, 때가 되
어 좋은 알곡을 거둘 것입니다. 그러므로 이제 기회 있을 때마다 모든 사람의
유익을 위해 힘쓰십시오. 믿음의 공동체 안에 있는 가까운 사람들에게부터 그
일을 시작하십시오.
11-13 마지막으로, 나는 내가 여러분에게 말씀드린 것이 얼마나 중요한지 강조하
기 위해 이렇게 굵은 글씨로 손수 씁니다. 할례의 방식을 여러분에게 강요하려
는 자들에게는 오직 한 가지 동기밖에 없습니다. 그들은 손쉬운 방법으로 남들
앞에서 좋게 보이려고 할 뿐, 믿음으로 살겠다는 용기, 곧 그리스도의 고난과
죽음에 참여할 용기는 없습니다. 그들이 율법에 대해 하는 말은 모두 헛소리에
불과합니다. 정작 그들 자신은 율법을 지키지 않습니다! 그들은 율법을 준수할
때에도 지극히 자의적으로 취사선택합니다. 그들이 여러분에게 할례를 받게 하
려는 것은, 여러분을 자기편으로 끌어들여 자신들의 성공을 자랑하려는 것입니
다. 비열한 행동이 아닐 수 없습니다!
14-16 그러나 나는 우리 주 예수 그리스도의 십자가만을 자랑하겠습니다. 그 십
자가로 말미암아 나는 이 세상에 대해 십자가에 못 박혔고, 남을 기쁘게 하거나
남이 지시하는 하찮은 방식에 나를 끼워 맞추려는 숨 막히는 분위기에서 벗어
났습니다. 여러분은 이 모든 일의 핵심이 무엇인지 알겠습니까? 그것은 할례를

받거나 안 받거나 하는 일과 같이, 여러분과 내가 하는 일에 있지 않습니다. 핵심은 하나님께서 지금 하고 계신 일에 있습니다. 그분은 완전히 새로운 것, 곧 자유로운 삶을 창조하고 계십니다! 이 기준에 따라 사는 사람은 누구나 하나님의 참 이스라엘, 곧 하나님이 택하신 백성입니다. 이들에게 평화와 긍휼이 있기를 바랍니다!

17 아주 솔직히 말씀드리자면, 나는 더 이상 이런 말다툼에 시달리고 싶지 않습니다. 내게는 해야 할 훨씬 중요한 일이 있습니다. 이 믿음으로 진지하게 사는 것입니다. 내 몸에는 예수를 섬기다가 얻은 상처 자국이 있습니다.

18 친구 여러분, 우리 주 예수 그리스도께서 값없이 주시는 은혜가 여러분 각 사람 깊은 곳에 있기를 바랍니다. 아멘!

하나님을 아는 것과 하나님을 섬기는 것이 우리 삶에서 따로 놀 때가 있다. 우리는 온전한 인간으로 살아가도록 창조되었지만, 믿음과 행함의 유기적인 일치가 깨어지는 순간, 온전한 인간으로 살아갈 수 없게 된다.

에베소 교우들에게 보낸 바울의 편지는 죄로 난파된 세상에서 깨어진 모든 것을 두루 봉합한다. 바울은 먼저 그리스도인들이 하나님에 대해 믿는 내용을 의욕적으로 파고든다. 그런 다음에 복합골절을 능숙하게 맞추는 외과의처럼, 하나님을 믿는 믿음과 하나님 앞에서 살아가는 우리의 삶, 곧 믿음과 행위를 서로 짜 맞추고 치료한다. 그러나 바울은 자신의 작업에 한계가 있음을 깨닫고는, 편지를 쓰는 동시에 하나님께 기도하며 이렇게 간구한다.

> 우리 주 예수 그리스도의 하나님, 영광의 하나님께서 여러분에게 이해력과 분별력을 주셔서, 하나님을 친히 알게 하시고 여러분의 눈을 맑고 또렷하게 해주시기를 구합니다. 그리하여 하나님께서 무엇을 하라고 부르시는지, 여러분이 정확히 볼 수 있기를 바랍니다. 또한 하나님께서 그분을 따르는 이들을 위해 마련해 두신 이 영광스러운 삶의 방식이 얼마나 대단한 것인지, 오, 하나님께서 그분을 믿는 우리 안에서 끊임없는 에너지와 한없는 능력으로 행하시는 역사가 얼마나 풍성한지를 이해할 수 있기를 구합니다!(엡 1:17-19)

일단 이렇게 깨어진 모습에 주목하고 나면, 우리 도처에 만연한 균열과 분열이 보이기 시작한다. 우리 몸에서 상처 입지 않은 뼈는 하나도 없다. 마을이나 직장, 학교나 교회, 가정이나 국가에서 깨어지거나 어그러지지 않은 관계를 찾아보기 어려울 정도다. 손댈 곳, 짜 맞출 곳이 한두 군데가 아니다.

그런 이유로 바울은 일을 시작한다. 그는 하늘에서부터 땅까지 그리고 다시 하늘에 이르기까지 모든 것을 두루 아우르며, 메시아이신 예수께서 어떻게 만물과 모든 사람을 끊임없이 화해시키고 계신지를 보여준다.

> 그리스도께서 십자가에서 죽으심으로 우리를 화해시키셨습니다. 십자가는 우리로 하여금 서로 껴안게 했습니다. 이로써 적대 행위는 끝났습니다. 그리스도

께서 오셔서, 밖에 있던 여러분에게 평화를 전하시고, 안에 있는 우리에게도 평화를 전하셨습니다. 그분께서는 우리를 동등하게 대하셨고, 우리로 하여금 동등한 사람이 되게 하셨습니다. 그분을 통해 우리 모두가 같은 성령을 받았고, 동등한 자격으로 아버지께 나아가게 되었습니다.……여러분은 모두 같은 길, 같은 방향으로 나아감으로써, 내적으로나 외적으로 하나가 되도록 부름받았습니다. 여러분은 한 주님, 한 믿음, 한 세례, 한 하나님 아버지를 모시고 있습니다. 이 하나님은 만물을 다스리시고, 만물을 통해 일하시며, 만물 안에 계십니다. 여러분의 존재와 생각과 행위에는 이러한 하나됨이 속속들이 배어 있습니다(엡 2:16-18; 4:4-6).

또한 바울은 그 일이 우리 안에서 우리를 위해 이루어졌을 뿐 아니라, 우리가 그 시급한 일에 협력해야 한다는 사실을 밝힌다.

저 바깥으로 나가, 하나님께서 여러분을 부르셔서 걷게 하신 그 길을 걸어가십시오. 아니, 달려가십시오! 나는 여러분 가운데 어느 누구도 팔짱 끼고 가만히 앉아 있기를 바라지 않습니다. 나는 여러분이 엉뚱한 길에서 헤매는 것을 바라지 않습니다. 겸손과 절제로 이 일을 행하십시오. 기분 내킬 때나 처음에만 하지 말고, 꾸준히 행하십시오. 서로를 위한 사랑의 행위에 자신을 쏟아붓고, 서로의 다름을 깊이 이해하고, 서로 간에 벽이 있다면 서둘러 허무십시오(엡 4:1-3).

이제 우리는 사태가 어떻게 돌아가는지 안다. 또한 화해의 에너지가 우주의 중심에 자리한 발전기인 것도 잘 안다. 그러므로 우리는 우리 삶의 일거수일투족이 바울이 말한바 그리스도께서 완수하신 하나님의 계획, 곧 "광대한 하늘에 있는 모든 것과 땅에 있는 모든 것을 그리스도 안에서 화해시키시고 종합하시려는 원대한 계획"에 이바지한다는 확신을 가지고, 의욕적으로 꾸준히 이 일에 참여해야만 한다.

에베소서

1

1-2 하나님의 계획에 따라 그리스도 예수의 특사인 사도가 된 나 바울은, 에베소에 있는 신실한 그리스도인들에게 이 편지를 씁니다. 나는 하나님 우리 아버지와 우리 주 예수 그리스도께서 우리 삶에 부어 주시는 은혜와 평화로 여러분에게 문안합니다.

영광의 하나님

3-6 하나님은 얼마나 찬송받으실 분이신지요! 하나님은 얼마나 복되신 분이신지요! 하나님은 우리 주 예수 그리스도의 아버지이시며, 그분 안에 있는 축복의 높은 자리로 우리를 데려가시는 분이십니다. 하나님께서는 땅의 기초를 놓으시기 오래전부터 우리를 마음에 두시고 사랑의 중심으로 삼으셔서, 우리가 그분의 사랑으로 온전하고 거룩하게 되도록 하셨습니다. 아주 오래전에, 하나님께서는 예수 그리스도를 통해 우리를 자녀로 맞아들이기로 작정하셨습니다. (이 계획을 세우시며 하나님은 얼마나 기뻐하셨는지 모릅니다!) 하나님께서는, 그분의 사랑하시는 아들의 손을 통해 아낌없이 베푸시는 선물을 우리가 찬양하기 원하셨습니다.

7-10 메시아의 희생, 곧 십자가의 제단에 뿌려진 그분의 피로 말미암아 우리는 자유로운 사람이 되었습니다. 우리의 모든 잘못된 행실에서 비롯된 형벌과 처벌에서 자유케 된 것입니다. 그것도 겨우 자유케 된 것이 아니라, 넘치도록 자유케 되었습니다! 하나님께서는 모든 것을 고려하셨고, 우리에게 필요한 모든 것을 공급해 주셨으며, 친히 기뻐하며 세우신 계획을 우리에게 알려 주셨습니다. 하나님께서는 그리스도 안에서 그 계획을 우리 앞에 활짝 펼쳐 보이셨습니다. 그것은 만물, 곧 광대한 하늘에 있는 모든 것과 땅에 있는 모든 것을 그리스도 안에서 화해시키시고 종합하시려는 원대한 계획이었습니다.

11-12 그리스도 안에서 우리는, 자신이 누구이며 무엇을 위해 사는지를 알게 되었

습니다. 우리가 그리스도에 대해 처음 듣고 소망을 품기 훨씬 전에, 하나님께서
는 우리를 눈여겨보시고 우리로 하여금 영광스러운 삶을 살도록 계획하셨습니
다. 그것은 하나님께서 만물과 모든 사람 안에서 성취하고 계신 전체 목적의 일
부였습니다.
13-14 그리스도 안에서 여러분은, 진리(여러분의 구원에 관한 이 메시지)를 듣고 믿어
구원을 확신하게 되었습니다. 그것은 성령께서 서명하고 보증하여 전해 주신
구원입니다. 하나님께 날인받은 이 인증은 앞으로 계속될 전집의 첫 권처럼, 하
나님께서 우리를 위해 계획해 놓으신 모든 것—곧 하나님을 찬양하며 사는 영
광스러운 삶—을 우리가 누리게 될 것임을 일깨워 줍니다.
15-19 그런 까닭에, 나는 여러분이 주 예수를 굳건히 신뢰하고 있으며 예수를 따
르는 모든 이들에게 사랑을 쏟고 있다는 소식을 듣고서, 여러분을 두고 하나님
께 감사드리지 않을 수 없습니다. 나는 기도할 때마다 여러분을 떠올리며 감사
를 드립니다. 그러나 감사에서 멈추지 않고 간구합니다. 우리 주 예수 그리스도
의 하나님, 영광의 하나님께서 여러분에게 이해력과 분별력을 주셔서, 하나님
을 친히 알게 하시고 여러분의 눈을 맑고 또렷하게 해주시기를 구합니다. 그리
하여 하나님께서 무엇을 하라고 부르시는지, 여러분이 정확히 볼 수 있기를 바
랍니다. 또한 하나님께서 그분을 따르는 이들을 위해 마련해 두신 이 영광스러
운 삶의 방식이 얼마나 대단한 것인지, 오, 하나님께서 그분을 믿는 우리 안에
서 끊임없는 에너지와 한없는 능력으로 행하시는 역사가 얼마나 풍성한지를 이
해할 수 있기를 구합니다!
20-23 이 모든 에너지는 그리스도에게서 나옵니다. 하나님은 그분을 죽음에서 살
리시고 하늘의 보좌에 앉히셔서, 은하계로부터 이 땅의 통치에 이르기까지 우
주의 모든 것을 다스리게 하셨습니다. 그분의 통치를 받지 않는 이름이나 권세
가 하나도 없게 하셨습니다. 잠시만이 아니라 영원토록 그렇게 하셨습니다. 이
모든 일을 담당하고 계신 분, 모든 일의 최종 결정권을 가지고 계신 분은 그리
스도이십니다. 이 모든 것의 중심에서, 그리스도께서 교회를 다스리고 계십니
다. 여러분도 알다시피, 교회는 세상의 변두리가 아니라 세상의 중심입니다. 교
회는 그리스도의 몸입니다. 그분은 교회 안에서 말씀하시고 활동하시며, 교회
를 통해 만물을 자신의 임재로 가득 채우십니다.

그리스도께서 벽을 허무셨습니다

2
1-6 얼마 전까지만 해도 여러분은 죄로 인해 낡고 정체된 삶에 빠져 있었
습니다. 그때 여러분은, 참된 삶에 대해서는 아무것도 모르고, 이 세상이
가르쳐 주는 대로 살았습니다. 여러분은 더러운 불신을 폐에 가득 채우고서 불
순종의 기운을 내뿜었습니다. 우리는 너나없이 자기가 하고 싶은 것을 마음대
로 하며 그렇게 살았습니다. 우리 모두가 같은 배를 타고 있었던 것입니다. 하
나님께서 평정심을 잃고 우리 모두를 쓸어버리지 않으신 것은, 정말로 놀라운
일입니다. 오히려 하나님은, 한없는 자비와 믿을 수 없을 만큼 엄청난 사랑으로

우리를 품어 주셨습니다. 하나님은 죄로 죽은 우리 생명을 떠맡으시고 그리스도 안에서 우리를 살리셨습니다. 하나님은 그 모든 일을 우리의 도움 없이, 혼자서 이루셨습니다! 그런 다음 우리를 들어 올리셔서, 가장 높은 하늘에 메시아 예수와 함께 앉게 하셨습니다.

7-10 지금도 하나님께서는 우리를 그분이 원하시는 곳에 두시고, 이 세상에서나 저 세상에서나, 그리스도 예수 안에서 은혜와 사랑을 우리에게 쉼 없이 쏟아부어 주십니다. 구원은 전적으로 하나님이 생각해 내신 일이고, 전적으로 그분이 하신 일입니다. 우리가 할 일은, 다만 하나님께서 그 일을 행하시도록 그분을 신뢰하는 것입니다. 구원은 처음부터 끝까지 하나님의 선물입니다! 주인공 역할은 우리 몫이 아닙니다. 우리가 주인공 역할을 했다면, 우리는 모든 일을 우리가 했다고 떠벌리며 돌아다녔을 것입니다! 하지만 그렇지 않습니다. 우리는 우리 자신을 만들 수도, 구원할 수도 없습니다. 만들고 구원하는 일은 하나님이 하시는 일입니다. 하나님은 그리스도 예수를 통해 우리 각 사람을 지으셨습니다. 그렇게 하신 것은 그분께서 하시는 일, 곧 우리를 위해 마련해 놓으신 선한 일, 우리가 해야 할 그 일에 우리를 참여시키시려는 것입니다.

11-13 그러나 이 일 가운데 어떤 것도 당연한 것으로 여기지 마십시오. 불과 얼마 전까지만 해도 여러분은, 하나님의 방법에 대해서는 아무것도 알지 못하는 이방인이었습니다. 그때 여러분은 하나님이 일하시는 방식이 무엇인지도 몰랐고, 그리스도가 누구신지도 전혀 알지 못했습니다. 여러분은 하나님이 이스라엘 안에 펼치신 풍성한 언약과 약속의 역사(歷史)에 대해서도 전혀 알지 못했고, 그분께서 이 세상에서 무슨 일을 하고 계신지에 대해서도 무지했습니다. 전에는 밖에 있던 여러분이 이제는, 죽음을 맞으시고 피를 흘리신 그리스도로 말미암아 안으로 들어와, 모든 일에 참여하게 되었습니다.

14-15 메시아께서 우리 사이를 화해시키셨습니다. 이제 밖에 있던 이방인과 안에 있는 유대인 모두가 이 일에 함께하도록 하셨습니다. 그분은 우리가 서로 거리를 두기 위해 이용하던 벽을 허무셨습니다. 그분은 도움보다는 방해가 되었던, 깨알 같은 글자와 각주로 꽉 찬 율법 조문을 폐지하셨습니다. 그런 다음에, 전혀 새로운 출발을 하셨습니다. 그분은 오랜 세월 동안 증오와 의심에 사로잡혀 둘로 갈라져 있던 사람들을 그대로 두지 않으시고 새로운 인류를 지으셔서, 누구나 새 출발을 하게 하셨습니다.

16-18 그리스도께서 십자가에서 죽으심으로 우리를 화해시키셨습니다. 십자가는 우리로 하여금 서로 껴안게 했습니다. 이로써 적대 행위는 끝났습니다. 그리스도께서 오셔서, 밖에 있던 여러분에게 평화를 전하시고, 안에 있는 우리에게도 평화를 전하셨습니다. 그분께서는 우리를 동등하게 대하셨고, 우리로 하여금 동등한 사람이 되게 하셨습니다. 그분을 통해 우리 모두가 같은 성령을 받았고, 동등한 자격으로 아버지께 나아가게 되었습니다.

19-22 너무도 분명하지 않습니까? 여러분은 더 이상 떠돌이 유랑민이 아닙니다. 이 믿음의 나라가 이제 여러분의 본향입니다. 여러분은 더 이상 나그네나 이방

인이 아닙니다. 여러분은 이 믿음의 나라에 속한 사람입니다. 여러분은 여느 사람 못지않게 그리스도인이라는 이름에 딱 어울리는 사람입니다. 하나님은 한 집을 짓고 계십니다. 하나님은 우리가 어떻게 이 믿음의 나라에 이르게 되었는지 따지지 않으시고 우리 모두를 사용하셔서, 그분이 짓고 계신 그 일에 우리를 참여시키십니다. 하나님은 사도들과 예언자들을 기초로 삼으셨습니다. 이제 벽돌을 차곡차곡 쌓듯이, 여러분을 그 기초 위에 끼워 넣으십니다. 그리스도 예수께서는 그 건물의 각 부분을 떠받치는 모퉁잇돌입니다. 우리는 날마다 그 집의 모양이 잡혀 가는 모습을 봅니다. 그 집은 하나님께서 세우시는 성전, 우리 모두가 벽돌처럼 쌓여 이루어지는 성전, 하나님이 머무시는 성전입니다.

하나님의 구원의 비밀

3 1-3 바로 이것이, 나 바울이 이방인이라고 하는 여러분을 위해 일하며 그리스도의 일로 감옥에 갇힌 이유입니다. 여러분은, 모든 사람을 구원하시려는 하나님의 계획 가운데 내가 맡은 역할이 무엇인지 잘 알 것입니다. 나는 이 계획과 관련된 비밀 이야기를 하나님께로부터 직접 들었습니다. 그것은 내가 이미 간략하게 적은 바와 같습니다.

4-6 내가 여러분에게 쓴 글을 읽어 보면, 여러분도 그리스도의 비밀을 직접 알 수 있을 것입니다. 우리 조상 가운데 어느 누구도 이 비밀을 알지 못했습니다. 하나님의 영이 이 새로운 질서를 전하는 거룩한 사도들과 예언자들을 통해 오직 우리 시대에만 그 비밀을 분명하게 알려 주셨습니다. 그 비밀은, 하나님에 대해 한 번도 들어 보지 못한 사람들(밖에 있던 사람들)과 하나님에 대해 평생 들어 온 사람들(안에 있는 사람들)이 하나님 앞에서 같은 터에 서 있다는 것입니다. 그 둘이 그리스도 예수 안에서 같은 제안과 같은 도움, 같은 약속을 받습니다. 메시지는 누구도 차별하지 않고 모두에게 열려 있으며 모두를 맞아 줍니다.

7-8 내 평생의 사명은, 사람들이 이 메시지를 이해하고 이 메시지에 응답하도록 돕는 것입니다. 그것은 순전한 선물, 진짜 뜻밖의 선물, 하나님께서 세세한 부분에까지 손을 대신 선물로 내게 다가왔습니다. 나는 하나님의 방식에 대한 배경지식이 전혀 없는 사람들에게 메시지를 전하는 일에서, 가장 자격을 갖추지 못한 그리스도인이었습니다. 하나님께서는 그런 나를 준비시키셨습니다. 그러나 여러분은, 그것이 나의 타고난 능력과는 아무 상관이 없는 일임을 알 것입니다.

8-10 그러므로 나는 내 생각을 훨씬 뛰어넘는 일들, 곧 그리스도의 다함없는 부요와 관대하심을 말과 글로 전합니다. 나의 임무는, 이 모든 것을 처음 창조하신 하나님께서 줄곧 은밀히 해오신 일을 알리고 밝히는 것입니다. 하나님의 이 탁월하신 계획은, 교회에 모인 여러분처럼 예수를 따르는 이들을 통해 천사들에게까지 알려져 이야기되고 있습니다!

11-13 이 모든 일은, 하나님께서 줄곧 계획하시고 그리스도 예수 안에서 실행된 방침을 따라 진행되고 있습니다. 그리스도를 신뢰하면서, 우리는 말해야 할 것은 무엇이나 자유롭게 말할 수 있고, 가야 할 곳은 어디나 담대하게 갈 수 있습

니다. 그러니 여러분은 지금 내가 여러분을 위해 겪는 고난을 보고서 낙심하지 않기를 바랍니다. 오히려 영광으로 여기십시오!

⚜

14-19 나는 하늘과 땅에 있는 만물에 제 이름을 주시는, 위대하신 아버지 앞에 무
릎을 꿇음으로 그분의 은혜에 응답합니다. 나는 아버지께서 그분의 영—육체의
힘이 아닌 영광스러운 내적 힘—으로 여러분을 강하게 해주셔서, 여러분이 마
음의 문을 열고 그리스도를 모셔들임으로써 그분이 여러분 안에 살게 해주시기
를 간구합니다. 또한 나는 여러분이 사랑 위에 두 발로 굳게 서서, 그리스도께
서 아낌없이 베푸시는 사랑의 크기를, 예수를 따르는 모든 이들과 함께 이해할
수 있게 해주시기를 간구합니다. 손을 뻗어 그 사랑의 넓이를 경험해 보십시오!
그 사랑의 길이를 재어 보십시오! 그 사랑의 깊이를 측량해 보십시오! 그 사랑
의 높이까지 올라가 보십시오! 하나님의 충만하심 안에서 충만해져, 충만한 삶
을 사십시오.
20-21 여러분도 알다시피, 하나님은 무엇이든지 하실 수 있는 분입니다. 하나님은
여러분이 꿈에서나 상상하고 짐작하고 구할 수 있는 것보다 훨씬 많은 것을 주
실 수 있는 분입니다! 하나님은 밖에서 우리를 강요하심으로써가 아니라 우리
안에서 활동하심으로, 곧 우리 안에서 깊고 온유하게 활동하시는 그분의 영을
통해 그 일을 하십니다.

교회 안에 계신 하나님께 영광!
메시아 예수 안에 계신 하나님께 영광!
영광이 모든 세대에 이르기를!
영광이 영원무궁하기를! 참으로 그러하기를!

한 주님, 한 믿음, 한 세례, 한 하나님

4
1-3 이 모든 것을 생각하면서, 내가 여러분에게 바라는 것은 다음과 같습
니다. 나는 주님을 위해 죄수가 되어 이곳에 갇혀 있지만, 여러분은 저
바깥으로 나가, 하나님께서 여러분을 부르셔서 걷게 하신 그 길을 걸어가십시
오. 아니, 달려가십시오! 나는 여러분 가운데 어느 누구도 팔짱 끼고 가만히 앉
아 있기를 바라지 않습니다. 나는 여러분이 엉뚱한 길에서 헤매는 것을 바라지
않습니다. 겸손과 절제로 이 일을 행하십시오. 기분 내킬 때나 처음에만 하지
말고, 꾸준히 행하십시오. 서로를 위한 사랑의 행위에 자신을 쏟아붓고, 서로의
다름을 깊이 이해하고, 서로 간에 벽이 있다면 서둘러 허무십시오.
4-6 여러분은 모두 같은 길, 같은 방향으로 나아감으로써, 내적으로나 외적으로
하나가 되도록 부름받았습니다. 여러분은 한 주님, 한 믿음, 한 세례, 한 하나님
아버지를 모시고 있습니다. 이 하나님은 만물을 다스리시고, 만물을 통해 일하
시며, 만물 안에 계십니다. 여러분의 존재와 생각과 행위에는 이러한 하나됨이

속속들이 배어 있습니다.

7-13 그렇다고 해서 여러분이 다 똑같은 것을 보고 말하고 행해야 한다는 의미는
아닙니다. 우리는 저마다 그리스도의 은혜에 따라 각자에게 알맞은 선물을 받
았습니다. 다음은 그것을 두고 말한 본문입니다.

그분께서 높은 산으로 올라가셔서
원수를 사로잡아 전리품을 취하시고,
그 모든 것을 사람들에게 선물로 나눠 주셨다.

높은 데로 올라가신 분께서, 또한 땅의 골짜기로 내려오셨다는 것은 사실이지 않습니까? 낮은 데로 내려오신 분은, 다시 가장 높은 하늘로 올라가신 그분이십니다. 그분은 위에서나 아래서나 선물을 나눠 주시고, 하늘을 자신의 선물로 가득 채우시며, 땅도 자신의 선물로 가득 채우셨습니다. 그분은 사도, 예언자, 복음 전도자, 목사-교사의 은사를 선물로 나눠 주셨습니다. 그것은 그리스도를 따르는 사람들을 숙련된 봉사의 일을 하도록 훈련시켜, 그리스도의 몸인 교회 안에서 일하게 하시려는 것입니다. 그리하여 우리 모두가 춤추듯 서로 손발이 척척 맞아, 하나님의 아들께 능숙하고 우아하게 응답하고, 충분히 성숙한 어른이 되고, 안팎으로 충분히 계발되어, 그리스도처럼 충만히 살게 하시려는 것입니다.

14-16 부디, 우리 가운데는 더 이상 어린아이로 남아 있는 사람이 없어야 합니다.
세상 물정 모르는 순진한 사람이 되거나, 아이처럼 사기꾼의 손쉬운 표적이 되어서는 안됩니다. 하나님은 우리가 충분히 자라서, 모든 면에서 그리스도처럼 온전한 진리를 알고, 사랑으로 그 진리를 말하기를 바라십니다. 우리는 그리스도를 따라갑니다. 그분은 우리가 하는 모든 일의 근원이십니다. 그분은 우리가 서로 발맞춰 나아가게 하십니다. 그분의 숨과 피가 우리에게 흘러 영양을 공급하면, 우리는 하나님 안에서 건강하게 자라고 사랑 안에서 강해질 것입니다.

낡은 생활방식을 버리십시오

17-19 그러므로 나는 힘주어 말합니다—하나님께서도 내 말을 지지하십니다. 아
무 생각이나 분별없이 사는 대중들을 따라가지 마십시오. 그들은 너무나 오랫동안 하나님과 관계 맺기를 거부한 나머지, 하나님은 물론이고 현실에 대해서도 감각을 잃어버린 자들입니다. 그들은 똑바로 생각할 줄 모릅니다. 감각을 잃어버린 그들은, 성에 집착하고 온갖 종류의 변태 행위에 중독되어 있습니다.

20-24 그런 삶은 여러분에게 어울리지 않습니다. 여러분은 그리스도를 배웠습니
다! 우리가 예수 안에서 배운 것처럼, 여러분도 그분께 세심한 주의를 기울였고 진리 안에서 제대로 교육받았습니다. 따라서 우리에게는 못 배워서 그랬다는 핑계가 통하지 않으니, 저 낡은 생활방식과 관련된 모든 것—말 그대로 모든 것—을 버리십시오. 그것은 속속들이 썩었으니, 내다 버리십시오! 그 대신, 전혀

새로운 생활방식을 입으십시오. 하나님께서 그분의 성품을 여러분 안에 정확하
게 재현해 내시는 것같이, 하나님께서 만들어 주신 생활, 안에서부터 새로워진
생활을 몸에 익히고, 그 생활이 여러분의 행위에 배어들게 하십시오.
25 덧붙여 말씀드립니다. 더 이상 거짓과 가식이 있어서는 안됩니다. 이웃에게
진실을 말하십시오. 우리는 너나없이 그리스도의 몸 안에서 서로 연결되어 있
기 때문입니다. 다른 사람에게 거짓말하는 것은 결국 자신에게 거짓말하는 것
입니다.
26-27 화가 나면 화를 내십시오. 화내는 것 자체는 괜찮습니다. 그러나 화를 연료
로 삼아 복수심을 불태워서는 안될 일입니다. 화난 채로 오래 있지 마십시오.
화난 채로 잠자리에 들지 마십시오. 마귀에게 거점을 내주어서는 안됩니다.
28 도둑질로 생계를 꾸렸습니까? 더 이상은 그렇게 살지 마십시오! 정당한 일로
돈을 벌어서, 일할 수 없는 다른 사람들을 도우십시오.
29 여러분의 말하는 습관을 살피십시오. 여러분의 입에서 불쾌하고 더러운 말이
나오지 않게 하십시오. 도움이 되는 말만 하고, 여러분의 말 한 마디 한 마디가
선물이 되게 하십시오.
30 하나님을 슬프게 하지 마십시오. 그분의 마음을 아프게 하지 마십시오. 여러
분 안에서 숨 쉬고 움직이시는 하나님의 거룩한 영은 여러분 삶의 가장 깊숙한
곳에 자리하십니다. 성령께서 여러분을 하나님께 합당한 사람으로 만들어 주십
니다. 그러한 선물을 당연한 것으로 여기지 마십시오.
31-32 가시 돋친 말, 헐뜯는 말, 불경스러운 말은 입에 담지도 마십시오. 서로 친
절하게 대하고, 서로 마음을 쓰십시오. 하나님께서 그리스도 안에서 여러분을
용서하신 것같이, 여러분도 서로 신속하고 완전하게 용서하십시오.

잠에서 깨어나라

5

1-2 자녀가 부모에게서 바른 행동을 배우고 익히듯이, 여러분은 하나님께
서 하시는 일을 살펴서 그대로 행하십시오. 하나님께서 하시는 일 대부
분은 여러분을 사랑하시는 것입니다. 그분과의 사귐을 지속하고, 사랑의 삶을
익히십시오. 그리스도께서 우리를 어떻게 사랑하셨는지 잘 살펴보십시오. 그분
의 사랑은 인색한 사랑이 아니라 아낌없는 사랑이었습니다. 그분은 우리에게서
무언가를 얻으려고 사랑하신 것이 아니라 자신의 전부를 우리에게 주시기 위해
사랑하셨습니다. 여러분도 그렇게 사랑하십시오.
3-4 사랑을 육체의 욕망으로 변질시키지 마십시오. 난잡한 성행위, 추잡한 행실,
거만한 탐욕에 빠져드는 일이 없게 하십시오. 몇몇 사람들이 남의 뒷말하기를
즐기더라도, 예수를 따르는 사람들은 그보다 나은 언어 습관을 가져야 합니다.
더러운 말이나 어리석은 말은 입에 담지 마십시오. 그런 말은 우리의 생활방식
에 어울리지 않습니다. 우리가 늘 사용해야 할 언어는 감사입니다.
5 사람이나 종교나 어떤 것을 이용해 이득을 보려고 한다면—이는 우상숭배의
흔한 변종입니다—그 사람은 분명 아무것도 얻지 못할 것입니다. 그는 그리스

도의 나라, 하나님 나라 근처에도 가지 못할 것입니다.
6-7 종교적으로 번지르르한 말에 속아 넘어가지 마십시오. 종교적 장삿속으로 온
갖 말을 하면서도 정작 하나님과는 아무 관계도 맺지 않으려는 자들에게, 하나
님은 격한 노를 발하십니다. 그런 사람들 곁에는 얼씬도 하지 마십시오.
8-10 여러분은 전에 그러한 어둠 속에서 길을 찾아 헤맸으나, 이제는 그렇지 않습
니다. 여러분은 지금 환한 곳으로 나와 있습니다. 그리스도의 밝은 빛이 여러분
의 길을 똑똑히 보여줍니다. 그러니 더 이상 비틀거리지 마십시오. 그리스도의
밝은 빛을 가까이 하십시오! 선함, 옳음, 참됨. 이 세 가지는 밝은 대낮에 어울
리는 행위입니다. 그리스도를 기쁘시게 해드릴 일이 무엇인지 생각하고, 그것
을 행하십시오.
11-16 헛된 일, 분주하기만 할 뿐 성과가 없는 일, 어둠을 좇는 무익한 일로 여러
분의 시간을 허비하지 마십시오. 오히려 그러한 일들이 속임수임을 드러내 보
이십시오. 아무도 보는 이 없는 어둠 속에서나 할 법한 일에 삶을 낭비하는 것
은 수치스러운 일입니다. 그런 사기꾼들의 정체를 폭로하고, 그리스도의 빛 가
운데 밝혀진 그들의 정체가 과연 매력적인지 한번 생각해 보십시오.

잠에서 깨어나라.
관을 열어젖히고 나오너라.
그리스도께서 네게 빛을 보여주실 것이다!

그러니 여러분의 발걸음을 살피십시오. 머리를 쓰십시오. 기회를 얻을 때마다
그 기회를 선용하십시오. 지금은 긴박한 때입니다!
17 생각 없이 경솔하게 살지 마십시오. 주님이 바라시는 것이 무엇인지를 깨달
으십시오.
18-20 과음하지 마십시오. 과음은 여러분의 삶을 저속하게 만듭니다. 하나님의 영
을 들이마시십시오. 벌컥벌컥 들이키십시오. 축배의 노래 대신 찬송을 부르십
시오! 마음에서 우러난 노래를 그리스도께 불러 드리십시오. 모든 일에 노래할
이유를 주신 하나님 아버지께, 우리 주 예수 그리스도의 이름으로 찬양을 드리
십시오.

그리스도 안에 있는 여러 관계들

21 그리스도를 경외하는 마음으로, 서로 예의 바르고 공손하게 대하십시오.
22-24 아내 여러분, 그리스도를 지지하는 것처럼 남편을 이해하고 지지해 주십시
오. 남편은 그리스도께서 교회에 하시는 것처럼 아내에게 지도력을 보이되, 아
내를 좌지우지하지 말고 소중히 여기십시오. 남편이 그러한 지도력을 발휘하
면, 아내도 교회가 그리스도께 순종하듯 남편에게 순종해야 합니다.
25-28 남편 여러분, 그리스도께서 교회를 사랑하신 것과 같이, 아내를 사랑하는
일에 전력을 다하십시오. 그런 사랑의 특징은 받는 것이 아니라 주는 것입니다.

그리스도의 사랑은 교회를 온전하게 합니다. 그리스도의 말씀은 교회의 아름다
움을 일깨웁니다. 그분의 모든 행동과 말씀은 교회를 가장 아름답게 만들며, 눈
이 부실 만큼 흰 비단으로 교회를 둘러서, 거룩함으로 빛나게 하려는 것입니다.
남편은 아내를 그런 식으로 사랑해야 합니다. 그런 남편은 자기 자신에게 특별
한 사랑을 베푸는 것이나 다름없습니다. 두 사람은 결혼하여 이미 "하나"이기
때문입니다.
29-33 자기 몸을 학대하는 사람이 있을까요? 없습니다. 누구나 자기 몸을 돌보고,
자기 몸의 필요를 채웁니다. 그리스도께서 우리, 곧 교회를 다루시는 방식도 그
와 같습니다. 우리는 그분 몸의 지체이기 때문입니다. 이런 이유로, 남자는 부
모를 떠나 아내를 소중히 여겨야 합니다. 그들은 더 이상 둘이 아닙니다. 그들
은 "한 몸"이 됩니다. 이것은 참으로 큰 신비가 아닐 수 없습니다. 나는 그 신비
를 다 이해한다고 감히 말하지 않습니다. 내가 가장 분명하게 아는 것은, 그리
스도께서 교회를 대하시는 방식입니다. 이것은 남편이 아내를 어떻게 대해야
하는지를 보여주는 생생한 그림입니다. 남편은 아내를 사랑함으로 자기를 사랑
하는 것입니다. 또한 이것은 아내가 남편을 어떻게 존중해야 하는지를 보여주
는 생생한 그림이기도 합니다.

6 1-3 자녀 여러분, 여러분의 부모가 여러분에게 이르는 대로 하십시오. 이
것은 아주 옳은 일입니다. "네 아버지와 어머니를 공경하라"는 계명은
약속이 따르는 첫 계명입니다. 그 약속은 "그러면 네가 잘 살고 장수할 것이다"
입니다.
4 아버지 여러분, 자녀를 호되게 꾸짖어 노엽게 만들지 마십시오. 주님의 방법
으로 그들을 돌보고 이끄십시오.
5-8 종으로 있는 여러분, 이 세상에 있는 여러분의 주인에게 존경하는 마음으로
복종하되, 참 주인이신 그리스도께 복종하는 일에 언제나 주의를 기울이십시
오. 해야 할 일을 눈가림으로 하지 말고 진심으로 하십시오. 하나님께서 바라시
는 일을 하는 그리스도의 종처럼 진심으로 하십시오. 누구에게 지시를 받든지,
실제로 여러분은 하나님을 위해 일하는 것임을 늘 명심하고 기쁘게 일하십시
오. 선한 일을 하는 사람은 종이든 자유인이든 상관없이, 충분한 상을 주님으로
부터 받을 것입니다.
9 주인 된 여러분, 여러분도 똑같이 하십시오. 부탁이니, 종을 학대하거나 위협
하지 마십시오. 여러분과 여러분의 종이 섬기는 주님은 하늘에 계신 같은 주님
이십니다. 그분은 여러분과 여러분의 종을 차별하지 않으십니다.

마귀와 끝까지 싸우십시오

10-12 이제 마무리하겠습니다. 하나님은 강하신 분입니다. 하나님은 여러분도 그
분 안에서 강하기를 바라십니다. 그러니 주님께서 여러분을 위해 마련해 주신

모든 것, 곧 가장 좋은 재료로 정교하게 만들어진 무기를 취하십시오. 그 무기를 활용해서, 마귀가 여러분의 길에 던져 놓은 모든 장애물에 용감히 맞서십시오. 이 싸움은 잠깐 출전해서 쉽게 이기고 금세 잊고 마는 한나절의 운동 경기가 아닙니다. 이 싸움은 지구전, 곧 마귀와 그 수하들을 상대로 끝까지 싸우는, 사느냐 죽느냐의 싸움입니다.

13-18 단단히 준비하십시오. 여러분은 지금 혼자 힘으로 다루기에는 벅찬 상대를 마주하고 있습니다. 도움이 될 만한 것은 무엇이든 취하고, 하나님께서 주신 온갖 무기로 무장하십시오. 그러면 싸움이 끝나도, 여러분은 승리의 함성을 지르며 여전히 두 발로 서 있을 것입니다. 진리와 의와 평화와 믿음과 구원은, 단순한 말 이상의 것입니다. 그 무기들의 사용법을 익히십시오. 살아가는 동안 그 무기들이 필요합니다. 하나님의 말씀이야말로 없어서는 안될 무기입니다. 마찬가지로, 계속되는 이 전쟁에서 기도는 필수입니다. 열심히, 오래 기도하십시오. 형제자매를 위해 기도하십시오. 끊임없이 주의를 기울이십시오. 서로 기운을 북돋아 주어, 아무도 뒤처지거나 낙오하는 사람이 없게 하십시오.

19-20 그리고 나를 위해 기도하는 것도 잊지 마십시오. 내가 무엇을 말해야 할지 알고, 할 말을 제때에 용기 있게 말하며, 그 비밀을 누구에게나 전할 수 있게 해 달라고 기도해 주십시오. 나는 비록 감옥에 갇힌 전도자이지만, 이 메시지를 알릴 책임이 있습니다.

21-22 이곳에 있는 나의 좋은 벗 두기고가 내가 어떻게 지내는지, 나의 신변에 어떤 일이 있는지를 여러분에게 알릴 것입니다. 그는 참으로 듬직한 주님의 일꾼입니다! 나는 우리의 사정을 여러분에게 알리고, 여러분의 믿음을 북돋우려고 그를 보냈습니다.

23-24 친구 여러분, 잘 지내십시오. 하나님 아버지와 주 예수 그리스도께서 주시는 사랑과 믿음이 여러분의 것이 되기를, 오직 순전한 은혜가 우리 주 예수 그리스도를 사랑하는 모든 이들에게 함께하기를 바랍니다.

빌립보서는 바울이 행복에 가득 차서 보낸 편지다. 그 행복은 전염성이 강하다. 몇 절만 읽어도 금세 그 기쁨이 전해지기 시작한다. 춤을 추는 듯한 단어와 기쁨의 탄성은 곧장 우리 마음속에 와 닿는다.

그러나 행복은 우리가 사전을 뒤적거려 알 수 있는 그런 단어가 아니다. 사실, 그리스도인의 삶의 특성 가운데 책을 보고 익힐 수 있는 것은 하나도 없다. 그 삶의 특성을 익히려면 도제 제도 같은 것이 필요하다. 수년간 충실한 훈련을 통해 몸에 익힌 것을 자신의 모든 행실로 보여주는 사람에게 직접 배워야 한다. 물론 설명을 듣기도 하겠지만, 제자는 주로 "스승"과 날마다 친밀하게 지내면서, 기능을 배우고 타이밍과 리듬과 "터치" 같은 미묘하지만 절대적으로 필요한 기법을 익힌다.

바울이 빌립보라는 도시의 그리스도인들에게 보낸 편지를 읽다 보면, 위에서 말한 스승을 대하는 것 같은 느낌이 든다. 바울은 우리에게 행복해질 수 있다고 말하거나, 행복해지는 법을 말해 주지 않는다. 다만 분명히 알 수 있는 것은, 그가 행복하다는 사실이다. 그 기쁨은 그가 처한 상황과는 무관한 것이었다. 그는 감옥에서 편지를 썼고, 그의 활동은 경쟁자들의 공격을 받고 있었다. 그는 예수를 섬기며 스무 해가 넘도록 혹독한 여행을 한 끝에 지쳐 있었고, 어느 정도 위안도 필요했을 것이다.

그러나 바울이 내면으로 경험한 메시아 예수의 생명에 견줄 때, 상황은 그다지 중요하지 않았다. 왜냐하면 그 생명은 역사의 특정 시점에 한 번 나타난 것으로 그친 것이 아니라 이후에도 끊임없이 나타나서, 그분을 영접하는 사람들의 삶으로 흘러들고, 계속해서 사방으로 넘쳐흐르기 때문이다. 바울은 그의 편지를 읽는 이들이 그리스도의 생명으로 넘쳐흐르는 모습을 다음과 같이 그려 본다.

> 무슨 일을 하든지 기꺼운 마음으로 흔쾌히 하십시오. 말다툼하거나 따지지 마십시오! 흠 없이 세상 속으로 들어가, 이 더럽고 타락한 사회에 맑은 공기를 불어넣으십시오. 사람들에게 선한 생활과 살아 계신 하나님을 볼 수 있게 하십시오. 환하게 빛을 비춰 주는 메시지를 어둠 속에 전하십시오(빌 2:14-15).

무엇보다도 그리스도는, 어느 누구도 하나

님을 제한하거나 독점할 수 없다는 사실을 보여주는 계시다.

적절하게 사랑하는 법을 익히십시오. 여러분의 사랑이 감정의 분출이 아니라 진실하고 지각 있는 사랑이 되려면 지혜로워야 하고 자신의 감정을 살필 줄 알아야 합니다. 사랑하는 삶을 살되 신중하고도 모범적인 삶, 예수께서 자랑스러워하실 삶을 사십시오. 그것은 영혼의 열매를 풍성히 맺고, 예수 그리스도를 매력적인 분으로 만들며, 모든 이들로 하여금 하나님께 영광과 찬송을 돌려드리도록 하는 삶입니다(빌 1:9-11).

그리스도인의 행복을 설명해 주는 것은, 바로 이처럼 "넘쳐흐르는" 그리스도의 생명이다. 기쁨은 충만한 생명이며, 어느 한 사람 안에 가두어 둘 수 없는, 넘쳐흐르는 것이기 때문이다.

빌립보서

1
1-2 그리스도 예수의 헌신된 종인 바울과 디모데는, 예수를 따르는 빌립보
의 모든 이들과 목회자와 사역자들에게 이 편지를 씁니다. 우리는 하나
님 우리 아버지와 우리 주 예수 그리스도께서 주시는 은혜와 평화로 여러분에
게 문안합니다.

예수께서 자랑스러워하실 삶

3-6 나는 여러분을 떠올릴 때마다 하나님께 감사의 탄성을 지릅니다. 그 탄성은
기도로 이어져, 어느새 나는 기쁜 마음으로 여러분을 위해 기도하게 됩니다. 나
는 여러분이 하나님의 메시지를 들은 날부터 지금까지, 메시지를 믿고 전하는
일에 우리와 함께해 주어서 얼마나 기쁜지 모릅니다. 여러분 안에 이 위대한 일
을 시작하신 하나님께서 그 일을 지속하셔서, 그리스도 예수께서 오시는 그날
에 멋지게 완성하실 것을 나는 조금도 의심치 않습니다.
7-8 내가 여러분을 이렇게 생각하는 것은 결코 비현실적인 공상이 아닙니다. 내
가 기도하고 바라는 것은 분명한 현실에 근거한 것입니다. 내가 감옥에 갇혀 있
을 때나, 재판을 받을 때나, 잠시 감옥에서 풀려났을 때에도 여러분은 한결같이
나와 함께해 주었습니다. 그 과정에서 여러분과 나는 하나님께서 넉넉히 도와
주시는 것을 경험했습니다. 지금도 내가 여러분을 얼마나 사랑하고 그리워하는
지, 하나님은 아십니다. 이따금 나는 그리스도께서 생각하시는 것만큼이나 절
절히 여러분을 생각합니다!
9-11 그래서 나는, 여러분의 사랑이 풍성해지고, 여러분이 많이 사랑할 뿐 아니라
바르게 사랑하게 해주시기를 기도합니다. 적절하게 사랑하는 법을 익히십시오.
여러분의 사랑이 감정의 분출이 아니라 진실하고 지각 있는 사랑이 되려면 지
혜로워야 하고 자신의 감정을 살필 줄 알아야 합니다. 사랑하는 삶을 살되 신중

하고도 모범적인 삶, 예수께서 자랑스러워하실 삶을 사십시오. 그것은 영혼의 열매를 풍성히 맺고, 예수 그리스도를 매력적인 분으로 만들며, 모든 이들로 하여금 하나님께 영광과 찬송을 돌려드리도록 하는 삶입니다.

아무도 가둘 수 없는 메시지

12-14 친구 여러분, 내가 이곳에 갇힌 것이 본래의 의도와는 정반대의 결과를 낳았음을 여러분에게 알리고자 합니다. 메시지가 짓눌리기는커녕, 오히려 더 번성했습니다. 내가 메시아 때문에 감옥에 갇혔다는 사실을 이곳의 모든 병사와 그 밖의 모든 사람이 알게 되었습니다. 그 사실이 저들의 호기심을 자극해, 이제는 저들도 그분을 많이 알게 되었습니다. 그뿐 아니라, 이곳에 있는 그리스도인 대다수가 자신들의 믿음을 전보다 더 확신하게 되었고, 하나님과 메시아에 대해 두려움 없이 말하게 되었습니다.
15-17 물론, 이 지역에 있는 어떤 이들은 내가 없는 틈을 이용해 사람들의 주목을 한번 끌어 보려고 그리스도를 전하는 것이 사실입니다. 그러나 다른 사람들은 이 세상에서 가장 선한 마음으로 그리스도를 전합니다. 그들은 내가 이곳에서 메시지를 변호하고 있음을 알고는, 순수한 사랑의 마음에서 나를 도우려 합니다. 그러나 어떤 사람들은 내가 사라지자, 이 일에서 뭔가를 얻으려는 탐욕스런 마음으로 이 일을 합니다. 그들은 악한 동기로 행하는 것입니다. 그들은 나를 경쟁자로 여기고, 나의 상황이 악화될수록 자신들의 상황은 더욱 나아진다고 생각합니다.
18-21 그러면 내가 어떻게 반응해야겠습니까? 나는 그들의 동기가 순수하지 않든 악하든 분명치 않든 간에, 신경 쓰지 않기로 했습니다. 그들 가운데 누구라도 입을 열 때마다 그리스도가 전파되니, 그저 박수를 보낼 뿐입니다!
나는 일이 어찌 될지 알기에 계속해서 그들을 응원할 것입니다. 믿음으로 드리는 여러분의 기도와 넉넉하게 응답하시는 예수 그리스도의 영으로 말미암아, 그리스도께서 내 안에서 그리고 나를 통해 하시려는 모든 일이 이루어질 것입니다. 나는 내가 하던 일을 계속할 것입니다. 나는 부끄러울 것이 하나도 없습니다. 살든지 죽든지, 감옥에 갇혀 있는 나에게 일어나는 모든 일이 그리스도를 더욱 정확하게 알리는 데 도움이 됩니다. 저들은 내 입을 다물게 하기는커녕, 오히려 내게 설교단을 마련해 준 셈입니다. 나는 살아서는 그리스도의 심부름꾼이고, 죽어서는 그리스도의 선물입니다. 지금의 삶과 훨씬 더 나은 삶! 어느 쪽이든 내게는 유익입니다.
22-26 이 육신을 입고 사는 동안, 내가 해야 할 선한 일이 있습니다. 지금 당장 선택해야 한다면, 나는 어느 쪽을 선택해야 할지 모르겠습니다. 어려운 선택이 아닐 수 없습니다! 이 세상에서 그만 육신의 장막을 걷고 그리스도와 함께 있고픈 마음이 간절합니다. 어떤 날은 정말 그러고 싶은 마음뿐이지만, 여러분이 겪고 있는 일이 있으니 내가 이 세상에서 끝까지 견디는 것이 더 낫겠다는 확신이 듭니다. 그러므로 나는 하나님을 신뢰하는 이 삶에서 여러분의 성장과 기쁨이 지

속되도록, 여러분의 동료로 여러분 곁에 좀 더 머물러 있으려고 합니다. 내가
여러분을 다시 방문하는 날, 멋진 재회를 기대해도 좋습니다. 그날에 우리는 그
리스도를 찬양하며 서로 기뻐할 것입니다.
27-30 그때까지 그리스도의 **메시지**에 어울리는 명예로운 삶을 사십시오. 여러분
의 행동이 내가 가고 안 가고에 따라 달라져서는 안됩니다. 내가 여러분에게 가
서 직접 보든 멀리서 소식만 전해 듣든 간에, 여러분의 행동은 한결같아야 합
니다. 한 비전을 품고 한마음으로 굳게 서서, 사람들이 **메시지**, 곧 복된 소식을
신뢰하도록 분투하십시오. 대적하는 자들 앞에서 조금도 위축되거나 몸을 빼
는 일이 없게 하십시오. 여러분의 용기와 하나됨은 적들에게 분명 위협이 될 것
입니다. 그들이 직면한 것은 패배요, 여러분이 직면한 것은 승리입니다. 이 둘
은 모두 하나님에게서 오는 것입니다. 이 삶에는 그리스도를 신뢰하며 사는 것
만 있는 것이 아니라, 그리스도를 위해 받는 고난도 있습니다. 고난은 신뢰만큼
이나 값진 선물입니다. 여러분은 내가 어떤 싸움을 싸워 왔는지 보았고, 지금도
이 편지를 통해서 계속 소식을 듣고 있습니다. 여러분도 똑같은 싸움을 지금 하
고 있습니다.

종의 지위를 취하신 그리스도

2 1-4 그러므로 여러분이 그리스도를 따름으로 무엇을 얻었거나, 그분의 사
랑으로 여러분의 삶에 얼마간의 변화가 일어났거나, 성령의 공동체 안에
있는 것이 여러분에게 어떤 의미가 있거나, 여러분에게 따뜻한 마음이나 배려
하는 마음이 있거든, 내 부탁을 들어주시기 바랍니다. 서로 뜻을 같이하고, 서
로 사랑하고, 서로 속 깊은 벗이 되십시오. 자신의 방식을 앞세우지 말고, 그럴
듯한 말로 자신의 방식을 내세우지 마십시오. 자기를 제쳐 두고 다른 사람이 잘
되도록 도우십시오. 자기 이익을 꾀하는 일에 사로잡히지 마십시오. 자신을 잊
을 정도로 도움의 손길을 내미십시오.
5-8 그리스도 예수께서 자기 자신을 생각하셨던 방식으로 여러분도 자기 자신을
생각하십시오. 그분은 하나님과 동등한 지위셨으나 스스로를 높이지 않으셨고,
그 지위의 이익을 고집하지도 않으셨습니다. 조금도 고집하지 않으셨습니다!
때가 되자, 그분은 하나님과 동등한 특권을 버리고 종의 지위를 취하셔서, 사람
이 되셨습니다! 그분은 사람이 되셔서, 사람으로 사셨습니다. 그것은 믿을 수
없을 만큼 자신을 낮추는 과정이었습니다. 그분은 특권을 주장하지 않으셨습니
다. 오히려 사심 없이 순종하며 사셨고, 사심 없이 순종하며 죽으셨습니다. 그
것도 가장 참혹하게 십자가에서 죽으셨습니다.
9-11 그 순종으로 말미암아 하나님께서는 그분을 높이 들어 올리시고, 어떤 사람
이나 사물도 받아 본 적 없는 영광을 그분에게 주셨습니다. 그리하여, 하늘과
땅에 있는 모든 피조물이—오래전에 죽어 땅에 묻힌 사람들까지도—예수 그리
스도 앞에 절하고 경배하게 하시고 그분이 만물의 주이심을 찬양하게 하셔서,
하나님 아버지께 큰 영광을 돌리게 하셨습니다.

12-13 친구 여러분, 내가 바라는 것은, 여러분이 처음부터 해온 일을 계속해 달라는 것입니다. 내가 여러분 가운데 살 때에, 여러분은 순종으로 응답하는 삶을 살았습니다. 지금은 내가 여러분과 떨어져 있지만, 계속해서 그렇게 사십시오. 아니, 한층 더 애쓰십시오. 구원받은 자의 삶을 힘차게 살고, 하나님 앞에서 경건하고 민감하게 반응하십시오. 그 힘이야말로 하나님이 주시는 힘이고, 여러분 안에 깊이 자리한 힘입니다. 하나님은 자기를 가장 기쁘시게 할 만한 일을 바라시고 행하시는 분입니다.

14-16 무슨 일을 하든지 기꺼운 마음으로 흔쾌히 하십시오. 말다툼하거나 따지지 마십시오! 흠 없이 세상 속으로 들어가, 이 더럽고 타락한 사회에 맑은 공기를 불어넣으십시오. 사람들에게 선한 생활과 살아 계신 하나님을 볼 수 있게 하십시오. 환하게 빛을 비춰 주는 메시지를 어둠 속에 전하십시오. 그러면 그리스도께서 오시는 날에 나는 여러분에 대해 자랑할 것이 있을 것입니다. 여러분은 내가 한 이 모든 일이 헛수고가 아니었음을 보여주는 산 증거가 될 것입니다.

17-18 내가 지금 여기서 처형당한다 해도, 내가 여러분이 그리스도의 제단에 믿음으로 바치는 제물의 일부가 되고 여러분 기쁨의 일부가 된다면, 나는 그것으로 기뻐할 것입니다. 그러니, 여러분도 나의 기쁨의 일부가 되어 나와 함께 기뻐해야 합니다. 무슨 일을 하든지, 내게 미안한 마음을 품지 마십시오.

19-24 나는 (예수의 계획을 따라) 조만간 디모데를 여러분에게 보내어, 할 수 있는 한 여러분의 소식을 모아서 돌아오게 하려고 합니다. 아, 그러면 내 마음은 실로 큰 기쁨을 얻을 것입니다! 내게는 디모데만한 사람이 없습니다. 그는 충직하고, 여러분을 진심으로 걱정하는 사람입니다. 이곳에 있는 대다수 사람들이 예수의 일에는 관심이 없고 자기 일에만 관심이 있습니다. 그러나 여러분도 알다시피, 디모데는 진국입니다. 우리가 메시지를 전하는 동안 그는 내게 충실한 아들이었습니다. 앞으로 이곳에서 내게 있을 일을 알게 되는 대로, 그를 보내려고 합니다. 나도 곧 그의 뒤를 따라가게 되기를 바라고 기도합니다.

25-27 그러나 지금 당장은 나의 좋은 벗이며 동역자인 에바브로디도를 급히 보내려고 합니다. 전에 여러분이 그를 보내어 나를 돕게 했으니, 이제는 내가 그를 보내어 여러분을 돕게 하겠습니다. 그는 여러분에게 돌아가기를 몹시도 사모했습니다. 여러분도 들었겠지만, 그는 병이 나은 뒤로 더욱 여러분에게 돌아가기를 원했습니다. 자기 병이 다 나았으니 여러분을 안심시키고 싶어 했습니다. 여러분도 알다시피, 그는 죽을 뻔했으나 하나님께서 자비를 베풀어 주셨습니다. 그리고 하나님은 내게도 자비를 베풀어 주셨습니다. 하마터면 그의 죽음이 그 무엇보다도 큰 슬픔이 될 뻔했습니다.

28-30 그러니 그를 여러분에게 보내는 것이 내게 큰 기쁨인 이유를 여러분은 아실 것입니다. 그의 강건하고 기운찬 모습을 다시 볼 때, 여러분은 얼마나 기뻐할 것이며 나는 또 얼마나 안심하겠습니까! 기쁨이 넘치는 포옹으로 그를 성대히 맞아 주십시오! 그와 같은 사람은 여러분으로부터 가장 좋은 것을 받을 자격

이 있습니다. 여러분이 나를 위해 시작했으나 마무리 짓지 못한 사역이 생각나는지요? 그는 그 일을 마무리하느라 목숨까지 걸었고, 그 일을 하다가 하마터면 죽을 뻔했습니다.

그리스도를 주님으로 아는 특권

3 1 우리 소식은 이쯤 하겠습니다. 친구 여러분, 하나님 안에서 기뻐하십시오! 전에 편지로 한 말을 되풀이하는 것이 나는 번거롭지 않습니다. 여러분도 그 내용을 다시 들으면서 귀찮아하지 않았으면 합니다. 나중에 후회하는 것보다 안전한 길을 택하는 편이 낫지 않겠습니까? 그래서 다시 적습니다.

2-6 짖는 개들, 곧 참견하기 좋아하는 종교인들, 시끄럽기만 하고 실속은 없는 자들을 피하십시오. 그들이 관심 갖는 것은 온통 겉모습뿐입니다. 나는 그들을, 수술하기 좋아하는 할례주의자라고 부릅니다. 진짜 믿는 사람은, 하나님의 영이 인도하시는 대로 이 사역을 부지런히 하고, 우리가 늘 하는 것처럼 그리스도를 찬양하는 소리를 공중에 가득 채우는 사람입니다. 우리 스스로의 노력으로는 이 일을 할 수 없습니다. 많은 사람들이 아무리 대단한 자격 조건들을 내세운다 해도, 우리 스스로의 노력으로는 이 일을 할 수 없음을 우리는 잘 알고 있습니다. 여러분은 나의 배경을 잘 알고 있습니다. 나는 합법적으로 태어나 여드레 만에 할례를 받았고, 엘리트 지파인 베냐민 출신의 이스라엘 사람이며, 하나님의 율법을 엄격하고 독실하게 준수했고, 내 종교의 순수성을 열렬히 수호하면서, 심지어 교회를 박해하기까지 했으며, 하나님의 율법책에 기록된 것을 낱낱이 지켰습니다.

7-9 나는 저들이 자랑스럽게 내세우는 조건들을, 내가 명예로이 여겼던 다른 모든 것과 함께 갈기갈기 찢어 쓰레기통에 내던졌습니다. 왜 그랬을까요? 그리스도 때문입니다. 그렇습니다. 내가 전에 그토록 중요하게 여겼던 모든 것이 내 삶에서 사라져 버렸습니다. 그리스도 예수를 내 주님으로 직접 아는 고귀한 특권에 비하면, 내가 전에 보탬이 된다고 여겼던 모든 것은 하찮은 것, 곧 개똥이나 다름없습니다. 나는 그 모든 것을 쓰레기통에 버렸습니다. 그것은 내가 그리스도를 품고, 또한 그분 품에 안기려는 것이었습니다. 그리스도를 신뢰하는 데서 오는 강력한 힘, 곧 하나님의 의를 얻고 나서부터는, 나열된 규칙이나 지키는 하찮고 시시한 의는 조금도 바라지 않게 되었습니다.

10-11 그리스도를 직접 알고, 그분의 부활의 능력을 경험하고, 그분의 고난에 동참하면서 죽기까지 그분과 함께하기 위해, 나는 그 모든 하찮은 것을 버렸습니다. 죽은 자들 가운데서 살아나는 부활에 이르는 길이 있다면, 나는 그 길을 걷고 싶었습니다.

목표를 향한 달음질

12-14 내가 이 모든 것을 다 얻었다거나 다 이루었다고 말하는 것이 아닙니다. 나는 다만, 놀랍게도 나를 붙드신 그리스도를 붙잡으려고 내 길을 갈 뿐입니다.

친구 여러분, 내 말을 오해하지 마십시오. 나는 결코 나 자신을 이 모든 일의 전문가라고 생각지 않습니다. 나는 하나님께서 우리를 손짓하여 부르시는 그 목표, 곧 예수만을 바라볼 뿐입니다. 나는 달려갈 뿐, 되돌아가지 않겠습니다.
15-16 그러므로 하나님께서 우리를 위해 마련하신 것을 모두 얻으려는 사람들은, 그 목표에 초점을 맞추어야 합니다. 여러분이 전적인 헌신에 못 미치는 것을 마음에 품더라도, 하나님께서 여러분의 흐려진 시야를 깨끗하게 하심으로, 결국 여러분은 보게 될 것입니다! 이제 우리가 올바른 방향에 들어섰으니, 그 방향을 유지해야겠습니다.
17-19 친구 여러분, 내 뒤를 잘 따라오십시오. 같은 목표를 향해 우리와 같은 길을 달려가는 사람들을 놓치지 마십시오. 저기 바깥에는 우리와 다른 길을 걷고 다른 목표를 택하면서, 여러분을 그 길로 끌어들이려는 자들이 많습니다. 그들을 조심하라고 여러 차례 경고했지만, 유감스럽게도 다시 경고할 수밖에 없습니다. 그들은 편한 길만 바랍니다. 그들은 그리스도의 십자가를 싫어합니다. 그러나 편한 길은 막다른 길일 뿐입니다. 편한 길을 걷는 자들은 자신의 배를 신(神)으로 삼습니다. 트림이 그들의 찬양입니다. 그들의 머릿속에는 온통 먹는 생각뿐입니다.
20-21 그러나 우리에게는 더 나은 삶이 있습니다. 우리는 하늘의 시민입니다! 우리는 구원자이시며 주님이신 예수 그리스도가 오시기를 기다립니다. 그리스도께서 오셔서, 우리의 썩어질 몸을 그분의 몸과 같은 영광스러운 몸으로 바꾸어 주실 것입니다. 그분은 능하신 솜씨로 만물을 마땅히 있어야 할 자리, 곧 그분 아래와 주위에 머물게 하시는데, 바로 그 능하신 솜씨로 우리를 아름답고 온전하게 해주실 것입니다.

4

1 사랑하는 친구 여러분, 내가 너무나 사랑하는 여러분, 나는 여러분이 가장 좋은 것을 누리기 원합니다. 여러분은 나의 크나큰 기쁨이며 큰 자랑입니다. 그러니 흔들리지 마십시오. 길에서 벗어나지 말고, 하나님 안에서 꾸준하십시오.

염려 대신 기도하십시오

2 유오디아와 순두게에게 권면합니다. 견해차를 해소하고 화해하십시오. 하나님께서는 자기 자녀들이 서로 미워하는 것을 원치 않으십니다.
3 그리고 나와 멍에를 같이한 동역자에게 부탁합니다. 그대가 그들과 함께 있으니, 그들이 문제를 잘 해결하도록 최선을 다해 도와주십시오. 이 여인들은 글레멘드와 나, 그리고 다른 노련한 사람들과 협력하여 메시지를 전하려고 힘쓴 이들입니다. 그들은 우리만큼 열심히 일했습니다. 그들의 이름 또한 생명책에 기록되어 있다는 것을 잊지 마십시오.
4-5 날마다, 온종일 하나님을 찬양하십시오. 하나님께 푹 빠지십시오! 만나는 모

든 사람에게, 여러분이 그들 편이며 그들과 함께 일하며 그들을 거스르지 않는다는 것을, 할 수 있는 한 분명하게 보여주십시오. 주님이 곧 도착하신다는 것을 그들에게 알리십시오. 그분은 지금 당장이라도 나타나실 수 있습니다!

6-7 마음을 졸이거나 염려하지 마십시오. 염려 대신 기도하십시오. 간구와 찬양으로 여러분의 염려를 기도로 바꾸어, 하나님께 여러분의 필요를 알리십시오. 그러면 여러분도 모르는 사이에, 하나님의 온전하심에 대한 감각, 곧 모든 것이 협력하여 선을 이루게 된다는 믿음이 생겨나서 여러분의 마음을 안정시켜 줄 것입니다. 그리스도께서 여러분 삶의 중심에서 염려를 쫓아내실 때 일어나는 일은 실로 놀랍기 그지없습니다.

8-9 결론으로 말씀드립니다. 친구 여러분, 참된 것과 고귀한 것과 존경할 만한 것과 믿을 만한 것과 바람직한 것과 품위 있는 것을 마음에 품고 묵상하십시오. 최악이 아니라 최선을, 추한 것이 아니라 아름다운 것을, 저주할 만한 일이 아니라 칭찬할 만한 일을 생각하십시오. 내게서 배운 것과, 여러분이 듣고 보고 깨달은 것을 실천하십시오. 그러면 모든 것을 협력하게 하시는 하나님께서, 그분의 가장 탁월한 조화 속으로 여러분을 끌어들이실 것입니다.

빌립보 교우들의 향기로운 선물

10-14 나는 하나님 안에서 기쁩니다. 여러분이 짐작하는 것보다 훨씬 더 행복합니다. 내가 행복한 것은, 여러분이 다시 나에게 큰 관심을 보여주기 때문입니다. 여러분이 지금까지 나를 위해 기도하지 않았다거나 나를 생각지 않았다는 것이 아닙니다. 여러분에게는 그것을 보여줄 기회가 없었을 뿐입니다. 사실, 나는 개인적으로 무언가를 바라는 마음이 없습니다. 이제 나는 나의 형편이 어떠하든지 간에, 정말로 만족하는 법을 배웠습니다. 나는 적은 것을 가지고도 많은 것을 가진 것처럼 행복하고, 많은 것을 가지고도 적은 것을 가진 것처럼 행복합니다. 나는 배부르거나 굶주리거나, 많이 가졌거나 빈손이거나 행복하게 살 수 있는 비결을 찾았습니다. 내가 가진 것이 무엇이든지, 내가 어디에 있든지, 나를 지금의 나로 만들어 주시는 분 안에서 나는 모든 것을 해낼 수 있습니다. 내 말은 여러분이 나를 많이 도와주지 않았다는 뜻이 아닙니다. 여러분은 나를 많이 도와주었습니다. 내가 고난당할 때 여러분이 나와 함께해 준 것은 아름다운 일이었습니다.

15-17 빌립보의 교우 여러분, 여러분도 잘 알고 나도 잊지 않겠지만, 내가 처음 마케도니아를 떠나 담대히 메시지를 전하러 나아갈 때에, 이 일에 협력하여 도움을 준 교회는 여러분밖에 없었습니다. 내가 데살로니가에 있을 때에도, 여러분은 한 번만 아니라 두 번이나 내게 도움을 주었습니다. 나는 헌금을 바라지 않습니다. 다만 여러분이 관대한 행위에서 오는 복을 경험하기 원하는 마음뿐입니다.

18-20 지금 나는 모든 것을 가지고 있고, 더 많이 얻고 있습니다! 여러분이 에바브로디도 편에 보내준 선물은 차고 넘쳤습니다. 그것은 제단에서 타올라 주위를

향기로 가득 채우고, 하나님의 마음을 끝없이 흡족하게 해드리는 향기로운 제물과 같습니다. 하나님께서 여러분의 모든 필요를 해결해 주시며, 그분의 관대하심이 예수께로부터 흘러나오는 영광 중에 여러분의 관대함을 훨씬 능가한다는 것을 확신하십시오. 우리 하나님 아버지는 영광이 충만하셔서, 영원토록 영광이 넘쳐나는 분이십니다. 정말 그렇습니다.

21-22 만나는 모든 그리스도인들에게 안부를 전해 주십시오. 이곳에 있는 우리의 벗들도 여러분에게 문안합니다. 이곳에 있는 모든 그리스도인들, 특히 황제의 궁궐에서 일하는 믿는 이들이 여러분에게 안부를 전합니다.

23 주 예수 그리스도의 놀라우신 은혜를, 여러분 안에 깊이깊이 받아들이고 생생히 경험하십시오.

예수에 관한 이야기를 전부 듣고 그분의 삶과 가르침, 십자가의 죽으심과 부활의 참된 사실을 알게 된 사람이, 그분을 무심하게 지나쳐 버리거나 대수롭지 않게 여기는 경우는 거의 없다. 물론 그분의 이야기를 모르거나 잘못 전해 들은 사람은 그분을 거부할 것이다. 그러나 예외적인 경우를 뺀 대부분의 사람들은, 자신이 지금 대단히 뛰어나고 위대한 분을 대하고 있음을 본능적으로 알아차린다.

그러나 예수를 진심으로 중요하게 여기는 사람들조차도, 흔히 그분을 그분만큼이나 중요해 보이는 다른 사람들—부처, 모세, 소크라테스, 마호메트처럼 역사의 신기원을 연 인물이나 개인적으로 선호하는 그 밖의 인물들—과 같은 위치에 둔다. 이 사람들에게 예수는 중요한 인물이지만, 그들의 중심은 아니다. 예수의 명성은 무시 못하지만, 다른 인물에 비해 크게 탁월한 것은 아니다.

골로새라는 도시에 있는 그리스도인들 가운데 적어도 몇몇 사람들은 그렇게 생각했던 것 같다. 그들은 이러저러한 영적 존재와 예수를 동급으로 여겼던 것이다. 바울은 그들에게 편지를 보내어, 메시아이신 예수를 다시 그들 삶의 중심에 돌려놓으려고 했다.

> 거창한 말과 지적인 체하는 모호한 말로 여러분을 현혹하려는 사람들이 있으니 조심하십시오. 그들은 아무 성과도 없는 끝없는 논쟁에 여러분을 끌어들이려고 합니다. 그들은 인간의 헛된 전통과 영적 존재에 대한 허망한 미신을 유포함으로써 자신들의 사상을 퍼뜨리는 자들입니다. 그러나 그것은 그리스도의 길이 아닙니다. 그리스도 안에는 하나님의 모든 것이 표현되어 있어서, 여러분은 분명하게 그분을 볼 수 있고 그분의 말씀을 들을 수 있습니다. 그리스도의 충만하심을 알고, 또 그분 없이는 우주가 공허하다는 사실을 알기 위해서, 망원경이나 현미경이나 점성술 같은 것이 필요한 것은 아닙니다. 그분께 다가가기만 하면, 여러분에게도 그분의 충만하심이 나타날 것입니다. 그분의 능력은 모든 것에 두루 미칩니다(골 2:8-10).

바울이 논증하는 방식은 그가 논증하는 내용만큼이나 의미 있다. 많은 사람들이 예수의 유일성을 주장하지만, 그러한 주장은 종종 예수와 전혀 어울리지 않는 거만한 태도로 개진된다. 때로는 난폭하게 강요되기까지 한다.

그러나 바울은 그리스도께서 창조와 구원의 중심에 계시며, 그분과 견줄 자가 없음을 굳게 확신하면서도 오만한 태도를 보이지 않는다. 난폭하게 강요하지도 않는다. 그는 몸에 밴 겸손한 자세로 논증한다. 그의 편지에는 가장 사려 깊은 사랑의 에너지가 담겨 있다. 명석하고 타협할 줄 모르는 지성과, 따뜻하고 놀라울 정도로 친절한 마음의 결합을 우리는 그에게서 다시 한번 보게 된다. 우리 그리스도인들은 바울이 보여준 그 같은 모습에 고마워하지 않을 수 없다.

하나님께서 새로운 사랑의 삶을 살라고 여러분을 택하셨으니, 하나님께서 여러분을 위해 골라 주신 옷, 곧 긍휼과 친절과 겸손과 온화한 힘과 자제심의 옷을 입으십시오. 평온한 마음을 유지하고, 높은 자리가 아니어도 만족하며, 기분 상하는 일이 있어도 재빨리 용서하십시오. 주님께서 여러분을 용서하신 것같이, 여러분도 신속하고 완전하게 용서하십시오. 그 밖에 다른 무엇을 입든지 사랑을 입으십시오. 사랑이야말로 여러분이 어떤 경우에든 기본적으로 갖춰 입어야 할 옷입니다. 사랑 없이 행하는 일이 절대로 없게 하십시오(골 3:12-14).

골로새서

1

1-2 나 바울은, 하나님께서 세우신 큰 계획의 일부로서, 그리스도께 특별한 임무를 부여받았습니다. 나와 나의 벗 디모데는, 골로새에 있는 그리스도인들과 그리스도를 충직하게 따르는 모든 이들에게 문안합니다. 하나님 우리 아버지께서 주시는 온갖 좋은 것이 여러분에게 있기를 바랍니다!

감사가 넘치는 기도

3-5 여러분을 위해 기도할 때마다 우리는 항상 감사가 넘쳐납니다. 우리는 여러분으로 인해 우리 아버지 하나님과 메시아이신 예수께 끊임없이 감사를 드립니다. 우리는 여러분이 한결같은 마음으로 우리 예수 그리스도를 잘 믿고 있으며, 모든 그리스도인에게 끊임없이 사랑을 베풀고 있다는 소식을 전해 듣고 있습니다. 여러분의 삶에 놓인 목표는 동아줄 같아서, 결코 느슨해지지 않을 것입니다. 그것은 하늘에 있는 여러분의 미래와 단단히 연결되어 있고, 희망으로 든든히 묶여 있기 때문입니다.

5-8 **메시지**는 여러분이 처음 들었을 때와 마찬가지로 지금도 여러분 가운데서 참되며, 세월이 지나도 위축되거나 약해지지 않으며, 이 세상 어디에서나 한결같습니다. **메시지**는 여러분 안에서 그랬던 것처럼, 열매를 맺으며 점점 더 커지고 점점 더 튼실해지고 있습니다. 하나님께서 어떤 일을 하고 계신지를 여러분이 듣고 깨달은 첫날부터, 여러분은 **메시지**를 더욱 사모했습니다. **메시지**는 여러분이 우리의 벗이자 절친한 동료인 에바브라에게서 들었을 때와 마찬가지로, 지금도 여러분 안에서 왕성하게 움직이고 있습니다. 에바브라는 그리스도의 듬직한 일꾼이며, 내가 늘 의지하는 사람입니다! 그는 성령께서 여러분의 삶을 얼마나 속속들이 사랑으로 물들게 하셨는지 우리에게 알려 준 사람입니다.

9-12 여러분의 소식을 들은 날부터 우리는 여러분을 위해 쉬지 않고 기도하면서,

하나님께서 여러분에게 그분의 뜻에 맞는 지혜로운 마음과 영을 주시기를 구했
습니다. 또한 우리는 하나님께서 일하시는 방법을 여러분이 완전히 이해할 수
있게 해달라고 간구했습니다. 우리는 여러분이 주님의 과수원에서 주님께서 자
랑스러워하실 정도로 열심히 일하고, 주님을 위해 더할 나위 없이 훌륭하게 살
기를 기도합니다. 하나님께서 일하시는 방식을 알면 알수록, 여러분은 여러분
의 일을 어떻게 해야 할지 더욱 알게 될 것입니다. 우리는 여러분이 여러분의
일을 끝까지 해낼 수 있는 힘—이를 바득바득 갈면서 마지못해 하는 힘이 아니
라 하나님이 주시는 그 영광스러운 힘—을 받게 되기를 바랍니다. 그것은 견딜
수 없는 것을 견디는 힘, 기쁨이 넘쳐나는 힘, 우리를 강하게 하셔서 우리를 위
해 마련해 두신 온갖 밝고 아름다운 일에 참여하게 하시는 아버지께 감사드리
는 힘입니다.
13-14 하나님께서는 우리를 막다른 길과 어두운 소굴에서 구출하셔서, 그분이 몹
시 아끼시는 아들의 나라로 옮겨 주셨습니다. 그 아들은 수렁에서 우리를 건지
시고, 반복해서 지을 수밖에 없던 죄에서 우리를 벗어나게 해주셨습니다.

모든 것을 연결하시는 그리스도

15-18 우리는 이 아들을 보면서, 보이지 않는 하나님을 봅니다. 우리는 이 아들
을 보면서, 모든 피조물에 깃들어 있는 하나님의 원래 목적을 봅니다. 모든 것
이—위에 있는 것과 아래에 있는 것, 보이는 것과 보이지 않는 것, 천사 위의 천
사 위의 천사들까지—참으로 모든 것이 그분 안에서 시작되고, 그분 안에서 자
신의 목적을 찾기 때문입니다. 그분은 만물이 존재하기 전부터 계셨고, 지금 이
순간에도 만물을 유지하고 계십니다. 또한 그분은, 머리와 몸의 관계처럼 교회
를 하나의 유기체로 조직하시고 유지시켜 주시는 분입니다.
18-20 그분은 처음에도 으뜸이 되셨고—부활 행진을 이끄시며—마지막에도 으뜸
이 되십니다. 그분은 처음부터 끝까지 계시며, 만물과 모든 사람보다 단연 뛰어
나신 분입니다. 그분은 어찌나 광대하고 광활하신지, 만물이 그분 안에서 저마
다 알맞은 자리를 차지해도 전혀 비좁지 않습니다. 그뿐만이 아닙니다. 사람과
사물, 동물과 원자 할 것 없이 깨지고 조각난 우주의 모든 파편이, 그분의 죽으
심과 그분이 십자가에서 쏟으신 피로 말미암아 제자리를 얻고, 서로 어우러져
힘찬 조화를 이룹니다.
21-23 바로 여러분은 하나님께서 어떤 일을 하고 계신지를 보여주는 사례입니다.
한때 여러분 모두는 하나님을 등지고, 하나님께 반역하는 마음을 품으며, 기회
있을 때마다 하나님을 괴롭게 해드렸습니다. 그러나 그리스도께서는 십자가에
서 자기를 완전히 내어주시고, 실제로 여러분을 위해 죽으셨습니다. 그리스도
께서 여러분을 하나님께 데려가셔서, 여러분의 삶을 회복시켜 하나님 앞에 온
전하고 거룩하게 하셨습니다. 그 같은 선물을 버리고 떠나가서는 안됩니다! 여
러분은 신실한 결속에 터를 잡고 든든히 서서, 끊임없이 메시지에 주파수를 맞
추고, 마음이 흐트러지거나 주의를 빼앗기는 일이 없도록 조심하십시오. 다른

메시지는 없습니다. 이 메시지뿐입니다. 하늘 아래 있는 모든 피조물이 이 메시지를 받고 있습니다. 나 바울은 이 메시지를 전하는 심부름꾼입니다.

⁂

24-25 이 감옥에 여러분이 아니라 내가 갇혀 있는 것이 얼마나 감사한지 모릅니다. 이 세상에는 우리가 받아야 할 고난이 많습니다. 그것은 그리스도께서 겪으신 것과 같은 고난입니다. 나는 교회가 겪는 이 고난에 참여할 기회를 기꺼이 환영합니다. 나는 이 교회의 일꾼이 되어 이 고난을 순전한 선물로 받았습니다. 그것은 나로 하여금 여러분을 섬기고, 온전한 진리를 전하게 하시려는 하나님의 방법이었습니다.
26-29 이 비밀은 오랫동안 감추어져 있었지만, 지금은 환히 드러났습니다. 하나님께서는 유대인뿐 아니라 모든 사람이, 자신의 배경과 종교적 입장에 상관없이, 이 충만하고 영광스러운 비밀을 속속들이 알기를 원하셨습니다. 이 비밀을 간단히 말씀드리면, 그리스도께서 여러분 안에 계시며, 그분으로 인해 여러분이 하나님의 영광에 참여할 수 있게 되었다는 것입니다. 간단하지만, 이것이 메시지의 핵심입니다. 우리는 메시지에 무언가를 보태지 않도록 사람들에게 주의를 주면서 그리스도를 전합니다. 우리는 각 사람을 성숙시키기 위해 깊이 있는 분별력을 가지고 가르칩니다. 성숙해진다는 것은 기본으로 돌아간다는 것입니다. 바로 그리스도께로 말입니다! 그 이상도 그 이하도 아닙니다. 내가 날마다 해마다 힘쓰는 일, 너무나 풍성히 베풀어 주시는 하나님의 힘으로 최선을 다해 하는 일이, 바로 그것입니다.

2 1 여러분과 라오디게아에 있는 그리스도인들을 위해 내가 얼마나 열심히 일하고 있는지, 여러분이 알기 원합니다. 여러분 가운데 나를 직접 만나 본 사람이 많지 않지만, 그것은 중요하지 않습니다. 내가 여러분을 지지하고, 여러분과 함께한다는 사실을 알고 계십시오. 여러분은 혼자가 아닙니다.
2-4 나는 여러분이 다채로운 색실로 엮인 비단처럼 사랑으로 함께 연결되어, 하나님을 아는 모든 일에 닿아 있기를 바랍니다. 그러면 여러분의 마음은 하나님의 위대한 비밀이신 그리스도께 초점이 맞춰지고, 확신과 평안을 얻을 것입니다. 온갖 지혜와 지식의 보화가 그 비밀 안에 풍성하게 들어 있습니다. 이는 다른 어디에서도 찾을 수 없습니다. 이제 그 비밀이 우리에게 환히 드러났습니다! 내가 이 말을 하는 것은, 누군가가 여러분을 꾀어 이상한 것을 추구하게 하거나, 다른 비밀이나 "비법"을 추구하지 못하게 하려는 것입니다.
5 내가 멀리 떨어져 있고 여러분도 나를 볼 수 없지만, 나는 여러분 편이며 여러분 바로 곁에 있는 것이나 다름없습니다. 나는 여러분이 조심스럽고도 질서 있게 일한다는 소식을 듣고 기뻐하며, 그리스도를 믿는 여러분의 믿음이 굳건하고 튼실한 것에 감동하고 있습니다.

6-7 단순하고 직설적으로 권면합니다. 여러분이 이미 받은 것을 가지고 전진하십시오. 여러분은 그리스도 예수, 곧 주님을 받아들였습니다. 그러니 이제 그분의 삶을 사십시오. 여러분은 그분 안에 깊이 뿌리를 내렸습니다. 그분 위에 굳건히 세우심을 받았습니다. 여러분은 그분을 믿는 것이 무엇인지 잘 알고 있습니다. 그러니 이제 가르침 받은 대로 행하십시오. 수업은 끝났습니다. 배우는 일은 그만두고, 배운 대로 사십시오! 여러분의 삶을 감사로 넘치게 하십시오.

8-10 거창한 말과 지적인 체하는 모호한 말로 여러분을 현혹하려는 사람들이 있으니 조심하십시오. 그들은 아무 성과도 없는 끝없는 논쟁에 여러분을 끌어들이려고 합니다. 그들은 인간의 헛된 전통과 영적 존재에 대한 허망한 미신을 유포함으로써 자신들의 사상을 퍼뜨리는 자들입니다. 그러나 그것은 그리스도의 길이 아닙니다. 그리스도 안에는 하나님의 모든 것이 표현되어 있어서, 여러분은 분명하게 그분을 볼 수 있고 그분의 말씀을 들을 수 있습니다. 그리스도의 충만하심을 알고, 또 그분 없이는 우주가 공허하다는 사실을 알기 위해서, 망원경이나 현미경이나 점성술 같은 것이 필요한 것은 아닙니다. 그분께 다가가기만 하면, 여러분에게도 그분의 충만하심이 나타날 것입니다. 그분의 능력은 모든 것에 두루 미칩니다.

11-15 여러분이 무언가를 깨닫거나 성취해야 그분의 충만하심에 들어가는 것은 아닙니다. 할례를 받거나 장황한 율법 조문을 준수한다고 되는 것도 아닙니다. 여러분은 이미 그분의 충만하심을 경험한 사람들입니다. 그것은 비밀스러운 입회 의식을 통해 이루어진 것이 아니라, 그리스도께서 여러분을 위해 이미 행하신 일, 곧 죄의 권세를 멸하신 일을 통해 이루어진 것입니다. 여러분이 추구하는 것이 입회 의식이라면, 여러분은 이미 세례를 받음으로써 그 의식을 치렀습니다. 물 속으로 들어간 것은 여러분의 옛 삶을 장사 지낸 것이고, 물에서 나온 것은 새로운 삶으로 부활한 것입니다. 하나님께서는, 그리스도께 하셨던 것처럼 여러분을 죽은 자들 가운데서 일으키셨습니다. 여러분이 죄로 죽을 수밖에 없는 옛 생활을 고수하던 때에는 하나님께 반응할 수 없었습니다. 그러나 하나님은 여러분을 그리스도와 함께 살리셨습니다! 그 사실을 생각하십시오! 여러분의 모든 죄가 용서받았고, 여러분의 이력이 깨끗해졌으며, 여러분을 체포하기 위해 발부되었던 구속 영장이 취소되어 그리스도의 십자가에 못 박혔습니다. 하나님께서는 이 세상의 모든 영적 압제자들의 거짓 권위를 십자가에서 폭로하시고, 그들을 벌거벗겨 거리를 행진하게 하셨습니다.

16-17 그러므로 음식, 예식, 축제일과 관련된 세부 조항들로 여러분을 압박하는 사람들을 그냥 내버려 두지 마십시오. 그 모든 것은 장차 올 것 앞에 드리워진 그림자일 뿐입니다. 실체는 그리스도이십니다.

18-19 여러분을 굽실거리게 하고, 천사에 빠져 있는 자신들과 한패가 되게 하며, 환상에 매달리게 하여 여러분의 삶을 조종하려는 사람들을 용납하지 마십시오. 그들은 허풍으로 가득 찬 자들입니다. 그것이 그들의 전부입니다. 그들은 생명

의 원천이신 분, 곧 우리를 하나되게 하시는 그리스도와 아무 관계가 없습니다.
그러나 우리에게는 그리스도의 참된 숨이 드나들고 그분의 피가 흐르고 있습니
다. 그분은 머리이시고, 우리는 몸입니다. 그분께서 영양을 공급하실 때만 우리
는 하나님 안에서 건강하게 자랄 수 있습니다.
20-23 여러분은 그리스도와 함께 저 거짓되고 유치한 종교를 떠났습니다. 그런데
도 여러분 스스로 그 종교에 휘둘리고 있으니 어찌 된 노릇입니까? [그 종교는 이
렇게 말합니다.] "이것은 만지지 마라! 저것은 맛보지 마라! 이것은 하지 마라!" 여
러분은 오늘 여기 있다가 내일이면 없어지고 말 것들에 주목할 가치가 있다고
생각하십니까? 한껏 폼을 잡고 이야기하면, 그런 것들이 인상적으로 들리기는
합니다. 심지어 경건하거나 겸손해 보이며 금욕하는 것 같은 착각을 주기도 합
니다. 그러나 그것들은 자신을 과시하고 드러내 보이는 또 다른 방편에 불과합
니다.

참된 생명이신 그리스도

3 1-2 여러분이 진심으로 그리스도와 더불어 이 새로운 부활의 삶을 살고자
한다면, 그렇게 행하십시오. 그리스도께서 주관하시는 것들을 추구하십
시오. 발을 질질 끌며 땅만 쳐다보고 다니거나, 바로 눈앞에 있는 것들에 관심
을 빼앗기지 마십시오. 위를 바라보고, 그리스도 주위에 무슨 일이 일어나고 있
는지에 주목하십시오. 정말 중요한 일이 벌어지고 있는 곳은 바로 그곳입니다!
그분의 시각에서 사물을 보십시오.
3-4 여러분의 옛 삶은 죽었습니다. 여러분의 새 삶, 참된 삶은—구경꾼들에게는
잘 보이지 않겠지만—하나님 안에서 그리스도와 함께하는 삶입니다. 그분이야
말로 여러분의 생명입니다. 기억하십시오. 여러분의 참된 생명이신 그리스도께
서 이 세상에 다시 나타나실 때에, 여러분의 참 모습, 여러분의 영광스러운 모
습도 드러날 것입니다. 그때까지는 그리스도께서 그러셨던 것처럼, 세상에 알
려지지 않더라도 만족하십시오.
5-8 이는 죽음의 길과 관련된 모든 것—불륜, 더러운 행위, 정욕, 무엇이든 하고
싶을 때 자기 마음대로 하려는 마음, 마음에 드는 것이면 무엇이든 움켜쥐려는
마음—을 죽이는 것입니다. 그런 삶은 하나님이 만드신 것이 아니라 물질과 감
정이 만들어 낸 것입니다. 하나님께서는 그러한 삶에 진노를 발하십니다. 얼마
전까지만 해도 여러분은 더 나은 삶을 알지 못한 채 그 모든 행위를 일삼았습니
다. 그러나 이제 더 나은 삶을 알고 있으니, 그 모든 것을 영원히 확실하게 버리십
시오. 분노와 급한 성미와 비열한 행위와 불경한 짓과 무례한 말을 버리십시오.
9-11 서로 거짓말하지 마십시오. 여러분은 옛 삶을 청산했습니다. 그것은 맞지 않
는 더러운 옷과 같아서, 여러분은 이미 그 옷을 벗어서 불 속에 던져 넣었습니
다. 이제 여러분은 새 옷을 입었습니다. 여러분의 새로운 생활방식은 창조주께
서 하나하나 맞춤제작하셔서 손수 꼬리표를 달아 놓으신 것입니다. 이제 낡은
생활방식은 모두 쓸모없게 되었습니다. 유대인과 이방인, 종교인과 비종교인,

안에 있는 사람과 밖에 있는 사람, 야만인과 천박한 사람, 종과 자유인 같은 단
어들은 의미가 없습니다. 이제부터 모든 사람은 그리스도로 말미암아 규정되
며, 그리스도 안에 들어와 있습니다.
12-14 하나님께서 새로운 사랑의 삶을 살라고 여러분을 택하셨으니, 하나님께서
여러분을 위해 골라 주신 옷, 곧 긍휼과 친절과 겸손과 온화한 힘과 자제심의
옷을 입으십시오. 평온한 마음을 유지하고, 높은 자리가 아니어도 만족하며, 기
분 상하는 일이 있어도 재빨리 용서하십시오. 주님께서 여러분을 용서하신 것
같이, 여러분도 신속하고 완전하게 용서하십시오. 그 밖에 다른 무엇을 입든지
사랑을 입으십시오. 사랑이야말로 여러분이 어떤 경우에든 기본적으로 갖춰 입
어야 할 옷입니다. 사랑 없이 행하는 일이 절대로 없게 하십시오.
15-17 그리스도의 평화가 여러분을 서로 조화롭게 하고 보조를 맞추게 하십시오.
이것을 상실한 채 자신의 일에만 몰두하는 일이 없도록 하십시오. 그리고 감사
하는 마음을 기르십시오. 그리스도의 말씀, 곧 **메시지**가 여러분의 삶을 마음껏
드나들게 하십시오. **메시지**가 여러분 삶에 속속들이 스며들도록 충분한 자리를
만드십시오. 분별 있게 서로 가르치고 지도하십시오. 마음을 다해 하나님을 노
래하고 찬양하십시오! 살아가면서 말이나 행위나 그 무엇이든지 주 예수의 이
름으로 하고, 걸음을 뗄 때마다 하나님 아버지께 감사하십시오.

18 아내 여러분, 남편에게 순종함으로 남편을 이해하고 지지해 주십시오. 그것
이 주님을 영화롭게 하는 일입니다.
19 남편 여러분, 전심으로 아내를 사랑하십시오. 아내를 속이지 마십시오.
20 자녀 여러분, 부모가 여러분에게 하는 말을 따르십시오. 그것은 주님을 한없
이 기쁘게 해드리는 일입니다.
21 부모 여러분, 여러분의 자녀를 너무 호되게 꾸짖지 마십시오. 그들의 기를 꺾
지 않도록 하십시오.
22-25 종으로 있는 여러분, 이 세상 주인이 시키는 대로 따르십시오. 어물쩍 넘기
지 마십시오. 최선을 다하십시오. 여러분의 진짜 주인이신 하나님께 하듯 마음
을 다해 일하고, 유산을 상속받을 때 충분히 보상을 받게 되리라고 확신하십시
오. 여러분이 섬기는 궁극적인 주인은 그리스도이심을 늘 명심하십시오. 눈가
림으로 일하는 굼뜬 종은 그 책임을 지게 될 것입니다. 예수를 따르는 사람이라
고 해서 일을 잘못해도 묵과되는 것은 아닙니다.

4 1 그리고 주인 된 여러분, 종을 사려 깊게 대하십시오. 그들을 공정하게
대우하십시오. 여러분도 주인을, 곧 하늘에 계신 하나님을 섬기고 있음
을 한시도 잊지 마십시오.

메시지의 비밀을 전하도록 기도해 주십시오

2-4 부지런히 기도하십시오. 감사하는 마음으로 눈을 크게 뜨고 깨어 있으십시
오. 내가 이렇게 감옥에 갇혀 있는 동안에도, 하나님께서 문을 활짝 열어 주셔
서 그리스도의 비밀을 전할 수 있도록, 우리를 위해 기도하기를 잊지 마십시오.
내가 입을 열 때마다 사람들에게 그리스도를 대낮처럼 분명하게 나타낼 수 있
도록 기도해 주십시오.
5-6 교회 밖의 사람들 가운데서 일하며 살아갈 때는 지혜롭게 행하십시오. 좋은
기회를 놓치지 마십시오. 모든 기회를 선용하십시오. 말할 때에는 은혜가 넘치
게 하십시오. 대화할 때는 다른 사람을 깎아내리거나 제치는 것이 아니라, 그들
에게서 가장 좋은 점을 이끌어 내는 것을 목표로 삼으십시오.
7-9 나의 착한 벗 두기고가 나의 사정을 여러분에게 전부 알려 줄 것입니다. 그는
주님을 섬기는 일에 믿음직한 사역자이자 동료입니다. 내가 그를 보낸 것은 여
러분에게 우리의 사정을 알리고, 여러분의 믿음을 격려하게 하려는 것입니다.
그와 함께 오네시모도 보냈습니다. 오네시모는 여러분과 동향 사람인데, 믿음
직하고 신실한 형제가 되었습니다! 그들이 이곳에서 지금까지 진행된 모든 일
을 여러분에게 전해 줄 것입니다.
10-11 나와 함께 이곳 감옥에 갇혀 있는 아리스다고가 안부를 전합니다. 바나바의
사촌 마가도 문안합니다(여러분은 전에 그에 대한 편지를 받았으니, 그가 여러분에게 가
거든 잘 맞아 주십시오). 사람들이 유스도라고 부르는 예수도 문안합니다. 이전에
함께하던 무리 가운데 나를 떠나지 않고 남아서 하나님 나라를 위해 일한 사람
은 이들뿐입니다. 이들이 얼마나 큰 도움이 되었는지 모릅니다!
12-13 여러분과 동향 사람인 에바브라가 문안합니다. 그는 참으로 훌륭한 용사입
니다! 그는 여러분을 위해 꾸준히 기도해 온 사람입니다. 그는 여러분이 굳게
서서, 하나님께서 바라시는 모든 일을 성숙하게, 확신을 가지고 행하기를 기도
하고 있습니다. 그를 면밀히 살펴본 나는, 그가 여러분을 위해 그리고 라오디게
아와 히에라볼리에 있는 사람들을 위해 얼마나 열심히 일했는지 말할 수 있습
니다.
14 좋은 벗이자 의사인 누가와 데마도 인사합니다.
15 라오디게아에 있는 우리 교우들에게 안부를 전해 주십시오. 눔바와 그 집에
서 모임을 갖는 교회에도 안부를 전해 주십시오.
16 이 편지를 읽은 다음에 라오디게아 교회도 읽게 하십시오. 그리고 여러분도
내가 라오디게아 교회로 보낸 편지를 받아서 읽어 보시기 바랍니다.
17 그리고 아킵보에게 "주님에게서 받은 일에 최선을 다하라. 진실로 최선을 다
하라"고 일러 주십시오.
18 나 바울이 친필로 "바울"이라고 서명합니다. 감옥에 갇힌 나를 위해 잊지 말
고 기도해 주십시오. 은혜가 여러분과 함께하기를 바랍니다.

우리가 미래를 어떤 식으로 그리느냐에 따라 현재의 모습이 달라지고, 그날그날 이루어지는 행위의 윤곽과 사고의 품격이 결정된다. 미래관이 분명하지 않은 사람은 무력하게 살게 마련이다. 수많은 정서적·정신적 질환과 대부분의 자살이 "미래가 없다"고 느끼는 사람들에게서 일어난다.

기독교 신앙의 특징은 언제나 강력하고 분명한 미래관이었다. 그 미래관의 가장 구체적인 특징은, 그리스도께서 다시 오신다는 믿음이다. 예수를 따르는 사람들은 그분께서 승천하신 날부터 그분의 오심을 기다리며 살았다. 예수께서는 자신을 따르는 이들에게 다시 오시겠다고 말씀하셨다. 그리고 그들은 다시 오시겠다는 그분의 약속을 믿었다. 바울은 자신의 편지에서 "아무 의심 없이" 다음과 같이 말한다.

> 우리에게는 이에 관한 주님의 말씀이 있습니다. 주님께서 우리를 데려가시기 위해 다시 오실 때, 우리 가운데 죽지 않고 살아 있는 사람들이라도 죽은 사람들을 앞서지 못할 것입니다. 실제로, 죽은 사람들이 우리보다 먼저일 것입니다. 주님께서 친히 호령하실 것입니다. 천사장의 천둥 같은 소리가 들릴 것입니다! 하나님의 나팔소리가 울릴 것입니다! 주님께서 하늘로부터 내려오시고 그리스도 안에서 죽은 사람들이 일어날 것입니다. 그들이 먼저 갈 것입니다. 그런 다음에, 우리 가운데 그때까지 죽지 않고 살아 있는 사람들이 그들과 함께 구름 속으로 이끌려 올라가서 주님을 만나 뵐 것입니다. 오, 우리는 기뻐 뛸 것입니다! 그 후에, 주님과 함께하는 성대한 가족모임이 있을 것입니다(살전 4:15-17).

그분을 따르는 사람들은 지금도 그 믿음을 붙들며 산다. 그리스도인에게는 미래를 알고 믿는 것이 가장 중요하기 때문이다.

이러한 믿음 때문에 우리는 현재의 매순간을 희망으로 마주할 수 있다. 미래가 예수의 다시 오심으로 인해 결정되는 것이라면, 불안에 떨거나 환상에 잠길 이유가 없기 때문이다. 예수께서 다시 오신다는 믿음은 우리 삶에서 혼란을 제거한다. 그리고 우리는 훨씬 더 자유롭게 하나님의 자유에 응답할 수 있게 된다.

그럼에도 불구하고 이 믿음은 오해를 받기도 한다. 어떤 사람에게는 꼼짝 못하게 하는 두려움으로 다가오기도 하고, 어떤 사람에게는 끝없는 게으름을 조장하는 수단이 되기도 한다. 바울은 데살로니가 그리스도인들에게 보낸 두 통의 편지에서, 무엇보다도 사람을 무력하게 만드는 잘못된 생각을 바로잡는다. 그리고 하나님께서 장차 예수 안에서 이루실 일을 확신하면서, 팽팽한 긴장감과 즐거운 마음으로 계속해서 살아가도록 격려한다.

그러므로 친구 여러분, 땅에 발을 딛고 굳게 서서 머리를 치켜드십시오. 우리의 말과 편지로 배운 가르침을 굳게 붙잡으십시오. 사랑으로 다가오셔서 끊임없는 도움과 확신을 선물로 주시며 여러분을 놀라게 하신 예수와 하나님 우리 아버지께서, 친히 여러분 안에 새로운 마음을 주시고, 여러분의 일을 격려하시며, 여러분의 말에 생기를 더해 주시기를 바랍니다(살후 2:15-17).

데살로니가전서

1 [1] 나 바울과 실루아노와 디모데는 데살로니가 교회, 곧 하나님 아버지와
주 예수 그리스도께서 모아 주신 그리스도인들에게 문안합니다. 놀라우
신 하나님의 은혜가 여러분과 함께하기를, 하나님의 든든한 평화가 여러분과
함께하기를 바랍니다!

강철 같은 확신

2-5 우리는 여러분을 생각할 때마다 여러분을 두고 하나님께 감사를 드립니다.
우리는 하나님 우리 아버지 앞에서, 여러분의 믿음의 행위와 사랑의 수고와 우
리 주 예수 그리스도를 따르면서 보여준 소망의 인내를 떠올리며 밤낮으로 기
도합니다. 친구 여러분, 우리는 하나님께서 여러분을 몹시 사랑하실 뿐만 아니
라 여러분에게 안수하셔서 특별한 일을 맡기신 것을 잘 알고 있습니다. 우리가
여러분에게 전한 메시지는 그저 말에 그치지 않았습니다. 여러분 안에 무엇인가
중요한 일이 일어났습니다. 성령께서 여러분의 확신을 강철 같게 해주셨습니
다.
5-6 여러분은 우리가 여러분 가운데서 어떻게 살았는지 주의 깊게 보았고, 여러
분 자신도 우리처럼 살기로 작정했습니다. 여러분은 우리를 본받음으로써 주님
을 본받는 사람이 되었습니다. 비록 말씀에 많은 어려움이 뒤따라왔지만, 여러
분은 성령으로부터 큰 기쁨을 얻을 수 있었습니다! 여러분은 기쁜 일에 따르는
고난도, 고난에 따르는 기쁨도 받아들였습니다.
7-10 마케도니아와 아가야에 있는 모든 믿는 이들이 여러분을 존경하고 있다는
것을 아시는지요? 여러분의 소문이 주위에 두루 퍼졌습니다. 여러분의 삶으로
인해 주님의 말씀이 그 지역뿐 아니라 모든 곳에서 울려 퍼지고 있습니다. 하나
님을 믿는 여러분의 믿음의 소문이 널리 퍼졌습니다. 우리가 더 말할 필요가 없

을 정도입니다. 여러분이 곧 메시지이니까요! 사람들이 우리에게 다가와서 이야기해 주더군요. 여러분이 두 팔 벌려 우리를 맞아 준 것과, 여러분이 지난날 섬기던 죽은 우상들을 버리고 참 하나님을 받아들여 섬기게 된 이야기를 말입니다. 하나님께서 죽은 자들 가운데서 살리신 그분의 아들—장차 닥쳐올 멸망에서 우리를 건져 주신 예수—이 오시기를 간절히 기다리는 여러분의 모습을 보고 그들은 놀라워했습니다.

2 1-2 친구 여러분, 우리가 여러분을 방문한 것이 시간 낭비가 아니었음이 분명합니다. 여러분도 알다시피, 우리는 빌립보에서 험한 대접을 받았지만, 그것이 우리를 지체시키지는 못했습니다. 우리는 하나님 안에서 확신을 가지고 곧장 앞으로 나아가, 우리의 할 말을 했습니다. 반대에 굴하지 않고, 여러분에게 하나님의 **메시지**를 전한 것입니다.

오직 하나님의 인정만 구했습니다

3-5 하나님은 우리를 철저히 시험하셔서, 우리가 이 **메시지**를 맡을 자격이 있는지 확인하셨습니다. 분명히 말씀드리지만, 여러분에게 말할 때 우리는 다수의 인정을 구하지 않고 오직 하나님의 인정을 구할 뿐입니다. 우리가 그 같은 시험을 거쳤으니, 우리는 물론이고 우리가 전한 **메시지**에 오류나 불순한 동기나 감춰진 의도가 없다는 것을 여러분은 확신해도 됩니다. 우리가 여러분에게 아첨하는 말을 한 적이 없다는 것을, 다른 누구보다 여러분이 잘 알고 있습니다. 그리고 우리가 말로 연막을 쳐서 여러분을 이용한 적이 없다는 것을, 하나님께서 잘 알고 계십니다.
6-8 우리가 그리스도의 사도라는 지위에 있지만 그 지위를 남용한 적이 없고, 여러분이나 다른 누구에게 중요 인물이라는 인상을 주려고 한 적도 없습니다. 우리는 여러분에게 무관심하지도 않았습니다. 우리는 여러분을 있는 모습 그대로 받아들였습니다. 생색을 내거나 으스댄 적이 없습니다. 그저 어머니가 자기 자녀를 돌보듯이, 여러분에게 마음을 썼을 뿐입니다. 우리는 여러분을 끔찍이 사랑했습니다. 여러분에게 **메시지**를 전하는 것에 만족하지 않고, 우리의 마음을 주려고 했습니다. 그리고 실제로 그렇게 했습니다.
9-12 친구 여러분, 여러분은 그 시절에 우리가 몸을 아끼지 않고 일하며 밤늦도록 수고한 것을 기억하실 것입니다. 그것은 우리가 하나님의 **메시지**를 전하는 동안, 여러분에게 우리를 후원하는 짐을 지우지 않으려는 것이었습니다. 우리가 여러분 가운데서 얼마나 신중하고 경우 있게 처신했는지, 또한 여러분을 믿음의 동료로 얼마나 세심하게 대했는지, 여러분은 두 눈으로 똑똑히 보았습니다. 하나님께서도 우리가 거저 얻어먹지 않았다는 것을 아십니다! 여러분은 그 모든 것을 직접 경험해서 알고 있습니다. 우리는 아버지가 자기 자녀에게 하듯이, 여러분 한 사람 한 사람을 대했습니다. 여러분의 손을 붙잡고 격려의 말을 속삭

였고, 그분의 나라, 곧 이 기쁨 넘치는 삶으로 우리를 불러 주신 하나님 앞에서
바르게 사는 법을 차근차근 보여주었습니다.
13 이제 우리는 그 모든 것을 돌아보며, 하나님께 샘물처럼 솟구치는 감사를 드
립니다! 여러분은 우리가 전한 하나님의 메시지를 받을 때 사람의 견해로 흘려
버리지 않고, 하나님께서 여러분에게 주시는 참된 말씀으로 받아들여 마음에
새겼습니다. 하나님께서 믿는 여러분 안에서 친히 역사하고 계십니다!
14-16 친구 여러분, 여러분이 유대에 있는 하나님의 교회들이 걸어간 발걸음을 그
대로 따랐다는 것을 알고 있는지요? 그들은 예수 그리스도께서 걸어가신 발걸
음을 가장 먼저 따라간 이들입니다. 그들이 동족에게서 부당한 대우를 받은 것
처럼, 여러분도 여러분의 동족에게서 그 같은 대우를 받았습니다. 유대인들은
(예언자는 물론이고) 주 예수까지 죽이고, 그 여세를 몰아 우리를 도시에서 내쫓기
까지 했습니다. 그들은 하나님과 모든 사람을 대적하고 있습니다. 그들은 하나
님에 대해 들어 본 적 없는 사람들에게 어떻게 구원받는지를 전하는 우리를 방
해하려고 안간힘을 쓰고 있습니다. 그들은 하나님 대적하기를 일삼는 자들로,
그 일에 아주 능합니다. 그러나 하나님께서는 더 이상 참지 않으시고, 그들의
일을 끝내시기로 하셨습니다.

17-20 사랑하는 친구 여러분, 우리가 여러분을 얼마나 그리워하는지 아십니까?
여러분과 떨어진 지 그리 오래되지 않았고 마음이 아니라 몸으로만 떨어져 있
을 뿐인데도, 우리는 여러분을 다시 만나기 위해 최선을 다했습니다. 우리가 여
러분을 얼마나 그리워하는지, 여러분은 상상도 못할 것입니다! 나 바울은 몇 번
이고 여러분에게 돌아가려고 했지만, 그때마다 사탄이 우리를 방해했습니다.
우리 주 예수께서 오실 때 우리의 자랑이 누구이겠습니까? 여러분이 아니겠습
니까? 여러분이야말로 우리의 자랑이요 기쁨입니다!

3

1-2 그러므로, 더는 여러분과 떨어져 있을 수도 없고 마땅히 여러분을 찾아
갈 방법도 찾을 수 없었던 우리는, 아테네에 남아 있기로 하고 디모데를
여러분에게 보냈습니다. 그것은 여러분을 일으켜 세우고, 여러분이 이 고난으로
인해 낙심하지 않도록 위로하게 하려는 것이었습니다. 그는 믿음 안에서 형제이
자 동료이며, 메시지를 전파하고 그리스도를 전하는 하나님의 사람입니다.
3-5 여러분에게 고난이 다가오는 것이 놀라운 일은 아닙니다. 여러분도 알다시
피, 우리는 이런 일을 겪게 되어 있습니다. 고난은 우리가 감당해야 할 소명의
일부입니다. 여러분과 함께 있을 때 우리는, 장차 고난이 닥쳐올 것을 분명히
말씀드렸습니다. 그리고 이제 그대로 되어서, 여러분도 고난을 직접 겪게 되었
습니다. 그래서 나는 걱정을 멈출 수 없었습니다. 그 고난 가운데서 여러분이
어떻게 믿음으로 살고 있는지 직접 확인하고 싶었습니다. 나는 유혹자가 여러

분에게 접근해서, 우리가 함께 세운 모든 것을 허물어뜨리지 못하게 하고 싶었
습니다.
6-8 그런데 이제 디모데가 돌아와서 여러분의 믿음과 사랑에 대해 멋진 소식을
전해 주니, 우리의 기분이 한결 나아졌습니다. 여러분이 계속해서 우리를 좋게
여기고, 우리만큼이나 여러분도 우리를 보고 싶어 한다는 소식을 들으니, 감사
하는 마음이 더욱 각별합니다! 우리가 여기서 고난과 역경 가운데 있지만 여러
분이 어떻게 지내는지 알게 되었으니, 우리가 더 견딜 수 있겠습니다. 여러분의
믿음이 살아 있다는 것을 알게 되었으니, 우리가 살겠습니다.
9-10 우리가 여러분으로 말미암아 하나님 앞에서 누리는 이 기쁨을 두고, 어떻게
하면 하나님께 제대로 감사드릴 수 있을까요? 우리는 우리가 할 수 있는 일을 합
니다. 곧 밤낮으로 기도하며, 여러분의 얼굴을 다시 보게 되는 기쁨을 선물로 주
시기를, 여러분의 믿음이 흔들릴 때 우리가 도울 수 있게 해주시기를 구합니다.
11-13 하나님 우리 아버지와 우리 주 예수께서 여러분에게로 가는 길을 우리 앞에
열어 주시기를 바랍니다! 또한 주님께서 여러분에게 사랑을 부어 주셔서 그 사
랑이 여러분의 삶을 가득 채우기를, 그 사랑이 우리에게서 여러분에게 전해진
것같이 또한 여러분에게서 주위 모든 사람에게까지 넘쳐나기를 바랍니다. 여러
분에게 힘과 순결한 마음을 채워 주셔서, 우리 주 예수께서 그분을 따르는 모든
이들과 함께 오실 때, 하나님 우리 아버지 앞에서 여러분이 확신에 찬 모습으로
서게 되기를 바랍니다.

하나님을 기쁘시게 해드리십시오

4 1-3 친구 여러분, 마지막으로 한 말씀 더 드립니다. 여러분에게 부탁합니
다. 아니, 강권합니다. 우리가 일러 준 대로 계속 행하여 하나님을 기쁘
시게 해드리십시오. 억지스러운 종교적 노력으로 하지 말고, 생기 넘치고 즐거
운 춤을 추듯 그분을 기쁘시게 해드리십시오. 우리가 주 예수께 받아 여러분에
게 제시해 드린 지침을 여러분은 알고 있습니다. 하나님께서는 여러분이 순결
하게 살기를 바라십니다.
난잡한 성생활을 멀리하십시오.
4-5 하나님을 알지 못하는 사람들이 흔히 하는 것처럼 여러분의 몸을 함부로 다
루지 말고, 오히려 몸을 아끼고 존중하는 법을 익히십시오.
6-7 형제자매의 관심사를 함부로 무시하지 마십시오. 그들의 관심사는 하나님의
관심사이니, 하나님께서 그들을 돌봐 주실 것입니다. 우리는 전에 이 일로 여러
분에게 경고한 바 있습니다. 하나님께서는 무질서하고 난잡한 삶이 아니라, 거
룩하고 아름다운 삶으로, 안과 밖이 모두 아름다운 삶으로 우리를 초대하셨습
니다.
8 이 권고를 무시하는 사람은 자기 이웃의 기분을 상하게 하는 것이 아니라, 여
러분에게 성령을 선물로 주시는 하나님을 저버리는 것입니다.
9-10 함께 살아가는 생활과 서로 사이좋게 지내는 일에 대해서는, 내가 여러분에

게 지시할 필요가 없을 것 같습니다. 여러분은 이 점에 대해 직접 하나님의 가르침을 받았습니다. 그저 서로 사랑하십시오! 이미 여러분은 잘하고 있습니다. 마케도니아 전역에 있는 여러분의 벗들이 그 증거입니다. 멈추지 말고 더욱더 그렇게 하십시오.

11-12 조용히 지내고, 자기 일에 전념하며, 자기 손으로 일하십시오. 여러분은 이 모든 것을 전에도 들은 바 있지만, 다시 듣는다고 해서 해가 될 것은 없습니다. 우리는 여러분이 세상 사람들의 존경을 받을 정도로 제대로 살기를 바라고, 빈둥거리며 친구들에게 빌붙어 사는 일이 없기를 바랍니다.

주님의 재림과 죽은 사람의 부활

13-14 친구 여러분, 우리는 여러분이 '이미 죽어서 땅에 묻힌 사람들에게 어떤 일이 일어나는가'라는 물음에 대해 아무것도 모르고 지내기를 원치 않습니다. 우선, 여러분은 무덤이 끝이라는 생각에, 모든 기대를 포기한 사람들처럼 분별없이 처신해서는 안됩니다. 예수께서 죽으셨다가 무덤에서 벗어나셨으니, 하나님께서 예수 안에서 죽은 사람들도 분명히 다시 살리실 것입니다.

15-18 다음으로, 우리는 온전한 확신으로 여러분에게 말씀드릴 수 있습니다. 우리에게는 이에 관한 주님의 말씀이 있습니다. 주님께서 우리를 데려가시기 위해 다시 오실 때, 우리 가운데 죽지 않고 살아 있는 사람들이라도 죽은 사람들을 앞서지 못할 것입니다. 실제로, 죽은 사람들이 우리보다 먼저일 것입니다. 주님께서 친히 호령하실 것입니다. 천사장의 천둥 같은 소리가 들릴 것입니다! 하나님의 나팔소리가 울릴 것입니다! 주님께서 하늘로부터 내려오시고 그리스도 안에서 죽은 사람들이 일어날 것입니다. 그들이 먼저 갈 것입니다. 그런 다음에, 우리 가운데 그때까지 죽지 않고 살아 있는 사람들이 그들과 함께 구름 속으로 이끌려 올라가서 주님을 만나 뵐 것입니다. 오, 우리는 기뻐 뛸 것입니다! 그 후에, 주님과 함께하는 성대한 가족모임이 있을 것입니다. 그러니 그러한 말로 서로 격려하십시오.

5

1-3 친구 여러분, 나는 '이 모든 일이 언제 일어날 것인가'라는 물음은 다룰 필요가 없다고 생각합니다. 주님께서 오실 날을 달력에 표시할 수 없다는 것은, 나도 알고 여러분도 아는 사실입니다. 그분은 미리 연락하거나 약속 일자를 정하지 않고 도둑처럼 오실 것입니다. 모든 사람들이 "우리는 확실히 성공했어! 이제 편히 살아도 돼!"라고 말하며 서로 축하하고 만족하며 느긋해 할 때, 갑자기 모든 것이 산산조각 날 것입니다. 그날은 아기를 밴 여인에게 진통이 오는 것처럼, 누구도 피할 수 없게 느닷없이 올 것입니다.

4-8 그러나 친구 여러분, 여러분은 어둠 속에 있지 않으니, 그런 일로 당황할 일은 없을 것입니다. 여러분은 빛의 아들이며 낮의 딸입니다. 탁 트인 하늘 아래서 살아가는 우리는, 우리가 서 있는 곳이 어디인지 잘 압니다. 그러니 다른 사

람들처럼 몽롱한 채로 다니지 맙시다. 눈을 크게 뜨고, 빈틈없이 살아가야 합니다. 밤이 되면 사람들은 잠을 자거나 술에 취합니다. 그러나 우리는 그렇지 않습니다! 우리는 낮의 자녀이니, 낮의 자녀답게 행동해야 합니다. 대낮에 맑은 정신으로 다니고, 믿음과 사랑과 구원의 소망을 입도록 하십시오.
9-11 하나님께서는 우리를 진노의 심판에 이르게 하신 것이 아니라, 우리 주 예수
그리스도로 말미암아 구원에 이르게 하셨습니다. 그분이 우리를 위해 죽으셨습니다. 그리고 그분의 죽음이 생명을 일으켰습니다. 산 자와 함께 깨어 있든지 죽은 자와 함께 잠들어 있든지, 우리는 그분과 함께 살아 있습니다! 그러니 서로 격려의 말을 하십시오. 소망을 든든히 세우십시오. 그러면 여러분은 한 사람도 빠지거나 뒤처지는 일 없이, 모두가 그 소망 안에 있게 될 것입니다. 나는 여러분이 이미 그렇게 하고 있다는 것을 압니다. 그러니 계속해서 그리하십시오.

하나님이 바라시는 생활방식

12-13 친구 여러분, 부탁드립니다. 여러분을 위해 열심히 수고하는 지도자들, 여
러분의 순종에 따라 여러분을 권면하고 이끄는 책임 맡은 이들을 존중하십시오. 감사와 사랑으로 그들을 감동시키십시오!
13-15 서로 사이좋게 지내고, 각자 자기 몫의 일을 하십시오. 우리의 조언은 이것
입니다. 거저 얻어먹기만 하는 사람들에게 힘써 일하라고 주의를 주십시오. 뒤처진 사람들을 온유하게 격려하고, 지친 사람들에게 손을 내밀어 그들을 일으켜 세우십시오. 서로 참고, 각 사람의 필요에 주의를 기울이십시오. 서로 신경을 건드려 화를 돋우지 않도록 조심하십시오. 서로에게서 최선의 모습을 찾아보고, 언제나 그것을 이끌어 내기 위해 최선을 다하십시오.
16-18 무슨 일에든지 기뻐하십시오. 항상 기도하십시오. 무슨 일에든지 하나님께
감사하십시오. 이것이야말로 하나님께서 그리스도 예수 안에 있는 여러분에게 바라시는 생활방식입니다.
19-22 성령을 억누르지 마십시오. 주님께 말씀을 받은 사람들을 막지 마십시오.
그러나 쉽게 속지는 마십시오. 모든 것을 꼼꼼히 따져 보고, 선한 것만을 간직하십시오. 악에 물든 것은 무엇이든 내다 버리십시오.
23-24 모든 것을 거룩하고 온전하게 하시는 하나님께서 여러분을 거룩하고 온전
하게 하시고 여러분의 영과 혼과 몸을 온전하게 하셔서, 우리 주 예수 그리스도께서 오실 때 그에 합당한 사람이 되게 해주시기를 바랍니다. 여러분을 불러 주신 분은 완전히 의지할 만한 분이십니다. 그분께서 말씀하셨으니, 그분께서 이루실 것입니다!
25-27 친구 여러분, 우리를 위해 계속 기도해 주십시오. 그곳에 있는 예수를 따르
는 모든 이들과 거룩한 포옹으로 인사하십시오. 이 편지를 모든 형제자매에게 반드시 읽게 하십시오. 한 사람도 빼놓지 말고 읽게 하십시오.
28 예수 그리스도의 놀라운 은혜가 여러분과 함께하기를 바랍니다!

데살로니가후서

1 1-2 나 바울은, 실루아노와 디모데와 더불어 하나님 우리 아버지와 우리 주 예수 그리스도의 이름으로 데살로니가 그리스도인들의 교회에 문안합니다. 우리 하나님께서는 여러분에게 필요한 모든 것을 주시고, 여러분이 되어야 할 모습으로 여러분을 만들어 주시는 분이십니다.

주님께서 다시 오시는 날

3-4 친구 여러분, 이 점을 알아 두십시오. 우리가 여러분을 두고 거듭해서 하나님께 감사를 드리는 것은, 즐거운 일이자 마땅한 의무이기도 합니다. 우리는 감사할 수밖에 없습니다. 여러분의 믿음이 눈에 띄게 자라고, 서로에게 베푸는 여러분의 사랑이 놀랍도록 발전하고 있습니다. 그러니 우리가 감사드리는 것은 당연합니다. 우리는 여러분이 대단히 자랑스럽습니다. 여러분에게 온갖 고난이 닥쳤지만, 여러분의 믿음이 흔들리지 않고 굳건하기 때문입니다. 우리는 교회에서 만나는 사람 누구에게나 여러분의 모든 것을 자랑합니다.

5-10 이 모든 고난은, 하나님께서 여러분을 그 나라에 합당한 사람이 되게 하시겠다고 작정하신 분명한 표입니다. 여러분이 지금 고난을 겪고 있지만, 정의 또한 다가오고 있습니다. 주 예수께서 강력한 천사들과 함께 하늘로부터 활활 타는 불꽃 가운데 나타나실 때, 그분은 여러분에게 고난을 안겨 준 자들에게 원한을 갚아 주시는 것으로 셈을 치르실 것입니다. 그분의 오심은 우리가 고대하던 전환점이 될 것입니다. 하나님을 알려고 하지 않는 자들, 메시지에 순종하려고 하지 않는 자들은 자신들이 한 일의 대가를 치르게 될 것입니다. 그들은 주님과 주님의 찬란한 권능 앞에서 영원히 추방되는 벌을 받을 것입니다. 그러나 주님께서 오시는 날, 그분을 따르고 그분을 믿는 모든 사람들은, 그분을 높이고 찬양할 것입니다. 그것은 여러분이 우리가 전한 소식을 믿었기 때문입니다.

11-12 우리는 이 뜻밖의 날이 조만간 닥쳐오리라는 것을 알기에, 늘 여러분을 위
해 기도합니다. 우리 하나님께서 여러분을 그분의 부르심에 합당하게 하시고
여러분의 선한 생각과 믿음의 행위에 그분의 능력을 가득 채워 주셔서, 그것이
온전해지기를 기도합니다. 여러분의 삶이 예수의 이름을 드높이면, 그분도 여
러분을 높여 주실 것입니다. 이 모든 일의 배후에는 은혜가 자리하고 있습니다.
자신을 값없이 내어주시는 우리 하나님, 자신을 값없이 내어주시는 주 예수 그
리스도가 계십니다.

무법자의 등장

2 1-3 친구 여러분, 이어지는 글을 주의 깊게 읽어 보시기 바랍니다. 침착하
십시오. 우리 주 예수 그리스도께서 다시 오실 그날, 우리가 그분을 맞이
할 그날에 대해 성급하게 결론짓지 마십시오. 누가 거창한 소문이나 내게서 받
았다고 하는 편지를 가지고서, 주님이 오실 날이 벌써 왔다고 하거나 이미 지나
갔다고 하여, 여러분을 동요시키거나 흥분시키는 일이 없게 하십시오. 그와 같
은 말에 속아 넘어가지 마십시오.
3-5 그날이 오기 전에 몇 가지 일이 일어날 것입니다. 먼저, 배교하는 일이 있을
것입니다. 그런 다음, 무법자 곧 사탄의 개가 등장할 것입니다. 그는 신이라고
불리는 모든 것이나 제단에 대항하고, 그 모든 것을 접수할 것입니다. 그는 반
대자를 쓸어버린 뒤에, 하나님의 성전에서 "전능한 하나님"을 자처할 것입니다.
여러분은 내가 여러분과 함께 있을 때에 이 모든 일을 낱낱이 짚어 준 것을 기
억하지 못합니까? 여러분의 기억력이 그리도 짧습니까?
6-8 또한 여러분은, 무법자가 정해진 때까지는 억제당할 것이라고 한 내 말을 기
억할 것입니다. 그렇다고 해서, 무법의 영이 지금 활동하고 있지 않다는 뜻은
아닙니다. 그 영은 지하에서 은밀히 활동하고 있습니다. 언젠가는 무법자가 더
이상 억제당하지 않고 풀려날 때가 올 것입니다. 그러나 걱정하지 마십시오. 주
예수께서 바로 뒤쫓아 가셔서 그를 날려 버리실 것입니다. 주님께서 나타나셔
서 한번 훅 부시면, 무법자는 흔적도 없이 사라지고 말 것입니다.
9-12 무법자가 오는 것은 모두 사탄의 역사입니다. 그의 능력과 표적과 기적은 모
두 가짜이며, 자신을 구원해 줄 진리를 미워하는 자들에게 영합하려는 교활한
술수에 불과합니다. 하나님께서는 악에 사로잡혀 있는 그들로 하여금 자기 술
수에 당하게 하십니다. 그들이 원하는 것을 그들에게 주시는 것입니다. 그들이
스스로 선택한 거짓과 눈속임의 세계로 쫓겨나는 것은, 진리를 믿지 않기 때문
입니다.
13-14 하나님께 사랑을 입은 우리의 선한 친구 여러분, 우리는 여러분으로 인해
하나님께 끊임없이 감사할 수밖에 없습니다! 하나님께서는 처음부터 여러분을
자기 사람으로 선택해 주셨습니다. 잊지 마십시오. 여러분은 하나님이 세우신
처음 구원 계획에 들어 있고, 살아 있는 진리 안에서 믿음의 끈으로 묶여 있습
니다. 이것이 하나님께서 우리가 전한 메시지를 통해 여러분에게 권하시는 성령

의 삶입니다. 여러분이 그렇게 살면, 우리 주 예수 그리스도의 영광에 참여하게 될 것입니다.

15-17 그러므로 친구 여러분, 땅에 발을 딛고 굳게 서서 머리를 치켜드십시오. 우리의 말과 편지로 배운 가르침을 굳게 붙잡으십시오. 사랑으로 다가오셔서 끊임없는 도움과 확신을 선물로 주시며 여러분을 놀라게 하신 예수와 하나님 우리 아버지께서, 친히 여러분 안에 새로운 마음을 주시고, 여러분의 일을 격려하시며, 여러분의 말에 생기를 더해 주시기를 바랍니다.

게으른 자들에 대한 경고

3 1-3 친구 여러분, 한 가지 더 부탁드립니다. 우리를 위해 기도해 주십시오. 주님의 말씀이 여러분 가운데서 퍼져 나간 것처럼 전 지역으로 퍼져 나가서, 큰 물결 같은 반응을 얻도록 기도해 주십시오. 또한 우리를 파멸시키려는 악당들로부터 우리를 구해 달라고 기도해 주십시오. 요즘 내가 느끼는 것은, 믿는 사람이라고 해서 다 믿는 사람이 아니라는 것입니다. 그러나 주님께서는 절대로 우리를 저버리지 않으십니다. 그분은 신실하셔서, 여러분을 악에서 지켜 주실 것입니다.

4-5 주님으로 인해 우리는 여러분을 크게 신뢰하고 있습니다. 우리가 말한 모든 것을 여러분이 행하고 있고, 앞으로도 행하리라는 것을 우리는 압니다. 주님께서 여러분의 손을 붙잡고, 하나님의 사랑과 그리스도의 인내의 길로 인도해 주시기를 바랍니다.

6-9 우리는 주 예수의 지지를 받아 여러분에게 명령합니다. 여러분 가운데 게으른 사람들, 곧 우리가 여러분에게 가르친 대로 일하지 않는 사람들과 관계하지 마십시오. 그들이 하는 일 없이 거저먹는 일이 없게 하십시오. 우리는 여러분과 함께 있으면서, 여러분이 어떻게 자기 역할을 다 해야 하는지 본을 보여주었습니다. 그러니 그대로 행하십시오. 우리는 남들이 보살펴 주겠지 생각하면서 팔짱을 끼고 빈둥거리지 않았습니다. 오히려 몸을 아끼지 않고 밤늦도록 일했습니다. 그것은 우리를 보살피는 짐을 여러분에게 지우지 않으려는 것이었습니다. 우리에게 여러분의 후원을 받을 권리가 없어서가 아니었습니다. 우리에게는 그럴 권리가 있습니다. 다만, 우리는 부지런한 본을 보여서, 그것이 여러분에게 전염되기를 바랐던 것입니다.

10-13 우리가 여러분과 함께 생활할 때 제시한 규정을 기억하지 못합니까? "일하지 않는 자는 먹지도 말라"는 규정 말입니다. 그런데 우리가 듣는 소식에 의하면, 게으르기만 할 뿐 전혀 쓸모없는 무리가 여러분을 이용해 먹고 있다고 하더군요. 그런 짓을 용납해서는 안됩니다. 그런 사람들에게 명령합니다. 당장 일을 시작하십시오. 변명하거나 이의를 달지 말고 손수 생활비를 버십시오. 친구 여러분, 일손을 놓지 말고 자기 본분을 다하십시오.

14-15 이 편지에 담긴 우리의 명확한 지시를 따르지 않는 사람이 있거든, 내버려두지 마십시오. 그런 사람을 지적하고, 그의 무위도식을 눈감아 주지 마십시오.

그러면 그는 다시 생각하게 될 것입니다. 그러나 그를 원수처럼 대하지는 마십
시오. 그를 앉혀 놓고, 걱정하는 심정으로 그 문제를 꺼내 상의하십시오.
16 평화의 주님께서 언제나 서로 화목하게 지내는 선물을 여러분에게 주시기를
바랍니다. 참으로 주님께서 여러분 가운데 계시기를 바랍니다!
17 나 바울이 친필로 여러분에게 작별인사를 합니다. 내가 보내는 모든 편지에
는 이런 식으로 서명이 되어 있으니, 내 서명을 보고 편지의 진위 여부를 가리
십시오.
18 우리 주 예수 그리스도의 놀라운 은혜가 여러분 모두와 함께하기를 바랍니다!

디모데전후서·디도서 | 머리말

그리스도인들은 예배나 일로 모일 때, 하나님이 그 자리에 함께 계셔서 모든 것을 다스리신다고 진심으로 믿는다. 하나님은 창조하시고, 인도하시고, 구원하시고, 치료하시고, 바로잡으시고, 복 주시고, 부르시고, 심판하신다. 하나님으로부터 오는 이 폭넓고 인격적인 지도력과 견줄 때, 인간의 지도력이 있어야 할 자리는 어디인가?

분명, 인간의 지도력은 두 번째여야 한다. 인간의 지도력이 하나님의 지도력을 밀어내서도 안되고, 하나님의 지도력을 대신하려고 해서도 안된다. 자기중심적이고 자기과시적인 지도력은 주님을 등질 수밖에 없다. 메시아 예수의 이름으로 세워진 영적 공동체에서 최선의 지도력은, 자신을 드러내지 않고 사람들의 이목을 끌지 않으면서도 믿음과 확신의 길에 있는 그 무엇도 희생시키지 않는 것이다.

바울이 젊은 두 동료, 에베소의 디모데와 크레타의 디도에게 보낸 편지에서, 우리는 그러한 지도력을 계발하도록 격려하고 지도하는 바울의 모습을 보게 된다.

> 그대의 삶으로 가르치십시오. 그대의 말과 행실과 사랑과 믿음과 성실함으로 믿는 이들을 가르치십시오. 그대에게 맡겨진, 성경을 읽는 일과 권면하는 일과 가르치는 일을 계속하십시오.……그대의 성품과 그대의 가르침을 잘 살피십시오. 한눈팔지 마십시오. 끝까지 힘을 내십시오(딤전 4:11-13, 15-16).

바울은 자신이 직접 익힌 것을 전할 뿐 아니라, 지역 교회에서 그 같은 지도력을 계발하려면 어떻게 해야 하는지를 잘 보여준다. 바울은 디도에게 "그대의 임무는 견고한 교훈에 어울리는 말을 하는 것입니다"라고 말한다.

> 나이 많은 남자들을 인도하여, 절제와 위엄과 지혜와 건강한 믿음과 사랑과 인내의 삶을 살게 하십시오. 나이 많은 여자들을 공경의 삶으로 인도하여, 험담이나 술주정을 그치고 선한 일의 본보기가 되게 하십시오. 그러면 젊은 여자들이 그들을 보고, 남편과 자녀를 어떻게 사랑해야 하는지, 고결하고 순결한 삶을 살려면 어떻게 해야 하는지, 집안 살림을 잘하려면 어떻게 해야 하는지, 좋은 아내가 되려면 어떻게 해야 하는지를 알게 될 것입니다.

우리는 그들의 행실 때문에 하나님의 메시지를 멸시하는 사람이 하나도 없기를 바랍니다. 또한 그대는 젊은 남자들을 지도하여, 잘 훈련된 삶을 살게 하십시오. 그대는 몸소 실천하여 이 모든 것을 보여주고, 가르치는 일을 순수하게, 말은 믿음직하고 건전하게 하십시오(딛 2:1-7).

잘못된 방향으로 형성된 영적 지도력은 사람들의 영혼에 큰 해악을 끼치게 마련이다. 그래서 우리는 이 편지들을 읽어야 한다. 바울은 어떻게 해야 바른 지도력을 펼칠 수 있는지, 자신의 삶과 편지를 통해 우리에게 제시해 준다.

디모데전서

1 [1-2] 나 바울은, 우리의 산 소망이신 그리스도를 위해 특별한 임무를 맡은 사도입니다. 나는 우리 구주이신 하나님의 명령에 따라, 믿음 안에서 나의 아들 된 디모데에게 이 편지를 씁니다. 우리 하나님과 그리스도께서 주시는 온갖 좋은 선물이 그대의 것이 되기를 바랍니다!

거짓 교훈들에 대한 경고

[3-4] 내가 마케도니아로 가는 길에, 그대에게 에베소에 머물 것을 권했습니다. 나의 생각은 지금도 변함이 없습니다. 그대는 그곳에 머물면서, 가르침이 계속 이어지게 하십시오. 몇몇 사람들이 기이한 이야기와 허망한 족보를 소개하고 있는 것이 분명합니다. 그런 것은 사람들을 중심으로 되돌려 그들의 믿음과 순종이 깊어지도록 해주기보다는, 오히려 어리석음에 빠지게 할 뿐입니다.

[5-7] 우리가 이렇게 강권하는 목적은 오직 사랑입니다. 이기심과 거짓 믿음에 물들지 않은 사랑, 곧 하나님을 향해 열려 있는 삶을 위해서입니다. 이 목적에서 벗어난 자들은 조만간 길을 잃고 쓸데없는 말에 빠져들고 말 것입니다. 그들은 종교적인 문제의 전문가인 양 우쭐대면서 온갖 화려한 말로 열변을 토하지만, 정작 자신들이 무슨 말을 하고 있는지 전혀 알지 못합니다.

[8-11] 도덕적 지침과 조언이 필요하기는 하지만, 그 내용만큼이나 필요한 사람에게 제대로 전해 주는 것이 중요합니다. 율법은 책임을 다하며 사는 사람들 때문이 아니라 무책임한 사람들, 곧 모든 권위에 도전하면서 하나님이든 생명이든 성윤리든 진리든 무엇이든지 함부로 취급하는 자들 때문에 있는 것이 분명하지 않습니까! 그들은 크신 하나님께서 내게 맡겨 주신 이 위대한 메시지를 멸시하는 자들입니다.

[12-14] 나를 이 일의 적임자로 삼아 주신 그리스도 예수께 큰 감사를 드립니다. 그대도 알다시피, 그분은 위험을 무릅쓰고 내게 이 사역을 맡기셨습니다. 이 사역을 위해 내가 가진 자격이라고는, 비난하는 말과 무자비한 박해와 교만함이 전부였습니다. 그런데도 그분은 나를 자비롭게 대해 주셨습니다. 그것은 내가 하는 일이 무엇인지, 그리고 내가 거역하는 분이 누구신지 알지 못하고 한 일이었기 때문입니다! 은혜가 믿음과 사랑과 하나가 되어, 내게 그리고 내 안에 부어졌습니다. 이 모두가 예수의 은혜로 되어진 것입니다.

[15-19] 그대가 마음에 새기고 의지할 말씀이 있습니다. 예수 그리스도께서 죄인들을 구원하시려고 이 세상에 오셨다는 말씀입니다. 내가 그 증거입니다. 나는 '공공의 죄인 1호'로서, 순전한 자비가 아니었다면 구원받지 못했을 사람입니다. 예수께서는 영원히 그분을 신뢰하려는 사람들에게, 당신의 한없는 인내의 증거로 나를 제시하고 계십니다.

모든 시대의 왕,
보이지 않고 소멸치 않으시는 한분 하나님께
깊은 경외와 찬란한 영광이
이제부터 영원까지 있기를!

나의 아들 디모데여, 나는 그대에게 이 일을 맡깁니다. 그대에게 주어진 예언의 말씀을 따라 우리는 이 일을 준비했습니다. 그대가 이 일을 잘 수행하고, 용감히 싸우고, 그대의 믿음과 그대 자신을 굳게 지키게 해달라고 모두가 하나되어 기도하고 있습니다. 결국 이것은 우리가 싸울 싸움입니다.

[19-20] 그대도 아는 것처럼, 무슨 일이든 해도 괜찮다고 마음을 놓고 있다가 믿음을 망쳐 버린 자들이 몇 있습니다. 그 가운데 두 사람이 후메내오와 알렉산더입니다. 나는 그들이 사탄에게 넘어가도록 두었습니다. 그것은 그들이 하나님을 모독하지 못하도록 한두 가지 교훈을 배우게 하려는 것입니다.

모든 일에 바탕이 되는 기도

2 [1-3] 나는 그대가 무엇보다 먼저 기도하기를 바랍니다. 그대가 아는 모든 방법을 동원해서, 그대가 아는 모든 사람을 위해 기도하십시오. 특히, 통치자들과 정부가 바르게 다스릴 수 있게 해달라고 기도하십시오. 그래야 우리가 겸손히 묵상하면서 단순하게 사는 일에 조용히 마음을 쏟을 수 있을 것입니다. 그것은 우리 구주 하나님께서 우리에게 바라시는 생활방식입니다.

[4-7] 그대도 알다시피, 하나님은 우리뿐만 아니라 모든 사람이 구원받기를 바라십니다. 또한 우리가 배운 진리를 그들도 알기를 원하십니다. 하나님은 오직 한분이십니다. 하나님과 우리 사이를 중재하는 제사장도 한분이시니, 그분은 다름

아닌 예수이십니다. 예수께서는 죄에 사로잡힌 모든 사람을 대신해 자기를 내어주시고, 그들을 자유롭게 해주셨습니다. 이 소식이 결국은 널리 퍼져 나갈 것입니다. 바로 이 소식을 널리 전하는 것이 내게 맡겨진 일입니다. 하나님에 대해 들어 본 적 없는 사람들에게 이 소식을 전하고, 단순한 믿음과 명백한 진리가 어떻게 역사하는지 설명해 주는 이 일을 위해 내가 임명받았습니다.

8-10 기도는 이 모든 일의 바탕이 됩니다. 나는 무엇보다도 남자들이 기도하기를 바랍니다. 원수를 향해 분노에 찬 주먹을 흔들 것이 아니라, 하나님을 향해 거룩한 손을 들고 기도하십시오. 나는 여자들도 남자들과 함께 하나님 앞에서 겸손하기를 바랍니다. 거울 앞에서 최신 유행을 좇아 자신을 아름답게 꾸밀 것이 아니라, 하나님께 아름다운 일을 행함으로 진정 아름다운 사람이 되십시오.

11-15 나는 여자가 나서서 남자에게 이래라저래라 하지 않기를 바랍니다. 여자들은 다른 모든 사람들과 더불어 조용히 지내면서 순종하는 법을 배우십시오. 아담이 먼저 지음받았고, 그 다음에 하와가 지음받았습니다. 여자가 먼저 속아 넘어갔고—죄의 개척자가 되었고!—아담이 그 뒤를 따랐습니다. 반면에, 여자가 아이를 낳음으로 구원을 가져오게 되었고, 그 삶이 바뀌었습니다. 그러나 이 구원은 믿음과 사랑과 거룩함을 지키는 사람들, 이 모든 것을 바탕으로 성숙에 이르는 사람들에게만 옵니다. 그대는 이 말을 믿으십시오.

교회 지도자의 자격

3

1-7 어떤 사람이 교회의 지도자가 되고자 한다면, 그것은 좋은 일입니다! 그러나 그 전에 갖춰야 할 조건이 있습니다. 지도자는 평판이 좋으며, 아내에게 헌신하며, 침착하며, 붙임성 있고, 남을 따뜻하게 맞아 주는 사람이어야 합니다. 그는 잘 가르쳐야 하며, 술을 지나치게 좋아하지 않으며, 난폭하지 않고 너그러우며, 쉽게 화를 내지 않으며, 돈을 사랑하지 않는 사람이어야 합니다. 또한 자기 일을 잘 처리하며, 자녀들을 세심히 돌보며, 자녀들의 존경을 받는 사람이어야 합니다. 자기 일조차 제대로 처리하지 못하는 사람이 어떻게 하나님의 교회를 돌볼 수 있겠습니까? 신앙을 가진 지 얼마 되지 않은 사람이 교회의 지도자가 되어서는 안됩니다. 그가 그 직분으로 말미암아 자만해져서 마귀의 발에 걸려 넘어질 수 있기 때문입니다. 또한 교회의 지도자가 되려는 사람은 세상 사람들로부터도 좋은 평판을 받아야 합니다. 그래야 마귀의 함정에 빠지지 않을 것입니다.

8-13 교회에서 섬기는 사람이 되려는 이들에게도 똑같은 기준이 적용됩니다. 섬기는 이들은 신중하며, 남을 속이지 않으며, 술을 흥청망청 마시지 않으며, 그저 얻는 것에만 관심을 갖는 사람이 아니어야 합니다. 또한 믿음의 비밀 앞에 경건하며, 자신의 직분을 이용해 이익을 도모하지 않는 사람이어야 합니다. 먼저, 그들 스스로 자신을 증명해 보이게 하십시오. 그것이 입증될 때, 그들에게 일을 맡기십시오. 여자라고 해서 예외가 아니며, 똑같은 자격 요건을 갖춰야 합니다. 신중하며, 신뢰할 만하며, 입이 험하지 않으며, 술을 지나치게 좋아하지

않는 사람이어야 합니다. 교회에서 섬기는 이들은 배우자에게 헌신하며, 자녀들을 세심히 돌보며, 부지런히 자기 일을 살피는 사람이어야 합니다. 이 섬김의 일을 하는 사람들은 큰 존경을 받으며, 예수를 믿는 믿음의 참 자랑거리가 될 것입니다.

14-16 나는 곧 그대에게 가기를 바라지만, 지체될 경우를 대비해 이렇게 편지를 써 보냅니다. 그 이유는, 그대가 살아 계신 하나님의 교회이자 진리의 요새인 하나님의 가족 가운데서 일을 어떻게 처리해야 하는지 알려 주려는 것입니다. 그리스도인의 삶은, 우리의 이해를 훨씬 넘어서는 위대한 비밀이 아닐 수 없습니다. 다음 몇 가지 사실은 너무도 분명합니다.

그분은 사람의 몸으로 나타나시고
보이지 않는 성령에 의해 의롭다고 인정받으셨으며
천사들에게 보이셨습니다.
모든 사람 가운데 선포되므로
온 세상이 그분을 믿었고,
그분은 하늘 영광 속으로 들려 올라가셨습니다.

그대의 삶으로 가르치십시오

4 1-5 성령께서 분명히 말씀하시는 것처럼, 시간이 지나면서 몇몇 사람들이 믿음을 저버리고, 거짓을 일삼는 자들이 퍼뜨리는 마귀의 망상을 따를 것입니다. 이 거짓말쟁이들은 너무도 오랫동안 능숙하게 거짓을 말해 온 까닭에, 이제는 진리를 말할 능력조차 잃어버린 자들입니다. 그들은 결혼하지 말라고 할 것입니다. 또한 이러저러한 음식을 먹지 말라고 할 것입니다. 사실, 그 음식은 하나님께서 분별 있는 신자들에게 감사함으로 마음껏 먹으라고 주신 더없이 좋은 음식인데도 말입니다! 하나님이 지으신 모든 것이 선하니, 감사한 마음으로 받아야 할 것입니다. 멸시하며 내버릴 것이 하나도 없습니다. 지어진 모든 것이 하나님의 말씀과 우리의 기도로 거룩해집니다.

6-10 지금까지 그대는 믿음의 메시지로 양육받았고 건전한 가르침을 따랐습니다. 이제 그대는, 그곳에서 예수를 따르는 이들에게도 이 가르침을 전해 주십시오. 그러면 그대는 예수의 귀한 종이 될 것입니다. 신앙을 가장한 어리석은 이야기를 멀리하십시오. 하나님 안에서 날마다 훈련하십시오. 영적 무기력은 절대 금물입니다! 체육관에서 몸을 단련하는 것도 유익하지만, 하나님 안에서 훈련받는 삶은 훨씬 유익합니다. 그런 삶은 현재는 물론이고 영원토록 그대를 건강하게 해줄 것입니다. 이 말을 믿고 마음 깊이 새기십시오. 우리가 이 모험에 우리 자신의 전부를 내던진 것은 그 때문입니다. 우리는 모든 사람, 특히 모든 믿는 이들의 구주이신 살아 계신 하나님을 의지하고 있는 것입니다.

11-14 입을 열어 말하십시오. 이 모든 것을 가르치십시오. 아무도 그대가 젊다는 이유로 그대를 얕잡아 보지 못하게 하십시오. 그대의 삶으로 가르치십시오. 그

대의 말과 행실과 사랑과 믿음과 성실함으로 믿는 이들을 가르치십시오. 그대에게 맡겨진, 성경을 읽는 일과 권면하는 일과 가르치는 일을 계속하십시오. 교회 지도자들이 그대에게 안수하고 기도하며 맡긴 사역, 그 특별한 은사에 먼지가 쌓이지 않도록 부지런히 사용하십시오.
15-16 이 일에 전념하고 집중하십시오. 그러면 성숙해 가는 그대의 모습이 사람들 눈에 분명히 드러날 것입니다! 그대의 성품과 그대의 가르침을 잘 살피십시오. 한눈팔지 마십시오. 끝까지 힘을 내십시오. 그러면 그대는 물론이고, 그대의 말을 듣는 사람들도 구원을 경험하게 될 것입니다.

성도를 대하는 자세

5 1-2 나이 많은 남자를 나무라거나 꾸짖지 마십시오. 그에게는 아버지를 대하듯 말하고, 젊은 남자에게는 형제를 대하듯 말하십시오. 나이 많은 여자에게는 어머니를 대하듯 존중하고, 젊은 여자에게는 누이를 대하듯 존중하십시오.
3-8 가난한 과부들을 보살피십시오. 어떤 과부에게 가족이 있어서 그녀를 돌볼 경우, 그들을 가르쳐서 그 가정에 신앙심이 싹트고, 받은 사랑에 감사로 보답하게 하십시오. 이것은 하나님이 크게 기뻐하시는 일입니다. 그대는 의지할 데 없는 참 과부에게 말하여, 모든 소망을 하나님께 두고 자신의 쓸 것과 다른 사람의 쓸 것을 위해 하나님께 끊임없이 구하게 하십시오. 그러나 사람들의 마음과 지갑을 털어 가는 과부가 있다면, 그런 사람과는 관계하지 마십시오. 사람들에게 이런 것을 말해서, 그들이 확대 가족 안에서 바르게 처신하게 하십시오. 누구든지 곤경에 처한 가족을 돌보지 않는 사람은 믿음을 저버린 자입니다. 그것은 애초에 믿기를 거부하는 것보다 더 악한 행위입니다.
9-10 과부 몇 사람을 명단에 올려서, 구제하는 특별한 사역을 맡기십시오. 그리고 교회는 그들의 생활비를 지원해 주십시오. 과부로 명단에 올릴 이는 예순 살이 넘어야 하고, 단 한 번 결혼한 사람이어야 합니다. 또한 자녀와 나그네와 지친 그리스도인과 상처 입고 어려움에 처한 사람들을 도운 일로 평판을 얻은 사람이어야 합니다.
11-15 젊은 과부는 명단에 올리지 마십시오. 그들은 구제하는 일로 그리스도를 섬기기보다는 남편을 얻으려는 마음이 강해서, 명단에 이름이 오르자마자 곧바로 이름을 빼려고 할 것입니다. 그들은 자신들의 약속을 저버리고 점점 더 악화되어, 수다와 험담과 잡담으로 시간을 낭비하기 쉽습니다. 나는 젊은 과부들이 재혼을 해서 아기를 낳고 가정을 돌봄으로써, 헐뜯는 자들에게 흠잡힐 빌미를 주지 않기를 바랍니다. 그들 가운데 몇 사람이 이미 곁길로 빠져 사탄을 좇아갔습니다.
16 어떤 여자 그리스도인 집안에 과부들이 있거든, 그 교우가 그들을 책임져야 할 것입니다. 그들이 교회에 짐이 되어서는 안됩니다. 교회는 도움이 필요한 과부들을 보살피느라 이미 손이 모자라는 상태입니다.

17-18 일을 잘하는 지도자들, 특히 설교하고 가르치는 일에 힘쓰는 지도자들에게
는 보수를 지급하십시오. 성경에 이르기를, "일하는 소의 입에 망을 씌우지 말
라"고 했고, "일꾼이 보수를 받는 것이 마땅하다"고 했습니다.
19 지도자에 대한 고발은, 두세 사람의 신뢰할 만한 증인에 의해 입증된 것이 아
니면 귀담아듣지 마십시오.
20 어떤 사람이 죄에 빠지거든, 그 사람을 불러서 꾸짖으십시오. 그러면 그 사람
처럼 하려고 하던 이들도 그렇게 해서는 안된다는 것을 곧바로 깨닫게 될 것입
니다.
21-23 나는 하나님과 예수와 천사들의 지지를 받아 이런 지시들을 내립니다. 그대
는 이것들을 실행에 옮기되, 치우치거나 편드는 일이 없게 하십시오. 사람들을
너무 성급하게 교회 지도자의 자리에 앉히지 마십시오. 어떤 사람이 심각한 죄
에 연루되어 있거든, 부지중에라도 공범자가 되지 않도록 하십시오. 어떤 경우
에도, 그대 자신을 꼼꼼히 살피십시오. 헐뜯는 자들이 뭐라고 하든 지나치게 걱
정하지 마십시오. 포도주를 조금씩 사용하십시오. 포도주는 그대의 소화기능에
도 효과가 있고, 그대를 괴롭히는 병에도 좋은 약입니다.
24-25 어떤 사람의 죄는 금세 드러나서, 곧장 법정으로 가야만 합니다. 어떤 사람
의 죄는 한참이 지나서야 드러납니다. 선행도 마찬가지입니다. 어떤 선행은 즉
각 드러나고, 어떤 선행은 당장은 아니더라도 언젠가는 드러나게 마련입니다.

6

1-2 누구든지 종으로 살아가는 사람은 묵묵히 참고 주인을 존경해야 합니
다. 그렇게 해야, 세상 사람들이 그의 행실을 보고 하나님과, 우리의 가
르침을 비난하지 않을 것입니다. 그리스도인을 주인으로 둔 종들은 더욱더 그
러해야 합니다. 그들의 주인은 실제로 그들의 사랑하는 형제이니 말입니다!

돈에 대한 욕심

2-5 나는 그대가 이런 것들을 가르치고 설교하기 바랍니다. 다른 교훈을 가르치
거나 우리 주 예수의 확실한 말씀과 경건한 교훈을 받아들이지 않는 지도자들
이 있거든, 그들의 정체를 드러내 보이십시오. 그들은 무지한 허풍쟁이어서, 시
기와 말다툼과 비방과 미심쩍은 소문으로 공기를 더럽히는 자들입니다. 결국에
는 모함하는 말이 전염병처럼 퍼져서, 진리는 아득히 먼 기억이 되고 말 것입니
다. 그들은 종교를 재빨리 한밑천 잡는 수단으로 생각합니다.
6-8 경건한 삶은 큰 유익을 가져다줍니다. 그것은 하나님 앞에서 그대 자신이 됨
으로써, 단순한 삶 가운데서 누리는 넉넉함입니다. 우리는 이 세상에 빈손으로
왔으니 빈손으로 떠날 것입니다. 그러니 식탁에 음식이 있고 발에 신을 신발이
있으면, 그것으로 족합니다.

9-10 그러나 지도자들이 사랑하는 것이 돈뿐이라면, 그들은 얼마 못 가서 자멸하
고 말 것입니다. 돈에 대한 욕심은 괴로움만 안겨 줄 뿐입니다. 그 길로 내려가
다가 믿음에서 완전히 벗어나서, 몹시 후회하며 사는 사람들이 더러 있습니다.

믿음 안에서 힘을 다해 달려가십시오

11-12 그러나 그대, 하나님의 사람 디모데여, 그대는 이 모든 것에서 벗어나십시
오. 의로운 삶, 곧 경이롭고 믿음직스럽고 사랑스럽고 꾸준하고 친절한 삶을 추
구하십시오. 믿음 안에서 힘을 다해 열심히 달려가십시오. 영원한 생명, 곧 부
름받은 그대가 수많은 증인들 앞에서 뜨겁게 껴안은, 그 생명을 붙잡으십시오.
13-16 나는 생명을 주시는 하나님 앞과, 본디오 빌라도 앞에서 조금도 물러서지
않으신 그리스도 앞에서, 그대에게 명령합니다. 이 계명을 글자 그대로 지키고,
느슨해지는 일이 없게 하십시오. 우리 주 예수 그리스도께서 가까이 오고 계십
니다. 그분은 정한 때에 나타나실 것입니다. 복되시고 의심할 여지 없는 통치자
이시며 지극히 높으신 왕, 지극히 높으신 하나님께서 그분의 오심을 보증해 주
셨습니다. 그분은 죽음이 건드릴 수 없는 유일하신 분이며, 누구도 가까이 할
수 없는 밝은 빛이십니다. 그분은 사람의 눈으로 본 적도 없고, 볼 수도 없는 분
이십니다! 그분께 영광과 영원한 주권이 있기를! 오, 그렇습니다.
17-19 이 세상에서 부유하게 사는 사람들에게 명하여, 교만하지 말고, 오늘 있다
가 내일이면 없어질 돈에 사로잡히지 말라고 하십시오. 그들에게 명하여, 우리
에게 모든 것을 풍성히 주셔서 관리하게 하시는 하나님을 따르라고 말하십시
오. 선을 행하고, 남을 돕는 일에 부유해지고, 아낌없이 베푸는 사람이 되라고
말하십시오. 그들이 그렇게 하면, 그들은 영원토록 무너지지 않을 보물창고를
짓고, 참된 생명을 얻게 될 것입니다.
20-21 오 나의 사랑하는 디모데여, 그대가 맡은 보화를 잘 지키십시오! 목숨을 걸
고 지키십시오. 자칭 전문가라고 하는 자들이 종교를 두고 잡담하면서 일으키
는 혼란을 피하십시오. 그러한 잡담에 사로잡힌 사람들은 믿음을 통째로 잃어
버릴 수밖에 없습니다.
차고 넘치는 은혜가 그대를 지켜 주기를 바랍니다!

디모데후서

1 [1-2] 나 바울은, 그리스도를 위해 특별한 임무를 맡아서, 예수의 생명의 메
시지에 담긴 하나님의 계획을 실행에 옮기고 있습니다. 내가 몹시 사랑
하는 아들, 그대 디모데에게 이 편지를 씁니다. 우리 하나님과 그리스도께서 주
시는 온갖 좋은 선물이 그대의 것이 되기를 바랍니다!

메시지를 위한 고난에 참여하십시오

3-4 나는 기도하면서 그대의 이름을 떠올릴 때마다—실제로, 늘 그렇게 하고 있
습니다만—그대로 인해 하나님께, 곧 내 조상의 전통을 따라 내가 목숨을 다해
섬기는 하나님께 감사를 드립니다. 특히 지난번에 있었던 눈물 어린 이별을 돌
아보면서, 나는 그대가 몹시 그립습니다. 나는 기쁘게 그대를 다시 만나게 될
날을 손꼽아 기다립니다.
5-7 그 소중한 기억을 떠올리자니, 그대의 진실한 믿음이 떠오르는군요. 그대의
믿음은 참으로 값진 믿음입니다. 그 믿음은 그대의 할머니 로이스에게서 어머
니 유니게에게로 이어졌다가, 이제는 그대에게로 이어졌습니다! 그리고 내가
그대에게 안수하고 기도할 때, 그대가 받은 특별한 사역의 은사도 떠오르는군
요. 그 은사를 계속 타오르게 하십시오! 하나님께서는 우리가 그분의 은사에 소
심한 태도를 보이는 것을 바라지 않으십니다. 오히려 담대하게 받아들이고, 사
랑으로 대하고, 민감하게 반응하기를 바라십니다.
8-10 그러니 부끄러워하지 말고, 우리 주님과 그분 때문에 감옥에 갇힌 나를 위해
변호하십시오. 우리와 함께 메시지를 위한 고난에 참여하십시오. 결국 우리는
하나님의 능력을 힘입어 앞으로 나아갈 뿐입니다. 하나님께서 먼저 우리를 구
원하시고, 그 후에 이 거룩한 일로 우리를 불러 주셨습니다. 전에 우리는 이 거
룩한 일과는 전혀 상관없는 사람들이었습니다. 이 일은 전적으로 그분께서 생

각하신 것입니다. 우리가 아무것도 알지 못하던 오래전에, 하나님이 예수 안에서 우리를 위해 예비하신 선물입니다. 그러나 이제 우리는 압니다. 우리 구주께서 나타나신 이래로, 이보다 더 분명한 것은 없습니다. 그것은 죽음이 패하고, 생명이 끊임없이 타오르는 빛 가운데 굳건해졌다는 사실입니다. 이 모든 것이 예수의 사역을 통해 이루어졌습니다.

11-12 이것이 내가 설교자와 특사와 교사로 세움받아 전하는 메시지입니다. 이것은 내가 겪고 있는 모든 고난의 원인이기도 합니다. 그러나 나는 후회하지 않습니다. 나는 나의 근원이신 분, 곧 내가 믿는 하나님께서 내게 맡기신 일을 끝까지 완수하도록 보살펴 주실 것을 확신합니다.

13-14 그러니 그대는 내게 들은 대로, 그대의 일—그리스도 안에 뿌리내린 믿음과 사랑—을 포기하지 마십시오. 그 일은, 그대가 처음 내게서 들었던 때와 마찬가지로 지금도 옳은 일입니다. 우리 안에서 일하시는 성령께서 그대에게 맡겨 주신 것이니, 이 귀한 것을 잘 지키십시오.

15-18 그대는 아시아에 있는 모든 사람들은 물론이고, 부겔로와 허모게네마저 나를 버렸다는 것을 알고 있으리라 생각합니다. 그러나 하나님께서 오네시보로와 그의 가정에 복을 내리시기를 바랍니다! 나는 그의 집에서 기운을 얻은 적이 한두 번이 아니었습니다. 그는 내가 감옥에 갇힌 것을 조금도 부끄럽게 여기지 않았습니다. 그가 로마로 와서 처음 한 일은 나를 면회하는 것이었습니다. 그가 나를 대접한 것처럼, 마지막 날에 하나님께서 그를 선대해 주시기를 바랍니다. 그대가 나보다 더 잘 알고 있겠지만, 그는 에베소에서도 온갖 도움을 베풀었습니다.

하나님이 쓰실 그릇

2 1-7 그러므로 나의 아들이여, 그리스도를 위한 이 일에 그대 자신을 드리십시오. 온 회중이 "아멘!" 하고 말하는 가운데 그대가 내게서 들은 것을, 다른 사람을 가르칠 역량 있고 믿음직한 지도자들에게 전하십시오. 그대의 가는 길이 험할지라도, 예수께서 하셨던 것처럼 용감하게 참고 견디십시오. 복무중인 군인은 시장에서 사고파는 일에 마음을 빼앗기지 않습니다. 그는 명령을 수행하는 데만 정신을 쏟습니다. 규칙대로 경기하지 않는 선수는 절대로 승리하지 못합니다. 부지런한 농부가 농작물을 수확합니다. 내가 하는 말을 곰곰이 생각해 보십시오. 그러면 하나님께서 알기 쉽게 풀어 주실 것입니다.

8-13 예수 그리스도를 마음속에 굳건히 모시십시오. 그분은 다윗의 자손으로 나셔서, 죽은 자들 가운데 다시 살아나신 분입니다. 그대가 내게서 줄곧 들은 말씀이 그것입니다. 바로 그 말씀을 전하는 것 때문에 내가 지금 감옥에 갇혀 있습니다. 그러나 하나님의 말씀은 감옥에 갇히지 않습니다! 내가 이곳에서 참고 견디는 것도 그 때문입니다. 그것은 하나님의 부르심을 받은 모든 이들이, 그리스도의 구원을 그 모든 영광과 함께 얻게 하려는 것입니다. 다음 말씀은 확실합니다.

우리가 그분과 함께 죽으면 그분과 함께 살 것이고
우리가 그분과 함께 참고 견디면 그분과 함께 다스릴 것이고
우리가 그분을 부인하면 그분도 우리를 부인하실 것입니다.
우리는 그분을 버려도 그분께서 우리를 버리지 않으시리니,
그분은 자신에게 불성실하실 수 없기 때문입니다.

14-18 이것은 필수 사항이니, 하나님의 사람들에게 되풀이해서 말해 주십시오. 하나님 앞에서 사람들에게 경고하여, 신앙을 빙자한 트집 잡기를 못하게 하십시오. 그것은 믿음을 조금씩 갉아먹어, 모든 이들을 지치게 할 뿐입니다. 그대는 하나님을 위해 최선을 다하고, 그대가 부끄러워하지 않을 일, 곧 진리를 쉽게 풀어 분명하게 전하는 일에 집중하십시오. 신앙을 내세운 잡담도 잡담일 뿐이니 멀리하십시오. 그대도 아는 것처럼, 말은 그저 말로 그치는 것이 아닙니다. 경건한 삶이 뒷받침되지 않는 말은 독약처럼 영혼에 쌓이게 마련입니다. 후메내오와 빌레도가 그 본보기입니다. 진리에서 멀리 떠난 그들은, 부활이 이미 지나갔다고 말하며 신자들을 흔들리게 하고 있습니다.
19 그러나 하나님의 굳건한 기초는 예나 지금이나 흔들림이 없고, 거기에는 이런 문장이 새겨져 있습니다.

하나님께서는 자기에게 속한 사람을 아신다.
하나님을 하나님이라 부르는 너희 모든 사람들아, 악을 물리쳐라.

20-21 주방기구가 잘 갖춰진 부엌에는 고급 유리잔과 은접시만 있는 것이 아니라 쓰레기통과 음식물 찌꺼기를 담는 통도 있어서, 어떤 그릇은 멋진 음식을 담는 데 쓰이고 어떤 것은 쓰레기를 처리하는 데 쓰입니다. 그대는 하나님께서 쓰실 수 있는 그릇이 되십시오. 그러면 하나님께서 자기 손님들에게 온갖 종류의 복된 선물을 베푸시는 데 그 그릇을 사용하실 것입니다.
22-26 젊음의 방종을 피하십시오. 하나님 앞에서 솔직하고 진실하게 기도하는 사람들과 함께 성숙한 의—믿음, 사랑, 평화—를 추구하십시오. 공허한 논쟁에 말려들지 마십시오. 그런 논쟁은 언제나 다툼으로 끝나기 때문입니다. 하나님의 종은 논쟁을 좋아하기보다는, 오히려 귀 기울여 듣는 사람과 침착한 교사가 되어야 합니다. 그래서 순종하지 않는 자들을 단호하면서도 참을성 있게 바로잡아 주어야 합니다. 하나님께서 언제 어떻게 그들의 마음을 일깨워 진리로 돌아서게 하실지, 마귀에게 사로잡혀 마귀의 심부름을 할 수밖에 없던 그들을 언제 어떻게 마귀의 덫에서 벗어나게 하실지, 그대는 알 수 없기 때문입니다.

마지막 때

3 1-5 순진하게 속아 넘어가지 마십시오. 힘든 시기가 다가오고 있습니다. 마지막 때가 다가오면, 사람들이 자기만 알고, 돈을 사랑하고, 으스대고

거만하며, 하나님을 모독하고, 부모를 무시하고, 버릇없이 굴고, 상스럽게 행동하고, 죽기살기로 경쟁하고, 고집을 부리고, 남을 헐뜯고, 난폭하고, 잔혹하고, 남을 비꼬고, 배반하고, 무자비하고, 허풍을 떨고, 정욕에 빠지고, 하나님을 몹시 싫어할 것입니다. 겉으로는 경건한 척하지만, 그들 속에는 짐승이 들어앉아 있습니다. 그대는 그러한 자들을 멀리하십시오.

6-9 저들은 생활이 불안정하고 가난한 여자들 집으로 들어가서, 그럴듯한 말로
꾀어서 그들을 이용합니다. 그러면 그 여자들은 죄에 짓눌린 나머지, "진리"를
자처하는 모든 일시적인 종교적 유행을 받아들입니다. 그 여자들은 매번 이용
당하기만 할 뿐, 실제로는 배우는 것이 하나도 없습니다. 저들은 옛적에 모세에
게 대항하던 이집트 사기꾼 얀네와 얌브레와 같은 자들입니다. 저들은 믿음에
서 낙오한 자들이며, 그릇된 생각을 하고 진리를 무시하는 자들입니다. 최근에
등장한 저 사기꾼들에게서는 아무것도 얻을 것이 없습니다. 사람들이 이집트
사기꾼들을 꿰뚫어 보았듯이, 모든 사람이 저들도 꿰뚫어 볼 것입니다.

메시지를 살아 있게 하십시오

10-13 그대는 나의 훌륭한 제자였습니다. 나의 가르침, 생활방식, 행동지침, 믿음,
끈기, 사랑, 인내, 수고, 고난을 함께했습니다. 그대는 내가 안디옥과 이고니온
과 루스드라에서 온갖 불행 가운데 겪어야 했던 고난에도 함께했습니다. 또한
그대는 하나님께서 나를 건져 주셨다는 것을 잘 알고 있습니다! 누구든지 그리
스도를 위해 살려고 하는 사람은 많은 고난을 겪게 마련입니다. 그 고난을 피할
수 없습니다. 파렴치한 사기꾼들은 계속해서 믿음을 이기적으로 이용해 먹을
것입니다. 저들은 자신들 때문에 길을 잃은 사람들과 같이, 그 자신들도 속아
넘어갈 것입니다. 저들이 활보하는 한, 사태는 점점 더 악화될 뿐입니다.
14-17 그러나 저들의 일로 당황하지 말고, 그대가 배워서 믿은 것을 굳게 붙잡으
십시오. 그대는 그대를 가르친 스승들의 고상한 성품을 잘 알고 있습니다. 왜
아니겠습니까! 그대는 어머니의 품에서 젖을 먹을 때부터 거룩한 성경을 받아
들였으니 말입니다! 그리스도 예수를 믿는 믿음으로 말미암아 구원에 이르는
길을 보여주는 것은, 오직 기록된 하나님의 말씀 외에는 없습니다. 성경의 모든
부분에는 하나님의 숨결이 깃들어 있어 모든 면에서 유익합니다. 우리에게 진
리를 보여주고, 우리의 반역을 드러내며, 우리의 실수를 바로잡아 주고, 우리를
훈련시켜 하나님의 방식대로 살게 합니다. 우리는 말씀을 통해 온전해지며, 하
나님께서 우리를 위해 마련하신 일을 이루어 가게 됩니다.

4

1-2 그대에게 이 점을 아무리 강조해도 지나치지 않을 것 같군요. 하나님
께서 그대를 지켜보고 계십니다. 그리스도야말로 모든 산 자와 죽은 자
에게 최종 판결을 내리시는 재판장이십니다. 그분께서 그의 통치를 펼치려고
하시니, 그대는 메시지를 힘차게 선포하십시오. 마음을 놓지 마십시오. 그대의

사람들을 자극하고 훈계하고 설득하십시오. 절대로 멈추지 마십시오. 그 일을
단순하게 지속하십시오.
3-5 그대는 사람들이 건전한 가르침을 싫어하고, 영적 불량식품—자신들의 기호
에 맞는 변덕스러운 의견—으로 배를 채우려고 할 때가 온다는 것을 알게 될 것
입니다. 저들은 진리를 등지고 헛된 망상을 좇을 것입니다. 그러나 그대는 하고
있는 일에 시선을 고정하여, 좋은 시기든 힘든 시기든 **메시지**를 살아 있게 하며,
하나님의 일꾼으로 그대의 일을 빈틈없이 하십시오.
6-8 그대가 이어받으십시오. 나의 죽을 날이 가까웠고, 나의 생명은 하나님의 제
단에 제물로 드려졌습니다. 이것은 참으로 달려 볼 가치가 있는 유일한 경주입
니다. 나는 열심히 달려서 이제 막 결승점에 이르렀고, 그 길에서 믿음을 지켰
습니다. 이제 남은 것은 환호소리, 곧 하나님의 박수갈채뿐입니다! 그것을 믿으
십시오. 하나님은 공정한 재판장이십니다. 그분께서 나뿐 아니라, 그분의 오심
을 간절히 기다리는 모든 이들에게도 공정하게 대해 주실 것입니다.

⁂

9-13 그대는 할 수 있는 한 속히 내게로 오십시오. 데마는 덧없는 유행을 좇다가,
나를 이곳에 버려두고 데살로니가로 갔습니다. 그레스게는 갈라디아에 있고,
디도는 달마디아에 있습니다. 누가만 나와 함께 이곳에 있습니다. 그대는 올 때
마가를 데려오십시오. 내가 두기고를 에베소에 보내고 나면, 마가가 나의 오른
팔이 될 것입니다. 내가 드로아에 있는 가보의 집에 두고 온 겨울 외투를 가져
오고, 책과 양피지 수첩들도 가져오십시오.
14-15 구리 세공업자 알렉산더를 조심하십시오. 그는 우리가 전한 **메시지**를 심히
반대하며, 끝없이 문제를 일으킨 자입니다. 하나님께서 그가 행한 대로 갚아 주
실 것입니다.
16-18 내가 예심을 받으러 첫 번째 법정에 섰을 때, 내 곁에는 아무도 없었습니
다. 다들 겁먹은 토끼처럼 달아났습니다. 그러나 그것은 아무 문제가 되지 않았
습니다. 주께서 내 곁에 계시면서, 나로 하여금 **메시지**를 알지 못한 사람들에게
크고 분명한 목소리로 **메시지**를 전하게 하셨기 때문입니다. 내가 사자의 입에서
건짐을 받았던 것입니다! 하나님께서 하늘나라에 들어가도록 나를 보살피시고
안전하게 지켜 주고 계십니다. 그분께 온갖 찬양을, 영원토록 찬양을! 오, 그렇
습니다!
19-20 브리스길라와 아굴라에게 안부를 전해 주십시오. 오네시보로의 가족에게도
안부를 전해 주십시오. 에라스도는 고린도에 남아 있습니다. 드로비모는 아파
서 밀레도에 남겨 두었습니다.
21 그대는 겨울이 오기 전에 이곳에 올 수 있도록 힘쓰십시오.
으불로와 부데와 리노와 글라우디아와 그대의 모든 벗들이 이곳에서 문안합니다.
22 하나님께서 그대와 함께하시기를, 은혜가 그대와 함께하기를 바랍니다.

디도서

1 1-4 나 바울은, 하나님이 택하신 사람들 가운데 믿음을 일깨우고, 하나님
의 말씀을 정확히 전달하며, 그 말씀에 바르게 응답하도록 하기 위해 임
명된 하나님의 종이자 그리스도의 대리인입니다. 나의 목표는 영원한 생명에
이르는 길을 제시하여 소망을 일으키는 것입니다. 이 생명은 하나님께서 오래
전에 약속해 주신 것입니다. 하나님은 약속을 어기시는 분이 아닙니다! 때가 무
르익자, 그분께서는 자신의 진리를 공표하셨습니다. 나는 우리 구주 하나님의
명령으로 이 메시지를 선포하는 일을 맡았습니다. 믿음 안에서 합법적으로 아들
이 된 사랑하는 디도에게 말합니다. 하나님 우리 아버지와 우리 구주 예수께서
그대에게 주시는 모든 것을 받아들이십시오!

크레타에서의 디도의 사역

5-9 내가 그대를 크레타에 남겨 둔 것은, 내가 마무리하지 못한 일을 그대가 마무
리하게 하려는 것입니다. 내가 지시한 대로 각 성읍의 지도자를 임명하십시오.
그들을 뽑을 때는, 다른 사람들에게 "이 사람은 평판이 좋습니까? 아내에게 헌
신합니까? 자녀들도 신자입니까? 자녀들은 그를 존경하고 말썽을 피우지는 않
습니까?" 하고 물어보십시오. 하나님의 집안일을 책임지는 교회 지도자는 존경
받는 사람이어야 합니다. 그는 고집을 부리지 않고, 쉽게 화를 내지 않으며, 술
을 지나치게 좋아하거나, 폭력을 행사하거나, 돈을 사랑하는 자가 아니어야 합
니다. 그는 사람들을 환대하고, 도움을 베풀며, 지혜롭고, 공정하고, 공손하고,
자신을 잘 알고, 메시지를 잘 이해하고, 사람들이 진리를 알도록 격려할 줄 알
고, 진리에 반대하는 자들을 제지할 줄 알아야 합니다.
10-16 교회 밖에는 반항적인 사람들, 곧 느슨하고 난잡하며 속이는 자들이 많습니
다. 종교적으로 자라서 남보다 더 많이 안다고 하는 자들이 최악입니다. 그들의

입을 다물게 해야 합니다. 그들은 자신들의 가르침으로 가정들을 송두리째 붕괴시킵니다. 모두 재빨리 한밑천 잡으려고 합니다. 그들의 예언자들 가운데 한 사람이 그것을 가장 잘 표현했습니다.

크레타 사람들은 태어날 때부터 거짓말쟁이,
짖어 대는 개, 게으른 먹보들이다.

이 예언자는 사실을 정확히 표현한 것입니다. 그들을 당장 꾸짖으십시오. 유대인인 척하는 자들의 지어낸 몹쓸 이야기나 그들이 만들어 낸 규정들을 막아서, 그들이 확고한 믿음을 회복하게 하십시오. 마음이 깨끗한 사람들에게는 모든 것이 깨끗하지만, 마음이 더럽고 믿지 않는 자들에게는 깨끗한 것이 하나도 없습니다. 그들의 모든 생각과 행위에는 그들의 더러운 지문이 찍혀 있습니다. 그들은 하나님을 안다고 말하지만, 오히려 말보다 행위가 더 역겹습니다. 그들은 참으로 가증스러운, 완고하고 변변치 못한 자들입니다.

하나님으로 충만한 삶

2 1-6 그대의 임무는 견고한 교훈에 어울리는 말을 하는 것입니다. 나이 많은 남자들을 인도하여, 절제와 위엄과 지혜와 건강한 믿음과 사랑과 인내의 삶을 살게 하십시오. 나이 많은 여자들을 공경의 삶으로 인도하여, 험담이나 술주정을 그치고 선한 일의 본보기가 되게 하십시오. 그러면 젊은 여자들이 그들을 보고, 남편과 자녀를 어떻게 사랑해야 하는지, 고결하고 순결한 삶을 살려면 어떻게 해야 하는지, 집안 살림을 잘하려면 어떻게 해야 하는지, 좋은 아내가 되려면 어떻게 해야 하는지를 알게 될 것입니다. 우리는 그들의 행실 때문에 하나님의 메시지를 멸시하는 사람이 하나도 없기를 바랍니다. 또한 그대는 젊은 남자들을 지도하여, 잘 훈련된 삶을 살게 하십시오.

7-8 그대는 몸소 실천하여 이 모든 것을 보여주고, 가르치는 일을 순수하게, 말은 믿음직하고 건전하게 하십시오. 그러면 우리에게 정면으로 대적하던 자들도 수상한 점이나 잘못된 점을 찾지 못하고, 결국 마음을 고쳐먹게 될 것입니다.

9-10 종들을 지도하여 성실한 일꾼이 되게 하고, 그들의 주인들에게 기쁨이 되게 하십시오. 말대꾸나 자그마한 도둑질도 못하게 하십시오. 그러면 그들의 성품이 좋게 바뀌어 행실로 밝히 드러나고, 우리 구주 하나님의 가르침을 더욱 빛나게 할 것입니다.

11-14 기꺼이 베푸시고 용서하시는 하나님의 은혜가 이제 밝히 드러났습니다. 구원의 길이 누구에게나 열렸습니다! 우리는 하나님을 모르는 방탕한 삶에서 돌아서서, 하나님으로 충만한 삶, 그분께 영광을 돌려드리는 삶을 살려면 어떻게 해야 하는지를 목격하고 있습니다. 이제 이 새로운 삶이 시작되어, 우리로 하여금 위대하신 하나님과 구주 예수 그리스도께서 나타나실 영광스러운 날을 소망하게 합니다. 예수 그리스도께서 자기 자신을 희생 제물로 내어주신 것은, 우리

를 반역의 어두운 삶에서 해방시켜 선하고 순결한 삶으로 이끄시고, 우리로 그분의 자랑스러운 백성, 곧 선한 일에 열심을 내는 백성이 되게 하시려는 것입니다.
15 그대는 이 모든 것을 사람들에게 말하십시오. 그들의 사기를 높여 주되, 그들이 가던 길에서 벗어나거든 징계하십시오. 그대가 바로 책임자입니다. 아무도 그대를 업신여기지 못하게 하십시오.

우리 삶을 조화롭게 하신 구주 하나님

3 1-2 그대는 사람들에게 일러서 정부를 존중하고, 법을 준수하고, 언제나 도움의 손길을 베풀 준비를 갖추게 하십시오. 무례한 짓을 하지 못하게 하고, 다투지 않게 하십시오. 하나님의 백성은 마음이 넓고 품위가 있어야 합니다.
3-8 얼마 전까지만 해도 우리 역시 어리석고, 완고하고, 죄에 쉽게 넘어가며, 온갖 욕망의 지배를 받고, 원한을 품은 채 돌아다니며, 서로 미워하면서 살았습니다. 그러나 우리의 인자하시고 사랑이 많으신 구주 하나님이 개입하셔서, 그 모든 것으로부터 우리를 구해 주셨습니다. 이 일은 전적으로 그분께서 하신 일이었습니다. 우리가 한 일은 아무것도 없었습니다. 그분께서 우리를 깨끗게 씻어 주셨고, 우리는 그 일로 말미암아 새 사람이 되었습니다. 성령께서 우리를 속속들이 씻어 주신 것입니다. 우리 구주 예수께서 새 생명을 아낌없이 부어 주셨습니다. 하나님의 선물이 그분과 우리의 관계를 회복시켜 주었고, 우리의 삶도 회복시켜 주었습니다. 그리고 장차 더 나은 삶이 다가올 텐데, 그것은 다름 아닌 영원한 생명입니다! 그대는 이 말을 믿어도 좋습니다.
8-11 나는 그대가 단호하게 행동하기를 바랍니다. 이런 문제들을 분명하게 처리하여, 하나님을 믿는 사람들이 누구에게나 유익한 본질적인 일에 전념하게 하십시오. 족보와 율법의 세부 조항을 따지는 어리석고 부적절한 말다툼을 피하십시오. 그런 일은 아무 유익이 없습니다. 다툼을 일삼는 사람이 있거든, 한두 번 타이른 뒤에 손을 떼십시오. 그런 사람은 제멋대로 굴다가 하나님께 반역할 것이 분명합니다. 그런 사람은 계속해서 불화를 일으키다가 스스로 고립될 뿐입니다.

12-13 내가 조만간 아데마나 두기고를 그대에게 보내거든, 그대는 곧 니고볼리로 와서 나를 만나십시오. 나는 거기에서 겨울을 나기로 정했습니다. 율법 교사인 세나와 아볼로를 따뜻하게 배웅해 주십시오. 그들을 잘 돌봐 주십시오.
14 우리 교우들도 필요한 것을 (특히 가난한 사람들 사이에) 마련해 줄 수 있도록 부지런히 일하는 것을 배워야 합니다. 그렇게 해야, 사는 동안 아무 열매 없이 생을 마감하는 일이 없게 될 것입니다.
15 이곳에 있는 모든 사람들이 안부를 전합니다. 믿음 안에서 우리의 벗들에게 안부를 전해 주십시오. 은혜가 여러분 모두에게 있기를 바랍니다.

하나님께 반응하는 우리의 모든 행동은 가정과 이웃과 친구와 공동체에 영향을 미친다. 하나님을 믿는 믿음은 우리의 언어를 변화시킨다. 하나님을 사랑하면 일상의 관계도 영향을 받는다. 하나님께 소망을 두면 우리의 일에도 소망이 찾아든다. 하지만 이것과 상반되는 가치들, 이를테면, 불신과 냉담, 절망도 마찬가지로 우리 삶에 영향을 미친다. 이러한 움직임과 반응, 믿음과 기도, 태도와 추구 가운데 그 어느 것도 영혼에만 머무르는 것은 하나도 없다. 그것들은 현실에서 역사를 만들기도 하고 뒤엎기도 한다. 만일 그렇지 않다면, 기껏해야 환상이거나 최악의 경우 위선이라는 혐의를 벗지 못할 것이다.

그리스도인들은 언제나 예수의 역사성을 주장해 왔다. 그분이 실제로 이 땅에서 태어나셨고, 그분이 죽으신 날짜를 추정할 수 있으며, 그분의 부활을 증거하는 증인들이 있고, 그분이 다니셨던 마을도 지도에서 찾을 수 있다. 예수를 따르는 이들에게도 유사한 역사성이 나타난다. 그들이 예수께서 말씀하시고 행하신 모든 것, 곧 일정한 시간과 공간 속에서 일어난 하나님의 인격적 계시를 받아들일 때, 그 모든 것이 각 나라의 역사는 물론이고 세계사 속으로 침투해 들어가 역사(役事)한다.

바울은 그의 편지에서 오네시모의 주인이자 동료 그리스도인인 빌레몬에게, 도망쳤던 종 오네시모를 돌려받는 것에 그치지 말고 맞아 주라고 부탁한다.

> 그대에게 이 편지를 직접 전하는 오네시모가 바로 그 아들입니다! 그가 전에는 그대에게 무익한 사람이었으나, 이제는 그대와 나에게 유익한 사람이 되었습니다. 나는 그를 그대에게 돌려보내려고 합니다. 그렇게 하려니, 마치 내 오른팔을 잘라 내는 것만 같습니다.……그러므로 그대가 여전히 나를 믿음의 동지로 여긴다면, 나를 맞이하듯이 그를 맞아 주십시오(몬 10-12절, 17절).

빌레몬과 오네시모는 예수를 믿는 믿음이 자신들을 급진적인 사회 변혁으로 이끈다고는 전혀 생각지 못했다. 그러나 두 사람이 이 편지를 통해 맺어지면서, 그 일이 이루어졌다. 그리고 그러한 일은 지금도 계속되고 있다.

빌레몬서

1-3 그리스도를 위해 감옥에 갇힌 나 바울은, 나의 형제 디모데와 함께 이곳에 있습니다. 나는 나의 좋은 벗이자 동료인 그대 빌레몬과 우리의 자매인 압비아와 참된 용사인 아킵보, 그리고 그대의 집에서 모이는 교회에 이 편지를 씁니다. 하나님께서 주시는 가장 좋은 것이 여러분에게 있기를, 그리스도께서 주시는 복이 여러분에게 있기를 바랍니다!

4-7 나는 기도할 때마다 그대의 이름을 떠올리며 "오 하나님, 감사합니다!" 하고 고백합니다. 주 예수를 향한 그대의 사랑과 믿음이 다른 믿는 이들에게까지 넘쳐흐르고 있다는 소식이 계속해서 들려옵니다. 나는 우리가 함께 붙든 이 믿음이, 우리가 행하는 모든 선한 일 속에서 끊임없이 드러나기를 기도합니다. 그리하여 사람들이 그 가운데 계신 그리스도를 알아보기를 계속해서 기도합니다. 친구여, 그대의 사랑으로 인해 내가 얼마나 행복한지 그대는 모를 것입니다. 믿는 동료들을 환대하는 그대의 모습을 볼 때면, 나의 기쁨은 두 배가 된답니다.

종이 친구가 되었습니다

8-9 그런 그대에게 나는 한 가지 부탁을 하려고 합니다. 그리스도의 대사이며 그분을 위해 감옥에 갇힌 나는, 필요하다면 주저 없이 명령할 수도 있지만, 그보다는 그대에게 개인적인 부탁을 하려고 합니다.

10-14 이곳 감옥에 있으면서, 나는 아들을 하나 얻었습니다. 그대에게 이 편지를 직접 전하는 오네시모가 바로 그 아들입니다! 그가 전에는 그대에게 무익한 사람이었으나, 이제는 그대와 나에게 유익한 사람이 되었습니다. 나는 그를 그대에게 돌려보내려고 합니다. 그렇게 하려니, 마치 내 오른팔을 잘라 내는 것만 같습니다. 메시지를 위해 감옥에 갇혀 있는 동안, 나는 최악의 경우 그를 이곳에 남게 하여, 그대를 대신해서 나를 돕게 하고 싶었습니다. 그러나 나는 그대에게

비밀로 한 채 아무것도 하고 싶지 않았고, 아무리 선한 일이라도 그대가 기꺼이
승낙하지 않으면 그대에게 억지로 시키고 싶지 않았습니다.
15-16 그대가 잠시 그를 잃어버린 것은 참 잘된 일이었던 것 같습니다. 이제 그를
영원히 돌려받게 되었으니 말입니다. 게다가 이제 그는 종이 아니라, 참된 그리
스도인 형제입니다! 그가 내게 참된 그리스도인 형제였으니, 그대에게는 더욱
더 그러할 것입니다.
17-20 그러므로 그대가 여전히 나를 믿음의 동지로 여긴다면, 나를 맞이하듯이 그
를 맞아 주십시오. 그가 그대에게 손해를 입혔거나 빚을 진 것이 있거든, 내 앞
으로 달아 두십시오. 나 바울이 이렇게 친필로 서명합니다. 내가 그것을 갚겠습
니다. (그대가 내게 생명을 빚지고 있음을 굳이 일깨우지 않아도 되겠지요?) 친구여, 나의
이 큰 부탁을 들어주기 바랍니다. 그대가 그를 맞아 준다면, 그것은 그리스도를
위하는 일이며, 내 마음에도 큰 기쁨이 될 것입니다.
21-22 나는 그대를 잘 아니, 그대는 내 부탁을 들어줄 것입니다. 그대는 내가 이
편지에 쓴 것 이상으로 해줄 것입니다. 그리고 나를 위해 방을 하나 마련해 주
십시오. 여러분의 기도로, 내가 다시 여러분의 손님이 될 수 있기를 간절히 바
랍니다.
23-25 그리스도를 위해 나와 함께 갇힌 에바브라가 안부를 전합니다. 나의 동역자
인 마가와 아리스다고와 데마와 누가도 안부를 전합니다. 주 예수 그리스도께
서 주시는 온갖 좋은 것이 여러분에게 있기를 바랍니다!

히브리서 | 머리말

이상한 말 같지만, 지나친 종교 행위는 좋지 않다. 하나님, 믿음과 순종, 사랑과 예배는 아무리 많이 찾고 추구해도 지나치지 않다. 그러나 우리가 하나님을 "이롭게 해드리려는 마음"으로 행하는 노력들, 이른바 종교 행위들은 아무리 선의에서 나온 것이라 해도 하나님께서 우리를 위해 행하시는 일을 가로막을 수 있다. 언제 어디서나 핵심은 하나님께서 이미 행하신 일, 그분이 지금 행하고 계신 일, 그리고 장차 그분이 행하실 일이다. 예수께서는 하나님의 그 일을 드러내신 분이시다. 실제로 히브리서의 저자는 예수가 "우리 믿음의 중심"이라고 말한다(히 3:3). 우리의 핵심 임무는, 예수께서 드러내신 하나님의 일에 응답하고 순종하며 사는 것이다. 하나님의 일에서 우리의 역할은 믿음을 실천하는 것이다.

그러나 그 과정에서 우리는 종종 조급하게 자신을 드러내 보이려 하고, 보잘것없는 생각으로 뭔가 좀 더 낫게 만들어 보려고 한다. 우리는 덧붙이고, 보완하고, 미화한다. 그러나 이런 행동은 예수의 순수함과 단순함을 선명하게 드러내기보다는 오히려 더 흐리게 할 뿐이다. 우리는 종교적으로 까다로운 사람이 되거나 안달복달하는 사람이 되고 만다. 우리는 길을 가로막는 장애물이 된다.

지금은 히브리 사람들에게 쓴 이 편지를 다시 읽고 기도하며 우리의 길을 점검할 때다. 이 편지는 "지나치게 종교적인" 그리스도인들, 곧 "예수에다 이러저러한 것을 덧붙이는" 그리스도인들을 위해 쓴 편지다. 이 편지에 묘사된 그들은 예수와 천사를 연결하고, 예수와 모세를 연결하고, 예수와 제사장을 연결한다. 오늘날로 말하면, 예수와 정치를 연결하고, 예수와 교육을 연결하고, 예수와 부처를 연결하는 사람들일 것이다. 이 편지는 그렇게 덧붙여진 것들을 전부 제거해 버린다. 저자는 우리에게 "그분에 관한 최신 이론에 이끌려 그분을 떠나는 일이 없게 하십시오. 그리스도의 은혜만이 우리의 삶을 떠받치는 유일하고 충분한 기초입니다. 그리스도의 이름을 붙인 온갖 상품은 별 도움이 되지 않습니다"라고 말한다(히 13:9). 그러면서 "오직 예수만 바라보십시오. 그분은 우리가 참여한 이 경주를 시작하고 완주하신 분이십니다"라고 권면한다(히 12:2). 그 결과, 예수 안에서 하나님이 행하신 일이 다시 명료하고 또렷하게 드러난다. 그때 우리는 다시 한번 믿음을 실천할 자유를 얻는다. 믿음을 실천할 때에야 비로소, 우리는 그 길을 가로막는 자가 아니라 그 길을 걷는 자가 된다.

히브리서

1 [1-3] 하나님께서는 지난 수백 년 동안 수많은 예언자들을 통해, 여러 가지 방법으로 우리 조상들에게 말씀하셨습니다. 그러나 최근에는 아들을 통해 우리에게 직접 말씀하셨습니다. 태초에 하나님께서 이 아들을 통해 세상을 창조하셨고, 이 세상은 마지막 날에 아들의 소유가 될 것입니다. 이 아들은 거울처럼 완벽하게 하나님을 비추시는 분이며, 그분께는 하나님의 본성이 도장처럼 찍혀 있습니다. 아들은 자신의 말, 곧 능력 있는 말씀으로 만물을 조화롭게 유지하시는 분입니다!

천사보다 높으신 분

3-6 그 아들은 죄를 해결하기 위한 희생 제사를 마치신 뒤에, 하늘 높이 계신 하나님 오른편 영광의 자리에 앉으셔서, 그 어떤 천사보다도 높은 서열과 통치권을 받으셨습니다. 하나님께서 어느 천사에게 "너는 내 아들이다. 오늘 내가 너를 축복한다"고 하시거나, "나는 그의 아버지이며, 그는 내 아들이다"라고 말씀하신 적이 있습니까? 하나님은 영광스러운 자기 아들을 세상에 주시면서 "모든 천사는 그에게 경배하여라" 하고 말씀하셨습니다.
7 천사들에 대해서는 성경에 이렇게 말했습니다.

그 심부름꾼들은 바람,
그 시종들은 타오르는 불꽃이다.

8-9 그러나 아들에 대해서는 성경에 이렇게 말했습니다.

당신은 하나님, 영원토록 보좌에 앉아 계신 분.

당신의 통치는 모든 것을 바로잡습니다.
당신은 만물이 바른 자리에 있는 것을 기뻐하시고,
그릇된 자리에 있는 것을 싫어하십니다.
바로 그런 이유로 하나님, 곧 당신의 하나님께서
당신의 머리에 향기로운 기름을 부으시고
당신을 왕으로 삼으셔서,
당신의 귀한 동료들보다 훨씬 뛰어나게 하셨습니다.

10-12 또한 아들에 대해 이런 말씀도 있습니다.

이 모든 일을 시작하신 주님, 당신께서 땅의 기초를 놓으시고
하늘의 별들을 지으셨습니다.
땅과 하늘은 닳아 없어져도, 당신은 그대로이십니다.
오래된 옷처럼 닳아서 헤어져 버릴 그것들을,
당신은 낡은 옷을 치우듯
폐기처분하실 것입니다.
그러나 당신은 세월이 흘러도 한결같으시니
빛이 바래거나 닳아 없어지지 않을 것입니다.

13 하나님께서 천사 가운데 어느 누구에게 이렇게 말씀하신 적이 있습니까?

내가 네 원수들을 네 발판으로 삼을 때까지
너는 여기 내 보좌 옆에 앉아 있어라.

14 모든 천사는, 구원을 받기 위해 예비된 사람들을 도우라고 보냄받은 존재들
이라는 사실이 분명하지 않습니까?

2

1-4 우리는 이미 들은 메시지를 굳게 붙잡아, 떠내려가는 일이 없어야 하
겠습니다. 지난날에 천사들을 통해 전한 메시지가 유효해서 아무도 그것
을 피해 갈 수 없었는데, 하물며 최근에 우리가 받은 이토록 장엄한 구원의 메
시지를 어떻게 소홀히 할 수 있겠습니까? 이 구원의 메시지는 가장 먼저 주님
이 직접 전해 주셨고, 그 다음은 주님께 들은 이들이 우리에게 정확히 전해 주
었습니다. 하나님께서도 성령을 통해 여러 은사, 곧 모든 표적과 기적을 자기
뜻에 따라 주심으로 이 구원의 메시지를 확증해 주셨습니다.

구원의 개척자이신 예수

5-9 하나님께서는 지금 우리가 감당하고 있는 이 구원의 일을 천사들의 손에 맡

기지 않으셨습니다. 성경에 이렇게 기록되었습니다.

사람이 무엇이기에 그들을 걱정하시며
그들의 길을 거듭 살피십니까?
그들을 천사보다 조금 못하게 지으시고
에덴의 새벽빛으로 빛나게 하셨습니다.
당신께서 손수 지으신 온 세상을
그들에게 맡기셨습니다.

하나님께서는 모든 것을 하나도 빠짐없이 사람들의 손에 맡기셨습니다. 그러나 우리가 보기에는, 아직도 만물이 사람의 관할 아래 있지 않습니다. 우리가 보는 것은, "천사보다 조금 못하게 지어져서" 죽음을 경험하시고, 천사보다 더 높은 곳에 앉으셔서 "에덴의 새벽빛으로 빛나는" 영광의 관을 쓰신 예수입니다. 이 죽음을 통해 그분은, 하나님의 은혜로 모든 사람을 대신하는 죽음을 온전히 겪으셨습니다.

10-13 만물을 처음 움직이게 하셨고 지금도 그 만물을 붙들고 계신 하나님께서, 구원의 개척자이신 예수를 고난을 통해 완전케 하시고, 그로써 자신의 일을 완성하시며 모든 사람을 영광으로 이끄시는 것은 너무도 그분다운 일입니다. 구원하는 분과 구원받는 이들이 같은 근원에서 나왔으므로, 이제 예수께서는 조금도 주저함 없이 그들을 가족으로 대하시며, 이렇게 말씀하십니다.

당신에 대해 알고 있는 모든 것을 나의 소중한 친구인 형제자매들에게 알리고,
함께 당신을 경배하고 찬양하겠습니다.

다음 말씀도 자신을 그들과 한가족으로 여기신다는 뜻입니다.

나도 하나님을 신뢰함으로 살아갑니다.

또한 이렇게 말씀하셨습니다.

하나님께서 내게 주신 자녀들과 함께 내가 여기 있습니다.

14-15 자녀들이 살과 피로 된 존재이니, 그들을 구하기 위해 구주께서 살과 피를 입고 죽으신 것입니다. 그분은 죽음을 껴안고 자기 안에 받아들이셔서, 죽음을 지배하는 마귀를 멸하시고, 죽도록 죽음을 무서워하며 평생을 위축되어 살아가는 모든 사람을 풀어 주셨습니다.

16-18 그분께서 이 모든 고난을 겪으신 것은, 천사들을 위한 것이 아니라 우리 같은 사람들, 곧 아브라함의 자손을 위한 것이 분명합니다. 그렇기 때문에, 그분

은 모든 면에서 인간의 삶에 들어오셔야만 했습니다. 그분은 사람들의 죄를 없애는 대제사장으로 하나님 앞에 서실 때, 이미 모든 고난과 시험을 몸소 겪으셨습니다. 그러므로 그분은 도움이 필요한 곳에 도움을 베푸실 수 있습니다.

우리 믿음의 중심이신 분

3 1-6 그러므로, 사랑하는 그리스도인 친구 여러분, 높은 곳을 향한 부르심을 따라 사는 동료 여러분, 예수를 진지하고 주의 깊게 바라보십시오. 그분은 우리 믿음의 중심이시며, 하나님이 맡기신 모든 일에 성실하신 분이십니다. 모세도 성실했지만, 예수는 더 큰 영광을 받아 마땅한 분이십니다. 언제나 건축자가 건물보다 귀합니다. 어느 집이든지 그 집을 지은 이가 있습니다. 그러나 그 모든 것의 배후에 계신 건축자는 하나님이십니다. 모세는 하나님의 집에서 성실하게 일했습니다. 하지만 그 일은 장차 이루어질 일을 준비하는 종의 신분으로 한 일입니다. 그리스도는 아들로서 그 집을 맡고 계십니다.

6-11 이제 우리가 이 담대한 확신을 굳게 붙들면, 우리가 바로 그 집입니다! 그러므로 성령께서 이렇게 말씀하셨습니다.

오늘 너희는 귀 기울여 들어라.
광야에서 시험받던 때,
"쓰디쓴 반역"의 때처럼 못 들은 체하지 마라!
너희 조상들은 내가 하는 일을 사십 년 동안 지켜보고도
나의 방식을 거절하고
나의 인내심을 거듭거듭 시험했다.
나는 진노했다. 더 이상 참을 수 없어서 말했다!
"그들은 한시도 하나님을 마음에 두지도 않고
나의 길을 따라 걷지도 않는다."
나는 노하여 맹세하며 말했다.
"그들은 가고자 하는 곳에 이르지 못하며
결코 안식하지 못할 것이다."

12-14 그러니 친구 여러분, 조심하십시오. 믿지 않는 악한 마음으로 빈둥거리지 마십시오. 그런 일은 여러분을 넘어뜨리고 곁길로 빠뜨려서, 살아 계신 하나님으로부터 멀어지게 합니다. 하나님께서 주신 오늘이라는 시간 동안 서로 주의하여, 죄로 인해 여러분의 대응 능력이 떨어지지 않도록 하십시오. 처음 시작할 때 붙든 확신을 마지막까지 굳게 붙들면, 마침내 우리는 그리스도와 함께하는 사람들이 될 것입니다.
다음과 같은 말씀이 우리 귀에 쟁쟁히 들려옵니다.

오늘 너희는 귀 기울여 들어라.

"쓰디쓴 반역"의 때처럼 못 들은 체하지 마라.

15-19 귀를 막은 자들이 누구였습니까? 모세가 이집트에서 이끌어 낸 자들이 아니었습니까? 하나님께서 사십 년 동안 누구에게 노하셨습니까? 귀를 막고 듣지 않다가 광야의 시체로 생을 마감한 자들이 아니었습니까? 하나님께서 그들이 가고자 하는 곳에 이르지 못하게 하겠다고 맹세하신 것은, 그렇게 귀를 막고 듣지 않은 자들을 두고 하신 말씀이 아니었습니까? 그들이 가고자 하는 곳에 이르지 못한 것은, 그들이 전혀 듣지도 않고 믿지도 않았기 때문입니다.

믿음으로 약속을 받아들일 때

4 1-3 그러므로 하나님 안에서 안식을 주겠다고 하신 그 약속이 우리를 이끌어서 그분이 세우신 목표로 데려가는 동안, 우리 중에 자격을 잃는 사람이 없도록 조심하십시오. 우리가 받은 약속과 광야에 있던 그들이 받은 약속은 똑같은 것입니다. 그러나 그 약속이 그들에게 조금도 유익이 되지 못한 것은, 그들이 그 약속을 믿음으로 받아들이지 않았기 때문입니다. 하지만 그 약속을 믿는 우리는 안식을 경험할 것입니다. 이것은 믿음 없이는 되지 않습니다. 하나님께서 하신 말씀을 기억하십시오.

나는 노하여 맹세하며 말했다.
"그들은 가고자 하는 곳에 이르지 못하며
결코 안식하지 못할 것이다."

3-7 하나님께서는 창세전에 이미 하실 일을 다 마치셨음에도, 이런 맹세를 하신 것입니다. 성경에 "하나님께서 자기 일을 다 마치시고 일곱째 날에 쉬셨다"고 했으나, 다른 구절에는 "그들은 결코 안식하지 못할 것이다"라고 했습니다. 이 약속은 아직 성취된 것이 아닙니다. 먼저 들은 자들이 안식처에 들어가지 못한 것은 순종하지 않았기 때문입니다. 하나님은 "오늘"로 날짜를 조정하시며 끊임없이 약속을 갱신해 주십니다. 이것은 처음 초대장을 보내시고 나서 수백 년이 지난 후에, 다윗의 시편을 통해 하신 말씀과 같습니다.

오늘 너희는 귀 기울여 들어라.
……귀를 막지 마라.

8-11 그러므로 이 약속은 아직 살아 있습니다. 이 약속은 여호수아 시대에도 파기되지 않았습니다. 만일 파기되었다면, 하나님께서 약속 일자를 "오늘"로 갱신하지 않으실 것입니다. 하나님의 백성에게는 "도착"과 "안식"의 약속이 아직 남아 있습니다. 하나님께서 지금 안식하고 계십니다. 이 여정을 마치는 날, 우리도 하나님과 더불어 틀림없이 안식할 것입니다. 그러니 계속 힘을 내서 마침내 안식처

에 도착하도록 하십시오. 순종하지 않다가 떨어져 나가는 일이 없어야 합니다.
12-13 하나님께서는 말씀하신 것을 반드시 지키시는 분입니다. 그분의 말씀은 이
루어집니다. 그분의 능력 있는 말씀은 수술용 메스처럼 날카로워서, 의심이든
변명이든 무엇이나 갈라내고, 우리 마음을 열어서 귀 기울여 듣고 순종하게 합
니다. 하나님의 말씀이 꿰뚫지 못할 것은 아무것도 없습니다. 아무리 발버둥 쳐
도 우리는 하나님의 말씀에서 달아날 수 없습니다.

고통 가운데 부르짖으신 대제사장

14-16 이제 우리에게는, 하나님께 자유롭게 나아갈 수 있는 위대한 대제사장 예수
가 계십니다. 그러니 그분을 놓치는 일이 없어야 하겠습니다. 그분은 우리의 현
실에 무관심한 제사장이 아니십니다. 그분은 연약함과 시험, 온갖 고난을 다 겪
으셨지만, 죄는 짓지 않으셨습니다. 그러니 곧장 그분께로 나아가, 그분이 기꺼
이 주시려는 것을 받으십시오. 자비를 입고 도움을 받으십시오.

5 1-3 하나님 앞에서 사람들을 대표하고, 그들의 죄를 위해 희생 제사를 드
리도록 선택된 대제사장이라면, 분명 사람들의 약점을 너그러이 대할 수
있을 것입니다. 그 약점이 어떤 것인지 바로 자기 경험을 통해 알기 때문입니
다. 그러나 이것은, 그가 사람들의 죄뿐 아니라 자기 죄를 위해서도 제사를 드
려야 한다는 것을 의미합니다.
4-6 이 영광의 자리는 사람이 스스로를 세워서 얻을 수 있는 것이 아닙니다. 아
론과 같이 하나님의 부르심을 받아서 얻는 것입니다. 그리스도께서도 스스로를
세워 대제사장이 되신 것이 아니라, "너는 내 아들이다. 오늘 내가 너를 기뻐한
다!"고 말씀하신 하나님께서 따로 세워 주셔서 되신 것입니다. 다른 곳에서도
하나님께서는 "너는 멜기세덱의 반열에 따른 영원한 제사장이다"라고 선포하셨
습니다.
7-10 예수께서 이 땅에 계실 때 자신이 죽을 것을 미리 아시고, 고통 가운데 부르
짖으시고, 슬픔의 눈물을 흘리시며, 하나님께 제사장의 기도를 드리셨습니다.
그분이 하나님을 높이시는 것을 보시고, 하나님도 그분께 응답하셨습니다. 그
분은 하나님의 아들이셨지만, 우리와 마찬가지로 고난을 받으심으로 신뢰와 순
종을 배우셨습니다. 이처럼 완전한 성숙의 상태에 이르시고, 또한 하나님께 멜
기세덱의 반열에 따른 대제사장으로 임명되심으로, 그분은 믿음으로 순종하는
모든 이들에게 영원한 구원의 근원이 되셨습니다.

그리스도 안에서 자라 가십시오

11-14 멜기세덱에 관해서는 할 말이 많지만, 여러분의 귀 기울여 듣지 않는 나쁜
습관 때문에 여러분을 이해시키기가 어렵습니다. 지금쯤 여러분은 선생이 되
어 있어야 마땅한데도, 내가 보기에 여러분은 하나님에 관해 기본부터 다시 가

르쳐 줄 사람이 필요한 것 같습니다. 오래전에 단단한 음식을 먹었어야 했건만,
여러분은 아직도 아기처럼 젖을 빨아야 할 형편입니다! 젖은 하나님의 방식에
미숙한 초보자들이 먹는 것입니다. 성숙한 사람들은 단단한 음식을 먹습니다.
그들은 경험으로 옳고 그른 것을 분별할 줄 아는 사람들입니다.

6 1-3 그러므로 유치원생 수준으로 그리스도를 그리는 데서 벗어나, 멋진 작
품을 만드십시오. 그리스도 안에서 무럭무럭 자라 가십시오. 그 기초가
되는 진리는, 자기 힘으로 구원받으려는 노력을 버리고 하나님께 돌아서서 그
분을 신뢰하는 것과, 세례에 관한 가르침과, 안수와, 죽은 자의 부활과, 영원한
심판입니다. 하나님께서 도와주시면, 우리는 이 모든 진리를 충실하게 붙들 수
있을 것입니다. 그러나 그 이상의 것이 있습니다. 그러니 계속 나아가십시오!
4-8 한때 빛을 보고 하늘을 맛보고 성령의 역사에 참여하고 하나님의 선하신 말
씀과 우리 안으로 돌파해 들어오는 능력을 경험한 자들이, 등을 돌려 그 모든
것과 관계를 끊어 버렸다면, 그들은 아무 일 없었다는 듯이 처음부터 다시 시작
할 수는 없습니다. 그것은 불가능한 일입니다. 그들이 예수를 다시 십자가에 못
박고, 공개적으로 부인한 것이기 때문입니다! 바싹 마른 땅이라도 비를 흠뻑 빨
아들여서 농사짓는 사람에게 풍성한 곡식을 내면, 하나님께 "잘했다!"는 칭찬
을 듣습니다. 그러나 잡초와 엉겅퀴를 내는 땅은 저주를 받습니다. 그 땅은 불
에 타서 수확할 것이 없습니다.
9-12 친구 여러분, 나는 그런 일이 여러분에게 일어나지 않으리라고 확신합니다.
나는 여러분이 구원의 여정에서 이룬 더 나은 것이 있다는 것을 생각하게 됩니
다! 하나님께서는 어느 것 하나 잊으시는 법이 없습니다. 하나님께서는 여러분
이 가난한 그리스도인들을 도우면서 보여준 사랑을 너무도 잘 알고 계시며, 여
러분이 그 일을 계속하고 있다는 것도 잘 알고 계십니다. 이제 내가 바라는 것
은, 여러분 각자가 튼실한 소망을 향해 동일한 열정을 펼쳐서, 마지막까지 그
소망을 유지하는 것입니다. 꾸물거리지 마십시오. 헌신적인 믿음으로 끝까지
달려가서, 마침내 약속받은 것을 전부 얻는 사람이 되십시오.

변치 않는 하나님의 약속

13-18 하나님께서는 아브라함에게 약속하실 때, 자신의 명예를 걸고 분명하게 약
속하셨습니다. 하나님께서는 "내가 약속한다. 내가 가진 모든 것으로 너에게 복
을 주겠다. 복을 주고, 복을 주고, 또 복을 주겠다!"고 말씀하셨습니다. 아브라함
은 참고 견딘 끝에 약속받은 것을 전부 받았습니다. 사람들은 약속할 때 자기보
다 위에 있는 권위에 호소하여 약속을 보증합니다. 약속을 이행하기로 한 당사
자들 사이에 문제가 생길 때, 그 권위로 약속을 뒷받침하려는 것입니다. 하나님
께서도 자신의 약속을 보증하기 원하셨고, 결국 바위처럼 단단하여 깨지지 않는
자신의 말씀으로 보증해 주셨습니다. 하나님께서는 자신의 말씀을 어기실 수 없

기 때문입니다. 그분의 말씀은 변치 않으며, 그분의 약속도 변치 않습니다.
18-20 하나님께 인생을 건 우리는, 약속받은 소망을 두 손으로 붙잡고 놓지 말아
야 할 이유가 충분합니다. 그 소망은 끊어지지 않는 영적 생명줄 같아서, 모든
상황을 뛰어넘어 곧바로 하나님 앞에까지 이릅니다. 그곳에는 우리보다 앞서
달려가신 예수께서, 멜기세덱의 반열에 따라 우리를 위한 영원한 대제사장직을
맡고 계십니다.

하나님의 제사장 멜기세덱

7 1-3 멜기세덱은 살렘의 왕이며 지극히 높으신 하나님의 제사장이었습니
다. 그는 여러 왕을 무찌르고 돌아오는 아브라함을 만나서 축복했습니
다. 아브라함은 답례로 전리품의 십분의 일을 그에게 바쳤습니다. 멜기세덱은
'의의 왕'을 뜻합니다. 살렘은 '평화'를 뜻합니다. 그러므로 그는 평화의 왕이기
도 합니다. 멜기세덱은 먼 과거로부터 우뚝 솟은 존재로서, 족보도 없고 시작도
없고 끝도 없습니다. 이처럼 그는 하나님의 아들과 같아서, 언제나 다스리는 위
대한 제사장으로 있습니다.
4-7 조상 아브라함이 전리품의 십분의 일을 멜기세덱에게 바친 것을 보면, 그가
얼마나 위대한지 여러분도 알 수 있을 것입니다. 레위 자손 가운데 제사장들은
백성으로부터 십일조를 거두도록 율법에 규정되어 있습니다. 제사장과 백성 모
두가 아브라함을 한 조상으로 둔 동족인데도 그렇습니다. 그러나 멜기세덱은
완전히 외부인인데도 아브라함에게서 십분의 일을 받았고, 약속을 받은 사람인
아브라함을 축복했습니다. 축복은 아랫사람이 윗사람에게 받는 법입니다.
8-10 이렇게 볼 수도 있습니다. 우리는 죽을 수밖에 없는 제사장들에게 십분의 일
을 바치지만, 아브라함은 성경에 "살아 있다"고 기록된 제사장에게 십분의 일을
바친 것입니다. 궁극적으로는 이렇게 말할 수 있습니다. 레위는 멜기세덱에게 십
분의 일을 바친 아브라함의 자손입니다. 그러니 우리가 레위 지파의 제사장에게
십분의 일을 바치는 것은, 결국 멜기세덱에게 바치는 것이나 마찬가지입니다.

영원한 제사장이신 예수

11-14 율법을 받을 때 바탕이 되었던 레위와 아론의 제사장직이 백성을 완전하게
할 수 있었다면, 멜기세덱의 제사장직과 같은 제사장직이 생겨날 필요가 없었
을 것입니다. 그러나 레위와 아론의 제사장직이 직무를 제대로 마무리하지 못
했기 때문에 제사장직에 변화가 일어났고, 그로 인해 근본적으로 새로운 법이
생기게 되었습니다. 옛 레위의 제사장직으로는 이 사실을 이해할 길이 없습니
다. 예수의 족보에 그분과 레위의 제사장직을 연결할 만한 근거가 없는 것은 그
때문입니다.
15-19 그러나 멜기세덱 이야기에서 다음과 같이 완벽한 설명을 얻을 수 있습니다.
멜기세덱과 같은 제사장 예수께서는 혈통의 계보를 따라서가 아니라, 순전히
부활 생명의 힘으로—그분은 살아 계십니다!—"멜기세덱의 반열에 따른 영원한

제사장"이 되셨습니다. 이전의 방식, 곧 율법 제도는 기대했던 것만큼 효력을 내지 못해 폐기되고 말았습니다. 율법은 아무것도 성숙에 이르게 하지 못했습니다. 그러나 이제 효력이 분명한, 우리를 하나님의 임재 속으로 곧바로 데려다주는 또 다른 길이 그 자리를 대신했습니다. 그 길은 다름 아닌 예수이십니다!
20-22 옛 아론의 제사장직은, 하나님의 명시적인 확증 없이도 자동적으로 아버지에게서 아들로 계승되었습니다. 그러나 하나님이 개입하셔서, 새롭고 영원한 제사장직을 제정하시고 다음과 같은 약속을 덧붙이셨습니다.

하나님께서 약속하셨으니
그 약속을 철회하지 않으실 것이다.
"너는 영원한 제사장이다."

이처럼 예수께서는 우리와 하나님 사이에 더 나은 방식, 실제로 효력 있는 방식을 보증하는 분이 되셨습니다! 이것이 다름 아닌 새 언약입니다.
23-25 전에 제사장이 많았던 것은, 한 사람이 죽으면 다른 이가 대신해야 했기 때문입니다. 그러나 예수의 제사장직은 영원합니다. 그분은 지금부터 영원까지 제사장으로 계시면서, 자기를 통해 하나님께 나아오는 모든 사람을 구원하시고 언제나 그들 편에서 말씀해 주십니다.
26-28 이제 우리에게는 우리의 필요에 완벽하게 들어맞는 한분 대제사장이 계십니다. 그분은 온전히 거룩하시고 죄가 전혀 없으시며, 그 권세가 하늘 높이 하나님 계신 곳까지 이릅니다. 그분은 다른 대제사장들과 같지 않으셔서, 우리와 우리 죄를 위한 희생 제물을 드리기 전에 매일같이 자기 죄를 위해 희생 제물을 드릴 필요가 없으십니다. 그분께서 자기 몸을 희생 제물로 드리심으로, 영단번에 그 일을 완성하셨기 때문입니다. 율법은 일을 제대로 해내지 못하는 사람들을 어쩔 수 없이 대제사장으로 세웁니다. 그러나 하나님이 개입하셔서 율법 다음으로 주신 명령은, 영원토록 완전하신 아들을 대제사장으로 세웁니다.

새 언약

8 1-2 요점을 말하면 이렇습니다. 우리에게는 이와 같은 대제사장이 계십니다. 그분은 하나님 오른편에 권위 있게 앉으셔서, 하나님께서 세우신 단 하나의 참 성소에서 예배를 주관하십니다.
3-5 대제사장에게 맡겨진 임무는 예물과 제물을 바치는 일입니다. 그것은 예수의 제사장직도 마찬가지입니다. 만일 그분께서 땅에 매여 계신 분이라면 제사장조차 되지 못하실 것입니다. 율법에 명시된 예물을 바치는 제사장이라면 이미 많이 있어서 그분을 필요로 하지 않을 것입니다. 이 땅의 제사장들은, 하늘에 있는 참 성소에서 무슨 일이 일어나는지를 보여주는 단서에 지나지 않습니다. 모세가 하늘에 있는 참 성소를 언뜻 보고 장막을 지으려고 할 때, 하나님께서 이렇게 말씀하셨습니다. "너는 산에서 본 모습 그대로 주의해서 짓도록 하여라."

6-13 그러나 예수께서 맡으신 제사장 직무는 다른 제사장들이 맡은 직무보다 훨씬 뛰어납니다. 그것은 그분께서 더 나은 계획에 따라 일하시기 때문입니다. 만일 첫 번째 계획인 옛 언약이 효력이 있었다면, 두 번째 계획은 필요하지 않았을 것입니다. 그러나 우리가 아는 것처럼, 첫 번째 계획에 결함이 있었으므로 하나님께서 이렇게 말씀하셨습니다.

조심하여라! 그날이 오고 있다.
그날에 내가 이스라엘과 유다를 위한
새 계획을 세울 것이다.
내가 그 조상들의 손을 잡고
이집트에서 인도해 나올 때
그들과 세웠던 옛 계획은 내버릴 것이다.
그들이 계약을 지키지 않아
내가 그들에게서 고개를 돌려 버렸다.
내가 이스라엘과 세우려는 새 계획은
종이에 쓸 수도 없고
돌에 새길 수도 없는 것이다.
이번에는 내가 그 계획을 그들 속에 써 주고
그들 마음에 새겨 줄 것이다.
나는 그들의 하나님이 되고
그들은 내 백성이 될 것이다.
나를 알기 위해 학교에 다니거나
'하나님에 관한 다섯 가지 쉬운 가르침' 같은 책을 사 보지 않을 것이다.
작은 자나 큰 자나, 낮은 자나 높은 자나
모두가 나를 직접 알게 될 것이다.
그들의 죄가 영원토록 깨끗이 씻겨지고,
너그럽게 용서받음으로 나를 알게 될 것이다.

하나님께서는 자기와 자기 백성 사이에 새 계획, 새 언약을 세우심으로 옛 계획을 폐기처분하셨습니다. 이제 옛 계획에는 먼지만 쌓이고 있습니다.

가시적 비유인 성소

9 1-5 첫 번째 계획에는 예배를 위한 지침과 특별히 고안된 예배 장소가 있었습니다. 바깥을 두르는 큰 장막을 세우고, 그 안에 등잔대와 상과 하나님께 드리는 빵을 두었는데, 이곳을 성소라고 했습니다. 그런 다음 휘장을 치고 그 뒤에 작은 내부 장막을 세웠는데, 이곳을 지성소라고 했습니다. 거기에는 금으로 만든 분향 제단과 금을 입힌 언약궤가 놓여 있었고, 언약궤 안에는 만나를 담은 금항아리와 아론의 싹 난 지팡이와 언약의 두 돌판이 있었고, 천사가 날개

로 덮는 모양의 속죄소가 언약궤를 덮고 있었습니다. 하지만 지금은 이것들에
대해 이야기할 시간이 없습니다.
6-10 이런 것이 갖춰진 뒤에, 제사장들이 큰 장막에 들어가 직무를 수행했습니다.
작은 내부 장막에는 대제사장만이 일 년에 한 번 들어가서, 자기 죄와 백성의
누적된 죄를 위해 피를 제물로 드렸습니다. 이것은 큰 장막이 서 있는 동안에
는, 백성이 하나님께로 걸어 들어갈 수 없음을 성령께서 시각적 비유로 보여주
신 것입니다. 이 제도 아래서 드려진 예물과 제물은 예식과 행위의 문제에 해당
할 뿐 문제의 핵심에는 다가가지 못합니다. 백성의 양심을 만족시켜 주지 못합
니다. 본질적으로 이 제도는 철저히 재정비될 때까지 한시적으로 차용된 제도
일 뿐입니다.

하늘의 실체를 가리키는 단서

11-15 그러나 메시아께서 뛰어난 새 언약의 대제사장으로 오셔서, 이 창조세계에
있는 옛 장막과 그 부속물을 지나시고, 하늘에 있는 "장막"인 참 성소로 영단번
에 들어가셨습니다. 또한 그분은 염소와 송아지의 피로 드리는 제물 대신에 자
신의 피로 값을 치르심으로, 영단번에 우리를 자유케 하셨습니다. 동물의 피와
정결예식도 우리의 신앙과 행위를 실제로 깨끗하게 해준다면, 하물며 그리스도
의 피는 우리의 삶 전체를 안팎으로 얼마나 더 깨끗하게 해줄지 생각해 보십시
오. 그리스도께서 성령을 힘입어 자기 몸을 흠 없는 제물로 드리심으로, 스스로
훌륭해지려는 부질없는 수고에서 우리를 자유케 하셨습니다. 그리하여 우리는
전력을 다해 하나님을 위해 살 수 있게 되었습니다.
16-17 유언은 사람이 죽어야 그 효력이 발생합니다. 새 언약도 예수께서 죽으심으
로 효력이 발생했습니다. 그분의 죽으심은 옛 계획에서 새 계획으로 바뀌었음을
나타내는 표지입니다. 이 죽음으로 인해 옛 의무 조항과 그에 따르는 죄가 폐지
되었고, 상속인들은 자신들에게 약속된 영원한 유산을 받으라는 부름을 받았으
며, 그분께서 이 새로운 방식으로 하나님과 그분의 백성을 화해시키셨습니다.
18-22 첫 번째 계획을 실행에 옮기는 데도 죽음이 필요했습니다. 모세는 율법 계
획—하나님의 "유언"—의 조항들을 전부 낭독한 뒤에, 엄숙한 예식을 진행하며
제물로 바쳐진 동물의 피를 취해 언약 문서에 뿌리고, 그 언약의 수혜자인 백성
에게도 뿌렸습니다. 그런 다음 "이것은 하나님께서 명하신 언약의 피입니다"라
는 말로 그 효력을 확증했습니다. 그는 예배 장소와 그 안에 있는 모든 비품에
도 똑같이 했습니다. 모세는 백성에게 "이것은 하나님께서 여러분과 세우신 언
약의 피입니다"라고 말했습니다. 사실, 유언에 담긴 모든 내용의 효력은 죽음에
달려 있습니다. 죽음의 증거인 피가 우리의 전통 속에서, 특히 죄 용서와 관련
해 그토록 자주 사용된 것은 이 때문입니다.
23-26 이것으로 하늘에 있는 실체를 가리키는 그 모든 부차적 의식에서, 피와 죽
음이 왜 그토록 중요한 역할을 했는지 설명됩니다. 또한 지금, 더 이상 동물 제
물이 쓸모없고 필요 없게 된 것도 설명됩니다. 그리스도께서는 이 땅에 있는 성

소로 들어가신 것이 아닙니다. 그분은 참 성소로 들어가셔서, 우리 죄를 위한 희생 제물로 자기 몸을 하나님께 드리셨습니다. 옛 계획 아래 있는 대제사장들은 해마다 동물의 피를 가지고 성소에 들어갔지만, 그리스도께서는 그러실 필요가 없습니다. 만일 해마다 성소에 들어가셔야 했다면, 그분은 역사가 진행되는 내내 되풀이해서 자기 몸을 드리셔야 했을 것입니다. 그러나 그분은 영단번에 자기 몸을 희생 제물로 드리셨습니다. 다른 모든 희생 제물을 대신해서 자기 몸을 드리심으로, 죄에 대한 최종 해결책을 내놓으신 것입니다.

27-28 누구나 한 번은 죽으며, 그 후에는 자기 삶의 결과와 마주해야 합니다. 그리스도의 죽으심도 단 한 번 일어난 사건이지만, 죄를 영원히 제거하는 희생 제물로 죽으신 것이었습니다. 그러므로 그분께서 다시 나타나실 때, 그분을 뵙기 원하는 이들이 맞게 될 결과는 다름 아닌 구원입니다.

예수의 희생

10 1-10 옛 계획은 새 계획 속에 담겨 있는 좋은 것들을 암시할 뿐입니다. 옛 "율법 계획"은 완전하지 못해서, 그것을 따르는 이들 또한 온전하게 해주지 못했습니다. 해마다 수많은 희생 제물이 드려졌지만, 그것은 완전한 해결책이 되지 못했습니다. 만일 그 제물이 해결책이 되었다면 예배자들은 기쁜 마음으로 자기 길을 갔을 것이고, 더 이상 죄에 끌려 다니지 않았을 것입니다. 그러나 죄의식이 없어지기는커녕, 동물 제물을 거듭해서 바칠수록 죄의식과 죄책감은 오히려 고조되었습니다. 황소와 염소의 피가 죄를 없앨 수 없다는 것이 너무도 분명합니다. 그리스도께서 선포하신 예언의 말씀은 이 점을 염두에 두고 하신 것입니다.

당신께서는 해마다 드리는 제물과 예물을 원치 않으십니다.
그래서 나를 위해 몸을 마련해 주셔서 희생 제물로 삼으셨습니다.
이제 당신이 기뻐하시는 것은
제단에서 피어오르는 향기와 연기가 아닙니다.
그래서 내가 말했습니다. "오 하나님, 당신의 책에 기록된 대로,
당신의 방법대로 행하기 위해 내가 왔습니다."

"당신께서는 제물과 예물을 원치 않으십니다"라고 말씀하실 때, 그리스도께서는 옛 계획에 따른 의식을 언급하신 것입니다. 또한 "당신의 방법대로 행하기 위해 내가 왔습니다"라고 말씀하실 때, 그분은 첫 번째 계획을 폐하시고 새 계획—하나님의 방법—을 세우신 것입니다. 예수께서 자기 몸을 영단번에 제물로 드리심으로, 우리는 하나님께 합당한 사람이 되었습니다.

11-18 각 제사장들이 날마다 제단에 나아가 일하고 해마다 똑같은 제물을 드리지만, 그런 것이 결코 죄 문제를 해결하지는 못합니다. 그러나 그리스도께서 제사장으로 죄를 위해 단 한 번 제물을 드리셨고, 그것으로 모든 것이 끝났습니다!

그런 후에 그분은 하나님 오른편에 앉으셔서, 원수들이 항복하기를 기다리셨습니다. 그것은 완전하신 분이 불완전한 사람들을 온전케 하기 위해 드리신 완전한 제물이었습니다. 단 한 번 제물을 드리심으로, 그분은 정결 과정에 참여하는 모든 이들에게 필요한 모든 일을 완수하신 것입니다. 성령께서도 이같이 증언해 주셨습니다.

내가 이스라엘과 세우려는 새 계획은
종이에 쓸 수도 없고
돌에 새길 수도 없는 것이다.
이번에는 "내가 그 계획을 그들 속에 써 주고
그들 마음에 새겨 줄 것이다."

그러고는 이렇게 결론지으셨습니다.

내가 그들의 죄를 영원토록 깨끗이 씻어 줄 것이다.

이제 죄가 영원토록 제거되었으니, 더 이상 죄 때문에 제물을 드릴 필요가 없습니다.

확신을 가지고 나아가십시오

19-21 그러므로 친구 여러분, 이제 우리는 주저함 없이 곧바로 하나님께로, 성소
안으로 나아갈 수 있습니다. 예수께서 자기를 희생해 흘리신 피로 그 길을 열어
주셨고, 하나님 앞에서 우리의 제사장이 되어 주셨습니다. 하나님 앞으로 나아
가는 통로인 휘장은 다름 아닌 그분의 몸입니다.
22-25 그러니 확고한 믿음과, 우리가 하나님 앞에 온전히 드려질 만한 존재가 되
었다는 확신을 가지고 하나님 앞에 나아가야 합니다. 우리를 앞으로 이끌어 주
는 약속을 굳게 붙잡으십시오. 그분은 언제나 자기 말을 지키시는 분이십니다.
창의적으로 사랑을 권하고 도움의 손길을 펼치십시오. 어떤 이들처럼 함께 모
여 예배하기를 피할 것이 아니라, 서로 격려하여 더욱 힘써 모이십시오. 중요한
그날이 다가오는 것을 볼수록 더욱 그리하십시오.
26-31 우리가 배우고 받았으며 이제 알고 있는 모든 진리를 버리거나 외면한다면,
그것은 그리스도의 희생을 거부하는 것이며, 우리는 혼자 힘으로 심판을 마주
해야 할 것입니다. 그 심판은 맹렬할 것입니다! 모세의 율법을 어긴 자가 받은
벌은 육체의 죽음이었습니다. 하물며 하나님의 아들을 적대하고, 자기를 온전
하게 해준 희생에 침을 뱉고, 가장 은혜로우신 성령을 모욕하는 자에게는 어떤
일이 있겠습니까? 이것은 결코 가볍게 여길 문제가 아닙니다. 하나님께서는 우
리에게 책임을 묻고 그 값을 치르게 하겠다고 경고하셨습니다. 그분은 아주 분
명히 밝히셨습니다. "복수는 나의 것이다. 나는 어느 것 하나 그냥 넘어가지 않

겠다"고 하셨고, "하나님께서 자기 백성을 심판하실 것이다"라고 하셨습니다.
아무도 그냥 통과할 수 없는 것이 분명합니다.
32-39 여러분이 처음 그 복음의 빛을 보고 난 뒤에 어떻게 살았는지 기억하십니
까? 그 시절은 고난의 시기였습니다! 여러분은 사람들 앞에서 박해와 모욕의
표적이었습니다. 어떤 때는 여러분이 표적이 되고, 어떤 때는 여러분의 벗들이
표적이 되었습니다. 여러분의 벗 가운데 몇이 감옥에 갇힐 때에도, 여러분은 끝
까지 그들 곁을 지켰습니다. 박해하는 자들이 난입해 여러분의 소유를 빼앗을
때도, 여러분은 편한 얼굴로 그들이 하는 대로 내버려 두었습니다. 그들이 여러
분의 진짜 보물을 어찌할 수 없다는 것을 알고 있었기 때문입니다. 그들의 어떤
행위도 여러분을 괴롭게 하거나 좌절시키지 못했습니다. 그러니 이제 와서 포
기하지 마십시오. 그때 여러분은 확신에 차 있었습니다. 그 확신은 지금도 유효
합니다! 하지만 약속을 이루려면 하나님의 계획을 붙잡고 끝까지 견뎌야 합니다.

이제 머지않아 그분이 오신다.
언제라도 모습을 드러내실 것이다.
하지만 나와 바른 관계에 있는 사람은, 그 변치 않는 신뢰로 인해 살 것이다.
도망치는 자는 내가 기뻐하지 않을 것이다.

우리는 중도에 포기하여 실패할 사람들이 아닙니다. 결코 아닙니다! 우리는 언
제나 신뢰함으로 계속 살아남을 사람들입니다.

보이지 않는 것을 믿는 믿음

11 1-2 삶의 근본 사실은 이것입니다. 하나님을 신뢰하는 이 믿음이야말
로, 삶을 가치 있게 하는 든든한 기초입니다. 믿음은 볼 수 없는 것
을 볼 수 있게 하는 단서입니다. 우리 조상을 다른 사람들과 구별해 준 것이, 바
로 이 믿음의 행위였습니다.
3 믿음으로 우리는, 세상이 하나님의 말씀으로 존재하게 되었고, 보이는 것이
보이지 않는 것에 의해 창조되었음을 압니다.
4 믿음의 행위로 아벨은, 가인보다 나은 제물을 하나님께 드렸습니다. 중요한
것은, 그가 드린 제물이 아니라 그의 믿음이었습니다. 하나님이 주목하시고 의
롭다 인정해 주신 것은 다름 아닌 믿음이었습니다. 수많은 세월이 흘렀으나, 그
믿음은 여전히 우리의 눈을 사로잡습니다.
5-6 믿음의 행위로 에녹은, 죽음을 완전히 건너뛰었습니다. "하나님이 그를 데려
가셨기 때문에, 사람들이 아무리 눈을 씻고 찾아보아도 그를 찾을 수 없었습니
다." 우리는 하나님께서 그를 데려가시기 전에 "그가 하나님을 기쁘시게 해드렸
다"는 것을, 믿을 만한 증언으로 알고 있습니다. 믿음을 떠나서는 하나님을 기
쁘시게 해드릴 수 없습니다. 왜 그렇습니까? 하나님께 나아가려는 사람은 하나
님이 계시다는 것과, 하나님께서 자기를 찾는 이들에게 기꺼이 응답하신다는

것을 믿어야 하기 때문입니다.
[7] 믿음으로 노아는, 메마른 땅 한복판에 배를 지었습니다. 그는 하나님께서 보
이지 않는 일에 대해 경고하셨을 때, 지시받은 대로 행동했습니다. 그 결과가
어떠했습니까? 그의 집안이 구원을 받았습니다. 그의 믿음의 행위가, 믿지 않
는 악한 세계와 믿는 올바른 세계를 예리하게 구분 지었습니다. 그 결과로, 노
아는 하나님과 친밀한 사이가 되었습니다.
[8-10] 믿음의 행위로 아브라함은, 장차 그의 본향이 될 미지의 땅으로 떠나라는 하
나님의 부르심에 "예" 하고 응답했습니다. 떠나면서도 그는 자기가 어디로 가는
지 몰랐습니다. 믿음의 행위로 그는, 자신에게 약속된 땅에서 살되 나그네처럼
장막을 치고 살았습니다. 이삭과 야곱도 같은 약속 아래서 살았습니다. 아브라
함은 눈에 보이지 않지만, 실재하는 영원한 기초 위에 세워진 도성, 곧 하나님
이 설계하시고 세우신 도성에 눈을 고정했던 것입니다.
[11-12] 믿음으로 사라는, 나이 들어 임신하지 못하는 몸이었음에도 아이를 가질
수 있었습니다. 약속하신 분께서 말씀대로 행하실 것을 믿었기 때문입니다. 그
리하여 약해져서 죽은 것이나 다름없던 한 사람의 몸에서 셀 수 없을 만큼 많은
사람들이 난 것입니다.

❦

[13-16] 이 믿음의 사람들은, 약속된 것을 아직 손에 넣지 못했지만 믿음으로 살다
가 죽었습니다. 어떻게 그럴 수 있었습니까? 그들은 약속된 것을 멀리서 바라
보며 반겼고, 자신들이 이 세상에 잠시 머물다 가는 나그네임을 인정했습니다.
그들은 그렇게 살아감으로써, 자신들이 참된 본향을 찾고 있음을 분명히 밝힌
것입니다. 만일 그들이 전에 살던 나라를 그리워했다면, 언제라도 돌아갈 수 있
었을 것입니다. 그러나 그들은 그보다 더 나은 나라, 곧 하늘나라를 갈망했습니
다. 이제 여러분은 하나님께서 왜 그들을 자랑스러워하시며, 왜 그들을 위해 한
도성을 마련해 두셨는지를 이해할 수 있을 것입니다.
[17-19] 믿음으로 아브라함은, 시험을 받을 때 이삭을 하나님께 다시 올려 드렸습니
다. 그는 약속으로 받은 자신의 외아들을, 얻을 때와 마찬가지로 믿음으로 돌려
드렸습니다. 이 일은 그가 하나님으로부터 "네 후손들이 이삭에게서 나올 것이
다"라고 하신 말씀을 들은 뒤에 한 일이었습니다. 아브라함은, 하나님이 원하시
면 죽은 사람도 일으키실 수 있다고 생각했습니다. 어떤 의미에서 보면, 그 일
은 아브라함이 이삭을 제단에서 산 채로 돌려받을 때 일어난 것입니다.
[20] 믿음의 행위로 이삭은, 미래를 내다보며 야곱과 에서를 축복했습니다.
[21] 믿음의 행위로 야곱은, 죽기 직전에 요셉의 아들들을 차례대로 축복하면서,
자신의 복이 아니라 하나님의 복으로 축복하고, 지팡이에 의지해 서서 하나님
을 경배했습니다.
[22] 믿음의 행위로 요셉은, 죽어가면서 이스라엘 백성의 탈출을 예언하고 자기의
장례를 준비시켰습니다.

23 믿음의 행위로 모세의 부모는, 모세가 태어난 후 석 달 동안 아이를 숨겼습니다. 그들은 아이가 준수한 것을 보고, 왕의 법령에 용감히 맞섰습니다.

24-28 믿음으로 모세는, 어른이 되어 이집트 왕실의 특권층이 되기를 거절했습니다. 그는 압제자들과 더불어 기회주의적이고 안락한 죄악된 삶을 누리기보다, 하나님의 백성과 더불어 고된 삶을 선택했습니다. 그는 메시아 진영에서 겪는 고난을 이집트에서 누리는 부귀보다 훨씬 값지게 여겼습니다. 그것은 그가 앞을 내다보며 장차 받을 상을 기대했기 때문입니다. 믿음의 행위로 그는, 왕의 맹목적인 분노에도 아랑곳하지 않고 이집트를 떠났습니다. 그는 보이지 않는 분께 눈을 고정하고 계속해서 나아갔습니다. 믿음의 행위로 그는, 유월절을 지키고 집집마다 유월절 피를 뿌려, 맏아들을 멸하는 이의 손이 그들에게 닿지 않게 했습니다.

29 믿음의 행위로 이스라엘은, 바짝 마른 땅을 걸어서 홍해를 건넜습니다. 이집트 사람들도 그렇게 하려다가 물에 빠져 죽었습니다.

30 믿음으로 이스라엘 사람들이 칠 일 동안 여리고 성벽을 돌자, 성벽이 무너져 내렸습니다.

31 믿음의 행위로 여리고의 창녀 라합은, 정탐꾼들을 맞아들여, 하나님을 신뢰하지 않는 자들에게 닥칠 파멸을 면했습니다.

❧

32-38 계속해서 더 열거하려면, 시간이 모자랄 것입니다. 훨씬 더 많은 이들이 있기 때문입니다. 기드온, 바락, 삼손, 입다, 다윗, 사무엘, 예언자들……. 믿음의 행위로 그들은 나라를 무너뜨리고, 정의를 실천하고, 약속된 것을 받았습니다. 그들은 사자와 불과 칼의 공격을 막아 냈고, 약점을 강점으로 바꾸었으며, 전쟁에서 이겨 외국 군대를 물리쳤습니다. 여자들은 죽었다가 다시 살아난 사랑하는 이들을 맞아들이기도 했습니다. 고문을 당하면서도 더 나은 부활을 사모한 나머지, 굴복하고 풀려 나가는 것을 거부한 이들도 있습니다. 어떤 이들은 학대와 채찍질을 기꺼이 받았고, 쇠사슬에 묶여 지하굴에 갇히기도 했습니다. 돌에 맞고, 톱으로 켜져 두 동강이 나고, 살해되어 싸늘한 시체가 된 이들의 이야기도 있습니다. 짐승 가죽을 두르고 집도 친구도 권력도 없이 세상을 떠돈 이들의 이야기도 있습니다. 세상은 그들을 받아들일 만한 곳이 되지 못했습니다! 그들은 이 혹독한 세상의 가장자리로 다니면서도, 최선을 다해 자기 길을 갔습니다.

39-40 그들이 믿음으로 사는 삶의 본보기가 되기는 했지만, 그들 가운데 약속받은 것을 손에 잡은 사람은 한 사람도 없었습니다. 하나님께서는 우리를 위해 더 좋은 계획을 가지고 계셨습니다. 바로 그들의 믿음과 우리의 믿음이, 완전하고 온전한 하나의 믿음이 되게 하는 것입니다. 우리의 믿음 없이는, 믿음으로 산 그들의 삶도 온전해질 수 없습니다.

절대로 포기하지 마십시오

12

1-3 길을 개척한 이 모든 사람들, 이 모든 노련한 믿음의 대가들이 우
리를 응원하고 있다는 말이 무슨 뜻인지 알겠습니까? 그들이 열어
놓은 길을 따라 우리가 앞으로 나아가야 한다는 뜻입니다. 달려가십시오. 절대
로 멈추지 마십시오! 영적으로 군살이 붙어도 안되고, 몸에 기생하는 죄가 있어
서도 안됩니다. 오직 예수만 바라보십시오. 그분은 우리가 참여한 이 경주를 시
작하고 완주하신 분이십니다. 그분이 어떻게 하셨는지 배우십시오. 그분은 앞
에 있는 것, 곧 하나님 안에서 그리고 하나님과 함께 결승점을 지나는 기쁨에서
눈을 떼지 않으셨기에, 달려가는 길에서 무엇을 만나든, 심지어 십자가와 수치
까지도 참으실 수 있었습니다. 이제 그분은 하나님의 오른편 영광의 자리에 앉
아 계십니다. 여러분의 믿음이 시들해지거든, 그분 이야기를 하나하나 되새기
고, 그분이 참아 내신 적대 행위의 긴 목록을 살펴보십시오. 그러면 여러분의
영혼에 새로운 힘이 힘차게 솟구칠 것입니다!
4-11 죄와 맞서 싸우는 이 전면전에서, 여러분보다 훨씬 심한 고난을 겪은 이들이
있습니다. 예수께서 피 흘리시기까지 겪으신 그 모든 고난은 말할 것도 없습니
다! 그러니 낙심하지 마십시오. 여러분은 훌륭한 부모가 자녀를 어떻게 대하는
지 잊었습니까? 하나님께서 여러분을 자녀로 여기신다는 것을 잊었습니까?

나의 사랑하는 자녀야, 하나님의 훈련을 가볍게 여기지 말고
그분의 훈련을 받을 때 낙심하지 마라.
그분은 사랑하는 자녀를 훈련하시고,
품에 안으신 자녀를 징계하신다.

하나님께서 여러분을 훈련하고 계십니다. 그러니 절대로 도중에 포기하지 마십
시오. 하나님은 여러분을 사랑하는 자녀로 대하십니다. 여러분이 겪는 이 고난
은 벌이 아니라, 자녀라면 당연히 겪게 마련인 훈련입니다. 무책임한 부모만이
자녀를 제멋대로 살게 내버려 둡니다. 하나님이 무책임한 분이시면 좋겠습니
까? 우리가 부모를 존경하는 것은, 그들이 우리를 버릇없게 놔두지 않고 훈련
하기 때문입니다. 그러니 우리가 참으로 살고자 한다면 하나님의 훈련을 받아
들여야 하지 않겠습니까? 우리가 아이였을 때, 우리의 부모는 자기 생각에 최
선으로 여기는 일을 우리에게 했습니다. 하나님께서는 진정으로 우리에게 최선
이 되는 일을 하고 계시며, 우리를 훈련시켜 하나님의 거룩하심을 따라 최선을
다해 살아가도록 하십니다. 당장은 훈련이 즐겁지 않으며, 본성을 거스른다고
느껴집니다. 그러나 나중에는 틀림없이 좋은 상으로 보답을 받습니다. 잘 훈련
받은 사람만이 하나님과의 관계에서 성숙한 열매를 얻기 때문입니다.
12-13 그러니 수수방관하며 빈둥거리지 마십시오! 꾸물거리지도 마십시오. 먼 길
을 달려갈 수 있게 길을 정비하십시오. 그래야 발을 헛디뎌 넘어지거나 구덩이
에 빠져 발목을 삐는 사람이 없을 것입니다. 서로 도우십시오! 그리고 힘을 다

해 달려가십시오!

14-17 서로 화목하게 지내고 하나님과 화평하게 지내도록 힘쓰십시오. 그러지 않고서는 하나님을 결코 뵙지 못할 것입니다. 아무도 하나님의 자비하신 은혜에서 떨어져 나가는 일이 없게 하십시오. 쓰디쓴 불평이 잡초처럼 자라고 있지는 않은지 예리하게 살피십시오. 엉겅퀴 한두 포기가 뿌리를 내리면, 순식간에 정원 전체를 망칠 수도 있습니다. 에서 증후군을 조심하십시오. 잠깐 동안의 욕구 충족을 위해, 평생 지속되는 하나님의 선물을 팔아넘기는 일은 없어야 합니다. 여러분도 아는 것처럼, 에서는 나중에 자신의 충동적인 행동을 뼈저리게 후회하고 하나님의 복을 간절히 원했습니다. 하지만 때는 이미 너무 늦어서, 아무리 울고불고해도 소용이 없었습니다.

은혜의 말씀에 귀를 막은 자들에게 주는 경고

18-21 여러분은 조상들처럼, 화염이 솟구치고 지축이 흔들리는 시내 산에 나아가서 하나님의 말씀을 들은 것이 아닙니다. 여러분의 조상들은 천지를 울리고 영혼을 뒤흔드는 말씀을 듣고서, 벌벌 떨며 하나님께 멈추어 달라고 빌었습니다. 그들은 "짐승이라도 그 산에 닿으면 죽을 것이다"라고 하신 말씀을 듣고서, 어찌나 무서웠던지 꼼짝도 못했습니다. 모세도 두려워 떨었습니다.

22-24 그러나 여러분의 경험은 전혀 다릅니다. 여러분이 이른 곳은 시온 산, 곧 살아 계신 하나님이 머무르시는 도성입니다. 그 보이지 않는 예루살렘은 축제를 벌이는 수많은 천사들과 그리스도인 시민들로 북적대는 곳입니다. 그곳에서 하나님께서는 우리를 심판하시고, 그 심판은 우리를 의롭게 합니다. 여러분은 새 언약—새로 작성된 헌장—을 하나님께로부터 받아 우리에게 전해 주시는 예수께로 나아왔습니다. 그분은 이 언약의 중재자이십니다. 아벨이 당한 죽음은 복수를 호소하는 살인이지만, 예수가 당한 죽음은 은혜의 선포입니다.

25-27 그러니 이 은혜의 말씀에 귀를 막지 마십시오. 땅에서의 경고를 무시한 자들이 벌을 피할 수 없었는데, 하물며 우리가 하늘의 경고를 거역한다면 어떤 일이 일어나겠습니까? 그때에는 그분의 음성이 땅의 뿌리까지 흔들었지만, 이번에는 하늘까지 흔드시겠다고 분명히 말씀하셨습니다. "마지막으로 한 번 더 하늘 끝에서부터 땅 끝까지 철저하게 흔들겠다." "마지막으로 한 번 더"라는 표현은 철저하게 정리하시겠다는 의미입니다. 역사와 종교의 온갖 쓰레기를 치우시겠다는 것입니다. 그것은 흔들리지 않는 본질적인 것들을 말끔히 정돈된 모습으로 서 있게 하시려는 것입니다.

28-29 우리가 무엇을 받았는지 아시겠습니까? 흔들리지 않는 나라입니다! 우리가 얼마나 감사해야 하는지 아시겠습니까? 감사드릴 뿐 아니라, 하나님 앞에서 깊은 경외감이 넘치는 예배를 드려야 합니다. 하나님께서는 냉담한 방관자가 아니십니다. 그분은 적극적으로 정리하시고, 태워 버려야 할 것은 전부 불사르십니다. 모든 것이 깨끗해질 때까지, 그분은 결코 멈추지 않으실 것입니다. 하나님, 그분은 불이십니다!

하나님이 기뻐하시는 제사

13

1-4 서로 변함없이 사이좋게 지내고 사랑으로 화합하십시오. 식사나
잠자리를 구하는 이가 있으면, 기꺼운 마음으로 제공해 주십시오.
자기도 모르는 사이에 천사들을 환대한 이들이 있었습니다! 감옥에 갇힌 이들을
대할 때는, 여러분이 그들과 함께 감옥에 갇히기라도 한 것처럼 대하십시오. 학
대를 당한 이들을 보거든, 그들에게 일어난 일이 여러분에게도 일어난 것처럼
대하십시오. 결혼을 소중히 여기고, 아내와 남편 사이에 이루어지는 성적 친밀
감을 거룩하게 지키십시오. 하나님은 일회성 섹스와 부정한 섹스를 금하십니다.
5-6 물질적인 것을 더 많이 얻으려는 데 사로잡히지 마십시오. 지금 가지고 있는
것으로 만족하십시오. 하나님께서는 "내가 너를 저버리지 않겠다. 너를 떠나지
도 않고 버리지도 않겠다"고 하시며 우리에게 확신을 주셨습니다. 그러므로 우
리는 담대한 마음으로 이렇게 말할 수 있습니다.

하나님께서 기꺼이 도우시니
내게 무슨 일이 닥쳐와도 두렵지 않다.
그 누가, 그 무엇이 나를 괴롭힐 수 있으랴?

7-8 여러분에게 하나님의 말씀을 전해 준 목회자들을 인정해 주십시오. 그들의
사는 모습을 눈여겨보고, 그들의 신실함과 진실함을 본받으십시오. 우리 모두
는 언제나 한결같아야 합니다. 예수께서 변치 않는 분이시기 때문입니다. 어제
나 오늘이나 내일이나, 그분은 한결같으십니다.
9 그분에 관한 최신 이론에 이끌려 그분을 떠나는 일이 없게 하십시오. 그리스
도의 은혜만이 우리의 삶을 떠받치는 유일하고 충분한 기초입니다. 그리스도의
이름을 붙인 온갖 상품은 별 도움이 되지 않습니다.
10-12 하나님께서 자기 자신을 선물로 내어주시는 제단이, 안에서 횡령과 부정 이
득을 일삼는 자들에 의해 오용되어서는 안됩니다. 옛 제도 아래서는, 짐승을 죽
여 진 밖에서 그 몸을 처리합니다. 그 후에 그 피를 안으로 가져와서, 죄를 위한
제물로 제단에 바칩니다. 예수께서도 똑같은 일을 당하셨습니다. 그분은 성문
밖에서 십자가에 못 박히셨습니다. 그분은 거기서 희생의 피를 쏟으셨고, 그 흘
리신 피가 하나님의 제단에 드려져 백성을 깨끗게 했습니다.
13-15 그러니 우리도 밖으로 나갑시다. 예수께서 계시는 그곳, 중요한 일이 벌어
지는 그곳으로 나갑시다. 특권을 누리며 안에서 안주하는 사람이 되려고 하지
말고, 예수께서 받으신 치욕을 우리도 짊어져야겠습니다. "안에서 안주하는 사
람의 세상"은 우리가 있을 곳이 아닙니다. 우리는 장차 다가올 도성을 간절히
찾고 있습니다. 우리는 예수와 함께 밖에 있어야 합니다. 더 이상 짐승 피로 제
사를 드릴 것이 아니라, 예수의 이름으로, 우리 입술에서 나오는 찬양의 제사를
하나님께 드립시다.

16 아무것도 당연하게 여기지 말고, 공동의 유익을 위해 일할 때 게으르지 말며,
여러분이 가진 것을 다른 이들과 나누십시오. 하나님께서는 이런 예배 행위를
특별히 기뻐하십니다. 그것은 부엌과 일터와 길거리에서 이루어지는 다른 종류
의 "제사"입니다.
17 여러분 교회의 지도자들에게 민감히 반응하십시오. 그들의 권고에 귀를 기울
이십시오. 그들은 여러분이 처해 있는 삶의 조건을 부지런히 살피며, 하나님의
엄격한 감독 아래서 일하는 사람들입니다. 그들이 고단한 심정이 아니라 기쁜
마음으로 지도력을 펼치도록 도와주십시오. 그들을 힘들게 할 이유가 무엇이겠
습니까?
18-21 우리를 위해 기도해 주십시오. 우리가 하는 일이나 그 일을 하는 이유에 대
해서는 의심할 바 없지만, 상황이 어려우니 여러분의 기도가 필요합니다. 하나
님 앞에서 바르게 사는 것, 우리가 온통 마음 쓰는 것은 이것뿐입니다. 여러분
을 조만간 만날 수 있도록 기도해 주십시오.

만물을 화해시키시고
온전하게 하시는 하나님,
예수의 희생, 곧 영원한 언약을 보증하는 피의 제사를 통해
영원한 업적을 이루신 하나님,
우리의 위대한 목자이신 예수를
죽은 자들 가운데서 일으켜 살리신 하나님께서,
여러분을 화해시키고 필요한 모든 것을 공급해 주셔서
그분의 기쁨이 되게 해주시기를,
메시아 예수의 희생을 통해
그분께 가장 큰 기쁨을 드리는 존재로 우리를 만들어 주시기를.
모든 영광이 예수께 영원하기를!
오, 참으로 그러하기를.

22-23 친구 여러분, 부디 내가 최대한 고심하며 쓴 이 편지를 받아들이시기 바랍
니다. 나는 가급적 간결하게 쓰려고 했습니다. 다른 많은 이야기는 적지 않았습
니다. 디모데가 감옥에서 풀려난 것을 알게 되었으니, 여러분도 기쁘겠지요. 곧
그가 오면, 그와 함께 여러분을 직접 찾아뵙겠습니다.
24 여러분 교회의 지도자들과 모든 회중에게 안부를 전해 주십시오. 이곳 이탈
리아에 있는 모든 이들이 여러분에게 안부를 전합니다.
25 여러분 모두에게 은혜가 함께하기를 바랍니다.

그리스도인들이 교회에 모이면, 머지않아 불미스러운 일이 일어나게 마련이다. 밖에서 그 모습을 지켜보는 사람들은 이런 결론을 내린다. "종교 사업에는 사업 빼고는 아무것도 없군. 게다가 부정직하기까지 하다니." 그러나 안에 있는 사람들의 시각은 다르다. 병원이 환자들을 한 지붕 아래 모아서 이러저러한 환자로 분류하듯이, 교회도 죄인들을 불러 모은다. 병원 밖에 있는 사람들 또한 병원 안에 있는 사람들만큼 아프기는 매한가지다. 다만, 그들의 질환이 아직 진단되지 않았거나 감추어져 있을 뿐이다. 교회 밖에 있는 죄인들의 사정도 마찬가지다.

일반적으로 교회는 선한 행실로 넘쳐나는 이상적인 공동체가 아니다. 오히려 교회는 인간의 나쁜 행실을 공개적으로 드러내놓고, 직면해서 처리하는 곳이다.

야고보서에는 초대교회 목회자 가운데 한 사람이 등장한다. 그는 자기가 맡고 있는 공동체 안에 그릇된 믿음과 잘못된 행실이 모습을 드러내자, 그것들을 마주해 진단하고 능숙하게 조치를 취한다. 깊이 있고 살아 있는 지혜, 흔히 볼 수 없는 본질적인 지혜가 여기서 드러난다. 지혜에는 진리를 아는 것이 포함되지만, 그것이 전부는 아니다. 지혜는 삶의 기술이기도 하다. 우리가 진리를 안다고 해도, 그 진리대로 살아갈 줄 모른다면 무슨 소용이 있겠는가? 우리가 아무리 좋은 의도를 가지고 있다 해도, 그 좋은 의도를 지속적으로 붙들지 않는다면 무슨 소용이 있겠는가?

> 참된 지혜, 하나님의 지혜는 거룩한 삶에서 시작됩니다. 참된 지혜의 특징은 다른 사람들과 평화롭게 지내는 것입니다. 참된 지혜는 온유하고, 이치에 맞으며, 자비와 축복이 넘칩니다. 하루는 뜨겁고 다음날은 차갑고 하지 않습니다. 겉과 속이 다르지 않습니다. 여러분이 서로 평화롭게 지내고 품위와 예의를 갖춰 서로를 대하려고 노력한다면, 여러분은 하나님과 바른 관계를 맺고 사는 건강하고 튼튼한 공동체를 세우고, 그 열매 또한 맛보게 될 것입니다(약 3:17-18).

교회 전승에 따르면, 야고보는 여러 해 동안 작정하고 기도한 나머지 무릎에 굳은살이 두텁게 박여서 "늙은 낙타 무릎"이라는 뜻의 별명을 얻었다고 한다. 기도는 지혜의 기초다. 야고보는 그가 편지에 쓴 대로 살았다. “여러분이 무엇을 어떻게 해야 할지 모르겠거든, 아버지께 기도하십시오. 그분은 기꺼이 도와주시는 분이십니다. 여러분은 그분의 도우심을 받게 될 것이며, 그분의 도우심을 구할 때 부끄러움을 당하지 않을 것입니다. 망설이지 말고, 믿음을 가지고 담대히 구하십시오”(약 1:5-6). 기도는 언제나 지혜의 근원이다.

야고보서

1

1 하나님과 주 예수의 종인 나 야고보는, 다가올 그 나라를 바라보며 이 땅
에서 뿔뿔이 흩어져 살아가는 열두 지파에게 편지합니다. 평안하신지요!

시련을 견디는 믿음

2-4 친구 여러분, 시험과 도전이 사방에서 여러분에게 닥쳐올 때, 그것을 더할 나
위 없는 선물로 여기십시오. 여러분도 알다시피, 시련을 겪을수록 여러분의 믿
음생활은 훤히 그 실체가 드러날 것입니다. 그러니 성급하게 시련에서 벗어나
려고 하지 마십시오. 시련을 충분히 참고 견디십시오. 그러면 여러분은 성숙하
고 잘 다듬어진 사람, 어느 모로 보나 부족함이 없는 사람이 될 것입니다.
5-8 여러분이 무엇을 어떻게 해야 할지 모르겠거든, 아버지께 기도하십시오. 그
분은 기꺼이 도와주시는 분이십니다. 여러분은 그분의 도우심을 받게 될 것이
며, 그분의 도우심을 구할 때 부끄러움을 당하지 않을 것입니다. 망설이지 말
고, 믿음을 가지고 담대히 구하십시오. "기도해 놓고 염려하는" 사람은 바람에
밀려 출렁이는 물결과 같습니다. 그런 식으로 태도를 정하지 않은 채 바다에 표
류하는 사람은, 주님께 무언가 받을 생각을 하지 마십시오.
9-11 망했던 사람이 다시 일어설 기회를 얻거든 박수를 보내십시오! 거들먹거리
던 부자가 곤두박질쳐도 박수를 보내십시오! 부귀영화는 들꽃처럼 덧없는 것이
니, 거기에 기대지 마십시오. 여러분은 해가 떠서 뜨거운 열을 뿜으면 꽃이 시
든다는 것을 잘 알고 있습니다. 꽃잎은 시들고, 그 아름답던 모습도 어느새 바
싹 마른 꽃대로 변하고 맙니다. "부유한 삶"의 모습이 그러합니다. 부유한 삶은,
모든 사람이 바라보면서 감탄하는 순간에, 온데간데없이 사라지고 맙니다.
12 시련을 정면으로 맞서서 견뎌 내는 사람은 대단히 복된 사람입니다. 그렇게
성실하게 하나님을 사랑하는 사람은, 생명의 상급을 받을 것입니다.

13-15 악에 빠질 위험에 처한 사람을 보거든 "하나님이 나를 넘어뜨리려 한다"고
함부로 말하지 못하게 하십시오. 하나님께서는 악에 영향받는 분도 아니시며,
누군가의 앞길에 악을 들이미는 분도 아니십니다. 유혹을 받아 악에 굴복하는
것은 전적으로 우리 자신입니다. 우리는 누구도 탓해서는 안됩니다. 탓하려면,
자꾸 곁눈질하고 유혹에 이끌리는 우리 자신의 타오르는 욕심을 탓할 것밖에
없습니다. 욕심이 잉태하면 죄를 낳습니다. 그리고 죄가 자라서 어른이 되면 진
짜 살인자가 됩니다.
16-18 그러니 사랑하는 친구 여러분, 가던 길에서 벗어나지 마십시오. 모든 바람
직하고 유익한 선물은 하늘로부터 옵니다. 빛의 아버지로부터 폭포처럼 하염없
이 내려옵니다. 하나님께는 속임수나, 겉과 속이 다르거나, 변덕스러운 것이 전
혀 없습니다. 그분께서는 참된 말씀으로 우리를 소생시키시고, 우리를 모든 피
조물의 머리로 삼아 돋보이게 하셨습니다.

들은 그대로 행하십시오

19-21 사랑하는 친구 여러분, 사람들이 모이는 곳마다 이렇게 알리십시오. 귀를
앞세우고, 혀가 뒤따르게 하고, 분노는 한참 뒤처지게 하라고 말입니다. 사람이
화내는 것으로는 하나님의 의를 자라게 할 수 없습니다. 모든 악덕과 암과 같은
악을 쓰레기통에 던져 버리십시오. 그저 마음을 겸손하게 하여, 우리의 정원사
이신 하나님께서 여러분을 말씀으로 조경하셔서, 여러분의 삶을 구원의 정원으
로 만드시게 하십시오.
22-24 말씀을 한 귀로 듣고 다른 귀로 흘려보내면서도, 자신은 말씀을 듣는 사람
이라고 스스로 속이는 일이 없게 하십시오. 들은 그대로 행하십시오! 듣고도 행
하지 않는 사람은, 거울을 흘끗 들여다보고 떠나가서는, 금세 자기가 누구이며
어떻게 생겼는지 전혀 알지 못하는 사람과 같습니다.
25 그러나 계시된 하나님의 권고—자유를 주는 삶!—를 흘끗이라도 살피고 거기
서 떠나지 않는 사람은, 마음과 머리가 산만하지 않으며 행동으로 옮기는 사람
입니다. 그런 사람은 그 행함으로 기쁨과 확신을 얻게 될 것입니다.
26-27 그럴듯한 말로 경건한 척하는 사람은 자기를 속이는 자입니다. 그러한 경건
은 자기자랑이자 허풍일 뿐입니다. 하나님 아버지 앞에서 인정받는 참된 경건
은, 어려움을 겪는 집 없는 사람과 사랑받지 못하는 사람들을 보살피고, 하나님
을 모르는 세상에 오염되지 않도록 조심하는 것입니다.

사랑이라는 고귀한 법

2

1-4 사랑하는 친구 여러분, 그리스도께로부터 시작된 우리의 영광스러운
믿음생활에 세상 사람들의 생각이 영향을 미치지 못하게 하십시오. 어떤
사람이 값비싼 정장 차림을 하고 여러분의 교회에 들어오고, 뒤이어 누더기 옷
차림의 노숙자가 들어왔다고 가정해 봅시다. 여러분이 정장을 차려입은 사람에
게는 "선생님, 여기 앉으십시오. 이 자리가 가장 좋은 자리입니다"라고 말하면

서, 누더기를 걸친 노숙자는 아예 무시하거나 혹은 "여기 뒷자리에 앉는 게 좋겠습니다"라고 말한다면, 여러분은 하나님의 자녀들을 차별하고 남을 판단하는, 신뢰할 수 없는 사람이 아니겠습니까?
5-7 사랑하는 친구 여러분, 귀 기울여 들으십시오. 하나님께서는 전혀 다르게 일하신다는 것이 이미 분명하게 드러나지 않았습니까? 그분께서는 세상의 가난한 사람들을 택하셔서 그 나라의 권리와 특권을 지닌 일등 시민이 되게 하셨습니다. 그 나라는 하나님을 사랑하는 사람 누구에게나 약속된 나라입니다. 그런데도 여러분은 여러분과 같은 시민들을 업신여겨 욕보이고 있습니다! 여러분을 착취하는 사람들은 지위가 높고 힘 있는 자들이 아닙니까? 법정을 이용해 여러분에게 터무니없는 돈을 청구하는 사람들도 그들이 아닙니까? 여러분이 세례 때 받은 "그리스도인"이라는 새 이름을 경멸하는 사람들도 바로 그들이 아닙니까?
8-11 여러분이 "네 자신을 사랑하듯이 다른 사람들을 사랑하라"는 성경의 고귀한 법을 이행하면, 그것은 잘하는 일입니다. 그러나 여러분이 이른바 유력 인사라고 하는 자들을 우대한다면, 그것은 성경의 법을 어기는 것이고, 여러분은 그 일로 말미암아 범법자가 됩니다. 여러분은 하나님의 율법 가운데 이러저러한 조항만 선택할 수 없고, 특별히 한두 가지는 지키고 다른 것들을 무시할 수는 없습니다. "간음하지 말라"고 하신 하나님께서 또한 "살인하지 말라"고 하셨습니다. 여러분이 간음하지는 않았으나 살인을 저질렀다고 가정해 봅시다. 그러면 여러분은 "나는 간음하지 않았으니, 그것으로 나의 살인죄가 상쇄될 거야"라고 생각하겠습니까? 그럴 수 없습니다. 여러분은 결국 살인범입니다.
12-13 여러분은 우리에게 자유를 주는 그 법에 따라 심판을 기다리는 사람처럼 말하고 행동하십시오. 여러분이 친절하게 행동하지 않으면, 친절한 대우 받기를 기대할 수 없을 것입니다. 친절한 자비는 언제나 무자비한 심판을 이깁니다.

행함이 있는 믿음

14-17 사랑하는 친구 여러분, 여러분은 온갖 옳은 말씀을 배우기만 하고 아무것도 행하지 않으면서 잘되기를 바랍니까? 어떤 사람이 믿음을 논하기만 하고 전혀 실천하지 않는다면, 그 사람에게 믿음이 실제로 있는 것이겠습니까? 예를 들어, 여러분의 옛 친구가 누더기를 걸친 채 굶주리고 있는데, 그에게 다가가서 "여보게 친구! 그리스도를 입으시게! 성령 충만하시게!"라고 말하면서, 외투 한 벌이나 밥 한 그릇 주지 않고 떠나간다면, 무슨 소용이 있겠습니까? 하나님의 말만 앞세우고 하나님의 행함이 없다면, 그것은 터무니없는 짓임이 분명하지 않습니까?
18 벌써 여러분 가운데 누군가가 "좋습니다. 당신이 믿음을 맡으면, 나는 행함을 맡겠습니다"라고 말하는 소리가 들립니다.
성급하게 판단하지 마십시오. 내가 행함이 없는 믿음을 보여줄 수 없듯이, 여러분도 믿음 없는 행함을 보여줄 수 없습니다. 믿음과 행함, 행함과 믿음은 떼려야 뗄 수 없는 관계입니다.

19-20 여러분은 한분이신 하나님을 믿는다고 공언하면서, 마치 그것으로 대단한
일을 했다는 듯이 뒷짐을 진 채 만족해 하더군요. 참 대단하십니다. 마귀들도
그렇게 합니다만, 그것이 무슨 소용이 있겠습니까? 생각을 좀 해보십시오! 여
러분은 믿음과 행함을 갈라놓고도 그것을 계속 죽지 않게 할 수 있다고 생각하
는 것입니까?
21-24 우리 조상 아브라함이 자기 아들 이삭을 번제단에 바칠 때 "행함으로 하나
님과 바른 관계를 맺은" 것이 아닙니까? 믿음과 행함은 함께 멍에를 맨 동반자
임이 분명하지 않습니까? 믿음은 행함으로 나타나는 것이 아닙니까? 행함이
"믿음의 행위"라는 것은 다 아는 사실이 아닙니까? 성경은 "아브라함이 하나님
을 믿어 하나님과 바른 관계를 맺었다"고 했는데, 여기서 "믿는다"는 말의 온전
한 의미는 그의 행위까지 담고 있습니다. 아브라함이 "하나님의 벗"이라는 이름
을 얻게 된 것은, 그가 믿음과 행위를 하나로 조화시켰기 때문이 아닙니까? 사
람이 하나님과 바른 관계를 맺는 것은, 열매 맺지 못하는 믿음으로 되는 것이
아니라, 행함으로 열매를 맺는 믿음으로 되는 것이 분명하지 않습니까?
25-26 여리고의 창녀 라합의 경우가 그러했습니다. 하나님이 그녀를 귀하게 여기
신 것은, 하나님의 정탐꾼들을 숨겨 주고 그들의 탈출을 도운 행위, 곧 믿음과
행함의 빈틈없는 일치 때문이 아니었습니까? 여러분이 육체와 영을 분리시키
는 바로 그 순간에, 여러분은 싸늘한 시체가 되고 맙니다. 믿음과 행함을 분리
시켜 보십시오. 여러분이 얻을 것은 시체뿐입니다.

말의 힘

3 1-2 친구 여러분, 성급하게 선생이 되려고 하지 마십시오. 가르침에는 막
중한 책임이 따릅니다. 선생은 가장 엄격한 기준을 적용받습니다. 우리
가운데 완전한 자격을 갖춘 사람은 하나도 없습니다. 우리는 입을 열 때마다 거
의 매번 실수를 저지릅니다. 온전히 참된 말을 하는 사람을 만난다면, 여러분은
삶을 완벽하게 제어하는 완전한 사람을 보고 있는 것입니다.
3-5 말의 입에 물린 재갈이 말의 온몸을 통제합니다. 큰 배라도 능숙한 선장의 손
에 작은 키가 잡혀 있으면, 그 배는 아무리 거센 풍랑을 만나도 항로를 벗어나
지 않습니다. 여러분의 입에서 나오는 말이 하찮아 보이지만, 그 말은 무슨 일
이든 성취하거나 파괴할 수 있습니다!
5-6 잊지 마십시오. 아주 작은 불꽃이라도 큰 산불을 낼 수 있습니다. 여러분의
입에서 나오는 부주의한 말이나 부적절한 말이 그 같은 일을 합니다. 우리는 말
로 세상을 파괴할 수도 있고, 조화를 무질서로 바꿀 수도 있고, 명성에 먹칠을
할 수도 있고, 지옥 구덩이에서 올라오는 연기처럼 온 세상을 허망하게 사라지
게 할 수도 있습니다.
7-10 두려운 일이 아닐 수 없습니다. 여러분이 호랑이는 길들일 수 있지만, 혀는
길들일 수 없습니다. 이제껏 혀를 길들인 사람은 아무도 없었습니다. 혀는 사납
게 날뛰는, 무자비한 살인자입니다. 우리는 혀로 하나님 우리 아버지를 찬양하

기도 하고, 바로 그 혀로 하나님이 자기 형상대로 지으신 사람들을 저주하기도 합니다. 한 입에서 저주도 나오고 찬양도 나옵니다!

10-12 친구 여러분, 그런 일이 계속 일어나서는 안됩니다. 샘이 하루는 단물을 내고, 다음날은 쓴물을 낼 수 있겠습니까? 사과나무가 딸기를 낼 수 있습니까? 딸기 덩굴이 사과를 낼 수 있습니까? 더러운 진흙 구덩이에서 맑고 시원한 물 한 잔을 얻을 수 있겠습니까?

참된 지혜

13-16 지혜롭다는 평가를 듣고 싶습니까? 지혜롭다는 평판을 쌓고 싶습니까? 여기 여러분이 할 일이 있습니다. 제대로 살고, 지혜롭게 살고, 겸손하게 사십시오. 중요한 것은, 여러분의 말하는 방식이 아니라 사는 방식입니다. 야비한 야심은 지혜가 아닙니다. 스스로 지혜롭다고 뽐내는 것도 지혜가 아닙니다. 지혜롭게 보이려고 진실을 왜곡해 말하는 것도 지혜가 아닙니다. 그것은 지혜와는 한참 거리가 멉니다. 그것은 짐승같이 약삭빠르고, 악마같이 교활한 속임수일 뿐입니다. 여러분이 다른 사람보다 더 낫게 보이려고 하거나 다른 사람을 이기려고 할 때마다, 일은 엉망이 되고 서로 멱살을 잡는 것으로 끝나고 말 것입니다.

17-18 참된 지혜, 하나님의 지혜는 거룩한 삶에서 시작됩니다. 참된 지혜의 특징은 다른 사람들과 평화롭게 지내는 것입니다. 참된 지혜는 온유하고, 이치에 맞으며, 자비와 축복이 넘칩니다. 하루는 뜨겁고 다음날은 차갑고 하지 않습니다. 겉과 속이 다르지 않습니다. 여러분이 서로 평화롭게 지내고 품위와 예의를 갖춰 서로를 대하려고 노력한다면, 여러분은 하나님과 바른 관계를 맺고 사는 건강하고 튼튼한 공동체를 세우고, 그 열매 또한 맛보게 될 것입니다.

하나님 뜻대로 사는 삶

4

1-2 여러분은 이 모든 형편없는 싸움과 다툼이 어디에서 비롯된다고 생각합니까? 그냥 일어나는 일이라고 생각합니까? 곰곰이 생각해 보십시오. 그런 일이 일어나는 것은, 여러분이 자기 마음대로 하려 하고, 싸워서라도 그렇게 하려는 마음이 여러분 깊은 곳에 있기 때문입니다. 여러분은 자신이 갖지 못한 것을 탐하고, 살인까지 해서라도 그것을 얻으려고 합니다. 여러분의 것이 아닌 것을 가지려다가 폭력까지 휘두르고 맙니다.

2-3 여러분은 그런 것을 달라고 하나님께 구하지는 않겠지요? 그 이유가 무엇입니까? 여러분이 가질 권리가 없는 것을 구하고 있음을 잘 알기 때문입니다. 여러분은 매번 자기 마음대로 하려고 하니, 버릇없는 아이와 같습니다.

4-6 여러분은 하나님을 속이고 있습니다. 온통 자기 마음대로 살거나 기회 있을 때마다 세상과 놀아나는 것이 여러분이 원하는 바라면, 여러분은 결국 하나님의 원수가 되어 하나님과 그분의 길을 거스르고 말 것입니다. 여러분은 하나님께서 관심하지 않으신다고 생각합니까? 잠언은 "하나님은 맹렬히 질투하는 연인이시다"라고 말합니다. 그분께서 사랑으로 주시는 것은, 여러분이 얻고자 하

는 다른 어떤 것보다 훨씬 나은 것입니다. "하나님은 자기 마음대로 하려는 교만한 자들을 대적하시고, 기꺼이 자기를 낮추는 사람들에게는 은혜를 베푸신다"는 말씀은 누구나 아는 사실입니다.

7-10 그러니, 하나님이 여러분 안에서 그분 뜻대로 일하시게 해드리십시오. 마귀에게는 큰소리로 "안돼!" 하고 외치고, 마귀가 날뛰지 않는지 주시하십시오. 하나님께는 조용히 "예!" 하고 말씀드리십시오. 그러면 하나님께서 즉시 여러분 곁에 계실 것입니다. 죄에서 손을 떼십시오. 내면의 삶을 깨끗게 하십시오. 여기저기 기웃거리지 마십시오. 땅을 치며 하염없이 우십시오. 놀고 즐기는 일은 끝났습니다. 신중하게, 참으로 신중하게 처신하십시오. 주님 앞에 무릎을 꿇으십시오. 여러분이 일어설 수 있는 길은 그 길뿐입니다.

11-12 친구 여러분, 서로 헐뜯지 마십시오. 그런 식의 험담은 하나님의 말씀, 그분의 메시지, 그분의 고귀한 법을 짓밟는 행위입니다. 여러분은 메시지를 존중해야지, 거기에 낙서를 해서는 안됩니다. 사람의 운명은 하나님이 정하십니다. 도대체 여러분이 누구이기에 다른 사람의 운명에 간섭할 수 있단 말입니까?

한 줌 안개와 같은 인생

13-15 "오늘이나 내일 이러저러한 도시에 가서 일 년 정도 머물면서, 사업을 시작해 큰돈을 벌어야겠다"고 건방진 소리를 하는 여러분에게 한마디 하겠습니다. 여러분은 내일에 대해 아무것도 알지 못합니다. 여러분은 햇빛이 조금만 비쳐도 금세 사라지고 마는 한 줌 안개에 지나지 않습니다. 오히려 "주님이 원하셔서 우리가 살게 된다면, 이러저러한 일을 하겠다"고 말하는 습관을 들이십시오.

16-17 사실, 여러분은 우쭐거리는 자아로 가득 차 있습니다. 그런 자만은 다 악한 것입니다. 여러분이 옳은 일을 할 줄 알면서도 하지 않는 것, 그것이 바로 여러분의 죄악입니다.

부자들에게 주는 경고

5 1-3 마지막으로, 거만하게 구는 부자들에게 말합니다. 슬퍼하며 몇 가지 가르침을 받으십시오. 그대들은 재난이 닥칠 때 눈물을 담을 양동이가 필요할 것입니다. 그대들의 돈은 썩었고, 그대들의 좋은 옷은 역겹기 그지없습니다. 그대들의 탐욕스런 사치품은 내장에 생긴 암과 같아서, 안에서부터 그대들의 생명을 파괴하고 있습니다. 그대들은 스스로 재물을 쌓아 올렸다고 생각하겠지만, 그대들이 쌓아 올린 것은 다름 아닌 심판입니다.

4-6 그대들에게 착취당하고 갈취당한 일꾼들이 심판을 요구하며 부르짖고 있습니다. 그대들에게 이용당하고 혹사당한 일꾼들의 신음소리가, 원수를 갚아 주시는 주님의 귀에 쟁쟁히 울리고 있습니다. 그대들은 땅을 착취해 배를 불렸으면서도, 그 땅에 돌려줄 것은 유난히도 뚱뚱한 그대들의 시신밖에 없습니다. 사실 그대들이 한 일은, 묵묵히 당하기만 하는 더할 나위 없이 선한 사람들을 정죄하고 죽인 것이 전부입니다.

7-8 친구 여러분, 주님이 오실 때까지 참고 기다리십시오. 여러분도 알다시피, 농
부들은 늘 이렇게 합니다. 농부들은 귀한 곡식이 자라기를 기다립니다. 더디지
만, 비가 내려 분명한 결과를 낼 것을 인내심을 가지고 기다립니다. 여러분도
그렇게 참고 기다리십시오. 마음을 한결같이 강하게 하십시오. 주님은 언제라
도 오실 수 있습니다.
9 친구 여러분, 서로 원망하지 마십시오. 여러분도 알다시피, 훨씬 큰 원망이 여
러분을 기다리고 있을지 모릅니다. 심판하실 분께서 가까이 와 계십니다.
10-11 옛 예언자들을 여러분의 멘토로 삼으십시오. 그들은 모든 것을 참았고, 온
갖 고난을 겪으면서도 멈추지 않고 언제나 하나님을 경외했습니다. 끝까지 경
주를 마친 사람들에게는 하나님께서 생명을 선물로 주실 것입니다! 물론, 여러
분은 욥의 인내에 대해 들었을 것입니다. 하나님께서 마지막에 어떻게 그에게
모든 것을 회복해 주셨는지도 알 것입니다. 하나님께서 그렇게 하신 것은, 그분
은 돌보시는 분, 사소한 일까지 세세하게 보살펴 주시는 분이기 때문입니다.
12 하나님은 돌보시는 분임을 알았으니, 이제 여러분의 말로 그 사실을 알리십
시오. 여러분의 말에 "맹세하건대" 같은 표현을 덧붙이지 마십시오. 하나님을
재촉하려고 맹세를 덧붙이는 조급함을 보이지 마십시오. 그저 "예"라고 하거나,
"아니요"라고만 하십시오. 참된 것만 말하십시오. 그래야 여러분의 말이 여러분
을 거스르는 데 사용되지 않을 것입니다.

하나님이 헤아리시는 기도

13-15 고통을 겪고 있습니까? 기도하십시오. 기분이 몹시 좋습니까? 찬양하십시
오. 아픈 데가 있습니까? 교회의 지도자들을 불러 주님의 이름으로 함께 기도
하고, 기름을 발라 달라고 하십시오. 믿음으로 드리는 기도는 여러분을 낫게 해
줄 것입니다. 예수께서 여러분을 일으켜 주실 것입니다. 또한 죄를 지은 것이
있으면 용서받을 것입니다. 안팎이 모두 치유될 것입니다.
16-18 여러분 모두가 함께 실천할 것이 있습니다. 서로 죄를 고백하고, 서로를 위
해 기도하십시오. 그러면 여러분의 병이 낫고 온전해져서 더불어 살 수 있을 것
입니다. 하나님과 바른 관계를 맺고 사는 사람의 기도는, 하나님께서 헤아리실
만큼 강력한 힘을 발휘합니다. 예컨대, 엘리야는 우리와 똑같은 사람이었으나,
비가 오지 않게 해달라고 간절히 기도하자 비가 내리지 않았습니다. 삼 년 육
개월 동안 한 방울도 내리지 않았습니다. 그 후에 비를 내려 달라고 기도하자
비가 내렸습니다. 소나기가 내려 모든 것이 다시 자라기 시작했습니다.
19-20 사랑하는 친구 여러분, 하나님의 진리에서 떠난 사람들을 알고 있거든, 그
들을 포기하지 마십시오. 그들을 찾아가십시오. 그들을 돌아서게 하십시오. 이
는 귀한 생명들을 파멸에서 건져 내는 일이며, 하나님을 등지는 일이 전염병처
럼 퍼지는 것을 막는 일입니다.

"당신은 그리스도, 곧 메시아이십니다." 베드로의 이 간결한 고백은, 우리 가운데 하나님으로 계시면서 친히 영원한 구원 사역을 행하시는 예수께 믿음의 초점을 맞춘 것이다. 베드로는 순수한 인격의 힘으로 동료들의 존경을 불러일으키는 타고난 지도자였던 것 같다. 예수의 제자 명단에는, 베드로의 이름이 언제나 첫 번째 자리를 차지한다.

초대교회에서 그의 영향력은 대단했으며, 모든 이들의 인정을 받았다. 이러한 위치 때문에, 그는 기독교 공동체 안에서 가장 영향력 있는 인물이 되었다. 또한 그는 힘찬 설교와 뜨거운 기도, 담대한 치유 사역과 지혜로운 지도력을 통해서도 자신에게 주어진 신뢰가 정당하다는 것을 증명해 보였다.

베드로가 영향력 있는 자리에 있으면서 처신한 방식은, 그의 영향력보다 훨씬 인상적이다. 그는 중심에서 벗어나 있었고, 권력을 "휘두르지" 않았으며, 예수께 한결같이 순종했다. 카리스마 넘치는 성품으로 보나 으뜸으로 인정받은 위치로 보나, 그는 쉽게 권력을 넘겨받을 수도 있었고 예수와의 각별한 관계를 내세워 스스로를 높일 수도 있었다. 그러나 오늘날의 영적 지도자들이 자주 범하는 것과 달리, 그는 그렇게 하지 않았다. 그것은 참으로 인상 깊고 감동적이다. 실제로 그는 편지를 읽는 이들에게 "여러분은 자신의 모습에 만족하고, 거들먹거리지 마십시오. 하나님의 강한 손이 여러분 위에 있으니, 때가 되면 그분께서 여러분을 높이실 것입니다"라고 말한다(벧전 5:6). 베드로는 한 줄기 신선한 산들바람과 같은 사람이었다.

베드로가 쓴 두 통의 편지는, 성령께서 베드로 안에 빚으신 예수의 성품을 드러내 보여준다. 특권보다는 고난을 기꺼이 껴안으려는 마음, 책보다는 경험에서 우러난 지혜, 활력과 상상력을 잃지 않은 겸손이 그것들이다. 베드로의 초기 이야기에서 알 수 있듯이, 그는 골목대장 기질이 다분한 사람이었다. 그러나 그는 그런 사람이 되지 않았다(종교적 골목대장만큼 최악인 경우도 없다). 오히려 그는, 담대한 확신을 갖고 있으면서도 자신을 내세우지 않는, 예수 그리스도의 종이 되었다. 우리는 이 두 편지에서 그런 그의 모습을 볼 수 있다. 이것이야말로 그가 말한 "전혀 새로운 생명, 가장 중요한 삶의 목적"에 대한 강력한 증언인 것이다.

베드로전서

1 [1-2] 메시아 예수께 사도로 임명받은 나 베드로는, 사방에 흩어져 나그네
삶을 살아가는 이들에게 이 편지를 씁니다. 나는 여러분 가운데 한 사람
도 그리워하지 않은 적이 없고, 한 사람도 잊은 적이 없습니다. 하나님 아버지
께서 여러분 각자를 눈여겨보시고, 성령의 역사로 말미암아 예수의 희생을 통
해 여러분을 순종하는 사람이 되게 하기로 작정하셨습니다. 하나님께서 주시는
온갖 좋은 것이 여러분의 것이 되기를 바랍니다!

새 생명

[3-5] 우리 안에 계시는 하나님은 얼마나 놀라운 분이신지요! 우리 주 예수의 아버지
하나님을 모신 우리는 얼마나 복된 사람들인지요! 예수께서 죽은 자들 가운데서
다시 살아나심으로 우리는 전혀 새로운 생명을 받았고, 가장 중요한 삶의 목적을
얻게 되었습니다. 또한 하늘에 간직된 미래까지 보장받았습니다. 그 미래가 이제
시작되고 있습니다! 하나님께서는 우리와 그 미래를 꼼꼼히 살피고 계십니다. 여
러분이 온전하게 치유된 생명을 얻게 될 그날이 다가오고 있습니다.
[6-7] 나는 이것으로 말미암아 여러분이 얼마나 기뻐할지 알고 있습니다. 얼마 동
안은 여러분이 온갖 힘든 일을 참고 견뎌야 하겠지만 말입니다. 순금은 불 속을
통과해야 순금인 것이 입증됩니다. 참된 믿음도 시련을 겪고 나와야 참된 믿음
인 것이 입증됩니다. 예수께서 모든 일을 완성하실 때에 하나님께서 승리의 증
거로 내보이실 것은, 여러분의 믿음이지 여러분의 금덩이가 아닙니다.
[8-9] 여러분은 예수를 본 적이 없지만 그분을 사랑합니다. 지금도 그분을 볼 수 없
지만, 그분을 신뢰하며 기뻐 찬송합니다. 믿음을 잘 지켜 왔으니, 이제 여러분
은 손꼽아 기다리던 완전한 구원을 얻게 될 것입니다.
[10-12] 이 구원이 다가오고 있음을 우리에게 일러 준 예언자들은, 하나님이 예비하

고 계신 생명의 선물에 대해 많은 질문을 던졌습니다. 메시아의 영이 그들에게 그 선물에 대해 알려 주셨습니다. 그 선물은 메시아께서 고난을 받으시고, 그 후에 영광을 받으시리라는 것이었습니다. 예언자들은 그런 일이 누구에게, 또 언제 일어날지 알고 싶어 그분께 부르짖었습니다. 예언자들이 들은 것은 모두 여러분을 섬기기 위한 것이었습니다. 여러분은 하늘의 지시에 따라—성령을 통해—저 예언자들의 메시지가 성취되었다는 말을 직접 들은 사람들입니다. 여러분이 얼마나 복된 사람인지 아시겠습니까? 천사들도 이런 복을 누릴 기회를 조금이라도 얻고 싶어 했을 것입니다!

하나님의 생명으로 빚어진 생활방식

13-16 그러니 마음을 단단히 먹고 정신을 바짝 차려서, 예수께서 오실 때에 여러
분의 선물을 받을 수 있도록 철저히 준비하십시오. 전에 하고 싶은 대로만 하던
악한 습관에 다시 빠져들지 않게 하십시오. 그때는 여러분이 더 나은 것을 알지
못했으나, 이제는 알고 있습니다. 순종하는 자녀가 되었으니, 여러분은 하나님
의 생명으로 빚어진 생활방식을 따라 거룩함으로 빛나는 힘찬 삶을 살아가십시
오. 하나님께서 "내가 거룩하니, 너희도 거룩하여라" 하고 말씀하셨습니다.
17 여러분이 하나님께 도움을 구하면, 그분께서 도와주십니다. 하나님은 그토록
자애로우신 아버지이십니다. 그러나 잊지 마십시오. 그분은 책임을 다하는 아
버지도 되시기에, 여러분이 단정치 못한 삶을 살도록 내버려 두지 않으십니다.
18-21 여러분의 삶은 하나님을 깊이 의식하면서 나아가야 하는 여정입니다. 하
나님께서는 여러분이 전에 몸담고 살았던 막다른 삶, 아무 생각 없이 살아온 그
삶에서 여러분을 건져 내기 위해 큰 값을 치르셨습니다. 여러분도 알다시피, 하
나님께서는 그리스도의 거룩한 피를 지불하셨습니다. 그리스도께서 흠 없는 희
생양처럼 죽으셨습니다. 이것은 느닷없이 일어난 일이 아니었습니다. 최근에—
마지막 때에—이르러 공공연한 지식이 되었지만, 하나님은 그리스도께서 여러
분을 위해 이 일을 하실 것을 전부터 미리 알고 계셨습니다. 여러분이 하나님을
믿게 된 것, 하나님 안에 미래가 있음을 알게 된 것은 메시아의 희생으로 말미
암은 것입니다. 하나님께서는 메시아를 죽은 자들 가운데서 살리시고 영광스럽
게 하셨습니다.
22-25 이제 여러분이 진리를 따름으로 여러분의 삶을 깨끗게 했으니, 서로 사랑하
십시오. 여러분의 삶이 거기에 달려 있다는 듯이 사랑하십시오. 여러분의 새 삶
은 옛 삶과 다릅니다. 전에 여러분은 썩어 없어질 씨에서 태어났지만, 이제는 살
아 계신 하나님의 말씀에서 새로 태어났습니다. 생각해 보십시오. 여러분은 하
나님께서 직접 잉태하신 생명입니다! 그래서 예언자가 이렇게 말한 것입니다.

옛 생명은 풀의 목숨과 같고
그 아름다움은 들꽃처럼 오래가지 못한다.
풀은 마르고 꽃은 시들지만,

하나님의 말씀은 영원히 계속된다.

이 말씀이 여러분 안에 새 생명을 잉태했습니다.

2 [1-3] 그러니 여러분을 깨끗이 정리하십시오! 악의와 위선, 시기와 악담을
말끔히 치워 버리십시오. 하나님을 맛보았으니, 이제 여러분은 젖먹이
아이처럼, 하나님의 순수한 보살핌을 깊이 들이키십시오. 그러면 하나님 안에
서 무럭무럭 자라서, 성숙하고 온전하게 될 것입니다.

살아 있는 돌

[4-8] 살아 있는 돌, 곧 생명의 근원을 맞이하십시오. 일꾼들은 그 돌을 얼핏 보고
내다 버렸지만, 하나님께서는 그 돌을 영광의 자리에 두셨습니다. 여러분은 건
축용 벽돌과 같으니, 생명이 약동하는 성소를 짓는 데 쓰일 수 있도록 자신을
하나님께 드리십시오. 거룩한 제사장이 되어, 그리스도께서 인정하시는 삶을
하나님께 드리십시오. 성경에는 이러한 선례가 있습니다.

보라! 내가 돌 하나를 시온에 둔다.
모퉁잇돌 하나를 영광의 자리에 두겠다.
누구든지 이 돌을 신뢰하고 기초로 삼는 사람은
후회할 일이 결코 없을 것이다.

그분을 신뢰하는 여러분에게는 그분이 자랑할 만한 돌이지만, 신뢰하지 않는
자들에게는

일꾼들이 내버린 돌이
머릿돌이 되었습니다.

또한

걸려 넘어지게 하는 돌,
길을 가로막는 큰 바위입니다.

믿지 않는 자들이 걸려 넘어지는 것은, 그렇게 되도록 정해져 있는 것과 같이,
그들이 순종하지 않기 때문입니다.
[9-10] 그러나 여러분은 하나님께서 택하신 사람들입니다. 여러분은 제사장의 일이
라는 고귀한 사명을 감당하도록 선택받았고, 거룩한 백성이 되도록 선택받았으
며, 하나님의 일을 하고 하나님을 위해 말하는 그분의 도구로 선택받았습니다.

그것은 하나님께서 여러분을 위해 밤낮으로 행하신 특별한 일—아무것도 아닌 자에서 중요한 자로, 거절당한 자에서 받아들여진 자로 바꾸신 일—을 다른 사람들에게 전하게 하시려는 것입니다.

11-12 친구 여러분, 이 세상은 여러분의 본향이 아닙니다. 그러니 이 세상에서 여러분의 안락함을 구하지 마십시오. 자기 욕망을 채우려다가 영혼을 희생하는 일이 없게 하십시오. 여러분은 이 세상을 본향으로 삼은 사람들 가운데 본이 될 만한 삶을 살아서, 여러분의 행실로 그들의 편견을 없애십시오. 그러면 그들도 하나님 편에 서서, 그분께서 오시는 날에 그분을 찬송하는 자리에 참여하게 될 것입니다.
13-17 훌륭한 시민이 되어 주님을 자랑스럽게 해드리십시오. 권력자들의 수준이 어떠하든지 그들을 존중하십시오. 그들은 질서 유지를 위해 하나님께서 보내신 밀사들입니다. 하나님의 뜻은 여러분이 지속적으로 선을 행하여, 여러분을 사회의 위험 요소로 여기는 어리석은 자들의 생각을 고쳐 주는 것입니다. 여러분의 자유를 행사하되 질서를 파괴하는 일이 아니라, 하나님을 섬기는 일에 그것을 사용하십시오. 누구를 만나든지 품위 있게 대하십시오. 영적으로 가족이 된 이들을 사랑하십시오. 하나님을 경외하십시오. 정부를 존중하십시오.

그리스도께서 친히 사셨던 삶

18-20 종으로 있는 여러분, 여러분의 주인에게 착한 종이 되십시오. 좋은 주인뿐만 아니라 못된 주인에게도 그렇게 하십시오. 합당한 이유 없이 나쁜 대우를 받더라도 하나님을 위해 참는 것이 중요합니다. 마땅히 받아야 할 벌을 받는 것이 무슨 특별한 일이겠습니까? 그러나 여러분이 선을 행하는데도 부당한 대우를 받으면서 여전히 착한 종으로 산다면, 그것은 하나님 보시기에 귀한 일입니다.
21-25 여러분은 그러한 삶을 살도록, 그리스도께서 친히 사셨던 삶을 살도록 초청받았습니다. 그분은 자기에게 닥친 온갖 고난을 겪으심으로, 여러분도 그분처럼 살 수 있음을 알려 주셨고, 그 방법도 하나씩 알려 주셨습니다.

그분은 잘못된 일을 하나도 행하지 않으셨고
어긋난 말을 한 번도 입에 담지 않으셨다.

사람들이 그분께 온갖 욕을 퍼부었지만, 그분은 전혀 대꾸하지 않으셨습니다. 그분은 말없이 고난을 당하시고, 하나님께서 바로잡아 주시도록 맡기셨습니다. 그분은 종의 몸으로 우리의 죄를 지시고 십자가에 달리셨습니다. 그것은 우리로 하여금 죄에서 벗어나 옳은 길을 따라 살게 하시려는 것이었습니다. 그분께서 상처를 입으심으로 여러분이 나았습니다. 전에 여러분은 자신이 누구이며 어디로 가고 있는지 알지 못하는 길 잃은 양이었습니다. 그러나 이제는 여러분의 영혼을 영원토록 지키는 목자께서 그 이름을 불러 주시고 보살펴 주시는 양이 되었습니다.

내면의 아름다움을 계발하십시오

3 1-4 아내 여러분에게 권합니다. 남편에게 착한 아내가 되어, 남편의 필요
를 들어주십시오. 그러면 하나님 이야기에 무관심하던 남편도 여러분의
거룩하고 아름다운 삶에 감화를 받을 것입니다. 중요한 것은 외모—머리 모양,
몸에 걸친 보석, 옷차림—가 아니라, 여러분의 내적인 마음가짐입니다.
4-6 내면의 아름다움을 계발하십시오. 내면을 온화하고 우아하게 가꾸십시오. 그
것이야말로 하나님께서 기뻐하시는 일입니다. 전에 거룩하게 살았던 여인들은
하나님 앞에서 그와 같이 아름다웠고, 남편에게도 착하고 성실한 아내였습니
다. 예컨대, 사라는 아브라함을 보살피면서 그를 "나의 사랑하는 남편"이라고
불렀습니다. 여러분도 걱정과 두려움 없이 그렇게 하면 사라의 참된 딸이 될 것
입니다.
7 남편 여러분에게도 똑같이 권합니다. 아내에게 좋은 남편이 되십시오. 아내를
존중하고 기뻐하십시오. 여러분의 아내는 여자이기에 여러분보다 연약합니다.
하지만 하나님의 은혜로 사는 새로운 삶 안에서는 여러분과 동등한 사람입니
다. 여러분의 아내를 동등한 사람으로 존중하십시오. 그래야 여러분의 기도가
막히지 않을 것입니다.

선을 행하다가 고난받을 때

8-12 요약해서 말합니다. 친절하고, 인정 많고, 사랑하고, 자비로우며, 겸손한 사
람이 되십시오. 이것은 여러분 모두에게 해당하는 사항이니, 한 사람도 빠짐없
이 그렇게 하십시오. 앙갚음하거나 냉소적으로 비꼬는 말을 하지 마십시오. 오
히려 축복해 주십시오. 축복이야말로 여러분이 할 일입니다. 그러면 여러분은
복덩어리가 되어 여러분도 복을 받게 될 것입니다.

생명을 받아들이고
좋은 날 보기를 바라는 이여,
그대가 할 일은 이것이니,
곧 악담과 험담을 삼가고
악을 물리치고 선을 장려하며
힘을 다해 평화를 추구하여라.
하나님께서 이 모든 일을 지켜보시고 인정해 주신다.
하나님께서 그의 간구에 귀 기울이시고 응답해 주신다.
그러나 악을 행하는 자에게는
등을 돌리신다.

13-18 여러분이 마음과 영혼을 다해 선을 행하면, 누가 여러분을 방해하겠습니까? 선을 행하다가 고난을 당하더라도, 여러분은 훨씬 더 복된 사람입니다. 고난을 너무 마음에 두지 마십시오. 온갖 어려움 속에서도 여러분의 마음을 다잡고, 여러분의 주님이신 그리스도께 경배하십시오. 여러분의 삶의 방식에 대해 묻는 사람에게 할 말을 준비하되, 최대한 예의를 갖춰 답변하십시오. 하나님 앞에서 양심을 깨끗게 하여, 사람들이 퍼붓는 욕설이 여러분을 괴롭히지 못하도록 하십시오. 오히려 그들이야말로 깨끗함을 받아야 할 사람이라는 것을 깨닫게 될 것입니다. 하나님이 바라시는 것이면, 선을 행하다가 고난받는 것이, 악을 행하다가 벌 받는 것보다 낫습니다. 그리스도께서 분명히 그렇게 하셨습니다. 그분께서는 다른 사람들의 죄 때문에 고난을 받으셨습니다. 의로우신 분께서 불의한 자들을 위해 고난을 받으신 것입니다. 그리스도께서는 우리를 하나님께 인도하기 위해, 그 모든 고난을 겪으시고 죽임을 당하시고 다시 살아나셨습니다.
19-22 그분께서는, 전에 말씀을 귀 기울여 듣지 않아 심판을 받고 감옥에 갇힌 세대들을 찾아가셔서, 하나님의 구원을 선포하셨습니다. 여러분도 알다시피, 노아가 배를 건조하던 기간 내내 참고 기다리셨습니다. 그러나 물에 의해 물로부터 구원받은 사람은 고작 몇 명, 정확하게는 여덟 명뿐이었습니다. 세례 받을 때의 물이 여러분에게 그와 같은 일을 합니다. 그 물은 여러분의 살갗에 묻은 더러움을 씻어 주는 것이 아니라, 예수의 부활을 힘입어 깨끗해진 양심을 갖게 된 여러분을 하나님 앞에 세우는 물입니다. 예수께서는 천사에서 권세에 이르기까지, 만물과 모든 이들에 대한 최종 결정권을 쥐고 계신 분입니다. 그분은 하나님 오른편에 계시면서, 그분이 말씀하신 것을 이루십니다.

예수처럼 생각하십시오

4 1-2 예수께서는 여러분이 지금 겪고 있는 모든 고난과 그보다 더한 고난을 겪으셨으니, 여러분도 그분처럼 생각하는 법을 익히십시오. 여러분의 고난을, 전에 늘 자기 마음대로 살려고 하던 죄악된 옛 습관을 끊는 기회로 삼으십시오. 그렇게 할 때 여러분은 자기 욕망의 압제 아래 살기보다, 하나님께서 원하시는 삶을 추구하면서 자유롭게 살아가게 될 것입니다.
3-5 전에 여러분은 하나님을 모르는 생활방식에 푹 빠져, 밤마다 파티를 벌이고 술에 취해 방탕한 삶을 살았습니다. 이제 그런 삶을 영원히 청산할 때가 되었습니다. 물론 여러분의 옛 친구들은, 여러분이 그들과 함께 어울리지 않는 이유를 이해하지 못할 것입니다. 그렇다고 해서 그들에게 일일이 설명할 필요는 없습니다. 그들은 장차 하나님 앞에서 책망받을 자들이니 말입니다.
6 메시지에 귀를 기울이십시오. 메시지는 죽은 신자들에게도 선포되었습니다. (모든 사람들이 그러하듯이) 비록 그들이 죽었지만, 하나님이 예수 안에서 주신 생명을 얻게 될 것입니다.
7-11 이 세상 만물의 마지막이 다가오고 있습니다. 그러니 아무것도 당연한 것으

로 여기지 마십시오. 정신을 바짝 차리고 기도하십시오. 무엇보다도 서로 사랑하십시오. 여러분의 삶이 거기에 달려 있다는 듯이 사랑하십시오. 사랑은 실제적으로 무언가를 만들어 냅니다. 굶주린 사람을 보거든 서둘러 식사를 제공하고, 집 없는 사람을 보거든 기꺼이 잠자리를 제공하십시오. 여러분 각자가 하나님께 받은 은사를 관대한 마음으로 서로 나누어, 모두가 그 덕을 보게 하십시오. 여러분이 받은 것이 말이면 여러분의 말이 하나님의 말씀이 되게 하고, 여러분이 받은 것이 남을 돕는 것이면 여러분의 도움이 하나님의 진심어린 도움이 되게 하십시오. 그렇게 하면, 모든 일에서 하나님의 찬란한 임재가 예수를 통해 환히 드러날 것입니다. 또한 하나님께서는 모든 일을 하실 수 있는 능력 있는 분으로 영광을 받으실 것입니다. 마지막 날까지 영원무궁토록. 예, 그렇습니다!

고난을 기쁘게 여김

12-13 친구 여러분, 사는 것이 참으로 힘들더라도, 하나님께서 일하시지 않는다고
속단하지 마십시오. 오히려 그리스도가 겪으신 고난의 한가운데에 여러분이 있게 된 것을 기쁘게 여기십시오. 이 고난은 영광이 임박했을 때 여러분이 통과해야 하는 영적 제련의 과정입니다.

14-16 여러분이 그리스도 때문에 모욕을 받으면, 스스로 복되다고 여기십시오. 여
러분 안에 계신 하나님의 영과 그분의 영광이, 여러분을 사람들의 눈에 띄게 하신 것입니다. 법을 어기거나 평화를 어지럽혀서 사람들이 여러분을 욕하는 것이라면, 그것은 전혀 다른 문제입니다. 그러나 여러분이 그리스도인이기에 받는 모욕이라면, 기꺼이 받아들이십시오. 그리스도인이라는 이름에 반영되어 있는 여러분의 구별된 신분을 자랑으로 여기십시오.

17-19 하나님의 집에 심판이 시작되었습니다. 우리가 맨 먼저입니다. 우리가 먼저
심판을 받는데, 하나님의 메시지를 거절하는 자들은 어떻게 되겠습니까?

선한 사람도 간신히 관문을 통과한다면
악한 사람에게는 무엇이 기다리고 있겠습니까?

하나님의 말씀대로 산다는 이유로 여러분의 삶이 힘겨워지거든, 당연한 일로 받아들이십시오. 하나님을 신뢰하십시오. 하나님께서는 자신의 일을 잘 알고 계시니, 계속해서 그 일을 이루실 것입니다.

하나님의 양 떼를 돌보는 지도자

5 1-3 교회의 지도자 여러분께 특별히 말씀드립니다. 나는 지도자가 된다는
것이 어떤 것인지 알고 있습니다. 지도자는 그리스도의 고난에 참여함으로써 다가오는 영광을 누리는 사람입니다. 내가 드릴 말씀은 이것입니다. 여러분은 목자의 근면함으로 하나님의 양 떼를 보살피십시오. 억지로 하는 것이 아

니라, 하나님을 기쁘시게 해드리려는 마음으로 하십시오. 얼마나 이익을 얻게 될지 따져 보고 하는 것이 아니라, 자발적으로 하십시오. 위세를 부리듯 사람들에게 무엇을 시키는 것이 아니라, 부드러운 자세로 모범을 보이십시오.

4-5 모든 목자 가운데 으뜸이신 하나님께서 오셔서 다스리실 때, 그분은 여러분이 일을 제대로 한 것을 보시고 여러분을 아낌없이 칭찬하실 것입니다. 젊은 사람들은 지도자를 따라야 합니다. 그러나 지도자와 따르는 사람 모두가 서로에게 겸손해야 합니다.

하나님께서 교만한 사람은 물리치시지만
겸손한 사람은 기뻐하십니다.

6-7 그러므로 여러분은 자신의 모습에 만족하고, 거들먹거리지 마십시오. 하나님의 강한 손이 여러분 위에 있으니, 때가 되면 그분께서 여러분을 높이실 것입니다. 하나님께서 여러분을 세심하게 돌보고 계시니, 아무것도 근심하지 말고 하나님 앞에서 사십시오.

깨어 있으십시오

8-11 냉정을 유지하십시오. 깨어 있으십시오. 마귀가 덤벼들 태세를 하고 있습니다. 여러분의 방심을 틈타는 것보다 마귀가 좋아하는 것도 없습니다. 바짝 경계하십시오. 여러분만 고난에 처한 것이 아닙니다. 세계 도처에 있는 그리스도인들이 같은 고난을 겪고 있습니다. 그러니 믿음을 굳게 붙드십시오. 고난이 영원히 지속되지는 않을 것입니다. 그리스도 안에서 우리를 위한 큰 계획—영원하고 영광스러운 계획!—을 세우신 은혜의 하나님께서, 여러분을 온전하게 하시고 여러분을 영원토록 세워 주실 날이 멀지 않았습니다. 그분께서 최종 결정권을 쥐고 계십니다. 예, 그렇습니다.
12 나는 가장 믿을 만한 형제인 실루아노에게 부탁해 이 짧은 편지를 여러분에게 보냅니다. 그는 내가 대단히 존경하는 사람입니다.
나는 내가 아는 바를 절박한 심정으로 정확하게 썼습니다. 이것은 은혜로우신 하나님의 진리이니, 여러분의 두 팔로 끌어안으십시오!
13-14 이곳에서 나와 함께 나그네 삶을 살고 있지만, 하나님께 잠시도 잊혀진 적 없는 교회가 여러분에게 문안합니다. 나에게 아들이나 다름없는 마가도 안부를 전합니다. 거룩한 포옹으로 서로 인사하십시오! 그리스도의 길을 걷는 여러분 모두에게 평화가 있기를 바랍니다.

베드로후서

1 [1-2] 나 시몬 베드로는, 예수 그리스도의 종이며 사도입니다. 나는 우리 하나님의 직접적인 돌보심과 우리 하나님과 구주이신 예수 그리스도의 간섭하심에 힘입어, 우리처럼 하나님을 경험하여 삶이 변화되고 있는 여러분에게 이 편지를 씁니다. 하나님과 우리 주 예수를 더욱 깊이 경험함으로, 은혜와 평화가 여러분에게 임하기를 바랍니다.

하나님께 받은 초청과 약속

3-4 우리는 하나님을 기쁘시게 해드리는 삶에 어울리는 모든 것을 기적적으로 받았습니다. 그것은 우리를 하나님께로 초청해 주신 분을 우리가 직접 친밀하게 알았기 때문입니다. 그분의 초청은, 이제껏 우리가 받은 초청 가운데 최고의 초청입니다! 또한 우리는 여러분에게 전해 줄 멋진 약속도 받았습니다. 그 약속은, 여러분이 욕망으로 얼룩진 세상에 등을 돌리고 하나님의 생명에 참여할 수 있는 입장권입니다.

5-9 그러니 한 순간도 놓치지 말고, 여러분이 받은 것을 의지하십시오. 여러분의 믿음의 기초 위에 선한 성품, 영적 이해력, 빈틈없는 절제, 힘찬 인내, 놀라운 경건, 따뜻한 형제애, 너그러운 사랑을 더하십시오. 이것들 하나하나는 서로 조화를 이루고, 다른 것들을 발전시키니 말입니다. 이러한 자질들이 여러분의 삶 속에서 활발하게 자라나면, 여러분은 우리 주 예수를 경험하면서 성숙해 가는 일에 기회를 놓치거나 단 하루도 헛되이 흘려보내지 않을 것입니다. 이러한 자질들을 갖추지 못하면, 여러분은 자기 바로 앞에 놓인 장애물을 보지 못하고, 자신의 죄악된 옛 삶이 깨끗해졌음을 잊어버린 사람이 되고 말 것입니다.

10-11 그러니 친구 여러분, 하나님께서 여러분을 초청하고 선택하신 것이 옳았음을 입증해 보이십시오. 미루지 말고, 지금 당장 그렇게 하십시오. 그러면 여러

분은 확고한 토대, 곧 우리 주님이시며 구주이신 예수 그리스도의 영원한 나라를 향해 활짝 열려 있는 포장된 길에서 생명을 얻게 될 것입니다.

어두운 시절에 만난 한줄기 빛

12-15 여러분이 이제껏 이 모든 진리를 알고 안팎으로 실천해 왔지만, 때가 위태로우니 나는 잠시도 멈추지 않고 여러분의 주의를 환기시키려고 합니다. 여러분을 자주 일깨워 방심하지 않게 하는 것, 이것이 내게 주어진 임무입니다. 나는 살아 있는 동안 이 일에 충실할 것입니다. 주님께서 분명하게 일러 주신 대로, 나는 조만간 내가 죽게 되리라는 것을 압니다. 내가 특별히 바라는 것은, 여러분이 이 모든 것을 문서화했으면 하는 것입니다. 내가 이 세상을 떠난 뒤에도, 여러분이 언제든지 찾아볼 수 있게 말입니다.

16-18 여러분도 알다시피, 우리가 우리 주 예수 그리스도의 강력한 재림과 관련된 사실을 여러분에게 제시할 때, 별에게 빌고 한 것이 아니었습니다. 우리는 이미 그 일을 미리 보았습니다! 하나님 아버지께로부터 빛을 받아 찬란하게 빛나는 예수를 우리 두 눈으로 똑똑히 보았습니다. 그때, 장엄하고 영광스러운 분께서 이렇게 말씀하셨습니다. "이는 내가 사랑으로 구별한 내 아들, 내 모든 기쁨의 근원이다." 우리는 거룩한 산에서 그분과 함께 있었습니다. 하늘로부터 들려오는 음성을 우리의 두 귀로 똑똑히 들었습니다.

19-21 우리는 우리가 보고 들은 것을 확신합니다. 그것은 하나님의 영광, 하나님의 음성이었습니다. 예언의 말씀이 우리에게 확증되었습니다. 여러분도 그 말씀에 주의를 집중해야 합니다. 그것은 여러분의 어두운 시절, 곧 여러분의 마음속에 새벽이 와서 새벽별이 떠오르기를 기다리던 시절에, 여러분이 만난 한줄기 빛입니다. 여기서 꼭 명심해야 할 것이 있습니다. 성경의 예언은 사적인 의견을 제시한 것이 아닙니다. 왜 그렇습니까? 예언은 사람의 마음에서 꾸며 낸 것이 아니기 때문입니다. 예언은 성령께서 사람들을 격려하여 하나님의 말씀을 전하게 할 때 생겨난 것입니다.

거짓 종교 지도자들

2

1-2 그러나 전에 백성 가운데 거짓 예언자들이 있었던 것처럼, 여러분 가운데에도 거짓 종교 지도자들이 나타날 것입니다. 그들은 은근슬쩍 파괴적인 분열을 일으켜서, 여러분을 서로 다투게 하고 생명을 되찾을 기회를 주신 분의 손을 물어뜯게 할 것입니다! 그들은 파멸로 이어진 가파른 비탈길에 서 있습니다. 그러나 그들은 파멸하기 전까지, 옳고 그름을 구별하지 못하는 추종자들을 많이 모을 것입니다.

2-3 그들 때문에 진리의 길이 욕을 먹습니다. 그들은 자기만 아는 자들입니다. 그들은 무엇이든 그럴싸한 말로 여러분을 이용해 먹을 것입니다. 물론, 그들은 무사하지 못하고 불행한 최후를 맞을 것입니다. 그런 일이 계속되도록 하나님께서 두고 보고만 계시지 않기 때문입니다.

4-5 하나님께서는 반역한 천사들을 가볍게 넘기지 않으셨습니다. 그들을 지옥에
가두셔서, 최후 심판의 날까지 갇혀 있게 하셨습니다. 또한 그분은 경건치 못한
옛 세상도 가볍게 넘기지 않으셨습니다. 홍수로 쓸어버리시고, 오직 여덟 명만
살려 주셨습니다. 혼자서 의를 부르짖던 노아가 그중 한 사람이었습니다.
6-8 하나님께서 소돔과 고모라 두 도성을 멸망시키기로 작정하시자, 남은 것은
잿더미뿐이었습니다. 그것은 경건치 못한 삶에 빠져 있는 사람 누구에게나 보
내는 끔찍한 경고였습니다. 그러나 성적으로 더럽고 사악한 자들 때문에 몹시
괴로워하던 선한 사람 롯은 구원을 받았습니다. 저 의로운 사람은 날마다 도덕
적인 부패에 둘러싸여 끊임없이 괴로움을 겪고 있었던 것입니다.
9 이처럼 하나님께서는 경건한 사람들을 악한 시련에서 건져 내시는 분입니다.
또한 그분은, 사악한 자들의 발을 최후 심판의 날까지 불 속에 붙들어 두시는
분입니다.

먹이를 찾아 어슬렁거리는 약탈자들

10-11 하나님께서는 특히 더러운 생활방식에 빠져서 정욕을 따라 살아가는 거짓
교사들에게 진노하십니다. 그들은 참된 권위를 멸시하고, 간섭받기를 싫어합
니다. 그들은 거만하고 자기만 아는 자들이어서, 피조물 가운데 가장 빛나는 이
들마저 서슴없이 헐뜯습니다. 모든 면에서 그들보다 뛰어난 천사들조차도 그런
식으로 거만하게 굴거나, 하나님 앞에서 다른 이들을 헐뜯을 생각을 하지 않습
니다.
12-14 이들은 광야에서 태어난 사나운 짐승이며, 먹이를 찾아 어슬렁거리는 약탈
자에 불과합니다. 그들은 무식한 독설로 남을 파멸시키지만, 바로 그 행위로 자
신들도 파멸당하고 결국에는 패배자가 되고 말 것입니다. 그들의 악행이 부메
랑이 되어 그들에게 돌아갈 것입니다. 그들은 난잡한 파티를 즐기고, 환한 대낮
에도 흥청망청 쾌락에 빠진 비루한 자들입니다. 그들은 간음을 일삼고, 죄짓기
를 밥 먹듯 하며, 연약한 영혼을 만날 때마다 유혹합니다. 탐욕이 그들의 전공
입니다. 그들은 그 방면의 전문가들입니다. 죽은 영혼들입니다!
15-16 그들은 큰길에서 벗어나 방향을 잃었고, 브올의 아들 발람의 길을 따랐습니
다. 발람은 예언자이면서도 불의한 이득을 취하여 악의 전문가가 되고 말았습
니다. 그는 제멋대로 길을 가다가 제지당했습니다. 말 못하는 짐승이 인간의 목
소리로 말해서, 그 예언자의 미친 행동을 막은 것입니다.
17-19 그들에게는 아무것도 없습니다. 그들은 바싹 마른 샘이며, 폭풍에 흩어지는
구름입니다. 그들은 지옥의 블랙홀을 향해 나아갑니다. 그들은 허풍이 잔뜩 들
어 잘난 체하며 큰소리치지만, 아주 위험한 자들입니다. 그릇된 생활에서 막 벗
어난 사람들이 그들의 상표인 유혹에 가장 쉽게 넘어갑니다. 그들은 이 새내기
들에게 자유를 약속하지만, 정작 자신들은 부패의 종입니다. 그들이 부패에 빠
져 있다면—실제로 그러합니다—부패의 종 노릇을 하게 되기 때문입니다
20-22 그들이 우리 주님이시며 구주이신 예수 그리스도를 경험함으로써 죄의 구

렁에서 벗어났다가 다시 예전 삶으로 되돌아가면, 그 사람의 상태는 전보다 더 나빠질 것입니다. 떠났다가 되돌아가서 자기가 경험했던 것과 거룩한 계명을 거부하느니, 차라리 하나님께로 난 곧은길에 들어서지 않는 편이 더 나았을 것입니다. "개는 자기가 토해 놓은 곳으로 되돌아간다"는 속담과 "돼지가 말끔히 씻고 나서 다시 진창으로 향한다"는 속담을, 그들이 증명하고 있습니다.

마지막 때

3

1-2 사랑하는 친구 여러분, 이 편지는 내가 여러분에게 두 번째로 쓰는 편지입니다. 나는 이 두 편지를 통해 여러분이 마음을 빼앗기지 않도록 여러분을 일깨우고자 합니다. 거룩한 예언자들의 말과 여러분의 사도들이 전해 준 우리 주님이신 구주의 계명을 명심하십시오.
3-4 무엇보다 이것을 알아 두십시오. 마지막 때에 조롱하는 자들이 나타나서 전성기를 누릴 것입니다. 그들은 모든 것을 자기들의 보잘것없는 감정 수준으로 끌어내려, "그분께서 다시 오겠다고 약속했는데, 어찌 된 거요? 우리 조상들이 죽어서 땅에 묻혀 있고, 모든 것이 창조 첫날 이래로 그대로이지 않소? 변한 것이 하나도 없잖소?" 하고 조롱할 것입니다.
5-7 그러나 그들이 쉽게 잊어버리는 사실이 있습니다. 모든 천체와 이 지구가 오래전 하나님의 말씀을 통해 물로 덮인 혼돈에서 생겨났다는 것입니다. 그런 다음, 하나님의 말씀이 다시 홍수로 혼돈을 일으켜 세상을 파멸시켰습니다. 지금 있는 천체와 지구는 마지막 불 심판 때 쓰일 연료입니다. 하나님께서 다시 말씀하실 준비를 하고 계십니다. 하나님을 모독하는 회의론자들을 심판하고 멸망시키겠다는 신호를 보내고 계신 것입니다.

하나님의 심판 날

8-9 친구 여러분, 이 분명한 사실을 그냥 지나치지 마십시오. 하나님께는 하루가 천 년 같고, 천 년이 하루 같습니다. 어떤 이들이 생각하는 것처럼, 하나님께서는 자신의 약속을 더디 이루시는 분이 아닙니다. 그분은 여러분을 위해 참고 계십니다. 그분께서 종말을 유보하고 계신 것은, 한 사람도 잃고 싶지 않으시기 때문입니다. 하나님께서는 모든 이들에게 삶을 고칠 수 있는 시간과 공간을 베풀고 계십니다.
10 그러나 하나님의 심판 날이 닥칠 때에는, 아무 예고 없이 도둑처럼 닥칠 것입니다. 하늘이 천둥 같은 소리를 내면서 무너지고, 모든 것이 큰 화염에 휩싸여 분해되며, 땅과 그 안에서 이루어진 모든 것이 낱낱이 드러나 심판을 받을 것입니다.
11-13 오늘 이 세상에 있는 모든 것은 내일이면 없어지고 말 것들입니다. 그러니 거룩하게 사는 것이 얼마나 중요한지 아시겠습니까? 날마다 하나님의 날을 기다리고, 그날이 오기를 간절한 마음으로 바라십시오. 그날이 오면 천체가 불타 없어지고, 원소들이 녹아내릴 것입니다. 그러나 우리는 거의 알아채지 못할 것

입니다. 우리는 다른 길을 바라보면서, 하나님께서 약속하신 새 하늘과 새 땅, 의로 뒤덮인 새 하늘과 새 땅을 맞이할 것입니다.

⚘

14-16 사랑하는 친구 여러분, 여러분이 손꼽아 기다려야 할 것은 이런 것입니다.
그러니 순결하고 평화롭게 살아가는 최상의 모습으로 그분을 뵐 수 있도록, 최선을 다하십시오. 우리 주님께서 오래 참고 계신 것은 구원 때문이라고 생각하십시오. 이 문제와 관련해 많은 지혜를 받은 이가 우리의 귀한 형제 바울입니다. 그는 자신의 모든 편지에서 이 문제를 언급하고 있으며, 여러분에게도 본질적으로 같은 내용을 써 보냈습니다. 바울이 편지에서 다루고 있는 것 가운데 몇 가지는 이해하기가 쉽지 않습니다. 자신들이 무슨 말을 하는지도 모르면서 무책임하게 떠드는 사람들이 그 편지들을 함부로 왜곡하기도 합니다. 그들은 성경의 다른 구절에 대해서도 그렇게 하다가 스스로를 파멸시키고 있습니다.
17-18 그러나 친구 여러분, 여러분은 이미 훈계를 잘 받았습니다. 자기 마음대로 떠드는 불의한 교사들로 인해 발을 헛디뎌 넘어지는 일이 없도록, 정신을 바짝 차리십시오. 우리 주님이시며 구주이신 예수 그리스도의 은혜와, 그분을 아는 지식 안에서 자라 가십시오.
영광이 이제부터 영원토록, 주님께 있기를 바랍니다! 아멘!

요한일이삼서 | 머리말

살면서 가장 정리하기 어려운 두 가지 문제는, 사랑과 하나님이다. 대개 사람들이 삶을 망치는 이유는, 그 두 가지 문제 가운데 한쪽 또는 양쪽에서 실패하거나, 그 문제와 관련해서 어리석게 처신하거나 속 좁게 행동하기 때문이다.

기독교의 기본적이면서도 성경적인 확신은, 두 주제가 서로 밀접하게 연결되어 있다는 것이다. 하나님을 바르게 섬기려면, 제대로 사랑하는 법을 익혀야 한다. 제대로 사랑하려면, 하나님을 바르게 섬겨야 한다. 하나님과 사랑은 서로 떼어 놓고 생각할 수 없다. "사랑은 그분의 계명을 따라 사는 것입니다. 그분의 계명을 하나로 줄여 말하면 이렇습니다. '사랑 안에서 삶을 경영하라'"(요이 5-6절).

요한이 보낸 세 통의 편지는 그 일을 제대로 하는 데 필요한 지침을 놀라우리만치 명백하게 제공한다. 그 초점은 메시아 예수이시다. 예수께서는 하나님에 대한 풍성하고도 참된 이해를 제공하신다. 그분은 우리에게 사랑으로 이루어진 성숙을 보여주신다. 하나님과 사랑은 예수 안에서 빈틈없이 연결되고 얽혀 있어서, 서로 뗄 수 없는 관계다. "예수가 하나님의 아들이심을 시인하면, 누구나 하나님과의 친밀한 사귐에 끊임없이 참여하게 됩니다"(요일 4:15).

그러나 예수께서 계시하신 하나님, 예수께서 계시하신 사랑에 구속받기를 싫어하는 사람들이 있게 마련이다. 그들은 자기 방식으로 하나님을 생각하고, 자기 방식으로 사랑하려고 한다. 요한은 그러한 사람들 때문에 혼란을 겪고 있는 교회의 목회자였다. 우리는 그의 편지들을 읽으면서, 그가 하나님과 사랑의 긴밀한 일치를 다시 회복하고 있음을 보게 된다. 이제 하나님과 사랑이 하나인 것이 예수 그리스도 안에서 분명하게 드러나고, 우리는 그것을 경험하게 된다.

요한일서

1 [1-2] 우리는 첫날부터 거기 있으면서, 그 모든 것을 받아들였습니다. 우리는 그 모든 것을 두 귀로 듣고, 두 눈으로 보고, 두 손으로 확인했습니다. 생명의 말씀이 우리 눈앞에 나타나셨습니다. 우리는 그것을 똑똑히 보았습니다! 이제 우리가 목격한 것을 여러분에게 과장 없이 있는 그대로 말씀드리겠습니다. 너무나 놀랍게도, 하나님 자신의 무한하신 생명이 우리 앞에 모습을 드러냈습니다.

[3-4] 우리가 그것을 보고 듣고서 이제 여러분에게 전하는 것은, 우리와 더불어 여러분도 아버지와 그분의 아들이신 예수 그리스도와의 사귐을 경험하게 하려는 것입니다. 우리가 이 편지를 쓰는 목적은, 여러분도 이 사귐을 누리게 하려는 것입니다. 그러면 여러분의 기쁨으로 인해 우리의 기쁨이 두 배가 될 테니까요!

빛 가운데로 걸어가십시오

[5] 우리가 그리스도에게서 듣고 여러분에게 전하는 메시지의 핵심은 이것입니다. 하나님은 빛, 순전한 빛이십니다. 그분 안에는 어둠의 흔적조차 없습니다.

[6-7] 우리가 하나님과 함께하는 삶을 경험한다고 주장하면서 어둠 속에서 넘어지기를 반복한다면, 우리는 뻔뻔스러운 거짓말을 하는 것이 분명하며 자신의 말대로 살지 않은 것입니다. 그러나 하나님은 빛이시니, 우리가 그 빛 가운데로 걸어가면 우리는 서로 함께하는 삶을 경험하게 되고, 하나님의 아들이신 예수께서 흘리신 희생의 피가 우리의 모든 죄를 깨끗게 해줄 것입니다.

[8-10] 우리가 죄 없다고 주장하면, 우리는 스스로를 속이는 것입니다. 그 같은 주장은 터무니없이 잘못된 생각입니다. 그러나 우리가 우리 죄를 인정하고 남김없이 고백하면, 그분은 진실하신 분이시니 우리를 저버리지 않으실 것입니다. 그분께서 우리 죄를 용서해 주시고, 우리의 모든 잘못을 깨끗게 해주실 것입니

다. 우리가 죄지은 적이 한 번도 없다고 주장하면, 우리는 하나님을 철저하게 부인하고 그분을 거짓말쟁이로 만드는 것입니다. 그 같은 주장은, 우리가 하나님을 알지 못한다는 것을 드러낼 뿐입니다.

2 1-2 사랑하는 자녀 여러분, 내가 이 편지를 쓰는 것은 여러분을 죄에서 이끌어 내기 위해서입니다. 그러나 누가 죄를 짓더라도 우리에게는 아버지 앞에서 제사장이며 친구이신 분이 계시니, 그분은 의로우신 예수 그리스도이십니다. 그분께서 우리 죄를 위해 희생 제물이 되심으로 죄 문제를—우리의 죄뿐 아니라 온 세상의 죄까지—영원토록 해결하셨습니다.

새 계명

2-3 그분의 계명을 지키십시오. 우리가 하나님을 제대로 안다고 확신할 수 있는 방법은 그것뿐입니다.
4-6 어떤 사람이 "나는 하나님을 잘 알아!" 하면서도 그분의 계명을 지키지 않는다면, 그는 분명 거짓말쟁이입니다. 그의 삶과 말이 일치하지 않는 것입니다. 그러나 하나님의 말씀을 지키는 사람에게는 하나님의 성숙한 사랑이 보이게 마련입니다. 그것이야말로 우리가 하나님 안에 있음을 확신할 수 있는 유일한 길입니다. 자신이 하나님과 친밀하다고 말하는 사람은, 예수께서 사신 것과 같은 삶을 살아야 합니다.
7-8 사랑하는 친구 여러분, 내가 이 편지에 새로운 내용을 쓰는 것이 아닙니다. 이것은 성경에 기록된 가장 오래된 계명이며, 여러분이 처음부터 알고 있던 계명입니다. 이 계명은 여러분이 들은 메시지에도 항상 담겨 있습니다. 그러나 이 계명은, 어쩌면 그리스도와 여러분 안에서 새롭게 만들어진 계명인지도 모르겠습니다. 어둠이 물러가고 이미 참 빛이 반짝이고 있으니 말입니다!
9-11 하나님의 빛 가운데 산다고 하면서 형제나 자매를 미워하는 사람은 여전히 어둠 가운데 있는 사람입니다. 형제자매를 사랑하는 사람은 하나님의 빛 가운데 머물러 있으며, 그 빛이 다른 사람들에게 비치는 것을 가로막지 않습니다. 그러나 형제자매를 미워하는 사람은 여전히 어둠 속에 있고, 어둠 속에서 넘어지며, 자기가 어디로 가는지 알지 못합니다. 어둠이 그의 눈을 가렸기 때문입니다.

세상을 사랑하지 마십시오

12-13 사랑하는 자녀 여러분, 여러분에게 이것을 일깨워 드립니다. 여러분의 죄가 예수의 이름으로 용서받았습니다. 믿음의 선배 여러분, 가장 먼저 첫발을 내디딘 여러분은 이 모든 일을 시작하신 분을 알고 있습니다. 믿음의 후배 여러분, 여러분은 악한 자와 싸워 큰 승리를 거두었습니다.
13-14 사랑하는 자녀 여러분, 여러분에게 두 번째로 일깨워 드릴 것은 이것입니다. 여러분은 개인적인 경험을 통해 아버지를 알고 있습니다. 믿음의 선배 여러

분, 여러분은 이 모든 일을 시작하신 분을 알고 있습니다. 믿음의 후배 여러분,
여러분은 참으로 활기차고 힘이 넘치는군요! 하나님의 말씀이 여러분 안에 확
고하게 자리 잡고 있습니다. 여러분은 하나님과의 사귐에서 힘을 얻어 악한 자
와 싸워 승리를 거둘 것입니다.
15-17 세상의 방식을 사랑하지 마십시오. 세상의 것을 사랑하지 마십시오. 세상
을 사랑하는 마음이 아버지를 사랑하는 마음을 밀어냅니다. 세상에서 통용되는
모든 것—자기 마음대로 살려 하고, 모든 것을 자기 뜻대로 하려 하고, 잘난 체
하는 욕망—은, 아버지와 아무 상관이 없습니다. 그런 것은 여러분을 그분께로
부터 고립시킬 뿐입니다. 세상과 세상의 멈출 줄 모르는 욕망도 다 사라지지만,
하나님이 바라시는 일을 행하는 사람은 영원히 남습니다.

적그리스도의 출현

18 자녀 여러분, 때가 거의 되었습니다. 여러분은 적그리스도가 출현할 것이라
는 말을 들었습니다. 이제 여러분의 눈 닿는 곳 어디에나 적그리스도들이 있습
니다. 이것을 보고 우리는, 마지막 때가 가까웠다는 것을 압니다.
19 그들이 우리에게서 떠나갔지만, 실제로 우리와 함께한 적은 없었습니다. 그
들이 정말로 우리와 함께했다면, 끝까지 우리와 함께 남아 충실했을 것입니다.
우리를 떠나감으로써, 그들은 자신의 본색을 드러냈고, 우리에게 속하지 않았
음을 보여준 것입니다.
20-21 그러나 여러분은 우리에게 속했습니다. 거룩하신 분께서 여러분에게 기름
을 부으셨고, 여러분 모두가 그것을 알고 있습니다. 내가 이 편지를 쓰는 것은,
여러분이 알지 못하는 무언가를 알려 주려는 것이 아니라, 여러분이 알고 있는
진리를 확인시키고, 그 진리가 거짓을 낳지 않음을 일깨우려는 것입니다.
22-23 누가 거짓말을 하는 자입니까? 예수가 하나님의 그리스도이심을 부인하는
자입니다. 아버지를 부인하고 아들을 부인하는 자, 그가 바로 적그리스도입니
다. 아들을 부인하는 자는 아버지와 전혀 관계없는 사람이며, 아들을 시인하는
자는 아버지까지도 받아들인 사람입니다.
24-25 여러분이 처음부터 들은 메시지를 간직하십시오. 그것이 여러분의 삶에 스
며들게 하십시오. 처음부터 들은 그 메시지가 여러분 안에 생생히 살아 있으면,
여러분은 아들과 아버지 안에서 충만한 삶을 살게 될 것입니다. 바로 이것이 그
리스도께서 약속하신 영원한 생명, 참된 생명입니다!
26-27 나는 여러분을 속이려는 사람들이 있다는 것을 경고하기 위해 이렇게 썼습
니다. 그러나 그들은 여러분 안에 깊이 새겨진 그리스도의 기름부으심에 전혀
상대가 되지 못합니다. 여러분에게는 저들의 가르침이 필요하지 않습니다. 그
리스도의 기름부으심이, 여러분 자신과 그분에 대해 알아야 할 모든 진리, 곧
거짓에 조금도 물들지 않은 진리를 가르쳐 줍니다. 그러니 여러분이 받은 가르
침 안에 깊이 머물러 사십시오.

하나님의 참된 자녀

[28] 자녀 여러분, 그리스도와 함께 머물러 있으십시오. 그리스도 안에 깊이 머물
러 사십시오. 그러면 그분이 나타나실 때 그분을 만날 준비, 두 팔 벌려 그분을
맞을 준비가 되어 있는 것입니다. 그분이 오실 때, 죄 때문에 부끄러워 낯을 붉
히거나 서투른 변명을 늘어놓지 않아도 될 것입니다.
[29] 그분께서 옳고 의로우신 분이심을 확신한다면, 여러분은 의를 행하는 사람마
다 하나님의 참된 자녀임을 깨닫게 될 것입니다.

3 [1] 아버지께서 우리에게 펼쳐 보이신 사랑은 실로 놀라운 사랑이 아닐 수
없습니다! 그 사랑을 바라보십시오. 우리가 하나님의 자녀라 불리게 되
었습니다! 참으로 우리는 하나님의 자녀입니다. 세상이 우리를 알아주지 않고
우리를 진지하게 대하지 않는 것은, 하나님이 누구시며 그분이 무슨 일을 하시
는지 세상이 알지 못하기 때문입니다.
[2-3] 그러나 친구 여러분, 우리는 분명 하나님의 자녀입니다. 그것은 단지 시작일
뿐입니다. 우리의 끝이 어떻게 될지는 아무도 모릅니다! 다만 우리가 아는 것
은, 그리스도께서 밝히 나타나실 때 우리가 그분을 뵐 것이며, 그분을 뵐 때 우
리도 그분과 같이 되리라는 것입니다. 그분의 오심을 손꼽아 기다리는 우리는,
순결하게 빛나는 예수의 삶을 모범으로 삼아 우리의 삶을 준비합니다.
[4-6] 죄악된 삶에 빠진 사람은 누구나 위험한 무법자입니다. 하나님의 질서를 어
지럽히는 것은 죄입니다. 그리스도께서 죄를 없애기 위해 오셨다는 것을 여러
분은 잘 알고 있습니다. 그분 안에는 죄가 없습니다. 죄는 그분께서 세우신 계
획의 일부가 아닙니다. 그리스도 안에 깊이 머물며 사는 사람 가운데 습관처럼
죄를 짓는 사람은 하나도 없습니다. 습관처럼 죄를 짓는 사람은 그리스도를 제
대로 보지 못했고, 그분을 전혀 알지 못하는 자입니다.
[7-8] 그러므로 사랑하는 자녀 여러분, 누군가의 유혹을 받아서 진리에서 벗어나는
일이 없게 하십시오. 우리가 의로우신 메시아의 삶에서 본 것처럼, 의를 행하는
사람이 의로운 사람입니다. 습관처럼 죄를 짓는 사람은 죄짓는 일의 개척자인
마귀에게서 난 사람입니다. 하나님의 아들이 오신 것은 마귀의 길을 멸하시기
위해서입니다.
[9-10] 하나님에게서 나서 생명에 들어간 사람들은 습관처럼 죄를 짓지 않습니
다. 어째서 그렇습니까? 하나님의 씨가 그들 깊은 곳에 자리하여, 그들을 지금
의 모습으로 만들어 가기 때문입니다. 죄를 짓거나 자랑하는 것은 하나님에게
서 난 사람들의 본성이 아닙니다. 하나님의 자녀와 마귀의 자녀를 구별하는 방
법이 있습니다. 의로운 삶을 살지 않는 자는 하나님에게서 난 사람이 아닙니다.
형제나 자매를 사랑하지 않는 자도 그러합니다. 간단한 기준이 아닙니까?

11 서로 사랑하십시오. 이것이 우리가 처음부터 들은 메시지입니다.
12-13 우리는 악한 자와 손잡고 자기 동생을 죽인 가인처럼 되어서는 안됩니다.
그가 왜 동생을 죽였습니까? 그는 악한 일에 깊이 빠져 있었고, 그의 동생이 한
행위는 의로웠기 때문입니다. 그러니 친구 여러분, 세상이 여러분을 미워해도
놀라지 마십시오. 그런 일은 오래전부터 계속 있어 온 일입니다.
14-15 형제자매를 사랑하면, 그것으로 우리가 죽음에서 생명으로 옮겨졌다는 것
을 알 수 있습니다. 사랑하지 않는 사람은 죽은 사람과 같습니다. 형제나 자매
를 미워하는 사람은 살인하는 자입니다. 영원한 생명과 살인이 서로 어울리지
않는다는 것을, 여러분은 잘 알고 있습니다.
16-17 그리스도께서 우리를 위해 자기 목숨을 희생하신 것을 보고, 우리는 사랑을
이해하고 경험하게 되었습니다. 그러므로 우리도 자기 자신만 위하는 것이 아
니라, 믿는 동료들을 위해 희생하며 살아야 합니다. 곤경에 처한 형제나 자매를
보고서, 도울 방법이 있는 여러분이 그들을 냉대하고 아무것도 도와주지 않는
다면, 하나님의 사랑은 어찌 되겠습니까? 사라지고 말 것입니다. 여러분이 하
나님의 사랑을 사라지게 한 것입니다.

참된 사랑의 실천

18-20 사랑하는 자녀 여러분, 사랑에 대해 말만 하지 말고 참된 사랑을 실천하십
시오. 그것만이 우리가 참되게 살고 있으며, 실제로 하나님 안에 살고 있음을
알 수 있는 유일한 길입니다. 또한 그것은 스스로를 비판할 일이 생기더라도,
그 힘겨운 자기비판을 멈추게 하는 길이기도 합니다. 하나님은 우리의 근심하
는 마음보다 크시며, 우리 자신보다 우리를 더 잘 아시기 때문입니다.
21-24 친구 여러분, 그렇게 마음을 살핀 뒤에 더 이상 우리가 자책하거나 스스로
를 정죄하지 않으면, 우리는 하나님 앞에서 담대하고 자유롭게 됩니다. 손을 내
밀어, 우리가 구한 것을 받을 수 있습니다. 그것은 우리가 하나님의 말씀을 행
하고 그분을 기쁘시게 해드리는 일을 하기 때문입니다. 다시 말씀드리지만, 하
나님의 계명은 이것입니다. 곧 하나님께서 친히 이름 지어 주신 아들 예수 그리
스도를 믿는 것입니다. 그리스도께서 우리에게 말씀하신 것은, 처음 받은 계명
대로 서로 사랑하라는 것입니다. 우리가 그리스도의 계명을 지키면, 우리는 그
분 안에서 충만히 살고, 그분도 우리 안에 사십니다. 이렇게 우리는 그분이 주
신 성령을 힘입어, 그리스도께서 우리 안에 깊이 머무르고 계심을 경험합니다.

적그리스도의 영

4

1 사랑하는 친구 여러분, 들려오는 말을 다 믿지 마십시오. 사람들이 여
러분에게 하는 말을 신중히 생각하고 따져 보십시오. 하나님에 대해 이
야기한다고 해서 모두가 하나님에게서 난 사람은 아닙니다. 수많은 거짓 설교
자들이 이 세상을 활보하고 있습니다.
2-3 참 하나님의 영을 가려내는 기준이 있습니다. 예수 그리스도, 곧 하나님의 아

들이 살과 피를 지닌 진짜 사람으로 오신 것을 믿는다고 공개적으로 시인하는 사람은, 누구나 하나님에게서 나서 하나님께 속한 사람입니다. 그러나 예수를 믿는다고 시인하지 않는 사람은, 누구든지 하나님과 아무 관계가 없습니다. 이것이 바로 적그리스도의 영입니다. 여러분은 적그리스도가 오리라는 말을 들었습니다. 그런데 그 영이 우리가 생각한 것보다 빨리 왔습니다!

4-6 사랑하는 자녀 여러분, 여러분은 하나님에게서 나서 하나님께 속해 있습니다. 여러분은 이미 저 거짓 교사들과 싸워 큰 승리를 거두었습니다. 여러분 안에 계신 성령께서 이 세상 그 어떤 것보다 더 강하시기 때문입니다. 저 거짓 교사들은 그리스도를 부인하는 세상에 속해 있습니다. 그들은 세상의 언어를 말하고, 세상은 그들의 언어를 먹고 자랍니다. 그러나 우리는 하나님에게서 나서 하나님께 속해 있습니다. 하나님을 아는 사람은 누구나 우리의 말을 이해하고 듣습니다. 물론 하나님과 아무 관계가 없는 자는 우리의 말을 듣지 않습니다. 이것이 진리의 영과 속이는 영을 구별하는 또 하나의 기준입니다.

하나님은 사랑이십니다

7-10 사랑하는 친구 여러분, 사랑은 하나님에게서 오는 것이니, 사랑하기를 멈추지 마십시오. 사랑하는 사람은 모두 하나님에게서 나서 하나님과의 사귐을 경험합니다. 사랑하지 않는 사람은 하나님에 대해 아무것도 알지 못하는 자입니다. 하나님은 사랑이시기 때문입니다. 그러니 여러분도 사랑하지 않으면 그분을 알 수 없습니다. 하나님께서 우리를 향하신 그분의 사랑을 이렇게 보이셨습니다. 하나님께서 하나뿐인 자기 아들을 세상에 보내셔서, 우리로 그 아들을 통해 살게 하신 것입니다. 우리가 말하려는 사랑은 이런 사랑입니다. 우리는 한 번도 하나님을 사랑해 본 적이 없습니다. 그럼에도 우리를 사랑하신 하나님께서 자기 아들을 희생 제물로 보내 주심으로, 우리 죄뿐 아니라 그 죄가 하나님과 우리의 관계에 입힌 상처까지 깨끗이 없애 주신 것입니다.

11-12 내가 사랑하고 사랑하는 친구 여러분, 하나님께서 이처럼 우리를 사랑하셨으니, 우리도 서로 사랑하는 것이 마땅합니다. 지금까지 하나님을 본 사람은 아무도 없습니다. 그러나 우리가 서로 사랑하면 하나님께서 우리 안에 깊이 머무르시고, 그분의 사랑이 우리 안에 완성되어 완전한 사랑이 됩니다!

13-16 하나님께서 우리에게 자신의 생명, 자신의 영에서 난 생명을 주셨습니다. 이것으로 우리는, 우리가 그분 안에서 변함없이 충만하게 살고 있는 것과, 그분이 우리 안에 살고 계신 것을 압니다. 또한 우리는 아버지께서 자기 아들을 세상의 구주로 보내신 것을 직접 보았고, 그것을 공개적으로 증언합니다. 예수가 하나님의 아들이심을 시인하면, 누구나 하나님과의 친밀한 사귐에 끊임없이 참여하게 됩니다. 우리는 이것을 너무도 잘 압니다. 우리는 하나님에게서 오는 이 사랑을, 마음과 영혼을 다해 껴안았습니다.

사랑하고 사랑받으십시오

17-18 하나님은 사랑이십니다. 우리가 사랑의 삶 속에 영원히 살기로 작정하면,
우리는 하나님 안에 살고 하나님도 우리 안에 사십니다. 이처럼 사랑이 우리 안
에 자유롭게 드나들고 익숙해지고 성숙해지면, 심판 날에 우리는 염려할 일이
없을 것입니다. 그리스도께서 사신 대로 우리도 그렇게 살기 때문입니다. 사랑
안에는 두려움이 들어설 자리가 없습니다. 온전한 사랑은 두려움을 내어 쫓습
니다. 두려움은 삶을 무력하게 만듭니다. 두려워하는 삶, 곧 죽음을 두려워하고
심판을 두려워하는 삶은 사랑 안에서 온전해지지 못한 삶입니다.
19 그럼에도, 우리는 사랑합니다. 사랑하고 사랑받습니다. 우리가 먼저 사랑받
았으니, 이제 우리가 사랑합니다. 하나님께서 먼저 우리를 사랑해 주셨습니다.
20-21 "나는 하나님을 사랑한다!"고 떠벌리고는, 곧바로 형제나 자매를 미워하고
아무렇지도 않게 생각하는 사람이 있다면, 그는 거짓말쟁이입니다. 보이는 사
람을 사랑하지 않으면서 어찌 보이지 않는 하나님을 사랑할 수 있겠습니까? 우
리가 그리스도에게서 받은 계명은 단순명료합니다. 하나님에 대한 사랑은 사람
에 대한 사랑을 포함한다는 것입니다. 여러분은 하나님과 사람 모두를 사랑해
야 합니다.

5 1-3 예수께서 메시아이심을 믿는 사람은 누구나 하나님에게서 난 사람입
니다. 낳으신 분을 사랑한다면, 우리는 분명 그분에게서 난 자녀까지도
사랑할 것입니다. 하나님을 사랑합니까? 그분의 계명을 지킵니까? 이것이 우
리가 하나님의 자녀를 사랑하는지 사랑하지 않는지를 구별해 주는 참된 기준입
니다. 우리가 하나님을 사랑하는 증거는, 우리가 그분의 계명을 지킬 때 나타납
니다. 그분의 계명은 결코 힘든 것이 아닙니다.

세상을 무릎 꿇게 하는 힘

4-5 하나님에게서 난 사람은 누구나 세상의 방식을 이깁니다. 세상을 무릎 꿇게
하는 승리의 힘은, 다름 아닌 우리의 믿음입니다. 예수께서 하나님의 아들이심
을 믿는 사람, 그가 곧 세상의 방식을 이기는 사람입니다.
6-8 예수, 하나님의 그리스도! 그분께서는 생명을 주는 탄생을 경험하시고, 죽음
을 이기는 죽음도 경험하셨습니다. 그분께서는 자궁을 통한 탄생뿐 아니라, 세
례를 통한 탄생도 경험하셨습니다. 그분께서는 그 세례를 통해 자기의 사역을
시작하시고, 희생적인 죽음을 맞이하셨습니다. 성령은 언제나 진리를 증언해
주십니다. 예수께서 세례 받으시고 십자가에 달리실 때 하나님이 함께 계셨음
을 증언하시는 성령께서, 그 모든 사건을 우리 눈앞에 생생하게 제시해 주십니
다. 증언은 삼중으로 이루어집니다. 성령과 세례와 십자가에 달리심이 그것입
니다. 이 세 증언은 완전하게 일치합니다.
9-10 우리가 사람의 증언도 그대로 받아들이는데, 하물며 하나님께서 마치 이 자

리에 계신 것처럼 자기 아들에 관해 증언하실 때에는 더욱 확실하지 않겠습니까? 하나님의 아들을 믿는 사람은 누구나 하나님의 증언을 자기 속에 확인한 사람입니다. 믿지 않는 사람은 하나님을 거짓말쟁이로 만드는 자입니다. 하나님께서 자기 아들을 두고 친히 하신 증언을 믿지 않기 때문입니다.
11-12 증언의 핵심은, 하나님께서 우리에게 영원한 생명을 주셨고, 그 생명이 아들 안에 있다는 것입니다. 그러므로 그 아들을 모신 사람은 생명을 가졌고, 그 아들을 부인하는 사람은 생명을 부인하는 자입니다.

허상이 아닌 실체

13-15 내가 이 편지를 쓰는 목적은 이것입니다. 하나님의 아들을 믿는 여러분이 의심의 그림자를 헤치고 나와, 영원한 생명, 허상이 아닌 실체를 소유하고 있음을 알게 하려는 것입니다. 우리는 하나님 앞에서 담대하고 자유롭게 되었습니다. 그분의 뜻에 따라 마음껏 구하고, 또 그분께서 들어주심을 확신하게 되었습니다. 하나님께서 들어주신다고 확신하고 구하면, 우리가 구한 것은 우리 것이나 다름없음을 우리는 압니다.
16-17 예컨대, (영원한 죽음으로 이끄는 "죽을"죄를 짓는 자들을 두고 하는 말은 아니지만) 어떤 그리스도인이 죄짓는 것을 보거든, 하나님께 도움을 구하십시오. 그러면 하나님께서 기꺼이 도우시고, 죽을죄를 짓지 않은 그 죄인에게 생명을 베푸실 것입니다. 죽을죄라고 할 수 있는 죄가 있는데, 나는 그것을 두고 간구하라는 말이 아닙니다. 우리가 잘못 행하는 것은 다 죄입니다. 그러나 죄라고 해서 다 죽을 죄는 아닙니다.
18-21 우리가 알기로, 하나님에게서 난 사람은 아무도 죄, 곧 죽을죄를 짓지 않습니다. 하나님에게서 난 사람은 하나님의 보호를 받습니다. 마귀도 그를 건드리지 못합니다. 우리는 하나님께서 우리를 굳게 붙잡아 주신다는 것을 압니다. 오직 세상 사람들만 마귀의 손에 붙잡혀 있습니다. 우리가 알다시피, 하나님의 아들이 오셔서, 우리로 하여금 하나님의 진리를 깨닫게 해주셨습니다. 실로 멋진 선물이 아닐 수 없습니다! 우리는 진리 자체이신 하나님의 아들 예수 그리스도 안에 살고 있습니다. 이 예수야말로 참 하나님이시며 참 생명이십니다. 사랑하는 자녀 여러분, 모든 가짜는 영리하기 그지없으니, 그들을 조심하십시오.

요한이서

1-2 사랑하는 회중 여러분, 여러분의 목회자인 나는 진리 안에서 여러분을 사랑
합니다. 나만 그런 것이 아니라, 영원토록 우리 안에 머물러 계시는 진리를 아
는 모든 사람들이 여러분을 사랑합니다.
3 하나님 아버지와 아버지의 아들 예수 그리스도께서 주시는 은혜와 자비와 평
화가, 진리와 사랑 안에서 우리와 함께하기를 바랍니다!
4-6 여러분의 회중 가운데 많은 사람들이 아버지께서 명하신 대로 진리를 따라
열심히 살아가고 있다는 소식을 듣고, 내가 얼마나 행복했는지 이루 말할 수 없
습니다. 그러나 친구 여러분, 내가 여러분의 기억을 다시 일깨워 드리니, 서로
사랑하십시오. 이것은 새로운 계명이 아니라, 우리가 처음부터 가지고 있던 기
본 헌장을 되풀이한 것입니다. 사랑은 그분의 계명을 따라 사는 것입니다. 그분
의 계명을 하나로 줄여 말하면 이렇습니다. "사랑 안에서 삶을 경영하라." 이것
은 여러분이 처음부터 들은 것입니다. 변한 것은 하나도 없습니다.

속이는 자! 적그리스도!

7 세상에는 그럴듯한 말로 속이는 사람들이 많이 활개 치고 있습니다. 그들은 예
수 그리스도께서 살과 피를 가진 진짜 사람이었다고 믿지 않습니다. 그들에게
그들의 진짜 이름을 붙여 주십시오. "속이는 자! 적그리스도!"라고 말입니다.
8-9 그들을 조심하십시오. 우리가 함께 애써서 맺은 열매를 잃어버리는 일이 없
게 하십시오. 나는 여러분이 받을 모든 상급을 여러분이 다 받게 되기를 바랍니
다. 누구든지 함부로 그리스도의 가르침을 버리겠다고 생각하는 사람이 있다
면, 그는 하나님을 버리는 자입니다. 그러나 그리스도의 가르침 안에 머무르는
사람은, 아버지에게도 신실하고 아들에게도 신실한 사람입니다.
10-11 이 가르침을 붙들지 않는 사람이 눈에 띄거든, 그를 초청해 들이거나 그에

게 자리를 내주는 일이 없게 하십시오. 만일 초청하거나 자리를 내주면, 그에게
악행을 계속할 빌미를 마련해 주는 셈이며, 결국 여러분도 그와 한패가 될 수
있습니다.
12-13 나는 여러분에게 할 말이 많이 있지만, 종이와 잉크로 쓰고 싶지 않습니다.
조만간 여러분에게 직접 가서 마음을 터놓고 이야기를 나눌 수 있기를 바랍니
다. 그것이 여러분과 내게 훨씬 만족스러운 일이 될 것입니다. 이곳에 있는 여
러분의 자매 교회의 회중 모두가 안부를 전합니다.

요한삼서

1-4 목회자인 나는, 사랑하는 벗 가이오에게 편지합니다. 나는 그대를 진정으로 사랑합니다! 그대와 나는 가장 절친한 친구 사이이니, 나는 그대가 하는 모든 일이 잘되고, 그대가 건강하기를 기도합니다. 또한 그대의 영혼이 잘됨 같이, 그대의 일상의 일도 잘되기를 간구합니다! 몇몇 친구들이 와서, 그대가 끊임없이 진리의 길을 따라 살고 있다는 소식을 전해 주었을 때 나는 몹시 기뻤습니다. 나의 자녀들이 진리의 길을 꾸준히 걷고 있다는 소식을 듣는 것만큼 나를 행복하게 해주는 일도 없을 것입니다!

선한 것을 본받으십시오

5-8 사랑하는 친구여, 그대가 그리스도인 형제자매는 물론이고 낯선 사람들까지 환대하고 있으니, 그대의 믿음이 더욱 돋보이는군요. 그들이 이곳 교회로 돌아와서, 그대의 사랑이 어떠했는지를 전부 말해 주었습니다. 그대가 이 여행자들을 도와 여행을 계속하게 한 것은 잘한 일입니다. 그것은 하나님께서 펼치시는 환대의 손길과 같은 것입니다! 그들은 그분의 이름을 깃발에 내걸고 길을 나서서, 믿지 않는 사람들에게서는 아무 도움도 받지 않습니다. 그러므로 그들은 우리가 제공하는 도움을 받을 자격이 있습니다. 우리는 식사와 잠자리를 제공함으로써, 진리를 전파하는 그들의 동료가 되는 것입니다.

9-10 전에 나는 이와 관련해서, 그곳에 있는 교회에 편지를 써 보냈습니다. 그러나 지도자 되기를 좋아하는 디오드레베가 나의 권고를 깎아내렸습니다. 내가 가면, 우리에 관해 악의적인 소문을 퍼뜨린 이유를 그에게 반드시 따져 묻겠습니다.

그것으로도 모자랐는지, 그는 여행중인 그리스도인들을 환대하지 않고 다른 사람들이 그들을 환대하는 것까지 막으려고 합니다. 더욱이 그들을 맞아들이기는

커녕 오히려 내쫓기까지 합니다.
11 친구여, 악한 것과 짝하지 마십시오. 선한 것을 본받으십시오. 선한 일을 하
는 사람은 하나님의 일을 하는 사람입니다. 악한 일을 하는 사람은 하나님을 저
버리고, 하나님에 대해 기초적인 것조차 모르는 자입니다.
12 모든 사람이 데메드리오를 칭찬하고, 진리 자체가 그를 지지합니다! 우리가
보증합니다. 그대는 우리가 함부로 보증하지 않는다는 것을 알 것입니다.
13-14 그대에게 할 말이 많지만, 나는 펜과 잉크로 쓰고 싶지 않군요. 내가 조만간
그곳으로 직접 가서 마음을 터놓고 이야기할 수 있기를 바랍니다. 그대에게 평
화가 있기를 바랍니다. 이곳에 있는 벗들이 안부를 전합니다. 그곳에 있는, 이
름으로만 아는 우리의 벗들에게 안부를 전해 주십시오.

우리의 영적 공동체는 우리의 육체만큼이나 병에 걸리기 쉽다. 그러나 우리의 예배와 증언에서 잘못된 것을 찾아내기란 우리의 위장과 폐에 생긴 병을 찾아내는 것보다 훨씬 어렵다. 육체가 병들거나 상처를 입으면, 고통이 우리의 주의를 끈다. 그리고 우리는 신속하게 조치를 취한다. 그러나 우리의 영적 공동체 안에 침투한 위험하고 치명적인 바이러스는 오랫동안 발견되지 않은 채 잠복해 있을 수 있다. 육체를 치료하는 의사가 필요한 만큼, 영을 진단하고 치료하는 사람은 더욱 필요하다.

유다가 초기 그리스도인 공동체에 보낸 편지는 바로 그러한 진단이라고 할 수 있다. 그는 편지에서 이렇게 말한다. "그러던 차에 간곡한 권고가 담긴 편지를 쓸 필요가 생겼습니다. 그것은 우리에게 선물로 맡겨진 이 믿음을 지키고 소중히 여기기 위해, 여러분이 가진 모든 것을 동원해 싸워야 한다는 것입니다"(유 3절). 신자들이 무언가 잘못되었다는 것을 알지 못하거나, 적어도 유다가 지적하는 것만큼 잘못되지 않았다고 생각하는 상황에서 유다의 진단은 더욱 필요한 것이었다.

물론 그리스도인 공동체 안에서의 삶은 단순히 공격이나 파괴로부터 신앙을 보호하는 일에 그치지 않는다. 이 일에 과대망상적인 태도를 보인다면 그것은 정신적으로뿐만 아니라 영적으로도 해롭다. 그리스도인이 가장 먼저 갖추어야 할 자세는, 유다가 말한 대로 "두 팔을 활짝 벌려 우리 주 예수 그리스도의 자비를 기다리는 것"이다. 이와 함께 강력한 경계 태세도 필요하다. 유다는 편지를 읽는 이들에게 다음과 같이 격려한다. "여러분은 가장 거룩한 이 믿음 안에 여러분 자신을 세우십시오. 성령 안에서 기도하고, 하나님의 사랑 한가운데 머무르고"(유 20절). 유다의 호루라기소리가 수많은 불행을 막았다.

유다서

1-2 예수 그리스도의 종이며 야고보의 형제인 나 유다는, 하나님 아버지께서 사
랑하시고 예수 그리스도께서 부르시고 지켜 주시는 이들에게 편지합니다. 모든
일이 바르게 될 것이니, 긴장을 푸십시오. 모든 것이 화합할 것이니, 안심하십
시오. 사랑이 시작되고 있으니, 여러분의 마음을 활짝 여십시오!

모든 것을 동원해 싸우십시오

3-4 사랑하는 친구 여러분, 나는 우리가 함께 누리고 있는 이 구원의 삶에 관해서
여러분에게 편지하려고 여러모로 애썼습니다. 그러던 차에 간곡한 권고가 담긴
편지를 쓸 필요가 생겼습니다. 그것은 우리에게 선물로 맡겨진 이 믿음을 지키
고 소중히 여기기 위해, 여러분이 가진 모든 것을 동원해 싸워야 한다는 것입니
다. (이런 일이 일어나리라고 성경이 우리에게 경고한 대로) 어떤 사람들이 우리 모임에
잠입하는 일이 일어났습니다. 그들은 겉으로만 경건한 척하는 뻔뻔한 불한당입
니다. 그들의 속셈은 우리 하나님의 순전한 은혜를 방종거리로 바꾸는 것입니
다. 그것은 오직 한분이신 우리 주 예수 그리스도를 제거하는 일이나 다름없습
니다.

우주에서 길을 잃은 별들

5-7 여러분이 이미 잘 알고 있는 내용이어서 새삼스럽게 여러분의 기억을 되살릴
필요가 없을 테지만, 내가 할 수 있는 한 분명하게 제시하려는 것은 이것입니
다. 간략하게 말씀드리겠습니다. 주님께서 그분의 백성을 이집트 땅에서 구원
해 내셨지만, 나중에 변절자들을 모두 멸하셨습니다. 또한 여러분은, 사악한 짓
을 일삼기 위해 자기 자리를 지키지 않고 내팽개친 천사들의 이야기를 알고 있
습니다. 그들은 지금 쇠사슬에 매여 캄캄한 곳에 갇혀 최후 심판의 날을 기다리

고 있습니다. 그들과 똑같이 행하다가 성적인 황폐함에 빠진 소돔과 고모라와 그 주위 도성들은 또 다른 본보기입니다. 그 도성들은 불타고 불타도 완전히 타서 없어지지 않는 형벌을 받음으로써, 지금도 여전히 경고의 표지 역할을 하고 있습니다.

8 최근에 잠입해 들어온 이 침입자들의 프로그램도 똑같습니다. 그들은 불륜을
일삼고, 법과 통치자를 거부하며, 영광을 진창으로 끌어넣습니다.

9-11 미가엘 천사는 천사장이면서도, 모세의 시체를 놓고 마귀와 격렬한 논쟁을
벌일 때 함부로 모독적인 저주를 퍼붓지 않고, "그렇게 해서는 안된다. 하나님께서 그대를 처리하실 것이다!" 하고 말했을 뿐입니다. 그러나 저 침입자들은 자기들이 이해하지 못하는 것은 무엇이든지 깔보고 조롱합니다. 그들은 자기들이 하고 싶어 하는 것만 하고 짐승처럼 본능에 의지해 살다가, 스스로를 파멸시키고 맙니다. 나는 그들을 생각만 해도 진저리가 납니다! 그들은 가인의 길을 따라 걸었고, 탐욕 때문에 발람의 오류에 빠져들었으며, 고라처럼 반역하다가 멸망당하고 말았습니다.

12-13 그들은, 여러분이 함께 예배하고 식사할 때 나누는 여러분의 애찬을 망치는
자들입니다. 그들은 여러분의 평판을 떨어뜨립니다. 부끄러운 줄도 모른 채 흥청거리고, 아무것에도 얽매이려 하지 않습니다. 그들은 이와 같습니다.

바람에 떠밀려 사라지는 연기,
잎새와 열매도 없이 죽고 또 죽어서
뿌리째 뽑힌 늦가을 나무,
수치의 거품 외에는 아무것도 남기지 못하는
바닷가 거친 파도,
우주에서 길을 잃고
짙은 어둠을 향해 가는 별들.

14-16 아담의 칠대손 에녹은 그들을 두고 이렇게 예언했습니다. "보아라! 주님께
서 수천의 거룩한 천사들과 함께 오셔서, 그들 모두를 심판하실 것이다. 저마다 뻔뻔스럽게 저지른 모든 모독 행위와, 경건한 척하면서 불경스럽게 내뱉은 모든 더러운 말에 따라, 각 사람에게 유죄 판결을 내리실 것이다." 이들은 불평과 불만을 늘어놓는 자들로서, 가장 큰 빵조각을 움켜잡으려 하고, 허풍을 떨고, 자기들을 출세시켜 줄 말이라면 무엇이든 지껄입니다.

17-19 그러나 사랑하는 친구 여러분, 우리 주 예수 그리스도의 사도들이 이런 일
이 일어날 것이라고 일러 준 것을 기억하십시오. "마지막 때에는 이 같은 일을 더 이상 진지하게 받아들이지 않는 자들이 나타날 것입니다. 그들은 이 일들을 농담처럼 받아들이고, 경건을 자기들의 변덕과 욕망으로 변질시킬 것입니다." 그들은 교회를 분열시키고, 자기들만 생각하는 자들입니다. 그들에게는 아무것도 없으며, 성령의 표지도 전혀 없습니다!

20-21 그러나 사랑하는 친구 여러분, 여러분은 가장 거룩한 이 믿음 안에 여러분
자신을 세우십시오. 성령 안에서 기도하고, 하나님의 사랑 한가운데 머무르고,
두 팔을 활짝 벌려 우리 주 예수 그리스도의 자비를 기다리십시오. 그것이야말
로 영원한 생명, 참된 생명입니다!
22-23 믿음 안에서 머뭇거리는 사람들을 너그러이 대하십시오. 잘못된 길을 걷는
사람들을 찾아가십시오. 죄지은 사람들에게 마음을 쓰되, 죄는 너그럽게 대하
지 마십시오. 죄 자체는 아주 나쁜 것이기 때문입니다.
24-25 여러분을 일으켜 주시고 자기 앞에 우뚝 세우셔서, 여러분의 마음을 새롭고
기쁘게 해주시는 분, 오직 한분이신 우리 하나님, 오직 한분이신 우리 구주께,
우리 주 예수 그리스도를 통해 영광과 위엄과 권능과 주권이 영원 전부터, 또한
이제와 영원까지 있기를 바랍니다. 아멘.

성경의 마지막은 화려하다. 환상과 노래, 재앙과 구출, 공포와 승리로 가득하다. 쇄도하는 색과 소리, 이미지와 에너지에 현기증이 날 정도다. 비록 처음에는 당혹스럽더라도 계속해서 읽어 나가다 보면, 우리는 점차 그 리듬을 파악하고, 연결점들을 깨달으며, 기독교 예배의 다차원적 행위에 참여하고 있는 우리 자신을 발견하게 된다.

예배는 네 동물들이 밤낮으로 쉬지 않고 찬송을 부르는 가운데 시작된다.

> 거룩하시다, 거룩하시다, 거룩하시다.
> 우리 주님, 주권자이신 하나님,
> 전에도 계셨고, 지금도 계시며, 장차 오실 분.

> 오, 합당하신 주님! 그렇습니다, 우리 하나님!
> 영광을! 존귀를! 권능을 받으소서!
> 주님께서 만물을 창조하셨습니다.
> 주님께서 원하셨기에 만물이 창조되었습니다(계 4:8, 11).

그리고 스물네 장로들이 함께 찬송을 부른다. 이 책의 중간쯤에서는, "구원받은 이들"이 함께 서서 모세의 노래를 부르고 어린양의 노래를 부른다.

> 오, 주권자이신 하나님,
> 주님께서 하신 일이 크고 놀랍습니다!
> 모든 민족의 왕이시여,
> 주님의 길은 의롭고 참되십니다!
> 하나님, 누가 주님을 두려워하지 않을 수 있습니까?
> 누가 주님의 이름에 영광을 돌리지 않을 수 있습니까?
> 주님, 오직 주님만 홀로 거룩하시니
> 모든 민족이 와서 주님께 경배합니다.
> 그들이 주님의 심판이 옳음을 알기 때문입니다(계 15:3-4).

1세기 후반 목회자였던 밧모 섬의 요한은 예배에 마음을 둔 사람으로, 그의 최고 관심은 예배였다. 요한계시록에 기록된 그의 환상은, 그가 밧모라는 지중해의 한 섬에서 어느 일요일 예배를 드리는 중에 찾아왔다. 그는 육지에 있는 일곱 교회를 순회하며 돌보는 목회자로서, 그의 주된 임무는 예배를 인도하는 것이었다. 살아 계신 하나님께 대한 응답인 예배는 사람들을 공동체로 모아 준다. 따라서 예배를 소홀히 하거나 왜곡하면, 공동체는 혼란에 빠지거나 몇몇 사람들의 횡포에 시달리게 된다.

지금 우리가 사는 이 시대는 예배하기에 좋은 시대가 아니다. 아니, 그런 시대는 애초부터 없었다. 세상은 예배를 적대시한다. 마귀는 예배를 증오한다. 요한계시록이 분명히 보여주듯이, 예배는 더없이 부적합한 조건 아래서 수행할 수밖에 없는 임무다. 어떤 그리스도인들은 예배한다는 이유로 죽임을 당하기도 한다.

요한계시록은 수월하게 읽히는 책은 아니다. 목사일 뿐 아니라 시인이기도 한 요한은, 은유와 상징, 이미지와 암시 등을 즐겨 사용했다. 그것은 우리로 하여금 믿고 순종하는 가운데 예수의 임재 안으로 들어가게 해주려는 열망 때문이었다. 그가 우리의 지성과 상상력에 요구하는 것들은 또한 우리에게 큰 보상도 안겨 준다. 요한과 벗이 되어 함께 예배드릴 때, 우리의 예배는 분명 전보다 더 긴박하고 기쁨 가득한 예배가 될 것이기 때문이다.

우리 하나님을 찬양하여라, 그분의 모든 종들아!
그분을 두려워하는, 너희 크고 작은 모든 사람들아!(계 19:5)

요한계시록

1 1-2 이 책은 메시아 예수의 계시입니다. 하나님께서는 앞으로 일어날 일
을 그분의 종들에게 분명히 보여주시려고 이 계시를 주셨습니다. 그분은
천사를 통해 이를 공포하셨고, 자신의 종 요한에게 전해 주셨습니다. 그리고 요
한은 자신이 본 모든 것을 말했습니다. 하나님의 말씀, 곧 예수 그리스도의 증
언을!
3 이것을 읽는 독자는 얼마나 복된 사람인지요! 이 예언의 말씀, 이 책에 기록된
모든 말씀을 듣고 지키는 이들은 얼마나 복된 사람인지요!
때가 바로 눈앞에 다가왔기 때문입니다.

지금도 계시고, 전에도 계셨고, 장차 오실 하나님

4-7 나 요한은, 아시아에 있는 일곱 교회에 이 편지를 적어 보냅니다. 지금도 계
시고, 전에도 계셨고, 장차 오실 하나님께서, 또 그분의 보좌 앞에 있는 일곱 영
이, 또 충성스런 증인이자 죽은 자들 가운데서 처음 살아나신 장자이자 지상의
모든 왕을 다스리고 계신 예수 그리스도께서 여러분에게 온갖 좋은 것을 내려
주시기를 바랍니다.

우리를 사랑하셔서, 우리 삶에서 우리 죄를 피로 씻으시고
우리를 한 나라로, 그분의 아버지를 위한 제사장으로 삼으신 그리스도께
영광과 능력이 영원하기를!
아멘. 그분이 지금 오고 계신다!
구름 타고 오시는 분, 모든 눈이 보게 되리라.
그분을 조롱하고 죽인 자들도 보게 되리라.
모든 나라, 모든 시대의 사람들이 보고

비통해 하며 자기 옷을 찢으리라.
오, 그렇게 되기를!

8 주님께서 밝히 말씀하십니다. "나는 처음이요 마지막이다. 나는 지금도 있고,
전에도 있었고, 장차 올 하나님이다. 나는 주권자다."
9-17 예수 안에서 여러분과 함께 시련과 그 나라와 열정 어린 인내에 참여해 온
나 요한은, 하나님의 말씀, 곧 예수의 증언 때문에 밧모라 하는 섬에 있게 되었
습니다. 그날은 일요일이었고, 나는 성령 안에서 기도하고 있었습니다. 그때 뒤
에서 나팔소리처럼 우렁차고 쩡쩡한 큰 음성이 들려왔습니다. "네가 보는 것을
책으로 기록하여라. 그리고 그 기록한 것을 에베소, 서머나, 버가모, 두아디라,
사데, 빌라델비아, 라오디게아 일곱 교회에 보내라." 나는 그 음성을 알아보려
고 돌아섰습니다.

내가 보니
일곱 가지 달린 금촛대가 있고
그 한가운데 인자가 계셨습니다.
긴 옷과 금가슴막이를 입으시고
머리는 새하얀 눈보라 치는 듯
눈은 화염을 쏟아내는 듯했고,
두 발은 화로에 달궈진 청동 같았습니다.
음성은 큰 폭포소리 같고
오른손은 일곱 별을 붙들고 계셨으며,
입은 예리한 날 선 칼,
얼굴은 바싹 다가온 태양 같았습니다.

이를 본 나는 죽은 듯 그분 발 앞에 쓰러졌습니다. 그분의 오른손이 나를 잡아
일으켜 세우셨고, 그분의 음성이 나를 안심시키셨습니다.
17-20 "두려워 마라. 나는 처음이요 마지막이다. 나는 살아 있다. 나는 죽었으나
살아났고, 이제 나의 생명은 영원하다. 내 손에 있는 이 열쇠들이 보이느냐? 이
것은 죽음의 문들을 열고 잠그며, 지옥의 문들을 열고 잠그는 열쇠들이다. 이제
네가 보는 것을 모두 기록하여라. 지금 일어나는 일들과 곧 일어날 일들을 기록
하여라. 네가 내 오른편에서 본 그 일곱 별과, 그 일곱 가지 달린 금촛대, 너는
그 이면에 담긴 의미가 무엇인지 알기 원하느냐? 일곱 별은 바로 일곱 교회의
천사들이며, 촛대의 일곱 가지는 바로 그 일곱 교회다."

에베소 교회에 보내는 말씀

2 1 에베소 교회의 천사에게 이렇게 적어 보내라. 오른손에 일곱 별을 쥐고
계신 분, 일곱 금촛대의 빛 가운데를 활보하시는 분이 말씀하신다.

2-3 "나는 네가 한 일을 잘 알고 있다. 너는 수고를 아끼지 않았고, 가다가 그만
두는 법이 없었다. 나는 네가 악을 그냥 두고 보지 못하는 것과, 사도 행세를 하
는 자들을 뿌리째 뽑아낸 것도 알고 있다. 나는 너의 끈기와 내 일을 위해 보여
준 네 용기를 알며, 네가 결코 나가떨어지는 법이 없다는 것도 알고 있다.
4-5 그러나 너는 처음 사랑에서 떠나 버렸다. 어찌 된 일이냐? 대체 무슨 일이냐?
너는 네가 얼마나 떨어져 나갔는지 알고 있느냐? 너는 루시퍼처럼 떨어져 나갔다!
다시 돌아오너라! 너의 소중한 처음 사랑을 회복하여라! 우물쭈물할 시간이 없
다. 이제 내가 그 금촛대에서 네 빛을 없애 버릴 것이기 때문이다.
6 네가 잘한 일은 이것이다. 너는 니골라 당이 벌이는 일을 미워한다. 나 역시
그것을 미워한다.
7 너의 귀는 지금 깨어 있느냐? 귀 기울여 들어라. 바람 불어오는 그 말씀에, 교
회들 가운데 불어오는 그 성령에 귀를 기울여라. 승리한 사람은 내가 곧 만찬으
로 부를 것이다. 내가 하나님의 과수원에서 따온 생명나무 열매로 차린 잔치로
부를 것이다."

서머나 교회에 보내는 말씀

8 서머나 교회의 천사에게 이렇게 적어 보내라. 시작이요 끝이신 분, 최초이자
최종이신 분, 죽었다가 다시 살아나신 분이 말씀하신다.
9 "나는 너의 고통과 가난을, 네가 겪고 있는 그 끝없는 고통과 비참한 가난을 잘
알고, 또한 너의 부요함도 잘 알고 있다. 나는 훌륭한 유대인인 척하는 자들, 그
러나 실은 사탄의 무리에 속하는 자들의 주장에 담긴 그 거짓을 잘 알고 있다.
10 네가 곧 겪게 될 일들을 조금도 두려워하지 마라. 다만 경계를 갖추고 있어라!
아무것도 두려워 마라! 마귀가 곧 너를 감옥에 던져 넣을 것이나, 이 시험의 때
는 열흘뿐이다. 곧 끝난다.
목숨을 잃는 한이 있어도 결코 포기하지 마라. 믿음으로 끝까지 견뎌 내라. 내
가 너를 위해 준비해 둔 생명의 면류관이 있다.
11 너의 귀는 지금 깨어 있느냐? 귀 기울여 들어라. 바람 불어오는 그 말씀에,
교회들 가운데 불어오는 그 성령에 귀를 기울여라. 그리스도께 속한 승리한 사
람은 마귀와 죽음으로부터 안전하다."

버가모 교회에 보내는 말씀

12 버가모 교회의 천사에게 이렇게 적어 보내라. 날 선 칼을 가지신 분께서 칼을
꺼내 드신다. 칼집과 같은 입에서 칼과 같은 말씀이 나온다.
13 "나는 네가 어디 사는지 잘 안다. 너는 사탄의 보좌 바로 밑에 살고 있다. 그
럼에도 너는 담대히 내 이름 안에 머물렀다. 최악의 압박 가운데서도, 사탄의
관할 구역에서 내게 끝까지 신실했던 나의 증인 안디바가 순교할 때도, 너는 한
번도 내 이름을 부인하지 않았다.
14-15 그런데 왜 너는 그 발람의 무리를 받아 주느냐? 발람이 맞서야 할 원수였다

는 것을, 그가 발락을 부추겨 사악한 잔치를 열고 이스라엘의 거룩한 순례길을
방해했던 자인 것을 기억하지 못하느냐? 왜 똑같은 짓을 하고 있는 니골라 당
을 참아 주느냐?
16 이제 그만! 더 이상 그들을 용납하지 마라. 내가 곧 네게 갈 것이다. 나는 그
들이 너무도 싫다. 내 말씀의 날 선 칼로 그들을 갈기갈기 찢을 것이다.
17 너의 귀는 지금 깨어 있느냐? 귀 기울여 들어라. 바람 불어오는 그 말씀에,
교회들 가운데 불어오는 그 성령에 귀를 기울여라. 나는 승리한 사람에게 거룩
한 만나를 줄 것이다. 또한 나는 너의 새 이름, 너의 비밀한 새 이름이 새겨진
깨끗하고 부드러운 돌을 줄 것이다."

두아디라 교회에 보내는 말씀

18 두아디라 교회의 천사에게 이렇게 적어 보내라. 눈은 화염을 쏟아내는 듯하
고, 발은 화로에 달궈진 청동 같으신 하나님의 아들이 이렇게 말씀하신다.
19 "나는 네가 나를 위해 하고 있는 일을 잘 안다. 그 사랑과 믿음, 봉사와 끈기
는 참으로 인상적이다! 그렇다. 대단히 인상적이다! 게다가 날이 갈수록 너는
더욱 열심이다.
20-23 그러나 어찌하여 너는 자칭 예언자라 하는 이세벨이, 나의 아끼는 종들을
십자가를 부인하는 종교로, 자아에 탐닉하는 종교로 꾀는 것을 보고만 있느냐?
나는 그녀에게 돌아설 기회를 주었으나, 그녀는 자신의 신(神) 장사를 그만둘 뜻
이 없다. 나는 '섹스 종교' 게임을 벌이는 그녀와 그 동업자들을 곧 병들게 할 것
이다. 그 우상숭배의 매춘 행위에서 태어나는 사생아들을 내가 죽일 것이다. 그
러면 내가 겉모습에 감동받지 않는다는 것을 온 교회가 알게 될 것이다. 나는
마음속을 꿰뚫어 보며, 네가 자초한 일을 네가 반드시 당하도록 만든다.
24-25 너희 나머지 두아디라 사람들, 이런 불법과 무관하며, 심오한 것인 양 선전
하는 이런 마귀와의 장난질을 경멸하는 너희들은 안심해도 좋다. 나는 너희 삶
을 지금보다 더 어렵게 만들지 않을 것이다. 내가 갈 때까지 너희가 가진 그 진
리를 굳게 지켜라.
26-28 승리하는 모든 사람, 끝까지 포기하기를 거부하는 모든 사람에게 내가 줄
보상은 이것이다. 너는 민족들을 다스리게 될 것이며, 목자이자 왕으로서 너의
통치는 쇠지팡이처럼 굳건할 것이다. 그 민족들의 저항은 질그릇처럼 쉽게 깨
어질 것이다. 이는 내 아버지께서 내게 주신 선물인데, 나는 그것을 네게 전해
준다. 또 그것과 더불어, 새벽별을 주겠다!
29 너의 귀는 지금 깨어 있느냐? 귀 기울여 들어라. 바람 불어오는 그 말씀에,
교회들 가운데 불어오는 그 성령에 귀를 기울여라."

사데 교회에 보내는 말씀

3 1 사데 교회의 천사에게 이렇게 적어 보내라. 한 손으로는 하나님의 일곱 영
을 붙들고 계시고, 다른 손으로는 일곱 별을 쥐고 계신 분이 말씀하신다.

"나는 네 일을 정확히 꿰뚫고 있다. 너는 원기 왕성한 것으로 유명하다만, 그러
나 실은 죽은 자다. 돌처럼 죽어 있다.
2-3 일어서라! 숨을 깊게 내쉬어라! 어쩌면 네 안에 아직 생명이 남아 있을지 모
른다. 그러나 네가 벌이는 그 분주한 일들로 봐서는 과연 그런지 나는 모르겠
다. 네 일에서, 하나님의 일은 이뤄진 것이 아무것도 없다. 지금 네 상태는 절망
적이다. 네가 전에 두 손에 받았던 그 선물을, 네가 귀로 들었던 그 메시지를 생
각하여라. 다시 그것을 붙잡고, 하나님께 돌아가라.
그러지 않고서 하나님은 안중에도 없이 이불을 머리 위까지 뒤집어쓰고 계속
잠을 잔다면, 나는 네가 전혀 생각지 못한 때에 돌아와서 네 삶에 한밤의 도둑
처럼 들이닥칠 것이다.
4 사데에는 여전히 예수를 따르는 이들 몇이 있다. 그들은 세상의 길을 따라 쓰
레기 더미에서 뒹굴지 않은 사람들이다. 그들은 나와 더불어 행진하게 될 것이
다! 그들은 그럴 자격이 있음을 증명해 보였다!
5 승리하는 사람들은 그 개선 행진에 참여하게 된다. 그들의 이름은 생명책에서
지워지지 않을 것이다. 나는 그들을 위로 데리고 올라가서, 내 아버지와 그분의
천사들에게 이름 불러 소개할 것이다.
6 너의 귀는 지금 깨어 있느냐? 귀 기울여 들어라. 바람 불어오는 그 말씀에, 교
회들 가운데 불어오는 그 성령에 귀를 기울여라."

빌라델비아 교회에 보내는 말씀

7 빌라델비아 교회의 천사에게 이렇게 적어 보내라. 거룩하신 분, 참되신 분, 다
윗의 열쇠를 손에 가지신 분, 문을 여시면 아무도 잠글 수 없고, 문을 잠그시면
아무도 열 수 없는 분께서 말씀하신다.
8 "나는 네가 한 일을 잘 안다. 이제 내가 한 일이 무엇인지 보아라. 나는 네 앞
에 문을 하나 열어 두었다. 그것은 아무도 닫을 수 없는 문이다. 네가 힘이 미약
하다는 것을 나도 알고 있다. 그럼에도 너는 내 말을 지키기 위해 네 있는 힘을
다했다. 너는 힘든 시절에도 나를 부인하지 않았다.
9 자칭 참된 그리스도인이라고 하나 실은 전혀 그렇지 않은 이들, 실제로는 사
탄 클럽에 속해 있는 그 위장꾼들을 내가 어떻게 하는지 지켜보아라. 나는 그들
의 가식을 드러낼 것이고, 그렇게 되면 그들은 내가 사랑하는 사람이 바로 너라
는 사실을 인정하게 될 것이다.
10 네가 열정 어린 인내로 내 말을 지켰으니, 나는 이제 곧 찾아올 시련의 때에
너를 안전하게 지켜 줄 것이다. 그때는 온 땅의 모든 남자와 여자와 아이들이
시험을 받는 때다.
11 내가 가고 있다. 곧 갈 것이다. 네가 가지고 있는 것을 꼭 붙들고 지켜서, 아무
도 너를 미혹하여 네 면류관을 훔쳐 가지 못하게 하여라.
12 나는 승리한 사람마다 내 하나님의 성소 기둥으로, 영원한 존귀의 자리로 삼
을 것이다. 그러고는 나는 네 위에, 그 기둥들 위에 내 하나님의 이름과 하나님

의 도성, 곧 하늘로부터 내려오는 새 예루살렘의 이름, 그리고 나의 새 이름을
적을 것이다.
13 너의 귀는 지금 깨어 있느냐? 귀 기울여 들어라. 바람 불어오는 그 말씀에,
교회들 가운데 불어오는 그 성령에 귀를 기울여라."

라오디게아 교회에 보내는 말씀

14 라오디게아 교회의 천사에게 이렇게 적어 보내라. 하나님의 '예'이신 분, 신실
하고 확실한 증인이신 분, 하나님 창조의 으뜸이신 분이 말씀하신다.
15-17 "나는 너를 속속들이 아는데, 네게서는 내가 좋아할 만한 구석을 거의 찾을
수 없다. 너는 차갑지도 않고 뜨겁지도 않다. 차갑거나, 아니면 뜨거웠으면 훨
씬 더 낫겠다! 너는 진부하다. 너는 정체되었다. 너는 나를 토하고 싶도록 만든
다. 너는 '나는 부자다, 나는 성공했다, 나는 부족한 것이 없다'고 자랑한다. 자
신이 실제로는 가련하고, 눈멀고, 누더기 옷에, 집 없는 거지라는 사실을 알지
못하고서 말이다.
18 나는 네가 이렇게 하기를 바란다. 나에게서 네 금을 사라. 불로 정련된 금이
다. 그러면 너는 부자가 될 것이다. 나에게서 네 옷을 사라. 하늘에서 디자인된
옷이다. 너는 너무 오랫동안 거의 벌거벗은 채로 돌아다녔다. 내게서 네 눈에
바를 약을 사라. 볼 수 있도록, 정말로 볼 수 있도록 말이다.
19 나는 내가 사랑하는 이들을 책망한다. 자극하고 고치고 인도해서, 그들이 최
선의 삶을 살 수 있도록 해준다. 일어나라! 뒤로 돌아서라! 하나님을 향해 뛰어
가라!
20-21 나를 보아라. 지금 내가 문 앞에 서 있다. 내가 노크하고 있다. 만일 내가 부
르는 소리를 네가 듣고 문을 열면, 나는 곧장 들어가 너와 더불어 앉아 만찬을
나눌 것이다. 승리한 사람들은 상석에, 내 옆 자리에 앉게 될 것이다. 내가 승리
했으므로, 내 아버지 옆의 존귀한 자리에 앉게 된 것과 같다. 이것이 승리한 사
람들에게 주는 내 선물이다!
22 너의 귀는 지금 깨어 있느냐? 귀 기울여 들어라. 바람 불어오는 그 말씀에,
교회들 가운데 불어오는 그 성령에 귀 기울여라."

하늘의 예배

4

1 그 후에 보니, 아! 하늘에 문이 하나 열려 있었습니다. 나팔소리 같은
음성, 앞선 환상에서 들었던 그 음성이 소리쳐 나를 불렀습니다. "이리로
올라오너라. 들어오너라. 내가 네게 다음 일을 보여주겠다."
2-6 곧 나는 깊은 예배 가운데 빠져들었고, 그러고 보니 아! 하늘에 보좌 하나가
놓인 것과 그 보좌에 앉아 계신 분이 보였습니다. 거기에는 온통 호박(琥珀) 옥
빛이 가득하고 에메랄드빛이 이글대고 있었습니다. 보좌 주위를 스물네 개의
보좌가 둘러싸고 있었는데, 흰 옷을 입고 머리에는 금면류관을 쓴 스물네 명의
장로가 거기 앉아 있었습니다. 번쩍이는 섬광과 천둥소리가 보좌로부터 고동치

듯 들려왔습니다. 보좌 앞에는 일곱 횃불이 타오르며 서 있었습니다(이들은 하나
님의 일곱 겹의 영입니다). 그 보좌 앞은 수정처럼 맑은 바다가 펼쳐져 있는 듯했습
니다.
6-8 보좌 주위를 돌아다니는 네 동물이 있었는데, 온통 눈으로 가득했습니다. 앞
을 보는 눈, 뒤를 보는 눈. 첫 번째 동물은 사자 같았고, 두 번째 동물은 황소 같
았고, 세 번째 동물은 사람의 얼굴을 가졌으며, 네 번째 동물은 날고 있는 독수
리 같았습니다. 네 동물 모두 날개를 가졌는데, 각각 여섯 날개가 달려 있었습
니다. 그 날개는 온통 눈으로 가득했고, 그 눈들은 주위와 안쪽을 보고 있었습
니다. 그들은 밤낮으로 쉬지 않고 찬송을 불렀습니다.

거룩하시다, 거룩하시다, 거룩하시다.
우리 주님, 주권자이신 하나님,
전에도 계셨고, 지금도 계시며, 장차 오실 분.

9-11 그 동물들이 보좌에 앉아 계신 분께—영원무궁토록 살아 계신 분께—영광과
존귀와 감사를 드릴 때마다, 스물네 장로는 얼굴을 바닥에 대고 보좌에 앉으신
분 앞에 엎드렸습니다. 그들은 영원무궁토록 살아 계신 분께 예배했습니다. 그
들은 보좌 앞에 자기들의 면류관을 벗어 놓고서 찬송을 불렀습니다.

오, 합당하신 주님! 그렇습니다, 우리 하나님!
영광을! 존귀를! 권능을 받으소서!
주님께서 만물을 창조하셨습니다.
주님께서 원하셨기에 만물이 창조되었습니다.

보좌에 앉아 계신 어린양

5 1-2 나는 보좌에 앉아 계신 분의 오른손에 두루마리가 있는 것을 보았습니
다. 그것은 안팎으로 글이 적혀 있었고, 일곱 개의 인으로 봉해져 있었습
니다. 나는 또 힘센 천사가 천둥과 같은 음성으로 이렇게 외치는 것을 보았습니
다. "저 두루마리를 펼 수 있는 자, 저 봉인을 뜯을 수 있는 자 누구 없는가?"
3 아무도 없었습니다. 하늘에도, 땅에도, 땅 밑에도, 그 두루마리를 펴서 읽을
수 있는 자가 아무도 없었습니다.
4-5 그 두루마리를 펴서 읽을 수 있는 자가 아무도 없는 것을 보고서, 나는 울고
울고 또 울었습니다. 장로들 가운데 하나가 말했습니다. "울지 마라. 보아라. 유
다 지파에서 나신 사자이신 분, 다윗 나무의 뿌리이신 분께서 승리를 거두셨다.
그분은 저 두루마리를 펴실 수 있고, 일곱 봉인을 떼실 수 있다."
6-10 그래서 내가 보니, 한 어린양이 보좌와 동물과 장로들로 둘러싸여 계셨습니
다. 그분은 전에 도살되었으나 이제 우뚝 서 계신 어린양이었습니다. 그분은 일
곱 뿔을 가졌고 또 일곱 눈을 가졌는데, 그 눈은 모든 땅에 보내진 하나님의 일

곱 영이었습니다. 그분이 보좌에 앉아 계신 분께 가서, 그분의 오른손에서 두루마리를 받아 드셨습니다. 그분이 두루마리를 받아 드는 순간, 네 동물과 스물네 장로가 바닥에 엎드려 어린양께 경배했습니다. 각각 하프와 향이 가득한 금대접을 들고 있었는데, 그 향은 하나님의 거룩한 백성의 기도였습니다. 그리고 그들은 새 노래를 불렀습니다.

합당하십니다! 두루마리를 받으시고 그 봉인을 떼소서.
죽임당하신 분! 주님은 피로 값을 치르시고 사람들을 사셨습니다.
그들을 온 땅으로부터 다시 데려오셨습니다.
그들을 하나님께로 다시 데려오셨습니다.
주님께서 그들을 한 나라와, 우리 하나님을 섬기는 제사장과
온 땅을 다스리는 제사장-왕이 되게 하셨습니다.

11-14 나는 또 보았습니다. 보좌와 동물과 장로들 주위에서 수천 수백만 천사들이
큰소리로 함께 노래 부르는 소리를 들었습니다.

죽임당하신 어린양은 합당하시다!
권능과 부와 지혜와 능력을 받으소서!
존귀와 영광과 찬양을 받으소서!

그리고 나는 하늘과 땅, 땅 밑과 바다의 모든 창조물이, 모든 곳의 모든 목소리가, 다 함께 한목소리로 노래하는 소리를 들었습니다.

보좌에 앉아 계신 분께! 그 어린양께!
찬양과 존귀와 영광과 권능이,
영원무궁토록!

네 동물은 "오, 그렇습니다!" 하고 소리쳤고, 장로들은 무릎 꿇어 경배했습니다.

두루마리의 봉인을 떼다

6 1-2 나는 어린양이 일곱 봉인 중 첫째 봉인을 떼시는 것을 지켜보았습니
다. 나는 그 동물 가운데 하나가 포효하는 소리를 들었습니다. "나오너라!" 내가 보니, 흰 말이 보였습니다. 그 위에 탄 이는 활을 들고 있었고 승리의 면류관을 받아 썼습니다. 그는 좌우로 승리를 거두며, 의기양양하게 나아갔습니다.
3-4 어린양이 두 번째 봉인을 떼시자, 두 번째 동물이 외치는 소리가 들려왔습니
다. "나오너라!" 또 말이 나타났는데, 이번에는 붉은 말이었습니다. 그 위에 탄
이는 땅에서 평화를 없애는 일을 맡았습니다. 그는 사람들이 서로 목 조르고 죽

이도록 했습니다. 그에게는 거대한 칼이 주어졌습니다.
5-6 어린양이 세 번째 봉인을 떼시자, 세 번째 동물이 외치는 소리가 들려왔습니
다. "나오너라!" 내가 보니, 이번에는 검은 말이었습니다. 그 위에 탄 이는 손에
저울을 들고 있었습니다. 한 메시지가 들려왔습니다(이는 네 동물에게서 나오는 것
같았습니다). "하루 품삯으로 고작 밀 한 되, 혹은 보리 석 되를 살 수 있을 뿐이
다. 기름과 포도주는 꿈도 못 꾼다."
7-8 어린양이 네 번째 봉인을 떼시자, 네 번째 동물이 외치는 소리가 들려왔습니
다. "나오너라!" 내가 보니, 핏기 없는 창백한 말이었습니다. 그 위에 탄 이는 죽
음이었고, 그 뒤를 지옥이 바싹 따르고 있었습니다. 그들에게는 전쟁과 기근과
질병과 들짐승들로 땅의 사분의 일을 멸할 수 있는 힘이 주어졌습니다.
9-11 어린양이 다섯 번째 봉인을 떼시자, 흔들리지 않고 하나님의 말씀을 증언하
느라 죽임당한 이들의 영혼이 보였습니다. 그들은 제단 아래 모여서 큰소리로
기도하며 외쳤습니다. "얼마나 더 기다려야 합니까? 거룩하고 참되신, 능력의
하나님! 얼마나 더 기다려야 주님이 나서서 우리를 죽인 자들에게 앙갚음해 주
시겠습니까?" 그러자 순교자 각 사람에게 흰 옷이 주어졌고, 그들은 믿음 안에
서 동료된 종들과 친구들 중에서 그들처럼 순교자가 될 이들의 수가 다 채워질
때까지 더 앉아서 기다리라는 말씀을 들었습니다.
12-17 나는 어린양이 여섯 번째 봉인을 떼시는 것을 지켜보았습니다. 그러자 지
축을 흔드는 거대한 지진이 일어나고, 태양이 칠흑처럼 검게 변하고, 달이 온통
핏빛이 되었으며, 별들이 강풍에 흔들리는 무화과나무 열매처럼 하늘에서 떨어
지고, 하늘이 책처럼 턱 하고 덮히고, 섬과 산들이 이쪽저쪽으로 미끄러져 다녔
습니다. 아수라장이 벌어졌습니다. 왕과 통치자와 장군과 부자와 권력자들 할
것 없이, 노예든 자유인이든 할 것 없이, 모든 사람이 너나없이 다 숨을 곳을 찾
아 뛰어다녔습니다. 그들은 모두 산속 동굴과 바위굴에 숨어서 산과 바위를 향
해 소리쳤습니다. "우리를 숨겨 다오! 저기 보좌에 앉아 계신 분께로부터, 그 어
린양의 진노로부터 우리를 숨겨 다오! 그들이 진노하시는 큰 날이 이르렀으니,
누가 버틸 수 있겠느냐?"

도장을 받은 하나님의 종들

7 1 그 후에 나는 천사 넷이 땅의 네 모퉁이에 서 있는 것을 보았습니다. 그
들은 땅이나 바다에 바람이 불지 못하도록, 나뭇가지를 살랑거리게 하는
바람조차 없도록, 사방의 바람들을 꼭 붙들고 서 있었습니다.
2-3 또한 나는 다른 천사가 살아 계신 하나님의 도장을 들고서 해 돋는 쪽에서 올
라오는 것을 보았습니다. 그는 땅과 바다를 해하는 임무를 부여받은 네 천사에
게 천둥소리처럼 외쳤습니다. "땅을 해하지 마라! 바다를 해하지 마라! 내가 우
리 하나님의 종들의 이마에 도장을 다 찍기 전까지는 나무 하나도 해하지 마라!"
4-8 나는 도장을 받은 이들의 수가 얼마인지를 들었습니다. 144,000명! 도장을
받은 이들은 이스라엘 각 지파에서 나온 사람들이었습니다. 도장을 받은 이들

은 유다 지파에서 12,000명, 르우벤 지파에서 12,000명, 갓 지파에서 12,000명, 아셀 지파에서 12,000명, 납달리 지파에서 12,000명, 므낫세 지파에서 12,000명, 시므온 지파에서 12,000명, 레위 지파에서 12,000명, 잇사갈 지파에서 12,000명, 스불론 지파에서 12,000명, 요셉 지파에서 12,000명, 베냐민 지파에서 12,000명이었습니다.

⚘

9-12 나는 또 보았습니다. 거대한 무리의 사람들, 헤아릴 수 없이 많은 수의 사람들이 보였습니다. 모두가 그곳에 있었습니다. 모든 나라, 모든 지파, 모든 종족, 모든 언어가 그곳에 있었습니다. 그들은 서 있었습니다. 그들은 흰 옷을 입고 종려나무 가지를 흔들며, 보좌와 어린양 앞에 서서 전심으로 노래를 불렀습니다.

구원은 보좌에 앉아 계신 우리 하나님께!
구원은 어린양께 있도다!

보좌 주위에 서 있는 모든 이들—천사들, 장로들, 동물들—이 보좌 앞 바닥에 얼굴을 대고 엎드려서, 하나님께 경배하며 노래했습니다.

참으로 그렇다!
찬양과 영광과 지혜와 감사,
존귀와 힘과 능력이,
우리 하나님께 영원히, 영원무궁히 있도다!
참으로 그렇다!

13-14 바로 그때 장로들 중 하나가 나를 불렀습니다. "저기 흰 옷을 입은 이들은 누구인가? 그들은 어디서 온 이들인가?" 흠칫 놀란 나는 말했습니다. "장로님, 저는 도무지 모르겠습니다. 하지만 분명 장로님은 아실 것입니다."

14-17 그러자 그가 내게 말했습니다. "저들은 큰 환난을 겪은 이들인데, 그들은 어린양의 피로 자기들의 옷을 빨아 희게 만들었다. 그래서 그들이 하나님의 보좌 앞에 서 있는 것이다. 그들은 그분의 성전에서 밤낮으로 그분을 섬기고 있다. 그 보좌에 앉아 계신 분께서 그곳에 그들을 위해 그분의 장막을 쳐 주실 것이다. 더 이상 굶주림이나, 목마름이나, 불볕이 없을 것이다. 그 보좌에 앉아 계신 어린양이 그들의 목자가 되셔서, 생명수 솟아나는 샘으로 그들을 인도하실 것이다. 하나님께서 그들의 눈에서 눈물을 말끔히 씻어 주실 것이다."

8

1 어린양이 일곱 번째 봉인을 떼시자, 하늘이 갑자기 고요해졌습니다. 이 완전한 정적은 약 반 시간 동안 지속되었습니다.

나팔이 울리다

2-4 나는 하나님 앞에 늘 대기하고 있는 일곱 천사를 보았는데, 그들의 손에 일곱
나팔이 들려 있었습니다. 또 다른 천사가 금향로를 들고 와서 제단 앞에 섰습니
다. 그는 엄청난 양의 향을 받았는데, 이는 보좌 앞 금제단에 하나님의 모든 거
룩한 백성의 기도를 바쳐 올리기 위한 것이었습니다. 향으로 묶인, 거룩한 이들
의 기도가 천사의 손으로부터 하나님 앞으로 연기처럼 굽이쳐 올라갔습니다.
5 그 후에 그 천사는 향로를 제단에서 나오는 불로 가득 채워 땅으로 내던졌습니
다. 그러자 천둥과 음성과 번개와 지진이 일어났습니다.
6-7 나팔을 든 일곱 천사가 나팔을 불 준비를 갖추었습니다. 첫 번째 나팔을 불
자, 피가 섞인 우박과 불이 땅으로 쏟아져 내렸습니다. 땅의 삼분의 일이 불탔
고, 나무들의 삼분의 일과 모든 푸른 풀잎이 바싹 타 버렸습니다.
8-9 두 번째 천사가 나팔을 불었습니다. 불타오르는 거대한 산 같은 것이 바다 속
으로 던져졌습니다. 바다의 삼분의 일이 피가 되었고, 바다 생물의 삼분의 일이
죽었고, 배들의 삼분의 일이 가라앉아 버렸습니다.
10-11 세 번째 천사가 나팔을 불었습니다. 횃불처럼 타오르는 거대한 별이 하늘에
서 떨어져, 강들의 삼분의 일과 샘들의 삼분의 일을 없애 버렸습니다. 그 별들
의 이름은 쑥입니다. 물의 삼분의 일이 쓴 물이 되었고, 많은 사람들이 그 독물
을 마시고 죽었습니다.
12 네 번째 천사가 나팔을 불었습니다. 해의 삼분의 일, 달의 삼분의 일 그리고
별들의 삼분의 일이 타격을 받아 삼분의 일만큼 어두워졌고, 낮도 밤도 삼분의
일만큼 어두워졌습니다.
13 내가 유심히 보는 동안, 독수리 한 마리가 중간하늘을 날면서 불길한 소리를
외치는 것을 들었습니다. "화가 있다! 화가 있다! 땅에 남아 있는 모든 이들에게
화가 있다! 나팔을 불 천사가 아직 셋이 더 남았다. 화가 닥칠 것이다!"

9 1-2 다섯 번째 천사가 나팔을 불었습니다. 나는 별 하나가 하늘에서 땅으
로 수직으로 떨어져 내리는 것을 보았습니다. 그 별은 바닥 없는 구덩이
를 여는 열쇠를 건네받았습니다. 그는 바닥 없는 구덩이를 열었습니다. 그러자
그 구덩이에서 연기가 쏟아져 나왔고, 쉴 새 없이 쏟아져 나오는 그 연기로 해
와 공중이 어두워졌습니다.
3-6 그 후에 연기 속에서 전갈의 독을 품은 메뚜기들이 기어 나왔습니다. 그들에
게 명령이 떨어졌습니다. "풀은 해치지 마라. 푸른 것은 무엇이든 해치지 말고,
나무 하나도 해치지 마라. 다만 사람들만 해치되, 이마에 하나님의 도장이 찍히
지 않은 자들만 해쳐라." 그들은 괴롭히기만 할 뿐 죽이지는 말라는 명령을 받
았습니다. 그들은 다섯 달 동안 괴롭혔는데, 그들이 주는 고통은 전갈에게 쏘이
는 것 같은 고통이었습니다. 이런 일이 일어나면, 사람들은 고통받느니 차라리
죽으려고 스스로 목숨을 끊을 방도를 찾습니다. 그러나 그들은 찾지 못할 것입

니다. 죽음이 그들을 피해 다닐 것이기 때문입니다.
7-11 그 메뚜기들은 전투채비를 갖춘 말처럼 보였습니다. 그들은 금면류관과 사
람의 얼굴과 여자의 머리카락과 사자의 이빨과 철가슴막이를 하고 있었습니다.
그들의 날갯소리는 말들이 끄는 전차가 싸움터로 질주하는 소리 같았습니다.
그들의 꼬리는 전갈의 꼬리처럼 독침을 가졌습니다. 그들은 그 꼬리로 다섯 달
동안 인류를 괴롭히라는 명령을 받았습니다. 그들에게는 왕이 있었는데, 바닥
없는 구덩이의 천사가 바로 그입니다. 그의 이름은 히브리 말로는 아바돈, 그리
스 말로는 아볼루온, 곧 파괴자입니다.
12 첫 번째 화가 지나갔습니다. 그러나 아직도 두 가지 화가 더 남았습니다.
13-14 여섯 번째 천사가 나팔을 불었습니다. 나는 하나님 앞에 있는 금제단의 뿔
들로부터 울리는 한 음성이 여섯 번째 천사에게 말하는 소리를 들었습니다. "네
천사들, 큰 강 유프라테스에 감금되어 있는 그 천사들을 풀어 놓아주어라."
15-19 그 네 천사가 풀려났습니다. 네 천사는 정해진 년, 월, 일, 그리고 시까지 맞
춰 인류의 삼분의 일을 죽일 준비를 하고 있던 이들입니다. 기마대의 수는 2억
이었습니다. 나는 환상 중에 그 수를 들었고, 말들과 그 위에 탄 이들을 보았습
니다. 말 탄 이들은 화염 같은 가슴막이를 했고, 말들은 머리가 사자 머리 같았
으며, 불과 연기와 유황을 내뿜고 있었습니다. 그들은 이 세 가지 무기, 곧 불
과 연기와 유황으로 인류의 삼분의 일을 죽였습니다. 그 말들은 입과 꼬리로 사
람들을 죽였습니다. 뱀 같은 그 꼬리에도 머리가 달렸는데, 그것으로도 큰 해를
끼쳤습니다.
20-21 이런 무기에 죽임을 당하지 않고 살아남은 자들은 계속 전처럼 멋대로 살아
갔습니다. 삶의 길을 바꾸지 않았습니다. 귀신들에게 예배하던 것을 멈추지 않
았고, 보거나 듣거나 움직이지 못하는 금, 은, 놋쇠 덩어리, 돌, 나무 조각들을
삶의 중심으로 삼던 것을 그만두지 않았습니다. 마음의 변화를 보여주는 어떤
기미도 없었습니다. 여전히 살인, 점치는 일, 음행, 도둑질에 빠져 지냈습니다.

10

1-4 또한 나는 힘센 다른 천사가 구름에 싸여서 하늘에서 내려오는
것을 보았습니다. 그의 머리 위에는 무지개가 둘려 있었고, 얼굴은
해처럼 빛났으며, 다리는 불기둥 같았습니다. 그의 손에는 작은 책 한 권이 펼
쳐져 있었습니다. 그는 오른발로 바다를, 왼발로 육지를 디디고 서서, 사자가
포효하듯 큰소리로 외쳤습니다. 그가 소리치자, 일곱 천둥이 되받아 소리쳤습
니다. 그 일곱 천둥이 말을 할 때 나는 그 말을 다 받아 적으려 했으나, 하늘에
서 한 음성이 들려와 나를 멈추게 했습니다. "그 일곱 천둥을 침묵으로 봉인하
여라. 단 한 마디도 적지 마라."
5-7 그 후에 내가 본 그 바다와 땅을 딛고 서 있는 천사가 오른손을 하늘을 향해
들더니, 하늘과 그 안의 모든 것을 창조하신, 바다와 그 안의 모든 것을 창조하
신, 영원무궁히 살아 계신 그분을 두고 맹세하며 말했습니다. 이제 때가 되어

곧 일곱 번째 천사가 나팔을 불면, 하나님의 신비가, 그분이 그동안 그분의 종
들과 예언자들에게 계시하셨던 모든 계획이 다 완성될 것이라고 말했습니다.
8-11 하늘에서 들려오는 그 음성이 다시 내게 말했습니다. "가서, 바다와 땅을 딛
고 서 있는 그 천사의 손에 펼쳐져 있는 책을 받아라." 나는 그 천사에게 올라가
서 말했습니다. "내게 그 작은 책을 주십시오." 그가 말했습니다. "이것을 받아
서 먹어라. 이것은 꿀처럼 달겠으나, 너의 배에서는 쓸 것이다." 나는 그 작은
책을 천사의 손에서 받았는데, 그것은 입에서는 꿀처럼 달았지만, 삼키자 배가
쓰라렸습니다. 그때 "너는 가서, 많은 백성과 나라와 언어와 왕들을 향해 다시
예언해야만 한다"는 음성이 내게 들려왔습니다.

두 증인

11 1-2 나는 측량자로 쓸 수 있는 막대기를 하나 받았는데, 그때 이런 말
씀이 들려왔습니다. "일어나서, 하나님의 성전과 제단 또 거기서 예
배하는 모든 사람을 측량하여라. 바깥 뜰은 측량하지 말고 내버려 두어라. 그것
은 이방인들에게 넘겨졌다. 그들이 마흔두 달 동안 그 거룩한 도성을 더럽힐 것
이다.
3-6 그동안 나는 내 두 증인을 준비시킬 것이다. 그들은 굵은 베옷을 입고 1,260일
동안 예언할 것이다. 이들은 땅에서 하나님 앞에 서 있는 두 올리브나무이며,
두 촛대다. 만일 누구라도 그들을 해치려고 시도하면, 그들의 입에서 불이 터져
나와 그를 태워 재가 되게 할 것이다. 그렇게 바싹 태워 버릴 것이다. 그들은 하
늘을 봉인할 힘을 가져서, 자기들이 예언하는 동안 비가 오지 않게 할 수 있으
며, 또한 강물과 샘물을 피가 되게 하는 힘과 원하는 만큼 무슨 재앙이든 땅에
임하게 할 수 있는 힘을 가질 것이다.
7-10 그들이 증언을 다 마치면, 바닥 없는 구덩이에서 짐승이 올라와 그들과 싸워
서 이기고 그들을 죽일 것이다. 그들의 시체는 영적으로는 소돔과 이집트라는
큰 도성, 그들의 주님이 십자가에 못 박혔던 바로 그 도성의 거리에 내버려질
것이다. 그들은 사흘 반 동안을 그렇게 있을 것이다. 무덤에 안장되지 못하고
길거리에 버려진 채, 온 세상 사람들의 구경거리가 될 것이다. 사람들은 그 광
경을 보며 환호성을 지를 것이다. '속이 시원하다!'고 외치며 축하연을 열 것이
다. 그것은 그 두 예언자가 그동안 땅의 모든 사람의 양심을 찔러 괴롭혀서, 그
들이 죄를 마음껏 즐기지 못하도록 했기 때문이다.
11 그 후 사흘 반이 지나면, 하나님의 생명의 성령께서 그들 속으로 들어갈 것이
며—그들은 두 발로 벌떡 일어설 것이다!—그러면 고소해 하며 바라보던 구경꾼
들이 모두 놀라서 까무러칠 것이다."
12-13 나는 하늘에서 들려오는 큰 음성을 들었습니다. "여기로 올라오너라!" 그
러자 두 예언자는 그들의 적들이 지켜보는 가운데 구름에 싸여 하늘로 올라갔
습니다. 그 순간 거대한 지진이 일어났습니다. 도성의 십분의 일이 무너졌고,
7,000명의 사람들이 그 지진에 죽었으며, 나머지는 혼비백산하여 하늘의 하나

님께 영광을 돌렸습니다.
14 두 번째 화가 지나갔고, 이제 세 번째 화가 뒤따릅니다.

마지막 나팔이 울리다

15-18 일곱 번째 천사가 나팔을 불었습니다. 점점 커지는 음성으로 하늘에서 노랫
소리가 터져 나왔습니다.

이제 세상 나라는
우리 하나님과 그분의 메시아 나라!
그분이 영원무궁토록 다스릴 것이다!

하나님 앞에서 자기 보좌에 앉아 있던 스물네 장로가 바닥에 엎드려, 경배하며
노래 불렀습니다.

오, 지금도 계시고 전에도 계셨던
주권자이신 주님께 감사드립니다.
주님께서 주님의 큰 권능을 들어서
이제 행사하셨습니다!
분노한 민족들이
주님의 진노를 맛봅니다.
죽은 사람들을 심판하시고
주님의 종들, 모든 예언자와 성도와
주님의 이름을 두려워하는 크고 작은 이들에게 상을 주시고,
땅을 망하게 하던 이들을 멸망시키실 때가 왔습니다.

19 하늘의 하나님의 성전 문들이 활짝 열리고 그분의 언약궤가 분명히 보였는
데, 그것은 번개와 큰 함성과 천둥소리와 지진과 거센 우박폭풍에 둘러싸여 있
었습니다.

여자와 아들과 용

12 1-2 하늘에 커다란 표징이 나타났습니다. 한 여자가 온통 햇빛으로 옷
입고 달을 밟고 서서, 열두 별의 면류관을 쓰고 있었습니다. 그 여자
가 아이를 해산하고 있는데, 해산의 고통으로 크게 소리지르고 있었습니다.
3-4 그 후에 앞선 것과 나란히 또 다른 표징이 나타났는데, 화염 같은 거대한 용
이었습니다! 그 용은 일곱 머리와 열 개의 뿔을 가졌는데, 일곱 머리에는 각각
하나씩 왕관이 씌워져 있었습니다. 그 용이 꼬리를 한 번 흔들더니 하늘에서 별
삼분의 일을 쳐서 땅으로 떨어뜨렸습니다. 그 용은 아이가 나오면 잡아먹을 태
세로, 해산중인 그 여자 앞에 웅크리고 있었습니다.

5-6 여자가 아들을 낳았는데, 그는 쇠지팡이로 모든 나라의 목자가 되어 주실 분
이었습니다. 그 여자의 아들은 하나님 앞으로 붙들려 올라가 하나님의 보좌에
안전하게 놓여졌습니다. 그 여자는 하나님이 마련해 주신 안전한 처소가 있는
사막으로 피신해 갔고, 거기서 1,260일 동안 모든 것을 제공받으며 편안히 지
냈습니다.
7-12 하늘에서 전쟁이 벌어졌습니다. 미가엘과 그의 천사들이 그 용과 싸움을 벌
였습니다. 용과 그 부하들이 반격했으나, 미가엘의 적수가 되지 못했습니다. 그
들은 흔적도 없이 하늘에서 완전히 축출되었습니다. 그 큰 용—옛 뱀, 마귀와
사탄이라고도 불리는 자, 온 땅을 미혹시켜 온 자—이 내쫓기면서, 그 부하들도
모두 그 용과 함께 아래로, 땅으로 쫓겨났습니다. 그때 나는 하늘에서 들려오는
큰 음성을 들었습니다.

이제 구원과 권능이,
우리의 하나님의 나라가, 그분의 메시아의 권위가 굳게 섰다!
우리 형제자매를 고발하던 자,
하나님 앞에서 그들을 밤낮으로 고발하던 자가 쫓겨났다.
우리의 형제자매는 어린양의 피와
그들의 담대한 증언을 힘입어 그를 이겼다.
그들은 자기 자신을 사랑한 것이 아니라,
그리스도를 위해 기꺼이 죽고자 했다.
그러므로 기뻐하여라, 오 하늘아, 거기에 사는 모든 이들아.
그러나 땅과 바다에는 화가 있으리라.
마귀가 단단히 작심하고서 너희에게 내려갔다.
그가 크게 추락해 떨어졌다.
그가 화가 나서 미친 듯이 날뛰고 있다.
이제 시간이 많지 않다는 것을 그도 알기 때문이다.

13-17 그 용은 자기가 땅으로 내쫓긴 것을 알고서, 남자 아이를 낳은 여자를 쫓아
갔습니다. 그 여자는 커다란 독수리 날개를 받아서 사막의 한 장소로 날아가,
거기서 한 때와 두 때와 반 때 동안, 그 뱀을 피해 안전하게 보호받으며 편안히
지냈습니다. 뱀은 그녀를 물에 잠기게 하여 익사시키려고 강물 같은 물을 토해
냈지만, 땅이 그녀를 도와서 용이 입에서 토해 낸 물을 삼켜 버렸습니다. 분을
이기지 못한 용은 그 여자에게 격노하여, 그녀의 남은 자녀들, 곧 하나님의 계
명을 지키며 예수의 증언을 굳게 지키는 자녀들과 전쟁을 하러 나갔습니다.

바다에서 올라온 짐승

13

1-2 그리고 그 용은 바닷가에 섰습니다. 나는 짐승 하나가 바다에서
올라오는 것을 보았습니다. 그 짐승은 열 개의 뿔과 일곱 개의 머리

를 가졌는데, 각 뿔에는 왕관이 씌워져 있었고, 각 머리에는 하나님을 모독하는
이름이 새겨져 있었습니다. 내가 본 그 짐승은 곰의 발과 사자의 입을 가진 표
범 같은 모양이었습니다. 용은 자기의 권능과 보좌와 큰 권세를 그 짐승에게 넘
겨주었습니다.
3-4 그 짐승의 머리 가운데 하나는, 전에 치명상을 입었다가 나은 적이 있는 듯
보였습니다. 온 땅이 넋을 잃고 그 짐승을 바라보며 법석을 떨었습니다. 그들은
그 짐승에게 권세를 준 용에게 경배했고, 그들은 그 짐승에게 경배하며 "이 짐
승에 필적할 자 아무도 없다! 감히 이 짐승과 맞붙을 수 있는 자 아무도 없다!"
고 소리쳐 댔습니다.
5-8 그 짐승은 크게 떠들고 자화자찬하며, 하나님을 모독하는 말을 입으로 쏟아냈
습니다. 그 짐승은 마흔두 달 동안 그가 원하는 일은 무엇이든 할 수 있었습니
다. 그 짐승은 하나님을 향해 모독하는 말을 내뱉었고, 그분의 이름을 모독했으
며, 그분의 교회, 특히 이미 하늘에서 하나님과 더불어 거하고 있는 이들을 모
독했습니다. 그 짐승은 하나님의 거룩한 백성을 공격하여 그들을 정복하도록
허락받았습니다. 그 짐승은 모든 지파와 백성과 방언과 종족에 대해 절대적인
지배력을 행사했습니다. 땅 위에 사는 사람 중에, 도살당한 어린양의 생명책에
창세로부터 그 이름이 기록되어 있지 않은 자들은 모두 그 짐승에게 경배하게
될 것입니다.
9-10 여러분, 듣고 있습니까? 뿌린 대로 거두는 것입니다. 마땅히 감옥에 갈 사람
은 감옥에 갈 것이며, 칼을 뽑아 드는 사람은 그 칼에 자기가 쓰러질 것입니다. 그
러나 하나님의 거룩한 백성은 여전히 열정적이고 신실하게 그들의 길을 갑니다.

땅 밑에서 올라온 짐승

11-12 나는 또 다른 짐승이 땅 밑에서 올라오는 것을 보았습니다. 그 짐승은 어린
양처럼 두 뿔을 가졌으나, 말할 때는 용 같은 소리를 냈습니다. 그 짐승은 첫 번
째 짐승의 꼭두각시였고, 땅과 그 위에 사는 모든 이들로 하여금 그 첫 번째 짐
승, 곧 치명적 상처에서 회복된 그 짐승에게 경배하게 했습니다.
13-17 이 두 번째 짐승은 마법의 표징들을 일으켰는데, 하늘에서 불이 내려오게
하여 사람들을 현혹시키기도 했습니다. 그리고 첫 번째 짐승에게서 받은 마법
을 이용해서 땅 위에 사는 사람들을 기만하고, 그들로 하여금 치명상을 입었다
가 살아난 그 짐승의 형상을 만들게 했습니다. 두 번째 짐승은 첫 번째 짐승의
형상에 생기를 불어넣어서 그 짐승의 형상이 말할 수 있게 하고, 그 짐승에게
예배하지 않는 사람은 모조리 죽임을 당하게 했습니다. 또한 작은 자나 큰 자
나, 부자나 가난한 자나, 자유인이나 노예나, 모든 이들에게 강제로 오른손이나
이마에 표를 받도록 했습니다. 그 짐승의 이름의 표나 그 이름의 숫자 없이는,
어떤 것도 사거나 파는 것이 불가능했습니다.
18 수수께끼를 한번 풀어 보십시오. 서로 머리를 맞대고 그 짐승의 숫자의 의미
를 알아맞혀 보십시오. 그것은 인간의 숫자로서 666입니다.

십사만사천 명의 노래

14

1-2 나는 보았습니다. 숨이 멎는 광경을! 어린양이 시온 산에 서 있었
습니다. 그 어린양과 함께 144,000명이 서 있었는데, 그들의 이마
에는 그분의 이름과 그분의 아버지 이름이 새겨져 있었습니다. 그리고 나는 하
늘로부터 들려오는 음성, 폭포소리 같고 천둥소리 같은 음성을 들었습니다.
2-5 또한 나는 하프 타는 소리를 들었는데, 하프 타는 이들이 그 보좌와 네 동물
과 장로들 앞에서 새 노래를 부르고 있었습니다. 그 노래는 오직 144,000명만
이 배울 수 있는 노래였습니다. 그들은 땅에서 구원받은 이들로서, 조금도 타협
하지 않고 하나님 앞에서 처녀처럼 순결하게 산 이들입니다. 그들은 어린양이
가는 곳이면 어디든지 따라갔습니다. 그들은 하나님과 어린양을 위한 첫 추수
열매로서, 인류 가운데서 구원받은 사람들입니다. 그들은 그 입에서 한 마디도
거짓된 말을 찾을 수 없는, 완전한 봉헌물이었습니다.

하늘로부터 들려온 음성

6-7 나는 또 다른 천사가 중간하늘에서 높이 치솟아 날고 있는 것을 보았습니다.
그는 아직 땅에 있는 모든 사람, 모든 민족과 족속, 모든 언어와 백성에게 전할
영원한 메시지를 가졌습니다. 그는 큰 목소리로 전파했습니다. "하나님을 두려
워하고 그분께 영광을 돌려라! 그분께서 심판하실 때가 왔다! 하늘과 땅, 바닷
물과 민물을 만드신 분께 경배하여라!"
8 두 번째 천사가 뒤따라와서 소리쳤습니다. "무너졌다, 무너졌다, 큰 바빌론이
무너졌다! 그녀는 음행의 포도주로 모든 나라를 취하게 만들던 자다!"
9-11 세 번째 천사가 뒤따라와서 소리치며 경고했습니다. "누구든지 그 짐승과
그 형상에게 경배하고 이마나 손에 그 표를 받는 자는, 하나님의 진노의 잔에
담긴, 아무것도 섞이지 않은 진노의 포도주를 마시게 될 것이며, 거룩한 천사들
앞과 어린양 앞에서 불과 유황으로 고통을 받게 될 것이다. 그들의 고통에서 나
오는 연기는 영원무궁토록 올라올 것이다. 그 짐승과 그 형상에게 예배하는 자
들, 그 이름의 표를 받는 자들에게는 잠시의 쉼도 주어지지 않을 것이다."
12 그러나 성도는 하나님의 계명을 지키고, 예수께 끝까지 신실하며, 열정 어린
인내 가운데 살아갑니다.
13 나는 하늘에서 들려오는 한 음성을 들었습니다. "이렇게 기록하여라. 이제부
터 주님 안에서 죽는 사람들은 복되다. 그렇게 죽는 것이 얼마나 복된 일인지!"
"그렇다." 성령이 말씀하십니다. "그들은 그토록 힘겨웠던 일을 끝내고 복된 쉼
을 얻는다. 그들이 행한 일은 그 어떤 것도 헛되지 않다. 하나님께서 마침내 그
모든 것으로 인해 그들에게 복을 주신다."

추수 때

14-16 나는 위를 쳐다보았는데, 숨이 멎는 듯했습니다! 흰 구름이 보였고, 그 위에
인자 같은 분이 앉아 계셨습니다. 그분은 금면류관을 쓰고 날 선 낫을 들고 계

셨습니다. 또 다른 천사가 그 성전에서 나와서 구름을 보좌 삼으신 분께 소리쳤
습니다. "낫을 대어 추수하십시오. 추수할 때가 되었습니다. 땅에 추수할 것들
이 다 무르익었습니다." 구름을 보좌 삼으신 분께서 그의 낫을 힘 있게 휘두르
시면서, 그렇게 단번에 땅을 추수하기 시작하셨습니다.
17-18 그러자 또 다른 천사가 하늘에 있는 성전에서 나왔습니다. 그도 날 선 낫을
들고 있었습니다. 또 다른 천사, 곧 불을 돌보는 일을 맡은 천사가 제단으로부터
왔습니다. 그는 날 선 낫을 든 천사에게 천둥소리로 외쳤습니다. "너의 날 선 낫
을 휘둘러라. 땅의 포도밭을 추수하여라. 포도들이 다 익어 터지려 하고 있다."
19-20 그 천사가 그의 낫을 휘둘러 땅의 포도를 추수해서, 포도주를 만드는 거대
한 술틀, 하나님의 진노의 술틀에다가 던져 넣었습니다. 그 술틀은 그 도성 바
깥에 있었습니다. 포도가 짓밟힐 때 그 술틀에서 피가 말 굴레 높이만큼 쏟아져
나왔고, 약 300킬로미터까지 피의 강을 이루었습니다.

모세의 노래, 어린양의 노래

15
1 나는 하늘에서 거대하고 숨이 멎을 듯한 또 다른 표징을 보았습니
다. 일곱 천사가 일곱 재앙을 들고 있었습니다. 그 재앙은 마지막 재
앙으로서, 하나님의 진노의 결말입니다.
2-4 나는 유리 바다 같은 것을 보았습니다. 그 유리는 불빛으로 빛났습니다. 그
짐승과 그 형상과 그 이름의 숫자를 이겨 낸 구원받은 사람들이, 그 유리 바다
위에 하나님의 하프를 들고 서 있었습니다. 그들은 하나님의 종 모세의 노래를
불렀습니다. 그들은 어린양의 노래를 불렀습니다.

오, 주권자이신 하나님,
주님께서 하신 일이 크고 놀랍습니다!
모든 민족의 왕이시여,
주님의 길은 의롭고 참되십니다!
하나님, 누가 주님을 두려워하지 않을 수 있습니까?
누가 주님의 이름에 영광을 돌리지 않을 수 있습니까?
주님, 오직 주님만 홀로 거룩하시니
모든 민족이 와서 주님께 경배합니다.
그들이 주님의 심판이 옳음을 알기 때문입니다.

5-8 그 후에 나는 하늘에 있는 성전, 그 증거의 장막 문들이 활짝 열린 것을 보았
습니다. 일곱 천사가 일곱 재앙을 들고 그 성전에서 나왔습니다. 그들은 깨끗하
고 빛나는 모시옷과 금조끼를 입고 있었습니다. 네 동물 중 하나가 일곱 천사에
게, 영원무궁히 살아 계신 하나님의 진노로 가득 찬 일곱 금대접을 건네주었습
니다. 하나님의 영광과 권능에서 나오는 연기가 그 성전 바깥으로 쏟아져 나왔
습니다. 그 일곱 천사의 일곱 재앙이 다 끝나기 전까지는, 아무도 그 성전에 들

어갈 수 없었습니다.

일곱 재앙을 쏟아붓다

16 [1] 나는 일곱 천사를 향해 성전에서 외치는 큰 명령소리를 들었습니
다. "시작하여라! 땅에 하나님의 진노의 일곱 대접을 쏟아부어라!"
[2] 첫 번째 천사가 나와서 땅에 그 대접을 부었습니다. 그러자 그 짐승의 표를 받
고 그 형상에게 예배한 모든 자들에게 끔찍하고 독한 종기가 생겨났습니다.
[3] 두 번째 천사가 바다에 그 대접을 부었습니다. 그러자 바다가 응고되어 피가
되었고, 그 안에 있는 것이 다 죽었습니다.
[4-7] 세 번째 천사가 강과 샘물에 그 대접을 부었습니다. 그러자 물이 피로 변했습
니다. 나는 물의 천사가 말하는 소리를 들었습니다.

지금도 계시고, 전에도 계셨던, 거룩하신 분,
주님은 의로우시고, 주님의 심판도 의로우십니다.
그들이 성도와 예언자들의 피를 흘리게 하였으므로,
주님께서 그들에게 피를 주어 마시게 하셨습니다.
그들은 마땅히 받아야 할 것을 받았습니다.

바로 그때 나는 제단이 찬성하는 소리를 들었습니다.

그렇습니다, 오 주권자이신 하나님!
주님의 심판은 참되고 정의로우십니다!

[8-9] 네 번째 천사가 태양에 그 대접을 부었습니다. 그러자 태양에서 불이 뿜어져
나와 사람들을 그슬렸습니다. 불에 살갗이 그슬린 그들은 이 재앙 뒤에 계신 하
나님의 이름을 저주했습니다. 그들은 회개하기를 거부했고, 하나님 높이기를
거부했습니다.
[10-11] 다섯 번째 천사가 그 짐승의 보좌에 그 대접을 부었습니다. 그러자 순식간
에 짐승의 나라 전체가 암흑천지가 되었습니다. 고통 때문에 실성한 자들은 자
기 혀를 깨물었고, 자기들의 고통과 종기를 두고서 하늘의 하나님을 저주했으
며, 회개하고 자기 삶을 바꾸기를 거부했습니다.
[12-14] 여섯 번째 천사가 큰 강 유프라테스에 그 대접을 부었습니다. 그러자 강물
이 바닥까지 말라 버렸습니다. 그 마른 강바닥은 동방에서 오는 왕들을 위한 좋
은 도로가 되었습니다. 나는 용과 짐승과 거짓 예언자의 입에서 더러운 악령 셋
이 구물구물 기어 나오는 것을 보았습니다. 그 생김새가 개구리 같았습니다. 그
것들은 표징을 행하는 귀신의 영으로서, 온 세계 왕들을 찾아가, 주권자 하나님
의 큰 날에 있을 전쟁을 위해 그들을 불러 모았습니다.
[15] "조심하여라! 나는 예고 없이, 도둑처럼 온다. 깨어 옷을 갖춰 입고 나를 맞

을 준비가 된 사람은 복되다. 그러나 그렇지 못한 사람은, 벌거벗은 채로 거리
를 이리저리 뛰어다니며 큰 수치를 당할 것이다."
16 그 개구리 귀신들은 히브리 말로 아마겟돈이라는 곳에 왕들을 다 불러 모았습
니다.
17-21 일곱 번째 천사가 공중에 그 대접을 부었습니다. 그러자 성전 안의 보좌로
부터 "다 되었다!"는 외침이 들려왔고, 번갯불과 함성과 천둥소리와 어마어마
한 지진이 뒤따랐습니다. 그 지진은 시간이 시작된 이래 한 번도 없었던, 실로
엄청난 지진이었습니다. 그 큰 도성은 세 조각이 났고, 민족들의 도성들도 무너
져 내렸습니다. 큰 바빌론은 하나님의 맹렬한 진노의 포도주를 마셔야만 했습
니다. 그 잔을 주시기로 했던 것을 하나님이 기억하신 것입니다! 섬들이 다 도
망가 버렸고, 산들도 하나도 남지 않게 되었습니다. 1톤이나 되는 우박이 떨어
져 사람들을 내리쳤고, 사람들은 그 초대형 우박 재앙을 두고서 하나님을 저주
했습니다.

음녀들의 어미, 큰 바빌론

17

1-2 일곱 대접을 들고 있던 일곱 천사 중 하나가 와서, 나를 초대하며
말했습니다. "오너라. 많은 물 위에 보좌를 두고 앉았던 그 큰 음녀,
땅의 왕들이 더불어 음행을 행한 그 음녀가 받을 심판을 네게 보여주겠다. 그녀
의 음란한 욕정을 마시고 취한, 땅에 사는 사람들에게 내릴 심판을 보여주겠다."
3-6 그 천사는 성령 안에서 나를 광야로 데리고 갔습니다. 나는 붉은 짐승을 타고
있는 한 여자를 보았습니다. 하나님을 모독하는 말로 가득 찬 그 짐승에는 일곱
개의 머리와 열 개의 뿔이 있었습니다. 그 여자는 자주색과 붉은색 옷을 입고
있었고, 금과 보석과 진주로 치장하고 있었습니다. 그 여자는 손에 금잔을 들고
있었는데, 그 잔은 온갖 역겨운 것들, 그녀의 더러운 음행들로 가득했습니다.
그녀의 이마에는 수수께끼 같은 이름이 찍혀 있었습니다. '땅의 음녀들과 혐오
스런 것들의 어미, 큰 바빌론.' 내가 보니 그 여자는 술에 취해 있었는데, 하나님
의 거룩한 백성의 피를 마시고, 예수의 순교자들의 피를 마시고 그렇게 취해 있
었습니다.
6-8 소스라치게 놀란 나는 내 눈을 비볐습니다. 나는 놀라서 고개를 설레설레 저
었습니다. 천사가 말했습니다. "놀랐느냐? 내가 그 여자와 그 여자가 타고 있는
짐승, 일곱 머리와 열 뿔을 가진 그 짐승의 수수께끼를 네게 말해 주마. 네가 본
그 짐승은 전에 있었으나 지금은 없으며, 장차 바닥 없는 구덩이에서 올라와 결
국 지옥으로 직행할 짐승이다. 땅에 사는 사람들 중에 그 이름이 창세로부터 생
명책에 기록되어 있지 않은 이들은, 전에 있었으나 지금은 없으며 앞으로 올 그
짐승을 보고서 현혹될 것이다.
9-11 그러나 경계를 늦추지 마라. 머리를 써라. 일곱 머리는 일곱 언덕으로서, 그
여자가 앉아 있는 곳들이다. 또한 일곱 머리는 일곱 왕이다. 그중 다섯은 이미
죽었고, 하나는 지금 살아 있으며, 다른 하나는 아직 나타나지 않았다. 나타나

더라도 그의 때는 잠깐일 것이다. 전에 있었으나 지금은 없는 그 짐승은 여덟 번째이기도 하고 일곱 중 하나이기도 한데, 장차 지옥으로 들어갈 것이다.

12-14 네가 본 그 열 뿔은 열 왕이지만, 그들은 아직 권력을 잡지 못했다. 그들은 장차 그 붉은 짐승과 함께 권력을 잡을 것이지만, 오래가지는 못할 것이다. 아주 잠깐만 위세를 부릴 것이다. 이 왕들은 한마음으로 그들의 권능과 권세를 그 짐승에게 넘겨줄 것이다. 그들은 어린양에 맞서 전쟁을 일으키겠으나, 어린양이 그들을 이길 것이다. 이는 그 어린양이야말로 모든 주의 주님이시며 모든 왕의 왕이시라는 증거가 될 것이며, 부름받아 뽑힌 신실한 사람들이 그분과 함께 할 것이다."

15-18 이어서 그 천사가 말했습니다. "네가 본 음녀가 보좌를 두고 앉아 있는 그 물은, 백성과 무리와 나라와 언어들이다. 그리고 네가 본 그 열 뿔은, 그 짐승과 더불어 그 음녀에게 등을 돌릴 것이다. 그들은 그녀를 증오하고, 폭행하고, 벌거벗겨, 이빨로 갈기갈기 찢어서는, 불에 태워 버릴 것이다. 하나님의 말씀이 이루어질 때까지 그들의 통치권을 그 짐승에게 넘길 생각을 하게 만드신 이는 하나님이셨다. 네가 본 그 여자는, 땅의 왕들을 압제하는 그 큰 도성이다."

바빌론의 패망

18

1-8 그 후에 내가 보니, 또 다른 천사가 하늘에서 내려왔습니다. 그는 엄청난 권세를 가졌고, 그의 영광은 땅을 빛으로 가득하게 만들었으며, 그의 음성은 천둥 치는 듯했습니다.

무너졌다, 무너졌다, 큰 바빌론이 무너졌다!
귀신들만 남은 유령 마을이 되었다!
불결한 영들의 주둔지,
역겹고 불결한 새들의 주둔지가 되었다.
모든 나라들이 그녀가 벌이는 음행의 난폭한 포도주를 마셨다.
땅의 왕들이 그녀와 음행을 벌였다.
사업가들이 그녀를 이용해 막대한 돈을 벌어들였다.

그때 나는 하늘에서 들려오는 또 다른 큰 음성을 들었습니다.

내 백성아, 어서 빨리 거기서 나오너라.
그녀의 죄와 뒤섞이지 않도록,
그녀의 멸망에 휘말리지 않도록.
그녀의 죄는 악취가 하늘까지 사무친다.
하나님은 그녀가 저지른 모든 악을 기억해 두셨다.
그녀가 준 것을 그녀에게 되돌려 주어라.
그녀가 갑절로 만든 것을 갑절로 돌려주어라.

그녀가 섞어 준 그 잔에 든 것을 갑절로 돌려주어라.
으스대고 방탕하던 그녀에게
고통의 눈물을 안겨 주어라.
"나는 모두를 지배하는 여왕이요
과부가 아니니, 눈물 흘릴 일이 없다"고 자만했으므로,
어느 날, 죽음과 비통과 기근의 재난이
그녀를 압사시킬 것이다.
결국 그녀는 불태워질 것이다.
그녀를 심판하시는 강하신 하나님께서
더는 두고 보시지 않기 때문이다.

9-10 "밤마다 그녀와 음행을 벌인 땅의 왕들은, 그녀가 불태워지는 연기를 보고
울고불고 난리일 것이다. 그들은 자기들도 불태워질까 봐 두려워, 멀찍이 서서
슬피 울 것이다.

화를 입었다, 화를 입었다, 그 큰 도성이 화를 입었다!
바빌론아, 강력하던 도성이여!
단 한 시간 만에 끝장나 버렸구나. 네게 심판이 닥쳤다!

11-17 상인들도 울고불고 난리일 것이다. 사업 기반이 완전히 무너져 내렸고, 자
기들의 상품을 내다 팔 시장이 사라졌기 때문이다. 그 상품은 금과 은과 값진
보석과 진주, 또 고운 모시와 자주 옷감과 비단과 붉은 옷감, 향나무와 상아와
값진 나무와 구리와 철과 대리석으로 만든 그릇, 계피와 향료와 향과 몰약과 유
향, 또 포도주와 올리브기름과 밀가루와 밀, 소와 양과 말과 전차, 그리고 노예
다. 그들은 사람의 목숨을 사고파는 끔찍한 장사도 한다.

너희가 바라며 살았던 모든 것, 다 사라져 버렸다!
그 모든 세련되고 맛좋은 사치품, 다 없어져 버렸다!
천 한 조각, 실 한 오라기 남기지 않고!

그 여자 때문에 막대한 돈을 벌어들인 상인들은 자기들도 불태워질까 봐 두려워, 멀찍이 서서 울고불고 난리였다.

화를 입었다, 화를 입었다, 그 큰 도성이 화를 입었다!
최신 유행하는 의상을 걸치고
최고가의 보석들로 치장하고 다니더니,
단 한 시간 만에 그 부가 모조리 날아갔구나!

[17-19] 모든 선장과 선객, 선원과 바다에서 일하는 사람들도 모두 멀찍이 서서 그
도성이 불타는 연기를 보며 비탄에 빠져 울었다. '아, 얼마나 대단한 도성이었던
가! 저런 도성이 또 언제 있었던가!' 그들은 머리에 재를 끼얹고 마치 세상이 끝
난 것처럼 울었다.

화를 입었다, 화를 입었다, 그 큰 도성이 화를 입었다!
배를 가진 사람들, 바다에서 장사하는 사람들 모두
그녀가 사고 소비하는 덕에 부를 얻었건만,
이제 다 끝났다. 한 시간 만에 모조리 다 날아갔다!

[20] 오 하늘이여, 기뻐하라! 성도와 사도와 예언자들도 함께 즐거워하라! 하나님께
서 그 여자를 심판하셨다. 그 여자가 너희에게 행한 모든 악행을 다 심판하셨다."
[21-24] 한 힘센 천사가, 맷돌처럼 거대한 옥석을 손을 뻗어 잡고서는, 바다에 내던
지며 말했습니다.

큰 도성 바빌론이 내던져져 가라앉았다.
바다에 가라앉아, 흔적조차 찾아볼 수 없게 되었다.
하프 타고 노래하는 자들의 음악소리 더 이상 들리지 않고,
피리소리, 나팔소리도 다시 들리지 않으리라.
장인(匠人)들도 다 사라졌다.
그런 사람들을 다시는 보지 못하리라.
맷돌소리도 잠잠해졌다.
그 소리도 다시는 듣지 못하리라.
램프의 불빛도 다시 보지 못할 것이며,
신랑신부의 웃음소리도 다시 듣지 못하리라.
그녀의 상인들이 온 땅을 속여 먹고,
검은 마술로 모든 민족을 기만해 왔다.
이제 바빌론에게 남은 것이란 피가 전부다.
성도들과 예언자들의 피
살해당한 사람들, 순교한 사람들의 피.

할렐루야!

19

[1-3] 나는 하늘에서 큰 합창단이 부르는 노래 같은 소리를 들었습니다.

할렐루야!
구원과 영광과 권능은 하나님의 것,
그분의 심판은 참되고, 그분의 심판은 정의로우시다.
그분이 큰 음녀,

음행으로 땅을 타락시킨 그 여자를 심판하셨다.
그분의 종들이 흘린 피를 그분이 갚아 주셨다.

다시 노래가 들려왔습니다.

할렐루야!
그 여자를 불태우며 나는 연기가 하늘 높이 굽이쳐 올라간다.
영원무궁히.

4 스물네 장로와 네 동물이 무릎을 꿇고 엎드려, 보좌에 앉아 계신 하나님께 경
배하며 찬양했습니다.

아멘! 그렇습니다! 할렐루야!

5 그 보좌로부터 큰소리의 명령이 들려왔습니다.

우리 하나님을 찬양하여라, 그분의 모든 종들아!
그분을 두려워하는, 너희 크고 작은 모든 사람들아!

6-8 또 나는 거대한 폭포소리, 우렁찬 천둥소리 같은 합창단의 소리를 들었습니다.

할렐루야!
주님께서,
주권자이신 우리 하나님께서 다스리신다!
함께 기뻐하자, 함께 즐거워하자.
함께 그분께 영광을 돌리자!
어린양의 혼인날이 임했다.
그분의 신부가 단장을 마쳤다.
밝게 빛나는 모시로 만든
신부옷이 그녀에게 주어졌다.
그 모시옷은 바로 성도들의 의다.

9 천사가 내게 말했습니다. "'어린양의 혼인 축하연에 초대받은 사람들은 복되
다'고 적어라." 천사가 덧붙여 말했습니다. "이 말씀은 하나님의 참된 말씀이다."
10 내가 천사의 발 앞에 엎드려 경배하려는데, 천사가 말렸습니다. "이러지 마
라." 그가 말했습니다. "나도 너처럼, 예수를 증언하는 너의 형제자매들과 같은
종일 뿐이다. 예수의 증언은 곧 예언의 영이다."

흰 말과 그 말을 타신 분

11-16 그 후에 내가 보니 하늘이 활짝 열렸는데, 아, 흰 말과 그 말을 타신 분이 보였습니다. 그 말을 타신 분은 신실함과 참됨이라는 이름을 가진 분인데, 순전한 의로 심판하시고 싸우시는 분입니다. 그분의 눈은 불꽃이며, 그분의 머리에는 많은 관이 씌워져 있습니다. 그분에게는 오직 그분만이 알고 계신 한 이름이 새겨져 있습니다. 그분은 피로 물든 옷을 입으셨고, **하나님의 말씀**이라고 불립니다. 하늘의 군대가 흰 말을 타고 눈부시게 흰 모시옷을 입고 그분의 뒤를 따릅니다. 그분의 입에서 한 날 선 칼이 나오는데, 그분은 그것으로 모든 민족을 정복하시고, 쇠지팡이로 모든 민족을 다스리십니다. 그분은 주권자 하나님의 맹렬한 진노의 포도주 틀을 발로 밟으십니다. 그의 옷과 허벅지에는 **만왕의 왕, 만주의 주**라고 적혀 있습니다.

17-18 나는 한 천사가 태양 안에 서서, 중간하늘을 날고 있는 모든 새들에게 소리치는 것을 보았습니다. "하나님이 베푸신 큰 잔치에 오너라! 와서 왕과 장군과 전사와 말과 그 말을 탄 사람들의 살을 배불리 먹어라. 자유인이나 노예나, 작은 자나 큰 자나 할 것 없이, 그들 모두를 너희 배가 찰 때까지 먹어라."

19-21 나는 그 짐승과 그와 함께 모인 땅의 왕들과 그들의 군대들이, 그 말 타신 분과 그분의 군대에 맞서 전쟁을 벌이려고 하는 것을 보았습니다. 그러나 그 짐승은 붙잡혔고, 그와 함께 그의 꼭두각시인 거짓 예언자, 곧 표징을 일으키고 짐승의 표를 받고 그 형상에게 예배한 이들을 현혹시키고 속였던 자도 붙잡혔습니다. 그 둘은 산 채로 유황이 타오르는 불못에 던져졌습니다. 그리고 남은 자들도 그 말 탄 분의 칼에, 그분의 입에서 나오는 그 칼에 죽임을 당했습니다. 모든 새들이 그들의 살을 배불리 먹었습니다.

천년왕국

20 1-3 나는 한 천사가 하늘에서 내려오는 것을 보았습니다. 그는 바닥 없는 구덩이를 여는 열쇠와 쇠사슬을 들고 있었습니다. 거대한 쇠사슬이었습니다. 그는 용, 곧 옛 뱀—바로 마귀, 사탄!—을 잡아 쇠사슬로 묶어서, 바닥 없는 구덩이 속으로 던져 넣고 굳게 닫은 뒤에, 천 년 동안 단단히 봉했습니다. 천 년이 다 될 때까지 그는 민족들을 기만하거나 말썽을 일으킬 수 없었습니다. 그 후에 그는 잠시 풀려나야 합니다.

4-6 나는 보좌들을 보았습니다. 그 보좌들 위에는 심판하는 일을 맡은 사람들이 앉아 있었습니다. 또 나는 예수에 대한 증언과 하나님의 말씀 때문에 목이 베인 사람들의 영혼을 보았습니다. 그들은 짐승이나 그 형상에게 경배하기를 거부하고, 이마나 손에 표 받기를 거부한 사람들입니다. 그들은 살아나서 천 년 동안 그리스도와 함께 다스렸습니다! 나머지 죽은 사람들은 그 천 년이 다 될 때까지 살아나지 못했습니다. 이것이 첫째 부활입니다. 여기에 포함된 사람들은 참으로 복되고, 참으로 거룩한 사람들입니다. 그들에게는 둘째 죽음이 없습니다! 그들은 하나님과 그리스도의 제사장들입니다. 그들은 천 년 동안 그분과 함께 다

스릴 것입니다.
7-10 그 천 년이 다 되면, 사탄이 갇혔던 곳에서 풀려나, 다시 민족들을 기만하러
땅의 구석구석을—심지어 곡과 마곡까지!—다닐 것입니다. 그는 그들을 꼬드겨
전쟁을 일으킬 것이며, 거대한 군대를, 무수한 병력의 강력한 군대를 모을 것입
니다. 그들은 땅을 가로질러 행진해 나아가서는, 하나님의 거룩한 백성의 진(陣),
하나님께서 사랑하시는 도성을 둘러싸 포위할 것입니다. 그러나 그들은 그곳에
도착하자마자 하늘에서 쏟아져 내리는 불로 모조리 불태워질 것입니다. 그들을
기만했던 마귀는 불과 유황의 못에 던져져, 거기서 그 짐승과 거짓 예언자와 함
께 영원히 쉼 없이 고통을 당할 것입니다.

보좌 앞 심판

11-15 나는 크고 흰 보좌와 그 위에 앉아 계신 분을 보았습니다. 그 임재 앞에 서
거나, 그 임재와 맞설 수 있는 것은 아무것도 없었습니다. 하늘에도 없고 땅에
도 없었습니다. 또 나는 모든 죽은 사람들이, 큰 자나 작은 자 할 것 없이 거기
—그 보좌 앞에!—서 있는 것을 보았습니다. 그리고 책들이 펼쳐져 있었습니다.
그런데 또 다른 책이 펼쳐져 있었습니다. 바로 생명책이었습니다. 죽은 사람들
은 그 책에 기록된 대로, 그들이 살아온 대로 심판을 받았습니다. 바다가 죽은
사람들을 내놓았고, 죽음과 지옥도 죽은 사람들을 내놓았습니다. 각 사람은 자
신이 살아온 대로 심판을 받았습니다. 그러고는 죽음과 지옥이 불못에 던져졌
습니다. 이것이 바로 둘째 죽음, 곧 불못입니다. 그 생명책에 자기 이름이 적혀
있지 않은 사람은 다 불못에 던져졌습니다.

새로 창조된 하늘과 땅

21

1 나는 새로 창조된 하늘과 땅을 보았습니다. 처음 하늘은 사라졌고,
처음 땅도 사라졌고, 바다도 사라졌습니다.
2 나는 새로 창조된 거룩한 예루살렘이, 남편을 위해 단장한 신부처럼 하나님을
위해 단장한 빛나는 모습으로 하늘에서 내려오는 것을 보았습니다.
3-5 나는 그 보좌에서 들려오는 천둥소리 같은 음성을 들었습니다. "보아라! 보아
라! 이제 하나님께서 사람들이 사는 곳에 오셔서 사람들과 더불어 사신다! 그들
은 그분의 백성이며, 그분은 그들의 하나님이시다. 하나님께서는 그들의 눈에서
눈물을 말끔히 씻어 주실 것이다. 죽음은 영원히 사라졌다. 눈물도 사라지고, 통
곡도 사라지고, 고통도 사라졌다. 만물의 처음 질서는 다 사라졌다." 보좌에 앉
으신 분이 계속해서 말씀하셨습니다. "보아라! 내가 모든 것을 새롭게 한다. 이
모두를 받아 적어라. 한 마디 한 마디가 다 믿을 수 있는 확실한 말씀이다."
6-8 또 그분이 말씀하셨습니다. "이제 이루어졌다. 나는 처음이요 마지막이다.
나는 시작이며 끝이다. 나는 목마른 이들에게 생명수 샘물을 거저 준다. 승리한
사람들은 이 모두를 상속받는다. 나는 그들에게 하나님이 될 것이요, 그들은 내
게 아들과 딸이 될 것이다. 그러나 나머지 사람들—줏대 없고 신의 없는 자와,

타락한 자와 살인자와, 성매매꾼과 마술사와, 우상숭배자와 모든 거짓말쟁이들
—이 받을 몫은 불과 유황이 타는 못, 곧 둘째 죽음이다!"

새 예루살렘

9-12 일곱 가지 최종 재앙이 가득 담긴 대접들을 들고 있던 일곱 천사 가운데 하
나가 내게 말했습니다. "이리로 오너라. 내가 어린양의 아내인 신부를 네게 보
여주겠다." 그는 성령 안에서 나를 거대하고 높은 산으로 데려가서, 하나님의
빛나는 영광에 싸여 하나님께로부터 하늘에서 내려오는 거룩한 예루살렘을 보
여주었습니다.
12-14 그 도성은 귀한 보석처럼 반짝거렸고, 빛이 가득 넘실거렸습니다. 그 도성
은 웅장하고 높은 성벽을 가졌고, 열두 대문이 있었습니다. 각 대문에는 천사가
하나씩 서 있었고, 이스라엘 자손 열두 지파의 이름이 새겨져 있었습니다. 그
대문은 동쪽으로 세 개, 북쪽으로 세 개, 남쪽으로 세 개, 서쪽으로 세 개가 나
있었습니다. 그 벽은 열두 개의 주춧돌 위에 서 있었는데, 주춧돌에는 어린양의
열두 사도 이름이 새겨져 있었습니다.
15-21 내게 말하던 천사가 금 측량자를 가지고, 그 도성과 문과 성벽을 재었습니
다. 그 도성은 완벽한 정사각형이었습니다. 천사는 측량자로 도성을 재었는데,
길이와 폭과 높이가 똑같이 12,000스타디온이었습니다. 또 표준 치수로 성벽의
두께를 재어 보니 144규빗이었습니다. 성벽은 벽옥으로 영광의 색을 발했고,
도성은 유리처럼 투명한 순금이었습니다. 도성의 주춧돌은 온갖 귀한 보석들로
장식되어 있습니다. 첫째 주춧돌은 벽옥, 둘째 것은 사파이어, 셋째 것은 마노,
넷째 것은 에메랄드, 다섯째 것은 얼룩마노, 여섯째 것은 홍옥수, 일곱째 것은
귀감람석, 여덟째 것은 녹주석, 아홉째 것은 황옥, 열째 것은 녹옥수, 열한째 것
은 청옥, 열두째 것은 자수정이었습니다. 그 열두 대문은 열두 진주로 되어 있
었는데, 각 대문이 한 개의 진주로 되어 있었습니다.
21-27 도시의 중심가는 유리처럼 투명한 순금이었습니다. 그러나 성전은 도무지
찾아볼 수 없었는데, 주권자이신 주 하나님과 어린양이 바로 성전이시기 때문
입니다. 그 도시에는 빛을 비추어 줄 해나 달이 필요 없습니다. 거기서는 하나
님의 영광이 빛이며, 어린양이 등불이시기 때문입니다! 민족들이 그 빛 가운데
로 다니고, 땅의 왕들이 자기 영광을 가지고 들어올 것입니다. 낮에는 결코 대
문이 닫히는 법이 없으며, 다시는 밤이 없을 것입니다. 사람들은 민족들의 영광
과 영예를 그 도성 안으로 가지고 들어올 것입니다. 더럽거나 더럽혀진 것은 무
엇이든 그 안으로 들어오지 못할 것입니다. 더럽히거나 속이는 자들도 들어오
지 못할 것입니다. 오직 어린양의 생명책에 이름이 적혀 있는 사람들만 들어올
것입니다.

22 [1-5] 그 천사는 또 내게 수정같이 빛나는 생명수 강을 보여주었습니
다. 그 강은 하나님과 어린양의 보좌로부터 흘러 나와, 거리 한가운
데로 흐르고 있었습니다. 그 강의 양쪽에는 열두 종류의 열매를 맺는 생명나무
가 심겨 있어서, 달마다 열매를 내었습니다. 그 나무의 잎사귀는 민족들을 치유
하는 데 쓰였습니다. 결코 다시는 저주가 없을 것입니다. 하나님과 어린양의 보
좌가 중앙에 있습니다. 그분의 종들이 하나님을 섬길 것입니다. 그들은 하나님
께 예배하며 그분의 얼굴을 뵐 것입니다. 그들의 이마는 하나님의 빛을 받아 빛
날 것입니다. 다시는 밤이 없을 것입니다. 누구에게도 등불이나 햇빛이 필요 없
을 것입니다. 주 하나님의 빛나는 빛이 모두를 비춰 줄 것입니다. 그들은 영원
무궁토록 그분과 함께 다스릴 것입니다.

이 책의 말씀을 지키는 사람은 복되다

6-7 천사가 내게 말했습니다. "이는 한 마디 한 마디가 다 믿을 수 있는 확실한 말
씀이다. 예언자의 영들의 하나님이시며 주님이신 분께서, 그분의 천사를 보내
그분의 종들에게 곧 일어날 일을 보여주셨다. 그리고 그들에게 말하여라. '그렇
다. 내가 가고 있다!' 이 책의 예언의 말씀을 지키는 사람은 복되다."
8-9 나 요한은, 이 모든 것을 눈으로 직접 보고, 귀로 직접 들었습니다. 나는 보
고 들은 그 순간에, 내 앞에 이 모든 것을 펼쳐 보여준 그 천사의 발 앞에 엎드려
경배하려고 했습니다. 그러자 천사가 말렸습니다. "이러지 마라! 나도 너와 너
의 동료와 예언자와, 이 책의 말씀을 지키는 모든 사람처럼 다만 종일 뿐이다.
하나님께 경배하여라!"
10-11 천사가 이어서 말했습니다. "이 책의 예언의 말씀을 봉인하지 마라. 책꽂이
에 처박아 두지 마라. 때가 가까이 왔다. 악행을 일삼는 자들은 계속해서 악하
게 살도록 내버려 두고, 마음이 더러운 자들은 계속해서 더럽게 살도록 내버려
두어라. 의로운 사람들은 계속해서 올곧게 살게 하고, 거룩한 사람들은 계속해
서 거룩하게 살게 하여라."

12-13 "그렇다. 내가 가고 있다! 내가 곧 갈 것이다! 내가 갈 때 내 임금 대장을 가
지고 갈 것이다. 나는 사람들이 살면서 행한 대로 그들에게 임금을 지불해 줄
것이다. 나는 처음이며 마지막, 최초이며 최종, 시작이며 끝이다.
14-15 자기 옷을 깨끗이 하는 사람은 얼마나 복된지! 생명나무가 영원히 그들의
것이 될 것이며, 그들은 대문을 통해 그 도성에 들어갈 것이다. 그러나 더러운
똥개들, 곧 마술사, 간음한 자, 살인자, 우상숭배자, 거짓을 사랑하고 일삼는 모
든 사람들은 영원히 바깥으로 내쳐질 것이다.
16 나 예수는, 내 천사를 보내 교회들에게 이 모든 것을 증언하게 했다. 나는 다
윗의 뿌리요 가지며, 빛나는 새벽별이다."

[17] "오십시오!" 성령과 신부가 말씀하십니다.
듣는 이들도 "오십시오!" 하고 화답하십시오.
목마른 사람 있습니까? 오십시오!
원하는 사람은 누구나, 와서 마시십시오.
생명수를 거저 마시십시오!

[18-19] 나는 이 책의 예언의 말씀을 듣는 모든 이들에게 분명히 말해 둡니다. 만일 여러분이 이 예언의 말씀에 무엇을 덧붙이면, 하나님께서 여러분의 삶에 이 책에 기록된 그 재앙들을 덧붙이실 것입니다. 만일 여러분이 이 예언의 책의 말씀에서 무엇을 떼어 버리면, 하나님께서 이 책에 기록된 생명나무와 그 거룩한 도성에서 여러분이 받을 몫을 떼어 버리실 것입니다.
[20] 이 모든 것을 증언하는 분이 다시 말씀하십니다. "내가 가고 있다! 내가 곧 갈 것이다!"
예! 오십시오, 주 예수님!
[21] 주 예수의 은혜가 여러분 모두와 함께 있기를 바랍니다. 아멘!

성경 이야기의 다섯 막

성경의 요체는 이야기다. 특정 백성에 대한 이야기, 하나님께서 어떻게 그들을 부르셨고 그들을 모든 인류를 위한 복의 통로로 삼고자 하시는지에 대한 이야기다. 사실, **이야기**는 우리 삶을 가장 잘 묘사해 주는 단어이기도 하다. 우리는 법을 잘 준수하는 사람일 수도, 사실을 깊이 연구하는 사람일 수도, 지혜를 추구하는 사람일 수도 있지만, 이런 행위들이 우리에게 우리 삶의 의미를 밝혀 주는 것은 아니다. 우리 삶에 맥락을 제공하고 의미를 부여해 주는 것은 다름 아닌 이야기다.

성경은 모든 부분들이 모여 결국 하나의 이야기를 이룬다. 그렇기에

성경을 이해하자면, 우리는 그 등장인물을 파악하고 배경을 이해하고 줄거리를 따라가야 한다.

성경의 클라이맥스와 대미를 이해하자면, 우리는 거기까지 전개되어 온 이야기를 알고 있어야 한다. 고조되는 긴장과 깊어지는 갈등을 함께 느낄 줄 알아야 한다. 좋은 소설을 읽을 때처럼 우리는 이야기 속에 푹 빠져들어야 한다.

다음은 성경을 다섯 막으로 이루어진 드라마로 보고 그 이야기를 축약해 본 것이다.

제1막 | 창조

성경 드라마는 막이 오를 때 이미 하나님이 무대 위에 올라와 계신다. 세상을 창조하고 계신다. 하나님은 사람 곧 아담을 만드시고는, 그를 에덴 동산에 두어 그곳을 돌보고 가꾸는 일을 하게 하신다. 하나님의 뜻은 인간이 당신과 친밀한 관계 가운데 살며 주변의 모든 창조물과 조화를 이루며 사는 것이다. 성경의 처음 장들은 하나님을 처음 인간들

인 아담과 하와와 더불어 에덴 동산에 거주하시는 분으로 그린다. 창세기 첫째 장은 스스로 하신 일에 대해 자평하시는 하나님의 말씀으로 마친다.

> 하나님께서 손수 만드신 모든 것을 보시니
> 참으로 좋고 좋았다!(창 1:31)

이렇게 성경 이야기의 1막은 하나님께서 사람에게 바라시는 것이 무엇인지를 계시해 주며, 이후 일어날 일들의 배경이 된다.

제2막 | 타락

이야기에 긴장이 도입된다. 아담과 하와가 하나님의 길을 저버리고 자기 꾀를 내어 살기로 선택한 것이다. 그들은 하나님의 원수인 사탄의 혹하는 소리에 귀를 기울이고 하나님의 미쁘심을 의심한다. 그들은 하나님께 반역한다. 그 결과,

> 하나님은 그들을 에덴 동산에서 내쫓으시고, 그들이 흙으로 지어졌으므로 흙을 일구게 하셨다. 하나님께서 그들을 쫓아내신 다음, 동산 동쪽에 그룹 천사들과 회전하는 불칼을 두셔서, 생명나무에 이르는 길을 지키게 하셨다(창 3:23-24).

1막이 세상을 창조하신 하나님의 뜻이 무엇인지를 계시해 주었다면, 여기 2막은 창조물 가운데 일부가 하나님의 계획을 따르기를 거부했음을 보여준다. 하나님은 과연 인간과의 관계를 회복하고 창조세계에서 저주를 제거하실 수 있을 것인가? 아니면, 하나님의 원수에 의해 결국 그분의 계획이 무산되고 이야기가 역전되고 말 것인가?

1막과 2막은 페이지 수로 따지면 성경에서 얼마 안되지만, 뒤따라 전개되는 이야기 전체를 지배하는 중심 갈등이 도입되는 부분이다.

제3막 | 이스라엘

하나님께서 아브람에게 말씀하셨다. "네 고향과 네 가족과 네 아버지 집을 떠나, 내가

네게 보여줄 땅으로 가거라.

내가 너를 큰 민족이 되게 하고
네게 복을 주겠다.
내가 네 이름을 떨치게 할 것이니
너는 복의 근원이 될 것이다.
너를 축복하는 사람에게는 내가 복을 내리고
너를 저주하는 사람에게는 내가 저주를 내리겠다.
세상 모든 민족이
너로 인하여 복을 받을 것이다."
(창 12:1-3)

하나님은 아브람(후에 하나님은 그에게 아브라함이라는 새 이름을 지어 주신다)을 부르셔서는 그를 큰 민족의 조상으로 삼아 주시겠다는 약속을 하신다. 그러고는 하나님은 초점을 좁혀 한동안은 한 무리의 사람들에게 집중하신다. 하지만 하나님의 궁극적 목적은 동일하다. 지상의 모든 민족들에게 복을 내리고, 창조세계에서 저주를 없애며, 에덴 동산에 존재했던 그 본래적 관계를 회복시키는 것 말이다.

이후 아브라함의 자손들이 이집트에서 노예로 살아가는 상황이 벌어지자, 성경 이야기의 중심 패턴 하나가 모습을 드러낸다. 즉 하나님께서 당신의 백성을 다시 찾아오시고, 그들을 해방시켜 주시며, 그들에게 약속의 땅을 되찾아 주신다. 하나님은 이 새 민족 이스라엘과 시내 산에서 언약을 맺으신다. 이집트로부터 탈출하여 출애굽(Exodus)하는 그들을 위해 모세를 지도자로 세워 주신다. 언약을 맺으실 때 하나님은, 만일 당신의 백성이 당신께 충실하고 신실히 당신의 길을 따른다면 그 새 땅에서 그들에게 복을 내리고 그곳을 에덴 동산 같은 곳으로 만들어 주겠노라고 분명히 약속해 주신다.

그러나 하나님은 또 경고하시기를, 만일 이스라엘이 언약을 충실히 이행하지 않는다면, 당신께서는 그들을 아담과 하와에게 하셨던 것처럼 그 땅에서 쫓아내실 것이라고 하신다. 비극적이게도, 또 하나님의 거듭된 경고와 호소에도 불구하고, 이스라엘은 결국 하나님의 길을 저버리고 만다. 그들은 하나님과의 언약을 깨뜨리고, 주변 민족들이 섬기는 거짓 신들을 따르며, 그렇게 하나님의 심판을 자초한다.

이렇게 아브라함의 자손들은 아담의 실패를 만회하라고 선택된 이들이었음에도 결국 실패하고 만다. 그러나 이런 와중에서도 하나님은 다른 씨들을 심고 계셨다. 이스라엘의 왕들 가운데 하나였던 다윗은 **"하나님의 마음에 합한 사람"**이었다. 하나님은 이스라엘에게 장차 다윗 같은 왕을 보내 주시겠다고 약속하셨다. 다윗의 후손인 그 왕은 이스라엘을 지혜롭게 인도할 것이며, 백성의 마음을 다시 하나님께로 돌이킬 것이며, 세계의 모든 민족들에게 복을 가져올 것이라고 하셨다.

이렇게 3막은 하나님의 부재와 더불어, 그러나 또한 한 약속, 희망과 더불어 막을 내린다.

제4막 | 예수

시간이 흘러 사백 년 후, 이스라엘 백성은 로마의 압제 아래서 신음하며 하나님이 다시 찾아와 주시기를 대망하고 있다. 이때 하나님의 천사가 마리아라는 한 젊은 여인을 찾아와서는 소식을 전한다.

"네가 임신하여 아들을 낳을 것이니, 그 이름을 예수라고 하여라.

그는 크게 되어
'지극히 높으신 분의 아들'이라 불릴 것이다.
주 하나님께서 그에게
그의 조상 다윗의 왕위를 주실 것이다.
그는 영원히 야곱의 집을 다스리고
그의 나라는 영원무궁할 것이다."
(눅 1:31-33)

예수께서 오시는 것은 하나님의 약속의 성취였다.

예수께서는 미션에 돌입하신다. 백성 가운데 아프고 병든 이들을 고쳐 주신다. 영적 세계에 도사리고 있는 하나님의 원수들 곧 마귀들과 대결하시고, 그들더러 사람을 괴롭히지 말고 떠나라고 명령하신다. 가난한 심령으로 나아오는 이들에게 죄 용서를 선언하신다. 예수께서는 복음, 곧 희소식을 선포하신다.

"때가 다 되었다! 하나님 나라가 여기 있다. 너희 삶을 고치고 메시지를 믿어라"(막 1:15).

예수께서 전한 메시지의 핵심은 바로 이 희소식, 하나님께서 통치하시는 나라가 다가오고 있다는 소식이다. 마침내 하나님께서 당신의 백성에게 돌아오실 것이고 다시 그들 가운데 거하실 것이다. 예수께서 임마누엘, 곧 "하나님이 우리와 함께하신다"고 불리시는 까닭이 여기에 있다.

그러나 예수의 메시지는 상반된 반응을 불러일으킨다. 믿고 받아들이는 이들도 있으나, 대부분은 그저 어리둥절해하며 그분을 신기해할 뿐이다. 제도권 종교 지도자들은 곧 그분을 적대한다. 갈등은 고조되다가 마침내 파국에 이르고, 마침내 종교 지도자들은 공모해 예수를 체포해서는 십자가에 못 박아 죽인다.

그러나 일견 하나님의 패배로 보이는 이 일은 실상 하나님의 최고 승리 사건이다. 예수의 죽음은 대역전의 사건, 하나님께서 당신의 원수를 거꾸러뜨리고 세상을 뒤엎으신 사건이다. 스스로 자기 목숨을 제물로 바침으로써 예수께서는 우리의 죄에 대한 하나님의 심판을 친히 담당해 주신다. 이스라엘의 참 제사장으로서 그분은 자기 목숨을 당신의 백성을 위해 제물로 바치신다. 그분께서는 당신 백성을 새로이 출애굽시키신다. 죽음에서 생명으로 옮기신다. 이 모든 일이 보여주는 바, 예수께서는 인류를 하나님과 화해시켜 주러 오시기로 약속된 바로 그 아브라함의 자손이다. 이스라엘은 예수를 통해 비로소 자신의 역할을 완수하게 된다. 하나님께서 아브라함을 부르신 목적을 마침내 이루게 된다.

이와 같은 예수 이야기가 바로 성경 전체 이야기의 핵심 포인트다. 하나님의 원수와의 대결, 세상의 근원적 뒤틀림을 바로잡으려는 씨름의 진면목이 펼쳐지는 장이 바로 예수의 삶이다. 예수께서 바로 성경 이야기의 주인공이시다.

제5막 | 하나님의 새 백성

결정적 승리는 이미 확보되었다. 그런데 왜 5막이 필요할까? 하나님께서는 예수의 승리가 세상 모든 민족들에게 퍼져 나가기를 바라시기 때문이다. 예수를 따르는 이들은 지금 함께 하나님의 새 성전으로 지어져 가는 중이다. 하나님의 영이 거하시는 곳으로 말이다. 하나님은 세계 방방곡곡에서 이런 이들을 불러 모아 당신의 교회를 이루게 하신다. 이 일이 완성되는 날, 예수께서 돌아오실 것이고, 하나님의 통치가 하나님의 창조세계 전체에 걸쳐 실재가 될 것이다(고전 15:24-25). 2막 때 들어왔던 저주가 마침내 제거될 것이다(계 22:3).

세계 모든 민족들에게 복을 가져오는 백성이 되라는 임무가 다시금 아브라함의 자손들에게 주어졌다. 신약성경에 따르면, 그리스도께 속한 이들이야말로 진정한 아브라함의 자손들이다(갈 3:29). 5막은 그리스도를 따르는 제자들에게 부여된 미션을 강조한다. 그리스도의 나라에 대한 희소식, 그 해방의 메시지를 선포하며 살아 내는 삶 말이다.

지금 우리 모두는 이 5막의 시대, 그 드라마를 살고 있다. 그리스도에 대한, 그분 나라에 대한 복음 메시지가 우리에게까지 이르렀다. 우리도 중대한 결단 앞에 서게 된 것이다. 어떤 결단을 내릴 것인가? 이 이야기 속에서 우리는 어떤 역할을 자임할 것인가?

성경 이야기는 인류 역사를 관통하는 갈등과 씨름에 대한 참된 서술이다. 우리는 새 창조의 일을 하시는, 세상을 회복시키시며 세상과 우리를 새롭게 하시는 하나님의 선교에 동참할 것인가?

무엇을 할 것인가?

지금 당장 할 수 있는 가장 중요한 일은 먼저 이 성경을 주의 깊게 읽는 것이다. 그러면 하나님의 영께서 성경의 말씀을 힘 있게 들어 사용하셔서 당신의 목적을 성취하신다. 여러분을 변화시키며, 여러분을 통해 세상을 변화시키신다.

성경을 읽기 쉬운 책이라 말하기는 어렵다. 이해하기 어려운 구절들도 분명 있다. 그러나 그럼에도 불구하고 여러분이 성경 읽기를 고수한다면, 하나님에 대해, 또 그분께서 성경을 통해 주시는 이야기에 대해 더 깊이 알고자 매진한다면, 여러분은 인도받을 것이고, 변화될 것이며, 하나님과 친밀한 사이가 될 것이다.

성경 드라마 | 연대표

◎ **세계사 주요 사건**

피라미드 건설, 주전 2500년대
힌두교가 인도에서 흥왕하다, 주전 1100년대
불교가 인도에서 창시되다, 주전 500년대
알렉산더 대제의 통치 시대 개막, 주전 336년
중국이 만리장성 건축을 시작하다, 주전 214년
로마제국의 발흥, 주전 28년

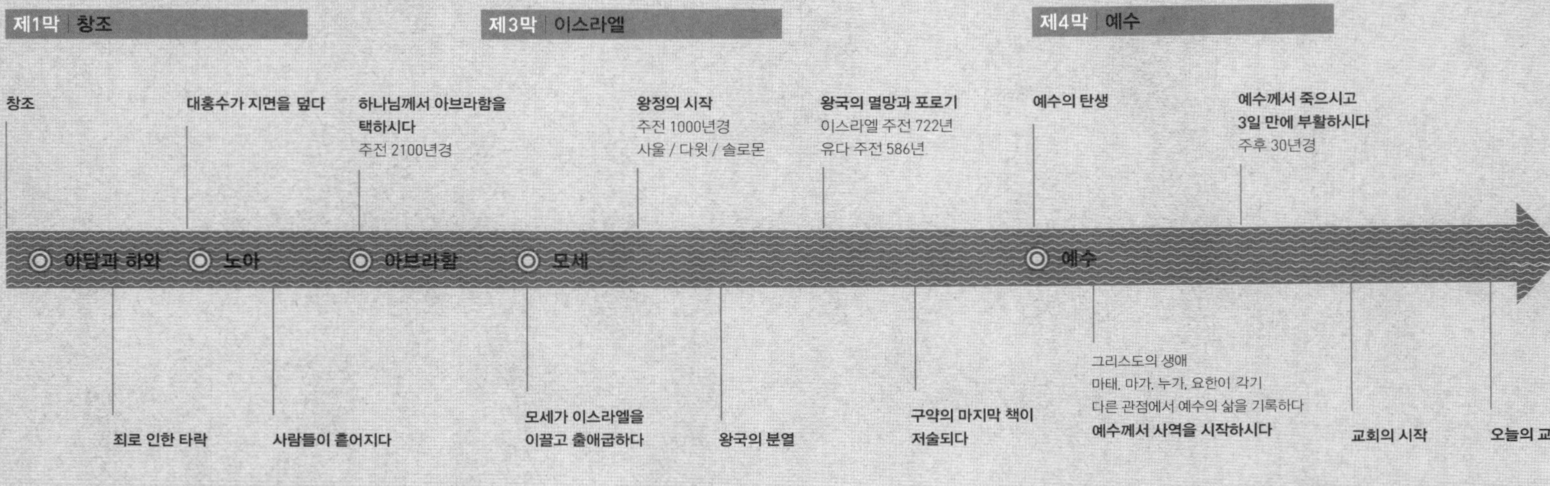

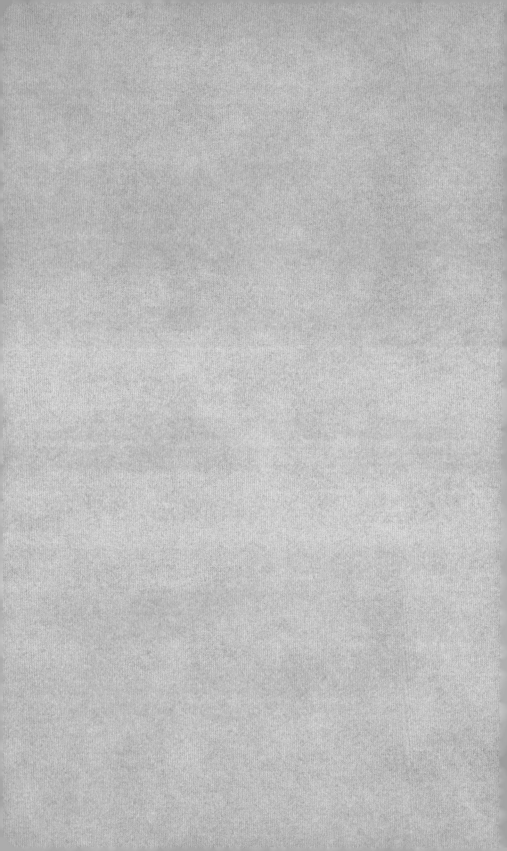

The MESSAGE

주요 성경 지도

출애굽과 가나안 정복

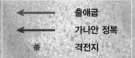

출애굽
가나안 정복
격전지

이스라엘 열두 지파
다마스쿠스
이욘
헤르몬 산
두로
단
아람
납달리
아셀
게데스
하솔
가불
악고
메롬
긴네렛 바다
골란
아스다롯
림몬
스불론
므낫세
잇사갈
지중해
돌
므깃도
이스르엘
에드레이
다아낙
벳산
길르앗 라못
길르앗 야베스
므낫세
사마리아
디르사
세겜
숙곳
암몬
아벡
요단 강
실로
욥바
에브라임
갓
랍바
베델
미스바
길갈
게셀
기브온
베냐민
기랏여아림
에그론
단
예루살렘
여리고
헤스본
베셀
아스돗
벧세메스
가드
베들레헴
아스글론
르우벤
헤브론
디본
라기스
유다
가사
엔게디
염해
아로엘
그랄
시글락
브엘세바
모압
시므온
호르마
에돔

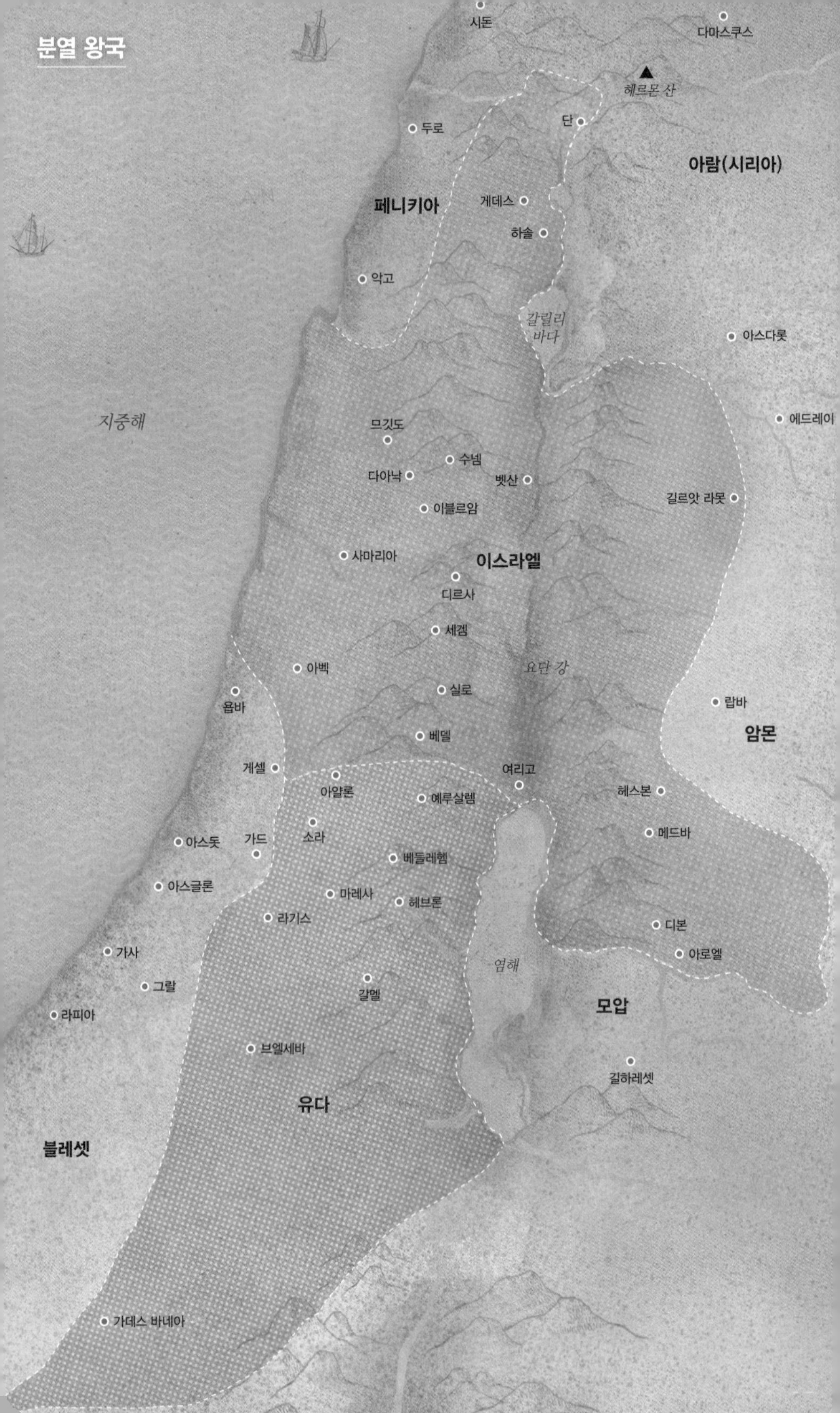

분열 왕국
시돈
다마스쿠스
헤르몬 산
두로
단
아람(시리아)
페니키아
게데스
하솔
악고
갈릴리 바다
아스다롯
지중해
므깃도
에드레이
수넴
다아낙
벳산
길르앗 라못
이블르암
사마리아
이스라엘
디르사
세겜
요단 강
아벡
욥바
실로
랍바
베델
암몬
게셀
여리고
아얄론
예루살렘
헤스본
소라
아스돗
가드
메드바
베들레헴
아스글론
마레사
헤브론
라기스
디본
가사
아로엘
염해
그랄
갈멜
라피아
모압
브엘세바
길하레셋
유다
블레셋
가데스 바네아

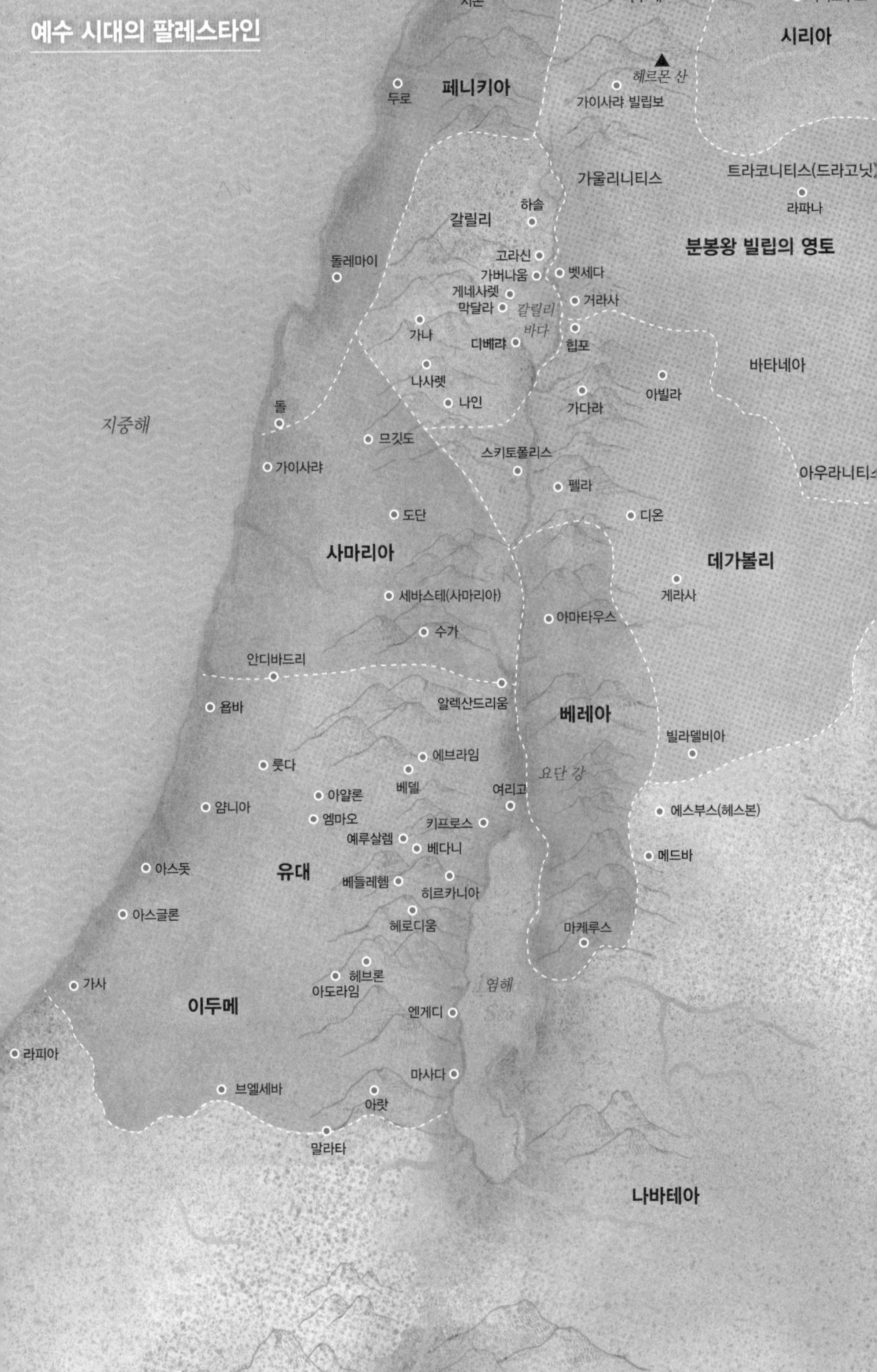
예수 시대의 팔레스타인
시돈
이두레
다마스쿠스
시리아
헤르몬 산
두로
페니키아
가이사랴 빌립보
가울리니티스
트라코니티스(드라고닛)
라파나
하솔
갈릴리
분봉왕 빌립의 영토
돌레마이
고라신
가버나움
벳세다
게네사렛
거라사
막달라
갈릴리 바다
가나
디베랴
힙포
바타네아
나사렛
아빌라
나인
가다라
돌
지중해
므깃도
스키토폴리스
가이사랴
펠라
아우라니티스
도단
디온
사마리아
데가볼리
게라사
세바스테(사마리아)
아마타우스
수가
안디바드리
알렉산드리움
욥바
베레아
빌라델비아
에브라임
룻다
요단 강
베델
여리고
아얄론
얌니아
에스부스(헤스본)
엠마오
키프로스
예루살렘
베다니
메드바
아스돗
유대
베들레헴
히르카니아
아스글론
헤로디움
마케루스
헤브론
가사
아도라임
염해
이두메
엔게디
라피아
마사다
브엘세바
아랏
말라타
나바테아

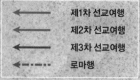

갈리아
게르마
일리리쿰(달마티아)
코르시카
이탈리아
아드리아해
로마
아피온 광장
세 막사
보디올
사르데냐
테레니아해
에피
이오니아해
레기온
시칠리아
수라구사
누미디아
몰타
아프리카
지중해
트리폴리타니아
제1차 선교여행
제2차 선교여행
제3차 선교여행
로마행

바울의 선교여행

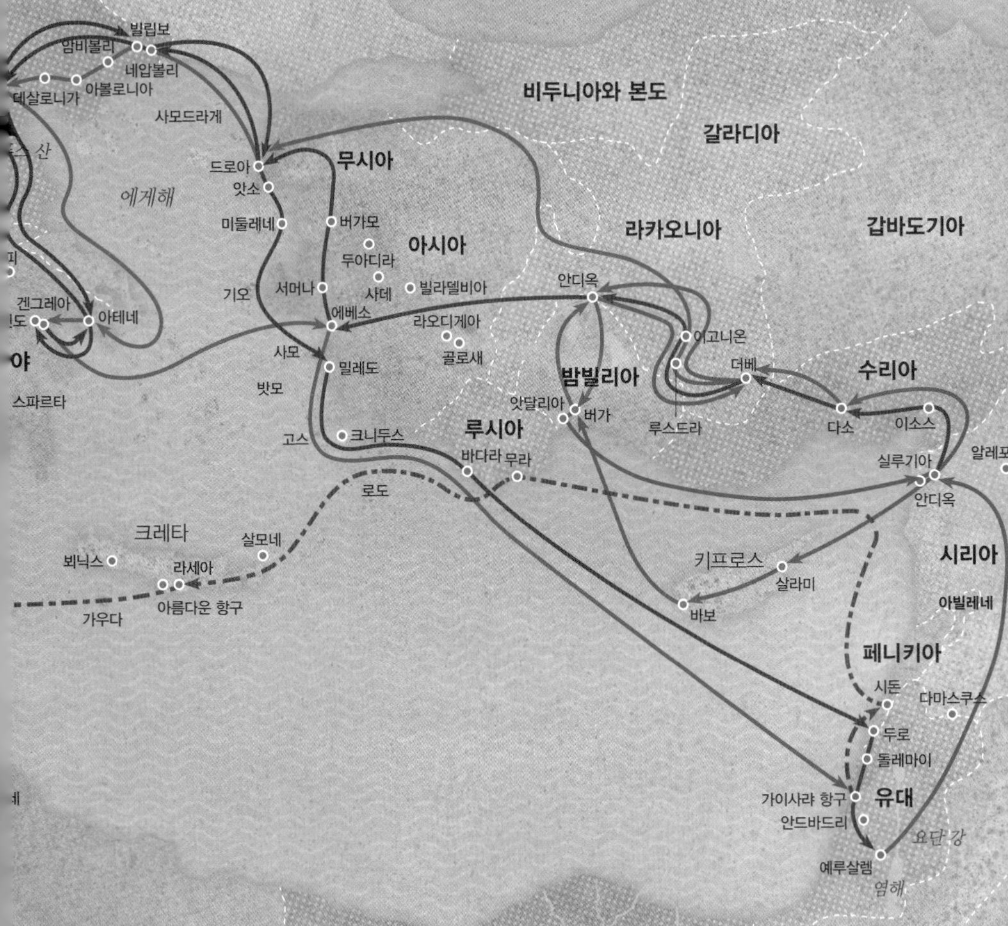
다키아
모이시아
흑해
드라게
게도니아
빌립보
암비볼리
네압볼리
아볼로니아
데살로니가
사모드라게
드로아
앗소
무시아
에게해
미둘레네
버가모
두아디라
아시아
사데
빌라델비아
기오
서머나
에베소
라오디게아
골로새
사모
밀레도
밧모
겐그레아
아테네
스파르타
고스
크니두스
로도
바다라
무라
루시아
크레타
살모네
뵈닉스
라세아
아름다운 항구
가우다
비두니아와 본도
갈라디아
라카오니아
갑바도기아
안디옥
이고니온
루스드라
더베
밤빌리아
앗달리아
버가
수리아
다소
이소스
알레포
실루기아
안디옥
키프로스
살라미
바보
시리아
아빌레네
페니키아
시돈
다마스쿠스
두로
돌레마이
가이사랴 항구
유대
안드바드리
요단 강
예루살렘
염해
아라비아
이집트
나일 강
콤마게네
홍해